兰州大学中央高校基本科研业务费专项资金重大培育招标项目
项目批准号 13LZUJBWZB002

西北文化资源大典

主编　彭岚嘉
副主编　程金城　李少惠　王万鹏　杨华

民族出版社

图书在版编目（CIP）数据

西北文化资源大典/彭岚嘉主编． —北京：民族出版社，2018.12
ISBN 978-7-105-15568-2

Ⅰ.①西… Ⅱ.①彭… Ⅲ.①地方文化—文化产业—研究—西北地区 Ⅳ.① G127.4

中国版本图书馆 CIP 数据核字（2018）第 246163 号

西北文化资源大典

主　　编：	彭岚嘉
责任编辑：	张义军　李燕妮　斯日古楞
封面设计：	北京东方乾坤文化传媒有限公司
出版发行：	民族出版社
地　　址：	北京市和平里北街 14 号
邮　　编：	100013
网　　址：	http://www.mzpub.com
印　　刷：	河北鑫兆源印刷有限公司
经　　销：	各地新华书店
版　　次：	2018 年 12 月第 1 版　2018 年 12 月北京第 1 次印刷
开　　本：	850 毫米 ×1194 毫米　1/32
字　　数：	2000 千字
印　　张：	90.75
定　　价：	398.00 元
书　　号：	ISBN 978-7-105-15568-2/G・2121（汉 1019）

版权所有，翻印必究
（投稿热线：010-58130111　13701380843　1092781806@qq.com；发行部：010-64211734）

新疆天山山脉俯瞰图　山风摄

甘肃张掖七彩丹霞　天芬摄

祁连秋色　天芬摄

甘肃平凉崆峒山　山风摄

甘肃迭部扎尕那　山风摄

新疆巴音布鲁克草原　　山风摄

新疆那拉提草原　　山风摄

甘肃敦煌鸣沙山—月牙泉　　沈明杰摄

青海尖扎坎布拉国家森林公园　山风摄

新疆伊犁河河谷　山风摄

陕西华阴华山　杨艳伶摄

陕西秦始皇陵兵马俑坑　　杨艳伶摄

宁夏西夏王陵　　天芬摄

甘肃武威鸠摩罗什塔　王文元摄

甘肃省甘南州安多合作米拉日巴佛阁　大鹏摄

陕西歧山五丈原诸葛庙　杨艳伶摄

甘川交界处郎木寺一角
山风摄

甘肃永靖炳灵寺
山风摄

陕西关中民俗博物院老腔表演
杨艳伶摄

青海同仁隆务寺
山风摄

宁夏固原须弥山石窟
山风摄

陕西靖边统万城
天芬摄

新疆库车大峡谷国家地质公园　山风摄

新疆克孜尔千佛洞飞天壁画　山风摄

甘肃渭源灞陵桥　天芬摄

陕西法门寺地宫出土的八重宝函　杨艳伶摄

甘肃泾川大云寺出土的唐代金棺
程亘摄

青海博物馆藏清代鎏金铜宗喀巴坐像
程亘摄

甘肃秦安大地湾遗址出土的弧边三角纹彩陶盆
程亘摄

青海博物馆藏卡约文化鹿纹彩陶双耳罐
程亘摄

陕西历史博物馆藏唐三彩载乐骆驼俑
杨艳伶摄

甘肃甘谷出土的三彩凤首壶
程亘摄

宁夏博物馆藏黑釉剔刻牡丹纹瓶
王兴文摄

新疆境内出土的中亚文化色彩的陶罐　王文元摄

甘肃省博物馆藏半山类型网点纹彩陶壶
程亘摄

甘肃嘉峪关魏晋墓砖画像
程亘摄

新疆特克斯草原的石人
山风摄

宁夏固原博物馆藏石佛造像
天芬摄

宁夏西夏王陵出土的西夏绿釉鸱吻
王兴文摄

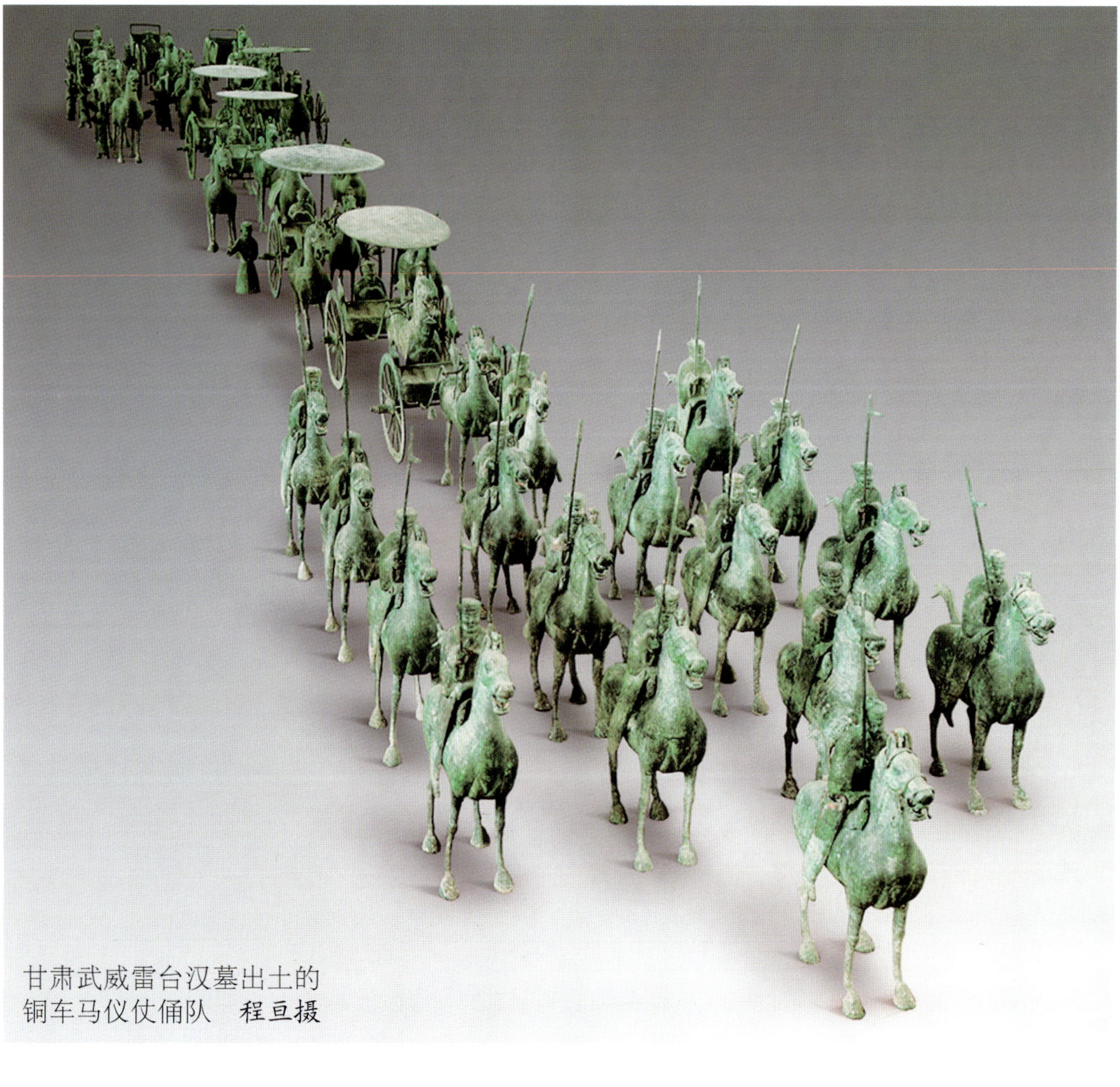

甘肃武威雷台汉墓出土的
铜车马仪仗俑队　程亘摄

宁夏固原博物馆藏北周
鎏金银胡瓶　　天芬摄

甘肃山丹县博物馆藏
胡腾舞俑　　程亘摄

青海省博物馆藏包金牌
饰银腰带　　沈明杰摄

甘肃张掖出土的战国时期
青铜大角鹿　　程亘摄

青海同仁吾屯村绘制唐卡的小喇嘛
山风 摄

新疆维吾尔自治区博物馆藏狩猎纹印花绢
沈明杰 摄

新疆高昌故城出土纸本绘画中书写经书的摩尼教徒
王文元 摄

青海同仁隆务寺木雕
程亘 摄

甘肃武威市博物馆藏西夏五仕女木版画
程亘 摄

宁夏固原博物馆藏北周
鎏金银胡瓶　　天芬摄

甘肃山丹县博物馆藏
胡腾舞俑　　程亘摄

青海省博物馆藏包金牌
饰银腰带　　沈明杰摄

甘肃张掖出土的战国时期
青铜大角鹿　　程亘摄

青海同仁吾屯村绘制唐卡的小喇嘛
山风摄

新疆维吾尔自治区博物馆藏狩猎纹印花绢
沈明杰摄

新疆高昌故城出土纸本绘画中书写经书的摩尼教徒
王文元摄

青海同仁隆务寺木雕
程亘摄

甘肃武威市博物馆藏西夏五仕女木版画
程亘摄

《西北文化资源大典》编写组

主　　编　彭岚嘉

副 主 编　程金城　李少惠　王万鹏　杨　华

学术顾问　张克复　彭金山　李并成　张克非　陈文江　沙勇忠

撰稿人名单（按姓氏笔画排列）

马冬梅（MDM）	王万鹏（WWP）	王玉侠（WYX）	王兴文（WXW）
王敬儒（WJR）	石冠辉（SGH）	刘文江（LWJ）	许　燕（XY）
孙胜杰（SSJ）	李少惠（LSH）	杨小兰（YXL）	杨天豪（YTH）
杨　华（YH）	杨建军（YJJ）	杨艳伶（YYL）	沈明杰（SMJ）
侯　鸿（HH）	彭岚嘉（PLJ）	程金城（CJC）	魏杨斌（WYB）

总　目

前　言 ……………………………………………………………………… 1～4

凡　例 ……………………………………………………………………… 5

目　录 ……………………………………………………………………… 1～78

正　文

　　跨区域卷 …………………………………………………………… 1～8

　　陕西卷 ……………………………………………………………… 9～424

　　甘肃卷 ……………………………………………………………… 425～706

　　宁夏卷 ……………………………………………………………… 707～798

　　青海卷 ……………………………………………………………… 799～1000

　　新疆卷 ……………………………………………………………… 1001～1288

正文条目汉语拼音索引 …………………………………………………… 1289～1361

前 言

中国西北地区包括陕西、甘肃、宁夏、青海、新疆五省区，是一片自然地理意义上的高地。西北地区深处欧亚大陆腹地，地貌多为高原、走廊、沙漠、戈壁，间有面积大小不等的绿洲和盆地。这块大陆不仅平均海拔较高，而且排列着中国最高大的山脉，天山、阿尔泰山、昆仑山、祁连山、贺兰山、秦岭就像一个个巨大的屏障，横亘在这一片广袤的大地上，其间的青藏高原、黄土高原、蒙古高原形成了中国地理的一二级台地。分布在内陆的巴丹吉林沙漠、腾格里沙漠、塔克拉玛干沙漠、古尔班通古特沙漠、柴达木盆地沙漠，又像烙在大地上的伤痕，使这一片本来贫瘠的大地充满了荒凉和孤寂。但正是这片表面上荒寒之地，却蕴藏了丰富的自然资源。据统计，西北地区的矿产资源、能源资源、生物资源等储量在全国都遥遥领先。

西北不仅是自然地理意义上的高地，也是文化地理意义上的高地。西北地区是中华文明的发祥地之一，历史上曾经是经济和文化相对发达的区域。蓝田猿人证明这片土地曾是人类起源的关键地区，大地湾遗址、半坡遗址、马家窑文化则是人类原始生活留下的浓重的历史痕迹。人文始祖伏羲诞生于甘肃天水，炎帝兴起于陕西宝鸡，黄帝的衣冠冢在陕西桥山。原始文化、游牧文化和农耕文化在这块古老的土地上生成胚胎，并对中华民族文化的形成有着决定性的影响。西北地区又处于世界四大古代文化过渡地带，是东西方文化的汇聚融合之地。横贯中国西北地区的丝绸之路从中国腹地出发，不仅承载着亚欧物质交流的重任，而且也是亚欧文化交流的孔道。作为一条历经千年沧桑的大陆通道，丝绸古道上留下了数以万计的珍贵物质文化遗存，也留下诸多宝贵的精神文化财富。再加上西北地区历史上形成的多个民族走廊，如河西走廊、藏彝走廊、唐蕃古道、茶马古道等，使生息于各区域的民族文化发生着频繁的碰撞和交流。四通八达的地域性通道，是中国西北地区经济文化交流的标志，成为连接中原和西域、汉民族和西北少数民族、东方与西方的纽带，是中国对内对外开放的象征。在你来我往的贸易中体现的是合作与交流，更体现的是海纳百川、有容乃大的开放性和兼容性的文化气度。

可见，西北高地不仅蕴藏着丰富的自然资源，文化资源也极为丰富。一般来说，文化资源可分为两大类，即物质文化资源和非物质文化资源。物质文化资源是指那些看得见、摸得着、具有具体形态的文化资源，如遗址、文物、民居、寺庙、村落、古镇等。而非物质文化资源，是指那些被各民族群众或某些个人视为其文化财富重要组成部分的各种社会活动、讲述艺术、表演艺术、生产经验、各种手工艺技能及其所使用的各种工具、实物、制成品及相关场所。如果再做更为细致的划分，西北地区的文化资源包括：

（一）历史文化资源。中华民族历史演变过程中周秦王朝、汉唐帝国在西北地区建都立国，银川平原上的西夏王朝以及西域和河西历史上大大小小的王朝政权，就不难想象历史上西北地区曾经的辉煌。就文化遗产而言，西北地区毫无疑问可以称得上是文化大区。

（二）地理文化资源。西北地区地貌复杂多样，山地、高原、平川、河谷、沙漠、戈壁，类型齐全，交错分布。由于地域原因和历史原因而形成的文化板块内，呈现出明显的具有共同性的文化特征。地理单元的独特性与相对封闭性，造就一方天地的文化品格；历史的连贯性与延续性，又延伸着本区域的生生不息的文化传统。高远辽阔的大地上形成了丰富奇特的自然景观，它是西北文化形成的自然生境。

（三）民间文化资源。西北地区民间文化兼有农耕文化、游牧文化、东西方文化交流融合与多民族交流融合的特征。历史上多个古代民族生息于此，多民族、多文化在这里冲撞融汇，自成风貌；再加上少数民族聚居在这里，他们的饮食、服饰、歌谣、舞蹈、民居、节庆以及婚丧礼俗等等，内涵丰富，风格独特。这些共同构筑成了西北民间文化遗产的独特风景。

（四）宗教文化资源。西北地区伊斯兰教、佛教、道教、天主教和基督教五大宗教俱全，教种齐，历史久，信徒多，分布广。宗教对各民族文化的影响很大，它在各民族的文化心理、文化传统乃至具体的文化形式上留下了深深的烙印。如宗教的建筑、音乐、舞蹈、节日对相关民族的建筑、音乐、舞蹈、节日有着直接的影响，像信仰伊斯兰教民族的古尔邦节、肉孜节等，既是宗教节日，也是民族节日。

（五）社会文化资源。主要指现有的各种文化形态与文化样式，包括艺术创作资源、新闻媒体资源、文化设施资源、文化节会资源等等，内涵十分丰富。

西北地区富集的文化资源具有以下共同的特点：一是多样性，是指文化资源内涵丰富，类型多样。二是久远性，是指这一区域的文化源远流长，而且在中国历史与文化的发展中发生过重要作用。三是民族性，是指各民族及其文化的相互交流碰撞，促进了民族融合与文化融通。四是包容性，是指这里既是中原文化与西北少数民族文化交流的区域，也是中西文化交流的区域，文化上兼收并蓄的特点十分明显。

西北地区有着悠远的文化传承、丰富的文化蕴藏、独特的民俗风情，这些不仅是极其宝贵的文化资源，而且也是极有价值的经济文化资源。由于历史原因，现在的西北地区是一个经济欠发达地区，但并不是一个文化资源匮乏的区域，经济上的窘困与文化上的富有形成巨大的反差。这里生成并保存的多种多样的文化形态，为即将调整文化发展方向的西部，提供了一种新的选择。

从全球范围来看，文化资源的保护和开发为世界各国所重视，开发利用文化资源已成为文化产业发展的一种普遍模式，尤其是文化资源丰富的国家，文化资源已经成为一种重要生产力，成为国家竞争力的一部分。文化资源成为促进文化事业和产业发展的核心要素，发展文化事业和产业就在于如何开发利用丰富的文化资源，使文化资源成为促进地方经济文化发展的重要推动力。

就当下而言，文化资源是文化事业和文化产业发展取之不尽的宝藏，但如果没有对文化资源的有效保护，就谈不上对其进行开发和利用。在文化资源的保护与开发中，保护是开发的基点，开发是为了更好地保护。文化资源的保护与开发是辩证的关系，开发不仅是为了利用，也是为了科学地保护，保护是为了持续开发和有效的利用。物质文化遗产保护要贯彻"保护为主、抢救第一、合理利用、加强管理"的方针，非物质文化遗产保护要贯彻"保护为主，抢救第一、合理利用，传承发展"的方针，为此，文化资源的开发一定要把握好范围和力度，走可持续发展的道路，使文化得以传承和持续利用。从这样的意义上来看，保护和开发并不矛盾，保护与开发可以相互促进和有机结合，开发是在充分保护的基础上进行的，科学合理的开发又能促进文化资源的保护。

由于西北地区自古以来就被视为一个文化地理区域，所以在文化资源的类型上有相近性，如贯通西北五省的丝绸之路，就为沿线留下了不少珍贵的文化遗产，这些资源完全可以在丝绸之路文化之下实现整合；又如甘肃陇东地区与陕西陕北地区都处在黄土高原地区，文化上的一致性也使整合存在可能；再如西北不少少数民族在各省区或聚居、或散居，对这些少数民族文化的开发也可以找到一些共同之处。对于区域之内的文化资源如何通盘考量、整体规划、错位开发、差异化发展，应是资源理清之后予以充分重视的内容。

西北地区蕴藏着独特的地理文化、厚重的历史文化、灿烂的民间文化、绚丽的民族文化、丰富的宗教文化、坚实的社会文化，有效保护和合理利用这些得天独厚的文化资源，建立良好的文化生态环境，对西北地区文化可持续发展有着重要的社会价值，对国家"一带一路"倡议的顺利实施也有重要的促动作用。

虽然文化资源是区域文化发展和产业振兴的基础，但西北五省区文化资源的富集程度，与整体上经济发展相对滞后形成鲜明对比。在"一带一路"倡议不断深化的背景下，西北五省区迎来了新的发展机遇期，在经济结构调整和优化过程中，文化资源的重要性日益凸显。如何实现资源优势向产业优势的转化，如何发挥文化在经济社会发展中的潜力，是当前西北五省区共同面临的问题。我们认为，要想繁荣文化事业、发展文化产业，首先必须摸清文化家底，对文化资源现状进行调查研究，对文化资源相关文献资料进行整理。为此，课题组在完成兰州大学中央高校基本科研业务重大培育招标项目的过程中，深入调查研究，广泛查阅资料，力图对西北五省区文化资源进行全面系统的梳理。在书稿写作过程中，我们查阅了大量前人研究成果，广泛借鉴，不断内化，数易其稿，最终完成了《西北文化资源大典》一书。大典所收条目依据文化资源的分类标准，分为物质文化资源、非物质文化资源和社会文化资源三大类，主要收集西北五省区省级以上的各类文化资源。以辞典的方式对西北五省区的文化资源进行系统的归纳和梳理，旨在摸清家底，全面把握和准确认识西北地区文化资源的特点、价值及其在民族文化复兴中的地位和作用。

本辞典在编写出版过程中，得到了兰州大学、民族出版社等单位领导和部门的指导与支持，谨致诚挚的敬意。也向辞典撰写过程中参阅和借鉴了的相关文献的作者和学人一并表达深深的谢意。

凡 例

1. 本大典所收条目以西北五省区的文化资源为编写对象，分省区编写。
2. 本大典所收条目按内容分为三大部分，每一部分又可分出若干类别。
3. 凡一事数名或一词多译者，采用其一为正条，其余作为参见条，或不列条。
4. 本大典一般采用简化字，少数条目因撰稿需要采用繁体字。
5. 本大典中公历纪年用阿拉伯数字表示，中国历代王朝纪年用汉字表示，夹注公元纪年。
6. 本大典中的计量单位，统一使用国家法定的计量单位。
7. 本大典设《正文条目汉语拼音索引》。
8. 本大典所收条目截止时间为 2014 年 12 月 31 日。

目录

目录

跨区域卷

一、物质文化资源 ……… 3
长城 ……… 3
丝绸之路：长安—天山廊道的路网 …… 4

二、非物质文化资源 ……… 5
藏戏 ……… 5
格萨（斯）尔 ……… 6
中国皮影戏 ……… 7
花儿 ……… 8

陕西卷

一、物质文化资源 ……… 11
（一）地理文化资源 ……… 11
1. 自然保护区 ……… 11
周至国家级自然保护区 ……… 11
陇县秦岭细鳞鲑国家级自然保护区 …… 11
太白山国家级自然保护区 ……… 12
子午岭国家级自然保护区 ……… 12
汉中朱鹮国家级自然保护区 ……… 12
长青国家级自然保护区 ……… 13
米仓山国家级自然保护区 ……… 13
青木川国家级自然保护区 ……… 13
桑园国家级自然保护区 ……… 14
佛坪国家级自然保护区 ……… 14
天华山国家级自然保护区 ……… 15
化龙山国家级自然保护区 ……… 15
牛背梁国家级自然保护区 ……… 16
汉中佛坪观音山国家级自然保护区 …… 16
黄龙山褐马鸡国家级自然保护区 …… 16
略阳大鲵国家级自然保护区 ……… 17
紫柏山国家级自然保护区 ……… 17
太白湑水河水生野生动物自然保护区 ……… 17
黄龙铺—石门地质剖面省级自然保护区 ……… 18
东秦岭地质剖面省级自然保护区 …… 18
泾渭湿地省级自然保护区 ……… 18
韩城黄龙山褐马鸡省级自然保护区 … 18
宝峰山省级自然保护区 ……… 19
留坝摩天岭省级自然保护区 ……… 19
老县城省级自然保护区 ……… 19
铜川香山省级自然保护区 ……… 19
太安省级自然保护区 ……… 19
野河省级自然保护区 ……… 20
太白牛尾河省级自然保护区 ……… 20
延安柴松省级自然保护区 ……… 20
洛南大鲵省级自然保护区 ……… 20
商南新开岭省级自然保护区 ……… 20
天竺山省级自然保护区 ……… 20
陕西省黄河湿地自然保护区 ……… 21
黄柏塬省级自然保护区 ……… 21
千湖湿地省级自然保护区 ……… 21
皇冠山省级自然保护区 ……… 21
宁陕平河梁省级自然保护区 ……… 22
旬邑石门山省级自然保护区 ……… 22
镇安鹰嘴石省级自然保护区 ……… 22
劳山省级自然保护区 ……… 22
桥山省级自然保护区 ……… 22
汉江湿地省级自然保护区 ……… 22

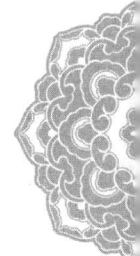

无定河湿地自然保护区	23	革命公园	30
安舒庄省级自然保护区	23	未央湖游乐园	31
瀛湖湿地省级自然保护区	23	西安植物园	31
周至黑河湿地省级自然保护区	23	西安秦岭野生动物园	31

2. 风景名胜区 23

华山	23	凤翔东湖	32
终南山	24	西安大雁塔北广场	32
翠华山	24	大唐芙蓉园	32
骊山	24	西安曲江海洋世界	32
南五台	25	广新园民族村	33
嘉午台	25	太白山国家森林公园	33
太兴山	25	楼观台国家森林公园	33
天台山	25	朱雀国家森林公园	34
吴山	26	骊山森林公园	34
青华山	26	方山林场森林公园	34
圭峰山	26	林皋湖生态旅游区	34
关山牧场	26	王顺山国家森林公园	34
药王山	27	太平国家森林公园	35
玉华山	27	黄巢堡森林公园	35
辋川	27	西安祥峪森林公园	35
鲸鱼沟	27	通天河国家森林公园	36
蓝田溶洞	27	龙门洞森林公园	36
高冠瀑布	28	少华山森林公园	36
黄河龙门	28	白云山	36
磻溪钓鱼台	28	红石峡	36
华清池温泉	28	红碱淖	37
蓝田汤峪温泉	29	福地湖	37
长安八水	29	清凉山	37
洽川	30	万花山	38
兴庆宫公园	30	宝塔山	38
莲湖公园	30	神木二郎山	38
		黄河壶口瀑布	38

定边沙地森林公园 …… 39	4. 矿山公园 …… 48
紫柏山 …… 39	潼关小秦岭金矿矿山公园 …… 48
天台山 …… 39	5. 湿地 …… 48
午子山 …… 39	千阳千湖国家湿地公园 …… 48
商山 …… 40	西安浐灞国家湿地公园 …… 48
柞水溶洞 …… 40	三原清峪河国家湿地公园 …… 49
女娲山 …… 40	淳化冶峪河国家湿地公园 …… 49
南宫山 …… 40	蒲城卤阳湖国家湿地公园 …… 49
洛南老君山 …… 41	铜川赵氏河国家湿地公园 …… 49
柞水对峰台 …… 41	丹凤丹江国家湿地公园 …… 50
瀛湖风景区 …… 41	宁强汉水源国家湿地公园 …… 50
香溪洞风景区 …… 41	旬河源国家湿地公园 …… 50
汉江 …… 42	凤县嘉陵江国家湿地公园 …… 51
丹江漂流 …… 42	太白石头河国家湿地公园 …… 51
千家坪国家森林公园 …… 42	千渭之会国家湿地公园 …… 51
平河梁森林公园 …… 42	司马濠水国家湿地公园 …… 52
凤凰山森林公园 …… 43	旬邑马栏河国家湿地公园 …… 52
金丝大峡谷国家森林公园 …… 43	商州区丹江源国家湿地公园 …… 52
洋县朱鹮自然保护观察点 …… 43	西乡牧马河国家湿地公园 …… 52
3. 地质公园 …… 44	大荔朝邑国家湿地公园 …… 53
秦岭终南山世界地质公园 …… 44	千层河国家湿地公园 …… 53
翠华山山崩国家地质公园 …… 44	扶风七星河国家湿地公园 …… 53
黄河壶口瀑布国家地质公园 …… 45	合阳徐水河国家湿地公园 …… 54
洛川黄土国家地质公园 …… 45	岐山落星湾国家湿地公园 …… 54
延川黄河蛇曲国家地质公园 …… 46	眉县龙源国家湿地公园 …… 54
金丝大峡谷国家地质公园 …… 46	陕西黄河湿地 …… 54
耀州照金丹霞国家地质公园 …… 46	府谷清水川湿地 …… 54
柞水溶洞国家地质公园 …… 47	府谷孤山川湿地 …… 54
华山省级地质公园 …… 47	神木窟野河湿地 …… 54
汉中黎坪省级地质公园 …… 47	神木乌兰木伦河湿地 …… 54
	神木秃尾河湿地 …… 54

红碱淖湿地	55	汉中漾家河湿地	57
佳县佳芦河湿地	55	汉中褒河湿地	58
定边苟池湿地	55	汉中石门水库湿地	58
定边花麻池湿地	55	汉中湑水河湿地	58
定边烂泥池湿地	55	西乡子午河湿地	58
定边莲花池湿地	55	汉中牧马河湿地	58
定边公布井湿地	55	镇巴任河湿地	58
定边明水湖湿地	55	安康岚河湿地	58
榆林无定河湿地	55	安康旬河湿地	58
靖边金鸡沙湿地	55	安康坝河湿地	58
靖边海则滩湿地	55	商洛金钱河湿地	58
芦河湿地	55	镇坪南江河湿地	59
榆阳榆溪河湿地	56	镇坪大暑河湿地	59
榆阳河口水库湿地	56	商洛丹江湿地	59
榆林大理河湿地	56	商洛二龙山水库湿地	59
清涧河湿地	56	**（二）世界文化遗产**	59
延河湿地	56	秦始皇陵及兵马俑坑	59
北洛河湿地	56	汉长安城未央宫遗址	60
延安葫芦河湿地	56	唐长安城大明宫遗址	60
泾河湿地	56	大雁塔	61
渭河湿地	56	小雁塔	62
千河湿地	56	兴教寺塔	62
宝鸡石头河湿地	57	彬县大佛寺石窟	62
黑河湿地	57	城固张骞墓	63
户县涝峪河湿地	57	**（三）文化生态保护区**	64
长安沣河湿地	57	国家级羌族文化生态保护实验区	64
长安灞河湿地	57	国家级陕北文化生态保护实验区	64
长安浐河湿地	57	**（四）国家级历史文化名城、名镇、**	
铜川桃曲坡水库湿地	57	**名村**	65
洛南洛河湿地	57	1. 历史文化名城	65
汉江湿地	57	西安	65

韩城	65	灞桥遗址	75
榆林	65	华清宫遗址	75
咸阳	66	甜水沟遗址	76
汉中	66	花石浪遗址	76

2. 历史文化名镇 …… 66
  铜川市印台区陈炉镇 …… 66
  宁强县青木川镇 …… 67
  柞水县凤凰镇 …… 67

3. 历史文化名村 …… 68
  韩城市西庄镇党家村 …… 68
  米脂县杨家沟镇杨家沟 …… 68

（五）全国重点文物保护单位 …… 68

1. 古遗址 …… 68
  半坡遗址 …… 68
  丰镐遗址 …… 69
  阿房宫遗址 …… 69
  汉长安城遗址 …… 70
  大明宫遗址 …… 70
  延安革命遗址 …… 71
  蓝田猿人遗址 …… 71
  周原遗址 …… 71
  秦雍城遗址 …… 72
  秦咸阳城遗址 …… 72
  黄堡镇耀州窑遗址 …… 73
  姜寨遗址 …… 73
  郑国渠首遗址 …… 74
  魏长城遗址 …… 74
  统万城遗址 …… 74
  隋大兴、唐长安城遗址（包括青龙寺遗址） …… 74
  隋仁寿宫、唐九成宫遗址 …… 75

  元君庙—泉护村遗址 …… 76
  康家遗址 …… 77
  老牛坡遗址 …… 77
  栎阳城遗址 …… 77
  京师仓遗址 …… 78
  良周遗址 …… 78
  东渭桥遗址 …… 78
  玉华宫遗址 …… 79
  龙岗寺遗址 …… 79
  石峁遗址 …… 80
  石摞摞山遗址 …… 80
  李家村遗址 …… 80
  北首岭遗址 …… 81
  东龙山遗址 …… 81
  横阵遗址 …… 81
  李家崖城址 …… 82
  梁带村遗址 …… 82
  杨家村遗址 …… 83
  法门寺遗址 …… 83
  麟州故城 …… 83
  天坛遗址（圜丘遗址） …… 83
  水沟遗址 …… 84
  赵家台遗址 …… 84
  安仁瓷窑遗址 …… 85
  郑家坡遗址 …… 85
  碾子坡遗址 …… 85
  沙河古桥遗址 …… 85

条目	页码	条目	页码
杨家坟山遗址	86	霍去病墓	95
铁边城遗址	86	昭陵	96
十二连城烽火台遗址	86	乾陵	96
南沙遗址	87	顺陵	96
刘家营遗址	87	司马迁墓和祠	97
紫荆遗址	87	汉长陵	97
西峪遗址	87	杜陵	98
澂邑漕仓遗址	88	桥陵	98
何家湾遗址	88	武侯墓	98
洛南盆地旧石器地点群	88	泰陵	99
龙王辿遗址	89	永陵	99
杨官寨遗址	89	西汉帝陵	99
鱼化寨遗址	90	唐代帝陵	100
益家堡遗址	90	秦东陵	100
古邰国遗址	90	明秦王墓	100
桥镇遗址	91	蔡伦墓和祠	101
下河西遗址	91	唐惠陵（让皇帝陵）	101
秦直道起点遗址	91	凤栖原西汉家族墓地	101
秦直道遗址延安段	91	杨桥畔汉代城址与墓地	102
棫祠宫遗址	92	商洛崖墓群	102
成山宫遗址	92	窦皇后陵	102
银州故城	92	兴宁陵	103
建章宫遗址	92	永康陵	103
潼关故城	93	蓝田吕氏家族墓地	103
尧头窑遗址	93	宁强羌人墓地	103
代来城城址	93	北周成陵	104
茹家庄遗址	94	李茂贞墓	104
宝山遗址	94	永垣陵	104
2.古墓葬	95	走马梁墓群	104
黄帝陵	95	薄太后陵	105
茂陵	95	李重俊墓	105

勾弋夫人墓（汉云陵） …… 105	精进寺塔 …… 114
李氏家族墓地 …… 105	圣寿寺塔 …… 115
3．古建筑 …… 106	长安圣寿寺塔 …… 115
西安城墙 …… 106	长安华严寺塔 …… 115
西安碑林 …… 106	百良寿圣寺塔 …… 115
褒斜道石门及其摩崖石刻 …… 106	昭慧塔 …… 116
昭仁寺大殿 …… 107	开明寺塔 …… 116
西岳庙 …… 107	大秦寺塔 …… 116
西安清真寺 …… 107	太平寺塔 …… 117
仙游寺法王塔 …… 108	武陵寺塔 …… 117
府州城 …… 108	神德寺塔 …… 117
西安钟楼、鼓楼 …… 108	法王庙 …… 117
水陆庵 …… 109	北营庙 …… 118
三原城隍庙 …… 109	五门堰 …… 118
鸠摩罗什舍利塔 …… 110	吴堡石城 …… 118
公输堂 …… 110	周公庙 …… 118
仓颉墓与庙 …… 110	榆林卫城 …… 119
泰塔 …… 111	张良庙 …… 119
香积寺善导塔 …… 111	扶风城隍庙 …… 119
西安城隍庙 …… 111	玉皇后土庙 …… 119
白云山庙 …… 111	玄武庙青石殿 …… 120
八云塔 …… 112	庆安寺塔 …… 120
泾阳崇文塔 …… 112	咸阳文庙 …… 120
彬县开元寺塔 …… 112	盘龙山古建筑群 …… 121
韩城普照寺 …… 112	姜氏庄园 …… 121
韩城文庙 …… 113	丰图义仓 …… 121
韩城城隍庙 …… 113	大学习巷清真寺 …… 121
党家村古建筑群 …… 113	庆善寺大佛殿 …… 122
耀县文庙 …… 113	敬德塔 …… 122
澄城城隍庙神楼 …… 114	报本寺塔 …… 122
镇北台 …… 114	毓秀桥 …… 122

净光寺塔	123	钟山石窟	131
鸿门寺塔（响铃塔）	123	慈善寺石窟	131
千佛铁塔（北杜铁塔）	123	灵岩寺摩崖	132
清梵寺塔（兴平北塔）	123	石泓寺石窟	132
大象寺塔	124	万安禅院石窟	132
紫云观三清殿	124	宜君石窟群	132
慧彻寺南塔	124	清凉山万佛洞石窟及琉璃塔	133
崇寿寺塔	125	重阳宫祖庵碑林	133
重兴寺塔（铜川塔、宋塔）	125	杨珣碑	133
慧照寺塔	125	**5. 近现代重要史迹及代表性建筑**	134
武功城隍庙	125	西安事变旧址	134
万凤塔	126	瓦窑堡革命旧址	134
七星庙	126	八路军西安办事处旧址	134
开元寺塔	126	洛川会议旧址	134
柏山寺塔	127	杨家沟革命旧址	135
法源寺塔	127	易俗社剧场	135
福严院塔	127	渭华起义旧址	136
罗山寺塔	127	吴旗革命旧址	136
合阳文庙	128	保安革命旧址	136
汉中东塔	128	宏道书院旧址	137
智果寺	128	杨虎城旧居	137
良马寺觉皇殿	129	青木川老街建筑群	137
勉县武侯祠	129	青木川魏氏庄园	138
桥上桥	129	安吴堡战时青年训练班革命旧址	138
骡帮会馆	129	陕甘边照金革命根据地旧址	138
金台观	129	延一井旧址	139
韩城九郎庙	130	**（六）省级重点文物保护单位**	139
延昌寺塔	130	**1. 古遗址**	139
绥德党氏庄园	130	兴庆宫遗址	139
4. 石窟寺及石刻	131	太液池遗址	140
药王山石刻	131	新寺遗址	140

建章宫前殿遗址	140	清湫遗址	146
斡尔垛遗址	141	岭堡遗址	147
白家遗址	141	白家村遗址	147
西段遗址	141	韩家沟遗址	147
怀珍坊遗址	141	东坡遗址	147
鼎湖延寿宫遗址	141	姜嫄遗址	147
崔家堡遗址	142	东渠遗址	147
黄堆村遗址	142	尚德村遗址	147
滹沱村遗址	142	秦家庄一号遗址	148
北丈八寺村遗址	142	王家台遗址	148
城关遗址	142	益家堡遗址	148
宋村遗址	143	西沟遗址	148
真守村遗址	143	邓家堡遗址	148
石嘴头一号遗址	143	千川遗址	148
大散关遗址	143	城关村遗址	148
韩家崖遗址	143	园子坪遗址	148
王家堰遗址	144	蔡家河遗址	148
福临堡遗址	144	仓颉庙遗址	149
高家坪遗址	144	孙家遗址	149
戴家湾遗址	145	双庵遗址	149
塔稍遗址	145	魏家河一号遗址	149
高家村遗址	145	永尧遗址	149
旭光村二号遗址	145	岐阳一号遗址	149
伐鱼村遗址	145	丁童遗址	150
鸭限岭遗址	145	王家嘴遗址	150
贺家湾遗址	146	褒斜栈道遗址	150
吴家头遗址	146	梁鹿坪遗址	150
凹里宫殿遗址	146	池阳宫遗址	150
边家庄遗址	146	邵家河二号遗址	151
麦枣峪遗址	146	樊家河二号遗址	151
峪头一号遗址	146	西梁家遗址	151

条目	页码	条目	页码
香尧遗址	151	乔村遗址	158
史家遗址	151	后村遗址	158
王烧台遗址	151	商邑遗址	158
梁山宫遗址	152	武关城遗址	159
将台山遗址	152	小园坪遗址	159
拜家嘴遗址	152	明秦王府城墙遗址	159
董家坪遗址	152	大仁遗址	160
圪垯庙遗址	152	锡水洞遗址	160
坎家底遗址	152	洩湖遗址	160
五里镇遗址	152	马营遗址	160
前申河遗址	153	佛坪厅故城	161
西独冢村遗址	153	立地坡窑址	161
王家河遗址	153	温家寨遗址	161
白城台古城遗址	153	南坡遗址	162
五庄果墚遗址	153	杨家沟遗址	162
石城子遗址	154	仝家沟遗址	162
黄羊城遗址	154	宁王遗址	162
寨关山遗址	154	贾村遗址	162
贝坡遗址	155	孙家南头宫殿遗址	163
交道乡遗址	155	丰头遗址	163
芦山峁遗址	155	毗卢寺遗址	163
丰林故城遗址	155	新民遗址	163
潼关城遗址	155	望鲁台遗址	163
崇宁宫遗址	156	原子头遗址	163
北刘遗址	156	韦家庄遗址	164
古汉台遗址	156	杜阳县故城	164
肖家坝遗址	156	普润县故城	164
鱼翅遗址	156	案板遗址	164
柳家河遗址	157	白龙湾遗址	164
王家坝遗址	157	下康遗址	165
马岭坝遗址	157	大陈遗址	165

上第二坡遗址	165	周穆王陵	172
第五村宫殿遗址	165	扁鹊墓	172
朱马嘴遗址	165	蔡文姬墓	172
下孟村遗址	165	王季陵	172
洪水村遗址	165	王九思墓	172
望夷宫遗址	166	陈平墓	173
口镇宫殿遗址	166	李颙墓	173
杨赵宫殿遗址	166	老子墓	173
郭村遗址	166	马援墓	173
岸底遗址	166	班固墓	174
扶荔宫遗址	167	杨珣墓	174
龙首渠井渠遗址	167	李柏墓	174
西关村遗址	167	张载墓	174
盘龙湾遗址	167	刘古愚墓	174
唐桑园窑址	168	周陵	175
肖家崄遗址	168	牛弘墓	175
古城界城址	168	公孙贺墓	175
大保当城址及墓群	168	苻坚墓	175
寨峁遗址	168	公刘墓	175
西山遗址	169	李仪祉墓	176
木瓜寨遗址	169	姜嫄墓	176
女娲山遗址	169	苏武墓	176
魏家坝遗址	169	隋炀帝陵	176
白云寺遗址	170	安金藏墓	176
鬼谷岭遗址	170	长孙无忌墓	177
过风楼遗址	170	娄敬墓	177
秦甘泉宫遗址	171	陆贾墓	177
2. 古墓葬	171	马理墓	177
庄襄王墓	171	杨贵妃墓	177
秦二世胡亥墓	171	柳公权墓	178
董仲舒墓	171	令狐德棻墓	178

蒙恬墓	178	户县文庙	186
扶苏墓	178	太史桥	186
高力士墓	179	户县钟楼	186
王翦墓	179	仙游寺	186
寇准墓	179	楼观台	187
李固墓	180	钓鱼台	187
杨从仪墓	180	龙门洞	187
马超墓祠	180	张载祠	187
孟达墓	180	五丈原诸葛亮庙	187
四皓墓	180	凤凰台	188
袁氏家族墓地	181	文庙大成殿	188
孝陵	181	中王堡木塔	188
胡登洲墓	181	古龙桥	188
冯晖墓	182	孟店民宅	188
陶谷墓	182	东里花园	189
于志宁墓	182	唐家民宅	189
王贡墓	182	香积寺塔	189
汉太上皇陵	183	金龟寺普通塔	189
许家台宋墓	183	泾阳文庙	189
西寺墓群	183	铜川塔	190
王家庄墓群	183	孙思邈故里	190

3. 古建筑　183

大兴善寺	183	星明楼	190
东岳庙	184	定边鼓楼	190
八仙庵	184	波罗堡古建群	191
宝庆寺塔	184	琉璃塔	191
小皮院清真寺	184	普同塔	191
关中书院	185	盘龙寺石塔	191
杜公祠	185	砖塔群	192
香积寺	185	岱祠岑楼·金龙寺塔	192
草堂寺	185	北寺塔	193
		蒲城南寺塔	193

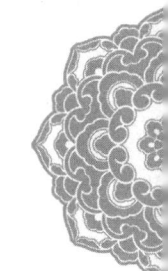

考院	193	午子观	200
蒲城文庙	193	鹿龄寺	200
玉泉院	193	紫云宫	201
禅修寺大殿	194	安康文庙大成殿	201
关帝庙正殿	194	黄州会馆	201
三清殿	194	周氏武学馆	201
圣水寺	195	高桥镇廊桥	201
江神庙	195	北五省会馆	202
白云寺	195	菩萨泉·观音殿	202
旬阳县文庙	195	汉阴城墙	202
洛南文庙	196	石泉城门及禹王宫	203
二郎庙	196	宁陕城隍庙	203
船帮会馆	196	商州城隍庙	203
大云寺	196	山阳禹王宫	204
雷神庙万阁楼	197	塔云山寺	204
二龙塔	197	瓦房店会馆群	204
遇仙桥及石造像	197	**4. 石窟寺及石刻**	204
玄帝祠玉皇楼	197	马家河石窟寺	204
铜川文庙大成殿	197	红石峡	205
礼泉文庙	198	云岩寺	205
太壶寺大殿	198	佛堂寺石窟	205
渭南文庙大成殿	198	阁子头石窟	205
东营庙	198	小寺庄石窟	206
弥陀寺	199	旬阳县千佛洞石窟	206
福山寺	199	清华山石窟	206
万斛寺塔	199	太子寺石窟	206
二郎山庙	199	花石崖石窟	206
凯歌楼	200	秦家河摩崖造像	207
香炉寺	200	麟溪桥石窟	207
八卦寺塔林	200	千佛院摩崖造像	207
龙泉寺塔林	200	蔡家河摩崖造像	208

金川湾石窟	208	二战区长官部旧址	216
玉泉寺石窟	208	东村会议旧址	216
石寺洼石窟	208	西北联大工学院旧址	216
安塞大佛寺石窟	208	长安郭氏民宅	217
七里村石窟	209	万佛楼	217
石宫寺石窟	209	卡子黄氏民宅	217
卧龙寺石刻和铁钟	209	界岭张氏民宅	218
牛郎织女石刻	210	凤凰街民居	218
李晟碑	210	**6. 其他**	218
磻溪宫碑刻	210	富平铁佛	218
九成宫醴泉铭碑	210	卢舍那铁佛	218
陀罗尼经幢	210	西原化石出土地	219
云麾将军碑	211	**二、非物质文化遗产**	219
蒙汉合文碑	211	**（一）世界级非物质文化遗产**	219
李元谅碑	211	西安鼓乐	219
5. 近现代重要史迹及代表性建筑	211	中国剪纸	220
红二十五军司令部旧址	211	中国皮影	220
红三军军部旧址	212	**（二）中国民间文化艺术之乡**	221
中山图书馆旧址	212	韩城市	221
革命公园	212	渭南市华县	221
马栏革命旧址	213	西安市户县	222
中国人民抗日红军前敌总指挥部暨		商洛市镇安县	222
八路军总部旧址	213	渭南市合阳县	222
龙首坝	213	宝鸡市凤翔县	223
哈镇马占山抗日活动旧址	214	西安市周至县	223
神泉堡中共中央驻地旧址	214	安康市旬阳县	223
李鼎铭陵园与故居	214	榆林市清涧县	224
青阳岔中共中央驻地旧址	215	渭南市澄城县	224
小河会议旧址	215	汉中市镇巴县	224
南丰寨会议旧址	215	渭南市大荔县	224
太相寺会议旧址	216	榆林市绥德县	225

延安市安塞县 …… 225	2. 传统音乐 …… 234
咸阳市旬邑县 …… 225	紫阳民歌 …… 234
安康市紫阳县 …… 226	西安鼓乐 …… 235
铜川市宜君县 …… 226	蓝田普化水会音乐 …… 235
榆林市定边县 …… 226	绥米唢呐 …… 236
宝鸡市陈仓区 …… 227	陕北民歌 …… 236
汉中市洋县谢村镇 …… 227	韩城行鼓 …… 237
汉中市汉台区龙江镇 …… 227	白云山道教音乐 …… 237
汉中市洋县洋州镇 …… 228	镇巴民歌 …… 238
渭南市合阳县甘井镇 …… 228	洋县佛教音乐 …… 238
宝鸡市千阳县南寨镇 …… 228	高陵洞箫艺术 …… 239
铜川市印台区陈炉镇 …… 228	旬阳民歌 …… 239
安康市汉滨区 …… 229	3. 传统舞蹈 …… 240
延安市延川县 …… 229	安塞腰鼓 …… 240
延安市子长县 …… 229	洛川蹩鼓 …… 241
渭南市合阳县黑池镇 …… 230	陕北秧歌 …… 241
榆林市横山区 …… 230	横山老腰鼓 …… 241
汉中市城固县博望镇 …… 230	宜川胸鼓 …… 242
榆林市神木县 …… 230	靖边跑驴 …… 242
商洛市商南县 …… 231	4. 传统戏剧 …… 243
宝鸡市陇县 …… 231	汉调桄桄 …… 243
延安市黄陵县 …… 231	汉调二黄 …… 244
咸阳市礼泉县 …… 232	秦腔艺术 …… 244
（三）国家级非物质文化遗产保护项目 …… 232	华阴老腔 …… 245
	阿宫腔 …… 245
1. 民间文学 …… 232	弦板腔 …… 246
牛郎织女传说 …… 232	商洛花鼓 …… 247
花木兰传说 …… 233	合阳提线木偶戏 …… 247
蔡伦造纸传说 …… 233	华县皮影戏 …… 247
仓颉传说 …… 233	府谷二人台 …… 248
陕北民谚 …… 234	华阴迷胡 …… 248

同州梆子	249	9. 传统医药	261
合阳跳戏	249	马明仁膏药制作技艺	261
榆林小曲	250	10. 民俗	261
陕北道情	250	宝鸡民间社火	261
眉户曲子	250	黄帝陵祭典	262
商洛道情戏	251	炎帝祭典	262
眉户	251	洋县悬台社火	262
陕西杖头木偶戏	252	药王山庙会	263
5. 曲艺	252	彬县灯山会	263
陕北说书	252	迎城隍	264
韩城秧歌	253	徐村司马迁祭祀	264
洛南静板书	254	11. 其他	265
6. 传统体育、游艺与杂技	254	绥德石雕	265
红拳	254	富平石刻	266
7. 传统美术	255	（四）省级非物质文化遗产保护项目	266
凤翔木版年画	255	1. 民间文学	266
凤翔泥塑	255	斗门石婆庙会和七夕传说	266
黄陵面花	255	黄陵县黄帝的传说故事	266
西秦刺绣	256	农业始祖后稷传说	267
澄城刺绣	256	柳毅传书	267
陕北匠艺丹青	257	秦琼敬德门神传说	267
安塞剪纸	257	吹箫引凤传说	268
延川剪纸	258	韩城古门楣题字	268
旬邑彩贴剪纸	258	华山神话故事	268
8. 传统手工技艺	258	烂柯山传说	269
耀州窑陶瓷烧制技艺	258	美水泉的传说	269
蒲城杆火技艺	259	龙亭蔡伦造纸传说	270
楮皮纸制作技艺	259	长安仓颉造字传说	270
同盛祥牛羊肉泡馍制作技艺	260	仓颉传说	271
陕北窑洞建造技艺	260	寒窑传说	271
		古豳国传说	271

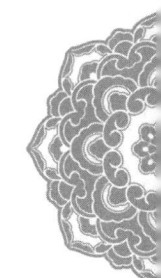

炎帝传说	272	韩城围鼓	283
宝塔山的传说	272	神木二人台	284
张骞传说	273	板胡艺术	284
沉香传说	273	长安佛乐	284
丁兰刻母	274	寿圣寺大佛锣鼓	285
鬼谷子的传说	274	商南民歌	285
鲤鱼跃龙门传说	274	八仙鼓	286
瓦窑堡的传说	275	商洛孝歌	286
女娲的传说	275	**3．传统舞蹈**	286
2．传统音乐	275	《牛斗虎》	286
陈仓姜马察回	275	关山牛拉鳖鼓	287
陈仓区西山酒歌	276	渭旗锣鼓	287
洋县佛教音乐	276	临潼零口十面锣十面鼓	287
商洛民歌	277	岐山转鼓	288
佳县白云山道教音乐	277	宝鸡千阳八打棍	288
凤县民歌	278	眉县高跷赶犟驴	289
黄陵民歌	278	牛拉鼓	289
靖边信天游	278	乾州蛟龙转鼓	289
泾河号子	279	西山刁鼓	290
汉江号子	279	韩城黄河阵鼓	290
神木酒曲	279	华阴素鼓	291
澄城鼓吹乐艺术	280	志丹羊皮扇鼓	291
秦汉战鼓	280	黄龙猎鼓	292
监军战鼓	280	洛川对面锣鼓	292
埙乐艺术	281	合阳撂锣	292
陕北混源道歌	281	西乡打锣镲	293
户县北乡锣鼓	282	勉县五节龙	294
周至殿镇八卦锣鼓	282	唐乐舞	294
陇州小调	282	周至龙灯	294
合阳民间唢呐	283	田市八仙鼓	295
镇巴唢呐	283	南留锣鼓	295

定边霸王鞭	295
靖边霸王鞭	295
保宁堡老秧歌	296
鄜州飞锣	296
黄陵抬鼓	296
长武背芯子	297
背花锣	297
水兽舞	298
勉县板凳龙	298
华州秧歌	298

4. 传统戏剧 ⋯⋯ 298
阿宫腔	298
同州梆子	299
乾县弦板腔	299
千阳灯盏头碗碗腔皮影戏	300
户县眉户曲子	300
合阳跳戏	301
东路碗碗腔皮影戏	301
华州秧歌	301
周至皮影戏	302
扶风碗碗腔皮影戏	302
同朝皮影戏	302
定边道情皮影戏	303
洋县皮影戏	303
汉阴皮影戏演技	304
旬阳道情	304
周至大玉木偶戏	305
洋县杖头木偶戏	305
眉户	306
泾阳木偶	306
朱王秧歌剧	306

旬阳八步景	307
宜川蒲剧	307
商州皮影戏	307
横山道情戏	308

5. 曲艺 ⋯⋯ 308
周至道情	308
西府曲子	309
西府道情	309
南郑县春倌说春	309
汉中曲子	309
柞水渔鼓	310
镇安渔鼓	310
长安道情	310
蒲城石羊道情	311
高陵曲子	311
横山说书	312
陕西快板	312
旬邑咪子戏	313
安康曲子	313
眉县曲子	313
漫川大调	314
周至曲子	314
蒲城走马戏	315

6. 传统体育、游艺与杂技 ⋯⋯ 315
澄城表演特技"上刀山"	315
华山拳	315
甘水坊高空耍狮子	315
李式太极拳	316
吴东无底鸳鸯秋千	316
南社秋千	317
华县填字谜接龙游戏	317

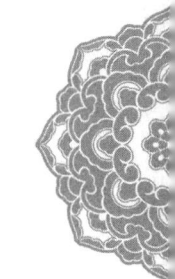

柳池芯子	317	金台罗氏彩塑彩绘	329
洛南担芯子	318	陇县染色剪纸	329
赵堡太极拳	318	宜君剪纸	330
花样跳绳	319	耀州面塑	330
周化一魔术	319	合阳纸塑窗花	331
路氏白猿通背拳	319	子洲面花	331
少摩拳	320	苗乡刺绣	331

7. 传统美术 …… 320

商州花灯 …… 331
合阳雷氏木雕艺术 …… 332

黄陵民间工匠画 …… 320
安塞民间绘画 …… 321
吴起糜粘画工艺 …… 321

8. 传统手工技艺 …… 332

黄陵面花 …… 321
定边剪纸艺术 …… 322
永寿民间剪纸 …… 322
洛川剪纸 …… 323
黄陵剪纸 …… 323
华州面花 …… 323
澄城面花 …… 324
神木面花 …… 324
洛川刺绣 …… 325
汉中民间木版图画 …… 325
周至剪纸 …… 325
朝邑剪纸 …… 326
佳县剪纸 …… 326
靖边剪纸 …… 327
绥德剪纸 …… 327
延长剪纸 …… 327
大荔刺绣 …… 327
合阳面花 …… 328
秦绣——穿罗绣 …… 328
户县民间布艺老虎 …… 329

户县秦镇大米面皮子 …… 332
阎良核雕技艺 …… 333
豆村大蜡 …… 333
狄寨竹篾子灯笼编织 …… 334
北张村传统造纸工艺 …… 334
狄寨徐文岳泥哨制作技艺 …… 334
岐山空心挂面 …… 335
岐山臊子面 …… 335
户县龙窝酒手工酿造技艺 …… 335
太白酒酿造技艺 …… 336
黄陵轩辕酒制作技艺 …… 336
武功土织布技艺 …… 337
洋县黄家营土织布技艺 …… 337
蒲城土织布技艺 …… 338
中华老字号老孙家羊肉 …… 338
中华老字号春发生葫芦 …… 338
普集烧鸡制作技艺 …… 339
西安陈氏世家金银饰器 …… 339
传统乐器手工制作技艺 …… 340
户县民间缯鼓 …… 340
秦镇杨氏木杆秤制作技艺 …… 341

起良村造纸制作技艺	341
周至三多堂纸扎制作技艺	342
渭北地坑式窑洞建筑技艺	342
上川口村锣鼓制作技艺	342
岐山王氏皮影制作技艺	343
古典插花	343
关中传统民居营造技艺	343
关中传统驯马技艺	343
民间玩具九连环制作工艺	344
泥叫叫制作技艺	344
民间竹扎技艺	344
雁塔结绳香囊	344
传统打铁技艺	345
永寿土梁油制作技艺	345
陇县花灯制作技艺	346
秦源影雕黑陶	346
传统寺庙营造技艺	346
张良庙花木手杖	346
野生山核桃工艺品制作技艺	347
杏坪皮纸制作技艺	347
中华老字号贾永信腊牛羊肉制作技艺	347
荞面饸饹制作技艺	348
耀州雪花糖	348
富平县流曲琼锅糖制作技艺	348
柿饼制作技艺	349
蒲城水盆羊肉制作技艺	349
神木传统榨油技艺	349
原公土席杂烩制作技艺	350
汉中绿茶手工制作技艺	350
佛坪竹编技艺	351
略阳罐罐茶传统手工技艺	351
白河"三点水"制作技艺	351
镇坪腊肉腌制技艺	351
黑龙口豆腐干制作技艺	352
柞水洋芋糍粑	352
9. 传统医药	352
孙思邈养生文化	352
针挑治疗扁桃体炎	353
史氏腰椎间盘整复手法	353
段氏拿骨诊疗技艺	353
郭氏中医正骨技艺	354
10. 民俗	354
临潼栎阳马踏青器山社火	354
户县社火	354
长安侯官寨社火牛老爷	355
临潼骊山女娲风俗	355
长安王曲城隍庙祭祀和庙会	356
蒋村正月民俗活动	356
耀州火亭子	357
宝鸡炎帝祭祀	357
横山牛王会	358
西安都城隍庙民俗	358
蕴空山庙会	359
医陶始祖与雷公庙会	359
香山庙会	359
西安大白杨社火芯子	360
南郑县协税高跷社火	360
丹凤高台芯子	361
跑骡车	361
上巳节风俗	362
终南山钟馗信仰民俗	362

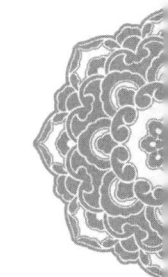

西王禹村纸台	363	陕西省民间艺术剧院	377
渭城区二月二古庙会	363	陕西省演出公司	378
彬县灯山庙会	363	西安易俗社	378
姜嫄庙会	364	陕西省社会科学界联合会	379
灵山庙会	364	陕西省文学艺术界联合会	379
龙门洞庙会	364	陕西省作家协会	380
蒲城芯子	365	陕西省美术家协会	381
船张芯子	365	陕西省书法家协会	381
二曲礼仪	365	陕西省音乐家协会	382
关中丧葬风俗礼仪	366	陕西省舞蹈家协会	382
麟游地台社火	367	陕西省戏剧家协会	383
太白高芯社火	367	陕西省曲艺家协会	383
华山庙会	367	陕西省杂技家协会	384
柞水十三花	368	陕西省电影家协会	384
漫川古镇双戏楼庙会	368	陕西省电视艺术家协会	384

三、社会文化资源 369
陕西省摄影家协会 385

（一）文化艺术机构、团体 369
陕西省民间文艺家协会 385

陕西历史博物馆	369	陕西省文艺评论家协会	386

（二）广播电视机构 386

陕西省图书馆	370	陕西广播电视集团	386
陕西省艺术馆	370	陕西广播电视台	387
陕西省美术博物馆	371	陕西省广播电视监管中心	387
陕西国画院	371	陕西省广播电视研究所	388
陕西省文物交流中心	372	陕西省音像资料馆	388
陕西省文物信息咨询中心	372	西部电影集团	389
陕西文化产业投资控股集团	373		

（三）新闻出版机构 389

陕西歌舞大剧院	374	陕西日报	389
陕西省演艺集团	374	华商报	390
陕西省歌舞剧院	375	三秦都市报	390
陕西省京剧院	376	陕西农村报	391
陕西省杂技艺术团	376	当代女报	391
陕西省人民艺术剧院	377		

西部法制报	392	西北农林科技大学	407
陕西人民出版社	392	西北大学	408
陕西人民教育出版社	393	西安电子科技大学	409
陕西人民美术出版社	393	陕西师范大学	409
陕西科学技术出版社	394	长安大学	410
太白文艺出版社	394	西安建筑科技大学	410
未来出版社	395	西安理工大学	411
三秦出版社	395	西安科技大学	412
陕西旅游出版社	396	西安工业大学	412
西安地图出版社	397	西北政法大学	413
西安出版社	397	西安石油大学	413
西安交通大学出版社	397	陕西科技大学	414
西北工业大学出版社	398	延安大学	414
西北大学出版社	398	西安外国语大学	415
西安电子科技大学出版社	399	陕西中医学院	415
陕西师范大学出版社	399	西安美术学院	416
陕西新华出版传媒集团	400	西安音乐学院	416
（四）研究机构	401	西安体育学院	417
陕西省文史研究馆	401	陕西理工学院	418
陕西省社会科学院	401	西安工程大学	418
陕西省考古研究院	402	西安邮电大学	419
陕西省文物保护研究院	402	西安财经学院	419
陕西省文化遗产研究院	403	西安文理学院	420
陕西省艺术研究所	404	西安医学院	420
陕西省教育科学研究所	404	西安航空学院	421
陕西省戏曲研究院	405	宝鸡文理学院	421
（五）高等院校	405	渭南师范学院	422
陕西省委党校	405	榆林学院	422
西安交通大学	406	商洛学院	423
西北工业大学	407	安康学院	423

陕西广播电视大学 …………… 423

甘肃卷

一、物质文化资源 427
(一)地理文化资源 427
1.自然保护区 427

连城国家级自然保护区 …………… 427
兴隆山国家级自然保护区 …………… 427
秦州珍稀水生野生动物国家级自然
　保护区 …………… 427
民勤连古城国家级自然保护区 …… 428
祁连山国家级自然保护区 …………… 428
张掖黑河湿地国家级自然保护区 …… 428
太统—崆峒山国家级自然保护区 …… 428
安西极旱荒漠国家级自然保护区 …… 428
盐池湾国家级自然保护区 …………… 429
安南坝野骆驼国家级自然保护区 …… 429
敦煌西湖国家级自然保护区 ………… 429
敦煌阳关国家级自然保护区 ………… 429
漳县珍稀水生动物国家级自然
　保护区 …………… 430
白水江国家级自然保护区 …………… 430
小陇山国家级自然保护区 …………… 430
太子山国家级自然保护区 …………… 430
莲花山国家级自然保护区 …………… 430
洮河国家级自然保护区 …………… 430
黄河首曲国家级自然保护区 ………… 431
尕海—则岔国家级自然保护区 ……… 431
芨芨泉省级自然保护区 …………… 431
崛吴山省级自然保护区 …………… 431

哈思山省级自然保护区 …………… 431
铁木山省级自然保护区 …………… 431
黄河石林省级自然保护区 …………… 432
寿鹿山省级自然保护区 …………… 432
昌岭山省级自然保护区 …………… 432
东大山省级自然保护区 …………… 432
沙枣园子省级自然保护区 …………… 432
疏勒河中下游省级自然保护区 ……… 433
马鬃山省级自然保护区 …………… 433
大苏干湖省级自然保护区 …………… 433
小苏干湖省级自然保护区 …………… 433
昌马河省级自然保护区 …………… 433
玉门南山省级自然保护区 …………… 433
干海子候鸟省级自然保护区 ………… 434
敦煌雅丹省级自然保护区 …………… 434
子午岭省级自然保护区 …………… 434
仁寿山省级自然保护区 …………… 434
贵清山省级自然保护区 …………… 434
双燕省级自然保护区 …………… 434
岷县水生生物省级自然保护区 ……… 435
裕河省级自然保护区 …………… 435
鸡峰山省级自然保护区 …………… 435
文县大鲵省级自然保护区 …………… 435
博峪河省级自然保护区 …………… 435
尖山省级自然保护区 …………… 436
康县大鲵省级自然保护区 …………… 436
礼县香山省级自然保护区 …………… 436
小陇山黑河省级自然保护区 ………… 436
刘家峡恐龙足迹群省级自然保护区 … 436
黄河三峡湿地省级自然保护区 ……… 436
插岗梁省级自然保护区 …………… 437

白龙江阿夏省级自然保护区	437	（二）世界遗产	444
多儿省级自然保护区	437	敦煌莫高窟	444
玛曲青藏高原土著鱼类省级自然		（三）全国历史文化名城、名镇、	
保护区	437	名村	444
2．风景名胜区	437	武威	444
麦积山风景名胜区	437	张掖	445
崆峒山风景名胜区	438	敦煌	445
鸣沙山—月牙泉风景名胜区	438	天水	445
3．地质公园	438	哈达铺镇	445
敦煌雅丹国家地质公园	438	青城镇	446
刘家峡恐龙国家地质公园	439	连城镇	446
景泰黄河石林国家地质公园	439	大靖镇	446
平凉崆峒山国家地质公园	439	陇城镇	447
和政古生物化石国家地质公园	440	新城镇	447
天水麦积山国家地质公园	440	金崖镇	448
张掖丹霞国家地质公园	440	街亭村	448
炳灵丹霞国家地质公园	441	胡家大庄村	448
宕昌官鹅沟地质公园	441	（四）全国重点文物保护单位	449
临潭冶力关地质公园	441	1．古遗址	449
4．矿山公园	441	大地湾遗址	449
白银火焰山国家矿山公园	441	马家窑遗址	449
金昌国家矿山公园	442	居延遗址（甘肃部分）	449
玉门油田国家矿山公园	442	玉门关及长城烽燧遗址（包括大方盘、	
5．湿地公园	442	小方盘）	450
张掖国家湿地公园	442	锁阳城遗址	450
兰州秦王川国家湿地公园	442	骆驼城遗址	451
民勤石羊河国家湿地公园	443	齐家坪遗址	451
文县黄林沟国家湿地公园	443	白塔寺遗址	451
嘉峪关草湖国家湿地公园	443	许三湾城及墓群	452
酒泉花城湖国家湿地公园	443	黑水国遗址	452
康县梅园河国家湿地公园	443	悬泉置遗址	452

南佐遗址	452	然闹遗址	461
大堡子山遗址及墓群	453	磨沟遗址	461
永泰城址	453	**2. 古墓葬**	**461**
牛门洞遗址	453	果园—新城墓群	461
八卦营城址	454	雷台汉墓	462
火烧沟遗址	454	骆驼城墓群	462
西河滩遗址	454	汪氏家族墓地	462
破城子遗址	454	明肃王墓	463
寺洼遗址	455	锁阳城墓群	463
林家遗址	455	放马滩墓群	463
八角城遗址	456	旱滩坡墓群	463
三角城遗址	456	磨咀子和五坝山墓群	464
马家塬遗址	456	高昌王和西宁王墓	464
狼叫屲遗址	456	八卦营墓群	464
李崖遗址	457	甲子墩墓群	465
东灰山遗址	457	踏实墓群	465
草沟井城址	457	**3. 古建筑**	**465**
缸缸洼遗址	457	万里长城—嘉峪关	465
火石梁遗址	458	拉卜楞寺	466
砂锅梁遗址	458	鲁土司衙门旧址	466
六工城遗址	458	兴国寺	466
西山遗址	458	武威文庙	467
牛角沟遗址	459	张掖大佛寺	467
成纪故城遗址	459	圣容寺塔	467
桥村遗址	459	伏羲庙	467
秦直道遗址庆阳段	459	胡氏古民居建筑	468
辛店遗址	460	圆通寺塔	468
石沟坪遗址	460	武康王庙	468
半山遗址	460	东华池塔	468
边家林遗址	461	凝寿寺塔	469
新庄坪遗址	461	红城感恩寺	469

永昌钟鼓楼	469
后街清真寺	469
秦安文庙	470
玉泉观	470
张掖会馆	470
西来寺	471
张掖鼓楼	471
延恩寺塔	472
湘乐砖塔	472
罗川赵氏石坊	472
兰州府城隍庙	472
五泉山建筑群	472
金天观	473
青城古民居	473
海藏寺	473
圣容寺	473
酒泉鼓楼	474
崆峒山古建筑群	474
塔儿庄塔	475
白马造像塔	475
脚扎川万佛塔	475
环县塔	475
肖金塔	476
塔儿湾造像塔	476
双塔寺造像塔	476
周旧邦木坊	476
兴隆山古建筑群	477
威远楼	477
栗川砖塔	477
洮州卫城	478

4. 石窟寺及石刻	478
麦积山石窟	478
炳灵寺石窟	478
榆林窟	479
重修护国寺感应塔碑	479
北石窟寺	479
南石窟寺	480
东千佛洞石窟	480
马蹄寺石窟群	480
水帘洞—大像山石窟	480
天梯山石窟	481
文殊山石窟	481
西狭颂摩崖石刻	481
木梯寺石窟	482
王母宫石窟	482
云崖寺和陈家洞石窟	482
《新修白水路记》摩崖	482
黑山岩画	483
文殊山后山石窟群	483
大黑沟岩画	483
五个庙石窟	483
石拱寺石窟	483
石空寺石窟	484

5. 近现代重要史迹及代表性建筑	484
会宁红军会师旧址	484
哈达铺会议旧址	484
兰州黄河铁桥	485
瑞安堡	485
灞陵桥	485
俄界会议旧址	485
八路军兰州办事处旧址	486

玉门油田老一井 …… 486	永清堡遗址 …… 491
南梁陕甘边区苏维埃政府旧址 …… 486	张罗遗址 …… 491
榜罗镇会议旧址 …… 486	西旱坪遗址 …… 491
临夏东公馆与蝴蝶楼 …… 487	毛家坪遗址 …… 491
（五）省级重点文物保护单位 …… 487	礼辛镇遗址 …… 491
1.古遗址 …… 487	川口柳家遗址 …… 491
大沙沟遗址 …… 487	东沟遗址 …… 492
杜家坪遗址 …… 487	蒋家咀遗址 …… 492
红山大坪遗址 …… 488	齐家岭遗址 …… 492
茅道岭坪遗址 …… 488	寺山遗址 …… 492
西坡圿遗址 …… 488	苏家台遗址 …… 492
曹家咀遗址 …… 488	干沟桥遗址 …… 492
马家圿遗址 …… 488	庙咀坪遗址 …… 492
灰咀圿遗址 …… 488	四坝滩遗址 …… 493
冯家坪遗址 …… 489	民勤连城城址 …… 493
格致坪遗址 …… 489	皇娘娘台遗址 …… 493
陇西梁家坪遗址 …… 489	柳湖墩遗址 …… 493
暖泉山遗址 …… 489	阳关遗址 …… 493
上坪遗址 …… 489	赵家水磨遗址 …… 493
寺坪遗址 …… 489	汉长城及沿线城障烽燧 …… 493
陇西西河滩遗址 …… 489	明长城及沿线城障烽燧 …… 494
西峪坪遗址 …… 490	崔家庄遗址 …… 494
高寺头遗址 …… 490	团庄遗址 …… 494
灰地儿遗址 …… 490	葩地坪遗址 …… 494
渭水峪遗址 …… 490	山那树扎遗址 …… 494
柴家坪遗址 …… 490	仇池故城 …… 495
樊家城遗址 …… 490	大李家坪—庙坪遗址 …… 495
付家门遗址 …… 490	冯家崖—任家坪遗址及墓葬 …… 495
观儿下遗址 …… 490	北城滩城址 …… 495
马跑泉遗址 …… 491	姚李遗址 …… 495
西山坪遗址 …… 491	长武城 …… 495

徐李碾遗址	495	王坪遗址	500
巨家塬遗址	496	杏树台遗址	500
刘家岔遗址	496	赵家遗址	500
楼房子遗址	496	夏官营城址	501
九站遗址	496	把家坪遗址	501
二将城城址	496	方家沟遗址	501
店子沟遗址	496	郭家湾遗址	501
汉子遗址	496	蒋家坪遗址	501
苟仁遗址	496	李家坪遗址	501
高庄遗址	497	三家山遗址	501
康家岭遗址	497	山城台遗址	502
小坡遗址	497	红寺遗址	502
遇村遗址	497	寺门遗址	502
西灰山遗址	497	晋家坪遗址	502
明海城遗址	497	吕家坪遗址	502
肃南皇城城址	497	水家窑遗址	502
鸾鸟城遗址	498	王家咀遗址	502
金川三角城遗址	498	温家坪遗址	503
大湾城遗址	498	徐家坪—岳家坪遗址	503
地湾城遗址	498	朱家坪遗址	503
肩水金关遗址	498	下城子城址	503
马圈湾遗址	498	苗圃园遗址	503
寿昌城遗址	499	碉堡梁遗址	503
酒泉皇城城址	499	郭蛤蟆城	504
党城遗址	499	黑城子遗址	504
石包城遗址	499	潘原故城	504
沙州城遗址	499	双堡子沟遗址	504
战国秦长城及沿线城障烽燧	499	铜场沟铜矿址	504
王家遗址	500	安口杨家沟瓷窑址	504
小茨遗址	500	鲁家原遗址	504
杨家河遗址	500	草脉殿遗址	505

古洞门遗址	505	壕北滩遗址及墓群	509
庙儿坪遗址	505	西武当瓷窑址	509
西堡子山遗址	505	张义堡城址	509
向明西坪遗址	505	端字号柴湾城址	509
阳面岭遗址	505	王景寨城址	509
余家塬遗址	505	武威锁阳城城址	509
枣林子遗址	506	红沙堡城址	509
安塬坪遗址	506	古浪三角城遗址	509
梁坡遗址	506	松山新城	509
瓦窑山遗址	506	武威满城	510
圆嘴山遗址	506	朵家梁遗址	510
彭阳古城	506	老城遗址	510
环县故城	506	罗家湾遗址	510
白马原遗址	506	茂林山遗址	510
程家川遗址	507	瓦罐滩遗址	510
川口遗址	507	沙城城址	510
东关遗址	507	水泉堡城址	510
兰沟门遗址	507	大庙城城址	510
麻家暖泉遗址	507	三个墩遗址及墓群	511
碾子塘遗址	507	西三角城遗址	511
周家遗址	507	晋昌郡城址	511
卜家崾岘遗址	507	干骨崖遗址及墓群	511
段家坪遗址	507	华年城址	511
老庄沟遗址	508	桑科城址	511
尚西坪遗址	508	牛头城遗址	512
石岭子遗址	508	阳坝城址	512
瓦岗川遗址	508	岭儿坝遗址	512
张堡遗址	508	北山坪遗址	512
羊蹄沟城址	508	大族坪遗址	512
红沙渠遗址	508	叶儿遗址	512
南城子遗址	508	下王家遗址	513

三塬遗址	513	三坪遗址	517
罗家尕塬遗址	513	西坪遗址	517
任家崖遗址	513	二十里铺大坪遗址	517
安西古城址	513	堡子山遗址	517
平西古城址	513	高家门城遗址	518
定西堡子坪遗址	513	李家坪遗址	518
西堡子遗址	514	石门遗址	518
白马关城址	514	鸡川寨遗址	518
南廓寺遗址	514	学田坪遗址	518
大坪头遗址	514	朱家庄北遗址	518
卦台山遗址	514	栏桥遗址	519
东旱坪遗址	514	鸾亭山遗址	519
西宁城遗址	515	宁家庄遗址	519
泾州古城	515	西狭古栈道遗址	519
长尾沟门遗址	515	平道地遗址	519
吴家岭遗址	515	石岭下遗址	519
甘州古城墙	515	寺咀坪遗址	519
卯来泉城堡	515	苏家峡遗址	519
民勤古城	515	甘沟驿遗址	519
四方墩遗址	515	芦沟堡遗址	520
东安堡古城	515	磨子沟三角城遗址	520
亥母寺遗址	516	崇华沟遗址	520
塔儿湾遗址	516	窠粒台遗址	520
郭家山遗址	516	石石湾遗址	520
十营庄堡址	516	大园子遗址	520
野麻湾堡遗址	516	大嘴梁遗址	521
旱湖脑遗址	516	窦家坪遗址	521
浪柴沟遗址	516	静宁古城遗址	521
冥安县城遗址	517	九功塬遗址	521
巴州古城	517	刘堡坪遗址	521
酒泉古城门	517	平头沟遗址	521

吴家沟遗址	521	朱家庄墓群	526
白马城遗址	521	徽县吴玠墓及墓碑	526
大塬遗址	522	吴挺墓及吴挺碑	526
洞洞沟遗址	522	赵充国墓	526
黑土梁遗址	522	别家沟墓群	526
姜家湾遗址	522	皇甫谧墓	526
庆阳古城遗址	522	牛僧孺墓	526
甜水城遗址	522	王景寨墓群	527
王家河遗址	522	西沙滩墓群	527
雨落坪遗址	522	乱墩子墓群	527
岔口驿堡遗址	523	东关外墓群	527
元山遗址	523	佛爷庙—新店台墓群	527
金龙坝遗址	523	祁家湾墓群	527
白山堂古铜矿遗址	523	南湖、西土沟、山水沟墓群	527
东古城遗址	523	下河清墓群	527
二道梁遗址	523	李元谅墓	528
古董滩遗址	523	狼洞子滩墓群	528
将台遗址	524	青咀喇嘛湾墓群	528
马鬃山玉矿遗址	524	崔家南湾墓群	528
潘家庄城遗址	524	将军山墓群	528
兔葫芦遗址	524	汪家湾墓群	528
威房城遗址	524	魏家庄墓群	528
转嘴子南窑址群	524	告王河墓群	529
安果遗址	525	靳寺墓群	529
果者堡遗址	525	石阳墓群	529
洮州边墙	525	庄浪吴玠墓	529
地巴坪遗址	525	东庄墓群	529
张家坪遗址	525	景村墓群	529
2. 古墓葬	525	于家湾墓群	529
巉口村墓群（包括遗址）	525	刘家沟墓群	529
东二十里铺墓群	525	胡国珍墓	530

傅介子墓	530	大坡梁—天泉寺墓群	533
王符墓	530	长沟墓群	534
燕氏家族墓地	530	王进宝墓	534
韩庄墓群	530	张嘴墓群	534
山羊堡滩墓群	530	地埂坡墓群	534
上深沟堡墓群	530	南沙窝墓群	534
双墩滩墓群	530	羊永墓群	534
王什寨墓群	531	**3．古建筑**	534
西柳沟墓群	531	白衣寺塔及白衣菩萨殿	534
永固城墓群	531	海德寺	535
砖包墩墓群	531	大云寺及唐钟	535
潘家嘴墓群	531	兰州府文庙大成殿	535
青石湾墓群	531	兴隆山卧桥	535
北新墓群	531	武山官寺	535
棺材疙瘩墓群	531	北海子塔	535
洪祥滩墓群	531	白马塔	536
东山坡墓群	532	显教寺和雷坛	536
刘正沟墓群	532	保昌楼	536
双豁路滩墓群	532	梓潼文昌帝君庙	536
长沙岭墓群	532	福津广严院	536
乱古堆墓群	532	静宁文庙	536
冥水墓群	532	华亭盘龙寺塔	536
泉子墓群	532	平凉隍庙	536
旧南干渠北石滩墓群	532	泾川隍庙	537
李氏家族墓	532	普照寺大殿	537
清水宋墓	533	辑宁楼	537
潘育龙墓	533	万寿寺	537
西五个疙瘩墓群	533	三义殿	537
南沙滩墓群	533	财神阁	537
旱台子墓群	533	东大寺	537
五坝山墓群	533	东镇大庙	538

二分大庙双楼	538	前川寺	542
天堂寺	538	文峰塔	542
下双大庙及魁星阁	538	大崇教寺	542
镇国塔	538	谈家院	543
甘肃举院	538	冯国瑞宅院	543
兰州禅院	539	贾家公馆	543
两当文庙大殿	539	秦安泰山庙	543
平洛龙凤桥	539	秦安张氏民居	543
文县文昌楼	539	秦州关帝庙	543
连腾霄宅院	539	汪氏民居	543
张庆麟宅院	539	关川道堂	544
甘谷文庙大成殿	539	仁和张氏民居	544
纪信祠	539	灵台文庙	544
蔡家寺	540	正宁文庙	544
哈锐宅院	540	吉祥寺砖塔	544
石作瑞宅院	540	马寨无量殿	544
静宁清真寺	540	莲花山塔	544
政平书房	540	王城堡魁星阁	544
东古城城楼	540	药王宫	545
张掖民勤会馆	540	禅定寺	545
红山魁星楼	541	多儿水磨群	545
上花园戏台	541	红堡子	545
张掖东仓	541	**4. 石窟寺及石刻**	545
高总兵宅院	541	哥舒翰纪功碑	545
四家魁楼	541	赵孟頫书赵世延家庙碑	545
塔院寺金塔	541	天庆观老子道德经幢	545
敦煌南仓	541	昌马石窟	546
白塔山建筑群	541	寺儿湾石窟	546
皋兰县文庙	542	承天观之碑	546
金崖古建筑群	542	保全寺—张家沟门石窟	546
李家龙宫	542	明摹刻黄庭坚云亭宴集诗碑	546

重建宋范韩二公祠堂记碑	546	腊子口战役旧址	552
莲花寺石窟	547	靖远钟鼓楼	552
修筑新子州州墙及署衙记碑	547	王孝锡烈士墓	552
西宁王忻都公神道碑	547	福音堂医院旧址	552
亦都护高昌王世勋碑	547	艾黎与何柯陵园	552
李将军碑	547	临泽红西路军烈士陵园	552
首阳山辨碑	547	雷台观	553
王仁裕神道碑	548	罗什寺塔	553
万象洞石刻题记	548	肋巴佛烈士纪念碑	553
法泉寺石窟	548	陇东中学礼堂	553
红山寺石窟	548	南下关清真寺	553
建沟石佛群	548	贾坛故居	553
玉山寺石窟	548	陆氏民居	553
榆木山岩画	549	秦氏民居	553
北山岩画	549	明水要塞遗址	554
昌马岩画	549	鸳鸯池水库	554
灰湾子岩画	549	西道堂	554
七个驴岩画	549	**6.其他**	554
丈地军粮碑	549	治平寺天圣铜钟	554
仙人崖石窟	549	慈云寺女真文铁钟	554
鲁恭姬造像碑	550	灵台明昌铁钟	554
阿尔格力太岩画	550	普照寺贞元铜钟	555
景耀寺石窟	550	下川水车	555
花大门石刻	550	二郎山明代铜钟	555
5.近现代重要史迹及代表性建筑	551	酒泉卫星发射中心导弹卫星发射场	
兰州战役旧址	551	旧址	555
华林坪革命烈士纪念塔	551	兰州水厂	555
河连湾陕甘宁省苏维埃政府旧址	551	白银露天矿旧址	555
山城堡战役旧址	551	庄浪梯田	555
抗日军政大学第七分校校部旧址	551	引大入秦灌溉工程	555
高台红西路军烈士陵园	552	茶马古道（康县段）	556

大川渡黄河水车 ………………… 556

二、非物质文化资源 ………………… 556

（一）世界非物质文化遗产 ………………… 556

甘肃花儿 ………………… 556

（二）国家级非物质文化遗产 ………………… 557

1. 民间文学 ………………… 557

河西宝卷 ………………… 557

格萨（斯）尔 ………………… 558

张掖宝卷 ………………… 558

《米拉尕黑》 ………………… 559

2. 传统音乐 ………………… 559

裕固族民歌 ………………… 559

康乐县莲花山花儿会 ………………… 560

和政县松鸣岩花儿会 ………………… 560

岷县二郎山花儿会 ………………… 560

庆阳唢呐艺术 ………………… 561

天祝华锐藏族民歌 ………………… 561

甘南藏族民歌 ………………… 562

拉卜楞寺佛殿音乐"道得尔" ………………… 562

清水道教音乐 ………………… 562

张家川花儿 ………………… 563

3. 传统舞蹈 ………………… 564

苦水高高跷 ………………… 564

兰州太平鼓舞 ………………… 564

文县池哥昼（傩舞） ………………… 564

永靖七月跳会（傩舞） ………………… 565

凉州攻鼓子（鼓舞） ………………… 566

武山旋鼓舞 ………………… 566

多地舞 ………………… 566

巴郎鼓舞 ………………… 567

巴当舞 ………………… 567

4. 传统戏剧 ………………… 568

敦煌曲子戏 ………………… 568

华亭曲子戏 ………………… 568

陇剧（道情戏） ………………… 568

环县道情皮影戏 ………………… 569

甘肃秦腔 ………………… 570

武都高山戏 ………………… 570

通渭小曲戏 ………………… 571

白银曲子戏 ………………… 571

南木特藏戏 ………………… 571

通渭影子腔 ………………… 572

5. 曲艺 ………………… 573

凉州贤孝 ………………… 573

河州贤孝 ………………… 573

兰州鼓子 ………………… 573

阿克塞县哈萨克族"阿依特斯" ………………… 574

秦安小曲 ………………… 574

河州平弦 ………………… 574

6. 传统体育、游艺与杂技 ………………… 575

庄浪高抬 ………………… 575

7. 传统美术 ………………… 575

庆阳香包绣制 ………………… 575

夜光杯雕 ………………… 575

临夏砖雕 ………………… 576

甘南藏族唐卡 ………………… 576

庆阳剪纸 ………………… 577

会宁剪纸 ………………… 577

定西剪纸 ………………… 577

8. 传统手工技艺 ………………… 578

保安族腰刀锻制技艺 ………………… 578

兰州黄河大水车制作技艺 ………………… 578

天水雕漆制作技艺	578	正宁民谣	590
东乡族擀毡技艺	579	合水民谣	590
洮砚制作技艺	579	肃北蒙古族祝赞词	590
庆阳窑洞营造技艺	580	永昌宝卷	590
永靖古建筑修复技艺	580	貂蝉传说	591
永靖生铁铸造技艺	581	苏武传说	591
天水丝毯织造技艺	581	《金瓜与银豆》	592

9. 传统医药 ……… 582　　嘉峪关故事传说 ……… 592
　甘南藏医药 ……… 582　　迭部藏族民间故事 ……… 593
10. 民俗 ……… 582　　迭部藏族民间谚语 ……… 593
　太昊伏羲祭典 ……… 582　　正宁谚语 ……… 593
　西和乞巧节 ……… 582　　平凉春官说诗 ……… 594
　永昌县"卍"字灯俗 ……… 583
　泾川西王母信俗 ……… 583　**2. 传统音乐** ……… 594
　肃北蒙古族服饰 ……… 584　　敦煌艺术—音乐技艺传承 ……… 594
　裕固族服饰 ……… 584　　临潭新城花儿会 ……… 594
　裕固族传统婚俗 ……… 585　　陇东民歌 ……… 594
　秦安女娲祭典 ……… 585　　两当号子 ……… 595
　岷县青苗会 ……… 586　　康县锣鼓草 ……… 595

（三）省级非物质文化遗产 ……… 587　康南毛山歌 ……… 595
1. 民间文学 ……… 587　　康县唢呐艺术 ……… 596
　天祝土族《格萨尔》 ……… 587　　民勤唢呐艺术 ……… 596
　陇东红色歌谣 ……… 587　　秦州唢呐艺术 ……… 596
　肃南裕固族口头文学与语言 ……… 587　永昌曲子 ……… 596
　东乡族口头文学与语言 ……… 587　卓尼土族民歌 ……… 596
　保安族口头文学与语言 ……… 588　临洮花儿 ……… 597
　岷县宝卷 ……… 588　　甘州小调 ……… 597
　康县木笼歌 ……… 588　　嘉峪关民间小调 ……… 597
　《马五哥与尕豆妹》 ……… 589　肃南蒙古族民歌 ……… 598
　《甘冬儿和杨达尔》 ……… 589　华亭打乐架 ……… 598
　古浪童谣 ……… 589　　麻家集高石崖花儿会 ……… 598
　　　　　　　　　　　　　　　白银寿鹿山道教音乐 ……… 599

灵台唢呐	599	黄河战鼓	608
牛角琴演奏	599	摆阵舞	609
陇西民歌	599	永登硬狮子舞	609
会宁民歌	600	何家营滚灯	609
静宁阿阳民歌	600	秦安蜡花舞	610
酒泉肃州、瓜州、敦煌民歌	600	陇西云阳板	610
民勤民歌	600	嘉峪关地蹦子	610
高台民歌	601	羌蕃鼓舞	611

3．传统舞蹈 …… 601

敦煌艺术—舞蹈技艺研承	601	背鼓子舞	611
荷花舞	601	跳鼓舞	611
地蹦子	602	太平鼓（五穷鼓）	611
尕巴舞	602	打花鞭	612
西固军傩	602	赶驴	612
锅庄舞	602	山丹县耍龙	612
庆城徒手秧歌	603	甘州社火	613
酒泉"福禄车"	603		
宕昌羌傩舞	603	**4．传统戏剧**	**613**
民乐顶碗舞	604	陇南影子腔	613
天祝土族安召	604	永登皮影戏	613
道台狮子	604	天水皮影戏	614
马衔山秧歌	605	灯盏头戏	614
太符灯舞	605	玉垒花灯戏	614
和政秧歌	605	正宁木偶戏	614
河州北乡秧歌	606	瓜州木偶戏	615
节子舞	606	甘州、凉州、会宁皮影戏	615
哈钦木	606	陇南高山剧	615
拉卜楞民间舞	607	邵家班子木偶戏	616
秦州夹板舞	607	凉州半台戏	616
临洮傩舞	608	西厢调	617
秦州鞭杆舞	608	民勤小曲戏	617
		崆峒笑谈	617
		三仓灯戏	618

南湖曲子戏 …… 618	秦安壳子棍 …… 626
临洮皮影戏 …… 618	天启棍 …… 626
渭源皮影戏 …… 618	**7. 传统美术** …… 627
永昌皮影戏 …… 619	敦煌艺术—美术技艺研承 …… 627
灵台木偶戏 …… 619	岷县木版窗花年画 …… 627
永昌木偶戏 …… 619	平凉剪纸 …… 627
5. 曲艺 …… 620	天水剪纸 …… 627
回族宴席曲 …… 620	白银剪纸 …… 628
春官歌演唱 …… 620	张掖剪纸 …… 628
阿肯弹唱 …… 620	兰州剪纸 …… 628
玛曲藏族民间弹唱 …… 620	马尾编荷包 …… 629
南梁说唱 …… 621	西峰泥塑 …… 629
兰州太平歌 …… 621	庆阳石雕艺术 …… 629
甘谷道情 …… 621	瓜州剪纸 …… 629
秦州小曲 …… 622	敦煌剪纸 …… 629
河池小曲 …… 622	清水剪纸 …… 630
华锐则柔 …… 622	通渭剪纸 …… 630
山梁走唱 …… 622	卓尼木雕 …… 630
顶灯说唱 …… 623	武都木雕 …… 630
陇中小曲 …… 623	武山木雕 …… 631
古浪老调 …… 623	秦州木雕 …… 631
永昌贤孝 …… 623	金塔木雕 …… 631
苦水下二调 …… 624	红古刺绣 …… 631
6. 传统体育、游艺与杂技 …… 624	天水鸿盛社秦腔脸谱 …… 631
万人扯绳赛 …… 624	天水竹雕 …… 632
崆峒派武术 …… 624	凉州水陆画 …… 632
秦腔獠牙特技 …… 624	临洮水陆画 …… 632
阿克塞哈萨克族叼羊 …… 625	阿克塞哈萨克族刺绣 …… 632
姑娘追 …… 625	临夏穆斯林建筑艺术 …… 632
二鬼打架 …… 625	华池镇庄兽雕刻艺术 …… 633
高台通背捶、八虎棍 …… 626	华锐唐卡绘画 …… 633

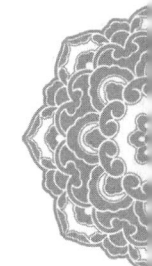

华池剪纸 …… 633	裕固族皮雕技艺 …… 640
裕固族刺绣 …… 633	擦擦佛像印版制作技艺 …… 640
甘谷木雕 …… 634	嘉峪关石砚制作技艺 …… 641
通渭木雕技艺 …… 634	武都栗玉砚制作技艺 …… 641
通渭砖雕技艺 …… 634	河州黄酒酿造技艺 …… 641

8. 传统手工技艺 …… 634

	马岭黄酒酿造技艺 …… 641
敦煌古乐器制作技艺 …… 634	角弓哑杆酒酿制技艺 …… 641
临夏刻葫芦 …… 635	岷县点心加工技艺 …… 642
兰州刻葫芦 …… 635	静宁烧鸡制作技艺 …… 642
甘谷脊兽制作技艺 …… 635	陇西腊肉制作技艺 …… 642
肃北县蒙古族马头琴制作技艺 …… 635	临夏王氏铜铸技艺 …… 642
肃北雪山蒙古族马上用具制作技艺 …… 636	岷县铜铝铸造技艺 …… 643
舟曲县织锦带 …… 636	榆中古建筑模型制作技艺 …… 643
夏河金属饰品制作技艺 …… 636	榻板房制作技艺 …… 643
兰州青城水烟制作技艺 …… 636	合水民间手工编结技艺 …… 643
西峰陶塑技艺 …… 637	镇原高粱秆灯笼制作技艺 …… 644
宁县皮影雕刻技艺 …… 637	宁县戏剧头帽制作技艺 …… 644
王录拉板糖制作技艺 …… 637	天水泥塑制作技艺 …… 644
平凉纸织画工艺 …… 637	岷县传统织麻布技艺 …… 644
安口陶瓷制作技艺 …… 638	临洮脊兽制作技艺 …… 644
敦煌彩塑制作技艺 …… 638	裕固族织褐子 …… 645
礼县井盐制作工艺 …… 638	民勤毛毡制作技艺 …… 645
竹篮寨泥玩具制作技艺 …… 638	王氏镰刀制作技艺 …… 645

9. 传统医药 …… 645

寺台造纸术 …… 639	灵台县皇甫谧针灸术 …… 645
红古黑陶制作技艺 …… 639	华锐藏医藏药 …… 646
东乡族钉匠工艺 …… 639	北塬金氏接骨术 …… 646
通渭脊兽制作技艺 …… 639	西峰王氏正骨法 …… 646
通渭草编技艺 …… 639	曹氏中医正骨法 …… 646
西固铁芯子制作技艺 …… 639	李天套中医骨伤治疗技艺 …… 646
皋兰县铁芯子制作技艺 …… 640	
秦安麦秆编织技艺 …… 640	

10. 民俗	647	麦积高抬	657
博峪采花节	647	巴寨朝水节	657
夏河县香浪节	647	甘州黄河灯阵	657
合水面塑风俗	647	高台黄河灯阵	658
兰州羊皮筏子	648	民勤骆驼客	658
陇东窑洞民居文化	648	卓尼藏族服饰	658
裕固族人生礼仪	648	三、社会文化资源	659
十八路湫神祭典	648	（一）文化艺术机构、团体	659
公刘祭典	649	甘肃省博物馆	659
周祖祭典	649	甘肃省图书馆	659
插箭节	649	甘肃省文化馆	660
临洮县拉扎节	649	甘肃画院	661
阿克塞哈萨克族毡房	650	甘肃省文化产业发展集团	661
天祝土族婚俗	650	甘肃大剧院	662
七月官神会	650	甘肃演艺集团有限责任公司	663
兰州清汤牛肉面	651	甘肃省话剧院	663
正月十九迎婆婆	651	甘肃省歌舞剧院	664
甘南藏族服饰	651	甘肃省秦腔艺术剧院	664
华锐藏族服饰	652	甘肃省歌剧院	665
甘南藏族婚俗	652	甘肃省陇剧院	666
兰州"天把式"	653	甘肃省曲艺团	666
窑街"福"字灯会	654	甘肃省京剧团	667
岷县九宫八卦灯会	654	甘肃省杂技团	667
金塔乡黄河灯会	654	甘肃省文学艺术界联合会	668
裕固族剪马鬃	654	甘肃省作家协会	668
裕固族祭鄂博	655	甘肃省美术家协会	669
天干吉祥节	655	甘肃省书法家协会	669
首阳山伯夷叔齐祭祀	655	甘肃省音乐家协会	670
华锐藏族婚俗	655	甘肃省舞蹈家协会	670
东山转灯	656	甘肃省戏剧家协会	671
毛兰木法会	657	甘肃省曲艺家协会	672

甘肃省杂技家协会	672
甘肃省电影艺术家协会	672
甘肃省电视艺术家协会	673
甘肃省摄影家协会	673
甘肃省民间文艺家协会	674
甘肃省文艺评论家协会	674

（二）广播电视机构 675

甘肃省广播电影电视总台	675
甘肃电视台	675
甘肃人民广播电台	676
甘肃省广播电视网络股份有限公司	676
兰州电影制片厂	677

（三）新闻出版机构 678

甘肃日报	678
兰州晨报	678
西部商报	679
甘肃农民报	680
甘肃法制报	680
甘肃经济日报	681
读友报	681
鑫报	681
读者出版集团	682
甘肃人民出版社	683
甘肃民族出版社	683
敦煌文艺出版社	684
甘肃少年儿童出版社	684
甘肃教育出版社	685
甘肃科学技术出版社	685
甘肃人民美术出版社	686
甘肃省音像出版社	686
甘肃文化出版社	687
兰州大学出版社	687
飞天出版传媒集团	688

（四）社会科学研究、咨询机构 688

甘肃省人民政府文史研究馆	688
甘肃省社会科学院	689
敦煌研究院	690
甘肃省文化艺术研究所	690
甘肃省文物考古研究所	691
甘肃简牍博物馆	692
甘肃省文物保护维修研究所	692
麦积山石窟艺术研究所	693
甘肃炳灵寺文物保护研究所	693
甘肃北石窟寺文物保护研究所	694
甘肃大地湾文物保护研究所	694
甘肃省民族研究所	694
甘肃省藏学研究所	695
甘肃省教育科学研究所	696

（五）高等院校 696

中共甘肃省委党校	696
兰州大学	697
西北师范大学	698
兰州交通大学	698
兰州理工大学	699
甘肃农业大学	699
西北民族大学	700
兰州商学院	700
甘肃中医学院	701
兰州城市学院	702
甘肃政法学院	702
兰州文理学院	703
兰州工业学院	703

天水师范学院	704	贺兰山北武当地质公园	714
陇东学院	705	4. 矿山公园	714
河西学院	705	石嘴山国家矿山公园	714
甘肃民族师范学院	706	5. 湿地	715
甘肃广播电视大学	706	银川国家湿地公园	715
		宝湖国家城市湿地公园	715

宁夏卷

		石嘴山星海湖国家湿地公园	715
一、物质文化资源	709	吴忠黄河国家湿地公园	716
（一）地理文化资源	709	黄沙古渡国家湿地公园	716
1. 自然保护区	709	青铜峡鸟岛国家湿地公园	716
贺兰山国家级自然保护区	709	中宁天湖国家湿地公园	717
六盘山国家级自然保护区	709	固原清水河国家湿地公园	717
沙坡头国家级自然保护区	710	鹤泉湖国家湿地公园	717
灵武白芨滩国家级自然保护区	710	太阳山国家湿地公园	717
哈巴湖国家级自然保护区	710	贺兰金马河湿地公园	718
西吉火石寨自然保护区	711	中卫腾格里湿地公园	718
云雾山自然保护区	711	（二）文化生态保护区	718
罗山国家级自然保护区	711	六盘山花儿文化生态保护区	718
海原南华山自然保护区	711	（三）国家历史文化名城、名镇、	
沙湖自然保护区	712	名村	718
青铜峡水库湿地自然保护区	712	银川	718
党家岔自然保护区	712	中卫市香山乡南长滩村	719
石峡沟泥盆系剖面自然保护区	712	（四）全国重点文物保护单位	719
2. 风景名胜区	713	1. 古遗址	719
西夏王陵风景名胜区	713	水洞沟遗址	719
须弥山石窟风景名胜区	713	开城遗址	719
泾河源风景名胜区	713	鸽子山遗址	720
3. 地质公园	714	张家场古城	720
西吉火石寨国家地质公园	714	灵武窑遗址	720
灵武国家地质公园	714	照壁山铜矿遗址	720
		菜园村遗址	721

页河子遗址 …… 721
固原古城遗址 …… 721
七营北嘴古城 …… 721
省嵬城遗址 …… 722
柳州城址 …… 722
兴武营遗址 …… 722
大营遗址 …… 722
2. 古墓葬 …… 722
西夏王陵 …… 722
固原北朝隋唐墓地 …… 723
窨子梁唐墓 …… 723
3. 古建筑 …… 723
同心清真大寺 …… 723
拜寺口双塔 …… 723
一百零八塔 …… 724
承天寺塔 …… 724
董府 …… 724
宏佛塔 …… 725
康济寺塔 …… 725
鸣沙洲塔 …… 725
银川玉皇阁 …… 725
纳家户清真寺 …… 726
田州塔 …… 726
平罗玉皇阁 …… 726
中卫高庙 …… 726
海宝塔 …… 727
4. 石窟寺及石刻 …… 727
贺兰山岩画 …… 727
须弥山石窟 …… 727
5. 近现代重要史迹及代表性建筑 …… 728
将台堡革命旧址 …… 728

6. 其他（包括一些重要的文物）…… 728
鎏金铜牛 …… 728
回首卧式错金银铜羊 …… 728
胡旋舞石刻墓门 …… 728
石雕力士志文支座 …… 729
红陶和琉璃五角花冠迦陵频伽 …… 729
鎏金银壶 …… 729
西夏竹雕 …… 729
琉璃鸱吻 …… 730
石螭首 …… 730

（五）自治区级重点文物保护单位 …… 730
1. 古遗址 …… 730
高仁镇新石器遗址 …… 730
周家嘴头新石器遗址 …… 730
韦州古城 …… 730
黄铎堡古城 …… 730
宁夏明长城 …… 731
果家山遗址 …… 731
南磁湾恐龙化石 …… 731
大水沟西夏遗址 …… 731
大西峰沟西夏遗址 …… 731
滚钟口西夏遗址 …… 731
四眼井遗址 …… 731
下河沿瓦窑遗址 …… 732
凉殿峡遗址 …… 732
瓦亭古城 …… 732
红城水古城址 …… 732
北破城古城 …… 732
耳朵城古城址 …… 732
凤凰古城址 …… 733
火家集古城址 …… 733
彭阳古城址 …… 733

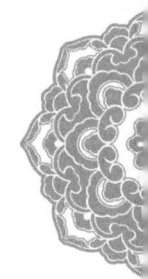

偏城古城遗址	733	中卫鼓楼	738
沙嘴城古城	733	南门楼	738
硝河古城址	733	**4. 石窟寺及石刻**	738
西安州古城	734	石空寺石窟	738
干城子古遗址	734	无量山石窟	739
花马池古城址	734	火石寨石窟	739
石沟驿古城址	734	石窑寺石窟	739
铁柱泉古城址	734	石窑湾石窟	739
镇北堡古城址	734	天都山石窟	739
昊王渠遗址	734	干沟题刻	739
老盐城古城址	735	四眼井岩画	740
城阳古城址	735	大西峰沟岩画	740
盐城古城址	735	大麦地岩画	740
贺兰口沟遗址	735	黄羊湾岩画	740
回民巷窑址	735	石马湾岩画	740
2. 古墓葬	735	白芨沟赭色岩画	740
明王陵	735	大水沟题记	741
关马湖汉墓	736	石灰窑石刻	741
暖泉汉墓	736	**5. 近现代重要史迹及代表性建筑**	741
兵沟汉墓群	736	高庄滩红军西征遗迹	741
东塔古墓群	736	财神楼	741
3. 古建筑	736	城隍庙	741
镇河塔	736	二十里铺拱北	742
岳飞送张紫岩北伐诗碑	737	板桥道堂	742
璎珞宝塔	737	洪岗子道堂	742
贺兰山石刻塔	737	九彩坪拱北	742
银川钟鼓楼	737	文澜阁	742
华严塔	737	单南清真寺	743
牛首山寺庙群	737	马月波寨子	743
平罗钟鼓楼	738	沙沟回教陵园	743
武当庙	738	民国宁夏政府旧址	743

李塬畔革命旧址 …… 743	（二）自治区级非物质文化遗产项目 …… 752
小岔沟革命旧址 …… 743	1．民间文学 …… 752
二、非物质文化遗产资源 …… 744	西吉社火春官词 …… 752
（一）国家级非物质文化遗产项目 …… 744	平罗民间故事 …… 753
1．民间文学 …… 744	2．传统音乐 …… 753
回族民间故事 …… 744	回族口弦 …… 753
2．传统音乐 …… 744	马鞍山甘露寺佛教音乐 …… 753
宁夏回族山花儿 …… 744	3．传统舞蹈 …… 754
回族民间器乐 …… 745	舞狮 …… 754
北武当庙寺庙音乐 …… 745	舞龙 …… 754
3．传统戏剧 …… 746	隋唐秧歌 …… 754
秦腔 …… 746	回族踏脚 …… 755
4．曲艺 …… 746	黄羊钱鞭 …… 755
宁夏小曲 …… 746	辛家高跷 …… 755
5．传统美术 …… 747	4．传统戏剧 …… 756
杨氏家族泥塑 …… 747	皮影 …… 756
回族剪纸 …… 747	5．曲艺 …… 756
砖雕（固原砖雕）…… 748	石嘴山宝卷 …… 756
6．传统手工技艺 …… 748	宁夏民间说唱 …… 757
砚台制作技艺（贺兰砚制作技艺）…… 748	6．杂技与竞技 …… 758
滩羊皮鞣制工艺（二毛皮制作技艺）…… 748	何家棍 …… 758
7．传统医药 …… 749	南营武术杂技 …… 758
回族医药（张氏回医正骨疗法）…… 749	打梭 …… 758
回族医药（回族汤瓶八诊疗法）…… 749	方棋 …… 759
回族医药（陈氏回族医技十法）…… 750	泾源回族"赶牛" …… 759
8．民俗 …… 750	回族武术——鱼尾剑 …… 760
回族服饰 …… 750	张家枪 …… 760
隆德县高台马社火 …… 751	魔术——仙人摘豆 …… 760
回族传统婚俗 …… 751	杂技——飞叉 …… 761
同心莲花山青苗水会 …… 752	回族杨氏拳 …… 761

7. 传统美术	761	宁夏文化馆	772
民间绘画（平罗县、隆德县）	761	宁夏书画院	772
刺绣	762	宁夏文化产业投融资有限公司	773
张喆生篆刻	762	宁夏大剧院	773
木雕	763	宁夏演艺集团	774
隆德民间社火脸谱	763	宁夏京剧团	774
六盘山木版年画	763	宁夏歌舞剧院	775
8. 传统手工技艺	764	宁夏话剧团	776
黄渠桥羊羔肉制作技术	764	宁夏秦腔剧团	776
枸杞传统栽培技术	764	宁夏固原博物馆	777
中宁蒿籽面	765	宁夏文学艺术界联合会	777
草编	765	宁夏作家协会	778
擀毡	765	宁夏音乐家协会	778
箍窑	765	宁夏舞蹈家协会	779
手工地毯制作	766	宁夏戏剧家协会	780
六盘山抟土瓦塑制作技艺	766	宁夏美术家协会	780
老毛手抓羊肉制作技艺	766	宁夏书法家协会	781
羊皮筏子制作技艺	767	宁夏摄影家协会	781
羊羔酒酿造技艺	767	宁夏民间文艺家协会	781
纸织画	767	宁夏曲艺杂技家协会	782
王氏泥人制作技艺	768	宁夏电影电视家协会	782
9. 民俗	768	（二）广播电视机构	783
祭河神	768	宁夏广播电视总台	783
六盘山九龙莲花池祭祀民俗	768	宁夏人民广播电台	784
隆德民间祭山	769	宁夏电视台	784
中卫香山水会	769	宁夏电影制片厂	785
北武当庙寺庙庙会	770	（三）新闻出版机构	785
三、社会文化资源	770	宁夏日报	785
（一）文化艺术机构、团体	770	新消息报	786
宁夏博物馆	770	黄河出版传媒集团	786
宁夏图书馆	771	宁夏人民出版社	787

宁夏人民教育出版社	788	三江源国家级自然保护区	802
阳光出版社	788	青海祁连山省级自然保护区	803
宁夏黄河电子音像出版社	789	青海诺木洪省级自然保护区	803
宁夏新华书店	789	青海大通北川河源区省级自然保护区	803

（四）社科研究咨询机构　790
宁夏文史研究馆　790
宁夏社会科学院　790
宁夏社会科学界联合会　791
宁夏民族艺术研究所　791
宁夏文物考古研究所　792
宁夏岩画研究院　792
宁夏回族医药研究所　793

（五）高等院校　793
中共宁夏回族自治区委员会党校　793
宁夏大学　794
宁夏医科大学　795
北方民族大学　795
宁夏师范学院　796
宁夏理工学院　797
宁夏艺术职业学院　797
宁夏广播电视大学　797

青海卷

一、物质文化资源　801
（一）地理文化资源　801
1. 自然保护区　801
循化孟达国家级自然保护区　801
青海湖国家级自然保护区　801
隆宝滩国家级自然保护区　802
可可西里国家级自然保护区　802

克鲁克湖—托素湖省级自然保护区　803
柴达木梭梭林省级自然保护区　804
格尔木胡杨林省级自然保护区　804

2. 风景名胜区　805
青海湖国家级风景名胜区　805

3. 地质公园　805
青海尖扎坎布拉国家地质公园　805
青海久治年宝玉则国家地质公园　805
青海格尔木昆仑山国家地质公园　805
青海互助嘉定国家地质公园　806
青海贵德国家地质公园　806
青海青海湖国家地质公园　806
青海玛沁阿尼玛卿山国家地质公园　807

4. 矿山公园　807
青海格尔木察尔汗盐湖国家矿山公园　807

5. 湿地公园　807
青海省贵德黄河清国家湿地公园　807

6. 森林公园　807
青海坎布拉国家森林公园　807
青海北山国家森林公园　808
青海大通国家森林公园　808
青海群加国家森林公园　809
青海仙米国家森林公园　809
青海哈里哈图国家森林公园　809
青海麦秀国家森林公园　809

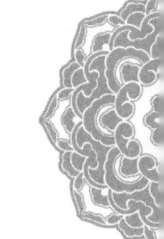

（二）文化生态保护区	810	隆务寺	818
热贡文化生态保护实验区	810	贵德文庙及玉皇阁	819
（三）全国历史文化名城、名镇、名村	811	藏娘佛塔及桑周寺	819
		格萨尔三十大将军灵塔和达那寺	819
同仁县	811	却藏寺	820
街子镇	811	夏琼寺	820
郭麻日村	811	文都寺及班禅大师故居	820
电达村	811	旦斗寺	821
班前村	812	佑宁寺	821
大庄村	812	洪水泉清真寺	821
拉则村	812	保安古屯田寨堡古建筑群	821
（四）全国重点文物保护单位	812	东关清真大寺	821
1.古遗址	812	赛宗寺	822
马厂塬遗址	812	文昌庙	822
西海郡故城遗址	813	珍珠寺	822
喇家遗址	813	拉加寺	822
塔温搭里哈遗址	814	石藏寺	822
柳湾遗址	814	阿河滩清真寺	822
沈那遗址	814	撒拉族清真寺古建筑群	822
宗日遗址	815	湟源城隍庙	823
塔里他里哈遗址	815	药草台寺	823
虎台遗址	815	4.石窟寺及石刻	823
门源古城	815	贝大日如来佛石窟寺和勒巴沟摩崖	823
贡萨寺旧址和宗喀巴大殿	815	和日寺石经墙	824
2.古墓葬	816	5.近现代重要史迹及代表性建筑	824
热水墓群	816	第一个核武器研制基地旧址	824
玉树古墓群	816	新寨嘉那嘛呢	824
街子拱北	817	循化西路红军革命旧址	825
3.古建筑	817	天佑德酒作坊	825
塔尔寺	817	青藏公路建设指挥部旧址（将军楼）	825
瞿昙寺	818		

（五）省级重点文物保护单位 …………… 826

1．古遗址 …………………………… 826

巴州遗址 …………………………… 826
朱家寨遗址 ………………………… 826
白崖子遗址 ………………………… 826
汉庄子遗址 ………………………… 826
蒲家墩遗址 ………………………… 826
小塬遗址 …………………………… 826
巴燕遗址 …………………………… 827
总寨遗址 …………………………… 827
曲沟古城 …………………………… 827
希里沟古城 ………………………… 827
香日德古城 ………………………… 827
南塬遗址 …………………………… 827
山城遗址 …………………………… 827
松树庄遗址 ………………………… 828
阳洼坡遗址 ………………………… 828
马聚塬遗址 ………………………… 828
罗巴塬遗址 ………………………… 828
黑鼻崖遗址 ………………………… 828
清水河遗址 ………………………… 829
本巴口遗址 ………………………… 829
豆尔加阴坡遗址 …………………… 829
下哇台遗址 ………………………… 829
张卡山遗址 ………………………… 829
下柴开遗址 ………………………… 829
托勒台遗址 ………………………… 829
胡热热遗址 ………………………… 829
白崖子沟遗址 ……………………… 829
本布台遗址 ………………………… 830
后子河遗址 ………………………… 830
石家营（丙）遗址 ………………… 830
下排园艺场遗址 …………………… 830
羊曲十八档遗址 …………………… 830
兔儿滩东遗址 ……………………… 830
拉毛遗址 …………………………… 831
乔什旦遗址 ………………………… 831
三其遗址 …………………………… 831
长宁遗址 …………………………… 831
三合（乙）遗址 …………………… 831
肖家遗址 …………………………… 831
新尼（乙）遗址 …………………… 831
下孙家寨遗址 ……………………… 831
张尕遗址 …………………………… 831
尕马卡遗址 ………………………… 832
仓库遗址 …………………………… 832
尕义香更遗址 ……………………… 832
狼舌头遗址 ………………………… 832
南坎沿（乙）遗址 ………………… 832
堂尔亥来遗址 ……………………… 832
晁马家遗址 ………………………… 833
西坪遗址 …………………………… 833
瓦窑台（甲）遗址 ………………… 833
西杏园遗址 ………………………… 833
张家（丙）遗址 …………………… 833
花园台遗址 ………………………… 834
东村遗址 …………………………… 834
石家营（丙）遗址 ………………… 834
庙后台遗址 ………………………… 834
大通苑（乙）遗址 ………………… 834
寺沟遗址 …………………………… 834
寺台遗址 …………………………… 834

条目	页码	条目	页码
平乐（甲）遗址	834	靳家台遗址	838
山城遗址	835	北向阳古城	838
高家遗址	835	破塌城	838
八寺崖遗址	835	冬次多古城	839
白土庄遗址	835	大小方台	839
白崖（丙）遗址	835	金巴台古城	839
东干木遗址	835	塌城	839
丰台（甲）遗址	835	丹阳古城	839
古格滩南坎遗址	835	十八千米处古三角城	839
贺家庄遗址	835	乐都县黑古城	839
勒加遗址	836	藏盖古城	840
拉卡石树湾遗址	836	白城子	840
龙哇切吾遗址	836	湟中县黑古城	840
麻洞门遗址	836	切吉古城	840
马汉台西坎沿遗址	836	铁城山古城	840
马克堂遗址	836	正东巴古城	840
南海殿遗址	836	支东加拉古城	840
祁家庄遗址	836	罗哇村场后台遗址	841
群科加拉古城西遗址	837	共和县黑古城	841
双二东坪遗址	837	尕海古城	841
寺台遗址	837	龙曲古城	841
塔格尕当遗址	837	夏塘古城	841
塔干遗址	837	应龙城	841
唐加里遗址	837	莫草得哇遗址	841
团结遗址	837	伏俟城	842
下石城遗址	837	克图古城	842
新麻遗址	838	科哇古城	842
夏塘台遗址	838	文都古城	842
西台遗址	838	边墙	842
崖头沿遗址	838	尕让古城	843
朱乃亥台遗址	838	南滩古城	843

瓦家古城 …… 843	八宝镇狼舌头古城址 …… 848
鸿化寺古城 …… 843	浩门大通城 …… 848
斗后宗古城 …… 843	黑古城三古城 …… 849
班家湾遗址 …… 843	拉乙亥遗址 …… 849
龙山遗址 …… 844	嘎白塔及古渡口 …… 849
善马沟遗址 …… 844	吾扎部落遗址 …… 849
南古城 …… 844	宦觉寺旧址及白扎寺 …… 850
北古城 …… 844	保安古城 …… 850
赤岭遗址 …… 844	郭麻日古寨 …… 850
西纳寺遗址 …… 844	尕队遗址 …… 850
科尔林昂索古堡 …… 844	莫哈特遗址 …… 850
西宁古城墙香水园段 …… 844	金泉城址 …… 851
湟中边墙遗址 …… 845	科日遗址 …… 851
永安城 …… 845	夏尔雅马可布遗址 …… 851
小柴旦遗址 …… 845	拉德六社遗址 …… 851
三岔口遗址 …… 845	海日纳遗址 …… 851
崖家坪遗址 …… 845	羊胸沟口城址 …… 851
胡李家遗址 …… 845	大水塘遗址 …… 851
加木格尔滩古城址 …… 846	月楼石崖遗址 …… 852
克才城址 …… 846	子木山城址 …… 852
杨家古城遗址 …… 846	长江七渡口遗址 …… 852
苏家堡古城 …… 846	囊谦千户府邸遗址 …… 852
班沙尔边墙 …… 846	陈家遗址 …… 852
哈拉库图古城 …… 846	哈家遗址 …… 852
鄂家遗址 …… 847	黑城子城址 …… 852
鲍家遗址 …… 847	酒坊坪遗址 …… 853
其后昂古城 …… 847	**2. 古墓葬** …… 853
北庄古城堡 …… 847	端巴营墓群 …… 853
西王母寺、石室遗址 …… 847	吴仲墓群 …… 853
纳赤台遗址 …… 848	总寨墓群 …… 853
峨堡古城 …… 848	多巴墓群 …… 853

杜家庄墓群	853	上滩墓地	857
考肖图古墓	853	上卡庙沟墓地	857
刘家寨墓群	853	加羊墓群	857
彭家寨墓群	853	大园山东侧墓葬	857
英德尔古墓	854	囊谦王族墓地	857
白崖子墓群	854	祁土司始祖墓	857
高寨墓群	854	索拉台墓群	857
陶家寨墓群	854	扎西庄墓群	857
汪家庄墓群	854	古城崖汉墓群	858
烧人沟墓地	854	**3. 古建筑**	**858**
年都乎墓地	854	西来寺	858
瓦窑嘴墓地	854	文庙	858
尕马堂东台墓地	854	关帝牌坊	858
关塘村墓地	855	白马寺	858
勒合加墓地	855	鼓楼	858
如什其墓地	855	五峰寺	859
大湾口墓地	855	积善塔	859
德州墓地	855	科哇清真大寺	859
棺材沟墓地	855	孟达清真寺	859
尕山墓群	855	南禅寺	859
尕什在来墓地	856	杨宗寺	859
加玛山墓地	856	旦麻古塔	860
蚂蚁嘴墓地	856	高庙八卦楼	860
羌隆沟墓地	856	清水清真寺	860
日干墓地	856	赛拉亥寺	860
三十里铺墓地	856	苏志清真寺	860
香让北坎沿墓地	856	张尕清真寺	861
下西台墓地	856	赵家寺	861
哇龙山墓地	856	城隍庙	861
干果羊下庄墓地	856	贡巴昂	861
沙索麻墓地	857	关帝庙	861

尕让白马寺	861	瓜什则寺	866
尕让寺	862	浩门镇南关清真寺	866
古日寺	862	龙喜寺	866
罗汉堂寺	862	乜那寺	867
塘尔垣寺	862	能科德千寺	867
大佛寺	862	智钦寺	867
尕藏寺	862	囊拉千户院	867
结古寺	863	囊拉赛康	867
赛达寺	863	南宗寺	867
嘎丁寺	863	仙米寺	867
古雷寺	863	香日德寺	868
红卡寺	863	新寺	868
会宁寺	863	奄古录拱北	868
喀德卡哇寺	863	乙沙尔清真寺	868
拉布寺	863	珠固寺	868
石沟寺	864	张经寺	868
塔撒坡清真寺	864	藏式雕楼建筑群	868
王佛寺	864	扎藏寺	869
夏宗寺	864	当卡寺	869
羊官寺	864	嘎然寺	869
支哈加寺	865	群则寺	869
智钦寺	865	唐龙寺	869
张沙寺	865	城隍庙	869
总寨堡及门楼	865	东塬古塔	869
西宁宏觉寺街古建筑群	865	王屯龙王庙	869
白玉寺	865	更钦·久美旺博昂欠	870
查朗寺	865	火祖阁	870
东科寺	866	隆务清真大寺	870
当头寺	866	曲格寺	870
岗察寺	866	清泉下拱北	871
广惠寺	866	下阴田清真寺	871

乙什扎寺	871	一世夏日仓故居	879
山陕会馆	871	卓木其格秀拉康及藏式碉楼群	879
班沙尔关帝庙	871	布由藏式碉楼	879
宏善寺	872	吉日沟古塔	879
马营清真大寺	872	东囊喇钦寺	879
街子撒拉千户院	872	隆宝百户府邸	880
孟达撒拉族古民居群	873	然格寺	880
合然寺	873	**4. 石窟寺及石刻**	880
威远镇文昌阁	873	北禅寺	880
扎隆寺	873	巴哈莫力岩刻	880
姚马村龙王庙	874	哈龙沟岩画	880
互助总寨关帝庙	874	舍卜齐沟岩画	880
松多乡慧宁寺	874	岗龙沟石窟寺	881
甘禅寺	874	岗龙沟岩画	881
白佛寺	875	湖李木沟岩画	881
阿柔大寺	875	鲁茫沟岩画	881
沙陀寺	875	切吉岩画	881
千卜录寺	876	寺台石窟寺	881
鲁仓寺	876	水峡石刻	881
也龙寺	876	然吾沟石窟及经堂	881
禅古寺	876	洛多杰智合寺及其石窟	881
王家寺	877	当旦石经墙及佛塔	882
二郎庙	877	湟源峡题字石刻	882
圆通寺	877	夏日哈石经墙	882
西关寺	877	江欠甘珠尔石经墙	882
古浪仓故居	878	新寺摩崖石刻	883
康杨清真寺	878	察汗特买图岩画	883
香扎寺	878	梅陇岩画	883
李九村古建筑群	878	野牛沟岩画	883
侍郎庙	878	**5. 近现代重要史迹及代表性建筑**	883
宗喀巴母亲故居	878	西宁烈士陵园	883

孙中山先生纪念堂及纪念碑 ……	883
馨庐 ……	884
子木达红军长征标语 ……	884
红军哨所 ……	884
扎洛村 ……	884
尕让千户院 ……	884
湟源小学堂 ……	884
江日堂寺 ……	884
十世班禅故居 ……	884
夏日乎寺 ……	885
昨那寺 ……	885
支扎昂索院 ……	885
福音堂 ……	885
青海省委旧址 ……	886
甘都鸳鸯蝴蝶楼 ……	886
刚察大寺 ……	886
河阴清真寺 ……	887
太平村文昌庙 ……	887
德欠寺 ……	887
德庆寺 ……	887
尕毛寺 ……	888
原江南县政府旧址 ……	888
拉卡寺 ……	888
毛泽东主席塑像 ……	888
嘎珠寺 ……	889
英雄地中四井 ……	889
长江源头第一桥旧址 ……	889
都兰寺 ……	889
根郭群培故居 ……	889
大通城关文庙 ……	890
九天玄女庙 ……	890
阿哇寺 ……	890

多杰宗寺 ……	890
达参寺 ……	890
却毛寺 ……	890
当家寺 ……	891
塔秀寺 ……	891
俄合萨寺 ……	891
科才寺 ……	891
上庄清真大寺 ……	891
东沙河清真寺 ……	892
萨尤寺 ……	892
隆格寺 ……	892
阿绕寺 ……	892
龙恩寺 ……	892
康囊寺 ……	892
广福寺 ……	893

6. 其他

骆驼泉 ……	893
三十灵塔 ……	893
通海四联大磨坊 ……	893
看多油坊及水磨 ……	893
天格力贝壳梁化石点 ……	894
鱼卡硅化木化石点 ……	894
小高陵梯田 ……	894
多伦多盐场 ……	894
万丈盐桥 ……	894

二、非物质文化资源 …… 895

（一）世界非物质文化遗产 …… 895

热贡艺术 …… 895

（二）国家级非物质文化遗产 …… 896

1. 民间文学

格萨尔 …… 896

拉仁布与吉门索	896	玉树武士舞	910
康巴拉伊	897	4. 传统戏剧	910
汗青格勒	897	黄南藏戏	910
藏族婚宴十八说	898	青海马背藏戏	911
阿尼玛卿雪山传说	898	河湟皮影戏	911
骆驼泉传说	899	5. 曲艺	912
祁家延西	899	青海平弦	912
2. 传统音乐	900	青海越弦	912
老爷山花儿会	900	青海下弦	913
丹麻土族花儿会	900	西宁贤孝	913
七里寺花儿会	900	6. 传统体育、游艺与杂技	914
瞿昙寺花儿会	901	南山射箭	914
藏族拉伊	901	玉树赛马会	915
玉树藏族民歌	902	土族轮子秋	915
回族宴席曲	902	7. 传统美术	916
藏族扎木聂弹唱	903	土族盘绣	916
青海藏族唱经调	903	塔尔寺酥油花	916
青海汉族民间小调	903	湟源排灯	917
塔尔寺花架音乐	904	泽库和日寺石刻	917
撒拉族民歌	904	果洛德昂洒智	918
蒙古族民歌（海西蒙古族民歌）	905	湟中堆绣	918
藏族酒曲	905	8. 传统手工技艺	919
3. 传统舞蹈	906	加牙藏族织毯技艺	919
玉树卓舞（锅庄舞）	906	藏族黑陶烧制技艺	919
土族於菟舞	906	藏刀锻制技艺	920
藏族螭鼓舞	907	撒拉族篱笆楼营造技艺	920
尚尤则柔	907	银铜器制作及鎏金工艺	921
玉树依舞（弦子舞）	908	同仁刻版印刷技艺	922
称多白龙卓舞（锅庄舞）	908	藏家碉楼营造技艺	922
囊谦卓干玛	909	藏族鎏钴技艺	923
土族安召舞	909		

9.传统医药	923	岗格尔肖合力雪山传说	936
藏医药浴疗法	923	西王母石室传说	937
藏药阿如拉炮制技艺	923	扎陵湖和鄂陵湖的传说	937
七十味珍珠丸赛太炮制技艺	924	2.传统音乐	937
藏医放血疗法	924	民和土族婚礼歌	937
10.民俗	925	格吉萨三扎	937
土族纳顿节	925	青海民间弦索音乐	938
热贡六月会	925	阿柔逗曲	938
土族婚礼	926	郭米则柔	939
撒拉族婚礼	927	土族宴席曲	939
九曲黄河灯俗	927	青海花儿曲令	939
青海湖祭海	928	隆务寺佛教音乐	940
湟中县千户营高台	929	同仁嘛呢调	940
玉树藏族服饰	930	南佛山花儿会	940
土族服饰	930	青海蒙古族长调音乐	940
撒拉族服饰	931	南宗尼姑寺诵经乐	941
海西蒙古族那达慕	932	土族民间歌曲"库咕茄"	941
华热藏族服饰	932	3.传统舞蹈	941
(三)省级非物质文化遗产	932	大通傩舞老秧歌	941
1.民间文学	932	大通蛙图腾祭祀舞"四片瓦"	942
财宝神	932	海南宗教法舞(鹿舞)	942
撒拉族谚语、歇后语	933	苯教法舞	943
年宝玉则雪山神话传说	933	热贡"羌姆"	943
海西藏族民间谚语	933	大头罗汉戏柳翠	943
河湟民族民间故事	934	竹马子	944
海晏蒙古族民间颂词	934	新安狮子舞	944
玛域《格萨尔》书传史诗	934	土族鼓舞	944
格萨尔赛马称王传说	935	藏族夏尔群鼓舞	945
森姜珠姆故里的传说	935	二十一度母金刚法舞	945
布柔哟	936	巴吾巴姆舞	945
辉特美日根特木尼的传说	936	禅古寺宗教法舞	946

北门封神舞	946	海西蒙古族刺绣	955
4. 传统戏剧	946	藏娘唐卡	955
民和《目连宝卷》	946	**8. 传统手工技艺**	956
青海眉户戏	946	撒拉族寺院古建筑技艺	956
刚察寺院藏戏	947	撒拉族皮筏子制作技艺	956
崖尔寺《诺彦审喇嘛》剧	947	塔秀寺彩粉坛城	957
格吉斯日寺《静猛生死轮回》剧	948	大通桥儿沟砂罐	957
青海民间小戏	948	河湟皮影制作技艺	957
5. 曲艺	948	威远酩馏酒酿造技艺	958
青海道情	948	湟源陈醋酿造技艺	958
青海搅儿	949	青海青稞酒传统酿造技艺	959
折嘎	949	海西蒙古族服饰制作技艺	959
青海官弦	949	湟中陈家滩传统木雕技艺	959
6. 传统体育、游艺与杂技	950	湟中民间彩绘泥塑	960
藏族棋艺	950	青海藏族黑牛毛帐篷制作技艺	960
湟中县却西德哇村古老游戏	950	酸奶鞣牛羊皮技艺	960
青海大有山民间传统武术	951	湟源民居建筑石刻技艺	961
西宁八门拳	951	土族擀毡技艺	961
青海蒙古达罗牌	951	马营传统豌豆手工粉条制作技艺	961
藏族夹棋	951	撒拉族口弦制作技艺	962
热贡马术	952	蒙古包制作技艺	962
德都蒙古布格围鹿棋	952	贵南石焖烤全羊	962
7. 传统美术	953	拉加藏靴制作技艺	962
湟中县农民画	953	囊谦香达藏纸手工制作技艺	963
大通县农民画	953	曲麻莱藏族传统手工编结技艺	963
贵南藏绣	953	**9. 传统医药**	963
青海坛城艺术	953	海西蒙医震动复位疗法	963
湟中壁画	954	海西蒙医铜银烙疗法	964
海西蒙古族木雕	954	海西民间青盐药用技艺	964
河湟刺绣	955	蒙医正骨疗法	964
河湟剪纸	955	藏药佐太炮制技艺	965

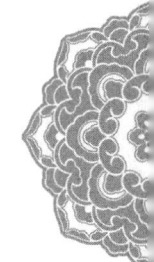

藏药"吉和谐"炮制技艺	965
西北郭氏正骨术	965
10. 民俗	**966**
华热藏族婚礼	966
海西蒙古族婚礼	966
海西蒙古族剪发礼	966
玉树天葬	967
海西蒙古族祭敖包	967
互助土族"biangbiang（音）会"	967
威远镇"二月二"擂台庙会	968
大通老爷山朝山会	968
化隆香里胡拉村"护化"庙会	968
乐都高庙社火	969
青海苏木世村农事祭祀	969
河湟汉族丧俗	969
青海卓仓藏族婚礼	969
西海拉卜则祭	970
热贡获康祭祀活动	970
土族民间法舞	971
阿柔招婿习俗	971
热贡年俗	971
保安社火	972
民和果花会	972
乐都洪水火龙舞	972
乐都北山跑马	973
海西蒙古族民间祭火	973
海南藏族少女成年礼	973
贵德六月庙会	974
朝青海湖习俗	974
回族婚俗	974
尖扎达顿宴	974

湟中加牙"四月八"庙会	975
土族"背口袋"饮食习俗	975
仲家龙王庙会	975
撒拉族饮食习俗	975
汪什代海藏族婚俗	976
茶卡盐湖祭湖	976
德都蒙古全席	977
东宗寺天文历算法	977
青海安多藏族服饰	977

三、社会文化资源 …… 978

（一）文化艺术机构、团体 978

青海省博物馆	978
青海省图书馆	979
青海省文化馆	979
青海省演艺集团	980
青海省民族歌舞剧院	980
青海省戏剧艺术剧院	981
青海大剧院	981
青海省民族语动漫发展中心	982
青海省民俗博物馆	982
青海柳湾彩陶博物馆	983
青海省文学艺术界联合会	983
青海省作家协会	984
青海省音乐家协会	984
青海省舞蹈家协会	985
青海省电影电视艺术家协会	985
青海省戏剧家协会	986
青海省美术家协会	986
青海省书法家协会	987
青海省摄影家协会	987
青海省民间文艺家协会	988

（二）广播电视机构 …… 988
　青海广播电视台 …… 988
　青海电视台 …… 989
　青海人民广播电台 …… 990
　青海交通音乐广播电台 …… 990
（三）新闻出版机构 …… 991
　青海日报 …… 991
　青海藏文报 …… 991
　西海都市报 …… 992
　青海法制报 …… 992
　青海人民出版社 …… 993
　青海民族出版社 …… 993
　青海省新华发行集团 …… 994
（四）社科研究机构 …… 994
　青海省社会科学院 …… 994
　青海省文物考古研究所 …… 995
　青海省《格萨尔》史诗研究所 …… 995
（五）高等院校 …… 996
　中共青海省委党校 …… 996
　青海大学 …… 997
　青海师范大学 …… 997
　青海民族大学 …… 998
　青海广播电视大学 …… 999

新疆卷

一、物质文化资源 …… 1003
（一）地理文化资源 …… 1003
　1. 自然保护区 …… 1003
　天池国家级自然保护区 …… 1003
　博格达峰国家级自然保护区 …… 1003
　巴音布鲁克国家级自然保护区 …… 1004
　布尔根河狸国家级自然保护区 …… 1004
　托木尔峰国家级自然保护区 …… 1004
　阿尔金山国家级自然保护区 …… 1004
　罗布泊野骆驼国家级自然保护区 …… 1005
　西天山国家级自然保护区 …… 1005
　甘家湖梭梭林国家级自然保护区 …… 1006
　哈纳斯国家级自然保护区 …… 1006
　塔里木胡杨国家级自然保护区 …… 1006
　塔城巴尔鲁克山国家级自然保护区 …… 1007
　夏尔西里国家级自然保护区 …… 1007
　霍城四爪陆龟国家级自然保护区 …… 1007
　伊宁小叶白蜡国家级自然保护区 …… 1008
　卡拉麦里有蹄类自然保护区 …… 1008
　奇台荒漠草原自然保护区 …… 1008
　新疆北鲵自然保护区 …… 1008
　新源山地草甸类草地自然保护区 …… 1009
　塔什库尔干野生动物自然保护区 …… 1009
　巩留野核桃自然保护区 …… 1009
　中昆仑自然保护区 …… 1010
　金塔斯山地草原自然保护区 …… 1010
　2. 风景名胜区 …… 1010
　天山天池风景名胜区 …… 1010
　吐鲁番葡萄沟风景区 …… 1011
　喀纳斯风景名胜区 …… 1011
　那拉提草原旅游风景区 …… 1011
　富蕴县可可托海景区 …… 1012
　库木塔格沙漠风景名胜区 …… 1012
　博斯腾湖风景名胜区 …… 1012
　赛里木湖风景旅游区 …… 1013
　巴州罗布人村寨 …… 1013

温宿托木尔大峡谷国家级风景
　名胜区 …………………………… 1013
喀什噶尔老城国家级景区 …………… 1014
克孜尔水库风景区 …………………… 1014
巴州西海湾明珠风景区 ……………… 1014
喀什河流域龙口水利风景区 ………… 1015
乌鲁瓦提水利风景区 ………………… 1015
吐鲁番市坎儿井水利风景区 ………… 1015
塔城喀浪古尔水利风景区 …………… 1016
石门子水库水利风景区 ……………… 1016
沙湾县千泉湖水利风景区 …………… 1016
天山天池水利风景区 ………………… 1016
农八师石河子北湖旅游区 …………… 1017
青格达湖水利风景区 ………………… 1017
西海湾水利风景区 …………………… 1018
塔里木多浪湖风景区 ………………… 1018
千鸟湖风景区 ………………………… 1018
双湖生态旅游景区 …………………… 1018
巴音山庄水利风景区 ………………… 1019
石河子桃源水利风景区 ……………… 1019
塔里木祥龙湖水利风景区 …………… 1019
福海县布伦托海西海水利风景区 …… 1020
库尔德宁水利风景区 ………………… 1020
岳普湖县达瓦昆沙漠水利风景区 …… 1020
巩留县野核桃沟水利风景区 ………… 1021
照壁山国家森林公园 ………………… 1021
天池国家森林公园 …………………… 1022
那拉提国家森林公园 ………………… 1022
塔里木胡杨国家森林公园 …………… 1022
贾登峪国家森林公园 ………………… 1023
白哈巴国家森林公园 ………………… 1023
天山大峡谷国家森林公园 …………… 1023
巩乃斯国家森林公园 ………………… 1024
江布拉克国家森林公园 ……………… 1024
唐布拉国家森林公园 ………………… 1025
科桑溶洞国家森林公园 ……………… 1025
泽普金胡杨国家森林公园 …………… 1026
巩留恰西国家森林公园 ……………… 1026
哈密天山国家森林公园 ……………… 1027
哈日图热格国家森林公园 …………… 1027
乌苏佛山国家森林公园 ……………… 1027
哈巴河白桦国家森林公园 …………… 1028
夏塔古道国家森林公园 ……………… 1028
巴楚胡杨林国家森林公园 …………… 1029
车师古道国家森林公园 ……………… 1029
3. 地质公园 …………………………… 1030
喀纳斯国家地质公园 ………………… 1030
温宿盐丘国家地质公园 ……………… 1030
库车大峡谷国家地质公园 …………… 1031
天山天池国家地质公园 ……………… 1031
奇台硅化木—恐龙国家地质公园 …… 1031
富蕴可可托海国家地质公园（地质
　三号坑） ………………………… 1032
吐鲁番火焰山地质公园 ……………… 1032
吉木乃草原石城地质公园 …………… 1033
和静天山石林地质公园 ……………… 1033
乌恰托云地质公园 …………………… 1033
天山百里丹霞地质公园 ……………… 1033
哈密翼龙—雅丹地质公园 …………… 1033
4. 矿山公园 …………………………… 1034
富蕴可可托海稀有金属国家矿山
　公园 ……………………………… 1034

5. 湿地 …… 1034
　艾比湖湿地国家级自然保护区 …… 1034
　科克苏湿地自然保护区 …… 1034
　阿勒泰两河源头自然保护区 …… 1035
　五家渠青格达湖湿地自然保护区 …… 1035
　帕米尔高原湿地自然保护区 …… 1035
　额尔齐斯河科克托海湿地自然
　　保护区 …… 1035

（二）世界文化遗产 …… 1036
　丝绸之路（新疆段） …… 1036

**（三）国家历史文化名城、名镇、
　　　名村** …… 1036
　喀什 …… 1036
　吐鲁番 …… 1037
　特克斯 …… 1037
　库车 …… 1037
　伊宁 …… 1038
　鄯善县鲁克沁镇 …… 1038
　霍城县惠远镇 …… 1039
　富蕴县可可托海镇 …… 1039
　鄯善县吐峪沟乡麻扎村 …… 1039
　哈密市回城乡阿勒屯村 …… 1040
　哈密市五堡乡博斯坦村 …… 1040
　特克斯县喀拉达拉乡琼库什台村 …… 1040
　尉犁罗布人村寨 …… 1041

（四）全国重点文物保护单位 …… 1041
　1. 古遗址 …… 1041
　楼兰古城 …… 1041
　罗布泊南古城 …… 1042
　米兰遗址（属古楼兰地域） …… 1042
　交河故城 …… 1042
　高昌故城 …… 1043
　苏巴什故城 …… 1043
　通古斯巴西城址 …… 1043
　托库孜萨来城遗址 …… 1044
　石头城遗址 …… 1044
　尼雅遗址 …… 1045
　安迪尔古城 …… 1045
　圆沙古城 …… 1045
　热瓦克佛寺遗址 …… 1046
　丹丹乌里克遗址 …… 1046
　麻扎塔格戍堡址 …… 1046
　大河古城 …… 1046
　白杨沟佛寺遗址 …… 1047
　乌拉泊古城 …… 1047
　北庭故址 …… 1047
　乌什喀特古城（新和县） …… 1048
　唐王城 …… 1048
　唐朝墩古城 …… 1048
　龟兹古城 …… 1049
　营盘古城 …… 1049
　喀拉墩遗址 …… 1049
　兰城遗址 …… 1050
　惠远新、老古城遗址 …… 1050
　道尔本厄鲁特森木古城遗址 …… 1050
　东黑沟遗址 …… 1051
　柳中城遗址 …… 1051
　骆驼石旧石器时代遗址 …… 1051
　岳公台—西黑沟春秋战国墓葬群 …… 1052
　石城子遗址 …… 1052
　达玛沟佛寺遗址 …… 1052
　克斯勒塔格佛寺遗址 …… 1053

阿萨古城遗址	1053	阔科克古墓群	1063
达勒特古城	1054	大喀纳斯景区墓葬群	1063
夏塔古城遗址	1054	伊吾拜其尔墓地	1063
昌吉州境内烽燧群	1054	赛里木湖古墓葬	1064
古代吐鲁番盆地军事防御遗址	1054	阿日夏特科克石围及石堆墓群	1064
阔纳齐兰遗址	1055	阿敦乔鲁石栅古墓群及岩画群	1064
伊犁清代卡伦遗址	1055	库车友谊路墓群	1064
奴拉赛铜矿遗址	1056	小洪纳海石人墓	1065
七个星佛寺遗址	1056	默拉纳额什丁麻扎	1065
孔雀河烽燧群	1056	**3. 古建筑**	1065
克孜尔朵哈烽燧	1056	苏公塔	1065
石人子沟遗址群	1057	台藏塔	1066
2. 古墓葬	1057	伊犁将军府	1066
察吾乎古墓群	1057	昭苏圣佑庙（伊犁）	1066
扎滚鲁克墓群	1058	平定准噶尔勒铭碑	1066
阿斯塔纳古墓群	1058	阿帕克霍加墓	1067
洋海墓群	1058	于田艾提卡尔清真寺	1067
山普拉古墓群	1059	艾提朶尔清真寺	1067
焉不拉克古墓群	1059	莫尔佛寺	1067
切木尔切克石人及石棺墓群	1059	热瓦克佛寺	1068
三海子墓葬及鹿石	1060	白杨沟佛寺	1068
速檀·歪思汗麻扎	1060	塔城红楼	1068
麻赫穆德·喀什噶里墓	1060	靖远寺	1068
阿日夏特石人墓	1060	霍城惠远城钟鼓楼	1069
艾比甫·艾洁木麻扎	1061	莎车加满清真寺	1069
吐虎鲁克·铁木尔汗麻扎	1061	乌鲁木齐市陕西大寺	1069
叶尔羌汗国王陵	1061	拜吐拉清真寺	1070
哈密回王墓	1062	哈纳喀及赛提喀玛勒清真寺宣礼塔	1070
楼兰古墓群	1062	库车大寺	1070
五堡古墓群	1062	纳达齐牛录关帝庙	1071
小河墓地	1062	伊宁陕西大寺	1071

巴轮台黄庙古建	1071	大故城	1078
4. 石窟寺及石刻	1072	散甫萨克土墩	1078
柏孜克里克千佛洞	1072	塔什顿古城	1078
克孜尔千佛洞	1072	托乎拉克艾肯古城	1079
库木吐拉千佛洞	1072	托浦古城	1079
森木塞姆千佛洞	1073	英艾阿依马克古城	1079
克孜尔朵哈石窟	1073	约特干遗址	1079
吐峪沟石窟	1073	瓦什峡遗址	1079
呼图壁县康家石门子岩画	1074	库木吐拉遗址	1079
伯西哈石窟	1074	博斯腾废址	1079
5. 近现代重要史迹及代表性建筑	1074	博斯腾托和拉克古城	1080
伊宁市三区革命政府旧址	1074	克尔依斯古市遗址	1080
和静县满汉王府	1074	拉甫却克古城	1080
乌鲁木齐市八路军驻新疆办事处		玛利克瓦特古城	1080
纪念馆	1075	沙尔埃克遗址	1080
新疆第一口油井	1075	唐朝破城子	1080
吐尔迪·阿吉庄园	1075	图尔塔木遗址	1081
小李庄军垦旧址	1075	吐鲁番于孜旧城址	1081
克拉玛依一号井	1076	乌什吐尔、夏合吐尔古城	1081
新疆人民剧场	1076	下台古城	1081
红山核武器试爆指挥中心旧址	1076	康奥依古城（汗诺依古城）	1081
伊宁烈士陵园	1076	日喀则古城（霍拉山古寺遗址）	1082
（五）自治区级重点文物保护单位	1077	桑塔木遗址	1082
1. 古遗址	1077	阿克斯色伯勒古城	1082
阿合图古城	1077	阿力玛力废城	1082
艾斯克沙尔古城	1077	金顶寺废址	1082
额其买力克古城	1077	斯的克巴克古城	1083
轮台古城	1077	巴依都埃土墩	1083
且末古城	1078	尕尔墩坝古城	1083
阿克希古城	1078	科实吐尔塔烽火台	1083
埃格麦里央达古城	1078	阿斯塔那遗址	1083

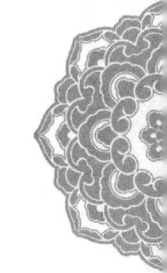

卡尔桑遗址	1083	让布公商古城遗址	1087
卡拉墩遗址	1083	二塘沟塔	1087
木垒遗址	1083	阔纳协海尔古城	1088
三道岭遗址	1084	若羌河口遗址	1088
博格达沁古城	1084	庙尔沟佛教遗址	1088
可可沙炼铁遗址	1084	图木舒克遗址	1088
曲惠古城	1084	公主堡遗址	1088
土垠遗址	1084	阿萨城堡遗址	1088
四十里堡古城	1084	阿希城堡遗址	1089
锡依提牙古城	1084	巴里坤汉城遗址	1089
海努克古城	1084	巴里坤满城遗址	1089
吉日尕勒旧石器遗址	1085	波马古城遗址	1089
霍加润那勒、苏勒塘巴俄细石器遗址	1085	都热力古城遗址	1089
		塔尔巴哈台城遗址	1089
兰州湾子石结构建筑遗址	1085	齐德哈仁细石器遗址	1090
四道沟遗址	1085	亚库塘细石器遗址	1090
六运古城	1085	哈密拜其尔遗址	1090
玛纳斯古城	1085	乌拉台遗址	1090
滋泥泉古城	1086	都维力克遗址	1090
昌吉古城遗址	1086	亚嘎其阿依旺遗址	1090
雅尔湖细石器出土点	1086	亚吾鲁克遗址	1090
七角井细石器遗址	1086	托格拉塔格佛教遗址	1091
新塔拉遗址	1086	托库孜卡兹纳克寺院遗址	1091
阿格拉克古城堡遗址	1086	胜金乡烽燧遗址	1091
四十里大墩烽火台	1086	乌江不拉克古城遗址	1091
西地古城	1086	别迭里烽燧	1091
卓尔库特古城	1087	考克烽燧遗址	1091
拉依苏烽燧	1087	连木沁大墩遗址	1091
铁门关遗址	1087	毛仁陶勒盖石垒遗址	1092
木尔吐克萨依烽燧	1087	破城子遗址	1092
穷吞木遗址	1087	七克台古城遗址	1092

赛克散烽燧遗址	1092	阿艾古城	1098
阿萨墩戍堡遗址	1092	羊塔克古城	1098
回城城墙	1092	硝力罕那古城	1098
巩宁城城墙遗址	1093	卡拉萨古城	1098
阿勒吞古城遗址	1093	博其罕那佛寺遗址	1099
瑙云烽火台	1093	墩买力吐尔烽燧	1099
夏尔苏满遗址	1093	八卦墩烽火台	1099
青得里古城遗址	1093	坦塔木佛寺遗址	1099
安阜城遗址	1094	亚依得梯木烽火台	1099
吐虎玛克古城遗址	1094	丘达依塔格戍堡	1099
奇台酒窖池遗址	1094	都埃梯木烽火台	1100
小西沟遗址	1094	齐兰烽火台	1100
冯洛守捉古城遗址	1094	塔什吐尔烽火台	1100
东大龙沟遗址	1094	吐尔拉戍堡	1100
小南湖佛塔遗址	1095	来合买协尔古城	1100
艾斯克霞尔遗址	1095	吐孜吐尔烽火台	1100
下马崖古城	1095	羊达库都克烽火台	1101
安全墩烽火台	1095	夏合协尔戍堡	1101
汉墩阿克墩烽火台	1095	托帕墩协尔古城	1101
碱滩军垦遗址	1096	博提巴什古城	1101
三十里大墩烽火台	1096	克孜勒协尔古城	1101
吐尔买来烽火台	1096	也迷里古城遗址	1102
汉都夏大墩塔	1096	夏尔沟城堡	1102
亚克艾日克烽火台	1096	查汗通古烽火台	1102
奴如孜墩遗址	1096	阿克奇古城	1102
依斯塔那烽火台	1097	托背梁村墓地	1102
伊西哈拉吐尔烽火台	1097	吾曲古城遗址	1103
却勒阿瓦提吐尔烽火台	1097	磨河古城遗址	1103
阔空巴孜烽火台	1097	土孜塔格烽火台	1103
脱盖塔木戍堡	1097	吾斯提沟烽火台	1103
丘甫吐尔烽燧	1098	布干驿站遗址	1103

惠宁城遗址 …… 1104
巴勒根地卡伦遗址 …… 1104
新渠古城遗址 …… 1104
察布查尔大渠遗址 …… 1104
盖孜驿站遗址 …… 1105
曲曼黑白条石带遗址及墓葬 …… 1105
马桥子城 …… 1106
芦草沟古城 …… 1106
克黑墩烽火台 …… 1106
沙卡乌烽燧 …… 1107

2. 古墓葬 …… 1107
塔里木和西米浪河附近古墓群 …… 1107
玉素甫·哈什·哈吉甫麻扎 …… 1107
巴额达特麻扎 …… 1107
阿斯特那艾力帕塔和加麻扎 …… 1107
塔尔阿特麻扎 …… 1107
草原石人及大土墩 …… 1107
土孜诺克古坟地 …… 1108
耶特克孜麻扎 …… 1108
南湾古墓群 …… 1108
包孜东古墓群 …… 1108
洪纳海麻扎 …… 1108
阿布都热合满王麻扎 …… 1108
苏里坦·苏吐克·博格拉汗麻扎 …… 1109
森塔斯湖石人墓 …… 1109
群巴克古墓 …… 1109
香宝宝古墓群 …… 1109
琼博拉古墓群 …… 1109
苏巴什古墓群 …… 1110
斯尔尕克墓地 …… 1110
康巴格古墓群 …… 1110
库鲁克·艾肯古墓葬 …… 1110
木乎尔浩希库鲁石翁仲古墓 …… 1110
伊玛木·木沙·卡孜木麻扎古墓群 …… 1110
阿哦古墓 …… 1110
苇子峡墓地 …… 1111
多岗古墓群 …… 1111
古尔图古墓葬 …… 1111
克尔碱古墓群 …… 1111
库兰萨日克古墓群 …… 1111
萨孜土墩墓 …… 1111
洪尔墩古墓葬 …… 1111
皇宫南土墩墓 …… 1111
乌苏特别格真古墓群 …… 1112
英麻扎墓葬 …… 1112
多木拉克土拜古墓群 …… 1112
白依斯阿克木伯克麻扎 …… 1112
哈不德穆罕默德麻扎 …… 1112
霍加穆罕默德·谢里甫麻扎 …… 1112
热比亚—赛丁麻扎 …… 1112
斯坎德尔王麻扎 …… 1113
夏尔布津古墓葬 …… 1113
阿尤赛沟口墓群 …… 1113
坎苏沟口墓群 …… 1113
卡德尔王陵 …… 1113
萨木特石人、石棺墓 …… 1114
喀拉色叶尔墓群 …… 1114
海流滩古墓群 …… 1114
结托巴土墩墓群 …… 1114
加林塔然石棺墓 …… 1114
东大沟东岩墓群 …… 1114
达勒特古墓群 …… 1114

乌图布拉格土墩墓	1115	巴格希恩随木喇嘛庙	1120
萨尔巴斯托墓群	1115	叶城加满清真寺	1121
奥洛尕舍力墓群	1115	巴音沟承化寺	1121
本布图墓群	1115	汗勒克经学院	1121
布呼乌苏石人及墓群	1115	鲁克沁王府	1121
夏勒巴克图墓群	1115	陕西会馆	1121
孟克沟艾布坎石人墓	1116	陕西寺	1122
库克他乌石围墓	1116	水定陕西大寺	1122
穹库斯台墓群	1116	孙扎齐牛录关帝庙	1122
鄂托克赛吐日根墓群	1116	和田加满清真寺	1122
赛里木湖乔鲁哈西亚墓群	1116	鄯善东大寺	1122
鄂托克赛切依特赛墓群	1116	红山塔	1122
布热村石人墓	1117	吐鲁番老粮仓	1123
红旗布拉克墓群	1117	巴里坤清代粮仓	1123
鄂托克赛河检查站西南墓群	1117	**4. 石窟寺及石刻**	1123
二工河石堆墓	1117	刘平国治关城诵石刻	1123
黄山沟石堆墓	1117	脱库孜吾吉拉千佛洞	1124
奴尔阿訇麻扎	1118	科培雷特岩画	1124
艾则孜艾格恰木麻扎	1118	桑株岩画	1124
阔腊墓地	1118	唐姆洛克塔什岩画	1124
盖斯麻扎	1118	唐巴勒塔斯洞窟彩绘	1124
代吾松其石人及墓地	1118	杜拉特岩画	1125
禹中海墓	1119	克尔涧岩画	1125
3. 古建筑	1119	七泉湖千佛洞	1125
泰剑立陵	1119	大桃尔沟千佛洞	1125
乌珠牛录关帝庙	1119	小桃尔沟千佛洞	1125
依拉齐牛录关帝庙	1120	旗盘千佛洞	1125
老粮仓	1120	兴地岩画	1126
药王庙	1120	巴尔达库尔岩画	1126
甘省会馆	1120	塔特克什阔腊斯岩刻画	1126
犁铧尖关帝庙	1120	白山岩刻	1126

折腰沟岩刻 …………………… 1126	阿合买提江等烈士陵园 ………… 1132
克孜勒塔斯岩画 ………………… 1126	巴什拜麻扎 ……………………… 1133
查干郭勒水库岩画 ……………… 1126	达立力汗·苏古尔巴也夫墓 …… 1133
本布图岩画 ……………………… 1127	独山子石油工人俱乐部 ………… 1133
阿克塔斯洞窟彩绘岩画 ………… 1127	中苏石油股份公司独山子职工子弟
塔特然岩画 ……………………… 1127	学校旧址 …………………… 1133
八墙子岩刻画 …………………… 1127	中苏石油股份公司旧址 ………… 1133
二工河突厥碑遗址 ……………… 1128	英雄193井 ……………………… 1134
保安碑 …………………………… 1128	南花园小洋房 …………………… 1134
冰沟多凌告示碑 ………………… 1129	奇台直隶会馆 …………………… 1134
西黑沟多凌告示碑 ……………… 1129	伊吾四十天保卫战烈士陵园 …… 1135
富宁安碑 ………………………… 1129	叶城县烈士陵园 ………………… 1135
焕彩沟汉碑 ……………………… 1129	康苏苏式建筑群 ………………… 1135
5. 近现代重要史迹及代表性建筑 …… 1129	乌鲁木齐文庙 …………………… 1136
王府旧址 ………………………… 1129	新疆省银行故址 ………………… 1136
乌拉泊水电站 …………………… 1129	八一剧场 ………………………… 1136
达坂城木拱桥 …………………… 1130	吉木乃中哈国门 ………………… 1136
五星路2号四合院 ……………… 1130	达布逊军事设施遗址 …………… 1137
青河县三区革命旧址 …………… 1130	芳草湖三场碉堡粮仓 …………… 1137
哈密民航站 ……………………… 1130	巴里坤老油坊 …………………… 1137
原218国道砖砌路段 …………… 1130	黑山头军事要塞 ………………… 1138
三区革命骑兵团纪念石刻 ……… 1131	塔塔尔学校旧址 ………………… 1138
林基路烈士纪念馆 ……………… 1131	原俄国驻塔城领事馆水塔 ……… 1139
托乎拉克庄园 …………………… 1131	**二、非物质文化资源** ……………… 1139
40天保卫战旧址 ……………… 1131	**（一）世界级非物质文化遗产项目** …… 1139
夏合勒克庄园 …………………… 1131	新疆维吾尔木卡姆艺术 ………… 1139
中国工农红军总支队干部大队旧址 …… 1132	玛纳斯 …………………………… 1141
毛泽民烈士办公室及宿舍故址 …… 1132	麦西来甫 ………………………… 1142
尼勒克三区革命遗址 …………… 1132	**（二）国家级非物质文化遗产项目** …… 1142
乌鲁木齐革命烈士陵园 ………… 1132	**1. 民间文学** ……………………… 1142
新疆各族人民烈士纪念碑 ……… 1132	江格尔 …………………………… 1142

格萨尔	1143
维吾尔族达斯坦	1143
哈萨克族达斯坦	1144
柯尔克孜约隆	1144
祝赞词	1144
恰克恰克	1145
阿凡提故事	1145
西王母神话	1145

2. 传统音乐 …… 1146
罗布淖尔维吾尔族民歌	1146
乌孜别克族埃希来、叶来	1147
哈萨克六十二阔恩尔	1147
维吾尔族鼓吹乐	1148
哈萨克族冬布拉艺术	1148
柯尔克孜族库姆孜艺术	1148
蒙古族绰尔	1149
蒙古族长调民歌	1149
蒙古族呼麦	1150
新疆花儿	1150
哈萨克族民歌	1150
塔吉克族民歌	1151
哈萨克族库布孜	1151
锡伯族民歌	1151
蒙古族托布秀尔音乐	1152
维吾尔族民歌	1152

3. 传统舞蹈 …… 1152
塔吉克族鹰舞	1152
蒙古族萨吾尔登	1153
锡伯族贝伦舞	1154
维吾尔族赛乃姆	1154
萨玛舞	1154
哈萨克族卡拉角勒哈	1155
纳孜库姆	1155
和田赛乃姆	1156

4. 传统戏剧 …… 1156
眉户（迷糊戏）	1156
曲子戏	1156
秦腔	1157

5. 曲艺 …… 1157
新疆曲子	1157
哈萨克族阿依特斯	1158
哈萨克族铁尔麦	1158
托勒敖	1159

6. 传统体育、游艺与杂技 …… 1159
维吾尔族达瓦孜	1159
塔吉克族马球	1159
维吾尔族叼羊	1160
维吾尔族且力西	1160
蒙古族搏克	1160
哈萨克族赛马	1161

7. 传统美术 …… 1161
维吾尔族刺绣	1161
蒙古族刺绣	1162
柯尔克孜族刺绣	1162
哈萨毡绣和布绣	1162
锡伯族刺绣	1163
满文、锡伯文书法	1163
错金银	1163

8. 传统手工技艺 …… 1164
维吾尔族枝条编织技艺	1164
哈萨克族芨芨草编织技艺	1164
维吾尔族模制法土陶烧制技艺	1165

维吾尔族花毡、印花布织染技艺 …… 1165	诺茹孜节 ……………………… 1177
维吾尔族桑皮纸制作技艺 ………… 1166	哈萨克族传统婚俗 …………… 1177
维吾尔族传统棉纺织技艺 ………… 1166	锡伯族传统婚俗 ……………… 1178
维吾尔族艾德莱斯绸织染技艺 …… 1166	柯尔克孜族驯鹰习俗 ………… 1179
维吾尔族地毯织造技艺 …………… 1166	塔吉克族服饰 ………………… 1179
维吾尔族卡拉库尔胎羔皮帽制作技艺 ………………………… 1167	达斡尔族沃其贝 ……………… 1179
维吾尔族传统小刀制作技艺 ……… 1167	柯尔克孜族服饰 ……………… 1180
维吾尔族乐器制作技艺 …………… 1168	(三)自治区级非物质文化遗产项目 …… 1180
土碱烧制技艺 ……………………… 1168	1. 民间文学 ……………………… 1180
哈萨克族毡房营造技艺 …………… 1168	柯尔克孜族民间达斯坦 ……… 1180
俄罗斯族民居营造技艺 …………… 1169	新疆蒙古族图兀勒 …………… 1181
锡伯族弓箭制作技艺 ……………… 1169	新疆杂话 ……………………… 1181
阿依旺赛来民居营造技艺 ………… 1170	巴里坤汉族民间故事 ………… 1181
维吾尔族帕拉孜纺织技艺 ………… 1170	奇台歌谣 ……………………… 1181
维吾尔族花毡制作技艺 …………… 1170	维吾尔族热比亚与赛丁传说 … 1182
坎儿井开凿技艺 …………………… 1171	锡伯族民间故事 ……………… 1182
9. 传统医药 ……………………… 1171	维吾尔族比艺提 ……………… 1182
维吾尔医药 ………………………… 1171	哈萨克族谚语 ………………… 1183
哈萨克族医药 ……………………… 1172	连环谜语 ……………………… 1183
维吾尔沙疗 ………………………… 1173	维吾尔族歌谣 ………………… 1183
10. 民俗 ………………………… 1173	维吾尔族谚语 ………………… 1184
锡伯族西迁节 ……………………… 1173	哈萨克族民间故事 …………… 1184
塔吉克族引水节和播种节 ………… 1173	蒙古族谚语 …………………… 1185
维吾尔刀郎麦西来甫 ……………… 1174	蒙古族民间故事 ……………… 1185
塔塔尔族撒班节 …………………… 1174	2. 传统音乐 ……………………… 1185
塔吉克族婚俗 ……………………… 1175	维吾尔族叶城赛乃姆 ………… 1185
蒙古族服饰 ………………………… 1175	维吾尔族哈密五堡赛乃姆 …… 1186
维吾尔族服饰 ……………………… 1176	维吾尔族若羌赛乃姆 ………… 1186
哈萨克族服饰 ……………………… 1176	维吾尔族喀群赛乃姆 ………… 1186
那达慕 ……………………………… 1177	哈密维吾尔族艾捷克艺术 …… 1186
	库车维吾尔族民歌 …………… 1187

维吾尔族刀郎热瓦甫艺术 …………… 1187	哈萨克族布尔克特毕 …………… 1197
鲁克沁维吾尔族婚礼系列歌舞 ……… 1188	哈萨克族民间劳动舞 …………… 1197
维吾尔族喀喇昆仑山区歌舞 ………… 1188	锡伯族蝴蝶舞 …………………… 1197
维吾尔族阿拉其热瓦甫艺术 ………… 1188	达斡尔族毕力多尔 ……………… 1198
新疆哈萨克族斯布孜额 ……………… 1188	维吾尔族阿勒喀舞 ……………… 1198
柯尔克孜族噢孜库姆孜 ……………… 1189	维吾尔族石头舞 ………………… 1198
锡伯族萨满舞蹈音乐 ………………… 1189	俄罗斯族踢踏舞 ………………… 1198
哈萨克族人生礼仪歌 ………………… 1189	维吾尔族油灯舞 ………………… 1199
蒙古族短调民歌 ……………………… 1189	回族舞蹈 ………………………… 1199
锡伯族东布尔 ………………………… 1190	喀什赛乃姆 ……………………… 1199
维吾尔族山区民歌 …………………… 1190	**4．传统戏剧** ………………………… 1200
巴拉曼音乐 …………………………… 1190	木偶戏 …………………………… 1200
维吾尔族萨巴依演奏艺术 …………… 1191	维吾尔剧 ………………………… 1200
维吾尔族弹拨尔艺术 ………………… 1191	**5．曲艺** …………………………… 1200
新疆蒙古族图瓦民歌 ………………… 1191	锡伯族汗都春 …………………… 1200
俄罗斯族巴扬艺术 …………………… 1192	锡伯族朱伦呼兰比和更心比 …… 1201
热瓦甫弹唱 …………………………… 1192	维吾尔族莱帕尔 ………………… 1201
维吾尔族卡龙琴艺术 ………………… 1192	**6．传统体育、游艺与杂技** ……… 1201
俄罗斯族民歌 ………………………… 1193	新疆方棋 ………………………… 1201
3．传统舞蹈 ………………………… 1194	维吾尔族转轮秋千 ……………… 1202
维吾尔族萨玛瓦尔舞 ………………… 1194	塔吉克族牦牛叼羊 ……………… 1202
哈密维吾尔族动物模拟舞（鸡舞、马舞、	维吾尔族葫芦人绊跤 …………… 1202
骆驼舞） ……………………………… 1194	维吾尔族传统魔术 ……………… 1203
维吾尔族匹尔舞 ……………………… 1194	维吾尔族开克力克宿库西吐如西 … 1203
罗布淖尔维吾尔族做饭舞 …………… 1195	哈萨克族多依布 ………………… 1203
罗布淖尔维吾尔族狮子舞 …………… 1195	哈萨克族叼羊 …………………… 1203
哈萨克族动物模拟舞阿尤毕 ………… 1195	哈萨克族姑娘追 ………………… 1204
维吾尔族刀郎舞 ……………………… 1196	柯尔克孜族奥尔朵 ……………… 1204
维吾尔族顶碗盘子舞 ………………… 1196	锡伯族射箭 ……………………… 1204
维吾尔族萨帕依舞 …………………… 1196	维吾尔族恰姆巴士 ……………… 1204
维吾尔族阿图什传统舞蹈 …………… 1196	维吾尔族曲棍球 ………………… 1205

蒙古族赛马 …… 1205	**8.传统手工技艺** …… 1213
哈萨克族库热斯 …… 1205	维吾尔族模戳印花布技艺 …… 1213
柯尔克孜族托古孜库尔阔勒	维吾尔族传统玉雕技艺 …… 1213
（九槽棋） …… 1205	阿瓦提维吾尔族慕萨莱斯酿造工艺 …… 1214
斗鸡 …… 1206	柯坪维吾尔族库休克（木勺）
哈萨克族马上竞技 …… 1206	制作技艺 …… 1214
蒙古族鹿棋 …… 1206	于田维吾尔族妇女服饰 …… 1214
7.传统美术 …… 1207	维吾尔族传统织布技艺 …… 1215
哈萨克族民间图案文化 …… 1207	维吾尔族乔鲁克靴制作技艺 …… 1215
维吾尔族建筑装饰技艺 …… 1207	维吾尔族驼毛切克曼布制作技艺 …… 1215
哈萨克族皮革编织技艺 …… 1208	柯坪维吾尔族恰皮塔（薄馕）
哈萨克族骨雕技艺 …… 1208	制作技艺 …… 1216
哈萨克族毛线编织技艺 …… 1208	哈萨克族花毡制作技艺 …… 1216
新疆蒙古族唐卡 …… 1209	哈萨克族服饰制作技艺 …… 1216
回族刺绣 …… 1209	蒙古包制作工艺 …… 1217
维吾尔族剪纸 …… 1209	新疆蒙古族服饰制作技艺 …… 1217
面人 …… 1209	柯尔克孜族绣花布单制作技艺 …… 1218
微雕 …… 1210	柯尔克孜族马鞍制作技艺 …… 1218
柯尔克孜族毡绣和布绣 …… 1210	柯尔克孜族约尔麦克（毛线编）
木器彩绘 …… 1210	编织技艺 …… 1218
葫芦雕刻 …… 1210	维吾尔族花帽制作技艺 …… 1219
和田玉雕 …… 1211	维吾尔族胡尔捃制作技艺 …… 1219
布偶 …… 1211	维吾尔族木制器具制作技艺 …… 1220
泥塑 …… 1211	苇编技艺 …… 1220
石刻 …… 1212	库车大馕 …… 1220
维吾尔文书法 …… 1212	阿图什白苞谷馕 …… 1220
哈萨克文书法 …… 1212	和田果西格尔地制作技艺 …… 1221
新疆蒙文书法 …… 1212	疏勒花馕制作技艺 …… 1221
蒙古族骨雕技艺 …… 1212	哈萨克族马鞍制作技艺 …… 1221
刺绣（汉族、哈萨克族、塔吉克族、	哈萨克族马皮滑雪板制作技艺 …… 1222
柯尔克孜族、塔塔尔族） …… 1212	哈萨克族木制器具制作技艺 …… 1222

哈萨克族乳制品加工技艺 …… 1222	土法榨油技艺 …… 1233
新疆蒙古族奶酒酿造技艺 …… 1223	维吾尔族保健茶制作技艺 …… 1233
蒙古族布朗制作技艺 …… 1223	维吾尔族木质大门制作技艺 …… 1234
新疆蒙古族托布秀尔制作技艺 …… 1223	维吾尔族窗棂制作技艺 …… 1234
柯尔克孜族波杂酿造技艺 …… 1224	维吾尔族铁皮制品制作技艺 …… 1234
回族宴席九碗三行子 …… 1224	书画装裱技艺 …… 1234
新疆羊羔肉烹饪技艺 …… 1224	巴里坤八大碗制作技艺 …… 1235
锡伯族全羊席 …… 1225	汉族传统节日面食制作技艺 …… 1235
俄罗斯族比瓦酿造技艺 …… 1225	养蜂技艺 …… 1235
奇台古城窖酒酿造技艺 …… 1225	哈萨克族皮革制品制作技艺 …… 1235
三台酒酿造技艺 …… 1226	马拉雪橇制作技艺 …… 1236
维吾尔刀郎乐器制作技艺 …… 1226	哈萨克族毡房装饰艺术 …… 1236
维吾尔卡龙琴制作技艺 …… 1226	哈萨克族小刀制作技艺 …… 1236
维吾尔族金银首饰制作技艺 …… 1227	蒙古族弩制作技艺 …… 1237
维吾尔族铜器制作技艺 …… 1227	蒙古族马鞍制作技艺 …… 1237
维吾尔族畜力车套具制作技艺 …… 1228	柯尔克孜族毡房营造技艺 …… 1237
维吾尔族铁器制作技艺 …… 1228	俄罗斯族鞋靴制作技艺 …… 1238
维吾尔族木雕技艺 …… 1229	**9. 传统医药** …… 1238
维吾尔族斯尔开（葡萄果醋） 制作技艺 …… 1229	新疆蒙古医药 …… 1238
	王氏中医踩跷法 …… 1238
维吾尔族卡瓦甫（烤鱼、烤全牛）…… 1229	锡伯族拔火罐传统疗法 …… 1238
维吾尔族皮帽制作技艺 …… 1230	维吾尔医药（正骨术） …… 1239
哈萨克族银首饰制作技艺 …… 1230	新疆蒙医药（金烙术、药浴） …… 1239
哈萨克族弹拨乐器制作技艺 …… 1230	哈萨克族医药（烫伤烧伤疗法）…… 1240
哈萨克族桦树皮工艺品制作技艺 …… 1231	哈萨克族医药（婴儿玛依斯拉吾 保健术） …… 1240
塔塔尔族传统糕点制作技艺 …… 1231	
柯尔克孜族白毡帽制作技艺 …… 1231	**10. 民俗** …… 1240
哈密瓜种植技艺 …… 1232	维吾尔族阔克麦西来甫 …… 1240
葡萄干晾制技艺 …… 1232	维吾尔族却日库木麦西来甫 …… 1240
瓜果储藏技艺 …… 1232	维吾尔族开依提麦西来甫 …… 1240
核桃麻糖制作技艺 …… 1233	维吾尔族塔合麦西来甫 …… 1241

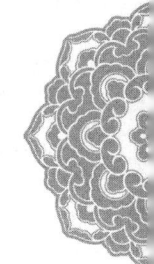

维吾尔族苏乃孜（清泉节）	1241
维吾尔族传统捕鱼习俗	1242
新疆汉族社火	1242
巴里坤汉族节日习俗	1242
巴里坤汉族脑阁和抬阁	1242
哈萨克族民间育婴习俗	1242
新疆蒙古族祖拉节	1243
新疆俄罗斯族帕斯喀节	1243
满族颁金节	1243
塔吉克族丧俗	1243
维吾尔族欧托孜欧合勒麦西来甫	1244
新疆蒙古族礼仪习俗	1244
新疆蒙古族婚俗	1245
哈萨克族纳吾鲁孜节	1245
哈萨克族牧民转场习俗	1245
回族婚俗	1246
六月六庙会	1246
锡伯族杭西	1246
维吾尔族居宛托依仪式	1247
哈萨克族巴塔	1247
回族服饰	1248
乌孜别克族婚俗	1248
打花	1248
维吾尔族婚俗	1249
奥斯曼染眉习俗	1249
维吾尔族摇床育婴习俗	1249
蒙古族育婴习俗	1250
蒙古族驯马	1250
柯尔克孜族饮食	1250
肖贡巴哈尔节	1251
锡伯族抹黑节	1251
乌孜别克族服饰	1251
新疆社火	1252
三、社会文化资源	1253
（一）文化艺术机构、团体	1253
新疆博物馆	1253
新疆图书馆	1253
新疆文化馆	1254
新疆画院	1255
新疆艺术剧院	1255
新疆艺术剧院歌舞团	1256
新疆艺术剧院话剧团	1256
新疆艺术剧院歌剧团	1257
新疆艺术剧院杂技团	1258
新疆爱乐乐团	1258
新疆生产建设兵团秦剧团	1259
新疆生产建设兵团杂技团	1259
新疆大剧院	1260
新疆人民剧场	1260
新疆文学艺术界联合会	1261
新疆作家协会	1261
新疆民间文艺家协会	1262
新疆音乐家协会	1262
新疆舞蹈家协会	1263
新疆戏剧家协会	1263
新疆美术家协会	1264
新疆书法家协会	1264
新疆摄影家协会	1265
新疆电影家协会	1265
新疆文联文艺理论研究室	1266
新疆生产建设兵团文学艺术界联合会	1266

新疆生产建设兵团作家协会 …… 1267
新疆生产建设兵团戏剧家协会 …… 1267
新疆生产建设兵团摄影家协会 …… 1267
新疆生产建设兵团电视艺术家协会 …… 1268
新疆生产建设兵团书法家协会 …… 1268
新疆生产建设兵团美术家协会 …… 1268
新疆生产建设兵团音乐家协会 …… 1269
新疆生产建设兵团舞蹈家协会 …… 1269
新疆生产建设兵团杂技艺术家协会 …… 1269
新疆生产建设兵团曲艺家协会 …… 1270

（二）广播电视机构 …… 1270
新疆电视台 …… 1270
新疆人民广播电台 …… 1271
天山电影制片厂 …… 1271

（三）新闻出版机构 …… 1272
新疆日报社 …… 1272
新疆经济报社 …… 1272
新疆都市报社 …… 1273
新疆法制报社 …… 1273
新疆人民出版社 …… 1273
新疆教育出版社 …… 1274
新疆青少年出版社 …… 1274
新疆科学技术出版社 …… 1275
新疆美术摄影出版社 …… 1275
新疆大学出版社 …… 1276
新疆新华书店 …… 1276

（四）社会科学研究、咨询机构 …… 1277
新疆维吾尔自治区人民参事室

（文史馆） …… 1277
新疆社会科学院 …… 1277
新疆社会科学界联合会 …… 1278
新疆文物考古研究所 …… 1278
新疆艺术研究所 …… 1279
新疆文物古迹保护中心 …… 1279
新疆龟兹研究院 …… 1280

（五）高等院校 …… 1281
中共新疆维吾尔自治区委员会党校 …… 1281
新疆大学 …… 1281
石河子大学 …… 1282
新疆师范大学 …… 1282
新疆艺术学院 …… 1283
新疆财经大学 …… 1283
新疆农业大学 …… 1284
新疆医科大学 …… 1284
新疆工程学院 …… 1284
新疆警察学院 …… 1285
塔里木大学 …… 1285
喀什师范学院 …… 1285
伊犁师范学院 …… 1286
昌吉学院 …… 1286
新疆广播电视大学 …… 1287
新疆生产建设兵团广播电视大学 …… 1287

正文条目汉语拼音索引 …… 1289

跨区域卷

一 物质文化资源

长城 长城是中国也是世界上修建时间最长、工程量最大的一项古代防御工程。自公元前8世纪开始，连续不断修筑了2000多年，分布于中国北部和中部的广大土地上，总计长度达50000多千米，被称为"上下两千多年，纵横十万余里"。如此浩大的工程不仅在中国，就是在世界上也是绝无仅有的，因而在几百年前就与罗马斗兽场、比萨斜塔等一起被列为中古世界七大奇迹之一。长城修筑的历史最早可上溯到公元前9世纪的西周时期，周王朝为了防御北方游牧民族俨狁的袭击，曾筑连续排列的城堡"列城"以作防御。到春秋战国时期列国诸侯为了相互争霸，互相防守，根据各自的防守需要，在边境上修筑起长城。最早修筑的是公元前7世纪的楚长城，其后齐、韩、魏、赵、燕、秦、中山等大小诸侯国家都相继修筑长城以自卫。这时长城的特点是东、南、西、北方向各不相同，长度较短，从几百千米到一两千米不等。为了与后来秦始皇所修万里长城区别，史家称之为"先秦长城"。公元前221年，秦始皇吞灭了六国诸侯，统一了天下，结束了春秋战国纷争的局面，完成了中国历史上第一个封建集权统一国家的大业。为了巩固统一帝国的安全和生产的安定，防御北方强大匈奴游牧民族奴隶主的侵扰，便大修长城。除了利用原来燕、赵、秦部分北方长城的基础之外，还增筑扩修了很多部分，"西起临洮，东止辽东，蜿蜒一万余里"，从此便有了万里长城的称号。自秦始皇以后，凡是统治着中原地区的朝代，几乎都要修筑长城。计有汉、晋、北魏、东魏、西魏、北齐、北周、隋、唐、宋、辽、金、元、明、清等十多个朝代，都不同规模地修筑过长城，其中以汉、金、明三个朝代修筑的长城规模最大，都达到了5000千米或10000千米，且都不在一个位置上。从修筑长城的统治民族看，除汉族之外，许多少数民族统治中国的朝代也修筑长城，而且比汉族统治的朝代为多。清朝康熙时期，虽然停止了大规模的长城修筑，但后来也曾在个别地方修筑了长城。可以说自春秋战国时期开始到清代的2000多年一直没有停止过对长城的修筑。万里长城从春秋战国开始，伴随着中国长达2000多年的封建社会行进。众所周知，一部悠久的古代中国文明史，封建社会是最丰富最辉煌的篇章，举凡封建社会重大的政治、经济、文化方面的历史事件，在长城身上都打下了烙印。金戈铁马、逐鹿疆场、改朝换代、民族整合等在长城身上都有所反映。长城作为一座历史的实物丰碑，将永存在中华大地。在万里长城身上所蕴藏的中华民族2000多年光辉灿烂的文化艺术的内涵十分丰富，除了城墙、关城、镇城、烽火台等本身的建筑布局、造型、雕饰、绘画等建筑艺术之外，还有诗词歌赋、民间文学、戏曲说唱等。古往今来不知有多少帝王将相、戍边士卒、骚人墨客为长城留下了不朽的篇章。边塞诗词已成了古典文学中的重要流派。如李白的"长风几万里，吹度玉门关"，王昌龄的"秦时明月汉时关，万里长征人未还"，王维的"劝君更进一杯酒，西出阳关无故人"，岑参的"忽如一夜春风来，千树万树梨花开"等名句，千载传诵不绝。孟姜女送寒衣的歌词至今还被广泛传唱着。古塞雄关存旧迹，九州形胜壮山河。巍巍万里长城将与神州大地长存，将与世界文明永在。1987年被列为世界文化遗产。（YTH）

丝绸之路：长安—天山廊道的路网　丝绸之路是世界上路线最长、影响最大的商路。丝绸之路是指起始于古代中国的政治、经济、文化中心——古都长安（今天的西安），连接亚洲、非洲和欧洲的古代陆上商业贸易路线。它跨越陇山山脉，穿过河西走廊，通过玉门关和阳关，抵达新疆，沿绿洲和帕米尔高原通过中亚、西亚，最终抵达欧洲，向南延伸到印度次大陆。这条伟大的道路沟通了中国、印度、希腊三大文明，全长一万多千米。它是一条东方与西方之间进行经济、政治、文化交流的主要道路，促进了欧亚大陆不同国家、不同文明之间在商贸、宗教、文化以及民族等方面的交流与融合，为人类社会的共同发展和繁荣做出了卓越贡献。公元前138年，一位名叫张骞的使者受汉武帝派遣从陇西出发，出使月氏。13年中，他的足迹踏遍天山南北和中亚、西亚各地。在随后的2000多年中，无数商贾、旅人沿着张骞的足迹，穿越驼铃叮当的沙漠、炊烟袅袅的草原、飞沙走石的戈壁，来往于各国之间，带来了印度、阿拉伯、波斯和欧洲的玻璃、红酒、马匹、宗教、科技、艺术，带走了中国的丝绸、漆器、瓷器和四大发明，举世闻名的丝绸之路渐渐形成。用"丝绸之路"（The Silk Road）来形容古代中国与西方的文明交流，最早出自德国著名地理学家费迪南·冯·李希霍芬1877年所著的《中国——我的旅行成果》一书。由于这个命名贴切写实而又富有诗意，很快得到学术界认可，并风靡世界。2014年6月，经联合国教科文组织世界遗产委员会与中国及中亚五国政府共同协商，最终确定中国与哈萨克斯坦、吉尔吉斯斯坦三国共同申报这一项目，并将申报项目名称确定为"丝绸之路：长安—天山廊道的路网"。遗产项目的线路跨度近5000千米，沿线包括了中心城镇遗迹、商贸城市、聚落遗迹、交通遗迹、宗教遗迹和关联遗迹5类代表性遗迹共33处，以及沿途丰富的特色地理环境，申报遗产区总面积为42680公顷，遗产区和缓冲区的总面积为234464公顷。其中，中国境内遗产区总面积为28421公顷，遗产区和缓冲区的总面积为204011公顷。遗产项目共计包括三个国家的33处遗产点，其中吉尔吉斯斯坦境内3处，哈萨克斯坦境内8处，中国境内有22处。"丝绸之路：长安—天山廊道的路网"属丝绸之路东段的重要组成部分，在丝绸之路交通与交流体系中具有独特的起始地位和突出的代表性。它形成于公元前2世纪，兴盛于公元6—14世纪，沿用至16世纪，连接了东亚和中亚大陆上中原地区、河西走廊、天山南北与七河地区4个地理区域，分布于今中华人民共和国、哈萨克斯坦共和国和吉尔吉斯共和国境内。沿线遗迹或壮观巍峨，或鬼斧神工，或华丽精美，见证了欧亚大陆在公元前2世纪—公元16世纪的时段内人类文明进步的重要阶段，以及在这段时间内多元文化并存的鲜明特色。"丝绸之路：长安—天山廊道的路网"在东亚古老的华夏文明中心和中亚历史悠久的区域性文明中心之间建立起长距离的交通联系，在游牧与定居、东亚与中亚等文明交流中具有重要意义，并见证了古代亚欧大陆人类文明与文化发展的主要脉络及若干重要历史阶段以及突出的多元文化特征，是人类进行长距离交通、商贸、文化、宗教、技术以及民族等方面长期交流与融合的文化线路杰出范例。2014年被列为世界文化遗产。（YTH）

二 非物质文化资源

藏戏 藏戏的藏语名叫"阿吉拉姆"，意为"仙女"，起源于8世纪藏族的宗教艺术。17世纪时，藏戏从寺院宗教仪式中分离出来，逐渐形成以唱为主，唱、诵、舞、表、白、技等基本程式相结合的生活化的表演艺术。藏戏是一个非常庞大的剧种系统，由于青藏高原各地自然条件、生活习俗、文化传统、方言语音的不同，它拥有众多的艺术品种和流派。西藏藏戏是藏戏艺术的母体，它通过来卫藏宗寺深造的僧侣和朝圣的群众远播青海、甘肃、四川、云南四省的藏语地区，形成青海的黄南藏戏、甘肃的甘南藏戏、四川的色达藏戏等分支。黄南藏戏具有广泛的群众性和民间传承性。寺院藏戏队始终与社会民众保持着密切联系。在音乐上保留了宗教音乐的成分，也吸收了当地民歌、舞蹈音乐等素材。演出剧目除著名的《文成公主和赤尊公主》《诺桑王子》《苏吉尼玛》《顿月顿珠》《赤美更登》《卓娃桑姆》《白玛文巴》《朗萨雯蚌》等八大传统藏戏外，还有《格萨尔王传》《国王官却帮》等其他藏区没有的剧目。其中以仪式戏剧形式出现的《公保多吉听法》，是安多地区出现较早、影响较大、流传较广的羌姆形式的藏戏。在表演上，黄南藏戏充满幽默感的即兴表演独具特色。在艺术形式上，历代黄南藏戏艺人在长期的艺术实践中，总结出各种行当及成套的表演程式，手势指法、身段步法和人物造型，吸收黄南寺院壁画人物形态，融入寺院宗教舞蹈、传统舞蹈及藏族生活素材动作等，形成本剧种独有的艺术风格。藏戏唱腔高亢雄浑，基本上是因人定曲，每句唱腔都有人声帮和。演出一般分为三个部分：第一部分为"顿"，主要是开场表演祭神歌舞；第二部分为"雄"，主要表演正戏传奇；第三部分称为"扎西"，意为祝福迎祥。藏戏历史悠久，具有缜密的表演程式，在藏族人民精神生活中具有无法替代的地位。由于受到严格的宗教神规制约，藏戏在发展过程中受汉族文化影响较少，从表演内容到形式更多保留了原始风貌，所以在戏剧发生学等领域具有极高的学术价值。同时，藏戏的剧本也是藏族文学的一个高峰，它既重音律，又重意境，大量应用格言、谣谚和成语，甚至还在情节中穿插寓言故事，保留了藏族古代文学语言的精华。2009年9月30日，在阿联酋首都阿布扎比召开的联合国教科文组织保护非物质文化遗产政府间委员会第四次会议上，藏戏成功入选《人类非物质文化遗产代表作名录》，结束了藏族没有世界级非物质文化遗产代表作的空白，彰显了藏戏艺术在世界艺术宝库中独特的历史和文化价值。（YXL）

格萨（斯）尔 《格萨尔》是藏族人民集体创作的一部伟大的英雄史诗，历史悠久，流传广泛。《格萨尔》为我们提供了宝贵的原始社会的形态和丰富的资料，代表着古代藏族文化的最高成就。史诗从生成、基本定型到不断演进，包含了藏民族文化的全部原始内核，具有很高的学术价值、美学价值和欣赏价值，是研究古代藏族社会的一部百科全书，被誉为"东方的荷马史诗"。《格萨尔》史诗主要分成三个部分：第一部分主要讲述格萨尔的降生；第二部分主要讲述格萨尔的丰功伟绩，即格萨尔降伏妖魔的过程；第三部分讲述格萨尔返回天界的故事。现在流传于世经常演唱、比较重要的大约有30部左右。在11世纪前后，随着佛教在藏族地区的复兴，藏族僧侣开始介入《格萨尔王》的编纂、收藏和传播。史诗《格萨尔王》的基本框架开始形成，并出现了最早的手抄本。长期以来，青海作为《格萨尔》说唱艺术的发祥地，在抢救、搜集、翻译、整理、出版和研究等方面做了大量工作。早在1962年就成立了《格萨尔》抢救办公室，1984年成立

《格萨尔》研究办公室，并在果洛、玉树两州相继成立了《格萨尔》抢救办公室。1985年青海省《格萨尔》研究办公室更命为青海省《格萨尔》史诗研究所。该研究所共搜集藏文原始手抄本和木刻本达28部74种之多，已出版27部；为具有代表性的55名说唱艺人建立了艺术档案，普查了1000多处遗迹点，收集了许多遗物；举办两届全省《格萨尔》民间艺人演唱会和学术研讨会；抢救、记录、整理艺人口头说唱本50部，约1500万字；用汉藏两种文字撰写出版研究专著8部，发表研究论文近200篇，出版《格萨尔学集成》共5卷700多万字；主办《格萨尔研究》内部刊物6期，《格萨尔工作通讯》6期；承担并出版国家级课题《格萨尔》精选本6部；在西宁成功举办了第五届国际《格萨尔》学术研讨会。2006年，《格萨尔》被列入青海省非物质文化遗产名录，2006年被列入第一批国家非物质文化遗产名录。2009年，在阿联酋首都阿布扎比召开的联合国教科文组织保护非物质文化遗产政府间委员会第四次会议上，《格萨（斯）尔》成功入选《人类非物质文化遗产代表作名录》。（YXL）

中国皮影戏 皮影，又称"灯影戏"或者"影戏"，是一种用兽皮或纸板剪制形象并借灯光照射所剪形象而表演故事的戏曲形式。由于皮影戏在中国流传地域广阔，在不同区域的长期演化过程中，形成了不同流派，常见的有四川皮影、湖北皮影、湖南皮影、北京皮影、唐山皮影、山东皮影、山西皮影、青海皮影、宁夏皮影、陕西皮影，以及川北皮影、陇东皮影等风格各具特色的地方皮影。各地皮影的音乐唱腔风格与韵律都吸收了各自地方戏曲、曲艺、民歌小调、音乐体系的精华，从而形成了异彩纷呈的众多流派。皮影戏的形成时代尚无确考，但据南宋孟元老《东京梦华录》记载，它至晚在宋代已经成熟和盛行，经过宋、金、元、明四个历史时期的发展，流行全国各地的皮影戏在清代呈现出繁荣局面。皮影戏虽然种类繁多，但区别主要在声腔和剧目方面，至于影人制作和表演技术则大同小异。影人一般是先将牛皮或驴皮、羊皮刮去毛血，加工成半透明状后再刻制上彩，其雕绘工艺讲究刀工精致，造型逼真。影人一般分头、身、四肢等几部分，均为侧影，头部附有盔帽，身部、四肢皆着服饰，涂油彩后用火砖烘烤压平即成。演出时将影人的头插于身部，身与四肢相接，同时在身部和两手安上三根竹扦。表演时，艺人们在白色幕布后面，一边操纵戏曲人物，一边用当地流行的曲调唱述故事，同时配以打击乐器和弦乐，有浓厚的乡土气息。道具主要为影窗，俗称"亮子"，一般高3尺、宽5尺，最高不过4尺，宽不过6尺，以白纸做幕，以便单人操作；其次为油灯一盏，用以映射影人和表演动作。青海河湟皮影主要分布在青海民和、乐都、平安、西宁、大通、互助、湟中、湟源等东部农业区。头大、腰细、臂长、袖宽是河湟皮影的特点。影人轮廓多以直线刻画，简练有力，图案强调装饰性。影人的头部造型多达千种，并注重对人物五官的刻画。河湟皮影演出的主要乐器有四胡、三弦、唢呐、长杆喇叭、小战鼓、大铜锣、铰子、棒子、盏儿等。演出不受舞台、灯光、场地的限制，戏班一般由4～6人组成，功夫好的艺人有操纵影人、乐器伴奏和配道白同时兼能的本领，高手甚至能同时操耍七八个影人。武打场面紧锣密鼓，影人枪来剑往、上下翻腾，热闹非凡。河湟皮影戏的演出剧目主要分花戏和踏本两大类，演唱内容多为历史故事、神话传说和民族友好题材，传统代表剧目有《杨六郎镇守三关》《穆桂英挂帅》《唐蕃和亲》《宝莲灯》《梁山伯与祝英台》等。由于唱腔用的是地方方言，河湟皮影别有一番韵味，并以浓厚的高原乡土气息为群众所爱。2006年，河湟皮影戏进入青海省非物质文化遗产名录。2008年，河湟皮影戏被列入第一批国家级非物质文化遗产名录。2011年，联合国教科文组织在印尼巴厘岛将包括河湟皮影戏在内的中国皮影戏列入《人类非物质文化遗产代表作名录》。（YXL）

花儿 广泛流行于甘肃、青海、宁夏、新疆一带的民间歌谣形式，在西藏、四川的部分地区以及陕西省的宝鸡市以西传唱。"花儿"（又叫"漫花儿"）演唱者为当地各民族群众，包括汉族、回族、东乡族、保安族、撒拉族、土族以及部分藏族、裕固族等不同民族。"花儿"的名称来源有两种说法：一是认为花儿唱词中把青年妇女称为"花儿"，青年男子称为"少年"，得名于前者；另一认为"花儿"中有大量咏唱牡丹等花卉的歌谣，由这些花卉的名称代指这类歌谣。作为一种民间歌谣，"花儿"产生的具体年代难以确证，但一般认为它在明清时期进入成熟期。学者们已经在明代中期至清朝前期文人的记述、随感诗里，发现了一些关于"花儿"演唱活动的早期记载。民众演唱"花儿"的主要场合是"花儿会"，著名的有甘肃省康乐县莲花山花儿会、和政县松鸣岩花儿会、岷县二郎山花儿会，青海省乐都县瞿坛寺花儿会、大通县老爷山花儿会、互助县五峰山花儿会等等。"花儿"的流派大致可分为河州花儿（河湟花儿）与洮岷花儿，前者的曲令有河州令、白牡丹令、尕马儿令、出门人令、东乡令、保安令、撒拉令、土族令等200余种，后者的曲令有莲花山令、三闪令、尕莲儿、啊欧令、折麻秆等。洮岷花儿还有一大特色是"本子花儿"，以演唱古典名著、通俗小说为主，例如有《出五关》《三打白骨精》等。现当代时期"花儿"著名的传承人有朱仲禄、王绍明、苏平、马法吐麦、景满堂、丁如兰、汪莲莲等人。2006年"花儿"被列入甘肃省第一批省级非物质文化遗产名录，2006年被列入第一批国家级非物质文化遗产名录，2009年被联合国教科文组织列入《人类非物质文化遗产代表作名录》。（LWJ）

陕西卷

一 物质文化资源

（一）地理文化资源

1. 自然保护区

周至国家级自然保护区 位于周至县南部秦岭主梁北坡，面积为563.93平方千米，于1984年经省政府批准建立。主要保护对象是金丝猴等珍稀动物及其生存环境。周至国家自然保护区地处秦岭主脊之北侧，最高海拔2996米，相对高差近1800米。区内植物种类繁多、资源丰富，高等植物就有622种，其中属国家重点保护植物与省级保护植物有20多种。在海拔1500米以上的落叶阔叶林与针阔叶混交林中，分布着14群，总数约1500只的金丝猴，是我国金丝猴种群数量最多、分布最集中的地区，近年来还曾多次发现白色金丝猴。除金丝猴外，还分布有一定数量的羚牛、大熊猫等珍稀动物，具有重要的保护价值。该保护区分布有10种国家级重点保护植物，其中稀有植物5种，濒危植物2种，渐危植物3种，还发现了大面积的独叶草和巴山冷杉。1988年被列为国家级自然保护区。（YYL）

陇县秦岭细鳞鲑国家级自然保护区 位于国家秦岭植物园北麓，陕西省西端的陇县境内。地处秦岭北脉与六盘山南脉的交接地带，是动物种类较为复杂的过渡区。由于自然环境复杂多样，形成了典型的生态结构较为原始的山地森林溪流型淡水生态系统，成为国家二级保护水生野生动物秦岭细鳞鲑、贝氏哲罗鲑、水獭等多种珍稀水生野生动物的洄游通道和繁殖栖息地。2004年3月，省政府批准建立陇县秦岭细鳞鲑省级自然保护区。这是该省第一个鱼类自然保护区，也是目前中国唯一以保护秦岭细鳞鲑及其生态系统为主的水生野生动物类型的国家级自然保护区。保护区总面积65.59平方千米，其中，核心区面积13.76平方千米，缓冲区面积31.97平方千米，实验区面积19.86平方千米。该国家级自然保护区的建立，填补了陕西省乃至西北地区无国家级水生野生动植物自然保护区的空白，对促进我国西部地区生物多样性保护具有十分重要的战略意义。2009年

9月18日，国务院办公厅国办发〔2009〕54号文件批准陕西陇县秦岭细鳞鲑省级自然保护区为国家级自然保护区。（YYL）

太白山国家级自然保护区 地处宝鸡市的太白县、眉县与西安市周至县三县交界处。保护区东自周至县西老君岭，西至太白县鳌山；南起周至县龙洞沟，北到眉县营头镇黑虎关。主峰拔仙台海拔3767.2米，北大门黑虎关海拔1060米，相对高差2707.2米。东西长45千米，南北宽34.5千米，总面积563.25平方千米。主要保护对象为森林生态系统和自然历史遗迹。保护区地处秦岭山脉中段，是华北、华中和青藏高原三区生物交汇过渡地带，区内动植物资源丰富，植被垂直分带明显。高等植物有2000余种，国家重点保护植物有连香树、水青树、星叶草、太白红杉等21种；高等动物有270多种，国家保护动物有大熊猫、羚牛、豹等20多种。在太白山海拔3000米以上的高山区，还保存着比较完整的第四纪冰川遗迹，是开展科学研究难得的"天然实验室"。太白山国家级自然保护区于1965年经省政府批准建立，1986年被列为国家级自然保护区。（YYL）

子午岭国家级自然保护区 位于延安市南部的富县境内，西靠子午岭主脊，北临毛乌素沙漠边缘，南界渭北大平原，地处世界上最大的黄土高原腹地、黄河流域水土流失最严重地区。子午岭国家级自然保护区总面积406.21平方千米，其中，核心区面积138.14平方千米，缓冲区面积84.79平方千米，实验区面积183.28平方千米，森林覆盖率88.3%。保护区的植被分为森林、灌丛、草地和森林湿地四个类型，20个群系。有维管植物104科344属633种，有国家及省重点保护的珍稀濒危植物紫斑牡丹、核桃楸、刺五加、杜松、陕西鹅耳枥、文冠果等6种。保护区内有脊椎动物27目59科188种，分布有国家重点保护动物19种，其中国家一级保护野生动物有豹、黑鹳和金雕等，二级保护动物有豺、水獭、鸳鸯、灰鹤、大天鹅、红脚隼、燕隼、红隼、长耳鸮等16种，还有省级重点保护动物73种。保护区因丰富的野生动植物资源及生态多样性，被称为黄土高原上的天然物种"基因库"和陕北生态安全的"桥头堡"。2006年经国务院批准成立的陕北黄土高原上第一个国家级自然保护区。（YYL）

汉中朱鹮国家级自然保护区 地处秦岭南坡中段的中山带地区，位于汉水之滨的汉中地区，跨越洋县和城固县，主体在洋县境内。保护区总面积375.49平方千米，其中，核心区面积113.90平方千米，缓冲区面积99.30平方千米，实验区面积162.29平方千米，主要保护对象为朱鹮及其栖息地。在全世界的鸟类中，朱鹮是最为珍稀濒危的种类之一。在1960年召开的第12届国际鸟类保护会议上被定为"国际保护鸟"。保护区内动植物种类繁多，有动物534种，分属29目96科，其中国家一级保护动物7种，二级保护动物62种；既有亚热带植物分布，也有暖温带植物生长，植物种类多达2560种。2001年，省政府批准建立保护区。2005年7月，经国

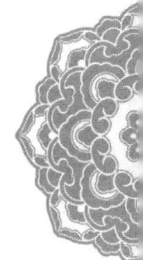

务院办批准成立自然保护区。(YYL)

长青国家级自然保护区 位于秦岭中段南坡的洋县北部,总面积300平方千米。长青国家级自然保护区独特的地理位置、优越的气候条件和森林生态环境,为多种动植物繁衍生息提供了良好的条件,成为丰富多样的"生物资源库"。保护区内有野生种子植物135科601属1556种,列入《中国濒危保护植物》红皮书的有31种。脊椎动物有29目78科213属311种,其中兽类7目24科51属63种,鸟类13目36科123属202种;两栖动物2目5科5属8种;爬行类动物2目6科17属20种;鱼类5目7科17属18种。其中有国家一级保护动物大熊猫、金丝猴、羚牛、朱鹮、金雕、林麝及云豹等7种,国家二级保护动物黑熊、毛冠鹿、大鲵、血雉和红腹角雉等33种。被誉为"四大国宝"的大熊猫、羚牛、金丝猴、朱鹮等国宝级珍稀野生动物均有分布,尤其是被世界生物学界誉为"活化石"的大熊猫在该保护区广泛分布,数量有100余只,约占秦岭大熊猫总数的1/3,是当今中国最有保护价值的大熊猫密集分布区,受到国内外科学界的高度关注与重视。1995年经国务院批准建立的以保护大熊猫为主的森林和野生动物类型自然保护区。(YYL)

米仓山国家级自然保护区 位于汉中市西乡县大河镇和骆家坝镇境内,西与南郑、城固接壤,东与镇巴交界。2002年8月,经省政府批准建立,原名为"陕西龙池猕猴省级自然保护区",总面积350平方千米。地处巴山山脉西段、大巴山北坡、米仓山中段,境内以米仓山主脊形成地貌骨架,保护区横跨米仓山南北坡。区内喀斯特岩溶地貌和沟谷流水地貌比较发育,生境类型复杂多样,生物多样性十分丰富。据综合科学考察显示,保护区的自然植被划分为12个植被型、37个群系,植被类型以落叶阔叶林为主。分布的国家一级重点保护植物有红豆杉与南方红豆杉,国家二级重点保护植物有巴山榧树、秦岭冷杉、金荞麦、水青树、连香树、野大豆、光叶黄皮树、水曲柳、香果树等9种,省级重点保护植物有延龄草、青钱柳等10种。区内植物区系具有古老性与独特性,分布有中国特有属和东亚特有属95个,其中19个为中国特有的单种属或寡种属。保护区分布的国家一级重点保护动物有云豹、豹、林麝、羚牛、金雕等5种;国家二级重点保护动物有黑熊、鬣羚、斑羚、猕猴、藏酋猴、红腹角雉、红腹锦鸡、大鲵等24种;省级重点保护动物有毛冠鹿、画眉等21种;列入"三有"名录的物种有112种;列入《濒危野生动植物种国际贸易公约》附录Ⅰ、Ⅱ的动物有25种;属于我国特有的动物有36种,主要分布在我国的动物有23种。保护区的猕猴共有11群400余只,约占陕西省猕猴种群总量的一半左右,为全省猕猴分布最集中的地区。保护区是藏酋猴在该省的少数几个分布区之一。2009年成功晋升为国家级自然保护区。(YYL)

青木川国家级自然保护区 坐落在秦岭与岷山山脉之间,位于汉中市宁强县青木川镇。是一处保护大熊猫、金丝猴、羚牛等珍稀野生动物及其栖息地的自然保护区。保护区南北宽15.5千米，东西长28千米，面积为102平方千米。2002年8月26日，省政府第16次常委会批准成立青木川马家山自然保护区。2007年4月申报为国家级自然保护区，更名为青木川自然保护区，并通过了初审。保护区孕育了丰富多样的动植物资源。在海拔1500米以上，大面积的箭竹、木竹与落叶阔叶树种混生，是构成竹林的主要成分，金竹、刺竹、黑竹等种类繁多的竹类资源，为大熊猫的生存提供了稳定而丰富的食物来源。区内有维管束植物173科732属1598种，被列为珍稀濒危植物的有82种，属国家重点保护植物的有14种。有野生动物24目78科243种，其中属国家一级保护动物的有大熊猫、金丝猴、羚牛、林麝、金钱豹、金雕等6种，属国家二级重点保护动物的有猕猴、红腹锦鸡、大灵猫、斑羚等17种。特别是金丝猴与猕猴在青木川自然保护区的同域分布现象，在我国尚属首次发现，成为野生动物界的一个不解之谜。2009年被批准为"青木川国家级自然保护区"。（YYL）

桑园国家级自然保护区 位于秦岭中段南坡、汉中市留坝县境内，是以保护大熊猫及其栖息地为主的自然保护区。与西部凤县和宁强县的大熊猫种群相隔30千米。由于其独特的地理位置，该保护区对秦岭大熊猫栖息地质量提高具有走廊带连接作用，对改善秦岭大熊猫栖息地破碎化、岛屿化的现状具有重要作用。保护区东西长24千米，南北宽22千米，总面积138.06平方千米。区内自然环境原始独特，物种古老珍稀。其中有国家一级保护动物大熊猫、金雕、金丝猴、豹、林麝、羚牛6种，二级保护动物黑熊、豺、大灵猫、金猫、红腹角雉等。珍稀植物有红豆杉、秦岭冷杉、连香树、杜仲、水曲柳、延龄草、天麻等特有种。根据1999—2003年的全国第三次大熊猫调查结果显示，该保护区有大熊猫7只，大熊猫栖息地面积约115.08平方千米，占保护区总面积的83.4%。尤为重要的是，这个保护区是未来中段大熊猫秦岭亚种局域种群向西扩散的必经之地，也是将来秦岭中、西段大熊猫局域种群实现连接的重要区域，对整个秦岭大熊猫种群的保护具有十分重要的意义。2009年晋升为国家级自然保护区。（YYL）

佛坪国家级自然保护区 位于佛坪县西北部。总面积292.40平方千米，植被覆盖率达90%以上，是野生大熊猫繁衍生息的天然乐土。佛坪国家级自然保护区是1978年经国务院批准建立的，以保护大熊猫为主的森林和野生动物类型保护区，联合国教科文组织于2005年3月正式颁证批准其加入"世界生物圈保护区网络"。该保护区地貌复杂多样，气候变化万千，成就了这里极为丰富的生物多样性。保护区内现有脊椎动物共29目82科227属338种（亚种），分别占陕西省脊椎动物787种（亚种）和全国脊椎动物约5136种（亚种）的42.95%和6.58%。已鉴定的昆虫有24目165科1353种。拥有闻名遐迩的"秦岭四宝"——大熊猫、金丝猴、羚牛、朱鹮，国家一级保护动物7种，二级重点保护动物39种,鸟类资源也极其丰富。区内约有野生大熊猫110～130只,是中国野生大熊猫密度最大的地区,也是世界上第一只棕色大熊猫的发现地。2009年11月1日,科研人员又发现了一只棕色大熊猫宝宝,这已是佛坪发现的第四只棕色大熊猫。2004年,中科院动物研究所与佛坪国家级自然保护区共建了全国唯一的秦岭大熊猫野外研究基地。此外,珍贵稀有的羚牛、金丝猴等野生动物种群数量也在逐年增加。1978年国务院批准佛坪自然保护区为国家重点保护区。(YYL)

天华山国家级自然保护区 位于宁陕县境内,地处秦岭中段南坡,东、南同宁西林业局接壤,西邻佛坪县,北与周至国家级自然保护区以秦岭主脊为界,于2002年8月经省政府批准建立。天华山国家级自然保护区是以保护大熊猫及其栖息地为主的森林和野生动物类型的省级自然保护区。保护区东西宽约17.3千米,南北长约24.5千米,总面积254.85平方千米,其中核心区面积96.80平方千米,缓冲区面积43.17平方千米,实验区面积114.88平方千米。保护区内有野生植物207科760属1819种,可谓是秦岭之最,其中国家级珍稀濒危、重点保护植物21种,省级重点保护植物14种。主要有红豆杉、秦岭冷杉、大果青扦、太白红杉、连香树、水青树、野大豆、水曲柳、香果树等。保护区种子植物包含了华中、华北、中国—喜马拉雅、中国—日本植物区系成分,充分说明了保护区植物区系的复杂性和过渡性。区内有野生脊椎动物227种,占全省脊椎动物总数的30.72%。其中哺乳动物54种,鸟类138种,爬行类21种,两栖类8种,鱼类6种。已知昆虫2788种。属国家重点保护的野生动物种类37种,其中最具代表性的有大熊猫、金丝猴、羚牛和林麝等。2008年被国务院批准晋升为国家级自然保护区。(YYL)

化龙山国家级自然保护区 又称大巴山北坡自然保护区。位于安康市镇坪县(城关镇)境内,南接重庆,东邻湖北,是中国巴山北部地区重要的野生动植物物种资源库,是中国巴山地区少有的原始自然历史本底,是一个具有保护价值的自然综合体,是亚热带具有典型代表的综合自然生态系统。以其生物区系的古老性,动植物种类的丰富性,森林植被的多样性,濒危物种的珍贵性,以及生态系统的稳定性、典型性而著称。总面积281.03平方千米:核心区面积119.23平方千米,占总面积的42.4%;缓冲区面积39.14平方千米,占14.0%;实验区面积122.66平方千米,占43.6%。保护区内有种子植物154科751属1732种:分布有国家重点保护野生植物22种,其中国家一级重点保护野生植物5种,二级重点保护野生植物17种;分布有珍稀濒危植物33种;分布有兰科植物35种;蕨类植物26科46属114种;大型真菌45科101属169种。区内野生动物种类繁多,有脊椎动物24目66科251种,国家重点保护野生动物56种,其中国家一级重点保护野生动物5种,国家二级重点保护野生动物26种,省重点保护种类25种。2001年12月被批准为省级自然保护区,2007年晋升为国家级自

然保护区。(YYL)

牛背梁国家级自然保护区 位于秦岭山脉东段,横跨秦岭主脊南北坡,地处柞水、宁陕、长安三县(区)交会区域,沿秦岭主脊呈东西狭长分布,东西长28千米,南北宽15千米,海拔1100~2802米,总面积164.18平方千米。是以保护国家一级保护动物羚牛及其栖息地为主的森林和野生动物类型的自然保护区,是"秦岭自然保护区群"的重要组成部分,是秦岭东段生物多样性最为丰富的地区,是羚牛秦岭亚种的模式产地,在"中国生物多样性保护行动计划"中被确定为40个最优先的生物多样性保护地区之一。保护区蕴藏着众多的珍稀动植物资源,是物种遗传的基因库。保护区内有种子植物113科525属1268种。其中有国家一级保护植物红豆杉,二级保护植物太白红杉、连香树、水曲柳、山白树、星叶草和野大豆等6种,省级保护植物10多种。区内有兽类83种,鸟类171种,两栖爬行类42种,鱼类8种。其中国家一级保护动物有羚牛、豹、林麝、金雕等4种,二级保护动物有黑熊、斑羚、红腹角雉等26种。牛背梁自然保护区于1987年建立,1988年经国务院批准为国家级自然保护区。(YYL)

汉中佛坪观音山国家级自然保护区 位于秦岭腹地、佛坪县境内的观音山自然保护区,2002年经陕西省政府批准成立,是我国大熊猫、金丝猴、羚牛的主要分布区之一,现已晋升为国家级自然保护区,成为汉中市第八个国家级自然保护区。该保护区是以大熊猫及其栖息地生态系统为主要保护对象的自然保护区。保护区总面积为135.34平方千米,其中核心区面积为42.74平方千米,缓冲区面积为37.93平方千米,实验区面积为54.67平方千米。2013年,观音山自然保护区经国务院审定,成为国家级自然保护区。(YYL)

黄龙山褐马鸡国家级自然保护区 地处陕北黄土高原东南部,位于延安市黄龙、宜川两县交界处的黄龙山林区。黄龙山褐马鸡是我国褐马鸡在西部分布的一个独立区域种群。完整有效地保护和管理好褐马鸡种群及其栖息地生境,无疑具有十分重要的保护意义和科研价值。该保护区是2001年8月25日经省政府第十七次常务会议通过建立的。该保护区是关中盆地与陕北黄土高原的过渡地带,是陕北黄土高原和关中平原之间重要的生态屏障。保护区涉及大岭、圪台、白马滩、柏峪、石台寺、薛家坪6个保护站。总面积817.53平方千米,其中核心区259.06平方千米,缓冲区248.25平方千米,实验区310.22平方千米。森林面积650.12平方千米,活立木总蓄积量35.24万立方米,森林覆盖率86.6%。区内海拔高度在845~1783米之间。该保护区自然环境优越,生态系统复杂,蕴藏着众多国家级保护珍稀濒危动植物资源和丰富的生物遗传基因库,是一个种类繁多的天然动物园和植物王国。对陕北黄土高原和黄龙山而言,该保护区还具有一定的典型性和代表性,堪称黄龙山东段的一个绿色宝库,具有很高的保护与研究价值。2001年,经省政府批准，在韩城建立了黄龙山褐马鸡省级自然保护区。2010年，褐马鸡省级自然保护区顺利通过国家环保部评审，晋升为国家级自然保护区。（YYL）

略阳大鲵国家级自然保护区　位于略阳县东北部，始建于2002年，主要为保护大鲵及其赖以生存的水域生态系统，总面积56平方千米，其中核心区面积13.91平方千米。大鲵也称娃娃鱼，是3亿年前与恐龙同一时代生存并延续下来的珍稀物种，也是现存最大的两栖类动物，被称为"活化石"，是国家二类保护水生野生动物。保护区已成立3个保护站，在核心区建防护网，实行封禁管理，禁止人类活动。通过保护区巡查和科研工作，已查处破坏水生态环境、电鱼等违法案件30余件。并累计向试验区投放各种鱼苗120万尾，开展有效的野生资源保护和人工繁育增殖放流工作。2006年晋升为省级大鲵自然保护区，现已晋升为国家级自然保护区，并被命名为"陕西省略阳珍稀水生动物国家级自然保护区"。该保护区内水资源丰沛，水质良好，水生生物种类丰富，是秦巴山区典型的水生生物分布区。国家级自然保护区的建立为保护该地区水生生物资源，维护生态系统服务功能等方面具有重要作用。2013年晋升为国家级自然保护区。（YYL）

紫柏山国家级自然保护区　地处秦岭西段南坡的凤县境内，是以林麝及其栖息地为主要保护对象的自然保护区。保护区内有种子植物1300种、野生脊椎动物273种，已发现的昆虫种类有1295种。属国家Ⅰ、二级保护的植物有红豆杉、秦岭冷杉、连香树、野大豆、水青树和水曲柳等。属国家一级保护野生动物8种，有林麝、大熊猫、羚牛、豹、云豹、金雕、白肩雕以及黑鹳等，尤其是林麝野外种群分布密度达每平方千米1.13只，是目前全国林麝野外种群密度很高的地区之一。保护区总面积174.72平方千米，其中核心区面积52.78平方千米，缓冲区面积51.86平方千米，实验区面积70.08平方千米。2002年由省政府批准建立，2011年更名为紫柏山省级自然保护区，2012年经国务院批准晋升为国家级自然保护区。（YYL）

太白湑水河水生野生动物自然保护区　地处太白县黄柏塬镇境内，东至西安市周至县，西至汉中市留坝县，南至汉中市洋县，北至太白山国家级自然保护区。保护区总面积53.43平方千米，其中核心区面积16.38平方千米，缓冲区面积24.85平方千米，实验区面积12.18平方千米。保护区主要保护的水生野生动物有大鲵、秦岭细鳞鲑、川陕哲罗鲑、水獭、多鳞铲颌鱼和秦巴北鲵等。保护区位于秦岭以南湑水河，属长江水系湑水河流域，上游海拔1510米，下游海拔906米，相对高差604米，主河道及二三级支流总长度260千米，总面积53.43平方千米。湑水河发源于周至县厚畛子乡，从偏桥子流入太白县境内，沿途纳入西太白河、红水河、大箭沟、小箭沟、猫耳沟、观音峡、石塔河、积鱼河、牛尾河等支流，于铁厂处流入洋县入汉江。河流水质清新，常年平均流量14.9立方米/秒，平均水温8℃~10℃，pH值5.8~6.8，泥沙含量少，矿化度低，溶氧高，无任何污染源，符合地表水一级水质标准，水中浮游生物种类和数量较少，水生昆虫生物量较大。2012年经国务院办公厅批准为国家级自然保护区。（YYL）

黄龙铺—石门地质剖面省级自然保护区 黄龙铺—石门地质剖面，经省地质矿产局进行科学考察、论证，认为可做典型剖面。省人民政府常务会1982年第45次会议通过《陕西省自然保护区区划方案》，并决定将洛南县黄龙铺—石门地质剖面列为重点保护点（面积20平方千米，自然保护区顶点在宋家沟口），正式批准建立并命名为"小秦岭元古界剖面"，列为省级保护单位，且立碑保护。小秦岭元古界剖面位于华山西坡，秦岭山脉北侧的小秦岭。主干剖面位于洛南县境黄龙铺—石门镇之间洛华公路附近，全长20千米，面积约20平方千米。小秦岭元古界剖面，沉积厚度9108米。地层的构造简单，层序清楚，出露良好。剖面记录了8亿多年的地质演化历史，地质自然遗迹十分丰富。剖面上可以观察到有稳定地台型浅海陆源碎屑岩、黏土岩，广海碳酸盐台地沉积组合，元古代阶段强烈火山活动形成的巨厚火山岩建造，冰川堆积物、叠层石、核形石及微古植物化石，还蕴藏着丰富的金属和非金属矿产。1987年，省地质矿产局批准建立黄龙铺—石门地质剖面省级自然保护区。（YYL）

东秦岭地质剖面省级自然保护区 秦岭地区经历了多次构造运动，然而在这个构造变形、岩石变质的造山带内，位于柞水、镇安两县交界的迷魂阵地区，泥盆系沉积岩相保存较好，实属罕见。在剖面上保留着丰富的沉积构造遗迹，具有典型的岩相标志，反映了当时海陆变迁的沉积环境，记录了该地区3.5亿多年前的古地理、古气候、古生物、古构造以及成矿作用的地质信息。经过漫长的地球演化被保存下来的这些地质遗迹是自然宝库中极为稀罕的、不可再生的无价之宝，具有很高的科学研究价值，是人类的宝贵遗产，因此应予以很好的保护。该剖面1990年11月被列为陕西省第2号省级自然保护点，是秦岭地槽区发现的典型的、完整的岩相剖面。剖面上出露有河流相、冲积扇相、河口湾相、海潮坪相、浅海陆棚相、生物礁相及次深海盆地相等沉积组合。1990年陕西林业局批准建立东秦岭地质剖面省级自然保护区。（YYL）

泾渭湿地省级自然保护区 位于西安市区以北20公里处，渭河、灞河、泾河在此地汇流。以水禽及其湿地生态系统为主要保护对象，建设范围包括灞桥、未央和高陵两区一县的灞河、泾河、渭河交汇区域，总面积63.527平方千米，是典型的温暖半湿润区河流湿地景观。保护区植物种类多样，是水禽重要的栖息场所，有鸟类140余种，也是我国候鸟迁徙的中转、越冬与繁殖地。2001年，西安泾渭湿地省级自然保护区获得批准建立。（YYL）

韩城黄龙山褐马鸡省级自然保护区 位于陕西省东部黄河西岸的黄龙山系，总面积377.56平方千米，森林覆盖率79%。建立保护区后，生态环境不断改善，珍稀野生动物纷纷返回自己的家园，特别是世界濒危物种、国家一级保护动物褐马鸡的数量不断增多，由最初发现时的100余只发展到现在的1500余只。区内动植物种类丰富，有野生动物194种。有国家重点保护野生植物4种，分别为野大豆、紫斑牡丹、核桃楸和刺五加；省级重点保护植物4种，分别是杜松、陕西鹅耳枥、文冠果及刺榆。2001年经省政府批准建立为省级自然保护区。（YYL）

宝峰山省级自然保护区 地处汉中市略阳县东北部，东与勉县为邻，北与甘肃相连，东西长30千米，南北宽22千米，总面积294.845平方千米，其中核心区面积109.01平方千米，缓冲区面积62.73平方千米，实验区面积123.10平方千米。保护区涉及铁厂坝林场、金池院林场全部和九中金乡、两河口镇、仙台坝乡、观音寺乡、观音寺林场部分。其主要保护对象为羚牛、秦岭冷杉，是一个动、植物类型的自然保护区。隶属于略阳县林业局，并设有宝峰山省级自然保护区管理局。2002年，省政府常务会正式批准成立宝峰山省级自然保护区。（YYL）

留坝摩天岭省级自然保护区 位于陕西西南部的留坝县上南河境内，是保护大熊猫、羚牛、金丝猴、林麝等珍稀野生动物及其栖息环境的自然保护区，面积为85.20平方千米。保护区独特的地理位置和森林生态环境，孕育了种类丰富且独特的"生物资源库"：区内共有野生种子植物471属1146种；有野生动物78科261种，其中属国家一级保护动物的有大熊猫、羚牛、金丝猴、豹、林麝、金雕6种，属国家二级重点保护动物的有红腹锦鸡、白冠长尾雉、豹猫、苏门羚、斑羚、金鸡、黑熊等29种。2003年，省环保厅批准建立留坝摩天岭省级自然保护区。（YYL）

老县城省级自然保护区 位于秦岭中段太白山主峰南坡，地处周至县厚畛子镇。于1993年经西安市政府批准设立的以大熊猫及其栖息地为保护对象的市级自然保护区。东以秦岭梁为界，与周至国家级自然保护区接壤；南以财神岭为界，与佛坪国家级自然保护区毗邻；西南与长青国家级自然保护区相邻；西与黄柏塬省级自然保护区相连；西北接太白山国家级自然保护区；北以秦岭分水岭为界，与厚畛子林场大熊猫走廊带相靠。总面积126.11平方千米。2004年经省政府批准晋升为省级自然保护区。（YYL）

铜川香山省级自然保护区 香山省级自然保护区是以黑鹳、金钱豹、林麝、鸲等为主要保护对象的自然保护区，保护区主要保护地点位于铜川市耀州区柳林镇，总面积141.96平方千米，其中核心区面积30.67平方千米，缓冲区面积49.34平方千米，实验区面积61.95平方千米。2004年，省人民政府批准建立铜川香山省级自然保护区。（YYL）

太安省级自然保护区 位于子午岭山系桥山余脉，北与黄陵县交界，西南与印台区玉华宫相毗邻。苍松碧绿，鸟语花香，峰峦叠嶂，幽谷深邃，林海万顷，素有渭北黄土高原上的"绿色明珠"之称。2004年省人民政府批准设立太安省级自然保护区，总面积

258.72平方千米，保护面积249.46平方千米，有林地面积173.08平方千米，森林覆盖率85.2%。保护区内动植物类型丰富多样，有高等植物800多种，陆生脊椎动物70多种，昆虫841种。区内还分布着金钱豹、金雕、林麝等10余种国家Ⅰ、二级保护动物。2004年，省环保局批准成立太安省级自然保护区。（YYL）

野河省级自然保护区 位于宝鸡市扶风县，主要保护对象为渭北黄土丘陵沟壑区典型的森林生态系统及野生动植物资源，总面积109.96平方千米。保护区有种子植物700余种，重点保护的有水曲柳、野大豆、黄芪、党参、陕西鹅耳枥、桃耳七6种。区内有野生动物21目47科162种，其中国家一级重点保护动物有豹、林麝、金雕、白肩雕等4种，国家二级重点保护野生动物有豺、青鼬、长耳鸮等18种，省重点保护野生动物有狼、豹猫、狍等12种。2004年，省环保局批准成立野河省级自然保护区。（YYL）

太白牛尾河省级自然保护区 位于太白县黄柏原乡境内，总面积134.92平方千米。保护区山林茂密、河流纵横，野生动植物资源丰富。其间栖息着国家一级保护动物大熊猫、羚牛、金丝猴等珍稀濒危野生动物。据全国第三次大熊猫普查结果显示，牛尾河地区现有大熊猫50只，羚牛3000头，以及大量的金丝猴和其他珍稀野生动物，是陕西省大熊猫种群数量和密度最大的地区之一。牛尾河地区的大熊猫为珍稀独有的秦岭亚种，曾经诞生过享誉海内外的大熊猫"白雪"，是没有污染与破坏的"绿色太白明珠"。2004年，省环保局批准建立太白牛尾河省级自然保护区。（YYL）

延安柴松省级自然保护区 位于陕甘交界的子午岭北端，富县西部，原属延安市桥北林业局和尚塬林场和张家湾林场的经营区域。西接甘肃省合水县，南连子午岭自然保护区，东与延安市桥北林业局张家湾林场、药埠头林场为邻，北接桥北林业局和尚塬林场，境内南北长约18千米，东西宽16.5千米，总面积176.40平方千米。2004年省环保局批准成立延安柴松省级自然保护区。（YYL）

洛南大鲵省级自然保护区 位于洛南县城东部。于2001年3月13日经原商洛地区行政公署批准建立大鲵市级自然保护区。该保护区总面积约为57.15平方千米，其中核心区面积14.30平方千米，实验区面积18.29平方千米，缓冲区面积24.56平方千米。其主要保护对象是大鲵及其生存环境。2004年3月29日经省人民政府常务会议研究通过，于2004年晋升为省级自然保护区。（YYL）

商南新开岭省级自然保护区 地处商南县南部、丹江河南部新开岭腹地。保护区总面积149.63平方千米，其中，核心区面积31.42平方千米，缓冲区面积52平方千米，实验区面积66.21平方千米，金丝峡国家4A级旅游景区被涵盖其中。该保护区以保护国家一级保护动物林麝和兰科植物为主。最早成立于2002年，2004年经省政府批准晋升为省级自然保护区。（YYL）

天竺山省级自然保护区 位于山阳县

东南。保护区总面积216.85平方千米,其中,核心区面积75.40平方千米,缓冲区面积44.61平方千米,实验区面积96.82平方千米。该保护区是以国家一级保护动物林麝及其栖息地为主要保护对象的自然保护区。2004年经省政府常务会议研究通过,于当年晋升为省级自然保护区。(YYL)

陕西省黄河湿地自然保护区 保护区北起禹门口,南至黄河、渭河和洛河交汇地带的风陵渡铁路桥,东以黄河"治导控制线"中心线为界与山西相连,西界北段沿黄河老崖,南段沿黄河第二道大堤,总面积573.48平方千米,核心区面积226.11平方千米,缓冲区面积223.06平方千米,实验区面积124.31平方千米。该湿地自然保护区在三河湿地、合阳黄河湿地自然保护区的基础上,设立统一管理的陕西黄河湿地省级自然保护区。省级自然保护区设立时间从2000年12月29日算起。该自然保护区的建立,对于保护丹顶鹤等珍稀禽鸟类,调蓄渭南黄河干流洪水,调节区域气候,改善生态环境,促进地区经济社会可持续发展,具有十分重要的作用和意义。2005年经省政府审议成立陕西省黄河湿地自然保护区。(YYL)

黄柏塬省级自然保护区 地处秦岭中段南坡,位于太白县境内,是以大熊猫及其栖息地为主要保护对象的野生动物类型自然保护区,总面积218.65平方千米。黄柏塬自然保护区是太白县大熊猫的主要分布区,是秦岭大熊猫分布的高密度区。保护区内是众多生物种类的汇聚地,共有野生脊椎动物346种,野生种子植物1109种,昆虫2832种。保护区内有国家一级保护动物大熊猫、羚牛、金丝猴、林麝等7种,国家二级保护动物黑熊、斑羚、鬣羚、红腹锦鸡、血雉、大鲵等36种,国家一、二级保护植物红豆杉、独叶草、秦岭冷杉、大果青杄、太白红杉、连香树、水青树、水曲柳等38种。2006年省政府批准成立黄柏塬省级自然保护区。(YYL)

千湖湿地省级自然保护区 地处宝鸡市千阳县境内,由关中地区最大的水库——冯家山水库和渭河一级支流千河千阳段构成,总面积71.56平方千米。主要目的是保护珍稀水禽、湿地生态系统和进行水源地保护,同时开展科研、宣教和科普型生态旅游。保护区内动植物资源丰富,现有高等植物57种,湿地植被类型2个、16个群系。湖内有秦岭细鳞鲑、马口鱼等3目3科5亚科10多种淡水鱼。有国家级保护鸟类如大天鹅、灰鹤、白鹭、豆雁、针尾鸭等野生珍稀水禽以及丹顶鹤、黑鹤、白鹳等多种珍稀迁徙鸟类,共71种,其中湿地鸟类41种。2006年经省政府批准设立千湖湿地省级自然保护区。(YYL)

皇冠山省级自然保护区 地处秦岭中段南坡的汶水河源头,位于宁陕县行政区域内。保护区总面积123.72平方千米,其中,核心区面积37.24平方千米,缓冲区面积22.56平方千米,实验区面积63.92平方千米。是以保护大熊猫及其栖息地为主的野生动物类型自然保护区,所处区域是南水北调重要水源涵养地,不仅具有生态系统完整与生物多样性的典型特征,而且具有十分重要的保护价值

和科研价值。2006年，省政府批准设立皇冠山省级自然保护区。（YYL）

宁陕平河梁省级自然保护区 位于秦岭东段南坡的安康市宁陕县境内。是在全面禁止天然林采伐，实施天然林保护工程后，以保护大熊猫和珍稀保护动物及其栖息地为主要目的的保护区。该保护区是"秦岭自然保护区群"的重要组成部分，也是大熊猫的最东分布区，对加强秦岭生物多样性的全面保护有着十分重要的战略地位。2006年经省政府批准建立宁陕平河梁省级自然保护区。（YYL）

旬邑石门山省级自然保护区 位于旬邑县东北部。保护区总面积300.49平方千米，其中，核心区面积99.09平方千米，缓冲区面积94.08平方千米，实验区面积107.32平方千米。是以天然次生林区为主要保护对象的森林生态系统类型自然保护区。2007年省政府批准成立旬邑石门山省级自然保护区。（YYL）

镇安鹰嘴石省级自然保护区 地处秦岭南坡中段、商洛市镇安县境内，辖区以木王林场为主体，北邻月河乡、杨泗乡，东接余师乡，南接木王镇，西与宁陕县毗邻。东西宽约10千米，南北长约17千米。是以保护大熊猫潜在栖息地、羚牛、林麝为主的森林野生动植物类型的保护区，总面积114.62平方千米，其中核心区31.74平方千米，缓冲区总面积28.33平方千米，实验区面积54.55平方千米。区内有高等植物138科685属1341种，其中国家一级重点保护植物1种，国家二级重点保护植物7种，国家三级重点保护植物9种；陆生脊椎动物28目72科190种，其中国家一级保护动物4种，二级保护动物15种。该保护区于2004年3月29日经省政府同意，省环保局（陕环函〔2004〕113号）批准建立。2006年初建立了保护区地理信息系统，并启动开展了野生动植物野外巡护监测工作，为该区生物多样性保护提供了基础性资料。2007年，商洛市编委批准成立镇安鹰嘴石省级自然保护区管理处。（YYL）

劳山省级自然保护区 位于甘泉县西南部的墩儿梁。总面积203.17平方千米，其中，核心区面积79.26平方千米，缓冲区面积60.24平方千米，实验区面积63.67平方千米。该区是以森林生态系统为主要保护对象的自然保护区，其建立对于陕北黄土高原地区次生林和珍稀动植物的保护都具有重要作用。2009年省政府批准建立劳山省级自然保护区。（YYL）

桥山省级自然保护区 位于陕甘交界的子午岭山脉，属延安市管辖。总面积246.50平方千米，其中，核心区面积70.98平方千米，缓冲区面积76.21平方千米，实验区面积99.31平方千米。该区是以森林生态系统为主要保护对象的自然保护区，其建立对于保护陕北黄土高原地区次生林和珍稀动植物具有重要作用。2009年，省政府批准设立桥山省级自然保护区。（YYL）

汉江湿地省级自然保护区 西起勉县武侯镇，东至西乡县茶镇，南、北以汉江河堤外侧500~1000米处为界。总面积336.05

平方千米，其中，核心区面积97.85平方千米，缓冲区面积64.13平方千米，实验区面积174.07平方千米。该保护区是以湿地生态系统为主要保护对象的自然保护区，其建立将为朱鹮等珍稀濒危湿地鸟类提供良好的繁殖地和栖息地，对于确保南水北调水源地安全也具有重要作用。保护区内有鱼类3目8科53种，两栖爬行类4目12科27种，鸟类16目35科150种，哺乳类5目11科32种。2009年，省政府批准设立汉江湿地省级自然保护区。（YYL）

无定河湿地自然保护区 位于横山县北部的无定河流域。该区是以湿地生态系统为主要保护对象的自然保护区。总面积114.80平方千米，其中，核心区面积14.33平方千米，缓冲区面积31.66平方千米，实验区面积68.81平方千米。该保护区的建立对于保护湿地珍稀水禽、陕北黄土高原风沙区湿地景观及水源地具有重要作用。2009年，省政府批准设立无定河湿地自然保护区。（YYL）

安舒庄省级自然保护区 位于宝鸡市东北部，麟游县南部漆水河上游，总面积110.16平方千米。是以保护渭北黄土丘陵沟壑区典型森林系统为主要对象的森林生态系统类型自然保护区。保护区内植被类型多样，动植物资源丰富，生态系统保护完好。有国家一级保护动物5种，二级保护动物14种，省级重点保护动物12种；有种子植物约700多种，国家二级保护植物流苏树也在这里被发现。2011年，省政府批准设立安舒庄省级自然保护区。（YYL）

瀛湖湿地省级自然保护区 位于安康市汉滨区境内。总面积199平方千米，其中，核心区面积22.77平方千米，缓冲区面积38.67平方千米，实验区面积136.55平方千米。主要保护对象为湿地生态系统及其国家重点保护的珍稀水禽。保护区内动物资源有哺乳类13种，鸟类108种，两栖类4种，爬行类7种。其中，国家一级重点保护动物黑鹳、金雕2种，二级保护动物大天鹅、灰鹤、鸳鸯、大鲵等17种，省重点保护野生动物17种，一般保护动物48种。2011年，省环保厅批准设立瀛湖湿地省级自然保护区。（YYL）

周至黑河湿地省级自然保护区 地处西安市周至县的秦岭北坡。保护区总面积131.25平方千米，重点保护以黑河水库为主的黑河湿地生态系统及其区域森林生态系统，包括黑河水库库区干、支流流域面积125.35平方千米，以及黑河入渭河河口湿地及其湿地生态系统面积5.90平方千米。该自然保护区的设立对于保护和改善区域水源涵养功能，保障对西安市的供水安全具有十分重要的意义。2012年，省政府批准设立周至黑河湿地省级自然保护区。（YYL）

2. 风景名胜区

华山 又名西岳，与东岳泰山并称，为五岳之一。位于渭南市华阴市城南，西距西安市120千米，秦、晋、豫黄河三角洲交汇处，南接秦岭，北瞰黄河，扼西北进出中原之门户。华山山体倚天拔地，四面如削，更

有千尺幢、百尺峡、苍龙岭、鹞子翻身、长空栈道等十分险峻之地，被誉为"奇险天下第一山"。华山共有五峰，即东峰朝阳，西峰莲花，中峰玉女，南峰落雁，北峰云台。南峰落雁，为太华极顶，海拔2154.9米；西峰最险，海拔2082米；北峰最低，海拔1614.7米。另外，南峰落雁、东峰朝阳、西峰莲花，合称"天外三峰"。华山同时也是道教名山，是三十六洞天中的第四洞天，山上现存道观20余座，其中，玉泉院、东道院、镇岳宫被列为全国重点宫观。自周末始，即有方士于云台观布道，金元时华山已成为全真派发祥道场。华山自古以来就是负有盛名的旅游胜地。1982年，华山以"陕西华山风景名胜区"的名义，被中华人民共和国国务院批准列入第一批国家重点风景名胜区名单，同时也是全国文明示范景区；1993年获首批全国旅游胜地四十佳称号；2000年入选首批全国4A级旅游风景区。（YYL）

终南山 又名太乙山、地肺山、中南山、周南山，简称南山，是秦岭山脉的一段。西起陕西眉县，东至西安蓝田县。千峰叠翠，景色幽美，素有"仙都""洞天之冠"和"天下第一福地"的美称。终南山主峰位于长安区境内，海拔2604米。对联"福如东海长流水，寿比南山不老松"中的南山指的就是此山。主峰太白山盛产药材，素有"草药王国"之称，在当地至今都传唱着"太乙山，遍地宝，有病不用愁，上山扯把草"的歌谣，太乙山黑膏便产自此地。终南山地形险阻，道路崎岖，大谷有五，小谷过百，连绵数百里。《左传》称终南山"九州之险"，《史记》说秦岭是"天下之阻"。宋人所撰《长安县志》载："终南横亘关中南面，西起秦陇，东至蓝田，相距八百里，昔人言山之大者，太行而外，莫如终南。"至于它的丽肌秀姿，更是千峰碧屏，深谷幽雅，令人陶醉。唐代诗人李白写道："出门见南山，引领意无限。秀色难为名，苍翠日在眼。有时白云起，天际自舒卷。心中与之然，托兴每不浅。"（YYL）

翠华山 位于西安以南23千米处的太乙峪中。因峪口有汉武帝元封二年（前109）修的太乙宫，又称太乙山。翠华山因秀美的湖光山色和国内罕见的山崩地貌而有"终南独秀"和"中国地质地貌博物馆"之称。翠华山旅游区由碧山湖景区、天池景区和山崩石海景区三部分组成。在这块游览胜地上，汉唐两代曾建过太乙宫和翠微宫，是历代帝王祭祀神仙和游乐避暑之所。翠华山山清水秀，景色如画，最引人入胜的是峰顶的湫池。湫池群山环峙，碧波荡漾，清明如镜，纤尘不染。池南的太乙殿，是旧时遇旱祈雨之所。更有吕公洞、黄龙洞，池北的冰洞、风洞、八仙洞等颇有盛名。（YYL）

骊山 位于西安以东25千米，是秦岭山脉的一个支脉，东西绵亘25千米，南北宽14千米，最高海拔1302米。辟有森林公园，是国家级森林公园，国家4A级旅游区，全国重点文物保护单位，全国第一批重点风景名胜区。骊山林木繁茂，郁郁葱葱，若遇雨过天晴，霞光照山峦，青山恰似披了一层金色，显得格外妖娆。清代诗人朱集义将"骊山晚照"列为关中八景之一，并配诗一首："幽王遗恨没荒台，翠柏苍松绣成堆。入暮晴霞红一片，尚疑烽火自西来。"骊山于1982年被国务院确定为全国第一批重点风景名胜区以及第二批全国重点文物保护单位，并于2001年、2002年先后被评定为国家级森林公园和国家级4A级旅游风景区。（YYL）

南五台 位于西安长安区子午镇东8千米，距西安约30千米。南五台古称太乙山，为"终南神秀之区"，是国内著名的佛教圣地之一。南五台风景名胜区，也是终南山国家森林公园特级开发景区。山上有清凉、文殊、舍身、灵应、观音五峰，因其与位于耀县的五台山（药王山）南北相对，故名南五台。南五台自然风景颇佳，从山下看5座山峰如笔架排列，一览无余，似乎近在咫尺。从竹谷进山至大台竟有12.5千米之遥，山重水复，峰回路转，险峰秀岩，令人目不暇接。若沿山区小路步行，越溪河、过小桥、穿竹林、过庙宇，山花夹道，野鸟高飞，景色十分宜人。令人心旷神怡的瀑布，孤峰独秀的送灯台，屈腿静卧的犀牛石，峻拔凌霄的观音台，势若天柱的灵应台，如虎长啸的老虎岩等等，景色如画，美不胜收，真可谓"构造地貌博物馆"。山腰有一座仿古建筑的避暑山庄，名"独松阁"，是人们休闲、避暑的佳地。著名的游览景点有圣寿寺、胜宝泉、紫竹寺、观音台、五佛殿等。（YYL）

嘉午台 嘉午台位于西安市东南40千米处的长安区大峪乡境内。这里峰峦叠嶂，山险景奇，怪石嶙峋，景观别致，大有西岳华山之势，故有"小华山"之称。山上的景观有生动逼真的"老鼠偷油"、惊险壮观的"迭石"、奇特险峻的"破山石"、形似桥梁的"仙人桥"、险情横生的"朝天梯"、比华山苍龙岭更险的"龙背"、几块巨大花岗岩堆砌成的"龙头"等。龙头为嘉午台的绝顶，海拔1810米，由此处向北望去是拔起在龙背尾部的戴顶及其上的兴庆寺，在云天雾海和悬崖陡壁的陪衬下，酷似华山的北峰。（YYL）

太兴山 位于西安长安区东南部的杨庄乡境内，距西安城40千米，距西康铁路长安站所在地引镇10千米。太兴山主峰海拔2340米，有"终南第一峰"之称，是长安秦岭北麓的8座名山之一。太兴山自隋唐以来即为道教圣地，留下了众多文物古迹和神话传说，且险如华山，秀似黄山。山上楼观耸立，松柏苍翠，曲径通幽，群峰挺拔，可游览的景观达百处之多，已经开发利用的景观有一寺二庙三座庵，四座楼台五座殿，六观七宫八个洞，整个景区可与湖北金顶武当媲美，故有"金顶武当太兴山"之美誉。景区内国有林地约53.28平方千米，繁衍生息着国家II、三级野生保护动物棕羊、盘头羊、青鹿、中华大鲵、狗熊等，具备了建立天然森林公园的条件。（YYL）

天台山 宝鸡天台山，又名天太山、秦山，位于宝鸡市南20千米的渭滨区益门乡（原名神农乡），面积约120平方千米，属秦岭山系，是国家级风景名胜区。天台山展现了秦岭雄伟博大的气魄，森林覆盖率达90%以上，有千余种植物。有蒙峪沟景区、烧香台景区、杨家滩景区等风景名胜区，主要景点有莲花峰、道帽石、磊磊石、九龙泉、大散关、鸡峰插云、弥罗天云海、炎帝骨台寝殿、神农祠、老君顶、绕香台、剑劈石、大刀石、玄关、白马关、玄女洞等数十处。山上还有油松、华山松、连香木等多种树木，百余种观赏花木和60多种鸟兽。史载民传，天台山是炎帝出生、成长、创业和去世的地方，是"神农之乡"，在中华民族文明发祥史上占有重要地位。还有道教始祖老子李耳开始创教写经的传说。因此，天台山自古以来就是道家名山，是一处融文化古迹和自然风光为一体，具有观赏游览、历史文化以及科学考察等多种价值的山岳型风景名胜区。（YYL）

吴山 位于宝鸡县新街乡西北，距宝鸡市43千米。清乾隆《敕修陕西通志》将华山、吴山作为名山绘图列于卷首。吴山冈峦嵯峨，石峰挺拔，其中以镇西峰、大贤峰、灵应峰（最高峰，海拔1841.9米）、会仙峰、望辇峰最为高峻秀异，即史誉的"五峰挺秀"。郦道元在《水经注》中称此山"叠秀云天，崩峦倾返，山顶相捍，望之常有落势"。从周代开始，吴山就作为国之西镇，隋开皇十六年（596）开始设立吴山神庙。历代皇帝对吴山之神不断加封，吴山之下的吴山庙规模也越来越大。中华人民共和国成立前，仅庙院内的石刻就达150余通。如今的吴山，大多数古建筑和碑刻遭劫毁没。近年来，一些道教洞观开始修复，国家批准建立吴山森林公园，已对外开放。（YYL）

青华山 位于西安市南33千米的长安区沣峪口东，最高峰大顶海拔1269米。青华山风景秀丽，古迹众多。竹林深处有一涌泉，相传唐太宗李世民去翠微宫途中，口渴难耐，忽见一只梅花鹿在前，即令追捕，鹿到此处消失，却见一泓清泉喷涌而出，太宗饮后大喜，遂命名为"鹿引泉"。经过四道天门，越大间坪、韦驮殿，接近大顶处，有形似卧虎的巨石，名"卧虎石"。巨石附近倚山矗立着一座丈余高的琉璃塔，玲珑典雅。大顶建有卧佛寺，顶东南方向为唐太宗避暑行宫翠微宫所在地的黄峪寺，西去约2千米，有丰德寺和律宗祖庭净业寺。（YYL）

圭峰山 位于西安市西南40千米处户县南部终南山中。古时称西武当山和鸡头山，当地人称其为尖山，又因山形酷似古代的圭玉，又名圭峰山。圭峰山海拔700余米，孤峰突兀，挺拔高峻。唐代诗人邵谒《紫阁峰》云"壮国山河倚空碧，迥拔烟霞侵太白。绿崖下视千万寻，青天只距百余尺"，就是对圭峰山山势的描写。隋唐时期，这里是王公贵胄的避暑胜地。山麓有隋炀帝大业年间修建的太平宫遗址，唐高祖李渊、唐太宗李世民均曾在此驻跸休养。山中景观有仙人桥、南天神门、峦峰重影、龙脊历险、金山寺、七星庙等，皆为奇观。（YYL）

关山牧场 位于陇县境内，享有"小天山"之美誉。关山牧场的地貌与中欧阿尔卑斯山相似，幽涧水泽兼具，草原森林相间，地势广阔，水肥草美，牧马成群。牧场气候受垂直地带性地理条件的影响，冬春无界、夏秋相连，"关山六月寒凝霜"是其真实写照。西周初年，秦人祖先非子在此为王室养马，功绩卓越，被封为"秦"。此地也因之闻名于世，成为历代的皇家马场。据说秦始皇、汉武帝、唐太宗都曾到此巡视并游览观赏山川之胜。现为陕西最大的林牧区，西北地区东部最大和唯一的天然草原。1995年被确定为省级风景名胜区。（YYL）

药王山　位于铜川市耀县城东1.5千米处。唐时称磐玉山，宋以后称五台山。隋唐医药学家孙思邈晚年归隐于此，后世尊他为"药王"，药王山便因此而得名。这里是人们纪念孙思邈的中心场所，每年农历二月二庙会，游人从四方云集而来表达对药王的崇敬与怀念。药王山五峰环拱，古柏苍翠，殿宇轩昂，碑石林立，风景优美，被列为全国第一批重点文物保护单位和省级风景名胜保护区。山上有金、元两代建筑及大型元代壁画，有明代药王大殿及药方碑，有太玄古洞、洗药池等景点50余处。药王山石刻遍及全山：隋唐摩崖造像40余尊，精美绝伦；北魏至唐代造像碑百余通，弥足珍贵；历代碑石200余通，为药王山的实物历史档案；还有石塔、石棺、石牌坊等石刻，均有极高的历史科学艺术价值。（YYL）

玉华山　位于铜川市印台区西北35千米处。这里有国内最大的油松林区。玉华山景区内清泉淙淙，飞瀑如练，松涛阵阵，百鸟啁啾，极为清幽，有"高寒清迥，远胜骊山"之誉。山上有著名的佛教寺院玉华寺，是唐代著名高僧玄奘晚年译经及圆寂之地。同时，每年冬季举办的玉华山冰雪节也吸引着来自世界各地的众多游客。（YYL）

辋川　位于蓝田县南5千米处。这里青山逶迤，峰峦叠嶂，奇花野藤遍布幽谷，瀑布溪流随处可见。因辋河水流潆洄，波纹旋转如辋，故名辋川。辋川在历史上不仅为"秦楚之要冲，三辅之屏障"，而且是达官贵人、文人骚客心驰神往的风景胜地。"终南之秀钟蓝田，茁其英者为辋川。""辋川烟雨"为蓝田八景之冠。辋川在唐初是著名诗人宋之问的别业，后被王维购得。王维在这里过起了"晚年唯好静，万事不关心"的闲适生活，并依据辋川的山水形势植花木、堆奇石，筑造亭台阁榭，建起了孟城坳、华子冈、竹里馆、鹿柴寨等20处景观，把20余里长的辋川山谷，修造成兼具耕、牧、渔、樵的综合性园林胜地。王维常陶醉于山壑林泉之间，同孟浩然、裴迪、钱起等诗友良朋"模山范水""练赋敲诗"、泛舟往来、鼓琴唱合，为辋川二十景写下了40首五言绝句，取名《辋川集》。（YYL）

鲸鱼沟　原名荆峪沟，位于白鹿原以南，距西安市约30千米。鲸鱼沟是由两座相连的水库构成的人造湖泊，绵延3千多米，湖面波光粼粼，两岸山峦耸立、林木葱郁，优美的湖光山色让人感觉如入仙境。它的旁边是灞河，古称滋水，春秋时秦穆公称霸西戎，欲显耀其武功，更名为灞河。鲸鱼沟的入口处有一约17米长的鲸鱼雕像，头上喷水高达八九米。（YYL）

蓝田溶洞　位于蓝田县辋川，所以又名"辋川溶洞"。蓝田溶洞主要有锡水洞、锡水新洞、碧天洞、黄龙洞、龙洞等，景观最好的是位于岩子村山腰的锡水洞。进入溶洞，仿佛置身一个礼堂，是为外洞，由此俯身通过一小洞口入内洞。观赏蓝田溶洞不但能欣赏绚丽多姿的景观，而且还可以了解溶洞的形成。地质学家认为，溶洞是石灰岩被地下水长期侵蚀而形成。含碳酸钙的水，长年累月地从洞顶下滴，水分蒸发，碳酸钙迅速凝结，便逐渐形成洞顶下垂钟乳石、下部有石笋的地貌形态，若上下发展连接起来，则成石柱。（YYL）

高冠瀑布 位于户县东南20千米的秦岭北麓、圭峰山高冠峪口。因高冠峪两侧有一高耸的秀峰，形似巨人，头戴高帽，故被称为高冠峪，瀑布亦名高冠瀑布。高冠峪山水秀丽，风景宜人，秦汉时期是皇家上林苑的一部分，唐代为都城长安近郊的游览之地，瀑布是景区的主要景观。滔滔的高冠河水到此收为一束，从近30米高的石崖上飞流直下，倾入深潭，水声雷鸣，雪浪翻滚，雾雨飞溅，阳光照射，彩虹卧波。唐代著名诗人岑参在咏高冠潭时写的"崖口悬飞瀑，半空白皑皑。喷壁四时雨，傍村终日雷"，即是高冠瀑布的生动写照。高冠景区峰峦叠翠，流水潺潺，林茂花香，环境优美，景观众多。高冠潭、簸箕潭、梅花潭、鸽子潭、车厢潭，潭中有景，碧波清澈，各具特色；牛鼻洞、蛤蟆石、浮休石，洞幽石奇，令人流连忘返。（YYL）

黄河龙门 位于韩城市北30千米的龙门镇境内，是省级重点风景名胜区。这里两岸悬崖相对如门，传说只有神龙可越，故称龙门。相传为夏禹治水时所凿，故又名禹门。龙门宽80米，形如闸口，扼黄河咽喉，水流湍急，汹涌澎湃，正如诗人所描绘的"禹门三级浪，平地一声雷"。河水出龙门，河道变宽，在10千米宽的河道中缓缓流动，弥漫浩渺。沿龙门逆水而上，两岸断崖峭壁，如同刀砍斧劈，山水相映，极其壮美。行约4千米为"石门"，仅宽60米，是黄河最窄之处，咆哮的黄河在此成为一束水流。再向上游38千米，就是著名的壶口瀑布。（YYL）

磻溪钓鱼台 位于宝鸡县城南17千米的磻溪河畔，现为国家3A级景区。据统计，全国共有钓鱼台16处，磻溪钓鱼台因是商朝名士姜子牙隐居垂钓长达10年、遇周文王访贤的地方，而被誉为"中国钓鱼始祖之乡"，且已有3100多年的历史。磻溪河边有一块巨石，宽2米，长2.5米，石面宽阔，石面上有两条光滑凹印，传说姜太公就是跪在这块石上垂钓的。跪石附近有碗形大石，俗称"丢石"，石上有清代宝鸡知县徐文博题刻的"孕璜遗璞"四个大字，对面崖壁上则有"钓鱼台"三个隶书大字。苏轼的"安知渭上叟，双迹留双骭"，讲的就是姜太公在此隐居垂钓的事。姜太公庙位于磻溪河西岸，与东岸的周文王庙相对，始建于唐代，明代嘉靖年间曾整修。现存大殿三间，内塑太公像，墙壁上绘有文王请太公的连环画。（YYL）

华清池温泉 位于西安市临潼区南骊山北麓。在全国2700多处温泉中，华清池温泉因开发利用早，并被历代帝王青睐而享有

"天下第一温泉"之美誉。早在6000多年前，原始社会姜寨先民就利用温泉繁衍生息；周幽王在此建"骊宫"；秦始皇也曾砌石起宇，修"骊山汤"；汉武帝修建"汉离宫"；至唐代，唐太宗曾亲自书写《温泉铭》碑文并刻立于此，唐玄宗合理利用山势、温泉筑宫殿，砌汤池，建起恢宏壮丽的华清宫。从此，"千官扈从骊山北，万国来朝渭水东"，华清宫不仅是帝王的避寒之宫，也成为商讨国事、接见外国使臣的处理政务之地，故有"第二都城""第二长安"之称。华清池有6000年的温泉利用史，3000年的皇家园林史，内有三个游览中心，有以九龙湖、飞霜殿为中心的风景游览区，以御汤遗址博物馆、梨园遗址博物馆、西安事变旧址为中心的文物遗址保护区，以"长汤""尚食汤"为中心的温泉沐浴区。(YYL)

蓝田汤峪温泉 原名"石门汤泉"，位于蓝田县西南约20千米处的汤峪镇塘子街南，终南山石门岭东端，西峰山的北麓，俗称"东汤峪"（因与地处眉县的西汤峪东西相对而得名）。泉水从地下涌出，温度在58℃～62℃之间，在地热地质学中属于"热泉"。早在唐贞观元年（627），当地群众就挖塘修泉进行沐浴，唐玄宗时曾赐其名为"大兴汤院"，并按泉水的温度由高到低，开辟了玉女、融雪、连珠、漱玉、濯缨五座汤池，供官民洗浴。直到清朝初年，这里仍然修建有四座塘池：官塘供官绅，澡塘供平民，女塘供妇女，花塘供患者。1956年，政府在汤峪建成以水疗为主的大型疗养院，辅以光疗、电疗、蜡疗、磁疗等，可以治疗30多种慢性病，如运动系统的风湿性关节炎、类风湿性关节炎、增生性关节炎等。(YYL)

长安八水 西安自古以来就有"八水绕长安"之说，西汉司马相如在《上林赋》中写道："终始灞、浐，出入泾、渭，酆（沣）、镐（滈）、潦（涝）、潏，纡于委蛇，经营乎其内，荡荡八川分流，相背而异态。"今天的"八水"一般是指泾、渭、浐、灞、沣、滈、涝、潏八条河流。渭河，发源于甘肃省渭源县鸟鼠山，自宝鸡东沟入陕，由西向东，横贯关中平原至潼关注入黄河，是流经关中地区的最大河流。泾河，发源于宁夏泾源县六盘山南的老龙潭，由西北向东南，经宁夏、甘肃，于长武县汤渠入陕，至高陵县泾渭堡汇入渭河，是绕西安北面的河流。沣河，发源于长安区沣峪，出峪后合高冠峪、太平峪二水，在香积寺西又纳汇潏水而来的洨水，绕西安之西，向西北流经三桥附近，至咸阳市境内入渭河。涝河，发源于户县涝峪，北流至咸阳境内汇入渭河，与沣河平行，也是绕西安之西的河流。潏河，发源于长安县秦岭北坡的大峪甘花溪，出峪后，先后汇合白道峪、小峪、太乙峪等诸河，向北10余千米，至西江坡折向西北。滈河，发源于长安县石砭峪，出峪后汇入竹峪、豹林峪、子午峪等诸水，由南向北，转而再向北、向西流，至香积寺与潏水汇合，称汊水，又名福水。滈河从香积寺旁向西流，至户县秦渡镇附近注入沣河，为绕西安南面之河。浐河，发源于蓝田县汤峪月亮石，出峪后先后汇合库峪、石门峪、荆峪沟（鲸鱼沟）诸河，沿白鹿原西侧北流，至灞桥区十里铺北光泰庙（广太庙）附近，与灞河相汇后注入渭河，是绕西安东面的河流。灞河，发源于蓝田县灞源乡，原名滋水，春秋时秦穆公为了炫耀其霸业，改名为灞河，与浐河汇合，流入渭河，绕西安之东，是东西交通必经之地。（YYL）

洽川　洽川湿地位于渭南市合阳县东23千米的洽川镇黄河二级台地上。东西宽3千米，南北长10千米，面积128平方千米，海拔340米左右。东临黄河，西依青山，土地肥沃，气候湿润，水源充足，物产丰富，素有"小江南"之美誉。1995年，该景区被省政府批准为省级风景名胜区，又于2004年2月1日被评定为国家级风景名胜区。风景区根据地貌特征分为五个景区：东有黄河滩涂景区，中有田园风光景区，西有山岳风光景区，北有抽黄工程景区，南有青年防护林带景区。这里还有堪称"天下一绝"的七眼瀵泉，分别是夏阳瀵、处女泉、西鲤瀵、渤池瀵、熨斗瀵、王村瀵和子瀵。区内气候适宜，风景优美，芦苇丛生，莲菱满塘，杨柳成荫，红荷映日，栖息着丹顶鹤、黑鹤、白天鹅、灰鹤、鸳鸯等珍禽。（YYL）

兴庆宫公园　位于西安市和平门外咸宁路北，是国内最古老的遗址性公园。兴庆宫是唐玄宗时期的政治重心，也是唐玄宗和杨贵妃长期居住的地方。兴庆宫公园设计既继承了中华民族传统园林建筑风格，又吸收了国外造园的艺术特点。公园内的兴庆湖是在唐兴庆宫"龙池"基础上建成的。园内还有唐勤政务本楼遗址，仿建的唐玄宗与杨贵妃游乐的"沉香亭"以及花萼相辉楼、长庆轩、缚龙堂、南薰殿、竹翠亭等景点以及日本遣唐使阿倍仲麻吕纪念碑等多处名胜。1978年7月，正值西安市与日本奈良结为友好城市五周年之际，园内举行了隆重的阿倍仲麻吕纪念碑揭幕式，成为中日友好的象征。（YYL）

莲湖公园　位于西安市莲湖路南，坐落在唐代宫城承天门遗址上。1922年被辟为莲湖公园。公园北门为传统建筑，古朴典雅，雅静清幽。园内水面分成南北两湖：南湖水深面积较大，可荡舟游览；北湖水浅面积较小，皆种莲植藕。北湖旁有"荷院"，建筑高低错落，中有荷池。北门内东侧有棋院和"小萝卜"塑像。南湖岸西有茶社与八角亭。承天阁是园内主要建筑，此外还有图书楼及儿童游乐场等。（YYL）

革命公园　位于西安市西五路北侧，占地0.1平方千米，创建于1927年2月。1926年春北伐战争前夕，匪首刘镇华在张作霖等支持下纠集一支号称"十万人"的部队企图攻占西安，从而为北洋军阀扩大地盘。刘围城8个月之久，不仅放火烧掉城外66.6平方千米麦田，还强征民夫在城周围挖掘了一条3千米的断绝沟，企图迫使全城军民投降。但国民军将领杨虎城、李虎臣带领全城军民坚守西安。后冯玉祥大军入陕，粉碎了刘镇华的阴谋，史称"二虎守长安"。在守城期间，死难者有5万人左右，占当时城内人口的1/4。1927年2月，为纪念守城的死难军民，冯玉祥率众公祭，负土筑冢，建立烈士祠和革命亭，建成革命公园，供市民凭吊纪念。西安解放后，人民政府拨款对公园进行了整修，并植树木万株。1952年，为纪念王泰吉、王泰诚烈士，在公园东南角建烈士亭，亭内有纪念碑。（YYL）

未央湖游乐园 位于西安市北郊15千米处，是集休闲娱乐为一体的现代大型游乐园，占地近0.67平方千米，其中水域面积0.32平方千米，是西北最大的以水体为主的游乐园。未央湖游乐园的修建是西安市政府1997年为市民办的"十件好事"之一，被市旅游局确定为国内旅游定点单位。园区分为五大区：南区是文化广场区，有大型音乐彩色喷泉、红太阳大舞台、迪斯科广场、未央湖餐饮中心等；东区是静态自然区，有白石滩、森林、运动大满贯、落霞山庄、龙门客栈、六角餐厅、露营烧烤区、篝火晚会；中区是水上游乐区，主要有高架水滑梯、快艇摩托艇、水上飞机、手划船等；北区是沙滩娱乐区，有西北首家挑战生命极限的蹦极运动、大型黄金沙滩海岸、草原风情蒙古包、娱乐城、未央湖大酒店等服务项目；西区是游乐设备区，有全国一流的激流勇进、勇敢者转盘、音幻屋、赛车、太空船、儿童树屋、碰碰车、狩猎场等。（YYL）

西安植物园 位于西安市南郊翠华路南端，坐东朝西，与中外闻名的大雁塔毗邻。西安植物园成立于1959年，是西北地区成立最早的植物园和引种、保存植物种类最多的科研机构，也是中国科学院20世纪50年代最早建立的12个植物园之一，且是中国西北地区唯一的一所具有科学内容和园林风貌的植物园。植物园占地0.2余平方千米，已引种各种植物近3000种（其中秦岭巴山植物约占1/3）。根据植物的习性、类群、用途等特点共设7个分类展区（单子叶区、双子叶区、裸子区）和园林植物展览区，2座1000余平方米的热带、亚热带植物展览温室，2个专类园：木兰园及郁金香园，以及1个日式园林风格的庭院——翠华园。园内栽植"国花"牡丹200多个品种，玉兰10多个品种，玉莲2个品种，世界名花郁金香80多个品种。珍贵药用植物有杜仲、喜树、乌头、何首乌、山茱萸等，有国家重点保护的水杉、银杏、水青树、珙桐、鹅掌楸等珍稀濒危植物以及我国独有的观赏植物，组成一个种类繁多、色彩斑斓的植物世界。（YYL）

西安秦岭野生动物园 位于西安市长安区子午谷至沣峪之间，秦岭北麓的浅山地带，距西安市区28千米，于2004年5月1日建成并对外开放。西安秦岭野生动物园是西北首家最大的野生动物园，占地1.33平方千米，动物种群、数量为西北之最，总存栏数300余种，上万头（只）。该动物园有全国规模最大、功能最全的鸟语林，全国最大的黑豹基地，以及全国最大的食草动物车入区。动物展区分为车入区和步行区两大部分。步行区位于动物园的西半部，面积13万平方米，建有大熊猫馆、小熊猫池、灵长馆、金丝猴馆、猴苑、火烈鸟馆、河马馆、袋鼠馆、大象馆、鹦鹉廊等。车入区的食草动物展出部分位于动物园的东半部，占地面积37万平方米，分

为东、西两部分，东半部为产于非洲的食草动物，有长颈鹿馆、斑马馆、角马馆、羚羊馆。车入区的食肉动物展区位于动物园的南部，由东向西依次是虎、猎豹、非洲猎犬、非洲狮、熊、狼等，占地面积12万平方米。（YYL）

凤翔东湖 位于宝鸡市凤翔县城东门外，面积0.13平方千米，是关中最古老的城市园林之一。相传周文王时，有凤凰饮水于此，故名"饮凤池"。唐开皇年间曾在此建岐阳宫。宋仁宗嘉祐七年（1062），著名文学家苏轼任凤翔通判时，亲自设计督导施工，扩建饮凤池，由城西北凤凰泉引水环城东入池，并植柳栽荷；同时修建了亭台阁榭，因其位于凤翔城东，于是，将饮凤池改名东湖。湖水面积57600平方米，经过历代修葺，以两段石桥、一条花径、三方沙洲为界，分为南、中、北三湖，有断桥亭、君子亭、小娇亭、春风亭、苑在亭、会景堂等。风格古雅，彩绘绚丽，具有浓郁的北方色彩。（YYL）

西安大雁塔北广场 北起雁塔路南端，南接大慈恩寺北外墙，东到广场东路，西到广场西路，东西宽218米，南北长364米，占地0.07平方千米，建筑面积约11万平方米，总投资约5亿元。整个大雁塔北广场由水景喷泉、文化广场、园林景观、文化长廊和旅游商贸设施等组成。广场以大雁塔为中心轴三等分，中央为主景水道，左右两侧分置唐诗园林区、法相花坛区、禅修林树区等景观，广场南端设置水景落瀑、主题水景、观景平台等景观。大雁塔北广场是亚洲最大的音乐喷泉广场和最大的水景广场，水面面积达2万平方米；也是亚洲规模最大的雕塑广场，广场内有2个百米长的群雕，8组大型人物雕塑，40块地景浮雕；拥有全世界最豪华的绿化无接触式卫生间，世界上坐凳最多的广场，世界上最长的光带，世界上首家直引水，以及规模最大的音响组合等。（YYL）

大唐芙蓉园 位于西安市曲江新区，占地0.67平方千米，其中水域面积0.2平方千米，总投资13亿元，建在唐代芙蓉园遗址以北，是中国第一个全方位展示盛唐风貌的大型皇家园林式文化主题公园。包括紫云楼、仕女馆、御宴宫、芳林苑、凤鸣九天剧院、杏园、陆羽茶社、唐诗峡、唐市、曲江流饮等众多景点。大唐芙蓉园创下多项纪录：有全球最大的水景表演，是首个"五感"（即视觉、听觉、嗅觉、触觉、味觉）主题公园；拥有全球最大户外香化工程；是全国最大的仿唐皇家建筑群，集中国园林及建筑艺术之大成。（YYL）

西安曲江海洋世界 占地0.06平方千米，由海洋馆、海韵广场、海洋商务会所三部分组成。海洋馆是曲江海洋世界的核心工程，建筑面积18600平方米；馆外配套建设的海韵广场包括演艺广场、水面景观、商业、餐饮、休闲、娱乐等设施，占地近3万平方米。馆内水体总量约为6000吨，养殖的淡水、海水生物300余种，数量12000余尾（只）。有海豚表演馆、海洋科普馆、热带雨林馆、海底隧道、水下大观园等五部分及配套的餐饮、海洋礼品零售、互动娱乐等服务设施组成。

西安海洋馆在国内同行中创造了五项之最：①海洋科普馆面积400多平方米，为国内海洋馆之最；②热带雨林馆分为远古探秘、雨林奇观、人与自然、异域风情、未来漫步等五个部分，是国内海洋馆中体量最大的；③海洋科普馆展示的国家一类水生保护动物布氏鲸标本，体长13.5米，是国内海洋馆中最长的和唯一的；④拥有国内海洋馆中最高的圆柱缸；⑤国内首次引进的最先进、屏幕最大（高3米、宽14米）的高科技虚拟海洋生物展示系统。（YYL）

广新园民族村 位于秦岭子午古道——沣峪内，距西安市区48千米，是由西安广新实业有限责任公司独资开发的集餐饮、客房、游乐、民族歌舞观赏、民俗风情活动鉴赏、民族文化知识普及与推广为一体的观赏型旅游休闲度假村。广新园民族村是西安市国内旅游定点单位、国家2A级旅游风景区，也是市民春游踏青、休闲避暑、秋赏红叶、冬观雪景的理想之地。这里有西双版纳的傣族竹楼、茶舍，摩梭人别具一格的寨楼，广西风情寨、侗族婚礼、苗族斗鸡，热情好客的蒙古人献歌敬酒、正宗精彩的少数民族歌舞、长盛不衰的泼水节、热闹非凡的篝火晚会，有趣诱人的民俗风情活动，让人耳目一新、流连忘返；蒙古包、白族村、苗寨、侗寨、天然游泳池、垂钓苑、狩猎场、烧烤区、河堤公园、怒族溜索、卧虎台、娱乐城、会议中心、保健中心等，使这里成为充满异域风情和自然风光的休闲度假胜地。（YYL）

太白山国家森林公园 位于秦岭主峰太白山北坡、眉县境内的汤峪流域，面积93.75平方千米，海拔620～3511.5米，是全国相对高差最大的森林公园。太白山国家森林公园以高山地貌景观、第四纪冰川遗迹、原始森林及其明显的垂直景观带为特色，成为中国北方新兴的森林旅游、消夏避暑、休闲度假胜地之一。其以原始森林为主体，苍山奇峰为骨架，清溪碧潭为脉络，古迹文物点缀其间，构成一幅动静结合、风格独特的天然画卷。突出的景观特点是：森林垂直分布明显，生物资源丰富珍奇，地形地貌奇特险峻，温泉资源得天独厚，人文景观古老神秘。全园划分为凤泉宫、少白山两大游园，有8个景区，景点、景物141个，还有待规划开发的云台山游园。（YYL）

楼观台国家森林公园 位于周至县城东南15千米的终南山北麓，这里因有中国道教史上称为"天下第一福地"的楼观台而得名。建于1982年，1992年被林业部定为国家级森林公园，1997年被评为西安市十大景观之一。楼观台不仅因历史古迹而闻名，而且以森林景观秀丽而见长。它依山傍水，林茂竹修，山清水秀，森林覆盖率81.3%，植被为终南之冠。最高峰天池海拔1350米。森林分布层次鲜明：千米处有油松0.67平方千米、刺柏0.33平方千米；千米以下分布着大片栎树、刺槐、核桃、橡树林、1.67平方千米灌木林和0.4平方千米竹林。还辟有秦岭树木园，有华山松、杨树等用材树，漆、柞、橡等经济树，板栗、核桃等果树，稀有珍贵的杜仲、冷杉以及薪炭树等，占省保护植物的47%。

公园面积6.44平方千米，有东楼观、西楼观、田峪观、首阳山四个游园，12个景区，200余处景点。该森林公园是人文、自然、森林景观融合俱佳的旅游胜地。（YYL）

朱雀国家森林公园　位于西安户县南部、秦岭北麓、东涝河上游，面积26.21平方千米。有朱雀崖、秦岭梁、芦花河、奇秀峰、龙潭子、冰河翠六个景区，为国家级森林公园。园内自然山水神奇，天然森林密布，无数奇崖怪石、清潭飞瀑掩映在密林巨树、奇花异木之中，构成了一幅天然的山水画卷。其中，冰晶顶之雄、龙潭子之奇、奇秀峰之险、芦花河之秀、秦岭梁之幽，各显特色。有直插云霄的天柱峰、青莲峰、佛掌峰、渡仙峰、龙脊岭，有奇姿美态的莲台观音、聚仙山、醉仙台、玉笋佛云等，飞瀑、潭涧如飞龙串珠，高山落叶松若盆景古董，山美如画，水秀若诗，处处都能感受到大自然幽静古野的原始情调。（YYL）

骊山森林公园　骊山森林公园是全国驰名的风景游览胜地，因系西周时骊戎国所在地，故称为骊山。周秦汉唐以来，这里一直作为皇家园林，所以离宫别馆众多。很多古迹遗址留存至今。"骊山云树郁苍苍，历尽周秦与汉唐。一脉温泉流日夜，几抔荒冢掩皇王"，郭沫若曾题诗对骊山胜景以及它的历史地位做了恰当精准的概括。骊山不仅自然景观秀丽，还有几十处文物胜迹：烽火台、老母殿、老君殿、长生殿遗址、晚照亭、五间厅、兵谏亭、石瓮寺、举火楼、遇仙桥、秤砣石、鸡上架、三元洞等。1982年被国务院正式确定为全国第一批重点风景名胜区。（YYL）

方山林场森林公园　位于白水县城西北20千米的方山林场，林区面积66.7平方千米，是陕西最大的人工造林基地。拥有60类、500多个品种的野生动植物资源，有景色壮观的大神山、斩断山，传说中的马刨泉、石梯子等景点。公园内绿浪起伏，连绵数里，莽莽林海，一望无际，古木参天，松柏苍翠，奇花异草、珍禽鸟兽众多，深壑幽谷，清溪长流。雄伟的山峰，幽静的溪谷，秀丽的植物，神奇的气象，巧妙地融合为一幅怡人画卷。（YYL）

林皋湖生态旅游区　位于白水县城西南20千米处，由林皋河、白石河汇聚而成，水域面积130万平方米。区内山清水秀、景色宜人，湖岸峰峦叠嶂，薄雾萦绕，绿树成荫。湖中碧波荡漾，湖光粼粼。每逢盛夏，游人涌至，或憩于树下，或游于湖上，或钓于湖边，或徜徉于湖堤，或对弈于柳下，各得其乐，悠然自得。晨曦初照，水气蒸腾，朝露晶莹，鸟雀齐鸣；夕阳西斜，红光荡漾，湖面沸腾，游人嬉戏；傍晚时分，山籁寂静，微风习习，蛙鸣蟋唱。如此美景，实为游人纳凉、休闲、避暑的好去处。（YYL）

王顺山国家森林公园　位于秦岭北麓的蓝田县蓝桥乡，距西安市45千米。总面积36.45平方千米，共分6大景区，150多个景点。王顺山原名玉山，传说大孝子王顺担土葬母于此，故而得名。著名的蓝田玉即产于此山中。王顺山兼有华山之险、黄山之秀，这里奇峰耸立，沟谷幽深，森林植被完好，其自然山水和地貌特征与黄山相似，因而有"小黄山"的美誉。王顺山国家森林公园环境清幽，物种丰富，气候宜人，森林景观优美。2000年晋升为国家森林公园。（YYL）

太平国家森林公园 位于西安市西南户县太平峪内，距西安44千米，总面积60.85平方千米。公园所处地为秦岭中山地，整个区域高差悬殊，峭壁林立，峰峦叠嶂，沟谷连绵，瀑布、激流随处可见，深沟险滩比比皆是，形成了丰富奇妙的山水自然景观。园内有石门、月宫潭、石船子、黄羊坝、桦林湾五大景区。太平峪因隋朝皇帝曾在此建太平宫而得名。峪内，山水景观奇特、自然风光优美，是唐王朝观花避暑的山水乐园。园内动植物资源丰富，种类繁多，有千姿百态的落叶松纯林，苍劲古老的云冷杉原始纯林，触涌浪动的十里杜鹃，顶风傲雪的千亩红桦，花开如潮的万亩紫荆等。仅国家保护的一二类动物就有30多种。景区自然山水独特，在2.5千米的范围内，共有大小瀑布12处。瀑布最大落差120米，形成壮观的瀑布群，尤以8瀑18潭而闻名遐迩，因而有"北方九寨沟"之美誉。（YYL）

黄巢堡森林公园 位于西安市东郊洪庆山上，距市中心20余千米，因唐末农民起义领袖黄巢在此屯兵养马而得名。唐末乾符五年至中和四年（878—884），农民起义领袖黄巢率军攻占唐都长安，在这里屯兵养马、驻军扎帐。时至今日，黄巢古堡、点将台、饮马涧、唐吉坡、鹿角寨遗址犹存，上马石、牛、羊、犬足印明晰可见，历史在这里留下了众多的古迹与人文传说。公园总规划面积6.78平方千米，海拔1028.7米，年平均气温11.3℃，7月份平均气温24.8℃，年降水量较西安城区多200毫米，是西安近郊的省级森林公园。景区由骊山西南数条支脉组成，山崖参差、丘壑纵横，松柏翠竹、四季常青，石峡幽谷、泉清水秀，蝶飞蜂舞、鸟语花香，狐兔奔跑、野雉成群，充满野风、野趣、野味。（YYL）

西安祥峪森林公园 位于长安区秦岭北麓的祥峪沟内，是陕西唯一的民营森林公园。面积19.14平方千米，海拔700～2000米，划分为清水岔、工草沟、远山三大景区，有景点、景物30余处。这里山清水秀、林茂草密，森林覆盖率94.5%，以天然次生林为主，季相变化丰富，四季景色各异。春天，山花盛开，万紫千红；盛夏，满坡透绿，凉爽宜人；金秋，霜叶似火，果挂枝头；严冬，青松映雪，山舞银蛇。祥峪层峦叠嶂，坡陡沟深，流水湍急，形成了独具特色的山水景观。卧龙山、卧龙洞、银龙雪崖、金刚石、石龟望月、隐龙岩、龙门、断魂崖、阎王砭等，或气势雄伟，或形象逼真，或传说神秘。李家崖瀑布、石锅瀑布、高崖飞瀑、幽谷清瀑、垂天冰帘，落差20～50米不等，或飞瀑直下，轰鸣震耳，或珠飞玉溅，冬结冰帘。石锅潭、三迭潭、玉女潭、无源泉，形态迥异，水清甘洌。这里自古为佛教圣地，寺庙众多，有大锅寺、兴神寺、五神庙、大悲寺、灵岩寺、阎王庙、玉泉庙等。园内现有祥峪度假

山庄、清水山庄、游泳池、养蛇场等，可提供多种旅游休闲服务。（YYL）

通天河国家森林公园 位于秦岭南麓宝鸡市凤县境内，隶属宝鸡市辛家山林业局。公园总面积52.35平方千米，由南向北蜿蜒17千米，直达秦岭主梁。平均海拔1700多米，最高海拔2738.7米。公园由西河庙、透马驹和兴赵原三大景区构成，原始植被、高山石林、瀑布潭溪是森林公园的鲜明特色。园内有森林植物1800多种，连香树、独叶草、玉兰、杜鹃、天目琼花等奇花异草为公园增色，令人陶醉。有野生动物280多种，羚羊漫步，锦鸡飞腾，黄鹂高歌，柳莺低鸣，人与动物和谐相处，悠然自得。隆冬银装素裹，盛夏凉爽宜人。公园所在地的唐藏镇，古称"唐仓城"，是古代囤粮重地。境内的庙儿河蜿蜒向西直达秦岭梁顶，有"通径西天"之意，公园由此而得名。这里的主要景观有：莲花山、擎天柱、万年龟、天狗吠日、将军石、莲花潭、天河壶口、洗心池、高山石林、原始云杉林、千亩杜鹃林、氧吧长廊等。（YYL）

龙门洞森林公园 位于宝鸡市陇县西北35千米处，占地21.04平方千米。有龙门洞、景福山、雷神山三大景区，主要景点有103个，有近1000种动植物。龙门洞景区不仅因玄险的自然景观闻名西北，享有"关中第二华山"之盛誉，更因是中国道教全真教龙门派的发祥地而驰名海内外，为中国五大悬空寺之一。园内森林葱郁，古木参天，山奇洞幽，潭深水碧，烟霞缥缈，宫观庙宇依山傍洞，架于绝壁之上，楼阁悬空，栈道飞越，铁索垂悬，奇险雄伟。仙踪圣迹，引人入胜。身临其境，犹入仙山琼阁，使人有飘然欲仙之感。（YYL）

少华山森林公园 位于关中平原东部、秦岭北麓，华县县城东南7千米处，因依托道教名山少华山而得名，少华山以其险绝高峻与华山并称"二华"。由少华峰、潜龙寺、红崖湖、石门峡、密林谷五大景区组成，总面积63平方千米。少华山森林公园汇聚名山秀水，兼容道、佛两教，是以避暑度假和休闲娱乐为主，集高山览胜、森林游憩、幽谷寻奇、科学考察、宗教活动等为一体的省级山岳型森林公园。（YYL）

白云山 位于陕北佳县城南5千米处的黄河之滨。这里山水相映，白云缭绕，松柏参天，庙宇林立，是全国著名风景名胜区和道教名山，也是全国重点文物保护单位。白云山，古称双龙岭，亦叫嵯峨岭，后因终年白云缭绕，而称白云山，庙也因"山门无锁白云封"而叫白云观。道家圣地白云观，自从明万历皇帝亲赐御制《道藏》4726卷以后就声名大震，几百年来香火长盛不衰，远近香客络绎不绝。此外，白云观还是整个西北地区最大的明代古建筑群，大小庙宇殿堂鳞次栉比，大处观雄伟壮观，小处看精美绝伦。在白云山上还可以望见不远处的黄河大峡谷，苍劲的陕北黄土高原风光一览无余。（YYL）

红石峡 位于榆林市城北3千米处，距离榆林市区仅5千米。红石峡谷长约350米，峡谷东崖高约11.5米，西崖高13米，东西对峙，峭拔雄伟。峡内榆溪河水穿峡而过直达城西。古代驻守榆林的文人墨客甚至武将都喜好到红石峡题刻以抒发边塞豪情壮志，所以红石峡又是长城书法艺术的一大宝库。从题字的内容，可以看出榆林古时"九边重镇"的地位。此外，还可以欣赏到宋元时期的石窟艺术。赶上晴天，就可以一睹"红山夕照"的风采：夕阳之下如同晚霞一般绚丽的红石峡风光，是著名的"榆林八景"之一。据统计，红石峡题刻、石匾和各类碑记共有200种之多。更有蒙文题刻，堪称一绝。它们虽久经风雨剥蚀，但其雄姿英貌经久不衰，向来被人们誉为"塞上小碑林"，陕北书法艺术的一座宝库。（YYL）

红碱淖 位于神木县西北的尔林兔乡，神府、东胜煤田腹地。1995年被省政府确定为省级风景名胜区。红碱淖的"淖"是蒙古族语，意思是"海子""水泊""湖泊"。整个景区似三角形，东西最宽处10千米，南北最长处12千米，水面面积67平方千米，属高原性内陆湖，是全国最大的沙漠淡水湖。红碱淖四周生态环境良好，东侧有天然牧场尔林兔草原，水草丰盛，牛羊成群。南北两侧以沙丘、滩地为主，滩地上是以沙柳为主的大面积固沙防风林带，沙丘多已固定。红碱淖也盛产多种淡水鱼。红碱淖风景名胜区的自然生态环境为许多候鸟提供了理想的栖息地，共有30余种野生禽类在这里繁衍生息，有国家二类保护动物白天鹅以及鸬鹚、海鸥、鱼鹰、野鸭、鸳鸯等。每逢春、秋两季，成千上万只鸟聚集于此，上下翻飞，翩翩起舞，

和乐齐鸣，场面非常壮观。（YYL）

福地湖 位于宜君县城东15千米处。1998年由县政府集资开发。湖中半山腰的北魏石窟始建于446年，融佛教、道教为一窟。该窟历经北魏、北齐、隋、唐、宋、清历代雕凿，窟为方形平顶，进深1.25米，宽1.78米，高1.29米。石窟中央和左、右壁正中各雕一龛造像。正中央大龛中释迦牟尼佛跣足趺坐，左下方雕一供养人在博山炉前跪拜礼佛。窟右壁中间石龛中造像已塌毁，尚存火焰纹龛，楣上饰蛟龙和4朵莲花，周围雕12个小佛，佛龛上雕有山峦和走鹿、蹲猴。窟左壁中央尖拱形大龛中，雕手持芭蕉的老君盘膝端坐像，左右道士捧笏侍立。龛楣浮雕10个半身像，上为7个手持箜篌、笙、琵琶、箫、长笛、腰鼓、长鼓的伎乐飞天。雕刻内容除佛教、道教外，还涉及音乐、体育、游乐、服饰等，对研究中国的雕塑艺术史、体育史都有着重要的价值。（YYL）

清凉山 又名太和山，屹立于延安城北，隔延河与宝塔山、凤凰山相望。山势陡峻，山上殿宇嶙峋，文物众多，久负盛名。历代名人题咏诗词甚多，皆赞颂清凉胜境。北宋政治家、文学家范仲淹戍守延安时曾登临此山赋诗："金明阻西岭，清凉峙其东。延水正中出，一郡两城雄。"清凉山游览内容分为三部分：以万佛洞为主的佛教文化，以太和殿为主的道教文化及众多革命旧址。山上曾是解放日报社、新华通讯社、新华广播电台、中央印刷厂等新闻出版机构所在地，有历代文人摩崖题刻50多处的"诗湾"以及水照延

安、天下奇观、仙人洞、桃花洞等景观；山下则有2004年新建的延安清凉山新闻出版革命纪念馆。（YYL）

万花山　又名牡丹山，位于延安城东南20千米处，海拔1500米，总面积0.67平方千米，树木茂盛，奇花异草到处可见。其中野生牡丹有5万余株，春暖之际，牡丹盛开，五颜六色，争奇斗艳，香飘四野，沁人心脾。万花山野生牡丹历史悠久，宋代就有记载。据《延安府志·肤施县》记载："稍南有牡丹山，山下有杜甫川。"宋《图经本草》中记："今牡丹山中皆有，但花有黄紫红白数色。"欧阳修《洛阳牡丹记》："牡丹出丹州、延州。"而且此地天然生成，不用浇水施肥，年年枝茂花繁。《大清一统志》载："牡丹山，在肤施县南四十里，其地多产牡丹。山为花名，故万花山得名于牡丹，又荣于牡丹。"众所周知，洛阳、菏泽牡丹兴盛，实际上，万花山原生牡丹为天下正宗，延安堪称中国牡丹的故乡。（YYL）

宝塔山　在延安城南延河对岸，海拔1135.5米。隋代称丰林山，宋代改称嘉岭山，因山上建有宝塔一座，俗称宝塔山。宝塔始建于唐，系楼阁式砖塔。宋代曾重修，金、明也曾修葺。现塔为重建。塔外观呈八角形，高44米，共9层。内有楼梯，登塔可俯瞰延安城全景。塔底层有南北两个拱形门洞，额上分别刻有"高超碧落""俯视红尘"匾。塔旁有洪钟一口，高1.5米，上部有佛教常用的莲花纹饰，下部有道教常用的八卦纹饰，是佛道融合观念的体现。该钟铸造于明万历四十八年（1620），原置于清凉山上，抗日战争时期移置于此，用来报时、报警。北宋时期，韩琦、范仲淹曾以宝塔山为寨，御西夏之进犯，留下许多遗迹。山上有古城寨、烽火台、东岳庙、摘星楼、嘉岭书院等遗址，山下有范公井及范仲淹手书"嘉岭山"石刻大字。抗日战争和解放战争期间，延安是中国革命的中心和总后方，宝塔山也闻名遐迩，成为革命圣地延安的象征。（YYL）

神木二郎山　位于榆林神木县城西1千米处，俗称西山。二郎山山势蜿蜒跌宕，巍峨险峻。窟野河、秃尾河汇流于山前；雄伟的长城穿行于后；西边沙石相间，一片果林；东面石壁陡峭，松柏挺立。明正德十三年（1518），武宗皇帝到神木时曾来此山，他观山状如笔架，所以赐名为"笔架山"。文人学士来此，观其似驼峰，又称其为"驼峰山"。在二郎山前后相距1000米多的山脊，因地就势，错落有致地分布着100座殿、庙、亭、阁，如八仙洞、地藏洞、三身佛洞、浩然亭、二郎庙、诸神殿、三教殿、玉皇阁、娘娘庙等。这些古建筑疏密有致，风格各异，布局合理，虽然险峻却很稳固。山上有国内罕见的石刻九龙壁和石券顶1处，还有壁画2幅，碑石10余通以及石刻楹联、题字等。这些石刻都具有较高的艺术价值与史料价值。（YYL）

黄河壶口瀑布　位于宜川县境内，东距县城48千米。是1988年国务院公布的第二批国家级重点风景名胜区。黄河像一条腾飞的巨龙，穿行在西北黄土高原的秦晋大峡谷中，当流经壶口时，宽约400米左右的河水突然收束一槽，形成特大马蹄状瀑布群。主瀑布宽40米，落差30多米，涛声轰鸣，水雾升空，惊天动地，气吞山河，为黄河第一大瀑布，也是国内仅次于贵州黄果树瀑布的第二大瀑布。风景区规划面积175平方千米，主景区面积27平方千米，是以壶口瀑布为主体的峡谷景区，北至小河口，南至仕望河口。夏秋季节，黄土高原暴雨频繁，黄河水势猛涨，瀑布宽达100多米，方圆数里，水汽遮天，气势磅礴，是游览观赏瀑布的最好季节。冬季冰封雪冻，瀑布挂满冰凌，银装素裹，分外妖娆。春季冰雪解冻，冰凌崩落，犹如山崩地裂，声似炮轰雷鸣。（YYL）

定边沙地森林公园 地处陕甘宁蒙4省区交界处的定边县南4千米处。面积13.34平方千米，属沙漠草滩地区。昔日，这里大漠茫茫，黄沙滚滚；如今草密林茂，生机勃勃，再现"风吹草低见牛羊"的塞外风光。这里沙丘、片林、低地相间，连绵起伏，大小不一，形态各异，或浑圆或形如新月。进入其间，翻过几个沙丘、洼地，常常不知身处何方，如入迷魂阵。公园内有沙地生物200多种，新疆杨、旱柳、沙柳、樟子松、臭柏、甘草、苦参、沙蒿、沙蓬等，或高大通直，树叶婆娑，或低矮铺地，绿茵如毯。丘间洼地有大小海子数十个，波光粼粼，树影倒映。登高远眺，林草茫茫，时而有"沙海蜃楼"奇观出现，令人大饱眼福。此地是春季踏青、夏季避暑、秋季滑沙、冬季滑雪的好地方。园内有隋代始建、明代扩建的长城遗址，虽年久毁废，但遗迹尚存，依稀可辨。还有三边革命烈士纪念塔，上有毛泽东、朱德等1945年的题词。（YYL）

紫柏山 位于汉中市留坝县西南，与宝鸡市凤县接壤，系秦岭主峰太白山支脉，海拔1300～2600米。山势巍峨壮观，因山上古树多紫柏，故名紫柏山。紫柏山岩谷地貌奇特，自然风光秀丽，野生植物较多，森林覆盖面积达40平方千米。山下有张良庙，其最高建筑授书楼屹立山巅，掩映在紫柏青松之间，隐现于云海雾涛之中，非常雄伟壮观。（YYL）

天台山 距汉中市35千米，是该市的一座名山。天台山地形险峻，景物奇特。清代严如煜在《游天台山》一诗中曾描述："苍苍石菌立嵯峨，险道新盘上旧阿。地狭寺随峰石转，僧归身带野云多。"山上有一座名为天台寺的庙宇，建于明万历年间（1573—1620）。寺中主殿内供有孙思邈坐像，故名药王殿。殿周围草木茂盛，山花烂漫，修竹葱翠。天台山气候独特，夜宿山中，若有风雨，多为夜雨朝晴，故有"天台夜雨"之说，为"汉中八景"之一。每年农历六月，山上有庙会，香客云集，游人如织。（YYL）

午子山 又名母子山或武子山，位于西乡县城南15千米的堰口镇。午子山三峰削立，主峰午子峰拔地而起，崖壁万仞。明崇祯时吏部尚书李遇知咏《午子山》诗："飞蹬千盘漫陟巅，振衣冉冉白云边。上方灵气谁能识，身到烟霞便是仙。"午子山左有飞凤山，石壁腾空，犹如飞凤展翅；山腰崖下，有张飞所书"飞凤山"三个遒劲大字，为胜景增添了风采。午子山上有大庙，称午子观，每年三月三、九月九为香汛之期，届时香客如云。午子山每当朝阳欲出，彩霞布空，山峰彤红，甚为壮丽，有"午子朝霞"之美誉。（YYL）

商山 又名楚山、地肺山，位于丹凤县城西5千米的丹江南。相传为西汉初期四皓东园公唐秉、夏黄公崔广、绮里季吴实、甪里先生周术四人的隐居之地。商山山形奇特，由商镇远望，宛如一个"商"字。山间古柏葱郁，林木茂盛。四皓祠即建于商山脚下。历代文人如李白、白居易等都曾拜谒并留下诗章。每当冬天降雪后，景色更为清幽，"商山雪霁"自古即为商州八景之一。（YYL）

柞水溶洞 地处秦岭南麓的柞水县石瓮镇，距古城西安66千米。西康铁路和西康二级公路穿境而过，风景区面积约19平方千米，有大小溶洞108个，是中国北方最大的溶洞群落。其中具有优美景观与科研价值的有9个。目前已开发出了以三洞一台为主景的风景游览区，即佛爷洞、天洞、风洞和对峰台。在全国目前已发现的144处溶洞中独树一帜，柞水溶洞被誉为北国奇观，1990年被列为十大省级风景名胜区之一。溶洞外围景区山清水秀，碧水环绕，风光秀丽，气候温润，有国家级牛背梁森林公园作为依托，还有亚洲第一的秦岭隧道可供游客参观。丰富的人文景观和美丽的奇峰异洞，构成了一幅幅色彩绚丽的画卷。（YYL）

女娲山 平利县城西15千米有女娲山，古称中皇山。据传上古时代的三皇之一的女娲氏活动于此。人民敬仰女娲，很早的时候就在中皇山修建了庙宇，供奉香火，顶礼膜拜。五代蜀杜光庭《录异记》载："房州上庸界（西晋时，平利属上庸郡），有伏羲女娲庙，云是抟土为人民之所，古迹在焉。"女娲庙后来多有破损，至清朝乾隆元年（1736），平利知县古沣主持重修，扩大其规模，乃有禅房百楹，僧人数十，长松巨柏与富丽雄伟的建筑群相映成趣。女娲庙一时香火鼎沸，盛况空前。遗憾的是，历经战乱和风雨剥蚀，今日只能见到女娲庙的遗迹。近年文物普查，在女娲山发现石器时代的多种石制刀斧，在周边的水田河、汝河等地也发现了古人类聚落遗址，证实了平利乃至整个汉水流域，也是华夏文化的发源地之一。如今正在筹备重建女娲庙，启动女娲人文风景区建设，形成陕西"北有黄帝陵，南有女娲山"的旅游格局。不久的将来，这里将成为华夏儿女寻根祭祖、访古探幽的旅游胜地。（YYL）

南宫山 位于安康市岚皋县。原名笔架山，是陕南名山胜水中一颗璀璨的明珠。属巴山山系化龙山支脉，最高处海拔2267米。1992年11月建立省级南宫山森林公园，面积31平方千米。2002年2月22日被公布为国家森林公园。史料记载，北宋靖康年间（1126—1127），为避金人南侵之乱，朝廷在此建行宫名南宫，山由此得名。山上建有南宫观。南宫观毁于清康熙十六年（1677）。古庙虽毁，香火仍盛。清代张弘一在此修道，坐化于山前"莲花盆"中，肉身多年不腐，后人称其为"弘一大仙"。嘉庆年间，修建弘一大仙庙19间，供奉大仙肉身。此庙毁于"文化大革命"中，弘一肉身也去向不明。近年又在山上发现清嘉庆二十五年（1820）七月立碑的达慈和尚肉身，在舍利塔中历经180多年而完好无腐。南宫山地质地貌奇特，集野、雄、奇、秀、幽、古于一身，吸引着众多的游客前往探奇览胜。南宫山地处亚热带，森林植物种类繁多。有高等植物2000多种，野生动物100余种，其中珍稀动物21种。山上还有许多人文景观，有羊角寨古战场、百子洞古人类洞穴、龙安寨古山寨建筑、墙院子白莲教起义营房遗址、明清建筑武学馆、孟石岭古关隘、易家坪清宫画家甘棠故居及甘洲坝、草坪、汪家田坝、管家田坝的汉墓群等。（YYL）

洛南老君山 地处华山之阳，位于洛南县巡检镇。相传太上老君在此修炼成仙，故而得名。老君山群峰俊秀，怪石嶙峋，苍松挺拔，四季常青。春季山花烂漫，馨香四溢；夏季绿树成荫，清爽宜人；秋季红叶似火，热情奔放；冬季银装素裹，分外妖娆。新建的1515米登山盘道，路面平整，曲径通幽；2999级台阶周围老树枯藤错落，鸟语百啭；山风一起，松涛汹涌，啸声阵阵，不绝于耳。传说太上老君修炼成仙，正值正月二十三，玉皇大帝亲驾迎接，故民间每年此时举办老君山庙会。老君仙洞为天然溶洞，各种钟乳石形成了圣君卧榻、系牛柏、炼丹炉、塔林、高山飞瀑、天门、青牛、豆腐坊等景观。山上还有老君庙、玉皇殿等建筑。（YYL）

柞水对峰台 位于柞水县城南17.5千米的石瓮乡，是柞水久享盛名的山峰之一，"赛过峨眉，胜似华山"，被当地群众称为"西北奇峰"。这里奇峰突兀，险峻挺拔，峰顶建有娘娘庙。两旁双峰耸峙，西北侧山下有百神洞。碑载：明代中叶，"洞吼三日，忽然划开，有神水，祈雨多应"。对峰台的名胜甚多，东有鱼洞，清明至谷雨期间洞里出鱼，年产5000余千克。1980年因修路而毁。南边西干沟有九三洞、探奇洞、玉虾洞和马鞍子，奇景可观，引人入胜。西有百神洞，洞内有二龙戏珠、龙潭、地下河等。东北有佛爷洞、风洞、天洞，洞内有过风楼、滴水崖、阎王砭、青龙潭、太阳坡、小阳坡、头天门、八亩田、莲花池、万人坑、陈杨二道栖身处、棺材石、二天门、秦岭坑、吊洞等。（YYL）

瀛湖风景区 位于安康市西南18千米处，是安康水电站蓄水形成的西北最大的淡水湖。总面积102.8平方千米，其中水域面积77.8平方千米，是独具秦巴自然风光的省级风景名胜区。瀛湖风景区旅游资源丰富，湖中有岛屿近百座，素有"陕西千岛湖"之称。景区内有佛教胜境天柱山、白云寺，以及牛郎织女石、红娘洞等景观。核心景区还建成鸟语生态苑、名贵植物和珍稀动物园。（YYL）

香溪洞风景区 位于安康市城南约5千米处。据碑文记载，香溪洞创建于明成化初年，相传是八仙之一的吕洞宾的修行炼丹之地。昔称"古洞仙踪"，为安康八景之最。香溪洞风景区于1989年12月被列为第一批省级风景名胜区，总面积10余平方千米，分香溪洞、三天门、文武山、蜈蚣山、牛蹄岭等五个景区，有50多个景点，四面群山环抱，

翠屏相列，草木葳蕤，亭宇林立。人称这里是"楼阁云中建，竹木遍山丛，花草迎宾笑，溪水四季清"的仙境。（YYL）

汉江 即汉水，是长江最大的支流。发源于陕西宁强县，流经陕南12个县，全长1598千米，在白河县出省入湖北，在武汉市汉阳入长江。汉江江水清澈透明，水质清洁无污染，清冽甘美，是全国少有的清洁饮用水最佳水源之一，占南水北调中段工程水源段流长的37%。水源以山地降雨和山泉为主，用以沏茶，醇正清香，沁人心脾。汉江两岸山体形态各异，重峦叠嶂，山脉层次分明；植被茂盛，沿岸有百万亩的竹林、橘林。由于当地气候温暖湿润、多雨，所以山顶常有云雾缭绕，观赏雾中之山，若隐若现，恍若仙境。山腰的石板房、石垒房也极富地域特色。川平地缓之处，水流淙淙，悠然东去；山陡谷曲之处，或激水掀浪、波澜回旋，或飞瀑直泻、气势磅礴，既使人发"逝者如斯夫"之感慨，又激发人奋发之精神。"汉江渔火"也是汉江风光的一大奇观，夜晚江面波光粼粼，渔火点点，与天空星光相映成趣。（YYL）

丹江漂流 发源于商州黑龙口凤凰山，在崇山峻岭中一泻数百里，流经陕、豫、鄂三省，汇入长江最大支流汉江。丹江之名一说源于丹江水中的"丹鱼"，据说得此鱼可延年益寿；一说源自尧封舜子丹朱于此地。丹江自古多险滩，沿途风光旖旎。唐代诗人李白、白居易、杜牧曾泛舟丹江，留下不朽诗作。明代旅行家徐霞客北谒太华之后，从洛南到龙驹寨（今丹凤县城），沿丹江漂流，触景生情，写道："时浮云已尽，丽日乘空，山峦重叠竞秀，怒流送舟，两岸浓桃艳李，泛光欲舞。出坐船头，不觉仙也！"丹江上游环境幽静、水质清澈。1991年商洛率先开发丹江漂流，航程不长，安全可靠。游客在龙驹寨或湘河镇码头出发，可选竹筏或皮筏乘坐，每筏4~6人，由船工撑篙引航，筏顺水势，时而打转，时而颠簸，不过大部分地区水流平缓，有惊无险。沿途可见碧山翠竹、放流木筏、摩崖石刻等。在水缓处，可见树木掩映的农舍，河边浣衣的村妇。（YYL）

千家坪国家森林公园 位于秦、鄂、渝三省市交界处的平利县南部八仙镇与镇坪县临界处。公园主区属平利县千家坪国有林场，位于化龙山西坡中上部。1998年4月，省林业厅公布其为省级森林公园。化龙山主峰海拔2917.2米，故有"巴山屋脊"之称，是岚河、浪河、红石河、平溪河的发源地。这里复杂的地质构造和湿润的季风气候，造就了内涵丰富的森林景观资源。公园植被属于针阔混交林和亚高山针叶林带，森林植被比较完整，树种繁多，主要有珍稀树种珙桐、云杉、巴山冷杉、巴山松、华山松以及樟树、厚朴、漆树、米心树等等。这里还盛产享誉海内外的"八仙菊花心党参"和形如龙爪的黄连以及当归、天麻、独活等名贵药材。（YYL）

平河梁森林公园 位于宁陕县境内，海拔2280米，距西安152千米，离宁陕县城36千米，森林公园总面积130余平方千米。区内地貌独具特征，不仅有广阔的秦岭腹地大草场，有气势壮观的火山口，又有飞流直下撒金碎银的瀑布，曲径通幽的茫茫原始森林，还有丰富多彩的动植物资源。大熊猫、金丝猴、金毛扭角羚、麝鹿、飞鼠、锦鸡等珍稀动物栖息林内，大鲵小鲵游动于溪流。这里更因四季景致变化无穷、美不胜收而令游人乐不思蜀。十八丈瀑布为公园一大胜景。瀑布从悬崖顶上的裂隙中飞流而下，倾泻崖下深潭，形成水帘，散出一派迷离的银光。公园主峰平河梁顶，地势平坦，视野开阔：四顾群山座座低，翠柏松涛阵阵鸣；蓝天白云鹰翱翔，芍药灼灼带露浓。（YYL）

凤凰山森林公园 位于安康汉阴县平梁镇铁瓦殿，地处凤凰山主峰，南倚秦岭，向北俯视整个汉阴县城，是1997年经省林业厅批准建立的省级森林公园。公园面积584.4平方千米，分为4个景区：即云雾山景区、望河垭景区、石窟山景区、竹溪园景区，有各类景点30余处。公园景观优美，森林覆盖率达78%，各种花草、林木达370余种，林海莽莽，郁郁葱葱，青树翠蔓，璎络摇缀，参差披拂。公园地处凤凰山主梁，平均海拔1100米。攀峰而上，俯瞰四周，群山逶迤；山下阡陌纵横，田园农舍，炊烟袅袅；四周千峰竞秀，万壑争流，鸟鸣山涧，禽栖密林。公园居高处，极目远眺，苍山碧色，气象万千。（YYL）

金丝大峡谷国家森林公园 金丝大峡谷位于商南县太吉河镇，地处秦、豫、鄂3省8县结合部的新开岭腹地，距商南县城60千米。峡谷景区面积达20平方千米以上，是以森林生态为主体、水景为特色的峡谷型森林公园。公园气候属亚热带向暖温带过渡区，地质褶皱清晰，岩石层面明显，生物种类繁多，古树名木、悬泉飞瀑，风景秀丽。景区全程14千米，分为下峡、东峡、西峡、石沿寨，总称三峡一寨。下峡有连心洞、狮子山、仙人石、马刨泉、月亮潭、一线天、灵官殿等景观，山高谷长，左曲右弯，溪水潺潺似金线流淌。东峡有张家洞、朝阳洞、险岩、仙人桥和南山石鼓等奇观。西峡分布有奇峰16座，龙潭、金洞、莲花洞、牛角山、响水瀑布、黑龙潭等。石岩寨周围数十里为群山林海景观，其间生活着大量的珍稀野生动物。金丝大峡谷国家森林公园内怪石危岩、山环水绕，山连山、峡连峡，九曲十八弯，大潭连小潭，大洞套小洞，集"窄、长、奇、秀、险""峰、石、瀑、洞、林、溪、鸟、兽"为一体，造就了神秘莫测、令人叹为观止的奇观，被誉为人间仙境。（YYL）

洋县朱鹮自然保护观察点 位于秦岭南坡中山与低山丘陵的过渡地带，海拔800～1600米。这里大部分为森林覆盖，生态环境优良，朱鹮栖息生活、取食范围主要在洋县八里关乡的大店村和马道村。1981年5月下旬，境内发现濒于灭绝的珍禽朱鹮，这是我国自1964年以来复查到的一个野生朱鹮群体。朱鹮属鹳形目，成鸟似雁，后颈枕部有若干羽毛延伸成矛状，形成羽冠。幼鸟为灰色，成鸟为白色。翅膀为粉红色，头部有朱橙红毛，十分美丽。朱鹮被誉为"东方宝石"，1994

年世界自然保护联盟理事会通过《国际濒危物种等级新标准》，朱鹮被列入极危动物，级别高于大熊猫、华南虎。朱鹮的天敌是金猫、豹猫，为防兽害，鸟巢大都营造在群众住宅旁的拴皮栎大树上。它们一般在3月、4月产卵繁殖，这期间也是观赏朱鹮的最佳季节。保护区已成功地对朱鹮进行人工繁殖和喂养，目前，陕西省又将部分朱鹮迁于周至楼观台，并在那里建了一个新的保护观察点。洋县朱鹮保护区已接待了日本、法国等十多个国家的科学家前来考察观赏。（YYL）

3. 地质公园

秦岭终南山世界地质公园 位于秦岭中段，距离西安仅25千米。公园面积1074.85平方千米，具有独特的地质遗迹与终南山水文化，堪称西安人的"后花园"。2006年12月，秦岭终南山地质公园向联合国教科文组织递交申报资料，在2009年8月29日的第三届国际地质公园发展研讨会上，秦岭终于成功晋级。根据总体布局规划，秦岭终南山世界地质公园分为翠华山山崩地貌与佛教文化园区、南太白第四纪冰川园区、冰晶顶构造混合岩园区、玉山花岗岩峰岭地貌园区、骊山地垒构造园区五大核心园区。翠华山山崩地貌与佛教文化园区是秦岭终南山地质公园的主导园区，在翠华山山崩景区，不仅可以看到世界少见、中华唯一的山崩奇观，还有风光绮丽的堰塞湖和隋代佛塔的神韵与风采，兼可宗教朝觐、信众进香。南太白第四纪冰川园区分为南太白古冰川景区和楼观景区。在南太白古冰川景区，以观赏优雅的河流景观、冰川遗迹、秦岭五国宝（大熊猫、朱鹮、金丝猴、羚牛、褐马鸡）等为主要特色。在楼观景区，还可观赏到2500年前道教起源以及道教信众朝觐，是地质遗迹、地质景观众多，范围最大的道教圣地核心景区。冰晶顶构造混合岩园区是融地质景观、流瀑景观和生态景观为一体的核心景区，以构造混合岩地貌为主题，以秦岭中央造山带静脑峪为枢纽，以著名地质遗迹古冰川地质遗迹展示为主体，太平观瀑、朱雀赏树也是这个园区的主要特色。玉山花岗岩峰岭地貌园区包括公王岭蓝田玉山园区、辋川白云石大理岩溶洞景区和王顺山花岗岩峰岭地貌景区。蓝田玉山园区以著名的蓝田猿人化石著称于世，也是具有3000年开采历史的蓝田玉石的产地。王顺山景区有花岗岩山峰景观、峡谷景观、瀑布水景等；辋川景区内以著名的辋川唐代人文遗址（王维别业）和世界唯一的水陆庵唐代壁塑闻名于世。骊山地垒构造园区，以断块地貌为主，兼有骊山山前大断裂和黄土台塬隐状断层地貌等地质景观，分为古近纪断层剖面景区和骊山山前断裂景区，景区紧邻被誉为"世界第八奇迹"的兵马俑和著名游览胜地华清池。2009年在第三届国际地质公园发展研讨会上成功晋级世界地质公园。（YYL）

翠华山山崩国家地质公园 位于西安市长安县，总面积32平方千米，主要地质遗迹类型为山崩地质遗迹。翠华山属秦岭山脉，由中元古界（距今1亿年前）变质杂岩组成，秦岭北麓大断层从北侧通过。且该断层仍在活动，其北侧相对下降形成关中平原，南侧抬升形成巍峨耸立的秦岭，一万年以来平均每年上升1.73~3.4毫米。强烈的断裂活动，加上构成翠华山山体的岩石质坚性脆，又地处地震带且多暴雨，从而引起山体崩落。《周语》篇就记述了周幽王二年（前780）地震引起山崩的情况："周幽王二年，西周三川皆震……三川竭、岐山崩。"这里因山崩地质作用形成了一系列山崩地质景观，如山崩悬崖景观、山崩石海景观、山崩地堆砌洞穴景观、山崩堰塞湖景观、山崩瀑流景观及山崩形成的各种造型奇石景观等。翠华山山崩地貌类型之全、保存之完整典型，为国内罕见，堪称山崩地质博物馆。该公园不但在研究秦岭及关中平原形成历史和山崩地质作用上有重大的科学价值，而且由于园区环境幽、奇、险、奥，从而具有重要的旅游价值、科普功能和地质遗迹保护价值。该地质公园是2001年国土资源部首批确定的11个国家地质公园之一，而且是全国第一批建成揭碑的国家地质公园。（YYL）

黄河壶口瀑布国家地质公园　位于秦晋峡谷南端壶口瀑布主景区内，以黄河为轴心，河东有吕梁山，河西为黄龙山。这里山势雄峙，气势浩大，黄河河道舒展蜿蜒，黄河壶口瀑布国家地质公园东西两侧的界线即由河道中心线向两侧分别扩展约1.5千米。公园以气势磅礴的壶口瀑布为主要地质遗迹，黄河壶口瀑布是黄河河道上第一大瀑布。它飞流直泻，巨浪滔天，气吞山河，两岸残崖峭壁，蔚为奇观。瀑布上游黄河水面宽300米，在不到500米长距离内，被压缩到20~30米的宽度，1000立方米/秒的河水，从20多米高的陡崖上倾注而泻，造成"千里黄河一壶收"的气概。排山倒海般的瀑布冲击岩石发出谷涧响雷的轰鸣，巨涛激起数十米高的浪花，远看呈水里冒烟的景观，阳光下引导出彩虹通天的美景。瀑布左下方有流水侵蚀出地下石廊，可仰望瀑布"黄河之水天上来"的壮丽景色。"十里龙槽"是瀑布向源侵蚀切割的结果，全长4200米，宽30~50米，两侧中生界砂岩高15~20米，是全黄河最狭窄处。在河道约束下，河水奔腾咆哮，浊浪翻滚回旋，气势磅礴。瀑布上下基岩上，到处可见水流冲蚀槽及大大小小流水携带沙砾的掏蚀圆形坑，这便是著名的石窝宝镜景观：强烈的河流旁切作用，将原来岸边山体硬切成河心岛，上方的孟岛，下方的葫芦岛。"孟门夜月"之景是月圆之夜，看天上河中两月相映"月照浪花浮"之夜景。2002年，壶口瀑布区域被定为国家级地质公园。（YYL）

洛川黄土国家地质公园　位于延安市南部洛川县境内，总面积5.9平方千米。洛川县北距革命圣地延安135千米，南距古都西安240千米，距中华民族始祖黄帝陵和著名的壶口瀑布分别为35千米、130千米，距史圣司马迁故里韩城140千米，周边具备良好的旅游环境。地质公园周边源面最高海拔1136米，是我国黄土源区黄土地貌发育典型地区。沟谷切深在80~140米之间；谷坡较陡，坡度30°～60°，受重力和地表地下水作用，沟谷内黄土滑坡、崩塌发育，沟头溯源侵蚀强烈。黑木沟谷坡较陡，为"V"形沟谷，两侧滑坡较多，坡面悬沟发育；黑木沟黄土剖面出露清楚，地层连续完整，古土壤层清晰，可比性强，具有很高的学术价值。此外，沟内黄土微地貌发育，如黄土滑坡、崩塌、黄土悬沟、黄土落水洞、黄土桥、黄土柱、黄土墙等，构造奇特，天然成趣，观赏性强。洛川县黑木沟黄土地质遗迹是地质历史时期内力和外力地质作用的综合产物，是240万年以来地球地壳结构、构造运动和地貌形态演变的真实写照。各时期黄土地层出露齐全，层位稳定，真实记录了第四纪以来古气候、古环境、古地理、古植被以及重要地质事件等多方面信息，可作为一条标准黄土地层剖面与黄土高原上的黄土地层进行对比。2002年，被定为国家级地质公园。（YYL）

延川黄河蛇曲国家地质公园　位于秦晋交界峡谷南部地段的黄河沿线，北起延川县延水关镇，南至清水湾，全长50余千米，总面积170平方千米。公园分四个地质遗迹景观区，包括延水关河谷阶地貌旅游区、苏亚湾高原生态旅游区、乾坤湾蛇曲地貌旅游区、清水湾蛇曲地貌旅游区。还有三个历史人文景观区，即小程村民俗文化村、碾畔原生态保护区、郭家崾民俗文化旅游区。公园以其气势恢宏的河曲曲流地貌景观为特色，以类型多样的河流地质作用遗迹为依托，是一个典型的专题地质公园模式。主要为黄河及其周边支流、面流、潜流等侵蚀形成的地质遗迹景观，以及重力、水力、风力等作用下形成的地质遗迹。公园自然景观特色鲜明，具有强烈的吸引力和震撼力。黄河流经延川县境形成"S"形乾坤大转弯，古称河怀湾，其得名于天地、日月、阴阳、刚柔、乾坤之象。也因黄河在这里陡然急转，形成了320度大转弯，被称为天下黄河第一湾。延川黄河蛇曲国家地质公园与黄河壶口瀑布国家地质公园、洛川黄土国家地质公园并称延安三大地质奇观。2005年被国土资源部定为第四批国家地质公园。（YYL）

金丝大峡谷国家地质公园　金丝峡是大秦岭造山带中著名商丹（商州—丹凤）超地壳断裂的命名地，位于户商南县境内，地处华北、扬子两大板块缝合部。金丝大峡谷以森林和峡谷地貌著称，2002年12月被列为国家森林公园，2009年1月被评为国家4A级旅游景区。又因峡谷地貌景观奇绝，园区内山势陡峭，奇峰秀岭，地质景观极为奇特，被誉为峡谷之都。2007年2月省国土资源厅批准建立商南金丝峡地质公园。金丝大峡谷形成于大约一亿年前的南秦岭构造带的造山运动，峡谷地质遗迹以岩溶峡谷地貌为主体，兼有多级瀑布、多期溶洞、不同类型的岩溶泉及典型平移走滑断裂构造地质遗迹，内有完整的石灰岩嶂谷地貌、十三级流泉瀑布和薄层灰岩、典型连续褶皱等地质景观，在我国目前已有的138处国家地质公园中是独一无二的。2009年被国土资源部命名为国家地质公园。（YYL）

耀州照金丹霞国家地质公园　位于铜川市耀州区西北部石质山地峡谷区，占地60.8

平方千米,属于中国典型的丹霞地质区和富集区。耀州照金丹霞国家地质公园以南北方过渡地带的丹霞景观为依托,以山地峡谷地貌景观、山区红军革命根据地旧址以及佛教文化资源为主体,拥有众多白垩纪宜君砾岩和凤凰山砾岩构成的石质山峰,气势磅礴,雄伟壮观,兼具华山之险和南山之秀。公园分为秀房沟、王家沟和大香山三大园区,主要包含薛家寨、九龙寨、大香山、王家沟丹霞地貌景观区、照金陕甘边革命根据地旧址区以及香山寺佛教文化景观区等,是研讨中国南北自然环境产生差异原因及青藏高原演化和隆升机制的重要地带。2014年被国土资源部命名为国家级丹霞地质公园。(YYL)

柞水溶洞国家地质公园 位于秦岭南麓的柞水县,横跨下梁、石瓮、凤凰三镇,距省会西安76千米,距柞水县城6千米,公园总面积140平方千米。公园是以溶洞、峡谷、瀑布、古生物化石等地质遗迹景观为主体,辅以丰富的生态景观和人文景观,集科学与美学价值于一体的大型综合性地质公园。由三个园区组成:柞水溶洞—泥盆系岩相剖面园区(面积70平方千米)、九天山园区(面积45平方千米)、凤凰古镇园区(面积25平方千米)。该公园是西北内陆罕见的最大最集中的溶洞峰丛群,对于研究秦岭地质发展史具有重要的科学意义,在北方岩溶地貌研究中亦具有特殊的科学地位和价值。公园的中、上泥盆系岩相剖面则揭示了中秦岭泥盆纪构造发展的历史和古地理环境变迁,是国内重要的地层剖面类地质遗迹。其典型的喀斯特地貌结构、洞府桃园的地质遗迹,以及西北唯一的徽派建筑民居群和独特的自然景观,被地质学家称为"秦岭明珠、地质奇观"。2016年,被国土资源部命名为溶洞国家级地质公园。(YYL)

华山省级地质公园 华山地质公园总面积159.28平方千米,地质遗迹包括6大类、12类、17亚类和39种型,其中,华山型高山断崖绝壁型峰岭地貌、华山燕山期二长花岗岩体、华山山前大断裂和太古代太华群变质岩层等为世界级地质遗迹。其地质遗迹资源保存完整,科学性、稀有性、美学性皆为全球罕见。华山所处的构造部位及花岗岩型山岳地貌,对东亚乃至全球大陆动力学、地幔动力学和后造山期所产生的壮观的黄土高原等地质地貌的变化,具有重要的科研与科普价值。尤其是阜平运动、燕山运动及喜马拉雅运动在华山地区的作用和区域地质环境效应,更是具有世界意义。2012年申报为省级地质公园。(YYL)

汉中黎坪省级地质公园 位于汉中市南郑县,2002年经国家林业局批准为国家级森林公园,于2009年7月1日开园。公园距离南郑县城60千米、汉中市区70千米、西安市300千米、成都市400千米,是集山景、林景、石景、水景、气候景观和田园景观为一体的山岳型森林公园。是以上奥陶纪宝塔组红色网纹泥灰岩中发育的形态奇特的石芽、溶沟、溶洞等岩溶地貌景观及中华震旦角石等重要古生物化石为主体,间有二叠系岩溶峰林、溶蚀洼地、溶蚀漏斗、石羊等岩溶地貌和多级瀑布、峡谷、石崖、石潭、壶穴等地貌景观。其红色岩溶地貌具有典型性、稀有性，目前仍然保持自然状态，且形成过程和景观现象系统完整，具有较高的美学价值与观赏性。2010年申报为省级地质公园。（YYL）

4. 矿山公园

潼关小秦岭金矿矿山公园 渭南市潼关县小秦岭黄金资源丰富，西潼峪峪道更是有多年开采的历史，特别是留下了西潼峪金矿开采、生产等著名的矿业遗迹，又拥有佛头崖风景区和秦岭云屏等得天独厚的自然景观和人文景观，当地群众开设的农家乐也遍布其中。矿山公园以矿业遗迹资源为主体，合理利用自然景观和人文景观，以奇、秀、古为特色，建立集黄金探秘、科普教育、游览观光、休闲度假等多功能于一体的综合性矿山公园。2013年，潼关小秦岭金矿矿山公园入选第三批国家矿山公园，也是西北地区唯一一家入选的金矿矿山公园。（YYL）

5. 湿地

千阳千湖国家湿地公园 位于宝鸡市千阳县千河谷地中游，以河流湿地特征为主，并集河流湿地、库塘湿地、沼泽湿地特征于一体，是我国西北地区典型的黄土高原湿地。园内生物资源丰富，有陆生脊椎动物5纲27目47科174种，其中湿地鸟类14目24科81种，水禽41种，国家二级重点保护鸟类如大天鹅、灰鹤等。有省重点保护并列入《中日候鸟保护协定》名录中的白鹭、豆雁、针尾鸭、绿翅鸭、花脸鸭、赤膀鸭、赤麻鸭等，雁鸭类数量约30万只左右，数量较大。哺乳类5目8科24种，两栖爬行类3目8科21种。另外还有丰富的鱼类资源，如秦岭细鳞鲑、马口鱼、宽鳍鱲、拉氏鱼岁、中华鳑鲏、鲤、鲫等共5目7科48种。湿地植物（苔藓、蕨类、裸子、被子植物等）34科61属101种。该湿地良好的自然资源为水禽栖息提供了丰富的食物资源，已成为我国西部国际保护候鸟的主要栖息地之一，也是内陆候鸟迁徙通道上的重要栖息站，每年冬季有雁、鸭、鹭等多种鸟类在此栖息。2011年，千阳千湖湿地公园被国家林业局正式命名为国家湿地公园。（YYL）

西安浐灞国家湿地公园 位于渭灞交汇区域。公园将渭河生态景观带与灞河生态景观带的黄金集合完美承袭，沿灞河两岸东西分布，其中灞河以西面积4.27平方千米，以东面积1.54平方千米，总规划面积5.81平方千米，是浐灞生态区乃至西安市湿地系统的重要组成部分。该湿地公园拥有水域面积辽阔、湿地资源丰富、自然景观优美等先天优势，以河流湿地为主体，涵括了荷塘湿地、村落湿地、池塘湿地、岛屿沼泽湿地、沙湾湿地、旱沟湿地、溪涧湿地在内的七大湿地类型。区域内已探明有植物种类48科180种，有湿地动物27目50科约150种，其中国家Ⅰ、二级保护动物13种，具有较高的生物多样性保护价值。西安浐灞国家湿地公园既是西安地区重要的物种库和基因库,更是一座演绎多物种相辅相成、人与自然共生共荣的和谐舞台。2008年,国家林业局批复西安浐灞湿地公园为国家级湿地公园(试点)。2014年,国家林业局正式发文通过验收授牌。(YYL)

三原清峪河国家湿地公园 位于三原县清峪河流域中段,西起西郊水库,东至临潼交界处,地貌类型以塬沟为主,属于典型的"U"形河谷,总面积10.69平方千米,涉及城关、高渠、大程、西阳、独李6个镇(发展服务中心)。公园内湿地资源丰富,类型多样,且划分为保护重点区和保护控制区,公园周边重要地段划定为保护缓冲区。该湿地公园范围内还有三原城隍庙、古龙桥遗址、宏道书院遗址等人文景观。2008年,被国家林业局列入国家湿地公园试点名单(试点)。2015年,正式通过国家林业局验收授牌。(YYL)

淳化冶峪河国家湿地公园 位于咸阳市淳化县冶峪河流域中段,渭北黄土高原南缘,紧靠淳化县城。湿地总面积11.70平方千米,境内群山环抱,秀水纡流,塬高沟深,地形多样,且水域、森林植被、野生动物等天然湿地特征明显,黑松林水库、甘泉湖及鱼塘等一批人工湿地初具规模,是学习观察渭北湿地的理想场所。湿地内河道、沼泽、鱼塘水质清澈,微波起伏,水天一色,水生植物郁郁葱葱,自然景观闲散野逸、宁静自然,整个园区河流纵横交汇,形成了独特的湿地景观。此外,还有农田生态景观、新农村景观和人工侧柏林景观。尤其是人文景观源远流长,有新石器时代遗址8处,商周遗址4处,秦汉遗址7处等,特别是秦直道遗址,境内长度约7千米,南北端直,东西边沿整体,宽17米,长300米,被喻为"中国第一条高速公路"。还有淳化特有的民间工艺品、戏曲、皮影、剪纸、刺绣、灯彩、面塑、雕刻、泥塑、编制等。2008年11月,淳化冶峪河国家湿地公园被列入国家湿地公园试点名单(试点)。2014年,正式通过国家林业局验收授牌。(YYL)

蒲城卤阳湖国家湿地公园 蒲城卤阳湖国家湿地公园北距蒲城县城15千米,南距西安78千米,是一个天然内陆型湖泊湿地,东西长30千米,南北宽1.5~7千米,海拔372~400米,总面积14.7平方千米。包括湿地保育区、湿地科普教育区、湿地管理服务区、湿地新家园区和湿地生态旅游区五个区域。其中,湿地生态旅游区具有丰富的人文与自然环境资源,杨爵拜水、板桥古渡、关中道情、宣帝游猎、笑纹石等遗址轶事,彰显着卤阳湖深厚的历史文化底蕴;湿地保育区水天一色,波光荡漾,芦苇摇曳,生物多样性特色鲜明,是各种珍稀生物栖息繁衍的理想区域,是八百里秦川难得的一处水乡泽国。该园2008年12月被国家林业局列入国家湿地公园(试点)。2015年,正式通过国家林业局验收授牌。(YYL)

铜川赵氏河国家湿地公园 位于铜川市赵氏河流域中段。南北长10.3千米,东西宽3.2千米,总规划面积13.14平方千米。该湿地属典型的天然兼人工型内陆河流湿地,具有黄土高原湿地的显著特点。湿地流域内溪流、滩涂、河心洲、蓄水区、鱼塘、水库等构成了天然与人工相结合的复合型湿地系统，湿地范围内形态自然、岸线优美、植被景观秀丽、野生动植物种类丰富，具有较高的示范与科研价值。2009年10月24—25日，铜川市赵氏河国家湿地公园项目国家考察评审会在铜川新区召开，专家组与会人员原则同意赵氏河国家湿地公园规划内容（试点）。2015年，正式通过国家林业局验收授牌。（YYL）

丹凤丹江国家湿地公园 位于丹凤县丹江流域全段及丹江一级支流老君河鱼岭水库至老君河口，银花河土门至竹林关段，从商州区的陈塬街道办凤山村到商南县白浪镇月亮湾村，包括丹江河道河滩泛洪区及河道两岸1千米范围内的人工湿地，隶属于商洛市下辖的商州区丹凤县和商南县。该湿地公园以河流湿地特征为主，集河流湿地、库塘湿地特征于一体。公园总面积20.8平方千米，约70%的面积为河道、池塘、水库等水域，整个园区30多条河流纵横交汇，形成了独特的湿地水体景观、优美的水禽景观、宜人的农田生态景观、耳目一新的新农村景观等。境内现有植物206科712属1471种，野生脊椎动物31目77科270种。丹凤丹江湿地公园是2009年批准建设的国家级湿地公园（试点）。2014年，正式通过国家林业局验收授牌。（YYL）

宁强汉水源国家湿地公园 位于宁强县汉源街道办与铁锁关镇之间的玉带河流域。西南至汉江源头，东北至关峡电站，长约42.9千米，宽约200～1000米。规划总面积15.08平方千米，其中，重点保护区（湿地保育区）面积3.48平方千米，湿地展示区（科学园区）面积6.26平方千米，游览活动区面积3.84平方千米，管理服务区面积1.5平方千米。公园内野生动物资源丰富多样，有鱼类13种，两栖爬行类25种，鸟类151种，哺乳类41种。因地处秦巴山脉腹地，又是汉水源的发源地，其区位重要性和生物多样性都具有很大的生态价值。园区规划范围又是城郊型湿地，其社会经济服务价值和自然涵养价值都很高。2009年12月，国家林业局湿地中心专家组实地考察并提出评估意见，审核通过了总体规划，批准建设宁强汉水源国家湿地公园（试点）。2015年，正式通过国家林业局验收授牌。这也是汉中市唯一的国家级湿地公园。（YYL）

旬河源国家湿地公园 位于秦岭南麓的宁陕县境内北部，属于长江流域汉江水系一级支流——旬河源头，规划总面积20.61平方千米，其中湿地面积12.89平方千米，是一个典型的河源湿地公园。该园地处秦岭腹地，是我国重要的生物资源库和基因库，生态区位极为重要。园区水源丰沛，主要河流为旬河及其30多条大小支流，是"南水北调"中线工程的重要水源保护区、水源涵养区、水源水质影响控制区，是众多水生动物的栖息地、越冬地和停歇地。该园的建设为保障丹江口水库的水资源安全和实现"一江清水供北京"提供了重要保障。对保护秦岭生态安全、保护生物多样性和弘扬子午古道文化、伊斯兰民俗文化、红色革命文化方面都具有重要意义，同时还将进一步提升安康市和各县的旅游资源品位，丰富旅游文化。2009年11月16日，旬河源国家湿地公园考察评估会在宁陕召开，同时建立旬河源国家湿地公园（试点）。2016年，正式通过国家林业局验收挂牌。（YYL）

凤县嘉陵江国家湿地公园 凤县嘉陵江国家湿地公园横贯凤县，东西约47千米，南北约41千米，流经该县的4个乡镇29个行政村，是长江最大支流嘉陵江的发源地，是以峡谷河流、河漫滩、江心洲为主体的河流湿地生态系统，也是秦岭西段典型的秦巴中高山河流湿地。公园总面积25.56平方千米。境内有陆生脊椎动物5纲26目67科256种，湿地植物（苔藓、蕨类、裸子、被子植物）158科596属1146种。靠近湿地中心处的嘉陵江，如同一条玉带，蜿蜒前行。河水宽处水流平缓，淙淙如诉；窄处水流湍急，哗哗如注；岸边芳草萋萋，芦苇丛丛。河中蒲草丛生，鱼翔浅底；水禽姿态优雅，争奇媲美。在其两侧，满山葱葱郁郁，秀美稳重，溪声涛韵，可谓十步有别、百步迥异，呈现出嘉陵江湿地公园独特的景观资源。同时，嘉陵江源头也是国家3A级旅游景区，其茂密的森林资源、良好的生态环境、旖旎的自然风光、清新的负氧离子，已成为宝鸡经济圈休闲度假基地。2009年被国家林业局批准建设为国家级湿地公园（试点）。2014年，正式通过国家林业局验收挂牌。（YYL）

太白石头河国家湿地公园 位于太白县东北部石头河中上游，南起桃川镇白杨塬村南岔湾，北至石头河水库浅水区，长约14.5千米，公园总面积10.54平方千米，属于河流型湿地。公园内生物资源丰富，生态特征显著。随着湿地保护的不断完善，良好的生态环境使公园成为西部地区各种候鸟理想的越冬地和候鸟内陆迁徙通道上的重要驿站。2009年经国家林业局批准建设为国家级湿地公园（试点）。2014年，正式通过国家林业局验收挂牌。（YYL）

千渭之会国家湿地公园 位于宝鸡市渭河城区段与千河入渭口交汇地带，区域总面积18.67平方千米。境内曾是周、秦民族繁衍活动的主要区域，文化底蕴深厚，生物种类丰富，湿地特征突出，生态优势明显。2011年，宝鸡市着眼于保护和恢复千渭之会湿地、文化景观，展现自然河流湿地的迷人风光，提升关天经济区副中心城市竞争力，启动规划从2012年始，用6年时间建设湿地公园。计划在保育区开展湿地封育10.94平方千米，种植湿地植物0.5平方千米；重建区恢复自然河道3平方千米，种植湿生植物2.5平方千米，修复自然河堤34千米；在宣教展示区，新建展览中心、千渭之会历史文化微缩景观园、湿地文化长廊各1处；在合理利用区，建设生态休闲园2处、湿地文化长廊1处、湿地休闲人家3处，供游人开展垂钓、沙滩游乐、水上户外拓展运动、野营等活动；在湿地公园内设置保护管理站（含环境监测）3处。经国家林业局湿地管理中心专家组实地考察和评审，2013年，国家林业局正式

批准其列入国家湿地公园试点建设（试点）。（YYL）

司马濂水国家湿地公园 园区横贯韩城市东西，紧邻韩城市老城区，距省会西安210千米。北起板桥镇同家户沟，南至司马迁祠与黄河湿地保护区接壤。规划建设总面积35.5平方千米，其中山水湿地休闲小区7.06平方千米，保育区11.1平方千米，恢复区3.74平方千米，城市湿地游乐小区2.93平方千米，科普宣教区10.65平方千米，湿地管理服务区0.02平方千米。公园内生物多样性资源丰富，动植物群落独特完好，生态系统完整而典型，是黄土高原地区森林植被和自然生态系统保存最为完好的区域。据初步调查统计，该区域内有种子植物20科100余种。草本主要有芦苇、香蒲、碱蓬、白茅等，灌木主要有黄蔷薇、酸枣、胡枝子、柽柳、紫穗槐等，乔木多为人工栽植。区内约有脊椎动物5纲27目66科247种，其中，国家一级重点保护动物有黑鹳、白鹳、丹顶鹤、大鸨、白肩雕和金雕等6种，国家二级重点保护动物有大天鹅、灰鹤、白琵鹭、鸳鸯等20种，省重点保护动物为斑头秋沙鸭和彩鹮。中日候鸟保护协定鸟类65种，有白鹭、黑鹳、白鹳、豆雁、绿头鸭、白腰雨燕等。该园于2013年被列入国家级湿地公园名单（试点）。（YYL）

旬邑马栏河国家湿地公园 位于咸阳市旬邑县马栏河河谷地段，是以河流湿地特征为主，集河流湿地、溪流湿地、库塘湿地、沼泽湿地特征于一体，是渭河以北地区典型的黄土高原森林湿地。该湿地公园保育区总面积7.69平方千米，恢复重建区总面积2.56平方千米，科普宣教展示区总面积1.69平方千米，休闲区面积8.15平方千米。区域内生物多样性显著，公园有陆生脊椎动物5纲28目45科147种，其中鸟类14目22科74种，水禽34种，哺乳类5目8科22种，两栖爬行类4目8科21种，鱼类5目7科30种。湿地植物27科47属62种。良好的自然资源为水禽栖息提供了丰富的食物资源，每年冬季在此栖息的有雁、鸭、鹭等多种鸟类。2011年，被国家林业局列入国家湿地公园建设名单（试点）。2015年，正式通过国家林业局验收挂牌。（YYL）

商州区丹江源国家湿地公园 位于商州区境内最长的河流丹江及其支流板桥河河谷地段，涉及麻街、城关、大赵峪、刘湾、杨峪河等7个镇共27个行政村，总面积20.1平方千米，湿地面积6.24平方千米，湿地率31.04%，是集河流、库塘湿地为一体的综合性湿地。该湿地公园分为湿地保育区、恢复重建区、宣教展示区、湿地休闲区和管理服务区五大功能区，建设内容包括湿地保护、湿地恢复、科普宣教、科研与监测、合理利用、灾害防御、社区共建共管、保护管理基础能力建设和基础工程建设等9个方面。2013年，国家林业局批准陕西商州区丹江源湿地公园开展国家湿地公园试点建设工作（试点）。（YYL）

西乡牧马河国家湿地公园 公园西起西乡县沙河镇马踪村，东至城关镇乔山村，规划总面积17.44平方千米。其中，湿地保护保育区面积8.39平方千米，湿地恢复重建区2.87平方千米，宣传展示区面积4.78平方千米，合理利用区面积1.25平方千米，湿地管理服务区面积0.15平方千米。集河流湿地、塘库湿地和沼泽湿地于一体，是典型的汉江谷底河流湿地。该湿地2008年6月被省政府列入《陕西湿地名录》，为中型国家公园，具有重要的生态、科学、教育及休闲等自然景观和社会历史价值。据科考调查，该园内共有动植物59科201种，其中，国家二级保护植物野生大豆1种，有陆生脊椎动物58纲26目60科255种，有鱼类、两栖爬行类、鸟类和哺乳类等多种，有4种国家一级重点保护动物，朱鹮、大鸨、金雕等在此嬉戏觅食。2013年，获国家林业局批准，开展国家湿地公园试点建设工作（试点）。（YYL）

大荔朝邑国家湿地公园 位于大荔县城关镇，规划总面积11.46平方千米，朝邑湿地平水期水域面积占公园总面积的27.7%，湿地率为100.0%。该园以湖泊湿地为主体，集湖泊湿地、沼泽湿地和人工湿地于一体，构成的多类型湿地生态系统，是秦东大地内陆咸水湖湿地的典型代表，是黄河流域湿地的重要组成部分，是我国内陆候鸟迁徙通道上的重要驿站，也是中西部地区候鸟的主要栖息地之一，湿地生态特征十分显著，生态区位十分重要。大荔朝邑湿地面积大，原生态状况保持最为完整，几乎没有遭到人为破坏，且拥有极为丰富的鸟资源量。而合阳徐水河湿地拥有着丰富的旅游资源、鸟类资源，拥有国家一级保护动物褐马鸡，国家二级保护动物长耳鸮、短耳鸮、隼等8种。2014年，获国家林业局批准，开展国家湿地公园试点建设工作（试点）。（YYL）

千层河国家湿地公园 位于岚皋县西部与重庆交界的横溪乡境内，山清水秀，自然风景独特，以四河水道为中心，集潭、池、瀑、河流、森林等各种动、静态的水景于一体，构成了三步一潭、五步一瀑，步移景换，层出不穷，一层一个样，层层是音阶，层层别有天。千层河，植物种类繁多，生物资源丰富。据调查，景区有高等植物926种，其中木本植物有巴山冷杉、麦吊云杉、珙桐、红豆杉、香果树、水青树、山白树、青檀、领春木、银杏、杜仲、延龄草、八角莲、野大豆等22种。野生动物有110种，其中鸟类有65种，兽类有35种。珍稀动物有林麝、金钱豹、云豹、青羊、苏门羚、猕猴、小灵猫、锦鸡、碧凤蝶等25种。2013年，获国家林业局批准，开展国家湿地公园试点建设工作（试点）。（YYL）

扶风七星河国家湿地公园 公园范围涉及扶风县城关、法门、杏林、召公四镇以及官务水库、白家窑水库、信邑水库、丁童水库和七星河、小韦河、美阳河四大水库、三条水系，总规划面积12平方千米。公园地处黄土高原与关中平原过渡区，是很多保护鸟类的栖息、迁徙通道，也是台塬干旱区饮水、灌溉的珍贵水源地。2013年，获国家林业局批准，开展国家湿地公园试点建设工作（试点）。（YYL）

合阳徐水河国家湿地公园 公园西北起自梁山皇甫庄林场的上马西，东南至百良镇岔峪口，与黄河湿地省级自然保护区相接，总面积13.86平方千米。共规划建设湿地保护保育区、恢复重建区、宣教展示区、合理利用示范区和综合管理服务区5个功能区。2013年，获国家林业局批准，开展国家湿地公园试点建设工作（试点）。（YYL）

岐山落星湾国家湿地公园 公园地处渭河中游地段，它是秦岭北麓水系流入渭河形成的河口湿地，是西部干旱、半干旱地区秦岭与渭河冲积平原结合部河口湿地的典型代表，是我国内陆候鸟迁徙通道上的驿站，生态区位重要。2013年，获国家林业局批准，开展国家湿地公园试点建设工作（试点）。（YYL）

眉县龙源国家湿地公园 地处秦岭北坡，南接秦岭，北接渭河，在南北地理、气候分界线上，生态区位重要，生物多样性丰富，对关中平原的发展和渭河水资源生态保护具有重要意义。所属水域包括渭河及其一级支流汤峪河、霸王河水系和槐芽泉、柿林泉等。湿地公园以河流湿地为主体，是集河流、沼泽、库塘为一体的湿地系统。湿地公园总面积28.36平方千米，分为保护保育区、恢复重建区、宣教展示区、合理利用区和管理服务区五个区，其中保护保育区和恢复重建区面积22.17平方千米，湿地面积23.31平方千米。2013年，获国家林业局批准，开展国家湿地公园试点建设工作（试点）。（YYL）

陕西黄河湿地 范围从府谷县墙头乡墙头村到渭南市潼关县秦东镇十里铺村，包括省域内的黄河河道、河滩、泛洪区及河道陕西一侧1千米范围内的人工湿地，含黄河湿地自然保护区。行政区划上隶属榆林、延安和渭南市。该湿地于2008年被省政府列入陕西省重要湿地名录。（YYL）

府谷清水川湿地 范围从府谷县哈镇到海则庙乡寨峁村，沿清水川至清水川与黄河交汇处，包括清水川河道、河滩、泛洪区及河道两岸1千米范围内的人工湿地。行政区划上隶属府谷县。该湿地于2008年被省政府列入陕西省重要湿地名录。（YYL）

府谷孤山川湿地 范围从府谷县庙沟门镇沙梁村到府谷镇，沿孤山川至孤山川与黄河交汇处，包括孤山川河道、河滩、泛洪区及河道两岸1千米范围内的人工湿地。该湿地于2008年被省政府列入陕西省重要湿地名录。（YYL）

神木窟野河湿地 范围从神木县神木镇到贺家川镇柳林滩村，沿窟野河至窟野河与黄河交汇处，包括窟野河河道、河滩、泛洪区及河道两岸1千米范围内的人工湿地。该湿地于2008年被省政府列入陕西省重要湿地名录。（YYL）

神木乌兰木伦河湿地 范围从大柳塔镇前石圪台村到神木镇，沿乌兰木伦河至乌兰木伦河与窟野河交汇处，包括乌兰木伦河河道、河滩、泛洪区及河道两岸1千米范围内的人工湿地。该湿地于2008年被省政府列入陕西省重要湿地名录。（YYL）

神木秃尾河湿地 范围从神木县瑶镇到万镇，沿秃尾河至秃尾河与黄河交汇处，包括秃尾河河道、河滩、泛洪区及河道两岸1千米范围内的人工湿地。该湿地于2008年被省政府列入陕西省重要湿地名录。(YYL)

红碱淖湿地 范围西至神木县尔林兔镇东葫芦村，北至中鸡镇壕赖村，东到尔林兔镇贾家梁村，南至尔林兔镇后尔林兔村，含红碱淖自然保护区。该湿地于2008年被省政府列入陕西省重要湿地名录。(YYL)

佳县佳芦河湿地 范围从佳县方塌镇杨塌村到佳芦镇，沿佳芦河至佳芦河与黄河交汇处，包括佳芦河河道、河滩、泛洪区及河道两岸1千米范围内的人工湿地。该湿地于2008年被省政府列入陕西省重要湿地名录。(YYL)

定边苟池湿地 范围是定边县周台子乡王圈村界内的苟池，包括滩涂及周边500米内的沼泽地。该湿地于2008年被省政府列入陕西省重要湿地名录。(YYL)

定边花麻池湿地 范围是定边县盐场堡乡北畔村和二楼村界内的花麻池，包括滩涂及周边500米内的沼泽地。该湿地于2008年被省政府列入陕西省重要湿地名录。(YYL)

定边烂泥池湿地 范围是东至水滩滩，西至西沙窝，南至东滩，北至盐池城郊林场，包括滩涂及周边500米内的沼泽地。该湿地于2008年被省政府列入陕西省重要湿地名录。(YYL)

定边莲花池湿地 范围是东至定边县盐场堡乡朱咀，西至海子塘，南至西红庄，北至猫头梁，包括滩涂及周边500米内的沼泽地。该湿地于2008年被省政府列入陕西省重要湿地名录。(YYL)

定边公布井湿地 范围是定边县周台子乡公布井村和金鸡湾村界内的公布井，包括滩涂及周边500米内的沼泽地。该湿地于2008年被省政府列入陕西省重要湿地名录。(YYL)

定边明水湖湿地 范围是定边县白泥井镇明水湖村界内的明水湖，包括滩涂及周边500米内的沼泽地。该湿地于2008年被省政府列入陕西省重要湿地名录。(YYL)

榆林无定河湿地 范围是从定边长春梁东麓到清涧县河口，沿无定河至无定河与黄河交汇处，包括省域内的无定河河道、河滩、泛洪区及河道两岸1千米范围内的人工湿地，且含无定河湿地自然保护区。行政区划上隶属定边、横山、榆阳、米脂、绥德、清涧等县（区）。该湿地于2008年被省政府列入陕西省重要湿地名录。(YYL)

靖边金鸡沙湿地 范围是东至靖边县东坑小桥畔村，西至宁条梁镇柳一村，南至东坑镇宋渠村，北至东坑镇金鸡沙村，包括滩涂及周边500米范围内的沼泽地。该湿地于2008年被省政府列入陕西省重要湿地名录。(YYL)

靖边海则滩湿地 范围是北至清边县红墩界镇王家洼城，东至柳树湾林场，南至沙石卯林场，西至河南村二组，包括水面、滩涂及周边500米范围内的沼泽地。该湿地于2008年被省政府列入陕西省重要湿地名录。(YYL)

芦河湿地 范围是从靖边县新城乡到横山县横山镇吴家沟村，沿芦河至芦河与无定河交汇处，包括芦河河道、沼泽地、泛洪区及河道两岸1千米范围内的人工湿地。该湿地于2008年被省政府列入陕西省重要湿地名录。(YYL)

榆阳榆溪河湿地 范围是从榆阳区小壕兔乡到鱼河镇，沿榆溪河至榆溪河与无定河交汇处，包括河道、河滩、泛洪区及河道两岸1千米范围内的人工湿地。该湿地于2008年被省政府列入陕西省重要湿地名录。（YYL）

榆阳河口水库湿地 范围是从榆阳区马合镇河口到打拉石，包括水库水面及周边500米范围内的沼泽地。该湿地于2008年被省政府列入陕西省重要湿地名录。（YYL）

榆林大理河湿地 范围是从靖边县小河乡到绥德县名州镇，沿大理河至大理河与无定河交汇处，包括大理河河道、河滩、泛洪区及河道两岸1千米范围内的人工湿地。行政区划上隶属靖边、横山、子洲、绥德县。该湿地于2008年被省政府列入陕西省重要湿地名录。（YYL）

清涧河湿地 范围是从清涧县折家坪镇王家崖村到延川县土岗乡苏亚河村，沿清涧河至清涧河与黄河交汇处，包括清涧河河道、河滩、泛洪区及河道两岸1千米范围内的人工湿地。行政区划上隶属榆林和延安市。该湿地于2008年被省政府列入陕西省重要湿地名录。（YYL）

延河湿地 范围是从安塞县镰刀湾乡杨石寺村到延长县南河沟乡两水岸村，沿延河至延河与黄河交汇处，包括延河河道、河滩、泛洪区及河道两岸1千米范围内的人工湿地。行政区划上隶属安塞、宝塔和延长县。该湿地于2008年被省政府列入陕西省重要湿地名录。（YYL）

北洛河湿地 范围是从定边县白于山郝庄梁到大荔县沙苑，沿北洛河至北洛河与渭河交汇处。包括北洛河河道、河滩、泛洪区及河道两岸1千米范围内的人工湿地。行政区划上隶属榆林、延安和渭南市。该湿地于2008年被省政府列入陕西省重要湿地名录。（YYL）

延安葫芦河湿地 范围是从富县张家湾镇五里铺村到洛川县交口镇，沿葫芦河至葫芦河与洛河交汇处，包括葫芦河河道、河滩、泛洪区及河道两岸1千米范围内的人工湿地。行政区划上隶属富县、黄陵和洛川县。该湿地于2008年被省政府列入陕西省重要湿地名录。（YYL）

泾河湿地 范围是从长武县芋园乡至高陵县耿镇，沿泾河至泾河与渭河交汇处，包括泾河河道、河滩、泛洪区及河道两岸1千米范围内的人工湿地。行政区划上隶属西安市和咸阳市。该湿地于2008年被省政府列入陕西省重要湿地名录。（YYL）

渭河湿地 范围是从宝鸡市陈仓区凤阁岭到潼关县港口，沿渭河至渭河与黄河交汇处，包括渭河河道、河滩、泛洪区及河道两岸1千米范围内的人工湿地。含西安泾渭湿地自然保护区。行政区划上隶属宝鸡、咸阳、西安以及渭南等市。该湿地于2008年被省政府列入陕西省重要湿地名录。（YYL）

千河湿地 范围是东至陈仓区桥镇冯家庄村口，西至陕甘两省交界处的马鹿河，包括千河河道、河滩、泛洪区及河道两岸500米范围内的人工湿地。含千湖湿地自然保护区和陇县秦岭细鳞鲑省级自然保护区。行政区划上隶属陈仓、千阳、陇县（区）。该湿

地于2008年被省政府列入陕西省重要湿地名录。（YYL）

宝鸡石头河湿地 范围是从太白县桃川河到岐山县五丈塬镇，沿石头河至石头河与渭河交汇处，包括石头河河道、河滩、泛洪区及河道两岸500米范围内的人工湿地。含黑河湿地自然保护区。行政区划上隶属太白、眉县和岐山县。该湿地于2008年被省政府列入陕西省重要湿地名录。（YYL）

黑河湿地 范围东至周至县楼观镇就峪山梁，西至青冈砭垭，南至陈河口，北至仙游寺与马召武兴村南口。含黑河湿地自然保护区。该湿地于2008年被省政府列入陕西省重要湿地名录。（YYL）

户县涝峪河湿地 户县涝峪河湿地的范围从户县天桥乡东岳庙到大王镇，沿涝峪河至涝峪河与渭河交汇处。包括河流中的河道、河滩、泛洪区及河道两岸1千米范围内的人工湿地。该湿地于2008年被省政府列入陕西省重要湿地名录。（YYL）

长安沣河湿地 范围是从西安市长安区滦镇鸡窝子到咸阳市渭城区沣东镇沙苓村，沿沣河至沣河与渭河交汇处，包括沣河河道、河滩、泛洪区及河道两岸1千米范围内的人工湿地。行政区划上隶属长安区、渭城区。该湿地于2008年被省政府列入陕西省重要湿地名录。（YYL）

长安灞河湿地 范围是从蓝田县蓝关镇到灞桥区新合镇，沿灞河至灞河与渭河交汇处，包括灞河河道、河滩、泛洪区及河道两岸1千米范围内的人工湿地。行政区划上隶属西安市灞桥区和蓝田县。该湿地于2008年被省政府列入陕西省重要湿地名录。（YYL）

长安浐河湿地 范围是从长安区杨庄镇坪沟村到灞桥区新筑镇，沿浐河至浐河与灞河交汇处，包括浐河河道、河滩、泛洪区及河道两岸1千米范围内的人工湿地。行政区划上隶属西安市灞桥、雁塔及长安区。该湿地于2008年被省政府列入陕西省重要湿地名录。（YYL）

铜川桃曲坡水库湿地 范围北至耀州区良采河村，南至马嘴村，西至柏树塬村，东至生寅村，包括水库水面及周边500米范围内的沼泽地。行政区划上隶属铜川市耀州区。该湿地于2008年被省政府列入陕西省重要湿地名录。（YYL）

洛南洛河湿地 范围从洛南县洛源镇洛源村到灵口镇戴川村，沿洛河至秦豫省界，包括洛河河道、河滩、泛洪区及河道两岸500米内的人工湿地。含洛南大鲵省级自然保护区。该湿地于2008年被省政府列入陕西省重要湿地名录。（YYL）

汉江湿地 范围从勉县土关铺乡田坝到白河县城关镇，包括汉江河道、河滩、泛洪区及河道两岸1千米范围内的人工湿地。含汉中朱鹮国家级自然保护区、汉江湿地自然保护区。行政区划上隶属汉中市与安康市。该湿地于2008年被省政府列入陕西省重要湿地名录。（YYL）

汉中漾家河湿地 范围是从南郑县黄家河坝到勉县温泉镇，沿漾家河至漾家河与汉江交汇处，包括漾家河河道、河滩、泛洪区及河道两岸1千米范围内的人工湿地。行政区划上隶属南郑和勉县。该湿地于2008年被省政府列入陕西省重要湿地名录。（YYL）

汉中褒河湿地　范围是从留坝县玉皇庙乡到汉台区龙江镇，沿褒河至褒河与汉江交汇处，包括褒河河道、河滩、泛洪区及河道两岸1千米范围内的人工湿地。行政区划上隶属留坝、勉县及汉台区。该湿地于2008年被省政府列入陕西省重要湿地名录。（YYL）

汉中石门水库湿地　范围北至汉台区河东店镇与留坝交界处，南至河东店镇光明村北口，包括滩涂及周边500米内的湿地。行政区划上隶属汉台区。该湿地于2008年被省政府列入陕西省重要湿地名录。（YYL）

汉中湑水河湿地　范围是从洋县华阳镇到洋县湑水镇，沿湑水河至湑水河与汉江交汇处，包括湑水河河道、河滩、泛洪区及河道两岸1千米范围内的人工湿地。行政区划上隶属城固与洋县。该湿地于2008年被省政府列入陕西省重要湿地名录。（YYL）

西乡子午河湿地　范围是从西乡县子午乡到三花石乡，沿子午河至子午河与汉江交汇处，包括子午河河道、河滩、泛洪区及河道两岸1千米范围内的人工湿地等。该湿地于2008年被省政府列入陕西省重要湿地名录。（YYL）

汉中牧马河湿地　范围是从城固县大盘乡到西乡县三花石乡，沿牧马河至牧马河与汉江交汇处，包括牧马河河道、河滩、泛洪区及河道两岸1千米范围内的人工湿地。行政区划上隶属城固、西乡县。该湿地于2008年被省政府列入陕西省重要湿地名录。（YYL）

镇巴任河湿地　范围是从镇巴县巴山乡到紫阳县城关镇，沿任河至任河与汉江交汇处，包括任河河道、河滩、泛洪区及河道两岸1千米范围内的人工湿地。行政区划上隶属镇巴、紫阳县。该湿地于2008年被省政府列入陕西省重要湿地名录。（YYL）

安康岚河湿地　范围从平利县正阳乡到汉滨区玉岚乡，沿岚河至岚河与汉江交汇处，包括岚河河道、河滩、泛洪区及河道两岸1千米范围内的人工湿地。行政区划上隶属平利、岚皋和汉滨区。该湿地于2008年被省政府列入陕西省重要湿地名录。（YYL）

安康旬河湿地　范围是从宁陕县江口回族镇到旬阳县城关镇，沿旬河至旬河与汉江交汇处，包括旬河河道、河滩、泛洪区及河道两岸1千米范围内的人工湿地。行政区划上隶属安康市宁陕、旬阳县以及商洛市镇安县。该湿地于2008年被省政府列入陕西省重要湿地名录。（YYL）

安康坝河湿地　范围是从平利县城关镇到旬阳县吕河镇，沿坝河至坝河与汉江交汇处，包括坝河河道、河滩、泛洪区及河道两岸1千米范围内的人工湿地。含安康瀛湖湿地自然保护区。行政区划上隶属旬阳、平利、紫阳与汉滨区。该湿地于2008年被省政府列入陕西省重要湿地名录。（YYL）

商洛金钱河湿地　范围是从柞水县凤凰镇凤镇街村到山阳县漫川关镇小河口村，沿金钱河至秦鄂省界，包括金钱河河道、河滩及河道两岸1千米范围内的人工湿地。行政

区划上隶属柞水、山阳县。(YYL)

镇坪南江河湿地 范围是从镇坪县钟保镇到洪石乡，沿南江河至陕、鄂省界，包括南江河河道、河滩、泛洪区及河道两岸1千米范围内的人工湿地。行政区划上隶属镇坪县。(YYL)

镇坪大暑河湿地 范围是从镇坪县蜀坪乡到小蜀河乡，沿大暑河至大暑河与南江河交汇处，包括大暑河河道、河滩、泛洪区及河道两岸1千米范围内的人工湿地。行政区划上隶属镇坪县。(YYL)

商洛丹江湿地 范围是从商州区陈塬街办凤山村到商南县白浪镇月亮湾村，包括丹江河道、河滩、泛洪区及河道两岸1千米范围内的人工湿地。行政区划上隶属商州、丹凤及商南县。(YYL)

商洛二龙山水库湿地 范围是商洛市商州区麻街镇域内，西到铺上村，东到下湾村，南至白岭村北口，包括水库水面及周边500米内的沼泽地。行政区划上隶属商州。(YYL)

(二) 世界文化遗产

秦始皇陵及兵马俑坑 秦始皇陵是中国历史上第一个皇帝嬴政（前259—前210）的陵墓，位于临潼县城东5千米处的骊山北麓。秦始皇陵建于始皇元年至二世二年（前246—前208），历时39年，是中国历史上第一个规模庞大、设计完善的帝王陵寝。秦始皇陵筑有内外两重夯土城垣，象征着都城的皇城与宫城。陵冢位于内城南部，呈覆斗形，现高51米，底边周长1700余米。据史料记载，秦陵中还建有各式宫殿，陈列着许多奇异珍宝。秦陵四周分布着大量形制不同、内涵各异的陪葬坑和墓葬，现已探明的有400多个。兵马俑坑则是秦始皇陵的陪葬坑，位于秦陵陵园东侧1500米处。目前已发现三座，坐西向东呈"品"字形排列。其中共出土了约7000个秦代陶俑及大量的战马、战车和武器，代表了秦代雕塑艺术的最高成就。兵马俑陪葬坑均为土木混合结构的地穴式坑道建筑，像是一组模拟的旨在捍卫地下皇城的"御林军"。从各坑的形制结构及其兵马俑装备情况判断，一号坑象征由步兵和战车组成的主体部队，二号坑为步兵、骑兵和车兵穿插组成的混合部队，三号坑则是统领一号坑及二号坑的军事指挥所。1980年12月，在秦始皇陵封土西侧出土了两组形体较大的彩绘铜质车马，这是迄今为止中国所发现的年代最早、形体最大、结构最复杂、制作最精美的铜铸马车。其与兵马俑交相辉映，为始皇陵增添了新的光彩，也为研究秦代历史、铜冶铸技术和古代车制提供了实物资料，被誉为中国古代的"青铜之冠"。秦始皇陵是世界上规模最大、结构最奇特、内涵最丰富的帝王陵墓之一，兵马俑是可以同埃及金字塔和古希腊雕塑相媲美的人类文化宝贵财富，而它的发现本身就是20世纪中国最壮观的考古成就。它们充分表现了2000多年前中国人民巧夺天工的艺术才能，是中华民族的骄傲和宝贵财富，是世界第八大奇迹,更是世界人类文化的宝贵财富。1961年,中华人民共和国国务院将秦始皇陵定为全国重点文物保护单位。1987年,被联合国教科文组织批准列入世界遗产名录。(YYL)

汉长安城未央宫遗址 汉长安城未央宫遗址位于西安市汉长安城遗址西南部的西安门里,又称西宫,刘邦称帝后,汉高祖七年(前200)始建。据文献记载,宫内主要建筑有前殿、宣室、温室、清凉、麒麟、金华、承明、高门、白虎、玉堂、宣德、椒房、昭阳、柏梁等殿和天禄、石渠两阁等,共40余座。前殿是未央宫最重要的主体建筑,居全宫正中,其他重要建筑围绕它的四周。未央宫在西汉以后又相继成为新莽、西晋、前赵、前秦、后秦、西魏、北周等七个朝代的理政之地,使用时间达360多年。唐朝末年,政治中心东移,未央宫也沦为废墟。未央宫遗址平面近方形,四面夯筑宫墙,周长8800米,基宽7~8米,东、西墙各长2150米,南、北墙各长2250米,总面积约4.84平方千米,约占汉长安城总面积的1/7。宫墙四面有宫门和掖门,北宫门和东宫门外有门阙。宫内已知各类建筑基址14处,其中地上夯土台基4处,考古发掘的遗址5处。沧池位于未央宫西南部,平面呈不规整圆形。未央宫内共有5条宫内道路,其中南北向道路3条,东西向道路2条。前殿是未央宫的正殿,位于未央宫遗址区的中部,是利用南北向的龙首山丘陵修建的高台建筑。在未央宫内以前殿为中心形成南北向中轴线,前殿南北两侧有东西向宫内道路,东侧有南北向宫内道路。前殿夯土台基平面呈长方形,底边南北长400米,东西宽200米,由南向北逐渐升高,最南端高出地表0.6米,北部最高达15米。前殿基址之上原有南北排列的三大殿,基址北部还有附属建筑。2014年,在卡塔尔多哈进行的第38届世界遗产大会宣布,由吉尔吉斯斯坦、哈萨克斯坦、中国三国联合申报的丝绸之路"长安—天山廊道路网"成功申报世界文化遗产,成为首例跨国合作、成功申遗的项目,汉长安城未央宫遗址成功入选世界遗产名录。(YYL)

唐长安城大明宫遗址 唐长安城大明宫遗址位于西安市北郊龙首原上,是唐长安城三处大型宫室之一,始建于唐太宗贞观八年(634),废毁于唐天祐元年(904),存世约270年,唐代17位帝王在此朝寝,宫区面积达3.2平方千米,约是北京故宫的4.5倍。因其规模最大、制度完备、皇帝朝寝时间最长,被看作是大唐帝国的统治中心和国家象征,被认为是唐代宫室制度和建筑艺术的高度成就和典型代表,是中国古代宫廷建筑的巅峰之作。大明宫宫内建筑布局大致遵照《周礼》的"前朝后寝"制度,以三道东西向隔墙将宫区分为前朝和后寝两部分,前朝区建筑以含元、宣政、紫宸三座正殿为中轴线,东西两侧对称布置左、右金吾仗院,东、西朝堂,门下省、中书省等衙署。后寝区的建筑大多利用地形进行布局,围绕太液池错落布置,许多殿堂为陆续添建,不如前朝区规整,但重要的建筑被安置在地势高爽的地区,如麟德殿、三清殿、大福殿和清思殿。据史书记载,整个大明宫共有二十六门、四十殿、七阁、四省、十院及楼台堂观池亭等建筑百余处。考古成果表明,大明宫整体上近楔形,南半部是一规整的长方形,北部受地形影响,略呈梯形。实测宫城墙周长7375米,东西各有内苑,在东、北、西三面还筑有夹城,宫区面积达3.2平方千米,其中西宫墙长2256米,北宫墙长1135米,东宫墙长2310米,南宫墙是长安北郭城东边的一段,长1674米。大明宫遗址于1957年被列入省级重点文物保护单位,并划定了保护范围;1961年,被国务院公布为第一批全国重点文物保护单位;1981年,西安市政府专门成立保管机构——大明宫遗址保管所。2010年10月,大明宫遗址实施了整体保护,大明宫国家考古遗址公园建成开放,并被国家文物局公布为首批12处国家考古遗址公园之一。2014年,在卡塔尔多哈进行的第38届世界遗产大会宣布,由吉尔吉斯斯坦、哈萨克斯坦、中国三国联合申报的丝绸之路"长安—天山廊道路网"成功申报世界文化遗产,成为首例跨国合作、成功申遗的项目,唐长安城大明宫遗址成功入选世界遗产名录。(YYL)

大雁塔 民间人士道:"不到大雁塔,不算到西安。"大雁塔又名大慈恩寺塔,位于西安市南郊大慈恩寺内。因坐落在慈恩寺西院内,大雁塔原称慈恩寺西院浮屠(浮屠即"塔"的意思),是中国唐朝佛教建筑艺术杰作。大雁塔始建于唐高宗永徽三年(652),玄奘法师为供奉从印度带回的佛像、舍利和梵文经典,在慈恩寺的西塔院建起一座五层砖塔。在武则天长安年间重建。后来又经过多次修整。大雁塔在唐代就是著名的游览胜地,因而留有大量文人雅士的题记,仅明、清朝时期的题名碑就有二百余通。大雁塔是砖仿木结构的四方形楼阁式砖塔,由塔基、塔身、塔刹组成,现通高为64.517米。塔基高4.2米,南北约48.7米,东西45.7米;塔体呈方锥形,平面呈正方形,底边长为25.5米,塔身高59.9米,塔刹高4.87米。塔体各层均以青砖模仿唐代建筑砌檐柱、斗拱、阑额、檀枋、檐椽、飞椽等仿木结构,磨砖对缝砌成,结构严整,磨砖对缝坚固异常。塔身各层壁面都用砖砌扁柱和阑额,柱的上部施有大斗,在每层四面的正中各开辟一个砖拱券门洞。塔内的平面也呈方形,各层均有楼板,设置扶梯,可盘旋而上至塔顶。一层二层多起方柱隔为九开间,三四层为七开间,五六七八层为五开间。塔上陈列有佛舍利子、佛足石刻、唐僧取经足迹石刻等。塔的底层四面皆有石门,门楣上均有精美的线刻佛像,西门楣为阿弥陀佛说法图,图中刻有富丽堂皇的殿堂。画面布局严谨,线条遒劲流畅,传为唐代画家阎立本的手笔。底层南门洞两侧镶嵌着唐代书法家褚遂良所书,唐太宗李世民所撰《大唐三藏圣教序》和唐高宗李治所撰《述三藏圣教序记》两通石碑,具有很高的艺术价值,人称"二圣三绝碑"。大雁塔于1961年被国务院公布为第一批全国重点文物保护单位。2014年,在卡塔尔多哈进行的第38届世界遗产大会宣布,由吉尔吉斯斯坦、哈萨克斯坦、中国三国联合申报的丝绸之路

"长安—天山廊道路网"成功申报世界文化遗产,成为首例跨国合作、成功申遗的项目,大雁塔成功入选世界遗产名录。(YYL)

小雁塔 小雁塔是位于西安市荐福寺内的一座佛塔,正式叫法应为"荐福寺佛塔",属于保护比较好的唐代古塔。小雁塔与大雁塔东西相向,是唐代古都长安保留至今的两处重要的标志。因为规模小于大雁塔,并且修建时间偏晚一些,故而称作小雁塔。荐福寺原来建于唐长安城开化坊内,是唐太宗之女襄城公主的旧宅,中宗文明元年(684)皇室族戚为高宗荐福而建造寺院,初名献福寺,天授元年(690)改名为荐福寺,是唐长安城中著名的寺院。小雁塔是密檐式方形砖构建筑,初建时为十五层,高约46米,塔基边长11米,塔身每层叠砌出檐,南北面各辟一门;塔身从下往上逐层内收,形成秀丽舒畅的外轮廓线;塔的门框用青石砌成,门楣上用线刻法雕刻出供养天人图和蔓草花纹的图案,雕刻极其精美,反映了初唐时期的艺术风格。塔的内部为空筒式结构,设有木构式的楼层,有木梯盘旋而上,可达塔顶。明清两代时因遭遇多次地震,塔身中裂,塔顶残毁,仅存十三层。由于小雁塔的造型秀丽美观,各地的砖石结构密檐塔大都仿效建造,在云南、四川等地区的唐、宋时期的密檐塔虽各具地方特色,但仍可以看出与小雁塔的继承关系。寺内现今还保存有一口重达一万多千克的金代明昌三年(1192)铸造的巨大铁钟,钟声洪亮,"雁塔晨钟"被誉为关中八景之一。小雁塔于1961年被国务院公布为第一批全国重点文物保护单位。2014年,在卡塔尔多哈进行的第38届世界遗产大会宣布,由吉尔吉斯斯坦、哈萨克斯坦、中国三国联合申报的丝绸之路"长安—天山廊道路网"成功申报世界文化遗产,成为首例跨国合作、成功申遗的项目,小雁塔成功入选世界遗产名录。(YYL)

兴教寺塔 兴教寺塔位于西安市长安区少陵原畔兴教寺内,是中国唐代高僧玄奘的墓塔。玄奘(600—664),中国历史上著名的旅行家、翻译家和佛学家,卒后初葬于长安浐河东岸的白鹿原上,唐高宗总章二年(669)迁葬现址。兴教寺塔为方锥形五层楼阁式仿木构砖塔,一层内置玄奘像,二层以上为实体,通高21米。不仅因葬高僧玄奘著称,也是早期砖砌仿木构楼阁式塔的典型代表作。玄奘舍利塔两边有其两弟子窥基和圆测的墓塔,均有石刻塔铭和泥塑像。肃宗赐塔额曰"兴教",因名兴教寺,以资纪念。唐末战乱,寺遭兵火,塔被盗掘。宋以后历代屡有修葺。清同治年间,寺内殿舍再遭兵火,唯玄奘、窥基、圆测三塔幸存,是中国重要的佛教史迹。1961年,兴教寺塔被国务院公布为第一批全国重点文物保护单位。2014年,在卡塔尔多哈进行的第38届世界遗产大会宣布,由吉尔吉斯斯坦、哈萨克斯坦、中国三国联合申报的丝绸之路"长安—天山廊道路网"成功申报世界文化遗产,成为首例跨国合作、成功申遗的项目,兴教寺塔成功入选世界遗产名录。(YYL)

彬县大佛寺石窟 彬县大佛寺石窟位于彬县城西10千米西兰公路旁的清凉山脚下,系唐太宗李世民为纪念他指挥的邠州浅水原大战和五龙坂大战中阵亡将士而建,初名应福寺,北宋仁宗为其养母刘太后庆寿时改名庆寿寺。石窟依山雕凿,围绕窟内开龛70处,造像740多尊。窟平面呈平圆形,南北13米,东西28米,窟底周长74米,顶高25米。窟内主像为一佛二菩萨。大佛居中结跏趺坐,肩宽体厚,高约20米。上体穿窟室中心而上,佛两旁菩萨头戴宝冠,衣着华丽,身高均达15米许,故俗称"丈八佛"。窟壁为佛龛,均雕刻佛及菩萨等造像。窟前有护楼三层,可以登临眺望。此窟规模宏大,造像宏伟,雕饰富丽,技巧精湛,令人叹为观止。大佛发式做螺髻状,面方、耳垂、披衣袒胸,腰下系结佩带两条,盘腿端坐在莲台之上;佛的左手着膝,右臂上弯,手掌向内,手指微屈,做说法状。全身姿态自然,肌肉丰满,面相端严。背景就崖雕刻而成,在靠近大佛的头部周围浮雕坐像七尊,边缘更围绕十九个飞天,是极富装饰性的精美雕刻。佛身健硕雄伟,所谓"一指之大几为腰",寺亦因此得名。大佛窟西侧为"罗汉洞"窟群,西北排列四个小石窟,各窟大小不一,西起第三窟壁上浮雕经变故事六十余幅,并留有唐、宋以来游人题刻;其余三窟,各有立体石佛及菩萨造像数尊不等,亦都优美、生动,雕工细致。其东为另一窟群"千佛洞",东西向排列三窟,中略小,为方形,另两窟较大,均呈方形。壁间浮雕三百余幅,另有少量佛造像和菩萨,栩栩如生。东汉时期,佛教经丝绸之路传入,南北朝时逐渐达到高峰,隋唐时达到鼎盛。因地处丝绸之路北道的主干线上,彬县大佛寺石窟反映的就是这一鼎盛时期的造像艺术,石窟的石雕、泥塑、彩绘,对西域、日本乃至印度佛教艺术传播和佛像造型都有很大的影响,对于研究中国佛教发展史、雕塑史、建筑艺术史,以及佛教通过丝绸之路在陕西的传播也具有重要价值。1988年,被国务院公布为第三批全国重点文物保护单位。2014年,在卡塔尔多哈进行的第38届世界遗产大会宣布,由吉尔吉斯斯坦、哈萨克斯坦、中国三国联合申报的丝绸之路"长安—天山廊道路网"成功申报世界文化遗产,成为首例跨国合作、成功申遗的项目,彬县大佛寺石窟成功入选世界遗产名录。(YYL)

城固张骞墓 城固张骞墓位于汉中城固县城西3.5千米的饶家营。张骞是西汉时期著名的外交家、探险家,是"丝绸之路"的开拓者,其故里在城固县城南2千米处汉江之滨的博望村。张骞墓坐北朝南,南北长35.6米,东西宽20米,高5米,成覆斗形。四周古柏参天,竹影婆娑。墓前一对汉代石虎雕工粗犷,姿态雄伟,格局大方。墓前竖有石碑三通,正中一通,高1.82米,宽0.8米,上刻隶书"汉博望侯张公骞墓",是清乾隆时陕西巡抚毕沅所立。左侧有碑"汉博望侯墓碑记",为清光绪时城固知县胡瀛涛立。右侧一碑,上刻"张氏后商"诸名。陵园整体以献殿为中轴,对称分布。献殿内置著名书画家张重光所绘大型壁画"张骞出使西域图""凿空图"。东西配殿为展室,分别推出"张骞生平伟绩"展览和具有鲜明陕南特色的民间艺术展览。阙式大门青砖筒瓦，古朴大方，两阙相对，飞檐斗拱，再现了两汉宫阙的建筑特色。张骞墓是省政府于1956年公布的首批省级重点文物保护单位。2006年，国务院批准张骞墓列入第六批全国重点文物保护单位名单。2014年，在卡塔尔多哈进行的第38届世界遗产大会宣布，由吉尔吉斯斯坦、哈萨克斯坦、中国三国联合申报的丝绸之路"长安—天山廊道路网"成功申报世界文化遗产，成为首例跨国合作、成功申遗的项目，城固张骞墓成功入选世界遗产名录。（YYL）

（三）文化生态保护区

国家级羌族文化生态保护实验区 2008年11月14日，由文化部命名的羌族文化生态保护实验区授牌仪式在北京人民大会堂举行，中共中央政治局委员、国务委员刘延东出席仪式，并向四川省、陕西省授羌族文化生态保护实验区标牌。羌族历史悠久，其文化从语言、服饰、饮食、村落布局、民居建筑、风俗习惯、礼仪节庆、民间艺术、手工技艺等，均与羌族人民的生产、生活息息相关，展现着浓厚的文化底蕴和鲜明的地方特色，是羌族人民智慧的结晶，是中华文化的重要组成部分。汶川特大地震中，羌族文化遭到严重破坏。为了落实党中央、国务院关于抢救保护羌族文化的指示精神，文化部与四川省、陕西省积极配合，商讨地震灾区包括羌族非物质文化遗产的抢救方案，组织专家对《羌族文化生态保护实验区规划纲要》进行了多次修改和完善，确定了羌族文化生态保护实验区的范围，即羌族主要聚居区茂县、汶川、理县、北川羌族自治县，以及毗邻的松潘县、平武县、黑水县，陕西省宁强县、略阳县等部分相关地区。2008年，文化部正式设立羌族文化生态保护实验区，并将羌族文化生态保护实验区建设纳入了国家汶川地震灾后恢复重建总体规划。国家"十一五"时期文化发展规划纲要明确指出，在"十一五"期间，我国要确定10个国家级文化生态保护区，对非物质文化遗产内容丰富且集中的区域，实施整体性保护。羌族文化生态保护实验区是继闽南、徽州和热贡之后，我国的第四个文化生态保护实验区。（YYL）

国家级陕北文化生态保护实验区 2012年5月25日，国家级陕北文化生态保护实验区授牌大会在西安隆重举行。该项目以保护和传承陕北说书、陕北民歌、榆林小曲、洛川剪纸等一批非物质文化遗产为主要目的，经文化部组织专家实地考察论证后批准设立。陕西省自2009年8月启动了在延安、榆林两市申报建立国家级陕北文化生态保护实验区工作后，省文化厅先后多次与文化部非遗司、中国非物质文化遗产保护中心进行沟通，汇报工作，听取意见。2009年12月，经省政府同意后，以省政府的名义正式向文化部上报了《关于申报设立国家级陕北文化生态保护区的函》（陕政函〔2009〕212号）。2012年3月8日，陕北文化生态保护实验区规划纲要论证会在北京召开，经与会专家讨论，原则予以通过；2012年4月13日，《文化部办公厅关于同意设立陕北文化生态保护实验区的复函》批准陕西省设立国家级陕北文化生态保护实验区，这是陕西继国家级羌族文化生态保护实验区设立后的第二个国家级文化生态保护实验区，也是进入"十二五"时期，文化部推进文化生态保护实验区建设工作批准设立的第一个国家级文化生态保护实验区，对于保护陕北丰富而独特的非物质文化遗产具有重要意义。（YYL）

（四）国家级历史文化名城、名镇、名村

1. 历史文化名城

西安 古称长安、京兆，举世闻名的世界四大古都之一。西安是中华文明的发祥地、中华民族的摇篮、中华文化的杰出代表，是丝绸之路的东方起点。也是中国历史上建都时间最长，建都朝代最多，影响力最大的都城。西安居中国古都之首，是十三朝古都，历史上最为强盛的周、秦、汉、隋、唐等朝代均建都于此地。西安还是联合国教科文组织最早确定的"世界历史名城"和国务院最早公布的国家历史文化名城之一，是世界著名旅游胜地，被誉为天然历史博物馆。如今的西安是六大国家区域中心城市之一，亚洲知识技术创新中心，中国大飞机的制造基地，科技实力仅次于北京、上海，居全国第三位。2011年国务院《全国主体功能区规划》将西安确定为"全国历史文化基地"，着力打造其为国际化大都市。（YYL）

韩城 位于关中平原东北隅，距省会西安210余千米，东隔黄河与山西省河津、乡宁、万荣等县市相望，北依宜川，西邻黄龙，南接合阳。韩城境内文物古迹丰富，省级（含）以上文物保护单位29处：其中全国重点文物保护单位就有11处，有司马迁祠墓、大禹庙、文庙、韩城梁带村两周遗址、魏长城遗址、普照寺、城隍庙、法王庙、玉皇后土庙、北营庙党家村古民居、梁带村遗址等；韩城还是赵氏孤儿的发生地，有九廊庙、三义墓以及程庄村等，在全国名列前几位，有"关中文物最韩城"之说。1983年10月，撤县设市，1985年被国务院批准为对外开放城市，1986年被命名为全国历史文化名城，2006年被命名为中国优秀旅游城市，现为副地级市——省内计划单列市。（YYL）

榆林 位于陕西省最北部，在陕北黄土高原和毛乌素沙地南缘的交界处，是黄土高原和内蒙古高原的过渡区，也是国家级历史文化名城。榆林辖榆阳区和府谷、神木、定边、靖边、横山、米脂、佳县、子洲、吴堡、绥德、清涧11个县，总面积43578平方千米，总人口3351437人，为全省杂粮的主产区。因能源矿产资源富集一地，榆林被誉为"中国的科威特"。这里有世界七大煤田之一的神府煤田，有我国陆上探明的最大整装气田，轻工产品则以皮革、纺织、毛毯最为出名。榆林的名胜古迹包括红石峡、镇北台、

李自成行宫、易马城等。1986年被命名为国家级历史文化名城。(YYL)

咸阳 位于八百里秦川腹地,渭水穿南,峻山亘北,山水俱阳,故称咸阳。秦始皇统一全国后,咸阳当时为全国政治经济交通和文化中心。现属地级市,中国著名古都之一。东邻省会西安,西接杨凌国家农业高新技术产业示范区,西北与甘肃接壤,全市辖2区1市10县,总面积10246平方千米。咸阳是古丝绸之路的第一站,是我国中原地区通往大西北的要冲。咸阳也是中国甲级对外开放城市、国家级历史文化名城、全国双拥模范城、国家卫生城市、首届中国魅力城市、中国地热城、全国十佳宜居城市、首批中国优秀旅游城市、全国精神文明创建工作先进市及中华养生文化名城。咸阳身处华夏历史文化长河的发端,是秦汉文化的重要发祥地。秦始皇定都咸阳,使这里成为"中国第一帝都",也让其成为每个中国人都熟知的地方。这里遍地秦砖汉瓦,境内文物景点多达4951处,五陵塬上汉高祖长陵、汉景帝阳陵、汉武帝茂陵、唐太宗昭陵、唐高宗和武则天合葬的乾陵等28位汉唐帝王陵寝连绵百里,被誉为"中国的金字塔之都"。1994年被命名为国家级历史文化名城。(YYL)

汉中 简称"汉",有"汉家发祥地,中华聚宝盆"之美誉。位于陕西省西南部,汉江上游,北倚秦岭,南屏大巴山,地势南北高、中间低,中部是汉中盆地。辖汉台区和镇巴、留坝、勉县、西乡、南郑、城固、宁强、洋县、佛坪、略阳10个县,总面积27246平方千米,人口380万。汉中是国家级历史文化名城、中国优秀旅游城市、国家生态示范区建设试点地区、全国双拥模范城。早在商朝时期,这里就有了人类生息劳作的身影,在以后的历史中,此地又一度成为兵家争战之地,如刘邦、诸葛亮等都以汉中作为军事基地。汉中是汉家发祥地,其历史悠久,自公元前312年秦惠文王首置汉中郡,迄今已有2300多年的历史。汉中也是丝绸之路开拓者张骞的故里,四大发明之一的造纸术发明家蔡伦的封地与葬地。韩信、诸葛亮、曹操等历史名人曾在这里建功立业,李白、杜甫、陆游、苏轼等伟大诗人曾探访、辗转或生活在这片土地上,并留下了瑰丽的墨迹诗章。1994年被命名为国家级历史文化名城。(YYL)

2. 历史文化名镇

铜川市印台区陈炉镇 陈炉镇位于铜川市印台区东南15千米处,是中国民间文化艺术之乡。陈炉镇制瓷已有1400年的历史,古窑址是全国重点文物保护单位,中国耀州瓷烧制技艺被列入首批国家级非物质文化遗产名录。陈炉的名字,是因"陶炉陈列""炉火杂陈"而来,古时候陈炉的瓷窑马蹄窑、龙窑等如蜂窝一样陈列,"炉山不夜"曾是古代铜川的八景之一,也是东方陶瓷古镇陈炉的辉煌写照。中国耀州窑是北方青瓷的典型代表。考古证明:耀州窑始烧于唐代,中心窑场在黄堡;鼎盛时期的黄堡窑场,规模逐渐向外扩张,陈炉窑场开始点燃了烧瓷的圣火;而当黄堡窑场柴薪枯竭,原料告罄时,耀州窑的中心窑场就转移到了这里。陈炉的窑洞是中华民族在黄土高原创造的又一个文明,依山而建的窑洞,层层叠叠。这家的院落,是下家的窑顶;而那家的窑院,又是这家的风景,真是"层洞错杂宛花城"。作为中国耀州窑的接续与传承地,当代陈炉古镇对耀州瓷的一大贡献是恢复了宋代耀州青瓷。耀州青瓷在宋时贵为帝皇贡品的天下第一瓷,史家评之为"(越窑)瓯瓷之艳丽,景(德镇)瓷之细致,亦弗能相匹",可惜已失传七百多年。20世纪70年代,由省市耀州瓷专家主持,经验丰富的窑工合作,在陈炉陶瓷厂进行了恢复耀州青瓷的试验,经过试用20多个坯方、30多个釉方、100多次试烧,获得成功,国家鉴定"可以和宋代青瓷媲美"。2009年,铜川市印台区陈炉镇入选第四批中国历史文化名镇。(YYL)

宁强县青木川镇 位于陕南汉中宁强县西北角,地处陕、甘、川三省交界处,西连四川省青川县,北邻甘肃省武都县、康县,素有"一脚踏三省"之誉,是陕西最西的一个古镇,西去227千米即是九寨沟,全镇总面积208平方千米。青木川地名和民众聚集的形成历史悠久。据考史:青木川原属川地羌汉杂居区,明成化年间,朝廷统一地名,命名为永宁里;清光绪年间为宁羌州西路18牌;新中国成立后,乡民以当地一棵大青木树为象征,更名为青木川。青木川人口不断繁衍,历经百年沧桑,现留有大量保存完好、风格迥异的古街、古祠、古栈道、古建筑群等历史古迹。古建筑主要以回龙场街为主,古街上近百户人家的房子大都是四合院,二进二出的两层结构,建筑风格有明清时期的旱船式,也有西方教堂式。该镇现存有明清时期瞿氏、魏氏、赵氏、屠氏祠堂,并有立碑刻字,保存度达70%。距古街5千米处,有长达6千米的明清时留下的通往甘肃的商运古栈道,该道路顺河而上,顺崖凿路,路势十分险峻。沿途文人墨客题字留言,具有较高的研究价值。2010年,宁强县青木川镇入选第五批中国历史文化名镇。(YYL)

柞水县凤凰镇 位于柞水县东南部、社川河中游,距柞水县城45千米,距西安市107千米。凤凰古镇历史悠久,商贸繁荣,素有陕南"小上海"之称。这里有760多米保存完好的明清徽派古建筑一条街,有20多座古山寨、20多座古庙宇,有子房寨革命遗址、百神古洞、千亩野生红豆杉等众多旅游资源。凤凰街古民居是陕西省目前发现的唯一一处保存比较完好的清朝末年、民国初年的古代民居建筑群落,2003年被省政府公布为省重点文物保护单位,2010年被国家住建部和国家文物局授予"中国历史文化名镇"称号,同年11月凤凰古街被省政府授予"乡村游示范村"称号,目前正在申报省级特色旅游名镇和最美小城镇荣誉称号。凤凰镇交通便利,107省道横贯东西,凤宽、凤皂四级公路纵连南北。境内山环水绕,林木葱翠,空气清新,冬暖夏凉,气候宜人。古镇历史悠久,文化源远流长,建筑风格独特,人文自然景观亮点纷呈,是都市人理想的旅游观光、休闲度假胜地。2010年入选第五批中国历史文化名镇。(YYL)

3. 历史文化名村

韩城市西庄镇党家村 位于韩城市东北方向，西南距新城区9千米，西距108国道1.5千米，东距黄河3.5千米，坐落在东西走向的泌水河谷北侧，所处地段呈葫芦形状，俗称"党圪崂"。元至顺二年（1331），党族始祖党恕轩由本省原朝邑县逃荒播迁至此定居。元末明初，贾族始祖贾伯通由山西洪洞迁居韩城，先栖居县城、贾村等处，其第五世贾连娶党姓女，生子贾璋。明朝嘉靖四年（1525），贾璋以甥舅之亲定居党家村，已传24世。清嘉庆、道光、咸丰三朝是党家村经济史上的黄金时代，号称"日进白银千两"。三年自然灾害及"文化大革命"浩劫时期，村中相当一部分厅房、哨门、戏楼被拆毁卖掉，造成了难以挽回的损失。庆幸的是，改革开放带来的农村建房高潮中，党家村采取了保留古村古貌、另辟新村的做法。现存的一百多座四合院以及祠堂、文星阁、节孝碑、看家楼、泌阳堡，被国内外专家称赞为"民居瑰宝""东方人类居住村寨的活化石"。2003年入选住建部和国家文物局评选的第一批中国历史文化名村。（YYL）

米脂县杨家沟镇杨家沟 位于陕北黄土高原米脂县城东南20千米。始建于清同治年间的杨家沟马氏庄园，是陕北地区最大的地主集团———杨家沟马氏地主集团的庄园。以农为本，耕读传家，好义可风，匀善开明，是马氏集团的特点。历经几百年风雨，这个庄园已经成为马氏家族创造的文化象征。庄园以窑洞为主，建筑风格和水平历经三个阶段。四世祖马云风处在清康乾盛世，是马家族发家起始阶段，修建的主要是砌口土窑。从七世祖马嘉乐时期直至清末，是马氏家族兴盛富有阶段，其建筑形式则主要是陕北地区最高等级的"明五暗四六厢窑倒座厅房"窑洞四合院。整个建筑将西方建筑风格和陕北窑洞巧妙融为一体，典雅雄浑，蔚为壮观，堪称中华民族窑洞建筑的瑰宝，也显示了陕北窑洞建筑文化的博大精深。2005年入选住建部和国家文物局评选的第二批中国历史文化名村。（YYL）

（五）全国重点文物保护单位

1. 古遗址

半坡遗址 位于西安市东郊灞桥区浐河东岸，是黄河流域一处典型的原始社会母系氏族公社村落遗址，属新石器时代仰韶文化，距今6700—5600年之间。该遗址1953年春被发现，遗址面积50000平方米。从1954年9月到1957年夏季，中国科学院考古研究所组织近200名考古工作者，前后发掘5次，延续近4年时间，揭露遗址面积达10000平方米，获得了大量珍贵的科学资料。共发现房屋遗迹45座、圈栏2处、窖穴200多处、陶窑6座、各类墓葬250座（其中成人墓葬174座、幼儿瓮棺73座）以及生产工具和生活用具约近万件文物。半坡聚落的范围为不规则圆形。居住区在中央，分南北两片，每片有一座供公共活动用的大房屋，还有若干小房子，其间分布着窖穴和牲畜圈栏。居住区有壕沟环绕，沟北是公共墓地，沟东有陶窑场。据研究，此聚落是集聚两个氏族的部落住地。半坡居民的经济生活为农业和渔猎并重。出土斧、锄、铲、刀、磨盘、磨棒等石制农具，镞、矛、网坠、鱼钩等渔猎工具。还发现粟的遗存和蔬菜籽粒，以及家畜和野生动物骨骸。常见陶器有粗砂罐、小口尖底瓶和钵。彩陶十分出色，红地黑彩，花纹简练朴素，绘人面、鱼、鹿、植物枝叶及几何形纹样。从陶器上发现22种刻画符号，有人认为可能是一种原始文字。半坡成人死后埋入公共墓地，常随葬陶器及骨珠等装饰品。发现两座同性合葬墓，分别埋着2个男子和4个女子，一般认为是母系氏族社会的葬俗。死亡儿童埋在居住区，多采用瓮棺葬。一座女孩土坑墓中随葬品精致丰富，有木板葬具，表明当时对女孩的看重。1957年建成西安半坡博物馆。1961年，半坡遗址被国务院公布为第一批全国重点文物保护单位。（YYL）

丰镐遗址 位于长安县沣河两岸，丰京在西岸，镐京在东岸。约公元前11世纪，周文王作丰邑，周武王作镐京，至公元前770年周平王东迁洛邑止，近300年间，丰、镐两京一直是西周王朝经济、政治、文化的中心，在中国古代都城发展史上占有重要地位。遗址的发掘为全面研究和认识西周文化奠定了基础。遗址面积超过10平方千米。年代约在公元前11世纪至公元前771年。1933年首次调查发现，1951年起开始发掘。在马王村、洛水村、客省庄等地有夯土建筑基址，客省庄附近的10余座基址，多数在100平方米上下，其中4号基址的面积超过1800平方米。虽然基址破坏严重，但从宏大的规模，附近有排水设施和西周板瓦等来看，当初应是大贵族的住宅。此外，丰镐遗址中还发现陶窑、铸铜用的陶范及制作骨器的遗存，其中有些应是手工业作坊遗址。在张家坡、客省庄及普渡村等地发现了墓葬，以及祔葬的车马坑、马坑、牛坑等，总数有1000余座。1984年在张家坡发掘3座大、中型墓，其中的157号墓是有两条墓道的"中"字形大墓，墓中所出铜器有井叔铭文，发掘者认为是井叔的墓葬，位于其两侧的是井叔妻室的墓。少数墓中有殉人。遗址内还多次出土铜器窖藏：1961年在张家坡村东发现铜器53件，有铭文的32件；1973年在马王村发现铜器25件，有铭文的10件；在新旺村附近，1967、1973、1982年也3次发现铜器窖藏。所出铜器是研究西周历史的宝贵资料。1961年，丰镐遗址被国务院公布为第一批全国重点文物保护单位。（YYL）

阿房宫遗址 在今西安西郊15千米的阿房村一带，始建于秦始皇三十五年（前212）。秦始皇统一全国后，国力日益强盛，国都咸阳人口增多。秦始皇开始在渭河以南的上林苑中营造朝宫，即阿房宫。由于工程浩大，始皇在位时只建成一座前殿。据《史记·秦始皇本纪》记载："前殿阿房东西五百步，南北五十丈，上可以坐万人，下可以建五丈旗，周驰为阁道，自殿下直抵南山，表南山之巅以为阙，为复道，自阿房渡渭，属之咸阳。"其规模之大，劳民伤财之巨，可以想见。秦始皇死后，秦二世胡亥继续修建。唐代诗人杜牧的《阿房宫赋》写道："覆压三百余里，隔离天日。骊山北构而西折，直走咸阳。二川溶溶，流入宫墙。五步一楼，十步一阁；廊腰缦回，檐牙高啄；各抱地势，钩心斗角。"可见阿房宫确为当时非常宏大的建筑群。楚霸王项羽军队入关以后，移恨于物，将阿房宫及所有附属建筑纵火焚烧，化为灰烬。如今在西安西郊三桥镇以南，东起巨家庄，西至古城村，还保存着面积约60万平方米的阿房宫遗址。可见，阿房宫宫殿之多、建筑面积之广、规模之宏大，是世界建筑史上无与伦比的宫殿建筑。1994年联合国教科文组织实地考察，确认秦阿房宫遗址建筑规模和保存完整程度在世界古建筑中名列第一，属世界奇迹和著名遗址之一，誉之为"天下第一宫"。1961年，阿房宫遗址被国务院公布为第一批全国重点文物保护单位。（YYL）

汉长安城遗址 位于西安市西北约5千米。在西汉200多年间，长安城一直是中国的政治、经济和文化中心。长安城历经三个时期，90多年建成。汉高祖五年（前202），刘邦将秦兴乐宫重修，改名为长乐宫，迁都于此处理朝政。汉高祖七年（前200）建成未央宫。惠帝元年（前194）开始修筑长安城，惠帝五年（前190）九月城墙修筑完工。汉武帝太初元年（前104），兴建了城内的北宫、桂宫、明光宫和城西的建章宫，并在城西修建上林苑，开凿了昆明池等。至此，长安城全部建成，周长25.7千米，面积36平方千米，规模齐备。汉城呈不规则的方形。城南像南斗星，城北像北斗星，因此又称"斗城"。城内街道布局整齐，有8条大街，160个巷里，9个市区。街道宽平，可以并列12个车轨，道旁栽植槐、榆、松、柏，茂密丛荫。最盛时城内人口近30万，是中国历史上第一个规模最大的城市之一。城内有许多宫殿、邸宅以及府寺，重要的宫殿有长乐宫、未央宫、建章宫。1961年，汉长安城遗址被国务院公布为第一批全国重点文物保护单位。（YYL）

大明宫遗址 唐大明宫是举世闻名的唐长安城"三大内"（太极宫、大明宫、兴庆宫）中最为辉煌壮丽的建筑群，地处长安城北部禁苑中的龙首塬上，被称为"中国宫殿建筑的峰巅之作"。它建于唐太宗贞观八年（634），名永安宫，是李世民为太上皇李渊修建的夏宫，后改名大明宫。自唐高宗起，唐朝历代帝王大都在大明宫居住、处理朝政。大明宫作为国家统治中心，历时达200余年。大明宫周长7628米，面积3.3平方千米，是北京紫禁城面积的3.5倍，也是唐长安城规模最大的一处宫殿区。在历史上，大明宫的范围很大，共有11座城门。平面略呈梯形，已探明的殿台楼亭等遗址有40余处。大明宫南部为前朝，自南向北由含元殿、宣政殿和紫宸殿为中心组成；北部的内廷中心为太液池。1961年，大明宫遗址被国务院公布为第一批全国重点文物保护单位。（YYL）

延安革命遗址 位于陕北延安市。1937—1947年，延安一直是中共中央所在地和陕甘宁边区首府，是中国革命的指导中心和总后方。1937年，中共中央进驻延安以后，在这里召开过许多具有重大历史意义的会议，制定了中国革命的正确路线和策略，领导中国人民进行革命斗争，为中国人民的解放事业做出了重大贡献。1947年春，国民党军队向陕甘宁边区发动重点进攻，3月18日，中共中央和毛泽东主动撤离延安。国民党军队占领延安后，许多革命旧址遭到严重破坏。现存革命旧址140多处。其中主要有凤凰山中央旧址，杨家岭中共中央旧址，枣园中共中央书记处旧址，王家坪中共中央军事委员会、八路军总司令部旧址，陕甘宁边区政府旧址等。1961年，国务院公布延安革命遗址为全国重点文物保护单位。（YYL）

蓝田猿人遗址 位于蓝田县东15千米处的公王岭和县西北10千米处的陈家窝村，是中国直立人化石及旧石器时代早期文化遗物出土地点。1963年中国科学院古脊椎动物与古人类研究所在陈家窝村附近发现人类下颌骨化石；1964年在公王岭发掘出土人类头骨化石，1965—1966年在大规模发掘中，发现石制品及动物化石。公王岭遗址位于灞河左岸最高一级阶地，其下部为堆积很厚的古老砾石层，上面堆积着厚约30米的红色砂质黏土（红色土），人类头骨化石就埋藏在红色土层的下部，地质时代属中更新世早期。对含化石层进行古地磁年代测定，其结果从距今115万年到75万年，各说不一。尽管年代测定数据尚不统一，但仍可认为公王岭地点是迄今为止中国长江以北发现最早的人类化石之一。公王岭出土的人类头骨化石包括完整的额骨、大部分顶骨、右侧颞骨和上颌骨（附有第二、三臼齿），左上颌骨的体部和额突部、大部分左鼻骨和右鼻骨的鼻根部，还有一颗左上第二臼齿，经鉴定属同一个30多岁的女性个体。公王岭蓝田猿人头骨壁极厚，眉脊粗壮，几乎形成一条直的横脊，并明显向外侧延伸，额骨非常低平，脑量估计为780毫升，显示了蓝田猿人有明显的原始性。1982年，蓝田猿人遗址被国务院公布为第二批全国重点文物保护单位。（YYL）

周原遗址 其中心在今扶风、岐山一带，是周文化的发祥地和灭商之前周人的聚居地。这一地区北倚岐山，南临渭水，形如高阜，海拔900米。东到今武功，西到今凤翔、宝鸡一带，横跨扶风、岐山二县的大部。东西长达70千米，南北宽约20千米。20世纪50年代后期起，中国科学院考古研究所、省文物管理委员会、省考古研究所等单位先后在此调查、试掘。1976年，省文物管理委员会与西北大学、北京大学考古专业联合在此进行一系列规模较大的发掘。宫殿建筑（或宗庙）的遗址分布在岐山凤雏和扶风召陈两处。在召陈发现了15处大小不等的建筑基址，可能是贵族的住宅。宅基址最大者东西长24米，南北宽15米，均用各式的板瓦、筒瓦、半瓦当等覆盖屋顶，瓦上饰有重环纹、绳纹等纹饰，这是中国迄今发现最早的瓦。在遗址里还发现了多处手工作坊遗址，如云塘村南的制骨作坊、齐家村东的制陶作坊、齐镇东的制铜作坊等，都是大型的手工业作坊，其中云塘村制骨作坊规模最大，以专制骨器为主。遗址中发现有丰富的石、骨料和半成品遗物，还出土了铜锯、刀等各种工具，反映出了当时系统庞大的生产规模。1982年，周原遗址被国务院公布为第二批全国重点文物保护单位。（YYL）

秦雍城遗址 位于凤翔县南部。雍城是春秋至战国中期秦国的都城，是秦国的政治、军事、经济和文化中心。秦国从德公元年（前677）至献公二年（前383），在此建都长达300余年。遗址总体保存较好，是目前战国时代都城遗址中保存最好的城市遗址。城址的总面积为11平方千米，城内布局严整，道路纵横交错，现已发现三处大型的宫殿区。1号宗庙建筑群遗址总面积近7000平方米，由大门、中庭、祖庙、昭庙、穆庙、围墙等组成，殿堂都是土木结构的，大屋顶、四面坡，屋顶由双楹柱支撑，这是迄今所见规模最大、保存最好的先秦建筑群遗址。3号建筑群遗址总面积达21800平方米，自南向北有5座宫院，是迄今发现的先秦时代最完整的朝寝区。城址的西南部是秦公的陵区，占地21平方千米。在此勘探发掘出了大型的墓葬和车马坑共43座，布局很有规律，陵区按其布局可以分为13座陵园。发掘证明，秦人在春秋前期已初步形成了一套陵园规划体系和陵园设计指导思想。"中"字形墓是最高等级的墓葬，其余贵族墓则为"甲"字形、刀把形。这些陵墓中最大的为秦公1号大墓，是整个秦公陵园中最早发现、唯一发掘的最大墓葬，故称秦公1号大墓。这座墓是迄今为止中国所见最大的木椁墓。在雍城遗址中还出土了67件大型的铜质建筑构件，根据不同的用途铸成，有曲尺形、单齿或双齿方筒形、双齿小拐头形等，是安装在宫殿枋木转角处、壁柱或门窗上的构件，再现了雍城宫殿建筑无与伦比的豪华气派。1988年，秦雍城遗址被国务院公布为第三批全国重点文物保护单位。（YYL）

秦咸阳城遗址 位于咸阳市东15千米的咸阳塬上、渭河的北岸。秦咸阳城是战国时期秦国的都城，也是秦统一六国、建立秦王朝后的都城。公元前350年，秦孝公迁都咸阳，商鞅首先在城内营筑冀阙，此后历代秦王又增建了许多宫殿。秦始皇统一全国的过程中，吸收了关东六国的宫殿建筑模式，在咸阳塬上仿建了六国的宫室，扩建了皇宫。滔滔的渭水穿流于宫殿群之间，就像是银河亘空，十分壮观。整个咸阳城"离宫别馆，亭台楼阁，连绵复压三百余里，隔离天日"，各宫之间又以复道、甬道相连接，形成当时最繁华的大都市。1959年，陕西省考古研究所和文物管理委员会联合对咸阳城遗址进行了考古调查和发掘，1974—1975年发现了咸阳宫遗址。在咸阳城址北部的阶地上，约相当于城中轴线附近的地方，有一组高台宫殿建筑遗址，坐落在秦时的上原谷道的东西两侧，分为跨沟对峙的两部分，西侧为1号遗址，东侧为2号遗址。西侧遗址保存较为完好，经过遗址复原后可知这是一组东西对称的高台宫殿，由跨越谷道的飞阁把二者连成一体，是极富艺术魅力的台榭复合体。遗址东西长60米，南北宽45米，一层台高6米，平面呈"L"形，可分为若干个小室。南部西段的五室排成一列，西边的四室是宫妃居住的卧室，出土有内容丰富的壁画和一些陶纺轮。最东一室内有取暖的壁炉及大型的陶质排水管道，推测可能是浴室。浴室的一角是贮存食物的窖穴。主体宫室建在高台之上，东西长13.4米，南北宽12米，地表为红色，即所谓的"丹地"，门道上有壁画痕迹，表明这是最高统治者的厅堂。在1号遗址的西南方，还有一处结构十分复杂的宫殿遗址。已发掘出的阁道长32.4米，宽5米，两侧满饰彩色的壁画，壁画内容是秦王浩浩荡荡的车马出行图，其中有车马、人物、花木、建筑等题材。古代的宫廷壁画因为大都毁坏不存，所以这些保存下来的秦代的宫室壁画具有很高的价值，在中国建筑史和美术史上占有重要的地位。1988年，秦咸阳城遗址被国务院公布为第三批全国重点文物保护单位。（YYL）

黄堡镇耀州窑遗址　位于今铜川市黄堡镇南侧，被誉为20世纪陕西十大考古发现之一和20世纪中国百大考古发现之一。早在唐代，这里已经开始建窑烧瓷，成为北方重要的手工业城镇。后历经五代，至宋代达到鼎盛，金、元续烧，元末明初停烧。从创烧到衰落，耀州窑前后历经800余年，形成了"十里窑场"的宏大规模。其所产瓷器之精美，于宋神宗元丰七年（1084）的《德应侯碑》中可略窥一斑："巧如范金，精比琢玉……方圆大小，皆中规矩……击其声，铿铿如也；视其色，温温如也。"20世纪50年代以来，经过3次大规模总面积达12000多平方米的考古发掘，耀州窑遗址迄今共出土各历史时期文物标本300余万件（片），其中完整和可复原的达10000多件，出土历代瓷窑100多座、作坊100余座。这是中国目前发掘面积最大、出土文物最多、工艺流程科学合理、序列化最强的古陶瓷遗址，也是世界陶瓷遗址发掘之最。1988年，黄堡镇耀州窑遗址被国务院公布为第三批全国重点文物保护单位。（YYL）

姜寨遗址　位于临潼县城北，地处临河东岸的第二台地上，是中国黄河中游新石器时代以仰韶文化为主的遗址。面积约5万平方米。1972—1979年，西安半坡博物馆和临潼县文化馆合作，由巩启明等主持进行了11次大规模发掘，揭露面积1.658万平方米，是迄今中国新石器时代聚落遗址中，发掘面积最大的一处。该遗址仰韶文化堆积由下到上依次为半坡类型、史家类型、庙底沟类型和半坡晚期类型（或称西王村类型）。放射性碳素断代并经校正，半坡类型的年代为公元前4600—前4400年左右，史家类型为前3690年。遗址最上层，还有少量的龙山文化遗存。姜寨遗址的发掘为研究关中地区仰韶文化的发展序列提供了重要依据，揭露了半坡类型的一处聚落遗址，其保存之完好、布局之清晰是前所未有的。这里发现的大量遗迹和遗物充实了仰韶文化诸方面的内容。1996年，姜寨遗址被国务院公布为第四批全国重点文物保护单位。（YYL）

郑国渠首遗址 位于泾阳县王桥乡上然村北仲山西麓，泾河东岸。郑国渠是我国古代著名的水利工程，为秦始皇统一中国起到了极大的作用。秦王嬴政元年（前246），秦始皇采纳韩国水工郑国关于引泾灌田的建议，历时10年修成，故名郑国渠。渠首位于北仲山西麓的瓠口，流经今泾阳、三原、高陵、临潼、富平、渭南、蒲城入洛河，全长约150千米，可灌溉0.18万余平方千米。其引水口至干渠段，修有宽15～20米，高3～5米，长达6千米的引水渠堤。现存郑国渠口、郑国渠古道和郑国渠拦河坝，附近有秦以后历代重修、增修的渠首、干道遗址，并有大量的碑石遗存。1996年，郑国渠首遗址被国务院公布为第四批全国重点文物保护单位。（YYL）

魏长城遗址 位于华阴市、大荔县、韩城市境内。魏长城南起华山朝元洞西，依地势蜿蜒北上，经大荔、澄城、合阳等县，止于韩城以北黄河西岸，是战国时秦国与魏国的分界线，长200余千米，是战国魏为防御西面的强秦而筑的军事屏障。魏长城残迹在华阴市境内有8处，分布约5千米。华山朝元洞西有城墩遗址。红岩、城南、河湾、西关等村附近都有长城残垣。其中城南村东一段，长365米，残高7米，底层最宽处9.2米，并留有堡寨和烽火台遗迹。从残垣现状看，城全部用细土夯筑，非常坚实，且保护较为完好。城西有汉相曹操主簿杨修及前秦苻坚宰相王猛陵墓。1996年，魏长城遗址被国务院公布为第四批全国重点文物保护单位。（YYL）

统万城遗址 位于靖边县城北58千米的红墩界镇，是东晋时匈奴族首领赫连勃勃建立的大夏国都城，也是匈奴族在人类历史长河中留下的唯一一座都城遗址。它是中国北方最早、最著名的都城，距今近1600年的历史。始建于夏凤翔元年（413），竣工于夏凤翔六年（418）。整个城池由内城和外城组成，内城分东城和西城。东城周长2566米，西城周长2470米，遗址全部为夯土建筑遗存。其虽历千年风霜，但雄奇的墩台角楼，残连的城垣马面，仍顽强地矗立在无定河之北的台塬大漠之上，昭示着昔日的辉煌，也诠释着过往的辛酸。统万城具有极其重要的历史研究价值和人文旅游价值，它的发现对于研究十六国时期的文化以及当地的生态环境变迁，都提供了重要的实物资料。1996年，统万城遗址被国务院公布为第四批全国重点文物保护单位。（YYL）

隋大兴、唐长安城遗址（包括青龙寺遗址） 位于今西安市，是隋唐两代的都城遗址。隋灭北周后，在汉长安城东南龙首原一带营造新都，隋文帝杨坚命宰相高颎总督其事，著名建筑家宇文恺负责规划设计和营造。于开皇二年（582）兴建，开皇三年即迁入新都宫城，定名大兴城。大兴城的面积达83.1平方千米，是现存明清之西安城的7倍。唐建国后，仍以大兴城为都城，改名为长安城，仅做了局部修建与扩充。唐长安城的经济、文化，以及对外贸易往来，较之隋代大有发展，长安城成为当时世界上最大最繁荣的国际城市之一。唐末天复四年（904）朱全忠迫昭宗迁都洛阳，并令拆长安宫室屋木自渭水浮入黄河运往洛阳。隋大兴、唐长安城作为国都320余年，至此全部废毁。隋大兴、唐长安城是由外郭城、宫城、皇城和各坊、市等构成。宫城和皇城位于外郭城北部的中央，各坊分布在宫城、皇城的左右和皇城以南，东西两市分别在皇城的东南和西南，东西对称。整个都城规划整齐，布局严密，是中国里坊制封闭式城市的典型。青龙寺遗址位于西安铁炉庙村北，即唐长安城新昌坊内。1973年和1980年发掘。该寺的前身为隋灵感寺，是佛教密宗教派的根本道场。唐睿宗景云二年（711）改名青龙寺。寺址南部已被破坏，西北部有东西并列的两组院落遗迹。早期遗迹为隋代灵感寺的一部分，毁于唐武宗会昌灭佛时；晚期为唐宣宗时重建，沿用至北宋。早期西院有中三门，门内设塔，塔北建佛殿，四周有回廊或院墙。东院中心亦有一殿堂。晚期西院伽蓝废中三门，在早期旧基上重建殿、塔，并修治回廊，新设北门。东院也重建了殿堂。晚期殿、塔规模不如早期宏伟。青龙寺在中外文化交流史上有重要地位，天宝以后，日本、新罗等国僧人来中国学习密教，多到青龙寺求法。寺址的发掘为研究唐代寺院布局提供了重要资料。1996年，隋大兴、唐长安城遗址（包括青龙寺遗址）被国务院公布为第四批全国重点文物保护单位。（YYL）

隋仁寿宫、唐九成宫遗址 位于麟游县城内。原是隋文帝时所建，名仁寿宫。唐太宗贞观五年（631）修复，更名九成宫。中国社会科学院考古研究所从1978年起对九成宫遗址进行了全面的考古发掘，发现其僚城城垣，内皇城城垣，诸多宫殿、亭台楼榭、寺庙、道观及生活设施等众多遗存。这里有国宝级文物《九成宫醴泉铭碑》，国家一级文物《万年宫铭碑》、唐宫廷水井、点将台、梳妆台、僚墙城门，天台山1号、2号殿址，醴泉水渠遗址，尤其是37号大殿遗址，该遗址被评为"1994年全国十大考古新发现"和"八五"期间全国十大考古新发现之一。1996年，隋仁寿宫、唐九成宫遗址被国务院公布为第四批全国重点文物保护单位。（YYL）

灞桥遗址 位于西安市东郊灞桥镇柳巷村北。建于隋开皇三年（583），是我国现存时代最早、规模最大的多孔联拱石拱桥。古灞桥始建于隋初，废弃于元，为中国已知时代最早、规模最宏伟、桥面跨度最长的一座大型多孔石拱桥，在桥拱腹中还清理出瓷器等一批隋至元各时期的填充物。共清理出三孔桥洞、四座桥墩。桥墩长约9.5米，宽2.5米，是用石条砌筑而成，造型为船形，东西方向排列，南北两端均呈尖状，有分水尖，其上部安装有石雕龙头装饰，雕刻精美，很有气势。四座桥墩的造型和大小基本一致。从发掘情况看，估计隋唐灞桥总长约400米。灞桥遗址为中国古代桥梁史、科技史以及隋唐史的研究提供了宝贵资料。1996年，灞桥遗址被国务院公布为第四批全国重点文物保护单位。（YYL）

华清宫遗址 位于西安市临潼区骊山北麓。始建于唐太宗贞观十八年（644），名为汤泉宫，高宗咸亨二年（671）改为温泉宫，玄宗天宝六年（747）定名为华清宫。华清宫的布局基本依据唐长安城禁苑、宫城、皇城、郭城四位一体的设计思想，将会昌县城（今临潼区）、华清宫、骊山禁苑合一而成。华清宫城建在骊山之北，周筑罗城。其内汤池被称为华清池。唐以后被毁。1982年在此地进行考古发掘，发现九龙池和海棠汤等遗址。海棠汤一名芙蓉汤、"贵妃池"，池平面近似椭圆形，上下分二层台，第一层用16块券石砌成，第二层用8块券石做成平台，俯视像一朵盛开的海棠花。整个浴池全用青砖砌成，雕刻精湛，做工考究。现重建了九龙池和周围的建筑物，中间为人造湖，西岸排列九龙池、莲花汤和海棠汤三个浴池，东为龙石榭，北岸有飞霜殿和东西配殿。1996年，华清宫遗址被国务院公布为第四批全国重点文物保护单位。（YYL）

甜水沟遗址 位于大荔县段家乡解放村东的甜水沟内，为旧石器时代遗址，距今50万—30万年。遗址内发现有早期人类头骨化石，命名为"大荔人"。大荔人头骨化石粗壮，眉脊发达，前额后倾，带有明显的从直立人向早期智人过渡的体质特征，与北京猿人接近。但是其顶骨较大，枕骨隆凸前面呈凹陷状，鼻骨窄长，眼眶近乎方形，虽然颧骨较为朝前，可是吻部并不突出，脑容量达1120毫升，这些特点又比北京猿人进步。已发现石制品800多件，主要是形体较小的石片石器，有刮削器、尖状器、石锥与雕刻器等。还有古菱齿象、三门马与犀牛等多种哺乳动物化石发现。古人类化石保存状况完好，在中国及东亚地区早期人类演化史的研究中具有非常重要的地位。其丰富的石制品与哺乳动物化石反映了当时人类的生产与生活特点及其古环境背景。2001年，甜水沟遗址被国务院公布为第五批全国重点文物保护单位。（YYL）

花石浪遗址 位于洛南县东河村，南临南洛河，面积近20万平方米。最初发现于20世纪60年代，遗址范围包括龙牙洞内部以及洞外附近南洛河及其支流石门河二级河流阶地坡积物部分。龙牙洞为发育在石灰岩山体上的裂隙型深洞，洞内面积约20平方米。1995—1997年经陕西省考古研究所、商洛地区文管会及洛南县文管会连续三年的发掘清理证实，龙牙洞遗址是一处罕见的、保存基本完好的、内涵十分丰富的旧石器时代早期人类文化遗址。中国科学院地质研究所以热释光测年法测定其文化层堆积的时代为距今约50万—25万年间。花石浪龙牙洞遗址出土了极为丰富的早期人类文化遗迹及遗物，包括旧石器时代早期人类生活活动踩踏面、用火遗迹，以及熊猫、大象、熊、犀牛、貘、河狸、鹿、野猪、牛等20余种哺乳动物和鱼及龟化石。除此之外还出土有旧石器时代早期人类制造的石制品约6.5万件以上，这些石制品多以取自河边的石英岩等砾石为原材料打制而成。类型有石核、石片、打制石器形成的断片及刮削器、尖状器和雕刻器等工具。2001年，花石浪遗址被国务院公布为第五批全国重点文物保护单位。（YYL）

元君庙—泉护村遗址 位于华县柳枝镇泉护村、安堡村，为新石器时代（约前

4000—前2000年）遗址。遗址中发现有仰韶文化的典型墓地和居址。墓地在元君庙，属于仰韶文化半坡类型。发现墓葬共57座，其中45座分属于东西两个同时并存的墓区，每区墓葬可分三期，依早晚次序分列成3个纵行。除一部分单人墓外，28座是同时葬入的多人合葬墓，每墓少者2人，多者25人，均仰身直肢，头向西。居址位于泉护村，属于仰韶文化庙底沟类型。房址有半地穴、地穴式两种。半地穴式为方形圆角，地穴式口部椭圆形。陶窑为横穴式，两三座为一组。元君庙—泉护村遗址面积大，文化遗存相当丰富，已成为研究仰韶文化以及探讨中国原始氏族社会结构的代表性范例。2001年，元君庙—泉护村遗址被国务院公布为第五批全国重点文物保护单位。（YYL）

康家遗址　位于西安市临潼区相桥镇康家村北，为新石器时代（约前4000—前2000年）遗址。遗址区发现房址300余座，东西成行，南北成排，多为东北—西南方向，个别为东西方向。单个房址为半地穴式，圆角长方形，有的平面呈内外双室的"吕"字形、"凸"字形。房内白灰地面，多设有灶，灶坑内有1~2件陶器。墓葬为单人葬，葬式有仰身直肢、侧身屈肢和俯身。另发现陶窑、窖穴和灰坑等遗迹。出土有陶、石、骨、角等类遗物近万件。陶器以灰陶为主，纹饰以绳纹、篮纹居多，器形中尖底器、三足器多。康家遗址是一处文化内涵丰富、聚落布局清晰的客省庄文化遗址，是剖析中国原始社会晚期社会组织结构的典型遗址。2001年，康家遗址被国务院公布为第五批全国重点文物保护单位。（YYL）

老牛坡遗址　位于西安市灞桥区燎原村北、西，为新石器时代至商时期（约前4000—前1100年）遗址。现遗存有商代的房址、灰坑、墓葬与车马坑、陶窑等。遗址中发现有大型宫殿基址、青铜冶铸残渣和陶范等，是商王朝在渭河流域的一个大型聚落，对于研究夏、商文化的发展和分布有重要意义。老牛坡发现的商代墓地最为引人瞩目，墓地共45座，灰坑21个，依据地势围绕几个较大墓葬成组而建。其葬具为木质，现仅存木板灰痕，出土文物丰富，有铜器、玉器、陶器等。其中铜器最为丰富，造型各异，有鼎、觚、戈、钺、斧、凿、锥、镞、人面形饰、牛头形饰、鸟兽形饰及车马饰等。遗址中许多墓葬还发现了马坑和车马坑，还有一些墓葬发现了人殉现象，考古发现有的人被割下头后放入墓葬殉葬，可见当时残暴的历史现实。2001年，老牛坡遗址被国务院公布为第五批全国重点文物保护单位。（YYL）

栎阳城遗址　位于西安市阎良区武屯镇关庄村一带。栎阳城始建于战国（前475—前221年）晚期，西汉（前206—公元8年）末废弃。城址平面为长方形，面积4.2平方千米。城墙为夯筑，现存南墙残长1640米，西墙残长1420米。城内发现居址15处，其中有2座大型夯土基址。城外东北是秦汉大型墓葬区，东南是战国至东汉墓群。遗址中还出土有铜斧、铁铲、铁块、石磨、板瓦、陶盆、瓮等遗物。栎阳城作为战国时秦国、西汉早期都城，规模大，保存较好，有比较完整的城市布局。是中国城市发展阶段上的重要环节，对研究秦汉都城的规划、中国城市的发展史都有重要价值。2001年，栎阳城遗址被国务院公布为第五批全国重点文物保护单位。（YYL）

京师仓遗址 位于华阴市硙峪乡西泉店村南，处于渭河南岸的漕渠入渭处，面积78.4万平方米。京师仓又名华仓，汉武帝时修建，为都城长安贮存、转运粮食的国家大型粮仓，规模宏大，保存较好。据1979年省考古队现场挖掘考证，华仓是一处规模很大的古代粮仓。它既有合理的布局，又有多组仓房建筑；既考虑了建筑的实用价值，又考虑了建筑的外观审美价值。而且仓区周围有围墙，并设仓城以作防卫。主建筑一号仓的面积相当大，东西长62.5米，南北宽26.6米，总面积为1662.5平方米，比迄今发现的林格尔汉墓壁画中所绘的繁阳县仓及幕府仓的规模还要宏伟，因为繁阳县仓只设两个门，幕府仓设一个门，而华仓一号竟设三个门。一号京师仓遗址周围，还有5座小型的仓房遗址。虽面积不如一号仓大，但布局的储粮容量是根据每年运数百万石设计的，所以仓房绝不会只有目前已发现的6个仓，只不过由于发掘面积所限，其他仓遗址暂时无法重见天日。华仓废弃年代约在东汉初年，其原因大概与都城东迁及渠淤塞难以使用有关。东汉建都洛阳，政治中心逐渐转移，转粮、储粮的需要已不如前代那样急需。加之华阴距洛阳较远，京师仓就逐渐失去意义。尽管华仓从建立到废弃仅仅一百多年时间，然而却对华阴的政治、经济、文化产生了极大影响。同时，华仓建筑的结构、风格对后世的建筑有巨大影响，为我国古代建筑史的研究增添了一项新的内容，并提供了难能可贵的实证资料。2001年，京师仓遗址被国务院公布为第五批全国重点文物保护单位。（YYL）

良周遗址 位于澄城县刘家洼乡周村北，面积80万平方米，为秦汉大型宫殿遗址。遗址中心区为一壕沟环绕成长方形，此范围内遗迹密集，出土遗物较多。其东部偏北有一座建筑基址，平面呈长方形，面积较大。遗址范围内发现有多处柱础石，另见有云纹瓦当、砖及大量瓦砾。在筒瓦、板瓦上有"犬亭""大匠"等陶文戳记，在璧纹空心砖、滴水砖和铺地砖上有"宫""与天无极"等字。良周遗址作为秦汉时期关中地区内涵丰富、保存较好的大型宫殿的代表性遗址，对研究秦汉时期关中地区的行宫布局、宫殿结构及其用途有较高历史和学术价值。2001年，良周遗址被国务院公布为第五批全国重点文物保护单位。（YYL）

东渭桥遗址 位于西安市高陵县耿镇白家嘴村西南300米处。1967年，当地群众在挖土取沙时发现了《东渭桥记》残碑1方，据碑载，东渭桥建于唐玄宗开元九年（721），由京兆尹主持修建。省文管会和高陵县文化馆于1978、1980年两次对遗址进行调查，1981年9月至1982年10月联合对遗址进行了钻探和发掘，在桥址的北部、中部和南部开探方24个，探坑2个，发掘面积为7834

平方米。据钻探资料，唐东渭桥遗址的范围东至白家嘴村边，西至蒜刘村与白家嘴村交界处，南至马坊村边，北至耿镇公路旁，桥址总面积约为20000平方米。据田野发掘资料，现存遗址长548.8米、宽11米。在桥址南端探出一条用石头铺设的道路，路残长约160米、残宽12～20米。在桥址北部、中部、南部的探方和探坑内发现木桩22排，计418根，分水金刚墙四处。桥基用青石条砌成，青石条一般长1米，宽0.5米，厚0.2米，间以铁栓板连接。同时还出土有木桩、铁栓板、铁钉、墨玉片、开元通宝等文物。尤以墨玉片最为珍贵，现为国家3级文物，收藏于高陵县文化馆。东渭桥规模宏大，结构复杂，是我国古代桥梁建筑史上一个新的里程碑，也是连接渭河两岸的一条纽带，还是通往长安城的咽喉，在战略上具有重要的地位。2001年，东渭桥遗址被国务院公布为第五批全国重点文物保护单位。（YYL）

玉华宫遗址 位于铜川市北42千米的玉华山。兴建于唐初，为唐代四大避暑行宫之一。玉华宫原名仁智宫，后改玉华寺。整个宫址包括玉华山的凤凰谷、珊瑚谷、兰芝谷三个山谷的广大地区，建有5座高大的宫门，9座巍峨的宫殿。遗址面积1平方千米，发现3处建筑基址和夯土围墙。遗址北面的悬崖上有唐代开凿的石窟，内有佛龛8处，龛内仅存长方形石座，龛间的隔墙雕刻浮雕。当年的巍峨宫殿建于幽谷松石之中，人工建筑与自然美景巧妙结合，在中国古代宫苑建筑史上具有重要地位。近几年，在玉华宫遗址内，还发现有古代瓷窑遗址和冶铁遗址。从采集和发掘出土的大量器物分析，古瓷窑遗址的时代为唐宋到金元时期，这一发现扩大了北方青瓷系烧造的地域，极大丰富了宋耀州窑系的内容，对研究我国陶瓷史，特别是宋耀州瓷窑的发展历史、烧造技术和装饰艺术，都提供了新的资料。2001年，玉华宫遗址被国务院公布为第五批全国重点文物保护单位。（YYL）

龙岗寺遗址 又称龙岗寺古人类遗址，位于汉中市南郑县石拱乡爱国村龙岗寺周围，东北距汉中市约7千米，在汉水南岸三级台地上。面积约2.5万平方米。1959年被发现，1983年、1984年在遗址东部发掘1875平方米，发现文化层厚0.3～1.5米，分早、中、晚三期。揭露李家村类型墓葬7座、窖穴9座，仰韶文化半坡类型陶窑1座、窖穴158座、墓葬423座，其中瓮棺墓14座，还发现仰韶文化庙底沟类型和新石器时代晚期遗存。该遗址文化内涵包括旧石器文化、新石器文化、汉代墓葬群、寺院建筑和近现代革命旧址五部分。1943年以来在此发现数以千计的旧器，类型有砍砸、石球、尖状器、刮削器等，与大熊猫、剑齿象、羚羊等第四纪哺乳动物化石伴生。龙岗寺旧石器在地质年代为中更新世早期，绝对年代距今120万年以上，早于蓝田猿猴人遗址，是迄今发现陕西最早的旧石器文化。1983年10月至1984年底，省考古所对该遗址进行了部分挖掘，清理了430座墓葬，出土了人面壶、彩陶罐、船形壶、兽头尖底瓶、人头彩陶壶等文物3000余件。该遗址的发掘为研究我国新石器时代仰韶文化的渊源、分期和发展脉络等提供了宝贵的资料，也证明了7500年前龙岗寺人类最早培育了豆科植物。还有汉代墓葬群分布在龙岗寺以东50米，省考古所清理了4座墓，其中西汉文景时期墓1座，东汉中期墓1座，东汉晚期墓2座，出土了青铜鼎、青铜剑、玉鸟、鎏金带钩、陶俑等弥足珍贵文物90余件。资料记载龙岗寺始建于南北朝梁天监年间（502—519），现存古建庙宇三大院48间，总面积11685平方米。1931年5月，中共陕南地下党组织负责人梁益堂、贾拓夫等在此主持召开了中共陕南特委第一次代表大会，在中国革命斗争史上谱写了光辉的篇章。2006年，国务院公布龙岗寺遗址为第六批全国重点文物保护单位。（YYL）

石峁遗址 位于陕北神木县高家堡镇东，属新石器时代晚期。1976年被发现，之后几年，考古专家在此发现了房址、灰坑以及土坑墓、石椁墓、瓮棺葬。在当地，考古人员发现或征集了大量的玉器，磨制十分精细，颇具特色，其原料主要为墨玉和玉髓，发现有刀、镰、斧、钺、铲、璇玑、璜、牙璋、人面形雕像等。该遗址是陕北截至2012年12月为止发现的规模最大的龙山文化晚期的人类活动遗址，距今约4000年左右，出土了大量玉器，尤其以现藏省历史博物馆的玉人头像价值最高，是中国新石器时代遗址中发现的唯一一个以人为雕刻对象的玉器。这里规模宏大的石砌城墙与以往发现的数量庞大的石峁玉器，显示出石峁遗址在北方文化圈中的核心地位，石峁石城是北方石筑城址考古的重大突破，也为中国文明起源的探索提供了全新的资料和视野。2006年，国务院公布石峁遗址为第六批全国重点文物保护单位。（YYL）

石摞摞山遗址 位于佳县朱官寨乡五女河南岸石探振山上，为新石器时代古城遗址，面积3万平方米。遗址因西南分布着9处人工垒起的石墩而得名。文物较丰富，主要为灰陶，黑陶、红陶、褐陶较少，装饰精细绳纹、篮纹、方格印纹、附加堆纹。可辨器形有鬲、甗、钵、瓮、罐等，另见少量石器如单孔石刀、石斧（残）等。该遗址是迄今为止国内发现的20多座新石器时代古城中保存最完整的一座。1992年4月，省政府公布为省级重点文物保护单位。2003年经省考古研究所人员75天的重新勘探、发掘，城址面积约6万平方米。在已发掘的800平方米范围内，有房址20座、灰坑80多个、陶窑数座，出土可复原的陶器、石器、骨器200多件。2006年，国务院公布石摞摞山遗址为第六批全国重点文物保护单位。（YYL）

李家村遗址 位于汉中市西乡县城关镇和平村，地处牧马河南岸第二阶地。遗址东距县城1.5千米，高出河床约2~3米，面积2.6万平方米。先后发掘出石斧、石锛、石铲、砥砺器、刮削器、陶罐、陶鼎、陶碗、陶盂、陶锉以及墓葬区、房屋遗址，并有鹿角、兽骨等。据鉴定，该遗址距今7000年以上，处于母系社会阶段，属新石器时代早期文化。而在李家村文化遗址未发现之前，中国新石器时期的文化只有属于中、晚期的仰韶文化和龙山文化，早期文化还是一个缺环。

因此，中国考古学会第一次年会将西乡县李家村遗址正式命名为"李家村文化"，作为中国新石器时代早期文化的标志。2006年，国务院公布李家村遗址为第六批全国重点文物保护单位。（YYL）

北首岭遗址 位于宝鸡市金陵河西岸。是一处保存较好、内涵丰富的仰韶文化村落遗址。1958—1978年间，中国科学院考古研究所、西北大学等单位先后对遗址进行了多次发掘，发现早期新石器文化与仰韶文化遗存，年代为公元前5150—前3790年。早期新石器文化遗存命名为北首岭下层遗存，出土的彩陶钵、鹅蛋形三足罐和双联鼎等陶器富有特征。仰韶文化遗存则有房子、墓葬与陶器、石器等。其中墓葬451座，包括长方形土坑墓与瓮棺葬，一般都有陶器等随葬品。一件器表绘黑彩水鸟啄鱼纹的船形壶，是难得的彩陶艺术珍品。北首岭遗址比半坡遗址早400年，在遗址内还发现了年代比半坡类型更早的北首岭类型文化遗存，为研究华夏文明演进的过程提供了不可取代的重要资料。2006年，国务院公布北首岭遗址为第六批全国重点文物保护单位。（YYL）

东龙山遗址 位于商州城东8千米的丹江北岸。1997年6月，商洛地区文物管理委员会调查发现，并与考古所联合发掘。已揭露面积1500平方米，发现房址15座、灰坑221个、墓葬75座。出土一批夏商周时期的石器、骨器、玉器、陶器和碎铜器，分别测定了夏与商的分期和商与周的分期，已被国家夏商周断代工程专家组列入文化分期与年代测定专题。尤为重要的是，在遗址上部的发掘中，发现了40余座夏代早期的墓葬，其出土器物表现出较强的地域性特征，在考古学术上填补了龙山文化与二里头文化之间的缺环，且将被命名为一种新的文化类型——东龙山文化。这一发现，还可为古商国的起源以及商族始祖的活动提供可贵的资料。2006年，国务院公布东龙山遗址为第六批全国重点文物保护单位。（YYL）

横阵遗址 位于华阴市敷水镇横上村西。遗址面积约12万平方米，经考古队三次发掘，确认为仰韶文化与龙山文化时期叠压并存的古文化遗址。遗址中出土仰韶文化时期的各类陶器280件。其中有饮食器钵、碗、盆、盘、杯等，有汲水用具小口尖底瓶，有盛储器陶罐等。这些器皿造型美观，有的表面还描绘有彩色的几何图案，色彩和谐，古朴优美，充分显示了仰韶文化时期彩陶的工艺特点。出土龙山文化时期的陶器783件。有炊具鬲、甑，饮食器壶、单耳罐、双耳罐等。并出土有骨器、蚌器、石器。器物明显分为早期和晚期两个时期。早期的双刃石刀在出土的石器中属罕见之物，反映出龙山文化时期石器制作的技术已逐步提高，也表明当时生产力水平较仰韶文化时期有了较大程度的发展，骨器、蚌器已经被普遍使用。遗址中龙山文化早期的文物与庙底沟二期文化近似，当归属龙山文化庙底沟二期文化范畴。该遗址中还发掘出瓮棺葬5座，其他古墓葬24座，人形骨架130具。仰韶时期的5座瓮棺葬为母系氏族社会放置孩童尸体的葬埋方式,而且尸棺都在母亲住屋的附近;龙山文化时期的墓葬多为合葬墓。从男女合葬墓中男在右方仰身直肢、女在左方侧身屈肢的姿态分析,当时妇女的社会地位已明显下降,男尊女卑的观念已初步形成。横阵遗址的发掘,特别是瓮棺葬及合葬古墓群的发现,为研究新石器时代氏族社会发展状况和当时的家族组织提供了大量实物资料。2006年,国务院公布横阵遗址为第六批全国重点文物保护单位。(YYL)

李家崖城址 位于清涧县高杰村乡。城址在无定河东岸二、三级台地上。1983年发掘,城址呈不规则长方形,东西长495米,南北宽122~213米。城东、西两面筑墙,南北两面堑山为障。现存东垣残墙长128米,西垣残墙长34.5米。墙体外层以石块层与夯土层相间构筑,内层筑法则是内夯筑,外以块石包砌。墙体横断面呈梯形。残高最高3.1米,基宽7.4~9米,顶宽1.25~1.45米。揭露的房址平面呈梯形,面宽3.07米,进深2.95米。夯筑围墙,居住面经夯打火烤后敷以豆绿色石粉。此外还发现窖穴、石板围墙的瓮棺葬等。出土陶器以泥质灰陶为主,器表除素面外,饰以绳纹,其次有云雷纹、回纹、方格乳丁纹、附加堆纹等。器形有鬲、豆、三足瓮、罐、盆、碗等。还出土石斧、刀、凿、骨锥、卜骨及石雕像等。石雕像刻于梯形石块上,残高0.42米,石块宽0.24~0.31米。正、背面以粗阴线刻出骷髅体人像,为国内首次发现。1986年在城址东侧及西侧发掘小型竖穴土坑墓21座。墓室长1.8~2.2米,宽0.6~0.9米,均为单棺、仰身直肢葬。出土有铜戚、铜钺、陶钵、石斧等。该城址反映的文化与中原地区有明显差异,应是商代晚期鬼方等民族文化遗存。有人认为可以命名为"李家崖文化"。2006年,国务院公布李家崖城址为第六批全国重点文物保护单位。(YYL)

梁带村遗址 位于韩城市。遗址面积、文化层厚度不详。遗址内采集有陶片,以泥质及夹砂红陶为主。纹饰多见线纹、绳纹,器形有尖底瓶、罐等。属仰韶文化遗存。该遗址紧临黄河。在梁带村及其附近地区约4平方千米的范围内共发现两周时期墓葬103座、车马坑17座。初步确定,梁带村村北一带为西周晚期至东周早期大型墓地,并且其中4座带墓道的大墓当为诸侯级墓葬。墓地面积约为33万平方米。大面积勘探后共发现两周墓葬895座、车马坑64座,其中大型墓葬7座。除M19、M26、M27成组分布外,其余大墓未发现有成组成排现象。通过对895座两周墓葬的平面布局的初步分析,此墓地为当时的公墓区,在公墓区内划分不同的族墓区,所发掘的大墓所在的区域即为族墓区,另外还发现墓区之间存在界沟。韩城市商周考古主要集中在遗址调查方面,两周时期的墓葬发掘基本处于空白,而该省同时期的墓地亦发现甚少。所以,梁带村两周之际的高等级贵族墓地,为了解和研究陕西及黄河沿岸周代的考古学文化,西周晚期至春秋时期的墓葬制度以及社会历史等都具有重要的价值。2006年,国务院公布梁带村遗址为第六

批全国重点文物保护单位。（YYL）

杨家村遗址 位于眉县马家镇。面积不详，文化层厚1米以上。1983年发掘3座土坑墓，出土陶器钵、罐、尖底瓶、葫芦瓶、细颈壶、杯等，石器有斧、铲、球等，共存35件，属仰韶文化史家类型遗存。地表散布有西周灰陶绳纹鬲、罐、盆残片。1972年，在一灰坑出土铜鼎1件，通高0.77米，口径0.565米，重78.5千克，口沿内有铭文4行27字，属西周初年成王时器物。2006年，国务院公布杨家村遗址为第六批全国重点文物保护单位。（YYL）

法门寺遗址 位于宝鸡市扶风县城北10千米处的法门镇，东距西安市120千米，西距宝鸡市96千米。始建于东汉末年汉桓帝与汉灵帝（147—184）年间，距今约有1700多年历史，有"关中塔庙始祖"之称。现寺占地1.06万平方米，自南而北有山门、铜佛殿、真身宝塔、大雄宝殿等，仍为唐代塔院建筑布局。寺内存唐至清代碑碣10余通，宋元以来佛经653卷，佛像106尊。1987年清理地宫时出土各种质地的珍贵文物600多件（组）。地宫内出土的稀世珍宝，不论在中国社会政治史、文化史、科技史、中外交流史、美术史等方面的研究上，都具有极其重要的价值。如地宫出土的佛指舍利（一个金骨和三个影骨），是世界上目前发现的有文献记载和碑文证实的释迦牟尼佛真身舍利，是佛教世界的至高圣物；这里出土的双轮十二环大锡杖，长1.96米，是目前世界上发现的年代最早、体形最大、等级最高、制作最精美的佛教法器；地宫中发现的13件宫廷秘色瓷，是世界上目前发现的年代最早，并有碑文证实的秘色瓷器等。2006年，国务院公布法门寺遗址为第六批全国重点文物保护单位。（YYL）

麟州故城 又名杨家城。位于陕北神木县城北20千米。麟州城始建于唐开元十二年（724），废弃于明正统八年（1443），历时719年。五代麟州刺史杨宏信及其长子杨重勋和其孙杨光，世代守卫着麟州，抵御契丹、西夏守卫国土。而杨宏信的次子杨业和其孙杨延昭均为宋代名将，在山西朔州北拒契丹，称雄一方。由于麟州故城与杨家将的渊源关系，后代人们怀着对杨氏英雄的崇敬心情，将此城称为杨家城，延续至今。考古发现，麟州城址北邻草地沟，西邻窟野河，东接桃峁梁，南与麻堰沟接壤，高差约200米。城址呈不规则长条形。整个城址由3座小城组成，分别为东城、西城和紫锦城。整个城址面积约为1.12平方千米，城周长约5.4千米。东城、西城和紫锦城之间既相互联系又相对独立。东城中有大量且密集的建筑遗址，估计可能多为老百姓居住。西城同样发现有建筑遗址，地面由砖铺而成，估计当时的刺史府应该在此。2006年，国务院公布麟州故城为第六批全国重点文物保护单位。（YYL）

天坛遗址（圜丘遗址） 位于唐长安外郭城明德门外东1千米处，今陕西师范大学南侧，长延堡村东。天坛，也叫"圜丘""圆丘"，是古代帝王祭天的地方。因古人认为天圆地方，所以天坛要建成圆形丘状。隋唐天坛，始建于隋开皇十二年（592），唐朝建立后，在隋天坛的基础上重建。该天坛比北京明天坛要早800多年，堪称"天下第一坛"。隋唐天坛，底部直径54米，共4层，每层高1.5～2.3米不等，每层有台道12阶。自上而下，顶层直径20米，设昊天上帝之神座；三层直径29米，设黄、青、赤、白、黑五方天帝与日、月7个神座；二层直径40米，设北辰、北斗、天一、太一、紫微五星及以下官55星座；一层直径54米，设28宿及以下官135星座。外壝（坛外低矮围墙）设众星360座。按唐制规定每年正月上辛、孟夏和冬至，皇帝都要率文武官员在此祭天。新皇帝登基也要来此祭祀。唐以后，长安城失去国都地位，至北宋后天坛渐成废墟，仅留土丘。1990年雁塔区文物普查，测量遗址，残存土丘纵横各50米，高8米。保护范围以土丘为中心，周围半径100米。隋唐天坛遗址为研究封建礼制等提供了重要的实物资料。2013年，被国务院公布为第七批全国重点文物保护单位。（YYL）

水沟遗址 位于凤翔县糜杆桥镇水沟村东。距今约6000—3000年之间，新石器时代，属仰韶文化、陕西龙山文化。范围在糜杆桥乡水沟村，北靠山，南接相家河西岸台地（淤家岭）上，呈台梯缓坡状。遗迹主要有房屋、窖穴、灰坑、陶窑。文化层一般厚2～3米，最厚处4米以上。遗物主要有大量的石器、骨器、蚌器、陶器等。仰韶文化层陶片中以红陶为主，兼有部分灰陶，陶器的纹饰多见刻画纹，素面次之，有少量方格纹和篮纹，亦有部分彩陶，可看出器形有尖底瓶、瓮、罐、钵、盆、碗等。西周文化层陶片中多绳纹灰陶，有一定数量的红陶，可看出器形有鬲、罐。该遗址范围宏大，遗物丰富。发掘和研究，对我国新石器时代文化的发展，周文化的起源与发展颇有价值。1992年4月20日，贺家湾遗址被列为省级重点文物保护单位。2013年，水沟遗址被国务院公布为第七批全国重点文物保护单位。（YYL）

赵家台遗址 位于岐山县蒲村镇赵家台村，西距周公庙遗址和东距周原遗址均为10千米左右。面积2万平方米，是1987年文物普查时发现的仰韶—西周文化遗址。文化层厚度0.5～1米，距地表1～1.5米，有大量陶片，可辨器物有宽沿彩陶盆、夹砂绳纹罐、尖底瓶等。20世纪90年代初，省考古工作者首次在这里发现了西周时期的空心砖和条砖等高等级建筑材料，专家分析该遗址可能有大型周代建筑基址存在。关中旅游环线公路在此地施工过程中，挖掘机推出了两个陶罐。省考古研究所得到消息，迅速组织考古人员进行随工考古勘察清理。目前已清理面积3000余平方米，共发现西周时期大型陶窑2座，其中1座陶窑占地面积60余平方米，另清理灰坑6座，出土了一些陶罐和大量陶片，对研究周人在岐山活动及生产生活情况提供了有力证据。赵家台遗址是一处新石器时期到西周时期的历史遗存，内涵丰富，是发现西周时期空心砖的两处重要遗址之一，与周公庙遗址和周原遗址到底有哪些历史关系，考古专家正在进一步研究。1992年，赵

家台遗址被列为省重点文物保护单位。2013年，赵家台遗址被国务院列为第七批全国重点文物保护单位。（YYL）

安仁瓷窑遗址 位于咸阳城北110千米处旬邑县城关镇安仁村。安仁瓷窑是宋代文化遗址。西临三水河，东依原坡，总面积约150万平方米。1977年，咸阳地区文管会主持发掘面积1261平方米，清理出瓷窑10处，出土遗物89101件，主要有碗、碟、罐、壶等。另外还探出暴露于一面的堆料场及晾坯遗址，并调查出窑址31处，炉灰渣瓷片堆积坑22处，坩土原生层7处。安仁瓷窑发掘的文物对研究我国古代北方窑炉史提供了新的依据。1992年，该遗址被公布为省级重点文物保护单位。2013年，安仁瓷窑遗址被列为第七批全国重点文物保护单位。（YYL）

郑家坡遗址 位于咸阳城西47千米处武功县武功镇漆水河东岸。新石器时代至周代文化遗址。1980年发现，面积2000平方米。发掘区分南北两个小区，中间有一条东西走向的壕沟。早期遗存主要分布在北区，时代约相当于二里头文化晚期至二里岗下层，中期约在太王迁岐前后，晚期约在文王作丰时。中、晚期遗存在两小区内均有分布。遗存主要有先周时期的房基17座，灰坑15个，窑穴3个，陶窑2个，还有陶器、石器等物。1992年，该遗址被公布为省级重点文物保护单位。2013年，郑家坡遗址被国务院列入第七批全国重点文物保护单位名单。（YYL）

碾子坡遗址 位于咸阳城西148千米处长武县冉店乡碾子坡村，南距黑河约300米。先周文化遗址。1959年发现，遗址面积约16万平方米。中国科学院考古研究所曾在此地的8个不同地点进行了长达10年的考古发掘工作，共揭露居址面积500多平方米，清理古墓葬300余座，其中先周古墓达200多座，出土文物数千件，有鬲、豆、罐、盂和瓮等。1992年，该遗址被列为省重点文物保护单位。2013年，该遗址被国务院列入第七批全国重点文物保护单位名单。（YYL）

沙河古桥遗址 位于咸阳市秦都区钓台镇资村西南的沙河枯河河道中。是1989年全国十大考古发现之一。1986年元月，在沙河古道先后发现两座罕见的秦汉时期的大型木桥建筑，这两座木桥遗址是咸阳秦都区钓台镇王道村农民在淘沙卖沙时发现的。经考古工作者的发掘清理，一号桥现暴露出木桥桩16排112根，每排间距3～6米，已经露出的木桩高2米左右，直径为0.4米。桥桩上端残缺不全，有火烧痕迹，桥面已不复存在。桥南端最末一排桥桩内外共发现7块约7×1.1×0.07米的巨型铁板，重约2～3吨。二号桥在一号桥东300米处，已发现5排41根木桩，排距8米左右，露出的木桩高2～3米，还发现9.54米方形大桥梁1根，卯俱在。两座桥均宽16米，据文献所载，根据当时河道的宽度推测，这座桥长约500米。发掘清理中，在桥址附近还出土有秦汉时期的铜器、铁器、砖瓦等文物100件。出土文物中砖瓦数量最多，地面上到处可见。其中时代最早的是变形夔纹瓦当、五角水道、素面半瓦当、绳纹筒瓦、板瓦等，它们的形制与秦咸阳遗址出土的同类文物几乎完全相同，其时代当为战国晚期和秦代。尤其值得人注意的是在一号桥南30米处发现一件大型铜饰件。铜件外形呈叶状，长1.16米，宽0.43米，厚0.033米，重32.5千克，两面都铸有精美的花纹。一面为简化夔纹，另一面是三角形几何纹，画面由细线、连珠、运雷等纹样组成。这有秦雍城出土的铜器和秦咸阳出土的空心砖、方砖上的纹饰风格大体相同。这件器物可能就是古桥本身的建筑装饰的附属器件。1992年，该遗址被列为省重点文物保护单位。2013年，沙河古桥遗址被国务院列为第七批全国重点文物保护单位。（YYL）

杨家坟山遗址 位于延安城东南黄龙县曹店乡尧门河水库大坝北侧的杨家坟山南坡。东、南、西有尧门河环绕，北侧靠山，地势较陡。东西宽60米，南北长100米，总面积约6000平方米，为旧石器时代遗址。"黄龙人"头盖骨化石1975年出土于此。该化石保留了额骨和顶骨部分，骨壁较厚，额部后倾，眶缘圆钝，为成年男性头骨，属晚期智人，距今约3万~5万年。原件现存中国科学院古脊椎动物与古人类研究所。1992年，该遗址被列为省重点文物保护单位。2013年，被国务院列入第七批全国重点文物保护单位名单。（YYL）

铁边城遗址 位于延安城西北吴旗县城西北45千米处。地处陕、甘、宁三省交界处。铁边城为西夏毅宗奢单都二年（1058）所建，初名定边城，明英宗正统二年（1437）改名铁边城。背靠东山，西、东、南三面临川，开有三门，周长2500米。遗址夯筑城墙最高处残高9米，最宽处7米，城墙北面大部分有窑洞，保存完整。城东北角有水牢一座，现只留残墙断壁，长39米，宽15米。城东南角有一完整的烽火台，宽6米，高9米。北城墙外有校场和点将台，占地近0.01平方千米。古城内文化堆积层厚2米，地面有大量砖石、骨头、瓦片、宋瓷片等。1992年，该遗址被列为省重点文物保护单位。2013年，铁边城遗址被国务院列入第七批全国重点文物保护单位名单。（YYL）

十二连城烽火台遗址 又名烽火台，俗称墩台，位于距潼关县城东约3千米的禁沟两岸。禁沟北起禁沟与潼河交汇处，南至秦岭蒿岔峪口，南北长约15千米。沟底经过长期山水冲刷，形成宽30米的平坦斜坡道，成为通往潼关城右侧的一条军事要道。自唐朝以来，各个时期为了潼关的安全，在禁沟西岸，分筑方形土台12个。土台底边长11米，宽10.5米，高7.6米，夯层0.09~0.14米。土台四周均有唐至明、清的瓦砾片。这些设施，属于防御性的军事堡垒，由于与潼关县基本相连接，故称十二连城。在距离北七烽火台遗址西北20米处的禁沟崖壁上，发现了约0.15米厚的汉代建筑材料堆积层，现场出土了绳纹板瓦等遗物。十二连城烽火台遗址为省级重点文物保护单位，其时代原定为唐至清之间。后有学者认为其时代上限应在汉魏时期，还有学者认为其时代当早到西周。潼关为中国古代著名的关隘之一，位于秦、晋、豫三省要冲的黄河、渭河交汇处。

据文献记载，潼关在东汉以前还未设关城，东汉末年曹操为预防关西兵乱，于建安元年（196）始设潼关。1959年因修建三门峡水库，潼关城搬迁、废止。1992年，该遗址被列为省重点文物保护单位。2013年，十二连城烽火台遗址被国务院列入第七批全国重点文物保护单位。（YYL）

南沙遗址 位于华县瓜坡镇南沙村和安家河村之间。1958—1959年，1983—1984年，多次进行科学发掘，获得了许多商代前期的遗迹遗物，有房屋、灶炕、窖穴、墓葬、陶窑及许多石、骨、陶、蚌、铜质生产工具和生活用具，其中有卜骨、刻画符号及商代前期的刻画陶纹。刻画陶纹属我国古文字中罕见的珍品。此外，还发现仰韶、龙山、西周等不同时期的地层叠压关系，随同出土的各类遗迹数十座，遗物多件，其中在龙山文化墓葬区首次发现两副完整的马骨。1992年，该遗址被列为省重点文物保护单位。2013年，南沙遗址被国务院列入第七批全国重点文物保护单位。（YYL）

刘家营遗址 位于安康汉滨区五里镇。属战国至秦汉时期遗存，面积约40万平方米。曾出土虎钮錞于、铜双鱼纹釜、柳叶剑、弩机、镞、铁釜和陶狗、原始青瓷等文物，分别收藏在安康历史博物馆和汉滨区文物管理所内，对于历史文化研究具有较高的科学价值。1992年，被省政府公布为省重点文物保护单位。2013年，刘家营遗址被国务院列入第七批全国重点文物保护单位名单。（YYL）

紫荆遗址 位于商洛市东7千米丹江南岸紫荆村北的二级台地上。面积10万余平方米。是商州区众多古遗址中第一个经过科学发掘的新石器时代聚落遗址。紫荆遗址自20世纪50年代发现后，曾经过数次调查复查，先后两次科学发掘。两次发掘中共发现各时期房址2座、窖穴220余个、陶窑6座、墓葬54座，出土各时期陶、石、骨、角、蚌等遗物3000余件。证实了这是一处内涵丰富，文化堆积时间长的重要原始社会新石器时代的聚落遗址。其文化堆积共分为五期：第一期为新石器时代仰韶文化的老官台类型；第二期为新石器时代仰韶文化的半坡类型；第三期为新石器仰韶文化半坡晚期类型；第四期为新石器时代龙山文化；第五期为西周文化。特别是第四期较多地表现出龙山文化客省二期的文化特征，但也同时反映出河南龙山文化庙底沟二期，江汉平原屈家岭文化，山东大汶口文化，河南二里头文化的信息。因此，紫荆遗址的初步发掘，为研究仰韶文化自身的发展和相邻地区诸多原始文化的交流、影响、融合等提供了难得的科学资料。1992年，该遗址被定为省重点文物保护单位。2013年，紫荆遗址被国务院列入第七批全国重点文物保护单位。（YYL）

西峪遗址 位于周至县竹峪乡西峪村村东的台地上。南北长约500米，东西约400米，面积达20万平方米。遗址范围内暴露有多处断面，文化层堆积厚约1.5米。在遗址东部沿竹峪沟断崖处发现现存长度约300米、高约2米的城墙一段，城墙系分层夯筑而成，极为坚硬，夯土内夹杂有细碎的陶片、石块等。遗址内散落有大量的绳纹板瓦、绳纹筒瓦和少量的麻点纹筒瓦，一些地方还发现有少数排水管道的残片、几何纹铺地砖及底部有圆球形装饰的铺地砖残片。此外，在附近的村民家中还收藏有遗址中出土的长0.78～0.81米完整的五角形排水管道和云纹、夔纹瓦当。据文物工作者介绍，麻点纹应为战国时期筒瓦特征，绳纹板瓦和筒瓦则为汉代遗物，大型夯土城墙、五角形排水管道、云纹瓦当等多见于秦汉时期的大型建筑中，所以西峪遗址应当为一处秦汉时期的大型城址。周至、户县一带为西汉时期的上林苑所在地，西峪遗址的发现为研究汉代上林苑宫殿分布提供了重要资料。2003年，该遗址被公布为省重点文物保护单位。2013年，西峪遗址被国务院列入第七批全国重点文物保护单位名单。（YYL）

澂邑漕仓遗址 位于蒲城县洛滨镇西头村洛河西岸的二级台地上。遗址范围广大，南北长约3千米，东西宽约1.5～2千米，其中心区域的西头村东侧，暴露长约150米、厚1～2米上下两层的灰层以及水井等遗迹，南部有东西长25米、南北宽10米，内有石础的夯土基址。遗址北部发现陶窑5座及绳纹、内麻点纹、菱形纹或布纹的板瓦、筒瓦，连弧纹或平行双弧纹、云纹瓦当（许多当面涂朱）、"澂邑漕仓"文字瓦当以及陶罐、瓮、盆、壶、钵等残片。澂邑漕仓是西汉时期具有重要战略意义的国家级仓储，其设置是便于向北部边防运送军粮，在北部边境形势较为稳定、军粮所需减少的情况下，成为供应都城长安的理想仓储。2003年，该遗址被省政府公布为省重点文物保护单位。2013年5月，澂邑漕仓遗址被国务院正式公布为国家级重点文物保护单位。（YYL）

何家湾遗址 位于西乡县城东北5千米的古城镇三合村，在泾洋河右岸第二台地上，高出河床约10多米。1980年10—12月发掘。遗址南北长约300米、东西宽150米，总面积4.5万平方米，发掘面积610平方米，出土文物有石器、骨器、陶器等生产和生活用具600余件，并清理出仰韶文化时期的残居住址20余处、灶坑1个，储藏物品的窖穴115个及墓葬25座，是当时在陕南所发现的史前时期遗址中规模最大、保存最好、堆积层最厚、出土文物最丰富的一处遗址。在1982年4月14日的发掘中，发现了一个完整的骨雕人头像，这是我国目前发现年代最早的一个骨雕人头像，也是一件极为珍贵的骨雕艺术品。2003年，由省政府公布为省级重点文物保护单位。2013年，何家湾遗址被国务院列入第七批全国重点文物保护单位名单。（YYL）

洛南盆地旧石器地点群 在南洛河流域的调查中，发现旧石器地点38处，其中洛南盆地34处，采集各类石制品1000余件，相邻的丹江上游商州市腰市盆地4处，采集各类石制品870余件。另外在洛南盆地发现花石浪龙牙洞洞穴遗址1处，并对其进行持续三年的发掘，共获得哺乳动物、鸟类和水生动物化石20余种，各类石制品3.5万余件，其中洞穴内达3万余件以上，揭露遗址面积120余平方米，从中清理出3层古人类居住踩踏面、灰烬层、烧石、烧骨，该遗址被认定为一处埋藏十分丰富的早期人类生活居址。随后，又在洛南盆地发现旷野型旧石器地点12处，获得石器1000余件。洛南盆地旧石器时代地点群的发现不但填补了秦岭山区旧石器时代考古的空白，而且为研究我国南方砾石石器工业和北方石片工业二者的关系，提供了十分重要的资料。1995年以来，陕西省考古研究院、中国科学院古脊椎动物与古人类研究所、洛南县博物馆、南京大学、加拿大皇家安大略博物馆和澳大利亚LA Trobe大学等国内外学术机构的研究人员，在中国社科院博士王社江的主持下，经过不懈的努力，使东秦岭南洛河上游洛南盆地的旧石器考古研究工作，取得了一系列重要的进展和丰硕的成果，在洛南盆地重点发掘了花石浪龙牙洞，孟洼和张豁口遗址，共发现旧石器旷野点480多处，发掘旧石器文物10万余件，其遗址旷野点分布密度之稠密，出土文物规格之高，在国内外绝无仅有。洛南盆地旧石器遗址跨越了距今80万—5万年左右漫长的历史阶段，对研究世界旧石器一系列重要问题有十分重要的意义，必将对世界旧石器研究产生巨大影响。2013年，该遗址被国务院列入第七批全国重点文物保护单位名单。（YYL）

龙王辿遗址 位于宜川县壶口乡龙王辿村北，距宜川县城约47千米。考古人员在这里发现21处旧石器时代晚期遗存，遗址出土了2万多件距今2万—1.5万年前后的石制品及一些动物骨骼化石，并发现20多处用火遗迹，为探究黄土高原东南部边缘地带旧石器时代晚期文化面貌，探寻黄河中游地区旧石器时代向新石器时代过渡时期的文化演进与环境变化等提供了科学依据。遗址中发现的磨制石铲是近年来我国旧石器时代考古工作的一项重大收获，长12.7厘米，宽9.2厘米，厚0.8厘米，是目前国内发现年代最早的磨制石器之一。新石器时代文化遗址共218处，重点村74处，如铁龙湾、流湾头、安源、许家峁、交里村、西岭、下井家、下庄、东岭、段家坪、曲里等。2013年，该遗址被国务院列入第七批全国重点文物保护单位名单。（YYL）

杨官寨遗址 位于高陵县姬家乡杨官寨村四组东侧泾河左岸的一级阶地上，海拔约498米。遗址北临雷村，东接徐午村，南距泾河约1千米，面积80余万平方米。泾渭两大河流在遗址东约4千米处汇合形成泾渭三角洲。针对杨官寨遗址的发掘面积已达16485平方米，发现各类房址49座、灰坑896个、壕沟9条、陶窑26个、瓮棺葬33个、墓葬45座、水井5口，出土各类可复原的器物7000余件。发掘区以高陵县产业园北区的东西二路为界分为南北两区。南区发掘面积约5615平方米，发现各类房址23座、仰韶时期灰坑496个、陶窑10个、瓮棺葬8个以及汉、唐、明、清时期的墓葬31座、水井5口。出土陶器5273件、石器353件、骨器303件、蚌器16件。该区的史前堆积主要是庙底沟文化遗存和半坡四期文化遗存。其中，最重要的收获是在发掘区南端一处东西走向的断崖上发现了成排分布的半坡四期文化的房址和陶窑。房址共发现17座，基本是平面呈"吕"字形的前后室结构，前室一般是地面式，后室则为窑洞式，是目前所知最早的窑洞式建筑群。在房址和窑址附近的H402中出土了大量的陶器，仅尖底瓶可复原的就达18件，此外还出土了大量的陶坯残片和1件可能是用来制作陶器的工具——轮盘，说明这些由成排的房子、陶窑及储藏陶器的窖穴等遗迹构成的区域可能是当时的作坊区。杨官寨遗址对于研究仰韶文化的发展和仰韶文化的社会发展阶段，乃至文明起源的研究都具有非常重要的意义。2013年，该遗址被国务院列入第七批全国重点文物保护单位名单。（YYL）

鱼化寨遗址 在中国，仰韶时代的大型聚落遗址主要有两处，它们均在西安，一为半坡遗址，一为姜寨遗址。2003年，西安市文物保护考古所在西郊发现了国内又一处保存完好的大型仰韶时代聚落遗址——鱼化寨遗址。该遗址位于西安市西郊鱼寨村北300多米处的岗地之上，是一处典型的仰韶文化遗址。约6000多年前，我们的祖先曾在此繁衍生息，留下了足以让今人感慨的各种遗迹，这也是考古界继半坡遗址之后在西安的又一重大发现，这为了解新石器时期原始人类生活生产情况又增添了新的研究资料。截至目前，共发掘面积1750多平方米。聚落里既有防护用的壕沟，也有各种形状的房子，还有墓葬。目前已发现房址50多座、灰坑（窖穴）137座、瓮棺葬54座、灰坑葬2座、儿童墓5座。遗址目前已出土可复原的陶器200多件，各种生产工具、装饰品600余件。2013年，鱼化寨遗址被国务院列入第七批全国重点文物保护单位名单。（YYL）

益家堡遗址 位于陕西省扶风县城西南3.5千米处的漳河左岸，其地属该县城关镇四家堡村益家堡组及殷家源组。遗址地处海拔约500米左右的渭北台原上，东、西、南三面临漳河，从河床到原面的相对高程超过30米，地势高亢。该遗址为扶风县文化馆于1981年发现。1985年，北京大学考古系商周组对该遗址进行了调查，并于1986年春、夏对该遗址进行了小规模发掘。发掘工作从1986年4月1日开始，至6月5日结束，历时两月余，总发掘面积为146.75平方米。2013年，益家堡遗址被国务院列入第七批全国重点文物保护单位名单。（YYL）

古邰国遗址 原名疙瘩庙遗址，1986年咸阳市地名办公室根据地名普查资料会同省文物专家对遗址进行实地考察。据《史记·周本记》《史记·秦本记》《水经注》《扶风县志》《武功县志》等文献记载："孝公十二年（前350）始置邰县，秦汉时置邰城。"曾出土器物铭文证明其地望与史籍记载相印证，故更名为古邰国遗址（邰城为邰国都城）。位于杨凌（原扶风县）揉谷乡法禧村周围。东西分布，地势较为平坦，由北向南呈缓坡状。在遗址西南的土壕岸上及东南耕地表面，发现了大量的灰坑灰层遗迹，新石器时代的灰坑更是多处分布。灰坑深2~5米、宽1.25~6米，形状以袋状和锥状为主，其次为不规则状，并发现有红烧土和光滑的土壁。从地层看，地表0.2～0.5米以下是1.8～3米厚的文化层。遗址内发现有大量灰坑，秦汉粗绳纹砖瓦、云纹瓦当、五角水管、铸铁作坊遗址等。1978年平整土地时，发现有宽10米左右的秦汉时期城墙基址。尤为重要的是这里出土了刻有"邰"字铭文的秦代铜鼎和铜温壶等。与史书记载相印证，这里就是"邰"城遗址，亦即西魏之武功城所在。在其周围的殿背湾、尚德、陵角、陵湾、陵东、石家、太子藏、杨陵火车站南各村，都发现有大量的从战国到秦汉的墓葬区。仅石家六队一条长不到百米的土崖上，就暴露有秦汉墓葬30多座，出土了大量铜、铁、石、陶器等遗物。古邰国都城邰城遗址内涵丰富，地层叠压清楚有序，跨时代区域性较长，对研究不同时期的文化遗迹具有十分重要的作用，1957年被公布为省重点文物保护单位。2013年，古邰国遗址被国务院列入第七批全国重点文物保护单位名单。（YYL）

桥镇遗址 位于宝鸡市陈仓区桥镇村五组东北约10米处的桥镇沟北岸顶部台塬上，地势西高东低，面积约15万平方米，属史前遗存。在此发现文化层1处，有灰坑、陶窑、房子等遗迹，并采集到筒瓦、板瓦、槽形瓦等建筑材料。由于时代久远，这些陶瓦片均有不同程度的破损，由于其是与新石器时代龙山文化时期的泥质红陶等文物一同出土，经专家判定，这些瓦片的历史可以追溯到4000年以前，是迄今发现的最早的建筑陶瓦，把我国用瓦的历史提前了上千年，为研究中国建筑史提供了极其重要的实物资料，被称为"华夏第一瓦"。2013年5月，桥镇遗址被国务院列为第七批全国重点文物保护单位。（YYL）

下河西遗址 发现于1988年的全省文物普查，位于白水县雷村乡下河村。经调查和试掘，初步认定下河西遗址面积为150万平方米，确认75座属于五六千年前仰韶时代和龙山时代的房址，发现了27个当时典型的丧葬仪式瓮棺葬。该遗址的整体文化面貌属客省庄文化，但其中也不乏一些新的因素。下河西遗址的发现对于即将全面进行的中华文明探源工程具有重要意义。2013年，下河西遗址被国务院列为第七批全国重点文物保护单位。（YYL）

秦直道起点遗址 位于咸阳市淳化县城北26.5千米的甘泉山下梁武帝村，古今文明的汉甘泉宫遗址西0.5千米处。是始皇三十五年（前212），秦始皇命大将蒙恬、公子扶苏率20万大军，耗时两年半修筑起的这条千里直道，距今已有2219年历史。直道横跨陕、甘、蒙三省（自治区），在省境内从淳化发起，途经旬邑、黄陵、富县、甘泉、安塞、志丹、横山、靖边、榆林等县，路面最宽处约60米，一般亦有20米，在历史上占有重要地位。2013年，秦直道起点遗址被国务院列为第七批全国重点文物保护单位。（YYL）

秦直道遗址延安段 秦直道是我国古代伟大的工程之一，俗称为古代的"高速公路"。秦直道南起京都咸阳军事要地云阳林光宫（今淳化县梁五帝村），北至郡（今内蒙古包头市西南孟家湾村），穿越14县，全长约700多千米。路面最宽处约60米，一般亦有20米。秦直道纵穿陕北黄土高原，沿海拔1600多米的子午岭东侧北上，在延安境内就跨越了黄陵、富县、甘泉、志丹、安塞五个县域，然后向东北延伸，通往内蒙古包头市。其道历经2000余年风雨，迄今大部分路面仍保存完好。延安境内的秦直道，全长约385千米，其中的黄陵段，已于1992年被陕西省政府公布为第三批省级重点文物保护单位。2003年陕西省政府又将富县、甘泉、志丹、安塞四县境内的秦直道遗址公布为第四批省级重点文物保护单位。2013年，秦直道遗址延安段被国务院列为第七批全国重点文物保护单位。（YYL）

役祤宫遗址 位于铜川市耀州区小丘镇西独冢村。遗址东西约2500米、南北约3000米，东临浊浴河，西临清浴河，地表留存大量的绳纹板瓦、绳纹筒瓦、空心砖、回纹方砖等建筑材料残片。村西有夯土台，高4米，南北长52米，东西宽12米。夯土层厚5~11厘米不等。村民在耕作时曾发现瓦当残片。在东独冢村北耕地地表还留存有巨型石雕两座。1988年，全省文物普查时发现该遗址；1989年，全国文物普查时进行了调查登记；1992年，被省政府公布为第三批全省重点文物保护单位，以所在的村子命名为"西独冢遗址"，后在考古调查时曾发现"役祤"瓦当残件，就改为现名"役祤宫遗址"。役祤宫遗址是铜川市境内留存面积较大的遗址之一，年代久远，文物遗存丰富，具有很高的考古研究价值，特别是对于研究陕西渭北地区秦汉时期的社会政治、经济、文化的发展沿革具有深远意义。2013年，役祤宫遗址被国务院列为第七批全国重点文物保护单位。（YYL）

成山宫遗址 成山宫遗址于1981年全国第二次文物普查时被发现，位于眉县县城西南7.5千米的第五村乡，规模较大。遗址西临石头河（古斜水），与岐山五丈原夹河相峙；南端台源高起，宛若绝壁，横扼斜谷；北去越过西（安）宝（鸡）公路南线，是为渭河；东依台源，地势舒缓，阡陌相连，自然条件十分优越。遗址南高北低，西、南部由于人为取土及河水冲刷，源面退缩很多。2013年，成山宫遗址被国务院列为第七批全国重点文物保护单位。（YYL）

银州故城 北周保定二年（562）在骢马城设置银州，故址在榆林市横山县东部无定河南岸的党岔，隋大业二年（606）撤销，唐贞观二年（628）复置，天宝元年（742）改为银川郡，乾元元年（758）复为银州，北宋元丰五年（1082）迁治永乐城，故址在米脂县西北龙镇的马湖峪，后被西夏占据，州废。2013年，银州故城被国务院列为第七批全国重点文物保护单位。（YYL）

建章宫遗址 位于西安市三桥镇北，以南北走向的建章路为轴线，南起陇海铁路，北接与石化大道相连的尤西路，主要包括高堡子村、低堡子村、南双凤村、北双凤村、东柏梁村、西柏梁村、孟家村等。建章宫遗址现存主要有四大遗址：前殿遗址、双凤阙遗址、太液池遗址和神明台遗址，分别位于高堡子村、南双凤村、低堡子村和孟家村。建章宫是西汉四大宫殿建筑群之一，于汉武帝太初元年（前104）始建于汉长安城西上林苑中，在西汉武帝、昭帝、宣帝三朝与未央宫同为大汉帝国的政治中心，意义非同寻常。建章宫景色宜人，宫殿气势恢宏，装饰富丽堂皇，有"千门万户"之誉，是西汉建筑史上最豪华壮丽的宫殿。西汉末年，建章宫被王莽所毁，《水经注·渭水》记载："王莽地皇元年，博征天下工匠，环撤西苑、建章诸宫馆十余所，取材瓦以起九庙，算及吏民，以义入钱谷，助成九庙。"建章宫遂逐渐沦为废墟，直至今日。2013年，建章宫遗址被国务院列为第七批全国重点文物保护单位。（YYL）

潼关故城 潼关历史悠久，闻名遐迩。古潼关居中华十大名关第二位，历史文化源远流长。位于秦、晋、豫三省交界的黄河三角地带，黄河、渭河、洛河三河交汇。潼关北临滔滔黄河，南依巍巍秦岭，自古就是关中的东大门，为兵家必争之地。潼关东面山峰连接，崖绝谷深，只有一条小道通过，人行其间，可望黄河远道奔来，劈开秦晋之间的莽莽群山，南下直扑华岳。作为军事要隘的潼关，始于春秋战国时代，秦国从晋国夺取潼关之后，开始剿灭六国的大业。此后历经战争洗礼，仍保留着基本风貌。明代潼关城的城墙，现在仍有留存。现留潼关城周长5千米，北面与东北以夯土为墙，外包青砖，高16米，宽8米；南与东南一隅，顺山势之高下，削成垛口，高达30米。除开6处城门外，尚有南北2个水门。在战火纷纭的年代里，潼关故城历遭兵燹，到中华人民共和国成立前夕，古代建筑幸存者屈指可数。中华人民共和国成立后潼关县城搬迁，故城遗址仅存残垣，但仍可窥其基本轮廓。2013年，潼关故城被国务院列为第七批全国重点文物保护单位。（YYL）

尧头窑遗址 地处澄城、蒲城、白水三县交界，东至白家城，北至澄白路，西至西坡村，南至沟边，约4平方千米。整个遗址包括古遗址窑址，瓷片堆积层，古民居建筑群、古道、古树、作坊和高岭土等。有关资料和"仰韶文化"考古推断，尧头窑始于汉代（前206—公元8年），另据明朝澄城县志载"澄城紫砂"始于唐武德元年（618），明天启五年（1625）刻印的《同州府志》也记载"澄城尧头产陶瓷器"。清嘉庆县志载，澄城产紫砂器，朴实耐用，民国十五年（1926）《澄城附志》记述，境内工艺不兴，无其他特产，著名者惟长润镇（尧头）之瓷器，余皆寻常之物。可见澄城尧头窑迄今已有千余年烧制陶瓷的窑火延续的历史。属我国北方黄河流域著名的民窑之一。2006年5月，尧头窑烧制技艺被国务院列入第一批国家级非物质文化遗产保护名录。2006年6月8日，尧头窑陶瓷遗址被确定为县级重点文物保护单位，明确划分了保护范围。2008年9月16日，被省政府批准为第五批省级重点文物保护单位。2013年，尧头窑遗址被国务院列为第七批全国重点文物保护单位。（YYL）

代来城城址 位于榆林市榆阳区巴拉素

乡白城台村。4世纪，统万城的缔造者、最高统治者，大夏国开国皇帝、匈奴末代单于赫连勃勃的父亲刘卫辰屯兵驻守之地。刘以代来城为基地，对邻国北魏发动攻击。东晋太元十六年、北魏登国六年（391），刘卫辰率领数万人攻打北魏，魏太祖拓拔硅率军迎战，击败刘攻入其领地，刘及其子等仓皇弃城而逃时，内讧的部下杀死刘，其三儿子刘屈孑侥幸逃脱，投奔薛干部。该部帅为讨好北魏，准备将其押解到北魏，半路上经他人拼死相救才幸免于难。刘屈孑到十五六岁时，因英俊勇武而被后秦皇帝姚兴封为安远将军，帮助莫弈于镇守宁夏固原。莫弈于非常赏识他，把女儿嫁给了他。但他并不安于这种现状。东晋义熙二年、后秦弘始八年（406），26岁的刘屈孑率兵以打猎为名，杀死了岳父莫奕于。次年，他自称天王大单于，定国号为夏，建立大夏国，并改刘姓为赫连氏。东晋义熙十三年、夏龙升十一年（417），大夏立国后的第十个年头，赫连勃勃以一系列摧枯拉朽的军事行动使大夏达到全盛时期：他先是率兵南下攻占咸阳，继而挥戈东进占据长安。龙升十二年（418），赫连勃勃登坛长安灞上，实现了他的梦想——做了皇帝，改年号为昌武。当年底，赫连勃勃回到统万城，此时的大夏，疆土"南阻秦岭，东成蒲津，西收秦陇，北薄于河"，占据陕北、关中、甘肃东部以及内蒙古河套地区，可谓北方一大强国。2013年，代来城城址被国务院公布为第七批全国重点文物保护单位。（YYL）

茹家庄遗址 属于西周时期遗址，位于宝鸡市神农镇茹家庄村南约70米处的清江河东岸二级阶地上，西距清江河约1000米。东至蒙峪沟口，南至宝鸡桥梁厂家属区北门，西至清姜路，北至茹家庄三组。遗址平面略呈长方形，面积约10万平方米。曾采集有西周时期的高领袋足鬲、折肩罐等残片，纹饰有绳纹、弦纹，同时发现有西周时期的墓葬、车马坑、灰坑等。1988年11月发现一座窖藏，出土铜鱼尊、刖刑奴隶守门方鼎、虎、鹿、狗及鸟形器盖等，为研究宝鸡地区西周文化提供了重要的实物资料。茹家庄遗址于1957年被公布为省级重点文物保护单位；2013年，被国务院正式公布为第七批全国重点文物保护单位。（YYL）

宝山遗址 位于汉中市城固县宝山镇，占地5万平方米，1990年被发现，因发掘出大量烧烤坑和形制特异的陶窑群而享誉海内外。经过连续15年的发掘，出土了距今3600—3000年前宝山商时期遗存中的大量陶器、骨器、石器以及铜、铁制等文物，其中出土的四棱体铜针，是迄今我国出土古代文物中最早的青铜针实例。其仰韶文化时期烤烧坑和汉代烤烧坑数量多、种类齐。揭示出汉水上游地区从仰韶、龙山、商代，直到汉代延续着烤烧坑这样独特的生活习俗，这在全国考古发现中尚属首次。此外，遗址出土的成年男女、幼童墓及直肢葬、屈肢葬等多样的墓葬形式为研究当时的葬仪葬俗提供了翔实的实物资料。2003年，由省政府公布为省级重点文物保护单位。2013年，宝山遗址被列入第七批全国重点文物保护单位名单。（YYL）

2. 古墓葬

黄帝陵 位于延安市黄陵县城北桥山。黄帝，姓公孙，名叫轩辕，出生于母系氏族社会。母亲名叫附宝，据史书载：农历二月初二，在沮水河畔（今黄陵县沮水河）沮源关的降龙峡生下黄帝，从此就有了"二月二龙抬头"吉祥之说。黄帝15岁就被群民拥戴当上部落酋长，37岁登上天子位。其一生的重大贡献就在于历经五十三战，打败了榆罔，诛了榆罔，降服了炎帝，诛杀蚩，结束了战争，统一了三大部落，告别了野蛮时代，建立起世界上第一个有共主的国家，当选为中华民族第一帝。人类文明从此开始。所以后世人都尊称轩辕黄帝是"人文初祖""文明之祖"。为此，延安又被称为中华民族的发祥地。黄帝出生于陕北黄土高原，黄帝族主要活动于陕北黄土高原，黄帝逝世后安葬于今黄陵县桥山之巅。自唐代宗大历五年（770）建庙祀典以来，这里一直是历代王朝举行国家大祭的场所。新中国建立后，每年清明、重阳节均在此进行祭祀典礼。特别是清明节公祭，已是中华民族传统祭祀大典。黄帝陵是中华民族圣地，海外侨胞将其誉为"东方麦加"。1961年，黄帝陵被国务院公布为第一批全国重点文物保护单位，编为"古墓葬第一号"，号称"天下第一陵"。（YYL）

茂陵 位于今兴平县东北原上，南位乡的东南部，西距兴平县12千米，东距咸阳市15千米。其北面远依九骏山，南面遥屏终南山。东西为横亘百里的"五陵原"。此地原属汉时槐里县之茂乡，故称"茂陵"。茂陵是西汉五陵之一，是西汉武帝刘彻的陵墓，也是规模最大的西汉帝王陵。汉武帝建元二年（前139），武帝刘彻在此建寿陵，后元二年（前87）武帝死后葬于此。其陪葬的珍宝在汉帝陵中是最多的，由于陪葬物品多，许多物品放不进墓，只好放入陵园内，以致西汉末年农民起义军打开茂陵园羡门，成千上万的农民涌入陵园搬取陪葬物，搬了几十天，园中物品还"不能减半"。1981年在茂陵东侧出土200多件珍贵文物，其中鎏金铜马，鎏金鎏银竹节熏炉均为稀世珍品。茂陵建筑宏伟，墓内殉葬品极为豪华丰厚，史称："金钱财物、鸟兽鱼鳖、牛马虎豹生禽，凡百九十物，尽瘗藏之。"1961年，茂陵被国务院公布为第一批全国重点文物保护单位。（YYL）

霍去病墓 霍去病墓在兴平县东北约15千米处。汉武帝元狩六年（前117）霍去病病逝，汉武帝刘彻为纪念他的战功，在茂陵东北为其修建大型墓冢，状如祁连山。封土上堆放着巨石，墓前置石人、石兽等。霍去病（前140—前117），汉族，西汉武帝时期的杰出军事家，是名将卫青的外甥，任大司马骠骑将军。好骑射，善于长途奔袭。霍去病多次率军与匈奴交战，在他的带领下，匈奴被汉军杀得节节败退，霍去病也留下了"封狼居胥"的佳话。霍去病墓冢底部南北长105米、东西宽73米，顶部南北长15米、东西宽8米，冢高约25米。墓前石刻现存16件。可辨识的象生14件，其中有3件各雕两形，总共有生物 17 体，不同物象 12 类。计有怪人、怪兽吃羊、卧牛、人抱兽、卧猪、跃马、"马踏匈奴"、卧马、卧虎、卧象、短口鱼、长口鱼、獭、蝠、左司空刻石和平原刻石。石刻依石拟形，稍加雕凿，手法简练，个性突出，风格浑厚，是中国现存时代最早、保存最完整的一批大型石雕艺术珍品。1961 年，霍去病墓被国务院公布为第一批全国重点文物保护单位。（YYL）

昭陵　位于咸阳市礼泉县九嵕山，是陕西关中唐十八陵中规模最大的一座。昭陵陵园周长 60 千米，占地面积 200 平方千米，被誉为"天下名陵"，是我国帝王陵园中面积最大、陪葬墓最多的一座，也是唐代具有代表性的一座帝王陵墓。昭陵陵园建设持续了 107 年之久，地上地下遗存了大量的文物。它是初唐走向盛唐的实物见证，是我们了解、研究唐代乃至中国封建社会政治、经济、文化难得的文物宝库。唐太宗与长孙皇后的昭陵有陪葬墓 180 余座，主要有长孙无忌、程咬金、魏徵、文彦博、段志玄、高士廉、房玄龄、孔颖达、李靖、尉迟敬德、长乐公主、韦贵妃等之墓，还有少数民族将领阿史那社尔等 15 人之墓。20 世纪 70 年代，考古工作者先后发掘了徐懋功（李勣）、尉迟敬德、程咬金、张士贵、郑仁泰、长乐公主、韦贵妃等 40 余座陪葬墓，遂建成了占地面积 35329.8 平方米，建筑面积 7000 平方米，陈列面积 2000 平方米，绿化面积 15000 平方米的昭陵博物馆。1961 年，昭陵被国务院公布为第一批全国重点文物保护单位。（YYL）

乾陵　位于咸阳市乾县城北 6 千米的梁山上，是陕西关中地区唐十八陵之一，是中国乃至世界上独一无二的一座两朝帝王、一对夫妻皇帝合葬陵。里面埋葬着唐王朝第三位皇帝高宗李治和中国历史上唯一的女皇帝武则天。乾陵修建于弘道二年（684），经过 23 年的时间，工程才基本完工。气势雄伟壮观。陵区仿京师长安城建制。梁山是圆锥形石灰岩山体，共有三峰，北峰最高，海拔 1047.9 米，乾陵就在北峰之上。梁山南面两峰较低，东西对峙，中间为司马道，故而这两峰取名叫"乳峰"。据史书记载，陵墓原有内外两重城墙，四个城门，还有献殿阙楼等许多宏伟的建筑物。勘探表明内城总面积 240 万平方米。城墙四面，南有朱雀门，北有玄武门，东有青龙门，西有白虎门。从乾陵头道门踏上石阶路，计 537 级台阶，其台阶高差为 81.68 米。走完台阶即是一条平宽的道路直到"唐高宗陵墓"碑，这条道路便是"司马道"。两旁现有华表 1 对，翼马、鸵鸟各 1 对，石马 5 对，翁仲 10 对，石碑 2 道。东为无字碑，西为述圣记碑。有王宾像 61 尊、石狮 1 对。1961 年，乾陵被国务院公布为第一批全国重点文物保护单位。（YYL）

顺陵　位于咸阳市东北 18 千米的陈家村南（唐时称洪渎原），是武则天（武曌）之母杨氏墓冢。杨氏死于唐高宗咸亨元年（670）九月，年 92 岁，以太原王妃礼葬。武则天即位后，于永昌元年（689）尊母为忠孝太后，改墓为明义陵。天授元年（690）九月又追尊为孝明高皇后，改称顺陵。陵园平面略呈长方形，占地面积110万平方米，有内城和外城。外城南北长1264米、东西宽866米，南面正门并列两个土阙，相距50米。内城亦称皇城，位于外城偏北部，南墙长286米，东墙长291米，西墙长294米，北墙长282米。南墙中段有相对两个土阙，相距22米。城墙系夯土筑成，宽1.9～2.2米。陵园内现存石刻34件，多数列置陵前，有华表、独角兽、石狮、石人、石羊。陵后有石狮、石马。东西两侧有石狮。石刻均由整块青石雕刻而成，形象逼真，姿态生动。石座的四周有线雕花纹，其中以陵前的独角兽和走狮尤为精湛。陵前原立有石碑，今已无存。皇城南门外有一遗址，周围有破碎砖瓦，应是碑毁亭塌后的废墟。顺陵附近出土过武三思镇墓石1方，有"今陪顺陵"刻书。陵园西南有两座土冢，东西并列。西面一座已发掘，出土篆书、苏府君墓志铭盖一块；东面一座已塌陷，1984年出土《大唐故光禄大夫工部尚书使持节都荆州刺史驸马都尉上柱国莘安公窦府君墓志铭》一合。1961年，顺陵被国务院公布为第一批全国重点文物保护单位。（YYL）

司马迁墓和祠 位于韩城市芝川镇东南1千米处。司马迁，西汉著名文学家、历史学家，他所著《史记》一书，开创中国通史体例，对后世史学和文学的发展都有深远影响。后人为纪念他的功绩，在原籍修建祠和墓。现存建筑最早是宋代修建的寝宫和山门。祠依山傍水而建，坐落在用砖石筑成的高台上，高约100米，占地面积约13万平方米，台阶为99层，分为四段。第一、二段立牌坊，上书"高山仰止""河山之阳"。第四段为宋代建筑的山门，门额上书"汉太史祠"。祠院正中为献殿、寝宫。寝宫内有司马迁塑像1尊。寝宫左邻为斋厨。寝宫后为墓地。墓冢砖垣围护，墓上有古柏数株。墓基周围嵌有砖刻八卦和名人题词多幅。墓前立"汉太史公墓"碑。1982年，司马迁墓和祠被国务院公布为第二批全国重点文物保护单位。（YYL）

汉长陵 系汉高祖刘邦的陵。位于咸阳市窑店乡北的咸阳原上，坐北朝南，南面是川流不息的渭水，北面是巍峨壮观的九嵕山，秦川故道穿逾原下。刘邦称帝的第二年开始营建长陵。陵园是仿照西汉都城长安建造的，只是规模略小而已。陵园内还建有豪华的寝殿、便殿。寝殿是陵园中的正殿，殿内陈设汉高祖的"衣冠几仗象生之具"，完全像皇帝生前时一样侍奉。刘邦的陵冢在陵园的偏西处，形状像覆斗，是夯土迭筑而成的。陵前汉高祖长陵立有清乾隆年间陕西巡抚毕沅所书的"汉高祖长陵"石碑一通，陵冢下面是刘邦安寝的地宫。陵园中还有吕后合葬陵，在长陵东面200多米的地方。由于汉代的制度造成帝后不同陵，所以吕后单独起陵于长陵之东。吕后陵是覆斗形。陵园的北面是长陵邑的所在地，在现在咸阳市的韩家湾。陵邑略呈长方形，城墙由夯土筑成，南北长，东西宽。陵邑的南墙部分与陵园边墙重合，东面没有城墙建筑。刘邦生前就迁徙大姓和贵戚之家在陵邑中，让其侍奉陵园，陵邑户口多达5万多户。近年在长陵陵邑范围内曾经发现树木双兽纹半瓦当和大量瓦片堆积、水管道、生产工具等。从文献记载来看这些残留的废墟、出土文物，可以窥见当年陵邑朱檐彩栋、深宫广院、车马人熙的繁华景象。1988年，汉长陵被国务院公布为第三批全国重点文物保护单位。（YYL）

杜陵 位于西安市南郊的杜陵原上，是西汉后期宣帝刘询的陵墓。杜陵始筑于元康元年（前65），初元元年（前48）汉宣帝葬此，为西汉诸帝陵中规模较大、保存较好的一座。1982—1984年中国社会科学院考古研究所对陵园、寝园遗址和陪葬坑进行了钻探和发掘。据考古研究：汉宣帝陵封土底部边长175米，顶部边长50米，高29米。陵墓居陵园中央，四面正中各有一条墓道通向地宫，四条墓道的大小、形制基本相同。墓道底部为斜坡墓道，均填土夯筑。陵墓周围筑有墙垣，四面墙垣正中各辟一司马门。陵冢东南575米为王皇后陵，其封土及陵园形制与杜陵相近，只是规模较小，建筑也较简陋。杜陵从葬坑发掘面积虽小，但出土的数以百计的裸体陶俑和车马器、兵器、金饼、建筑材料以及其他铜器、陶器、漆器等，显示出西汉帝陵极为丰富的埋藏内涵。杜陵既对西汉前期帝陵礼仪制度有所承袭，又对后代帝陵发生影响，在汉代帝陵中具有代表性。杜陵的发掘使考古学界认识到西汉帝陵是当时都城长安的缩影，其陵园形制、布局是仿照皇宫进行建造的。1988年，杜陵被国务院公布为第三批全国重点文物保护单位。（YYL）

桥陵 位于蒲城县城西北15千米的丰山。又名桥冢，是唐睿宗李旦之墓。桥陵以山为冢，在山腹开凿地下宫殿，在地面上绕山筑城，四面各开一门，陵园周长约13千米，因建于开元盛世，各种设施十分崇厚。虽已历经1270多年风蚀雨剥，但所保留的40多尊巨大石刻——石华表、石鸵鸟、石马、石人、石狮等，却依然眉目清晰、生动自然。石雕排列成行，气势磅礴，蔚为壮观，堪称盛唐石刻艺术的露天展览馆。据记载，桥陵当时地面建筑除雄伟的九间献殿外，还有几座阙楼及下宫、陵署等，几十年内房屋建筑即达140间。陵园设有陵台令及主文、主乐、主辇、典事等官员23人，陵户400人，还设有折冲府，专门有官兵负责保卫工作。天宝十四载（755），杜甫由长安至奉先看望家人，除写成有名的《自京赴奉先县咏怀五百字》长诗外，还写有《桥陵诗本十韵因呈县内诸葛官》，诗句有"先帝昔晏驾，兹山朝百灵，崇冈拥象设，沃野开天庭"，"石门霜露白，玉殿莓苔青。宫女晓知署，祠官朝见星"。诗中对渭南桥陵恢宏壮丽的建筑景观作了形象描述。1988年，桥陵被国务院公布为第三批全国重点文物保护单位。（YYL）

武侯墓 即诸葛亮墓，位于汉中市勉县定军山脚下。蜀汉建兴十二年（234），诸葛亮与魏司马懿在渭南相抗，病死于五丈原军中，葬定军山。武侯墓区，岗峦起伏，山环水抱，素有"陕南天然公园"之称。墓上和庙内的建筑，多是明、清两代一所三院并连的大庙，围有垣墙，面积约45000平方米。入陵园大门，一片汉柏古松，清幽、古朴。大殿院中，有许多历代歌颂诸葛亮的诗词和复修墓庙记文的石碑。大殿龛上,端坐着诸葛亮的塑像,纶巾、羽扇、鹤氅、方裾,神态庄严。关兴、张苞,侍立左右。墓在大殿之后,南北向,头北脚南,取北顾中原,南立蜀国之意。墓周砌以砖墙,其圆周为60米。墓冢为覆斗形,高约6米。墓前有一小亭,号曰"墓亭",内竖石碑一通,上刻"汉诸葛忠武侯之墓"。墓后有古桂两株,高大,繁茂,浓荫如盖,传为"汉桂",号曰"护墓双桂"。1996年,武侯墓被国务院公布为第四批全国重点文物保护单位。(YYL)

泰陵 位于咸阳城西75千米处杨陵区五泉乡双庙坡村,隋文帝杨坚之陵,又名杨坚陵。隋文帝用了9年的时间统一了中国,结束了南北分裂的局面。死后与皇后合葬泰陵,同坟异穴。陵冢高27.4米,呈覆斗形,夯筑而成。底部面积为26560平方米。陵冢顶部平坦,呈长方形,东西长48米,南北宽38米。陵冢底部四周已被挖掉3～5米,现残存东西长166米、南北宽160米。陵冢周围原筑有夯土城垣,现已基本毁坏,唯北城尚有残墙,长约130米,最高处1.2米,残存宽5.5米。夯层清晰,夯窝明显。经初步钻探,陵垣东西长756米、南北宽652米,总面积49.29万平方米。垣墙的四角及中部都发现有大量的砖瓦残片,应是当时建有阙楼和城门的残迹遗存。陵冢封土附近有陵园,残基发现带有浓厚佛教色彩的砖瓦纹饰。1996年,泰陵被国务院公布为第四批全国重点文物保护单位。(YYL)

永陵 位于富平县东留古乡何家村东北,是南北朝时期西魏文帝元宝炬与皇后乙弗氏、郁久闾氏的合葬陵。冢高13米,周长230米,陵园地面建筑无存,仅有石兽一对(獬豸),位于冢南200米处,西侧的兽头向东,高1.9米,身长1.93米,胸阔0.72米,东侧的古兽已迁展在西安碑林石刻馆内。据传还有古人及其他石刻,现已毁。这对石兽是我国早期的重要艺术作品,在古代石雕刻艺术史上占有重要地位。元宝炬大统元年(535)正月初一即皇帝位,改年号大统,是为西魏文帝。在位17年,大统十七年三月初六去世,时年45岁。距永陵东25米处有陪冢一座,高5米,周长112米,已遭破坏。陪葬者是谁,说法不一,有说是帝妹平原公主明月,有说是废帝元钦。据永陵附近民间传说,文帝安葬时,平原公主送葬,不幸暴毙陵前,即陪葬陵侧。由此,至今当地乡俗认为姊妹为弟兄送葬不吉。永陵目前保护尚好。1956年被省政府公布为省级重点文物保护单位。1996年,永陵被国务院公布为第四批全国重点文物保护单位。(YYL)

西汉帝陵 位于咸阳市、西安市境内。西汉11个皇帝的陵墓,除汉文帝刘恒霸陵和汉宣帝刘询杜陵位于渭河以南西安市东郊的白鹿原北端及南郊的少陵原上,其余9位均安葬在渭河北岸的咸阳原上,西起兴平县豆马村,东到咸阳市正阳乡张家湾,依次排列着汉武帝刘彻茂陵、汉昭帝刘弗陵平陵、汉成帝刘骜延陵、汉平帝刘衎康陵、汉元帝刘奭渭陵、汉哀帝刘欣义陵、汉惠帝刘盈安陵、汉高帝刘邦长陵、汉景帝刘启阳陵。帝陵园为方或近方形，四面各一门，门前有阙。霸陵因山为陵，其余帝陵有高大的覆斗形封土，底部方或近方形。如汉阳陵园边长418米，周围有墙，宽3.5米，陵墓封土底边170米、高32.28米。这里出土了大量珍贵文物，以造型逼真的陶人、动物俑以及精致生活用器、工具、车马器、武器等为代表。2001年，西汉帝陵被国务院公布为第五批全国重点文物保护单位。（YYL）

唐代帝陵 位于渭南市的富平、蒲城和咸阳市的三原、礼泉、乾县、泾阳共6县境内，包括高祖献陵、中宗定陵、玄宗泰陵、肃宗建陵、代宗元陵、穆宗光陵、顺宗丰陵、宪宗景陵、敬宗庄陵、德宗崇陵、文宗章陵、武宗端陵、懿宗简陵、宣宗贞陵、僖宗靖陵15座帝陵及陪葬墓等。唐代帝陵从唐太宗李世民葬九嵕山开始，除唐武宗端陵和唐僖宗靖陵外，都构筑在山上。"依山为陵"一方面是为了显示气势雄伟，另一方面也是为了防盗。陵园的平面布局自乾陵开始形成定制，墓室凿在山南的半腰处，高踞陵园北部，为全陵主体建筑，四周筑围墙，分内外两道，内城墙四面设门，南门内修筑献殿。外墙南面有3道门，石刻群（石狮、王宾像、碑石、石人、石马、鸵鸟和华表）置于由南而北的第二、三道门之间。第一道门外分布着皇族和文武大臣的陪葬墓。此外昭陵因山南地形险阻，在陵北玄武门内修筑1座祭坛，是举行大典的场所，为唐18陵中所仅有。唐代帝陵陵园气势宏伟，建筑布局严谨，随葬品丰富，蕴含极高的历史、科学、考古价值。

2001年，唐代帝陵被国务院公布为第五批全国重点文物保护单位。（YYL）

秦东陵 位于西安市临潼区骊山西麓油王村、地窖村一带，总面积27.5平方千米。根据《史记》记载，秦东陵共葬昭襄王以后四位君王、四位王后、一位太子。20世纪80年代的考古调查资料表明，秦东陵内埋葬着秦始皇的曾祖父母昭襄王和唐太后、祖父孝文王与养祖母华阳太后、父亲庄襄王与母亲帝太后等。截至2013年，秦东陵已发现的4座陵园合计面积达27.5平方千米，共有"亚"字形墓葬3座、"中"字形墓葬2座、"甲"字形墓葬2座，陪葬坑3座，陪葬墓区4处，地面建筑7处。这里出土的八年造漆木高足豆，为国家一级珍贵文物，有20余字铭文；漆木高足豆底座为国家三级珍贵文物，有铭文、图案。还出土了大量铜器、铁器、陶器及筒瓦、板瓦、瓦当等建筑材料。2006年，国务院公布秦东陵为第六批全国重点文物保护单位。（YYL）

明秦王墓 位于西安市城区东南方向的少陵原，此处是西安市城区东南方向的一块黄土沉积台地，位于浐河、潏河之间，位置在今西安市长安区杜陵乡、杜曲镇、大兆乡之间。这里安葬着明朝240年间镇守西安府的13个秦藩王。史载洪武三年（1370），明太祖朱元璋封次子朱樉为秦王始，其后藩王去世后下葬的13座陵墓和50余座陪葬墓冢散落在东起鸣犊西至三爻一带的少陵、凤栖原上。当年各陵墓建筑宏伟，陵前殿堂楼阁竞相错落，各自形成完整的皇家陵园。墓前神道两旁有华表、石蹲虎、石羊、石麒麟、石马、石人、石狮等大型石雕18件，均系明代雕刻，造型、刻工均极精美，是一批明代石刻艺术的精品。2006年，国务院公布明秦王墓为第六批全国重点文物保护单位。（YYL）

蔡伦墓和祠 位于汉中洋县城东10千米的龙亭镇。是中华民族"四大发明"之一造纸术的发明人蔡伦长眠之地，也是蔡伦的封地。祠内古柏参天、殿宇栉比、碑石林立，风景秀丽而幽静。墓祠分为南北两部分，墓区居北，墓冢高约7米、长30米、宽17米。墓园原占地16665平方米，现为4000平方米。园内有建筑设施13处。殿宇古朴典雅，塑像彩画栩栩如生。其南为祠，祠的中轴线上由南而北依次为山门、拜殿、献殿，正殿大门上高悬有唐代德宗皇帝的御书"蔡侯祠"匾额。殿中有蔡伦塑像。右侧壁上绘有"蔡伦纸"制作工艺流程图，左侧壁上绘有蔡伦于东汉元初元年（114）封为龙亭侯的谢恩图壁画。在蔡伦祠中轴线两侧还有钟楼、鼓楼、厢房、戏楼等古建筑和近代书法名家于右任为蔡伦墓和祠所题草书真迹。2006年，国务院公布蔡伦墓和祠为第六批全国重点文物保护单位。（YYL）

唐惠陵（让皇帝陵） 位于蒲城三合村东，当地人称之为"让冢"。惠陵陵主李宪，系唐睿宗李旦长子，文明元年（684）被立为皇太子，睿宗降为皇嗣后，武则天册封他为皇孙，中宗即位改封他为蔡王，李宪"固辞不敢当"。景云元年（710），睿宗将复立皇太子，李宪辞曰："储副天下公器，时平则先嫡，国难则先功，重社稷也。"并涕泣以死固让。遂立平韦后之乱有功的楚王李隆基为皇太子。李宪"一生谨畏，未尝干政"，开元七年（719）被唐玄宗封为宁王，天下"皆以天下友悌之祥"。开元二十九年（741）病逝，终年63岁，玄宗闻讯"失声号恸，左右皆泣下"。以宪"实推天下，有高世之行，非大号不称。乃追谥让皇帝"。因李宪是以帝王规格下葬，所以其陵寝范围很大，"陵在封阳乡，封内十里"，陵前布置有华表1对、天马1对、石狮4对、石马5对、翁仲10对，均为盛唐石刻艺术品。2013年，国务院将唐惠陵列入第七批全国重点文物保护单位名单。（YYL）

凤栖原西汉家族墓地 位于西安南郊凤栖原上，地处秦汉时杜县东部，东距西汉宣帝杜陵约6千米，西北距西汉长安城约40千米。墓主人为张安世，张安世为张汤之子。性谨慎，以父荫任为郎。汉武帝时，因其记忆力强，擢为尚书令，迁光禄大夫。汉昭帝即位，拜右将军，以辅佐有功，封富平侯。昭帝死后，他与大将军霍光谋立宣帝有功，拜为大司马。2008年8月，省考古研究院在配合西安航天管委会基本建设中，发现该家族墓地，报国家文物局批准后，对其进行了勘探发掘，出土重要文物1800多件，其中有700多件彩绘陶甲士俑和不少令人耳目一新的鎏金银、错金银青铜器等。凤栖原西汉家族墓地是我们可以看到的等级较高、墓主可考、规划有序、时代延续较长的西汉家族墓地。该墓园不仅有大墓、从葬坑、夫人墓、祠堂等核心内容，而且还有兆沟、道路和排水等完备的辅助系统，在王侯级别墓园的考古发现中，是极为少见的。2013年，国务院将凤栖园西汉家族墓地列入第七批全国重点文物保护单位名单。（YYL）

杨桥畔汉代城址与墓地 位于靖边县杨桥畔镇杨二村东北部，当地人称之为瓦渣梁。1987年文物普查时被发现，大部分地处毛乌素沙漠，总占地达3万多平方米，有大小古墓葬1万多座。老坟梁汉墓群是围绕战国晚期秦国人修建的瓦渣梁古城展开布局，各个规格的墓葬都有，但大多数都是平民墓葬。该古城一直存在到王莽政权覆灭之际，时间跨度长达数百年。虽然这里仍属边疆地区，但由于汉武帝、汉宣帝时期对匈奴的沉重打击，那时的政局比较稳定，生产得到了发展，人口众多且生活相对富裕，所以这里会有多达上万座的墓葬，并且陪葬品比较丰富。这也从一个侧面反映了当时人们很重孝道。老坟梁墓地年代集中在汉代中晚期至新莽时期。在发掘的100多处墓葬中发现了3座壁画墓，这些壁画多数绘于墓室内，绘画题材主要有青龙白虎、车马出行以及升仙等，体现出浓郁的道家及儒家的思想内涵。该墓地的发掘对于研究汉代北方边疆地区的墓葬分期、文化面貌、丧葬制度等具有重要意义。2013年，国务院将杨桥畔汉代城址与墓地列入第七批全国重点文物保护单位名单。（YYL）

商洛崖墓群 崖墓，是古代开凿于山崖或岩层中的墓葬。崖墓存在于战国至魏晋南北朝时期。在商洛境内的7个县区，即商州区、洛南县、镇安县、柞水县、丹凤县、商南县、山阳县，目前存在着从汉代到现代的崖墓点721处、崖墓4232座。考古调查显示，商洛崖墓总体呈东西方向密集分布，东西两端和南北两侧分布较少，分布范围达1万多平方公里。我国崖墓从汉代开始到南北朝以后逐渐消失，商洛崖墓却从西汉一直延续到明清乃至近现代，是我国延续时间最长的。从崖墓分布现状看，商洛崖墓还是我国西北边缘崖墓遗存最集中和数量最多的，它历代开凿的独特性也是全国罕见的。2013年，国务院将商洛崖墓群列入第七批全国重点文物保护单位名单。（YYL）

窦皇后陵 位于西安市灞桥区白鹿原上，窦太后（？—前135）名漪，清河郡（今河北清河）人，出身良家。吕后时被入选进宫。吕后挑选一些宫女出宫赏赐给诸侯王，每个王五名，窦姬也在选中之列。窦姬因家在清河，离赵国近，希望能到赵国去。她向主持派遣宫女的宦官请求，一定要把她的名字放到去赵国的花名册里。这个宦官在分派宫女时却把这件事忘了，把她的名字误放到去代国的花名册里了。就这样她去了代国。虽然这不是她的心愿，但到了代国，代王刘桓却非常喜欢她，先与她生了个女儿刘嫖，后又生了两个儿子：刘启和刘武。建元六年（前135）去世，与文帝合葬霸陵。窦太后是中华帝国最后一位拥附"黄老思想"的统治者，在她的影响下，西汉政权能继续由刘邦时期定下的"以民生息""无为而治"的精神，把汉王朝推上了强盛的高峰。2013年，窦皇后

陵被国务院定为第七批全国重点文物保护单位。（YYL）

兴宁陵 兴宁陵位于咸阳城东20千米处渭城区正阳乡后排村，唐高祖李渊的父亲李昞之墓。李昞于北周建德元年（572）死，葬咸阳。唐武德元年（618）追尊为世祖元皇帝，陵称兴宁陵。陵墓封土为圆锥形，底部周长133米、高约5米。陵前保存有石狮1对、石天鹿2对、石虎1对，造型古朴，雕刻细微，与永康陵石雕造型相似，为同一时期石雕。2013年，国务院将兴宁陵列入第七批全国重点文物保护单位名单。（YYL）

永康陵 唐高祖李渊的祖父李虎的陵墓，位于咸阳城东北55千米处三原县陵前乡侯家堡。李虎曾助北周伐东魏有功，封为柱国，死后追封为唐国公。李渊建立唐王朝后，于武德元年（618）追尊李虎为太祖景皇帝，增修陵园，称永康陵。陵墓高7米，底部周长430米。墓南尚存刻字华表、石狮、石人、石天鹿等具有初唐风格的石刻。永康陵前神道的石狮（现存西安碑林博物馆），胸部壮硕，浅刻纹饰，与隋代造型相近。永康陵神道西侧仅存的天鹿，完全不同于东汉南朝的骇人猛兽，而是取近于鹿的蹄类动物形象，性格显得温驯。它们的设置职能是为了驱除邪祟，象征祥瑞。其形象模拟真实的鹿形，多了装饰趣味的翼状线刻。1992年，永康陵被公布为省级重点文物保护单位。2013年，国务院将永康陵列入第七批全国重点文物保护单位名单。（YYL）

蓝田吕氏家族墓地 蓝田吕氏家族墓地，是考古鼻祖、北宋名士吕大临的家族墓地，位居西安市蓝田县灞河北岸黄土台塬之上，与白鹿原隔河相望。吕大临是中国历史上著名的金石学家，也是中国考古学的先驱。蓝田吕氏一族在北宋时期为名门望族。其长兄大忠、三兄大钧皆在碑石学研究领域造诣深厚，是西安碑林博物馆的奠基人。二兄吕大防曾官居宰相之职。2006年3月至2009年12月，省考古研究院、西安市文物保护考古研究所对蓝田县五里头村北宋吕氏家族墓地进行了调查、测绘、勘探及发掘。共清理墓葬29座（成人墓葬20座、婴幼儿墓葬9座）和东、西、北三侧围沟各1处，调查勘探家庙遗址1座。出土遗物700余件组，砖、石墓志铭24合。墓地东、西、北部均有围沟环绕，形成长321米、宽273米，南部敞开的南北向长方形墓园。墓葬群位于墓园正中偏北，墓地中轴延长线正南500米处为吕氏家庙"吕氏庄阁云寺"故址。墓葬排列脉络清晰，中轴线上自南向北纵向贯鱼式为长子长孙系列，横向则按辈分排布置。墓地使用时间为宋神宗熙宁七年（1074）至徽宗政和元年（1111），共计埋葬五代吕氏族人。2013年，国务院将蓝田吕氏家族墓地列入第七批全国重点文物保护单位名单。（YYL）

宁强羌人墓地 陕西宁强乃氐羌故里，当地羌人居住史已有三千余年。现今分布于略阳、宁强一带的羌族是13世纪西夏被灭后的主要分支之一。2008年，宁强被列为国家羌文化生态保护实验区，境内现已查明的古羌人墓地100余处，其中具有较高的审美价值及研究价值的古墓葬有50余处。羌人墓地一般位于山坡向阳地带，多为石板墓构造，有单室和多室两种形制。墓室石板内壁常见人物、动植物、器皿、云纹等浅浮雕。羌人墓葬建造技术和建筑形式是见证羌族悠久历史的最好证据。丰富的墓葬文化构成了颇具地域特色的独特景观，具有较高的艺术价值和研究价值。2013年，国务院将宁强羌人墓地列入第七批全国重点文物保护单位名单。（YYL）

北周成陵 成陵是北周文帝宇文泰与元皇后的合葬墓，位于富平县宫里小学院内，南距富平县城11千米，东距宫里镇政府170米。陵冢为圆锥形封土，冢高9.6米，周长149米。1966年陵冢南侧被红卫兵挖了一个10米×10米的缺口，缺口内东侧立清乾隆年间陕西巡抚毕沅题写的"北周文帝成陵"碑1通。陵前原有石蹲狮1件，现存西安碑林博物馆。宇文泰（507—556），代郡武川鲜卑族人，曾参加六镇起义军，占据关中。北魏孝武帝西奔长安，投靠宇文泰，并拥之，授大丞相。次年，北魏永熙三年（534）宇文泰废孝武帝并杀之，建立西魏，立元宝炬为帝，设都长安。翌年正月，元宝炬即位，改元大统。从此宇文泰专制西魏长达20年。西魏恭帝三年（556）卒。次年，子宇文觉继位，国号周，追宇文泰为文帝，庙号太祖。号其墓为成陵。1996年，北周成陵被省政府公布为第三批省级重点文物保护单位；2013年，被国务院核定为第七批全国重点文物保护单位。（YYL）

李茂贞墓 大唐秦王忠敬即李茂贞及其夫人晋故秦国贤德太夫人生于唐末，死于五代的后唐、后晋，是唐末、五代时期极为重要的历史人物，卒于后唐庄宗同光二年（924）。其陵墓位于宝鸡市北塬飞机场西端的陵原乡陵原村，距宝鸡市区2.5千米，与夫人葬在一起，是按"同茔不同穴"的墓葬形式合葬的，既承袭唐制，又有新的变化。李茂贞及其夫人墓的发掘为研究五代史、五代时期墓葬制度等提供了难得的实物资料，2013年被国务院定为第七批全国重点文物保护单位。（YYL）

永垣陵 即刘曜父墓。刘曜字永明，匈奴首领刘渊的族子。前赵皇帝，318年即位，改元光初，定都长安，葬其父于白水县林皋镇赵尧村东。墓封土高40米、南北长340米、东西宽96米，占地32640平方米。现为省重点文物保护单位，2013年被国务院定为第七批全国重点文物保护单位。（YYL）

走马梁墓群 位于榆林市榆阳区牛家梁镇边墙村西南高地上，由走马梁、塌崖畔、驮水梁三个墓区组成，总面积300万平方米。1999年墓葬被盗时发现，1999—2003年先后发掘27座墓葬，出土文物300余件。墓葬形制主要有竖穴土坑、长斜坡墓道土洞墓，出土器物主要有铜器、陶器、玉器、铁器、骨器等。走马梁汉墓群的发现与发掘对研究汉代边塞民族交融、郡县设置、墓葬习俗及生态环境具有重要价值。2000年，榆阳区将走马梁墓群公布为县级重点文物保护单位，同年成立走马梁文物保护管理所。2003年，省政府将走马梁墓群公布为第四批省重点文物

保护单位，同时公布保护范围。2013年走马梁墓群被国务院定为第七批全国重点文物保护单位。(YYL)

薄太后陵 位于西安东南白鹿原上，又名"薄姬冢""南陵"，当地俗称"簸箕冢"，汉景帝前元二年（前155），政治精明、与世无争的薄太后去世，葬于此陵。陵墓曾于西晋末年被盗，后被修复。陵墓封土形似覆斗，陵前有清朝树立的"汉薄太后南陵"石碑，常有游人光顾。薄氏是汉高祖刘邦的侧室、汉文帝刘恒的生母。薄氏出身低微，秦末诸侯纷起，魏豹称王，薄氏家将她献给魏宫。刘邦灭魏，她成为汉军俘虏，后被纳入后宫，生子刘恒。刘邦死后，吕后专权，凡被刘邦所宠幸的妃子多被杀戮或监禁。薄氏因在刘邦生前早已失宠，所以幸免于难。2013年，薄太后陵被国务院定为第七批全国重点文物保护单位。(YYL)

李重俊墓 位于富平县宫里乡南陵村北，该墓已由省考古研究所发掘清理，从发掘情况看，墓园由两部分组成，即地面和地下两部分构成。李重俊系唐中宗李显第三子，神龙二年（706）被立为皇太子。景龙元年（707）七月，矫诏率羽林兵发动兵变，斩杀武三思、武崇训及其党羽七余人。后士兵倒戈，余党溃败，在逃亡中被亲信所杀。唐睿宗即位后，追赠为节愍太子。陪葬定陵。地面文物由于年代久远，幸存无几，封土堆因雨水冲刷和人为的蚀食，现为覆斗形，系夯筑，夯层厚12～15厘米、底部边长37米、高20余米。已探明陵园东西120米、南北150米，中有门阙一对，面积100平方米，四个角有角阙121平方米，四个角阙有夯筑城墙相连，宽2～2.5米，门阙前有司马道，宽约20米，司马道两侧原有大量石刻，今仅存石人1尊，石蹲狮1座，地下部分由墓道、过洞、天井、甬道、壁龛、墓室等六部分组成，全长54.25米。在壁龛、天井、过洞、甬道、墓室出土大量的文物，有彩绘陶俑、三彩残片、白瓷、哀册、玉璧等文物200余件和大面积的壁画，有山水、马球图、列戟、仕女、官吏、瑞禽、屏风等，对研究唐代礼制制度、工艺绘画等，提供了难得的实物依据。李重俊墓于1992年被公布为省级重点文物保护单位，2013年被国务院定为第七批全国重点文物保护单位。(YYL)

勾弋夫人墓（汉云陵） 位于咸阳城北75千米处淳化县铁王乡大圪村，汉武帝刘彻妃勾弋夫人的陵墓，又称云陵。汉武帝晚年立勾弋的儿子刘弗陵（即汉昭帝）为太子，因怕他死后勾弋夫人像吕后那样专权，遂逼死勾弋于云阳宫。昭帝即位后追尊其母为皇太后，于始元元年（前86）改葬云阳，派2万将士建造云陵，并移民3000户在陵西北设云陵邑。陵园东西横距337米，南北纵距283米，四面有阙门。陵冢为覆斗状，底部周长158米，高35米。陵邑在陵西北500米处，东西横距700米，南北纵距370米，地面有城墙残迹。2013年，国务院将汉云陵列入第七批全国重点文物保护单位名单。(YYL)

李氏家族墓地 位于大荔县八鱼村，是继旬邑清代唐家墓地之后，迄今在省境内发现规模最大、等级最高、墓葬结构最为奇特的大型清代墓葬群，整个墓群石刻数量之多、结构之奇特、用功之精细在陕西乃至全国的清代家族墓系首次发现，5座石墓出土的文物，对研究清代社会的政治、经济，以及当时的葬俗文化、官僚制度、书法、石雕等起着重要作用。2003年，省政府将李氏家族墓地公布为省重点文物保护单位，2013年被国务院列入第七批全国重点文物保护单位名单。（YYL）

3．古建筑

西安城墙 位于西安市中心区，呈长方形，墙高12米，底宽18米，顶宽15米，总周长13.74千米。有主城门四座：东长乐门、西安定门、南永宁门、北安远门。截至2006年西安城墙先后共开有城门18个。从北开始顺时针依次为：尚武门、安远门、尚德门、解放门、尚俭门、尚勤门、朝阳门、中山门、长乐门、建国门、和平门、文昌门、永宁门、朱雀门、勿幕门、含光门、安定门、玉祥门。西安城墙是在唐皇城的基础上建成的。完全围绕"防御"战略体系，城墙的厚度大于高度，稳固如山，墙顶可以跑车和操练。城墙建于明洪武七年至十一年（1374—1378），已有600多年历史，是中世纪后期中国历史上最著名的城垣建筑之一，是中国最完整的一座古代城垣建筑。1961年，西安城墙被国务院公布为第一批全国重点文物保护单位。（YYL）

西安碑林 坐落于著名古城西安市三学街（因清代的长安学、府学、咸宁学均设在这里而得此名）。碑林的历史可以追溯到唐末五代时期，长安城务本坊的国子监内原来立有《石台孝经碑》和《开成石经碑》。唐末天祐元年（904）为了保护重要的碑石不散失，将石碑集中于文庙内。北宋哲宗元祐二年（1087）为保存《开成石经碑》而建立专门陈列石碑的场所，元祐五年（1090）又增建碑廊、碑亭。近千年来，经历代的广泛收集，规模逐渐扩大，至清初始称为"碑林"。已入藏碑石近3000方。现有6个碑廊、7座碑室、8个碑亭，陈列展出了共1087方碑石。在名碑荟萃的展室里，展示了圣儒、哲人的浩瀚石经，秦汉文人的古朴遗风，魏晋六朝墓志的英华，大唐名家的绝代书法以及宋元名士的潇洒笔墨。书圣王羲之、画圣吴道子书画同辉的笔墨遗迹以及诗画双绝的王维的竹影清风更为碑林增辉溢彩。西安碑林以其独有的特色成为中华民族历史文物宝库中的一个重要组成部分。1961年，西安碑林被国务院公布为第一批全国重点文物保护单位。（YYL）

褒斜道石门及其摩崖石刻 褒斜道是古代著名的跨越秦岭的通道，它贯穿秦岭山脉，道的南口是"褒谷"，位于汉中市，北口称"斜谷"，在眉县，全谷长250千米，统一名为"褒斜道"。褒斜道自战国时就凿石架木，陆陆续续地修起了栈道，后来又经过历代增修加凿，道才畅通无碍。道的两端有石门，北端名为"大石门"，南端是"小石门"，现在的褒斜道石门是指小石门。褒斜道石门位于峡谷栈道南端的一段隧道，褒斜道石门开凿于汉代，北魏永平二年（509）重新修建。门洞通长16.3米，宽4.2米，南口高3.48米，北口高3.75米。石门上雕刻有许多汉魏以来历代名人的留诗题名，统称为石门石刻。1970年因石门附近修建褒河水库，因石刻在水库蓄水线下，汉中市遂将全部摩崖的石刻切割转移到了汉中市博物馆，并在那里进行复原、展览。摩崖石刻在石门栈道的两壁和石门南褒河两崖上，有汉魏以来历代文人学士留诗题名百余方，通称为"石门石刻"。其中"汉魏十三品""李君表""石门颂"等最为著名。1961年，国务院公布褒斜道石门及其摩崖石刻为第一批全国重点文物保护单位。（YYL）

昭仁寺大殿 俗名铁佛寺。位于长武县城关镇。昭仁寺始建于唐贞观年间（627—649），是太宗李世民称帝后，为纪念在高墌（今长武县）与薛仁杲作战阵亡的将士而建立的寺院。寺院内现存的大雄宝殿，面阔3间，内无柱，为四根角梁挑起的梁架叠栱结构，是中国古代木构建筑中仅见的一例。山门、碑亭、东西厢房均是后来所建。寺内尚存唐碑一通，名"豳州昭仁寺碑"，由朱子奢撰文，传为虞世南书丹，笔力刚劲，流畅有力。全碑共有3000余字，保存基本完好。1988年，国务院公布昭仁寺大殿为第三批全国重点文物保护单位。（YYL）

西岳庙 位于华山以北5千米的岳镇街上，是供奉西岳大帝华山神的庙宇。庙始建于汉武帝时代，后成为历代帝王祭祀华山神的场所。西岳庙坐北朝南，庙门正对华山。在由北至南的中轴线上依次排列着灏灵门、五凤楼、棂星门、金城门、灏灵殿、寝宫、御书楼、万寿阁。整个建筑呈现前低后高的格局。这里建筑相当宏伟。五凤楼建于高台上，高达20多米，登楼望华山，五峰历历在目。正殿灏灵殿建筑为琉璃瓦单檐歇山顶，坐落于宽广的"凸"字形月台之上，面宽7间，进深5间，周围有回廊，气势宏伟，历代帝王祭祀华山多住于此。殿内悬挂有清康熙帝、道光帝、慈禧太后所题"金天昭端""仙云"等匾额。整个院落林木繁茂、山石嶙峋，饶有园林之趣。庙内碑刻极多，现存后周"华岳庙碑"，明重刻"唐玄宗御制华山碑铭"，明万历刻"华山卧图"，图首附王维、李白、杜甫、陈抟等唐宋名人游华山的题诗和华山图。还有清乾隆御书"岳莲灵澍"石额等。1988年，国务院公布西岳庙为第三批全国重点文物保护单位。（YYL）

西安清真寺 位于西安市城区西北隅化觉巷，俗称东大寺。西安清真寺是中国四大清真寺之一，也是西安最早的一座清真寺，始建于唐天宝元年（742），经历代修护保存至今。与西安大学习巷清真寺并称为中国西安最古老的两座清真大寺，因其在大学习巷寺以东，故又叫东大寺。寺呈长方形，东西长250米，南北宽约50米，面积1.2万多平方米。由东至西分作五进院落，院落之间以木、石门楼相隔，各以三门相通。前院有琉璃歇山顶砖雕大影壁和建于17世纪初的木牌坊。第二进院中心有小石牌坊1座，其西部甬路两侧分别立有明万历三十四年（1606）《敕赐重修清修寺碑》和清乾隆三十三年

（1768）《敕修清真寺碑》，石牌坊两侧建有"经学堂"和"敕修殿"等。第三进院中心矗立三檐二层八面的木结构"省心楼"，琉璃八角攒尖顶，屋架用各种木件叠架，造型独特，巧具匠心。两侧建有15间厢房，北厢为讲经堂，南厢为浴室。第四进院为全寺主院，前置庭院，后为礼拜大殿。前部为三亭相连的"一真亭"，中亭较大，呈六角形，两侧"夹亭"作三角形，形似凤凰展翅，别具一格。亭两侧列碑亭和碑廊，有明嘉靖元年（1522）《重修清真寺碑》等。礼拜大殿是寺院的主体建筑，建于高大的月台之上，周围绕以石栏，平面呈"凸"字形，宽面在前，面阔7间，长约38米，进深70余米，面积1200平方米，可容千余人礼拜。大殿前殿为相连的两个单檐歇山屋顶，后殿屋顶呈"丁"字形与前殿相接，殿内顶棚装饰600余幅富有伊斯兰教特色的天花藻井，每幅中心的阿拉伯文"都凹"构图着色各有千秋，壁板彩画刻饰蔓草花纹，套雕阿拉伯文。大殿两侧设有月亮门，可通后院，即第五进院。院内南北两侧原各有一土丘，现将土丘夷平，各建一望月楼。1988年，国务院公布西安清真寺为第三批全国重点文物保护单位。（YYL）

仙游寺法王塔　位于周至县马召乡黑水峪口。隋文帝开皇十八年（598），建仙游宫。隋仁寿元年（601），杨坚为了安置佛舍利，于十月十五日命人送佛舍利至仙游宫建塔安置，改称仙游寺。唐大中年间（847—859），扩为三寺，今存二寺。位于黑河南岸的仍称仙游寺，后经历代重修，现存正殿5间。殿西北有法王塔。塔7层，高35米。塔底层8.7米见方，塔身各层南面有券门，塔身逐层收分减高，叠涩出檐，形制属密檐式塔。1998年10月，因修建黑河水利工程，法王塔被拆迁。拆迁时，在塔的二、三层间发现3枚舍利，后又在地宫中发现10枚舍利和石碑。碑文记载建塔年月。仙游寺法王塔是中国现存的唯一一座隋代砖塔，对研究隋代佛塔建筑以及佛教发展史等方面都具有重要意义。1996年，国务院公布仙游寺法王塔为第四批全国重点文物保护单位。（YYL）

府州城　位于府谷县城东500米的石山梁上，东南临黄河，崖峭壁陡，地形雄险。古城平面呈靴状，面积2.3万平方米。置东、南、西、北大门和小南门、小西门共6门，原门上均设城楼，大南门、小西门外筑瓮城。城垣周长2320米，墙体土夯包石头，高7.2米。城内原有主街二条横贯东西，另有十二条坊巷，城中部设钟楼，东有文庙、城隍庙，西有关帝庙，南有荣河书院、千佛洞等，均为重点保护文物。城内还有明伦堂、崇圣祠、文昌祠、上帝庙、南寺、祖师坛、观音殿、二郎庙、魁星楼、鼓楼、娘娘庙、问神庙、木牌楼及临河的悬空寺等古建筑群。府州城古建筑除城垣为五代、北宋遗物外，其余均为明清建筑。1996年，国务院公布府州城为第四批全国重点文物保护单位。（YYL）

西安钟楼、鼓楼　钟楼位于西安市市中心，城内东西南北四条大街的交会处。建于明太祖洪武十七年（1384），因楼上悬挂铁钟一口而得名，是中国古代遗留下来众多钟楼中形制最大、保存最完整的一座。钟楼构建于方形基座之上，为砖木结构，重楼三层檐，四角攒顶的形式，总高36米。基座高8.6米，每边长35.5米，面积约1377.4平方米，内有楼梯可盘旋而上。整体呈典型明代建筑艺术风格，顶部为三重四面攒尖顶结构，由斗拱支撑，顶尖部为真金铂包裹木质内心的"金顶"。在微翘的屋檐上覆盖有深绿色琉璃瓦，楼内贴金彩绘，画栋雕梁。基座四面正中各有高约6米的十字相交的券洞，过去是市中心东南西北四条大街交会的通道，人流车辆从券洞通过。鼓楼位于西安城内西大街北院门的南端，东与钟楼相望。始建于明太祖洪武十三年（1380），清康熙三十八年（1699）和清乾隆五年（1740）先后两次重修。楼上原有巨鼓一面，每日击鼓报时，故称"鼓楼"。鼓楼横跨北院门大街之上。鼓楼和钟楼是一对孪生兄弟，相距250米，交相辉映，为古城增色。其楼基面积比钟楼楼基大738.55平方米，通高34米，雄杰秀丽不亚于钟楼。1996年，国务院公布西安钟楼、鼓楼为第四批全国重点文物保护单位。（YYL）

水陆庵 位于蓝田县城东10千米的普化镇王顺山下，为六朝名刹，以保存古代精巧罕见的彩塑而闻名，被誉为"中国的第二个敦煌"。水陆庵三面环水，形似孤岛，南有青山耸立，周有河水环流，故称水陆庵。据记载，今日水陆庵本是古时的悟真峪北普陀兰诸庵内的水陆殿，庵毁后，人们便把这个殿宇叫作水陆庵。据《蓝田县志》及碑所记载，水陆庵系六朝古刹，唐时与上、下悟真寺组

成了一个佛寺群。五代、宋、元、明、清多次重修。水陆庵是一座规模不大的四合院，前有5间山门，南北两边各有厢房13间，院中有3间中殿，西有5间大殿，是一座完整的佛家寺院，整个院落显得古朴清幽。彩色泥质壁塑是水陆庵之精华所在。所说壁塑，也称"隐塑"或"影壁"，是中国绘画、雕塑合一的艺术形式，多以山水、花卉为题材，并施以色彩，形成圆雕与浮雕相结合的特殊样式。1996年，国务院公布水陆庵为第四批全国重点文物保护单位。（YYL）

三原城隍庙 位于三原县东渠岸街中部，与龙桥中学相邻，总建筑面积13390平方米，始建于明洪武八年（1375），距今有600多年历史，是中国现存最完整的明清古建筑群之一。城隍庙古建筑群以均衡对称的正统方式把楼、殿、廊、庑亭等四十多个单座建筑，按主次布局在纵横轴线上，全部建筑琉璃盖顶，雕梁画栋，结构严谨，肃穆壮观。有"殚土木之功，穷造型之巧"的美誉。山门前歇山一字形水磨砖影壁，高10余米，中间镶嵌有透雕的"鲤鱼跳龙门"。影壁前铸有1万余千克重的一对铁旗杆，铁龙缠绕，气宇轩昂。山门东西八字墙上有"苍龙训子"和"鱼龙变化"的砖雕，栩栩如生。正门前建造一座12米高的歇山牌坊，坊额上书"威灵昭应祠"，坊上木雕"龙戏珠""凤还巢""狮子滚绣球"等吉祥图案，给人以博大雄浑之感。牌坊北面是城隍庙山门，高15米，又称"八卦悬顶无梁门"，因无梁檩，由十根明柱支撑，因在悬柱和八组斗拱方位上雕绘着太

极图和八卦符号而得名，大门通内的中轴线上有3米宽青石路贯通南北。山门内东西两边是牌廊，镶嵌有岳飞书写的《前后出师表》石刻，因其表文志尽文畅，书法飘逸，雕刻精湛，故有"三绝碑"之称。向北的第三道木牌坊，上书"陟降在兹"，下雕有"尧王访贤""岳飞赶考""李白醉写"等典故，形象生动，立体感强。向北的第二道石牌坊，额上石刻"明灵保障"，竖匾上刻"监视"二字，额坊上雕着"十八学士登瀛洲""三顾茅庐"等典故，造型典雅，雕刻别致。2001年，三原城隍庙被国务院公布为第五批全国重点文物保护单位。（YYL）

鸠摩罗什舍利塔 俗称八宝玉石塔。位于西安市西南30余千米户县东南圭峰下的草堂寺内，是后秦高僧鸠摩罗什的舍利塔。塔建于唐代（618—907）。造型、雕刻，均极雄健精美。塔的体形虽然不大，却是一件极为精美的唐代建筑雕刻品。1953—1978年，全面进行修葺，并建立"草堂寺文物保管所"予以保护。鸠摩罗什舍利塔的塔刹形制也具独特风格，在简洁的刹座上，刻出巨大的似莲瓣形花叶，承托巨大的扁圆宝珠。舍利塔玉石结构，单檐亭阁式，高2.33米。全塔用玉白、砖青、墨黑、乳黄、淡红、浅蓝、赭紫、深灰等8种颜色的玉石雕刻镶嵌而成，所以俗称八宝玉石塔。虽属于亭阁式塔，但其下部承以山岳波涛，须弥座也为浪花波纹所组成，别具匠心。在以波浪形组成的仰莲盘上，置八角形亭阁塔身，刻出大门和直棂窗，其上覆以四出方形屋顶。屋檐下有阴刻的佛像、飞天，极为生动流畅。2001年，鸠摩罗什舍利塔被国务院公布为第五批全国重点文物保护单位。（YYL）

公输堂 原名源远堂，又称万佛堂。位于户县渭丰乡祈南村。建于明永乐元年至二十二年（1403—1424），历时22年。公输堂现存后殿中、东二间，每间前分为六抹透花隔扇门，其上做平座斗拱，上有望柱栏杆。再其上又雕刻楼阁三座，阁为重搪三滴水，阁与阁之间用飞廊连接。隔扇门内，有方形穹顶，顶下第间有重檐三滴水楼阁，每座楼阁用角楼连接，楼阁下为平座栏杆。二进门亦为透雕菱花隔门，菱角莲花牙。门内为八角穹顶，顶下与前阁基本相同。平座斗拱和楼阁，层层出挑（三、四、五层挑），极为精巧。阁内彩绘，大都为沥粉贴金。隔扇门上的菱花雕刻，富于变化。腰花板为透花雕，障水板为沥粉山水、人物画。平座间的栏杆，有各种变化。平座斗拱下的幔帐有垂帘柱，其结构之复杂，雕刻艺术之精湛，堪称珍品。2001年，公输堂被国务院公布为第五批全国重点文物保护单位。（YYL）

仓颉墓与庙 位于白水县史官镇杨武村。庙平面呈方形，占地11340平方米，前部为祠祀建筑，后部为墓冢。庙门向南，中轴线上有照壁、山门、前殿、报厅、中殿、后殿（寝殿），以及仓颉墓，两侧配列钟楼、鼓楼、社房、厢房等。仓颉墓墓冢四周用八角墙垣，东、西设出入口。庙内有碑石18通。庙始建年代无考，传说汉代建冢，北宋嘉祐年间（1056—1063）曾对墓及庙进行维修。2001年，

仓颉墓与庙被国务院公布为第五批全国重点文物保护单位。（YYL）

泰塔 位于旬邑县城旬邑中学内。创建于北宋嘉祐四年（1059），为八角七层楼阁式砖塔，通高53米，底径12米。塔身结构为单壁中空。底层北面辟券门，内设塔心室，二层以上每层设4个券门。每层均做仿木结构3间，每层均叠涩出檐，石制角梁外端为螭首形，自翼角向外挑出，螭首悬风铃，石雕宝瓶式塔刹。塔身内设楼梯，可供登临。2001年，泰塔被国务院公布为第五批全国重点文物保护单位。（YYL）

香积寺善导塔 位于西安市长安区神禾原上的香积寺内。寺建于唐中宗神龙二年（706），塔与寺同时建造，是为纪念佛教净土宗第二代祖师善导和尚而修建的。善导大师（613—681），山东临淄人。善导大师依据《无量寿经》《观无量寿经》《阿弥陀经》及《往生论》等佛教净土宗经典，倡导任何众生愿生极乐世界只要称念"南无阿弥陀佛"名号，乘佛愿力，必定往生。后在终南山修行，著作现存有《观经四帖疏》四卷、《观念法门》一卷、《法事赞》二卷、《般舟赞》一卷。寺内现存唐代建造的善导塔，唐高宗调露二年（680）修建，系青砖砌成，壁厚2米，平面正方形，为仿木结构。塔顶因年久残毁，现存11级，高33米（据载原为13级）。塔身周围保存有鞍形的12尊半裸古佛，雕刻精巧，实为珍品。塔基层四面有门，南门楣额上嵌有砖刻的"涅槃盛事（时）"横额，是清乾隆三十三年（1768）修补时所做。塔身四面并刻有楷书，内容为《金刚经》，字迹雅秀、笔力遒劲，颇引人注目。2001年，香积寺善导塔被国务院公布为第五批全国重点文物保护单位。（YYL）

西安城隍庙 位于西安市西大街中段北侧。始建于明洪武二十年（1387），原址在西安市东城门内九曜街，明宣德八年（1433）迁今址。庙门向南，南北长380米，建筑面积3011平方米，包括16栋古建筑：文昌阁、东西廊庑、二道门、乐舞楼、二偏殿、四厢房、二配殿、牌楼、大殿和寝殿，其中大殿和乐舞楼为主体建筑。庙院规模宏大，分庙院和道院两大部分。原主要建筑有大门、玉皇阁、乐舞楼、牌楼、大殿、道舍、厢房等，后大多被毁，现仅存有清雍正元年（1723）重修大殿一座，斗拱出檐，雄伟壮观，顶覆琉璃瓦，前檐格扇门窗浮雕各种图案花纹，雕工精美。殿内原塑立有城隍、判官、小鬼等像。庙外牌坊前原置立铜狮一对，均为明嘉靖三十八年（1559）所铸造，现置省博物馆大门外。2001年，西安城隍庙被国务院公布为第五批全国重点文物保护单位。（YYL）

白云山庙 位于佳县城南5千米黄河西岸的白云山上。始建于明万历三十三年（1605），清雍正二年（1724）重修并增建。占地11万平方米，建筑面积4470平方米，含古建筑56栋，是陕西境内也是西北地区最大的一处古建筑群。庙依山势而建，主要建筑在南北向山梁上，从山脚到庙内有石牌坊、618级磴道、木牌楼、五龙宫、四重天门及真武殿等。各天门周围分列青龙、白虎、朱雀、玄武诸祠。主殿真武殿平面呈"凸"字形，由前部面阔3间的卷棚顶与后部面阔5间的悬山顶勾连搭而成。真武殿东西有藏经阁、玉皇楼、文昌阁、三清殿等建筑35座。其规划设计在保持官式做法的前提下，大量采用地方手法，布局灵活多变。庙内保存明清壁画1900余幅、碑碣120余通（方）、木匾40余方及琉璃狮子、石狮等文物。每年三月三、四月八、九月九有庙会，是晋、秦、宁、蒙地区重要道观庙会。2001年，白云山庙被国务院公布为第五批全国重点文物保护单位。（YYL）

八云塔 位于周至县城。八云塔又称瑞光寺塔。寺始建于唐景龙二年（708），后寺毁塔存。该塔为砖木结构密檐式佛塔，平面方形，高13层，中空，现塔残高35.74米，底层边长9.05米。塔身第一层较高，北面正中辟券门，另三面做假券门，二、三、七层及以上各辟二券门，两相对开，上下位置逐层相错。每层均叠涩出檐。一至五层檐下均隐刻出斗拱，塔内木楼梯清代被焚毁。1987年周至县文管所对八云塔开始修复，1990年竣工，1957年，被省政府公布为第二批省重点文物保护单位。2001年，八云塔被国务院公布为第五批全国重点文物保护单位。（YYL）

泾阳崇文塔 位于泾阳县崇文乡太平村，俗称"铁佛寺塔"。始建于明万历十九年（1591），历时13年竣工。为楼阁式砖塔，八角形，高87.2米，为我国最高砖塔之一。塔高13层，逐层收分，塔基为须弥座，底层每边长9米，塔身底层为重檐，南面辟券门，其余各面设佛龛。二层至顶层每层均辟四券门、四佛龛，门龛相间，叠层相错，每龛内置佛像一尊。层间叠涩出檐，仿木构椽头、斗拱等。2001年，泾阳崇文塔被国务院公布为第五批全国重点文物保护单位。（YYL）

彬县开元寺塔 也称"彬塔""彬县塔"，俗称"雷峰塔"。位于彬县县城内。该塔创建于北宋皇祐五年（1053），为八角七层楼阁式砖塔，底层每边长5.6米，通高47.84米，单壁中空。底层辟南北二券门，二层以上每层设4个券门，上下位置逐层相错，每层均做仿木结构3间，每层均叠涩出檐，塔顶为砖砌攒尖顶，上置铁质塔刹。整个塔体外观挺拔秀丽，显示了唐宋时期精湛、高超的建筑艺术。2001年，彬县开元寺塔被国务院公布为第五批全国重点文物保护单位。（YYL）

韩城普照寺 位于韩城市昝村镇吴村。始建于元延祐三年（1316），清代续修。建筑面积426平方米，主要建筑大殿为元代建筑，面阔5间，进深3间，单檐歇山顶。殿内保存有塑于元泰定三年（1326）的释迦牟尼佛和文殊、普贤二菩萨，阿难、伽叶二弟子5尊彩塑像及明清藻井绘画130余幅。大殿东西有土地庙、关帝庙各1间，殿前东西侧分别为伽蓝殿与护法殿，殿后有观音洞、禅院等。普照寺是一组罕见的元代典型古建筑，佛像塑造逼真丰满，天花板为珍贵绘画。建筑、塑像、绘画融为一体，具有极高的历史、文化、科学价值。更为重要的是，佛教自隋唐时期特别在唐初就在韩城地区盛行，建寺甚多，由于历史原因，现在保留极少。2001

年，韩城普照寺被国务院公布为第五批全国重点文物保护单位。（YYL）

韩城文庙 位于韩城市老城东学巷，是一组保存完整的元代建筑群。占地1.1万平方米，建筑面积2335平方米。始建年代不详，现建筑为明洪武四年（1371）在元代旧址上重建而成，形成前庙后学格局。文庙坐北朝南，不设南门，四进院落，南北长200米的中轴线上有照壁、棂星门、泮池、戟门、大成殿、正谊明道门、明伦堂、尊经阁等。整个建筑为飞檐翘角、雕梁画栋，庭院宽阔，格局规范，结构严谨，显示了中国古代民族建筑古朴、凝重、雄浑的特有风姿，被誉为镶嵌在韩城这座历史文化名城上的一颗璀璨明珠。1957年，被韩城县政府公布为县重点文物保护单位。1977年，被列为省重点文物保护单位。2001年，韩城文庙被国务院公布为第五批全国重点文物保护单位。（YYL）

韩城城隍庙 位于韩城市金城区东北隅。占地1.56万平方米，建筑面积1576平方米。庙始建于明隆庆五年（1571），明万历五年（1577）扩建，后多次重建。该庙坐北朝南，平面分四道院呈"十"字形，以山门、政教坊、威明门、广荐殿、德馨殿、灵佑殿、含光殿等构成南北中轴线。庙中所有建筑构架均采用彻上明造，梁架仍保留叉手，前后檐多用"大额"，山面用阑额和普拍枋。歇山顶收山较大，形制古朴，反映了当地明初建筑的特征。庙门是三门并列的正门和枝门，正门额书"城隍庙"，门外两侧各塑金刚神，四墙面砖刻"彰善瘅恶"四字。山门尾顶脊眉、鸱尾为琉璃彩色，有雕龙、走兽、狮子等。2001年，韩城城隍庙被国务院公布为第五批全国重点文物保护单位。（YYL）

党家村古建筑群 位于韩城市西庄镇，选址于水、塬之间的坡地上。元至顺二年（1331）始建，初名东阳湾，元至正二十四年（1364）更名党家湾，后称党家村。明永乐十二年（1414）起扩建，界划出长门、二门、三门住区与发展区，清代继续修葺扩建，为防御匪盗，筑上寨沁阳堡。主要居民为党、贾二姓族人。全村结构由巷道组成：主巷走向东西穿村而过，次巷、端巷与主巷连接，并符合地形排水方向。巷道地面一律石墁，断面凹形，交通与排水共用之。巷道与院落布局按风水说"盖以街巷作水论"，采用"巷不对巷""门不对门"方式，并于村口设一水口。现存民居群由村、堡组成，共计宅院120余座（其中祖祠12座）、房屋近千间，宅院均为四合院布局。建筑或构筑物类型主要包括：塔（40米高的7级6边形文星塔）、碑、楼、巷道、祠堂、宅院等，还有清末建造的寨墙和村中用于守望的看家楼1座。建筑艺术类包括大量精巧的木雕、砖雕、石雕及门额题词等。该村是韩城市保留较好、具有一定代表性的传统村落。2001年，党家村古建筑群被国务院公布为第五批全国重点文物保护单位。（YYL）

耀县文庙 位于耀县城内北大街学古巷，占地5700平方米，建筑面积1565平方米。创建于北宋嘉祐年间（1056—1063），后屡有修建。现存建筑有牌楼、戟门、大成殿及东西庑，多为明清所建。主殿大成殿建于明成化十一年（1475），面阔7间，进深4间，单檐歇山顶，檐柱有明显的侧脚、卷杀，前檐斗拱为五铺做双下昂，后檐斗拱为五铺做出双抄，整个斗拱用材较大，昂嘴扁平。前檐柱头普拍枋为一长达5间的通额，内部使用跨度达10多米的大内额。屋面举折平缓，出檐深远，带有地方早期建筑特征。2001年，耀县文庙被国务院公布为第五批全国重点文物保护单位。（YYL）

澄城城隍庙神楼 又名乐楼，位于澄城县城内西大街。建筑面积220平方米，坐北朝南。创建于唐贞元十三年（797），重建于明万历十年（1582），清代续修。现存建筑基本保持明代风格，由中楼、东楼、西楼并列组成，坐落在40级台阶的高台上。中楼为重檐三滴水歇山顶，楼身面阔、进深均为3间，楼高2层，底层带回廊，上层出挑平座栏杆，斗拱形式多样，内设木楼梯，可供游人登临，顶部置八卦藻井，装饰火焰宝珠图案。1992年4月，省政府批准公布为省重点文物保护单位。2001年，澄城城隍庙神楼被国务院公布为第五批全国重点文物保护单位。（YYL）

镇北台 位于榆林市城北4千米之红山顶上。是明代长城遗址中最为宏大、气势最为磅礴的建筑物之一，素有中国长城"三大奇观（东有山海关、中有镇北台、西有嘉峪关）"之一，"万里长城第一台"之称。镇北台据险临下，控南北之咽喉，如巨锁扼边关要隘，为古长城沿线现存最大的要塞之一。台呈方形，共4层，高30余米。台基北长82米，南长76米，东、西各64米，占地面积5056平方米。台之各层均青砖包砌，各层台顶外侧砖砌约2米高的垛口，垛口上部设有瞭望口，各层垛口内四周相通。其第一层周围有屋宇环列，乃当年守台将卒营房，至今基座尚存。紧依台北下方建一方形小砖城，名"款贡城"，是当年蒙汉官员接待洽谈及举行献纳贡品仪式的场所。1992年，被省政府公布为省重点文物保护单位。2001年，镇北台被国务院公布为第五批全国重点文物保护单位。（YYL）

精进寺塔 又名宝塔，坐落在澄城县东大街县文化馆院内，因建于原精进寺院内而得名。建于唐肃宗年间（756—761）。此塔从始建至今已有1240多年的历史。该塔是方形九级楼阁式，塔高33.26米，塔基呈方形，每面边长7米。塔身第一层较高，壁厚2.2米。每层四角各有风铃一个，底层的塔门向南，中间安有一副木门，这个门就是寺塔的正门，可以进去登塔，塔内第一层是木旋转式楼梯，其他几层均为木爬式楼梯，到第六层为止，七至八层空间太小，爬梯无法架设。各层有隐出柱子和额坊，卷门隔间上下相分开，第五层斗拱出两跳，单昂偷心造，每层挑角都佩挂风铃。塔檐由7层青砖叠涩出檐，檐上亦由7层砖以叠涩出檐。塔身二、四、六、八层南面或北面各开一券门；东西面各有一券洞或假门；三、五、七层的东面或西面各开一券门，南北两面各有一券洞或假门。塔顶用砖叠涩收分封顶，上置铁刹。塔身的隐性、券门洞、横式格棱窗均用土红色描绘。

从外观造型看，它与西安大雁塔有些相似，又与铜川北宋塔有些相仿，同时也具有它的独特风格，其塔身仿木结构，柱头突出叠檐清晰，塔顶铁刹，相轮完好，刹座为仰覆莲瓣形。1958年，被澄城县公布为县级重点文物保护单位。1992年，被省政府批准并公布为省级重点文物保护单位。2006年，国务院公布精进寺塔为第六批全国重点文物保护单位。（YYL）

圣寿寺塔 位于西安市长安区五台乡南五台山圣寿寺内。圣寿寺始建于隋，唐末五代时被毁，北宋重建，现存山门、前殿、大雄宝殿等建筑。寺塔为应身大士圆寂塔（舍利塔），据传也建于隋代，从其形制分析，最晚不迟于初唐。塔为楼阁式砖塔，平面呈方形，7层，高33.5米，底层边长7.5米，奇数层南北两面和偶数层东西两面均辟有券门。塔刹为铁制相轮，与铜川重兴寺塔和澄城精进寺塔塔刹相似，应为宋代遗物。塔北侧有民国净土宗印光法师的影堂石塔，"印光大师影堂"六字由近代书法家于右任题写。圣寿寺塔1992年被列为第三批省级重点文物保护单位，2006年被国务院列为第六批全国重点文物保护单位。（YYL）

长安圣寿寺塔 位于西安城南30千米处秦岭北麓长安县五台乡塔寺沟内。相传建于隋文帝仁寿年间（601—604），原名为"应身大士塔"。为仿木结构楼阁式砖塔，平面呈正方形，共7级，通高33.5米，底边长7.5米。塔的一、三、五、七层的南北两面及二、四、六层的东西两面各开拱券形门洞。塔壁面有柱、枋、斗拱等仿木结构。每层叠涩砌砖出檐，檐下饰有两层菱角牙子。塔顶有7个圆环形铁质相轮。最上面为八角形。向南拾级上山，可达南五台风景游览区。该寺是国内现存年代最久远砖塔之一。2006年，国务院公布长安圣寿寺塔为第六批全国重点文物保护单位。（YYL）

长安华严寺塔 位于西安市长安区韦曲镇东南至杜曲镇路北侧少陵原上。该寺建于唐贞观年间，为中国佛教华严宗发源地。清乾隆年间因少陵原坡塌崩，殿宇被毁，现仅存砖塔两座。东边一座为华严宗初祖杜顺和尚的墓塔，方形7层，高约13米，塔上镶有石刻"严主"两字，二层上有"无垢净光宝塔"石刻，塔下有唐大中六年（852）刻《杜顺和尚行记碑》，现移至省博物馆保存。西边是华严宗四祖清凉国师塔即澄观塔，六角5层，高约7米，塔上镶有"大唐清凉国师妙觉之塔"刻石。2006年，国务院公布长安华严寺塔为第六批全国重点文物保护单位。（YYL）

百良寿圣寺塔 位于合阳县城东北16.8千米处的百良中学校园内，俗称百良塔。建于晚唐，为密檐式方形多层砖构实心塔。共13级，高31.73米。每级四边出檐，檐仿宫殿结构，古朴典雅。除底层外，每级四角悬有风铃，清风徐来，铃声入耳。塔顶方形，呈朝天升天状，取承受上天雨露之意。清康熙二年（1663），在塔基底层加筑护墙，正南有门洞可通护墙顶端，洞额题"慈云洞天"，洞下有清顺治戊戌进士王又旦所撰《重修寿圣寺浮图记》石碑。百良寿圣寺塔造型玲珑秀气，是古代建筑中的杰作。目前塔顶已不知去向。该塔属第一批省级重点文物保护单位。2006年，国务院公布百良寿圣寺塔为第六批全国重点文物保护单位。（YYL）

昭慧塔 位于高陵县鹿苑镇，又名高陵塔、昭慧院塔。为八角13级空心砖塔。建于唐大中年间（847—860）。现寺已毁，塔尚存。今塔自明至今屡有修复。通高53米，底周长31.6米。底层南北辟券门，二层设假券门，三层以上四面辟券窗。层间叠涩出檐，施菱角牙子，檐角微上挑，檐下隐做阑额、斗拱，塔身形制较特殊，一至八层形似楼阁，九层以上层高锐减，层檐密叠，塔内有砖梯可登。因邻近泾阳、咸阳，地处渭水之阳，所以又称"三阳塔"。该塔结构精巧，制作坚固。几经地震，塔基外层剥落，塔身出现裂缝，后加以修补，至今完好。2006年，国务院公布昭慧塔为第六批全国重点文物保护单位。（YYL）

开明寺塔 位于洋县县城南街开明寺内。该塔始建于唐开元中（约727），宋庆元元年（1195）重修。有浮屠高13层，计27米，为方形单层多檐式砖塔，塔身北面正中设券门，内辟方形小室，长宽各1.5米，室墙内壁之上于转角处施叠涩砖，将室墙顶部收缩成八边形，其上砌井口枋一层，枋上每边各隐出散斗2个，斗上又叠涩向上逐步收缩，至顶形成一个小八角形的小穹窿，每边宽10厘米。塔的外观，在方形基座上更立须弥座式的台基一重。束腰每面做壸门8个，台基上部向内用叠涩收进5层，塔身亦用菱角牙子与叠涩合砌成塔檐，各层间自下而上逐层缩小至顶，复以半圆形的复钵及八边形的刹柱和宝盖；自第二层以上塔身各面设佛龛52个，及方形单层小塔100个，佛龛之间雕有龙凤壁画，佛龛内有石雕佛像，各层塔檐角上均有风铃。整体建筑古朴雄峻，结构精致优美。1957年，被列为省重点文物保护单位。2006年，国务院公布开明寺塔为第六批全国重点文物保护单位。（YYL）

大秦寺塔 位于周至县城南15千米秦岭北麓。是历史上基督教传入中国最早的寺院之一。7世纪中叶，罗马基督教（聂斯托利派）传入中国内地，当时称为"景教"，因唐代时称罗马为大秦国，所以称该教为"大秦景教"，称景教寺院为"大秦寺"。唐贞观年间始建，迄今1360多年历史。该塔为7层八棱楼阁式空心砖塔，通高40.90米，内砌圆直径为10.86米。四面错落券门，二层以上有木楼梯可通塔顶，造型古朴，美观大方，被誉为我国古塔中之佼佼者，特别是该塔内遗存有景教泥塑和古代叙利亚外文刻字多处，这些都是研究古代中西文化交流史不可多得的珍贵资料。1957年，被公布为省重点文物保护单位。由于古塔年久失修，塔身裂缝，塔体向西北方向倾斜2.76米，岌岌可危。1999年，国家拨专款近百万元对宝塔成功地进行了抢险加固和维修。该塔作为古代"丝绸之路"的产物和中西文化交流之见证，已经受到国际学术界的关注和有关国际组织的重视，2000年8月，联合国教科文组织将大秦寺的保护纳入"中国丝绸之路保护项目"。2001年，世界纪念性建筑基金会将大秦宝塔及大秦寺列入世界建筑遗产名录，大秦寺也因此而闻名海内外。2006年，国务院公布大秦寺塔为第六批全国重点文物保护单位。（YYL）

太平寺塔 位于岐山县县城西端原太平寺旧址内，因建于太平寺内而得名。宋代元祐三年（1088）修建，为八角九层仿木楼阁结构。历代虽然屡有修葺，但原貌并未改变。太平寺塔向南，塔身一至七层塔檐均为五铺做出两跳斗拱，八层塔檐均为单跳斗拱，九层塔檐则用砖叠涩出檐。塔身的二至七层每面均用砖砌出隐柱，柱头有平枋，把每面分为三开间。在第二、四层的正东西面正中间辟有券门洞，门洞两侧间各用砖做出横格方形假窗；北面则做假门与假窗。在第三、五、六层正东西面的正中间则为竖形假门，两侧各间为横格假窗；在第三、五层的正南、北面的正中间辟有券门洞各一。太平寺塔第二层塔檐上的平座栏杆用三层莲瓣做装饰，第三、四、五层的平栏杆则无任何装饰。2006年，国务院公布太平寺塔为第六批全国重点文物保护单位。（YYL）

武陵寺塔 位于咸阳城西北90千米处永寿县旧址原武陵寺内。初建于北魏天兴年间（398—404）。现塔为宋代建筑。塔为八棱7层砖塔，高21.7米，由于塔身倾斜，底部砖块严重脱落。20世纪80年代进行修葺，拆除塔顶残砖时发现宋神宗"熙宁重宝"铜钱一枚，同时发现书有"大观元年五月重"字砖一块。1981年，该塔被定为省第一批重点文物保护单位。2006年，国务院公布武陵寺塔为第六批全国重点文物保护单位。（YYL）

神德寺塔 又名耀州塔。位于铜川市耀州区。该塔位于耀州城北步寿原下的半坡上，建塔确切时间已无从考证，但其建筑风格似为宋代建筑，故后人渐渐称其为"宋塔"。塔高35米，底围25.04米，内径2.9米，八面9级，斗拱挑角，密檐环围，外饰美观，巍巍而立。2004年，耀州区文史工作者通过查阅大量资料，印证了在宋塔的遗址上早在南北朝元魏年间（471—556）就建有一座寺院，名为龙华寺，隋代改建大像阁。唐玄宗开元八年（720），寺院更名为"神德寺"。宋代，在神德寺内建起此塔。据此，将"宋塔"正式命名为"神德寺塔"。1956年，被省政府公布为省第一批重点文物保护单位。2006年，国务院公布神德寺塔为第六批全国重点文物保护单位。（YYL）

法王庙 位于韩城市西庄镇北。始建于宋真宗乾兴元年（1022），历经各代重修。现存献殿、寝宫。其中，献殿保持元代建筑风格，朴素大方，保存完好。法王庙寝宫是一座砖木结构古建筑，飞檐凌空，斗拱交错，雕刻精致，殿顶藻井富丽堂皇，屋顶正脊部分以彩色琉璃制品装饰有龙吻、仙人、走兽，变化多姿。庙前小塔用砖砌筑，为法王房寅之墓。据明崇祯五年（1632）勒碑记称："法王姓房，字百虎，唐末西庄附近人，相传为屈原后裔，寿一百一十岁。修道于灵贶观（地址在法王庙前的道院）。因灵通帝梦，用针砭之法，使太子降生（指宋仁宗赵祯），朝廷有感而册之。至仁宗听政，追封为法王，遂建庙祀之。"2006年，国务院公布法王庙为第六批全国重点文物保护单位。（YYL）

北营庙 位于韩城市老城北街西侧，为主祀关帝的庙宇。始建于元代。韩城旧城历代驻扎兵营之地，曾设东、西、南、北、中五个营庙。现存北营庙有献殿、寝殿。坐北朝南。寝殿原有关羽塑像1尊，现已不存，仅存"忠义"牌匾1块。庙内另有明代建的舞台1座，坐南朝北，舞台两侧存有明代壁画数幅，保存完好。庙院占地2460平方米。2006年，国务院公布北营庙为第六批全国重点文物保护单位。（YYL）

五门堰 位于城固县城以北15千米许家庙镇东南0.5千米处。此堰系截湑水河流而建成的低坝拦河灌溉工程，是城固县至今仍在发挥作用的一处古水利工程。据石刻记载，此堰修建于新汉王莽时期，后几经修缮，于明神宗万历二十六年（1598）"门堰"头引湑水南流十里，经石峡，分为若干支渠，灌溉城固县城周围广大地区，东北至湑水，西至沙河，南抵汉江，总灌溉面积约五万亩。五门堰有堰口、堰坝、堰渠三部分组成。堰口先是土筑，遇大水崩溃，到元代至元年间（1335—1340），城固县令蒲庸将堰口改为石砌，渠底开到五洞，东二西三，形似五门，可以启闭，故名"五门堰"。堰坎西南20米处，有清嘉庆年间所修的太白楼、禹稷殿、大佛殿。坎南有观音阁，全用石条垒砌，建于清道光年间。另外，古庙内有关于五门堰水利碑40多通。新中国成立后，五门堰经多次疏通扩修，还一直发挥着良好的作用。2006年，国务院公布五门堰为第六批全国重点文物保护单位。（YYL）

吴堡石城 又称吴堡城。位于吴堡县城东北2千米的黄河西畔山巅。始建于五代时期北汉政权，为吴堡寨，北宋为寨，金正大三年（1226）设吴堡县治于此，元、明、清及民国各代，皆为吴堡县城。这里设寨一千余年，设县治所710年。1945年移县治所于宋家川镇，古城遂为城关镇的一个行政村（现名古城村）。吴堡石城依山而建，平面呈不规则圆形，城周长1125米，占地面积约10万平方米。城墙内为黄土夯筑，外为石砌，条石拉筋。城垣残高1.6～11.2米。城垣设东、南、西、北四门，上均建有门楼，今门楼皆毁。原门上所嵌石刻题额现仅存西门、南门2处3块。城垣西墙、北墙各设马面1处，东北、西北角设有角台。城内原有南北大街一条，店铺数十处及历代衙门、娘娘庙、祖师庙等，现皆残破不堪。20世纪40年代侵华日军隔黄河炮击石城，使城内部分古建遭毁，城墙也遭到不同程度的破坏。城内现存数处清代窑洞式民居，保存相对完整。2006年，国务院公布吴堡石城为第六批全国重点文物保护单位。（YYL）

周公庙 位于岐山县城西北6.5千米的凤凰山南麓。唐武德元年（618），为纪念西周著名政治家，曾帮助武王灭商立国和辅佐成王平叛安邦的周公姬旦，在此修建了周公祠。后经历代的修葺、扩建，形成以周三公（周公、召公、太公）殿为主体，姜嫄、后稷殿为辅，亭台楼阁点缀辉映的古建筑群。现存古建筑30多座，汉槐唐柏多株，植被丰茂，浓荫蔽日，是宝鸡地区规模最大、保存最完整的古代建筑群。从古至今，这里一直是人们游览的场所，历史上韩愈、苏轼、康海等许多文人墨客曾来此游览抒怀，留下了140多首游览诗文和30多通碑石。2006年，国务院公布周公庙为第六批全国重点文物保护单位。（YYL）

榆林卫城 位于榆林市。东依驼山，西临榆溪河，北锁红石峡。为明长城九边重镇之一。榆林城地处半山半川处，东高西低，平面呈菜刀形，城墙内夯黄土，夯层厚16～20厘米，外墙砌以砖石，上设垛堞。底宽15米，顶宽9米，高12米。原南城墙长1060.4米，西城墙长2124.5米，北城墙长1168.9米，东城墙长2435.5米，总长6789.3米，现存城墙总长5677.8米。城门五座：北门广榆门、南门镇远门、东门振武门、大西门宣威门（已毁）、小西门新乐门（已残）。五门均为拱券式，门洞上额镶有门匾，顶部均建有二层敌楼（均毁），东南两门设瓮城。东城墙上建有红砖砌筑的文昌楼（已毁），为全城的制高点。东南城角建二层高的魁星楼（已残）。筑城时随地形不同，加设马面，大小不等，相距不一，共12处。2006年，国务院公布榆林卫城为第六批全国重点文物保护单位。（YYL）

张良庙 位于秦岭南坡的紫柏山麓，南距汉中101千米，北邻凤州76千米，距汉中留坝县城17千米处的庙台子街上。原在紫柏山顶，约在明清之际移至山下，相传为张良的"辟谷"之所在。庙有6大院，150余间殿宇，总面积1.4万平方米。庙门是彩石基座。砖构券洞式牌楼。进大门是一座连通二门的大木桥，名曰"进履桥"，取张良在圯桥为黄石公进履之意，即根据"圯桥纳履"典故而设计建造的。当年苏轼曾在这里吟诵"曾闻圯上逢黄石，久矣留侯不见欺"，赞扬张良一生有始有终、表里一致。门院内有钟、鼓楼和三角形的灵官殿。越过遍立历代名人碑碣的前、后过庭，进入二山门便是大殿院。大殿庄严雄伟，上悬白金匾额：帝王之师。2006年，国务院公布张良庙为第六批全国重点文物保护单位。（YYL）

扶风城隍庙 位于扶风县县城东大街。始建于明洪武三年（1370），正德十三年（1518）重修，后屡有增建修葺。该庙院坐落于三级夯土台上，总占地6668平方米。自南而北中轴线上有戏楼、山门、木牌坊、八卦亭、献殿、正殿、寝殿、藏经楼及两侧厢房、配殿、钟鼓楼等，高低错落分布有序。庙内现存南北朝、隋、宋、金、元、明、清及民国年间碑碣、造像碑、经幢、石造像数十通。2006年，国务院公布扶风城隍庙为第六批全国重点文物保护单位。（YYL）

玉皇后土庙 位于韩城市东北约15千米大池埝镇西原村。庙殿坐北朝南，始建于元代，明成化元年（1465）、清乾隆二十三年（1758）、嘉庆二十五年（1820）均有重修。原供玉皇大帝，现神像无存。现存主要建筑有献殿、正殿、戏台。共有建筑9座46

间，占地2895平方米。正殿、献殿均为筒瓦包沟。面阔均为明三间、暗六间。前檐梁均加彩绘。建筑结构紧凑，气势宏大，保存基本完好。2006年，国务院公布玉皇后土庙为第六批全国重点文物保护单位。（YYL）

玄武庙青石殿 位于渭南市合阳县城西南10.5千米处的王村镇南王村西北。该殿自明万历四年（1576）开始创建，至万历三十二年（1604）竣工，历时28年。青石殿选址在大浴河东塬畔的一座土岗上，岗顶面积约666.7平方米左右，四周筑有护墙，称为"山院"。进山门后有五孔砖砌窑洞，分别是三官、玉皇、药王、雷神、三清诸神。登上70级石阶，便是青石殿。青石殿高约10米，占地面积64平方米，用700余块巨石砌成。殿仿木结构，重檐歇山顶，殿门向南，正面刻八仙人物、麒麟等浮雕。殿门抱框升龙；券门正中上方刻一单龙戏珠，龙头在外，龙尾却藏于门楣之内，神龙见首不见尾，构思奇特。殿东、北、西三面刻老子八十一化生故事，是一部精美的石刻连环画。人物雕刻精细，神态生动，眉目传神。殿内下半部为方形，从约2米高处开始起券，至殿顶形成一个八卦形藻井，中间有垂连珠。殿内北面有神座，铜铸玄武帝像，跣足披发，黑发仗剑，脚踩鬼蛇，从者皆执黑旗。玄武铜像毁于20世纪50年代。青石殿素有"中武当"之称。1984年，被公布为省重点文物保护单位。2006年，国务院公布玄武庙青石殿为第六批全国重点文物保护单位。（YYL）

庆安寺塔 位于渭南市交斜乡东堡村。该塔修建时间不详，重修于宋，明嘉靖三十四年（1555）十二月华州大地震时塌毁，嘉靖三十七年重建。塔高9层30余米，塔基正方形，有36券形门道，方向略偏，下层每边长6米。一层外壁有砖刻："维大明国嘉靖三十四年十二月十二日夜忽天震地裂，摇倒舍利宝塔一所。"二层两壁石刻"大明国陕西西安府渭南县来化镇庆安寺重修塔记"，又载："夫上古设塔时，左有洛水，右驿柳林，于是望景观卜，而竖塔于此，待以壮风光，美瞻视，镇四方。"因长期受沙苑风沙侵蚀，塔身破坏严重。1979年市政府拨款加固处理。2006年，国务院公布庆安寺塔为第六批全国重点文物保护单位。（YYL）

咸阳文庙 位于明清咸阳城区中山街，现咸阳博物馆位置。是咸阳城区目前保存较为完整的明、清古建筑群。明洪武四年（1371）由县丞孔文郁主持修建。经过明天顺三年（1459）、万历四十三年（1615）、清康熙二十年（1681）、嘉庆二十年（1815）、同治五年（1866）、光绪十四年（1888）多次重修。占地面积约9050平方米，坐北朝南。原有宫墙周围233米，大成殿5间，两庑各7间，戟门5架，门外有名宦乡贤祠、忠孝节义祠，戟门里金水池上架有金水桥，迤南有棂星门，再南有大成坊。再后有金声、玉振二门，左右对称。现仅存大成殿5间，两庑各7间，余尽毁矣。现中轴线自南而北依次有木牌楼、前殿、中殿、后殿，两侧有东西廊庑。2006年，国务院公布咸阳文庙为第六批全国重点文物保护单位。（YYL）

盘龙山古建筑群 位于米脂县城北100米处。盘龙山，原名马鞍山。明嘉靖年间（1522—1566）为真武庙。明末农民起义军领袖李自成在大顺永昌二年（1645）派遣其侄李过回家乡米脂县修筑行宫和祖坟。李过将真武庙扩建成行宫。行宫依山踞险，布局严谨，构筑奇巧。主体建筑由乐楼、梅花楼、捧圣楼、二天门、玉皇阁、启祥殿、北庆宫7处重要建筑组成。清乾隆五十六年（1791）、光绪二十一年（1895）两次重修真武庙。1992年，被省政府公布为第三批省级重点文物保护单位。2006年，国务院公布盘龙山古建筑群为第六批全国重点文物保护单位。（YYL）

姜氏庄园 位于米脂县城东15千米桥河岔乡刘家峁村。建于清朝同治年间（1862—1874）。由该村首富姜耀祖请北京专家设计，招聚县内能工巧匠兴建而成，前后用时13年。该庄园设计巧妙，施工精细，布局紧凑，由上而下，浑然一体。占地40余亩，主体建筑为陕西地区最高等级的"明五暗四六厢窑"式窑洞院落。庄园三院暗道相通，四周寨墙高耸，对内相互通连，对外严于防范，整个建筑设计奇妙，工艺精湛，布局合理，浑然一体，是全国最大的城堡式窑洞庄园，也是汉民族建筑的瑰宝之一。整个庄园由山脚至山顶分三部分：第一层是下院，院前以块石垒砌高达9.5米的寨墙，上部筑女墙，犹若城垣。沿第一层西南侧道路穿洞门达二层，即中院。院西南又耸立高约8米，长10余米的寨墙，将庄园围住，并留有通后山的门洞，正中建门楼。沿石级踏步到第三层上院，是全建筑的主宅，坐东北向西南，正面一线5孔石窑，两侧分置对称双院，东西两端分设拱形小门洞，西去厕所，东侧下书院。整个庄园后设寨城一道，中有寨门可通后山。2006年，国务院公布姜氏庄园为第六批全国重点文物保护单位。（YYL）

丰图义仓 位于大荔县城东17千米处朝邑镇南寨子村。清光绪三年（1877），关中大闹饥荒，朝邑尤甚，邑人、户部尚书阎敬铭倡议修仓。光绪八年（1882）动工，至十一年告竣，耗资白银3万余两。慈禧太后御批"天下第一仓"，并在仓顶赐"虎""龙"二字。规模宏大，坚固耐用，与苏州丰备义仓并重一时。仓城坐北向南，东西长133米，南北宽83米，墙宽4米，墙上砌垛口，守卫人员可以在城墙上巡逻。仓城开二门，分别名为东仓门、西仓门。东、西仓门前各有一对石狮，仓门正上方嵌有楷书"丰图义仓"石刻大字。仓房为砖窑式，对粮仓的防火、防盗、防入侵等都有独特作用。每仓进深11米，宽4米，储粮90余吨，全仓共可储粮5220吨。仓房地面由松木板铺成，离地面0.4米，木板下墙体四周有4个排气孔，利于空气流通和潮气排出。这种仓形因小而独立，便于将稻、麦、豆、谷等粮食按种类、干湿分门别类储存管理。2006年，国务院公布丰图义仓为第六批全国重点文物保护单位。（YYL）

大学习巷清真寺 位于西安市西大街大学习巷内北侧，与化觉巷清真寺东西遥遥相对。该寺建筑规模较大，仅次于东侧的化觉巷清真大寺，故又称西大寺。据寺内现存石碑记载，该寺创建于唐中宗神龙元年（705），赐名清教寺，唐玄宗朝改名唐明寺，元世祖忽必烈中统间赐名回四万善寺，及明洪武时赐名清真寺。是西安最古老的清真寺之一，2013年被公布为第七批全国重点文物保护单位。（YYL）

庆善寺大佛殿 位于西安韩城市古城区金城大街中段东侧，俗称东寺。庆善寺大佛殿坐北面南，为庆善寺现存的唯一建筑物。庆善寺，唐贞观二年（628）敕建，宋至和元年（1054）重修，仁宗赐额。清乾隆年间、光绪二十一年（1895）重修。其余修葺沿革无考。大佛殿为单檐歇山顶，布筒瓦琉璃脊吻，抬梁式，八椽栿，斗拱六铺作双下昂，重拱计心造。面阔五间，通阔21.85米，进深八椽，深度14.45米，总面积315.7平方米，殿内前后两排各四根粗大的金柱，柱径均在0.7米。2003年，经省政府批准将庆善寺大佛殿公布为省重点文物保护单位，2013年被公布为第七批全国重点文物保护单位。（YYL）

敬德塔 坐落于户县东南紫阁峪沟口内直距3.2千米处的一个山头上。敬德塔始建于唐开元年间，宋代重修，虽历经千年的风雨和几次地震，仍然巍然屹立。据省志载："宝林寺，在紫阁山，唐太宗敕建，尉迟恭监修。内有宝塔，高五丈余。"现存敬德塔是宋元祐七年（1092）所建。敬德塔为七层楼阁式空心砖塔，平面呈方形，底层边长2.8米，通高15.83米。塔体宏伟挺拔，雕工精细，造型秀丽，装饰典雅。塔体全部磨砖对缝，用黄土、细沙加糯米汁浆砌筑。底层西有券拱塔门。第一层塔檐用八层砖叠涩出檐，檐下有两层菱角牙子。每层塔檐上用砖砌出一个平台，台上每面再砌出三开间，正中一间均有一券门洞，两侧两间均用砖砌出平座栏杆（第六、七层无栏杆），两柱之间用菱形砖雕做装饰。塔顶为攒尖式，高1.42米。2013年敬德塔被国务院公布为第七批全国重点文物保护单位。（YYL）

报本寺塔 坐落在武功老城（今武功镇）北廓，建于宋仁宗宝元二年（1039）六月前。东临漆水，西辅香山，依寺建塔，风景秀丽，为陕西名塔之一。报本寺是以唐高祖李渊故宅改建而来，由释家住持、掌管。寺内建浮屠（即寺塔），因寺名"报本"，故取名"报本寺塔"。报本寺塔为楼阁式砖塔，七级八面，面阔4.7米，基地面积50余平方米，高39.66米，第一层高10余米，往上各层的阔面与高度逐级递减。每层上檐呈叠梁式，柱额上置砖雕转角，衬间排列斗拱。每层设三门，圆形券式洞门，真假相间，变化有序，塔身中空，施旋木梯可登临远眺。塔势雄伟，高耸云空。每逢春季，总会飞来一群胡燕嬉戏于塔顶周围，视为奇观，人称"胡燕朝塔"。报本寺塔于1957年被公布为省重点文物保护单位，又于2013年被国务院定为第七批全国重点文物保护单位。（YYL）

毓秀桥 又称据水桥。在韩城古城的南端据水河上。桥南北走向，桥体全部用花岗石条砌筑，共有10个拱形桥孔。桥身全长

180米，桥面宽4.5米。桥墩呈梭形，桥底石铺，桥面呈弓状，石缝间嵌铁锭加固，桥两旁为石栏，望柱东有101个，西有99个，柱头雕饰瓜果，栏两端各设置象征守护卫的头戴风雪帽的石人坐像。每孔桥孔的正中各有一石雕龙头，雕刻工艺精美生动。毓秀桥建于清康熙四十一年（1702），由邑人刘荫枢（曾任云贵两省巡抚）捐资修建，历时5年而竣工。该桥建成后，刘荫枢以3两银子作价卖给韩城县，一时传为佳话。2013年，毓秀桥被公布为第七批全国重点文物保护单位。（YYL）

净光寺塔 位于眉县县政府大院内。该寺建造的具体年代现已无史料可以考证。清雍正年间所修的《眉县志》记载："净光寺在城南。"现塔的北面保存的一座经幢上刻有"眉县净光寺修造佛塔""元和拾壹年""咸通九年"等字样。有关专家根据塔的造型、构造特点，确认此塔应建于唐元和十一年（816）至咸通九年（868）。净光寺塔为楼阁式实心砖塔，平面呈方形，7层，塔总高为22.05米，塔室可入。塔底层每边长为4.46米，从二层逐次向内收分，每层檐部均叠涩出檐。塔刹用砖砌成相轮、华盖等。古塔倾斜数百年，塔顶中心点已偏离垂直中心线近2米，向北侧明显倾斜。经2001年8月开始的纠偏扶正已取得成果。塔顶中心已向塔底中心"横移"了0.9米，已处于安全状态。2013年，国务院将净光寺塔列入第七批全国重点文物保护单位名单。（YYL）

鸿门寺塔（响铃塔） 原名鸿门寺响铃塔，为省重点文物保护单位。位于横山县塔湾镇西南一千米处的红石岩上。据《横山县志》和《陕西延绥镇志》记载："响铃塔建于元泰定年间（1324—1328）与塔下的鸿门寺石窟为同一时代。"距今有800余年的历史。响铃塔高拔耸立，塔的整体色彩呈红褐色，与地面几乎要糅合为一体（被誉为陕北的"铁塔"）。塔共计11层（传说是12层），塔高27米，底周长24米。外观呈八边形，密檐阁式砖石塔，内部空心由木棒支撑，一到三层由石板砌成，四到十一层由红褐色的砖垒砌而成，棱角分明，至今保留较为完整。2013年，国务院将鸿门寺塔列入第七批全国重点文物保护单位名单。（YYL）

千佛铁塔（北杜铁塔） 位于咸阳市之北杜镇。塔身有铭文"大明万历十八年（1590）南书房行走太监杜茂铸造"。纯铁铸成，平面方形，10层，高33米，边宽3米，层层有窗，门南向，中空有梯可攀登。四角柱铸成金刚力士像，顶立层楼，各层环周铸铁佛多尊，故名"千佛塔"。佛像间还夹杂奇花异草、珍禽异兽，更显得工艺超群，精巧绝伦。今塔身保存完好，唯塔刹稍有倾斜。此塔为中国现存铁塔中最高的一座。2013年国务院将千佛铁塔列入第七批全国重点文物保护单位名单。（YYL）

清梵寺塔（兴平北塔） 兴平清梵寺塔又名北塔，位于兴平市东城街道办事处北寺巷。原为清梵寺内建筑，塔建于唐贞观元年（627），塔随寺名，初称清梵寺塔。清梵寺宋代改称保宁寺，塔亦遂称保宁寺塔。寺、塔历经唐、宋、明、清各代多次修葺。塔为砖结构，平面八角形，7层，残高38.6米，楼阁式。塔身每层南、北面辟券门或假券门，真假逐层上下相间。塔壁做仿木结构，以砖砌出角柱、阑额、菱角牙子。层间叠涩出檐，第一至三层檐下隐做斗拱。塔顶残毁。现存清乾隆四十七年（1782）立《重修保宁寺并建万寿宫碑》1通。碑文楷书，由谢天爵撰文，傅应旗书丹。碑文记载清梵寺于北宋太平兴国三年（978）敕赐改额为保宁寺及募资补修大雄宝殿和创修万寿宫等事宜。2013年，国务院将清梵寺塔列入第七批全国重点文物保护单位名单。（YYL）

大象寺塔 位于合阳县城关镇杨家洼村东北大象寺（亦名"大云禅院"）旧址，寺毁于抗日战争期间，独留此塔。塔建于宋代，为叠涩密檐式方形砖塔，下有4.8米见方的基座，底层西向有神龛，13级，高约30米。第一层檐下普拍枋上设有斗拱，仿木结构，悬空出挑，有承重作用，为其他同类建筑中所罕见，为研究我国古代建筑艺术提供了实物资料。此塔又是一座回音塔，站在塔北的胡同里用两块瓦片轻轻敲击，便可清晰地听到"咯哇——咯哇——"类似青蛙的叫声，其他三面均无此现象。该塔向东北方倾斜，塔顶已偏离重力中心5度，但仍安然无恙，是名副其实的"斜塔"。2003年大象寺塔被公布为省重点文物保护单位，2013年被公布为第七批全国重点文物保护单位。（YYL）

紫云观三清殿 紫云观俗称薛村庵，位于陕西韩城老城西北的象山脚下，距县城2.5千米，在象山中学校内。坐北向南，殿4座，房9间，占地1768平方米。经鉴定其中的三清殿为元代建筑。1957年8月列为省级重点文物保护单位。三清殿，建于高台上，梁架抬梁式，四椽栿，用二柱，斗拱外挑四铺作，出单抄，垂拱，计心造，内转为四铺作出单抄。其特点是外跳无昂，转角铺作无角神。灰布筒瓦，琉璃脊，兽吻。正脊为琉璃筒瓦，九脊六兽，礓蹉踏道。2013年，国务院将紫云观三清殿列入第七批全国重点文物保护单位名单。（YYL）

慧彻寺南塔 俗称"南寺唐塔"，建于唐太宗贞观元年（627），是陕西省唐塔中建造最早的一座。塔址在渭南市蒲城县城内西南角慧彻寺（今蒲城中学）。为方形密檐式空心砖塔，共11层，高36米，基层9平方米。造型秀丽玲珑，别具一格。塔第一级南面开一券门，入门迎面有唐代石佛像1尊。塔身第二级北面，中嵌石碑1通，上刻"诸佛舍利宝塔"6字。从第二级起，每级塔身四面，均仿照佛寺建筑，隐现出三间方柱，斗拱为一斗三升，上承横梁，叠涩出檐，间以一至二层菱角牙子，分别用条砖和方砖砌成。第一、二、三级叠涩出檐多至15层，以上各级逐渐减少。自第二级到第六级，每级均有对开券门2个，在方向上各级互相交错。券门两边饰有卧式条格楞窗，无券门的一边，也设有卧窗，第三级各间均无卧窗。相传慧彻寺僧人在唐初曾追随李渊父子，扫荡群雄，立下汗马功劳。李世民即位后，为奖励军功，安抚旧部，特建此塔，并由尉迟敬德督建完成。明嘉靖三十四年（1555）腊月十二日子时，华阴一带发生大地震，波及蒲城致使塔身破裂，顶端两层崩毁。1984年对塔基做维修及排水处理。1957年5月31日，公布为第二批省级重点文物保护单位，1992年4月20日省政府公布保护范围。1989年5月6日，成立了蒲城南塔文物保护小组，负责该文物点的保护管理工作，并对南塔周围环境进行了绿化、美化。2013年，国务院将慧彻寺南塔列入第七批全国重点文物保护单位名单。（YYL）

崇寿寺塔 位于陕西蒲城县城北街崇寿寺旧址（今蒲城县博物馆之后），又称北寺宋塔。建于北宋绍圣三年（1096），为密檐式方形砖塔，四面13级，高约47米，底边长11米。塔身为单壁中空，底层特高，南面辟券门，二层以上四面辟券门，真假相间。券门两边砌卧式棂窗（九层以上无窗），塔壁面隐出倚柱、阑额、大斗（七层以上无斗），出檐用叠涩砖（三层以上叠涩层数递减），下做菱角牙子。塔身第二层北面正中嵌有一石碑，上刻"诸佛舍利宝塔"6字。第四层南面正中嵌立佛像1尊。塔底正面，建小庙1座，内有石刻佛像1尊，碑石2方，记述捐资修塔事宜。崇寿寺塔造型雄伟挺拔，简洁秀丽。每层檐角处，原均挂有悬铃，明嘉靖三十四年（1555）地震，塔身受损，塔尖失落，悬铃也全部脱失。1985年全面修复，塔内安装楼梯，可登至顶层。北寺宋塔与南寺唐塔遥相呼应，"双塔夜影"为蒲城八景之一。2013年，国务院将崇寿寺塔列入第七批全国重点文物保护单位名单。（YYL）

重兴寺塔（铜川塔、宋塔） 又名铜川塔、宋塔，位于铜川市印台区（原同官老县城）北，西靠虎头山，东临漆水河。始建于北宋年间（960—1127），原为重兴寺建筑。塔六角七层仿木结构实心砖塔。通高约16米。底层每边长2.17米。塔刹为铁制3层，由覆莲座、覆钵、相轮、宝珠组成。塔门向南，塔壁厚1.61米。塔身一、二、三、四层塔檐为双拱，叠涩出檐，做仿木方椽两层。塔身底下一层较高，第二层塔身每面为三开间，用砖做隐柱，柱上有斗拱，塔檐之上有平座栏杆，塔体每面三开间的两侧开间，用砖做出横式格棱假窗，塔檐各角原有铁制风铃。塔内有梯，可登塔顶，俯瞰市区景色。该塔雕饰富丽，结构奇巧，塔体造型优美。2013年，国务院将重兴寺塔列入第七批全国重点文物保护单位名单。（YYL）

慧照寺塔 位于渭南市北30千米的下圭镇。塔底基呈正方形，面积约33.33平方米。共10层，层间有砖砌出檐，四面均有假券门。据说这是唐代建筑，宋、元、明各代曾加以修葺，现在保存完好。慧照寺塔前有大殿1座，慧照寺塔殿内有高7尺多的大铜佛5尊，佛像呈跏趺坐。佛像下是铜铸莲花座，座周的每一莲花瓣上又铸一小佛像，共约60余尊，姿态多样，制作精巧。从形制来看，这些铜像是明代遗物。2013年，国务院将慧照寺塔列入第七批全国重点文物保护单位名单。（YYL）

武功城隍庙 又称"都城隍府"，位于咸阳城西47千米处，坐落在关中历史文化底蕴深厚的武功镇东街中段。西辅稷山，南临漆水。始建于北周，以后唐宋各代均有修葺。重建于明代万历年间，嘉庆、道光年间重修。结构独具明代建筑风格，是一组集历史、人物、文化、风水、传说完整的古建筑群体。其坐北朝南，负阴抱阳。有灰瓦顶献殿、浮雕琉璃歇山顶正殿和歇山顶寝殿。占地面积5700平方米，建筑面积1656平方米。原有建筑颇多，近年来得以修缮，并恢复门前大殿和西厢房以及钟、鼓二楼。武功县文管会位于其中，存有《武功名人胜迹展》，是研究武功地区历史文化的重要参考资料。2013年，武功城隍庙被国务院定为第七批全国重点文物保护单位。（YYL）

万凤塔 位于延安市洛川县土基乡富城村南1千米左右。富城村是故富城所在地，所以又称万凤塔为富城古塔。万凤塔平面为八边八角，塔身系砖砌成，底边长3.2米，塔高40余米，分为13层。塔正面门额上刻有"万凤塔"3字。塔身外每层均着唐宋门窗斗拱装饰。塔的用砖中，亦见有唐代手印砖。塔身处每层又造有小龛，内置各种石刻雕像。雕像多为佛像，但第三层小龛中，分别置有《西游记》中人物唐僧、孙悟空、猪八戒和沙和尚一组雕像。万凤塔的建造形式与富县直罗柏山寺塔极为相似，其建造年代应也相同。万凤塔系唐代建成，宋、明两代均有重修，因而留下各时代特点。万凤塔东2.5千米处有富台一座。在此眺望，更觉万凤塔壮观。相传富台为宋代县令本纯石建造。有《富台》诗赞道："两载低眉着小冠，一台高筑地平宽，向阳花木齐教放，天下无春似此间。"2013年，国务院将万凤塔列入第七批全国重点文物保护单位名单。（YYL）

七星庙 位于榆林府谷县孤山乡北门村北1千米处的王山梁上，东距县城25千米。相传七星庙始建于唐贞观年间（627—649），五代时期，镇宁府州（今府谷）的折德扆之女折赛花（佘太君）和镇守麟州（今神木）的火山王之子杨继业成婚的地方。明万历四年（1576）重修。七星庙现存前庭和大殿。大殿又称"昊天宫"，因整体建筑无任何梁柱，故又名"无梁殿"，屋顶为九脊歇山式，殿前过道为囤顶式，砖雕单檐斗拱，正脊脊兽为鸱尾、垂兽、蹲兽、套兽，个个神形古怪，凶猛异常。大殿从底到顶以砖砌成，通面阔14米，通进深14.3米（含过道），顶高13米。殿内平面呈长方形（不含过道），宽8米，深6.4米，墙壁1.7米以下四周斗立，1.7米以上八面收拢，圆锥形收缩，最后一砖封顶。前庭屋顶同大殿、石雕斗拱，通面阔8.4米，通进深6米，内宽6.6米，进深3米。由于地基下沉等原因，墙体多处裂缝，现用角铁加以固定。七星庙由于其融合西北少数民族建筑形式而形成独特的建筑风格，成为研究我国民族建筑的重要实物资料。1992年，被省政府公布为省重点文物保护单位。2013年，国务院公布七星庙为第七批全国重点文物保护单位。（YYL）

开元寺塔 也名西山塔，位于富县城西500米左右的龟山半坡上，寺院已毁。塔身为砖结构，面向正东，平面呈四边四角形。每边长8.5米，直径8.5米，塔高32.8米。为11层空心式。塔内有方形小室直通塔顶。底层正东辟有券门。塔内原有木梯可以攀登，现已毁。塔身各层均辟券门。第四层东门两侧饰有假窗。一至六层有斗拱，整个宝塔构造风格酷似西安小雁塔，古朴庄严，气势宏伟。据《鄜州志》记载："开元寺在城西北山阿，有白松古柏。城内半山有塔。顺治十二年（1655）僧正兰常修。乾隆四十八年（1783）重修罗汉殿。孙之涛砌石为记。"综上所述，开元寺塔始建于唐，后经清等各时代维修。属省级重点文物保护单位，2013年开元寺塔被国务院公布为第七批全国重点文物保护单位。（YYL）

柏山寺塔 位于富县城西北50千米处的直罗镇柏山之上，属宋代建筑。塔为11级八边八角形密檐式砖塔，通高43.2米，每边长3.7米，直径9.1米，每层檐下部有砖雕繁密的斗拱。各层外壁从下至上逐层收敛，并在各层外壁敲窗开龛，塔龛内均置雕工精细、造型优美的罗汉、天王圆雕造像。整个塔体造型别致，外观秀丽挺拔，建筑风格独特精美。是省重点文物保护单位，2013年柏山寺塔被国务院公布为第七批全国重点文物保护单位。（YYL）

法源寺塔 位于富平县东北33千米处的美原镇西寺小学内（法源寺旧址），据《富平县志》樊志卷二载："法源寺在美原镇，创建未详，内有塔数级。"寺貌既不复见，当年规模无从考证。据传塔为唐高宗咸亨二年（671）建美原县后所建，高近20米，外周周长29米，壁厚1.75米。楼阁式七级八角中空花塔，青砖仿木结构，塔顶造型别致，犹如小钟一口，端放塔巅，插莲瓣于钟上，小巧玲珑，风格独秀。塔之四面镶有浮雕石刻佛像，别具特色。整个塔身，工艺精湛，雄伟大方，塔身三层向上，留有修补痕迹，何年何代，无从查考。一二层表层砖块已有剥蚀脱落现象。从塔的造型、外观看，确属唐代遗物。细察塔身微向东南倾斜，塔体有裂缝，或受地震影响。从唐代至今，已有千余年，仍巍然屹立，保存原貌。可见我国古代劳动人民建筑艺术之高超，颇有研究借鉴价值。1992年，法源寺塔被公布为省级重点文物保护单位，2013年被公布为第七批全国重点文物保护单位。（YYL）

福严院塔 也称东村塔，位于延安城南富县北道德乡东村西侧。宋代建筑，平面呈八角八边形，系楼阁式砖塔，共13级，高30.2米，直径6米，每边长2.6米。塔体中空，原有木楼板和木扶梯，现已无存。塔每层四面设券门，内辟方形小室。塔身各层以砖叠涩出檐，檐下砖雕斗拱，各层均饰假窗。塔顶叠涩收分，七层以下收分较小。1982年，政府曾拨专款对塔体底部进行过局部加固维修，保存比较完好。属省重点文物保护单位，2013年，国务院将福严院塔列入第七批全国重点文物保护单位名单。（YYL）

罗山寺塔 又名岱堡塔，位于合阳县和家庄镇东马村西南约1000米的乳罗山东峰，乳罗山从东往西绵延5000米多，从澄城的寺前镇顺108国道进入合阳县境。向北远远望去，只见东西二峰如同双乳罗列在大地上，所以得名"乳罗"。清代合阳人王省所著《合志辩驳》中这样写乳罗山："自山南远望，真如两乳罗列。比兴安府汉阴县之双乳山，尤觉有情。"在正塔的不远500米处各有两土塔，塔前原有罗山寺，塔原为9层，现存七层半，塔高30米，塔内原有木梯可登，现已损坏，塔四壁外侧有砖砌隐柱，一至四层檐下有一斗三升斗拱，此塔建于晚唐时代，距现在已有1500多年的历史。1992年定为省级重点文物保护单位，2013年罗山寺塔被国务院公布为第七批全国重点文物保护单位。（YYL）

合阳文庙 合阳县文庙古建筑群位于合阳县城中心。文庙古建筑群前庙后学，气势恢宏。现存建筑群仍包括文庙建筑与学宫建筑两部分。戟门和戟门以外诸建筑已毁。现有大成殿5间，明伦堂5间，尊经阁3间，两庑、两斋、两厢共54间，占地面积6750平方米，建筑面积2173平方米，是合阳现存数量最多、规模最大的古建筑群。大成殿始建于北宋大观年间（1107—1110），重建于明洪武二年（1369），单檐歇山顶，面阔5间，进深3间，五踩双下昂斗拱，风格古朴厚重。尊经阁建于万历三十八年（1610），重檐歇山顶，面阔3间，进深3间，立面3层，第一、二层四周有回廊。斗拱为五踩双下昂，一二层有补间，下有明台。整个建筑高大宏伟，对研究我国古代建筑艺术和文庙建制有重要价值。1992年合阳文庙被省政府公布为省重点文物保护单位，2013年被国务院公布为第七批全国重点文物保护单位。（YYL）

汉中东塔 位于汉中市汉台区东关净明寺内。是一座11级，高6.65米，方形、实心的砖塔。它是汉中市名胜古迹之一，也是汉台区最早的古建筑。据《汉中府志》记载："净明寺建于明代洪武八年（1375），建寺时塔已存在，相传三国时西凉庞德曾在塔下养病。"1953年修复时，在塔顶发现压角铁狮子一对，上镌"庆元四年（1198），洋州城西街李子照谨舍"。这说明南宋时已有塔存在，建塔年代，尚需进一步考证。2013年，汉中东塔被国务院公布为第七批全国重点文物保护单位。（YYL）

智果寺 位于汉中市洋县城西12千米的谢村镇。《洋县志》载："智果寺，县西二十八里，唐仪凤间（676—679）建造，宋、元重修。明万历年，某贵妃捐金，命太监同知府重修，增建藏经楼。"占地约35000平方米，1992年被公布为陕西唯一的一座皇家城堡式寺院，古有"汉上名刹"之称。现存藏经楼、大佛殿及护城河遗址，有"圣谕碑"等宋、明、清碑数通。藏经楼高约15米，长21.7米，宽18.3米，坐北向南，上下两层，单檐、斜山顶，房脊峻峭壁立，雕塑有唐三藏西天取经故事组图。整个构造高大雄伟，四周宽檐，黄、绿色琉璃筒瓦。楼内现存有明版御赐佛经《大藏经》4187卷，经卷封面均为丝、麻、棉、锦、缎等纺织物，其中大部分是唐代高僧翻译的梵语经典及东汉以来历代高僧的著述或译作。经卷纸质精良，印刷考究，都以红、黄、蓝、绿各色明代织锦硬壳为封面，装潢美观。历史、科学、艺术价值兼有，实属罕见。智果寺为省级重点文物保护单位，2013年被国务院公布为第七批全国重点文物保护单位。（YYL）

良马寺觉皇殿 位于洋县县城以西17千米处的谢村镇四红村（注：渭水镇在2010年撤乡并镇时已经撤销，现已合并到谢村镇）。其建于元世祖忽必烈中统二年（1261），殿长18米、宽15米、高12米，面阔5间，双层假昂斗拱，歇山顶，建筑精良，雕刻别致，是汉中地区唯一的一座元代建筑，对研究元代的文化艺术，有着十分重要的作用。2013年，良马寺觉皇殿被国务院公布为第七批全国重点文物保护单位。（YYL）

勉县武侯祠 也叫诸葛庙。在汉中市勉县西4千米处川陕公路之南，隔江与定军山武侯墓遥相对峙，有"天下第一武侯祠"之称。建兴十四年（236），即诸葛亮死后两年，蜀汉后主刘禅才下诏立祠。当时因"建之京师，又逼宗庙"，故选祠址于定军山下的武侯坪，祠靠近墓所，距武侯墓5千米。现存建筑为明、清建筑，祠坐南向北，背临汉水，面对公路，南北长约200米，东西宽约120米，呈长方形。四周有围墙，地基19998平方米，共有7院54间房舍。规模宏大，建筑雄伟，亭台楼阁遍布祠中。祠前为牌坊，高10米，八角起翘，牌坊中宽6米，东西两侧各宽3米，四柱落地，上盖灰瓦，坊上一面金书大字"汉丞相诸葛武侯祠"，一面书"天下第一流"五个大字，游人至此，无不肃然起敬。2013年，勉县武侯祠被国务院公布为第七批全国重点文物保护单位。（YYL）

桥上桥 华县赤水镇西的赤水河上有一座保护完好的古代双重石桥，即赤水桥上桥，桥为东西走向，桥面宽5米、长70米。桥身全部以花岗石条砌筑，下桥为7孔拱形石桥，上桥为9孔拱形石桥，在第二孔至第八孔桥拱上方正中，各有一个石雕龙头，桥北有石雕龙尾。据《三续华州志》记载：下桥始建于清顺治十七年（1660），竣工于康熙六年（1667）。后因山洪暴发，河床淤高，桥眼堵塞，遂于道光十二年（1832）又在原桥之上叠建了一座9孔石拱桥，从而形成了桥上桥的奇观。后来下桥被淤泥淹没，20世纪80年代初，被当地群众挖取沙石时发现，从而使"桥上桥"的奇姿展现于世。桥上桥于1992年被公布为省重点文物保护单位，2013年被国务院公布为第七批全国重点文物保护单位。（YYL）

骡帮会馆 位于山阳县漫川关镇街道，清代建筑。会馆为四水归堂式：有戏楼相对，分上殿和下殿，东西侧各建厢房3间。史载清光绪十二年（1886）修建，结构紧密，木雕精致，建筑工艺别具一格。骡帮会馆为省级重点文物保护单位，2013年又被国务院公布为第七批全国重点文物保护单位。（YYL）

金台观 位于宝鸡市金台区北坡森林公园半坡处。创建于元朝末年，为明代道士张三丰修道处。观分中院和东、西偏院三部分，主要道教古迹与建筑有山门、玉皇阁、吕祖殿、圣母殿、张爷殿、三清殿、慈航殿、八卦亭、圣母洞、三丰洞、药王洞、朝阳洞等，多依山就势而建。登临观中，远望秦岭叠嶂，环列如屏，翠色欲滴；俯视渭水萦回若带，市区高楼林立，山色秀丽，万千景象，一览无余。为宝鸡三大道教宫观（金台观、银台观、玉台观）之一。新中国成立后，政府曾多次拨款维修金台观古建筑，后又在观内建立了博物馆，展出大量西周时期的青铜器，使该观远近闻名。每年农历三月初三、十月初十为金台观庙会，有秦腔等地方戏表演活动。2013年，金台观被国务院公布为第七批全国重点文物保护单位。（YYL）

韩城九郎庙 位于韩城市境内。由于韩城是赵氏孤儿的发生地，所以过去韩城各地建有多处九郎庙，现仅存4处九郎庙，其中以徐村九郎庙和韩城古城九郎庙保存较好，它们的存在见证着2000多年前那段惊心动魄的历史。当年的赵武为了报恩，死后与程婴、公孙杵臼埋在一起。至今他们的墓葬还在韩城市南卫东乡堡安村龟鹤寨内。赵氏孤儿的故事发生在韩城，"晋卿赵文子墓、晋公孙义士杵臼墓、晋程义士婴墓（简称三义墓）"是这一历史故事的见证地。韩城九郎庙为省重点文物保护单位，2013年又被国务院公布为第七批全国重点文物保护单位。（YYL）

延昌寺塔 位于铜川新区（原耀县下高埝乡）赵家坡村西500米处。为古耀州三大名刹（崇庆寺、龙华寺、延昌寺）之一。延昌寺得名于北魏孝文帝的女儿延昌公主，因其在该寺院修行，虽皇廷于延昌元年（512）屡诏公主归，但坚辞不赴，圆寂后敕寺额曰"延昌寺"，延昌寺亦别名万佛寺，传说延昌公主在此手塑万佛而得名。原为六面九级密檐式实心塔，高约20米，现塔顶损毁，实为8层，各级均为殿檐式，上边盖有双瓦，下砌椽头斗拱，二层和三层砌饰有门与窗户，层间双排椽头出檐，檐下为五辅作双抄斗拱，双抄偷心造斗拱作补间。塔基北面砌有一洞门，二层以上实心，塔身整体向东倾斜。延昌寺原保存有《王扶梨造像碑》《王木欣女造像碑》及《延昌寺宗派图》等造像碑，后都移至耀县碑林保管。该寺金明昌七年（1196）刻立的《耀州华原县延昌寺三门记》碑，在20世纪70年代初被当地农民砸成碎石砌作水池，幸《陕西金石志》录有全文，且有存世碑拓。而金大定二十八年（1188）的《延昌寺记》、金承安二年（1197）的《延昌寺创修助缘檀越姓名记》碑石，则与三门记碑同时被毁。2013年，国务院将延昌寺塔列入第七批全国重点文物保护单位名单。（YYL）

绥德党氏庄园 地处绥德县白家碱乡贺家石村，是绥德至今唯一保存较完整的清代建筑。庄园是典型的陕北大户民宅，窑洞建筑鳞次栉比、错落有致地分布于山坡之上。各院相对独立却互相连通，每个院落棱门院墙、穿廊挑石，院内正面石窑、左右厢房、倒座马棚、碾磨俱全。大门、内外影壁、厢房、门窗上配有精美的石雕、砖雕和木雕。整个山庄功能完整，山上有庙宇，沟里有水井，自成体系。据村民讲，庄前还有宏大精雕的石牌楼，可惜在"文化大革命"浩劫中被毁。在浩如烟海的中国传统民居建筑中，绥德党氏庄园被人们称誉为"陕北印象"。以其规模较大,气势壮观,装饰精微,构思巧妙,散发出黄土高坡传统文化的精神、气质与神韵。2013年,国务院公布绥德党氏庄园为第七批全国重点文物保护单位。(YYL)

4. 石窟寺及石刻

药王山石刻 位于铜川市耀州区城东1.5千米处,海拔812米。为药王孙思邈栖隐故地与纪念场所,自唐迄今号称名胜。这里五峰环拱,古柏苍翠,殿宇轩昂,自有其天然奇境。山上尤以年代久远、内容丰富的历史古迹和珍贵石刻而闻名于世,是中外向往的医史、石刻艺术博物馆与朝山圣地。药王山摩崖石刻造像,制作时代自北周、唐、宋至明清。药王山摩崖石刻造像,分布于山之东南隅东西长20多米的崖面上。现存洞窟7个、佛龛23个、造像40余尊。造像技法包括高浮雕、浮雕和圆雕。石窟造像中以第2号窟的北周弥勒像最为精美,高3.3米。唐代造像11尊,均属盛唐时期,其中第3号窟第5龛的菩萨像,造型颇佳,属药王山造像中的上品。1961年,药王山石刻被国务院公布为第一批全国重点文物保护单位。(YYL)

钟山石窟 又名万佛岩、普济院、大普济禅寺、石宫寺,位于陕北子长县西15千米处的钟山南麓。钟山石窟始建于东晋太和年间(366—370),其历史比中国的四大石窟还早。目前共有5个窟室存留,主窟为三号窟,开凿于北宋治平四年(1067)。该石窟共有13000余尊石雕造像,有的闭目诵经,有的凝神若笑,个性鲜明,气韵生动,均属国家一级文物。学术界称其为"中国最早石窟群""全世界罕见的石窟,艺术价值敢与西方的维纳斯相媲美""第二个敦煌"。钟山石窟内还保留着完好的数十通碑、碣题记,既是书法佳作,也为研究考证钟山提供了佐证。同时,钟山石窟现存的山门、牌坊、萧寺宫、七级密檐式砖塔、惠善法师浮图塔、松岩法师浮图塔,以及塔林、地宫、石崖墓群、禅室、禅院等,也都有很高的艺术与科学考察价值。可以说,钟山石窟是人们研究千余年来历朝历代宗教史、民俗风情、彩绘工艺、衣着装饰、雕刻艺术和建筑艺术的重要史料。1988年,钟山石窟被国务院公布为第三批全国重点文物保护单位。(YYL)

慈善寺石窟 位于麟游县城东6千米处的漆水河西南岸。开凿于隋仁寿年间(601—604),唐高宗永徽四年(653)又大规模续建。现存造像大部分为隋唐时期建造。慈善寺石窟是为隋唐两朝皇帝到麟游消夏避暑礼佛所建。现存石窟分布于高28米的崖壁上,西崖有三大窟,南崖窟龛较多。两处共有12个洞窟,6座佛龛,47尊造像。西崖第一、二窟平面呈马蹄形,窟内佛像体量较大。第一窟主佛由隋皇宫所刻,高5.5米,极为珍贵。南崖上有9个摩崖造像龛,内凿佛像,体量较小。此外,慈善寺石窟窟壁内外还保留有唐代至明代的题记及刻经5处。慈善寺石窟的佛像丰满圆润,刀法洗练,代表了隋唐时期佛造像的最高艺术水平,是隋唐时期佛教造像的典范。其建筑和雕刻样式曾是当时建造石窟的范本，因而保存下来的洞窟建筑也十分珍贵。2001年，国务院公布慈善寺石窟为第五批全国重点文物保护单位。（YYL）

灵岩寺摩崖 位于略阳县城灵岩路3.5千米处嘉陵江东岸的玉文山腰。灵岩寺又名灵崖院、白鹿洞。据洞内摩崖石刻和《明嘉略阳县志》所载：灵岩寺建于唐开元年间，以两个天然的大洞穴著称，吸引着历代文人骚客。唐代大诗人杜甫、唐宋八大家之一的苏轼都曾泛舟嘉陵江，畅游灵岩。以汉隶《郙阁颂》为代表的摩崖刻石，在灵岩寺内达130多块，号称"小碑林"，是一个研究书法和历史的天然实物宝库。著名的摩崖刻石有东汉摩崖刻石《郙阁颂》、大唐开成题记、灵崖叙别记、宋哲宗御书"忠清粹德之碑"、我国迄今最早的交通规则——"仪制令"古刻、杜甫诗刻、《白骨塔序》碑及灵崖宋代以胶石刻（25块）等。2006年，国务院公布灵岩寺摩崖为第六批全国重点文物保护单位。（YYL）

石泓寺石窟 又称川子河石窟，位于延安市富县城西65千米直罗镇川子河北岸。始建于隋代大业年间（605—617），唐、宋、元、明历代断断续续建造了千余年，最后建成石如刀切，分布于东西长约70米、一字排列的大小7个洞窟。主洞前有木结构三开间二层楼房。楼前接寺院，院门正上方雕刻有"石泓寺"匾额。石泓寺石窟年代之久、规模之大、造像之多、雕刻之细远近闻名。明嘉靖延安知府刘汝作诗赞曰："飞阁撑云栈，清泉绕茂林""丹崖双绿水，梵室倚苍峰"。

2006年，国务院公布石泓寺石窟为第六批全国重点文物保护单位。（YYL）

万安禅院石窟 又名双龙石窟、石空寺。位于黄陵县双龙乡峪村西。始凿于北宋绍圣二年（1095），明清两代有所增凿扩建。单窟，朝向东南。窟口处凿有三开间仿木构窟檐，通面阔5.04米，明间阔2.02米。八角形檐柱，檐间刻出四铺作斗拱、素枋等。宝装覆莲柱础。窟平面呈"凸"字形，分甬道、窟室。甬道长3.75米，宽2.75米，高3米。窟室面宽9.2米，进深8.4米，高约5.3米。中央佛坛上有接顶屏壁。坛上供三世佛，左右壁高浮雕3尊立佛和1尊药师佛，高2.55～3.15米。前、后壁及屏壁浮雕五百罗汉、一百徒众、千手千眼观音、文殊、普贤、地藏、观音、西方三圣、十方立佛等，共有造像千余尊。甬道两壁雕有日光、月光菩萨及涅槃图等。窟内外还有宋、明、清题刻碑记。2006年，国务院公布万安禅院石窟为第六批全国重点文物保护单位。（YYL）

宜君石窟群 位于铜川市宜君县。包括福地石窟、花石崖石窟、秦家河摩崖造像、牛家庄石窟、后桥石窟、水沟门摩崖造像、苜蓿坻摩崖造像、苜蓿沟石窟、焦寨石窟、半截沟摩崖造像、石窑摩崖造像、官地坪摩崖造像、淌泥河摩崖造像等20余处。宜君石窟群分布范围广，遍布宜君县内，石窟造型各异，体态丰富。石窟雕刻内容除佛教、道教外，还涉及音乐、体育、游乐、服饰等内容，人物造型严谨、形象秀美，对研究我国佛教、道教的发展演变，以及南北朝时期民族音乐的发展、体育竞技项目和当时的政治、经济和社会发展提供了宝贵的实物资料，对艺术史、体育史的研究同样有着重要的价值。2013年，国务院将宜君石窟群列入第七批全国重点文物保护单位名单。（YYL）

清凉山万佛洞石窟及琉璃塔 清凉山万佛洞石窟位于延安城东清凉山半山之间，共有4个洞窟，由北向南，依次编号。石窟东依山，西临延河。1号窟为主窟，即万佛洞石窟。窟平面略呈不规则四边形。前部宽16.1米，后部宽17.6米，进深12.9米。窟中央凿石成基坛，基坛高1.43米，面阔11米，进深5米，基坛左右两侧各有一石屏壁连接窟顶。两座屏壁四面均有浮雕佛、菩萨、罗汉、弟子像。左侧屏壁外侧有佛涅槃图和十五级浮屠。2号窟，前部面阔为5米，后部宽5.7米，进深4.8米，高4.6米。窟无前壁，呈敞口状。窟正壁为三世佛及佛弟子像，下方为8尊罗汉像。窟北壁上方为骑象的普贤菩萨，南壁上方为骑狮的文殊菩萨。3号窟，面阔6.7米，高4.8米，进深9米。窟中央九级仰莲宝座上为庞大的弥勒佛坐像。弥勒佛祖胸露脐，阔鼻薄唇，两耳垂肩，左腿下垂，右腿上屈，喜形于色。弥勒佛高1.8米。窟顶藻井别具一格，由内向外，依次为八卦图案、二龙戏珠、莲花、宝相花、佛传故事等图案。4号窟，位于鹫峰岩下。窟平面略呈梯形，窟前部宽4米，后部宽5.9米，深5米，高3米。窟口两侧为浮雕护法天王像。窟四壁用高浮雕手法雕刻成山崖、岩石、行云流水、亭台楼阁及童子拜观音、太子游西门等佛传故事图像，布局精妙，错落有序。1956年，清凉山万佛寺被公布为第一批省级重点文物保护单位，于2013年被国务院公布为第七批全国重点文物保护单位。

琉璃塔在清凉山西北仙人洞上方，系陕西省仅存一座琉璃塔，原位于宝塔区甘谷驿镇唐家坪村，1985年搬迁于此处。塔建于明崇祯二年（1629），为八角7级塔，高6.3米，塔面由大小、形状、釉色基本相同的长方形琉璃构件围拱而成，每层8块，共56块，琉璃表面均有模印图案，且层层不同，造像生动逼真，以佛教中的佛、菩萨、飞天、力士及龙、凤、麒麟等为主，工艺精湛，异常珍贵。2013年，国务院公布琉璃塔为第七批全国重点文物保护单位。（YYL）

重阳宫祖庵碑林 又称祖庵石刻，位于西安市西南约40千米处的户县祖庵镇北。现存石刻文物80余件，其中碑石55通，绝大多数为元碑。大多为螭首龟趺或方趺。许多碑文为赵孟𫖯、韩冲、姚燧、王重阳、尹志平等名家所书。此外还有少量金代及明清碑石。碑林中以31通巨型元碑最为著名，记载道教全真派的历史、教义、修炼要旨等，内容可分为宗教历史、书法、八思巴文、内丹功法等四种。2001年，国务院公布重阳宫祖庵碑林为第五批全国重点文物保护单位。（YYL）

杨珣碑 位于扶风县法门镇石碑村西。唐相杨国忠之父杨珣（667—717）死后，被唐玄宗李隆基追赠为郡太守、兵部尚书，唐天宝十二载（753）刻石立碑。碑嵌于硬山顶砖碑楼内。青石质，螭首，方座，通高6.67米。其中碑身高3.18米、宽2.19米、厚0.65米。圭额篆书"弘农先贤积庆之碑"由李隆基书丹。碑文隶书26行，每行57字，记杨珣门阀家世及生平德行。碑阴有北宋绍圣二年（1095）题记。碑旁立有清乾隆年间（1736—1795）立的"唐武部尚书杨公珣墓"碑1通，高1.98米。2006年，国务院公布杨珣碑为第六批全国重点文物保护单位。（YYL）

5. 近现代重要史迹及代表性建筑

西安事变旧址 位于西安市建国路69号（原金家巷17号）。始建于1932年，占地7332.6平方米。主要包括蒋介石的行辕五间厅和兵谏亭及西安事变期间张学良、杨虎城两将军的住宅止园、张学良公馆，指挥部新城黄楼，以及发生事变和处理事变工作的主要活动场所高桂滋公馆、西京招待所。旧址现建有西安事变纪念馆，1986年12月建成开放。并有"张学良将军生平展""杨虎城将军生平展"和"西安事变"等基本陈列，共展出700余件历史照片、大量历史文件及几十件文物等。1982年，西安事变旧址被国务院公布为第二批全国重点文物保护单位。（YYL）

瓦窑堡革命旧址 位于延安子长县瓦窑堡镇，1935年11月7日至1936年6月21日为中共中央驻地。旧址包括中共中央政治局瓦窑堡会议会址，西北军委（中央军委）旧址，中国工农红军大学校址，毛泽东、周恩来、张闻天、刘少奇旧居。1935年12月13日，毛泽东率部取得直罗镇战役胜利后，到达瓦窑堡，住城内中山街中盛店院内。院落坐西向东，有砖窑两排，前后院由砖砌过洞连接。毛泽东居住在后院右起第1、2孔窑洞内。1936年1月26日，毛泽东从这里出发，率领红军进行东征。5月21日，东征取得胜利后，又返回瓦窑堡，住城内前河滩二道街一院落内。1988年，瓦窑堡革命旧址被国务院公布为第三批全国重点文物保护单位。（YYL）

八路军西安办事处旧址 位于西安市西五路北新街七贤庄1号，旧址院落坐北朝南，共10所，现在建为"八路军西安办事处纪念馆"。是1936—1946年中共中央在西安设立的秘密交通站，也是半公开的"红军联络站"和公开的"国民革命军第八路军驻陕办事处"。纪念馆建于1959年，共有5道院，内有接待室，会客室，办公室，重要领导人的住房、库房、厨房、电台室、译电室、机要室、救亡室等。馆内收藏有文物460多件、资料525件、回忆录623篇、照片3000余张。1988年，八路军西安办事处旧址被国务院公布为第三批全国重点文物保护单位。（YYL）

洛川会议旧址 位于洛川县永乡乡冯家村。会址为两孔砖窑，坐北面南。这里原为一处私塾小学校舍。东侧窑洞为会议期间毛泽东的办公室兼寝室，两侧窑洞为会议室。1937年8月22—25日，为了正确贯彻执行党的统一战线政策，制定党在抗战时期的行动方针和具体政策，中共中央政治局在此召开了扩大会议,史称"洛川会议"。出席会议的中央政治局委员和候补委员,有毛泽东、张闻天、周恩来、秦邦宪(博古)、朱德、任弼时、关向应、何克全(凯丰)、张国焘,还有各方面负责人彭德怀、刘伯承、贺龙、张浩、林彪、聂荣臻、罗荣桓、张文彬、萧劲光、林伯渠、徐向前、周建屏、傅钟、周昆,共23人。会议由李富春记录。洛川会议是中国共产党在抗日战争刚刚爆发的历史转变关头召开的一次重要会议,会议通过了《关于目前形势与党的任务的决定》,制定了《抗日救国十大纲要》,提出了党在抗日民族革命战争中的纲领和政策,确定了党的全面抗战路线,制定了刚改编为国民革命军第八路军在敌后进行持久抗战的战略任务和作战方针。从而为建立广泛的抗日民族统一战线,为实现党对抗日战争的领导权和争取抗日战争的最后胜利奠定了政治思想基础,也成为抗日战争的伟大历史转折点。洛川会议旧址从1966年起即维修对外开放。2001年,国务院公布洛川会议旧址为第五批全国重点文物保护单位。(YYL)

杨家沟革命旧址 位于米脂城东南23千米的杨家沟村。1947年11月22日,毛泽东、周恩来、任弼时率领代号为"亚洲部"的中共中央机关、中国人民解放军总部转战陕北来到杨家沟,随行官兵共计600余人,在这里从事了重要的革命活动,召开了具有划时代意义的"中共中央十二月会议"等。现保存较好的革命旧址有毛主席、周恩来、张闻天、任弼时、胡乔木、陆定一、叶剑英、彭德怀、杨尚昆、习仲勋等老一辈无产阶级革命家旧居,中共中央十二月会议旧址,西北野战军高级干部军事会议旧址,东渡黄河动员大会旧址,劳动人民翻身纪念大会旧址,中共中央政治部、情报局、新华社、广播电台、解放日报、西北局、陕西省委、通讯班、战地医院、供销科、保卫科、后勤处、参谋部等重要革命旧址。2001年,国务院公布杨家沟革命旧址为第五批全国重点文物保护单位。(YYL)

易俗社剧场 位于西安市关岳庙街(今西一路)关岳庙对面,坐南向北。此地原为"宜春原",清末固原提督张志行(蒲城县人)之子张少云爱好二黄,购地建筑室内剧场,以演二黄为主。民国五年(1916),军阀陆建章督陕时整修,装置了西安最早的转台,作为京剧演出场所。民国六年卖给易俗社。该社又对原舞台进行改造修葺。由当时陕西督军陈树藩书题"易俗社"牌名。宜春园始更名为"易俗社剧场",成为陕西最早的现代化剧场之一。剧场由前厅、观众厅(含楼座)、舞台、演员化装室组成,砖木结构。设座席904个。舞台为镜框式,台口宽13米,高8米,总进深17米,舞台空间高度12米。上下场门附台面积14平方米,演员化装室30平方米。1956年后,增设现代设备。台上灯光设备有四十三路可控硅操光台1台,聚光灯40台,新式聚光灯36台,旋转式幻灯10台,云灯15台,追光、造型、八格条灯备4台,紫外线灯、平闪灯、自动换色器各1台;音响设备有五百瓦主放机、五十瓦与八十瓦扩音机各1台,控制放大机2台,并置有大幕、二道幕、三道幕和天幕,备有布景吊杆8道。电源总负荷量为12万伏。该剧场长期为陕西易俗社(今西安易俗社)固定演出场所。自其建成后秦腔正式进入剧场演出,20世纪30年代的现代灯光布景也首先在这里出现。首场开台演出的是孙仁玉的《复汉图》前本。2006年,国务院公布易俗社剧场为第六批全国重点文物保护单位。(YYL)

渭华起义旧址 位于华县城西南23千米的高塘镇境内,西距西安市74千米,东距华山国家风景区50千米。渭华起义旧址占地面积8757平方米,建筑面积1590平方米,陈列展室7个,起义领导旧居4个,陈列面积772平方米。陈列着当年起义时的历史文物、资料、照片、文件、报刊杂志、办公用品和起义枪械弹药、大刀、长矛和领导人生活用具等重要文物157件,革命历史文献资料75件,各类图片1200余张。此外,渭华起义旧址按照当年起义指挥部原貌维修保护具有重要意义的革命遗址5处:西北工农革命军军委指挥部五间厅;1927年秋,高塘、谷堆两校师生为悼念革命先烈、鼓舞斗志在校园的大道上用砖石铺砌而成的长20米、宽1.5米的"同志们,赶快踏着先烈的鲜血前进啊!!!"15个大字的巨幅标语;起义当年中共华县县委办公楼旧址;起义中西北工农革命军战略转移前军委扩大会议遗址,两棵古槐;起义失败后,清乡团匪徒杀害共产党人投尸的水井——烈士殉难井。2006年,国务院公布渭华起义旧址为第六批全国重点文物保护单位。(YYL)

吴旗革命旧址 位于吴旗城内砚洼山南麓。1935年10月19日,中共中央率领中央红军经过二万五千里长征,到达陕北吴旗(当时称吴起)镇,进入西北苏区,从而胜利地结束了中央红军的长征。毛泽东到达吴起镇后,即于当天致电彭德怀:"吴起镇已是苏区边境,此地以东即有红色政权,保安城闻有红色部队,但吴起镇、金汤镇之间之金佛坪有地主武装百余守堡,拟派队消灭之。"电报还要彭德怀于次日到吴起镇商讨行动方针,第二、第三纵队交叶剑英、邓发指挥。吴旗镇革命旧址包括毛泽东旧居、张闻天旧居等。分为南北两院。南院为毛泽东旧居,5孔土窑洞列成排。9孔接石口土窑洞和1排4孔石窑洞,共13孔。两院之间,有石砌过洞相连。为纪念吴旗镇"切尾巴"战斗的胜利,平台山改称胜利山。山之东麓建有革命烈士陵园和烈士纪念塔各1座。新中国成立后,1966年和1985年,政府对旧址进行大规模维修。1992年,被省政府公布为第三批重点文物保护单位。2006年,国务院公布吴旗革命旧址为第六批全国重点文物保护单位。(YYL)

保安革命旧址 位于志丹县城北炮楼山麓。1936年6月21日,中共中央机关离开瓦窑堡,经安塞县境,于7月3日进驻保安。1937年1月10日,中共中央机关离开保安城,于1月13日进驻延安城。中共中央在保安期间,组织红军西征,实现了三大主力红军的胜利会师;1936年12月12日西安事变爆发,中共中央立即召开紧急会议,研

究对策,并派周恩来等前往西安,为和平解决西安事变做出重要贡献。1936年7月3日至1937年1月13日,这里是中共中央所在地,1936年4月民族英雄刘志丹东征牺牲后保安县更名为志丹县。现开放供参观的有位于城内炮楼山下的毛泽东、周恩来旧居和位于城南的中国抗日红军大学校部、一科教室等旧址。现保存省旧址石窑洞和房子24孔(间),占地2362平方米,馆藏等级文物24件。1992年,由省政府公布为省级重点文物保护单位。2006年,国务院公布保安革命旧址为第六批全国重点文物保护单位。(YYL)

宏道书院旧址 位于三原县城北,由三原人王恕(明吏部尚书)与其子王承裕(户部尚书)于弘治七年(1494)创办。宏道书院是陕西省明、清四大书院之一,自创办以来,以"明纲常之道,知修齐之理"为宗旨,加之其非凡的教学成就,成为西北学界的一面旗帜,是陕西传播知识的最高学府之一。宏道书院南北长115米,东西宽126米,总面积14490平方米,呈长方形。院内现仅存民国时期一座北欧风格建筑,坐北向南,南北宽17.5米,东西长44.5米,建筑面积837.77平方米。该楼建于1938年,由省教育厅拨款修建。清光绪二十六年(1900),书院更名为宏道高等学堂。民国初年,聘请日本教师授课。著名书法家、爱国诗人、国民党元老于右任,著名红学专家吴宓、范紫东、茹欲立等精英学子先后在此学习深造。2013年,宏道书院旧址被国务院公布为第七批全国重点文物保护单位。(YYL)

杨虎城旧居 杨虎城出生于蒲城县甘北村,居住在县城东槐院巷。这是一座古色古香、秀而不俗的民居宅院,建于1934年,是杨虎城将军为其母和家属所建。分为正、偏两院,坐北向南,院落格局分为门房、大厅、女厅、后楼房,占地面积1250平方米,建筑面积750平方米,为关中传统式"四道"建筑。整个建筑古朴典雅,院内青竹翠柏,苍窗格门,浮雕制作精良细致。蒲城县政府将这座故居列为重点文物保护单位,并在此建立了"杨虎城纪念馆"。纪念馆内展出杨虎城当年与张学良互赠互勉的亲笔条幅字画和蒋介石、邵立子、马鸿逵等赠予杨母的寿屏等,有"西安事变"纪实图片,还有杨虎城用过的生活用具、作战兵器等实物。2013年,杨虎城旧居被国务院公布为第七批全国重点文物保护单位。(YYL)

青木川老街建筑群 青木川古镇位于汉中市西部、宁强县西北角,地处陕甘川三省交界处,枕陇襟蜀,素有"一脚踏三省"之誉,是全省最西的一个乡镇。青木川自明成化年间以后逐渐发展成为西部商贾云集之边贸重镇,因其地理位置特殊,是明清时期入川的要道之一,也是兵家必争之地。民国时期,政乱匪患,因地僻人杂,官府无力统治,乱世中,成就了当地一位传奇人物——魏辅唐。魏辅唐在此地建立武装,政由己出,游离于县府管治,成为雄霸一方的实际统治者。先后当过宁强县独立自卫队大队长、宁西人民自卫队总队长、陕甘川三省九县治安联防处副处长。魏辅唐重视当地经济社会文化发展。曾征调民工兴修水利，开堰抬田；修建桥梁和道路，便利交通；兴办地方文化教育，罗织人才，建辅仁中学；组建戏班；自建民团，维护地方治安；建章立制，繁荣稳定市场交易秩序。现在仅866米长的回龙场老街就遗留有经历百年沧桑保存仍然完好、风格迥异的清末民初古建筑20余处，古建筑房屋260余间。老房子大都是四合院，二进二出的两层结构，建筑风格有明清时期的旱船式，也有西方教堂式。其中最有名的有"唐世盛""荣盛魁""荣盛昌""辅友社"等，另有魏氏新老宅院两处、辅仁中学一处。这些明、清、民国等不同时期不同风格的古建筑群，古朴独特，雕梁画栋，风格典雅，是不可再造的历史文化遗产。2013年青木川老街建筑群被国务院公布为第七批全国重点文物保护单位。（YYL）

青木川魏氏庄园 位于汉中市宁强县青木川镇魏家坝村，是魏辅唐住宿和办公的场所，分为并排相连的两处。老宅院始建于民国十六年（1927），民国十八年落成，分前后两进，共有房屋61间。宅院背靠凤凰山，面对龙池山，有"凤凰遥对鱼龙池，神仙居所度晚年"之说。宅院古朴、典雅。地面由白石灰、油黄泥、沙砾、桐油、糯米粥混合精工细做而成，光滑而有弹性，多年来鲜有破损。檐坎是用5～6米长的青石条砌成，连台阶边的三角栏石，精料估计约有10平方米，檐坎面上的石板约在2～3平方米以上。新宅院原有三进。第一进主要用于粮油加工和仓储，已被拆除。新院子和老院子相比，更多地融入西方的建筑风格和近代建筑文化，简洁宽大，庄严肃穆，分前院、书堂和后院。由造型一致的两个四合院构成，砖木两层结构，整个建筑成轴对称图形，左右前后对称，上下对称。建筑材料均为大青石、砖、瓦，檐坎、台阶由五六米长的青石条做成，天井地面全由石板铺筑，整齐划一。柱子、楼梯、楼板、扶手均为木制，小方格双扇门窗相当精致，不管是青砖、青石或木制材料，至今都未显现腐朽的迹象，可见当时选料的严密。整个新老宅院的建筑遥相呼应，宏伟壮观。2013年，青木川魏氏庄园被国务院公布为第七批全国重点文物保护单位。（YYL）

安吴堡战时青年训练班革命旧址 位于咸阳城北45千米处泾阳县蒋路乡安吴堡，是中国共产党在抗日战争期间培训青年干部的重要场所。1937年洛川会议以后，西北青年训练班从延安迁到泾阳，于1938年春迁至安吴堡，共举办了6期训练班，毕业学员13000多人，培养了大批青年干部。1940年4月撤回延安。毛泽东为青训班题词，朱德亲赴视察并作了题为《抗日形势》的报告，林伯渠经常在此讲课。青训班班部设在安吴堡周氏正院，现保存完好。安吴堡战时青年训练班革命旧址是省重点文物保护单位，也是2013年由国务院公布的第七批全国重点文物保护单位。（YYL）

陕甘边照金革命根据地旧址 位于铜川耀州区照金镇，以照金镇为中心，横跨耀州区、旬邑、淳化、宜君等县（区）。陕甘边照金革命根据地是20世纪初由刘志丹、谢子长、习仲勋等老一辈无产阶级革命家在西北地区创立的第一个山区革命根据地。红军利用薛家寨上极其险要的四个天然岩洞分别建成红军医院、被服厂、军械厂、指挥部等1~4号红军寨及其哨卡、吊桥、石砌寨门等防御措施，开展革命斗争。2004年，陕甘边照金革命根据地纪念馆举行了开馆仪式。陕甘边照金革命根据地旧址是省重点文物保护单位，现为全国100个红色旅游景区之一，也是2013年由国务院公布的第七批全国重点文物保护单位。（YYL）

延一井旧址 位于陕西延长县城西门桥小学院内。清光绪二十九年（1903），德国人汉纳根到陕北"旅行"，侦知延安石油可以开采后，便引起了帝国主义列强的垂涎。于是，汉纳根勾结大荔士绅于彦彪和延长士绅刘德馨、郑明德、宋金声、郑肯堂等，与德商世昌洋行私自订立合同，企图收买延长石油矿的开采权。次年，在全国人民护路保矿的声势震慑及陕西人民的坚决反对下，陕西官府将于彦彪从天津解回陕西查办，并经陕西巡抚升允奏准，将延长石油矿收归官办。当年11月，清政府准奏，拨地方官银8.1万两，委候补道洪寅为总办。1905年，延长石油官矿局成立。同年，开始修筑由耀县至延长的驿道，至1906年底修通。清光绪三十三年（1907）四月，在延长西门外确定井位，并安装钻井机器。6月5日开钻，至9月6日钻深到68.89米处见油，9月10日钻深至81米处完井。该井被命名为"延一井"，是中国陆上第一口油井，开创了中国石油工业发展史上的新篇章。延一井日产量1000~1500千克，10年后仍保持日产量1250千克。从钻成至1934年，该井共产原油2550000千克。该井经两次钻深后，至今仍在继续产油。1987年9月，延长油矿管理局在此树立了标志纪念碑，由康世恩题写的"中国陆上第一口油井"九个大字，被刊刻上石，以志永远。1996年，延一井旧址被国务院列入第四批全国重点文物保护单位名单。（YYL）

（六）省级重点文物保护单位

1. 古遗址

兴庆宫遗址 位于西安市区东南部咸宁路北侧，是省级重点文物保护单位。兴庆宫是唐代三大宫殿之一，原为唐玄宗李隆基称帝前与兄弟五人在隆庆坊的藩第。开元三年（715）始建，因位于西内太极宫、东内大明宫之南，故称"南内"。开元十四年（726）又合并周围的邸宅，重加扩建，占地约134.4万平方米。开元十六年，唐玄宗移至兴庆宫听政，且是唐玄宗与杨贵妃长期居住的宫邸。主要建筑有兴庆殿、南熏殿、长庆殿、大同殿、花萼相辉楼、勤政务本楼、沉香亭、龙池等。宫内的建筑布局并不对称排列，而是错落有致地布列于龙池周围，别具风格。唐代以后兴庆宫遭到破坏，宋时楼台亭阁湮灭殆尽，金代有所修缮，为游宴场所。清初，

兴庆宫池水干涸，仅留下起伏的湖岸、透迤的渠道和勤政、花萼两楼遗迹。1949年后，经系统勘查发掘，将兴庆宫旧址部分辟为兴庆公园，采用自然式布局，以龙池（兴庆湖）为主景，并重建了花萼相辉楼、勤政务本楼、沉香亭等仿唐建筑，成为西安市区一道亮丽的风景。(YYL)

太液池遗址 唐太液池，又名蓬莱池，位于唐长安城大明宫含元殿等三大殿之北，是唐代最重要的皇家池园。是省级重点文物保护单位。太液池始凿于贞观八年（634），龙朔二年（662）时正式使用，直到唐末才被废弃，后历经历史变迁，终被淤塞和填埋为平地。太液池遗址现位于西安市北郊未央区大明宫乡孙家湾村西南，地当龙首原高地北侧低地，分西池和东池两个部分。其中，西池为主池，平面呈椭圆形，面积约14万平方米，已成为农田；东池平面略呈圆形，面积约3.3万平方米，已被现代城市所覆盖。太液池遗址的考古工作始于1957年的大规模勘探，1998年，为配合省、市政府实施大明宫遗址保护方案，中国社会科学院考古研究所西安唐城工作队对太液池遗址又进行了复查性钻探。2000年春和2001年春，该队又在太液池的南北两岸以及蓬莱岛南岸进行了试探性发掘。迄今，中日联合考古队已在太液池西岸、北岸和蓬莱岛南岸进行了3次正式的考古发掘，取得了重要的阶段性成果。(YYL)

新寺遗址 位于西安市新寺村西北部，其东端到村民陈宏彬家，北端到陆杏路，西端到兰家村村民刘昌建责任田，南端到兰家村葡萄园，总面积约25000平方米。是省级重点文物保护单位。现遗址区域内主要为当地村民耕地，在遗址中部偏西有一大型取土坑，在坑壁可见夯土层，夯土层总厚度约1.5米，每层夯层厚约6厘米。在遗址范围内采集有绳纹灰色板瓦及筒瓦残片。据二普资料记载曾可见厚约1米的文化层，采集有外饰粗细绳纹、内有布纹或菱形方格纹的筒瓦、板瓦，菱形方格纹铺地砖、陶五角形管道、二层台式方形柱础石、云纹瓦当、"长乐未央"瓦当以及陶盆、罐、瓮等残片。"长乐未央"瓦当面径22厘米，较为少见。此遗址为研究汉代宫殿遗址的布局及当时的社会情况提供了重要的考古资料。(YYL)

建章宫前殿遗址 位于西安城西北10千米处高堡子村，汉武帝时修筑。建章宫周长10余千米，其建筑规模与未央宫相当。宫四面各开一门，南门为正门，称"阊阖门"，上装玉璧；北门称"凤阙"，上置一丈多高的鎏金凤凰，以观测风向风速。宫内主要建筑前殿、骀荡宫、駇娑宫、枍诣宫、天梁宫、承光殿、奇华殿、鼓簧宫、唐中殿、丞德殿、神明台等。北部有太液池。前殿神明台、双凤阙高大夯土台基至今仍耸立于地表。遗址中出土有西汉常见的几何中纹铺地方砖以及"天无极""长乐未央"瓦当等，其西北的东柏梁村还出土有一长方形陶质建筑脊饰构件，上有"延年益寿，与天相待，日月同光"12字篆铭。1957年建章宫前殿遗址由陕西省人民委员会公布为第二批省级重点文物保护单位。(YYL)

斡尔垛遗址 位于西安市东郊秦孟社村石家街仓库。斡尔垛遗址为元代安西王府遗址，周长2282米，四面有墙，东、西、南三面有门，中央有达王殿夯土台基，南北长185米，东西宽90米，高出地面2～3米。遗址内发现5块铸有阿拉伯数字的幻方和黄釉琉璃瓦及瓦当等。1957年斡尔垛遗址由陕西省人民委员会公布为第二批省级重点文物保护单位。（YYL）

白家遗址 位于临潼县渭河北岸的油槐乡白家村，面积12万平方米，是一处内涵单纯、文化遗物较为丰富的新石器时代早期文化遗存，距今不少于7000年。白家遗址于1956年被发现，1974年半坡博物馆进行试掘，中国社会科学院考古研究所先后于1982年、1983年发掘1000多平方米。发掘出房址两座，均为不规则圆形半地穴式，每座平面长径2.6米、短径1.9米，现存深度0.25～0.3米，居住面光滑平整，内有灶炕；有灰坑35个，以不规则圆形和椭圆形最多；墓葬17座，多为长方形竖穴。还有大量的陶器、骨器、石器和蚌器等出土。陶器有圜底钵、圈足碗、三足钵和筒形罐、小口鼓腹罐等，均为夹砂陶，以红褐、灰褐色为主，皆为手制，陶胎多较厚，器表装饰多为绳纹。石器多为磨制，骨角器磨制较精细。1992年，白家遗址由省政府公布为第三批省级重点文物保护单位。（YYL）

西段遗址 位于西安市临潼区零口镇西段村东北部，东距南罗村南约100米，总面积达20万平方米。遗址分布在渭河以南约3千米的二级台地上，东临零河，西接戏河，南靠零塬，地势平坦，土地肥沃，三面环水，地理环境十分优越，是古代先民理想的栖息之地。调查发现，西段遗址存在着新石器时代、西周、春秋战国以及秦汉时期的文化遗迹和遗物，其中尤以西周时期的文化堆积最为丰富，是一处以西周文化遗存为主的较大规模的古文化遗址。1992年，西段遗址由省政府公布为第三批省级重点文物保护单位。（YYL）

怀珍坊遗址 位于西安市白鹿原孟村镇怀珍坊东南，南到荆峪沟岸，北至村南耕地，东至巩孟公路，西侧西至村南耕地，东西长400米、南北宽125米，文化层厚0.40～1.40米。怀珍坊遗址于1973年被发现，1987年10月进行了科学试掘，试掘面积282平方米。出土有冶铜炉灶、木炭、铜饼、铜刀、铜锯、铜戈、卜骨、面刀、石锄、骨锄、骨锥等大量文物。陶器有夹砂灰陶、泥质灰陶、泥质黑陶三种。夹砂灰陶占多数，黑陶较少，制法多为轮制，也有模制及手工制作者。纹饰以粗绳纹为主，有圆圈纹、同心纹、涡纹、麻点纹、蓝纹，指甲纹较少，有两件饕餮纹。器形有鬲、斝、鼎、盆、缸、瓮、碗、豆、簋及大口尊等。经过科学试掘证明，该遗址系商代早期冶铜作坊及村落遗址。1992年，怀珍坊遗址由省政府公布为第三批省级重点文物保护单位。（YYL）

鼎湖延寿宫遗址 位于西安城东南蓝田县焦岱镇焦岱村，是省级重点文物保护单位。鼎湖延寿宫是汉武帝时修建在上林苑最东部的一处离宫,遗址面积约2万平方米,有多处夯土建筑基址,有成排的排水管道和散水等,宫城城墙基地断续可见有大量建筑材料堆积,其中瓦当以云纹为主,文字瓦当有"鼎""鼎湖延寿宫""千秋万岁""长乐未央"等。(YYL)

崔家堡遗址 位于户县县城外西南方向,属周代聚落遗址,包括崔家堡、姬家堡,向南延伸到涝河湾一带。遗址地处涝河二级台地之上,东西100米,南北300米,面积约3万平方米。遗址中心区地表为耕地,地势平坦,西侧南侧部分地段有断崖。崔家堡遗址1957—1988年曾进行过多次文物普查,发现大量陶器残片,其中有细泥灰陶、夹砂灰陶质地的豆、鬲等器物残片,纹饰多为弦纹、粗绳纹、细绳纹及素面纹饰等。遗址区还先后出土过商代、周代的铜鼎、铜盘和玉玦等。1957年,崔家堡遗址由陕西省人民委员会公布为第二批省级重点文物保护单位。(YYL)

黄堆村遗址 位于户县草堂镇北堡,东南距宋村2千米,沧浪河流经西侧。黄堆村遗址包含了仰韶文化以及东周、秦、汉、新莽时期的文化遗存,以东周时期的文化遗存最为丰富。据1957年、1959年中国科学院考古研究所沣西发掘队调查,遗址东西长500米、南北宽450米,文化层厚2.5米。出土有石质的斧、刀、镰、凿、铲、笄等,以石斧为最多,陶质的豆、鼎、鬲、仓、釜及扁身陶壶、彩陶壶、彩陶坛,铜质的弩机、镜、鼎、簪壶、秦半两、汉五铢、新莽铲币等,还出土有玉璧。1957年,黄堆村遗址由陕西省人民委员会公布为省级重点文物保护单位。(YYL)

潭沱村遗址 位于户县秦渡镇潭沱村东北,属周代聚落遗址。东距沣河800米,为沣河二级台地。该遗址与秦渡镇西北的长安县周文王灵台遗址相互对峙,是周丰邑(秦渡)的近郊,为周人活动的集中地之一。整个遗址区处于潭沱村与南留村之间的高台地上,东高西低呈缓坡状,东、西两侧为断崖,中心区高敞宽阔。东西400米,南北300米,面积约12万平方米。1956年、1980年、1988年曾先后进行过三次文物普查,出土有石斧、有孔蚌镰、鬲足、陶罐等文物。1957年,潭沱村遗址由陕西省人民委员会公布为第二批省级重点文物保护单位。(YYL)

北丈八寺村遗址 位于户县天桥乡北丈八寺村,属周代聚落遗址。地处涝河故道的二级台地上。遗址区为一高台地,东西长350米,南北宽200米,面积约9.1万平方米。西北两面地势平坦,东南两面因涝河的冲刷形成明显的断层。其断面上暴露有灰坑。灰坑一般宽2米、深2米,内涵丰富。近年出土有兽骨、鹿角、陶器及陶器残片等物。陶器主要为鬲、壶、罐等,陶质为细泥灰陶、夹砂灰陶、夹砂红陶,纹饰有素面、细绳纹、粗绳纹、附加堆纹和篮纹等。1957年,北丈八寺村遗址由陕西省人民委员会公布为第二批省级重点文物保护单位。(YYL)

城关遗址 位于户县城外西北角,涝河故道经其西侧,属新石器时代至周代古遗址。南北长约200米、东西宽约60米,属新石器时代仰韶文化遗址。至1990年,陆续出土石、陶、骨器和蚌壳等，尤以石笄、骨锥、骨针最为典型。1957年，城关遗址由陕西省人民委员会公布为省级重点文物保护单位。（YYL）

宋村遗址 位于户县草堂镇宋村东北隅，太平河由东南流过。遗址包含了仰韶文化、客省庄二期文化和西周时期的文化遗存，以西周时期的文化遗存最为丰富。据1957年、1959年中国科学院考古研究所沣西发掘队调查，遗址东西长520米、南北宽250米，文化层厚1.48米。多年来，当地村民取土不时发现周的遗迹遗物，出土有石质的斧、刀、凿、蚌刀和铜质的戈、镞、矛、豆、熏炉、编钟等。1958年后曾因取土破坏过一个车马坑遗址，又陆续发现銮铃、轴头、马衔和马骨骼等。1975年在遗址西段发现殉葬有两匹马的大型车马坑和一些春秋墓，有关文物部门清理出许多重要文物。1957年，宋村遗址由陕西省人民委员会公布为省级重点文物保护单位。（YYL）

真守村遗址 位于户县渭丰乡真守村。整个遗址以真守村为中心，属新石器至汉代遗址，向西南和东北方向延伸，遗址东南地势较为平坦，西北两侧为涝河故道形成的断崖，崖高3米有余。南北长约550米、东西宽约70米，是以新石器时代仰韶文化半坡类型为主的遗址。1957年、1959年中国科学院考古研究所发掘调查，发掘高、宽均2米的灰坑二处。1980年发掘大灰坑二处、房基地面和制陶窑址各1处，遗物有石斧、骨笄、彩陶盆、彩陶壶及鹿角、蚌壳、兽骨等；之后又出土尖底瓶、素面钵、彩陶钵、平底瓶等完整的珍贵文物。1957年，真守村遗址由陕西省人民委员会公布为省级重点文物保护单位。（YYL）

石嘴头一号遗址 位于宝鸡市渭滨区石坝河乡石嘴头村。东西长800米，南北宽650米，文化层堆积极厚，内涵丰富，发现有龙山时期的成排房子、灰坑及墓葬，出土鬲、罐、斝、盆等陶器及石器甚多，属新石器时代龙山文化聚落遗址，也有少量仰韶文化和遗存。1992年，石嘴头一号遗址被列为省级重点文物保护单位。（YYL）

大散关遗址 位于宝鸡市南郊川陕公路19.5千米处的清姜河岸，因置关于大散岭而得名（一说因散谷水而得名）。散关设于西汉（一说散关之名最晚当始于秦代），废弃于明末。大散关是关中通往西南唯一要塞，自古以来是巴蜀、汉中出入关中之咽喉，战略地位非常重要，自古以来是关中四大门户（东有函谷关，南有武关，西有大散关，北有萧关）之一，而且历史上争夺散关之战就有70多次。同时，因其地理位置特殊，从古到今又是文人墨客、达官贵人及普通老百姓游览之地。据传"老子西游遇关令尹喜于散关"，授《道德经》一卷；曹操过大散关留下了《晨上大散关》之诗；唐代王勃、王维、岑参、杜甫、李商隐等，特别是宋代陆游关于大散关的诗最多，影响亦最大。1992年，大散关遗址被列为省级重点文物保护单位。（YYL）

韩家崖遗址 位于咸阳淳化县润镇王家沟西南约500米的韩家崖台地边缘，西有泾河的北侧支流神沟河由西北流向东南，东侧为开阔平坦的黄土台塬，台塬上为农田与村镇，遗址位于台塬边缘及神通沟河东侧的坡地上。2006年，为配合长庆油田庆阳至咸阳输油管道工程建设，省考古研究院对韩家崖遗址进行了调查、勘探、测绘和发掘。遗址面积约5万平方米，本次发掘面积800平方米，共发现房址2座、墓葬3座、灰坑40座、踩踏面2处，另外还发现丰富的层位关系，出土了一批陶器、骨器、石器标本，并采集了一些木炭和土样。韩家崖遗址的发掘，为探讨客省庄文化在泾河流域的分布及其文化面貌等提供了新的资料。1957年，韩家崖遗址被公布为省级重点文物保护单位。（YYL）

王家堰遗址 位于宝鸡市金台区王家堰村，东到金陵河西岸台地，西至宝平公路，北至王家堰村，南至造纸厂。遗址东西宽150米、南北长250米，因被工厂、村落所覆压，仅在断崖处暴露出少数灰坑，属于龙山文化的古村落遗址。在遗址范围内汉墓葬较多。出土圆形玉料1件，玉质坚硬，现存区文化馆。1970年修梯田时曾出土牛角化石，长66厘米，有断裂痕，角尖透明，现存西安半坡博物馆。除此之外，还出土大量的象牙化石及植物化石，现存市博物馆。1957年，王家堰遗址被公布为省级重点文物保护单位。（YYL）

福临堡遗址 位于宝鸡市西郊，渭河北岸第一级黄土台地上的福临堡村。台地高出河床约30米，北依马家塬，东西长约2000米、南北最宽处约1000米。地势北高南低，略呈缓坡状。陇海铁路、宝鸡峡引渭渠从台地上东西平行穿过，将台地分割成三部分。引渭渠以南，台地西南部临渭河的突出地带，为仰韶文化遗址的主要分布区。临河的断崖上到处有文化层、灰坑暴露。其东西长约600多米、南北宽约300多米。福临堡村覆压着遗址的东半部。引渭渠以北，铁路以南为遗址的北缘，断崖上也有遗迹暴露。这一带又有春秋墓葬区。20世纪50年代，中国科学院考古研究所曾进行过发掘。铁路以北的塬脚地带，有不少唐代墓葬，曾有塔式罐等文物出土。1984年5月到1985年11月，宝鸡市考古工作队配合基本建设工程进行了随工清理发掘，共发掘面积1344平方米，清理灰坑137个，房子12座，陶窑12座，墓葬45座，出土完整和复原陶器500多件，还有其他生活用具、生产工具及装饰品共1130多件。根据遗址的文化层堆积，以及出土文物的特征，这里的文化遗存被分为三个时期，代表了关中地区仰韶文化中、晚期的三个发展阶段。1957年，福临堡遗址被公布为省级重点文物保护单位。（YYL）

高家坪遗址 地处金陵河东岸二层台地上，北距高家坪村约300米处，与北首岭遗址隔河相望。东起蟠龙原坡，西到金陵河第二台地断崖，北到岳家坡，南到断崖。东西长约300米，南北宽约200米，面积约6万平方米。高家坪遗址为新石器时代的村落遗址，龙山、仰韶文化并存。遗址中堆积物厚达2～3米，有大量灰坑，内涵物丰富。出土文物有钵、罐，除高领罐为泥质磨光黑陶外，其他均为红陶和夹砂红陶，器表多为素面，其次有鸡冠等附加堆纹。"文化大革命"浩劫中村民平整土地致使遗址中心遭到严重破坏，东端和北端被宝鸡县村民用拖拉机推平，使得大量堆积物暴露在地表。1957年，高家坪遗址被公布为省级重点文物保护单位。（YYL）

戴家湾遗址 位于宝鸡市东7千米处的渭河北岸，是一处内涵比较丰富的大型古代遗址。现已发现，自旧石器时代已有人类活动于此，遗址中仰韶文化、龙山文化、先周文化及西周、春秋、战国、秦、两汉以至三国、隋、唐等都有大量遗存，说明该遗址上人类已经活动了万年以上。1957年，戴家湾遗址被公布为省级重点文物保护单位。（YYL）

塔稍遗址 位于宝鸡市渭滨区高家镇塔稍村南。这里已经是秦岭北边的浅山地带，因而地势多为坡地，由于人为平整，现呈现多层梯田。遗址东到断崖，北到壕边，南到部队输油管道，东西长300米，南北宽100米，总面积约3万平方米。遗址中的遗迹遗物主要暴露在村南二阶台地的断崖之上，文化层堆积一般为30厘米，有的连续长达7米。内有烧土和灰土以及陶片。断崖上还有姜石做成的居住地面，长约3.8米。遗址中出土的遗物有陶器和石器。陶器质有泥质红陶、泥质红褐陶、夹砂褐陶三种，可以识辨的器形有钵、尖底瓶、盆、纺绳等。纹饰可见素面和线纹、绳纹。石器仅见麻砂石面。根据遗物的特征分析，该遗址是新石器时代仰韶文化半坡类型时期的居住遗址。1957年，塔稍遗址被公布为省级重点文物保护单位。（YYL）

高家村遗址 位于宝鸡市陈仓区高家村，属新石器时代遗址。这是一个延续时间极长、文化内涵比较复杂的遗址，主要有老官台文化、仰韶文化居址和刘家文化墓地，另外也有少量龙山、西周、春秋战国和更晚一些时期的遗迹或遗物。遗址发掘面积300余平方米，发现不同时期灰坑10余个，老官台文化房子1座，刘家文化及春秋时期墓葬23座。以老官台文化、仰韶文化、刘家文化等遗存的收获最为丰富。1957年，高家村遗址被公布为省级重点文物保护单位。（YYL）

旭光村二号遗址 位于宝鸡市渭滨区马营镇旭光村，东西长700米，南北宽350米。文化层堆积厚，内涵丰富，为一处老官台、仰韶、龙山、先周、西周诸时代文化共存的重要遗址，被列为省级重点文物保护单位。1989年71信箱迁建工厂时，被全部破坏，仅清理了几座西周小墓，出土少量鬲、罐等文物。1992年，旭光村二号遗址被公布为省级重点文物保护单位。（YYL）

伐鱼村遗址 位于宝鸡县天王镇伐鱼村。东西宽400米，南北长500米。文化层堆积较厚，内涵丰富，发现有钵、盆、罐、尖底瓶等器物，属新石器时代仰韶和龙山文化的村落居址。1992年，伐鱼村遗址被列为省级重点文物保护单位。（YYL）

鸭限岭遗址 位于宝鸡县凤阁岭乡鸭限岭村，东西宽220米，南北长240米。地处渭河转弯处的突出台地上，文化层堆积厚，内涵丰富，发现有大量灰坑及尖底瓶、钵、盆、夹砂罐等器物，为新石器时代仰韶文化遗址。1992年，鸭限岭遗址被列为省级重点文物保护单位。（YYL）

贺家湾遗址 位于宝鸡县八鱼乡贺家湾村，东西长1100米，南北宽150米。文化层堆积厚，内涵丰富，包含有仰韶文化、龙山文化以及春秋战国等不同时期的遗存。1992年，贺家湾遗址被列为省级重点文物保护单位。（YYL）

吴家头遗址 位于凤翔县石家营乡吴家头村东端，七里河从东边流过，为新石器至商周时期遗址。遗址西接村庄，南至大道，东、北濒临七里河，整个地势平坦。遗址分布东西200米、南北400米，面积约8万平方米。遗址区内的文化层堆积较厚，一般都在2～3米，内涵丰富。遗址区内断崖上及公路旁可以见到8个大灰坑，大多为袋状，最大者直径5米、深4米，也有不规则形，灰坑内包含物较多。另外，还有白灰面残房址2座，分别长2米和3米，白灰面厚1～2厘米。1992年，吴家头遗址被列为省级重点文物保护单位（YYL）

凹里宫殿遗址 位于凤翔县横水乡凹里村。面积约650平方米，遗址中发现夯土基址和一条南北长约200米的排水管道，还出土鱼鸟、双獾、云纹等战国秦瓦当，以及"长生无极""大宜口子"、云纹等汉代瓦当和大量秦汉瓦片。此遗址史书无载，估计为战国到汉代咸阳到雍城之间的行宫之一。1992年，凹里宫殿遗址被列为省级重点文物保护单位（YYL）

边家庄遗址 边家庄堡东遗址在陇县边家庄村堡子东面，为仰韶文化和春秋文化的村落遗址，总面积约6万平方米。1979年出土了青铜器，1982年出土了车马器。1986年3月21日，发现官员墓葬，清理出土铜鼎、铜甗、铜簋、铜盘、铜戈、铜矛、铜箭、铜管、车辖、马衔、铜泡、陶泡、石斧、玛瑙等1034件。边家庄堡西遗址在东南乡边家庄村堡子西北角，属新石器时代村落遗址。遗址东至村东，西至张家庄，东西长1000米，南北宽500米。1992年，边家庄遗址被列为省级重点文物保护单位。（YYL）

麦枣峪遗址 位于陇县棱底下乡麦枣峪村西北150米处，千惠渠岸边，北临千河，东西为沟峪，南依大山。地势中间高周围低，呈缓坡状。遗址分布东西长500米、南北宽150米，面积约8万平方米。遗址区内断崖上可见厚约0.3米的文化层，并有不规则状灰坑，最大的宽2米、深1.8米。文化内涵较为丰富，内含陶片较多，石器也时有发现。为新石器至西周时期遗址，1992年，麦枣峪遗址被列为省级重点文物保护单位。（YYL）

峪头一号遗址 位于陇县东风镇峪头村东。为西周村落遗址。北临千河，西至流水沟，东至阳沟畔。东西长500米，南北宽400米。遗址两侧断崖上可见厚约1米的文化层及灰坑，内含较多陶片，遗物为泥质、夹砂红、灰陶及石器，纹饰有素面、绳纹、附加堆纹等，器物有罐鬲、石铲等，均为残片。1992年，峪头一号遗址被列为省级重点文物保护单位。（YYL）

清湫遗址 位于眉县槐芽乡清湫村西。南北长800米，东西宽350米，总面积28万平方米。遗址内断层上暴露有大量灰坑，并有草拌泥火烧地面，堆积最厚处达6米以上。文化层的内含物有陶、石、骨器。陶器以红陶居多，黑褐陶次之；纹饰有绳纹、线纹、附加堆纹，并有圆点、弧线、三角、鸟纹等彩色图案。石器均为磨制，可见的遗物有平底钵、浅腹盘、罐、盆、石斧等。从文化内涵分析，该遗址为新石器时代仰韶文化的村落遗址。1957年，清湫遗址被列为省级重点文物保护单位。（YYL）

岭堡遗址 位于眉县常兴镇岭堡村。东西长1400米，南北宽300米，面积42万平方米。遗址内的断崖上，暴露灰坑甚多，堆积最厚处达4米。文化层内含物极为丰富，有陶、石、骨器等。陶器陶色以红陶为主，也有灰陶和少量黑陶；纹饰主要为绳纹和附加堆纹，还有几何形彩陶图案。可见到的遗物有夹砂罐、盆、细泥钵、尖底瓶、彩陶钵、折腹罐、灶、纺轮及石斧、石环、骨锥等。从文化内涵看，该遗址属于一处新石器时代仰韶文化的村落遗址。1957年，岭堡遗址被列为省级重点文物保护单位。（YYL）

白家村遗址 位于眉县常兴镇白家村。东西长800米，南北宽500米。文化层堆积厚达3～4米，内涵丰富，包括新石器时代仰韶文化、龙山文化、西周、秦汉等不同时期的文化遗存。1957年，白家村遗址被列为省级重点文物保护单位。（YYL）

韩家沟遗址 位于眉县第五村乡韩家沟村，东西长600米，南北宽300米。文化层堆积较厚，内涵丰富，属新石器时代仰韶文化遗址。1957年，韩家沟遗址被列为省级重点文物保护单位。（YYL）

东坡遗址 位于眉县小法仪乡小法仪村。东西长150米，南北宽400米。文化层堆积较厚，内涵丰富，包括新石器时代仰韶、龙山以及先周时期文化遗存。1992年，东坡遗址被列为省级重点文物保护单位。（YYL）

姜嫄遗址 位于杨陵区揉谷乡姜嫄村南50米处。姜嫄遗址属新石器时代（仰韶、龙山）、西周、东周、秦、汉时期的大型聚落遗址。该遗址不仅内涵丰富，地层叠压清楚有序，跨时代区域性较长，而且时序连贯，对于研究关中平原向渭北高原过渡地带新石器时代及西周遗址的分布、区域类型和文化谱系等具有重要价值。1957年，姜嫄遗址被公布为省级重点文物保护单位。（YYL）

东渠遗址 位于扶风县上宋乡东渠村。断崖暴露许多灰坑，分布密集，堆积厚而内涵丰富。1979年12月出土绳纹三足大陶瓮、铜甬钟等文物，西周绳纹陶片很多，能辨认器形的有鬲、罐、簋、豆、盆等，陶质为泥质或夹砂灰陶。1957年，东渠遗址被公布为省级重点文物保护单位。（YYL）

尚德村遗址 位于扶风县揉谷乡尚德村南。断崖暴露袋状灰坑，堆积很厚，内涵丰富。仰韶文化庙底沟类型的陶片到处皆有，器形有钵、罐、盆、尖底瓶等，多为红色夹砂陶，泥质陶次之。纹饰有绳纹、划纹和圆点弧线彩陶。亦有少量龙山文化器物。该村战国墓分布最为密集，常有文物出土。1957年，尚德村遗址被公布为省级重点文物保护单位。（YYL）

秦家庄一号遗址 位于扶风县新店乡秦家庄。南北长400米，东西宽200米。文化层堆积厚达3.5米，内涵丰富，到处可见鬲、罐等器物残片，属新石器时代龙山文化遗址。1992年，秦家庄一号遗址被列为省级重点文物保护单位。（YYL）

王家台遗址 即谢家河遗址，位于扶风县新店乡王家台村南。属新石器时代龙山文化遗址，从断崖上考察，文化堆积很厚，内涵丰富。从灰坑内出土器物残片辨认器形，有盆、罐、斝等。纹饰多绳纹、篮纹，陶质为夹砂陶和泥质陶。遗址保存完好，有重要的考古价值。另外，遗址内有汉代铜釜、鼎出土。1992年，王家台遗址被公布为省级重点文物保护单位。（YYL）

益家堡遗址 位于扶风县城关镇益家堡西南台塬上。东西长500米，南北宽300米。1978年后因平整土地而破坏较严重，是一处含有新石器时代仰韶文化、龙山文化和商代的居住遗址，发现有商代殷墟一期的青铜器、兵器及鬲、罐、豆等陶器。1992年，益家堡遗址被列为省级重点文物保护单位。（YYL）

西沟遗址 位于千阳县柿沟乡西沟村，北距千河500米，属千河南岸第二级台地，东边为沟，南依山，地势呈缓坡形，遗址分布东西1200米、南北1000米。遗址区内文化层堆积厚达1.5米。断层处可见袋状灰坑。出土器物有小口尖底瓶、缸、盆、鬲、罐等。为新石器时期遗址。1992年，西沟遗址被列为省级重点文物保护单位。（YYL）

邓家堡遗址 位于千阳县南寨乡邓家塬村邓家堡组北30米处，北邻邓家塬水库50米，东距邓家塬800米，西临邓家塬沟。地势平坦，现为耕地。遗址分布东西1000米、南北300米，面积约30万平方米。因平整土地，遗址区内迹象破坏较为严重，文化层亦多被破坏。但遗址区内的遗物较为丰富，到处可以捡到陶器残片、石器等，为新石器至秦汉时期遗址。1992年，邓家堡遗址被列为省级重点文物保护单位。（YYL）

千川遗址 位于千阳县城关镇千川村。东西长1500米，南北宽700米。文化层堆积较厚，内涵丰富，有灰坑等遗迹暴露，发现有鬲、盂、罐、板瓦等遗物，属一处比较单纯的春秋战国遗址。1992年，千川遗址被列为省级重点文物保护单位。（YYL）

城关村遗址 位于麟游县九成宫镇城关村。东西长800米，南北宽600米。文化层堆积厚，内涵丰富，属新石器时代仰韶文化。1992年，城关村遗址被列为省级重点文物保护单位。（YYL）

园子坪遗址 位于麟游县天堂乡园子坪村西。南北长400米，东西宽200米。文化层堆积较厚，内涵比较丰富，断崖上可见灰坑，已发现高领袋足鬲、盆、罐等器物，属龙山文化和商周时期的村落居址。1992年，园子坪遗址被列为省级重点文物保护单位。（YYL）

蔡家河遗址 位于关中西部麟游县城西约4千米的蔡家河村西侧、漆水河与蔡家河交汇处塬上。遗址东西500米、南北400米，地势南高北低，在地表和断崖上可采集到新石器时代和商周时代的陶片,与之东、南两面相距不远的分别以蔡家河、漆水河相隔的后坪、肖力塬遗址也发现过同时代遗存。1992年,蔡家河遗址被列为省级重点文物保护单位。(YYL)

仓颉庙遗址 位于岐山县城西南的仓颉庙村东,遗址东西长600米、南北长300米,总面积约180000平方米。该遗址文化层深厚,内涵丰富,断面暴露有灰坑、灰层,并有居住面、灶坑、火圈、房址等人类活动遗迹。近年来在农业生产中陆续有石器等生产工具以及骨器等生活用具出土,出土陶器有罐、钵、盆、纺轮、陶球等器物。陶质中夹砂、泥质红陶较多,褐陶、灰陶较少。陶器纹饰以绳纹、篮纹、附加堆纹为主,彩陶次之。遗址内还叠压有西周文化及汉代墓葬等其他时代遗存。该遗址未经科学发掘,其全部面貌内涵有待今后调查发掘进一步揭示。1957年,仓颉庙遗址被陕西省人民委员会公布为省级重点文物保护单位。(YYL)

孙家遗址 位于岐山县青化乡孙家村东150米处,七星河西岸二级台地上,北到村北小沟边,南到孙家沟北断崖,地势西高东低,呈阶梯状。遗址分布东西650米、南北800米,面积约50万平方米。遗址区内断崖上可见到文化层及其灰坑,文化层长约200米,厚0.3~0.7米,灰坑呈不规则形,宽约1~4.5米,深1~3米,内涵丰富。为西周至秦时期遗址。1992年,孙家遗址被列为省级重点文物保护单位。(YYL)

双庵遗址 位于岐山县京当乡双庵村周围,范围25万平方米。文化层堆积甚厚,内涵丰富,暴露有大量灰坑以及房址残迹,可见到鬲、罐等遗物,为较单纯的新石器时代龙山文化遗址。1992年,双庵遗址被列为省级重点文物保护单位。(YYL)

魏家河一号遗址 位于岐山县益店镇魏家河村。南北长700米,东西宽350米。文化层堆积极厚,内涵丰富,暴露有较多的灰坑。可采到鬲、罐、钵、鬶等陶器残片,属新石器时代仰韶文化和龙山文化遗址。1992年,魏家河一号遗址被列为省级重点文物保护单位。(YYL)

永尧遗址 位于岐山县蔡家坡镇永尧村三组,西至断崖边沿,北近村庄塬地的半坡之上。南到引渭渠,东西500米,南北400米,分布面积约20万平方米。其地势北高南低呈缓坡状。遗址区经过平整,已成多层阶地,在每阶地的断崖上,均可见到文化层和灰坑。文化层堆积距地表深1~2米,厚30~50厘米,灰坑多呈不规则状,长1~2.5米。普查中还发现鬲棺葬和小陶窑。小陶窑高1.9米、直径1.05米。堆积层内涵比较丰富,出土物较多,主要有陶器,可辨器形有钵、鬲、盆等。为新石器至西周时期文化遗存。1992年,永尧遗址被列为省级重点文物保护单位。(YYL)

岐阳一号遗址 位于岐山县祝家庄乡岐阳村东南300米处东河西岸台塬上,东至沟边,北至抽水站,南至原子头村北350米。现为耕地。遗址分布范围东西500米、南北800米,面积40万平方米。遗址区内地表可采集到大量陶片，在东河西岸崖畔上，可见到文化层及灰坑，南部暴露尤甚。为新石器时期文化遗存。1992年，岐阳一号遗址被列为省级重点文物保护单位。（YYL）

丁童遗址 位于岐山县青化乡丁童村东。南北长800米，东西宽500米。文化层堆积厚，内涵丰富，发现大量灰坑，以及陶钵、瓶、盆、鬲、罐、板瓦、槽瓦等器物，属新石器时代仰韶文化以及春秋战国时期的居住遗址。1992年，丁童遗址被列为省级重点文物保护单位。（YYL）

王家嘴遗址 位于岐山县京当乡王家嘴村。南北长800米，东西宽300米。文化层堆积厚，内涵丰富，有大量灰坑以及墓葬暴露。出土过商周青铜器鼎、鬲、簋及瓶、罐、盆等陶器，属新石器时代及仰韶文化和商文化居址，包括先周时期的墓葬。1992年，王家嘴遗址被列为省级重点文物保护单位。（YYL）

褒斜栈道遗址 褒斜栈道遗址即今汉中市褒城镇的褒谷口至眉县的斜谷口。褒斜栈道是两汉三国时期秦蜀间的主要通途，该道南起古褒国（今汉中褒城镇）褒河谷口，北止眉县西南的斜水谷口（今名石头河），全长250千米，沿途凿壁架栈，铺板而成栈道。战国中期，秦惠文王命司马错伐蜀，首次在此古道上凿壁架栈，成为军事通道。此后，栈道屡毁屡修。楚汉之际，汉王刘邦命大将韩信"明修栈道，暗度陈仓"夺取关中，该道从此闻名。蜀汉建兴六年（228）春，诸葛亮第一次北伐，"扬声由斜谷道取郿，使赵云、邓芝为疑军据箕谷"，建兴十二年（234）春的第五次北伐"由斜谷出"，皆指褒斜道。同年八月，诸葛亮病逝于五丈原军中后，其遗体仍由此道运回汉中葬定军山下。魏景元四年（263），魏将钟会走褒斜道占据汉中，继而灭蜀。1992年，褒斜栈道遗址被列为省级重点文物保护单位。（YYL）

梁鹿坪遗址 位于凤县凤州镇凤州村东凤凰山下，属于仰韶和春秋时期的村落遗址，及秦汉墓葬区。东西长500米，南北宽700米，面积35万平方米，文化层堆积约1～1.5米多。有大量灰坑、窑穴、墓葬，并有春秋、秦、汉墓葬群，出土文物有仰韶时期的陶钵、罐、瓮瓶等，陶质以红陶为主，石器有石斧、石刀、石铲、石磨器等物，以及春秋时期的灰陶罐、陶灶、陶甑等。另外还有秦汉墓葬中出土的铜鼎、铜铣、铜钫、铜鍪、铜甑、铜镜、货币、车马具、铁灯等器物。1984年11月22日，由凤县公布梁鹿坪遗址为第一批县级重点文保单位。1992年，由省政府公布梁鹿坪遗址为省级重点文物保护单位。（YYL）

池阳宫遗址 位于咸阳城东北62千米处三原县嵯峨乡天齐原上，北起东狼沟村，南越泾阳龙泉乡界，西至天井岸村，东达后坡头村。池阳宫地处汉长安通往甘泉宫的交通要道，兴废年代待考。遗址为边长1500米的正方形，地面遗存和建筑基址保存基本完整。在遗址区内5座高大的建筑台基，夯打坚固，构成"十"字形等距离布局。一、二、三、四号建筑台基清晰可见，五号建筑台基虽夷为平地，但遗迹犹存。该地曾出土有陶水管、井圈及8件石柱础,并发现板瓦、筒瓦、瓦当和铺地砖等建筑材料。1992年,池阳宫遗址被公布为省级重点文物保护单位。(YYL)

邵家河二号遗址 位于咸阳城东北70千米处三原县洪水乡邵家河。龙山文化至周代文化遗址。遗址东西横距350米,南北纵距150米。遗址区内耕地表面陶片满布,发现塌陷灰坑4处,内涵丰富,白灰层3处,陶窑遗址1处,出土大量陶器残片。1992年,邵家河二号遗址被公布为省级重点文物保护单位。(YYL)

樊家河二号遗址 位于咸阳城东北60千米处三原县嵯峨乡樊家河北面的原畔上。龙山文化至周代文化遗址。该遗址北高南低呈阶梯状,东西横距300米,南北纵距370米,遗址断面可见多处居住白灰面,长3~8米,厚0.5~0.7厘米,灰坑多处。出土器物有夹砂灰隐陶和泥质灰陶等。1992年,樊家河二号遗址被公布为省级重点文物保护单位。(YYL)

西梁家遗址 位于咸阳城北80千米处淳化县润镇乡西梁村。周代文化遗址。遗址东、北为开阔的塬面,西、南为沟畔,总面积约60万平方米。遗址分为两个区:村北为居住区,文化层局部厚达3米,土层多为褐色,灰坑遍地,陶片极多,陶器以夹砂灰陶和泥质灰陶为主。骨器有卜骨和锥,石器有斧、锛和铲;村庄为墓葬区,1986年在村中1300平方米内发现古墓葬28处,同年发掘的一处古墓深7米余,墓室面积12平方米。墓内有二层台,葬尸3具,留有骨骼。墓虽被盗扰,但仍清理出玉鱼、骨贝、海贝、蚌饰和玉、铜屑及残片。另外还征集到鼎、壶、爵、削、戈等铜器。1992年,西梁家遗址被公布为省级重点文物保护单位。(YYL)

香尧遗址 位于咸阳城西46千米处武功县普集镇。新石器时代至周代文化遗址。香尧遗址西至香西村,北至渭惠渠,南为断崖,东西约750米,南北约200米。断崖上可见许多灰坑、墓葬、陶窑等。灰层厚1~1.5米,包含物较丰富,遗物常见泥质红陶素面残片;泥质褐陶器,素面饰篮纹;夹沙褐陶片有细绳纹、网纹,可辨器形有鬲、罐等。据器物判断为新石器时代仰韶、龙山、春秋、秦、汉文化遗址。1957年,香尧遗址被公布为省级重点文物保护单位。(YYL)

史家遗址 位于咸阳城西50千米处武功县北营乡史老村。新石器时代仰韶文化遗址。遗址总面积约21万平方米。农耕地以下暴露的文化层厚6~7米,耕地土质多为灰色,遗物有鹿角、石斧,陶器有尖足器、小口长颈器、钵、罐、盆等。1957年,史家遗址被公布为省级重点文物保护单位。(YYL)

王烧台遗址 位于咸阳城西47千米处武功县武功镇薛固乡下雷村。新石器时代遗址。遗址东西横距200米、南北纵距150米,面积约3万平方米。灰层主要暴露在土壕岸和水渠两岸,上限距地表0.5~2米,灰土层厚约2~4米。遗物有骨器、石器、加沙粗灰陶器、带彩的细泥红陶器等。1957年,王烧台遗址被公布为省级重点文物保护单位。(YYL)

梁山宫遗址 位于咸阳城西北50千米处乾县县城西郊鳖盖至漠谷河东崖一带。秦代建筑遗址。遗址面积约60万平方米。梁山宫是秦始皇的行宫，兴废年代待考。发现有大型夯土基址、板瓦、筒瓦和空心砖等大量建筑材料，其中有数块"梁宫"瓦当。1992年，梁山宫遗址被列为省级重点文物保护单位。（YYL）

将台山遗址 位于咸阳城西北150千米处长武县丁家乡张代河村将台山上。新石器时代文化遗址。北靠孟家嘴，南临黑水河，东为兵营沟，西为那坡沟，东西横距约200米，南北纵距800米。遗址分布在附近梯田间石崖上，中层间有大小不等的灰坑，深约1~3米，有居住面、灶坑及白灰层面。由于修建梯田多处受破坏，地表随处可见大量陶片，出土器物有泥质红陶，夹砂红、灰陶，兼有黑陶。1992年，将台山遗址被列为省级重点文物保护单位。（YYL）

拜家嘴遗址 位于咸阳城西150千米处长武县枣元乡张家沟拜家嘴村山坡上。仰韶文化遗址。遗址东西横距350米、南北纵距150米。遗址暴露部分的断面上可见大量陶片堆积层，以红陶为主，灰陶次之。遗迹有袋状基址、灰坑及陶窑址等。1992年，拜家嘴遗址被列为省级重点文物保护单位。（YYL）

董家坪遗址 位于咸阳城西北150千米处长武县洪家乡公主村。龙山文化聚落遗址。1958年发现，遗址地势西高东低，为缓坡台阶地，东西横距100米、南北纵距150米，面积1.5万平方米。遗址中心区发现3处大型袋状灰坑，长约2~5米，深约2米。另外在该遗址区北部断崖上亦发现条状文化层。出土器物有泥质红、灰陶罐，夹砂红陶盆和灰陶罐以及带流刻槽碗等。1992年，董家坪遗址被列为省级重点文物保护单位。（YYL）

圪垯庙遗址 位于咸阳城西61千米处杨陵区南李台乡圪垯庙村。为距今4000年前的有邰氏部落的聚居地。遗址东西横距1500米、南北纵距1000米。灰层堆积约3米。从下至上发现有红、黑细泥陶器，夹砂灰陶器、石器、骨器等，上层有秦、汉云纹瓦当和夯土。出土有石斧、陶碗、陶釜、陶罐、陶鬲、陶纺轮、骨锄、薄片小钮铜镜、铜戈等物。在战国至西汉的陶器上，发现有"嫠市""嫠亭"两字印文。1957年，圪垯庙遗址被列为省级重点文物保护单位。（YYL）

坎家底遗址 位于咸阳城西60千米处杨陵区渭河北岸二级台地上。新石器时代至周代文化遗址。遗址东西横距150米、南北纵距100米，总面积1.5万平方米。地表可见各种陶器残片，特别是周代器物残片俯拾皆是。出土的文物有陶鼎、陶鬲、钵、盆、罐、尖底瓶等。1957年，坎家底遗址被列为省级重点文物保护单位。（YYL）

五里镇遗址 位于宜君县五里镇河东岸的二级台地上，1987年文物普查时被发现。五里镇是榆舍川与五里川两川交汇处，河水流量较大，地势平坦，川道较宽，土壤肥沃，麦、稻、蔬、果遍野，山川秀美，向有"宜君榆五川，山区小江南"之称，是最为适宜远古人类的栖息繁衍之地。五里镇遗址东西长1500米、南北宽400米，总面积60万平方米。遗址断崖上暴露有灰层、灰坑，文化层厚度1～2米，有的地段最厚达5米。灰层中及遗址地表遗物丰富，陶片俯拾皆是，属新石器时代仰韶文化遗址。1992年，五里镇遗址被公布为省级重点文物保护单位。（YYL）

前申河遗址 位于铜川耀州区下高埝乡前申河村西赵氏河东岸的二级台地上，地势东高西低，呈缓坡形。东西约200余米，南北约1000米，总面积约20万平方米。1988年文物普查时发现。后来省市县文物考古专业人员多次到遗址上调查，确认该遗址为仰韶文化、龙山文化及商周文化遗存。在多次调查中发现各个时期的遗迹遗物相当丰富，在多处断崖上都有灰层堆积，有的地段厚达2～3米，灰层上暴露有灰坑、灶坑及墓葬等重要遗迹，地表散布的陶片俯拾皆是。为新石器时代文化遗存。1992年，前申河遗址被列为省级重点文物保护单位。（YYL）

西独冢村遗址 位于耀县小丘乡西独冢村。东临浊峪河，西界清峪河，北至乙社村南，南至南沟。现为耕地，开阔平坦。东西2500米，南北3000米。在村西北处有一层次分明的夯土基台残存，东西12米，南北52米，每层夯土5～11厘米不等。在距台基西约200米处坎边，有清晰的夯土层，南北长50米。其中有下水道、基石等。地表散见大量的瓦当、板瓦、筒瓦、铺地砖、空心砖残片。还发现铁铲、铜戈、陶器等文物。遗址东侧有大型石雕骆驼1对，相距约5米。1988年文物普查时，认定为秦汉宫殿遗址。1992年，西独冢村遗址被列为省级重点文物保护单位。（YYL）

王家河遗址 位于铜川市王家河乡窦沟村。1983年清理出一座西周墓。其墓底中央发现有腰坑，形状呈圆角长方形，长0.45米，宽0.35米，深0.4米，坑内殉狗。随葬的器物表明墓主乃贵族一级。从墓葬形制来看，此墓所属时代为西周中期。这里共出土墓葬20座，其中5座有腰坑，比例达25%。墓底腰坑形状为圆形，所殉之物包括禽骨和狗。经考古工作者研究，这片墓地时代从西周早期一直延伸至晚期，墓主等级分为贵族和平民。1992年，王家河遗址被列为省级重点文物保护单位。（YYL）

白城台古城遗址 位于榆林城西北60千米之巴拉素镇白城台村西。古城廓清晰可见，呈长方形，城墙为白泥土夯筑，夯层厚8～15厘米。东墙残高9.3米、厚6米；南墙基宽15米、墙高9.9米，为遗存古墙体之最高处。城四隅均设城门和瓮城。四隅设角楼，有角楼基的马面墙体，墙南角有马道遗址1处。古城遗址内还有大量汉瓦、陶片，并留有石镜、骨箭头、铜盔甲、铜钱币、铁箭头等物。1992年，白城台古城遗址被列为省级重点文物保护单位。（YYL）

五庄果墕遗址 位于靖边县黄蒿界乡小界村西北部，距离县城约30千米。遗址中心位于五个连绵的山峁上，相传该处曾有五户人家居住，因而得名"五庄果墕"。五庄果墕遗址面积约30万平方米以上，文化内涵以仰韶时代晚期至龙山时代早期遗存为主，还有少量周代墓葬。从地理位置来看，遗址处于明长城外缘，毛乌素沙漠南侵带来的风沙覆盖了遗址大部分面积，地表种植有低矮的沙蒿、沙柳等植被。遗址所在山峁的地表支离破碎，沟壑纵横，陶片随处可见。1996年夏秋之际，为了配合陕（靖边）京（北京）天然气管线的建设，省考古研究所（今陕西省考古研究院）与榆林地区文管会组成联合考古队对管线穿越区域进行了小规模试掘，清理了仰韶时期房址、灰坑、陶窑等遗迹多处。2001年6—8月，为了配合榆靖高速公路的建设，省考古研究所（院）再次对五庄果墚遗址的公路穿越区域进行了大面积考古发掘。1992年，五庄果墚遗址被列为省级重点文物保护单位。（YYL）

石城子遗址 位于定边县樊学乡城子梁村北0.5千米的向阳山坡上，石涝河绕城西南，东临深沟，北依山，距县城约110千米。城依山顺势，铲筑结构而成，北高南低，平面呈不规则三角形，城垣保存基本完整，残高0.4～3.5米，层厚9～10厘米，城内存有大量石头和少量宋代耀州窑烧残片，灰陶器物残片，内布纹瓦残片及唐宋货币等。城北约50米处有面积约为6万平方米的小山丘，全部被人工挖掘成纵横交错的多道互通壕堑，壕残深1～3米，宽5～10米，可以藏兵伏马，犹如迷宫一般的城防设施。石城子遗址是陕西省保存比较完整的一处宋代军事城堡，对研究宋、西夏时期的军事、经济等方面有着重要价值。1983年，定边县公布石城子遗址为县级重点文物保护单位，1992年，该遗址被公布为省级重点文物保护单位。（YYL）

黄羊城遗址 位于神木店塔镇东北3.5千米处黄羊城村山梁上，城墙沿山势而筑，南北面均为石沟，东边为沙梁，西北亦为自然冲刷石沟。城址呈不规则形，水土流失严重，总占地约8万平方米。城墙为夯土筑成，夯层10～12厘米，夯窝6～8厘米，土质为黄土。现存残迹为：东墙长150米、高3米、厚1.7米，南墙长120米、高4米、厚1.9米，西墙长60米、高2米、厚1.5米，北墙长150米、高5米、厚2米，城门迹象不明。地表散见陶、瓷、碎片、瓦砾等。陶为泥质灰陶。瓷片有白釉、黑釉、酱釉、酱黄釉等。器形有碗、瓶、盆等。另见"开元通宝"1枚。1986年神府煤田考古队、1987年省文物普查队、1991年陕北考古队都曾进行过数次调查、测绘、发掘。1988年7月，黄羊城遗址被神木县公布为县级重点文物保护单位。1992年，被省政府公布为省级重点文物保护单位。（YYL）

寨关山遗址 位于延安城北子长县安定镇三十里铺村北寨关山，处马河以北的二级缓坡地带。属新石器时代遗址，面积300万平方米。遗址地面可见打制石器和磨制石镰残片及大量彩陶片、夹砂红陶、灰陶等，居住面清晰可见，有陶窑遗址及文化层。陶窑高3.5米、口径2.3米，烧土非常坚硬，窑中有大量陶片。1992年，寨关山遗址被列为省级重点文物保护单位。（YYL）

贝坡遗址 位于延安城东南黄龙县三岔乡贝坡村西。属新石器时代遗址。东西宽500米，南北长300米，面积约15万平方米，周围断层上发现灰层长10米，灰坑50余处，陶窑遗址6处，厚达1米的居住面到处可见。地表可见大量陶片，为泥质红陶、夹砂红陶、泥质灰陶、夹砂灰陶等。纹饰主要有彩陶、素面、绳纹、堆纹、篮纹。器型有尖底瓶、盆、钵、罐等。其中一块彩陶盆陶片为细泥红陶，砖红色，黑褐彩，纹饰为一条变形鱼纹。尖底瓶口为重唇口和喇叭口。遗址文化内涵为仰韶文化至龙山文化，其上限为仰韶文化半坡类型。1992年，贝坡遗址被列为省级重点文物保护单位。（YYL）

交道乡遗址 位于延安城南富县交道乡政府西南约20米处的耕地里。占地面积约250万平方米。属新石器时代至秦汉时期的居住遗址。遗址西边一条南北向冲沟的断层，可见长约1米、厚1～2米的文化层，内涵丰富，并发现有人骨架等。地表陶片随处可见，以泥质红陶为主，夹砂红陶次之，器型以重唇尖底瓶和宽彩折沿盆为大宗，钵为小宗，具有典型的庙底沟特色。地表还散见大量的秦汉建筑遗址。1988年，村民在平整土地时曾发现了盆、鬲两件完整陶器，系夹砂灰陶。1992年，交道乡遗址被列为省级重点文物保护单位。（YYL）

芦山峁遗址 于延安市宝塔区碾庄乡芦山峁村。属新石器时代龙山文化遗址。1965—1967年，这里曾先后出土了一批玉器，其中的玉刀、玉虎、玉笋造型别致，较为珍贵。

1988年经勘察，该遗址占地面积80万平方米，发现有1～2米厚的文化层，有灰层、灰坑、居住面、墓葬等。采集的标本十分丰富，主要为夹砂灰陶和夹砂红陶。纹饰为篮纹、附加条带纹和交错绳纹，可辨别器型有罐、瓮等，同时还发现了石镰等器物。1992年，芦山峁遗址被列为省级重点文物保护单位。（YYL）

丰林故城遗址 位于延安城东李渠镇周家湾村。是东晋十六国时大夏国皇帝赫连勃勃所建城池。城址背山面川，东西长500米，南北宽200米。北宋沈括知延州时曾对该城进行考察，称其坚密如石，掘之出火，易守难攻。现土城墙及马面尚存，残墙长约200米，夯层一般厚10～12厘米，夯窝为平底夯，城高约7米、底宽约5米。城内有石砌城隍庙1座、石佛3尊、石碑2块，是研究大夏历史文化的重要实物资料。1992年，丰林故城遗址被列为省级重点文物保护单位。（YYL）

潼关城遗址 位于黄、渭河交汇处南岸，距今潼关县城10千米。唐天授二年（691）建关，宋、金、元各朝设防，明、清扩建、重修。城周长约5500米，城墙高16米、宽7米，建有东西南北城楼和南北水关。民国二十六年至三十四年（1937—1945）遭日本侵略军炮击、空袭，以及国民党驻军拆毁、着火，破坏严重。1959年三门峡水库拦洪，县城搬迁，城垣、建筑物拆毁殆尽，城址尚存。1992年，潼关城遗址被列为省级重点文物保护单位。（YYL）

崇宁宫遗址 位于渭南市崇宁镇靳尚村南，面积16万平方米，尚存夯土台基长约50米，残高0.8～1.5米，夯层厚5～6厘米，据一些学者推测为秦步寿宫遗址。1992年，崇宁宫遗址被公布为省级重点文物保护单位。（YYL）

北刘遗址 在今渭南城南16千米处的河西乡北刘村西南，面积约8万平方米。1979年秋和1980年秋，西安半坡博物馆和渭南文管会在此试掘，分东西两区进行，相距约40米，东区开探沟一条，探方三个，西区开探方两个。发掘面积238平方米，得到一批新石器时代早期偏晚的器物群和一组与仰韶文化地层叠压关系的证据。北刘文化上层属仰韶文化庙底沟类型，出土不少彩陶片和三足陶灶，还有大量双唇口光底瓶、曲腹盆、罐、甑等器物，石器有石锛、石刀、石球，骨器有骨梭、骨簇、骨矛、骨锥、骨凿等。这一层下面，有不连续的一层约15～20厘米厚的红色坦葬土层，再下有老宫台文化器物，典型陶器有圆底钵、圈足钵、三足钵、球腹瓮、直壁罐等，石器有打制的斧、切割器、石片、石器等。1981年再次试掘，除上述器物外，还有骨器和粟壳。北刘下层上限约距今8000年左右，与磁山裴李岗文化时间相近，从序列看，北刘下层文化上承沙苑细石器文化，下继仰韶文化半坡类型。1992年，北刘遗址被公布为省级重点文物保护单位。（YYL）

古汉台遗址 也称"七星台"，位于汉中市东大街。楚汉相争时期建筑，相传是汉高祖刘邦在汉中称汉王时所建的府邸，面积约8000平方米。古汉台坐北朝南，由三级台地构成，台高7米，南北长156米，东西宽72米。台上望江楼历代多次损毁，现存建筑为民国四年（1915）重建，它是人工夯土修建的具有秦汉宫廷模式的高台建筑。"留此一抔土，犹是汉家基。"如今的古汉台，被人们视为"汉中开汉业"的象征之地。古汉台现为汉中市博物馆所在地，馆内珍藏有历代碑刻、拓片、书画等珍贵文物1万多件，其中尤以"石门十三品"最具盛名，有"国之瑰宝"之美称，这些文物有很高的历史和艺术价值。1992年，古汉台遗址被公布为省级重点文物保护单位。（YYL）

肖家坝遗址 位于岚皋县城关镇耳扒村肖家坝南侧岚河北岸台地上，新石器时代遗存。该遗址西北南三面临岚河，东临缓坡，地势平坦，面积约15万平方米，文化层厚1～2米。1981年经过考古发掘，采集陶片有夹砂红陶和泥质红、灰陶，饰绳纹、划纹、弦纹、附加堆纹及白衣黑彩，器形可辨钵、盆、罐、鼎、尖底瓶、葫芦形器等，并出有完整的泥质灰白陶圜底钵及打制和磨制石斧、铲、网坠、石核、砺石等。属仰韶文化遗存。还发现汉代绳纹板瓦、筒瓦，唐代手印砖、铜锤及元代兽面瓦当等。现所有出土文物皆保存在岚皋县文化馆文物保管室内。现遗址上大部分为现代建筑，仅存文物主要采集地约2300平方米。1992年，肖家坝遗址被列为省级重点文物保护单位。（YYL）

鱼翅遗址 位于安康市汉滨区早阳乡龙

泉村，面积20万平方米。遗址位于安旬公路与汉江北岸之间的缓坡台地上，襄渝、西康铁路横穿其中。铁路干线以南至汉江北岸崖坎之间地势较平坦，地面散布商周、秦汉至南北朝时期绳纹泥质红陶片，板、筒瓦残片和几何纹、鱼刺纹残砖。铁路干线北至安旬公路南之间为缓坡丘陵地带，地面散布秦汉、南北朝时期板、筒瓦残片和菱形、几何纹、鱼刺纹砖及画像砖。铁路北缓坡东侧有厚约2米文化层，可见大量烧土，含板瓦、筒瓦和陶片，曾采集有如下遗物：鬲足、鬲沿、陶片、板瓦、筒瓦。遗址区东南侧，依江而建渐已废弃石板街上采集到大量南北朝时期几何纹、鱼刺纹砖及唐宋时期手印纹砖。1992年，鱼翅遗址被列为省级重点文物保护单位。（YYL）

柳家河遗址 位于安康市汉滨区西南部五里镇龙头村。东西长约800米，南北宽约250米，总面积为20万平方米。周围地势平坦，中部隆起，呈不明显土丘状，东北面被村落叠压，西面是耕作区。该遗址南部自然断层可见文化层，厚约2米，系褐色灰土，内涵丰富。暴露有袋状灰坑，地面散见红烧土、陶片、石器等。陶器以细泥红陶和夹砂红陶为主，兼有少量夹砂灰陶。制陶法有轮制和手制慢轮修整两种。纹饰以绳纹最为普遍，多在肩或颈部绳纹上再勒7~11道弦纹。有少量彩陶，素面磨光陶亦占相当比例。器型有罐、瓮、尖底瓶、尖底器、钵、碗、锉。石器多为磨制，部分打磨兼制，大部分是砾石制成。器型有斧、耜、镞，少数刀、镞磨制精细，两边开刃。柳家河遗址是陕南地区保存较好、较大的仰韶文化半坡类型遗存。1992年，省政府公布柳家河遗址为省级重点文物保护单位。（YYL）

王家坝遗址 位于安康市汉滨区关庙镇王家坝自然村，为汉江北岸一级阶地，北接安旬公路，南滨汉江，面积1000平方米。是一处周至南北朝时期遗址。1981年、1989年曾做过两次调查，遗址区地形平坦，交通便利。南侧临江处受江水冲蚀，塌毁严重，形成明显断层。在长约100米的范围可见到褐色灰土层，含有商周时期的夹砂陶片，大量蚌壳、石器及砖瓦残块等物。陶器有鬲、鼎、盆、罐等。鼎足有柱形和锥形两种；鬲为平裆柱形足，遍体施绳纹，陶色灰褐。1992年，王家坝遗址被省政府公布为省级重点文物保护单位。（YYL）

马岭坝遗址 位于石泉县池河镇新星村境内，距石泉县城约10多千米，东距池河街约7千米，西靠马岭关，南临池河河岸。安（康）石（泉）二级公路、十天高速公路由此经过。占地面积约1.8万平方米。该遗址东距渡船口100米，南至池河漫滩，西至斑竹沟，北至汉白公路。遗址所在地为池河二级阶地，地势平坦，现为农耕地。遗址南部断层中暴露出长约600米，厚约5米文化层，从地层上可分6层：第一层厚0.2~0.4米，为耕土层；第二层厚0.7~1.2米，为扰土层，内含瓷片、板瓦、断砖；第三层厚0.6~1米，内含瓷片、素面布纹瓦；第四层厚0.5~1.13米，内含筒瓦、板瓦、大量陶片，可见器型有罐、瓮等，灰色、粗绳纹，并见灰坑一个，呈袋形，应为汉文化层；第五层厚0.4～0.8米，褐色土，内含泥质红陶，可见器物有尖锥瓶、钵等，夹砂红陶，器物有罐、夹砂灰陶、石斧等；第六层厚0.2～0.5米，浅灰色土，内含器物有钵、圈足碗、三足器，颜色有内黑外红、灰白色两种，壁特薄、线纹，有人骨、牙等。1992年，马岭坝遗址被列为省级重点文物保护单位。（YYL）

乔村遗址 位于山阳县漫川关镇乔家村二级台地上，其范围为东西长150米、南北宽80米。第一层2～3.5米，第二层1～2.5米，并有灰坑和墓葬。1980年出土细泥红陶曲腹钵、碗、彩陶盆、小口瓶、夹砂灰陶罐、篮纹缸等器物（现存山阳县文管所）。文物普查组鉴定为仰韶文化庙底沟类型和其他较晚文化遗存，具有十分重要的价值。1992年，乔村遗址被定为省级重点文物保护单位。（YYL）

后村遗址 位于山阳县南宽坪镇金钱河北岸南宽坪村的二级台地上。后村遗址四周大山环抱，金钱河由西向东经此地流过，形成一冲积小平原。遗址原在金钱河以南，由于河道变迁至南山根，遗址便成了现在的位置。遗址东西长250米、南北宽90米，总面积22500平方米。经考古发掘，在紧邻金钱河一侧的断层上，文化层暴露明显，有0.5～1.5米厚的文化层。东段夹杂的有内黑外红的交叉绳纹陶片和褐色夹砂素面陶片，老官台文化特色明显。可识器型有交叉绳纹侈口罐、竖绳纹直口罐、夹砂灰陶敞口直壁瓮及交叉绳纹圈足器等。在小水文站附近的文化层内多为仰韶文化的细泥红陶片，器物有直壁钵、夹砂灰陶瓮等，还有通体磨光的石斧。采集的陶片经专家学者认定，其特征与华县老官台、临潼白家、渭南白庙、西乡李家村、甘肃秦安大地湾等遗址出土的同类器物相似。南宽坪后村遗址应包含有老官台文化和仰韶文化的遗存，具有十分重要的学术价值。1992年，后村遗址被定为省级重点文物保护单位。（YYL）

商邑遗址 位于丹凤县城西2.5千米的龙驹寨镇古城村，为商於古道之中心，总面积80659平方米。是战国时期著名的改革家、军事家商鞅的封邑。商邑建于秦孝公十一年（前351）。秦孝公二十二年（前340）卫鞅计擒魏公子卬，大破魏军，遂封于商城，号商君。由于商鞅封于商，遂使当地成为其推行变法之首善地区，"道不拾遗，山无盗贼，家给人足"。后商县、商洛县治均在古城。近年在商邑遗址保护范围内发现一座规模庞大、遗藏丰富的战国时期城池遗址。面积达165万平方米。夯土墙高3米，夯层厚8～10厘米，采用圆形平底夯夯筑。在距北端300多米处，有一段残存暴露于地面之上的夯土墙，顶部有厚厚一层板瓦、筒瓦等建筑残片，证明当时可能建有角楼或其他建筑物。已探明这段城墙的基部宽约8米，南北长约1000米。同时在城址外边东南处还发现了多座战国墓葬，清理出土一批文物。商邑遗址发掘出土文物生活用具有鱼纹彩绘陶、盂、扁豆、盘、陶罐等陶器，铜鼎、铜釜、铜鍪、铜钫等铜器。兵器有铜剑、铜剑簇、铜戈等。建筑构件有带有模印小篆的"商"字瓦当和戳印"商字瓦片",云纹、凤鸟纹半瓦当,带有青龙、白虎、朱雀、玄武等纹饰的空心砖。上述出土文物对研究战国秦汉时期的政治、经济、军事、文化的发展,提供了重要的历史证据,具有极重要的历史研究价值。1992年,商邑遗址被定为省级重点文物保护单位。(YYL)

武关城遗址 在丹凤县龙驹寨镇东42千米,上伊国道南侧。为秦之南关。它和东面之函谷关、西面之大散关、北面之萧关并称"关中四塞"。关中即因居四关之中而得名。其地界"秦头楚尾",为"秦楚咽喉""关中锁钥"。经现场勘察,今城墙夯土亦断为明城。城址呈长方形,东西长1000米,南北宽500米,夯土版筑,原高8米、厚3.4米。东、西、南各有一门,为砖石包砌券洞,上有城楼。各门均有楷书阴刻石额,西门为"三秦要塞",东门外额为"武关",内额为"古少习关"。"文化大革命"浩劫中城毁碑失。迄今,武关城墙仅存东、西门一带夯土数堆。丹凤县文物管理委员会成立后,1986—1987年陆续将所失三块题额征回。城内历代衙署,现已无存。1980年商洛地区文物普查时,在武关城址发现篆刻"武侯""千秋万岁"等瓦当及篆书"武"字板瓦。1956年,武关小学在西墙附近取土时,发现类似西安龙首村出土之五角形汉代陶质下水道管。此后,历年多次出土铜鼎、铜钫、铜剑、铜矢及大量陶器和碎片。1988年,商洛地区在文物普查时,又于武关发现汉代陶窑3处、汉墓1座。凡此,均可作为战国及汉代在武关置关设卡之物证。1982年6月7日被公布为丹凤县重点文物保护单位。1992年,武关城遗址被定为省级重点文物保护单位。(YYL)

小园坪遗址 位于商洛市商州区东郊40千米,夜村镇杨原村丹江北岸二级台地上。面积约49600多平方米。据考古发掘,在遗址西、南、东紧邻丹江的三面层上,均有断续文化层暴露,文化层距地表0.8～1.5米左右,厚0.5～2米不等,呈灰色,夹杂人骨、兽骨、陶片、残石器等。调查中采集到完整的石环、石斧等石器。陶片计有细泥红陶,夹砂红、灰陶,以夹砂灰陶为主。可认器型有钵、盆、罐、豆、鬲、板瓦等。其文化内涵应为新石器时代仰韶文化、龙山文化和商代文化,最晚可到汉代文化遗存。此遗址是商州境内众多古文化遗址保存较好的一处古村落遗址,为人们认识商州境内丹江流域的古代文化增添了新内容和新资料,具有较高的考古与科研价值。1992年,小园坪遗址被定为省级重点文物保护单位。(YYL)

明秦王府城墙遗址 位于现省政府大院及新城广场。呈南北长方形,南北671米,东西408米,周长2158米,现四墙还残存城墙遗迹。府城的四周原开有四门,分别为东体仁门、西尊义门、南端礼门、北广智门。在四面城墙中南面城墙保存较好。南新街与新城广场接口东西两侧有已进行砌砖修复后的两段城墙,长300米左右。另在东段残存两端夯土墙,分别为广场小区前残存长7米多、厚1米多一段和东亚银行院内残存3米左右一段，两端残存夯土相距30米左右。东面城墙紧邻皇城东路，南从省政府幼儿园起，北至西安市体育场西门止，有两端保存较完整夯土墙，各长150米左右，中间间隔10米，为省政府后勤中心大门，城墙下部有修复砌砖。北门城墙较隐蔽，隐藏在居民小区和省政府办公楼之间。在省政府北门两侧发现两端，东侧夯土长约20米，西侧夯土长约50米左右，下部有后来修复的砌砖。1995年之前，还残存有原广智门东墩台，迄今无存。西面城墙的夯土基本不存，但是内侧砌砖保存较完整。2003年，明秦王府城墙遗址被公布为省级重点文物保护单位。（YYL）

大仁遗址 位于西安长安区郭杜镇西南约2千米大仁村南，滈河古河道北岸上。古河道以北为细柳塬，东西绵延数千米，与河道有数米的高差。遗址分布在细柳塬南缘的突出部分，地面非常平坦，东西约450米，南北约250米，在断崖上能看到厚约50厘米的文化层和一些灰坑，因断崖较低，灰坑形制不清，可在地表和断面上采到鬲、罐、盆等陶器残片，为商和西周时期文化遗存。2003年，大仁遗址被公布为省级重点文物保护单位。（YYL）

锡水洞遗址 位于蓝田县城西南约11千米的河沙平村附近辋川河右岸东沟谷壁上，是陕西省目前仅发现的两处旧石器文化洞穴遗址之一。1981年6月15日，西北大学地理系黄春长先生等在此首次发现1件石器和1段犀牛下颌骨化石；7月8日又一次采集到一些石制品；7月13—20日进行了调查和发掘并获得较多的资料，被认为是时代较早的旧石器文化遗址。2003年，锡水洞遗址被公布为省级重点文物保护单位。（YYL）

洩湖遗址 位于蓝田县洩湖村北灞河二级阶地，西临沙河沟，东至兀家崖，南至洩湖街后崖背，北至乡办砖厂。遗址呈南北阶梯形，文化层厚3～6米，面积约为1.5平方千米。1958年发现，1985年中国社会科学院考古研究所曾进行了两次发掘，出土器物有陶器、骨器、石器。可见器型有彩陶盆残片、泥质红陶交错纹残片和夹砂灰陶、泥质灰陶、杯、缸、纺轮等。石器以磨制为主，也有部分打制石器。骨器比较精制，有针、笄、锥等，骨针比较细小，可能用于医疗。该遗址为仰韶文化半坡类型至龙山文化的聚落遗址。2003年，洩湖遗址被定为省级重点文物保护单位。（YYL）

马营遗址 位于周至县侯家村乡马营村西孙家塬，地处渭河西岸二阶台上，是新石器时代仰韶文化遗址。该遗址在1980年文物调查中发现，遗址南北长510米、东西宽417米，面积约25万平方米，断面高2～4米，文化层厚1～1.7米。在断面上可见灰坑十余处，断面多处分布着用白垩土夯制坚实的平面，厚约2～5厘米。遗址断面上可看到大量陶器残片及石器、骨器等。陶器主要有灰陶、红陶、彩陶、夹砂陶，器型有尖底瓶、袋足鬲、盆、罐、钵、瓮等。纹饰主要有绳纹、弦纹、附加堆纹、篮纹、划纹等。彩陶有红陶黑彩鱼纹、几何纹等。1996年在该遗址采集的红陶人面塑像,被定为国家一级文物。石器有锛、斧、刀、铲、镰等;骨器有骨针、骨锥等,还有贝壳、人体骨骼等。该遗址断面文化层裸露明显,整个遗址表面均为农田。2003年,马营遗址被公布为省级重点文物保护单位。(YYL)

佛坪厅故城 俗称老县城,位于周至县厚畛子乡老县城村。东西长约1200米,南北宽约250米,是清代厅城遗址。佛坪厅设立于清道光五年(1825),属汉中府。设立初期,呈现繁荣景象,辖区内人口最多近3万人。但因20世纪初土匪肆虐,民国十五年(1926),厅治迁至现在的佛坪县址。随着政治、经济、文化中心的转移,匪患猖獗,居民逃徙,建筑失修,道路渐阻,曾繁华一时的佛坪厅城被湮没在幽谷老林之中而鲜为人知。现遗存年代大致为清晚期至民国中期,包括有城墙、城门、衙署遗址、荣聚站、文庙遗址、城隍庙遗址、佛爷庙遗址、八角形佛塔(通体以汉白玉石料雕凿而成),散存文物有白石柱础150个、白石雕花门墩10对、白石狮一对、白石雕三龙戏珠神道石刻2块、白石碑12通、雕像7尊,白条石和建筑部件多块以及城内外原道路系统、水系和地下埋藏物等未知遗存。遗址较完整地保留了19世纪20年代清代晚期中国北方山区厅城的规模、形制。城墙保存较完好,城内建筑布局均通过统一安排,各种机构齐全,反映出不同类型建筑在平面布局、建筑构造、外观形式等方面的特点,是集中展现该地区建筑物面貌的珍贵遗存,也是清代厅城建设的重要实例,具有重要的历史研究价值和学术价值。2003年,省政府将佛坪厅故城公布为省级重点文物保护单位。(YYL)

立地坡窑址 立地坡古代曾为立地镇,现镇废为村,村庄坐落在铜川东南的一个东西向的山岭上,山梁南北两面呈斜坡状的阶地,分布着民居和窑址堆积。据近年考古发掘,立地坡窑场可能创建于北宋晚期。由于继承了黄堡耀州窑成熟的生产工艺,创建后不久,就达到相当高的烧造水平。金代所烧的瓷器以青瓷为主,也烧部分黑釉和茶叶末釉瓷。元代是其大发展的时期。当时的"大器窑",专制大缸大盆。大缸可装粮食3石多,约合500千克。明初洪武三年(1370),为建西安秦王府,在立地坡盆景峪设琉璃厂。秦王府于嘉靖二年(1523)和嘉靖十四年(1535)两次重修,所需琉璃构件也是在盆景峪烧制的。清朝康熙、雍正年间,立地坡有居民1000户,盛极一时。此后窑场逐渐衰落,清朝末年撤销镇建制,进入民国后只有零星烧造,今已停产。考古界将立地坡窑场遗址定名为"立地坡耀州窑址"。2003年,立地坡窑址遗址被公布为省级重点文物保护单位。(YYL)

温家寨遗址 亦称仝家崖遗址,位于温家寨、仝家寨,金台区与宝鸡县交界处。宝平公路从遗址中间穿过。1980年文物普查时,北段列为宝鸡县重点文物保护单位,南段列为金台区重点文物保护单位,是北首岭、王家堰遗址的延伸。遗址遗迹暴露较少,保存基本完好。出土有仰韶文化的罐钵、缸、盆等器物残片，其中细泥质红陶占大多数，亦有个别夹砂陶片。据宝鸡县志记载，曾在遗址北部出土过一批西周青铜器。遗址尚待进一步发掘。2003年，省政府将温家寨遗址公布为省级重点文物保护单位。（YYL）

南坡遗址 位于宝鸡市金台区陈仓乡南坡村东1000米处。遗址东至武成山，西至刘家村，南至陇海铁路，北至蟠龙原。这里北依黄土高原，南望秦岭，渭河从西向东流过，自然环境优越。面积约10万平方米。文化层厚约1米。南坡遗址原在北高南低的缓坡地带，20世纪的六七十年代"农业学大寨"时平整土地，已改为多级梯田。梯田的田埂上多有灰层及灰坑暴露。在这些灰层、灰坑以及田间多有陶器残片散布。遗址为新石器时代文化遗存。2003年，南坡遗址被列为省第四批重点文物保护单位。（YYL）

杨家沟遗址 位于宝鸡县千河乡杨家沟村，东西长1000米，南北宽800米。分布范围广，文化层堆积厚，内涵丰富，发现大量灰坑、陶窑等遗迹，可见钵、盆、尖底瓶、缸、罐等文物，属新石器时代仰韶文化遗址。2003年，杨家沟遗址被公布为省级重点文物保护单位。（YYL）

仝家沟遗址 位于宝鸡县石羊乡仝家沟村，南北长800米，东西宽300米。遗址内断崖上可见大量灰坑等，内涵丰富，属新石器时代老官台文化和仰韶文化。2003年，仝家沟遗址被公布为省级重点文物保护单位。（YYL）

宁王遗址 位于宝鸡陈仓区阳平镇东数千米的宁王村北的台地上。南面俯视渭水，北依凤翔塬，也就是历史上的三畤塬——《秦风·小戎》诗中的"北园"。遗址地势高亢，面积东西长约1.5千米、南北宽0.5千米，有两个砖厂一直在由南向北取土，推测遗址原来应向南延伸，宽度更大一点。砖厂取土挖出的秦汉砖瓦残片，堆积如山。从塬面望去，也可见到土中夹杂有丰富的瓦片等遗物。通过遗址踏查，还有陶窑等遗址。其中文物中"郁夷"有字瓦当，对于西汉郁夷县位置的判定，大有帮助。2003年，宁王遗址被公布为省级重点文物保护单位。（YYL）

贾村遗址 位于宝鸡市陈仓区贾村镇贾村、上官村、秦家滩村。包括贾村遗址（含铜器出土点）、上官遗址、秦家滩遗址（含墓群）。东至秦家滩村以东300米，西至村以西200米，南至贾村以南300米，北至上官村北沿至秦家滩村以北300米沿线。整个贾村原周边，至少在商晚期、西周初期就有村落城垣，原东部的灵龙、上官、扶托村，南部的戴家湾墓地，西部的金河，北部的桥镇都有西周早期的青铜器、玉器、兵器和石器出土。1965年，在贾村出土何尊1件，内有122个铭文，有"中国"二字，这是历史上第一次出现"中国"的名称。铭文也记叙了周文王、武王和成王传承的序列，以及筑造"成周"（今洛阳）的历史。而何尊是西周早期的一件青铜酒器，成王五年（前1038），为贵族"何"所做，是西周最早的有明确纪年的青铜器，故被视为镇国之宝。2002年公布的64件禁止出国（境）展览的国家一级文物之

一，现藏宝鸡市博物馆。2003年，贾村遗址被公布为省级重点文物保护单位。(YYL)

孙家南头宫殿遗址 位于凤翔县长青镇孙家南头村。孙家南头村位于古代千水东岸，崖背分布着一处约20000平方米的秦汉宫殿建筑遗址。据有关专家考证，此遗址当为战国时期秦国的一处远郊离宫别馆所在地，秦惠公所建的蕲年宫当在此处。这里发现的"蕲年宫当"可以佐证。据勘查推考认为，该遗址就是秦汉蕲年宫的所在地，汉代蕲年宫就建于秦蕲年宫之上。1997年，在对该遗址的进一步调查和发掘中，又获得战国时期的来谷宫、橐泉宫、竹泉宫等瓦当，为研究该宫殿区的布局、规模与沿革提供了重要线索。2003年，孙家南头宫殿遗址被公布为省级重点文物保护单位。(YYL)

丰头遗址 位于千阳县柿沟乡丰头村。东西长500米，南北宽400米，文化层堆积极厚，最深灰坑达6米，内涵丰富。发掘发现有仰韶文化房子、灰坑、陶窑、墓葬等。出土瓶、盆、钵、罐等陶器，以及大量石器、骨器等，是一处较单纯的仰韶文化遗址。2003年，丰头遗址被公布为省级重点文物保护单位。(YYL)

毗卢寺遗址 位于渭河支流千河流域的千阳县城关镇毗卢寺村内二阶台地上，遗址东西长400米，南北宽450米，总面积18万平方米。遗址区内暴露灰层白灰居住面，出土有泥质红陶和夹砂灰陶片，纹饰有篮纹、附加堆纹、卷云纹，可辨器型有钵、尖底瓶，同期出土的还有石斧、石锛等。该遗址于1954年8月发现，并陆续考查发掘。2003年，毗卢寺遗址被省政府公布为第四批省级重点文物保护单位。(YYL)

新民遗址 位于渭河支流千河流域千阳县城关镇新民村南的千河北岸二阶台地上，南邻千凤公路，北接县面粉厂、医院，地势平坦，现为耕地。总面积4.5万平方米。属新石器时代仰韶文化居住遗址。文化层厚1.5米，采集有泥质红、灰陶和夹砂红陶片，纹饰有线纹、绳纹，器型可辨为盆、罐、尖底瓶等，同时还发现汉代遗存。2003年，新民遗址被省政府公布为省级重点文物保护单位。(YYL)

望鲁台遗址 位于千阳县城西门外1.5千米汧河岸裴家台高台地上，为新石器时代遗址。东西长200米，南北宽100米。孔子弟子燕伋曾治学于此，垒土东望鲁地而思念先师孔子。燕伋为千阳水沟镇燕家山人，22岁赴鲁拜孔子为师，回渔阳（今县城西裴家台）办学、授徒18年。每逢闲暇，便向东望鲁思念恩师孔子，以衣襟掬黄土一抔，倾倒于此地，18年土成高台，成为今之望鲁台遗迹。据传燕伋死后葬水沟镇寨子村。如今当地政府拨款修葺，主体人文景观有望鲁台、燕伋祠、天梯楼、百米书画长廊。2003年，望鲁台遗址被公布为省级重点文物保护单位。(YYL)

原子头遗址 位于陇县县城西北约2千米，千河及其支流北河相汇处的二级台上，南距千河1000多米，东北至北河400多米，西依当地人俗称的青龙山。遗址东西长600米、南北宽500米，地势西北高，东南低，形成缓坡状。为配合宝中铁路建设工程,从1991年8月到1992年8月,对铁路路基进行了清理挖掘,发现了丰富的新石器时代遗存和汉唐墓葬群。2003年,原子头遗址被公布为省级重点文物保护单位。(YYL)

韦家庄遗址 在陇县天城乡韦家庄村。属西周、春秋村落遗址。位于村背原上北沟西岸,东西长200米,南北宽120米,总面积2.4万平方米。2003年,韦家庄遗址被公布为省级重点文物保护单位。(YYL)

杜阳县故城《太平寰宇记》载,北魏永熙元年(532)置汧阴县。《隋书·地理志》载,西魏废帝元钦二年(553)改汧阴县为杜阳县。故城据文物普查资料,在今陇县杜阳乡堡子身村,有城郭遗址。其地西临大杜阳沟,北倚杜阳堡,东接小杜阳河。《陇州志》载,明嘉靖四十三年(1564)更名沙河镇,有市。又有小杜阳,无市,即今杜阳镇,与史料记载相符,说明堡子就是杜阳县故址。2003年,杜阳县故城遗址被公布为省级重点文物保护单位。(YYL)

普润县故城《太平寰宇记》载:"隋大业元年于细川谷置普润县,以属岐州,盖以杜、漆、岐三水灌溉田畴,民获济利,以为县名,十三年移于今理。"又载:"普润县,本汉鹑觚、安定二县地,在汉又为漆县,并有铁官,今城西有漆水,复有小城,盖是铁官之处也。"《读史方舆纪要》载:普润县故城,在麟游县西一百二十里。《麟游县志》载:"县西一百二十里曰万家城,城南邵家街有古城遗址,即旧普润县处。西有铁官城,为汉置铁官处。"万家城在今麻夫镇东5千米,属酒房乡,距麟游县老城60千米。唐上元元年(760)凤翔节度使崔光远破党项羌于普润;大历九年(774)吐蕃进攻普润,被释抱玉击退,均指此城。2003年,普润县故城被公布为省级重点文物保护单位。(YYL)

案板遗址 位于扶风县东约4千米的城关镇案板村和下河村之间。遗址范围较大,东西长约1000米以上,南北宽约700米左右,总面积达70万平方米以上。遗址的文化堆积较厚,内涵丰富,是关中西部重要的新石器时代遗存之一。从遗址出土和采集的遗物看,有仰韶文化属半坡和庙底沟文化类型,龙山文化中多铲足和附加堆纹三足鼎,西周陶器多绳纹灰陶,器型有鬲、簋、豆、盆、罐等。这里还发现西周墓葬区,出土青铜礼器饕餮纹鼎、簋和铜兵器、车马器等。生产工具有原始社会到西周时期的石铲、斧、锛、球、刀、凿等。2003年,案板遗址被公布为省级重点文物保护单位。(YYL)

白龙湾遗址 位于扶风县揉谷乡白龙湾西侧。从断崖暴露看,文化堆积较厚,内涵丰富,有许多袋状、锅底状灰坑。遗物有仰韶文化的泥质或夹砂红陶片,可辨认的器型有尖底瓶、罐、盆、钵等;也有以黑陶为主的龙山文化陶片,纹饰有篮纹、绳纹、拍印纹、附加堆纹等,可辨认的器型有夹砂陶鬲、斝、罐和泥质碗、杯、豆等。西周绳纹灰陶片很多,有盆、鬲、豆、罐等器型。还发现不少先周至西周的墓葬,出土有周初的"司(嗣)母姒康"铜鼎和铜镜、兵器、车马器

等。2003年，白龙湾遗址被公布为省级重点文物保护单位。(YYL)

下康遗址 位于扶风县法门镇官务下康村西南畤沟河东岸。1974年在村西南抽水渠南侧平整土地时，发现西周墓葬区，多为小墓，出土大量陶器和少量青铜车马器。遗址内涵丰富，以西周遗物为主，亦有少量仰韶文化和龙山文化遗物。2003年，下康遗址被公布为省级重点文物保护单位。(YYL)

大陈遗址 位于扶风县召公镇大陈村南。遗址区地势较平坦，有许多灰坑，内涵丰富，曾出土过西周铜鼎和虎形觥盖残片。2003年9月24日，大陈遗址被公布为省级重点文物保护单位（YYL）

上第二坡遗址 位于眉县营头乡上第二坡村，南北长500米，东西宽50米，总面积2.5万平方米。属于北首岭下层文化和仰韶文化庙底沟类型，为居住村落遗址。遗址内文化层堆积较厚，大部分压在村址下面，保存较好。从断层看，灰坑密集，深3～4米不等，多为方形和袋状。红陶居多，黑陶少见。陶质为泥质和夹砂两种，纹饰有绳纹、线纹，还有彩绘的几何图案和鸟纹。出土物有尖底瓶、盆、罐、钵、瓮等。2003年，上第二坡遗址被公布为省级重点文物保护单位。(YYL)

第五村宫殿遗址 位于眉县县城西7.5千米。1981年，全国第二次文物普查时，首次发现了较大规模的秦汉遗址。此后不断有秦汉时期的砖瓦建筑材料出土。1983年，在该遗址发现了书有"成山"字样的瓦当，引起学术界瞩目，开始不断有人前往探寻。2000年，宝鸡市考古工作队对该遗址进行了调查与试掘，获得一批珍贵资料，对成山宫遗址的文化面貌有了更清楚的认识。该遗址始建于战国，兴盛于秦代，又汉承秦制，西汉时期加以修葺延用。2003年，第五村宫殿遗址被公布为省级重点文物保护单位。(YYL)

朱马嘴遗址 位于礼泉县最北部的南坊镇朱马嘴村北面。遗址东西长约300米、南北约500米，面积约15万平方米。该遗址灰层暴露地面较明显，灰层、灰坑距地面0.5～2米，内含有陶片、红烧土（墙）块等。其中夹砂灰陶三足器最多。该遗址出土的主要文物有大、小铜鼎各1件、铜甗1件、铜瓿、铜戈、铜镞各1件。这些青铜器经与其他类似的遗址和出土文物相比照，应属商代晚期青铜器。2003年，朱马嘴遗址被省政府公布为省级重点文物保护单位。(YYL)

下孟村遗址 位于长武县冉店乡下孟村西的台地上，面积约15万平方米，文化层厚2～4米。1961年11月，经四次发掘2000平方米，发掘出了仰韶文化的方形圆角半地穴式房址、窖穴、陶窑、墓葬等。出土彩陶钵、陶罐、尖底瓶、石斧、刀、锛、凿、石球、骨铲、针、镞等。下孟村遗址于2003年被公布为省级重点文物保护单位。(YYL)

洪水村遗址 又名老猪圈遗址，位于三原县洪水乡洪水村南河谷的高层台地上。属仰韶文化庙底沟类型，遗址东西100米、南北180米；遗址区内多处发现有灰坑遗迹，并夹杂有大量陶器残片，其中以彩陶片占大多数，也有灰陶、夹砂红陶器物残片；纹饰

以绳纹和线纹为主；遗物器型主要有鬲、罐、盆、瓶等。2003年，洪水村遗址被公布为省级重点文物保护单位。（YYL）

望夷宫遗址 位于泾阳县蒋刘乡五福村和二杨庄之间，北临泾水，南与秦咸阳一号宫殿遗址相距约8千米。1983年发现。《三辅黄图》卷一载："望夷宫在泾阳县界长平观道东，北临泾水，以望北夷，以为宫名。"其位置与记载基本吻合。基址因泾水历年南移而多崩塌，经钻探得知，现仅存东西长98米、南北宽34米，残存夯基厚3.20米。基址堆积中遗存着大量砖瓦残片、红烧土渣和墙皮。在基址范围及其周围地面散布有许多秦瓦当和秦砖。另外还采集到两块与凤翔雍城马家庄遗址中同类的槽形瓦。《读史方舆纪要》卷五十三载："望夷宫，在（泾阳）县东南八里，秦始皇建。"从遗址中采集所得的早期槽形瓦分析，其营建时间可能要早于上述记载。望夷宫是秦咸阳北原上最北面的一座宫殿。《史记·秦始皇本纪》云：二世三年（前207），"二世梦白虎啮其左骖马。杀之，心不乐，怪问占梦。卜曰：'泾水为祟。'二世乃斋于望夷宫，欲祠泾，沉四白马"。赵高与其婿咸阳令阎乐等乘机逼令二世自杀于此。2003年，望夷宫遗址被公布为省级重点文物保护单位。（YYL）

口镇宫殿遗址 位于泾阳县口镇街南、东、北侧，是一处集游乐、避暑和军事作用为一体的大型秦汉宫殿遗址。遗址面积约90万平方米，文化层厚约2米，遗址北部暴露有一段长约120米的夯筑墙垣，采集有板瓦、筒瓦、陶水管道、铺地砖等文物。2003年，口镇宫殿遗址被公布为省级重点文物保护单位。（YYL）

杨赵宫殿遗址 位于泾阳县白王乡杨赵村东南。现存建筑遗迹东西800米，南北约500米，总面积40万平方米。文化层堆积厚度0.4～0.6米。有一方形夯土台基，边长20米，残高2米，夯层厚4～6厘米。从采集的文物看，绳纹方砖、板瓦、筒瓦、云纹瓦当、陶水道等都是汉代的典型之物。这处汉代的宫殿，《水经注》在沮水条下有"郑渠又东，迳舍车宫南，绝冶谷水"这么一句。"舍车宫"三字唯独出于此，而为其他文献所不见。2003年，杨赵宫殿遗址被公布为省级重点文物保护单位。（YYL）

郭村遗址 位于乾县新阳乡郭村村北，东临漠谷河，西迄堰口村，北依善化寺村，总面积150万平方米，文化层厚1～2.5米，暴露灰坑多个。灰坑、灰层中包含大量残板瓦、筒瓦片、瓦当、方格纹砖等。文化遗存主要有夹砂灰陶、褐陶绳纹鬲、泥质灰陶、轮制素面宽沿盆、小口罐、云纹瓦当、绳纹筒瓦、方格纹铺地砖、残铁刀柄、砖块、筒瓦残片等。属新石器时代至汉时的一处面积广阔、延续时间较长的聚落遗址。2003年，被省政府公布为省级重点文物保护单位。（YYL）

岸底遗址 位于武功县游凤镇岸底村北漆水河台地上，与扶风县隔漆水河相望，遗址总面积约2.1万平方米，发掘清理的遗迹主要有房址、灰坑、陶窑及墓葬。遗物包括生产工具和生活用具两大类。1957年文物普查时登记在册，属新石器时代仰韶、庙底沟、龙山文化。1983年、1992年宝鸡市考古队、陕西省考古研究所均对该遗址进行了发掘，取得了丰富的考古资料，为周史的研究提供了大量有力的实物依据。1981年由武功县公布为县级重点文物保护单位。2003年，岸底遗址被省政府公布为省级重点文物保护单位。（YYL）

扶荔宫遗址 在韩城市芝川镇南门外司马坡，是汉代扶荔宫的所在地。这里是一处高起的丘陵地，东临黄河、涺水，西依梁山，负山临水，风景优美。遗址东西长约200米、南北宽300米。在遗址内发现夯土层，地下水管，"宫"字瓦当，"与天无极""居室"无纹瓦当，带有"夏阳扶荔宫令壁与天地无极"12个阳纹篆字的字纹方砖，豆器残块等等。2003年，扶荔宫遗址被省政府公布为省级重点文物保护单位。（YYL）

龙首渠井渠遗址 龙首渠约建于汉武帝元朔至元狩年间（前128—前117），是中国历史上第一条地下水渠，是一引洛渠道，是开发洛河水利历史上的首创工程。龙首渠施工中掘出恐龙化石，因而渠道遂命名为龙首渠，该渠在修筑时采取了井渠施工法，开创了后代隧洞竖井施工法的先河。龙首渠自今澄城县北头村引洛水入渠沿洛河左岸南流10千米，越大浴河进入蒲城县永丰镇境内。自河城壖至温汤的缓坡地带为第一段井渠，总长约2600米；自王武至大荔县义井的商颜山山脊地带为第二段井渠，总长约4300米。蒲城县龙首渠井渠遗址共发现7个竖井，并发现有绳纹板瓦、筒瓦及陶罐、瓮、盆、釜等残片。西汉龙首渠的建成，是世界水利史上的伟大创造，使400余平方千米盐碱地得到灌溉，其井渠施工法是古代劳动人民高度智慧的结晶。2003年，龙首渠井渠遗址被省政府公布为省级重点文物保护单位。（YYL）

西关村遗址 位于华阴西岳庙乡西关村北70米处，东距长涧河200多米，北接风匣城子村。1957年省考古研究所调查发现，遗址面积约5000平方米。1960年黄河水库考古工作队复查，发掘出泥质灰陶、粗夹砂灰陶罐，还有盆及残片。1988年9月文物普查时，发现遗址面积约50万平方米。遗物有黑色宽带纹、宽带黑粉圆点、篮纹陶罐，还有褐胎红陶、三角弧纹的褐陶和细泥素面、圆点锥刺纹、划纹的灰陶，夹砂灰陶，夹砂红陶，夹砂褐陶残片等，此外，还发现有圆形、中凹细石凿一个和兽骨残片等。1988年被文物普查组认为属仰韶文化范围。1989年列为县级重点文物保护单位。2003年，西关村遗址被省政府公布为省级重点文物保护单位。（YYL）

盘龙湾遗址 位于富平县淡村镇盘龙湾赵氏河南岸河湾中段，东自张家桥东侧，西至南李村东，北至赵氏河南岸断崖，南到盘龙学校以东，东西长1000米，南北宽500米。其显露的灰坑集中区约10处，大小不一，文化层深浅不等，南半部已有破坏，北半部保存较好。出土文物有尖底红陶壳1只，粗绳纹红片、棕色陶片、细绳纹陶片、网纹陶片、平行纹陶片及动物骨化石。属新石器时代早期文化。1956年发现该遗址，1961年

公布为县级重点文物保护单位。2003年，盘龙湾遗址被省政府公布为省级重点文物保护单位。（YYL）

唐桑园窑址 唐桑园砖瓦和青陶艺术建筑构件窑址（简称桑园窑址），位于富平县宫里镇桥北村桑园（三园）堡西50米。桑园窑烧制历史史料无载，1982年春，当地村民取土时发现。据出土文物形制、尺寸及纹理和窑址的较大规模等显示出为当时唐代官窑。推算始建于唐景龙四年（710），为唐中宗李显建筑定陵时，即唐睿宗景云元年，至唐乾符元年（874）唐懿宗李漼建造简陵时为止。但唐贞元十四年（798）唐德宗对唐八陵进行重修。据《陕西省志·公路志》载："时东西驿道畅通，省祭陵时节宫廷车水马龙。"且桥陵出土的莲瓣瓦当和此窑址出土的莲瓣瓦当纹饰、直径等相同，可见重修八陵时的建筑均在该窑址烧制。2003年，唐桑园窑址被省政府公布为第四批省级重点文物保护单位。（YYL）

肖家峁遗址 位于榆林市红石桥乡肖家峁村西1千米的白城河西岸台地上，遗址分布在村南、村西北两处，面积达20余万平方米，文化层厚2米。战国秦长城从遗址东南斜穿而过。1996年8—9月，为配合陕—京天然气输气管线建设，省考古研究所和榆林地区文管会联合对遗址进行了调查、钻探和局部试掘。发掘面积200余平方米，清理发掘房址7座、墓葬4座、陶窑4座、灰坑3个，获得了一大批陶、石、骨角器等重要遗物。2003年，被省政府公布为第四批省级重点文物保护单位。（YYL）

古城界城址 距榆林市区约50千米，在战国秦长城内侧，占地面积约20万平方米。城垣轮廓清晰，城址内遗存大量汉代遗物及大面积汉墓群，为陕北地区保存较为完整的古城址之一。2003年，古城界城址被省政府公布为第四批省级重点文物保护单位。（YYL）

大保当城址及墓群 西汉时期的汉代城址，位于神木县大保当镇任伙场村老米圪台附近，东距大保当镇政府约1千米。早在20世纪60年代，人们还可以看到被沙掩埋的北城墙断续高低遗迹。墙基约2米多，高约2米余。完全用密度较高的白泥筑成，十分坚硬，耐风耐雨侵蚀，看后给人以雄伟壮丽的感觉。但在后来的大搞农田基建时，所剩城墙全部被破坏，用作改土或垫圈而废之。大保当汉代城址，有野鸡河西东穿城而过，将汉代城分成南北两部分。城址呈五边形，北城垣全长510余米，西城垣全长410余米。按城址图形测算，总面积约386628平方米。在城址中部曾存留大量瓦当。尤其是在水神庙（汉代水井）附近，堆积的瓦当足有1米多高，占地约200平方米。且发现有"五铢"钱。与汉代城址息息相关的汉代墓葬群范围很大，由汉城西南到东南外围的区域，分布着敖包台汉墓群，高羔兔汉墓群等7处，现已基本被毛乌素沙漠南侵所覆盖，甚或被盗挖。2003年，大保当城址及墓群遗址被公布为省级重点文物保护单位。（YYL）

寨峁遗址 位于神木县店塔镇寨峁村，坐落在窟野河与其支系考考乌素河交汇处的三角形阶地上,南距神木县城约16千米,距店塔镇约1千米。寨峁村(旧村)位于遗址的北部,遗址东侧是窟野河,西、南面是考考乌素河,阶地东、西、南三面是陡峭的石崖,高出河床100余米。阶地上地势南低北高,但起伏不大,较为平坦,寨峁遗址地处毛乌素沙漠东侧,属于鄂尔多斯与黄土高原丘陵山地交变地带,植被稀少,颇为荒凉。遗址东西宽250余米、南北长700余米,总面积约17万余平方米,于1986年调查时发现。1993年省考古研究所进行了发掘,发掘面积700余平方米,出土遗迹有房子、窖穴、墓葬,出土遗物有陶、石、骨器等,器型有单把鬲、三足盉、三足瓮、折肩罐、石斧、石刀等。从遗存的文化层和特征看,它与相邻的客省庄二期文化、龙山文化陶寺类似,距今4800年前后。寨峁遗址的发掘,为探讨本地区早、晚期龙山文化的性质、时代、区域类型和分期以及与周邻古文化的关系,提供了新的重要资料。2003年,省政府公布寨峁遗址为省级重点文物保护单位。(YYL)

西山遗址 位于黄龙县石堡镇瓦窑盆村西,遗址北依山,东西为沟,南为石堡水。面积约37万平方米,属于新石器时代仰韶文化遗址。遗址中发现有灰坑,墓葬及房址等,地表陶片较多,可辨器型有钵、碗、盆、尖底瓶等。还出土有石楔、石铲等石器。2003年,西山遗址由省政府公布为省级重点文物保护单位。(YYL)

木瓜寨遗址 位于黄龙县石堡镇水磨湾村东南。分布面积约25万平方米,属于新石器时代龙山文化遗址。遗址内发现有白灰居住面和文化层多处,地表陶片较多,可辨器型有罐、钵、鬲等,曾出土一完整的陶甗。另采集有石斧等磨制石器和残玉环等。2003年,木瓜寨遗址由省政府公布为省级重点文物保护单位。(YYL)

女娲山遗址 位于平利县女娲山乡七里村,属新石器时代、战国至南北朝、唐至清时期遗址,为传说中三皇之一的女娲氏的治所,女娲山因此得名。女娲山主峰海拔984米,山地面积60余平方千米,山系庞杂,千沟万壑,四周环河,植被丰富。该遗址中女娲庙遗址最为引人注目,有3通石碑,分别是清咸丰三年(1853)圣旨钦命刊立的"中皇山女皇氏圣皇之墓"墓碑、清道光三十年(1850)立"中皇山碑文"石碣、光绪十二年(1886)立"女娲山道路工程经事碑"。据考古资料,自史前7000年的母系氏族公社到史前2000年的父系氏族公社这一漫长的时期,女娲山周围都有人类活动。女娲山新石器时代文化遗址至清代,出土有石器、陶器、玉器、牙角器等2000余件文物。2003年,由省政府公布为省级重点文物保护单位。(YYL)

魏家坝遗址 该遗址位于平利县西河乡西坝村,面积2平方千米,文化特征为新石器时代仰韶型至魏晋南北朝聚落遗址,遗址文化层临河,呈竖直状,底层与河床平行,遗址区可见河水冲刷出的大量带网纹、几何纹的夹砂红、灰黑陶片,彩陶片,磨制石器,可见器型有簋、盘、陶纺轮、陶网坠、锉、鼎、鬲等,石器有磨制精美的石斧、石锛、石铲、石凿、石锥、石球等，文化层中可见大量灰坑、红烧土，另有绳纹板瓦、筒瓦，具有重要的文化价值。2003年，魏家坝遗址由省政府公布为省级重点文物保护单位。(YYL)

白云寺遗址 白云寺遗址系宋至明时期遗址，位于平利县洛河镇南坪街村。主遗址约有1.2万平方米，附近1千米境内有同时代的庙坪遗址、二郎庙遗址、擂鼓台遗址、大凹石塔遗址和塔湾石塔遗址等。据《中国文物地图集·陕西分册》载："南坪寺庙遗址（水坪乡南坪街西250米，宋代）面积约为5万平方米，寺毁废。地表散布大量砖、瓦、陶片。遗有石佛像10尊，残高0.6~1.3米。另有仰莲纹石塔构件多件。"1991年被平利县公布为县级重点文物保护单位。2003年，白云寺遗址由省政府公布为省级重点文物保护单位。(YYL)

鬼谷岭遗址 位于石泉境内的鬼谷岭，方圆数百里，岭内景观雄浑壮美、奇险神秘，最高处海拔2000余米，然峰顶却又平坦如台，是西部地区不可多得的人文风景地。相传战国时期著名的纵横家、思想家、谋略家鬼谷子曾经在此隐居、著书。由于鬼谷子曾经在这里生活、授学，所以岭内布满了各类文物古迹，历代石像碑刻随处可见。据统计，鬼谷岭森林公园内各种景点多达108处，除了传说中的石公鸡、藏经洞、铁棺材不见外，其他如舍身仙岩、鬼谷崖洞、庙宇遗址、黄龙神井、鬼谷田、老茅庵、天池、西峡、古棋盘、石棺材以及参天古杉林等诸多景观尚存。近些年，当地政府深入挖掘、搜集、整理相关的文化遗存，并且成功举办了首届鬼谷子文化展和全国鬼谷子文化学术研讨会，提升了鬼谷岭森林公园的文化内涵。2003年，鬼谷岭遗址由省政府公布为省级重点文物保护单位。(YYL)

过风楼遗址 位于商南县过风楼镇郭家坪村北岸一、二级台地上。东西长约800米，南北宽约100米，总面积8万平方米。经考古调查发掘，过风楼一带早在新石器时代就有人类居住，为新石器时代仰韶文化和龙山文化遗址。已采集到石锛、石斧、红陶片、黑陶片、仰韶文化半坡类型三期小口尖底瓶及肿骨鹿角、骨针、蚌壳等器物。20世纪80年代，当地村民曾在丹江河中打捞出西周青铜鼎，在遗址耕作时捡到石质通体磨光的石钺和石戚各一件。2000年底，省考古研究所会同商南县博物馆对遗址进行了试掘。揭露面积175平方米，分为7个探方发掘。经试掘发现遗址文化层内涵丰富，最下层为仰韶文化，次为龙山文化，依次至战国文化层。本次试掘出土器物残片可以辨认的有仰韶文化半坡类型三期小口葫芦腹尖底瓶、节齿堆纹大口尖底器，客省庄二期双耳罐、特大精制白陶，二里头三期乳钉纹、绳纹尖足鬲、红陶锉、磨光石斧、石刀、石凿等。其次为战国褐陶鬲、甑、豆、壶残片。在西南处发掘出一新石器时代陶窑1座，在遗址西区发掘出先民住房遗址。文化层厚度大致在0.5~1.5米土层中，内夹杂有红烧土块兽骨、残陶片等。在近年的考古发掘中，在该遗址发现了一处保存较好的西周时期小型村落遗址。过风楼龙山文化遗存的发现，为进一步研究我国史前时期的文化结构以及相互关系提供了较重要的实物资料，为探索早期楚文化提供了重要线索。2003年，过风楼遗址由省政府公布为省级重点文物保护单位。（YYL）

秦甘泉宫遗址 位于咸阳城西45千米处乾县注泔乡南孔头村。属秦代文化遗址。遗址东西横距250米，南北纵距400米。甘泉宫兴废年代待考。出土文物有陶质筒形水管、90度拐弯管道、蛟龙绕玉璧空心砖以及种类繁多的云纹瓦当、板筒瓦残片等。甘泉宫是富丽豪华宫殿群的总称，凉武帝村一带是其主体建筑所在，在此周围还有许多附属宫、观、台建筑，规模仅次于长安未央宫。史书记载甘泉宫在汉武帝建元中（前137）增广后"周回十九里一百二十步，有宫十二台十一"（关中记）。遗址上可见到零散的建筑台基和城墙残迹，以及建筑材料，如铺地砖、空心砖、子母砖、板瓦和筒瓦。石刻有汉代石熊、宋代题记石鼓。这些文物是研究西河古宫殿的珍贵实物资料。1992年，秦甘泉宫遗址由省政府公布为省级重点文物保护单位。（YYL）

2. 古墓葬

庄襄王墓 位于西安东郊韩森寨以西，今动物园东门外，当地称"韩森冢"。冢高22米，原占地4万平方米，1993年约2万平方米。因冢上有清乾隆年间陕西巡抚毕沅的一块"秦庄襄王墓"碑石，故此被误认为秦庄襄王墓。但据《史记·秦本记》记载，战国晚期秦国建都咸阳，昭襄王、宣太后、悼太子、庄襄王和皇帝太后（始皇墓）均葬在"芷阳"。又据魏晋时著名学者皇甫谧记述"秦庄襄王葬在芷阳之骊山"。20世纪80年代在临潼县韩峪乡油王村老牛坡一带发现秦东陵，证实庄襄王确实葬于临潼县境的秦东陵。另据《汉书》等史籍考证，"韩森冢"应是汉宣帝的父亲"始皇孙冢"。"韩森冢"是"皇孙冢"的谐音。1956年，庄襄王墓由陕西省人民委员会公布为第一批省级重点文物保护单位。（YYL）

秦二世胡亥墓 位于西安市雁塔区曲江乡西曲江村南半坡上，该墓坐落在原坡地带，环境幽僻，迥异于秦汉以来高峻宏伟的帝王陵墓，同附近的杜陵、少陵相比，殊感逊色。秦二世胡亥墓为圆形，封土堆直径25米、高5米。墓北有石碑一座，高3米、宽0.98米、厚0.28米。碑面阴刻"秦二世皇帝陵"六个隶书大字，为乾隆四十一年（1776）陕西巡抚华沅所立；碑后阴刻《夜役说》，为生员周新命于嘉庆十年（1805）所书。1956年，秦二世胡亥墓被陕西省人民委员会列为第一批重点文物保护单位。（YYL）

董仲舒墓 在西安南城墙东段内侧，有一条小街道，名为"下马陵街"。该街道东至和平门，西通柏树林街南口的碑林博物馆，这条街偏东北侧就是董仲舒墓所在。董仲舒墓又名"下马陵"，这条街因此而得名。董仲舒去世后，汉武帝刘彻亲自为其选择安葬之地，并在陵前修建董子祠。据说，出于对董仲舒的尊敬,汉武帝每次经过陵园时,三十丈之外,便下马步行,随从臣子照例这样做。从此后也便形成了一条不成文的规矩:上至达官显贵,下至平民百姓,骑马者,乘轿者,凡经过董仲舒墓前,都要下来步行。"下马陵"的名称便由此产生。1956年,董仲舒墓由陕西省人民委员会公布为第一批省级重点文物保护单位。(YYL)

周穆王陵 在西安市长安区郭杜街办恭张村村南,有一夯土台,就是传说中的周穆王陵。由于长期取土,南、东、北三面破坏严重,已经变得很不规则,东西最长边约18米,南北最长边约35米,高8米。1986年4月,墓室顶部被挖开,露出砖砌的穹窿顶,顶部高出现在地面约2米。穹窿顶下面为方形前厅,其北为后室,东西有侧室,根据墓室形制、砖及封土分析,此墓似为汉代墓葬。周穆王,姓姬名满,是西周王朝的第六代君王。周穆王在位55年期间,东征徐戎,西击犬戎,战功卓著;又作《甫刑》依法治国,对巩固西周王朝的政权起了重要的作用。1957年,陕西省人民委员会公布周穆王陵为陕西省第二批重点文物保护单位。(YYL)

扁鹊墓 位于骊山东侧,临潼县纸张乡南陈村东北,距秦兵马俑约8千米。神医扁鹊,是人们对医生的高度赞誉,由此可见扁鹊的医术在人们心中的位置。神医扁鹊确有其人,姓秦,名缓,字越人,又号卢医,尊称扁鹊,春秋战国时期魏国三川郡(今河南汤阴县)人。他发明的中医诊脉术,技术超群。青年时曾替贵族管理客馆,结拜了名医长桑君,得其真传,开始行医生涯。扁鹊天资聪颖,善于吸取前代和民间经验,逐步掌握了多种治疗方法,后来医术达到了炉火纯青的地步,随之巡诊列国。他一生四海行医,最后来到秦国,这里也是他的最后归宿。1992年,省政府公布扁鹊墓为省级重点文物保护单位。(YYL)

蔡文姬墓 位于西安城东南蓝田县三里镇乡蔡王庄村西北约100米处。蔡文姬,名琰,东汉末年女诗人。史书载"博学而有才辨,又妙于音律",父亲蔡邕是曹操的挚友。蔡文姬曾因战乱没于匈奴达12年,曹操思贤慕才,用金璧赎回。卒后葬此。1991年建立蔡文姬纪念馆,馆内陈列着蔡文姬所著《悲愤诗》和琴曲歌辞《胡笳十八拍》及《后汉书》中的《董祀传》等。1957年,蔡文姬墓由陕西省人民委员会公布为第二批省级重点文物保护单位。(YYL)

王季陵 位于户县玉蝉乡陂头村西南,传说为周文王之父季历之墓。季历时周族向东发展,后季历为殷王父丁所杀;周武王灭殷后,追封他为"王季"。现存封土呈覆斗形,东西长41.4米,南北宽31.8米,高12.21米。封土前有清初陕西按察司金事张宗孟撰文碑及乾隆年间陕西巡抚毕沅所立碑石各1通。封土南200米处尚存土阙2座,高约5米,间距约75米。1957年,王季陵由陕西省人民委员会公布为第二批省级重点文物保护单位。(YYL)

王九思墓 在户县县城北门外,有明代太史王九思之墓。王九思(1468—1551),字敬夫，号渼陂，明代文学家，曾任翰林院检讨、吏部郎中。正德三年（1508），宦官刘瑾执朝官，300余人下狱，并立内厂以辑朝官，创罚米法以罚朝官，于是朝野反对刘瑾。五年秋八月刘瑾伏诛。王九思名列刘瑾党羽，降官为寿州同知，佐知州。王九思好风流，不拘礼节。善歌弹，工词曲，与李梦阳、康海、何景明、徐祯卿等并号"七才子"。作有杂剧《沽酒游春》《中山狼》，散曲《碧山乐府》，诗文集《渼陂集》等。1957年，王九思墓由陕西省人民委员会公布为第二批省级重点文物保护单位。（YYL）

陈平墓 位于西安户县石井镇曹家堡村。墓基东西25米、南北30米、高17米，呈覆斗形。墓前有"汉曲逆侯陈公平墓"石碑一通，为清乾隆四十一年（1776）孟秋，陕西巡抚毕沅书、户县知县汪以诚立石。陈平（？—前178），西汉阳武（今河南原阳东南）人，足智多谋，用奇计辅佐刘邦夺得天下，汉初被封为曲逆侯。文帝时，曾升为右丞相，后改任左丞相。陈平一生充满传奇色彩，秦朝末年，英才辈出，有资格被司马迁列入"世家"的，只有陈胜、萧何、曹参、张良、陈平及周勃六人。陈平能列其中，可见其功劳之大。1957年，陈平墓由陕西省人民委员会公布为第二批省级重点文物保护单位。（YYL）

李颙墓 位于周至县二曲中学大门前50米，310国道以西30米处，占地面积81平方米。李颙（1627—1705），字中孚，号二曲，明末清初思想家、教育家。自幼家境贫寒，9岁入私塾仅读两年而辍学，在母亲"无师遂不能学耶？古人皆汝师"的激励下，借书自学。李颙读书涉及广泛，"凡经史子集、百家释道、无不周览；西洋教典、外域异书，亦皆究其幻妄"。经过十数年的刻苦努力，终于成为关中著名的学者，与直隶蓉城孙奇逢、浙江余姚黄宗羲并称为"海内三大儒"。著名思想家顾炎武推崇他"艰苦力学，无师而成"。1956年，李颙墓被陕西省人民委员会公布为省级重点文物保护单位，1992年划定了保护范围，建立了保护组织后又树立了保护标志。（YYL）

老子墓 位于周至县楼观镇西楼观村。老子姓李名耳，字聃，春秋时楚国苦县（今河南省鹿邑东）人。因受周大夫函谷关令之请，到楼观台完成了他的哲学巨著《道德经》，不久在楼观去世，葬于此。墓冢为圆锥体，冢基高2.8米、周围长15.9米。墓前有清毕沅题立的墓碑1通。做过周朝管理藏书的史官。孔子曾向他问礼后说："鸟吾知其能飞，鱼吾知其能游，兽吾知其能走；至于龙，吾不能知其乘风云而上天，今见老子，其犹龙乎！"后见周代衰落，遂西出函谷关，隐于终南山楼观台。老子用"道"来说明万物的演变，否定神造世界。"道"有"独立不改，周行不殆"的永恒性，认为一切万物生成变化都是有和无的统一，无是最基本的。1957年，老子墓由陕西省人民委员会公布为第二批省级重点文物保护单位。（YYL）

马援墓 距扶风县城约3.5千米的伏波村旁，有一座圆锥形夯土堆，高约10米，直径约10米，这便是东汉初年的名将马援墓茔。墓前立有清代所刻"汉伏波将军墓"碑石1通。马援（前14—49），字文渊，东汉初扶风茂陵（今陕西兴平东北）人。新莽末为新城大尹（汉中太守），后归附割据陇西的隗嚣，后从刘秀，参加讨伐隗嚣的征战。东汉建武十七年（41）任伏波将军，受封新息侯。1956年，马援墓被陕西省人民委员会公布为省级重点文物保护单位。（YYL）

班固墓 位于扶风县城东10千米处的太白乡浪店村西宝公路南侧。班固（32—92），字孟坚，扶风安陵（今陕西咸阳东北）人，东汉著名的史学家、文学家。因编著《汉书》为史家仰慕，众多文人墨客前往墓地瞻仰凭吊。墓冢呈圆形，馒头状，直径6米，高3米。墓地原占地800平方米，外用砖砌筑围墙，墓前有清代石碑3通、石羊1对、石案1座，现仅有墓地333平方米。1956年，班固墓被陕西省人民委员会公布为省级重点文物保护单位。（YYL）

杨珣墓 杨珣（666—717），字仲珣，是唐玄宗时丞相杨国忠之父，杨贵妃之叔父。卒后，被唐玄宗追赠武部尚书。葬于陕西扶风县乔山脚下黄堆乡韩坡村北。由于管理不力，墓冢屡遭取土、盗墓毁损。1957年，杨珣墓由陕西省人民委员会公布为第二批省级重点文物保护单位。（YYL）

李柏墓 位于眉县汤峪乡屯庄东。现存墓冢高仅2米，占地200多平方米。墓前有碑石一通，上书"太白山李氏雪木先生之墓"。李柏（1630—1700），清初文学家，字雪木，号太白山人。家贫，9岁丧父，佣于酒家。后入私塾读书，24岁依母命应试，"补博士弟子员"。母殁，庐墓3年，旋弃冠服而隐，率家人力耕，衣食居室简陋，图书万卷。过着淡泊的隐士生活，拒绝入仕做官。与周至李颙、富平李因笃同被时人称为"关中三李"。李柏同情劳苦民众，抨击社会不公平，提倡"以德治天下"，决心"存铁心，养铁膝，蓄铁胆，坚铁骨，以铁汉老可也。慎无捷径以终南"。著作有《槲叶集》《一笑集》《麟山十二诗》等。1956年，李柏墓被陕西省人民政府公布为省级重点文物保护单位。（YYL）

张载墓 位于眉县横渠镇大镇谷迷狐岭，占地58127平方米，是张载及其父张迪、弟张戬的安葬之地。张载（1020—1077），字子厚，凤翔郿县（今陕西眉县）黄渠镇人，北宋思想家、教育家、理学创始人之一。世称横渠先生，尊称张子，封先贤，奉祀孔庙西庑第三十八位。其"为天地立心，为生民立命，为往圣继绝学，为万世开太平"的名言，为历代传诵不衰。张载墓从宋明道二年（1033）至1985年，历时952年，共维修、绿化5次。1998年当地政府又对墓区进行了整修，包砌了墓冢，增添了香炉、供桌，修建了碑楼、祭祀台等。目前，通往张载墓的二级公路已经完工，墓区扩建工程仍在继续。1957年，张载墓由陕西省人民委员会公布为第二批省级重点文物保护单位。（YYL）

刘古愚墓 位于咸阳城北7千米处秦都区马庄乡天阁村。刘古愚（1843—1903），本名光蕡，字焕唐，号古愚，以号行。咸阳人，清末思想家、教育家，陕西维新派领袖，与康有为并称"南康北刘"。刘古愚墓为圆丘形，底部周长18米、高1.65米。墓志及墓碑分别由咸阳市博物馆和当地村民保管。墓志边长0.87米、厚0.12米，李岳瑞撰文，宋伯鲁书，孙维新、张向坤刻石。墓碑由碑首和碑身组成，高2.19米，宽0.95米，厚0.195米。碑文由陈澹然撰，宋联奎书丹，陈希安刻字，表述墓主生平。1992年，刘古愚墓被公布为省级重点文物保护单位。（YYL）

周陵 位于陕西咸阳城北6千米处渭城区周陵镇周陵中学内。传说为周文王、周武王陵。周文王陵底部周长310米、高11.8米，墓前有清代毕沅所立的碑石。陵北100米处为周武王陵，底部周长285米、高12.3米。两个陵丘保存基本完好，献殿、木牌楼经过修葺和彩绘。陵园内有宋以后历代帝王祭祀碑石40余通及姜太公陪陵墓等，陵园以西2000多株古柏，苍翠葱郁，蔚为壮观。1957年，周陵被陕西省人民委员会公布为省级重点文物保护单位。（YYL）

牛弘墓 位于咸阳城西北150千米处长武县相公乡相公村。牛弘（545—610），本姓裛，字里仁，安定鹑觚（今甘肃灵台）人。隋文帝时任吏部尚书，擅长文学，精通法律法令。后随从隋炀帝到江都，病死，袭封临泾公。墓冢封土为圆锥形，底部周长53米、高4米。墓门现存石柱，墓冢保护完好。1957年，牛弘墓由陕西省人民委员会公布为第二批省级重点文物保护单位。（YYL）

公孙贺墓 位于咸阳城西北120千米处彬县水口乡祁家崖村。公孙贺（？—前91），字子叔，北地义渠（今彬县水口孙村）人。汉武帝时期将领。据传公孙贺墓原来茔域宽阔，时易世移，现在墓冢仅存一半，残存封土东西长11米、南北宽7米、残高3米。墓地四周平旷，南临白土坳，北达韩家原，东望寨园堡，西接长禄村。越过长禄，西距该墓1.5千米的孙村，为公孙贺当年故宅公孙庄，烟柳依稀，登墓遥遥可望。1957年，公孙贺墓由陕西省人民委员会公布为第二批省级重点文物保护单位。（YYL）

苻坚墓 位于咸阳城西北125千米处彬县水口乡。苻坚（338—385），字永固，一名文玉，氐族，十六国时前秦皇帝，357—385年在位。在汉族士人王猛辅佐下，致力于国家统一。加强中央集权，压制不法贵族；兴修关中水利，发展农业生产。前秦建元十九年（383），因举兵90万人攻晋，在淝水之战中惨败，各族反秦自立。两年后，被羌族首领姚苌所擒，缢死于新平（今彬县）大佛寺南不远处。墓冢坐南向北，面积140平方米。墓碑刻有"前秦国王苻坚之墓"。墓堆形似角锥，俗称"长角冢"。1957年，苻坚墓由陕西省人民委员会公布为第二批省级重点文物保护单位。（YYL）

公刘墓 位于咸阳城北75千米处彬县龙高乡土陵村泾河北岸的山谷之间，先周墓葬，传说是公刘的葬地。墓地占地2.25平方千米，高500米，形若蟠龙，素有"周墓蟠龙"之称。公刘是后稷的曾孙，周文王的十代祖先，

当夏后氏当政之时，他的祖父失掉了后稷官职位，出走到了戎狄的地方，数年后传至公刘。他始终勤苦，以身作则，不辞辛苦地领导和团结部族群众，着手恢复后稷的事业，务耕种，行地宜，使行者有资，居者有蓄积，并积极地创造条件，在皇、涧两岸定居下来，过着丰衣足食的生活，由此逐渐地振兴起来。因此，他一直受到历代周人的歌颂和赞扬。1992年，公刘墓被公布为省级重点文物保护单位。（YYL）

李仪祉墓 位于咸阳城北30千米处泾阳县王桥乡寺背后村。占地面积约0.013平方千米。墓坐北朝南，底部周长36米、高2米。陵园苍柏葱郁，现存门房6间，居室3间。李仪祉（1883—1938），名协，字宜之，陕西蒲城人，同盟会会员。早年留学德国，学习水利工程。回国后曾任北京大学教授、西北大学校长、陕西省水利局长、华北水利委员会委员长、上海港务局局长等职。倡导和修建了"关中八惠"和陕北定惠渠、织女渠以及陕南的汉惠渠、冷惠渠，扩大灌溉面积1300平方千米，被誉为"一代水圣"。1992年，李仪祉墓被公布为省级重点文物保护单位。（YYL）

姜嫄墓 位于武功老城南侧小华山上。《武功县志》载："姜嫄墓在南门外，南去三百六十步，又西四十步，墓在坎上，与东原梅家庄通。"姜嫄（上古时代人），姓姜，陕西省武功县人，原为炎帝后代有邰氏的女儿，后来成为黄帝曾孙帝喾的元妃，姜嫄踩巨人足迹而生下后稷，后稷教人务农，成为中国的农耕始祖，也是周人的祖先。1992年，姜嫄墓被公布为省级重点文物保护单位。（YYL）

苏武墓 位于咸阳城西47千米的武功镇龙门村前的台地之上，东临漆水，西依凤岗。墓穴东向，背负青山，漆水河自墓前蜿蜒而过，依山傍水，环境优美，为"武功八景"之一。苏武（前140—前60）字子卿，京兆武功杜陵（今武功县）人，代郡太守、平陵侯苏建之子。天汉元年（前100）奉命以中郎将持节出使匈奴，被扣留迁至北海牧羊，19年后方获释回汉。汉宣帝神爵二年（前60年）病亡，归葬武功封地。1957年，苏武墓由陕西省人民委员会公布为第二批省级重点文物保护单位。（YYL）

隋炀帝陵 位于咸阳城西50千米处武功县武功镇西塬上，洛阳村东，曾树有清乾隆时状元及第、兵部侍郎兼副都御使、清乾隆陕西巡抚毕沅书"隋炀帝之陵"石碑，现已不存。据县志记载：隋炀帝杨广，大业十四年（618）被反贼宇文化及等缢弑于扬州。唐朝建立后，唐高祖李渊于武德五年（622）八月，令其子李世民迁葬炀帝于此，与隋文帝泰陵构成一脉之穴，遥遥相望。1957年，隋炀帝陵由陕西省人民委员会公布为第二批省级重点文物保护单位。（YYL）

安金藏墓 位于咸阳城东南80千米处永寿县永安村。武则天称帝时，有人诬陷皇嗣睿宗李旦潜有异谋，安金藏自剖腹胸为皇嗣鸣不平，武则天闻信，李旦得以幸免。睿宗景云中，安金藏迁至右武卫中郎将。玄宗即位后，拜其为右骁骑卫将军，又封代国公，病死后赠兵部尚书。现墓为圆锥形，底部周长45米、高2.5米。原有土墙环绕，现仅存部分墙基。墓前有清乾隆时陕西巡抚毕沅所书墓碑1通。1992年，安金藏墓被公布为省级重点文物保护单位。（YYL）

长孙无忌墓 位于咸阳城西北86千米处永寿县渠子乡永寿坊村。墓为圆锥形，封土高0.7米，占地面积1840平方米。墓前原有墓碑，现已遗失。长孙无忌（594—659），字辅机，原籍洛阳，初为拓跋氏，好学谋略，封齐国公，历任尚书仆射、司空、司徒。唐高宗李治执政时，因许敬宗诬陷被贬赐死。长孙无忌墓现有数处，此墓真伪待考。1992年，长孙无忌墓被公布为省级重点文物保护单位。（YYL）

娄敬墓 位于咸阳城西北70千米处永寿县店头镇娄敬山。西汉高后元年（前187），娄敬被封为建信侯，死后葬于此。墓旁原有建信侯祠和戏楼各1座，现已毁，仅留残碑10通，大部分字迹模糊。1990年前后，出土娄敬石像1尊、菩萨石像6尊，已收为馆藏文物。1957年，娄敬墓由陕西省人民委员会公布为第二批省级重点文物保护单位。（YYL）

陆贾墓 位于永寿县店头镇桃花塬边。旧有石碑1通书"汉太中大夫陆公贾之墓"，署清代陕西巡托毕沅。该墓三面环沟，一面接塬，现属店头镇关牛山林场，周围松柏杂树交翠。陆贾（约前240—前170），汉初思想家，政治家，楚人。早年随刘邦平定天下，口才极佳，常出使诸侯。刘邦即帝位后，他受命出使南越，说服尉佗接受汉朝赐予的南越王印，称臣奉汉约，被任为太中大夫。1957年，陆贾墓由陕西省人民委员会公布为第二批省级重点文物保护单位。（YYL）

马理墓 位于咸阳城北65千米处三原县新庄乡新立村。马理（1474—1556），字伯循，号溪田，咸阳三原人。曾任吏部稽勋主事、稽勋员外郎、稽考功郎中光禄卿等职。博学多闻。嘉靖二十年（1541），受托总纂《陕西道志》。有诗文集传世。嘉靖三十四年（1555）关中地震，马理与妻俱死，葬于此地。墓冢底部周长30米，墓高3米。保护区面积500多平方米。1956年，马理墓被省人民委员会公布为省级重点文物保护单位。（YYL）

杨贵妃墓 位于咸阳市兴平县马嵬镇西500米处，距西安60千米。杨贵妃被唐玄宗李隆基册封为贵妃，本名杨玉环（719—756），号太真，为中国四大美人之一。姿质丰艳，善歌舞，通音律。天宝十五载（756），安禄山叛乱，在与李隆基流亡途中，死于马嵬驿。杨贵妃墓只是其衣冠冢。墓呈半球形，冢高3米，整座墓冢都用青砖包砌，墓后有一座高约6米的杨贵妃大理石塑像。历代文人曾留下了大量关于唐明皇的爱情故事，使杨贵妃墓闻名于世，墓冢周围雕刻有历代文人骚客的题咏。当地政府对贵妃墓进行了修葺，新修了围墙、碑廊、献殿和亭子，并在墓园后添立了6米高的杨贵妃大理石雕像。贵妃墓现已成为一处重要的旅游景点。1956年，杨贵妃墓被陕西省人民委员会公布为省

级重点文物保护单位。（YYL）

柳公权墓 位于耀州区阿子乡让义村北约1千米处。东西长82米，南北宽64米，圜丘。柳公权（778—865），字诚悬，京兆华原（今铜川耀州区）人。是唐代著名书法家、诗人，乃户部尚书柳公绰（763—832）之弟。绰墓在东，权墓在西，相距46米。墓地各立石碑1通。一碑上款楷书"赐进士及第兵部侍郎兼副都御史陕西巡抚毕沅书"，中行隶书大字"唐兵部尚书柳公公绰墓"，下款楷书"大清乾隆岁次丙申孟秋知耀州事张凤鸣立石"；另一通上、下款与前碑相同，中行隶书大字"唐太子师河东郡王柳公公权墓"。碑距离墓丘均5米。1956年，柳公权墓被公布为省级文物保护单位。1990年省文物事业管理局批准成立柳公权墓文管所。（YYL）

令狐德棻墓 位于耀县寺沟乡杨家河村。其地古称锦阳川，东临步寿塬，西倚落星塬，南达县城，北通甘肃。沮水纵贯，沃野千顷，盛产粮菜，人杰地灵。令狐德棻（583—666），宜州华原（今铜川耀州区）人，唐代史学家，主撰《周书》等。其祖父令狐整为北周大将军，父亲令狐熙在北周位至吏部中大夫、仪同大将军。据《耀州志》载："州西北三里方巷口（即今杨家河）有令狐整、令狐熙、令狐德棻墓，有碑。"墓地现仅存800平方米。令狐德棻墓，圆丘状，高3.5米，底围27.5米。墓前立石碑1通，碑首六螭下垂，圭额。保存完好。1992年，令狐德棻墓被公布为省级重点文物保护单位。（YYL）

蒙恬墓 位于绥德县城西大理河畔第一中学校园内。墓冢成馒头形。据《绥德州志》记载，墓高50余米。后因历史久远，风雨剥蚀和施工修建等人为因素，使墓冢成不规则形。1984年，有关部门进行考古钻探，清理出秦代夯土层。蒙恬墓原有清代石碑两通（其中1通断为两截），碑高1.42米，系清乾隆十二年（1747）绥德知州张元林所立，镌刻"秦将军蒙恬墓"，另一通碑为道光二十八年（1848）知州江士松手题立。蒙恬（约前259—前210），姬姓，蒙氏，名恬，祖籍齐国（今山东蒙阴县）人，秦朝著名将领。据史料记载，秦统一中国后派蒙恬率兵30万与监军扶苏驻守上郡，修直道，筑长城，逐匈奴，战功卓著，名垂青史。蒙恬含恨死后，部下将士无不悲愤痛切，将其遗体葬于绥德城西大理河畔，数千万将士用战袍兜土成墓，状似山丘。其后，蒙恬部下将士和上郡黎民百姓便效仿其生前所用之笔，制作了许多毛笔。从此，毛笔的制作和使用逐渐流传全国。清人阎秉庚曾题诗曰："春草离离墓道侵，千年塞下此冤沉。生前造就千支笔，难写孤臣一片心。"1956年，蒙恬墓被陕西省人民委员会公布为省级重点文物保护单位。（YYL）

扶苏墓 位于绥德县城内无定河畔的疏属山顶。墓区为纯黄色土壤，内植松、柏、槐等林木。扶苏墓围墙外四周被民居包围。扶苏墓呈长方形，长约30米，宽6米，高约8米，墓旁有扶苏祠。扶苏是秦始皇长子（？—前210），嬴姓，赵氏，名扶苏，是秦朝统治者中具有政治远见的人物。秦始皇统一六国后，为使京城咸阳与北疆保持联系，沿南北走向的子午岭修筑直道，即今"秦直道"遗址。当时秦始皇"焚书坑儒"，在咸阳坑杀术士460多人，引起扶苏忧虑。扶苏认为天下未定、百姓未安，反对实行"焚书坑儒""重法绳之臣"等政策，因而被秦始皇贬到上郡担任这项大工程，工程总指挥为蒙恬，太子扶苏为监军。始皇三十七年（前210）冬，秦始皇嬴政巡行天下，行至沙丘时不幸病逝。秦始皇临终前，曾为玺书召令扶苏至咸阳主持丧事并继承帝位。但中车府令赵高和丞相李斯等人与秦始皇的小儿子胡亥阴谋篡改始皇帝的遗诏，立胡亥为太子，即皇帝位。同时另书赐蒙恬和扶苏死，并"数以罪"。1956年，扶苏墓被陕西省人民委员会公布为省级文物保护单位。（YYL）

高力士墓 位于蒲城县保南乡山西村六组，是泰陵唯一的一座陪葬墓。高力士（684—762），本姓冯，名元一，祖籍潘州（今广州高州市）人，深受武则天的爱怜，赐姓高，改名力士。在玄宗朝，地位显赫，且忠心耿耿，被誉为"千古贤宦第一人"。高力士墓的发掘从1999年7月下旬至11月初，历时三个多月，共出土文物240余件。主要有粉彩俑、陶动物。陶动物的种类有骑马俑、陶俑、陶马、牛、羊、鸡、兔、狗、猪、骆驼，这些陶俑和动物俑全部上彩，色彩鲜艳，在墓道两边有对称的六个小龛，里面存放着陶俑、陶动物等，相当于古人住的房子。在第一对壁龛附近，有一道砖封门，封门西边被砸碎、推倒，是早期盗墓贼所为。第一道封门后5.5米处出现第二道门，西边也被推倒。再向里进深，就是墓门。高力士墓的发掘对研究唐王朝兴衰史和唐代丧葬制度、宦官制度及高力士本人都具有重要意义。1992年，高力士墓被公布为省级重点文物保护单位。（YYL）

王翦墓 位于富平县到贤镇东门外1.5千米许的纪贤村永和堡北。墓葬南北较长，东西稍窄，呈椭圆形，高约9米，周长达136米。在古墓西侧约100米处，从南到北还依次排列着六座小冢（今已不存）。这六座小冢，据说里面埋着的是六国王侯的衣冠、图书及俘虏等。王翦，频阳（今富平县）人，秦始皇统一中国时的名将。得到秦始皇的重用，先后率军攻破赵国、燕国和攻灭楚国，后封武成侯。其子王贲同为秦将，先后率军攻灭魏国，攻取燕的辽东和攻灭齐国，封通武侯。1956年，王翦墓被陕西省人民委员会公布为省级重点文物保护单位。（YYL）

寇准墓 位于渭南临渭区官底乡左家村南500米许。封土高4米、南北长15米、东西宽8米，墓前立有"宋寇莱公墓"碑石1通。寇准（961—1023），字平仲，今渭南市人，北宋著名政治家。寇准天资聪慧，7岁时随父登华山就留下了"只有天在上，更无山与齐。举头红日近，俯首白云低"的诗句。19岁时赴汴梁（开封）会试就被录取。开始任大理评事，由于政绩显著，升任大名府成安军，迁殿中丞，后又被提为尚书虞部郎中。因他刚直不阿，敢于向皇帝犯颜直谏，所以宋太宗就称赞道："朕得寇准，犹文皇之得魏徵也。"真宗景德元年（1004），辽军有大举进攻之势，寇准被诏回朝任宰相。他反对王钦若等南迁的主张，力主抵抗，促使真宗往澶州（今河南濮阳）督战，与辽订立澶渊之盟。不久被王钦若排挤罢相。晚年再起为相。天禧四年（1020）又被丁谓排挤去位。仁宗天圣元年（1023），寇准在贬所雷州忧病交加病逝。明道二年（1033）十一月，仁宗为其昭雪，复其官，赠莱国公，赐谥号"忠愍"。1956年，寇准墓被陕西省人民委员会公布为省级重点文物保护单位。（YYL）

李固墓 位于汉中市城固县柳林镇李固庙村。李固（94—147），字子坚，南郑（现属城固）人。曾在东汉时任三朝（顺帝、冲帝、质帝）太尉，博学多才，能言善辩，不畏权贵，敢于抗争，故有"北斗喉舌"之美誉。墓坐东向西，呈覆斗形，墓基东西长42米、南北宽23米，高6米。墓冢东西长14米、南北宽10米。墓前有石碑3通、汉代石刻石狮1尊，头部残缺，但姿态雄壮且雕工粗犷，墓顶右后侧有大药树1株，墓周有古柏多株。1992年，李固墓被公布为省级重点文物保护单位。（YYL）

杨从仪墓 位于汉中市城固县宝山乡丁家村水河东岸。此墓建于南宋乾道五年（1169），冢长8米、宽6米、高4米。杨从仪（1092—1169），字子和，陕西凤翔人。壮年跟随抗金名将吴玠，屡立战功，升和州防御使、洋州知州，赐爵安康郡开国侯。曾在城固、洋县一带兴修水利，筑场填堰，遗惠至今。墓前有祠。1992年，杨从仪墓被公布为省级重点文物保护单位。（YYL）

马超墓祠 位于汉中市勉县城西马公祠村。马超（176—223），字孟起，扶风郡茂陵（今杨凌五泉镇）人，东汉卫尉马腾之子，汉末群雄之一，蜀汉开国名将。从勉县向西，沿川陕公路走4千米，可见公路南侧竖一大碑，高2.9米，宽0.98米，厚0.24米，上刻隶书"汉征西将军马公超墓"，是清乾隆四十一年（1776）陕西巡抚毕沅所书。石碑北约60米处有一所大院，因刘备封马超为斄（音"台"）乡侯，故祠堂题名"汉斄侯祠"，俗称"马公祠"，清代建筑。祠内尚保存着正殿3间，内塑马超泥像1尊，殿门悬有"汉斄乡侯"祠匾。并有东厢5间，碑碣5通，殿中有马超坐式塑像，威武雄壮。祠北，越过汉惠渠约100米处，便是马超墓。墓南北向，呈长方形，覆斗状。墓基周围56米，冢高约3米。墓前竖一石碑，内容与前碑同，系同时刻立，较短小窄薄。1992年，马超墓被公布为省级重点文物保护单位。（YYL）

孟达墓 在旬阳县庙岭乡王家山上。墓高据于山巅，呈覆斗形，封土高约3米，周长约10米。旁有一清代所建之砖塔，已残破。孟达（？—228），字子度，扶风郡郿人，三国时期人物。本为刘璋属下，后降刘备。后又投奔曹魏，封侯欲反，被司马懿所斩。1957年，孟达墓由陕西省人民委员会公布为第二批省级重点文物保护单位。（YYL）

四皓墓 在丹凤县西7.5千米商镇西端，隔丹江与商山相望。"四皓"是秦末隐居商山的4位年届耄耋之年的著名学者，须发皆白，故名"四皓"，人称东园公、甪里先生、绮里季、夏黄公。四人学识渊博，品行高尚。为避秦末之乱，远离繁华的帝都，隐居于商山。四皓墓古柏环绕，墓前有一大碑，上刻"商山四皓"4字。相传千余年间，凡经此地者，文官下轿，武将下马，向墓肃然致礼。"四皓古陵冲北斗"为旧时商州八景之一。唐代诗人李白途经此地，曾凭吊四皓并写下《过四皓墓》诗。1992年，四皓墓被公布为省级重点文物保护单位。（YYL）

袁氏家族墓地 位于周至县侯家村乡东风村马营村西。墓地共分为4个墓区，分别为狮子坟、袁家坟、路边坟、四碑坟，总面积12万平方米。狮子坟位于马营西；袁家坟位于马营南；路边坟位于马营西南，与狮子坟相距60米；四碑坟位于马营西南，距该村约1200米。墓地原有封土、石碑、石羊、石狮、石望柱，大多已无存，墓地已被辟为民居和农田。现存遗物散落村内，有墓碑2通（马营袁氏先茔墓次碑、马营袁街寰墓碑）、残碑首1件、方形碑座1件、龟趺1件、石望柱座1件。袁氏家族在明清时期为当地名门望族，家人在外为官者较多。据村中袁氏后人所编家谱，自元末至今已传21代，墓地所葬为前13代祖先。马营袁氏家族墓地是周至县北部地区发现的极少数家族墓地，因其年代延续年代长，分布面积大，家族谱系清晰明了，因而对于研究袁氏家族自元末以来的发展兴衰有重要作用，且对于研究当地元明清时期的墓葬形制、埋葬习俗、社会历史、民风民俗等方面有重要意义。2003年，袁氏家族墓地被公布为省级重点文物保护单位。（YYL）

孝陵 位于咸阳市底张镇陈马村东南约1000米处，为北周武帝宇文邕（543—578）与皇后阿史那氏合葬陵，是目前发现并发掘的北周时期唯一一座帝陵。由于屡遭盗掘，省考古研究所与咸阳市考古研究所于1994年9月联合对该墓进行了抢救性发掘。该陵为斜坡墓道五天井，四壁龛，带甬道，单室土洞墓。出土文物主要有北周武帝孝陵志、武德皇后陵志、铜带具、镜、剑、武士俑、仕女俑、骑马俑、笼冠俑、风帽俑、小冠俑以及大型玉璧、玻璃珍珠和玉饰品等180余件，其中以"天元皇太后玺"金印、《大周高祖武皇帝孝陵志》和《武德皇后志铭》最为珍贵。孝陵的发掘，第一次揭示了北周皇帝的墓葬形制、葬仪等，为研究北周史、北朝考古、北朝至隋唐陵墓制度的演变都提供了非常重要的资料，具有重要的历史价值和科学研究价值。2003年，孝陵被公布为省级重点文物保护单位。（YYL）

胡登洲墓 位于咸阳市渭城区窑店镇胡家沟，墓高1.5米、长3米。墓前竖有石碑1通，上书"胡太师登洲墓"。胡登洲（1522—1597），字明普，中国伊斯兰大学者，经堂教育创始人。后人尊称胡太师，也有称胡太师巴巴者。胡登洲于明嘉靖元年（1522）出生在咸阳渭城里一个家境富裕的家庭，自幼聪颖过人，灵慧超众，"生平无骄，不二色"。幼年曾习儒学，不久即随本乡高师祖习经，聆其吾教义理之大略，遂慨然以弘扬正道为己任。太师欲要启后世之蒙，泄先天之秘，则感汉学知识不足，在他年过半百时，又崇延名师，谙习诗书，能过目成诵。太师巴巴归真于明朝万历二十五年（1597）八月二十八日，享年76岁。初葬渭河边。清康熙元年（1662），太师归真65年之后，渭河泛滥，太师坟墓遭浸湮，后人迁坟于咸阳渭城里胡家沟东塬上。这里有一片回民公墓，附近则是明时的渭城大寺。2003年，胡登洲墓被公布为第四批省级重点文物保护单位。（YYL）

冯晖墓 位于彬县底店镇二桥村冯家沟，当地俗称"冯宰相墓"。墓冢是坐北向南的砖室墓葬，掩映在绿树荒草间。冯宰相真名冯晖（939—952），字广照，山东高唐人。生于唐末，行伍出身，一生经历了梁、唐、晋、汉、周五代，先后做过滑州节度使、步军都指挥使、中书令等，陈留郡王，死后封为卫王。冯晖墓出土的彩绘浮雕砖28幅，墓志铭1合，揭取壁画25幅。冯晖墓的壁画、砖雕上面刻画的人物反映了墓主人生前骄奢淫逸的生活情景。壁画人物丰满圆润，高贵娴静，衣着华丽，线条流畅，延伸了晚唐风格。壁画和砖雕中的人物图案，组成了一个完整的乐舞场面，非常壮观。该墓为研究五代时期的音乐舞蹈、民族交往，都具有极其珍贵的价值。冯晖墓志对补正历史文献记载的不足，研究当时藩镇割据的史实，提供了非常难得的资料，填补了五代考古史的空白。2003年，冯晖墓被省政府公布为第四批省级重点文物保护单位。（YYL）

陶谷墓 位于彬县县城西刘家湾东台地。墓高3米，周长36米。墓前有"宋代文人陶谷墓"碑楼。陶谷（902—970），本姓唐，字秀实，邠州新平（今彬县）人，北宋时著名文人。在皇朝频繁交替的五代时期先后担任了后晋、后汉、后周的许多重要官职，位至侍郎。赵匡胤发动陈桥兵变，以禅让形式夺取后周政权，陶谷当场从袖中取出他早已准备好的禅位诏书，使禅位仪式得以顺利进行，由此得到宋太祖的器重。先任礼部尚书，不久又兼任刑部、户部二尚书。陶谷精通法律，执法严明，对恶徒毫不留情。陶谷采撷隋唐、五代及宋初许多典故，考证源流演变，编成《清异录》二卷存世。2003年，陶谷墓被省政府公布为第四批省级重点文物保护单位。（YYL）

于志宁墓 位于三原县陵前镇兴隆村东200米处的耕地上，原有封土后被削平，墓前"大唐故柱国燕国公于君之碑"碑石1通。于志宁（588—665），字仲谧，京兆高陵（陕西高陵）人，为唐太宗十八学士之一。隋大业末年封为冠氏县长，唐贞观三年（629），加授散骑常侍，行太子左庶子，累封黎阳县公。永徽元年（650）加光禄大夫，进封燕国公，此后又先后任尚书左仆射，同中书门下三品，太子太傅等职。麟德二年（665）卒，追赠幽州都督，谥号定。2003年，省政府将于志宁墓公布为省级重点文物保护单位。（YYL）

王贲墓 位于富平县美原镇千口千王堡北。王贲，生卒年不详，频阳东乡（今富平县东北）人。秦将领，秦大将王翦之子。秦王政二十年（前227）秦王命王贲攻打楚国，取城十余座。二十二年（前225），王贲奉命攻魏，兵围魏都大梁，计用水灌城，魏王假降，遂被处死，魏亡。王政二十五年（前

222），王贲领命进攻辽东，虏燕王喜，燕亡。同年攻代，虏代王赵嘉，赵亡。二十六年（前221），王贲进军临淄，虏齐王建，齐亡。自此秦统一中国，王贲因战功卓著，被册封为通武侯。秦始皇二十八年（前219）始皇东巡，王贲父子随之，名刻其石。卒后葬在秦始皇赐给王翦、王贲父子美田千顷中心地带。王贲墓封土略呈覆斗形，底边长约30米，残宽11米，高约7米。2003年9月24日，王贲墓被省政府公布为第四批省级重点文物保护单位；2006年，划定保护范围，树立省保标志碑。（YYL）

汉太上皇陵 位于富平县杜村镇姚村南2000米。汉太上皇刘瑞，又名执嘉，称太公，刘邦之父。汉高祖十年（前197）七月，汉太上皇在栎阳宫去世，"葬万年"。"万年"是吉祥语，高祖以此作为太上皇的陵名，"万年陵"亦称"太上皇陵"、八角冢。《三辅黄图》记载："高帝葬太上皇于栎阳北原……其陵东者太上皇，西者昭灵后也。"即在今富平县吕村乡姚村与阎良区铁西铣沟交界处，皇陵高12米，边长28米；昭灵皇后（汉高祖刘邦之母）陵高4米，边长8米，位于皇陵西北120米。皇陵南20米处清乾隆年间竖立陕西巡抚毕沅书"汉太上皇陵"碑1通。2003年，汉太上皇陵被省政府公布为第四批省级重点文物保护单位。（YYL）

许家台宋墓 位于安康汉滨区建民镇畲家窑村，始建于南宋绍兴三十年（1160），系南宋抗金名将王彦（小）父亲王诚和母亲马氏的合葬墓。神道两旁列有雕琢精美的石望柱、石羊、石虎、石马和武士俑各一对。随着瀛湖二级路的修通和村组道路的建成，许家台宋墓地表石刻遭到人为的破坏，文物安全存在较大隐患。为抢救地域文化物证和更有效地保护文物，经省文物局批准，根据安康市文广局《关于代管汉滨区许家台宋墓石刻文物的函》及汉滨区人民政府《复函》精神，由安康历史博物馆负责搬迁并代为管护，2013年顺利搬迁至馆内修复保护。2003年，许家台宋墓被省政府公布为省级重点文物保护单位。（YYL）

西寺墓群 位于洛南城北一条东西走向的山梁上。西端的梁坡名为冀塬，是春秋战国时期的古墓群，也是省级重点文物保护单位。20世纪80年代，有村民在此地盖房取土时，发现了古墓里埋藏的文物。2000年11月，这里相继出土了一批珍贵文物，有描金鸟篆铜戈、镂空青铜车马件、彩绘漆陶莲瓣壶、彩绘漆陶鼎、彩绘漆陶豆、彩绘棺板、铜鼎等春秋战国时期的文物。2003年，省政府将西寺墓群列为省重点文物保护单位。（YYL）

王家庄墓群 商南县富水镇王家庄墓群遗址是商洛地区最大的一处汉代墓葬群，已探测的汉墓有200余座，查明保护区面积约20万平方米。2003年，王家庄墓群被省政府确定为省级重点文物保护单位。（YYL）

3. 古建筑

大兴善寺 位于西安城南约2.5千米的小寨兴善寺西街。该寺现存都是明代建筑。进山门，东西两旁有钟楼及鼓楼，天王殿内，居中是弥勒佛，为宋代木刻，两侧站立着四大天王。门内前有金刚殿，后为大殿，大殿供释迦牟尼佛像，两侧有十八罗汉。最后为千手千眼观音殿，观音殿两侧有五楹配殿，寺的后院是法堂方丈。1956年，大兴善寺被陕西省人民委员会公布为省级重点文物保护单位。（YYL）

东岳庙 在西安市东门内昌仁里。始建于北宋政和六年（1116），元代庙宇被毁，明清两代屡有修建。该庙坐北面南，规模较大；现存主要建筑有山门、前殿、后殿及东西两庑殿等。前殿面宽5间，周围共有朱色廊柱24根，柱下基石之上，刻有各种花卉图案，殿顶覆琉璃瓦，凝碧生辉，殿内东西两壁之上满布大幅彩色道教壁画，题材丰富，笔法高超，为元末明初之作。后殿面阔3间，殿内东西两壁与北壁两端亦绘有彩色道教壁画，线条遒劲，色彩浓重。东院内有三教宫，供奉有老子、孔子、释迦牟尼塑像。庙内保存有明清两代重修部分殿宇的石碑数通，是西安著名的道教庙宇之一。1956年，东岳庙被陕西省人民委员会公布为省级重点文物保护单位。（YYL）

八仙庵 又称"八仙宫"，位于西安市东关长乐坊内，原为唐代兴庆宫遗址的一部分，现在是古城西安最大的道教庙宇。八仙庵相传建于宋代。元、明、清各代屡次翻修。光绪二十六年（1900），八国联军侵入北京，慈禧太后和光绪帝逃到西安避难，曾颁发1000两白银，命八仙庵道长李宗阳修建牌坊，并赐八仙庵"敕建"二字，高悬于庵前门额之上。新中国建立后，当地政府数次拨款整修。八仙庵现占地73326平方米，由山门至后殿，分为三进。山门外，有清光绪二十年（1894）砖砌大牌坊两座，门外的影壁上刻有"万古长青"4个大字。每逢农历四月十四、十五、十六日，八仙庵都要举行一年一度的庙会，四方香客云集于此，盛况空前。1956年，八仙庵被陕西省人民委员会列入第一批省级重点文物保护单位名单。（YYL）

宝庆寺塔 位于西安市大南门内书院门街口北侧。寺、塔初建于隋文帝仁寿年间（601—604），明景泰年间（1450—1456）重建于今址。殿宇早已无存，唯塔犹在。塔为六角七层，高23米，一层檐下有龙、凤雕饰，三、四、六层砖龛内嵌有北朝和隋唐石造像，二层每面镶有武则天长安三年（703）白石造像，宝相庄严，精美无比。1957年，宝庆寺塔由陕西省人民委员会公布为第二批省级重点文物保护单位。（YYL）

小皮院清真寺 又称"清真北大寺"。原名"万寿寺""真教寺"。坐落于西安市鼓楼西北侧麦苋街小皮院巷中段南侧。据寺内古碑记载：该寺创建于明万历三十九年（1611），占地面积5977平方米。寺院坐西向东，分四进院落，大门面北，门房3间，前檐两梢间各置木栅栏。月台西端为面阔7间、进深4间的礼拜大殿，系该寺主体建筑。大殿为组合式建筑，有前殿、后亭。前殿为单檐歇山顶，后亭为连檐四角攒尖顶，屋顶高盖琉璃瓦。大殿前殿唯前檐带廊，廊深2间，其余三面无廊。后亭三面带廊。八卦悬顶，与前殿用勾连塔式连卷在一起，整个大殿呈"凸"字形。前殿长32米、宽20.02米，后亭长15.45米、宽15.4米，大殿覆盖面积1000平方米。1992年，小皮院清真寺被公布为省级重点文物保护单位。（YYL）

关中书院 从西安钟楼南行，将至南门往东拐，便是书院门古文化街，街口有一座突兀而起、古韵十足的高大牌楼，牌楼上方是"书院门"三个金灿灿的颜体大字，两旁是"碑林藏国宝，书院育人杰"的醒目对联，街道两旁是清一色仿古建筑，街道为青石铺砌。"关中书院"是明、清两代陕西的最高学府，也是全国四大著名书院之一，西北四大书院之冠。书院建筑规模宏大，中间讲堂6间曰"允执堂"，左右南屋4间，东西号房各6间，讲堂后边有假山，三峰耸翠，宛若一小华岳，讲堂前半亩方塘，竖亭于中，砌石为桥。书院有门两重，大门二楹，二门四楹，郡丞刘孟直书"八景诗"以壮其观，学者王大智书隶字为书院题名。1992年，关中书院被公布为省级重点文物保护单位。（YYL）

杜公祠 位于西安长安区韦曲镇东的少陵塬畔，距西安约12千米，是杜甫的祠堂，它北倚少陵原、南临樊川，祠内花草茂盛、环境幽雅。杜公祠是四合院式的建筑群，山门是仿唐代的砖木结构，深3米，高6.7米，宽4.3米；院内有五个水泥砌的大花坛，祠院内有3间享殿，殿内供有杜甫泥塑坐像1尊。祠内最珍贵的文物是唐肃宗乾元二年（759）杜甫写的《俯太中严公九日南山寺》石碑的墨拓本，这是现存唯一的杜甫墨迹。现考证是伪作。展室墙壁上有《唐书·杜甫传》《杜甫年谱》、杜甫足迹图、杜氏世系表、杜甫在长安行迹图等。现杜公祠系清代重修，1960年辟为杜甫纪念馆。1956年，杜公祠被陕西省人民委员会公布为省级重点文物保护单位。（YYL）

香积寺 位于长安县郭杜乡的香积寺村，距西安市17.6千米。香积寺建于唐中宗神龙二年（706），是净土宗二世祖善导法师的衣钵弟子怀恽为祭祀善导圆寂而营建的。寺内西边有唐代建造的善导舍利塔，为一正方形密檐式仿木结构砖塔，现存11级，高33米。香积寺被视为净土宗的发源地。1956年，香积寺被陕西省人民委员会公布为省级重点文物保护单位。（YYL）

草堂寺 位于西安市户县圭峰山草堂村，是国务院确立的汉族地区佛教全国重点寺院。始建于后秦弘始三年（401），是高僧鸠摩罗什（中国佛教四大翻译家之一）当年翻译佛经的地方。东晋十六国时期，龟兹僧人、大翻译家鸠摩罗什为后秦姚兴迎至长安后不久，即安住此寺译经。因其以草苫为寺中一堂屋顶，故得名"草堂寺"。由于鸠摩罗什译出的佛教典籍大力弘扬三论和成实两派宗风，所以草堂寺被视为中国佛教三论和成实宗的祖庭。草堂寺东临淄水，南对终南山圭峰、观音、紫阁、大顶诸峰，景色秀丽。寺内松柏参天，意境幽邃，不仅是佛教著名古刹，还是名闻关中的古迹胜境。寺内现有鸠摩罗什舍利塔、柳公权手书的宝慧禅师传法碑、唐宣宗年间所刻的《唐故圭峰定慧禅师碑》等文物古迹。最大的殿堂是逍遥三藏殿，殿内正中供奉明代施金泥塑如来佛像，佛像前安放着日本日莲宗奉送的鸠摩罗什坐像。1956年，草堂寺被陕西省人民委员会公布为省级重点文物保护单位。（YYL）

户县文庙 位于户县东街近钟楼处路北。现为户县图书馆、文管会等机关驻地。创建于明洪武（1368—1398）初年，此后屡有修葺或扩建。户县文庙现坐北面南，进深168.5米，前宽36米，后宽38.5米。旧有建筑照壁、牌楼、棂星门、泮池、名宦祠、乡贤祠、两庑、训导宅等均已拆除改建，现大门内图书馆系用西街武庙及原县署大堂的材料改建。现存古建筑自南而北依次有：献殿（戟门）五间六楹，进深9.04米，面宽17.17米，悬山顶，五脊六兽，斗拱用麻叶头；大成殿七间八楹，进深12.33米，面宽22.06米，歇山顶，九脊十兽，平伸科出一挑三踩，角科斗拱出角昂、龙昂；明伦堂五间六楹，进深13.2米，面宽19.76米，悬山顶（1984年东山墙重修后外观已呈硬山式），五脊六兽，平伸科出两挑双下昂；崇圣祠楼上的尊经阁三间四楹，进深8.73米，面宽13.2米，硬山顶，五脊六兽。1992年，户县文庙由陕西省人民政府公布为第三批省级重点文物保护单位。（YYL）

太史桥 位于户县县城西郊甘亭镇西街村涝河上。桥为花岗石条砌筑，东西走向，十孔拱桥，长75米，桥面宽7.5米。太史桥建于明嘉靖初年，由邑人王九思倡导主持修建。王九思（1468—1551），字敬夫，鄠县（今户县）人，是明代中叶著名的文学家、戏曲家。曾任吏部郎中。因涝河每当夏秋之季，河水便泛滥成灾。王九思遂倡议筹划资金建桥，费时两年建成此桥。后人为纪念王九思，遂将桥称为"太史桥"，并在桥的西端修庙、立碑以资纪念。1992年，太史桥被公布为省级重点文物保护单位。（YYL）

户县钟楼 位于户县县城四街中心。始建于明崇祯八年（1635），仿西安钟楼形制，原名文昌阁。清康熙二十年（1681）重修。乾隆十年（1745）重修后称大观楼。又因位居四街中心，群众习惯称"中楼"。新中国成立后，1949年修东北角台座；1957年大修，亮椽揭瓦并油漆；1980年加固重修楼座；1981年彩绘外部。大观楼基座一层，楼阁二层。结构为重檐三滴水四角攒尖顶。总高24.55米，基座高6.40米。四周洞口题字东"迎旭"、南"览胜"、西"瞻紫"、北"拱极"。现存清乾隆李文汉《重修大观楼记》石碑1通，为县级重点文物保护单位。1992年，户县钟楼被公布为省级重点文物保护单位。（YYL）

仙游寺 位于周至县城南17千米的黑水峪口。隋文帝仁寿元年（601），在此兴建行宫，起名仙游宫，现留南北二寺在黑水河南北两岸。南寺称仙游寺，北寺称中兴寺，二寺之间有一黑水潭，亦称"仙游潭"。仙游寺始建于隋文帝开皇十八年（598），称"仙游宫"。仁寿元年（601），杨坚为了安置佛舍利，于十月十五日命大兴善寺的高僧童真送佛舍利至仙游宫建塔安置，改称仙游寺。实际上，这座塔是隋文帝诏令建造而又经过唐代重修的。隋文帝以佛法的精神治理国家，这座法王塔就是一个最好的证据。隋文帝大兴佛教中最有影响者，莫过于仁寿年间（601—604）分3次在全国110余州普建舍利塔。仙游寺的这座塔即其中之一，而且，据《广弘明集》所载，这是第一批30座塔中的第一座。1992年，仙游寺被公布为省级重点文物保护单位。（YYL）

楼观台 位于西安市周至县东南15千米的终南山北麓，号称"天下第一福地"，是我国著名的道教胜迹。楼观台风景优美，依山带水，茂林修竹，绿荫蔽天。古籍赞美它："关中河山百二，以终南为最胜；终南千峰耸翠，以楼观为最名。"这里既有周秦遗迹、汉唐古迹，又有山清水秀的自然风光。古迹主要有老子说经台、尹喜观星楼、秦始皇清庙、汉武帝望仙宫、大秦寺塔以及炼丹炉、吕祖洞、上善池等60余处。楼观台融自然人文于一体，是人们避暑度假的理想之地。其中老子墓、大秦寺塔为省级重点文物保护单位。1956年，楼观台被陕西省人民委员会公布为省级重点文物保护单位。（YYL）

钓鱼台 位于宝鸡市东南40千米蟠溪河上，南依秦岭，北望渭水，山清水秀，古柏叠翠，景色绮丽，历史久远。钓鱼台因西周名士姜子牙在此隐居十载，钓于滋泉遇文王而闻名于世，史料典籍均有记载。唐贞观年间："太公兵家者流，始令蟠溪立庙。"并植柏四株，至今犹存。至清乾隆年间，有庙宇17处，著名的有太公庙、文王庙、山门口、三清庙等。河东岸的钓台遗迹，河道中央的"璜石"，河西的望贤台以及飞瀑流霞，浪声莫测。钓鱼台建筑风格典雅、自然景色迷人。1992年，钓鱼台被公布为省级重点文物保护单位。（YYL）

龙门洞 位于陇县西北景福山北侧。以"奇、险、幽、古"为特色，有"第二华山"之称。史载元代道教"七真人"之一的丘处机在此栖居7年，创建了道教"龙门派"。后世将其特有的自然山水和人文历史巧妙融合，形成了别具一格的自然人文景观，是陕甘宁地区久负盛名的道教名山和旅游胜地。有语赞曰："华山之险、泰山之雄、峨嵋之秀、五台之幽、麦积之奇，尽集于龙门。"言虽过，但龙门胜景由此可窥其一斑。1992年，龙门洞被公布为省级重点文物保护单位。（YYL）

张载祠 位于宝鸡眉县横渠乡横渠村。张载（1020—1077），字子厚，凤翔郿县横渠镇人，北宋著名的思想家、哲学家、教育家、"关学"创始人。该祠是张载的讲学之地。占地南北82米、东西375米。张载祠前身为崇寿院，张载年少时在此读书，晚年隐居后一直兴馆设教于此。他去世后，人们为了纪念他，将崇寿院改名为"横渠书院"。元代元贞元年（1295），开始在横渠书院旧址上修建张载祠。历史上曾修复14次，元泰定三年（1326），在张载祠内恢复横渠书院，形成"后祠堂前书院"格局。1992年，张载祠被省政府公布为省级重点文物保护单位。（YYL）

五丈原诸葛亮庙 位于宝鸡岐山县城南约20千米，南靠秦岭，北临渭水，东西两面为河流冲的深沟，形势险要。三国时期，诸葛亮屯兵五丈原与司马懿对阵，后因积劳成疾病死五丈原。人们为了纪念诸葛亮，在这里修建诸葛亮庙，五丈原由此闻名于世。五丈原以其丰富的人文景观、自然景观和浓厚的文化内涵，吸引着大量的海内外游客。历史上杜甫、温庭筠、苏轼、朱铎、胡松、韩庭芳、南宫、许孙荃、李因笃等曾游历观光，凭古抒怀，留下了脍炙人口的诗词佳句。现在的五丈原诸葛亮庙，经历代修葺，规模宏大，布局严谨。1992年，五丈原诸葛亮庙被公布为省级重点文物保护单位。(YYL)

凤凰台 位于咸阳仪凤西街北口。原为咸阳北城楼，明洪武四年（1371）建，台高6.1米，占地800平方米，台上有大殿4座。传说秦穆公的幼女弄玉和箫史吹箫引凤至此；另一说是其建筑形制颇似凤凰，故名凤凰台。凤凰台是咸阳市区内唯一保存较完好的高台古建筑群，同时又是革命旧址，被誉为"咸阳古城明珠"。1957年，凤凰台由陕西省人民委员会公布为第二批省级重点文物保护单位。(YYL)

文庙大成殿 位于咸阳城西25千米处兴平市东城区县门街，占地246.92平方米。建于明洪武五年（1372），坐北朝南，五大开间，面宽18.5米，进深14.3米，柱径0.56米，柱高4米。殿阶下东西两侧竖有明崇祯二年（1629）铸造的铁塔2座，高5.4米，另有一北魏石狮和宋徽宗御制大观圣作碑1通。殿内藏有唐代白玉塔顶盘1个，直径约1.5米，另有明代巨型铜造像2尊。1964年进行了修葺，目前保护完好。1992年，文庙大成殿被公布为省级重点文物保护单位。(YYL)

中王堡木塔 又称文峰木塔，位于咸阳城东北38千米处三原县安乐乡中王堡，占地0.02平方千米。建于明万历二十二年（1594）。塔基为砖石砌筑，高4米。塔身木质，共4层，六边挑檐，每边长13米，塔高约20米，塔顶为六角攒尖式样，远望似一座楼阁。1981年，省文物局拨专款对其进行了整修。1957年，中王堡木塔由陕西省人民委员会公布为第二批省级重点文物保护单位。(YYL)

古龙桥 位于咸阳城北36千米处三原县城清峪河上，俗名"三眼桥"。始建于明万历十九年（1591），横跨于三原南北两城间的清河河谷半坡上，是由当时的工部尚书温纯集资倡导修建。桥的建筑设计采用三孔拱桥形式，桥长110米、宽11米，桥身用石条铁钳构成，桥面青石筑铺，两侧石雕栏杆，上刻人物花卉，桥体造型宏伟壮观，是陕西省内保存最为完善的古代石拱桥之一。"水从碧玉环中过，人在苍龙背上行"，是对古龙桥的形象描绘。石栏外侧雕有龙头龙尾各三，头东尾西，形制意为以龙驮桥，故名曰"龙桥"。龙桥南北二坡呈"S"形，坡头原修建有南北对峙的城门。桥上的龙头龙尾与桥面上水道相通，每逢雨天，桥面积水从龙头龙尾喷出，直倾河中，景象蔚为壮观。龙桥桥体全部用青石条建造，结构坚固，历经明、清、民国三代280年仍稳固屹立。1992年，古龙桥被公布为省级重点文物保护单位。(YYL)

孟店民宅 位于咸阳城东北45千米处三

原县鲁桥镇孟店村。建于清嘉庆年间（1796—1820），系当地巨商周梅村修建的私宅。原有17院，现仅存1院，为五拱二平四进院落，有房53间，占地979.8平方米。门楼居中开合，为五间二层楼房，门额上高悬"主政第"匾额。中轴贯通，左右对称，厅堂并列，砖雕、石雕及木雕艺术，表现出建筑工匠的精湛技艺。内部藏有"分单"、青器和描金衣柜等文物。1992年，孟店民宅被公布为省级重点文物保护单位。（YYL）

东里花园 位于咸阳城东北43千米处三原县鲁桥镇东里堡。东西横距110米，南北纵距163米，占地0.018平方千米。由唐卫公李靖（571—649）修建，当时称李靖故居，又称唐园，俗称东里花园。后因战火成为一片废墟。清康熙年间，黄州知府李彦瑁重修，回民起义时烧毁过半，和尚明经质慧复修，后辗转于东里堡刘氏后裔又重新修葺，定名为"半耕园"。园内有读书馆、转角楼、妙香亭、挂云楼、益清阁，还有假山、鱼池、石舫和关中八景微缩建筑，仿《红楼梦》大观园的布局形式，取苏州园林的设计技巧，是渭北驰名的古代园林。1992年，东里花园被公布为省级重点文物保护单位。（YYL）

唐家民宅 位于咸阳城北125千米处旬邑县太峪乡唐家村。清代建筑。原有87院楼厦、91所街房，乃富商唐景忠的庄园。现存3院住宅，占地面积950平方米。唐景忠，原籍山西，清初迁陕。清嘉庆间被报为百万富翁，商号遍及8省50多个县市。其最大商号为泾阳"天成铭"，经营水烟、金银业，号称"汇兑中国十三省，包捐知府道台街"。庄园石雕独具匠心，有较高的研究价值。1992年，唐家民宅被公布为省级重点文物保护单位。（YYL）

香积寺塔 位于礼泉县城东25千米处的烽火镇刘家村香积寺内，是一座楼阁式砖塔，应建于唐末至宋朝时期。相传香积寺塔是汉文帝思念母亲薄太后而修建的，因此在当地又名"薄太后塔"或"望母塔"。但从建筑风格推断，塔应为唐宋时期的建筑。香积寺塔为中空楼阁式塔，四角攒尖顶，底为正方形，共7级，以青砖砌筑，砖缝抹黄胶泥。塔高44米，底座四面外壁宽6.3米、壁厚1.99米。通身共开卷拱形门窗20个，每层中部饰有栏杆平座，以砖镌斗拱承托，斗拱上有菱形叠涩出檐。1992年，香积寺塔由省政府公布为第三批省级重点文物保护单位。（YYL）

金龟寺普通塔 位于咸阳城北礼泉县阡东镇底照吴村。建于清康熙初年，为八角形10层砖塔，高45米，底边边长3.85米，每边镶嵌的方石上刻有浮雕。每层出檐，上面覆盖琉璃瓦。底层南面有门可进入塔内，内有木梯可供攀登。目前塔身保存基本完好。1992年，金龟寺普通塔被公布为省级重点文物保护单位。（YYL）

泾阳文庙 位于咸阳城北27千米处泾阳县文庙街。始建年代待考。明嘉靖年间（1522—1566），文庙毁于地震，知县钟岱重修，万历四年（1576）、崇祯五年（1632）、清乾隆二十九年（1764）及嘉庆、道光年间均有修葺。同治四年（1865）知县黄傅筹修大成殿，光绪十一年（1885）安吴堡周氏捐银4万两重修，规模宏大。文庙现存建筑有戟门、乐房、东西庑殿和大成殿等。宋代邑人所著《重修文庙碑记》中载有宋元祐五年（1090）重修文庙的情况。1980年，被泾阳县公布为第一批县级重点文物保护单位。1985年，泾阳县文物管理委员会迁入办公，现为县博物馆所在地。1992年，泾阳文庙被公布为省级重点文物保护单位。（YYL）

铜川塔 位于铜川市西北印台山麓。塔依山而建，西靠虎头山，东临漆水河，海拔高度882.4米。因地势较高，所以显得雄伟壮观。建筑年代无考，但据塔外檐、斗拱及塔身形制判断，应是宋代建筑。砖结构。平面六角形，7层，高约15米，每边宽3米多，仿木结构密檐式。雕饰富丽，造型精美，塔顶有仰覆莲座覆钵和相轮、宝珠等组成的铁刹。塔内有梯，可登塔顶，俯瞰市区景色。1956年，铜川塔被陕西省人民委员会公布为省级重点文物保护单位。（YYL）

孙思邈故里 位于铜川耀州区孙塬镇孙塬村。孙思邈（581—682），京兆华原人。享年101岁。葬于故里孙塬村孙氏祖茔。孙思邈幼年体弱多病，汤药之资而倾尽家产。自幼聪明过人，日诵千言，西魏大将独孤信赞其为"圣童"。他通晓诸子百家，博涉经史学术，兼通佛典。一生致力于药物研究，曾上峨眉山、终南山，下江州，隐居太白山等地，边行医，边采集中药，边临床试验，是继张仲景之后中国第一个全面系统研究中医药的先驱者，为我国的中医发展做出了不可磨灭的贡献。该地现存有药王孙思邈诞生遗址、幼读遗址、药王墓及孙氏茔园，药王碑苑和宏伟壮观的药王纪念中心"药王祠堂"，每年农历二月二开展规模宏大的药王孙思邈文化节纪念活动。1992年，孙思邈故里被公布为省级重点文物保护单位。（YYL）

星明楼 在榆林市榆阳镇城内南大街中心。星明楼，又名新明楼，建于明武宗正德十一年（1516），至今有490年的历史。据《榆林府志》记载，此楼建于明代，清嘉庆、光绪诸朝，均有修葺。星明楼造型奇巧，楼基四角为4座石台，将楼托起，通高45米，为木构十字歇山顶建筑，重檐三滴水，为3层古建筑，有4根通天柱由下直达楼顶，周有24根明柱挺立。顶以琉璃瓦覆盖，雕梁画栋，木刻人物花卉，飞檐挑角，昂首翘空，雄伟壮观。1983年星明楼维修竣工，使昔日之古建筑更加金碧辉煌。1992年，星明楼被公布为省级重点文物保护单位。（YYL）

定边鼓楼 原名玉皇阁，位于定边县城街道中心。创建年代无考，明万历三十四年（1606）重修，清光绪二十一年（1895）曾维修，1968年曾彩绘，1986年由省政府拨专款进行维修，更换灰瓦为黄琉璃瓦，校正倾斜楼体，更换腐朽梁木，新制石栏杆，并油漆彩绘。楼为重檐十字歇山顶三滴水三层砖木结构建筑，占地271平方米，总高30米。第一层为台基平面，呈正方形，边长16米，高9米，外砌清砖，内黄土，十字券洞互通，洞顶交叉处浮雕八卦图案，基南铺青砖，石雕栏杆相围。第二层为楼阁，面阔、进深7.66米，内设木踏步，可达三层，南辟拱形门，东西北三面青砖砌墙,东西墙正中各辟石雕团龙网窗。第三层四面均为大扇棂花隔窗门,木质地板。二、三层檐下斗拱均为一斗二升麻叶头,明间平身科斗拱三朵,次间一朵。重檐顶覆盖琉璃瓦,脊兽、十字脊中安宝瓶,脊均置三仙人走兽,兽面勾头蔓草滴水,油漆红挂,旋子彩绘,檐角悬挂铁质风铃。鼓楼基座高大,楼阁纤小,虽经多次维修,但仍保持了明代西部建筑风格。1983年被定边县公布为县级重点文物保护单位。1992年,定边鼓楼被省政府公布为省级重点文物保护单位。(YYL)

波罗堡古建群 位于榆林市横山县波罗镇。明正统十年(1445)巡抚马恭设置波罗寺寨,属绥德州,成化二年(1466)迁到波罗堡。波罗堡是历史上重要的军事要塞,它的营建历程、战事洗礼、居民活动,反映了当时兵戈铁马、烽火连天的古战场,塞北居民的戍边文化,以及长城防御体系的层级。民国元年(1912),废除五堡营制,撤销波罗参将、守备。历年的战争过后,波罗堡留给我们的只有断壁残垣,被洗劫一空的破屋衰瓦。波罗堡是具有典型明清风格的古城堡。1992年,波罗堡古建群被公布为省级重点文物保护单位。(YYL)

琉璃塔 原位于延安市甘谷驿镇唐家坪村半山坡。明崇祯二年(1629)建。1985年迁至延安城内清凉山仙石洞西侧。塔为八角形,共7层,通高6.25米,通体以孔雀蓝琉璃为主,间以黑、黄、褐、赭、绿等色,为仿木楼阁式实心结构。塔刹原为圆形铜质,后被盗。塔身第一层每面饰以一佛二天王,并密布小佛像41个;第二层每面饰以一佛二菩萨二飞天,间以56尊小佛像;第三层每面饰以形态各异的天龙,其中一面为二龙盘旋,间以32尊小佛像;第四层每面则饰以凤凰、朱雀、麒麟、瑞鹿、天马等象征吉祥如意的灵物,四周间以11或15尊小佛像,下为海水;第五层每面下部中间有一结跏趺坐莲花座坐佛,下为海水,佛的头顶和两侧有5排46尊小佛像;第六层每面上部中间有黄琉璃坐佛,下部和左右两侧有5排39尊小佛像;第七层每面的中间上部有一黄琉璃坐佛,下部和左右两侧有5排29尊小佛像。1992年,琉璃塔被公布为省级重点文物保护单位。(YYL)

普同塔 又名惠善大和尚塔。位于延安城北子长县安定镇东500米处。六边七级实心塔,密檐鼓腹。塔座周长10.2米、高0.2米,座正面上方各有一石雕龙头。塔身通高9.5米,正面每层都有石雕佛像。第四层六面均有浮雕,塔顶有一端坐莲花的佛像(已残)。塔系宋代所修,明洪武年间又按原样进行过修复,目前保存较好。1992年,普同塔被公布为省级重点文物保护单位。(YYL)

盘龙寺石塔 位于延安城西北志丹县庙岔村东南盘龙寺遗址内。建于明成化十一年(1475)。塔身为六棱形,全用花岗岩分层制作,除塔座外,共7层,通高5.73米。塔座为浮雕仰覆莲瓣形束腰须弥座。七层塔体每层下部均用两层浮雕式仰莲瓣做装饰,每层六角形的塔檐檐角各浮雕怪兽兽头。第二层塔体六个面分别刻有牡丹、佛龛、佛像。三、

四、五层六个面各有一佛龛，内刻坐佛1尊。六、七两层的六个面，相间隔一个面刻一佛龛，内刻1尊坐佛，其他三个面为素平面。塔刹由四层宝珠形和一个四棱锥体刹尖组成，第三层宝珠上刻有三层浮雕仰莲瓣装饰。1992年，盘龙寺石塔被公布为省级重点文物保护单位。（YYL）

砖塔群 位于延安城西北志丹县义正乡石湾村东北九塔湾内。现存8座塔，其中方塔2座，八角塔6座，为宋代建筑。6座八角塔均为5层，高约5.5米，密檐。方塔一座为9层，高约15米；一座为5层，高约9米。两座方塔檐均略呈挑檐。8座塔均为空心砖塔，保存较好。1992年，砖塔群被公布为省级重点文物保护单位。（YYL）

岱祠岑楼·金龙寺塔 岱祠岑楼亦名岱祠楼。位于大荔县城东17.5千米处的朝邑镇大寨子村东。东西宽119米，南北长169米。始建于宋代，历代多次重修。坐北面南，筑于长16米、宽11米、厚1.8米的砖砌石镶台基上，高约17米。面阔，进深均为三间。四周廊深2.8米，内有支撑楼板的柱子两根，径0.54米，高6米。内四侧有高10米的通柱12根。内东南角有木楼梯可上二层，二层置楼板，周有格子门窗，出门可沿周外廊环绕游览。屋面为三重檐歇山顶，有吻兽。楼面覆盖琉璃筒、板瓦。砖砌山墙，并施琉璃彩绘龙虎斗纹浮雕，配有水波纹、云气、蔓草纹等图案。上层楼顶举折较高、中、下层举折平缓。室内梁架为三架梁四椽屋带单步梁。檐下四周有斗拱。上层为五铺作，分布于向外檐两部分，北面有明间补间铺作各二朵、东、西、南面各一朵。中层为四铺作，南、北两面有明间补间铺作各二朵，其余各一朵。下层每间补间铺作均为一朵。九斗拱上有要斗，拱雕饰成"三幅云"式样。二、三层斗拱均出有批竹昂，四挑角下除有挂垂外，还有单头旗杆（为清代所加，起支撑作用）。

金龙寺塔位于大荔县城东17.5千米处的朝邑镇大寨子村东古黄河西岸上，原为朝邑县十二景观之一，亦是金龙寺内的主要建筑之一。西与岱祠相临，后因寺毁唯留其塔孤立旷野。为了保护方便，于1962年扩入岱祠内。该塔始建于唐贞观元年（627），明嘉靖三十四年（1555）大地震倒毁，明末重建。塔八角七层，密檐式砖构建筑，高约25米。塔身从下至上高广均逐层递减，愈上愈促，每层叠涩出檐。底层周长28.4米，直径9.1米。每边长3.56米，出檐边长4.13米，檐出0.77米。外檐下角有砖雕转角斗拱，各边中有补间铺作二朵。底层东向有出入大门（木门已无存），砖券门高1.90米、宽0.94米、壁厚2.88米。内西壁有龛洞，高1.08米，宽0.79米，深0.65米；南北龛洞相同，高0.92米，宽0.53米，深0.36米。从二层至第七层，每层东、西、南、北四方各筑一小券门，用以远眺四方。塔外檐除第二层和第七层无斗拱装饰外，其余三、四、五、六层都雕饰转角斗拱及垂花柱，又每边各有补间铺作一朵。塔刹为馒头状，亦用砖筑。塔内西北角2.30米高处开始筑台阶（下部原有木梯，今已无存），梯宽0.60米，游人可沿其周转而

上至顶层。中有天井，可上下相望。1992年，岱祠岑楼·金龙寺塔被公布为省级重点文物保护单位。（YYL）

北寺塔　位于渭南市蒲城县城内北街崇寿寺旧址内（今蒲城县博物馆之后）。该塔系密檐式方形砖塔，四面13级，高约47米，每底边长11米。塔身为单壁中空，底层特高，南面辟券门；二层以上，四面辟券门，真假相间。券门两边砌卧式棂窗（九层以上无窗）；塔壁面隐出倚柱、阑额、大斗（七层以上无斗）；出檐用叠涩砖（三层以上叠涩层数递减），下做菱角牙子。塔身第二层北面正中嵌有一石碑，上刻"诸佛舍利宝塔"6字；第四层南面正中嵌立佛像1尊；塔底正面，建小庙1座，内有石刻佛像1尊，碑石2通，记述捐资修塔事。北寺塔建于北宋哲宗绍圣三年（1096），距今近900年。造型雄伟挺拔，简洁秀丽，塔身每层檐角处，原均有悬铃，明嘉靖三十四年（1555）地震，塔身受损，塔尖失落，悬铃也全部脱失。1985年已全面进行了修复，并安装楼梯至顶层。1957年，北寺塔由陕西省人民委员会公布为第二批省级重点文物保护单位。（YYL）

蒲城南寺塔　即慧彻寺舍利宝塔。建于唐太宗贞观元年（627），比西安大雁塔早建25年，比小雁塔早建整整80年，是陕西省较早的一座唐塔，现位于蒲城中学院内。该塔为方形密檐式空心砖塔，11层，高36米。在明嘉靖三十四年（1555）大地震时蒲城县城内多数建筑被毁，而北塔依然矗立无伤，南塔仅折顶部两层，表明此塔具有一定的抗震能力，充分显示了古时劳动人民的智慧才能。1957年，蒲城南寺塔由陕西省人民委员会公布为第二批省级重点文物保护单位。（YYL）

考院　位于蒲城县东槐院巷，是陕西省唯一一座保存完好的清代科举考试场馆，也是全省乃至全国仅存较为完整的科举考试最低一级考秀才的场所。主体建筑有门厅、号舍、论秀堂、厢房、上房、浴室院等共30余间。考院门厅共3间，为硬山陶瓦屋面，斗拱为一斗二升，两扇朱漆大门高丈余，安在鼓形门墩石上，门墩石系高浮雕，显得气势不凡，高大宏伟。进入二道门，迎面是一通可以启闭的木板影壁。之后，是一座狭长的庭院，庭院中间为一条砖铺甬道，甬道两边分别为对称的12间号房（即考场），庄严肃穆。这是过去文生考试的地方，共考5场。号房内置长条木桌，每桌10人，清早进场，即日交卷，不得点灯，姓名密封，以防舞弊。1992年，考院被公布为省级重点文物保护单位。（YYL）

蒲城文庙　位于渭南市蒲城县城中心，现为蒲城县博物馆所在地。蒲城文庙始建于唐贞观四年（630），宋元有修葺，明正德七年（1512）和万历四十四年（1616）大规模扩建维修，形成现有规模。清乾隆三年（1738），知县郭芝将地面改为砖铺，并砖砌围墙。文庙总占地16665平方米，分四个院落，由南至北有六龙壁、棂星门、戟门、大成殿（1976年被焚毁，仅存基址）、明伦堂、尊经阁（民国时已毁）等建筑。1992年，蒲城文庙被列为第三批省级重点文物保护单位。（YYL）

玉泉院　位于华阴市玉泉路最南端，是华山道教活动的主要场所，也是游客从华山峪游览华山的必经之地。相传金仙公主在镇岳宫玉井中汲水洗头，不慎将玉簪掉入水中，却在返回玉泉院后，用泉水洗手时无意中找到了玉簪，方知此泉与玉井相同，于是赐名"玉泉"，玉泉院因此得名。玉泉院为园林建筑，充分利用了优美的自然环境，精心设计，巧妙构造，使山上山下的景色融为一体，整个布局十分严整。康有为曾写诗赞美道："谷口清泉引曲流，长廊回医树无忧。泉水岳色可忘世，让与希夷睡万秋。"其大门是1982年在原基上按照历史资料记载修建的，为明柱挑檐式建筑。大门的近上方悬挂着郭沫若题写的匾额"玉泉院"，苍劲有力。大门前边路旁高大杨树，为当年冯玉祥将军驻军时亲手栽植，已有两抱来粗。大门里边的巨石上，醒目地刻有"水利救民""人类平等""破除迷信"等字样，也是出自冯玉祥之手。1992年，玉泉院被公布为省级重点文物保护单位。(YYL)

禅修寺大殿 在华县高塘镇寺前村北的公路东侧，坐北朝南地坐落着一座古色古香的寺院，这就是闻名遐迩的华县名刹禅修寺。禅修寺的建筑布局平面呈"凸"字形。大殿为悬山建筑，抬梁式，面阔三间14.5米，进深六椽11.8米，并带前后廊，廊深2.3米。大殿屋面举折平缓，侧脚及升起明显，柱高3.8米，柱径0.3米。前后檐各施斗拱7攒。其中柱头科斗拱各4攒，为五铺做出双下昂。平身科斗拱各3攒，为五铺做出双下昂内转六铺做出三抄并偷心，其后尾悬挑金檩，系镏金斗拱做法。大殿檐柱柱头置普柏枋及阑额，殿内内槽柱上又施一长约15米，径约0.6米的额枋，用以承托柱头科上的乳栿，从而减去殿内明间金柱，扩大殿内空间。两山脊柱上各置一攒一斗三升，其上施替木承托平梁，平梁之上又施蜀柱、叉手。大殿内梁、檩上依稀可见墨画卷纹彩绘，且交接处均施斗拱。大殿屋面布黑色琉璃筒瓦，正吻为鸱尾。大殿东西两山各有朵殿一座，悬山建筑。面阔一间4.15米，进深两椽4.6米。仅前檐施斗拱两攒，为四铺做出单下昂。因朵殿进深仅两椽，故斗拱后尾直挑脊檩。整个建筑为砖砌台明，条石压沿。禅修寺元代建筑特征明显。从大殿的平面柱网布局及殿内所施额、枋构件的制作工艺和施工做法，完整地体现出了我国早期建筑特点，是渭南南部极为少见的早期建筑。1992年，禅修寺大殿被公布为省级重点文物保护单位。(YYL)

关帝庙正殿 位于韩城市新城区太史街东端北侧孝义村东。据庙内原有碑石记载，孝义关帝庙创建于元大德七年（1303）。清顺治十二年（1655）、乾隆二十八年（1763）曾重修。关帝庙坐北向南，庙院总面积2300平方米。现存献殿、正殿和东侧殿共三座建筑物。因历代重修，元建面目有所改观。唯正殿的前檐部分为元代建筑的遗存。关帝庙正殿为单檐悬山顶，布筒瓦琉璃脊，通面阔9.54米，三开间，进深四椽，斗拱四铺做出单昂，重拱计心造。1957年，陕西省人民委员会公布关帝庙正殿为省级第二批重点文物保护单位。(YYL)

三清殿 紫云观俗称薛村庵，位于韩城老城西北的象山脚下，距县城2.5千米，在象山中学校内。坐北向南，殿4座，房9间，占地1768平方米。经鉴定其中的三清殿为元代建筑。三清殿建于高台上，梁架抬梁式，四椽栿，用二柱，斗拱外挑四铺作，出单抄，垂拱，计心造，内转为四铺做出单抄。其特点是外跳无昂，转角铺作无角神。灰布筒瓦，琉璃脊、兽吻。正脊为琉璃筒瓦，九脊六兽礓蹉踏道。1957年，陕西省人民委员会将三清殿列为省级重点文物保护单位。（YYL）

圣水寺 位于南郑县圣水镇，背依灵泉山，面对汉江，与历史文化名城汉中隔江相望。面积83202平方米。该寺历史悠久，据《续修南郑县志》记载："圣水寺在中七里坝，建于明代嘉靖年间（1522—1566）。有青、白、黄、乌、黑五泉，黑泉从佛座下流出，其余在寺东西。故以泉水盛之器中，见者即知某泉之水。中有桂株，大四五合抱，开花时，香达数里。中多官绅题咏，实明代物也。"寺内龙泉镶嵌五彩，汉桂溢芳，因五龙泉环绕佛殿，取"五龙捧圣"之意，故名"圣水寺"。原圣水寺院分为东、中、西三院，中为大雄宝殿，旁有龙王殿、白云殿、娘娘殿、关圣殿，寺后山顶原建有望江楼，寺前山门为双层楼阁，东山原建有樵凤亭，为双连亭，西山原有景邵亭和赞侯亭各一，整个寺院建筑古朴典雅、宏伟壮观，具有典型的明代建筑风格。1992年，圣水寺被省政府公布为省级重点文物保护单位。（YYL）

江神庙 位于略阳县城环城西路。江神庙是我国长江流域保存最为完整的古氐羌族风格戏院建筑群。整座院落依据地势高差而建，占地2000余平方米，整体建筑体现了"由外见墙不见木，由内见木不见墙"的建筑特色，注重彩绘和木雕板绘。庙内有反映古代民俗民情、神话传说、传统礼节、戏曲故事的彩绘与木雕板绘近400幅，具有较强的民俗文化个性和极高的文物考古研究价值。1992年，江神庙被公布为省级重点文物保护单位。（YYL）

白云寺 位于安康市西南约18千米处，因主峰如柱插入云端而得名。史载创建于唐麟德二年（665），是陕南佛教圣地四大丛林之一，为安康八景之一。寺庙由三进四塔、一炉五殿、九洞三院组成。沿台阶攀至12层，便是建真武祖师殿石碑，此碑为清代楷书精品。最高处三进佛殿的佛像，均为明代石雕精品。寺后有莲花池，前有方池。据传，看天池可知汉江水位。山北峭壁处有自然形成的9个洞，洞洞相通。化身炉建于明代，四座灵骨塔均高7米余，系该寺僧人宋至清代的灵骨。白云寺旧有亭宇、楼阁、大殿、厢房数百间。寺院内外松柏葱郁，寒梅飘香。大殿雕梁画栋，金碧辉煌，佛像千尊，香火鼎盛。现在的白云寺，保留有殿宇、厢房60余间。1992年，白云寺被公布为省级重点文物保护单位。（YYL）

旬阳县文庙 位于旬阳县城龚家梁。创建于明洪武五年（1372），原址在今旬阳县城北门外旬河西岸。据光绪本《洵阳县志》记载：明成化八年（1472）被洪水冲毁后，由知县杜琳迁建于城内龚家梁今址。据《洵阳县志》记载：明清两代，拓建、重修、维修凡13次。民国初期，迭遭驻军破坏，后又改作粮仓。民国三十三年（1944），成立旬阳参议会时，略事修缮，用作办公。新中国建立初期，一度作为洵阳县人民政府机关干部住房，后改作旬阳县干部招待所。1984年春，旬阳县干部招待所迁出，旬阳县博物馆成立，正式交给旬阳县博物馆使用。文庙现存建筑（上院）28间。坐北向南，自前到后作台阶式上升，建筑整体结构规整，以中轴线为基准，左右对称，布局严谨，层次分明，保持了我国传统的宫殿式建筑特征。1992年，旬阳县文庙被公布为省级重点文物保护单位。（YYL）

洛南文庙 位于洛南县城内西街。洛南文庙始建于明洪武三年（1370），清顺治二年（1645）毁于兵燹，顺治十六年（1659）按原样重建，后历经六次修葺。整体建筑坐北朝南，由三个院落组成，从南至北有照壁、礼门和义门、棂星门、戟门、大成殿、崇圣祠（1982年被拆）等建筑。大成殿面阔5间，单檐歇山顶。1992年，洛南文庙被公布为省级重点文物保护单位。（YYL）

二郎庙 位于丹凤县棣花镇贾塬村，是祭祀二郎神的庙宇。二郎庙始建于金大安三年（1211），经历代五次修葺，仍保持金代原有风格。庙坐北朝南，仅有大殿1座，面阔3间，明间宽4米，次间宽1.1米，进深7米，单檐歇山顶，顶铺黄色琉璃瓦。殿东侧并排有1座关帝庙，建于清咸丰年间（1851—1861），二者形制结构完全相同。1992年，二郎庙被公布为省级重点文物保护单位。（YYL）

船帮会馆 位于丹凤县城西南隅龙驹寨。始建于清嘉庆二十年（1815）。龙驹寨自古有"水旱码头"称誉。船帮会馆又名明王宫、平浪宫、花庙。众水手和搬运工抽钱聚资建馆，以供帮员食宿、聚会、娱乐之用。会馆建筑雄伟，高27米，巍峨壮观。现保留戏楼和大殿各一座，呈南北对峙状。戏楼是会馆的主要建筑，它集中南北建筑风格之精华，使其具有北方建筑庄重高大的格调，又有南方建筑华丽、细腻的特征。戏楼坐北向南，砖木结构，长36米，进深11米，台口8米，雕刻有山川河流、亭台楼阁、车马仪仗、鸟兽虫鱼、花草树木、士农工商等。其中人物雕像更为精巧，有大舜耕田、夏禹治水、牛角挂书、文王访贤，有农夫挥锄、村姑喂猪、樵子负薪、行旅赶车，也有映雪夜读、赤壁夜游等场景。此外，尚刻有图案花纹、二龙戏珠、凤凰展翅等，五彩缤纷，争奇斗艳。这些雕刻的人物传说故事和图案具有较高的艺术审美价值。1992年，船帮会馆被公布为省级重点文物保护单位。（YYL）

大云寺 坐落在商洛市城中。原有上寺和下寺，上寺在城北金凤山，后被毁，下寺即现址。大云寺始建于唐代，武则天天授元年（690），武则天借《大云经》中"弥勒下生作女王，威伏天下"等语，改唐为周，做了中国封建社会第一个女皇帝，嗣后，诏两京各州修大云寺，诵《大云经》，宣扬"君权天授"。诏令即出，全国各地纷纷修建大云寺。神龙元年（705），唐中宗李显登基复唐，诏毁大云寺，其时，全国各地大云寺大多尽毁。商州大云寺因被地方官改名"西岩院"得以幸存。元代至正年间（1341—1368）复修时改回原名。现存大云寺面积8000平方米，有4座大殿，基本保持历史原貌。1992年，大云寺被公布为省级重点文物保护单位。（YYL）

雷神庙万阁楼 位于西安市莲湖区糖坊街明新巷八一街小学内，始建年代不详，明万历四十五年（1617）重修，清及民国时修葺。现仅存万阁楼1座，南向，面阔2间，进深1间，庑殿灰瓦顶，琉璃剪边，五架梁。八一街小学原名雷神庙小学。在建国初期，小学还有山门、大殿、万阁楼和两厢侧殿，学生在大殿和万阁楼中上课，教师则在两厢侧殿办公，1962年学校将大殿和侧殿拆除，重新盖了教学楼，山门也换成了铁门。但因教师改在万阁楼中办公，该建筑得以保存。直到20世纪90年代，教师才搬出这里，万阁楼又化身为学校仓库。年久失修，使其愈加破败不堪，楼顶荒草萋萋、落瓦不断，渐成危楼。2003年，文物部门对万阁楼进行维修。2003年，雷神庙万阁楼被省政府公布为省重点文物保护单位。（YYL）

二龙塔 位于终南山北麓，王莽乡土门峪村西南的一个小山包上。是唐代密檐式砖塔，也是迄今发现的除小雁塔之外的另一座密檐式砖塔，具有很高的历史、艺术和科学价值。现今经维修加固的二龙塔，底边长7.6米，按文物保护专家的意见保留原残高6层半，塔的地宫因史料无记载又被破坏严重，复原依据不足，故保留原破坏后的形制进行封存，有待以后学者们考证后再议。2003年，二龙塔被省政府公布为省重点文物保护单位。（YYL）

遇仙桥及石造像 位于户县甘河镇甘河村中。遇仙桥，为古甘河上的一座重要桥梁。该桥始建年代不详，据《周至县志》载：周建都丰镐，在周至北部平原部分修筑了一条东通丰镐、西达扶眉的周驿道，相传那时就在甘河上修有桥。据《七真史传》载：此桥名叫万缘桥。据清蒋廷锡等编修的《古今图书集成》第一零一册"西安府关渠考"和庞文中《重修周至县志》卷一"地理"记载：金正隆四年（1159），王重阳在此遇仙得道后改成重阳遇仙桥。2003年，遇仙桥及石造像被公布为第四批省级重点文物保护单位。（YYL）

玄帝祠玉皇楼 位于周至县哑柏镇中心的玄帝祠玉皇楼，又叫玉皇阁。始建年代不详，现存建筑为元末明初建筑风格，属玄帝祠的组成部分。该楼为三间两层，面阔11.65米，进深6.70米，柱径0.40米，柱高6.55米，台基宽2.14米，高0.70米，前后廊深均为1.7米，为砖木结构墙质，底楼斗拱皆为南北出廊檐下。补间铺作，明间为三组，次间为二组，每组为瓜形坐斗，假单昂上呈云纹蚂蚱耍头，慢拱均雕镂空花纹雀替形，明间正中为三斜昂方形坐斗。主间坐斗均为方形，屋顶檐下斗拱为两面皆有，均为方形坐斗，单假昂，蚂蚱耍头式。屋顶为五架梁，底楼南北带单步梁而形成走廊。此楼历经几百年的风雨剥蚀，至今仍保持历史原貌，具有重要的科学研究价值。2003年，玄帝祠玉皇楼被省政府公布为省重点文物保护单位。（YYL）

铜川文庙大成殿 坐落在铜川市第一中

学院内。始建于宋，元遭兵燹，明洪武八年（1375），知县鲁俊在宋时旧址上重建，后历代均有修葺，现仅存一大殿。殿朝南，面阔5间，通长19.5米，进深3间，13.2米。木结构，歇山顶，屋面下覆板瓦上扣琉璃筒瓦，施沟头、滴水、琉璃透花屋脊。大殿坐落巨型条石台基上。正面竖6根8棱石廊柱，均高3.88米，周长1.74米，涂朱漆，上承梁枋，坚挺雄伟。此类结构，外地少见。殿内设柱金、草栿。前面正、次间均为四扇雕花格子门。飞檐斗拱，双昂五踩，四角各挑出一含珠木龙头，饰民间杂式彩绘，堂皇壮观。2003年，铜川文庙大成殿被省政府公布为省重点文物保护单位。（YYL）

礼泉文庙 位于礼泉县县城内中山街礼泉二中内，坐北向南。始建于明洪武二年（1369），清康熙、雍正、嘉庆、咸丰年间均进行过修葺或扩建。庙址全长128.8米、宽11.1米，面积27177.6平方米。原庙大门棂星门为三楼四柱歇山顶木构建筑。门内有一砖砌半月形泮池，池后有硬山顶出单昂3间戟门1座。戟门北有面阔各7间东西庑房。两庑北为"大成至圣先师"孔丘的正殿，坐北向南，两侧有踏步，中为青石高浮雕蟠龙"世面"。殿为硬山顶，屋正脊两端有鸱尾，中有"高明"。屋面、脊兽等覆以青色琉璃瓦，殿前两面有丛墙。大成殿东披门内北面为崇圣祠。2003年，礼泉文庙被省政府公布为省重点文物保护单位。（YYL）

太壶寺大殿 位于泾阳县城二条街。大殿坐北朝南，面阔5间，进深3间。七架梁，抬梁式结构，歇山式屋顶，顶施灰布纹筒、板瓦，檐施沟头滴水。柱头斗拱为五踩重昂。转角斗拱为七踩三层，补间斗拱为五踩重昂一朵。据《史记》记载，太壶寺为前秦苻坚（357—384）所建之行宫。北周时改作佛寺，名惠果寺。隋文帝时，改为中兴禅寺。唐开元年间改称为太壶寺。唐天宝年间敕修，改为中兴禅寺，其时与西安青龙寺齐名。《续陕西通志稿》载："惠果寺，即县内大寺，唐日本太子留学于此。"金世宗、元世宗时皆重修。明正统年间重修。1932年，华洋义赈会朱庆澜拨款维修。2003年，太壶寺大殿被省政府公布为省重点文物保护单位。（YYL）

渭南文庙大成殿 位于渭南市临渭区老城街北侧95号，今临渭区博物馆院内。传始建于唐代，明嘉靖时因华县地震震毁，明崇祯三年（1630）、清康熙初年、乾隆四十二年（1777）年均有修葺，民国时曾用作渭南县立中学和中共渭南县委机关。今建筑仅存面阔7间、进深七檩的大成殿，单檐歇山顶上覆以绿琉璃瓦，檐下施五踩双昂斗拱。2003年，渭南文庙大成殿被省政府公布为省重点文物保护单位。（YYL）

东营庙 位于韩城市金城区城隍庙巷的南侧，即位于韩城文庙和韩城城隍庙的中间地带。该庙坐东向西，东西长约60米，南北宽约50米，占地面积约为3000平方米。主体部分从前到后共有两进院落，殿堂按东西轴线依次排列，主要有山门、过殿、享殿和寝殿组成，在轴线的北侧，还保留有其他建筑，西面是坐北面南的三公祠，最南端是入口，为两柱式牌坊门，向北是献殿，其背后是寝殿。献殿前的两侧是东西厢房。紧靠三公祠的东边有殿宇1座。在该殿的旁边还有2座小殿。庙内现还保留有《金汤社明德会续德会移建东营殿宇碑记》碑石1通，具有一定的历史价值。2003年，东营庙被省政府公布为省重点文物保护单位。（YYL）

弥陀寺 坐落于韩城老城北边的寺庄村东北角。坐北向南，有房屋16间，占地1915平方米。建于唐、宋、元、明、清，曾9次进行了重修。1981年2月被公布为韩城县重点文物保护单位。为寺庄村学校保护使用。寺的主体建筑有山门、献殿和正殿三座。山门为单檐悬山顶，灰陶板瓦，抬梁式梁架，四椽栿，用二柱、斗拱外檐为六铺作，双下昂，重拱，计心造，有蚕头，高台垂带踏道。献殿，单檐歇山顶。琉璃筒瓦，梁架抬梁式，四椽栿，用二柱，斗拱四铺作，单下昂，有蚕头、高台。殿的梁上墨书"自大观至雍正重修九次矣"。正殿为单檐悬山顶。灰陶板瓦，梁架亦抬梁式，四椽栿，用二柱，斗拱为四铺作，单下昂，有蚕头。大梁上墨书"大唐贞元三年"。2003年，弥陀寺被省政府公布为省重点文物保护单位。（YYL）

福山寺 位于合阳县东南的福山，因山形酷似一只翘尾东行的大蝎子，故俗称"蝎子山"。福山的地貌十分特殊，整座山就像一只翘尾东行的大蝎子趴在沟壑中，所以当地人形象地称它为"蝎子山"，民间有"聚宝盆、福寿山，蝎子趴在盆中间"之说。福山上的古建筑群始建于明代，殿宇、牌坊、亭阁、塔楼等明清建筑错落有致，穿行其间，步移景换。福山让人称道的，不仅是它独特的造型，关键在于它的儒释道"三教合一，和睦相处"。2003年，福山寺被省政府公布为省重点文物保护单位。（YYL）

万斛寺塔 位于富平县峪岭乡漫町村东北2.5千米，贺家山村正西约1.5千米处万斛寺故址。万斛寺塔系何年修建，尚无发现文字记载，寺碑毁失。塔为砖土结构，呈正方形，七级四角空心式，塔底四壁青砖均有脱落，风化成黑色碎块，急待修葺。因其位于五峪源头的万斛山尖巅，更显岿然险峻，数十里远，可望见塔身雄姿，造型庄重，工艺精巧，气势雄伟。千余年来，仍巍然屹立、保存原貌，足见我国古代劳动人民建筑艺术之高超，颇有研究价值。1979年国家文物局工作小组对万斛寺塔调查，根据塔型、用料、建筑技巧等考证研究，确系唐塔无疑。2003年9月24日，万斛寺塔被省政府公布为第四批陕西省重点文物保护单位。2006年12月20日，省政府立（省保）标志碑。（YYL）

二郎山庙 俗称西山，位于神木县城西1千米的窟野河与芹河交汇处，因其山上有二郎庙得名。文人墨客视其貌似驼峰，又多称"驼峰山"。明正德十三年（1518），武宗皇帝朱厚照巡行驻跸，赐名"笔架山"。由于二郎山的山势雄奇秀丽，古建筑如串珠般遍布在1000多米宽的山峦上，故闻名晋朝蒙陕等地。一年四季游人不断，特别是每年传统文化庙会期间，香火旺盛，商贾云集，遂成一方胜境。2003年，二郎山庙被省政府公布为

省级重点文物保护单位。(YYL)

凯歌楼 位于神木县城中心,俗称中楼或大楼,民间又称"大楼洞"。明弘治五年(1492)建成,原名怀德门。明隆庆元年(1567)驻守神木参将高天吉抵御外敌,凯旋,为纪念胜利兼答"神恩"而建。该楼画廊漆柱,雄伟壮观。登楼眺望,神木县城尽收眼底,是神木境内独存的一座三层古建筑。底部为巨砖砌制正棱台基座,四边石雕围栏,东西边各建厢房三间,中筑两层木制阁楼,围长80米,通高12.55米。2003年,凯歌楼被省政府公布为省重点文物保护单位。(YYL)

香炉寺 位于佳县县城东200米的香炉峰峰顶,东临黄河,三面绝空,仅西北面以一狭径与县城古城门相通。峰前有直径5米、高20余米的一巨石矗立,与主峰间隔2米,形似高足香炉,故而得寺名,素有佳县八景之一"香炉晚照"之美誉。香炉寺地势险峻,香炉石凌空而起,断桥惊险异常,置身其上,如凌绝空际;低头俯瞰,滔滔黄河激流而下,汹涌澎湃。佳临黄河大桥横贯东西,如龙卧一波。2003年,香炉寺被省政府公布为省重点文物保护单位。(YYL)

八卦寺塔林 位于富县张家湾镇八卦寺村北,金至明代建筑。传说原名为八塔寺,因有8座塔而得名,现仅存塔3座。一号塔八角九级,高9.7米,为实心密檐式砖塔。二号塔为八角七级实心式砖塔,通高9.8米。三号塔为四角七级砖塔,通高9米。2003年,八卦寺塔林由省政府公布为第四批省级重点文物保护单位。(YYL)

龙泉寺塔林 位于志丹县义正乡义正村西龙泉寺,明代建筑,现共存石塔11座,最高的塔7.7米,主塔刻铭:"延安府僧纲司同都纲本空聪禅师舍利之宝塔。大明正德十年(1515)十一月初二日。"塔林旁有古井一口,井盖雕刻龙形浮雕。2003年,龙泉寺塔林由省政府公布为第四批省级重点文物保护单位。(YYL)

午子观 位于汉中西乡县城东南12千米堰口镇的210国道路旁。山上的午子观,由顶观、腰观、底观三大古建筑群组成,由下而上依次坐落在午子山上。南宋绍兴五年(1135)重建顶观正殿、药王殿、福寿殿等。明武宗正德二年(1507)重修腰观(中观);弘治十年(1497)曾重修底观。三观共有房舍、殿宇60余间,建筑面积1854.5平方米。午子观古建筑结构完整,富丽典雅,既有浓厚的地方特色,又有民族建筑风格,乃古代高超建筑艺术之体现。2003年,午子观被省政府公布为省重点文物保护单位。(YYL)

鹿龄寺 位于汉中市西乡县城西,距离县城中心2千米,是伊斯兰教卡迪林耶派三大圣地之一。该寺始建于清康熙末年,先是甘肃河州(今临夏市)人祁静一(卡迪林耶派支系大拱北门宦创始人)于康熙二十一年(1682)来西乡,在滴水涯、玄阳洞等地修真传教,并建茅庵作为静室。康熙五十八年(1719)祁静一归真后,众徒建香亭,葬其遗体于亭内。鹿龄寺由仙根寺、静室寺及鹿龄寺三大部分组成,其建筑图案多姿,雕艺精巧,饰以浮雕,工艺精湛,甚为罕见。院内石鹿一对,造型准确,精刻细雕,为寺名之象征。整个建筑结构，美观大方，风格凝重严谨，将伊斯兰清真寺和中国古建特色融为一体，既有独特民族风格，又有明显的地方特色。2003年，鹿龄寺被省政府公布为省重点文物保护单位。（YYL）

紫云宫 位于略阳县县城嘉陵江边的高台上。始建于明末清初，是一处氐羌文化特色的古建筑群，也是长江流域现存最完整的氐羌建筑风格的戏院之一。紫云宫现占地面积5600平方米，坐南朝北，整体结构采用双进式四合院建筑群，门楼以北的乐楼与正门紧密相连，钟楼鼓楼均两厢北头，并与整个建筑群融为一体。史书记载高台原为汉代斩隗嚣守将金梁处。在高台地下文化层掺杂有大量的建筑器物，20世纪50年代初期，紫云宫周围还有很多的古建筑，有正殿、文昌殿等古建筑，故民间有"院外不见房，院内不见墙"之说。2003年，紫云宫被省政府公布为省重点文物保护单位。（YYL）

安康文庙大成殿 原址位于老城区，于康熙四十六年（1707）遭遇洪水破坏后迁建新城。始建于元至正初年（1341），元至正十年（1350）、明洪武五年（1372）和明成化四年（1468）进行修缮，后因屡遭洪涝灾侵，于清康熙四十五年（1706）迁到现址。安康文庙大成殿面阔5间，进深4间，单檐歇山式建筑，建筑面积463平方米。2003年，安康文庙大成殿被省政府公布为省重点文物保护单位。（YYL）

黄州会馆 位于距旬阳县城63千米处的蜀河古镇，为清代"黄帮"（即黄州籍客商）所建。原名帝王宫，为黄州客商聚居的会馆。据现存光绪元年（1875）碑记推断，其始建年代约为清代中期，后经分期造作，至同治十二年（1873）全部建筑竣工。会馆正殿面阔11.65米，进深7.69米，硬山式屋顶。拜殿与正殿面阔相同，进深8.2米，檐柱高6.2米，中柱高8.3米，硬山式屋顶。拜殿正对面是乐楼，有金匾楷书"鸣盛楼"三字。乐楼装饰富丽，浮雕精巧。门楼与乐楼巧妙相连。现存整个建筑坐西北面东南，面对蜀河，南靠汉江，背依山坡，自前至后依据地形作台阶式上升，主体建筑皆以中轴线为基准，层次分明，结构严谨，基本保持我国传统的宫殿建筑布局，尤能鲜明体现出浓郁的南方建筑特色。2003年，黄州会馆被省政府公布为省重点文物保护单位。（YYL）

周氏武学馆 位于岚皋县孟石岭乡武学村。系清朝道光、光绪两代武举人周守义、周成仲的住宅庄园兼练武馆。庄园占地面积2000平方米，共有房舍150余间，整个建筑雕梁画栋，规模宏大，结构复杂，是陕南少有的一处保存完整的民居和习武古建筑，具有很高的历史和艺术价值。2003年，周氏武学馆被省政府公布为省重点文物保护单位。（YYL）

高桥镇廊桥 地处紫阳县城西南约30千米处的古镇——高桥镇。高桥镇镇东有条东河，镇西有条西河，两河之上横架两座全木结构的廊桥。历经二百多年的风雨，木廊桥如今依旧是当地人穿行小镇的主要通道。木廊桥高17米、长15米，历史上曾经历两次整修，修补总监、帮办、经理、首仕、木匠、大捐名仕皆记载于横梁之上。两座木桥形制样式基本相同，皆是三根大梁横跨，桥面铺设木板，桥中立有十几根木柱，两端修立石墙圆拱门洞，桥上加盖灰瓦凉亭。古朴简约，又灵动别致。2003年，高桥镇廊桥被省政府公布为省重点文物保护单位。（YYL）

北五省会馆 位于距紫阳县城8千米的向阳镇任河与汉江交汇处，是目前陕南保存比较完整的清代古建筑之一。五省指晋、冀、鲁、豫、秦。该馆修建于清乾隆末年，占地面积约1600平方米，主要建筑是三间四梁八柱，木架结构殿宇式古建筑。总体结构保存完整，其石刻、木雕蕴含深厚的历史文化价值和极高的艺术价值，特别是至今保存完整约300平方米的清道光至同治年间的罕见建筑壁画，对研究商贸会馆史、建筑史、美术绘画史、民俗文化史等方面具有重要的参考价值。2003年，北五省会馆被省政府公布为省重点文物保护单位。（YYL）

菩萨泉·观音殿 菩萨泉在汉阴龙冈之首，冈侧有泉深不可测，旱祷辄应，故民间称为"菩萨泉"。清嘉庆十五年（1810），汉阴厅通判钱鹤年倡捐修之。据清嘉庆《汉阴厅志》云："减高增卑，豁成净土，建正殿，前殿皆三楹，殿后建丹房一架外葺石。殿西向三十步，特树宝坊，颜曰'普度大千'。"现遗址尚存，安康举人董诏撰有《新修普萨泉碑铭》，记述建寺经过。

观音殿位于汉阴县涧涡镇沐梓河口。庙宇所在为汉水北岸，距紫阳县马家营约七里之遥。庙前垒石成堤，上有宋代船厂技工所建鲁班殿一楹，现已毁作耕地。遗址中有清同治元年（1862）所立《鲁班祖师碑》1通，记述"原先船厂众伎工匠，每逢圣会，齐集庆祝"情况。观音殿则经历代维修，尚具规模，面阔3间，西侧修有厢房2间，前临汉水，后依青山，旁有小溪潺潺，环境幽雅，明成化十六年（1480），汉阴知县张大纶有《宿观音堂》诗一首。2003年，菩萨泉·观音殿被省政府公布为省重点文物保护单位。（YYL）

汉阴城墙 汉阴古城墙，始建于明代成化元年（1465），初为土城，开四门，设箭楼。成化二十二年（1486），城易砖石。弘治九年（1496），扩大城区，延伸周长，四面拓宽四尺。正德七年（1512），城墙加高加厚，内外加砌砖石。嘉靖十四年（1535），环城开凿城壕，宽一丈，深五尺，补修城垣，匾其四门，东曰"迎晖"，南曰"南薰"，西曰"承恩"，北曰"拱辰"。万历四十六年（1618），扩宽城内外马道，改南门曰"朝凤"，北门曰"拱龙"。崇祯十四年（1641），培筑里城，新建西北与东北角楼及守城窝房50间，并在护城河侧筑土郭，竖栅栏门。清乾隆三十二年（1767），重修砖城，统长五百九十丈五尺，并加厚加高城墙，修城垛（女墙）七百五十二垛，北面因地僻人稀，龙岗坡水患城，不复建门。并于城门镶嵌石刻匾额，改题三门，东为"日昇"，西为"肇庆"，南为"文明"。嘉庆十八年（1813），壕旁植柳，四隅各建炮台，北城设谯楼一个，敌楼三个。同治十二年（1873），因"邑士累科，无能登桂"，为振文风，在东南隅城墙上修建了文峰塔。民国二十七年（1938），汉白公路修通，沿城北而过，遂复开北门。民国二十九年，为防御日寇飞机空袭，方便城内居民疏散，于城西北角开小西门。新中国成立后的六七十年代，由于多种原因，汉阴古城墙的北面和东面被毁，仅存西门、南门及西城墙和南城墙一段，共计长约800余米。21世纪之初，因扩南街，南门又被拆除。汉阴明城墙距今已有540余年的历史，和世界最著名的西安古城墙处于同时代。2003年，汉阴城墙被省政府公布为第四批省级重点文物保护单位。（YYL）

石泉城门及禹王宫 石泉现存古县城始建于明洪武二年（1369），因洪水侵扰"寻筑寻圮"。后于清道光二十四年（1844）第六次重建，历时4年方告阙成。现东、西、南城楼已毁，城门犹存，部分城墙保留，门楼牌匾分别刻有"远瞩金州""秀挹西江""雄临汉浒""城西屏障"，北门整修炮台，东门魁星楼高3层，气势恢宏。禹王宫位于石泉县城中部，旁边是禹王宫辅助建筑江西会馆、关帝庙。禹王宫始建于唐代，明弘治年间扩建，清道光年间重修。为纪念大禹治水的功绩而建，禹王宫内立有禹王塑像。在遗留下来的碑石上，刻写的"万寿宫"3字书体风格流畅，是宋代名家苏黄及门下所刻写。现存禹王宫正殿，建筑美观宏大，雕梁画栋，巧夺天工。尤其是正殿大门前两侧左右坐落的直径3米、高150米的两个大石龟雕刻精美，石质为黑色大理石。左侧门首两尊石狮，右侧石牛、石马。宫顶梁中姜公亭、碑雕有飞禽走兽、龙生九子、蟠螭、鸳鸯、朱雀、玄武、青龙、白虎等在屋顶排列有序。宫内有大足型、小足型雕塑神像；其左右室壁画是大禹治水艰难曲折的足迹，以及其生活习俗方面的珍贵资料。壁画的色彩用红、蓝、绿、白、棕、黑等颜料绘制而成。有关专家认为，禹王宫的建筑材料与全国其他地区的禹王宫建材不同，正殿一砖一瓦都依画像《禹王宫》的楷书字样烧制而成。禹王宫的各种建筑都有特殊标志，至今保存完好。2003年，石泉城门及禹王宫被省政府公布为省重点文物保护单位。（YYL）

宁陕城隍庙 位于宁陕县城以北约5千米的沙洲上。数百年来历经洪水袭击而安然无恙，即便是最近几年连续遭受的百年不遇的洪水灾害，也只是有惊无险，这在全省乃至全国古建筑群中也堪称一绝。城隍庙建筑面积1000余平方米，其规格形制与衙署建筑相近，背北面南。城隍庙在平面布局和排列上采用了中心对称的建筑手法，其主体建筑保留了清代建筑的典型特征，显现了庙堂建筑的穹宇高深，庄严肃穆，气宇轩昂。同时，因地处秦岭以南，又受南方建筑风格的影响，显现出结构严谨、典雅秀丽、跌宕有致的韵味。2003年，宁陕城隍庙被省政府公布为省重点文物保护单位。（YYL）

商州城隍庙 位于商洛市区南街中段20号，是明朝开国皇帝朱元璋敕封的，始建于明洪武二年（1369）。后经历代维修扩建，形成规模，占地33330平方米，建筑面积848.7平方米。今存山门、过殿、献殿、大殿、火神庙、药王庙及厢房，均为砖木结构，主体建筑完好，属典型的北方四合院建筑。彩绘、雕刻和壁画兼南北之长，是商洛保存比较完整的明清古建筑，也是全国唯一受到皇帝御封的城隍庙。2003年，商州城隍庙被省政府公布为省重点文物保护单位。(YYL)

山阳禹王宫 又名湖广会馆，位于商洛市山阳县县城东关老街，始建于清乾隆五十八年（1793），总面积3000平方米，具有较高的历史、艺术、科学价值。据《建修湖广会馆引》载：在明末清初之时，山阳由于屡遭战乱，人口大减。到清乾隆年间，由于清廷积极推行移民政策，各省移民纷纷来山阳定居谋生，而湖广之人更多。因聚会、议事、祭祀、娱乐的场馆需要，遂建修湖广会馆。会馆正殿主神塑大禹像，所以湖广会馆取名禹王宫。禹王宫采用我国古代传统的木构架结构，青砖砌墙，飞檐斗拱。其布局是沿纵轴线对称组织为主，依次为牌楼门、戏楼、广场、前殿、后殿，前后大殿东西两侧各有2排6间偏殿。其屋面为五脊硬山顶，檐下斗拱层层迭出，凌空欲飞，组组相连，浑然一体；梁枋的主要部位均饰木雕，雕刻手法洗练精妙，生动流畅；大殿内甚为宽敞，四周饰以人物故事等壁画，栩栩如生，绚丽多彩，真可谓雕梁画栋，巧夺天工，表现出高超的艺术水平。2003年，山阳禹王宫被省政府公布为省重点文物保护单位。(YYL)

塔云山寺 位于镇安县城西40千米的松柏乡、东瓜乡之间，矗立着一座高耸云天，形似铁塔的山峰，故名"塔云山"。因塔云山顶端的绝壁处建有一座庙宇，又有塔云山奇观之盛名。塔云山古建筑群在海拔2000余米处，由一馆、一堂、一庙、一塔、九殿组成。据碑文载，庙宇建于明万历年间（1582），清乾隆、道光、光绪、民国期间曾五次修葺，初具规模，壮观古朴。2003年，塔云山寺被省政府公布为省重点文物保护单位。(YYL)

瓦房店会馆群 紫阳作为"山南茶"主产地，从而成为明代茶马古道的主要发源地。据考证，陕甘茶马古道的主要路线为：紫阳、汉阴、石泉、西乡，再过洋县、城固、汉中、略阳，进入甘肃徽县，然后到古河州临夏。位于紫阳城西南5千米的瓦房店，是任河和渚河的交汇之地，上通巴蜀，下接荆湘。依其便利的交通条件和繁忙的茶叶贸易，成为商旅马队市井。在明清时有四川、福建、江西、湖南、湖北等省以及北五省都在这里建有会馆，会馆群原有武昌会馆、北五省会馆、江西会馆、湖南会馆、黄州会馆和川主会馆等组成，通过这些商会将当地盛产的紫阳茶叶、麻、蚕丝、生漆、桐油、木耳、药材等土特产运往汉口、上海、重庆等地，那时候的瓦房店就有"小汉口"的美称。现保存最完好的北五省会馆主要经销茶叶，其建筑富丽雄壮，彰显了雄厚的经济实力，见证了当时的茶叶经营规模。2003年，瓦房店会馆群被省政府公布为省重点文物保护单位。(YYL)

4. 石窟寺及石刻

马家河石窟寺 位于咸阳城北120千米

处旬邑县排厦乡胡罗沟口村。石窟平面为四方形，长4.25米，宽4.14米，高近2米。该石窟寺凿于五代时期。内刻有三佛、三僧、三菩萨、六飞天及许多小佛像，侧有清乾隆年间的修洞石碑，所有石雕均有较高的艺术价值。1992年，马家河石窟寺被公布为省级重点文物保护单位。（YYL）

红石峡 位于榆林市城北。红石峡谷长约350米，峡谷东崖高约11.5米，西崖高13米，东西对峙，峭拔雄伟。峡内玉溪河水流湍急，穿峡直达城西。两岸垂柳依依，景色优美。古代驻守榆林的文人墨客甚至武将都喜好到红石峡题刻，以抒发戍边豪情，所以红石峡又是长城书法艺术的一大宝库，从题刻内容可以看出榆林古时"九边重镇"的地位。此外，还可以欣赏到宋元时期的石窟艺术和红石峡风光。红石峡的得名，一说是因山皆红石而来，一说明成化八年（1472），余子俊为副都御史巡抚延绥，驻榆林，凿石为渠，引水由西而下与无定河合流，定名"榆溪河"。渠成之时，夕阳东照，红石映日，分外耀目，名为"红石峡"。1992年，红石峡被公布为省级重点文物保护单位。（YYL）

云岩寺 位于佳县县城南1千米的虎头峰山腰。主窟为大雄宝殿，窟内外存留有各具特色的48尊摩崖石刻造像。造像大小不一，高度在0.25～1.49米之间，形状各异，栩栩如生，主窟深6米、宽7米、高4米，窟内供奉释迦牟尼佛，佛的石雕立像庄严祥和，左边阿难天真聪慧，右边迦叶老成持重，左下方有坐骑石狮的文殊菩萨，右下方为坐骑石象的普贤菩萨，两人文静，坐骑凶猛，一律秀骨清相的十六罗汉或憨或智、或恒或怡，神情各异，呼之欲出。龙雕活灵活现，窟顶莲花悬图，人见人爱，窟外左右天王勇猛威武，力士强壮刚烈。其中最引人注目的是观音菩萨全不似莲台端坐或静立姿势，而是极其舒展自然的侧身倚坐青石之上，身段曲线十分优美，衣纹曲折流畅，真可谓"曹衣出水，吴带当风"，活脱脱一位斜睨若笑的俊俏女子。这些琳琅满目的造像，既是我国古代劳动人民聪明才智和艺术才能的结晶，又为人们研究宗教发展、欣赏古代石雕艺术提供了弥足珍贵的实物资料。1957年，云岩寺被陕西省人民委员会公布为省级重点文物保护单位。（YYL）

佛堂寺石窟 位于佳县城西北方向10千米处，佳米公路南2千米处，石佛堂禅寺初建于隋朝初期，1992年至今不断修复完善，占地面积20000平方米，建筑风格依山环水，地势奇特，大有仙境之意。据寺内实物考证，有隋朝人工石窟2处，摩崖石刻造像2件，题记1处，石刻观音像残件1尊，石刻仿木檐头结构1处，石窟顶部石刻莲花藻井天花板1处。这些遗存实物做工精巧、造型独特，具有较高的考古价值。1992年7月23日，被佳县政府公布为县级重点文物保护单位；1994年被批准为佛教活动场所。2006年成立佳县佛教协会，并划定了保护范围。1992年，佛堂寺石窟被公布为省级重点文物保护单位。（YYL）

阁子头石窟 位于延安城南富县洛阳乡段家庄村洛河西岸，距县城15千米。石窟坐西面东，形状略为长方形，平顶。宽 52 米，深 4.34 米，高 2.07 米。窟内雕 4 根方形石柱连接窟顶，柱上布满罗汉。中间置圆雕像 3 尊，中为弥勒佛，高 1.4 米，座高 0.4 米，身着袈裟，双足踩仰莲，手施无畏印。左右两尊坐佛头部均已残缺，手各施禅定印和无畏印。右壁浮雕释迦涅槃图，涅槃像长 0.41 米。整个画面高 1.7 米，宽 2.2 米。周围众弟子在菩提树下掩面抱树痛哭，有的抚摸佛脚，有的敲磬致哀，有的叩首跪拜，还有力士舞剑、狮子向天狂吼、菩萨拱手等，整个场面庄严肃穆，人物形象生动逼真。1992 年，阁子头石窟被公布为省级重点文物保护单位。（YYL）

小寺庄石窟 位于延安城东南黄龙县城北 35 千米小寺庄东山下，也称圣寿寺石窟。高 2.6 米，宽 2.7 米，深 3.5 米，内雕一佛、二弟子、二胁侍菩萨、二天王及二供养人像，共 9 尊石刻。正中坛基上为释迦牟尼佛，结跏趺坐于束腰形仰莲须弥座上。佛祖胸，外着通肩大衣，双手作法界定印，背后为高浮雕火焰形背光，背光上雕一佛二弟子，下雕二飞天。佛两侧侍立迦叶、阿难及菩萨、天王、供养人，分立坛基下两侧。座前刻有一对护法石狮和一座香炉。窟门外西侧有一座弥勒佛坐像，东壁有一块题刻，上书"咸平三年"等字。据此可知，此窟开凿于北宋初期。1992 年，小寺庄石窟被公布为省级重点文物保护单位。（YYL）

旬阳县千佛洞石窟 位于旬阳县城南大巴山主峰北麓的七里乡香炉沟。该石窟仅一窟，平面呈长方形，深 13.8 米，宽 5.7 米，窟口部高 3.4 米，后部高 3.75 米。正壁有二级佛龛，下有三佛二弟子二菩萨，共 7 尊，上有坐佛及菩萨共 9 尊。左右两壁刻有道教老君、孔子、天王、弟子、供养人像，周壁刻小佛像，高 0.2 米，约有近 800 尊大小佛造像。窟内无题记，窟外存有明弘治三年（1490）刻石的"终南道阙行缘记叙碑"。从石窟造像风格看，似为明代后期作品。1992 年，旬阳县千佛洞石窟被公布为省级重点文物保护单位。（YYL）

清华山石窟 地处秦岭北麓，位于西安市长安区滦镇，始建于唐武德初年（618），距今 1300 多年。清华山石窟位于清华山顶端卧佛寺内，海拔 1670 米。卧佛寺共 5 层，又称五层楼，五层楼四周凌空悬起，楼内楼梯回旋，石洞层层相连，如同迷宫。该石窟位于最底层，卧佛侧躺在四拱石洞之中，身长 13 米多，它以石壁雕凿而成，卧佛慈眉善目，阔面大耳。2003 年，清华山石窟被列为省级重点文物保护单位。（YYL）

太子寺石窟 位于铜川耀州区庙湾镇三岔口村，其地为东西向山谷，南北断崖上从宋代至明代屡有人工凿造洞穴。现存凿洞 6 处，上有佛龛、壁画、题记等。2003 年，太子寺石窟被列为第四批省级重点文物保护单位。（YYL）

花石崖石窟 位于宜君县彭镇以西彭村至花石崖村之间，分为一号窟和二号窟，一号窟原名彭村石窟，二号窟原名花石崖石窟，该石窟距宜君县城约 25 千米。一号窟位于彭镇彭村西南 1.5 千米处的苏家山坡底断崖上，彭马大路沿此窟前穿过。玉华河从山下环绕而过，山上自然植被丰茂。石窟坐西向东，单室窟，深0.83米，宽1.73米，方形，穹窿顶。石窟左、右、后壁各雕一佛二菩萨。窟顶有29个飞天造像，着胡服，无帔帛，体微曲，如挂于天空，形象生动。龛下横雕30个身着胡服的供养人立像。二号窟位于彭镇花石崖村，东北1千米玉华川西侧眼前洼山脉底部断崖下，彭马公路旁侧，自东向西，在5米长的断崖上凿窟3处，序列为Ⅰ、Ⅱ、Ⅲ号，窟深均0.6米，宽1米，高1.2米，方形，平顶，浮雕尖拱形门楣。各龛造像均为3壁3层，龛内均造一佛二菩萨。佛皆高肉髻。Ⅰ号窟东上方浅浮雕飞天及供养人若干，外壁两侧造浮雕力士像；Ⅱ窟东、西两壁造浅浮雕小佛像34尊；Ⅲ号窟东壁有浅浮雕3排，两壁4排。花石崖石窟均为西魏、隋开凿，呈现出不同的风格和艺术特色，堪称佛教石刻艺术博物馆。由于此地系子午岭山系的延伸，山大沟深，丛林茂密，外界干扰破坏较小，所以目前该石窟的佛像、石刻部分除漫长岁月的风化侵蚀外，基本保存完好。2003年，花石崖石窟被省政府公布为第四批省级重点文物保护单位。（YYL）

秦家河摩崖造像 位于宜君县城关镇秦家河村西南250米的蔡家山断崖石壁上。该石窟现存四龛一窟，下距河面约30米，四龛分布总长约5.44米，每龛高0.35米、进深0.96米。1、2号龛平面呈长方形，其内造像组合均为一佛二菩萨，两侧壁浮雕供养人像及题名，为北魏开凿；3、4号龛内造像组合均为一佛二菩萨二天王，为唐代开凿。石窟位于龛南100米，平面长方形，覆斗形顶，面宽1.92米、高1.9米、进深2.72米，藻井雕双龙莲花，后壁长方形佛坛上浮雕一佛二弟子二菩萨，前壁题刻有礼佛图。秦家河摩崖造像开凿于北魏、隋唐时期，以唐代居多，该摩崖造像形态各异，呈现出唐代造像所具有的体态丰硕、面部富态华贵、服饰繁缛的艺术风格。尤其珍贵的是，石窟内的线刻图，再现了玉华寺当年迎接唐代高僧玄奘西天取经归来时盛大的礼佛图生动画面，它为研究唐玉华寺玄奘的译经活动提供了珍贵的实物资料。2003年，秦家河摩崖造像被省政府公布为第四批省级重点文物保护单位。（YYL）

麟溪桥石窟 在麟游"九成宫"东500米许，有麟溪桥摩崖造像。其坐落在数丈高的石崖自然断面上，有大小不等的24个石龛，龛中有佛像53尊。其中最大的一尊高约1.85米，为菩萨站像。石雕女佛，云髻高耸，肌体丰腴，轻纱缠身，削肩丰臀，一手轻提衣裙，一手向上微托，身躯扭动，姿态绰约。2003年，麟溪桥石窟被省政府公布为第四批省级重点文物保护单位。（YYL）

千佛院摩崖造像 位于麟游县喇嘛帽山。石崖上雕凿了一千多尊佛、菩萨、大王、力士及罗汉等造像，最大的一尊位于正中上方。余下一千多尊小佛造像，喜、怒、哀、乐、忧、愁、怨、恨，诸多形态，千佛千面，绝无雷同，尽言五蕴十恶之苦，三界五行之忧，观之令人幡然醒悟。2003年，千佛院摩崖造像被省政府公布为第四批省级重点文物保护单位。（YYL）

蔡家河摩崖造像 位于麟游"九成宫"东北4千米处。远望石崖高耸，凿有石龛3层。上层3龛，每龛一佛。中层5龛，正中一龛三佛，中间一佛端坐佛床，左右两佛，骑狮跨象，牵兽石俑分列两旁。其布局合理，形象逼真，百看不厌。下层8龛，佛造像较大。2003年，蔡家河摩崖造像被省政府公布为第四批省级重点文物保护单位。（YYL）

金川湾石窟 位于淳化县石桥乡金川湾村西500米处，211国道可直达景区，距咸阳市70千米。石窟悬在高崖之中，岩边裂石欲坠，崖势随河套迂回延续，窟内平面略如方形，高7.5米，宽9米，现存进深5米，内壁有半圆雕释迦牟尼坐像1尊，两侧墙壁上刻有10万余字的经文。石窟内造像、文字书写表现出唐代风格，窟内东边墙壁上刻有5万余字的三阶教经文，是世界上唯一保存最完整的三阶教刻经。刻经石窟是我国古代劳动人民血汗与智慧的结晶，为佛学研究提供了难得的实物资料。2003年，金川湾石窟被省政府公布为第四批省级重点文物保护单位。（YYL）

玉泉寺石窟 玉泉寺又名玉泉庵，位于佳县刘国具乡阎家寺村南300米处，车会沟河由西北向东南从寺前流过。石窟开凿在河东的石崖上，崖下有泉水涌出，清凉甜美，长年不绝，犹如琼浆玉液，故名玉泉寺。据窟壁摩崖题刻记载，该窟开凿于隋大业五年（609），后世曾在窟前修筑寺院，明正德四年（1509）进行重修。"文化大革命"期间古建大部被毁。现存一窟一龛，壁画4幅，摩崖题刻3处，石造像21尊及建筑乐楼、山门等。2003年，玉泉寺石窟被公布为第四批省级重点文物保护单位。（YYL）

石寺洼石窟 位于横山县白界乡陈家沟村北600米处的半山坡上。该石窟的营造时代，因无碑刻佐证，又无史志记载，只根据窟的凿造方式、造像组合、服饰比较、雕刻工艺等综合分析，初步确定为北魏晚期。石窟呈方形，平顶微拱，进深1.47米，宽1.48米，高1.68米。窟内三壁环坛，坛高约0.15～0.2米，坛上方三壁各凿一拱形大龛（俗称三壁三龛），龛高1.1～1.28米。龛内凿刻一佛二菩萨，佛像通高1.28米，高肉髻，身着交领右衽衣或通肩衣，结跏趺坐于仰莲须弥座或呈舒相坐式，衣裙遮蔽台座。菩萨袒胸露臂，胸饰璎珞，璎带绕身，下着羊肠大裙，裙脚外展，跣足全力于高低仰莲座上，多呈双手合十或两手交拢于胸前。窟外对刻二力士，头戴毡帽或束髻，身披战裙，大眼圆睁，两耳垂肩，相对应的一手叉腰，另一拳高举，左力士踩牛，右力士踩象，神态威严凶猛。石寺洼石窟是榆林市最早营造的石窟之一，它的发现对进一步寻找榆林市长城沿线北朝故迹提供了重要线索。2003年，省政府公布石寺洼石窟为第四批省级重点文物保护单位。（YYL）

安塞大佛寺石窟 2007年7月，陕西安塞县大佛寺在拆建窑洞时，新发现洞窟两座，与原有的四座洞窟一起构成了石窟群。石窟东依龙隐山，从北向南依次排列，每个石窟分别圆雕、浮雕或浅浮雕手法雕刻各类佛教造像100余尊，刻画形象逼真。有的庄重虔诚、神态肃穆,有的神态活泼、天衣飞扬,个个线条流畅,独具匠心。其中主佛雕像高达8米。石窟内壁,特别是西壁入口上部的浅浮雕佛本生故事保存完好,具有珍贵的研究价值。从右向左分别为树下诞生、步步生莲、九龙浴太子、阿斯塔占相、出游四门。入口两侧分别为乞食游化立佛、麒麟与降魔故事的一部分。洞窟的左壁、右壁分别刻画树下思维、释迦、多宝二佛并坐、降魔故事等。顶部中心浮雕一飞龙,外围为一圈联珠纹与宝装莲瓣纹,再向外为飞天与各种短衣天人。安塞大佛寺石窟有北魏晚期的作品,大多为西魏时期,也有个别时代为隋唐及稍后时期的,保存基本完好,为陕西石窟中少见,具有十分珍贵的历史研究价值。2003年,省政府公布安塞大佛寺石窟为第四批省级重点文物保护单位。(YYL)

七里村石窟 位于延长县七里村镇七里村南半山腰间,该石窟为单室窟,南依山,北临延河,东西为石崖。石窟开凿于30多米高的石崖间。窟进深4.33米、面阔3.07米、高2.3米。前面敞口,窟口面阔2.7米、高2.2米。窟后壁下侧凿石成台基,高0.68米。台基中部雕凿道教元始天尊、灵宝天尊、道德天尊像。造像均坐于莲台之上。台基正面浮雕有6尊造像。窟东壁为八仙庆寿浮雕,近后壁处有执笏道士及文武官员浮雕像。窟口两侧各有一武士执矛或执大刀浮雕像。整个窟内共有造像53尊。该石窟释道合一,以道教造像为主,较为少见。根据造像特点推断,该石窟应为明代开凿。2003年,七里村石窟由省政府公布为第四批省级重点文物保护单位。(YYL)

石宫寺石窟 又称钟山石窟,位于子长县城西15千米的钟山山麓。钟山石窟继承发展了唐代以来的雕塑艺术,令人耳目一新。据碑石记载,其最早建于宋英宗治平四年(1067),此后历代都有重修。寺内最大的石窟属万佛洞,建在钟山岩石上,宽20米,深14米,高7米。窟内正中有东西长11.5米、南北宽5米、高2.5米的基坛,坛上有释迦牟尼雕像,两旁有文殊、普贤二菩萨和迦叶、阿难二弟子,基坛上的八根石柱及四壁上密无间隙地雕满了各种各样的大小佛像,千姿百态,把人物的心情与性格表现得淋漓尽致、惟妙惟肖。在万佛洞周围,还有一些较小的石窟,里面凿刻有石刻造像。2003年,石宫寺石窟被省政府公布为第四批省级重点文物保护单位。(YYL)

卧龙寺石刻和铁钟 位于西安古城内柏树林街卧龙寺内。依《陕西通志》卷二十八记载,本寺创建于隋代。唐代吴道子曾于寺内绘制观音像,遂称观音寺。宋代僧惠果终日高卧此寺,此后乃通称卧龙寺。但依明洪武十五年(1382)天台宗泐所建"卧龙禅寺之记"的碑文之记载,本寺原位于左街韦曲里,称为感应福应,后改今名。现存殿宇系清光绪年间所建。至近代,此寺设佛学图书馆,藏有《碛砂延圣院版大藏经》。又,寺境有石幢、唐乾宁元年(894)大悲心陀罗尼经幢、唐故卧龙寺黄叶和尚墓志铭[唐武德三年(620)时许敬宗制、欧阳询书]、印大藏经典颁赐天下碑、石塔盖石、石牌、北魏太和年间（477—499）刻制的小石佛、来自印度的贝叶真经、北宋咸平六年（1003）铸造的铁钟等物。1957年，卧龙寺石刻和铁钟由陕西省人民委员会公布为第二批省级重点文物保护单位。（YYL）

牛郎织女石刻 汉武帝元狩三年（前120），汉武帝刘彻为了征讨西南诸国，在今天的西安市长安区斗门附近开凿了用于训练水军的昆明池。在池的东西两侧分别立了牛郎和织女的石像，隔池相望，取传说中牛郎织女隔天河"盈盈一水间，脉脉不得语"之意。"石婆"织女石刻，保留在当地的织女寺中。"石爷"牛郎石刻，在一个废弃的棉花厂大院内。据说，牛郎织女石刻在"文化大革命"时未能幸免，遭到了较为严重的破坏，后来经过局部修复，才得以完整地展现。1956年，牛郎织女石刻被陕西省人民委员会公布为省级重点文物保护单位。（YYL）

李晟碑 原位于西安城东北高陵县榆楚乡马北村东渭桥北李晟墓西北200米处。李晟（727—793），字良器，洮州临潭（今属甘肃）人，唐宰相、军事家。唐德宗时，朱泚作乱，李晟率兵平叛，在东渭桥畔与朱泚激战获胜，收复了京城。李晟碑由裴度撰文，柳公权书丹，俗称三绝碑。自唐迄今，渭水北移4千米，为防止此碑没入渭水，迁碑至高陵县文化馆。为了加强保护，现移至高陵县第一中学校园内。1956年，李晟碑被陕西省人民委员会公布为省级重点文物保护单位。（YYL）

磻溪宫碑刻 现存宝鸡市陈仓区磻乡磻溪宫小学院内，包括"丘长春内传碑"和《道德经》经幢碑。丘长春内传碑通高3.9米，身高2.5米，宽1.19米，厚0.26米，首高1.4米，座埋入土中，尺寸不明。半圆形碑首，圭额有浮雕二龙戏珠图案。元至元十八年（1281）二月李道谦题，袁志安书，方志正等立石。1992年，磻溪宫碑刻被公布为第三批陕西省重点文物保护单位。（YYL）

九成宫醴泉铭碑 唐代碑刻。唐贞观六年（632）镌立于麟游（今属陕西）。魏徵撰文，欧阳询正书。记述唐太宗李世民在九成宫避暑时发现醴泉之事。笔法刚劲婉润，兼有隶意，欧阳询书写此铭时，年已76岁，其书法艺术已是炉火纯青，加之又是奉敕用心之作，因而，此铭是书家之代表作。自古以来，此铭一直被誉为"楷书之极则"，备受人们喜爱。1956年，九成宫醴泉铭碑被陕西省人民委员会公布为省级重点文物保护单位。（YYL）

陀罗尼经幢 经幢，俗称经塔、石塔，亦称八棱碑、四棱碑，唐时多称宝幢、花幢。现陈列于铜川玉华博物馆的唐穆宗长庆元年（821）陀罗尼经幢，原为铜川市城区黄堡镇圪罗寺（亦称南寺）故物。陀罗尼经幢通高5.33米，由基座、幢体、宝盖三大部分组成。为八棱柱体，16层，下大上小，青石质。基座5层，分层刻神像、力士、伎乐、瑞兽、莲瓣等。幢身刻佛顶尊胜陀罗尼经序全文，经长期风化侵蚀，字迹漫漶不清，多已无法辨识。幢身上覆八角形宝盖，每角各雕出一狮头，中间雕阳线纹垂幔，宝盖之上为小八棱形矮柱,上接方形矮柱,其上有方形城郭,每面有城楼3座,城外浮雕牵马人和游人等,城郭之上立一圆形矮柱,雕缠枝植物图案,其上又托圆形覆莲状石刻,上立方形短柱,每面凿龛,浮雕一佛二菩萨,中间佛像结跏趺坐于莲花台上,菩萨站立两旁,足下踩莲瓣,短柱之上复置圆形宝盖,形状与西安碑林唐连石台孝经祥云宝盖碑顶十分相似。宝盖上又立圆形矮柱,周围雕刻羽人像,轻盈洒脱,逼真生动,上又置八角攒尖屋顶,顶下刻飞天,檐各角并刻有兽首,顶为葫芦形宝盖。整个经幢全部采用垒砌的方法筑成,结构严谨、富于变化,展现了我国古代高超的造型艺术和精湛的雕刻艺术,是陕西省现存经幢中历史最悠久,保存最完整,造型最高大的,也是我国唐代石刻建筑保存至今不可多得的艺术珍品。1957年,陀罗尼经幢被陕西省人民委员会公布为第二批省级重点文物保护单位。(YYL)

云麾将军碑 《云麾将军碑》全称《唐故云麾将军右武卫大将军赠秦州都督彭国公谥曰昭公李府君神道碑并序》,亦称《李思训碑》,碑文记载李思训(653—718)系出唐代宗室,并及一生功名仕宦重要事,李邕撰文书碑。该碑立于唐代右武卫大将军李思训墓道,在今蒲城桥陵。碑建于何年迄今未获定论,然可知在唐玄宗开元八年(720)以后。《金石萃编》载:"碑高一丈一尺三寸六分,宽四尺八寸五分。字共三十行,满行七十字。"碑石下半段文字残缺甚。李邕以文才著称于世,尤其长于撰写碑志。此碑用行书写成,可谓碑之变格,笔势劲健,转折顿挫,顾盼有神,明人评鉴为传世李书第一。1956年,云麾将军碑被陕西省人民委员会公布为省级重点文物保护单位。(YYL)

蒙汉合文碑 立于合阳县城西门外路北,又叫御宝圣旨碑。此碑刻于元延祐六年(1319),碑高2.35米、宽1米、厚0.31米,座长1.40米、宽0.7米、高0.33米。碑圭额阴纹,篆刻"御宝圣旨"四字,两边为阴线刻缠枝蔓草纹,碑文上边为蒙文,下边是汉文,内容为元代诸帝保护寺院的谕旨。碑阴有文,除年月和落款有别外,其余都与阳面相同。1985年于碑端建砖亭保护。1957年5月31日,蒙汉合文碑被陕西省人民委员会公布为第二批省级重点文物保护单位。(YYL)

李元谅碑 现存于华县人民政府院内。碑高4.45米、宽1.57米、厚0.41米。碑头为六螭首,雕刻雄健,碑侧雕饰蔓草花纹。碑文共32行,每行65字,李彝篆额,张哲撰文,韩秀弼书。篆额书曰:"大唐镇国军陕西节度使右仆射李公懋功昭德颂。"李元谅(732—793),祖籍安息(今伊朗),本姓安,后改姓骆,名元光。因功,唐德宗赐李姓,改名元谅。该碑在明万历六年(1578),知州石元麟从废署草丛中移置现址。1957年,李元谅碑被陕西省人民委员会公布为第二批省级重点文物保护单位。(YYL)

5. 近现代重要史迹及代表性建筑

红二十五军司令部旧址 位于汉中市洋

县华阳镇红石窑村。1935年3月8日，以程子华为军长，徐海东为副军长，吴焕先为政委，郑位三为政治部主任的红二十五军由鄂豫皖根据地北上抗日，途经洋县，驻军华阳。军司令部设在距洋县华阳镇5千米的红石窑村余家大院内，军首长住在司令部内。二十五军在华阳驻军期间，这里成为华阳苏区军事政治中心。其时，余家大院共有两大院落65间房屋，规模宏大，红二十五军离开华阳后，游击队又遭失败，余家大院遭国民党"围剿"部队拆毁损坏。新中国成立后，党和政府对遗迹积极进行了保护。现存有房屋两大院11间，古柏44棵，存有当年红军使用过的刀、枪100余杆，红军书写的标语及部分物品。红二十五军司令部旧址为近现代重要革命历史史迹及代表性建筑，是汉中市爱国主义教育重点基地。2011年4月被评为"全国红色旅游经典景区"及"全省党史教育基地"。1992年，红二十五军司令部旧址被公布为省级重点文物保护单位。（YYL）

红三军军部旧址 位于丹凤县县南50千米的竹林关镇政府院内。1932年冬，中国工农红军第三军，自豫入陕，武关激战后，曾在竹林关短暂休整。其时军长贺龙的军部，驻扎街东南的船帮会馆。建于光绪二十二年（1896）的会馆有前后大殿各3楹、乐楼1座、厢房6间。据贺龙《回忆录》载，当时由于中共中央代表夏曦推行极"左"路线，取消红三军各级党团组织，将肃反委员会凌驾于全军各级组织之上，搞肃反扩大化。曾屈杀一批高中级红军干部和战士，并在会馆收缴了军长贺龙、政委关向应的警卫员枪支，妄图加害贺龙，然未得逞。1992年，红三军军部旧址被列为省级重点文物保护单位。（YYL）

中山图书馆旧址 位于西安市南院门53号院内。1909年8月，在西安梁府街原梁化凤府（现青年路共青团西安市委所在地）学务公所内建成陕西图书馆。民国四年（1915）5月，因梁府街旧馆址馆舍地僻狭窄、交通不便，图书馆迁至当时西安政治、文化、经济中心地带的南院门街之南院（清代巡抚部院，民国后为省议会所在地）东隅"劝工陈列所"地址。"劝工陈列所"附设于图书馆，并兼有西安碑林，定名为"陕西图书馆"，此后曾多次更名为"陕西省立中山图书馆""陕西省立西京图书馆"等，直至2001年迁至长安北路与南二环交会处目前的陕西省图书馆所在地。2003年，中山图书馆旧址被列为第四批省级重点文物保护单位。（YYL）

革命公园 位于西安西五路北侧，占地99990平方米。1926年春，北伐战争前夕，匪首刘镇华在张作霖等的支持下，纠集一支号称十万人的部队，企图攻占西安，为北洋军阀扩大地盘。刘镇华围城8个月之久，放火烧掉城外10万亩麦田，强征民夫在城周围挖掘了一条3千米的断绝沟，企图迫使全城军民投降。国民军将领杨虎城、李虎臣带领全城军民坚守西安。后冯玉祥大军入陕，粉碎了刘镇华的阴谋，时称"二虎守长安"。在守城期间，死难者5万人左右，占当时城内人口的四分之一。1927年2月，为纪念西安的死难军民，冯玉祥率众公祭，建革命公园，负土筑冢，建立烈士祠和革命亭，供市民凭吊纪念。西安解放后，人民政府拨款对公园进行了整修，并广植树木万株，建筑花坛、亭台，并开辟了莲池。1952年为纪念王泰吉、王泰城烈士，在公园东南角建烈士亭，亭内有纪念碑。革命亭前喷水池，立有太湖石，相传为唐兴庆宫遗物，在园中自成一景。2003年，革命公园被省政府公布为省级重点文物保护单位。（YYL）

马栏革命旧址 位于旬邑县马栏镇，距旬邑县城53千米。土地革命战争时期，马栏是陕甘边革命根据地的中心和重要活动地区之一，中国工农红军陕甘游击队在此驻扎和活动。抗日战争与解放战争时期，马栏是陕甘宁边区的南大门，是圣地延安的前沿哨所，是关中分区政治、军事、经济中心，是仁人志士和军需物资通往延安的重要驿站和红色通道，是培养革命干部的摇篮。旧址遗存有关中分区、陕西省委、关中地委旧址，红二十六军成立地旧址，陕甘宁边区第二师范旧址，"工字房"，七孔桥和烈士陵园等。2003年，马栏革命旧址被省政府公布为省级重点文物保护单位。（YYL）

中国人民抗日红军前敌总指挥部暨八路军总部旧址 位于泾阳县云阳镇。1937年1月底，中国工农红军前敌总指挥部从陕西省泾阳县安吴堡移驻至该县云阳镇。1月30日，周恩来、博古、叶剑英到达云阳，同张闻天、彭德怀、任弼时、杨尚昆、左权等召开紧急会议，研究东北军要红军协同作战问题。当晚，周恩来、博古、叶剑英赶回西安把会议决定告诉杨虎城和东北军。2月后曾一度迁往淳化县城。7月18日，彭德怀、任弼时在此召开红军党的高级干部会议，23日，红军总司令朱德和随后来到的周恩来、博古等也参加了会议。会议讨论红军改编和开赴抗日前线等问题，会议开至27日。8月25日，中共中央革命军事委员会发出改编命令，宣布中国工农红军第一、第二、第四方面军和陕北红军改编为国民革命军第八路军。红军前敌指挥部改为第八路军总指挥部，朱德为总指挥，彭德怀为副总指挥，叶剑英为参谋长，左权为副参谋长，任弼时为政治部主任。八路军下辖第一一五、一二〇、一二九3个师。1937年12月，南方的红军游击队改编为新四军。2003年，中国人民抗日红军前敌总指挥部暨八路军总部旧址被公布为省级重点文物保护单位。（YYL）

龙首坝 龙首坝是一座石拱滚水坝，它横跨于澄城县交道镇樊家川行政村管辖的状头村村西，处于与蒲城县西头乡交界的洛河下游。因建于汉武帝时创建的龙首渠的渠首段而得名。该坝于民国二十四年（1935）建成，位于交道镇西南8.5千米处，距离县城17千米。坝为石拱滚水坝，坝轴为弧形，坝面为渥奇式。坝高16.2米，顶长187.67米，顶宽5米，坝基最大宽22.5米。坝体用工157669个，用石料20525立方米，用沙7290立方米，用水泥12092桶，支付银元217881元。该坝是由著名爱国将领杨虎城倡导，近代水利科学家李仪祉主持规划，总工程师孙绍宗率队勘测并全面负责工程实施，工程师李奎顺具体设计，于1934年5月动工兴建，次年6月竣工。当时的中央国民政府主席林森亲笔题写了"龙首坝"坝名，并在坝东建亭立碑留念。龙首坝纪念亭仿古木结构建筑，古朴大方。2003年，龙首坝被省政府公布为省重点文物保护单位。（YYL）

哈镇马占山抗日活动旧址 府谷县哈镇解放前称哈拉寨，位于陕北陕蒙交界处。抗日战争时期，这座古镇曾是抗日英雄马占山将军及其所属东北挺进军的军部、黑龙江省政府的省府所在地。从1938年5月到1945年8月抗日战争胜利后撤离，马占山在哈拉寨驻守了7年多。马占山在哈镇期间，坚守河防的同时，积极发展地方经济，特别是在文化、慈善、教育等方面，做出了不懈努力。1944年，马占山捐资15万元，兴建了中山中心学校（今府谷县哈镇学校前身），在校内修建了秀芳图书馆、中山堂等。保留至今的秀芳图书馆为二层建筑，现为府谷县重点保护文物建筑。马占山还积极发动官兵协助地方修桥补路，修筑河堤，开办纸坊、油坊、军鞋厂等，发展地方经济，并设立集市，加强蒙、汉物资交流。马占山治军严肃，对官兵一直管束极严，对违反军纪和有损于老百姓切身利益的，坚决予以严惩。并于1942年在哈拉寨建造了现代史上第一座"抗日阵亡将士纪念塔"。塔旁建有忠烈祠，祠中祭立着2000多名抗日阵亡将士的牌位。马占山亲笔撰写了抗日碑记，记叙了九一八事变以来，东北挺进军抗击日本侵略军的主要战斗经历和日本侵略军的罪恶行径。2003年，哈镇马占山抗日活动旧址被省政府公布为省级重点文物保护单位。（YYL）

神泉堡中共中央驻地旧址 位于佳县神泉堡村，因村南山崖上两股日夜长流、清凌凌的泉水而得名，距佳县县城7千米。1947年9月23日，毛泽东率领中央机关来到神泉堡，住进当地群众高继荣家。高继荣家为陕北典型的窑洞院落，北窑7孔，东西窑各3孔。毛泽东、周恩来、任弼时、江青、汪东兴当年就住在北窑里，窑洞及院落现保存较好。窑洞内现存有毛泽东、周恩来等用过的方桌、木椅、砚台等办公生活用品80多件。在这里，毛泽东起草了《中国人民解放军宣言》和《中国人民解放军总部关于重行颁布三大纪律八项注意的训令》等重要文件。此外，在神泉堡，党中央批准的《中国人民解放军口号》《中国土地法大纲》和《中共中央关于公布中国土地法大纲的决议》，都从这里通过文件、电报、广播，发向全国各解放区的党、政、军领导机关，公布给全国人民。2003年，神泉堡中共中央驻地旧址被省政府公布为省级重点文物保护单位。（YYL）

李鼎铭陵园与故居 李鼎铭是中国近代著名的爱国民主人士，提出了"精兵简政"的伟大提案。李鼎铭陵园与故居位于米脂城东20千米的桃镇村。陵园是周恩来总理批准并于1959年修建，它将陕北传统的墓建和现代陵园建筑巧妙融为一体，设计工巧，修造精湛，登山瞻仰，令人肃立。庄严雄伟的塔形纪念碑上镌刻有中共中央、毛泽东主席和西北局题赠的挽词。李鼎铭故居坐落在陵园下的黄土坡上，是5孔典型的陕北窑洞，辟为李鼎铭纪念馆。景区环境清新自然，天籁独具，与李鼎铭先生慎思博学的人格融通。2003年，李鼎铭陵园与故居被省政府公布为省级重点文物保护单位。(YYL)

青阳岔中共中央驻地旧址 位于靖边县青阳岔镇，距县城50千米，在307国道旁。是当年区政府驻地。1947年4月5日，毛泽东、任弼时、陆定一等中央领导同志及所率部队由石家湾到达青阳岔镇。4月9日，中共中央向全党发出了《中共中央关于暂时放弃延安和保卫陕甘宁边区的两个文件》，其中的《四九通知》就是毛泽东在青阳岔起草的。4月10日周恩来副主席由山西临县到达青阳岔。4月13日毛泽东率部与群众告别，沿川道，经卧牛城，向安塞王家湾转移。当年8月1日，中央机关部队由小河经前河寨、卧牛城，又回到青阳岔。于8月3日9时离开青阳岔，沿大理河向东挺进。毛泽东在青阳岔先后居住了11天。旧址为5孔土窑洞，左起第一孔为任弼时居室，第二孔为毛泽东居室，第三孔为周恩来居室。1969年，靖边县革命委员会对旧址进行了维修和布置，成立了毛主席旧居革命纪念馆。室内现陈列有毛泽东、周恩来、任弼时当年使用过的桌、椅、凳等物品。2003年，青阳岔中共中央驻地旧址被省政府公布为省级重点文物保护单位。(YYL)

小河会议旧址 小河会议旧址是中共中央1947年转战陕北时生活战斗过的地方，位于靖边县城东南40千米处的小河乡小河村，307国道穿村而过。1947年6月8—9日，6月17日至8月1日，中共中央先后两次在这里共驻扎了47天。7月20—23日毛泽东在小河主持召开了前委扩大会议（小河会议），出席会议的有毛泽东、周恩来、任弼时、彭德怀、习仲勋、贺龙、陈赓、王震、杨尚昆、陆定一、林伯渠、贾拓夫、张宗逊、张经武、马明方、李井泉、王铮，胡乔木担任会议记录。会议主要研究确定我军由战略防御转入战略进攻的革命路线，此次会议在解放战争和中国革命历史中都具有十分重要的意义。1947年7月1日，中共中央在这里召开了纪念中国共产党诞生26周年纪念大会。2003年，小河会议旧址被省政府确定为第四批省级重点文物保护单位。(YYL)

南丰寨会议旧址 景色秀丽的南丰寨位于子洲县城东5千米处的苗家坪镇大理河南岸，地势险要。因山上曾建有寨堡，所以叫作南丰寨。这里是集自然景观、道教文化和红色革命遗址为一体的旅游景区。1928年4月，中共陕北第一次党的代表会议——南丰寨会议在山上祖师庙里召开。会议历时3天，传达了党中央"八七会议"和省委"九二六"扩大会议精神，讨论了陕北当时的革命形势和任务，通过了组织、宣传、军事和农、青、妇运等工作的原则决议，选举成立了中共陕北党、团特委。中共陕北特委的建立，统一了陕北党、团组织的领导，加快了陕北党、团组织的恢复和发展，使陕北的革命力量从敌人严重破坏下迅速发展起来，有力地推进了陕北地区的革命斗争，为陕北革命根据地的建立，奠定了坚实的组织基础，为后来党中央把革命大

本营放在陕北创造了极为重要的条件。2003年，省政府将南丰寨会议旧址公布为第四批省级重点文物保护单位。（YYL）

太相寺会议旧址 位于延川县西部的关庄镇太相寺村。据碑文记载，太相寺村建于清咸丰五年（1855），村旁有一大寺院，光绪元年（1875）前一直叫大相寺，后演变成太相寺。1936年5月10日，毛泽东从杨家圪台村出发来到太相寺，在村民张克让的窑洞里住了10天。这期间，在太相寺寺院的一间房子里，毛泽东主持召开了红军在陕北的团以上干部会议，中央领导人张闻天、周恩来、王稼祥、秦邦宪（博古）、彭德怀、叶剑英、杨尚昆、杨立三、黄克诚、林彪、聂荣臻、左权、徐海东、程子华、周士第以及80余名师、团级干部参加了会议。会议总结了东征、部署了西征，批评与纠正了林彪等人在东征期间不顾大局所表现出的本位主义、自由主义等错误思想。5月18日，毛泽东、周恩来、彭德怀在太相寺联名发布了《关于西征战役的行动命令》。当年的太相寺会议旧址仍然完好如初，现为太相寺学校的会议室。2003年，太相寺会议旧址被省政府公布为省级重点文物保护单位。（YYL）

二战区长官部旧址 秋林二战区长官司令部位于宜川秋林镇，西距县城15千米，东临黄河壶口瀑布30千米。该旧址共有窑洞36孔，为块石砌筑窑洞，建筑面积2106平方米。共陈列文物130余件，图片、油画、文字资料447件。1938年，日本侵略军围攻吉县，国民党第二战区长官司令阎锡山率领部队同山西省主席赵戴文于3月20日由小船窝西渡黄河，驻扎秋林镇，主要机关单位驻扎达数年之久。1939年12月6日，八路军副总司令员彭德怀在此与阎锡山调解新九军武装冲突。1940年2月25日，党中央派留守处主任肖劲光和八路军副参谋长王若飞在此地同阎锡山进行谈判。1939年3月，臭名昭著的"秋林会议"在此召开，拉开了阎锡山公开反共的序幕。目前，该旧址保存完好。2003年，二战区长官部旧址被省政府公布为省级重点文物保护单位。（YYL）

东村会议旧址 位于富县北道德乡东村。原为一天主教堂，建于1934年，建筑为四合院形式，坐东面西，三面环谷。在距教堂南侧30米处的沟畔有三孔土窑洞，是当年毛泽东指挥直罗镇战役时居住过的地方。1935年10月11日，直罗镇战役之前，毛泽东率领的中央红军到达东村，在东村福严院塔（现属省级重点文物保护单位）下同徐海东率领的红15军团会师，开始了直罗镇战役的战前准备工作，并在这里指挥了举世闻名的直罗镇战役。直罗镇战役胜利后，毛泽东于11月30日在教堂内主持召开了营以上干部会议，在会上作了《直罗镇战役同目前的形势与任务》的报告，对直罗镇战役的伟大胜利作了全面的历史性总结。直罗镇战役的胜利，彻底粉碎了国民党对陕甘革命根据地的第三次"围剿"，给党中央把全国革命大本营放在西北的任务举行了一个奠基礼。2003年，东村会议旧址被省政府公布为省级重点文物保护单位。（YYL）

西北联大工学院旧址 位于汉中市城固

县西南约9.4千米的董家营乡古路坝村。1937年7月7日，卢沟桥事件爆发，平津失守。北京、天津等地一些高等院校，在闻一多、李公朴等教授的带领下，迁至云南昆明，成立了"西南联合大学"；另一部分院校，如北平师范大学、北平大学、北洋工学院等在李书田、李蒸等教授的带领下，于同年9月迁校西安，成立了"国立西安临时大学"。不久，南京沦陷，潼关告急，校址又迁到汉中，分置在南郑、勉县、城固三县六地，成立了"国立西北联合大学"。1939年8月各校独立设置。在城固设立的大学有西北大学、西北师范学院和西北工学院。西北工学院被分置在城固县古路坝，一大批在国内外享有盛名的教授，如张伯声、潘承孝、李西山、李廷魁、周宗莲、李仪社、李仙丹等都云集在此，为国家培养急需人才。广大学生包括在这里的西北师范大学（即现在的北京师范大学）附中的学生，更是不忘国耻，坚持刻苦学习。使这里成为了唤醒民众、启迪智慧、追求真理、寻求幸福的所在地。古路坝与华西坝、沙坪坝成为抗战时期全国著名的三坝。1944年，西北师范大学附中迁址甘肃兰州，1946年西北工学院迁址咸阳，校址空。2003年，西北联大工学院旧址被省政府公布为省级重点文物保护单位。（YYL）

长安郭氏民宅 长安郭氏民宅亦称马厂民宅馆，位于西安市长安区王曲街道马厂村，是目前西安地区规模最大、保存较完整、馆藏文物最多，且唯一能够全面反映关中地区农耕文化的庄园式民居，也是京畿之地二百多年间仅存的一座农耕文化载体和中国封建社会典型的亦官亦商兼地主庄园式民居建筑，保留着关中地区民居四合院建筑的基本风貌。馆内现有文物太师椅18把、普通衣物29件、鞋帽10件、瓷器285件、宫灯6架、方桌1张、马车1架、牌匾3块。2003年，长安郭氏民宅被省政府公布为省级重点文物保护单位。（YYL）

万佛楼 位于榆林市城南大街中心新明楼与南城门之间，创建于清康熙二十七年（1688）。民国五年（1916）5月庙会失火，顶楼被焚毁。后该寺僧人周宽（俗名陶官府）四处化缘，集资重建。万佛楼现分三层，底层为巨砖砌筑四通街道四孔拱洞式结构，呈长方形，楼基长29.6米、宽18.4米、高9米。在四通式楼基上，建有二层木结构楼阁。分南北两院。北院紧依南主楼而建。中为三楹斗拱彩绘、飞檐翘角的观音殿，东西各设有三楹配殿。南院主楼阁为二层，呈长方形，东西12.6米，南北8.4米，总高9米余。楼东侧设有木楼梯直通顶层。二层主楼全为木结构，上下两层均斗拱飞檐，四角翘举。顶层明廊回绕，歇山楼顶覆青筒瓦屋脊。主楼东西各是三楹配殿。整个万佛楼内原曾供上千个大小不等的佛像，现已无存。2003年，万佛楼被省政府公布为省级重点文物保护单位。（YYL）

卡子黄氏民宅 位于安康市白河县卡子镇。东坝老爷湾、杨树林两座黄氏民宅，建于嘉庆二十年（1815），一进三重，全为砖、木、石结构，雕梁画栋，门楼用砖皆五面磨平，木石雕刻十分精致，凡柱皆以石础垫起，故此称为"寸木不落地"。2003年，卡子黄氏民宅被省政府公布为省级重点文物保护单

位。(YYL)

界岭张氏民宅　位于安康市白河县卡子镇友爱村七组。宅院分上、下两院，相距300米左右，均建于清代同一时期。两院坐东北向西南，坐落在界岭河畔，汉白公路对面。下院宅院占地约3000平方米，为两幢各一进三座院落，两墙相距0.8米，形成正方形整体，中轴线自西向东依次分为大门、前庭、中堂、后室，甬道及两个天井，两侧有厢房。主体建筑为砖木结构，硬山灰瓦顶，抬梁式构架，房屋以西设封风墙，飞檐以龙、凤等为主要造型，简洁别致、栩栩如生。檐下施水墨彩绘，回廊、栏杆、窗棂均为镂雕，大门为石雕门坊，额题"振否鼓家"四字。大门两侧高3.64米的石门壁上雕刻楹联，左为"两岸绿杨一湾芳草即此是江陵胜概"，右为"庭前孝养门内出声何处访珂里名家"。南幢建筑风格与北幢大致相同，中轴线从西向东依次分为大门、前厅、天井、中庭、天井后堂。前厅两侧的厢房为青石磨制的圆形门洞，门槛、窗棂均为镂雕。门额为"树德务滋"四字，中庭石雕门额四字为"孝友世家"，檐下水墨彩绘。2003年，界岭张氏民宅被省政府公布为省级重点文物保护单位。(YYL)

凤凰街民居　位于秦岭腹地柞水县凤凰镇营盘山脚下的凤镇街村，重点保护范围为凤凰街老街135号至433号。始建于唐武德八年（625），系由吴楚等地53户首批移民接受朝廷均田，来此开发垦殖所形成的居民点。凤凰街民居是陕南地区独一无二的、保存完好的商铺民居建筑群落。现存缫丝坊、丝织坊、杂货铺、铁匠铺、药铺、裁缝铺等，为研究明清、民国时期手工业发展和商业活动提供了依据，对研究长江走廊楚文化建筑风格有一定帮助。这里也是陕南明清居民古建筑的珍贵标本。因地处秦楚交汇地带，对于研究秦楚文化交融和移民文化以及建筑史学、城市发展史学、民俗学等，都有极高的参考价值。2003年，凤凰街民居被省政府公布为省级重点文物保护单位。(YYL)

6. 其他

富平铁佛　位于富平县西北17千米的觅子乡南张村，是全国第二大铁佛。属于金代创建的铁佛寺遗物，由于寺院屡建屡毁，仅留此佛，基本完好。铁佛造像是座像为一体。座分两层，下层高0.08米，为八角形，每面长0.84米。上层高0.37米，周边铸仰莲瓣32枚，分内、外两层，围成圆形，托于八角底台上。像高5.32米，身着袈裟，袒胸跣足，面部丰满，唇微启，端庄肃穆，右手上举做"无畏印"，左手举至胸侧，稍高于肘，做"与愿印"，屹立于莲台上，风神俊逸。在莲台平面、佛像袈裟前左皱褶处和莲台背面三处阳刻铭文有"大定二十一年（1181）二月二十日，同年五月树像竣工""施主富平县令杨思聪、武盛将军李富、李宜人……"造像塑铸得惟妙惟肖、巧夺天工，对研究我国金代冶铸技巧、雕塑艺术及社会风俗习惯提供了可靠的实物依据。1992年，富平铁佛被公布为省级重点文物保护单位。(YYL)

卢舍那铁佛　寿圣寺卢舍那铁佛，金代所铸，位于麟游县丈八镇丈八村瓦子塬村民小组。寿圣寺寺院坐北向南，西北距甘肃灵台县1千米，南距丈八镇政府3千米。寺院位于塬顶最高处，视野开阔，地势险峻，俯瞰陕甘，一览无余。其寺南有古槐一棵，称为"九股槐"，主杆直径1米，枝叶繁茂。丈八村小学设在原寺院内，寺院现仅存卢舍那佛殿一座三间，铁铸佛造像坐落在殿正中。1985年麟游县政府将寿圣寺卢舍那铁佛像公布为县级重点文物保护单位；1992年省政府将其公布为省级重点文物保护单位。（YYL）

西原化石出土地 位于旬邑县后掌乡西塬村南坡头组南，面积约1750平方米。1975年，在距地表25米的第四纪黄土层中出土了西原古象骨架化石，在该地同时出土了生活在同一时代的板齿犀牛化石。这些动物化石的出土，对于研究黄河中游黄土高原的古地质、地貌、气候以及古生物的演变进化提供了重要资料。2003年，西原化石出土地被省政府公布为省级重点文物保护单位。（YYL）

二 非物质文化遗产

（一）世界级非物质文化遗产

西安鼓乐 西安鼓乐的宫调体系、谱式、曲目来源、曲式曲体结构、乐器形制、表演形式和技巧等等，都与唐、宋、元、明、清以来的音乐（包括曲艺与戏曲音乐）、宗教、历史等有着密切关系。值得注意的是西安鼓乐不仅保存着大量唐曲名录中的曲谱，有着暗合唐代大曲结构的大型套曲，而且，它一直在使用着宋代流行的工尺谱——与姜夔基本全同的俗字谱。西安鼓乐是一个曲调丰富，形式严谨，风格鲜明，价值极高的古老传统音乐乐种，其曲调极为丰富，形式严谨，风格鲜明，其依附于民间宗教聚会（庙会）的"迎神赛会"和民俗中的"祈雨"、寿丧等活动。依照活动的内容和过程，形成了各有不同仪仗、仪式和曲目的"行乐"与"坐乐"两种表演形式。其曲目内容包含了唐宋以来的大曲、宫廷燕乐、教坊大乐、宗教吟唱、戏曲曲艺音乐、民间小调等极其丰富、极具艺术价值和历史价值的曲目和曲谱。其曲体曲式结构：一是以鼓曲为组织和演奏的框架；二是曲目的联缀变化运用有严格的程式。曲目的数量、种类之多，在民间传统音乐领域的乐种中最为丰富。鼓乐崇尚中正平和，追求细致细腻，形成了绝不同于一般的锣鼓鼓吹，也不同于严格意义上不用锣鼓的"细乐"，而是以锣鼓与吹管乐的融合和以鼓（曲）带乐（曲）的乐曲编配与演奏风格。在四调（宫）基础上通过艺人韵曲的乐曲创作和传承手法，使得西安鼓乐长期保持和充分发挥了传统宫调体系的运用原则。西安鼓乐的节奏、节拍结构，比较丰富地保存了中国传统音乐的节奏、节拍的形式和特点。2006年，西安鼓乐被列入国家级第一批非物质文化遗产项目，2009年，西安鼓乐入选世界级非物质文化遗产名录。（XY）

中国剪纸 中国剪纸是一种用剪刀或刻刀在纸上剪刻花纹，用于装点生活或配合其他民俗活动的民间艺术。在中国，剪纸具有广泛的群众基础，交融于各族人民的社会生活，是各种民俗活动的重要组成部分。其传承赓续的视觉形象和造型格式，蕴含了丰富的文化历史信息。剪纸作品可分为：单色剪纸、彩色剪纸和立体剪纸等几种形式。主要技巧方法有折叠、阴阳刻、刺空等。从具体用途看大致可分四类：（1）张贴用，即直接张贴于门窗、墙壁、灯彩、彩扎之上以为装饰。如窗花、墙花、顶棚花、烟格子、灯笼花、纸扎花、门笺。（2）摆衬用，即用于点缀礼品、嫁妆、祭品、供品。如喜花、供花、礼花、烛台花、斗香花、重阳旗。（3）刺绣底样，用于衣饰、鞋帽、枕头。如鞋花、枕头花、帽花、围涎花、衣袖花、背带花。（4）印染用，即作为蓝印花布的印版，用于衣料、被面、门帘、包袱、围兜、头巾等。中国剪纸起源于2000年前西汉武帝时期的咸阳甘泉宫，有着古老原始的文化基因，在漫长的历史传承中，作为中国人的世俗生命情感载体，体现出传统的阴阳哲学和生命信仰，流传至今，依旧以其强大的生命力而作用于我们的民俗生活之中。旬邑已故剪纸大师库淑兰，早在1996年被联合国教科文组织授予"中国民间工艺美术大师"称号，以她为代表的咸阳剪纸将成为这一世界文化遗产的重要组成部分。作为一种历史文化内涵最丰富和最具代表性的民族艺术形式，全人类的共同文化遗产将受到保护和传承。2009年，中国剪纸入选世界级非物质文化遗产名录。（XY）

中国皮影 中国皮影戏，又称"影子戏"或"灯影戏"，是一种以兽皮或纸板做成的人物剪影来表演故事的民间戏剧。表演时，艺人们在白色幕布后面，一边操纵影人，一边用当地流行的曲调讲述故事，同时配以打击乐器和弦乐，有浓厚的乡土气息。"皮影"是对皮影戏和皮影戏人物（包括场面道具景物）制品的通用称谓。皮影戏是让观众通过白色幕布，观看一种平面人偶表演的灯影来达到艺术效果的戏剧形式；而皮影戏中的平面人偶以及场面景物，通常是民间艺人用手工，刀雕彩绘而成的皮制品，故称之为皮影。在过去还没有电影、电视的年代，皮影戏曾是十分受欢迎的民间娱乐活动之一，其流行范围极为广泛,并因各地所演的声腔不同而形成多种多样的皮影戏,皮影戏是中国民间古老的传统艺术。据史书记载,皮影戏始于战国,兴于汉朝,兴于唐宋,盛于清代,元代时期传至西亚和欧洲,可谓历史悠久,源远流长。流传于陕西省的皮影则保留着民间说书的种种痕迹,它是近代陕西多种地方戏曲的前身。陕西皮影造型质朴单纯,富于装饰性,同时又具有精致工巧的艺术特色。陕西皮影人物造型的轮廓整体概括,线条优美生动,有势有韵,在轮廓内部以镂空为主,又适当留实,做到繁简得宜、虚实相生。皮影人物、道具、配景的各个部位,常常饰有不同的图案花纹,整体效果繁丽而不拖沓,简练而不空洞。每一个形象不仅局部耐看,而且整体配合也美,既充实又生动,构成完美的艺术整体。图中的出行图,主体人物突出,无论在色彩上还是造型上都较之仪仗人物醒目,线条的细密繁复、疏密层次以及工艺的细致都可见一斑。2006年,皮影戏被列入第一批国家级非物质文化遗产名录。2011年,中国皮影戏入选人类非物质文化遗产代表作名录。(XY)

(二)中国民间文化艺术之乡

韩城市 韩城古称"龙门"。位于陕西省东部黄河西岸,关中盆地东北隅。韩城历史悠久,境内文化自然遗存丰富多样,是首批国家级历史文化名城之一,有"关中文物最韩城"之美誉,也是世界历史文化名人——史圣、太史公马迁的故乡。1948年3月24日韩城第二次解放,初属黄龙分区,1949年6月改属大荔分区。1950年5月改属渭南分区。1956年10月直属省辖。1959年1月合阳及黄龙县白马滩公社并入韩城。1961年8月15日恢复原建制,属渭南专区。1972年3月专区改名地区,韩城仍为辖区。1983年10月经国务院批准,1984年1月改为韩城市(县级市),仍属渭南地区。1995年5月渭南地改市以后,属渭南市管辖。2012年5月,韩城市列为陕西省计划单列市。2006年,韩城市成为陕西唯一一座以县级城市身份获得"中国优秀旅游城市"的城市,韩城市拥有面积1621平方千米,辖2个街道、10个镇:新城街道、金城街道、龙门镇、桑树坪镇、龙亭镇、芝川镇、西庄镇、昝村镇、芝阳镇、嵬东镇、板桥镇、王峰镇。韩城行鼓历史悠久,俗称"挎鼓子",在韩城传布极广。在文化部公布的2008—2010、2011—2013、2014—2016年度"中国民间文化艺术之乡"命名名单上,韩城市以韩城行鼓为文化名片,荣获"中国民间文化艺术之乡"称号。(XY)

渭南市华县 华州区隶属渭南市,古称郑县,1913年改名为华县。位于秦岭东部、关中平原南部、渭河南岸,西距省会西安70余千米,东距国家级风景名胜区华山30千米。东接华阴市,西距渭南市政府驻地临渭区20千米,南依秦岭与洛南县、蓝田县交界,北临渭河与大荔县相望。地势南高北低,土地构成上是一个"六山一水三分田"的半山区县，幅员1127平方千米。2014年华县常住人口32.6万，辖1个街道、9个镇。陕西皮影在中国久负盛名，尤其是华县的皮影更是享誉在外。2005年1月，省文化厅命名华县为"陕西省民间艺术皮影之乡"，同年7月授予"华县皮影全省文化产业示范基地"称号。2006年5月，华县皮影被国务院列入国家首批非物质文化遗产名录。2008年9月，华县皮影产业群被文化部命名为国家文化产业示范基地，华县因皮影被文化部命名为2008—2010年度国家民间文化艺术之乡。（XY）

西安市户县 户县原称鄠（hù）县，1964年简化为户县。地处关中渭河流域，土地肥沃，气候温和，南依世界地质公园秦岭终南山，北至渭河。总面积1282平方千米，户籍总人口61万（2014年底），辖16镇1个森林旅游景区，518个行政村、20个居委会，是蜚声中外的"中国第一画乡"。户县农民画孕育于传统的剪纸、刺绣等民间艺术，诞生于20世纪50年代，从70年代开始，不断提高、创新、升华、成熟，逐步走出户县，成为全国影响力最大的农民画乡之一，被视为中国农村文化建设的典型。1988年，户县正式被文化部命名为"中国现代民间绘画之乡"。户县因农民画被文化部命名为2008—2010、2011—2013、2014—2016年度国家民间文化艺术之乡。（XY）

商洛市镇安县 镇安县是商洛市所辖的建置之一。位于陕西省东南部，秦岭南麓，商洛市西南，汉江支流乾佑河与旬河中游，东西长175.5千米，南北宽72.5千米，总面积3477平方千米。总人口30.26万人，镇安县辖14个镇、1个街道办事处：永乐街道办事处、回龙镇、铁厂镇、大坪镇、米粮镇、茅坪回族镇、西口回族镇、高峰镇、青铜关镇、柴坪镇、达仁镇、木王镇、云盖寺镇、庙沟镇、月河镇。镇安花鼓、镇安渔鼓等5个项目被列入商洛市第一批非物质文化遗产保护名录。镇安花鼓、镇安渔鼓已被列入陕西省第一批非物质文化遗产名录。创建了30个花鼓村、渔鼓村、民歌村，先后创排了大型组合剧《百年花鼓》，大型花鼓、渔鼓旅游接待剧《栗乡神韵》和大型历史花鼓剧《聂焘》等优秀剧目。镇安县因镇安花鼓被文化部命名为2008—2010年度国家民间文化艺术之乡。（XY）

渭南市合阳县 合阳县古称有莘国，地处关中平原东北部，隶属于渭南市，总面积1437平方千米，耕地面积93.2万亩。2013年，合阳县辖12个镇、4个办事处：城关镇、甘井镇、坊镇、洽川镇、新池镇、黑池镇、路井镇、和家庄镇、王村镇、金峪镇、同家庄镇、百良镇、知堡办事处、马家庄办事处、皇甫庄办事处、杨家庄办事处。同时因为《诗经》首篇《关雎》发祥于此，被誉为"《诗经》文化之乡，中国爱情诗之源"。久远厚重的黄河文化，丰富浩瀚的诗经文化，绚烂多姿的民俗文化是合阳文化最亮丽的三大元素。在合阳，以提线木偶和跳戏为代表的民间戏曲尤为突出，曾先后出访过20多个国家，于2006年被列入国家首批非物质文化遗产名录，以面花和纸塑窗花为代表的传统美术在国内外被广泛推介。合阳县因提线木偶戏被文化部命名为2008—2010年度国家民间文化艺术之乡。（XY）

宝鸡市凤翔县 凤翔县古称雍，是周秦发祥之地、嬴秦创霸之区、华夏九州之一。地处关中平原，宝鸡市东北，县城距宝鸡市区44千米。凤翔县东西分别邻岐山县和千阳县，南北分别为陈仓区和麟游县，是陕西省首批公布的省级历史文化名城。凤翔历史悠久，先秦19位王公在此建都294年，是始皇加冕、苏轼初仕之地。千年园林东湖，西府"三绝"，是中国著名的民间工艺美术之乡，享有"青铜器之乡"和"西凤酒乡"的美誉。2014年末，全县共有12个镇，233个行政村，1973个村民小组，总户数155446户，总人口522550人，有汉族、回族、藏族、维吾尔族、土族、羌族、苗族等15个民族分布。凤翔的秦文化、凤文化、苏轼文化、凤酒文化、佛教文化、西府饮食文化和读耕文化等八大文化是凤翔历史文化的精粹所在。凤翔县因木版年画和泥塑在2008—2010、2011—2013、2014—2016年度连续荣获"中国民间文化艺术之乡"称号。（XY）

西安市周至县 周至县属西安市辖县，距西安市区68千米，周至县地处关中西部。周至是关中平原著名的大县；域内西南高，东北低，山区占76.4%。境内有道教文化发祥地、世称"天下第一福地"的楼观台，《长恨歌》诞生地仙游寺，世界第一大植物园——秦岭国家植物园。周至县是全国最大的猕猴桃生产基地、西安市区最大的供水基地和国家级生态示范县。周至环境优美、风景秀丽。秦岭有大熊猫、羚牛、金丝猴等数十种国家一级保护动物。下辖22镇376个行政村，全县总面积2974平方千米，截至2014年总人口68万。周至民间艺术源于图腾崇拜、祭祀庆祝。集贤古乐、军寨道情被誉为"音乐化石"；牛斗虎、夹板舞曾在全国、省、市获奖；秦腔源于明末，盛于当代，曲词会、自乐班、皮影、木偶常演常新；民间谣谚、传说、工艺品独具异彩；书法、体育历史悠久。周至县因鼓乐被文化部命名为2008—2010年度国家民间文化艺术之乡。（XY）

安康市旬阳县 旬阳县位于陕西省东南部，秦巴山区东段，全县总面积3554平方千米，辖21个镇（城关镇、棕溪镇、关口镇、蜀河镇、双河镇、小河镇、赵湾镇、麻坪镇、甘溪镇、白柳镇、吕河镇、神河镇、赤岩镇、段家河镇、金寨镇、桐木镇、仙河镇、构元镇、石门镇、红军镇、仁河口镇）。境内有汉族、回族、满族、朝鲜族、土家族、纳西族、蒙古族、苗族、侗族、彝族等民族分布。是省政府批准的革命老区县，全国文明村镇建设示范县，全国文化工作先进县，省级治安模范县。旬阳民歌是安康市旬阳县地方民歌之一，历史悠久，曲调丰富，种类繁多，风格迥异，是旬阳民间艺术瑰宝中一枝绽放的奇葩，也是底蕴深厚的旬阳民间文化遗产不可或缺的重要组成部分。旬阳县因旬阳民歌被文化部命名为2008—2010年度国家民间文化艺术之乡。（XY）

榆林市清涧县 清涧县古名宽州，位于黄河陕晋峡谷西岸，榆林东南部与延安交界处及无定河、黄河交汇处。是扼守延安、关中之要地。面积1881平方千米，辖9个镇：宽洲镇、石嘴驿镇、折家坪镇、玉家河镇、高杰村镇、李家塔镇、店则沟镇、解家沟镇、下廿里铺镇。清涧县的民间艺术有清涧道情、伞头秧歌、民歌等。2004年3月，清涧县被文化部命名为"中国道情之乡"。2008年，清涧道情被列入国家非物质文化遗产名录。纪录片《清涧道情》荣获"第七届中国纪录片国际选片会"优秀奖。道情剧《赛畜会》《接婆姨》获得多项省市奖励，清涧大秧歌获榆林市1991年春节秧歌汇演特等奖。摄影作品《清涧道情》《我和我的老伙计》获2010年9月美国北乔治亚国际摄影巡回展勋带奖。清涧县因清涧道情被文化部命名为2008—2010年度国家民间文化艺术之乡。（XY）

渭南市澄城县 澄城县位于陕西省东部。澄城是黄河流域的古老县份，已有四五千年的历史，古属雍之地，春秋属晋，秦始设北徵县，从北魏始建澄城县，县名县治沿用已有1540年。截至2016年7月，澄城县辖1个街道、9镇，人口38.5万。城关街道、冯原镇、王庄镇、尧头镇、赵庄镇、交道镇、寺前镇、韦庄镇、安里镇、庄头镇。澄城县文化积淀深厚，民情淳朴。澄城刺绣内涵丰富，花形简洁大方、淡雅适度、清秀劲拔，显得生动活泼。作为汉族传统音乐的鼓吹乐艺术源远流长，是汉族民间广为流传的主要乐种之一。澄城县因澄城刺绣被文化部命名为2008—2010年度国家民间文化艺术之乡。（XY）

汉中市镇巴县 位于陕西省南端，汉中市东南隅，大巴山西部，米仓山东段，被誉为陕西省"南大门"。三国蜀汉章武元年（221）析城固县南部建南乡县，辖今镇巴、西乡两县地，县城设在归仁山，即今镇巴县渔渡镇渔渡坝古城堡，此乃镇巴建县之始。清嘉庆七年（1802）析西乡南24地，取"汉定远侯封邑"之意置定远厅，其后，镇巴的县级行政区设置即稳定，曾为汉将班超的封邑。红四方面军曾在此创建川陕革命根据地，并建陕南县。县城面积3437平方千米，境内有汉族、苗族、回族、维吾尔族、壮族等民族居民，其中镇巴县是西北地区最大的苗民聚居地。镇巴县所辖21镇，分别有：泾洋镇、渔度镇、盐场镇、观音镇、巴庙镇、兴隆镇、长岭镇、三元镇、简池镇、碾子镇、小洋镇、青水镇、永乐镇、杨家河镇、赤南镇、巴山镇、大池镇、平安镇、仁村镇、黎坝镇、三溪镇。民间艺术十分繁荣，有镇巴小调、花鼓、龙舞等艺术形式，尤其是镇巴民歌歌种全、数量多、音乐美，以及参与唱民歌的人乡。镇巴县因镇巴民歌被文化部命名为2008—2010、2014—2016年度国家民间文化艺术之乡。（XY）

渭南市大荔县 大荔县古称同州，地处关中平原东部，渭河、关中平原东部最开阔地带，"千年河西地，关中米粮川"。大荔历史悠久，源远流长，是距今20万年左右"大荔人"遗址所在地，商、周时即为古郃国及古芮国所在地，也是"丝绸之路·美丽大荔"大荔国际马拉松的举办地。全县辖1个街道办事处和15个镇，272个行政村、26个社区，总人口75万，县域总面积1800平方千米，是渭南市乃至整个关中面积第一大县。大荔县级建置，设撤分合，称谓较多。自秦厉共公十六年（前461）设临晋县始，历代县名，曾有过临晋、怀德、华阴、南五泉、武乡、朝邑、冯翊、河滨、河西、临沮、同州、大荔、平民县。大荔县名，始于西晋武帝末年，因地处大荔戎国而得名，后多变更。至清雍正十三年（1735）复设大荔县，沿用至今。今之大荔县是1958年由原大荔、朝邑两县合并而成。大荔面花久负盛名，也叫"礼馍""花花馍"，是一种汉族民俗工艺品。一般在过年过节时制作。相传是由古代金石礼品和图腾演化的产物。大荔县因大荔面花被文化部命名为2008—2010年度国家民间文化艺术之乡。（XY）

榆林市绥德县 绥德县位于陕西省北部，榆林市东南部，地处陕北黄土高原丘陵沟壑区。绥德全县辖4乡12镇，661个行政村，总人口36万人。绥德历史悠久，人文荟萃，旧称"上郡古邑"，素有"天下名州""秦汉名邦"、陕北"旱码头"之美誉。1956年10月，绥德专区撤销，绥德县划属榆林专区。1958年12月，清涧、子洲、吴堡3个县并归绥德县，1961年8月划出。1969年榆林分区专员公署（榆林专区）改称榆林地区行政公署，绥德县属之，延续至今。绥德民间艺术繁荣，如：陕北说书、陕北民歌、陕北剪纸等。绥德县曾以"秧歌""石雕""唢呐""剪纸""民歌"被文化部命名为2008年度、2011—2013、2014—2016年度"中国民间文化艺术之乡"，号称"民间艺术五大之乡"。（XY）

延安市安塞县 安塞县古为白翟地，秦汉以来设置高奴县，隋唐五代为金明县，宋设置安塞堡，于蒙古宪宗二年（1252）立县，距今已有760余年。安塞地处西北内陆黄土高原腹地，鄂尔多斯盆地边缘，位于陕西省北部，延安市正北，西毗志丹县，北靠榆林市靖边县，东接子长县，南于甘泉县、宝塔区相连，属典型的黄土高原丘陵沟壑区。2016年6月，国务院同意撤销安塞县，设立延安市安塞区，以原安塞县的行政区域为安塞区的行政区域，安塞区人民政府驻真武洞街道真武街1号。安塞民间文化艺术繁荣，如安塞腰鼓、安塞刺绣等。其中安塞腰鼓、安塞剪纸、安塞民间绘画、安塞民歌被称作安塞四大民间艺术品牌，因此被文化部命名为2008—2010、2011—2013、2014—2016年度国家民间文化艺术之乡。（XY）

咸阳市旬邑县 旬邑县位于咸阳市北部，东接铜川耀州区，北依甘肃正宁，南傍淳化，西临彬县。古称豳，秦封邑，汉置县。周人先祖后稷四世孙公刘曾在此开疆立国，开创了古代农耕文明。截至2011年，全县总面积1811平方千米，辖11镇、187个行政村、29万人口。旬邑县文化艺术源远流长。《诗经》中的《豳风》《公刘》等便产生于旬邑县。在人类文明的进程中，旬邑人民还创造了丰富多彩的民间艺术，大量融合了陇东、陕北和关中的地方特色。旬邑民间剪纸和唢呐以其独特的风格赢得国内外的关注，业余文艺创作蓬勃发展。旬邑县因唢呐、绘画、剪纸被文化部命名为2008—2010、2011—2013年度国家民间文化艺术之乡。（XY）

安康市紫阳县 位于陕西省南部，地处汉江上游，大巴山北麓，隶属省安康市，县境西面与四川省万源市毗邻，东南方向与重庆市城口县接壤，交通便利，通信便捷。1949年11月30日紫阳解放后，属陕南行政公署安康分区辖；1950年2月10日陕西省人民委员会成立后，5月整编各区，紫阳县属安康专区。1969年，专区改称地区，紫阳县隶属于陕西省安康地区。2001年调整区划后，紫阳县辖21个镇。紫阳地处南北过渡地带，文化融合性强、包容性大、积淀深厚，形成了以紫阳贡茶、中国名茶之乡为代表的茶文化，以中国道教南派发祥地仙人洞（真人宫）、擂鼓台、盘龙观为代表的道教文化，以紫阳民歌（国家非物质文化遗产保护项目）为代表的传统音乐文化，以富硒绿色产品为代表的富硒文化，以紫阳蒸盆子（省级非物质文化遗产保护项目）、三转弯宴席、民间小吃为代表的饮食文化，以芭蕉口安康老地委机关旧址、东城门中原军区布告为代表的革命文化，以民间社火、跳端公、紫阳道场等为代表的民俗文化；以芭蕉口显钟沟口志留系古生物化石为代表的弓笔石文化，以瓦板岩建材及其雕刻工艺为代表的板石文化，以紫阳风物传说为代表的故事文化，以剪纸、竹编草编、根雕、土陶为代表的民间工艺文化，以瓦房店会馆群为代表的会馆文化，以汉王城、白马石、东明庵为代表的遗址文化等独具特色、脉络清晰的紫阳文化旅游体系。紫阳县因紫阳民歌被文化部命名为2008—2010、2011—2013、2014—2016年度国家民间文化艺术之乡。（XY）

铜川市宜君县 宜君县位于陕西省中部铜川市北部，关中平原与陕北黄土高原的接合部，既因宜君水而得名，又因适宜君王避暑而称谓。县域总面积1531平方千米，辖6个镇3个乡、178个行政村，627个村民小组，截至2009年总人口近10万，其中农业人口7万。县城南距省会西安120千米，北距轩辕黄帝陵27千米，210国道和铜黄一级公路穿境而过，被誉为"关中通往陕北的天桥"。20世纪80年代后，宜君农民画异军突起，参加绘画创作的本土农民达100多人。不少农民画作品参加了全国、省、市展览，有的被送往国外展出，备受赞扬。1988年，国家授予宜君县"中国现代民间绘画画乡"的光荣称号。宜君县因宜君农民画被文化部命名为2008—2010、2014—2016年度国家民间文化艺术之乡。（XY）

榆林市定边县 定边县位于陕西省西北部，榆林市最西端，陕甘宁蒙四省（区）七县（旗）交界处，古有"东接榆延，西通甘凉，南邻环庆，北枕沙漠，土广边长，三秦要塞"之说。定边县总人口33.47万人，面积6920平方千米。是陕西省的西北门户、榆林市的西大门。自古以来，商贾云集，素有"旱码头"之称。全县辖1街道办事处14镇4乡，定边物华天宝，人杰地灵，是陕西一颗璀璨的"塞上明珠"。定边是"中国新能源产业百强县""国家首批绿色能源示范县""全国绿色环保节能示范县""中国马铃薯特产之乡""中国马铃薯美食之乡""中国民间剪纸艺术之乡""陕西省现代农业示范基地"等。其文化艺术内容丰富，形式多样，有民歌、陕北说书、剪纸等。定边县因定边剪纸被文化部命名为2008—2010年度国家民间文化艺术之乡。（XY）

宝鸡市陈仓区 宝鸡市城区之一，位于陕西省西部，西与甘肃省天水市、清水县相邻。地处秦岭山地、关中平原、黄土高原过渡区，地貌由山、塬、川组成。属大陆性暖温带季风气候，年均气温13℃，年降水量701毫米。主要河流有渭河、千河、金陵河。宝中铁路与陇海铁路交汇于此，310国道、G30西宝高速公路和210省道、212省道过境。面积2517平方千米，人口60万。陈仓区是社火艺术之乡，各村都有耍社火的传统和服装道具。对传统的民间社火进行了艺术创新，使这项古老的艺术成为全省乃至全国一绝，先后应邀赴德国、泰国、香港等地演出，颇受欢迎。有社火马勺脸谱、泥塑等，还有张翠香的刺绣作品、杨清俊的布制品、王卫东的剪纸作品也远销海内外，这些精品都成为陈仓区文化产业发展的亮点。陈仓区因陈仓社火被文化部命名为2008—2010、2011—2013年度国家民间文化艺术之乡。（XY）

汉中市洋县谢村镇 谢村镇位于汉江北岸，属汉中市洋县西部的一个镇，距县城西10千米，1984年由谢村乡设为建制镇，2011年7月将胥水镇合并为谢村镇。阳安铁路、108国道、西汉高速公路过境，设有洋县等火车站。古迹有智果寺藏经楼、良马寺觉皇殿，均属省级重点保护文物。行政区域面积74平方千米，镇辖28个行政村，总人口6.5万人，谢村镇是一个具有丰富文化底蕴、旅游资源的一类经济强镇，境内不但有省级一类文物保护单位——智果寺、著名风土游观——东韩民居、观光旅游名山——丰都山、醇香的谢村黄酒闻名海内外，还有国家级非物质文化遗产《智果悬台社火》《汉调桄桄》，省级非物质文化遗产《范坝社火鼓》。洋县谢村镇因谢村镇社火被文化部命名为2008—2010年度国家民间文化艺术之乡。（XY）

汉中市汉台区龙江镇 龙江街道汉中市汉台区辖。因地处褒河（古称龙江）东岸而得名。1992年改龙江镇、舒家营街道。1996年，龙江镇面积26.5平方千米，人口2.6万人，18个行政村。舒家营街道面积8.2平方千米，人口1.2万人，辖三里店、沙沿、舒家营、谷部、小店、河坝6个行政村。2011年7月撤销龙江镇和舒家营街道，合并设立龙江街道。2011年末，辖区总人口4.8万人。传说龙能行云布雨、消灾降福，象征祥瑞，所以以舞龙的方式来祈求平安和丰收就成为全国各地汉族的一种习俗。龙江在古"褒国"境内，早在120万年前就有人类活动的南郑梁山龙岗寺与龙江隔江相望。诗经《汉广》中所载的昔汉游女所游之处的汉庙堆就指今日龙江镇境内的孤山。龙舞是优秀汉族民间文化艺术，历史悠久，门类众多的龙江龙舞，

在龙舞大家族中具有浓郁的地域色彩。汉台区龙江镇因龙舞被文化部命名为2008—2010年度国家民间文化艺术之乡。（XY）

汉中市洋县洋州镇 地处洋县县城，是全县政治、经济、文化中心。全镇辖5个办事处、6个社区居委会、13个行政村、100个村民小组，5.4万人，其中农业人口1.9万人。总面积29平方千米。2015年6月28日，撤销洋县白石镇、四郎镇、洋州镇，设立洋州街道办事处和纸坊街道办事处。洋州镇架花焰火是一种世代传承的宫廷焰火，种类有80余种，多以历史人物故事为表演形式，人文色彩浓，艺术效果持久。洋州镇因焰火被文化部命名为2008—2010年度国家民间文化艺术之乡。（XY）

渭南市合阳县甘井镇 甘井镇地处合阳县城10千米处，耕地面积10.4万亩，辖24个行政村，76个自然村，129个村民小组，2.8万人口。曾是新石器、仰绍等时期先人集居之地，历史悠久，文化积淀深厚。曾是汉武帝多次巡游驻跸之地，留下了不少千古动人的美丽传说，且东凝滔滔黄河之灵秀，西承华夏始祖轩辕黄帝之禄光，千年古风孕育和滋润着这块古老的黄土地，历朝历代虽未出过什么名赫位显的达官贵人，但却培养和孕育了一茬又一茬、一代又一代的民间艺术家，促进了历史发展，推动了社会进步，被人们传为佳话。甘井面花、剪纸艺术神形兼具，栩栩如生，被誉为"华夏一绝"，驰名中外。甘井镇文化站被评为省级示范单位称号。合阳县甘井镇因面花被文化部命名为2008—2010年度国家民间文化艺术之乡。（XY）

宝鸡市千阳县南寨镇 南寨镇位于千阳县东南部，距县城6千米。域内面积112.8平方千米，耕地43200亩，辖15个行政村，10个村民小组，5433户，21046人。千阳县南寨刺绣历史悠久，风格独特，其主要特点为：构图质朴，造型夸张，色彩鲜明，粗犷大气；保留着先祖图腾信仰之符号，生殖崇拜之痕迹。南寨镇因刺绣被文化部命名为2008—2010年度国家民间文化艺术之乡。（XY）

铜川市印台区陈炉镇 陈炉镇地处铜川市市区东南20千米处，辖两个社区，18个行政村、68个村民小组，全镇总面积99.7平方千米，人口1.98万人。陈炉镇制瓷已有1400年的历史，是宋、元以后著名的古耀州窑延续生产的唯一窑场。陈炉，因"陶炉陈列"而得名，并逐渐发展成为陕西乃至西北最大最重要的制瓷窑场和瓷业生产基地。千百年来，陈炉镇瓷业兴盛，炉火不熄，这在中国陶瓷史上是绝无仅有的，堪称"东方古陶生产的活化石"，有"东方陶瓷古镇"之誉。史载"陶场南北三里，东西延绵五里，炉火杂陈，彻夜明朗"，所谓"郁郁千家烟火迷"，以"炉山不夜"的美誉列为"同官八景"之一。陈炉瓷以古朴浑厚、民间气息浓郁著称于世，成为我国古瓷艺苑中一朵绚丽的奇葩。陈炉镇之所以成为举世闻名的陶瓷古镇，与它有着丰富的制作陶瓷基本原料分不开，从地质上讲，这里属于沉积岩地带，蕴藏着大量耐火黏土、陶瓷黏土（又称坩子土），及制釉浆原料，同时还有大量原煤、石灰石岩层等矿产资源。从耐火黏土和坩土矿的堆积断层勘测厚度可达数十米,有的就是一座坩土山。制陶瓷原料储存量如此丰富,为陈炉窑火千年不熄,提供了可靠的资源保障。因陈炉镇陶瓷被文化部命名为2008—2010年度国家民间文化艺术之乡。(XY)

安康市汉滨区 汉滨区是安康市的政治、经济、文化和交通信息中心。位于陕西省东南部,居汉江上游安康市腹地,东接旬阳县,西连紫阳县、汉阴县,北靠商洛市镇安县、安康市宁陕县,南与平利县、岚皋县接壤。面积3652平方千米。辖30个镇、4个办事处,876个行政村,69个居委会,人口87.13万。2000年6月23日,国务院批准撤销安康地区和县级安康市,设立地级安康市,安康市设立汉滨区,以原县级安康市的行政区域为汉滨区的行政区域。盛行于汉滨区的汉调二黄因它是在汉水流域由西皮、二黄结合形成,故又多称"汉调"。解放初期,为与皮黄系统各剧种通用名称相统一,在安康地区又有"陕西汉剧"之称。2003年,省文化厅授予汉滨区"陕西汉剧(汉调二黄)之乡"称号,2006年,汉剧(汉调二黄)被列入国家首批非物质文化遗产代表作保护名录。汉滨区因汉调二黄被文化部命名为2008—2010年度国家民间文化艺术之乡。(XY)

延安市延川县 位于陕西省北部,延安市东北部。延川县建于隋开皇三年(583),至今已1400多年。其剪纸艺术兴起更早,是农耕社会基础上产生的以妇女为主体的民间艺术,源起于祈福驱祸的民间风俗,与民族图腾文化、生殖崇拜息息相关。延川境内人文鼻祖伏羲曾长期生存活动,并创立太极八卦图,故黄河文化积淀浓厚,剪纸体裁、题材丰富,体裁主要有窗花、墙花、顶棚花、灯花和礼花等,题材有神仙佛像、吉祥吉庆、农事耕作、节令习俗、人物、故事、飞禽走兽、纺线织布、风景花卉、生殖繁育等,具有造型简练纯朴、粗犷浑厚、热情奔放之特点,堪称北方农耕社会生活的缩影和民俗生活的大观园。延川剪纸具有独特的艺术风格,1981年中国美术馆收藏的延川剪纸作品《猴子摘桃》《猫》《鸡》,被编入陕西人民美术出版社选编的《延安剪纸》一书。1989年,延川剪纸和布堆画艺术作品在上海市展出。延川县因延川剪纸被文化部命名为2011—2013、2014—2016年度国家民间文化艺术之乡。(XY)

延安市子长县 子长县位于延安市北部,地处陕西省黄土高原腹地,清涧河上游,北依横山,东接子洲、清涧,南连延川、延安,西邻安塞、靖边。为了挖掘、发展陕北唢呐艺术,子长县于1984年成立了唢呐协会。从此,唢呐活动有组织、有计划地开展起来了。子长唢呐队伍不断发展壮大,全县唢呐班子发展到100多个,吹奏人员近千名。为了弘扬这一艺术奇葩,把子长唢呐推上市场,推向全国,县上聘请专业人员对唢呐艺人进行集中培训,使唢呐由原来的单班吹奏变为数百人的群体演奏,气势磅礴,热烈欢腾,涌现出了薛守高、薛增山、常体音、焦养亮、李树林、赵智海等吹奏高手。子长县因子长唢呐被文化

部命名为2008—2010、2011—2013年度国家民间文化艺术之乡。（XY）

渭南市合阳县黑池镇 合阳县黑池镇东临黄河，西界金水沟，北依新池，南接马家庄。合马公路贯穿南北，距县城22千米，总面积84平方千米。辖21个行政村，3.1万人口，属典型台塬黄灌区，主产小麦、红薯、棉花、苹果、西瓜等，是合阳县经济强镇、文化大镇。为了纪念书圣王羲之题写"古晋墟"三字，涮笔后池水变黑这个传说故事，后来人把这里叫作"黑池"。合阳县利用南社村古文化节举办书法大赛，成立了合阳县书法家协会东南活动中心、村级"书画楹联协会"。目前，南社村已形成60余人的书法爱好者，他们坚持历史传承与创新，篆、隶、草、行、楷各种书体一应俱全，经常参加各类书画展，并获得省市县多项奖励。合阳县黑池镇因黑池书法被文化部命名为2011—2013、2014—2016年度国家民间文化艺术之乡。（XY）

榆林市横山区 横山区是榆林市辖区，鄂尔多斯草原向黄土高原过渡地带。清雍正九年（1731）置县怀远，民国三年（1914）为别于安徽怀远，遂依境内横山山脉主峰而名之。位于陕西省北部，毛乌素沙漠南缘，明长城脚下，无定河中游，僻处陕蒙交界，古称塞北边陲。2015年底，横山区辖13镇、1个街道办事处、1个国有农场，户籍人口372016人，面积4333平方千米。2015年12月25日，撤销横山县，设立榆林市横山区。民间传统艺术主要有横山老腰鼓、戏剧、陕北说书、陕北民歌等，非常繁荣。横山县因老腰鼓、陕北说书被文化部命名为2011—2013年度国家民间文化艺术之乡。（XY）

汉中市城固县博望镇 位于张骞故里，地处城固县城，是全县政治、经济、文化和商贸中心。辖5个办事处、32个行政村、8个街道居委会，总面积45平方千米，现有人口8.2万人。近年来，全镇有90%以上的村先后建成小康村、文明村，其中，国家级文明村1个，省级小康示范村、文明村各1个，县级小康示范村11个，县级小康村26个。城固架花曾在1982年和2004年参加过陕西省传统美术展览，荣获传统美术一等奖，得到社会高度评价。博望镇架花是农耕社会的缩影，对于研究农耕社会的生产发展，民俗风情意识形态有重要的参考价值，它在人类学、民俗学、中外文化交流学术研究方面具有很高的学术研究价值。城固县博望镇因架花刺绣被文化部命名为2011—2013年度国家民间文化艺术之乡。（XY）

榆林市神木县 神木县位于陕西省北部，秦晋蒙三省（区）接壤地带，面积7706平方千米，是陕西省面积最大的县，辖21个乡镇（办事处），629个行政村，县域经济综合竞争力居中国百强县第44位。神木县文化形式多样，十分丰富，在音乐方面有锣鼓、唢呐等，在舞蹈方面有抬灯宫、霸王鞭等，还有绘画、雕刻、剪纸等多种民间文化形式。在以面食为主的陕北地区，许多地方都有在七月十五捏制面花的传统习俗，而在民间有着广泛影响和最具代表性的，当数神木面花。

神木县因面花被文化部命名为2011—2013年度国家民间文化艺术之乡。(XY)

商洛市商南县 又名"鹿城",历史悠久,生态优美,底蕴丰富,是陕西省的东南门户。商南是我国著名的中国茶叶之乡、中国名茶之乡、中国最佳文化生态旅游名县、西北地区著名的生态旅游强县,被誉为"陕南明珠""秦岭封面"。其国家地理标志产品"商南茶"以及丰富的人文生态旅游,使得这里日益兴盛,其县城被誉为"秦岭最美县城"。2011年,商南县凭借"千人威风锣鼓·大鼓秧歌"大型广场群众文化演出活动被文化部授予"2011—2013中国民间文化艺术之乡"称号。2014年6月,新版"秦魂楚韵·鹿城追梦"(秦岭鼓舞)实现公演,赢得了社会各界广泛好评,又一次被文化部授予"2014—2016中国民间文化艺术之乡"称号。(XY)

宝鸡市陇县 古称陇州,因地处陇山东阪而得名,位于关中平原西部、陕西省宝鸡市西北。东临千阳,南接陈仓区,西北部与甘肃清水、张家川、华亭、崇信、灵台五县毗邻。宝中铁路和204省道贯穿全境,为陕、甘、宁"三省通衢"和边贸重镇。地处渭北高原西部边缘地区(关山东麓),2011年,陇县辖12镇1个管委会。下辖地区:城关镇、东南镇、东风镇、八渡镇、温水镇、天城镇、曹家湾镇、火烧寨镇、李家河镇、固关镇、河北镇、新集川镇、关山管委会。陇县是陕西省的西大门,在语言划分上属关中西府方言。西府话听着好像与甘肃口音相近,其实分属两个不同的语系。陇县方言中古汉语词汇占据主导地位,这也是陇县方言历史厚重的表现。这里的苟家沟村是春秋时期秦穆公建都的地方,通过方言可以窥视这方水土上人们的生活、文化、习俗、历史等情况。陇州社火约有2000余年的历史,盛于宋、明、清时代。据陇州旧志载,早在秦汉时陇州民间就有"百戏"游演活动。东汉建安十四年(209),古陇州人根据黄公伏白虎事编演"角抵戏"《东海黄公》。明清时期,陇州各古庙会戏唱斗台,全县各家社火昼夜不绝,随场变演,已形成赛社火的风习。因陇县社火被文化部命名为2014—2016年度"中国民间文化艺术之乡"(XY)

延安市黄陵县 黄陵县位于陕西省中部,北距革命圣地延安124千米,南距古城西安165千米,辖1街道5镇,全县总面积2292平方千米,总人口13万人。黄陵人文资源浓厚。中华民族始祖轩辕黄帝陵寝位于县城北1千米的桥山之巅,是国务院公布的第一批全国重点文物保护单位,古墓葬第一号,有"天下第一陵"之盛誉。黄陵县被命名为"中国黄帝祭祀文化之乡"和陕西省首批旅游强县。黄陵面花自古以来就和黄帝的祭典紧密融为一体,不可分割。古人在祭祀黄帝的过程中,以太牢、时令水果、鲜花、五谷而供奉于陵位之前,行三拜九叩之礼,至虔至诚,后来随着社会文明程度的日益提高和生产力的发展,加之适逢清明、重阳节之际的时令水果、鲜花又不逢季节,便进而用面粉做出各色动物、花卉来替代三牲、花卉等,这种祭祀形式,逐渐由官方祭祀向民间祭祀转化。

黄陵面花也称"花供""供""罐罐""油馍馍""喜斗子""油馍""硬盘""茧"等名称。如在公祭时，官方制作的面花作品有"二龙戏珠""鱼戏莲花""凤凰戏牡丹""百花争艳""狮子滚绣球"等上乘之作，形神兼备，活灵活现。在公祭活动结束后，农村妇女也纷纷拿出自己蒸制的"罐罐馍"来到黄帝陵前敬献还愿祈祷。清明时节，当地人都要蒸罐罐馍，而这时的罐罐馍必须带腰带，就是在圆馍上缠上三条搓成的带状面条，周围再饰以指尖大小的小鸟等动物，圆馍顶子上捏制出牛头、猪头、虎头、盘蛇以及麦垛、各种粮食、花卉等。由本家人带到祖先陵前献供，这种习俗一直流传至今。黄陵县因面花被文化部命名为2014—2016年度国家民间文化艺术之乡。（XY）

咸阳市礼泉县 咸阳市辖县。面积1017平方千米，辖5镇15乡。隋开皇十八年（598）因县境内有醴泉，泉水味如醴而改名为醴泉县。《辞源》说："醴，酒也，酿之一宿而成，有酒味而已也。"礼泉县是全省有名的文化大县之一，20世纪70年代是闻名全国的"小戏之乡"，礼泉小戏这种独具地方特色的戏曲艺术形式，深受老百姓喜爱，曾创造了一进首都北京，二进省会西安，六进秦都咸阳会演的辉煌历史，是礼泉文化的一张亮丽名片。近年来，着力推动全县文化事业大发展，使礼泉小戏这一传统文化品牌重焕光彩。礼泉小戏，薪火相传，老树开新花；小戏创作，硕果累累，不断出新人；小戏调演，屡次参赛，选手屡获奖；小戏演出，丰富多彩，戏迷交口赞。礼泉县也因为小戏被文化部命名为2014—2016年度国家民间文化艺术之乡。（XY）

（三）国家级非物质文化遗产保护项目

1. 民间文学

牛郎织女传说 牛郎织女是中国最有名的四大民间传说之一，是中国古人最早关于星辰的故事。南北朝时代任昉的《述异记》里记载："大河之东，有美女丽人，乃天帝之子，机杼女工，年年劳役，织成云雾绢缣之衣，辛苦殊无欢悦，容貌不暇整理，天帝怜其独处，嫁与河西牵牛为妻，自此即废织纴之功，贪欢不归。帝怒，责归河东，一年一度相会。"它是千古流传的爱情故事，是中国四大民间爱情传说之一。牛郎织女像凿于汉代，据考证，汉武帝元狩三年（前120），汉武帝为了征讨西南诸国，在今天的西安市长安区斗门开凿了用于训练水军的昆明池，在池的东西两侧分别立了牛郎和织女的石像，隔池相望，取传说中牛郎织女隔天河"盈盈一水间，脉脉不得语"之意。1956年，"石爷石婆像"被列为省级第一批重点保护文物。这个塑像就在长安区斗门镇，那里老百姓把他们叫作"石婆、石爷像"，每年农历七月七日有几十万游客齐集庙宇祈求幸福的爱情。2011年，牛郎织女传说被列入国家级第三批

非物质文化遗产项目。(XY)

花木兰传说 据说花木兰是北魏人,北方人喜欢练武。花木兰的父亲以前是一位军人,从小就把木兰当男孩来培养。木兰十来岁时,他就常带木兰到村外小河边练武,骑马、射箭、舞刀、使枪弄棒。空余时间,木兰还喜欢看父亲的旧兵书。北魏经过孝文帝的改革,社会经济得到了发展,人民生活较为安定。但是,当时北方游牧民族柔然族不断南下骚扰,北魏政权规定每家出一名男子上前线。木兰的父亲年纪大了,没办法上战场,家里的弟弟年纪又小,所以,木兰决定替父从军,从此开始了她长达多年的军队生活。延安宝塔区万花山乡花源屯,据说有座山叫花家陵,有花木兰墓,故有人推断木兰是"延安府人",但学界多认为花木兰故乡在河南商丘市虞城。木兰的传说故事寄寓着民众对花木兰的无比崇敬之情,是对花木兰那种顽强拼搏,热爱家乡,壮志报国精神的继承和发扬,是一代又一代延安人的宝贵精神财富,是民族精神的一次又一次升华和诠释,人们在不断的讲述和传颂中,注入了历史文化的重要因素。是宝塔区人超越时空,追求美好生活,传承中华民族优秀传统文化和继承先族遗志,奋发图强,自强不息的历史延续。2011年,花木兰传说被列入国家级第三批非物质文化遗产项目。(XY)

蔡伦造纸传说 蔡伦(?—121),字敬仲,东汉桂阳郡(今湖南耒阳)人。汉明帝永平十八年(75)蔡伦被选入洛阳宫内为太监,时年约15岁。永元十四年(102)和帝立邓绥为皇后,蔡伦立即投靠邓皇后。邓绥喜欢舞文弄墨,蔡伦为投其所好,甘心屈尊兼任尚方令,主管宫内御用器物和宫廷御用手工作坊。在此期间,他总结西汉以来造纸经验,改进造纸工艺,利用树皮、碎布(麻布)、麻头、渔网等原料精制出优质纸张,于元兴元年(105)奏报朝廷,受到和帝刘肇称赞,造纸术也因此而得到推广。蔡伦最突出的贡献还是在造纸方面,大致可从三个角度来评述。第一,组织并推广了高级麻纸的生产和精工细作,促进了造纸术的发展。第二,促进皮纸生产在东汉创始并发展兴旺。第三,因受命于邓太后监典内廷所藏经传的校订和抄写工作而形成了大规模用纸高潮,使纸本书籍成为传播文化的最有力工具。造纸术是我国古代科学技术的四大发明之一,是中华民族对世界文明做出的一项十分宝贵的贡献,大大促进了世界科学文化的传播和交流,深刻地影响着世界历史的进程。2011年,蔡伦造纸传说被列入国家级第三批非物质文化遗产项目。(XY)

仓颉传说 仓颉传说是古老的汉族民间传说故事。仓颉造字的故事出于炎黄时代,距今已有5000年历史。传说上古时期,黄帝南巡到洛水之滨,阳虚山下。仓颉因记事记史需要,日思夜想,创造文字,仰观日月星辰,天际变幻,俯察鸟迹山川地理。仓颉受到启示,一日忽见灵龟负书,在洛水浮现,丹甲青文,宛若字迹,灵感迸发,于是创造了28个汉字,从此结束了人类结绳记事的历史。仓颉,复姓侯刚,名颉,上古黄帝时人,农历三月二十八日生于白水县北原乡阳武村的乌羽山，卒葬"衙利之乡"（即今史官乡史官村北），享年111岁（见阳武村现存清代断碑）。《黄帝赐姓》中说，仓颉造字，国民得福，黄帝深感其能。乃赐仓为姓，"仓"（仺）意指君上一人，人下一君，仓颉神智超过了他，是君主上边独一无二的人，可见对仓颉之推崇。仓颉造字的功绩，青史永载，后世崇敬。人们尊他为"仓圣"，起殿建庙祭祀，庙在墓前，环周围墙，占地7333平方米，"不知何年何月所建"（《白水县志》）。但从碑石考察，可追溯到东汉延熹五年（162）以前。庙内建筑宏伟，古柏甚多。《县志》上载"干粗十围者，四十余株"，而不足十围者遍庙皆是。上蔽霄日，虬枝盘旋，枝叶交错，徒生许多供人遐想的空中图案。庙东北角一柏，传为仓圣手植之树，高17米，干粗1.25米，与乔山黄帝陵轩辕柏遥相映衬，各有千秋，堪称树中之奇。为了弘扬仓颉的创造精神，白水县劳动人民很早就口传着许多颂扬仓圣的传说故事，其中以《仓颉造字》最富有代表性。2014年，仓颉传说被列入国家级第四批非物质文化遗产项目。（XY）

陕北民谚 民谚和俗语，是人民群众在长期的社会实践活动中总结和提炼出来的。其内容广泛庞杂，涉及社会活动的各个方面。它们有的直叙，有的喻述，生动、形象、押韵，朗朗上口。富有哲理的民谚俗语，大多数情况下是做人、做事的经验之谈。陕北位于黄土高原的腹部，米脂、绥德既是陕北的腹部，又是陕北文化的发源地和中心地带，也是陕北民谚的聚集区、核心区。因绥、米两地谚语数量之多，内容之丰富，传播影响之广泛而成为陕北地区最具代表性的民谚，可以囊括陕北各地方的谚语，所以称其为陕北民谚。陕北民谚是一种口头文学形式，是陕北人民群众用简单易记的口语将在与自然环境相抗衡的过程中总结出来的生产和社会生活经验予以记录，代代相传至今，拥有2200多年历史的产物。陕北民谚的内容非常丰富，遍及生产和日常生活的各个领域，主要分为普通生活、农业生产、气象时令、饮食养生、明辨事理、教化民众等类型。陕北民谚的题材广泛，涉及陕北社会生产和生活的方方面面，有一句的，有两句的，也有多句的，有六言、八言、十言的，有五言，也有多言的。陕北民谚从语音、词汇、语法到结构都使用陕北方言，大量运用比喻、拟人、比兴、对比、夸张等修辞手法，使得陕北民谚既形象生动便于记忆，又朗朗上口便于传播。陕北民谚是记录陕北社会历史变迁中最详细最真实的"无字书""活化石"，对劳动人民的生产生活具有重要的指导意义。陕北民谚还是陕北民歌、陕北说书、陕北道情、陕北民间文学等众多艺术形式的重要组成部分。2013年，陕北民谚被列入第四批陕西省非物质文化遗产项目，2014年被列入第四批国家级非物质文化遗产项目。（XY）

2. 传统音乐

紫阳民歌 自新石器时代，先民们已在紫阳境内的河谷阶地繁衍生息。据专家考证，我国最早的诗歌总集《诗经》中"周南""召南"等25首歌谣流传于汉水上游，其中"关关雎鸠，在河之州"等歌谣就产生于包括紫阳在内的汉江一带。随着生产力的发展，社会的变革，南来北往人口的交汇，特别是秦、汉、明、清时期，南方移民大量涌入，由于文化交流逐渐产生了一种南北兼容、极具风韵的紫阳民歌。在长期的传承积累中，在多种多样的歌唱实践中，紫阳民歌形成了极为丰富的题材内容，从古至今，举凡劳动、时政、生活、爱情、游乐、玩耍、历史故事、悲欢离合都已成为表现的对象。同时，在适应不同题材内容要求的前提下，在不同生活环境、生产方式、民间习俗的影响之下，紫阳民歌形成了以上这些多样化的题材形式。紫阳民歌是紫阳人民在长期的生产、生活、劳动中创造的，无论是词或曲都能体现当地的风俗民情，明白晓畅，通俗易懂。再者紫阳民歌受南北移民文化的影响较大，题材、形式极具兼容性，小调似江南的婉转细腻，号子有北方的雄浑高亢。其语言简洁，借喻巧成，风趣幽默，融抒情性、叙事性、舞蹈性于一体。民歌韵白独特，旋律流畅，音乐上采用了"宫""商""羽""徵"四种调式，演唱上真、假嗓相结合。2006年，紫阳民歌被列入国家级第一批非物质文化遗产项目。（XY）

西安鼓乐 西安鼓乐的宫调体系、谱式、曲目来源、曲式曲体结构、乐器形制、表演形式和技巧等等，都与唐、宋、元、明、清以来的音乐（包括曲艺与戏曲音乐）、宗教、历史等有着密切关系。值得注意的是西安鼓乐不仅保存着大量唐曲名录中的曲谱，有着暗合唐代大曲结构的大型套曲，且一直使用着宋代流行的工尺谱——与姜夔基本全同的俗字谱。西安鼓乐是一个曲调丰富，形式严谨，风格鲜明，价值极高的古老传统音乐乐种，其曲调极为丰富，形式严谨，风格鲜明，具有重要的历史文化价值。其依附于民间宗教聚会（庙会）的"迎神赛会"和民俗中的"祈雨"、寿丧等活动；依照活动的内容和过程，形成了各有不同仪仗、仪式和曲目的"行乐"与"坐乐"两种表演形式；其曲目内容包含了唐宋以来的大曲、宫廷燕乐、教坊大乐、宗教吟唱、戏曲曲艺音乐、民间小调等极其丰富、极具艺术价值和历史价值；其曲体曲式结构，一是以鼓曲为组织和演奏的框架，二是曲目的联缀变化运用有严格的程式；曲目的数量、种类之多，在民间传统音乐领域的乐种中最为丰富；鼓乐崇尚中正平和，追求细致细腻，形成了绝不同于一般的锣鼓鼓吹，也不同于严格意义上不用锣鼓的"细乐"，而是以锣鼓与吹管乐的融合和以鼓（曲）带乐（曲）的乐曲编配与演奏风格；在四调（宫）基础上通过艺人韵曲的乐曲创作和传承手法，使得西安鼓乐长期保持和充分发挥了传统宫调体系的运用原则；西安鼓乐的节奏、节拍结构，保存了比较丰富的中国传统音乐的节奏、节拍的形式和特点。2006年，西安鼓乐被列入国家级第一批非物质文化遗产项目。（XY）

蓝田普化水会音乐 水会音乐源于隋、

盛于唐，唐时以寺庙音乐形式传入蓝田民间。传说唐王李世民病重，魂游阴曹，遇无数冤魂向他索命，李世民还阳后，命作十八处水陆道场，以超度这些与他争夺天下而死于非命的亡魂。蓝田水陆庵在唐时是可容千名僧侣的悟真寺水陆殿，是专做水陆道场和大型佛事的地方，后来便把在水陆殿为水陆道场演奏的音乐称为水会音乐。普化水会音乐是千余年来流传在蓝田普化镇一带的佛事音乐。水会乐班在民国前每年水陆庵庙会时，都要去念经奏乐，做水陆道场。水会音乐从开始兴起就属于佛教文化范畴，历史上专为做佛事、善事、祭祀而演奏的，主要用于民间庙会，取水伐马角，大型祭祀活动、水陆道场、民间丧事等，后来也在每年过年时在村中神庙前演奏，作为祭祀性娱乐活动。水会音乐在历史上是不用于喜庆婚事之类的。普化水会音乐的特点是旋律委婉，清雅细腻，悦耳动听，俗称"细乐"。其总体特征有明显的唐代传统民族音乐风格和浓厚的佛教文化色彩。2006年，普化水会音乐被列入国家级第一批非物质文化遗产项目。（XY）

绥米唢呐 吹唢呐是陕北人民生活中十分常见的一种艺术形式。唢呐曲牌是有讲究的。红事白事都有专门的套曲。红事以大摆队（亦称得胜令）为主旋律，白事以孤苦伶仃为主旋律。陕北绥德、米脂唢呐吹奏形式主要为动态、静态两种。动态吹奏一般随迎亲、出殡、秧歌、谒庙、请神队伍在行进中吹奏。吹奏路程不一，若遇村村相连路段，在行进中连续不断吹奏二十多里路。静态吹奏在各种吹奏场合中都有，鼓乐班在庭堂院范围坐吹奏，吹奏时间以项目仪程时间长短为准，长则2~3小时，短则数分钟。陕北绥米唢呐音乐曲牌曲目丰富，种类繁多，风格各异。以其用途可分为：1.喜庆唢呐。喜庆唢呐主要用于生日满月、庆贺寿长、婚嫁礼仪、节日娱乐、开业庆典等场合。常用曲牌有《大开门》《大摆队》《西风赞》等，以及现代歌曲。2.娱神祭祀唢呐。逢道观庙会、春节秧歌、谒庙、请神等场合，都有唢呐吹奏。常用曲牌有《开庙门》《西风赞》等。3.哀悼唢呐。哀悼唢呐主要在殡葬仪式上吹奏，常用曲牌有《花道子》《散白银》《孟姜女哭长城》等。绥德文库立《唢呐音乐》专卷，已收录陕北绥米唢呐曲牌千余首。陕北唢呐乐班，人数少音量大，并且激越高亢。无论单吹或对吹，采用拟声演奏。陕北唢呐口技与指法灵便，新老民歌、现代歌曲都能表现得淋漓尽致。2007年，绥米唢呐被列入第一批省级非物质文化遗产项目，2008年被列入国家级第二批非物质文化遗产项目。（XY）

陕北民歌 流传于榆林的山坡、沟洼、田野、村落，是世世代代的陕北人"感于哀乐，缘事而发"，用拦羊嗓子回牛声吟哼吼喊出的山野之声、里巷之曲。陕北民歌的历史可追溯到古代巫歌和祭祀秧歌调，并与古来有之的春节"闹红火"的习俗紧密关联。陕北民歌内容广泛，类别丰富，形式多样。一是内容方面，可分为两大类：（1）传统类，可分为：①生活类；②爱情类；③传说故事及其他杂类。（2）革命类，包括土地革命、抗日战争、解放战争时期及中华人民共和国成立后的新民歌等。二是曲调方面，包括有民间小调、劳动号子、信天游、秧歌调、水船曲、船工调、灯曲、酒曲、打夯歌、神汉调、催眠曲、祈雨调等。三是语言方面：特色鲜明，形象生动。四是演唱风格方面：地方特色鲜明。声音高亢、嘹亮、圆润、通畅，音域宽广，音色丰富，感情真挚、奔放、洒脱。陕北民歌是陕北劳动人民集体智慧的艺术结晶。2007年，陕北民歌被列入第一批省级非物质文化遗产项目，2008年被列入国家级第二批非物质文化遗产项目。（XY）

韩城行鼓 历史悠久，其起源可追溯到元代初期。元灭金后，蒙古骑兵为欢庆胜利，敲锣打鼓，而成为一种军鼓乐。现今的鼓阵、鼓谱、鼓手的着装都带有蒙古军鼓乐的特色。后人将其继承下来，作为祭祀法王的鼓乐，鼓手身着黄马褂，表演时，人神合一，如醉如痴。韩城行鼓随着时代的变迁，传统祭祀用途已渐淡化，而成为社火锣鼓的一种，热烈而喜庆，现多在逢年过节和举办庆典时表演。1997年，韩城行鼓远赴香港参加了香港回归的欢庆典礼，被誉为"中华第一鼓"。2003年3月，文化部以"韩城行鼓"命名韩城市为"民间艺术之乡"。在表演时，韩城行鼓总离不了"绕杆子"，其目的是为了更好地渲染气氛，增强视觉效果。只见绕杆阵营中，身着艳服的姑娘，手执饰有彩绸花束和串串银铃的长绕杆，与锣鼓队的阵营相互呼应，鼓声激越，铙钹声飞扬，几十杆甚至上百杆花杆和着鼓点在鼓手上空上下翻飞，犹如黄河之水奔流，使锣鼓越敲越起劲越威风，让观者目不暇接，心情激荡。韩城行鼓伴随民俗活动发展而形成的，对民间习俗的依存性特征；其传承古蒙古士兵乐队的风格，具有民族性；韩城行鼓的乐器具有一种简约美和质朴美，从而形成其简朴性特征；鼓点的丰富多样性，从表达内容上、曲谱上均显其多样性；行鼓表演风格上极富粗犷、豪爽、彪悍的特色。2008年，韩城行鼓被列入国家级第二批非物质文化遗产项目。（XY）

白云山道教音乐 道教是中国本土产生的宗教。道教音乐和其他传统音乐一样，必然与我国古代的歌舞有某种联系，它的表演目的、表演场合及其表现形式，与古代巫觋（xí）占卜、祭祀与神沟通所表演的歌舞，在某些方面十分类似，在唐、宋、明三朝是道教音乐的大发展时期。唐高宗、玄宗都曾令乐工创制道曲，宋代还设有主管全国道乐的云璈（áo）部，明成祖时更将道教音乐曲谱汇集成《大明御制玄教乐章》。皇家的参与使道教音乐具有明显的宫廷雅乐的特点。榆林佳县白云山道教音乐由三部分组成，即经韵曲调、笙管音乐、打击乐。（1）经韵曲调：经韵曲调是道士诵经时唱的曲调，又称经歌。（2）笙管音乐：笙管音乐因主要乐器为笙和管子而得名，是白云山道教音乐中十分重要的部分。（3）打击乐：白云山道教的打击乐，在其他道观称铙镲牌子（以大小铙镲为主击乐器）和铛镲牌子（以铛铛、小镲为主击乐器），也属道教科仪音乐。道教音乐是道教的外向行为表现，道教斋醮科仪活动的产物。

作为表达宗教信仰，宣扬教理、教义的一种重要手段，它与斋醮科仪紧密结合，具有浓厚宗教色彩和显明的道教文化特征。它由南北两地的道教音乐组合而成，在与陕北民歌、陕北民间吹打乐、晋剧音乐的交流中丰富、发展，具有民族传统文化形成中共有的多元性特征。由于流传的道派、地域不同，在道教音乐中，它又与其他道观道教音乐的内容、形式、旋律、风格以及乐器配制等均有不同，它既不同于全真教通用的《全真正韵》，又不同于带有江南丝竹、苏杭吴腔音乐风格的南方正一道音乐，应属仅流传于佳县境内的"地方韵"。2008年，白云山道教音乐被列入国家级第二批非物质文化遗产项目。（XY）

镇巴民歌 镇巴地处巴山腹地，文化积淀深厚，民歌之风尤甚。主要包括4大类：一是号子。可分为两种：一为统一劳动节奏的号子，如"拉石头号子""打夯号子""抬丧号子""船工号子"等；二为调节劳动情绪的号子，如"背二哥号子""拉风箱号子"等。以上各类号子之唱词不十分固定，大多为即兴编唱，其演唱形式多为"一领众和"。二是山歌。歌词以爱情题材居多，以七言四句为主，修辞手法多夸张、比拟，曲调以四句乐段为多。其次为二句和多句滚板式。一般是在劳动中唱，有独唱、齐唱、对唱等形式。男声多用高腔演唱，高亢嘹亮，也有平腔演唱，豪放、雄壮，节奏自由，女声皆以平腔演唱，拖腔缠绵，委婉细腻。其歌有即兴创作的，也有世代传下来的，如《打仙桃》《小小脚儿红绣鞋》《太阳落坡四山阴》《郎在对门薅黄秧》《清早起来去放牛》等。三是小调。反映生活喜怒哀乐、悲欢离合和生活情怀的民歌。歌词以五言四句和七言四句六句为多见，一般为多段叙可形式，音乐多为单乐段结构，五声徵调式或羽调式或徵、羽调交替式较常见。有本有章的如《梁山伯与祝英台》《十里亭》《十想》《十劝》《上茶山》《吴幺姑》等。四是民俗歌。在当地民风民俗中极为流传，如婚嫁有歌。女儿在出嫁前夜哭嫁为歌，一般有母亲和姊妹同哭同唱，歌词多为依恋的内容，七言两句结构为多。如《哭嫁歌》《娘训女》《离娘床》等。丧葬有孝歌。送葬前夜事主请来孝歌师傅，灵堂唱孝歌，歌者一般2~4人以上，带打击乐伴奏。镇巴民歌音乐多为四句单段体，也有较原始的二句单体和复杂多变的多段体式滚板腔，徵、羽调式居多。2007年，镇巴民歌被列入第一批省级非物质文化遗产保护项目，2008年被列入国家级第二批非物质文化遗产项目。（XY）

洋县佛教音乐 佛教传入洋县境内是北魏孝明帝（516—527）之时，在佛教传入洋县千余年的历史进程中，随着寺院的不断修建、僧尼队伍的日渐壮大及佛事活动的逐渐普及，佛教音乐相伴而生。在千余年的历史进程中去芜存真，演变成为一种地方上独特的艺术品种。洋县佛教音乐在唐末宋初已崭露头角，明代达到了鼎盛时期，清代初期和中期保持了持续发展的势头。特别是在明神宗之时，明肃皇太后为智果寺捐金赐经，神宗题写"敕赐智果寺"匾额，并为智果寺捐建藏经楼一座，将御赐的6780卷经书供奉于该楼之内，皇帝还将护送经卷的鼓吹乐班及仪仗队一起赐给了智果寺，朝廷护送御赐经卷到智果寺的鼓吹乐班和智果寺的众僧便处于一个特殊的环境之中，他们在传播佛乐、护持经卷、弘扬佛法中做出了贡献，因之造就了智果寺的繁荣，使其后佛事盛大无比，而且境内其他寺院也争相效仿。"文化大革命"浩劫时期，寺庙衰落，佛教音乐从县域的寺庙走向民间。洋县佛教音乐在陕西省的宗教音乐中被誉为"最出类拔萃"者，是佛教音乐的"油花花"，是陕西佛教音乐的一个缩影，是大西北地区的优秀民间文化遗存，有极高的历史价值、文化价值、科学价值和实用价值。2011年，洋县佛教音乐被列入国家级第三批非物质文化遗产项目。(XY)

高陵洞箫艺术 源起于胡道满，高陵县耿镇西村人，祖籍湖北省郧县，清同治年间父辈逃荒至渭河以南安居。得益于勤劳能干的父亲经营的富裕家庭，胡道满日日品箫，进步神速。20岁时，为了更好地运用气息，他常常蹲在井边，对着井口吹奏，听其回味，反复改进。渭南、临潼、长安、高陵、泾阳和三原等地，慕名者络绎不绝。新中国成立后，胡道满的艺术成就得到党和政府的重视，高陵县文化馆让胡道满多次参加县组织的演出活动。中国唱片厂将曲目《苦中乐》和《大金钱套柳生芽》灌注成唱片，轰动乐坛，流行国内外。唱片至今还被保存在西安音乐学院的音乐资料室内，成为乐坛传世之曲，充分显示了胡道满洞箫技艺的超凡水平和不可磨灭的艺术魅力。胡道满在《苦中乐》《大金钱套柳生芽》和自创的《孔子哭颜回》等曲牌中运用到喉音、滑音、打音、气颤音、叠音、双音代唱等技法，增强了洞箫的表现力，丰富了洞箫文化的内涵。尤其是胡道满独创的"双音代唱"和"喉音"两种吹奏技法为我国民族音乐文化的进一步发展发挥着重要作用。胡道满洞箫技艺继承和发扬了中国传统音乐艺术理论和优秀的传统演奏技法，把箫从单一的伴奏乐器中剥离而成为独奏乐器，变传统的低沉、苍凉、绵长的演奏为洪亮、明快、欢乐的演奏，使其高音区明亮，中音区沉闷，表现力丰富，独具特色。2011年，高陵洞箫艺术被列入国家级第三批非物质文化遗产项目。(XY)

旬阳民歌 是陕西省安康市旬阳县地方民歌之一，历史悠久，曲调丰富，种类繁多，风格迥异。旬阳民歌是旬阳璀璨的民间艺术瑰宝中一枝绽放的奇葩，也是底蕴深厚的旬阳民间文化遗产不可或缺的重要组成部分。旬阳民歌品种齐全，形式多样，大体分号子、山歌、小调、风俗歌曲四类。其一，号子。号子在旬阳民歌中数量虽不多，但它反映劳动生活的实用性和表现性都得到了体现，具体有船工号子、劳动号子等。号子节奏整齐、铿锵有力、曲调简朴、情绪激昂，多采用一唱众和的演唱形式，其势壮观，其情激越，作为音乐的表现形态，把实用性和表现性有机结合起来。其二，山歌。山歌是产生在山野劳动生活中，直畅而自由抒发劳动者情感的民歌。旬阳民歌中的山歌又称为"喊调子"，多在砍柴、放牧、种植等劳动中或向远处的人遥递情意，对答传情等交流情感中演唱：有的声调高亢、嘹亮，节奏舒展自由，多半以自由延长音，俗称"吆号子"；有的诙谐风趣、曲调悠扬，被称作"打仗"。旬阳民歌的山歌调子有无词和有词两类，无词山歌纯用衬字衬腔，仿拟自然音响，齐唱时还有两个高低不同的声部，这类山歌调子悠扬、速度徐缓，多用高腔演唱。其三，小调。小调在旬阳民歌中数量最多，它曲式结构规整，流传最为广泛，大多为分节歌，有程式化的衬词衬腔，长于叙事，表现手法多样，具有曲折、细腻的特点。其音乐特点是表达的途径比较曲折，常常寓意于叙说故事，或寄情于山水风物，或借助于传说古人，婉转地表达出内心的意思来。表现手法细腻、简单规整。曲调音域不宽，一般都在一个八度内，衬腔、衬词、方言、方音，特点明显。其四，风俗歌曲。风俗歌曲在旬阳民歌中有少量存在，多在酒宴、祭祀等活动中演唱。2007年，旬阳民歌被列入第一批省级非物质文化遗产保护项目，2014年被列入第四批国家级非物质文化遗产项目。（XY）

3．传统舞蹈

安塞腰鼓 据《山海经》记载，鼓是黄帝与蚩尤大战的产物，后发展为鼓舞士气，威慑敌人不可缺少的装备。为携带方便，人们就仿其鼓的形状，制作成系在腰间的小鼓。秦朝以后，安塞一直为历代驻军要地和兵家争战之地。腰鼓同刀矛、弓箭一样作为作战部队的装备：一遭突袭，以鼓报警，传递信息；两军交锋，以鼓助威；战事失利，以鼓告急；克敌制胜，以鼓为乐，以示庆贺。随着历史的发展，腰鼓的军事用途渐渐消失，仅为舞蹈、演唱的伴奏乐器。到了宋代，秧歌和腰鼓十分兴盛，发展成为民间娱乐活动。进入20世纪80年代，腰鼓的表演和扭秧歌、转九曲、舞彩绸、跑竹马、耍扇子、踩高跷、霸王鞭等融为一体。安塞腰鼓在长期的表演过程中，不断革新，逐渐将舞蹈、武术、体操、打击乐、吹奏乐、民歌等融为一体，形成了黄土文化中贯穿古今的一种具有独特风格的民间技艺。安塞腰鼓从打法上可分为文鼓和武鼓两种；从表演形式上分为路鼓、场地鼓和舞台鼓3种。文鼓是以扭为主，重扭轻打。武鼓是以打踢为主，重打轻扭，动作难度大，运动剧烈，特别要求动作的整齐化和节奏感。路鼓也叫"行进鼓""过街鼓"。场地鼓是指在广场或指定的地点的表演形式，是安塞腰鼓表演的主体。这种表演，内容丰富，形式多样，表演前先要踢场子。根据所需要表演场地的大小，绕场踢打一圈，将围人赶退，空出场地。场子扩充好后，腰鼓队在伞头的带领下，从东南西北四个方面进行队列腰鼓表演。先拜四方，然后正式表演。这时上场都是头路鼓手，他们队形整齐，动作一致且灵活多变，英姿飒爽。舞台鼓是少数鼓手在舞台上进行集中表演的形式。表演时，人数8～12人不等，时间短，内容精练，技术要求高。2006年，安塞腰鼓被列入国家级第一批非物质文化遗产项目。（XY）

洛川蹩鼓 洛川蹩鼓是主要流传于洛川县黄章、永乡、旧县等乡村的传统民俗舞蹈。洛川在战国时期一直是秦、晋、魏的争夺之地，当时遇到敌人袭击，要击鼓报警；军队出征，要击鼓助威；得胜回营，要击鼓迎接。这种军事需要就是蹩鼓的最早起源，相传蹩鼓萌生于春秋战国时代，但并无翔实资料可查，其主要通过与当地民间祭祀祈雨活动结合而流传，使它至今仍保留祭祀祈雨礼仪的色彩。洛川蹩鼓表演者一律为男性，均士卒装扮，头包战巾，背插战旗，腰系战裙，腿扎裹带。道具以鼓为主，表演时鼓、锣、钹同时起舞，蹩鼓的基本动作有单跳、双跳、搓步、拧摆等。"单跳"稳健潇洒，大起大落，身姿灵活自如；"双跳"即双脚同时起跳下落，上身后仰，动作粗犷有力；"搓步"刚健，"拧摆"柔美。蹩鼓的场图主要有白马分鬃、蝎子拧尾、单骑扑阵、四壁合围、品字组合、三角阵等。表演时在舞、蹦、跳中做出各种造型，动作粗犷，豪放有力，鼓声隆隆，锣鼓齐鸣，左冲右扑，如古代士卒拼搏冲杀，给人一种古战场重现眼前的感觉。由于蹩鼓的舞蹈动作在跳蹦中产生，洛川当地土语曰跳蹦为"蹩"，故蹩鼓以此得名。2006年，洛川蹩鼓被列入第一批国家级非物质文化遗产项目。（XY）

陕北秧歌 是陕北地区广大城乡群众每逢春节正月十五前后活动的一种综合性传统舞蹈形式，类似宋代流传的民间舞队。秧歌队在打击乐和唢呐的伴奏下，由一对伞头率领，伞头手持特制的"灯笼伞"或民间常用的蓝布大伞用红绸加以装饰，成为舞队的领舞和领唱者。全体秧歌队员根据伞头的导引变换队形、图案，以及动作变化和演唱与舞蹈表演的穿插。陕北秧歌内容丰富、形式多样，显示它具有广泛的综合性特征，可以将当地的任何传统舞蹈吸收包容在秧歌舞队中。因此，民间将这种秧歌舞队形式（包括各种形式的小场节目在内）称为"闹秧歌""闹红火"，而将双手摆动跳跃的秧歌舞蹈具体称为秧歌。陕北秧歌动律虽说比较简练，但它是从人们的生活劳动和情绪动作中提炼、加工、升华、发展起来的，具有鲜明的节奏感和韵律性，以及即兴发挥创造的随意性。特别是秧歌所具有的祭祀民俗和深厚的传统民族文化的深厚底蕴，使秧歌活动成为广大人民群众喜爱的一种传统舞蹈形式。2006年，陕北秧歌被列入第一批国家级非物质文化遗产项目。（XY）

横山老腰鼓 横山地处陕北榆林市边缘，与鄂尔多斯市的乌审旗相连，自古就是兵家逐鹿的地方。相传最早戍守长城的军士，身带腰鼓作为报警工具，发现敌情即鸣鼓为号，一传十，十传百，以此传递消息。在骑兵阵战冲锋中，也以腰鼓助威，激发将士作战斗志。鼓是战场上指挥将士前进冲锋的号令，锣是收军的号令。打了胜仗，将士们夜间燃着熊熊篝火，鸣锣击鼓，狂欢起舞，庆祝胜利。长久演变下来，便形成今天的豪放激昂、刚劲有力，带有军旅战阵色彩的腰鼓艺术。横山老腰鼓演出时以舞队的方式出现。传统的表演形式是古代劳动人民谒庙、祈神、拜神、沿门子以求风调雨顺、五谷丰登。通常有单打、双打、四人、八人以至多人对打的形式。"鼓子手"动作幅度大、力度强、节奏快速多变，姿态强健有力，情绪亢奋，表演有时会达到情不自禁的程度，以至于使腾空、缠腰、摆头、舞臂、跳转、走翻之类动作更富有艺术性。横山老腰鼓在提取和发展原始材料有益成分的前提下，尽量讲究舞姿朴实，动作规范化，步伐多变，场面穿插频繁，构图对称灵活。表演时，上身舞臂动作虽做打鼓，实则怪巧多变，和下身灵活多样的步伐相互配合，构成富有特色的优美形象。2008年，横山老腰鼓被列入第二批国家级非物质文化遗产项目。（XY）

宜川胸鼓 是将类似腰鼓形状的鼓挂在胸前敲的一种鼓舞形式，有些地方称为"花鼓"，主要流传在宜川、洛川和定边一带，具有明快，活泼、诙谐、风趣的艺术特色。宜川胸鼓是以鼓舞为基础的一种传统舞蹈形式，它历史悠久，宋代以后在宜川黄河沿岸地区逐渐盛行。宜川胸鼓表演时男女鼓手各半，旁设打击乐队，人数可多可少，舞者各穿不同短服，头扎英雄巾，佩带武士缨，胸打英雄结，身背英雄花，腰系彩色绸，手腕紧袖口，下腿扎裹缠，脚穿登云鞋，看起来鹤形螂势，英俊威武，洒脱不俗。舞步运用秧歌步，跑跳步进行队形图案变化。主要阵形有双龙摆尾、金蛇摆阵、雪花飘飘、葵花向阳、四柱撑角、荷花怒放等。动作主要有左右箭步、上打下打、平打对打等。男女鼓手左手握硬木槌，右手持牛皮鞭，胸跨条形鼓，打起鼓来鼓点花而不乱，节奏对比强烈，鼓点清脆有力，舞姿优美精湛，纯朴流畅，动态如神，整个表演气势磅礴，绚丽多彩，雅俗共赏，具有浓郁的生活气息和强烈的艺术感染力。宜川胸鼓表演的主要特点是：鼓点花而不乱，动作小巧，衔接变换流畅，节奏起伏对比强烈，鼓声清脆欢快活泼，舞者表演风趣幽默。"双手击鼓稳准狠，颤步摆头眼传神"，是其口诀。复杂的节奏和动律变化，形成了自己独特的运动规律，并强调舞蹈的节奏性和形象的造型美。舞蹈姿态力求舒展大方，更重要的是舞者在击鼓过程中，重视情绪和神韵的表现，不仅要求手、眼、身、法、步的紧密配合，还要注意击鼓节奏与舞蹈变化的配合一致。特别是有些艺人打至高潮时，情不自禁地摆头、抖肩，使表演更突出了情绪的夸张和动人的神态风采。2008年，宜川胸鼓被列入第二批国家级非物质文化遗产项目。（XY）

靖边跑驴 是流传在民俗社火中的一种歌舞表演形式，传说是由"张果老倒骑毛驴"的民间故事创编或明成化年间由艺人姚福根据"跑竹马"改编而成。跑驴通常尾随秧歌队后即兴表演。后经著名艺人张有万和舞蹈家孟海平加工整理，已成为生活情趣盎然、技术丰富、独树一帜的陕北民间舞台表演艺术。其特点是将"驴"拟人化，表演时传神、传情、诙谐、幽默，展现出诱人的民俗文化艺术魅力与审美价值。陕北靖边跑驴在表演形式上有一人跑驴，双人跑驴，多人跑驴，多数为双人跑驴，一个骑，一个赶。传统的跑驴纯属情趣性即兴表演，男女之间互相挑逗，后来经过民间艺人及传承人的演变，给这种传统形式赋予了新的内容。靖边跑驴在生活和艺术特征上有以下几点：其一，源于生活，在生活的常态中巧妙提取感人的驴趣和人与驴的交流态，编织成感人的乐趣，让人们在乐趣中体会生活的美。其二，艺人的聪明智慧将生活的驴变成艺术的"驴"，又通过艺术的"驴"美化生活，让人们体味到生活中如何创造美。其三，人与驴和谐相处，互相依靠，为了生存结下割不断的真情，进而将这种真情升华为艺术的情感来娱乐人们的生活。2008年，靖边跑驴被列入第二批国家级非物质文化遗产项目。（XY）

4. 传统戏剧

汉调桄桄 据《陕西省剧种概观》记载，"西秦腔"于明成化（1465—1487）、正德（1506—1521）年间，先后传入洋县、南郑等地，在吸收当地口语，配以说唱歌调及其他传统音乐的基础上，逐步衍化为地方声腔，再经过艺人们的不断创造，唱腔有了鲜明的乡土特色，表演和伴奏亦有独特的地方风格，形成了以洋县、城固为中心的东路桄桄和以南郑、汉台为中心的西路桄桄。新中国成立后正名为汉调桄桄。汉调桄桄为关中秦腔南传汉中后，与当地民俗、语音、传统音乐融汇、整合而形成的具有汉水上游文化特色的梆子声腔剧种。分东路、西路两大流派。音阶为综合性七音音阶。唱腔有欢音、苦音之别，有慢、中、快、散不同板眼、不同速度的板式，包括慢板、二六板、川板、二倒板、箭板、滚板六类。唱腔词格有十字句、七字句、五字句、散句等句式，以十字句、七字句为主。念白包括道白和韵白、引子、诗、板歌五种。唱腔、道白皆以汉中语音为准。演唱除大量单声唱外，还用干唱、伴唱、轮唱、对唱、合唱等形式。其具有以下特征：传播整合的兼容性，具有深厚的群众性，曾经流传的广泛性，传统剧目的丰富性，遗存在世的唯一性。2006年，汉调桄桄被列入第一批国家级非物质文化遗产项目。（XY）

汉调二黄 系秦中古调戏曲声腔，故称秦腔、西秦腔、秦声、西曲、二黄等，起源古都长安。明末清初以"西秦腔二犯"（二黄）流传各地。清初期盛行于汉中、安康、商洛等地，逐步形成了本省关中、汉中、安康和商洛四大地域流派（安康、汉中又通称汉江派）。汉调二黄属古老剧种，遗产相当丰富。

（1）声腔音乐：声腔主调为上调（二黄调）、下调（西皮调）、阴板（反二黄调）。

（2）剧目：素称"唐三千，宋八百，外传野史数不得"，演出剧目（包括保留二黄皮影戏中）约1500余本折，已抄录1077本。

（3）脸谱：初步统计汉调二黄脸谱415幅，特制模型彩绘234种。其造型、画法种类繁多，总体风格古朴、考究。

（4）表演：行当分为一末、二净、三生、四旦、五丑、六外、七小、八贴、九老、十杂，便于传承和舞台演出。表演上讲究"文戏武唱，武戏文唱"，末、净、生、丑、武生、杂角等。一般要求刚劲，其他行当则讲细腻传神。有一套传统程式，但也讲究民间生活化，总体风格质朴、火爆、粗犷。

汉调二黄音乐属板腔变化体，唱腔主要分上调（二黄调）和下调（西皮调），为今"皮黄"腔系剧种。上调可以转下调，下调亦转上调，这种为之"倒把"的方式是汉调二黄音乐一大特色；十大行当，划分细致、明确、全面；道白语音以中州韵和安康方音为主，另有内侍、番邦说京腔和一些角色需按乡籍道山西、湖北、河南、四川等地方语音，后来排演现代戏多采用紫阳话道白；演出形式有舞台演出（挂衣、唱大戏）、座唱（闹玩子、打围鼓）和皮影、木偶（唱小戏）等；唱腔质朴无华，男角及老旦用真嗓，旦用假嗓（小嗓），不同行当使用"边音""虎音""将音"等；表演具有一整套传统程式，风格粗犷、朴实。2006年，汉调二黄被列入第一批国家级非物质文化遗产项目。（XY）

秦腔艺术 秦腔艺术是中国现存最古老的剧种之一。秦腔是在明代初年的洪武、永乐年间酝酿声腔，至明代成化、正德年间基本形成剧种特色并完成了作为戏曲剧种的全部因素，戏曲史学界的近百年考证和研究认为"秦腔是梆子腔的鼻祖，是中国梆子腔系统的活化石"。秦腔剧目丰富多彩，其数量总数在万部之多。仅本省境内的各路秦腔剧本就已达3000多本，其中中路秦腔1100多本，西府秦腔700多本，东路秦腔同州梆子500多本，南路秦腔汉调桄桄800多本。秦腔剧目剧本基本上涵盖了中国五千年文明史，上至盘古开天地的神话传说，下至中华民国到现当代的各个阶段的历史故事和知名人物，秦腔唱腔包括"板路"和"彩腔"两部分，每部分均有欢音和苦音之分。苦音腔最能代表秦腔特色，或深沉哀婉，或慷慨激昂，适合表现悲愤、怀念、凄哀的感情；欢音腔欢乐、明快、刚健、有力，擅长表现喜悦、欢快、爽朗的感情。板路有二六板、慢板、尖板、二导板、带板、滚板等六类基本板式。彩腔，俗称二音，音高八度，多用在人物感情激荡、剧情发展起伏跌宕之处。分慢板腔、二倒板腔、代板腔和垫板腔等四类。凡属板式唱腔，均用真嗓；凡属彩腔，均用假嗓。秦腔须生、青衣、老生、老旦、花脸均重唱，名曰唱乱弹。秦腔的表演自成一家，角色体制有生、旦、净、丑四大行，各行又分多种，统称为"十三头网子"。一般戏班，都要按行当建置以"四梁四柱"为骨干的三路角色制。头路角色包括头道须生、正旦、花脸和小旦，二路角色包括小生、二道须生、二花脸和丑角，其他老旦、老生等角均为三路角色。各路角色的佼佼者，均可挂头牌演出，其他即为配角。条件优越的戏班，常不惜重金邀请名角。各行皆能，文、武、昆、乱不挡的多面手、好把式，又称"戏包袱"，或叫"饱肚子"。秦腔表演技艺十分丰富，身段和特技应有尽有，常用的有趟马、拉架子、吐火、扑跌、扫灯花、耍火棍、枪背、顶灯、咬牙、转椅等。神话戏的表演技艺，更为奇特而多姿。如演《黄河阵》，要用五种法宝道具。量天尺，翻天印，可施放长串焰火，金交剪能飞出朵朵蝴蝶。除此，花脸讲究架子功，以显威武豪迈的气概，群众称其为"架架儿"。表演上大气恢宏、做功细腻，各行都形成了完整严密的唱腔程式和做功程式，人物造型夸张，化装线条简洁，各行脸谱构图威武，是中华民族传统戏曲艺术中最具代表性的剧种之一。2006年，秦腔被列入第一批国家级非物质文化遗产项目。（XY）

华阴老腔 系明末清初，以当地民间说书艺术为基础发展形成的一种皮影戏曲剧种。长期以来，老腔为华阴县泉店村张家户族的家族戏（只传本姓本族，不传外人）。其声腔具有刚直高亢、磅礴豪迈的气魄，听起来颇有关西大汉咏唱大江东去之概；落音又引进渭水船工号子曲调，采用一人唱众人帮和的拖腔（民间俗称为拉波）；伴奏音乐不用唢呐，独设檀板的拍板节奏，均构成了该剧种的独有之长，使其富有独特的历史和文化价值，世代流传，久演不衰。但又鉴于该剧种这一特殊情形（家族戏），目前依然处于行将消亡的濒危状态，迫切需要长期保护。华阴老腔分阿宫腔和弦板腔两个大类。阿宫腔也称北路秦腔。因唱腔具有翻高遏低的艺术特点，亦称遏宫腔。流行于礼泉、富平、兴平、咸阳、泾阳、三原、乾县、高陵、耀县、铜川、临潼等地。"弦板腔"主要流行于咸阳、乾县、礼县、礼泉、兴平、宝鸡、凤翔等地以及甘肃东部地区。老腔实在是一种很小的戏种，是以皮影的形式进行演出的戏曲剧种。剧本大多由清朝流传至今，因为年代久远，纸质已开始发黄变脆，艺人们对唱词铭刻于心，平时剧本几乎不用，只有重要的时刻才会拿出来展示一下。鉴于该剧种属于家族戏的特殊形式，行将消失，迫切需要长期保护。2006年，华阴老腔被列入第一批国家级非物质文化遗产项目。（XY）

阿宫腔 阿宫腔是秦始皇阿房宫的遗音。据历史记载，秦始皇灭六国后，按照各国宫室的原样，在咸阳建筑宫室群，藏美女万余人。并在渭河以南营造了规模更大的阿房宫，朝歌夜弦，形成了空前绝后的皇家歌舞团。但是，好景不长，项羽由东南烧杀而来，数万人的皇家歌舞团朝西北逃命而去。她们先后安家于乡村，必然把皇家艺术传播于民间。礼泉、三原、富平、临潼、耀县等地都是阿宫腔早年的流传地带。阿宫腔这个古老独特的声腔，一直以灯影（即皮影）戏的形式保留在民间。阿宫腔的吹打乐别具一格，开场必奏"十样景"。这是由十多种曲牌合奏的，扣人心弦，引人入胜。其由宫廷歌女带至民间繁衍而来，因而深深扎根于人民群众之中。富平人之与阿宫，如同三秦人之与秦腔，处处都有戏，人人会唱段。阿宫腔声乐中的拖腔，如"矣""焉""也""呀"在我国戏曲声乐中是独一无二的。既有先秦语言特色，又具当时侍女"笑不露齿"的时尚。阿宫腔行"一唱三遏"的特色很突出，这也充分说明这是阿房宫歌姬声腔的遗音。腔调清丽婉转，女声用窄音，男声要低八度，上翻高八度，又复转入低八度落音，充分显示出高雅特性。2006年，阿宫腔被列入第一批国家级非物质文化遗产项目。（XY）

弦板腔 起源于宋代。据王绍猷先生考证，弦板腔、皮影戏源于秦中乾县、兴平、礼泉、咸阳等地。其乾县植根最深、流传最广，1800年前后弦板腔曾与"道情"同台演唱，以后逐渐演变为独台演唱，在不断完善发展中成为独特剧种。弦板腔又称"板板腔"，由主要伴奏乐器"弦子"和敲击乐器"板子"而取名。其音乐旋律节奏明快，悦耳悠扬，唱腔刚柔相济，感人动听，能充分表达戏剧剧情。随着历史发展演进，弦板腔从早期基本乐器的"二弦""三弦""板子"发展到加入板胡、二胡等多种民族乐器，在演唱方面由早期注重表演武打戏发展到表演历史演义和缠绵委婉的多种剧情的戏剧。弦板腔所表演的剧目相当丰富，历来以表演列国戏和三国戏最多，且连台本不少。弦板腔的最大特征是，音乐唱腔优美愉悦。唱腔悦耳高昂，具有激情，富于表达剧情人物感情，展示喜、怒、衰、乐的多种情感。它不仅具有我国北方戏剧的豪迈刚健，也具有我国南方戏剧委婉的特点，在托腔上长短适中，为戏曲爱好者适听和欣赏，甚至对偏爱歌曲，不喜戏曲的人群大多能接受。它的唱腔已基本具九种固定板路。即：导板、上音子板、正板、紧板、二流板、气死人、三不齐、流板、撒板。2006年，弦板腔被列入第一批国家级非物质文化遗产项目。（XY）

商洛花鼓 民间通称花鼓子、地蹦子，流行于商洛地区。清光绪三年（1877）湖北郧阳遭受水灾，大批灾民进入商洛地区，带来了郧阳流行的花鼓戏。后花鼓戏逐渐改用商洛地区方言演唱，并吸收了许多商洛的民歌小调，最终形成商洛花鼓。

由于传播地域的不同，可分为商丹路与镇柞路两种。商丹路在音乐风格和语言音调上，多用关中语系和当地土语（部分也用下河语），曲调流畅、优美、柔和、婉转。镇柞路在音乐风格和语言音调上一般采用当地音（即鄂西北语系，当地称下河语），曲调多高亢、明亮、欢快。

（1）大筒子（又名二棚子、筒子戏）：是花鼓戏较高级的一种，具有文武场面，近于戏曲形式。因为棚子是其舞台，其舞台次于演大戏的舞台，大于演小戏的台子，所以叫二棚子。又因文场所用的乐器叫筒子胡，其形似二胡，琴头较粗大，音色清脆、明亮、粗犷、浑厚。曲调有小生调、老生调、老配少调、半板、板半、阴调、放哀子等7种。

（2）八岔子：分阳八岔与阴八岔两种（阳八岔又称硬八岔，大八岔；阴八岔又叫软八岔或七岔子）。因为主要曲调为八岔调，所以民间称它为《八岔戏》。阳八岔的特点是一人开唱，众人帮腔。伴奏形式为演员清唱，锣鼓配节，即演员清唱，在腔句之间穿插固定的锣鼓点伴奏，不用弦索，句末由台后帮腔，成为"一人唱而众人和之"的形式。它的声腔结构是分腔、合腔、诉板相结合。阴八岔曲调开朗、豪爽而又抒情。节奏别致。属五声"徵"调式。一般用于剧目开头或行路时唱。在运用中并可加其他小调来演唱。每个小戏中间只要有这两个调的都可叫作"阴八岔"戏。

（3）花鼓子（又名小调戏）：因戏中的曲调是由民歌小调所构成，所以也叫小调戏。其特点是保持了一般民歌的原貌，戏剧化的程度较少；曲调多，旋律节奏、调式变化较丰富。有的剧目以一曲多变形式演唱到终，有的以多种曲调联用变化。曲式结构既有对偶句结构，又有起承转合形态。宫、商、角、徵、羽各类调式都有。以商、徵、羽调式居多，特别是商调特性较明显突出（如《石榴娃烧火调》），唱腔丰富多彩；由戏名起曲名，曲调短小，节奏明快，旋律流畅。它的伴奏仅用锣鼓按演唱的需要加在每一曲调的某一乐段或曲终处，词格也无严格的局限，五、七、十字句皆有，还有不正规的穿句形式。据不完全统计，曲调有250多支。

商洛花鼓传统的唱腔音乐结构形式单一，历史年代久远，在戏曲音乐发展演变历史的研究中具有"活化石"的作用。2006年，商洛花鼓被列入第一批国家级非物质文化遗产项目。(XY)

合阳提线木偶戏　合阳提线木偶戏俗称"线戏""线胡戏"或"小戏"，它的音乐、唱腔、脸谱、偶人制作均独具一格。起源时间无确切的文献资料，据传"始于汉而兴于唐，盛于明清"。合阳提线木偶戏有自己的一套脸谱，偶头制作工艺应该是与剧种的发展同步。过去偶头制作者不在戏班内，戏班艺人"农闲演戏，农忙种地"，农忙时定做新偶头，并将原有偶头送去重新上彩，称为"粉头头"。此种方式延续至今。合阳提线木偶的偶头早先用柳木雕刻，现在改用桐木。偶头具有明显的"唐俑风格"，尤其是旦角，面部丰腴，鼻子浑圆如胆，与隋代、初唐女菩萨、佛雕如出一辙，此点亦显示其历史的悠久。脸谱用不同色彩表现忠奸善恶，线条简练；尤其是画胡子生和画胡子丑，寥寥数笔，似春风拂面，生动传神。合阳提线木偶偶头制作工艺的特征为纯粹手工艺术。每雕刻一个偶头，造型全在艺人心中，即使画眉眼，亦是心中有数，融入个人的感情色彩，栩栩如生。从艺者有极高的艺术天赋和相应的绘画功力，又对合阳线戏偶头的特点了如指掌，从而继承了传统，又形成与其他剧种全然相异的独特风格。2006年，合阳提线木偶戏被列入第一批国家级非物质文化遗产项目。(XY)

华县皮影戏　皮影，又叫傀儡戏、灯影。在华县，又叫碗碗腔皮影戏（曾名时腔），形成于清代初叶。因其主要流传于关中东府渭南二华、大荔一带，所以也称其为东路碗碗腔。皮影戏始于秦汉，当时主要是为帝王宫廷服务，唐朝以后就流传到民间，开始成为人民的艺术。著名民间老艺人番京乐这样说道：在"文化大革命"中，华县皮影未能躲过这场浩劫，仅仅留有光明、光艺、光庆、光华四个班社靠演"样板戏"生存。改革开放以后，在各级党委、政府的大力支持下，全县先后恢复成立皮影班社13家，有皮影艺人60多人。华县的皮影班社，一般都能熟练演出150多出剧目，除了众多丰富的历史传统剧之外，还有现代戏和自编的新节目，演出经久不衰。在许多戏文中，充满华县巷言俚语，通俗生动。华县皮影戏是中国乃至世界上最古老的民间艺术，是中国民间工艺美术与戏曲的巧妙结合。华县皮影有四绝：一是皮影雕刻作品造诣高。二是演唱功力极深。三是表演者功力精湛。四是华县皮影博大精深，综合艺术水平炉火纯青，堪称为戏曲艺术之绝唱。2006年，华县皮影戏被列入第一批国家级非物质文化遗产项目。（XY）

府谷二人台 在榆林市北部与内蒙古交界的神木、府谷一带，流传着一种由民歌向戏曲发展并已初具戏曲雏形的"二人台"。府谷二人台的内容，以反映农村生活情趣为多。其中，反映男情女爱，反封建的剧目占较大的比例，如《五哥放羊》《打樱桃》《十爱》等；有反映社会黑暗苦难生活的剧目，如《走西口》《劝世人》《转山头》等；有反映民俗风情的剧目，如《放风筝》《打秋千》《闹元宵》等；有反映历史传说的剧目，如《珍珠倒拷帘》《英台下山》《四大对》等；有描写花名的剧目，如《十对花》《五月散花》等；有描述货郎、挑夫生活的剧目，如《王成卖碗》《刘青卖菜》《钉缸》等；刻画青楼女、尼姑之苦的剧目，如《吃醋》《思凡》等等，剧目百十有余。府谷二人台表演形式大致有三种：一种是清唱（俗称座腔）一般不化装。一种是跑场（亦称滚边），一般由男女对唱并加念白及表演。第三种是小戏，多有故事情节，人物超过两人，也分场、分幕。府谷二人台歌词句式丰富。两句段、三句段、四句段、五句段、六句段、多句段均有。词句有五字句、七字句、八字句、九字句、十字句、长短句可分。说念道白，插科打诨，语言颇有地方性，方言妙语横生，特色显明。演唱采用真假声结合，抑扬顿挫、亮板拖腔、高亢明亮、自然合韵、悠扬动听。二人台的演唱形式分硬码戏、带鞭戏与对唱三大类。硬码戏注重唱、念、做，要求表演者有较好的嗓音条件；带鞭戏注重舞蹈表演；对唱由二人交替演唱。二人台曲目、剧目丰富，表演技艺完整，形成了独立的艺术体系。2008年，府谷二人台被列入第二批国家级非物质文化遗产项目。（XY）

华阴迷胡 是华阴当地的一种戏剧。华阴人过去一直把当地的"迷胡"叫曲子，或小曲，可见它还不属于完整意义上的戏剧。"地摊子"是华阴迷胡最具有典型性的演出空间，俗名也叫"板凳曲子"，其特点为叙事性的套曲演唱，因此也叫清唱曲子。早期的地摊子是比较单一的小曲演唱，如"小桃石""放风筝""绣荷包""银纽丝""尖点花""五更鸟"等，以丝竹弦乐伴奏，此后逐渐形成系列"套曲"，由一人或多角色合唱一个有情节的故事。清唱曲子一般分两类，第一类比较典雅，多用于文人雅士茶余酒后，三五知音的自娱消遣；第二类是江湖曲子，多为艺人卖唱和民间流行，文词比较通俗，有较强的风俗性。"清唱曲子"受宋代"弹词""赚词"以及"元曲杂剧"的影响，在保持"地摊子"基本表演形式的前提下，部分开始向"高台"表演转化，逐渐形成了自己的艺术程式。它把"花脸""须生"戏称"黑红戏"，把"旦角"和"爱情戏"称"粉旦戏"，把滑稽戏称为"丑角戏"。清唱曲子的分工是：演唱者自弹三弦，俗称"抱三弦"，定15；正调板胡定弦52，这是主要乐器，反调板胡定弦15，不包腔，这是色彩乐器。二胡定弦同正调板胡、竹笛，洞音作5，打击乐有四页瓦（单击花击混合使用）、梆子、水水（钟铃）、碟子（普通小磁碟，通常花击，增加色彩），走向舞台表演后，就要加上大铜器一类的打击乐。华阴迷胡的音乐曲牌浩繁，有大调七十二，小调三百六十之说。按其情感效能，可分为欢愉性（如"采花""银纽丝"等）、哀怨性（如"罗江怨""背宫"等）、中性（如"一串铃""连香"等），总的风格趋向于柔美细腻，便于抒发内心感情。华阴迷胡的传统剧目繁多，多为口传，流传于民间的坐场剧目至少200多个，常演的也有100多个。题材多为旷男怨妇、恩仇离合的爱情故事，内容多贴近社会生活和平民感情。华阴迷胡相关乐器有：板胡、二胡、三弦、梆子、碟子、碰铃、四页瓦、鼓板、铙钹、手锣、勾锣等。2007年，华阴迷胡被列入第一批省级非物质文化遗产项目，2008年被列入第二批国家级非物质文化遗产项目。（XY）

同州梆子 形成于关中东部以大荔县（旧同州府治）为中心的十数县。因伴奏乐器中采用枣木梆子击节，发"咣咣"声，故称"咣咣乱弹"或"梆子"。后为区别于其他梆子剧种，始称"同州梆子"。一般认为同州梆子即老秦腔。在以西安为中心的中路秦腔（即西安乱弹）形成以后，它被称为"东路秦腔"，外省称"西秦腔""西调""陕西梆子""山陕梆子"等。同州梆子唱腔系板式变化体，有欢音和苦音之分，主用本嗓歌唱。有塌板、滚板、代板、摇板、尖板等基本板式，彩腔较多，善用"安"字拖腔。伴奏乐器以二股弦为主，辅以三弦、胡琴、琵琶、琥珀等。唱腔过门短促，更显"繁音激楚"之美。角色行当齐全，特重花脸、须生、正旦、武生等四梁柱为主体的组班体制。分行比较严格，旦行的老旦、正旦、花旦，生行的须生、老生、红生，净行的大净、二净、三花脸，小生行的文生、武生，丑行的文丑、武丑，都有严格的区分。同州梆子以武戏擅长，居四路秦腔之首，演出讲究五段式：（1）天官帽头——吹奏三眼腔之类的成套曲牌。（2）锣鼓吵台——吹号、放炮、演奏各套锣鼓曲。（3）男女接场——全部角色"亮箱"。（4）武开开场——表演各种奇特技巧。（5）开正本戏——先出折戏，后出本戏。表演讲究功架与特技表演，如翎扫灯花、碗打碗、三节棍、打连枷、鞭扫灯花、喷火等。2008年，同州梆子被列入第二批国家级非物质文化遗产项目。（XY）

合阳跳戏 合阳跳戏被喻为中国戏曲的活化石，是我国早期舞剧、傩剧的缩影。跳戏的发生、发展与古老的合阳历史同步。有关专家认为：跳戏是由古代部落民舞衍生，具有秦、汉、唐的傩舞（夹杂有"合生""参军戏"的痕迹）、唐宋"队舞"和金元锣鼓杂剧的成分，自明清起形成自己完整的跳戏程式。至今保留的跳戏《春官打台》，仍有着宋元南戏与明清传奇的特征。合阳跳戏又称

"调（tiao）调"或杂戏，它的基本表演形式主要有两种：一是哑跳（也称广场跳），表演者只有动作没有唱词，常常是数十人乃至上百人同场表演，气势恢宏，动作刚劲有力。二是上台跳，不用弦乐，只用农村的大锣、大鼓、大铙和唢呐伴奏，用以展示故事情节，反映人物情感。作为跳戏主要表现形式的"上势"有十八种之多，且变化无穷。跳戏自形成以来，经过了长期的发展，形成了如下一些基本特点：古朴、粗犷的特征，模拟性特征，简朴、刚健的特征。2008年，合阳跳戏被列入第二批国家级非物质文化遗产项目。（XY）

榆林小曲 相传秦汉时期，榆林已是陕北政治文化中心。据史载，明正德十三年（1518）十月，明武宗朱厚照巡边时，在榆居住三月有余，纳延绥总兵戴钦的女儿为妃，还大征女乐，在城内太乙神宫（即今"凯歌楼"）每日歌舞弹唱。这是关于榆林城歌舞、曲艺历史的最早记录。可见作为九边重镇的榆林，当时的说唱艺术已十分盛行。榆林小曲的结构分为小曲（即单曲）和联唱（即联套）两种形式，单曲称为小调，一般是简短的单段结构，演唱时用"重头"（曲调反复）的方法，与歌曲中的分节歌相似。小曲的演唱形式：既可一人单唱，也可两人对唱；既可坐唱，也可站唱或自弹自唱。榆林小曲由南方传入陕北，又与陕北传统音乐相结合，是南北传统音乐文化交流融合的产物。小曲的音乐风格既委婉缠绵，又高亢激昂，南韵北声融为一体。其采用小嗓演唱，真假嗓结合，多用顿音闪断，形成独特的演唱方法，产生亦连亦顿、活泼弹跑的演唱效果。小曲器乐伴奏以弹拨乐为主，辅以京胡、二胡等拉弦乐器，突出亦连亦顿、弹跳活泼的演奏效果。小曲是陕北独特的市民阶层艺术，雅俗共赏，既为自娱自乐，又与民俗活动（婚丧嫁娶、节日喜庆、生辰寿诞）密切联系，是榆林市井民俗风情的集中体现。2008年，榆林小曲被列入第二批国家级非物质文化遗产项目。（XY）

陕北道情 道情源于唐代道教徒唱的经韵，当时是诗赞体。后演变为在民间布道时演唱的道歌。其中流行于北方的一支，在原韵调的基础上发展为曲牌体，又逐渐演变成戏曲。根据其代表剧目《十万金》看，其早于《西游记》的面世，《十万金》中的《孟姜女哭长城》可以源于唐代国名变文。陕北道情是陕北的地方戏曲。以舞台（主要农村庙会）演出为主。也有农村闹秧歌扎场子演出和道情自乐班的自娱自乐演出。音乐是曲牌体。分东路和西路两种。东路即新调，西路即老调。其调式不同，东路为徵调式，西路为商调式。但两音的曲牌名称基本相同。传统剧本内容特征有：探讨天地、男女等哲学类问题；戏中人物多出于宗教典籍，佛、道多于儒；剧本框架是原来的，细节大多是民间艺人根据自己的经历修改的。2008年，陕北道情被列入第二批国家级非物质文化遗产项目。（XY）

眉户曲子 "眉户曲子"原是由元明的北曲吸收眉县、户县的山歌、牧歌、情歌、儿歌等发展而成的，在搬上舞台成为独立的剧种"戏"以前，它是由歌者用三弦等乐器伴奏演唱，并不需要任何动作，所以也叫"眉户坐唱"。音乐共有120个曲调。（如果把同一曲调的各路唱法算起来，那就是243个。）联唱有五更鸟、月调、慢五更、岗调、戏秋千等9个，百戏图有月调、银纽丝、劳子等11个，疑情有月头、慢桥、梳妆台等13个，曲牌有大金钱、西京过板等51个。"眉户戏"的声腔曲调，是吸收明清时期关中民间俗曲形式的。眉户音乐由唱腔、锣鼓经与曲牌三部分组成。眉户剧目所反映的内容以表现民间生活题材的居多。2008年，眉户曲子被列入第二批国家级非物质文化遗产项目。（XY）

商洛道情戏 源于我国道教化缘时的诵经调，自道教有史以来广为流传，民间利用这一形式进行民间戏剧表演，流传至今。商洛道情是陕西道情的始祖。以剧情所需的内容用商洛方言进行演唱，另加上"嘛璜"使其内容更加丰富，更具表现力，加强情节的深度。商洛道情以二人转的击打形式演唱，经过几代文艺工作者的努力加工提高，现在已能表现大型剧目，充分表现各类戏剧人物的内心情感，特别以表现"苦"音最具特色。其风格独特、表现力丰富、渲染力强烈，是广大群众喜闻乐见的一种艺术形式。2011年，商洛道情戏被列入第三批国家级非物质文化遗产项目。（XY）

眉户 是陕西省的主要戏曲剧种之一，又称"眉鄠"或"迷糊"，以其曲调委婉动听，具有令人听之入迷的艺术魅力而得名。

它的贡调主要由小曲小调组成，俗称"曲子戏"，文人惯称为"清曲"。眉户的伴奏乐器以三弦为主，板胡和海笛相辅，后又逐渐加入二胡、打琴以及中西弦管乐器。打击乐器及锣鼓点，均借鉴地方大戏而稍有变化。眉户的唱腔不同于秦腔的高昂激扬、豪放粗犷，其唱腔较为委婉细腻，优美动听，富于表现深沉、凄楚和悲痛。眉户唱腔曲牌十分丰富，民间流传有"七十二大调，三十六小调"之说。早期是农村、乡镇群众"自乐会"坐唱的清曲、小曲，主要以三弦伴奏，内容多系民间生活故事。所唱曲子又分大调、小调两类：大调曲子如大金钱、黄龙滚、满江红等，格律比较严谨，不易掌握。眉户的唱腔音乐属曲牌联套体，其结构有三种：一是单曲反复或变化反复来完成一段唱腔；二是双曲联套；三是多曲联套。眉户源于何地尚无文献可考，艺人相传，说法不一。形成于清代乾隆年间，盛行于关中、山西、河南、湖北、四川、甘肃、宁夏、青海和新疆的部分地区。现代眉户在关中分东西两路。东路眉户盛行于华阴市和华县，民间流传有"同州的梆子合阳的线，二华的眉户天下传"的说法。西路的眉户最早盛行于眉县、户县，并以"眉户"得名。具代表性的有《十二把镰刀》《梁秋燕》《杏花村》《迟开的玫瑰》《陕北婆姨》《屠夫状元》《留下真情》等剧目。1949年中国青年代表团应邀于莫斯科、布达佩斯演出《十二把镰刀》，获得了国际剧界的关注和好评。1982年大型眉户戏《杏花村》被西安电影制片厂拍成戏曲艺术片发行全国。1999年陈彦创作的现代剧《迟开的玫瑰》被评为国家舞台艺术精品工程"十大精品剧目"榜首。2008年6月7日,眉户剧种经国务院批准列入第二批国家级非物质文化遗产名录。2010年,由山西省临汾市申报的晋南眉户入选第三批国家级非物质文化遗产名录。2014年,眉户由省戏剧研究院申报,被列入第四批国家级非物质文化遗产代表性项目名录扩展项目名录。(XY)

陕西杖头木偶戏 木偶戏古称"傀儡戏""傀儡子",是由艺人操作木偶表演故事的一种戏曲形式。木偶起源于周,成于汉,兴于唐,盛于宋,元、明、清以来均有流行。木偶原是一种宫廷艺术,但宋元戏剧出现后,木偶戏在宫廷中的地位逐渐衰落下来。由于木偶戏深受群众喜爱,一直在民间广为流传。陕西杖头木偶分布于全省各地,尤其是关中地区班社众多。新中国成立后,在党的"百花齐放,推陈出新"文艺方针指引下,陕西木偶艺术事业有了很大发展。20世纪50年代初,长安木偶剧社更名为陕西省傀儡艺术剧团,后又更名为陕西省民间艺术剧院。陕西杖头木偶亦称"跑台子"。木偶人的头部多用木头雕刻而成(后增加了纸质头),艺人运用夸张的手法,合理变形,使角色的特征更加鲜明、突出。木偶表演时,既可以由操纵杖头木偶的人边舞边唱,也可以由他人在幕后配唱。陕西杖头木偶演唱的主要形式是秦腔,角色分为生、旦、净、丑。配乐有文武场面,代表剧目有《斩李广》《打镇台》《斩黄袍》《周仁回府》等,尤其是花脸的演唱,以情动人,富有夸张性。陕西杖头木偶最具特点的是"内杆木偶",即手棍在衣服内的木偶。内杆木偶由中棍、手棍组成。表演时,艺人以左臂举中棍(也叫命杆),右手操纵手棍,使偶人的表演灵活生动,变化多端。2011年,陕西杖头木偶戏被列入第三批省级非物质文化遗产项目,2014年被列入第四批国家级非物质文化遗产代表性项目扩展项目名录。(XY)

5. 曲艺

陕北说书 是西北地区十分重要的曲艺说书形式,主要流行于陕北延安和榆林等地。最初是由穷苦盲人运用陕北的民歌小调演唱一些传说故事,后来吸收眉户、秦腔及道情和信天游的曲调,逐步形成为说唱表演长篇故事的说书形式。过去均为盲人演唱。表演形式为一人自弹自唱,伴奏乐器为三弦或琵琶,此外,还有绑在小腿上的,以两块木板制成的甩板,和绑在手腕上的,称"嘛喳喳"的一串小木板,这是作为打节奏用的。陕北说书的传统表演形式是艺人采用陕北方音,手持三弦或琵琶自弹自唱、说唱相间地叙述故事。根据伴奏乐器的不同,或称之为"三弦书",或称之为"琵琶书"。源于隋唐,成形于宋,而兴盛于明、清。陕北说书的整个音乐概括起来由以下三个部分组成:(1)曲牌部分:包括各种起板(大小起板)(即前奏)、唱腔中间的过门、引子和不同情景中的各种音乐(说书中叫牌子)等。(2)唱腔部分:包括各种平调、对口调、哭调、武调、

民间小调、快板及其他各种唱腔。有的唱腔因使用伴奏乐器不同，也就形成风格各异的类别。（3）说白部分：没有音乐伴奏，即用口头叙述的方式来阐明故事情节。陕北说书单人演唱可在田间、地头、院落、炕头演出，音乐的调式和板式不像某些乐曲那么繁复、华丽，而显示出一种特殊的简约美和质朴美。陕北说书语言精练，说唱风趣，曲目等本土音乐，又广泛吸纳民歌小调、戏剧曲牌以及其他姊妹艺术音乐。说书对生产生活中的客观人物和事物，采用拟声状形态意、传情描事等手法，其在语言上大众化、地方化，风味浓厚，通俗易懂，易于流传。2006年，陕北说书被列入第一批国家级非物质文化遗产项目。（XY）

韩城秧歌 一说源于后唐宫廷，如秧歌《彩楼配》中之表段子"正月十五君民乐，唐朝发明唱秧歌，天子耍丑耍得好，正宫娘娘把头包"，详情无史可考。韩城秧歌在韩城市境内多有分布，其中以板桥乡、金城区、新城区最具代表性。俗称"唱秧歌"，属民间流传的"小对对戏"形式，是两三个演员表演的秧歌小歌舞。是一种融民歌、说唱、舞蹈为一体，并向戏曲衍化，且初具戏曲雏形的演唱形式。韩城秧歌明显受到宋元杂剧的影响，在表演时，唱则不舞，舞则不唱。击乐伴奏时，唱时不敲，敲时不唱。它的唱腔音乐属曲牌联套，颇似"诸宫调"的套曲。韩城秧歌大都由一旦一丑来表演有故事、有人物的演唱或小戏。多于正月十五夜晚在村中广场上，铺张草席做舞台，俗称"地摊子"。组织邀请七、八对唱秧歌的艺人相继表演，以此欢度佳节，庆贺丰收。常演的剧目很丰富，题材广泛，涉猎面广。除了情绪性的表演唱，如《十二月》《十杯酒》《十对花》《织手巾》《十绣古人》《十二重楼》《十二将》《十二月留郎》《十个字》《六朵花》《九朵花》等，还有反映执着追求婚姻自由、讽刺嘲弄嫌贫爱富、反抗地主的压迫剥削、鞭笞封建落后意识、讴歌劳动人民聪明才智、反映农家生活乐趣和劳动生产等内容的民间小故事和传统戏曲的折子戏或片断，如《上楼台》《自本熬活》《卖绒线》《站花墙》等近百个节目。韩城秧歌剧目丰富，剧目共挖掘整理出127折，编辑出版96折。其内容包罗万象，诸如神话传说、历史传奇、民间故事、民俗风情等等。代表剧目有《自本熬活》《游九州》《十月怀胎》《割韭菜》《闹新房》《五炷香》《五更鼓》《看花灯》《闹元宵》《望江楼》《张先生拜年》《小寡妇上坟》《绣荷包》《送情郎》《纺棉花》《思情郎》《上楼台》《货郎算账》《采花》《算卦》《国难》《放学》《织手巾》《十二将》《婚姻自主》等等。曲调有117种，归纳起来有50余首。曲体大致可分为三种类型：一是说唱音乐，是一种具有说唱性的叙事体。二是保留原民歌形态的结构形式，专曲专词。三是曲牌联套的结构形式。韩城秧歌的曲调主要有《十绣》《十二将》《十字句》《开门调》《四六曲》《望江楼》等。2007年，韩城秧歌被列入第一批省级非物质文化遗产项目，2008年被列入第二批国家级非物质文化遗产项目。（XY）

洛南静板书 洛南静板书早在清朝道光年间（1821—1851）就在洛南到处盛行，属洛南土生土长的民间曲种。过去，这种民间艺术形式多是盲艺人求生糊口的手段。说唱以求神、谢土地和为农户红白喜事助兴取乐为主，其书目以传统内容为主。洛南静板书主要以唱七字句韵文的传统书目为主，内容大体有神话传说、历史演义、公案传奇、忠臣教子、男情女爱等。书目形式有大本书、中篇书、小回书以及二三十句的小书帽。大本书可说唱几天几夜，小书帽诙谐幽默仅两三分钟，多是用于开场招徕观众。洛南静板书一人可操6种乐器，集弹、敲、打、说、唱于一身，一人顶7人。铺排稀少，简便易行，田间地头，家庭院落，一张桌椅即可说唱。说唱时在桌子两侧各竖一根竹竿，再用两条绳子牵连，上绳吊上大锣、小锣，下绳紧靠锣边，防止打击锣体摇摆。桌上用麻绳圈仰放小铜镲，桌腿上捆着脚踏梆子。说书人的膝盖下梆着4片竹制蚂蚱板，怀抱三弦，自弹自敲、自打自唱。说唱时只用脚踏梆子打击节奏，不夹杂其他乐器伴奏，过门时才用其他乐器渲染气氛，唱腔清晰，文文雅雅，故称"静板"。2007年，洛南静板书被列入第一批省级非物质文化遗产保护名录。2011年被列入第三批国家级非物质文化遗产项目。（XY）

6. 传统体育、游艺与杂技

红拳 自古长安"文武盛地"。据传秦王嬴政每打胜仗的庆功会上，武士们"击皮为鼓"以示庆贺，红拳套路中"放炮""十大响"就源于此。因其流传于潼关以西，故称"西家拳"。明代戚继光著《纪效新书·拳经捷要篇》收录了"太祖红拳三十二式"，把红拳作为训练士兵的必修课目。清道光、咸丰年间，红拳发展到一个鼎盛时期，代表人物有三原"鹞子高三"、临潼"黑虎邢三"及潼关"饿虎苏三""通背李四"，他们对红拳进行了规范和整理，其代表拳路为《四究拳》，突出技击，广泛流传至今。奠定了今天红拳的运动体系和打手体系。红拳包括打手对抗和套路运动两类形式及盘、法、势、理四个方面。突出表现"八字八法"的主要内容，红拳有拳有序，拳序结合，起落势相约为一。盘，是习练红拳的入门基本功，又称十大盘筋，俗语有云："筋不盘软不学艺，功力不强艺不精。"法，即打法，手法、腿法、步法、身法等法。理，即武术理论，红拳以《纪效新书·拳经捷要篇》记载的拳谱作为拳法理论基础，注重技击性。现存红拳打手歌五篇，即"红拳拳谱""红拳跑拳搭手""红拳八大步法""红拳用武要言""红拳练功方法（药物等）"，及拳谱口诀扎子、用武要言、图谱等。红拳特点是架势端正，姿势工美，身步灵活，节奏明快，招法巧妙，劲道外柔内刚，劲力以脆快为主，兼有长劲、柔劲，突出一个"巧"字。步法注重闪展腾挪，出步多含跤法；手法讲究撑斩勾挂、高棚低压；打法讲求以步制人，刁打巧击，钻身贴靠，踩腿审进，不招不架，只是一下，犯了招架，十下八下；身法讲求拧腰掖胯、里勾外胯、伸肩探膀与扁身雀势。总括为十六字诀："撑补为母，勾挂为能，化身为奇，刁打为法。"2007年，红拳被列入第一批省级非物质文化遗产名录，2008年被列入第二批国家级非物质文化遗产项目。(XY)

7. 传统美术

凤翔木版年画 凤翔木版年画起始年代较早，相传在唐、宋时就有单色印画，至明代逐步发展为套色印画。据《凤翔县志》记载："明正德二年（1507），南小里邰氏家族中有八户人家从事木版年画工艺，至明末清初，该村有十多户人家开办作坊印制年画。"由此可知凤翔木版年画至少有500年历史。民国二十五年（1936）木版年画工艺鼎盛，仅"世兴画局"年印画就达400多万张。工艺水平也大为提高，其"套银描金"工艺被誉为"金三裁"。建国初，南、北小里村组织了百余人的年画会，年产年画300多万张。1970年新创门画40多种，套色版由原来的5种增至10种，发行范围也扩大到华北、东北、河南、四川一带。凤翔木版年画取材十分广泛，不论神、佛、仙、道、达官贵人及庶民百姓的生活画面，还是城、堡、车船、宫室、桥梁、流水、落花、鸟兽鱼虫等，都在艺人取材之列。按照题材，主要分为祭祀画、谷雨画和春牛图、戏文画、吉祥画、风俗画等5种。凤翔木版年画是比较纯粹的农民画。题材广泛，内容丰富，大多年画是日常生活场景的真实再现。年画的主要消费对象是西北地区的广大农民，具有纯粹的农民性特征。2006年，凤翔木版年画被列入第一批国家级非物质文化遗产项目。(XY)

凤翔泥塑 据《凤翔县志》记载，泥塑工艺美术品的历史可追溯至两三千年前。现泥塑产地主要集中在距凤翔县城东南4千米的城关镇六营村，这里的二百多农户几乎家家从事泥塑生产。六营村的历史渊源和得名富有传奇色彩。相传六百多年前，明太祖朱元璋曾派部将李文忠在雍水河畔屯兵，后本部第六营士兵在当地安营扎寨，其中一部分江西籍士兵会做陶瓷品，便利用该地黏性很强的"板板土"，兑水和泥、制模，捏泥人、泥动物、泥器物，当作泥玩具出售，六营村的脱胎彩绘泥偶由此出名，代代相传。凤翔泥塑艺术优美风趣，有较强的地方性群众基础，蕴藏着极其丰富的内容，因而有很强的生命力。泥塑大约有170多个花色品种，基本上分三种类型：一是各种泥玩具，如虎、狮、牛、马、羊、狗、鸡、兔、鹿以及十二生肖等。二是挂片（浮雕形），有脸谱、虎头、牛头、狮子头，"麒麟送子""八仙过海"等。三是立人（圆雕），有历史人物关公、张飞、诸葛亮及"列国"人物，《封神演义》《西游记》人物等。人物泥塑有时也做一些应时的神仙之类。2006年，凤翔泥塑被列入第一批国家级非物质文化遗产项目。(XY)

黄陵面花 黄陵面花自古以来就和黄帝祭典紧密融为一体。"黄帝崩，葬桥山"（据司马迁《史记》），当时人们为了缅怀黄帝功德，祈求风调雨顺，在祭祀黄帝的过程中，以太牢（指三牲：豕、羊、牛）、时令水果、鲜花、五谷供奉于陵位之前，行三拜九叩之礼，至虔至诚，后来随着社会文明程度的日益提高和生产力的发展，人们对生产工具越来越重视，加之适逢清明、重阳节之际，时令水果、鲜花又不逢季节，便进而用面做出各色动物、花卉来替代三牲、花卉，这种祭祀形式经过漫长的发展进步，逐渐由官方祭祀向民间祭祀转化，同时也与当地的生产生活、岁时节令、婚丧嫁娶、生儿育女等紧密结合，更成为祭祀活动和日常生活中不可或缺的重要组成部分。清明时节，来自天南海北上下的人都纷纷赶到黄帝陵前祭祀祖先，这时当地面花能人纷纷显露身手，按照公祭的最高标准捏制出形神兼备、栩栩如生的面花作品，其中有"二龙戏珠""鱼戏莲花""凤凰戏牡丹""百花争艳""狮子滚绣球"等上乘之作，由年轻姑娘抬着缓缓前行。在公祭活动结束后，农村妇女也纷纷拿出自己蒸制的"罐罐馍"来到黄帝陵前敬献还愿祈祷。清明时节，当地人都要蒸罐罐馍，而这时的罐罐馍必须带腰带，就是在圆馍上缠上三条搓成的带状面条，周围再饰以指尖大小的小鸟等动物，圆馍顶子上捏制出牛头、猪头、虎头、盘蛇以及麦垛、五谷杂粮、花卉等。由本家人带到祖先陵前献供，这种习俗一直流传至今。2008 年，黄陵面花被列入第二批国家级非物质文化遗产项目。(XY)

西秦刺绣 宝鸡地区亦称西秦，是周秦文化的发祥之地，民间手工技艺历史久远。以妇女为主的民间刺绣布艺制作遍及广大农村，它不仅装饰美化着人们的生活，而且与当地人民的生活和民情风俗紧密结合，渗透到人们的生辰、婚嫁、寿诞、祭祀、宗教及日常生活的各个领域。因之历代相传，生生不息，久盛不衰。刺绣布艺作为农村妇女的基础技能而普遍存在广大农村，以家族、亲戚、邻居关系为纽带，世代传承，一代又一代流传至今。西秦刺绣布艺是平面刺绣再做成各类工艺用品的通称，具有浓郁的传统风格和鲜明的地方特色。刺绣的内容包括传统吉祥图案、龙凤狮虎、花鸟鱼虫、四季蔬果、戏曲人物、成语典故、字画楹联等。平面刺绣除少量的配制镜（边）框作为礼品或供观赏外，绝大部分制作成各种服饰、用品、玩具工艺品，西秦刺绣和布艺是紧密结合很难分离的。西秦刺绣布艺体现了当地人民的美好祝愿。风调雨顺、五谷丰登、国泰民安、团结和睦、健康长寿、家庭幸福、尊老爱幼、多子多孙等吉祥内容是各种作品的共同主题。刺绣品被广泛使用在人们的服饰鞋帽、被枕帘帕、儿童玩物、香包挂件、婚嫁礼品、丧葬祭品等。其形式多样、造型夸张、色彩艳丽、粗犷阳刚；刺绣艺人分布面广，群众性、适用性强，具有浓郁的黄土高原乡土气息和宝鸡鲜明的地域特色。2007 年，西秦刺绣被列入第一批省级非物质文化遗产保护名录，2008 年被列入第二批国家级非物质文化遗产项目。(XY)

澄城刺绣 刺绣的基本内容包括两个方面。一是绣品的用途广泛。小到农家中的被枕服饰、衣戴佩物、婚嫁礼品无处不有。二是绣品的内涵丰富。澄城刺绣图饰的题材和内容非常广泛。其中有龙凤呈祥、吉庆有余、福禄寿喜、生活风情及动物花草等，其施针用线和配色不拘一格，以服从于各种主题需要，色彩鲜艳强烈，气势流动飞扬。澄城刺绣能手在长期的刺绣过程中，还创造了无数的奇花异草图案，这也是澄城刺绣之乡之特色，其夸张变形的艺术手法可与世界上的艺术大师相媲美。澄城刺绣的基本特征是针工细腻，花形简洁大方，颜色搭配和谐，并富有深刻的内涵。学习刺绣的姑娘大部分心灵手巧，加之母亲的精心指教指点，有的甚至不惜打骂体罚。澄城刺绣非常讲究内涵，而在花形方面简洁大方，没有大红大绿的渲染，而是淡雅适度，清秀劲拔，显得活灵活现。以象征和托物寄意的手法，也是澄城刺绣的一大特征。如绣蝙蝠、佛手以象征"福"，借用美丽的梅花鹿以象征"禄"，凡送寿礼则借用桃、寿星、仙鹤象征"寿"，"喜"则借以喜鹊、梅花。用鸳鸯龙凤表示夫妻恩爱。用蝙蝠桃子双线相结合，寓意"福寿双全"，五只蝙蝠围绕寿字，寓意"五福奉寿"，胖娃娃手持莲花，怀抱大鱼寓意"连年有余"。俗话说："画中有戏，百看不烦。"2007年，澄城刺绣被列入第一批省级非物质文化遗产保护名录，2008年被列入第二批国家级非物质文化遗产项目。(XY)

陕北匠艺丹青 指主要流行于榆林、延安地区的城镇及乡村的绘画性装饰艺术，包括建筑彩画、庙宇壁画和炕围画、灶台画、家用木器装饰画、玻璃镜匾画等。又名建筑物的彩绘。是一种形象艺术，它在建筑物的装饰上占有重要的地位和独特的功能。它具有形象生动、内容丰富的可观性、实用性，蕴含着内在的和形式的感染力，它不仅能够通过油漆色彩起到保护作用，使其免遭雨淋日晒受潮，延长建筑物的寿命，同时还可以勾取物象，状物抒情，拨人心弦，撩人欲醉，给人以艺术的感染力。城乡从业者甚众，他们多为农民，往往一身兼画师、塑匠、木匠、石匠、建筑设计、纸扎装置甚至"阴阳先生"和医生等多种角色，当地俗称他们为"画庙的""油花柜子的""画花的""画匠"等。2008年，陕北匠艺丹青被列入第二批国家级非物质文化遗产项目。(XY)

安塞剪纸 安塞剪纸是流行于陕西省安塞县的一种民间艺术。大凡喜庆的日子，安塞妇女都要铰剪纸、贴窗花。腊月天，妇女们围在一起，早早就为春节剪纸，临近年关，家家户户新糊的洁白窗户纸上贴满了红红绿绿的剪纸。这样，一个村子就是一个剪纸艺术展览会。安塞剪纸不仅造型美观、剪工精致，而且具有深邃的历史文化内涵，被誉为"地上文物"和文化"活化石"。安塞剪纸按应用和内容分四类。第一类，春节用于美化环境。春节是安塞妇女显示技艺的最佳时节，不少家户住室就成了剪纸展览室，剪纸内容多为吉祥如意、六畜兴旺、五谷丰登，保平安、镇邪恶的老虎、狮子是必不可少的内容。第二类，用于嫁娶时装饰洞房，剪纸最有讲究。寓意最深、最有趣的是窗子中间剪的"喜花"和窑顶的坐帐花。"蛇盘兔，必定富。"十二属相，蛇又称小龙，龙为阳，男性，兔为阴，女性，是男女婚配之意。曹佃祥剪的《骑猪娃娃》，娃娃一手举鸟（阳），一手举蝎（阴），猪则寓意多子多福。第三类，用于宗教礼仪活动的装饰。过年都要给神龛上剪个门帘贴上。图案内容上，常用的有贯钱、福连万字、云头、鸡、鱼、猪、灶狗等。还有门神、镇宅老虎等。第四类，用于制作刺绣、布玩具的底样，同样是一幅独立的剪纸艺术品，常见的有枕花样、鞋花样、针扎样、裹肚花样等。2006年，安塞剪纸被列入第一批国家级非物质文化遗产项目。（XY）

延川剪纸 延川县建于隋开皇三年（583），至今已有1400多年的历史，其剪纸艺术兴起更早，已有数千年历史，源起于祈福驱祸的民间风俗，与民族图腾文化、生殖崇拜息息相关。剪纸源起于美化居室，叫窗花，初为家庭女眷爱美的艺术独创。其次，延川历史上自然条件恶劣，又处边陲之地，天灾人祸频仍，人民生活贫困，剪纸不仅是最经济实惠的一种美化家居的艺术，也是妇女祈福驱祸、追求平安幸福生活的内心表露。再则延川黄河文化积淀浓厚，历史上寺庙众多、宗教活动频繁；延川境内人文鼻祖伏羲曾长期生存活动，并创立太极八卦图，故黄河文化积淀浓厚，剪纸体裁、题材丰富，堪称北方农耕社会生活的缩影和民俗生活的大观园。延川剪纸形式多样，题材广泛，造型简练淳朴、粗犷浑厚、热情奔放，具有浓厚的乡土气息和鲜明的地方特色。一般设有方、圆依托的外轮廓，线条粗壮，便于运剪，利于粘贴仿剪。构图结构严密，主次分明，韵味丰富。表现手法分写意、写实两种：写意作品出自性格开朗、大胆泼辣、做事利索的妇女；写实作品出自性格内向、细心慎重的妇女。2009年，延川剪纸被列入第二批非物质文化遗产项目，2011年被列入国家级非物质文化遗产扩展项目名录。（XY）

旬邑彩贴剪纸 旬邑剪纸，历史悠久，与原始图腾文化相联系，是与招魂、送病、镇宅、祈雨等多种民俗活动相关，民间剪纸依附于民众生活，甚至就是民众生活的一部分。剪纸的内在含义和外在艺术造型，都和扩大民众社会的人生观、世界观、审美观紧密联系在一起，反映着以人为本的传统文化精神。旬邑彩贴剪纸内容以人物、动物、花卉、民俗、民歌、宗教信仰为题材，以富丽堂皇、神秘诡谲、浪漫夸张的手法，采用剪、贴、衬三种工艺把彩色纸粘拼、点缀完成。旬邑彩贴剪纸艺人首先注重作品表现意念和内涵。不重神态，不讲人物比例，也不讲视角三维效果，在富丽华贵上做文章。剪纸人物形象饱满，眼目夸张，形态诡谲，基调浪漫。从整体上看去，给人以激昂的情绪、远古的遐想，有健康、朴实、喜庆之感。旬邑彩贴剪纸风格独特，讲究对称，阴阳和谐，天人合一。同时配有相应的歌谣，给人以明目清晰等特征。2009年，旬邑彩贴剪纸被列入第二批省级非物质文化遗产项目，2011年被列入国家级非物质文化遗产扩展项目名录。（XY）

8. 传统手工技艺

耀州窑陶瓷烧制技艺 耀州窑位于西安

以北100多千米的铜川市黄堡镇，以黄堡为中心，其范围包括上店、立地坡、玉华、陈炉及耀县塔坡一带。该地在宋代辖于耀州，故名耀州窑，其产品称为耀州瓷，或名耀瓷。黄堡耀州窑创烧于唐，衰于金元，灭于明代。1973年，陈炉陶瓷厂与科研单位联合攻关3年，终于恢复了耀州青瓷烧制工艺。耀州窑的传统工艺主要体现在原料采配、成分及加工，泥料的储备及练揉，手工拉坯及修坯，手工雕花、刻花、划花、贴花、印花、釉药的选配、制备及敷施，匣钵、窑具的制作及装窑，火焰气氛及烧成等七个方面。一件制品完成要经过采料、精选、风化、配比、耙泥、陈腐、熟泥、揉泥、手拉坯、修坯、釉料精选、配制、施釉、手工装饰（雕、刻、贴、印）、窑具制作、装窑、烧窑等17道工序。各工序都有相应的技术要求，掌握相关技艺的人被称为"匠人"。耀州窑文化包括：（1）耀州青瓷传统生产工艺。（2）陈炉民间瓷的传统制瓷工艺。（3）陈炉窑神庙春秋祭祀礼仪。耀州青瓷的刻印花技艺和古雅青瓷釉色在历史名瓷中独树一帜，产品"巧如范金，精比琢玉"；窑神庙是陶瓷历史和陶瓷文化的象征。2006年，耀州窑陶瓷烧制技艺被列入第一批省级非物质文化遗产项目，2006年被列入第一批国家级非物质文化遗产项目。（XY）

蒲城杆火技艺 蒲城杆火技艺源远流长，历经千年传承延续至今。早在宋、元、明、清各朝，雷坊村杆火均有施放，大多为达官贵人及宫廷施放；民间因为制作繁复、工艺讲究、造价昂贵，所以施放很少，因而杆火的传承及辐射影响区域相对狭小。以民间传说、神话故事、建筑造型、人物活动为内容制作、表演的蒲城杆火造型涉猎广泛、包罗万象、趣味高雅、形象逼真、如梦如幻。燃放时，变化无穷、绚丽多彩、神奇莫测，令人目不暇接，被人们誉为"焰火奇观"。杆火属宫廷低空焰火，据说，杆火古时只为皇家燃放。由于其规格高、花费大、工艺复杂，因此燃放的次数极少。杆火是以杆固定和连接，用架子或火斗造型的一种焰火艺术，它可以用焰火的形式将神话故事、建筑造型、人物活动等表现出来，把人带入梦幻般的仙境。杆火场面宏大，气势恢宏，造型在继承传统的同时可不断创新。2008年，蒲城杆火技艺被列入第一批国家级非物质文化遗产扩展项目名录。（XY）

楮皮纸制作技艺 楮皮纸抄制技艺是传统手工纸制作技艺之一种。西安市长安区北张村至今仍保留非常原始的楮皮纸制作技艺，据考证，北张村造纸术源于西汉时期，"仓颉字，雷公瓦，沣出纸，水漂帘"。这首历经千年流传下来的北张村民谣，成为当地造纸历史悠久的有力佐证。至今北张村的纸匠们仍使用着原始、简单的工具，制造着纯天然的楮皮纸。这里生产的纸韧性好、耐保存，在上边写字作画，数百年后拿出来仍光鲜如初。其工艺流程大致如下：（1）采集原料：楮树分别在春季和冬季被采集，主要采集隔年生的楮树枝条。（2）剥皮：把采集的楮树枝条剥皮，切成70厘米长，晒干。（3）浸泡：将树皮放在河水中浸泡，使树皮软化。（4）蒸皮：将树皮放进皮锅中，隔水蒸12小时，使纤维松软，为方便除去杂质。（5）碾压：将蒸过的树皮在石碾上反复碾压，使纤维散后与木疏分离。（6）浸泡：将碾压过的树皮在生石灰水中浸泡，再次隔水蒸，蒸完后放置过夜。（7）漂洗：将蒸好的瓤在流水中浸泡，除去残留在皮上的杂质和石灰水。（8）踏碓：利用杠杆原理反复砸压楮皮纤维，使纤维帚化，形成扁平状厚约1厘米、宽30厘米、长50厘米的毛片，俗称翻子。（9）切幡：把幡子正反折叠放在切幡凳上，用切幡刀切成碎块。（10）捣浆：将皮料放进石臼，用木槌反复捶打。（11）抄纸：将纸浆放入纸槽中，使纤维均匀分布在水中，使浆中的纤维覆盖在纸帘上，形成湿纸。（12）除水：湿纸除去水分，形成纸砖。（13）晒纸：把纸从纸砖上揭下，晒干。（14）揭纸：把晒干的纸一张一张撕开，整理成沓，一百张为一刀。2008年，楮皮纸制作技艺被列入第二批国家级非物质文化遗产项目。（XY）

同盛祥牛羊肉泡馍制作技艺 同盛祥饭庄是西安老字号之一，创建于民国九年（1920）。主营牛羊肉泡馍、炒菜、涮锅等。牛羊肉泡馍的特点是，以料重味醇、肉烂汤浓、馍筋光滑、香气四溢、诱人食欲而久负盛名，饮誉中外。名吃有：牛羊肉泡馍、羊肉涮锅、菊花酥、果排、螺丝卷等。其制作方法是：先将优质的牛羊肉加佐料煮烂，汤汁备用。吃时将其掰碎成黄豆般大小放入碗内，然后交厨师在碗里放一定量的熟肉、原汤，并配以调料，单勺制作而成。牛羊肉泡馍的吃法也很独特，有羊肉烩汤，即顾客自吃自泡；也有干泡的，即将汤汁完全渗入馍内。吃完馍、肉，碗里的汤也被喝完了。还有一种吃法叫"水围城"，即宽汤大煮，把煮熟的馍、肉放在碗中心，四周围以汤汁。这样清汤味鲜，肉烂且香，馍韧入味。如果再佐以辣酱、糖蒜，别有一番风味。是一种难得的高级滋补佳品。2008年，同盛祥牛羊肉泡馍制作技艺被列入第二批国家级非物质文化遗产项目。（XY）

陕北窑洞建造技艺 最早应该始于周代，半地穴式。秦汉后发展为全地穴式，就是现在的土窑。明朝中叶，开始用石块做窑面墙。明末清初，当地人仿土窑模式建起了石砌窑洞。现在也有用彩色瓷砖添窑面和分割厅室及上下两层楼房式的新窑洞。住着更加舒适宜人。窑洞建筑又是一个系列组合，单体窑洞除了贫民窟，已少有存在，它的载体是或二或三或五甚至更多的横向组合。这种组合的载体是院落，院落的载体是村落，村落的载体是或山或川或原的黄土大自然。所以这种建筑造型艺术特色从宏观的窑洞聚落的整合美到微观细部的装饰美，无不打上"窑"字号的印记。窑洞的装饰以农耕文化的古拙、淳朴为显著特点。窑洞的细部装饰，从立面到平面，从大门到室内，实际上是一种匠工艺术。主要特点有：（1）陕北窑洞大多依山而筑，占地少，建造成本低廉。（2）隔音、隔热、保温，冬暖夏凉，素有"神仙洞"的美誉，是居家的首选。（3）陕北窑洞直立性能好，坚固耐用。（4）不破坏地貌，不占用耕地，向地下争的居住空间有它的独创性。

2011年，陕北窑洞建造技艺被列入第三批国家级非物质文化遗产项目。（XY）

9. 传统医药

马明仁膏药制作技艺 马明仁膏药主攻颈肩腰腿痛，始创于清咸丰年间（1851—1861），历经150余年岁月锤炼，六代专注古法熬制膏药。选料、浸泡、升华、炼油、下丹、去火毒等步步考究，比如制膏搅拌的棍由桃、桑、榆、柳、槐五种组成，每种木材都有各自的功效，可以与药膏相辅相成。马明仁膏药将医易之道的哲学思想融入制作技艺，既有"内治""外病外治""司外揣内"的药用价值，又融汇"天人合一、阴阳和合"之道易精髓，为膏药注入鲜活的能量，精炼至醇，去芜存菁，具有简、便、验、廉、奇的特点，在人文价值和技艺价值方面尤为突出，是膏药文化发展长河中不可多得的瑰宝。历经六代传承，马明仁膏药在制作工艺上不仅完整继承了古法炼制的精髓，而且在不断的实践总结中，将传统技法加以更深层次地丰富，把膏药的药用价值和传统工艺演绎得别具一格。2014年，马明仁膏药制作技艺被列入第四批国家级非物质文化遗产项目。（XY）

10. 民俗

宝鸡民间社火 宝鸡，古称陈仓，是炎帝故里，周、秦文化的发祥之地。据史料记载和学者研究认为，中国社火发源于西秦宝鸡。宝鸡历代就有耍社火之风尚，耍社火在宝鸡又称装故（古）事，即以一定的社火形式扮演古代的人和事，装扮内容主要有历史人物、戏曲故事、神话传说等。宝鸡社火在其发展的历史长河中，由起初的集民间打击乐、舞蹈、诗歌（谣）、龙舞、杂耍、锣鼓为一身的民间艺术形式逐渐发展到有固定特型的造型艺术。它包含了民间美术、民间音乐、民间舞蹈等艺术形式和民俗活动，具有很高的民俗价值和审美价值。宝鸡社火根据表演时间分为昼社火和夜社火，根据其表演形式可分为造型社火和表演社火两类。造型社火有步社火、背社火、车社火、芯子社火、山社火、血社火、面具社火等，列队游演；表演社火有地台社火、高跷社火等，主要在场院说唱斗打进行表演。与社火同时游演的还有西秦百面锣鼓、刁鼓、西府唢呐、舞龙、舞狮、秧歌、面具舞蹈、喜剧表演等。宝鸡各县区都有社火游演活动，尤以陈仓区社火和陇县社火最具代表性。宝鸡社火以民间传说和戏剧故事为题材，通过一个或一组人物表现一个故事，一个故事为一转社火。人物要画社火脸谱，穿社火服装，持社火把杖。社火游演一般是探马在先，随后跟着社火会旗、火铳队（炮队）、旗队、社火队，最后是锣鼓队。游演队伍阵容庞大，气势恢宏，锣鼓喧天，热闹非凡。近年来，宝鸡社火经过专家改编、排导、演练后，艺术团代表国家、省、市出访德国、泰国、澳大利亚、英国等地，受邀参加了北京2008奥运会开幕式演出，深受海内外观众的喜爱和欢迎。2006年，宝鸡

民间社火被列入第一批国家级非物质文化遗产名录。(XY)

黄帝陵祭典 华夏始祖轩辕黄帝，开历史之先河，创中华之文化，为了纪念和缅怀始祖精神，很早就有了隆重的祭祀活动。据《绎史》记载"黄帝崩，其臣左彻取衣冠几杖而庙祀之"，祭祀轩辕黄帝自此开始。最早见诸史料的后世帝王祭祀是周威烈王四年（前422）秦灵公作吴阳上畤，专祭黄帝。汉武帝刘彻率18万大军征朔方还，祭黄帝于桥山，修祈仙台，遗挂甲柏。后世诸代祭祀日渐完善，无论是蒙古人当权的元朝，还是满族人执政的清朝，都沿袭了祭祀黄帝的传统，而且祭祀规模越来越大，祭祀次数越来越多，祭祀规格也越来越高。随着历史的演变，黄帝陵祭祀活动在长期的实践中成为国家的盛典，形成了既定的规模格式和祀典礼仪，大致可分为公（官）祭、民祭两种形式。公祭：远古对于祖先的祭祀主要是郊、祖、宗三大类，所谓郊祭，就是在祭祀上帝的同时还祭祀祖先。黄帝崩，当时人们自然要根据传统习惯祭祀黄帝。民祭：民祭活动除保持了公祭活动中的一些内容外，更突出了民间性，增加了鼓乐队、唢呐队、仪仗队、三牲队等表演仪式。2006年，黄帝陵祭典被列入第一批国家级非物质文化遗产项目。(XY)

炎帝祭典 宝鸡作为炎帝故里是有文字记载的。《国语·晋语》载："昔少典娶于有虫乔氏，生黄帝、炎帝，黄帝以姬水成，炎帝以姜水成。"在宝鸡地区流传很多有关炎帝的故事和习俗。民间传说，宝鸡地区对炎帝的祭祀最早始于黄帝时代，黄帝居于与"姜水"相邻的姬水，即今天的韦水。炎帝仙逝后，黄帝登上天台山祭奠炎帝，至今在此山上还留有名叫"烧香台"的遗迹。自此以后，炎帝的祭祀活动以民祭和公祭两种形式进行。民祭，是由当地群众自发组织的祭祀活动。公祭，是由一级政府出面组织的祭祀活动，参加的人员多为朝廷官员。从民间传说的黄帝祭祀炎帝起，至今已有5000多年的历史。无论是清明节，还是炎帝忌辰，群众都踊跃参与，每次典礼活动都近万人。近年来，这种炎帝祭祀活动已成为宝鸡市各种群众活动中，群众参与最多的一种活动。2008年，炎帝祭典被列入第二批国家级非物质文化遗产项目。(XY)

洋县悬台社火 洋县社火起源于我国商周时代，洋县悬台社火则是洋县社火中的出类拔萃者，产生于清代雍正年间，有近300年的历史。洋县悬台社火又称洋县高芯子社火。此种社火是以戏剧人物站在高台梁架上为表演形式，以人抬肩扛为运载形式的一种社火，为洋县民间社火所独有。它汇集民间社火之精华，融戏剧、杂技、美术、音乐、民间手工技艺为一体，是一种非常特殊的社火艺术形式。洋县悬台社火以坚硬、柔韧的槐木为梁，制作成多层高台框架，框架各层层面设置不同的角色，配置不同的道具，展示不同的戏剧情节。洋县悬台社火高悬、惊险、巧妙、奇绝，具有极强的观赏性，洋县悬台社火最高可达6层，12米以上。扇面、茶碗盖、荷叶、花朵、枪头、棍端等物上可

以站人、挂人,其悬芯与挂芯古老工艺让观者一观三叹。洋县悬台社火非常壮观,具有很强的协作协调性,在社火完全用肩扛的年代,一台5层悬台社火要用48人抬。洋县悬台社火原生态的印记明显。"悬台"的艺术形式为汉水流域所仅有,为全国罕见。其化装方法、脸谱绘画为世代传承,均与他处不同。如社火脸谱自成体系逐,用了夸张艺术,色彩对比强烈,粗犷豪放,可视性强;社火化装方法独特,颜料耐久,不易损伤皮肤,卸装容易,有很强的户外表演的适应性。2008年,洋县悬台社火被列入第二批国家级非物质文化遗产项目。(XY)

药王山庙会 是因纪念孙思邈忌辰而起,早年庙会先从药王山故里孙家塬开始,然后转向药王山。药王山庙会,北宋时已在南庵静明宫举行,明嘉靖时中心道场开始移向北洞。清末至民国时期会期改为10天,即由二月初二起会,初六开始演戏,十一日结束。药王山庙会,主要是为了表达故乡人民对孙思邈的崇敬与怀念之情,故以朝山拜"药王"为其主要内容。古时还有"天明戏""路畔灯"及狮子、龙灯等大型社火参与,最后一天为庙会高潮,往往是万人空巷,倾城而出,非常热闹。药王山庙会期间,四面八方商贾云集,善男信女络绎不绝,地方戏、歌舞、杂技竞相表演,南北两路,途为之塞。山上香烟缭绕,钟磬喧天,人声鼎沸,万头攒动,大有无地憩足之叹。近些年来,庙会仍然盛况空前。2007年,药王山庙会被列入第一批省级非物质文化遗产保护名录,2008年被列入第二批国家级非物质文化遗产项目。(XY)

彬县灯山会 彬县灯山会在唐代贞观年间已经兴盛,明代在原有灯山基础上整修扩建,形成了今天的规模。如今这项民俗成为城关镇水帘村村民庆祝春节、元宵节的娱乐方式。每年正月十二,灯山会准备工作拉开帷幕,由当年的灯山会会长领15名男性村民上山,上山时首要携带的是贡馍,"每年的贡馍都有交接仪式,由上一年的会长在灯山会结束后交到来年的会长手上,贡馍要求蒸成四四方方,并且要在上面卷出花的造型"。老会长还要带着点山人到各家各户化捐灯油钱。妇女们也开始忙碌奔走,蒸贡品,印制平安符、财神符等。上山的男性村民要求从阴历正月十二开始斋戒忌口,沐浴禁房事吃素斋,直到正月十七才能下山,在这期间要集体在山上同吃同住。正月十二开始搭架工作,搭架是为点燃崖壁高处的油灯,搭架用具存放在石窟中。正月十三,开始"上东西",山上所需的生活用品及花炮、清油等通过滑轮吊上山去,这一天山门加锁,等正月十七庙会结束再打开山门。点山人在山上石窟中安床铺、垒锅灶做饭、搓油灯捻子、洗油灯碗,为点山做准备。从正月十三晚上,开始逐渐点山灯,先点亮的是通往各处的路灯,到了正月十四晚上,再扩点"轿顶"和"北斗七星"两处图案。黎明时分,点山村民就起床洗漱,中午时开始点香,下午3点左右,开始"散灯碗""添灯油"。点香的时候,15名村民一人手持一炷香,逐一在各石窟点燃祈福。点香完后,所有人重回大殿,由老会长向各位村民安排活儿。正式点山仪式要到天黑透了进行，基本上是在正月十四晚上8时进行，点山时3人成一组，每人手持火把，首先点燃灯光菩萨殿前的会长灯，然后依次点燃北斗七星、轿顶、寺院、宝塔等，大概10分钟就能点亮所有油灯，"远望满山灯火通明，各穴灯火如同发光的珠子，灯光交相辉映、焰光闪耀。之后开始燃放烟花爆竹，山上一片灯火灿烂，灯山会算正式完成"。到了正月十五元宵节当天，白天有剧团唱秦腔，还有社火表演，各村村民聚集，水帘村成为当日彬县最热闹之地。2014年，彬县灯山会被列入第四批国家级非物质文化遗产项目。（XY）

迎城隍 迎城隍是西安市户县的主要民俗活动。城隍，起源于古代的水（隍）庸（城）的祭祀，为《周官》八神之一。"城"原指挖土筑的高墙，"隍"原指没有水的护城壕。古人造城是为了保护城内百姓的安全，所以修了高大的城墙、城楼、城门以及壕城、护城河。他们认为与人们的生活、生产安全密切相关的事物，都有神在，于是城和隍被神化为城市的保护神。道教把它纳入自己的神系，称它是剪除凶恶、保国护邦之神，并管领阴间的亡魂。早在周朝，每到收获之后，到了岁末除夕，人们都要腊祭八神，其中第七神就是水庸神，水即隍，庸即城，水庸神即城隍神。

迎城隍的时间一般为每年的正月十二。轮值村一般要在前三日向城隍总会和19个片村及所属的48个行政村下请柬，邀请观看和送香火。正月十二清晨5点钟，参与迎城隍的人员即早早起床，6点出发，中午12点前到达送城隍村，该村的锣鼓仪仗即到村口迎接。接神仪式：入村之后，即在该村举行交接仪式。接神队伍包括文祭官、武祭官、司仪、正引、配引、正通、配通、正读、配读，这8位礼宾官均由村内德高望重、贡献突出的人士担任，分工明确，各司其职。接神队前后有仪仗锣鼓，由数百人组成，气势恢宏，声震云霄。另有彩旗队、腰鼓队、社火队、秧歌队等各种表演队伍，一路舞之蹈之，沿路观众达数万人之多。接城隍活动是户县农民的狂欢节，对轮值村来说，20年才轮一次，自然极为重视，几个月乃至半年前就酝酿商议，组织队伍，排练节目，务要争奇斗艳，奇招频出，夺得头筹。且迎城隍活动属群众自发自愿，自娱自乐。2014年，迎城隍被列入第四批国家级非物质文化遗产项目。（XY）

徐村司马迁祭祀 韩城是中华史圣司马迁故里，司马迁后裔居住的徐村地处偏僻的西部山区。司马迁因李陵一案被削职后入狱，先判死刑，后改判宫刑（阉割）。相传，消息传出后，司马家族怕株连九族，决定改姓和迁居。长门在"马"字旁加两点，改姓"冯"；次门在"司"字旁加一竖，改姓"同"，逃往荒无人烟的巍山老牛坡下，村名定为"续村"，表示"高门之续"。后又担心被官家识破，取同音字为"徐村"。"徐""续"同音，又有"余村双人"寓意，暗中指司马迁有两个儿子：即长门司马临，次子司马观，说明司马氏家族后继有人。徐村的司马后裔不姓司马，而姓冯、同。两姓族人一直有着"冯同一家""冯同不分""冯同不婚"的规矩。清明祭祀，两姓同进一家祠堂，供奉一个祖先，供司马迁为司马爷。如今的"汉太史遗祠"依然完好地保存在千年古村徐村之中，祠外山门有清嘉庆二十二年（1817）《新建碑楼并围墙记》，阐述了同、冯世传司马、避乱居嵩阳改姓后返归故里徙居徐村和"同冯不分，冯同不婚"的故事。在祭祀大典的现场，一般由来自冯、同两姓的司马后裔，聚集在司马迁遗祠举行祭祀大典。在汉太史遗祠，徐村乃至韩城当地赵峰村、上景峰村，合阳县新堡村的司马后裔集聚一堂，按照先辈遗留千年的祭祖习俗，进行了奏乐鸣炮、敬献供品、上香、宣读祭文、跪拜、瞻仰遗像相关祭祖仪式。"司马迁祭祀"原为司马后裔自发祭祀，现已发展成和"公祭黄帝""公祭孔子"齐名的祭祀文化活动，社会各界追思先贤、传承文明的群众性公益文化活动。"祭祀史圣"经过数千年积淀，形成了"风追司马"的文化内涵，塑造了"史记韩城"的城市符号。近年来，"祭祀史圣司马迁大典"的规模和影响力不断扩大，逐渐发展成标志性的城市品牌和文化地标。民俗专家认为，徐村司马迁祭祀经千年的传承发展，形成祭祀先祖的奇特习俗，具有不可替代的历史价值、文化价值和民俗价值。2014年，徐村司马迁祭祀被列入第四批国家级非物质文化遗产项目。（XY）

11. 其他

绥德石雕 榆林的石雕之乡在绥德。历经秦汉唐宋，于明清时期，绥德古城内遗留的人文景观、摩崖石刻以及民间广泛流传的石雕艺术品就更是不胜枚举。诸如秦时扶苏监军驻绥时"太子府"遗址，"赏月台"遗址。扶苏屈死于城南二里许的卢家湾，遂有鸣咽泉景观和疏蜀山巅的扶苏墓、扶苏祠等景观；"晋溪洞""龙洞清流""天下名州"等摩崖石刻；以及民间老乡家保锁娃娃的炕头石狮等。绥德石狮是这块黄土地上的文化和经济的象征。"狮"文化在名州文库中应属最精彩、最重要的部分，无论是那威严高大、置于庙堂高山的镇山狮，还是珍藏炕头、扶正驱邪的炕头狮，都以其鲜明的个性特征，独特的造型意象和大胆夸张。粗细结合、自然而浑朴的雕刻技法，赢得了世人的赞誉。绥德石狮雕凿自然、随便，不受约束，神态生动，妙趣横生。在创作方法上随意、大胆、粗犷、泼辣、大气厚重，并采用圆雕、浮雕、镂空、阴刻、阳刻、线刻并用等手法，线刻中阴线与阳线灵活多变，真可谓神能入石，石能传神。

绥德石雕艺术凝结着"绥德汉"纯朴、直率、顽强拼搏的品格。从古至今，绥德的石雕工匠们，以明快简括的刀法、大胆随意的想象和自然娴熟的雕刻技术，雕出了绥德汉五彩斑斓的情感世界。绥德石雕艺术，以现实主义和浪漫主义相结合的艺术手法，大胆开拓创新的精神，用象征、含蓄、寓意深刻、古朴粗犷的笔触，精雕细刻的刀法和博大磅礴的气势，为全世界所瞩目。2014年，绥德石雕被列入第四批国家级非物质文化遗产项目。（XY）

富平石刻 富平石刻已有1500多年历史，种类繁多，遍布关中各地。浑厚的南北朝造像、威武高大的陵墓雕像、刻工细腻的历朝墓志等，充分反映了富平石刻技艺的精湛造诣和历史内涵。工艺特征主要表现在纯手工雕刻，石刻主要分布在宫里、雷村、峪岭、老庙、美原等村镇沿山一带，其中尤以宫里石刻最为闻名。选材以该县北部乔山山脉的青石（又称墨玉石）为主，雕刻产品有雄狮、猛牛、牌楼、碑碣、砚台、护栏、门墩、柱鼎、拴马桩等，雕工精细，形式多样，栩栩如生。目前，全县石刻作坊、企业已达460余家，全县有8000多人从事石刻行业。长期以来，作为一种重要的文化载体，为中华文化的延续和繁荣发挥了较大的作用。其传承了汉唐石刻的古朴简练、大气厚重，注重精神和理想的表现，尤以碑碣镌字享有盛名，能不失丝毫地表现出字体原貌和书法风韵，是我国石刻艺术的典型代表之一。2014年，富平石刻被列入第四批国家级非物质文化遗产代表性项目扩展项目名录。（XY）

（四）省级非物质文化遗产保护项目

1. 民间文学

斗门石婆庙会和七夕传说 七夕传说是中国古代四大传说之一，斗门石婆庙会就是为了纪念这一传说而举行的大型祭祀活动。"石婆庙"坐落于沣河东岸的西安市长安区斗门街道办事处南沣村。庙中现存有陕西省人民委员会1956年批准的第一批保护文物汉代石刻——石婆像。农历正月十七牛郎织女结婚日、七月七牛郎织女相会日，当地群众举行大型祭祀石爷石婆活动，西安八区四县及咸阳、宝鸡、渭南等周边地区群众纷纷参加，形成了规模盛大的庙会。主要祭祀活动有：正月十七庙会，其中正月十六送灯，十七日送香，晚上念经。"七夕"庙会，其中，七月初六晚上茶、上供品、念经、颂祭文；七月七日晚耍花灯，渡鹊桥，白天逛巧市，看大戏，烧香膜拜。2007年，斗门石婆庙会和七夕传说被列入第一批省级非物质文化遗产保护项目。（XY）

黄陵县黄帝的传说故事 黄帝开创了辉煌灿烂的华夏文化。据说黄帝的史官仓颉创造了文字，黄帝的妻子嫘祖教会了人们养蚕制丝，黄帝的粮官杜康发明了造酒，黄帝的陶正宁封子发明了烧陶，黄帝的医官雷公、岐伯发明了医术。黄帝本人发明了造车、修建宫室、算术、音律等。黄帝的传说故事是陕西文化中一个重要的组成部分，这些关于赞颂黄帝功德，弘扬黄帝精神的传说故事伴随着民众的生活，被一代一代传承下来。而黄帝的传说故事是黄帝文化的重要内容，按照现在对民间文学的分类，黄帝的传说故事，可分为神话、传说、故事三大类。据司马迁《史记·五帝本纪》载："黄帝崩，葬桥山。"如今桥山黄帝陵不断得到扩展修整，正以崭

新面貌，接受海内外炎黄子孙的祭拜。桥山黄帝陵世称"天下第一陵"。这里不仅流传着黄帝驭龙升天——"桥山龙驭"的古老神话。就地理形势看，人们也把桥山看作龙脉龙岗。围绕着黄帝陵又形成了颇具特色的与陵墓环境相关的地方风物传说群。如关于黄帝黄城的传说，金鸡的传说，凤凰的传说，聚宝盆的传说，屈轶草的传说，麻花柏的传说，等等。2007年，黄陵县黄帝的传说故事被列入第一批省级非物质文化遗产保护项目。（XY）

农业始祖后稷传说 后稷的故事流传了四千多年。《史记·周本纪》载："周后稷名弃。其母有邰氏女，曰姜嫄。"距现在约4000多年前，炎帝后裔有邰氏的女儿姜嫄，因踩巨人足迹而生子，认为是不祥之物，三弃不死，便给孩子起名叫弃。弃从小就喜欢农艺，长大后遍尝百草，掌握了农业知识，就在教稼台讲学，指导人们种庄稼，传播农耕文化，成为远古时一位大农艺师，被尊称为农业始祖后稷。农业始祖后稷的传说是人民群众千锤百炼而流传下来的故事作品，具有广泛的群众性和民间传承性。后稷教民稼穑，创建了光辉灿烂的农耕文化。武功人以后稷而自豪，其故事家喻户晓。2007年，农业始祖后稷传说被列入第二批省级非物质文化遗产项目。（XY）

柳毅传书 原本是发生在长武县芋元乡柳泉村的一个真实故事，后经长期流传逐渐演化为传奇故事或神话故事，终被历代文人定格为《柳毅传》（传奇，唐代陇西人李朝威著）和《柳毅传书》（杂剧，元代尚仲贤改编）等，载于中华民间文学史册之中，影响深广。柳毅，湖北人，在前往长安赴考途中，在泾阳遇一位女子在冰天雪地下牧羊。多次打听，才知是洞庭湖龙宫的三公主，远嫁泾水龙王十太子。太子生性风流，娶妻之后没有洞房花烛，三公主独守空房，又被翁姑欺凌，责令将雨雪之中的羊群，赶到江边放牧。慑于龙王声威，三公主不敢传书回家求救。柳毅义愤填膺，答应放弃科举，返回家乡送信。但洞庭君碍于与泾阳君多代姻缘，息事宁人。洞庭君的弟弟钱塘君则大表愤慨，并带同水军前往解救三公主，并杀了泾水十太子。三公主回宫后，为柳毅奉酒答谢。钱塘君见二人眉来眼去，欲撮合二人。但柳毅碍于没有媒人，以及介怀自己间接杀了三公主的丈夫，拒绝婚事。后钱塘君化身媒婆，前往凡间柳家说媒，柳毅与三公主一对有情人终成眷属。每年农历正月十六日举办庆圣庙会，成为传统习俗。2009年，柳毅传书被列入第二批省级非物质文化遗产项目。（XY）

秦琼敬德门神传说 关于秦琼、敬德演变为门神的传说。影响较大的有两种。一种是《西游记》所载：泾河龙王命犯天条，该由唐相魏徵处斩。泾河龙王托梦求救于李世民，李世民留魏徵下棋，却不料魏徵下棋时打了一个盹，就已"梦斩龙王"。泾河龙王由此怪罪于李世民，夜夜纠缠不休。李世民只好召秦琼、敬德于床前守卫，自此得以安寝。另据《隋唐演义》记载：唐太宗李世民一度情绪很不好，晚上睡觉常常听到卧室外边抛砖掷瓦，鬼魅呼叫，弄得后宫夜夜不宁。李世民很害怕，将此事告诉群臣。大将秦琼说："臣戎马一生，杀敌如切瓜，收尸如聚蚁，何惧鬼魅？臣愿同敬德披坚执锐，把守宫门。"李世民同意，当夜果然无事。自此以后，便让二将夜夜守卫。后来李世民念及他们彻夜辛苦，于是吩咐画师，绘二将军真容贴到门上。以画代人，倒也顶事，邪祟自息。民间沿袭，遂成为门神。民间旧俗逢除夕，将秦琼、敬德画像贴在临街大门上，用以避邪驱灾，纳福迎祥，保佑合家平安。从秦琼、敬德二将军画像上的身姿和"行头"分类，其图像特征可归纳为以下四种：1.立式金瓜门神。2.立式鞭锏门神。3.骑式鞭锏门神。4.坐式祈福门神。2009年，秦琼敬德门神传说被列入第二批省级非物质文化遗产项目。（XY）

吹箫引凤传说 "吹箫引凤的传说"起源于宝鸡市陈仓区磻溪镇，是一个流传全国的千古佳话。吹箫引凤的传说是我国历史上的春秋时代，秦穆公的女儿弄玉的爱情故事。据说，秦穆公的女儿弄玉天性喜欢玉石，因在满周岁那天，从众多的金银珠宝中抓了一块绿玉而得名弄玉，穆公后来又命人把这块绿玉雕成了一只笙，教弄玉吹奏，弄玉从此喜欢上了吹笙，并立志要找一个志同道合的如意郎君。萧史原是一名太史令，父母双亡，自幼勤奋好学，才华出众，因得罪了权贵而仕途不顺，只得弃官出走，逃到当时的虢县即今陈仓区硒溪镇张家塬边落户。萧史定居张家塬边后，闲时常喜欢吹箫自娱，以抒情怀，其箫声悦耳动听，在当地很有名气。一天夜里，萧史箫声被在雍城宫中的弄玉听见后，认为是神仙所奏，并因此思念成疾。穆公闻知，特地派人3次寻访，最终成就了两个爱吹奏笙箫男女的一段千古佳话。二人成婚后，不愿居住宫中，因萧史原在张家塬居住，穆公便为二人在磻溪修筑了城郭，建凤女楼，供二人居住。从此两人箫笙合奏，招来龙凤，萧史乘龙，弄玉跨凤，双双成仙升天。2009年，吹箫引凤传说被列入第二批省级非物质文化遗产项目。（XY）

韩城古门楣题字 韩城是世传文史之乡，古门楣题字在韩城由来已久。韩城现存最早的古门楣题字是昝村镇南潘庄的"秩重华封"，题于明万历年间，具有珍贵的历史价值。家族标志应是古门楣题字的最早源头，多为名门望族，于是所题门额便成了家族姓氏的标志，如"三槐世家"为王姓标志，"延陵旧家"为吴姓标志等。明清时期是韩城四合院建筑的定型时期，这一时期门楣大盛，进入寻常百姓家，他们没有高贵的门第，没有显耀的地位，于是把自己的信仰、追求用格言赞句题写在门楣上，既用以律己，又用来警后，这一类古门楣题字，最为普遍。新民居的门楼上，石刻或砖贴的门楣题字更富于时代气息，人们根据自己对生活的理解进行创新，"自立自强""和谐门第""处乐知苦"等，是一种特殊的文化表现形态。韩城古门楣题字从内容上看，大致可分为家族的标志、权贵的标志、信仰的标志。2009年，韩城石门楣题字被列入第二批省级非物质文化遗产项目。（XY）

华山神话故事 华山神话传说有着悠远

的历史文化渊源。一部分是世代相传的民间口头文学，一部分见于历史典籍，如《山海经》《阴晋异函》《真仙通鉴》《广异记》等。还有一部分见于古典传奇小说如《拍案惊奇》、古典历史小说如《东周列国志》等。在中国古代，由于自然灾害对人们的生存威胁，使他们对其产生了心理上的敬畏，同时，当时被动的生存状态和生存需要，又促使了人们对命运主宰力量的探问，从而产生了借助一种超脱的精神力量改变自身命运的幻想。这就产生了神秘主义。华山神话就是它的派生物。道教理念是华山神话故事产生的宗教根源，流传下来的华山神话故事，多带有明显的道家色彩，也多与道家的历史人物有关，如李聃、焦道广、吕洞宾、陈抟等等。这些道家代表人物，经过宗教的理想化改造后，成为神的化身，由他们演绎出来的传奇故事就形成了华山神话故事的主体。它大体包括以下几种类型：反映天人合一的大自然观念的；歌颂坚忍不拔的人的本质力量的；褒扬叛逆法统、追求个性解放的；礼赞舍生取义殉道精神的；诠释赏善罚恶的传统道义的；歌讴男女纯真爱情的；警示人们摒弃私欲杂念的；反映人们不满现实追求理想的。2009年，华山神话故事被列入第二批省级非物质文化遗产项目。（XY）

烂柯山传说 最早见于《述异记》。据《水经注》中记载，传说发生在"晋中朝"，距今已有2000余年的历史。传说很早以前，洛川县境内有一座土山，就是传说中的"烂柯山"。烂柯山下有个村，村里住着一位以砍柴为生，勤劳本分的人，叫王樵。这年春季的一天，王樵拿起扁担斧头上山砍柴。走到山上见有两位白发长须的老人，携手进了烂柯山的桃花洞。王樵觉得奇怪，出于好奇，也跟随进洞。只见洞口桃花红得鲜艳，洞中流水潺潺，清幽怡人。两位老人在一块青石的两边坐下，摆开棋盘，下起棋来。王樵见此情景，就蹲在一旁观棋。不知过了多长时间，两位老人下完了棋，起身向洞的深处走去。这时王樵才想起自己是来砍柴的，连忙去捡扁担，扁担已经朽了，再去拾柴斧，斧把也已经烂了，斧头也已生锈了。王樵只好顺原路出洞回家，一出洞，他已觉得先前的山形林木、道路都好像变了样，归途只能依稀辨认。总算到了村里，见往来老乡都是陌生人，他诧异地上前询问王樵的家，人们告诉他，王樵上山打柴，一去不归，已有八百年了。这时王樵才意识到自己遇到了神仙，而自己也成了仙，只好返回山中，又进了桃花洞，其后不知所终。2009年，烂柯山传说被列入第二批省级非物质文化遗产项目，2010年入选第三批国家级非物质文化遗产项目。（XY）

美水泉的传说 "美水泉"又名"甘泉"。位于甘泉县城西南5千米处神林山麓。它的由来有一段美丽的故事。隋炀帝杨广游猎北巡，来到雕阴县界，途经府村，遇一名叫薄姬的俊秀女子。炀帝动情，即选纳为妃，且十分宠爱。遂命工匠在府村建行宫别墅，同时修府建镇。来年盛夏，炀帝再次幸临府村避暑，薄姬趁炀帝开心之机，提出要上山游玩。炀帝答应了她，来到神林山。这时，迎面飞来一对奇异的小鸟，其胸颈素白，脚尾赤红，顶上有扇状羽冠，体形娇小，十分美丽迷人。薄姬十分兴奋，炀帝见状，便急忙抽箭搭弓，薄姬拉住了炀帝，表示要活的。炀帝收回弓箭，即命随从人员围捕。却怎么也抓不到。过了一会，鸟落在一棵矮树上，一动不动。炀帝猛闪身捉住了鸟。却见皇帝的手指出血了，鸟却不见。袍襟也被剐破。炀帝一看，道："神鸟指路，出猎见红，吉兆！快去查找，何物刺破衣、手？"原来鸟栖身的那棵榆树浑身长满了一寸多长的刺针。环视周围还有一片榆树林，与众不同，都长着刺针，炀帝信口道："奇榆。"大家饥渴之时，忽听泉水淙淙，环顾发现离刺榆十余丈处，涌流山泉。炀帝饮之，顿觉志清神爽，薄姬喝后，便觉甘甜醇美，余味不绝。炀帝遂赐名"美水泉"。"美水泉"属天然淡味泉水，四季皆可饮用，游离单硅酸含量达 25.09 毫克/毫升。2009 年，美水泉的传说被列入第二批省级非物质文化遗产项目。（XY）

龙亭蔡伦造纸传说 洋县蔡伦造纸故事传说有 1900 年的历史。它形成于东汉朝代。流传于洋县城乡一带，蔡伦起初在龙亭造纸的时候，是先将构树皮沤泡变软，染上石灰，再上碾砸，接着抖落构皮上的黑壳，然后反复洗干净，接下来用铁刀切碎，最后将切碎的构皮捣成糯糊状，将这些糯糊状的东西均匀地浇在帘框上，按工序依次做纸，但是做出的纸片很粗糙，很不均匀，而且很难形成一张完整的纸片，蔡伦细细察看，只见那纸片上一绺一绺树皮筋不能有效地结合在一起。蔡伦心想，如果将这些树皮筋状物弄得很碎很碎，效果会怎样呢？可是，应该用什么办法才奏效呢？一日，蔡伦正在龙亭的官邸中看书，不远处的人家传出咚咚咚的响声，吵得他无论如何也读不下去了。蔡伦心烦，索性踱出书房，循声而去。此时，他发现，原来是一个丫头在以石臼舂米。蔡伦若有所思，为什么不能把构树皮也变成米糠一样的模样呢？想到这里便来到龙亭大龙河边的抄纸作坊，让工匠到村子里找来石臼，当下做起实验来。蔡伦把经过除杂切碎的构皮放到大石臼内经过一段时间的猛捣，加水和匀后浇成纸片，再看那湿纸片显得非常均匀。他笼起木炭烘烤。待揭下纸片来，发现纸片轻薄、均匀、光滑，运笔十分流畅。蔡伦发明的用石臼捣纸浆的方法，使蔡伦造纸术更加精细有效了。2009 年，龙亭蔡伦造纸传说被列入第二批省级非物质文化遗产项目。（XY）

长安仓颉造字传说 相传上古时代，今属白水所辖的阳武村侯冈家一男婴降生，啼声惊四邻。只见婴孩"龙颜侈侈，四目灵光"，人们以为是天上的神仙下凡，投胎出生在侯冈家。相传这一天，后来有了历法，被确定为农历三月二十八日。这个孩子不是别人，就是仓颉。仓颉在没有路的地方奋力攀登，缠在树上的粗大蟒蛇看见他就向树梢爬，藏在草丛中的蜥蜴赶紧溜走。人常说"狼虎两家怕"，动物们怕他，他也不敢轻易招惹动物，只好远远地观察。为了掌握自然界一些情况，仓颉又观察住在河岸的人在怎样编织麻布，怎样用泥制成陶器，怎样栽种一些植物,把植物种子放在石板上,用一块石头磨碎,怎样钻木取火,烤熟的兽肉不但容易咀嚼,而且油香扑鼻,滋味甘美。所有这些情景,仓颉用绳结了大小不同、形态各异的疙瘩,以此记事。家乡出了仓颉这个杰出人才,人们口耳相传,消息很快就传到黄河流域部落联盟首领轩辕黄帝那里。仓颉30岁那年,黄帝招仓颉在自己手下服务。黄帝对仓颉高度评价,说他是"人下一君,君上一人",繁体字"倉"字,人底下一点,再底下一个"君"字,读作"仓"。把"仓"作为姓赐给仓颉,仓颉从此姓仓。"人下一君",表示仓颉地位仅次于黄帝一人,"君上一人",表示黄帝心目中仓颉最伟大,足见黄帝对仓颉的器重。"颉"字的意思较复杂,"吉"表示祈祷成年男子健康吉祥,"页"表示人头,合在一起,表示聪慧、伟岸、超群和吉祥。黄帝封仓颉为左史,沮诵为右史,左史为记事之官。从此,每年农历三月二十八日这一天,人们要庆贺仓颉诞辰,私塾先生带领学生拜孔子、拜仓颉。2011年,长安仓颉造字传说被列入第三批省级非物质文化遗产项目。(XY)

仓颉传说 仓颉造字的传说故事产生于何年何代,现已无从查考,而祖祖辈辈的口耳相传,使之流传至今。20世纪80年代初,《白水民间故事集成》《渭南民间故事集成》《民间故事集成》(陕西卷)等书,均收录了这个故事。仓颉为黄帝的史官,用结绳的老办法录史记事。但在黄帝与炎帝为边境之事谈判时,仓颉依据绳结提供的史实出了差错,致使谈判失利。他愧疚辞职,遍访智者,后归故里,观天察地,终从鸟兽爪印中受到启迪,造出鸟迹文字。究竟造了多少字?据说有一斗油菜子那么多。博学的孔子只用了七升,有三升没有用处,便撒向外邦,外邦也才有了文字。2011年,仓颉传说被列入第三批省级非物质文化遗产项目。(XY)

寒窑传说 寒窑传说自宋代就在民间代代相传,讲述的是丞相王允三女儿王宝钏不嫌贫爱富,嫁于穷小子薛平贵。后薛平贵降服妖马,受到奖赏,被派往西凉国平叛。王宝钏苦守寒窑18年,终于等到薛平贵归来,夫妻团圆的故事。寒窑传说经过上千年的沉淀,依然深受广大群众喜爱,民间始终宣扬着王三姐守志不移、威武不能屈、富贵不能淫、贫贱不能移的精神。在长期的流传过程中,我们不仅仅可以从手工艺作品中看到寒窑传说的描述,也能从各类戏剧中看到听到有关寒窑传说的曲目。寒窑传说故事系列:王三姐飘彩,薛平贵降妖马,宝钏迁居,鸿沟两岸无野菜的传说,三姐泉的传说,冰心石与思夫亭的传说,妖马洞的传说,鸿雁传书的传说,二月二炒豆子的故事等。寒窑传说体现的是一种民间价值观,寒窑传说经久不衰的流传,体现出了民间对忠贞不渝、守志不移精神的推崇。寒窑传说不仅仅为口头相传,还有寒窑遗址作为承载。2011年,寒窑传说被列入第三批省级非物质文化遗产项目。(XY)

古豳国传说 周的先祖公刘在彬县一带建立豳国,是中国农耕文化的发祥地之一。《诗经·豳风·七月》对古老的民俗、季节、历法、农耕及当时的社会生活有生动的记载。豳国的豳字，是一个"山"字夹着两个"豕"字组成的，豕的意思是猪，上古人类造这个豳字，字面的意思说明古豳国是一个开始养猪的地方。古豳国民间故事流传，在唐代已经有地名佐证，唐代姜嫄墓所在的今水北村一带地名为"公刘乡"。说上古时期，有个叫姜嫄的女子，是上古有邰氏的女儿。（历史记载是帝喾的元妃，后稷之母。）姜嫄在春天里来到城南郊外的草坪上，看到有巨人的足迹，就踏着这足迹走过去，心里觉得很快活，肚子里好像有了孩子一样动弹。回家后满十月生了一个儿子，姜嫄觉得这个小孩是不祥的，就把他丢在隘巷里，隘巷里正好过来一群牛羊，牛羊走到小孩跟前都绕着走而不踩踏小孩。姜嫄又把小孩抱走扔到平林里，结果平林里打柴的人多，没办法就扔到沟渠的冰上，结果乌鸦鸟雀都跑来用羽毛和翅膀温暖他，有只母狼还跑来给他喂奶。姜嫄就抱回去抚养他，并取名为弃，这个孩子从小爱种庄稼，长大后当了尧帝的农官，成为农业始祖，尧把邰地封于他，他是我国最早种稷和麦的人，后人就称他为后稷。现武功旧县城东门外有一块砖砌长方形平台，叫教稼台。传说它就是后稷教民稼穑的地方。传说后稷是出生在彬县隘巷内的元真观里。生弃的那块地方，每逢下雨或飘雪，就显出血红色，人们就找了块与床一样大的石板盖在上面。说也奇，这块石床，雨下在上面就流了，雪落在上面就化了。后世为了保护这块圣地，在石床的四角，立了四根粗壮端直的木柱，在木柱上面又盖了座天宫式样的玉皇楼，覆屋重檐下高悬"天威之尺"的匾牌。后来柱子倾斜了，即用砖把木柱包起来，在中间箍了个拱形的砖洞。在玉皇楼的南面，建有一座三面出水的戏楼，北边建有后稷祠，内塑后稷坐像一尊。每年古历正月初九、三月初三、十月十五，这里都集会唱大戏，人来车往，锣鼓铿锵，异常热闹。公刘立国于豳，开拓疆土，建立了军队，已经"彻田为粮"，并且还"涉渭为乱，取厉取锻"。2011年古豳国传说被列入第三批省级非物质文化遗产项目。（XY）

炎帝传说 在宝鸡地区流传很多关于炎帝的传说和习俗，相传炎帝生于蒙峪，长于姜水，浴于九龙泉，逝于天台山莲花峰老君顶下，四地相邻，均在神农镇境内。又传神农炎帝发现并培育谷粟，发明医药，首创太阳市，被世尊为农业之神、医药之神和太阳神。炎帝的传说内容丰富，主要有：关于炎帝的传说；关于炎帝逝于莲花山的传说；关于炎帝功绩的传说。炎帝又被人们尊为"太阳之神"。《潜夫论·五德志》曰："神农氏日中为市，致天下之民，聚天下之货，交易而退，各得其所。"炎帝首创日中市，开创了市场交易活动，解决了部落之间物品交换的问题，反映了商品交易的起源。至今在天台山尚有太阳市遗迹。后世人们尊炎帝为"农业之神""医药之神"和"太阳之神"，充分说明了炎帝对人类文明史的伟大贡献。2011年，炎帝传说被列入第三批省级非物质文化遗产项目。（XY）

宝塔山的传说 古称丰林山，北宋时改名为"嘉岭山"。因山上有宝塔一座，故称为宝塔山。始建于唐代宗大历年间（766—779），距今已有1200多年的历史。现存宝塔为宋代建筑，原名叫岭山寺塔。平面八角形，高约44米，塔基周长36.8米，共9层，楼阁式砖塔，宝塔底层辟有南北两个拱门。北门额书"俯视红尘"，南门额书"高超碧落"。登上塔顶，全城风貌可尽收眼底。1937年1月13日，中共中央机关和毛泽东等党的第一代领导人进驻延安后，延安成了共产党领导中国革命的大本营和总后方，这座古塔便成为了革命圣地的标志和象征。宝塔山的传说是流传于民间的口头文学。它包括：宝塔辉映万佛洞、"嘉岭山"与范仲淹、宝塔的传说（之一）、宝塔的传说（之二）。宝塔山的传说故事主要围绕宝塔的修建展开，充分体现人们爱憎分明的情怀。2011年，宝塔山的传说被列入第三批省级非物质文化遗产项目。（XY）

张骞传说 西汉时期张骞出使西域，打通了古代中国通往西方的第一条陆路交通线——"丝绸之路"。张骞出使西域归来后，带回大量异域信息，在当时是前所未闻的，根据《史记·大宛列传》《汉书·张骞传》及张骞著《张骞出关志》等史书记载，人们对张骞的故事进行了猜测、演绎、流传，张骞的故事广为流传，影响深远。张骞传说故事基本内容可分为以下三个部分：一是青少年时代：张骞小时虽家贫，其父母却将他送进斗山书院求学，张骞在此迈出人生的第一步，为日后建功立业打下良好的学识基础。二是出使西域时期：按照时间的线索，这时期的故事异常丰富。主要体现在以下几方面：（1）外交家张骞。（2）探险家张骞。（3）农学家张骞。（4）博学张骞。三是神话张骞：张骞去世以后，民间推崇塑造出英雄神仙张骞，不仅建庙宇祭祀，而且在精神上顶礼膜拜。"红鲤鱼穴""野鹤道人""张骞成佛""张骞认宝"的故事有虚有实，幻化出人们理想中的张骞形象，自宋时起长期流传在城固的"邋遢张爷"的故事寄托了劳动人民美好的愿望。2011年，张骞传说被列入第三批省级非物质文化遗产项目。（XY）

沉香传说 起源于唐代贞观年间，江南才子刘玺（字彦昌）居官洛州期间，其子沉香读书、学艺、救母等系列故事。沉香传说故事是原生态的洛南民间口头传说，其演唱方式也是以洛南特有的方言和秦腔曲子相结合。作品以江南才子刘彦昌和他的儿子刘沉香为主线，描写刘彦昌与华山三圣母缔结姻缘后皇榜高中，被派任洛州知县。刘彦昌赴任途中，在山高林深的刘峪遭遇巨蟒，三圣母救出刘彦昌，道出她是华山神女的真情，让民女王桂英嫁与刘彦昌，并用宝莲灯一路相送。后三圣母被二郎神杨戬压在华山下。三圣母生子取名沉香，由灵芝姑娘送洛州刘彦昌、王桂英夫妇抚养。王氏又生一子取名秋哥儿，和沉香一起在洛州蝗虫庙南学读书。秦国舅的儿子秦官宝生性顽劣、恃强凌弱，骂沉香是没有娘亲的野孩子。沉香一怒之下用砚台失手打死秦官宝犯下死罪。在情与法的抉择中，贤惠、明智的王桂英讲明沉香的身世，私放沉香去华山寻母。沉香途中巧遇霹雳大仙,跟随霹雳大仙在书堂山(云蒙山)刻苦习武,练就一身好武艺,又得大仙点化取得开山神斧,打败杨戬,劈开华山救出母亲,又救出秋哥儿一家团圆。表现了人们追求美好生活、正义战胜邪恶的美好愿望。2011年,沉香传说被列入第三批省级非物质文化遗产项目。(XY)

丁兰刻母 是一个古老的汉族民间传说故事。为二十四孝之中唯一的一个能由不孝转为大孝的典故。丁兰,汉时人,幼年丧父,小时候丁兰对母亲很不孝敬,常常打骂。有一天,丁兰耕田间歇,见一羊羔双膝跪地而食母乳,又见一小乌鸦衔食喂养残老乌鸦。丁兰触景生情,思之悔矣,不禁泪下,此时母亲正巧为丁兰田间送饭而来,丁兰急忙去接,慌忙中手中牛鞭忘记丢掉,母亲见丁兰执鞭而来,疑为嫌其送饭来迟,一时心如刀剜,后悔有此不孝之子,遂撞死于地头树下。丁兰丧母后,将树伐掉,刻木奉母,供奉于堂,日进三餐,从未间断。有一次丁兰有事外出,临行前叮嘱妻子侍奉好木像。妻子满口答应,心中却想丈夫太傻,木像怎么可能灵验,它又不能吃饭,即或是供上一辈子也不能活。就这样,在丁兰走后,妻子白天让儿子把木像当马骑,夜晚用来顶门,不仅如此,做针线活时,居然还用针扎木像的手指,而木像的手指竟流出了鲜血。5天之后,丁兰回到家中。晚上,木像托梦给丁兰,丁兰知道情况后气愤难平,一张休书便把妻子休回了娘家。妻子悔恨不已,赔礼道歉,夫妻二人才又和好如初,对木像也如从前一样虔诚供奉。今兴平市子孝村建有丁兰墓,被列为省级重点保护文物。2013年,丁兰刻母被列入第四批省级非物质文化遗产项目。(XY)

鬼谷子的传说 石泉是鬼谷子文化的重要发祥地,在石泉县鬼谷岭下,当地百姓至今流传着大量鬼谷子传说故事。鬼谷子出生于战国时期秦岭南麓王家庄的一户殷实人家,姓王名诩。因长期隐居鬼谷岭,人称鬼谷子。他长于六韬三略、养性持身,教学授徒,著书立说,做纵横捭阖之术,与老子、孙子、孔子、庄子等诸子齐名,著名纵横家苏秦、张仪,军事家孙膑、庞涓都是他的学生,有旷世之作《鬼谷子》一书流传于世。由于儒家思想成为当时"治国之纲",鬼谷子的权术、揣术、变术都成了旁门左道,当属不正之术,其书也就被列为禁书。关于鬼谷子神奇的民间传说古来有之,流传甚广。如《苏秦与张仪》《鬼谷子授徒》等历史故事,还有《鬼谷怀胎》《不死弃儿》《试徒》《王禅老祖的传说》《神粮》等民间传说。2013年,鬼谷子传说被列入第四批省级非物质文化遗产项目。(XY)

鲤鱼跃龙门传说 古代汉族传说中黄河鲤鱼跳过龙门(位于今山西省河津市与陕西省韩城市之间的晋陕黄河峡谷),就会变化成龙。比喻中举、升官等飞黄腾达之事。也比喻逆流前进,奋发向上。《埤雅·释鱼》:"俗说鱼跃龙门,过而为龙,唯鲤或然。"清李元《蠕范·物体》:"鲤……黄者每岁季春逆流登龙门山,天火自后烧其尾,则化为龙。"

至今，韩城流传着许多鲤鱼跳龙门的传说，影响深远，意义重大。2013年，鲤鱼跃龙门传说被列入第四批省级非物质文化遗产项目。（XY）

瓦窑堡的传说 瓦窑堡，是陕北名堡，享有"天下堡，瓦窑堡"之誉。瓦窑堡镇，即今延安市北部子长县委、县政府驻地，全县政治经济文化中心。瓦窑堡以前也称"望瑶堡"，含远望瑶池之意。相传很早以前城西的中原山是坦荡如砥的平川，这里住着一个勤劳善良的小伙子，名叫大山。他家贫如洗，靠打柴卖草为生。西天瑶池王母娘娘的小女儿爱他勤劳善良，私自下凡与他结为夫妻，恩爱异常。岂料两人成亲还不到百天，王母娘娘派天兵天将把小女带回天庭，活活拆散了一对恩爱夫妻。大山眼望瑶池，心里有说不出的痛苦。他纹丝不动地站在那里，慢慢就变成一个大土堆。那土堆一天向上长一大截，到了第七天，竟长成七崂大土山。王母娘娘得知此事后，怕大山长得接上天，便抛下面铜镜，把大山压住。从此大山再也长不上去了。但是，倔强的大山还是终日眼巴巴地望着瑶池，盼望夫妻团圆。于是，人们把这里叫作"望瑶堡"。这座大山也叫"中原山"，又因它有七道崂，所以又叫"七楞山"。后来，因当地烧砖瓦的陶窑很多，人们以讹传讹，将望瑶堡叫成了"瓦窑堡"。因为这样一个神奇的传说，为这个古老的城堡平添了几分浪漫色彩。2013年，瓦窑堡的传说被列入第四批省级非物质文化遗产项目。（XY）

女娲的传说 女娲，即女阴，是生育之神的化名。女娲是中国历史神话传说中的一位女神。与伏羲为兄妹。人首蛇身，相传曾炼五色石以补天，并抟土造人，制嫁娶之礼，延续人类生命，造化世上生灵万物，是被民间广泛而又长久崇拜的创世神和始祖神。她神通广大化生万物，每天至少能创造出70样东西。陕西平利县是多部史书中记录的女娲故里，也是一个生态县。当地也保留着大量关于女娲的传说和足迹，有女娲山和女娲庙，出土了大量的远古时期的陶片。2013年，女娲的传说被列入第四批省级非物质文化遗产项目。（XY）

2．传统音乐

陈仓姜马察回 在民间也叫西府曲子，是长期以来流行于古西府地区一带的一种器乐演奏形式。从目前存有的手抄本来看，系清光绪五年（1879）本。从演奏的结构形式和曲目来考察，多是隋唐以后逐渐积累发展而成的。具体起于何时已无法考证，据姜马村当地人说姜马二姓是宫廷乐师的后裔，因战乱避逃到姜马村，由此传下姜马察回，且只传姜马二姓，不传外姓。察回乐曲系鼓吹乐——特殊亚乐种中的乐曲，其吹乐无一般鼓吹乐必备的唢呐，而主要由五支笛子组成，打乐除战鼓、板鼓外，铜器有云锣、乳锣、中钹、碰铃。乐队构成遗留有古代的显著痕迹，传说始于唐，常用于祈雨，代表诸神巡回察访。陈仓姜马察回原有曲目22个，后遗失 2 个，现存曲目 17 个，有《刮地风》《路曲子》《十八腔》《高调罗江怨》《上下轮》《征东》等，乐曲中包含传统音乐、宫廷音乐、戏曲音乐、曲艺音乐、宗教音乐等多种成分。一般在祠堂和庙会上表演，演奏形式分坐乐和行乐两种。坐乐在室内进行，乐曲有严格、固定的结构形式，以"帽子头"开始，这是一种固定的乐曲，进度较慢，然后进入"正曲"，一般为单乐段，是抒情的慢板，接着以较快的乐板"行拍"作为尾声，最后再由慢到快，乐器齐上，在高潮中结束。行乐比较简单，主要是演奏牌子曲，打击节奏乐器，起着伴奏击拍的作用，特别是疙瘩锣和铰子起着重要的作用，乐器以笛子为主，有时笙管衬之，多用于街道行进和庙会的行进之中，如"路曲子"等。具有浓郁的民间"姜马"手法和本地区韵调——"西府调"的艺术个性和地方性。2007 年，陈仓姜马察回被列入第一批省级非物质文化遗产保护项目。（XY）

陈仓区西山酒歌 是流传于宝鸡市陈仓区凤阁岭镇一带的酒歌，是一种民间自娱自乐的说唱艺术。西山酒歌可能源于宫廷，后流传于民间，盛行于两汉，无历史记载。西山的酒歌分许多种，流传至今的有几十种。有欢庆丰收时唱的《雀雀算账》，有朋友聚会时唱的《大吉利》，有结婚喜庆时唱的《闹洞房》，还有老人祝寿时唱的《祝寿歌》。主要是当地民间小曲的延伸，如《雀雀算账》《闹洞房》《闹五更》等。也有一部分是来源于民歌，如《石沟子担水》《女贤良》等。还有一小部分是古代文人的作品流传，如《洛阳桥》等。这种酒歌的内容诙谐而幽默，寓意深刻。唱词朴实顺畅，内容丰富，唱腔优美动听。还有一小部分是古代文人的作品流传，则歌词工整，唱法严谨。从曲调与发音来看，西山酒歌是我国民族传统文化的大聚合，调有当地社火小曲调、关中眉户调、陕北民歌调、青海花儿调、四川号子调等等。音有南腔也有北调。将各地好的曲调、唱词与酒令融为一体，形成了一种特殊的民歌方式——酒歌。2007 年，陈仓区西山酒歌被列入第一批省级非物质文化遗产保护项目。（XY）

洋县佛教音乐 是流行于陕南洋县一带的佛教音乐形式，传入洋县境内是北魏孝明帝（516—528）之时，唐时较为兴盛。洋县佛教音乐从内容形式可分为三类：经韵、鼓吹乐曲和锣鼓乐曲（打击乐）。经韵即经歌，佛教声乐诵经形式，吟诵性歌唱，也叫梵呗，其乐器为打击乐类法器。经韵乐曲保存下的有六七十首。鼓吹乐曲是以民间乐器"管子"为主奏的乐曲，保存下的有七八十首。锣鼓乐曲则使用鼓吹乐中管弦乐器除外的锣鼓等乐器，现存留于世的有五六十首。经韵如《杨枝净水》《三皈赞》；鼓吹乐曲如《粉红莲》《打银枪》《豆叶黄》《上红楼》；锣鼓乐曲如《三瑕鼓》《七拍》《九拍》《十一拍》等。洋县佛教乐曲从曲牌来源亦可分为三大类：即寺庙本身相传的音乐乐曲，沿用元明清南北曲牌的乐曲，吸收民间器乐曲和戏曲曲牌的乐曲。寺庙本身相传的如《炉香乍爇香赞》《青山无语》《婆婆极苦》《喜是离娘胎》等，沿用元明清曲牌的有《对美人》《朝天子》《豆叶黄》等，吸收民间的如《鬼推磨》《大开门》《张良辞朝》等。洋县佛教音乐乐曲从演奏形式亦可分为坐乐和行乐。坐乐即"坐场"，一般用于寺庙佛事、庙会及民间白事的经堂、灵前的唱奏；行乐即"行香"，一般在祈雨迎神和民间丧葬行进途中演奏。洋县佛教乐曲从唱奏者身份上可分为禅和板与香花板两大类。禅和板俗称"禅门""禅教"，是专事修持了脱生死之僧的"禅和子"唱奏的乐曲；香花板俗称"应教"，是应俗的"应缘僧"所奏的乐曲。禅和板乐曲为经韵，即梵呗，香花板乐曲为鼓吹乐曲及锣鼓乐曲。是陕西佛教音乐的一个缩影。2007年，洋县佛教音乐被列入第一批省级非物质文化遗产项目。（XY）

商洛民歌　是民歌的一种，包括小调（一般小调、经弦小调、渔鼓小调、花鼓小调）、劳作歌曲、风俗歌曲和中国共产党人领导人民革命时期的新民歌等。内容涉及各个生活层面：爱情、劳作、祭祀、诉苦、劝善、喜庆等。商洛民歌准确的产生年代不详，但据1977年文物部门在商县（现商洛市商州区）紫荆出土的"泥质红陶哨"（仰韶文化遗物）表明，早在新石器时期，商洛的劳动人民就创造了能发单音的简单乐器。《闪扁担》《打樱桃》《倒插杨柳也生根》等从不同侧面表现了劳动人民对劳动的热爱和欢庆。商洛民歌已知名者多达一千二百余首，风格多样，品种齐全。既有山野歌曲，也有房中小调；既有风格多样的风俗小调，也有劳作的号子歌。20世纪30年代中国共产党人李先念、徐海东、程子华率红二十五军转战商洛，建立革命政权期间，商洛人民群众自发编创、流传的《李先念来商洛》《徐海东》《脑脑就是程子华》《妇女放哨歌》等是新民歌的代表作。其音乐特征是在曲调中，融合了中华民族音乐特征的五声调式和西域音乐文化的七声调式的特点，兼特殊的陕西变体调式。音乐结构有"分节歌""四句头"，多段体和散体乐段。2007年，商洛民歌被列入第一批省级非物质文化遗产项目。（XY）

佳县白云山道教音乐　白云山道教音乐活动始于明万历三十六年（1608）。白云山白云观建成后的第三年，全真道龙门派第六代、北京白云观道士王真寿持陕西布政使司帖来白云山做住持，主持道教事务，将北京白云观的道教音乐带至白云山。清康熙年间，白云山道士苗太稔云游大江南北，广集名山道乐，充实了白云山道教音乐。道教有一种叫《施食》的经卷，各地全真道都念《铁罐施食》，佳县白云山道教属全真道，念的却是《三阳施食》。据传，《三阳施食》经卷及其曲调就是苗太稔从江南正一派道乐中学来的。因而白云山道教音乐，特别是经韵曲调，又兼具江南丝竹、苏杭吴腔委婉、俊美、清澈、秀丽的韵味。白云山道教音乐由三部分组成，即经韵曲调（可分为讽经腔、诵诰腔和韵腔三类）、笙管音乐、打击乐。白云山道教音乐是道教的外向行为表现，道教斋醮科仪活动的产物。具有浓厚宗教色彩和鲜明的道教文化特征。由南北两地的道教音乐组合而成，仅流传于本区域的"地方韵"。多在庙宇、经

堂、斋坛前演出。2007年，佳县白云山道教音乐被列入第一批省级非物质文化遗产项目。（XY）

凤县民歌 凤县城南有南岐山，城东有凤凰山。相传有凤栖其上，因此而得名。凤县民歌最初起源于西周时期，流传着一个优美动人的神话：相传在西周时，有一只美丽的凤凰与石鸟在这里自由自在地过着日子。一个夏天，凤凰为了救活一对被奴隶主逼上山来的青年夫妻，从遥远的东海边上衔来一滴仙水，整整飞了七七四十九天，这只凤凰没吃一口东西，没喝一口水，青年夫妻被救活了，美丽的凤凰却紧紧闭上了眼睛。青年夫妻俩围着凤凰的尸体流着泪，唱着歌，整整唱了七七四十九天，歌声和眼泪汇成了一条大河，美丽的凤凰终于扇动着翅膀，活过来了。从此，人们就唱着这动听的从大山深处传来的歌谣，世代相传。歌曲调种类繁多，目前主要流传着四大类：一是"下江调"，属巴蜀韵味；二是带有明显特征的"花儿"调山歌；三是带有西秦曲调的"上江调"；四是有地方"土著"特色的山歌。2009年，凤县民歌被列入第二批省级非物质文化遗产项目。（XY）

黄陵民歌 黄陵民歌是流传于黄陵周边地区的音乐表现形式。产生于原始社会中期，高亢开阔、流畅跌宕、委婉平和、活泼欢快，富于舞蹈特色。曲调旋律模式主要有：（1）绣荷包曲调系列。（2）十盏灯曲调系列。（3）十对花曲调系列。（4）六曲曲调系列。（5）跑旱船曲调系列。（6）上楼台调式系列。（7）摘豆角调式系列。（8）扬燕麦调式系列。（9）其他调式系列。（10）新编民歌系列等等。在演唱过程中，按照不同的曲调，配以相应的唱词，其唱词工整对仗、语句流畅上口，词汇押韵如诗，多以四、六句为主。黄陵民歌的演唱形式相当自由，主要是在演出老秧歌的同时，根据不同的演出场合和情景，即兴发挥，即兴演唱，主要有独唱、对唱、轮唱、连唱、合唱等演唱形式，其中独唱，即一个人独自演唱如"十盏灯"等，其他舞者配以相应动作，这就是现在意义上舞台演出中的歌伴舞。对唱有一问一答式，例如《十对花》等。合唱，一般边唱边舞，如：表演"深身响"等。2009年，黄陵民歌被列入第二批省级非物质文化遗产项目。（XY）

靖边信天游 是陕北地区流行的一种音乐歌谣艺术。以靖边一带为发祥轴心，信天游即兴演唱，无拘无束，张口就来，信天而游。靖边人称信天游是"土生土长土里料，土言土语土腔调"。歌中所唱的内容都是劳动人民自己的生活，它叙事、抒情、逗趣、调侃，即景即情，随心随性。在传统的信天游中描写离愁别怨、男欢女爱的篇幅较大，也有反映劳苦大众苦难生活等内容的。信天游曲调大致分为两种类型：一种是音调高亢，节奏自由，气息悠长，空间感很强的山野之歌；另一种是音调委婉、节奏较完整，略带小调性质的曲调。但和歌词一样，都以上下两句组成单乐段为基本结构形式。歌词以七字句"一二、三四、五六七"为基本结构，也有五字句"一、二、三四、五"和十字句"一二三、四五六、七八九十"的句式。演唱方面，信天游以清唱为主，山野之歌不受舞台、伴奏等条件限制，歌者以大自然为舞台，兴之所至，尽情抒发。它可独唱，对唱，还可接下音（补充式伴唱）。2009年，靖边信天游被列入第二批省级非物质文化遗产项目。(XY)

泾河号子 又叫泾河船工号子，系船工在泾河上摆渡时所唱号子。流行于泾阳、高陵一带，由于泾河水流平缓，号子较流畅悠扬。先秦典籍《吕氏春秋》有一段记载说："今夫举大木者，前呼'邪许'，后亦应之，此举重劝力之歌也。"所谓"劝力之歌"就是后来的劳动号子。泾河号子歌词很少，以泾阳当地方言的吆喝声或呼号为主，目前留存下来的有《泾河船工号子》《泾河上下车号子》《调船号子》和《泾河行船号子》等。20世纪80年代，泾阳县文化馆为了保护泾河号子，派出专业人才走访当年的老船工，记载保留了泾河号子中的一些曲目。《泾河船工号子》是船工们在装卸货物时，协调动作，掌握平衡时喊唱的，领唱者掌握方向和用力角度，伴唱者齐声呼喝，以回应指挥者和统一用力节奏。《泾河上下车号子》是船工们在装卸马拉车时的专用号子。人们在从事强度不同劳动的时候，其呼吸的速度、方式等都不一样，上面两个号子领唱因其有不同的指挥语言，所以听者一听就能明白意思。《泾河行船号子》应该是在河水平缓，顺流而下时所唱的。2009年，泾河号子被列入第二批省级非物质文化遗产项目。(XY)

汉江号子 在陕南汉中，安康汉江流域皆有流布。汉江发源于汉中西部宁强县境内及甘肃东部的太阳山一带，经汉中、安康、湖北襄樊、丹江到汉口入长江。很早以来船工们就有"汉江水弯又弯，上下都是滩连滩，有名滩、无名滩，技术不高难过关，洪水滩上号子喊，船怕号子马怕鞭"的说法，汉江号子是船工们生产斗争中劳动情绪的直接体现，它不仅起着统一劳动步调，统一意志的组织作用，同时也起着鼓舞船工，调剂船工的精神作用。从水上来讲它有多种多样的劳动方式以及复杂的条件与环境，根据上水、下水、扯篷、活锚、推船、靠岸、过滩等已形成它一整套能适应各种劳动条件的号子。汉江号子基本上可以分为上水行船号子、下水行船号子、离岸、靠岸及其他号子三种类型。一是汉江号子的演唱形式是"一领众和"，领唱和合唱相互呼应，配合着动作交替接唱为最多，安康汉江号子的调式是多种多样丰富多彩的，并经常通过调式对比手法造成色彩上的对比，增添浓郁的生活、劳动气息，这与劳动条件及劳动的强度都有相当密切的关系。在流行的汉江号子中，有五声调式、六声调式，有综合性调式，也有交替性调式。2009年，汉江号子被列入第二批省级非物质文化遗产项目。(XY)

神木酒曲 神木县地处晋陕蒙三省交会之处，自古就有饮酒的习俗。为了生存，各地群众经常到神木进行农副产品贸易往来，在交往中，人们将各地的风俗习惯也相互传播。特别是内蒙古人饮酒豪爽的性格，对神木人影响极大，大块吃肉、大碗饮酒的习俗一直影响至今。在长期饮酒的过程中，人们除了用语言交流以外，便开始吟唱，边饮酒边唱酒曲，而且把想说的话，想表达的感情，都用酒曲表达出来，既表达了心意，又享受了欢乐。所以酒曲源源不断地流传和发展起来。后来，人们把喝酒和唱酒曲引用到了新婚嫁娶和欢庆的酒席上。不论是乡村还是城市，谁家办婚事或是有喜庆之事，都要摆酒宴，都要饮酒唱曲。饮酒唱酒曲，成为这里的一种文化特色。神木酒曲的主要特征有三个：一是曲调自由活泼。歌者可根据表达的内容来选择。主要曲调有山曲调、民歌调、蛮汉调、信天游和传统酒曲调。二是句式灵活多变。根据内容和曲调，可以是二句一段或三句四句为一段，也有叙事性长段。三是即兴编唱。歌者可根据眼前的具体环境和人物情景随编随唱，展示歌者的知识、才艺和即兴编词唱曲的能力。2009年，神木酒曲被列入第二批省级非物质文化遗产项目。（XY）

澄城鼓吹乐艺术 澄城县地处丘陵地区。据传金兵南下时，驻扎在当地的一些村庄演练兵卒和两军对垒作战，辄击鼓动乐以鼓舞将士斗志，每取胜，便击鼓动乐而舞。此后，鼓吹乐便在当地的一些乡村流传下来。就其民间鼓吹乐的演奏方法来说，主要有以海笛、笙、管、笛为主，伴之以锣鼓等打击乐器的民间鼓吹乐，和以唢呐为主，伴之以锣鼓等打击乐器的民间鼓吹乐两种。前者多以曲牌连缀的形式演奏一些大型的鼓吹乐套曲，民间称之为"细乐"，具有委婉细腻和庄重平稳的演奏风格；后者则多演奏一些唢呐曲牌，民间称之为"粗乐"，演奏风格粗犷豪放而铿锵有力。从乐器的配备上看，澄城民间的鼓吹乐班子从乐曲的种类上基本可分为唢呐曲牌和鼓吹乐曲牌或套曲两种。沟北地区以演奏唢呐曲牌为主，其乐器配备常有两支唢呐和打击乐器小鼓、鼓板、小钹等，乐队常由4～6人组成；但在沟南和城镇地区则习惯使用以海笛、笛、管、笙等乐器为主的曲牌连缀形式，演奏一些大型的鼓吹乐套曲，其乐器配备常有唢呐2支、海笛1支、笛2支、笙和管各1支和起威用的喇叭1支、锣鼓和打击乐器3～5件，鼓吹乐班子常由8～10人组成，演奏时基本上采取兼职的办法起用锣、鼓、鼓板、乐子、梆子、铙钹、马锣、小锣、小钹、勾锣等诸种乐器。2009年，澄城鼓吹乐艺术被列入第二批省级非物质文化遗产项目。（XY）

秦汉战鼓 张西寨，古代叫掌旗寨。有人在军中掌旗，告老还乡，将战鼓调传给村民，代代相传。据说秦始皇横扫六国，刘邦征战打天下，用此鼓调。分为三部曲。第一部：出征曲，也叫慢三火，威武雄壮。第二部：交战曲，也叫紧三火，还叫鸭子拌嘴，紧凑激烈，排山倒海。第三部：凯旋曲，也叫不紧不慢再三火，奔放欢快。战鼓起源于秦汉时期，有2000多年的历史。其由出征、交战、凯旋三部曲组成，每部曲前有流水调。锣鼓声中，夹杂唢呐、马铃声。舞龙、耍狮子配合锣鼓，再现了秦汉雄风。2009年，秦汉战鼓被列入第二批省级非物质文化遗产项目。（XY）

监军战鼓 据传是随军作战时鸣金击

鼓之战鼓的鼓点,长久流传和演变而来,故称"监军战鼓"。起源于隋唐,监军原系武将职官名,此地因唐时监军鱼朝恩在此驻节开府而得名。监军战鼓系集体演奏,多则百余人,少则三四十人。每年逢春节及重大节日,配合仪仗队,在大街进行演奏,声势浩大,场面壮观。监军镇战鼓内容相当丰富,有"三环套摘豆角""慢八佰""紧八佰""五样""青白加长青""乐""紧三环""鸡上架""老鼠嗑牙""鸭子拌嘴""八佰马锣"等曲目。"鸭子拌嘴""八佰马锣"因抢救失时,曲失人亡。"慢八佰"内容由双锤齐下、花锤、边锤、紧墩、双墩等部分组成。"五样"由"鸡上架""老鼠嗑牙""慢八佰""紧八佰""三环"五个部分头段联结而成,节奏鲜明,富有色彩变化,表现各异,别有情趣。鼓点变化丰富,锣钹紧密配合,敲打起来浑然一体,铿锵有力,听之使人慷慨激昂,精神振奋,是社火、舞狮、上街表演必不可少的一部分。既是仪仗队又是表演队,鼓和铙钹数量基本对等,铜锣较少,队伍阵容可大可小,表演人数十至百人均可。和咸阳的牛拉鼓相比起来,虽然动作较少,但鼓点丰富、多变。2009年,监军战鼓被列入第二批省级非物质文化遗产项目。(XY)

埙乐艺术 埙是原始先民们在长期生产劳动实践中逐步创造出来的乐器。早期雏形是狩猎用的石头,由于石头上有自然形成的空腔或洞,当先民们用这样的石头掷向猎物时,空气流穿过石上的空腔,形成了哨音,这种哨音启发了古代先民制作乐器的灵感,早期的埙大概就是这样产生的。埙的发展基本上以音孔的增加为主线。1979年,陈重先生研制出了第一枚可以进行演奏的埙,并将音孔增至8个。古今中外乐器史,绝大部分吹奏(管)乐器是依据空气柱振动原理发音,极少见由腔体空气振动发音的乐器。特殊的振动发音原理是使埙具有独特音色的音响学基础。埙所独具的古雅深沉、浑润醇厚、幽静深邃的音色和风格恰恰体现出了中华民族传统文化所追求的"形神兼顾、养神为先、虚静养神"的气韵和特征,特别注重凝练和提升内在生命力的文化心态和达"天趣自然之妙"的艺术境界。2011年,埙乐艺术被列入第三批省级非物质文化遗产项目。(XY)

陕北混源道歌 在北宋时从道教中产生了"混源道"。以整合儒释道为宗旨,主要在民间发展。明清之际,混源道教在陕西流传甚盛。陕北混源道歌的基本构成,一为歌词,二为曲调,三为演唱者——"忌口人",四为其在实际生活中的应用。按实际生活应用场合分为以下几种:(1)忌口人群体内部范围,每年腊月初八举行普会,此场合献供、礼拜、诵经、唱歌、赞颂神明、表述宇宙认识及三教圆融的教义等。(2)经师在家独自修行当中,以唱道歌自励和调养身心。歌曲如彻夜坐禅修行的"五更"类,表白信仰坚定、甘守淡泊朴素的生活态度类,指导修炼内丹的心得类,也有表达人对宗教与人生的沉思冥想类。(3)在经师参与民间会社活动过程中,会专诚唱歌来向主办方致谢联谊交流感情;在群众场合常唱劝善歌,包括宗教故事和世俗伦理类歌子。（4）忌口人在乡村为农户做法事、办道场，为庙会或醮会主持法事时，都要作诵、唱、赞；此类歌唱多用于为死者超度，"破地狱""救亡灵"，也是向生者宣传修善道积功德。2011年，陕北混源道歌被列入第三批省级非物质文化遗产项目。（XY）

户县北乡锣鼓　户县北乡地处渭河流域农耕文明核心区域，具有深厚的鼓文化积淀。户县北乡锣鼓在明代以后得到了长足的发展，清代至民国时期得以延续，被广泛地应用于各种场合。在逢年过节、欢庆丰收、送兵、祭祀、接城隍、耍社火等活动中北乡锣鼓都是最重要的主角。户县北乡锣鼓习俗包括：（1）锣鼓祈年和迎神习俗；（2）赛鼓习俗；（3）日益泛化的锣鼓习俗。户县北乡锣鼓的主要鼓调有"凤凰三点头""十样景""一串铃""走鼓调"等。表演队伍宏大，表演经常性，群众参与广泛。它与民间的祈年、社祭以及迎神报赛等古老习俗相伴生。其表演在细节上又丰富多彩，极其讲究。2011年，户县北乡锣鼓被列入第三批省级非物质文化遗产项目。（XY）

周至殿镇八卦锣鼓　是周至县集贤镇殿镇村独具特色的保留历史传承的打击乐节目之一。据传八仙得道成仙之后，在楼观台聆听老子讲经论道，探研八卦易理，穷究天地奥秘，演练期间，就形成了殿镇老鼓的雏形——八卦阵鼓。殿镇老鼓由道教中的"八卦阵"演变而来，鼓谱有"长经鼓""十样景"，欢快、激昂、铿锵、沉稳、悠扬、轻悦，以易经原理，以一面大鼓作为太极，两面中鼓象征两仪，四面镗锣吻合四象，八面小鼓暗喻八卦，然后八面桶鼓、八副小铰、八副小锣、八个手鼓、三十二副大铙象征着六十四卦象，整个鼓阵形成后，浑然一体，敲打起来恰似平地起春雷，震撼山岳。周至殿镇八卦锣鼓经历了数百年的演变过程，表演人员已达到300余人，保证百人规模的表演实力。打击表演形式以传统的五种牛皮鼓为主，配合四种铜器敲打，编导按不同的配器策划分类，分八个专项表演队，轮流演练。导练成熟后，根据项目内容再策划大型百人综合打击表演节目，然后再按市场需求策划编排中小型表演节目。在变换陪衬的基础上，仪仗队助阵，加上彩伞舞、摆绸舞等内容，更是锦上添花。2011年，周至殿镇八卦锣鼓被列入第三批省级非物质文化遗产项目。（XY）

陇州小调　陇州小调在民间传说中起源于汉。1949年8月陇县解放后，解放军文艺工作队来陇县开展宣传工作，把"地方曲儿"称为陇州小调。从此，人们把地方曲儿叫陇州小调。陇州小调演唱的题材丰富，内容繁多，主要以民间流传的历史故事、婚丧嫁娶、自然风光、娱乐嬉戏、劳动生活为题，讽刺丑恶，弘扬美好，抒发人们的内心情感。现已收集整理完成陇州小调300首，还有一部分已经失传。陇州小调韵味古老，民俗风味浓厚，唱词淳朴，旋律优美，婉转动听，内容广泛，取材丰富，富有风味情趣，土生土长。由于受陇州地区乡音土语的影响，因而在流行中受到一定的限制。其历史源远流长，曲目繁多，乐器伴奏和谐优美。小调以民族调式、商调式、徵调式居多。由于地域关系、语音的不同，在传唱发展过程中受到周边地区小调山歌的影响，将三秦渭水地区细腻委婉的曲调也融进了西北少数民族风味。小调演唱多用方言，通俗易学，大众化，更易流传，地方特色十分厚重。2011年，陇州小调被列入第三批省级非物质文化遗产项目。(XY)

合阳民间唢呐 是波斯文"surna"的音译，在明代叫"唆呐"，清代称"苏尔奈"。原属西南亚波斯（即今伊朗）一带的乐器，金元时期传入我国。合阳跳戏是最古老的剧种，被称为我国戏曲的活化石，唢呐作为跳戏的唯一伴奏乐器，说明唢呐在合阳的历史可以追溯得更远。合阳唢呐在旧时以班社形式进行活动，解放前就有班社20多个，以坊镇伏六村、王村南蔡村、路井北党村最为驰名，全县有吹打艺人120多人。随着时代的发展，现今已改变为由一人牵头临时搭班的形式。合阳唢呐旧时多用于婚丧、祭祀、庆典。在一些名门望族、达官贵人家也有用于礼典的专门乐队。现今的唢呐，多用于丧礼和各种庆典活动，其表现形态多以聚集经营形式出现。唢呐吹奏也应用于地方戏曲，那是非民间的另外一种形式。合阳民间唢呐保持着原汁原味的阳刚之美，如《唢呐号子》《丰收锣鼓》等；感情色彩浓厚，一曲《地莉花》可以用多种调式吹奏，其感情色彩截然不同；曲牌名目多，应用广泛，现有曲牌120多首，可广泛应用于婚丧嫁娶、祭祀庆典，现已应用到社火、秧歌、舞蹈等群众文化活动中。唢呐绝活奇特，主要有双吹夹哨片、鼻子吹、花钗、顶碗、抽彩等。2011年，合阳民间唢呐被列入第三批省级非物质文化遗产项目。(XY)

镇巴唢呐 唢呐在镇巴有悠久的吹奏历史，据有关史料记载，在明末清初镇巴境内就有了唢呐，当时主要流传于民间的戏班，成为乡村各种喜事哀乐场合中不可缺少的演奏乐器，也是山民在沉寂苦闷日子中唯一能愉悦身心的乐器。学唢呐演奏的艺人很多，传播的地域广泛，呈现出乡乡有唢呐，村村有乐声的状况。据不完全统计，镇巴目前收集到的唢呐曲目有300多首。随着时代的发展，社会的进步和不同时代的民俗生活的影响，在继承传统的基础上，民间艺术家也改编和创作了一些新的具有现代生活气息的曲目，这些曲目大多由当地民歌演变而来。2008年11月，镇巴县被文化部命名为"中国民间艺术之乡"。镇巴唢呐分布广泛，内容丰富，技巧性强，感染力强。流行曲牌有200多个。2011年，镇巴唢呐被列入第三批省级非物质文化遗产项目。(XY)

韩城围鼓 相传韩城围鼓是从古代战争演变而来，起源可追溯到元朝，距今已有近千年历史。韩城围鼓在韩城境内乃至全省都颇有名气。在传统的表演中，火铳开道，旌旗当先，鼓手布列两行，铙锣左右相间，花杆前后簇拥。鼓手个个威武、雄壮，身着艳丽多姿的鼓服，手握红缨耀眼的鼓槌，恰似戏剧内武士的装扮。两臂挥动，好似武士舞动刀枪；两腿移动，与中国功夫步法相似。铙锣手位列鼓手两侧，一半前行，一半后退，两臂左右开弓，与鼓手们配合默契。围鼓气势壮观、鼓点繁华、曲牌优美、易于普及，乐器具有一种简约美和质朴美。2011年，韩城围鼓被列入第三批省级非物质文化遗产项目。（XY）

神木二人台 俗称打坐腔、打玩艺儿等。据史料记载清咸丰十年（1860）第二次鸦片战争结束后，打坐腔在萨拉齐、河口、准格尔、河曲、保德、府谷、神木等地区形成，并流传于民间。1934年神木北部有玩艺班子走巷串村演出，剧目已有60余种。神木二人台多为男女两人表演，男的头缩白羊肚子手巾，身穿秧歌服（多为白色），手持大彩扇子；女的头顶大红花，身穿秧歌服（多为红色），手持大彩扇子。一唱一随地表演，在表演的过程中还可以夹杂人物对话、剧情片段等，使其内容更加丰富多彩。神木二人台音乐风格既有北国高亢激昂之主调，也有中原委婉动听之韵，剧目丰富，曲调繁多。演唱形式小型多样，便于吟唱，易于表演，深受人民群众的喜爱。2011年，神木二人台被列入第三批省级非物质文化遗产项目。（XY）

板胡艺术 陕西是板胡的发祥地，人称"板胡之乡"。板胡音色高昂、坚实，具有很强的穿透力，是北方戏曲、说唱的主要伴奏乐器，也可用于合奏和独奏。板胡是伴随着中国地方戏曲梆子腔的出现，在胡琴的基础上产生的一种擦奏弦鸣乐器，归属于拉弦乐器。它的名称是因为琴筒用薄木板粘成而得名的，又称梆胡、秦胡、胡胡、呼胡、大弦和瓢，清代时曾别称板琴。20世纪50年代后，又用于独奏、器乐合奏，深受广大人民喜爱，尤以陕西、甘肃、山西等省最为盛行。最初，板胡主要流行于中国的北方地区，当地的许多地方戏曲和曲艺，比如像河北梆子、评剧、豫剧、秦腔等都是用板胡作为主要伴奏乐器的。由于板胡和中国的戏曲、曲艺有着深厚的渊源关系，因此它在演奏戏曲、曲艺音乐时最能发挥自身的特长，在地方戏曲和曲艺伴奏中，各地区的板胡善于表现各自不同的风格，富有独特的地方色彩。1984年4月，由著名板胡演奏家孙尔敏、王瑞檀等五位同仁发起，在西安成立了陕西板胡学会，这是我国成立的迄今唯一的板胡专业学术团体。2013年由山西板胡学会申报并将板胡艺术列入第四批省级非物质文化遗产项目。（XY）

长安佛乐 作为千年古都的长安，曾经是中国佛教文化的中心。据统计，唐代长安的佛教寺院，就多达二三百处之多，既有佛寺，必有佛乐，敦煌所传大量俗讲底本"变文"和"曲子辞"，以及琵琶曲谱等文物，皆为唐时佛乐繁盛的有力佐证。目前，长安佛乐遗存于以下几个方面：（1）遗存于寺院、道观。陕南洋县的少数寺院、道观中，有数十首乐曲入卷。其曲目有《三声佛》《往生咒》《五声佛》《经韵》《西方赞》等。（2）流于民间。（3）存于他乐。如西安鼓乐中的曲牌，就有《华严海会》《普庵咒》《醉菩提》《绕佛堂》《散花词》《太清歌》《茶叶词》《土鬼》《鬼判》等。（4）融于戏曲。秦腔所用的《永寿庵》《普庵咒》《柳摇金》《柳青娘》等，华阴迷胡所用的《哭道请》《说道情》《一串铃》等，都是与佛乐有关的曲牌。这类乐曲，在陕北、关中、陕南的大、小剧种中都有。均说明这些戏曲音乐与佛乐，都有着密切的关联。长安佛乐以静远、肃穆、平和和"音词雄远"为显著特征的古长安佛乐——"秦风雍韵"，对关中戏曲音乐的影响十分深远。2013年，长安佛乐被列入第四批省级非物质文化遗产项目。（XY）

寿圣寺大佛锣鼓 寿圣寺大佛锣鼓，原为佛事活动的庆典古乐，由于明代外来人口的大量迁入，使庙会活动规模扩大和对外交流广泛，寿圣寺佛事活动庆典古乐和当地传统"十样景"鼓乐巧妙融合而产生，并演变为当地庙会活动的祭神鼓乐。寿圣寺大佛锣鼓随着时代的变迁和传统祭祀用途逐渐淡化，而演变成为社火锣鼓的一种，因而也表现得热烈和喜庆。多在喜庆节日和庙会中演出，每年的春节至元宵节，是集中的活动时间。

寿圣寺大佛锣鼓是群体表演的一种鼓舞，在广场表演时，由仪仗手、鼓手、镲手、锣手、绕杆手、僧人、秧歌队等百余人组成。表演时由指挥者，以令旗起落而进行，并以"嗡号"齐鸣为开场，队形忽聚忽散，时圆时方。鼓点时紧时慢，时高时低，时若猛虎出山，鼓急如雷；时若战马嘶鸣，将士怒吼，撼天地，泣鬼神；时若蛟龙低吟，养精蓄锐，伺机突起；时若狂欢雷动，热烈明快，且击鼓、敲镲、打锣演员随着鼓点的变换，形神随之变换，时起时伏，时庄严肃穆，时喜悦高亢，整个表演一环扣一环，紧张急促，极其壮观。寿圣寺大佛锣鼓由10种鼓法组成：（1）佛光普照。（2）滴水。（3）风搅雪。（4）狗娃子。（5）仙女散花。（6）五洲同庆。（7）龙飞凤舞。（8）排山倒海。（9）倒卷帘。（10）天下太平。此鼓在表演形式上结合鼓点节奏场面变化，做出种种舞姿身段。鼓手左右开弓，锣手反扣前冲、回扣后弓；镲手大镲高翻、胸前空翻，还有单翻、双翻、斜镲、正镲、对镲等，鼓锣镲在这里也变成刀枪剑，演奏员已成为将尉卒，威武雄壮。2013年，寿圣寺大佛锣鼓被列入第四批省级非物质文化遗产项目。（XY）

商南民歌 商南县，地处秦岭东南麓的秦、豫、鄂三省接合部，古称"秦头楚尾""百二雄关"的商於之地；武关古道连接丹江航运，史为北通关中与晋陇，南达荆襄与湖广通衢之要道，历为兵家必争之地。商南县民间歌谣由于人口、自然、社会、风情等诸多因素的作用，既有普遍性，又具有特殊性。其主要特点是汇南北体裁为一体，融秦楚风格于一炉，形式多样，体裁鲜活，内容丰富。据商南县民间歌谣集成编辑委员会1988年征集整理，编成了1部1100余首，19000余行的鸿篇《集成》。主要表现形式是山歌。山歌是南方诸省对民歌的统称。这一体裁在商南流传广泛，占主体位置。形式以七言四句为主，但常杂有九言乃至十言的。商南民歌按题材可分为：劳动歌、时政歌、仪式歌、情歌、生活歌、历史歌、儿歌。其中数量最多内容最丰富的首推情歌。尤其产生于明清时代的情歌，大胆表露"爱情至上"的思想，反映劳动人民对封建礼教的抗争。

2013年，商南民歌被列入第四批省级非物质文化遗产项目。（XY）

八仙鼓 八仙鼓是将扁鼓系于腰腹前击奏舞动的一种民间社火舞蹈，因传统表演时每次有8位鼓手而得名。流传至少200余年，相传与古代军旅操练习武有关。流传于渭南市的大荔、蒲城、富平、白水一带，以渭南临渭区田市镇最为驰名。八仙鼓反映了勤劳的汉族劳动人民对生活的热爱、向往和追求。舞蹈动作有行进击鼓、跨跳击鼓、弓步击鼓、对鼓等，队形变化有分花、插花、辫花、蜕花、对花、背花等，敲击鼓点节奏较简单，有三槌、七槌等。八仙鼓是一套完整的乐章，是鼓乐中的精品。它节奏鲜明，起伏很大，震撼人心。2013年，八仙鼓被列入第四批省级非物质文化遗产项目。（XY）

商洛孝歌 孝歌在商洛南部地域的流行与传唱，获得了语境生成的别样文化魅力和研究意义。商南孝歌按照适用对象，大体可分阴、阳两类。其一，阳类孝歌。阳类孝歌是指教导日常生活中的人们如何谨奉孝廉之道的，它也称"劝孝歌"。若查阅雷家炳的《山魂水韵商南民歌选》，其记载的阳类孝歌有《二十四孝歌》《古人大孝歌》《十月怀胎报母恩》《老母劝儿经》《十二月孝子还母恩》《劝孝歌》《百孝歌》《反孝歌》《大劝孝歌》共计9首，都有着分行、基本押韵的形式，可不分时间和场合，随时随地歌唱。其二，阴类孝歌。商南孝歌的另一类是阴歌，亦称"挽歌""哀歌""转鼓歌""待尸歌"，这是一种特定的祭奠亡人的仪式歌，其渊源最早可追溯至商周时代，那时就有祭奠死者以歌咏志的记载，而庄子为悼念亡妻"鼓盆而歌"，则更是广泛流传。挽歌与道士"作斋"一样，是禁忌在其他时间和地点随便唱出的歌曲。2013年，商洛孝歌被列入第四批省级非物质文化遗产项目。（XY）

3.传统舞蹈

《牛斗虎》 传统舞蹈《牛斗虎》是周至县楼观镇八家庄村的传统保留节目，源远流长，早年庄东什字的井庙内的木匾上就记载着"乾隆年间八家庄耍牛斗虎"的字样。相传有位叫杜困的画匠，一天进山打柴，在田峪沟山坡发现一只凶悍的花豹，正向山下张望，杜困惊见山下有位牧童正在放牛，不等呼喊出口，豹子便向牧童扑去，顷刻正在吃草的牛后脚一蹬顺势而下，把凶猛的豹子踢了个跟头，翻倒坡下的豹子勃然大怒，便与不示弱的牛斗了起来，经过几个回合，牛的眼睛都斗红了，越斗越猛，豹子只得落荒逃跑。杜困是画匠，想象丰富，便根据这一素材同庄里的众民间艺人创编了舞蹈《牛斗虎》，并把豹子改成了虎。《牛斗虎》的舞蹈结构由5人组成，4人分别扮牛头虎头、牛尾虎尾，1人扮牧童。虎势有四大势八小势，二十四个平阳势。四大势有趄虎势、搜山势、望山势、捕食势；八小势有立、卧、坐、缩、滚，上山下山跳涧；二十四个平阳势贯穿每个动作之中，还有猫儿轮神、怀中抱日、金鸡独立等。牛势有犀牛望月，趄叉挖耳等动作。舞时，紧张激烈，虎有虎势，牛有牛劲，互不相让，最后牛取得了胜利。舞蹈《牛斗虎》是集传统舞蹈、中华武术、鼓乐、传统美术工艺为一体的综合性艺术。演出多在夜间室外场地。2007年，《牛斗虎》被列入第一批省级非物质文化遗产项目。（XY）

关山牛拉鼓 相传已有两百多年的历史，最早起源于蒲城老爷庙地区。清朝道光年间由关山民间艺人冉庭奇等人到蒲城老爷庙赶庙会时引进鼓歌，从此牛拉鼓落户关山。每逢庆祝丰收时，人们常用耕牛拉鼓跳跃敲打游行于田间地头，所以称"牛拉鼓"。牛拉鼓是人们在庙会、逢年过节、喜庆丰收、祭祀、婚嫁、婴儿满月时的一种助兴表演形式。主要表现形式有：由以武术动作为主的鼓舞动作和鼓法组成。鼓舞动作有16种：交叉步、弓箭步、翻身、偏腿、偏盖腿、原地转、飞脚、案头、交叉吸腿、二踢脚、劈叉、跺子、上马式、跳马式、虎跳、转身包脚。鼓法有四种：双手打、双交叉打、山绑架、鼓锤双打。关山牛拉鼓记谱法由第五代鼓头冉光阜自创，由¤、⊙、飞、○4个符号组成，关山牛拉鼓鼓歌有：《闪断桥》《三战吕布》《八仙过海》《太平歌》《双鞭子》《老鼓》等。按照敲打的形式又可分为：行鼓（行进中敲打）和静鼓（主会场敲打）。关山牛拉鼓主要用于庙会、庆典、祭祀、婚嫁等活动。2007年，关山牛拉鼓被列入第一批省级非物质文化遗产项目。（XY）

渭旗锣鼓 渭旗锣鼓已有300年历史。是周至县二曲镇渭旗村的传统保留节目，俗称"威风锣鼓"，古称"击鼓刺秦"。关于击鼓刺秦的传说，现有两种不同的版本：一种说法来自"荆轲刺秦王"的典故，据说是为了纪念不畏凶险、敢于拼搏的英雄荆轲而编排的鼓谱。另一种说法为，春秋战国时期，诸侯国相互征战，秦王每每出兵时，即击鼓助威，鼓舞士气，从而战无不胜，力挫群雄，一统中原。渭旗村原名边墙号，建有关公庙一座，每逢庙会必要社火、敲锣鼓，鼓谱带有武功风格。渭旗锣鼓基本表演人员150人，另有50人为更换替补人员。表演形式在传统的鼓、镲、锣基础上，又增添了夹板舞、伞扇舞、绸舞、长号等内容。表演一般分三个章节：第一节为开场锣鼓，又为战前锣鼓。鼓点似顷刻从天而降的瓢泼大雨，又如万珠散落玉盘，紧促而激越，是为鼓士气、壮士胆之鼓。第二节为对弈锣鼓。鼓点稍缓，但更为强劲，大、中、小鼓以及手鼓齐敲，大镲、小镲同响，大锣、小锣共鸣，战旗在队中穿梭，凛冽飘舞，夹板、花伞穿行其间，展现了两军对垒时兵将拼力厮杀，气壮山河的气势。第三节为喜庆锣鼓，鼓声欢快明朗，喜庆热烈，为兵将战捷庆贺之鼓。2007年，渭旗锣鼓被列入第一批省级非物质文化遗产项目。（XY）

临潼零口十面锣十面鼓 是西安市临潼区零塬地区的一种特有的民间艺术。"十面锣十面鼓"已有200多年历史。据传楚汉相争之时，当时汉高祖刘邦在九里山前布下十面埋伏，引诱楚霸王项羽入内后，突然四面锣鼓大起，项羽以为被汉军十万人马包围，退至乌江岸边，拔剑自刎。当时刘邦使用的锣鼓，据传就和这里的"十面锣十面鼓"是一样的。"十面锣十面鼓"是一种广场鼓舞，最初由21人组成，其中10人敲锣、10人打鼓、1人引马锣。锣鼓各排一行。表演者头扎白毛巾，上身穿白纱套黑马褂，马褂背后绣有太极图，下身穿黑裤子，足蹬老头圆口布鞋，腰系七尺红绸，一派北方农民的装束，背后腰间插一锣鼓花架，用来悬挂锣鼓，锣鼓架是用槐树枝弯成的，主枝上用白、蓝二色花布缠成锯齿形，枝上端插上用色纸做的纸花，并挂上妇女们刺绣做成各种戏文的工艺品，引马锣者为指挥，背后高插一杆帅字旗。"十面锣十面鼓"的打击鼓调宛若一个宝葫芦，全曲分为三个音阶，首段缓慢低沉，中间段为长行歌，尾段锣鼓密集，紧张激越，是全曲的高潮部分。数百年来，民间逢年过节、过古会，常被邀请去助兴。锣鼓架用槐树枝弯成，器乐分为锣、鼓、马锣三种，其中，锣为直径40厘米的响铜制作而成，鼓为用牛皮制作的直径40厘米、高20厘米的圆形鼓。鼓面中央印有直径20厘米的太极图。马锣为直径20厘米的响铜制作而成。2007年，临潼零口十面锣十面鼓被列入第一批省级非物质文化遗产项目。（XY）

岐山转鼓 岐山转鼓的发展可以追溯至西周时期，周代的《大武》即用鼓伴奏，秦始皇兵马俑中也曾出土过战鼓的形制。汉唐时期，岐山转鼓主要以长安鼓乐为其形，以西周文化为其神，不断变化和发展，逐步形成了岐山转鼓的雏形；岐山转鼓古时为战鼓，为军事所用，后在历代相传中增加了舞蹈等艺术动作，鼓手绕鼓而转，全场皆转，从而形成了今天的"岐山转鼓"。民间称之为"跑鼓"或"跑转鼓"，是根据民间鼓谱"二槌""三槌"打法和民间鼓舞特色改编，历经几代人的摸索和改进，演变成的一种打击方法，鼓手、钹手在表演中不断变换位置，夹杂舞蹈动作，风格以粗犷豪放、激昂雄壮见长，气势磅礴，震撼人心。其一，打法。二槌：分两个不同的段落，鼓点不同。三槌：每环鼓点不同，结束时用"三槌"将气氛推向高潮。其二，转法。二人转：二人绕鼓击打。四人转：四人绕鼓击打。全场皆转：全场交叉绕鼓转打，中间夹杂舞蹈动作，别具特色，鼓手动作有跑、跳、打、抹、抽、马步等，表演节奏更为明快，气势更为磅礴，雷霆万钧，声震千里，构建了岐山转鼓的独特风姿和魅力。2007年，岐山转鼓被列入第一批省级非物质文化遗产项目。（XY）

宝鸡千阳八打棍 是社火表演中的一个演出节目，源起何时不详。据老艺人秋志贤（1921年出生）讲，至少有二百多年的历史。清朝末期，当地人在闲暇时，以鼓为乐，以棍为道具，两人对打称作"双头棍"。后逐步演变成8人表演的固定形式，故称为八打棍。表演时，舞者肩扛五尺棍，分为两组在铿锵、激烈的锣鼓声中从两侧上场，站成面相对的里外两层圆圈。里圈人按顺时针方向对打，外圈人按逆时针方向对打，在相互移动位置的过程中，里圈四人和外圈四人都要彼此见面（相互对打一遍），打完后分两队下场。八打棍不论是挡顶、挡胯、挡腿、扫堂等，都要求真棍实打，表演生动，每个动作称"一环"（即打一圈），打时动作洒脱，步履稳健，时而两棍相击，时而挥棍扫堂，对打激烈，情绪昂扬，两棍相击对打发出的碰击声为锣鼓伴奏增加了音韵变化。舞者刚健的气质、威武的形象，犹如古代士卒习武操练，又似民间拳师在强身练武一般。八打棍的表演讲究集体性和真实感，要求动作协调，变化统一，步履稳健，配合默契。表演者要精神抖擞、情绪饱满、动作有力、对打准确，不少动作具有民间拳术的风格。2007年，宝鸡千阳八打棍被列入第一批省级非物质文化遗产项目。（XY）

眉县高跷赶犟驴 起源于明朝初年。《高跷赶犟驴》是分布在眉县青化乡嘴头村、西寨村等一带的民间表演样式。民国前夕，高跷跑驴的第八代传人对其进行了大胆的艺术加工，赋予了新的内涵。《高跷赶犟驴》游演后，深受百姓喜爱。传统的高跷跑驴演出形式主要是跑圆场、过河、上坡、下坡、卧驴等，特点在于灵活、熟练而惊险的表演技巧，它作为一个小品式传统舞蹈艺术，起初人驴均绑在一尺左右的木棍上，按照简单朴素的故事情节，尽情表演。后经眉县文化部门的艺术加工，改编后的整个舞蹈就是一出完整的、高品位的哑剧小品，它围绕老少两对夫妻赶驴出行狭路相逢，从互不相让到最终两相谦让的变化过程结束全局，节目力求突出一个"犟"字。高跷跑驴表演技巧惊险娴熟，音乐融秦腔、眉户、眉县道情为一体，极富地域特色。其剧情幽默诙谐、跌宕起伏，引人入胜，人、驴艺术形象生动逼真，驴极富人性化。2007年，眉县高跷赶犟驴被列入第一批省级非物质文化遗产项目。（XY）

牛拉鼓 是秦代以前唯一留存至今最完整的大型民间鼓乐套曲。是民间社火中常见的一种大型鼓舞，在咸阳、户县等地广为流传。所用之大鼓高约120厘米，直径约160厘米。因鼓身较大，须用牛车拉运，鼓手要站在牛车上敲击，从而得名"牛拉鼓"。"咸阳牛拉鼓"曲牌名叫"什样锦"，它历史悠久，结构完整，由四个鼓头、四环花样、两大主调、三种过门、两种停鼓所组成。鼓舞动作有"六招八十八式"，即"舞、跑、跳、鼓、梆、槌"六大套路，八十八套动作，如"霸王背鞭，童子拜佛，大鹏展翅，空中霹雳"等。有舞台、广场和游行多种形式的表演。"咸阳牛拉鼓"特大型秦制高罐鼓，车载大犍牛拉之，艺人鼓舞。现在表演中很少用牛，但大鼓上一定要有牛拉鼓标志大旗。2007年，牛拉鼓被列入第一批省级非物质文化遗产项目。（XY）

乾州蛟龙转鼓 起源于明朝，属嘉靖年间的宫廷乐舞。保存600多年的《梁氏族谱》佐证，乾县王村镇梁氏世祖梁世明，在第七代出了一个在朝为宦官的梁忠，在朝廷的51年里梁忠学会了朝贺乐舞和转鼓艺术。神宗万历二十一年（1593），年逾古稀的梁忠告老还乡，遂将鼓舞艺术带到民间，以王村镇为中心世代相传。因鼓壁周围饰有"蛟龙"图案，并以鼓作舞，鼓之舞之，故名为"蛟龙转鼓"。乾州蛟龙转鼓属大型民间广场鼓舞艺术，少则数十人，多则上百人。表演形式分"座鼓"和"转鼓"。表演"座鼓"时，鼓行前排，锣插其间，铙钹置后，号手两边，鼓只敲打，而不转舞；表演"转鼓"时，场面变形，指挥居中，号手站立两旁，多面鼓围成一个大圆圈或几个小圆圈，锣居中后排，钹分立左右两侧成月牙形。鼓手们边鼓边舞，举槌亮钹，东蹦西跳，左旋右转地变化"梅花形""一字形""月牙形""五角形"等鼓阵，令人眼花缭乱、目不暇接。锣鼓声韵铿锵有力，表演场面气势磅礴。距今已有400多年的历史。2007年，乾州蛟龙转鼓被列入第一批省级非物质文化遗产项目。（XY）

西山刁鼓 西山刁鼓的历史可追溯至汉代以前，表演形式独特。主要是体现在表演时，以四人敲鼓为主，另有三五人在鼓后成半圆或站八字形敲锣、打镲伴奏。全舞分为五段，即刁鼓、两不见面、猴儿上竿、鼓带锣、跨腿钻（当地俗称翘尿臊）。每段表演内容、形式和鼓的排列位置不同，鼓手的击鼓方法和节奏也不同，五段表演互不衔接，各自形成不同的风格特色："刁鼓"矫健沉稳；"两不见面"亦庄亦谐；"猴儿上竿"滑稽诙谐；"鼓带锣"洒脱流畅；"跨腿钻"热烈活泼。刁鼓表演者架起八面大鼓，八位击鼓者身穿武士服装站在中央敲击各自的大鼓，随之又去敲另一面大鼓，这样不停地往返互敲，边敲边舞，动作粗犷有力，节奏鲜明。除击鼓表演外，常见的动作有"两不见面"，即在敲击一阵大鼓之后，又走出一人面向前站在两鼓中间示为一屏障，击鼓者打到一定节拍时，便双手叉腰，作骑马蹲裆式分别站于"屏障"前后，随着镲、锣节奏的变化你右他左、你左他右地原地摆动，互相不停地交叉或左右窥视，甚为风趣。西山刁鼓有着其独特的艺术风格，耍刁鼓时鼓手、敲锣者、打镲者都要装扮，造型分为鼓手、猴儿、捉扇子、锣手、抬鼓者。由于化装奇特，形式别致，鼓不像原先那样由两人将鼓抬起，现在大都放在鼓架上，让鼓手相互争抢敲击，故称刁鼓，"刁"即争抢之意，当地人也称之为"猴儿刁梨"，即猴子抢梨的意思。2009年，西山刁鼓被列入第二批省级非物质文化遗产项目。（XY）

韩城黄河阵鼓 韩城阵鼓源于何时，无从可考。韩城黄河阵鼓是一种宫廷式锣鼓，此鼓式仪仗队形前有开道锣，金瓜、钺斧、佛手、朝天镫紧随其后，"肃静""回避"分列左右，五十面旌旗皆精工刺绣、龙飞凤舞，三社头旗《田家自有乐》《农民鼓舞春》《杨柳春风》，字体不凡，苍劲有力。整个社火队伍喜用百面锣鼓出现，增添了大气磅礴的喜庆氛围。正式表演时阵容严谨，凡进入表演的击打乐器都各有位置，不可随意更换。其阵容布局是以中心直径一米开外的大鼓为统领，小鼓若干围拱大鼓，右边半百镲，左边半百锣，前后队末有两三面马锣，花杆居于两侧外围，形成大小鼓居中锣镲长阵分列两边的庞大阵容。在此阵容中，大鼓前后，锣镲长阵的空间，各有一人手执3米长的竹竿和令旗，指挥整个锣鼓队伍。指挥者左手握指挥杆,右手执令旗。指挥者动如脱兔、静如处子。忽而飞身腾空,忽而平地旋转,忽而疾步穿行,忽而仰卧鼓阵,英武雄姿,气宇轩昂,正是"百面锣,随大鼓;镲子隔,马锣补;看花哨,数小鼓;看姿势,像猛虎"。在这气势庞大的阵容后,排列着50面宽约1米、高近5米的龙凤旗,刺绣精湛的工艺,颜色图案均有不同,久负盛名的龙凤旗更增添了其恢宏壮丽的气势。它不同于其他锣鼓,多用于五谷丰登之年,庆贺风调雨顺、国泰民安,它不是祭祀性的,是农民群众自娱自乐、庆祝丰收的鼓乐。韩城阵鼓,鼓点有八致,即:动、静、高、低、长、短、轻、重。2009年,韩城黄河阵鼓被列入第二批省级非物质文化遗产项目。(XY)

华阴素鼓 华阴素鼓是一种用于祈祷兼自娱功能的傩舞类型,素鼓的"素"含有本、始之意。它的表现形式是群体鼓舞,包括舞蹈和音乐素鼓。(1)舞蹈,其原创动意是一种以狩猎活动为依据的抽象模拟。它的主要舞蹈程序可以意象化为这几个环节:①瞭望远方;②投掷猎物;③砸击猎物;④围驱猎物;⑤搏击格斗;⑥搜索猎物;⑦猎手自卫;⑧捕获猎物;⑨胜利归来;⑩篝火起舞。这种舞蹈动作也可以拟化为战场的格杀画面,如:①窥敌;②引弓;③挥戈;④围歼;⑤肉搏;⑥追踪;⑦自卫;⑧俘敌;⑨凯旋;⑩庆功。这些环节往往穿插轮回进行,不断重复。但必须形成首尾呼应的完整舞蹈程序。素鼓的表演程式严谨,有完整的套路,击鼓的基本动作有单槌击、双槌击,可以一人击双鼓,也可以互换位置对击,并配有跳、转、翻身、盖腿等动作变化。主要程式有"大三篷""猫逮老鼠""二马连环""挥槌招马锣"等。(2)音乐素鼓用当地的民间鼓乐伴奏,大鼓是素鼓的主要打击表演乐器,由鼓手边舞边打。马锣是领奏乐器,铙和大锣用以增强气氛,节制节奏。素鼓的鼓数附依于一定的表演情节,一般有1~10面,大的场面可上百面,击鼓的技法变化较多,如击鼓心、击鼓边和鼓槌相击等,以求刚柔相济,烘托舞蹈情绪而发出不同的音响效果。2009年,华阴素鼓被列入第二批省级非物质文化遗产项目。(XY)

志丹羊皮扇鼓 志丹扇鼓的发展历史可以上溯到宋朝年间。又名羊皮扇鼓(因其鼓面用羊皮鞣制,形似扇子,故名羊皮扇鼓)。扇鼓最早起源于当地人们为了对付野狼恶兽的威吓而采用的击打工具,后来渐渐演变为对抗各种自然灾害和各种厄运的法器。最早的扇鼓,舞时为对付自然灾害及野兽的侵害为群体表演。采用左手拿鼓右手槌,一边扭动身体,一边呐喊助威,最终达到驱逐妖魔鬼怪求得一方平安之目的。之后志丹扇鼓逐渐发展为独舞形式,并为巫神用以驱病防灾之专用器具。志丹羊皮扇鼓的制作对工艺要求非常严格,对材料的质量要求很高。羊皮采用上等青草板羊皮(春天的羊皮),一张羊皮最多能绷制两个扇鼓。铁框则采用优质钢材,并由民间最好的铁匠锻造。志丹羊皮扇鼓属于文场鼓舞艺术,男女均可表演。在新的历史时期赋予了志丹羊皮扇鼓新的内涵,有了新的生命力。其主题是"保平安、求发展"。该鼓鼓柄下分三股,代表着该县的三大川道;每股设置三个金属环,共为九环,九九归一象征着凝聚的最大合力;鼓柄为一粗壮金属杆,表示团结一致,向着一个方向;鼓面呈扇形,自下而上,由小到大,辐射开来,表达着该县的经济建设、社会事业蒸蒸日上。2009年,志丹羊皮扇鼓被列入第二批省级非物质文化遗产项目。(XY)

黄龙猎鼓 "猎鼓"是延安五鼓之一。黄龙猎鼓也叫"黄龙斗兽锣鼓"。相传是从黄帝时代流传至今的民间锣鼓舞蹈。黄龙县文化工作者根据当地的风土人情,结合人们原始的生活方式,经过挖掘、整理、编排,完善了鼓舞艺术,把进化艺术归还自然,创编了现在形式的黄龙猎鼓。黄龙猎鼓整个表演方阵一般由150～300名男性青年组成,场面气势宏大,壮观威武。表演者面戴"虎、豹、熊、狮"面具,身着象征性兽衣的鼓手代表凶狠的野兽;披肩长发,头戴冠冕,手持花杆敲锣击镲的演员代表黄帝部落的先民。表演过程分为出巡、兽现、围猎、庆典4个部分。向观众生动展现黄帝时期先民们围猎、狩猎的壮观场面,展示出在黄土高原上,人类改造自然,不屈不挠的刚劲风骨。其显著特点是粗犷剽悍,深沉豪放,内涵丰富,表演整齐,动作优美。2009年,黄龙猎鼓被列入第二批省级非物质文化遗产项目。(XY)

洛川对面锣鼓 洛川对面锣鼓是萌生于春秋战国时期的一种规模宏大、气势壮观的传统舞蹈形式,它是由几十面锣、几十面鼓、几十副镲、几十副马锣、几十根花杆组成,号称"百面锣鼓"。所有表演者均是古代武士装扮,头扎英雄巾,身穿黑色战服,背扎三面靠旗,腰束战裙。队形由两路鼓队、一路镲队,一路打锣,队伍前面彩旗开道,有一老人手持丈余长杆挥舞,指挥节奏名曰"绕杆子",鼓手们时而转、时而左右交错,有时相互击打,让人眼花缭乱,镲锣上下起伏,如同跑拜佛主,表现黄土地上劳动人民的虔诚。对面锣鼓表演时人数不限,声震浑天,气势雄伟壮观,节奏稳健深沉,艺人们总结其表演动作为"七字腿,八字腰,九字胳膊举得高"。对面锣鼓不像鳌鼓那样跳跃,它稳健深沉,而且表演规范。对面锣鼓是洛川人民在独特的自然环境和文化历史环境中形成的一种别具特色的"文化空间"形式,具有广泛的群众性和民间传承性。同时,它也是洛川人民娱神娱乐的一种民间祭祀方式,集中展示了洛川传统舞蹈的独特形式。每年的农历三月十八日,洛川土基镇万凤塔下的鄜城村举行传统的古会,这时来自四面八方的人们都会到万凤塔下,燃香祭拜,祈福纳吉。2009年,洛川对面锣鼓被列入第二批省级非物质文化遗产项目。(XY)

合阳撂锣 合阳撂锣是分布在合阳县马家庄乡西中雷村、南吴仁村的一种民间锣鼓。据考,明嘉靖元年(1522),此村居民由合阳坊镇中雷村迁居,因位于中雷村以西而得名。撂锣动作节奏感强,在行进时,锣手们步伐整齐,随着鼓的节奏在同一个鼓点上把锣一齐撂向高空,接住后继续敲击,鼓点丝毫不乱。数十面铜锣一起飞向高空,金灿灿一片,余音袅袅，场面十分壮观。撂锣随着鼓点把锣抛至上方而得名，随着锣在空中转动，给人以纵向美感，增强了锣鼓的表演气氛。场地表演时则配以梅花鼓，梅花鼓由4个大鼓、12个小鼓组成4组，由4人同时敲击，很是好看。更复杂的要算打九圆，中间1个大鼓，两边各4个小鼓排成对称形，1人敲击，紧凑而流畅，大铙配音，锣边撂边敲，花彩纷呈，这种以锣的表演为主的特殊技巧，形成了撂锣的基本特征。梅花鼓紧凑、流畅而动听，与铙、锣形成回应，强弱分明，刚柔并济，九圆鼓舞姿优美，泛音动听，独具一格。2009年，合阳撂锣被列入第二批省级非物质文化遗产项目。（XY）

西乡打锣镲 打锣镲原为寺庙举办，神会娱神而跳的带有宗教色彩的双人舞蹈。后来演变成了春节灯会中必不可少的开场节目。这种舞蹈的形成，与当地群众崇拜"哪吒天尊"的信仰有关。打锣镲在春节耍灯队伍中是开场节目，其他节目均在其后表演。出场的顺序是：领头是盏大号灯（形象是只大猴子），接着是十二属相灯，之后是锣鼓队，紧接着便是打锣镲，再次为竹马灯，男女演员、首灯、排灯舞，火狮子，扫尾的是另一组锣鼓队。每当到达演出地点，号灯一插，十二属相灯围成一个圆圈，观众自动站在圈外观看。第一个上场的就是打锣镲；接着是打小洪拳，跑竹马，劈刀、打花鼓、小调演唱，地围子，接着一段花鼓一段地围子，反复表演，直至天明。最终收场时，由男女演员全体出动，尽情欢舞，将耍灯推向高潮。当鼓炮齐鸣，彩花飞舞之时，突然火狮子在乐声中冲出场，任凭观众用烟花喷射。达到高潮时，火狮子猛冲出场，随号灯而行，转入另一演出场地。打锣镲演员为偶数，人数不限。有十套动作现在只传下来八套。每套动作称一环，有固定的程式。每个动作要左右反复做一遍：两人多做对称的造型。舞蹈动律简洁、明快、刚劲、有力，且具有民间拳术的风韵。常用的动作有"双砍""单砍""背砍""抖镲""单踢"以及"马步"等。全套动作的名称是：佛手、拱拳、执圈闹海、打锣镲、砍圈、背圈和亮相退场。2009年，西乡打锣镲被列入第二批省级非物质文化遗产项目。（XY）

勉县五节龙 勉县五节龙属传统舞蹈类社火节目，起源并流传于汉中市勉县新铺镇新铺湾村，五节龙因龙头、龙身、龙尾共五节而得名，每节之间以彩绘布面覆裹。除龙头由单人执掌表演外，其余两人各持两节。表演时既可以单龙表现精致灵动之美，亦可多条龙组合表现排山倒海之势。通常以一青一黄两条龙配合，在打击乐伴奏下演出。

（1）五节龙种类与动作。五节龙分三种：草把五节龙、灯火五节龙、彩色五节龙。草把五节龙，又名水把龙。一人一节，三五人表演，半裸体，用水泼，或蘸水耍草把，不追求动作和调度，竭力追求泼水气氛，仅在夏天举行活动。灯火五节龙，又名火龙。龙体内燃灯火，观者掷火于龙身。三人耍五节，多在平地表演。举龙、翻滚是主要动作，常在晚上表演。彩色五节龙，现代统称五节龙，四人或七人表演，即3×X（条）+1的组合。

基本动作是举龙、翻滚、端龙。组合动作有"黄龙缠腰"（端龙，面朝观众，弯腰，圆场）、"卧台翻滚"（三人仰卧在长凳上翻滚）、"彩虹飞驾"（龙体举起，呈半圆形、静场造型）、"高台吸水"（一龙居高台，在大方桌上的方凳上翻滚，一龙在平地，围着高台，做"黄龙缠腰"）。

（2）调度、结构：五节龙分平地和高台两大段，二龙出水进场，举龙、翻滚游江，缠腰戏耍，嬉戏相亲。然后在长凳上表演，逐步登上高台，再上顶峰。珠宝与龙，龙与龙，龙与观众，觅趣寻乐，相继完成出海、游江、爬山、走岭、扒崖的动作。

（3）伴奏乐器：鼓、钹、马锣、大锣等。2009年，勉县五节龙被列入第二批省级非物质文化遗产项目。（XY）

唐乐舞　集汉代乐舞、魏晋南北朝以来乐舞艺术之大成。唐乐舞主要以燕乐（即俗乐）的繁荣为特征，带动了演奏、演唱、舞蹈和理论的全面发展，呈现出相当高的艺术水平，唐乐舞的发展以唐玄宗时代为极盛。唐乐舞之乐，特指自隋唐以来繁盛的以《燕乐》为发展主流的歌舞音乐，如由声乐、器乐与舞蹈总合而成的唐《大曲》曲式，根据歌舞曲调改编的琵琶曲《霓裳》《六幺》《凉州》等，以及全部由歌舞曲调构成的具有划时代意义的唐《坐立部伎》。唐乐舞之舞，除了《十部乐》和《坐立部伎》大型的乐舞外，小型舞蹈有健舞、软舞、字舞、花舞、马舞等教坊舞蹈。健舞包括有《剑器》《胡旋》《胡腾》《柘枝》；软舞包括有《绿腰》《凉州》《苏合香》《白纻舞》《春莺啭》《回波乐》《踏谣娘》，及著名的法曲乐舞《霓裳羽衣曲》等。唐乐舞集诗、词、歌、赋于吹奏弹唱，融钟、鼓、琴、瑟于轻歌曼舞，气势宏大，场面壮观，乐曲高亢悠扬，动作舒展流畅，服饰华丽多姿，堪称历代歌舞之最。音乐的特征以隋唐时期文化的融合为条件，"燕乐"的繁盛使歌舞音乐成为发展的主流，在整个音乐文化中起着主导作用。唐乐舞节奏明快，舞容劲捷，风格矫健爽朗。软舞节奏舒缓，舞容柔美，风格袅娜轻盈。2011年，唐乐舞被列入第三批省级非物质文化遗产项目。（XY）

周至龙灯　始于东汉初年。当时刘秀遇难，路经北庵北门外，王莽带兵追杀，幸亏太上老君搭救，指引其藏于卧龙桥下，结果王莽大军陷入五花泉中被吞没，此后白龙池时有白龙出现。相传北庵巷一胡姓之人外出暮归，见四门紧闭，他绕北城门欲回，行至白龙池处，忽见一条白龙，龙首在城墙之上，龙尾扎于池水之中，吓得胡某仓皇逃回，忙将此事告知邻里，待众人来时神龙已不见了踪影，只留茫茫云气。次年七、八月间渭河涨水，沿河诸村皆被淹没，唯北庵独存。为报神龙赐福之恩，在白龙池西修龙庙三间，每年农历正月十二至十五、二月二、二月十五北庵人舞龙灯进行祭祀，代代相传至今。北庵巷舞龙灯前一般要去白龙池请龙，请龙时须举行隆重的安神礼。舞龙时的场面蔚为壮观。锣鼓队在前大造声势，吸引人们的注意。四对排灯，高6米宽5米的龙门及5米高的龙柱紧随其后，接下来是鸡灯、鱼灯、虾灯、蝉灯、花鼓灯、五角星等。舞龙灯结束后就该送龙归宿了，送龙神的程序与请时大抵相同，一般在正月十五、十六晚进行。2011年，周至龙灯被列入第三批省级非物质文化遗产项目。（XY）

田市八仙鼓　属民间鼓舞形式，多和古代军旅操练习武有关。据考，现今的渭南市田市镇原是我国春秋战国孟尝君田文的封地。南门外的斗力台指的是当时田文为门客所设的练兵习武之处。相传，每次习武操练，必擂鼓助威，此种击鼓活动后流传于民间，逐渐形成了当今八仙鼓形式。八仙鼓是将扁鼓系于腰腹前击奏舞动的一种社火舞蹈，因传统表演时每次由八位鼓手化装为八仙，以表演神话传说八仙过海而得名。表演分为行进和场地两种形式：行进时鼓手排成两路纵队，边击鼓边前进；场地表演时，多由鼓头（即八人中技艺最高者、排在队首）带领成一路纵队进行表演，基本的队形变化包括"八仙过海""八仙观阵""八仙聚会""八仙议事""八仙串访""分花""辨花""对花""背花"等，动作以双槌击鼓为主，做到边跳边击、边击边转，节奏铿锵，动作粗犷。现八仙鼓为四十多面小鼓同时演奏，场面壮观、细腻、优美。2011年，田市八仙鼓被列入第三批省级非物质文化遗产项目。（XY）

南留锣鼓　南留村地处黄河、洛河、渭河交汇处，位于大荔县朝邑镇南15千米处，是黄河农耕文明的发源地之一。南留锣鼓发端于远古，兴盛于唐宋，由征战的鼓乐逐渐衍化为庆典娱乐，挥洒、宣泄情感的最佳方式。南留锣鼓的打法每套鼓谱自成篇章，有独立而明确的主题，风格多样，打法丰富。南留锣鼓表演时分并场鼓和行进鼓两种形式。行进鼓表演时，指挥者手拿七八尺高的桡杆在前，三面大鼓和4面马锣开道，两边分别是20副镲和20面锣，同时龙凤旗一边10面，队伍浩浩荡荡十分壮观。南留锣鼓鼓点丰富，每套自成篇章，有独立而明确的主题，风格多样，打法丰富，舞者在敲击中，狂舞狂跳，非常陶醉。2011年，南留锣鼓被列入第三批省级非物质文化遗产项目。（XY）

定边霸王鞭　霸王鞭历史悠久，定边"霸王鞭"舞是当地民间文化生活中重要的民间艺术品种。在表演内容上多为"男女双人表演"和"群场舞"形式出现。双人表演时，两人相对而立，对称击打，击打中变换位置，做出一连串的跌、翻、滚、打技巧。男女表演则为男子执鞭击打、女子执彩扇对舞，舞时伴有男女抛眉逗乐，洋相百出，深受群众欢迎。群场舞表演时男女对半，舞时动作整齐，变换多种场图，在激昂的鼓乐声中，威武雄壮，场面极其壮观。"霸王鞭"的舞蹈动律特点在于击鞭不露点、步履要稳健、拿鞭需成圆、滚翻技艺绝。"霸王鞭"舞道具的装饰色彩与演员的服装色彩都以大红色和金黄色为主色调，加上明快的音乐伴奏，使"霸王鞭"呈现出一种欢庆、热烈、祥和的基调。2011年，定边霸王鞭被列入第三批省级非物质文化遗产项目。（XY）

靖边霸王鞭　汉以来，靖边一带为历代屯兵戍田之地，形成"兵民参半"的人户结构，兵中武舞流行民间。相传霸王鞭是项羽使用的一种兵器，后演义为秧歌表演的道具，浑身挥打能驱邪消灾。陕北靖边霸王鞭表演形式有以下三种：一人表演、双人表演、群场表演。纵观流行靖边境内的霸王鞭表演形式，有以下几个特征：击鞭不露点、步律要稳健、拿鞭需成圆、滚翻技艺绝。2011年，靖边霸王鞭被列入第三批省级非物质文化遗产项目。（XY）

保宁堡老秧歌 保宁堡老秧歌是流行于保宁堡一带的一项古老的传统舞蹈艺术。相传明代开国皇帝朱元璋在位时，关中塞外瘟疫蔓延，朝廷束手无策，先用酸梅解疫，后改用"社火"驱除瘟疫，自此保宁堡"社火"年年正月初二出府，到附近的县乡村广场踏大场拜年，驱除灾难，呈送吉祥，传承至今。保宁堡老秧歌自古以来就是一项祀神的民俗活动，属于"神会秧歌"。首先秧歌演员的来源是"神点孝力"和"许愿孝力"。"神点孝力"关键的法器是"楼子"（神楼的俗称）。这是一架仿轿制作按比例缩小的轿子（楼轿）。轿门内后部正中有"四大灵官之神位"的牌位。由四人抬起楼子，一人唱名，由神楼要，点到谁的名字，如果楼子动则不要，楼子前倾，表示点中。这个人必须无条件地跟随秧歌。另一种是"许愿孝力"，大多是因为本人或亲人患病，由本人或父母到庙中许秧歌愿，少则许一两年，多则许到老。目的是为报答神恩，进行还愿，表示对神的虔诚。保宁堡老秧歌动律鲜明，节奏欢快，"踢""扭""摆""走"是基本的规律和特点，

队形图案是保宁堡老秧歌重要的表现手段。保宁堡老秧歌的舞蹈动作以"踢"为主，吸收了大量的民间拳术，显示了深厚的功夫特点。整个表演节奏铿锵、对比鲜明、形象生动、声情并茂。2011年，保宁堡老秧歌被列入第三批省级非物质文化遗产项目。（XY）

鄜州飞锣 据考证鄜州飞锣源于唐代，是由操练军队作战中的"鸣金收兵"演变而来。唐贞观十三年（639），唐朝著名将领尉迟敬德任鄜州都督时，在鄜州城内建立南、北校场，操练四州（延、鄜、丹、坊）兵马。校场上的击鼓进军、鸣金收兵（鸣金即敲锣），后来由退役兵卒和当地人根据鸣金的节奏及阵势逐渐演变成为节庆时表演的一种民间娱乐形式。鄜州飞锣表演一律由男性组成，表演者左手持锣，右手握槌，按着固定的节奏在击打锣面的同时做出左右摆动、上下挥舞、过裆踢腿、凌空跳跃等舞蹈动作，是一种打击乐器和舞蹈相结合的表演形式。它的表演形式主要分两种：过街行进表演、场地表演。2011年，鄜州飞锣被列入第三批省级非物质文化遗产项目。（XY）

黄陵抬鼓 也称"龙鼓"，是具有鼓乐和鼓舞两种风格特点的一种民间艺术形式，它是黄陵祭祀活动和秧歌社火中常用的大型打击乐。抬鼓鼓面直径约80厘米，最大直径约150厘米，鼓身40～120厘米不等，表演时有两人同抬同打、两人抬1人打、4～16人抬3人打三种形式，一经擂动，气势磅礴，有排山倒海之势。据《史记·五帝本纪》《山海经》《黄帝内经》《路史·疏纪·黄帝》记

载，传说蚩尤铜头铁臂，能呼风唤雨，口吐烟火，交战中口喷大雾，使黄帝军无法作战。因此，黄帝按照三宫五帝的玄机，八门九江的要诀，以指南车为先导，设王旗、王麾，以兽皮做巨鼓，用兽的骨头做鼓槌擂鼓催战，响声可传几十里。黄帝指挥军队，三门齐发，王将俱击，终于一"鼓"作气，征灭蚩尤。由此，这种豪迈粗犷、刚劲奔放的淳朴表演形式便流传于沮河两岸，形成了黄陵抬鼓表演艺术。2011年，黄陵抬鼓被列入第三批省级非物质文化遗产项目。（XY）

长武背芯子 长武背芯子是一种静态惊险造型艺术，大约有200多年的历史。这种古老的社火表演艺术多用于迎神、赛会，后来逐渐发展成为游艺节目。长武背芯子在形式上将传统音乐、美术、舞蹈等艺术形式结合在一起。表演时，用一根高3～4米左右的铁管或钢筋做成骨架，然后根据戏剧故事情节造型，加以弯折，布置装饰，使之更为新颖，栩栩如生。通常让4～5岁的儿童舒适地固定坐在骨架上，扮装角色，进行演出，每台以一折或一段为故事化装表演，配有锣鼓乐器。在演出风俗上，各种芯子一律用铁棍做骨架，在铁棍与铁棍的接茬之处，构造出各种奇妙形式，使观众感到既玄妙好看，又惊险叹奇。长武背芯子的人物造型以各种戏剧神话、传说人物为原型，它是靠扮演、造型、技巧取胜的一种艺术，通过各种高难度的动作和严密的构思，让演员们扮演成历史人物和现代人物，形成故事组合，给人一种高屋建瓴、惊险出奇的艺术感染力。长武背芯子表现的美是一种力量与灵巧结合的美，它充分地展示了力量与灵巧之间的完美结合，这同样也体现劳动人民智慧的火花。如今，长武背芯子已经被赋予了新时代色彩，扎根乡土，长演不衰。2013年，长武背芯子被列入第四批省级非物质文化遗产项目。（XY）

背花锣 背花锣是大荔县村民在祈雨和接药水的过程中，用舞蹈与神灵沟通的一种形式。大荔县古有"三秦通衢州""三辅重镇"之称，历史源远流长。在大荔县的沙苑腹地里，九龙村和西里村更是闻名遐迩的传统村庄，每逢古庙会，这些村庄都会举办社火活动。相传元代某年百日大旱，土地龟裂，寸草不生。时任同州刺史的亚哥为民请命，在九龙村"太皇庙"内设坛祈雨，以女许神。此举后，天降甘霖，其女亚媛气绝身亡，乡民将亚媛安葬在九龙村"太皇庙"附近。为了感戴亚哥父女泽被四方，遂筑娘娘庙并塑像，同时供奉药王孙思邈。每年农历二月二，村民去药王山背药水，又去娘娘庙接药水，喝水祛病祈福。背花锣成为村民在祈雨和接药水中，用舞蹈与神灵沟通的一种形式，伴随九龙村九龙庙的创建与发展变迁，距今已有上千年。背花高1.5米、宽1.2米，竹子绑扎成架子，再罩上黄布，嵌上装饰，每副背花上装饰有精致刺绣作品20多件，连同花苫鼓、差伞装饰的刺绣作品一组共计50多件。背花锣表演中，锣手背着背花，行进时由三路纵队并列排成，有倒步、转身、闪动背花等动作，与花苫鼓、差伞、大镲等互相配合，相互照应，动作节奏比较慢，背花随舞步闪动,产生易奇易幻的神秘之感。舞蹈寓意深刻,表达了人们祈福、驱邪、酬神之意。2013年,背花锣被列入第四批省级非物质文化遗产项目。(XY)

水兽舞 水兽舞是一种汉族民俗舞蹈。是由十人分成两人一组,分别扮老黄龙和四条小龙的一种社火和祭祀性龙舞,由于小龙造型似龙似兽,故得名。起源疑与后汉的"迎五气"汉族民俗活动有关,流行于陕南城固县胥水河两岸,以原公乡和石家坝村承传较好。角色舞蹈动作主要有老龙的慢步行走、跃起前行、哨水、龙过滩、龙出洞、老龙缠柱,水兽的慢步走、蹲跳步、麒麟跳跃、兽逗乐等。伴奏锣鼓段有《开场锣鼓》《老龙点》《水兽点》《收场锣鼓》四种。水兽舞与汉代"迎五气"民俗活动密切相关。以五条龙表演象征着五方五帝聚会议事,迎春和祈求吉祥的意思。水兽舞现仅存于原公镇郑家坡村,生存现状极为濒危。2013年,水兽舞被列入第四批省级非物质文化遗产项目。(XY)

勉县板凳龙 舞板凳龙是一种舞龙运动。源于汉代,由"舞龙求雨"的宗教活动演变而来。汉中市勉县武侯墓附近的村民从汉代就流传板凳龙这一民间活动项目至今。板凳龙有多种式样的玩法。有独凳龙。一条家用普通花条板凳饰以彩龙(木刻或扎纸彩绘),可由二人至三人舞。一人玩时,两手分别执前后腿。二人玩时,一人执前两腿,另一人执后两腿。三人玩时,前二人各以侧手执一腿,后一人双手执后一腿。舞动时按照规定套路,合着鼓点,有规律、有节奏地舞出各种花样。另由一人举宝珠逗引龙行进,数人协调行动,节节相随,时起时落,穿来摆去。板凳龙动作有"二龙抢珠""黄龙穿花""二龙戏水""金蝉脱壳""黄龙盘身"等。2013年,勉县板凳龙被列入第四批省级非物质文化遗产项目。(XY)

华州秧歌 流传于渭南华县。《哪吒闹海》是渭南秧歌剧最早的剧目,有秧歌祖师之称。据当地民间传说,"秧歌"是古代劳动人民在插秧时,为了消除疲劳,唱出的一些民歌小调,后来便称之为秧歌。也成为农闲或节庆时群众娱乐的一种形式。华州秧歌是一种地摊子的表演形式,田间地头,巷道场院,舞台剧院皆可表演,演员服饰随意,有啥穿啥,扮相为是,每个剧目,表演者2～3人,且歌且舞,其演出形式和"东北的二人传"有许多相似之处。最常用六调式,吸取了迷胡、花鼓戏、碗碗腔等的旋律,委婉悠扬、悦耳动听。剧目内容以反映农村生活故事、爱情故事、民间故事、历史故事等为主。2007年,华州秧歌被列入第一批省级非物质文化遗产项目。(XY)

4. 传统戏剧

阿宫腔 流行于礼泉、富平、兴平、咸阳、泾阳、三原、乾县、高陵、耀县、铜川、临潼等地。也称北路秦腔。因唱腔具有翻高遏低的艺术特点,亦称遏宫腔。阿宫腔原为皮影形式演出,1960年搬上大舞台,在唱腔、表演、音乐伴奏以及舞台美术方面进行了较大的改革，但仍保持了原有的艺术特色。据老艺人段天焕回忆，清嘉庆、道光年间，阿宫腔已由礼泉传播到渭北一带，演出的剧目有《范睢相秦》《玉瓶赠金》《祥麟镜》《四贤册》等。与原秦腔唱调相比，有"三放不如一遏"的艺术效果，遂取名"遏工小调"，艺人们称之为"遏工"。清代时演出剧目主要有《滚龙床》《红拆书》《铁冠图》《搜孤》《清河桥》等。阿宫腔的特点是娴雅婉转，刚劲有力，缠绵激昂，拖腔带有"噫咽"之音，并以假嗓翻高唱出阿宫腔，角色行当生、旦、净、丑俱全；表演基本沿袭了秦腔程式，并采用了皮影某些特有的表演动作。在表演上有塌城、剑出鞘、踢打等武打特技。阿宫腔属板式变化体音乐。声腔分欢音与苦音。欢音表达明朗、轻快的情绪，苦因表达悲伤、凄楚、怀念、愤慨的情感。其唱腔保持了阿宫腔腔调，唯净角揉入眉户某些曲调；旦角又吸收了碗碗腔行腔技巧，突出阿宫细腻、婉转、刚柔并济的特点。伴奏乐器以板胡替代原二股弦领奏，增加了音响效果；武场面以梆子击节，配以鼓板、牙子、小锣、铙钹、大号等。2006年，阿宫腔被列入第一批国家级非物质文化遗产名录，2007年被列入第一批省级非物质文化遗产项目。（XY）

同州梆子 同州梆子的演出始于明代，清乾隆年间同州梆子板式变化形体唱腔艺术已经成熟。同州梆子的唱腔过门较为短促。仅同州梆子的锣鼓使用就有催观众进场的开场锣鼓，用于演员"走架子""开打"的动作锣鼓，与唢呐曲牌有关的牌子锣鼓，等等。同州梆子的曲谱使用工尺谱，基本唱腔部分以徵调式为主，也有宫调式，其音阶为七声音阶，多跳进，也常用闪板，整个音乐风格高亢激越，悲壮粗犷。艺人在演唱时为了应酬，甚至还兼唱一些昆腔杂调。同州梆子的曲牌很多，常用的就有四五十个之多，曲牌结构一般为4/4和2/4节拍，也有散板形式。常用的曲牌有"想亲亲""银扭丝""点绛""大开门""朝凤""石榴花""朝天子""老吹腔""马道仁""将军令"等。梆子的唱腔属板式变化体，具有"直起直落又复婉转"的特点，分原板（二六板）、慢板（四股眼板）、二导板（由慢板转入导板）、流水板（有板无眼）、垫板（无板无眼）、滚板（滚板滚白）、彩腔（假声唱法）等等，加上欢音、苦音因剧情、唱词和人物性格的不同而设计的用嗓程度的差异。除尖板外，一般板路都有欢音和苦音（硬音和软音）的区别，欢音与苦音之间的转变自然、流畅。剧目以生、净见长，有专用的旦角唱腔：麻鞋底、十三腔、燕儿飞、三倒腔、哭腔词、苦中乐等。2007年，同州梆子被列入第一批省级非物质文化遗产项目。（XY）

乾县弦板腔 据王绍猷先生考证，弦板腔、皮影戏源于秦中乾县、兴平、礼泉、咸阳等地。在乾县流传最广，弦板腔起源于宋代。1800年前后弦板腔曾与"道情"同台演唱，以后逐渐演变为独台演唱，弦板腔又称"板板腔"，由主要伴奏乐器"弦子"和敲击乐器"板子"而取名。其音乐旋律节奏明快，悦耳悠扬，唱腔刚柔相济，感人动听，能充分表达戏剧剧情。随着历史发展演进，弦板腔从早期基本乐器的"二弦""三弦""板子"发展到加入板胡、二胡等多种民族乐器，在演唱方面由早期注重表演武打戏，发展到表演历史演义和缠绵委婉的多种剧情的戏剧。弦板腔所表演的剧目相当丰富，历来以表演列国戏和三国戏最多，且连台本不少。它的唱腔已基本具有9种固定板路。即：导板、上音子板、正板、紧板、二流板、气死人、三不齐、流板、撒板。2007年，乾县弦板腔被列入第一批省级非物质文化遗产项目。（XY）

千阳灯盏头碗碗腔皮影戏 灯盏头碗碗腔又名"千阳碗儿""灯盏腔""碗碗戏""灯盏子"，是因打击乐器中使用灯盏头器具而得名。多以皮影戏形式表演，故又称"灯盏头碗碗腔皮影戏"。灯盏头碗碗腔皮影戏属板腔体戏曲声腔体系。其板式有大板、二板、带板、尖板、滚板等5种板式。除滚板无欢音外，其余各板均有欢苦音之分。音乐基本特点是清越优雅、细婉柔润。欢音轻松欢快、喜悦，苦音哀婉缠绵、如泣如诉。唱句以十字句、七字句居多，自由句较少。唱腔多用喉及上颚发音，偶以鼻音扬至高八度拖唱尾，使唱腔抑扬顿挫，富于变化。叫板及拖腔中多用助词和衬字如"安""咦""哎""啊""呀"等。其调式为徵调式和宫调式，定调为1=G或1=bB。灯碗腔乐器有文武场面之分，武场面锣鼓点及唢呐曲牌与西路秦腔皮影基本相同，文场特色曲牌有开戏用的《开板》、对白中的《黑摸》《黑揣》等。灯碗腔皮影戏演出时，一般1人挑线，4～6人奏乐，边挑线、边奏乐、边唱，皮影人物生、丑、净、旦齐全，皮影道具众多，每箱约有人物道具100余件，每班社6～7人。已有200多年的历史。灯盏头碗碗腔皮影戏的传统剧本有100多本折，该剧种依存于民间习俗活动，有鲜明的祈祥纳福、镇宅辟邪的程序性音乐和剧目内容。2007年，千阳灯盏头碗碗腔皮影戏被列入第一批省级非物质文化遗产项目。（XY）

户县眉户曲子 起源于周朝，曲子（眉户的祖先）即"清曲"，称谓的早期史证是宋人王灼的《碧鸡漫志》和《朱子语卷》。前书载："盖隋以来，今之所谓曲子者渐兴，至唐稍盛。今则繁声淫奏，殆不可数，古歌变为古乐府，古乐府变为今曲子，其本一也。"曲子产生年代应早于盛唐。眉户戏是起源于陕西的郿、鄠二县。音乐共有120个曲调。据陕西地方音乐丛书《眉户音乐》（陕西人民出版社1981年版）载，唱腔有六句背宫、反金钱、边关、老五更、十字断、两头慢、闪断桥、西京托、十星堆、采花郎、大十片、紧诉、哭纱窗、一点油、五炷香等243个，其中标明在户县的唱腔有：六句背宫、穿字句背弓、落背宫、吹腔、反金钱、老五更（一）、老五更（二）、老五更（三）、边关、老龙哭海、黄龙滚、琵琶、韵调、十字断、两头慢、进兰房、闪断桥、硬腔调、慢诉、五更、慢五更、西京托、十里堆、采花郎、剪尖花、太平调、紧诉、大十片、哭纱窗、凤阳调、金钱吊葫芦、钱歌调、游心调、五炷香、绣荷包、绣海花、一点油、六月花、打连香、岗调、断桥、相面曲等42种。联唱有五更鸟、月调、慢五更、岗调、戏秋千等9个，百戏图有月调、银纽丝、劳子等11个，疑情有月头、慢桥、梳妆台等13个，曲牌有大金钱、西京过板等51个。2007年，户县眉户曲子被列入第一批省级非物质文化遗产项目。（XY）

合阳跳戏 被喻为中国戏曲的活化石，是我国早期舞剧、傩剧的缩影。跳戏的发生、发展与古老的合阳历史同步，从表现形式和特征上分析，有关专家认为：跳戏是由古代部落民舞衍生，具有秦、汉、唐的傩舞（夹杂有"合生""参军戏"的痕迹）、唐宋"队舞"和金元锣鼓杂剧的成分，自明清起形成自己完整的跳戏程式。至今保留的跳戏《春官打台》，仍有着宋元南戏与明清传奇的特征。合阳跳戏又称"调（tiáo）调"或杂戏，它的基本表演形式主要有两种：一是哑跳（也称广场跳），表演者只有动作没有唱词，常常是数十人乃至上百人同场表演，气势恢宏，动作刚劲有力。二是上台跳，不用弦乐，只用农村的大锣、大鼓、大铙和唢呐伴奏，用以展示故事情节，反映人物情感。作为跳戏主要表现形式的"上势"有18种之多，且变化无穷。2007年，合阳跳戏被列入第一批省级非物质文化遗产项目。（XY）

东路碗碗腔皮影戏 流传于渭南地区。是中国皮影戏之开山鼻祖，当地皮影艺人口中传说："汉妃抱娃门前耍，巧剪桐叶照窗纱，文帝治国安天下，礼乐传入百姓家。"可见在汉代就有了皮影戏。碗碗腔的浓郁，花脸戏吐字重，杀声如雷，震烈金石，生旦戏启口轻圆、柔情似水、转腔疾徐绵细、如清丝随风、上下起伏、一曲三折、荡气回肠、典雅飘逸、悠悠扬扬，且重用拖音。传统的演出是乐队和整个演出属同一体。具体分工是"前声"是戏班的主演者，负责全部说唱，还要演奏月琴、堂鼓等。"上档"主拉二弦和兼执铙钹、唢呐等。"签手"负责全部人马活动及景物布置，有时兼帮腔，为皮影戏的重要角儿。"下档"也叫"板胡手"，主奏板胡，兼执唢呐、大号，还要帮签及帮腔。"后槽"也叫"打后台"，一人操作碗碗、梆子、铰子、大锣和马锣等。东路皮影戏是以影像作为基本造型依据的艺术，其强调外形轮廓，内部装饰服从于形象整体，构图处理平面化，装饰性强，用象征寓意的表现手法，以简约的象征符号表现相应的内涵。影人的相貌特征是作夸张处理的，使人一看就知其忠奸贤恶。2007年，东路碗碗腔皮影戏被列入第一批省级非物质文化遗产项目。（XY）

华州秧歌 流传于渭南华县。《哪吒闹海》是渭南秧歌剧最早的剧目，有秧歌祖师之称。据当地民间传说，"秧歌"是古代劳动人民在插秧时，为了消除疲劳，唱出的一些民歌小调，后来便称之为秧歌。也成为农闲或节庆时群众娱乐的一种形式。华州秧歌是一种地摊子的表演形式，田间地头，巷道场院，舞台剧院皆可表演，演员服饰随意，有啥穿啥，扮相为是，每个剧目，表演者2～3人，且歌且舞，其演出形式和"东北的二人传"有许多相似之处。最常用六调式，吸取了迷胡、花鼓戏、碗碗腔等的旋律，委婉悠扬、悦耳动听。剧目内容以反映农村生活故事、爱情故事、民间故事、历史故事等为主。2007年，华州秧歌被列入第一批省级非物质文化遗产项目。（XY）

周至皮影戏 主要盛行于陕西西部地区。源于清光绪二十五年（1899），皮影戏班由弦板腔老艺人刘麻子创办。其唱腔爽朗明快、热烈亢进。皮影造型形体较大（影人身高56厘米），影人多通天鼻，图案花纹简明大方，制作技巧较为粗放，色彩富丽堂皇。1985年周至皮影戏被镇政府收编，人称"周至皮影人"，皮影团正式命名为"周至皮影"。周至皮影用炮制好的牛皮刻画好后，用专用刀具雕刻成各种戏剧人物、花鸟鱼虫、飞禽走兽，然后涂上各种色彩，在人物手颈部安装上用手能操纵的小竹棍而成。皮影的人头、服装、道具和景片分为专用和通用两种。专用的数量较少，通用的比较多。演戏时在台前用一块白布做屏幕（酷似电影银幕一样），操作者（签手）坐在屏幕后，把皮影贴到屏幕上，在屏幕后用清油灯和煤油灯作为光源。油灯较大，并排放五根捻子；挂灯装置叫"七星牌子"，有七星高照的含意，上有七个孔用来调整光源的高低。现在都改用电灯了（其实，油灯效果比电灯好）。调整好光源，"签手"就可以开始表演了。一般影人为三根签：手上两根，称为"手棍"；脖颈上一根，叫"项棍"。签子与影人的手之间是用小铁环相连接，环和眼结构能使手臂有三百六十度的活动范围，便于表现复杂和细腻的动作。脖颈上的签主要用于提起、反转影人等。其他人物道具一般是两根签。主要技法语言由"挑、抵、推、拉、抖、捻、揉、拖、反转"等技法来实现影像的移动以及人物繁复的动作和细腻的情感，给皮影赋予了鲜活的生命力。2009年，周至皮影戏被列入第二批省级非物质文化遗产项目。（XY）

扶风碗碗腔皮影戏 据传皮影戏源于孔子。关中皮影戏分东路、西路两种，扶风皮影戏属西路风格，以碗碗腔为主，皮影班一般由7人组成，一人挑线，一人配线，一人主唱（生、丑、净、旦全演）其余人拉弦、敲鼓，执各种乐器，一专多能，身兼数职。皮影戏剧目很多，适合于各种场合演唱，现在，碗碗腔皮影班里，可以唱50多出大戏，剧目有《全家福》《告御状》《泗水关》《龙凤灯》《淮河营》《三上坟》《李翠莲还阳》《双报恩》《四贤册》《草桥关》《九华山》《群雄关》等。碗碗腔皮影戏在演唱时，分三个调式，大调、二调、三调，主要唱腔曲调分为尖板、大板、二板、二六板、飞板、滚板。板式虽不多，由于调式不同，灵活多变，喜、怒、哀、乐表达得淋漓尽致，唱起来婉转悠扬，非常动听。2009年，扶风碗碗腔皮影戏被列入第二批省级非物质文化遗产项目。（XY）

同朝皮影戏 同朝皮影戏是大荔、朝邑一带早期流行的民间小戏剧种，腔调为"碗碗腔"演唱。同朝皮影戏包括了皮影雕刻工艺、皮影操作技艺（挑签）及碗碗腔唱腔艺术。皮影制作要经过选料、制皮、雕镂彩绘、压平、定缀、合成等程序。皮影操作技艺（挑签）如下：一幕大戏从开头到结束只有一位签手进行操作。演出时签手双手掌签，通过支撑皮影形体的竹棍来拟作人马的各种动作，有时一人同时可操持三五个影人的活动，文场身段动作恍如生人，武戏跌打厮杀马上马下极为生动。碗碗腔属板腔体系，虽属小戏，但行当齐全，生、旦、净、丑各具特色，全部唱白由男性一人承担（是抱月琴，说戏的）。唱腔的音乐细腻、优雅、婉转、缠绵，唱腔美妙动人。唱板有：慢板、东路、二八板、慢紧板、紧板（又称流水与二六板）、飞板、滚板、闪板、扬句子、观灯、过关、导板、序子等。彩腔有：三不齐、三道腔、花花腔、叠腔等，每种唱腔又有花音、哭音之分，慢板与紧板又有三不齐的唱法。除唱腔外，有它独特的曲牌，板头和锣鼓谱种类繁多，开场板就有20多种，并且演出时有严格的分工。全部演出只用5人，其分工是：前手担任全戏的唱白，兼弹月琴、打边鼓、堂鼓、手锣；签手管全戏的人、马、景物的布置与表演；上档演奏硬弦（二弦）兼铙钹、唢呐、马号（长号）、定月琴弦；下档负责拉板胡兼唢呐、马号、择人马、帮签手、添灯油；后槽即后台，司梆子、碗碗、铰子、大锣、马锣兼吹马号。此寥寥5人即可"灯下敷陈千古事，影中博舞鼓乐声"了。2009年，同朝皮影戏被列入第二批省级非物质文化遗产项目。（XY）

定边道情皮影戏 定边道情皮影戏是皮影戏、道情曲的总称。是集皮影表演（耍线子）与道情演唱为一体的民间戏曲综合艺术。定边皮影道情曲剧目主要以历史剧为多，传统剧目有《分宫楼》《乾坤镜》《黑刀记》《昭君和番》《绣龙袍》《串龙珠》《慧凤扇》《蛟龙驹》《双凤钗》《寒宫救主》《葵花镜》《四莲梦》《下河东》《鸡爪山》《龙凤山》《铁钉床》《忠义贤》《红灯记》《吴汉杀妻》《九华山》《曲江打子》《还魂帕》《阴阳碗》《九莲神灯》《凤祥杯》《苦节图》《竹林令》《对凤裙》《桑林寄子》《二度梅》《忠义图》《照程珠》《青素庵》《白狗圈》《九连珠》《紫匣宫》等，表演内容主要描写"奸臣害忠良，相公找姑娘"。结构分演唱、道白、耍线子。其一，演唱：即道情唱腔，有开板随子、观音慢板、观音尖板、伤音慢板、伤音尖板、还阳板、气死板、伤音九莲花、观音九莲花、伤音菩萨记等。每段唱腔尾声为"麻簧"（伴奏乐队用"啊""哎"衬词合唱"麻簧"），一般两句词一个"麻簧"。其二，道白：定边方言。其三，耍线子：又称"前台"，即操作皮影（俗称"皮娃娃"）表演。2009年，定边道情皮影戏被列入第二批省级非物质文化遗产项目。（XY）

洋县皮影戏 洋县皮影是陕西省地方碗碗腔灯影戏之一，其分布于汉中市洋县城乡。表演有戏箱轻巧、人员少的特点，每个班社5～6人即可演出一本戏。艺人分为四大类：签手、拦门、笛手、坐槽，以上称其为"四柱"。他们大都一专多能，吹、敲、拉、弹、唱，门门精通。操作影人的签手兼唱；敲鼓的拦门兼胡琴伴奏或碗、板敲击；吹笛子的兼吹唢呐、海笛；坐槽的兼伴奏胡琴等。被签手所操作的影人为牛皮或驴皮制作，影人角色分生、丑、净、旦四大行当，雕刻精致，造型逼真。影人肩部用一竹签支撑其全身，双手处各有一根签子，签手通过这三根签子操作，使其影人表演走马乘船，战地厮杀，以及行走坐卧等动作。演出形式简单，所到之处就地取材。一张方桌上放置一台打稻谷用的拌桶，四角用竹竿或栓子搭建一个小舞台，台口张起生丝制成的"亮子"（纱幕），后面点燃油灯，通过光线投影原理，将其近贴于"亮子"上的影人呈现给观众。洋县皮影戏的音乐属板式变化体。它包括唱腔、吟诵调、击板和曲牌四部分，它的唱腔有规整的一板三眼的"慢板"，有一板一眼的"二六板"，有有板无眼的"紧二六"，还有无板无眼的"滚白"等。唱腔中的数板和部分韵白属吟诵调；击乐有闹台锣鼓、板头击乐和动作击乐。曲牌音乐包括唢呐曲牌和丝弦曲牌。洋县民间皮影戏的传统剧目有《竹林会》《葵花镜》《蛟龙驹》《九连珠》《诛妖剑》《红莲灯》等，还有历史题材方面的如《昭君和番》《秦段争亲》等。2009年，洋县皮影戏被列入第二批省级非物质文化遗产项目。（XY）

汉阴皮影戏演技 安康市汉阴县是陕南皮影戏的主要流行区域。汉阴皮影戏以汉剧为演唱形式，其表演技法在中国皮影戏班中当属一独立流派。李兴儒皮影戏是主要代表，其主要特点是：（1）汉调二黄唱腔。李兴儒皮影唱腔采用当地的汉调二黄唱腔，同时融合浓郁的巴山语音、湖广音韵、西南传统音乐元素。（2）数量较大的本戏、折子戏"保本"演唱角色。（3）全面的演唱技能。在演唱中，不光行当划分仔细（一末、二净、三生、四旦、五丑、六外、七小、八贴、九老、十杂，简称"一末十杂"），而且表演程式、文武场配合严密，一板一眼从不马虎，精心设计。（4）规范的表演形式。古老的汉调二黄，经历代艺人们创造、提炼、升华，形成了一整套规范的表演程式。要求艺人具有过硬的手上功夫。自幼跟班学艺的皮影戏艺人李兴儒表演皮影戏时五指灵活、动作精巧，模仿人物惟妙惟肖、出神入化，表演打仗时能双手执8兵将走场打斗，且能个个翻越。（5）独一无二的绝技手法。李兴儒皮影戏演技绝活之一是，在表演利用女性在幕布上转身时将俊脸瞬间变为鬼魂脸，再转身变为俊脸的数次互相变化时，动作手法极快；在武将打斗中，有马上斩人头落地等技艺。他表演"抖马""大刀花""耍下场"时，动作逼真，"边式"优美，场面火爆，"程式"规范。李兴儒皮影戏另一绝技是，在演出剧目中有烟花烧狮子、放火药铳，接龙灯狮子、彩莲船情节时燃放鞭炮却不烧亮子，造险助势，给观众身临其境之感。6.皮影班社组制。我国各地皮影班社组制有不同，一般都需6~7人，李兴儒皮影班社只需4人。2009年，汉阴皮影戏演技被列入第二批省级非物质文化遗产项目。（XY）

旬阳道情 皮影戏主要流行在旬阳与关中语音近似的广大地域。旬阳道情曲种与关中道情曲种同为一系。系以板腔体为主，兼以当地小调和其他地方戏曲牌的一类由说唱音乐过渡为"影戏"的剧种之一。唱词多是"七字"和"十字"句。唱腔主要板式有：安板（有软硬之分）、慢板、浪头、二六板（或称"流水"）、代板（即尖板）、滚白、钉缸调、道课子等十余种。根据需要有时插用一些民歌小调。丝弦曲牌有：点点花、柳青娘、梳妆台、寄生草、风如松、扫佛堂、大开门、小开门、雪花飘等十余种。唢呐曲牌有：清水令、大开门、玻璃盏、将军令、芦毛令、四合四、三枪、大登殿、满江红、雪花飘、梳妆台、大尾声、小尾声、耍孩儿等。打击乐曲牌有：倒脱靴、乱石窖、金钱花、南瓜蔓、上山岭、下山岭、慢五锤、拥锤（乱锤）、翻山鹞子等。伴奏乐器在早期有渔鼓、皮弦、梆子、碰铃等，后来又增加了唢呐、板胡、竹笛等。伴奏乐器多为兼司。鼓司一人兼渔鼓筒和碰铃，正调皮弦（五度音定弦，内弦为so，外弦为re）一人，反调中音板胡（五度音定弦，内弦为do，外弦为so）一人，竹笛一人（兼唢呐），梆子一人，其他铜器（锣、钹、小锣）分别由皮弦、板胡兼司。2009年，旬阳道情被列入第二批省级非物质文化遗产项目。（XY）

周至大玉木偶戏 木偶戏也叫傀儡戏，最早的木偶可能与丧葬有关，1978年山东汉墓出土有汉代可灵活操纵的木偶。大玉木偶在清宣统年间由木偶艺人唐老八传给该村黄新民、郭九成、郭成林、郭兴娃等。现有表演、雕刻艺人30余人。木偶制作以直径20厘米左右的柳木为主，掏空木料，装眼、装嘴。由艺人先雕头部（造型），再画脸谱以区别人物。造型、雕刻、绘画并重，讲求创造性和技法性。表演配以文武场面乐器与真人表演相融，乐器主要有四面鼓（即报鼓）、干鼓、战鼓、堂鼓、大锣、小锣、大铙（也称铰子）、小铙（也称煽子）、板胡、二胡、扬琴、斗翁、大提琴、笛、唢呐、号等。表演以秦腔为主，传承了木偶的全部技艺，具有极高的美术、雕刻、彩绘等工艺研究价值。2009年，周至大玉木偶戏被列入第二批省级非物质文化遗产项目。（XY）

洋县杖头木偶戏 洋县木偶戏诞生于元末明初，清乾隆时被称为"陕西南路梆子"，演变至今日，以汉调桄桄木偶和秦腔木偶兼而有之，在民间则以秦腔木偶为主。洋县木偶戏是以演员操纵木偶人物表演各种动作，以演员唱奏的地方梆子戏。从道具表演操纵形式上可分为暗杆木偶和明杆木偶。本偶人物的行头与脸谱表现为明代特征。汉调桄桄木偶主奏乐器为板胡，定调用"反调"为"36"弦，呈4度关系；"越调"（板胡）为"15"弦，呈5度关系；"梅花调"（二胡）、"丝弦"（京胡）和其他定为"52"弦，呈5度关系。打击乐分开场锣鼓、起板锣鼓、配合上下场舞蹈动作锣鼓；曲牌分唢呐曲牌、丝弦曲牌等。唱、白为本地洋县地方语音。挖掘桄桄木偶戏传统剧目651个，开场过场锣鼓及各种板头曲调20余套，唢呐、丝弦曲牌简谱120余首。洋县杖头木偶戏绝活较多，有担水换肩、耍沙帽、武官脱帽、文官脱帽、脱衣服、耍梢子、耍靴子、吹胡子等，桄桄

艺人把剧中人物演绎得精妙逼真。2009年，洋县杖头木偶戏被列入第二批省级非物质文化遗产项目。（XY）

眉户 又名"曲子戏""清曲"，亦叫"迷胡子"，广泛流行于陕甘宁、青海、新疆等地，以陕西关中最为普遍。眉户的演唱形式分为两种：一是仍保留地摊子演唱的曲艺形式。其唱本多系折子戏，如《女寡妇验田》《古城会》《皇姑出家》等，这种节目常常是一唱到底，很少说白。一种是舞台演出形式，其剧目既有如《反大同》《火焰驹》等大型本戏，又有如《张良卖布》《两亲家打架》《杜十娘》等折子戏，有白、有唱、有表演，曲牌选用自由。眉户的伴奏乐器以三弦为主，板胡和海笛相辅，后又逐渐加入二胡、扬琴以及中西弦管乐器。打击乐器及锣鼓点，均借鉴地方大戏而稍有变化，整体风格较为现代。眉户的曲调甚为丰富，有"七十二大调，三十六小调"之说。大调以唱悲伤剧情为主，如《老龙哭海》《罗江怨》《老五更》等；小调以唱欢喜剧情为主，如《采花》《银红丝》《一串铃》等。现在眉户的唱腔音乐精练到50多个曲牌。1955年出版的《郿鄠音乐》收有120个，若按同一曲调的各路不同唱法计算，共有243个。其音乐结构为曲牌联套体，一般的套曲格律是越调—背宫—五更—金钱—背尾—越尾，中间可以自由选用曲牌，有时背宫、背尾、五更、金钱也可不用，但是"越调"起、"越尾"落是必不可少的。2011年，眉户被列入第三批省级非物质文化遗产项目。（XY）

泾阳木偶 当地又俗称"肘葫芦"。用它来表演的戏剧叫木偶戏，流行于泾阳一带地区。木偶艺术在我国历史悠久，泾阳木偶属于木偶系列里典型的杖头木偶。杖头木偶由头部、杖杆、服装、盔帽、假须等组成，杖头木偶由表演者操纵一根与木偶头部相连的总杆和两根与手相连的手杆进行表演。木偶头部一般用木头雕刻，内藏机关，使嘴、眼可动；手杆一般用木、竹制作。木偶角色分为旦角、生角、花脸、杂角类等。木偶戏由木偶、操纵演员、配音演员和乐队四部分组成。泾阳因郑国渠、泾惠渠的慷慨浇灌，土地肥美，物阜民丰，为关中典型的"白菜心"。千百年来，各地通过各种途径来泾定居者趋之若鹜，泾阳成了多省籍贯的人们汇集的大本营。为满足各地人们的审美需求，泾阳木偶戏虽大多时以秦腔演出，但也常常以眉户、黄梅戏、京剧的形式而出现。它将秦腔的粗犷豪放、眉户的深情婉转、黄梅戏的委婉缠绵、京剧的大气高亢表现得淋漓尽致。2011年，泾阳木偶被列入第三批省级非物质文化遗产项目。（XY）

朱王秧歌剧 起源于新石器时代，是渭南地区流行的一种民间戏曲。内容十分丰富，集群众性、娱乐性、精神社会性为一体，主要功能在于民俗娱乐。特别是反映农家人的喜、怒、哀、乐，颂扬社会道德风尚，爱国爱家，赞扬各行英雄模范人物，歌唱太平盛世和五谷丰登的景象，鞭挞社会上的丑恶现象，爱憎分明，是其得以世代相传的根本原因。渭南秧歌曲调繁多，有高、中、低音调，开门调，平音调，半开门调，花音调等之分，句尾多以虚词为主。表演形式以唱为主，做、念、表、舞贯穿其中，表演程式要求严格。朱王秧歌剧随群众生产、生活、民俗活动而产生发展，所以具有对农村民俗活动的依赖性。秧歌剧以唱为主，做、念、表、舞贯穿其中；剧目繁多，曲调优美，有高、中、低音调，开门调，平音调，半开门调，花音调等之分，句尾多以虚词为主。2011年，朱王秧歌剧被列入第三批省级非物质文化遗产项目。（XY）

旬阳八步景 又称"八不就"，流传于陕西南部安康、旬阳、平利、岚皋等地（但现唯独旬阳存活这一剧种）。约起源于明代，原为曲艺形式。仅用"筋斗板"掌握节奏，经"地摊子"阶段演变为皮影戏。"拦门者"一人包唱全部角色，众人喊和、呐号子（又叫"拉簧"），牙子板、堂鼓、大锣、大钹、马锣、小钹、顶顶锣（即碰铃）、唢呐等由三四人分掌。"八步景"吸收陕南地方戏和影戏所长，形成自己的特殊风格。主要特点有：（1）吸收了"道情"影戏的"麻簧"和"八岔"戏的"帮腔"，并加入锣鼓点伴奏，形成自己别致的"呐号子"。（2）"八步景"在演出中不用丝竹乐器伴奏，最早只用"筋斗板"击拍，后来又加入"牙子"和"板鼓"，形式简便。（3）"八步景"演唱者运用真假嗓子结合的方法。其"呐号子"尤为特色，高亢激昂的号子声多用假声，低回平和的唱腔多用本嗓，唱腔一人包唱各类角色，"呐号子"众人附和，形成了力度、音色和音域变化的鲜明对比，增加了音乐的表现力。（4）"八步景"采用陕南地方"白口"语词，通俗风趣，语言亲切随和，乡土味很浓，不拘一格，是地道的民间艺术形式，深受山野村民的欢迎和喜爱。2011年，旬阳八步景被列入第三批省级非物质文化遗产项目。（XY）

宜川蒲剧 是一种古老的民间剧种，清末，由山西传入。起初为"家戏""社戏"，逢年过节或庙会期间，进行演出，宜川县蒲剧团至今乃活跃于陕、甘、晋等西北五省区。蒲剧历史源远流长，其剧目繁多，本、折戏足有五百本之多。上至五代、春秋，下至明清、民国，有反映宫廷内忠奸斗争，也有反映民间生活的，有优美的神话传奇，也有妙趣横生的狐仙鬼怪故事。从人物行当上讲，生、旦、净、丑均有自己的"单头戏"；从艺术表现上讲，唱、做、念、打各有不同的侧重剧目。表演艺术性强，行当齐全，程式严谨，用特技塑造不同人物。蒲剧音乐高亢激越，活泼流畅，板式齐备。蒲剧过去分西、南路两大流派，南路戏高雅，西路戏火爆，后两路兼收并蓄，取长补短。属于折子戏，短小精悍，主题明显。2011年，宜川蒲剧被列入第三批省级非物质文化遗产项目。（XY）

商州皮影戏 起源于明末清初，皮影戏剧目多以神话、历史故事和民间故事为主。音乐唱腔以道情为主，辅以"嘛簧"。其伴奏特点是唱时无乐奏，奏乐时不说唱，唱词清晰。皮影戏的人物用牛皮加工刻制而成，造型古朴华丽，形象逼真。皮影戏在商州流传300多年，到20世纪80年代逐渐衰落。商州皮影戏粗犷豪放、细腻委婉，有很高的艺术性，深受群众喜爱。唱腔以商州道情为主，板路有"慢板""二六""紧板""尖板""滚板"等。表演一般需要7～9个演员，所谓"七紧八慢九消停"。皮影戏是影戏的一种，是历史悠久、流传区域相当广阔的民间戏曲艺术。由于流行地区、演唱曲调和剪影原料不同，皮影戏又可分为许多类别和剧种，商州道情演出形式就是其中一种。其剧目多以神话故事为主，唱腔以商州道情为主，其表演特点是以声带画，声画统一，注重唱功和人物造型，大量采用布景，构成多幕多景的戏剧形式；皮影戏表现内容丰富，演出轻便，有"一口叙述千古事，双手对舞百万兵"之说。2011年，商州皮影戏被列入第三批省级非物质文化遗产项目。（XY）

横山道情戏 横山道情戏，始于唐朝，盛行于明朝，鼎盛于清初。解放初由艺人从山西临县引进东路道情，与横山老道情在调口、板式上各有特点，但二者互学融合，得以发展。是传道者宣传教义和募捐化缘的一种说唱艺术形式，最初由道士诵唱"道歌"而流传至民间，最终成为一种群众喜闻乐见的地方戏曲。横山道情曲牌丰富，有九腔十八调之称，在剧中能表达各种情感，无论哪种曲牌（俗称调口）唱出来都悦耳动听，引人入胜。横山老道情有别于其他剧种的最大特点就是简洁明快、生动活泼、红火热闹、贴近生活、贴近时代，所以深受广大群众热爱。近年来，横山老道情戏凭借其原生态的音乐和唱腔，在各级文艺大赛中获得奖项40多个。2013年，横山道情戏被列入第四批省级非物质文化遗产项目。（XY）

5. 曲艺

周至道情 周至县历史悠久，县内楼观台是老子说经的地方。道情，是道教宣传教理教义为道教服务的一种民间演唱曲艺。宣扬道家修身养性、改恶从善的宗旨，就是道家所说的"点化"。道情是以"清、贤、高、载"四字为教义。清，是清静无为。贤，是贤寿重德。高，是高风亮节。载，是宣扬教义的意思。最早的道情见云游道人拿上尖板鱼鼓演唱。后来传于民间，形成一个人唱、众人和的形式。经过长期演变，逐步形成演唱有故事情节的剧目。因道情的主要旋律、乐句产生于道教经韵，所以听"道情"演唱和道士念经相似。演唱内容以"八仙故事"为主，表现忠、孝、节、义，也有其他内容；演唱剧目有《鞭打芦花》《百花山》《卖道袍》《八岔诗》《菊花亭渡母》《湘子渡林英》《小如贤》《杭州卖灵丹》《高老庄》《孝母得金》《状元及第》《三孝让产》《吕蒙正赶斋》等。音乐构成方面，有五种波（按间伴唱）：高音波、平音波、短波、花音波、尾波、梅花彩调波等五种。板式有苦音塌板、连板、代板、慢板、大板、平尾声塌板等；曲牌有《皂罗袍》《一枝花》《乌夜啼》《牧羊关》《雁儿舞》《十三调》《五更词》《耍孩儿》《梅花调》等。另外，道教音乐色彩特别浓厚。2007年，周至道情被列入第一批省

级非物质文化遗产项目。（XY）

西府曲子 流行于武功、扶风、祁山、凤翔及宝鸡等地区。是关中曲子的一个分支，也称"西府秦曲""西府清曲""小曲调"。其表现形式有舞台戏、木偶戏、皮影戏及坐唱等。传说源于凤翔"雍邑"。是一种曲艺，戏曲演唱活动。早期以散乐坐唱为主要形式，后发展为社火演唱，广场杂戏，又演化成为曲子戏。今流行的西府曲子有西府曲子坐唱、社火曲子演唱、西府曲子戏三种表现形式。西府曲子坐唱，民间俗称"念曲子"或"板凳曲子"。社火曲子演唱，其表现形式为广场表演唱或广场杂戏演出方式进行活动。西府曲子戏已成为戏曲声腔的剧种。西府曲子坐唱主要演出于神社庙会、婚丧嫁娶、过寿满月、驱邪还愿等民俗活动。社火曲子主要演唱于春祈秋报活动、抢山神、闹元宵等大型民俗社火活动之中。西府曲子戏主要演出于各种晚会活动，它以小型传统剧目和新编现代小戏为主，尚没有大型剧目进行连台演出，故不能承担庙会戏演出。2008年，西府曲子被列入第一批省级非物质文化遗产项目。（XY）

西府道情 西府道情是陕西道情之一，民间称"关西道情"（因宝鸡地处关中西部，亦称西府）。西府道情起源于唐代的道曲、道歌。道曲道歌是道士们在道观中向道徒宣传道教道义的一种说唱形式。道情演唱的题材丰富，内容繁多，有神话故事、佛教故事、民间故事、历史故事。据老艺人们说过去公演的曲目有100多个，但是目前大部分已经失传。在长期演唱实践中，道情曲艺创造形成了它独有的调式，如：飞板、哭长城、柳生芽、八板、绣荷包、耍孩儿、硬梅花调、采花调、吆老鸦等曲牌和软梅花点、硬梅花点、软上簧、硬上簧、软下簧、硬下簧、金钱韵、两头慢、一点油、滚板、哭板等板式。2007年，西府道情被列入第一批省级非物质文化遗产项目。（XY）

南郑县春倌说春 春倌说春是陕南民间独特的说唱艺术之一，也是一种古老的曲艺形式。根据史料记载和民间传说，"春倌"的由来应源于春秋、战国时代王室中的"春官"。"春倌"本是"春官"在各地民间的派生、演化和流传，再结合本地方言土语、音乐歌谣及乡风民俗，经过漫长岁月的演变，而逐渐形成的一种独特的民间艺术说唱形式。在冬春季节由春倌走村串户说唱，一般为单人表演；有时进入街道或住户密集的村庄时，采取双人对唱、接唱和联唱，演唱效果更好。每演完一户，春倌送给一张春帖，户主会给春倌"封礼"，给粮食或钱。这种表演不受场地限制，不用乐谱，有说有唱，说唱兼备。唱词内容十分广泛，唱本师传徒承，时常即景编词，遇啥人说啥话，"到什么山唱什么歌"。语言风趣诙谐，演唱和仄押韵。演唱内容紧跟时代，唱词随时随景更换，因此，往往是脑子灵、反应快、有文化、言辩能力强的人，才能成为一个好春倌。2007年，南郑县春倌说春被列入第一批省级非物质文化遗产保护名录。（XY）

汉中曲子 汉中曲子是由古人念曲子发展而来的，是古老的地方剧种之一，它是秦曲在汉中的演变。据考证，汉中曲子在汉中形成时间应在宋之前。"曲子"起源于先秦。先秦建都于雍，故称"雍城秦曲"。唐以后改称"西府曲子"。"西府曲子"流入汉中后，融进了当地的小调、民歌，并以汉水上游人民群众的语音为基础，逐渐形成了具有地方特色和风格的汉中曲子。汉中曲子是一种表演形式比较完备的戏曲艺术，其特点是：一要上台，二要化装，三是唱、做、念、打齐全。除大量演出一些与民间生活息息相关的小戏外，还能演"袍带"大戏。音乐唱腔、舞台布景、乐队伴奏都有很大的改进和发展，角色也有了生、旦、净、末、丑等行当，曲子戏的剧目内容以民间生活故事为主。念曲子发展为"曲子戏"，不但由叙述性的清唱改进为人物表演的戏剧，而且其他方面也舞台化了。2007年，汉中曲子被列入第一批省级非物质文化遗产保护名录。（XY）

柞水渔鼓 起源于陕西南部柞水县，它起源于唐代的《九真》《承天》等道士曲。以道教故事为题材，宣扬出世精神，名为道情。道情中的诗赞体一支主流流传到南方，为曲白相间的说唱道情，即为渔鼓曲的前身。渔鼓曲目内容大体上分为三大类：一为说教类，无故事情节，把忠孝节义、三纲五常等伦理道德编成唱词说唱，用以劝化教育世人；二为故事类，多属传统曲目，包括神话故事、民间传说、社会案例、家庭逸闻等；三为赞颂小事及寓言类笑话等，如《鹬蚌相争》《愚公移山》等。其包括两种形式：一为小故事，多演唱民歌、小调，内容单一，情节简单；二为中、长篇戏，多为民间故事、传说、历史题材的戏曲改编的。渔鼓唱本传统曲目相当丰富，有风云际会的英雄传奇，如经典曲目有《三国》《水浒》《西游记》《杨家将》《岳飞传》《薛仁贵征东》等，有历史上历朝代的皇家秘闻逸事、民间野史，还有大量反映民间冤情冤案的说唱曲目，一度很是流行，被称为"冤案戏"。还有直白大胆诉说男女缠绵缱绻恋情的"酸"戏本。渔鼓的演唱基本方式有三种：一是只有唱，二是有说有唱，三是说、唱、表演结合。2007年，柞水渔鼓被列入第一批省级非物质文化遗产保护名录。（XY）

镇安渔鼓 清初起源于两湖，此后华南、华东地区也逐渐流行。是道情的一个分支。如湖北沔阳渔鼓、湖南衡阳渔鼓、广西桂林渔鼓、山东济宁渔鼓等。镇安渔鼓是清朝末年由湖北潜江传入。镇安渔鼓的表演形式分坐唱和站唱两种表演形式，演唱者怀抱渔鼓兼操简板（牙子）和小钹，俗称"三下响"。常用曲调有开腔和流水等。唱词多为七字句，开腔为四句体，用于所有曲目的开头。镇安渔鼓的调式多是五声徵调式。其固定的唱词为："渔鼓本是一根竹，生在终南山里头，鲁班砍来做成鼓，湖家抱鼓游九州。"后面是正文，上下句结构。2007年，镇安渔鼓被列入第一批省级非物质文化遗产保护名录。（XY）

长安道情 长安道情是古长安地区道教徒以道教故事为题材，通过唱词诵经、敷演道中情理而得名，也称"拉皮戏"。按唱词结构的不同，分为"正扎"戏和"乱扎"戏两大类。"正扎"戏如《尧访贤》等，其唱词为长短句结构。一片分三段，每段末句"嘛韵"（即帮唱）。前两韵必用仄声字，末一韵则用平声字。艺人称之为"一合三个韵"。依剧情需要，继续按此格律填词演唱，以完成整个曲目。"乱扎"戏如《隔门贤》等，其唱词多为七字句及其变格（六、八、九字句等）的上、下两句式，上句末为仄声字，下句末为平声字，演唱语音以关中语系的西安地方语音为基础。领奏乐器为曲笛（艺人称梅笛）辅以板胡、二胡等弦乐器。极具特色的乐器有艺人们誉之为"顶天立地的渔鼓"和"降龙伏虎的简板"。演出形式为"坐唱"。其音乐结构是以"板腔体"为主，兼用"联曲体"的综合体制。以渔鼓、简板、三才板的乐器形制、作用、演奏方法等均独具特色。唱腔过渡中极其自然地吸收并运用明、清民歌曲调或与南、北曲异曲同名的"词牌"，呈现其包容性。"嘛韵"也称"拉坡"。用于烘托气氛、渲染环境、刻画人物、推动剧情发展、制造高潮，是这一曲种较为重要的表现手段。2009年，长安道情被列入第二批省级非物质文化遗产项目。（XY）

蒲城石羊道情 石羊道情的唱腔曲调归为"九腔十八调"。保存下来的有八腔（一腔失传）为：清江引（称戏引）、金钱吊葫芦、藕断丝不断、节节高、大连相、高腔、推句子、皂罗袍（每曲戏以此曲来结束演唱）。十八调中有七调已失传，保存下来的只有十一调：大红袍（每出戏的骨干调）、苦相思、哭板、剪花、拖音、笑板、蛤蟆跳门槛、落句子（等于尾声）、气头子、塌句子、怨板等。石羊道情里的道白，甚至应声，其音乐旋律、节奏都有严格讲究，语言极富旋律。音的高低长短强弱，在大段的道白里，若有几层意思表述，在分段的中间还须加一句弦乐过门来间隔、停顿。而其他剧种都是用"手锣"来间隔的。石羊道情演唱方法和内容具有浓郁的道教色彩。以说唱、坐唱为主要表演形式，具广场（俗称"踏席"）表演性。帮腔，艺人称为"拉坡"，有阳坡欢音和阴坡苦音之分，并有给演唱者缓息的作用。道白具有吟唱特色，大段的道白分段中间，加弦乐过门来间隔停顿。唱腔曲调保存下来的有"八腔十一调"。部分乐器构造、尺寸比例、演奏方法特别。其特点是"八人（八仙）共掌九样乐"，鱼鼓和碰钟是由一人所持。2009年，蒲城石羊道情被列入第二批省级非物质文化遗产项目。（XY）

高陵曲子 高陵曲子是一种古老的以坐唱为主的曲艺形式，在关中又有"迷糊曲子"和"板凳戏"之称。高陵曲子简单易行，不讲究舞台，不追求灯光，七八个人，扎个堆，围个摊，手执二胡、三弦、四页瓦、板胡等自制乐器，便可自伴自唱，是流传在高陵民间的原生态的以坐唱为主的传统曲艺形式。高陵曲子曲调丰富，在民间老艺人当中传有"七十二大调、三十六小调"之称。最常用、最基本的四个大调是：月调、背弓调、五更调和金钱调。运用在演唱中，既可单曲演唱，也能多曲套唱。但套曲联唱必须遵循严格的演唱套路，即"月调起，月调落""月调背弓起，背弓月调落""五更调起，月尾调落"。高陵曲子的特点是唱词方言性强，不避方言土语，即兴而起、即景而歌、即情而寄。唱词多为艺人的即兴之作，口语性极强，既通俗浅近，又具有自然、浪漫、狂野的情调。高陵曲子伴奏常用的乐器有：三弦、二胡、板胡、斗喻、四页瓦、梆子、碰铃和碟子。文场以三弦作为主奏，二胡、板胡、斗喻为副奏；武场以四页瓦为主奏，梆子、碰铃、碟子为副奏。2009年，高陵曲子被列入第二批省级非物质文化遗产项目。(XY)

横山说书 横山说书是陕北说书中的一支，它的传统表演形式是艺人采用陕北方言，手持三弦或琵琶自弹自唱、说唱相间地叙述故事。根据伴奏乐器的不同，或称之为"三弦书"，或称之为"琵琶书"。横山说书的唱词通俗流畅，有浓郁的地方特色，除了艺人们特有的开场白或特定的唱词外，几乎不加任何限制，可以由艺人任意发挥。横山说书的曲调比较丰富，风格激扬粗犷，素有"九腔十八调"之称，其中常用的有单音调、双音调、西凉调、山东腔、平调、哭调、对对调、武调等。横山说书的结构由起板、过场、正本、落板四部分组成。起板即开头，通常是艺人们根据场合或主人即兴编唱的问候吉祥语，然后以"弹起三弦定准个音，众位明公请坐稳，今天我不把别的论，单说说前朝古代人"为说书的开始。过场是起板后为了吸引听众而说唱的一小段幽默笑话。在轻松愉快的气氛中开始说正本。正本一般都是一些有一定教育意义的古书传记和新编新人新事等。最后为落板，什么时候落板是有讲究的，一般是故事情节的紧要关头戛然而止落板收弦，为的是下一场吸引更多的听众。横山说书的基本句式有四字句、七字句、九字句、十字句等。音调有男音、女音、真声、假声、苦调、乐调、唱调、打杀调、急急风调等。技巧上讲究单说联唱，遵循"喜怒哀乐，紧平慢快，男重女轻"十二字方针。它的演出形式原来只是单人说唱，艺人坐在凳上，右小腿绑三层耍板，右手背戴一串麻喳喳，双手执三弦连弹带说唱，也有在左膝上绑一扇小铜钹的。说唱时遵循传统的"字正、腔圆、吐字清晰"，采用真假声结合及抑扬顿挫的唱法，在发声、吐字、行腔、用令上都有讲究，合辙押韵，优美动听。横山说书的曲目，过去多是由历史经典小说改编的书目，如《大八义》《小八义》《五女新唐传》《双环记》《连环记》《三国演义》《水浒传》等。2009年，横山说书被列入第二批省级非物质文化遗产项目。(XY)

陕西快板 起源于陕西关中一带，由民间顺口溜演变而来。主要分布在陕西关中地区，同时辐射陕北、陕南和整个西北地区。陕西快板是板诵体的曲艺形式，以关中方言为标准语言，有单口、对口、群口等形式。其节奏明快、乡音醇厚、高亢激昂、风趣幽默，是群众喜闻乐见的曲艺形式。陕西快板打击乐器主要是七块板和四页瓦，四页瓦的独特打法被视为陕西快板的"绝技"。表演方式是按节奏打板表奏，但中间可以加"解说"或散文体"道白"。快板多为七字句，五字句较少。七字句都得押韵,一二句入辙押韵,其中二、四、六、八句等双句均要合韵,但三、五、七等句,可以协韵。有时,四个整句押韵,从第五句起可以另押韵。快板押韵之风俗,源于古代民间诗体和戏文,听起来合辙合韵,自然优美,词句语言独特,在最后一字的拖音上,不翘口,字正腔圆,入耳中听。有些快板也有十字句格式的,十字句既可用作农村的"劝善词",又可说快板,在打竹板节奏上,形成"三三四"字句相连,"三三四"句式要以词嵌入,不能割断句式。2011年,陕西快板被列入第三批省级非物质文化遗产项目。(XY)

旬邑咪子戏 旬邑咪子戏至今已有几百年的历史,它盛行于明末清初。旬邑咪子戏是艺人用咪子唢呐变换演奏的一种曲艺形式,同时与弦乐板胡、二胡、底胡,打击乐干鼓、爆鼓、牙子、梆子、钩锣等伴奏,所演奏的曲目,音调婉转明快、激情洒脱,声音逼真,如泣如诉,有风情万种之韵味。旬邑咪子戏利用吹奏咪子模仿戏剧人物各类唱腔,模仿形式代替了戏剧不同角色人物,达到音质准,声调逼真。其以人数少,演奏方式灵活多样,深受群众欢迎。2011年,旬邑咪子戏被列入第三批省级非物质文化遗产项目。(XY)

安康曲子 安康曲子是一种民间清唱音乐,传统上叫"念曲子",叫"念"不叫"唱",以示与"唱戏班""伶人"的差别,传世有300多年的历史,有"室内雅乐"之称。一般为坐唱,歌者不做任何动作,随着曲目的情绪、音乐的起伏,做到曲尽其能、表情达意的一种民间清唱音乐。主要伴奏是三弦,打击乐有牙子板、花碟、盅子、碰铃、四页瓦等。有一人念、众人拆念或一人念众人和。安康曲子是一种民间清唱音乐,通过"吟唱",吟出主题思想、故事情节、人物形象。采用对唱、分唱、一唱众和的手法叙事抒情。几乎没有曲艺中常见的对白、插白等用第三人称完成演唱的情况。音乐兼南北,浑然一体,有着浓郁的安康地方特色。形式简便,一把三弦,手弹口念,碟盅击节就地取材,十分方便。2011年,安康曲子被列入第三批省级非物质文化遗产项目。(XY)

眉县曲子 眉户戏也叫"曲子戏""迷胡戏""弦子戏",是陕西地方戏曲剧种之一,属曲牌联奏体。在陕西关中最为流行。眉户曲子,源远流长,《辞海》上说它是"我国古代起源于民间的歌曲",古代称"清曲调"。"眉户戏"最早流行于秦岭太白山麓的眉县和户县一带,这里自古盛行小调、情调、樵歌、牧歌、童谣、孝歌等。眉户曲子就是在这些民间歌谣的基础上,经过历代民间艺人和文人乐师加工而成的。眉户剧的演唱形式分为两种:一种是一唱到底,很少说白的演唱形式。另一种是有白、有唱、有表演的舞台演出形式。伴奏乐器以三弦为主,板胡、海笛为辅助乐器。眉户曲调十分丰富,大调以唱悲情为主,如《老龙哭海》《罗江怨》《老五更》等;小调以唱喜剧为主,如《采花》《银红丝》《一串铃》等。代表剧目有《张连卖布》《刺目劝学》《拾万金》等。眉县眉户的唱腔韵调悲凉沧桑,颇含秦风味道,赋予抒情气氛，也有点西府道情的韵味，演唱的曲子多为悲壮的，演唱起来或缠绵悱恻，或欢乐明快，或如泣如诉，引人入胜，使人进入迷恋之态。其曲牌多达30余种，剧目40多个，具有极强的娱乐观赏性和戏曲研究价值。2011年，眉县曲子被列入第三批省级非物质文化遗产项目。（XY）

漫川大调 清乾隆年间，乾隆为实现多民族文化的大融合，特诏一擅长演唱"漫川大调"的村姑入朝担任宫廷教师，向宫女们传授，但终因"漫川大调"最宜用当地方言演唱，而无法进行大面积推广，致使至今漫川大调流行范围仅局限于山阳漫川地区。漫川大调一般由文人墨客作诗赋词、即兴表演逐渐发展成为民间流行，或婚丧嫁娶时雇乐班演唱，用以安顿、酬谢客人，或闲暇时候自娱自乐。漫川大调曲目名称，类似宋词元曲。现存30多个曲目，既有传统剧，也有山水风景和爱情剧。传统剧目如《孔明供箭》《关公单刀赴会》《周文王访贤》《洞宾戏牡丹》等，山水风景剧目有《田园乐》《长安八景》《十六行》《游赤壁》等，爱情剧目有《女忘郎》《闺阁自叹》《盼郎》等。唱腔主要有月头、月尾、月调、慢诉、紧诉、滚调、吹调、道情、满江怨、背弓、三朵花、剪剪花、哭五更等。漫川大调的唱腔委婉缠绵，曲调变化颇多，拖腔优雅飘逸。演唱时，一人弹三弦，一人用筷子敲打小瓷碟伴奏；一个主唱，多人伴唱。打套曲，亦可加以二胡、洞箫伴奏，兼有昆曲、京韵大鼓和江南丝竹的韵味。漫川大调宜用漫川方言演唱。漫川方言兼楚、豫方言，咬字轻快，吐字柔媚，语尾上扬，圆润如歌。用漫川方言演唱漫川大调，显得十分优雅动听。漫川大调属于说唱艺术的"活化石"，既可以清唱，又可以入戏，曲目众多，内涵丰富，曲目轻快活泼，内容雅俗共赏，情感细腻。抢救传承漫川大调，可以扩展曲艺空间，提升戏曲水平。2011年，漫川大调被列入第三批省级非物质文化遗产项目。（XY）

周至曲子 周至曲子源于陕西地域内最为流行的民歌小曲。其历史悠久，在周至、眉县、户县及周边地区比较流行。周至曲子的主要特征是一唱众和，其用语为陕西关中语言，有着极强的地域特征。曲调丰富，情绪、节奏变化较大。一是歌唱性较强的抒情性曲牌，如《看女》《郑旦哭祠》等；二是叙述性曲牌，如《赵颜求寿》《王婆卖鸡》；三是节奏、速度对比明显，戏剧性较强的曲牌，如《华容道挡曹》《对花》；四是唱说结合的曲牌，如《五更鸟》《六月花》；五是幽默、诙谐性曲牌，如《小尼姑思凡》《打脏婆娘》。正是由于这五种不同类型的区别，构成了周至曲子的主要特征和鲜明的地域色彩。周至曲子的乐器有三弦、二胡、笛子、四页瓦、碰钟、简板等。演出形式采取坐唱方式，具有灵活、轻便等特点。它的曲目据不完全统计有260多本，内容主要取材于民间传说、民间故事和历史故事。主要曲目有《五更鸟》《六月花》《俞伯牙摔琴》等，收录在《周至民间曲子选》中。2008年，熨斗村曲子参加陕西省首届农民戏剧节演出，荣获一等奖。

2009年，周至曲子被列入西安市第二批非物质文化遗产名录，2013年被列入第四批省级非物质文化遗产项目。（XY）

蒲城走马戏 蒲城走马戏，又称走（竹）马。属于渭南市蒲城县的一种地方戏曲，是现代眉户的祖先，起源于北方，是儿童模仿成人以竹代马、欢唱奔跑嬉戏的一种游戏。走马戏常在马帮行进、船工航运中，为缓解途中寂寞，用石块敲击车船辕帮、筷子击打碗碟、马铃，狂咏高唱走马曲调。本戏有《火焰驹》《四岔捎书》《广华山》等百余部。具有简单粗犷、诙谐纯朴的特点，三、五、十人即可搭班演唱。主要乐器有三弦、板胡、二胡、三股弦、古长号、板、勺木、瓦子、木鱼、细瓷碗碟、马玲、手锣、钩子、铜锣战鼓等。演唱声腔特点以东秦人口语为主韵，一旦开锣唱起，如滔滔江河奔流，回味无穷。形象为头顶粗布手帕巾，带上硬腿椭圆眼镜，闭目张口，畅哼无禁。其余人摇头顿足，神气活现，妙不可言。2013年，蒲城走马戏被列入第四批省级非物质文化遗产项目。（XY）

6. 传统体育、游艺与杂技

澄城表演特技"上刀山" 澄城庄头镇堡城村"刀山"创建于1933年，由本村村民焦刘宝、焦彩茂二位老艺人创建。两位老人欣赏外村"扶老杆"这一民间杂技后，认为单杆表演单调、不悬；需改进，恰逢焦彩茂六十大寿，几位本村老人在饭菜未上来之前，用饭筷捆扎试制，一致认为更应增加其悬、奇、高、利、险、美几大色彩格调。1934年正月逢堡城村庙会期间，正月二十三日第一次扶起了史无前例的双杆"刀山"。"刀山"是用几节木棍捆扎而成，搭20多米高杆梯，以铡刀为格，6名勇士"上刀山"，并在刀与刀之间的空当钻身而过，随即在杆上表演凤凰展翅、双展单展、真假脚面、侧身摘星、猴子望月、空走四门、蝎子编尾、单臂溜梢棍、倒身钻席筒、单脚捡粮、倒立杆顶等。2009年，澄城表演特技"上刀山"被列入第二批省级非物质文化遗产项目。（XY）

华山拳 华山拳为中国武术五大支柱之一，早年有"少林、武当、华山、峨眉、昆仑铸成中华武术"之说。西岳华山，多代为弃俗世者修身之地。集养性、健身、防身之术于一体，并以华山命名，称华山拳。据传，古时华山有一道士，法号慧智，晚年下华山云游天下，途经胞妹家，妹婿陈姓。得知其妹老来得子，喜出望外，又见其甥聪明伶俐，知礼仪，便授以术，为时7年。临别归山，方告之所授之术乃华山拳。华山拳注重头、肩、背、臂、肘、拳（爪、掌）、臀、腿、膝、脚等部位之基本功练习。内含三十二术，七十二法，六十二功。用以意领气之法，问劲寻力之能，气走丹田，力自涌泉，内外之功兼施。拳谱云：练拳如顺水行舟，一泻千里，而忌蛮武伤气、伤血、伤身。同时华山拳还讲求用寸劲，提内劲，运内功，以内力击人。2009年，华山拳被列入第二批省级非物质文化遗产项目。（XY）

甘水坊高空耍狮子 甘水坊村自古就有

耍狮子的传统。耍狮子过去在该村叫"打狮子"，与跑竹马、赶旱船等地社火一起耍，是该村年节习俗的重要内容。是这一地区古老而普遍的习俗，是古代民间传统文化中祈年、庆丰收、祭祀土地神等的遗存形式。甘水坊高空耍狮子主要由雄狮爬杆、狮子叼板凳、狮子翻山组成。伴随着民间节日民俗活动的产生和发展，形成了地域民俗习惯的依存性特征。耍狮子以民间自发为主。甘水坊村高空耍狮子道具设置以高取胜，以高空表演为主，动作难度极高，惊险玄妙，热烈刺激；同时综合了锣鼓、烟火等表演元素，有极强的观赏性。2011年，甘水坊高空耍狮子被列入第三批省级非物质文化遗产项目。（XY）

李式太极拳 为武当张三丰祖师所创，历代口传心授，至第十二代传人李宗有已近700年历史。西北武林四杰之一的李式太极拳宗师李宗有中华人民共和国成立前在咸阳老街凤凰台传拳授徒，开创李式太极拳，至今已传承四代。内容包括：（1）拳架套路：八十六式基架，一路大功架、二路小功架、三路发功架。（2）推手：验证拳架。（3）器械：一百三十六路太极剑。（4）功法：入门功法——两仪桩；八大功法——爆发劲、寸劲、意念折叠劲、意念截取法、转环、乱环、化意与化力之法；意念加大法——推桩功加大渗透力，无影术加大穿透力；架子分向走法——消除左、右背手；三百六十单元手——拳法中"拆成件件，串成串串"的走劲方法。（5）武医：保健、按摩、慢性病和跌打损伤治疗。传统武术技击，练拳时，虚领顶劲，气沉丹田，精神内敛，用意不用力，周身中正平圆，以腰为轴，以裆带手，走弧走圈，即太极圈。正所谓高低起落旋转，阴阳虚实开合，先求开合，再求紧凑，始而勉强，久而自然，拳练十万八千遍，不打自转。总之，一动无有不动，一合无有不合，五形百骸悉在其中也，内劲鼓荡起伏，如长江大河滔滔不绝，一气呵成，由招熟而渐悟懂劲，由懂劲而阶及神明，无人若有人。2011年，李式太极拳被列入第三批省级非物质文化遗产项目。（XY）

吴东无底鸳鸯秋千 秋千原写作"揪迁"，即揪着皮绳而迁移。清嘉庆年间，美原吴东村的一位刘姓老艺人引进了无底鸳鸯秋千，其设计惊险巧妙，后来因为一对青年男女在对打秋千的过程中，萌生爱意，终结为夫妻，于是人们便把这一活动称为"无底鸳鸯秋千"。无底鸳鸯秋千是美原吴东村参与人数众多、规模极大的一种自娱自乐的民间群众性活动。每年农历清明节前后，村民们便自发地"扶"起秋千，一般有两架秋千，有时各村各组都有。村里的男女老少齐上阵，上至七八十岁的老翁老婆婆，下到五六岁的孩童，都能在秋千上荡上几个来回。无底鸳鸯秋千是劳动人民智慧的结晶，它结构独特，造型巧妙，独一无二，它有着不同于其他秋千的艺术价值。荡秋千可分为单人表演、男女对打、两人竞打、站打、坐打等各种形式。只见人们荡秋千时如同飞燕穿梭，周围彩旗飘扬，观者欢声雷动，场面壮观，令人叹为观止。其间，还会举行丰富多彩的民间文艺活动，吸引着十里八乡的群众前来观看。2011

年，吴东无底鸳鸯秋千被列入第三批省级非物质文化遗产项目。（XY）

南社秋千 最早产生于汉武帝时代。南社秋千相传"开始于宋，完善于明，兴盛于清"，至今已有千余年历史。人们认为"立春"之后荡秋千有祛病健身的作用，至今流传着"游一游，祛病愁；荡一荡，身体壮"的说法。据村中老辈人传说，南社秋千是由雷简夫（1011—1067，宋"三苏"推荐者）在四川带回图样，再经过村中能人的加工改进形成了今天形状各异的南社秋千，民间传说虽无文字记载，但沿袭至今的秋千观赏和探讨，至少可说明南社秋千历史悠久。它是以技艺分散、活动集中、农忙分散、节日集中这样一种形态存在于民间。南社秋千从绑扎形式上可分为门式秋千、天平秋千、"三状元"秋千、轮儿秋千、过梁秋千等形式，从游戏方式上又可分为：单人荡秋、双人荡秋（对面）、带人荡秋（一人坐一人立）等。它形式多样，绑扎技术复杂，不同形式秋千能够适应青年、老年、儿童、妇女及会荡、不会荡的不同年龄层次人们游戏的需求；南社秋千突出了高（三状元秋千高达6米）、悬（天平秋千两人可以正反方向打）、繁（不同秋千可以1人、2人、3人、多人同时打）的特点；秋千绑扎均衡、牢固而又灵活，蹬荡时起伏，跌宕性强，易于荡高；南社秋千与戏曲、社火、秧歌配合，增强了秋千的文化内涵。2011年，南社秋千被列入第三批省级非物质文化遗产项目。（XY）

华县填字谜接龙游戏 华县填字谜接龙游戏也叫射覆游戏，其起源目前没有定论，分别有春秋说、汉代说等多种说法，但没有争议的说法当属汉代。《汉书·东方朔传》载："上尝使诸数家射覆。"颜师古注曰："于覆器之下置诸物，令闇射之，故云射覆。"由此可以断定，射覆至少应始于汉代。射覆是古代雅士日常生活中的一种高超而有趣的玩乐游戏。纵观史料，射覆游戏早在汉代时期已经流行于皇宫中。游戏类似于猜谜游戏，只是谜面为各自所得的卦象，根据易经八卦的象、数、理从无限种可能的事物中推断出某种具体事物来。射覆可以无心"玩占"，也可以考验易者的功力，成为古今易占家的一种高难度游戏。射覆趣味性和交互性很强且寓教于乐，无论射中与否，都可以加深对易象的思考、理解和启发，是练习占测能力和自信心的一种很好的方法。华县填字谜接龙游戏的制作较为复杂，大致说来可以有如下内容：（1）谜图的制作产生于头脑的思维。先制作谜图，是填字谜的第一步。（2）根据词语的排列将纸面分成方框。（3）对于填字谜的走向要进行限制。不填字的方框涂墨，填字的方框不涂墨。（4）游戏根据文字要求填写空格。比如，必须是名词，不得用生僻名词。（5）谜图制好后，就可以进行比赛填写。华县填字谜接龙游戏寓教于乐，乐中求知，使人在潜移默化中对词语加深了理解。接龙时不许词语重复，迫使游戏者思考甄别。具有别致的新颖性。2011年，华县填字谜接龙游戏被列入第三批省级非物质文化遗产项目。（XY）

柳池芯子 已有约400余年历史。从山西省洪洞县民铁村大槐树下移居柳池的王家，即为芯子的先祖，据说王家的第六代传人王宠，此人聪慧，知识渊博，在明朝的万历壬寅年（1602）选贡生，在四川保宁府任训导，在甘肃巩昌府西河县任县谕，由于此人为官清正，为民有功，深得人心，在告老还乡之时，当地人赠予王宠两副芯子，王宠将两副芯子分给二子各一副，一副芯子总计3个大方垜（即现存的木质大方桌）铁件二百余件，嘱二子每用其物不得互借（实际上根本无法互借）因一方为方铆，另一方为圆铆，二子各为一方，每逢正月十五，以东起西落的村规为序出场，久而久之便形成了今天我们所看到的东西两社之分。芯子有三奇：一奇是固定芯童铁件的端头是锻打成各种不同人头或动物形象，个个栩栩如生；二奇是让芯童参加，既可壮胆，又能磨炼意志；三奇不仅仅是耍芯子，更是斗文斗智的民俗活动。每台芯子风格不同，分别讲述着不同的故事，有才子佳人，有斩妖除魔，有忠孝节义，有诗书传家，台台芯子就像一座座流动的舞台，凌空而来，飘然而去，将舞台艺术展现到空中，高而悬，悬而险，险而转文对文，武对武，杆对杆，相互竞争，热闹非凡，变化多样，令人惊叹。芯子能发展保留至今，首先反映了柳池人尊重传承祖辈文化遗产的高尚美德，通过展现远古工艺，芯子大大地强化了人们的念祖意识和祈求幸福的人生观。2011年，柳池芯子被列入第三批省级非物质文化遗产项目。（XY）

洛南担芯子 早在清朝咸丰年间就在当地盛行，每年春节必有表演。清末民初年间老艺人张兴凯（外号人称"活鸭子"）主扮。后传于其子张自治，张自治后传其子张善武，张善武再传于其子张东继等邻里乡亲数十人。一条扁担两头站立两名幼童，不翻不倒，平衡安稳，使人难解其中奥秘，堪称"扁担上的艺术"。这种形式曾一度失传。洛南担芯子分为"文耍"和"武耍"两种形式。（1）"文耍"：以社火锣鼓开场，牛郎赶织女出场时融入敲打扁鼓和小镲渲染气氛，唢呐吹奏曲牌《张良归山》《雁落沙滩》，乐曲悠扬、悲伤，恰如其分地表现情感。（2）"武耍"：天兵神将必踩踏五尺高跷，音乐伴奏以社火锣鼓贯穿始终，其他表演程序相同。它具有传统文化多元素的综合性，是培养民间艺术人才的平台。2011年，洛南担芯子被列入第三批省级非物质文化遗产项目。（XY）

赵堡太极拳 赵堡太极拳，是中国太极拳六大流派之一。20世纪30年代，抗日战争爆发，赵堡太极拳第十代宗师郑悟清（黄埔军校武术教官）、郑伯英（三十八军武术教官）、侯春秀、和学俭等迁居西安，面向军队和社会大众传授技艺，为抗日救亡做出了巨大的贡献，并从此在西安扎根、开宗和发展。近百年来，赵堡太极拳在人文精神厚重、文化环境优越的西安，历经五代人的不懈努力，成为陕西省重要拳种之一。西安后学，遵师训，感师恩，以恩师家乡命名此拳为赵堡太极拳，也是目前太极拳中唯一以地名命名的流派。赵堡太极拳集道德修养与拳技修炼于一体，强调"养生是根本，技击是灵魂"，75式拳架、活步推手训练功法。散手18常用招法是最宝贵的文化遗存，是武术中的精髓，国粹中的精华。赵堡太极拳有着极佳的强身健体、延年益寿和防身自卫的效果，深受广大太极拳爱好者的喜爱。2013年，赵堡太极拳被列入第四批省级非物质文化遗产项目。（XY）

花样跳绳 跳绳是具有悠久历史的汉族民俗娱乐活动，南宋以来，每逢佳节都跳绳。陕西是跳绳的故乡，多次掀起跳绳热。1957年西安高中创编了"跳绳舞"；1959年，陕西师大举办了中国第一个"跳绳培训班"；1981年4月3日，《中国体育报》发表了胡安民老师"论跳绳"的部分内容《跳绳的分类和方法》，随之全国各地响应国家体委号召，开展了"三跳"比赛，1992年5月2日，举办了"西安首届跳绳大赛"，800多人参赛；1993年5月9日举办了"西安第二届跳绳大赛"，40多个代表队参赛，陕西电视台现场免费直播100分钟，开创了电视直播跳绳比赛的先例；1993年12月27日，在西安师范成立了全国第一家"跳绳协会"；1999年8月1日，在西安师范成立了世界上第一所"跳绳艺术学校"；1999年9月，陕西花样跳绳队赴京参加国庆50周年庆典活动，并荣获第六届全国民运会表演项目技巧类一等奖，跳绳首次获得国家级大奖；2002年7月花样跳绳被列入"陕西省第三届民运会"正式比赛项目，结束了跳绳只是民间活动的历史。在花样跳绳中，可根据自身需求做各种适合的花样跳法，也可以随心所欲地创设各种"跳"法。可两人一组，跳外手转摇跳短绳，也可三人一组跳短飞飞，交错绳，还有的8人一组跳长中短，还可跳十字波浪。可根据自己的跳绳技巧自愿选择不同的跳法。2013年，花样跳绳被列入第四批省级非物质文化遗产项目。（XY）

周化一魔术 周化一，杂技演员。奉天盛京（今辽宁沈阳）人。1915年拜师学艺。1927年后组织兄弟魔术团、化一魔术团，在东北、华北、西北等地演出。曾创办魔术社传授魔术。1957年后任陕西省杂技魔术团团长、顾问，中国杂技艺术家协会第一届常务理事。1980年加入中国共产党。擅长魔术。演出节目有《箩圈变幻》《水火凉亭》《九莲灯》《人体三分》等。编著有《魔术讲义》。周化一对中国古代魔术、现代魔术、巨型魔术、中小型魔术以及家庭魔术、舞台魔术、广场魔术等等，都程度不同地进行了探索创新。他的《化妆魔术》《对箱献彩》《炮打活人》《炮打飞人》《空中站人》《搬斗箱》《玻璃箱》《分身术》《隐身术》以及古典戏法《水火凉亭》《线棒子》《九莲灯》《碰铁圈》等拿手节目，已经相当成熟，使好多观众目不暇接，内心折服。2013年，周化一魔术被列入第四批省级非物质文化遗产项目。（XY）

路氏白猿通背拳 白猿通背拳是一种古老的汉族拳术。以猿背或猿臂取势而得名，俗称"通背猿猴"。整套拳法挟功用巧，交错攻击。聚则成形，散则成风，处处体现着劲力脆放风格。一代宗师路文瑞祖上为皇宫跤手，与白云昆道长修好，学得白云昆道长秘传"南极兽中之艺"功法。路文瑞自幼学得家传武功，并得祖上跤图秘籍，年轻时从河北入山东国术馆担当教练，抗战时期加入李宗仁部保家卫国，曾以单刀一人对八名日兵刺刀，使敌闻风丧胆，中华人民共和国成立后入选陕西政协委员，成立西安白猿通背武馆。路氏白猿通背拳术有头顶、项领、前空、后丰、虚胸、洼肚、探背、松肩、臂长腕活、琵琶骨活如扇、两手相连似星转、肩肘腕胯膝、心力气血胆、身似弓、手似箭、腰似螺旋、腿似钻、狮头豹眼、雁手鹰臂、猿膀虎背、熊坐鹤行、龙身猫步的体态。观看路文瑞打拳能看见各种动物之灵气集于一身之能。路氏白猿通背拳，由宗师传到第二代弟子，再传至第三代，第四代，第五代，现在已成为西安地区一个最具影响力的道家拳种，因其独特的技击性与健身性，深受人们喜爱。2013年，路氏白猿通背拳被列入第四批省级非物质文化遗产项目。（XY）

少摩拳 其名取于少年磨炼之意，陕西省的汉族传统拳术之一。民国时由金丽贵传入陕西，主要流行于西安、咸阳地区。其徒手套路、器械套路、技击和特技项目有少摩拳一路、少摩拳二路、少摩刀、少摩剑、打沙袋、击碰吊球和桩功等。风格特点是讲观阵势、踢打摔拿、长打短靠兼而有之，腿活似两臂，闪躲似电疾，腿法精巧，步伐捷敏，招无定势，形神自然，劲道柔而含刚，刚柔相济，架势舒美，虚实多变，动作连贯，布局开阔，运动路线多变，分进、退、绕、斜、转等。练功方法有10种，诸如踢桩、走顺风旗、散打等。理论上讲"巧、捷、准、狠、刚、脆、猛"，技法上讲"猛踢、快拿、长打、巧摔、换身、挤靠"。这门武术以梅花拳为基础，又吸取了少林、形意、八卦、太极等多门武术的精髓。少摩拳运动的形式、发力的方法，与现代物理学的原理相符合。经过少摩武术的锻炼，可以最大限度地发挥出人体的潜能，这也是中国武术的魅力所在。2013年，少摩拳被列入第四批省级非物质文化遗产项目。（XY）

7. 传统美术

黄陵民间工匠画 主要流行于黄陵县。据考证，原始彩陶艺术同黄陵民间工匠画有异曲同工之妙，经过发展形成了具有浓郁地方特色的黄陵民间工匠画。按用途可以分为以下几类：（1）装点家居：主要是在老式柜、大立柜、桌子、箱子、屏风、中堂上面绘画。（2）彩绘寿木：主要是在棺材周围进行绘画。（3）建筑绘画：主要是在房梁、椽板上绘画。（4）美化节日：为民间秧歌、舞蹈、社火等制作服装道具，主要有制作彩绘，如龙灯、狮头、虎、竹马、旱船等。（5）彩绘庙宇：主要是根据具体庙宇所供神像，或为其宣扬讲经说法，或歌功颂德等，具体是以人物故事的绘画为主。（6）布置祭祀庭堂：主要是布置民间的祭奠祖先，追逝亡灵，三周年祭奠等。黄陵民间工匠画着色的传统技法主要有退晕法、晕染法、单线平涂法、没骨画法、沥粉画法等。黄陵工匠画所用的传统颜料及加工，以前黄陵工匠画所用颜料是石颜色为主，使用前先将买回的块状石色研磨成极细的粉末状，再用胶水混合好待用。其主要的石色有银珠、樟丹、赭石、石黄、雄黄、雌黄、土蓝、毛蓝、少绿、石绿、铜绿、巴黎绿、加拿大绿、铅粉、锌白、钛白、黑石脂等矿物质，以及藤黄、胭脂、墨等植物质。现代作画一般用广告色代替。2006年，黄陵民间工匠画被列入第一批省级非物质文化遗产保护名录。（XY）

安塞民间绘画 安塞民间绘画是在吸收陕北民间剪纸、刺绣、布玩等艺术形式和表现方法的基础上发展起来的民间绘画样式。作者以农村妇女为主体，她们有着深厚的民间艺术的功底，经专业画家与其共同挖掘探讨，将当地民间艺术独特的构思、造型、设色、审美情趣和文化民俗内涵，融汇于现代民间绘画的创作之中。安塞农民画历史悠久，箱框画直到20世纪60年代还兴盛一时。1988年安塞被文化部命名为"现代民间绘画之乡"。安塞农民画内容有人物、动物、花卉等，以民俗、传说，民歌等为题材，以夸张、变形的手法，抒发作者的理想和追求。安塞民间绘画讲究装饰，注重色彩效果，追求强烈的感觉印象，形成了自己独特的风格。安塞民间绘画的整个基调和情绪是健康、朴实、昂扬向上的。2007年，安塞民间绘画被列入第一批省级非物质文化遗产保护名录。（XY）

吴起糜粘画工艺 相传吴起糜粘画由"豆粘画"与糜粘画演变而来。相传在隋末唐初，由于战乱和天灾频仍，民不聊生，广大农民生活在水深火热之中。一天一农夫梦见一位白发老者，对他说："用五谷粘成人形或吉祥物、贴在灶前祈求来年的丰收，贴在门楣上祈求平安。"醒后他用他家仅有的几颗瓜子粘成人形贴在自家的灶前和门楣上，并将此梦传给了他的邻居和亲人，果然凡贴有瓜子娃娃的人家来年都盼来了丰收和平安，一时间此事被广泛传开，并世代相传。每逢"灾年"民间就用瓜子、豆类、谷物等粘成人、牛、鸡等图形粘在自家的门楣上、灶前，祈求丰收和平安。后来，随着谷物品种的增多和人们的生活观念的进步，在祈求平安的同时也注重了美。"瓜子娃娃"图形简单，色泽单调，人们试用几色豆子粘画，也有人用几色糜子粘的吉祥物。糜粘画的制作工序有：捡糜子、画图案、抹胶、涂漆、粘糜子、装框。2007年，吴起糜粘画工艺被列入第一批省级非物质文化遗产保护名录。（XY）

黄陵面花 俗称花馍，是流传在黄陵农村的一种民间传统风俗礼馍。以做工精巧、造型别致而著称。相传在黄帝驾崩后，人们为了缅怀黄帝功德，敬献太牢、水果、鲜花、五谷于陵位之前。黄陵面花由此而来，也称"花供""供""罐罐""油饽饽""喜斗子""油馍"等。在黄陵及其周边县区，农历腊月二十三上"供"，家家都要蒸"供"、蒸"枣山"供奉在灶前，敬神祈祷、祈求平安。还有一种说法是蒸"供"还愿，就是上年喜添子女，因当时的生存条件太差，害怕子女夭折，就借"供"把孩子寄在灶前，祈求子女平安健康，当年又蒸"供"还愿；月尽（农历腊月三十）家家的男人要带着妇女蒸制的"供"来到祖先的坟墓前,献供请灵,献供结束后把"供"掰开一半埋在坟头,其余的带回让自家的孩子食用,用此来教育孩子不忘祖先恩德赏赐,当天晚上还要将事前蒸制的十个供(有莲花、菊花、牡丹等带有吉祥寓意图案)供在祖先神位之前,寓祈承蒙祖先庇佑,连年有余,富贵吉祥;同时过年时还要为孩子蒸老虎馍、兔馍、馄饨(蛇头鱼尾),为老人蒸油馍、油包包,晚上把老虎馍放在窗台,孩子枕头两边、脚底,用来消灾避邪。过年的"供"还用来敬天神、地神、土神、门神。农历正月十五元宵节,各村各户还要蒸制插花供,用竹篾子、高粱皮等作为主杆,配以绿色纸缠绕,捏制出各色花卉,如牡丹、菊花、莲花、十二生肖、吉祥动物等花形,插在主杆上,再把主杆插在大圆馍上蒸制出笼便成为插花供,到时还要垒灯山,敬月神、敬风伯雨师、蚂蚱虫螂,以祈求风调雨顺,无害虫吃田。2007年,黄陵面花被列入第一批省级非物质文化遗产保护名录。(XY)

定边剪纸艺术 流传于榆林定边县,世代相传。传统作品定边剪纸的主要样式有四类。第一类,春节时用作美化环境。第二类,用于嫁娶时装饰洞房。第三类,用于制作刺绣、布玩具的底样。第四类,用于迷信礼仪活动。春节,是定边剪纸使用数量最多的时候,内容十分丰富,传统的吉祥如意的作品很多。尤其是天上的飞鸟,地上的花草鱼虫,民间传说,神话故事,镇宅避邪的狮子、老虎等。春节主要是贴窗花写对联。窗花,凡美化窗子的剪纸统称窗花,包括转花、角花、小窗花等。转花,一般分开剪为四块,贴在窗子中间。四个格四张,拼为圆形或一个动物的整体,主要内容有花鸟、麒麟、狮子、老虎等。转花起中心装饰作用。角花,是三角形的纹样,安排在窗子的四边角上,主要内容是石榴、牡丹等花样,与其他小窗花相组合,使图案完整。在三十六格窗上都有窗花。内容丰富,剪工细腻,多用阳刻,这样不影响房内的采光。洞房装饰,剪纸图案内容多与生育有关,如"老鼠吃葡萄"意为多子多孙,"娃娃坐莲花"意为连生贵子等。还有四个大花馍也叫儿女馍,上面盖的剪纸花样多为石榴牡丹、双喜争梅等花样。房顶棚或者窑顶中间贴大型圆团花,房顶棚四角贴大型角花,多以吉祥如意为内容。2007年,定边剪纸艺术被列入第一批省级非物质文化遗产保护名录。(XY)

永寿民间剪纸 在北朝中期就已出现。一方面同人民群众的生活生产紧密联系着,另一方面是同劳动群众的喜闻乐见和制作上的易于掌握分不开的。广大劳动妇女在耕织之余,为了装饰美化生活,以五颜六色之彩纸剪成窗花、圆花、云角布置风窗、炕围、顶棚。其作品源远流长,风格南北兼容。是关中剪纸的典型代表。既有南方的小巧玲珑、纤细秀美,又有北方的造型单一、线条粗犷。题材广泛,佛家八宝(轮、罗、伞、盖、花、罐、鱼、长)、飞禽走兽、蔬果草虫、人物屋宇、民间故事、戏剧人物皆可为表现对象。永寿剪纸内容丰富,色彩多样,风格各异,线条变化以孤纹为主,每副剪纸所反映的题材就是一个传说、一个祝福、一个吉祥物，其中代表张彦娥剪纸改传统矩齿排纹为弧线排纹，增加了动感和美感，象征光芒，启人向上。2009年，永寿民间剪纸被列入第二批省级非物质文化遗产项目。(XY)

洛川剪纸 洛川剪纸历史悠久。在洛川，除夕前几天，糊窗户，贴窗花，挂板架对子、板架云子。窗花图案多取花、鱼、鸟、兽等，寓意吉祥富贵。姑娘媳妇各施巧手，将窑洞装点一新。正月初一、二，则互邀观赏品评，坐在一起做下年用的剪纸窗花，交流技艺；过清明节时，将上坟祭祖烧剩的纸钱带回家，剪成门的形状贴在门上，以图吉利。洛川剪纸形式包括窗花、墙花、顶棚花、角花、灯花、喜花、窗云子、碗架花、丧花等。还有反映日常生产生活的剪纸，内容以历史故事、神灵崇拜、生殖崇拜等题材为主题。洛川民间剪纸可分为两种流派，以赵银线为代表的南派，内容以神灵崇拜、民风习俗为主，造型古朴、清新，装饰简朴大方，代表作品有《飞马》《纺线线》等。以王兰畔为代表的北派，内容以历史故事、劳动场面为主，比较接近现实生活，手法细腻，代表作品有《苹果园》《饲养员》等。剪纸多用单色纸（黑、红、蓝、黄、白），风格质朴，一目了然。受洛川特殊区域的影响，形成洛川剪纸独特的地域装饰性。2009年，洛川剪纸被列入第二批省级非物质文化遗产项目。(XY)

黄陵剪纸 在黄陵，民间艺人们普遍认为从汉代开始就有了剪纸艺术。黄陵剪纸明快、古朴、雄健、率直，富有浪漫精神。黄陵民间剪纸的体裁格式，根据各地民俗与实用需要因物、因事制宜。最常见的是窗花。它的大小根据窗格的形状来定。窗户格式有菱形、圆形、多角等样式，窗花也随窗而异：小的寸许，精致灵巧，稚趣横生；大者有四角、六角、八角呼应的"团花"，素雅大方。欢庆春节或操办婚事都要贴"全窗花"，即剪出柿子、如意、牡丹、佛手、莲花、桂花、笙等，祝愿新媳妇善于女红，早生贵子，美满幸福。黄陵剪纸有着悠久的历史，具有独特的艺术风格，剪纸的变化和社会的沿革发展总是紧密地结合在一起，中华人民共和国成立以前的剪纸基本上是以祈求平安富贵等为主，中华人民共和国成立后剪纸主要以歌颂党的政策以及反映生活纪实题材为主，更加释放出了剪纸固有的旺盛的生命力。黄陵剪纸做工精细、手法细腻，具有很高的艺术性特征。2009年，黄陵剪纸被列入第二批省级非物质文化遗产项目。(XY)

华州面花 在华州大地，农历腊月三十日至正月十五，乡村到处可见互赠礼馍的欢快场面。农村妇女们几乎人人都能制作礼馍，年长的妇女技艺更是高超。它被引入餐饮殿堂之后，担当起点缀和美化菜肴、烘托宴席气氛的作用。华州面花和别的地方的面花比起来，有着自己突出的特点。它一般不着色，洁白如玉，保持了面食那种自然的白、香、甜，造型质朴厚重，简洁明析，内涵丰富，富有变化，大胆夸张，不以形似，而以神似为满足，面花捏制的形象种类繁多，有单独的、复合的、组合的各种样式，单独的花鸟虫鱼、十二生肖等形象简练而大气，复合的有金鸡斗蛇、五福鹤寿等玲珑而精巧，而组合的大个卧虎、立虎、双虎等形象最具有代表性，充分显示出当地艺人们的高超技艺。2009年，华州面花被列入第二批省级非物质文化遗产项目。(XY)

澄城面花 澄城面花，俗称花馍。是民间农妇用特等面粉借助针、梳、刀、剪等工具，靠捏、剪、修，缀成各种图案形象，栩栩如生，绚丽多彩。澄城面花的特点：一是造型生动，图饰鲜活。民间艺人以丰富的想象力、大胆的夸张手法，制作的各种花鸟虫鱼、动物、人物栩栩如生，活灵活现，使专业艺术家叹为观止。二是粗犷、厚实，色彩对比鲜明。一般花馍都是大红大绿，给人一种红红火火、生机勃勃的感觉。三是寓意深刻，内涵丰富，图饰纹样，与丰富的民俗风情紧密结合。如孩子满月的"鱼变娃"，是生殖繁衍的象征。祝寿，寿桃上贴的"福""寿"字，意寓老人福如东海、寿比南山，红白喜事多用大花鸡，示意吉祥如意。古历九月九，娘家给女儿送糕，"糕"与"高"同音，寓生活节节高。作为枣糕，有早生贵子的意思。正月十五，大人给小孩送鹅鹅馍，鹅鹅是人们传说中的一种漂亮小动物，民间艺人说鹅鹅做得越漂亮，孩子就长得越漂亮，因此鹅鹅馍的眼睛不能太深，也不能太浅，蒸鹅鹅馍中间要包点油拌馍渣、葱花，以示空心，希望孩子长大聪明。民间常说的白事，死了人的事，人们穿白戴孝，用的所有东西都是白的，以白示孝，但蒸的花馍却是花花绿绿，色彩鲜艳，实际上是祈祷逝者灵魂安好。2009年，澄城面花被列入第二批省级非物质文化遗产项目。(XY)

神木面花 面花的制作历史源远流长。在神农时代，农作物只有麻子和谷子。因此在东汉王莽时民间兴起了在七月中旬挂田幡，祭祀麻谷的习俗，人们做许多五色旗，上写"五登丰登"等吉利话，在田地的禾苗上挂上这些幡旗，然后设祭摆供，请求神灵保佑庄稼丰收。光武帝刘秀时，祭祀麻谷成为朝廷重视农业、发展生产的象征，祭祀麻谷节的活动更是盛行了。在七月十五果熟籽圆时，人们用新麦磨面，仿麻谷之形，捏出胖乎乎的麻谷神，将其和田幡一起拴于庄稼和田间的树木上，一并祭祀。从外形特征来看，神木面花主要可分为人物和动物，花草三大类。象征意义非常广泛，充满了对这块土地的厚爱和对美好生活的祈愿和祝福，以及对冥冥自然中神鬼的敬畏。面花的民俗内容牵涉到敬天地神灵、驱鬼、祭祖、婚嫁、护佑儿孙、馈赠亲友等几个方面，与这片土地上人们的生活融为一体，息息相关。神木面花的主要特征有三个：一是取材广泛，天上飞的，地上跑的，水中游的，甚至神话传说中的，都可以在神木妇女手中被夸张、艺术地捏制出来，比如飞鸟、游鱼、爬娃娃等；二是不受大小限制，有面人大至真人一般，也有小至一朵花；三是只有每年农历七月十五这天，人们捏制面花，祭祀天地或互赠亲友，它已超出了一般食品的意义范畴，人们更多地是把捏制的面花当作一种与生命、心灵紧密关联的神品对待。2009年，神木面花被列入第

二批省级非物质文化遗产项目。(XY)

洛川刺绣 洛川刺绣20世纪80年代在全国各大美术馆展出和交流，得到专家学者的认可，洛川刺绣种类繁多，题材广泛，内容丰富，有布软雕、布刺绣、布拼、布搐四大类，包括枕头、玩具、肚兜、香包、帽围帘、马甲、鞋、云肩等，表现的题材有动物、人物、花鸟、草虫、瓜果戏剧、神话故事等。洛川刺绣在施针用线和配色上不拘一格，以服从各人主题之需要，而各得其宜，如礼义中的"石榴百子图"表现出了多福和家庭团圆的美好愿望。刺绣也称布软雕，用绣、拼、搐、填充等手法进行制作。在洛川，外婆给孙儿做布老虎、布娃娃、布马、布狗等玩具；过去结婚时，女方要绣花枕头顶、鞋垫、门帘送给男方，同时还要准备一些香包、针扎送给男方的亲戚朋友，让大家品评自己是否心灵手巧；外婆给孙儿做"布老虎、布娃娃"，洋溢着浓郁温馨的生活情趣，小孩满月时，姑姑、姨姨要给娃娃送虎头鞋、虎头帽、虎头枕、肚兜、布老虎，为孩子消灾避难，保佑孩子长命百岁。姑娘给心上人的绣品绣有"马上封侯""二龙戏珠"，象征大福大贵。2009年，洛川刺绣被列入第二批省级非物质文化遗产项目。(XY)

汉中民间木版图画 民间年画始于清代中叶（18世纪），盛行于民国初（是否更早，无史料可考），迄今约有200余年的历史。其产地以汉中市最早，逐渐发展到洋县、城固、南郑、安康等县的十余处城镇农村。木版年画包括各式各样的门神、灶王、龙王、财神等家宅诸神像。春节时张贴，表达美好理想，装点节日环境气氛。汉中民间木版年画的起稿雕版，跟印刷和成品销售为上下游两个行当。春帖有大、小两种，以墨色刷印到色纸上，兼有年历、节气表、年成形势预报，张贴壁间，具备生产生活提示功用。纸马、龙票是各种刻印有图像和纹式的神像、符箓或纸币，民众用在谒庙祀神和祭奠时来焚烧。在汉中门画之雕版刻技方面，刻工是古朴遒劲、不尚纤巧，颇合刀马或袍带人物的粗健豪壮之气质。故汉中门神无论是套版着色或墨线版印，都有它各自不同的格调和韵味，令人百看不厌。2011年，汉中民间木版图画被列入第三批省级非物质文化遗产项目。(XY)

周至剪纸 源于路氏剪纸。路氏剪纸是路元锡夫人赵氏（1757—1828）从京津一带带回周至的。赵氏把京津的刺绣花样剪纸和染色剪纸教给族中妇女，再由萧氏、任氏等传承至今。周至剪纸分为染色剪纸和单色剪纸两大类，特别是终南镇一带的染色剪纸是周至剪纸的一大特色，它融绘画与剪纸为一体，形式突出，别有韵味。染色剪纸最具代表性的是终南镇毓兴村路家的剪纸，其工艺流程是：先用铅笔在白纸上描绘图案，再把图案的轮廓剪下，清水扪湿贴在宣纸上，再贴在木板上，用油灯熏黑，待晾干后撕下图案，剪去熏黑的宣纸，剩下的就是样稿图案，经过剪刻，然后用颜料点染勾画完成。周至剪纸的题材以戏曲人物为主，瑞兽、花卉为辅，周至剪纸中的染色剪纸，与河北省蔚县的染色剪纸相比较，两者的制作工艺，既有相同点，又有不同处。相同点，都是三分剪、七分染，都是用各色颜料点染。不同处：周至的染色剪纸，先要用毛笔勾画出人物的眉、眼、嘴、头发以及服装上的图案纹饰，花卉则要勾画出枝干和叶子的叶脉等；染色时，河北省蔚县是用颜料一次渲染十多层，而周至的染色剪纸，则是一层一层单个渲染。染色又因人而异，同一个样稿，染出的颜色则不相同，呈现出千姿百态与不同风格的艺术效果。周至的单色剪纸，多以阳剪为主，剪功精细、刀法多样、线条流畅。2011年，周至剪纸被列入第三批省级非物质文化遗产项目。（XY）

朝邑剪纸 据传，明万历年间，同州府朝邑县南阳洪村一农妇，剪得一手好剪纸，为时任礼部左侍郎兼翰林院伺读学士马自强赏识，遂将其所剪剪纸带入宫中，进献皇妃。皇妃贴于窗上，引得后妃宫女纷纷观秀，竟也轰动朝野。从此朝邑剪纸名声大震。经过历代传承，流传至今。大荔朝邑是同朝皮影戏的发祥地，而且这里三河汇流，物产丰富，人民生活富裕，戏曲艺术广泛流传，农妇们运用她们的聪明才智，吸收当地皮影中的人物及场景造型，用剪纸手法，舍弃了皮影中的繁密装饰，突出线条美与人物的情态美。剪纸艺人从人物的外形、表情、心态多角度地体验和体察角色的内心活动，充分地表露在她们的剪纸作品中。朝邑剪纸造型小巧，高不过10厘米，宽多5～7厘米，线细若棕丝，以隽秀、细腻为主要特点。朝邑剪纸突出线条与人物神态特征，色彩单一，多用黑纸，其他彩纸为配纸，黑色剪出的戏曲人物沉稳、古雅，传统意识深长。剪纸纹样有狗牙、马牙、小狗牙、树叶、梅花、月牙、格子、三角、花瓣、心形、波浪、锯齿、米点等形式，镂空疏密有致，对比强烈，具有重要的戏曲文化研究价值和民俗学研究价值。2011年，朝邑剪纸被列入第三批省级非物质文化遗产项目。（XY）

佳县剪纸 佳县是陕北剪纸艺术的主要发源地。如果说，陕北剪纸早已是中国剪纸艺术中的一朵奇葩，那么，佳县剪纸的艺术品位就自然可想而知了。佳县剪纸材料及工具简单，而且容易学，是一种在平面的红纸上进行镂空的艺术造型，所以剪纸可以走入社区，走入千家万户。老年、中年、青年和少年儿童都可以学。佳县剪纸将多姿多彩的生活刻画得淋漓尽致，其作品题材广泛，内容丰富，乡土气息浓重，构思独特，剪功流畅。佳县剪纸作品以细腻有神见长，题材也非常广泛，尤其精于创作场面宏大的巨幅作品。其作品都是自己构思，许多简单的艺术造型可以不假思索，直接用剪刀在纸上成形，长幅的大型作品，创作时剪纸大师就俨然成了画家，用巧手描绘出漫天彩霞、百态人生，而后用一把剪刀活灵活现地再塑。佳县剪纸的作品中，包含了不少原生态的文化内涵，诸如图腾崇拜、生殖崇拜、祖先崇拜等，具有原始性，是人性的一种符号象征和文化代码，也是我们民族的生命标识和文化的生命基因，具有极丰富的资料价值。2011年，佳县剪纸被列入第三批省级非物质文化遗产项

目。(XY)

靖边剪纸 靖边妇女是靖边剪纸的主体。剪纸作品中充分融入了她们的理想、情思、审美情趣，并且形成为一种民俗，依靠口传身授，代代相承至今。过年窗户上贴窗花，娶新娘、盖新房、迁新居都要贴窗花，以美化环境增加喜庆气氛。靖边民俗中有农历八月初二是窗子生日的说法。年年到了这一天，家家户户都要换新窗纸贴新窗花。因为农历八月初正是靖边的清秋季节，秋收、场活基本结束，从各方面开始做越冬的准备，由于靖边风沙大，过年时所糊窗纸这时已破绽累累，故此新糊窗纸贴上窗花暖暖和和喜气融融过冬。炕围上有炕围花。米缸面囤上贴花。给儿女定亲喝喜酒，酒瓶上贴酒花等。靖边剪纸的艺术特征是：细腻、洒脱、简练、质朴。剪纸小巧玲珑。在过去靖边人所住房屋窗格长宽大多是10～15厘米，所以窗花大小为7～8厘米。剪纸艺人是一个群体，无固定作者，且是一个手工艺作品，所以其作品既有定势而又千人千面各具情态。靖边剪纸既有传承又有创新。走访民间可以遇见两种剪纸艺人：一种善于复制，她们保存有大量传统窗花底样，在复制的过程中有时也略有修改；另一种则是自己构图，也有不用样稿，在一方纸片上随心剪出形形色色的花样来的。2011年，靖边剪纸被列入第三批省级非物质文化遗产项目。(XY)

绥德剪纸 绥德民间剪纸的历史已有千年。最早起源于祈福驱祸的民间风俗，与民族图腾文化、生殖崇拜等有密切的关系。如巫术活动的剪纸，杜甫《彭衙行》中的诗句"暖汤濯我足，剪纸招我魂"，就是描述了绥德乃至陕北等地的招魂剪纸。绥德民间剪纸起源早、发掘晚，一直埋没于民间，直到1985年，方作为一门民间文化艺术得以渐次宣传发展。绥德民间剪纸经历了漫长的历史变革，逐步走向成熟，形成了独具陕北剪纸艺术的绥德剪纸风格，其基本内容有：巫术剪纸、婚俗剪纸、葬礼剪纸、年节剪纸。绥德民间剪纸，在继承和发展的演变中，形成了自己的风格和艺术特色，既有镇宅辟邪、消灾祛病、纳福迎祥、子孙延绵等民俗寓意和功用，又有美化生活的功能。2011年，绥德剪纸被列入第三批省级非物质文化遗产项目。(XY)

延长剪纸 延长剪纸在唐朝已逐渐形成。宋代，民间多用青纸剪制。到了明、清剪纸在民间广泛用作窗花、灯花，寄托接福纳祥，有着深厚的民族文化积淀，哺育了延长的剪纸艺术。延长剪纸在陕北剪纸中独树一帜，它不同于安塞剪纸的塞外文化，也不同于洛川剪纸的关中风味，它吸收了黄河文化的精髓，放射出灿烂的艺术之光。延长是剪纸大县，剪纸艺人达200多人。具有几大特征：（1）工具有大剪、小剪刀和各种纸类。（2）一次创作，每次作品不类同。（3）非常抽象，具有传统和现代的艺术价值。（4）广泛的群众性。2011年，延长剪纸被列入第三批省级非物质文化遗产项目。(XY)

大荔刺绣 大荔县历史文化积淀深厚，所以刺绣作品丰富多彩。据考古发现，其刺绣艺术汉唐即有，历代流传遍及全县。按特点可分为以高明、朝邑为代表的洛北精细一路和以石槽、八鱼为代表的洛南粗犷一路。大荔刺绣工艺流程大体分为剪样、选线、刺绣、缝制成形四部分，主要以生活服饰为主，如：各种小孩鞋、帽、三寸金莲、灯纤、裹肚及花果动物等。刺绣前必先对所绣之物的生理结构、生长习性、不同季节、外貌特征、活动形态等特点进行充分熟悉和了解，刺绣时线要拉匀，根据所绣图形，松紧适度。选线和配线非常重要，要根据艺人的生活经验、审美情趣、文化修养等综合素质，才能绣出精美的作品。2011年，大荔刺绣被列入第三批省级非物质文化遗产项目。（XY）

合阳面花 面花又称"礼馍""花供""花花馍"等，以广大农村妇女为创作主体并传承至今。一些学者认为，面花起源于古代祭祀活动，后这一祭祀方式逐渐与当地的生产生活、婚丧嫁娶等活动紧密结合。也有人说，面花的形象本来是某一地区的人们所崇拜的图腾，后来这种图腾崇拜进入了生活，逐步演变成了各种面花。合阳主产优质小麦，为面花的制作提供了得天独厚的条件。合阳面花一般分为三种类型：一是简洁生动的贴花型，类似浮雕，装饰性的面花和作为底座的大馒头连成一体，如"娃娃馍""贴花馄饨"。二是夸张性强的变体型，选取花鸟虫鱼、水果蔬菜等为特征，妙于似像非像之间，如端午节的"艾馍馍"。三是富丽堂皇的插花型，呈立体状，有的甚至做成几层，十分壮观。合阳面花在长期的发展过程中，形成了做工细腻，造型逼真，设色鲜明，人物栩栩如生，小动物活灵活现，具有浓郁的民俗文化气息，深受人们喜爱的观赏实用品。根据当地风俗习惯和赠送亲友的时间、对象、用途的不同，合阳面花分为婚丧嫁娶、过寿生日、祭祀活动三大类别。2011年，合阳面花被列入第三批省级非物质文化遗产项目。（XY）

秦绣——穿罗绣 秦绣是起源于汉族民间古老的绣种"纳纱绣"和"穿罗绣"而形成的当代刺绣艺术。20世纪70年代，西安市的工艺美术工作者，对流传民间的古老绣种"纳纱绣"和"穿罗绣"进行挖掘、整理、研究出新绣种"秦绣"。秦绣以其产地独有的历史和革命传统为题材，在充分吸收陕西汉族民间刺绣基础上创立，是继四大名绣和众多地方绣品后的又一朵绣苑奇葩。秦绣有以下两个方面的特点：一是层次多、立体感强。秦绣不同于传统刺绣的长针掺线，它是在真丝纱络上用真丝线依照经纬网眼施针，一孔一针或几孔一针。由于针的走向不同，使图案花纹、画面变化多端，花中套花。针法的不同还使得绣线产生不同反光，同一色线形成不同的色彩效果，彰显出真丝线材质的缤纷美感。秦绣作品中，小花纹的微妙变化与大块面色彩经常对比运用，此时画面生出层次和立体感，增加了整幅绣品格调的瑰丽典雅。二是设计稿从属于针法，设计为制作服务。刺绣不是换了材料的绘画或照片，绣品的图案以针法显示深浅、远近、虚实的效果，就使秦绣具有了不同于绘画、照片的时空趣味和装饰韵味。秦绣在制作时要严格依网格施针，针法细密、严谨，多绣或少绣一格都无法将纹样继续绣下去，是纯手工精制的高档工艺品。但与精细的苏绣、蜀绣相比，秦绣还是比较粗犷的。秦绣色彩多采用块面对比，古朴典雅、鲜活艳丽，具有黄土高原那种粗犷、豪放、凝重的艺术风格和装饰情调。陕西省工艺美术大师张漪湲女士是最早的研制者之一，秦绣第一幅作品《夫妻识字》壁挂即出自张漪湲之手。2013年，秦绣——穿罗绣被列入第四批省级非物质文化遗产项目。（XY）

户县民间布艺老虎 在中国古代，人们把老虎看作是吉祥神兽。早在几千年以前，中国民间就流传着这样的习俗：在外孙"做满月"的时候，外婆来庆贺时必须送上一只布老虎、一双虎头鞋、一顶虎头帽，要是遇到夏天还必须要做一只虎头囊兜，旨在辟邪保平安。这样的习俗一直延续至今，在山西、陕西等地尤为兴盛。户县民间布老虎有如下特征：（1）传统性。世代"口授相传"统一模式，纯手工制作技艺，统一的思想理念。（2）历史性。户县民间布艺老虎历史悠久，传统布艺老虎技法上，仍保留了传统绘画法。（3）技法多样性。传统技法包括：剪、缝、扎、绣、粘、贴、画等。（4）户县民间传统布艺老虎造型特点：①头大，面部精致，五官人性化；②身材曲线优美，矫健威猛，四腿直立，立体感强；③老虎内部装填充物，棱角饱满瓷实，长久不易变形；④画虎纹要求笔法流畅、优美、有致；⑤天真、稚气、夸张、幻想中理想化；⑥"不肖形似，而求神似"。2013年，户县民间布艺老虎被列入第四批省级非物质文化遗产项目。（XY）

金台罗氏彩塑彩绘 金台罗氏彩塑彩绘诞生于清代康熙年间，主要分布于宝鸡西部地区，在宁夏、甘肃部分地区也享有盛誉，这一技艺广泛应用于寺庙、道观等古建筑的彩塑彩绘。其传承人罗蜀梁的彩塑彩绘技艺以做工精细、图案优美、人物生动、色泽鲜亮而令人称道。金台罗氏彩塑彩绘这一民间传统文化项目的保护工作迫在眉睫。它泥塑不开裂，彩绘方面不掉色。彩绘比较完整地保留了原始的工艺流程，蕴藏着丰富的民间文化和传统习俗，传承了佛教、道教、儒家的思想和传统礼仪，有特定的思想内容和浓郁的地域性特征。同时彩塑彩绘技艺具有很高的工艺美术性和审美艺术价值，与精神文明建设结合相得益彰，如幼儿园文化墙的儿童卡通绘画、倡导孝亲的"二十四孝图"长卷、反腐倡廉文化墙及民俗文化宣传墙等现代彩绘的内容和形式得到了人们的认可，也让这项传统技艺焕发了第二春。2013年，金台罗氏彩塑彩绘被列入第四批省级非物质文化遗产项目。（XY）

陇县染色剪纸 陇县染色剪纸是彩色剪纸的一种，术语谓之"点色"，汉族传统民俗工艺品之一。做法是将剪刻以后的作品，施以色彩渲染。多用宣纸或连史纸，纸薄易洇染时以品色加白酒调和，渗透性强，每次能染二三十张。为了适宜点染，以阴刻为主。陇县的染色剪纸在春节前上市出售。清代至民国初，以纯色纸刻剪，不加涂染，图案以花鸟、人物为主。新中国成立后，单色窗花已全被染色窗花取代，其刻制精细、刀法娴熟、构图集中、染色鲜明，为城乡广大人民群众所喜爱。每到年终腊月，在陇县县城各街道、乡镇、村落随处可以看到心灵手巧的陇州民间艺人刻制的窗花、剪纸，形成一道道亮丽的民间民俗文化风景线。2013年，陇县染色剪纸被列入第四批省级非物质文化遗产项目。（XY）

宜君剪纸 宜君民间剪纸历史悠久，源远流长。它以黄土文化为根基，以符号化的物象为造型元素，以乡土生活为表现题材，构图奇特，粗犷豪放，表现了这块土地上生生不息的劳动人民矢志不渝的奋斗精神和对美好生活的追求与向往。宜君民间剪纸题材多年来源于现实生活，巫术剪纸中《拉手娃娃》《扫帚娃娃》《招魂娃娃》《抓髻娃娃》等，年俗剪纸的窗花，婚俗剪纸中的《鸳鸯双喜》《鱼戏莲》《三龙戏珠》《麒麟送子》等，丧俗中《八卦连钱》《二十四孝》《八仙过海》等，神话故事、民间传说、各种动物等都是剪纸艺人的表现对象。从风格特点和造型方面来讲，宜君民间剪纸最为抽象、奇特，它采用三维立体构图法，画面中的人是三面的，人也可以是七手八脚的，马是两个头，动物肚子里面的小生命也可以看见。风格和特点可归纳为五点：一是追求动感形态；二是凸显造型个性；三是强化核心符号；四是和谐统一形式；五是多维视点立体展现。宜君民间剪纸每一幅都是一个完整故事，都采取了超现实主义的夸张、比喻、拟人等表现手法，含有宜君特色的造型元素，具有原始的表现意味。宜君民间剪纸具有较高的艺术价值和审美情趣，对研究人类学、考古学、历史学、民族学、民俗学、美术学具有较高的研究价值。2013年，宜君剪纸被列入第四批省级非物质文化遗产项目。（XY）

耀州面塑 耀州面塑起源于民间的"花馍"。在耀州民间，每到逢年过节、逢时令，一些心灵手巧的家庭主妇，做一些带有吉祥意义的馍食（称之为花馍），造型多为花果、动物等，上笼蒸之，出笼后点以色彩，光鲜夺目，平添节日的喜庆气氛。耀州民间从事花馍的人较多，各乡镇村组皆有之。面塑的制作过程有六道工序：（1）构图。做到心中有数，做怎样的图形，要表达什么意思。（2）造型。胸有成竹之后是编扎骨架，大体成型，需要塞填充物的，则塞适量填充物。（3）和面、揉面。此道工序至关重要，面一定要揉匀搓到，干湿合宜，富有韧性。（4）上面料。在刚编扎并塞满填充物的骨架的表面覆盖一层面，没有骨架的图形则直接用面做，捏、掐、卷、翻之后，随需而上描眉画眼，形随手出。（5）敷彩。待作品阴干后，根据需要上不同的色彩。（6）上油（或上清漆）。经过这些工序之后即为成品。面塑作品种类大体有：十二生肖、花鸟、鱼虫、龙凤呈祥、飞禽走兽、戏剧人物（悌孝、教子）、寿礼等百余品种，无不传神生动，美艳绝伦，让人爱不释手。现在，面塑作品大多由浮雕走向立体，具有观赏和收藏价值，为群众喜闻乐见，并富有一定的民族文化内涵，寓教于艺术载体的生动形象之中。2013年，耀州面塑被列入第四批

省级非物质文化遗产项目。(XY)

合阳纸塑窗花 合阳纸塑窗花入选传统美术类。纸塑窗花是合阳提线木偶戏衍生出来的独特民间艺术,被誉为"窗格上的木偶戏"。民间俗称"出花",意思是"突出纸面的窗花";又因为内容多是戏曲人物,所以又称"人相"。它属于剪纸艺术,但又与一般剪纸完全不同,原料除色纸外,还要金银箔、绸布料以及棉花等,而制作方法更为复杂,熔包扎、剪贴、点染、堆塑等工艺于一炉,形成一种类似浮雕的窗花,贴在窗上迎风舞动,人物似乎是活的。纸塑窗花是合阳县民间艺术之独特奇花,以造型精美,制作精细,色彩艳丽闻名于世。制作复杂,以各色彩纸剪制各部,组合为人物、动物、景物等造型,逼真传神,突破传统剪纸工艺,使剪纸艺术更具活力。合阳新池镇张家庄村六组的秦牡丹就是合阳纸塑窗花的突出代表。2013年,合阳纸塑窗花被列入第四批省级非物质文化遗产项目。(XY)

子洲面花 子洲面花是榆林市子洲县的特产。面花是一种带有艺术性的美味食品,也是馈赠亲友的特色佳品,更体现传统文化情节。子洲南川面花源远流长,品味独特,是重要的非物质文化遗产。每到临近寒食节的前几天,子洲南川的家家户户便把准备好的上好的白面和好发酵,再准备好黑豆、瓜子、麻子等点缀用的材料和各色颜料等。捏面花时,首先把发酵好的面团兑上一定比例的面粉,和好饧到,捏制成各种人物、动物和吉祥图案等,有男孩、女孩、抓髻娃娃、十二属相及各种飞禽走兽等等,其制作工具十分简单,就是刀子、剪子、梳子等。面花捏好后,放在锅里蒸熟拿出来放在用高粱秸制成的盖子上或笸箩、簸箕里,等冷下来后,再点上各种颜色,这样面花就算做好了。有些动物的眼睛常用黑豆、麻子或瓜子来替代。做好的一些小型面花一般都挂在圪针的枝条上,这样既可以慢慢晾干,又便于观赏,有的可以存放到第二年的寒食节前。2013年,子洲面花被列入第四批省级非物质文化遗产项目。(XY)

苗乡刺绣 镇巴县青水镇位于大巴山脚下,是西北最大的苗民聚居地,也是中国最北的苗乡。苗族妇女鲜艳、明亮的锦绣上衣,随身摆动的褶裙,带角的蜡染头巾,绿色的围腰,闪闪发光的银花银泡,人衣合一,自然协调。苗家女绣花讲究工整、对称,颜色搭配相互映衬。花样取自身边的花、鸟、鱼、虫、竹、木、山、水。仅花就取有花芽、花叶、花茎、花苞、花蕊、花边、花瓣等,水就取流水、波纹、花浪、回曲、旋涡等花样。苗家女一生都在绣,为自己绣、为女儿绣,一代接一代连续不断,绣出了千年锦绣和万代情结。苗家女未出嫁前,都要亲手绣一套嫁妆。从开始绣到完成一般要3~5年,每一件绣品的完成,无不渗透着苗家女的心血。每到正月十五,都要取出最美最靓的花衣、服饰来装扮,以期得到人们的赞许、爱慕与追求。2013年,苗乡刺绣被列入第四批省级非物质文化遗产项目。(XY)

商州花灯 商州花灯,造型精美、色彩鲜艳，寓意和谐美好，曾经上了中国邮票。民间花灯品种较多，按制作材料可分为竹木灯、铁丝灯、玻璃灯和盒子灯4类；按表现内容和造型可分为宫灯、人物灯、动物灯、果菜灯、器物灯等。（1）宫灯：有球形、圆柱形、四方形和六棱柱形（俗称"裤腿灯"）4种。一般均由竹篾、铁丝或木条制作灯筋，铁丝做灯提，灯提下端安以圆形木制灯座。灯围皆使用朱红绸缎或绫绢，上下两端贴有绿色或黄色的云纹剪纸，灯座缀以黄色丝织穗子。近年来，市面有中小型塑料宫灯应市，上镌"五谷丰登""福""囍"等阴文金字。春节时，一对宫灯高悬门楣，充满热烈、喜庆、吉祥的气氛。（2）人物灯：人物肖像多附于六棱转灯（一种靠灯焰气浪拨动的灯）的内芯窗面上，内容无外乎"唐僧师徒"、"巾帼英雄"（花木兰、梁红玉、穆桂英等）、"水浒人物"、"西游记"之类。动物与果菜灯此两类品种最为繁多，造型逼真，制作材料有竹篾、铁丝、白纸、颜料和皱纹纸等。较为奇特者有"双羊抵仗灯"，其绝妙处全在于羊脖子，活动自如，能伸能屈。掌灯人一手执灯，一手牵线，欲使抵便抵，欲使散便散。抵仗时，双羊个个骁勇异常，斗得难解难分，逗引得观灯者纷纷驻足。（3）盒子灯：其名称有火龙、火马、火牛、火树、火伞、火树银花、老鼠吃葡萄、四君子、三学士等。近年来盒子灯还引进了外地的焰火。（4）天灯：也称"汽灯"。是一种用轻型材料（如蜡杆、竹皮等）制成的长方体或圆柱体灯笼。一般高约三四尺，封顶而不封底，下置以可燃物（油纸或松香）。点燃后，靠热浪使之升腾，随风飘摇。其高者可达百米。天灯现在已鲜见。2013年，商州花灯被列入第四批省级非物质文化遗产项目。（XY）

合阳雷氏木雕艺术　木雕多见于庙宇、殿堂、戏楼、民用"大房"等建筑及桌、椅家具，图案有山水、人物、花鸟、万字、竹节、"云立福"（蝙蝠）、"仙寿桃""二十四孝"等。合阳线戏木偶头像雕刻刀工精细，线条流畅，设色明快，面部造型近似唐俑，对勇猛、奸险、凶暴、乖戾、文静、姣美、忠厚、耿直、仁慈、善良等人物性格的刻画，无不惟妙惟肖。合阳雷氏木雕，已历三代，代表性传承人已被吸收为中国民间文艺家协会会员，其作品浮雕"八十七神仙卷"最具代表性。2013年，合阳雷氏木雕艺术被列入第四批省级非物质文化遗产项目。（XY）

8. 传统手工技艺

户县秦镇大米面皮子　户县秦镇大米面皮子是流传于西安市户县的一种面食。相传，秦始皇在位时，关中大旱，沣河缺水，户县秦镇一带稻子干枯。收割后的大米又小又干巴，无法纳贡。有个叫李十二的，用这种米碾成米面，蒸出了米皮。秦始皇吃了米皮，甚为满意，也就有了现在的著名小吃"秦镇米皮"。秦镇大米面皮子通过以下几个工序完成：（1）选择上等大米。（2）用清水浸泡30分钟，捞出，放置10小时左右。（3）在石碾上碾成大米面粉。（4）用细箩子箩面。（5）

烫浆。用一定量的温水把米面粉和成稀粥状，水不能多。水多，蒸出来的面皮就会软塌塌的，没有弹性；水少，面皮厚而没有韧度。水温掌握要合适，低了面皮太硬，口感不好；高了面皮不筋，吃着无味。（6）蒸面皮。（7）用铡刀切。左手抵住面皮，右手端起铡刀，刀头按住不动，一刀一刀切成条状。（8）盛在铁瓢或小盆内，放上绿菜黄豆芽或小菠菜，用工艺十分讲究的辣椒油和有名的户县大王香醋调制而成。2007年，户县秦镇大米面皮子被列入第一批省级非物质文化遗产保护名录。（XY）

阎良核雕技艺 核雕亦称果核雕刻，我国的核雕技艺分南北两大流派，阎良核雕属北派西安一脉。此脉源出于清朝同治年间的山东，随时间的推移流传至西安，由我国著名核雕老艺人孙光明先生传承于阎良的赵秉科形成此脉系，主要以桃核雕刻为主。阎良核雕的工艺过程十分复杂，有几十道之多。首先要备料，而备料则需要选择纹路清晰、质地良好的桃核，选好后要对桃核表面进行初步的清洗，消毒。为防止刻好的作品变形，还要将其放入锅中蒸，然后对桃核表面再次进行仔细的清洗，除掉残余的果肉杂质后，将其放置阴暗处晾干。然后根据桃核的纹路、大小进行构思雕刻，技艺熟练的话可以直接下刀，不熟练的可以用铅笔勾画图形后再行下刀。雕刻时需要雕刻者眼、手、心合一，稍微的差错都可能会前功尽弃。在雕刻的过程中为了使桃核纹路清晰便于观察，需不断用核桃油刷洗。为了防止作品生虫，作品大致成型后，还须将桃仁用细针掏净。然后要用砂纸对成型作品进行细致的打磨，俗话称"三分刻，七分工"，这一环节对作品的面世尤为重要。打磨完后再用核桃油浸润擦拭，一件作品这才算圆满完成。阎良核雕是立体微雕中美冠群芳的一绝，极其珍贵。2007年，阎良核雕技艺被列入第一批省级非物质文化遗产保护名录。（XY）

豆村大蜡 豆村大蜡是周至县终南镇豆村传统民间手工技艺，历史悠久。豆村大蜡由蜡座和蜡体组成。蜡座是放置大蜡的底座，一般在一张方桌上制作一个木桩或铁墩，将蜡座固定平稳，以便抬游或放置。蜡体呈宝塔形，由三个倒立的圆台体垒接而成，每个圆台的上面有蜡盘，蜡盘外有蜡芽，蜡芽口径2～3厘米，长10～15厘米，其形状如卷曲了的莲花瓣，底层18个芽子，二层9个芽子，三层6个芽子。蜡体的中间是铜制的圆柱体蜡杆或竹制蜡杆，通贯可供点燃的棉质蜡芯。蜡体周围全是精雕细刻的飞禽走兽，其花红草绿、鸟欢兽鸣，千姿百态，生趣盎然。蜡体四周又用五色彩线缠绕，如五彩祥云飘逸，寓意吉祥、福瑞。蜡亭属大蜡的装饰物，是用木、竹、纸张扎糊成的亭子，四周饰有花鸟、走兽，套置在大蜡外围，把蜡体衬映得更加美观漂亮。标准大蜡体重60千克，蜡体高1.2米，外径0.9米。一般蜡体要点燃一年。豆村大蜡作为传统手工艺，它是集蜡雕、剪、贴、蜡染、美术为一体的造型艺术，经祖传秘方精心调制，遇高温不熔不化，点燃后周围不消不流。2006年，豆村大

腊被列入第一批省级非物质文化遗产保护名录。（XY）

狄寨竹篾子灯笼编织　源于明末清初，在塘村已有300多年的历史。新春佳节、婚庆喜宴，都少不了竹篾子灯笼来烘托气氛，以示吉祥。它被作为当地群众祝福平安，祈求长命百岁的吉祥之物而保存下来。竹篾子灯笼有3种：寡灯（最大）、中灯、星星灯。寡灯是娘家为新出嫁女儿在婆家过的第一个新年送的，送灯形式叫追灯；中灯、星星灯是舅舅为外甥送的。所有灯笼都是用大红色皱纹纸贴面，而且只贴中间一部分，两边仍露出细致的竹篾子。2006年，狄寨竹篾子灯笼编织被列入第一批省级非物质文化遗产保护名录。（XY）

北张村传统造纸工艺　流传于长安区，源于汉武帝时代。北张村造纸工序有：（1）采集原材料：连绵不绝的秦岭山脉和沣河两岸盛产桑树、构树和麻，而这几种树和植物的皮正好是造纸用的上好原材料。（2）扎把：把采集的各种树皮一把一把地捆成把。（3）浸泡：就是使扎成把的树皮充分软化。（4）蒸煮：支起一口大蒸锅，俗称皮锅，进行蒸煮，使其原料软化，目的是把树皮上黑色、质地较硬、不含纤维的表皮分离，去掉软揉。（5）上生石灰水：目的是发热，使其充分发酵。（6）发酵：使树皮纤维软化、细化，和黑色表皮纤维分离，使纤维充分软化。（7）漂洗：是在河中淘洗，使纤维和不含纤维的黑色表皮分离脱落掉。（8）泡瓢、揉瓢：用一块淘单，裹上碎纸筋，在水中淘，去除非纤维的杂质。（9）踏碓：目的是细化纤维，去除杂质，形成幡子。（10）切幡子：把踏碓好的纤维一层层叠在一起进行切碎。（11）和捣子：把幡子倒入捣子中捣，形成纸筋。（12）仗槽：把纸筋倒入纸涵，用飞棍等工具搅匀，形成纸浆。（13）抄纸：用抄子抄纸。其核心技术是吸鼻头，还需阴阳有序，这样利于揭纸。（14）取纸：把抄好的纸从帘上取下，叠成一沓。（15）压杠：去除纸中的水分，便于揭褙，晾晒。（16）上墙：把去除水分后的纸揭下，褙在墙上晾晒。（17）揭纸：把连在一起、晾干的纸一张一张撕开，叠在一沓，一百张为一刀。（18）打包：即把一刀一刀纸打包，准备上市。2007年，北张村传统造纸工艺被列入第一批省级非物质文化遗产保护名录。（XY）

狄寨徐文岳泥哨制作技艺　狄寨徐文岳泥哨是西安市灞桥区周围的一项民间工艺。泥哨是一种民间的玩具手工艺制品，又称"泥叫叫"或"娃娃哨"。它起初是作为小孩子的一种玩具，后来逐渐发展成为民间的祭祀供品，在当地祭祀活动中应用并流传很广。泥叫叫的产品内容大致分为两部分，一是传说中的神仙形象（八仙、福禄寿），二是戏曲人物形象（二进宫、放饭）。泥叫叫从解放初期传入狄寨街道办狄寨村，已有50年的历史。徐文岳老人长期从事该项工艺制作。由于它造型小巧，比例适当，色彩绚丽，声音清脆、响亮，深受当地人民群众的喜爱。2007年，狄寨徐文岳泥哨制作技艺被列入第一批省级非物质文化遗产项目。（XY）

岐山空心挂面 岐山空心挂面与周部族礼仪有关。"挂"字的古体字有多种，皆与"圭"有关。圭是古代一种玉器，是周代贵族举行礼仪时的一种礼物，以示心底坦荡。庶民无圭便以挂面代圭作为珍贵礼品。史料记载：清代，岐山空心挂面已形成较有规模的作坊。当时最为著名的作坊为"顺天成"，他们专选前茬苜蓿地长出的"紫麦"做原料，制出之挂面纤细柔韧爽口，声誉大振。岐山空心挂面独特的品质很大程度上得益于当地小麦的品质，本地气候属暖温带，光照充分，四季分明，气候温和。又由于本地处"八百里秦川"台原之处，土层深厚，小麦收获期少雨而不易变质，小麦面粉筋度大，不易断条，是空心挂面性能独特的主要原因。其工艺特征：一是空心挂面从原料加工到成品，10多道工序，全由手工完成。长期以来空心挂面操作工艺全靠师徒传承，世代相传和长期实践体会及感觉才能掌握，难于形成文字资料。二是加工过程都须经过揉、压、捂、晾等，这些方面没有量化指标，全凭经验掌握。2007年，岐山空心挂面被列入第一批省级非物质文化遗产项目。(XY)

岐山臊子面 相传商朝末年，周部族在岐山定居。周文王带领部族与商军作战，部队行至渭河畔，见一蛟龙从水里腾空而起，张牙舞爪，遮天蔽日，兴妖作怪，残害黎民。文王下令万箭齐发，射下了大蛟龙，而后将其剁成小肉块，燣成臊子，在大锅里调成汤，各人将面捞在碗里，文王亲自掌勺舀汤烹汤宴将，吃了面又将汤倒回锅里，使全军将士都能吃到蛟龙肉汤，这就是臊子面。制作内容包括：（1）燣（lán）臊子：岐山臊子肉是岐山地方传统风味食品，是制作关中西府名吃岐山臊子面的主要辅料之一。（2）擀面：岐山人对面要求严格，一丝不苟。选优良白小麦三种，混合细磨，每百斤出面七十斤，即现时的特粉。（3）配菜：岐山臊子面的配菜叫底菜和漂花。把它们和臊子一并放入锅中，随汤入碗。（4）炝汤：臊子面的调汤也很重要。臊子面种类繁多，放臊子的叫臊子面，放辣子的叫辣子面，放熟油的叫亮油面，放鸡蛋的叫鸡蛋臊子面，民间统称浇汤面。食用传统：第一碗成品臊子面谁也不能吃，由主家端去在家门外泼汤，以示祭奠天地，然后端去放在家内祖先的神位之前，以祭祀祖先。这时在餐桌上参加用食的人员，贵宾和老年人都要在上席就座，受到特别尊重。他们不动筷子，小字辈还得暂按食欲。他们的剩汤被称作"福巴子"，供大家反复领受。岐山臊子面常识性规矩就是只吃面，不喝汤。但剩汤从来不作为废汤处理，而是要端回厨房，倒入原汤锅里，继续加工、加热、补充，一次次循环往复于席厨之间，直到酒足饭饱为止。2009年，岐山臊子面被列入第一批省级非物质文化遗产项目。(XY)

户县龙窝酒手工酿造技艺 清光绪年间，户县涝店镇龙窝村由各地村民聚居，其中有一户来自河南卢氏县的壮年男子姓费名永泰，身怀绝技，曾经是河南宝丰酒厂的"大师傅"。当时由他挑头凿井取水，建造烧坊，烧出了清香甘洌的第一碗龙窝酒。后经发扬光大，惠及乡里，一传十，十传百，龙窝酒香飘四方，由一个小作坊发展成关中地区老字号的白酒品牌。龙窝酒生产历史悠久，是关中地区传统酿造工艺的典型代表。其酿造工艺主要概括为以下几点：（1）原料：选用关中当地的优质高粱，玉米为原料。（2）制曲：选用关中当地优质小麦、大麦、豌豆三种原料按比例混合制成大曲。（3）用水：选用龙窝古井及地下深水井水。（4）生产工艺：采用传统的甑锅蒸馏法，清蒸续渣，缓火蒸馏，量质取酒，分级贮存。（5）发酵期：一般控制在16~24天内。龙窝酒所具有的独特品质得益于龙窝古井的纯净水质。龙窝古井水质清澈，甘甜可口，矿物含量丰富。俗话说，水是酒体的血脉，龙窝井水是保证龙窝酒优良品质的重要因素。龙窝酒的酿造用粮选用关中平原当地的高粱、玉米、大麦、小麦、豌豆等为酿酒用料。关中地区粮食作物日照时间长，水土肥沃，粮食颗粒饱满，淀粉含量大，是酿酒用粮的优选基地。龙窝酒从制曲到酿造贮存，工序繁多，大都用手工完成。龙窝酒酒体透亮，清香醇厚，甘冽爽口。2009年，户县龙窝酒手工酿造技艺被列入第二批省级非物质文化遗产项目。（XY）

太白酒酿造技艺 太白酒得名于太白山，成名于唐李白。太白酿酒技艺有如下流程：（1）采用优质大麦、小麦、豌豆制成的青茬、红心、槐瓤三种大曲，并混合用于发酵生产，是太白酒生产中的一大特色。通过制曲过程中对入室曲胚温度控制条件的不同，实现了成熟大曲不同形态的变化。由于各种特点的大曲在发酵过程中的侧重点不同，从而影响到成品酒风味的独特性。（2）独特的发酵"土暗窖"是凤型酒发酵的场所，它充分体现了地域特点，利用当地资源，配以特殊方法，建成土暗窖。建窖土坯是最具特色的，它生产工序多，周期长，经过上百次的人力拍打，形成了独特的韧性，不仅保证了窖池的正常发酵，而且为微生物提供了一个良好的栖息之地，再加上每年换一次窖泥，为微生物的新陈代谢提供了必要的条件。（3）独特的酒海贮存。酒海是用秦岭出产的藤条编织而成，里边用猪血、石灰、麻纸裱糊上百层，再打上蜂蜡、清油、鸡蛋清，真可谓一个纸糊的容器。正是酒海贮存，赋予了太白酒独特的"海子味"，作为凤型酒的特征风味成分，酒海的作用非同一般。酒海是弱碱性环境，用它贮存基酒，酒质老熟快，并把酒海味浸入酒中。这是祖辈相传的容器，一个酒海的寿命可长达上百年。2009年，太白酒酿造技艺被列入第二批省级非物质文化遗产项目。（XY）

黄陵轩辕酒制作技艺 轩辕酒也称龙宴酒，是黄陵县店头镇出产的名酒，最早叫"龙涎酒"，传说是龙的涎水酿成的，与轩辕酒相关的传说在黄陵有"杜康追酒"的传说、"杜康造酒醉刘伶""拐角井的传说"等故事一直流传至今。轩辕酒所选用的水质上乘，因杏城村有一拐角井，千百年来，流传在当地的民谣说："店头有眼拐角井，井水可当烧酒饮；杜康用它醉刘伶，黄帝用它敬功臣。先民用它祭天地，拐角井水有神通。"拐角井其水质清澈，饮之甘冽，用此井水酿的酒，清凉透明，纯净绵甜。选用的主料以玉米为主，制曲多用谷子、大麦、小麦、小豆等，而这些原料基本多是黄陵本地自产的主要农作物。轩辕酒采用的现代与传统酿制技艺相结合的酿制方法，以及良好的天然粮食，加上上好的井水，适宜的窖藏环境，于是构成了轩辕酒得天独厚的生产环境，造就出了轩辕酒的优良品质。轩辕酒色如清流，浓而不艳，清而不淡泛出清；其香优雅芬芳、香而不绝、境界分明；其味入口绵柔、落口爽洌、回味怡畅。轩辕酒酿造工序繁多，器具讲究，其酿造方法和形式不同于他处的白酒。自古以来都是作为历朝历代帝王祭祀黄帝的专用贡酒，同时也是当地民间祭祀不可或缺的重要组成部分。2009年，黄陵轩辕酒制作技艺被列入第二批省级非物质文化遗产项目。（XY）

武功土织布技艺 手织布在武功起源于公元前20世纪后稷"教民稼穑"，流传于关中地区。手织布技艺复杂，约72道工序，主要包括四个方面：一是纺线，先用棉花搓捻子，再在纺车上拧扯出细细的白线来。二是把纺锭上卸下的线穗子的线上拐、成束、浆洗、晾干、缠成线筒子。三是进行"经线"工艺组合，设计配色型，俗称"经布"，然后再梳理经线，俗称"刷布"。四是把经线滚子架上织机织布。手织布其感观特点布质绵韧、手感润柔、图案别致、自然天成。其内在特点细密平整、纹理清晰、吸汗保暖、环保健康。2009年，武功土织布技艺被列入第二批省级非物质文化遗产项目。（XY）

洋县黄家营土织布技艺 明洪武年间南方的纺织技术沿长江溯汉水传入洋县境内。目前黄家营镇尚有土布纺织艺人46名。纺织工序繁复，手工精细。土布纺织原料是棉花。土布纺织工艺流程：（1）采集优质籽棉，干料储存。（2）轧花。（3）弹花。（4）搓棉花捻子，将片头棉花缠裹在高粱茎秆（长35厘米，直径1厘米）上，搓成条状后，抽去高粱茎秆即可，形成约28厘米的捻子。（5）纺线。将棉捻子纺成线，形成线穗。（6）染色。如若织彩布，则将纺好的线染成所需颜色。（7）拐线。将线穗上的线缠绕到线拐上备用。（8）绷线。将线拐上的棉线绷到线垒上。（9）做线筒。将线垒上的线缠绕到线筒上。（10）经布。将线筒穿在筒签上，多个线筒依次固定在地面，然后将多个线筒的线头聚拢在一起，再另外安置升子，操作者来回走动，将聚拢之线头缠绕在升子上，备用作"经线"。经线可全部采本态的白色线，也可杂入颜色线（杂入色线者织成为彩布）。（11）制作纬线。将线筒上的线纺制到穗筒上，置于梭子之内，做纬线用。（12）穿绳页。将升子上卷着的线头分离出来，让其依次穿过绳页。（13）穿机杆。将穿过绳页的线头从织布机的机杆缝隙间按一定顺序穿过。（14）固定经线。将线头固定在布机的外档。（15）织纬线。将内置有穗筒的梭子从上下经线空隙中横穿而过，左脚踏下，右脚抬起，然后将机杆向操作者怀中方向猛拉，循环往复，如此一根根纬线便织牢在经线之中。（16）卷布。将布卷到靠近操作者胸前的布机卷轴之上。（17）断布。按实际需要的长短将织好的布截下。（18）成匹。将从布机上截下的布段卷好，用红线从腰部捆扎。黄家营土布主要有两种：一是白土布。本态色调。用于被里、白衣裌，或治丧孝衣、孝布等。二是蓝色格子土布。经线染色而织成。多用于床单、围裙等。2009年，洋县黄家营土织布技艺被列入第二批省级非物质文化遗产项目。（XY）

蒲城土织布技艺 蒲城地处关中腹地，为历代王朝的税赋重地，粮帛之乡。蒲城县贾曲乡，远在春秋时被封为贾国，当地传承着以麻织布的习俗，所织的布疏而不散，紧而不密，昔日称"麻布"。以麻布做服，是周礼孝悌的五种服饰。"大功、小功皆饰麻服。"如今，以麻线所织的麻布已很少见到，但用手纺线、土织机所织的土布，在20世纪70年代以前却是当地农民赖以穿戴的主要布料，其"浑头布"更是儿女婚嫁的重要定情物。做厨房洗涮擦拭用的"抹布"，抹布粗陋稀疏，线像麻，色似麻，是蒲城原始土布的一个缩影。织布工艺由弹棉花、搓捻子、纺线、拐线、浆线、打筒、经线、交拾、卷经、制纬穗、织布等11道工序完成。蒲城土织布有纯白布、大小方格布、长条布等，其用途广泛，如床单一般用方格布，门帘、鞋面用条纹布，衣服可用方格布也可用条纹布，被里则用纯白布。织布使用的机器均为木制，呈组合形，原始、古朴、笨重，均为当地的能工巧匠打制。蒲城土织布历史悠久，用棉花纯手工制作，质地柔软，吸湿性强，透气性好，是真正意义上的"绿色生态环保"产品。2009年，蒲城土织布技艺被列入第二批省级非物质文化遗产项目。（XY）

中华老字号老孙家羊肉 羊肉泡馍最早起源于西周时期的"羊羹"，西周的"羊羹"完全可以看作是羊肉泡馍的雏形。隋朝谢讽《食经》里提到一款美馔叫"细供没忽羊羹"，说的就是羊肉泡馍这种美食。老孙家羊肉泡馍将肉、汤、馍烹煮成一碗羊肉泡馍的工艺，十分精巧，妙道天成。"顾客掰馍，厨师烹煮，以馍定汤，以汤定时，以时出色出形出味出香"，这是老孙家厨师心头和手头的秘诀，也是食客口中的食经，双方皆以此达成默契。馍掰得匀称如豆粒，肉切得标准如鱼状，揪把水泡粉丝网住"鱼"，撮葱花入碗如点翠，然后，手勺唰唰勾汤入瓢，汤沸后下馍，大火烩煮，再下调味，淋化油。火焰呼呼烧，馍肉沸沸滚，手勺夸夸响，火候到了，出瓢入碗，摆形裹汁，再放入辣酱、香菜，就着糖蒜即可食用。2009年，中华老字号老孙家羊肉被列入第二批省级非物质文化遗产项目。（XY）

中华老字号春发生葫芦 春发生"葫芦头泡馍"几十年保持原汁原味与其传统的制饼、洗肠、熬汤、泖馍工艺，以及精工细作的工艺和各种调和料的使用密不可分。葫芦头泡馍的饼，是独具特色的，它是由70%的死面和30%的发面组成，经过和面、轧面、揪面剂、揉面剂、擀剂、入炉烘烤等多道程序制成，又称"七死三活"，这样饼在泖制的过程中才能保证馍块的筋度，味道也与众不同。葫芦头泡馍的原料以猪大肠为主，这是其独有的特征，而且在大肠的选择上，更是极为严格,所选的熟肠整根长30～45厘米,最粗处直径为3～5厘米,呈熟肠黄白本色,无杂色斑点,有熟肠特有的香味,肠壁内无花油杂质,无冰碴。成熟度好,以用手能掐透肠壁为度。葫芦头泡馍的烹饪技法为"泖",这是葫芦头泡馍独有的操作技法。葫芦头泡馍的成形,关键在厨师最后的加工手法"泖"上,这是烹调技艺中一种古老的传统工艺,按关中俗语"泖"(音发:冒)其实是"泡"的通假字,意为汤浸物也。"泖馍"看起来很简单,其实一碗葫芦头晕终的好坏全在这个"泖",好的厨师能熟练运用旋、转、打的手法,使馍全部浸透,馍块滑软没有硬心,调制渗透均匀,层次分明,造型美观,越吃越香,尤其在"泖"制口汤、干泡时不同于煮馍利用火候收汤,而要全凭馍"泖"的程度及汤渗入的多少来掌握,只有馍"泖"到了、"泖"匀了,顾客食后才会味香缠齿、回味无穷。葫芦头泡馍的口味好坏,取决于汤、大肠和馍,所以葫芦头在制作时有严格的操作标准,从吊汤、洗肠、煮肠、制饼都要严格执行标准,这样才能保证其口味肉嫩汤鲜,巴而不腻,醇香扑鼻。馍块质地绵软滑韧,有粘连质感。大肠体现出独有的香味。把汤和大肠及其馍块有机地结合在一起,突出其独有的味道。食用时配以秘制油泼辣子、特色泡菜和大蒜,味道更加鲜香、醇正。2009年,中华老字号春发生葫芦被列入第二批省级非物质文化遗产项目。(XY)

普集烧鸡制作技艺 普集烧鸡起始于河南人氏郭志平,抗日战争期间为逃避战乱,来到武功县普集镇投友定居,利用祖宗从清宫带回的秘方加工烧鸡,色香味俱佳,声名远扬,一直流传至今。制作技巧包括:(1)精选优质鸡。(2)细心宰杀,清水冲洗,浸泡除腥,晾干后抹上蜂蜜和香油。(3)定好火候,进行油炸。(4)配以优质调料,再加上少许冰糖,一齐投入加水的原汁汤中,先大火烧开,再以文火慢卤。(5)烧鸡煮熟捞出,再涂上香油,以保持纯肉原色。普集烧鸡制作极为讲究,要经过十几道关口,最终达到鸡形饱满、肉质鲜嫩、色泽酱红、油光发亮、鸡肉完整、酥烂无渣、醇香爽口。2009年,普集烧鸡制作技艺被列入第二批省级非物质文化遗产项目。(XY)

西安陈氏世家金银饰器 陈文池原为西安市金属工艺厂首饰车间主任,生于1915年,卒于2003年,祖籍河南。他传承了陈家祖辈的金银首饰制作工艺,在从事农活之余进行金银饰器的加工制作。1938年黄河河南花园口段决堤,陈家全部家产毁于洪水,23岁的陈文池逃难来到西安。1938—1941年,陈文池先后在西安竹笆市和东大街开金饰店;1941—1948年先后在西安老宝庆银楼、物化银楼、宝华金店、老宝成金店、老凤祥银楼等金银饰器店当工人、领工,在物化银楼时担任首席金银制作工艺师。20世纪40年代,西安金银作坊铺面有23家,其中物化银楼资金规模位居各家第一,有职工70余人。在此期间,陈文池已经成了西安城区金银饰器制作行业的领军人物。新中国成立后,陈文池当过西安市金属工艺厂工人、首饰车间主任,曾制作《银高脚果盘》，获得许多殊荣。陈文池有4个女儿，纷纷跟父亲学艺，其中陈燕清全面接受了父亲陈文池传统金银饰器技术教育，通过工艺考试，也成为了金属工艺厂的一名职工。目前，陈氏金银饰器制作技艺亟须传承下去。陈氏金银饰器制作使用的工具是汉族地区保存最多的、普通的金银饰器制作工具，有铁锤，铁錾子，线锯，砂纸，吊机，铁锉子，凿子，电钻，木墩子，台虎钳，各种口型的虎钳、拔丝钳、拔丝机、拔丝板、镊子、钢锉、焊枪、坩埚、盛水器皿、皮老虎（鼓风机）、焊药、硼砂等。陈家仅自制的錾子就有604件。陈文池一生从事金、银、铜器饰的捶揲、錾刻、镶嵌、刻字、焊接、模冲、抛光等工艺，是陕西省金银饰器制作行业里技术成就最高的"全把式"艺人。2011年，西安陈氏世家金银饰器被列入第三批省级非物质文化遗产项目。（XY）

传统乐器手工制作技艺 埙是我国最古老的一种吹奏乐器。从考古发现证明：在距今约六七千年前后，已出现了埙的雏形，如半坡、河姆渡等古文化遗址中均有发现。陶埙在历史上出现很早，而且为数不少，并从新石器时代一直沿用至今。最早的埙只有一个吹孔，经过了很长时间，埙体上才出现了音孔。埙从一孔演变到六孔经历了约三千年，即新石器时代到殷代。埙自商代以后的一千多年中，一直保持在五六个音孔的水平上。陶埙的形状逐渐定形，从笔管形、珠形、帽形、鬼脸形、动物形转向梨形、下平上尖的卵形。新中国成立后诸多专家对古埙经过了多年的研制，在古埙的基础上研制出八孔陶埙、九孔陶埙、十孔陶埙等。使这一沉睡了多年的古老乐器重新回到乐坛上，扩展了埙的音域，增大了埙的音量，可以任意转调等。埙的音色幽深、悲凄、哀婉、绵绵不绝，具有一种独特的音乐品质。也许正是埙这种特殊音色，古人在长期的艺术感受与比较中，就赋予了埙和埙的演奏一种神圣、典雅、神秘、高贵的精神气质。陶埙乐器结构简单，携带方便，音色具有神秘、空灵、沧桑的特点，犹如天籁之音，有非常鲜明的古朴风格，使人产生强烈的返璞归真意识。近年来涌现出大批学习、演奏、研究陶埙的爱好者、专家，使埙这一中国文化瑰宝在漫漫的历史长河中得以继承和发展。2011年，传统乐器手工制作技艺被列入第三批省级非物质文化遗产项目。（XY）

户县民间缯鼓 户县民间缯鼓这门几乎已经消失的技艺是由户县陶官寨村79岁的老人陶峰义传承着，他能制作各种牛皮鼓。户县民间缯鼓历史悠久，在清代光绪年间，户县县城、秦镇、大王镇都有皮匠铺子。做一面鼓的主要步骤：由制作鼓腔、加工牛皮、缯皮和钉皮等四部分工序组成。做鼓腔一般选用硬木，先用手锯解下弧形板，在鼓腔模型中进行合缝，胶合鼓腔，不能让鼓腔漏气。鼓腔做好后，要去屠宰场购买新鲜的牛皮，俗称血皮，按照鼓面大小裁好后加工。刮皮需要经验和手上的功夫，要刮得薄厚均匀、恰到好处。牛皮加工好，就该缯皮了，缯皮是做鼓最关键的环节，如果皮缯不好，鼓声就出不来。绷好鼓两面的皮后，钉上铆钉，一面鼓就基本成型了，一般来说，一尺六的鼓要钉一百多枚铆钉。然后就要上鼓踩皮反复紧，绷皮是在鼓腔上把牛皮反复抻拉，不断地拉薄拉紧，使牛皮有良好的弹性，能够产生响亮震撼的声音。同时，通过多次的抻拉、放置、晾晒，使牛皮最终获得一种稳定性，确保在日后的长期敲击下不会松弛变形。绷皮要在专用的木底架上进行以方便而有效地解决绷鼓过程中持续加力的问题。绷皮最精彩的环节是踩鼓，为了让皮最大限度绷紧，必须要一遍一遍紧绳，需要有一个人站到鼓皮上将已经绷紧的皮反复用脚踩，直到皮松后再紧绳，如此反复，皮就能均匀地绷紧。通过多次的紧绳、上绞棒、踩鼓和打木楔，牛皮才能被抻拉到最大伸展程度。再边试声边赶皮，根据声音把鼓皮抻拉到最佳状态，最后把鼓皮钉到鼓腔上，一面鼓就算基本成型了。绷鼓技艺已成为地域文化构成中的重要元素。2011年，户县民间绷鼓被列入第三批省级非物质文化遗产项目。（XY）

秦镇杨氏木杆秤制作技艺 秦渡镇（简称秦镇）是户县最东边的一个古镇，位于沣河西岸。悠久的商业历史使秦镇成为最早使用杆秤的地区之一。杆秤是我国古代度量衡三大件（尺、斗、秤）的重要组成部分，是人们仍然在使用的最主要的衡器。其手工制作杆秤的工艺在中国历史悠久，距今已有两千年的历史。它是根据杠杆原理所制造出来以方便人们买卖的衡器。春秋战国时，杆秤已经出现，到南北朝时期，杆秤逐渐演变成为主要的称量工具。杨氏制作的木杆秤按杆长及秤砣重分为大、中、小三种型号，大号秤称重150公斤，小号秤称重5公斤，由秤杆、秤砣、秤盘三个部分组成。其制作是极其精细和严谨的手工活，包括：选木料、做秤杆、上秤钩和提纽、校称和标划刻度、镶铜花和秤杆染色等十多道工序。每一道工序都有严格的规矩和制作技巧，都是用祖传的专用工具进行手工制作。尤其校称和标划刻度是其技艺核心，利用了杠杆原理和数学定律，体现和传承了我国古代的科学精神和智慧。杆秤制作和其长期广泛使用也衍生了大量的语言遗产。比如"权衡"一词即来源于杆秤，"权"本义指秤砣，"衡"本义指秤杆；在当地方言中有很多俗语、谚语来源于杆秤，比如"不识称花，不会当家""心吃了秤砣了"（形容人贪心）等等。同时由于杆秤的形状像龙，有些人家把秤视为吉祥之物，用于镇邪供奉于正堂上。2011年，秦镇杨氏木杆秤制作技艺被列入第三批省级非物质文化遗产项目。（XY）

起良村造纸制作技艺 据《周至县志》记载，明朝前起良村就有造纸的历史。作为一种古老的手工造纸术，操作工序十分复杂，出一张成品纸要经过36道大工序和72道小工序，而且基本靠人力完成，需要付出超常的体力才能完成。在起良村，过去的家庭妇女们除了要做日常家务外，还要从早到晚帮助家里人在土墙上晒纸，也就有了时至今日仍在周至户县沿山一带流传的谚语："有女莫给起良村，从早到晚立墙根。"手工造纸的部分工艺环节：运用杠杆原理做成的类似木质大槌，是以脚踩为动力的，是用来把"淘"过的皮子反复砸成饼状的，称之为"兑"；埋在地下用石板做成的一个大头小尾、上浅下深的池子，是专门泡制用铡刀切过的纸浆，以便捞纸用，称之为"纸汉石"；池子旁边的烧水小炉子，是为造纸匠人们捞纸时，用来在热水盆里暖手的，称之为"纸汉锅"；一尺见方的木质框格，用干楸木做成，用来安置捞纸帘子，称之为"下子"；下子上用的精巧细密如帘子一般的东西就叫"帘子"。如今，在由刘晓东出资建立的"起良蔡侯纸坊"里，那些曾经濒临失传的蔡伦造纸工艺流程，在民间艺人们的手中不仅能够原原本本地展示出来，还能原汁原味地造出纯楮穰皮的优质麻纸。2011 年，起良村造纸制作技艺被列入第三批省级非物质文化遗产项目。（XY）

周至三多堂纸扎制作技艺 周至陈记三多堂纸扎艺术社地处西安市周至县哑柏镇，位于关中"八百里秦川"中心。周至有周先王宗庙、周太王庙、文王庙等，是西周王室主要祭祀之地，至今还保留着丰富多样的祭祀活动。这是三多堂祭祀丧葬纸扎艺术得以传承至今的主要原因，"三多堂"有一个美好的寓意，即为"福寿禄三多"，周边的十几个村庄是其主要的销售对象。纸扎主要取材竹、木、线、纸，以竹、木为骨架，以线团缚部位，糊彩纸以装饰。它是收扎制、贴糊、剪纸、泥塑和彩绘融为一体的民间艺术。其种类一般有神像（入葬时焚于陵墓前的大件扎制品）、人像（童男童女、戏曲人物、侍者）、建筑（灵房、门楼、牌坊、车轿）、皿器（饮食器皿、供品、瑞兽）。陈记三多堂至今已经有四代传人，目前，主要由第三代传承人陈朴福经营，这门传统纸扎技艺目前亟须传承、保护和发展。2011 年，周至三多堂纸扎制作技艺被列入第三批省级非物质文化遗产项目。（XY）

渭北地坑式窑洞建筑技艺 泾阳北部耸立着巍巍北仲山、嵯峨山及黄土高原台原，遗留着谷口宫、舍车宫、智壳寨、悟空灵骨塔、崇陵、贞陵等遗址、遗迹。作为活态形式存在的渭北地坑式窑洞建筑技艺，在"中矩"的背景下以弧形的拱壳"中规"造型，均衡统一，比例适度，极富韵律感。室内的窑顶或室外的拱头线，"以圆为美"。如此，"中规"与"中矩"相济，体现了中华民族传统的对大自然"天圆地方"的认识观念。它记录了人类穴居的历史，是古人类住宅建筑的活化石，已成为一种文化符号。它反映了劳动人民的智慧和创造性，蕴含着北方民族穴居的遗风，从中我们可以窥视出人类居住的演变。沉淀为渭北高原人粗犷、豪放、厚重、沉稳、踏实的性格。2011 年，渭北地坑式窑洞建筑技艺被列入第三批省级非物质文化遗产项目。（XY）

上川口村锣鼓制作技艺 上川口村先是从事铜锣的制作，但具体起源于何时也没有确切的记载，据传在晚清时期就有了。而鼓的加工时间则要晚得多。铜锣及钹的加工程序：（1）熔铜。将收集来的铜片置入锅内，加入云锡，加热至一千摄氏度以上的高温使之熔解。(2) 制饼。将熔化的合锡铜水浇入准备好的范内冷却，制成碗口大的铜饼。(3) 锻打。将铜饼一边加热，一边锻打，使其成形。(4) 抛光。等铜器冷却后，在抛光机上进行抛光。2011 年，上川口村锣鼓制作技艺被列入第三批省级非物质文化遗产项目。(XY)

岐山王氏皮影制作技艺 岐山皮影是陕西皮影的重要分支，它是以牛皮雕制人物、道具，运用灯光效果表现场景的戏剧形式。实用的需要使皮影向更漂亮、更传神的方向发展，成为专门的民间工艺美术。清康熙元年（1662），岐山何家村王庆引进皮影戏，组成班社，盛衰不弃，七代相传。从初次组织皮影戏，王氏传人就重视了皮影的制作，因用而制，应时而变，形成了精湛的皮影雕刻制作技艺，历 350 余年。岐山王氏皮影是用牛皮雕刻成的工艺美术品。它自汉朝时产生，经过 2000 余年的发展，曾与音乐歌唱结合，构成影子戏，这是中国人自创的最古老的屏幕音像作品。皮影纤小明丽、造型美观，牛皮经刮洗打磨后，质地轻韧透亮，具有极强的透光性，既适于在幕布上表演，又可以作为赏心悦目的工艺美术品。岐山王氏皮影刻制精美，题材广泛，一尺高的皮影人物可以弄枪弄棒、骑马射箭、金殿坐帐，表现力十分丰富。鸟兽亭台，山水花草，惟妙惟肖，达到了写真与写意的完美结合，是西府皮影的精华。2011 年，岐山王氏皮影制作技艺被列入第三批省级非物质文化遗产项目。(XY)

古典插花 在佛教艺术传入我国以后，为盆栽造景和古典插花注入了新的动力，佛殿中常有供花：以花皿盛装鲜花作供奉，称为皿花、堆花，在法会时常用鲜花瓣置于花盆中作为散花，天女散花成为佛教艺术中浪漫的题材，再有用瓶供鲜花的形式，也就是现代的插花艺术了。《南史·齐武帝诸子传》载："有献莲花供佛者，众僧以铜罂盛水，渍其茎，欲华不萎。"这是最早的关于插花的记载。从简单的瓶供，至花朵的布插及瓶花的保养，逐步形成古典的插花艺术。2013 年，古典插花由陕西省花店业协会申报，被列入第四批省级非物质文化遗产项目。(XY)

关中传统民居营造技艺 关中传统民居营造技艺，是该地区群众长期在生产生活实践中创造出的非物质文化遗产，形式丰富多彩，内容深沉广博，既延续了北方合院式民居建筑的传统布局，又根据当地气候、地理条件因地制宜加以改进，其窄长幽深的封闭式合院布局、两侧厢房半边盖的特点，夏季可遮阴收集雨水，冬春季节可抵御西北风沙侵袭，解决了关中地区春冬风沙强烈、夏季炎热干旱少雨等恶劣气候对生活的影响，其建造风格极具关中地域文化特色，又不失实用性。2013 年，关中传统民居营造技艺被列入第四批省级非物质文化遗产项目。(XY)

关中传统驯马技艺 关中传统驯马技艺囊括马匹的饲养、医治、训练、阉割、繁殖等各个方面。例如在饲养方面关中人信奉马匹在五行中属火，因而在每年开春都要对马匹进行"放血"，再喂以大黄与鸡蛋清调制的药物，以达到为其"放毒"、清肺、清胃的功效，使得马匹更加健康。在马厩中，关中地区的马农都会贴上"弼马温"的年画,而"弼马温"在关中马农口中实为"避马瘟",更是马农对马匹能够健康成长、避免生病的一种期盼。目前,最具传统关中特点的驯马技术主要表现在对于耕种马、骑乘马与表演马的调教、训练、医治与饲养方法上,即关中传统饲养、医治方法与钉马掌及驯马技艺。2013年,关中传统驯马技艺被列入第四批省级非物质文化遗产项目。(XY)

民间玩具九连环制作工艺 九连环是把若干金属丝制作的圆环用"环杆"扣连在一起,套装在剑形环柄上,按一定的步骤程序使环与柄脱离的玩具,有7环、9环、11环、13环等多种,但以9环者最为著称,故统称九连环。杨同喜是省非遗保护项目民间玩具九连环制作技艺的传承人。九连环制作需要经过切割、打磨、抛光、钻孔、握圆环、握杆架、制板条等流程,最后再坠上玉珠和彩绘,一个古色古香的玉器金属九连环就诞生了。2013年,民间玩具九连环制作工艺被列入第四批省级非物质文化遗产项目。(XY)

泥叫叫制作技艺 "泥叫叫"又名"娃娃哨",是一种传统的民间工艺品,主要用于儿童玩具和民间祭祀两种用途,具有很高的艺术价值。泥叫叫是用一种模印捏制成形、经低温焙烧而成,兼有声响的儿童泥玩具。相传,在清末,鱼化寨有个东围墙村,村里有一个娘娘庙,里面住着两位从外地流落至此的老汉,以做泥叫叫为生。自此,村子里家家户户每逢农闲时节,都要取土做泥叫叫,送到古城西安城隍庙、八仙庵等地,由挑担小贩穿街走巷叫卖,十分畅销。泥叫叫亦成为当时孩童们心中不可多得的玩具。一个泥叫叫,从创作形象、选土、粉土和泥、制模、捏泥人、晾晒、烘烤、彩绘、罩油等十多道工序,历时3天才能完成。2013年,泥叫叫制作技艺被列入第四批省级非物质文化遗产项目。(XY)

民间竹扎技艺 民间竹扎技艺起源于宋代河南巩义市的和义沟经氏家族,1930年经家第15代传人经瑞章因生活所迫迁至古城西安,经瑞章之子经金山自幼师承父亲学习竹扎木工技艺,并将传统木工的榫卯连接技术和竹扎弯曲技术相结合,制作出各种各样的古代楼台亭阁、花鸟走兽,形态逼真,比例精确,工艺精湛,堪称一绝。竹扎制作流程并不复杂,选材、加热弯曲、穿孔、铆竹、组接、打磨、涂色即可完成。2013年,民间竹扎技艺被列入第四批省级非物质文化遗产项目。(XY)

雁塔结绳香囊 最早人们用结绳来记事,石器时代用来捆扎石斧,后来织渔网,衣服打结,旗袍的盘扣等等都用到了结。结连在一起成了囊,装上用来驱虫辟邪的香料变成香囊,它诞生于人类最古老的劳动中,最终变化成一种装饰品。古代的服饰常常在腰间佩戴香囊,置入美玉或香料,或作为信物互赠,而并不仅仅限于端午节。随着社会发展,服饰的变化,结绳香囊逐渐变成可有可无的装饰品。主要传承人汪卫东,自幼跟随外祖母学习做香囊,掌握了基础的技法,后来在染织厂工作,从事图案纹样设计,又增加了一些配色的技能。多年来不间断地摸索和学习，为她的结绳技艺累积了丰富的资源。从小香囊、盘扣，到图案精美、织法繁复的各种结绳工艺品，她的技艺渐渐炉火纯青，在造型、配色、织纹上有了很大的突破和创新。2013年，雁塔结绳香囊被列入第四批省级非物质文化遗产项目。（XY）

传统打铁技艺　打铁是一门十分古老的传统技艺，传统打铁工具有铁匠炉、风匣、手锤、砧子、大锤、磨石等。打铁铺也称"铁匠炉"。屋子正中放个大火炉，炉边架一风箱，风箱一拉，风进火炉，炉膛内火苗直蹿。要锻打的铁器先在火炉中烧红，然后移到大铁墩上，由师傅掌主锤，下手握大锤进行锻打。右手握小锤，左手握铁钳，在锻打过程中，上手要凭目测不断翻动铁料，使之能将方铁打成圆铁棒或将粗铁棍打成细长铁棍。打铁先得本事硬，首先就得有个好身体，没有力气不能打铁，沉重的大锤轮番起落，需要的是气力和耐力。打铁工艺主要有：拣料（靠打铁师傅的经验，通过目测与手掂来挑选合适的铁料）、烧料（使铁料充分受热、软化）、锻打（将加温到一定程度的铁料夹到铁墩上，举锤敲打）、定型、抛钢、淬火、回火、泽油等。每一件简单随性的铁制品无不诠释着广大劳动人民的勤劳与智慧。2013年，传统打铁技艺被列入第四批省级非物质文化遗产项目。（XY）

永寿土梁油制作技艺　永寿土梁油坊地处永寿县城向东2千米处的封侯村。永寿土梁油采购关中平原的菜籽，经过筛选、晾晒、研磨、上蒸笼、捆绑成型、下槽大梁压榨等多道工序制作而成。在油坊左侧的房间有一个石磨，采购来的油菜籽晾晒后，缓缓倒入石磨上方的木头斗笠中，菜籽窸窸窣窣地流入石磨的磨槽，石磨不停歇地"吱吱呀呀"地旋转着，金黄色的菜籽碎末散发出淡淡的芥末味儿。进入油坊，一根长12米的整木巨大油梁横卧在屋里，油坊里侧，是用青砖砌成的"悬空"基座，支撑着油梁，吊在另一端房顶的滑车，有两个实木辊辘，形成一组滑轮，中段凹沟处有一纺车状的滑车，用脚蹬手扳着不断转动，就吊起了"油梁"。油坊就是沿用古老的杠杆原理来进行压榨。靠近窗户边是一口直径1.5米的大铁锅，师傅给锅内注入水，升起炉火，将磨碎的菜籽盘入锅内开始蒸。蒸大约一个半小时，形成油坯。估摸时间火候到了，师傅用铲刀铲出一点油坯，用手捻开查看，确定油坯完全熟透后，起锅。两个师傅开始忙活，一个人执铁锨将油坯铲出，另一个备好油圈，准备"包坨"，一层层"包坨"裹好，然后抡起木锤进行砸实，两个人合力托起油坨，放进油梁下的石盘上，压上座梁石及木块，用脚蹬的滑车慢慢加压，一股金黄透亮的菜籽油慢慢从一圈一圈油坨油绳间渗出，淅淅沥沥地滴进了油蹬下面的油缸中。头梁、二梁的油需要2～3小时才能沥完。榨出的油灌入瓮中储存，沉淀，过滤，再出售。这种纯手工制作的菜籽油色泽亮、味道香、无污染。随着工业发展，传统的加工工艺面临失传。2013年，永寿土梁油制作技艺被列入第四批省级非物质文化

遗产项目。(XY)

陇县花灯制作技艺 花灯制作是陇县传统的手工制作工艺，它的起源可以追溯到汉代，主要依赖于元宵节赏灯风俗而存在。制灯笼的工序非常繁复，要把竹子破成两三毫米厚的柔软竹篾，再把一条条竹篾编成网状的灯笼骨架，然后要糊纸、涂色、做手攀，每道工序又分为十个左右的小步骤，而且一个花灯由灯攀、竹笼、灯笼须三个部分组成，制作一盏精美的花灯要花费大量的心血。陇州花灯主要有火罐灯、花篮灯、兔儿灯、莲花灯、蟾蜍灯、鸡灯、老虎灯、鱼灯、龙灯、鹅灯、宫灯、纱灯等20多个品种，而且大小式样不一。虽然纸质灯笼还有一定市场需求，但近几年受电子灯笼的冲击，近年来制作的人也越来越少，纸质灯笼制作工艺面临着失传的处境。2013年，陇县花灯制作技艺被列入第四批省级非物质文化遗产项目。(XY)

秦源影雕黑陶 黑陶起源于陶，可以说是原始陶器的进化版本。在传说中，黑陶是"五帝"之一的舜帝发明的。秦源影雕黑陶不同于其他黑陶，是在黑陶表面采用影雕的方式去掉黑陶表面的碳，让陶器的底色显露出来，形成图案。创始人韩海涛是在破损的残次品上雕刻，偶然发现其艺术魅力之所在的。秦源影雕黑陶特点是"黑如漆、明如镜、硬如瓷、敲如磬"，制作工艺流程极其专业、繁复，主要有选土、晾晒碾碎、淋泥、老泥、扎泥、揉泥、醒泥、拉坯、修形、抛光、压光、压花等22道工艺流程。用料精良，工艺考究，体形庄重，具有较高的艺术价值和经济价值。2013年，秦源影雕黑陶被列入第四批省级非物质文化遗产项目。(XY)

传统寺庙营造技艺 榆林佳县的传统寺庙营造技艺是将古寺庙建筑技法与寺庙建筑技法、营造法式融为一体的传统寺庙营造技艺，是以木结构框架为主的建筑体系。材料以土、木、砖、瓦、石为主。营造的专业分工主要包括：大木工、小木工、瓦作、砖作、石作、土作、油作、彩画作、搭材作、裱糊作等。营造形式上都是根据所处的地理环境而定，小至单间硬山式小庙，大到重檐歇山顶大殿。有在石窑洞或砖砌枕头窑上垒山城山尖，上覆筒板瓦，外加木质走廊的硬山式建筑；有砖木结构的硬山式、悬山式、歇山式建筑；有二层重檐歇式、三滴水十字歇式建筑，有四角、六角、八角的单檐、重檐钟鼓楼，有前塔后殿式、四面回廊式建筑以及砖、木塔、牌坊、游廊等。2013年，传统寺庙营造技艺被列入第四批省级非物质文化遗产项目。(XY)

张良庙花木手杖 张良庙所在地紫柏山一带海拔1300米以上盛产材质优良的特种多年生灌木，如鸡骨头、老鼠刺、刺李子、红甸子、黑塔子、红染子、佼佼藤等稀有灌木。这些灌木采自人迹罕至的悬崖绝壁下，木质细腻，坚硬性韧，盘根错节，刚柔相济，是制作手杖的天然资源。张良庙手杖制作工艺考究。首先根据原生枝根形状，因势造型，量材施工，相机而行，达到布局相宜，保持其天然风韵；定型后，经炮制、脱水，形成初具形状的毛坯；经精磨、擦洗，使之光滑润泽；然后进行雕刻，采用浮雕、明暗雕等技艺，或刻，或凿，或镂，或削，形式多变，刀法纯熟，线条洗练，精巧生动；最后经抛光和特殊的色泽处理，就制成了一根根风格各异的精美手杖了。其着色多为淡青、杏黄、银白、浅红，近于木质的原色，力求趋于自然，不落俗套。雕刻题材多为山水、花卉、鸟兽、虫鱼、四屏、诗词等，或瑰丽秀美，或古朴清雅。其佳妙者有单盘龙、双盘龙、侧雕龙、昂头双龙、二龙抢宝、长尾龙、普冬鸽、梅菊、幽兰、松鹤、熊猫、紫竹、葡萄等。最为巧妙者则为利用原材料的结疤、瑕点，雕成展翅鸣叫的夏蝉、舞须欲斗的蟋蟀、含珠欲腾的双龙等，极尽巧思，宛若天成。张良庙手杖既有实用价值，又有艺术价值，是一种难得的工艺品。2013年，张良庙花木手杖被列入第四批省级非物质文化遗产项目。(XY)

野生山核桃工艺品制作技艺 野核桃内外的纹路结构没有两件是相同的，造就了核桃本身具备的美学的唯一性和赋予它的文化含义。成熟的核桃坚实而圆，大小跟杏差不多。外壳坚硬，一身铁甲，满脸皱纹。有棱有角，经纬交织的表面又是一种天然雕刻的艺术品。野核桃的另一特点是坚固，牢不可破。山核桃工艺品以野核桃为原料，进行手工制作而成。相关器具有：各种锉刀、吊磨、综合胶、锯子、钻子、剪子、锥子。利用天然野核桃优美的花纹、各异的形态、自然的色泽、古朴的风格、坚硬的质地，经过艺人精选、裁、定型、磨、抛光、粘接、细雕等几十道手工工艺程序，制成各种艺术品，其特有的天然的核桃香味经久不绝。这种山核桃工艺品有如下特点：野生资源的开发利用，变废为宝；环保、绿色、无污染；融艺术性、观赏性、实用性、可收藏性为一体，点缀和美化生活；可代表安康地方特色的、充分利用野生资源的标志性纪念品和礼品。2013年，野生山核桃工艺品制作技艺被列入第四批省级非物质文化遗产项目。(XY)

杏坪皮纸制作技艺 杏坪皮纸制作原理跟蔡伦造纸原理一脉相承，工序复杂，大工艺有14道，小工艺有72道。主要工序有：采集原料，干制收藏，水浸软化，拌灰碱化，高温蒸穰，碾压再蒸，洗涤清理，搅浆赶浆，荡帘捞纸，上墙晒纸，晾干揭纸。最后打捆包装，通常每100张为一刀，5000张为一捆。这种皮纸按照传统方式采用原生构皮，纤维多，吸水性强，十分耐用，赢得了市场的信赖，而且用途广泛。2013年，杏坪皮纸制作技艺被列入第四批省级非物质文化遗产项目。(XY)

中华老字号贾永信腊牛羊肉制作技艺 贾永信腊牛羊肉精选秦川黄牛和宁夏大尾绵羊，用世传的秘方配料大火煮小火焖，达到10小时以上，才能做出正宗口味。工艺考究，做工精细，色、香、味、形俱佳，其色泽红润，瘦而不柴。该产品精选优质牛羊肉，在保证肉质营养成分情况下，进行特别腌制，而后再选配上等花椒、大香、小茴香、肉桂、草果等18味天然调料，用世传工艺技术煮制而成。其因肉质酥松、色泽红润、味道可口、鲜香不腻而声名远扬。"贾永信"牌腊牛羊肉其独特之处在于一年四季保持口感不变，是家庭食用，馈赠亲友之佳品，可用作宴席配菜，也可直接食用，为古城西安独有之风味。2013年，中华老字号贾永信腊牛羊肉制作技艺被列入第四批省级非物质文化遗产项目。（XY）

荞面饸饹制作技艺 淳化县荞面饸饹，制作工艺源远流长，早在元代就已产生。荞面饸饹制作包括荞麦面粉加工、调面、压制、熟辣椒、煎臊子汤等，有一整套非常考究的制作工艺。无极的饸饹在制作时选用新鲜荞麦现磨、现和、现做，用一种特制的饸饹床子，将荞面压成细而长的圆状条面，捞入碗中，再浇入多味调料的羊肉、猪肉汤，其特点是条细筋韧，挑起来不断条，清香利口。饸饹面是把和好的面投入特制的饸饹床（中间有圆洞，下方有孔，上面有与圆洞直径相差略小的木柱圆形头伸入洞中挤压），将其横跨锅上，用机身压杆用力向下挤压，饸饹面就从圆孔中挤出，下到锅里，待面压到一定长度，用刀从下方把面条截断，即成细长光滑、诱人食欲的饸饹面了，再加入用纯羊油熬制的辣椒和百年老锅汤及新鲜味美的羊肉，辅以八角、茴香、辣椒、胡椒、肉桂、葱花、枸杞等十余种作料，吃起来不仅味道鲜美，香而不腻，而且有暖胃驱寒、滋阴壮阳、保健防病的功能。饸饹以荞麦面为主，分湿面与干面两类，湿面可现煮，为手工饸饹，以传统的饸饹床加于锅上，一人轧面一人负责切面、煮面，入锅之后一滚即起浇上卤汤。干面饸饹系用机器轧面，放烘干室烘干后装袋而成的成品饸饹。荞面饸饹是北方民间饮食文化的典范之作，已成为陕西省四大地理标志证明商标之一和陕西省两个非物质文化遗产注册商标之一。2013年，荞面饸饹制作技艺被列入第四批省级非物质文化遗产项目。（XY）

耀州雪花糖 耀州雪花糖的主要原料是小米、芝麻和大麦芽。近年来，还增添了核桃仁、桂花、青红丝、果子露等佐料，味道更加香甜可口。做雪花糖是个苦力活，炒糖、扯糖，要求快速而且费力。糖色是否白亮，在于掌握熬制火候和扯盘功夫；是否酥脆，全在于切糖刀功上分高下。雪花糖制作工序是先将小米用水泡透，上笼蒸熟，再拌上碾面的大麦芽使其发酵，再装进有隙孔的大瓮里，倒进开水把米汁淋出来，倒入锅里，用炭火去熬。等熬稠后取出扯成糖坯，再将糖坯放入锅里用木炭火熏，然后掺入炒熟去皮的芝麻搅拌均匀，擀成片，切成条。最后将糖条按一定的宽度切成若断若连、薄如纸页的糖条块，吃起来味道香甜、口感酥脆。是纯手工加工的天然绿色食品。百年来为人们所称道，誉满关中，是关中四糖（咸阳琥珀糖、三原蓼花糖、富平琼锅糖、耀州雪花糖）之首，香甜酥脆，风味独特，兼有健胃润肠、止咳化痰之食疗功效。2013年，耀州雪花糖被列入第四批省级非物质文化遗产项目。（XY）

富平县流曲琼锅糖制作技艺 富平琼锅糖是陕西省东府有名的汉族小吃，富平特产琼锅糖亦是中外游客选购品尝的地方风味特产之一。琼锅糖尤以古频阳县凤凰城（今渭南市富平县流曲镇）生产的成糖最为有名，富平流曲镇的琼锅糖距今已有数百年的制作历史。因其香酥脆甜、口嚼味美、佐料考究,历来为民间传统的消食润肺、健脾补肾之保健珍品。琼锅糖选用优质井水与上等精细小米蒸馏,与大麦芽浆搅拌发酵淋汁,用铁锅熬成糊状"灶糖"取出冷却,再在蒸汽加热中反复拧条拉扯,使糖色由黄变白如琼,然后与炒熟的白芝麻,再配花生仁、核桃仁、冰糖、白砂糖、果脯、陈皮等分层置于瓷缸内热焖,最后混压成饼,刀切成条,即成香味醇浓的风味食品琼锅糖。2013年,富平县流曲琼锅糖制作技艺被列入第四批省级非物质文化遗产项目。(XY)

柿饼制作技艺 柿饼的制作过程主要有:(1)选料:选择果大,含水量适中,无病虫害,不软烂的柿子。(2)刨皮:可用铁刨子将选好的鲜柿子的外表硬皮刨净,保留接近柿子萼盘和果梗的梗皮。(3)晒炕:将刨净外皮的柿果,逐个整齐地摊放在晒垫上(晒垫可用竹子编织)用太阳晒。晒垫应放在离地面1米高的架子上。柿果摊晒时萼盘朝下,夜晚露天晾。(4)捏饼:用手捏柿饼成形有讲究,具体做法是:第一遍不要用力太大,以免捏破外皮,影响外观。隔2~3天,摊放的柿果面逐渐干燥,并呈现皱纹时,继续捏第二遍,这一遍是影响品质好坏的关键。捏时用力要比第一遍大些,要将果肉的硬块全部捏软。再隔2~3天,果面出现粗大皱纹时,捏第三遍,这次要将果面捏扁,果肉捏软,并及时捏扁整形。(5)露霜:把加工压扁的半成品装在木箱内,木箱四周与上下铺干净的白纸。等到霜降节前后,将柿饼取出摊放在凉爽的地方,此时注意不能让阳光曝晒。一般上午摊晾,午后把它收回箱内。经这样反复几次处理,能使柿饼糖分外溢,其表面出现白霜即成。(6)贮藏:制成的柿饼剔除次品,每10个一扎,用洁白的干稻草或棕叶丝扎捆成"十字架"形,即可作为产品出售。2013年,柿饼制作技艺被列入第四批省级非物质文化遗产项目。(XY)

蒲城水盆羊肉制作技艺 陕西的水盆羊肉以蒲城水盆羊肉最为有名。蒲城的水盆羊肉历史悠久,起源于明朝崇祯年间,因在农历六月上市,又称"六月鲜"。以剔骨"同羊"肉、骨头、桂皮、花椒、小茴香、草果、精盐、味精为原料,分原料处理、煮羊肉、调制熟羊肉三道工序,食用时用烧饼或白吉馍同吃,佐以糖蒜、辣子酱、鲜蒜瓣,则肉烂汤清,吃而不腻,清醇可口,别具风味。是关中人不可缺少的一份美味佳肴。它是以剔骨鲜羊肉、羊骨加入桂皮、花椒、小茴香、草果等数十种调味料,加秘制配料包,历经数小时焖煮而成。食用之前把熟羊肉切成厚片,放进大碗里,浇入肉汤,加味精调味即成。2013年,蒲城水盆羊肉制作技艺被列入第四批省级非物质文化遗产项目。(XY)

神木传统榨油技艺 神木传统榨油技艺主要分布在神木县城东面的栏杆堡镇,这里盛产黄芥、胡麻、芝麻等油料作物,有着榨油的天然原料。神木榨油业历史悠久,生产多以土法,属季节性生产形式,且以食用油为主。相传明末清初时期就有人在神木县栏杆堡榨油,试尽了所有办法,久榨未出油,后来就自己跳进了蒸锅被活活蒸死。后玉皇大帝封其为黑虎爷，让天庭匠人传授技艺，再令其下凡到栏杆堡，遂将榨油技术相传下去，并派二位将军驻守，以保平安。在民间，每逢开榨前都要点香祈平安，出油后点灯敬奉，并炸油糕庆祝，第一片油糕敬奉"黑虎爷"。神木传统榨油技艺的场所多为土窑洞，在15米的土窑里架上3~4米的木梁，裹上包垛绳，看着油一滴一滴地流出来。榨油时间从当年八月至次年三月。榨油工序首先是手工筛选油料，然后用平底铁锅炒油籽，炒油籽的秘诀是"黄芥炒成苍狗狗，芝麻炒成烫手手，胡麻炒成老鹰头"，这个技术决定着油品高低和出油的多少。后用石磨将油籽磨成粉，然后高温笼蒸，此法是用高温蒸馏提精法，提取油料精华，使油品质纯正、味道醇香。接下来采用拉倒梁的方法榨油。大梁长12~13米。在老梁上顶住进行反复压榨后，即告完成。神木传统手工作坊榨出的黄油色泽金黄、清香四溢、味美醉人、营养丰富，口味香、光、润，且不含任何人工调味及防腐剂，是人们特别崇尚和喜好的一种油品。2013年，神木传统榨油技艺被列入第四批省级非物质文化遗产项目。（XY）

原公土席杂烩制作技艺 原公杂烩就是原公土席的头菜。原公杂烩由面子、底垫和汤三部分组成。原公杂烩的面子（漂在汤碗上面的食材）很讲究。它是由上等鸡脯肉做成的各色丸子。做法是把上好的鸡脯肉剁成肉泥，加入调料，在盆里不停地向一个方向搅成"肉泡泡"，这样丸子才会在汤里漂起来。选用天然食材的本色，比如荠菜汁、油菜花、蚕豆叶等给"肉泡泡"上色，这样做出的鸡脯丸子，绿是翠绿，红是粉红，黄是嫩黄，色彩分明。上好色的"肉泡泡"要做成丸子，须先烧一锅大概温度在70~80度的热水，用手挤成丸子状，放入热水中慢慢烫，待定型熟透，捞出待用。待丸子和底垫准备好，就可以装碗入笼蒸了，最少需蒸3个小时以上，这样蒸的原公杂烩才入味。装碗要先把各色丸子铺在蒸碗的底部，然后才放鱿鱼、海参、滑肉、木耳、粉丝（粉墩）、黄花、山药、油豆腐等。这样，上桌后你第一眼才会看到漂起的丸子。原公杂烩好吃，除了食材的精美与考究外，还少不了一口上好的清汤。原公杂烩的汤，讲究清汤清水，不见一丝浑浊。我们知道猪骨头鸡骨头熬汤，油大沫多很浑浊，原公厨师用动物血去浊法让它变清。原公杂烩上桌前还要做一些装碗美饰，将已蒸好的原公杂烩从蒸笼里取出，厨师用敏捷利落的身手迅速翻扣在早已备好的大汤碗里，然后撒上葱花蒜苗和菱形蛋皮，清汤一浇，一碗热气腾腾、清香四溢、五彩斑斓的原公杂烩就上桌了。无论这形、色、汤、味，无不让人拍手叫绝。2013年，原公土席杂烩制作技艺被列入第四批省级非物质文化遗产项目。（XY）

汉中绿茶手工制作技艺 汉中茶叶生产历史悠久，种植的茶树多为适制绿茶的品种。所谓绿茶，是指从茶树上采摘一芽两叶或一芽一叶的嫩叶梢，经过杀青、揉捻、干燥三道工序制成的，具有清汤绿叶品质特征的茶叶。汉中为绿茶产区,茶叶香高、耐泡、形美、味浓、保健,品质优异,深受广大消费者欢迎。汉中茶叶加工,经历了漫长的"脚蹬、手揉、太阳晒"手工制作的历史。20世纪60年代开始,慢慢由手工加工向半手工半机械化发展,到了千禧年前后,全市炒青绿茶加工基本都实现了机械化加工。然而,传统手工制作的汉中绿茶别有韵味,目前手工制茶工艺却逐渐地退出历史舞台,亟须传承保护。2013年,汉中绿茶手工制作技艺被列入第四批省级非物质文化遗产项目。(XY)

佛坪竹编技艺 竹编技艺流程主要有选竹、划篾、定模、编制、打磨等。现年逾七旬的高玉州老人是佛坪竹编技艺的主要传承人,他手工编制的生活用品,其造型传统,结实耐用,具有浓厚的地方特色。熟练掌握这项技艺的手工艺人被称为"篾匠"。佛坪竹编技艺,诞生于明末清初。竹编艺人一般都从农历七月末开始编制竹器,一直编到农历十月底。尤其是用八月的竹子编制的竹器柔软且光滑,经久耐用,百年不腐。2013年,佛坪竹编技艺被列入第四批省级非物质文化遗产项目。(XY)

略阳罐罐茶传统手工技艺 略阳县位于秦岭西段南坡,嘉陵江上游,西北与甘肃康县、成县、徽县、两当毗邻。略阳古为白马氏之东境,白马氏族即古羌族的一个分支。传说罐罐茶乃古羌族的遗风。略阳罐罐茶的分布地域性极强,一方水土,一方习俗。有民间歌谣道:"东南路里水泡茶,城西两路(大、小西路)面罐茶。北路河里油炒茶,熬茶的罐罐鸡蛋大。"这"面罐茶"和"油炒茶"是略阳罐罐茶中极有代表性的两种饮茶风俗。略阳罐罐茶是汉中市略阳县的传统茶点,有水泡茶、油炒茶、面罐茶等种类,后者最具特色。人们用小罐盛水,放入茶叶,置火上煮熬,边煮边放入面糊,再加上清油,调以茴香、藿香、生姜、食盐、核桃、肉丁、鸡蛋花等调味品及佐料,清早或有客人来时,人们就煮茶以当早点而食用,提神暖胃,爽口宜人。2013年,略阳罐罐茶传统手工技艺被列入第四批省级非物质文化遗产项目。(XY)

白河"三点水"制作技艺 白河特色饮食丰富多样,悠久历史,有着深厚的文化底蕴。有些特色美食在历史的长河中慢慢失传,而有些特色美食却在岁月长河中历久弥新,这其中令白河人引以为傲的是白河"三点水"。"三点水"原为"吉祥宴",因有一道鸡肉和一道羊肉,取"鸡""羊"谐音合为"吉祥",这种单纯的味道之外所承载的浓浓祝福和憧憬,显示了白河人对一切美好事物的深情寄托。入席前,四个凉盘:卤制牛肉、猪头肉、猪肝、缠肠(或香肠或花生豆),四碟小菜中放一糖果干盘。入座后,八道菜:肉糕、鲜鱼、蒸鸡、肚片、羊肉、猪蹄、腰花、蒸酒米。三点水宴席多用于喜庆宴、婚宴、寿宴、满月宴等,200多年来深受群众喜爱,形成一道独特的饮食文化体系。2013年,白河"三点水"制作技艺被列入第四批省级非物质文化遗产项目。(XY)

镇坪腊肉腌制技艺 "巴山景秀美,镇坪腊肉香。"好腊肉在陕南,陕南好腊肉在镇坪。镇坪有"腊肉之乡"的美称。镇坪腊肉以纯植物香料为配方，选用优质猪肉，经整形、腌制、烘炕等20多道工序制成。根据不同的季节采取不同的腌制方法，多用柏树枝、花椒树枝、香椿树皮进行熏烤，其独特的腌制熏烤技艺保证了腊肉的优良品质和品牌。镇坪腊肉不但风味独特，营养丰富，而且具有开胃、驱寒、消化功能，色、香、味俱佳。镇坪腊肉被农业部认定为国家地理标志保护产品，成为镇坪最香的一张名片。2013年，镇坪腊肉腌制技艺被列入第四批省级非物质文化遗产项目。（XY）

黑龙口豆腐干制作技艺 黑龙口豆腐干历史悠久，生产于商洛市商州区黑龙口镇，因其吃起来柔软有筋、口感鲜美而声名远扬。它以本地生产的优质高山大豆为原料，以秦岭山脉南麓的丹江源头、秦岭山泉水为生产用水，经石磨磨浆、铁锅木柴火、陈浆点卤、晾晒等十几道工序而成，高温灭菌，真空包装，无任何添加剂。它保持了当地农家独特的传统加工工艺，色泽嫩黄，质地细腻，咸淡适中，味道鲜美，口味独特，营养价值高，是商州特产之一。2013年，黑龙口豆腐干制作技艺被列入第四批省级非物质文化遗产项目。（XY）

柞水洋芋糍粑 洋芋糍粑是把洋芋蒸熟捣烂后所制成的一种汉族传统小吃。糍粑是用熟洋芋放到石槽或石板上用木槌捣成泥状制作而成，味道清香，甜润可口，舒气和胃，百吃不腻。具体做法：洋芋刮皮，清洗干净后，用蒸笼大火蒸煮熟烂后，放置阴凉通风处让其余温和水蒸气散发后，快速倒入特制的石槽或石板上，人工用木槌捣至细腻均匀，等洋芋渐渐变得晶亮、有一定黏度且又有很多气泡产生时，再用铲子盛到盆里用刀切成条状，配以佐料招待客人。夏季可以凉吃，冬季可以放进热汤里吃。依据不同地区的饮食口味可放入白糖、芝麻（南方），陕南一些地方会勾兑浇洒一些汤汁，柞水人则会用酸菜、葱花、香菜、蒜泥等拌料烧汤浇洒而食之，相对于糯米较易消化吸收，还可以吸脂减肥，可谓人间美味。2013年，柞水洋芋糍粑被列入第四批省级非物质文化遗产项目。（XY）

9. 传统医药

孙思邈养生文化 孙思邈（541—682），西魏宜川泥阳人（今铜川市耀州区孙塬人）。7岁入学，"日诵千余字，被誉为圣童"。他对古典医药学有深入研究，对民间验方也十分重视，一生不懈努力，对药物学、营养学、针灸学、炼丹学的研究卓有成效。其主要著作《千金要方》《千金翼方》各三十卷，他穷其一生精力，博采众方，将历代医疗经验的方药及养生经验，集成一帙。所著《千金方》首创复方，是我国医药史上的重大革新。孙思邈在实践中总结出一套简单易行的科学养生方法，即"动以养身，静以养心"。认为"流水不腐，户枢不蠹，以其运动故也"，强调每日"必须调气补泻，按摩引导为佳"。在衣着上讲求简朴，适应寒温气候变化及清洁干净，保护身体，免遭自然气候的不良影响。在饮食上反对膏粱厚味，淡素其食，倡导"常须少食肉，多食饭"（《千金要方》），"常宜轻甜淡之物，大小麦面、粳米等为佳"，"食欲而少，不欲顿而多"，要人们勿食过时过饱。在性生活中，要人们掌握两性交合的原则和方法，以便得摄生保健之益。在个人卫生方面特别重视沐浴、熏香、漱口和洁齿等等。孙思邈从人的衣食住行、个人卫生等角度出发，系统全面地叙述了保健的原则、方法和意义。2009年，孙思邈养生文化被列入第二批省级非物质文化遗产项目。（XY）

针挑治疗扁桃体炎 在秦东渭南，用"针挑疗法"治疗扁桃体炎的特色和功效闻名遐迩。现为渭南市疾病预防控制中心主管医师的党继光就是"针挑疗法"的传承人，他继承了"针挑疗法"治疗扁桃体炎的精髓，并且在实践中发扬光大，为祖国传统医学的传承做出了独特的贡献。用一根小小的银针就能彻底治愈扁桃体炎，堪称扁桃体炎治疗方法的一次革命。这种疗法治疗前先对患者后颈部皮肤进行消毒处理，再用刮痧板在后发际与大椎穴之间进行刮痧，待皮下充血、毛细血管扩张后，用一根特制银针在选定的点位轻轻地挑提几下，敷上膏药，整个过程简洁干净。党继光大夫的针挑疗法，避免了手术的痛苦，保留了器官的完整，通过经络调理，增强了机体免疫功能，从而使患者得以康复。2011年，针挑治疗扁桃体炎被列入第三批省级非物质文化遗产项目。（XY）

史氏腰椎间盘整复手法 腰椎间盘整复手法最早源于中医正骨法。距今已有3000年以上的历史，早在周代已有专人用这种方法治疗骨病。葛洪的《肘后备急方》、蔺道人的《仙授理伤续断秘方》、药王孙思邈的《千金方》中都有大量记载。由道家人士创造并随道教的兴起而传播，同时道教也借医术得以在民间广泛推广。现在流传的这一套腰椎间盘整复手法，是在唐代开始传到民间的腰椎间盘整复手法，无须任何辅助的器械和设备。在确认患者病症的前提下，以手法即可施治。腰椎间盘整复手法是在中医和道教独特的文化环境下，在长期实践中形成的独具特色的一种实用技术，具有群众性的实用特点和典型的民间传承性。腰椎间盘整复手法是中医正骨法的分支，是传统医学的瑰宝，集中体现了中医的精髓，道家的气功吐纳之法，及传统文化的内涵。此手法是传统医学简便验廉的集中体现，不开刀，不吃药，不扎针，很快解除病人的痛苦，具有非常宝贵的医学价值。具有确定的理论和技术手法，以及一定的传承规律。具有传女不传男的特征。2011年，史氏腰椎间盘整复手法被列入第三批省级非物质文化遗产项目。（XY）

段氏拿骨诊疗技艺 早在大约两千多年前，有种古老医学是通过人体骨骼现象探知人体健康状况以及运用各种手段在骨骼部位实施技能手法、针法或药物治疗各种疾病。这种方法为"拿骨诊疗"，简称"拿骨"。这种传统医疗文化在人类历史长河中意义重大。值得庆幸的是，在近代一直延续四代的拿骨诊疗技术传人段氏家族，以早年曾祖段丰为首，祖父段世兴，父亲段耀文，至今拿骨诊疗第四代唯一继承和传播者段立平中医师，有序传承。段立平大夫在多年临床工作中积累经验，开创"体表医学"的先河，将拿骨传统文化以理论形式结合临床，体系化深入，遵循中医理、法、方、药总思想，对各种疑难病症运用体表骨象方法，确定病因，立法调治，突出了特有的诊断和治疗作用。拿骨诊疗是体表医学体系在临床上的验证，以围绕患者骨骼某种现象为体征，在人体解剖和体表标志投影基础之上结合中医骨象理论进行体外诊治的方法。以四诊合参，确定发病部位或脏器，判断病情的轻重、时间的长短，进而确定施治。所以，在一些稀微病候方面，治疗上以快招、绝招为特点，发挥了手法、针法和药物的特色作用，值得继承和发扬。2013年，段氏拿骨诊疗技艺被列入第四批省级非物质文化遗产项目。（XY）

郭氏中医正骨技艺 西安莲湖郭氏中医正骨门诊部，原西安市莲湖区庙后街（市25中学西邻）郭大夫正骨诊所，于2009年迁至现址。自民国初期郭氏祖辈创业至今行医百年。郭氏中医历经几代传承，其理念、技艺不断创新。从"以正为和"，即正骨正筋，骨骼得以拿正，筋脉得以理顺，才能达致治愈目的；到"以正为和"是基础，"以通为顺"，正骨、理筋、"通脉为石"、通经、通气，建立了"气伤痛，形伤肿，肿痛随"的辨证理念和中药内调外敷的疗方；至第四代传人郭军胜，凭着现代医学理论基础，又提出了全新理论，采用准确复位、特技固定、外敷膏药消肿定痛、中药内服接骨续筋、合理功能锻炼等技法，创新拨、展、扳、顶手法等，治愈效果佳，成为正骨技艺行列中的翘楚。2013年，郭氏中医正骨技艺被列入第四批省级非物质文化遗产项目。（XY）

10. 民俗

临潼栎阳马踏青器山社火 至今已有200余年的历史。是芯子的一种形式，其表演大约出现在明朝晚期。至清代，随着社火团体的增多，竞争的增强，人们欣赏水平的提高，芯子的高度增加，装扮的形式越发多样且更加危险。文化古镇栎阳每逢年节或庙会，就会有社火上街表演。附近的人们从四面八方蜂拥而至，栎阳小城到处人头攒动，热闹非凡，"马踏青器"应运而生。"马踏青器"早期的技术骨干赵靖为了让自己的芯子具有竞争力，便在"险要"上下功夫。他琢磨，如果能让马站在山巅之上引颈长鸣，将会有极大的吸引力。于是便召集社内骨干反复商议、反复试验，均未成功。后有高人指点，给胶和漂里加上大蒜，把麻丝粘在土炕上烧热的碟子背面，围成山状，权当石山，既轻又反光，一经试验，果然奏效。马踏青器山就这样诞生了。为了使马踏青器社火表演内容丰富，声势浩大，气势不凡，往往配以锣鼓、秧歌、大头娃、高跷表演等，一般需200多人，表演每到一处，都受到观众的热烈欢迎和称赞。2006年，临潼栎阳马踏青器山社火被列入第一批省级非物质文化遗产项目。（XY）

户县社火 是户县遗存的古代民族传统文化中祭祀土地之神——社公的灵鼓祭祀仪

式的遗脉及衍流。户县社火的种类繁多，形式多样。有芯子社火、平台社火、牛拉社火、马社火、背火、捐火、高跷、竹马、旱船、大头和尚、打钱杆、热整、火龙、地龙、舞狮子等近20种形式。户县乡间耍社火一般是几个村子或一个村子的几个社火社一起耍。一个村子耍社火是耍不起来的，只有两个以上的伙伴村子或社火社共同参与才能耍得起来，所以一个村子或社火社如果要耍社火就得想方设法挑起伙伴村的兴趣，鼓动大家一起耍。这就叫烧社火。烧社火也极富娱乐性，主要有三种形式：一是到对方村社敲锣鼓，二是耍歪官，三是扮马社火。社火是在乡村行进表演的民间艺术活动。各村耍社火都按世代相传的路线在村中行进表演。户县乡间的社火表演阵容宏大，气氛热烈。社火表演队伍前面都有报马探路，接着是仪仗队、锣鼓队，锣鼓队后面跟大头娃、高跷、打钱歌等自由走动的表演形式，接着是十数转平台或芯子社火，最后是亭子。通常耍最后一场社火时，在表演队伍的末尾要耍落草。2007年，户县社火被列入第一批省级非物质文化遗产项目。（XY）

长安侯官寨社火牛老爷 长安侯官寨牛老爷是一种民间社火。主要内容有：（1）逗社火。（2）选牛老爷。（3）敲钟鸣示，请"牛老爷"。（4）选牛、选马、装社火。（5）插社旗。（6）搭侯官府。（7）上香，耍社火。（8）牛老爷出巡传令。（9）牛老爷出巡。（10）牛老爷升堂看社火。（11）送牛老爷。（12）开总结评判会。在当地，人们最早把牛老爷叫"春官"。耍社火时，春官"牛老爷"只能由上堡子推选，而且不是每次耍社火上堡子牛老爷都必须出场。据当地人说，要牛老爷出场，必须是寨子的六个社都烧起来后到场的。当然，牛老爷不是随便产生的。是由上堡子的社火头们经过认真酝酿，在全堡子找出一个相貌堂堂、一表人才、威武高大的人来当牛老爷，然后提上三斤糕点去请，如果此人不接受还要做做其思想工作。侯官寨耍社火这一天，牛老爷一天一般都要禁食，避免出恭，以免失去老爷的威风。各社社火在通过时如有捣乱的、胡说的、骂人的、打人的，老爷发话后是要挨板子的，而且是真打，毫不留情。当天的社火耍完了，第二天，各社社火头是要前往上堡子社，召开总结会，开展批评与自我批评，会后牛老爷的"春官"才算任务完成。侯官寨人，在耍社火活动中，赋予"牛老爷"以超越地方行政权力的社会影响力，"牛老爷"是"见官大一级"，不受任何地方权力束缚，这是独特的一种民俗文化现象。2007年，长安侯官寨社火牛老爷被列入第一批省级非物质文化遗产项目。（XY）

临潼骊山女娲风俗 骊山女娲是华夏民族的始祖之一，神话中讲，女娲炼石补天、抟土造人。据史料记载，一万多年前，女娲氏就"继兴于丽"，在骊山上，建有人祖庙以祭祀这位中华民族的始祖。在其不远处，就有女娲谷、炼石等30余处历史遗址。在关中地区，有大量骊山女娲风俗，如：人祖庙会、过年送包子、小孩穿五毒背心、农历二月二烙饼等。经过千百年的传承和发展，现今骊山女娲风俗形式多样、内容丰富。其基本内容有：（1）民间节日、节气紧扣始祖女娲故事，正月二十日的"补天补地"、正月初七的"人日"、七月十五的人祖庙会等。（2）民间饮食文化习惯浓缩了女娲传说的物质精华，灶王爷之说，拜年送"女娲（娃）包子"，端阳节风俗，中秋拜月之说，九九重阳送糕（高）之俗。（3）民间婚礼嫁娶习俗，生子习俗，丧葬习俗是骊山女娲风俗的突出体现。（4）哲学，特别是太极推演是在女娲风俗中长期积累形成的精华。同时，骊山女娲在汉字文学和语言学方面贡献突出。（5）充分体现在民间三大艺术（剪纸、刺绣、面塑）作品之中。2007年，临潼骊山女娲风俗被列入第一批省级非物质文化遗产项目。（XY）

长安王曲城隍庙祭祀和庙会 王曲城隍庙所供奉的是汉代刘邦麾下大将纪信。当地民众非常崇拜他，每年举行大规模的祭祀活动。"文景"二帝时期将"地皇"庙改为"城隍"庙，供奉的纪信也由地皇神变为城隍神，不但继续主持阴曹地府的事情，更成为西汉长安城的保护神。并被后世皇帝封为总城隍，其庙亦为总城隍庙。祭祀城隍时，先选出德高望重的"祭官"来祭神。祭祀时有赞礼者（也称礼宾）司仪，主祭人恭读祭文，宣告城隍为民众带来福祉，百姓感戴，故而致祭的诚意，又说些"财力绵薄、礼仪生疏、经验浅尠"之类客气的话语，并请求神明继续保佑，然后摆祭品，依礼致祭。这是最常见的一种祭，"摆祭"已成为祭祀城隍仪式中老百姓最为关注的焦点，也是村民文化素质和村子综合实力的集中体现。祭品前有一张公案，上陈城隍神位、印玺、文房四宝、签簿等物，最前面摆放着香炉、烛台和功德箱，供善男信女祭拜纳供。另有执事人等若干，分发带有"神气"的红丝线，以示神恩广被。之后，祭祀民众拉来一只羊，然后用滚沸的开水向羊身上泼去一两下，如果羊身抖动，便说明城隍已受领了民众的祭拜，驾鹤仙游去了。祭祀在总城隍庙进行，其庙建筑古雅宏伟，规模宏大，东西长460多米，南北宽320多米，占地147318.6平方米，可容数千人祭拜。庙前有一南北长19米、高18米的十分高大雄伟、雕花精美的避水神壁，民间相传内有避水神珠一颗，能阻挡滈河水冲进城隍庙。除平常祭祀活动外，每年农历二月初八，各地民众为了纪念纪信诞辰，纷纷来到王曲总城隍庙，祭祀纪信，以求得城隍爷的庇佑。2007年，长安王曲城隍庙祭祀和庙会被列入第一批省级非物质文化遗产项目。（XY）

蒋村正月民俗活动 作为一种传统的民间春节欢庆活动，源于远古时的岁末傩祭，夏商周时的岁首卜丰歉、祝"改岁"、祈丰年等古老活动。蒋村正月民俗活动自正月初一始，至二月初二结束，历时一月。其规模宏大，内容丰富，形式独特，程序环环相扣，繁而有序。蒋村按历史习惯分为东门、西门、南门、北门四个居住群落，村民也按居住方位分为相应的四个群体。正月民俗活动是在四门之间以对垒的方式展开的。按照世代沿袭的规矩，东门和西门对垒，南门和北门对垒。但四门不能同时对垒。两方对垒时另外两方作为对垒双方的盟友各助一方。历史约定东门和北门是盟友，西门和南门是盟友，在活动中，对垒双方有自己的图腾标志，西门南门为龙，东门北门为虎。四门也有各自的称谓，东门称东府，西门称西府，南门称南府，北门称北府。活动程序：正月初一至初七、八，对垒双方蛮鼓挑战；正月初八至十三，蛮鼓板对征逐表演；正月十四，对垒双方报歪官；正月十四、十五晚，对垒双方分别出歪官，进行歪官戏表演；正月十六、十七，双方游高照、栽高照；正月十七、十八，双方先后报春官；正月十七、十八至二十一，双方游春官；春官每日早晚在永宁寺高照和佛像前降香两次；正月二十一，作为盟友的双方绑好亭子抬至永宁寺前安放；正月二十二、二十三早晨，双方春官在永宁寺高照和佛像前上香念祭文，双方各耍社火一天；二月初二，双方在永宁寺前各演一天大戏，以谢诸神并卸春官。2007年，蒋村正月民俗活动被列入第一批省级非物质文化遗产项目。（XY）

耀州火亭子 源于清末民国初，耀州区历年扮演火亭子的传统节目有《跨虎诊龙》《刘海戏金蟾》《五蝠奉寿》《麻姑献寿》《魁星点状元》《张飞古城会兄》等数十种。20世纪80年代新创作节目有《武松打虎》《猪八戒吃西瓜》《孙悟空三打白骨精》《万象更新》《人寿年丰》等。耀州社火——火亭子，表现手法独特。如《跨虎诊龙》一台，上面布置一条在云中盘绕的纸扎云龙，下蹲一纸扎老虎，当中为装扮成药王孙思邈的人物做跨虎诊龙状。又如《五蝠奉寿》一台，当中为一戴面具扮作老寿星的人物，上周架有纸扎的5只蝙蝠，下侧站立纸扎的鹿、鹤等，所有纸扎的景物，均为能点亮的灯具。在表演时，将所有纸扎的景物灯具一齐点亮，再配有形象独立的开道灯具，如二龙戏珠，火龙高七尺，长丈余，并用四方牌灯烘托阵容，加上烟火、花火点缀，在阵阵锣鼓的伴奏下，徐徐行进在大街广场，远远望去，在夜色中五光十色，灯火辉煌，阵势壮观。2007年，耀州火亭子被列入第一批省级非物质文化遗产项目。（XY）

宝鸡炎帝祭祀 据考宝鸡是炎帝的故里。炎帝的祭祀活动以两种形式进行：民祭和公祭。民祭是由当地群众自发组织的祭祀活动。渭滨区神农镇是以每年农历正月十一为炎帝诞辰，七月初七为炎帝忌日。神农镇村民祭祀炎帝是在距宝鸡市20千米的天台山神农庙进行，前后要延续一个月。民祭活动具体程序是：首先全体肃立、鸣钟、奏乐。然后由民众代表敬献祭品，顺序依次是：幡帐队先行，上香蜡裱烛，敬献大小三牲，在敬献祭品时，由身着长衫的礼宾行"三跪九叩"之礼，并依次传递祭品于供案上。接着进行奠酒仪式，随之是民众敬献花篮，最后由德高望重的长者担任主祭人，恭读祭文。此仪式完毕后，全体肃立，向炎帝行礼，至此礼毕。自1993年以后，每年的清明节和农历的七月初七，关于炎帝的民祭活动就在常羊山的炎帝陵举行，凤翔槐原为每年的正月二十六，陈仓区桥镇白荆山为每年农历的三月二十。公祭是由一级行政机构出面组织的祭祀活动，参加的人员多为朝廷官员。在宝鸡地区，历史上的公祭，有文字记载的是秦灵公二年

（前422）秦灵公在今吴山设"田寺"，祭炎帝、黄帝；随后的汉高祖、汉武帝在"雍"祭"五帝"。从1993年起，宝鸡市政府于每年的清明节在炎帝祠广场举行"宝鸡各界民众公祭炎帝典礼"，市长为主祭人，仪式有恭读祭文、敬献珍馐鲜果、祭祀歌舞、瞻仰炎帝塑像等，时间大约为30分钟左右。2006年，宝鸡炎帝祭祀公布为第一批省级非物质文化遗产项目，2007年被列入国家级第二批非物质文化遗产项目。（XY）

横山牛王会 据传牛王会起源于当地一次牛瘟，很早以前屈蠕村一家财主供养了老佛爷和牛王菩萨而止住了牛瘟，从此开始在当地打牛王会，最后发展到在无定河两岸8个大会41个村轮流铺坛。横山牛王会一直在用的一口清代铁钟（直径25厘米、高30厘米），外壁铸有"光绪九年四月吉立，胡家石窑、习家湾敬赠牛王大会金钟一口"的文字。即以此铸文判断牛王会活动起始的时间下限，距今有120余年的历史。横山牛王会采用了佛教的水陆法会形式，供奉的是"西天古佛"和"牛王菩萨"。年年打醮礼、牛王会，既有追悼往昔年馑、瘟疫中死难人员亡灵、安抚人心之意，又有祈求牲口平安健壮、生产繁衍的禳灾目的。整个活动包括礼仪、建筑、手工艺、雕塑、绘画、阳歌、文学等多种文化形式。横山牛王会正式会期为每年正月十三、十四、十五共3天。会期主要活动有：（1）到华严寺请牛王菩萨出府，在前往主办村的路上沿途各村民众在路边虔诚烧香跪迎神楼。（2）到主办村后安神、上供、铺坛念经。（3）转九曲。（4）迎幡、推幡。（5）撑纸塔。（6）骑马放赦。（7）"阳歌"（腰鼓）表演。（8）唱戏3天。至正月十六日清早，将一切纸扎、牌位、赦单焚烧，送老佛爷和牛王菩萨回华严寺。牛王会经一百多年流传，在无定河两岸设两处场所，一个是牛王菩萨常住的马坊华严寺，另一个是流动的，每年换一个村庄搭建的临时佛堂，具有蒙古包风格。牛王会会期在临时佛堂张挂水陆画，全套30余幅，涉及佛、道、儒及民间信仰内容。3天所念经文为《慈悲梁皇宝忏经》。2009年，横山牛王会被列入第二批省级非物质文化遗产项目。（XY）

西安都城隍庙民俗 城隍神最早见之于周代《礼记》天子八蜡中的水墉神。古代的城市要修筑城墙，城墙之外，还要有一圈护城壕。有水的城堑称为"池"，无水的城堑则称为"隍"。"城隍"二字，其中"城"指城墙，"隍"指城壕（护城河）。"城隍"一词连用泛指城池，城墙、城壕在防卫敌人、猛兽攻击，保护一城百姓安全上，功莫大焉。于是水墉神便升格为城隍神，被视为城市的守护神。城隍是我国原始信仰祭祀的自然神之一，被视为城市的守护神，城隍神就逐渐成为了道教尊奉的主要冥界神灵之一。道教许多法事活动中，都要发城隍牒请城隍神到场。西安都城隍、王曲城隍庙会，户县"接城隍爷"祭祀的城隍神皆为纪信。刘邦封纪信为城隍神，在王曲建庙立祠，每年农历二月初八祭祀，后形成庙会，流传至今，规模盛大。在每年农历正月中旬，户县19个村子还传承着

"迎送城隍爷"纪信的风俗,并有非常隆重的民间艺术表演。王曲规模盛大的城隍庙会活动、户县"迎送城隍爷"这一传统的民俗活动与西安空前的都城隍庙会活动交相辉映,形成了一个城乡结合、官民互动的丰富多彩的文化空间。2009年,西安都城隍庙民俗被列入第二批省级非物质文化遗产项目。(XY)

蕴空山庙会 蕴空禅院位于大明镇里峪口村南的蕴空山上,"蕴空禅院"庙会,是民间古老传统的庙祭活动。据说,庙会可追溯到汉朝(汉塔为证),那时的山叫"凤凰山"。相传云禅法师,驾云仙游,选择宝地于此,建寺修院,设堂授经,改名为"云寂寺"。"蕴空禅院"庙会主要活动:(1)北殿"大雄宝殿"击磬念经、叩头、烧香。(2)东面:①"药王洞"祭神求药免除病魔。②"送子娘娘洞"祭神、祈祷、求子。③"关公洞"崇拜英烈,为国为民效忠。(3)南殿数"罗汉"。(4)瞻仰中外历史奇迹——悬棺。(5)游览观光"三塔"(汉塔、宋塔、清塔)。(6)禅院向南约1千米之处,途经"野鸡岭"到"石破嘴"有一石屋,乃是"普乾法师"避静安神之室。"蕴空禅院"庙会与集市类庙会相区别,是典型的民间信仰活动庙会,是高塘塬区的信仰文化空间。儒、释、道和民间吉祥神共处一庙,香客各取所需,表达了以平民为主体的社会各阶层群众祈福消灾,祈求平安吉祥的心愿。2009年,蕴空山庙会被列入第二批省级非物质文化遗产项目。(XY)

医陶始祖与雷公庙会 医陶始祖雷公庙位于白水县大雷公村东侧雷祥墓前,村中建有雷祥行宫、戏楼等。因白水河域盛产陶瓷,每年农历十月二十二日,十里八乡的乡民、窑主和澄城、蒲城、铜川、耀县等周边县陶瓷艺主在此举行盛大的庙会。相传黄帝时代,雷祥任"处方",后居"陶正",今白水雷牙就是雷祥"府地"。《辞海》载:雷公是"古代名医,曾与黄帝讨论医学理论"。清道光二十一年(1841)《重修雷公庙宇创建行宫戏楼碑记》载:"雷公,祥,黄帝时人,黄帝命岐伯雷公察明堂,究息脉,作内外经。"在雷祥故里——陕西白水,矸上储量丰实,又是最早产煤和用煤之地,自古以来,陶瓷艺兴盛,明清时期境内及周边地区窑场及陶瓷作坊多达数百家。据明《白水县志》载:"雷公,名祥……能医善陶,所造瓷器,工巧精致……"如白水西河碗、阿文瓮,澄县尧头粗瓷,耀州细瓷,蒲城陶瓷等。白水民谣曰:"南乾沙锅西河碗,阿文老瓮实在诒。"千百年来,白水乡民、医学界、陶瓷行艺尊其为医祖窑神,认为信奉雷祥,能健其身,保其安,兴其艺,消其灾。每年四月二十二日及十月二十二日均云集于此,先于雷公庙与墓地烧香吊表祭神,再到"亚父行宫"祭拜,后是陶瓷成品交易,至晚戏楼观戏,一连数日。2009年,医陶始祖与雷公庙会被列入第二批省级非物质文化遗产项目。(XY)

香山庙会 香山庙会历史久远,每年农历三月十五日和十月十五日过两次庙会。据载,香山创建寺院始于秦,清嘉庆二十三年(1818)重修禅院,更名曰香山寺。光绪年间,宗亮和尚自南五台来到香山,募银二十余万,开山破石,督工修建,重修了规模宏大的十方丛林,同时规定每年农历三月初一至十五,十月初一至十五过大会两次,从此以后,香山香火日盛。香山庙会是以民间信仰为主要内容的民间群众性活动和民间文化活动。正会前即有香客居士、僧众自四方翩然而至,求佛护佑,祈福禳灾,求子祛病,求平安顺当等。庙会期间,寺院规定:十方僧俗朝山拜佛,皆以诚敬待之,不得攀权附势,有厚此薄彼之念。正会由初六至十五,初一至初五,为准备阶段。香山庙会期间,寺院日日都需拜佛上供、焚香、诵经、免费开斋,循序进行,有条不紊。初六至十五正会进行期间,更是人头攒动。香烟缭绕,许愿还愿,络绎不绝,到了十五这一天,更是香客如云。香山庙会是典型的民间信仰活动庙会,是陕西省佛教三大寺院之一,亦是全国八大名山之一。香山庙会是铜川地区及周边百公里地区民间居士、香客自发组织,且档次较高的香会联合空间。朝山、拜佛、烧香、焚表表达了以平民百姓为主体的社会各阶层广大人民群众祈福禳灾、祈求平安吉祥的心愿。2009年,香山庙会被列入第二批省级非物质文化遗产项目。(XY)

西安大白杨社火芯子 大白杨社火芯子艺术据考源于东周,兴于盛唐。初为"傩"的形式及杂耍一类的艺术,在唐代宫廷大傩的影响下,逐步发展成为现在的芯子艺术,并逐步由祭祀型演变为娱乐形式。芯子艺术是民间各种杂耍艺术的升华,是将民间各种杂耍艺术如耍狮子、舞龙、走马、旱船、抬花轿、武术、杂技、耍花杆、采莲、大头娃等逐步演化升华为芯子艺术。因此,目前流行的芯子艺术中,就有龙芯子、马芯子、刀芯子、剑芯子、船芯子、轿芯子、车技芯子、跟斗芯子、伞芯子等,凡民间杂耍一类的节目,几乎在芯子艺术中都可以见到。大白杨社火,芯子艺术造型巧妙、阵势宏大,在游演时,有多人共抬的"抬芯子",还有马拉车载的"车拉芯子",现已发展成由汽车装载的巨型芯子。大白杨村的芯子过去按"桌"计算,每次要扎制10~15桌,最多时达20桌,并且一直沿袭着一村分二社"分朋赛乐"的表演形式(形似两军对阵)。大白杨社火芯子艺术以"奇、特、妙、绝"的表演形式来表现群众喜闻乐见的民间传说、神话故事,宣传党的方针政策、褒贬时事。2009年,西安大白杨社火芯子被列入第二批省级非物质文化遗产项目。(XY)

南郑县协税高跷社火 汉中市南郑协税高跷社火是陕西社火艺术中最具代表性的一个种类,具有独特的艺术魅力。它历史悠久,经历了大唐时代的产生期、宋代的成熟期、明清时代的鼎盛期,民国至新中国成立直至现在的曲折发展期。唐朝时,协税已形成一个集市贸易相当繁荣的经济重镇,由原先的一条"湖广街"发展为前街与后街,两条街内集市众多,设有米粮集、柴炭集、棉花集、竹木集、线集、布集等交易场所,还有当铺、铁匠铺、马庄、茶馆等,附近还有染房、酒房等。每逢集日,协税古镇商贾云集,方圆数十里的农民赶集买卖,使得集市市场十分兴盛红火。较为富裕的小镇经济和古镇逐渐密集的人口数量，为协税高跷社火的产生奠定了经济基础。当时道教和佛教盛行，协税古镇四邻有大小庙宇13座，各种热闹的庙会，为协税高跷社火提供了表演的机会。而当地人民群众由于宗教信仰和祭祀习俗的需要，使协税高跷社火的表演形成与表演内容受之影响，初具雏形。协税高跷社火从表演内容形式可分为5大类，即：以祭祀、宗教活动为主要内容的神戏类，现存表演曲目21个；以传统古典剧目为内容的戏剧类，现存表演曲目148个；以现代剧目中诙谐、幽默片断为内容的小品类，现存表演曲目5个；以民间传说故事为内容的，现存表演曲目10个；还有即兴编排导演，反映现实生活当中趣闻逸事的精彩场面的。表演形式主要有7种：多人表演；单人表演并一人扮俩表演；两人三条腿（两人合踩三条腿）；倒退表演；穿插八字、插花十字及原地打圈表演；高跷舞狮表演，即兴发挥表演（以两个社火会逗趣表演为主要内容）等。协税高跷社火的基本特征有：体量大，原生态性、完整性、民间性、兼容性强。2009年，南郑县协税社火高跷被列入第二批省级非物质文化遗产项目。（XY）

丹凤高台芯子 丹凤高台芯子起源于宋元时期，由民间杂剧演变而来。各地方过年耍芯子从正月初六开始，一直要到正月十五。从内容上可分为三大类，即"文芯子""武芯子"和"血芯子"。"文芯子"，是以表现爱情故事为主，兼容宣传时事政治等。如《梁山伯与祝英台》《西厢记》等。"武芯子"以刀枪棍棒为道具，以武打造型为主，弘扬正气，惩恶扬善。如《拳打镇关西》《真假美猴王》等。"血芯子"以恐怖见长：一把刀由头顶插入，血流满面；把剪刀插入眼中，眼球外露；一根银枪由前心进，后心出，被刺者高悬空中鲜血直流；开膛破肚，肠子肚子流在外面；恶鬼掐着人脖子高举空中，狰狞恐怖。从形式上可分为以下几种：（1）"独芯子"：就是一杆芯子上一个人，如《黛玉葬花》《嫦娥奔月》。（2）"双芯子"：就是一杆芯子上有2人，上下两层，上为主下为辅。也有2人平站的，一般为转芯子所用。（3）"众芯子"：指3人或以上，最多不超过5人，一般分二层或三层。（4）"转芯子"：芯杆底部有一转轴，芯杆上的人物造型在行进中可以转动。（5）"吊芯子"：又叫"吊葫芦"，就是用细线将一人吊在空中，所吊之人物一般是丑角或反派人物，一般所用的线是细钢丝，远处看不见钢丝，只看见人在空中动作。（6）"背芯子"：也叫"捐芯子"，一个人捐一个棍，后面挑一人，这个"棍"可以改装成劳动工具，也可以是刀、枪、棍、棒，中间有架子，在人身上绑着，后边也有架子，在小孩身上绑着，这个架子就是"芯子"。一般是在地下走的。（7）"担芯子"：结构和"挑芯子"一样，只是两头有人。（8）"平朵"：也叫"平台"，是不用芯杆的芯子。在方桌上设置一个小舞台，演员在上面不断变换造型，也可以跟随音乐跳舞唱歌。（9）"骑独杠"：二人抬一根3米长的杠子，一人骑在上面。2009年，丹凤高台芯子被列入第二批省级非物质文化遗产项目。（XY）

跑骡车 相传源于先民"祈年成"和

庆丰收习俗，大约在明末清初逐渐形成的一种民间百姓自发组织的即兴庆祝、娱乐的社火舞蹈。骡车队伍一般由二辆至多辆骡车组成。骡车大都是由解放初的皮轮马车（中华人民共和国成立前用的都是胶轮车即木轱辘车）和四匹骡子（驾辕的一匹，挂稍的三匹，每匹骡子都项系铜铃，头挂彩色叉子，头扎红缨子，挂稍的骡子背上还插五面彩色小旗）组成。每辆车都有4个吆车的（1个吆骡子的，1个坐辕的，2个马童），车上还有6个锣鼓手，他们都身着鲜艳的对襟民族服装，其中1人击马锣进行指挥，另有1人敲鼓，4人敲扇子（铙）。每当出发时，吆骡车人鞭子"吧嗒"一甩，骡子则放开脚步在宽广的大道上恣意狂奔，奔跑的同时，锣鼓声、马嘶声、铜铃声和成千上万观众的呼声喝彩声响成一片，如急风暴雨、山呼海啸。当骡车跑到目的地时，他们会在一片平坦宽广的地上表演"璞鸽踅窝"等绝活，车上的人们有的站着敲，有的则左右摆着身子挽着花子地敲，鼓点一致，整齐而又威武，场面十分壮观、热闹、喜庆。2009年，跑骡车被列入第二批省级非物质文化遗产项目。（XY）

上巳节风俗 上巳节风俗是中国古老的传统节日，俗称"三月三"，在中国古代又被称为"女儿节"，这前后正是举行笄礼的佳期。它形成于春秋末期，开始日期在农历三月上旬的巳日，魏晋以后改为三月三日。相传"三月三"这一天，人们结伴去水边沐浴，称为"祓禊"，古时人们在河水里洗涤身体以避灾祈福。在春天万物繁荣、青年男女最容易动情的时候，集体外出郊游，进行相亲交友，如同中国最古老的情人节。在西方情人节的冲击下，一些中国传统节日如上巳节已鲜为人知。弘扬和传承传统节日上巳节等以非物质文化遗产形态存在，具有重要意义。2011年，上巳节风俗被列入第三批省级非物质文化遗产项目。（XY）

终南山钟馗信仰民俗 钟馗故里户县流传千年的传说。钟馗，古有鄠氏国（今西安户县石井镇钟馗故里欢乐谷）终南山阿福泉人也，生于甘而居于泉，文武全修，豹头环眼，铁面虬髯，相貌奇异，经纶满腹，刚直不阿，不惧邪祟，待人正直、肝胆相照。获武举金科状元不及，抗辩无果，怒撞殿柱亡，皇以状元职葬之。托梦驱鬼愈唐明皇之疾，封"赐福镇宅圣君"，诏告天下，遍悬《钟馗赐福镇宅图》护福祛邪魅以佑平安。在民间信仰中，春节时钟馗是门神，端午时钟馗是斩五毒的天师，总之，他是中国传统诸神中唯一的万应之神，要福得福，要财得财，有求必应。钟馗故里老子著《道德经》的传说，当年函谷关总兵尹喜见到紫气东来，老子骑青牛而至，便拜老子为师，辞官随老子沿秦岭终南山神仙路西行，昼行夜宿，不几日来到将军山下，老子抬头望时，只见一巨石十分奇异，如有人形，豹头环眼，铁面虬髯，一手执剑，一手执扇，五蝠飞舞，正气浩然，不禁叹道："道可道，非常道，宇宙造物，天地之始，万物之母，欲观其妙，常有也，钟馗赐福镇宅，中榜得魁，真神也……"后老子与尹喜结草阿福泉，在南山不老松下讲道，发现终南捷径后清凉山讲经，楼观台炼丹，铸南山铁案，享南山之寿，是谓道教之祖庭。钟馗之故里，天下第一福地也。2011年，终南山钟馗信仰民俗被列入第三批省级非物质文化遗产项目。（XY）

西王禹村纸台 西王禹村的"纸台"是为纪念七仙女帮助大禹治水而产生的，是与寺庙祭祀活动相辅相成的。古时的纸台表演都是在晚上进行的，所以在场地中间有四个掌灯之人，四人围成正方形，仙女们围绕四盏灯变换队形进行表演。随着时代变迁，纸台表演由晚上改为白天，四盏灯也相应变为四面旗。走纸台时由村中的姑娘们身穿七仙女的戏服，上妆戴花，扮成仙女模样。再用白纸糊成一米见方的纸框，中间留有一尺见方的小框，"仙女"们两腿站于其内，随着鼓点，碎步而行，飘飘忽忽，如踩白云，几十个人不断变换队形，甚为壮观。2011年，西王禹村纸台被列入第三批省级非物质文化遗产项目。（XY）

渭城区二月二古庙会 渭城区二月二古庙会的源起有一个神奇的传说。据双泉村里的老人讲，早先的药王洞在现今的双泉小学里，其主要建筑为倚原而挖出的土窑洞，里面供奉着一手拿针，一手握着龙头，给龙看病的药王塑像，被人奉为药王洞。相传唐朝某年，疫病流行，"药王"孙思邈在这里收集药方，治病救人。当时为了快速治疗，药王就把自己研制的中药夹在面里，做成豆子形状，经过翻炒，加工成馍豆，发放给大家，大家吃了药王发的炒馍豆，病很快就好了。后来这里的百姓为了纪念药王孙思邈，就修了这座寺庙，来供奉祭奠。正会这天，各村寨必进香朝拜，最引人注目的是各村寨的锣鼓、秧歌、唱大戏和诵经，锣鼓声声，琴声阵阵，威武庄严，悠扬动听。诵经多唱的是"劝世歌"。有"劝世人做好事多行方便，积阴功为儿孙辈辈平安；做恶人全靠的口巧舌辩，心不善似钢刀蜜口舌尖"；有"不顾生不顾死只顾金钱，破和气伤团结邻舍不安"等等。还有上布施处，布施者的姓名被一一录于簿中，然后领取一条红布，说是可避邪祛病，保健康平安。2011年，渭城区二月二古庙会被列入第三批省级非物质文化遗产项目。（XY）

彬县灯山庙会 彬县县城西约5千米处的水帘洞村有一花果山，古称明岨山，又叫花果山石堡，西侧有水帘河流过。每年正月十三至正月十六举办以点灯山、放烟花并祭祀孙悟空为主要内容的灯山庙会。正月十五则为昼间庙会。彬县是丝绸之路中的重镇，也是长安和陇南之间战争必争之地。南北朝160余年战乱中的五胡乱华时期，百姓为避兵祸在明岨山上开凿了许多石洞即九曲十八洞，后称水帘石堡。九曲十八洞中最大的是大圣洞。唐贞观年间鄂国公尉迟敬德监修大佛寺时，同时也修了花果山，把原有石洞重新修凿，使石洞之间互通。百姓为庆祝太平盛世，又在石山上凿成了直径10～15厘米的石窝1700余个，在元宵节之夜点燃放置在石窝里的油灯，张灯结彩，以求风调雨顺，五谷丰登，岁岁平安，合家安康。1700余盏油灯点燃后，花果山便成为灯山。观灯看戏，怡情赏月。邠州古道又是唐僧取经必经之地，孙悟空的传说更为流行,《西游记》一书出在明朝,明朝时期将明岨山改为花果山。崖壁上有"花果山水帘洞"和"隆庆元年创造",即明穆宗元年(1567)。明穆宗和明神宗两次对花果山进行过重修,共修了九妖十八洞,雕塑了齐天大圣孙悟空像、药王孙思邈像、三只眼的灵官菩萨和灯光菩萨等造像。花果山水帘洞是花果山主洞,洞内有孙悟空的塑像,两侧凿有轿子、宝塔、牌楼、北斗星等许多小洞穴。"凿山为连珠小窍,形肖飞阁,居民元宵张灯,以祈有年。"每逢灯山庙会期间,上山焚香祈福者络绎不绝,纷纷为小洞穴添油压灯芯,千盏灯光交相辉映,奇丽壮观,站在泾河北面河滩遥望此时的花果山,山水浑然一色,美不胜收,2011年,彬县灯山庙会被列入第三批省级非物质文化遗产项目。(XY)

姜嫄庙会　西安杨凌区姜嫄村,是商周时代的邰国地域。也是周族圣母姜嫄的出生地,每年的正月二十二至二十五日姜嫄村都会举行圣母庙会活动。这个日子对全村人来说比过年还要重要,活动当天,姜嫄本村的东堡和西堡都会分别准备精彩的锣鼓秧歌表演,周围的村落也纷纷参加,据说最热闹的时候庙会上会聚集十几个村庄的人。咸阳市杨凌区揉谷乡(原属扶风县)南半部的邰城遗址就是周人的发源地,当地至今有姜嫄村,姜嫄村有姜嫄庙。邰城遗址还发现了姜嫄纪念冢和后稷纪念冢。据20世纪50年代考古队在杨凌姜嫄村发现的邰国石碑碑文记载,唐以前姜嫄庙规模巨大,唐时毁于安史之乱。此后,姜嫄庙历代屡有重修,1983再修。2011年,姜嫄庙会被列入第三批省级非物质文化遗产项目。(XY)

灵山庙会　净慧寺位于凤翔县城西15千米之灵鹫山,古名九顶莲花山,以先秦穆公狩猎于此遇见灵鹫鸟而始名,简称灵山。陲秦川西端,绵吴岳之东岭,南瞻终南之秀峰,顾千山伏兔。野水赴壑,岩石峻峭,傍冯家山水库于左,依丝绸之路于后,处凤翔、宝鸡、千阳三县之交。古时松柏参天,奇花异木,灵禽怪鸟遍于山野。山中名景梅子岭、舍身崖、看柏树、牛犊泉与寺内铁佛、大锅、卧佛像、老母亭共称八景。每年四月初一的庙会人山人海,香火鼎盛,久为西府名胜之首。净慧寺居灵山之巅。建于唐德宗建中二年(781),庙貌巍然,雕梁画栋,建筑辉煌,佛像庄严,为十方常住。历经宋、元、明、清之变,毁而重修。分接引、睡佛、铁佛、五佛等四院。殿内佛像全身端严,菩萨罗汉雕塑美观,金刚力士千姿百态,各表法仪。灵山之巅建有观音殿,飞檐斗角,精巧玲珑。净慧寺从1992年批准开放,在宏智法师的主持下,佛事活动日渐兴盛,并改造了寺庙内外基础设施,对寺内所有圣像进行了重新彩绘,使净慧寺重放异彩,面貌焕然一新,吸引得八方游客前来参观。2011年,灵山庙会被列入第三批省级非物质文化遗产项目。(XY)

龙门洞庙会　位于宝鸡陇县境内的龙门洞是全真龙门派祖师丘长春参玄证道之所,道教龙门派的发祥地。追根溯源,龙门始于春秋,名闻金元,盛于明清,历代仙家逸士在此云集,养性修真,参玄悟道。他们依山从水,借景取势,修宫建庙,树碑立塔,架索攀岩,置栈刻石,留下许多圣迹,使自然风光与人文景观浑然一体,相得益彰,是海内外较有影响的道教活动场所。有语赞曰:"华山之险、泰山之雄、峨眉之秀、五台之幽、麦积之奇,尽集于龙门。"龙门胜景,可窥其一斑。龙门洞是一处融道教名胜、原始森林、喀斯特岩溶景观为一体的独具特色的生态人文景区。每年农历三月初一至四月初八举办的龙门洞庙会已享誉海内外,成为人们问道养生的首选之地。2011年,龙门洞庙会被列入第三批省级非物质文化遗产项目。(XY)

蒲城芯子 蒲城民俗文化特别多,当地芯子社火非常有名,芯子又称垛子、平垛。是一种静态惊险造型艺术,大约有200多年的历史。开始多用于迎神、赛会,后成为灯节游艺节目。芯子是把4～5岁的儿童装扮成各种人物,配以相关人物动作,固定在铁芯上呈现惊险优美的造型。一般一个芯子表现一个剧情或寓意。芯子分抬芯和背芯,抬芯是将有装扮成剧中人物的孩子的铁架,置于方桌之上,由几个人抬着走;背芯是由一身强力壮者肩扛铁架行走,肩扛者也装扮成剧中人模样,最多时铁架几百斤重。芯子社火是传统表演中最具魅力的艺术形式,主题多为《西游记》《杨家将》《封神榜》《三国演义》等神话传说和民间故事。2013年,蒲城芯子被列入第四批省级非物质文化遗产项目。(XY)

船张芯子 西安市高陵县船张村的船张芯子表演。芯子表演只在一张桌子那么大的地方,以一条1米8长的铁杆为芯,上端以榫卯连接完成造型,将长相俊俏的儿童固定在各种造型的支撑杆上,运用独特的力学原理加之穿着搭配,造成空中吊人、伞尖上站人的独特表演。一个芯子表现一个剧情或寓意,如牛郎织女、草船借箭等。表演别具特色,造型独特,是船张村的主要民俗活动。2013年,船张芯子被列入第四批省级非物质文化遗产项目。(XY)

二曲礼仪 二曲礼仪是指传播于周至县及其周边地区的一种古老的仪式。它源于清初"关中大儒"李二曲。主要体现于周至民间的红白喜事活动中,以表孝意、表敬意、表庄穆、表隆重而举行的礼节仪式。用于百姓家的婚嫁、寿诞、丧葬、三周年、节庆等红白喜事。二曲礼仪的主要内容有六项:(1)执礼者(即礼宾、司仪):是礼仪的主持、赞礼者。唱赞仪式,叫人行礼。礼宾由二、四、八人组成。分别称启赞、通赞、引赞、哑赞。(2)受礼者(接受礼仪的对象或偶像、牌位)。(3)行礼者(主祭者):是参拜受礼者的主角,行使鞠躬跪拜礼。(4)祭品(献的物品):祭品要新鲜、要丰盛,且为祭祀神明的专品。用于祭祀的牺牲与物品都有雅称,不得直呼其名。(5)礼文(祝文、祭文):是拜祀神明时所用的文体,即祭时以言告神、祈福致祷、祈祷雨晴、驱逐邪魅、祈求福降、哀悼死亡之辞。体裁有散文、韵文、骈文等,韵文中以四言为正体,感情色彩浓厚。(6)仪注(仪式、程序):主要介绍二曲礼仪的祭礼。祭礼,是一堂正礼、大礼。无论婚嫁、寿诞、丧葬、节庆等活动,是日之先夕,均要行庄重、典雅、正规的祭礼。其基本仪式和程序为：①陈设：凡祭，须先陈设。在神龛前，设供桌、置蜡台、摆香炉等。且稳案、净几、盥洗、燃烛、焚香。②请主：打扫庙堂、陈设就绪之毕，请进尊神，即请出受礼者（或龛、牌位、偶像），安座。③降神：行祼礼，进爵灌地，即以酒洒地，降神受飨。④省神：看望、问候神主。⑤致献：奉献应献的祭品等，恭读《祭文》。⑥侑飨：以乐劝食。⑦参神：大礼参拜。⑧焚化：焚烧纸钱、金帛等。⑨酹酒：将酒奠洒于地。⑩辞神：祭礼结束，辞别之大礼。祭礼时，站立要恭谨、垂首弯腰。祭前要斋沐，长幼毕集，亲疏秩然，举止有度，中规中矩。2008年，二曲礼仪被确定为西安市第一批非物质文化遗产，2013年被列入第四批省级非物质文化遗产项目。（XY）

关中丧葬风俗礼仪 关中丧葬风俗礼仪是中华民族文化的重要组成部分。当人故去以后，亲属们则会立即组织起一班人马各司其职，分头向亲朋好友报丧、请风水先生、请鼓乐手、联系厨师、搭设宴棚等。风水先生则会根据亡者的生辰八字、门族晚辈的身份书写门牌（也就是讣告），并挂于亡者家门之前，门牌格式遣词用句十分考究，敬语谦词恰到好处，而后会用罗盘勾画墓穴方位，确定丧期等。在为亡者设置灵堂、向亲属晚辈等散发孝布的同时，还要置办陪葬用品，陪葬品中首推石膏彩绘童男女。除此之外，就是死者的日常用品，男的摆放烟酒茶具，女的摆放梳子镜子等，无论男女，墓室内都要摆放一个盛醇面中插大葱的瓦罐，取意为亡者的后代聪慧发财。在封口字（钉棺材盖）的时候，如亡者是女性，则必须有娘家人在场；如亡者为男性，则必须有其门长者在场。这一习俗有两层含义，一来是看亡者是否为正常死亡，二来是做最后的诀别。这一习俗，已延续千年，棺罩一般都是红色的绸缎做成，并绣有龙凤或者其他吉祥图案，在民间，老人寿终正寝是喜事。丧乐古老、凄美、悲凉。不同阶段，其音乐的曲调风格也不一样，入殓时，旋律最为悲切，亲人闻之都会掩面流泪，尤其入土前的晚上，吹鼓手的唢呐声如泣如诉，伴着亲人的哭声，邻里路人无不悲泪盈眶。而在出殡的路上，音乐则会悠扬，以此来舒缓调节亲人几天来的悲伤，安抚亲朋的情绪。安葬前一天的下午，亲朋好友如约前来吊丧，送礼金、挽幛、花圈、面食等，当天晚上，子女通宵守灵，彻夜不眠，焚香烧纸，灯火不灭，安葬完后，开宴用餐，席间，孝子贤孙素服向乡亲等鞠躬叩头致谢。自亡者辞世起，每七天为一七，直到七七到头才算结束，而后为百日，在这样短的时间里面反复举行悼念活动，其意在于加深对亡者的追思、缅怀。此后为头周年、二周年、三周年（立碑），三年服丧期间，儿子家春节不能贴红对联，而贴紫对联并书写怀念辞世亲人的内容。此后，每年清明节、寒食节、除夕夜儿女去坟头祭祀以外，再无约定悼念日。这种丧葬文化习俗延续千年，经久不衰，既是丧祭文化，又是中华文化的重要组成。2013年，关中丧葬风俗礼仪被列入第四批省级非物质文化遗产项目。（XY）

麟游地台社火 每逢元宵节闹社火时,当地群众就自动出来组织地社火,并与"狮子""彩莲船""高台芯子"等组成综合性民间舞队,游乡串户,挨门拜年表演。地社火分行进表演和场地表演两种形式。行进中,各角色演员以两纵队行进,跑"蹾蹾步",走"编笆笆""绕∞字""半边月"等路线。场地表演,多在院坝、街口、广场等处,按节目顺序进行演出。每场演出,先由饰红脸的角色上场,随后再由俩饰红脸的角色上场跑社火,他们的演出称为"神社火"。此后,其他节目轮番上场表演。每晚地社火可以转换不同场地表演,节目多少和时间长短,全由拨戏人根据地点、环境和群众气氛安排。一般都要演至深更半夜,才尽兴散离。正月十六晚,谓之"收灯",俗称"送灯日"。当天的最后一场演出后,在灯头的率领下,全体演员敲锣打鼓来到村外土地庙前,由灯头焚香、敬神后,再跳几个神社火节目,即灭灯停鼓,结束当年的社火表演。地社火有文、武之分,文的以文戏内容为主,武的以历史征战武打戏为主。常用"蹾蹾步""跑圆场"为主要步伐,同时根据内容,吸收大量的戏曲和武术动作,或是模拟生活和劳动动作。动作质朴、活泼,情绪幽默、滑稽。服饰除以传统戏曲服装外,多以民间生活服装打扮。地社火以打击乐伴奏,包括鼓、锣、镲等乐器,行进表演时多以"路家什"伴奏,场地表演时多以"三槌""四槌"开场,以"一溜水"伴奏表演,烘托情绪和气氛。2013年,麟游地台社火被列入第四批省级非物质文化遗产项目。(XY)

太白高芯社火 太白县李家沟社火队起源于清末,为地道的本地社火。起初以马社火为主,表演方队有两个:社火队、锣鼓队。社火分转,一般参与游演为12~15转,一转4~8人,演出时间是正月十四至正月十六3天,内容以戏曲典故为主,演员年龄17~40岁左右,男女不限。其特点:古朴典雅。1961年,太白高芯社火队发展为5个方队,以高芯为主,每天演出20转,参与人数200人左右。高芯包括转芯、水芯、十二生肖造型。整个芯子设计动中有静,静中有动,最高的可达7米有余。社火造型高、险、奇,形式简约质朴。太白社火自发展起来以后,每年春节元宵节都要在县城游演,为太白人民新年助兴,增添节日的气氛。2013年,太白高芯社火被列入第四批省级非物质文化遗产项目。(XY)

华山庙会 华山庙会于阳春三月万物皆生时节举办,取意于华山之神拯救万物、普降甘露之意。每年的华山庙会,除仍有部分香客外,大部分为登山览胜的游客,庙会的活动内容更加丰富多彩。有国际登山节、中国象棋比赛和书画、摄影展览等,还有民间社火、秦腔演唱、素鼓表演等地方民俗文化活动;另外,商贾云集,物资交流十分活跃,同时外地文艺演出团体、马戏、杂耍艺人都赶来助兴表演。1998年4月9日华阴市政府首次在西岳庙举行了规模盛大的仿唐祭山大典活动,吸引了几万人观看。祭山大典共分起驾棂星门、金水桥盥洗、傩舞、进香、初献、宣祝文、亚献、终献、燔燎、送神、素鼓、礼成、同乐、还宫等9个场次。陕西省歌剧院和长安何家营仿古乐队表演了精彩的唐乐舞,地方民间社团表演了芯子、素鼓等,其中引人注目的是华阴素鼓。素鼓表演时,队伍整齐雄壮,锣鼓惊天动地,旌旗随锣鼓声起舞,如千军万马鏖战,震撼人心。华山庙会一般由农历三月三日开始,至三月十五日最盛。它融民俗、道教、民间文化为一体,已发展成为颇有影响的综合性旅游文化庙会。2013年被列入第四批省级非物质文化遗产项目。(XY)

柞水十三花 十三花菜系流行于乾佑河流域、社川河流域,是在八大件子基础上发展丰富而来的菜系,比八大件子要隆重、讲究、精致,所用于待客的礼遇也上了档次。十三花在宴席前一次摆出十三个菜。中间为顶盘,四周由十二个青花白瓷小衬碟圈就,菜为四荤(一般为乾佑河小鱼、豆腐干儿、猪耳朵、猪肺等)四素(根据节令选时令菜蔬上桌,如神仙豆腐、豆芽儿(黄绿)、灰条(汗菜、荞麦饸烙面、洋芋片儿、豌豆角等)。四干果(为核桃、板栗、樱桃、花生、柿饼、瓜子等),荤素干果间隔摆开。顶盘传统做法采用煮鸡蛋、鸭蛋等圆形食品开局以示圆满,也可用豌豆凉粉作为顶盘开场。豌豆为当地产,红油酸汤调汁,凉粉做得老嫩合适,以筷子能夹住而不断为宜,此菜清凉下火,食之爽口,寓意风调雨顺。十三花整个桌面摆成的菜犹如盛开的美丽花冠一般令人垂涎。主菜为四大碗、四大盘。四大碗坚持鸡、蹄、肚、肘这一原则莫能改焉,四大碗,此菜与八大件子如出一辙。十三花菜系为农村中盛行的红白喜事宴宾待客主要形式。2013年,柞水十三花被列入第四批省级非物质文化遗产项目。(XY)

漫川古镇双戏楼庙会 漫川关为陕西东南首镇,位于山阳县东南缘,地处金钱河与靳家河之汇合处,以地貌广阔水域宽衍而得名,是一个边贸重镇、文化名镇、千年古镇。"昔疆秦楚之塞,今界陕鄂之边",商贸历史悠久,"朝秦暮楚",素有"南通吴楚,北连秦晋"的"水旱码头"之称,历史上有"小汉口"的美誉。古镇老街全长1080米,有保存至今的"骡帮会馆""武昌馆""北会馆""鸳鸯双戏楼"等古建筑群和"黄家药铺""张家大院""王家四合院"等具有明清建筑风格的民居,"板铺门""蝎子街""石子街"展现了漫川的秦风楚韵。漫川古镇庙会从正月十二日开始,延续至正月十五日。一般本年度庙会的压轴好戏——对台戏,都会在正月十五日那天在鸳鸯双戏楼演出。南边戏台婉约悠扬的漫川大调让人看得意犹未尽,北边戏楼又上演了耳熟能详的黄戏。南边戏楼《俏新娘》逗人开怀,北边戏楼《贵妃醉酒》又让人眼前一亮。如此两座戏台并肩而立,互唱对台戏,确实为漫川古镇庙会增色不少。漫川古镇庙会还有龙灯、狮子、旱船、高跷、秧歌、高抬等形式,威风凛凛的狮子辗转腾挪,变着花样的秧歌队伍踏着鼓点翩翩起舞,灵巧的姑娘驾驭着旱船在长须飘飘的艄公引导下穿梭往来,各种扮相的高跷芯子在半空中游弋,加上锣鼓声、鞭炮声、欢呼声等,赶会的群众人头攒动,热闹非凡。2013年,漫川古镇双戏楼庙会被列入第四批省级非物质文化遗产项目。(XY)

三 社会文化资源

（一）文化艺术机构、团体

陕西历史博物馆 前身为1944年6月成立的陕西省历史博物馆，1950年改称西北历史陈列馆，1952年改称西北历史博物馆，1955年6月改称陕西省博物馆。1983年，根据周恩来总理生前指示，开始在现址筹建新馆，1986年夏破土动工，1997年6月20日正式建成开放，并定为现名。2008年，陕西历史博物馆被评为国家一级博物馆，2009年被确定为中央地方共建国家级重点博物馆。馆区占地65000平方米，建筑面积55600平方米，文物库区面积8000平方米，展厅面积11000平方米。馆藏文物上起远古人类初始阶段使用的简单石器，下至1840年前社会生活中的各类器物，时间跨度长达100多万年。文物不仅数量多、种类全，而且品位高、价值大。历史博物馆建筑的外观着意突出了盛唐风采，长安自古帝王都，历史上先后有周、秦、汉、隋、唐等13个封建王朝在此建都，具有丰富的地上地下文物，形成了陕西独特的历史文化风貌。历史博物馆建成后，集中珍藏陕西境内出土的珍贵文物37万余件。基本陈列《陕西古代文明》，于2008年3月正式开放，以历史进程为线索，选取各时代的典型文物进行组合陈列，来揭示该地区古代社会文明发展状况。这一陈列展厅面积4600平方米，共3个展室，分为7个部分，精选的2000余件珍贵文物包括：反映古代先民生活情景和艺术追求的丰富多彩的彩陶器皿，反映周人兴起与鼎盛的青铜器，反映秦扫六合统一天下气势的青铜剑、经机、兵马俑等，以及显示秦汉奋发崛起精神的建筑构件、大型瓦当，还有反映大唐盛世繁荣景象的精美的金银器和唐三彩等，并配以遗址模型、图表、照片等辅助展品，系统地展现了自115万年前至1840年该地区的古代历史。由于中国古代社会周、秦、汉、隋、唐几个盛期都是在关中地区建都，所以该陈列以这几个时期为重点，既突出反映了该地区古代灿烂的文化，也反映了这几个时期中国社会经济文化发展的最高水平。作为综合性历史博物馆，陕西历史博物馆的陈列除基本陈列外，还有专题陈列、临时陈列三部分。专题陈列是学术性、专业性较强并围绕着某一主题而举办的不定期展览。临时陈列是基本陈列和专题陈列的补充,具有周期短、内容丰富、常看常新的特点,同时它又是一个文化交流场所、博物馆面对社会的文化窗口。(PLJ)

陕西省图书馆 成立于1909年8月,是我国成立较早的公共图书馆之一,也是我国西部地区成立最早的公共图书馆。作为陕西省政府主办的公益性文化事业单位,陕西省图书馆是面向社会公众提供文献借阅、信息咨询与学习交流的社会公益性服务机构和学术性研究机构,陕西精神文明建设的重要服务窗口,也是陕西地方文献收藏中心、陕西图书馆与图书馆学研究协作协调中心、陕西公共图书馆业务辅导中心、全国文化信息资源共享工程陕西分中心、陕西省古籍保护中心。图书馆建筑面积4.2万平方米,设计藏书容量400万册,阅览座位2000个。图书馆馆藏丰富,门类齐全,与该省经济、政治、文化、社会建设相适应的重要典籍基本齐备,对陕西经济建设、科研生产和科学决策具有较强的支撑能力。截至2014年底,累计馆藏总量达464万余册(件),其中图书360.87万余册,古籍32万余册,报刊57.9万余册。另有电子图书107万余册,视听文献、缩微制品等其他文献12万余册。目前年入藏新书19万余册,年订中外文印刷型报刊5000余种。近年来,随着国家和省政府对发展公共文化事业的关注和支持力度不断加大,省图书馆始终以满足读者需求为出发点和落脚点,在提升文献保障水平、增强服务能力、拓展服务范围、创新服务手段、提升服务层次、带动陕西公共图书馆事业发展等方面取得了一定成绩。2009年,省图书馆实施全面改造,采用无线射频识别(RFID)技术进行业务管理与服务,具备了读者自助办证、自助借阅、文献精确定位等功能。同时,取消了所有公益性服务收费,实行免费办证、免证阅览,读者接待量、文献借阅量均大幅增长。目前,省图书馆已形成以文献借阅服务、数字资源服务、参考咨询服务、延伸服务、特殊人群服务、文献开发、讲座展览、教育培训、文化信息资源共享工程、古籍保护、陕西公共图书馆服务联盟等为工作主体的较为完善的服务体系。2005、2010、2013年三次被文化部授予"一级图书馆"称号。(PLJ)

陕西省艺术馆 建于1956年,主要负责陕西群众文化的组织、辅导、研究、创作及民间文化的收集、整理、保护、利用工作,承担着全省非物质文化遗产保护中心的工作任务,在业务上指导全省市县120个文化(群艺)馆、1650个乡镇综合文化站的工作。在省文化厅的领导和大力支持下,艺术馆坚持以业务工作为中心,以队伍建设为重点,以事业发展为目的,在陕西公共文化服务体系建设中发挥了主力军作用,现已成为陕西省文化的组织中心、培训中心、指导中心及收藏研究中心。自2011年以来,省艺术馆以免费开放为契机,狠抓队伍建设、品牌活动、演出展览、培训辅导、理论研究、延伸服务等工作,积极发挥文化引导社会、教育人民、推动发展的功能。馆内省非遗陈列馆、书画展厅、音乐舞蹈排练厅、图书资料室、多功能活动厅等场地均已实现无假日、无障碍、零门槛免费开放。通过一系列免费开放等文化惠民活动，省艺术馆逐步形成了省市县区四级联动、区域共建、运转有序、服务高效的文化馆（站）免费开放运行机制，使免费开放活动实现了"周周有活动，月月有主题，年年创品牌"，乡村公共文化的"公益性、均等性、便利性、基本性"得以基本实现。在省艺术馆的龙头示范引领作用下，全省公共文化服务的自觉性、主动性、创造性十分活跃，呈现出团结奋进、扎实工作的主动局面。2014年12月26日，位于西安市曲江新区的陕西省艺术馆新馆扩建项目破土动工，项目占地24亩，建筑面积4万平方米。省艺术馆连续被省文化厅评为陕西重大文化活动突出贡献单位、省文化厅目标责任制考核优秀单位、省文化产业示范单位。（PLJ）

陕西省美术博物馆 2000年4月建成，2001年成立机构并正式营运。总建筑面积10760平方米，其中展厅面积7600平方米，展线1800米，馆内设有8个展厅、4层展廊，还设有中央雕塑展厅、学术报告厅、贵宾厅、藏品画库等，配备有自动化消防监控、红外线防盗监视和中央空调系统，美术馆所需的基础功能设施完备。省美术博物馆通过收购、专题征集、接受捐赠和以展代藏等多种形式广泛收集藏品，藏品以陕西和中国西部地区的现当代美术精品和文献资料为重点，着力构建陕西和西部文化的收藏特色，现已初步建立了具有国画、油画、版画、雕塑、书法、传统美术等门类健全的收藏系统。省美术博物馆从建馆初期的零藏品发展到现在拥有各类美术藏品4000余件（套），举办展览500余次，包括"全国画院双年展·首届中国画展""全国第八届书法篆刻展"等全国性重要展览。同时，省美术博物馆凭借古都西安良好的人文环境和陕西深厚的传统文化资源，展开了有针对性的学术研究工作，近年来编辑出版馆刊《美术博物馆》和各种画册、学术文献、年鉴多部，彰显了博物馆的学术个性和文化影响力。在教育推广方面，面对各层次观众适时开展了"美博——我心灵的家园"等富有特色的公共教育和宣传推广活动，在较短的时间内，把一个由政府领导的年轻的美术馆，完整地带入了美术界和公众的视野，成为陕西乃至中国西部重要的美术文化窗口，在建设西部强省和西安建设国际化大都市进程中发挥着重要的积极作用。省美术博物馆设有学术研究部，成立了学术委员会，建立有专业研究人员队伍。通过定期举办学术讲座、召开学术研讨会、撰写专著与研究论文等形式开展学术研究。省美术博物馆是目前中国西部地区规模最大的一座专业美术博物馆，2010年底被文化部命名为首批"国家重点美术馆"。（PLJ）

陕西国画院 成立于1981年，是省文化厅直属的唯一从事中国画专业创作和学术研究的事业单位，是在"长安画派"代表人物石鲁、方济众、罗铭等先生的大力倡导下，为发扬长安画派精神而开设的专门从事国画创作和学术研究的机构，其首任名誉院长石鲁，院长方济众。建院多年来，国画院在创作研究、展示交流等方面取得了丰硕的成果，在5年一届的全国美展和其他全国性大展中，获得了金、银、铜和优秀作品奖40余项，取得了令人瞩目的成绩。国画院和全国其他学术团体一起主办或承办了1986年杨凌"中国画传统问题学术研讨会"、1997年在北京和南京举办的"陕西当代中国画展"、2001年在西安举办的"全国画院双年展·首届中国画展"等重要学术活动，在全国美术界产生了很大的影响。在对外文化交流方面，国画院与日本京都书画院联合举办书画联展近30次。国画院现已成为全国五大国办画院之一，并与北京画院、上海中国画院、江苏省画院、广东画院等5家省级画院一并被收入《中国大百科全书》。一直以来，无论是老一代艺术家，还是中青年画家，都在为画院的发展做积极努力。尤其是中青年画家们，在老一辈艺术家的影响下和"长安画派精神"的激励和鼓舞下，创作出了许多精品力作，入选全国美展和获奖作品几十余幅。多年来，诸位画家厚积薄发，精心创作，虚心研究，已成为国画院发展不可或缺的中坚力量。目前，10多位颇具功力、风格鲜明、创造力旺盛的画家和理论家受聘于画院，专职从事人物、山水、花鸟等中国画和美术史论及书法艺术的创作和研究，另有40余位长安画坛名流受聘为画院顾问或兼职画师，画院的艺术家构成了中国西部一个有强劲活力的艺术群体。（PLJ）

陕西省文物交流中心 成立于2003年9月，是省文物局直属正处级事业单位，负责组织和承办省文物出境展览工作。1982年，经省政府常务会议研究批准，省文物局成立了"对外文物展览处"。1990年，"对外文物展览处"正式更名为"陕西省文物事业管理局外事处"，明确其职能为"全省文物系统对外交流、处理涉外事件的归口部门"。1995年8月，为适应文物工作对外交往的需要，省机构编制委员会办公室根据省文物局的请求，批准成立了省文物交流服务中心。2003年9月，省文物交流服务中心正式更名为省文物交流中心。陕西文物出境展览是从20世纪70年代参加《中华人民共和国出土文物展览》开始的。80年代起，省文物管理部门开始独立承担文物出境展览，90年代之后，展览工作进入快速发展阶段，陕西文物出境展览数量大幅增加。截至2012年底，以秦始皇兵马俑为主要内容的展览以及古代青铜器、汉唐丝路文物、唐代精品文物、历代陶俑等为专题的181个展览已巡展世界五大洲的33个国家和地区。展览所到之处备受主办国家和地区民众的欢迎，境外观众累计达5000多万人次。这些展览的举办不仅取得了良好的经济效益，而且在弘扬中华传统文化、服务国家外交大局、促进祖国统一、"让陕西走向世界，让世界了解陕西"等方面做出了积极贡献。（PLJ）

陕西省文物信息咨询中心 成立于2007年1月，是省文物局直属事业单位。其职责为：一是负责《文博》杂志的编辑出版工作；二是负责全省文物信息的收集、整理、发布、保管和利用，建立省文物信息数据库；三是负责文物信息网（汉唐网）的建设和运行维护；四是负责省文物局机关及直属单位的网络建设和运行维护；五是承担全省文物保护规划、方案和博物馆建设的咨询评估；六是承担全省历史文化名城（街区、村镇）规划、建设方案的咨询评估。中心设有综合办公室、文博编辑部、汉唐网站、信息网络部（数据中心）、咨询评审部、项目办、年鉴·文物志办。文物信息咨询中心成立以来，圆满完成了各年度责任目标，从而走过了筹建、立足、改制、纳新和发展壮大的历程，2007年荣获局机关年度"先进单位"称号。2008年汉唐网年度访问量突破300万人次，受到社会各界瞩目，被评为省"2008年文物工作十件大事"之一；作为全国文博系统优秀网站受到有关部门表彰，并在"国家文物局网站信息员座谈暨第三次全国文物普查网络宣传工作研讨会"上，被指定作网站建设和运行管理经验介绍。"汉唐论坛"被省政府门户网站设置为面向社会公众的文化互动平台。《文博》杂志出刊15期，坚持走学术化道路，品位高雅，质量攀升，得到业内同行认可。制作完成的5家基层单位网站，创意新颖，特点突出，受到广泛赞誉。文物普查网上宣传成效显著，深受欢迎。不可移动文物数据库的立项、调研等前期准备工作正在有序开展，《文物年鉴》组稿工作顺利进行，《文物志》进入修订、编辑出版阶段。（PLJ）

陕西文化产业投资控股集团 简称陕文投集团，是省政府直属的国有大型文化企业，集团成立于2009年6月，注册资本22亿元。历经几年发展，陕文投集团目前总资产150多亿元，产业覆盖影视、艺术品、传媒、文化旅游、文化金融和互联网六大领域，拥有23家全资和控股公司。影视方面，陕文投集团搭建起了从影视剧生产、电影发行放映到版权交易服务的全影视产业链。投拍了50多部电视剧和纪录片，其中《别让我看见》《王大花的革命生涯》等12部电视剧登陆央视黄金档。电影《推拿》斩获柏林银熊奖、台湾金马奖等10多项大奖。并创建西部国家版权交易中心，影视大数据评估平台投入使用。成立"文投国际电影院线"，旗下14家影城基本覆盖全省。连续举办五届"中国·西安国际民间影像节"，成为中外文化交流的重要渠道。文化旅游方面，陕文投集团致力于打造陕西文化旅游升级版，形成覆盖西安、延安、榆林、韩城、铜川、安康等地旅游产业格局。照金红色小镇成功探索出传承红色基因、富裕老区百姓、建设优美小镇和发展旅游产业的"照金样本"。安康瀛湖生态景区以创建5A级景区为目标推进标准化建设，成功入选国家旅游优选项目。中影国际丝路电影城成功签约并落地西咸新区。中国革命文艺家博物院、统万城国家考古遗址公园、铜川药王山文化景区、丝绸之路国际文化城、陕西文化艺术博物院等重大项目有序推进。文化金融方面，陕文投集团通过整合旗下融资担保、小额贷款、投资基金、文交所和互联网金融等金融业务，成立了"陕西文化金融服务中心"，为陕西文化产业提供有力金融配套服务。艺术产业方面，陕文投集团构建起了从展览销售、创意研发到金融投资的专业化平台，挂牌成立书画艺术品鉴定实验室，上线运转陕西文交所艺术品电子交易盘。传媒与互联网方面，陕文投集团积极构建全媒体创意传播整合营销平台。几年来，陕文投集团的企业品牌影响和发展活力得到了各级领导和社会各界的肯定与好评，先后荣获陕西省文明单位、陕西文化企业十强、陕西文化产业示范基地等40多项荣誉。（PLJ）

陕西歌舞大剧院 于1998年建成，是集唐乐舞、中华经典饮食为一体的综合性艺术饮食文化场所。剧院设计美观大方，装修豪华典雅，拥有国内一流的演出舞台和专业的演职人员，可同时容纳700人就餐及观看《仿唐乐舞》表演。《仿唐乐舞》是由西部地区艺术规模最大、历史久远的省歌舞剧院歌舞团演职人员演出。这台在20世纪80年代首创并推出的中国文艺舞台上第一台唐代宫廷乐舞，是由中国最著名的唐代历史学家、文化方面专家学者和艺术家，经过多年学术上的发掘、考证和研究，按照唐代燕乐表演形式悉心编排的盛唐歌舞表演。在节目的安排上注重挖掘盛唐时期就有的舞蹈音乐，以保持原汁原味的唐代歌舞的再现。《仿唐乐舞》从1982年在西安首演至今，荣获多项大奖，至今演出24000余场，观众达1000万人次，此规模在目前国内演出市场上是绝无仅有的。剧院的许多经典节目在国内多地上演，如《鸭子拌嘴》《老虎磨牙》《霓裳羽衣舞》《白纻舞》《观鸟捕蝉》，并且获得了国内国际上的许多大奖。大剧院的舞台设计也一贯秉承中国传统文化灿烂辉煌的一面，整体舞台布景由人工手工绘制的中国画幕搭建，每个节目都有不同的画幕与之匹配，画幕采用了中国画和唐代壁画的表现手法，画幕与其对应的舞蹈相得益彰，既丰富了舞蹈的内容，又使整台舞蹈华丽优美、典雅、古朴，生动再现了盛唐时期灿烂的文化艺术。剧院的盛唐歌舞凭借雄厚的表演实力和无与伦比的民族艺术魅力，并在国际艺术中享有盛誉。多年来，先后出访美国、法国、德国、意大利、瑞典、巴西、日本和中国台湾、香港等40多个国家和地区，足迹遍及世界各地。2004年办理了《仿唐乐舞》和《唐·长安乐舞》的文字作品、录像作品的版权登记证书，省歌舞剧院是《仿唐乐舞》和《唐·长安乐舞》的音乐及舞蹈设计的唯一使用者。剧院在主要经营《仿唐乐舞》演出的同时，推出的地方小吃"饺子宴""风味宴""仿唐宴"也成为陕西旅游业的佼佼者。（PLJ）

陕西省演艺集团 是2009年10月28日正式挂牌成立的全省规模最大的国有演艺集团公司，是在原省歌舞剧院、省乐团、省京剧团、省杂技艺术团、省人民艺术剧院、省民间艺术剧院、西安人民剧院、省演出公司等8家单位实现转企改制基础上，按照现代企业制度组建起来的具有独立法人资格的国有独资企业。注册资本5000万元，演职员工1136人，资产总额10285.32万元。集团拥有一支实力雄厚的艺术人才队伍，其中正高级职称74人，副高级职称238人，4人曾获中国戏剧梅花奖。改制后的演艺集团拥有人民剧院、陕歌大剧院、人民艺术剧院剧场、民间艺术剧院剧场等4个大小不等的演出场所，适合接待各类大中型的艺术演出。经营范围涉及歌舞、话剧、戏曲、杂技、木偶、皮影的艺术创作及演出，剧场经营、演出经销、演艺文化衍生品的开发和销售，并主办、承办各类大型艺术活动等。新组建的省演艺集团有限公司，按照建立现代企业机制的要求，构建母子公司框架。在整合演出院团、演出中介机构、演出场所、演艺人才等资源的基础上，进一步提升集约化经营水平和产业集中度，从而增强陕西演艺产业的核心竞争力。多年来演艺集团有限公司有一大批的优秀作品分别获得了国际、国内诸多大奖。其中，歌剧《司马迁》荣获"五个一工程奖""文华新剧目奖"，歌剧《张骞》在文化部第三届文华奖评奖中获文华大奖、国家舞台艺术精品工程精品提名剧目奖。大型乐舞诗《大唐赋》在2008年西安东西部洽谈会开幕式首次亮相就产生轰动效应，该剧获第二届陕西文艺大奖戏剧作品奖。话剧《又一个黎明》荣获"五个一工程奖"，是陕西省第一部入围国家舞台艺术精品工程的剧目。重新进行了艺术加工后更名的《汉唐乐舞》，与旅游相结合在古都大剧院常驻演出，受到国内外观众的欢迎。大型交响乐《山丹丹开花红艳艳——陕西交响乐作品主题音乐会》在国家大剧院演出，获得巨大成功。《陕西风情》和《世界经典》两台交响音乐会参加国家大剧院2008秋季音乐会，也获得观众普遍赞誉。（PLJ）

陕西省歌舞剧院 是陕西省国有大型艺术表演院团，隶属省演艺集团。其前身为1940年成立于延安的"西北文艺工作团"，毛泽东主席亲笔题写了团名。剧院集多种艺术门类于一身，拥有歌舞团、歌剧团、西北文艺工作团、民族交响乐团、交响乐团等演出创作机构。2009年10月在转企改制之后，重组合并到省演艺集团，下设院部行政机构，歌舞团、歌剧团、民族乐团、交响乐团等演出创作机构和陕西歌舞大剧院。多年来有3000多位优秀艺术家在剧院留下闪光的艺术足迹。歌舞剧院在历史发展过程中形成了颇具规模的艺术院团架构，具备了专业的创作演出团队，为观众奉献了大量优秀的剧目和节目。特别是改革开放以来，创作演出了大批具有民族文化精神和时代主旋律的优秀剧目，如古典舞《唐乐舞》，舞剧《高粱情》，乐舞诗《大唐赋》《长安月》，歌舞音画《金格灿灿彩》，民族交响乐《大音长安》和多次荣获中宣部"五个一工程奖""文华奖"的歌剧"大汉三部曲"《张骞》《司马迁》《大汉苏武》等几十部作品，完成了省委、省政府近年来主办的数十台大型主题晚会等。舞剧《高粱情》，民族舞诗《信天游》，古典乐舞《仿唐乐舞》《唐·长安乐舞》，乐舞诗《大唐赋》《长安月》，情景交响音乐会《中国魂》，歌舞音画《金格灿灿彩》，歌剧"大汉三部曲"《张骞》《司马迁》《大汉苏武》等，荣获中宣部"五个一工程奖""文华奖"等数十个奖项。歌舞剧院以弘扬中华民族的优秀文化，促进中外文化交流为己任,先后出访五大洲40多个国家和地区,接待过100多位国家元首和政要,不仅为国家和民族赢得了荣誉,还在文化走出去的战略中,发挥了"文化使节"的独特作用。(PLJ)

陕西省京剧院 前身为中国人民解放军一野四军文工团。1958年在上海京剧院、中国京剧院支持下充实阵容组建省京剧院。2006年被文化部评估为全国省级重点京剧院团。2009年10月按改革要求转企改制,更名为陕西演艺集团京剧院有限公司。在早期的演出中,省京剧院曾以《刘志丹》《秦岭长虹》《焦裕禄》《风雪桥山》《延安军民》《宏碧缘》《七侠五义》等大型创作和演出剧目给西安观众留下深刻印象。后来演出过《红灯记》《沙家浜》《智取威虎山》《杜鹃山》和引进外省的优秀剧目《红灯照》《小刀会》《向阳商店》《瑶山春》之外,自创剧目《青扬寨》《海岛女民兵》《草原雄鹰》《梨花渡》《平江晨曦》《红线记》等。当时对普及京剧艺术、丰富三秦人民文化生活起到不可替代的积极作用。改革开放以来,传统戏演出剧目开禁,省京剧院为本省观众同时也为全国很多地区观众演出了大量的传统戏和新编剧目,传统剧目有《将相和》《李逵下山》《三打祝家庄》《群英会》《借东风》《四郎探母》《龙凤呈祥》《王熙凤》《七侠五义》《宏碧缘》《生死恨》《别宫祭江》《智取威虎山》等,创作和新编剧目有《射虎口》《平江晨曦》《西门豹》《张飞敬贤》《双锁山》等。特别是以开拓进取的精神与上海京剧院强大创作实力联合排演的新编历史剧《曹操与杨修》,对势处低迷的中国剧坛以巨大冲击和震撼,也把京剧在陕西戏曲舞台上推向了高峰。其中《雷雨》《风雨老腔》《藜杖行》《清风驿》《甘泉》《绿衣女侠》《梁红玉》《智取威虎山》《三上巴山》《张飞敬贤》《别宫祭江》《生死恨》《曹操与杨修》《七侠五义》《红线记》《双锁山》等成为剧院的经典代表剧目。(PLJ)

陕西省杂技艺术团 前身系成立于1957年的省杂技艺术团,2009年转企改制后为陕西演艺集团杂技艺术团有限公司。杂技团是陕西省直属艺术表演团体最早进入文化演出市场的院团之一,以杂技、魔术表演为主体,现有演职人员125人,国家一、二级演员30余人。在国际、国内的演出评比中,有20个节目、百余人次获得各种殊荣,特别是近年来在国际赛场中连获佳绩:2005年9月,杂技团参加俄罗斯第二届国际马戏节大赛的节目《剪纸娃娃——抖空竹》荣获特别奖;同年10月杂技团参加意大利第七届国际马戏节上,又摘取一金一银两个奖牌。杂技团是陕西省出访国外最多的艺术表演团体,足迹遍布亚洲、非洲、欧洲、美洲,并且多次奉调进京演出。还受文化部委托,为澳大利亚电影公司拍摄具有中国特色的杂技影片,为加纳共和国培训和组建了国家杂技团。杂技团长年演出的节目有70多个,主要有《狮子舞》《坛技》《车技》《蹬技》《球技》《钻圈》《高车踢碗》《小武术》《魔术》《顶碗》《扛排椅》《滚杯造型》《雁塔情——女子大排椅》《戏鼓童趣——五人钻筒》《蹬人》《双童比翘——翘碗》《剪纸娃娃——抖空竹》《云中漫步——芭蕾顶技》《幽默滑稽》《滚灯》《转花碟》等，以及杂技主题晚会《汉唐百戏》和旅游晚会《汉唐乐舞》。杂技艺术团在转企改制之后，经济效益明显提升。转制前，杂技团一年演出120～150个（次）节目，演出收入在30万～50万元之间，现在杂技团在西安拥有两个固定演出场所，一年演出在500场左右，年演出收入超过400万元。2013年与2009年相比，主营业务收入增长了1137.63%，演出场次增长了258.7%。（PLJ）

陕西省人民艺术剧院 于新中国成立初期成立，是全国六大人民艺术剧院之一，也是西北地区富有代表性的话剧院团。2009年转企改制后归陕西演艺集团公司管辖。在中国的话剧史上，陕西人艺的代表剧目数不胜数，如《桃花扇》《带枪的人》《女人的一生》，又如长安三部曲《白居易在长安》《古城墙》《安家小院》，更有获"五个一工程奖"的剧目《钟声远去》《郭秀明颂》，国家精品工程剧目《又一个黎明》等，剧目先后多次获得文华导演奖、表演奖，三度荣获梅花奖，九次金狮奖等戏剧表演最高奖。陕西人艺小剧场位于西安市文艺院团云集之地，总投资500万元，建筑面积800平方米，是西安地区唯一一座专业小剧场，于2011年正式面向公众，可用于戏剧、综艺演出、节目录制、论坛和中小会议等。小剧场观众席数为244个，其中池座197座，楼座47座，采取阶梯排列，适合长时间观看。小剧场的舞台设备齐全，且较为先进，舞台容纳面积大，可变换性多，可满足不同演出需求。为了完美展现演出效果，采取"自然为主，电声为辅"的声学设计，保证了声学的真实完整，在建筑施工上采用弹性卡燃吸音板的工艺，所有墙体、门都在施工中用隔音的工艺解决，采取现代化灯光手段，渲染出丰富多彩的舞台气氛。（PLJ）

陕西省民间艺术剧院 是西北地区唯一的省级木偶皮影专业艺术表演团体。剧院成立于1953年，2009年9月转企改制为陕西演艺集团民间艺术剧院有限公司，荣膺省委、省政府"未成年人思想道德教育工作先进单位"称号。半个世纪以来，剧院创作上演了上百部大、中型剧目。最负盛名的有木偶剧《孙悟空三打白骨精》《孙悟空三调芭蕉扇》《哪吒闹海》《终南山传奇》，儿童剧《白雪公主》《青蛙王子》等，荣获多项国际、国家、省级大奖，并出访40余个国家和地区。改制以来，省民间艺术剧院坚持木偶、皮影、儿艺、综合四位同举的业务发展思想和"非遗立足，综艺闯市"的建院方针，开辟了"周末儿童剧院"品牌演出，同美国合作创作演出的《来自中国的三个传说》荣获国际金奖，创排了省委宣传部精品剧目木偶儿童剧《太阳神鸟》、大型儿童音乐影偶剧《梦森林》，荣获多项大奖。在新的体制下，省民间艺术剧院在继承传统、锐意进取中寻求新的突破和发展，不断创新求进，已成为演艺集团旗下特色鲜明、业绩斐然的现代文化专业院团，在走市场、娱民众、承民俗、弘文化的文化产业繁荣发展新路上稳步前行。2013年6月

8日是第八个国家"文化遗产日",省民间艺术剧院有限公司与西北大学干部培训基地联合举办了"看演出,了解非物质文化遗产"活动,活动围绕"人人都是文化遗产的主人"的主题,由演出与讲解两部分组成,同时剧院以开放的演出形式为学员们安排了精彩的木偶戏和皮影剧演出。(PLJ)

陕西省演出公司 成立于1989年,是经文化部批准的具有涉外演出经纪资格的专业机构。20多年来,省演出有限公司以宣传党的文艺方针,弘扬优秀民族文化遗产,加强国内外和省内外文化交流为宗旨,承担和组织了法国青年芭蕾舞团、俄罗斯国家芭蕾舞团、朝鲜血海艺术团、亚洲青年管弦乐团和贝宁国家歌舞团等来自五大洲近百个团体来陕西的演出。成功策划和承办了刘德华、王菲、周华健、童安格、罗大佑、崔健、田震、王杰等在西安极具影响力的大型演出活动。还精心组织了费翔、羽泉等的多种形式的歌友会。演出公司为第七届、第八届中国东西部投资与合作贸易洽谈会专场文艺晚会《唱不完的信天游》《华夏魂之旅——陕西旅游歌曲演唱会》、陕西省第三届艺术节、陕西省庆祝抗击非典胜利《天使之歌》大型文艺晚会、第53届世界小姐西安行《美丽的眼睛看西安》大型文艺晚会、甲申年中华黄帝陵祭祖大典、乙酉年中华黄帝陵祭祖大典、庆祝靖榆高速公路通车庆典、2004·中国农民画艺术节、西北工业大学五十周年校庆文艺晚会、西北农业科技大学七十年校庆文艺晚会、2005曲江之春文化旅游艺术周《广场街舞》和《三秦民歌演唱会》、西安城墙鼓乐文化周、纪念渭南建市十周年《放歌渭南》大型演唱会、CCTV-7《乡村大世界》栏目、西安电视台《心跳大赢家》栏目等大、中型文艺演出提供了灯光、音响设备服务,以完美的舞台制作、灯光、音效,受到省委、省政府和各界的赞扬。近年,推出的大型舞剧《白鹿原》和大型民族音画《八桂大歌》,更是在西安产生了极大的轰动效应。20多年来,演出公司在国内外文化交流和发展中,发挥了重要积极的作用。在多年的演艺市场闯荡中,演出公司也逐渐成长壮大,市场运作规范,组织机构严密,策划队伍得力,在陕西演出行业中具有较强的竞争力和影响力。(PLJ)

西安易俗社 原名陕西伶学社,创办于辛亥革命的第二年1912年,迄今100多年的历史,是世界艺坛三大古老的剧社之一。其创始人李桐轩、孙仁玉先生等是同盟会会员,因以"移风易俗,辅助社会教育"为办社宗旨,故改名"易俗社",是我国最早把戏曲训练、人才培养、文化教育和演出实践相结合的秦腔艺术团体。易俗社首次在秦腔剧社内进行了卓有成效的剧本建设,仅80余年,编写的剧目达800多本。20世纪50年代,易俗社又先后到朝鲜慰问中国人民志愿军,到福建前线慰问中国人民解放军,在秦腔艺术上大胆改革,刻意求新,编创上演的剧目不仅在全国屡屡获奖,还被其他剧种移植上演,其中《三滴血》《火焰驹》被拍摄成戏曲艺术片。1959年《三滴血》进京参加国庆10周年献礼演出,受到了党和国家领导人的接见。1979年《西安事变》赴京参演，在全国开创了用戏曲形式塑造老一辈革命家感人形象的先河，并荣获全国创作演出一等奖。1981年赴日本演出，受到日本观众的高度赞扬。1987年《卓文君》进京演出。1989年国庆40周年，中国唱片总公司评出有史以来第一批"金唱片"，易俗社榜上有名。1995年在太原参加文化部举办的第二届"金三角"戏曲汇演，创作演出《日本女人关中汉》荣获八项大奖。1996年全国梆子戏会演易俗社演出的《三滴血》荣获优秀剧目等六项大奖。1998年，又新编了电视戏曲小戏《镇台念书》《醉打山门》《司马拜台》等，六次受中央电视台选播。其中剧社演出的《铡美案》改编拍摄为中国50集地方戏剧精品选，受到海内外的赞扬。同年，易俗社参加了西安市艺术团赴韩国访问演出。在2000年的首届"中国秦腔艺术节"上，易俗社创作演出的新编秦腔历史剧《女使臣》获得多项大奖。2001年易俗社根据铜川市惠家沟村前村支书郭秀明的真实事迹改编创作的新编秦腔现代戏《郭秀明》，演出场场爆满，并被中央电视台多次循环播放。易俗社现有职工300余人，集秦腔艺术家和青年新秀于一堂，继续振兴和弘扬秦腔艺术。（PLJ）

陕西省社会科学界联合会 成立于1980年，是省委领导下的学术性人民团体，是社会科学类省级学术团体和民办社科研究机构的业务主管部门，拥有团体会员121个，其中省级学会、协会、研究会115个，民办社科研究机构6个。市级社科联（协）7个，其中有编制、机构单设的2个。机关内设办公室、学会部、科普部三个部室，参照公务员法管理。省社科联的基本工作职能和任务有六项：一是以中国特色社会主义理论为指南，围绕党的中心工作，管理和协调陕西社会科学界各学会、协会、研究会开展工作，指导各市社科联（协）的工作；二是组织学术交流活动和重大科研项目的联合攻关，促进社会科学与自然科学及有关学术单位之间的联系与合作；三是推动社会科学知识的宣传普及，促进社科研究成果的转化与应用；四是受省政府委托，组织哲学社会科学优秀成果的评奖工作；五是编辑、发行《陕西社会科学》《陕西社科界》两个会刊，主办《陕西社会科学网》，探讨、交流社科研究成果，传播学术信息和社科知识，反映社会科学工作者的意见和建议；六是维护社会科学工作者的合法权益。（LSH）

陕西省文学艺术界联合会 简称陕西省文联，是省委领导的，由12个省级文学艺术家协会、11个地市文联和全省的产业行业文学艺术工作者联合会组成的人民团体，是省委和省政府联系文艺工作者的桥梁和纽带，是文艺工作者联系社会、走向市场的桥梁和纽带，是繁荣社会主义文艺、发展先进文化的重要力量。省文联成立于1950年，1956年停止对外办公并撤销，1983年12月恢复成立。省文联实行团体会员制，现有国家正式编制和全额拨款的团体会员单位29个，包括11个市（区）级文联、12个直属文艺家协会（剧协、音协、美协、影协、视协、书协、曲协、舞协、民协、摄协、杂协、评协）和5个产业行业文联（铁路、电力、邮政、神剑、公安），加上下属的民办文艺社团，会员数超过两万人，业务囊括了全省文艺领域。省文联内设5个部室：办公室、人事处、组织联络部、创作评论部和老干处，并按有关规定设有机关党委和纪检组。省文联以马克思列宁主义、毛泽东思想、邓小平理论和"三个代表"重要思想为指导，坚持党的基本路线，坚持文艺为人民服务、为社会主义服务的方向和"百花齐放，百家争鸣"的方针，通过开展文化艺术活动、组织文艺创作、深入基层采风、召开学术研讨、举办文艺评奖、进行人才培训等多种形式的活动，对各团体会员和广大文艺工作者发挥联络、协调、服务的职能，促进全省文艺界的团结和文艺事业的繁荣发展。省文联依法维护各团体会员和广大文艺工作者的合法权益，倾听和反映文艺家的意见和呼声，为文艺家改善创作条件、解决工作和生活中的困难提供切实帮助。省文联重视并加强同全国各省、市、自治区文联及香港、澳门特别行政区文艺界的交流合作，增进与台湾同胞和海外侨胞中的文艺团体、文艺界人士的联谊交往，并广泛开展对外文学艺术交流活动，积极组织和推动各个团体会员开展国际文化艺术交流活动。（PLJ）

陕西省作家协会 前身是中国作家协会西安分会，成立于1954年11月。1983年9月，中国作家协会西安分会正式更名为中国作家协会陕西分会，1993年6月更名为陕西省作家协会。省作协机关有4个直属事业单位：文学创作组、陕西省作协文学院、《延河》杂志社、《小说评论》杂志社。主席团下设12个专业委员会：长篇小说委员会、中短篇小说委员会、报告文学委员会、散文委员会、诗歌委员会、评论委员会、青年文学委员会、儿童文学委员会、网络文学委员会、文学翻译委员会、杂文委员会、影视戏剧文学委员会。作家协会的主要职能是贯彻执行党的文艺工作路线、方针和政策，团结全省作家和文学界，践行社会主义核心价值体系，努力推动文学事业的繁荣发展。为各市作协、各行业作协及全省作家做好联络、服务、协调工作，推动以文学创作为核心的原创文化建设，推动全省文学队伍建设，发现和培养文学创作、评论、编辑、翻译的新生力量，培养社会主义文学新人，促进陕西文学的全面发展。组织开展各种文学活动，组织作家贴近实际、贴近生活、贴近群众，深入基层采风锻炼。负责国家级文学奖项的推荐工作和省级文学奖的评审工作，表彰和奖励优秀的创作成果和创作人才。进行学术研讨和文学理论研究，组织开展文学评论活动。办好《延河》文学月刊和《小说评论》杂志。推进中外文学交流，推荐和参与陕西作家参加国际、国内文学活动，翻译推介陕西作家的优秀作品。加强信息化建设，办好机关刊物《陕西文学界》《作协文讯》《陕西作家网》《陕西作协微博》。负责对陕西文学基金的监督、管理和使用。目前陕西省有中国作家协会会员282人，省级会员2946人。会员分布在省直机关、大专院校、全省各地（市）机

关、学校、工矿企业、农村、部队等各行各业。从1954年至2013年，先后召开会员代表大会六次。（PLJ）

陕西省美术家协会 原为中国美术家协会西安分会，其前身为西北美术工作者协会。1950年全国首次文代会后，在西安成立了西北美术工作者协会。1954年西北大区撤销后，即改为中国美术家协会西安分会。省美术家协会是组织全省美术家进行美术创作和研究的学术性人民团体，是党和政府联系美术界的桥梁和纽带，是省文学艺术界联合会和中国美术家协会的团体会员。省美协现有会员2000余人，全国会员260余人，机关工作人员62人、美协27人、美术家画廊35人。在20世纪50年代末至60年代初，协会先后举办了"陕西省庆祝建国十周年画展""山区生活画展""陕西省庆祝建国十五周年画展"等，出版了《陕西国画选》《石鲁国画选》等画册。《美术通讯》为协会内部刊物。1985—1987年《陕西国画作品展览》《石鲁作品回顾展》除在国内与观众见面外，之后还赴香港展出，在海内外有较大反响。1986年举办了《西北五省区美术展览》；1987年举办了《赵望云师生画展》，在北京展出《陕西青年画展》；1988年《方济众遗作展览》在北京中国美术馆展出，1988年《付恒学美术作品展览》《高学敏剪纸作品展览》在北京展出，1988年《罗平安国画作品展览》先后两次在北京中国画研究院陈列馆、中国美术馆展出，协会所属美术家画廊多年来接待国内外各种书画展览320多个，其中有中国知名画家张仃、沈柔坚、武石、刘蒙天、刘旷、张建文等人画展，以及北京画院，陕西国画院，西安中国画院，港、台、澳及国外画家画展和展览。（PLJ）

陕西省书法家协会 成立于1981年11月。协会成立以来发扬书法艺术的优秀传统，坚持正确的发展方向，提倡艺术形式、风格、流派的多样化。认真组织陕西书法"届展""年展""新会员作品展"，以及各类书体、各种不同艺术形式的"单项展"，搞好国际、国内书法艺术交流等活动。积极组织书法评奖活动，大力繁荣书法创作，开展书法理论研究，组织书法学术交流，搞好书法活动的宣传报道工作，注意培养中青年书法人才，壮大书法家队伍，对成绩突出的团体会员和个人会员予以表彰奖励。尊重老一辈书法家的研究和成果，学习老一辈书法家的成果经验，重视、支持基层书法组织建设和群众性书法普及活动，以多种方式加强与社会各界的联系，促进书法艺术的提高与发展。30多年来，省书协始终不渝地坚持为人民服务，为社会主义服务的方向，贯彻执行"百花齐放，百家争鸣"的方针，积极努力弘扬书法传统，倡导创新精神。省书协通过举办书法讲座、理论研讨、书法赈灾扶贫以及评选青年十佳活动，端正书风，增强精品意识，倡导德艺双馨，促进会员理论和创作水平的提高，使得老中青相结合的创作队伍形成和壮大，涌现出一批又一批驰名书坛的书法篆刻家，推动了陕西书法事业的振兴和发展。目前，陕西已有中国书协会员375名，省书协会员3545名。许多会员出版了有影响的书法理论专著和书法、篆刻集，发表了大量论文和作品。省书协还受邀赴兄弟省市和欧、美、日、韩、东南亚诸国及港、澳、台地区讲学，举办展览，受到欢迎和好评。省书协还同省旅游局连续举办了五届国际书法年会，邀请了众多的中外书法名家来到西安，通过百米长卷题词、书法展览、笔会、参观书法遗迹和儿童书法表演等，交流了书艺，广交朋友，对中国书法走向世界，扩大"书法之乡"的影响，促进旅游事业的发展做出了积极的贡献。（PLJ）

陕西省音乐家协会 成立于1949年11月20日，前身是"陕甘宁边区文化协会音乐工作委员会"，先后更名为"中华全国音乐工作者协会西北分会""中国音乐家协会西安分会""中国音乐家协会陕西分会"及"陕西省音乐家协会"。协会是陕西省音乐家组成的具有法人资格的人民团体，是党和政府联系全省音乐家和音乐工作者的桥梁和纽带。多年来，省音乐家协会坚持"二为"方向，贯彻"双百"方针，弘扬主旋律，提倡多样化。以高尚的情操塑造人，以优秀的作品鼓舞人，团结全省音乐家为繁荣和发展社会主义音乐事业，促进我国社会主义物质文明和精神文明建设做出贡献。省音乐家协会目前拥有中国音乐家协会会员315名，省音乐家协会会员1352名。协会内设有8个专业委员会：理论委员会、创作委员会、表演艺术委员会、音乐教育委员会、社会音乐委员会、民族音乐委员会、对外联络委员会和音乐版权保护委员会。音乐家协会主办的刊物《音乐天地》（原名《群众音乐》）创刊于1949年10月，是新中国最早创办的几份音乐刊物之一，从创刊到现在60多年中，《音乐天地》为宣传党的文艺方针，繁荣音乐事业做出了较大贡献，深受广大词曲作者、音乐爱好者和教育界人士的喜爱，成为省音乐家协会宣传党的文艺方针、政策，团结音乐界人士和提高音乐鉴赏能力的有利阵地。（PLJ）

陕西省舞蹈家协会 原名为中国舞蹈家协会陕西分会，是专业性群众组织，成立于1980年9月。几十年来，省舞协曾组织80多次（期）"新作研讨会"和"创作座谈会"，以及有部分省、市参加的"剑舞学习班""长袖学习班""编导学习班""现代舞学习班""国际标准舞学习班""少儿舞蹈创作学习班"及"舞蹈教师训练班"等。为增强工作的学术性、理论性、科研性，协会曾编辑出版《古舞丛说》《舞蹈新论》等专著，编写《舞蹈基础理论》《简明中国古代舞蹈史》《舞蹈创作基础》《舞蹈美学教程》《舞蹈艺术欣赏》《舞蹈表演学简述》等六种学习教材，以及编发《三秦舞苑》《陕西舞蹈》等内部会刊。协会曾多次参加中国舞协举办的"吴晓邦舞蹈艺术思想研讨会""贾作光舞蹈学术研讨会""中国舞蹈论坛"等学术理论研讨会，与省文化厅共同举办了有部分省、市舞蹈理论家、学者参加的《陕北秧歌》《陕西传统舞蹈》《陕西民间社火》研讨会，发表、宣读、评选奖励本省选送的优秀论文奖近百篇，先后在全国报刊发表舞蹈论文、评论、文章近

200篇。由省舞协与省文化厅主编的《民舞集成·陕西卷》1995年出版，其中文字约170多万字、插图1000余幅，是建国以来陕西第一部有关传统舞蹈的珍贵史料。省舞协与省文化厅等十多个单位共同发起，以西安市莲湖区青少年宫为基地成立了"陕西省小天鹅艺术团"，已成为省少儿校外活动的著名的艺术品牌，也成为青少年校外文艺活动的重要阵地，已在国内外和社会上有了较大影响和知名度。不仅接待许多国家的外宾和朋友，还相继多次出访美国、日本、澳大利亚、法国、德国等地，成为文化交流的友好使者。许多创作演出在全国各种大赛和"小荷风采"中多次获奖。（PLJ）

陕西省戏剧家协会 原名为中国戏剧家协会陕西省分会，成立于1958年，1969年"文化大革命"中解散，1978年12月恢复，1993年更名为陕西省戏剧家协会。省戏剧家协会是全省戏剧家自愿结合的专业性群众团体，是省文学艺术界联合会的团体会员。协会团结了一批剧作家、戏剧评论家、艺术表演家和戏剧艺术各门类的专业、业余人才，已拥有2000余名会员，200余名中国剧协会员，由协会推荐，有17名演员荣获中国戏剧"梅花奖"的称号。除第四届中国戏剧节外，每届中国戏剧节都有陕西的剧目参赛，一些剧目荣获了曹禺戏剧文学奖和曹禺戏剧剧目奖，省戏剧家协会曾多次荣获优秀组织奖和组织奖。《当代戏剧》是由省戏剧家协会主办的专业性戏剧期刊，刊物汇思想性、艺术性、观赏性为一体，熔研究性、知识性、可读性为一炉，1996年以来被新闻出版署评为"全国戏剧艺术类核心期刊"，是全国少数几份在国际上发行的戏剧类刊物之一。多年来，省戏剧家协会在中共陕西省委宣传部、省文联的领导下，与时俱进，开拓创新，精心策划并举办了一系列有影响的重大戏剧活动，赢得了广泛的社会赞誉，同时积极为全国推广陕西戏剧优秀成果、推举戏剧人才做了大量的务实工作。（PLJ）

陕西省曲艺家协会 前身是20世纪40年代初诞生于延安的陕甘宁边区文协说书组，1950年在西安成立的西北曲艺改进会，1984年8月，正式成立了中国曲艺家协会陕西分会，不久更名为陕西省曲艺家协会。省曲艺家协会是党和政府联系广大曲艺工作者的桥梁和纽带，其主要职能是：联络、协调、服务。协会现有中国曲协会员162名，本会会员1470名。会员来自全省各地，各行各业，其中专业演员、职业、半职业艺人居多。会员年龄最大的79岁，最小的18岁。从1984年以来，省曲协在中国曲协的指导下，在省文联的领导下，团结曲协会员和曲艺工作者，始终同党中央在政治上保持高度一致，坚持先进文化的方向，坚持文艺的"双百方针"和"二为方向"，在曲艺的搜集整理、创作、演出等方面做了大量卓有成效的工作。在全国和省上举办的各类赛事上取得优异成绩，曾有30多个节目荣获中国曲艺牡丹奖、群星奖等全国大奖，涌现出许多在全国和省内外很有影响的曲艺人才。省曲协在非物质文化遗产保护与传承、《曲艺志》编撰、下基层送

欢笑、理论研讨、艺术创新、交流比赛以及配合党和政府的中心工作开展曲艺活动等方面受到好评。(PLJ)

陕西省杂技家协会 于1981年4月2日在西安成立，是陕西杂技艺术家组成的专业性、学术性人民团体，是党和政府联系广大杂技艺术家和杂技艺术工作者的纽带和桥梁，是以省杂技艺术团为主体的专业协会。协会主要以中青年为主，在继承和发展中国古老杂技艺术的基础上，汲取其他姊妹表演艺术所长，借鉴国内外杂技、魔术的先进技艺，在长期的艺术实践中形成了自己独特的艺术风格和表演特色。2004年10月省杂技团的《剪纸娃娃——抖空竹》在第六届全国杂技比赛中摘得"金狮奖"，省杂技艺术团在俄罗斯第二届国际马戏节获得大赛"特别奖"。2005年10月第七届意大利拉蒂纳国际马戏节上摘取"一金一银"两项大奖的佳绩，这是省杂技团目前获得的最高奖项，也是建团以来实现了取得国际金奖上零的突破。在上海举行的第二届全国杂技比赛上，省杂技艺术团参赛节目《狮子舞》与《钻圈》获特别奖，《水流星》获二等奖。2006年，陕西杂技全面进军国际市场，上半年在日本进行了300余场的商业演出，10月赴印度进行了"中印友好十周年"访问演出。2007年，由协会主办的首届"魔术走进校园"在长安大学举行。2008年，省杂技家协会成员参与编排完成的大型杂技主题晚会《汉唐百戏》在省政府主办、省文化厅承办的第五届省艺术节上与广大观众见面。(PLJ)

陕西省电影家协会 是由陕西省电影艺术家、电影工作者组成的人民团体，接受省文艺界联合会的直接领导。现有会员350人，协会艺术家的作品丰富，大多具有副高以上职称，很多是在国内外重要电影节中获奖的编剧、导演、演员、摄影师、录音师、作曲家、服装设计师、造型师。省影协是党和政府联系陕西电影艺术家、电影工作者的桥梁和纽带，长期以来一直密切联系广大电影工作者，积极组织广大电影工作者思想和业务方面的学习，不定期地举办电影展和电影观摩活动，召开各种类型的电影学术研讨会、座谈会，举办不同类型的电影文化活动。协会艺术家们走入社区、学校、农村，与广大群众面对面地进行交流，极大地满足了人民群众精神生活的需求。协会参加了历届中国影协主办的电影金鸡奖、百花奖活动。多年来，省电影家协会坚持"百花齐放，百家争鸣"的方针，不断拓宽繁荣电影的新道路，鼓励多种题材、多种风格、多种类型的电影创作和电影制作，满足人民群众日益增长的精神需求。加强会员队伍建设，构建覆盖面广、门类齐全的协会体系。大力开展省际、国际交流，推进陕西电影走出去战略。充分发挥社团组织的优势，为繁荣陕西电影事业做了不懈的努力，起到了积极的推动作用。(PLJ)

陕西省电视艺术家协会 成立于1987年12月，原名中国电视艺术家协会陕西分会，是省文学艺术界联合会、中国电视艺术家协会的团体会员。省电视艺术家协会的会员代表大会每5年举行一次，省内各市级以上电视台和有一定艺术创作成果的社会电视制作机构为省电视艺术家协会的团体会员。现有团体会员26个，个人会员672名。省电视艺术家协会团结广大电视艺术工作者，贯彻"二为"方向和"双百"方针，为发展和繁荣全省的电视艺术事业，加强社会主义两个文明建设而努力奋斗。省电视艺术家协会为会员负有"联络、协调、服务"的职责，通过每两年一届的"陕西电视金鹰奖""陕西省十佳电视艺术工作者"等一系列评优创优和其他形式多样的活动，鼓励会员学习政治，学习专业知识，深入生活，解放思想，大胆创新，努力创作出内容健康向上，具有艺术魅力，为广大观众喜闻乐见的电视艺术作品。（PLJ）

陕西省摄影家协会 是陕西省委宣传部、陕西省文联领导下的人民团体，是党和政府联系陕西摄影家、摄影工作者的桥梁和纽带，是中国摄影家协会的团体会员，对全省各市、县级摄影家协会，省摄影家协会会员和摄影工作者负有联络、协调、服务的职能。摄影家协会的会员入会条件是在省级摄影家协会举办的摄影作品展览上入选作品或在省级摄影专业报刊上发表自己的摄影作品4幅，并有2名省摄影协会会员介绍，通过当地的市级摄影家协会推荐上报省级摄影家协会。现有中国摄影家协会会员200人，本会会员2000余人。全省11个区市均成立了摄影家协会，107个县市中已成立摄影家协会80多个，成立企业和行业摄影艺术委员会15个。省摄影家协会有创作展览部、活动策划部、网络信息中心和摄影培训部等。具有策划举办大型摄影文化活动、策展各种形式的摄影展览、拍摄设计编辑各类画册、拍摄制作各类宣传片、举办各种摄影培训和讲座的优势。（PLJ）

陕西省民间文艺家协会 成立于1980年12月27日，是陕西民族民间文艺家、研究学者、民俗专家、民间故事家、民间歌手、民间手工艺人以及各类民间艺术家自愿结合的群众团体，拥有省级会员数千名，全国会员155名。协会致力于组织、联络、辅导全省民间文学、民间艺术及民俗文化的考察、采集、保护、传承，实施中国民间文化遗产抢救工程。组织与推动国际间、地域间文化交流活动，组织有关学术、展览、演出活动。举办旨在奖励各种民间文艺成果的"山花奖"评奖活动，保护民间文艺工作者的正当权益，全方位推动全省民间文艺事业的发展繁荣。民间文艺家协会先后创办《秦风报》《唐都故事报》等报纸和《民间》《西北民俗》等刊物，总发行量达到2000多万份。出版《中国故事集成·陕西卷》《中国谚语集成·陕西卷》《中国歌谣集成·陕西卷》，三套集成总字数300多万字。协会会员多年以来共出版数千册各类民间文化书籍。拍摄完成《我们过大年》12集民俗文化专题片。协会有16人荣获国家级重要奖项。省民间文艺家协会会员多次出访外国展演精美绝伦的民间文化，为中外民间交流铺架友谊的桥梁。2008年8月，省民间文艺家协会承担奥运会"中国民族民间手工艺制作与展示"项目任务后，精心筛选由各个艺术种类优秀传承人组成的陕

西团队，地道的陕西民间手工艺现场展示赢得外国运动员的赞叹。（PLJ）

陕西省文艺评论家协会 成立于1993年，是由陕西省文艺评论界的专家、学者及文艺理论、评论工作者自愿组成的非营利性学术社团，是全国第一家成立的文艺评论家协会，在协会的带动下，目前全国各省份已相继成立了文艺评论家协会。省文艺评论家协会的宗旨是加强省内及全国陕西籍文艺评论家的联系与团结、合作与交流，有组织、有计划地推进和繁荣陕西的文艺评论事业。评论家协会主要从事作家、艺术家作品评论，文艺发展态势分析，组织省文艺评论队伍，培养青年文艺评论人才，组织文艺研究和评论的学术研讨会，组织文艺作品与文艺评论的评奖，开展文化交流、展览以及文艺作品的编辑出版工作。1993年以来，省文艺评论家队伍在省评协的组织协调下，对各门类艺术的繁荣发展，都做出了及时、准确的理论归纳和艺术批评，为构建陕西文学艺术大省和文学艺术强省做出了不可或缺的理论贡献。目前，协会除正常的业务活动外，还编辑出版一份学术性刊物《终南》，刊物的编辑充分体现了文艺理论、艺术研究的学术性和前瞻性，体现文艺评论、艺术批评对各门类艺术创作的针对性和指导性，体现对新时期艺术现象、艺术规律的归纳和总结，还整体展示了陕西文艺评论队伍的实力，促进了全省文学艺术事业的繁荣发展。（PLJ）

（二）广播电视机构

陕西广播电视集团 成立于2011年8月，是省委省政府落实中央关于全面深化文化体制改革战略部署，实现资源优化整合，加快推动文化强省战略的一项重大举措。陕西广播电视集团是陕西广播电视台"台属、台控、台管"的企业，是一个依托传媒具有特殊意识形态属性的大型传媒产业集团，担负着重要的社会政治责任、创造经济财富的使命和服务满足消费者精神文化生活需求的职能。集团公司注册资本6.58亿元，为国有全资公司，现资产总额61亿元，职工7100余人。集团本部设9个职能部门，管理15家下属公司，其中A股上市公司一家。集团组建以来，按照现代企业管理制度的要求，不断完善内部管控体系，实行股东、董事、经理班子、职能部门的四层管理构架。目前已形成了业务涵盖广电网络传输、电视购物运营、报刊音像出版、影视剧制作投资、新媒体集成播控、移动电视运营等六大业务板块，逐步建立起了完整的全媒体产业结构。2012年，集团在省直文化企业年度考核中被评定为"优秀"；2013年超额完成了年度经营目标任务；2014年集团实现经营收入26.5亿元，利润1.41亿元，全面完成了省上下达的考核目标任务，实现了集团组建运营3年来经营业绩持续稳定增长。2012年9月，在中宣部、文化部、国家广电总局、新闻出版总署联合召开的全国文化体制改革工作表彰大会上，集团被评为"全国文化体制改革先进单位"，同年集团入选陕西省文化企业十强，并在国家广电总局科技创新奖评比中，集团获一等奖、二等奖各1个，三等奖2个。2014年公司参与研发的TVOS智能终端成为全国首款可商用的TVOS智能终端。（PLJ）

陕西广播电视台 由原陕西人民广播电台、陕西电视台合并重组而成的陕西广播电视台集广播、电视、报纸、杂志、网络、新媒体等多种业务为一体，2011年8月5日揭牌正式成立。新成立的广播电视台，拥有10套广播节目、10套电视节目和48座传输发射台，是集广播、电视、报纸、杂志、网络、新媒体等多种业务为一体的省级广播电视大型综合传媒机构。电视频道包括陕西卫视、农林卫视、新闻资讯频道、都市青春频道、生活频道、影视频道、公共频道、乐家购物频道、体育休闲频道、西部电影频道、移动频道等。广播频道包括新闻广播、经济广播、戏曲广播——大秦正声、都市广播——陕广新闻、交通广播、音乐广播、农村广播、故事广播、青春广播、秦腔广播——西安乱弹、都市快报广播等。陕西广播电视台自创办以来，荣获中国新闻奖、中国广播影视大奖、全国"五个一工程奖"、星光奖、飞天奖、金鹰奖等国家级奖项百余项。制作的新闻类节目《温副总理带灾区孩子上课》《连战大陆行直播特别报道》和消息类节目《决战109》荣获中国新闻奖一等奖，获得中国新闻名专栏2个，3人荣获全国播音主持"金话筒"奖。相继推出《大秦岭》《望长安》《舞动陕西》《大鲁艺》《陕北启示录》《东方主战场》《保卫延安》《大秦帝国》《历史永远铭记》等一批精品力作，在宣传陕西、深度解读陕西方面不断书写新的篇章，社会反响强烈。制作了《总书记情系梁家河》《印度总理莫迪访问陕西》等系列重大政务报道，推出19集大型系列报道《行进陕甘宁——革命老区扶贫行》等，形成了《秦之声》《开坛》《今日点击》《都市快报》《超级老师》《唐诗风云会》《你不知道的陕西》《中国真功夫》《华山论鉴》《长安夜话》《秦风热线》《吃在西安》《下班快乐》等一大批品牌节目，深受群众喜爱。组织了华山论剑、朝阳行动、中华大祭祖、风追司马、雁塔祈福·钟鸣五洲、丝绸之路万里行等一系列在全国有深远影响的大型文化活动，受到广泛好评。（PLJ）

陕西省广播电视监管中心 于2003年9月经省编办批准成立的全额拨款正处级事业单位，隶属陕西省新闻出版广电局管理。目前，中心人员39名，平均35岁，文化程度全部为本科以上。中心主要承担着陕西广播电视安全播出、技术监测、广告及互联网视听节目的监听监看、节目内容收听收看以及局信息中心的工作。中心将监测、安播、监听监看以及局信息网等建立在统一的监管平台上，实现了高效、节约、扁平化的管理体制。中心多次得到上级部门的表彰和奖励，获得了2004年度省广播影视科技创新一等奖。2005年度国家广电总局科技创新三等奖。

2007、2008、2009、2010、2011连续5年荣获广电总局和省广电局授予的全国和陕西广播电视技术维护先进单位。2011年度，荣获省广播电影电视局先进党支部称号。2012年度，荣获省广播电影电视局十八大安全播出先进集体称号。中心的事业建设近年取得较大进步，省广播电视综合监管平台已延伸省、市、县三级，可以对开路广播、电视、CMMB和有线数字电视进行监测。广播电视安全播出调度指挥平台上联广电总局调度中心，实现陕西广播电视监测与指挥调度一体化功能，为陕西116市、县预警接收屏和约400名相关人员手机进行工作联通，实现了事故上报管理、零报告管理、技术维护管理等功能。（PLJ）

陕西省广播电视研究所 于1978年10月10日经省委宣传部批准成立，为省新闻出版广电局直属的正处级全额拨款事业单位。1991年经省编制委员会批准，省广播科学研究所更名为省广播电视研究所。是省内唯一从事广播影视技术研究、技术服务、行业技术鉴定检测的专业机构。主要负责广播影视公益性技术项目的前期预判，广播影视实用技术、设备的研发，为省内规范管理城市影院市场和农村公益电影事业服务。承担省"村村通""应急广播网"设备维护和技术服务，为新闻出版广电行业提供技术咨询、技术支持和服务。在新闻出版广播电视系统内出版、发行内部刊物《陕西广播影视技术》。研究所为陕西广播影视业发展起到了技术支撑和保障作用，先后被评为"省级文明单位""省直机关实施固本强基工程标兵党支部"和局直机关"先进党支部"。（PLJ）

陕西省音像资料馆 1988年成立，是省委、省政府批准的唯一专业化、科学化的音像资料典藏基地。目前资料馆收藏的有政治、经济、文化、军事、科技、风土人情等各类音像20000多部40000余小时，部分珍贵资料属于国家一级资料。资料馆内设办公室、媒资档案部、媒资管理部、媒资研发部三部一室和网站。媒资档案部负责资料库房的入库、归档、上架、借阅等日常管理工作，按照节目收录工作流程，完成各类节目收录工作，完成资料日常征集工作，完成档案资料的拍摄和建档工作。媒资管理部负责馆藏资料的数字化转存、编目、入库等工作，并利用馆藏资料开展对外服务，面向局、台以及省级领导、单位制作专题资料片，输出各类音像资料。媒资研发部负责专题片的拍摄及后期制作等工作，开发拓展影视制作业务。2013年媒资系统建立至今，资料馆已建立了完善的工作流程，培养出了高素质业务人员，对馆藏资料有计划地分期分批进行了入库、编目，入库各类音视频资料、文档、图片等30000余条。同时利用媒资系统开展对外服务，输出各类音像资料光盘50000余张，资料专题片200余部。近年来，音像资料馆不断扩大媒体资产产业建设，加大高清数字设备的投入，购置了省电视行业中先进的影视制作设备，汇集了本省优秀编导、摄像、剪辑、3D制作等人才，创立由被动收集变为主动收集的新型资料征集体系，充分适应了资料工作的发展趋势。与全省各级机关企事业单位开展广泛合作，制作专题片等200余部，为各级领导提供省、市、县综合资料片700余部。多次荣获省委宣传部、省广电局、省档案局、省广播电视台的表彰和嘉奖。（PLJ）

西部电影集团 简称西影集团，前身为1958年8月成立的西安电影制片厂。2000年6月，西安电影制片厂改组为西影股份有限公司。2009年5月经国家广电总局和省委、省政府批准，具有独立法人资格的西部电影集团有限公司正式成立。西部电影集团是中国六大电影集团之一，是国家电影产业布局的四大集团之一。坐落于古都西安曲江新区巍峨的大雁塔脚下，是以生产故事片为主的电影企业。建厂初期生产的影片中受到好评的有《草原风暴》《碧空银花》《桃花扇》和《天山的红花》（与北京电影制片厂合拍）等。1976年以后，电影制片厂在故事片创作上引人注目，《生活的颤音》《第十个弹孔》《西安事变》《没有航标的河流》《默默的小理河》《人生》《野山》等7部影片在中外获各类电影奖16次。1986年拍摄的由著名导演吴天明执导的电影《老井》，在1987年第二届日本东京国际电影节上获得最佳故事片金麒麟大奖。1987年拍摄的由著名导演张艺谋执导的电影《红高粱》，在1988年的第三十八届德国西柏林国际电影节上获得最佳故事片金熊大奖。1992年与香港影视公司联合投资的由著名导演陈凯歌执导的电影《霸王别姬》，在1993年的第四十六届法国戛纳国际电影节上获得最佳故事片金棕榈大奖。这些电影的获奖，使西安电影制片厂的名气享誉国际影坛。2002年以来西部电影集团共投资融资拍摄了电影《美丽的大脚》《天地英雄》《惊蛰》《日出日落》《情癫大圣》《爱亦无声》《雪花那个飘》《女检察官》《阿妹的诺言》《老港正传》等多部影片。《美丽的大脚》获得了金鸡奖7项提名、4项大奖。《天地英雄》备受各界关注，成为2004年广电总局唯一推荐参加奥斯卡外语片评选的影片。（PLJ）

（三）新闻出版机构

陕西日报 是中共陕西省委机关报，是全国创刊最早的省级党报之一，前身是由毛泽东同志倡议创建并亲自题写报名、1940年3月25日在延安创刊的《边区群众报》。2012年3月2日，陕西日报传媒集团正式挂牌成立，标志着《陕西日报》的发展进入了一个崭新的阶段。陕西日报传媒集团拥有《陕西日报》《三秦都市报》《陕西农村报》《当代女报》《西部法制报》《新闻知识》《报刊荟萃》等五报两刊，以及陕西日报广告有限公司、陕西日报发行有限公司、陕西日报印务有限公司、陕西三秦都市报传媒有限公司、陕西日报社投资有限公司和陕西日报网络发展有限公司等6家公司和4个网站，覆盖了传媒产业中的新闻、印刷、物流、网络等多个领域。《陕西日报》的宣传报道工作始终坚持以邓小平理论和"三个代表"重要思想为指导，深入贯彻落实科学发展观，自觉与党中央和省委保持高度一致，紧紧围绕省委、省政府中心工作，高举旗帜，围绕大局，服务人民，改革创新，坚持贴近实际、贴近生活、贴近群众。《陕西日报》按照"名稿件出名记者，名记者出名专栏，名专栏出名编辑，名编辑出名版面，名版面出名报纸"的"五名"战略，主动策划设置新闻报道议题，不断创新改进报道方式，提高舆论引导能力。《陕西日报》发行量、广告经营收入稳步增长，居全省级党报前列，产业领域不断拓宽，经营成绩屡创历史新高。在第四届中国品牌媒体高峰论坛、第九届中国报刊广告推介年会及中国媒体2011年年会上，《陕西日报》分别荣获"中国省级党报品牌十强"称号、中国媒体华表奖年度媒体奖和2011中国报刊广告金鼎奖·年度媒体奖。在2012年第五届中国报刊广告峰会上，《陕西日报》再次荣获"中国报刊广告投放价值排行榜"全国省级日报十强。在2013中国报协广告工作年会上，《陕西日报》荣获"中国报业广告创新集体奖"。（SMJ）

华商报 前身为1941年4月8日由进步新闻工作者在香港始创，同时得到中国共产党积极支持的《华商报》晚刊，对开四版铅印，主要宣传对象是海外侨胞，领导人范长江，督印人兼总经理邓文田，1941年12月12日停刊。新的《华商报》创刊于1995年元月，1997年7月改版。《华商报》是陕西侨联主管的一份综合类都市生活报，日发行量为30万份。具有以西安为中心，辐射宝鸡、咸阳、渭南、延安、榆林等陕西所有中等城市的发行网络。《华商报》办报宗旨是全心全意为市民服务，突出市民化、都市化、生活化和时尚化。是西安、陕西乃至西北地区发行量、阅读率、影响力较大的报纸。由于新的办报思路适应市场经济发展的规律，报纸发行量由改版前的不足2万份迅速增加到2014年的60余万份。2008年，报社广告收入超过6亿元，其超常规、跳跃式的发展速度被业内人士称为"报业发展史上的奇迹"。2008年1月再次改版，提出"民生立报，民本为魂"的办报理念。报社有编辑记者及经营管理人员600余人，发行队伍近3000人。2003年报社共荣获国家、省市及专业新闻奖项60余项。华商报人亲眼见证了"伊拉克战争""神舟五号上天""抗击非典""2008美国总统大选"等国际国内重大事件，率先揭露了"天龙煤矿爆炸案""山西繁峙金矿爆炸案"，担负起惩恶扬善的社会责任。自2013年7月1日起，正式改版为柏林版式报纸，为顺应报纸国际化流行趋势，让读者阅报更加顺畅、便利，经华商传媒集团统一协调，《今日咸阳》与《华商报》在咸阳地区合并发行，继续更好为受众奉献最有价值的新闻和信息，报纸内容的呈现与版式的编排都进行了改进和创新。（SMJ）

三秦都市报 创刊于1994年1月，是陕西省委主管、陕西日报主办的一份大型综合性新闻性的对开十六版日报。《三秦都市报》坚持倾听都市、用心说话的新闻诉求和敢为人先的新锐品格，以贴近市民、服务百姓为宗旨，以关注社会、关注焦点、关怀民生为己任，突出市民化、生活化、时尚化，是陕西乃至西北地区发展速度最快、综合影响力最大、受众结构最合理、阅读率最高、广告性价比最优、广告投入风险最低的省级都市报。报纸本着发现新闻、传播信息、提供资讯、启迪解惑、引导消费、服务生活的原则，力图体现鲜明的都市特色、强烈的时代特色、浓郁的情感特色和准确可信的权威特色。自创刊以来，《三秦都市报》立足西安大都市及省内各中小城镇，关注全国各大城市，放眼世界，体现出都市新闻报纸的开放性和兼容性，并以其迅疾出色的新闻、实用解惑的资讯、独特广阔的视野、权威准确的观点、清晰独特的风格和高度的社会责任感而享誉三秦大地。目前，《三秦都市报》是西北地区新闻信息量和影响力最大的综合类报纸之一。报纸采用国际流行四开加长版型，彩色印刷，日发行量超过38万份，其中68%为订户，32%为零售，发行量在西安占68%，形成以西安为中心，辐射宝鸡、咸阳、渭南、汉中、铜川、延安、榆林、安康、商洛等9个城市及周边的发行网络，读者群体逾百万，是一份资讯含量丰富，最具生活实用价值，真正具有现代气息的都市生活服务类报纸。（SMJ）

陕西农村报 为《陕西日报》农村版，是中共陕西省委专门为农村广大读者创办的一份农村党报。初为《陕西农民报》，现为《陕西农村报》。《陕西农村报》以参与者的身份，见证并记录农村城市化、农业工业化进程中的点滴变化，为改革鼓与呼，为发展鼓与呼。关注"三农"问题，是报社永恒不变的崇高责任。高扬主旋律，做深、做强"三农"报道，是报社的主要工作。注重社会新闻，强化新闻监督，是报社的着力点。突出独家新闻、深度报道，是报社提升新闻质量的突破口。图片出彩，标题出新，是报社创新的新亮点。版式风格大气舒展，是报社塑造形象的全新看点。在版面设计上，报纸细分读者市场，精确到位。一版要闻时段，紧扣时代脉搏，关注热点难点，放眼产业风云，透视农村变迁。二版区县时空，这是来自基层的新闻集锦，以记者、通讯员深入农村、农户，采写的鲜活报道为主。三版新闻超市，为读者奉献的是一档过瘾的新闻大餐，报道国内外的突发事、新鲜事、奇特事、有趣事。四版视野博览，以前瞻性、新鲜性见长，报道天下农村、天下农业和天下农民，为读者提供瞭望世界的窗口。五版周一为新闻调查，深度揭示重大新闻事件，跟踪报道；周三为法治在线，剖析案例，以案说法，律师出招，讲述社会与法的故事；周五为三秦聚焦，主打图片新闻，以镜头记录社会，动态透视。六版为传媒广场，延伸平面媒体的新闻触角，与市县电视台、广播电台联手互动。七版周一百姓话题，精选话题，读者争鸣，这是一档群众评论版；周三创业天地，介绍致富经验，报道创业人物；周五娱乐星空，展示明星风采，报道他们的心路历程。八版人生百味，以人性化、生活化见长，感受社会变迁，品味人生苦乐。（SMJ）

当代女报 《当代女报》是陕西日报社按

新机制、新观念着力打造的一份全面关注女性生活的精品报纸，鲜活、时尚、趣味、精彩、典雅、大气是报纸的特色。《当代女报》四开十六版，彩色印刷，每逢周三出版，版面赏心悦目，内容精彩纷呈，报纸定位的主要读者群为20～55岁的都市职业女性和男性。作为女人的知者、男人的朋友，《当代女报》以传播文化、呵护生命为己任，每一个版面，每一个话题都是一份倾心的关爱。2012乘着陕西日报传媒集团成立的东风，《当代女报》也迎来了自己的大发展时期，当年4月25日全新改版的《当代女报》盛"妆"上市，新"妆"报纸分为《当代女报·LIFE》（生活）和《当代女报·VOGUE》（时尚）两叠，充分体现本土特色，更体现城市的文化感，城市人的存在感。《当代女报》2007年被慧聪评为西安报业市场竞争力指数第四名，2011年中国传媒价值网调查数据显示为西安报业零售市场发行量排名第二，目前报纸在西安的都市白领人群和时尚行业中已经形成了自己独有优势。（SMJ）

西部法制报 创刊于2000年8月，原由陕西省委省政法委主管主办，2004年划转到陕西日报社，为独立法人。《西部法制报》面向全国发行，为对开大报，周三刊（二四六出报）。创刊以来一直以邮发为主，发行量长期保持在5万份左右。从2013年6月份起开始走市场，零售很快突破75000份。《西部法制报》秉承"宣传法律、服务政法、紧贴群众"的办报宗旨。2013年以来在原有栏目的基础上，又增加了30余个新栏目，其中《坚持科学发展观创建平安陕西》《陕西政法》《有问必答》《以案说法》《法治评说》《警察道苦恼》等主打栏目深受读者喜爱。《西部法制报》自创刊以来一直把社会效益放在首位，坚持正确的舆论导向，报社现有编采、行政、经营人员100余名，除在省内各市及杨凌示范区建有记者站外，经新闻出版部门批准，还在云南、贵州、内蒙古等11个省市区的省会城市建立了记者站。（SMJ）

陕西人民出版社 建立于1951年，1954年10月前称西北人民出版社，是一个实力雄厚的综合性出版社。现已改企为陕西人民出版社有限责任公司，网址域名为陕西人民出版社网上书城，主要出版政治、经济、历史、文化、青年读物、辞书和工具书。出版社建社以来，始终致力于优化选题，出版了一批层次高、品位高、质量高的图书，并具有一定的时代特征和地方特色，赢得了社会各界，尤其是学术界的好评。下设政治理论、经济、文化史地、青年、辞书译文、综合、教材开发中心、全唐五代诗、美术等9个编辑部，以及行政办公室、总编办公室、出版部、发行部、电脑制版部等机构，并全资拥有陕西电子音像出版社、阳光报、文化艺术报和劳动者杂志。出版社出版范围广泛，出版发行各种图书、音像制品、报纸、杂志及电子读物，是陕西省功能最齐全的出版单位。主要出版马列主义、毛泽东思想、邓小平理论"三个代表"重要思想理论著作，哲学、政治、法律、经济、历史、地理、辞书、工具书、古籍整理和语言文学类图书，党史党建

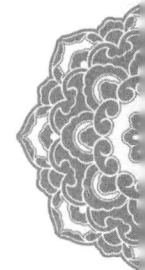

读物,青年思想教育读物,古典文学作品和现代、当代文艺作品,外国文学作品,文艺理论、文艺批评专著,中小学教材及音像制品、电子读物和有关资料等。建社以来,特别是改革开放以后,出版社遵循为人民服务、为社会主义服务的出版方针,立足陕西,面向全国,取得了较好的社会效益和经济效益。数千种图书获得省部级以上奖励,并多次入围"五个一工程奖""中国出版政府奖""中华优秀出版物奖"等国家级奖项。在第五次全国国民阅读调查中,陕西人民出版社位居"最受读者欢迎的出版社"第六名,综合出版能力在全国排名第36位,社科类图书出版实力排名第12位。目前,陕西人民出版社在图书出版主业发展上,加快向优质效益型发展的转化。在一般书出版上逐步积累形成了自己的优势板块——如紧扣主题的时代佳作系列、传承历史的红色经典系列、丰富厚重的学术精品系列、读者热捧的文化读物系列等,其中精品图书都有不俗的市场表现。(SMJ)

陕西人民教育出版社 成立于1985年,是以出版教育类图书为主的地方专业出版社。出版社的获奖图书数量、实验教材的推广均走在陕西省前列。出版社先后出版图书10000余种,有400余种图书获得省级以上奖励。组织开发的义务教育课程标准试验教材《初中思想品德》、新课程标准《高中英语》《内地新疆高中预科班教材》已通过国家教育工作部审定立项。由出版社自主开发编写的教材《初中思想品德》,获得教育部审定通过。中小学《科技教育》《农村"绿色证书"教育》课标,通过省教育厅义务教育地方课程标准招标定。出版社出版的《东方数学典籍〈九章算术〉及其刘徽注研究》、"求索丛书""鲁迅研究书系"分获第一届、第二届、第三届国家图书奖,"新世纪文丛""科学技术与社会丛书"、《科技资源论》、"生态文化丛书"分获第六、十一、十二、十三届中国图书奖,《陕西历史博物馆馆藏精品鉴赏》和"中华国宝——陕西珍贵文物集成"被国家领导人作为礼品赠送外国元首,并为大英博物馆收藏、陈列。出版社先后开发出版了50余种中小学地方教材,近几年对江苏版新课程标准实验教材的培训推广工作取得了显著成果,实验区逐步扩大,现已涉及陕、甘、宁、青四省区,使新教材推广工作走在了陕西省前列,受到了学校教师和教育管理部门的普遍好评,在社会上引起较大反响。(SMJ)

陕西人民美术出版社 前身是长安美术出版社,1957年2月5日成立于西安,1984年10月独立建制。自1995年始,出版社积极实施精品图书战略,注重图书出版的系列化,陆续推出了一批高档次高品位的国家及省部级重点图书。其中国家级重点图书《中国城市雕塑50年》是建国50年来第一部集中反映中国雕塑艺术家城市雕塑成果的大型画册,填补了中国城雕出版空白,全面地再现了中国半个世纪城市雕塑发展历程,并荣获第12届中国图书奖、首届全国优秀艺术图书奖二等奖、2000年陕西省精神文明建设"五个一工程奖"。《安塞传统美术精品》充分展示了安塞传统美术文化的特色和魅力,获首届优秀艺术图书三等奖。《中国画名家作品精选》丛书精选中国古代、近现代、当代百位成就卓著的画家的部分代表作品,分册精印,体现出独特的编辑思想。同时兼顾理论性著作,如《石鲁传》《石鲁艺术文集》《书法美学》《中国美术史教程》《西方美术史教程》《黄河·大河上下摄影作品集》《陕西历史博物馆馆藏精品》《设计概论》《VI设计模板》等均为双效明显的优秀图书。设有编辑部、发行部、出版部、财务部及与之相配套的行政管理和印制前端的电脑制作等部门,形成了完整的编、印、发体系,呈现出强劲的发展势头。出版社出版的《从雅典到长安——中外美术考古游记》荣获第七届中国图书奖、1992年陕西省"五个一工程奖"。《中国历代雕塑·秦始皇陵俑群》等获全国美术图书参评金奖。(SMJ)

陕西科学技术出版社 成立于1979年1月,是陕西省唯一的综合性科技出版社。主要编辑出版以普及自然科学基础知识和介绍应用技术为主的科技读物。出版社出版的200多种图书获国家及省部级优秀图书奖,其中《西北农牧史》荣获中国图书奖,《中国盾蚧志》(一、二、三卷)、《人体三维断面解剖图谱》、《中国黄土高原生态农业》等4种图书获全国优秀科技图书奖,《九章算术校证》《高层建筑钢结构设计》《集水农业引论》《实用CT影像技术学》等23种图书获西南西北地区优秀科技图书一等奖,《钢筋混凝土结构非线性有限元分析》《秦巴山区土特名产》《老年人身心健康的五把钥匙》分获国家优秀教材、优秀科普图书奖,《九章算术导读与译注》《京津塘高速公路工程施工》《临床常用医疗数据手册》《关节病影像诊断学》获第八届西南西北优秀科技图书一等奖。1992—1994年连续被评为陕西省新闻出版局系统先进单位,1995年被评为全国首批良好出版社。陕西作为一个科技大省,有着许多得天独厚的优势,其雄厚的科研力量和庞大的专家学者作者群是出版社的宝贵财富。新世纪以来实施的西部大开发战略,既是机遇,也是挑战。对此出版社一定有强烈的责任感和急迫感,把握机遇,振奋精神,发展自己,为尽快将陕西由出版资源大省变为出版大省做出应有贡献。(SMJ)

太白文艺出版社 于1993年8月由新闻出版社总署批准成立,其主管主办单位是陕西省出版局。太白文艺出版社原为西北地区唯一独立建制的专业文艺出版社。出书范围包括中国现当代文学和外国文学作品及其资料,各类艺术作品及文艺理论、文艺批评方面的专著,兼及古代优秀文艺作品。自1993年成立以来,太白文艺出版社坚持正确的出版方向,以优质高效为目标,抓质量、出精品,优化出版结构,培植本土作家,出版了一批深受读者欢迎的优秀图书。出版社设有行政事业部、人力资源部、财务部、事业拓展部、编务室、出版部、教材教辅供应部、第一编辑室、第二编辑室、第三编辑室、第一图书事业部、第二图书事业部、"西风烈"编辑室、市场营销部、数字出版工作部15个部室。多年来出版的《中国古典文学名著》

丛书、《中国古代禁毁小说文库》《二十世纪散文精品丛书》《陈忠实文集》《高老庄》《现代应用文写作大全》《萧乾译作全集》等已成为出版社的品牌图书，50余种图书获省部级奖励。其中《邓小平文艺思想研究》获中宣部"五个一工程奖"，实现了陕西"五个一工程奖"中"一本好书"零的突破。同时，太白文艺出版社还出版了欧美日等一系列翻译文学作品。近年来太白文艺出版社以优质高效为目标，抓质量、出精品，优化出版结构，培植本土作家，出版了一批深受读者欢迎的优秀图书。2010年《青木川》《东望长安》《众神之河》获得首届陕西图书奖，《土天堂》《我的陕北》获得冰心散文奖，《青木川》《村子》《青春的备忘》《一地花影》获得第二届柳青文学奖，并承担了两个陕西重大文艺精品项目《西风烈——陕西百名作家集体出征》和《中国秦腔文化丛书》的出版；2011年《照金》《一江清水送北京》《延安音乐档案》获得省重大项目资助。(SMJ)

未来出版社 创建于1984年，前身是陕西少年儿童出版社，专门为少年儿童出版文艺、知识、学习辅导、思想品德教育、画册等方面图书，旨在对广大少年儿童进行思想品德、文明礼貌和文化科学知识教育，培养新一代德才兼备的建设人才。自1984年建社以来，始终遵循党的出版方针，坚持正确的出版方向，把为广大青少年多出书、出好书作为己任，社会效益与经济效益都取得了优良的成绩，被新闻出版总署评为良好出版社。截至2010年底，已陆续出版各类图书7000余种，发行6亿余册。在各种图书评奖中，共获奖200余次。下辖四个编辑中心，一报二刊和一个房地产公司。《雨铃铛》1990年获得中国出版工作者协会颁发的"全国第二届幼儿图书二等奖"，《跨世纪的一代——中国少年"五自丛书"》1995年成为中央宣传部"五个一工程奖入选作品"，《误闯海人国》《故事大篷车丛书》1999年获得"第十届冰心儿童图书奖"，《中国新时期幼儿文学大系》1999年获得新闻出版总署颁发的"第四届国家图书奖"，2000年未来出版社被新闻出版总署评为"全国良好出版社"，《中华民族大家园》2003年获得新闻出版总署颁发的"第六届全国优秀少儿图书奖"，《成功妈妈聪明宝宝》《青少年身体使用手册》《感恩之心》、"少年励志金故事丛书"（包括《成长有痕》《哆啦A梦》《课桌日记》《成长路标》《绿野仙踪》《天使之城》）等多次被评为当年度"全行业畅销品种"，《忙碌的小虫子》2008年获得中国版协少读工委颁发的"最佳创意少儿图书"，"看里面系列"（包括《揭秘科学》《揭秘恐龙》《揭秘地下》《揭秘地球》）2010年入选"新闻出版总署向全国青少年推荐百种优秀图书书目"，《童话世界》2010年入选"新闻出版总署向全国青少年推荐百种优秀期刊"等。(SMJ)

三秦出版社 是中国西北地区唯一一家主要从事古籍整理、地方史志、文史工具书、文史知识性图书出版工作的古籍出版社。社内设编辑部、出版部、发行部、计财部等10余个部门，其中编辑人员约占1/3，多数编辑具有副高以上职称。多年来，在上级领导和社会各界的支持和关爱下，出版社始终坚持正确的出版方向，充分发掘利用陕西当地丰富的历史文化资源，走特色发展之路，力求社会效益和经济效益的统一，出版了一大批嘉惠学界、服务大众的好书，使自身不断发展壮大。从建社开始，三秦出版社就把发掘整理地域文化资源，打造精品图书作为首要任务，先后推出《陕西金石文献汇集》《于右任书法》《隋唐历史文化丛书》《全唐文补遗》《长安佛教研究丛书》等，受到学界的关注。20世纪90年代以来，为了贯彻省新闻出版局关于出好周秦汉唐图书群的构想，三秦出版社正式提出"弘扬优秀传统文化，做好周秦汉唐文章"的口号，启动了大型出版文化工程——周秦汉唐文化工程，包括《周秦汉唐文化研究》年刊、文献整理、学术研究和文物考古三个书系。为了在激烈的市场竞争中赢得主动，全社上下不断探索适合自身发展的经营理念，逐渐确立了"以周秦汉唐为核心，以文物旅游和世界史为两翼"的多元出书方向，既注重古籍整理专著，又大力开发普及类文化读物，近年出版了一大批社会效益和经济效益俱佳的好书，《鸳鸯七志斋藏石》《唐宋八大家文钞校注集评》《元稹集编年笺注》获全国古籍优秀图书二等奖，《母亲的花儿——陕西乡俗刺绣艺术的历史追寻》获全国艺术类图书三等奖。《关中胜迹图志》《陕西通志》《长安史迹丛刊》《全唐文补遗》《千古绝唱》《神韵与辉煌——陕西历史博物馆一级文物集萃》《中国世界遗产丛书》《陕西旅游历史文化丛书》等受到各界人士广泛好评。(SMJ)

陕西旅游出版社 成立于1985年，是全国三大旅游专业出版社之一，也是中国西部唯一一家旅游专业出版社。陕西旅游出版社通过出版旅游知识性读物、历史文化读物、旅游文学作品、休闲娱乐读物和旅游画册、中国书画、导游资料、导游图、明信片以及挂历、年历画等，弘扬中华民族优秀文化，宣传经济建设和改革开放成就，介绍文物古迹、民俗风情，使国外游客了解中国，了解陕西，使国内读者增长知识，热爱祖国。旅游出版社坚持"大旅游"理念，图书品种从旅游出发，涉及文化与生活各个领域，主要出版旅行导游、地情解读、文史解密、历史文化、外语学习、生活时尚、书画摄影、少儿教育、教材辅教等各类图书。出版图书发行有限公司是陕西旅游出版社下属一级法人实体，下设教材开发中心、教材推广中心、教育培训中心、音像制作部、教辅类图书销售部、少儿类图书销售部。公司发行教材和与教材相配套的教辅图书，及教育教学类磁带、光盘等，同时出版发行国内外旅游服务指南类图书、地域文化类图书和生活实用类图书。自1985年建社30年来，共出版各类图书2200余种，有50多种图书先后获全国、省市、地区奖励，其中《陕西文物旅游博览》获中宣部"五个一工程奖"。义务教育课程标准实验教科书《小学英语》，经全国中小学教材审定委员会审查通过后被教育部列入《全国小学教学用书目录》，在全国实验区推广使

用。《少先队之歌》获共青团中央、陕西省委宣传部"五个一工程奖"和第五届全国优秀少儿图书奖。(SMJ)

西安地图出版社 前身是行业的主力——国家测绘总局第一分局制图队，1985年成立西安地图出版社，是国务院新闻出版总署批准成立，国务院测绘地理信息行政主管部门核准的专业出版机构。出版社机构设置有：综合管理部、编辑出版中心、市场营销中心、财务部。出版社出版发行各类地图、地学、地理学和相关的自然科学、科技类图书，同时经营与主业相应的网络电子版产品，研发和推广特种地图。出版社具有编辑、出版、印刷、发行的系统服务功能，计算机桌面系统的开发利用，使得出版社的地图编辑设计水平更趋完美，目前已拥有全国一流的地图编制力量及先进的设备和技术。多年来坚持"开拓、创新、优质、高效"的办社宗旨，经过潜心磨炼，成为能够独立完成国家大型项目的设计、编制出版任务和出版发行全国及地方性地图作品的特色出版单位。出版社以促进测绘成果转化和繁荣地图出版事业为己任，1998年出版社被国家测绘局授予全国质量表彰单位，2000年出版社积极开展ISO9001质量认证工作，并顺利通过上海质量体系审核中心的验收，使出版社的产品质量步入法制轨道。建社30多年来编制、生产和出版各类地图和图书4000多种。多年来出版社还承担着国家基本比例尺地形图、数字地图和经济、科学、自然、人文等各专题地图的编制任务。近年西安地图出版社承接了中国科学院《中国土地资源图》、《中国土地利用图》和《中国土壤图》等国家级大型系列地图的编制，受到了中国科学院、国家地震局、国际科学界的广泛好评。(SMJ)

西安出版社 成立于1992年9月，是西北唯一一家综合性城市出版社，2007年10月获国家新闻出版总署批准具有音像出版权，2009年8月转制为西安出版社有限责任公司。出版社设有总经理、常务副总经理、总编辑、常务业务部、办公室。多年来共出版各类政治、经济、科技以及教育文化类图书和音像类产品4000余种，形成图书和音像出版的七大特色。出版社出版各类政治、经济、科技以及教育文化类图书和音像类产品，影响较大的有《西安国际化、市场化、人文化、生态化发展报告》《西安市志》《西安年鉴》《西安概览》《西安交通年鉴》《西安通典》《中国共产党西安画卷》《解放西安图文册》《西安革命历史遗址览胜》《西安碑林史》《西安古城墙》《西安方言研究》《西安六十年图志》《韩城文化丛书》《灞桥村史》《长安年鉴》等。(SMJ)

西安交通大学出版社 1983年由文化部批准成立，西安交通大学音像出版社1986年由广播电影电视部批准成立。1998年西安交通大学出版社与西安交通大学音像出版社合并，成为具有图书、音像、电子、互联网出版权的综合性大学出版社。依托西安交通大学百年名校学科齐全、师资力量雄厚的优势，抓住学校建设世界一流研究型大学的契机，出版社出版了一大批特色鲜明的教材、学术专著、教学参考书以及教育类音像制品和电子出版物。2009年被国家新闻出版总署评为一级出版社，并获"全国百佳图书出版单位"荣誉称号，是西北地区唯一一家国家一级出版社。建社多年来，共出版新书6800余种，音像制品1000余种，电子出版物300余种。出版物中有290种获得国家、省、部级奖励，其中《火电厂热系统节能理论》获国家图书奖，《裂纹端部场》等3种图书获中国图书奖，《西安鼓乐古曲谱集——四调八拍坐乐全套》等2种图书获中华优秀出版物奖。在出版战略上，发展目标明确，坚持"社会效益第一位"，注重社会效益和经济效益的最佳结合。在教材和学术专著出版上，坚持打造高层次精品教材和学术专著，一批具有西安交通大学学科优势的教材和学术专著脱颖而出，如"西安交通大学学术文库""西安交通大学研究生创新教育系列教材"等。大力抓精品工程建设，近年来《先进燃气轮机设计制造研究》等40个项目先后获国家出版基金、陕西出版资金等政府专项资金资助。（SMJ）

西北工业大学出版社 创建于1985年2月，是由工业和信息化部主管，由国家"211工程"全国重点大学西北工业大学主办，以出版科技、教育类图书及音像制品为主的中央级出版社。经国家新闻出版总署批准，2004年5月，西北工业大学音像电子出版社成立；2008年1月，新增互联网出版权，至此，包括图书、音像、电子、互联网等多种载体形式的出版工作走上了规范、协调、全面发展的道路。建社多年来，出版社始终坚持正确的办社宗旨和出版方向，坚持出版物的新视觉、新内涵和高品位、高质量，迄今已出版图书3000余种，电子图书1300余种，音像制品600余种，共获得国家级和省部级以上各类出版物奖励240余项，并六获国家级图书大奖——中国图书奖。2002年，出版社被省委、省政府表彰命名为"创佳评差"竞赛活动最佳单位。进入21世纪，出版社面对教育大发展、西部大开发、国防大加强的历史机遇，将紧密依托学校作为我国唯一具有"三航"（航空、航天、航海）特色的多学科性国家重点大学的科技优势及材料、机电等学科的学科优势，依靠拥有中国科学院、中国工程院院士15人，俄罗斯宇航科学院院士3人，"长江学者"特聘教授13人，教授、副教授1400余人，博士点57个，博士后流动站12个，博士生导师380余人的出版资源，全力打造国防类科技图书及高等学校各层次精品教材，努力出版高水平、高效益的优秀出版物。（SMJ）

西北大学出版社 成立于1983年，是我国西部地区成立最早的全国重点综合大学出版社之一，由省教育厅主管，西北大学主办。建社30多年来，始终坚持为高等教育的教学科研和地方文化建设、经济建设服务的办社宗旨，出版学术著作、优秀教材和优秀科普读物5000余种，2009年被新闻出版总署评为国家二级出版社。先后出版普通本科院校、高职高专、独立院校、网络学院、现代远程教育师生使用的大学英语、高等数学、大学语文、大学体育、计算机基础、就业指导等公共基础课教材,以及经管类、旅游与饭店管理类、航空类、艺术类、数控与机电类教材计400多种,取得了较好的社会效益和经济效益。近年来,以实施国家出版基金项目、陕西出版资金资助项目、重点图书出版项目和精品教材为突破口,紧密围绕文化传承、创新、发展的时代要求,弘扬主旋律,突出多样化,打造精品文化产品,精心策划出版了《话说陕西》《华夏龙脉·秦岭书系》《中华根柢·道教三书》《藏着的关中》《节日长安》《麦田:生命的守望》《中国思想史》《我的文明观》《中国思想文化研究》《我们的传统节日》《理念的力量》《市场与政府》等一系列反映中国传统文化、陕西地域历史文化、地方经济建设等方面最新研究成果的精品力作,受到读者和业界的广泛好评,为推动全民族文化素质提高、我国高等教育事业发展和地方文化建设、经济建设与社会进步做出了重要贡献。以《话说陕西》《中国思想史》《华夏龙脉·秦岭书系》《新希望大学英语(6册)》《宏观经济学》《微观经济学》《应用光学》《单片机原理与应用》《字体设计》为代表的近200种图书,先后获得教育部高等学校科研优秀成果奖、冰心散文奖、陕西省精神文明"五个一工程"优秀图书奖、陕西图书奖、中国大学出版社图书奖、中国出版行业优秀畅销书奖、陕西省普通高校优秀教材奖等国家级和省部级奖励。(SMJ)

西安电子科技大学出版社 是教育部直属的全国重点大学出版社,隶属于西安电子科技大学,成立于1983年。下设办公室、编辑室、美编室、财务部等部门。出版社拥有雄厚的专业编辑力量和日益壮大的作者队伍,是西北地区最大的以出版电子、通信、计算机类教材和图书为主的专业出版社。建社30年来,坚持为教学科研服务,以本校电子信息类专业的学科优势和人才优势为依托,出版了以电子信息技术为主要内容的大、中专教材、专著和科技图书近2000种。多年来为适应国家高等教育事业发展的需要,在原有国家规划教材的基础上,着力组织编写和完善了研究生、本科、高职高专、中专等四个层次十个系列的计算机、电子、通信等专业的教材。以求实、严谨、进取的作风,实用、新颖、优质的图书,热诚、认真、高效的服务在各院校和广大读者中享有越来越高的声誉。1997年被国家新闻出版署评为全国良好出版社,1997年被省政府评为"最佳单位",1996—2001年连续6年被省新闻出版局评为"最佳单位"。面临新的机遇与挑战,西安电子科技大学出版社将进一步改革创新,奋发进取,为积累、传播、普及电子信息技术,为推动我国的高等教育事业的发展,繁荣出版事业,做出积极贡献。(SMJ)

陕西师范大学出版社 成立于1985年,是教育部主管的高校出版社。出版社设有办公室、总编室、财务部、人力资源部、产业发展部、制作部、编校部、营销部、广告部、数字出版事业部、运维部等部门。出版社以出版学术著作和各类教材为主体。建社多年来,向社会和读者奉献了2000多种图书,内容遍及社会科学、自然科学、基础教育等诸多领域，逐步形成了以高水平教材专著类图书为重点，以高质量基础教育类图书为基础，以高品位社会读物类图书为枝干的图书结构体系。出版社出版了一大批在全国有影响的学术著作和各类教材，先后有300余种图书获得国家或省部级大奖。其中，《古新星新表与科学史探索》荣获第六届国家图书奖提名奖和全国优秀科技图书一等奖。《唐代美学史》荣获第十二届中国图书奖，《河山集》获得教育部优秀学术著作特等奖。十四卷本《陕西通史》填补了陕西无通史的空白，并获得省社会科学优秀成果一等奖。"十一五"国家重点图书、六卷本《中国学术思想编年》入选第一届"三个一百"原创出版工程。《历史教学论》《语文教学论》《英语教学论》被正式列入"十一五"期间高校国家级教材。《亲历巨变——一位美国女性眼中的当代中国》被新闻出版总署评为"庆祝新中国成立60周年百种重点图书"、首届陕西图书奖优秀社科图书奖。《杜拉拉升职记》荣获第三届中华优秀出版物奖、首届陕西图书奖优秀文艺图书奖。《汉籍数字图书馆》获首届陕西图书奖优秀音像出版物奖。《杜拉拉2：华年似水》《浮沉2》《铁梨花》等3种图书同时入选新闻出版总署组织评选的2010年度"大众喜爱的50种图书"。出版社依托师范优势，发挥教育特色，编辑出版的教育类图书以其内容好、质量高、编校精、装帧美而在全国图书市场享有盛誉。（SMJ）

陕西新华出版传媒集团 陕西新华出版传媒集团数字出版基地于2009年9月经省发展和改革委员会批准立项，2010年被省委宣传部列入省文化产业建设重点项目，2011年被总署列入国家新闻出版业发展项目库，2012年被列入西安市重点建设项目，2013年被列入省重点建设项目。新华出版传媒集团数字出版基地发展有限公司是陕西出版集团所属的大型国有控股企业，是陕西数字出版基地的承建单位之一。公司成立以来，积极开拓进取不懈努力，业务发展非常迅速，目前已拥有员工270多名，办公场所达上万平方米，成为西北数字出版领域的领军企业。公司下辖陕西数字出版传媒有限公司、陕西书海科技网络有限公司、陕西数字新媒体艺术有限公司、陕西数字信息技术有限公司、陕西数字互动娱乐有限公司、陕西奥隆数字科技有限公司、陕西商泰数字出版产业园区建设有限公司、西安鼎辉物联智能科技有限公司8家子公司。目前，手机阅读位列全国出版集团系统前列。原创文学平台《书海小说网》已跻身于全球文学专业一流网站（谷歌全球网络评级系统PR值7），书海网海外平台已开始运营，"书海天悦阅读器"系列产品进入运营轨道。"数字图书馆""农家书屋"开发完成进入运营，手机游戏项目《寻秦问道》已经成功上线，红色游戏《延安英雄传》入选2013年上半年陕西重大文化精品项目。国内首创通过手工制作角色场景模型拍摄的动画纪录片《帝陵》已拍摄制作完成，并得到中央电视台《探索与发现》的肯定。此外，数字阅读渠道的拓展和数字版权建设方面也取得长足发展。（SMJ）

（四）研究机构

陕西省文史研究馆 成立于1953年，是省政府直属事业机构。同时为三秦名家学者荟萃之所，珍藏着价值数以亿计的名人字画、碑石拓片、古籍善本以及大量文献资料。以"敬老崇文"为宗旨的省文史研究馆，先后出版了大型画册《长安墨宝》《馆藏书画珍品选》《崇文丛书》等书籍，对提升陕西及西安的知名度和文化地位起到了积极作用。文史馆成立初期馆员对象主要是"文、老、贫"，工作以奉养为主，适当组织馆员从事文史资料征集等力所能及的工作。改革开放以来，文史馆的各项工作逐步纳入正轨，馆员参政议政、文史研究、书画活动、海外联谊等不断取得新的成绩。参政议政方面，针对全省的经济发展、文物保护、旅游事业等提出了很多建议，受到省级领导和有关部门的重视。文史研究方面，完成了《陕西省志·人物志》古代部分的编写任务，共约70万字；参加了全国《新编文史笔记》丛书的编写工作，出版了《秦中旧事》《三秦轶事》两本分册。1998年推出馆员文集《崇文丛书》四卷120万字，2001年推出该丛书的第五、六卷，60万字。出版文史研究馆馆刊29期200多万字。研究馆还集中人力对馆藏书画、碑帖拓片及图书等文史资料进行了整理发掘。书画活动方面，多次在西安、汉中、延安等地举办书画展览和赈灾义卖活动，并深入到厂矿、学校、部队进行书画笔会。此外，还出版了《陕西省文史研究馆馆藏书画珍品选》、于右任《醉高歌二十章》《阎甘园先生书画选集》等。海外联谊工作方面，接待了从海外回大陆探亲、观光的亲友近百人。2003年，省文史馆在古都西安组织创办了首届中国长安雅集大型文化活动，到2008年已成功举办了三届，来自美国、日本、新加坡、韩国和中国香港、澳门、台湾及全国各省的1200多名鸿儒大师、专家学者和书画高手先后云集长安，"开坛论道、咏诗题词、作书作画"成为西安一大文化景观，给陕西人民奉献了一道精美的文化盛宴。近年文史研究馆还被评为全国和陕西省"老有所为先进集体"。（LSH）

陕西省社会科学院 始建于1958年，"文化大革命"期间曾被撤销，1979年恢复建院，是陕西唯一一家省级哲学社会科学综合研究机构，是省委、省政府重要的"思想库"和"智囊团"。省社会科学院现有10多个研究所，分别是中国马克思主义研究所、经济研究所、农村发展研究所、金融投资研究所、政治与法律研究所、文化产业与现代传播研究所、文学艺术研究所、社会学研究所、宗教研究所、古籍研究所（省古籍保护整理出版工作领导小组古籍整理出版办公室、省古籍整理办公室），设有10个管理服务处室，分别是机关党委、办公室、监察室、科研管理处、人事处、发展合作处、计划财务处、后勤与开发管理中心、离退休人员工作处、信息中心（图书馆、新闻宣传中心），同时设有

2个杂志社,分别是人文杂志社、新西部杂志社。拥有博士后科研工作站、"三秦学者"岗、《陕西蓝皮书》等高端学术平台和优势咨政品牌。省社科院管理和协调陕西古籍整理工作,承担当代陕西研究会、省陕甘宁革命根据地史研究会、省社会学会、省社会科学信息学会、省散文学会等社团日常管理和学术活动组织工作。近年来,省社科院以科学发展为主题,以改革创新为动力,大力实施"科研立院、人才兴院、管理强院"战略,地方特色鲜明、学科布局合理、研究优势突出的科研新格局日益形成,科研综合竞争力大幅提升。以研究陕西经济社会发展重大问题为主要抓手,秉承"课题来自实践中、成果写在大地上"的科研理念,取得了丰硕的研究成果,充分彰显了新智库功能。特别是在中国马克思主义理论创新、区域经济发展、文化强省建设、古籍整理保护等方面取得了一系列重大研究成果,为陕西哲学社会科学事业的繁荣发展做出了重要贡献,为全面建设西部强省提供了坚实的理论保障、精神动力和智力支撑。(LSH)

陕西省考古研究院 成立于1958年9月,原名中国科学院陕西分院考古研究所,1963年归属陕西省社会科学院,后改名陕西省考古研究所。1970年1月,省考古研究所与省博物馆、省文物管理委员会合并,原考古研究所人员仍从事考古勘探发掘和研究工作。1978年10月,经省委办公厅批准恢复省考古研究所建制。1984年划归省文物局管理。2006年12月,经省编制委员会批准更名为陕西省考古研究院,是我国成立最早、规模最大的省级考古科研机构,承担着陕西省境内的田野考古调查发掘和科研工作。院文物库收藏了从旧石器时代到历史时期各代遗址和墓葬出土的文物标本14万余件(组),是陕西省最大、最重要的文物标本库。研究院成立以来,先后发掘了数十处重要古遗址和万余座古墓葬,取得了丰硕的科研成果,许多项目受到国内外学术界的高度重视。研究人员先后发表考古调查发掘简报和研究论文1200余篇,出版考古发掘报告56部,学术专著数十部,其中获得省级科技进步奖一项,省部级科研成果一等奖4项、二等奖5项、三等奖22项。1980年创刊的学术杂志《考古与文物》已出版170期,成为国内最有影响的考古学术刊物之一。在2001年进行的20世纪全国百大考古发现评选中,陕西省有13项名列其中。(LSH)

陕西省文物保护研究院 前身是1989年4月成立的省文物保护技术中心。2006年,该中心被国家文物局批准为"砖石质文物保护国家文物局重点科研基地",此后又成功申报成为"科学技术部国际科技合作基地"。2009年,申报成为省委、省政府首批设立的"三秦学者"设岗单位。2012年,省文物保护技术中心更名为陕西省文物保护研究院。研究院目前内设部门8个,主要的业务部门有分析检测中心、文物保护修复部、文化遗产调查部、文物传媒与科技勘探部等。学科涵盖了物理、化学、生物、材料、环境、建筑、计算机,以及文保、考古、艺术等相关专业。

研究院拥有"文物保护工程勘察设计甲级资质""可移动文物技术保护甲级资质"和"可移动文物修复一级资质"等行业最高等级资质。建成了建筑面积达1万平方米的文物科技大厦。拥有扫描电镜实验室、生物实验室、砖石材料性能研究室、数字化实验室、环境监测实验室和陶器、丝绸、金属、壁画、泥塑、木质文物、石质文物、杂项和纸质文物修复室、文物照相室、图像处理室、砖石力学试验机等现代化设施与设备。该院自成立以来,开展了多项文物保护基础、应用技术研究工作,取得了多项成果,其中"古建油饰彩画保护技术及传统工艺科学化研究"和"古代壁画脱盐关键技术研究",获得国家文物局"文物保护科学和技术创新奖"二等奖,"水陆庵泥质彩绘壁塑硝蚀机理及加固技术研究"获得国家文物局科技进步三等奖,"缺损青铜器和断裂青铜器的修复方法研究"获得两项国家发明专利,古建彩画、激光清洗等申报了多项专利。多年来,研究院先后承担了近百项各类文物的保护修复项目,编制文物保护修复方案20余项,实施不可移动文物保护工程近60余项,修复各类馆藏文物近2000件,承担了中国政府对外援助项目2项,编制了国家标准3项、行业标准7项,举办了学术交流与培训活动多项。2009年,联合意大利博洛尼亚大学举办了保护工程硕士班。

(LSH)

陕西省文化遗产研究院 前身为陕西省古建设计研究所,为省文物局直属单位。文化遗产研究院下设总工办、办公室及古建维修、方案设计、保护规划、预算监理等业务部门,是全省唯一集文物保护、城乡规划、工程监理于一体的文化遗产保护专业机构。文化遗产研究院自成立以来,一直担负着古遗址、古墓葬、古建筑、石窟寺及石刻、近现代重要史迹及代表性建筑和其他各类型文化遗产的保护规划、维修设计与监理工作。先后承担了国内外保护工程项目达千余项,业务范围遍及我国各地以及境外的蒙古国和日本。在近年国家文物局信息中心发布的《全国文物保护项目评估年度报告》中,所承担的文物保护工程设计方案数量一直名列前茅。省文化遗产研究院广泛并深入参与了三峡工程、南水北调工程中的文物保护工程、晋东南早期建筑保护、"一号工程"延安基地建设项目13处革命旧址保护维修、援藏文物保护工程、丝绸之路沿线大遗址保护规划、世界文化遗产申报、抗震救灾项目及第三次全国文物普查等国家重点工程项目,发挥了重要作用。多年来,研究院完成了多项省政府、国家文物局、省文物局布置的指令性任务与科研课题,在区域规划、文保决策、学术攻坚、重大文物保护工程等诸多领域取得优异成果和重大突破。在编制完成的《陕西省文物事业"十三五"发展规划》中,为陕西未来五年文物事业的宏观决策,提供技术依据。同时编制完成省历史博物馆、韩城市文物局"十三五"规划,为省文物事业发展的具体落实,提供有力支撑。而《陕西省文物保护总体规划》的修编完成,则是对全国第一例省域文物保护总体规划的修订和完善,其中提出的文物资源综合评估表，是建立全省文物现状动态数据库，增强规划可操作性的基础依据。以青木川古镇、尧头窑、韩城古城为代表的古城、古村、古镇保护规划的完成，是文化遗产研究院为记住"乡愁"、留下文化记忆做出的努力。近年来在国家核心期刊和省级专业刊物上发表学术文章143篇，完成国家级、省级研究课题十余项。（LSH）

陕西省艺术研究所 前身为1954年成立的陕西省剧目修审委员会和1957年成立的剧目工作室，正式建所于1982年。艺术研究所是省委、省人民政府领导的，省文化厅主管的直属事业单位，是该省唯一从事艺术理论综合研究的专门机构。从1982年到2008年，省艺术研究所经过30多年的建设发展，机构设置不断完善，内设机构由原来的单一的剧目修审工作室发展到了6个专业研究室，包括戏剧研究室、音乐研究室、美术研究室、影视研究室、舞蹈曲艺研究室、课题部，3个业务中心包括艺术创作中心、艺术教育中心、艺术资料中心，2个杂志编辑部分别是《喜剧世界》《艺术界》，3个行政职能部门包括办公室、后勤部、物业办，初步形成了艺术科研、艺术创作、艺术教育三足鼎立的发展格局。研究所的工作环境得到了根本改善，从居无定所到小规模租用、借用房子办公，发展到了拥有3276平方米五层创研办公楼的优越条件。科研队伍不断壮大，集中了一大批学术专门人才，形成了在各个艺术学科领域卓有成就的专业人员队伍，推出了一批具有重要学术价值与社会影响的研究成果，创作出了一批有影响的文学、音乐、戏剧、美术作品。30多年里，圆满完成了国家"八五""九五"社会科学基金艺术学项目重点课题13项、国家社科基金西部课题2项、文化部重点课题5项、省级课题8项。2009年被评为"全国文化系统先进单位"、西安鼓乐和中国剪纸入选"人类非物质遗产代表名录"申报先进单位、陕西秦腔博物馆筹建先进单位等。（LSH）

陕西省教育科学研究所 是省委教育工委、省教育厅直属事业单位，全省唯一从事教育科学研究（包括教学研究）的省级研究机构。新中国成立以后，省文教厅就成立了省教学研究室。1955年，省文教厅分为教育厅和文化厅，省教研室归属省教育厅管理。1963年，省教育厅教材编审室与教研室合并，称省教育厅教学研究室，负责指导全省中小学的教学业务。1966年，"文化大革命"开始后，教研室停止工作并被解散。1969年9月，省教育厅成立了省中小学教材编写组，负责中小学各科教材和教学参考资料的编写工作。1978年，在省中小学教材编写组的基础上，恢复了省教学教材研究室。1980年，省教育科学研究所正式成立。1985年4月，省教学教材研究室与省教科所合并，统称省教育科学研究所。1998年，经省教育委员会批准省教科所挂陕西省教委教学研究室牌子，实施一套机构、两块牌子的工作机制。2001年，省教育委员会更名为省教育厅，随即，省教委教学研究室亦更名为省教育厅教学研究室，与省教育科学研究所合署办公。省教科所设教育理论研究室、中学教育研究室、初等教育研究室、师范教育研究室（艺体研究室）、职业教育研究室、信息情报资料室（《陕西教育科研》编辑部）、基础教育评价与考试研究中心、人事财务科、办公室等9个科室。建所以来，省教科所始终开展了一系列教改实验，编写了一大批教材和教学辅助资料，在教育教学研究领域取得了显著成绩，发挥了不可或缺的重大作用。进入21世纪以来，尤其在实施新课程实践中，教科所积极更新教育教学理念，充分发挥为教育行政部门建言献策的参谋职能，努力为基层学校和教师提供专业引领和教学指导，对推动全省教育事业的改革与发展，全面实施素质教育，保证新课程的顺利实施做出了积极贡献。（LSH）

陕西省戏曲研究院 前身是1938年在延安成立的陕甘宁边区民众剧团。延安时期，就以《血泪仇》《穷人恨》《中国魂》等剧作进行了革命文艺的实践并发挥了独特的历史作用。新中国成立初期，《梁秋燕》《赵氏孤儿》《游西湖》《金琬钗》等剧目曾进京献演和巡回江南十三省（市）演出，誉满京华，蜚声南国。改革开放以来，创作演出了一大批脍炙人口的优秀剧目，其中《千古一帝》《杨贵妃》《西湖遗恨》《杏花村》《漂来的媳妇》《留下真情》等剧目分别获得全国"五个一工程奖""全国现代戏调演优秀剧目奖"和"文华新剧目奖"等项奖励。这些优秀剧目曾屡次出访欧、美、亚洲和香港、澳门、台湾地区演出，足迹遍及数十个国家和地区。近年来积极创演的一批优秀剧目，如大型现代戏《迟开的玫瑰》《大树西迁》和秦腔新编历史剧《杜甫》《凤鸣岐山》《雀台歌女》《大秦将军》等备受好评。其中《凤鸣岐山》荣获第九届中国戏剧节优秀剧目奖，《杜甫》荣获全国第十届"五个一工程奖"，《大秦将军》荣登第五届中国秦腔节优秀剧目奖榜首。1998年创演的大型眉户现代戏《迟开的玫瑰》至今演出已逾600场，曾荣获文化部第九届"文华大奖"、第六届中国艺术节大奖、中宣部第七届"五个一工程奖"、第六届中国戏剧节优秀剧目奖等多项国家级重大奖项，荣列2005—2006年度国家舞台艺术精品工程"十大精品剧目"榜首，2009年荣获文化部"优秀保留剧目大奖"。2007年推出的青春版秦腔历史剧《杨门女将》，是戏曲人才队伍建设的标志性成果，由此组建的小梅花秦腔团培训项目荣获美国总统艺术人文委员会"站得更高奖"，2008年在美国总统府白宫受奖。新编大型秦腔现代戏《大树西迁》荣获第十一届中国戏剧节"中国戏剧奖·优秀剧目奖"、第九届中国艺术节"文华优秀剧目奖"、第三届"中国戏剧奖·曹禺剧本奖"，并成为2008—2009年度国家舞台艺术精品工程的"十大精品剧目"。（PLJ）

（五）高等院校

陕西省委党校 创建于1934年，是中国共产党创办最早的地方党校之一。1935年、

1942年曾两度并入中央党校，1955年、1959年两度改为中央西北局党校和中央第二中级党校，至今已有80多年的历史。刘志丹、习仲勋、马文瑞等老一辈无产阶级革命家曾先后担任过校长。近年来，共获得国家课题20余项，中央党校及省部级课题70余项，完成各类科研成果1800余项，出版专著120余部。在《人民日报》《求是》《中共党史研究》等权威报刊发表成果250余项，获得省部级以上奖励100余项。主办的《理论导刊》已连续六届蝉联全国中文类核心期刊，机构用户达到4700多家，用户和读者分布全球29个国家和地区。《陕西党校报》是由国家新闻出版署批准的全国公开发行的报纸，年发行量超过13万份。图书馆现有馆藏文献45万余册，并建有"党中央在延安十三年""陕西省情与地方志文库""邓小平理论研究""本校科研成果目录"等数据库。随着对外学术交流的不断扩大，多个国家和地区的政党代表团、学术机构和学者到我校访问或开展学术交流活动，目前已与美国乔治亚大学卡尔·文森政府研究所、德国波鸿人民学院、朝鲜劳动党金日成高级学院、越南胡志明国家行政政治学院等十多所院校建立了广泛的国际合作关系。学校坚持以教学科研为中心，不断创新"教学科研一体化"的干部培训模式，注重提升干部培训质量，积极开展重大理论和实践问题研究，大力加强人才队伍及校园硬件建设，办学综合实力得到全面提升，学科体系建设、学位建设等多个方面走在全国党校系统前列，是陕西轮训培训党员领导干部和党的哲学社会科学理论工作者的主渠道、主阵地和主力军，在大规模培训干部、大幅度提高干部素质，服务富裕陕西、和谐陕西、美丽陕西建设中发挥着不可替代的作用。（HH）

西安交通大学 前身是1896年创建于上海的南洋公学，1921年改称交通大学，1956年国务院决定交通大学内迁西安，1959年定名为西安交通大学，并被列为全国重点大学。学校是首批进入国家"211"和"985"工程建设，被国家确定为以建设世界知名高水平大学为目标的学校。学校设有28个学院（部）、8个本科生学院和13所附属教学医院。现有教职工5696人，专任教师3006人，教授、副教授1800余人。学校教师队伍中有两院院士29名，其中17名为双聘院士。国家教学名师6名，教育部"长江学者"特聘教授、讲座教授和青年学者69名，国家杰出青年基金获得者38名，国家有突出贡献专家及中青年专家20名，国家"百千万人才工程"及"新世纪百千万人才工程"国家级人选41人，"长江学者和创新团队发展计划"创新团队带头人25人，教育部"新世纪优秀人才培养计划入选者"234名。全校有本科专业83个，拥有28个一级学科、154个二级学科博士学位授权点，45个一级学科、242个二级学科硕士学位授权点，22个专业学位授权点。学校有8个国家一级重点学科，8个国家二级重点学科，3个二级学科国家重点（培育）学科，27个省（部）级一级重点学科，155个省（部）级二级重点学科，25个博士后流动站，5个国家重点实验室，1个2011协同创新中心，2个国家工程实验室，3个国家工程（技术）研究中心，2个国家地方联合工程研究中心，1个国家社科基金决策咨询点，85个省部级重点科研机构。学校科研工作以面向国家重大需求、瞄准国际前沿、突出自主创新、加速成果转化为发展战略。2000年至今，本校教授作为首席科学家主持的"973计划"项目有21项，获批国家自然科学基金项目3438项，基础研究项目数和经费在全国高校位居前列。2000年以来，学校以第一完成单位获国家科学技术奖45项。（HH）

西北工业大学 由西北工学院和西安航空学院于1957年10月在西安合并成立，1970年哈尔滨工程学院航空工程系并入西北工业大学。1938年国立北洋工学院、北平大学工学院、国立东北大学工学院、私立焦作工学院在汉中组建国立西北工学院，1946年迁至咸阳，1950年更名为西北工学院。1952年交通大学、浙江大学、南京大学的航空工程系在南京组建华东航空学院，1957年迁至西安，更名为西安航空学院。西北工业大学是"985工程""211工程"重点建设学校，隶属于工业和信息化部。学校设有16个专业学院，120个硕士点，71个博士点和17个博士后流动站。建有2个国家级国际科技合作基地，1个国家重点实验室，6个国家级重点实验室，3个国家工程中心。现有教职工3600余人，其中教授、副教授等高级职称人员1800余人，博士生导师594人，中国科学院、中国工程院院士22人（含外聘），"千人计划"入选者18人，"长江学者"成就奖、特聘教授、讲座教授23人，国家杰出青年基金获得者12人，973首席科学家7人，国家级突出贡献专家7人，国家教学名师奖获得者4人，中国青年科技奖获得者13人，入选国家"百千万人才工程"19人、"青年拔尖人才"6人、优秀青年科学基金获得者9人，"新世纪优秀人才"97人。学校现有7个国家级教学团队，7个教育部创新团队，2个国家自然科学基金委创新研究群体，8个国防创新团队。"十一五"以来，学校承担国家科技重大专项、武器装备型号项目、国防基础科研及预先研究计划、国家863计划、973计划、国家自然科学基金等各类科研项目上万项。学校共获得国家和省部级以上科技奖励328项，其中国家自然科学二等奖3项，国家技术发明二等奖9项，国家科技进步一等奖3项，二等奖9项，国防科技奖184项，科学引文索引扩展版（SCIE）共收录以学校为第一完成单位的论文7749篇。在16个国家科技重大专项中，学校重点参与了大飞机、载人航天与探月、高分辨率对地观测等10个重大专项的论证及科研攻关。（HH）

西北农林科技大学 前身是创建于1934年的国立西北农林专科学校。1999年9月，经国务院批准，由原西北农业大学、西北林学院、中国科学院水利部水土保持研究所、水利部西北水利科学研究所、陕西省农业科学院、陕西省林业科学院、陕西省中国科学院西北植物研究所等7所科教单位合并组建为西北农林科技大学，现为教育部直属、国家"985工程"和"211工程"重点建设高校。学校是全国农林水学科最为齐备的高等农业院校，现设有24个学院（系、所、部）和研究生院，学科涵盖农、理、工、经、管、文、法、哲、史、医、教育、艺术等12个学科门类。设有65个本科专业，有植物病理学、土壤学、农业水土工程、临床兽医学、果树学、动物遗传育种与繁殖、农业经济管理等7个国家重点学科和作物遗传育种、农业昆虫与害虫防治等2个国家重点（培育）学科，以及25个部省级重点学科；有2个国家重点实验室，1个国家工程实验室，3个国家工程技术研究中心，3个国家野外科学观测研究站，55个省部重点实验室及工程技术研究中心。有13个博士后流动站，16个博士学位授权一级学科，28个硕士学位授权一级学科。有中国科学院院士1人，中国工程院院士1人，双聘院士11人；国家"千人计划"入选者7人，"长江学者"特聘教授3人、讲座教授3人，国家杰出青年科学基金获得者5人，国家百千万人才工程入选者12人，新世纪优秀人才支持计划入选者71人；陕西省"百人计划"特聘专家18人，学校"特聘教授"8人，国家教学名师2人。学校累计获得国家级科技奖励33项，主持完成省部级科技成果一等奖63项，获省科技进步最高成就奖1项。获国家授权发明专利879件，审定动植物新品种409个。发表SCI、EI、SSCI论文9695篇。现有8家农、林、水专业一级学会挂靠学校，编辑出版20种学术期刊，建有大学出版社。（HH）

西北大学 肇始于1902年的陕西大学堂和京师大学堂速成科仕学馆，1912年始称西北大学，1923年改为国立西北大学。新中国成立后为教育部直属综合大学，1950年复名西北大学。1958年改隶陕西省主管，1978年被确定为全国重点大学。现为国家"211工程"建设院校、教育部与陕西省共建高校。学校有22个院（系）和研究生院，85个本科专业。学校现有19个博士学位授权一级学科、39个硕士学位授权一级学科、16个专业学位授权点。现有1个一级学科国家重点学科（涵盖5个二级学科）、4个二级学科国家重点学科和1个国家重点（培育）学科，22个博士后科研流动站。学校拥有1个国家重点实验室，1个国家工程技术研究中心，1个国家级国际科技合作基地，1个国家级国际联合研究中心，6个国家级实验教学示范中心，1个国家级虚拟仿真实验教学中心，7个国家级人才培养基地并设有国家大学生文化素质教育基地，29个部（省）级重点实验室、工程技术研究中心和人文社科研究基地。现有教职工2500余人，其中中科院院士2人，"千人计划"入选者3人，"长江学者"特聘（讲座）教授8人，国家杰出青年基金获得者7人，国家自然科学基金委创新群体1个，教育部创新团队6个，中组部首批"国家高层次人才特殊支持计划"教学名师1人，国家级教学名师4人，国家级教学团队5个，国家级、省级有突出贡献专家40人。全日制在校生25000余人，其中全日制研究生6000余人，外国留学生700余人。学校先后获得国家自然科学奖一、二等奖，国家技术发明奖二等奖，国家科技进步奖二等奖，"长江学者"成就奖一等奖等重大科技奖励。学校十分重视对外科技文化交流，已与美、英、法、德、日等20余个国家及地区的100余所大学、科研机构建立了友好合作关系。（HH）

西安电子科技大学 前身是1931年诞生于江西瑞金的中央军委无线电学校，先后经历中央军委无线电通信学校、华北军区电讯工程专科学校、中国人民革命军事委员会工程学校、中国人民解放军通信工程学院等办学时期。1966年解放军通信工程学院更名西北电讯工程学院，1988年西北电讯工程学院更名为西安电子科技大学。学校是以信息与电子学科为主，工、理、管、文多学科协调发展的全国重点大学。是国家首批"211工程""985工程优势学科创新平台""2011计划"重点建设高校，是中国电子信息领域科学研究和人才培养的核心基地，中国雷达、信息论、密码学、电子对抗、微波天线等学科的发源地。学校电子信息特色鲜明、优势显著，是中国电子信息领域、邮电领域唯一的"2011计划"牵头高校，先后入选首批2所国家网络空间安全人才培养基地。学校有专任教师1900余名，其中，博士生导师320人，硕士生导师907人。学校有全职两院院士4人，双聘院士13人，"千人计划"入选者17人，"青年拔尖人才计划"3人，长江学者21人，教育部创新团队6个，国家杰出青年科学基金获得者10人，优秀青年科学基金获得者9人，国家级教学名师4人，国家级教学团队6个，973计划首席科学家4人，教育部新世纪优秀人才52人，中国青年科技奖获得者4人，"何梁何利"科学与技术奖获得者5人。建校80余年来，学校为国家培养了20万电子信息领域的高级人才，产生了120多位解放军将军，产生了17位两院院士，为国家建设和社会进步做出了重要贡献。学校现有4个国家级重点实验室、5个教育部重点实验室、18个省部级重点实验室、11个省部级基地，先后牵头承担了"973""863"、重大专项、国家自然科学基金重大项目等重大、重点项目，产生了一批标志性的研究成果。（HH）

陕西师范大学 前身是1944年成立的陕西省立师范专科学校，1954年更名为西安师范学院，1960年与陕西师范学院合并，定名为陕西师范大学，1978年划归教育部直属，是教育部直属、国家"211工程"重点建设大学，国家教师教育"985"优势学科创新平台建设高校。学校设有研究生院和21个学院、2个基础教学部，有63个本科专业，18个博士后科研流动站，15个博士学位授权一级学科，112个博士学位授权学科专业。有国家重点学科4个。有国家基础学科人才培养和科学研究基地2个，教育部高等学校学科创新引智基地2个，国家工程实验室1个，国家级实验教学示范中心4个，国家级虚拟仿真实验教学中心3个，教育部人文社会科学研究基地1个，国家体育总局体育社会学重点研究基地1个，教育部重点实验室和工程研究中心4个。现有专任教师1550人，具有博士、硕士学位的教师占教师总数的88%，双聘院士5人，国家突出贡献中青年专家4人，国家"千人计划"特聘教授1人，"长江学者奖励计划"特聘教授、讲座教授10人，国家百千万人才工程入选者7人，国家杰出青年科学基金获得者2人，国家级教学名师2人，"新世纪优秀人才支持计划"入选者40人，国家"万人计划"青年拔尖人才1人，国家"千人计划"青年人才2人，国家优秀青年科学基金获得者2人。2011—2015年，人文社会科学共承担省部级以上科研项目913项，其中国家社科基金类项目221项，教育部项目154项。出版学术著作564部，发表学术论文6544篇，有166项人文社会科学研究成果获省部级以上奖励。自然科学共争取纵向科研项目943项，其中，国家自然科学基金委重点项目2项、重大科研仪器研制项目1项，出版及参编学术著作118部，其中专著39部，发表学术论文7005篇，46项成果获得省部级科技奖励。（HH）

长安大学 2000年由始建于20世纪50年代初的原西安公路交通大学、西安工程学院、西北建筑工程学院合并组建而成。长安大学直属教育部，是教育部和交通运输部、国土资源部、住房和城乡建设部、陕西省人民政府共建的国家"211工程"重点建设大学，是国家"985工程"优势学科创新平台建设高校。学校设有21个教学院（系），有5个国家级重点学科，26个部省级重点学科，8个博士后科研流动站，8个一级学科博士点，52个二级学科博士点。学校有2个国家工程实验室，7个教育部重点实验室和工程研究中心，13个交通运输部、国土资源部、住房和城乡建设部、陕西省重点实验室和工程技术研究中心，2个省人文社会科学重点研究基地。拥有全国高校唯一的汽车综合试验场。学校现有专任教师2011人，其中，中国工程院院士3人，国家"千人计划"专家1人，"长江学者"特聘教授2人、讲座教授2人，教授、副教授1175人，博士生导师150余人，硕士生导师780余人；有国家级、省部级有突出贡献专家7位，80余人入选"新世纪百千万人才工程"国家级人选和教育部、交通运输部、陕西省等各类高层次人才计划。学校坚持产学研相结合，近年来，共承担了包括国家"973""863"和国家自然科学基金等重点科研课题在内的科研项目6000余项，荣获包括国家科技进步一等奖在内的国家科技奖励20项，省部级一等奖31项，其他省部级奖励500余项；承担了包括国家规划课题在内的各类教育教学研究项目380余项，获得国家级和省级教学成果奖50余项。年科研经费超过7亿元。学校编辑出版《中国公路学报》《交通运输工程学报》《建筑科学与工程学报》《地球科学与环境学报》《长安大学学报》《筑路机械与施工机械化》等8种学术性期刊。《中国公路学报》《交通运输工程学报》连续入选"百种中国杰出学术期刊"。（HH）

西安建筑科技大学 历史可追溯到始建于1895年的北洋大学，1956年全国高等院校院系调整时，由原东北工学院、西北工学院、青岛工学院和苏南工业高等专科学校的土木、建筑、市政系（科）整建制合并而成，原冶金工业部直属重点大学。1959年和1963年，学校先后易名为西安冶金学院、西安冶金建筑学院；1994年3月8日，更名为西安建筑科技大学。1998年，学校划转省政府管理。现为省重点建设的高水平大学、省政府与住房和城乡建设部共建高校。学校拥有国家重点学科3个（结构工程、环境工程、建筑设计及其理论），省级重点学科34个。学校设有研究生院，现有一级学科博士点7个（兼具博士后流动站），二级学科博士点30个，一级学科硕士点24个，二级学科硕士点93个。学校拥有国家重点实验室培育基地、国家国际科技合作基地、国家级科技成果研究推广中心各1个，国家地方联合工程研究中心2个，国家级实验教学示范中心4个，国家级虚拟仿真实验教学示范中心1个，省教学实验示范中心9个，教育部重点实验室2个，教育部工程研究中心2个。学校现有教职工2800余名，其中专任教师1700余名，具有高级职称者875人；拥有在职中国工程院院士2名、双聘院士5名，国家教学名师1名，全国杰出专业技术人才1名，全国"五一"劳动奖章获得者1名，"长江学者"特聘教授1名，国家杰出青年基金获得者4名，国家优秀青年科学基金获得者1名，"万人计划"2名，"百千万人才工程"国家级人选6名，国家有突出贡献中青年专家2名。近年来，学校先后荣获国家教学成果二等奖5项、国家科技进步二等奖6项、国家技术发明二等奖1项、"何梁何利基金科学与技术进步奖"1项。（HH）

西安理工大学　前身是成立于1958年的北京机械学院和成立于1960年的陕西工业大学。1969年搬迁至陕西汉中，1972年迁至西安。1994年更名为西安理工大学。1998年，学校划转陕西省，管理体制调整为中央与陕西省共建。学校是陕西省重点建设的高水平大学，是国家中西部高等教育振兴计划——中西部高校基础能力建设高校。学校是我国西北地区水利水电、装备制造、印刷包装行业高级专门人才的重要培养基地和科研中心之一。学校是我国首批获得博士、硕士、学士学位授予权的高校之一。学校设有研究生院，现有10个博士学位授权一级学科，41个博士学位授权二级学科，23个硕士学位授权一级学科，91个硕士学位授权二级学科，学位授权点覆盖全部本科专业。水利工程学科为国家一级重点学科（涵盖5个二级学科），机械制造及其自动化等21个学科为省重点学科，材料科学与工程等12个学科为省优势学科。学校有教职工2300余人，其中教授、副教授700余人，双聘院士1人，全国优秀教师4名，新世纪"百千万人才"工程国家级人选4名，国家、省部级有突出贡献的专家6名，国家和省部级劳动模范、先进工作者、优秀教师、教学名师、师德标兵等37名。学校建有8个博士后科研流动站，设有26个重点科研基地，其中有1个国家工程研究中心，1个国家重点实验室培育基地，2个教育部重点实验室，1个教育部工程技术研究中心，12

个省重点实验室和工程技术研究中心，2个省协同创新中心，3个省军民两用技术研究中心，2个陕西高校哲学社会科学重点研究基地。学校科研成果先后获得国家科技进步奖等国家级奖22项、省部级奖360余项。(HH)

西安科技大学 学校历史可以追溯到1895年成立的北洋大学工学院采矿冶金科，1938年迁并于西北工学院矿冶系，1957年并入西安交通大学，1958年从西安交通大学分出成立独立的西安矿业学院。1998年学校实行中央与地方共建，以地方管理为主，划转陕西省。1999年更名为西安科技学院，2003年更名为西安科技大学。学校设有研究生院和18个学院。拥有国家能源煤炭分质清洁转化重点实验室、国家煤炭工业采矿工程重点实验室（省部级）、西部煤矿安全教育部工程研究中心等13个省部级以上科研平台，1个教育部创新团队。现有8个国家特色专业、11个省级特色专业，1门国家精品课程、1门国家精品资源共享课、25门省级精品课程、62门省级精品资源共享课、2门省级双语教学示范课程，1个国家级教学团队、28个省级教学团队、1个国家级人才培养模式创新实验区、15个省级人才培养模式创新实验区、2个国家级实验教学示范中心（虚拟仿真实验教学中心）、12个省级实验教学示范中心。"十一五"以来，获国家级教学成果奖2项。学校现有6个博士后科研流动站，5个一级学科博士点，32个二级学科博士点，19个一级学科硕士点，85个二级学科硕士点。学校有教职工2000余人，专任教师1200余人，教授、副教授500余人。有"长江学者"特聘教授2人，新世纪"百千万人才"工程国家级人选4人。"十一五"以来，学校承担科研项目5500余项，其中国家重大科技专项课题、"973"与"863"计划、国家科技支撑计划、国家自然科学基金以及国家社科基金等国家级项目237项，科研经费总额11.1亿元；获国家科技进步奖5项，省部级科技成果奖195项；获准专利1485项。(HH)

西安工业大学 创建于1955年，前身为西安第二工业学校，是国家"一五"计划156个重点建设项目的军工配套项目之一，具有鲜明的军工特色。1960年升格为西安仪器工业专科学校；1965年4月，原第五机械工业部决定，将学校升格为西安工业学院，成为兵器行业部署在西北地区唯一的一所本科院校；2006年经教育部批准更名为西安工业大学。2004年，经教育部批准设立了西安工业大学北方信息工程学院（独立学院），现有在校生近9000人。学校现有14个教学单位，有光学工程、材料科学与工程和机械工程3个博士学位授权一级学科，3个博士后科研流动站。7个学科列入省级优势学科和特色学科建设项目，6个专业列入"卓越工程师教育培训计划"。现有14个硕士学位授权一级学科，5个专业硕士授权类别，18个专业学位授权领域，55个本科专业。学科专业涵盖工学、理学、管理学、经济学、法学、文学、教育学、艺术学等8个学科门类。目前，学校有国家级教学团队1个，国家级专业综合改革试点项目2个，国家级双语教学示范课程1

门,国家级实验示范中心1个,国家级工程实践教育中心1个。2009年、2014年学校两次获得国家级教学成果二等奖。近10年来,学校获省级教学成果奖22项(其中特等奖2项、一等奖9项)。学校现拥有3个国家级、15个省部级重点实验室与工程中心,在光学、机械、材料等学科具有承担重大科研项目的能力。学校目前承担着国家重大基础科研、总装备部、科技部、国家自然科学基金、国家社科基金等各级各类项目近千项。2011—2015年,共获国家科技进步奖1项,省部级科技成果奖39项;发表高水平论文1620余篇,其中SCI313篇;获批授权专利456件,其中发明专利107件。(HH)

西北政法大学 前身是1937年中国共产党在延安创办的陕北公学。后历经延安大学、西北人民革命大学、西北政法干部学校、西北政法学院、西北政法大学等时期。学校秉承"严谨、求实、文明、公正"的校训,坚持"政治坚定、实事求是、勇于创新、艰苦奋斗"的老延大优良传统,致力于培育拥有扎实专业功底、朴实工作作风、求实工作态度以及追求伟大人格的专门人才,为国家特别是西北地区的经济社会发展和民主法制建设做出了突出贡献。学校设有19个学院,承担研究生、本科生等各类学生的教学任务。设有30个本科专业,辐射哲学、经济学、法学、文学、工学、管理、艺术等专业大类。现有法学、哲学、理论经济学、新闻传播学、公共管理5个一级学科,31个二级学科硕士学位授权点,4个专业学位硕士授权点,10个省级重点学科,2个省级特色学科。学校面向全国31个省(区、市)和港、澳、台地区招生,具有留学生招收权。教师队伍中具有高级职称的教师有354人,占到总数的52%;具有博士学位和正在攻读博士的达到230人,占到总数的34%。教师中有10余人分别获得了"全国十大杰出青年法学家""全国杰出资深法学家""陕西省有突出贡献专家""陕西省首届社科名家"等多项荣誉称号,多名专家入选"新世纪百千万人才工程"。高度重视教师专业实践经验的积累,积极推行专家教授、青年教师到实务部门任职制度,取得了良好的效果,受到中央政法委、教育部等有关部门的高度评价。同时,还聘有一支由著名学者、实务专家组成的客座教授和兼职教授队伍。学校积极拓展学生国际交流途径,不断提高国际化办学水平,与美国、英国、德国、法国、澳大利亚、俄罗斯、日本、韩国等国家和地区的40多所著名大学和研究机构建立了校际交流与合作关系。(HH)

西安石油大学 学校肇始于1951年的西北石油工业专科学校。1958年,经国务院批准,成立西安石油学院。1969年,学院改厂停办。1980年,西安石油学院恢复重建。2000年,由中国石油天然气集团公司所属划转为中央与地方共建、以陕西省为主管。2003年,更名为西安石油大学。是省政府和中国三大石油公司共建院校。学校设有14个学院和3个直属部、系。目前,拥有1个联合培养博士学位授权学科,14个硕士学位授权一级学科及4个未增列为一级学科的二级学科，5个硕士专业学位授权类别，15个专业学位授权点（11个工程硕士授权领域），其中"石油与天然气工程领域"2011年1月获"全国工程硕士研究生教育特色工程领域"荣誉称号。具有"推荐优秀应届本科毕业生免试攻读硕士学位研究生院校"资格。学校现有教职工1600余人，其中专任教师1000余人，其中教授、副教授500余人。有1个省重点科技创新团队；有国家级、省部级突出贡献专家和享受国务院政府特殊津贴专家42人。近3年，新增国家自然科学基金、国家社会科学基金、科技重大专项等国家级和省部级研究项目214项，科研总经费近4.8亿元，其中2015年科研经费超过1.6亿元。多年来获国家和省部级科技奖励40余项，其中获国家科学技术进步奖2项、省部级一等奖7项；公开、授权国家发明专利365项、实用新型专利198项；出版学术专著110余部；学术论文被SCI、EI、ISTP三大检索收录1480余篇。（HH）

陕西科技大学 学校创建于1958年，时名北京轻工业学院，是新中国第一所轻工高等学校；1970年迁至陕西咸阳，改名为西北轻工业学院；1978年被国务院确定为全国88所重点院校之一；1998年学校划转到陕西省，实行中央与地方共建、以地方管理为主的体制；2002年经教育部批准，更名为陕西科技大学；2006年学校主体东迁西安。是省政府与中国轻工业联合会、中国轻工集团公司共同建设的重点高校。学校设有13个学院（部）。有博士后科研流动站3个，博士学位授权一级学科2个、二级学科16个，硕士学位授权一级学科17个、二级学科71个，有省级优势学科6个，国家级、省部级重点实验室、重点研究基地和工程技术研究中心等18个，省级协同创新中心1个，省哲学社会科学特色建设学科1个。学校高度重视科技创新，积极为经济社会发展服务。"十二五"以来，共承担各类纵向科研项目1061项，包括国家"973""863"、国家自然科学基金、国家社会科学基金、国家科技支撑计划、国际科技合作、国家发改委和工信部产业化项目、省科技统筹创新工程计划项目等重大项目；获得科技成果奖励178项，省部级以上奖励65项，其中参与获得国家技术发明二等奖1项、国家科技进步二等奖1项、省科学技术一等奖2项、中国轻工业联合会科学技术一等奖1项；出版各类著作和教材245部，发表核心期刊论文3906篇，被SCI、EI、ISTP等三大检索收录论文2561篇；共获授权专利2914项。（HH）

延安大学 1941年，中共中央政治局决定将陕北公学、中国女子大学、泽东青年干部学校合并成立延安大学。1943—1944年，延安鲁迅艺术文学院、自然科学院、民族学院、新文字干部学校和行政学院相继并入。1958年7月，省政府决定恢复重建延安大学。1998年，延安医学院、延安市人民医院与延安大学合并成立新的延安大学，被列为陕西省省属重点大学。2005年，省政府与教育部共建延安大学。学校现设18个二级学院、1个独立学院和5所附属医院，59个本科专业，涵盖文、理、工、医、教、经、管、史、法、农、艺11个学科门类。有一级学科硕士学位授权点12个，5个专业学位类别，涵盖哲学、经济学、法学、教育学、文学、历史学、理学、工学、医学、管理学等10个大门类。省普通高校优势学科5个，省级特色学科1个，省级实验教学示范中心3个，省级研究基地2个，省级重点实验室2个，省级工程技术研究中心1个，国家特色专业5个，省级特色专业8个，国家级精品资源共享课程1门，省级精品资源共享课程27门，省级教学团队12个，省级优秀教材8部，省级人才培养模式创新实验区8个，国家级专业综合改革试点2个，省级专业综合改革试点7个，省级双语教学示范课程2门，省级教学名师10人。近年来，学校获国家级优秀教学成果一等奖1项，省级优秀教学成果特等奖2项和一、二等奖近30项。承担国家级、省级、厅级课题490多项；获得国家级、省部级等科研奖励150多项。设有中共党史研究院、陕北能源化工研究院、陕西省区域生物资源保育与利用工程技术研究中心等40多个科研机构。办有《延安大学学报》，学报被评为陕西及全国高校优秀期刊。（HH）

西安外国语大学 于1951年经中央人民政府教育部批准，由兰州大学文学院俄文系、西北大学外国语文系俄文组、俄文专修科合并组建了西安外国语大学的前身——西北俄文专科学校，1958年更名为西安外国语学院，2006年经教育部批准，学校更名为西安外国语大学，2011年被省政府列为"十二五"期间重点建设的高水平大学。学校现有23个学院（部）等教学机构，具有外国语言文学一级学科博士点，外国语言文学、中国语言文学、工商管理、教育学4个一级学科硕士点，13个二级学科博士点，59个二级学科硕士点。学校科研实力强，设有学报编辑部、人文地理研究所、丝绸之路语言服务协同创新中心、欧美文学研究中心、外国语言学及应用语言学研究中心、陕西旅游研究院、西安当代国际问题研究中心、西安外国语大学人文社会科学研究中心等学术和研究机构，欧美文学研究中心、外国语言学及应用语言学研究中心为陕西高校哲学社会科学重点研究基地。学校还与中国教育国际交流协会合作共建国际教育交流研究中心，形成了较为完整并具有一定规模的外语及跨学科科研体系，承担了一批国家级、省部级及外国文化部资助的科研项目，出版了高质量的大型辞书、专著、译著、论文和教材。学校创办的《外语教学》《人文地理》《西安外国语大学学报》等学术刊物是在国内外学术界具有一定影响的中国人文社会科学和中国地理学核心期刊。学校坚持发挥自身优势，广泛开展国际学术交流，先后同美国、英国、加拿大、澳大利亚、法国、德国、西班牙、意大利、俄罗斯、日本、韩国等全球192所高等院校、科研机构签订了合作协议，与130余所高校开展深度合作。（HH）

陕西中医学院 前身是1952年创建于西安的西北中医进修学校，1959年升格为陕西中医学院，1961年迁至古都咸阳，是陕西唯一一所培养高级中医药人才的普通高等院校，是1978年中共中央56号文件确定的全国8所重点建设的中医院校之一。学校现有教职工2650人，有专任教师739人，其中副高以上职称426人；有硕士研究生导师219名、兼职博士生导师15名。有享受政府特殊津贴专家、陕西省突出贡献专家19人，有国家级、省级中医药专家学术经验继承项目指导老师43人。学校开设21个本科专业，拥有中医学等4个一级学科硕士学位授予权和5个专业学位授权类别。学校有国家级、省级专业综合改革试点8个，国家级、省级特色专业建设点7个，省级人才培养模式创新实验区5个，省级实验教学示范中心5个，省级精品资源共享课程共20门，2011—2015年获省级优秀教学成果奖7项，其中一等奖2项。学校坚持"科技强校"战略，形成了以中医中药为主，结构比较合理，层次比较齐全的重点学科群。现有国家中医药管理局重点学科17个。有各级科研平台31个，其中国家级科研基地2个，有国家中医药管理局中医药科研三级实验室3个、二级实验室13个。2011—2015年，学校承担了"973"计划、国家自然科学基金项目、国家"重大新药创制"科技重大专项、省科技统筹创新工程计划项目等各级各类纵向科研项目600余项，获省部级及以上科技成果奖励39项。学校编辑出版的学术刊物《陕西中医学院学报》《现代中医药》是省级优秀刊物，在省内有较大影响。（WYB）

西安美术学院 前身为西北人民艺术学院二分部，1949年7月由山西临汾迁至西安南郊长安县兴国寺，成立西北军政大学艺术学院。1960年定名西安美术学院。1994年学院整体迁至西安市。学院拥有艺术学理论、美术学、设计艺术学三个一级学科博士、硕士学位授予权以及艺术硕士（MFA）、高校教师在职攻读硕士学位研究生培养资格和同等学历申请硕士学位授予权，2014年获批美术学博士后科研流动站。2015年获得国家艺术基金年度立项资助12项。学院现设中国画系、油画系、版画系、雕塑系、工艺美术系、设计系、建筑环境艺术系、服装系、美术教育系、美术史论系、影视动画系、艺术教育学院、特殊教育艺术学院、基础部、造型艺术部等15个教学系（部），设有继续教育学院、附属中等美术学校、省小学教师培训中心等教学机构和中国西部画风（长安画派、黄土画派）研究协同创新中心、信息艺术与产品造型设计协同创新中心、黄土画派研究院等10个研究机构。各类在校生7500余名，教职工700余名。博士生导师33名，教授、副教授230余名。学院拥有国家级教学名师2名，省教学名师13名；国家级"三五人才"5名，享受国务院特殊津贴人员13名，突出贡献人才7名，国家级优秀教师6名。学院设图书馆、西部美术馆、美术博物馆等，馆藏纸质文献65.3万余册（件），藏有古代以及近、现代书画作品1200余件，历代文物藏品368件（组），各类传统美术藏品、拴马桩、石狮等石刻艺术品2万余件。办有专业学术刊物《西北美术》。（WYB）

西安音乐学院 创建于1949年，前身是晋绥边区西北军政大学音乐部。1950年改称西北艺术学院；1953年调整为西北艺术专科学校；1980恢复西安音乐学院。现设有艺术学理论和音乐与舞蹈学2个一级学科、10个二级学科硕士学位授权点，9个本科专业。设有音乐学系、作曲系、声乐系、管弦系、民乐系、钢琴系、舞蹈系、音乐教育学院、现代音乐学院、视唱练耳教研室、基础部、附中、研究生部、艺术学理论研究室等14个院系（部、室），以及陕西（高校）哲学社会科学重点研究基地——西北民族音乐研究中心，还有西安音乐学院陕西爱乐乐团、交响乐团、交响管乐团、民族管弦乐团、西安鼓乐艺术团、秦筝艺术团和合唱团等艺术实践团体。60余年来，学院已建立起一支实力雄厚的师资和教学管理队伍，在教学、科研、创作、研究等方面，取得累累硕果。现有教职工543人，其中，专任教师356人，具有正高级职称57人、副高级职称119人。具有博士、硕士以上学历的比例达60%，享受国务院特殊津贴专家8人，陕西省"百人计划"专家、省级突出贡献专家、教学名师等10人。在研国家级、省部级科研项目30多项，先后荣获国家科技进步二等奖，省级科技进步一等奖、教学成果一等奖。学院建有两个独具特色的博物馆——西北民族音乐文化展馆和西安鼓乐学术馆。学校在2006年教育部本科教学工作水平评估中获优秀，西安鼓乐、陕北大唢呐等特色专业分获文化部中国民族器乐民间乐种组合展演一、二等奖。学报《交响》创刊于1982年，是面对国内外公开发行的综合性音乐学术季刊。（WYB）

西安体育学院 创建于1954年，原隶属国家体育总局（国家体委），2001年实行中央与地方共建，以地方管理为主，现为省政府与国家体育总局共建院校。学院现有教职工819人，专职教师538人，其中教授67人，副教授162人，具有省突出贡献专家、国家体育总局优秀中青年学术技术带头人、省教学名师等荣誉称号的专家学者5人。有8个系（体育教育系、运动训练系、武术系、社会体育与休闲体育系、健康科学系、体育传媒系、体育艺术系、体育经济与体育管理系），2部（研究生部、思政部），1院（继续教育学院），1校（附属竞技体育运动学校）。学院有18个本科专业（体育学类专业7个，非体育学类专业11个），涵盖了经、理、教、文、管、艺6个专业门类；拥有3个国家级特色专业建设点，3个省级特色专业建设点，2个省级专业综合改革试点项目。学院现有国家体育总局体育社会科学重点研究基地、国家体育总局重点实验室——运动技术分析与技能评定、国家体育总局体育文化研究基地、省高校体育法学研究基地等学科平台，在运动技术分析与技能评定、运动健康促进、体育产业及民族民间体育项目等研究领域已形成特色。2011—2015年来，承担了国家哲学社会科学基金项目14项，国家自然科学基金项目1项，科技部软科学科研项目3项，科技部"十一五"科技支撑重点项目课题2项；省、部级课题82项，其中，社会科学基金研究课题48项，备战奥运会科

研攻关课题11项，省科技厅科研攻关课题6项，自然科学研究项目17项等。（WYB）

陕西理工学院 创建于1958年，先后经历了汉中大学、汉中师范学院与北京大学汉中分校、陕西工学院等发展阶段。2001年经教育部批准，原汉中师范学院与原陕西工学院合并组建陕西理工学院。学校现设有16个二级学院和2个教学实训中心。设有65个本科专业。拥有中国语言文学、生物学、机械工程3个一级学科硕士授权点，24个二级学科硕士授权点，3个硕士专业学位授权点。学校现有6个省级重点学科（特色学科），1个国家地方联合工程实验室、1个全国人文社会科学普及基地、1个省级2011协同中心、3个省级重点实验室、1个省级高校哲学社会科学重点研究基地、1个省级博士后创新基地、1个省级院士专家工作站，拥有14个省级研究中心和服务平台。教学科研仪器设备总值2.85亿元。学校现有专任教师1271人，其中具有高级专业技术职称439人，其中教授129人。现有双聘院士3人，国家高端外国专家1人，长江学者特聘教授2人（双聘），陕西省"百人计划"人才9人、"三五人才工程"入选者2人。现拥有2个国家级特色专业，1个国家级和6个省级专业综合改革试点建设项目，4个省级特色专业，3个省级名牌专业，15门省级精品课程。2011—2015年，学校先后承担国家级科研项目81项，省部级科研项目184项，发表学术论文6969篇，其中被SCI等四大索引收录522篇，出版著作和教材421部，获得授权国家专利1331项；获省部级及以上科研成果奖41项；获省级科技创新团队奖1个。《陕西理工学院学报》为全国优秀期刊。（WYB）

西安工程大学 前身为1912年创办的北京高等工业专门学校机织科，其后历经国立北平大学工学院纺织系、西北联合大学纺织系、西北工学院纺织系等发展阶段。1978年成立西北纺织工学院，隶属纺织工业部。1998年划转为中央与地方共建，以陕西省管理为主。2006年，经教育部批准更名为西安工程大学。学校设有13个教学单位。现有本科专业63个，其中国家级特色专业建设点4个，省级特色专业建设点9个。国家级专业综合改革试点2个，省级专业综合改革试点7个，国家级卓越工程师教育培养专业5个。学校是国务院学位委员会首批批准的学士、硕士学位授权单位，现有联合培养博士点1个，一级学科硕士学位授权点10个，二级学科硕士学位授权点50个，硕士专业学位类别4个，硕士专业学位授权点18个。学校现有教师1000余人。其中中国工程院院士1人，教育部高等学校专业教学指导委员会委员及分委员会委员7人，博士生导师6人，硕士生导师400余人；二、三级教授35人，正副教授500余人；国家级有突出贡献专家、优秀教师、师德先进个人8人，省级有突出贡献专家和享受国务院政府特殊津贴专家25人。2011—2015年，学校获得省、部级优秀教学成果奖65项；出版教材709部，获得省、部级奖励教材30部，承担省、部级教育教学研究项目54项；承担国家攻关项目、自然科学及社会科学基金项目、创新项目75项，省部级科研项目285项；获国家科技进步奖一等奖2项，国家科技进步奖二等奖2项，获得省部科学技术奖102项，学术论文被SCI、EI、ISTP收录2200余篇。学校办有学术性期刊《纺织高校基础科学学报》和《西安工程大学学报》。（WYB）

西安邮电大学 是一所以工为主，以信息科学技术为特色，工、管、理、经、文、法、艺多学科协调发展的普通高等学校，是由省政府与工业和信息化部共建院校。学校设有16个教学科研机构，有11个一级学科硕士学位授权点、47个二级学科硕士学位授权点、5个工程硕士授权领域、会计硕士和工商管理硕士专业学位授权点。专任教师1000余人，具有高级职称者470余人。教师队伍中有国家"千人计划"特聘专家、新世纪"百千万人才工程"国家级人选、教育部新世纪优秀人才支持计划人选、陕西省"百人计划"特聘专家、国家有突出贡献中青年专家、享受国务院政府特殊津贴专家、全国优秀教师、省级教学名师等60余人，双聘院士6人。2011—2015年，全校教师共发表论文5000多篇，出版著作400余部，承担国家"863"计划、国家自然科学基金、国家社会科学基金、国家软科学研究计划、国家重大科技专项等国家级和省部级科研项目280余项，获国家级省部级科技成果奖励40余项，先后获批省（13115）通信专用集成电路设计工程技术研究中心、省通信片上系统工程研究中心、省法庭科学电子信息实验研究中心、电子信息现场勘验应用技术公安部重点实验室、省通信片上系统工程研究中心、信息产业发展研究中心、省网络与信息安全技术支持中心、省信息化与工业化融合创新研究中心、省高性能计算研究中心、省信息化工程研究院、西安市互联网数据统计与分析工程实验室、陕西信息产业知识产权研究中心、省博士后创新基地等省级创新平台。（WYB）

西安财经学院 前身可追溯到1952年创建的西北贸易学校。2001年6月，经国家教委批准，陕西经贸学院与西安统计学院合并组建西安财经学院。2010年，省政府与国家统计局签署协议，共建西安财经学院。学院现已发展成为一所以经济、管理和统计学科为主干，文、法、理、工、艺为支撑，多学科协调发展的普通高等学校。学校现有11个二级学院和3个教学部，有4个一级学科、23个二级学科的硕士学位授予点，3个专业硕士学位授权点；拥有4个省级优势学科、1个省级特色学科；有45个本科专业，2个国家级、8个省级专业综合改革试点项目，3个国家级、6个省级特色专业建设点，3个省级名牌专业和20余门省级精品课程。目前，学校有专任教师1056人，具有副高级以上职称教师402人；全日制在校生18000余人。学校十分重视科研工作，拥有中国（西安）丝绸之路研究院等8个省部级科研基地和5个校级科研基地。"十二五"期间，教师承担各级各类科研项目895项，其中国家级科研项目22项，省部级科研项目180余项，26项成果获省部级以上科研成果奖。学校广泛开展国际交流与合作，先后与比利时安特卫普大学、英国南威尔士大学、德国安哈尔特应用技术大学等30余所国外知名院校建立了友好合作关系。60多年来，学校始终坚持"育人为本，质量优先，人才强校，特色发展"的办学理念，坚持立足陕西、服务行业，先后为国家培养了13万余名德才兼备的栋梁之材，为经济社会发展做出了积极贡献。（WYB）

西安文理学院 学校历史可追溯至1903年设立的陕西师范学堂。先后由西安大学、西安师范专科学校、西安教育学院、西安幼儿师范学校和西安师范学校合并而成，2003年经教育部批准成立西安文理学院。学校有教职工1186人。专任教师680人，副教授以上职称292人。有享受国家特殊津贴专家1人，国家突出贡献中青年专家1人，国家、省市级各类专家20人，省级教学名师、省级师德标兵等9人。学校现有45个本科专业，涉及文学、理学、工学、教育学、管理学、经济学、法学、历史学、农学、艺术学等10大学科门类，全日制在校生13330人，设有10个二级学院，3个省级综合改革试点专业，4个省级特色专业建设点，7个省级教学团队，4个省级实验教学示范中心，1个省级重点实验室（表面工程与再制造实验室），3个省级人才培养模式创新实验区，1个省级哲学社会科学重点研究基地，还有17门省级精品课程、省级精品资源共享课和1门省级双语教学示范课。学校与省市政府部门、行业企业、社会各界合作，成立服务地方研究院，下设长安历史文化、区域教育发展、西安经济社会发展、西安统筹城乡发展、西安秦岭环境保护、丝绸之路经济带教育文化等研究机构。还设立了西安廉政研究、西安旅游发展、中国书画艺术等研究、研修机构。办有《唐都学刊》《西安文理学院学报》刊物。近3年在核心期刊发表论文880多篇，出版专著、教材百余部，主持国家、省市级科研课题473项，获批国家专利67项，获省市科研奖励52项。（WYB）

西安医学院 创建于1951年，其前身是陕西省卫生学校。1959年省政府设陕西省卫生干部学院建制。1994年国家教委批准成立陕西医学高等专科学校。2006年2月经教育部批准，升格为本科院校，更名为西安医学院。学校现有临床医学院、护理学院、药学院等12个教学单位。开办有研究生教育、普通本科教育和继续教育。临床医学具有一级学科硕士专业学位授予权，目前有全科医学、内科学、外科学、眼科学等16个二级学科硕士学位授权点。普通本科教育开办有临床医学、护理学、药学、预防医学、口腔医学等12个本科专业。现有省级重点专业（特色专业）3项，省级"专业综合改革试点项目"专业3项。学校现有专任教师750人，具有副高及其以上职称的428人。有国家"百千万人才工程"第一层次人选1名，享受国务院政府特殊津贴人才2名，教育部新世纪优秀人才3名；有"百人计划"特聘专家3名，省重点科技创新团队学术带头人1名；有省级教学名师4名。学校坚持以学科建设为龙头，以国家自然科学基金优先资助领域为导向，加大科研平台建设，科研项目、科研经费、科研成果数量逐年上升。"十二五"期间学校重点建设了研究所3个，省级重点实验室2个，省级中医药科研二级实验室4个，省级工程研究中心2个。在"缺血性心血管疾病发病机制及小分子药物研究、结构生物学、分子生物学"方面亮点突出。先后获省教育厅科学技术奖二等奖2项；申请和授权专利27项，实现专利转化3项；出版专著49部，发表学术论文2973篇，其中SCI、EI收录论文218篇。（WYB）

西安航空学院 创建于1955年，原名为西安航空工业学校，隶属原航空工业部。1957年合并兰州航空工业学校。1960年升格为专科学校，更名为西安航空工业专科学校，1961年恢复为西安航空工业学校。1985年经原国家教委批准升格为高等专科学校，更名为西安航空技术高等专科学校。1999年划转地方，隶属省政府，为中央与地方共建院校。2012年经教育部批准升格为普通本科院校，更名为西安航空学院，是一所以工为主、多学科协调发展的全日制普通高等学校。学校拥有一支结构合理、素质优良的师资队伍。学校设有机械学院、电气学院、经济管理学院、文学院、理学院等13个教学院（系、部）。学校注重科学研究和教研教改，近年来承担国家高技术研究发展计划（863计划）、国家火炬计划产业化示范项目、国家重点新产品计划立项项目、科技部软科学基金项目、教育部人文社科专项、省重大科技专项、省自然科学基金项目等纵向科研课题160项；获厅局级以上科研成果奖53项、专利68项，公开发表学术论文2600余篇，其中核心期刊收录769篇，SCI、EI、ISTP收录102篇。获省级以上教改立项课题40余项，省级教育教学成果奖11项，其中特等奖1项、一等奖4项。学生近年来在全国及全省大学生学科和技能竞赛中获国家级奖93项，省级奖80项。其中全国大学生数学建模竞赛获国家级一等奖1项，国家级二等奖5项，省级一等奖8项，省级二等奖12项；全国航空航天模型锦标赛单项三等奖9项，团体奖4项。（WYB）

宝鸡文理学院 其前身是1958年创办的宝鸡大学，1975年在此基础上成立陕西师范大学宝鸡分校，1978年经国务院批准为宝鸡师范学院，1992年经原国家教委批准，与1984年新设立的宝鸡大学合并，更名为宝鸡文理学院。学校现设哲学系、政法学院、教育学院、文学与新闻传播学院、外国语言文学系、历史文化与旅游系等院系部。有教学科研实验室29个，教学实践基地236个，多媒体教室125个，教学用计算机5312台。灾害监测与机理模拟实验室、植物化学实验室为省重点实验室，化学实验教学中心、物理实验教学中心、地学实验教学中心、计算机基础教学实验教学中心为陕西省实验教学示范中心。学校设有哲学研究所、人文科学研究所、周秦文化研究所、教育科学研究所、陕西文学研究所、陕西方言研究所、关陇传统美术研究所、关陇宗教文化研究所、西府传统音乐研究所、渭河流域资源环境与生态文明研究所等研究机构。周秦伦理文化与现代道德价值研究中心、关陇方言与民俗研究中心为陕西省高校哲学社会科学重点研究基地。"十一五"以来，获得各级各类科研项目2486项，其中国家级46项，省厅级743项，出版专著、译著163部，主编教材70部，发表论文10111篇，其中985篇被SCI、EI、ISTP收录或被《新华文摘》《高等学校文科学术文摘》、人大复印报刊资料转载，获得各级各类科研奖励629项，其中省部级科研奖42项。学术期刊《宝鸡文理学院学报》面向国内外公开发行。（WYB）

渭南师范学院 前身是1923年创建的赤水职业学校。经历了赤水农业职业学校、20世纪60年代初的渭南师范学院和改革开放以来的渭南师范专科学校与渭南教育学院，到2000年教育部批准成立新的渭南师范学院。学校具有学士学位授予权，与国内外13所高校合作培养硕士、博士研究生。现有10个二级学院及国际交流学院和继续教育学院，有62个本科专业，涵盖教育学、文学、理学、艺术学等10大学科门类。学校重视内涵发展，拥有中国语言文学、数学2个省级扶持学科和应用经济学1个省级特色学科项目。2011—2015年获批国家和省级本科教学工程项目69项，其中国家级3项，有国家级专业综合改革试点项目、国家级教师教育精品资源共享课程、国家级特色专业、省级精品资源共享课程等。学科、教学和科研团队形成具有特色与优势的主攻方向，主要有陕甘边根据地史、马克思主义大众化、西部文化创意产业、湿地生态保护等主攻方向。专业人员申请承担国家社科基金项目、国家自然科学基金项目、国家软科学研究计划项目、国家博士后科学基金项目、教育部和国家有关部委、陕西省及地方科学研究项目数量连年大幅增长，形成的一系列标志性科研成果，多次荣获陕西省哲学社会科学优秀成果奖、科学技术奖、科技进步奖、国防科技进步奖、高等学校科学技术奖、教学成果奖等奖项。（WYB）

榆林学院 创建于1958年，2003年升格为本科院校。学校设置有化学与化工学院、能源工程学院、管理学院等15个院系（部），50个本科专业，7个专科专业。现有国家级专业综合改革试点项目1个，国家卓越农林人才教育培养计划试点专业项目3个，省级重点学科1个，省级重点扶持学科2个，省级特色专业4个，省级人才培养模式创新实验区3个，省级实验教学示范中心2个，省级专业综合改革试点项目4个，省级教学团队3个，省级精品课程6门。2011—2015年，承担国家级、省级、市级各类课题600余项，获得省厅以上科研成果奖励50余项。设立了生命科学研究中心、能源化工研究中心、榆林经济研究中心、陕北文化研究中心、榆林廉政研究中心等多个科研机构。现有陕北历史文化博物馆1个，省级重点实验室1个，省级工程技术研究中心1个，省级哲学社科重点研究基地1个，省级科技创新团队1个，市级重点实验室6个，市级工程技术研究中心5个。学校连续多年被榆林市政府授予"为地方经济社会发展做出显著成绩先进单位"，是国家卓越农林人才教育培养计划试点院校、陕西能源化工

人才培养基地、陕西省首批社科普及基地、陕西省首批应用型大学转型试点院校和研究生联合培养示范院校。(WYB)

商洛学院 学校历史可溯源于1976年成立的陕西省商洛地区五七师范学院，1979年更名为陕西师范大学商洛专修科，1984年经省政府批准更名为商洛师范专科学校，2006年经教育部批准升格为本科院校，更名为商洛学院。学校设有人文社会科学学院、语言文化传播学院、数学与计算机应用学院等10个二级学院，取得了28项反映教学水平的本科教学工程项目，主持省级以上教改教研课题20项，荣获省政府优秀教学成果一等奖2项，二等奖2项。学校科学研究成果丰硕。建成全国唯一的省级尾矿资源综合利用重点实验室，建成陕西省（高校）哲学社会科学重点研究基地——商洛文化暨贾平凹研究中心、中国中医科学院商洛中药材GAP科研工程中心等5个省级研究平台，秦岭植物良种繁育中心等8个校内研究机构。申报获得国家自然科学基金项目4项，国家科技推广项目1项，省部级科研项目97项，横向科研项目21项。科研成果获得省级各类奖励16项，获得商洛市政府奖励16项（其中一等奖4项）。教师发表的学术论文被国际权威检索机构SCI、EI、ISTP收录137篇。学校重视对外合作与交流工作。先后与英国南安普顿索伦特大学、马来西亚吉隆坡建设大学和中国台湾南开科技大学、台湾东方设计学院等16所国（境）外高校建立了合作关系，为教师出国出境进修、学生留学等提供了良好平台。(WYB)

安康学院 前身是创建于1958年的安康大学，1963年因国家经济困难停办，1978年8月恢复办学，1984年6月经省政府批准，更名为安康师范专科学校，2006年2月经教育部批准改建为安康学院。学科涵盖法学、教育学、文学、理学、工学、农学、管理学、艺术学、经济学等9个门类，设有电子与信息工程学院等12个二级学院，开设34个本科专业，形成了陕南民间文化研究、秦巴资源保护与开发、农业资源与环境为重点的特色学科方向。学校建有7个省级科研平台、8个市级科研平台和9个校级研究中心，组建科技创新团队8个。设有省科协院士专家工作站、省研究生联合培养示范工作站、富硒茶产业研究院。截至2015年，教师承担国家社科基金、国家自然科学基金、国家农业科技成果转化等各级各类科研项目1088项；出版著作、教材302部；发表学术论文5055篇；取得国家专利44项；获得各级科技进步奖、社会科学成果奖、教学成果奖等381项。《安康学院学报》被评为全国高校优秀社科期刊、精品期刊。(WYB)

陕西广播电视大学 是陕西省唯一的一所综合性现代远程教育开放大学。学校成立于1978年12月，隶属省政府，由省教育厅主管。学校实行统筹规划、分类指导、分级管理、条块结合的办学体制。设有职业技术学院、开放教育学院、培训学院、成人教育学院和艺术教育学院5个直属学院和10个市级电大分校，在省厅局及主要行业系统建立了39个电大工作站和直属教学点，在全省

70多个县（市）建立了电大工作站，有2000多个教学班（点）遍布各地。学校运用计算机网络、卫星电视、文字及音像教材等多媒体开展教学，已建成能满足各类学生自主学习，融广播、电视、卫星、计算机互联网为一体，利用在线平台、网上VOD、双向视频等设施开展远程教学的现代化教学系统，实现了教学信息传输、接收、反馈和教学管理的现代化。学校坚持面向地方、面向基层、面向农村和边远地区办学，为全省的行业系统、"三线"企业和边远地区培养了大批留得住、用得上的应用型人才。多年来，已开设15个本科学历教育专业，8科25类70多个大专学历教育专业。电大现有各类在校生10万余名，其中，省校校本部有开放教育本科学生和全日制专科学生1万余名。办学多年来，已培养17万余名本、专科毕业生，并对28.8万余名在职人员分别进行了不同层次的大学后继续教育和岗位培训。目前，学校已成为陕西地区在校生人数最多的新型高校。学校先后被教育部电教办评为"全国电大教学工作先进学校""全国电化教育先进单位"；被省委教育工委、省教育厅评为"电化教育先进院校""民主管理先进单位"，并被授予"文明校园"和"文明单位"称号。在教育部组织的现代远程开放教育试点中期评估和总结性评估中获得"优秀"。（WYB）

甘肃卷

一 物质文化资源

（一）地理文化资源

1. 自然保护区

连城国家级自然保护区 连城国家级自然保护区地处黄河流域湟水之主要支流大通河的中下游，其主要保护对象是天然青杆及其森林生态系统、天然祁连圆柏及其森林生态系统。保护区动植物资源丰富，有各类植物109科444属1397种。乔木树种主要有青海云杉、青杆、油松、祁连圆柏、山杨、红桦、紫桦等。国家二级保护植物有野大豆和山莨岩2种。哺乳动物有5目12科24种；鸟类有9目21科64种。国家重点保护的野生动物有32种。其中属于国家一级保护动物的有梅花鹿、斑尾榛鸡、金雕、黑鹳、马麝5种，属于国家二级保护动物的有28种。连城自然保护区位于祁连山脉向黄土高原过渡带，具有特殊的地理位置，保存着完整的森林生态系统，以及青杆和祁连圆柏等物种资源，是生态学、地质地理等学科研究的天然实验室，具有较高的科研价值。2001年被列入国家级自然保护区名录。（YTH）

兴隆山国家级自然保护区 兴隆山国家级自然保护区位于兰州市东南45千米的榆中县境内，南靠临洮，东临定西，西北与兰州毗邻，属祁连山的东延余脉。保护区总面积约295.84平方千米，占榆中县总土地面积的10.1%。海拔1800~3670米，年平均气温4.1℃，年降水量621毫米。兴隆山堪称一座天然生物园。野生植物有1022种，属国家重点保护的珍稀濒危植物有星叶草、桃儿七、膜荚黄芪3种；野生动物有160种，国家一级保护动物有马麝、金雕等。1986年被列入国家级自然保护区名录。（YTH）

秦州珍稀水生野生动物国家级自然保护区 秦州珍稀水生野生动物国家级自然保护区位于天水市秦州区，总面积30.1平方千米。其中核心区6.49平方千米、缓冲区9.25平方千米、实验区14.36平方千米，属野生动物类型自然保护区。保护区处于长江与黄河两大流域分水岭，由于其特殊的地理位置和气候条件，形成了独特的大陆性暖温带半湿润区独特的山区溪流型生态系统。该区域的水生生物及其生境，具有秦岭北坡高海拔区域珍稀濒危物种的代表性、多样性和典型性，具有极其重要的保护价值。2014年被列入国家级自然保护区名录。（YTH）

民勤连古城国家级自然保护区 民勤连古城国家级自然保护区位于武威市民勤县境内的荒漠区域内，面积近3900平方千米，占民勤县总土地面积的25%。保护区现有天然林面积2341.05平方千米，共有种子植物64科227属474种，有国家重点保护植物13种，其中国家一级有裸果木、绵刺、发菜等3种，有陆生野生动物约24目43科89种，有国家重点保护动物12种，其中国家一级有金雕1种，国家二级有鸢、苍鹰、雀鹰、白头鹞、游隼、灰背隼、荒漠猫、鹅喉羚等11种。1982年被列入国家级自然保护区名录。（YTH）

祁连山国家级自然保护区 祁连山国家级自然保护区地处青藏、蒙古、黄土高原和新疆交汇地带的祁连山北麓。东起乌鞘岭的松山，西到金山口，北临河西走廊，南靠柴达木盆地。总面积19872平方千米。野生动物有兽类58种，鸟类140多种，两栖、爬行类13种。属国家重点保护野生动物的有白唇鹿、野驴、野牦牛、盘羊、雪豹、斑尾榛鸡等几十种。这里还是我国珍贵药用动物麝的重要产地。1988年被列入国家级自然保护区名录。（YTH）

张掖黑河湿地国家级自然保护区 张掖黑河湿地国家级自然保护区位于黑河中游，跨张掖市甘州、临泽、高台三县区，总面积411.64平方千米，其中核心区136.40平方千米、缓冲区125.31平方千米、实验区149.93平方千米，三个功能区基本各占1/3。保护区属西北荒漠地区典型的内陆湿地和水域生态系统类型，是集生态保护、科研监测、资源管理、生态旅游、宣传教育和生物多样性保护等功能于一体的自然生态类自然保护区。其主要保护对象为我国西北典型内陆河流湿地和水域生态系统及生物多样性、以黑鹳为代表的湿地珍禽及鸟类迁徙重要通道和栖息地、黑河中下游重要的水源涵养地和水生动植物生境；西北荒漠区的绿洲植被及典型的内陆河流自然景观。1992年被列入国家级自然保护区名录。（YTH）

太统—崆峒山国家级自然保护区 太统—崆峒山国家级自然保护区位于平凉市西12千米处，东瞰西安，西接兰州，南邻宝鸡，北抵银川，是古丝绸之路西出关中之要塞。保护区总面积为162平方千米，景区面积84平方千米，主峰海拔2123米，集奇险灵秀的自然景观和古朴精湛的人文景观于一身，具有极高的观赏、文化和科考价值。自古就有"西来第一山""西镇奇观""崆峒山色天下秀"之美誉。保护区的主要保护对象为森林生态系统、稀有野生动植物、古文化遗迹和地质遗迹。1982年被列入国家级自然保护区名录。（YTH）

安西极旱荒漠国家级自然保护区 安西极旱荒漠国家级自然保护区位于酒泉市瓜州县境内，面积8000平方千米，海拔均高在

1300米以上,最高峰滴水山海拔高度3547米,为瓜州县境内最高峰。保护区地处暖温带与中温带的过渡区,位居亚洲中部荒漠的腹地,区内的生态系统和物种具有典型性、独特性、珍稀性和多样性,植被主要有红沙、珍珠、泡泡刺、合头草等典型的荒漠植物。野生植物有347种,其中国家重点保护植物13种,属亚洲中部特有种的有10种,区内有高等植物13种,属亚洲中部特有种的有10种。区内有高等动物152种,其中雪豹、野驴、北山羊、金雕等26种为国家重点保护野生动物。该保护区的建立对极旱荒漠地区生物多样性的保护、研究及合理利用具有重要价值。1987年被列入国家级自然保护区名录。(YTH)

盐池湾国家级自然保护区 盐池湾国家级自然保护区地处祁连山西端,青藏高原北缘,位于酒泉市肃北蒙古族自治县东南部,平均海拔3000米以上,是以白唇鹿、野牦牛、藏原羚等高原珍稀野生动物保护为主的超大型野生动物的自然保护区。总面积1.36万平方千米,其中核心区4216平方千米、缓冲区2800平方千米、实验区6584平方千米。区内地形地貌复杂多样,包罗了冰川冻土、高原寒漠、高山草原、河流湿地等自然景观。1982年被列入国家级自然保护区名录。(YTH)

安南坝野骆驼国家级自然保护区 安南坝野骆驼国家级自然保护区位于酒泉市阿克塞哈萨克族自治县境内,地处库姆塔格沙漠和阿尔金山之间。北接敦煌西湖国家级自然保护区,西邻新疆罗布泊野骆驼国家级自然保护区,南靠青海海西藏族蒙古族自治州,系自然条件极为恶劣的干旱气候区,属野生动物类型的自然保护区,主要保护对象是野骆驼等野生动物及其栖息环境。1982年被列入国家级自然保护区名录。(YTH)

敦煌西湖国家级自然保护区 敦煌西湖国家级自然保护区位于酒泉市敦煌市西部,库姆塔格沙漠以东。东接敦煌市南泉湿地自然保护区和阳关镇,南与阿克塞哈萨克族自治县接壤,西、北分别与新疆维吾尔自治区和敦煌市国家雅丹地质公园毗邻,并与库姆塔格沙漠和罗布泊相连。保护区总面积约6601平方千米,约占敦煌市总面积的21%,其中核心区1980平方千米、缓冲区1458平方千米、实验区3163平方千米。主要保护范围包括湾腰墩、天桥墩、土豁落、马迷兔、艾山井子、清水沟、火烧湖、后坑子、盐池湾、崔木土沟和卡拉塔格等区域,属内陆湿地和水域生态系统自然保护区,主要保护对象为湿地生态系统、荒漠生态系统和珍稀野生动植物及其生存环境。1992年被列入国家级自然保护区名录。(YTH)

敦煌阳关国家级自然保护区 敦煌阳关国家级自然保护区位于酒泉市敦煌市阳关镇境内,总面积880平方千米。保护区主要由戈壁、湿地、沙地、林地和水域组成,是中国西部荒漠区中较为罕见的特殊成因内陆河流生态系统,具有极高的保护价值和科研价值。保护区内有脊椎动物145种,其中被列入国家重点保护野生动物名录的有18种,包括一级保护动物3种、二级保护动物15种;

有种子植物141种，其中被列入国家重点保护植物名录的有4种。1994年被列入国家级自然保护区名录。（YTH）

漳县珍稀水生动物国家级自然保护区 漳县珍稀水生动物国家级自然保护区位于定西市漳县漳河、龙川河、铁钩河、榜沙河等河流域的山区。区内有大小支流20条，河流总长度274千米，总面积37.75平方千米。其中核心区14.85平方千米，占保护区总面积的39.34%，长度148千米；缓冲区12.40平方千米，占32.85%，长度71千米；实验区10.50平方千米，占27.81%，长度55千米，海拔1640～3941米。这里是甘肃省建立的首个珍稀水生动物国家级自然保护区。保护区主要保护对象为国家二级保护水生动物秦岭细鳞鲑等。2005年被列入国家级自然保护区名录。（YTH）

白水江国家级自然保护区 白水江国家级自然保护区位于甘肃省最南端，行政区划上隶属陇南市武都区、文县的9个乡镇。总面积为1837.99平方千米，其中核心区901.58平方千米、缓冲区261.32平方千米、实验区675.09平方千米，森林覆盖率为87.3%。白水江自然保护区是中国以保护大熊猫为主的三个重点保护区之一，同时是甘肃省唯一具有北亚热带生物资源的自然景观区。保护区保护对象是大熊猫、珙桐等多种珍稀濒危野生动植物及其赖以生存的自然生态环境。1963年被列入国家级自然保护区名录。（YTH）

小陇山国家级自然保护区 小陇山国家级自然保护区位于甘肃省东南部中秦岭的西端。保护区东西长31.5千米，南北宽18.5千米，总面积为31.938平方千米。小陇山国家级自然保护区属森林生态系统类型，保护对象为暖温带亚热带过渡地区森林生态系统、羚牛秦岭亚种等珍稀濒危野生动植物、生物多样性、独特的自然地理景观。2006年被列入国家级自然保护区名录。（YTH）

太子山国家级自然保护区 太子山国家级自然保护区位于临夏回族自治州与甘南藏族自治州之间，总面积847平方千米，属青藏高原与黄土高原过渡地带。保护区内生态系统复杂多样，物种资源丰富，主要保护对象为青藏高原与黄土高原过渡地带森林生态系统及生物多样性，属于自然生态系统类别森林生态系统类型自然保护区。2005年被列入国家级自然保护区名录。（YTH）

莲花山国家级自然保护区 莲花山国家级自然保护区位于临夏、甘南、定西三州市的康乐、临潭、卓尼、渭源、临洮五县交界处。保护区生物资源丰富，成分和结构极为复杂，物种多样性程度高。其中有种子植物90科346属745种；动物资源也非常丰富，国家一级重点保护动物有斑尾榛鸡、雉鹑、胡兀鹫、林麝、马麝等9种，二级保护动物有苏门羚、斑羚、岩羊、蓝马鸡、血雉等31种。1982年被列入国家级自然保护区名录。（YTH）

洮河国家级自然保护区 洮河国家级自然保护区地跨甘南藏族自治州的卓尼、临潭、迭部和合作四县，是森林生态系统类型自然保护区，主要保护天然原始山地寒温性暗针叶林生态系统、珍稀野生动植物资源及其栖息地。由于保护区地处青藏高原和黄土高原的过渡区域，保存着较为完整的原始林及森林生态系统，物种资源丰富。其中国家一级重点保护动物有金钱豹、雪豹、梅花鹿、鬣羚、斑尾榛鸡、金雕、黑颈鹤、胡兀鹫、黑鹳、黑山溪鲵等十种。2009年被列入国家级自然保护区名录。（YTH）

黄河首曲国家级自然保护区 黄河首曲国家级自然保护区位于甘南藏族自治州玛曲县境内，面积3750平方千米。本区地势高峻，海拔均在3300米以上，最高峰乔木格日峰海拔4806米。保护区属高寒湿润气候，是公认的"世界上保存最完好的湿地"，是青藏高原湿地面积较大、特征明显、最原始、最具代表性的高寒沼泽湿地，有"高原水塔"之称。保护对象以黑颈鹤等候鸟及其栖息环境为主。2013年被列入国家级自然保护区名录。（YTH）

尕海—则岔国家级自然保护区 尕海—则岔国家级自然保护区地处甘南藏族自治州碌曲县境内，位于青藏高原、黄土高原和陇南山地交汇处，地跨黄河和长江两大水系，也是黄河最大支流洮河的发源地之一和长江水系白龙江的发源地，总面积为24.74平方千米，是我国少见的集森林和野生动物型、高原湿地型、高原草甸型三重功能为一体的珍稀野生动植物自然保护区。1998年被列入国家级自然保护区名录。（YTH）

芨芨泉省级自然保护区 芨芨泉省级自然保护区位于金昌市金昌区北部，总面积510.6平方千米。保护区功能区划为核心区174平方千米，缓冲区145.5平方千米，实验区191.1平方千米，主要以天然植物群落、珍稀野生动物及极端脆弱的荒漠生态系统为保护对象。2005年被列入省级自然保护区名录。（YTH）

崛吴山省级自然保护区 崛吴山省级自然保护区位于白银市平川区东南部黄桥乡境内。该山峰峦叠嶂、林木茂密、甘泉长流，气势宏伟。山中多有珍禽异兽，被誉为"崛吴春障"。崛吴山为祁连山东延余脉，主峰南沟大顶，海拔2858米，为平川区最高峰。2002年被列入省级自然保护区名录。（YTH）

哈思山省级自然保护区 哈思山省级自然保护区位于白银市靖远县北部，距离白银市140千米，距平川50千米，距靖远县县城80千米，是集自然保护区与文物旅游为一体的森林公园。哈思山森林风景旅游主峰大峁槐山海拔3017米，是靖远县域内第一峰。哈思山有植物29科60属92种，药用植物40余种，如柴胡、志远等；动物7目20科24种，其中林麝、猞猁、岩羊、红腹锦鸡为国家重点保护动物。2002年被列入省级自然保护区名录。（YTH）

铁木山省级自然保护区 铁木山省级自然保护区位于会宁县城西北70千米的头寨子镇香林村与汉家岔乡交界处。铁木山海拔2404米，是县内最高山峰。山中有天然林330亩，人工造林7800亩，有植物14科74种，野生动物16种。山上石虎寺初开于元大德四年（1300），"文化大革命"时期被毁。后经过20年的修复，现已恢复24座建筑，其中献殿、老君洞、白云洞、三霄殿的砖雕系前朝旧物，三宫殿前的明代影壁，磨砖浮雕"琴高乘鲤"图，写形传神，刀法精工，堪称山中瑰宝。1992年被列入省级自然保护区名录。（YTH）

黄河石林省级自然保护区 黄河石林省级自然保护区位于白银市景泰县东南部，与中泉乡龙湾村毗邻，占地约10平方千米。黄河石林生成于距今四百万年前的第三纪末和第四纪初的地质时代。由于地壳运动，加之风化、雨蚀、坍塌，形成了以黄褐色河湖相砂砾岩为主的石林地貌奇观。景区内陡崖凌空，造型千姿百态，峰回路转，景象步移万千。石柱、石笋一般高为80～200米，石林景区有八个沟之多，堪称中华自然奇观，极具旅游开发价值。2001年被列入省级自然保护区名录。（YTH）

寿鹿山省级自然保护区 寿鹿山省级自然保护区位于白银市景泰县西部的寺滩乡境内，属祁连山脉东延端，距景泰县城39千米，面积11060平方米。寿鹿山森林公园总面积113平方千米，森林覆盖面积24平方千米，是一片古老的天然森林。寿鹿山位于甘、蒙、宁三省区交界，地处腾格里沙漠与黄土高原的过渡地带，周围被荒漠所包围，享有"沙漠绿岛"之美誉。1980年被列入省级自然保护区名录。（YTH）

昌岭山省级自然保护区 昌岭山省级自然保护区位于武威市古浪县东端，东与白银市景泰县寿鹿山林区相连，南靠干旱农牧区，西北接引黄灌区。东西长12千米，南北宽4.5千米。因海拔高度不同，土壤、植被具有明显的垂直地带性。海拔2300～2500米，属山地干旱草原带。植被主要有锦鸡儿、芨芨草、马先蒿、禾本科草类等。海拔2500～2800米属亚高山草原带，是乔木自然分布区，阴坡为灰褐土，阳坡为栗钙土；海拔2800米以上则属山地草原荒漠带。植被以芨芨草、骆驼蓬、叶蒿为主。土壤以山地荒漠灰钙土为主。1987年被列入省级自然保护区名录。（YTH）

东大山省级自然保护区 东大山省级自然保护区位于张掖市甘州区东北部30千米处，占地面积52平方千米。据了解，东大山林区分布有青海云杉、祁连圆柏、山杨、高山柳、醉马草、克氏针茅等26科98种植物。栖息鸟类80种，其中夏季候鸟35种，留鸟33种，旅鸟12种，列入国家一级、二级保护的有金雕、鸢、暗腹血鸡等。兽类虽未进行详细调查，但也至少有甘肃马鹿、岩羊等十余种。1980年被列入省级自然保护区名录。（YTH）

沙枣园子省级自然保护区 沙枣园子省级自然保护区位于酒泉市金塔县西南角，属典型的干旱荒漠植被区。根据自然生态环境条件下的植被特点，保护区内植被可划分为四大类型：风蚀地荒漠植被，砂质灌木、半灌木荒漠植被，石质砾质小灌木，荒漠草甸植被。保护区现有林地面积26.7平方千米，疏林地面积48.16平方千米，灌木林地0.30

平方千米，未成林地6平方千米，宜林地面积304.28平方千米，苗圃地面积4000平方米。以胡杨、柽柳、花棒、梭梭等天然荒漠林木和黄羊、天鹅、夜鹰等野生动物及其生态系统为主要保护对象。2002年被列入省级自然保护区名录。（YTH）

疏勒河中下游省级自然保护区 疏勒河中下游省级自然保护区位于酒泉市瓜州县境内，以荒漠植被及湿地生态系统为主要保护对象，总面积3242平方千米，属大陆荒漠干旱性气候，年均气温9.9℃。保护区植被覆盖率达70%，红柳、骆驼刺、芨芨草等植物分布广泛。动物资源有金雕、雪豹等。疏勒河为保护区内主要水体，水质达到国家Ⅲ类标准。中下游建有双塔水库，一般蓄水位1330.3米，库容量2.43亿立方米，水库流域面积3.44万平方千米，年均径流量2.97亿立方米。2002年建立并列入省级自然保护区名录。（YTH）

马鬃山省级自然保护区 马鬃山省级自然保护区位于酒泉市肃北蒙古族自治县所辖区域。土壤以棕色荒漠土为主，植被盖度极小，常见的有假木贼、霸王、麻黄等。沿干河床长有小盐生草、针茅、锦鸡儿和蒿属等短命植被。保护区野生动物丰富，主要保护对象为岩羊、野马、野骆驼、北山羊（红羊）、盘羊、羚羊等。2001年被列入省级自然保护区名录。（YTH）

大苏干湖省级自然保护区 大苏干湖省级自然保护区位于酒泉市阿克塞哈萨克族自治县南部，距县城约80千米，主要保护天鹅、黑颈鹤等珍禽及其生境。保护区内已知鸟类有61种，其中候鸟44种。候鸟中夏候鸟28种，遗鸥、猎隼、白尾鹞为国家重点保护鸟类；冬候鸟3种，白尾海雕、玉带海雕为保护重点；旅鸟13种，大天鹅、鹤、草原雕、灰背隼为保护重点；留鸟17种，鸢、胡兀鹫、兀鹫、秃鹫、红隼为保护重点。兽类有16种，属国家二级保护的有藏原羚、黄羊、鹅喉羚。1982年被列入省级自然保护区名录。（YTH）

小苏干湖省级自然保护区 小苏干湖省级自然保护区位于酒泉市阿克塞哈萨克自治县东南80千米的海子草原西北端。保护区植被类型分布均匀，气候属温寒极干旱、干旱区。小苏干湖湿地总面积24平方千米，主要有沼泽湿地、河流湿地、湖泊湿地等自然湿地，其生态序列基本保持着原始状态，已被列入我国重要湿地名录，属于国家重点保护湿地资源。主要保护对象为鸟类及其生境。1982年被列入省级自然保护区名录。（YTH）

昌马河省级自然保护区 昌马河省级自然保护区位于甘肃省玉门市境内。以候鸟及其生态系统为主要保护对象。总面积68.25平方千米，具有温带干旱气候和高寒半干旱气候特征，年均气温8℃，极端最高气温38.5度，极端最低-27℃。年降水量56毫米，无霜期151天。1996年被列入省级自然保护区名录。（YTH）

玉门南山省级自然保护区 玉门南山省级自然保护区位于玉门市清泉乡，保护区总面积1529平方千米，其中核心区面积485.58

平方千米、缓冲区面积461.02平方千米、实验区面积582.40平方千米,主要保护野生动物及其生存环境。植被区分布主要有肉苁蓉、锁阳、甘草、贝母等野生药材。2002年被列入省级自然保护区名录。(YTH)

干海子候鸟省级自然保护区 干海子候鸟省级自然保护区位于酒泉市玉门市东北75千米处。面积3平方千米,海拔1203米。干海子是内河流域一个小型永久性微咸水湖泊和河滩沼泽地,该湖水源来自小型河流,一年大部分时间平均水深1米,但在雨季(夏天)水位提高1~2米。主要保护对象为候鸟及其生存环境。区内有兽类10余种,鸟类32种,属国家一级、二级保护的有黄羊、鹅喉羚及苍鹰、草原雕、大天鹅、小天鹅、红隼等。1982年被列入省级自然保护区名录。(YTH)

敦煌雅丹省级自然保护区 敦煌雅丹省级自然保护区距离酒泉市敦煌市市区180千米,主要保护对象为雅丹地貌。保护区的地质遗迹类型丰富多样,共77处地质遗迹点,包括地貌景观、地质构造、水体景观、环境地质遗迹景观4大类,构造形迹、流水地貌景观、风力地貌景观、沙漠地貌景观、湖沼景观、地质灾害遗迹景观6类;中小型构造、流水侵蚀地貌景观、流水堆积地貌景观、风力侵蚀地貌景观、沙漠景观、沼泽湿地景观、山体崩塌遗迹景观7个亚类。2001年被列入省级自然保护区名录。(YTH)

子午岭省级自然保护区 子午岭省级自然保护区位于庆阳市境内,含子午岭林区的华池、合水、湘乐、正宁4个林业总场所辖林区,总面积2421.07平方千米(核心区707.06平方千米、缓冲区473.8平方千米、实验区1240.21平方千米),森林覆盖率66.9%,是庆阳市境内唯一的大型森林生态类型自然保护区。保护区动植物资源较为丰富,已经查明的木本植物有222种,隶属47科、96属。林区内有野生动物169种,有国家一级、二级保护动物19种,其中一级保护动物有金钱豹、金雕、大鸨、黑鹳。2005年被列入省级自然保护区名录。(YTH)

仁寿山省级自然保护区 仁寿山省级自然保护区位于定西市陇西县县城西南0.5千米处,占地面积58.8平方米,东西走向,海拔2057米。仁寿山是陇西一座闻名遐迩、颇负盛誉、历史悠久的文化名山,素有"天边仁寿"美传。保护区树木葱茏、殿堂林立、凉亭巧布,成为游人踏青游览、逢节聚会的旅游胜地,每年农历四月初八日的"李氏祭祖节""朝山会"在这里举行。1997年被列入省级自然保护区名录。(YTH)

贵清山省级自然保护区 贵清山省级自然保护区位于定西市漳县南部70千米处,距兰州市200千米,距天水市180千米,距陇西36千米。贵清山景区由无数奇峰秀水、参天古松、流泉飞瀑、古刹亭殿、仙桥巨石等构成大小25个景点一百多个景观,以三峰环翠、松梢挂月、云崖飞瀑、断涧仙桥、灵岩古洞、洗脸清池等最引人入胜。1992年被列入省级自然保护区名录。(YTH)

双燕省级自然保护区 双燕省级自然保

护区位于距定西市岷县县城约100千米处。保护区树木参天、连绵不断、山峰独秀，尤其是独特的气候和丰富的资源使它成为珍稀动植物的乐园。保护区内有冬虫夏草等国家重点保护植物8种，有绿尾红雉和云豹等14种国家重点保护动物。景点有南沟泻玉、神秘云洞、鹦哥碑峰、双燕幽溪、燕水溢彩、狮饮幽潭、独秀峰等。2005年被列入省级自然保护区名录。（YTH）

岷县水生生物省级自然保护区 岷县水生生物省级自然保护区以国家二级保护动物秦岭细鳞鲑和省级重点保护动物厚重唇鱼、黄河裸裂尻鱼、岷县高原鳅、北方山溪鲵等珍稀濒危鱼类及其栖息产卵繁殖场所的生态环境为保护对象。保护区区划面积11.24平方千米，范围包括岷县闾井镇张寨河、林口河、新庄河的"三河"流域。2011年被列入省级自然保护区名录。（YTH）

裕河省级自然保护区 裕河省级自然保护区位于陇南市武都区，地处陕、甘、川三省及秦岭山系与岷山山系的交汇地带，总面积510.58平方千米，最高海拔2472米，最低海拔660米，属典型亚热带气候。裕河保护区主要保护对象为川金丝猴、大熊猫、林麝、羚牛等珍稀濒危野生动物和珙桐、红豆杉等珍稀濒危野生植物以及亚热带向暖温带过渡类型的山地森林生态系统。保护区内现有脊椎动物28目86科323种，高等植物共159科695属1552种，大型真菌38科74属207种。2002年被列入省级自然保护区名录。（YTH）

鸡峰山省级自然保护区 鸡峰山省级自然保护区位于陇南市成县县城西南15千米处，东接仙人崖，西连乱山，北临南河。鸡峰山以峰美、水秀、洞奇而闻名，号称陇南第一山，享誉陕、甘、川三省。鸡峰山保护区总面积约为42平方千米，林地面积3.33平方千米。植被以华山松、油松、落叶松为主，间有经济树种红青冈、板栗、刺五加，观赏植物铁木匠、粗榧、水柏等。野生动物有羚羊、梅花鹿、野猪、金鸡等。2005年被列入省级自然保护区名录。（YTH）

文县大鲵省级自然保护区 文县大鲵省级自然保护区是甘肃首个水生野生动物自然保护区。该保护区的建立对保护大鲵有非常重要的现实意义。大鲵是国家二级重点保护野生动物，因叫声如婴儿啼哭，又被称为"娃娃鱼"。大鲵被认为是比恐龙还早的动物，素有活化石之称，是典型原始过渡性动物的代表，对研究动物从水中走向陆地的进化过程有重要意义。甘肃大鲵数量较多，尤其陇南市文县是大鲵主要栖息地。文县白龙江大鲵自然保护区总面积211.6平方千米，其中核心区65.6平方千米。2004年被列入省级自然保护区名录。（YTH）

博峪河省级自然保护区 博峪河省级自然保护区位于甘南藏族自治州舟曲县西部和陇南市文县西北部的白水江支流——中路河流域，南北长约58千米，东西宽约25千米。博峪河保护区总面积917平方千米，其中核心区356平方千米、缓冲区277平方千米、实验区284平方千米，是连接我国大熊猫野外最大种群C种群北部栖息地与中部栖息地的重要走廊地带。该保护区系高山峡谷区，最高海拔1080米，一般坡度30～40度，相对高差3119米。区内气候多变，野生动植物及水资源丰富。2006年被列入省级自然保护区名录。（YTH）

尖山省级自然保护区 尖山省级自然保护区位于陇南市文县境内，面积100.41平方千米，海拔820～3113米，为北亚热带湿润气候与暖温带湿润气候交汇地带。其主要保护对象为大熊猫及其栖息地。保护区内植物种类丰富，国家重点保护的珍贵树种有红豆杉等；动物中兽类37种，鸟类49种，爬行类6种，两栖类3种，鱼类3种。其中受国家一级、二级重点保护的有大熊猫、扭角羚、鬣羚、黑熊、林麝、豺、大灵猫、金猫、蓝马鸡、红腹锦鸡、红腹角雉、鹰以及大鲵等。1992年被列入省级自然保护区名录。（YTH）

康县大鲵省级自然保护区 康县大鲵省级自然保护区涵盖了龙南市康县南部的素河、清河、岸门口河、秧田河、三河河、铜钱河、阳坝河、太平河、柯家河等9条河的干流及其支流，区划总面积102.47平方千米，其中核心区面积20.94平方千米、缓冲区面积32.61平方千米、实验区面积48.92平方千米。以国家二级保护动物大鲵为主要保护对象。2009年被列入省级自然保护区名录。（YTH）

礼县香山省级自然保护区 礼县香山省级自然保护区面积113.3平方千米，主要保护森林生态系统、名胜古迹以及珍稀动物等。保护区内有天然林37.30平方千米，飞播造林40平方千米。已知有高等植物120科250属500余种；野生动物中兽类30余种，鸟类50种，爬行类10种，两栖类10种，鱼类9种，昆虫类数百种，受国家重点保护的有斑羚、梅花鹿、林麝、鬣羚、黑熊、水獭及鸢、雀鹰、松雀鹰、燕隼、红腹锦鸡等。1992年被列入省级自然保护区名录。（YTH）

小陇山黑河省级自然保护区 小陇山黑河省级自然保护区位于陇南市两当县。黑河是嘉陵江的发源地，境内流长约20千米，落差1300米，有楼房崖、火石沟、黑河、寺沟、岳家沟等6条支流，流域面积120.5平方千米。1982年被列入省级自然保护区名录。（YTH）

刘家峡恐龙足迹群省级自然保护区 刘家峡恐龙足迹群省级自然保护区位于临夏回族自治州永靖县境内，占地面积为15平方千米，是由世界罕见的白垩纪恐龙足印、卧迹、尾巴拖痕、粪便化石以及白垩纪晚期地层剖面、第三级夷平面、古生物化石点、泥裂和波痕等沉积构造、正断层和褶皱构造等构成的自然地质遗迹景观，具有极高的科研、科普和旅游观赏价值。2001年被列入省级自然保护区名录。（YTH）

黄河三峡湿地省级自然保护区 黄河三峡湿地省级自然保护区位于临夏回族自治州永靖县中部，面积195平方千米。保护区属黄土丘陵沟壑地貌，海拔为1563～2300米。主要保护对象为鸟类及其生态环境。保护区野生动物较为丰富，有兽类10种、鸟类50余种、爬行类3种、两栖类4种、鱼类26

种。其中国家重点保护对象有林麝、羊城羊、猞猁及黑颈鹤、大天鹅、苍鹰、鸢、猫头鹰、红腹锦鸡等。1995年被列入省级自然保护区名录。（YTH）

插岗梁省级自然保护区 插岗梁省级自然保护区位于甘南藏族自治州舟曲县境内，地处青藏高原东北边缘的岷山山系，属于长江水系嘉陵江支流的白龙江中上游。保护区总面积为1188.12平方千米，其中核心区面积为359.23平方千米、缓冲区面积为356.36平方千米、实验区面积为472.53平方千米。规模和类型划分为野生动物类型，保护对象为大熊猫及扭角羚、云豹、林麝、斑尾榛鸡、玉龙蕨、水杉等其他珍稀野生动植物。2005年被列入省级自然保护区名录。（YTH）

白龙江阿夏省级自然保护区 白龙江阿夏省级自然保护区位于甘南藏族自治州迭部县，范围包括达拉林场、阿夏林场以及旺藏林场、安子沟林场、水泊沟林场、洛大林场的部分区域。总面积1422.65平方千米，其中核心区面积502.23平方千米，为生物多样性和大熊猫等珍稀野生动物提供了理想的栖息和繁育基地。保护区大约生活着30只大熊猫。除此之外，在此还分布着国家一级保护动物11种、国家二级保护动物19种、其他重点保护动物6种，国家级保护动物种类在甘肃省位居首位。2004年被列入省级自然保护区名录。（YTH）

多儿省级自然保护区 多儿省级自然保护区位于甘南藏族自治州迭部县境内，总面积552.74平方千米，其中核心区面积262.76平方千米、缓冲区面积136.14平方千米、实验区面积153.84平方千米。保护区内有以大熊猫为主的野生动植物和典型完整的高山森林生态系统。由于地理、气候和土壤条件独特，成片的华西箭竹、缺苞箭竹为大熊猫提供了良好的栖息场所，是甘肃省重要的大熊猫栖息地，也是我国大熊猫分布区域的最北缘。2004年被列入省级自然保护区名录。（YTH）

玛曲青藏高原土著鱼类省级自然保护区 玛曲青藏高原土著鱼类省级自然保护区位于甘南藏族自治州玛曲县，面积为274.16平方千米。主要以保护生物多样性、改善黄河玛曲段水域生态环境、恢复和发展以国家重点保护物种和特有的土著鱼类为代表的野生动物资源为目的，最大限度地保护了区域内各种生态系统和生物资源。2005年被列入省级自然保护区名录。（YTH）

2. 风景名胜区

麦积山风景名胜区 麦积山风景名胜区位于天水市城市建成区内。麦积山风景区海拔一般为1400～1800米，最高峰可达2200米以上。风景区内气候条件也比较好，年平均降雨量为600～700毫米，气温最高达33℃，最低达-15℃。麦积山周围风景秀丽，山峦上密布着翠柏苍松、繁花茂草。攀上山顶极目远望，四面是郁郁葱葱的青山，只见千山万壑，重峦叠嶂，青松似海，云雾阵阵，远景近物交织在一起，构成了一幅美丽的图景，被称为天水八景之首的"麦积烟雨"。麦积山石窟为中国四大石窟之一，属全国重点文物保护单位，也是闻名世界的艺术宝库，有"东方雕塑馆"的美誉。1982年被列入第一批国家重点风景名胜区名录。（YTH）

崆峒山风景名胜区 崆峒山风景名胜区位于平凉市西12千米处，东瞰西安，西接兰州，南邻宝鸡，北抵银川，是古丝绸之路西出关中之要塞。景区面积84平方千米，主峰海拔2123米，集奇险灵秀的自然景观和古朴精湛的人文景观于一身，具有极高的观赏和科考价值，自古有"西来第一山""西镇奇观""崆峒山色天下秀"之美誉。崆峒山属六盘山支脉，是天然的动植物王国，有各类植物1000多种，动物300余种，森林覆盖率达90%以上。崆峒山以其峰林耸峙、危崖突兀、幽壑纵横、涵洞遍布、怪石嶙峋、翁岭郁葱，既有北国之雄又兼南方之秀的自然景观，被誉为陇东黄土高原上一颗璀璨的明珠。因相传为仙人广成子修炼得道之所，轩辕黄帝曾亲临问道广成子，此山又被道教尊为"天下道教第一山"。1994年被列入第三批国家重点风景名胜区名录。（YTH）

鸣沙山—月牙泉风景名胜区 鸣沙山—月牙泉风景名胜区位于敦煌市城南5千米，自古以"山泉共处，沙水共生"的奇妙景观著称于世，被誉为"塞外风光之一绝"。鸣沙山、月牙泉与莫高窟艺术景观融为一体，是敦煌城南一脉相连的"二绝"。月牙泉的周围是高高的沙山，中间有一个形似月牙的小湖。鸣沙山在晴天或有人从山上滑下时会发出声响，所以叫鸣沙山，这里还有一个被称为沙漠右观的奇特现象，因为地势的关系刮风时沙子不往山下走，而是从山下往山上流动，所以月牙泉永远不会被沙子埋没。月牙泉最像初五的一弯新月，落在黄沙里。泉水清凉澄明，在沙山的怀抱中娴静地躺了几千年，虽常常受到狂风凶沙的袭击，却依然碧波荡漾，是当之无愧的沙漠第一泉。"晴空万里蔚蓝天，美绝人寰月牙泉，银山四面沙环抱，一池清水绿漪涟"。"月牙晓澈"为敦煌八景之一。月牙泉是国家级重点风景名胜区，中国旅游胜地四十佳之一。1994年被列入第三批国家重点风景名胜区名录。（YTH）

3. 地质公园

敦煌雅丹国家地质公园 敦煌雅丹国家地质公园位于酒泉市敦煌市西北约180千米处，公园面积398平方千米。主要由风蚀作用形成雅丹地貌景观，是迄今为止发现的全球规模最大、地质形态发育最成熟、最具观赏价值的雅丹地貌群落。景区东西长约25千米、南北宽约18千米，划分为南北两个大区。北区集中连片，以雅丹地貌为主，总体近南北走向。南区以风蚀谷、风蚀残丘、风蚀柱等为主，分布相对分散，总体呈东西走向。公园内集中连片地分布着各种各样造型奇特的风蚀地貌，例如，"蒙古包""骆驼""石鸟""石人""石佛""石马"等，千姿百态，惟妙惟肖。它宛如一座中世纪的古城，世界许多著名的建筑都可以在这里找到它的"缩影",令世人瞠目。夜幕降临之后,劲风发出恐怖的啸叫,犹如千万只野兽在怒吼,令人毛骨悚然,也因此得名"魔鬼城"。敦煌雅丹国家地质公园以其独特的大漠风光、形态各异的地质奇观、古老的民间传说,吸引了无数勇敢的探险者前来揭开"魔鬼城"神秘的面纱,探寻大自然的奥秘。2002年被列入第二批国家地质公园名录。(YTH)

刘家峡恐龙国家地质公园 刘家峡恐龙国家地质公园位于临夏回族自治州永靖县盐锅峡水库库区(现称太极湖)北岸。占地面积15平方千米,包括水面1.8平方千米。地质公园以成群的恐龙足印为主体,截至目前,在化石比较集中的2平方千米的范围内共发现10处恐龙足迹化石点,计46组共404个恐龙足印。刘家峡巨型恐龙足印化石是中国乃至世界恐龙足迹研究的重大发现。该化石群的化石类型丰富,其规模之大、种类之多、遗存之完整、清晰度之高,且双层面出现,均属世界之最。翼龙类、鸟脚类、蜥脚类、兽脚类等多种恐龙足印的大规模集中发现在国内尚属首次,是一处珍贵的地质遗迹,同时也是非常宝贵的旅游资源。公园于1998年发现到现在已揭露面积2000多平方米,共有恐龙足印10类150组1724个,经国内外专家鉴定,其中一个长1.5米宽1.2米的足印,为目前世界上最大的恐龙足印。2002年被列入第二批国家地质公园名录。(YTH)

景泰黄河石林国家地质公园 景泰黄河石林国家地质公园位于白银市景泰县境内。景区西接省道201线、217线及包兰铁路,中龙公路直达景区,交通便利。景区总面积约50平方千米,为甘肃省地质遗迹自然保护区、国家地质公园、国家AAAA级景区。园内有饮马沟(含老龙沟和豹子沟)、蟠龙洞—观音崖、地湾三个主要景区,是一座集地貌地质、地质构造、自然景观和人文历史于一体的综合型地质公园。景区核心景观——古石林群形成于210万年前的积砂砾岩层,由于新构造运动、雨洪侵蚀及重力崩塌,形成许多高80～200米的峭壁、岩柱组成的峰林和峰丛。景区集中展现了纯天然、大构造、多层次的地质构造,浸透着雄、奇、险、古、野、幽的原始风韵,充分体现了粗犷、雄浑、朴拙、厚重的西部特色。2004年被列入第三批国家地质公园名录。(YTH)

平凉崆峒山国家地质公园 平凉崆峒山国家地质公园位于距平凉市西郊12千米处,是我国古丝绸之路上的重要历史文化遗迹,是国家重点风景名胜区和国家首批AAAAA级旅游景区,也是新兴的地质旅游胜地。崆峒山地处陇东,属六盘山系关山支脉,海拔高1500～2234米。崆峒山丹霞地貌地质遗迹分布广,连片集中,气势磅礴,保存完好,极富特色,属我国独有,极具典型性和代表性。崆峒山丹霞地貌地质公园规划建设总面积83.6平方千米,地质公园建设保护的地质遗迹景点共有58处,其中丹霞地貌景点47处,地质构造、地层岩性景点5处,外动力地质作用景点6处。由于受区域地质构造的影响和降水、风化、地震作用,形成了在我国地质历史上少有的南北向构造主导，新构造运动频繁作用，以下白垩系浅紫红色调为主的巨厚层砾岩的丹霞地貌。这是国内丹霞地貌类型中形成时代较早的类型，是大面积黄土高原上独有的自然奇观，为研究本区地质构造、古气候、古地理环境的演化变迁提供了实物资料，对揭示广大黄土高原区分布的岛状基岩山的形成发展规律具有重要意义。2004年被列入第三批国家地质公园名录。（YTH）

和政古生物化石国家地质公园 和政古生物化石国家地质公园位于临夏盆地，距兰州市90千米。晚古生代地层中盛产海洋（浅海）古生物化石，发育良好的晚新生代地层中蕴藏着极为丰富的古脊椎动物化石，被古生物学界誉为"东方瑰宝""高原史书"。公园总面积263.8平方千米，总体布局为"一心、两带、两园、三轴、六区"。公园及其周围化石分布面积达2800多平方千米，已发现化石出露点100多处，产出化石分属3纲8目150多个属种，和政出土化石分属新生代晚期的4个不同哺乳动物群：距今约3000万年前的巨犀动物群、距今1600~1200万年前的铲齿象动物群、距今1100~500万年前的三趾马动物群、距今200万年前的真马动物群。占据6项世界之最：最丰富的铲齿象化石、最大的三趾马动物群化石产地、独一无二的和政羊化石、最大的鬣狗化石——巨鬣狗、最大的真马化石——埃氏马、最早的第四纪披毛犀头骨化石。和政知名化石产地有桦林"万兽谷"、小红崖三趾马动物群和老沟"巨象谷"铲齿象动物群等，AAAA级景区和政古动物化石博物馆和桦林古动物化石埋藏原址馆是探秘远古生命的绝佳窗口，AAAA级景区松鸣岩是典型的碳酸盐岩峡谷地貌，公园被国土资源部命名为"国土资源类科普基地"和首批国家级重点化石产地。2009年被列入第五批国家地质公园名录。（MDM）

天水麦积山国家地质公园 天水麦积山国家地质公园位于天水市东南部，西秦岭北支东段，北邻渭水，南携嘉陵江，是长江、黄河两大流域的分水岭，南北气候的交替带，也是我国南北两大地质构造单元、地球物理、地球化学、自然环境、人文景观的分界线，是一座以北方型丹霞地貌、花岗岩地貌，河曲地貌为主体，融合了著名的石窟艺术、丰富的历史人文景观、优美的自然风光及珍贵的动植物资源，集科学研究、科普教育、旅游观光、休闲度假、保健疗养、娱乐探险于一体的大型地质公园。公园由五大景区构成，分别为街亭温泉景区、石门景区、仙人崖景区、麦积山景区、曲溪景区。公园总面积约360.5平方千米，主要地质遗迹面积约81.24平方千米，占公园总面积的21%。2009年被列入第五批国家地质公园名录。（YH）

张掖丹霞国家地质公园 张掖丹霞国家地质公园位于张掖市临泽县倪家营乡和肃南裕固族自治县白银乡交界处，总面积约510多平方千米。地处祁连山北麓，这里的丹霞色彩艳丽，气势磅礴，造型奇特，深邃辽远，是中国丹霞地貌发育最大最好、地貌造型最丰富的地区之一，具有很高的科考和旅游观赏价值。张掖丹霞地貌是国内唯一的丹霞地貌与彩色丘陵景观复合区。丹霞地质公园内悬崖峭壁随处可见，宫殿、瀑布、千年古堡、摩天大厦等景观让人称奇，而七彩峡、七彩塔、七彩屏、七彩练、七彩湖、七彩大扇贝、火海、刀山等魔幻绚丽的景色更让人为之震撼。张掖丹霞地貌发育于距今约200万年的前侏罗纪至第三纪。2011年被列入第六批国家地质公园名录。（YTH）

炳灵丹霞国家地质公园 炳灵丹霞国家地质公园位于临夏回族自治州永靖县西南部，距永靖县城30千米，总面积23.36平方千米，平均海拔1783米。地质公园以中生代晚期的早白垩纪（距今1.2～1.44亿年）红色陆相沉积地层为载体，保存了大量的造山带构造珍贵的地质遗迹，蕴藏着丰富的地球科学信息，发育峡谷、石柱、峰林、丹山赤壁、天然蚀刻象形和造型，形成了规模宏大的丹霞式地貌景观，极具地学研究和旅游开发价值。园区内完好保存历代佛家石窟及庙宇，集自然风光与人文景观为一体，是一座进行科研和科普教育的天然实验室，更是一个珍稀而不可复得的游览观光乐园。炳灵丹霞地貌主要发育于侏罗纪至第三纪的水平或缓倾的红色地层中，这种地貌以粤北地区韶关市内的丹霞山最为典型，所以称为丹霞地貌。丹霞地貌是红色砂岩经长期风化剥离和流水侵蚀而形成的孤立山峰和陡峭的奇岩怪石，是巨厚红色砂、砾岩层中沿垂直节理发育的各种丹霞奇峰的总称。2011年被列入第六批国家地质公园名录。（MDM）

宕昌官鹅沟地质公园 宕昌官鹅沟地质公园位于陇南市宕昌县西南部的西秦岭南支的雷鼓山北坡，呈菱形区域。雷鼓山分水岭构成本县与舟曲县的天然县界，也是地质公园南界。西界为南河沟流域西分水岭，东界到大河坝沟流域的东分水岭，北界以岷江构成天然界线。总面积442平方千米，由官鹅沟、大河坝沟、马圈沟、缸沟、八峡沟、大庙滩六大景区组成，园内湖泊如珠，峡谷如线，瀑布如织，精巧别致。景区内居住着藏、羌民族20多个村寨3000余人，至今仍保留着独特的风俗文化。2014年被列入第七批国家地质公园名录。（YH）

临潭冶力关地质公园 临潭冶力关地质公园位于甘南藏族自治州临潭县。占地面积297.6平方千米，主要地质遗迹面积35.81平方千米。公园是以滑坡堰塞湖、丹霞地貌、花岗岩峰林地貌、岩溶地貌等地质地貌为主体，具有典型地层剖面、峡谷地貌、流水地貌等地质遗迹，是一处典型的地质博物馆，具有极高的科研价值和科普价值。2014年被列入第七批国家地质公园名录。（MDM）

4. 矿山公园

白银火焰山国家矿山公园 白银火焰山国家矿山公园位于白银市区东北部，占地面积10.28平方千米，分矿山景区和主题公园两部分。其中矿山景区包括露天矿区、小铁山、深部铜矿等矿山企业区域，以展现矿区生产遗迹、矿区地质遗迹、矿业开发史记、矿业活动遗迹为目标,重点保护露天矿区一、二号矿坑旧貌。主题公园占地面积7.8万平方米,主要有室内博物馆和露天博物馆、白银公司科技馆、游客服务中心及其他娱乐及景观设施。2005年被列入第一批国家矿山公园名录。(MDM)

金昌国家矿山公园 金昌国家矿山公园位于金昌市金川区西南部龙首山脉北坡,有中国最大的人造天坑——露天矿老坑和亚洲最长的主斜坡道等景点。主要景点为露天矿老坑,包括观景台、绿化荒山边坡、矿山废渣绿化、矿山科技馆、选矿冶炼及尾矿库参观游览通道。从2009年开始金川集团公司与金昌市委、市政府联手,军民共建,共同推进,硬是在废渣山和荒山秃岭上,造出了一个具有大西北戈壁工业新城特色的山体式的矿山公园。2010年被列入第二批国家矿山公园名录。(MDM)

玉门油田国家矿山公园 玉门油田国家矿山公园位于酒泉市玉门老市区。矿山公园规划总面积103平方千米,涵盖玉门老一井等20处国家级矿业遗迹,其中10处为国家重点矿业遗迹。2013年被列入第三批国家矿山公园名录。(MDM)

5. 湿地公园

张掖国家湿地公园 张掖国家湿地公园位于张掖市甘州区城郊北部,与市区紧密相连。湿地面积41.29平方千米,主体位于城区北郊地下水溢出地带,与城区毗邻,是国内离城市最近的湿地公园。张掖国家湿地公园规划区处于黑河中游祁连山洪积扇前缘和黑河古河道及泛滥平原的潜水溢出地带,是由河流、草本沼泽、湿草甸等天然湿地,以及人工湖、池塘、沟渠等人工湿地为主体构成的复合湿地生态系统,湿地类型多样,原生态特征突出。有文字记载,张掖城北郊自古即有"甘州城北水云乡"之称。自城区至北郊湖泊遍布,百泉喷涌,形成了3万多亩伴城而生的湿地系统。规划区内多样化的湿地类型,是张掖绿洲这一内陆干旱区脆弱生态系统的重要组成部分,发挥着水源涵养和水资源调蓄、净化水质、维护湿地生物多样性、防止沙漠化和改善区域外气候等重要的生态功能,作为区域关键生态支撑体系,对于维护张掖绿洲及黑河中下游生态安全具有重要意义。2009年被列为第三批国家湿地公园。(MDM)

兰州秦王川国家湿地公园 兰州秦王川国家湿地公园位于兰州新区中川镇芦井水村。秦王川国家湿地公园2011年底由国家林业局批准建设,2014年正式开工,目前还在建设中。公园的规划定位为,以湿地文化为核心理念,以湿地生态展示为品牌依托,以湿地特色游憩为主题内容,兼顾观光、娱乐、度假、休闲功能,集生态湿地、游憩湿地、文化湿地、农耕湿地于一体的城市湿地公园。湿地公园初步设想是六大板块:亲水运动公园,以亲水活动、体育竞技、婚礼酒店为主题的城市公园板块,聚集公园人气;西北戴维营,主推湿地休闲理念;私人农场区,提供私人牧场、农园，作为向生态湿地的过渡带；湿地生态培育区，以生态湿地保护、湿地观赏为主，是整个公园的生态核心；丝路古镇，着重打造具有丝绸之路特色的旅游小镇；湿地科普活动区，以湿地的科普教育为主的板块。2011年被列为第五批国家湿地公园。（YTH）

民勤石羊河国家湿地公园 民勤石羊河国家湿地公园位于武威市民勤县县城以南30千米处。南北长312千米，东西宽0.6～3.5千米，总面积61.75平方千米，划为湿地保育区、湿地恢复重建区、湿地宣教展示区、湿地合理利用区等四大功能区。按照"保护优先、科学修复、合理利用、持续发展"的原则，根据自然条件、资源状况、人文景观，以维护湿地生物多样性和保护鸟类资源为出发点，定位为中国西北干旱区富有代表性的河流与沙漠水库复合型湿地公园、荒漠湿地动植物的乐园和基因库。2012年被列为第七批国家湿地公园。（YTH）

文县黄林沟国家湿地公园 文县黄林沟国家湿地公园位于陇南市文县天池乡境内，是白龙江上游支沟。沟内遍布原始森林，风景集高山瀑布、高山湖泊、翠海、雪山、彩林、奇峰异石、动植物和人文景观于一体，群山环绕，溪水潺潺，景色秀美，被称做"九寨沟黄金旅游线上的璀璨明珠"。黄林沟与九寨沟、黄龙洞同在一条旅游线上，开发利用前景十分广阔。公园划分为湿地保育区、湿地恢复区、湿地宣传教育区、湿地合理利用区、湿地综合管理区等五个功能区。2012年被列为第七批国家湿地公园。（YTH）

嘉峪关草湖国家湿地公园 嘉峪关草湖国家湿地公园位于嘉峪关市长城区。总面积30平方千米，规划核心区面积13.79平方千米，其中湿地面积4.89平方千米，按照功能划分为保育区、生态恢复重建区、宣教展示区、合理利用区、管理服务区等五个区域，项目总投资3亿多元，在未来三年内将恢复建设"草湖、芦苇荡、沙山泛沙泉、胡杨林、狼行湾、烽燧遗址、李陵碑、香太师拱北"等八大景观。2014年被列为第八批国家湿地公园。（MDM）

酒泉花城湖国家湿地公园 酒泉花城湖国家湿地公园位于酒泉市市区东北23千米处，素称"第二个月牙泉"。公园规划总面积559平方千米，区内良好的植被成为阻挡巴丹吉林大沙漠东扩的生态屏障。同时，该公园位于国际候鸟中亚—印度和西亚—北非两大迁徙途经西部路线的中段，成为南来北往的大量候鸟飞越干旱荒漠的重要驿站。公园内有许多湿地生物是珍稀特有的物种，具有极干旱区湿地生态系统和荒漠生态系统的典型性和代表性，十分珍贵，是研究我国极干旱区湿地生态系统与荒漠生态系统形成、发育、发展、演化过程的理想的天然实验室。2014年被列为第八批国家湿地公园。（MDM）

康县梅园河国家湿地公园 康县梅园河国家湿地公园位于康县阳坝镇，面积5.56平方千米，是以永久性河流湿地为主的，由灌丛沼泽湿地、草本沼泽湿地组成的复合湿地，是陇南市独具特色的天然生物园，具有典型

的河流湿地生态系统特性。2014年被列为第八批国家湿地公园。（MDM）

（二）世界遗产

敦煌莫高窟 敦煌莫高窟位于河西走廊西端，在酒泉市敦煌市东南25千米处，开凿在鸣沙山东麓断崖上，始建于十六国时期。南北长1600多米，上下排列五层、高低错落有致、鳞次栉比，形如蜂房鸽舍，壮观异常，俗称千佛洞，以其精美的壁画和形象的塑像闻名于世，与龙门石窟、云冈石窟和麦积山石窟合称为中国四大石窟。莫高窟现存北魏至元代的洞窟735个，分为南北两区。南区是莫高窟的主体，为僧侣们从事宗教活动的场所，有487个洞窟，均有壁画或塑像。北区有248个洞窟，其中只有5个存在壁画或塑像，其他的都是僧侣修行、居住或身亡后埋葬场所。居所有土炕、灶炕、烟道、壁龛、台灯等生活设施。两区共计492个洞窟存在壁画和塑像，有壁画4.5万平方米、泥质彩塑2415尊、唐宋木构崖檐5个，以及数千块莲花柱石、铺地。洞窟分布高低错落、鳞次栉比，上下最多有五层，是世界上现存规模最大、内容最丰富的佛教艺术圣地。近代发现的藏经洞，内有5万多件古代文物，由此衍生出了专门研究藏经洞典籍和敦煌艺术的学科——敦煌学。敦煌是古代丝绸之路上的重镇，而敦煌莫高窟所珍藏艺术珍品是中外交流史上的瑰宝。敦煌莫高窟始建于公元366年，直到清代的一千五百多年间，在1.5千米长的鸣沙山壁上，密密层层地建造了480多个洞窟，布满了彩塑佛像和以佛教故事为题材的壁画。彩色佛像共有两千多身，最大的高达33米。壁画的技巧高超，数量惊人，如果一方方连接起来，可排成五十多华里长的画廊。此外，在一个封闭的石室中，还发现了大量价值极高的古代经卷、文书、画卷等。敦煌莫高窟是一座伟大的艺术宫殿，是一部形象的百科全书。1987年被列为世界文化遗产。（YTH）

（三）全国历史文化名城、名镇、名村

武威 武威市位于甘肃省中部，河西走廊的东端，东靠白银市、兰州市，南隔祁连山与青海省为邻，西与张掖市、金昌市接壤，北与内蒙古自治区相连。南北长326千米，东西宽204千米，总面积33238平方千米。截至2014年年底，总人口约200万人。武威古称凉州，六朝时的前凉、后凉、南凉、北凉，唐初的大凉都曾在此建都，以后历为郡、州、府治，是古代中原与西域经济、文化交流的重镇，是"丝绸之路"的要隘，一度成为北方佛教的中心。著名的凉州词曲、西凉乐、西凉伎都在这里形成和发展。文物古迹有皇娘娘台新石器文化遗址、唐大云寺铜钟、

海藏寺、罗什塔、文庙、钟楼、雷台观及碑刻等。雷台汉墓出土的铜奔马为国家文物珍品。武威是古丝绸之路自东而西进入河西走廊和新疆的东大门。于1986年被公布为第二批国家历史文化名城。（YTH）

张掖 张掖市位于河西走廊中段，面积40874平方千米，人口131万，是古丝绸之路重镇，新亚欧大陆桥的要道，有着悠久的历史、灿烂的文化、优美的自然风光和独特的人文景观，自古就有"塞上江南"和"金张掖"之美誉，是中国优秀旅游城市。张掖市东邻武威和金昌，西连酒泉和嘉峪关，南与青海省毗邻，北和内蒙古自治区接壤。汉武帝元鼎六年（前121）置张掖郡，取"张国臂掖，以通西域"之意。古称"甘州"，即甘肃省名"甘"字之由来。隋朝统一后恢复郡制；唐初设州；元置甘州路；明设甘州卫；清为甘州府。1927年置张掖县，1985年撤县设市，居民以汉族为主，另有回族、裕固族、蒙古族等26个少数民族。市内有大佛寺、木塔寺、镇远楼、黑水国遗址等名胜古迹。1986年被公布为第二批国家历史文化名城。（YTH）

敦煌 敦煌市位于甘肃省西北部，隶属酒泉市。南枕气势雄伟的祁连山，西接浩瀚无垠的罗布泊，北靠嶙峋蛇曲的北塞山，东峙峰岩突兀的三危山。全市总面积3.12万平方千米，其中绿洲面积1400平方千米，仅占总面积的4.5%，且被沙漠戈壁包围，故有"戈壁绿洲"之称。全市人口18万多人，经济主要以农业为主，旅游服务业次之。敦煌因莫高窟而闻名于世。在这个靠近沙漠戈壁的天然小盆地中，党河雪水滋润着肥田沃土，绿树浓荫挡住了黑风黄沙。粮棉旱涝保收，瓜果四季飘香；沙漠奇观神秘莫测，戈壁幻海光怪陆离；文化遗存举世闻名，社会安定民风古朴，人杰地灵英才辈出。敦煌莫高窟素有"东方艺术明珠"之称，是中国现存规模最大的石窟，保留了十个朝代、历经千年的洞窟492个，壁画45000多平方米，彩塑2000多座。题材多取自佛教故事，也有反映当时的民俗民生的壁画。这些壁画彩塑技艺精湛无双，被公认为世界佛教艺术的宝库。1986年被公布为第二批国家历史文化名城。（YTH）

天水 天水市地处陕、甘、川交界地带，西安至兰州的中点，陇海铁路穿越全境，是陇东南经济文化物流中心，素有"陇上小江南"的美称。天水古称成纪，是中国古代文化重要的发祥地，享有"羲皇故里"的殊荣，是海内外"龙的传人"寻根问祖的圣地。境内名胜古迹甚多，其中大地湾遗址保存有大量新石器时代早期及仰韶文化珍品，有国内唯一有伏羲塑像的天水伏羲庙。中国四大石窟之一、被誉为"东方雕塑馆"的天水市麦积山石窟，荟萃了从4世纪末到20世纪的7730余尊塑像，组成了古丝绸之路东段的"石窟艺术走廊"，人文景观与自然秀色交相辉映，巧夺天工，吸引着无数海内外游人。1994年被公布为第三批国家历史文化名城。（YTH）

哈达铺镇 哈达铺镇位于陇南市宕昌县，地处国道212线的交通要道上，南距县城35

千米，北距岷县县城35千米。在长征中，中国工农红军一、二、四方面军都曾经过这里。1935年9月20日，中共中央在这里召开重要会议，作出了到陕北建立革命根据地的战略方针。2001年国务院公布全国重点文物保护单位时称哈达铺"是决定中国工农红军长征命运的重要决策地"。哈达铺是甘肃省红军长征革命文物陈列最多、原貌保存最完整的一处革命圣地。现馆内存有文物52件。其中国家一级文物1件、国家二级文物8件、国家三级文物14件。哈达铺地域开阔，交通便利，人口稠密，集市繁荣。全镇总面积141平方千米，森林覆盖率24.05%，最高海拔2473米，最低海拔2283米。农作物以洋芋、小麦、蚕豆为主，盛产黄芪、红芪、大黄、当归、党参、柴胡等60多种中药材，尤以"岷归"享誉国内外。支柱产业有中药材加工、畜牧养殖、淀粉加工、旅游业等。2005年被公布为第二批中国历史文化名镇。（YTH）

青城镇 青城镇位于兰州市榆中县，距离兰州110千米，距离白银市区23千米，是古丝绸路上的重镇。平均海拔1450米，土地肥沃，气候温和，光照充足，水资源丰富，发展高效特色农业的自然条件，自古以来是西北商贸集散地。青城历史悠久，地理条件优越，历代文人墨客荟萃，商贾云集，创造了灿烂的青城文化，留下了许多珍贵的历史文化遗产和遗迹。全镇拥有一个省级文物保护单位——高家祠堂，有三个县级文物保护单位——青城隍庙、青城书院、二龙山戏楼，有60多处保存较完整的明清时期的古民居四合院，有400多株百年以上的各类树木。除此之外，还有英雄武鼓、烧秦桧、柴山等独具特色的传统民俗活动，《西厢调》小曲、剪纸、刺绣等民俗文化，青城长面、糁饭、陈醋和酸烂肉等地方风味食品。2007年被公布为第三批国家历史文化名镇。（YTH）

连城镇 连城镇位于兰州市永登县。东接永登县民乐、通远乡，南邻河桥镇，北连青海省海东市互助县，西接青海省海东市乐都县和甘肃省甘南藏族自治州天祝县，位于两省三县交界地带。境内有很多天然林和草山，平均海拔1890米。镇域内旅游资源得天独厚。这里有马家窑文化遗址，有唐宋时期的古城址、摩崖石刻，有全国重点文物保护单位明清时期鲁土司衙门旧址，还有藏传佛教知名寺院妙因寺、显教寺、尕达寺、素有"小五台"之称的石屏山石尕石达寺。吐鲁沟的幽深峻拔、石屏山的叠峦突兀令人叹为观止，浩门雪浪、石壁泻珠等奇观又是另一番景象。另外还有国家级森林公园吐鲁沟、引大入秦先明峡倒虹吸工程、水磨沟宋代摩崖石刻等自然人文景观。镇域内水利资源丰富，黄河二级支流大通河流经42千米，年平均流量27.4亿立方米。镇域内具有丰富的硅石、石灰石等20多种矿产资源，仅笔架山矿藏达210万立方米。全镇已形成以西北铁合金为龙头，以建材、冶金、矿产、水电、建筑业为主的工业体系。2007年被公布为第三批国家历史文化名镇。（YTH）

大靖镇 大靖镇位于武威市古浪县。南依祁连山余脉，北临腾格里沙漠，是个典型的农业集镇,也是古浪县县城东部山川12个乡镇的经济、文化、商贸中心。大靖镇曾是古代丝绸之路上的一颗"明珠",是该地区重要的商品集散地,历史上曾是甘肃的四大名镇之一。汉武帝时期称为"朴环",商贸活动最为活跃,陕西、山西一带的商人确有"要想挣银子,走一趟大靖土门子"之说。因此,文人墨客称大靖为峻极天市,在人间高大繁荣到了顶点。白天商贾云集,人来车往,万头攒动;晚间万家灯火,闪闪烁烁,好像天上的街市一样。据说北京城前门上曾悬有"峻极天市"一匾,大靖又有"小北京"之称,缘故如此。明万历二十七年(1599),甘肃巡抚田乐、总兵达云等集兵万人,打败阿赤兔收复其地,取安定统一之意改为大靖。据史料记载,"民户多于县城,地极膏腴,商务较县城为盛",鼎盛时期,城郭完整,民舍稠密,商旅行栈,店铺林立,寺庙宫观鳞次栉比,商贾云集络绎不绝,形成重要的商贸古镇。现存有什字中心财神阁、马家祠堂、马庙会馆、青山寺等名胜古迹。2007年被公布为第三批国家历史文化名镇。(YTH)

陇城镇 陇城镇位于天水市秦安县,距县城45千米。东连张家川回族自治县,南接清水县,地处张家川、清水、秦安三县交界地带,该镇历史悠久,在距今7800年前,先祖就在陇川开垦种植。传说人类始祖女娲,就出生在陇城,故陇城素称"娲皇故里"。陇城地处古丝绸之路上,为历代兵家必争之地。如三国古战场街亭,是古代西安经关中通过关东南大道进入甘肃境内的第一重镇,历来是商贾云集的通衢要道和驿站,是古秦安四大集镇之一。史料记载,汉武帝元封五年(前106),凉州刺史部治在陇城(古名为龙城);西晋时设置略阳郡、略阳县,隋时设置陇城县。以后历代封建朝廷在陇城设置道、县、镇的建制。中华人民共和国成立后设立陇城区,1965年撤区并社,1984年撤社立乡,2003年撤乡建镇。历史文化遗产有三国街亭古战场遗址、女娲祠、女娲洞遗迹、陇城古城遗址、西番寺、明清古建筑一条街。2008年被公布为第四批国家历史文化名镇。(YTH)

新城镇 新城镇位于甘南藏族自治州临潭县,古称洪和城、洮州城,秦、汉时期就是古洮州政治、经经、文化、军事的中心。新城镇地处临潭县中部,距县城35千米,土地总面积113.8平方千米,海拔2800米,居民有汉、回、藏等多民族。新城于明洪武十二年(1379)由西平侯沐英在三国侯和城的遗址上扩建改筑而成,墙高9米,东西南北设四座瓮城,跨山连川,气势雄伟,时称洮州卫城。虽历经战乱浩劫,城内依稀尚存明、清风貌。长征时期,红四方面军驻临潭之指挥中心、县苏维埃政府、洮州会议会场、1943年甘南农民起义指挥所、临潭县人民政府故址,也均得到较好的保护。当地百姓的祖先大多于明时由江南从军而来,至今保留着明代江淮地区高髻银饰、凤头宫鞋的遗风和传统。这种集市旧俗,他们将赶集称之为"逢营",即南京在明初的"赶营场"。每月十日一"大营",五日一"小营",每晨有"早营"。每逢端阳节,举行独特的庙会,抬来明开国元勋徐达、常遇春、胡大海、李文忠、沐英等十八位"龙神",唱洮州花儿助兴。新城由群山环绕,有"朵山玉笋""玉兔临凡""西湖晚照""紫蟒烟云"等美丽的自然风光;有明卫城、鸣鹤城、隍庙、雷祖庙、李家坟等文化遗产和人文景观;有传统端午节迎神赛会等大型民俗活动;有粗犷豪放、婉转悦耳的"洮州花儿"。2008年被公布为第四批国家历史文化名镇。(YTH)

金崖镇 金崖镇位于兰州市榆中县,地处宛川河中下游。东邻夏官营,南接连搭,西靠来紫堡,北与哈岘接壤。金崖镇地处黄河一级流域宛川河中下游的榆中川西部,镇政府驻地金家崖村是历史上宛川一带政治、经济、文化中心,金崖镇也因此而得名。宛川河流域在距今15000年前就有人类活动。上古时为羌、戎之地,后被匈奴占据。秦始皇三十三年(前214),"蒙恬斥逐匈奴",始置榆中县。"以河为境,累石为城,树榆为塞",因地处榆塞之中,故称榆中,隶属陇西郡,治所在今兰州市城关区东岗镇,又说治所就在今天的金崖镇尚古城,金崖隶属榆中。金崖镇有深厚的历史文化底蕴和广邃的人文传承,现有以"七月官神"、"水烟文化"、"丝路古驿"、"祠堂宗庙"、"丰广书院"、古民居、古商会和"甘肃革命摇篮"为代表的一大批历史文化遗产。2010年被公布为第五批国家历史文化名镇。(YTH)

街亭村 街亭村位于天水市麦积区麦积镇。先秦时期这里已设立"亭",称为"街子",当地人至今仍称之为"街子"。秦汉时称为街亭,汉景帝时称为街亭县。此后直到明清,为方圆数百里闻名的集镇。中华人民共和国成立后,历经公社、乡的建制,到2005年天水市部分乡镇进行合并,街亭乡被合并为麦积镇的一个自然村。街亭村是目前天水地域保留古建筑最多的乡村古镇子。街亭村格局规整,十字相交的东、西、南、北四条街道,街道两旁排列着朱红色木板的铺面、阁楼,青瓦苍苍。东、西两座古城门依然耸立在街衢。2014年被公布为第六批中国历史文化名村。(MDM)

胡家大庄村 胡家大庄村位于天水市麦积区新阳镇。天水人都称胡家大庄为"胡大"。胡大坐落于渭河之畔,凤凰山下,村落布局六纵六横,居住着以胡姓为主的22个姓氏的765户人家。六纵六横的建筑布局是在近一个世纪中慢慢形成。胡家大庄村现存的古建筑多为明崇祯和清乾隆、同治年代所修建,共有218处。其中建于乾隆二十九年(1764)的雕刻细致工艺精美的四柱、四门、八窗的土木建筑厦房,建于同治年间的四合院,都体现了当时的风貌。村民胡想父家厦房门首悬有"太史第"匾额,承载了当地厚重的文化和历史地位。胡家大庄村内还有新石器遗址、东汉古墓群、魏晋古新阳县城遗址、唐时吐蕃人的墓葬、宋古墓文物以及红军长征时红二十五军渡渭河处等多处名胜古迹。2014年被公布为第六批中国历史文化名村。(MDM)

（四）全国重点文物保护单位

1. 古遗址

大地湾遗址 大地湾遗址位于天水市秦安县五营乡邵店村东，是甘肃东部地区目前为止所发现的较完好的一处原始社会新石器时代文化遗存，已有4900～8120年历史。自1978年以来，经过两次大规模的发掘，共出土房屋遗址240座、灰坑342个、墓葬79座、陶器4147件、石器（包括玉器）1931件。尤其值得一提的是，这里的房屋建筑遗址不仅规模宏伟，而且形制复杂，被称为中国史前建筑的"一块活化石"。遗址共分五期：一期房址为圆形半地穴式，陶器均为红陶，夹细砂为主，泥质较少，纹饰以交叉绳纹为主，彩陶有红色宽带纹，器形有三足钵、三足罐等；二期为仰韶早期，陶器以细泥红陶为主，夹砂红陶次之，多黑彩，红彩较少，有宽带纹、鱼纹、平行线、折线等，典型器形有直口钵、葫芦口尖底瓶；三期为仰韶中期，陶器以细泥、夹砂红陶为主，彩陶发达，以黑彩为主，典型器形有敛口钵、大喇叭口盘等；四期为仰韶晚期，陶器有泥质和夹砂红、灰陶，纹饰有绳纹、线纹、凹凸纹等，器形以平底器为主，有碗、钵、盆、盘、罐、缸等；五期为常山下层文化，陶质以泥质橙黄陶或夹砂陶为主，纹饰主要为交叉绳纹、横蓝纹、器形以平底器为主，有少量尖底器。各期墓葬均为长方形竖穴土坑墓，以单人仰身直肢葬为主。1988年被公布为第三批全国重点文物保护单位。（YTH）

马家窑遗址 马家窑遗址位于定西市临洮洮阳镇马家窑村。马家窑遗址是黄河上游新石器时代晚期到青铜器时代的著名遗址，于1924年首次发现并进行了考古发掘。1957年起经甘肃省博物馆等机构的多次调查，发现了马家窑文化的马家窑类型叠压在仰韶文化庙底沟类型之上的地层关系，从而确定了两者的时代早晚关系。此外还发现了马家窑文化的半山类型和马厂类型，其中还有齐家文化、辛店文化以及寺洼文化的遗存，当中以马家窑类型的文化遗存最为丰富和明显，所以马家窑文化以及马家窑类型均以该遗址命名。遗址面积约9.8万平方米，文化层厚0.3～0.5米，房址有方形、圆形，多为半地穴式。居址旁有公共墓地，仰身直肢葬。马家窑彩陶工艺非常发达，许多器物的口沿、外壁和大口器的里面都施以彩绘，花纹全部为黑色，包括有垂帐纹、水波纹、同心圆纹、重叠三角纹、漩涡纹、蛙纹和变体鸟纹等。夹砂陶多饰以绳纹，某些器物的下部装饰有绳纹，上部施彩。由于各种原因，大量有价值的彩陶流落国外和民间，对马家窑彩陶保护造成很大困难。1988年被公布为第三批全国重点文物保护单位。（YTH）

居延遗址（甘肃部分） 居延遗址（甘肃部分）分布在今内蒙古自治区阿拉善盟额济纳旗和甘肃省酒泉市金塔县，指的是包括汉代张掖郡居延、肩水两都尉所辖边塞上的烽燧和塞墙等遗址在内的遗址群，始建于西汉，废弃于东汉末年。今天主要指金塔县的大湾城故址、地湾城故址、金关故址和内蒙古自治区的部分遗址。大湾城位于金塔东北120千米处，居黑河东岸，遗址长350米，宽250米。城高8米左右，底宽6米，夯土版筑，经后代重修，保存较为完好。地湾城位于大湾城北5千米处黑河东岸的戈壁滩上。总面积为22.15米。堡墙基部厚5米，高8.4米，系夯土版筑，方向正南北，门在西墙，堡外有房屋和两道围墙遗址。肩水金关位于地湾城约2千米处居黑河东岸，为汉代边塞关城，含有固若金汤之意，故名金关。关门为两座长方形楼橹残壁，最高1.12米，厚1.2米，楼橹中间门道宽5米。两侧壁脚各残存四根半嵌于墙内的排叉柱。楼橹外筑土坯关墙。坞在关门西南侧，坞墙系夯土筑成，厚70～80厘米，残存处最高为70厘米。坞西南角残存烽台和方堡，堡门内有迂回夹道，两侧有住室、灶房、仓库，中有院落。1988年被公布为第三批全国重点文物保护单位。（YTH）

玉门关及长城烽燧遗址（包括大方盘、小方盘） 玉门关及长城烽燧遗址（包括大方盘、小方盘）位于酒泉敦煌市北部和西北部，中国汉代长城关隘及障塞烽燧（烽火台）遗址。史籍记载，汉武帝为抗御匈奴，联络西域各国，隔绝羌、胡，开辟东西交通，在河西"列四郡，据两关"，分段修筑障塞烽燧。塞墙构筑多因地制宜，就地取材。在湖滩、沼泽地区，塞墙多先以芦苇束做框架，内填砂砾，再平铺芦苇层，如此层层叠压而上。玉门关及长城烽燧遗址分三部分。小方盘城，平面呈长方形，南北宽24.40米，东西长27米。城墙夯土版筑，基宽5米、顶宽3.8米、高10.04米。早期开北门，晚期开西门。西门宽2.1米，高2.95米；北门宽3米，高6.3米；东南角有马道可登城顶。城北70米处有一圆形燧基和房屋遗迹，曾出多枚汉简，其中一枚上书"玉门都尉……"。大方盘城，平面近长方形，分内外城。外城东西长160米，南北宽110米，仅残存部分北墙，残高2米。内城距外城北墙4米，距外城南墙98米，东西长132米、南北宽17米，黄土夯筑。内有仓库三间，南北墙上下各有一排对称的三角形通风孔。长城烽燧，一般由苇草、砂石、碱土分层筑成。1988年被公布为第三批全国重点文物保护单位。（YTH）

锁阳城遗址 锁阳城遗址位于酒泉市瓜州县锁阳城镇南坝村南7千米处。是集古城址、古河道、古寺院、古墓葬、古垦区等为一体的古文化遗存地。这里的古代军事防御系统和烽燧信息传递系统是我国保存最为完好的典型范本。全城呈长方形，总面积81万平方米，分内外两城。内城周长约2000米，面积约28万平方米。城墙夯筑，底宽7.5米、顶宽4.6米、高10米，四角有角墩，结构极其复杂；城内留有大量土台、房屋及其他建筑物遗迹。城四面有马面24个，东、西城墙各5个，南北墙各7个，顶部原筑有敌台，均已倒塌。城墙上下堆积大量擂石。外城称

"罗城"，是两道较内城墙低的环墙，外墙正中有城门和瓮城遗迹。周围采集有开元通宝钱币、瓷片、围棋子、砖瓦等。锁阳城在汉代是敦煌郡冥安县治所，西晋时为晋昌县，隋时为常乐县，唐时为瓜州郡。明王室闭关后遭废弃。锁阳城之名缘于清代民间，因城周围有诸多味美甘甜的锁阳，故得名。锁阳城是古丝绸之路咽喉上的一座大城。1996年被公布为第四批全国重点文物保护单位。（YTH）

骆驼城遗址 骆驼城遗址位于张掖市高台县骆驼城乡坝口村西南3千米的戈壁滩，是丝绸之路上大型汉唐古文化遗址，也是国内现存的保存最大、最完整的汉唐古城之一。骆驼城遗址分南北两部分组成。南北两城仅一墙之隔，总面积30.77万平方米，南城南北长494米、东西宽425米，北城东西长425米、南北宽210米。从整体上看又分外廓、宫城、皇城三层。外城的瓮城、马面、敌台、角墩、城垣等辅助设施一应俱全，基本完好。在城西南2千米处，还有俗称"羊蹄鼓城"的小方城，长55米，宽40米，向东开一小城门，系主城外围防御堡垒。两者遥相呼应，互为掎角之势。统观全城，结构严密精巧，气势宏伟雄壮，历经千年仍巍然屹立，充分展示了古人在军事工程设计、施工方面的高超水平。遗址周围还有城南墓群、城东墓群和五座窑遗址。1996年被公布为第四批全国重点文物保护单位。（YTH）

齐家坪遗址 齐家坪遗址位于临夏回族自治州广河县齐家镇园子坪村，属新石器时代晚期文化遗址。20世纪20年代瑞典学者安特生等人发现，并因首次发现于甘肃广河县齐家坪，所以命名为"齐家文化"。遗址总面积约12万平方米，有多处房屋、窖穴、墓葬遗迹，出土包括石器、陶器、骨器、玉器等生产工具和生活用具。此外，在遗址中还出土铜镜一面，这是迄今为止发现的中国最早的铜镜。齐家文化是以素陶为特征的文化，陶质精细，器形多样，主要为泥质红陶和夹砂红褐陶，还有少量的灰陶。在稀有的齐家彩陶上，有红彩或黑彩绘制的简便的网格纹、菱形纹、波折纹等，在砂陶上有绳纹，附加堆纹等。典型齐家文化陶器主要为双耳罐、大口瓶、三耳罐等，还有形象的鸟形壶。纺织品以麻织面料为主。冶铜业发达，出现了红铜、铅、青铜和锡青铜，表明齐家文化晚期已进入青铜器时代。1996年被公布为第四批全国重点文物保护单位。（YTH）

白塔寺遗址 白塔寺遗址位于武威市凉州区东南20千米的白塔村。白塔寺为元代藏传佛教萨迦派法王萨迦班智达·贡嘎坚赞赴凉州与蒙古汗廷会谈并达成协议的场所。白塔寺遗址由寺院、塔院、塔林等建筑构成。寺院有围墙，东西420米、南北430米，墙基宽3.1米。院内探明6座殿基，墙基为砖或石砌。塔院中的殿基存有砖砌墙基、砖铺地面。塔院中萨班灵骨塔为主体建筑，始建于西夏以前，元、明、清重修。现存基座为土心砖表结构，边长26.75米、残高5.1米。白塔寺遗址是藏传佛教的重要寺院，也是中国元代祖国统一的历史见证者。其建筑形制和出土遗物对研究藏传佛教寺院布局、藏传佛教传播等有很高价值。白塔寺在藏语中称戛珠巴第寺,意即东部幻化寺,与金塔寺、莲花寺、海藏寺同称"凉州四部寺",是蒙古阔端太子为萨迦班智达·贡嘎坚赞(萨班)而建。2001年被公布为第五批全国重点文物保护单位。(YTH)

许三湾城及墓群 许三湾城及墓群位于张掖市高台县新坝乡许三湾村,属汉代至唐代遗址。许三湾城址平面呈长方形,东西宽66米、南北长84米,城垣夯筑,底宽6米,顶宽3米,残高8米,四角有边长6米的角墩。南北墙残留有马面。城内有建筑基址。城周围有墓群三处,有带砾石封土的墓葬3000余座,密集处封土相互连接。在城西3千米的五道梁,分布墓葬1000多座。城北1.5千米有圆形封土墓200多座。城内外地表散见有灰、红陶片,城内曾出土过大量的五铢、货泉、开元通宝等古钱币和铜箭头、铜带钩等。2001年被公布为第五批全国重点文物保护单位。(YTH)

黑水国遗址 黑水国遗址位于张掖市甘州城区西北12.5千米处,南北长15千米,东西宽10千米,民间亦称甘州老城,是集汉唐古城、史前遗址、古寺院遗址、古屯庄、古墓葬为一体的庞大的甘州"历史古籍",也是集古代人文风光、沙丘、湖泊、芦荡、湿地等自然景色为一体的河西"特色画册",在考古界有"河西文物宝地"之誉。相传西汉以前匈奴移居这里,划疆为小月氏国国都,因在黑水滨,故称"黑水国"。黑水国古城遗址分南北两城,相距约3千米。南城位于距国道312线南1千米处,东西长258米,南北宽226米,总面积5.8万平方米。现存城墙多为明代所筑。北城在国道312线以北2千米处,东西长245米,南北宽220米,门开在南面,城垣西南角筑有土台,正方形,边长7.5米。北城堡已被流沙埋没。黑水国遗址不仅遭到了风沙的侵袭,同时也遭到了人为的破坏。2001年被公布为第五批全国重点文物保护单位。(YTH)

悬泉置遗址 悬泉置遗址位于酒泉市敦煌城东北约64千米的东三危山北麓戈壁滩上,总面积2.25万平方米,是汉武帝后期至魏晋驿站遗址。西汉时期遗址规模大,由主体建筑坞及其外附属仓、厩组成。坞方形,边长48.1米,土坯砌筑,东墙设门,宽3米。坞东北、西南有角墩。坞内房舍有西、北二组,其中北组为三个独立院落,均有前堂、后室、卫生设施。1990—1992年,省、市考古队在北组挖掘发现了弥足珍贵的汉简15000枚及皮毛、丝绸、纸张、粮食、铜铁等物17650件,震动了全国考古界,被誉为20世纪文史资料第五次大发现。2001年被公布为第五批全国重点文物保护单位。(YTH)

南佐遗址 南佐遗址位于庆阳市区西南6千米的后官寨乡南佐村,属仰韶文化晚期遗址,面积20万平方米。南佐遗址现存9处大型夯土台基,其中北部1处大型建筑一号基址已发掘。一号基址为地面建筑基址,长方形,长33.5米,宽18.8米,三面有夯筑木骨墙。房址中间有东西向隔墙,将房址分为两部分。墙体开三个宽1.6米的门道,通连前后，形成前堂后室结构。后室近隔墙有大灶，墙上抹草拌泥，并有烧烤痕迹。房址地面为白灰面。房外有散水台，台外还有排水沟，台、沟均有烧烤痕迹。一号房基周围分布着若干小型房址。2001年被公布为第五批全国重点文物保护单位。（YTH）

大堡子山遗址及墓群 大堡子山遗址及墓群位于陇南市礼县城东13千米处的永兴乡、永坪乡境内，属西周至春秋遗址。据考证，秦国共有四大陵园区。1987年前，第二、第三、第四陵园区的位置陆续确定，即陕西省的雍城陵区（西陵）、芷阳陵区（东陵）和秦始皇陵园。1993年，在距礼县县城东13千米处的永兴乡大堡子山一带发现了秦贵族和秦公两大墓葬区，经国内外考古界、史学界专家研究考证，确认为秦四大陪园中的第一大陵园，即秦西垂陵园。墓群范围东西6千米、南北3千米，总面积18平方千米，目前已清理出墓葬14座，车马坑2座，出土文物300多件，有大量的青铜器和金器、玉器。已发掘的两座南北并列的"中"字形和"目"字形墓，规模宏大，总长度分别为88米和115米，墓葬中有"秦公作铸用鼎"和"秦公作铸簋"字样的青铜器，经专家考证，初步确定为秦襄公夫妇或其子秦文公夫妇的陵墓。遗址及墓葬的发现对研究两周时期的秦国乃至周代墓葬制度、秦国始封地和西周封邦建国制度、秦人的迁徙及其社会特征等具有很高的学术价值。2001年被公布为第五批全国重点文物保护单位。（YTH）

永泰城址 永泰城址位于白银市景泰县驻地一条山镇西25千米的老虎山北麓。明万历三十五年（1607）筑城，是一道完备的军事屏障和防御工事，在明清两代具有重要的战略地位。城周长约1700米，城垣高12米，四面筑有半圆形城，城门南向，外筑甬城，形似龟头。四周有护城河，宽约6米，深2.5米。城西有地下泉水串流城内五井之中，俗称五脏。现甬城已毁，东北城有损坏，其余保存尚好。城中曾设把总等职驻兵把守，清代名将岳仲琪祖府地也在其中。城内现存"永泰小学"遗址，建于民国三年（1914），系中西结合的偏哥特式建筑，现被列入县级文物保护单位名录。据《永泰城记》载，清雍正二年（1724），忠信公岳钟琪回乡祭祖，见龟城之形建议说，永泰城虽建造似龟形，但未有五脏，宜补之，遂在城内凿五眼井，以补龟城之五脏，并在北城角设一大池，叫"甘露池"，合诸井并各为二腑，以补龟城地脉，增添龟城之灵气。古城内原有大佛寺、诸神阁、玉皇殿和数道牌楼等古建筑群。永泰城是一个介于高山、戈壁、河流、沙漠、绿洲相交汇的地方，得天独厚的地理优势，给这座古城留下了非常宝贵的人文生态遗产。2006年被公布为第六批全国重点文物保护单位。（YTH）

牛门洞遗址 牛门洞遗址位于白银市会宁县头寨子乡牛门洞村，是一处马家窑文化马家窑、半山、马厂三种类型共存的遗址。面积约16万平方米，文化层厚1～2米，暴露有墓葬、灰坑等。遗址发现的百家窑文化马家窑类型陶片为泥质、夹砂红陶片，器表素面或饰绳纹，彩陶纹样有橙、黄或五彩鱼纹、鸟纹、圆圈纹和漩涡纹，可辨器形有盆、碗、罐等；半山类型的陶片为夹砂红、灰陶，多饰附加堆纹，彩陶纹样有锯齿纹、水波纹、葫芦纹，可辨器形有罐、钵、盆、瓮等；马厂类型的陶片为夹砂红、灰陶，饰粗条附加堆纹，彩陶纹样有圆圈纹、螺旋纹、波折纹、编织纹，可辨器形有瓮、壶、单把筒形杯、石臼、石祖等。遗址保存较好，内涵丰富。2006年被公布为第六批全国重点文物保护单位。（YTH）

八卦营城址 八卦营城址位于张掖市民乐县永固乡八卦村北侧。由外城、内城和宫城三部分组成。外城平面呈"凸"字形，东西长740米，南北宽590米，面积43.66万平方米。东墙和南墙各开一门。城墙基宽14米，顶宽5米，残高4米。内城位于外城西北角，南北长287米，东西宽283米，面积1221平方米。南墙辟门，墙基宽10米，残高2米。内外城各有护城河一道。外护城河宽10米，深1.2米；内护城河宽8米，深1.2米。内城中部置宫城，宫城内筑有边长40米、高5米的夯土台，俗称"紫英台"。城址东北100米处存长50米、宽40米、高5米的一座夯土台，俗称"点将台"。城内曾出土铁犁、五铢钱币、大板瓦及陶器、石器残片。城址保存较好。2006年被公布为第六批全国重点文物保护单位。（YTH）

火烧沟遗址 火烧沟遗址位于酒泉市玉门市清泉乡火烧沟村东，属新石器时代遗址。1976—1990年发掘古墓葬312座，大多为竖井带台的侧穴墓，也有少数竖穴墓。葬式以头向东仰身单人葬为主，出土有铜器、石器、陶器等。铜器多为模铸，有斧、镰、镢、凿、刀、匕首、镞、锥、锤等共200多件，红铜、青铜兼有。石质生产工具有石锄、石磨盘，还有石刀。考古工作者在此遗址清理墓葬312座，清理出陶器、铜器、金器、玉器、石器、骨器等一大批文物。陶器以彩陶为主，黑彩多，红彩少，还有红底黑纹的。铜器有斧、镰、镢、凿、刀、匕首、矛镞、锥、钏管、锤、镜等200余件，青铜、红铜都有。金器主要是金耳环、金鼻环等饰物。遗址中出土的文物，较为有名的是陶埙、鹰嘴壶、人形彩陶罐、三狗方鼎。2006年被公布为第六批全国重点文物保护单位。（YTH）

西河滩遗址 西河滩遗址位于酒泉市肃州清水镇中寨村七组村西，属新石器时代至青铜器时代的遗址。遗址面积约50万平方米，大部分保留在夹杂有第四纪黄土的砂砾堆积中。其东部现为耕地。由于河水冲刷，文化层受损。文化层距地表约2米，灰层厚约1米，含少量兽骨、灰炭和红陶片。1956年，附近发现动物角化石1件，1964年，又在灰层中发现加工较好的石纺轮1件、骨刀1件、残石斧3件，属青铜器时代火烧沟、骟马类型文化遗存，是西羌、乌孙、月氏等游牧部落文化遗址。另外，已发掘的遗迹主要有房屋基址33座、储藏坑31座、烧烤坑321座、陶窑4座。2006年被公布为第六批全国重点文物保护单位。（YTH）

破城子遗址 破城子遗址位于酒泉市安西县驻地渊泉镇东南25千米踏实乡破城子村

西，汉代为广至县、唐代常乐县县治。现存城址为唐代所筑。城墙南北长257米，东西宽148米，占地3.6万平方米，城墙残高6.5米，夯土版筑。西墙保存较好，北墙于20世纪60年代因生产队挖掘垫地遭严重破坏。东北角墩立测绘坐标。城内叠压两层文化层，厚0.76米，内含房屋倒塌的土块、花纹砖、红、灰泥陶片、黄釉瓷片、开元通宝钱；中为流水沉积层，未扰乱，厚0.7米；下为汉文化层，厚0.9～1.2米，内含夹砂红陶，绳纹、水波纹、垂帐纹、附加堆纹灰陶片，砖块，兽骨，炭块，红烧土等。从文化层和沙流水沉积层上、中、下叠压关系。从出土器物形制来看，上层为唐文化层，下层为汉文化层。1968—1970年，当地群众在城东墙外挖防空洞发现砖室墓，并发掘出土绳纹大陶瓮、水波纹陶罐、陶瓶、背壶、明器陶灶、陶纺轮、五铢钱、铜箭头等。2006年被公布为第六批全国重点文物保护单位。（YTH）

寺洼遗址 寺洼遗址位于定西市临洮县县城洮阳以南20千米洮河西岸寺洼山，属新石器时代至青铜器时代的遗址。因瑞典地质学家安特生于1924年首先发现于衙下集镇寺洼山而得名，又名庙坪鸦沟遗址。南北长约1500米，东西宽约800米。灰层厚约1米，地面遍布有陶片等遗物，并发现有商周时代青铜器。寺洼文化年代约为前14～前11世纪。主要分布在兰州以东的甘肃省境内，并扩及陕西省千水、泾水流域。经济以农业为主，兼营畜牧。墓葬多为土坑墓，形若覆斗，葬具有棺或棺椁。除单人土葬外，有合葬和火葬墓。随葬品有陶器、青铜器、装饰品及马牛羊的骨骼。少数墓中有殉人和陪葬车马，表明当时已进入奴隶社会。器表颜色以橙黄色和红褐色居多，黑色和砖红色少见，灰色稀少。可辨器形主要有瓮、鼎、豆、鬲、罐等，以罐最多，最具代表性的器物为双耳马鞍形口罐。还有长颈圆腹双耳罐，鬲、鼎较少。鬲侈口，素面，短腿窄裆，乳状空足，颈和腹部有时附有泥条堆纹；鼎形小，鼓身浅腹，柱状小腿，都是泥质红陶。2006年被公布为第六批全国重点文物保护单位。（YTH）

林家遗址 林家遗址位于临夏回族自治州东乡族自治县西部东塬乡林家村北，大夏河南第二黄土台地上，属新石器时代遗址。主要分布在破四格、秋梁地、阴洼坡子三处，总面积约6667平方米。在破四格、秋梁地地坎上有大量的彩陶残片，可辨器形有盆、钵、碗、罐、壶、瓶等，均为黑彩。彩纹多为平行线、圆点、网格、叶网纹等，线条均浑然一体。在林家遗址出土的彩陶上，绘着蜥蜴纹、简化的鸟纹和各式旋转的翅羽纹。同时发现了制陶窑3个，灰坑98个。制陶窑穴为袋状，部分斜壁，部分直壁，深至0.5米以下逐渐扩大，底部极平，小圆口。穴壁很整齐，有的还保存着涂抹的草筋泥，聚热性能强，能有效地提高烧陶温度。从烧制的陶器看，不论器型、质地、纹饰，还是品种、工艺，均具有相当高的水平。林家遗址属马家窑文化遗址类型。在出土层中发现大量的稷和少量的粟、大麻籽等遗物，这说明马家窑文化的先民已开始了最早的旱地农业，种植

耐旱谷物和大麻油料。2006年被公布为第六批全国重点文物保护单位。（YTH）

八角城遗址 八角城遗址位于甘南藏族自治州夏河县甘加滩偏东央曲河与央拉河交汇处东北岸台地上，属唐代至明代遗址。八角城实际上是一个空心"十"字形城。因为在空心十字的各角上有一个城墩，形成突出的八角。城墙周长2193米，高11米，城内占地面积约20万平方米。此城有36个墙面，加上8个城墩，共由60个墙面组成城围，城外有护城河、壕等附属设施，东、西北有瓮城。城北因依山而无门，东、西瓮城内有"S"形通道。从西城经南门至东城筑有外廓，南门外并有外城。城墙墙体由一层土一层砂逐层夯筑，中间夹以木棍、柳条、苏鲁固络，坚硬无比，故至今保存完好。城墙墙面多，夹角距离近，均在弓弩射程之内，城下无死角，加之城门通道极小，无隙可乘，可谓易守难攻。2006年被公布为第六批全国重点文物保护单位。（YTH）

三角城遗址 三角城遗址位于武威市金川区双湾镇三角城村北侧，是一处集西周至春秋时期城址、窑穴、祭祀坑为一体的大型遗址。遗址以三角城城址为中心，东、西、北三面皆有墓葬区和祭祀坑，已部分挖掘的有西岗墓群、柴湾岗墓群、上土沟墓群、蛤蟆墩墓群。中华人民共和国成立后，甘肃省文物工作队和武威地区展览馆多次发掘，共清理墓葬585座，出土金器、铜器、铁器、石器、陶器、卜骨、贝币、毛麻纺织品及皮革等文物2112件。三角城遗址的保护对深入研究沙井文化内涵、河西走廊史前文化及先秦时期西北少数民族史等方面具有极高的学术价值。2013年被公布为第七批全国重点文物保护单位。（YTH）

马家塬遗址 马家塬遗址位于天水市张家川回族自治县的木河乡桃园村马家塬，属新石器时代至战国时期遗址。该遗址面积约80万平方米，其中核心范围约3万平方米。北依马家塬山梁，东、西两侧为地势较高的杜渠梁和妥家梁，中部低凹平缓、避风向阳，南至瓦一头自然村。遗址地面随处可见属于常山、齐家文化类型的横篮纹泥质红陶片和夹砂红陶片，断崖上还有大量的灰坑和房屋遗迹。2006年发掘墓葬3座，为台阶式墓道，墓室位于墓道北侧。出土铜、铁、金、银、陶等器物数十件，车上多金银铜饰。遗址地表现被利用为农田。马家塬遗址出土文物数量众多、工艺精美，档次很高，所包含的文化信息丰富而独特。以马家塬为中心，向东、向西各延伸200米范围内有较为密集的战国中晚期墓葬分布。2013年被公布为第七批全国重点文物保护单位。（YTH）

狼叫屲遗址 狼叫屲遗址位于天水市武山县鸳鸯镇苟家山村，属旧石器时代遗址。遗址坐落在大沟南坡山塬上，地处渭河与榜沙河之间，依山傍水，保护范围面积约85万平方米，文化堆积达1米，距地表3米。遗址断面暴露有坚硬的白黏土、红烧土等，为古人类活动遗迹。采集到原始人头骨、颈骨、肋骨化石以及打制石器等古人类文化遗物标本。出土最完整的化石为颅盖骨，据研究，其特征显示为一男性青年个体。经鉴定，遗址属旧石器时代晚期，是与河套人同期的古人类活动遗址，距今3.8万年，考古界定名为"武山人"。另采集有打击尖状器、动物化石等。2013年被公布为第七批全国重点文物保护单位。（YTH）

李崖遗址 李崖遗址位于天水市清水县城北侧樊河和牛头河交汇处樊河西岸的台地上，属新石器时代及商、周、汉遗址。遗址总面积在100万平方米以上，文化层深厚，遗存十分丰富。山顶古城塬残存城墙长50余米，高1～2米，地表采集到大量西周、汉魏时代的陶片，可辨器形有鬲、瓮、盆等。东、南侧所在区域相当一部分为居民区。从断崖处看，遗存更为丰富，地势更开阔，可惜已被占用为居住地，无法进行考察，只能从遗址北侧着手勘探发掘。北侧是农业耕作区，地表可见大量陶片，包括史前、商、周、汉、魏等时期，断崖处有大量盗洞及灰坑。2013年被公布为第七批全国重点文物保护单位。（YTH）

东灰山遗址 东灰山遗址位于张掖市民乐县城北27千米的六坝乡办林场东侧，属新石器时代遗址。面积约24万平方米，文化层厚0.5～5米，内涵丰富。1987年夏，甘肃省文物研究所进行了局部发掘，在遗址东北面挖掘了900平方米，共发现249座土室墓，出土文物1003件，主要为陶器和石器，铜器和骨器极少。石器有斧、锄、纺轮和石祖。还发现了炭化麦粒、谷粒以及铜铁器等。遗址出土了大量的陶器残片，可辨器形有罐、盆、钵、盘、杯。其陶罐胎薄体圆，并饰有彩绘，以平底、有耳、带盖为特征，多系夹砂红陶，主要饰绳纹、弦纹、划纹、附加纹等。2013年被公布为第七批全国重点文物保护单位。（YTH）

草沟井城址 草沟井城址位于张掖市肃南裕固族自治县明花乡南沟村西约10千米的戈壁荒漠中，属汉代至明代遗址。草沟井城坐北向南，平面呈长方形，黄土版筑，东西长130米，南北宽120米，城高9米，面积1.56万平方米。南垣正中筑有方形瓮城，瓮城门向东，门道宽6米，内城有南门。古城四角筑有圆形角墩，角墩上有角楼遗迹，北垣内正中有马厩，南垣有马道。古城西约50米处有外围垣，长约8米，外围垣外分布有1米见方的窖坑。古城内外地表遗留有残砖、带纹瓦片、黑白釉瓷片、青花瓷片、灰陶片、铁制片、铜饰品、开元通宝、铜箭头、五铢钱币、明代钱币、石碾残片等。2013年被公布为第七批全国重点文物保护单位。（YTH）

缸缸洼遗址 缸缸洼遗址位于酒泉市金塔县大庄子乡永丰村东南7千米的沙滩上，属新石器时代遗址。遗址南北长600米，东西宽560米。因地处四周高、中间低的一片洼地中，当地农民当时曾在此处发现了被称为"缸缸"的陶罐，此地也被形象地称为"缸缸洼"。缸缸洼遗址地表密布夹砂红陶片、彩陶片和破碎的石器，东部风蚀台上有冶铜遗址，地表有大量铜矿石、碎铜块和炭釉结块。1987年至今的四十多年时间里，金塔县博物馆在缸缸洼遗址采集和出土石刀、石斧、石纺轮等石器300多件，陶罐等陶器22件，还有2串骨珠。缸缸洼遗址文化遗存丰富，保存较好，地表暴露大量泥质红陶、夹砂红陶和彩绘陶片。征集到的文物有彩陶双耳罐、双耳盆、石刀、石斧等。陶纹黑色，呈人字形或菱形。石器通体磨光，多穿孔。发现以木炭为原料烧制陶器的窑址4座。遗址西部是墓葬区，多为竖穴土坑墓。2013年被公布为第七批全国重点文物保护单位。（YTH）

火石梁遗址 火石梁遗址位于酒泉市金塔县大庄子乡头墩村东9.5千米处的戈壁沙漠中，属新石器时代至青铜器时代遗址。遗址东西长350米，南北宽270米，总面积约9.5万平方米。地表遍布夹砂红陶片、彩陶片和少量细泥红陶片。遗址北部有直径30米的碳烧结块富集区，间杂有碎铜矿石，灰层厚2.2米，整体保存较好。采集有夹砂红陶和泥质红陶片，纹饰有附加堆纹、绳纹及在紫红色陶衣上绘黑色的三角纹、斜线纹、回纹、平行条带纹等。另采集有铜块、钻孔石刀和石凿等。2013年被公布为第七批全国重点文物保护单位。（YTH）

砂锅梁遗址 砂锅梁遗址位于酒泉市玉门市花海乡金湾村西北3千米处沙滩上，属夏至商代的文化遗址。遗址东西长200米，南北宽150米，占地面积约3万平方米，地面散落大量陶片，文化遗存丰富，有居室、窑址、基地等遗迹。采集有泥质红陶和夹砂红陶、灰陶片，彩陶纹样有施黑、红彩的动物图样和网格纹，可辨器形有罐等。地表散布大量石刀、石斧、石镶、石磨、石凿、石钵、石锥、石弹丸、绿松石、贝壳和铜器残片。窑址四周逸布夹砂、红陶和彩陶碎片，也有较完整的陶器。陶器形状、纹饰与火烧沟遗址相似，属火烧沟文化。出土器物以红陶罐为主，此外还有石器、骨器、铜器。2013年被公布为第七批全国重点文物保护单位。（YTH）

六工城遗址 六工城遗址位于酒泉市瓜州县南岔乡六工村西南3千米处，属汉至唐朝时期的遗址。据考证，汉时为昆仑障，曹魏时为宜禾县治所，北魏时设常乐郡，隋时为常乐镇治所。有大小两座城池，均保存较好。古城东西长360米，南北宽280米，残高5~8米，四垣各开门，皆有瓮城。东城墙呈多重曲折向北延伸，与东北角的小城相连。这一独特的设计，为城防守备的特殊需要提供了有利条件。小城呈长方形，长宽各90米，墙体分段夯筑，有明显的竖向接缝，夯层紧密，墙体坚实。城内散落有各种陶片、瓷片等，有较厚的文化层堆积。2013年被公布为第七批全国重点文物保护单位。（YTH）

西山遗址 西山遗址位于平凉市灵台县中台镇许家沟村达溪河北岸的二级台地上，属仰韶文化、齐家文化和周代、秦代、汉代文化叠存，面积约13万平方米，文化层厚4~6米。遗址的硬地面是由一种近似混凝土的材料铺就的，表面青色、光硬，内含小石子，长度为20多米，厚为20~30厘米，是地面建筑遗址。总体来看，遗物有红陶尖底瓶、红陶黑彩钵、红陶罐、红陶绳纹瓮和绳纹罐、断片及汉代灰陶罐、陶仓等。区别来看，仰韶文化庙底沟类型陶片多为细泥红陶，器表素面或饰绳纹，彩陶纹样有黑彩勾叶圆点纹，可辨器形有尖底瓶、盆、钵；齐家文化泥质红陶和夹砂红褐陶片，器表素面或饰粗绳纹、篮纹、附加堆纹、划纹。2013年被公布为第七批全国重点文物保护单位。（YTH）

牛角沟遗址 牛角沟遗址位于平凉市泾川县泾明乡郝白村东1千米处，面积约7000平方米，属旧石器时代遗址。遗址东临白家塬之赵塬，南至泾河和吊堡子相对，西至东庄村民小组，北靠白家塬。牛角沟是泾河北岸的一条冲沟，离河床约400米。1976年，考古工作者在牛角沟的"黄土"冲沟内发现了一块头盖骨化石和一些石制品及少量的哺乳动物化石，经中国科学院古脊椎动物与古人类研究所鉴定，确认这块头盖骨化是一个20岁左右的女性个体，在人类进化系统上处于晚期智人的地位，所显示的人种特征与蒙古人种相符。遗址被定位为牛角沟旧石器遗址。石器有砍砸器、尖状器、刮削器、石球等。2013年被公布为第七批全国重点文物保护单位。（YTH）

成纪故城遗址 成纪故城遗址位于平凉市静宁县治平乡刘河村南与李店乡五方河村、王沟村的交界处。城址总面积25万平方米，现遗存约14万平方米。东西长约600米，南北宽约560米，是秦朝至宋朝时期的遗址。因长期受水流冲刷，仅在西北和东北部剩约为三分之一的城墙，多为宋代所补筑。遗址文化层堆积深厚，城址内外及道旁、河滩散布大量秦、汉时期的板瓦、筒瓦、瓦当、铺地砖和陶器碎片，还杂有唐宋时期的瓷片。城外四周秦汉墓葬众多，出土大量文物。整个城址压在新石器时代仰韶文化、马家窑文化及青铜器时代齐家文化遗址上。2013年被公布为第七批全国重点文物保护单位。（YTH）

桥村遗址 桥村遗址位于灵台县西屯乡北庄村桥村社一带，面积70万平方米，属齐家文化。遗迹主要有齐家文化和西周的袋状灰坑、不规则灰层、白灰面半地穴住室、夯土基址、祭祀坑、墓葬等。遗物有斧、锛、刀、凿、矛、匕等石器，锥、凿、笄、镞、匕等骨器，鬲、甗、盆、盘、罐、碗、豆、纺轮、拍、模等陶器，板瓦、筒瓦等瓦，钺、斧、璧、璜、环、钏、残玉板等玉器和绿松石琮及项饰，还有用来卜卦的羊、猪肩胛，有灼无钻。2013年被公布为第七批全国重点文物保护单位。（YTH）

秦直道遗址庆阳段 秦直道遗址庆阳段位于庆阳市正宁县、宁县、合水县、华池县等地。秦直道是指秦始皇统一六国后，于前212年旨令大将蒙恬由距咸阳不远的陕西淳化的云阳郡，通向包头西的九原郡修建的一条长700千米的捷近"直道"。这是当时联通中原和北方的一条主要交通干线，对于促进边防和内地的经济、文化联系起到了十分重要的作用。正宁县境内秦直道从陕西旬邑县进入正宁县的刘家店黑马湾站后，沿陕甘两省分界线达雕翎关，再北上经石窟、高庄、东坡湾、艾蒿店到烧锅梁，进入宁县境内，总长约70千米。刘家店海拔1600米，雕翎关海拔1755米，这段长约40千米，山势起伏较大，是慢上坡；艾蒿店海拔1722米，距雕翎关约20千米，山脊平缓，为慢下坡。由于水土流失，部段只剩宽约4米左右路面，今人继续沿用；部分路段则已废，长满灌木、但路迹仍清晰可辨。艾篙店向南不到250米处有一崾砚，长约40米，宽约6米，两侧均用红砂岩石壤砌、内垫红钻土，厚50~100厘米。2013年被公布为第七批全国重点文物保护单位。（YTH）

辛店遗址 辛店遗址位于定西市临洮县辛店镇的洮河边上，属商、周时期遗址。辛店文化是西北地区一个重要的文化遗存。其经济以畜牧业为主，兼营农业。铸铜业有较大的发展，遗址发现器形有锥、矛、匕、凿和铜炮等。陶器以夹砂红褐陶为主，掺有石英砂、碎陶末、蚌壳末和云母片等，陶质粗糙、疏松，火候较低，器表多磨光，有的施红色或白色陶衣，多圜状凹底器。器形以罐为主，还有鬲、盆、杯、鼎、豆、盘等。彩陶的数量较多，但颜料因黏合度差而易脱落。纹饰别具一格，笔触粗犷，以双钩纹、"S"纹、太阳纹、三角纹为主，还有少量的动物图形，如犬、羊、鹿、蜥蜴等，反映了畜牧生活的特色。辛店文化遗址中的房屋多为半地下穴的形制，呈长方形。储藏的窖穴，有袋状和长方形，还有灰坑。墓葬以长方形竖穴土坑为多。葬式有仰身直肢、侧身屈肢，乱骨葬，还有二次葬。2013年被公布为第七批全国重点文物保护单位。（YTH）

石沟坪遗址 石沟坪遗址位于陇南市礼县石桥乡圣泉村。遗址东至干沟，西至圣泉村西，南至圣泉村东北侧，北至西汉水南岸第二级台地，整体平面呈不规则月牙形，东西宽300~400米，南北长1000米，面积约40万平方米，地势平坦，黄土堆积厚，台地面积大，水源充足，土质发育良好。遗址断崖上暴露有大量的灰坑、陶窑和大面积灰层，保存较完好。地表散布大量陶片，陶器有泥质、夹砂红陶和彩陶，颜色有灰、褐、红、黄等色。纹饰有绳纹、弦纹、附加堆纹、弧线三角纹（勾叶纹），还有鲵鱼纹、网纹、圆点纹等。可见尖底瓶、罐、盆口沿、器底等陶片标本。遗址时代上起仰韶文化中期，包含商、周、秦、汉各时期文化遗存。主要遗存属仰韶、半坡、庙底沟、石岭下、马家窑文化，常山下层文化和周代遗存也很丰富。2013年被公布为第七批全国重点文物保护单位。（YTH）

半山遗址 半山遗址位于临下回族自治州和政县洮河西岸的二级阶地上，属新石器时代遗址。半山遗址是若干墓地和居住址的总称，包括瓦罐嘴附近的居住址、瓦罐嘴墓地、半山墓地、边家沟墓地、王家沟墓地和半山以南瓦罐嘴以东的一个墓地，彼此相距1~2千米不等，处于被冲沟切割成的各个小山顶上。1924年首次发现后，在边家沟发掘了一座墓葬。马家窑文化的半山类型或半山期即由此而得名。边家沟墓葬随葬品比较丰富，计有1件磨制石斧、1件半打半磨的石锛、2件砺石、8件彩陶罐和4件夹砂陶罐。彩陶纹饰的最大特点是用红黑相间的锯齿线条构成漩涡纹、菱形纹和葫芦纹等，还有棋盘格纹和瓜子纹。此后凡属与这些陶器风格相同者，就称为半山式陶器。2013年被公布

为第七批全国重点文物保护单位。（YTH）

边家林遗址 边家林遗址位于临夏回族自治州康乐县城东北3千米虎关乡关丰村边家林社西面缓坡第二台地，依山临河，属新石器时代至商代的遗址，为马家窑类型晚期墓地。遗址范围东西长500米，南北宽300米，文化层厚0.6～1.5米。工作队和临夏回族自治州博物馆、康乐县文化馆联合进行了发掘，发掘面积425平方米，清理墓葬17座，灰坑1个，出土陶器100多件，石、骨器等近800件陶器。以彩陶为主，器形有壶、罐、盆、瓶、碗、钵等。壶颈较细直，出现红彩。其文化特征为承袭马家窑类型的风格，又孕育半山面貌，马家窑类型过渡到半山类型的衔接极为明显。2013年被公布为第七批全国重点文物保护单位。（YTH）

新庄坪遗址 新庄坪遗址位于临夏回族自治州积石山保安族东乡族撒拉族自治县银川乡新庄坪村的银川河台地上，东靠多多山，西临银川河，南至西沟，北至后庄尕寺根，面积约39.6万平方米，属新石器时代至青铜器时代的遗址，是一处保存基本完整的齐家文化遗址。遗址分居住区和墓葬区两大部分，在小水沟以西一带还发现少量马家窑文化马厂类型的彩陶残片掺杂在齐家文化灰层之中。多饰绳纹，彩陶纹样主要有弧线三角纹、圆点纹，出土文物主要为齐家文化的陶器、骨器、石器、玉器和大量灰层、灰坑和墓葬。2013年被公布为第七批全国重点文物保护单位。（YTH）

然闹遗址 然闹遗址位于甘肃藏族自治州迭部县电尕镇然闹村东200米，属新石器时代至青铜器时代遗址。面积约50万平方米，文化层厚1～4米，暴露有灰坑、墓葬。采集有马家窑文化石岭下类型泥质红陶和夹砂红陶片，纹饰有绳纹、划纹、附加堆纹及黑彩条带纹、圆点纹、垂弧纹、鸟纹、涡纹、三角涡纹、圆圈网格纹，内彩多施盆、钵的口沿部，器形有钵、壶、瓶、罐、碗、卷沿盆。另有齐家文化泥质红陶和夹砂红陶片，纹样有篮纹、绳纹、刻划纹，器形有高领罐、鼓腹折肩罐、盆、壶等。2013年被公布为第七批全国重点文物保护单位。（YTH）

磨沟遗址 磨沟遗址位于甘南藏族自治州临潭县王旗乡磨沟村，属新石器时代至青铜器时代的遗址。面积1.35万平方米，文化层厚1.8～2.6米。陶片分泥质陶和夹砂陶两种，器形有重唇口尖底瓶、敛口钵、平沿尖底瓶、夹砂红陶罐、高领罐、双大耳罐等，彩陶纹饰有变体鸟纹、勾叶纹、圆点纹、网纹、三角纹、弧线纹、带纹等，其他纹饰有绳纹、附加堆纹、篮纹等，生产工具有石斧、石凿、带孔石刀、石球、骨锥、陶纺轮等。装饰品有石环、陶环、赤铁矿石。礼器有玉璧等。发现房址两座，系圆形竖穴式，属仰韶文化庙底沟类型，是目前甘南地区发现最早的人类居址。2013年被公布为第七批全国重点文物保护单位。（YTH）

2. 古墓葬

果园—新城墓群 果园—新城墓群位于嘉峪关市新城乡西南、酒泉市果园乡北的戈壁滩上。这里有魏晋墓、十六国墓，还有唐代墓，前后相延，不曾中断，面积约13万平方米。墓葬多存有砂砾堆积的封土、墓道。大型墓或家族墓群处在砂砾围成的茔地中，发掘所见为砖室墓。魏晋、十六国墓葬的墓门上方砌筑雕砖的门楼，雕砖造型有侧兽、力士、雷公、鸡首人身或牛首人身像。墓室有二室或三室。前、中室盝顶，平面近方形，后室券顶，平面呈长方形。雕砖砌成屋檐和椽形，墓壁龛旁墨书"各门""藏内""灶内""牛马圈"等，这些可能是对世家豪族庄园宅第的模仿。唐墓用模印砖砌成，室壁嵌十二生肖、技乐、骑士雕砖，地面铺莲花纹方砖。2001年被公布为第五批全国重点文物保护单位。（YTH）

雷台汉墓 雷台汉墓位于武威市北关中路雷台公园内，是东汉晚期的大型砖石墓葬雷台，雷台是古代祭祀雷神的地方，因在一高约10米的土台上建有明朝中期建造的雷祖观而得名。据出土马俑胸前铭文记载，雷台汉墓是"守张掖长张君"之墓，约在186—219年修建。墓道长19.34米，墓室分前、中、后三室及配以左右耳室三处，前室附有左右耳室，中室附右耳室。出土有金、银、铜、铁、玉、骨、石、陶器等文物231件，铜车马仪仗俑99匹，其中以铜奔马艺术价值最高。铜奔马又称"马超龙雀"，呈绿铜色，马高34.5厘米，长45厘米，重7.15千克，马呈飞奔状，三足腾空，昂首扬尾，右后足下踏一展翅奋飞回首惊视的"风神鸟"龙雀，改变了传统天马的造型手法，又符合力学平衡原理，蕴含丰富的天马文化内涵，铸造技巧精湛，堪称青铜艺术之极品。2001年被公布为第五批全国重点文物保护单位。（YTH）

骆驼城墓群 骆驼城墓群位于张掖市高台县骆驼城乡永胜村西3千米处。墓群以城址为中心，分布在骆驼城遗址南、西、北三面，即东南墓群、西南夯土台式墓群、五座窑遗址。东南墓群位于骆驼城遗址东1500米处，该墓群东西长约6000米，南北长约9000米，占地面积50平方千米，有封土墓葬近2000余座。出土有大量的彩绘砖，还有前凉时期的木牍、木俑及西晋时期的彩帛旌铭、木版画。1996年被公布为第四批全国重点文物保护单位。（YTH）

汪氏家族墓地 汪氏家族墓地位于定西市漳县城南2.5千米的徐家坪，面积约3万平方米，是我国目前发现的最大的元代墓葬群。该墓地是元代陇右王汪世显及其后裔的墓地，是甘肃省一处保存完整的元、明时期家族墓地。墓葬为带竖井墓道的砖构单室墓，墓室平面方或长方形，顶为八面攒尖式或圆形穹隆形，墓壁嵌模印人物、花卉、鸟兽纹砖。出土随葬品有陶、瓷、金、银、玉、玻璃器具、丝织品等，其中彩绘陶俑、木屋、双龙铜镜、玻璃莲花托盏、高足青瓷杯、蒙古式服饰等极为珍贵，为国内同期墓葬所少见。该墓葬和出土随葬品为研究元、明时期丧葬制度及其演变提供了完整资料，出土墓志记载补正史之不足，是研究当时政治、军事、社会习俗的重要文字资料。2001年被公布为第五批全国重点文物保护单位。（YTH）

明肃王墓 明肃王墓位于兰州市榆中县来紫堡乡黄家庄村北侧平顶峰南麓。墓群依山就势，坐北向南，枕山面野，排列井然。南北宽约300米，东西长约3000米。墓葬之间的距离50～1300米不等。墓室建筑结构与明十三陵基本一致，采用石条封堵，石条后为石门，经过甬道到达一个木门后进入墓室，墓室外围砖墙间隙以铁水灌注。已打开的1号墓位于墓区中北部，依山而建，坐北向南。封土底径35米，高8米。墓室由前、中、后和中室左右的两个侧室组成，设两道石门、一道木门，用条石砌基，石板铺地，用长38厘米、宽18厘米、高8厘米青砖砌成，总长26.325米，平面呈"亚"字形。2006年被公布为第六批全国重点文物保护单位。（YTH）

锁阳城墓群 锁阳城墓群位于酒泉市瓜州县桥子乡锁阳城遗址附近戈壁滩上。墓区长30千米，宽5～8千米，有汉唐墓葬两千多座，有砖式、洞穴室两种结构，大型墓有六十多座，最大周长70米。墓群主要分布在锁阳城遗址南面和东南面，自汉代延续千余年。墓群规模大，形制复杂，出土文物丰富精美。三个墓群计1924座墓，保存状况较好，基本完整。2006年被公布为第六批全国重点文物保护单位，归入"锁阳城遗址"。（YTH）

放马滩墓群 放马滩墓群位于甘肃天水市麦积区党川乡小陇山林区。墓葬分布于秦岭山前扇形草地，地表无坟堆，保存完好，没有被盗迹象。墓地总面积约1.1万平方米，墓葬百余座，均分布在秦岭山前平地，依东西向分上、中、下三层排列。墓间距离近者1米，远者10余米。目前共发掘墓葬14座，其中秦墓13座，汉墓1座，共出土文物400余件，主要有战国秦木板地图，竹简，木板画、毛笔、笔管、算筹、钱币、陶、漆器、铜镜等重要文物。其中1号墓出土的木板地图内容包括了战国时期天水地区的政区设置、域邑乡里、关隘地名、道路里程、山系水文、植物分布等诸多人文、自然和地理事物，涉及当地政治、经济、军事、文化、民族等多个层面，为世界上最古老的实物地图，文物和考古价值极高。2013年被公布为第七批全国重点文物保护单位。（YTH）

旱滩坡墓群 旱滩坡墓群位于武威市市区西南沿祁连山北麓的一片台地上。墓葬始建于战国时期，时间跨度大，分布面积较广，东起金塔河，西至西营河，地跨柏树、松树、西营3个乡，宽约1千米，长约20千米，有30余座墓葬，多为土洞墓，间有少数砖室墓。其中一座墓中发掘出彩绘木俑20个，每个高约24厘米，形似侍女、驭奴等，有的拱手而立，有的吆马挥鞭，造型生动逼真。与木俑一起出土的还有木雕彩绘马1匹、木牍4块、斗笔1管、莲枝灯1架以及丝绸衣物等。木雕彩绘马由9块组成，与1969年武威雷台汉墓出土的铜奔马造型完全一样。斗笔长31厘米，毫长6厘米，制作工艺精良，保存良好。莲枝灯高117厘米，分12枝，分枝上有彩绘镂空龙雀和木雕灯盏及火苗，色泽艳丽。出土医药汉简92枚，是国内现存最早的医学著作原始文物，对研究我国古代医学具有十分重要的价值。而4块墓牍记载着墓主人的身份和生平，系前凉武威厉将军都战帅驸马都尉姬瑜夫妇的合葬墓。这些墓葬的发现，为研究前凉时期的政治、经济、文化以及丧葬仪式、社会制度提供了难得的实物依据。2013年被公布为第七批全国重点文物保护单位。（YTH）

磨咀子和五坝山墓群 磨咀子和五坝山墓群位于武威市城西南15千米处的祁连山山麓、杂木河两岸。墓葬分布在一片丘陵上，南北长1000米，东西宽700米，分布较密，非常集中。墓葬均为土洞墓，由墓道、墓门、墓室3部分组成。规模较大的墓葬还有后室、侧室或耳室。墓道为斜坡式，墓门为过洞式连接沟通墓室。墓室多为长约4米、宽约3米的长方形穴，三人、双人、单人葬均有，葬具为木棺。由于这里土质碱含量大，土内又夹杂着种石蕊物质，土质非常坚硬，加之丘陵台地地气干燥，具有保存地下文物的优越条件。因此，此处的墓葬及随葬器物保存较完好，特别是一些不易存放的木器、丝、麻、草编物等都很好地被保存了下来，文物的蕴藏极为丰富。2013年被公布为第七批全国重点文物保护单位。（YTH）

高昌王和西宁王墓 高昌王和西宁王墓位于武威市凉州区永昌镇石碑沟村。均为家族墓，且有立碑，分别为"亦都护高昌王世勋碑"（简称"高昌王碑"）和"西宁王忻都公神道碑"（简称"西宁王碑"）。1990年，在高昌王墓地发现一座砖室墓，出土有唐代海兽葡萄铜镜和元代白瓷豆4件、铜钟1件。高昌王碑青石质，碑残，蟠螭首，残高1.3米，宽1.9米，厚0.52米。碑身残高1.82米，宽1.73米，厚0.47米。碑阳汉文楷书36行，行残41字，碑阴为回鹘文，内容详细记载从巴尔术阿尔忒的斤到太平奴八代回鹘亦都护高昌王世系、事迹及回鹘族起源及西迁等。该碑石于1933年被移至武威文庙保存。西宁王碑仍在原地，青石质，龟趺座，蟠螭首，高5.8米，宽1.6米，厚0.45米，由碑座、碑身、碑首三部分组成。碑身正背两面刻字，正面为汉文楷书竖行，背面为回鹘文，记载元平章政事斡栾及其先辈有功元朝，其父忻都公被封为西宁王事迹及回鹘在河西居住和发展历史。高昌王碑、西宁王碑是国内现存最大的汉、回鹘文和汉、蒙古文对照的碑刻，对研究古代回鹘族的起源流派，汉、蒙古、回鹘族的关系以及元代文学、书法、雕刻艺术等都具有重要的价值。2013年被公布为第七批全国重点文物保护单位。（YTH）

八卦营墓群 八卦营墓群位于民乐县永固镇八卦营村东500米处的背背山、直岭岭、簸箕洼、陆沟山、乱疙瘩五条山岭上，从山脚到山顶都有分布，面积达246万平方米。20世纪60年代末发现，1975年，由张掖地区文化局进行勘查。从山坡上暴露的墓葬看，有券顶砖室墓、土洞墓及瓮棺葬。墓室结构有单室、双室。墓群出土器物比较丰富，有各类陶器、铜器、木器等物，随葬有陶灶、壶、盆、杯等和汉代的钱币——大布黄千、一刀平五千、半两、五铢钱等。特别是西汉时期的钱币"一刀平五千"为不可多得的古币珍品。在考古调查中还发现,部分墓室内绘有壁画,壁画以天界、星云、日月、四神、女娲、鸟雀为主要内容,用墨线勾绘,以丹砂、土红、石青着色。八卦营墓群是西汉至魏晋时期遗存。墓群分布面积广,墓葬种类多,随葬器物丰富,且保存较好,不仅对甘肃汉代考古中汉墓的分期断代研究具有重大价值,而且为研究汉代河西地区的政治、经济、文化和社会状况提供了重要的实物依据。2013年被公布为第七批全国重点文物保护单位。(YTH)

甲子墩墓群 甲子墩墓群位于张掖市甘州区碱滩镇甲子墩村南500米处,属汉至魏晋墓群,面积1平方千米。地表可见圆形封土20余座,最大的直径21米、高12米。曾出土灰陶钟、陶壶、罐、灶、耳杯以及木马、牛等。地表散见大量绳纹、篮纹夹砂灰陶片、子母砖等。2013年被公布为第七批全国重点文物保护单位。(YTH)

踏实墓群 踏实墓群位于酒泉市瓜州县锁阳城镇镇政府东南7千米处的戈壁滩上。墓群分东西两个墓区。东墓区面积约5000万平方米,有砾岩洞室墓225座,其中大型墓8座,集中于墓群西部。位于墓群中部的一号大墓,俗称"四个墩子",其地面遗迹有茔圈、神道、墓阙、封土等。茔圈的围墙基本呈方形,东西131米,南北长128米,高1.3米;神道也是用砂砾堆积成梁,长234.2米,宽18米;有墓阙4座,分别位于神道南北端的东西两侧,其中神道北端东侧单阙通高5.1米,阙身高3.8米,台基高1.3米,茔圈口东侧阙是子母阙,残高5.8米;封土用砂砾堆积,高4.5米,呈梯形;墓道同封土一样,用砂砾堆积,长60米,宽7.4米,高1.38米。二号墓和三号墓均出土了精美的画像砖。西墓区面积约4500万平方米。有砾岩洞室墓200多座,其中大墓6座,多集中于墓群东部。大部分墓地表有砂砾堆积茔圈、神道、封土和墓道。3号墓茔圈呈正方形,边长95米;神道向北,长98米,宽14.5米;封土为圆锥形,周长78.6米,高3.2米;墓道向东,长36.5米,宽2.2米,高1.25米。踏实墓群规模大,保存较好,是研究汉、魏晋、唐时期瓜沙地区丧葬制度的重要历史资料。2013年被公布为第七批全国重点文物保护单位。(YTH)

3. 古建筑

万里长城—嘉峪关 万里长城—嘉峪关位于嘉峪关市区西南地势最高的嘉峪山上,城关两翼的城墙横穿沙漠戈壁,向北8千米连黑山悬壁长城,向南7千米,接天下第一墩,是明代万里长城西端主宰,自古为河西第一隘口。关城始建于明洪武五年(1372),从初建到筑成一座完整的关隘,经历了168年的时间,是明代长城沿线九镇所辖千余个关隘中最雄险的一座,至今保存完好。因地势险要、建筑雄伟而得有"天下第一雄关""连陲锁阴"之称。嘉峪关由内城、外城、城壕三道防线成重叠并守之势,壁垒森严,与长城连为一体，形成五里一燧、十里一墩、三十里一堡、一百里一城的军事防御体系。关城以内城为主，周长640米，面积2.5万平方米，城高10.7米，以黄土夯筑而成，西侧以砖包墙，雄伟坚固。内城开东西两门：东为"光化门"，意为紫气东升，光华普照；西为"柔远门"，意为以怀柔而致远，安定西陲。门台上建有三层歇山顶式建筑。东西门各有一瓮城围护，西门外有一罗城，与外城南北墙相连，由"嘉峪关"门通往关外，上建嘉峪关楼。嘉峪关内城墙上还建有箭楼、敌楼、角楼、阁楼、闸门楼共14座，关城内建有游击将军府、井亭、文昌阁，东门外建有关帝庙、牌楼、戏楼等。1961年被公布为第一批全国重点文物保护单位。（YTH）

拉卜楞寺 拉卜楞寺位于甘南藏族自治州夏河县，藏语全称为"噶丹夏珠达尔吉扎西益苏奇具琅"，意思为具喜讲修兴吉祥右旋寺，简称扎西奇寺，一般称为拉卜楞寺。拉卜楞寺是藏语"拉章"的变音，意思为活佛大师的府邸。拉卜楞寺建于1709年，是藏传佛教格鲁派六大寺院之一，被世界誉为"世界藏学府"。整个寺庙现存最古老也是唯一的第一世嘉木样活佛时期所建的佛殿，是位于大经堂旁的下续部学院的佛殿。拉卜楞寺由大经堂、时轮学院经堂、医学院经堂、喜金刚学院经堂、续部上学院经堂、续部下院经堂、弥勒佛殿、释迦牟尼佛殿等建筑组成。除此之外还有藏经楼、印经院、夏丹拉康、菩提法苑、嘉木样别墅、铜塔、厨房和牌坊等建筑。大型佛殿顶部，均有铜质鎏金法轮、阴阳兽、宝瓶、胜幢、雄狮等。部分殿堂的屋顶有鎏铜瓦和绿色琉璃瓦。整个建筑庄严巍峨、宏伟壮观，具有藏族建筑独特风格。1982年被公布为第二批全国重点文物保护单位。（YTH）

鲁土司衙门旧址 鲁土司衙门旧址位于兰州市永登县连城镇连城村。原占地面积约4万平方米，今存3.3万平方米。其中明代建筑面积2877平方米，分衙门、官园、妙因寺三部分，均坐北朝南，砖木结构，东西相连，形成一个整体。建筑布局以衙门中轴线，东北角为官园，西侧为妙因寺。衙门由南到北依次排列着有大照壁、牌楼、仪门、提督军门、东西厢堂、大堂、如意门、燕喜堂、朝阳门、东西配楼、祖先堂和大库房等建筑组成的六组院落。院落间利用地势由南向北逐渐抬升，展现了衙门森严威仪的气势。衙门东侧配置书院、二堂、寝院等多重院落及花园，西侧为山门、万岁殿、禅僧殿、德尔经堂、大经堂等。其中妙因寺各殿中保存有大量壁画、砖雕。三组建筑高低错落，深邃威严，朱甍碧瓦，气势恢宏，堪称我国土司衙门建筑中的杰作。1996年被公布为第四批全国重点文物保护单位。（YTH）

兴国寺 兴国寺位于天水市秦安县城北街，是一组保存较好的元代建筑群，据载创建于元至顺三年（1332）。经过六百多年的变迁，兴国寺建筑大多已坍塌，只有山门、钟楼、鼓楼、般若殿安稳如磐，迄今完好。般若殿坐东向西，面阔三间，通长11.7米，进深两间三橼，单檐歇山顶，上布灰筒板瓦，正脊两端各安一条龙吻，二龙怒目卷尾，张口吞脊，活灵活现。正中部饰以琉璃兽面，上置一火珠，两侧置走兽。垂脊和戗脊上饰兽，戗脊上还置天王、狮、豹、马、狗等。大殿架梁用六根檐柱支撑。当中两根檐柱，浑圆硕大，柱头卷刹为覆盆状，柱身下用素面圆形柱础，无雕饰。殿内无粗大金柱，仅在斜梁和内额的下皮设置直径约15厘米的四根小柱。虽经历代多次重修，但梁架结构，斗拱风格，仍保持了元代建筑的特征。1996年被公布为第四批全国重点文物保护单位。（YTH）

武威文庙 武威文庙也叫圣庙、孔庙，位于武威凉州城区东南隅，坐北向南，始建于明正统四年（1439），历经扩建，布局对称，结构严谨，是一组宫阙式建筑群，规模宏大，气势雄壮，明清之际被誉为"陇右学宫之冠"，是凉州文人墨客祭祀孔子的圣地，目前西北地区建筑规模最大、保存最完整的孔庙，属全国三大孔庙之一。由三部分组成，东为文昌宫，中为文庙，西属凉州府儒学院。占地平面呈长方形，南北长198米，东西宽152米，占地面积约3万平方米。现存建筑以圣庙和文昌宫保存完好。1996年被公布为第四批全国重点文物保护单位。（YTH）

张掖大佛寺 张掖大佛寺位于张掖市西南隅，因寺内有中国最大的室内佛祖涅槃卧像而得名，是丝绸之路上的一处重要名胜古迹，又是历史文化名城金张掖的标志性建筑。张掖大佛寺始建于西夏崇宗永安元年（1098），其名称几度被更改，曾称作"迦叶如来寺""宝觉寺""弘仁寺"等，因寺内塑有著名的室内大卧佛，俗称"卧佛寺"或"大佛寺"。佛祖释迦牟尼的涅槃像在大殿正中高1.2米的佛坛之上，佛身长34.5米，肩宽7.5米，耳朵长约4米，脚长5.2米，一根中指能平躺一个人，耳朵能容八个人并排而坐。大佛寺还有全国唯一的西夏少数民族宗教殿堂、世所罕见的明代手书金经以及数以千计的馆藏精品文物。1996年被公布为第四批全国重点文物保护单位。（YTH）

圣容寺塔 圣容寺塔位于金昌市永昌县城关镇金川西村。甘肃省境内唯一一处保存完整的唐代佛塔建筑，又名后大寺塔。大小二塔，隔山谷相望。大塔建于石崖之上，为圣容寺建筑之一，寺已毁，塔独存，为方形七级密檐式空心砖塔，塔基边长10.8米，通高16.2米。第一层南面辟门，塔檐用砖砌叠涩挑出13层，从下往上四层和第八层挑出菱角牙子，原有壁画及文字题记。隔山谷相望的小塔亦方形七级砖塔，造型与大塔相似，通高4.9米，为实心，内有木梯通塔顶。塔内有壁画遗存及题记。2001年被公布为第五批全国重点文物保护单位。（YTH）

伏羲庙 伏羲庙位于天水市秦州区西关伏羲路。始建于明成化十九年至二十年间（1483—1484），历经九次重修，形成规模宏大的建筑群，占地面积13000平方米，现存面积6600多平方米，是目前中国规模最宏大、保存最完整的伏羲庙。伏羲庙临街而建，院落重重相套，四进四院，宏阔幽深。庙内古建筑包括戏楼、牌坊、大门、仪门、先天殿、太极殿、钟楼、鼓楼、来鹤厅共10座，又新建朝房、碑廊、展览厅等共6座，新旧建筑共计76间。整个建筑群坐北朝南，牌坊、大门、仪门、先天殿、太极殿沿纵轴线依次排列，层层推进，庄严雄伟。而朝房、碑廊沿横轴线对称分布，规整划一，具有鲜明的中国传统建筑艺术风格。2001年被公布为第五批全国重点文物保护单位。（YTH）

胡氏古民居建筑 胡氏古民居建筑俗称南北宅子，位于天水市秦州区民主西路，占地2300平方米，建筑面积约500平方米，是明代秦州举人、山西按察副使、雁门兵备道胡来缙的私宅，由南宅子和北宅子两处隔街相望的古建筑群组成。南宅子始建于明万历三十六年（1608），北宅子建于万历四十三年（1615）。现存古建筑8座、垂花门1座、影壁3座。主体建筑正厅和书房院为明代原建，其余为清代重修。正厅面阔五间，进深三间，单檐悬山顶，前出廊，柱头卷刹，平板枋与阑额断面呈T形。书房院内有佛堂、客厅、书房，建筑风格与正厅相同。2001年被公布为第五批全国重点文物保护单位。（MDM）

圆通寺塔 圆通寺塔位于张掖市民乐县六坝乡城堡内。圆通寺塔坐东朝西，正面偏南30度，是一座砖包土藏传密宗金刚宝座塔，台基高20～40厘米。塔体四周约3.31米处有砖砌护栏。台基面至塔顶高21.9米，塔座为两层叠涩须弥座，塔座长8.78米，宽8.71米。塔座之上是须弥山，须弥山上下四角各设小塔一座，共计8座，上下对应，精巧玲珑。须弥山之上中间为硕大的覆钵塔身，为大日如来佛，四周的小塔东为阿弥陀佛，南为宝生佛，西为阿弥陀佛，北为不空成就佛。覆钵上方又设须弥座，座四周每面开5个佛龛，共计20龛。每龛内置佛一尊（为密教题材）。再上是相轮十三重（"十三天"）。相轮之上为圆形木质华盖，周边悬挂36个铁质的流苏，采用镂空雕花，每个流苏下挂一铁质风铎。华盖之上的塔刹，高1.5米，为瓷质黑釉宝瓶。2001年被公布为第五批全国重点文物保护单位。（YTH）

武康王庙 武康王庙位于平凉市崇信县城东街，又名李元谅寝宫，始建于唐，宋、元、明、清时曾多次修缮。占地3337平方米，由寝宫和拜殿组成。现存的武康王庙总体布局呈南北纵长形，建筑分布于南北中轴线上。寝宫坐北向南，面阔五间，进深三间，六椽单檐歇山顶，为土木结构厅堂式建筑。拜殿面阔五间，进深一间，卷棚顶，砖木结构。2001年被公布为第五批全国重点文物保护单位。（YTH）

东华池塔 东华池塔位于庆阳市华池县林镇乡东华池村。塔为八角七层楼阁式砖塔，底边边长3.29米，无基座，通高26米。第一层塔身较高，各面平素无饰，仅东北面开一券门，门高1.87米，宽1.04米，深2.88米。向上各层塔身逐渐收分缩减，二至七层每面以砖砌八角柱分割成三间，各层每面上下交错开真假门及假窗。各层塔檐以五铺做双杪斗栱承挑叠涩出檐，出檐施假飞子、方椽及瓦垄，栌斗坐于普柏枋上，普柏枋在转角处出头十字相交，横栱均隐刻而成；真假门两侧均砌破子棂窗或毯纹格子窗，假版门上雕门簪二枚。一、二、三层塔檐上以五铺作双杪斗栱承托平座栏杆，栏杆为斗子蜀柱华板式样，蜀柱头雕坐斗，华板雕勾片纹、云纹及鹿、凤、虎等动物，以勾片纹最多。塔顶置石质砖刹，塔刹上雕圆光、露盘和宝珠。除第一、第七层塔檐砖风化脱落外，塔体保存较完好。2001年被公布为第五批全国重点文物保护单位。（YTH）

凝寿寺塔 凝寿寺塔位于庆阳市宁县政平乡政平村泾河北岸，地处马莲河、无日天沟河、泾河三河交汇处。凝寿寺塔系青砖结构建筑，平面呈正方形，楼阁式，共五层。通高21.2米，基宽6米。第一层正面开南门，门高2.2米，宽1.58米。第二层开东西直门洞，第三层开南北直门洞，以此规律开门洞至五层。塔内有室，南北进深2米，东西2.11米，依梯形直通塔顶。各层均设木楼板，现楼板已毁，留存四层梁。塔顶为叠涩上安宝顶，造型酷似西安大雁塔。2001年被公布为第五批全国重点文物保护单位。（YTH）

红城感恩寺 红城感恩寺俗称大佛寺，位于兰州市永登县红城镇永安村西南。该寺创建于明弘治五年（1492），竣工于明弘治八年（1495），清咸丰八年（1858）增修。永登红城镇又叫红城子，始建于西汉神爵二年（前60），原址在庄浪河西，因城墙由红土筑成得名。红城感恩寺坐北朝南，建筑面积约400平方米。寺前有四柱三间三层木质牌楼，寺内有碑亭、护法殿、菩萨殿、大佛殿、力士殿等。原有塑像128尊，仅在大佛殿就有99尊。现仅存塑像12尊，壁画3面。碑亭内的感恩寺碑高4.19米，宽0.89米，厚0.22米。大佛寺建筑有着重要的艺术价值，除历史文化价值极高的名碑——敕赐感恩寺碑，还有明代的泥塑造像，是用红土、糯米水纸巾、棉花混合碾碎后雕塑而成的。2006年被公布为第六批全国重点文物保护单位。（YTH）

永昌钟鼓楼 永昌钟鼓楼位于金昌市永昌县县城四街交汇之处，建于明万历十五年（1587）。分楼阁和楼台两部分。台基边宽22米，高7.2米，通高24.5米。楼阁重檐庑殿顶共二层三檐，下层面宽三间，进深三间，四面置隔扇门，门左右置槛窗，斗拱为双翘无昂，共五踩，卷刹弧线。上层屋檐及檐柱向内紧收，面阔仍同下层。最上层为屋顶，上置宝顶。楼台以夯土版筑，四周包砖，两道拱门纵横其中，通达四街。楼体有三层，四面逐层挂巨匾三块。东侧匾文为"丽日摩云"（上），"民淳俗美"（中），"金阙迎恩"（下）；南侧为"文运天开"（上），"魁壁联辉"（中），"云锦天香"（下）；西侧为"中天一柱"（上），"怀柔西域"（中），"玉关通道"（下）；北侧为"声闻四达"（上），"保障金川"（中），"威宣沙漠"（下）。台基四侧拱门上方镌文字，东为"大观"、南为"迎熏"、西为"宁远"、北为"镇朔"。一层楼台上置大铁钟一口，内置大鼓一面。2006年被公布为第六批全国重点文物保护单位。（YTH）

后街清真寺 后街清真寺位于天水市秦州区人民西路。因历史上秦州城五城相连，该清真寺在"西关城东北角",故早年称西关清真寺。寺北原畔邻城墙北垣,其墙被拆后,始临北关人民路,1970年后,因寺门改在后街澄源巷,从此通称后街清真寺。清真寺原为三进门:头道门位于澄源巷北口,为三间木结构牌楼,斗拱处竖书"清真寺",门楣横书"渐入福地""诵经法祖";二门在大寺巷内,为单檐大开间牌坊,上书"常乐界",背书"抵报元功""清真古教",传为康熙御题;第三道门是坐北向南三大间过厅。进入寺院,古柏、大殿、木楼相互掩映,庄严肃穆。寺内现存石碑五通,但最珍贵、历史价值最高者是"秦州重建清真寺楼碑"和清嘉庆二十四年"督宪禁止永不在寺装粮碑"。其中"秦州重建清真寺楼碑"是甘肃境内最早的阿拉伯文碑刻,其碑记是回族非常重要的文献。2006年被公布为第六批全国重点文物保护单位。(YTH)

秦安文庙 秦安文庙位于天水市秦安县兴国镇新华街东,始建于元大德元年(1297)前,从元至正元年至民国八年(1919)进行过多次修葺,曾是天水地区历史上规模较大的崇圣尊孔之地。文庙占地面积4.5亩,现存建筑有大成殿、崇圣祠、乡贤祠、名宦祠等。院内还存古柏9棵,其中一棵千年老柏参天蔽日,下身合围近5米。2004年,国家文物局投资对大成殿进行了整体维修。2005年恢复了孔子塑像。主体建筑大成殿,坐北朝南,面阔五间,通长14米,进深四间,宽10.3米,建筑面积240平方米,土木结构,七檩抬梁造,单檐歇山顶,上覆琉璃筒瓦,梁枋构件均施彩画,收山、出檐较深,脊饰龙、凤、牡丹、菊等纹饰,两稍间槛墙嵌有琉璃盘龙各一条,其梁架结构、斗拱形制和彩画等均保留明显的明代建筑特征,是甘肃省保存较好的明代木构建筑之一。大成殿是典型的明代宗教殿堂建筑,为研究中国古代建筑艺术不可多得的实物例证。2006年被公布为第六批全国重点文物保护单位。(YTH)

玉泉观 玉泉观位于天水市秦州区城北天靖山麓,临涧跨桥,依山建造,占地面积9万余平方米。曾称城北寺、崇宁寺、郏山寺,后因山上有一碧清甜甘美的玉泉而得名。玉泉观创建于唐代,始称"北山观",宋代改称"天庆观""玉泉观",宋末时遭毁,元代初期重修,历元、明、清三代的扩建重修,鼎盛时拥有建筑90余座,为一处庞大的道教宫观古建筑群落,历来为天水游览胜地,并以"玉泉仙洞"的美誉列入秦州八景。建筑布局以道教规制分布,在纵贯南北的中轴线上坐落着宏伟的玉皇殿、三清殿、牌楼等七大建筑。在东、西、南的冈峦、土阜、山坳里坐落着规模较大的祭祠、庙堂、泉亭和碑廊等。在现存的60余座建筑中,有明代建筑5座,其余均为清代各时期的建筑。玉泉观的建筑规模和完整性为国内罕见。2006年被公布为第六批全国重点文物保护单位。(YTH)

张掖会馆 张掖会馆位于张掖市甘州区,耸立在著名的大佛寺旁。张掖会馆是清朝时期山西、陕西商人在张掖经商期间所建的活动场所,是一个集山门、高阁、戏楼、看台、牌坊、钟楼为一体的古典建筑群,始建于清雍正二年（1724）。会馆分为前后两个院落。山门内前院南北构成对称的看楼各7间，牌坊后的南北两面各排列5间厢房，布局严整，错落有致。中轴线上分布着牌坊、钟鼓楼、大殿、配殿、厢房等。木牌坊为四柱三门，正楼大，左右次楼小，总面宽11.2米，歇山式顶，券口上雕刻二龙戏珠、大象、海马、麒麟，神态生动，正楼正面刻行书"福阴苏山"，背刻"膏流瀚海"，左右次楼嵌板上刻有八字楹联一副。牌坊左右排列两座钟鼓楼，平面呈正方形，边长6.2米，上下两层，四面坡攒尖顶，下层或东或西正中开门。牌坊内东西两边为对称的厢房，各宽9间，深1间，悬山式顶。最后正中为大殿3间，为会馆的主体建筑，宽14米，深14.6米，单檐歇山顶，古朴斗拱，保存完整。两侧为东西配殿，规模较小，各宽3间，深1间。整个建筑主次分明，构成了古建筑物的特色。2006年被公布为第六批全国重点文物保护单位。（YTH）

西来寺 西来寺位于甘肃省张掖市西南隅西来寺巷。据《甘州府志》记载，该寺始建于唐朝，明朝重建，名为"慈云精舍"。康熙三十年（1691），郎法阿札木苏住寺修行，并抵京见康熙皇帝，被赐名"普觉静修国师"。清康熙五十一年（1712），慈云精舍改为寺院，建山门、中殿，还建楼五楹，以作藏经之所。当时云楼掩映，雄伟壮丽，一年四季香客云集，盛极壮观。康熙六十年（1721），康熙十四子，抚远大将军允禵与平郡王纳尔素到西来寺，看到庙宇破旧，遂赐金重修寺庙，并赐名"西来寺"。后有地方绅士和商民纷纷捐资扩建，至雍正十年（1732）三月，修殿楼十楹，有大殿、配殿、天王殿、观音殿、藏经楼等。现存藏经楼为单檐硬山顶，两加卷棚顶，面阔5间，进深五架梁八架椽。殿内上有表现"皆大欢喜"的弥勒佛像，袒胸露腹，跌坐蒲团，笑容可掬，生趣盎然；下有宝贝佛像和国师真容塑像。南配殿有护国仁王佛像一堂，北配殿有护国天尊护法一堂，大殿有如来佛像。过殿山门是手执降魔杵的护法天尊韦驮，山门两侧塑威武雄壮、神态自若的四大天王。观音殿单檐歇山顶，面阔3间，殿顶部中心有藻井，周围绘有各种图案，系明代建筑，价值极高。2006年被公布为第六批全国重点文物保护单位。（YTH）

张掖鼓楼 张掖鼓楼又名镇远楼、靖远楼，位于张掖市市区中心，始建于明正德二年（1507），清顺治五年（1648）焚毁于兵燹，康熙七年（1668）甘肃提督张勇重建，乾隆、光绪年间两次修缮。鼓楼平面呈正方形，边长32米，全用青砖包砌，基部衬砌石条，台顶砌有1米高的女墙，下部四面开券门，形成平面呈"十"字形门洞，与四条大街相通，可供通行。门洞顶部砌5层砖券，上面嵌刻砖匾额，东为"旭升"、西为"宾晟"、南为"迎薰"、北为"镇远"。楼阁分上下两层，重檐四面悬挂匾额，起初东为"金城春雨"、西为"玉关晓月"、南为"祁连望雪"、北为"居延古牧"，康熙七年（1668）重建后，改东为"九重在望"、西为"万国咸宾"、南为"声教四达"、北为"湖山一览"。

钟鼓楼东南角有一唐钟，铸有图案，分三层，每层6格。上层其中3格为飞天，飞天戴花冠，袒上身，下着裙，露脚，手拿花束；中层6格，其中3格是朱雀、玄武；下层6格，其中3格是青龙、白虎。钟身只有图案，无文字，属全国罕见。2006年被公布为第六批全国重点文物保护单位。（YTH）

延恩寺塔 延恩寺塔位于平凉市崆峒区东郊宝塔梁上。石条砌筑，为八角七级楼阁式砖塔，高33.3米。第一层朝南开门，自第二层以上各层四面开门。各层叠涩出檐，刻棂窗，平座栏杆，斗拱，覆盆式顶，上有铁铸宝刹，宝刹上有明正德十年（1515）山东云县县令夫人功德题记、明崇祯八年（1635）韩王亶堉夫人功德题记，并有绿琉璃瓦覆檐。2006年被公布为第六批全国重点文物保护单位。（YTH）

湘乐砖塔 湘乐砖塔位于庆阳市宁县湘乐镇境内。砖塔建于宋代（北宋），湘乐古城所建年代无考，目前城垣残存。砖塔耸立于古城内的西北角，平面呈六角形，楼阁式，高七层，顶部残，通体高约22米。第一层塔身很高，无台基和基座，越向上越收小。第一层每面宽3.76米，门向南，单砖券顶，门高2.22米、宽1.18米、进深2.06米。内辟六角形塔室，每面长1.42米。第一层门北面开券门施龛室，门宽0.70米，龛室宽1.65米，进深0.80米，龛高2米、宽1.04米。各层塔檐每面出双杪华拱，每面斗拱5朵，上承替木。在第二层和第三层施平座，平座下斗拱与檐下相同，平座上施栏杆，栏板为直棂式，上施斗子蜀柱，八角座，柱头施明显的卷刹。塔身各层每间隔一面设真门或刻版门与直棂窗。真门为圭角式门洞；版门施方形门框，双门半掩，门向各方都有。第六层塔檐每面3朵斗拱，与他层不同。2006年被公布为第六批全国重点文物保护单位。（YTH）

罗川赵氏石坊 罗川赵氏石坊位于庆阳市正宁县罗川市市区中心。石坊共三座：恩宠坊、天官坊、清官坊。恩宠坊为明吏部稽勋司郎中赵邦清于万历四十五年（1617）为其嫡母刘氏、生母高氏所立。天官坊和清官坊系当地府县官绅为赵邦清所立。石坊各高约10米，宽约20米，全以红砂岩料凿磨镶砌而成。通体雕饰人、禽、兽、山、水、云、树、花、庭院等，雕刻精细，堪称明代石坊雕刻的典范。2006年被公布为第六批全国重点文物保护单位。（YTH）

兰州府城隍庙 兰州府城隍庙位于兰州市城关区张掖路中段。兰州城隍庙坐北向南，占地12000平方米，建筑面积4000平方米。大门3间，为忠烈侯坊，二门为硬山顶式环廊戏楼，北有卷棚歇山顶式享殿，后为重檐歇山顶式正殿，左右有厢房、钟鼓楼等。回廊下原有壁画，现已不存。现有建筑依次为牌坊、享殿、正殿、寝宫、客堂，坐落在轴线上。牌楼属明代建筑，由节园颜妃墓前的贞列遗盱牌坊改建而成，院内石狮一对。该庙有200多年历史。清乾隆年间（1736—1795）毁于大火，后重修。2013年被公布为第七批全国重点文物保护单位。（YTH）

五泉山建筑群 五泉山建筑群位于兰州

市区南侧的皋兰山北麓，以佛教古建筑为主。五泉山海拔1600多米，占地26.7万平方米，有明清以来的建筑群十余处千余间，建筑面积1万多平方米，规模宏大。现存最早的建筑为崇庆寺内的金刚殿，明洪武五年（1372）所建，距今已有600余年。古建筑群多集中于中峰，进山门沿中间通道直上，殿宇层叠，楼阁错落，甚为壮观。2013年被公布为第七批全国重点文物保护单位。（YTH）

金天观 金天观位于兰州市七里河西津东路，由肃庄王朱楧建于明建文二年（1400），占地面积54亩。因地处城池正西，在五行中西方属金，故名金天观。当时的金天观是兰州最大的道观，宫殿高大巍峨，同廊连贯，观内汉柏唐槐，古木参天。有四大建筑群，东有元坛祠、洗心道院，中有雷坛，西有英武祠，北面九阳山上有玉皇阁、老子殿，其北有花园，叠石为山，称山字园。据记载，金天观里原有36株唐槐，被称为"三十六部雷将"。现存唐槐3株、树龄120年以上的明清柏3株。最高的一株唐槐达20余米，胸径近3米。院南有明清碑刻十余块。其中，有移自节园的肃王妃"碧血碑"，立于原二清殿西廊。20世纪40年代，将碑移至墓西南稻香亭内，1976年移入金天观。碑高2.3米，宽1.3米，上刻肃王草书七律诗一首《次司马太恒吴老先生韵兼送之甘州》。1956年，金天观改为兰州工人文化宫。2013年被公布为第七批全国重点文物保护单位。（YTH）

青城古民居 青城古民居位于榆中县最北端的黄河南岸。据载，青城古民居为宋仁宗年间秦州刺史狄青巡边时所筑，所以叫青城。历史上的青城是以水烟为主的货物集散地，水陆交通发达，北京、天津、太原等外地客商云集。舶来文化使得青城古民居既有山西大宅院的特点，又有北京四合院的风格。现存的50多处古民宅为四合院，具有一定的文物价值和观赏价值。这些民宅中有明代建筑1处，其余33处为清康熙、乾隆、嘉庆、道光时期所建，15处为民国时期所建，主要分布在城河、青城、新民三个村。现存完整的四合院有12处，比较完整的四合院18处，残缺的有14处，仅存门楼的有16处。2013年被公布为第七批全国重点文物保护单位。（YTH）

海藏寺 海藏寺位于武威市市区西北2千米处，是现存比较完整的一处古建筑，占地1.16万平方米，是河西的名刹古寺。海藏，为佛教用语，相传佛教大乘经典藏在大海内龙宫中。《大藏经·龙树菩萨传》中，即有龙树求经心切，大龙菩萨接入龙宫以经典相赠的记载。另据解说，很久以前，寺院周围林泉茂密，古刹宛若藏在海中，故取此名。海藏寺始建于晋代，已有1700多年的历史。元朝时藏传佛教萨迦派第四代祖师萨班借到凉州之机，捐资扩建修缮了海藏寺等凉州四大寺，使之成为藏传佛教寺院。明、清又扩建翻修，形成殿宇宏伟、佛像庄严的丝绸之路上一处重要的寺院。2013年被公布为第七批全国重点文物保护单位。（YTH）

圣容寺 圣容寺位于武威市民勤县城西南隅，整个寺院坐北朝南，东西宽50米，南北长125米，占地面积6250平方米。寺内建筑有山门、大雄宝殿、三圣殿（即中殿）、藏经阁、鲁班殿、观音堂和前、中圣容寺及后三院配殿及僧舍。圣容寺始建于明洪武初年（1368），原址在县城东北隅，明成化十三年（1477）移建今地，清道光十三年（1833）扩建山门，民国八年（1919）重修前中西廊房，1959年对整个寺内建筑进行维修、彩绘，于1983年和1986年又进行修缮。大雄宝殿系重檐歇山顶，面宽五间，进深三间。当心间施斗拱五朵，其余间各施三朵。殿内顶棚做船底式，系方格天花板构成，其斜面与平面绘满佛像和祥云，构成大面积彩画。1987年5月又在殿内塑三座大佛和观音金身，周边塑十八罗汉像等。三圣殿为单檐前卷棚硬山顶，面宽三间，进深三间。藏经阁系单檐悬山顶，二层楼阁，面宽五间，进深三间。2013年被公布为第七批全国重点文物保护单位。（YTH）

酒泉鼓楼 酒泉鼓楼位于今酒泉市市区中央，是古肃州城标志性建筑，最早创建于东晋穆帝永和年间（346—353），是前凉政权酒泉郡太守谢艾主持重修的酒泉城（时称福禄县城）东城门。清雍正三年（1725）整修城楼，砖包鼓楼台基。同治四年（1865），鼓楼毁于兵火。现存的鼓楼，是光绪三十一年（1905）重修的。晋建城时，始为肃州古城东门谯楼，以备巡逻、瞭望、打更之用，之后扩城时，渐渐退于城中心，成为鼓楼。明时，基座开通南北两个洞门，初具今日之形。鼓楼拔地27米，基座呈正方形，周长112米，高8米。鼓楼为木架结构塔形楼。一楼每面三开间，12根擎柱镶入墙体中，外有檐柱20根，楼内4根粗壮的通天木柱顶贯三楼；二楼每面有12个雕花窗扇，嵌在12根撑柱之间，外有走廊栏杆，东西两面分别悬挂"声震华夷""气壮雄关"巨幅匾额；三楼为单间，单檐，四面开窗，四角高挑，外有回廊护栏；楼顶装有聚宝瓶。2013年被公布为第七批全国重点文物保护单位。（YTH）

崆峒山古建筑群 崆峒山古建筑群位于平凉市市区西12千米处，包括皇城、雷声峰，以自然景观为基础，与人文景观相融合，自然天成，有较高的美学价值和科考价值。皇城建筑群始建于北宋年间。北宋乾德年间即在皇城建有太和宫。元代改奉释迦佛，称崇佛阁。明代嘉靖年间韩藩王夫人郭氏捐资，扩建真武殿，成为全山道教主要建筑物，面积约200平方米。大殿毁于康熙十四年（1675）发生的以陕西提督职镇守平凉的王辅臣之兵变。康熙十五年（1676），龙门洞道士苗清阳主持修葺，基本上恢复了原貌，是山上历经劫难保存最完整的建筑。雷声峰九光殿石坊是崆峒山现存明代建筑物中唯一一件保存较为完整的石雕建筑。石坊建于明万历四十一年（1613），采用黄沙岩雕成，仿木榫卯结构，四柱三开间，高3.05米，间距1.3米，瓦楞顶盖，斗拱方梁。下为浮雕人物花板，正中为明代平凉第十一世韩王朱宣墡题写的"九光殿"匾额及"神霄玉府"题刻，匾侧浮雕八仙，下为双龙穿花和丹凤朝阳图案。石坊整体结构严谨，雕工精美，小巧玲珑，与雷祖殿浑然一体，又有明确纪年和韩

主题區。2013年被公布为第七批全国重点文物保护单位。（YTH）

塔儿庄塔　塔儿庄塔位于庆阳市宁县盘克镇罗山府林场子午岭西麓，始建于五代时期，系全砖结构，平面呈正方形，楼阁式，共三层，顶部残损。塔身直接出自地面，无台基和基座，越向上越收小，通体高约11米，底边长3.73米。塔表层磨砖对缝，十分规整。第一层南面设单砖券顶门，门高2.2米，宽0.96米，塔室为正方形，正面神灶尚存，室顶直空，内壁三面有彩绘壁画，还有两幅清咸丰五年（1855）重修记事文字。各层设有木楼板，内壁一层为重修。第二、第三层檐部施斗拱两朵，檐上方椽，铺以瓦，均施平座、栏杆，四周栏杆所砌砖面刻有各种花卉和马、羊、象、鹿、鱼、鸳鸯、人面人身鸟尾动物等图案。该塔为宁县境内三座塔中唯一有彩绘壁画的砖塔，造型独特，建筑工艺极为精湛，檐、斗工整，棱角如锋，砖缝弥合如线，不见缝泥，为研究古建筑的珍贵资料，具有极高的史料和文物考古价值。2013年被公布为第七批全国重点文物保护单位。（YTH）

白马造像塔　白马造像塔位于庆阳市华池县白马乡政府南500米处的台地。塔身高5米，共7层，平面呈六边形，顶部残损，全部用红砂岩凿砌而成。塔底部平铺石条，上砌塔身。塔身各层均有塔檐，檐下有仿木斗拱，每面两朵，檐上有方椽，铺以瓦。第一层塔身每面宽84厘米，西面雕一身高20厘米、手扶拐杖的长者，有4个高8厘米的小侍面向长者拱手揖拜，其余各面分别雕有奔马、麒麟、雄鸡、鹿、狮等。第二层以上各面中间均开一小龛，高24厘米，宽18厘米。龛内各雕一尊坐佛，面部丰满，螺髻偏高，袒胸，身披通身袈裟而端坐。全塔共雕有佛像42尊。目前塔身已出现裂缝，第一、第二、第三层佛像残缺，北面三层、四层和西北面第六层石面严重剥蚀，塔底座残损。此塔造形有唐代风格，应建于唐末或宋初。2013年被公布为第七批全国重点文物保护单位。（YTH）

脚扎川万佛塔　脚扎川万佛塔位于庆阳市华池县紫坊畔乡脚扎川村西，建于宋代，因通体雕遍佛像，故称"万佛塔"。全塔以凿磨的红砂岩石而成，锥形，底部残损，现共存9层，残高8米。平面呈八边形，底层每面宽40厘米，各层均有塔檐。塔身通体有浮雕佛像，每层各分3面，每面6身，疏密相间，排列井然，共有造像1200身，其中坐佛600余身，均为坐于莲花座上，样式一致，姿态单一，衣纹不显。大部分仅仅留残迹，第三至第七层佛像头部均残。2013年被公布为第七批全国重点文物保护单位。（YTH）

环县塔　环县塔在庆阳市环县城北1千米处，环江东岸第二级阶地上。平面呈八边形，为楼阁式五层塔，顶有塔刹，通高约22米，砖砌，无台基。第一层较高，门向南，单砖券顶，高2.45米，进深2.43米，宽0.93米。各层有隔板。每层间隔一面设真门或刻版门和直棂窗，变换方向。真门单砖券顶，门两侧浮雕莲花。版门方形门框，双门紧闭，门面有钉饰。各级塔檐上部施平座，上有栏杆，人可通行。栏杆底层砖面阴刻"卐"字相连。属宋代建造风格。2013年被公布为第七批全国重点文物保护单位。（YTH）

肖金塔 肖金塔位于庆阳市西峰区，始建于宋政和八年（1118）九月初三，历时两年才完工。塔内碑刻中有"伏饬前生今世积劫莫大之罪清除福将随身""祈保人口亨通老幼安宁"等相关文字。清嘉庆十六年（1811）九月，当地一名叫刘伟的人募捐修葺此塔一次，其他再无修缮记载。肖金塔为砖砌结构，平面呈八边形，楼阁式，顶部残，现存6层，高约20米。第一层正东开门，单砖券顶，各层塔檐出双杪花拱和转角斗拱，上承替木，叠涩出檐，上铺瓦，檐上各层施平座、栏杆，塔身各层各面设真门或刻版门与直棂窗。2013年被公布为第七批全国重点文物保护单位。（YTH）

塔儿湾造像塔 塔儿湾造像塔位于庆阳市合水县县城东北部约70千米的太白乡苗村川塔儿湾村。造像塔始建于宋代，以凿磨的红砂岩石条块叠砌而成，平面呈八边形，密檐式建筑，共13层。《中国名塔》一书称其为中国最为纤细的古塔，将其列为稀有的古建筑和珍奇的名胜之一。塔高约12米，径宽1.4米，原无台基及基座。塔身第一层较高，达2米，第二层以上逐渐缩短。二层和四层南面各设一假门。各层有塔檐，檐下出叠涩两层。檐角有仿木转角斗拱，檐下雕出檐缘，檐上雕出筒状瓦棱。塔顶为石雕刹柱，刹基以上为相轮三匝，华盖一层上置宝珠。塔身第一层每面有浮雕石刻造像，雕刻技法纤巧细腻疏密相间，每面雕像分为5幅，共40副，每幅雕像法纤巧细腻，疏密相间。每面雕像分为5幅，共40幅，每幅雕像13~15身，共造500~600之多。2013年被公布为第七批全国重点文物保护单位。（YTH）

双塔寺造像塔 双塔寺造像塔原位于庆阳市华池县林镇乡张岔村。造像塔通体雕佛、菩萨、弟子、供养人、伎乐天等造像，还有涅槃等本生故事。一号塔高13.1米，造像多达3600余身。二号塔造像较少，塔高13层11.98米，全塔造像615身。双塔造型秀丽，结构严谨，雕凿细腻，充分显示了我国古代工匠精湛的工艺技巧和完善的艺术造型，具有很高的历史、科学和艺术价值。2000年5—7月对寺院遗址进行了抢救性发掘，出土了石碑、经幢、陶石建筑构件等文物370多件、标本267件。其中有许多珍贵的文字铭刻，记录了寺院的名称、始建年代和筹建人等。二号塔体内更是出土1件荷叶盖、周身有17颗宝珠的香包，据考证，距今已有800多年历史，被称为"千岁香包"。2013年被公布为第七批全国重点文物保护单位。（YTH）

周旧邦木坊 周旧邦木坊位于庆阳市庆城县南大街，据记载，明弘治十八年（1505）为纪念周氏先祖在庆城教民稼穑、削土筑城等历史功绩而修建。木坊为门洞式纯木质建筑，坐北向南，四柱三门，东西长14米，南北宽4.2米，高12米，占地面积约70平方米。四根立柱通顶支撑，前后砌"人"字形辅助支撑石桩一对。主体为五层斗拱叠涩镶砌负托结构，坊顶铺青瓦，饰五脊六兽及花纹等，檐下正中镶匾，匾面正书"周旧邦"三个大字。清光绪年间、中华民国时期、新中国成立初期都曾多次进行修葺。周旧邦木坊历时500多年雄姿犹存，气势宏伟，其建造工艺精巧，具有很高的历史、艺术和科学研究价值。2013年被公布为第七批全国重点文物保护单位。（YTH）

兴隆山古建筑群 兴隆山古建筑群位于庆阳市环县。兴隆山属于子午岭山脉的北部余脉，海拔1774米，北与宁夏盐池相望，东与陕西定边毗邻，素有"鸡鸣听三省"之说。兴隆山古建筑群始建于明代，清康熙、道光年间曾进行过两次修复和扩建，现存15座建筑，占地面积约4万平方米。兴隆山古建筑群可划分三个区域：一是东南峰外围建筑区域，现存有牛马王庙、城隍庙；二是中峰东南坡上分布的建筑群，无规则地分布在许多小平台上，由下而上依次有前门楼、牌坊、中门楼、三进门楼、关帝庙、药王洞等建筑；三是最高处即中峰峰顶主建筑群，以无量祖师大殿、献殿和山门为中轴线，旁有佛殿、菩萨殿、钟楼、鼓楼，共同构成了对称规整布局。兴隆山古建筑布局疏密有致，巧妙地利用了自然地貌，呈不规则分布，人工雕琢与山形地貌结合得天衣无缝，体现了我国传统的"天人合一"文化思维。2013年被公布为第七批全国重点文物保护单位。（YTH）

威远楼 威远楼位于定西市陇西县城关中心，始建于北宋皇祐五年（1053）。当时守将韩琦筹划边防时，于城东一里处的北坊建一谯楼，名曰"威远楼"，取威震远方之意。孟卜诗有"韩公安抚来秦风，威远楼筑在渭滨，凭眺自看西土月，旌胜已靖朔方尘"。元顺帝至正元年（1341），制铜壶滴漏及更鼓置于其上，在夜间击鼓报更，故称鼓楼。明洪武元年（1368），依旧址重建，取名"雄镇楼"。清道光十六年（1836）又加修葺，并将宋崇宁元年（1102）所铸重达4000千克的铜钟移置楼上，击之声闻四达十余里，俗称钟鼓楼。威远楼现为砖基三层木楼。基座高11米、长27米、宽17米，楼高15米，通高26米，每层楼有24柱，三层楼都是四面飞檐，檐下共设斗拱102朵，结构严谨，造型雄伟，为歇山顶式建筑。2013年被公布为第七批全国重点文物保护单位。（YTH）

栗川砖塔 栗川砖塔位于陇南市徽县县城西27千米的栗川乡郇家庄村口东侧台地上。据考，徽县栗川乡郇家庄地面古有一座寺院，名普圆寺。该寺在唐代被战火焚毁，宋淳化年间在废址上敕建一塔，名白塔。后又重建寺庙，名曰白塔寺。不久，白塔寺又遭火灾，寺毁而白塔存。白塔为多层叠涩檐承托平座、斗拱楼阁式砖砌空心塔，通高约30米。塔基平面呈八边形，用石条砌筑，出地面二层内为台阶。塔身八面九层，底扩顶收，自底部越上越小。第一层最高，约7米，八面各宽3米余，无平座勾栏，有仿木斗拱残存。南、北壁各镶一石碑，上书"修补塔序"和石工、募捐者名录及竣工年月（道光十二年八月初八，即1832）。其南壁碑下设半圆拱门，门高1.46米，门道深2.33米，单砖券顶，内辟八边形塔室。第二层以上各层均施平座、勾栏，塔檐出檐深度由下至上递减，使整体楼阁轮廓丰满有力。塔体的四个正面各施刻画版门和二窗，双门紧闭，窗雕菱形格棂，刻工简洁，线条清晰。四隅面无门，均雕菱形棱窗三个。各塔檐每面施双杪花拱三朵，转角出双杪挑角斜拱，上承替木，再上雕出檐椽，上铺砖石两层，呈斜坡状。檐椽上铺以瓦。塔顶坍塌无刹，但仍可看出其反叠砌成的攒尖顶。白塔整体筑砌精细、雕工玲珑、结构严谨。2013年被公布为第七批全国重点文物保护单位。(YTH)

洮州卫城 洮州卫城位于甘南藏族自治州临潭县县城东35千米的新城乡新城村，因与旧城（旧洮堡址）相对，俗称新城。据《洮州厅志》《洮州卫城竣工碑》载，为明洪武十二年（1379）西平侯沐英所筑，明、清两代多次重修。1913年后为临潭县县城。该城依山而建，东北高，西南低。平面呈多边形，周长5430米。城墙夯筑，基宽8米，残高9米，顶宽6.7米，夯层厚0.15～1.18米。四面皆设砖包城门，外有瓮城，门宽3.95米，高4.2米，砌拱形顶，又有水西门一处。南城墙外筑马面6座及角墩2座，背面沿山势筑环形外城，外城墙有烽墩3座。城西北、东北山头有多座烽火台，与城共同构成防御体系。2013年被公布为第七批全国重点文物保护单位。(YTH)

4. 石窟寺及石刻

麦积山石窟 麦积山石窟位于天水市东南约35千米处。麦积山以险、奇、秀和独特的石窟文化而著称。其山海拔1742米，相对比高142米，石窟开凿在20～80米高的悬崖峭壁上，现有194个窟龛，之间由栈道相连。麦积山石窟与敦煌莫高窟石窟、山西云冈石窟、河南龙门石窟被称为我国佛教四大石窟，麦积山石窟则以她独特的泥塑艺术独树一帜。据史料记载，麦积山石窟是从384—417年的十六国后秦时期开始凿窟造像，经北魏、西魏、北周、隋唐、五代、宋、元、明、清等10多个朝代的不断开凿、重修，成为我国仅次于敦煌莫高窟的第二大佛教艺术宝窟。现存194个洞窟中，共保存了自4世纪末到19世纪初的各代匠人塑造的泥塑、石雕7800多件，壁画1000多平方米，北朝"崖阁"8座。这里的泥塑可分为高浮塑、圆塑、影塑、壁塑4种，大的高达16米，小的仅10多厘米，北魏时期的"秀骨清像"，隋唐以来的"丰满圆润"，神态各异，栩栩如生。1961年被公布为第一批全国重点文物保护单位。(MDM)

炳灵寺石窟 炳灵寺石窟位于临夏回族自治州永靖县西南35千米处的小积石山中。"炳灵"，是藏语"十万佛"的音译，意译相当于汉语的"千佛山""万佛洞"。炳灵寺石窟的正式营建始于西秦建弘元年（420），历经北魏、北周、隋、唐，不断进行开凿修造，元、明时期仍有修妆绘饰。现存窟龛183个，共计石雕造像694身、泥塑82身、壁画约900平方米，分布在大寺沟西岸长约200米、高60米的崖面上。石窟以位于悬崖高处的唐代"自然大佛"（169窟）以及崖面中段的众多中小型窟龛构成其主体。炳灵寺最早叫"唐述窟"，羌语，"鬼窟"之意。后历代有"龙兴寺""灵岩寺"之称。石窟分上寺、洞沟、下寺三处，分布在大寺沟两侧的红砂岩上，洞窟层层叠叠，栈道曲折盘旋而上。炳灵寺以下寺最为壮观，窟龛濒临黄河，造像凿于大寺沟右侧峭壁上，长2千米，上下四层，高低错落，幢盖纵横，气势庄严。1961年被公布为第一批全国重点文物保护单位。（YTH）

榆林窟 榆林窟位于酒泉市安西县城西南约70千米的踏实河两岸。榆林窟同莫高窟在内容、艺术风格、绘画形式方面一脉相承，同为娇纵姊妹窟。现存唐、五代、宋、西夏、元等朝代洞窟42个，分布在榆林河东、西两岸的悬崖峭壁上，东崖31个、西崖11个，有壁画4200平方米，彩塑259身。创建年代虽无文字可考，但从洞窟形式和有关题记推断，当开创于隋唐以前。从现存壁画风格和游人题记衔看，唐、五代、宋、西夏、元、清各代均有过开凿和绘塑，进行过大规模的兴建。现存有完整壁画的洞窟43个，其中东崖32窟，西崖11窟。保存着彩塑272身、壁画5650余平方米。第六窟高约25米的弥勒佛，全身金箔敷就、灿然如新、金碧辉煌，极其庄严雄伟。第十一窟的十八罗汉，神态各异，形象逼真。壁画多为唐至元代800年间的作品，内容十分丰富，有场面宏大的巨幅经变画、形象生动的单幅佛像画、装饰图案和种类繁多的奇花异草、飞禽走兽，还有一定数量的表现当时社会生活、生产、科技等画面。从唐到元，历代都有佳作，其中第二十五窟的唐代壁画，更是世所罕见的珍品。1961年被公布为第一批全国重点文物保护单位。（YTH）

重修护国寺感应塔碑 重修护国寺感应塔碑现位于武威市文庙，亦称西夏碑，是迄今所见保存最完整、内容最丰富、西夏文和汉文对照字数最多的西夏碑刻。半圆形碑首，龟趺，碑通高2.6米，宽1米，厚0.3米。西夏文篆刻2行8字，汉译为"重修护国寺感应塔碑"。两边阴刻伎乐天，碑文西夏文楷书28行，每行65字。碑阴为汉文，额篆"重修□□寺□□塔碑铭"，碑文楷书，竖26行，每行70字。尾题"天祐民安五年（1094）岁次甲戌正月甲戌朔十五日戊子建"。1961年被公布为第一批全国重点文物保护单位。（YTH）

北石窟寺 北石窟寺位于庆阳市西南，因与平凉市泾川县南石窟寺同时代开凿，南北辉映，直线距离45千米，故称北石窟寺。北石窟寺肇造于北魏宣武帝永平二年（509），由泾州刺史奚康生主持创建。历经西魏、北周、隋、唐、宋、清各代相继增修，形成一处较大规模的石窟群。北石窟寺包括寺沟主窟群及其北1.5千米处的楼底村一窟（简称北一号），其南1.5千米处的石道坡石窟、花鸨崖石窟、石崖东台石窟群等，南北延续3千米。现存窟龛296个、石雕造像2126身、碑碣8通、壁画96.7平方米、题记150方。精华集中在寺沟主窟群。此处有283个窟龛，密布在高20米、南北长120米的黄砂岩崖体断面上。具有代表性的洞窟有北朝时期的165号、240号窟和盛唐时期的32号、222号、263号窟。1988年被公布为第三批全国重点文物保护单位。（YTH）

南石窟寺 南石窟寺位于平凉市泾川县城东泾河北岸的蒋家村。南石窟寺又称为东方洞，建于北魏永平三年（510）。现存洞窟5个，创建于北魏的第一窟和唐代的第五窟保存较好。东大窟为南石窟寺的主窟，结构独特，造型宏伟。入窟后迎面三壁围立高达2米多的7尊佛像，两旁有13座胁侍菩萨，形态各异，栩栩如生，为北魏风格。窟顶布满浮雕。雕刻线条生动流畅。其余4窟皆小，剥落处露出早期壁画。南窟寺风格与北石窟寺极为相似，故两者被称姊妹窟。窟外崖壁上有小龛10余个，均系北魏、中晚唐开凿。窟门内两侧各雕一尊高约3米余的交脚菩萨。门外两侧雕二力士。窟顶浮雕佛教故事。1988年被公布为第三批全国重点文物保护单位。（YTH）

东千佛洞石窟 东千佛洞石窟位于酒泉市瓜州县县城东南约70千米的桥子乡。开凿于北魏，历唐、五代、西夏、元、清等代增修。东千佛洞属敦煌石窟群，现存洞窟23个，南崖11窟，北崖12窟。留有壁画塑像的共9窟，其中西夏5窟、元1窟、清3窟。壁画总面积486.74平方米，其中西夏壁画374平方米，形制有长方形中心柱隧道窟、圆形穹隆顶窟、方形平顶窟，其中第二、第四、第五、第七窟均为长方形中心柱窟，尚存部分佛、菩萨塑像，但多为清代重修，唯第四窟西夏高僧像，身着俗装，保存完好。壁画分布四壁，内容可分为五类：经变画、密宗图像、尊像画、装饰图案和供养人画像。壁画以第二窟保存最为完整，艺术风格和内容与榆林窟第二、第三、第四、第二十九窟基本相同，是榆林窟西夏和元代艺术的一个分支，也是西域早期石窟形制的再现。1996年被公布为第四批全国重点文物保护单位。（YTH）

马蹄寺石窟群 马蹄寺石窟群位于张掖市肃南裕固族自治县县城东南80余千米的临松山中。马蹄寺石窟群由金塔寺、千佛洞、南北马蹄寺、上中下观音洞等七个小石窟群构成，共包括历代洞窟70余座，塑像500余身，壁画200余平方米。因山崖石质属粗红砂岩，不便雕刻，故绝大多数为泥塑。窟龛开在石壁高处或近水的岩壁上。窟前多有寺院建筑，远望层楼复阁，十分壮观。马蹄寺石窟群创建于十六国时期，现存窟龛、壁画、造像多为唐代以后的遗存，其中北寺、金塔寺保存较好。1996年被公布为第四批全国重点文物保护单位。（YTH）

水帘洞—大像山石窟 水帘洞—大像山石窟分布于天水市武山县榆盘乡和甘谷县响河沟两岸，依天然岩洞或崖壁开龛造像或绘制壁画而成。始建于十六国后秦白雀年间，初名白雀寺，寺已不存。现存最早的造像和壁画为北周时期建造和绘制，唐、五代、宋、金、元、清各代均有重修重绘。现存有拉梢寺、水帘洞、千佛洞、显圣池。水帘洞位于武山县榆盘乡，其崖面上保存着北魏、隋、

唐、元各代的佛教巨幅壁画。整个洞内楼台、泉石、雕塑、画像相辉相映，大有天然布景之趣。大像山位于甘谷县县城西南2.5千米的秦岭西端的文旗山上。自下而上有土地庙、墨葛殿、太昊宫、罗真殿、接引佛殿、文昌宫、灵岩寺、鲁班殿、关圣殿、无量殿、双明洞、大佛殿、三圣殿等。尤以气势宏伟的太昊宫、文昌阁、关圣殿、无量殿、双明洞、大佛殿盛名。就其布局来看，以无量殿为界，其下为木结构建筑，有15处，其上以石窟群为主，并以大像窟为中心，有洞窟23处，塑像中以大佛像最为有名。大佛为半圆雕石胎泥塑，高23.3米，肩宽9.5米，头高5.8米。2001年被公布为第五批全国重点文物保护单位。（YTH）

天梯山石窟 天梯山石窟位于武威市城南50千米处的中路乡灯山村。天梯山石窟，也称大佛寺，是我国早期石窟之一，创建于东晋十六国时期的北凉，后经历代开凿，有学者称为中国石窟鼻祖。天梯山山峰巍峨，陡峭峻拔，高入云霄，山有石阶，拾级而上，道路崎岖，形如悬梯，故称天梯山。山巅常年积雪，俗称"天梯积雪"，为凉州八景之一。石窟中大佛依山而坐，脚下碧波荡漾，薄云缠绕其身，构成了一幅山、水、佛、云浑然一体的壮观奇景，是凉州颇负盛名的旅游胜地。现存洞窟3层，保存佛龛17个、佛像一百多尊、壁画数百平方米以及魏、隋、唐时期的汉、藏写经。2001年被公布为第五批全国重点文物保护单位。（YTH）

文殊山石窟 文殊山石窟位于张掖市肃南裕固族自治县祁丰镇，是一处规模较大的佛教石窟群，始建于北凉时期（401—433），开凿于文殊山前和后山崖壁上。现存窟龛100多个，其中有早期中心柱窟8座、禅窟1座、窟前寺院遗址28处。文殊山石窟是中国早期佛教遗存，位于凉州模式石窟的范围内，是研究十六国时期佛教艺术的珍贵资料，对研究河西地区与西域的佛教文化艺术交流史有重要价值。其壁画具有河西地区早期洞窟壁画的特点，有些壁画内容可弥补莫高窟之不足，有些则是敦煌艺术的延续和发展。现存的西夏时期壁画是研究西夏佛教及其绘画艺术的重要资料。洞窟依山势开凿于文殊山前山和后山的崖壁上，分布于南北长1.5千米、东西宽2.5千米的范围之内。现存较重要的洞窟有前山千佛洞、万佛洞、后山古佛洞和千佛洞等，均为穹隆顶、平面近正方形的中心柱窟。2001年被公布为第五批全国重点文物保护单位。（YTH）

西狭颂摩崖石刻 西狭颂摩崖石刻俗称"黄龙碑"，位于陇南市成县西13千米处的天井山麓，镌刻于东汉建宁四年（171），是中国现存的汉代《石门颂》《甫阁颂》《西狭颂》三大颂碑之一，且保存最完好。它集文学、绘画、书法、汉儒思想及地方官制等于一身，是研究东汉表体文章，乃至当时社会政治、经济、交通的重要实物证据。"惠安西表"篆额，全是汉隶真迹，记载武都太守李翕率众开天井道政迹，是古代摩崖石刻之珍品，字体清晰，笔触遒劲，刀法有力，为书法之瑰宝，在国内外书法界和史学界享有盛誉。西狭颂摩崖碑高2.2米，宽3.4米。碑额为"惠安西表"四个篆刻字。正文为表文形式，隶书阴刻12行，385字，每字9～10厘米见方。碑文和书法均有很高的考古和临摹鉴赏价值。正文之前阴刻黄龙、白鹿、甘露、嘉禾、木连理和承露人图像。碑刻四周有宋元符、乾道、淳熙年间及清光绪、民国年间一些文人官宦访古题刻30多处及现代国画大师李可染题"东汉摩崖刻石"及"西狭颂"。2001年公布为第五批全国重点文物保护单位。（YTH）

木梯寺石窟 木梯寺石窟位于天水市武山县马力乡杨家坪，在榜沙河边依山建造，北魏始建，唐、宋增建，明洪武初年重建。木梯寺仅有北端一门可入寺，相传早年只有一数丈高的木梯架于绝壁处，以供登梯入寺。寺西侧有大石佛一尊。寺内现存窟龛18个，有造像78尊，壁画234幅，面积达2100平方米。石窟内有崖窟、摩崖龛、走廊、自然崖龛，均置木构遮檐，北侧凿山门。大佛阁有唐代彩塑大佛，高14米，又名大佛寺。峰峦遍生林木野花。距离寺北2.5千米屏风山有一窟，壁画具有唐代画风。2006年被公布为第六批全国重点文物保护单位。（YTH）

王母宫石窟 王母宫石窟位于平凉市东南75千米处的泾川县泾、汭两河汇流处，在王母山东北面，距泾川县不到1千米。王母宫石窟，也称大佛洞（又名千佛洞），建于北魏永平三年（510），是北魏时期创建的一座中心塔柱式佛教石窟，石窟坐西面东，高11米，宽12.6米，深13米，中心柱宽7米，深7.6米。王母宫石窟依山开凿，形若"凹"字，高达12米。窟内造像分三层，中有方体塔柱，直连窟顶，中心柱及三面窟壁均有石雕佛像，有千佛、力士、菩萨以及驮宝塔的白象，多为北魏作品。顶部建造物脱落几尽，现存造像百余尊，主佛像居中，其他依次排列两旁。2006年被公布为第六批全国重点文物保护单位。（YTH）

云崖寺和陈家洞石窟 云崖寺和陈家洞石窟位于平凉市庄浪县韩店乡佛沟（云窟）和水洛镇东北25千米六盘山麓陈家堡村。云崖寺石窟建于北魏永平五年（512），金、元、明各代均有增建。现存大小窟龛12个，分三层，上层白云洞最大，洞内无遗存。白云洞下为北魏开凿的二洞窟，内有石佛12尊，其中一尊高3.2米。下层最大窟深10米，宽5米，高4米，保存明碑两块，一为主山云崖寺成碑记，一为云崖碑记。陈家洞石窟利用天然崖坎凿造而成，有窟龛9座，内多为宋代以后的泥塑和彩绘。其保存最完好、最有艺术和文物价值的，是成像于晋太和年间、镌刻在一巨石上的三尊摩崖雕像，带有浓厚的西部民族特色。2006年被公布为第六批全国重点文物保护单位。（YTH）

《新修白水路记》摩崖 《新修白水路记》摩崖位于陇南市徽县县城南28千米大河乡瓦泉村，其地为秦陇八川之要冲，是古蜀道上主要遗迹，镌于北宋嘉祐二年（1057）。刻石通高2.8米，宽1.83米，篆额"新修白水路记"6字，正文楷书，从右到左竖写26行，每行37字，笔力遒劲，字迹工整，文字至今完好无缺。刻石为北宋宣德郎守殿中丞、知雅州、军州、骑都尉借绯雷简夫撰文书写的篆额,被收入《陇右金石录》《徽县志》《金石萃稿》《甘肃通志稿》《徽县新志》《秦州直隶州新志》等史籍中。2006年被公布为第六批全国重点文物保护单位。(YTH)

黑山岩画 黑山岩画位于嘉峪关市西北约20千米的黑山峡谷峭壁陡崖上。岩画主要集中在四道鼓形沟、红柳沟、磨子沟、石关峡口等处,计有153幅,延绵约2千米。岩壁黑紫色,刻石较浅,风格粗犷,造型生动。画幅大小不一,宽0.3~3米,高0.2~2.5米,一般高出地面0.5~5米。黑山岩画全称"黑山摩崖浅石刻岩画",1972年发现,有自战国至明代的岩画5处,共计153幅。画面内容有围猎、骑射、操练、舞蹈等,以及众多的羊、牛、鹿、狗、驼、鸟、鸡、鱼等动物形象。2013年被公布为第七批全国重点文物保护单位。(YTH)

文殊山后山石窟群 文殊山后山石窟群位于张掖市肃南裕固族自治县祁丰藏族乡文殊村,初创于北凉,北魏时渐具规模,西夏、元、明、清仍有续凿或修缮。包括后山千佛洞、古佛洞,现有洞窟100多个,窟前寺院遗址28处,洞窟形制保存较好。后山千佛洞为中心柱窟,中心塔柱正面拱形龛上层原绘有七佛,现存为清代改绘的密宗佛。甬道顶保存完整的北凉绘制的斗四平棋及伎乐。古佛洞也为中心塔柱窟,南壁存四臂观音,北壁可见一佛二菩萨,皆为清代沥粉金线勾绘,甬道顶为北魏四环忍冬纹。文殊山后山千佛洞、古佛洞是文殊山石窟的重要组成部分,是研究河西与古代西域佛教建筑与佛教艺术关系的重要实物。2013年被归入第五批全国重点文物保护单位文殊山石窟。(YTH)

大黑沟岩画 大黑沟岩画位于酒泉市肃北蒙古族自治县。大黑沟岩刻画在险峻的峭壁上,举目望去,奔腾的兽群、习武的将士,若隐若现,栩栩如生。大黑沟岩画共有34组,图案190多幅,画面的大部分为射猎、放牧、练武、乘马作战等场面。图中动物除梅花鹿、大角羊、野牛和野骆驼外,还有象、虎等动物。在岩刻画的旁边又有晚于岩刻画的隋朝时的年号和一些人名题记。2013年被公布为第七批全国重点文物保护单位。(YTH)

五个庙石窟 五个庙石窟位于酒泉市肃北蒙古族自治县县城西北20千米的党河西岸峭壁上。五个庙石窟是古代瓜沙地区(今瓜州、敦煌地区)以敦煌莫高窟为中心的外围中小石窟之一,洞窟开凿在党河水冲刷形成的砂崖上,砂崖高约30米,洞窟开凿于半崖,距地12~15米。在由南向北长约300米的悬崖峭壁上,现存的洞窟共有19个,唯有中间5窟可以登临,故被称为"五个庙",其中1个已在早年被毁。在与五个庙石窟相对的党河东岸上,存有4个残窟。从五个庙上溯约5千米处,存有1个石窟,俗称"一个庙"。实有洞窟6个,现编有5个窟号,各窟造像均已毁坏,仅余壁画也已漫漶不清。2013年被公布为第七批全国重点文物保护单位。(YTH)

石拱寺石窟 石拱寺石窟位于平凉市华

亭县上关乡半川村北侧山梁崖面上，是陇东地区北朝时期重要的佛教石窟寺遗存。现存窟龛14个，造像皆为石雕。第二窟和第六窟规模相当宏伟，窟内均造三佛及胁侍菩萨，前壁门两侧雕天王。第六窟窟高8米，佛高6米。两窟的造像在清同治年间（1862—1874）被破坏，唯有第六窟壁门侧浮雕供养人尚存数排，均着袍服，是北魏改胡服以后供养人的形象。现存较好的有第九和第十一窟。2013年被公布为第七批全国重点文物保护单位。（YTH）

石空寺石窟 石空寺石窟位于庆阳市镇原县城关镇金龙行政村金龙自然村茹河南岸的石崖上。西距县城2千米，石窟东西长200米，南北宽50米，窟龛距地表高约10米，窟龛依岩势而就，现存窟龛9个，多为长方形。1号和2号窟保存较完整，有石胎彩绘泥衣造像14尊。1号窟平面呈半圆形，窟高8米，宽9.50米，残深4.70米，其内雕5尊造像。2号窟平面略呈马蹄状。窟高7.50米，宽11米，残深4.30米，内雕5佛4菩萨造像，菩萨像分别立于佛像中间。据碑记和雕刻造像风格等方面的内容综合分析，此窟最早开创于宋代，建成于明代，清末加以修饰，已有1000多年的历史。2013年被公布为第七批全国重点文物保护单位。（MDM）

5. 近现代重要史迹及代表性建筑

会宁红军会师旧址 会宁红军会师旧址位于白银市会宁县，由会师楼及其他遗址和遗迹组成。会师楼原为明嘉靖年间所建的西城门楼。中国工农红军长征途中三大主力军曾会师于此。经重新修建的会师楼为砖木结构，二层楼式重檐歇山顶转角大木作，龙脊兽瓦，飞檐翘角。除此之外，会宁还保存了红军三大主力会师的其他遗址和遗迹，如古诚墙、红军会师联欢会会址——文庙大成殿等历史建筑群。另外，还修建了中国工农红军一、二、四方面军会师纪念塔、红军会师纪念馆、红军烈士纪念堂、长征胜利景园等大型建筑。其中，会师纪念塔坐落在会师园中心，1986年修建。塔高28.78米，共11层。这些建筑与会宁会师将帅碑林、会师碑林一同构成了气势宏伟、意义深远的建筑群。1996年被公布为第四批全国重点文物保护单位。（MDM）

哈达铺会议旧址 哈达铺会议旧址位于陇南市宕昌县哈达铺镇，是中国工农红军长征途中休整的地点。包括毛泽东住室（义和昌药铺内）、红一方面军司令部（同善社内）、红军干部会议旧址（关帝庙）、红二方面军总指挥部（张家大院）等旧址，分布在哈达铺上街和下街。1935年9月18日，红一方面军突破腊子口到达哈达铺。22日中共中央在义和昌药铺毛泽东住室召开会议，做出了"落脚陕北"的重大决策。后在关帝庙召开团以上干部会议，宣布这一决定。次年8月，红二、四方面军到达哈达铺并设司令部于张家大院，贺龙、任弼时、刘伯承等住在这里。现存最重要的遗址为哈达铺红军长征旧址，由毛泽东、张闻天住过的义和昌药铺、红一方面军司令部及周恩来住过的小院同善社，红一方面军团以上干部会议会址关帝庙，红二方面军总指挥部及贺龙、任弼时住过的张家大院，原哈达铺邮政代办所等五处旧址组成，总占地面积4800多平方米，建筑面积1700多平方米。另有"哈达铺苏维埃政府""苏维埃哈达铺游击队司令部"两处遗址占地面积420平方米，房屋18间，216平方米。2001年被公布为第五批全国重点文物保护单位。（YTH）

兰州黄河铁桥 兰州黄河铁桥位于兰州市城关区。建于清光绪三十三年（1907），初名"兰州黄河铁桥"，后改称"中山桥"。建桥材料是于光绪三十三年（1907）从德国海运到天津，再由甘肃洋务总局从天津转运至兰州的。建桥的工程师是美国人满宝本和德国人德罗，施工负责人为天津人刘永起。施工人员以德商聘来的69名洋工华匠为主。黄河铁桥历时3年建成，造价为白银30.6万余两。它不仅是兰州历史悠久的古桥，也是黄河上第一座真正意义上的桥梁，因而被称为"天下黄河第一桥"。2006年被公布为第六批全国重点文物保护单位。（YTH）

瑞安堡 瑞安堡位于武威市民勤县城南3.5千米的三陶村。该堡南北长90米，东西宽56.5米，墙高10米，大小院落8个，高脊瓦房140多间，亭台楼阁7座，平面布局为"一品当朝"，形呈"凤凰单展翅"，寓意深刻，是国内保存最完整、设计最奇特的地主庄园之一。瑞安堡修建于民国二十七年（1938），其规模宏大，建筑壮观，设计独特，造工奇丽，集民宅和防御工事为一体，融实用性和艺术性为一身，充分体现了我国古建筑艺术传统和现代相结合的独特风格。2006年被公布为第六批全国重点文物保护单位。（YTH）

灞陵桥 灞陵桥位于定西市渭源县城南门外的清源河上，始建于明洪武初年（1368），系大将军徐达西击元将李思齐时，为渡渭河而建。初为平桥，传说徐达夜梦受汉武帝爱妃指点，乃以木笼装石为墩修成。桥上配以玉石栏杆，因有"渭水通长安，绕灞陵，为玉石栏杆灞陵桥"之语，徐达亲题桥名为灞陵桥，后有"渭河第一桥"之称。"即济行人，复通车马"的桥梁后为洪水屡次冲毁。清同治年间重修，左宗棠为之题有"南谷源长"一匾。1919年仿兰州卧桥于南门外建成纯木悬臂式拱桥，被称为"渭水长虹"。桥身南北向全长40米，高15.4米，宽4.8米，曲跨29.5米。整个桥分为13间，64吊柱；桥面和桥底均以每排10根粗壮圆木，并列为11组，从两岸桥墩底部逐次递级，凌空而上，形成半圆状桥体。桥面有台阶通道三条，并配有栏杆扶手。茅以升在他的《桥梁史》中对灞陵桥有所评价，说它仅次于河北赵州同济桥。2006年被公布为第六批全国重点文物保护单位。（YTH）

俄界会议旧址 俄界会议旧址位于甘南藏族自治州迭部县达拉乡西。俄界，藏语意为八个山峰，俄界是个藏族村寨。俄界会议是红军长征途中的一次重要会议，对于胜利完成二万五千里长征产生了极其重要的意义。

当年红军司令部和毛泽东住室以及会址的木楼保存完整。2006年被公布为第六批全国重点文物保护单位。(YTH)

八路军兰州办事处旧址 八路军兰州办事处旧址位于兰州市互助巷，是一座普通的旧式的四合院建筑，坐北朝南。紧靠大门的房屋外间是办公室兼作会议室、接待室，里间为处长住室。西侧房屋为秘书、副官及警卫员住室，东侧房屋是厨房和服务员、炊事员住室。办事处于1937年8月25日成立后，宣传民族抗日统一战线，开展抗日救亡活动，输送进步人士到延安，并指导和创建了一大批进步团体，影响较大的有"甘肃青年抗战团""省外留学生抗战团"等。1943年11月，兰州八路军办事处被迫撤销，历时6年零3个月。这里现已建成纪念馆，对游客开放。2013年被公布为第七批全国重点文物保护单位。(YTH)

玉门油田老一井 玉门油田老一井位于酒泉市玉门市南端，最早建于清同治二年（1863），因抗日战争期间在此发现和开发当时国内最大的油田而闻名全国，并在战火中享誉全球。1980年，玉门石油管理局为纪念玉门油田发现和开发，重建了老君庙，并在老君庙前原玉门油田第一井的钻凿处安装了抽油机，铭刻了"老一井"的碑文。早在抗日战争期间，玉门油田就以多产油、产好油的方式，有力地支持了抗战。全国解放后，玉门油田又为全国各大油田输送了10万名干部职工和4000多套设备，成为新中国石油工业的摇篮。2013年被公布为第七批全国重点文物保护单位。(YTH)

南梁陕甘边区苏维埃政府旧址 南梁陕甘边区苏维埃政府旧址位于庆阳市华池县林镇乡四合台村寨子湾。其包括华池县苏维埃政府旧址、四十二烈士墓、闫家洼会议旧址、列宁小学、南梁革命纪念馆1934年11月7日，南梁政府在荔园堡成立后，随即搬迁到了寨子湾。这里地处子午岭森林深处，是开展游击战争的好地方。刘志丹、习仲勋等老一辈无产阶级革命家曾在这里生活、战斗，为中国革命做出了重要贡献。旧址分两处。一是军委所在地，在东嶂岘，共有窑洞六孔，是刘志丹办公、住宿的地方；二是政府所在地，位于与东嶂岘相隔一道沟的对面，过去有窑洞四孔，靠北的一孔为伙房，次为办公室，再次为警卫班住处，第四孔为习仲勋住室。在南梁革命纪念馆中，可以看到老一辈革命家的工作和生活用品。纪念馆于1985年筹建，1986年11月建成，占地面积33.12亩，建筑面积2281平方米，平面呈长方形。主要构有古成门，仿古式石门、六角亭、革命烈士纪念碑、群雕。最为著名的两座建筑：一是修复后的"清音楼"，1934年11月7日，在这里举行了三千多人参加的阅兵仪式，刘志丹、习忠勋在这里检阅了红二十六军、游击队、赤卫队，故也叫"阅兵台"；二是陕甘边区苏维埃政府旧址。2013年被公布为第七批全国重点文物保护单位。(YTH)

榜罗镇会议旧址 榜罗镇会议旧址位于定西市通渭县榜罗镇，是红军长征到达陕北之前经过榜罗镇并在此召开历史上有名的

"榜罗会议"的旧址。经调查，红军长征在榜罗镇的遗址有会议遗址、红军宿营地、长征路线三类六种近90处。1935年9月27日，毛泽东在榜罗小学校长室主持召开了中共中央政治局常委会议，史称"榜罗镇会议"。会议按照毛泽东在哈达铺提出的"到陕去"的行动计划，在分析了国内国际形势，进一步研究红军落脚点问题之后，正式决定并宣布改变俄界会议中关于到邻近苏联边界的地方建立根据地的战略方针，把红军长征的落脚点放到陕北，到陕北去会合红二十五军、二十六军，巩固和发展陕北革命根据地，把陕北作为领导中国革命的大本营。榜罗镇会议彻底结束了红军长征长期没有落脚点而四处转战的局面，从而推进了红军长征胜利完成并开展抗日救亡运动。榜罗镇会议是红军长征和中国革命继遵义会议以来的第二次具有转折意义的重要会议。2013年被公布为第七批全国重点文物保护单位。（YTH）

临夏东公馆与蝴蝶楼 临夏东公馆与蝴蝶楼位于临夏市南关，是西北军阀马步青专门为他的少夫人张筱英修建的一座园林式别墅，初建时取名永乐园，继改作勤安楼，建成时因主楼形似蝴蝶，故名。楼东西宽56米，南北长74米，占地2660平方米，为两层砖木结构。北面正中为主楼，面阔7间，歇山顶挑檐。左右两廊接长方形六角亭式楼阁，状如蝴蝶两翼。楼上下四周皆为回廊环绕，东西南三面长廊将楼紧围在里边，形成一方形大院。方砖铺成的十字形小道把院子分成四块花圃，楼前兰柏苍翠，花树相杂，阡陌相连。东公馆占地面积约200多亩，是一座"田"字形的庄院，其布局匠心独具：正门为西洋式建筑，门道和过庭风格不同，作用各异。正院主屋为三层五间大楼，其框架由28根通天柱构成；两端是两层转角楼；东、西、南各为大五架旧式厅堂；西北、西南皆为四合院，东西南北各五间；西南为厨房院；外院有观花楼、卫兵院、车马院，院内通道两旁栽着四季常青的松柏。2013年被公布为第七批全国重点文物保护单位。（YTH）

（五）省级重点文物保护单位

1. 古遗址

大沙沟遗址 大沙沟遗址位于兰州市永登县中堡镇邢家湾村南约1千米的大砂沟口南侧，属新石器时代遗址。面积约5.5万平方米，文化层厚约0.3米，暴露有灰坑。遗址遗存丰富，断崖上可见到灰层、灰坑等遗迹，地面上有很多陶片、残石器等遗物。陶片以泥质黄陶为主，并见少量灰陶。其主要器形有侈口盆、双石斧等。前三批被公布为省级文物保护单位。（YTH）

杜家坪遗址 杜家坪遗址位于兰州市永登县连城镇明家庄村西北，属新石器时代遗址。遗址高出河床约30米，东距大通河约700米，南北长600米，东西宽400米，文

化层距地表深1~1.5米，厚约0.3米。地面遗物较丰富，有灰土层、灰坑、陶片、骨骸、石器等暴露。从出土器物及暴露的陶片看，主要器形有盆、壶、双耳罐、直口罐、瓶、瓮、钵等。其纹饰有平行线纹、斜线纹、折线纹、划纹、附加堆纹、绳纹等，属马家窑文化马家窑类型遗址。前三批被公布为省级文物保护单位。（YTH）

红山大坪遗址 红山大坪遗址位于兰州市红古区镇红山村西30米处，属新石器时代遗址。遗址所在台地开阔平坦，在遗址南侧台地边缘田埂断崖上发现灰坑一处，从灰坑中发现的陶片质地及彩绘图案分析，均系典型马厂类型，但从地表暴露的灰坑及文化层中的陶片皆属马家窑类型，据此，该遗址应属马家窑文化马家窑、马厂类型的遗址。1962年被公布为第三批省级文物保护单位。（YTH）

茅道岭坪遗址 茅道岭坪遗址位于兰州市红古区窑街红山村东约50米，属新石器时代遗址。面积1.5万平方米，文化层厚0.5~1.2米，暴露有灰坑。采集有泥质、夹砂红陶片以及少量灰褐陶片。属马家窑文化马家窑类型的彩陶纹样有带状纹、波浪纹，器形有长颈壶。另有石刀、弹丸等。1962年被公布为第三批省级文物保护单位。（YTH）

西坡咀遗址 西坡咀遗址位于兰州市西果园陆家沟村南，属于新石器时代遗址。东靠大沟，西以教场沟为界，南临路家咀村庄，北面以大沟、教场沟相汇处为边缘。遗址面积南北长约400米，东西宽约250米。台地的周围断面灰层暴露厚达0.5~2米，内涵文化遗物很丰富，有夹砂粗杠陶。前三批被公布为省级文物保护单位。（YTH）

曹家咀遗址 曹家咀遗址位于兰州市七里河区西果园南约1千米的沙滩磨村背后第二台地上，属新石器时代至青铜器时代遗址。台地高出河床约6米，东临孙罗河沟，西靠山岭，南和青岗岔遗址隔沟相望。遗址面积东西宽约250米、南北长约300米，文化层厚2~3米，断崖上灰层、灰坑、残墓暴露很多，遗物丰富。前三批被公布为省级文物保护单位。（YTH）

马家坬遗址 马家坬遗址位于兰州市榆中县连搭乡马家山村西北500米，属新石器时代至青铜器时代遗址。面积约4000平方米，文化层厚约0.5米。采集有属马家窑文化半山类型的泥质红陶、夹砂红陶和彩陶片，彩陶纹样有黑、红色宽带纹、锯齿纹、网格纹，器形有小口双耳壶、双耳瓶和高领折肩罐。另有属齐家文化类型的饰篮纹夹砂红陶片及高领折肩罐、小口双耳罐。前三批被公布为省级文物保护单位。（YTH）

灰咀坬遗址 灰咀坬遗址位于定西市临洮县太石镇沙塄村东北1千米，属青铜器时代遗址。面积约1.2万平方米，文化层厚0.5~1.2米，断面暴露有房址、墓葬。采集有辛店文化夹砂红褐陶片，器表施白色或紫红色陶衣，饰绳纹、划纹，彩陶纹样有黑彩犬形纹、双勾纹、波折纹、回纹，可辨器形有盘、盆、杯、钵等。前三批被公布为省级文物保护单位。（YTH）

冯家坪遗址 冯家坪遗址位于临洮县西坪镇冯家坪村，属新石器时代至青铜器时代遗址。面积约12万平方米，文化层厚0.5～1.5米，断面暴露有白灰面居址、袋状窖穴、墓葬。出土有鬲、二联罐、侈口垂腹罐、双耳瓶等陶器数件，多为泥质红陶，器表素面或饰绳纹和篮纹，另采集有磨制石斧、石刀，属于齐家文化类型。前三批被公布为省级文物保护单位。（YTH）

格致坪遗址 格致坪遗址位于临洮县格致坪村北50米处，属新石器时代至青铜器时代遗址。东西宽约400米，南北长约500米，文化层厚0.2～1米，多为素面，少量有稀疏的绳纹。典型器物为马鞍形侈口平底镶，该遗址以寺洼文化类型为主，仰韶文化、马家窑文化和齐家文化并存，文化内涵较丰富，延续时间较长。前三批被公布为省级文物保护单位。（YTH）

陇西梁家坪遗址 陇西梁家坪遗址位于定西市陇西县首阳镇菜子坪村东北1千米，属新石器时代至青铜器时代遗址。面积约6万平方米，文化层厚0.3～1.8米，暴露有灰坑、白灰居址。还发掘出许多磨制加工较精细的农业生产器具，如石杵、石刀、石斧，还有豕、羊等动物骨骸，属齐家文化遗存。前三批被公布为省级文物保护单位。（YTH）

暖泉山遗址 暖泉山遗址位于定西市陇西县文峰镇东铺村暖泉山渭河南岸高约30米的二级台地上，属新石器时代至青铜器时代遗址。东临暖泉沟，西至崖窑沟，南依石家梁，北至台地边沿。东西宽400米，南北长450米，面积约18万平方米，遗址中心区东西长100米，南北宽150米，中心区面积1.5万平方米。文化层距地表0.5～2.5米，厚1～1.5米，文化层自下而上依次为仰韶文化、马家窑文化、齐家文化，遗存丰富。前三批被公布为省级文物保护单位。（YTH）

上坪遗址 上坪遗址位于定西市渭源县路园镇双轮磨村西南800米，属新石器时代至青铜器时代遗址。面积约28.5万平方米，文化层厚约2米。采集有马家窑文化马家窑类型泥质橙红陶和夹砂橙红陶、灰陶片，器表素面或饰绳纹，彩陶纹样有黑彩竖条纹、同心圆纹，可辨器形有彩陶罐、盆、尖底瓶等。另采集有齐家文化泥质红陶和夹砂红、灰陶片，可辨器形有高领罐、深腹罐、单耳罐等。前三批被公布为省级文物保护单位。（YTH）

寺坪遗址 寺坪遗址位于定西市渭源县路园镇双轮磨村南300米处，属新石器时代至青铜器时代遗址。面积约28.5万平方米，文化层厚约2米。采集有马家窑文化马家窑类型泥质和夹砂红陶片，器表素或饰黑彩勾叶圆点纹、黑色竖条纹、带纹、漩涡纹，可辨器形有彩陶双耳罐、钵、盆、尖底瓶等。前三批被公布为省级文物保护单位。（YTH）

陇西西河滩遗址 陇西西河滩遗址位于定西市陇西县巩昌镇李家坪村西50米，属周代遗址。面积约12万平方米，文化层厚0.3～1米。1965—1966年曾先后两次进行局部发掘，发现有墓葬、窖穴和灰坑，出土器物有泥质灰陶罐、夹砂灰陶绳纹鬲等。前三

批被公布为省级文物保护单位。(YTH)

西峪坪遗址 西峪坪遗址位于陇南市西和县西峪乡上坪村,属新石器时代至青铜器时代遗址。面积约2万平方米,文化层厚1～2.5米。发掘发现灰坑、墓葬。出土单、双耳高领大口罐、盆、鬲等,饰纹多绳纹,属于齐家文化遗址类型。前三批被公布为省级文物保护单位。(YTH)

高寺头遗址 高寺头遗址位于陇南市礼县石桥乡高寺头村,属仰韶文化庙底沟类型遗存。面积约6万平方米,文化层厚2.5～3米,发掘的遗址有房址、灰坑、灶坑等。陶质有泥质红、橙黄陶和夹砂灰陶片,彩陶纹样有黑彩勾叶圆点纹、网纹,器形有盆、瓮、钵、罐、瓶、人首形状器盖等。另出土有陶环、纺轮和陶刀等。前三批被公布为省级文物保护单位。(YTH)

灰地儿遗址 灰地儿遗址位于天水市甘谷县新兴镇头甲村西北1千米,属新石器时代遗址。面积约1.5万平方米,文化层厚0.2～1米,暴露有灰层,灰坑,白灰面居址。前三批被公布为省级文物保护单位。(YTH)

渭水峪遗址 渭水峪遗址位于天水市甘谷县新兴镇渭水峪村北500米,属新石器时代遗址。面积约为8万平方米,文化层厚1～4米,暴露有灰坑,灰层,房址。采集有仰韶文化庙底沟类型弧线三角纹、弦纹、宽带纹彩陶盆、钵残片等。前三批被公布为省级文物保护单位。(YTH)

柴家坪遗址 柴家坪遗址位于天水市麦积区伯阳镇柴家坪村东的渭河西岸,属新石器时代至青铜器时代遗址。面积约15.3万平方米,文化层厚1～2.8米,断崖暴露灰坑、白灰面房址。曾出土泥质橙黄陶喇叭口尖瓶,泥质红陶陶塑人面形状器盖,属马家窑文化马家窑类型。齐家文化遗物有夹砂红陶、灰陶片,饰篮纹、绳纹、刻划纹,附加堆纹,器形有夹砂红陶双耳罐等。前三批被公布为省级文物保护单位。(YTH)

樊家城遗址 樊家城遗址位于天水市麦积区中滩镇雷王集村背湾村西40米,属新石器时代至青铜器时代遗址。面积约16.3万平方米,文化层厚约0.5～2米,采集有仰韶文化庙底沟类型变体鱼纹、弧线三角纹、勾叶纹彩陶片,器形有盆、钵等。马家窑文化马家窑类型圆圈纹、平行线条纹、网纹,器形有罐、壶等,并有石斧、石刀等石器。前三批被公布为省级文物保护单位。(YTH)

付家门遗址 付家门遗址位于天水市武山县马力镇付家门村南100米,属新石器时代至青铜器时代遗址。面积约75万平方米,文化层厚0.2～2米,暴露有灰层,白灰居住面,灰坑,墓葬。采集有仰韶文化庙底沟类型网纹、弧线纹、圆点纹彩陶片和泥质褐纹红陶瓶、罐、盆、碗残片等,另有辛店文化夹砂灰陶罐。前三批被公布为省级文物保护单位。(YTH)

观儿下遗址 观儿下遗址位于天水市武山县四门镇观儿下村西北300米处,属新石器时代至青铜器时代遗址。面积约12万平方米,文化层厚0.5～1米,暴露有灰坑、灰层、灶坑、墓葬,白灰居住面。另有齐家文

化几何纹彩陶片，泥质和夹砂细绳纹、篮纹、划纹红、灰陶片及石斧、石刀、研磨器。前三批被公布为省级文物保护单位。（YTH）

马跑泉遗址 马跑泉遗址位于天水市麦积区马跑泉镇什字坪村北侧，属新石器时代至青铜器时代遗址。面积约7.5万平方米，文化层厚约0.5～3米。采集有仰韶文化庙底沟类型泥质绳纹红陶片和漩涡纹彩陶片，器形有罐、盆。另有齐家文化泥质橙黄陶和夹砂灰陶片，饰绳纹、篮纹，器形有单耳圆腹罐、着肩罐，另出土周代夹砂灰陶鬲等。前三批被公布为省级文物保护单位。（YTH）

西山坪遗址 西山坪遗址位于甘肃省天水市西15千米处的太京乡甸子村葛家新庄，是仰韶文化早期大型房址。遗址北面是宽阔的河谷，渭河支流耤河由西向东流过。东面山脚下为较小的普岔河，河水向北注入耤河。遗址距河床的高度为50～100米。整个遗址南北长约640米、东西宽约320米，总面积约为20万平方米。由于水土流失和修造梯田，给遗址造成很大破坏。前三批被公布为省级文物保护单位。（YTH）

永清堡遗址 永清堡遗址位于天水市清水县县城西南牛头河南岸，属新石器时代至青铜器时代遗址。遗址位于第二台地上，面积约7.5万平方米，文化层厚0.2～3米，暴露有白灰面房址、灰坑、墓葬。前三批被公布为省级文物保护单位。（YTH）

张罗遗址 张罗遗址位于天水市麦积区花牛镇罗家沟村北1千米，属新石器至青铜器时代遗址。面积约1.5万平方米，文化层厚

0.5～1米。1964年曾试掘，出土有彩陶片，饰勾叶圆点纹、弧线三角纹、变体动物纹。器形有尖底瓶、盆、罐，属仰韶文化庙底沟类型。另出土石岭下类型彩陶罐和齐家文化泥质和夹砂红陶片，饰绳纹、锥刺纹、附加堆纹，器形有高领双耳罐。前三批被公布为省级文物保护单位。（YTH）

西旱坪遗址 西旱坪遗址位于天水市武山县洛门镇吉家庄西南1千米处，属新石器时代至青铜器时代、战国、汉代遗址。面积约50万平方米，文化层厚0.1～0.7米，暴露有灰层、灰坑、白灰面房址等。采集有齐家文化泥质和夹砂红陶片，饰绳纹、附加堆纹、篮纹，器形有单耳罐、双耳罐，另采集有磨制石斧、石刀、石镰等生产工具。前三批被公布为省级文物保护单位。（YTH）

毛家坪遗址 毛家坪遗址位于天水市甘谷县新兴镇村甲村西北1千米处，属新石器时代至青铜器时代、周代遗址。面积约1.5万平方米，文化层厚0.2～1米，暴露有灰层、灰坑、白灰面房址。前三批被公布为省级文物保护单位。（YTH）

礼辛镇遗址 礼辛镇遗址位于天水市甘谷县礼辛乡礼辛村南1千米处，属新石器时代至青铜器时代遗址。面积约16万平方米，文化层厚0.5～2米，暴露层有灰层、灰坑、房址，属马家窑文化马家窑类型遗存，前三批被公布为省级文物保护单位。（YTH）

川口柳家遗址 川口柳家遗址位于平凉市庄浪县水洛镇川口柳家村东500米处，属新石器时代至青铜器时代遗址。面积约1.5万

平方米,文化层厚0.8～1.2米。发掘有墓穴、灰坑。出土遗物有夹砂橙黄陶马鞍口罐、鬲、青铜护腕、骨质三孔器、铜泡、料珠等。前三批被公布为省级文物保护单位。(YTH)

东沟遗址 东沟遗址位于平凉市崆峒区安国乡黑刺洼西800米处,属新石器时代至青铜器时代遗址。面积约6万平方米,包括黑刺山、庙坪,文化层厚0.5～3米。1958年因山洪冲刷暴露灰坑、白灰面房址、墓葬。出土有红陶罐、陶鬲、陶壶等20余种陶器,另有铜鼎、铜铃、铜戈和石刀、石斧及蚌泡、贝饰等遗物。前三批被公布为省级文物保护单位。(YTH)

蒋家咀遗址 蒋家咀遗址位于平凉市灵台县百里乡稔沟村南台地,属新石器时代至青铜器时代遗址。面积约1.5万平方米,文化层厚1～4米。暴露有灰坑、白灰面。出土遗物有细泥红陶片、灰陶片,器形红陶盆、罐等陶器,有刮削器、磨制石器等石器,属于齐家文化、周文化遗存。前三批被公布为省级文物保护单位。(YTH)

齐家岭遗址 齐家岭遗址位于平凉市灵台县百里乡稔沟村西北约1.5千米,属新石器时代至青铜器时代遗址。面积约5万平方米,文化层厚2～2.5米。挖掘发现有灰坑、居址和墓葬。出土陶器有细泥红陶、夹砂红陶片、泥质红陶片,器形有敛口杯、盆、瓮、尖底瓶、高领折肩罐、侈口深腹罐等,属于仰韶文化和齐家文化遗存。前三批被公布为省级文物保护单位。(YTH)

寺山遗址 寺山遗址位于平凉市崆峒区白水镇白水村西1千米处,属新石器时代至青铜器时代遗址。面积约32万平方米,包括间沟河,文化层厚0.5～4米。暴露有灰层、灰坑、白灰面遗址。出土遗物有尖底瓶、缸、席纹印模及石丸、石锤、蚌饰品等,属于仰韶文化遗存。前三批被公布为省级文物保护单位。(YTH)

苏家台遗址 苏家台遗址位于平凉市崆峒区柳湖乡王坪村吊庄西500米处,属新石器时代至青铜器时代遗址。面积约50万平方米,文化层厚0.5～3米。暴露有灰坑、白灰面、灶。出土有石斧、石刀、石锥等石器,尖底瓶、碗、钵、杯等陶器,红陶、灰陶、彩陶等样式多样。此外还有骨锥,属于仰韶文化、齐家文化兼周文化遗存。前三批被公布为省级文物保护单位。(YTH)

干沟桥遗址 干沟桥遗址位于庆阳市合水县,属新石器时代至青铜器时代遗址。面积约15万平方米,文化层厚约1～1.3米。地表散见夹砂、泥质红、灰陶片及彩陶片。采集有仰韶文化庙底沟类型黑彩变体鱼纹泥质红陶钵、卷沿盆等器物残片。还采集有寺洼文化夹砂灰陶单耳罐、夹砂红褐马鞍形双耳罐等器物残片。前三批被公布为省级文物保护单位。(YTH)

庙咀坪遗址 庙咀坪遗址位于庆阳市宁县新宁镇庙咀村东北100米处,属于新石器时代至青铜器时代遗址。面积约8万平方米,文化层厚0.5～3米,暴露有房址、灰坑等。采集有仰韶文化半坡类型泥质红陶和夹砂红陶片,纹饰以细绳纹为主,彩陶纹样多见鱼纹、带纹,器形有鱼纹盆、弘纹罐和杯口尖底瓶，采集有的齐家文化泥质红陶和夹砂红黄陶片饰篮纹、绳纹，器形有高领罐等。采集的周代陶片多为夹砂灰褐色陶，有以泥质灰陶为主的汉代陶片，器形有盆、罐等。前三批被公布为省级文物保护单位。（YTH）

四坝滩遗址 四坝滩遗址位于张掖市山丹区清泉镇南关村南6千米处，属青铜器时代、汉代遗址。面积约20万平方米，文化层厚0.5~3米，暴露有灰坑，前三批被公布为省级文物保护单位。（YTH）

民勤连城城址 民勤连城城址位于武威市民勤县大滩乡西村西约10千米沙漠中，属汉、唐遗址。平面呈长方形，长420米，宽370米。城墙夯土版筑，基宽4米，残高7米，夯土层厚0.1~0.15米。前三批被公布为省级文物保护单位。（YTH）

皇娘娘台遗址 皇娘娘台遗址位于武威市凉州区金羊镇宋家园村内，属青铜器时代遗址。面积约37万平方米。文化层厚0.6~3.7米。出土有陶器、石器、玉器、石璧和红铜器等，属齐家文化遗存。1995年被公布为第五批省级文物保护单位。（YTH）

柳湖墩遗址 柳湖墩遗址位于武威市民勤县薛百乡薛百村西南6千米处，属青铜器时代遗址。遗址分布于沙丘间，面积约1.5万平方米，文化层厚约0.3米。1923年瑞典考古学家安特生（John Gunnar Andersson）等发现并进行试掘。遗址大部分已被沙土覆盖，在沙岭间平地上暴露大量夹砂红陶片。前三批被公布为省级文物保护单位。（YTH）

阳关遗址 阳关遗址位于敦煌市敦煌城西南70千米的"古董滩"上，因在玉门关之南而得名。早在公元前121年，西汉朝廷为抵抗匈奴的骚扰、经营西域，在河西走廊设置了武威、张掖、酒泉、敦煌四郡，同时建立了阳关和玉门关。阳关作为通往西域的门户，又是"丝绸之路"南路的必经关隘，战略地位极其重要。前三批被公布为省级文物保护单位。（YTH）

赵家水磨遗址 赵家水磨遗址位于酒泉市肃州区果园乡高闸沟村1千米处，属青铜器时代遗址。分布于北大河北岸，面积约3万平方米，文化层厚0.6~1米。采集有四坝文化夹砂红、灰陶片，泥质红陶片及彩陶片，多施紫红色陶衣。彩陶纹样有平行线纹、网格纹、三角纹，器形有双耳罐、钵等。并采集有石臼、单孔石斧、石纺轮及骨匕等。前三批被公布为省级文物保护单位。（YTH）

汉长城及沿线城障烽燧 甘肃省境内汉长城及沿线城障烽燧，始建于汉武帝时期。现存遗迹主要干线有两条：一条东起居延，沿黑河向西南行，经金塔县入高台县，这条干线的另一段自金塔县境入玉门市境，经酒泉市安西县（现瓜州县）、敦煌市至玉门关以西榆树泉止；另一条由兰州市永登县河口起，沿庄浪河向北，又经武威市古浪县、张掖市山丹县、高台县、酒泉市，在金塔县与前一条衔接。永登县的汉长城以汪家湾一段保存较好。山丹县境内的汉长城遗迹较清晰，全长98.5千米。玉门市境花海乡至酒泉市安西县界桥湾的汉长城全长110千米，现存遗迹70千米。安西县中部的汉长城现存遗迹

143千米。敦煌的汉长城以芦苇、红柳、胡杨和罗布麻等夹砂砾层层夯筑，残垣如今最高达4米左右，沿线曾出土简牍、毛笔、石砚等文物。前三批被公布为省级文物保护单位。（YTH）

明长城及沿线城障烽燧 甘肃省境内明长城及沿线城障烽燧建于明朝中叶，由嘉峪关起，主干线向东北，再沿黑河东岸穿越张掖市高台县、张掖城、金昌市永昌县，到武威市黄羊镇分为两条。一条向东南，经白银市景泰县、靖远县进入宁夏；另一条过乌鞘岭，经兰州市、白银市靖远县进入宁夏。甘肃明长城不少遗迹保存尚好。兰州市西固区的明长城今存三段，总长120米。临夏回族自治州永靖县北部的明长城遗迹断续长12千米。白银市景泰县，武威市古浪县、武威市、民勤县，金昌市永昌县都有明长城遗迹。张掖市山丹县的明长城全长93千米，是河西明长城中保存最为完好的一段。最有名的是嘉峪关，是明万里长城西起点，关城建于洪武五年（1372），于弘治八年（1495）重修，占地面积33500平方米，三城楼东西连成一线，城外有城，重关重城，成并守之势，如今是中外游客观光的名胜之地。前三批被公布为省级文物保护单位。（YTH）

崔家庄遗址 崔家庄遗址位于临夏回族自治州临夏县北塬乡崔家村，属新石器时代至青铜器时代遗址。遗址面积约1万平方千米，文化层厚1～4米，暴露有灰坑、窑穴、墓葬和白灰面房址，曾出土陶器、玉器、石器、骨器40余件。陶器主要为泥质和夹砂红陶，器表多素面，部分饰绳纹、篮纹和附加堆纹，器形有侈口高领深腹双耳罐、双大耳罐、侈口鼓腹罐等。石器有刀、斧、凿、锛、弹等，玉器有璜、璧等。前三批公布为省级文物保护单位。（YTH）

团庄遗址 团庄遗址位于兰州市永登县河桥镇独山村的一座东西向山梁上。遗址面积10万多平方米，文化层距地表深0.5～1.5米、厚约1～1.5米。遗址内遗迹和遗物十分丰富，在断崖上可见到较多的灰土层和木炭渣，地面上有很多陶片、石核。出土有各种陶石器200多件，主要器形有卷沿盆、侈口罐、双腹耳壶、单耳高颈瓶、钵等，石器有石斧、石锛、石凿、石环、石珠等。地面采集的陶片中也见马家窑类型的彩陶片。1981年被公布为第四批省级文物保护单位。（YTH）

苊地坪遗址 苊地坪遗址位于定西市岷县中寨镇苊地坪村东100米处，属新石器时代遗址。面积约1万平方米，文化层厚0.8～1.5米，断面暴露有灰坑。采集有马家窑文化泥质红陶和夹砂红、灰陶片，饰绳纹、弦纹，彩陶纹样有黑彩带纹、平行线纹、火焰纹，器形有罐、瓶等，另采集有少量石器。1981年被公布为第四批省级文物保护单位。（YTH）

山那树扎遗址 山那树扎遗址位于定西市岷县茶埠镇山那树扎村东600米处，属新石器时代遗址。面积约50万平方米，文化层厚0.5～3米，暴露有灰坑。采集有马家窑文化泥质红陶和夹砂红陶、橙黄陶片，彩陶纹样有黑彩平行线纹、宽带纹、火焰纹、弧线三角纹、漩涡纹等，器形有盆、瓶、罐、钵、碗等，另采集有石器、骨器。1981年被公布为第四批省级文物保护单位。(YTH)

仇池故城 仇池故城位于陇南市西和县县城南45千米处。在历史上，仇池疆域多介于今陇南、陕西南、川北之间。原城址已夷为平地，历年出土有石碾槽、铜戈、匕首、弩机、镞、釜等。1981年被公布为第四批省级文物保护单位。(YTH)

大李家坪—庙坪遗址 大李家坪—庙坪遗址位于陇南市武都区，属新石器时代遗址。面积约24万平方千米，文化层厚2~4米。发掘发现灰坑、窖穴、房址、红烧土、窑址。出土陶器陶片、钵、盆、罐、瓶、陶环、碗等，彩陶纹样丰富多彩，饰纹有蛙纹、网纹、漩涡纹等。1981年被公布为第四批省级文物保护单位。(YTH)

冯家崖—任家坪遗址及墓葬 冯家崖—任家坪遗址及墓葬位于陇南市武都区，属新石器时代至青铜器时代遗址，面积约6万平方米，文化层厚1~2米。发掘发现有灰坑、红烧土，南部有墓群。出土陶器钵、盆、罐、尖底瓶、鬲、豆、陶环等，纹饰多样，有变体鸟纹、叶圆点纹等；出土石器有石刀、石斧。1981年被公布为第四批省级文物保护单位。(YTH)

北城滩城址 北城滩城址位于白银市靖远县双龙仁和村西南3.5千米处，属唐代遗址。面积约3万平方米。城址平面呈长方形，东西长195米，南北宽155米。城垣黄土夯筑，基宽5.8米，顶宽1米，残高3.3米。城四角均有墩台。北墙、东墙各有马面3个，西墙有马面2个。南墙设城门，并有瓮城，门外即黄河。瓮城城墙夯层内夹有小砂石层，夯土层厚0.14米，夹砂层厚0.03~0.04米。城内有道路、房屋遗迹和盆、罐、瓶、莲花纹圆瓦当残片等。1981年被公布为第四批省级文物保护单位。(YTH)

姚李遗址 姚李遗址位于平凉市灵台县独店镇姚李村南侧，属新石器时代至青铜器时代遗址。面积约2万平方米，文化层厚4~5米。发掘有袋状灰坑、白灰面、墓葬、房址。出土陶器有泥质陶片、夹砂红陶片、夹砂灰陶片和大量素面灰陶片、蒜头陶瓶、红陶盆；出土石器有钻眼石斧、石凿等。1981年被公布为第四批省级文物保护单位。(YTH)

长武城 长武城位于平凉市泾川县泾明乡长武城村，属隋代遗址。城平面呈不规则四边形。城内及附近出土战国提梁龙首铜壶、汉铜鼎、唐石造像塔及瓷碗、匈奴牌示、弩机等。城东南发现有铜矿石、冶铜渣。唐时为军事重镇。前三批被公布为省级文物保护单位。(YTH)

徐李碾遗址 徐李碾遗址位于平凉市庄浪县水洛镇徐家上碾村北100米处，属新石器时代至青铜器时代遗址。面积约60万平方米，文化层厚1~1.5米，发掘有灰坑、白灰面房址，包括堡子坪和狮子山。出土陶器泥质红陶片、夹砂红褐陶片，器形有圜底钵、葫芦瓶、蒜头细颈壶、鬲、鼎等，属于仰韶文化、齐家文化、寺洼文化遗址类型。前三

批被公布为省级文物保护单位。(YTH)

巨家塬遗址 巨家塬遗址位于庆阳市庆城温泉乡巨家塬村,属旧石器时代遗址。面积约5万平方米。于1963年局部进行发掘,在厚约7米的灰绿色淤泥层与黄土质粉砂层相间的河湖相沉积物中出土有纳玛象、野马、野驴、披毛犀、赤鹿、普氏羚羊、原始牛等动物化石和砍砸器、刮削器、尖状器、石片、石核等石器。石器多用石英岩砾石或硅质灰岩打制而成。1981年被公布为第四批省级文物保护单位。(YTH)

刘家岔遗址 刘家岔遗址位于庆阳市环县虎洞乡龚家塬村西北2千米处,属旧石器时代遗址。于1978年试掘,约150平方米。在距地表深约20米的灰褐色、灰蓝色黏土中出土有石核、石片及龟背状刮削器等1000余件石器和披毛犀、蒙古野马、核桃大角鹿、赤鹿、羚羊等原始动物化石。石器石质多为各色石英岩砾石,少量为火石、硅质岩灰和砂岩砾岩。1981年被公布为第四批省级文物保护单位。(YTH)

楼房子遗址 楼房子遗址位于庆阳市环县曲子镇楼房子村,属旧石器时代遗址。从该地二级阶地上的灰绿色淤泥砾石层中,共采到披毛犀、虎、野马、野驴、北京斑鹿、河套大角鹿、盘羊、原始牛等分属17个属种的哺乳动物化石近2000件以及150件旧石器时代的石器和4件骨器。1981年被公布为第四批省级文物保护单位。(MDM)

九站遗址 九站遗址位于庆阳市合水县蒿嘴铺乡九站村,属青铜器时代遗址。面积约10万平方米,分遗址区和墓葬区。遗址区破坏较严重,文化层厚约0.5~1.6米,断崖上暴露有灰坑、房址,地表散布大量夹砂和泥质红、灰陶片,属寺洼文化类型。1981年被公布为第四批省级文物保护单位。(YTH)

二将城城址 二将城城址原名"大顺城",位于庆阳市华池县,是金代所设"第二将营",后传为"二将城"。城依山而筑,平面呈长方形,长约300米、宽约200米。城墙夯土版筑,基宽4米、顶宽1.5米、高5米。南、北两面开门,门已毁。1981年被公布为第四批省级文物保护单位。(YTH)

店子沟遗址 店子沟遗址位于庆阳市宁县新华乡店子沟村南,属仰韶文化庙底沟类型遗址。面积约5万平方米,文化层厚0.5~3米,暴露有房址、灶坑、窑址和灰坑等。采集有细泥红陶和夹砂红褐陶片,纹饰主要为细绳纹、黑彩鸟纹、花瓣纹,器形有敛口钵、曲腹盆、重唇口尖底瓶及罐。石器有石斧、石刀、石弹丸等。1981年被公布为第四批省级文物保护单位。(YTH)

汉子遗址 汉子遗址位于庆阳市正宁县永和镇罗儿沟圈村西南1千米处,属新石器时代遗址。面积约18万平方米,文化层厚约3米,暴露有灰坑、窖穴和窑址。采集有弧线三角纹彩陶敛口钵、盆,泥质红陶钵、盆、尖底瓶及夹砂红陶绳纹罐等残片,并有石斧、石弹丸和石网坠等,属仰韶文化庙底沟类型。1981年被公布为第四批省级文物保护单位。(YTH)

苟仁遗址 苟仁遗址位于庆阳市正宁

县湫头乡苟仁村东南500米处，属新石器时代遗址。面积约4.5万平方米，文化层厚1～1.5米，暴露有房址、灶坑、窑址和灰坑等遗迹。采集有细泥红陶和夹砂红褐陶片，主要饰细绳纹、黑彩鸟纹、花瓣纹，器形有敛口钵、曲腹盆、重唇口尖底瓶及罐，石器有石斧、石刀、石弹丸等，属仰韶文化庙底沟类型。1981年被公布为第四批省级文物保护单位。(YTH)

高庄遗址 高庄遗址位于庆阳市镇原县三岔镇庄门村，属新石器时代至青铜器时代遗址。面积约8万平方米，文化层厚1～3米，暴露有居所、窖穴遗迹。采集陶器、石器和骨器52件。其中有仰韶文化庙底沟类型彩陶蛙纹钵、盆、泥质红陶钵、盆、尖底瓶等残片，另有齐家文化夹砂红陶罐、周代泥质灰陶壶等器物残片。1981年被公布为第四批省级文物保护单位。(YTH)

康家岭遗址 康家岭遗址位于庆阳市宁县坳马乡康家岭村东，属新石器时代至青铜器时代遗址。面积约10万平方米，文化层厚0.5～3米，暴露有灰坑、房址、窖穴、灶坑、墓葬等遗迹。采集有仰韶文化庙底沟类型泥质红陶素面敛口钵、线纹重唇口尖底瓶残片。另有齐家文化泥质红陶划纹单耳、双耳罐等器物残片。1981年被公布为第四批省级文物保护单位。(YTH)

小坡遗址 小坡遗址位于庆阳市宁县和盛镇杨庄村西100米处，属新石器至汉代遗址，面积约12万平方米，文化层厚约1～4米，暴露有房址、窑址和墓葬遗迹。采集有泥质红陶黑彩鱼纹敛口钵、细绳纹重唇口尖底瓶残片，属仰韶文化庙底沟类型。有泥质红陶片划纹单耳罐残片，属齐家文化类型。还有周代陶片灰陶罐、豆等，汉代陶片灰陶盆、罐残片。1981年被公布为第四批省级文物保护单位。(YTH)

遇村遗址 遇村遗址位于庆阳市宁县焦村乡尉村南150米处，属新石器时代至周代遗址。面积约6万平方米，文化层厚约1米，暴露有灰坑，采集陶片，主要为泥质和夹砂橙黄陶，饰纹多见绳纹，器形有敛口钵、重唇口尖底瓶等，属仰韶文化庙底沟类型。此外还采集有周代泥质和夹砂灰陶片，饰纹多为绳纹，器形有鬲、盆、罐等。1981年被公布为第四批省级文物保护单位。(YTH)

西灰山遗址 西灰山遗址位于张掖市民乐县新天镇菊花地村北3.7千米处，属青铜器时代遗址。面积约15万平方米，文化层厚0.5～3米，暴露有灰坑，属四坝文化类型。1981年被公布为第四批省级文物保护单位。(YTH)

明海城遗址 明海城遗址位于张掖市肃南裕固族自治县明花乡上井村北3千米处，属唐代遗址。城墙面呈正方形。边长155米，城墙基宽7米，顶宽3米，残高10米。1981年被公布为第四批省级文物保护单位。(YTH)

肃南皇城城址 肃南皇城城址又名"乾耳朵城"，位于张掖市肃南裕固族自治县皇城镇皇城村东侧，属元代遗址。分南北两城，相距200米。南城平面呈长方形，东西长320米，南北宽100米。1981年被公布为第四批

省级文物保护单位。(YTH)

鸾鸟城遗址 鸾鸟城遗址位于金昌市永昌县新城子镇西大河水库东北1千米处，属汉代遗址。东北距明代三个墩烽火台约3千米。夯筑四棱台体，底部南北长8.1米、东西宽5.4米，夯层厚约0.15米。顶部有灶台灰层痕迹。明代沿用。1981年被公布为第四批省级文物保护单位。(YTH)

金川三角城遗址 金川三角城遗址位于金昌市金川区双湾镇尚家沟村西南约2千米处，属西周至春秋时代遗址，因城址平面呈不规则三角形而得名。坐北朝南，南北长154米，东西宽132米，墙基宽8~9米，顶宽3.9米，残高3~5米，利用自然地形和土坯补缺两种方法建成。南墙开一门，宽7.3米。城西北面有一条古河道，东北和西南角有高起的土冈，分布有大量古墓葬。1981年被公布为第四批省级文物保护单位。(YTH)

大湾城遗址 大湾城遗址位于酒泉市金塔县县城东北145千米的黑河河岸。黑河东岸为东大湾城，西岸为西大湾城。大湾城属居延遗址一部分。东大湾城汉代为肩水都尉府所在地，该遗址范围约8.8万平方米，由外城、内城和郭三部分组成。内、外城现仅存几段残高1米左右的城墙和两座残高7米的烽台。西大湾城距东大湾城2千米，与东大湾城隔河相望，面积约3.8万平方米，墙系夯土版筑，墙基现宽8米，顶宽3.4米，残高8米，门在北墙，斜坡道进出。1981年被公布为第四批省级文物保护单位。(YTH)

地湾城遗址 地湾城遗址位于酒泉市金塔县航天镇东北24.5千米的黑河东岸，为一障城。平面呈正方形，边长22.5米。障墙夯土版筑，基宽5米，残高8.4米，西墙开门，北墙和东南墙墙角处有成排的木棍洞，当为虎落设施。1930年西北科学家考察团发掘出土汉简2000枚、帛书3件及木、竹、苇、角、讨、铁、铜等器物和皮革、丝织品。1986年甘肃省文物考古研究所再次进行发掘并获简千余枚，其中许多简均记"肩水侯官"或"肩水侯长"，由此得知此处为汉肩水都尉所辖肩水侯官治所遗址。1981年被公布为第四批省级文物保护单位。(YTH)

肩水金关遗址 肩水金关遗址位于酒泉市金塔市航天镇东北25千米的黑河北口东岸，为汉代边塞关城。关门宽5米，两侧为两座长方形夯筑土楼，基宽1.2米，底边长6.5米，宽5米，残壁最高1.12米。门楼外两侧筑土坯关墙，向西直抵河边，向东残存26米。关门西南侧筑坞，平面呈长方形，北墙长36.5米、南墙长35.5米、东墙残长24米。坞墙夯筑，残高0.7米，夯层厚0.7~0.8米。坞西南角残存烽燧和方堡。1981年被公布为第四批省级文物保护单位。(YTH)

马圈湾遗址 马圈湾遗址位于酒泉市玉门关西10.7千米处，西距后坑燧2.7千米，在长城内侧3米处。三层土坯夹一层芦苇砌筑，为四棱台体，底边长8.35米，宽7.6米、残高1.85米。东、南壁连接坞壁，基宽1.55米、残高0.84米，坞内有房屋，坞外有火苣坑、水井、畜圈等遗迹。1979年曾进行局部发掘，出土汉简1217枚，由简文可知，此为

西汉玉门塞侯官治所遗址。1981年被公布为第四批省级文物保护单位。（YTH）

寿昌城遗址 寿昌城遗址位于敦煌市，城墙全为红胶土版筑，夯土中夹有灰、红陶片及汉代遗物。残墙有高有低，最高为4米。城外东南70米处有窑址一处。北面和东面有大片村舍及农田的痕迹，均被沙丘掩盖。风吹沙动，沙丘间便出古砖、陶片、钱币和箭镞等，为汉代、宋代的遗物。城内处常可见到黑白两色的圆形小石子，有光滑细腻的成品，也有半成品，还有未经加工的黑色和白色的碎石堆，考证结果为古代围棋子。1981年被公布为第四批省级文物保护单位。（YTH）

酒泉皇城城址 酒泉皇城城址位于酒泉市肃州区东南50千米的下河清乡皇城村。古城内外均为农田，可见汉代陶片，城垣残高3米至7米不等，墙基宽约3米，城呈东西长方形，悉为夯土版筑，东西长344米（外径约为351米），南北宽291米（外径298米）。城东北角向内折入，即北墙东段向内折入35米，复折向东约94米与东墙连接。总面积约为10.1万平方米。1981年被公布为第四批省级文物保护单位。（YTH）

党城遗址 党城遗址位于酒泉市肃北蒙古族自治县县城东南3千米处。城垣为长方形，夯土版筑。东墙长231米，西墙长218米，北墙长144.5米，南墙已毁，总面积3万余平方米。城堡四角有堡楼，城内南部正中有建筑物遗址，东南角有一水井。北墙中间有一座形似瞭望台的建筑物遗址，高约8米，由土坯砌成。城内地面暴露物有灰陶片（垂帐纹和弦纹）、钱币（太平通宝）、石磨、花方砖等物。1981年被公布为第四批省级文物保护单位。（YTH）

石包城遗址 石包城遗址位于酒泉市肃北蒙古族自治县石包城乡龚岔村西1.5千米。此城建在山冈上。城平面呈长方形，东西长250米，南北宽200米，面积约5万平方米。城中残存房屋遗迹20余处，墙壁用石块垒砌，残高为0.5～1米，屋内地面多遗留有木炭灰烬层，厚0.4～0.8米，城门向南开设，城内地面散落灰陶片、夹砂红陶片、铜箭头等遗物，当地文物部门还曾采集到铁质宝剑。1981年被公布为第四批省级文物保护单位。（YTH）

沙州城遗址 沙州城遗址位于酒泉市敦煌市七里镇白马塔村内，属汉、唐遗址。面积约81万平方米，平面呈正方形，边长900米。城墙以黄土夯筑，南墙残存长408米，基宽11米，残高3米，后代屡有维修。城内曾出土过石磨、铁犁。1981年被公布为第四批省级文物保护单位。（YTH）

战国秦长城及沿线城障烽燧 甘肃省境内有大量战国时期的秦长城遗迹。秦昭襄王二十八年（前279），"筑长城以拒胡"，自临洮县北三十墩向东，修筑长城，经今甘肃渭源、陇西、静宁、宁夏固原、甘肃镇原、华池等，入今陕西吴旗县，全长80千米，在沿线不少地方现在仍可看到遗迹。其中的陇东秦长城总长160千米，白草山至米岔原、营盘山至城梁盖等几段保存较好。静宁县境内的秦长城长60千米，残迹亦可觅。通渭县境内的秦长城，在四落坪至岔口下段保存较好，蜿蜒起伏，可见墩台遗迹。陇西县北部的秦长城遗迹较清晰，但多坍成土垄状。临洮县县城北15千米洮河西岸的三十里墩，向南经傅家北坪、万长岭、长城岭等地，大部地段残迹清晰，尤以万长岭至长城岭一段保存最好。1981年被公布为第四批省级文物保护单位。（YTH）

王家遗址 王家遗址位于临夏回族自治州康乐县虎关乡下王家村，属青铜器时代遗址。面积约6000平方米，文化层厚0.5～3米。采集有泥质和夹砂红陶片，器表素面或饰篮纹、绳纹、划纹，可辨器形有盆、鬲和单、双耳罐等，属齐家文化类型。1995年被公布为第五批省级文物保护单位。（YTH）

小茨遗址 小茨遗址位于临夏回族自治州永靖县盐锅峡镇小茨村东南，在黄河南岸第二台地上，属新石器时代遗址。面积约1.5平方千米。暴露有灰坑，采集有泥质红陶和橙黄陶片。彩陶纹样主要有平行线纹、弧线三角纹。器形有小口尖底瓶和罐、盆、钵、壶等，属马家窑文化马家窑类型。1981年被公布为第四批省级文物保护单位。（YTH）

杨家河遗址 杨家河遗址位于临夏回族自治州临夏县桥寺乡朱家墩村杨家河自然村，距临夏市15千米。遗址东西宽约400米，南北长约1200米，面积约48万平方米。遗址文化层暴露于崖面，1976年由临夏州文物调查队发现。从采集的陶片分析，该遗址属马家窑文化类型。1981年被公布为第四批省级文物保护单位。（YTH）

王坪遗址 王坪遗址位于临夏回族自治州临夏市南龙镇张家嘴西南50米，属新石器时期遗址，面积约10万平方米，文化层厚0.5～3米，暴露有房址、灰坑和墓葬。出土有陶器、石器。陶器多为泥质红、灰陶和夹砂陶，器表饰绳纹、圆圈纹，可辨器形有罐、瓶、钵、盘等，属马家窑文化马家窑类型遗存。1981年被公布为第四批省级文物保护单位。（YTH）

杏树台遗址 杏树台遗址位于临夏回族自治州永靖县陈井镇西山村徐家岘子生产队，地处山沟下一台地。台地北至盐沟洼，南靠塔尔山，东接红科坨，西接苏家湾，面积约4.3万平方米。这是一处新石器时代马家窑文化的半山、马厂类型及齐家文化并存的遗址。1981年被公布为第四批省级文物保护单位。（YTH）

赵家遗址 赵家遗址位于临夏回族自治州广河县阿力麻土乡辛家村西北，是一处马家窑文化半山类型、齐家文化类型、寺洼文化类型共存的，属新石器时代至青铜器时代遗址。面积约30万平方米，文化层厚0.3～1米，暴露有墓葬、白灰面房址。采集有马家窑文化半山类型的泥质和夹砂红陶片，器表素面或饰附加堆纹和绳纹，彩陶纹样有网格纹、锯齿纹，可辨器形有壶、罐，还有齐家文化类型的夹砂红褐陶片，纹饰有篮纹、交错绳纹，可辨器形有双大耳罐和壶。此外，还采集有寺洼文化的马鞍形口双耳罐残片。遗址保存较好，对研究三种文化的相互关系及文化发展有重要价值。1981年被公布为第

四批省级文物保护单位。(YTH)

夏官营城址 夏官营城址位于兰州市榆中县夏官营镇上堡子村西北500米处,属宋代遗址。平面呈正方形,边长350米,面积12万多平方米。墙垣夯筑,基宽8～12米,顶宽2～4米,残高4～10米,夯层厚0.08～0.16米。1995年被公布为第五批省级文物保护单位。(YTH)

把家坪遗址 把家坪遗址位于兰州市永登县红城镇凤山村小槽沙沟西南约1千米处,属新石器时代遗址。面积约20万平方米,文化层厚约1米,采集有马家窑文化马厂类型泥质红陶、夹砂红陶、夹砂褐陶片、饰绳纹、刻划纹。彩陶数量较少,纹样有折线纹和宽带纹,器形有盆和罐,并有陶纺轮,石器有刀、斧等。1995年被公布为第五批省级文物保护单位。(YTH)

方家沟遗址 方家沟遗址位于兰州市榆中县清水驿乡方家沟村东、西、南三面,属新石器时代遗址。面积约3.2万平方米,文化层厚约0.15～0.5米。采集陶有泥质陶、夹砂陶片和彩陶片及石斧。其中有属马家窑文化半山类型的锯齿纹、宽带纹陶片,器形有壶和罐,还有属马厂类型饰蛙纹的彩陶罐。1995年被公布为第五批省级文物保护单位。(YTH)

郭家湾遗址 郭家湾遗址位于兰州市榆中县甘草店镇郭家湾村东300米处,属新石器时代遗址。面积约16.2万平方米,文化层厚0.5～2.5米,分上下两层,暴露有房址。采集有泥质陶、夹砂红陶片、灰陶片,属于马家窑文化马家窑类型。彩陶纹样有平行线纹、弧线三角纹、圆点纹,器形有壶和罐、钵,属马厂类型的彩陶纹样有网格纹、圆圈纹、锯齿纹,器形有壶和罐。1995年被公布为第五批省级文物保护单位。(YTH)

蒋家坪遗址 蒋家坪遗址位于兰州市永登县河桥镇蒋家坪村大通河西岸第二台地,面积达6.5万平方米。1947年,甘肃省考古队对蒋家坪进行了大面积发掘,发现了马厂类型压在马家窑类型上的地层关系,据此把马家窑文化分为早、中、晚三个阶段。当时发掘出土一件最早的铜刀,发现马家窑类型房子十余座。这些房子为地面起建的房子,有正方形或长方形单间,也有双间套间和多套间,还发现了"割体下葬"的葬俗。1995年被公布为第五批省级文物保护单位。(YTH)

李家坪遗址 李家坪遗址位于兰州市永登县龙泉寺镇杨家营村刘家湾西北约1千米处,属新石器时代遗址。面积约40万平方米,文化层厚约1.5米,暴露有灰坑。采集陶片为泥质陶和夹砂陶片,以红色为主,橙黄色次之,部分有紫色陶衣,彩陶纹样有圆圈纹、网格纹、蛙纹和折线纹,器形有罐、壶、瓶,属马家窑文化类型。1995年被公布为第五批省级文物保护单位。(YTH)

三家山遗址 三家山遗址位于兰州市西固区西固城三家山村东南500米处,属新石器时代遗址。面积约6万平方米,文化层厚0.2～2米。采集有马家窑文化半山类型的泥质红陶和夹砂红、灰陶片级彩陶片。彩陶纹样有网格纹、锯齿纹,器形有罐、盆、瓮等。还有齐家文化特质的夹砂陶片,饰篮纹、附

加堆纹,器形有罐、盆等。1995年被公布为第五批省级文物保护单位。(YTH)

山城台遗址 山城台遗址位于兰州市红古区海石湾东南5千米处,湟水北岸第三级台地上,东距马加台100米处,属新石器时代遗址。从灰坑发现的陶片和李家台葬墓区分布及文化内涵分析,遗址属马家窑文化马厂类型的晚期,很可能是一处完整的聚落址。1995年被公布为第五批省级文物保护单位。(YTH)

红寺遗址 红寺遗址位于兰州市榆中县小康营乡红寺村西北300米处,属新石器时代至青铜器时代遗址。面积约60万平方米,文化层厚0.2~2米,暴露有墓葬和白灰居所面。采集有齐家文化特质的泥质红陶、夹砂红陶和彩陶片、罐等,纹饰有篮纹、绳纹和附加堆纹,器形有双大耳罐、瓮和折肩罐,另采集有石斧、石刀等。1995年被公布为第五批省级文物保护单位。(YTH)

寺门遗址 寺门遗址位于定西市临洮县龙门镇东甘铺村南100米处,属新石器时代遗址。面积约2万平方米,文化层厚0.5~1米。采集有仰韶文化泥质橙黄陶片,彩陶纹样有黑彩鱼纹、勾叶纹。另采集有磨制骨锥、骨针、石斧和陶环等。1995年被公布为第五批省级文物保护单位。(YTH)

晋家坪遗址 晋家坪遗址位于定西市漳县新寺镇晋家坪村北600米处,属新石器时代至青铜器时代遗址。面积约25万平方米,文化层厚0.53米,暴露有灰坑、白灰面房址、陶窑等。采集有马家窑文化马家窑类型泥质红陶和夹砂红陶片,彩陶纹样有黑彩宽带纹、曲线纹、同心圆纹、弧线三角纹,器形有瓶、钵、盆等。采集有齐家文化类型的泥质红陶和夹砂红、灰陶片,饰篮纹、绳纹、附加堆纹,器形有鬲、豆、折肩罐、双耳大口罐等。1995年被公布为第五批省级文物保护单位。(YTH)

吕家坪遗址 分上吕家坪遗址和下吕家坪遗址。吕家坪遗址位于定西市陇西县首阳镇上吕家坪村西500米处,属新石器时代马家窑文化类型遗存。面积约13万平方米,文化层厚约0.3米,暴露有白灰面房址。采集有泥质红陶和夹砂红、灰陶片,器表以素面为主,彩陶纹样有黑彩条纹、漩涡纹、网格纹。器形有尖底瓶、盆、钵、罐等。下吕家坪遗址位于首阳镇下吕家坪村西北300米。面积约12万平方米,文化层厚约0.3米,断面暴露有灰坑。采集有泥质和夹砂红陶片,彩陶纹样有黑彩条纹、漩涡纹、网格纹,器形有漩涡尖底瓶、双耳罐、盆、钵、深腹罐等。1995年被公布为第五批省级文物保护单位。(YTH)

水家窑遗址 水家窑遗址位于定西市渭源县上湾乡水家窑村,属新石器时代至青铜时代遗址。面积约25万平方米,文化层厚约0.3米。采集有马家窑文化半山类型泥质橙黄陶片,器表素面或饰黑彩或黑、红网格彩纹、锯齿纹、四大圆圈纹,可辨器形有双耳罐、盆、钵等。器表素面或饰绳纹、篮纹、附加堆纹,可辨器形有鬲、豆、高领罐、单大耳罐等。另采集有磨制石斧、石刀。1995年被公布为第五批省级文物保护单位。(YTH)

王家咀遗址 王家咀遗址位于定西市渭

源县路园镇王家咀村西100米处，属于新石器时代至青铜器时代遗址。文化层厚0.3～0.7米，断面暴露有灰坑、多处白灰居住面。采集有马家窑文化马家窑类型泥质橙红陶和夹砂红褐陶、灰陶片，器表素面或饰绳纹，彩陶纹样有黑彩竖条纹、带纹、同心圆纹、弧线纹，可辨器形有彩陶盆、尖底瓶、钵等。另采集有齐家文化泥质红陶和夹砂红、灰陶片，器表素面或饰绳纹、篮纹、附加堆纹，可辨器形有鬲、大口单耳罐、单耳杯等。1995年被公布为第五批省级文物保护单位。(YTH)

温家坪遗址 温家坪遗址位于定西市通渭县寺子川乡花亭村东南400米处，属新石器时代至青铜器时代遗址。面积约10万平方米，文化层厚0.9～1.3米。采集有仰韶文化石岭下类型黑彩弧线三角纹、勾叶纹、网格纹彩陶罐、变体鸟纹彩陶瓶，马家窑文化夹砂灰陶罐、泥质红陶篮纹罐、石斧、玉琮等。1995年被公布为第五批省级文物保护单位。(YTH)

徐家坪—岳家坪遗址 徐家坪—岳家坪遗址位于定西市漳县武阳镇徐家坪村西北200米，属新石器时代至青铜器时代遗址。面积约20万平方米，文化层厚度不详，断面暴露有白灰面房址。采集有马家窑文化马家窑类型的泥质红陶和夹砂红陶片，彩陶纹样有黑彩平行带纹、弧线三角纹、圆点纹，器形有罐、鼓腹罐、钵、尖底瓶、壶等。还有齐家文化夹砂红、灰陶和泥质红陶片，饰篮纹、附加堆纹，器形有折肩高领罐、双大耳罐等。1995年被公布为第五批省级文物保护单位。(YTH)

朱家坪遗址 朱家坪遗址位于定西市临洮县衙下集镇朱家坪村西北100米处，属新石器时代至青铜器时代遗址。面积约70平方米，文化层厚0.2～4米。采集有马家窑文化马家窑类型泥质橙黄陶和夹砂红褐陶片，彩陶纹样有黑彩带纹、弧线三角纹，器形有罐、盆、钵等。另有齐家文化泥质和夹砂红陶片，饰戳印纹、附加堆纹、刺点纹、弦纹，器形有大口高领罐、深腹罐等。1995年被公布为第五批省级文物保护单位。(YTH)

下城子城址 下城子城址位于天水市张家川回族自治县恭门镇下城子村西1.5千米处，属汉至宋代遗址，俗名"凤翔府"。平面呈长方形，东西长600米，南北宽500米，面积约30万平方米。城墙夯土版筑，基宽5.2～5.5米，残高2～6米，断面呈梯形，夯层厚约0.08米。北墙开门，宽4米，高5米。墙内侧文化层堆积厚2～7米，并有房基，1995年被公布为第五批省级文物保护单位。(YTH)

苗圃园遗址 苗圃园遗址位于天水市张家川回族自治县龙山镇西川村西100米处，属新石器时代遗址。面积约为1.5万平方米，文化层厚1.5～3米，暴露有灰坑等遗迹。出土彩陶葫芦瓶、绳纹尖底瓶、夹砂深腹罐，细颈壶、盆、圆底钵和碗等30余件完整陶器。1995年被公布为第五批省级文物保护单位。(YTH)

碉堡梁遗址 碉堡梁遗址位于天水市张家川回族自治县梁山镇，属新石器时代至青铜器时代遗址。面积约5万平方米，文化层厚约1~5米，暴露有红烧土遗迹、窑址。采集有马家窑文化马家窑类型黑彩平行线纹、变体鸟纹彩陶片，器形有碗。另有马家窑文化半山类型红、黑两色相间的锯齿纹、平行带纹彩陶片，器形有单把壶、钵、盆。1995年被公布为第五批省级文物保护单位。（YTH）

郭蛤蟆城 郭蛤蟆城位于白银市会宁县郭城驿镇新堡子村西北1.2千米处，属于宋代遗址。金灭亡后金将郭蛤蟆死节于此，故名。由一城一郭组成，城、郭外均有壕沟，东部城外筑南北向城垣，垣外掘壕。内城南北长480米，东西宽260米，城墙夯实，基宽2米，顶高2米，残高3~10米，夯厚0.08~0.1米。南北两墙开门，有瓮城，城西半部已被祖厉河冲毁。曾发掘窑址，出土铜镜等。2003年被公布为第六批省级文物保护单位。（YTH）

黑城子遗址 黑城子遗址位于白银市靖远县大芦乡黑城子村西北1千米处，属唐代遗址。平面呈长方形，南北长280米，东西宽172米，面积约4.8万平方米。城墙夯土版筑，基宽9~11.8米、顶宽1~2米、残高2~4米。夯土厚约0.14米。南墙偏东开门，门宽5米。门外有瓮城，长27米、宽20米，门宽3米，城高2~4米。城外有护城河。地表散见大量砖瓦、灰陶片、剔花青釉瓷、细白瓷片。1995年被公布为第五批省级文物保护单位。（YTH）

潘原故城 潘原故城位于平凉市崆峒区四十里铺镇庙底下村内，属新石器时代至青铜器时代遗址。面积约45万平方米，文化层厚0.5~3米。暴露有灰坑、白灰面房址。出土陶器夹砂红陶片、灰陶片等，器形有盆、钵、尖底瓶侈口罐等。出土石器有石刀、石斧等。1995年被公布为第五批省级文物保护单位。（YTH）

双堡子沟遗址 双堡子沟遗址位于平凉市庄浪县南湖镇双堡子村北100米处，属旧石器时代遗址。面积约1万平方米，于1982年发现，后经1986年和1988年两次复查，在杂色黏土层中发现10多件石器，多为刮削器。伴随石器出土的有披毛犀、牛角、羊角等化石。1995年被公布为第五批省级文物保护单位。（YTH）

铜场沟铜矿址 铜场沟铜矿址位于平凉市华亭县西华镇旧城村北500米处，属宋至明代遗址。面积约5万平方米，分为矿址和料场两部分，矿址中有露天矿坑和一个矿井。出土有陶器青花、黑釉瓷碗、碟残片以及石臼。1995年被公布为第五批省级文物保护单位。（YTH）

安口杨家沟瓷窑址 安口杨家沟瓷窑址位于平凉市华亭县安口镇杨家沟村西500米处，属宋至清时代遗址。面积约1万平方米，遗址长150米、宽70米。出土有圆锥形七孔匣钵、垫片以及明清时代的敛口钵、碗、碟等。属于金、清文化遗址类型。1995年被公布为第五批省级文物保护单位。（YTH）

鲁家原遗址 鲁家原遗址位于平凉市崇信县锦屏镇张咀村东北100米处，属新石器时代遗址。面积约2.9万平方米，文化层厚0.5~3米。发掘有灰坑。出土陶器有细泥橘黄陶、宽带纹彩陶、钵残片、陶刀、陶纺轮，器形有尖底瓶、重唇口尖底瓶、盆等。另出土唐朝彩绘俑。属于仰韶文化、唐文化遗存。1995年被公布为第五批省级文物保护单位。（YTH）

草脉殿遗址 草脉殿遗址位于平凉市灵台县什字镇丁家沟村西南800米，属新石器时代至青铜器时代遗址。面积约3.6万平方米，文化层厚2～2.5米。出土有袋状灰坑、白灰面、半地穴居址、长方形窖穴（穴内存谷粒、谷秸）。采集有褐陶罐、灰陶折肩罐、残骨针、石斧等，属齐家文化遗存。1995年被公布为第五批省级文物保护单位。（YTH）

古洞门遗址 古洞门遗址位于平凉市庄浪县阳川乡李家湾村西北500米处，属新石器时代至青铜器时代遗址。面积约12万平方米，文化层厚约3米。发掘有灰坑、窖藏。出土细泥红陶、夹砂红陶、橘黄陶片、施白色陶衣等，器形为罐、敛口钵、盆，饰纹有勾叶纹、圆点纹、篮纹等。另有窖藏炭化粟及石刀。属于仰韶文化、齐家文化遗址类型。1995年被公布为第五批省级文物保护单位。（YTH）

庙儿坪遗址 庙儿坪遗址位于平凉市静宁县李店镇王家村西300米处，属新石器时代至青铜器时代遗址。面积约4万平方米，文化层厚1～2米。发掘发现灰坑、窖址、白灰面居址、墓葬。出土泥质红陶、夹砂红陶等，器形有瓶、钵、碗等。属于马家窑文化、齐家文化遗址类型。此外在墓葬遗址还发现了汉墓。1995年被公布为第五批省级文物保护单位。（YTH）

西堡子山遗址 西堡子山遗址位于平凉市灵台县梁原乡横渠村北1千米处，属新石器时代至青铜器时代遗址。面积约12万平方米，文化层厚4～6米。发掘有墓葬、房址和灰坑。出土有细泥、夹砂陶片，器形有尖底瓶、钵、罐、鬲等，另还发现了残石斧、骨凿。1995年被公布为第五批省级文物保护单位。（YTH）

向明西坪遗址 向明西坪遗址位于平凉市泾川县王村镇向明村西南100米处，属新石器时代至青铜器时代遗址。面积约16万平方米，文化层厚2～3米。出土夹砂橘红陶片、夹砂红褐陶片、泥质灰陶片，器形有重唇口尖底瓶、盆、钵、侈口罐、高领双耳罐、鬲。1995年被公布为第五批省级文物保护单位。（YTH）

阳面岭遗址 阳面岭遗址位于平凉市灵台县梁原乡杜家沟村东1千米处，属新石器时代至青铜器时代遗址。面积约12万平方米，文化层厚2～3米。发掘有白灰面房址、窑址。出土有夹砂红、灰陶片，泥质红陶片，器形有罐、盆、鬲以及有石斧、石凿等石器。1995年被公布为第五批省级文物保护单位。（YTH）

余家塬遗址 余家塬遗址位于平凉市庄浪县南湖镇北关村北1千米处，属新石器时代至青铜器时代遗址。面积约5万平方米，文化层厚约1.5米。经发掘出灰坑。出土泥质和夹砂红陶、橙黄陶片，纹饰以细绳纹、划纹、弦纹为主，器形有罐、缸、瓶、钵等；

及宋代遗物豆青瓷碗、灰陶罐碗残片。1995年被公布为第五批省级文物保护单位。(YTH)

枣林子遗址 枣林子遗址位于平凉市泾川县汭丰乡枣林村西南2千米处,属新石器时代至青铜器时代遗址。面积约5万平方米,文化层厚0.7~1米。出土夹砂红、红褐陶片,周代夹砂、泥质灰陶片,器形有盆、罐、鬲。1995年被公布为第五批省级文物保护单位。(YTH)

安塬坪遗址 安塬坪遗址位于平凉市崆峒区四十里铺鄘岘村西南150米处,属新石器时代至青铜器时代遗址。面积约10万平方米,文化层1~4米。暴露有袋状灰坑、白灰面房址。出土夹砂红陶片,器形有钵、罐、尖底瓶等。1995年被公布为第五批省级文物保护单位。(YTH)

梁坡遗址 梁坡遗址位于平凉市崇信县锦屏镇梁坡村西北100米处,属新石器时代至青铜器时代、周时代遗址。面积约10万平方米,文化层厚1.8~4.4米。发掘有灰坑、白灰面房址。出土有泥质红陶、橘黄陶、彩陶、泥质灰陶,器形有敛口钵、葫芦口尖底瓶、盆、罐、鬲等;另有石刀、石斧、石铲、石环等石器。1995年被公布为第五批省级文物保护单位。(YTH)

瓦窑山遗址 瓦窑山遗址位于平凉市崆峒区四十里铺镇三十里铺村的南山,属新石器时代至青铜器时代遗址。面积约30万平方米,文化层厚0.5~1.5米。暴露有陶窑、墓葬。出土夹砂红陶片、灰陶,器形有尖底瓶、钵、盆、罐、鬲等。1995年被公布为第五批省级文物保护单位。(YTH)

圆嘴山遗址 圆嘴山遗址位于平凉市泾川县窑店镇西门村南1.5千米处,属新石器时代至青铜器时代遗址。面积约1万平方米,暴露白灰面,文化层厚0.5~1.5米。出土泥质红陶、夹砂红陶片,夹砂灰陶片,器形为罐、鬲。出土铜器有铜鼎、铜戈、铜剑等。1995年被公布为第五批省级文物保护单位。(YTH)

彭阳古城 彭阳古城位于庆阳市镇原县彭阳乡井陈家村,属汉至宋遗存。平面呈正方形,边长250米。现存东、南城墙,为夯土版筑,基宽5米、残高10米,夯层厚0.2~0.3米。城四角有角墩。南、北两面辟门。采集有铜镜、铜币和影青瓷碗、盘残片。1995年被公布为第五批省级文物保护单位。(YTH)

环县故城 环县故城位于庆阳市环县县城北。平面呈长方形,东西长约1800米,南北宽约1200米,周长约6000米,面积约2.16平方千米。城墙夯土版筑,基宽14米、顶宽4米、高2~8米,夯层厚0.1~0.16米。开南、北、西三门,门宽4米,高6米。南门有瓮城。秦昭王长城在城北经过。城内散布大量秦、汉和明代遗物。1995年被公布为第五批省级文物保护单位。(YTH)

白马原遗址 白马原遗址位于庆阳市西峰区,属新石器时代遗址。面积约5万平方米,文化层厚约3米,暴露有灰坑、房址。采集有仰韶文化晚期泥质红陶体、尖体瓶,夹砂、泥质灰陶罐以及漩涡纹彩陶片等。

1995年被公布为第五批省级文物保护单位。（YTH）

程家川遗址 程家川遗址位于庆阳市合水县吉岘乡程家川村西北，属新石器时代遗址。面积约11万平方米，文化层厚1~1.5米。采集有仰韶文化庙底沟类型黑彩变体鱼纹泥质红陶钵、重唇口尖底瓶，夹砂红陶绳纹罐等器物残片。1995年被公布为第五批省级文物保护单位。（YTH）

川口遗址 川口遗址位于庆阳市镇原县曙光乡川口村西1千米，属新石器时代遗址。面积约5万平方米，文化层厚约1米。采集有泥质红陶重唇口尖底瓶和夹砂红陶绳纹深腹罐、曲腹瓮等器物残片，属仰韶文化庙底沟类型。1995年被公布为第五批省级文物保护单位。（YTH）

东关遗址 东关遗址位于庆阳市合水县太白镇东100米处，属新石器时代遗址。面积约8万平方米，文化层厚约1~1.5米。采集有彩陶盆、钵，泥质红陶盆、罐、钵、重唇口尖底瓶，夹砂红陶绳纹罐等器物残片，彩陶施黑彩，纹样有宽带纹、变形鱼纹、变形叶纹等，属仰韶文化庙底沟类型。1995年被公布为第五批省级文物保护单位。（YTH）

兰沟门遗址 兰沟门遗址位于庆阳市华池县五蛟乡兰沟门，属旧石器时代遗址。面积约7.5万平方米。灰层约0.8~1.5米。暴露有灰坑、房址。房址为半地穴式，中间有一圆形灶坑，直径0.5米、深0.45米。采集有仰韶文化泥质红陶素面敛口钵、夹砂红陶绳纹侈口罐等。1995年被公布为第五批省级文物保护单位。（YTH）

麻家暖泉遗址 麻家暖泉遗址位于庆阳市庆城县庆城镇暖泉村西北500米，属新石器时代遗址。面积约5万平方米，文化层厚约1~3米，暴露有灰坑。采集有仰韶文化泥质红陶黑彩敛口钵、绳纹双耳鼓腹尖底瓶、素面敞口折腹罐及夹砂红陶绳纹、附加堆纹罐等残片。1981年被公布为第四批省级文物保护单位。（YTH）

碾子塘遗址 碾子塘遗址位于庆阳市华池县怀安乡宋咀子村碾子沟门组。面积70万平方米，属新石器时代遗址。文化层厚约1米，暴露有灰坑、陶窑和居址。采集有泥质红陶细绳纹喇叭口束腰尖底瓶、素面敛口罐等。1995年被公布为第五批省级文物保护单位。（YTH）

周家遗址 周家遗址位于庆阳市正宁县周家乡周家村南400米处，属新石器时代遗址。面积约50万平方米，文化层厚约4米，暴露有灰坑、窑址。采集有仰韶文化庙底沟类型泥质红陶钵、线纹尖底瓶、夹砂红陶绳纹罐及泥质红陶黑彩圆点纹盆等残片。1995年被公布为第五批省级文物保护单位。（YTH）

卜家崾岘遗址 卜家崾岘遗址位于庆阳市合水县，属新石器时代至青铜器时代遗址。面积约40万平方米，文化层厚约1~1.3米。采集有仰韶文化庙底沟类型泥质红陶钵、盆和齐家文化夹砂红陶敞口单耳罐等。1995年被公布为第五批省级文物保护单位。（YTH）

段家坪遗址 段家坪遗址位于庆阳市镇原县曙光乡徐沟村，属新石器时代至青铜器时代遗址。面积约3平方千米，文化层厚2～3米，暴露有房址、窑址、窖穴。采集有齐家文化夹砂红陶绳纹罐、夹砂灰涛鬲、泥质灰陶篮纹罐残片及磨制石刀等。1995年被公布为第五批省级文物保护单位。（YTH）

老庄沟遗址 老庄沟遗址位于庆阳市宁县和盛镇庙底村北500米处，属新石器时代至青铜器时代遗址。面积约18万平方米，文化层厚0.5～1.5米是，暴露有灰坑、房址、墓葬。采集有齐家文化泥质灰陶素面单耳、双面罐和夹砂灰陶篮纹高领瓮、盆、豆等残片，属齐家文化类型遗存。1995年被公布为第五批省级文物保护单位。（YTH）

尚西坪遗址 尚西坪遗址位于庆阳市环县，属新石器时代至青铜器时代遗址。面积约1.2万平方米，文化层厚约0.5～1.6米，暴露有大量灰坑。采集有齐家文化泥质红陶篮纹折肩罐、夹砂红陶绳纹鬲、泥质灰陶篮纹罐残片和磨制石器。1995年被公布为第五批省级文物保护单位。（YTH）

石岭子遗址 石岭子遗址位于庆阳市宁县石鼓乡石岭子村内，属新石器时代至青铜器时代遗址。面积约14万平方米，文化层厚约0.5～3米，暴露有灰坑、房址。采集有齐家文化泥质灰陶和夹砂红褐陶片，器表纹饰多见绳纹、锥刺纹，可辨器形有单耳罐、侈口罐、袋足鬲等。1995年被公布为第五批省级文物保护单位。（YTH）

瓦岗川遗址 瓦岗川遗址位于庆阳市合水县板桥乡郝家湾村东南400米，属新石器时代至青铜器时代遗址。面积约10万平方米，文化层厚1～1.5米。采集有仰韶文化庙底沟类型黑彩叶纹彩陶罐、盆，鱼纹彩陶钵、泥质红陶杯口尖底瓶及夹砂红陶绳纹罐等器物残片。1995年被公布为第五批省级文物保护单位。（YTH）

张堡遗址 张堡遗址位于庆阳市宁县南义乡张堡村，属新石器时代至青铜器时代遗址。面积约12万平方米，文化层厚0.5～3米，暴露有灰坑、房址、窖穴、墓葬。采集有仰韶文化庙底沟类型泥质红陶黑彩鱼纹敛口钵、细绳纹重唇口尖底瓶等残片。另有齐家文化泥质红陶篮纹高领折肩罐、盆残片及骨锥等。1995年被公布为第五批省级文物保护单位。（YTH）

羊蹄沟城址 羊蹄沟城址俗称"羊蹄鼓城"，位于张掖市临泽县新坝乡赵家疙瘩村东南200米处，属汉、明遗址。平面呈"回"字形，外城南北长206米，东西宽160米，北墙正中辟门，门外有半圆形瓮城。城墙黄土夯筑，现存基宽5米，残高0.5～8.5米，夯层厚约0.12米。1995年被公布为第五批省级文物保护单位。（YTH）

红沙渠遗址 红沙渠遗址位于张掖市临泽县黑河右岸北山坡下，依坡势而筑，属汉代遗址。全长约17千米，现残存约8千米。1995年被公布为第五批省级文物保护单位。（YTH）

南城子遗址 南城子遗址位于张掖市肃南裕固族自治县大泉沟乡南城子村东北200米处，属明代遗址。平面呈长方形，南北长170米，东西宽137米。城墙夯土版筑，基宽

6米，残高10.2米，夯层厚约0.2米。1995年被公布为第五批省级文物保护单位。（YTH）

壕北滩遗址及墓群　壕北滩遗址及墓群位于张掖市山丹区清泉镇东南3.6千米处，属青铜器时代遗址。面积约20万平方米，文化层厚0.3～0.8米，暴露有灰坑和窑址，属四坝文化遗存。1995年被公布为第五批省级文物保护单位。（YTH）

西武当瓷窑址　西武当瓷窑址位于张掖市甘州区安阳乡西武当村北50米处，属西夏遗址。面积约2平方千米，暴露窑址14座，分布于山梁两侧，南北向排列，系民间瓷窑。1995年被公布为第五批省级文物保护单位。（YTH）

张义堡城址　张义堡城址位于武威市凉州区张义镇张义堡村内，属汉、明遗址。有大城和小城。大城平面呈长方形，北墙长322米，南墙残长62米，东墙残存墙基数段。墙体夯筑，顶宽0.5～2.5米，残高3～7.3米，夯层厚0.10～0.12米，属明代驿堡城址。小城为汉代遗址。1995年被公布为第五批省级文物保护单位。（YTH）

端字号柴湾城址　端字号柴湾城址位于武威市民勤县西渠镇建立村西4千米处，属汉代遗址。有东西两城，二城相连，共有一墙。平面均呈正方形，东城边长35米，西城边长80米，城墙夯土版筑，基宽2.8米，残高1～1.3米，夯层厚约0.14米。1995年被公布为第五批省级文物保护单位。（YTH）

王景寨城址　王景寨城址位于武威市凉州区东河乡王景寨村西南500米处，属汉代遗址。面积约200万平方米，文化层厚度不详，地面散见泥质和夹砂红陶片。1995年被公布为第五批省级文物保护单位。（YTH）

武威锁阳城城址　武威锁阳城城址位于武威市凉州区金羊镇赵家磨村南200米处，属汉代遗址，又名三骡城。平面呈长方形，东西宽1千米，南北因被沙河冲断，具体长度不详。曾出土有泥质灰陶器物多件。1995年被公布为第五批省级文物保护单位。（YTH）

红沙堡城址　红沙堡城址位于武威市民勤县苏武乡泉水村东北500米处，属汉至明代遗址。分内外城。内城为汉代建筑，平面呈长方形，长250米，宽160米，城墙夯土版筑，基宽6米，顶宽2米，高15米，夯层厚0.08～0.1米，南面开门，门宽10米，门外有瓮城，瓮城呈正方形，边长63米，墙基宽4米，高7米。明万历九年（1581）在瓮城东西两侧筑围墙，并利用内城南墙构成外城。1995年被公布为第五批省级文物保护单位。（YTH）

古浪三角城遗址　古浪三角城遗址位于武威市古浪县民权乡长岭村西200米处，属汉至唐代遗址。城平面呈三角形，故俗称三角城，边长分别为340米、330米、200米，多塌毁。墙体夯土版筑，基宽5米，残高1～3.5米，夯土厚约0.15米，东面开一门。1995年被公布为第五批省级文物保护单位。（YTH）

松山新城　松山新城位于武威市古浪县松山镇松山村西北侧，属明代遗址。坐北向南，平面呈长方形，分内外城。外城东西长

350米，南北宽320米，城墙夯土版筑，基宽4米，顶宽1.5米高8米，夯土层0.12～0.15米。南和西两面开门。1995年被公布为第五批省级文物保护单位。（YTH）

武威满城 武威满城位于武威市凉州区金羊镇新鲜村窑沟北侧，属清代遗址。平面呈正方形，边长1060米。城墙夯土版筑，基宽4.6米，高10米，夯层厚0.15～0.18米。1995年被公布为第五批省级文物保护单位。（YTH）

朵家梁遗址 朵家梁遗址位于武威市古浪县土门镇保和村西南2千米处，属新石器时代遗址。面积10万平方米，文化层厚约1米。采集有马家窑文化马厂类型彩陶双耳罐，夹砂红陶罐。1995年被公布为第五批省级文物保护单位。（YTH）

老城遗址 老城遗址位于武威市古浪县直滩乡老城村老城南500米处，属新石器时代遗址。面积约20万平方米，文化层厚约1米，属马家窑文化马厂类型。1995年被公布为第五批省级文物保护单位。（YTH）

罗家湾遗址 罗家湾遗址位于武威市天祝藏族自治县东坪乡罗家湾村西北2千米处。面积约20万平方米，文化层厚约1.2米，暴露有泥质、夹砂红陶片。曾出土方格纹彩陶双耳罐、筒状杯、尖底瓶和红陶罐多件，另有石刀、石斧等。遗址保存较好，对研究马家窑文化的分布和文化内涵有重要价值。1995年被公布为第五批省级文物保护单位。（YTH）

茂林山遗址 茂林山遗址位于武威市凉州区新华乡李府村西1千米处，属新石器时代遗址。面积约6万平方米，文化层厚2.5米。采集有马家窑文化马厂类型彩陶片，夹砂红陶片，饰附加堆纹等。1995年被公布为第五批省级文物保护单位。（YTH）

瓦罐滩遗址 瓦罐滩遗址位于武威市凉州区下双乡蓄水村东1.4千米处。属新石器时代遗址。面积约25万平方米，文化层厚0.2～0.5米，地表散布大量彩陶片。采集有夹砂和泥质红陶片，彩陶纹样有鸟纹、鱼纹、三角纹、草叶纹，可辨器形有罐等。1995年被公布为第五批省级文物保护单位。（YTH）

沙城城址 沙城城址位于金昌市永登县水源镇北地村北1千米处，属晋代遗址。平面呈长方形，南北长300米，东西宽288米，城墙黄土夯实，基宽约6米，顶宽4米，残高3～5米，夯厚0.12～0.14米，夯层内采集有夹粗砂灰、红陶残片。城四角曾有角墩，今已无存。四面城墙各有2个马面，南墙开门。城内曾采集到开元通宝钱2枚。次城为晋初修建，沿用至西夏后废弃。1995年被公布为第五批省级文物保护单位。（YTH）

水泉堡城址 水泉堡城址位于金昌市永登县红山窑乡水泉子村东南2千米处，属明代遗址。平面呈长方形，东西长660米，南北宽260米。城内有两道南北向墙垣将城隔成东西并列的三个小城，城垣均为夯土版筑，基宽3米，残高6米，夯城厚约0.12米，东、西墙开门，门宽4米，高6米。1995年被公布为第五批省级文物保护单位。（YTH）

大庙城城址 大庙城城址又名破古城，

位于金昌市金川区双湾镇岳家沟村西1千米处。始建于魏晋,唐代沿用。平面呈长方形,南北长180米,东西宽170米,城中有墙,将城分割成两部分,城墙夯土版筑,基宽3.5米,顶宽3米,残高4米,南面开一门,宽8米,门外有瓮城。采集有泥质灰陶鼓腹罐残片、青砖和石杵等。1995年被公布为第五批省级文物保护单位。(YTH)

三个墩遗址及墓群 三个墩遗址及墓群位于玉门市花海镇条湖村西南5千米处。地表可见多处夯筑封土堆。采集有大量的灰陶罐、五铢钱及夹砂灰、红陶片。1995年被公布为第五批省级文物保护单位。(YTH)

西三角城遗址 西三角城遗址位于酒泉市金塔镇五星村东南6千米处。平面呈长方形,长45米,宽40米。城墙夯土版筑,基宽2.7米、残高2.5米,夯层厚0.1~0.23米。南面开门,城内地表有大量灰陶片。城东65米处有窑址1座,平面呈椭圆形,长2.5米、宽1.9米,残高0.2米,窑壁烧结厚0.1米。周围散见大量灰陶片和砖瓦残块。1995年被公布为第五批省级文物保护单位。(YTH)

晋昌郡城址 晋昌郡城址位于酒泉市瓜州县基隆布乡九下村萧家地,位于东城东北150米处。平面呈长方形,东西长143米、南北宽103米。城墙夯筑,基宽5.5米,顶宽3.8米、高7.5米,夯层厚约0.18米。东墙开门,门宽4.2米。南墙保存较好,其余三面城墙残垣断续。城中部有圆锥形土丘,底径14.6米、高3.5米,性质不明,周围散见大量垂帐纹灰陶片及黑砂陶片。1995年被公布为第五批省级文物保护单位。(YTH)

干骨崖遗址及墓群 干骨崖遗址及墓群位于酒泉市肃州区丰乐乡大庄村西南1千米处,属青铜器时代遗址,亦有汉、晋墓葬。分布于丰乐河东岸台地上,面积约20万平方米,文化层厚0.1~0.5米。1987年发掘面积240平方米,清理墓葬105座。东南部为遗址区,出土有石斧、环形石锄、石磨盘、石矛和彩陶片等。北部干骨崖一带为墓葬区,皆为袋状土坑墓,以石块围筑或叠压尸骨。出土器物有陶、铜、石器及贝、骨等。1995年被公布为第五批省级文物保护单位。(YTH)

华年城址 华年城址位于甘南藏族自治州舟曲县立节乡。城依地势而筑,平面呈长方形,东西长约450米,南北宽约390米,尚存墙垣总长400余米。墙体夯筑,基宽7米,顶宽3.5米,残高4.7米,夯层厚0.1~0.18米,夯层中夹横木。城四角有烽火台7座,均为四棱台体,石块垒砌而成。城周围采集有泥质绳纹红陶罐、板瓦、"天当司马"铜印及铜镞等。1995年被公布为第五批省级文物保护单位。(YTH)

桑科城址 桑科城址位于甘南藏族自治州夏河县桑科乡桑科村北。周长2.22千米,依山而筑,据考为汉代遗址。采集有齐家文化泥质红陶和夹砂红陶片,饰绳纹、篮纹、锥刺纹,可辨器形有高领大口灌、双耳折肩罐、豆、单耳高领圆肩罐等。另有寺洼文化夹碎末红陶、灰陶片,饰浅绳纹、附加堆纹,器形有马鞍口单、双耳罐,小口罐,带扳耳的袋足鬲等。1995年被公布为第五批省级文

物保护单位。(YTH)

牛头城遗址 牛头城遗址位于甘南藏族自治州临潭县古战乡古战村北。凭山而筑，依河布垒，平面呈不规则四边形，南窄北宽，颇似牛头，故称"牛头城址"。由相连的南北二城组成。南城为内城，周长910米，北城为外城，周长754米。墙垣夯筑，基宽7米，残高5～7米，夯厚0.1～1.15米。内外城有角墩、马面、门墩。城门都朝北，宽3.5米。外城北有宽20米、深5～6米的护城壕，东北100米有一烽燧，西北有一底边29米、高约5米的方形土台，名为点将台。1995年被公布为第五批省级文物保护单位。(YTH)

阳坝城址 阳坝城址位于甘南藏族自治州卓尼县。城依地势而筑，三面临水，平面呈不规则四边形，周长约3000米，南北宽约650米，东西长约850米，现存南墙残长135米，北墙残长120米。南北墙垣夯筑，东西墙由天然石岩、山崖及夯筑在石壁间的墙垣构成。城东洮河东岸山脊上有烽燧遗址及护城墙，城南洮河西岸山顶有烽火台和壕沟。1995年被公布为第五批省级文物保护单位。(YTH)

岭儿坝遗址 岭儿坝遗址位于甘南藏族自治州舟曲县曲瓦乡岭儿坝村西北300米。面积约8500平方米，文化层厚0.4～1.2米，暴露有灰层、灰坑、窑穴。采集有马家窑文化泥质红陶和夹砂橙红、灰陶片，彩陶纹样有施黑彩的宽带纹、平行线纹、弧线三角纹、圆点纹、钩叶纹等，可辨器形有盆、瓶、碗、钵等。1995年被公布为第五批省级文物保护单位。(YTH)

北山坪遗址 北山坪遗址位于甘南藏族自治州舟曲县城关镇坝里村东500米。面积约7.7万平方米，文化层厚0.2～0.4米，暴露有窑穴、白灰面房址、墓葬、陶窑、灰坑。采集有马家窑文化马家窑类型泥质红陶和夹砂红陶片，彩陶纹样有施黑彩的漩涡纹、平行线纹、圆点纹、弧线三角纹，可辨器形有钵、瓶、盆、罐等。另有齐家文化类型泥质红陶和夹砂红陶、灰陶片，纹样有绳纹、刻划纹、篮纹、附加堆纹，可辨器形有彩绘大双耳高领罐、豆、鬲等。1995年被公布为第五批省级文物保护单位。(YTH)

大族坪遗址 大族坪遗址位于甘南藏族自治州卓尼县纳浪乡朝勿村。面积约1.96万平方米，文化层厚1～1.6米，暴露有齐家文化白灰面房址和寺洼文化墓葬等。采集有齐家文化泥质红陶和夹砂红、褐、灰陶片，器表素面或饰绳纹、附加堆纹、刻划纹、篮纹等，可辨器形有双大耳罐和瓶、碗、盆、壶等。另有寺洼文化夹砂红褐、橙黄陶片，器表饰附加堆纹、乳钉纹、压印纹，可辨器形有马鞍形口双耳罐、四耳罐、瓮、盆等。1995年被公布为第五批省级文物保护单位。(YTH)

叶儿遗址 叶儿遗址位于甘南藏族自治州卓尼县木耳乡叶儿村西侧。面积约11.25万平方米，文化层厚0.4～2.5米，暴露有灰坑。采集有齐家文化泥质红陶和夹砂红、褐、灰陶片，器表素面或饰绳纹、刻划纹、篮纹，可辨器形有双耳罐、侈口高领罐等。还有寺洼文化夹砂橙黄陶片，器表饰乳钉纹、绳纹，可辨器形有马鞍形口罐、瓮、鬲等，另采集有石铲、石刀、石斧、石杵研磨等石器和骨锥、骨削等骨器。1995年被公布为第五批省级文物保护单位。（YTH）

下王家遗址 下王家遗址位于临夏州东乡县锁南镇下王家村，属旧石器晚期遗址。发现三件打制石器，其中两件是刮削器，一件是打制石片。经土样化验分析，其地质年代为第四世纪。后来又在被水冲开的断层发现灰土遗迹，距地表6~7米，厚度约20厘米，土层松软，有明显的火烧痕迹，夹有炭渣、火烧过的石块等物。采集到打制刮削器6件。1995年被公布为第五批省级文物保护单位。（YTH）

三塬遗址 三塬遗址位于临夏回族自治州东乡族自治县考勒乡三塬村西700米处。面积约50万平方米，文化层厚0.5~1米，暴露有房址和墓葬。采集有大量马家窑文化泥质红陶、橙黄陶片和夹砂红、灰陶片，另采集有少量齐家文化泥质和夹砂红陶片，多饰绳纹、篮纹，可辨器形有深腹罐、高领罐和鬲。1995年被公布为第五批省级文物保护单位。（YTH）

罗家尕塬遗址 罗家尕塬遗址位于临夏回族自治州临夏市南龙镇罗家湾村东北，属新石器时代晚期马家窑文化马家窑类型遗存。面积约66万平方米，文化层厚0.5~2米。暴露有灰坑、房址、窑址和墓葬。采集有泥质和夹砂红陶罐、钵、瓶、瓮等残片，多饰绳纹，彩陶纹样有黑彩勾叶圆点纹、弧线三角纹、带状网纹。1981年被公布为第四批省级文物保护单位。（YTH）

任家崖遗址 任家崖遗址位于临夏回族自治州临夏县黄泥湾乡五一村任家庄，属新石器时期晚期马家窑文化、齐家文化遗址。遗址东西长约200米，南北宽约60米，总面积1.2万平方米。文化层距地表1.5米，厚1~2米。1995年被公布为第五批省级文物保护单位。（YTH）

安西古城址 安西古城址位于定西市安定区巉口镇朱家庄村北700米，属宋、元遗址。平面呈长方形，东西长472米、南北宽295米，面积约1.4万平方米。城墙黄土夯筑，基宽15米，顶残宽2米，残高9.4~15.2米，夯层厚0.1~0.12米。四角有角墩，四周均有马面。南北两墙辟门，并有瓮城，北瓮城门向西。地面散见灰陶片和黄釉瓦片等。2003年被公布为第六批省级文物保护单位。（YTH）

平西古城址 平西古城址位于定西市安定区鲁家沟镇鲁沟村东北1千米处，属宋、元遗址。平面呈正方形，边长270米，面积约7.3万平方米。城墙黄土夯筑，基宽15米，顶宽2米，高约10米，夯层厚0.1~0.12米。四周有马面，四角有角墩，南北两墙辟门，城外有壕沟。采集有瓷器、石弹丸、铜器等。地表散见灰陶片和绿釉、黑釉瓷片。2003年被公布为第六批省级文物保护单位。（YTH）

定西堡子坪遗址 定西堡子坪遗址位于定西市安定区香泉镇岔口村北100米处，属新石器时代遗址。面积约20万平方米，文化层厚0.5～1米，断面暴露有灰坑、白灰面房址。采集有马家窑文化马家窑类型泥质橙黄陶片，彩陶饰有黑彩弧线三角纹、圆点纹、平行线纹、漩涡纹，可辨器形有钵、盆、瓶、罐等。另采集有齐家文化泥质红陶和夹砂红陶片，器表多素面或饰附加堆纹、绳纹、篮纹，可辨器形有高领双耳罐、大口灌等。2003年被公布为第六批省级文物保护单位。（YTH）

西堡子遗址 西堡子遗址位于定西市漳县新寺镇西堡子村南100米，属新石器时代至汉代遗址。面积约3万平方米，文化层厚0.25～1米。采集有齐家文化泥质红陶和夹砂红陶片，饰有篮纹、绳纹、附加堆纹、戳印文，可辨器形有单双耳罐、豆、高领折肩罐、侈口大耳罐等。2003年被公布为第六批省级文物保护单位。（YTH）

白马关城址 白马关城址位于陇南市康县云台镇。依山而筑，平面呈不规则形，周长937米。城墙为石块垒砌，基宽6米，顶宽4米，高6.14米。四周有角墩、马面多处，垛口422个。清光绪年间建有古城一座，东门为建光门，西门为永安门。2003年被公布为第六批省级文物保护单位。（YTH）

南廓寺遗址 南廓寺遗址位于天水市秦州区城南2千米的慧意山。南廓寺建筑以三座门牌楼为中轴线组成东、中、西三大院。中院为禅仗院，有杜少陵祠、杜甫像及侍童；后院有韦驮殿、配殿和大雄宝殿，为明、清建筑。东院内有湫池殿、观音殿、圣母宫等，院中有一水井，清澈见底，四季不竭，正是杜甫诗中的北流泉。西院原建筑已毁，唯五级浮屠基础尚存。南廓寺西南侧地下埋有佛塔塔基，内有镇塔舍利子。2003年被公布为第六批省级文物保护单位。（YTH）

大坪头遗址 大坪头遗址位于天水市武山县洛门镇大坪头村北200米处，属新石器时代遗址。面积约10万平方米，文化层厚0.1～1米，暴露有灰层、灰坑，白灰面房址等。采集有黑彩弧线纹、圆点纹彩陶钵、卷沿平底盆残片及绳纹泥质橙黄陶小口瓮等，属仰韶文化庙底沟类型。另有齐家文化篮纹、绳纹、附加堆纹夹砂红陶单、双耳罐及石斧、骨刀柄。2003年被公布为第六批省级文物保护单位。（YTH）

卦台山遗址 卦台山遗址位于天水市麦积区渭南镇吴家村卦台山塬，属新石器时代遗址。分布于渭河南岸，面积约1万平方米，文化层厚0.2～0.5米，暴露有灰坑、半地穴房址。采集有马家窑文化马家窑类型素面泥质红陶片和彩陶片，彩陶纹样有网格纹，可辨器形有碗、瓶、盆，并有石斧。另采集有齐家文化夹砂泥质红陶片，饰绳纹、附加堆纹，可辨器形有罐。2003年被公布为第六批省级文物保护单位。（YTH）

东旱坪遗址 东旱坪遗址位于天水市武山县洛门镇旱坪村西侧，属新石器时代至明代遗址。面积约30万平方米，文化层厚0.1～0.7米，暴露有灰坑、白灰面房址。采集有齐家文化泥质红陶绳纹、篮纹、附加堆纹、锥刺纹折肩罐等。2003年被公布为第六批省级文物保护单位。（YTH）

西宁城遗址 西宁城遗址位于白银市会宁现翟家所乡张城堡村东1千米处。北宋崇宁五年（1106）泾原路经略使章所筑，时称甘泉堡。现存城墙东西740米、南北500米。城基宽17.4米，顶宽3米，残高17米。东西两墙开门，有瓮城。全城有三分之一坐落在山坡上。其中外城长220米，宽450米。地表散见宋代瓷片及残瓦，收集到宋代钱币、铜壶、黑釉瓷碗等。2003年被公布为第六批省级文物保护单位。(YTH)

泾州古城 泾州古城位于平凉市泾川县城关镇水泉寺村，是商周时代开始建筑的具有3000年历史的古城遗址。有商周时祭天坛场等众多古迹。据载，明洪武三年（1370），因水患，古城迁址。现南墙已毁，所存北城墙为西汉时所筑，西城墙设有墙墩，东城墙残存。出土黑釉、豆绿釉瓷器等。2003年公布为第六批省级文物保护单位。(YTH)

长尾沟门遗址 长尾沟门遗址位于平凉市庄浪县朱店镇中街村西北1千米处，属旧石器时代至新石器时代遗址。面积约3万平方米，上部新石器时代文化层厚0.8～1.8米，出土仰韶文化泥质、夹砂红陶片，器形有曲腹钵、重唇口底尖瓶等；下部为旧石器时代晚期遗存，距地表5米，出土有羊角、牛角、象肢骨化石及石器刮削器。2003年被公布为第六批省级文物保护单位。(YTH)

吴家岭遗址 吴家岭遗址位于庆阳市庆城县吴家岭村柔运河东岸的一级台地上，属新石器时代遗址。面积约5万平方米，文化层厚2～3米，暴露有灰坑和窖穴。采集有仰韶文化庙底沟类型泥质红陶敛口钵、绳纹双耳鼓腹尖底瓶等残片及石斧、石刀等。2003年被公布为第六批省级文物保护单位。(YTH)

甘州古城墙 甘州古城墙位于张掖市甘州区市区北环路南50米，属明代遗址。平面呈正方形，边长245米。城墙大部分已毁，仅存东、北墙各一段，黄土夯筑，总长约140米。2003年被公布为第六批省级文物保护单位。(YTH)

卯来泉城堡 卯来泉城堡位于张掖市肃南裕固族自治县祁丰藏族乡堡子滩村西北200米处，属明代遗址。平面大致呈正方形，长105米，宽103米。城墙夯土版筑，基宽6米，顶宽2米，高10米，夯土层厚约0.2米。2003年被公布为第六批省级文物保护单位。(YTH)

民勤古城 民勤古城位于武威市民勤县大滩乡西村西约10千米的沙漠中。平面呈正方形，边长120米，城墙夯筑，基宽2.5～3米，残高5米，夯层厚约0.15米。四角筑角墩。2003年被公布为第六批省级文物保护单位。(YTH)

四方墩遗址 四方墩遗址位于武威市民勤县昌宁乡阜康村北约3.5千米处，为汉、魏、晋遗址。夯筑四棱台体，底边长30米，高12米，夯层厚0.1～0.12米。2003年被公布为第六批省级文物保护单位。(YTH)

东安堡古城 东安堡古城位于武威市民勤县苏武乡泉水村南1千米处，属西夏遗址。城平面呈正方形，分内外城。外城长宽各320

米，内城长宽各160米。墙体夯土版筑，基宽3～3.5米，残高3～5米，夯层厚约0.15米。均南面开门。2003年被公布为第六批省级文物保护单位。(YTH)

亥母寺遗址 亥母寺遗址位于武威市凉州区新华乡缠山村寺底下南400米处，属西夏遗址。原石窟因山体滑坡废弃。窟坐西向东，分上、中、下三窟。地面暴露明代砖、瓦等。2003年被公布为第六批省级文物保护单位。(YTH)

塔儿湾遗址 塔儿湾遗址位于武威市凉州区古城镇上河村东南1.5千米处，属西夏遗址。面积约80万平方米，文化层厚0.2～2.8米。房址呈方形，单室或前后室。出土有彩陶盆、杯及夹砂绳纹大陶瓮等。2003年被公布为第六批省级文物保护单位。(YTH)

郭家山遗址 郭家山遗址位于武威市凉州区丰乐镇东湖村东北1千米处，属新石器时代遗址。面积约5万平方米，文化层厚1.8～2.2米。采集有马家窑文化马厂类型夹砂红、灰陶片、彩陶片及石刀、石斧等。陶片饰堆塑纹、绳纹；彩陶纹样有圆圈纹、菱形纹等。2003年被公布为第六批省级文物保护单位。(YTH)

十营庄堡址 十营庄堡址位于嘉峪关市新城镇麻湾村西北1.5千米处，属明代遗址。坐北向南，平面呈长方形，东西长75米、南北宽67米。堡墙黄土夯筑，基宽3.7米，现高6.3米，夯厚0.14～0.16米。南墙开门，门宽5.3米。门外有瓮城痕迹，开东门，门宽2.2米。墙外3.2米开外有宽4.2米、深2.2米的壕沟一周。堡内已看不出房屋痕迹。2003年被公布为第六批省级文物保护单位。(YTH)

野麻湾堡遗址 野麻湾堡遗址位于嘉峪关市新城镇麻湾村东南1.5千米处，属明代遗址。平面大致呈正方形，南北长118米、东西宽117米。堡墙黄土夯厚，基宽7.7米、顶宽2～3.8米，高12米，墙顶有女墙，厚1米、高22米。西墙中部有腰墩，底边长23.4米，宽10.2米，高17米，墩上曾建有房屋。东墙开门，门宽7米。门外有瓮城，周长84米，基宽4.1米，高2.7米。2003年被公布为第六批省级文物保护单位。(YTH)

旱湖脑遗址 旱湖脑遗址位于酒泉市瓜州县基隆布乡双塔村东南10千米的旱脑湖。由相连的南北两城组成。两城平面均为长方形。南城东西长260米，南北宽170米，墙体已坍塌无存。北城东西长220米、南北宽160米，城墙夯筑，基宽8.5米、残高3.5米，夯层厚0.14～0.16米。四角有角墩，东开门，宽4.85米。西南角墩外有4座夯筑四棱台体小方土墩，南北两排排列，边长2.5米，残高1.2～1.45米，夯层厚0.08～0.1米。城内外地表散见绳纹、弦纹、水波纹灰陶片。2003年被公布为第六批省级文物保护单位。(YTH)

浪柴沟遗址 浪柴沟遗址位于安西县东巴兔乡东北6千米的浪柴沟山涧。山涧两边台地上分布有汉代陶窑遗址10处，其中东岸9处，西岸1处；石灰窑5处，其中东岸1处，西岸4处；渡槽1处，长340米；瓮棺葬1处。保存均较完整。该遗址是一处集矿床、窑址、作坊、墓葬为一体的遗存，对研

究汉代手工业生产具有重要价值。2003年被公布为第六批省级文物保护单位。(MDM)

冥安县城遗址 冥安县城遗址位于酒泉市瓜州县锁阳城镇南坝村东南8千米处，属汉、唐时期遗址，分新城和旧城。旧城呈长方形，东城墙长560米、残高2~2.8米，南城墙长525米、残高1.2~2.2米，墙基宽8.7米，顶宽6.5米。城四角有四个角墩，西北角角墩保存较好，呈四棱台体。城西北另有一座小城，平面呈长方形。地面有绳纹、水波纹、附加堆纹夹砂陶片，可辨器形有缸等，另有铜、铁器残片，五铢、开元通宝等钱币。新城是由于旧城被淹而迁址所建，平面呈正方形，城墙夯筑版筑。2003年被公布为第六批省级文物保护单位。(YTH)

巴州古城 巴州古城位于酒泉市瓜州县瓜州堡村东500米。平面呈长方形，东西长741.5米，南北宽365.5米。城墙夯土版筑，基宽6米，顶宽4.5米，高6.5米，夯层厚约0.14米。四角有角墩，城墙顶外侧筑女墙垛口，高1米。现北墙保存完好，有垛口44个。古城东、北各辟一门。2003年被公布为第六批省级文物保护单位。(YTH)

酒泉古城门 酒泉古城门位于酒泉市肃州区小西街南段。酒泉古城门为砖结构建筑，为券拱门，发券5层，券砖为一平一竖相间，券洞左右壁砖为平砌，顶部为顺砖。券洞进深3.15米，宽4.15米，高4.8米。1988年，由酒泉市博物馆负责维修，复原城门顶部垛口并补齐残缺部分，恢复古城门原貌。原古城门残高仅有6.7米，维修后墙体加高至8.35米，现存城门东西长9.35米，南北宽4米。1995年，酒泉市城建局在城门周围加筑了汉白玉防护栏。2003年被公布为第六批省级文物保护单位。(YTH)

三坪遗址 三坪遗址位于临夏回族自治州积石山县安集乡三坪村，地处黄河南岸二阶台地上。面积66万平方米，出土文物主要有瓮、罐、瓶、盆、钵等，还有大量的石器、骨器。另外还出土有马厂文化的双耳彩陶罐、齐家文化特质的双耳罐等。2003年被公布为第六批省级文物保护单位。(YTH)

西坪遗址 西坪遗址位于临夏回族自治州广河县城关镇西坪村。面积约20万平方米，文化层厚0.5~1米，暴露有房址和墓葬等。采集有泥质红陶和夹砂红陶片，器表多饰刻划纹、绳纹，彩陶纹样有黑、红、彩弧线三角纹、宽带纹和平行线纹，可辨器形有壶、钵、盘。属马家窑文化和齐家文化遗址。2003年被公布为第六批省级文物保护单位。(YTH)

二十里铺大坪遗址 二十里铺大坪遗址位于兰州市七里河区八里镇二十里铺村南50米处，属新石器时代至青铜器时代遗址。面积约33.5万平方米，文化层厚1.5~2米，暴露有灰坑和房址。采集有马家窑文化泥质红陶和夹砂红陶片，纹饰以绳纹、附加堆纹为主，彩陶纹样多为折线纹、同心圈纹和带状纹，可辨器形有罐、盆、壶等。2011年被公布为第七批省级文物保护单位。(YTH)

堡子山遗址 堡子山遗址位于定西市安定区香泉镇岔口村西南700米处，属新石器时代至青铜器时代遗址。面积约2万平方米，文化层厚0.8~1米，断面暴露有白灰面房址、墓葬。采集有齐家文化泥质红陶和夹砂红、灰陶片，器表饰附加堆纹、篮纹，可辨器形有双大耳罐、双耳壶等。2011年被公布为第七批省级文物保护单位。(YTH)

高家门城遗址 高家门城遗址位于定西市安定区鲁家沟镇太平村高家门社东200米的台地上。城址平面呈长方形，长约210米，宽约70米，分布面积约1.47万平方米。城墙基宽8米，高8~10米，系黄土夯筑，夯土层厚16~18厘米，四角有角墩。城门朝西南开，外有瓮城，瓮城周长160米，城门宽12米。城内、城外地表暴露有瓷片、砖瓦等遗物，其中有宋代青瓷残片。根据城内采集的宋代青瓷片等遗物分析，可以确认该城于北宋时期所筑。2011年被公布为第七批省级文物保护单位。(YTH)

李家坪遗址 李家坪遗址位于定西市通渭县碧玉乡下店子村北300米处，属新石器时代至青铜器时代遗址。面积约14.4万平方米，文化层厚约4.5~6米，断面暴露有白灰面房址、陶窑。采集有仰韶文化石岭下类型黑彩弧线三角纹、网格纹彩陶罐和泥质红陶体、尖底瓶，马家窑文化马家窑类型黑彩宽带纹彩陶瓶。2011年被公布为第七批省级文物保护单位。(YTH)

石门遗址 石门遗址位于定西市安定区符家川镇兰星村、长丰村交界处石门水库西北的山梁上，属新石器时代至青铜器时代遗址。遗址南北长1750米，东西宽600米，面积105万平方米。遗址地形为陡峭坡地，地表现为耕地及荒山。地表断面暴露有灰层、灰坑、红烧土层遗迹和各种陶片、残石器等遗物。2011年被公布为第七批省级文物保护单位。(YTH)

鸡川寨遗址 鸡川寨遗址位于定西市通渭县鸡川镇李家坪村西南600米处，属宋代遗址。周长1660米，东西长约620米、南北最宽约380米，最窄约150米。寨墙夯筑，基宽6.5~7米，顶宽4米，残高6米，夯层厚0.1~0.16米。城南北墙各筑有马面三个。城西南有角楼。城南、城北辟门，门外有瓮城，略呈圆形，直径27米。城北约200米的山上有1座烽火台，城与烽火台之间有宽12米、深5米的壕沟3道。2011年被公布为第七批省级文物保护单位。(YTH)

学田坪遗址 学田坪遗址位于定西市漳县武阳镇学田坪村东南500米处，属新石器时代遗址。文化层厚约3米，面积约3万平方米，暴露有灰坑。采集有马家窑文化马家窑类型泥质红陶和夹砂红陶片，彩陶纹样有黑彩条纹、网络纹、波浪纹，可辨器形有瓶、罐、盆；有齐家文化泥质红陶和夹砂红、灰陶片，饰绳纹、篮纹，可辨器形有篮纹折肩罐、夹砂红陶绳纹深腹罐等。2011年被公布为第七批省级文物保护单位。(YTH)

朱家庄北遗址 朱家庄北遗址位于定西市安定区巉口镇朱家庄村西150米处，属新石器时代遗址。面积约2万平方米，文化层厚0.3~0.8米。采集有泥质红陶和夹砂红、灰陶片，器表饰绳纹、篮纹、附加堆纹，可

辨器形有双大耳罐、盆、壶等。2011年被公布为第七批省级文物保护单位。(YTH)

栏桥遗址 栏桥遗址位于陇南市西和县大桥乡栏桥村东1千米处，属于新石器时代至青铜器时代遗址。面积约1200平方米，文化层厚约1米。出土陶、铜器，器形有马鞍口罐、豆、盆和铜戈、铜镞等。2011年被公布为第七批省级文物保护单位。(YTH)

鸾亭山遗址 鸾亭山遗址位于陇南市礼县城关镇后牌村北侧的山坡上。平面呈长方形，有夯土城墙。夯土城墙东西两道长1000米，北城墙长约250米，南墙无存，北墙保存情况最好。城址面积约25万平方米，内有秦公大墓、大型建筑基址、祭祀坑。2011年被公布为第七批省级文物保护单位。(YTH)

宁家庄遗址 宁家庄遗址位于陇南市西和县长道镇宁家庄村，属新石器时代遗址。面积约17.5平方米，文化层厚2~7米。出土陶器圜底钵、圈足碗、罐、盆等，饰纹丰富。另有石球、石斧、石刀等石器。2011年被公布为第七批省级文物保护单位。(YTH)

西狭古栈道遗址 西狭古栈道遗址位于陇南市成县，属汉代遗址。西狭古栈道是当地长官李翕号召群众修的，在稍有坡度的石头上凿孔插木桩，上支起悬架木桥而建，可见其工程之巨大和艰苦。现在古栈道遗址只剩下插木桩的方孔。后人为纪念其功劳，遂建记功碑，上有《西狭颂》。2011年被公布为第七批省级文物保护单位。(YTH)

平道地遗址 平道地遗址位于天水市甘谷县新兴镇渭水峪村西北70米处，属新石器时代至青铜器时代遗址。面积约50万平方米，文化层厚0.7~1.5米，暴露有白灰面房址、灰坑。采集有泥质红陶附加堆纹罐残片、夹砂灰陶锥刺纹鬲残片。2011年被公布为第七批省级文物保护单位。(YTH)

石岭下遗址 石岭下遗址位于天水市武山县城关镇石岭村内，属新石器时代遗址。面积约1.8万平方米，文化层厚0.7~1米，暴露有灰层、灰坑。1955年多次进行试掘，出土器物有泥质和夹砂红、灰陶钵、碗、盆、罐及石器。彩陶纹样有漩涡纹、变体鸟纹和变体鱼纹等。2011年被公布为第七批省级文物保护单位。(YTH)

寺咀坪遗址 寺咀坪遗址位于天水市秦安县郭嘉镇寺嘴村东南400米处，属新石器时代遗址。面积约为1.5万平方米，文化层厚4~5米，暴露有灰坑、窑址。采集有仰韶文化庙底沟类型的人首形泥质红陶瓶、泥质红陶罐等。2011年被公布为第七批省级文物保护单位。(YTH)

苏家峡遗址 苏家峡遗址位于天水市秦安县中山乡东部苏家峡水库东西两侧的台地上。遗址东西长约500米，南北宽约300米，面积约15万平方米。东侧遗址可见瓷片、瓦片，夹砂红陶、灰陶残片，多饰绳纹、弦纹等，附近断崖及村民院落中暴露多处白灰面，有的长达5米。西侧遗址出土石斧、石刀、石凿、研磨器、纺轮和红陶单耳罐等。2011年被公布为第七批省级文物保护单位。(YTH)

甘沟驿遗址 甘沟驿遗址位于白银市会宁县甘沟驿镇甘沟驿村北1千米处。原驿城于明正统五年（1440）建于小河北岸，明万历年间（1573—1620）迁建于此。平面呈长方形，东西长260米，南北宽150米。城墙为黄土夯筑，基宽6米，顶宽3米，残高12米，夯层厚0.12～0.16米。南北两墙开门，有瓮城。城内有约2米厚的文化层，散见明、清青花瓷片及残砖碎瓦。2011年被公布为第七批省级文物保护单位。（YTH）

芦沟堡遗址 芦沟堡遗址位于白银市靖远县北滩乡卢沟村西北300米处。堡平面呈长方形，东西长800米，南北宽500米。堡墙黄土夯筑，基宽5米，顶宽2.6米，残高3～6米，夯层厚0.08～0.1米。东面开门，有瓮城。城内残存有砖台基、房基、道路等。地表散见青花瓷片、黑釉瓷片、残砖、瓦当等。城内有一明代所铸铁钟，钟裙为八卦状，钟劲四周圆、兽钮。2011年被公布为第七批省级文物保护单位。（YTH）

磨子沟三角城遗址 磨子沟三角城遗址位于靖远县五合乡板尾村南磨子沟，建于宋代。该城依山形地势而建，南、西、北高山环依，东临沙河，地势东低西高，城址格局清楚，平面大致呈三角形，周长约1200米，占地面积约6.4万平方米。堡内阶梯状台地边缘地表散布着大量黑釉及酱釉瓷碗、缸、坛、罐等器物残片，砖瓦、滴水、脊兽等建筑构件及三件红砂岩质础石。2011年被公布为第七批省级文物保护单位。（YTH）

崇华沟遗址 崇华沟遗址位于白银市景泰县中泉乡崇华沟村，属马家窑文化半山类型遗址。占地面积约8万平方米，文化层厚0.40～1米。遗址内有多处墓葬，多为石板棺竖穴土坑葬，个别为土窑葬。葬式以侧身屈肢葬为主，也有个别二次葬。出土器物主要有彩陶、夹砂陶、骨珠、骨管、骨匕、骨针、石弹丸、石斧等。出土的彩陶色彩为红黑相间彩绘，纹饰严谨规整，主要为葫芦网格纹、锯齿纹和垂帐纹。2011年被公布为第七批省级文物保护单位。（YTH）

窠粒台遗址 窠粒台遗址位于白银市会宁县头寨子镇坪岔村北500米处，属新石器时代遗址。面积约10万平方米，文化层厚1～2米，暴露有灰坑、墓葬。采集有马家窑文化半山类型泥质、夹砂红、灰陶片，器表素面或饰绳纹、篮纹，彩陶纹样有黑红相间锯齿纹、漩涡纹、网格纹，可辨器形有罐、盘。另有齐家文化夹砂红陶双耳罐、石斧等。2011年被公布为第七批省级文物保护单位。（YTH）

石石湾遗址 石石（dàn dàn）湾遗址位于白银市会宁县中川乡梁家堡村东北1千米处，属新石器时代遗址。面积约2万平方米，文化层厚约1～2.5米，暴露有灰坑。采集有素面泥质红陶片和彩陶片，彩陶饰有漩涡纹、圆圈纹，可辨器形有罐、碗等，另有原始野牛角。2011年被公布为第七批省级文物保护单位。（YTH）

大园子遗址 大园子遗址位于平凉市静宁县新店乡大园子村，属新石器时代至青铜器时代遗址。面积约16万平方米，文化层厚0.4～3米。发掘发现有灰坑、灶址、窑址、白灰面房址。出土泥质红陶、橙红陶、夹砂

红陶等，器表素面或细绳纹，可辨器形有罐、盆等。石器有石斧、石纺轮。2011年被公布为第七批省级文物保护单位。（YTH）

大嘴梁遗址　大嘴梁遗址位于平凉市庄浪县岳堡乡境内，属新石器时代至青铜器时代遗址。面积约50万平方米。发掘发现有灰坑、石灰材料以及10余处白灰面房址。出土一批玉料、骨器、石器等。2011年被公布为第七批省级文物保护单位。（YTH）

窦家坪遗址　窦家坪遗址位于平凉市静宁县贾河乡窦家坪村东北300米的河谷台地上，属于新石器时代遗址。面积约8.5万平方米，文化层厚0.6～1.7米。发掘发现灰坑、灶坑、烧窑坑、墓葬、白灰面房址。出土有漩涡纹彩陶瓶、灰陶瓶、星月形堆积纹夹砂红陶缸和石斧、玉铲等，陶器多为绳纹、素面红陶、彩陶。2011年被公布为第七批省级文物保护单位。（YTH）

静宁古城遗址　静宁古城遗址位于平凉市静宁县县城境内。面积约55万平方米，平面呈长方形，设东、西、南三门。始建于宋天禧二年（1018），并置静边寨。元灭西夏后改静宁州，后历代均有修补。1995年被公布为第五批省级文物保护单位。（YTH）

九功塬遗址　九功塬遗址位于平凉市崇信县锦屏镇九功村西400米，属新石器时代以及西周、战国时代遗址。面积3万～5万平方米，文化层厚1～3米。发掘有灰坑。出土陶器有弧线三角纹彩陶、泥质红陶、夹砂红陶、泥质灰陶，可辨器形有钵、盆、罐、尖底瓶、鬲等。另有战国时代的泥质褐陶盂等。2011年被公布为第七批省级文物保护单位。（YTH）

刘堡坪遗址　刘堡坪遗址位于平凉市庄浪县刘堡村东侧，属新石器时代至青铜器时代遗址。面积约3.2万平方米，文化层厚约0.5米。发掘有灰坑、白灰面居址。出土陶器泥质红陶、夹砂红褐陶片，可辨器形有大耳罐、双耳罐、瓶、豆、鬲，饰纹粗绳纹、篮纹以及石器石刀、石斧。2011年被公布为第七批省级文物保护单位。（YTH）

平头沟遗址　平头沟遗址位于平凉市锦屏镇平头沟村西70米，属新石器时代、周代、战国时代、汉代遗存。面积约2万平方米，文化层厚1～3.6米。发掘有灰坑。出土器物有鼎、鬲、盆、罐、釜、缶、壶以及石器单孔石刀、钻孔石斧等。另外还有瓦、残铁等。2011年被公布为第七批省级文物保护单位。（YTH）

吴家沟遗址　吴家沟遗址位于平凉市庄浪县朱店镇吴家沟村村北部，属新石器时代、战国时代、汉代遗址。面积约10万平方米，文化层厚1～1.5米。发掘发现大量灰坑、灰层及草拌泥居址面。出土陶片有细泥红陶杯口附加堆纹尖底瓶、直口钵、敛口彩陶罐、平口沿彩陶盆、平口沿灰陶尖底瓶等。1971年出土一红陶兽头壶，被定为国家一级文物，系仰韶文化半坡类型。2011年被公布为第七批省级文物保护单位。（YTH）

白马城遗址　白马城遗址位于庆阳市环县芦家湾乡下白马城村2千米，属明代遗址。平面呈正方形，边长约2500米。城墙夯土版筑，基宽5.5米、顶宽2～3米，高5～10米，夯层厚0.12～0.2米。南、北各开一门，南门曰"永宁"，北门曰"阜康"。城中有《固原东路创建白马城记》残碑。地表散见黑、绿、黄、绿釉瓷片及碎砖瓦片等。1981年被公布为第四批省级文物保护单位。（YTH）

大塬遗址 大塬遗址位于庆阳市镇原县三岔镇吴家大塬村西南200米处，属新石器时代遗址。面积约12万平方米，文化层厚约1～2米，暴露有窖穴、墓葬。采集有泥质红陶高领折肩罐、绳纹双大二罐、篮纹瓮残片及磨制石斧、石刀、石矛等，属齐家文化遗存。2011年被公布为第七批省级文物保护单位。（YTH）

洞洞沟遗址 洞洞沟遗址位于庆阳市华池县王咀子乡银坪村赵家岔自然村，属于旧石器时代遗址。遗址坐东向西，长365米，宽196米，面积71540平方米。发现中国最早以麒麟鹿、三趾马和鬣狗为主的属晚第三纪三趾马动物群化石，并搜集到大量的植物、岩矿标本，重达7吨。2011年被公布为第七批省级文物保护单位。（YTH）

黑土梁遗址 黑土梁遗址位于庆阳市镇原县平原镇八山村东100米处，属旧石器时代晚期遗址。在厚约10米的暗灰蓝色黏土层中采集有披毛犀、普式野马、牛、鹿等动物化石和石球、石核、石片等打制石器。2011年被公布为第七批省级文物保护单位。（YTH）

姜家湾遗址 姜家湾遗址位于庆阳市镇原县太平镇姜家湾村东1千米处，属旧石器时代中期遗址。在距地表约13米的灰白、灰绿色粉砂质黏土层中采集有石核、石片等，少量为石灰岩。在姜家湾采集到石制品39件，包括杏仁状石核、龟背状刮削器、复刃刮削器、砍砸器和石球等。2011年被公布为第七批省级文物保护单位。（YTH）

庆阳古城遗址 庆阳古城遗址位于庆阳市庆城县。由庆阳、北城关、田家城三座城池组成，形似凤，故名凤城。周长7513米，城墙基宽17米，顶宽2～3米，高27～39米，夯层厚0.2～0.21米。有5个城门，东门保存完整，底宽3.2米、高5米、进深3.75米，以石条、青砖砌为券顶。出土宋庆历六年（1042）的《安化郡修城铭》碑。明成化、嘉庆，清顺治、乾隆年间曾重修。2011年被公布为第七批省级文物保护单位。（YTH）

甜水城遗址 甜水城遗址位于庆阳市环县甜水镇甜水堡村。平面呈不规则四边形，东西长560米，南北宽500米，周长2020米。城墙夯筑，基宽12米，顶宽8米。2011年被公布为第七批省级文物保护单位。（YTH）

王家河遗址 王家河遗址位于庆阳市宁县米家沟村，属齐家文化遗存。面积约12万平方米，文化层厚约0.5～3米，暴露有灰坑、房址、墓葬。采集陶片主要为泥质红陶和夹砂红褐陶，纹饰多见绳纹，可辨器形有双耳罐、单耳鬲、侈口罐等。2011年被公布为第七批省级文物保护单位。（YTH）

雨落坪遗址 雨落坪遗址位于庆阳市宁县新庄镇雨落坪村，属新石器时代仰韶文化庙底沟类型遗存。面积约60万平方米，文化层厚0.5～2米，暴露有灰坑、窑址、墓葬。

采集有泥质红陶黑彩弧线三角纹曲腹盆、敛口钵、细绳纹重唇口尖底瓶等残片。2011年被公布为第七批省级文物保护单位。（YTH）

岔口驿堡遗址 岔口驿堡遗址位于武威市古浪镇华藏寺镇岔口驿村内，属明代遗址。城平面呈长方形，东西长90米，南北宽80米。堡墙夯土版筑，基宽3米，顶宽1.85米，残高6米，夯土层0.15～0.2米。2011年被公布为第七批省级文物保护单位。（YTH）

元山遗址 元山遗址位于临夏回族自治州积石山县石塬乡三二家村大地社以西300米的元山上。遗址东西长约2000米，南北宽约160米，面积约32万平方米。遗址阳山坡面墓坑处发现少量的陶器残片和人骨，残片多为红黑彩相间的平行纹、弧线纹陶片，有四片泥质红陶残片；在遗址南面断崖上有一处灰土层，距地表0.6米，厚度0.4～0.6米，长1.2米，灰土中露出有马家窑文化马厂类型、齐家文化类型的陶罐残片及人骨。2011年被公布为第七批省级文物保护单位。（YTH）

金龙坝遗址 金龙坝遗址位于金昌市永昌县东寨镇头坝村，是河西走廊古代引水枢纽工程的历史缩影，也是明清时期永昌人民用水治水的历史见证。南侧1千米处为头坝2号电站，西侧250米处为头峡口2号烽火台，北侧2千米处为头坝村2社居民区。该遗址始建于明代，清代沿用。原拦水大坝东西长30米，南北宽8米，高4.5米，占地面积240平方米。大坝西岸山体内，由南向北开凿一条引水隧洞，长38米，高2米，宽1.5米。在遗址西岸山体悬壁上，雕刻一尊"龙神"造像，体现了高超的雕刻工艺。2011年被公布为第七批省级文物保护单位。（YTH）

白山堂古铜矿遗址 白山堂古铜矿遗址位于酒泉市金塔县。铜矿南北长382米，东西宽185米。遗址中心位置遗存有原始矿井一处，南北长19.7米，东西宽9.1米，深4.8米，矿井壁面有挖掘痕迹。2011年被公布为第七批省级文物保护单位。（YTH）

东古城遗址 东古城遗址俗称"破城"，位于酒泉市金塔县。平面呈正方形，边长89米，城墙黄沙土夯筑，基宽4.5米、残高3米。南面开门。城北25米处有窑址5座，东西向排列，其中1号窑址平面呈圆形，直径2.5米、高0.8～1米，窑壁烧结层厚约0.05米。城周围发现厚约0.2～0.7米的文化层，采集有石灰瓮、石墨盘及五铢钱币、铜饰件等。2011年被公布为第七批省级文物保护单位。（YTH）

二道梁遗址 二道梁遗址位于酒泉市金塔镇大庄子乡牛头湾村东6千米沙丘边缘的风蚀台地上。面积约2万平方米，文化层厚0.5～0.8米。采集有泥质和夹砂红陶片，彩陶纹样有施红色陶衣绘黑彩的网格纹、平行线纹、回纹，可辨器形有罐、单耳罐等，另采集有石刀、石斧、石凿等。遗址中部有窑址2处，呈椭圆形，窑膛最大直径1.12米，高0.7米。属四坝文化遗存。2011年被公布为第七批省级文物保护单位。（YTH）

古董滩遗址 古董滩遗址位于酒泉市敦煌市西南70千米的南湖乡西部。遗址可见城垣、耕地以及陶片、砖块、铜片、铁片等，

面积约3.5万平方米，曾是后沙州寿昌县一处十分兴旺的绿洲。2011年被公布为第七批省级文物保护单位。（YTH）

将台遗址　将台遗址位于酒泉市肃州区清水镇东北15千米处，属晋代遗址。现有窑址2座，相距30米，窑膛为马蹄形砖券顶，长5米，宽4.2米，高出地面3米，地表散见灰陶片、残砖和釉渣。北500米处有屯戍坞壁遗址。2011年被公布为第七批省级文物保护单位。（YTH）

马鬃山玉矿遗址　马鬃山玉矿遗址位于距离酒泉市肃北蒙古族自治县马鬃山镇西北约20千米的河盐湖径保尔草场。在矿坑周围地表采集有石锤、铜镞、石镞等。发掘发现遗迹单位14处，其中房址2座、灰坑12处。出土器物百余件，包括陶器、铜器、铁器、石器、骨器、玉器、玉料等。铜器主要有铜镞、铜环、铜饰、铜块等；铁器主要有铁镞、铁矛头及采矿工具；石器有石锤、石斧、砍砸器等；玉器多为半成品，局部磨制光滑。出土玉料近百块，多为初选后的精料，直径在6~12厘米之间。2011年被公布为第七批省级文物保护单位。（YTH）

潘家庄城遗址　潘家庄城遗址位于酒泉市瓜州县布隆吉乡潘家庄村西南2千米处。平面呈长方形，东西长235米、南北宽185米。城墙坍塌严重，基宽3米，残高1.5~2米，四角有角楼，四边有马面。东西两墙中部开城门。城内中部及偏南部有土墩4座。不见任何遗物。2011年被公布为第七批省级文物保护单位。（YTH）

兔葫芦遗址　兔葫芦遗址位于酒泉市瓜州县布隆吉乡双塔村南4.5千米处。面积约25万平方米，文化层厚0.6米。青铜器时代遗迹有房址和灰坑、窑址，采集有四坝文化彩陶片、陶豆、陶罐、货币、料珠、铜镞和有磨、棒、珠、刀、斧和尖状刮削器等石器。汉代遗物有灰陶豆、铜盂、尊及五铢钱等。唐代遗物有灰陶罐残片、釉下彩瓷壶、海兽葡萄残镜片，以及开元通宝和乾元重钱等货币。宋代遗物有青瓷片。元代遗物有刻花四系釉云水纹瓷瓶、蓝宝石铜戒指等。清代遗物有青花瓷片、铅纺轮及顺治、雍正、乾隆通宝等钱币。2011年被公布为第七批省级文物保护单位。（YTH）

威虏城遗址　威虏城遗址位于酒泉市古城乡东南200米处。城内有泉水。平面呈正方形，边长400米，面积16万平方米。城墙夯土版筑，基宽12.8米，顶宽4米，残高4.5米，夯层厚0.16~0.18米。四面开门，有瓮城，夯筑，基宽12.8米，顶宽4米，进深4.5米、残高4.5米。2011年被公布为第七批省级文物保护单位。（YTH）

转嘴子南窑址群　转嘴子南窑址群位于酒泉市金塔县羊井子湾乡双古城村南6.1千米处的沙漠腹地。遗址呈长方形，东西长约110米，南北宽约50米，总面积约5500平方米，遗址范围内共有窑址12处，地表有大量灰陶片，纹饰为绳纹，可辨器形为壶、罐。该窑址群为第三次全国文物普查新发现，初步判断为汉代遗址。2011年被公布为第七批省级文物保护单位。（YTH）

安果遗址 安果遗址位于甘南藏族自治州合作市勒秀乡安果村东1.5千米处。面积约9.5万平方米，文化层厚度不详。采集有齐家文化泥质红陶和夹砂红褐陶片，器表素面或绳纹、篮纹，可辨器形有侈口腹罐、双大耳罐、侈口高颈罐和鬲、盆等。另采集有寺洼文化夹砂红褐陶片，器表素面或饰拍印绳纹、方格纹，可辨器形有马鞍形口单、双耳罐和鬲等。2011年被公布为第七批省级文物保护单位。（YTH）

果者堡遗址 果者堡遗址位于甘南藏族自治州舟曲县白龙江南岸的果者村。堡子坐北向南，平面呈长方形，东西宽约33米，南北长约40米，占地面积约1330平方米。四面墙体均用石板垒筑而成。果者堡子位于古丝绸之路河南道上汉族地区与少数民族地区交界地带，是甘川交界地带保存最完好的古堡垒，对研究唐、宋时期历史有较高的参考价值。2011年被公布为第七批省级文物保护单位。（YTH）

洮州边墙 洮州边墙位于甘南藏族自治州卓尼县阿子滩乡那子卡村西南山谷中的隘口。修筑于明中期，因为明代洮州卫辖地，故名。向南1千米即玉古石崖，南濒洮河水，西临玉古墩，终点为东北端上八角山北龙关。依次穿过了甘南、临夏两州所属的3县、10乡、26个自然村。在这道长达150千米的边墙系统中，分别设有10处隘口、5道暗门、15段边墙（含石榨墙）、6座边堡、4道栅子和15座烽火台。其中至今基本完好的墙体总计长3.4千米，现存壕沟26千米。依山设险、凭山堑壕、遇沟筑墙就是这段洮州边墙修筑的主要手段。2011年被公布为第七批省级文物保护单位。（YTH）

地巴坪遗址 地巴坪遗址位于临夏回族自治州广河县祁家集镇黄赵家村。面积约40万平方米，文化层厚1～2米，暴露有墓葬。出土的陶器以泥质红陶和夹砂红、灰陶为主，器表多素面，部分饰绳纹和附加堆纹，彩陶纹样有黑、红彩锯齿纹，葫芦形网格纹，菱形纹，圆圈纹等，可辨器形有壶、瓮、钵、罐、瓶等，属马家窑文化半山类型遗存。2011年被公布为第七批省级文物保护单位。（YTH）

张家坪遗址 张家坪遗址位于临夏回族自治州和政县达浪乡郑家坪村张家坪。面积约7万平方米，文化层厚1～2米，暴露有灰坑、墓葬。采集有泥质红陶夹砂红、灰陶片，纹饰有绳纹、线纹，彩陶纹样有黑彩漩涡纹、宽带纹、网格纹、弧线三角纹，可辨器形有盆、罐、瓶等，属马家窑文化遗存。2011年被公布为第七批省级文物保护单位。（YTH）

2. 古墓葬

巉口村墓群（包括遗址） 巉口村墓群（包括遗址）位于定西市安定区巉口村东2千米处。面积约30万平方米，地表有封土堆9座，1979年清理2座，均为券顶砖室墓，墓道向西。出土有绿釉陶壶、灰陶罐及陶狗、陶鸡等。前三批被公布为省级文物保护单位。（YTH）

东二十里铺墓群 东二十里铺墓群位于

定西市临洮县东二十里铺镇孙家小庄东100米。面积约9000平方米，分布于台地上。地面可见封土4座，多呈圆丘状，其中最大的1座封土呈斗状，土塚直径19米，高8米。地表散见绳纹灰陶片及砖、瓦片。前三批被公布为省级文物保护单位。(YTH)

朱家庄墓群 朱家庄墓群位于定西市安定区巉口村西100米。面积约25万平方米，地表有封土10座，呈覆斗状，大小相似。底边长约45米，残高3.5～5米。地面散见泥质绳纹灰陶片及瓦片。前三批被公布为省级文物保护单位。(YTH)

徽县吴玠墓及墓碑 徽县吴玠墓及墓碑位于陇南市徽县关山山腰。面积约90平方米，墓葬封土呈穹窿形，底径9.3米，高1.4米，底部用石块垒砌。墓前有碑亭，碑亭为清嘉庆十四年（1809）知县张伯魁所建，内嵌《故开府吴忠烈墓志铭》碑。碑圆首长方形，通高2.9米，宽1.55米，厚0.3米。额篆"故开府吴忠烈墓志铭"，碑阳阴刻篆书碑文21行，每行70余字，字迹漫漶难辨，碑文为四川宣抚使胡世将撰。前三批被公布为省级文物保护单位。(YTH)

吴挺墓及吴挺碑 吴挺墓及吴挺碑俗称"吴王碑"，位于陇南市成县城关镇石碑村南100米处。碑分身、首、座三部分，由整块青石雕刻而成。碑通高4.41米，宽2米，厚0.46米。双螭碑座，长3.1米，宽2.2米，高1.85米。清嘉庆三年（1798）立。碑阳额刻二龙图，篆"皇家宸翰"，字宽0.22米，碑身刻宋宁宗书"世功保蜀忠德之碑"8字，楷书竖2行，行间刊有篆书"敕令宝玺"和楷书"修政殿书"8个小字，四周环刻八龙腾云图。前三批被公布为省级文物保护单位。(YTH)

赵充国墓 赵充国墓位于陇南市清水县城北李涯村西，属汉代墓葬。墓朝南，平面呈圆形，底径10米，高3.8米。墓前有碑亭两座。碑均为圆首方趺，沙砾岩质，拱首条碑，通高1.5米，宽0.65米，厚分别为0.2米、0.18米。前三批被公布为省级文物保护单位。(YTH)

别家沟墓群 别家沟墓群位于平凉市崆峒区别家沟村东南200米的疙瘩山上，分布在东西长1000米、南北宽200米的山坡台地上。现存夯筑圆形封土数座，东西排列，封土底径12～30米，高5～13米，夯层厚0.1～0.2米。目前已清理一座小型汉墓，出土有灰陶罐、石刻人顶台灯、铁镜、彩绘镶铜边木器口沿、铜弩机、铜杓、黄釉陶罐等。墓区散见绳纹砖瓦块和元代瓷片。前三批被公布为省级文物保护单位。(YTH)

皇甫谧墓 皇甫谧墓位于平凉市灵台县独店镇张鳌坡村西200米处，属晋代墓葬。皇甫谧（215—282），晋代医学家，著有《针灸甲乙经》等医学著作。墓地面积约1700平方米。封土底径8米，高1.7米。墓道朝西。1982年加固整修，并构建围墙等。前三批被公布为省级文物保护单位。(YTH)

牛僧孺墓 牛僧孺墓位于平凉市灵台县新开乡牛村南300米处，属唐代墓葬。墓地面积约2400平方米。牛僧孺（779—847），字思黯，唐代著名政治家、文学家，幼年丧父,机敏博学,及第进士,经唐德宗至宣宗八代,穆宗时任户部侍郎同平章事,文宗时任兵部尚书同平章事。此两任宰相前后,曾为首与李德裕派形成长期"牛李党争",声誉大兴。前三批被公布为省级文物保护单位。(YTH)

王景寨墓群 王景寨墓群位于武威市凉州区东河乡王景寨村东北2.5千米处,属汉代墓葬。面积约75万平方米,地表有砂砾堆筑封土堆及墓道。出土有陶器、金器、漆器及丝织品等随葬品数十件。前三批被公布为省级文物保护单位。(YTH)

西沙滩墓群 西沙滩墓群位于武威市凉州区下双乡俞家湾村西500米处,属汉代墓葬。面积约1平方千米。地面有砂砾堆筑圆形封土堆多座,地径5~10米,暴露有多座砖室墓。前三批被公布为省级文物保护单位。(YTH)

乱墩子墓群 乱墩子墓群位于金昌市永昌县水源镇北地村西北2千米处,属汉、唐墓葬。面积约22.5万平方米,可辨封土千余座,最高者达6米。大部分为单室和多室砖室墓。采集有汉代釉陶尊、罐、灶、井、仓、盆、漆器、五铢钱等,另发现唐代的三彩甑等。前三批被公布为省级文物保护单位。(YTH)

东关外墓群 东关外墓群位于酒泉市肃州区东关外,汉、魏、晋以及明、清时代墓葬。面积约1.5万平方千米,发掘墓葬56座。汉、魏、晋墓多为券顶或覆斗顶砖室墓。出土灰陶壶、盉、尊、钫、鼎、灯、铜撮、铜镜、铜刀等。上层叠压明清墓葬。前三批被公布为省级文物保护单位。(YTH)

佛爷庙—新店台墓群 佛爷庙—新店台墓群位于酒泉市敦煌市东南5千米处,属汉至唐代墓葬。总面积100平方千米,包括遗址。发掘墓葬数十座,墓中发现了晋代早期精美墓葬壁画和随葬品。1992年新发掘两座墓葬,一座为前凉家庭墓,一座为晋末期墓,现将两墓整修建成"敦煌古墓藏博物馆"。前三批被公布为省级文物保护单位。(YTH)

祁家湾墓群 祁家湾墓群位于酒泉敦煌市七里镇新区西500米处,属汉至唐墓葬。面积约17平方千米,又称"双墩子墓群"。1986年发掘清理墓葬117座,为斜坡墓道土洞墓。随葬品以陶器为主,有壶、罐、案、仓、灶、井、屋等。另有铜器、木器。前三批被公布为省级文物保护单位。(YTH)

南湖、西土沟、山水沟墓群 南湖、西土沟、山水沟墓群位于酒泉市敦煌市阳关镇北工村,属汉至魏、晋代墓葬。南湖墓群面积约20万平方米,地表封土为家族聚葬;西土沟墓群面积约9平方千米,封土70余座;山水沟墓群面积约48平方千米,封土堆排列为一组7~9座不等。前三批被公布为省级文物保护单位。(YTH)

下河清墓群 下河清墓群位于酒泉市肃州区下河清乡西3千米处,属汉至魏、晋代墓葬。面积约12万平方米。地表可见封土堆13座,平面呈方形夯筑。1956年发掘砖室墓24座,2座画像砖墓。出土陶壶、罐、灶、大泉五十钱等。前三批被公布为省级文物保

护单位。（YTH）

李元谅墓 李元谅墓位于平凉市崇信县镜屏镇梁家坡村西北500米处。面积约2000平方米，封土平面呈椭圆形，南北长13.5米，东西宽8.8米，高7米。李元谅（？—793）本名骆元光，安息（今伊朗）人，唐兴元元年（784）封武康郡王，节度陇右，驻崇信、百里、良原以御吐蕃。贞元三年（787），吐蕃劫掠平凉，骆元光备守而得免，德宗念其勋劳，赐姓李氏，改名元谅，贞元四年（788），唐德宗以华州潼关节度使李元谅兼陇右节度使、临洮军使，移镇良原（今灵台梁原）。1981年被公布为第四批省级文物保护单位。（YTH）

狼洞子滩墓群 狼洞子滩墓群位于武威市凉州区清源镇王家新庄村西南2.5千米处，属汉代墓葬。面积约20平方千米。曾暴露1座砖室墓，砖长0.38米，宽0.2米，厚0.05米。1981年被公布为第四批省级文物保护单位。（YTH）

青咀喇嘛湾墓群 青咀喇嘛湾墓群位于武威市凉州区南营乡青咀村东北1千米处，面积约13万平米。1945年夏鼐首先在此发掘过墓葬，1980年又清理弘化公主等葬墓6座，均为单室砖墓，出土有灰陶碗、木器、丝织品等遗物。自民国初年至1980年先后发现弘化公主、代乐王慕容明、辅国王慕容宣彻、青海王慕容忠、政乐王慕容煞鬼、金城县主、燕王慕容曦光、元王慕容若夫人、大唐故武氏夫人墓志九方。墓志铭所记录的年代为圣历二年（699）至乾元元年（758），由此可见，墓群为唐代吐谷浑慕容氏墓地。1981年被公布为第四批省级文物保护单位。（MDM）

崔家南湾墓群 崔家南湾墓群位于酒泉市肃州区总寨镇三奇堡村南2.5千米处，属魏、晋时代墓葬。面积4平方千米。地表可见石块堆筑的覆斗状和圆丘状封土堆70多座。发掘发现画像砖墓2座、土洞墓1座。出土银质"裨将军之章"、铜熨斗、尺、铁剪等。1981年被公布为第四批省级文物保护单位。（YTH）

将军山墓群 将军山墓群位于兰州市永登县中堡镇邢家湾村南500米处，属汉代古墓。面积约4000平方米，有圆丘状封土堆6座，东西向排成两行，底径4～12米，高2～2.5米，曾暴露砖室墓一座，出土有釉陶壶、木雕等。1995年被公布为第五批省级文物保护单位。（YTH）

汪家湾墓群 汪家湾墓群位于兰州市永登县中堡镇汪家湾村东北2千米处。有封土堆5座，平面呈圆形，坐北向南，最大者底径20米，高10米，最小者底径10米，高5米。暴露有砖、瓦和绳纹灰陶片，器形有罐、盆。墓葬保存较好。1995年被公布为第五批省级文物保护单位。（YTH）

魏家庄墓群 魏家庄墓群位于兰州市皋兰县石洞镇魏家庄村南400米处，属汉代古墓。面积约2.5万平方米，暴露并清理砖室墓1座，系男女合葬，出土有陶灶、小铜刀、玉器各1件，五铢钱1枚。另有大量的陶器残片。1995年被公布为第五批省级文物保护单

位。(YTH)

告王河墓群　告王河墓群位于平凉市灵台县独店镇告王村西北500米处。面积约10万平方米，暴露土坑墓多处，地表有厚0.3～1.5米的灰层，出土灰陶罐、灶、仓和铜镜等。1995年被公布为第五批省级文物保护单位。(YTH)

靳寺墓群　靳寺墓群位于平凉市静宁县城川乡靳寺村西北，属汉代墓葬。面积约1.5万平方米，暴露有竖穴土坑、砖室墓多处，封土高1～5米，出土大量灰陶罐、壶、灶及铜镜等。1958年后，在历年平田整地中封土逐渐被毁。1995年被公布为第五批省级文物保护单位。(YTH)

石阳墓群　石阳墓群位于平凉市庄浪县南湖镇石阳村东北王家高房坪村的西北侧。面积约2万平方米。发现圆丘形土堆6座，封土夯筑，底径9～17米，高4～7米，夯层厚0.08～0.1米。东北暴露券顶母子砖室墓1座，早期被盗，仅出土少量灰陶明器。1995年被公布为第五批省级文物保护单位。(YTH)

庄浪吴玠墓　庄浪吴玠墓位于平凉市庄浪县卧龙乡赵家坟山村西北200米处。吴玠（1093—1139）为南宋抗金名将，水洛城人，绍兴九年（1139）卒。墓地原有封土2座，坐北向南，面积约300平方米，前为吴玠墓，左上为其父墓，已夷平。原有石雕华表、翁仲、武士、兽等已毁。残留石羊、石猴各1对，石碑1座。石猴坐式，高1.47米。石羊跪式，高1.3米，长1.7米。碑为龟趺，长2.28米，宽1.33米，厚0.65米。1995年被公布为第五批省级文物保护单位。(YTH)

东庄墓群　东庄墓群位于平凉市灵台县独店镇景村西3000米处。面积约8000平方米。1988年清理墓葬2座，相距5.8米，均为长方形竖穴土坑墓。出土有鬲、陶罐和铜簋、鼎、觯、戈多件以及蚌、海贝饰物等器物50余件，其中海贝、蚌饰用绸缎包裹，蚌饰用细绳串连。地表散布黑灰色夹砂细绳纹陶片。1995年被公布为第五批省级文物保护单位。(YTH)

景村墓群　景村墓群位于平凉市灵台县百里乡崖湾村东50米处。面积约1.5万平方米，暴露有竖穴土坑墓数座。1982年和1983年先后清理墓葬2座，均为长方形竖穴土坑墓，出土"伯作宝彝"青铜甗等40余件遗物。地表散见绳纹红陶片和灰陶残片。1995年被公布为第五批省级文物保护单位。(YTH)

于家湾墓群　于家湾墓群位于平凉市崇信县镜屏镇于家湾村东2千米处。面积约2万平方米，发现墓葬300多座。曾发掘三次，清理200多座。有长方形竖穴土坑和长方形土洞墓室，墓深0.46～8.6米。出土铜器有鼎、簋、瓿、爵、弓形器、钺、戈和陶器鬲、罐及骨刀、圭、各种蚌饰。1995年被公布为第五批省级文物保护单位。(YTH)

刘家沟墓群　刘家沟墓群位于平凉市崇信县镜屏镇刘家沟村。面积约2.5万平方米。曾发现20多座墓葬，墓深2～8米，有竖穴土洞墓和长方形竖穴土坑墓。出土陶器有鬲、罐、盂、盆、茧形壶、釜、甑，铜器有敦、鎏、壶，另有各种玉饰。其中有西周泥质灰陶绳纹柱状足鬲、战国夹砂红陶袋状铲足鬲、泥质灰褐陶弦纹罐及灰陶弦纹茧形壶。另外有汉代泥质灰陶浅腹子母口鼎及平沿折腹盆。1995年被公布为第五批省级文物保护单位。（YTH）

胡国珍墓 胡国珍墓位于镇原县上肖乡翟池村东南1千米处，属北魏墓葬。墓地面积约1200平方米，并列2座圆丘形封土，其中一座底径20米，残高1.5米。墓碑及其他附属物无存。1995年被公布为第五批省级文物保护单位。（YTH）

傅介子墓 傅介子墓位于庆阳市庆城县庆城镇石马坳村南，属汉代墓葬。占地面积约100平方米，圆丘状封土，底径4.5米，高1.8米。傅介子（？—公元前65年）系西汉著名外交家。明正德年间（1506—1521）吏部郎中都穆为其立石碑，颂其通西域功德。现存石马、石虎各1对，马为立式，长1.7米，高1.4米。1995年被公布为第五批省级文物保护单位。（YTH）

王符墓 王符墓位于庆阳市镇原县临泾乡湾湾村内，属汉代墓葬。面积约1200平方米，现存圆丘状封土，底径4米，高3米，原墓前建有"思潜亭""潜夫亭"，石碑俱毁。1995年被公布为第五批省级文物保护单位。（YTH）

燕氏家族墓地 燕氏家族墓地位于庆阳市正宁县周家乡燕家村。燕庆安（1212—1279），元代人，陕西五路西蜀四川行中书省申命署巩昌延安管民提领，死后与家属同葬。墓地占地面积约800平方米，原有4座封土，已夷平，墓前现存石碑、石人、石虎、石羊等分左右两行排列。墓葬保存较好，对研究元代史有重要价值。1995年被公布为第五批省级文物保护单位。（YTH）

韩庄墓群 韩庄墓群位于张掖市民乐县三堡镇韩家庄北200米处，属汉代墓葬。面积约30万平方米。地表可见土堆17座。发掘发现有券顶单室砖墓3座。出土陶罐、铜壶、金饰、莲枝灯残片及铁镜等。1995年被公布为第五批省级文物保护单位。（YTH）

山羊堡滩墓群 山羊堡滩墓群位于张掖市山丹县东乐乡西屯村南1千米处，属汉代墓葬。面积约7.5平方千米。地表可见封土堆200余座，排列不规则。地表散见灰陶罐、子母砖等。1995年被公布为第五批省级文物保护单位。（YTH）

上深沟堡墓群 上深沟堡墓群位于张掖市肃南裕固族自治县明花乡南沟村西5千米处，属汉代墓葬。面积约2万平方米。地表可见圆丘状封土5座，俗称"东五个疙瘩"。地表散见大量子母砖、画像砖碎块。出土有陶壶、罐、灶、五铢钱等。1995年被公布为第五批省级文物保护单位。（YTH）

双墩滩墓群 双墩滩墓群位于张掖市甘州区沙井镇东五村北1千米处，属汉代墓葬。面积约30万平方米。地表可见圆丘状或覆斗状封土堆12座，暴露有砖室墓2座。散见灰陶片及砖块。出土釉陶耳环、灰陶罐、狩猎画像砖等。1995年被公布为第五批省级文物保护单位。（YTH）

王什寨墓群 王什寨墓群位于张掖市民乐县新天乡王什寨村北，属汉代墓葬。面积约40万平方米。地表可见封土堆50多个，墓群东20米处有砖窑址，地面有不少与墓砖相似的残砖。河水冲开的墓葬结构系穹隆顶砖室墓。1995年被公布为第五批省级文物保护单位。（YTH）

西柳沟墓群 西柳沟墓群俗称"清家坟园"，位于张掖市临泽县新华镇黄家西庄西2千米处，属汉代墓葬。面积约4000平方米。地表现存封土堆21座，呈梯形排列，底径2～5米，高1.2～1.6米。地表散布大量碎砖及瓦片。1995年被公布为第五批省级文物保护单位。（YTH）

永固城墓群 永固城墓群位于张掖市民乐县永固城西门外，属汉代墓葬。面积约25万平方米。地表可见封土堆11座，一座为土坯垒砌而成，其余为黄土版筑，俗称"大疙瘩"。附近有很多破砖碎瓦和绳纹灰陶片。墓群破坏严重。1995年被公布为第五批省级文物保护单位。（YTH）

砖包墩墓群 砖包墩墓群位于张掖市民乐县李寨乡菊花地村北，属汉代墓葬。面积20万平方米。墓冢现存80多个，大小不一。河床断层上发现砖室、木室、土室墓，地表有大量子母砖。1988年一墓被盗，后追回绳纹灰陶罐36个。1995年被公布为第五批省级文物保护单位。（YTH）

潘家嘴墓群 潘家嘴墓群位于武威市古浪县民权乡长岭村东侧和南侧，为汉代和唐代墓葬区。面积约50万平方米，在历次发掘中共发现有20多座封土，清理汉代券顶单室砖墓1座，出土灰陶罐、釉陶壶、盘、耳杯、红陶灶及五铢钱等。另外暴露有唐代砖室墓，采集有三彩陶器残片、白瓷片及"开元通宝"钱币等。1995年被公布为第五批省级文物保护单位。（YTH）

青石湾墓群 青石湾墓群位于武威市凉州区土门镇和乐村青石湾组东800米的闇门台上。1979年7月，原武威地区博物馆对墓群进行初次试掘，共发掘墓葬7座，其中4座属西汉中晚期墓，3座属东汉墓。墓室均为带斜坡墓道的土坑墓，绝大多数为单室。墓室底部距地表8～15米。出土文物有各种灰陶、绿釉陶器以及铜器、铁器。陶器有钟、罐、灶、勺、奁、盏、釜等，灰陶器表饰白色陶衣，纹饰有云气纹、三角纹、宽带纹等；铜器有铜弩机、铜洗盆、铜镜、钱币、车马饰等；铁器有剑、叉等。1995年被公布为第五批省级文物保护单位。（YTH）

北新墓群 北新墓群位于武威市民勤县大滩乡北新村南1千米处，属汉代墓葬。面积约6万平方米，封土多被夷平。现存1座圆丘状封土，底径30米，高3米。暴露砖室墓多座，出土有绿釉陶壶、灰陶罐、碟、壶等。1995年被公布为第五批省级文物保护单位。（YTH）

棺材疙瘩墓群 棺材疙瘩墓群又名"小西（村）墓群"，位于武威市民勤县泉山镇，包括棺材疙瘩和霸王湖两处。1995年被公布为第五批省级文物保护单位。（YTH）

洪祥滩墓群 洪祥滩墓群位于武威市凉

州区洪祥镇天泉村西南2千米处,属汉代墓葬。面积约1万平方千米,大部封土堆已被夷平,成为耕地。出土有泥质灰陶罐、红陶器等数十件遗物。1995年被公布为第五批省级文物保护单位。(YTH)

东山坡墓群 东山坡墓群位于武威市凉州区新华乡南营村东1千米处,属魏、晋代古墓葬。面积约15万平方米。暴露有土洞墓。出土有灰陶罐及绿釉陶碗等,地表可见暴露的棺墓。1995年被公布为第五批省级文物保护单位。(YTH)

刘正沟墓群 刘正沟墓群位于金昌市永昌县朱王堡镇刘正沟村南400米处,属汉代墓葬。墓群由刘正沟、锁阳湾、刘家沙坑、李家荒滩四部分组成,面积约2万平方米。墓葬多为单室或多室砖墓,采集有灰陶尊、杯、罐、盆、仓、井及绿釉陶瓶、盆、五铢钱等。1995年被公布为第五批省级文物保护单位。(YTH)

双豁路滩墓群 双豁路滩墓群位于金昌市永昌县水源镇西沟村双豁路滩内,属于新石器时代至汉代墓葬。面积约10平方千米,可辨封土上千座。墓葬分土洞墓与砖室墓两种,多为单室墓,部分砖室墓带耳室和甬道。出土新石器时代的石器、彩陶和陶瓷罐等,属于马家窑文化马厂类型。另外出土汉代陶罐、陶壶、铁刀等。1995年被公布为第五批省级文物保护单位。(YTH)

长沙岭墓群 长沙岭墓群位于酒泉市瓜州县锁阳城镇北桥子村东北10千米处,属汉至魏、晋代墓葬。面积约13平方千米。地表可见墓葬781座,封土平面多为椭圆形。地表散见绳纹、水波纹灰陶片。1995年被公布为第五批省级文物保护单位。(YTH)

乱古堆墓群 乱古堆墓群位于酒泉市肃州区金佛寺镇红寺堡村东北2千米处,属汉至魏、晋代墓葬。面积约40万平方米,地表可见砾石垒筑的封土堆200多座,平面呈圆形和方形。地表散见残砖、灰陶片。发掘有砖室墓,出土灰陶仓等。1995年被公布为第五批省级文物保护单位。(YTH)

冥水墓群 冥水墓群位于酒泉市瓜州县锁阳城镇南坝村,属汉至魏、晋代墓葬。分为冥水南墓群、冥水北墓群。南墓群在南坝村东南8千米处,面积约100平方千米,地表可见砾岩洞室墓768座。北墓群地处南坝村东北6千米,面积约100平方千米,地表可见砾岩洞室墓2460座。1995年被公布为第五批省级文物保护单位。(YTH)

泉子墓群 泉子墓群位于酒泉市玉门市玉门镇泉子村西北300米处,属晋代墓葬。地表可见圆形封土堆7座,周围散见灰陶片及碎砖块。1995年被公布为第五批省级文物保护单位。(YTH)

旧南干渠北石滩墓群 旧南干渠北石滩墓群位于酒泉市肃州区总寨镇单长村西南1千米,属魏、晋墓葬。面积约30万平方米。地表可见石块堆筑的覆斗形和圆丘状封土堆10余座,以及长墓道。墓葬分布密集,散见少量残青砖。1995年公布为第五批省级文物保护单位。(YTH)

李氏家族墓 李氏家族墓位于甘南藏族

自治州临潭县新城镇张王堡村北2千米处。占地面积约8000平方米,为明代"镇守洮州荣禄大夫金右军都督"李达家族墓地。地表原有陵园建筑,已毁,封土已夷为平地。1995年被公布为第五批省级文物保护单位。(YTH)

清水宋墓 清水宋墓位于天水市清水县上部乡东山山坡地。在三座墓室内的数百块彩绘砖雕上,雕有花草、动物、戏剧人物、古代孝子故事以及狩猎、生活、杂技等场景,宛若一幅幅连环画,展现了出距今一千多年前的社会发展状况。这些彩绘砖雕中最称奇的是一幅长着翅膀的"洋飞天"图像。其头发卷曲,鼻梁高挺,眼睛内陷,明显异于人们所熟悉的东方飞天形象。2003年被公布为第六批省级文物保护单位。(YTH)

潘育龙墓 潘育龙墓位于白银市靖远县乌兰镇新胜利村北500米处,属清代墓葬,面积约700平方米。墓冢基本完好,地表可见圆形封土堆,底径20米,残高8米。墓前正面有石坊及石供桌、残碑首、碑座。石坊高7米,宽7米,四柱三间开,中间宽4米。潘育龙系清代靖远人,康熙时讨伐吴三桂有功,后进军四川直至云南,定曲靖,后又出师噶尔丹,被授予靖远将军,谥"襄勇"。2003年被公布为第六批省级文物保护单位。(YTH)

西五个疙瘩墓群 西五个疙瘩墓群位于张掖市肃南裕固族自治县高老庄城址南300米处,属汉代墓葬。地表可见高大封土堆3座,又称"高老庄墓群"。1993年清理砖室墓1座,出土陶、铜、金器22件及铺地莲花砖数块。附近散布大量汉代陶片。2003年被公布为第六批省级文物保护单位。(YTH)

南沙滩墓群 南沙滩墓群位于武威市凉州区怀安乡二十里铺村东北500米处,属汉、魏、晋墓葬。大型封土的墓葬现存共16个,没有封土的墓葬比比皆是。配合基建施工曾发掘了7个大中型、30余个小型墓葬。大中型墓都是砖室墓,分为单室墓、多室墓两种,由墓道、甬道、墓室组成。小型墓有竖穴土坑和砖室两种。随葬品主要有陶壶、陶楼、陶灶等,也有少量釉陶、漆耳杯、漆盘、石桌、铜镜。曾出土汉代墓葬中罕见的铺地方花砖。2003年被公布为第六批省级文物保护单位。(YTH)

旱台子墓群 旱台子墓群位于武威市凉州区古城镇六林村北侧,属新石器、汉代古墓葬。面积约3万平方米,暴露有砖室墓。出土有五铢钱、残陶器等。2003年被公布为第六批省级文物保护单位。(YTH)

五坝山墓群 五坝山墓群位于武威市凉州区古城镇宏化村西南500米处,属新石器时代、汉、魏晋、西夏墓葬。面积约1平方千米。出土有铜龟、木鸠杖及陶罐、陶壶等随葬品600余件。2003年被公布为第六批省级文物保护单位。(YTH)

大坡梁—天泉寺墓群 大坡梁—天泉寺墓群位于酒泉市金塔县金塔镇塔院村,属汉、晋代墓葬。大坡梁墓群面积约1.5千米,地表可见圆丘状封土堆408座。天泉寺墓群面积约2平方千米,地表可见封土30余座。散见

大量灰陶片。2003年被公布为第六批省级文物保护单位。(YTH)

长沟墓群 长沟墓群长沟墓群位于天水市张家川回族自治县刘堡乡杜家村东北300米处，南以长沟为界，北以瓦窑沟为界，东到山顶，西临张华公路。南北长约250米，东西宽约200米，面积约为5万平方米。发现墓葬30余座，其中大多数被盗，墓葬填土大多粗夯，最小的墓葬底边约为1米，最大墓葬底边约为8米，在盗洞口散见大量绳纹灰陶片，在编号M2的墓葬洞口有人的头骨和股骨、动物的牙齿、铲足鬲及漆皮。在发现的30余座墓葬中，有2座积炭墓。积炭厚约0.3米。墓群的年代约为战国晚期。2011年被公布为第七批省级文物保护单位。(YTH)

王进宝墓 王进宝墓位于白银市平川区共和镇马饮水沟口村东北5.2千米处。王进宝系清代名将，曾参与平定吴三桂党羽王辅臣有功，又参与平定"三藩之乱"，谥"忠勇"。王进宝夫妇墓占地面积2000平方米，封土圆丘形状，中间分开，底径周长30米，高7米，墓为砖室，由墓道、墓室和耳室组成。墓为双室，西侧墓室前为墓志铭和铭碑文墓志铭和铭文碑均为方形，墓前原有12道牌坊，已不存在，还有不完整的石人、石马、石骆驼等。2011年被公布为第七批省级文物保护单位。(YTH)

张嘴墓群 张嘴墓群位于平凉市静宁县红寺乡张嘴村东1.5千米处，属汉代墓葬。面积约1.5万平方米。现残存圆丘封土10个，底径8～10米，高3.5～6.5米。墓群西南30米处残存东西长100米的夯筑围墙，基宽4米、高2米，夯层厚0.07～0.1米。墓区内地表散见粗绳纹板瓦、筒瓦残片。2011年被公布为第七批省级文物保护单位。(YTH)

地埂坡墓群 地埂坡墓群位于张掖市高台县河西村南3千米黑河南岸的戈壁台地上，属魏晋时期墓葬。共清理出土洞墓5座，墓室内有内容丰富、技艺精湛的壁画，表现了耕种、放牧、宴饮等场景，出现多个少数民族的形象。2011年被公布为第七批省级文物保护单位。(YTH)

南沙窝墓群 南沙窝墓群位于张掖市临泽县蓼泉镇蓼泉村南沙窝。墓群东西长约13.5千米，南北平均宽约2.5千米，面积约33.75平方千米，分布范围内有明显的封土堆。墓群内不仅有两汉、魏、晋时期的墓葬，而且还有西夏、元、明时期的墓葬。2011年被公布为第七批省级文物保护单位。(YTH)

羊永墓群 羊永墓群位于甘南藏族自治州临潭县羊永乡羊永村，属明代墓葬。面积约1000平方米，历年暴露数座墓葬，距地表1米左右。墓室用石块垒筑而成，有券顶、拱形顶。葬式为仰身直肢，随葬物多为波浪纹灰陶罐、双耳鼓腹侈口罐。2011年被公布为第七批省级文物保护单位。(YTH)

3．古建筑

白衣寺塔及白衣菩萨殿 白衣寺塔及白衣菩萨殿位于兰州市城关区。白衣寺塔又名"多子塔"，明崇祯四年（1631）重修，清道光、咸丰年间补建。塔基分三部分，下为正方形台基，中为须弥座，上为宝瓶状塔座。塔身为八角十三级楼阁式实心砖塔，正面设眼观门，塑佛像96尊。白衣菩萨殿，面阔三间、进深三间、高9米，歇山顶，七架梁。后楼一间，单坡顶抱厦，殿内塑白衣大士观音像，为白衣寺名之由来。前三批被公布为省级文物保护单位。（YTH）

海德寺 海德寺位于兰州市永登县城关镇东北角新仓巷。始建于明正统十二年（1447），坐西朝东，砖木结构，占地1000平方米，现存大殿1座，面阔三间14.2米，进深9.2米，通高23米，灰瓦歇山顶，飞檐下施双下昂铺作斗拱，内檐施单杪四铺作斗拱，前檐柱被毁，门面犹存。前三批被公布为省级文物保护单位。（YTH）

大云寺及唐钟 大云寺及唐钟坐落在武威城东北角的大云寺内。大云寺，原名宏藏寺，宋、西夏时期称为护国寺，历史悠久，规模宏伟，是闻名遐迩的佛教古刹，为东晋十六国时的前凉张天锡所建造。古钟楼上悬有大云铜钟。钟呈黄色，通高226米，口径115米，厚12厘米，重约5吨。钟体上饰有图案3层18格，即上、中、下三部分，每部分6格。此钟体积较大，声音洪亮，是罕见的古代铸造艺术珍品。从钟体造型和所饰图案分析，为唐代遗物。前三批被公布为省级文物保护单位。（YTH）

兰州府文庙大成殿 兰州府文庙大成殿位于兰州市城关区武都南路49号。始建于明末，清代重修。现存大成殿，坐北朝南，面阔七间，进深四间，通高32.6米，歇山顶，上覆黄琉璃瓦，双盘龙吻兽，三踩单昂斗拱，民间四攒，次、梢、尽各三攒，20世纪90年代维修。1981年被公布为第四批省级文物保护单位。（YTH）

兴隆山卧桥 兴隆山卧桥位于兰州市榆中县。清乾隆二十八年（1763）由时任知县唐鸣钟所建，又称"唐公桥"。屡毁屡修，嘉庆八年（1803）时任知县李醇和建为木结构拱桥，名"迎善桥"。光绪二十六年（1900）重建并称"云龙桥"。桥全长23.6米，跨度9米，前面宽3米，13级踏步斜坡式，桥上建廊9间。南北桥头各建歇山顶桥亭一座，四角形，东、西两侧带耳房，顶部均布琉璃瓦。1981年被公布为第四批省级文物保护单位。（YTH）

武山官寺 武山官寺位于天水市武山县城关东街。占地面积约384平方米，坐南朝北。现存佛殿及两侧配殿，佛殿单檐悬山顶，面阔三间14米、进深四间9米、高8米。两配殿为歇山顶，均面阔三间8米、进深二间7米。1981年被公布为第四批省级文物保护单位。（YTH）

北海子塔 北海子塔又称观河楼塔，亦名为金川寺塔，位于兰州市永昌县金川寺内。原为金川寺内附属建筑，始建于唐，明永乐年间重修，清、民国时期亦多次维修。塔由塔基、塔身、塔刹三部分组成，平面呈八边形，为七级八角实心砖塔，通高33米。塔基南北长25米，东西宽15米。塔身每层叠涩单檐，1~3级交错辟门，塔顶有圆锥形铁刹。1981

年被公布为第四批省级文物保护单位。（YTH）

白马塔 白马塔位于酒泉市敦煌市七里镇白马塔村内。为覆钵式喇嘛塔，共9层，基座平面呈八边形，中为覆钵式塔身，上置相轮，刹顶为六角攒尖顶。塔第二层中镶石两块，镶木一块。1981年被公布为第四批省级文物保护单位。（YTH）

显教寺和雷坛 显教寺和雷坛位于兰州市永登县连城镇连村内。始建于明永乐九年（1411），原占地面积1325平方米，现存1150平方米。坐北朝南，砖木结构，中轴线上原有山门、金刚殿、大殿和两侧的僧房等，今仅存大殿一座，面宽三间，进深4.5米，歇山顶，重昂五踩斗拱，内位八边形藻井，天花板绘有佛像、花斑纹图案。1995年被公布为第五批省级文物保护单位。（YTH）

保昌楼 保昌楼位于定西市陇西县巩昌镇红旗村。建于清光绪九年（1883），为三层木楼，面宽三间5米，进深三间5米，通高14米。明间辟门。顶层檐柱利用下层金柱，形成六角攒尖顶。1~2层为四角飞檐歇山顶。1995年被公布为第五批省级文物保护单位。（YTH）

梓潼文昌帝君庙 梓潼文昌帝君庙位于陇南市宕昌县沙湾镇寺下村。庙内有碑，砂石质，圆首长方形，座佚。碑高1.35米、宽0.75米。额题"梓潼文昌帝君庙"，首题"梓潼文昌帝君庙记"碑文楷书竖行约800余字，记述修造该庙的经过。尾题"洪武十六年癸丑秋七月庚申三日甲辰刊造"。1995年被公布为第五批省级文物保护单位。（YTH）

福津广严院 福津广严院位于陇南市武都区福津河畔三河乡柏林村。寺院始建于宋代，占地2000多平方米。现存前殿、山门、两侧僧房。前殿坐北朝南，面阔五间，进深四间。山门、僧房为清代重修。院内现存宋元丰元年（1078）、乾道九年（1173）碑刻各一通。1995年被公布为第五批省级文物保护单位。（YTH）

静宁文庙 静宁文庙位于平凉市静宁县县城东南500米处。始建于明嘉靖二十一年（1542），清康熙三十一年（1692）重修。占地面积约1.8万平方米，坐北向南，依次为牌坊、戟门、大成殿、厢房等。戟门、大成殿为歇山顶，施五踩斗拱、象鼻昂。牌坊四柱三楼。除庙门牌坊两侧的雁翅坊在"文化大革命"中被毁外，其余均完整。1995年被公布为第五批省级文物保护单位。（YTH）

华亭盘龙寺塔 华亭盘龙寺塔位于平凉市华亭县西华镇贺寨村北50米处。塔原在云峰山后盘龙寺旧址，寺已毁，塔被迁至现址。塔通高3.87米，共十层，通体用十块石料套装组成。塔基呈四边形，四面刻鹿、麒麟等。第二层呈八边形，第五层、第七层呈圆形，三层均刻仰莲纹花瓣，第三层呈椭圆形，刻有饰纹，第六层呈四边形，四面刻有铭文，西面阴刻楷书"重修盘龙寺""明隆庆二年"，东面刻"凤翔县洪水寨秦孝等人刻制"，南北刻捐资人姓名。塔刹为宝瓶状。1995年被公布为第五批省级文物保护单位。（YTH）

平凉隍庙 平凉隍庙位于平凉市崆峒区东南玉皇庙巷。始建于明代，清光绪二十九年（1903）补修。隍庙其余建筑已毁，只有寝宫保存较好。寝宫位于隍庙建筑群中轴线的北端，坐北朝南，歇山顶，面阔五间，进深三间，建筑面积约166.17平方米。1995年被公布为第五批省级文物保护单位。（YTH）

泾川隍庙 泾川隍庙位于平凉市泾川县县城石家巷。现仅存前殿、后殿。前殿坐北朝南，砖木结构，面阔五间13米、进深三间9米，中檐歇山顶，云头双昂斗拱，内有两根木柱，直径0.6米；后殿面阔五间、进深三间，重檐硬山顶。殿旁有清代碑刻两块：一为《重修城隍庙碑记》，砂石质，通高1.69米，宽0.7米，厚0.14米；另一为《重修城隍庙布施碑记》，砂石质，圆首，通高1.9米，宽0.7米，厚0.13米，碑文为楷书阴刻。1995年被公布为第五批省级文物保护单位。（YTH）

普照寺大殿 普照寺大殿位于庆阳市庆城县县城北街。始建于宋太平兴国（976—984）年间，原有五佛殿、三佛殿、眼光殿、岳王庙、钟楼、砖塔等建筑，面积约4000平方米。历代都曾集资修缮，毁于1920年地震，仅存正殿。大殿坐北朝南，面阔五间，东西长23.7米，南北宽9.5米，歇山顶，正面有斗拱11组，为双杪双下昂，歇山顶，屋脊两端有鸱吻饰，明柱饰彩绘。寺内存有碑刻数十座。1995年被公布为第五批省级文物保护单位。（YTH）

辑宁楼 辑宁楼位于庆阳市宁县县城内。初建于五代后梁龙德二年（922），为州衙门楼，坐北朝南，东西长20米、南北宽15米，占地面积300平方米。清代康熙年间（1662—1722）在旧址上重修，后屡有修葺。楼面阔五间、进深三间，单檐歇山顶。出檐廊，有明柱16根。1995年被公布为第五批省级文物保护单位。（YTH）

万寿寺 万寿寺又名木塔寺，位于张掖市甘州区县府街路西。始建于北周，现仅存建于中轴线上的木塔和藏经楼。木塔内设楼梯，可供登高远眺。藏经楼建于清末，平面呈方形，二层重檐歇山顶，四周绕木构廊。1995年被公布为第五批省级文物保护单位。（YTH）

三义殿 三义殿位于武威市土门镇台子村内。建于清康熙四十三年（1704），占地面积6000平方米。民国十六年（1927）大部分建筑损毁，现存三义殿和部分厢房。殿面阔三间，进深一间，重檐歇山顶，五檩前后廊，殿内塑刘备、关羽、张飞大型彩绘泥塑像，脊檩有康熙四十三年（1704）始建题记。1995年被公布为第五批省级文物保护单位。（YTH）

财神阁 财神阁位于武威市大靖镇十字街中心。始建于清康熙五十七年（1718），面积100平方米，平面呈正方形，砖木结构，进深一间，通高8米，四周绕廊。当心间四面开拱形门，构成十字通道，贯穿四条大街。1995年被公布为第五批省级文物保护单位。（YTH）

东大寺 东大寺位于武威市天祝藏族自治县赛什斯乡。该寺建成于明万历初年（1573），为一世班禅所建。东大寺设有哲学院、续部上院、续部下院、医学院四大学院，有僧宅545间，规模仅次于甘南拉卜楞寺，为华锐藏区香火炽盛的藏传佛教圣地。1995年被公布为第五批省级文物保护单位。（YTH）

东镇大庙 东镇大庙又称东渠大庙，位于武威市民勤县城东北约73千米的东湖镇中学院内。坐北朝南，占地面积7144平方米，现存建筑有山门、东西阁楼、中后大殿和前中两院的配殿。山门为三间两层木楼，山门两侧有东西阁楼，东为文昌阁，西为魁星阁。山门后有前后二院。前院之上为关帝殿，面宽三间，为单檐歇山顶，殿前有东西配殿4座。东配殿北曰雷祖殿，南曰土地祠，西配殿北曰马祖殿，南曰城隍殿。后院为大成殿，殿前有东西配殿各一座，东曰药王宫（现已不存），西曰圣母宫。1995年被公布为第五批省级文物保护单位。（YTH）

二分大庙双楼 二分大庙双楼位于武威市民勤县城东北25千米的双茨科乡中学院内。东西长12米，南北宽40米，占地面积480平方米。现仅存山门及南北两侧门楼。两木楼又称姊妹楼。山门面阔三间，进深一间，单檐起脊，山墙已改建，两木楼系二层重檐楼阁，单间回廊正方形，上层为歇山式六角攒头，下层为四角飞檐。两楼通高均12.96米，形制为传统抬梁式木构架，现保存基本完好。整座建筑檐下额枋、斗拱均为彩枋，雕刻、彩画极精。1995年被公布为第五批省级文物保护单位。（YTH）

天堂寺 天堂寺位于武威市天祝藏族自治县天堂乡，为藏传佛教寺院。坐北朝南，占地面积5200平方米，建筑面积300平方米。始建于唐代，原有大经堂、厢房等建筑，明清时期为天祝规模最大的寺院。原建筑现仅存赛义囊及厢房19间，1986年在原址上重建大经堂，为二进两院式。1995年被公布为第五批省级文物保护单位。（YTH）

下双大庙及魁星阁 下双大庙及魁星阁又名"下双寨大庙"，位于武威市凉州区下双乡下双寨。初建年不详，清嘉庆年间曾修葺。现存建筑由南往北依次有魁星阁、过殿、娘娘殿、三观殿、太岁殿、文昌殿、药王殿、无量殿、人娃娃殿、三清殿等十座。魁星阁为二层重檐天圆地方亭式建筑，自下而上由覆钵、露盘、圆光构成，顶部为绿色琉璃构件，上有葫芦状宝瓶，保存完好。附悬清嘉庆年间八角"笔点青云"匾额。1995年被公布为第五批省级文物保护单位。（YTH）

镇国塔 镇国塔位于武威市民勤县县城内。建于明正统五年（1440），清康熙四十年（1701）重修，光绪十年（1884）倾圮后民间倡捐修复。覆钵式砖塔，外表涂抹白灰，通高12米。塔基为八边形，塔身为覆钵式，上为十三重相轮，塔刹为华盖宝顶，华盖上置葫芦塔顶。1995年被公布为第五批省级文物保护单位。（YTH）

甘肃举院 甘肃举院位于兰州市城关区临夏路北萃英门内。清光绪元年左宗棠承担修建任务。原占地13万平方米，坐东朝西，现存观城堂和贡院至公堂。观城堂占地323平方米，坐东朝西，面阔三间19米，进深三间12.5，高14米，灰瓦歇山顶，七架梁。至公堂占地600平方米，坐东朝西，面阔七间，进深三间，高15米，门楣悬挂左宗棠书"至公堂"木匾。1995年被公布为第五批省级文物保护单位。（YTH）

兰州禅院 兰州禅院又称左营庙，位于兰州市城关区山字石中街21号，清乾隆年间始建，道光二十六年（1846）重建。供关圣、火神、马王诸神。占地600平方米，坐北朝南，现存大殿和过殿两座建筑。大殿面阔三间13.1米，进深三间12.5米，通高7米，单檐歇山顶，屋面覆琉璃瓦，十一架梁，外檐施五踩双翘斗拱。过殿面阔三间10.7米，进深二间8.7米，高6米。2003年被公布为第六批省级文物保护单位。（YTH）

两当文庙大殿 两当文庙大殿位于陇南市两当县城关镇正街内。始建于明代，清顺治八年（1651）八月重建，面积约119平方米。大成殿坐北朝南，为土木混合结构，面阔五间14.85米，进深8米，高6.2米，"人"字形梁架，一斗三升斗拱，灰瓦歇山顶，隔扇门。2003年被公布为第六批省级文物保护单位。（YTH）

平洛龙凤桥 平洛龙凤桥位于陇南市西和县大南峪乡窑坪村，处在上下街之间的排洪沟上，为沟通上下街而建的木结构建筑。桥跨度长约10米，桥面阔1.5米、高约3.5米。桥上有廊屋，歇山顶，两侧有护栏，桥两头有斜坡式引道。2003年被公布为第六批省级文物保护单位。（YTH）

文县文昌楼 文县文昌楼旧名文昌魁星楼，位于陇南市文县县城。明成化六年（1470）始建于县城东南墙上，清道光二十七年（1847）移现址。坐南朝北，为塔式三层阁楼，木石结构，一层和二层平面呈四边形，三层平面呈六边形，占地面积约92平方米。攒尖琉璃筒瓦顶，飞檐，檐下施斗拱彩绘，周壁施古史题材绘画。2003年被公布为第六批省级文物保护单位。（YTH）

连腾霄宅院 连腾霄宅院位于天水市秦州区连家巷，为清代官邸式民宅建筑群。原占地面积1500余平方米，现占地面积约1100平方米。分南、北、中三院，房屋总数约50间，除后花园已改为私房和南院房屋及中院大门已被毁之外，其余建筑基本保存完整。2003年被公布为第六批省级文物保护单位。（YTH）

张庆麟宅院 张庆麟宅院位于天水市秦州区澄源巷21号、23号、42号院，为清代民宅，由清代进士张庆麟所建。巷北有一四合小院，为老院，巷南21、23号两院为新院。21号院大门向北开，双开木板门，有脊饰龙吻。23号院坐北向南，42号院一进二门，二门为垂花门，正庭为二层木构楼房三间半，悬山顶，两面坡。2003年被公布为第六批省级文物保护单位。（YTH）

甘谷文庙大成殿 甘谷文庙大成殿位于甘谷县大像山镇南街内，属明代建筑。现占地面积约1400平方米，原厢房、过殿等已全部改造，今仅存大成殿。大成殿面阔五间18米，进深四间，外檐施五彩重昂斗拱，为重檐歇山顶，四边出檐，殿顶陡高，上覆琉璃板瓦，檐角镶有飞龙挑头，斗拱环连，钩心巧合。台阶通长22米、宽18米。2003年被公布为第六批省级文物保护单位。（YTH）

纪信祠 纪信祠位于天水市秦州区民主东路。始建于明初，清代先后六次大修。坐北朝南，占地面积3500平方米，中轴线上主体建筑自南而北依次是牌坊、拜厅、正殿、寝宫，两侧对称修建廊、楼，共有21座建筑。2003年被公布为第六批省级文物保护单位。（YTH）

蔡家寺 蔡家寺位于甘谷县渭阳乡蔡家寺村。始建于元至正年间（1341—1369），明万历十五年（1587）重建，清康熙三十七年（1698）再次修缮。建筑面积约1200平方米，坐北向南，现存二殿、三楼、一坊、二堂共30余间，依山势分五层而建，中轴线上自南而北依次为戏楼、牌坊、山门、财神楼、三国殿、菩萨楼、天王殿、藏金阁、大雄宝殿等。2003年被公布为第六批省级文物保护单位。（YTH）

哈锐宅院 哈锐宅院位于天水市区澄源巷13号、15号、17号院内。哈锐（1862—1923）系清光绪年间翰林院庶吉士，为天水的实业和教育事业做出过贡献。宅院坐北朝南，四合院布局，一进三院，大小房屋40余间。前有大门、影壁、垂花门，中有过厅，后有两层木构楼两间。该宅院的整体布局、梁架结构及其工艺精美的砖木雕，对研究陇东地区清代古民居风格具有重要价值。2003年被公布为第六批省级文物保护单位。（YTH）

石作瑞宅院 石作瑞宅院位于天水市区解放路石家巷。石作瑞系清乾隆至嘉庆年间人，曾任知县、道台等职。宅院共6处，房屋总数约150间，占地面积5000余平方米。建筑格局独特，居室、书房、家庙、客房各有独院，每院又形成封闭式独门，各院均有照壁、影壁和花坛。照壁多则四面，少则两面。2003年被公布为第六批省级文物保护单位。（YTH）

静宁清真寺 静宁清真寺位于平凉市静宁县县城站院巷内。建于明嘉靖十四年（1535），建筑布局依西向东，以礼拜大殿、邦克楼、牌坊为轴线，南北两侧配有厢房。现存的礼拜大殿面积390平方米，平面呈"凸"字形，由歇山、悬山顶和两坡卷棚连接，建筑形式之独特，古建筑中少见。中门上顶悬挂1928年甘肃省政府主席刘郁芬赠送的"见义勇为"牌匾。2003年被公布为第六批省级文物保护单位。（YTH）

政平书房 政平书房位于庆阳市宁县中村乡正平村南。坐西朝东，占地面积约800平方米，为四合式庭院。为清嘉庆年间贡生张宪私宅，有上房、倒座、南厦房、北厦房。上房面阔七间，高9米，台阶高0.9米。南北厦房面阔三间，高9米。走廊设有明柱，建筑门窗全部雕刻花卉、博古图案。2003年被公布为第六批省级文物保护单位。（YTH）

东古城城楼 东古城城楼位于张掖市甘州区碱滩镇古城村内。建于明代，为仁寿驿城的西门楼。城门砖砌拱券顶，单檐歇山顶，上有绿琉璃瓦兽，城西门侧残存夯土版筑的城墙。2003年被公布为第六批省级文物保护单位。（YTH）

张掖民勤会馆 张掖民勤会馆位于张掖市第二中学院内。始建于清光绪十八年（1892），1921年由民勤商民及同乡会再次集资修葺并扩大规模。坐北朝南，四合院式结构，是一座古典寺院建筑。整个建筑群由南向北，中轴线上依此为山门（今已不存）、牌坊、大殿。牌坊左右为钟楼和鼓楼、左右厢房，大殿左右为东西配殿。占地面积1593平方米。现存建筑中牌坊、钟楼、鼓楼、大殿、配殿、厢房，均保存较为完好，在同类建筑中实属罕见。木牌坊气势雄伟，厚重沉稳，四柱三门，正楼大，左右次楼小，总面宽11.2米，歇山式顶，券口上雕刻二龙戏珠、大象、海马、麒麟。正楼坊上正面槛板浮雕二龙戏珠图案，并刻有民国曾任宁夏护军使、安徽省主席、蒙藏委员会委员长的马福祥将军1921年所题的行书"福荫苏山"四个大字，背刻"膏流瀚海"，无落款。2003年被公布为第六批省级文物保护单位。(MDM)

红山魁星楼 红山魁星楼位于张掖市高台县罗城乡红山村内。建于明永乐十二年（1414），坐落于底边长18米、高6.6米的覆斗形夯土台上。为三层六边攒尖顶楼阁，土木结构，通高9.6米。2003年被公布为第六批省级文物保护单位。(YTH)

上花园戏台 上花园戏台位于张掖市民乐县南古镇上花园村，属明清建筑。坐南朝北，砖木结构，建于高1.35米的夯土台上，有前后两楼。前楼为单檐歇山顶，后楼为单檐硬山顶。2003年被公布为第六批省级文物保护单位。(YTH)

张掖东仓 张掖东仓位于张掖市甘州区马神庙街东仓巷，属明清建筑。面积2430平方米。现存仓房13座，土坯叠砌，其中坐南向北4座，坐东朝西9座，土木结构，悬山顶。院内现存有"甘肃巡抚题记碑"，碑文已模糊不清。2003年被公布为第六批省级文物保护单位。(YTH)

高总兵宅院 高总兵宅院位于张掖市甘州区市区民主西街。为清康熙年间总兵高孟家宅，面积1113.3平方米。现存殿堂3座及后楼，均为砖木结构。殿堂单檐硬山顶，平面呈长方形；后楼由正楼和东西配楼组成。2003年被公布为第六批省级文物保护单位。(YTH)

四家魁星楼 四家魁星楼位于张掖市民乐县民联乡太和村内，属清代建筑。坐落于底边长15.8米、宽13.1米、高2.6米的夯土台上。砖木结构，三层六角飞檐攒尖顶式建筑，平面呈六边形，建筑面积213.3平方米。坐东朝西，底层东、西辟门。2003年被公布为第六批省级文物保护单位。(YTH)

塔院寺金塔 塔院寺金塔位于酒泉市金塔县金塔镇塔院村东南1千米处。始建于明代，原名筋塔寺，万历二十三年（1595）改名金塔寺，清雍正十年（1732）又改名塔院寺，当地称"金塔"。建筑为覆钵式喇嘛塔，土木结构。1986年维修时在塔基处发现记述修庙事迹石牌4通、泥塑佛像2尊。2003年被公布为第六批省级文物保护单位。(YTH)

敦煌南仓 敦煌南仓位于酒泉市敦煌市沙州镇小南街，属清代建筑。现存仓房8座，均为硬山顶建筑，砖砌墙基，墙身夯筑，夯层厚0.08～0.1米，木板闸门，宽4.5米，高3.5米，为清代粮仓。2003年被公布为第六批省级文物保护单位。(YTH)

白塔山建筑群 白塔山建筑群位于兰州

市城关区白塔山上。白塔寺始建于元代，重建于明代，平面呈长方形，白塔居中。白塔又名"慈恩寺塔"，塔身为八面七级，高约17米，上有绿顶，下有圆基，通体洁白，挺拔秀丽。塔南是三大寺楼，北面是准提菩萨殿，东西各有配殿数间，集精巧的建筑结构和精湛的雕刻艺术于一身。2011年被公布为第七批省级文物保护单位。（YTH）

皋兰县文庙 皋兰县文庙最早位于兰州市城关区张掖路中段南侧的延寿巷。始建于清初，系靖逆侯张勇故居，清乾隆五年（1740）改为皋兰县文庙，后改为兴文社。总建筑面积约950平方米，残存有过厅、尊经阁、大成殿和崇圣祠等建筑，具有较高的历史、艺术和科研价值，也是兰州市现存为数不多的古建筑之一。2000年，皋兰文庙搬迁至九州台南麓。2011年被公布为第七批省级文物保护单位。（YTH）

金崖古建筑群 金崖古建筑群位于榆中县金崖镇。金崖镇古建筑大多数系清末建筑，有少量民国时期建筑。其中，四合院49处、家祠8处、驿站1处、水烟作坊1处、寺庙7处。文物专家普查后评定，这些古建筑不仅数量可观，规模宏大，而且保存较为完整，木刻纹饰精美，砖雕造型各异，具有较高的历史、艺术和科学价值。2011年被公布为第七批省级文物保护单位。（YTH）

李家龙宫 李家龙宫位于定西市陇西县城北的关庙儿巷。坐北朝南，东西长600米，南北宽440米，建筑面积约25万平方米，为宫廷式建筑，不但规模大，且规格也高于庙。龙宫主殿屋脊上安放九兽，而在封建等级制度下，只有皇宫和太和殿安放十兽，李家龙宫的地位由此可见。龙宫建筑物上有大大小小1899条雕龙，象征"十八子李"根深叶茂。2011年被公布为第七批省级文物保护单位。（YTH）

前川寺 前川寺位于定西市岷县中寨镇前川台子村内，属清代建筑。坐西朝东，占地面积约2491平方米。为一进二院布局，土木结构。前院有大门、东西厢房，后院有东西偏殿、主殿，共有房舍10余间。主殿面阔五间10.2米，进深二间10米，灰瓦硬山顶，三架梁带单步梁，前檐施斗拱并有彩画。2011年被公布为第七批省级文物保护单位。（YTH）

文峰塔 文峰塔位于定西市陇西县文峰镇渭河南岸的二级台地上，建于清道光十七年（1837）。七级八角楼阁式实心砖塔，底座直径6米，高34米的八脊攒顶，角悬风铃，塔顶端立一钵体瓦瓶。1985年，陇西县人民政府拨款维修，翻瓦塔顶，填补裂缝，加铁匝4圈（1～4层），混凝土浇灌塔基。2011年被公布为第七批省级文物保护单位。（YTH）

大崇教寺 大崇教寺位于定西市岷县梅川乡的一座山上。据载，该寺一度规模宏大、建筑雄伟、僧侣众多、闻名遐迩。现在只有大殿和一座类似城门四面有门洞的土墩尚存。大崇教寺碑，就立于土墩里边。碑有两块，一块刻汉文，另一块刻藏文，至今保存完好。这通碑，碑文为明宣宗撰，字为明初大书法家沈粲书。2011年被公布为第七批省级文物

保护单位。(YTH)

谈家院 谈家院位于陇南市康县县城西南约24千米处的豆坝乡栗子坪。四合院建筑，占地面积875平方米，坐北朝南，由平房式上堂、倒台楼、左右楼房及偏房组成。上堂、倒台楼面阔均为五间，左右楼面阔各为三间，均为硬山顶。院内面积113.5平方米，内铺石条。存石刻家谱1方，石刻花草、鱼虫、人物15方。据考，为清咸丰三年（1853）时重修。2011年被公布为第七批省级文物保护单位。(YTH)

冯国瑞宅院 冯国瑞宅院位于天水市大城共和巷，属清至民国时期建筑。宅院坐北朝南，一进二院，由四合院、三合院组成，占地面积910平方米，有木结构房屋26间。大门位于东南角。门内有影壁、海棠池、硬山顶倒座3间、单坡水东西厢房各3间。硬山顶过厅3间，面阔12.6米，进深8.8米。后院硬山正厅3间，耳房各1间。2011年被公布为第七批省级文物保护单位。(YTH)

贾家公馆 贾家公馆位于天水市民主东路北。始建于清代，系乡绅贾缵绪公馆。南向，一进三院，共有房屋40余间，占地面积2000平方米。过厅、正厅单檐硬山顶，书房卷棚顶，余皆单檐悬山顶。木雕檐窗，砖雕月门纤细精致，颇具地方特色。2011年被公布为第七批省级文物保护单位。(YTH)

秦安泰山庙 秦安泰山庙位于天水市秦安县县城外东南凤山上，属明清建筑。分布在山脊首，依山就势，分五层建造，现共存30余座殿宇，占地面积共7420平方米。自东而西一层有东岳天齐庙、福神庙、蓬莱阁。二层东为洞宾庙，西为鲁班庙、山神庙。三层有灵官庙土地庙、无量殿等。四层以上有三清阁、玉皇庙等。2011年被公布为第七批省级文物保护单位。(YTH)

秦安张氏民居 秦安张氏民居位于天水市秦安县兴国镇大城社区文化广场，占地面积约386平方米。始建于清代，布局为四合院，北面为主房，南面为侧室，东西为厢房。南房面阔三间，进深两间，前出廊，硬山布瓦顶，结构为五架梁，用两柱，前柱檐施额枋，平板枋、杭头及补间各用一斗。北房的建筑风格原来同南房，后改成单坡布瓦顶，结构为双步套单步梁，前后用两柱。东西厢房均面阔三间，进深一间。2011年被公布为第七批省级文物保护单位。(MDM)

秦州关帝庙 秦州关帝庙位于天水市秦州区忠义巷。始建于清初，道光、咸丰年间多次修葺。现存大殿、拜殿，勾连搭为一体建筑，建筑面积约90平方米。大殿分前后殿，前殿面阔五间、进深三间，灰筒瓦单檐悬山顶，后殿面阔三间、进深三间，拜殿为悬山卷棚式。庙南北各有配殿6间。2011年被公布为第七批省级文物保护单位。(YTH)

汪氏民居 汪氏民居位于天水市市区自由路，属清代建筑。平面呈长方形，坐北朝南，占地面积700平方米。由前后二进四合院与三合院组成，有房舍26间，西北角辟门。过厅、正厅为硬山前出廊式，面阔三间9.6米、进深5.4米。2011年被公布为第七批省级文物保护单位。(YTH)

关川道堂 关川道堂位于会宁县关川河流域的关川马家堡，实际上就是外形简陋的两孔窑。关川道堂是中国伊斯兰教哲赫忍耶道统的发祥地，在哲赫忍耶的发展历史上占有举足轻重的地位。清乾隆二十六年（1761），伊斯兰经学家马明心在此传道授徒。于是该地成为哲赫忍耶学派的传教基地。2011年被公布为第七批省级文物保护单位。（YTH）

仁和张氏民居 仁和张氏民居位于白银市靖远县双龙乡仁和村内。始建于清代，为画家张雄旧居，名"积德堂"。占地面积约600平方米，坐西朝东，砖木结构。有东西堂屋各3间，南北厢房各6间，西北角有木结构绣楼1处，上下各3间，前院西南角为厨房棚道，大门为砖木结构，建有门房2间，民国时重修。2011年被公布为第七批省级文物保护单位。（YTH）

灵台文庙 灵台文庙位于平凉市灵台县中台镇城关村东侧。始建于北魏，清乾隆四年（1739）重修，占地面积约1万平方米。现存长寿殿及两侧厢房，主殿坐北朝南，面阔三间，进深两间，通高6米，单檐硬山顶，内塑释迦牟尼、药师琉璃王佛、功德无量、二菩萨及迦叶像。阿难像两侧彩绘十八罗汉。厢房面阔三间，进深一间，高4米，"人"字木梁架，灰瓦硬山顶。2011年被公布为第七批省级文物保护单位。（YTH）

正宁文庙 正宁文庙位于庆阳市正宁县永和镇罗川村。始建于元至正年间，明洪武二年（1369）重修，清顺治年间重建。坐北朝南，现仅存大殿1座，面阔五间，进深八间，歇山顶，屋脊两端饰鸱吻，施双翘双下昂斗拱。2011年被公布为第七批省级文物保护单位。（YTH）

吉祥寺砖塔 吉祥寺砖塔位于张掖市甘州区安阳乡高寺儿村小学院内，属清代建筑。现仅存八角七层楼阁式砖塔，通高20米，门楣砖雕"金刚玉塔"四字。塔内原置佛像已毁，每层檐下施砖雕额枋、檐、斗拱等。塔刹由相轮、宝珠组成。2011年被公布为第七批省级文物保护单位。（YTH）

马寨无量殿 马寨无量殿位于张掖市山丹县位奇镇马寨城堡北城墙正中墩台上。始建于明代，清代维修使用。城堡已毁，墩台为覆斗状，南侧有宽2米的台阶。殿坐北朝南，土木结构。2011年被公布为第七批省级文物保护单位。（YTH）

莲花山塔 莲花山塔位于武威市凉州区松树乡境内，坐落在海拔2900多米的山顶。莲花山塔又名镇魔塔，坐落在莲花山腹的诸寺之巅。莲花山塔建造于明万历四十年（1612），是仿印度式楼阁，为八角七级砖塔，八角翘檐上都挂有风铃，顶有陶质古刹，塔内有文殊菩萨像。2011年被公布为第七批省级文物保护单位。（YTH）

王城堡魁星阁 王城堡魁星阁位于武威市凉州区大柳乡王城村内，属清代建筑。阁建在3米高的砖包土台上，坐北朝南，台平面呈正方形，边长15米。阁为土木结构，平面呈正方形，面阔一间，边长4.5米，高10米，二层重檐悬山顶。2011年被公布为第七批省级文物保护单位。（YTH）

药王宫 药王宫位于酒泉市肃州区酒泉中学马路两侧，属明清建筑。药王宫位于路东，有前后殿两座。路西有古建筑两座，北面为1米高台基上建五间六檩悬山顶大殿，南面一座无台基，五开间硬山顶建筑。马路北端正中为玉皇阁，台基15米见方，高1.6米，上建正方三层木楼，四面坡攒尖顶，高约13米。2011年被公布为第七批省级文物保护单位。（YTH）

禅定寺 禅定寺位于甘南藏族自治州卓尼县柳林镇寺台子村。始建于1295年，全称"噶丹谢周林"，又名"定增达吉林"。部分建筑1958年损毁，1983年重建。主体建筑大经堂为藏汉合璧及藏式二层碉楼平顶建筑，由前廊、经堂、后殿组成。2011年被公布为第七批省级文物保护单位。（YTH）

多儿水磨群 多儿水磨群位于甘南藏族自治州迭部县羊布村。分布在陡降约15%的多儿河上，长约150米，磨房长7.5米，宽5.6米，高6~7米。水磨一半在多儿河上，利用水的冲力和原始的水利机械，磨制青稞、小麦等农作物。现有11座相连的水磨房，由于年代已久，好多已经破旧不堪，曾经的热闹场面已经化为历史的回忆。现在这11座水磨房静静地躺在幽谷里，见证着曾经的辉煌。2011年被公布为第七批省级文物保护单位。（YTH）

红堡子 红堡子位于甘南藏族自治州临潭县流顺乡红堡子村，属明代建筑。平面呈正方形，边长85米。堡墙夯筑，基宽7米，顶宽2.9米，高10米，夯层厚0.07~0.1米。墙顶原有木栅栏女墙，现存石柱基上有直径约0.1米的石孔，间隔约3米。门向西，宽3.5米，拱顶。2011年被公布为第七批省级文物保护单位。（YTH）

4. 石窟寺及石刻

哥舒翰纪功碑 哥舒翰纪功碑位于定西市临洮县城南大街。碑由额、身、座三部分组成，均由巨石制成。碑通高4.25米，额高0.92米，碑宽1.84米，座高2.4米。坐北朝南，巍然屹立。由于年代久远，碑石风化，字迹剥落，碑额仅存"丙戌哥舒"四字，正中刻隶书12行，可辨60余字，已不能成文。碑文字体秀丽古朴，相传为唐明皇御笔。前三批被公布为省级文物保护单位。（YTH）

赵孟頫书赵世延家庙碑 赵孟頫书赵世延家庙碑位于陇南市礼县县城南郊。刻建于元仁宗延祐三年（1316），由首、身、趺三部分组成。碑首高1.3米，圆顶，左右雕有六龙盘踞，面额书"敕赐雍古氏家庙碑"8字。碑身高3.5米，宽1.3米，厚0.42米。正面四周阴刻串枝莲纹，中间刻文皆为楷书，右起竖书33行，每行64字，共1230多字（个别字损）。书体用笔圆润，骨力内藏。龟趺长2米，宽1.3米，外露0.2米。前三批被公布为省级文物保护单位。（YTH）

天庆观老子道德经幢 天庆观老子道德经幢位于庆阳市庆城县县城钟楼巷，为宋景祐四年（1037）知庆州康德舆立。经幢原在县城祐德观老君殿前，殿已毁。经幢共两通，为八角石柱,高3.52米。有两层出檐,一层檐底浮雕二龙戏珠,二层出檐雕斗拱饰,檐上仰莲中置石质宝珠。两檐间各面小龛雕老子像。幢身每面阴刻《老子道德经》经文6行,每行76字。前三批被公布为省级文物保护单位。(YTH)

昌马石窟 昌马石窟位于酒泉市玉门市赤金镇下窖村西侧的山崖上。窟龛开凿在距地面10～20米的崖壁上,共有洞窟11个,依山势分为南、中、北三段。其中,中断的第二、第四窟为中心柱窟,保存较好。四壁保存有五代、宋重绘壁画。内容有文殊变、普贤变及一佛二菩萨等。前三批被公布为省级文物保护单位。(YTH)

寺儿湾石窟 寺儿湾石窟又名红罗寺,位于白银市北湾镇天字村东北2千米处。窟凿于红砂岩崖面上。原共有6窟,现存1窟,为平顶式,坐东朝西。窟内有石雕一佛一菩萨和唐代造像释迦、迦叶、阿难、观音、力士、天王、十八罗汉等泥塑像66尊,高0.03～0.2米。1981年被公布为第四批省级文物保护单位。(YTH)

承天观之碑 承天观之碑位于庆阳市正宁县县城正街。圆首方座,通高2.72米,宽0.85米,厚0.22米,北宋大中祥符三年(1010)立。篆额"大宋宁州镇宁县承天观之碑"。碑文楷书,记载道教理论及修建承天观之缘由等。尹熙古书并篆额,李维撰铭并序。赵谦、沈庆刻石。观已毁。现存县文化馆。1981年被公布为第四批省级文物保护单位。(YTH)

保全寺—张家沟门石窟 保全寺—张家沟门石窟位于庆阳市合水县太白镇平定川西岸。开凿于长约40米、高8米的崖壁上,坐西朝东,共有窟龛25个,石雕造像513尊,以释迦、多包二佛并坐及弥勒菩萨像为多,并有胁侍菩萨。佛像一般方颐丰面,着通肩大衣,结跏趺坐,半披肩大衣,浅阴刻平行衣纹,躯体粗犷健硕,具有北魏太和改制以前的风格。3号、4号、6号龛较大,为平面呈正方形或马蹄形的穹隆顶龛,最大为4号窟,平面呈正方形,宽、高、深各3米,正壁塑释迦、多包二佛并坐及弥勒菩萨。南北两壁各造二佛,门口侍立二菩萨。其余为拱顶浅龛。1981年被公布为第四批省级文物保护单位。(YTH)

明摹刻黄庭坚云亭宴集诗碑 明摹刻黄庭坚云亭宴集诗碑原置庆阳市庆城南考院内,1985年移存县博物馆。通高2.25米,宽0.77米,厚0.21米,明嘉靖三十七年(1558)立。每行14字,由右而左竖写行书五言绝句,每行14字。宋代诗人、书法家黄庭坚书,明代河西道陕西布政使左参议陈凤摹刻立石。1981年被公布为第四批省级文物保护单位。(YTH)

重建宋范韩二公祠堂记碑 重建宋范韩二公祠堂记碑原位于庆阳市庆城县县城钟楼巷内,1985年移存县博物馆。明成化十一年(1475)八月立。通高2.4米,宽0.97米,额题"重建有宋范韩二公祠堂记"。碑阳面楷书24行,每行25字。阴面碑文外下部线刻庆阳府地形图。碑文记载宋代范仲淹、韩琦出任环庆路经略安抚使时在庆阳、延安等地镇守，以御西夏的功绩。刘昭篆额，马文升撰文，朱英书丹。1981年被公布为第四批省级文物保护单位。（YTH）

莲花寺石窟 莲花寺石窟位于庆阳市合水县太白镇平定川口。依山势开凿，分布于长19米、高6.4米的崖壁上，共有窟龛25个，造像100多身。唐代龛中有咸亨五年（674）、上元二年（675）、天宝十年（751）等纪年题记。龛为拱顶，高、宽为0.4～0.8米，内有阿弥陀佛、一佛二菩萨、一佛二弟子二天王等造像。宋代造像有五百罗汉及"三教诸佛"。1981年被公布为第四批省级文物保护单位。（YTH）

修筑新子州州墙及署廨记碑 修筑新子州州墙及署廨记碑亦称牛公碑，位于庆阳市宁县新宁镇庙嘴村东。五代后梁龙德二年（922）二月立，圆首方座，碑高2.2米，宽1.1米，碑额篆"刺史牛公创修廨之记"。碑文楷书，记载刺史牛知业筑新子州州墙，创修诸公署及新廨功绩。李明启篆文，梦庄书丹，上官武镌字，1983年由庙嘴村迁至博物馆内。1981年被公布为第四批省级文物保护单位。（YTH）

西宁王忻都公神道碑 西宁王忻都公神道碑简称"西宁王碑"，位于武威城北15千米的永昌镇石碑村，由碑座、碑身、碑首三部分组成，通高5.8米，高1.6米，厚0.45米，碑座为龟趺，碑首刻蟠螭，上刻书"大元敕赐西宁王碑"8字，碑正面为汉文，背面为回鹘文，全文共32行，每行63字，碑文为元惠宗时参知政事危素撰写，由于忻都及其先辈对元室建立过卓著功勋，加之忻都之子翰栾之父忻都为西宁王，特立此碑作为纪念。1981年被公布为第四批省级文物保护单位。（YTH）

亦都护高昌王世勋碑 亦都护高昌王世勋碑现存武威市凉州区武威文庙，仅存碑首和中段。碑首刻蟠螭，残高1.3米，宽1.8米，厚0.52米；碑身残高1.82米，宽1.73米，厚0.47米。碑正面为汉文，36行，行残存41字；背面为回鹘文。立碑时间为元顺帝元统二年（1334）。碑文由元代著名学者虞集撰，元代大书法家、礼部尚书康里巎巎奉敕书，翰林学士承旨、奎章阁大学士赵世延篆额。1981年被公布为第四批省级文物保护单位。（MDM）

李将军碑 李将军碑位于甘南藏族自治州卓尼县布安村西边的台地上，今已移至州博物院内。此碑龟趺昂首凸目，碑身巨大伟岸，螭首雕饰精美，字体浑厚端庄，呈现典型的盛唐碑式风格，对研究唐代边疆与吐蕃的关系具有非常高的史料价值。1981年被公布为第四批省级文物保护单位。（YTH）

首阳山辨碑 首阳山辨碑位于定西市渭源县莲峰乡孟家庄村东500米处。青灰岩石质，圆首方趺，通高2.45米，宽1.17米，厚0.19米。碑阳额刻云纹，额篆"首阳山辨"。首题楷书"阳首山辨"碑文竖书28行，每行40字，内容辩证天下五处首阳山，唯有陇西首阳山为真，是伯夷、叔齐埋骨之地。题"万历四十七年岁次己未春日"。碑阴额篆

"改建首阳山清圣祠碑记",首题"改建首阳山夷齐祠记",楷书竖33行,每行68字,记载改建清圣祠的经过及改建后的规模。1995年被公布为第五批省级文物保护单位。(YTH)

王仁裕神道碑 王仁裕神道碑位于陇南市礼县县城西南15千米的石桥乡斩龙村。建于北宋雍熙三年(986),由碑首、碑身、碑趺三部分组成。通高3.05米,首高0.8米,宽1.25米,厚0.43米。碑首拱顶,上覆六龙盘踞,身高1.85米,宽1.25米,厚0.43米,座长1.7米,高0.4米,宽1.25米。碑额篆书"周故少师王公神道碑"9字。碑面两边阴刻缠枝牡丹与石榴花纹。碑面中间阴刻楷书碑文,自右向左竖书36行,每行71字,共2500余字,主要介绍了王仁裕的家世及生平事迹。1995年被公布为第五批省级文物保护单位。(YTH)

万象洞石刻题记 万象洞石刻题记位于陇南市武都区汉王镇杨庞村,万象洞为天然溶岩洞,深10余千米,历代游人不绝,碑刻、题记甚多。摩崖石刻有宋元祐六年(1091)秦凤路刑狱公事游师雄,南宋绍兴二十九年(1159)阶州知州高基景、万钟、宇文景仁等人的巡游题刻6方,明代巡按陕西监察史、阶州知州巡游石碑2通。北周出巡大臣武定公、贺娄慈及宋、元、明、清墨书题记百余处,近千首。大部诗词为赞咏洞中之奇观美景,保存完整。1995年被公布为第五批省级文物保护单位。(YTH)

法泉寺石窟 法泉寺石窟位于白银市靖远县县城东7.5千米的扬梢沟口。现存千佛洞、天王洞、达摩洞等36个洞窟,藏经楼、大佛殿、文昌宫、钟楼、木卧桥等6座建筑,以及清泉、唐榆自然风景10多处。石窟群分布在长约1000米、宽约150米深沟的东、北、西三面崖壁上,四周环山,沟内有泉水流出。开凿于北魏时期,宋崇宁及明景泰、嘉靖年间不断扩建逐渐形成洞窟连片、造像丰富、楼阁林立的佳景。1995年被公布为第五批省级文物保护单位。(MDM)

红山寺石窟 红山寺石窟位于白银市平川区,因山石呈红色,故称红山寺。据寺内石碑记载,红山寺石窟始建于北魏,明弘治年间扩建,并修大雄宝殿,万历十二年(1584)扩建东西殿、法王殿、岳山楼苏武庙等建筑。清乾隆二年(1737)创建窟前木建筑,道光二年(1822)重新修缮,同治二年(1863)大部分建筑毁于兵火。"文化大革命"期间窟内塑像及殿门建筑悉遭破坏。1995年被公布为第五批省级文物保护单位。(YH)

建沟石佛群 建沟石佛群位于平凉市华亭县河西乡建沟村的易家沟和刘家沟。刘家沟现有石造像3尊,高1.65米。易家沟有石造像15尊,保存基本完好,除一佛二菩萨外,东西两边为12尊罗汉像,雕琢精细,造像面部形态及服饰具有我国古代北方民族的特征,对研究古代汉族和少数民族关系、文化艺术发展史等都有一定价值。现迁于上关乡石拱寺石窟保存。1995年被公布为第五批省级文物保护单位。(YTH)

玉山寺石窟 玉山寺石窟位于镇原县彭阳乡刘大夫村南200米处。共有5个洞窟,保存石造像82身。1号和5号窟已残，2号至4号窟保存较好。4号窟平面呈长方形，宽4.1米，高2.95米，深5.8米，主佛像已毁，两壁各有二排5个拱顶浅龛，上排龛内均有半浮雕佛像1尊，下排龛内均有造像1尊。3号窟平面呈长方形，宽4.5米，高3.6米，深6米，两壁均凿有三排拱顶浅龛，上两排每龛有一尊佛，下排均有10尊造像。2号窟为长方形，宽4.1米，高2.9米，深5.8米，主像已毁，两壁各有两排拱顶浅龛，上排龛内均有1尊半浮雕佛像，下排龛均有1尊造像。1995年被公布为第五批省级文物保护单位。（YTH）

榆木山岩画 榆木山岩画位于张掖市肃南裕固族自治县境内。榆木山内岩画分布在黑石头沟、寡妇房子等山沟内的山岩石壁上，在灰房地子、老虎沟、大滩沟、石炭沟、木头沟、象牙台子和雷山等处也有岩画遗存。时代待考。1995年被公布为第五批省级文物保护单位。（YTH）

北山岩画 北山岩画位于金昌市永昌县焦家庄乡陈家寨村北400米的青石壁上，属于战国至汉代石刻，分布于长10米、高9米的北山脚下石壁上，面积90平方米，画幅大略呈三角状。计有个体图案32个，多与动物有关，有放牧、单人骑鹿等图像，动物有鹿、狗、羊等。岩画均采用凿点勾勒画面的技巧，手法简洁，构图明快。1995年被公布为第五批省级文物保护单位。（YTH）

昌马岩画 昌马岩画位于玉门市昌马乡南北山岩石上。已发现7处，多为单线条凿刻而成，亦有刻出轮廓后再在中间平涂研磨而成的。内容多为羊、狗、豹、马、骆驼等动物及狩猎的人。其中一块2平方米的青石面上共刻有21只动物，轮廓清晰，保存较好，对研究河西地区古代民族文化有重要价值。1995年被公布为第五批省级文物保护单位。（YTH）

灰湾子岩画 灰湾子岩画位于酒泉市肃北蒙古族自治县石包城乡泉脑村北8千米处。面积约37平方米，分6组，有人、鹿、岩羊等34个造形，以凿点成线和阴刻单线条构成画面。时代待考。1995年被公布为第五批省级文物保护单位。（YTH）

七个驴岩画 七个驴岩画位于酒泉市肃北蒙古族自治县七个驴大阪。面积约240平方米，分20组，图像多为单人牵骆驼、骑马奔跑及独立的岩羊、骆驼、马，共有101个造形，以凿点成线和阴刻单线条构成画面。时代待考。1995年被公布为第五批省级文物保护单位。（YTH）

丈地军粮碑 丈地军粮碑位于甘肃藏族自治州舟曲县县城，属明代碑刻。大理石质，圆首，座佚，碑高1.7米，宽0.76米，厚0.17米。碑阳额篆"丈地军粮碑记"6字，边刻麒麟图案，碑文楷书竖20行，每行38字。碑阴额篆"碑阴之记"4字，碑文楷书竖29行，每行49字。1995年被公布为第五批省级文物保护单位。（YTH）

仙人崖石窟 仙人崖石窟位于天水市北道区麦积乡后川村。石窟始建于南北朝，殿宇窟龛分布在方圆5平方千米的东庵、西庵、南庵、宝盖山和献珠山5处。保存有南北朝以来的塑像197尊，壁画约320平方米；明清时期所建殿宇27座，计54间。有卧佛洞、千佛崖、梯子洞、罗迦洞、文昌楼、大雄宝殿、圣母宫、菩萨殿和达摩洞等。东庵有一崖阁式洞窟，又名梯子洞，由石莲洞、三世佛洞和罗迦洞组成。宝盖山有石窟一处，平面长方形，宽5.75米，高4.6米，进深3.5米，内有释迦涅槃及十大弟子、立佛等北魏塑像。南庵有北魏摩崖造像4尊，宋、明摩崖造像14尊，有接引佛、菩萨等。崖壁上有明万历二十四年（1596）墨书题记一方，内容为重建龛下燃灯佛之事。西庵主佛殿与东庵罗汉堂为明代建筑，罗汉堂为歇山顶，面阔三间7米，进深四间7米，有明代塑像21尊与王了望书木刻楹联一副。各殿内保存有释迦牟尼、阿弥陀佛、文殊、普贤、燃灯佛、十八罗汉、老君、祖师、财神、孔子、玉皇、圣母和三官像等明清塑像。明清时期壁画以释迦成道、孔子问道、三法祖师等题材为主。2003年被公布为第六批省级文物保护单位。（YTH）

鲁恭姬造像碑 鲁恭姬造像碑位于天水市清水县县城西北，赵充国墓东侧，六角木结构碑亭内。为南北朝时期北周天和二年（567）南阳、枹罕二郡太守郡功曹郡平望清水句法袭为亡妻鲁恭姬造释加定光并等身像的记事碑。碑首拱顶，高2米，宽0.85米，厚0.56米。砾岩质，正面右下角残缺。碑正面中高部浮雕一释迦牟尼像，其立于莲台上，曲眉直目，高鼻小嘴，面部丰圆，左手施大无畏印至胸前，右手立掌至右肩，上身着通肩袈裟，下着规整褶裙，衣纹流畅，体现了我国雕塑艺术大转变时期的风格。碑额正中浅雕一菩提树，两侧依次为飞天、佛龛、菩萨、狮。背面碑文阴刻，魏体，8行，共96字，自左至右书写。碑刻书法为北周佳作，具有一定的历史、考古和书法艺术价值。2003年被公布为第六批省级文物保护单位。（YTH）

阿尔格力太岩画 阿尔格力太岩画位于酒泉市肃北蒙古族自治县政府所在地东南约148千米处沟口河岸。已经发现的画面共有15组，50个造形，画面主要为放牧人、骆驼、大角羊和野牛等，为春秋、战国至西汉时期游牧民族的文化遗产。2003年被公布为第六批省级文物保护单位。（YTH）

景耀寺石窟 景耀寺石窟位于张掖市肃南裕固族自治县大河乡石坡子村东北2.5千米。石窟分布在榆木山谷长500米的砂砾石崖壁上，现存佛龛40余座，分上下两层排列。其中1号、2号、3号窟保存较好，平面呈"凸"字形。窟内造像已毁，残存部分壁画。据1921《高台县志》记载：景耀寺创建于清顺治年间，为裕固族创建的最早寺院之一。2011年被公布为第七批省级文物保护单位。（YTH）

花大门石刻 花大门石刻位于金昌市永昌县城关镇金川西村四社花大门内山体上。东西长约1000米，高约20米，面积约2万平方米。石刻始凿于西夏，有塔形佛龛50余座，宽0.5～1米，高0.5～1米，深0.5～2米不等，为附近寺庙僧伽藏瘗骨龙之所，因其形似门而得名。花大门石刻为研究西夏石刻艺术、佛教文化等提供了重要资料，其中一窟上方早年摹刻"永昌卫王"字样，现已不存。2011年被公布为第七批省级文物保护单位。（YTH）

5. 近现代重要史迹及代表性建筑

兰州战役旧址 兰州战役旧址位于兰州市城关区沈家岭、营盘岭、狗娃山一带。营盘岭地势险要，古今一直为军事重地。现存1948年国民党军队所修碉堡3座，高2.9米，堑壕4条，呈三角形分布，以战壕相通，前沿人工峭壁7层，易守难攻，有"兰州锁钥"之称。兰州战役是中国人民解放军解放大西北的最后一次决定性战役。前三批公布为省级文物保护单位。（YTH）

华林坪革命烈士纪念塔 华林坪革命烈士纪念塔位于兰州市七里河区华林南路，1959年为纪念解放兰州战役壮烈牺牲的革命烈士而建。占地面积25万平方米，塔平面呈五角形，钢筋混凝土结构，面敷大理石，塔高28.23米，基座用水磨石铺成，周围镶有五块汉白玉纪念碑，塔顶部有一铁质镀金五角星。塔身正面刻有"人民英雄永垂不朽"八个大字，附近有烈士墓区。前三批公布为省级文物保护单位。（YTH）

河连湾陕甘宁省苏维埃政府旧址 河连湾陕甘宁省苏维埃政府旧址位于庆阳市环县洪德乡河连湾村。红军胜利会师后，随着解放区的迅速扩大，1936年6月，陕甘省扩大为陕甘宁省，省府驻地由陕北关起镇迁到环县洪德的河连湾。1937年初，陕甘宁省政府驻地由河连湾迁往曲子镇。旧址仅存北边七间厦房。1984年10月1日，甘肃省人民政府在此树碑镌文，萧劲光为石碑题词"中共陕甘宁省委陕甘宁省政府旧址"。前三批被公布为省级文物保护单位。（YTH）

山城堡战役旧址 山城堡战役旧址位于庆阳市环县山城乡。1936年红军东征、西征取得了重大胜利，开辟了延安革命根据地。胡宗南主力部队追随东进，于同年11月20日侵占山城堡。红一师、红二师、红四师于11月21日向敌人发起猛烈反击。经过一昼夜激战，将敌军两个团全部歼灭，粉碎了敌人对陕甘宁根据地的进攻。敌军遭到沉重打击，主力立即向西撤退。山城堡战役是红军三大主力会师后所进行的最后一战，也是第二次国内革命战争的最后一战。前三批被公布为省级文物保护单位。（YTH）

抗日军政大学第七分校校部旧址 抗日军政大学第七分校校部旧址位于庆阳市华池县林镇乡东华池村，是抗战期间培养人才的阵地之一。1942年2月，抗大七分校奉命由山西省兴县李家湾迁至华池县东华池。有学员三千多人，边学习，边种田，自己修建了大礼堂、俱乐部、研究室、会计室等设施。解放战争时期被国民党军队烧毁。该校大力发展文化教育事业，为中国革命培养了大批人才，为抗战胜利和陕甘边区的发展建设做出了积极贡献。旧址现存石箍窑洞30孔。前三批被公布为省级文物保护单位。（YTH）

高台红西路军烈士陵园 高台红西路军烈士陵园位于张掖市高台县政府所在地东南500米处。是1956年为纪念中国工农红军西路军第五军阵亡将士而修建的陵园。陵园坐东朝西,平面呈长方形,大门横题"烈士陵园"为朱德手书,背为郭沫若题"浩气长存"。陵园分前后两园,前园南北各筑三檐双层五角纪念亭;后园中为烈士纪念堂,堂后为烈士公墓。前三批被公布为省级文物保护单位。(YTH)

腊子口战役旧址 腊子口战役旧址位于甘南藏族自治州迭部县腊子口。1935年。腊子口是岷山支脉跌山上的一处隘口,长30米、原宽3米,两壁绝峰对峙,高耸入云。为了纪念红军长征的壮举,缅怀具有历史意义的腊子口战役,设立了腊子口战役纪念碑。前三批被公布为省级文物保护单位。(YTH)

靖远钟鼓楼 靖远钟鼓楼位于白银市靖远县城区。明正统三年(1438)建,弘治三年(1490)增修,清同治五年(1866)毁,民国十四年(1925年)重修。建筑面积为972平方米,坐北朝南,砖木结构,修于高7.8米的方形基台上,台下拱门连通南北大街。楼高17米,为三层五檐,东西宽5间20.8米,当心间宽3.2米,歇山顶,楼内设木梯可上三层。南额刻"瑞丰"二字,为张云锦所书,北额刻"天枢"二字,为李志学书。楼上有邑人陈国钧撰书一联"此亦天枢,众星环拱;俨然砥柱,万壑朝宗"。1995年被公布为第五批省级文物保护单位。(YTH)

王孝锡烈士墓 王孝锡烈士墓位于庆阳市宁县太昌乡太昌村南500米处。王孝锡(1903—1928),字遂五,宁县人,甘肃早期中共党员,曾任中国共产党甘肃特别支部组织部长,领导建立了陇东第一党组织——中共彬宁支部。1928年12月30日在兰州英勇就义。1985年宁县人民政府建王孝锡烈士陵园并立烈士纪念碑。陵园占地面积约800平方米,烈士遗体安葬于此。1995年被公布为第五批省级文物保护单位。(YTH)

福音堂医院旧址 福音堂医院旧址位于张掖市甘州区市区北水桥街。1918年高金诚创办,原有一座二层砖木结构中西合璧式楼房和十多间平房。1937年,为营救红军西路军战士,八路军驻甘办事处委托高金诚以"甘、凉、肃三州抗敌后援会"主任身份在此重新开设福音堂医院,先后营救红军西路军将士200余人。1995年被公布为第五批省级文物保护单位。(YTH)

艾黎与何柯陵园 艾黎与何柯陵园位于张掖市山丹县县城南门外。面积约2752平方米。始建于1945年,原为何柯陵园,1979年重建,1986年将墓改建为西式砖混结构。陵园中安放何柯遗骨和艾黎部分骨灰。邓小平题词"伟大的国际主义战士永垂不朽"。1995年被公布为第五批省级文物保护单位。(YTH)

临泽红西路军烈士陵园 临泽红西路军烈士陵园位于张掖市临泽县县城东南1.5千米。面积约4000平方米,1986年为纪念1936—1937年红西路军悲壮历程而建。陵园建筑布局对称,中轴线上依次为陵园大门、纪念碑、烈士公墓。东西两侧分别建有花坛、草坪、假山及熊厚发、陈海松烈士纪念亭、陈列馆。李先念题写园名"中国工农红军西路烈士陵园"。1995年被公布为第五批省级文物保护单位。(YTH)

雷台观 雷台观位于武威市城北2千米处。始建于清代，为武威著名道观之一。观内主要建筑有风神殿、雷祖殿、三皇殿等。整座观宇修建在晋代筑起的雷台之上，台高8.5米，南北长106米，东西宽60余米。台下是一座庞大的东汉墓穴。1995年被公布为第五批省级文物保护单位。(YTH)

罗什寺塔 罗什寺塔位于武威市凉州区北大街，始建于五代后凉，唐时曾大力扩建，明、清皆有修葺。其间于明代成为陕西凉州大寺院，正统十年（1445）二月十五日，为罗什寺院颁发了大藏经。现存罗什寺塔为八角十二层，高32米，全以条形方砖砌成。从下起第三、第五、第八层均没门，顶部是铜质葫芦宝瓶，最上层东西两侧各有小佛龛，龛内有佛像，据说是纯金的。1927年大地震中损毁，1934年重修。1995年被公布为第五批省级文物保护单位。(YTH)

肋巴佛烈士纪念碑 肋巴佛烈士纪念碑位于甘南藏族自治州卓尼县柳林镇白塔村东北600米处。圆首，长方形，通高2米，宽0.95米，厚0.17米。额为浮雕龙纹图案和五角星。首题"肋巴佛烈士革命事迹"，内容记述肋巴佛生前的英雄事迹。1995年被公布为第五批省级文物保护单位。(YTH)

陇东中学礼堂 陇东中学礼堂位于庆阳市庆城县北500米的庆城镇南街庆城中学院内。1940年3月，陕甘宁边区政府创办陇东中学，同年9月举行开学典礼。毛泽东为该校题"陇东中学"校牌。当时校长为马文瑞，副校长陆为公。校牌已佚。礼堂原为文庙大殿，明洪武年间初建，面阔五间20米，进深三间14米，砖木结构，硬山顶。2003年被公布为第六批省级文物保护单位。(YTH)

南下关清真寺 南下关清真寺位于天水市秦安县兴国镇民族路解放巷内。为典型的民国建筑，占地面积1231平方米，坐西朝东，现存主体礼拜大殿和"姆拉楼"。礼拜大殿为悬山顶，面阔三间26.7米，进深五间8.2米，面积约220平方米。姆拉楼为重檐八角攒尖顶二层木结构楼阁式建筑，与礼拜大殿相连搭建。2011年被公布为第七批省级文物保护单位。(YTH)

贾坛故居 贾坛故居位于武威市凉州区东大街古钟楼社区。建于1930年，为土木结构。分内外两院，院内砖雕、木雕精致，代表了当时的雕刻水平及艺术风格。贾坛以擅长书法而知名，曾为保护文物做出过贡献。2011年被公布为第七批省级文物保护单位。(YTH)

陆氏民居 陆氏民居位于武威市凉州区东大街再就业市场院内。该院南北长20米，东西宽17米，占地面积约340平方米。由街门楼、倒座、东西厢房、天井、堂屋及东西厢房组成，为土木结构的四合院，是凉州区境内保存较好的一处民国时期民居。2011年被公布为第七批省级文物保护单位。(YTH)

秦氏民居 秦氏民居位于武威市凉州区

金羊镇海藏村7组。坐北朝南，南北长约96米，东西宽约80米，占地面积约7680平方米，围墙高12米。建筑整体保存完整，是研究民国时期西北地区民居庄园不可多得的实物资料。2011年被公布为第七批省级文物保护单位。（YTH）

明水要塞遗址 明水要塞遗址位于酒泉市肃北蒙古族自治县马鬃山镇音凹峡村西42千米处，位处山间一块平坦的谷地之中，周边的山体虽然不算高，但是地势险要，汉代成为抵御匈奴进犯的前沿阵地。军事设施依山而建，战壕、碉堡、营房相连。2011年被公布为第七批省级文物保护单位。（YTH）

鸳鸯池水库 鸳鸯池水库位于酒泉市金塔县县城西南12千米的夹山峡，是民国时期修建的国内第一座大型土坝蓄水工程。大坝以上流域面积1.24万平方千米。主要拦蓄讨赖河、清水河、临水河三条河流的冬、春余水和汛期洪水。1943年6月动工，1947年5月建成，总库容1200万立方米，为中型水库，保灌7万亩地。中华人民共和国成立后，该水库多次加固扩建，成为名副其实的灌溉、防洪、发电等综合利用的大型水库。2011年被公布为第七批省级文物保护单位。（YTH）

西道堂 西道堂位于甘南藏族自治州临潭县城关镇西河滩村，系伊斯兰教建筑。大殿为20世纪90年代所建，砖木结构，由前殿、大殿、小殿三部分组成，整个建筑以木起脊，歇山造屋，三殿各有特点，建筑面积约1073平方米。大殿廊宽4.5米，由40根直径60～75厘米的大廊柱回环。大殿北侧有一栋两层经书楼，面积约200平方米。2011年被公布为第七批省级文物保护单位。（YTH）

6. 其他

治平寺天圣铜钟 治平寺天圣铜钟位于平凉市崆峒区治平寺。寺院已毁，原址不详，仅存铜钟。钟青铜质，高1.7米，口径1.14米，下口周长3.7米，沿厚0.085米，重约1.5吨。北宋天圣七年（1029）铸。钟顶有兽首钮，口沿为连弧六边形，钟身有莲瓣纹、团云纹、圆纹，刻有"皇帝万岁""乘佐千秋""国泰民安"等字及当时地方官员名称，还有佛、狮子、天王等图像。1981年移宝塔院（现平凉市博物馆）保管。前三批被公布为省级文物保护单位。（YTH）

慈云寺女真文铁钟 慈云寺女真文铁钟位于庆阳市庆城区南街钟楼巷内。始建于唐代，为佛教寺庙。内有金代女贞文铁钟一口，明代筑台建楼以悬，晨击暮撞，声闻数十里，历代均有修缮。原寺内有文昌祠和关帝、吕祖等祠，规模较大，是县内保存较为完好的古建筑群之一。前三批被公布为省级文物保护单位。（YTH）

灵台明昌铁钟 灵台明昌铁钟现存灵台县博物馆。该钟铸造于金章宗明昌丙辰年（1196）。钟高3.3米，口周长5米，钟牙9个，满身布就铭文，字体不一，内容各异，但排列工整有序。击身发音洪亮，方圆十里可听见。前三批被公布为省级文物保护单位。（YTH）

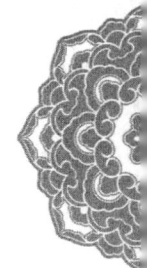

普照寺贞元铜钟 普照寺贞元铜钟位于兰州市武都路，原为县城普照寺法器。据史书记载唐贞元七年（791）就已存在。南宋时，金侵占宁州，贞元年间重铸铜钟悬挂于钟楼内，以震幽冥。钟高2.2米、厚0.1米、口径1.5米，重达千克。历代均有修葺。前三批被公布为省级文物保护单位。（YTH）

下川水车 下川水车位于兰州市新城镇下穿村北200米黄河南岸。明嘉靖年间段续从南方学来水车技术，开始在兰州仿造。段续系兰州段家滩人，历任云南道御史、湖广参议、密云兵备副使。该地原有木作上车、中车、下车3架，汲水灌田。现存水车为清康熙、乾隆年间刘功及弟子仿造。直径20米，有14对主辐构成框架，边缘有40个水斗。2003年被公布为第六批省级文物保护单位。（YTH）

二郎山明代铜钟 二郎山明代铜钟位于定西市岷县城南二郎山。钟通高约2米，口径1.1米，壁厚0.08～0.1米。钟顶有对称龙首钮，钟身上下饰两组六格三线纹，钟口饰宽带纹及八卦纹，肩部饰变形莲瓣纹。据格内所铸铭文，铸于明洪武十六年（1383）。2003年被公布为第六批省级文物保护单位。（YTH）

酒泉卫星发射中心导弹卫星发射场旧址 酒泉卫星发射中心导弹卫星发射场旧址位于酒泉市北部甘蒙两省区暂未划界军事区内的东风航天城。包括我国最早的导弹试验场等重要场地在内的酒泉卫星发射中心导弹卫星发射场遗址，还包括基地历史展览馆，馆内保存了火箭、卫星实物和历史照片，以及当年建设者使用过的重要遗物等。中国酒泉卫星发射基地东风导弹卫星发射场是我国建立最早的综合性导弹航天发射试验基地。东风导弹卫星发射场在建设和发展中国导弹、航天事业及在中国国防科技发展史上都占有重要地位。2003年被公布为第六批省级文物保护单位。（YTH）

兰州水厂 兰州水厂位于兰州市西固区环行路1号。兰州水厂是国家"一五规划"时期建设的大型重点配套工程，目前具有多水源、分质、分压、分区联网供水工艺系统，日供水能力达153万立方米，城市供水管网长度近600千米，管网密度3.17千米/平方千米，承担兰州市90%的生活和生产用水。2011年被公布为第七批省级文物保护单位。（YTH）

白银露天矿旧址 白银露天矿旧址位于白银市城区以北15千米处的深部铜矿区。白银露天矿包括分别于1984年和1988年闭坑的一号、二号两个采场，现存两个巨大的矿坑。一号采场（凤凰山）东西长1320米、南北宽600米、垂直深284米；二号采场（火焰山）东西长1030米、南北宽560米、垂直深270米，总面积913万平方米。2011年被公布为第七批省级文物保护单位。（YTH）

庄浪梯田 庄浪梯田位于平凉市庄浪县。从20世纪60年代起，庄浪人民苦战30多个春秋，终于建成了占全县总耕地面积90%以上的百万亩水平梯田。修梯田付出了价值4.75亿元的劳动量，移动土方量2.96亿立方米。2011年被公布为第七批省级文物保护单位。（YTH）

引大入秦灌溉工程 引大入秦灌溉工程

跨越甘青两省四市六县（区），穿越崇山峻岭，投资巨大、规模宏伟、效益显著。全部工程包括渠首引水枢纽，总干渠，东一、东二干渠，电灌分干渠，黑武分干渠，69条支渠及斗渠以下田间配套工程。干支渠长达1000多千米，年引水量4.43亿立方米。工程建筑物繁多，以隧洞群为主要特征，分干渠以上主体工程有隧洞142座，隧洞总长135.58千米，倒虹吸3座，长1.75千米，渡槽44座，长11.75千米，支渠以上共有各类建筑物4500多座。2011年被公布为第七批省级文物保护单位。（YTH）

茶马古道（康县段） 茶马古道（康县段）位于陇南市康县望关乡政府西北100米处的石猫梁山垭上，为古代康县至武都的客商通道。东面斜坡石路上开凿有石台阶，现存20级，长11米，西南坡上有石上开凿台阶路和石砌路基长二十多米。山垭上现存半截石碑，碑残宽20厘米，高90厘米，厚18厘米，字迹大部分可以辨认，其中有"……示知一应经商人等……茶马贩通番捷路"等内容。2011年被公布为第七批省级文物保护单位。（YTH）

大川渡黄河水车 大川渡黄河水车位于白银市白银区水川镇大川渡村南黄河北岸。始建于明代，建在地势较高，有一定水位高度的黄河岸边。建筑总体可分五大部分，即拦水坝，石砌水车巷，水车主体，运水木质槽和架，石砌和土夯而成的流水干渠、支渠。水车也叫天车，主体全系木质。大川渡黄河水车有20根辐条、39个水斗，现基本完好，仍可运行。2011年被公布为第七批省级文物保护单位。（YTH）

非物质文化资源

（一）世界非物质文化遗产

甘肃花儿 "花儿"的名称来源有两种说法：一种认为花儿唱词中把青年妇女称为"花儿"，青年男子称为"少年"，得名于前者；另一种认为花儿中有大量咏唱牡丹等花卉的歌谣，由这些花卉的名称代指这类歌谣。作为一种民间歌谣形式，花儿产生的具体年代难以确证，但一般认为在明清时期进入了成熟期。学者们已经在明代中期至清朝前期文人的记述、随感诗里，发现了一些关于花儿演唱活动的早期记载。民众演唱花儿（又叫"漫花儿"）的主要场合是"花儿会"，著名的花儿会有陇南市康乐县莲花山花儿会、临夏回族自治州和政县松鸣岩花儿会、定西市岷县二郎山花儿会。花儿的流派大致可分为河州花儿（河湟花儿）、洮岷花儿。前者的曲令有河州令、白牡丹令、尕马儿令、出门人令、东乡令、保安令、撒拉令、土族令等200余种；后者的曲令有莲花山令、三闪令、尕莲儿、啊欧令、折麻杆等。洮岷花儿还有一大特色是"本子花儿"，以演唱古典名著、通俗小说为主，如《出五关》《三打白骨精》等。现当代时期花儿著名的传承人有朱仲禄、王绍明、苏平、马法吐麦、景满堂、丁如兰、汪莲莲等。2006年被列入第一批国家级非物质文化遗产名录，2009年被联合国教科文组织列入人类非物质文化遗产代表作名录。（LWJ）

（二）国家级非物质文化遗产

1. 民间文学

河西宝卷 河西宝卷主要流传于酒泉市、张掖市、武威市及相邻的白银市景泰县一带。宝卷源自于"变文"的讲唱。北宋时期，"变文"曾和异教的"说道"同时被禁止，随后逐渐出现了代替"变文"讲经、劝善的宝卷。它盛行于明、清两代，形成了目前这一民间古老的通俗文艺说唱形式。河西走廊的武威至敦煌一带，由宋代至今一直保留着"念卷""听卷"这个古老的民间习俗。20世纪50年代宝卷仍很盛行，之后曾一度被禁止，改革开放以后又得以复兴。根据宝卷的内容和题材可分为两大类：一是宗教宝卷类，写佛和神的宝卷，主要宣扬灵魂不灭、轮回转世和因果报应等内容，如《香山宝卷》《鱼篮观音宝卷》等；二是非宗教类宝卷，是写人和事的宝卷，主要颂扬历史传说中的一些人物故事，如《孟姜女宝卷》《杨金花夺印宝卷》等。河西宝卷的品目大部分与中原地区相似，但也有部分根据当地情况独立产生的，如《仙姑宝卷》《遭劫宝卷》《救劫宝卷》等。宝卷的念卷者多为男性僧人、道士、居士、艺人，念卷时往往悬挂佛像或地狱变相图，与"变文"一脉相承。宝卷的文体结构为韵散文相间，表演时说一段唱一阵。韵词为七言和十言句式。宝卷的语言流畅、通俗易懂，运用口语化的河西方言，特别能吸引听众，保持着说唱艺术的传统特色。宝卷音乐的唱腔属于曲牌体，原来既不用管弦乐器也不用打击乐器伴奏，而是念卷人念一段散白清唱一段曲调。宝卷音乐曲牌共有20多支，如酒泉宝卷的"达摩佛""平音七字赋""平音十字赋"等。还有一些西凉乐杂曲子和曲词的曲牌，如"浪淘沙""耍孩儿""山坡羊""莲花落""哭五更"等。另有一些古曲曲牌已失传，如"雁儿落""傍妆台""画眉序""驻云飞"等。还有的吸收、融合敦煌、凉州区域流传的民歌、曲子，依据方言语调、民间习俗、地方审美情趣稍加改编后演唱。各地区宝卷音乐的曲牌虽然名称和唱腔曲调上有所不同，但是在唱法上颇为相似，如都采用"反复迭唱""变头重尾""帮腔重尾""唱腔无伴奏"等表现手法，都强调用方言，以口语化的语音来行腔，唱腔旋律显示出平稳肃穆、古朴典雅、庄重绵长的传统宗教音乐风格。目前认定的国家级传承人有演唱酒泉宝卷的乔玉安、演唱凉州宝卷的李作柄，认定的省级传承人为演唱凉州宝卷的赵旭峰、李卫善。2006年被列入国家级非物质文化遗产名录。（LWJ）

格萨（斯）尔　《格萨尔》为藏族著名口传史诗，流传于蒙古族地区时称为"格斯尔"，以专门说唱藏族民间流传的《格萨尔王（传）》（或称《格萨尔大王故事》）而得名。甘肃省境内的格萨尔说唱流布于甘南藏族自治州藏族聚居区。甘南格萨尔说唱为一人坐唱形式，用藏语唱、念。夏河、合作、卓尼、舟曲等地艺人的演唱为吟诵式，无乐器伴奏；玛曲、碌曲、迭部、临潭等地的艺人演唱时，则用当地民歌的曲调，有的艺人用龙头琴自弹自唱。文体散韵相间，唱词多以七言句和十言句。甘南格萨尔说唱的历史悠久，其产生年代至今在学术界没有确切的定论，如有产生于6世纪前之说、产生于16世纪之说等。说唱《格萨尔》的艺人在甘南藏区被称为"仲坎"（意为说唱家、讲故事者）。在流传过程中，"仲"这个专指神话、故事、传说的词成了"格萨尔说唱"的专用名词。在甘南地区，"仲"就是说唱格萨尔的故事，不再有其他含义。由于当时的演唱艺人全靠口头传唱进行传播，不见文本，更有许多艺人自称是"格萨尔神灵附体"，不存在师承关系，因而使得流布于甘南地区格萨尔说唱的唱腔具有很强的个人特点，几乎是一人一腔或一人数腔。甘南地区说唱《格萨尔》的艺人有两种状况：一种是由安康地区一路行艺而来；另一种是本地艺人的演唱活动，这些说唱艺人本身就是当地牧民，在通晓了格萨尔说唱艺术之后，他们不再从事牧业劳动，而专事说唱格萨尔的故事。艺人们演唱时先戴上特制的"格萨尔帽子"，手拨佛珠，闭目静坐，让思想集中到格萨尔的故事上来，然后挂起格萨尔唐卡，在唐卡前煨桑并祈祷。中华人民共和国成立后，中国共产党和人民政府极为重视流传在民间的《格萨尔王传》的收集和整理工作。1965年7月，甘肃省文化局、甘肃省教育局曾组织西北民族学院、兰州大学、甘肃师范大学（今西北师范大学）及相关专家、学者进行普查，1985年，甘肃省人民政府成立"格萨尔"工作领导小组及办公室。这些组织的建立，推动了甘南格萨尔说唱的搜集、整理、出版和研究工作。至1985年11月，甘肃民族出版社藏文编辑室就出版了《格萨尔王传》的部分藏文本，如《征服大食》《伏龙降魔》《世界公桑》《诞生》《赛马七宝》《门岭大战》等十余部。汉译本有《降伏妖魔之部》《世界公桑》《卡切玉宗之部》等。2008年被列入第一批国家级非物质文化遗产名录。（LWJ）

张掖宝卷　张掖宝卷属于河西宝卷的一

种,流传在张掖市甘州区、山丹县、临泽县、高台县、民乐县等地。代表作品有《仙姑宝卷》,叙述诞生于张掖地域的仙姑,得道修仙、助霍去病伐河西匈奴、惩恶劝善、救苦救难的故事。其演述特色可见前"河西宝卷"条目。目前认定的省级传承人为代兴位、代继生、陈多祝、张成舜。2006年作为"河西宝卷"项目被列入第一批国家级非物质文化遗产扩展项目名录。(LWJ)

《米拉尕黑》《米拉尕黑》源于用东乡族"小经文"记载的仿效阿拉伯文、波斯文撰写、吟诵的诗歌作品,是英雄米拉尕黑的故事。在甘青地区的回族、东乡族、撒拉族和保安族中,流行一种以阿拉伯文和波斯文字母为基础拼写的文字,这种文字通常被称为"小经文"。"小经文"从语言符号上讲,并非一种文字。在东乡族聚居区使用的小经文,是用阿拉伯字母和少量波斯字母拼写东乡语的一种符号体系,普遍认为它是在回族小经文的基础上产生并推行开来的。东乡族学者马自祥教授以本民族的称呼"拜提"(波斯语,长篇诗歌)命名这些作品。1961年赵燕翼等人首先搜集了《米拉尕黑》的民间故事版本并发表,1981年东乡族诗人汪玉良重新构思创作为长篇叙事诗公开发表。《米拉尕黑》故事梗概如下:英俊而出色的猎手米拉尕黑,用箭射下一片月亮,得到一面月光宝镜,而镜中留有一位叫玛芝璐的美女的身影。米拉尕黑得到智者的指引,找到了玛芝璐,以宝镜做媒证和聘礼,约定第二年完婚。但就在他们准备举行婚礼时,战争发生了,米拉尕黑跨马出征,抵抗入侵的敌人。当米拉尕黑远征时,财主恶少马成龙请来魔鬼给玛芝璐喝下迷魂汤。战后米拉尕黑赶回时,玛芝璐已失去记忆。米拉尕黑得到智者和风雪宝驹的帮助,在娶亲宴上救出玛芝璐,并且用往事和月光宝镜唤起玛芝璐的记忆,一对经过重重磨劫的有情人在玛瑙海边举行了婚礼。目前认定该形式的国家级传承人为马虎成。2008年被列入第二批国家级非物质文化遗产名录。(LWJ)

2. 传统音乐

裕固族民歌 裕固族是居住在甘肃河西走廊中部地区祁连山区的少数民族。由于本民族文字失传,反而使得民间口头文学得以发达,特别是其中的民歌,不仅保留了古代丁零、突厥、回鹘等民族民歌的许多特点,而且据一些学者研究,与今日匈牙利民歌(西迁"匈人"后裔马札儿人的民歌)在某些地方具有相似之处。裕固族把他们的民歌分为十二类,即牧歌、情歌、织褐子歌、捻线歌、割草歌、历史歌、婚礼歌、酒歌、山歌、花儿、小调、划拳曲。裕固族民歌在曲调和形式上,既继承了古代游牧民族歌谣的特色,又吸收了藏族"拉伊"、蒙古族"酒曲"、回族"花儿"、土族"宴席曲"的某些特点,并把各种风格巧妙地融为一体,其内容丰富,曲调优美,节奏明快,富有鲜明的民族特色。目前认定的国家级传承人为杜秀英、杜秀兰,省级传承人为白金花、贺俊山、郭金莲、钟

兰琴。2006年被列入第一批国家级非物质文化遗产名录。(LWJ)

康乐县莲花山花儿会 康乐县莲花山花儿会举办于临夏回族自治州康乐县和甘南藏族自治州临潭县、卓尼县接壤处的莲花山。这里苍松茂林、山峰连叠，其中有一座山峰，形似初绽的莲花，即著名的莲花山。每年农历六月初一至初六，来自周围七县的汉、回、藏、东乡等各族歌手和群众云集莲花山，结伴游山，演唱花儿。这里群众的演唱曲调以洮岷花儿中的莲花山令为主，并且以对歌为主要形式，河州花儿歌手也会前去助兴。莲花山花儿会形式独特，有拦路、游山、对歌、敬酒、告别等程序，边游山边对歌，互相穿插，灵活多样。初一、初二，在莲花山麓的足谷川聚会，这是序幕；初三、初四游山对歌，达到高潮；初五从莲花山达三十里外的王家沟门，围着篝火夜歌；初六黎明，攀登二十里高的紫松山，联欢对歌，敬酒告别，花儿会进入尾声。花儿会以拦路环节最为引人注目。莲花山盛产马莲，当地群众用马莲拧成绳子，拦堵朝山歌友。花儿歌词中有"马莲绳一条连一条，解开一道又一道；唱过一帮又一帮，如像洮河翻波浪"。马莲绳拦路，进行答问对唱，直到拦路者满意方可放行。这种形式，既锻炼歌手即兴创作的应唱能力，又为花儿会增添兴味。山会期间几乎每个路口设卡对歌，歌声此起彼伏，堪称一绝。1978年后，省、州文化部门专门组织歌手大赛，推动了莲花山花儿会的发展。目前认定的国家级传承人为汪莲莲，省级传承人

为文香莲。2006年被列入第一批国家级非物质文化遗产名录。(LWJ)

和政县松鸣岩花儿会 和政县松鸣岩花儿会以坐落在临夏回族自治州和政县南40里处的松鸣岩而得名，俗称四月八花儿会（实指农历四月二十八日）。松鸣岩又称须弥岩，山势峭拔，松柏参天，每当山风吹过，会有松鸣之声。每逢花儿会，康乐、临夏、广河、和政、东乡、临洮、卓尼等县的各族群众数万人汇集松鸣岩举行花儿会。届时帐篷遍布，各类摊贩连绵山间。松鸣岩花儿会以演唱河州花儿为主，形式有独唱、对唱、齐唱等。演唱内容有历史故事、风土人情、情歌及其他即兴作品。其独特之处是有些歌手演唱伴有乐器，亦有器乐演奏，主要乐器有咪咪、四弦子（四胡）、唢呐、板胡、二胡。除歌手自发演唱之外，临夏州、和政县文化主管部门也举办花儿歌手大奖赛，奖励优胜者，以此扶植新人。目前认定的国家级传承人为马金山，省级传承人为雷兰芳、苏平、马君雯。2006年被列入第一批国家级非物质文化遗产名录。(LWJ)

岷县二郎山花儿会 岷县二郎山花儿会以坐落在定西市岷县城关大小南门外的二郎山得名。岷县花儿会众多，二郎山是全县最盛大的花儿会表演地，也是县内诸多赛会的聚散地。农历五月十七这天午时，民众抬着当地民间信仰的十八位"湫神"（龙神）和两位"善神"的牌位一同登山，领受祭祀，持续多天的唱"花儿"活动由此推向高潮。清康熙年间岷州同知汪元䋌《岷州竹枝词》中

的"社鼓逢逢禳赛时,青旗白马二郎祠。踏歌游女知多少,齐唱迎神舞柘枝",就是300年前对二郎山赛会与"踏歌"、唱"花儿"盛况的写照。会期,附近三地(州)、十几个县的游人或商贩以及境内乡民到山赶会,与会人数多达十万,欢闹声昼夜不息,热闹非凡。二郎山花儿会的演唱风格属于花儿流派中的洮岷花儿,曲调有"啊欧令"等。花儿会期间,歌手们的演唱形式以对唱为主。对歌的场面比较大,持续的时间也较长,有时两个歌手的对唱会发展成两个较大群体的赛唱。对歌双方中有的善于编创花儿的"串把式",有的"唱把式"出色善于领唱。也有"串""唱"兼有者,其余"连手"(合作者)搭音和腔。目前认定的国家级传承人为刘郭成,省级传承人姜照娃、安平、白绪娥、董明巧、刘尕文。2006年被列入第一批国家级非物质文化遗产名录。(LWJ)

庆阳唢呐艺术 庆阳唢呐艺术指广泛流传于庆阳市的民间乐器唢呐的演奏艺术。庆阳唢呐有木杆、竹杆、铜杆和大杆几种。木杆、竹杆唢呐是数量最多且最常用的。铜杆唢呐流行于镇原,以黄铜作杆,形制与木杆、竹杆唢呐的略同,但其演奏方法独特,音色高昂明亮,金属感强。大杆唢呐流行于华池以及合水北部。木质杆子,长度达40厘米左右,筒音为F或G,哨片粗厚,音色苍劲粗犷、深沉、浑厚。其构造与演奏方法与陕北唢呐相同。唢呐艺术演奏常见于婚礼、葬礼祭奠仪式或乡村庙会、庆祝典礼。曲牌大体有三类:第一类为传统曲牌,如《终南山》《担水》《黄鹤楼》《辞朝》;第二类是与地方戏曲音乐有紧密联系的同名曲牌,如《元号令》《水龙吟》《水落玉》《将军令》等;第三类是由一些地方民歌演变而来的曲牌,如《绣荷包》《小放牛》《九连环》《珍珠倒卷帘》等。唢呐曲牌以徵调式居多,宫、商调式次之,羽调式较少。亦有各调相互交替的混合调式。一首曲子,由于流行地域、艺人间的师承关系及演奏技巧缘故,形成"隔山不同音,隔溪不同调"的多种演奏风格。民间唢呐曲,主要靠民间组成的"吹手班子"(亦称"乐手",农村过事时称"香首")来演奏、继承和流传。班子人员少则两人,多则七八人(即"金班子")。在演奏过程中,艺人们采用齐奏、合奏、领奏等多种手法,以丰富乐曲的表现力。目前认定的国家级传承人为马自刚,省级传承人为西峰区的辛政财、王贵有、吴正强、王百义。2006年被列入第一批省级非物质文化遗产名录,同年被列入第一批国家级非物质文化遗产名录。(LWJ)

天祝华锐藏族民歌 天祝华锐藏族民歌指流传在武威市天祝藏族自治县的民间歌谣。"华锐"指英雄的部落或地区。华锐藏族民歌在曲种上分为"勒"(酒曲)和"拉伊"(山歌或情歌)两种。"勒"在家庭聚会时演唱,歌词可为三句、五句,也可为六句、十句,每句音节相等。"拉伊"在野外演唱,忌在长辈、亲属之中唱,不能随意对唱。"勒"与"拉伊"都是即兴编创。还有一种"长歌",少则几十行,多可达万行。从体裁上划分,大致可以分为劳动歌、生活歌、学问歌、历史歌、叙事歌、舞蹈歌、情歌，等等。曲目有《打墙歌》《擀毡歌》《医药歌》《天文历算歌》《创世纪》《格萨尔大王歌》《拉央与英措》，长歌有《青稞歌》《骏马歌》等，舞蹈歌即跳则柔、锅庄时所演唱的歌曲。目前认定的国家级传承人为马建军，省级传承人为马央章草、华召卡。2008年被列入第二批国家级非物质文化遗产名录。（LWJ）

甘南藏族民歌 甘南藏族民歌流传于甘南藏族自治州藏族群众中，其中大部分属于口传心授或即兴创作，多以平常生活为内容，反映甘南藏区独特的风土人情、社会文化。按照题材可分为"勒"（酒歌）、"拉伊"（山歌或情歌）、"格尔"（表演唱或伴舞歌）、"扎年当令"（弹唱）、"哇劳"（劳动号子）等几种。比较流行的"勒"曲目有夏河的《阿香唠唠》、迭部的《滩数家乡的金滩大》等；"拉伊"曲目有流行于玛曲的《唱情歌的小伙子来了》、夏河的《头一次驮载的马儿》及《从对岸上部石栏里》等。"格尔"也称"则柔"，是甘南藏区伴舞的民歌类型。在婚嫁、迎宾、祝寿、乔迁等欢庆宴席中演唱。歌词以赞颂和祝福为主，由于歌词的幽默和舞蹈动作的夸张，使喜庆活动气氛更加欢乐。弹唱类民歌也是甘南地区非常普遍的艺术形式，由藏区古老的弹拨乐器六弦琴伴奏。由于藏族民间弹唱具有易于掌握和即兴说唱的特点，深受藏族群众的欢迎和喜好。劳动号子藏语称"勒谐"，种类甚多，几乎在各种劳动中都有特定的歌曲。农区有播种歌、割田歌、碾场歌、打垛歌、打夯歌等，牧区有打酥油歌、擀毡歌、放牧歌、狩猎歌等。除以上民歌种类外，还有嘛呢调、儿歌、风俗歌等。目前认定的国家级传承人为华尔贡，省级传承人为准可吉、达老、杨便英。2008年被列入第二批国家级非物质文化遗产名录。（LWJ）

拉卜楞寺佛殿音乐"道得尔" "道得尔"始于拉卜楞寺第二世嘉木样活佛时期，到第四世嘉木样时期（1860—1916），移植了清朝宫廷乐和五台山寺庙音乐，使寺院乐队具有了一定的规模，并逐渐完善，形成了独特的藏传佛教韵律。道得尔从整体上看大多数传自西藏，是纯粹的宗教乐曲，如《浪麦》《仰保》《尖移》《嘛尼》，这些曲目历史久远。另外也有一些曲目土生土长，受到传统音乐的影响。来源于中原寺庙和宫廷的曲目，如《五台山》《万年欢》，其中《五台山》流传至今。道得尔的主要演奏乐器为主管、笙、管子、九音云锣、钹、海螺、骨笛等，乐队由21人组成，从拉卜楞寺院的六大学院僧人中选调，主要是为嘉木样活佛的仪式活动伴奏。经常演奏的场合有上殿、出行、讲经、宴请、迎送贵客等。目前认定的国家级传承人为成来加措，省级传承人为老哲金巴、桑吉道吉、成立加措。2008年被列入第二批国家级非物质文化遗产名录。（LWJ）

清水道教音乐 清水道教音乐始创于明万历年间，距今已有四百多年的历史。到清朝初期，受陕西华阴等地道场活动的影响，清水道教音乐分设为"龙门""华山"两大派系，各自固守一派，世代相传。民国初期，达到了鼎盛阶段，其弟子人数众多，老中青

兼济，写、唱、吹、打各有所长，大小道场活动接连不断。1949年后至20世纪70年代，清水道教音乐由繁荣逐渐衰落，只有个别弟子进行零星活动。改革开放以后，宗教政策逐渐宽松，道教音乐传承人重操旧业，带徒传道，口传心授经韵，已能进行一些中小型的道事活动。道教音乐大体可分为两大类：一为声乐，为单纯的人声演唱。根据不同场合、不同经词配以不同韵律，反复或交替演唱。最早的曲调有360余种，现在流行使用的仍有200多种，较有名的有《开坛韵》《施食韵》《奠茶韵》《虚韵》《偈子韵》《山名韵》《恭圣韵》《道场韵》等。清水道教音乐有七紧八慢九消停之说，纯人声演唱经词时，先用鼓、木鱼、铃，其他击乐停止。二为器乐，以吹管乐器——数支笙箫、笛反复齐奏专用曲调，并有其他众多乐器伴奏，同时有云锣合拍击奏旋律，配衬箫管等，节奏鲜明，速度中等。清水道教音乐演唱中常用的经典有60部180多卷，在经词繁多的情况下，常是换词不换曲，一调到底，并根据不同的经词配以经韵。打击乐曲牌主要在各种不同经韵之间起着起转承合和烘托气氛的作用。目前认定的省级传承人为王建明、安保会、马少民。2008年被列入第二批国家级非物质文化遗产名录。（LWJ）

张家川花儿 张家川花儿历史悠久，传承于天水市张家川回族自治县，是当地回族人民喜爱的一种高腔山歌。张家川花儿中蕴含了传统的回族花儿（主要是河州花儿）、陕北秦腔以及当地的汉族小曲等多种艺术元素。从唱词角度看，张家川花儿唱词既有反映青年男女情爱的唱词，也有歌颂劳动和大自然的唱词。从音乐角度讲，虽然张家川花儿与河州花儿、莲花山花儿大体相似，但是由于方言差异，在格律调式以及结构上却形成了其独特的个性。羽调式、商调式最为常见。羽调式花儿因调性音、调式音的不同处理，使旋律有了多样的变化。由于张家川花儿的歌曲中多数加入了偏音，而这些偏音并不在一些关键的部位上（如开头、中间、结尾）出现，多以辅助或经过音的性质装饰着曲调，这不仅丰富了曲调的表现力，而且对花儿的五声调式，具有"奉五声"的功能。演唱时运用张家川方言，地方特色浓郁。节奏有缓慢的自由板，也有活跃欢快的二拍、三拍及五拍。从传承者的角度，张家川花儿也可分为三类。一是本土花儿，有时又称关山花儿，是一种野山曲。这种花儿主要产生于从事农业劳动和生活的青年男女之中，如《拔胡麻》《扬燕麦》《长工愁》等，主要反映百姓劳动与青年男女谈情说爱等内容，在张家川花儿中占绝大多数。二是脚户花儿，因为张家川自古是关中地区的西出口，北上宁夏的交通要道，"脚户"和行旅商贩创作并传唱了带有他们生活色彩的花儿，如《骡子带马的铃》《西口处发了青云了》《身背着羊皮怀抱着毛》等，由于源流纷繁、腔调多变，糅合了河湟、洮岷、河西各民族的腔调和韵味，给张家川花儿注入了多样成分。三是麦客子花儿，由于张家川地处陕甘交界关山西麓，春夏之际常有劳力拿起镰刀赴陕西收割小麦，关中人通常将这些劳务大军称为"麦客子"。麦客子花儿形象地表述了"麦客子"赶麦场的艰苦和对家人的思念之情,如《旋黄虫叫唤着催人哩》《脊背上晒的肉卷卷》《这一回麦场赶烂了》等,各路麦客子在交流过程中学会了南腔北调的山歌、小曲和花儿,这种花儿里面不仅有信天游的激昂、眉户的华丽,还有碗碗腔的缠绵、皮影腔的明快、曲子戏的婉约,在张家川近年来的山歌花儿演唱中占有很大比重。目前认定的省级传承人为马如意、杨国祥、于朝阳、马也固。2014年被列入第四批国家级非物质文化遗产扩展项目名录。(LWJ)

3. 传统舞蹈

苦水高高跷 苦水高高跷是甘肃省兰州市永登县苦水镇一带独有的民间艺术表演形式,也是农历"二月二,龙抬头"社火中一个传统的保留节目。表演者穿上传统的戏剧服装,画上秦腔剧中人物的脸谱,拿上道具,踩上高高跷,排成长队,在太平鼓队强大阵容的引导下上街表演。苦水高跷的突出特点是高,一般有3米多高,加上表演者的身高,苦水高高跷可高达4.7~5米,故称"高高跷"。制造高跷使用的材料是上好的松木,脚蹬用柳木。高高跷的表演时间持续3天,为每年农历二月初一到初三,角色有天将、神帅、王朝、马汉等。省级传承人为薛树华、巨海全、苗宝山。2006年被列入第一批国家级非物质文化遗产名录。(LWJ)

兰州太平鼓舞 兰州太平鼓舞在乡间俗称"太平鼓",流传于兰州、酒泉、张掖、白银等地。鼓形如圆筒,鼓棒木质,鼓面蒙以厚实的牛皮。鼓身长0.7~0.8米,重约5千克。鼓面中心绘太极八卦图案。表演者多为青壮年男子。服饰过去为传统古式装,头插黄表花,戴墨镜,身背龙凤旗,左手持马鞭或鼓花,右手握鼓条,如今为古今结合风格。鼓队由大旗队为前导,后随锣钹等铜器伴奏,数十乃至数百筒太平鼓尾随其后。表演时压鼓旗手为总指挥,锣钹击节,鼓身飞舞。传统阵法有"一字长蛇阵"至"十面埋伏阵"等十余种。太平鼓的鼓点传统的有"三七点""四六点""一串铃",现发展得更为欢快紧凑、高昂激情。1990年西岔乡铧尖村80位农民组成的"中国·兰州太平鼓队",参加了第十一届亚洲运动会艺术节展演,深受国内外宾客赞赏。目前认定的国家级传承人为缪正发,省级传承人为魏永宏、赖新年、庞炳。2006年被列入第一批国家级非物质文化遗产名录。(LWJ)

文县池哥昼(傩舞) "池哥昼"表演产自于陇南市文县铁楼乡一带白马藏族的村落中。"池哥"意为面具,"昼"意为舞蹈,合起来是面具舞的意思。白马人定居在铁楼乡一带历史非常早,因此池哥昼具有非常明显的古风和原始特征。池哥昼活动的时间通常在农历正月十三至十八日,按顺序先从铁楼乡的麦贡山开始,由东向西,大村寨两天,小村寨一天,正月十八日在李子坝迭不寨结束。池哥昼是一种本族男性群体舞蹈,其中四人扮山神，两人扮菩萨。四个"池哥"象征着他们先人达嘎的四个儿子。表演者反穿皮袄，身后拖一条老羊皮卷成的"尾巴"，背一串铜铃，头戴青面獠牙的木雕彩绘面具，头插锦鸡毛和用五色纸叠成的纸花。还有两位男子着女式彩服，戴慈眉善目的菩萨面具扮"神姑"。"山神"领头者老大为天神、老二为地神、老三为都岗、老四为喇嘛，统称为四大天王。"神姑"也就是池母，即金姐银妹，二人跟随四大天王之后。天王中老大左手持宝剑，其余三人持砍刀，右手各拿牛尾巴做成的拂尘，意味着斩鬼镇邪、横扫妖魔鬼怪。两神姑不拿道具。此外还有三人，即毛老婆、毛老头和毛小孩，统称为"池马"，即为丑角，用风趣幽默的吉利话逗笑观众。池马均由男性扮演，而且要寨中德高望重的人才能担任。池哥昼起舞时以锣鼓伴奏，鸣炮开道，按惯例绕村一周后，依次到各家各户去祝贺参神，主家以鞭炮相迎，桌上摆满酒菜，殷勤接待。这时有随行的男女歌手对唱酒歌，向主人祝贺。祭祀和表演池哥昼队伍的组织工作，都由本村寨当年承办的"会首"负责。会首由寨内各姓各房的长者轮流担任，池哥昼的扮演者也由他挑选。当全寨所有的人家都祝贺完毕，通常都会到午夜，于是村民将火把点燃，敲锣打鼓，和池哥、池母、池马一起去村后四五里外的高山神庙迎请五谷神。返回寨子后，人们点起大火。这时全村的男女老少，包括池哥、池母和池马，手挽手、肩并肩地围成一圈，跳起他们历史悠久的"白马果卓"舞。整个仪式持续到天明为止。目前认定的国家级传承人为余杨富（已故），省级传承人为班正联、班杰军、余林机、班运民。2008年被列入第一批国家级非物质文化遗产扩展项目名录。（LWJ）

永靖七月跳会（傩舞） 七月跳会流传于临夏回族自治州永靖县西部山区的杨塔、王台、红泉和三塬等乡镇汉族聚居村。据永靖县炳灵寺石窟墨书题记和明代《河州志》记载，唐代就有"防秋健儿"戴着假面防御吐蕃人抢收麦子的事件。当地师公所传《跳会禀说词》中说，"刘都督（明朝河州都督刘钊）射猎，遗留了哈拉会事（即傩舞）"。永靖跳会由下庙、献盘、献牲、会手舞、发神舞、面具戏、赛坛等祭祀仪式组成。各庙使用面具有18副或36副不等。最精美、古老的要数杨塔乡焦塞庙面具。其质地为布，胶塑而成，历经沧桑，形象生动。演出的傩戏内容多为取材于《封神演义》《三国演义》的故事以及家事，常出演的剧目有《五将》《杀虎将》《庄稼人》等20多个。据对杨塔、红泉、王台、三塬18座庙进行的实地调查统计，现共保存面具（傩面）263具，主要有虎、猴、牛、马、羊、红绿二鬼、阴阳、笑和尚、三眼二郎、李存孝、刘备、关羽、张飞、周仓、曹操、蔡阳、吕布、貂蝉等造型。各庙会表演中普遍有道白台词，伴唱词曲。跳会伊始，会首唱说禀说词。法师们身穿前太极八卦、后盘龙的神衣，一边击打芭蕉扇形羊皮鼓，一边舞蹈。目前认定的国家级传承人为范廷禄，省级传承人为祁国东。2008年被列入第一批国家级非物质文化遗产扩展项目

名录。(LWJ)

凉州攻鼓子（鼓舞） 攻鼓子主要流传在武威市凉州区的四坝镇及永昌镇、大柳乡、下双乡等地，尤以四坝镇为主。传说起源于"妙庄王"反败为胜的故事。故事中，妙庄王军队被围困，面临全军覆灭的危险，无奈之下借鼓藏起兵器，最后突围获胜，并击鼓庆贺，因此起名为"攻鼓子"。武威攻鼓子的鼓为圆柱形，鼓长约30厘米，直径20厘米，鼓面为牛皮，上绘太极八卦图，鼓缘外表为红色，缘边有一条布带，或红色，或白色，可斜挂于肩，然后用一条红色布带紧紧束在腰上，以固定鼓身。武威攻鼓子舞以"滚法"为主要击鼓表演手段。舞队一般由16名强壮男子组成。击鼓手法可以用四句口诀来概括，即双手胸前划弧线，交错击鼓轮换翻，上步踏地凭脚力，挺胸抬头身不弯。舞蹈动作有"雄鹰展翅""战马凌飞""鹞子翻身""凤凰三点头"等。目前认定的国家级传承人为杨门元，省级传承人为杨万住、杨万平。2008年被列入第二批国家级非物质文化遗产名录。(LWJ)

武山旋鼓舞 武山旋鼓舞是流传于天水市武山县的传统舞蹈。旋鼓舞具有悠久的历史，具体年代不可考，应该与传统祭祀仪式有关，现在已成为一种喜闻乐见的民间舞蹈形式。旋鼓舞所使用的羊皮鼓，是在直径30～50厘米的近似圆形的钢圈上蒙一层羊皮制作而成，因其形同团扇，故又称"扇鼓"。鼓面边缘呈直线的一端有柄，柄下端有大小3个铜环，铜环上套有9个铜圈，称为"九叶环"或"九连环"。这种鼓敲起来声音深厚，富有威力。在敲鼓的间隙，摇动鼓柄，使九叶环发出清脆而响亮的声音。旋鼓舞又称"点高山"，在每年端午节，武山一带农村的青年，一早就带上自制的羊皮鼓去"点高山"。所谓"点高山"就是点燃堆积如高山的柴木，然后群体围绕火堆跳起旋鼓舞。在武山农村广泛流传着一首歌谣，其中有"牧童赶狼"的传说："二月二狼儿子，三月三引上山，四月四引到羊群试一试，五月五狼娃儿做的苦。"据说狼是2月产仔，3月幼仔开始活动觅食，4月危害羊群，5月易得天花，得此病最怕杂声，若遇杂声则必死无疑。因而，由"牧童赶狼"到"点高山"，一种驱恶赶兽、镇妖避邪的旋鼓舞便在民间形成和流行起来。当地群众在"点高山"的过程中，不断推陈创新，逐渐创出了许多敲打羊皮鼓的套路，如二龙戏珠、烟雾缠山、八门套九星、狮子滚绣球等。参加旋鼓舞表演少则十几人，多则上百人或二百人，以男性青壮年为主。每年农历四月开始，以村户为单位，汇集四乡八村的旋鼓队进行赛鼓联欢，直至五月端午结束。目前认定的国家级传承人为代三海，省级传承人为代思贤、李改成。2008年被列入第二批国家级非物质文化遗产名录。(LWJ)

多地舞 多地舞流传于甘南藏族自治州舟曲县以及迭部县一带。"多地"即舞蹈之意，是当地藏族群众在喜庆、祭祀等民俗和节日活动期间所跳的舞蹈。多地舞分为十多种，包括赖萨多地、格班多地、贡边多地等。赖萨多地是逢年过节跳的年节舞，以祝福为主要内容，舞队人员联臂牵手，集歌舞于一体，场面壮观。格班多地又称"罗罗舞"，汉语是"丰收舞"的意思，是在农历七月十五为庆祝丰收所跳的舞蹈，灾年或荒年则禁跳。踏歌的内容为创世诗，涉及祖先与民族历史、山河的来历、十二生肖、农村节令等，曲词成套，形态古老。贡边多地与萨热多地分别是女性与男性的集体舞蹈，后者甩马铃而歌，故又叫"马铃舞"。还有表现幽默谐趣的朱玛多地，又称"猴子舞"。玛谐多地则表现了古代战争场景，舞者模仿武士们作战的动作，舞蹈以锣、鼓、镲等伴奏，有角色和情节，参加人数少则百人，多则千人。流传于舟曲上部地区和迭部下部地区的嘉热舞，以圆圈舞形式，舞者连臂拉手，一边演唱以创世、民族迁徙、村社变迁为内容的歌，女性在中央舞蹈，男性在外围助兴，颇具特色。目前认定的国家级传承人为李扎西，省级传承人为苗卓玛、全桑九面。2008年被列入第二批国家级非物质文化遗产名录。（LWJ）

巴郎鼓舞 巴郎鼓舞主要流传于甘南藏族自治州卓尼县，当地藏语称为"沙目舞"，其活动场所叫"沙目场"，每年正月期间演出巴郎鼓舞的日子叫"曼拉节"。"巴郎"即皮鼓，鼓面圆，直径33厘米，蒙以羊皮、马皮或牛皮。两个小布球，用16厘米长的细绳悬在两边。这类羊皮鼓被广泛使用于甘肃的民间祭祀仪式和村社活动中，在舟曲由于其摇击的方式近似于货郎使用的巴郎鼓，舞鼓者舞蹈时发出"巴郎"的响声，因此得名。巴郎鼓舞的表演程序主要分为三段：开始是煨桑、敬天、敬神，祈求五谷丰登、平安幸福。接着起舞，歌舞时先唱序曲《及柔》（则柔），接着跳《苦松加里》（意为跳三圈舞），以示问候，接下来边跳边唱《沙类梅娄》，自此沙目开始，意为开头。以下依次跳唱《春芽撒》《春柱》《尼给刀羊》等。中途休息时穿插《龙够》《撒玛鲁》《扎玛鲁》等。最后跳《盖路》（结束曲，相当于尾声），互相道安、告别。在舞蹈结束后欢宴、饮酒。沙目的舞蹈动作包含了藏族舞蹈颤、开、顺、左、绕的五大元素，富有高原藏族舞蹈特色。根据不同的套路和乐曲配以相应的舞步和巴郎鼓动作，鼓、舞、歌相互辉映。目前认定的国家级传承人为卢永祥，省级传承人为杨学明、卢东升。2008年被列入第二批国家级非物质文化遗产名录。（LWJ）

巴当舞 巴当舞流传于定西市岷县小寨、中寨、堡子等乡镇的部分藏族村社。巴当是一种用羊皮加工的双面手摇鼓，每个村寨的村民户户都有巴当，每村选一个领舞者"春巴"，一个村选一个巴当舞组织者"头脑"，而且春巴和头脑是轮流当选。春巴的角色相对比较稳定，新上任时要接受严格的巴当舞曲谱的训练。《巴当舞曲谱》是藏文写的册子，由春巴保存。巴当舞的起源时间已不可考，但据民间相传，起源于明宣德年间（1426—1435）。每年从正月初六开始，辛勤劳作了一年的村民，为了祈求来年风调雨顺、五谷丰登，也为了庆祝春节这个最隆重的节日举行全村村民大联欢。届时在打麦场燃起篝火，由春巴带领，每户抽一名男子，手拿巴当载歌载舞，其他村民站在外围拍手起舞，并随着春巴的领唱进行上百人的大合唱。这一部分称为安场巴当。其舞蹈步法有20多种，而最常用的有直脚步、春巴洋、春巴洋撒、难直洋撒、雄巴、难个儿麻难、噢洋洋、古艾、撒艾等九种，一种步法一种唱腔。一到晚上，上百人围着篝火跳起粗犷豪放的巴当集体舞，其场面庄严、热烈，充满了神秘色彩。安场舞结束后，由春巴带领进行下一场表演"敬山神舞"。敬山神时，春巴与主持巴当的众男子围着燃起的大火拜五方，并在秋千架下开始跳新的舞蹈。其步法与安场步法不同，有十几种之多，最常见的步法有噢乃洋撒、沙乃洋撒、噢达、沙母洋、噢呦呦等五种。敬山神舞结束后，所有舞者吃饭、喝酒、品茶，并进行大合唱，这一环节称扯节漏。此时还要唱酒曲、茶曲。这三种合唱在头脑家大院进行，演唱时汉、藏语夹杂，悠扬婉转。吃过饭、喝过酒、品过茶，巴当舞的全过程算完成。目前认定的国家级传承人为杨景艳，省级传承人为杨茂春、李胜平。2011年被列入第三批国家级非物质文化遗产名录。（LWJ）

4. 传统戏剧

敦煌曲子戏 敦煌曲子戏流布于酒泉市敦煌市及周边地区，历史可以追溯到唐、五代时期的敦煌曲子词。明清以后，曲子戏成为中国重要的民间戏曲曲种，在敦煌地区，受秦腔、眉户戏等的影响，在剧目、演唱形式等方面都形成了独特的风格。常演剧目有《老换少》《磨豆腐》《小放牛》《大保媒》《闹书馆》等。曲子戏的角色行当主要有生、旦、净、丑四大类，主要乐器有三弦、板胡、二胡、扬琴、笛子等，表演形式上有清唱、坐唱、舞台表演等。目前认定的国家级传承人为肖得金（已故），省级传承人为闫光夫（闫光福）、巩玉玲、张吉成、夏秀兰。2006年被列入第一批国家级非物质文化遗产名录。（LWJ）

华亭曲子戏 华亭曲子戏主要流传在平凉市华亭县各乡镇，在流传地又习惯称为"小曲子"、"笑摊"（笑谈）、"地摊子"等。演出时间以春节为主，从正月初五到二十三，在其他节会、庙会、祝寿、办喜事中偶有演出。在华亭县大约有数十个曲子戏班社，都以村社为单位存在。演出前后存在祭祀活动，演出前的"春官说春"也是其中的表演特色，这些活动及之后的曲子戏表演在春节期间与社火表演融为一体。华亭曲子戏主要有三种演唱形式，即大场子、小场子、跑场子。保留剧目有三十多个，如《双官诰》《老换少》《张连卖布》等。曲牌有纽丝调、刚调、紧诉调、山茶花调、苦西京、越调、越尾等。乐队伴奏以三弦为主奏，辅以板胡、二胡、笛子、低胡等，打击乐器以四页瓦、水子（碰铃）为主。目前认定的国家级传承人为康和（已故），省级传承人为姬亚宏、潘应成、张志学。2006年被列入第一批国家级非物质文化遗产名录。（LWJ）

陇剧（道情戏） 陇剧是流行于甘肃省全

域的一个新兴剧种。原称陇东道情，为流传在甘肃东部地区的民间皮影戏唱腔，1958年被搬上大舞台，1959年由中国共产党甘肃省委员会命名为陇剧。陇东道情历史悠久，唐代陇东就建有道观，道教音乐传衍不断。明清以来，在道教音乐基础上，民间艺人不断吸收当地传统音乐营养，增加了二股弦等伴乐，演变为以皮影形式流传在环县、华池县一带的陇东道情。清同治年间，环县著名道情艺人解长春（1843—1916）对道情演唱和皮影技艺进行革新，将原来用的二股弦改为四股弦，又在木梆上加个小铜铃，每敲一下梆铃并响的"水梆子"加以伴奏。在他的传授和影响下，人才辈出，陇东道情进入兴盛时期。抗日战争和解放战争时期，陕甘宁边区的革命文艺工作者在利用陇东道情进行宣传工作的同时，对陇东道情进行了初步搜集和整理。中华人民共和国成立后，甘肃省文化部门于1952年、1958年和1963年先后三次组织大批戏曲、音乐工作者，对陇东道情进行了系统的搜集、整理，并汇编成《陇东道情》一书及《陇东道情年考谱系表》等重要资料。1956年全国民族传统舞蹈汇演，甘肃代表团的史学杰、徐元璋、敬廷玺、赵建吉等老艺人，以坐唱形式在中南海怀仁堂演唱了陇东道情《二姐娃做梦》，受到毛泽东主席、周恩来总理和其他领导人的称赞和鼓励。甘肃省秦剧团在1958年西北五省（区）戏剧观摩演出大会上出演的陇东道情传统剧目《二姐思春》《吵宫》和新编现代剧目《六姑娘》《最后的钟声》等小戏，获得好评。1959年甘肃省陇东道情剧团成立并演出了大型历史剧《枫洛池》，赴京参加了国庆十周年献礼演出活动，周恩来总理、朱德委员长、董必武副主席等领导人观看了演出，确认了这一新的戏曲剧种。陇剧唱腔抒情委婉、清扬幽雅、悦耳动听。唱腔尾音拖腔称"簧"，演唱时称"嘛簧"。陇东道情乐队演唱时不伴奏，只在过门时伴奏，演奏过门时，用特有乐器中的渔鼓打花点，极富特色。原有陇东皮影道情在搬上舞台由真人演出之后，在音乐方面明显有不足，因此，陇剧在创立过程中，除了继承、改进原有陇东道情的音乐外，还进行了创新板式、丰富伴奏音乐的工作。当时的陇剧演员原多为秦腔、华剧、眉户演员，改唱陇剧后，在努力学习陇东道情的唱法、韵味基础上，极力把握陇剧的演唱和表演特色，成为第一代具有开创性的陇剧演员，如景乐民、苏琴兰、王复兴等。陇剧在剧目建设上，没有采取继承原陇东道情传统剧目的办法，而是在确立以"三小"（小生、小旦、小丑）为主的剧目基础上，采取了新编和移植适合自己特点的其他剧种的剧目的做法。目前认定的省级传承人为苏琴兰、边肖、雷通霞、窦凤霞、佟红梅、敬怀宝、赵希顺。2006年被列入第一批国家级非物质文化遗产名录。（LWJ）

环县道情皮影戏 环县道情皮影是"道情"与皮影相结合的产物。20世纪50年代，环县道情皮影三次赴京演出，受到毛泽东、周恩来等领导人的高度赞誉。其特点主要体现在优美独特的道情唱腔和精湛的皮影制作及表演上。戏班演出时，前台一人挑杆表演，并承担所有角色的坐唱念白，后台四五人伴奏并"嘛簧"，一唱众和，粗犷高亢，独具风格。道情音乐为徵调式，分为伤音、花音，以坦板、飞板两种速度演唱，曲牌体与板式体并存。其伴奏乐器中的四弦、渔鼓、甩梆子、简板均为自制，音色独特。传唱的180余部剧目中，除文字唱本外，至今还保留着"图""卷"等相对古老的演出工具。目前认定的国家级传承人为史呈林、高清旺，省级传承人为敬登岐、王勤政、刘爱帮、敬廷孝、谢正礼。2006年被列入第一批国家级非物质文化遗产名录。（LWJ）

甘肃秦腔 秦腔是西北五省民众喜闻乐见的传统艺术，又称"乱弹"。甘肃省所传承的秦腔艺术民间称"西秦腔"或"西府腔"，区别于关中一带传承的"老腔"。甘肃秦腔的早期演出剧目以神鬼戏、忠烈侠义戏最多，这些戏多以净、生为主要角色，因此，在这一时期，尽管各行演员不乏名家，却以净行为最（包括生行兼演净行的演员）。演员大多为甘肃籍，已知最早收徒授艺的艺人是清乾隆三十一年（1766）通渭店子村的柱官。在一百多年的传承中，甘肃秦腔逐渐形成三大流派，即东路、南路和中路。东路流传在甘肃东部庆阳地区大部县乡以及平凉地区六盘山以东的泾川、华亭、灵台、崇信等地。南路流行于甘肃南部天水、陇南和定西地区的部分县乡。中路是甘肃秦腔的主流，盛行于以兰州市为中心，西至河西走廊，北至白银市靖远，南至庆阳市岷县、临夏回族自治州的广大地区。自清道光、咸丰年代以来，张掖的王家老班子、景泰的同乐社、武威的富贵班、兰州的东盛班、福庆班、岷县的全盛班、永登的苗家班子、靖远的福善班等秦腔班社相继成立。这些班社都拥有不少名家。甘肃秦腔舞台的气氛热烈火爆，演员注重表演技巧，程式凝练，在行当上侧重于须生和花脸艺术的发展，是不同于陕西秦腔的又一大特点。其发展过程中的代表人物旧时有郗德育、文汉臣、耿忠义、李夺山、李映东、岳中华、陈景民等，当代的优秀演员有窦凤琴、张兰秦和谭建勋等，在风格上都独具特色，并形成了各自的艺术流派，如"郗派""耿派"等。特别是"耿派"的脸谱，驰名全国。据统计，甘肃秦腔传统剧目达1500多种，包括《东周列国》《说岳》《杨家将》等历史剧目和《女状元》《小放牛》《张连卖布》《当皮袄》等其他类型的剧目。目前认定的省级传承人为王晓玲、窦凤琴、孔桂玲、苏凤丽。2008年被列入第一批国家级非物质文化遗产扩展项目名录。（LWJ）

武都高山戏 武都高山戏流传于陇南市武都区一带，又名高山剧，当地人称"演故事""走过场""社火戏"等。1959年10月正式定名为"高山戏"，因高山戏的发源地鱼龙镇等地属高山丘陵地带而得名。高山戏是从当地民间祭祀和传统社火中孕育、演变、发展而来的戏曲剧种。高山戏的舞台演出程式一般分为"踩台""开门帘""打小唱""演故事"等，其中"演故事"是高山戏的正式内容，其他表演如"圆庄""上庙""走印"等则带有明显的祈福、娱神和自娱的性质。高山戏中"把式舞队"的是其精华部分,极大地丰富了社火演出的内容。"把式舞队"是由一男一女(过去女性角色常由男子装扮)串联而成的表演舞队。"把式"在当地乡村是对专精于某项技能的人的尊称。当地人把能跳会唱的男演员叫"把式",女演员叫"旦"。按舞队排列次序,依次叫"头把式""头旦","二把式""二旦"等。跳唱的活动叫"耍把式""跳把式"。高山戏剧目内容丰富多彩,多数剧目有宣扬仁义道德、教化育人的积极意义。高山戏属曲牌体戏曲剧种,其唱腔分为"欢音"和"伤音"两大类,代表性传统剧目有《咸阳讨账》《刘四告状》等,现代创作剧目有《开锁记》《孬女婿》等。目前认定的国家级传承人为尹维新,省级传承人为尹社保、张会萍。2008年被列入第二批国家级非物质文化遗产名录。(LWJ)

通渭小曲戏 通渭小曲戏是流传于通渭县的民间曲艺,据考可能来自于陕西的"眉户腔"。在晚清时传入通渭,并与当地曲艺结合,形成了通渭小曲。后来,有艺人将秦腔艺术与通渭小曲糅合渗透,连缀使用,这种不同腔体并用的唱法叫做"风搅雪"。"通渭小曲"曲调很丰富。20世纪60年代,通渭县文化馆组织专业人员对通渭小曲进行搜集与整理,发现有曲调90个(现存录音和曲谱),主要以《背宫》《五更鸟》《岗调》《紧述》《慢述》《五京子》等为代表。曲牌音乐有20个,主要以《柳青》《大红袍》《满天星》《金钱》等曲为代表,整理成册的剧本有72本。其作品名称主要有《卖水》《闹书馆》《明月楼》等。"通渭小曲"的伴奏乐器有三弦、板胡、二胡、笛子、扬琴。通渭小曲戏常在庭院、村落等场合演出,使用方言演唱。2011年被列入第三批国家级非物质文化遗产名录。(LWJ)

白银曲子戏 白银曲子戏指流传于白银市的曲子戏。明清至民国时期曲子戏曾广泛流传于甘肃各地,其中从敦煌到天水的丝绸之路段上,曲子戏虽常因地方不同而名称不一,如敦煌曲子、兰州鼓子等,且用当地方言演唱,但曲牌及演奏形式相近,大多继承于传统。白银市的曲子戏主要传承于白银区水川镇大川渡村(旧属皋兰县),但其特色在于文人创作。晚清时期,当地监生张海润于国子监读书期间,借鉴了京城其他曲艺形式所演唱的《西厢记》,以本地小曲为基础,创立了《西厢调》。《西厢调》分为《游寺》《借庙》《酬韵》《传简》《拷红》等8个部分。张海润的革新之声一经推出,便大受欢迎,成为文人介入曲艺进步发展的典范。目前认定的省级传承人为张明勇。2011年被列入第三批国家级非物质文化遗产扩展项目名录。(LWJ)

南木特藏戏 "南木特"是产生于甘南拉卜楞寺的传统藏戏形式。第五世嘉木样活佛丹贝坚参赴西藏学法时,受到藏戏劝法神舞"哈羌姆"的启发,回拉卜楞寺后授意该寺高僧琅仓活佛,参照西藏藏戏的表演形式,吸收民间歌舞和地方说唱艺术特点,配以小型乐队编排了一套法戏,即"南木特"藏戏，1946年编导演出了第一部"南木特"藏戏——《松赞干布》。其后，"南木特"藏戏经过长期发展，融歌舞、说唱、音乐、文学于一体，形成了佛经故事、民间故事、历史传说和世事人情等多种题材的藏剧艺术。目前认定的省级传承人为达布。2011年被列入第三批国家级非物质文化遗产扩展项目名录，2009年作为中国藏戏的一部分被联合国教科文组织批准列入《人类非物质文化遗产代表作名录》。（LWJ）

通渭影子腔 通渭影子腔是广泛流传于定西市通渭县民间的皮影戏音乐。据艺人们口耳相传，其渊源最早可追溯到清嘉庆初年（1796）刘纯儒所创的皮影戏班。该皮影戏班至今已传七代。由于皮影演职人员较少、戏装轻捷、对表演场地亦无特殊要求，便于活动，在清末曾有近百个班社活跃在城乡，至20世纪80年代仍有40余个班社。通渭皮影戏的音乐不同于周围各县套用秦腔或小曲子的音乐，它源于道情，以渔鼓击节并有帮腔，自成一体，是皮影戏专用的音乐。为与小曲戏区别，人们称其为"影子腔"。通渭影子腔为板腔体结构，基本板式有慢板、阴司板（是慢板的一种特殊变体）、流水板、飞板、道情，还有散板类型的尖板、滚白，这两种板式后往往接慢板等其他板式。此外还有用于唱腔结尾或过渡的送板、栏板、留板、簧板、叫板。送板，用于唱腔结尾，表示送人物下场；栏板，用于人物上场；提板，用于各板式唱腔在节拍中结束并不再保留伴奏音乐时；留板，用于唱段末尾以散板形式结束，随后往往还接有其他唱腔并保留伴奏音乐的过渡时；簧板，末尾句有帮腔的散板；叫板，用于唱腔之前，其词非唱腔正词，往往是称呼语、感叹语等构成的短小散板。主要板式的音乐以两句或四句唱词为基本形式（称"两句串"或"四句串"，可根据需要在其后加入音乐伴奏的"过门"），随剧情变化和情绪需要，旋律形态也不断变化，以适应不同情感表达的需求。慢板、流水板高昂低迴、跌宕起伏、变化丰富，对情感的表达有很大的伸缩性。飞板节奏紧凑，速度较快，适于表现较为激烈的情绪。道情长于叙述，后有帮腔衬托气氛。阴司板低迴婉转，如泣如诉。尖板高亢激越有很强的情感冲击力。滚白悲切哀怨、节奏自由，是接近于诵白的哭诉。各种板式经不同的组合、运用不同的变化，加上各板式拖腔处富有特点的帮腔，可表现极为丰富的情感内涵。影子腔的领奏乐器为二弦，20世纪50年代后逐渐为板胡所取代。其余伴奏乐器有二胡、三弦、笛子、唢呐等。影子腔乐队一般只有五六人，所有打击乐均由上述乐器的演奏者兼任，担任演唱的"唱把式"一般也需兼任打击乐器的演奏。在唱腔之外独立运用的打击乐与秦腔等戏曲大同小异，在唱腔中沿用民间较为独特的渔鼓，大、小甩子（两种不同形制的拍板），磬碗等作为击节乐器。皮影戏在演出中还常常采用"倒影子"的形式，即在一出戏的前半部演出时用秦腔音乐，后半部用影子腔音乐。这样，既丰富了皮影戏表演的音乐形式，又吸引了具有不同爱好的观众。目前认定的省级传承

人为刘满仓。2014年被列入第四批国家级非物质文化遗产扩展项目名录。(LWJ)

5. 曲艺

凉州贤孝 凉州贤孝现存于武威市的武威、古浪、民勤，金昌市，白银市景泰等地区，主要传承地在武威市的凉州区，内容多为劝导孝敬长辈、歌颂忠义贤德之士的故事，并由此得名。其唱本基本分为"国书"和"家书"两种。"国书"演述历代忠臣义士，例如《伍子胥过江》《薛仁贵东征》《杨家将》，等等。"家书"的内容以演唱"二十四孝"为主。演唱"凉州贤孝"的艺人多为盲人，他们或结伴而行，或由一位明眼人领路，走街串巷演唱谋生。凉州贤孝的剧目大约有《金镯玉环记》、《金钗记》（又名《双幕孝》）、《赵兰英上京》（又名《红灯记》）、《杨月珍绣灯》（又名《藐灯记》）、《侯美英反朝》、《五女兴唐传》、《王和尚大闹棚幽寺》、《李三娘推磨》（又名《白兔记》）、《包公三下阴曹》、《薛平贵大登殿》。另外还有二十四孝全传，如《丁郎刻母》等。凉州贤孝使用的乐器有三弦、二胡。目前认定的国家级传承人为冯兰芳，省级传承人为王雷中、王月、臧尚德、董永虎。2006年被列入第一批国家级非物质文化遗产名录。(LWJ)

河州贤孝 河州贤孝又称河州弹唱、河州唱书等，是流传于临夏（古称河州）地区的汉族传统说唱艺术。1949年以后，有些文化工作者也以"临夏贤孝""河州调"之名在报刊书籍上做以介绍。河州贤孝因宣扬劝善警恶、颂忠贬奸、妻贤子孝而得名，广泛传唱在甘肃、青海等地，深受汉、回、东乡、保安、撒拉、土等民族群众喜爱，主要由盲艺人手弹三弦，为茶园、酒肆、庙会以及家庭红白喜事等场合演唱。传统河州贤孝唱本有《三国演义》《隋唐演义》《二十四孝》等，也分"国书"与"家书"。对只用"端撒拉音"演唱的曲目直称"端撒拉"或"倒江水"等，快板贤孝即"端撒拉"，长于叙事，其唱本有新编的《老撒拉》《尕司令打河州》《韩起功抓兵》等。目前认定的省级传承人为王威学。2006年被列入第一批国家级非物质文化遗产名录。(LWJ)

兰州鼓子 兰州鼓子历史悠久，流布于兰州市及周边地区，其产生年代可推测到宋代，但一般认为，明朝初期肃王府迁兰带来了兰州文化艺术的繁荣，鼓子有可能在这一时期得到了发展。清代中晚期出现了大批优秀艺人，如邴彤辉、魏弦子、林（宁）秃子，他们创制了"老调"与"新调"，使兰州鼓子进入成熟期。清光绪年间，兰州艺人根据《西厢记》创作了《游寺》《借厢》《传简》《越墙》《拷红》等八折兰州鼓子戏目以及《花(华)亭相会》《张良(连)卖布》《怕老婆顶灯》《三难新郎》《三娘教子》《李元贵卖水》等剧目。兰州鼓子戏曲牌有《银纽丝》《叠断桥》《坡儿下》《石榴花》《太平年》《三朵花》《悲调》《茉莉花》等。鼓子戏伴奏的管弦乐器有板胡、二胡、中胡、三弦、月琴、扬琴、琵琶、竹笛、唢呐、大提琴等，打击乐器有干

鼓、水鼓、手锣、碰铃、梆子、木鱼、疙瘩锣等。兰州鼓子曲牌丰富，可分为平调、鼓子、越调三种。平调多为单支的小令和大曲；鼓子腔是由鼓子头加若干曲牌再加鼓子尾连缀而成；越调也是越调加若干曲牌再加越尾连套而成。目前认定的国家级传承人为魏世发、陈增三。2006年被列入第一批国家级非物质文化遗产名录。（LWJ）

阿克塞县哈萨克族"阿依特斯" 阿克塞县哈萨克族的"阿依特斯"流传于酒泉市阿克塞哈萨克族自治县，属于哈萨克族传统音乐，用冬不拉和库布孜伴奏，由阿肯演唱。阿肯是哈萨克族人民对民间歌手的称呼。他们知识渊博、才思敏捷、出口成章，哈萨克族许许多多民间口头文学，都是通过阿肯的演唱流传并保存下来的。每到夏季，牧场上常举行阿肯演唱会。阿肯演唱会的形式很多，几乎所有的民间节日、婚礼喜庆或娱乐晚会都要举行对唱。一般以两人对唱为主，也有一人独唱，所演唱的诗歌，哈萨克族人叫"阿肯·阿依特斯"，所唱的歌词内容极为广泛，但曲调必须合乎哈萨克族诗歌的韵辙。对唱时彼此问答，即兴创作，回答时如有不合韵拍或比喻失当等情况就要认输。目前认定的省级传承人为尔特甫汉、沃斯尔汉·加尼木汉、库来木·塔依班。2006年被列入第一批国家级非物质文化遗产扩展项目名录。（LWJ）

秦安小曲 秦安小曲主要流传于天水市秦安县。小曲曾在我国广泛流行，尤以明清时期为甚。天水市各县的小曲早在唐宋时即见于记载，如唐代诗人岑参的《戏与赵歌儿》诗中就有"秦州歌儿歌调苦，偏能立唱濮阳女"之句。在众多的天水小曲中，秦安小曲最具特色和代表性。据传，秦安小曲形成于明代，兴盛于清代，分为花腔与老腔两大类型。花腔的词曲格式、演唱与演奏形式以及调式与陕西眉户戏相近，而老腔却明显地保留着浓郁的地方特色。小曲用当地方言演唱，只唱无白。器乐主要以"水子"敲击节奏，以三弦随腔伴奏，有的还有锣鼓、镲、四片瓦等伴奏。秦安小曲表现手法细腻、曲调婉转、节奏严整、速度平稳、旋律流畅、悠扬抒情，既可演唱情节简单的散曲小段，又能演唱内容比较复杂的民间传说和历史故事。唱词多采用叙述的方式，有些篇幅较长。目前认定的省级传承人为安致平、张天喜、高荣、高志堂。2008年被列入第二批国家级非物质文化遗产名录。（LWJ）

河州平弦 河州平弦又称"河州平调"或"临夏平弦"，流传于临夏回族自治州临夏市。主要伴奏乐器为三弦，因其旋律声调比较平稳，故名"平弦"。据考，河州平弦起源于清道光年间（1821—1850），当时的代表人物为盲艺人费宝家，稍后又出现唐万寿、罗良德等著名艺人，演唱传统的《三国》《水浒》《西厢记》等曲目。在民国时期艺人数量和曲目方面都有进一步发展。演唱形式发展出了单人唱、对唱、多人合唱、帮腔等多种。剧本有长篇的"大本"，如《西厢记》《皇姑出家》《真武成圣》，短篇的"小本"，如《阳欢乐》《伯牙抚琴》《宋江投朋》。目前认定的省级传承人为李永滋（已故）、李春文。2011年被列入

第三批国家级非物质文化遗产名录。(LWJ)

6. 传统体育、游艺与杂技

庄浪高抬 庄浪高抬流传于平凉市庄浪县,是庄浪县颇具特色的一种民间游艺项目,据传源于元末明初,是庄浪县社火的重要组成部分。社火俗称"故事",为了便于艺人走街串巷和观众观看,出现了高抬。当前的制作方法是,先在木台上安装骨架,往往用木椽扎绑,或用钢筋、钢管焊接而成,再取一历史或神话故事中的"固定"情节,按照需要,用彩纸、绸布扎造山水、花木、禽兽或器物,伪装铁柱,最后扎绑装扮角色的儿童,执道具亮相扎势,一般为两三人,最多可达五六人。人抬之以行,故称"高抬",亦称"铁芯子"。演出时鼓乐前导,具有很高的艺术性和观赏性。目前认定的省级传承人为王曦地、陈亮。2008年被列入第二批国家级非物质文化遗产名录。(LWJ)

7. 传统美术

庆阳香包绣制 香包又称"绌绌"(当地方言中小包或小袋的意思)或者荷包。中国文化中自古就有佩戴香囊以祛病求吉的习俗,而在庆阳地区的华池县曾经出土已有八百多年历史的宋代香包实物。庆阳香包的工艺可分为盘线类、绌绌类(藏针绣)、立体刺绣类、平面刺绣类等。除了香包以外,绣制技艺也常运用在日常生活及红事上,枕头、兜肚、绣鞋、窗帘、桌布、围裙等都包含刺绣工艺。庆阳香包造型优美,有的形似葫芦,有的形似古钟,还有桃心形状的、方形的,等等,表面多绣动植物图案。植物有莲花、荷花、牡丹、金瓜、葫芦、石榴、梅花、桃;动物有十二生肖、蝎子、蜈蚣、蜥蜴、蜘蛛、螃蟹、鱼、狮子、青蛙、蝙蝠、鹿、孔雀、蝴蝶、龟等。其中不少图案利用谐音,以达到追求幸福生活的象征意义。如把枣、花生、桂圆、莲子放在一起,寓意"早生贵子";把莲花、鲤鱼放在一起为"连年有余";把桃、五个蝙蝠放在一起为"五福庆寿""五福临门";孔雀、凤凰等异鸟珍禽象征吉祥富贵;牡丹象征富贵荣华;桂圆象征团圆。目前认定的国家级传承人为贺梅英,省级传承人为赵爱霞、吴玉英、王万红、刘兰芳、左焕茸。2006年被列入第一批国家级非物质文化遗产名录。(LWJ)

夜光杯雕 夜光杯古已有之,为中原与西域交通之后,传入中土的重要文化交流产物。清末及民初时期,随着嘉峪关成为与俄通商的重要口岸,西式高脚杯的样式传入酒泉,逐渐产生了不少生产夜光杯的作坊,形成仿古与仿西洋两大流派。中华人民共和国成立以后,夜光杯的生产逐渐集约化、工厂化,种类更加繁多,工艺水平更上一层楼。夜光杯使用的原料系质地晶莹细润、花纹美观有致的祁连山老山玉、新山玉、黑水河玉等名贵玉石。20世纪80年代以后,在甘肃省武山县发现了"鸳鸯玉"(蛇纹玉)之后,大量的夜光杯雕也以它为原材料。夜光杯不但是高级工艺品，而且有很好的实用价值。由于雕制夜光杯使用的玉石物理性能很好，因此夜光杯耐高热，抗严寒，斟烫酒不炸破，遇低温不冻裂，用毕只需以干净布轻轻擦拭，装入盒内，就能长时间保存，其光彩色泽也会不受损伤。目前认定的国家级传承人为酒泉市的黄越肃、黄越兰。2006年被列入第一批国家级非物质文化遗产名录。（LWJ）

临夏砖雕 临夏砖雕从汉代祠堂、墓室等建筑物的雕刻和画像砖演变而来。临夏砖雕艺术流传于临夏回族自治州，其起源可追溯到南宋，主要装饰于天井、山墙、影壁等。制作工艺分捏制和刻制。捏制的有脊兽、套兽、宝瓶等，入窑焙烧；刻制的都在青绵砖上，技法有阴线刻、凹面线刻、凸面线刻、浅浮雕、高浮雕、透雕等。图案取材广泛，多反映现实生活、历史故事、神话传说。细部装饰以传统的纹饰为主体，如龙纹有团龙、云龙、海水龙、独龙、穿花龙、二龙戏珠等，莲纹有缠枝莲、荷莲、西番莲、折枝莲，牡丹纹有缠枝牡丹、折枝牡丹。几何纹有绵地、蛎字、如意、二方连续、四方连续等。取吉祥主题作品有五松图、五福捧寿、喜相逢、百子图、富贵寿考、博古等作品。临夏砖雕主要见于寺庙、官府和民宅中。现存具有代表性的古砖雕有金大定十五年（1175）进义校尉王吉墓、建于明代的清真北寺"龙凤呈祥"大照壁。后者以其内容丰富、场面宏大、构图严谨、工艺精湛、技法多样、造型生动而著称。发展到现代，形成以绽成元和周声普为代表的两派，另有名匠沈华等。绽派推陈出新，追求时代特点，崇尚构图新颖，具有写实的风格，代表建筑有蝴蝶楼、东公馆。周派着意传统构图，造型装饰性较强，风格古朴典雅，代表建筑有大拱北、红园、万寿观等。两派集砖雕、木雕、彩绘于一体，各具特色，为近代临夏古典建筑的佼佼者。目前认定的省级传承人为穆永禄、沈占伟。2006年被列入第一批国家级非物质文化遗产名录。（LWJ）

甘南藏族唐卡 唐卡为藏语，意为能摊开观赏的布绢卷轴画。唐卡最早可能出现于7世纪上半叶，但真正开始并大量采用大约在明朝。唐卡的种类极为丰富，有佛像、菩萨像、神像、说法图、宗教人物、历史人物、寺院景观、教义、佛经故事、神话、寓言以及象征民族团结的重大事件等，从整体来看，反映宗教内容的画卷约占80%以上。唐卡携带方便，不易损坏，可随时随地观赏膜拜，是藏民族对世界绘画艺术的一大贡献。绘制唐卡的工序比较复杂，备料、绘制、装衬后还要举行开光仪式，这样唐卡方告正式启用。就质地而言，唐卡分为布、绢、纸几种。彩绘颜料以金、银、朱砂、雌黄、雄黄等矿物颜料为主，植物颜料次之。唐卡一般为竖长方形，中央的画面称为"麦隆"，画面四周用彩缎拼成，其红黄框称为彩虹，两端加硬木轴，具有很高的艺术价值。为了保护唐卡画面，通常用丝绸幔子覆盖，观赏时揭开。幔子上有两条等长的彩带，藏语称"隆南"。有些唐卡画面以下中间部镶有称为"通久"的红色方形绸缎。长度一般为1米左右，宽60～70厘米。极小的仅有几十厘米，无装裱。最大的长五六十米，宽三四十米。唐卡的结构一般可分三个部分：中央为本尊，即信徒所供养的对象；本尊的上方为空界；本尊的下方为地界，亦称凡界。坐落于甘南藏族自治州夏河县的拉卜楞寺一年一度瞻佛节，将绘有释迦牟尼、无量光佛、宗喀巴大师的三幅巨幅唐卡逐年轮换展出，需众多僧侣抬至佛坛。目前认定的国家级传承人为果洛·希热布、九麦（又写久麦，已故），省级传承人为扎群、交巴加布、贡区乎加措、加央索南。2008年被列入第一批国家级非物质文化遗产扩展项目名录。（LWJ）

庆阳剪纸 庆阳剪纸历史悠久，保留了大量的古老图腾文化原始形态以及周、秦文化内涵。庆阳剪纸多为结婚、节庆、乔迁、新房落成等喜日恭贺喜庆之用，其中以春节窗花剪纸为最。春节窗花剪纸，即将传统花样与彩纸套贴，用小剪刀剪下图样，再贴于窗格上。庆阳剪纸花样繁多，题材广泛，寓言童话、名胜古迹、飞禽走兽、花草鱼虫、人物故事无所不有。庆阳剪纸取材广泛，妙在夸张，构图简练，多用对比的手法，纹饰的阴阳、线条的粗细及黑白虚实相间分布，用刀利索，线条流畅，造型十分逼真。庆阳县农家妇女尤善剪纸，祖辈相传，颇有名气。她们用象征手法，借物寓意，以丰富的题材反映多姿多彩的生活。作品有家禽家畜等动物造型，有反映传统民俗的画面，有民间故事传说的内容，有反映现实生活美好景象的，其中窗花为最普及。代表人物有张玉珍、雪秀梅、魏桂花、祁秀梅等。目前认定的省级传承人为镇原县的金香莲、马秀珍、刘玉英、雪秀梅、吉彩琴、惠富君、殷彩霞。2008年被列入第一批国家级非物质文化遗产扩展项目名录。（LWJ）

会宁剪纸 会宁剪纸是陇中剪纸的一部分，主要传承地为白银市会宁县甘沟驿乡。会宁剪纸以剪刀或刻刀为工具，题材丰富。花卉草木，包括牡丹、菊花、苍松、桃杏等；飞禽走兽剪纸，包括孔雀、老虎、骏马、雄鸡、游鱼、小鼠、飞鸟等；关于民俗活动的剪纸，包括庆祝寿诞的松鹤延年图，为儿童庆生日的生肖图，祝福新婚的龙凤双喜图；文学戏曲人物剪纸，包括醉酒的罗汉图、端庄的孔子像、葬花的黛玉、出塞的昭君等。会宁剪纸先后获得了多项荣誉。1985年7月，会宁剪纸艺人曹秀英的剪纸作品在中国民族文化宫举办的"甘肃民间窗花展览"中展出，并被民族文化宫美术馆收藏；1990年8月，甘沟驿镇农民制作的《迎亚运》《亚运会在北京》等64幅剪纸作品被北京市亚运村艺术所列为场馆的义卖品和馈赠礼品。目前认定的省级传承人为曹秀英、王维国、田俊堂、刘伟。2011年被列入第三批国家级非物质文化遗产扩展项目名录。（LWJ）

定西剪纸 定西剪纸广泛流传于定西市安定区、通渭县、陇西县一带。最经典的有窗花、春叶、遮面、板帘子等四大形式，题材有花卉草木、飞禽走兽、民俗事象、文学戏曲人物、现当代生活等五大类。每到腊月冬闲时，妇女们用彩色纸剪窗花和炕围、板檐及枕头、鞋面等。目前认定的省级传承人有付（傅）忠民、景爱琴等人。2014年被列入第四批国家级非物质文化遗产名录。（LWJ）

8. 传统手工技艺

保安族腰刀锻制技艺 保安腰刀是保安族人民传统的手工艺品，传承于居住在临夏回族自治州积石山保安族东乡族撒拉族自治县保安族中。保安人从青海同仁县迁徙到甘肃临夏大河家前就已掌握打制腰刀的技艺，至今已有120多年的历史。保安族腰刀具有工艺精巧、刀刃锋利、经久耐用、携带方便等特点，也富有民族风格和地方特色。刀样最初只有"波日香""黑腔刀"两种，后逐步创造出双刀、双叠刀、什样锦等新产品。刀身选用优质钢料，用传统的锻打和淬火方法精心打造磨制，其层纹交错，犹如点金嵌银，十分奇巧绚丽。刀鞘内木外铜，铜壳上饰有龙、兽、花、草等图案，并根据不同图案而授予名称，饰有龙的称"一条龙"，饰梅的称"上枝梅"等。目前认定的国家级传承人有马维雄（已故）、冶古白（已故），省级传承人冶洒力海、马尕主麻、马赛吉。2006年被列入第一批国家级非物质文化遗产名录。（LWJ）

兰州黄河大水车制作技艺 兰州黄河大水车制作技艺传承于兰州市。水车又叫"天车""翻车""灌车""老虎车"，是一种利用黄河水流自然的冲击力为动力的水利设施，自明嘉靖年间，即1556年，由兰州段家滩人段续发明，至今已有462年的历史，曾广泛适用于黄河流域的兰州、白银段。兰州水车可分为三部分：一为水车巷。用石堤筑成，引导河水冲动水车部分，形如一段渠道，一边为天然河岸，一边为导水石堤，在适宜地点用木架支持，水车横轴处称为龙墩，全堤用对径30～50厘米的石块干砌而成，其导水部分用木架填石，借以稳固堤身，免被水流冲毁。二为水车。水车为木质圆形大轮，全车横轴两端，用厚8厘米、宽20厘米的熟铁包之。龙墩两岸堤上设四根直立木柱，下端嵌砌于龙墩中，上端支承托梁，直径为30～35厘米，木柱也称为码口，码口上端顺水流的方向，放置直径约35厘米、长约4米的托梁两根或三根，成为复梁，用以撑支车辆的两端，全车重量直接荷载于托梁上，最上一层称为"仰盂头台"。自水车中心向周围辐射的撑条称大辐条，两根合成一对，一端钉于水车上，用榆木的木楔固定住。外端由榆木薄板厚2厘米、宽12厘米的网线连接，钉成圆形车轮。网线内层圆圈用厚6厘米、宽4厘米的木条做成登棍，钉在大辐条上。接着在每对网线与登棍之间装钉冲叶板，又称刮水板，用松木制成的曲形板，是水车受水流冲击的部分。水车一般用槐木或榆木做成。三为引水渠。即为河边台地，其边沿为齐坎悬崖，淌水槽的水直接输水至台地。目前认定的省级传承人为段怡村、苏善来。2006年被列入第一批国家级非物质文化遗产名录。（LWJ）

天水雕漆制作技艺 天水雕漆制作工艺历史悠久，传承于天水市市区一带。辛亥革命后，随着天水当地的民族工业和制造业的兴起，雕漆技艺在天水地区发展起来，成为当地成熟而又有特色的手工业代表项目。业内人士用"繁工珍材"四字概括天水雕漆的特色。所谓"繁工"指工艺复杂，工序繁多。一件雕漆产品要经过木工、漆工、配石、石刻、镶嵌、粘贴、描金等上百道工序，费时少则三四个月，多则一年。所谓珍材，指天水雕漆产品全部采用珍贵的纯天然材料。一般采用桃红松、椴木等优质木材作胎，以当地小陇山盛产的优质天然漆为原料，以福建寿山石、浙江青田石、萧山红石、山东绿冻石、北京黄石、太湖蚌皮和珊瑚玛瑙、珍珠、象牙（现以牛骨代替）、玉石、贝壳等为装饰材料，并常用镶金、贴银等装饰，产品大气，是非常珍贵的传统家庭和办公装饰用具。目前认定的国家级传承人为张国栋，省级传承人为何金成、胡建生、孙兴茂。2008年被列入第一批国家级非物质文化遗产扩展项目名录。(LWJ)

东乡族擀毡技艺 东乡族擀毡技艺流传于临夏回族自治州东乡族自治县。东乡地区山大沟深，是高寒地带，毛毡为高寒地带必需之物，也是东乡比较普遍的手工活，村庄的男人一般都会擀毡，且手艺精湛。东乡毛毡的种类较多，以毛质分有春毛毡、沙毡，秋毛毡和绵毡等，其中以秋毛毡和绵毛毡为佳；以大小分，通常有四六毡、五七毡、单人毡、拜毡；以颜色分，有白毡、花毡、红毡、瓦青毡等。毡还可以用来制成毡帽、毡鞋、毡袄。东乡毛毡以柔软、舒适、匀称、美观大方、经久耐用而驰誉西北各地。相传，擀毡是东乡先民"撒尔塔"人于元代至元年间（1264—1294）从中亚传入的。由于自然条件和社会制度的制约，一直以来没有得到大的发展，直到民国时期，东乡族擀毡工艺才得到长足发展，其中龙泉、董岭、大树、北岭一带的毡匠最为有名。东乡族擀毡工具有弹弓、案子、竹帘、红柳条、喷水壶、卷边器、散毛竹杈，最为主要的三件，即所谓的毡匠三件宝——弹弓、竹帘、沙柳条。目前认定的国家级传承人为马舍勒。2008年被列入第二批国家级非物质文化遗产名录。(LWJ)

洮砚制作技艺 洮砚制作技艺传承于甘南藏族自治州卓尼县、定西市岷县，即古"洮州"地区。洮砚历史悠久，至今已有千余年历史，与广东端砚、安徽歙砚齐名，世称中国三大名砚。洮砚具有与众不同的石质、石色以及发墨不损伤笔毫的特点，博得历代文人学士推崇。唐代著名书法家柳公权在《论砚》中云："蓄砚以青州为第一，绛州次之，后始重端、歙、临洮。"洮砚石料出自甘肃古洮州，洮砚石料分上、中、下三等。上品是卓尼县喇嘛崖宋代老坑"绿漪石"，古称"鸭头绿"。其砚料质坚而细，莹润如玉，具有发墨快、研墨细、不损伤笔毫等特点。洮砚制作工艺繁杂，有采石、选料、下料、设计、制坯、开膛、合口、雕刻、打磨、上光、配盒等工序。洮砚历史悠久，其雕刻特点是透雕和带盖砚。由于洮石为水成岩，若在一块石料上取出砚盖砚身，盖身合一，其水波纹理色泽一致，此谓洮砚带盖砚一绝活。从花色来看，洮砚有边雕花砚、池头雕花砚、杂形雕花砚、自然雕花砚、素砚等种类。洮砚是从宋代不断流传并逐步发展而来的。宋代有抄手砚、太史砚、兰亭砚、风字砚、神斧砚、石渠砚等；明代有十八罗汉大砚、金钟砚、清泉砚、石鼓砚等；民国有麒麟砚、梅花鹿砚、残荷叶砚、湖山砚、葡萄砚、渔樵人物砚、叶公好龙砚、二十四孝图砚等。20世纪30年代刻砚能工有新城东南沟姚万福，党家沟党明正，崾都台子汪同泰，下崾都董家、石家等。近年来临洮县、卓尼县、临潭县、兰州市等地的生产厂家和家庭作坊逐年增加，2009年在岷县还成立了洮砚制作技艺传习所。目前认定的国家级传承人为李茂棣，省级传承人为岷县的赵成德、徐哲、李海平、卢锁忠、乔兴和。2008年被列入第二批国家级非物质文化遗产名录。(LWJ)

庆阳窑洞营造技艺 庆阳窑洞营造技艺传承于庆阳市及周边黄土高原地区。当地所处的董志塬是世界上黄土堆积层最厚的地方之一，这为营造窑洞提供了先决条件。窑洞营造起源很早，应来源于早期人群的穴居生活方式。早在夏商时期，周先祖公刘等十多代人曾在这里挖窑洞，建村落，教民稼穑，故《诗经》中称赞公刘"陶复陶穴"。窑洞营造简单，省工省料，无须砖瓦，多在塬边、沟边及山崖下挖制，不占用地表土地。庆阳居民在20世纪80年代之前的主要居住形式是窑洞，据统计，当时人口90%居住于窑洞之中。营造窑洞在当时是一种传统技艺，干这一行的通常被称作"窑匠"，主要程序为掘崖面、挖窑、箍窑。崖面通常为10~20米高，将崖面掘好后可处理成水波浪、一镢倒、乱镢子等多种纹样。窑匠在剔削时将窑顶削成内低外高状，可使窑内的烟雾很快从高窗排出。技艺全面的窑匠兼砌火炕、灶台，挖烟囱。开掘窑洞首先需要挖好毛筒子，等干燥后即可定线剔削、砌窑肩。土质不好的崖面所挖的窑洞还需要箍，窑洞开一门一窗和一高窗，便于上下空气对流及采光，需要保暖时门窗可随时关闭。火炕是窑洞民居的一大特色，住人窑洞必有火炕，技艺好的匠人砌的火炕、灶台，烧的过程中出烟利、不打倒烟，而且省柴，热量利用率也高。现在的庆阳居民在修建房屋住宅时，也有将厨房做成砖石窑洞的，其原因就是因为窑洞的拱形建筑特征具有保温、隔热性能，冬暖夏凉，可使厨房内的水缸等生活用具不会冻破。目前认定的省级传承人为李世荣、李茂政。2008年被列入第二批国家级非物质文化遗产名录。(LWJ)

永靖古建筑修复技艺 永靖古建筑修复技艺主要传承于临夏回族自治州永靖县白塔寺川，当地有"白塔出木匠，五屯出画匠"之说。白塔寺川以"木匠之乡"远近闻名，大西北的名刹古建，很多为白塔"掌尺"（木匠别称）所承揽。这些工匠主要从事寺院、庙宇、亭台、楼阁等古典建筑的修造与修复，以其精美的建筑造型及雕刻工艺，深受赞誉。在立木结构、飞檐架彩、转隅挑角、雕梁画栋等方面永靖工匠独具匠心，具有独特的风格。当地的炳灵寺石雕、黄河浮桥、古渡及寺庙道观等古典建筑群，均为本地工匠修建。甘南拉卜楞寺几代活佛的经堂都是这里的民间工匠所修建。其建筑形式分别保持了汉式、回式、藏式建筑特点，有的融汉、回、藏建筑风格于一体，雄伟、壮观、新颖、别致。中华人民共和国成立后，这些工匠活跃在农田水利、公路矿山等建设工地上，不但参与承建公路、铁路、桥梁等建筑工程，并在农村修建房屋和制作民用家具。据统计，1954年这里有木匠1686人。20世纪70年代末又组建了"永靖县古典建筑公司"，主要从事古建建筑和修复，规模逐渐发展壮大。自改革开放以来，经永靖白塔木匠建造和修复的古典建筑遍布西北大地，敦煌的大佛阁，兰州的五泉山月牙阁、仁寿山古典建筑群、白塔山"四库全书"文溯阁、陆都花园飞云阁、文庙大成殿，天水的伏羲庙先天殿、天水麦积山庙阁，平凉崆峒山古建筑，临夏红园和大拱北，张掖大佛寺，拉卜楞寺大经堂以及青海夏琼寺、塔尔寺，等等，都由白塔寺工匠或重建或新建或补修。白塔木匠独具特色的古典建筑和木工技艺，是历代工匠集体智慧的结晶，尤其是他们创造的藏汉结合、回汉结合的古典建筑以及"无梁殿""天落伞""凤凰展翅""一点落地"等建筑造型，不仅丰富了中华民族的建筑形式，而且以显著的特点，在西北乃至华夏建筑史上占有了一席之地。近代出现的木工大匠有胥步山、刘聪三、陈来成、朱存聪、朱恒寿福、刘和亭、刘玉圭、胥得辉等。目前认定的省级传承人为刘才发、胥恒通、刘德福、李良东、沈文才、崇伟东、高永发、朱良发、朱良环、朱庭栋、胥元明、肖怀贤。2014年被列入第四批国家级非物质文化遗产名录。（LWJ）

永靖生铁铸造技艺 永靖生铁铸造技艺为临夏回族自治州永靖县上古村传统冶金工艺，流传于当地的王氏家族。其始祖王宣、王训原籍山西省，明洪武二年（1369）跟随明军迁来兰州，初居五泉山下芦家巷，后迁至原皋兰县西半个川上古城世居（今永靖县刘家峡乡上古村）。兄弟二人以铸造见长，名闻陕、甘、青。明洪武九年（1376）在兰州黄河镇远浮桥旁铸造的4根（现尚存1根）将军柱，工艺精湛，造型精美，铸有花纹字样，已被认定为省级文物保护单位。相传其后代在兰州辕门（原陕甘总督府）铸造铁狮子1对，在罗家洞寺铸造铁牛1头，在古城庙内铸有5层楼形生铁炉1座，高约3米。另为很多寺庙铸造各式挂钟和可供上百人吃饭的大铁锅。上古村至今仍有几家王氏炉匠，铸造各式犁铧、锅等生产、生活用具。1979年后，他们的冶炼铸造技术进一步得到发挥，铸造出了更美更多的铧、炉、钟、磬等产品。目前认定的省级传承人为王正杰、王业财、王尕胖。2014年被列入第四批国家级非物质文化遗产扩展名录。（LWJ）

天水丝毯织造技艺 天水丝毯织造技艺流传于天水市。丝毯生产的工艺流程主要是图案设计、绘制图样大稿、点样、选丝、配丝、染色、倒线、配线、织毯、平毯、剪花、整理等。天水丝毯有仿古图案、艺术毯、波斯图案（东方毯）三大系列，共有花色种类185个。仿古图案丝毯从图案到色泽都以古朴为特点，常见的有博古、八宝、四艺、花草、龙凤、鸟兽、雷纹、蟠螭纹等，此外还有古代人生活生产场景。艺术毯多表现人物形象、奇峰秀水、名兽珍禽、奇花异草、琴棋书画，设色古雅鲜明。波斯图案以波斯风情为基调，吸收阿拉伯艺术风格，结合我国传统艺术，多取材于自然界的树、叶、花、藤，以及鸟兽、几何图案，风格独特，以做工精细著称。目前认定的省级传承人为刘静波。2014年被列入第四批国家级非物质文化遗产扩展项目名录。（LWJ）

9. 传统医药

甘南藏医药 甘南藏医药的发展可追溯到吐蕃时期。明清以来，随着藏传佛教格鲁派在甘南地区的影响扩大，藏医药得到了很大的发展。18世纪之后，在拉卜楞寺及甘南各大寺院建立了曼巴扎仓（医学院），对传承藏医药的知识，尤其是对《四部医典》的传播起到了重大作用。甘南藏医药主要针对本地藏区的地方疾病，利用当地藏药资源，发展出了一套较为完整的医疗体系。其疗法有内治法和外治法两种，前者主要以成药内服为主，后者包括针灸、拔罐、放血、外涂、热冷熨等方法。藏药的剂型包括汤、散、丸、膏、珍宝剂等。著名成药品种有洁白丸、珍宝丸等。目前认定的省级传承人为卓玛、卓玛加（男）、其江草、看照加、索南旺杰。

2008年被列入第一批国家级非物质文化遗产扩展项目名录。（LWJ）

10. 民俗

太昊伏羲祭典 太昊伏羲祭典是流行于天水市的传统祭祀仪式。历代皇帝出于尊奉先王先圣的需要，在全国各地传说中的上古帝王陵墓与诞生地均起庙祭祀。天水市相传是"人文始祖"伏羲氏的诞生地，金、元时就已在城郊外的卦台山上建伏羲庙。从明成化十九年（1483）开始，又在天水城中西关建伏羲庙，进行官方祭祀，延续至今。天水太昊伏羲祭典分为官祭与民祭。官祭仪式过程在古代分为迎神、初献、亚献、终献、彻馔、送神、望瘗七部分。现代民祭则演变为会首商议、请神、领牲、献、抢热血、初献、亚献、三献、送神等环节。1988年，天水市恢复了公祭伏羲典礼。2005年开始，典礼由甘肃省政府主办，并在城中伏羲庙同步举办甘肃伏羲文化旅游节。民间则同期在城外卦台山上举办祭仪。目前认定的省级传承人为杨祥顺（杨廷杰）、李松山。2006年被列入第一批国家级非物质文化遗产名录。（LWJ）

西和乞巧节 西和乞巧节举办于陇南市西和县（包括临近的礼县）的漾水河和盐官河两流域。农历六月三十日晚上至七月初七晚，当地民众自发组织起来进行各种祭祀"巧娘娘"的仪式，其参加者主要为当地青年妇女，也包括作为组织者与指导者的一些中老年妇女，后者在当地被称为"巧头"。西和礼县一带的乞巧节历史悠久，据考证，应该与早期秦文化有关。秦人在未迁居关中平原之前，长期在此地，也就是西汉水流域生活，并且发展出一套完整的崇拜织女星的女神信仰系统，经过长期演化，形成了目前的"乞巧节"。乞巧仪式整个活动分为坐巧、迎巧、祭巧、拜巧、娱巧、卜巧、送巧七个环节，分别有各自的乞巧歌与舞蹈形式，以及配套的服饰、表演道具、神馔，随着节日的传承而保存下来。目前认定的省级传承人为董丽琴、雷希桂、张月兰、沈芳琴、赵君平、席兰兰。2008年被列入第一批国家级非物质文化遗产扩展项目名录。（LWJ）

永昌县"卍"字灯俗　永昌县"卍"字灯俗是流传于金昌市永昌县的民间游艺，其举办地为永昌县红山窑乡毛卜喇村。据传承人口述，"卍"字灯俗原是明朝时期的北京灯艺，明代洪武年间，毛卜喇村李姓先人在北京经营小生意，闲暇时入游园偷绘图谱，前后长达3年，后来他把图谱绘在一块土织白布上带回了家乡。"卍"字灯俗表演时，在村中心选择一块空地，按灯谱埋栽木杆，横竖各19排，每排19杆，间距一般为2米，呈正方形，杆高2米，共361根。在主场正中竖一主杆，高8.10米，上挂大型花灯，其余360个杆上挂小型花灯，象征农历360天。杆与杆之间按图谱用幕布遮蔽，观灯者按特定路线行进，左旋右转，直到出口。在进、出口正面扎一道龙门，饰以彩灯，用作屏障。彩龙门从农历正月十三开始为上元一品，象征天官赐福，紫微大帝；正月十四为中元二品，象征地官赦罪，清虚大帝；正月十五为三元三品，象征水官解厄，洞阴（东岳）大帝；正月十六为天下太平，象征百病不生。从正月十三到正月十六，每天一字，分别为"荣""华""富""贵"，由360盏花灯组成。灯场对面设12盏生肖灯，象征观灯者吉祥如意。生肖灯后设置"鳌山"，也叫"灯山"，也用360盏花灯，逐次排成不同的"祝福"字样。闹灯时秧歌队每人手拿一盏1.5米高的花灯，顺道盘舞，热闹异常。还有如舞龙、舞狮、舞熊、老牛推车、跑旱船、节子舞等。社火唱腔受地方戏剧的影响较大，演唱风格粗犷豪放，具有独特的艺术价值。目前认定的国家级传承人为陈永清。2008年被列入第二批国家级非物质文化遗产名录。（LWJ）

泾川西王母信俗　泾川西王母信俗是流传于平凉市泾川县的民间信俗。泾川当地有王母宫山，又名回山、回中山，位于泾川县城西0.5千米的泾、汭两河交汇处。王母宫山是传说中西王母居住的地方，山上的西王母祖庙，相传始建于西汉武帝元封年间。北宋开宝元年（968），张铎镇守泾川，命人在回山上重修西王母庙并立碑，请宋朝开国元勋、四朝元老陶谷撰写碑文。上刻篆书《重修回山王母宫颂》，碑文篆书，现藏于泾川回山西王母宫石窟文物管理所。当年农历三月二十日，当地人于回山王母宫庙举行竣工庆典，后以此日定为西王母祭祀典礼日，每年祭奠一次。至明代，由泾川太学生吕沂倡导，平凉韩王捐资赞助，对王母宫进行了重修，使王母宫成为一组庞大的建筑群。泾川西王母信俗的核心内容为西王母庙会。庙会举行前三天开始召开筹备会并张贴告示、迎贡、仪仗出行、贡献、敲钟、献万民伞。庙会当天举办进早香、采水、朝水、奏乐、祝寿、求子（偷馍）、拴福、唱戏、乐班表演等活动。当前还设立了回山万人游、购物、小吃展、赛吃（家家扶老携幼到庙会现场临时搭建的小吃摊或小饭馆吃一次）、夜市、放河灯、法会、台胞还愿等二十多项娱乐活动。西王母庙会一般开设三天，以每年农历三月二十日为庙会正会，举行盛大的祭祀典礼。泾川西王母祭祀礼仪自宋代西王母祭祀庙会承袭而来，保留了固定的制度和程序。仪式由主祭一人、与祭若干人以及司仪、司香、读祭文各一人主持，还有司钟、司鼓、司乐、司僚等执事，传统上按照道场、朝觐、采水、祭坛和诵经五个固定的程序进行。典礼活动场外还有演秦腔、唱泾川小曲、放河灯、耍社火以及民间剪纸、刺绣等民俗活动。2008年被列入第二批国家级非物质文化遗产名录。（LWJ）

肃北蒙古族服饰 肃北蒙古族服饰传承于酒泉市肃北蒙古族自治县的蒙古族群众中。肃北蒙古族由于所处高寒地区，其服饰特点以御寒为主要功能，兼顾方便劳动。男女老幼均戴帽子，着长袍，束腰带，穿高筒靴。帽子分为冬帽与夏帽。传统男性帽子为平顶双层圆形，女性帽子为尖顶圆锥形，现在男性夏天也戴礼帽，女性包纱巾。袍子质地多样，有皮袍、棉布袍、缎袍等，内衬棉布或羔皮、二毛皮。男袍为大斜襟、长领条，颜色以枣红色、棕色、蓝色为主；女袍为小斜襟，方领，颜色以枣红色、紫色、青色为主，少女还可用绿色、红色。女性礼服有"敖格次尔"（连衣裙）和"才格的格"（无袖开衩裙），用青、蓝色绸缎制作。皮靴多以牛皮制作，还有毡靴。妇女多佩戴金、银、宝石制作的耳环、耳坠、项链、戒指，腕戴串珠或银镯，佩挂小刀、针线包以及铜钱，长发编辫，辫子上饰以银牌。男性左耳戴耳环，腕佩玉镯，腰佩小刀。目前认定的省级传承人为娜仁琪琪格。2008年被列入第二批国家级非物质文化遗产名录。（LWJ）

裕固族服饰 裕固族服饰传承于张掖市肃南裕固族自治县裕固族群众中。裕固族男女都穿高领、大襟有衽的长袍。男子束红色或蓝色腰带，佩带腰刀、火镰、小佛像等；妇女高领长袍下摆开衩，衣领、袖口、衣衩、襟边绣着花边，外套大红、桃红、翠绿、翠蓝色的缎子高领坎肩，腰系红色、绿色或蓝色腰带，配彩色手帕，脚穿长筒皮靴。冬季，男女皆戴狐皮风雪帽，穿高筒靴；夏秋戴圆筒平顶镶边的白毡帽或礼帽。妇女头戴喇叭形红缨帽或用芨芨草编织的帽子，喜欢佩戴耳环、翡翠或玉石手镯及银戒指等。未婚少女和已婚妇女的帽子略有不同。未婚少女的前额戴"格尧则依捏"，即在一条长红布带上边缀以珊瑚珠，下边缘是用红、黄、白、绿、蓝五色的珊瑚和玉石小珠串成的穗，像珠帘一样齐眉垂在前额，梳五条或七条发辫，辫梢夹编彩色的丝绒线，并系背后的腰带里；已婚妇女长发梳三条辫子，戴长形的头面，上面镶有银牌、珊瑚、玛瑙、彩珠、贝壳等饰品，构成美丽的图案。裕固族姑娘到了15岁时，要戴"萨达尔格"，意味着姑娘已长大成人，可以婚配了。"萨达尔格"是在红色方形布牌缀以贝壳和各色珊瑚而成的。男子头戴金边白毡帽，身上配合扎大红腰带。上年纪的老人，腰间挂有香牛皮缝制的烟荷包，有的戴玉镯、银镯和银质大戒指，戒指有银质珐琅的，也有正中嵌珠子的，戴在无名指上。老年男子还喜戴水晶茶色眼镜。目前认定的国家级传承人为柯璀玲，省级传承人为杨海燕、安月英、安玉芬、安永琴、杨金花、常自英。2008年被列入第二批国家级非物质文化遗产名录。（LWJ）

裕固族传统婚俗 裕固族传统婚俗是流传于张掖市肃南裕固族自治县裕固族群众中的结婚仪式和风俗。裕固族的婚配形式有正式结婚和非正式结婚两种。非正式结婚流传于中华人民共和国成立前，主要是指"帐房杆戴头婚"，又叫"立帐房杆子婚"，裕固语叫"杨恩开楞"。姑娘长到一定年龄尚未出嫁，父母在其奇数年龄，如15岁或17岁时，为她另立一顶小帐房，择吉日举行戴头仪式。在举行仪式前，多半要请喇嘛念经。父母要为姑娘精心绣制衣服一套、头面一副，选择"吉日"宴请宾客，请两位已婚妇女帮姑娘梳头，当着客人的面给姑娘戴上头面。戴上头面后姑娘给每个客人倒茶，期间用帽子遮住自己的脸，不说话。到下午客人离开后姑娘回到大帐房内，姑娘的头面被摘下挂到帐房佛龛前的房杆上，仪式就此结束。姑娘戴头之后，就有了社交自由，可以与心仪的男子同居，甚至生儿育女。同居的男子必须帮助女方家劳动，否则就会受到冷落。同时女方不受男方的约束，在家庭中的地位也很高，主宰着家庭。如果离异，男子不能带走任何东西，所生子女也归女方。裕固族的正式结婚仪式一般要经过求婚、许亲、说亲、定婚、选人、戴头、送亲、打尖、踏房、让客、洗尘、交新娘、入新房、生新火、回门、串亲、出牧、站娘家等过程。正式婚礼一般要举行几天。第一天是女方家中请来亲朋好友，用奶茶、好酒、手抓肉摆宴招待，并举行对歌。这天最重要的活动是给新娘戴头，就是将一副用珊瑚、玛瑙等珠宝串制成的华贵头饰系在新娘发辫上，发辫也在这时梳三条大辫子。然后换上新娘的结婚礼服，骑上骏马和骆驼，由送亲队伍陪伴去新郎家。男方在家东南200米的地方扎一顶帐篷，送亲的客人要绕着帐篷转三圈，察看婆家准备的情况，这项仪式叫"踏房"。第二天早晨，新郎把新娘扶出帐篷，这时门前点着两堆火，新娘从火堆中间走过时，新郎要向新娘连射三箭，意为避邪。新郎新娘进入大帐房以后，还要向所有的客人敬酒，敬完酒给客人分赠"拜立客"（类似哈达的巾饰）和牛羊背肉为礼，这时婚礼才算结束。目前认定的国家级传承人为安福成，省级传承人为兰志厚。2006年被列入第一批省级非物质文化遗产名录，2011年被列入第三批国家级非物质文化遗产名录（LWJ）

秦安女娲祭典 秦安女娲祭典传承于天水市秦安县陇城镇。秦安县古称成纪，相传是伏羲、女娲诞生之地，陇城镇有许多祭祀女娲的场所，尤以女娲庙著名。改革开放后，由当地群众集资在陇城镇原女娲庙遗址恢复建成了一座规模较大的女娲庙，并邀请甘肃雕塑专家何鄂在庙内恢复女娲塑像，从此女娲祭祀活动便有了新的专门的场所。2006年天水市政府恢复了公祭，确定每年农历三月十五日在天水市秦安县陇城镇女娲庙举行公祭和民祭合一的女娲祭典。民间祭祀于农历三月十一日设坛祭拜，十二日取龙泉圣水洒坛祈福，十三日风沟迎銮驾，十四日风台迎馔，十五日上午九时五十分正坛祭祀。政府公祭于农历三月十五日举行，仪式环节分9项。第一项，请参加公祭活动者中职位最高的人宣布公祭女娲大典开始；第二项，全体肃立，奏乐（秦宫廷音乐）；第三项，击鼓鸣钟，先击鼓34通，代表全国各个省、市、自治区共祭女娲，后鸣钟9响，代表中华民族传统最高礼数；第四项，鸣放礼炮（鸣氢气9响）；第五项，恭读祭文；第六项，取龙泉圣水向万民祈福；第七项，乐舞告祭；第八项，向娲皇圣像行三鞠躬礼；第九项，敬献花篮，瞻仰娲皇圣容。相关祭器有爵、俎、笾豆、登、铏、簋、簠、尊、鼎等青铜礼器。主要乐器有琴、瑟、笙镛、笛、箫、胡、弦、琵琶、钟、铙、铎、铃等。目前认定的省级传承人为王世贵。2011年被列入第三批国家级非物质文化遗产扩展项目名录。（LWJ）

岷县青苗会 岷县青苗会是甘南、定西一带著名的民间祭祀组织，拥有完整而独特的祭祀仪式。洮岷地区古称洮州，当地主要的民间信仰为祭祀湫神（又称水神或湫池神）。农历四月至六月，一般要在各地的湫神大庙进行祭祀仪式，这是全体村民都要参加的重要活动。当地把负责组织祭祀活动的民间团体叫"青苗会"，为麦苗返青时之意。青苗会源自传统社会中进行村落祭神活动组织管理的民间团体。他们塑神像、建神庙，自发组成各种团体管理神庙及组织祭祀活动。神庙管理系统在祀神的同时还承担着组织村民看护庄稼以及维持村庄秩序的责任，后发展成为具有村落行政管理性质的民间组织——青苗会。早期的洮州迎神赛会并没有固定的组织机构，每年到了五月端午当日，由各村村民自发组织庙会队伍抬上"龙神"（即湫神）塑像进城集会。形成规模后，逐渐变成由各村固定的庙会组织操办各项活动。当时青苗会组织的管理职能包括看护湫池、神林、草山，代表会众处理内外纠纷。岷县青苗会以锁龙乡、维新乡等地为主，当地把祭祀组织团体和五月的庙会活动都叫做青苗会。每个青苗大会都设提领1名、大会长1名、小会长若干、小班多名。提领是青苗大会的总负责人。洮岷青苗会会首的选举制度有两种，即"人选神定"和轮值。岷县锁龙青苗会会首选举则特别关注候选人的家庭经济条件，在岷县的锁龙地区，自古以来"家道赢人"（家业富足）是参选水头即会首的重要条件，这与锁龙地区较好的经济条件和青苗会的运作方式有关。仪式中有取水、坐床、拜水、回庙等十分具有特色的环节。2014年被列入第四批国家级非物质文化遗产扩展项目名录。（LWJ）

(三)省级非物质文化遗产

1. 民间文学

天祝土族《格萨尔》 天祝土族《格萨尔》主要流传在武威市天祝藏族自治县及其周边地区。土族《格萨尔》说唱主要有两种类型:一种是只用土族语说,而不吟唱;另一种为有说有唱,先用藏语吟唱史诗的韵文部分,然后用土族语解释、叙述。甘肃省土族中流传的《格萨尔》主要有《阿布朗创世史》《超同毁业史》《格萨尔诞生史》《魔岭大战史》《霍岭大战史》等部分。土族《格萨尔》融合藏族与土族文化于一体,藏语唱、土语道白,韵散结合,包括土族口传的创世史诗、格萨尔英雄史诗以及远古、上古、中古传说。目前认定的国家级传承人为王永福。2006年被列入第一批省级非物质文化遗产名录。(LWJ)

陇东红色歌谣 陇东红色歌谣是流传在陇东(这里主要指庆阳市)一带的因陕甘宁边区政府的影响而产生的民歌。陇东红色歌谣产生于20世纪20—50年代前的土地革命、抗日战争和解放战争时期,以歌颂革命、歌颂党、歌颂革命领袖、歌颂革命军队为主题,不仅配合和推动了当时的革命运动,并对之后的文艺创作也产生了积极影响。红色歌谣从各个侧面,广泛深刻地反映了劳动人民对美好生活的愿望,表达了劳动人民强烈的精神,有较高的思想性、战斗性和很高的艺术价值、史料价值,代表作品有著名的《咱们的领袖毛泽东》《绣金匾》《军民大生产》等。目前认定的省级传承人为李文军。2006年被列入第一批省级非物质文化遗产名录。(LWJ)

肃南裕固族口头文学与语言 肃南裕固族口头文学与语言传承于张掖市肃南裕固族自治县裕固族群众中。裕固族语言可分为西部语和东部语。西部裕固语属阿尔泰语系突厥语族,由古代回鹘语演变而来;东部裕固语属阿尔泰语系蒙古语族,由东迁至祁连山中部的撒里畏兀儿人所使用的撒里畏兀儿语与古蒙古语融合而成。裕固族口头文学有神话、传说、民歌、叙事诗等。裕固族民歌曲调质朴优美,包括叙事歌、牧羊歌、放马歌、放牛歌、牧驼歌等多种。祝词是裕固族口头文学的重要形式,在裕固族人生活中的一些重要仪式场合都要吟诵祝词,进行祈福或赞美。裕固族较为著名的口头文学作品有叙事长诗《黄黛琛》和《萨娜玛可》,民歌《婚礼歌》和《敬酒歌》。目前认定的省级传承人为钟玉珍、郭玉莲。2006年被列入第一批省级非物质文化遗产名录。(LWJ)

东乡族口头文学与语言 东乡族主要聚居在临夏回族自治州东乡族自治县,语言为东乡语,属阿尔泰语系蒙古语族,无本民族文字,通用汉文。东乡族文学主要为民间口头文学,有民歌、叙事诗、传说、故事等。其民歌大体可分三类:劳动歌谣、花儿、婚礼歌。东乡花儿是东乡族人民喜闻乐见的文学形式，大多数东乡族人都会编唱，常常用花儿这种形式抒发追求幸福生活的强烈愿望。在民歌和东乡族"小经文"基础上发展起来的叙事长诗，反映了东乡族人民不同历史时期的社会生活和民族心理，代表性作品有《米拉尕黑》《葡萄娥儿》《略略调》等。此外，还有不少寓言故事和童话故事，如《可恶的地狗》《虚荣的喜鹊》《麻镶与霍霍兔》等。2006年被列入第一批省级非物质文化遗产名录。（LWJ）

保安族口头文学与语言 保安族主要聚居在临夏回族自治州积石山保安族东乡族撒拉族自治县，使用的语言为保安语，属于阿尔泰语系蒙古语族。保安语里保存着大量的与蒙古语同源的固有词，还吸收了相当数量的汉语借词以及不少来自藏语的词。保安族民间流传的口头文学包括神话、传说、民间小故事、宴席曲、花儿、谚语等多种形式，较著名的作品有神话《人祖阿旦·哈娲的故事》、传说《保安腰刀的传说》、民间故事《哈比卜的故事》《木匠和他的妻子》。目前认定的省级传承人为马福全（已故）、马瑞。2006年被列入第一批省级非物质文化遗产名录。（LWJ）

岷县宝卷 宝卷是一种同宗教和民间信仰活动相结合的说唱文学形式，源自唐代佛教僧侣讲经说法、悟俗化众的俗讲，在宋元时期佛教信徒举行的法会道场中形成，明清时进一步得到发展。宝卷及其讲唱活动在民国时期及之后有所衰落，但岷县宝卷由于其特殊地理位置和地域文化得以保存。岷县宝卷种类较多，数量较大，从内容来看，有佛教宝卷、道教宝卷、佛道混杂的宝卷。其中，明代中期的宝卷较多，现存最早的宝卷是明嘉靖五年（1526）的，此外还有天启、万历年间的。清代的宝卷有康熙元年（1662）等时期的。民国时期的尤为多，其中有些有明确的卷、经、品、忏等的区分，还有些误抄或错抄的。据张润平《岷县宝卷初步普查目录》载，岷县现保存明、清、民国至中华人民共和国成立后直到"文化大革命"之前的宝卷不下500卷，而且至今仍盛行宣宝卷活动。宝卷在老百姓心中非常神圣，宣宝卷被称为"念佛爷"，宝卷常被保存在家中最为尊贵显眼的上位头的正中央位置，即是迎堂屋门正中橱柜的上方，并且有专门的供堂，又叫"佛堂"，用红色布料按照卷数顺序把宝卷从上到下包装好，顺立在"佛堂"内，并且每月的初一和十五都要进香、点灯。目前认定的省级传承人为牟王昌（已故）、景生魁、裴陆平。2008年被列入第二批省级非物质文化遗产名录。（LWJ）

康县木笼歌 木笼歌亦名花儿姐，是起源于康县，广泛流传于陇南乃至甘肃全境的叙事长篇民歌，是具有鲜明地域特色的民间文学作品。木笼是用木头做的笼框子，专门押解犯人之用。故事讲的是清朝道光八年（1828）八月发生的一件事情。康县迷坝乡马鸡山贫苦农民的女儿花儿姐，聪明漂亮，擅长山歌，在山上守耗子（看守庄稼）时，通过山歌对唱和同村小伙子林秀相爱并定了亲。成县邱把总的儿子邱五德企图强占花儿姐，却误踩机关而死。邱把总诬告花儿姐杀死了他的儿子，用木笼把花儿姐押解到成县。花儿姐的未婚夫林秀在阶州府告了状，阶州州官垂涎花儿姐美色，要娶她做小老婆并以林秀性命相威胁。花儿姐假意答应并用计脱身，最终与林秀回到家乡结为恩爱夫妻。故事深刻地揭露了旧社会地主阶级的罪恶，并唱出了劳动人民对美好生活的愿望和忠贞不渝的爱情的追求。目前认定的省级传承人为李争楠（已故）、安俊龙。2008年被列入第二批省级非物质文化遗产名录。（LWJ）

《马五哥与尕豆妹》《马五哥与尕豆妹》是传承于临夏回族自治州临夏县的口头叙事长诗，是回族叙事诗中最长的作品。诗歌取材于清光绪年间河州（今甘肃临夏）莫尼沟的真实故事。回族姑娘尕豆与长工马五相爱并立下誓盟，但美貌的尕豆被大地主马七五抢来做他十岁儿子尕西木的妻子。一天深夜，当尕豆与马五在家中相会时被尕西木发觉，紧急之中二人扼死尕西木。马五在逃跑中丢失一只鞋，被马七五作为证物告到河州。尕豆买通河州官府将此案压下。但马七五贿赂兰州官府，使马五与尕豆双双被斩于兰州华林山。中华人民共和国成立以来，有多种整理本在甘肃、青海、宁夏、新疆等地回族群众中流传。其中有祁振华搜集、张亚雄整理的《马五哥曲》，纪叶搜集整理的《马五哥和尕豆妹》，剑虹整理的《马五哥和尕豆妹》，甘谷整理的《尕豆妹》，高天星整理的《尕豆妹和马五哥》，雪犁、柯杨搜集整理的《马五哥和尕豆妹》。目前认定的省级传承人为何连秀、马新民。2011年被列入第三批省级非物质文化遗产名录。（LWJ）

《甘冬儿和杨达尔》《甘冬儿和杨达尔》流传于武威市古浪县，是根据20世纪40年代在古浪县大靖民权乡一带发生的一件真实故事编成的民间叙事诗。最初是在正月十五闹社火玩场子时，众人你一句我一句编撰起来的，后经民间艺人加工改编成为完整的爱情故事。甘冬儿家境比较贫困，但与其舅父财主杨四爷的女儿杨达尔产生了爱情，杨达尔是个有胆量、有智慧、有个性的女性。看到她不能和甘冬儿按传统婚姻形式结为夫妻，她便下决心走自由婚姻之路。杨达尔大胆鼓动甘冬儿私奔，一同出走封建牢笼。在"丁姐姐"的帮助下，两人结合到了一起。但是，杨四爷集结了几十号人拿着棍棒去抢杨达尔，甘冬儿的哥哥、叔叔等几十人也以棒棍相待。双方对峙数日，不分上下。后来，杨四爷用大烟收买了甘家主要人物"甘老猪"，杨达尔被抢了回去。甘冬儿不死心，上诉民国古浪法庭，杨四爷又买通县官，最终拆散了一对相爱的青年。目前认定的省级传承人为袁育英、严培存。2011年被列入第三批省级非物质文化遗产名录。（LWJ）

古浪童谣 古浪童谣指传承于武威市古浪县的儿童谣曲。古浪长期以来流传着许多优秀的民间童谣、歌谣，这些童谣与农耕文明之下的农业生产和生活关系十分密切，在一代代人的成长过程中产生过良好的启蒙作用。通过"非遗"普查，发现古浪流传优秀童谣三十多首，这些童谣的共同特点是语言高度凝练，富有生活气息，音韵铿锵，节奏明快，内容健康向上、积极乐观、想象丰富、朗朗上口，易诵易传，极富诗情画意，充满童趣。目前认定的省级传承人为陈万喜、戴学莲。2011年被列入第三批省级非物质文化遗产名录。（LWJ）

正宁民谣　正宁民谣是陇东红色民谣的重要组成部分，以讴歌中国共产党及其领导的红军为主要内容，生活气息浓郁，句式有长有短。流传至今的正宁民谣数量较多，如《穷人翻身坐天下》："共产党，爱人民，领导人民闹翻身。千年古树开了花，穷人翻身坐天下。"此外，还有《红军起首三嘉塬》《红军亲人到我家》《七杯茶》《做军鞋》《四季歌》等较著名。2011年被列入第三批省级非物质文化遗产名录。（MDM）

合水民谣　合水民谣是陇东红色民谣的重要组成部分。内容上大多是一些有感于时事政治，评价政治人物、政治事变和政治措施，反映阶级压迫的歌谣。形式上有男女对歌的，如《我把红军没错待》："（女）黄米干饭豆芽芽菜，我把红军没错待。（男）不是你错待不错待，我们打仗回不来"；也有一人独唱的，如《我跟上老刘闹了革命》："日落西山飞红霞，天上飞过来一群鸦。古岭梢林黑压压，这一片子好庄稼。从前皇帝不如鸦，到处穷人受欺压，项戴枷板做牛马，流尽了血汗打下了粮食，一满叫地主拿。十二岁上我拦羊，挡了七年受恓惶，三五年来遍地红，我跟上老刘（志丹）闹革命，穷人就翻了身。"此外，还有《妇女赶上男子汉》《绣荷包》等民谣，在民间流传甚广。2011年被列入第三批省级非物质文化遗产名录。（MDM）

肃北蒙古族祝赞词　肃北蒙古族祝赞词是流传于酒泉市肃北蒙古族自治县的民间口头诗歌。肃北蒙古族祝赞词内容丰富、涉及面广，表达了肃北蒙古族人民消灾除难、安居乐业，过美好、幸福生活的意愿。作为一种别具一格的民族文学形式，虽经过沧桑洗礼，但代代相传、演变、发展，一直显示着其旺盛的生命力。从牧业生产到日常生活，从各种节日盛会到婚丧嫁娶，从马、羊、骆驼到生活用具，甚至一个小小的顶针，都是祝颂和赞美的对象。这些祝赞词从不同的角度赞美事物的外观、功能、用途、特点、制作或成长过程，赞美劳动和劳动人民。祝赞词已深深地扎根于群众之中，成为蒙古族人民劳动生产、日常生活必不可少的精神文化养分。祝赞词多在庄重肃穆的场合唱诵，是一种有一定套式的自由诗。大致由开头、主体、结尾等部分组成。唱诵者往往在开头交代祝诵的原因理由，然后对所要祝福的事物进行真实的描述或夸张的赞颂，最后在结尾部分表达对未来的祝福。目前认定的省级传承人为山西。2011年被列入第三批省级非物质文化遗产名录。（LWJ）

永昌宝卷　永昌宝卷传承于金昌市永昌县，是一种流传在永昌县的民间传统讲唱文艺。早期的宝卷由佛教"变文"演化而来，当代宝卷的主旨也多是劝人为善。表演时，念卷人在没有器乐伴奏的情况下，用一种程式化的腔调把一个个故事唱出来。念卷作为中国传统文化的一部分，在全国各地均有流行，在永昌民间也曾盛极一时。永昌地区的宝卷皆为手抄本。由于明清以来历代文人的传抄和再创作，融入了大量的地方文化特色，不仅使用了很多永昌土语，还写入了很多当地风俗习惯。永昌宝卷主要流行于永昌县城及周边农村，红山窑乡、新城子镇尤多。据20世纪五六十年代粗略统计，当时流行于永昌县西乡的念卷有一百三十多种。以反映现实社会生活、寓言故事等内容，规劝孝道，教人向善。目前认定的省级传承人为范积忠。2011年被列入第三批省级非物质文化遗产名录。（LWJ）

貂蝉传说 貂蝉传说流传于定西市临洮县。貂蝉是小说《三国演义》以及民间流传的"三国传说"中的人物，被称绝世美人。关于她的传说，在山西、内蒙古一带也有流传。临洮县西南衙下集镇潘家集村有一条山沟叫貂崖沟，当地传说是古代美女貂蝉隐居过的地方。故事内容如下：东汉末年，有一樵夫，一天他正在深山打柴时，忽然听到山崖上婴儿的哭声，洪亮异常，惊得飞鸟都乱窜而逃。平素在此山打柴，从未见过有人家居住，樵夫不禁心惊胆战。哭声持续不断，善良的樵夫实在听不下去了，就大着胆子循哭声向山崖寻去。哭声原来是从半山腰的一个石洞里传来的，洞前是悬崖峭壁，有一棵参天古树屹立于前。樵夫冒险爬上树梢，慢慢挪近洞口。樵夫看到在洞内的一张石桌上一个斗篷裹着的女婴，粉雕玉琢，十分可爱。樵夫又惊又喜，上前小心抱起，女婴马上停止了哭泣，望着樵夫甜甜一笑。樵夫用捆柴的绳子将女婴小心系在背上按原路下山。回家的路上逢着一位苍颜鹤发的老者，捋须而笑，对樵夫说："这孩儿长大后，必定是个美人。如不嫌弃，我给她起个名字，可好？"樵夫心想这老丈与婴儿有缘，便答应了。老丈给女婴起名貂蝉，尔后飘然而去。樵夫将小貂蝉抱回家中悉心抚养，视若掌上明珠。貂蝉渐渐长大，出落得似清水芙蓉，亭亭玉立，容颜比仙女还要美上三分，兼且蕙质兰心、聪慧灵颖，吹拉弹唱、歌舞吟诗，无一不精。后来貂蝉因战乱流落在外，机缘巧合，被王允收留在府中，成为歌女。2011年被列入第三批省级非物质文化遗产名录。（LWJ）

苏武传说 苏武传说流传于武威市民勤县。苏武牧羊是我国著名的历史故事，然而《汉书》中关于苏武牧羊的"北海"究竟为何地有多种说法。其中一说即当今民勤的白亭海（古称白海、北海）。传说内容如下：苏武当年奉汉武帝之命出使匈奴，被匈奴单于囚禁放逐北海牧羊。单于给了苏武一群羝羊，说要等羝羊生下羊羔就放苏武回去。苏武赶着一群羝羊，晨曦初显便手持汉节登上山顶仰望长安，皓月当空时与羊为伴思念故乡，风沙撕破了他的衣裳，岁月染白了他的鬓发，连白亭海的水也干涸了，但在海边留下的一条长长的羊肠小道依然清晰。这块地方如今叫做"羊路"，山脚下有一个村叫做"苏山"。民勤县博物馆还收存着一块"汉中郎将苏武牧羝处"的石碑。苏武山最高处有一个用黑土版筑而成的方斗形烽火台，被称为"野鸽子墩",相传苏武在荒野牧羊,思念中原故乡,感动上苍,一夜之间筑成高墩,苏武遂用信鸽传书,昭帝得信,与匈奴修好,苏武归汉。山下曾有一"蒙泉",泉水温热甘冽,传说饮食沐浴能除百病,苏武常来此饮羊。"蒙泉"干涸后,人们在泉眼周围打井取水,水还是热乎乎的。后人敬仰苏武坚贞不屈的气节,在苏武山修建了苏武庙,怀念这位忠臣,同时也祈求神明保佑大地丰收、畜群平安。目前认定的省级传承人为李玉寿。2011年被列入第三批省级非物质文化遗产名录。(LWJ)

《金瓜与银豆》《金瓜与银豆》是流传于武威市古浪县的童话故事,由赵燕翼搜集整理并出版同名童话集。内容如下:很久以前,有一座金柜山,六十里外住着一对老夫妻。老两口在屋后开了一大块荒地,种瓜、种豆又种菜,过着清贫的日子。有一年,遇上大旱,好久也没有下一滴雨,种子种在地里,就是不能发芽,老两口十分着急,天天从几里外的河里挑水浇田。一天,老爷爷忽然发现地里长出两棵嫩芽,一棵红芽,一棵绿芽。他高兴极了,急忙和老奶奶一起,给这两个小宝贝儿松土、锄草、浇水、施肥。这两棵嫩芽一天比一天高。红芽长出了长长的蔓儿,生绿叶,开黄花,后来结了个大金瓜。绿芽长出了长长的藤,藤上墙,开白花,后来结了个银豆角。大金瓜金灿灿,像圆圆的太阳;银豆角光闪闪,像弯弯的月牙儿。秋天到了,瓜儿熟了,豆儿饱了。老两口一块到菜园,老爷爷摘金瓜,老奶奶采银豆。没等老爷爷动手,金瓜就自己掉下来,瓜壳裂开,蹦出一个胖娃娃。老奶奶刚要动手,银豆角就自己落下来,豆荚裂开,跳出了一个小姑娘。老两口就有了自己的儿女,别提多高兴了。他们管胖娃娃叫金瓜,管小姑娘叫银豆。金瓜和银豆一出世,就再也没有让老爷爷、老奶奶干过活。金瓜负责打柴、种菜,银豆操持家务,担水、烧饭,一家人过得和和美美、快快乐乐。该故事是由民间文学改编成作家文学的名著之一,在当地有很大的影响。目前认定的省级传承人为赵燕翼(已故)、朱芳华(已故)。2011年被列入第三批省级非物质文化遗产名录。(LWJ)

嘉峪关故事传说 嘉峪关系列故事与传说流传于嘉峪关市。嘉峪关由于其重要的历史地位和所经历的重大历史事件,例如嘉峪关城楼的修建、左宗棠坐镇肃州和入疆平叛等,都有相应的口头流传版本,其中"定城砖""击石燕鸣""左公柳"的传说等更为家喻户晓。"定城砖"指放置在嘉峪关西瓮城门楼后檐台上的一块砖。相传明正德年间,有一位名叫易开占的修关工匠,精通九九算法,所有建筑,只要经他计算,用工用料十分准确和节省。监督修关的监事官不信,要他计算嘉峪关用砖数量,易开占经过详细计算后说:"需要九万九千九百九十九块砖。"监事官依言发砖,并说:"如果多出一块或少一块,都要砍掉你的头,罚众工匠劳役三年。"竣工后,只剩下一块砖,放置在西瓮城门楼后檐台上。监事官发觉后大喜,正想借此克扣易开占和众工匠的工钱,哪知易开占不慌不忙地说:"那块砖是神仙所放,是定城砖,如果搬动,城楼便会塌掉。"监事官一听,不敢再追究。从此,这块砖就一直放在原地,谁也不敢搬动。目前认定的省级传承人为周如明、何怀珠(已故)。2011年被列入第三批省级非物质文化遗产名录。(LWJ)

迭部藏族民间故事 迭部藏族民间故事流传于甘南藏族自治州迭部县。其语言特征以迭部土语为主,语句精炼,语言生动形象、幽默风趣。讲述者以男性为主,女性较少,宗教故事主要由寺院僧人讲述。目前记录下来的迭部藏族民间故事主要有以下三种:一是藏语口头故事;二是用汉文字或其他文字记录的故事;三是以藏文字记录的故事。口耳相传是迭部民间故事流传的主要形式。20世纪80年代中期,迭部县出版了藏、汉两种文字的故事集成,其中记载了传统民间故事和红军长征故事。从已搜集整理出的52篇民间故事看来,迭部县的民间故事大致分以下几种:一是神话传说,其中最具代表性的有《月亮女的故事》;二是童话,特别是动物故事,这部分在民间故事中占比很大,如《兔子分赃》《兔子当保姆》《兔子和老虎》等;三是寓言故事,如《拇指鸟的故事》等;四是宗教故事,如僧人讲述的《因果故事》。迭部藏族民间故事的特点在于动物故事数量较多,以拟人化的手法说明世界的起源、社会常识、宗教智慧,并表达民众的情感与愿望。目前认定的省级传承人为子九(次久)。2011年被列入第三批省级非物质文化遗产名录。(LWJ)

迭部藏族民间谚语 迭部藏族民间谚语流传于甘南藏族自治州迭部县。藏语称"旦木怀"或"卡布",在全县农牧民群众的生产生活、节庆等活动中世世代代口耳相传。谚语通俗、顺口,格式和词语比较固定,既有形象鲜明的生动比喻,又有浓厚的民族特点和独特的地方色彩。迭部民间谚语包括格言、歇后语,多以两句组成,也有一些由三句、四句组成。内容诙谐、幽默,以讽刺、赞颂事物达到教育人的目的。讲述世界的形成、人类的起源、雪域藏乡的形成、迭山山脉的形成的谚语具有口述历史的作用与意义;涉及伦理道德、因果报应的谚语具有规范社会生活和人际关系的作用;涉及自然现象、生产劳动的谚语具有传授知识的作用。如"天空不降雨水,地上不长五谷";"灾难未来先提防,洪水未发先修渠";"像柱子一样正直,像柱石一样稳当";"多心的男儿成不了事,多心的女人持不了家";"积尘土成山峰,积水滴成海洋";"如果鸡蛋没有裂缝,那么苍蝇无处下嘴";"若想得到别人的尊重,首先就得尊重别人";"人无志气就如死亡,草无露水就会枯萎";"乌鸦的羽毛洗不白,坏人的邪念改不掉";"众人的手是金子,众人的嘴是祸害"。目前认定的省级传承人为扎西。2011年被列入第三批省级非物质文化遗产名录。(LWJ)

正宁谚语 正宁谚语流传于庆阳市正宁县,是生活在正宁县这片土地上的百姓在日常生产生活中总结出的饱含民间智慧的语言艺术形式。内容可分为农时、节气、衣食住行、生活经验等方面。一般采用生动、贴切、无可挑剔的比喻来说明事理,语言风格轻快、幽默,用词句形相对固定,朗朗上口,易记易诵。谚语可用简短的语言说明深刻的道理,揭示出事物的本质,而且带有厚重的方言和地域文化特色。例如:"闰年闰月不种瓜,留下地种胡麻";"时至六月六,黄狗吐舌头";"吃了省钱瓜,害了绞肠痧"。2011年被列入第三批省级非物质文化遗产名录。(LWJ)

平凉春官说诗 平凉春官说诗流传于平凉市,有着广泛的群众基础。春官说诗多在春节社火期间进行,春官们能言善道,以四言七句的方式,送"时历"以及即兴创作,现场赋诗,给予祝福。春官说诗大都与民间社火队伍同行,有统一的服饰,即黑礼帽、文明镜、黑呢大衣,而且披红戴花,手持彩扇,带有旧时特色。原先的春官是骑着高头大马的,现在有了现代交通工具,春官就站在彩车上说诗。目前认定的省级传承人为张海山、刘王喜。2011年被列入第三批省级非物质文化遗产名录。(LWJ)

2. 传统音乐

敦煌艺术—音乐技艺传承 敦煌音乐属于唐代音乐的一种,保存于晚唐五代时期敦煌遗书中。1900年,敦煌石窟发现大量古代卷子,其中有古乐谱一卷,以工尺谱记录,伯希和将其编号为P3808。后为音乐学家席臻贯等专家重新解译,并参考敦煌壁画中伎乐天等图像中所持乐器,如琵琶、丝弦、横笛、笙等加以演奏,编排共计25首乐曲。曲调苍凉古朴,成为敦煌艺术中的重要组成部分。2006年被列入第一批省级非物质文化遗产名录。(LWJ)

临潭新城花儿会 新城花儿会流传于甘南藏族自治州临潭县新城镇一带,又称端午节龙神赛会。每年端午节期间在临潭县新城镇举行,是端午民俗中很有特点的一项,在洮州地区已经延续近六百年。洮州十八路神庙中供奉的龙神,都是历史上有过官位的人物,以明初开国功臣为多,被朝廷敕封为神。新城端午节龙神赛会分三天进行。第一天为"跑佛爷",各自抬起神轿竞跑,以最先跑到终点——隍庙内的龙神祠入座视为胜利。第二天,人们要举行"踩街"活动,也就是各路龙神按规定的座次在城内各个街道游行。第三天拂晓时,各路龙神被抬到城西北面的大石山上祈求风调雨顺,同时,唱"花儿"、演大戏,希望五谷丰登。目前认定的省级传承人为晏三妹、朵栋地尼。2006年被列入第一批省级非物质文化遗产名录。(YH)

陇东民歌 陇东民歌是流传于甘肃东部平凉市和庆阳市(主要为崇信县、环县、华池县)的传统民歌。大多数陇东民歌和皮影、小戏、秧歌融在一起,有独唱、重唱、合唱、对唱、齐唱、领唱等形式,有传统小调、号子、信天游、花儿、酒曲等不同唱腔,风格迥异,曲调优美,歌词内容丰富而精彩,口语特点突出。曲调结构一般与歌词相适应,歌词由上下呼应的两句组成,从古至今,保持声律,可塑性较大,常常因地因人而异。抗日战争和解放战争时期,陇东出现一批新民歌，或由旧民歌发展而来，或给原民歌填新词而成，表达了群众的革命热情，在边区传唱开来，《绣金匾》《咱们的领袖毛泽东》《军民大生产》等是新民歌中的经典代表作。目前认定的省级传承人为崇信县的李效奇、富耀先。2008年被列入第二批省级非物质文化遗产名录。(LWJ)

两当号子 两当号子流传于陇南市两当县南北两端的深山区，即南部的云屏、泰山、广金等地和北部的张家庄、太阳寺的部分地区，自古有"陇南乐府"的称号。两当号子由周边省份和外来移民的民歌与当地狩山号子、山歌以及民间曲牌融合发展而成，其曲调高亢，节奏自由，风格粗犷，发声技巧独特，具有浓郁的山野风味。曲调主要有羽、徵、商三种调式。演唱形式朴实生动，具有独特性，一般四至六人分组演唱，有锣鼓等传统乐器伴奏。以齐唱为主要形式，有领唱、对唱、八度和声的合唱等。可分花号子和排号子两种。花号子又可分为唢呐号子和鸡公号子两种形式。所谓唢呐号子，就是歌手用声音模仿唢呐吹奏的音调而演唱的号子。鸡公号子就是歌手模拟公鸡报晓的啼鸣来演唱号子，有独唱、对唱、领唱、齐唱、合唱等表演形式。排号子一般有唱词，其歌词大多是即兴编唱的，曲调比花号子要低一些，旋律幅度的跳跃变化较小，也是当地最为普及的号子曲目之一。排号子可分为拉箱号子和山歌套号子两种，一般都和生产生活有密切关系。目前认定的省级传承人为张华王、简逢春、张应财。2008年被列入第二批省级非物质文化遗产名录。(LWJ)

康县锣鼓草 锣鼓草也叫"打锣鼓草"，又叫"薅草歌"，是流传于陇南市康县康南田间地头，类似于劳动号子，但又比一般的劳动号子更具有表演性的一种歌舞形式。劳动时，在地边上一人敲锣一人打鼓唱锣鼓草歌，大家随着锣鼓手的歌声边薅草边唱薅草歌，整片推进，互帮互助，场面热闹，气氛活跃，一面山自下而上，薅完为止。锣鼓草歌演唱者可以按照固定的唱本唱，也可以根据环境情景的变化，现编现唱，歌词通俗易懂，富有诗意，情趣横生。如上山时的歌词："太阳娃娃起得早，上山陪我来薅草。我唱山歌谁帮腔，林中自有百灵鸟。"还有表现爱情的、讽刺批评社会现象的等。目前认定的省级传承人为马贵祥。2008年被列入第二批省级非物质文化遗产名录。(LWJ)

康南毛山歌 康南毛山歌是流传在陇南市康县南部山区的民间歌曲形式。之所以称为毛山歌，是因为歌词全是山民一辈辈口头流传下来的，没有歌本，有的是歌手们现编现唱、即兴创作的，所谓"毛"，含有粗糙的意思。主要特征是在生活生产中触景生情，即兴演唱，没有固定的模式和词曲，通俗易懂，原汁原味，无需专业人士进行再加工。形式上，有单唱，有对唱，生动活泼，生活情趣浓厚。内容上，有反映劳动生产的，有反映忠贞爱情的，多种多样，顺从心声。如"铜绿盅子喝清茶，啥时与你成亲家，只要和你成了亲，肉连骨头心连心"。目前认定的省级传承人为唐汰芝、尹世成。2008年被列入

第二批省级非物质文化遗产名录。(LWJ)

康县唢呐艺术 康县唢呐艺术流传于陇南市康县。康县唢呐流传下来的曲牌有一百多个。在喜庆场合选择欢乐、明快的曲调，如《开财门》《大开门》《全家福》等；在悲苦的场合选择哀婉、伤感的曲调，如《哭五更》《吊孝》《哭长城》等。康县唢呐地域特色鲜明，豆坪、平洛等地音色粗犷、厚重、洪亮，大堡、云台等地音色清脆、细腻，康南阳坝一带陕南、川北味较浓，音色富于变换，适应性强。目前认定的省级传承人为王金贵、刘电话。2008年被列入第二批省级非物质文化遗产名录。(YH)

民勤唢呐艺术 民勤唢呐艺术流传于武威市民勤县的苏武乡、东坝镇、大滩乡、双茨科乡一带，以唢呐吹打乐班的形式在当地传承，多用于婚丧、社火仪式上，主要传承方式为口传心授。民勤唢呐艺术的突出技巧为"鼓腮循环换气法"，这种方法不讲究停顿，不吹奏吐音，而多用花舌、颤音，一口气吹完。其腔调有甜音、苦音之别。目前认定的省级传承人为潘竟瑞、黄福本。2008年被列入第二批省级非物质文化遗产名录。(LWJ)

秦州唢呐艺术 秦州唢呐艺术是流传于天水市秦州区的一种古老的民间演奏艺术，尤以清同治、光绪时期为盛。秦州唢呐在演奏期间大多配有云锣、鼓、钹、铰子、梆子、笙、管、笛等乐器组成的伴奏，民间迎送客人、祭祀时都要采用行进式表演。唢呐演奏一般以两人为一组，很少单人演奏，祭祀时场面较大，几十个人同时演奏，气势恢宏。秦州唢呐音色高亢、明亮，具有极强的感染力，无论用于表现自然事物或者人类的喜怒哀乐情绪，演奏技巧都有其独到之处。唢呐演奏根据曲牌所表现的情绪和内容，演奏的气氛也不同，由于曲牌的主奏和音色的区别，旋律各异。演奏时表现技巧灵活运用，有连奏、单吐、双吐、三吐、弹音、花舌、箫音、滑音、颤音、叠音和垫音等，还可模仿飞禽鸣叫声。目前认定的省级传承人为邢月拜、邢天安。2008年被列入第二批省级非物质文化遗产名录。(LWJ)

永昌曲子 永昌曲子传承于金昌市永昌县。永昌曲子是永昌河西堡民间演唱的一种小曲或小调，大多是河西堡地区劳动人民口头创作的，但也有大量的小曲作品是在民间搜集整理过程中由"乡秀才"加工、润饰而成的。小曲追求结构的匀整对称，旋律的婉转典雅和内容的世俗情调，在河西堡地区的城乡演唱很普遍。因为短小精悍，富有浓郁的河西堡乡土气息，演唱、演奏简便，老少皆宜，所以成为秧歌社火里的重要节目。小曲现存的、民间口头传唱的均系近、现代作品，继承和发扬了颂扬真、善、美，讽刺假、恶、丑的传统，融进了河西堡本土方言和当地民歌的曲调，适宜抒情，不强调情节，因而更像是河西堡及其他乡镇的民歌。目前认定的省级传承人为李会香、张金香。2008年被列入第二批省级非物质文化遗产名录。(LWJ)

卓尼土族民歌 卓尼土族民歌是流传在

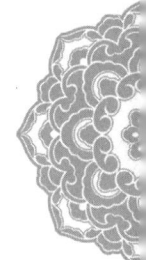

甘南藏族自治州卓尼县杓哇乡一带的土族民歌。卓尼县境内的土族民歌具有明显的藏、土融合痕迹。其情歌称为"卡西",酒歌称为"鲁西",舞曲称为"格日"。所有歌词均用藏语演唱,仅在部分曲调上保留了土族的独特风格,当属于藏语民歌的范畴。"卡西"按当地风俗,要在远离村寨的野外演唱,以倾诉对心上人的爱慕之情。演唱形式有独唱和对唱,曲调节拍多为二、三拍子混合型,旋律以切分节奏为突出特征。调式中的宫、徵调式几乎都有与羽调式交替。"鲁西"是在酒宴上助兴的民歌,歌词均为富有哲理性的格言,语言运用精辟简练、寓意深刻、包罗万象。曲式结构由四个乐句构成,后两句重复前两句,调式大多为六式羽调(五声调式加变宫)和七声宫调式两种。宫羽调式相互交替,旋律进行中偶尔有一两处八度大跳外,一般都为"级进间"夹杂一些四度跳进。演唱形式有独唱、对唱、合唱三种形式,深受藏族民歌"勒"的影响。"卡西"的重要传承人有石邓尕草、蔡生栋;"鲁西"的重要传承人有开龙布,他也是卓尼土族民歌的最有代表性的歌手。目前认定的省级传承人为开莉。2008年被列入第二批省级非物质文化遗产名录。(LWJ)

临洮花儿 临洮花儿主要传承于定西市临洮县。在临洮县南部的衙下集、南屏、玉井等乡镇主要流行洮岷花儿,演唱曲调为"莲花山令"(口语亦称两莲儿),在众多的花儿会场演唱,声势浩大。演唱方式是分两组搭班对唱,每组三至五人,其中一人负责编词、协调、组织等工作,叫做"串班长",一首花儿由每人轮流唱一句,最后以合唱"花哟,两莲儿"结束。在北部的太石、红旗和东片的连儿湾、窑店、龙门等乡镇则流行河州花儿,演唱形式多为零散的独唱,兼有对唱者,但由于没有固定的花儿会,所以其规模和气势不如南部的洮岷花儿盛大。由于临洮处于多民族聚居地,洮岷花儿与河州花儿又相互影响、相互交融,因此临洮花儿曲工词美,别具风韵,独具特色。重要的曲目有《白牡丹令》《脚户令》《三闪令》等。目前认定的省级传承人为周仕芳。2008年被列入第二批省级非物质文化遗产名录。(LWJ)

甘州小调 甘州小调是流传于张掖市甘州区的传统民间音乐。由曲牌和曲子组成,既有对古代张掖音乐的继承,也有对民歌、时令小调等的广泛吸收。其语言朴素、诙谐,易于上口,富有浓郁的乡土气息。演奏时使用的乐器分为三大类,即:吹奏类,有唢呐、竹笛等;打击类,有干鼓、包鼓、木梆、铙钹、木鱼、铜铃、手锣、牙子等;拉弦类,有二胡、板胡、中胡、三弦等。演唱时通常由乐队伴奏,多人演唱,也可以由一人弹唱,走乡串村,沿街就地表演。其最大的特点是表演的即兴性,即表演者可依据不同的环境,针对不同的事物即兴编演唱词。代表作有《花五月》《黄姑娘》《十二月忙》《小放牛》等。目前认定的省级传承人为闫长福、陈学军、李建成。2008年被列入第二批省级非物质文化遗产名录。(LWJ)

嘉峪关民间小调 嘉峪关民间小调流传

于嘉峪关市。嘉峪关作为一个移民城市，在20世纪50年代开始初步建设。大量的移民带来自己家乡的民间文学，在此基础上与本地民间小调结合形成了嘉峪关小调。其节奏规整，以独唱为主，也有对唱和一领众和的形式。伴奏乐器有二胡、板胡。歌词格式多样，除了七言句外，还有五言句及其他长短句，衬词丰富多变，呈格律化特点。内容包括表现劳动生活现状的、表达爱情以及以古代故事、人生哲理为题材的。代表作有《摘棉花》《黄姑娘闹张哥》《孟姜女》《毛主席就是明灯》等。目前认定的省级传承人为赵帅珍、李守财。2011年被列入第三批省级非物质文化遗产名录。(LWJ)

肃南蒙古族民歌 肃南蒙古族民歌流传于张掖市肃南裕固族自治县的白银蒙古族乡。主要有即兴创作的"好力宝"以及赞词、祝词、对唱等。这些民歌婉转悠扬、热情奔放，富有草原气息。内容有歌颂草原山河、自然景色的，有思念家乡和亲人的，有赞美骏马五畜的，也有感谢父母养育之恩、歌颂美满生活和英雄人物的，此外还有传承劳动经验的奶羊歌、擀毡歌等。其中赞美骏马的歌尤为多。这些歌曲中最为重要的是传统的长调。在牧区，或那达慕、婚礼、剪发仪式，或宴请到访的宾客，常常以优美动听的长调表达喜悦之情，并以唱诵赞歌、颂词表达美好的愿望，代表作有长调《金色圣山》。目前认定的省级传承人为高秀兰。2011年被列入第三批省级非物质文化遗产名录。(LWJ)

华亭打乐架 华亭打乐架产生于平凉市华亭县，是华亭民间老艺人王有福于20世纪70年代自创自制的一种组合打击乐器。该乐器通过手、脚、体、形的协调配合，使各种大小不同、声音各异的击打乐器相互协奏，配套组合，将打击乐由传统的多人合作变为一人操作，使打击乐器的演奏更加自由灵活。整部打乐架包括38种不同的打击乐器，其中有锣、鼓、镲、木鱼、哑铃等，构思巧妙，设计独特。现场独特的操作表演方式使打乐架更加赏心悦目，产生极强的艺术感染力。代表作品有《春到玉门关》《支农小烘炉》等。王有福也被认定为甘肃省省级非物质文化遗产传承人。2011年被列入第三批省级非物质文化遗产名录。(LWJ)

麻家集高石崖花儿会 麻家集高石崖花儿会是举办于定西市渭源县的民间歌会。麻家集地区的花儿会，从每年农历五月初五小鳌山开始到五月十八日的塌崖湾、五月二十二的关山、五月二十三的打钟湾和八戒沟法云寺、五月二十七日的南屏山麻黄岭，再到六月初六的高石崖花儿会为止。在麻家集众多花儿会中，高石崖花儿会的参加人数最多，规模最大。高石崖花儿会常常吸引麻家集周边远近三县（渭源、临洮、康乐）十里八乡成千上万的花儿爱好者前来朝山对歌，被称作"漫花儿"。高石崖花儿会一般先在高石崖山顶唱开，中午以后人们开始向山脚下的乔家滩转移，在必经之路，歌手们顺手从路边扯上几把马莲叶拧成绳，牵住两头，拦在路上，开口便唱："杆一根，两根杆，马莲绳儿把路拦，看你高出过呢吗绳下钻？"这就是"马莲绳拦路"。若答者能应答自如，随口唱和，就算闯过了第一关，便有资格加入到对歌的行列。高石崖花儿会的演唱曲目以洮岷花儿的曲目为主，如《莲花山令》《啊哦令》等。目前认定的省级传承人为汪海娥。2011年被列入第三批省级非物质文化遗产名录。（LWJ）

白银寿鹿山道教音乐 白银寿鹿山道教音乐流传于白银市景泰县寿鹿山的诸道观中。寿鹿山道教音乐由曲牌、经韵和锣鼓曲三大类组成，现存的曲目160余首。曲目的运用有严格的场所要求，乐队编制、乐器组合、演奏形式均有一定的程式，是一系列种类齐全、曲目丰富、程式完备、存留完整的音乐体系。乐队编制一般为7～9人。其中法师一人操摇铃、木鱼和小勾锣三件乐器，唢呐2～4支（相邻的白银市平川区接云观为2支竹笛），大鼓、钹、三镜均为专人演奏。海螺只在特殊场合使用。在庙会或大型祭祀活动中，若干个道乐班联合演奏，乐队还有唢呐4～8支、大鼓2面、小勾锣2面、钹2副、三镜2副，还有镲、木鱼等乐器。人数达20人以上，俗称"双吹双打"。目前认定的省级传承人为曹守国。2011年被列入第三批省级非物质文化遗产名录。（LWJ）

灵台唢呐 灵台唢呐主要流传于平凉市灵台县。灵台唢呐最早出现在婚礼、葬礼、祭奠、乡村庙会、庆祝典礼等场合。由半职业农民组成鼓乐班子演奏。灵台唢呐班子没有固定的人数限制，少则两人，多则十几人。灵台人过事（指红白喜事）最讲究的是请全班子。所谓全班子，即由六至八人组成，由两支唢呐吹奏，伴以堂鼓、钧锣、小锣各一面，钹、小镲各一副的演奏。也有由一支小唢呐领奏，伴以土管子、竹笛、板胡、二胡、三弦、低胡、牙子、板鼓、梆子、小锣、小钗等组班演奏的。一般乐队成员都会演奏两种以上的乐器，可根据需求在人员不变的情况下随意调配。灵台唢呐曲牌有三百多个。目前认定的省级传承人为姚九录、董金文。2011年被列入第三批省级非物质文化遗产名录。（LWJ）

牛角琴演奏 牛角琴是流传于甘南藏族自治州玛曲县独有的一种藏族拉弦乐器，藏语称"章瑞扎木聂"，因原始形制的琴筒用粗大的野牛角制作而得名。琴筒用短牛角来制作，角长一般为15厘米，将牛角凿空，以牛犊皮作琴面，木为弦竿和琴耳，马尾作琴弦，以6、1、2、3、5五音进行演奏，主要在"跳歌"时伴奏，其音色柔美绵长，琴音清脆悦耳，悠扬动听。牛角琴演奏流传至今的曲目有四首，即《珠姆挤奶》《黑马恋乡》《唢呐金曲》《尕旦孜布》。目前认定的省级传承人为青知布、尕藏旦巴。2011年被列入第三批省级非物质文化遗产名录。（LWJ）

陇西民歌 陇西民歌流传于定西市陇西县。这里专指"花儿"以外的民歌，包括山歌儿、麦歌儿、夯歌、小调及秧歌小调、迷胡。山歌儿又叫打山歌儿，是陇西民歌的主要组成部分，四句一首，渭河以南叫城川（南山）山歌儿，曲调优美动听；渭河以北叫北路山歌儿，男声高亢、雄浑、夯实，女声悠扬、委婉、清脆。麦歌儿是从临夏花儿

"下四川"移植并流传而来的民歌形式之一，是陇西一带农民在拔夏田时唱的歌。麦歌儿的唱词是上下两句一首，歌唱形式以一人领唱，众人唱和为主。夯歌是修公路和铁路时所唱的打夯号子。小调是陇西民众在劳动或休闲时所唱的小曲，特别是指中青年妇女在家做针线活时随意哼唱的传统音乐调式。秧歌小调主要在春节期间举行社火时演唱。迷胡（眉户）内容有唱腔和曲牌两种，唱腔有马头调、银纽丝、采花调等，曲牌有柳青、八谱儿、满天星等。目前认定的省级传承人为王健、白好寿。2011年被列入第三批省级非物质文化遗产名录。（LWJ）

会宁民歌 会宁民歌流传于白银市会宁县。会宁民歌种类较多，有会宁山歌、社火小曲、蜡花小调等，内容丰富多彩，既有叙述生产劳动场景的打夯歌、种田歌，还有山野之间演唱的情歌，亦有大量的儿童歌谣、小调。表演形式多样，既有一个人的独唱、两个人的对唱，还有集体合唱；既有歌，又有舞蹈。会宁民歌艺人以口授心传为主要传承方式，在唱词、段落反复、伴奏手法、旋律装饰等方面都有大量的即兴创作成分。自明清以来，会宁民间创作出了《绣荷包》《摘棉花》《牧牛》《尕老汉》《王家哥》《镰刀割了手》等一大批优秀的民歌。1936年，中国工农红军三大主力会师会宁，会宁人民创作了《会师山歌》，真实反映了当年红军会师的情景，成为当地群众耳熟能详的经典山歌。目前认定的省级传承人为张玉兰、马克选。2011年被列入第三批省级非物质文化遗产名录。（LWJ）

静宁阿阳民歌 静宁阿阳民歌流传于平凉市静宁县。据《静宁州志》记载："静宁民性刚直，好施尚义，业农颇勤……亦好音乐歌谣。"静宁阿阳民歌种类繁多，曲目特别丰富，归纳起来有号子、山歌、小调、酒曲四类。其中以小调的数量最多、质量最好。阿阳民歌歌词大多为四句七字式，也有三句五字式的，形式多样，内容丰富，有激发劳动热情、诉说劳动感受的，有讽喻世相的，有反映民间婚嫁、祀葬习俗的，有表现广大劳动人民追求自由爱情和美好生活情愫的。目前认定的省级传承人为黎秀华。2011年被列入第三批省级非物质文化遗产名录。（YH）

酒泉肃州、瓜州、敦煌民歌 酒泉民歌流传于酒泉市各县市。其中肃州（区）民歌以小调为主，如《十劝人》《五更调》《秧歌调》《害相思》《孟姜女哭长城》《打肃州》，其内容包括生活类、传说故事类、爱情类，等等。瓜州民歌的经典作品有《十颗子》《十朵花》《小货郎》《马秀英》《小儿子当兵》《丝绵线》《织手巾》《抬亲》等，有特色乐器金钱鼓、牙子、响木和二胡、板胡、唢呐、大三弦、小三弦、笛子、锣、鼓等。敦煌民歌的经典作品有《小儿子当兵》《织手巾》《十月怀胎》《小寡妇上坟》《光棍哭妻》等。目前认定的省级传承人有肃州民歌的孙近仁，瓜州民歌的杨生秀，敦煌民歌的陈秀芳、陈正清。2011年被列入第三批省级非物质文化遗产名录。（LWJ）

民勤民歌 民勤民歌主要流传于武威市的民勤县。这里的民歌主要包括劳动号子、

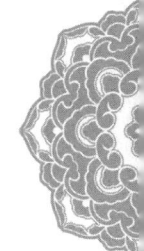

小调。劳动号子在当地称"喊号子""叫号子",是伴随劳动并常带有呼号的歌曲,主要有两种类型:一是打夯号子,二是提杵号子。打夯号子多流传于凉州区,曲调与各地自然环境、人文环境密切关联,形式多样。此外,还有赶车号子、抬木号子和吆猪号子,只是在个别地方传唱,数量不大。民勤的提杵号子最有特色,多在筑路打墙劳动中所唱,亦称"打墙号子"。声调高亢,粗犷悲壮,此起彼伏。这与民勤环围沙漠,人们长期以来非常重视打墙防沙有关。为了防风沙,县内庄堡的墙垣既高且厚。打墙者一人一杵,分作两班(每班人数多少不等),分别站在墙基两端,由右向左边移边打。节奏慢而拉长者为"慢杵",快而紧者为"快杵"。小调亦称小曲,是民勤民歌的基本内容,数量庞杂,根据内容还可分为爱情、生活、传说故事、新词和杂类等五类。民歌词曲结合较为固定,曲调优美,节奏顿挫分明,适于反复唱。有很多曲调接近眉户风格。从调式色彩可分为"花音"与"苦音"两类。广为流唱的民勤民歌有《闹土匪》《闯山关》《王哥放羊》《出斩》《走宁夏》《拉骆驼》等。目前认定的省级传承人为曹宗让、曾祥道。2011年被列入第三批省级非物质文化遗产名录。(LWJ)

高台民歌 高台民歌流传于张掖市高台县。有情歌、劳动歌,也有以历史传说为题材的歌曲,内容丰富,曲调优美。风格方面,有高亢、豪迈的,也有细腻、柔美的;体裁方面,有山歌号、花儿、信天游、眉户小调、诙谐歌曲、无曲谱的歌谣。演唱时伴奏的乐器主要有板胡、二胡、三弦等,打击乐有木鱼、碰铃等。所用的道具主要有手帕、扇子等。歌词时朴素、时泼辣,乡土气味浓厚,比兴手法多种多样,写景、状物、抒情都非常形象、生动、贴切。衬词、虚词很多,使得歌曲节奏更加明快。目前认定的省级传承人为杨希禄(已故)、闫占祥(已故)、王崇教、杜发会、郭永生。2011年被列入第三批省级非物质文化遗产名录。(LWJ)

3. 传统舞蹈

敦煌艺术—舞蹈技艺研承 敦煌舞蹈来源于敦煌壁画。它是由当代艺术家以敦煌佛教艺术为基础上,挖掘隐藏在壁画中的舞蹈因子,经过复原、整理而成的敦煌舞蹈艺术。艺术家们融汇敦煌壁画中中原文化与西域文化特色,以塑像和壁画中菩萨和飞天的姿势为蓝本,创造出和传统民间舞、西方古典舞截然不同的舞蹈艺术流派。其舞姿善用手、肘、胯等部位,表现体态柔美、潇洒飞翔的意蕴。所推出的《丝路花雨》《大梦敦煌》等舞剧,是当代中国舞蹈艺术结合古典与创新的典范。2006年被列入第一批省级非物质文化遗产名录。(LWJ)

荷花舞 荷花舞是流行于庆阳市西峰区,并影响到周边的宁县、庆城县、正宁县等地的民间舞蹈。荷花舞的舞具有云盘、云朵、油灯、莲花等,意味着农耕文化。表演者主要是青年女子,人数可多可少,一般为6~8人,着装为荷花颜色,舞动起来宛如荷花飘游,所以又称"地飘儿""地游子"。有龙摆尾、燕穿梭、十字套等队形变化,壮观中寓柔雅,轻捷中有平稳。著名舞蹈家戴爱莲把荷花舞改编为专业院团舞蹈品目,多次出国演出,蜚声中外。目前认定的省级传承人为胡碧峰、郑栓香。2006年被列入第一批省级非物质文化遗产名录。(LWJ)

地蹦子 地蹦子也称酒泉地蹦子,是流传于酒泉市的一种民间社火。一般分为泉水片(肃州区泉湖乡、银达镇、三墩镇、铧尖乡,即用泉水浇灌田地的地区)和洪水片(肃州区金佛寺镇、东洞乡、清水镇,即用山上雪水浇灌田地的地区)两大类。泉水片的"地蹦子"装扮比较简单,由四个鼓子(青年男子)、四个拉花(青年女子)、四个和尚(少年儿童)、一个膏药匠(老者)、一个傻公子、一个丑婆子、一个大头和尚、一个柳翠共17人组成。洪水片的"地蹦子"除泉水片的"地蹦子"装扮的人物外,再加一个春官、两个皂隶、两个中军官、四个棒槌娃、四个竹马子,还有装扮八仙过海的人物,角色少时26人,多时达四十余人。"地蹦子"的花样比较繁多,有二十多种,可以考证和目前还在表演的有一字长蛇、二龙戏珠、三环套月等。主要伴奏乐器是大鼓、铜锣、铜镲、小铙和花锣(拉花手中的小锣)。社火队的表演时间由各自不同的花样搭配和组合来决定长短,短的表演20分钟,长的表演1~3小时。目前认定的省级传承人为李生茂。2006年被列入第一批省级非物质文化遗产名录。(LWJ)

尕巴舞 尕巴舞是流传于甘南藏族自治州迭部县卡坝、尼傲、旺藏三乡部分村的一种藏族传统舞蹈。该舞蹈起源于印度,由古吐蕃戍边将士传播到迭部,后在尼傲乡村流传。表演者以男子为主,女性围观并喝彩助兴。表演形式有独舞、双人舞、团体舞,也有哑剧、喜剧、杂耍等多种形式。歌词以三句为首,以爱情、神话故事、赞颂事物等为主要内容。尕巴舞的表演有"敬山神""偷亲""狗熊爬树""官兵出征"等内容。2006年被列入第一批省级非物质文化遗产名录。(LWJ)

西固军傩 西固军傩流传于兰州市西固区一带。西固军傩相传为汉骠骑将军霍去病远征西域,途经此地时所遗留,寓意娱神祈福、敬天保民,涵盖了舞蹈、音乐、美术等多方面的艺术因素。傩面生动形象,鲜明地表现出人物的性格:"正神"面带微笑,慈眉善目,观之可亲;"凶神"长角獠牙,倒眉突眼,神情凶煞;"世俗人物"贴近生活,没有"神气"和"鬼气"。表演者戴着傩面一边跳舞一边伴随着锣鼓声齐声吼叫,模仿着蛇、虎、鹰、龙等舞动,传达出攻无不克、战无不胜的正义之师的英雄气概。军傩舞场面宏大,气势威武,具有很强的感染力。2006年被列入第一批省级非物质文化遗产名录。(YH)

锅庄舞 锅庄舞是藏族三大传统舞蹈之一,在甘肃省主要流行于甘南等藏族聚居区。锅庄舞,又称为果卓、歌庄、卓等,藏语意为圆圈歌舞。锅庄分为用于大型宗教祭祀活动的大锅庄、用于民间传统节日的中锅庄和用于亲朋聚会的小锅庄等几种,规模和功能各有不同。舞蹈时,男女各排半圆拉手成圈,有一人领头,分男女一问一答,反复对唱,无乐器伴奏,舞蹈由先慢后快,基本动作有悠颤跨腿、趋步辗转、跨腿踏步蹲等。舞者手臂以撩、甩、晃为主变换舞姿,队形顺时针行进,圆圈有大有小,偶尔变换"龙摆尾"图案。2006年被列入第一批省级非物质文化遗产名录。(LWJ)

庆城徒手秧歌 庆城徒手秧歌是流传于庆阳市庆城县的一种传统舞蹈形式。可分为秧歌舞和秧歌剧两种,秧歌舞只舞不歌,俗称"扭秧歌",始终突出一个"扭"字。有原地表演的,也有在进行中表演的。原地表演要变换各种队形,聚散合分,动静有序。秧歌剧虽也以"扭"为主要表演特征,但载歌载舞,而且有故事情节。徒手是庆城秧歌的一大特点,演员不拿任何道具,按照一定的舞蹈定式,伴乐而舞。有丑公丑婆是其另一大特点。丑公,群众呼之为骚老头,头戴毡帽,后脑勺跷一根细毛辫,脸上涂以豆腐块装饰,手执蝇刷或长杆烟锅,动作以"风骚"为其特点;丑婆,又名害婆娘,头发梳成一根短棒,上插大红花,双耳垂吊红辣椒或红纸炮,脸涂厚粉,上点几颗雀斑,手舞棒槌,动作以"辣"为其特点。二人或在队尾,或满场子乱跑,做出各种滑稽动作,逗人发笑。舞蹈动作有扭步、十字步、凤凰单展翅、二起脚、劈叉,等等。乐器伴奏以唢呐、笛子、二胡、板胡为主。曲牌有《状元游街》《绣荷包》《尖尖花》《银扭丝》《大摆队》等。2008年被列入第二批省级非物质文化遗产名录。(LWJ)

酒泉"福禄车" 酒泉"福禄车"是流行在酒泉市肃州区的一种社火舞剧,属于表演社火中的车社火,带有明显的故事情节和戏耍趣味。由二男一女化妆表演,即媒婆、青年男子、年轻姑娘三个角色。三个角色中,媒婆极丑,是传统社火中的丑角,是"福禄车"中的"女主角",常由男子饰演。青年男子饰演第一次推车去媳妇娘家的女婿,农村青年的打扮,是"福禄车"中的"男主角"。短暂的故事在他们之间展开。年轻姑娘饰演新媳妇,表演中她撑着"福禄车"在行走,虽非主角,却是最负重、最辛苦的人。表演内容主要突出乡村婚姻中一段传统的习俗,为了让这一习俗显得有趣好看,便编排一段小故事。故事以婚后三天新婚夫妇与媒婆三人一起回娘家的过程为主线,以田野间的乡村道路为场景,内容真实生动,动作夸张有趣,乡土味十足。整个表演诙谐幽默,引人发笑。目前认定的省级传承人为徐建林。2008年被列入第二批省级非物质文化遗产名录。(LWJ)

宕昌羌傩舞 宕昌羌傩舞又称木家藏族"凶猛舞",源自于陇南市宕昌县羌藏民族古老的宗教祭祀活动,是一种宗教祭祀舞蹈,属傩文化的一种。整个舞蹈由15人出演,其中乐队5人、舞蹈者10人,领舞者的属相必须和当年的属相相同。舞蹈的队形按人物顺序排列如下:领舞者称老大,名"贡巴",他头戴熊皮帽,身穿黑长袍,帽上插有锦鸡羽翎,胸前戴一串玛瑙项链,左手拿翻天印,右手持拨云剑;老二名"苟巴""苯苯(巫师)",头戴毡帽,身穿蓝色长袍大襟衫,右手拿棒当鼓,左手拿铜质碟铃;老三、老四、老五各显五方神灵,他们披戴五官佛,手拿骨卦、碟铃和牛角喇叭。后边五人头上分别戴牛头马面面具,反穿皮袄,腰间系一颗大铜铃,双手持木刀。舞蹈以腿部动作为主,上身前俯,双手握刀,随着节拍,双腿屈膝抬脚拧身,连续循环,组成一组舞蹈。单调的动作再配上简朴的节拍,更显出舞蹈的原始、粗犷、古朴。目前认定的省级传承人为苗赵生义。2008年被列入第二批省级非物质文化遗产名录。(LWJ)

民乐顶碗舞 民乐顶碗舞是流传于张掖市民乐县的一种传统舞蹈,是一种集杂技与舞蹈为一体的艺术形式。跳舞者头顶瓷碗,口衔竹条,两手各拿一碟一筷,筷子两头各系一铜铃红穗,舞时按音乐节奏磕动"口条"敲击头上的瓷碗,敲打出有节奏的悦耳声音。以传统秧歌十字步为基调,再交叉使用"三步一抬""梭子步""垫步""斜后点步""云步"等,做出走、跳、站、跪、爬、滚、翻等动作,摆出各式各样的造型。演奏的乐器有唢呐、板胡、二胡、三弦、笛子、钹、梆、碰铃、锣、鼓和京镲。自乾隆年间流传至民乐县汤庄村以后,顶碗舞在民间广为流传,或三五人,或集结成群成百上千,自发组织,自发编导,为亲朋好友聚会助兴,为节日增添喜庆和热闹。目前认定的省级传承人为汤居、许永年。2008年被列入第二批省级非物质文化遗产名录。(LWJ)

天祝土族安召 天祝土族安召传承于武威市天祝藏族土族自治县。"安召"意为"圆圈舞",是土族人世代相传的,为喜庆五谷丰登、风调雨顺而举行的歌舞表演,表演场地一般是在有场院的庭院,男女老少皆可参与,领唱、齐唱和舞蹈综合为一体。起舞时,为首二人载歌载舞,领唱歌词,随后众人合舞。舞蹈基本动作有"左右弓身摆手""上下起伏""下蹲旋转"等。舞姿中的俯首向地,是对大地的膜拜;舒袖朝天,是对苍天的敬仰;双手平托,是对朋友的坦诚;脚步稳健,是对生活的挚爱。女的动作较优雅、秀气,男的则粗狂、大方。舞曲以3/4拍为最常见,曲调高亢、嘹亮,速度平稳,并随着歌词内容的变化而变化。目前认定的省级传承人为李占忠。2008年被列入第二批省级非物质文化遗产名录。(LWJ)

道台狮子 道台狮子传承于兰州市榆中县青城镇。相传是在清同治年间由山东艺人传入,为纪念一位曾经资助并促使此技艺得到提高和发展的道台而命名。艺人扮演的角色有猴子、猩猩(俗称傻娃子)和狮子。猴子穿红上衣、红裤子,腰间系黄带子;猩猩反穿皮裈子,下穿绿裤子。猴子和猩猩所戴的面具用纸锦制成。表演时,猴子用棍棒,猩猩手拿拂尘与蒲扇。道台狮子有四种表演形式,即柴山、一字大板桥、翻天印和五蓦梅(五瓣梅),其中柴山与一字大板桥、翻天印与五蓦梅分别结合表演。柴山表演道具为长凳,将长凳搭起,每层一对,层数一般为奇数,最高时达21层。柴山拆下后,就将凳子两竖一横连接摆在街道中,玩一字大板桥。

翻天印表演道具为方桌，最下面九张，向上依次减少一张，到第九层后在上面再倒放一张，四脚朝天（也就是第十层）。翻天印表演后方桌随即拆除，摆成五蘽梅。道台狮子在表演时所配的乐器有锣、鼓、铙钹，鼓点随锣和铙钹。目前认定的省级传承人为王文泰。2008年被列入第二批省级非物质文化遗产名录。（LWJ）

马衔山秧歌 马衔山秧歌主要流传于兰州市榆中县马衔山一带。一般由20～60人表演，前有春官、衙役、姑娘队和妖婆队，均由20岁左右的男青年装扮。姑娘头戴假发套，吊一个独辫，身穿红绸袄、黑马夹，腰系彩裙，足穿绣鞋，左手持彩灯，右手持舞扇。妖婆身穿大花袄，系围裙，灯笼裤，左臂挽一个柳条筐篮，右手持棒槌。秧歌唱词内容丰富，曲调优美动听。唱词中有生活歌谣、民间故事，也有农事、历史相关内容，有时也会即兴创作。秧歌表演队随着太平鼓的节奏起舞，有十字步、撒金钱、鸽子翻身等舞步，边走边唱，边唱边舞，以唱为主，唱舞结合。在表演时，主要分为过街和跑场两部分。过街就是在行进中表演，是舞队在行进或进入场地前的舞蹈；跑场跑出一个相对固定的场子来进行各种形式的表演，是演出的高潮部分，场子借鉴或模拟古代战阵、仪仗队，动作轻巧沉稳，柔美大方。目前认定的省级传承人为丁永明。2008年被列入第二批省级非物质文化遗产名录。（LWJ）

太符灯舞 太符灯舞主要流传于兰州市榆中县和平镇的马家山村。表演时，演员们头束"扎巾"，下颌戴着留开嘴的"张口胡子"，穿着红、黑两种颜色为底纹的腾龙戏服，压白边条，紧袖黑靠，腰间束一黄缎带并挽一绣球，头上还有象征着"两道符"的两朵云形状的花。太符灯舞的角色分为红、黑两种，红角色化红妆，黑角色化黑妆，采用了戏剧的"二花脸"的画法。脸谱图案为太极图形，眉上画的是变形的太极图，用红色表达角色奔放豪气的性格特点，黑色表达勇猛刚直的性格特点。演员上场后，右手执太符（又称"虎符"）代表威猛和正气；左手执花灯，代表喜庆和祝福。舞蹈动作为身体前倾，腿呈弓箭步，然后在吸腿跳步之时，向内旋半拍脚触地的瞬间，右手的"虎令"从体前上举，左手的花灯同时向后远伸，右手"虎令"摇动。这样的动作向东南西北方各做一次，称之为破四门。一般从每年的腊月初便开始制作道具和组合排练。正月初一在村庙"点蜡上香"，祈祷新的一年里五谷丰登、人畜平安，然后开始在附近串村表演，至正月十五结束。结束时，要将表演时的"太符灯舞"焚火烧净。目前认定的省级传承人为张永富（已故）。2008年被列入第二批省级非物质文化遗产名录。（LWJ）

和政秧歌 和政秧歌是流传于临夏回族自治州和政县及周边地区的一种传统舞蹈，主要用于春节期间的社火表演，是一种由祭祀活动演变而来的娱乐形式。其阵容庞大，演员多达二百多人；形式多样，有说有唱，载歌载舞，并伴有武术、杂耍、杂角表演。队伍由"前五角""中三角""后五角""杂耍杂角"组成,行进和表演都按前后顺序进行,只有杂角可以穿梭在队伍中间,任意发挥、即兴表演、取乐观众。"中三角"人数最多,为秧歌的主体,排在"前五角"之后,在行进和进场后"舞花场"最有声势。杂角是正角之外的其他角,表演形式不拘一格,主要以滑稽动作和幽默语言来打趣逗乐观众,营造欢乐气氛,并增加秧歌的乐趣。其中婆、鬼子（丑角）的角色在表演时以说吉利话、祈福祝愿为主要表现形式,辅以歌唱。目前认定的省级传承人为唐文明、张国华（已故）。2008年被列入第二批省级非物质文化遗产名录。（LWJ）

河州北乡秧歌 河州北乡秧歌流传于临夏回族自治州永靖县,永靖县旧称河州北乡。秧歌队一般由财宝神、仪仗队、美仪队、武将队、现实生活队组成,参演者一般在一百人左右,不仅在村内表演,而且还向邻村"送太平"。秧歌队以财宝神为先导,其他队列实际上处于陪衬的地位。财宝神由毛老僧、掌灯官和钹鼓手组成。毛老僧由博古通今、出口成章者扮演,扮演者反穿皮袄、怀揣"宝物"、手拿鸡毛掸子,在前唱,秧歌队在后边舞。凡是秧歌队路过的村庄,亲朋好友在道旁和门前"备钱",迎请财宝神入席。财宝神享用茶酒,同时给主人家演唱赐福、招财的吉祥词,送上各种"宝物"。此时秧歌队在道路上边舞蹈边等待,财宝神起身上路之后,秧歌队随即跟进。每年腊月二十三过后,群众就开始自发组织,选出会首,安排角色,准备闹秧歌。"社火出窝"一般在正月初二,第一场演出先到附近的庙院或神殿,这是约定俗成的惯例,其次才在社头院落表演,之后走乡串社,应邀或主动去邻村送社火。到十五、十六日,在所有邀请的村庄表演完后,再到本庄各巷道巡游一轮,然后到十字路口卸装,并将社火纸货就地焚烧。目前认定的省级传承人为刘世玉、芝生郁。2008年被列入第二批省级非物质文化遗产名录。（LWJ）

节子舞 节子舞流传于金昌市永昌县,具有传统武术和舞蹈的因素。表演者人数四人到几十人不等,手中都有用木棍做成的一只或一对"节子"。节子代表一年中的二十四个节气,两端各有三个长方形小洞,每个小洞中各穿四枚方孔铜钱,象征一年四季中的十二个月。节子全身漆为红色,象征人们的生活红红火火,两头一边系一方红绸以代表太阳,一边系一方绿绸以代表月亮。舞时节节相连、环环相扣,"嚓嚓"作响。动作有二龙戏珠、虎抱头、车轱辘、韩信点兵、白马分鬃等,还有一字长蛇阵、巧打四门、五行阵、八门金锁阵、十排阵、群星聚会等阵法。舞者根据社火的鼓点踏步舞鞭,也可以边舞边唱,舞姿刚毅威猛、气势豪放,具有武术人击剑舞棍之势。目前认定的省级传承人为赵振铎、赵吉海。2008年被列入第二批省级非物质文化遗产名录。（LWJ）

哈钦木 "哈钦木"流传于甘南藏族自治州合作市。"哈钦木"本意为鹿舞,是以圣者劝化猎人停止杀生为内容的,也具有驱除魔怪、祈求当地风调雨顺、五谷丰登、人畜兴旺的寓意。演出不单纯是为了娱乐,而是以宣扬佛法、劝善戒恶为宗旨的,是藏传佛教思想和藏族传统伦理文化相结合的产物。有说唱、有歌、有舞,又有较完整的故事情节。有两个角色:一个是米拉日巴,庄严、慈悲,多由具一定威望的高僧担任;另一个是猎人贡保多吉,彪悍、洒脱,言语间常揭露寺中丑恶现象,由口才较好的僧人饰演。戏共分七场。第一场,山神阿杂拉出场;第二场,另一山神引领两头狮子入场舞蹈,狮子舞毕不再出场;第三场,土地神阿扎出场;第四场,两位土地神特合悟瑞上场舞蹈;第五场,两只鹿先后出场;第六场,两个猎人(其中一位为贡保多杰)上场;第七场,米拉日巴唱道歌进行劝化,讲解解脱烦恼、修炼成佛的道理,两位猎人深受教育,表示放弃杀猎之念,皈依佛门。至此,猎人、猎人之犬、鹿及猎人孩子共同欢舞,演出在一片道歌声中结束。2008年被列入第二批省级非物质文化遗产名录。(LWJ)

拉卜楞民间舞 拉卜楞民间舞是流传于甘南藏族自治州夏河县的民间歌舞艺术。表演形式有一定的程式,无道具,无统一服饰要求,参加表演的男女身着日常便服,但一般讲究的是藏式长袍和衬衣,腰束红绸腰带,脚穿藏式长筒靴,冬戴皮帽、夏戴礼帽。表演场地不拘,人数不限,大部分舞蹈男女均可参加,因人因地可随意组织与各种场合相适宜的规模围成圆圈而舞。表演内容一般都为祝愿亲朋挚友、新婚夫妇幸福美满、吉祥如意,赞美山川大地、草原河流、日月星辰、碧空苍穹的壮美英姿,怀念父母兄长、良师益友的恩德,歌颂佛祖的圣明、佛法的无量。表演时间通常在新春佳节,喜庆吉日。表演动作丰富,舞姿绰约,有左、顺、开、屈、颤、甩、俯七种特点。脚踏步整齐一致,节奏性强,翻身辗转轻盈敏捷,抛袖甩臂飘逸大方,表演者边唱边舞。目前认定的省级传承人为久西草。2008年被列入第二批省级非物质文化遗产名录。(LWJ)

秦州夹板舞 秦州夹板舞流传于天水市秦州区,俗称"打夹板",是古老又独特的乐舞,也是祭神古乐的延续。道具所用的夹板约有50厘米长,由红椿木或槐木制成,亦称"云阳板"。表演时,人们手持云阳板,在黄罗伞盖、飞龙旗、飞虎旗、五色旗的引导和锣鼓、吹奏乐伴奏下,在震耳欲聋的自制铁炮声中起步,列队沿街行进表演。表演队伍分工明确,不同的角色由不同年龄的人身着不同的服饰表演。但所有的表演人员都穿黑鞋。表演队伍按照前后顺序由领路者、旗幡表演者、奏乐表演者、夹板舞表演者四种不同的角色组成。领路者是由成年的青年男性担任,身穿红色镶金边的短打服,腰系红金两色的绸带;旗幡队由青少年男女组成,身穿橘黄色镶黑边的短打服,腰系红金两色的绸带;奏乐表演者由年长的男性担任,身穿蓝色镶金边的短打服,头系蓝红相间的头巾,腰系蓝金两色的绸带;夹板舞队由男性担任,年龄参差不齐,身着黄色镶红边的短打服,头系黄红相间的头巾,腰系红金两色的绸带。目前认定的省级传承人为马忠礼、张岁朵。2008年被列入第二批省级非物质文化遗产名

录。（LWJ）

临洮傩舞 临洮傩舞（非面具舞）流传于定西市临洮县。傩舞，俗称师公跳神。在即将举办祭祀仪式的当天，由神头组织人，到大庙里把地方神请到自然村的庙里，同时师公会在庙里制作道具。晚饭后，当庙里的鼓点响起时，村民纷纷前去看跳神。傩舞一般分三个过程：一是师公跳大神；二是给先人烧纸，师公作法把村子里过世的先人的灵魂请到法场，后人给先人们烧纸，此过程在师公降住"毛鬼"（孤魂野鬼），村民给先人烧完纸后结束；三是"滚毡"，即师公武术表演，一般会至深夜。第二天，师公会跳一天的大神，手拿羊皮鼓，脚踩着鼓点，嘴里念念有词，包括不穿法衣跳、站在长条凳子上跳、甩着辫子跳、耍着武术跳几种跳法。村民每家都会端着一个当年新麦面做的花馍馍，上面点缀着各色的鲜花，敬献给地方神和山神。师公则返送一支纸彩旗给村民。等到下午的两三点左右，有一个师公打着花脸，口吐猪獠牙，身着法袍，挂着铜质法器，在法场上念念有词地跳。到最后，师公会跟地方神要卦，一旦要的是上卦，师公就会冲出庙门，有一青年男子抱起法场中央安置的大公鸡紧随着师公朝着法场外面跑去，同时有很多儿童跟随。跑到一个有活水的地方后，师公赶在其他人还未站稳脚跟之前，迅速将公鸡的头咬断（或割断）。这一过程叫"送瘟神"，是整个跳神过程中的压轴大戏。目前认定的省级传承人为庞学忠。2008年被列入第二批省级非物质文化遗产名录。（LWJ）

秦州鞭杆舞 秦州鞭杆舞流传于天水市秦州区秦岭乡斜坡村一带。相传是秦人在长期放马畜牧的过程中逐渐形成的，舞蹈动作以牧马动作和一部分武术动作融合而成。通常为四人一组，最多时64人可同时舞蹈，场面蔚为壮观。舞者分为男女角色，动作各异。但现在流传下来的鞭杆舞所有角色都由男人充当。舞者每人执一根鞭杆，鞭杆一头有缨，杆上有铜铃，舞动时发出悠扬悦耳的铃声，仿佛牧马人正挥动马鞭，在绿意盎然的草场上放牧着成群的骏马。鞭杆舞属于民间社火的一种，每年春节才由村民们自发组织表演，以此祈福迎祥，表达对来年幸福生活的愿望。跳鞭杆舞时有专人负责伴唱，唱的多为秧歌或小曲，曲调类似于道情，悠扬婉转、细腻动人，而唱词则大多讲述民间传说或神话故事。目前认定的省级传承人为张世俊（已故）、张启源、张继明。2008年被列入第二批省级非物质文化遗产名录。（LWJ）

黄河战鼓 黄河战鼓流传于白银市白银区四龙镇双合村一带，是明、清时期古代军阵战鼓的遗存，后演变为当地节庆和庙会期间的重要活动。全套击打分三章八节十二环。第一章，出兵。分为三个大冲锋，每个大冲锋要打出三个小冲锋及九个环节。以鼓锣钹的缓慢停顿为一个冲锋，以鼓、锣、钹瞬间即停为第一个章节。第二章，歼灭。分为三个冲锋，九个环节，鼓、锣、钹突然齐打披荆斩棘的点子，进行冲锋。在打法上应用一鼓作气的鼓点，紧密有力、一气呵成，形成秋风扫落叶之势，以突然的鼓边收槌猛停的打法为势如破竹。第三章,凯旋。分为二大节四小节,每大环两小节。使用的主要器具有锣、鼓等,配合道具有门旗、彩旗、令旗、鼓车等。表演程式以鼓为主,锣、钹辅之,其鼓点节奏感强,威武、整齐、震撼人心。目前认定的省级传承人为刘克坚、刘念祖、刘克智。2008年被列入第二批省级非物质文化遗产名录。(LWJ)

摆阵舞 摆阵舞传承于甘南藏族自治州舟曲县藏族聚居区。藏语称"玛西",是男性集体舞,主要表现羌藏先民战前动员、祭祀摆阵、战斗、比武的情形,又称"武舞""摆阵",已演变为藏族的一种节庆民俗活动。摆阵舞阵模拟古代战争的情形,有故事情节,有将领、军师、军官、士兵等角色。为首者背弓持枪,腕戴铃铛,枪挑祭神的动物,全族青壮年男丁和男童持刀枪跟随,数百人至数千人围着妇女儿童摆起"长龙阵",长者吆喝动员发令,其他人齐声应答,然后全体齐声呐喊,面向外围侧身弓腰、屈步腾挪,作催马奔腾或跃进冲刺状,刀枪撞击,有防守、窥探、进攻、射击、躲闪、冲杀等动作,整体阵势如漩涡形运动,跺步如雷,吼声震天,气势浩大,势不可当,表现出羌藏民族紧密团结、所向无敌、威猛无比的古风。目前认定的省级传承人为郭殿臣、郭给舟、郭高道。2011年被列入第三批省级非物质文化遗产名录。(LWJ)

永登硬狮子舞 永登硬狮子舞传承于兰州市永登县。有软硬之分:软狮子的动作灵活,以武技为重,而硬狮子表演内涵丰富,寓意深刻,其制作表演,如引狮子的服饰、脸谱都很独特。永登硬狮子头多为民间流传下来的,一般较大,有"十斤狮子九斤头"之说,脑门宽且隆起,天庭饱满,下颌裂开。眼窝深、眼球鼓、鼻根深陷、毛发卷曲,张嘴时似笑非笑,憨态可掬。硬狮子体态高大,身躯为木条做成的硬架子,外层铺上毡再织麻染上色。引狮子人头戴红帽,上有犀牛角状物矗立,挂红髯,脚穿灯笼鞋,手拿绣球,颇像古时西域胡人。引狮人挥舞着绣球,球一会儿藏在左,一会儿藏在右,将狮子引诱做出寻找、抢夺绣球的动作。永登硬狮子舞表演程式主要在八卦图中表演,狮子的各种动作,其间意蕴有天地人的三才之意,通过狮子舞表达辟邪、祛灾并达到吉祥如意的愿望。目前认定的省级传承人为冯德培。2011年被列入第三批省级非物质文化遗产名录。(LWJ)

何家营滚灯 何家营滚灯传承于兰州市永登县。滚灯最初应该是行军中的指路灯,后经艺人加工,具有了防风且美观的外形,又在行军操练中演化出各种阵法,形成军队祈求胜利、鼓舞士气的一种表演剧目,极具观赏性,明、清时期一直延续。顾名思义,滚灯就是滚动灯。灯由灯笼和灯柄组成,灯笼里外两层,为圆球形状,外层转动,内层固定,内外由柄连接,外层用白纸或薄纱裱糊,贴上剪纸及其他图案。表演者握柄举灯,轻轻一碰,灯笼便转动起来,烛光放射出五彩光亮。一般36盏灯寓意36天罡,72盏灯寓意72地煞,其数量根据表演剧目而定,表演者身着古代服装,扮剧中历史人物,按一定的阵图分摆阵、巡阵、撤阵三个阶段，布局严密，节奏紧凑。表演的剧目有《八卦阵》《龙门阵》《八门金锁阵》《一字长蛇阵》《黄河阵》《封神》等，多为军事阵法。剧中人物从元帅至将校、兵卒，各色扮相齐全。剧目表演依场地、方向而不同。目前认定的省级传承人为朱国顺。2011年被列入第三批省级非物质文化遗产名录。（LWJ）

秦安蜡花舞 秦安蜡花舞流传于天水市秦安县，据传是起源于盛唐时期的一种民间舞蹈。表演以花灯为道具，内燃蜡烛，故名蜡花舞。蜡花舞动作细腻多变，舒缓优美，可谓手舞足蹈，轻歌曼舞。蜡花舞的伴唱为秦安小曲中的老调和花调，以老调为主，歌词有大乐调（唱上一个完整的历史故事）和小兵调（以情调、民歌为主）两种，多以农村社火的形式在家庭院落及村庄公共场所表演，也有在红白喜事中演出的。蜡花舞作为秦安民间的优秀文化，解放后受到当地政府的重视和支持，但在"文化大革命"时期基本停演。改革开放以来，蜡花舞得以重新登场，但流行区域由中华人民共和国成立初期的郭嘉、叶堡、吊湾、魏店、安伏、西川等乡镇60多个村缩小到目前的郭嘉、叶堡、安伏、魏店等乡镇不足10个村。参加人员由过去的青年女子演变为目前的中小学生，表演服装、花灯也随时代有所变化。舞步、形体动作由过去以碎步为主演变为现在的秧歌舞步为主。目前认定的省级传承人为赵改儿、郭遂世。2011年被列入第三批省级非物质文化遗产名录。（LWJ）

陇西云阳板 陇西云阳板是流传于定西市陇西县的一种祭祀舞蹈，云阳板俗称"拍板"。拍板是舞蹈时所持的器具，一般由两条质坚而轻的红椿木、槐木或桐木制成，板长约1米，宽约8厘米，厚约1厘米，4片为一副，顶端用红丝线串铜钱拴系。板柄系有红绸，板面为红色，并用彩漆绘有黄色精美图案。板下端可开合，表演者双手各执一板拍出铿锵、清脆的响声，形成舞蹈队列前进。在队伍前有旗幡队引路，执有黑、白、青、蓝、黄等各色旗，旗上的图案是龙、狮、虎、豹、日月、星辰、朱雀和玄武，还有清光伞、彩色巨幡、八仙等。每年于农历四月初八，陇西仁寿山都要举行万人朝山盛会，云阳板舞便是朝山庙会的主要内容。目前认定的省级传承人为焦志强、张映奎。2011年被列入第三批省级非物质文化遗产名录。（LWJ）

嘉峪关地蹦子 嘉峪关地蹦子流传于嘉峪关市，又叫"老社火""跑打场""秧歌子"。由于地理区划的变迁，目前传承于嘉峪关市的地蹦子和酒泉市的地蹦子在形式上非常相近，都有说有唱，载歌载舞，说唱的内容也极为丰富。嘉峪关地蹦子不仅舞姿朴实矫健，而且跑跳花样很多。舞蹈表演多为舞段组合形式，基本动作有一字长蛇、龙摆尾、四门等。四个天王边跳边即兴唱一些四六句式的贺词、祝福语等吉利话，唱腔高亢粗犷，唱词诙谐风趣。地蹦子形式活泼，短小精悍，演出不受场地条件限制，节奏欢快活泼，音韵清脆和谐，形成一种轻松喜悦、流畅抒情的格调。然后由丑角领着旦角上场，跑完圆场步至台中，两人对舞一段，再组合后造型亮相。目前认定的省级传承人为王占朝。2011年被列入第三批省级非物质文化遗产名录。（LWJ）

羌蕃鼓舞 羌蕃鼓舞主要流行于定西市渭源县麻家集镇、会川镇和上湾乡等地，因为用羊皮鼓作乐器和道具，所以又叫"打西蕃婆"羊皮鼓舞。舞蹈时，一般有2～6名掌旗人在前面带路导引，十几名青壮年手持带有铁环的羊皮鼓，一边敲击一边起舞，另有十几名男女儿童身穿彩衣，手执彩巾，扭动着身体，行进其中，一名身着花衫、腰系彩带、手持鞋底和针线的"老西蕃婆"在队伍中和男角戏谑逗趣，鼓手们在身穿翻毛皮袄、手执牛尾拂尘的"老西蕃"的统一指挥下，依次表演走四门、龙摆尾、铁绳扣和攒八卦等阵式，并连续做出持鼓绕头、屈腿左右旋转、旋摆髋部、起脚跳等高难动作。整个舞蹈过程中鼓铃交加，演员们歌时不舞、舞时不歌，歌词为祝福吉祥如意、五谷丰登之类。"打西蕃婆"羊皮鼓舞唱词可能受到古藏语、古羌语的影响，其部分唱词保留着原有的语言特征。目前认定的省级传承人为陆寿乾（已故）、陆海忠。2011年被列入第三批省级非物质文化遗产名录。（LWJ）

背鼓子舞 背鼓子舞流传于白银市景泰县寺滩乡丰乐等地。相传由明万历年间外来移民带入景泰，经民间艺人加以改良而成。"背鼓子"一般由16名青壮年男子参与出演。表演者背着桶鼓节奏一致地左右击鼓，并随着鼓点边舞边唱。"背鼓子"的音乐分两类：一种是固定的曲牌，唱词可随编随填；另一种是根据舞蹈规模，灵活采用不同风格的民歌小调，伴以锣、镲声，渲染气氛。"背鼓子"常在春节期间随社火队伍一起表演。目前认定的省级传承人为李生海、张保国。2011年被列入第三批省级非物质文化遗产名录。（LWJ）

跳鼓舞 跳鼓舞流传于白银市靖远县。跳鼓舞是一种以鼓为道具的传统舞蹈艺术形式，据说于民国年间由兰州一带传入，并由当地乌兰乡西滩村村民排练表演而形成。舞者左手提桶鼓，右手提鼓槌，上下翻腾击鼓。鼓点有九点、七点之分。队伍由大鼓指挥，巡游时鼓钹结合，气势雄伟。跳鼓舞与当地庙会相结合，不断发展，形成了独特的风格。其表演突出表达英武的气概和对英雄的敬仰，所以又被称作英雄鼓。跳鼓舞是以9～12位男子表演的集体舞蹈，他们是12位古代英雄的象征。其中头鼓和二鼓分别扮演的是三国时期吴国大将黄盖和蜀国大将张飞。头鼓鹤发童颜、苍劲洒脱，人们称黄盖80不服老；二鼓英勇神威、彪悍勇猛，称之为张飞三声吼断长板桥。跳鼓舞常在春节时表演。2011年被列入第三批省级非物质文化遗产名录。（LWJ）

太平鼓（五穷鼓） 太平鼓流传于白银市白银区强湾村等地。农历正月初五是赶"五穷"的日子，这一天，村民们都会组织太平鼓表演队，敲锣打鼓，走村串户，驱除"五穷"。"五穷"也叫"五鬼"，为"智穷、学穷、文穷、命穷、交穷"五种穷鬼。民众借此鼓舞表达祈福纳祥的意愿。太平鼓表演的基本步伐为闪、展、腾、挪、翻、转、跳、跃。鼓身呈圆形，长1米多，直径约50厘米，一面鼓大概有4~5千克重。鼓手左手执鞭，右手执槌，在当地称为"双鞭"。太平鼓的击鼓动作融入了民间武术成分，幅度大，力量强。鼓队一般以牙旗作指挥，锣钹击节，鼓身飞舞，三者起落有序，场面十分壮观。阵法有一字长蛇阵、六合阵、八卦阵等。目前认定的省级传承人为李乐亨、滕焕坤（已故）、李禄利。2011年被列入第三批省级非物质文化遗产名录。（LWJ）

打花鞭 打花鞭传承于平凉市静宁县，是静宁农村具有悠久历史和浓郁地方特色的民间传统舞蹈。舞蹈时右手紧握鞭的中端，变换着击打臂、腿、肩、腰、背、脚底、膝、胯、肘、手掌，间或敲打一下地面，脚下划着"十字步"，左右脚有节奏地交替各进一步，然后各退一步。花鞭的敲击发出节奏整齐的响声。除了前后摇摆跳动，立、跪、蹲、坐、卧、迈步等各种动作自由变换。相传，在秦末楚汉相争之时，"西楚霸王"项羽一路过关斩将，所向披靡，每攻下一城，项羽便站立马上，挥舞钢鞭高歌劲舞，舞至酣时，命令士兵折木为鞭再舞。以后，这种舞蹈形式由军营流传到民间，逐步发展成为彩鞭形式，演化成当地百姓祈鬼神、庆丰年、贺喜事的传统舞蹈形式。目前认定的省级传承人为杨生泮、闫惠琴。2011年被列入第三批省级非物质文化遗产名录。（LWJ）

赶驴 "赶驴"传承于酒泉市肃州区。"赶驴"在民间叫"驴社火"，又叫"赶社火"，是流行在酒泉农村的一种古老的社火舞蹈。酒泉市肃州区流传的"赶驴"，带有特定故事情节，趣味性强，表演热烈欢快、滑稽幽默。"赶驴"以扎制或胶粘的"驴"为主要道具，故事情节以驴的犟与倔的脾性为关节展开，全部过程充满嬉戏与逗耍的喜剧色彩。它突出"赶"的特点，既有对驴的追赶与驱赶，也有对人（第三者）的驱赶和对时间的追赶。"赶驴"人物基本角色有三个：丈夫、媳妇、和尚。以一驴三人为一组，表演者可为一组，也可多组。表演中，故事的发端、插曲、矛盾、高潮、结尾都基本相同，无论几组，其表演程式大体不变。社火"赶驴"的表演是紧紧随鼓点的指挥来进行的。鼓点的快与慢、舒与缓、高亢与沉稳，掌握着故事情节的展开、高潮、矛盾、曲折与结局，同时还起到烘托现场气氛，引来观众，激发演员情绪的重要作用。演员可以根据自己对"赶驴"的理解以及现场的感觉随意发挥即兴创编，其表演越大胆越能受到观众的喜爱。目前认定的省级传承人为杨学斌。2011年被列入第三批省级非物质文化遗产名录。（LWJ）

山丹县耍龙 山丹县耍龙流传于张掖市山丹县。耍龙就是有些地方称作"舞龙"的民间游艺，属于传统的民间春节娱乐形式。龙由篾竹扎成龙首、龙身、龙尾，外套画龙鳞的布而形成。龙身有许多节，节数可多可少，但必须是单数，每节中点蜡烛，现在有的地方用手电筒替代，龙灯舞动时发出五颜六色的光。龙身下面装有供舞者手持的木柄，龙首前有一人手举红色龙珠指挥龙舞,被称作引龙。当地著名的西街村耍龙历史悠久,1936年制作的龙头骨架现在还在使用。西街村大龙,主要特征就是体积庞大,参与人员达近百人。每逢春节期间,"社火"队伍敲锣打鼓,络绎不绝,整个县城热闹非凡,其中耍龙队伍观众最多,最能烘托节日的喜庆气氛。目前认定的省级传承人为翟欣荣。2011年被列入第三批省级非物质文化遗产名录。(LWJ)

甘州社火 甘州社火流传于张掖市甘州区。甘州社火从排练到结束均要放火、煨火,故名社火。在排练时由社火的领导,俗称老者拿来麦草在排练场地中央放火,并焚香、化表、燃蜡。腊月二十三日社火队伍穿戴演出服饰、化装进行彩排,在村庄主要部位、要道行进,俗称"扫街",之后在原地卸装,所有参加人员围火而转,由老者宣布停练。到了春节,正月初八社火便可进行,俗称"装身子"。"装身子"时仍然由老者放火、煨火,不过这次不仅在场地中央,在表演场地的东、西、南、北四边也都要放火,谓之五方大祭(吉)。社火队伍所到之处人们都要燃火迎接,待社火队伍过火堆之后,便鸣炮,表示欢迎。在表演地,先由接待者化表、焚香、燃蜡,而后才可进行表演。社火队伍表演结束走出场地后,接待者要放火,谓之"谢火"。社火在正月初八开始演出至正月十五,被称为闹花灯、闹元宵,二月初二再进行表演,被称为闹土地。所有表演结束后,当天将全部道具焚烧,由老者再次化表、焚香、燃蜡,沿排练地祭洒酒,称"谢身子"。完整的甘州社火队伍由108人组成,有膏药匠、和尚、柳翠等角色。甘州社火的形式为四种:大场子、小场子、作场子、地场子。使用的乐器和道具有大小锣、大鼓、三弦、中音板胡、二胡、四胡、唢呐、拨浪鼓,膏药网子,鸡毛掸,狮子、鼓子、棒捶、书箱、高跷等。目前认定的省级传承人为李建成、彭加年。2011年被列入第三批省级非物质文化遗产名录。(LWJ)

4. 传统戏剧

陇南影子腔 陇南影子腔流传于陇南市西和县、礼县一带,即当地艺人用陇南民间小调表演的皮影戏,又称灯调或梅花腔,腔调介于秦腔、眉户、道情之间,属于梆子声腔剧种。音乐在保持传统音乐风格的同时,又有创新发展,形成自己的戏曲音乐,有一套较为固定的戏剧板式和唱腔,如二六、慢板、冒腔等。特别是冒腔,类似川剧的帮腔和陇剧的嘛簧,是影子腔音乐中最富表现力的曲调之一。在唱腔末句或高潮处,一人唱众人和,渲染气氛,加强效果,成为影子腔特有的艺术风格。2006年被列入第一批省级非物质文化遗产名录。(YH)

永登皮影戏 永登皮影戏流传在兰州市永登县的大通河、庄浪河、秦王川地区。永登皮影戏的布景、道具和影人用驴皮或牛皮加工刻成,其造型近似剪纸。人体比例夸张,头大身长,手臂过膝,男影人眼大额高;女影人眉弯眼小，通天鼻子，小嘴巴。影人镌刻十分精细，着色鲜艳，对比强烈。永登皮影戏的唱腔多为秦腔，还有眉户、苦水下二调以及地方小唱、小调，很有地方风味。其表演剧目众多，题材广泛，但目前仅有龙泉寺王家班能够演出，代表作品有《麒麟送子》等。目前认定的省级传承人为王德胜。2006年被列入第一批省级非物质文化遗产名录。（YH）

天水皮影戏 天水皮影戏流传于天水市秦州区一带，又称"影子戏""灯影戏""土影戏"。因其材料多用牛皮制作，故又被称为"牛皮灯影子戏"。据专家考证，秦州皮影戏可能形成于秦汉，盛行于明，传播于清，唱词和唱腔主要以秦腔为主。主要剧目有历史演义戏、民间传说戏，作品如《华亭会》《白蛇传》《拾玉镯》等。2006年被列入第一批省级非物质文化遗产名录。（YH）

灯盏头戏 灯盏头戏又名灯盏碗碗腔，是平凉市灵台一带特有的地方剧种。因采用古代铁质的照明灯具灯盏顶头碗碗作为击节乐器而得名。灯盏头戏最初流行于灵台新集、龙门、上良、星火、朝那、独店、邵寨等乡镇，后来逐渐传播到陕甘交界的千阳、陇县、凤翔、麟游、长武、泾川、崇信、华亭一带。几百年来，经过一代代艺人的不断加工、改进，原属皮影戏（小戏）的灵台灯盏头戏发展成为由真人扮演的舞台戏（大戏），生、旦、净、丑行当齐全，唱、念、做、打程式完整，二胡、月琴伴奏具有鲜明陇东地域特色的地方剧种。代表剧目有《赤桑镇》《华亭相会》《槐荫配》《包公赔情》等。目前认定的省级传承人为杨万钧、孟效义。2006年被列入第一批省级非物质文化遗产名录。（LWJ）

玉垒花灯戏 玉垒花灯戏流行于陇南市文县玉垒、碧口一带。据当地袁氏家谱记载，明朝中期，由四川迁居文县玉垒坪的袁氏家族，将四川的"花灯"带到居住地演唱，后逐渐形成了具有当地特色的灯戏。由于地处秦、陇、蜀三地交界，玉垒花灯戏深受川剧和秦腔影响。玉垒花灯戏在表演中，带有大量载歌载舞的耍灯动作，而丑角尤为明显。其音乐颇具南方风格，念白主要为本地方言，揉进一些四川话，唱腔还融入了许多当地民歌、小曲，高亢、流畅，角色腔调结合表现各种感情的唱腔，加上特定的民歌小调，共同组成特有的唱腔形式。其音乐属高腔系统，可演出小戏曲和大戏本，文乐伴奏领奏乐器是自制的大筒子胡，配以二胡，也有配竹笛、四弦子等乐器的；武乐有大锣、大鼓、大钹和暴鼓、马锣、京锣等。代表剧目有《劈山救母》《铡美案》《柜中缘》《白蛇传》《游龟山》等。目前认定的省级传承人为袁润明、张才林。2006年被列入第一批省级非物质文化遗产名录。（LWJ）

正宁木偶戏 正宁木偶戏流传于庆阳市正宁县周家、山河两个乡镇一带，俗称肘胡子戏或泥头子戏。木偶戏由艺人边操纵木偶边唱台词来完成表演，表演可在台上，也可在地上。演出时拉一帷幕挡住艺人，观众只见木偶进行表演，具有小巧、灵活、方便的优点。演出剧种、剧目和大戏一样。一个戏班一般由十多人组成，要求一人多能，既能唱又能操作，主要技术为挑线。一般用当地方言演唱，演唱方式主要以秦腔为主，有时也唱眉户剧。剧目有150多部，主要有《二进宫》《斩秦英》《五行山》《九宫桥》《卖花记》《血手印》等。主要板式为二六板、遥板、尖板、浪头等，人物对话时有念白。木偶表演形体语言丰富，尤其手的动作，可细腻地表演出人物的各种情态。目前认定的省级传承人为梁俊效、周兴平、梁忠仓。2008年被列入第二批省级非物质文化遗产名录。（LWJ）

瓜州木偶戏 瓜州木偶戏流传于酒泉市瓜州县。瓜州木偶戏的演出在瓜州（原安西县）一直持续，主要在节日和农闲期间表演。瓜州木偶戏曾一度衰落，20世纪80年代以来，来自陇东的移民来到瓜州，期间有些艺人和瓜州当地原有的木偶戏艺人相互切磋，形成了新的、独特的木偶艺术。瓜州木偶戏有提线木偶和托棍木偶两个种类，前者现在使用较少。托棍木偶亦称杖头木偶，一般是在木偶头部及双手部位各装设操纵杆，头部为主杆，双手为侧杆，头内设有操纵眼睛开合的机关。表演时能够让木偶打躬作揖，还可以拳来掌去，模仿武术动作。人物有传统戏剧的生、旦、净、丑。瓜州木偶戏的表演者通常为3～8人，有时可达10人以上。使用的伴奏乐器有二胡、板胡、扬琴、笛子、大小锣、小包鼓等。传统剧目有《天官赐福》《忠孝图》《忠义图》，以及八仙戏、西游戏、聊斋戏、三国戏，现在还有新编现代戏，如《祁连山》等。唱腔主要是秦腔，一个演员可以为好几个不同角色配唱。目前认定的省级传承人为高福禄、白生玉。2008年被列入第二批省级非物质文化遗产名录。（LWJ）

甘州、凉州、会宁皮影戏 皮影戏是集绘画、雕刻、音乐、美术、歌唱、灯光、表演、造型为一体的综合性民间艺术形式。从造型、刀法上看，甘州皮影和秦晋皮影一脉相承。但张掖艺人刻制的皮影较粗犷，刀法较简练，造型拙朴而夸张，与本地剪纸艺术如出一辙，具有鲜明的地方特征。凉州皮影戏主要体现在优美独特的唱腔和精湛的影人制作及表演上。演出时，前台一人挑扦表演，并承担所有角色的唱念，后台四五人伴奏并伴唱，一唱众和，粗犷高亢。会宁传统皮影唱腔独特，有灯腔、影腔之分，影人造型丰富，手法有浮雕、透雕之别，一般是一具（身体四肢）影人配有多个头饰，因此有"头多身少"之说。伴奏乐器有大鼓、干鼓、锣、钹、二胡、板胡、三弦、笛子等，主要道具为影窗，俗称"亮纸"及油灯，配有桌椅和景物造型以及其他砌末道具。演唱内容主要为反映因果报应，歌颂英雄人物，宣扬孝道仁义为则的家庭伦理等。目前认定的省级传承人为民乐县的鲁正国，凉州区的马登岐，会宁县的李瑞珍、牛俊魁、刘具江（已故）。2008年被列入第二批省级非物质文化遗产名录。（LWJ）

陇南高山剧 陇南高山剧传承于陇南市，是甘肃省两大特色剧种（另一为陇剧）之一。1959年以前，武都区鱼龙、隆兴、甘泉、佛崖等地人称其为演故事、走过场等。演故事深受四川高腔的影响，而念、唱词则为当地方言。1959年，武都业余演出队用流传在鱼龙乡的地方戏曲调，编排了现代小戏《尕女婿》，并参加了甘肃省文化局举办的国庆十周年献礼演出。演出后，经专家商讨，命名为"高山戏"和"高山剧"。现在陇南高山剧和武都高山戏的区别在于，前者常以戏剧家的创作为剧本，并且在正式舞台上演出，传统曲目之外，出现了大量新创的本子戏。如五一剧团的杨十古、杨智、邓剑秋、陈仁川等剧作家先后挖掘整理和创作了《咸阳讨账》《西狭颂》《苏武归汉》《开锁记》《婆媳情》等一批传统戏、新编历史剧和现代戏。此外还有由杨忠全、贾学刚等创作的短小精悍、选材立意新颖深刻的现代戏《山村别》《醉虎》。高山剧的唱腔，经过作曲家马延恒、张治平、杨鸣键、李彦荣等挖掘整理，共形成开门帘、过板、哭腔、曲曲、花花、耍耍、盏盏、二黄等十余种，每种唱腔也可分为不同的小类别。高山剧唱腔曲调高亢，委婉悠扬。为了适应表现现代生活的需要，作曲家张治平和后明春在继承高山戏原有唱腔的基础上，又吸取花儿和陇剧的一些音乐元素，对唱腔进行了大胆改革和创新，但又不失原有唱腔的基调和风韵。目前认定的省级传承人为崔敏勤、后明春、王玉娥。2008年被列入第二批省级非物质文化遗产名录。(LWJ)

邵家班子木偶戏 邵家班子木偶戏流传于张掖市甘州区。杖头木偶戏古称"托偶"或者"托戏"，俗称"三根棒"，张掖民间也称作"肘娃娃"或"肘偶"。张掖邵家班子的杖头木偶戏班在木偶造型上十分注重传统艺术的继承和发展，既借鉴了民间神像、古代彩塑、石窟造像的技法，也吸收了其他戏曲脸谱的表现手法。戏的内容多取自历史演义、民间传说、神话故事等。木偶艺人集唱、做、念、打和奏乐于一身，是一门融汇了美术、服装、表演、剧本、音乐等诸元素的民间戏曲艺术。从20世纪50年代到80年代，张掖境内的木偶戏班都为邵家班子。戏班成员大多数半农半艺，农忙时种地，农闲时唱戏，多是在农家婚丧嫁娶、传统节日、迎神赛会时应村寨邀请前往助兴的。木偶戏的操作线有几根，一根主杆安装在偶人背部，掌握身体的前后仰俯，两根侧杆安装在两臂，掌握两臂及手的动态。表演时，演员以左手中指、无名指及小指掌主杆，操纵木偶的躯干，以拇指、食指捻动左侧杆操纵偶人左臂，右手掌右侧杆，操作偶人右手。一名演员如果同时操作两个木偶，则一手掌一木偶，拇指和食指兼顾左右手动作，所以技巧娴熟者方能胜任。目前认定的省级传承人为邵学玉、邵学信。2008年被列入第二批省级非物质文化遗产名录。(LWJ)

凉州半台戏 凉州半台戏是流传于武威市民间的一个戏曲品种。因为相比"大戏"秦腔而言，只是一种民间小曲戏，故称之为"半台戏"。作为一个剧种，半台戏以当地的民歌俚曲为基本声腔，在长期的艺术实践中，大量吸收了陕西眉户的曲牌、声腔，并引进了兰州鼓子的行腔伴奏，形成了十分鲜明的特征。半台戏的音乐属于曲牌连缀体，从构成上看，分别有器乐曲牌、唱腔曲牌和锣鼓经构成。从调式上看，多由宫、徵调组成。主奏乐器为三弦，伴以其他弦索。半台戏的音乐原始古朴，风趣幽默，短小整齐，好记易唱。唱腔中没有过大的起伏，贴近生活的戏剧情节和富有特色的凉州方言，使其更显古朴稚拙。半台戏因其人员设施和服务对象的制约和引导，剧目以传统折子戏和风趣幽默的生活小戏为主，演出阵容小，有"七紧八慢九消停"之说，意指演职人员只需7～9人，剧目短小，多是生动风趣的地方戏和精炼感人的折子戏，常演的较有名的剧目有《李亚仙刺目》《田三婆倒灶》《两亲家打架》《三娘教子》《张连卖布》《刘海撒金钱》《小放牛》等二十余种。目前认定的省级传承人为张志昌。2008年被列入第二批省级非物质文化遗产名录。（LWJ）

西厢调 西厢调又称西厢小调、青城小调、青城小曲，是流行于兰州榆中县青城镇以及黄河对岸白银市白银区的一种以《西厢记》故事为唱本的说唱艺术。其音乐融合了秦腔、陇剧、眉户、江南采茶戏、陇东道情、花儿等元素，共有"阶州""降香"等24个曲调，富有浓郁的眉户风格，音乐唱腔曲折委婉，且变换自如，有板有眼，极具雅风古韵，配以锣鼓的倾动，梆子的干脆强劲，铙钹的铿锵起伏，使人物性格愈加鲜明突出。剧本除了《游寺》《借厢》《酬韵》《请宴》《传简》《递简》《越墙》《拷红》等八折外，其余的均来自民间传说或历史故事，总共为27折。最初西厢调的伴奏一般为三弦和二胡两种乐器，现在已经发展为文场和武场。文场排列在舞台右侧，为清雅的管弦乐队，武场以锣鼓、梆子、铙钹和铃子等打击器乐为主，排列在舞台左侧。目前认定的省级传承人为吴定元，白银市白银区的高兆安、曾明和、张明勇。2008年被列入第二批省级非物质文化遗产名录。（LWJ）

民勤小曲戏 民勤小曲流传于武威市民勤县。源于当地和从内蒙古流传而来的民歌西调、二人台，后又与江、浙、晋、陕移民的俚曲小调相融合，在清前期即已形成独立风格。民勤小曲的声腔由调、腔和小调组成，调有甜苦之分，腔有软硬之分，小调则主要是民歌和杂曲。民勤小曲曲调丰富，有百余种。道白多用民勤方言，诙谐通俗、亲切感人。表演带有地蹦子社火特色，男角唱时蹦蹦跳跳，女角唱时摇摇摆摆，善用扇子、手帕等小道具。民勤小曲戏的传统剧目分三种：一为小曲戏，二为二人台，三为弹词。小曲戏有只说不唱的，如《瞎子观灯》；有只唱不说的，如《闹书馆》；更多的则唱、念、做兼有。二人台多由二人彩唱，少有念白。弹词即长篇叙事民歌，语言淳朴，叙事性强，多不表演，仅为1～2人自弹（拉）自唱。民勤小曲的乐队伴奏分文武场面。文场乐器主要有大头板胡（亦称曲胡）、三弦、二胡、笛子、唢呐等，主奏乐器为板胡与三弦；武场乐器主要有梆子、四页瓦、飞子（碰铃）等。目前认定的省级传承人为彭宝瑞、魏春梅。2008年被列入第二批省级非物质文化遗产名录。（LWJ）

崆峒笑谈 崆峒笑谈流传于平凉市崆峒

区。平凉崆峒"笑谈"又称"笑摊（坛）"，俗称谝干传或丢丑。崆峒笑谈形成于宋元年间，成熟于明清两代，盛行于清末和民国初年。内容多为民间日常的纠葛、琐事，包含笑料，也有青年男女爱情故事。表演形式灵活多样，说唱并举，语言风趣诙谐，曲调幽默滑稽，乡土气息浓郁。其唱词均为口头流传，没有原始剧本及文献记载。目前认定的省级传承人为张作贤、王元。2011年被列入第三批省级非物质文化遗产名录。（LWJ）

三仓灯戏 三仓灯戏流传于陇南市武都区三仓乡。三仓灯戏从每年农历六月初六开始准备到正月十六结束，历时220天。基本程序为晒衣、议事、排演、搭台、迎灯、唱戏、送灯。三仓灯戏属曲牌体戏曲剧种，常见的曲牌有"十二花梅""颂寿元""怀胎歌""妹儿回娘家""送报条""献莲花""打彩""闹五更"等，剧目承传下来的有《草鞋》《抓丁》《老爷赶考》《孟姜女》等，移植、改编的有《梅香算卦》《白蛇传》《铡美案》等。三仓灯戏的唱腔或慷慨激昂，或哀婉凄楚，其表演虽受秦腔、高山戏等戏曲剧种的影响，但仍有其鲜明的地方特色。目前认定的省级传承人为尹成奋。2011年被列入第三批省级非物质文化遗产名录。（LWJ）

南湖曲子戏 南湖曲子戏流传于平凉市庄浪县南湖镇一带。又名南湖眉户，相传于清初传入，现由以南湖镇为中心的赵墩、岳堡等三个乡镇十几个村社的业余剧团开展演出活动。装扮与秦腔类同，乐器使用板胡、二胡，伴以笛子、竹板、碰铃。武乐还使用小皮鼓、铙钹、铜锣等。主要曲牌有"采花""满天星""雁落沙滩""老龙哭海""凤落院"等二十余种。剧目分小曲和折子戏，小曲为几人说说唱唱，折子戏多选取喜闻乐见的秦腔剧目，如《小姑贤》《大升官》《柜中缘》等。曲子戏以其唱词委婉细腻、优美动听，富于表现深沉、凄楚和悲痛而有别于秦腔。此外，曲子戏的服饰简朴、化妆粗线条、演出场地简单、表演动作真实，而更接近生活。每年正月里，曲子戏在庄浪县南湖镇大街小巷轮回演出，一直持续到"二月二"后才逐渐消失。目前认定的省级传承人为程铁牛、郝维平。2011年被列入第三批省级非物质文化遗产名录。（LWJ）

临洮皮影戏 临洮皮影戏传承于定西市临洮县。据称起源于汉代，距今已有一千多年的历史。清末民初，临洮皮影戏艺术发展到了鼎盛时期。临洮县现存皮影剧团4个，分别是辛店镇白杨、站滩、连儿湾、漫洼皮影剧团，其中白杨皮影剧团已有150多年历史。目前临洮皮影戏演出剧目有127部，具有代表性的有《大香山》《天台山》《百寿图》《玉堂春》《黄翠莲》等。目前认定的省级传承人为车兆峰。2011年被列入第三批省级非物质文化遗产名录。（LWJ）

渭源皮影戏 渭源皮影戏流传于定西市渭源县。皮影戏班的成员一般由3～4人组成，几人挑上两个戏箱，里面装着各种各样的影人和乐器，走乡串村进行演出，以此为生计。在渭源的清源、路园、大安、秦祁、北寨、新寨、黎家湾、庆坪一带，皮影戏一度盛行。连本戏要通宵达旦或连演十天半月不止，一次庙会可出现几个影班搭台对擂唱影，热闹非凡。目前认定的省级传承人为范治仪。2011年被列入第三批省级非物质文化遗产名录。（LWJ）

永昌皮影戏 永昌皮影戏流传于金昌市永昌县。皮影戏在永昌俗称影子，清朝初年，始见于今水源、朱王堡两乡镇。皮影戏班备有戏箱，人物俗称皮猴人子，布景道具均用加工成半透明状的牛皮和羊皮精心镂刻而成。影人身高25厘米左右。制作时，先将生牛皮里外剔刮干净，熟制压平，使之达到半透明状，再把"皮猴人子"的头、胸、腹、臂、腿的图样衬于皮下，拓出影子，用针尖点描穿画后，用刀剜刻穿成，着色后"出汗"晾干，然后把胸、腹、臂、腿各部分用线绳连接起来，与头部一同装箱备用。人物的头帽与身段多采用五分侧面的表现法，布景道具则多采用立体投影的图案。永昌皮影戏都用秦腔曲调演唱，个别折子戏也有用眉户剧曲调演唱的。用永宁堡一带的方言道白。目前认定的省级传承人为吕兰生。2011年被列入第三批省级非物质文化遗产名录。（LWJ）

灵台木偶戏 灵台木偶戏流传于平凉市灵台县。民国初年，木偶戏从毗邻的陕西凤翔、千阳等地传入灵台，在演唱秦腔、眉户等剧种的基础上，又融入了灵台特有的地方剧种灯盏碗碗腔。由于木偶戏表演形式独特、戏路宽、简便易行，逐渐成为灵台庄户人喜爱的艺术形式。在灵台西部山区，还用木偶表演"杨燕麦"等民间小曲（调）。传统中木偶戏的身子均为木头雕刻，一个木偶，一般由木头雕刻的头、挑杆、服饰三大件组成。民间艺人选好木料，精雕细刻成戏剧中的人物头像，再着色，画成白脸、红唇、黑眉等，装上头发，下面安装挑杆，挑杆主要指挥双臂，演出时根据需要换穿不同服饰，或官帽、官袍，或粗布短褐。木偶不仅是演出的主要设备，同时又是一件件民间艺人创作的精美工艺品。现在，木偶头大多由硬塑料做成，能长时间保持颜色的鲜艳。目前认定的省级传承人为陈巧娥、周效国。2011年被列入第三批省级非物质文化遗产名录。（LWJ）

永昌木偶戏 永昌木偶戏流传于金昌市永昌县。永昌县木偶俗称"肘猴子"，清朝初年，始见于今水源、朱王堡两乡镇。永昌县木偶戏班都有戏箱，木偶戏的人物是木偶人，头如拳大，身高约60厘米，是由纸浆做好的头面壳和穿戴衣冠的"十"字形木质支架组成。木偶的头部一般用纸浆做，画上生、净、丑、旦各种脸谱，镶上眼珠、下颌，接上细线绳即可完成一个木偶。盔甲、衣袍、巾帽以及手脚等，都是按照生、净、丑、旦的装扮制作，其式样悉如大戏，只是尺码小而已。木偶的手是用木刻的，空心握拳状，大如鸡蛋，安装在一根细木杆上，木杆通过袍袖，用细绳捆扎在手腕上，手露袖外，刀枪或马鞭等物，装入拳空心洞处。表演时，演员一手执木偶支杆的下端，另一手执通入袍底的木偶胳膊，木偶即揭帘而出，上场做整冠、甩袖、捋胡须、挤眼、咧嘴、跪拜、舞剑、弄枪、挥鞭跃马等多种动作。同时演员们根据剧情或唱或白，或叱咤，或叙话，出出进进，如同大戏，所以有"肘猴子照着大戏唱"的说法。目前认定的省级传承人为王笃中。2011年被列入第三批省级非物质文化遗产名录。（LWJ）

5. 曲艺

回族宴席曲 回族宴席曲广泛流传于临夏回族自治州，是纯粹的回族音乐。回族把结婚办喜事称为"吃宴席"，专门在婚宴等喜庆场合演唱的曲子叫宴席曲，也叫"菜曲儿"。宴席曲可能由元代回族中流传的富有生活色彩的"散曲"演变而来。宴席曲保留着元、明、清时代西北少数民族歌舞小曲的古老风貌，含有西域古歌和蒙古族古调的色彩，同时又吸收了中国西部各民族传统音乐元素，涵盖了西北传统音乐的众多特点。宴席曲可分为五类，包括表礼、叙事曲、五更曲、打莲花、散曲。演唱时一般不要乐器伴奏，全凭丰富的声音、表情，载歌载舞。2006年被列入第一批省级非物质文化遗产名录。（LWJ）

春官歌演唱 春官歌演唱流传于陇南市西和、礼县、平凉崆峒区一带。每年农历十一月冬至前后，有民间艺人手拿木雕小春牛，走村串户送二十四节气表，按各家职业唱不同的春歌。相传，唐朝时候，唐玄宗为使百姓及时耕作，封一批人为春官，要他们往各地各户送节气表，后来他们觉得既然送表，就该顺便说些吉利话，于是慢慢兴起了说唱歌谣。人们见春官远路辛苦送表说唱，也都在他们送表时酬谢一点钱或者面粉和吃食，逐渐形成了唱春官歌的风俗。到了立春时节，还有打春牛的习俗。春官们手托木雕的春牛，演唱《报春歌》《大财门》《二十四节气》，有的根据所至主家的职业现编唱词，如《木匠春》《铁匠春》《药王春》等。目前认定的省级传承人为王忠孝、唐富贵、潘各信、王占清。2006年被列入第一批省级非物质文化遗产名录。（LWJ）

阿肯弹唱 阿肯弹唱流传于酒泉市阿克塞哈萨克族自治县。哈萨克族将民间歌手称为"阿肯"。每年夏季，水草丰茂之际，他们择日举行阿肯弹唱会。届时人们在草原上聚集，搭起帐篷，将牛、马、羊放牧在附近草地。阿肯们从各地赶来，弹起冬不拉，唱起民间歌谣。阿肯弹唱形式有独唱、对唱、合唱等，除传统曲目外，还往往即兴编词，歌唱赞美草原生活以及对自由生活的追求。其中弹唱时间最长、口才流利、声音嘹亮、最吸引听众者为优胜，备受人们尊敬。目前认定的省级传承人为塔尔特甫汉、沃斯尔汉·加尼木汗、库来木·塔依班。2006年被列入第一批省级非物质文化遗产名录。（LWJ）

玛曲藏族民间弹唱 玛曲藏族民间弹唱传承在甘南藏族自治州玛曲县，主要流行的民间弹唱艺术为"鲁"和"拉伊"，流行的舞为"卓"和"噶尔"等。在安多方言中，"鲁"是歌的意思，在节日聚会、婚礼时，玛曲藏族同胞都以"鲁"抒发情感，烘托气氛。其语言含蓄生动，比喻形象贴切，曲调比较短小，但音域宽广，音调婉转。"拉伊"意为山歌或情歌，多为爱情题材，也有少数赞美家乡风光和草原景色的，一般不能在家里唱，只在远离帐篷和长辈的地方才能唱。"拉伊"的歌词多用比兴，语言生动浪漫，曲调高亢自由，音域宽广奔放，节奏鲜明，散拍中有规律，规律中有自由。"卓"是一种比较古老的歌舞，流行在藏族各地区，有的地方也称"锅庄"，在年节、重大聚会、喜庆丰收之时边唱边舞。"噶尔"，也叫"郭尔"，是圆圈舞，也称为环舞，是一种融表演、说唱、舞蹈为一体的群众性的歌舞。曲调可快可慢，有传统的歌词，也有即兴表演。有时男女对唱，内容涉及古老的神话传说、男女爱情等。歌舞兴浓时，则通宵达旦，尤其进行比赛时，常通宵达旦。目前认定的省级传承人为德白、道瑞。2006年被列入第一批省级非物质文化遗产名录。（LWJ）

南梁说唱　南梁说唱流传于庆阳市华池县以及周边地区，是民间艺人怀抱琵琶或三弦，用方言自弹自唱、说唱结合讲述故事的一种曲艺形式。其主要特色是唱词通俗流畅，具有浓郁的地方特色。唱曲以陇东道情与华池民歌为基调，吸收陕北信天游旋律，激昂粗犷，富于变化。从事南梁说唱的基本上是民间艺人，主要活动在农村。由于受地理环境、方言语音、生活习俗、师承关系等方面的影响，逐渐形成了演唱风格各有不同的众多流派。说唱曲牌根据作用和功能不同区分为"平安书"和"故事书"；根据演出场所不同区分为家书、庙会书、舞台书；根据伴奏乐器不同区分为"琵琶书"和"三弦书"；根据唱腔不同区分为梅花调、靠山调、平调等。目前认定的省级传承人为陈士万、张颖奎。2006年被列入第一批省级非物质文化遗产名录。（LWJ）

兰州太平歌　兰州太平歌是兰州地区春节时以地方方言演唱的艺术形式。歌词内容丰富，多为当地一些落第文人所编，朗朗上口，情节生动，有《三国》《水浒》《隋唐》《说岳》《二十四孝》等历史传统故事，也有《十三月》《拙老婆》《灰老鼠》等令人捧腹的段子，还有唱家、歌手们即兴现编、互相戏谑逗乐的歌词。唱词多为七言句式和十言句式，较少间杂五言句式。韵脚比较严谨，分上下韵，上仄下平，讲究一韵到底。音乐结构简单，同一曲调可反复演唱，不用管弦乐器伴奏，只用几面太平鼓和铜锣、铜钹做击节。目前认定的省级传承人为朱自清、朱德祖、安太祥、辛荣先。2008年被列入第二批省级非物质文化遗产名录。（LWJ）

甘谷道情　甘谷道情流传于天水市甘谷县磐安镇一带，是一种说唱音乐形式。艺人手持渔鼓、简板，盘腿而坐，以唱为主，以说为辅。形式上以一人演唱为主，亦有一唱众和的形式。甘谷道情是在流传过程中与甘谷土语相融合，同时又吸收地方民歌等其他音乐元素逐渐形成的，旋律与唱词的结合极为贴切。唱词有古老的传统道情，也有歌唱者自己创作的新唱词以及演唱艺人随口随唱、现场自编自唱的歌词。曲调高低波动较大，音乐句式极不规整，表现出民间艺术形式较强的随意性。甘谷道情在漫长的历史发展中，在保留自身特点的同时又借鉴了秦腔和地方小曲的唱腔，使其地方特色更加明显的同时，弥补了道情本身的不足。目前认定的省级传承人为安友仁。2008年被列入第二批省级非物质文化遗产名录。（LWJ）

秦州小曲 秦州小曲流传于天水市秦州区，古称"秦声"。其基本曲调为九宫十八调，同时还渗入一些佛教、道教音乐曲调，部分民歌还保留一些社火曲。秦州小曲演唱时主要以弦乐和打击乐伴奏，俗称文、武场面。文场面弦乐为主，有三弦、二胡、板胡、笛子，偶尔也有配以扬琴。武场面以打击乐为主，早先使用四片瓦，后来常用干鼓、红鼓（抬鼓）、梆子、大钹、喜锣、钗子、碰铃、大锣以及吹奏乐器唢呐等。秦州小曲被称为中国秦腔、眉户戏发展史的重要参照。2008年被列入第二批省级非物质文化遗产名录。（LWJ）

河池小曲 河池小曲又叫社火曲，流传于陇南市徽县。河池小曲内容丰富，曲目较多，词、曲均已定型，多具备完整的演唱脚本，艺术上较为成熟和完善。因受地理位置和演唱者方言（如南部山区广元、汉中土语，北部山区的天水土语，东近两当的宝鸡土语）等多种因素的影响，其音乐和演唱风格各不相同。从曲式结构上看，多属分节歌形式。演唱形式有独唱、对唱、帮唱等，多在公众场合以坐唱形式演唱。河池小曲代表曲目有《天官赐福》《表朝》《二十四孝》《十里亭》等。目前认定的省级传承人为董亮（已故）、贾守志、崔卿、焦存会。2008年被列入第二批省级非物质文化遗产名录。（LWJ）

华锐则柔 华锐则柔传承于武威市天祝藏族自治县。则柔是藏族舞蹈歌，华锐则柔则是天祝县华锐藏族的歌与舞蹈，又名阿什则。藏语中的"则"意为跳，"柔"为形式多样的舞蹈。则柔主要有三种：一是两妇女相对而立，一袖上举一袖下拖，边唱边转，以唱为主；二是四人以上的男子集体歌舞，舞蹈大部分为劳动动作或模仿动物的动作；三是男女对唱，边歌边舞。演唱方式有独唱、对唱、合唱等，其中以对唱最多。唱词涉及佛教教义、人情礼仪、生活常识等，有的还为即兴编词演唱，有的热情欢快，有的诙谐幽默。表演时间不受限制，喜庆典礼、朋友聚会、送亲仪式、酒席宴会上都可以表演，有的甚至可以在炕上进行小幅度动作的表演。目前认定的省级传承人为吕文秀、乔索南措。2011年被列入第三批省级非物质文化遗产名录。（LWJ）

山梁走唱 山梁走唱流传于平凉市崇信县，主要区域在位于关山深处的新窑镇山梁村。山梁走唱是一种农闲时尤其是腊月和正月流行的一种说唱艺术。一个人的表演叫单口串，大多即兴发挥，讲一个诙谐有趣的故事，或说一段绕口令。两个人表演时一人为主，一人为辅，绕着"8"字或圆圈，时而加以舞蹈动作，说的是俚语土话，唱的是民间小调，内容幽默，动作滑稽。通常，山梁走唱在演出前有一套固定的程式，由年长者主持祭祀仪式，表达对先祖的敬意。目前认定的省级传承人为梁世华、赵进儒。2011年被

列入第三批省级非物质文化遗产名录。（YH）

顶灯说唱 顶灯说唱是传承于平凉市崇信县的一种民间曲艺，主要分布在新窑镇杨安村。表演者在春节期间的社火里头顶燃灯载歌载舞，有说、唱、武、杂技等多种表演形式。说即角色以韵诵的形式自述或对白；唱即合唱民间小曲《十盏灯》；武即头顶燃灯的同时，做一些武术或杂技的技巧性动作，如"倒推研磨""猴浇尿""老鼠过道""黑驴打滚"等，不许灯掉火灭。顶灯说唱主要以百姓生活中的家长里短为题材，教育年轻人自爱自尊、自立自强、勤劳善良，摒弃不良习气，建立和睦幸福的家庭。目前认定的省级传承人为刘彦奎、刘晓峰。2011年被列入第三批非物质文化遗产名录。（LWJ）

陇中小曲 陇中小曲主要传承于定西市安定区等地。陇中小曲是甘肃曲子戏的一种，演出时前台有表演、后台有帮腔，时而高亢时而低沉，音轻字重，吐字清晰。梆子为板，铜铃梆鼓为眼，板中有眼，节奏明快。音乐过门中伴有渔鼓、京钗、小锣，表演过程中加上大锣、铙钹、战鼓、堂鼓和吊钗等掌握节奏。传统的陇中小曲剧目形式主要是小戏（也叫秧歌剧或折子戏）和小调。小戏是陇中小曲中流传最为广泛、内容最为丰富的剧目，在形式上短小精悍，大多一曲一调，也有少数一曲数调的，代表剧目有《张连卖布》《大保媒》《周文送女》等。陇曲小调来源于民间的即兴演唱，经过不断的艺术加工和传承，逐渐由即兴演唱、婚丧嫁娶请唱，到秧歌队登台表演唱，形成了一种独特的艺术形式，代表曲目有《五点红》《六月花》《放风筝》等。目前认定的省级传承人为刘福。2011年被列入第三批省级非物质文化遗产名录。（LWJ）

古浪老调 古浪老调传承于武威市古浪县北部的永丰滩乡、黄花滩乡、东部的大靖镇、海子滩镇、裴家营镇一带，与眉户音乐有着一定的关系。古浪老调表演简单干练，主要采用坐唱形式。人员少时一人演唱，一人三弦伴奏或一人边弹边唱；人员较多时再加一人敲击瓷碟打节奏，一人二胡或板胡伴奏，有时还有笛子、响铃、干鼓等参与。唱腔上以唱为主，兼以念白。演唱内容大多是改编自眉户的剧本，主要取材于古典小说、传说故事、经典戏曲剧本，多为褒扬忠孝节义、鞭挞奸邪恶丑之作，也有部分是艺人在演唱中创作的。一代代艺人在传唱中也自然地融入了一部分本土的因素（包括方言、古浪民歌曲调等），使古浪老调更富地方特色。目前认定的省级传承人为钟长海、季宝德。2011年被列入第三批省级非物质文化遗产名录。（LWJ）

永昌贤孝 永昌贤孝流传于金昌市永昌县。永昌贤孝被看做是凉州贤孝的一个分支。作为一种根植于永昌民间的古老说唱艺术，成形于清末民初，流传于城乡的一种民间弹唱曲艺，具有极强的生命力与艺术感染力。一般由盲艺人挟着三弦自弹自唱，因内容多为劝人向善、孝顺长辈、歌颂忠义贤德的故事，故而得名。贤孝曲本的流传主要靠传抄，由明眼识字人传抄后施教盲艺人默记演唱，而有的全靠师父口传心授、记忆并流传。目前认定的省级传承人为柴希桃（已故）、毛显存、王培仁。2011年被列入第三批省级非物质文化遗产名录。（LWJ）

苦水下二调 苦水下二调流传于兰州市永登县苦水镇的一种地方小曲，据传，形成于明代。秦腔一般用七声音阶的G调调子演奏，下二调又比G调低两个调，用E调演奏，故而得名。下二调的主要曲调为"哭盲"和"太平调"。唱腔有散、二六、摇、慢等八个板路。乐队一般由四人组成，伴奏乐器为二胡、笛子、梆子等。演唱时，演员化妆极为简单，唱段落板时都有较短的"帮腔"，听起来文雅悦耳，甚为苦水人所爱好，每逢年过节或红白喜事，均行演唱。苦水的木偶戏、灯影也都配以下二调。目前认定的省级传承人为胡学文。2011年被列入第三批省级非物质文化遗产名录。（LWJ）

6.传统体育、游艺与杂技

万人扯绳赛 万人扯绳赛是一种全民参与的大型的民间传统体育竞技活动，流行于甘南藏族自治州临潭县城关镇，于每年农历正月开展，已有600余年历史。扯绳源自明代驻洮州临洮军中教战活动，用于增强将士体魄，后传入民间。具体活动时间为每年正月十四、十五、十六晚上，每晚三局，三晚九局，参赛者不限。具体流程是如下：筹办者于午后把准备好的缆绳按旧俗摆放在一字街正中，由推荐的"少壮"担任"连手"，双方的连手各占首位负责每局的胜负，并与对方连接"龙头"（即绳头），每根绳的绳头上有个大环，用一根长60厘米左右、两头细中间粗的木杠子巧妙地连接和捆绑起来。赛前各自将绳捆扎成头连、二连、三连、连尾（俗称双飞燕），双方绳头相接处为头连，后面一个连接处为二连，二连开始分岔，第三个接头处（三连）再分岔，连尾形成四股绳，可以多加人，多受力。扯绳总长常常超过1000米。比赛开始，参赛者一拥而上，分挽绳的两端，双方联手将木楔子串在龙头中间，以鸣炮为号，开始角逐。2006年被列入第一批省级非物质文化遗产名录。（LWJ）

崆峒派武术 崆峒派武术发源于平凉市崆峒山，是中国武术重要的组成部分，也是知名的流派。崆峒派武术除了具有极强的对抗性和观赏性之外，还具有独特的养生健身功能。崆峒派武术吸纳了佛、道、儒三大宗教文化的精髓，集修身、养性、健体、进击于一体，门类齐全，形成了一整套完善的运动体系，适合不同年龄层次的人习练。崆峒派武术道具特点是"奇兵"（兵器），它不属于十八般兵器，而是以短、小、轻、柔、奇为特色的扇、棘、拂尘、剑耙、五行轮、鞭杆等，形式各样，小巧玲珑，携带方便，不易发现，交手中往往能出奇制胜。目前认定的省级传承人为王镖。2008年被列入第二批省级非物质文化遗产名录。（LWJ）

秦腔獠牙特技 秦腔獠牙特技表演流传于张掖市高台县，是高台秦腔的一种特技表演形式。獠牙特技丰富了秦腔艺术的表演内容，表演的道具主要是特制的猪獠牙，数量有2～12颗。表演者口含獠牙，时而快速弹吐，时而倒刺进鼻孔，同时唱、念、做、打并举，具有强烈的艺术张力和感染力。高台秦腔的身段和特技还有喷火、梢子功、翎子功、水袖功、顶灯、咬牙、耍火棍、跌扑、帽翅功等。秦腔獠牙特技在清末已应用于舞台表演。光绪三十三年（1907）武兴昌把陕西与甘肃二路秦腔表演技艺融会贯通，特别是将獠牙特技表演发挥到了一个新的高度，在其代表剧目《麒麟山》中，其扮演的角色"鬼面杨麒"将獠牙特技的艺术效果展现得淋漓尽致。高台秦腔艺术曾一度跌入低谷，许多艺人受到冲击，獠牙表演特技几近失传。目前认定的省级传承人为孙立国、蔺耀宗。2008年被列入第二批省级非物质文化遗产名录。（LWJ）

阿克塞哈萨克族叼羊 阿克塞哈萨克族叼羊流传于酒泉市阿克塞哈萨克族自治县，是草原上的哈萨克牧民中盛行的一种群众性传统娱乐活动。可分为追逐叼羊和原地叼羊。从参与人数来说，有两人单骑叼羊和集体叼羊；从比赛场合上，有节庆叼羊和婚礼叼羊。婚礼叼羊场面更为激烈风趣，是在手鼓、鹰笛的伴奏和歌声中进行的。当迎娶新娘的马队来到时，女方家里事先准备好一只活山羊，由几名彪悍的小伙子守护着，男方的勇士们则要突破女方的防线，把活羊抢到手，然后宰掉山羊，割掉羊头，交给主婚人。这时的叼羊完全是一种象征性活动，主要是以彰显男方的本领为目的。而真正的叼羊比赛则是在婚宴开始后，随着欢乐的乐曲，新郎及新娘的亲友们边跳边唱，新婚夫妇从主婚人手中接过已宰的羊，送到骑手中间，新郎的口令一下，数十名骑手开始激烈的争夺。目前认定的省级传承人为陶汉。2011年被列入第三批省级非物质文化遗产名录。（LWJ）

姑娘追 姑娘追传承于酒泉市阿克塞哈萨克族自治县。又称"克孜库瓦尔"，是草原民族哈萨克人传统的游艺竞技风俗。"姑娘追"多在婚礼和节日期间举行。这期间青年男女相聚在一起，按习俗人群中年纪最长者发号施令，宣布仪式开始。号令一下，青年男女们骑着骏马开始相互追逐。行程中，小伙子随时可以拦住姑娘的马头，在草原上大兜圈子，同时，用心施展自己高超精湛的骑术，向所爱的姑娘逗趣、示爱，姑娘却不能生气，只能寻找机会，机智地摆脱困境，驰向终点。但是，一旦到了终点，为了报复小伙子的调戏，姑娘立刻举鞭转身追赶小伙子，一旦追上就用皮鞭在他身上抽打，小伙子始终不能，也不敢还手，只得抱住鞍桥催马快跑，千方百计地躲姑娘的鞭子。如果姑娘对小伙子确实产生了好感，舍不得抽打小伙子，就只会高高举起鞭子，在小伙子的头上和身上空绕、轻落，以遮掩乡亲耳目，回到原地为止。目前认定的省级传承人为艾萨吾列、沃拉再。2011年被列入第三批省级非物质文化遗产名录。（LWJ）

二鬼打架 二鬼打架主要流传于酒泉市肃州区，又叫"二鬼掼跤"。二鬼是一对傀儡，他们被固定在一块长约90厘米，宽约

30厘米，厚4厘米的木板上，实际上它们只有头颈和上半身，下半身由一位表演者的上下四肢来充当。二鬼上身装有弹簧，脖颈可以十分灵活地晃来晃去，分别穿红绿（或黑）两色袍服，伸出胳膊相互搂抱着对方的腰部，互瞪双眼，龇牙咧嘴。二鬼立在木板上，木板绑在表演者的背上，表演者双腿双臂都套上大红大绿的裤筒，两手套一双鞋，尖朝向自己的脚弓下身来双"脚"着地。套手的鞋内填实，还要装好手柄以便于牢牢"穿"在手上。二鬼同"穿"一袭宽大的长裙，长裙垂下来刚好到脚踝之处，又将表演者遮盖严实，只露双手和双脚。在道具衣服的隐藏下，"二鬼"以抢、转、滚、翻、摔、扫、踢、挡、下绊、托举等摔跤技巧，互相扭打。二鬼也有一男一女的，表演方式仍如此，只不过内容与男女交往有关。目前认定的省级传承人为龚天材。2011年被列入第三批省级非物质文化遗产名录。（LWJ）

高台通背捶、八虎棍 高台通背捶、八虎棍传承于张掖市高台县。高台地处河西走廊中部、黑河流域中下游，当地居民大多为明代自中原地区迁来的屯田戍边军民后裔，具有浓厚的尚武之风。流传在当地的通背捶、八虎棍皆起源于中原地区，而在当地发扬光大。通背捶的主要特点是动作舒展大方，劲力纯厚，终于技击。通背捶中的捶就是拳头，就是模拟胳膊比人长的猴类，近似于形意拳中的猴拳。手法上主要有展、劈、挑、撩、砸、砍、撞、推、挨、崩、挤、靠等，腿法上主要有踢、踹、蹬、踩、绞、绊、扭、拐

等，上下兼备，协调自然，与中原地区武术通臂拳近似。八虎棍是河西地区较为流行的一种棍法，此棍风格独特、质朴，动作勇猛刚劲、气势沉浑，如在沙场上拼搏，是一个体用兼备、风格突出的传统套路。目前认定的省级传承人为桑俊斌、张红梅。2011年被列入第三批省级非物质文化遗产名录。（LWJ）

秦安壳子棍 秦安壳子棍传承于天水市秦安县，主要流传于秦安县高家屲（洼）一带的一种独立的武术门派。壳子棍总体上是以66个成形的壳子（式子、模子、组合）以及108种棍法组成，包括单头棍和双头棍两部分。秦安壳子棍重实用、重打法，攻守兼备、变化多端，实战效果堪称一绝。该门派大约在清代传入，并经发展演变成为独立门派。目前认定的省级传承人为高世定。2011年被列入第三批省级非物质文化遗产名录。（LWJ）

天启棍 天启棍传承于临夏回族自治州临夏市，属于中国武术中的棍术，又称天奇棍。主要招式有胸前挂印、风卷残叶、专诸刺僚、扭丝、勾魂桩、四堵墙、蝎子背尾等。另有折子、排子等形式。棍法有劈、扫、戳、拦、格、挑、点、云、崩、扑、搬、绞、挂等。天启棍法历史久远、内容丰富、风格独特，技击性强，富蕴哲理。尤以折子（组看棍法）、条子（套路）、排子（对练）备全而卓成体系，久享盛名于西北武坛，素有"西棍之冠"的美誉。天启棍法的风格粗犷、古朴，动作多换手调把、左右都练，讲究梢把齐用，以短制长，棍法拙中寓巧，战法多同

兵法,自成一家,是我国双头棍法揭打流派中的佼佼者。目前认定的省级传承人为侯尚达、侯文琳。2011年被列入第三批省级非物质文化遗产名录。(LWJ)

7. 传统美术

敦煌艺术—美术技艺研承 敦煌美术属于古代传统美术,现由敦煌研究院传承发扬。敦煌艺术是敦煌莫高窟、西千佛洞、榆林窟和小千佛洞等处,以佛教传说为中心题材的石窟艺术的总称,主要包括美术、建筑和乐舞三大部分。敦煌美术包括诸石窟现存壁画、彩塑和藏经洞所出遗画;敦煌建筑包括诸石窟中的建筑以及有关建筑的资料,窟前建筑遗址和敦煌地区内遗存的古建筑;敦煌乐舞则包括遗书中有关乐舞的文字记载和敦煌彩塑、壁画、绢画中有关乐舞的资料。一般而论,临摹是沿承敦煌艺术和美术的主要手段,几十年来临摹都是敦煌研究院的重要工作之一。临摹方法主要有三种:一是客观临摹,即按壁画现存面貌如实再现,不加任何主观修饰;二为旧色完整临摹,用于成套资料摹写,如历代舟车舞乐服饰等,为了便于研究,经过调查把残破的部分完整起来,而色彩仍然古旧;三是复原临摹,即恢复壁画初成时鲜艳夺目的新面貌。2006年被列入第一批省级非物质文化遗产名录。(LWJ)

岷县木版窗花年画 岷县木版窗花年画是流行于定西市岷县的一种民间木刻手工艺术,由岷县十里乡南小路村民王仲选于1908年前后从陕西长安县引进。岷县木版窗花受陕西凤翔窗花年画影响较大,但在长久发展过程中也具备了其独特风格。制作方法是先选用梨木板、椴木板作为材料,进行大胆构图,雕刻出各式图案,再用红色、黄色、绿色、紫色的墨汁平涂填色,图案色彩对比强烈,画风粗犷。按用途可分为窗花、门神、灶神、天神、墙画等。按题材可分为戏曲故事、历史典故、花、鸟、虫、鱼等。目前认定的省级传承人为王兹成、王志成。2006年被列入第一批省级非物质文化遗产名录。(LWJ)

平凉剪纸 平凉剪纸流传于平凉市崆峒区,是陇东剪纸的一部分,也是平凉民间工艺品中的瑰宝。平凉剪纸题材多种多样,历史人物、鸟兽、花草、鱼虫等应有尽有;表现形式信手拈来,有门花、炕窑花、窑顶花、箱柜花、粮囤花、灯笼花、喜花、吊帘花、礼花、寿花和刺绣用的底样等。当代著名的剪纸艺人有何霞等人。何霞的剪纸作品,题材广泛、内涵丰富、幅面宏大,体现了积淀深厚的陇东民俗风情。2006年被列入第一批省级非物质文化遗产名录。(YH)

天水剪纸 天水剪纸流传于天水市。技法上不仅包含了中国传统的手工剪制,而且还有手工绘制或木板水印、拓印等。手绘窗花是天水窗花剪纸中最有特色和代表性的一种。很多民间的画师和工匠仅用一支普通的毛笔、两三种染衣服的颜料,在短短几分钟之内,凭着他们对生活的悉心观察和领悟,便能在白纸上勾画出惟妙惟肖的图像。不仅能够剪出福寿吉祥、平安和气、纳祥纳福、除旧迎新、万事如意、招财进宝、庆丰收等常见题材，还有天水八景，如麦积烟雨、仙人送灯、伏羲卦台、石门夜月、南山古柏等地方风景主题。除了手绘窗花之外，剪纸窗花在天水农村也颇为盛行，其造型奇巧，剪工精湛，富有生活气息，最常见的有双燕展翅、喜鹊登枝、双喜福字、五谷丰登、连年有余等。2006年被列入第一批省级非物质文化遗产名录。（YH）

白银剪纸 白银剪纸流传于白银市三县两区，是以窗花为主要内容和表现形式的剪纸艺术。白银剪纸的风格样式和表现语言保留着原始艺术的基本属性，白银市会宁县曾出土过宋代刻花砖，其中莲花纹样、鹿、羊及王祥卧冰等二十四孝故事纹样与当代民间剪纸极为相似。其题材多样，大致可以分为岁时节日住居装饰类、巫术信仰习俗类和枕头、服饰、佩带生活类，与农村的民俗活动、人生仪礼、宗教信仰等活动紧密结合。代表艺人有会宁县的曹秀英等人。目前认定的省级传承人为张维英、梁维珍、宋银辉。2006年被列入第一批省级非物质文化遗产名录。（YH）

张掖剪纸 张掖剪纸流传于张掖市。逢年过节，张掖家家户户用五彩缤纷的剪纸美化居室。贴在窗上叫"窗花"，贴在门上叫"门花"，贴在炕墙上叫"炕墙花"，贴在屋梁上叫"梁顶花"，还有箱柜花、粮囤花、缸花等。每逢结婚喜庆之日，新房里贴"喜花"、门楣上吊"帘花"，馈送亲友的礼品上贴礼花，祝寿时寿礼上贴寿花等。张掖剪纸的题材极为丰富，有"麒麟送子""福寿万年""喜鹊登枝""孔雀牡丹""狮子绣球""鱼跃龙门"以及养禽、植树、种花、春播、秋收等生活劳动情景；也有结婚专用的"双喜""鸳鸯双栖""并蒂莲开""心心相印"等寓意吉祥的画面。剪纸的技法有将纸折叠剪出的对称式、连续式的折叠剪，用剪子镂空以显示图案，但不破坏纸张四个边缘的阴线剪，不保留纸张边缘，剪出各种图案的阳线剪，彩印剪贴，以突出立体图案，增强色彩对比的衬色剪，等等。目前认定的省级传承人为刘青年、雷天智、周玉梅、刘瑰华。2006年被列入第一批省级非物质文化遗产名录。（YH）

兰州剪纸 兰州剪纸流传于兰州市各区县。如皋兰县什川乡常贴在窗格（"窗花"）、门楣、墙壁（叫"墙花"）作为装饰。图案有"八仙过海""麒麟送子""喜刺绣，雪蹲梅""莲花金鱼""鸳鸯戏水""龙凤呈祥"等。兰州城关地区的民间剪纸，分窗花和刺绣图案两部分。窗花剪贴多在春节或喜庆之日，内容除六畜之外，多为民间传统故事，分类对贴，集剪、贴、衬为一体。刺绣图案多绣于枕巾、台布、门帘、桌裙、枕头之上。图案有"花好月圆""鸳鸯戏水""鱼水合欢""出水芙蓉""鱼跃龙门""龙凤呈祥""燕双飞""连理枝""比翼鸟"以及梅、兰、竹、菊等。如今，兰州市的民间美术工艺师如叶长友、史婷等人，在借鉴各地剪纸艺术和其他门类艺术的基础上，又有了新的创造，无论是剪纸内容，还是剪纸的尺幅，都大大突破了传统的局限，个人的艺术

色彩越来越浓厚。目前认定的省级传承人为龙瑞迎。2006年被列入第一批省级非物质文化遗产名录。(LWJ)

马尾编荷包 马尾编荷包是盛行于平凉市庄浪县的一种荷包编织工艺，始于明朝后期。制作方法是用丝绸、刺绣、呢绒缝制成一个普通荷包，套上一层用马尾毛编织成的网套子。通常网套模拟十二生肖、花鸟虫草、日常用品形状。中间的五彩锦囊，多填充艾草、冰片、香草、麝香、檀香、柏枝子等药草，再用五色丝线作穗子，供儿童过端午节时佩带，认为其散发的香味可以驱蛇逐虫，祛病辟邪。目前认定的省级传承人为陈梅香。2006年被列入第一批省级非物质文化遗产名录。(LWJ)

西峰泥塑 西峰泥塑流传于庆阳市西峰区，属美术类别具一格的特殊代表作。西峰泥塑与烧陶工艺有着密切的关系，属烧陶工艺的初胚和第一工艺流程。它是纯粹的泥土艺术，以黄土为制作材料，用来塑造各种形象，其塑造的工序复杂，选材讲究、严谨，其中尤以彩绘泥塑著名，其色彩饱满，对比鲜明，线条流畅，常塑在庙宇楼阁中。目前认定的省级传承人为赵文菁、徐天贵。2008年被列入第二批省级非物质文化遗产名录。(LWJ)

庆阳石雕艺术 庆阳石雕艺术流传于庆阳市宁县、合水县等地。其种类主要有佛教、道教和民间诸神的石雕造像。宁县最早的石造像为1995年5月在县城南坡子出土的一大批南北朝时期的石刻佛像，其记年为北魏太和十二年（488），它是我国继山东青州出土的佛教造像后第二批规模最大、数量最多的佛教出土文物。出土于合水老城镇的南北朝时期一尊莲花造型像碑，龛楣上雕造了7个拱形小龛，龛内各造坐佛1尊；莲形大龛内交脚菩萨、二胁侍和二卧狮栩栩如生。另外民间石刻也颇具特色，如"皇帝神""九头神""句芒神"，是在屋内正堂和院内神龛内供奉的一种大不过30多厘米的小型石雕。目前认定的省级传承人为宁县的庞清河、安达，合水县的杨生富、汪清池。2008年被列入第二批省级非物质文化遗产名录。(LWJ)

瓜州剪纸 瓜州剪纸主要流传于酒泉市瓜州县一带，20世纪80年代后期，甘肃东部地区庆阳一带的移民迁至瓜州县（原安西县）疏勒河流域，剪纸、刺绣、香包艺术随移民传入了腰站子、河东、三道沟、踏实等乡镇。剪纸艺术传入后和瓜州的风土人情相结合，产生了新的瓜州剪纸。瓜州剪纸多以人物、花草、动物等为题材。从内容风格上可分为传统剪纸和现代剪纸。传统剪纸有窗花、灯花、喜字、枕头花等；现代剪纸有组画、连环画、文学插图、书籍装饰、藏书票、邮票、现代工业图景等。2008年被列入第二批省级非物质文化遗产名录。(LWJ)

敦煌剪纸 敦煌剪纸主要指流传于酒泉市敦煌一带的剪纸艺术。主要发展于唐代，敦煌藏经洞即有唐代剪纸作品的发现。敦煌剪纸的技艺主要体现在它的工艺过程、式样、刻法、构图、创新方面。敦煌剪纸是以阴刻为主，阳刻为辅的点色剪纸，主要有画、订、刻、包四个程序，种类多有喜花、灯花、衣饰花、窗花等。现在的敦煌剪纸艺术，在继承传统艺术的基础上吸收了敦煌艺术之精华，题材上加入了敦煌壁画中的飞天与菩萨、巍峨壮观的九层楼、翩翩起舞的乐伎，无论是题材还是技法都达到了新的境界，也保留了鲜明的敦煌特色。目前认定的省级传承人为何克风、杜淑琴。2008年被列入第二批省级非物质文化遗产名录。（LWJ）

清水剪纸 清水剪纸主要流传于天水市清水县。其题材多源自现实生活，反映群众喜闻乐见的事物，生活气息浓郁。如十二生肖及平时的劳动与生活场景，也通过托物寄情的手法，表达对美好生活的期盼与向往。清水剪纸构图新颖、手法简洁、节奏明快、风格淳朴，有着鲜明的地方特色。清水剪纸的题材包含花鸟鱼虫、飞禽走兽、戏曲人物、吉祥图案以及田园风物、市民生活、校园风光、民俗风情，等等。其表现形式也从原始的单色剪纸发展到现在的点色、分色、衬色、绘色剪纸。作品更加丰富多彩，千姿百态。目前认定的省级传承人为王永兰、陈进录。2008年被列入第二批省级非物质文化遗产名录。（LWJ）

通渭剪纸 通渭剪纸传承于定西市通渭县。通渭剪纸亦称窗花，是指在传统节庆或民俗活动中的剪贴画，因多贴于居民的窗亮子上而被称为窗花。春节前夕，通渭农家都有剪纸迎春的习俗，祭灶、贴板檐、贴窗花、贴春叶和遮面，以增添节日的喜庆气氛和年味。通渭窗花构图简洁明快，线条流畅干练，风格淳朴浑厚。目前认定的省级传承人为刘胜余。2008年被列入第二批省级非物质文化遗产名录。（YH）

卓尼木雕 卓尼木雕流传于甘南藏族自治州卓尼县。最初多为佛教寺院的佛殿装饰构件和佛像雕，在当地民居房屋的门楣、屋檐、柱头、院门等处也有浮雕、透雕工艺，居民家中的一些器具也以木雕装饰，如几案、椅凳、佛龛等。主要以藏传佛教格鲁派和藏族民间传统为题材，构思奇特，造型主要参考唐卡的样式。木雕佛像的形式大致可分为两种，一种是"独立式"，一种是"依附式"。原料为本地优质木材紫檀木、白檀木、柏木和桦木，根据材料的颜色、质地及自然形态因材施艺，形成了独特的艺术氛围。目前认定的省级传承人为安玛尼、安拉目九。2008年被列入第二批省级非物质文化遗产名录。（LWJ）

武都木雕 武都木雕流传于陇南市武都区，主要区域为蒲池乡。武都木雕有大有小，造型独特，古朴典雅。武都木雕以立体圆雕见长，一件作品的完成要经过五道程序：一是画创意稿，用墨线勾画放大到木材上；二是凿粗坯，艺人用锯、砍、凿、挖等方法从上到下，由表及里，由浅入深，将木雕的雏形"显露"出来；三是修光，运用精雕细刻及薄刀法修去细坯中的刀痕凿垢，使表面细致完美，把作品意图准确地表现出来；四是打磨，将木雕用粗细不同的木工砂纸磋磨，直至理想效果；五是着色上光，用打蜡或刷漆等方式完美展现作品风貌。目前认定的省级传承人为王和平、张守学。2008年被列入

第二批省级非物质文化遗产名录。(YH)

武山木雕 武山木雕流传于天水市武山县，规模较大的有高楼、马力、滩歌、洛门、四门等乡镇和地区。武山木雕艺术最早可见于元代官寺建筑物上的斗拱等构件上，在明、清、民国以及中华人民共和国成立后均有不同程度的传承和发展。元代只是一些较为简单的纹饰和造型，后来逐渐发展成为工艺木雕和艺术木雕。工艺木雕又分为实用性木雕和纯观赏性木雕，以梨木、核桃木、椴木、枣木等为原材料，在圆木上进行雕刻。工具有各种规格的木锯、钻具、刻刀等，多达几十种。目前认定的省级传承人为刘正忠、康向阳。2008年被列入第二批省级非物质文化遗产名录。(LWJ)

秦州木雕 秦州木雕流传于天水市秦州区，是天水木雕的主要代表。秦州木雕的发源最早可追溯到元朝时期，距今已有近700年的历史，现存的元朝建筑孔庙的木雕窗可以佐证。全国重点保护文物南北宅子、玉泉观等处都留下了当地工匠在文人墨客的帮助下制作的木雕精品。保存至今的许多木雕佛像、木雕窗，尤其是施彩木雕，标志着秦州木雕已达到很高的水平。木雕工艺一般选用质地细密坚韧，不易变形的树种，如核桃木、梨木、松木、桦木等，经过选料、刨制、绘图设计、休整雕刻、反复打磨后，将辣椒面和胡麻油的混合物涂于表面，再进行抛光制出成品。手法上有圆雕、浮雕、镂雕或几种技法并用，兼有南北木雕的特点。目前认定的省级传承人为朱建祥、董玉和、梁宝宝。2008年被列入第二批省级非物质文化遗产名录。(LWJ)

金塔木雕 金塔木雕流传于酒泉市金塔县。金塔县地处河西走廊，树根遍野且形态多姿、质坚性韧、耐磨易削，极宜木雕创作。木雕艺人将枯树根部挖出，放在通风的阴凉地方，等水分完全挥发后，根据它的形状雕刻成工艺品。每一件作品都要经过严格的选料、洗料、削根、制作、上清（上蜡或清漆）、抛光等多道工序。工艺精细，作品神态逼真。目前认定的省级传承人为强明珍。2008年被列入第二批省级非物质文化遗产名录。(YH)

红古刺绣 红古刺绣流传于兰州市红古区。红古民间刺绣主要有枕顶、鞋垫、兜肚、鞋面、荷包以及各种小动物玩偶。刺绣根据要做的种类选取颜色各异、质地不同的布料，用针比较细、小。红古刺绣不仅具有实用价值，同时还具有很高的艺术欣赏价值。目前认定的省级传承人为邵能彩、尹桂珍。2008年被列入第二批省级非物质文化遗产名录。(LWJ)

天水鸿盛社秦腔脸谱 天水鸿盛社秦腔脸谱流传于天水市秦州区，属甘肃秦腔脸谱流派之一甘肃南路秦腔脸谱，流行于甘肃陇南一带，包括天水市的五县两区及陇南市的西和、礼县等地。天水鸿盛社脸谱由罗树德、郝来山首创于清朝末年，画法特点是大头、大额、大眼，威武、威严，谱系较多，有脸谱200余帧，脸型各具神采。画法大致可归纳为洗、抹、擦、画、勒、粘几个步骤。天水鸿盛社画脸谱时，颜色也很讲究，各种颜色表示剧中人物的性格、品质和特点。红色表示忠义勇猛，如关羽等；黑色表示刚直不阿，如张飞等；黄色表示残暴，如《下宛城》戏中的典韦等；用白色表示奸诈狡猾，如曹操等；用花色表现神鬼人物，特别是阴阳脸，也称半男半女，表现鬼神精灵；用金色表示神仙等。有时候，一个人的脸谱也随着时间、地点、剧情的变化而变化。目前认定的省级传承人为王贵林。2008被年列入第二批省级非物质文化遗产名录。(LWJ)

天水竹雕 天水竹雕是流传于天水市的一种民间传统手工艺术。过去主要分布在森林覆盖率较高的县区，1985年以后，分布于甘谷、武山、清水、张家川、麦积区，特别是在秦州区更加集中，主要在秦州西关、石马坪一带，秦州的南路及西路的乡村也常有零星的竹雕生产小作坊。天水竹雕通过选料、画工、描线、分层雕琢等工序，云雷纹三足小鼎、回纹活环提梁卣是天水竹雕的经典代表作。目前认定的省级传承人为吴云生。2008年被列入第二批省级非物质文化遗产名录。(LWJ)

凉州水陆画 凉州水陆画流传于武威市凉州区，是在明清两代由武威当地民间画师绘制，在佛教寺院中举行水陆法会时所用的神像画。作品都是以卷轴装裱的形式保存，所绘内容为佛、儒、道神或人，主要表现手法是传统工艺重彩人物画法。凉州水陆画在人物造型、用笔、设色方面有高超的艺术技巧，并且与敦煌壁画中唐宋时期的人物造型、表现风格有许多相似之处。目前认定的省级传承人为李福如。2008年被列入第二批省级非物质文化遗产名录。(LWJ)

临洮水陆画 临洮水陆画流传于定西市临洮县。相传源于唐时的道释画，是由当时寺院专门从事神像制作者绘制，以儒、道、释神话人物为基本表现内容，以矿物质颜料着色，以写实手法构图填色，色彩艳丽，工笔重彩，三刻九染。所用工具为碳条、红土水、颜料、自制绵羊毛画笔等。代表性传承人有蒲氏家族蒲永升兄弟。2008年被列入第二批省级非物质文化遗产名录。(LWJ)

阿克塞哈萨克族刺绣 阿克塞哈萨克族刺绣流传于酒泉市阿克塞哈萨克族自治县。哈萨克族刺绣作品因使用目的和范围不同，外形也不一，有长方形、正方形、圆形、梯形、椭圆形和不规则形。图案主要以植物和动物为题材。植物有花枝、花蕾、花卉为多，动物主要有羊角纹、鹿角纹等。图案是动植物自然原型的变体，表现的是动植物一般特征。刺绣工艺品的边缘以植物纹样形成波浪状装饰，或者在锯齿形的几何图形边框中饰以羊色，既富有韵律美，又具有形式特色。哈萨克族刺绣作品华丽绚烂、五彩斑斓，所用线的染料早期用植物、矿物等天然原料，线的颜色属于非饱和度色，色泽艳丽沉稳。底色以红、黑和白为主，图案颜色以红、黄、蓝、绿、白为主。目前认定的省级传承人为努尔恰西·汗加尔汉。2008年被列入第二批省级非物质文化遗产名录。(LWJ)

临夏穆斯林建筑艺术 临夏穆斯林建筑

艺术流传于临夏回族自治州。伊斯兰特色建筑是临夏穆斯林风情的一个重要体现。这里清真寺和拱北（先贤陵）建筑可分为中国古典式建筑、阿拉伯风格式建筑、中阿混合型建筑三大类型。最近，现代建筑技术也不断融入其中。风格迥异的清真寺和拱北建筑艺术，融合中西建筑文化的特长，以中国古典宫殿建筑为主体，突出阿拉伯文化情调，独辟蹊径，富丽堂皇、庄严肃穆，其独特的建筑风格在我国建筑史上占有一席之地。被称为河州建筑艺术中的"三绝"——河州砖雕、河州木雕、河州彩绘在清真寺建筑中也得到了淋漓尽致的表现。2008年被列入第二批省级非物质文化遗产名录。（LWJ）

华池镇庄兽雕刻艺术 华池镇庄兽雕刻艺术流传于庆阳市华池县。石兽雕刻艺术和古老的信仰风俗相关，当地群众用它来镇穴、镇宅、镇山、镇邪。华池石兽雕刻种类繁多，有石虎、石狮、石豹、石熊、石猴、石牛、石马、石羊、石鸡、石狗等，统称瑞兽，又叫神兽、添福兽。这些石兽因用途不同，名称各异，有拴娃兽，有屋脊兽，有镇墓兽，还有一种实兽雕刻，置于村前或大门前，用以驱逐邪恶、镇守庄宅，被称作镇庄兽。狮子是镇庄兽中最常见的瑞兽之一。镇庄兽一般用当地河川的青石、白青石和硬砂石雕琢而成。2011年被列入第三批省级非物质文化遗产名录。（LWJ）

华锐唐卡绘画 华锐唐卡绘画传承于武威市天祝藏族自治县，又称华锐唐卡，就是彩缎装裱而成的卷轴画。它是在松赞干布时期兴起的一种绘画形式，具有鲜明的民族特色、浓郁的宗教色彩和独特的艺术风格，历来被藏族人民视为瑰宝。唐卡的品种和质地丰富多样，依使用的材质来划分，大致可以分为笔绘唐卡、刺绣唐卡、贴画唐卡、缂丝唐卡、织锦唐卡、版印唐卡等。随着藏传佛教的兴起，唐卡艺术的发展逐步达到顶峰。天祝藏族自治县作为藏区，有很多藏传佛教寺庙，其中保存着大量唐卡。像朵什寺就曾保存一幅著名的吉祥天母唐卡。天祝的藏族美术家多向青海、甘南等地藏传佛教圣地学习技艺。目前认定的省级传承人为马才成、吉太才让。2011年被列入第三批省级非物质文化遗产名录。（LWJ）

华池剪纸 华池剪纸流传于庆阳市华池县，属于庆阳剪纸的一部分。华池剪纸历史久远，风格粗犷夸张，表现出较为古朴雅拙的艺术风格。题材上多飞禽走兽、民间故事、戏曲人物、四季花卉等。从形式上看，有门花、炕窑花、窑顶花、箱柜花、粮囤花、灯笼花、喜花、吊帘花、礼花、寿花和刺绣用的底样等。华池剪纸的构图用平视的章法，没有准确的比例和严格的时空概念制约，善于运用大胆变形夸张的手法，作品线条细长、锐利、透亮。剪纸工具有小剪，或者也可以用刀刻，大都使用小剪。材料有麻纸、各种彩色纸。所用纸须色彩艳丽且柔韧性好。目前认定的省级传承人为赵星萍、曹永琴。2011年被列入第三批省级非物质文化遗产名录。（LWJ）

裕固族刺绣 裕固族刺绣流传于张掖市肃南裕固族自治县。裕固族民间刺绣图案淳朴、色彩艳丽、构图简洁、造型夸张、针法多样、绣工精致，将中国四大名绣与十字绣及藏族、蒙古簇等民间刺绣相结合，逐渐形成了具有浓郁的地方特色和强烈的民族气派的完整的艺术体系。裕固族刺绣主要集中在服饰上。此外针扎、绣片、香包、烟袋、裙褂、马鞍、枕顶、兜肚、披肩、绣帽、针包、袜垫、门帘、床罩等也常以刺绣装饰。手法为织绣、扣绣、辫绣、攀绣以及平绣、锁绣、挑花、纳绣、穿插绣、齐针、套针、网针等。目前认定的省级传承人为白萍、杨红梅、郭兰花、郭银梅。2011年被列入第三批省级非物质文化遗产名录。（LWJ）

甘谷木雕 甘谷木雕流传于天水市甘谷县。甘谷木雕的历史悠久，刀法细腻、工艺精巧。民间木雕艺人除了专门从事木雕艺术外，有的能工巧匠还采取雕、琢、镂、刻、剔、嵌等手法，刀凿并用，将木雕与砖雕、石雕、脊兽雕刻融为一体。在甘谷，专门从事木雕生产的民间艺人不是很多，大多由木匠兼任。甘谷木雕中，当前比较知名的有古冀木雕、天宇木雕、天龙木雕和龙源木雕等一些本地木艺作坊。目前认定的省级传承人为王勇、巩善等。2011年被列入第三批省级非物质文化遗产名录。（LWJ）

通渭木雕技艺 通渭木雕技艺流传于定西市通渭县。通渭木雕以建筑木雕为主，主要用于庙宇、民居，包括梁柱檐脊、中堂神龛、门户窗扇等的造型与装饰，在题材内容上体现了传统美术的共性，广泛采用民间喜闻乐见的吉祥图案，运用借代、隐喻、谐音等传统手法表达吉祥寓意。通渭木雕只以红松、油松、红心柳木、椴木等为材料。选好木材之后，应做好锯、刨等工作，然后画稿，图样画好之后，使用如锯、刨、凿、铲、雕刀和钻、木锤等工具进行雕刻。通渭木雕在长期的艺术实践中，逐步形成了一整套独特的雕刻技法，有阴雕、阳雕、圆雕和透雕等工艺。目前认定的省级传承人为杨鸿宇、巩胜玉。2011年被列入第三批省级非物质文化遗产名录。（LWJ）

通渭砖雕技艺 通渭砖雕技艺流传于定西市通渭县，是我国北方砖雕体系中重要的一支。以青砖为基本原料，一般采用浮雕和平雕技法并以圆雕、半圆雕突出主题，重点运用切、削、铲、转等各种刀法。通渭地处南北文化的交融地带，表现手法既有北方的古朴、豪放，虚实相生，疏密有致，又有南方的造型精致，玲珑纤巧，刻画细腻，线条流畅的丰富技法。砖雕作品风格独特，构图上可分为中心花添加岔角和自由绘画式两种方式。目前认定的省级传承人为马永明。2011年被列入第三批省级非物质文化遗产名录。（LWJ）

8. 传统手工技艺

敦煌古乐器制作技艺 敦煌古乐器制作技艺属于古代手工技艺，传承于敦煌研究院，是指根据敦煌壁画乐器图像复制乐器的制作方法。敦煌壁画上共有北凉、北魏、西魏、北周、隋、唐、五代、宋、西夏、元十个朝代各种乐器的图像。1979年，敦煌研究院庄壮首先提出复制敦煌壁画乐器的想法并着手研制。1992年研制出第一期乐器34种54样,第二期研制出50多种近百件。具体制作方法为,根据敦煌壁画图片中乐器与人的比例,设计乐器的外形尺寸,根据外形尺寸确定各乐器音域范围,并结合经验确定乐器各部件连接方式及加工工艺。这种制作过程注重乐器的形似,也注重乐器的音色效果。2006年被列入第一批省级非物质文化遗产名录。(LWJ)

临夏刻葫芦 临夏刻葫芦指流传于临夏回族自治州的传统手工技艺。临夏刻葫芦的材料,专用小圆葫芦和单吊葫芦,讲究大小均匀,即所谓"小如珠,大如拳"清理葫芦具体有六道工序:一是开口,在选好的葫芦顶上旋一个圆口;二是掏籽,又叫挖肚子,要分次进行,一次掏光会萎缩;三是挖瓤,又叫旋肉,也要分次挖,边挖边晒,不然就会"塌壳",直至仅剩一层薄壳;四是晒泡,晒干后,用开水烫泡表皮;五是刮皮,分两次,头次粗刮,二次细刮;六是上光,一种是手摸上光,一种是打蜡上光。根据葫芦的大小结构构思画面。在上光环节,一般先用铅笔打底稿,然后以特制的钢针(分大、中、小三种)刺破表皮加以镌刻。雕刻的刀法轻于金石,重于微雕,技法大致与笔雕相同,有点、挑、划、拉、刺、勾等技巧。刻好的葫芦涂以松墨,最后上光。目前认定的省级传承人为马耀良(已故)、马世贤。2006年被列入第一批省级非物质文化遗产名录。(LWJ)

兰州刻葫芦 兰州刻葫芦起源于魏晋,至今已有1500多年的历史。主要是以刀和针为工具,其刻绘线条之多源自中国传统白描绘画,技法以浅刻、工笔画为主,图案十分丰富,是中国民间工艺中的珍品。制作方法为先选好葫芦坯子,再用不开刃的刀刮压,刀刀挨紧,不留间隙。刮一遍之后再用手擦磨一遍,然后接着刮,刮磨交替直到葫芦表面生出亮光,用手触摸感觉绵软无比。葫芦磨成后,根据构思开口留腔。口开好后,根据构思或临摹对象,用铅笔打底,再进行刻制。最后上墨、刻章,直到擦磨不见浮墨,光滑晶莹,再配以相应的底座或吊座即可。技法借鉴竹雕、木刻等工艺,主要有阳雕、阴雕、透雕、阳雕平地、阳雕沙地、阴刻阳雕、双勾勒,等等,主要刀法有直刀、平推刀、外侧刀、内侧刀、顺行刀、逆行刀、挑刀、剁刀、切刀等。2006年被列入第一批省级非物质文化遗产名录。(LWJ)

甘谷脊兽制作技艺 甘谷脊兽制作技艺为天水市甘谷县的传统民间工艺,是中国古建筑外部屋顶的造型艺术,常象征着建筑等级,以新兴镇永安村最为驰名。永安村主要生产宗教建筑脊兽和民用砖瓦,多半农户有生产作坊,而被称为"张大兽"的张海家族掌握的技艺最为精湛。制作方法是用取自当地后山的黄泥土,掺和适量的毛发以提高韧性。制作流程主要为选土、泡泥、成型、捏画、雕刻和烧制。目前认定的省级传承人为张云中、张启云。2006年被列入第一批省级非物质文化遗产名录。(LWJ)

肃北县蒙古族马头琴制作技艺 肃北县蒙古族马头琴制作技艺流传于酒泉市肃北蒙古

族自治县。肃北蒙古族属于卫拉特部，地区民间乐器种类较多，其中"伊克里"最具特色。它是马头琴的一种，但区别于其他蒙古族地区的马头琴，是肃北蒙古族的代表性乐器。这种乐器由本地人自制，主要用于说故事时的伴奏或单独演奏。根据肃北蒙古族传说和实地考察记录，旧时伊克里琴身是用马骨，弓毛用马尾，而现在制琴时，琴弦虽沿用马尾，但琴身则以木代骨。在形状上，伊克里共鸣箱不是梯形，而是长方形，琴身上常刻有肃北蒙古族当地的代表性花纹。目前认定的省级传承人为额尔德尼。2006年被列入第一批省级非物质文化遗产名录。(LWJ)

肃北雪山蒙古族马上用具制作技艺 肃北雪山蒙古族马上用具制作技艺传承于酒泉市肃北蒙古族自治县。肃北雪山蒙古族的马上用具制作技艺是集木工工艺、金属工艺、刺绣工艺及皮件编织手艺等于一身的蒙古族传统民间手工艺。制作马具的工匠不仅要掌握多种材料的制作加工技艺，还要熟悉各种材料的性能和品相。肃北雪山蒙古族马具包括马鞍、套马杆、套马绳、缰绳、配套用具、装饰用具等。制作材料包括皮、铁、铅、铜、木、骨、纺织品等。目前认定的省级传承人为孔万喜。2006年被列入第一批省级非物质文化遗产名录。(YH)

舟曲县织锦带 舟曲县织锦带传承于甘南藏族自治州舟曲县，是甘南舟曲县藏族妇女用以束腰、扎靴、拢发乃至点缀服饰的一种花带。藏语中制作织锦带的工具被称为"嘉交吾"，有着传女不传男的风俗。传统的锦带编织一般用胡麻、羊毛、棉花等捻成的线，染成五色或十色，手工编织而成。现在也用七彩真丝、尼龙、腈纶线或膨体纱、金银丝线等材料混合编织。锦带的宽窄长短依用途而定。每逢吉庆节日，藏族妇女穿戴的华丽盛装就需要少则五六条，多则十几条尺寸相宜的锦带来装饰。藏族姑娘通常以亲手编织的锦带作为定情信物，藏族亲友间也送锦带表情达意。目前认定的省级传承人为王才让草、金东秀。2006年被列入第一批省级非物质文化遗产名录。(LWJ)

夏河金属饰品制作技艺 夏河金属饰品制作技艺传承于甘南藏族自治州合作市拉卜楞镇及周边地区。拉卜楞寺建寺以来，从印度和中原地区运来大量建筑所需材料、金属佛像以及其他器具，周边地区的工匠也在维修和续建的过程中，接受并发展了这些不同风格的手工艺。寺院也专门聘请一些当地工匠传承印度制作方法，工匠们在寺院周边王府村定居，传授学徒，传承至今。夏河金属饰品主要有银塔、戒指、手镯、耳环、项链、奶钩、马鞍装饰、刀鞘、银碗、经筒、宝瓶、铜盘、铜壶等饰品、生活用品以及宗教仪式用具。目前认定的省级传承人为王久西加。2006年被列入第一批省级非物质文化遗产名录。(LWJ)

兰州青城水烟制作技艺 兰州青城水烟制作技艺流传于兰州市榆中县青城镇，是源于兰州青城镇的一种制作传统水烟的手工艺。以种植于五泉山下、红泥沟口以及苑川河流域一带的烟叶为原料，由烟坊加工为水烟丝。

制作方法是，把宽大肥厚的翠绿烟叶，去掉茎根阴干，加入槐花、紫花、碱、白矾、石膏等混合蒸煮，佐以清油、食盐、姜黄，加入当归、香草、薄荷、川芎、苍术、冰片、跨香等香料，搅拌均匀，压制成1米见方的烟墩，再人工推成细丝，刨丝后在模具内压成小方块即可。目前认定的省级传承人为李德森。2006年被列入第一批省级非物质文化遗产名录。（LWJ）

西峰陶塑技艺 西峰陶塑技艺流传于庆阳市西峰区。西峰区为黄土高原腹地陇东董志塬的核心区，可塑性极强的红黏土分布广泛，新石器时代人类就在这里烧制陶器，周朝时先人在这里开创了北豳文化，为庆阳制陶业之远祖。西峰陶塑保留了传统的手工特色，在烧制环节上还采用原始传统技法，在产品的造型上，继承和发展了传统的捏塑、贴塑等方法，制品形态敦厚、淳朴，民族特色浓厚，地方风格鲜明。产品按用途可分为宗教建筑饰品、民用房舍饰品、生活用品、玩赏品四大类，主要用于庙宇和民房顶部装饰。目前认定的省级传承人为徐鸿伟、高映帆。2008年被列入第二批省级非物质文化遗产名录。（LWJ）

宁县皮影雕刻技艺 宁县皮影雕刻技艺流传于庆阳市宁县。宁县皮影主要分布在瓦斜乡，1949年前以上门雕刻皮影戏箱为主，之后一段时间以雕刻革命样板戏为主，直到20世纪80年代初期，随着古典戏曲得以重新登上舞台，冷落的皮影戏剧重放异彩。宁县皮影雕刻艺术以其严谨、精制，刀法多变的特点著称。特别是雕刻工艺，阳刻阴镂，凿刻并蓄，阴阳辅刻，刀法娴熟，技艺精湛。目前认定的省级传承人为杜腊梅、杨维勤、杜一峰、杨自学。2008年被列入第二批省级非物质文化遗产名录。（LWJ）

王录拉板糖制作技艺 王录拉板糖制作技艺流传于庆阳市正宁县王录村。王录的拉板糖制作技艺源于与正宁县毗邻的陕西三原、泾阳一带。在民国的时候由王录村村民杨万庆带两个弟弟在泾阳县城向擅长手工制糖的"张姓人"学习手工制糖技艺并带回了王录村。制作方法是，首先要将麦子放入密闭的糖坊里发酵7～9天，其次将小米在水中浸泡7小时上蒸锅，持续搅拌，前后6次直至蒸熟，再把米和小麦放在缸中发酵，完成后将糖汁收集提纯至糊状，90分钟后可进入最后的拉扯环节。糖的种类因后期制作工艺的不同可分为四种：曲锅子、芝麻糖、拉板糖和灶糖。目前认定的省级传承人为王乔宏、王东合、王俊杰、王让民。2008年被列入第二批省级非物质文化遗产名录。（LWJ）

平凉纸织画工艺 平凉纸织画工艺流传于平凉市一带，约源起于明代嘉靖年间。宣纸上绘好的图画，用特制的裁刀裁成2毫米宽的细纸条，头尾不断，作为经纸条，又将白色宣纸切成相等宽的细纸条，作为纬纸条，用特制的织机，经纬交穿，织成纸痕纵横的纸织画，最后，根据画面需要填补颜色，以达最佳艺术效果。纸织画的内容有山水、人物、花鸟及书法。目前认定的省级传承人为王天波、柳育武。2008年被列入第二批省级

非物质文化遗产名录。(LWJ)

安口陶瓷制作技艺 安口陶瓷制作技艺流传于平凉市华亭县。华亭县所产陶瓷，因主产于该县安口镇安口窑，历史上也称"安口陶瓷"。制陶的主要原料为坩泥、陶土和石英砂。制作工艺有几种，首先将陶瓷原料按比例和剂量加工成泥料，靠手搅石轮旋转之力量制成泥坯，在轮盘上手工拉坯制成半成品，待干燥后施釉、绘制、烘干，装入直焰"馒头窑"用火直烧；二是将捏制的陶瓷品施釉装入匣钵内，用直焰窑焙烧为成品；三是将泥料加工成细浆倒入模具，成型后再打开模具取出产品装入直焰窑。安口瓷产品"野鸡红罐"被北京故宫陶瓷博物馆收藏；陶瓷工艺品"反弹琵琶"获甘肃省工艺美术百花大奖；粗瓷二号缸获甘肃省优质产品奖。前认定的省级传承人为范通儒、边希平、徐文平。2008年被列入第二批省级非物质文化遗产名录。(LWJ)

敦煌彩塑制作技艺 敦煌彩塑开创于366年（莫高窟开掘之时），其发展历程就是一部中国佛教彩塑发展史。作为我国传统雕塑中的一个门类，其技法曾对西北及中原地区石窟、寺庙艺术产生过深远影响。敦煌石窟彩塑技艺主要以民间庙宇神像为载体传承于河西走廊，其技法、材质与莫高窟彩塑一脉相承。主要体现在骨架、制泥、塑造、敷彩四个方面，就是在人工制作成的木架上束以苇草，草外敷粗泥，再敷细泥，压紧抹光，再施白粉，最后彩绘。由于塑造方法独特，造像坚固耐久，使得这一技艺能够代代流传。目前认定的省级传承人为杜永为、鲁勤学。2008年被列入第二批省级非物质文化遗产名录。(YH)

礼县井盐制作工艺 礼县井盐制作工艺主要流传于陇南市礼县。甘肃礼县的盐官镇，早在秦汉时期就有了比较成熟的井盐生产工艺，发祥于周代秦人占据时期。直到中华人民共和国成立，井盐生产一直都是当地人民重要的手工业和主要经济来源。制盐时，首先用卤水反复泼洒盐土，制成滤盐土，然后将滤盐土装在竹篓里，再用卤水淋滤，得到含盐量较高的盐水，最后将盐水放在锅中进行熬煮，即可获得成品盐。目前认定的省级传承人为陈安太、张永财。2008年被列入第二批省级非物质文化遗产名录。(LWJ)

竹篮寨泥玩具制作技艺 竹篮寨泥玩具制作技艺流传于陇南市成县竹篮寨。竹篮寨的"泥娃娃"源于宋代，大致可分为玩具类、陈列类、祭祀类，可区分为泥货和窑货。泥货指直接用模具翻制，晾干后涂彩成形；窑货则是用和好的胶泥捏制晾干烧制再涂彩。制作泥塑首先要把泥土放在太阳下曝晒，再碾碎，加入上等的棉花和泥，然后装入陶罐发酵，这个过程最短需要7天时间。发酵好的泥要反复搓揉，再分成鸡蛋大小的泥球。同时，一些辅料也要及时备好，如竹签、竹哨等。做泥塑全凭手感，没有具体的模式可循。所以多数作品的形态看似一样，但还是有微小的差异。作品最好是阴干，这样其光泽和韧性相对较好。染色也是件较为繁琐的过程，各色染料的搭配，掺入蜡、胶和朱砂的多少，直接影响到作品的美观。目前认定

的省级传承人为赵维国。2008年被列入第二批省级非物质文化遗产名录。(LWJ)

寺台造纸术 寺台造纸术因流传于陇南市康县寺台乡一带而得名。寺台造纸术为纯手工技艺，造纸工序复杂，环环相扣。成品纸质绵韧、手感润柔、纸面平整、切边整齐洁净。传统造纸以树皮、竹穰和精选稻草为主要原料，后来也加入一些回收纸做原料。造纸工序分为皮料制作工序、草料制作工序，完成后将皮纤维料和草纤维料按一定的比例混合，再经过筛选、打匀、洗涤，制成混合纸浆，最后将混合的纸浆配水、加五味子藤汁后，经过捞纸、压榨、剪纸、晒干、包装为成品。寺台造纸有经板、改良、四才、二连四个品种。目前认定的省级传承人为李生武、李永珍。2008年被列入第二批省级非物质文化遗产名录。(LWJ)

红古黑陶制作技艺 红古黑陶制作技艺流传于兰州市红古区。黑陶的制作主要分三个步骤来完成，即选料、加工、烧结。选料是保证质量的主要环节，多数黑陶原料属黄河冲击下来的纯净而细腻的红胶土。采用独特的烧结工艺使陶变黑是黑陶的最大特点。2008年被列入第二批省级非物质文化遗产名录。(LWJ)

东乡族钉匠工艺 东乡族钉匠工艺流传于临夏回族自治州东乡族自治县。钉匠是指专门钉补细瓷、石头眼镜、铁锅的手工业者，有钉补和焊补之分。钉补主要用于细瓷、眼镜，焊补用于铁、铜器的修补。东乡县锁南坝的钉匠，继承了先辈传统工艺走街串巷，在甘肃各地颇有影响。过去瓷器在普通家庭中很稀少，锅碗茶具等细瓷家什破了常送到钉匠处钉补。钉补工具有小火炉、金刚钻、小铁锤、小铁砧、铜丝、弓、弯钳等。2008年被列入第二批省级非物质文化遗产名录。(YH)

通渭脊兽制作技艺 通渭脊兽制作技艺流传于定西市通渭县马营镇。脊兽是中国传统建筑顶部的装饰物件，为泥质，因以兽型居多，又被安置在屋脊之上，故称"脊兽"。通渭马营的脊兽制作始于唐代，至今已有一千三百余年的历史，其造型不仅兼有秦、汉、唐的流风余韵，也融会了宋、元、明、清各朝的文化创造。制作脊兽的泥土采自河床边的红泥，经选料、和泥、制坯、烧制四大工艺流程而成。烧制后的脊兽主要用于庙宇、民舍屋顶之上，起到祈福、辟邪、镇宅之效。目前认定的省级传承人为李忠贤。2008年被列入第二批省级非物质文化遗产名录。(YH)

通渭草编技艺 通渭草编技艺流传于定西市通渭县。通渭草编以通渭冬小麦麦秆为原料，皮薄质软，富有弹性，是聚实用性、观赏性于一体的民间手工艺品。通渭草编技艺已有上千年历史，这种艺术品装饰形象的构成，主要有造型、纹饰、色彩三个要素。通渭草编艺术，根据用途可分为玩具、衣着、家具、室内装饰、麦秆画、日常用品六大类，其中草帽是传统的草编产品。目前认定的省级传承人为孙军祥。2008年被列入第二批省级非物质文化遗产名录。(LWJ)

西固铁芯子制作技艺 西固铁芯子制作技艺流传于兰州市西固区。西固制作铁芯子的有三个乡，即柳泉乡、东川乡、陈坪乡。铁芯子在清乾隆年间随着商贸从山西、陕西传入兰州，至今已有两百多年的历史。铁芯子用铁丝把人物和道具绑在一起，形成一个整体，造型包括历史故事、神魔故事，其中最为突出的是西游记、薛仁贵征东等，是社火表演中的重要部分，很受人们欢迎。2008年被列入第二批省级非物质文化遗产名录。（LWJ）

皋兰县铁芯子制作技艺 皋兰县铁芯子制作技艺流传于兰州市皋兰县。县内主要流行于什川、泥湾、河口、长川、水阜等地，尤以什川最为盛行。民国年间，铁芯子制作技法逐渐成熟。做法是，使用铁器打造骨架为芯，高6～7米，分二或三层设计，第一层为献桌，上摆献供品为装饰物，在献桌下坠以石碌或石磨等重器为平衡物的芯架，周围用彩色绸布装饰掩盖，并与铁骨架连为一体，再上一层为戏剧人物造型的孩童，通过铁丝绑扎固定在铁芯上，而露出的固定物则用彩带、花草及戏中道具巧妙遮掩。表演内容多为戏剧人物，一个铁芯子反映一个故事。如《孙悟空三打白骨精》《岳飞大战金兀术》《薛仁贵救驾》等。目前认定的省级传承人为陈守文、魏兴乐、魏兴君。2008年被列入第二批省级非物质文化遗产名录。（LWJ）

秦安麦秆编织技艺 秦安麦秆编织技艺主要流传在天水市秦安县清水河流域的莲花镇、陇城镇和南小河流域的王尹乡等地的几十个村庄。麦秆编织所用麦秸必须色泽清白光亮，粗细均匀挺直，外皮薄而坚韧，草芯饱满又富有弹性，拉力大且不易发脆，经过选料、拔茇、分类、浸泡、掐辫、整理、浆制、碾压、磺熏、漂白和印染等一系列工序，才可使用。作品既有实用的生活用品，也有精美的工艺品，如草帽、鸟笼、十二生肖动物形象、绣球、小提篮、葫芦、鹦鹉伞、茶垫、坐垫、靠背、提篮、草帽等。目前认定的省级传承人为郭香莲。2008年被列入第二批省级非物质文化遗产名录。（LWJ）

裕固族皮雕技艺 裕固族皮雕技艺传承于张掖市肃南裕固族自治县。裕固族生产以畜牧业为主，因此其生产、生活用具大部分来自畜产品。作为生产生活用具装饰的皮雕工艺来源于他们的生活，早在4—5世纪就已经出现雏形，是裕固族生产生活习俗与审美观结合的产物，也是裕固族传统手工艺重要一部分。其图案丰富多彩，纹饰优美流畅，风格粗犷豪放，给裕固族的游牧生活增添了活跃的气氛和高贵的气质。原料以牛、羊等牲畜皮和兽皮为主，以阳雕、镂空、剪切、绘画等为主要手法，并涂以色彩加以装饰后用于工艺画、马鞍、皮靴、刀鞘、皮袋等皮质生活生产用具的装饰。2008年被列入第二批省级非物质文化遗产名录。（LWJ）

擦擦佛像印版制作技艺 擦擦佛像印版制作技艺流传于甘南藏族自治州夏河县。擦擦，指一种模制的泥佛或泥塔。擦擦的模具通常采用硬质金属材料铸造，最常见的有红铜、黄铜和铁等金属，也有少量石质模具。制作时有三道基本工序：首先由泥塑家塑制泥模型，即擦擦的母胎；然后由铸造师进行铸造，即制作模具；最后由錾刻师负责修补和凹刻以及调整形体。在藏族的传统雕刻领域，凹刻法由专门的工艺技师承担，属于特殊工种，他们对擦擦艺术的发展起到了至关重要的作用。三种工序相互间的默契配合是决定一件擦擦作品成功与否的关键。目前认定的省级传承人为王举才。2011年被列入第三批省级非物质文化遗产名录。（LWJ）

嘉峪关石砚制作技艺 嘉峪关石砚制作技艺流传于嘉峪关市。嘉峪关石砚又称嘉砚，是我国古老的石砚之一，早在一千多年前，当地工匠就用嘉峪石制作砚台。嘉峪石以其坚润的石质、绚美的色泽和独特的工艺蜚声海内外，是古今中外书画家的案头珍品。在长期的制作实践中，历代石砚艺人以丰富的想象力和精湛的技艺，在造型、雕刻等方面不断探索、创新。目前认定的省级传承人为刘宗学。2011年被列入第三批省级非物质文化遗产名录。（LWJ）

武都栗玉砚制作技艺 武都栗玉砚制作技艺的传承地为陇南市武都区。栗玉砚以及栗亭砚在古代砚书著作中曾有记载，其石料、雕刻技术、图案设计相当讲究，具有很强的地方文化色彩。当代雕刻家刘淑霞在学习洮砚制作技艺的基础上，在各方协助下，恢复了这门古代技艺，利用砚台这一载体描摹陇南的先秦文化、三国文化、山水风情。目前认定的省级传承人为刘淑霞、焦仁仁。2011年被列入第三批省级非物质文化遗产名录。（LWJ）

河州黄酒酿造技艺 河州黄酒酿造技艺流传于临夏回族自治州临夏市。临夏古称河州，有数百年酿造黄酒的历史。河州黄酒，采用传统工艺，选用当地的黄米，用本地的井水酿造。黄酒颜色淡黄，原汁黄酒的酒液并不十分清澈，略有悬浮物，由于采用的不是蒸馏技术，而是发酵后直接出酒，没有勾兑过程，属于米酒类，所以酒精度很低，入口没有白酒的辛辣口感，但也不同于醪糟，口感甜冽。酒坊都是以家庭为单位，或临街或处巷子深处。每家酒坊的产量都不大，每天的产量只供当天饮用。夏天气温高，黄酒容易变酸，于是盛在木桶里，悬吊在井中储存。目前认定的省级传承人为王建平。2011年被列入第三批省级非物质文化遗产名录。（LWJ）

马岭黄酒酿造技艺 马岭黄酒酿造技艺流传于庆阳市庆城县。马岭黄酒，色泽鲜亮如琥珀，味苦透甘，甜酸适中，涩辣俱有，香气浓郁，醇和鲜爽，回味绵长。马岭黄酒不仅可口，而且具有舒筋活血、清心化淤、祛风散寒、养颜益肤的功效。其制作工序为造酒曲、装酒和泄酒。《庆阳县志》载："十一月，冬至节，祀先。汲水冻冰，做春分酒。"又载："十二月初八，是日取水酿酒，名曰腊酒。"无论是"春分酒"还是"腊酒"，都是黄酒。黄酒一般在冬天装，以春节前最为普遍。目前认定的省级传承人为王维耀。2011年被列入第三批省级非物质文化遗产名录。（LWJ）

角弓咂杆酒酿制技艺 角弓咂杆酒酿制技艺流传于陇南市武都区，流传至今已有千多年。是陇南白马人的传统食品加工技艺。每年农历九月初九日，白马人便开始酿造咂杆酒。咂杆酒由高粱、小麦、青稞、谷子、荞麦、玉米等五色杂粮酿造而成，所以又叫"五色酒"，也称"泡酒"。制作时将五种粮食煮至七八成熟再蒸少许，起锅、晾凉，再均匀加入酒曲发酵三天，然后转入大缸，密封1~3月后开封并盛入铜罐加水，温火焙热。此外，咂杆酒的饮法奇特，不用酒杯，用"咂杆"。从酒缸中取出酒粕，盛入梨形的瓦罐中，加入山泉水，放在火塘边煨煮，将一根约60厘米长的"咂杆"插入罐中吸饮。目前认定的省级传承人为徐荀凤、徐兰兰。2011年被列入第三批省级非物质文化遗产名录。（LWJ）

岷县点心加工技艺 岷县点心加工技艺流传于定西市岷县。岷县点心由中国古代的食品"酥"发展而来的，是一种有甜馅的酥饼，至今已有两百多年历史。点心馅是蜂蜜拌面粉，加以传统"五仁"为主的，点心皮为白面和油，然后放在铁鏊里用木炭火烤熟，吃起来香酥可口。目前认定的省级传承人为马冬梅。2011年被列入第三批省级非物质文化遗产名录。（LWJ）

静宁烧鸡制作技艺 静宁烧鸡制作技艺流传于平凉市静宁县。静宁烧鸡亦称静宁卤鸡，是静宁传统名食。它以形色美观、鲜嫩味美、外表晶亮、卤色褐红、爽口不腻而驰名甘、陕、宁等省区，具有近百年的加工卤制历史。静宁烧鸡的名家是烧鸡大王陆四海父子和回族名师沙金贵，他们博采河南道口烧鸡和安徽符离集烧鸡之长，独创出个人风格。静宁烧鸡的烹制秘诀是配料讲究、卤汤陈老、加工精细、火候适宜。配料有胡椒、丁香、桂皮、陈皮、大姜、花椒、草果、白芷、茴香和少量酒、葱、味精等。卤汤最短的也有5年之久，而且每2~3天，就得根据需要增添佐料。烧制时一般用文火慢炖，使卤汤达到似开非开的程度，但也要根据鸡的大小、肥瘦、雌雄来决定火势变化的幅度和成熟的时间。目前认定的省级传承人为王东升、谢林林。2011年被列入第三批省级非物质文化遗产名录。（LWJ）

陇西腊肉制作技艺 陇西腊肉制作技艺流传于定西市陇西县。陇西腊肉历史悠久，约始于清乾隆年间。陇西腊肉的原料主要来自漳县、岷县一带，尤其以岷县蕨麻猪为最佳。因岷县野生药材甚多，农户饲养的猪春季散养，秋季圈养，腊肉腌制户冬季收购。这种猪肉肥瘦相间，且带有药性，加上盐、花椒、小茴香、姜皮、桂皮、大香等十多种佐料腌渍并暴晒而成，色美味鲜、风味独特，瘦肉灿艳、瘦而不柴，肥肉晶莹透明、肥而不腻。目前认定的省级传承人为郭陇龙。2011年被列入第三批省级非物质文化遗产名录。（LWJ）

临夏王氏铜铸技艺 临夏王氏铜铸技艺流传于临夏回族自治州永靖县。王氏铜铸技艺传承悠久。明初，王氏先祖随明军征伐元朝残余势力来到兰州，后参与建造"镇远浮桥"，负责铸造牵引浮桥的铁柱。王氏后裔后来辗转迁居于永靖县。20世纪80年代以后，王氏铸铜技艺由家庭作坊发展为小型工厂。一开始做一些小型农具，之后做相关宗教信仰和旅游纪念品，产品遍及西北五省。传统铸铜技艺比较复杂，设计、制模、合模、化铁、浇铸、抛光打磨六道程序，现在则引入了一些现代工艺与制作手段。2011年被列入第三批省级非物质文化遗产名录。（LWJ）

岷县铜铝铸造技艺　岷县铜铝铸造技艺流传于定西市岷县清水乡，其工艺起源可追溯至明洪武年间。该技艺不仅制作过程复杂，而且全部手工操作，工艺的传承以师傅带徒弟、口传心授的方式代代相传。此外，其最大的价值就在于纯手工操作，但这也是制约其传承下去的一大"瓶颈"，需要进行大量技术实践。清水铜铝铸造产品包括大锅、火盆、大钟、香炉等，作为其中最具典型的制品，铜大锅大部分都销往青海、西藏、四川和贵州等省区的少数民族地区。目前认定的省级传承人为徐芳龙、何道海。2011年被列入第三批省级非物质文化遗产名录。（LWJ）

榆中古建筑模型制作技艺　榆中古建筑模型制作技艺流传于兰州市榆中县，已有百余年的历史，与兴隆山的古建筑有着密切的联系。制作时，以优质的油松、核桃木、高粱秆为主要材料，现在有些工匠为图方便也会使用一次性筷子做搭制材料。制作中使用万能胶、木胶、钉子、油漆等为辅助材料，尺寸大小与原物成比例关系，模型的长、宽、高分别在2.8米、1.8米、2米之内，模型的梁架、重柱、斗拱、挂落、栏杆、雀替、李拱、彩绘等和原建筑完全吻合。目前认定的省级传承人为丁武明。2011年被列入第三批省级非物质文化遗产名录。（LWJ）

榻板房制作技艺　榻板房制作技艺流传于甘南藏族自治州迭部县。该县位于青藏高原东部边缘至秦岭西延部过渡带，榻板房就是适应这种地势而发展出来的藏族民居建筑，大都坐落在岷山、迭山间的沟谷、坡地、峡口以及苍茫难觅的千百个山坳间。榻板房是一种以木为主，土、木、石相结合的古老建筑形式。在迭部一带，榻板房大致分四种类型。一种是纯粹的榻板房，这种古建筑很少用土石，全为木构造，一般建在平缓的山坡上或以临近的山崖、土坝为天然防护墙；第二种是土、木、石相间，当地叫"土包房"，有类似于中原地区四合院的风格或是"内不见土，外不见木"的羌藏雕楼、雕房的风格；第三种是"坎楼型"建筑，由于受地形限制，坎下是用石砌成的"庄廊"，一般建牛、马畜圈及贮仓，坎上才修筑住人的房屋，远看像二层楼；第四种与前三种不同，是在凹凸不平的地面上顺地势就地形展开的榻板房。一般说来，上迭及高山地区，榻板房较多，中迭以及沟谷地带雕房羌楼所占比重大，下迭以及半山腰间，坎楼占的比重大，下迭以及半山腰间，坎楼型的建筑物居多。目前认定的省级传承人为卡交、毛浪。2011年被列入第三批省级非物质文化遗产名录。（LWJ）

合水民间手工编结技艺　合水民间手工编结技艺流传于庆阳市合水县。合水民间手工编结技艺属于庆阳手工编结技艺的一部分。其历史悠久，是庆阳传统文化的精髓，现已渗透到人们生活的方方面面，有着鲜明的艺术特征。合水民间手工编结技艺的主要类型有草编、苇编、秸秆编、树条编、藤编等，纹样有横斜纹、水波纹，等等，具有很强的

实用性、普遍性和艺术性，且原材料多样、取材便捷。2011年被列入第三批省级非物质文化遗产名录。（LWJ）

镇原高粱秆灯笼制作技艺　镇原高粱秆灯笼制作技艺流传于庆阳市镇原县。利用高粱秆等植物秆茎扎制灯笼、绣球、草帽等用品，是我国北方地区民间传统手工艺。它经"选、剪、削、雕、刻、咬合、粘"等综合工艺流程，制作工具为刀、剪、钳、锉、小锯等一般性工具，可制造各种生活用品和楼阁、走兽模型。2011年被列入第三批省级非物质文化遗产名录。（LWJ）

宁县戏剧头帽制作技艺　戏剧头帽制作技艺流传于庆阳市宁县。戏剧头帽制作世代相传于宁县太昌乡申明村、青牛村，宁县是陇东地区重要的县份之一，交通便利、信息灵通是当地戏剧头帽制作世代相传的先决条件。戏剧头帽的制作源于当地民间社火，据有关传说，始于清朝中期，至1949年前后逐渐兴盛，主要为民间社火表演戏曲而制作。1962年传统戏剧禁演，戏剧头帽制作进入衰落期。1978年改革开放以后，戏剧头帽制作重新焕发生机，进入鼎盛期。目前认定的省级传承人为杨维勤。2011年被列入第三批省级非物质文化遗产名录。（LWJ）

天水泥塑制作技艺　天水泥塑制作技艺流传于天水市秦州区。北魏时，随着佛教文化在民间的逐渐兴盛而萌发发展，距今已有一千多年的历史。泥塑艺术是中国一种古老常见的民间艺术，其历史可上溯到距今4000～10000年的新石器时期，唐朝时达到顶峰，泥塑艺术发展到宋代，出现了小型泥塑玩具，在元代之后，历经明、清、民国，泥塑艺术品在社会上仍然流传不衰。目前认定的省级传承人为何彦云、赵旭辉。2011年被列入第三批省级非物质文化遗产名录。（LWJ）

岷县传统织麻布技艺　岷县传统织麻布技艺流传于定西市岷县，洮河下游的西江、中寨等乡镇。织麻布使用胡麻为原材料。先是将成熟的胡麻秆扎成小把进行熟麻、"掰麻"，就是将麻纤维从麻秆上分离出来。接下来是捻线，捻好的麻线用线盘缠成桄子，扎成小把放在河里槌打清洗，洗好后晒干再缠成线团。线团即可用织布，一般手艺熟练的麻布匠使用织布机一天织20多米长，手慢的人则织得少些。麻布主要用来制作麻布衣衫、麻布裤子、麻布口袋、麻布帐子、麻布坎肩、麻鞋等。目前认定的省级传承人为司长喜。2011年被列入第三批省级非物质文化遗产名录。（YH）

临洮脊兽制作技艺　临洮脊兽制作技艺流传于定西市临洮县。脊兽是指中国古代建筑屋脊上安放的瑞兽，作为一种建筑构件，它既是权力、地位的象征，又是驱邪祈祥的吉祥物，大量用于寺庙、宫观、仿古民用建筑之中。在中华人民共和国成立之前，临洮全县境内都有上百家脊兽制作作坊，尤以玉井镇最多。临洮脊兽主要应用于宗教建筑及民用建筑，它在有效地保护传统建筑结构的同时，也满足了人们的审美需求。从建筑学角度看，脊兽为使建筑物免遭风雨破坏而安装在屋脊接缝处的构件，不仅确保了屋顶的牢固，又美化了居住环境，具有很高的实用价值和审美价值。临洮脊兽制作的技艺和其他地方有近似之处，也要经过选土、浸泡、晾晒、塑制、窑烧、上釉、二次煅烧等程序。目前认定的省级传承人为司探微。2011年被列入第三批省级非物质文化遗产名录。（LWJ）

裕固族织褐子　裕固族织褐子技艺流传于张掖市肃南裕固族自治县明花乡、大河乡、皇城镇、康乐乡。褐子是裕固人用来缝制衣物、褡裢、帐篷的手工粗布，具有良好的防水、避风、防潮、防晒、保温的作用。织褐子的原材料是用羊毛、驼毛、牦牛毛等捻成的不同用途的毛线。经染色处理后，以场地的大小需要决定其长短，用专用的木质工具织制，色彩花纹都具有鲜明的本民族特色。织褐子操作简便，男女老少都可操作，主要用于做帐篷、裕固族服饰、鞋袜、褡裢、驼鞍、茶叶袋、面口袋、挎褡等日常生活用具，其制品结实、耐用，是裕固人最常见、最传统的手工艺品。目前认定的省级传承人为索兰英、沙琴梅、郭月英（已故）、杨金花、常自英。2011年被列入第三批省级非物质文化遗产名录。（LWJ）

民勤毛毡制作技艺　民勤毛毡制作技艺流传于武威市民勤县。民勤毛毡制作主要以羊毛、牛毛为原材料，要求毛丝纤长。利用毛纤维的良好弹性，毛外表的鳞片遇热软化膨胀，经过加热加压搓揉，使鳞片相互嵌合而成，现代称之为"缩绒性"。主要工序有13道，即铡毛、弹毛、铺帘子、压毛、喷水、卷帘子、滚帘子、推茬、揉毡（也就是成毡坯）、洗毡坯、卷边、修整、晒毡，所有工序缺一不可。每道工序都要纯手工制作，费时间，耗工夫。民勤所制的毛毡，有大有小，质地细密结实。目前认定的省级传承人为李仁德、赵登生。2011年被列入第三批省级非物质文化遗产名录。（LWJ）

王氏镰刀制作技艺　王氏镰刀制作技艺流传于武威市古浪县，为古浪县土门镇台子村王克俭家祖传手工技艺，主要生产镰刀而得名。据介绍，王氏镰刀要追溯到清乾隆三十三年（1768），至今已有250多年的历史。"王氏镰刀四锤号"广布古浪县，打成的镰刀近销武威、民勤、天祝、永昌一带，远销到宁夏、青海一带。目前认定的省级传承人为王克俭。2011年被列入第三批省级非物质文化遗产名录。（LWJ）

9. 传统医药

灵台县皇甫谧针灸术　灵台县皇甫谧针灸术流传于平凉市灵台县，是由晋朝时期名医皇甫谧开创并由当地后人承袭的一种中医针灸治疗技术。皇甫谧的十二卷《皇帝三部针灸甲乙经》是集《素问》、《针经》（即《灵枢》古名）与《明堂孔穴针灸治要》三书中之有关针灸学内容分类合编而成，根据天干编次，主要论述医学之理论和针灸之方法技术。书中对针灸经络、腧穴、主治等从理论到临床进行了较为全面系统的论述，特别是增补了典籍未能收入的新穴，使全书定位孔穴达到349个，其中双穴300个、单穴49

个,比《黄帝内经》增加189个穴位,即全身针灸穴位共649个,并提出适合针灸治疗的疾病和症状等共计800多种,在选穴治疗方面论述了后世始形成的子午流注针法的理论。目前认定的省级传承人为郝定国、孙宏绪(已故)。2006年被列入第一批省级非物质文化遗产名录。(LWJ)

华锐藏医藏药 华锐藏医藏药流传于武威市天祝藏族自治县。藏医药于11世纪传入天祝藏区,15世纪开始兴盛,多数佛教寺院都设有教授藏医药的"曼巴扎仓"。在全面继承藏医药学的基础上,根据地理、人文、文化等方面的不同特点,不断发展、创新,形成了自己鲜明的特色。华锐藏医特别重视非药物的心理疗法、火疗、放血疗法等。在忠于三因学说的基础上,吸取了一些中医理论。华锐藏药炮制方法有一百多种,其中烧、煮、熬、泡、炒、煎是最为常用的,每一种炮制方法都有详细的操作规程和具体的炮制要求。以华锐洁白丸、华锐肾宝、华锐药浴甘露汤和仁钦佐它、七十味珍珠丸等为代表的华锐系列藏药疗效显著,深受患者青睐。目前认定的省级传承人为于福山、阿振廷。2008年被列入第二批省级非物质文化遗产名录。(LWJ)

北塬金氏接骨术 北塬金氏接骨术流传于临夏回族自治州临夏县。金氏先祖世居临夏县桥寺乡尕金村,创始人金可南老先生曾研制金氏接骨膏,将药敷于布块,贴于患处,以治骨折。如遇错位性骨折,先复位再用药包扎紧固定,10~15日一换,患者忌酒、忌辛辣食物。接骨膏安全性极高,不会发生不良反应。金氏接骨与西医手术治疗相比,具有治疗费用少、肌肉无创伤、骨折愈合期短、疼痛小等优点。目前认定的省级传承人为金青龙、金秀龙。2011年被列入第三批省级非物质文化遗产名录。(LWJ)

西峰王氏正骨法 王氏正骨法流传于庆阳市西峰后官寨,由陇东骨伤科名医王贵正创建。王贵正(1892—1976)字雅斋,号鼎尔,幼承庭训,17岁时外出拜师学医,集众家之长,撰写《奇实验方》《伤论》《陇东草药五百味》等著作,同时创立了正骨方法,传于后人。王氏正骨法使用"摸、拨、捏"等手法,用系列秘方外洗,可活血化瘀,同时灵活运用蛋白固定法、明扎法、分期内外用药法等,效果良好,深得当地老百姓信任。2011年被列入第三批省级非物质文化遗产名录。(LWJ)

曹氏中医正骨法 曹氏中医正骨法流传于白银市会宁县,是流传于会宁地区最具代表性的民间传统中医骨伤疗法,传承于晚清时的接骨良医邢维礼老先生,传至曹氏至今已历四代。曹氏中医正骨法有独特的诊治方法,严谨的治疗原则,疼痛少、疗效快、后遗症少、疗程短、费用低、治疗方便。目前认定的省级传承人为曹绪明、曹庆祥。2011年被列入第三批省级非物质文化遗产名录。(LWJ)

李天套中医骨伤治疗技艺 李天套中医骨伤治疗技艺流传于平凉市崆峒区。李天套出身于中医正骨世家,得其父亲传授,1960年开始在平凉行医至今。李天套治疗骨伤疾病,通过望诊和触摸手法,大体可以明确诊断，如有必要，再辅以X线摄片，最后诊断即可确立。正骨手法根据唐代《仙授理伤续断秘方》"拔伸捺正"和清《医宗金鉴·正骨心法要旨》"摸、接、端、提、按摩、推拿"等古典手法，以及发展到今天的拔伸、捺正、折顶、旋转、伸屈、摇晃、挤捏、分骨、合骨、活筋等手法，临证时综合考虑，制定治疗方案，其时即可机触于外，巧生于内，手随心转，法从手出。目前认定的省级传承人为李天套。2011年被列入第三批省级非物质文化遗产名录。（LWJ）

10. 民俗

博峪采花节　博峪采花节举行于甘南藏族自治州舟曲县，是舟曲县边远山区博峪乡藏族群众的传统民俗活动，开展于每年农历五月初五，为时两天。首先在节日第一天日出之前在附近山间泉水旁抢水，随后寨口送行，上山的人在"奥老"（领队）的带领下唱《告别歌》。节日期间，出嫁在外的年轻媳妇都要回娘家，同娘家寨子的姑娘和兄弟们一起上山采花。采花地点一般选在本地区最高、最负盛名的神山刺儿坎上。在祭祀花神的地方，插上象征保护花神的新的木刀、木斧、木箭等。随后开始采花。节日第二天，整理花环、药材并下山，向山神唱《离别歌》。最后由村民为他们洗尘，敬酒，跳"罗罗舞"。目前认定的省级传承人为金机林、金干斗。2006年被列入第一批省级非物质文化遗产名录。（LWJ）

夏河县香浪节　夏河县香浪节传承地为甘南藏族自治州夏河县，是甘南一带藏族群众的传统节日。节日源于拉卜楞寺僧人每年的外出采集木柴活动，逐渐演变成僧俗同行的郊游节日。"香浪"是藏语采薪之意。因藏语称木柴为"香"，樵采称"浪"，故名"香浪"。香浪节一般在每年的农历六月十五前后举行，常于农历六月六开始准备。传统香浪节的第一项仪式是在节日的前一天日出之前，到山头煨桑，即点燃事先准备好的柏树枝叶，并将藏族人民喜欢吃的食物，如酥油、糌粑、曲拉等投入火中。男子骑马围着火堆转圈并鸣枪。接着第二项仪式是插箭，即将高达十几米的木箭插到山头上的大木栏里。还有草原上特有的藏族游艺活动，如赛马、赛牦牛、射箭比赛、拔河比赛等，晚上举行跳锅庄舞、"拉伊"（唱情歌）、对歌等活动。目前认定的省级传承人为道吉扎西。2006年被列入第一批省级非物质文化遗产名录。（LWJ）

合水面塑风俗　合水面塑风俗流行于庆阳市合水县。面塑是合水一种民间手工艺术。以小麦面粉为主要原料，辅之以黑豆、枣、红豆和各色颜料镶点，描画，用蒸、烤、炸、烙等塑形，还可用顶针、木梳、面刀等工具，通过捏、挤、压、挑、剪等技法修饰。合水面塑与当地民俗礼仪、节日活动密不可分，被用在红白喜事、传统节日、祭祀活动、寿诞满月各种仪式中。最具代表性的面塑是腊月二十八的枣山，即用揉和好的麦面，塑捏成一个椭圆形头，口、眼、耳、鼻均用黑豆镶嵌，从脖子至腰部的上半身，均为团花组成，是一种变形的

抓髻娃娃造型。目前认定的省级传承人为孙永琴、左淑霞、邵凤琴。2006年被列入第一批省级非物质文化遗产名录。(LWJ)

兰州羊皮筏子 兰州羊皮筏子流传于兰州市，旧称"革船"，是黄河上游地区一种重要的交通工具，在古代主要用于兰州至包头之间的黄河长途水上贩运。动物皮囊充气载运货物渡水，应是人类很早就使用的一种运输手段。羊皮筏子应该有很长的历史，而在清光绪年间，兰州至包头的水运贸易最发达的时候皮筏使用最为频繁。它的制作方法是，把大个羊或牛的整张皮用盐水脱毛，四肢和脖项处涂抹植物油使之松软，再用细绳扎成袋状，留一小孔吹足气后封孔。再将圆柳棍用绳扎成约3米宽、3米长，隔成许多小格子的长方形框架，横向绑上数根木条，最后用木条将数个皮袋串绑起来即可。大型的羊皮筏子载货可达15吨，中小型也可达5～10吨，需要筏工5～8人。渡客的筏子较小，可载客5人以上。目前认定的省级传承人为马积德、罗宏。2006年被列入第一批省级非物质文化遗产名录。(LWJ)

陇东窑洞民居文化 陇东窑洞民居流传于庆阳市，各县区都有窑洞村落。陇东窑洞是在人工掘成的崖的靠地面部位挖成的洞穴。当地人称窑洞为庄、庄子，有明庄、地坑庄等七八种。地坑庄又分为平地下坑和半明半暗。地坑庄的制作方法如下：先从塬面上向下掘出一个6～10米深的方正大坑，再在四壁挖出几孔窑洞，大小不等，一般为长方形，侧面挖出一孔当通道，又叫"洞子"，下洞上箍，安装大门。窑洞选址要考虑背风、向阳、利水、气畅以及出行等多种因素。窑洞内可配备火炕、转槽、石磨等，还可观看。窑洞影戏目前认定的省级传承人为李茂政、李世荣。2006年被列入第一批省级非物质文化遗产名录。(LWJ)

裕固族人生礼仪 裕固族人生礼仪流传于张掖市肃南裕固族自治县，是指裕固族人从诞生到死亡所经历的主要礼仪。人生礼仪有诞生礼、起名礼、剪胎发礼、成人礼、婚礼和葬礼等。诞生礼包括出生、庆贺、洗澡、满月礼仪。起名礼会举行多次，因为裕固族人认为孩子的名字和他（她）一生的命运息息相关，所以每个年龄阶段都要起与其相符的名字。一般在孩子出生十多天或满月时起乳名；满100天或周岁时起经名；上学或工作时起学名。起名方式有以山命名、以花草命名、以水或草原命名、以物件命名、以地命名等。剪胎发礼则指裕固族无论男孩女孩满3岁时第一次剃头的礼仪。一般选在农历正月里给孩子举行剪胎发仪式。成人礼是指姑娘在15或17岁时，选定吉日给姑娘举行戴头面仪式，男孩15岁时，父母择吉日给孩子举行成年礼的仪式，举行成人礼表明孩子已经长大成人，可以参加一切劳动和社会活动并有了择偶的自由。2006年被列入第一批省级非物质文化遗产名录。(LWJ)

十八路湫神祭典 十八路湫神祭典举行于定西市岷县，是指岷县民间对水神的祭奠习俗。岷县人崇拜水神，称为湫神，共18位，多为明初时功烈之臣，亦有庞统、宗泽等历史人物以及金花娘娘等民间信仰的神灵。活动展开于每年农历五月时节。每位湫神塑像皆坐八抬大轿，鸣炮起身，鸣锣开道，旗、牌、幡、伞等为仪仗，类似封建官吏出衙礼仪。18位湫神各有固定的街区和路线，民间灯火也按湫神出巡路线开展。凡湫神所至街区，住户均燃鞭炮相迎，以至于炮屑布满街道。在12个固定的街端路口，还布置有大型的"架花"和"斗花"（由众多花炮编制而成的排花），供湫神出巡时同时燃放。目前认定的省级传承人为袁志义。2006年被列入第一批省级非物质文化遗产名录。（LWJ）

公刘祭典 公刘祭典举行于庆阳市西峰区。公刘相传是周人的早期首领，世居于北豳地，即今甘肃省庆阳市西峰区。当地人为了纪念公刘，修建了公刘庙，坐落于西峰区温泉乡刘家店西庄庙嘴村，当地亦称"老公庙"。每年农历的三月十八日，庆阳、长武、彬县等四方百姓赴公刘庙拜谒祭奠，是当地重要的信仰风俗。目前认定的省级传承人为高步银、高步祥。2006年被列入第一批省级非物质文化遗产名录。（LWJ）

周祖祭典 周祖祭典举行于庆阳市庆城县。祭祀对象除不窋之外，还有其子鞠陶、其孙公刘。周祖祭典分为公祭、民祭两种，民祭一般是在清明前后和重阳节期间举办，无固定时间和仪式，根据祭典者的意愿及习俗而确定，祭典时，陈设供品、烧纸叩拜，朗诵祭文。目前认定的省级传承人为庆城县的左思科（已故）。2006年被列入第一批省级非物质文化遗产名录。（LWJ）

插箭节 插箭节举行于甘南藏族自治州，是甘南藏区一种祭祀战神、山神的民间节日，亦称"攒山神"，在农历六月十七日左右举行。临近插箭活动日，人们就积极准备箭杆，印经旗，做箭羽，拌煨桑物（用炒熟的青稞面、糌粑、酥油、糖果、酒、鲜奶、窝奶等食物以及"桑周"等和拌而成），摘柏枝，印"隆达"等。插箭前一天将箭做好，箭杆根部削成箭头状，顶部绑柏枝，柏枝下面扎有三棱式彩色木质箭羽，下面再缠哈达或彩布条、羊毛之类。插箭之日，清晨，每户派出的壮年男子（没有壮年男子的，少年亦可）骑马聚到山头的箭垛前。当参加插箭的人们到齐后一起念"桑义"，同声高呼"拉加罗"，意为"天神战胜了"。随后装扮威武的男子们骑着骏马、手中高擎各家早已准备好的彩箭，顺时针方向绕箭垛三周，将箭插进箭垛。因前一年的箭事先被清理掉一部分，新箭簇拥着剩余的旧箭，再用细长的羊毛线将箭堆缠牢。之后，便到离插箭处较远的插旗地点，煨桑、插旗，然后扬"隆达"。2006年被列入第一批省级非物质文化遗产名录。（LWJ）

临洮县拉扎节 临洮县拉扎节举行于定西市临洮县，是流行于临洮及周边部分乡镇的民俗节日。"拉扎"是藏语"山神"之意，拉扎节有藏汉两种源头。在汉族聚集地举行时，也加上了当地群众对"五谷神"的崇拜。通常拉扎节从农历七月十日开始到十月一日结束，有的则半月后即结束，历时长短不一。主要仪式是祭五谷神和吃"拉扎"。祭五谷神的过程为，先从庄稼挑选穗头长、籽粒饱满的小麦、青稞、大麦等，束成把子奉献在五谷神香案上，同时杀鸡宰羊献牲，请法师跳神，法师身穿花袄或法衣，头戴"麻头"，手执羊皮鼓，口中唱念祷词。小祭进行一天一夜，大祭进行三天。吃"拉扎"则是各家根据自身的经济状况和饮食习惯准备节日美味，如青稞酒、酿皮、油果等招待来客。2006年被列入第一批省级非物质文化遗产名录。（LWJ）

阿克塞哈萨克族毡房 阿克塞哈萨克族毡房传承于酒泉市阿克塞哈萨克族自治县。哈萨克毡房是哈萨克牧民的传统民居，已有2000多年的历史，以其易于搭卸、携带方便、坚固耐用、居住舒适、防寒、防雨、防震的特点成为千百年来哈萨克牧民喜好的一种民居形式，而且沿用至今，成为哈萨克民族文化中独特、亮丽的一道景观。阿克塞哈萨克毡房使用草原上的芨芨草、柳条、兽皮、毛毡等搭建而成，一般由栅栏、房杆、顶圈、房毡、门和门框等组成。栅栏一般有两种：一种是宽眼栅栏，称为"风眼"，轻便，但经不起风吹；另一种是窄眼栅栏，也称"网眼"，虽然笨重，却结实耐用。栅栏将细柳杆斜向交叉，并用牛皮绳扎紧而成，网眼呈菱形，每块栅栏高1.5～1.7米，宽约3.2米，可以自由折合。若10块栅栏组成毡房的墙，上面要架起六七十根房杆。房杆的上端插入顶圈眼内，杆下端弯曲成方形与栅栏捆绑连接。哈萨克毡房的门较讲究，一般为双扇雕花木门，哈萨克语叫"斯克尔莱乌克"，门板外挂毡帘。毡房里的床毡、挂毯、地毯，上有彩色毛线缀出的美丽的花纹，毡房的床幔、箱套、挂袋、门帘上都有妇女们精心构思制作的花纹图案。目前认定的省级传承人为哈哈尔满·阿比旦。2008年被列入第二批省级非物质文化遗产名录。（LWJ）

天祝土族婚俗 天祝土族婚俗流传于武威市天祝藏族自治县。土族人的婚姻嫁娶礼仪程序极为繁琐，整个过程十分隆重。唱歌是土族人婚礼中不可少的内容，在不同的阶段唱不同的歌，一次婚礼下来要唱近三十种歌，歌词内容包括天文地理、历史故事、宗教信仰、伦理道德、人类起源故事、生产生活等。不同的歌，也以不同的舞蹈相伴，整个婚礼过程是在说唱和舞蹈中完成，集中地反映了本民族的传统风俗习惯。土族的婚嫁礼仪要经过三大程序和二十多个仪式，第一为缔结婚约程序，即提亲、测八字、议彩礼、定婚、定彩礼、确定吉日；第二为出嫁程序，即嫁女宴、摆针线、迎接娶亲人、戏谑娶亲人、改发式、离别、送亲；第三为迎亲程序，即迎新娘、拜天地、新娘开口、答谢媒人、喝红枣茶、吃猪头、展嫁妆、冠戴新郎、抬针线、设宴羊圈、启发面、回门。完成这些程序，才算真正进入婚姻殿堂。2008年被列入第二批省级非物质文化遗产名录。（LWJ）

七月官神会 七月官神会举行于兰州市榆中县苑川河流域一带。兰州市榆中县"七月官神会"源于明初"靖难之变"后，建文、永乐、宣德时期的"削藩"，至今已经历了600多年的历史。"七月官神会"以村为单位，一般设总管家爷4名、神头4名、帐房5名、扎水5名、扎营10名、侍从25名、旗童15名、师公子9名、祭头3名。仪式按顺序分别为传牌、曳神、抢庙、安神、秉烛、带签、献祭、鞑靼神、破羊盘、伙神。在七月官神中有诸多师公表演的舞蹈，其中有羊皮鼓舞和梢子舞。流星水锤、流星火锤和小洪拳等杂耍技艺也是"七月官神会"的特色之一。榆中"七月官神会"中的师公子在表演时，唱腔采用传统的民歌调式。在旋律的进行上，曲音呈波浪式，曲调和特性音调属典型的榆中民歌。目前认定的省级传承人为王希光。2008年被列入第二批省级非物质文化遗产名录。（LWJ）

兰州清汤牛肉面 兰州清汤牛肉面流传于兰州市城关区。兰州牛肉面始创于清光绪年间，系回族老人马保子首创，在近百年的漫长岁月里，以肉烂汤鲜、面质精细而蜚声中外，现已打入全国各地饮食市场。兰州牛肉面有一清（汤清）、二白（萝卜白）、三红（辣子油红）、四绿（香菜绿）、五黄（面条黄亮）五大特点。面条根据粗细可分为大宽、宽、细、二细、三细、毛细、韭叶子等种类。面条现场手工拉成，一碗面不到两分钟即可做好，浇上调好的牛肉面汤、白萝卜片，调上红红的辣椒油和碧绿的蒜苗、香菜，一碗牛肉面就完成了。2008年被列入第二批省级非物质文化遗产名录。（LWJ）

正月十九迎婆婆 正月十九迎婆婆是流行于甘南藏族自治州舟曲县的民俗活动。"迎婆婆"活动在正月十五元宵节前开始准备。群众把木雕的"婆婆轿"精心装扮，挂上香包、绣品、工艺品、彩灯，缀上彩花、明镜，给"婆婆"雕像戴上凤冠，穿上蟒袍、霞帔、绣花鞋，到正月十五元宵节前后去"婆婆庙"进香，观赏香客敬献的各种工艺品。大部分汉族村寨每年正月十九在本村和邻村举行"迎婆婆"活动，把"婆婆"从庙里迎入本村，但舟曲县城附近十多个村的"婆婆"却于正月十九到县城"聚会"，一起"出巡散福"。每位"婆婆"都有鼓乐开道，牌灯、彩旗前导，金瓜、斧钺、朝天镫、乾坤圈巡护，道士、高僧诵经，华盖、芭蕉扇随行，数百人前呼后拥。16位"婆婆"和护送队伍在松棚灯廊下缓缓行进，两边人家设香案、具供品、焚香化马叩拜接迎，并燃放烟花爆竹，给抬辇护卫者敬酒递茶。信男善女争先恐后从"婆婆"轿底下钻过，以"接福祛病""消灾免祸"。新婚未育的青年争相"请轿"（抬轿），请"圣母"赐子。数万人观灯接福，争睹"婆婆"芳容，随"婆婆"游行。16位"婆婆"列队穿过主街道，分道各自回宫，沿途转村歇庙，群众一路接送，通宵达旦才送回神庙。目前认定的省级传承人为王成成。2008年被列入第二批省级非物质文化遗产名录。（LWJ）

甘南藏族服饰 甘南藏族服饰流传于甘南藏族自治州，是藏族服饰的一个支系。不同的区域、季节或不同性别、年龄、地位，都有不同的款式、颜色要求。其中，合作市、夏河、碌曲、玛曲、卓尼、迭部等县及毗邻地区的男、女穿着基本相似，为上下连属式样甘南藏袍，只是在女服束腰后下摆与脚踝整齐度、男服下摆提高到膝部的位置高低上有区分。藏袍有"然拉""嚓日""仔花"之分。"然拉"用布料和绸缎做成,"嚓日"用羊羔皮或短毛皮作里,外罩毛料或布料制成,"仔花"用手工鞣熟的羊皮缝制而成。甘南藏族男子头戴狐皮帽、毡帽、烟筒帽、花帽或圆锥形羊羔皮帽等。冬天身着"仔花",领口、袖口、襟边、下摆均用豹皮、水獭皮、貂皮、氆氇及黄丝带包边。夏天穿"然拉",面料颜色偏深。春秋穿"嚓日",装饰以氆氇、水獭皮、豹皮或黄丝带。下身穿黑色及深蓝色裤子,足蹬黑色或棕色长筒牛皮靴,腰挂藏刀,颈佩珊瑚或象牙项链。甘南藏族女式藏服均为大襟右边开口,冬天穿"仔花",装饰水獭皮或豹皮以及布条,但颜色比较鲜艳。腰带的侧旁佩挂银质饰钩,藏语称"姚桑"。另外还有佩挂叫做"龙高"的银饰的。女式帽子有狐皮帽、礼帽、羊羔皮帽等,佩戴珍珠、玛瑙、珊瑚等制成的项链、金银耳环等。牧区妇女会戴"热瓦"(发套),上面缀有银质碗状饰物"欧当"。牧区妇女的腰带有的为皮质,称作"恰玛"。卓尼(觉乃)藏族妇女的头发都梳成三根粗大的辫子,当地汉语方言称其为"格毛儿",所以又称其为"三格毛儿"。妇女的帽子有礼帽、尖尖帽、沙茹帽(其状如鱼)三种。少女跟已婚妇女在辫子上有所不同,少女三根辫子都用红头绳扎结,已婚妇女则只扎结中间一根。卓尼藏族妇女上衣喜穿天蓝色大襟长袍,称为"库多",足蹬"连把腰子"绣花鞋。迭部藏族妇女多数身着半高领右衽大襟长袍,酷似蒙古服,黑色居多,穿紫红裤子,高腰厚底尖头布鞋。2008年被列入第二批省级非物质文化遗产名录。(LWJ)

华锐藏族服饰 华锐藏族服饰流传于武威市天祝藏族自治县以及肃南裕固族自治县皇城、马蹄地区,与青海省门源、互助、大通、乐都等地藏服较相似。华锐藏族服饰分为夏衣、秋衣、冬衣,与高海拔藏区服饰有所差别。一般夏天穿棉布夹长袍或白褐衫,脚穿皮靴或便鞋,头戴礼帽;冬天穿大羊皮袄,节日穿"擦什孜"的羊羔皮搭面长袍,头戴狐皮帽,脚穿皮靴或棉鞋;喜庆佳节时还穿绸缎、毛呢、毛料、紫白氆氇等材料缝制的长袍,大领、袖口、下摆镶有水獭皮、豹皮等边饰。腰束五彩腰带。妇女的衬衫有多层衬领,配以银质奶钩、如意牌等。男子腰间还挂藏刀。已婚女子与未婚女子的发式有所区别,未婚女子编数十根小辫分别装入长约30厘米的辫套内挂于胸前,头顶留一根细辫,从后脑勺陲下,穿入腰带内。已婚妇女则把发辫装于辫套,吊在胸前两侧。辫套制作精美,图案由盘绣工艺制成,还佩挂"依玛阿锐",其上缀有贝壳、银牌、银壳、骨片等;颈饰藏语称"格金",一般是在3厘米多宽的布条上缀以镶有各种宝石的多块银牌,或者直接串缀珊瑚、翡翠、绿松石、玛瑙等宝石。目前认定的省级传承人为师延玲、徐英。2008被年列入第二批省级非物质文化遗产名录。(LWJ)

甘南藏族婚俗 甘南藏族婚俗流传于甘南藏族自治州七县一市。甘南藏族婚礼分为提亲、定亲、娶亲三个阶段。藏族青年在婚前与异性交往相对自由，往往以唱"拉伊"（情歌）的方式结交情人。只要两人情投意合，小伙子的父母就会向姑娘家提亲。首先要托女媒征询女家父母意见，若女方同意，便再托男媒拿着一铜壶酒，壶颈系一条哈达去正式提亲，酒多为青稞酒。此为"透话"礼。女方若愿意结亲则给一支"女儿箭"，自此完成了提亲程序。第二阶段为定亲，男方得到女方同意后，要去寺院打卦选择良辰吉日，在女方家举行定亲仪式。女方家设宴摆席，款待男方来宾。以媒人为证，定下婚约。经过一段时间，媒人代表男方去女方家，商量后续办理婚礼事宜。尤其需要女方的阿舅点头同意。第三阶段为娶亲，男方请喇嘛打卦择日，男女双方开始做各自的筹备工作。婚礼一般选在农历正月上旬的单日举行。选定日子一到，男方选派多个接亲人赶往女家，女方举行隆重的出嫁仪式，称"女儿席"，以招待送亲的亲朋。男方接亲队伍来到女家，女方家中的男性要上前迎接，妇女们则把准备好的水朝新郎泼去。进入帐房后，男方要展示送给女方的衣物、首饰。一天的仪式结束后，男方要留下明日供姑娘乘骑的白色走马离开女方家返回。第二天，男方接亲，女方送亲，组成接送队伍。出发前，请喇嘛诵经祈祷。新娘要出阁上马，女眷们要随着哭唱送嫁歌，卓尼藏族称为"打巴傲"，送亲队伍中重要的男性统称为"阿舅"。队伍到男方家后，举行婚礼仪式。婚礼开始，由一位长者左手执酒碗，右手无名指蘸些酒，向天连弹三下，开始吟唱祝婚词，接着入席，向阿舅们表示感谢。青年男女围成一个大圈子，跳起名叫"卓"的舞蹈，有的地方女客唱跳"阿加"，男客唱"山巴"，还有的地方跳"罗罗舞"。酒宴结束后，阿舅们仍领着新娘返回娘家，新娘在娘家住上一段时间之后，选择吉日，再由长辈送女儿到婆家。该习俗于2008年被列入第二批省级非物质文化遗产名录。（LWJ）

兰州"天把式" 兰州"天把式"流传于兰州市皋兰县，是由皋兰人创造的中国梨园种植与管护的传统种植技艺。当地从明弘治年间开始种植梨树，历经500年形成今天号称"天把式"的技艺。皋兰"天把式"技艺以什川为最，是典型的农业生产民俗。"天把式"的基本内容分如下5个方面：首先是种植。树间距离一般要达到8米左右，株距约6米，每亩地种植梨树仅12～13棵。其次为整形修剪。操作时要求通风透光，中空外扩为基本原则，将每棵梨树修剪得疏密有序、错落有致。第三阶段叫吊枝，也叫盘树。立一直径约20厘米，高出梨树树冠几米的笔直松木长杆使之从树冠中心穿出，并紧紧捆绑在梨树树干上，长杆顶端系长度可达梨树任意枝节的细绳数十根，在梨树挂果时节，将细绳下端分别系在挂果较多的树干上，起到提拉树枝，防止树枝因挂果过多而被压断或果实被风吹落的作用。第四阶段为采果。也有具体要求，一般是将云梯置于树下，采果的人爬上云梯穿梭树间摘取果实，场面非常壮观。还有一个重要环节是花期的驱虫，即用长杆敲打树干，将害虫打落，同时在树干的周围堆成圆锥沙堆，害虫向上爬时，沙

粒向下滚落，害虫便无法再爬上树干加以危害。2008年被列入第二批省级非物质文化遗产名录。(LWJ)

窑街"福"字灯会 窑街"福"字灯会流传于兰州市红古区。窑街"福"字灯城的制作程序如下：用361根松木在一块空地栽成方城，纵横19行，与围棋盘交叉点相同，361个点，挂361盏灯，一盏灯代表一个神，象征道家的361个正神。每两根松木间距2米，用细绳连接起来，分为四块，相互连接，排成一座"福"字灯城。灯城北面是进出口，左入，右出。其图案寓意"福"字，守门"神官"与守门者均有专人化妆扮演。"福"字灯城形如福字，有祈福之意，进入灯城犹如进入迷宫，能顺利走出灯城寓意来年吉祥如意，祈福如愿。若迷路走不出或横穿隔绳则预示来年不顺，因此进入灯城的人们谁都不愿意迷路或违规。目前认定的省级传承人为王宪武。2008年被列入第二批省级非物质文化遗产名录。(LWJ)

岷县九宫八卦灯会 九宫八卦灯会流传于定西市岷县，是每年正月里在岷县举行的一种灯会。九宫八卦灯会灯阵规模宏大，阵形复杂。布局灯阵时，先扎好一座彩门，称门户，然后在灯阵中央设立18个高杆，上面悬挂九莲宝灯、吊斗、旗幡，象征着中央太极。以此为中心竖立365个杆子，上挑各色花灯，按照九宫八卦之意分布为九座小灯阵。把入口、出口放在不同方位，象征两仪，四方四正象征四象，阵内布9个相扣的直角"U"字形，构成九宫，而且根据不同岁次的五行生克关系各宫都有一些变化。一般从西北起，顺时针排为乾、坎、艮、震、巽、离、坤、兑八卦（八宫），八宫之外，设中宫，构成复杂的九宫八卦图。目前认定的省级传承人为陈凤娃、陈顺（已故）。2008年被列入第二批省级非物质文化遗产名录。(LWJ)

金塔乡黄河灯会 金塔乡黄河灯会流传于武威市凉州区。黄河灯会以民间信仰祭祀活动为中心，是融信仰、艺术、娱乐、商贸、民俗为一体的活动。黄河灯会，顾名思义，就是取黄河九曲十八弯之意，有"阵排天地，势摆黄河"之妙。布阵时，先扎好灯山门一座，悬灯结彩，以立门户。后取中央太极之意，在灯阵中央竖约15米的高杆一根，上挂九莲宝灯、吊斗、旗幡，再将360根灯杆，挑起360盏各色花灯，按九宫八卦之势，分为九座城池，摆成黄河九曲连环之阵。观灯者按八卦方位按照一定路线行进，方能曲尽其妙，走过所有灯而出城，否则将会迷失方向，如入迷宫，找不到出口。目前认定的省级传承人为王士学。2008年被列入第二批省级非物质文化遗产名录。(LWJ)

裕固族剪马鬃 裕固族剪马鬃风俗流传于张掖市肃南裕固族自治县。裕固族在马驹满周岁时第一次剪鬃并举行隆重的仪式，表示马驹已经长大。该仪式首先要选定吉日，一般在农历四月中旬举行，为期两天，请来亲朋好友，做准备工作。在正式剪鬃前，用炒面疙瘩在盘里垒成一个5～8层的小塔，并在小塔上浇注酥油，以象征既有中心也有四面八方。在剪刀上系上哈达。准备工作完成后，将马驹牵来，请既会剪鬃又能歌唱的人手拿系哈达的剪刀，一边唱着《剪鬃歌》，一边在马驹的鬃毛上抹酥油，并剪下一绺马鬃奉献给神。2008年被列入第二批省级非物质文化遗产名录。（LWJ）

裕固族祭鄂博 裕固族祭鄂博是流传于张掖市肃南裕固族自治县的民间习俗。裕固族鄂博一般建于两山之间山腰上，多用石块堆积而成，沙漠地带也有用柳条围筑，中填沙土。一般为圆顶方形基座，基座内放置佛典、佛像、珠宝、五谷、弓箭等，称之为"装藏（脏）"。装藏物品必须由寺院的僧人安放，待装藏完备、鄂博成形、活佛及众僧进行诵经开光之后便可进行祭拜。裕固族祭鄂博的时间多由活佛诵经推算，传统祭祀方式主要是酒祭，即扬洒白酒、鲜乳之类，向鄂博献祭。每年祭鄂博期间，农牧民携带着哈达、羊肉、青稞酒和奶食品等祭品赶到鄂博处，先煨桑，再献上哈达和祭品。德高望重的喇嘛焚香点火、诵经祈福，众人跪拜，然后往鄂博上添加石块或以柳条进行修补，并悬挂新的经幡、五色绸布条等，将鄂博装饰一新。最后，男女老少以顺时针方向绕鄂博转三圈，将吉祥的风马抛向蓝天，祈祷吉祥。目前认定的省级传承人为常海福。2008年被列入第二批省级非物质文化遗产名录。（LWJ）

天干吉祥节 天干吉祥节是流传于甘南藏族自治州舟曲县的民俗节日。每年的农历七月十五日，是铁坝乡天干沟藏族群众一年一度的"吉祥节"，一来敬神祈求吉祥，二来庆祝一年的好收成。吉祥节分三个步骤进行，即插箭拜山神、祭祀、跳"突古"舞。第一步，选几名精壮汉子，由寨子里威望最高的喇嘛带队，到山上去插箭拜山神。第二步，参加突古表演的男女演员身着节日盛装，男的骑高头大马，女的步行到几十里外的枇杷沟去采集枇杷、野葱花，并进行祭祀活动。第三步，进行突古歌舞表演。目前认定的省级传承人为杨面英、高健德。2011年被列入第三批省级非物质文化遗产名录。（LWJ）

首阳山伯夷叔齐祭祀 首阳山伯夷叔齐祭祀流传于定西市渭源县。首阳山位于渭源县县城东南约30公里处，伯夷叔齐祭祀活动在首阳山清圣祠举行。原来每年农历春秋仲丁日各祭祀一次，以春季为最盛，后演化为农历四月初八日祭祀，形成了以歌舞、祭祀为载体，含有历史、宗教、民俗、艺术、商贸等诸多文化内容的传统民间文化活动。祭祀活动中演出的节目一般有根据伯夷叔齐故事改编的《采薇歌》和各村传统秧歌戏，以及原生态的师公歌舞。目前认定的省级传承人为李德清、朱雁翎、漆旺平。2011年被列入第三批省级非物质文化遗产名录。（LWJ）

华锐藏族婚俗 华锐藏族婚俗流传于武威市天祝藏族自治县。华锐藏族婚俗主要包括提亲、戴头、送亲、迎客、洗脸、婚礼等程序。每道程序都伴随相应的婚嫁歌。首先提亲阶段。小伙子一旦相中哪家的姑娘，父母就请一位善于辞令、通晓礼仪的媒人去提亲。去时带一条哈达、一块砖茶、一瓶酒和两个烧锅（一种在铁器中烘熟的面包）。到姑娘家后，媒人举起酒碗，以唱歌的形式询问主人，如果主家同意这门亲事，便接受礼物并唱一支同意歌，随即打开媒人带来的酒，大家一块喝。否则退回礼物。其次是定亲。第二次去女方家叫"提双瓶"，这次必须带两瓶酒，还要带上哈达等其他礼物。这一次是正式定亲，要商量彩礼、娶亲时间等。第三阶段为戴头。新娘的戴头仪式在女方家举行。即将姑娘原来的发式改梳为结婚新娘的发式。戴头的时间是在姑娘出嫁的前一天，这一天藏语叫"嘉东"，也就是梳头宴庆。届时，姑娘的舅父、叔父、姑父等亲属们前来贺喜。开始由新娘的"吾亥玛"（婶母）二人，一边给姑娘梳辫，一边唱《哭嫁歌》。第四阶段为送亲。送亲的人中一般要有新娘的舅父、父亲、叔父、姑父、伴娘等人，还必须有新娘的哥哥或弟弟一人专给新娘牵马。送亲的人数必须是单数。新娘上马的时间要根据离男方家路途的远近而定。新娘吃了"上马席"上马后，用白褐衫或白毡衫将其全身护起来。这时送亲人才一起上马，有的还围着新娘唱酒歌。第五个阶段为迎客。送亲队出发后男方家立刻派人到路边生火等待。送亲队一旦进入视野，两位迎亲使者便开始高唱迎接歌。一见是男方的使者，送亲者也随之唱起歌，向煨火的地方走去。客人到火旁下马坐定，迎亲使者敬酒并诵《迎客赞》。第五个阶段为洗脸。当新娘到达男方家门前时，聚集在门口的人们举起酒碗，高唱《迎客歌》。两位身着盛装的妇女，手捧哈达高喊"达卡雄"，意为接新娘的马，一起向新娘走去。然后将一条哈达献给新娘的父亲，另一条哈达献给为新娘牵马的人。这时新娘主动下马，由"拉嗡"给新娘念洗脸经，并让新娘洗脸，藏语叫"压丑"。之后，让新娘燎过麦草火堆，藏语叫"纳木尼"，意为驱邪。第六个阶段为婚礼。首先，由女方家向宾客展现男方家所送的服饰和女方家的陪嫁。此时，客人首位端起奶碗，主人首位端起茶碗，用柏香枝蘸茶向上酹三次，叫做"德吉"。每个人也依次轮流献完"德吉"，主人便开始三句问候词，待客人回答后，又互相致意。喝完茶后，开始敬酒并唱起酒歌。酒歌一般唱赞歌。晚宴结束后，继续饮酒唱歌。目前认定的省级传承人为张罗周南加（已故）、张拉先。2011年被列入第三批省级非物质文化遗产名录。（LWJ）

东山转灯 东山转灯流传于甘南藏族自治州舟曲县，是舟曲县东山乡传承下来的一种带有浓厚地方色彩的民俗活动。据《舟曲县志》记载，在舟曲东山镇鲁家上湾、真节村一带，自古就有"转灯踩道"和"迎灯"之说。每年从腊月起农民破竹扎灯，糊灯贴花，捆扎火把，正月初三后转灯。转灯只限于男子。灯具各异，有手提宫灯、八卦灯及象形的鸡、鸭、鱼灯等；还有身后背的，灯长约70厘米，上端口略小，可插纸花，如"王祥卧冰"等。夜幕降临时，转灯的人集合整队排号。时至，放三眼跑、烟花不熄，锣鼓唢呐喧天，数百名转灯人背起灯笼，手持火把响器，入场踩道。引路者为"道头"，按提前定好的队形，谋划协调，迈步前进。转灯人前后相随，人们随锣鼓节奏，手舞足蹈，边唱边走。入村之后,火把熄灭,灯笼排成一字形穿村而过,家家焚香化马互敬酒致意。午夜入场踩道转灯,欢乐舞蹈,通宵达旦,仪式方告结束。目前认定的省级传承人为房显庆、房明轩。2011年被列入第三批省级非物质文化遗产名录。(LWJ)

毛兰木法会 毛兰木法会流传于甘南藏族自治州夏河县。毛兰木法会也称正月大法会,源于宗喀巴大师于1409年在拉萨举办的祈愿法会,在甘南各大佛教寺院盛行已久,是甘南藏族的一个重大节日。法会自正月初三到正月十七日,历时十五天。正月初八为"放生节";正月十三日为晒佛节;正月十四日为跳法舞;正月十五日晚举行"酥油"花灯会,僧侣口念"六字真言";正月十六日"转香巴",意为转弥勒,祈愿未来幸福。2011年被列入第三批省级非物质文化遗产名录。(LWJ)

麦积高抬 麦积高抬流传于天水市麦积区。麦积高抬又叫铁芯子、抬阁,也称高杆戏、亭子,是天水市麦积区春节社火中的重要表演项目。麦积高抬受伏羲文化的影响很大,具有祭祀性质,在表演方面受陇东南秦腔艺术影响,粗犷大气,具有明显的地域特征。在内容上,麦积高抬主要是截取古典小说、古典戏剧、神话传说中精彩片段,代表作品有《孙悟空三打白骨精》《计划生育好》《蝴蝶杯》《凤仪亭》等。目前认定的省级传承人为王守业、张居义。2011年被列入第三批省级非物质文化遗产名录。(LWJ)

巴寨朝水节 巴寨朝水节流传于甘南藏族自治州舟曲县巴寨沟,是目前整个甘南藏族自治州保存较完整的民俗节日。"朝水"的意思为"朝拜圣水",和藏族经常举行的朝拜山神的"朝拜"在语义上相通。朝水节举办于农历五月初五端午节,在这一天,巴寨沟的百姓早早起来,清扫院坝小道,妇女们穿上盛装,戴上首饰、银盘,成群结队前往昂让雪山朝水,山寨充满了节日的喜气。藏语中雪山"圣水"被称为"曲纱",相传能治疗各种疾病。山上泉眼很多,朝水的人们根据各自的需求沐浴、祈祷,回家时壶中盛满圣水,带给在家的亲人分享。朝水活动一般在中午以前结束,下午则回到本寨空地上,妇女们手拉手围成圈,一人领唱,大家合唱,跳起欢快的"罗罗舞"。男人们则跳"摆阵舞",围观的人说着祝福的话,相互敬着自酿的青稞酒,一直喜庆到夜晚。余兴未尽的人们,继续围着篝火或家中火塘,即兴为来宾们唱酒歌。在朝水节期间,地处昂让山下的宾戈寺还要举行庄重而热烈的宗教活动,烧煨桑、鸣法号、跳法舞,为人间祈福。目前认定的省级传承人为郭殿臣、郭祺家。2011年被列入第三批省级非物质文化遗产名录。(LWJ)

甘州黄河灯阵 甘州黄河灯阵流传于张掖市甘州区,是春节期间在甘州区碱滩镇古城村流行的一种由民间祭祀演变而来的民间文化娱乐活动。灯阵占地面积约400平方米,由365棵松树和365盏灯组成,正中设有6张香案,主要用于祭奠神灵,整个灯阵的布局犹如迷宫。每逢正月十三至正月十六,古城村及周边乡镇的村民纷纷前来游阵,并将与自己的愿望相符的神灵灯悄悄从松树上摘走,所空之处

由布阵者补挂。目前认定的省级传承人为郭玉清（已故）。2011年被列入第三批省级非物质文化遗产名录。(LWJ)

高台黄河灯阵 高台黄河灯阵流传于张掖市高台县，全称为"九宫八卦黄河阵"，又叫九曲黄河阵或"灯杆会"，每年正月十三至十六日举行。黄河灯阵整个布局按照"太极生两仪，两仪生四象，四象生八卦，八卦成九宫"设计。阵内共有365盏灯，代表365尊神位，也象征一年365天都有神灵为百姓降福增祥。灯阵模仿神话故事，在阵中间立一高8米的大桅，顶端挂"混元金斗灯"，下挂一面"杏黄旗"，地面设中央祭台，摆放赵公明（财神）的画像或塑像，还有人专门扮演"灯官老爷"。灯阵代表吉祥，能够顺利走完灯阵，表明一年将会一帆风顺，心想事成。目前认定的省级传承人为杨登贵、杨登年、严明。2011年被列入第三批省级非物质文化遗产名录。(LWJ)

民勤骆驼客 民勤骆驼客是武威市民勤县特有的传统行帮。骆驼客就是以养骆驼、并以骆驼提供运输服务为主要生计的人。民勤地处丝绸之路要冲，是边贸交通要道，为驼队运输生意创造了得天独厚的条件，骆驼客也应运而生。驼队的编制多采用奇数，7~11只为一小队，俗称"一把子"或者"一链子"。骆驼客多为出身贫寒的壮丁，旧时依据技术和经验把骆驼客分级别，各司其职，依次分为领房子、骑马先生、锅头、水头、拉连子。领房子是驼队的首领，总管驼队的一切事务，由熟悉骆驼习性、掌握骆驼疾病以及治疗方法，能够应付各种严酷的自然条件，能够保证驼队成员和货物安全的人才有资格担当。目前认定的省级传承人为曹宗让、张元生。2011年被列入第三批省级非物质文化遗产名录。(LWJ)

卓尼藏族服饰 卓尼藏族服饰流传于甘南藏族自治州卓尼县。卓尼藏族男女服饰差异很大，相对而言，男子服饰要简练得多，他们上身常穿黑色大襟高领布短褂，分单、棉两种。下身常穿黑色或深蓝色长裤，分季节头戴狐皮帽子或礼帽，足蹬"连把腰子"鞋，显得英武彪悍。妇女最讲究的是造型别致的"沙茹帽"。沙茹帽呈圆形，形似石榴，故也称"石榴帽"。沙茹帽多为红色，面料多为碎花绸缎。除了沙茹帽之外，妇女还戴"金边毡帽""烟筒帽"等。卓尼藏族妇女的头发都梳编成三根粗大的辫子，当地汉语方言中将辫子称为"格毛儿"，所以又俗称其为"三格毛儿"。妇女上身喜着深绿或天蓝色大襟的"考子"长袍，两边开衩，形似满族旗袍，外罩镶锦边的粉红、大红或紫红马甲，藏语称其为"库多"。卓尼藏族妇女尤为讲究发饰、耳饰、帽子等。目前认定的省级传承人为马尧草、安包朝。2011年被列入第三批省级非物质文化遗产名录。(LWJ)

三 社会文化资源

（一）文化艺术机构、团体

甘肃省博物馆 甘肃省博物馆创建于1939年，前身是甘肃科学教育馆，1950年改为西北人民科学馆，1956年改名为甘肃省博物馆，于1958年迁入新馆。1999年经省政府立项，投资1.5亿元对原展览大楼进行改扩建工程。现馆舍占地108亩，新展览大楼建筑总面积2.85万平方米，展厅18个，院内还有文物库房、文物保护实验室等设施。馆藏珍贵历史文物、自然标本共计35万余件，其中国宝级文物16件（组）、国家一级文物721件（组）、二级文物2637件（组）、三级文物48241件（组），汇集了甘肃从远古时期到近现代的大量文化珍宝。馆藏文物以古生物化石标本、彩陶、汉代简牍、汉唐丝绸之路珍品、佛教艺术、近现代革命史料等见长，在中华文物宝藏中占据重要地位。特别是东汉铜奔马、魏晋墓"驿使图"画砖，已分别被定为国家旅游标志和邮电事业标志。目前，向社会推出的展览有《甘肃丝绸之路文明》《甘肃彩陶》《甘肃古生物化石》《庄严妙相——甘肃佛教艺术展》《红色甘肃——走向1949》五个固定陈列，反映了甘肃厚重的历史地理文化。自建馆以来，甘肃省博物馆先后举办了各类展览近300个，馆藏文物多次在美国、法国、意大利、日本、克罗地亚、新加坡以及我国香港、台湾等国家和地区展出。同时，发挥自身人才和设施的优势，开展文物保护与研究，其中三项文物保护课题项目获得国家"科技进步"二等奖、三等奖；在古生物与古人类、原始彩陶、长城文化与中西交通、简牍学、佛教石窟艺术、西夏文字与历史、古代书法艺术等科研学术方面都取得了丰硕的成果。2007年对外开放的《甘肃丝绸之路文明》《甘肃彩陶》《甘肃古生物化石》三大基本陈列荣获"第七届（2005—2006年度）全国博物馆十大陈列展览"精品奖。随着不断发展壮大，甘肃省博物馆还先后被评选为全国爱国主义教育基地和全国科普教育基地，2012年年底，荣升为国家一级博物馆。（PLJ）

甘肃省图书馆 甘肃省图书馆创建于1916年，初名甘肃省公立图书馆，1932年更名甘肃省立图书馆，1942年更名甘肃省立兰州图书馆，1944年，国立西北图书馆（1947年更名国立兰州图书馆）创办后，1949年10月两馆合并为兰州人民图书馆，后更名西北人民图书馆，从1953年起始改称甘肃省图书馆。甘肃省图书馆迄今已有近百年历史，是向社会公众提供图书阅读和知识咨询服务的学术性机构，现已被认定为国家一级图书馆、国务院公布的首批全国古籍重点保护单位、全国九个地区性中心图书馆之一，也是西北地区的中心图书馆。图书馆设有18个业务行政部门，包括采编部、典阅部、报刊部、信息咨询部、历史文献部、研究辅导部、现代技术应用部、文溯阁《四库全书》藏书馆、甘肃省古籍保护中心、全国文化信息资源共享工程甘肃省分中心等。经过近百年的积累，甘肃省图书馆的藏书总量已逾460万册，其中以古旧籍和西北地方文献为特色馆藏。古旧籍藏书38万册，包括享誉海内外的文溯阁《四库全书》、宋元刻本、大型明版木刻丛书《永乐南藏》，以及敦煌写经、名人手札、珍贵字画等；西北地方文献收藏已逾10万余册，使甘肃省图书馆逐步成为研究西北史地、民族宗教以及敦煌学、丝路学的文献中心。伴随着实现业务管理自动化的步伐，馆藏资源数字化逐步推进，数字资源不断充实，形成多种载体类型互补的文献保障体系，已订购中国知网（CNKI）期刊全文数据库、报刊复印资料全文数据库、全国报刊索引、万方数据知识资源系统、博看期刊数据库、台湾经典人文期刊库、新东方多媒体学习库、超星电子图书等30个商业数据库，并自建有《西北地方文献资源数据库》《沙尘暴研究专题数据库》《四库全书研究专题资源库》《甘肃地方戏曲专题资源库》《甘肃省图书馆周末名家讲坛专题资源库》等20多个特色资源数据库。近年来，甘肃省图书馆获得诸多荣誉，多次被评为国家、省、市级文明图书馆，文化工作先进集体等。2014年被文化部评为"全国古籍保护先进单位"。（PLJ）

甘肃省文化馆 甘肃省文化馆成立于1956年12月，是隶属于甘肃省文化厅的公益性文化事业单位，原为甘肃省群众艺术馆。担负着组织、培训、指导全省群众文化艺术活动，创作文化艺术作品，培养业余文艺骨干，搜集、整理、研究、保护民族民间文化艺术和进行社会文化理论研究，为社会主义精神文明建设服务的综合性公共文化服务职能，是党和政府通过公益性文化艺术活动加强和人民群众联系的纽带，是社会主义精神文明建设和构建社会主义和谐文化的阵地。文化馆坚持"二为"方向和"双百"方针，先后举办了一系列在省内外具有一定影响力的群众文化艺术活动，涌现了一批业务精湛、甘于奉献的群众文化队伍，培养了一批优秀的群众文艺骨干。文化馆主办的大众文学期刊《驼铃》，在20世纪80年代一度发行量达数十万册，培养、扶植了一大批文学新人，曾经获得"中国大众文学事业贡献奖"。馆办文艺团队"甘肃省黄河少儿艺术团"多次举办专场文艺演出，先后在国内外演出多场次。文化馆专业人员在各专业领域的专业创作和辅导中成绩突出，在"五个一工程奖""群星奖""蒲公英奖""敦煌文艺奖"等重要奖项的评奖中，都有作品入选并获奖。部分专业人员还参加了《中国民间歌曲集成》（甘肃卷）等国家大型辞书的编写撰稿工作。馆编制为51人，现有正式在编人员51人，其中专业技术人员42人、管理人员9人。在专业人员中，有研究馆员2人，副研究馆员11人，馆员17人，其余为助理馆员。现有人员的文化程度构成情况为，研究生学历4人，大学本科23人，大专以上学历占职工总数的82%。馆内目前机构设置有办公室、调研编辑部、少儿培训部、团队管理部、文艺培训部、美术摄影部。另外，经省文化厅报请省编委批准，甘肃省非物质文化遗产保护中心挂靠文化馆，并已开展全省非物质文化遗产的普查、申报及其相关工作。（PLJ）

甘肃画院 甘肃画院成立于1990年，是隶属于省文化厅的副地级公益性文化事业单位。画院现下设办公室、创作部、理论部、书法部四个处级部门和后勤服务中心、会展及产业开发中心两个中心，承担着甘肃省美术书法创作、研究、展览和培训的重要工作任务。事业编制39人，是一支由人物画家、山水画家、花鸟画家、油画家、书法家组成的专业创作与研究团队，现有正高专业技术人员14人，副高专业技术人员4人，中级专业技术人员2人，行政人员10人。长期以来始终坚持"二为"方向和"双百"方针，坚持继承中国书画的优良传统。在近年的发展过程中，先后聚集了一批享誉全国的优秀书画家，创作了大量的优秀作品，为社会主义美术文化事业做出了积极贡献。为人所熟知的敦煌莫高窟艺术已成为甘肃画院作品的重要题材，壁画中的佛经故事画、经变画和佛教史迹画、山川景物、亭台楼阁等建筑画、山水画等，这些都是中国十六国时期至元代1000多年的宗教、社会生活和历史变迁的艺术再现，各朝代壁画都有其独特的绘画风格，是中国古代美术史上的瑰宝。画院凭借这种地理优势打造"敦煌画派"和构建"敦煌学派"，以形成风格独特、特色鲜明、语汇别致的甘肃美术流派。历年来，据不完全统计，已有500余件作品在全国级各类美术书法展中入选获奖，近万幅作品刊载于国家级各类刊物，近百篇论文在国家级刊物上发表和学术会上研讨，部分论文获国家社会科学和艺术学科重点科研项目。（PLJ）

甘肃省文化产业发展集团 甘肃省文化产业发展集团成立于2013年6月，是由甘肃省人民政府出资设立的国有独资公司，为省属国有文化资产经营管理及文化产业投资控股公司，正厅级单位，其领导班子成员属省委管理干部范围。省委宣传部实施政治领导，省政府授权甘肃省财政厅履行出资人职责，行使出资人权限。公司注册资本20亿元，由甘肃省财政厅一次性注资3亿元、省文化产业发展专项资金注入7000万元作为公司注册资本金，并在符合有关监管要求及核准程序的前提下，通过股权划转的方式，将甘肃演艺集团有限责任公司、甘肃省广播电视网络有限责任公司、甘肃新华书店集团有限责任公司、甘肃日报报业集团公司、甘肃文化出版社有限责任公司、甘肃省音像出版社有限公司、兰州电影制片厂有限责任公司、甘肃广电报业传媒有限责任公司、甘肃新华印刷集团有限责任公司等 11 家文化企业的国有股权划入文化产业发展集团，通过资本运作，募集发展资金，引导社会资本投资文化产业。集团成立后，出资 2.5 亿元注册成立甘肃省文化产业投资担保公司，出资 1.2 亿元设立甘肃省文化产业发展引导基金。并从 2013 年至 2020 年省文化产业发展专项资金每年拿出 50% 注入投资担保公司、拿出 20% 注入引导基金。投资担保公司主要为甘肃省微小文化企业提供贷款担保、票据承兑担保、贸易融资担保、项目融资担保、信用证担保和其他融资性担保业务。引导基金主要作为种子资金，通过吸纳社会资金以合伙制形式设立华夏文明传承创新基金、动漫产业发展基金、出版印刷发行产业基金、影视产业发展基金等专项基金。引导基金主要投资于甘肃省重大文化产业项目。根据公司职能和工作需要，设置综合管理部、财务管理部、投资管理部、风险管理部、战略规划部、品牌运营部、会展演艺部等内设机构。集团作为甘肃省文化产业规划开发经营的主体和投融资平台，主要通过项目的策划，融通社会资本和政策扶持资金，带动多元化投资主体，对广电影视传媒、出版印刷发行、文艺演出、文化旅游、创意文化及动漫产业等文化产业领域内重大项目进行战略投资和风险投资，促进甘肃文化产业快速发展。（PLJ）

甘肃大剧院 甘肃大剧院成立于 2011 年 11 月，由甘肃省电力投资集团公司与中国对外文化集团公司签订战略合作框架协议，两家公司的子公司甘肃会展中心有限责任公司与中演演出院线发展有限责任公司共同出资组建，是中国十大剧院之一。甘肃大剧院有 1500 座剧场兼大会堂 1 个，300 座小剧场 1 个，50～200 座会议厅 20 个，还设有供新闻发布、贵宾休息和会见等配套设施，以大型歌剧、舞剧演出为主要功能，兼顾音乐、曲艺、杂技和话剧的表演，同时具备承办省、市"两会"等各类政务性会议以及各种类型的国际会议和商务会议等功能，是目前甘肃省规模最大、功能最全、设施最完善、建筑智能化水平最高的观演及会议建筑，可同时满足 3000 人观演和开会。2011 年 12 月 20 日落成运营至今，甘肃大剧院始终奉行"让高雅艺术走进大剧院，让老百姓走进大剧院"的宗旨，坚持"零赠票、低票价"，以培育和繁荣当地文化市场为己任，把观众培育作为第一要务，把引导民众走向高雅精神之路作为最高追求，在积极引进国内外优秀剧目的同时，大力扶植本地文化创造，打造形成了新春演出季、艺术节和金秋演出季"一节两季"的演出模式，先后组织实施 9 个演出季项目，组织及引进 138 个剧目 330 余场演出，其中引进来自法国、英国、俄罗斯等 16 个国家的顶级剧目 60 余场，引进台湾、香港、北京、上海等国内经典剧目 80 余场，扶持和引进本地院团演出 90 余场，完成甘肃省重大接待演出、会议及租场演出等 80 余场，累计接待观众近 36 万人次，平均上座率达到 80% 以上，有效发挥了文化演出引导社会、教育人民、推动发展的基础功能。为充分发挥项目的公益属性，先后与省内高校联合举办了一系列艺术教育普及活动，开展了少儿芭蕾等多项艺术培训，邀请先进人物、弱势群体和文艺工作者代表近 4 万人次免费走进剧院观看演出，极大地活跃了甘肃省文化演出市场，丰富了群众精神文化生活，得到了政府部门及社会各界的广泛赞誉和好评。(PLJ)

甘肃演艺集团有限责任公司 甘肃演艺集团有限责任公司成立于 2012 年 4 月，由原甘肃省直艺术表演院团按照现代企业制度的要求组建而成，为省属大型国有独资文化企业。集团下辖甘肃省歌舞剧院有限责任公司、甘肃省话剧院有限责任公司、甘肃秦腔艺术剧院有限责任公司、甘肃省京剧团有限责任公司、甘肃省杂技团有限责任公司、甘肃省曲艺团有限责任公司和甘肃省演出公司、甘肃省舞台美术工厂有限责任公司 8 家子公司，并代管甘肃省歌剧院、甘肃省陇剧院 2 家事业性质的艺术院团。初步形成了集国内外文艺演出、大型演出策划、舞台美术工程设计制作、灯光音响设备租赁、文化艺术培训、影剧院营运、国家级和省级非物质文化遗产保护项目的保护与传承、工艺品研制营销、音视频制作、广告设计制作及室内装饰设计制作、书画艺术品创作销售、承办各类国家级和省级的大型文艺活动等职能于一体的国有文化企业集团。集团现有在职职工 860 余人，其中专业技术人员 561 人、高级职称人员 44 人、副高级职称人员 81 人。甘肃省处"丝绸之路经济带"黄金段，文化资源丰度全国排名第五，是华夏文明和中华民族重要的发祥地。甘肃演艺集团有限责任公司在这片文化沃土上，将继承和弘扬中华民族的优秀文化艺术和传统，吸收和借鉴国际演艺界先进的运作模式、表演形式和现代技术，坚持以发展为主题，开发和整合地域文化资源，突出"敦煌、丝路、多民族"的甘肃文化特色和创作风格，转变经营理念，强化创新意识、精品意识和服务意识，实施品牌发展战略，致力于打造中国西部一流，全国知名，资源基础雄厚，演艺产业链完备，具有强大国际竞争力的综合性大型文化企业集团。(PLJ)

甘肃省话剧院 甘肃省话剧院创建于 1940 年 8 月，前身为解放战争时期成立的陇东文工团，1949 年 8 月随军进入兰州，改建为甘肃省文工团。1953 年 8 月正式成立甘肃省话剧团。剧院隶属甘肃省文化厅。剧团成立以来，立足于甘肃省，并曾带着本团的创作剧目到全国 20 多个省、市、自治区进行巡回公演，先后演出了《在康布尔草原上》《滚滚的白龙江》《雪山之鹰》《八·二六前夜》《远方青年》《教育新篇》《油海怒涛》《西安事变》《岳飞》等大小剧目百余部，还创作了电影《黄河飞渡》《草原雄鹰》，电视剧《灵魂是可以雕塑的》等。剧团人员创作并首演影响较大的剧目有：反映少数民族生活的《在康布尔草原上》，获 1956 年第一届全国话剧观摩演出会创作二等奖、导演一等奖、演出一等奖；表现少数民族青年的成长道路的《远方青年》，以浓郁的生活气息、生动的艺术形象、鲜明的民族风格获1963年文化部颁发的优秀剧作奖；描写了"西安事变"过程的《西安事变》，塑造了张学良、周恩来、杨虎城、毛泽东、蒋介石等人的艺术形象获文化部1979年建国三十周年献礼文艺演出创作一等奖、演出二等奖。经过长期的艺术实践，在艺术上形成了严谨、粗犷、淳朴、细腻的演出风格。特别是近年来，许多优秀剧目屡获中宣部"五个一工程奖"、文化部"文华优秀剧目奖"、中国剧协"曹禺戏剧奖""梅花奖"等国家级顶级奖项和省内大奖。许多编、导、演、舞美设计人员也获得了诸如"曹禺戏剧文学奖""文华编剧奖""梅花奖""文华表演奖""金狮奖"等国家级奖项，为甘肃省争得了荣誉。由于成绩突出，甘肃省话剧院于2002年被文化部授予"全国文化工作先进集体"荣誉称号。（PLJ）

甘肃省歌舞剧院 甘肃省歌舞剧院创建于1961年，前身为甘肃省歌舞团、甘肃敦煌艺术剧院，2013年2月转企改制，是甘肃省国有文艺院团和文化部重点涉外文艺团体。剧院现有在职人员260多人，设有舞蹈团、民族交响乐团（含声乐队）、舞台美术工作部、舞美设计室、音视频工作室、书画室、艺术摄影工作室、舞蹈中专学校和少儿艺术培训中心等专业部门。主要以研究、创作、演出与敦煌和丝绸之路相关的多民族音乐和舞蹈作品为己任。多年来，剧院曾先后创演的作品有，舞剧《丝路花雨》《箜篌引》《悠悠雪羽河》《天马萧萧》，乐舞剧《敦煌古乐》，主题歌舞《敦煌·丝路情》，大型民族交响乐《敦煌音画》，主题音乐晚会《国乐飘香》，特色风格舞蹈《飞天》《俏胡女》《西凉乐舞》《反弹琵琶》《千手观音》《水月观音》《保安腰刀》《月舞星歌》《飞天散花》《鄰波月牙泉》《荷花赋》，特色音乐打击乐节目《陇上女子乐坊》《陇上炫鼓》《欢庆锣鼓》《金鼠娶亲》。半个多世纪以来，几代演职人员不断创造辉煌，使剧院逐步发展成为甘肃省乃至全国都具影响力的国有文艺院团。特别是其创演的经典舞剧《丝路花雨》，对中国舞蹈史产生了深远影响，历经33载，演出2000余场，观众达到400多万人次，先后出访30多个国家和地区，为中外文化交流做出了积极贡献。剧院先后多次获得国家级重大奖项，获省级奖项40多个。1995年，剧院被国家人事部和文化部联合授予"全国文化先进集体"称号；2011年被甘肃省委、省政府、省军区评为"全省拥军优属工作先进集体"；2012年被甘肃省妇联授予甘肃省"三八红旗集体"、被全国妇联授予"全国三八红旗集体"和"全国妇女创先争优先进集体"。剧院拥有能满足各种演出所需、容纳200人的小剧场一座，拥有舞蹈、音乐排练厅10余个。（PLJ）

甘肃省秦腔艺术剧院 甘肃省秦腔艺术剧院成立于1950年6月，前身为陕甘宁边区陇东文工团秦剧二队，1950年6月与兰州民众社合并，更名为兰州秦剧实验社，1952年8月被甘肃省人民政府正式命名为甘肃省秦剧团。在1970年被撤销后，于1980年6月恢

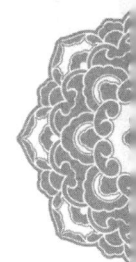

复建立甘肃省秦剧团，2012年转企改制后，更名为甘肃秦腔艺术剧院有限责任公司。60多年来，曾先后创作上演了《飞将军李广》《央金卓玛》《白花曲》《挂圈圈》《思源》《大河情》《锁麟囊》《敦煌恋》等30多部新编剧（节）目和一百多部优秀传统剧目，并多次在全国汇演、调演中获得殊荣，受到了党和国家领导人朱德、周恩来等人的亲切接见。近十年来，剧院连续两届被甘肃省委、省政府授予"全省民族团结进步模范集体"，被全国妇女联合会评为"全国三八红旗集体"，并多次受到省委宣传部、省文化厅的表彰奖励。2008年6月，"甘肃秦腔"被国务院正式公布为国家级非物质文化遗产保护项目，保护单位设在艺术剧院。作为"甘肃秦腔"的龙头剧团，剧院现有在职职工90人，现有上演的大型剧目20多台，折子戏80多出。近五年年均演出190余场次，观众人数年均达150多万人次。创作排演的剧目《思源》2001荣获甘肃省"优秀新创剧目奖"，2002年获甘肃省第二届精神文明建设"五个一工程"奖，2003年获甘肃省第四届敦煌文艺奖一等奖。创作的大型现代秦剧《大河情》2006年在文化部举办的"全国地方戏优秀剧目评比展演"中荣获二等奖，同年在甘肃省新创剧目调演中荣获"新创剧目一等奖"和"编剧一等奖"，2007年在"第一届中国少数民族戏剧会演"中荣获"剧目金奖"和"编剧一等奖"等六个单项一等奖，2008年在"第四届中国秦腔艺术节"中荣获"优秀剧目奖"。（PLJ）

甘肃省歌剧院 甘肃省歌剧院创建于1939年。前身为在三边分区成立的七七剧社，1942年剧社改编为三边分区文工团，1949年随军进驻宁夏，改称宁夏文工团，1954年甘宁两省合并后，剧团迁驻兰州，改名甘肃省歌剧团。2001年改团建院，正式命名甘肃省歌剧院。几十年来先后演出了歌剧《向阳川》《马五哥与尕豆妹》《咫尺天涯》《魂兮！魂兮！》《牡丹月里来》《努尔哈赤》《红雪》等大、中、小型歌剧200多部，其中歌剧《向阳川》成为中国经典歌剧之一，1965年赴北京演出时受到了国家领导人高度赞扬。歌剧《咫尺天涯》赴北京参加了第二届中国艺术节的演出，歌剧《牡丹月里来》参加了第四届中国艺术节的演出，歌剧《红雪》于1999年赴北京参加国庆50周年的庆典演出。2004年，歌剧院历时三年创作演出艺术精品大型乐舞《敦煌韵》，先后在中国广东各地演出180余场，在敦煌演出100场，2006年获文化部第一届优秀主题歌舞、杂技调演三等奖，甘肃省第五届敦煌文艺奖一等奖。并先后代表文化部赴哈萨克斯坦、叙利亚、巴林、保加利亚、罗马尼亚、塞尔维亚、黑山、尼泊尔、马来西亚、澳门、阿塞拜疆、格鲁吉亚、塔吉克斯坦、土库曼斯坦演出。2009年创作演出原创音乐剧《花儿与少年》，在甘肃省新创剧目调演中获得剧目大奖和23个单项一等奖，第二届全国少数民族戏剧会演银奖和八个单项奖，2011年获首届中国歌剧节剧目奖第一名，2013年第七届敦煌文艺奖一等奖。2014年推出原创歌剧《貂蝉》。2005年甘肃省歌剧院被中国文化部授予"全国先进文化

集体"称号。(PLJ)

甘肃省陇剧院 甘肃省陇剧院创建于1959年，原为甘肃省陇剧团，是甘肃省唯一的中国现代戏曲研究会团体会员单位，也是中国民族文化促进会团体会员单位。建团以来，在省内外享有较高的声誉。大型陇剧《枫洛池》《草原初春》《异域知音》《燕河风波》《天下第一鼓》《胡杨河》《敦煌魂》《黄花情》以及戏曲电视剧《燕河风波》《望子成龙》等剧目分别荣获"国家文华奖""文华导演奖"，中国戏剧节"优秀表演奖""曹禺剧目奖""优秀音乐奖"，中宣部"中国人口文化奖"，广电部"飞天奖"，甘肃省政府"敦煌文艺奖"等奖项。2006年，陇剧被列入首批国家级非物质文化遗产名录。2007年，大型新编历史陇剧《官鹅情歌》获得全国第十届精神文明建设"五个一工程"优秀作品奖，并奉调晋京参加"五个一工程"获奖戏剧展演，并为中国共产党第十七届代表大会献礼演出，2008年，又入选"国家舞台艺术精品工程年度资助项目"，2009年，入选国家舞台艺术精品工程十大精品剧目。大型现代陇剧《苦乐村官》2009年参加"向祖国汇报——庆祝中华人民共和国成立60周年第三届全国地方戏优秀剧目展演"，荣获二等奖，参加甘肃省"庆祝新中国成立60周年全省新创剧目调演"，荣获剧目大奖、14项一等奖、9项二等奖，并荣获2009年甘肃敦煌文艺一等奖，2010年5月，参加文化部在广州举办的第九届中国艺术节荣获"文华大奖特别奖"以及"文华编剧奖""文华优秀表演奖""文华作曲奖""文华灯光奖"4项单项奖。这是甘肃省艺术院团迄今为止在中国艺术节上获得的最高荣誉。(PLJ)

甘肃省曲艺团 甘肃省曲艺团创建于1957年，前身是甘肃人民广播电台文工团曲艺说唱队，1965年归属于甘肃省民族歌舞团，1968年划归甘肃省杂技团，1975年又归属甘肃省民族歌舞团。1978年年初，中共甘肃省委宣传部在听取了政协甘肃省第四届委员会部分委员提出的议案后，决定由甘肃省文化局组建甘肃省曲艺队。1986年4月，甘肃省文化厅经省政府同意后，将甘肃省曲艺队改建为甘肃省曲艺团，为全民所有制事业单位，主要以北方曲艺曲种为特色。2011年院团转企改制时成为甘肃省曲艺团有限责任公司，成为西北地区唯一的以曲艺表演为载体，集相声、小品、快板、曲唱、歌舞、器乐为一体的省级表演艺术团体。较有影响的创作演出剧（节）目有相声剧《我肯嫁给他》《一字曲》《姑娘的心》《戏串子》《杠上开花》，相声《真情》《欢歌笑语》《丝路新貌》《西部是个好地方》，快板书《莫高劫难》《大漠英雄航天城》，群口快板《河西放歌》，小品《照镜子》等，先后赴全国二十多个省、市、区巡回演出，并荣获曲艺最高奖项"曲艺牡丹奖"和文化部、中国文联举办的"金狮奖""红旗渠杯""西岗杯""南山杯""CCTV全国电视相声大赛""中国艺术节优秀曲艺展演"等曲艺奖项，多次受邀参加中央电视台《曲苑杂谈》栏目录制、播出。曲艺团被中宣部、文化部等十部委命名为"全国科技文化

卫生三下乡先进单位""全国文化三下乡百强单位""全国服务农民服务基层先进单位"等光荣称号。（PLJ）

甘肃省京剧团 甘肃省京剧团创建于1956年，前身为第一野战军政治部文工团京剧队。1994年创演的大型西部京剧《夏王悲歌》一举获得"文华大奖"中的4个奖项，从此京剧团以一股强劲的西北风蜚声海内外。1996年应台湾"国立中正文化中心"邀请，西部京剧《夏王悲歌》、现代京剧《原野》两剧组赴台湾进行文化学术交流演出，成为首个官方派出进行海峡两岸文化交流的艺术院团，在中国京剧史上写下了浓重的一笔。2001年，剧团又推出了大型京剧力作《西域星光》，同年入选"第三届中国京剧艺术节"荣获创新剧目奖。2005年，剧团根据安徒生童话改编排演的童话京剧《野天鹅》赴丹麦参加纪念安徒生诞辰200周年演出，受到丹麦人民的热烈欢迎，演出获得了巨大成功。2005年，剧团创演的大型儿童京剧《鸡毛信》获甘肃省第五届敦煌文艺奖二等奖，同年入选第五届全国儿童剧优秀剧目展演并荣获优秀剧目三等奖。根据20世纪经典民族舞剧《丝路花雨》创演的京剧《丝路花雨》获第十届中国戏剧节最高奖优秀剧目金奖，2008年获第五届中国京剧艺术节优秀剧目一等奖，同年荣获中宣部第十一届精神文明建设"五个一工程"优秀剧目奖，2010年入选2008—2009年度国家舞台艺术精品工程初选剧目。2011年10月，受文化部委派，京剧童话剧《野天鹅》赴墨西哥、厄瓜多尔、委内瑞拉拉美三国演出，获得巨大成功，并在墨西哥东方艺术节荣获优秀演出奖，在厄瓜多尔克雷国家大剧院荣获2011世界音乐节优秀作品奖，在塞万提斯荣获国际艺术节纪念奖。（PLJ）

甘肃省杂技团 甘肃省杂技团创建于1960年，是甘肃省唯一的省级杂技艺术团体。杂技团有演职人员共180人，下属演员队、学员队、舞美队、乐队、剧院、服务公司，拥有一大批在国内外卓有影响的杂技、魔术表演艺术家、教练、舞美创作人员和优秀的演员。杂技团创作了数以百计的既富有浓郁民族特色和敦煌古典特色，又充满现代生活气息的优秀节目。《滚杯》节目，曾获1995年全国杂技西北5省（区）比赛一等奖，1996年在波兰华沙举行的世界杂技马戏节获"银小丑"奖；《盘鼓》节目获全国杂技比赛铜奖；《神州奇葩》节目获全国杂技西北5省（区）比赛一等奖；《空中吊子》获全国杂技比赛二等奖；《双钻桶》《手技》节目获全国杂志比赛三等奖；《蹬技》《车技》节目也在全国杂技比赛中获奖。杂技团专门为敦煌旅游量身打造的剧目《敦煌神女》在敦煌大剧院上演，2008年4月到2013年12月，该团共演出2434场，演出收入5040.5万元，中外观众达120余万人次。2012年年底，杂技团新排演的《博鳌传奇》在博鳌亚洲湾演艺中心正式演出。1986年以来，杂技团先后赴土耳其、埃及、伊朗、德国、新西兰、日本、刚果、贝宁、喀麦隆、佛得角、伊拉克等十几个国家及我国香港、台湾地区演出，艺术家们以其精湛的演技、饱满的热情、严谨的作风和良好的艺德，赢得观众的欢迎和赞扬。特别是1996年赴非洲和中东7国的访问演出，得到文化部和甘肃省人民政府的表扬和嘉奖。(PLJ)

甘肃省文学艺术界联合会 甘肃省文学艺术界联合会成立于1954年10月，是中华人民共和国成立后在甘肃省较早成立的人民团体之一。1954年10月首届文代会筹委会成立，选出文代会筹委会委员共22人。同年12月，甘肃省文学艺术工作者联合会第一次代表大会在兰州召开，宣布甘肃省文联正式成立，大会选出省文联委员55人。甘肃省文联设有办公室、人事处、组联处、机关党委、文艺理论研究室等处室，直属有省级专业文艺家协会13个，即作家协会、美术家协会、书法家协会、杂技家协会、曲艺家协会、戏剧家协会、电影家协会、电视艺术家协会、音乐家协会、摄影家协会、民间文艺家协会、舞蹈家协会、评论家协会和文学院，有省级会员8000余人。编辑出版有《飞天》（原为《甘肃文艺》）、《当代文艺思潮》（后并入《飞天》）、《祁连歌声》（后改为《小演奏家》）等刊物。1992年出版内部刊物《甘肃文艺》杂志。甘肃省文联现有干部职工105人，其中具有正高职称者28人、副高职称者28人、中级职称者33人。多年来，甘肃省文联培养了一大批优秀文艺家，组织创作了大量优秀的文学艺术作品，如文学作品《王贵与李香香》《复仇的火焰》《草原新传奇》《大雪纷飞》《马五哥与尕豆妹》《雪域集》《敦煌之恋》《野诗》《美与丑》《麦客》《喊会》等，话剧《在康布尔草原上》《西安事变》《兰州老街》，歌剧《向阳川》，舞剧《丝路花雨》《大梦敦煌》，陇剧《枫洛池》等，在全国产生了强烈反响，为甘肃文艺特色的形成发挥了重要作用。电影《黄河飞渡》《红河激浪》则为新中国的早期电影谱写了光彩夺目的一页。常书鸿、黄胄、魏振皆、段文杰、陈伯希等书画大家的作品则构成了陇原大地的独特风景。音乐、摄影、杂技、曲艺等其他门类的优秀作品更是层出不穷，不胜枚举，已经形成了以西部风情、多民族文化交融的文艺特色，组建了一支与时俱进、富有旺盛艺术创造力的文艺陇军队伍。省、地、县三级文联围绕党的中心工作大局组织开展了一系列丰富多彩、健康有益，积极引导人民奋发向上的各类文艺演出、展览、评奖、文化交流活动，服务基层、服务农村、服务工矿，实践"三贴近"，在活跃社会文化，丰富人民的精神文化活动中发挥了不可替代的重要作用。(PLJ)

甘肃省作家协会 甘肃省作家协会成立于1958年7月。其前身为中国作家协会兰州分会和中国作家甘肃分会。甘肃省作家协会自成立以来，积极组织和推动文学评论活动，切实加强对创作思想的引导，促进社会主义文学事业的健康发展，积极发现、培养本省各民族文学创作、评论的新生力量，广泛联系致力于文学创作的文学社团，努力发展和壮大文学队伍，尊重本省各少数民族文学的传统和特色，大力培养少数民族作家，鼓励少数民族作家用本民族的文字创作和翻译文学作品，促进各少数民族文学的发展，并加强各民族之间的文学交流，使得甘肃省涌现了一大批优秀的文艺作品，有《杨高传》《复仇的火焰》《拉伊勒与隆木措》《美与丑》《麦客》《喊会》《远方青年》《大雪纷飞》《敦煌之恋》《娜夜诗选》《野诗全集》《我的帐篷里有平安》《大漠祭》等。1993年3月，甘肃省作家协会成立了创作指导、文学编辑、小说创作、散文创作、诗歌创作、报告文学和纪实文学创作、文学评论、军事文学创作、通俗文学创作、青年文学创作、作家权益保障11个专业委员会，加上成立于1981年10月的少数民族文学创作、儿童文学创作以及1994年5月7日成立的女作家联谊会，10月15日成立的老作家联谊会，1996年4月3日成立的外国文学翻译委员会，共计成立了16个专业委员会，健全了甘肃省作家协会的组织机构。甘肃省作家协会始终把"出作品、促精品"作为一切工作的中心，通过各种渠道鼓励作家潜心创作，用作品争取荣耀，用责任赢得尊重，创立的"小说八骏""诗歌八骏"等品牌逐渐得到文学界认可。（PLJ）

甘肃省美术家协会 甘肃省美术家协会成立于1980年12月。在同月召开了甘肃省美术家协会第一次代表大会，选出理事58人、常务理事18人。协会成立后，一代又一代的美术工作者在党的文艺方针指引下，坚持"二为"方向和"双百"方针，创作了一大批无愧于时代的优秀美术作品，形成了一支具有广泛群众基础的美术队伍，为繁荣甘肃的文艺事业做出了积极贡献。2003年举办的"全国当代花鸟画艺术大展"、2006年举办的"西望敦煌·甘肃美术作品展"、2013年举办的"打造敦煌画派工作会议"、2013年举办的"首届朝圣敦煌——全国美术作品选"、2014年举办的"绚丽甘肃——甘肃优秀艺术家访美巡展"，都对甘肃美术创作起到了积极的推动作用。协会现有会员2400人，其中中国美术家协会会员166人。协会还组织和帮助会员深入生活、密切联系群众、从生活中吸取创作营养，继承中华民族优秀美术传统和革命美术传统，学习借鉴国外美术优秀文化成果，大胆进行艺术实践，不断探索，不断创新，同时注重理论研究，提倡和鼓励各种学派的自由讨论，提倡题材、体裁形式的多样化和各种艺术风格、流派的自由竞赛，开展健康、正常的美术评论和实事求是与人为善的美术批评。协会尊重民族美术传统和地方特点，致力于发现和培养各民族、各地区美术创作、评论、编辑、教育和翻译的新生力量，不断发展和壮大了队伍。（PLJ）

甘肃省书法家协会 甘肃省书法家协会成立于1990年。1980年8月，中国书法家协会甘肃分会筹备组成立，标志着甘肃省的专业书法团体进入了一个新的发展阶段。协会是由甘肃书法家、篆刻家、书法理论家、书法教育家和书法活动组织、管理工作者组成的专业组织。协会立足甘肃、面向全国，以弘扬甘肃丰富多彩的书法资源，培养一批优秀的中青年书法、篆刻、理论人才，形成具有长远发展战略的书法创作环境为目标，开展了丰富多彩的书法活动，对甘肃书法艺术健康、稳定的发展，发挥了重要作用。多年来，甘肃省书法家协会举办各类大型展览百余次，影响广泛。在全国的大型书展及理论研讨会上，入展获奖人数也逐年上升，还出版了一批专业性很强的在全国具有一定影响的专业论著，形成了阶梯形的书法理论队伍。协会现有会员913人，其中中国书法家协会会员73人。书法队伍的迅速发展，为甘肃书法的繁荣发展奠定了坚实的基础。2000年举办的新世纪书法系列展，包括首届甘肃省妇女书法展和甘肃省十七人书法展，全面推动了全省书法创作。2002年8至9月第八次中韩书法和中新书法交流活动中，甘肃省书法家协会组成28人的赴韩书法交流团、4人的中新书法交流团，与两国书法界进行了访问交流，扩大了甘肃书法的对外影响。2003年举办了首届敦煌国际书法艺术节活动，这是甘肃省第一次举办大型书法艺术节，展出了以全国第二届行草书大展为龙头的十个展览，展出作品2090幅，出版了《第二届全国行草书大展作品集》《敦煌书法论文集》《首届甘肃张芝奖作品集》等。2004年设立了甘肃书法奖励基金，对在书法创作和理论研究上有突出贡献的人员进行奖励。（PLJ）

甘肃省音乐家协会 甘肃省音乐家协会成立于1954年，前身是甘肃省音乐工作组。协会是甘肃省各民族音乐家组成的专业性、学术性人民团体，是党和政府联系广大音乐家和音乐工作者的桥梁和纽带，是甘肃省文学艺术界联合会和中国音乐家协会的团体会员。协会聚集了全省音乐骨干人才，现有会员1000人，其中中国音乐家协会会员200人，有获高级职称的会员近200人、获中级职称的会员近400人。为了更好地开展工作，协会已成立了各专业艺术委员会，有音乐创作委员会、音乐理论委员会、民族音乐委员会、音乐教育委员会、声乐表演艺术委员会、器乐演奏艺术委员会、社会音乐活动委员会等。还有提琴艺术专业委员会、二胡艺术专业委员、民族吹打乐委员会、音乐文学研究会等分会。甘肃省音乐家协会成立至今做了大量音乐普及、教育、提高的工作。尤其是在粉碎"四人帮"和党的十一届三中全会以来，先后举办了多期各类音乐学习班，举办了甘肃省第一、第二、第三届声乐比赛，甘肃省第一、第二、第三届器乐比赛，甘肃省第一、第二届钢琴比赛，甘肃省手风琴比赛及各类不同性质的音乐作品比赛。还评选、组织推荐甘肃省会员参加全国各类音乐专业比赛，并取得了较好的成绩。其中3人次获中国音乐金钟奖，2人次获全国"五个一工程"优秀歌曲奖，还有众多会员荣获甘肃省敦煌文艺奖。主办的全省唯一公开发行的音乐刊物《祁连歌声》发表了各类歌曲、歌词数千首，音乐论文及音乐活动报道数百篇，培养了大批本省词、曲作者，是全国有影响的音乐刊物之一，1999年改刊为《小演奏家》，进一步提高了刊物的知名度，成为全国第一家为琴童服务的器乐学习期刊。协会主办和参与各类讲学讲座多次，促进了甘肃省音乐水平的进一步提高。（PLJ）

甘肃省舞蹈家协会 甘肃省舞蹈家协会

成立于1980年。1979年中国舞蹈家协会甘肃分会筹备组成立。1980年9月全省第一届舞蹈家协会代表大会召开，会议选举24位会员为理事。1991年3月，中国舞蹈家协会甘肃分会更名为甘肃省舞蹈家协会。协会鼓励并组织全省舞蹈艺术家、舞蹈工作者，积极深入生活，努力钻研业务技巧，加强艺术修养，勇于探索创新，在实践中不断提高思想和艺术水平；鼓励创作具有社会主义时代精神与民族艺术风格高度统一的舞蹈作品；鼓励创作与演出的题材、体裁、风格、形式的多样性；鼓励编导演员、教师、理论研究人员的个人独创性，提倡不同风格、不同流派的舞蹈在艺术上的自由竞争；对于为群众所喜闻乐见的优秀舞蹈、舞剧作品、表演、教学、论述，给予荣誉与物质的奖励。协会加强舞蹈理论研究工作，逐步建立甘肃省的舞蹈理论队伍，组织力量，总结甘肃省舞蹈工作的先进经验和优秀成果，开展学术上的自由讨论，开展与兄弟省、区和国外的艺术交流并系统地收集、整理、研究甘肃省舞蹈艺术的宝贵遗产，广泛开展对敦煌舞蹈艺术的研究工作，从创作、教学、理论三个方面，进行深入的探索，为敦煌舞蹈艺术流派的不断完善而付出了努力。多年来，协会的舞蹈创作取得了重要成就，其中《丝路花雨》获得文化部颁发的全国专业舞台艺术"优秀保留剧目大奖"，《大梦敦煌》荣获2003—2004年度"国家舞台艺术精品工程"十大精品剧目之首，同时还有舞剧《水月观音》《大漠长河》《九色香巴拉》《一画开天》《关山月》《莲花山情歌》《凉州会盟》等优秀剧目深受好评。(PLJ)

甘肃省戏剧家协会 甘肃省戏剧家协会成立于1979年，原为中国戏剧家协会甘肃分会，1991年3月正式更名为甘肃省戏剧家协会。甘肃省戏剧家协会先后内设戏剧影视文学创作专业委员会、舞台美术专业委员会、戏曲音乐学会、表演导演学会以及戏剧理论研究、京剧艺术发展等有关学术委员会，为团结全省戏剧工作者、繁荣发展甘肃戏剧事业做出了贡献。现有会员1100余名，其中中国戏剧家协会会员有200余人。会员中有11人13次荣获中国戏剧梅花奖。协会鼓励戏剧艺术的不同题材、体裁、形式、风格、流派的多样化和自由竞赛，充分发扬艺术民主，促进戏剧事业的健康发展。协会努力发展和不断壮大全省各民族的戏剧队伍，培养新生力量，积极创造有利于人才涌现和成长的必要条件，努力在戏剧界营造尊重人才、尊重知识的风气，促进甘肃省戏剧工作者在社会主义、爱国主义思想基础上的团结；重视群众业余戏剧活动，促进甘肃省各民族的戏剧艺术繁荣；加强与国内外戏剧组织和戏剧家的联系，扩大艺术交流。陇剧《官鹅情歌》、秦剧《百合花开》、陇剧《苦乐村官》和《西狭长歌》连续获得全国精神文明"五个一工程"奖；陇剧《黄花情》首次入选由中国文联、中国剧协主办的第七届"中国戏剧节"参演节目；陇剧《绿叶红花》首次入选由文化部、中国剧协主办的第八届"映山红中国民间戏剧节"参演节目，并分获最高奖励。话剧《兰州人家》、豫剧《山月》、京剧《丝路花雨》连续入选第八、第九、第十届"中国戏剧节",甘肃剧协荣获优秀组织工作奖。协会积极倡导并发起在甘肃省成功举办了"2007年首届甘肃校园戏剧节",连续三届成功举办了由中国剧协牵头主办的"中国秦腔艺术节",极大提升了甘肃戏剧在全国的知名度和影响力。(PLJ)

甘肃省曲艺家协会 甘肃省曲艺家协会成立于1990年,原名中国曲艺家协会甘肃分会,是中国曲艺家协会和甘肃省文学艺术界联合会的团体会员。协会积极采取措施,鼓励和组织会员深入生活,积极开展创作活动,搜集、整理、研究、革新甘肃省各民族的曲艺艺术,创作和演出更多的优秀曲艺作品。1980年以来创作的兰州鼓子《送女出征》,对口快板《琵琶反弹谱新曲》,相声《节日》《点土成金》,故事《石窟来客》《胭脂河畔一颗星》等优秀作品获得了中国曲艺牡丹奖等多种全国奖项。同时,协会推动对曲艺理论的研究,组织创作经验交流和曲艺艺术的观摩活动,充分发扬艺术民主,提倡题材、体裁、形式和艺术风格的多样化。开展国内与国际的艺术交流活动,促进甘肃省曲艺事业的发展。加强与政府文化艺术主管机构和其他有关部门、团体的密切合作,共同促进甘肃省曲艺事业的繁荣。1992年,与中国曲艺家协会、天津曲艺家协会共同举办了马三立从艺65周年纪念活动,2004年和2007年分别举办了两次全省范围的曲艺研讨会,2004年,承办了由中国曲艺家协会和甘肃省文联主办的"当代中国曲艺发展趋势论坛"。协会积极发现和培养曲艺人才,不断扩大甘肃省的曲艺队伍,加强对群众业余曲艺活动的辅导工作。还尊重各民族曲艺艺术的传统和特点,重视培养各民族的曲艺艺术人才,促进甘肃省各民族曲艺艺术的繁荣和发展。(PLJ)

甘肃省杂技家协会 甘肃省杂技家协会成立于1990年,是由甘肃各民族杂技艺术家自愿结合的艺术性、学术性专业人民团体。积极推动杂技理论研究和探讨,加强杂技理论、杂技史志、杂技教学及健康发展。积极进行与兄弟省市之间的艺术交流,增进同港、澳、台地区及海外侨胞中杂技艺术家及团体的联系,扩大同国际间的友好往来,为弘扬中华民族优秀文化艺术,加强各国人民之间的友谊而努力奋斗。积极、认真做好服务工作,培养新生力量,创造有利于人才涌现和成长的必要条件。甘肃省杂技团专门为敦煌旅游量身打造的剧目《敦煌神女》,自2008年在敦煌首演以来,目前已累计演出2600多场次,观看人数近百万人次。故事取材于敦煌莫高窟壁画,融合杂技、舞蹈、魔术、武术等多种艺术门类,通过鹿女舍身造福人类的感人故事,弘扬向善守正、舍己为人的精神。2012年大型杂技歌舞剧《博鳌传奇》在海南博鳌亚洲湾演艺中心上演,得到观众好评。2014年与山西长治杂技团合作,排演大型神话杂技剧《羿神与嫦娥》。(PLJ)

甘肃省电影艺术家协会 甘肃省电影艺术家协会成立于1980年,前身为甘肃电影电视工作者协会,是甘肃省文学艺术界联合会和中国电影家协会的团体会员。协会提倡电影艺术家深入社会生活，勇于实践、大胆创新，突出主旋律、坚持多样化，努力挖掘富有西部特色的本土文化，热情讴歌社会主义时代精神，为繁荣甘肃省电影事业贡献力量；组织和推动电影理论、艺术、技术、评论、教育以及经营管理的研究工作，积极开展各种形式的电影创作、评论、研讨、观摩、培训、交流和普及电影文化等活动。1987年至2014年先后对李茂林、王守义、张锐、田沛、赵万堂、孙中信、尕藏才旦、白宗忠等十余位编剧的电影文学剧本举办专题研讨会。协会致力于推荐新人新作，发掘和扶植新生力量，壮大会员队伍，表彰和奖励在电影创作、理论、生产、评论、发行、放映、教学、科技等方面的优秀成果，2012年在中国电影家协会、中国电视艺术家协会和中国电影艺术中心的支持下，协会联合其他单位举办了"首届西部题材影视剧本推介会暨西部影视发展论坛"。协会会员创作的电影文学剧本《淘金王》获1985年文化部18部好影片奖和1985年上海电影制片厂优秀故事片奖；《黄金大盗》获中华人民共和国成立40周年全国电影剧本优秀奖。(PLJ)

甘肃省电视艺术家协会 甘肃省电视艺术家协会成立于1980年，前身为甘肃电影电视工作者协会，协会是甘肃省各民族电视艺术家、电视艺术工作者自愿组成的专业性人民团体。协会有计划地组织、鼓励、扶持专业作家和社会力量积极参加电视剧和电视艺术片的创作，支持不同题材、不同形式、不同风格、不同流派的自由竞赛和创作，如《大敦煌》《老柿子树》《黄河浪》《张大千在敦煌》《山那边是山》《花儿为什么这样红》等优秀作品。积极开展各种形式的研讨、培训和观摩活动，不断提高电视艺术工作者的理论与业务水平。近年又取得了令人瞩目的成绩，文艺佳作不断涌现，成果丰硕，电视纪录片《敦煌百年祭》《黑戈壁·黑喇嘛》《甘肃古事》《河西走廊》、电视连续剧《先遣连》等在全国影响广泛，同时一大批面向基层、服务人民的有影响力的文艺活动绽放在陇原大地。(PLJ)

甘肃省摄影家协会 甘肃省摄影家协会成立于1980年，是由甘肃省各民族摄影家、摄影工作者、摄影组织者组织成的专业型人民团体，是甘肃省文学艺术界联合会和中国摄影家协会的团体会员。协会对会员开展联络、协调、服务职能，发挥组织、引导、服务和维权作用，通过组织学习、深入生活、摄影创作、摄影评奖、成果展示、理论研究、人才培训、对外交流和权益保护等项工作，不断提高会员的艺术创作水平，促进全省摄影事业的大发展、大繁荣。1990年以前在全国和省级各类影展影赛中获得金奖10个、银奖20个、三等奖26个，近年来获奖作品更是逐年增加。协会自成立以来，协同有关部门举办多次各类展赛活动。协会现有会员3000余人，中国摄影家协会会员311人，下设立六个委员会，包括新闻纪实摄影委员会、艺术摄影委员会、民族民间摄影委员会、商业摄影委员会、理论教育委员会和数码技术推广委员会，设立四个部，包括组联部、展

览部、网络信息部、教育培训部。(PLJ)

甘肃省民间文艺家协会 甘肃省民间文艺家协会成立于1980年9月，前身为中国民间文艺研究会甘肃分会。协会是甘肃省各民族和驻甘部队民间文艺家自愿结合的专业性人民团体。协会宗旨是搜集研究甘肃省各民族的民间文艺宝藏，挖掘、继承和发展甘肃省民间文艺。通过编辑书籍、举办展览、艺术观摩、学术交流、组织理论学术研讨等活动，推动民间文艺事业的繁荣和发展。协会成立后，收集整理民间故事、传说、民歌、神话等民间文艺作品，开展"花儿"、民间工艺美术、楹联、灯谜等的搜集、研究活动，编辑出版《中国风俗故事集》《东乡族裕固族撒拉族民间故事》《兰州市民间文学选》《河西宝卷》等民间文艺作品集和《兰州鼓子研究》《西北花儿研究》《民间艺术瑰宝》等民间文艺研究著作共40多部。三大民间文艺集成和文艺志书的编纂取得重大进展与成就，《民间文学集成》已完成70个县卷。《中国歌谣集成·甘肃卷》和《中国民间故事集成·甘肃卷》已出版。长篇藏族民间史诗《格萨尔王传》已出版藏文版多部。2005—2014年，协会先后与中国文联、中国民间文艺家协会等单位协作，主办和承办了"第九届中国民间艺术节""首届中国西部百益杯花儿艺术节""中国民间文化艺术产业建设研讨会""联合国人类非物质文化遗产——花儿保护论坛"等节会。(PLJ)

甘肃省文艺评论家协会 甘肃省文艺评论家协会成立于2013年。2011年11月甘肃省文联理论研究室召开的文艺评论研讨会上提出了成立协会的建议，此后省文联将成立协会纳入到省文联的重要议事日程上。2013年8月，理论研究室通过省文联向省委宣传部申请设立甘肃省文艺评论奖。9月，省委宣传部的批复下达到省文联，批复上同意设立甘肃省文艺评论奖，并同意成立甘肃省文艺评论家协会。12月，甘肃省文艺评论家协会成立暨第一次会员代表大会举行。大会审议并通过了《甘肃省文艺评论家协会章程》，并选举产生了甘肃省文艺评论家协会第一届主席团。协会成立后，通过对文艺理论的研究和对文艺作品、文艺现象、文艺动态的分析评论，策划、组织各种文艺评论活动，推介、宣传优秀文艺人才和文艺成果，鼓励文艺评论新生力量，壮大文艺评论队伍，催生精品力作，进一步促进了甘肃文艺创作的繁荣。2014年2月，协会下设了十个专业委员会，分别是文学委员会、书法委员会、美术委员会、戏剧委员会、影视委员会、曲艺杂技委员会、音乐委员会、舞蹈委员会、摄影委员会、民间文艺委员会。协会于2014年8月于兰州举办首届"甘肃文艺论坛"，与会者围绕"当下文艺批评文体分析""学院评论：在场与立场先行""当代文学的现代性、悬浮时代的文学使命""书画批评现状分析""文化国家的乡愁与艺术的无家可归""新媒介时代文学的透视与省思""甘肃文学品质的提升与传播"等主题展开了讨论。与会代表对现阶段文艺评论中的各种理论观点进行了梳理和评价，特别是对按图索骥式、立场先行

式、标杆式评论模式进行了具有针对性的解读。(PLJ)

(二) 广播电视机构

甘肃省广播电影电视总台 甘肃省广播电影电视总台（集团）成立于2004年，是省属地级事业单位。总台以广播电影电视为主业，以新闻宣传为中心，以繁荣创作为重点，同时兼营其他相关产业，逐步发展成为省级多媒体、多渠道、多品种、多层次、多功能的综合性传媒集团。总台（集团）设有党政办公室、总编室、人事教育部、计划财务部、安全保卫部、广播新闻中心、电视新闻中心、广播电视文艺中心，并由甘肃省人民广播电台新闻综合频道、甘肃省人民广播电台都市频道、甘肃省人民广播电台交通频道、甘肃省人民广播电台经济频道、甘肃人民广播电台青少广播、甘肃人民广播电台农村广播、甘肃电视台新闻综合频道、甘肃电视台经济频道、甘肃电视台少儿频道、甘肃电视台公共频道、甘肃电视台都市频道、甘肃电视台文化影视频道、甘肃敦煌影视文化中心（兰州电影制片厂）、甘肃广播电视报社、甘肃省音像出版社、甘肃省音像资料馆、节目交流中心、广告经营管理中心、节目制作中心、节目播控中心、无线传输中心、微波传输中心、甘肃省广播电视网络传输公司、甘肃省电影发行公司、甘肃广电物业公司、甘肃省广播电视器材供应站等单位组成。总台技术区有编辑、配音、转录、复制、审片等不同功能的机房，还配有50平方米插播演播室，120平方米新闻演播室及播控室、播控机房、总控室、总控机房等技术用房。多年来，总台坚持解放思想，实事求是，与时俱进，不断深化体制机制改革，巩固和壮大党的宣传舆论阵地，致力于广播电视事业产业发展，为加快甘肃省全面建成小康社会做出更大的贡献。(PLJ)

甘肃电视台 甘肃电视台成立于1970年。1998年11月16日甘肃电视台卫视开始向卫星地球站传送信号，于1998年12月18日正式播出，电视信号可覆盖全中国、周边国家以及东南亚地区，全球收视人口覆盖率为75%。自办三套节目，每周播出280个小时以上，日均制作节目近4个小时。完整转播中央电视台一、二套节目，与中国内地37家省级电视台有友好协作关系，并与日本、新西兰、美国、韩国等国家和我国香港地区的电视台建立了合作与交流关系，是中国西部极具特色、极具实力的电视台之一。作为国家建设"新丝绸之路经济带"的重要排头兵省份，甘肃卫视在这轮竞争中当仁不让。2014年7月21日，以晶莹剔透的琥珀为识别材质承载的甘肃卫视新频道LOGO被全新启用，"新丝路、新财富、新世界、新影像、新媒体"为核心概念的"五新"频道定位发布。现有4个演播室，其中400平方米以上演播室1个，采编播主要采用数字、模拟设备，自动播出方式。位于兰州高新技术开发区的21层电视中心大楼，建筑面积3.3万平方米，于2000年投入使用，为甘肃电视事业更高、更快、更好地发展创造了良好的条件。2007年下半年，电视台在卫视频道定位和包装、栏目设置、节目编排、广告经营等方面开始酝酿新的改革方案，以甘肃丰厚的历史文化积淀为依托，已形成较明晰的频道定位，拥有包括《今日聚焦》《法治视线》《中国西北角》《我从陇上走过》《大戏台》等一批品牌栏目，并将针对甘肃卫视覆盖观众以中青年为主、以中高学历为主的特点，在全力打造电视剧板块、新闻资讯板块、法治板块和地方综艺节目的同时，于2008年晚间黄金时段以《中国西北角》为核心、以历史人文为内容，瞄准高端人群重点推出特色栏目带。(PLJ)

甘肃人民广播电台 甘肃人民广播电台成立于1949年，由总编室、广播新闻中心、广播电视文艺中心、新闻综合频道、都市频道、交通频道、经济频道、少儿频道等单位组成。甘肃人民广播电台广播是甘肃省唯一集中波、调频发射和卫星转播为一体的广播节目。电波覆盖全省、周边省区及相邻的30多个国家和地区。新闻综合广播是甘肃人民广播电台广播的骨干频率，承担着主要的宣传任务。电台以"把握时代脉搏，传递新闻资讯，倡导科学文明，服务大众生活"为宗旨，努力做到"贴近实际、贴近生活、贴近群众"。所开办的节目以全省广大听众为服务对象，形式上力求多样化、大众化，努力体现广播传播快捷、引导有力、内容权威、信息量大的特点，为听众提供最新、最权威的新闻资讯。新闻综合广播以时政新闻为主，融社教、服务、综艺类节目于一体，每天播出的主要节目有《甘肃新闻》《全省新闻联播》《今日观察》《广播接待室》《金色田野》《陇上人家》《财富广场》《夕阳情更浓》《蓝天风行榜》《飞翔的夜》等，同时转播中央人民广播电台《新闻和报纸摘要》《全国新闻联播》等权威新闻节目。由于注重提高宣传的水平和节目的质量，每年都有数十件作品获得省级以上奖励，包括中国广播新闻奖、广播社教奖、广播文艺奖、播音主持作品奖。与天津人民广播电台合作的大型现场直播节目《为了西部的孩子》获得中国新闻奖"中国广播电视新闻奖2001年度广播电视新闻现场直播年赛"一等奖。新闻综合广播十分注重队伍建设，拥有一支优秀的采、编、播队伍。"村村通"工程和"西新"工程的实施，进一步扩大了新闻综合广播的覆盖面，也提高了收听的清晰度。都市调频于1996年6月18日正式开播，1998年12月，节目开始上星，现已覆盖全省各地。节目立足都市、服务都市、紧贴都市脉搏和都市生活，走出了一条精品化节目的道路，节目内容个性鲜明，节目设置别具特色，在省内外有较大影响。1996年8月28日由甘肃人民广播电台和甘肃省公安厅交警总队共同创办的甘肃交通广播电台正式诞生，报道交通状况、服务人民大众。(PLJ)

甘肃省广播电视网络股份有限公司 甘肃省广播电视网络股份有限公司成立于2013

年,是经中共甘肃省委、甘肃省人民政府批准,是在对全省广播电视有线网络资产进行整合重组和股份制改造后成立的省属国有大型文化企业。公司注册资本15亿元,总资产50多亿元。现有15家市级分公司,69家县级分公司,10家全资子公司,从业人员4200多人。拥有有线电视用户305万户,"村村通户户通"用户460万户。拥有网络光缆干线3.5万千米,可传输184套电视节目,40套广播节目。公司围绕打造丝绸之路经济带黄金段和建设华夏文明传承创新区的重大使命,高举文化产业发展大旗,树立"3581"广电网络梦,弘扬以"创新、敬业、包容、共享"为核心的企业文化,坚持"4631"发展战略,按照"跳出广电看世界,围绕信息做产业,主业做精,产业做大,以业养业,多业并举,创新驱动,转型跨越"的发展思路,以实现国有资产、资源、资本的合理配置和快速增值为目标,以战略促创新,以改革增活力,以文化促转型,围绕"一大主业,九大板块",形成了以数字电视及数据宽带为主业,互联网产业园、云计算大数据、信息化、广电网络+泛金融、智慧城市建设城市、电影院线、广告影视传媒等多业务多产业融合发展的格局。公司坚持"围绕信息做产业,全力拥抱互联网",以新理念、新技术、新模式整合资源,探索新的业务模式,全面参与信息化智慧城市建设,加快向互联网企业进军步伐。在文化产业、新媒体、对外投资等领域进行多元化拓展,延伸产业链,成为集广电网络建设运营、数字电视技术研发、产品制造、传输与接入、用户服务等为一体,集公共传播、信息服务、文化娱乐、交流互动、产业研发于一体的信息高速公路和多媒体传播综合平台。(PLJ)

兰州电影制片厂 兰州电影制片厂成立于1958年。现有职工260人,其中专业技术人员42名,影视技术设备140余台(套),具有独立摄制各类影视片(剧)的生产能力和生产资质。1960年5月,在全国文教系统社会主义先进单位和先进工作者代表大会上,兰州电影制片厂作为甘肃省文化系统的先进单位受到了表彰。1962年,在国民经济调整时期,依据国务院批转文化部《关于调整电影制片厂的报告》的精神,中共甘肃省委、甘肃省人民委员会决定撤销了兰州电影制片厂。1977年4月,中共甘肃省委决定在原兰州电影制片厂保留部分的基础上成立"甘肃新闻纪录电影制片厂",省革委会还拨款购置了部分急需的制片设备,整修了厂房和生产车间,并选调、培养了一批创作、技术人员,加强了生产管理,逐步完善了制片生产能力。从1977年起,先后拍摄了《陇原在欢腾》《兰州铁路局在前进》《麦积山石窟》新闻纪录电影片。1983年9月,中共甘肃省委宣传部批准恢复兰州电影制片厂。在新的形势下,兰州电影制片厂对内部结构进行调整,设置编导部、生产技术部和办公室三个职能部门,成立了艺术委员会、技术委员会两个学术性组织,对保证产品质量起到了指导作用。建厂几十年来,兰州电影制片厂创作、摄制、出品了有一定社会影响的影视片(剧)110多部407集。从1958年7月甘肃历史上第一部故事片《快马加鞭》(与长影厂合拍)拍摄完成到2013年的55年中,兰州电影制片厂独立完成或联合拍摄的电影故事片有27部,其中电影故事片《太平使命》获农业部、国家广电总局第八届全国农业电影电视神农奖铜奖;电影科教片《柽柳》获第九届中国电影华表奖优秀科教片奖。2005年,兰州电影制片厂在甘肃省广播电影电视业深化改革的过程中,与甘肃电视台电视艺术节目制作中心合并成立了甘肃敦煌影视文化中心。(PLJ)

(三)新闻出版机构

甘肃日报 《甘肃日报》创刊于1949年9月,其报头由创刊初期时任中国人民解放军第一野战军司令员兼政委彭德怀题写。定期刊出《社会新闻》《社情民意》《体育新空》《文化时空》《生活》《法制经纬》《旅游休闲》《汽车世界》《东西南北》《世界博览》《百花》《论丛》《纪事》《观察》等专版,关注读者身边的新闻,反映读者关心的话题,风格独特,可读性强。指导思想为不断丰富报纸内容、扩大信息量、提高质量,最大限度地满足广大读者的新闻需求,增强党报的舆论引导功能。经省委宣传部批准,《甘肃日报》从2011年1月1日起改版扩版。《甘肃日报》的此次改版扩版,是以胡锦涛同志视察人民日报社时的重要讲话为指导,坚持"高举旗帜、围绕大局、服务人民、改革创新",遵循新闻宣传工作规律,秉承"新闻为本、内容为王、导向为魂、读者至上"的办报理念,着力扩充内容、调整结构、改进设计、提升品质,在做足、做深、做好本省新闻的同时,紧跟现代社会信息资讯和读者阅读兴趣的发展变化,充分利用国际、国内新闻资源,关注社会热点,注重深度报道,使《甘肃日报》成为有鲜明地方特色和较高文化品位的综合型党报,在服务大局中彰显党报影响力。同时,着力增强可读性、扩大读者群、提高阅读率,逐步实现党报读者最大化,使《甘肃日报》走近大众,既权威又好看。一次增扩4个版,由工作日每天的8版扩至12版。扩版后每周版面由48个版增加为68个版,增加20个版。改版扩版后,新增版面主要应用于扩大新闻视野,加强时政新闻、经济新闻、文化新闻、政法新闻、民生新闻、社会新闻和国内国际新闻报道,增加了报纸的信息量,特别是加大了时政报道、经济报道、民生报道和基层报道的力度,更好地为全省经济社会发展大局服务。推出一批新的栏目,如《发展·跨越》《敦煌》《陇山陇水》《感动》《黄河时评》等,使之与原有名牌栏目互为补充,形成新品牌、新亮点和新特色。(PLJ)

兰州晨报 《兰州晨报》创刊于1997年1月,是甘肃日报报业集团报系当中的骨干报纸,是甘肃省第一张面向全省的综合性都市生活报。《兰州晨报》本着应有的社会良知和媒体责任,坚持"倡言正义,尊崇爱心"的

报道原则，刊发了一大批具有轰动效应的新闻报道，影响了甘肃乃至全国上下并获得了良好声誉。《兰州晨报》下设新闻采访中心、新闻出版中心、广告中心、发行中心、财务管理中心，并在白银、天水、武威、张掖、酒泉、嘉峪关、陇南、平凉等市州设立记者站。高层、中层管理人员平均年龄35岁，办报经验丰富并富有开拓精神，拥有一支具有强大信息采集能力的编采队伍和营销策划娴熟到位的广告队伍，以及覆盖全省14个市州的发行网络。《兰州晨报》强调服务性、可读性、时效性、权威性，全方位报道市民关心的政治、经济、社会、文化、体育等多个领域的内容，解析时事政策，提供服务信息，引导消费潮流，融新闻性与服务性于一体。全心全意地替市民分忧、为政府解难，切实有效地发挥舆论监督作用，并积极倡导公益精神，组织策划各类公益活动，在广大市民中树立起"主流、权威、亲和"的媒体形象。"兰州新闻版"（含要闻版）主要刊登兰州地方时政、社会新闻；"中国新闻版"和"世界新闻版"主要刊登国内外时事新闻；"文化娱乐版"和"体育新闻版"主要刊登文化、体育新闻；"专题新闻版"主要刊登都市新闻、保健新闻、教育新闻；"新闻财富版"主要刊登经济新闻和证券新闻；"专副刊版"主要有非常情感、记忆、兰州地理、城市笔记、探索、作文、百姓人家以及小说连载等板块；"时尚版"主要刊登各种时尚新闻和资讯。《兰州晨报》不断探索创新机制，2003年成立了兰州晨报传媒发展有限责任公司，是全国省级晚报（都市报）中首家股份制报业企业。（PLJ）

西部商报　《西部商报》创刊于2000年1月，由甘肃日报报业集团主管主办。2002年5月，《西部商报》与中国报业排名第七、西部发行量第一、最具市场影响力和号召力的《成都商报》全面合作，在兰州率先引进先进的报业运营模式和管理经验，全面创新报业体制和经营机制，成为兰州报业的新锐媒体。《西部商报》适应中国报业发展形势，以"奉献兰州最好新闻"为己任，提出了个性、主流、实用、公信的办报理念，逐渐形成了包括评论、时政新闻、国内国际新闻、都市社会新闻、财经证券新闻、文化体育新闻、行业经济专刊、休闲副刊等版块组成了的内容格局，培育了《黄河评论》《三只眼》《娱乐大家》《新闻相声》《权威发布》《百家信》等一批在兰州，甚至在全国都有影响力的名牌栏目，打造出了包括《居周刊》《车周刊》《新周刊》《娱周刊》《钱周刊》在内的名牌专刊，这些专刊目前在兰州地区的各行业具有广泛的影响性、指导性。《西部商报》采用自办发行和邮政发行相结合的发行模式。由800人组成的"小红星"发行队伍遍布各地街头，是都市中一道流动的风景线。在广告经营上，《西部商报》广交天下客商，全面实行行业代理制，对各类广告客户奉行"双赢"理念，全面维护客户利益。在内部管理上，《西部商报》倡导"读者至上"，以"员工对报社贡献大小"为标准，确立各种分配制度、奖金制度，以"赏罚分明""权责对等"的原则制定

了各种管理制度。(PLJ)

甘肃农民报 《甘肃农民报》创刊于1951年，是省委机关报《甘肃日报》的农村版，是甘肃农村发行量最大、覆盖面最广的报刊。自创刊至今，在宣传党的各项"三农"方针政策，传播发家致富的新技术、新经验、新门路，维护农民正当权益等方面做出了巨大贡献，被农村干部群众亲切地誉为"科技知识的园地，传递信息的工具；基层干部的助手，农民致富的参谋"。"农民报"是甘肃唯一一张"面向农村，服务农民"的报纸，伴着陇原农民走过了半个世纪的风雨历程，也在五十载辛勤耕耘中收获了累累硕果。一代代报人呕心沥血，晨昏奔走，以执着痴心和一往深情，把党在农村的路线、方针、政策宣传到农民群众的心坎里，把丰富的市场信息和实用技术、新精神、新风尚传播到千里陇原的山川梁峁，把新闻的触角伸展到农村生活的方方面面，为农民送去一篇篇锦绣华章，让报纸的根深深扎在陇原的肥田沃野。目前《甘肃农民报》已成为全省农村发行量最大、覆盖面最广、具有很大影响力的报纸，已跻身于全省"十佳优秀报纸"行列。报纸主要刊登党的农村政策、国内外重大时政新闻、省内重大新闻、农产品市场信息、农村实用技术和陇原农村新人新事。"农民报"以全心全意为农业、农民、农村服务为宗旨，成为党和政府与农民群众进行沟通与联系的桥梁。(PLJ)

甘肃法制报 《甘肃法制报》创刊于1985年，前身是《法制导报》，是中共甘肃省委政法委机关报，面向全国公开发行。2005年划转至甘肃日报报业集团主管主办。作为甘肃报业唯一的法制类专业大报，《甘肃法制报》是甘肃省委政法委在政法综治战线上的喉舌，是甘肃民主法制建设领域的重要舆论阵地，在社会各界，特别是各级党政机关、政法机关和法律界人士中具有较大的公信力和影响力。《甘肃法制报》宗旨是紧密配合党的中心工作，宣传党和国家关于政法工作方针、政策，宣传宪法和各种法律、法令，普及法律知识，报道民主与法制建设的成就，展示政法战线和行政执法战线上的新面貌，为甘肃的改革开放和经济建设服务。《甘肃法制报》除及时地报道国内、省内重大新闻外，还用较大篇幅介绍精神文明建设和综合治理典型及普法动态，通过新鲜、生动、翔实的报道展示普通百姓的文化生活、伦理道德及经济生活，以民事、行政、经济，刑事案例释法，为广大群众学法用法服务。《甘肃法制报》坚持"党报性质、法制报特色、都市报风格"的办报方针，坚持"三贴近"和正面宣传为主的宣传原则，弘扬法制精神，关注民主进程，倡导人文关怀，解读社会变革，提供实用资讯，声援公民维权，立足甘肃，面向社会，立足法制，服务读者，努力打造甘肃最权威的法制资讯新闻平台。报社下设总编辑办公室、编辑出版部、新闻采访部、经济专题部、法律服务部、记者部、发行部、《安全与畅通周刊》编辑部、《公务员周刊》编辑部等机构，创办有《依法行政》《司法工作》《大墙内外》《法院风采》《陇上检察》《警方在线》

《校园与法》等专刊，其中，《安全与畅通周刊》是面向全省交通领域的一份综合性周刊。（PLJ）

甘肃经济日报 《甘肃经济日报》创刊于1982年4月，其前身为《甘肃财贸报》，于1984年更名为《甘肃经济报》，由甘肃省经济委员会主管主办。1992年7月改为由甘肃省人民政府办公厅主管主办，对开4版，1993年扩版为周五刊。1994年7月正式更名为《甘肃经济日报》，对开4版，系甘肃省人民政府机关报。2001年4月整建制划转甘肃日报报业集团主管主办。《甘肃经济日报》是甘肃省以经济宣传为主的综合性日报，是省委、省政府指导全省经济工作的权威媒体。长期以来，《甘肃经济日报》紧紧围绕全省经济建设这个中心任务，及时准确地宣传党的路线、方针、政策和省委、省政府指导经济工作的思路、决策和部署，全方位、多角度报道各行各业在经济建设，改革开放中的新成就、新经验，受到各级领导和广大读者越来越多的好评。尤其是2001年改版以来，《甘肃经济日报》紧紧围绕省委、省政府的中心工作，高扬改革创新的旗帜，遵循"权威、好看、实用、指导"的八字方针，以"把握经济态势、拓展经济视野、培养经济兴趣、传播经济知识、提供经济信息、指导经济工作"为办报宗旨，不断开拓进取，已发展为对开12版，彩色印刷，集指导性、权威性、前瞻性、服务性、贴近性和可读性于一体，成为深受广大读者喜爱的主流媒体。《甘肃经济日报》在全省14个市（州）80多个县市及部分厅局、大型企业设有记者站，建成了覆盖全省城乡及各行各业的通联发行网络，已发展为甘肃省具有很强宣传优势和鲜明特色、全省唯一的以经济宣传为主的综合性大型彩色日报。（PLJ）

读友报 《读友报》创刊于2003年12月，由甘肃日报报业集团主管主办，读友报社编辑出版，是一份图文并茂、富有时代感、面向现代家庭的都市生活类报纸。《读友报》以中国家庭这个特定的社会单元为主要阅读群体，锁定老、中、青不同的阅读层面，以"家庭眼球"为主，打造一份适合现代家庭阅读的一流报纸。说"适合全家人"是因为读友的版面做到了"四强"——实用性强、知识性强、可读性强和时代感强。新闻性方面报纸开辟了《新闻聚焦》《热点关注》等栏目，主要刊登近期国内外热点新闻及新闻背后的新闻，对新闻事件进行整合报道，对部分社会现象及发展趋势进行分析。实用性方面报纸开辟了《健康人生》《生活资讯》《创富指南》《家教宝典》等栏目，对人们关注的健康、子女教育等方面的信息进行整合报道，务必做到可操作性强、实用性强。知识性方面报纸设置了《史海钩沉》《博览天下》《流金岁月》《探索发现》等栏目，对人们渴望了解的天文地理、古今往事等进行详尽的介绍。可读性方面报纸设置了《情感时空》《人物风云》等栏目，剖析人类灵魂深处的爱与恨，揭露社会丑恶现象，引导人们弃恶扬善，弘扬社会正气。（PLJ）

鑫报 《鑫报》创刊于2002年5月，原名《科技鑫报》。《鑫报》以科技为重点，服务于科技兴省战略，服务于经济建设，抓住国家开发西部的有利机遇，促进甘肃的科技和经济发展为目标。这份完全城市化日报的新闻及信息来源主要在城市，信息受众主要在城市，服务对象主要在城市，信息互动与作用的主要目标在城市，以城市为报道对象，更注重新闻信息的建设性、服务性。报纸属于新主流风格媒体，具有新主流内容、新主流形式、新主流市场、新主流读者、新主流客户。《鑫报》是一份与国际版式接轨的瘦型4开式日报，每日基本以A、B两叠32个版面与读者见面。A叠本着公众具有知情权的原则，报道公众想知、未知、有趣、有用的新闻及资讯，以区域新闻和公众新闻为主。B叠指向性强，信息量大，既有高质量、高格调的报道，又有公众关心的资讯、专题式的产业、民营、金融类的新闻。报纸的口号是"鑫报在手，财运长久"。从创刊之时便以每天8个版左右的篇幅报道金融、民企、财富、楼宇、汽车、医疗、时尚、招聘等方面的新闻，成为老百姓的财富报。《鑫报》的策略是定向于打开区域市场，走区域扩张路线，使报纸在短期内获得较为合理的投入产出比。其深度报道着眼于区域经济的发展，为报纸走区域扩张路线打造了一个品牌。(PLJ)

读者出版集团 读者出版集团有限公司成立于2006年1月，是在原甘肃人民出版社基础上改制组建的专业出版集团。改制以来，集团公司的产业不断发展，事业不断壮大，综合实力和市场竞争力不断增强，取得了良好的社会效益和经济效益，2009年资产总额、净资产按合并口径较2008年度分别增长了17.8%和16.02%，实现销售收入、净利润较2008年分别增长了21.3%和40.57%。至2010年4月，读者出版集团主体经营性资产、主要业务及人员已基本进入股份公司，实现了人员分离和财务分账。读者集团现拥有行政办公室、出版业务部等8个行政管理部门，甘肃教育出版社等7家专业出版社和1个教材出版中心，读者杂志社等9家期刊社（编辑部），1个全资子公司北京读者天地文化发展有限责任公司，1家控股子公司读者甘肃数码科技有限公司。每年出版图书及电子音像出版物1500种，出版《读者》《读者·原创版》为代表的10种期刊。2008、2009年被中宣部等国家四部委评为"全国文化体制改革优秀企业"。主营产品《读者》杂志发行量连续13年领跑中国期刊界，位居中国和亚洲第一、世界综合类期刊第三位，被国人誉为"中国人的心灵读本"。2009年被世界品牌实验室评为文摘类"中国标杆品牌"，品牌价值达44.85亿元。为了顺应国家文化体制改革的要求，应对出版业由传统出版向现代出版转型升级的趋势，建立真正意义上的市场主体，推动事业和产业发展，2009年12月，经国家新闻出版总署、甘肃省委文化体制改革领导小组和甘肃省政府批准，读者出版集团与中国化工集团公司、时代出版传媒股份有限公司、甘肃省国有资产投资集团有限公司、酒泉钢铁（集团）有限责任公司共同发起设立读者出版传媒股份有限公司，公司创立及第一次股东大会于2009年12月24日召开。股份公司的成立，标志着集团的体制机制改革迈出了关键的一步，市场化程度实现了质的突破，发展步入了新阶段。(PLJ)

甘肃人民出版社 甘肃人民出版社成立于1951年，原甘肃人民出版社下辖甘肃少年儿童出版社、甘肃教育出版社、甘肃科学技术出版社、甘肃人民美术出版社、敦煌文艺出版社6家专业社。原来的主要出版刊物有《读者》《飞碟探索》《甘肃画报》《故事作文月刊》《妈妈画刊》等6种期刊。2006年1月在甘肃人民出版社基础上改制组建了读者出版集团。甘肃人民出版社图书出版中心是读者出版集团二级经营单位，承担甘肃人民出版社的图书出版任务。中心秉承"立足文史，服务社科，出书育人，追求精品"的出版方针，在地方史志、敦煌学、西北历史文献、古籍整理、历史文化等方面具有比较优势。先后有五种图书获得八项国家级大奖，其中《阔端与萨班凉州会谈》、《甘肃藏敦煌文献》(全六卷)分别双获国家图书奖和中宣部"五个一工程"奖，《西北灾荒史》获中宣部"五个一工程"奖和"中国国家图书奖"，《中国共产党廉政建设史》《敦煌文学》获"中国国家图书奖"。《毛泽东邓小平民族理论比较研究》入选纪念邓小平诞辰100周年全国百种重点书目。《西北行记丛萃》(共20册)以广泛收集清末至民国有关学者和政府官员考察西北的纪实性作品而受到学界欢迎。在合作出版和版权贸易方面也取得了一定成绩，与省外十多家兄弟出版社合作出版了"黄河文化丛书"和"丝路文化丛书"；向韩国和日本以及我国台湾地区成功输出了"丝路文化丛书""敦煌文化丛书"、《敦煌壁画故事》、《西藏的观世音》等图书的版权。出版的"中国民俗大系"、《藏族大辞典》、"西路军文献丛书"、《英雄先遣连》等图书均受到了社会的广泛好评和认可。正在运作和出版的项目有"西北史研究丛书""中国宗教文化丛书""中国花儿丛书""敦煌学术文集""专题文学研究丛书"，并承担甘肃省重大出版项目《甘肃通史》的编辑出版工作。承担了国家"十一五"规划出版项目《敦煌学史》《甘肃藏藏文敦煌文献整理与研究》。(PLJ)

甘肃民族出版社 甘肃民族出版社成立于1957年，1990年起成为甘肃人民出版社领导下的县级专业出版社，自2009年12月24日，隶属于读者出版传媒股份有限公司。甘肃民族出版社成立之初设有藏文和蒙古文两个编译室，后来改出版文种为藏文和汉文。每年出版藏、汉文图书50余种，其中藏文图书占总出书量的40%。甘肃民族出版社在全国30多家民族出版社当中，是少数没有国家财政拨款的出版社之一，自负盈亏，以出汉文图书补贴藏文图书。出版的藏、汉文图书每年均有10种左右获国家、省级优秀图书奖。以编译出版藏文图书为主，1979年前曾兼出版蒙古文图书。出版有《藏汉词典》《安多政教史》等藏文书籍。2012年以来，经甘肃省新闻出版广电局审核上报，甘肃民族出版社2个项目获得国家出版基金项目的资金支持，资助经费60万元。甘肃民族出版社长期以藏、汉两种文字出版各类民族读物，形成四大系列，在国内确立了民族出版的优势。甘肃民族出版社在多年发展中，逐渐实现数字化，并构建民族图书出版网络平台，以充分发挥民族出版事业服务少数民族读者的功能。（PLJ）

敦煌文艺出版社 敦煌文艺出版社成立于1958年5月，为甘肃人民出版社副牌社。敦煌文艺出版社以出版现当代各类文学、艺术图书和敦煌类艺术图书为主，兼及部分优秀古代艺术作品、外国文艺、文化人类学等相关图书，追求高档次、高品位，关注新思想、新学科，树立精品和策划意识。敦煌文艺出版社以坚持"二为"方向和"双百"方针为基本方略，以社会效益和经济效益的最大化为基本思路，经过多年的努力，已形成了自己的风格与特色，赢得了广大读者的青睐。出版社始终坚持两个效益并重，有多种图书分别获得国家级、省级大奖。《敦煌古乐》等曾获中宣部"五个一工程"奖，《中国石窟图文志》获"中国国家图书奖"、《中国简牍集成》获"中国古籍图书整理优秀奖"。《敦煌飞天》《俄罗斯文化丛书》《江村农民生活及其变迁》《莫斯科落日》《遥望星宿：甘肃考古文化丛书》《中国简牍集成》《非常日记》《白银时期俄罗斯文学史》等百余种图书获省部级奖励。《中国简牍集成》《后现代经典丛书》《遥望星宿：甘肃考古文化丛书》《藏獒画传》《中国侦察兵》等图书都在相应的领域产生了深远的影响。近年敦煌文艺出版社出版了一批深受读者喜爱的精品图书，初步形成了三条产品线：一是以古籍的挖掘整理，地域文化的推广传播以及翻译介绍国外优秀文学作品和学术成果为主的"敦煌学林文库"产品线，如编辑出版了《敦煌飞天》《1949—2000年中国诗歌研究》《秦腔舞台演出本丛书》《人文甘肃》《你不能再回家》《天使，望故乡》等优秀图书；二是"传奇、异能、玄幻、穿越、言情"系列图书生产线，陆续策划出版了深受年轻读者追捧的都市异能小说《近身保镖》、穿越言情小说《三世书》、修真玄幻小说《斩将》、都市言情小说《求爱大作战》等；三是以西部作家的精品力作为主的"新西部文学丛书"产品线，主要是为了留存住西部优秀的作品，同时打造西部文学创作和出版的基地，已编辑出版了《新西部小说丛书》第一辑、第二辑。（PLJ）

甘肃少年儿童出版社 甘肃少年儿童出版社成立于1985年6月，它是甘肃人民出版社下辖专业出版社，其前身是1979年成立的甘肃人民出版社少儿读物编辑室，1985年撤室设社，成立甘肃少年儿童出版社。冰心老人为甘肃少年儿童出版社题写了社名。主要出版供少年儿童阅读的有关思想品德教育、文教、历史、科普、文学、艺术、美术等方面的通俗读物、工具书、参考书和连环画等。出版有《中小学生基础知识丛书》《丝路花雨》《世界名城100座》《九眼泉》《敦煌壁画故事连环画》等。主办刊物有以指导、培养小学生读书写作为宗旨的《故事作文》月刊，编辑并出版以亲子教育为主要内容的开发幼儿智力画刊《妈妈画刊》。多年来，甘肃少年儿童出版社倾力策划了一套套精品少儿图书，旨在用"精彩纷呈的故事，出其不意的情节"来丰富每一位小读者的课余生活。近年来，"少年绝境自救丛书"、《中华国耻录》、《100个第一的故事》、《敦煌童话》、《沙漠书系》等40余种图书分别获得中国国家图书奖提名奖、"五个一工程"奖、冰心图书奖、全国金钥匙奖以及全国少儿读物编辑奖等全国、大区和省级以上奖励。（PLJ）

甘肃教育出版社 甘肃教育出版社成立于1985年，是隶属于甘肃人民出版社的专业出版社，也是甘肃省唯一一家专业的教育出版社。教育出版社的主要服务对象是大、中、小学的教师和学生，主要出版教育研究著作，各级各类学校的教材、教学辅导书和学生课外读物，以及有特色的社会文化类图书。甘肃教育出版社一贯坚持服务教育、积累文化、追求特色、确保精品的出版理念，以教材、教辅和教育理论研究，以及地方文化、民族文化和中国传统文化为出书范围，坚持不懈，稳步发展。甘肃教育出版社积极配合课程改革，先后出版了《教育学原理》《唐宋八大家文选》等高校教材及大学生读物，以及《甘肃历史》、中小学教科书《劳动技术》、中小学教科书《信息技术》《普通话水平测试培训教程》等地方性教材，满足本地教学需要。以《中考通》系列丛书为代表的教辅类图书畅销不衰。教育理论研究、敦煌学、藏族文化教育、甘肃地方文化和中国传统文化等方面的图书，有的被列入国家"八五""九五""十五""十一五"规划重点项目。经过几代人的辛勤努力，已在教育理论、教学辅导和西部地域文化、中国传统文化类图书方面形成了出版特色，赢得了良好的社会声誉。目前已有200多种图书荣获各级各类优秀图书奖励。其中《教育学原理》、"陇文化丛书"（10卷）、《藏族文化发展史》（上下）、《三礼研究论著提要》、"敦煌学研究丛书"（12卷）连续五次荣获国家级图书大奖，《唐宋八大家文选》被教育部指定为大学中文系学生的重点必读图书，《西藏教育五十年》入选全国向十六大献礼的百种重点图书，"西北少数民族教育研究丛书"（6卷）、"国际敦煌学丛书"、"敦煌学研究丛书"、"走近敦煌丛书"都成为近年来国内少有的敦煌类精品图书。（PLJ）

甘肃科学技术出版社 甘肃科学技术出版社成立于1985年6月，是甘肃人民出版社的副牌专业出版社，现为读者出版集团有限公司所属专业出版社。甘肃科学技术出版社以出版普及自然科学基础知识和介绍应用技术的读物为主，兼顾提高性读物；以农村科技读物为重点，突出地方特色；有选择地出版国内外科技专著及科技工具书。甘肃科学技术出版社主办了科普杂志《飞碟探索》，以研究不明飞行物的现象为主，兼顾天文、考古、地球史、宇航、生命科学、历史等方面的知识，力求科学知识和科学趣味性的统一。《飞碟探索》是目前世界最大的不明现象探索杂志，也是国内唯一以探索不明飞行现象为主的科普杂志。2013年9月注册为甘肃科学技术出版社有限责任公司，简称甘肃科学技术出版社。科学技术出版社以出版工业技术、农业技术、医药卫生科普读物、应用技术读物和工具书，基础理论读物和科研著作，有关学科和各类专业技术培训教材，科技挂图、历史、生活类科技读物，反映世界新技术观点、理论、成就的翻译读物，各新兴学科、边缘学科、交叉学科的科普读物为主。自建社以来共出版各类图书2000余种，有200余种图书获全国、省部级及大区优秀图书奖。（PLJ）

甘肃人民美术出版社 甘肃人民美术出版社成立于1989年7月，为甘肃人民出版社的副牌专业出版社，现为读者出版集团有限公司所属的专业出版社。甘肃人民美术出版社本着"集艺术之美，扬人文之善，传承、创新、追求卓越"的办社宗旨，长期致力于画册、连环画、年画、挂历、宣传画、图片、书法、美术摄影、旅游读物以及美术理论、技法读物的出版。敦煌丝路文化和民俗、民间艺术类图书为主要出版特色。年出书40余种，共出版各类图书500余种，总印数达200万册。其中《敦煌》、《淳化阁帖》（上、下）、《敦煌书法库》（1~4辑）、《敦煌石窟鉴赏丛书》（1~3辑）、《丝绸之路古遗址图集——河西走廊段》、《甘肃民间美术、民俗与古文化丛书》（1~6辑）等已成为其代表性图书。《敦煌艺术之最》获中宣部"五个一工程"优秀图书奖；《丝绸之路古遗址图集——河西走廊段》《何鄂雕塑艺术》获第四届甘肃省优秀图书奖特别优秀奖；《程大利水墨》获第六届甘肃省优秀图书奖；《甘肃石窟艺术·雕塑编》《任震英左国保仿古建筑作品集》等150余种图书分获北方优秀美术图书金牛奖一、二、三等奖和其他奖项。甘肃人民美术出版社致力于美术摄影类图书、文化艺术类图书、美育和素质教育类图书，引进版图书，以及相关各类图书的出版和发行，兼营艺术培训、艺术展览、文化传媒、CI设计、艺术商业设计、广告、平面设计制作等，试图出版最厚重、最正宗的敦煌艺术类图书，传播历史最悠久的本土文化，提供最有益的经典阅读。（PLJ）

甘肃省音像出版社 甘肃省音像出版社成立于1984年8月。2010年正式挂牌更名为甘肃省音像出版有限责任公司，成为甘肃省首批事业单位转企的试点单位，是隶属甘肃省广播电影电视总台（集团）的专业音像制作出版发行单位。具备摄制、生产和出版发行多种（类）音像（影视）产品的资质、设备和能力。甘肃省音像出版社是甘肃省成立最早，也是唯一的一家综合性音像出版社。多年来，先后出版了1500多个种类的音像制品，发行总量达到2000余万盘（张），形成了以西部地域文化、地方戏剧、丝路文化、敦煌文化为特点的主导系列产品。产品先后30多次获得国家和部、委级的奖项。为宣传西部、传承中华西部文明、弘扬民族优秀文化做出了贡献，赢得了社会的赞誉。由甘肃省音像出版社有限责任公司策划并组织实施的"十一五"国家重点出版工程《中国花儿》系列音像制品项目，在国家出版基金的大力资助和支持下顺利完成，并一举获得了"第六届中国金唱片奖""第二届中华优秀出版物音像奖""第四届中华优秀出版物音像提名奖"。国家项目验收专家对该项目的评审意见为:"近百年中国花儿文化史上前所未有的抢救壮举,使濒临失传的'大西北之魂'得到保护、传承、弘扬,这项工程将流芳百世。"另外,近年由公司策划拍摄完成的甘肃省首部秦腔数字电影《锁麟囊》,一经首映,便深受广大观众的青睐,并被中央电视台收购,2012年又荣获了"甘肃省第七届敦煌文艺奖",2013年获得中国广播影视大奖"电影华表奖"优秀戏曲片奖。2015年2月公司制作出版发行的《中国花儿轻音乐》获得第五届中华优秀出版物奖提名奖。公司长期制作出版多种类秦腔戏曲DVD、VCD、CD的光盘。(PLJ)

甘肃文化出版社 甘肃文化出版社成立于1993年6月,是甘肃省新闻出版局主管主办的综合性国有独资文化出版机构。2009年转企改制为甘肃文化出版社有限责任公司,成为飞天出版传媒集团有限公司成员。历经20余年的风雨洗礼,以"开掘民族文化蕴含、凸显特色出版张力、打造传世精品珍典"为基本定位,先后策划出版了《中国西北文献丛书续编》(61册),《中国敦煌学百年文库》(35册),《回族典藏全书》(235册,获第三届中华优秀出版物奖、首届回族学研究成果特别荣誉奖),《甘肃宕昌藏族家藏古藏文苯教文献》(30册,获第四届中华优秀出版物奖提名奖、第三届"中国藏学研究珠峰奖"),《各民族共创中华丛书》(10册,获第二届向全国推荐百种优秀民族图书第一名),《甘肃青海四川民间古藏文苯教文献》(60册),《甘肃秦汉简牍集释》(10卷)等。正在编辑出版的《藏族民间口传文化汇典》(200册)、《藏传佛教高僧弘法手迹珍典》(120册)等入选国家出版基金资助项目;《阿里廓迦寺藏古藏文文献》(200册)、《藏传佛教觉囊派手迹典藏》(200册)、《布达拉宫藏五世达赖注本文献》(120册)、《吐蕃通史》(10卷)、《吐蕃史料集》(30册)等入选国家"十二五"少数民族文字出版规划;《丝绸之路金石丛书》(50册)、《西夏学研究文库》(50册)等入选新闻出版改革发展项目库项目及华夏文明传承创新区重点项目。(PLJ)

兰州大学出版社 兰州大学出版社成立于1985年1月,是由教育部主管、兰州大学主办的学术型、教材型大学出版社。出版社现有员工94人,出版了一批高水平的大中专教材、学术著作、基础教育教材教辅、人物传记、工具书、古籍整理图书和科普读物,成为西北地区重要的学术著作和各类教材出版基地。多年来,出版社出版各类图书4000余种,产品结构逐年优化,各类教材、学术著作和工具书占编辑出版图书总数的60%以上。先后有《赵俪生文集》《西北通史》《高等理科教育改革与发展概论》《植物细胞融合与细胞工程——郑国锠文集》《镍毒性与中医药防治研究》《青藏铁路工程地质选线》《多年冻土及盐渍土地区公路工程技术》等400多种图书荣获国家和省部级奖励。"十二五"时期以来社会效益显著提升,先后有2部图书入选国家"三个一百"原创图书出版工程、近40种图书获得省部级奖励、1种图书获中宣部等十部委推荐的100种优秀道德品德读物。"欧亚历史文化文库"（102卷）、《党的历史自信与中国特色社会主义》、《中国古代的知识阶层》（5卷）等项目获得国家出版基金资助。其中"欧亚历史文化文库"（102卷）、《中国古代的知识阶层》（5卷）被列入国家"十二五"重点图书出版规划。近几年，出版社已获得四次国家出版基金资助。《中国穆斯林生态自然观研究》《生态语言学背景下的东乡语语用研究》入选国家社科基金后期资助项目。在教育部中国大学生在线和《光明日报》评论部联合主办的"中国高校出版社书榜"上，出版社先后有7种图书上榜，其中《中亚历史》（欧亚历史文化文库）荣登2014年度图书排行榜。（PLJ）

飞天出版传媒集团 飞天出版传媒集团成立于2013年9月，是由甘肃新华书店集团、甘肃文化出版社和甘肃新华印刷集团所属甘肃新华印刷厂、兰州新华印刷厂、天水新华印刷厂组建的集"编、印、发"一体化的传媒集团有限公司。新组建成立的飞天出版传媒集团，对于有效整合甘肃省出版、印刷、发行产业要素，打造完整产业链，提高产业和资本集中度，促进甘肃省新闻出版产业规模化、集约化、专业化、多元化发展具有十分重要的意义。5家企业共有员工5000多人，总资产24亿元，年销售收入26亿元。出版传媒集团共设有6个职能部门和10个子公司，以图书、期刊、电子音像、网络、数字等出版物的出版、印刷、发行，以及高科技绿色环保印务、文化集市、文化产地、出版物流、综合物流、印刷物资经营为主要生产经营范围，兼营医药、影视、旅游、会展、酒店等事业。飞天出版传媒集团将努力打造资产总额和销售收入"双百亿"的大型新闻出版企业集团，为建设文化大省发挥文化产业的示范区引领作用。集团所属的飞天文化产业园总投资10亿元，分四期建设。投资2.5亿元、以图书物流和第三方物流为主的一期已投入运营；正在建设的二期总投资4亿元，力争打造甘肃省高新绿色印刷产业基地；三期投资2.5亿元，将以建设飞天数字出版科技园为主，填补甘肃省数字出版空白，打造甘肃省数字出版龙头企业；四期将投资1亿元，用于建设飞天热丽科技研发中心。（PLJ）

（四）社会科学研究、咨询机构

甘肃省人民政府文史研究馆 甘肃省人民政府文史研究馆成立于1953年4月。文史研究馆下设有办公室、业务处、研究室和编辑部。馆员、研究员政治面貌以民主党派为主，占全部馆员、研究员总数的70%多，中共党员的馆员、研究员占比不到30%。馆员和研究员队伍专业和专长有文史、诗词、书画等，兼而顾之、合理多样。自1954年以来，共聘任了215位馆员、89位研究员。文史馆工作大致分为两期。从成立到1969年在"文化大革命"中撤销为初创并走向正轨时期。党和政府积极解决文史馆员的各种困难，使他们安心开展诗、文、书、画各方面研究和创作，推出了大批研究成果，仅《甘肃历代自然灾害录》《甘肃近百年大事记》等学术著述就达20多部、40余册。这一时期的工作为文史馆以后的工作提供了成功经验，并为其发展奠定了良好的基础。1982年，文史馆建制恢复，进入了文史馆的发展壮大时期。文史馆员整体素质的高水平使文史馆在甘肃社会各界的影响越来越大。不少人认为，文史馆专家云集，人才荟萃，无愧甘肃"翰林院"之称。新时期的馆员、研究员大部分是大专院校、新闻、科研单位离退休的专家学者，生活上无后顾之忧，文史研究、书画创作热情很高。馆刊《甘肃文史》已出刊58期，发表了1000多万字的各类学术研究文章。文史馆推出了大型图书《甘肃历史名人画传》《陇上文藏》，参与了中央文史研究馆《新编文史笔记》《中国地域文化通览·甘肃卷》等图书的编写工作和西北五馆合编诗、文集等工作，还多次举办书画展，编辑出版了《甘肃省志·文史研究馆志》《文史英华——馆员研究员文存》《馆员研究员画册》等著作，馆员个人推出的专著、书画精品更是层出不穷。（PLJ）

甘肃省社会科学院 甘肃省社会科学院成立于1979年10月，是甘肃省委、省政府直属的综合性哲学社会科学研究机构，是全省重要的综合性智库和理论研究基地，是省委、省政府重要的思想库和智囊团，是财政全额拨款的公益一类事业单位。全院编制156人，现有职工148人，离退休职工64人。设处级机构20个，分别是院办公室、科研处、学术合作处、组织人事处、行政计财处、监察室、机关党委、工会、后勤服务中心9个职能部门和区域经济研究所、资源环境与城乡规划研究所、农村发展研究所、文化研究所、西北历史与丝绸之路研究所、哲学社会学研究所、政治研究所、法学研究所、决策咨询与公共政策研究所、杂志社、信息网络数据中心11个科研和科研辅助机构。另有7个院属、19个所属非实体研究中心。全院现有哲学社会科学学科25个，包括重点学科、主要学科、新兴学科和特色学科等。区域经济学、社会学、敦煌文学与敦煌哲学、资源环境与生态经济学、西路军历史等新型特色学科在甘肃和全国有重要影响。全院现有专业技术人员100人，占全院职工的70%。其中高级职称60人，享受国务院特殊津贴专家6人，省宣传文化系统"四个一批"人才3人，省级优专家3人，省级领军人才10人，省"333""555"人才7人。硕士以上学历人数占专业技术人员的58%。在职职工中的行政管理和后勤服务人员37人。在国内外公开发行的汉文社会科学核心期刊有《甘肃社会科学》《开发研究》，其中《甘肃社会科学》为CSSCI来源期刊和全国社科百强期刊，《开发研究》为中国人文社会科学核心期刊、全国中文核心期刊、"RCSSE中国核心期刊"，内刊有《龙》期刊；编发专供省委、省政府领导和相关领导参阅的系列要报有《要论与

对策》《甘肃省社会科学院要报》《专供信息》《思想理论研究动态》，成果批示率、转化率和应用率不断提升。（PLJ）

敦煌研究院 敦煌研究院成立于1944年2月，其前身是在敦煌莫高窟设立的保管研究机构——国立敦煌艺术研究所，时任所长常书鸿，下设考古、总务两个组，开始了敦煌石窟的清理、调查、保护、临摹等工作。1950年改名为敦煌文物研究所，常书鸿继任所长，研究人员有所增长，下设保护、美术、考古、资料、办公室等组室，实施了石窟大规模的维修保护，开展了石窟资料的全面调查、石窟艺术、考古、佛教内容的研究，出版了一些研究成果。1984年，在敦煌文物研究所的基础上扩建成立了敦煌研究院。经过几代人艰辛的工作，在敦煌石窟的保护和研究、敦煌艺术和敦煌文献研究、敦煌文化弘扬等方面都取得了辉煌的业绩。敦煌研究院是国家设立的负责对世界文化遗产敦煌莫高窟、全国重点文物保护单位瓜州榆林窟和敦煌西千佛洞进行保护、研究、管理的综合性机构。特别是20世纪80年代以后，遵循"保护、研究、弘扬"的工作方针开创了新局面，各方面的成就令世人瞩目。敦煌研究院设有院务委员会、党委委员会、学术委员会和工会委员会；下属保护研究所、考古研究所、敦煌文献研究所、美术研究所、文物数字化研究所、敦煌学信息中心、编辑部、接待部、敦煌石窟文物保护研究陈列中心、民族宗教文化研究所、莫高窟数字展示中心、网络中心、敦煌石窟监测中心13个业务部门，院长办公室、党委办公室（人事处）、科研管理处、计划财务处、总务处、外事处、保卫处7个行政部门，榆林窟文物保管所、西千佛洞文物保管所2个直属科级部门。下设敦煌莫高窟旅游服务公司、敦煌研究院文物保护技术服务中心、甘肃恒真数字文化科技有限公司、甘肃莫高窟文化遗产保护设计咨询有限公司、甘肃鸿文敦煌艺术研修中心5个文化创意产业单位。敦煌研究院作为依托管理单位，建立了古代壁画保护国家文物局重点科研基地、国家古代壁画与土遗址保护工程技术研究中心、甘肃省古代壁画与土遗址保护重点实验室、甘肃省古代壁画与土遗址保护工程技术研究中心。建院70年来，敦煌研究院始终遵循国家有关文物工作的法规政策，经过几代人的艰辛工作，已发展成为国内外具有一定规模和影响的遗址博物馆、敦煌学研究实体、壁画与土遗址保护科研基地。（PLJ）

甘肃省文化艺术研究所 甘肃省文化艺术研究所成立于1986年，前身先后为甘肃省流行剧目修审委员会、甘肃省戏曲艺术研究会、甘肃省戏曲艺术工作室、甘肃省剧目工作室等。在多年的建设发展中，甘肃省文化艺术研究所陆续培养了一批文化艺术学科研究的专门人才，涌现出一批优秀的科研成果。近年来，甘肃省文化艺术研究所相继完成了国家级、省部级重大科研项目《中国戏曲志·甘肃卷》《中国曲艺志·甘肃卷》《边远贫困地区文化事业可持续发展研究》《甘肃省农村实用文化人才职称评定课题研究》《甘肃产业发展研究报告》等，并获准国家级科研项目《甘肃省文化艺术研究资源库》的建设。由省文化艺术研究所承办的艺术综合理论刊物《甘肃艺苑》，自创刊以来的20多年里，经过不断改版、完善，已出版百期，成为甘肃文化艺术科研的重要窗口。在挖掘、整理、改编传统剧目方面，出版了《甘肃传统剧目整理改编汇集》42集，根据甘肃手抄古本戏曲整理出版了《甘肃传统剧目汇编》18册；在戏剧研究方面，有《甘肃秦腔唱论》《敦煌·丝路·多民族——甘肃艺术事业50年》《中国古代话剧》《音乐戏剧艺术——歌剧》《陇原艺术探析》等专著和大量文艺批评文章和论文；在文化艺术研究方面，出版的专著有《西凉乐舞史》《丝路音乐暨敦煌舞谱译丛》《文化的产业追求》《东乡族文化形态及古籍文存》；在创作方面，有获奖、发表、演出的剧本《隋室晚钟》《飞将军李广》《马背菩提》，小品《买布》《上学》《银杏树下》《选择》《清明时节》以及电视剧剧本《人大代表》《红柳情》。近年在建设甘肃特色文化大省的形势下，配合省文化厅的部署及理论支持，出版了"甘肃特色文化大省建设丛书"系列，有《甘肃建设特色文化大省的资源和品牌研究》《跬步集——甘肃艺术科学论文选集》《骊轩探丛》《甘肃民间谚语选注》等。(PLJ)

甘肃省文物考古研究所 甘肃省文物考古研究所成立于1952年，前身为甘肃省文物管理委员会，1958年并入甘肃省博物馆，1963年从甘肃省博物馆分出成立甘肃省文化厅考古队，1968年再次并入甘肃省博物馆，成为甘肃省博物馆文物队，1983年更名为甘肃省文物工作队。1986年3月，改名为甘肃省文物考古研究所，成为全额拨款的独立法人事业单位，属于正县级建制，隶属甘肃省文物局。研究所承担甘肃省境内全部的田野考古调查、发掘和科研工作，同时对全省市、州、县的文物工作进行业务指导。2007年加挂了"甘肃简牍保护研究中心"牌子，核定编制53名，其中正高级职称5名、副高级职称9名、其他业务人员31名。内设行政办公室、项目办公室、史前研究室、历史研究室、技术保护室、图书资料室和安全保卫室。2012年12月12日，省机构编制委员会批准成立甘肃简牍博物馆，撤销在省文物考古研究所加挂的甘肃简牍保护研究中心牌子，其承担的职责并入甘肃简牍博物馆。研究所该所成立以来，先后发掘了数十处重要古遗址和七千余座古墓葬，取得了丰硕的科研成果，许多项目受到国内外学术界的高度重视。文物库房收藏了从旧石器时代到历史时期各时代遗址和墓葬出土的各类文物标本9万余件。研究人员先后发表田野考古调查发掘简报和研究论文300余篇，出版考古发掘报告和专著40余部，获省部级三等奖6项。文物修复保护实验室具备甲级保护方案设计资质和一级修复资质，开展了大量铜器、陶器、贴金银铁器和金银器的修复与保护工作，和陕西省考古研究院共同开展了马家塬墓地的现场保护和实验室考古工作。近年来，开展进行的早期秦文化调查与研究项目、河西走廊早期冶金遗址调查与研究项目及陈旗磨沟遗址的发掘等取得了重要成果。其中礼县大堡子山遗址、马家塬战国墓地、陈旗磨沟遗址及张掖黑水国遗址荣获国家文物局"全国十大考古新发现"奖及田野考古三等奖。(PLJ)

甘肃简牍博物馆 甘肃省简牍博物馆成立于2012年12月，为省文物局直属的县级事业单位，核定事业编制20名。主要承担甘肃出土简牍的收藏保管、保护修复、整理研究和展示利用等职责。原甘肃简牍保护研究中心的职责并入甘肃简牍博物馆。甘肃是简牍大省，现保存有武威《仪礼》简、医药简、王杖简460多枚，居延新简（甲渠侯官）8400多枚，肩水金关汉简12000余枚，敦煌马圈湾汉简1200多枚，甘谷汉简20多枚，天水放马滩秦简460多枚，悬泉汉简23000多枚，水泉子汉简600多枚，黄家湾晋简30多枚。此外，还有一些零星的吐蕃文、西夏文木牍。甘肃简牍整理研究的专门机构始自1986年。甘肃省博物馆和甘肃省文物考古研究所分设后，汉简整理研究室为省文物考古研究所的内设机构，先后开展了大量的整理和研究工作。2005年以后，甘肃简牍保护整理和研究利用受到社会各界的广泛关注，在机构、经费等方面得到各方大力支持，甘肃简牍保护整理和研究工作上了一个新台阶，开展科学保护、整理工作取得了新成绩，积极开展学术研究，出版了许多专著论文。为了进一步加强甘肃简牍保护研究和展示利用工作，目前正在积极筹划甘肃简牍博物馆建设。(PLJ)

甘肃省文物保护维修研究所 甘肃省文物保护维修研究所成立于1984年11月，是甘肃省唯一专门从事文物保护维修研究的县级事业单位，隶属甘肃省文物局。内设办公室、文物保护室、文物研究室等。2007年获得文物保护工程勘察设计甲级资质，2008年获得文物保护工程监理甲级资质。甘肃省文物保护维修研究所有严格的科学管理和完善的质量控制体系，文物保护事业稳步前进、健康发展。近年来，先后完成了全国重点文物保护单位、省级文物保护单位的勘察设计保护方案百余项，主要有与清华大学合作完成的夏河拉卜楞寺古建筑群规划及维修保护的测绘设计工作，历代长城甘肃段保护规划，临夏蝴蝶楼搬迁保护规划，静宁县界石铺红军楼保护规划，嘉峪关关城古建筑、永登鲁土司衙门、兰州城隍庙、民勤瑞安堡、崇信武康王庙、静宁文庙建筑群、临夏东宫馆、康县谭家大院等古建筑保护方案；圣容寺塔、圆通寺塔、东华池塔、崆峒山宝塔、岷县白塔等古塔的保护方案，兰州中山铁桥、渭源灞陵桥、康县龙凤桥等古桥梁的保护方案；榆中青城镇古民居、陇南杨店古民居等保护方案；俄界会议遗址、哈达部会议遗址、榜罗镇会议遗址、兰州八路军办事处等近现代革命建筑文物保护方案，兰州水车等其他文物保护方案，汶川地震、舟曲特大泥石流文物保护工程。现已完成甘肃《长城保护可研报告》和《甘肃境内长城保护设施建设方案设计》工作，对甘肃境内的历代长城进行了勘察、保护设计和保护监理工程；完成崇信武康王庙、圆通寺塔、镇远石崆寺等多项古建筑的修缮工作；完成武威下双大庙、庆阳肖金塔、宁县正平书院等多项文物保护监理工作。近年来，在文物研究方面出版了《甘肃古建筑》《甘肃文物保护文集》《甘肃古代石刻艺术》《天水放马滩秦竹简》等专著。（PLJ）

麦积山石窟艺术研究所 麦积山石窟艺术研究所成立于1953年，前身为成立麦积山文物保管所，科级编制，归属天水县文教局管辖。1986年更名为麦积山石窟艺术研究所并沿用至今，行政级别升格为正县级，划归甘肃省文物局直属，系全额拨款事业单位。全所现有编制77名，其中专业技术人员62名、管理人员2名、工勤技能人员13名。专业技术人员中，研究馆员2名、副研究馆员4名、文博馆员29名、助理馆员27名；工勤技能人员中，高级工11名、初级工2名。麦积山石窟艺术研究所主要承担麦积山石窟艺术的研究和对麦积山石窟进行文物保护与利用。下设办公室、人事教育科、保卫科、接待室、保护室、资料室、美术室、考古研究室8个科室。办公室主要负责所内的财务、后勤保障等日常事务；人事教育科主要负责所内的工资职称晋升、考勤考核、党总支日常工作、老龄工作以及继续教育工作；保卫科主要负责所内的安全保卫、消防安全及突发事故安全保障等工作；接待室主要负责所内的日常旅游讲解和重大接待任务；保护室主要负责所内文物病害现状的调查并形成保护方案、文物本体的保护和修复、气象环境监测及病虫害防治；资料室主要负责所内古籍文献的保存及资料、图片、档案的保管和借阅；美术室主要负责所内现存壁画、造像的临摹及艺术创作；考古研究室主要负责麦积山石窟的分期断代研究、考古研究等基础性研究工作。（PLJ）

甘肃炳灵寺文物保护研究所 甘肃炳灵寺文物保护研究所成立于1955年5月，前身为永靖炳灵寺文物保管所，2002年1月更名为甘肃炳灵寺文物保护研究所。现有工作人员24名。炳灵寺位于黄河北岸。保管所成立后，修建了炳灵寺石窟防护堤坝。20世纪60年代中期，国家在炳灵寺石窟下游修建刘家峡水库，炳灵寺石窟的部分底层洞窟文物面临被淹没的危险境地，底层的淹没也将对炳灵寺石窟整体的稳定构成威胁。在周总理的亲切关怀下，国务院拨款150万元，在石窟前修建了长220米、高16米的防护堤坝，炳灵寺石窟得以妥善保护。1997年9月29日至1999年年底，由国家文物局投资486万元，甘肃省文物局具体负责实施了炳灵寺石窟岩体加固和渗水治理工程，使石窟长期存在的危石掉落问题和渗水问题得到了彻底根治，炳灵寺石窟岩体加固与渗水治理工程顺利实施。到了20世纪八九十年代，炳灵寺石窟的学术研究达到了一个高潮。专著、专集、画册等相继出版发行。主要有阎文儒、王万青合著的《炳灵寺石窟》，董玉祥、岳邦湖合著的《中国美术全集·雕塑编·炳灵寺等石窟》，甘肃省博物馆、炳灵寺文保所合编的《炳灵寺石窟》，甘肃文物工作队、炳灵寺文物保管所合编的《中国石窟·永靖炳灵寺》，王万青、王亨通主编的《炳灵寺历代诗词选》等。多年来，发表在国内外各级刊物上的学术论文近百篇。这些学术论文被收录在由王亨通、杜斗城主编的《炳灵寺石窟研究论文集》。2002年9月，炳灵寺石窟第一届学术研讨会隆重举行，来自国内外的70余名专家学者到会，对炳灵寺石窟进行了多角度、多层次、多方面的研讨，总共向大会提交了30余篇学术论文。会议的成果《炳灵寺石窟学术研讨会论文集》由甘肃人民出版社于2003年出版。（PLJ）

甘肃北石窟寺文物保护研究所 甘肃北石窟寺文物保护研究所成立于1999年，由原庆阳北石窟寺文管所更名的北石窟寺专门保护机构，隶属于甘肃省文化厅和文物局直管的正科级事业单位，机构设在北石窟寺院南侧，单位现有事业编制15名，其中全额编制5名，自收自支编制10名。内设办公室、业务室和保卫科、旅游接待部。现有在岗职工13人，其中所长1人（副县级），副所长1人，主任、科长4人，员工8人；专业技术人员7人、工勤技能人员4人、计划外用工2人。有专职导游讲解人员和安全保卫人员。2006年北石窟寺被评为AAA级旅游景区。近年来，完善了北石窟寺保护工作的四有建设，珍贵的石窟艺术文化遗产得到了有效保护；改善了办公条件和职工的生活条件，提高了服务质量和工作水平，使保护、研究和旅游接待工作迈上一个新的台阶。（PLJ）

甘肃大地湾文物保护研究所 甘肃大地湾文物保护研究所成立于1999年，前身为甘肃省秦安大地湾文物保护管理所，科级事业单位，隶属甘肃省文化厅（省文物局），现有编制18名，其中专业技术人员9名。大地湾遗址位于甘肃省秦安县五营乡，地处秦安、张川、静宁、庄浪四县交界之处，北有全国著名的道教名山崆峒山，南有著名的佛教石窟寺麦积山石窟，目前正式对外开放的有大地湾博物馆。大地湾博物馆是一座遗址类专题博物馆，坐落在遗址保护范围外围清水河南岸古河道与缓山坡交叉处，总面积约3155平方米，分陈列区与办公管理、库房区两部分，其中陈列区面积达1500平方米（包括多功能厅），建筑处于半地下状态，其内部是一个开放、连续、富于变化的展厅。这座建筑由中国著名建筑设计大师崔凯先生精心设计，整个建筑融入遗址环境，融入史前文化的元素，体现了一种"大象无形"的造型设计理念。展览以《文明序曲——大地湾遗址考古成果展》为主题，分发掘保护、岁月遗痕、陶风彩韵、天地伴眠四个单元，展出大地湾考古发掘出土的文物300余件。对外开放的重要遗址有大地湾一期文化房址F371、F372、F378三座，二期文化房址F301、F255、F254三座，三期文化房址F709以及大地湾四期文化大型宫殿建筑F901房屋遗址。这些房屋遗址由地穴式，经半地穴式，继而平地起建，房屋面积由小到大，由简单到复杂的渐进过程，展现了我国古代建筑的发展历程。（PLJ）

甘肃省民族研究所 甘肃省民族研究所成立于1959年，是专门研究甘肃及西北地区民族宗教问题的科研机构。20世纪60年代后期停办，1981年恢复。恢复后的研究所编制定为30名，设有民族历史宗教、民族学、民族经济教育三个研究室和《甘肃民族研究》编辑部及办公室，隶属甘肃省民族事务委员会。几十年来，甘肃省民族研究所大力加强科研队伍建设，积极拓展研究领域，为甘肃民族研究事业做了大量工作。完成了国家民委下达的《中国少数民族问题五种丛书》甘肃部分13册的审定、发行任务；完成了《中国少数民族地区画集丛刊（甘肃册）》的编辑、出版任务；承担并完成了《西北穆斯林社会问题研究》《东乡族经济社会发展研究》《伊斯兰教与社会主义社会相适应问题研究》等多项国家及甘肃省社会科学重点课题任务；先后编撰出版了《中国伊斯兰教教派与门宦制度史略》《中国伊斯兰教教派门宦溯源》《甘肃省志·民族志》《甘肃省志·宗教志》《中国西北伊斯兰教基本特征》《甘肃回族史》《东乡族文学史》《保安族文学简史》《保安族经济社会发展研究》《甘肃少数民族》以及《西北伊斯兰教研究》《现代回族史研究》《甘肃少数民族文化艺术》《甘肃民族研究论丛》（第一、第二辑）等专著、论集，有些研究成果在西北乃至全国居于领先水平，曾多次在全国和省内获奖。现已形成和确立了宗教学、民族历史、民族经济以及藏学、回族学等优势学科，在学术界确立了一定的地位。近年来，又参与合作实施了有关少数民族和民族地区经济社会发展项目。（PLJ）

甘肃省藏学研究所 甘肃省藏学研究所成立于1984年，前身为甘肃省拉卜楞寺藏书研究所，1985年调集业务人员，初期在拉卜楞寺租房办公，1990年迁至寺外并更名甘肃省藏学研究所，隶属于甘肃省民委。研究所开展藏学研究工作，为民族宗教工作提供理论依据，服务于藏区现代化经济发展是甘肃省藏学研究所的立所之本、发展之基。研究所是以拉卜楞寺为依托，研究本地区、本民族及周边藏区的历史、政治、文化、经济、教育、宗教等方面的一个综合性学术研究机构。业务工作涵盖安多地区，突出甘肃藏区，以历史研究为基础、现实研究为主导、特色研究为生存，培养个人业务强项，确定各自主攻方向，已逐步形成自己的特色，完成多项成果，并已发表和出版。如《甘肃藏族史》对甘肃藏族历史了全面的梳理和系统研究，填补了这一地区民族史研究的空白，并且具有较高的学术价值。完成了《安多地区藏族文化艺术》的研究课题，将安多地区的藏族文化艺术与整体的藏族文化艺术结合起来进行了比较，多层面、多角度地展现了安多地区藏族文化艺术的地域性、民族性和宗教性，赢得了专家学者的高度赞赏。在拉卜楞寺专题研究方面，有《拉卜楞寺藏传佛教文化论稿》《拉卜楞寺简史》《拉卜楞史话》《嘉木样呼图克图世系》《拉卜楞寺活佛世系》《拉卜楞寺的社会政教关系》等专著出版，引起藏学界的关注。还先后完成了《藏传佛教五部大论概说》《藏传佛教僧侣与寺院文化》《藏传佛教宇宙学通论》《菩提道次第广论疑难明解》《卓尼藏传佛教历史文化》等研究课题。（PLJ）

甘肃省教育科学研究所 甘肃省教育科学研究所成立于1984年,是甘肃省教育厅直属事业单位,加挂甘肃省基础教育教学研究室、甘肃省中小学心理健康指导中心、甘肃省基础教育质量监测中心,是全省基础教育教学业务管理、教育教学研究和指导学科教学工作的专业职能部门并负责甘肃省教育学会、甘肃省教育科学规划领导小组办公室的日常管理工作。全所现有在职人员49人,研究人员中本科以上41人,中学高级教师24人。另外还聘请了一批所外学者、专家、优秀教师为兼职研究员。研究所内设基础教育教学研究室、基础教育质量监测室、德育研究室、教育发展研究室、国际交流与合作研究室、网络与信息技术中心、教育史志与期刊编辑部、办公室和财务室。教育科学研究所创建以来,始终紧紧围绕全省基础教育改革与发展的突出问题,进行教育研究和理论探讨,积极协调全省各级教研力量,侧重于教育科学应用研究、学科教学业务管理及教育科研宏观指导。多年来,全所教育科研项目坚持纵横发展、重点突破的原则,取得了显著的成效。集体、个人承担的国家及省级教育科研课题50余项,其中国家重点课题"特贫困农村地区教育发展研究"等一批重大研究课题取得了突破性进展,并通过国家级鉴定。认真组织了以提高教师的教育教学水平和能力为重点的各类教研活动,进行了学科优质课竞赛、优秀论文、优秀教案评比,以及各类学术报告会、专题讲座等活动,培养锻炼了一批教学教研骨干,提升了基础教育教学的学术品位。教学科研成果连年上升。据不完全统计,建所以来全所人员共出版专著30多部,在省级以上刊物上发表学术论文1000余篇,获得省级以上奖励的研究成果100余项。(PLJ)

(五)高等院校

中共甘肃省委党校 中共甘肃省委党校位于兰州市安宁区北滨河西路。其前身是1949年10月成立的西北人民革命大学兰州分校。1952年11月,中共甘肃省委党校正式成立。截至2014年年底,全校共设置处级机构26个,其中,教学、科研机构12个,行政管理、党务群团和后勤服务机构14个。学校拥有一批在全省乃至全国党校系统具有一定影响的教学名师、科研名家。有教授38名,副教授82名,其中有享受国务院特殊津贴专家3人,甘肃省优秀专家3人,全国宣传文化系统拔尖创新人才、甘肃省宣传文化系统拔尖创新人才1人,甘肃省领军人才5人,"555"创新人才工程第二层次人选6人,陇原创新人才扶持计划人选、"西部之光"访问学者7人。教学方面以"理论基础""世界眼光""战略思维""党性修养"为主要内容的教学布局,不断充实和创新教学内容,初步形成了以领导干部培训为主、研究生教育并重、社会培训为主要组成部分的多形式、多层次、开放式的教学格局。科研方面,始终坚持"项目带动、内涵发展、形成特色、多出精品"的科研工作指导思想,实施项目带动战略、科研精品战略,国家科研项目立项数连续多年在全省大专院校、科研院所名列前茅。有的成果被中央领导参阅,有的被省上领导批示,有的被市县和实际工作部门采用。连续4届蝉联全国党校系统优秀科研组织奖,获高层次科研奖项的成果逐年增加,甘肃省第十三次社会科学优秀成果奖中,有20项成果获奖,获奖质量、数量均创历史新高。多年来,在《人民日报》《光明日报》《学习时报》发表文章数量居省级党校前列。办有《甘肃党校报》《甘肃理论学刊》《中共甘肃省委党校研究报告》《甘肃省情》《报告选》《教学参考》《党校教育动态》等1报6刊。(PLJ)

兰州大学 兰州大学位于兰州市城关区,共有6个校区,是国家教育部直属的全国重点综合性大学,也是国家"985工程"和"211工程"重点建设高校之一。其前身是清末新政期间设立的甘肃法政学堂,创建于1909年,是甘肃近代高等教育开端之标志,开启了西北高等教育的先河。1928年,扩建为兰州中山大学。1945年,定名为国立兰州大学。2002年,甘肃省草原生态研究所并入。2004年,兰州医学院并入。学校占地面积约2.5平方千米,建有6个校区,有2所附属医院、1所口腔医院。截至2014年年底,学校有在职教职工4123人,有专任教师2025人。其中有教授等正高级职称468人、副教授等副高级职称986人;有研究生导师1373人;有两院院士9人;有千人计划引进9人,教育部"长江学者"特聘教授13人;有国家杰出青年基金获得者23人,国家百千万人才工程入选者12人;有国家级教学名师4人;有国务院学位委员会学科评议组成员10人;有青年千人计划2人,青年拔尖人才计划4人,国家级有突出贡献的中青年专家10人,国家优秀青年科学基金获得者16人,教育部新世纪(跨世纪)人才129人,甘肃省教学名师21人,甘肃省领军人才92人;有国家基金委创新研究群体4个,教育部"长江学者"创新团队8个,高等学校学科创新引智基地7个,国家级教学团队5个。学校学科门类齐全,学科特色鲜明,涵盖了12个学科门类。有8个国家重点学科,2个国家重点培育学科,32个省级重点学科,6个省级重点培育学科。有2个国家重点实验室,6个教育部重点实验室,1个农业部重点开放实验室,2个教育部人文社会科学重点研究基地,14个甘肃省重点实验室(含培育基地),4个教育部工程研究中心,2个甘肃省工程技术研究中心,1个国家自然科学基金委中德研究中心。学校科学研究素以基础研究见长,同时广泛开展应用研究。近年来,学校坚持贴近国家目标,立足西北特色,大力扶植新的学科增长点,承担国家重大项目和服务地方经济社会发展的能力均大幅提高。已先后获得国家、部委和省级科技成果奖600余项,编辑出版各种专著、教材、译著1000余部,2014年收录SCI论文1490篇,据SCI统计,兰州大学是中国在国际学术刊物上引用率较高的大学之一。(PLJ)

西北师范大学 西北师范大学位于兰州市安宁区安宁东路，是甘肃省人民政府和教育部共同建设的重点大学、国家重点支持的西部地区14所大学之一。其前身为国立北平师范大学，发端于1902年建立的京师大学堂师范馆。于1937年"七七"事变后，国立北平师范大学与同时西迁的国立北平大学、北洋工学院共同组成西北联合大学，国立北平师范大学整体改组为西北联合大学下设的教育学院，后改为师范学院。1939年，西北联合大学师范学院独立设置，改称国立西北师范学院。1941年，迁往兰州。1958年，学校划归甘肃省领导，改称甘肃师范大学。1981年，复名为西北师范学院。1985年，教育部依托学校设立西北少数民族师资培训中心，实行"两块牌子、一套班子"的管理体制。1987年，国务院在学校建立藏族师资培训中心。1988年，更名为西北师范大学。截至2014年年底，学校设27个二级学院，1个独立学院，3个孔子学院，有国家级人文社会科学重点研究基地1个，国家级研究院1个，国家级教学团队2个，教育部重点实验室1个，教育部创新团队2个，教育部研究中心2个。有双聘院士4人，"长江学者"特聘教授2人，国家级教学名师1人，全国先进工作者2人，全国优秀教师1人，国家有突出贡献中青年专家4人，国家百千万人才工程入选者5人，享受国务院特殊津贴人员49人，教育部"高校青年教师奖"获得者3人，入选教育部"新世纪优秀人才支持计划"14人。学校历来重视"产学研"结合，近年来，社会科学在中国古代文学、西北历史与地理、课程与教学论、民族教育、古籍整理、敦煌学等学科领域的研究优势突出、特色鲜明；自然科学在高分子化学与物理、基础数学、原子与分子物理、教育技术等领域研究深入，基础理论研究成果被SCIE收录论文数量和质量稳步提高，收录论文数量居全国师范大学10位左右，化学学科进入ESI全球排名前1%。学校获得了一批高级别的科研奖励，共获省部级以上奖励560余项，其中全国"五个一工程"奖1项，教育部人文社会科学研究优秀成果奖8项，全国教育科学研究优秀成果奖5项，国家科学技术进步奖三等奖2项，教育部高等学校科学研究优秀成果奖（科学技术）二等奖1项。（PLJ）

兰州交通大学 兰州交通大学位于兰州市安宁区安宁西路。学校创建于1958年，由唐山铁道学院（现西南交通大学）和北京铁道学院（现北京交通大学）部分系科成建制迁至兰州后组建，取名为兰州铁道学院，学校隶属铁道部。2000年，学校被划归甘肃省管理。2003年4月，更名为兰州交通大学。截至2014年年底，学校有4个博士后科研流动站，5个博士学位授权一级学科，23个硕士学位授权一级学科，65个本科专业；有2个国家级工程技术研究中心，15个省部级重点实验室，14个省部级工程研究中心，19个省级重点学科。桥梁与隧道工程、交通信息工程及控制、环境工程、市政工程、交通运输规划与管理、车辆工程等学科在国内高校具有较强实力。有教职工2239人，其中专任教师1569人，教授、副教授828人；有全日制学生29694人，其中本科生22505人，硕士研究生3560人，博士研究生282人，留学生252人。学校是甘肃省专业技术人员继续教育基地、铁道部继续教育西北基地、教育部来华留学示范基地、西北地区小语种培训基地，是中国人民解放军后备军官选拔培养院校之一。（PLJ）

兰州理工大学 兰州理工大学位于兰州市七里河区，是国家"中西部高等教育振兴计划"重点建设高校。其前身是1919年建立的甘肃省立工艺学校，1958年，定名为甘肃工业大学，1965年，学校划归第一机械工业部领导，1998年，划归甘肃省管理，2003年，更名为兰州理工大学。截至2014年年底，学校设有20个学院、1个教学研究部，设有研究生院、温州研究生分院。学校有与中国科学院、中国工程院共享院士3人，国家百千万人才工程入选者2人，柔性引进"长江学者"特聘教授1人、国家杰出青年基金获得者2人、中国科学院"百人计划"入选者3人、中组部青年千人计划入选者2人；博士生导师116人，教授、副教授等副高级以上职称881人；有"全国先进工作者""全国师德标兵""全国优秀教师"1人，省级"教学名师"8人；有"长江学者和创新团队发展计划"创新团队2个、国家级科技创新平台4个、省部级科研机构34个。该学校是我国首批学士、硕士学位授权高校，是甘肃省第一所具有工学博士学位授予权、第一所设置工学博士后科研流动站的高校。经过90多年的建设与发展，学校已成为一所工科实力比较雄厚、理科水平不断提高、文科具有一定特色的多学科协调发展的理工科大学，学科涵盖了工学、理学、管理学、文学、法学、教育学、医学、艺术学、经济学9个门类。学校大力推进"学研产"深度融合，主动服务国家和区域经济社会发展，在有色金属新材料及先进加工、高端装备及数控加工设备、新能源技术及装备、石油化工流程装备、工业控制及信息技术、土木工程及防灾减灾等研究方向形成了鲜明特色。（PLJ）

甘肃农业大学 甘肃农业大学位于兰州市安宁区营门村。其前身为创建于1946年10月的国立兽医学院，1950年改名为西北兽医学院，1951年改名为西北畜牧兽医学院，1958年与筹建中的甘肃农学院合并，在甘肃威武黄羊镇成立甘肃农业大学，1981年迁回兰州市办学。截至2014年年底，学校设有19个学院（教学部），55个本科专业，拥有动物医学等5个国家级特色专业；有1个国家级重点学科（草业科学）、1个农业部重点学科和13个省级重点学科；有5个博士后科研流动站、6个一级学科博士学位授权点、26个二级学科博士学位授权点；有14个一级学科硕士学位授权点、66个二级学科硕士学位授权点、5个专业学位授权类别（15个授权领域）；有国家重点实验室培育基地1个、国家级实验教学示范中心1个、省级实验教学示范中心6个、省部共建和省级重点实验室（工程中心）30个。学校有国务院学位委员会学科评议组成员3人，国家百千万人才工程一、二层次入选者4人,"国家杰出专业人才"入选者1人,教育部"新世纪优秀人才支持计划"入选者2人,农业部"全国农业科技推广标兵"入选者1人;有"甘肃省科技功臣""陇人骄子"各1人,甘肃省特聘科技专家4人、领军人才30人。"十二五"以来,全校共承担各类科研项目1300多项,到位总经费达3.08亿元,有146项研究成果获奖,其中省部级奖70项,授权专利349项;出版专著184部,在国内外学术刊物上发表论文4900多篇,其中SCI收录论文380余篇。目前,全校承担国家"863""973"计划、国家科技支撑计划、国家自然(社会)科学基金等项目780多项,在草业科学、动植物育种、旱作农业、设施农业、循环农业、节水农业、动物健康养殖、生物技术、农产品加工等方面取得了一批重大的研究成果。(PLJ)

西北民族大学 西北民族大学位于兰州市,目前有西北新村、榆中2个校区。其前身是1949年9月中国人民解放军第一野战军在兰州开办的藏民问题研究班和藏民学校。1950年8月,西北民族学院正式建立,是中华人民共和国成立后创办的第一所民族高等学校,是国家民族事务委员会直属的综合性普通高等学校,2003年4月,更名为西北民族大学。截至2014年年底,学校有中国少数民族语言文学博士学位授权点、13个一级学科硕士学位授权点、7个专业硕士学位类别、71个本科专业。有教职工1922人,其中专任教师1251人,正高级职称人员302人,副高级职称人员655人,博士生导师24人,硕士生导师349人,有"国家百千万人才工程"国家级入选1人;被评为全国优秀教师2人;被评为全国教育系统先进工作者1人;被评为国家民委突出贡献专家7人;有享受国务院政府特殊津贴专家24人;有教育部"新世纪优秀人才支持计划"入选者6人。学校有19个省部级重点学科,有3个甘肃省人文社会科学重点研究基地(西北少数民族文学研究中心、西北少数民族宗教研究中心、西北民族问题研究中心),1个省级哲学社会科学重大研究基地(民族地区经济社会发展研究中心),2个国家民委人文社科重点研究基地(西北民族文献研究基地、西北民族非物质文化遗产保护研究中心),1个教育部民族教育研究发展中心重点研究基地(西北民族教育重点研究基地)。2001年以来,学校承担各类科研项目1880项,其中国家科技支撑项目5项,"863"项目2项,国家自然科学基金项目101项,国家社会科学基金项目143项,省部级项目506项。科研成果获得国家级奖励2项,省部级奖励422项。学校研发的"藏汉双语信息处理系统"获1999年国家科技进步二等奖,"藏文视窗平台、文字处理软件和藏文网站"获2001年国家科技进步二等奖,受到了党和国家领导人的高度评价。学校编辑出版的《法藏敦煌藏文文献》和《英藏敦煌藏文文献》出版计划,实现了我国珍贵历史文献的回归与面世。(PLJ)

兰州商学院 兰州商学院位于兰州市,有城关区段家滩、榆中县和平镇2个校区。

1952年，甘肃省人民政府行政干部学校成立，1958年，升格为甘肃财经学院。1981年，兰州商学院正式建立，先后隶属原国家商业部、国内贸易部领导。1998年，实行中央与地方共建、学校划归甘肃省领导。截至2014年年底，学校设有会计、金融、统计、工商管理、经济、国际经济与贸易、信息工程、财税与公共管理、法学、马克思主义、商务传媒、外语、艺术、农林经济管理、国际教育、继续教育16个学院以及体育教学部、MBA教育中心、经济管理实验教学中心3个教学部（中心）；有应用经济学、统计学、理论经济学、工商管理、管理科学与工程5个一级学科硕士点，工商管理（MBA）、会计、金融等9个硕士专业学位授权点，56个本科专业；有省级人文社科重点研究基地3个、省级2011协同创新中心1个、省级重点实验室1个，有丝绸之路经济研究院、高等教育发展研究与评估中心、经济研究所、敦煌商业文化研究所、理财规划发展研究中心、西部经济开发研究中心、注册会计师培训中心、法商研究所等16个校级科研机构。有教职工1300余人，其中专任教师1007人，具备教授、副教授职称的教师681人，专任教师中享受国务院特殊津贴专家、省部级优秀专家、教育部新世纪优秀人才支持计划入选者、甘肃省领军人才、甘肃省"333""555"人才工程入选者、甘肃省学科带头人、甘肃省高等学校教学名师等高层次人才90余人（次）。学校坚持以地方经济社会发展和行业需求为导向，形成了强化商科优势、注重交叉融合、力行商务实践的人才培养模式。学校依托经济管理类学科和人才优势，形成了以政府决策咨询、现代商贸流通、文化产业发展、地方法制建设为主的特色研究方向和融入发展、智力支撑、协同创新的服务路径，为甘肃乃至西北地区经济社会发展做出了积极贡献。近年来，学校共承担国家级、省部级科研项目192项，其中国家级科研项目28项、教育部人文社科项目22项、甘肃省社科规划重大招标项目9项；获得国家专利7项；在国内外核心学术期刊上发表论文1071篇，出版专著、教材190部。获得省部级科研成果奖励61项，其中全国统计科学优秀成果奖一等奖1项、省级人文社科优秀成果奖一等奖1项、甘肃省敦煌文艺一等奖1项。（PLJ）

甘肃中医学院 甘肃中医学院位于兰州市城关区定西东路，成立于1978年。截至2014年底，学校本部设有20个教学机构，4个直属机构，31个科研机构。有2所直属附属医院，6所非直属附属医院，57所教学实习医院，34家教学实践基地。有21个本科专业，分属医、理、工、经、管5个学科门类，有3个国家特色专业，4个省级特色专业，5个省级教学团队。有中医学、中药学、中西医结合3个一级学科博士学位授权点和中医学博士后科研流动站；有中医学、中药学、临床医学、中西医结合4个一级学科硕士学术学位授权点，34个硕士学位培养点；有中医、临床医学、中药学、公共卫生、护理学等5个一级学科硕士专业学位授权点。学校坚持以甘肃道地药材，地方中医药文献，西部常见病、疑难病的中医药防治，名老中医经验传承等研究为重点，建有17个省部级重点学科，9个省医疗卫生重点学科，19门省级精品课程，总面积约2200平方米的科研实验中心。有1个教育部重点实验室，3个国家中医药管理局中医药科研三级实验室，4个甘肃省重点实验室，2个甘肃省高校省级重点实验室，2个甘肃省高校人文社科重点研究基地；"甘肃省中药现代化工程技术研究中心""兰州中药现代化工程技术研究开发中心"，"西北中藏药协同创新中心"为甘肃省首批"2011协同创新中心"。学校有教职工及医护人员2847人，其中专任教师629人，国医大师1人，全国名中医1人。学校有双聘院士3人，博士研究生导师32人，硕士研究生导师325人，14人享受国务院特殊津贴，2人被评为"卫生部突出贡献专家"，3人被评为"全国优秀教师"，16人被选拔为甘肃省领军人才。近年来，先后承担国家、省部级和其他科研课题2100余项，鉴定省级以上科技成果400余项，获厅局级以上科技进步奖200余项。主编、撰写出版各种学术著作400余部，在省级以上刊物发表科研论文6000余篇。主办《甘肃中医学院学报》《中医儿科杂志》《甘肃基层卫生》三种学术期刊。(PLJ)

兰州城市学院 兰州城市学院位于兰州市，有校本部、培黎校区、东校区三个校区。1958年6月，兰州师范高等专科学校正式建立。2006年2月，培黎石油学校和兰州师范高等专科学校合并，成立兰州城市学院。2007年8月，甘肃省幼儿师范学校整体并入。截至2014年年底，学校有教职工1183人，其中教授101人、副教授284人、博士79人、硕士597人。享受国务院特殊津贴专家4人、甘肃省领军人才4人、教育部"新世纪优秀人才支持计划"入选者2人、全国优秀教师2人、全国师德标兵1人、甘肃省优秀专家1人、省级教学名师2人。引进国内外高层次人才22人，柔性引进40多位国内外知名专家学者。学校有各类本科专业41个，涵盖工学、理学、经济学、管理学、法学、教育学、文学、历史学、艺术学9个学科门类。拥有教育部"本科教学工程"地方高校第一批本科专业综合改革试点专业1个，省级特色专业5个，省级重点学科2个，高校省级重点实验室2个，高校省级人文社会科学重点研究基地2个。设有19个二级学院和甘肃省城市发展研究院、路易·艾黎研究中心、甘肃文化翻译中心等23个研究院（所）。(PLJ)

甘肃政法学院 甘肃政法学院位于兰州市安宁区安宁西路。其前身是1956年创建的甘肃省政法干部学校。1984年，甘肃政法学院正式成立，并开办专科教育。1989年，开办本科教育。截至2014年年底，学校有教职工933人，其中专任教师608人，高级职称教师300余人，博士（含在读）125人，博士后科研流动站出站人员5人，具有硕士以上学位的教师496人，享受国务院特殊津贴专家2人，入选教育部"新世纪人才支持计划"3人，甘肃省领军人才4人，甘肃省

"555"创新人才13人,甘肃省重点学科带头人2人,省级教学名师4人,甘肃省优秀专家2人,全国优秀教师2人,兼职客座教授280人。学校有33个本科专业,涵盖了法学、经济学、管理学、文学、工学、艺术学六大学科门类,形成了以法学为主干、人文管理学科为主体、"优势突出、特色鲜明、交叉渗透、协调发展"的较为合理的学科专业体系。其中,法学、侦查学、边防管理3个专业为国家级特色专业建设点,法学、侦查学、边防管理、工商管理、刑事科学技术、社会工作和治安学7个甘肃省高等学校特色专业建设点,法学、公安学、刑事科学技术3个省级重点学科。学校建有国家级2011协同创新中心兰州基地(国家司法文明协同创新中心兰州基地)1个,国家级法学应用型人才培养模式创新实验区1个。近年来共计出版著作258部,公开发表学术论文2300篇(其中在中文社会科学引文索引(CSSCI)、科学引文索引(SCI)发表或被检索收录152篇);获得省部级科研奖励29项,省高校社科成果奖52项;获各级各类科研项目342项,其中国家社科基金项目36项,国家自然科学基金项目8项,省部级项目147项。2013年,学校教师的科研成果获得第六届中国高校人文社会科学研究优秀成果三等奖。(PLJ)

兰州文理学院 兰州文理学院位于兰州市城关区。其前身分别为创办于1950年的甘肃教育学院和创办于1985年的甘肃联合大学。2001年7月,两校合并组建新的甘肃联合大学。于2013年4月,更名为兰州文理学院。截至2014年年底,学校设有文学院、新闻传播学院、旅游学院、经济管理学院、社会管理学院(马克思主义学院)、数字媒体学院、电子信息工程学院、化工学院、师范学院、外语学院、美术学院、音乐舞蹈学院、社会体育学院、继续教育学院、艺术中专部(甘肃省艺术学校)共15个教学单位。开设了汉语言文学、旅游管理、新闻学、广播电视学、数字媒体技术、电子信息工程、广播电视工程、艺术设计、环境设计、视觉传达设计、音乐表演、数学与应用数学、应用化学、财务管理、学前教育15个本科专业、45个专科专业,构建了以文化、旅游、传媒、艺术为统领的相互支撑的学科专业体系。学校有甘肃省动漫工程技术研究中心、戏曲人才培养与舞台剧目开发协同创新中心、西北民族文化与旅游发展研究中心3个省级科研平台。建成115个校内实验室、11个实验教学中心、148个校外实习实训基地,其中兰州立体影视制作中心是西北首家从事2D转3D的影视制作基地,已成功孵化出兰州第一家数字影视制作专业公司。近年来,教师承担国家、省厅级科研教改课题近250项;出版专著(教材)240余部;发表学术论文1940余篇;荣获各类教学及科研成果奖190余项。学校成为中国人工智能学会传媒委员会、全国出版专业教学指导委员会、兰州市旅游协会、兰州视觉艺术设计协会等行业的理事单位,获得国家级旅游规划丙级资质。(PLJ)

兰州工业学院 兰州工业学院位于兰州市七里河区龚家坪东路。其前身是由新西兰国际友人路易·艾黎于1942年建立的培黎工艺学校。1958年，改建为甘肃省机械制造学校，举办中等专业教育。1962年，与其他5所中专合并组建甘肃省工业学校。1974年，更名为兰州工业学校。1989年，升格为兰州工业高等专科学校。2012年，升格为本科院校，更名为兰州工业学院。截至2014年年底，学校有教职工646人，其中专任教师529人，高级职称教师264人。教师中有国家教学名师1人，国家教学团队1支，省级教学名师5人，省级教学团队3支，省领军人才1名，省"园丁奖"获得者11名。学校设有机电工程学院、电气工程学院、土木工程学院、软件工程学院、电子信息工程学院、材料工程学院、汽车工程学院、经济管理学院、艺术设计学院、人文社会科学（马克思主义）学院、外国语学院、基础学科部、体育部、工程训练中心、继续教育学院15个教学单位，先后获国家级教学成果二等奖1项，省级教学成果一等奖2项、二等奖9项。学校积极开展科学研究，努力提高学术研究水平。获各类课题立项275项，其中国家自然科学基金项目8项，国家社科基金项目1项，省部级科技项目立项51项。获甘肃省科技进步奖、省社会科学优秀成果奖、省高校科技进步奖、省高校社会科学成果奖等奖励87项，其中，甘肃省科技进步奖7项。取得专利45项。学校教师先后发表学术论文3200多篇，其中被SCI、EI、ISTP收录231篇。（PLJ）

天水师范学院 天水师范学院位于天水市秦州区。1959年，天水师范高等专科学校正式建立。于2000年升格为本科院校，更名为天水师范学院。截至2014年年底，学校设有17个二级学院，3个教辅单位，64个教学系（部），12个校属科研机构，20个院属科研机构，3个甘肃省高校人文社会科学重点研究基地，2个甘肃省高校省级重点实验室，1个省级工程技术研究中心，2个省级实验教学示范中心。学校有教职工910人，其中专任教师686人，教授（含研究员）95人，副教授249人。有全国优秀教师3名，全国先进工作者1名，享受国务院特殊津贴专家3名，教育部新世纪优秀人才扶持计划入选者2名，甘肃省领军人才4名，甘肃省"飞天学者"特聘教授1名。学校有专门史、文艺学2个省级重点建设学科，微生物学1个省级重点培育学科；有中国现当代文学等6个校级重点学科方向，无机质文物保护等10个校级重点培育方向。有1个教育硕士专业学位授权点（14个学科领域招生方向），53个本科专业（其中有国家级特色专业2个，省级特色专业6个）；省级教学团队4个；省级精品课程21门。近年来，学校共获得各类科研项目500余项，其中，国家级项目73项，省（部）级项目115项；先后有400余项科研成果获奖，其中获省（部）级奖励近80项；出版专著、教材476部，在国内外学术刊物上发表科研论文8000余篇，其中，在SCI、EI源刊物发表论文350余篇，CSSCI源刊物发表论文500余篇。主办的学术刊物《天水师范学院学报》先后多次荣获"全国优秀社科学报"称号，"陇右文化研究"栏目多次荣获"全国

社科学报优秀栏目"称号。(PLJ)

陇东学院 陇东学院位于庆阳市西峰区。其前身是于1939年成立的国立庆阳师范学校。1978年,庆阳师范高等专科学校正式成立。2001年,庆阳地区农业科学研究所和庆阳地区农业学校整体并入。2003年,升格为本科院校,更名为陇东学院。2012年,庆阳卫校整体并入。截至2014年年底,学校有教职工1073人,其中专任教师794人,教授、副教授288人,具有博士、硕士学位的教师498人。学校设文学、历史与地理、外国语、教育、政法、经济管理、数学与统计、生命科学与技术、农林科技、音乐、美术、体育、电气工程、化学化工、信息工程、土木工程、能源工程、机械工程、岐伯医学院19个二级学院,57个本科专业,面向全国24个省市区招生。学校有1个国家级特色专业,1个国家级理科实践教育基地,5个省级特色专业,4个省级教学团队,4个省级教学示范中心,18门省级精品课程。有1个省级重点学科,1个省级重点培育学科,2个省高校重点实验室,2个省高校人文社科重点研究基地,1个省级人文社科重点研究基地。学校与庆阳市共建4个工程技术研究中心。组建了2个协同创新中心。学校与美国北亚利桑那大学、意大利图西亚大学等17所院校建立了校际合作交流关系。(PLJ)

河西学院 河西学院位于张掖市甘州区环城北路。其前身是1941年创建的甘肃省立张掖师范学校。1959年,更名为张掖师范专科学校。1992年10月,更名为张掖师范高等专科学校。2000年9月,张掖农校和张掖职业中专并入。2001年5月,升格为本科院校,更名为河西学院。2014年3月,张掖医学高等专科学校、张掖市人民医院并入。截至2014年年底,学校设有18个二级学院、51个本科专业,涉及文、理、农、医、教育、管理、艺术等12个学科门类。其中有国家级特色专业1个,省级特色专业8个,省级重点学科3个;有博士后工作站1个;有省级教学团队5个、省级精品资源共享课2门、省级精品课程18门,校级精品课程78门。学校有教职工2480人,其中专任教师980人,有教授128人(含主任医师)、副教授422人(含副主任医师);享受国务院特殊津贴专家6人,省级优秀专家14人,省级教学名师5人,甘肃省"333""555"创新人才工程学术带头人9人,甘肃省领军人才3人。学校重视科研平台和智库建设,努力提高服务地方经济社会发展的能力。有20个研究院(所、中心),已建成甘肃省应用真菌工程实验室、甘肃省微藻工程技术中心、河西史地与文化社科重点研究基地等10余个省级以上科研服务平台;与复旦大学共建"复旦—甘肃丝绸之路经济带协同发展研究院",与陕西师范大学共建"丝绸之路经济带河西走廊智库"。近年来,先后承担或完成国家自然科学基金和社会科学基金项目37项,国家部委项目13项,省市科研项目145项;出版著作和教材220部,发表论文2430篇,其中发表在SCI、SCIE来源期刊上的论文200多篇,70多项成果获省市科技进步奖、社科成果奖,

获得45项发明专利。(PLJ)

甘肃民族师范学院 甘肃民族师范学院位于甘南藏族自治州合作市知合玛路,是甘肃省唯一一所省属民族师范院校。1984年10月,合作民族师范高等专科学校建立。2009年3月,升格为本科院校,更名为甘肃民族师范学院。2013年5月,确定为国家民委与甘肃省人民政府共建学校。截至2014年年底,学校有教职工682人,其中专任教师499人,正教授52人,副教授140人。副高级以上职称教师占专任教师总数的38%,硕士以上学位教师占专任教师总数的66%。享受国务院特殊津贴专家2人,全国模范教师1人,省级教学名师1人,甘肃省领军人才2人,甘肃省"555"人才工程1人,甘肃省"园丁奖"12人,甘肃省普通高等学校青年教师成才奖13人,全省宣传文化系统"四个一批"人才培养工程2人。学校设有16个教学院系(部),25个本科专业,15个专业方向,涵盖教育学、理学、文学、法学、历史学、艺术学等学科门类。建有1个国家级特色专业建设点,4个省级特色专业,2个省级教学团队,省级精品课程8门,获省级教学成果奖18项。建有2个国家民委重点建设学科,2个省级重点学科,1个省级重点实验室和2个省级重点研究培育基地。有甘肃省藏文古籍文献编译中心、中国藏学研究中心《中华大典·藏文卷》编纂工作站、安多藏文化研究中心、河洮岷文化研究中心、西北少数民族教育研究中心、高寒生态系统研究所等14个研究机构。升本以来,学校教师发表论文1537篇,其中在SCI、EI、CSSCI发表82篇;授权专利49项;出版专(译)著百余部,教材近百部;承担科研项目275项,其中国家及部委项目15项、省级项目57项、横向项目14项;获省级以上奖励36项。(PLJ)

甘肃广播电视大学 甘肃广播电视大学位于兰州市城关区南滨河东路,是一所采用计算机网络、卫星电视等现代传媒技术,运用印刷教材、音像教材、多媒体课件、网络课程等多种媒体,面向全省开展远程开放教育的省属新型高等学校。1979年1月,学校正式成立。2013年6月,成立了国家开放大学(甘肃)、国家数字化学习资源中心甘肃中心、国家开放大学学习成果认证中心(甘肃)。目前,实行省校、分校、工作站三级办学模式,有1所省级电大、17所市州及企业分校、11个直属工作站、104个县级工作站(教学点),开设67个本、专科专业,已形成学历继续教育与非学历继续教育并重、开放教育与职业教育协调发展的办学格局。全省系统共有教职工3553人,多年来累计培养各类毕业生42万余人,培训各类人员200多万人次。(PLJ)

宁夏卷

一 物质文化资源

（一）地理文化资源

1. 自然保护区

贺兰山国家级自然保护区 贺兰山国家级自然保护区位于银川平原的西北部，地跨银川市、石嘴山市二市六县（区），面积1935.36平方千米，占宁夏总面积的3.74%，是宁夏最大的自然保护区。以山脊为界，与西侧内蒙古贺兰山国家级自然保护区毗邻。主要保护对象为干旱风沙区森林生态系统及珍稀动植物资源。保护区地处蒙古高原、黄土高原与青藏高原的交界地带，地跨温带草原与温带荒漠两大植被区域的交接处，地理位置独特，是我国中温带半干旱—干旱地区山地生态系统的典型代表。区内地形组合复杂，气候、植被、土壤垂直分布明显，生物物种比较丰富。有高等植物655种，其中国家保护植物6种。陆栖脊椎动物135种，其中国家重点保护动物16种。该自然保护区不仅具有重要的生态区位和特殊的保护价值，同时，它复杂的生物多样性及其所处地理位置的独特性，对于研究半干旱地区植被发展、演替及恢复生态系统的良性循环有重要价值。1982年经宁夏回族自治区人民政府批准建立，1988年被批准为国家级自然保护区。（WYX）

六盘山国家级自然保护区 六盘山国家级自然保护区横跨宁夏泾源、固原、隆德三县，东、南分别与甘肃省平凉、华亭、庄浪三县（市）接壤。南北长110千米，东西宽5～12千米不等，总面积678平方千米，森林覆盖率达到72.8%。保护区内有华山松、桦、椴、辽东栎、桃儿七、黄芪等788种高等植物；有金钱豹、林麝、金雕、红腹锦鸡等213种脊椎动物；有金斑蝠蛾、丝带粉蝶等905种昆虫资源。区内年平均降水量为680毫米，有65条四季长流的河流，是泾河、清水河、葫芦河的发源地，被誉为黄土高原上的"绿岛"和生物资源的"基因库"，是引种孵化、森林生态、环境保护、中草药等林业科学和自然科学研究的天然实验室，也是我国西部黄土高原上的重要水源涵养林地和国家森林公园。该自然保护区始建于1982年，

1988年被批准为森林生态和野生动物类型的国家级自然保护区。（WYX）

沙坡头国家级自然保护区 沙坡头自然保护区位于中卫市城西腾格里沙漠的东南缘，东起二道沙沟南护林房，西至头道墩，北接腾格里沙漠，总面积137.22平方千米，是我国最早建立的7个荒漠生态类型的自然保护区之一。主要保护对象为典型的温带沙漠自然生态系统及其生态演替，特有稀有野生沙地动、植物及其生存繁衍的生态环境和以防护林工程为主体的人工生态系统及其治沙科研成果，以及区内各名胜古迹和历史遗迹。保护区内共有种子植物440种，其中国家重点保护植物有裸果木、沙冬青、胡杨3种；有脊椎动物216种，国家一级保护野生动物有黑鹳、金雕、玉带海雕、白尾海雕和大鸨5种；有昆虫种类677种，土壤微生物有藻类、细菌和真菌3个类群29种。自然保护区自古文教兴盛，素有"塞上江南"的美誉，以"大漠孤烟直，长河落日圆"和沙坡鸣钟的独特自然景观驰名全国，更以草方格工程的治沙成果享誉中外。经过多年的努力，保护区现已成为科研、教学、科普示范及生态旅游的良好基地。1994年被批准为国家级自然保护区。（WYX）

灵武白芨滩国家级自然保护区 灵武白芨滩国家级自然保护区位于毛乌素沙地边缘，灵武市境内引黄灌区东部的荒漠区域，属荒漠类型生态系统自然保护区。保护区南北长61千米，东西宽21千米，总面积748平方千米。主要保护对象是以柠条为主的天然灌木林生态系统和以猫头刺为主的小灌木荒漠生态系统。保护区动植物资源比较丰富，类型多样，分布着中国面积最大、防沙治沙效果最好的180平方千米天然柠条林和200平方千米猫头刺植物群落。野生植物53科170属306种，有国家一级保护植物发菜，二级保护植物沙芦苇，珍稀濒危植物沙冬青等旱生沙生植物。野生动物23目47科115种，占宁夏野生动物种数的43.3%。白芨滩自然保护区是中国建立较早的荒漠类型保护区，是一个生态动植物的保护王国。除此之外，保护区在保护黄河，维护河东机场的安全，和铁路、公路不被沙埋等方面起着重要的作用，而且对宁夏平原几千平方千米良田和首府银川市生态环境的改善也有很大保护作用。2000年被批准为国家级自然保护区。（WYX）

哈巴湖国家级自然保护区 哈巴湖国家级自然保护区位于宁夏盐池县中北部，处于陕西、甘肃、宁夏、内蒙古四省区交界，总面积840平方千米，是湿地生态系统类型的自然保护区。区内有野生维管束植物315种，分属于54科169属，其中国家重点保护植物有麻黄、甘草、沙冬青、沙棘、沙芦草等6种，中草药资源极为丰富，是驰名中外的"甘草之乡"。有脊椎动物25目50科140种和44个亚种，其中国家一级保护动物有白尾海雕、大鸨、小鸨、黑鹳4种，国家二级保护动物有荒漠猫、兔狲、鹅喉羚、大天鹅、白琵鹭、蓑羽鹤等18种，有重要研究价值的陆生野生动物65种。保护区在维持生物多样性、半干旱荒漠草原生态系统稳定性，保护重要的物种种质资源,防风固沙、保持水土、涵养水源、调节气候等方面有着重要作用。2006年被批准为国家级自然保护区。(WYX)

西吉火石寨自然保护区 西吉火石寨丹霞地貌自然保护区位于西吉县火石寨乡境内,始建于2002年,总面积97.95平方千米,是一个以保护黄土高原丹霞地貌地质遗迹为主的自然遗迹类自然保护区,主要保护对象是黄土高原独特的丹霞地貌及自然人文景观。保护区内的丹霞地貌地质遗迹从总体上看具有"大、多、长、密、厚"的特征,从单体景观上看,具有"雄、奇、秀、险、幽、奥"等特点。该保护区内除独特典型的丹霞地貌地质之外,动植物资源也十分丰富,是黄土高原丹霞地貌环境下形成的山地森林草甸生态系统的基因库。火石寨丹霞地貌自然保护区以其典型的丹霞地貌著称,是我国迄今发现的海拔最高、北方规模最大的丹霞地貌群,是古丝绸之路上规模最大的丹霞地貌景观和独特的山地森林灌丛草甸生态系统,具有典型性、稀有性和垄断性,具备国内一流地质遗迹资源的水平,是森林草原带生态系统的"编年史"。区内有高等植物216种,单种、单属科属较多;脊椎动物类达104种,其中国家一级保护动物2种,二级保护动物7种,动植物群落类型和生态系统类型丰富,具有较高的生态保护价值。2012年被批准为国家级自然保护区。(WYX)

云雾山自然保护区 云雾山自然保护区位于宁夏南部山区的固原市,为中温带半干旱黄土丘陵低山区,面积13平方千米。海拔多在1800～1900米,顶峰2148米。年均气温6℃,年降水量350～400毫米。有种子植物181种,其中草本植物140多种,包括饲用植物110种,药用植物41种;脊椎动物80种。共有典型草原、草甸草原、荒漠草原、中生落叶阔叶灌丛和耐旱落叶灌丛5个植被亚型,11个重要群系。其中以典型草原的长芒草群系占优势,为黄土高原丛生禾草草原的代表类型。其次为百里香、铁杆蒿、茭蒿、委陵菜等。1995年公布为自治区级自然保护区,2013年被批准为国家级自然保护区。(WYX)

罗山国家级自然保护区 罗山国家级自然保护区,位于宁夏南部同心县境内,距同心县城50千米。面积为337.1平方千米,海拔2624.5米的主峰"好汉圪塔"是宁夏中部的最高峰。主要保护以青海云杉、油松为建群种的典型的森林生态系统及金雕等珍稀野生动植物和其栖息地,还有自然保护区内特有的自然景观。保护区内有高等植物资源65科170属275种,主要保护对象以青海云杉、油松为建群种的典型的森林生态系统及珍稀野生动植物及其栖息地和区内特有的自然景观。罗山国家级自然保护区不仅是宁夏仅有的三大天然林区之一,而且是宁夏中部水源涵养林和宁夏南部区域生态环境的有效屏障,始建于1982年7月1日。2002年被批准为国家级自然保护区。(WYX)

海原南华山自然保护区 海原南华山自然保护区位于宁夏南部山区西北部,距海原县城7千米,面积6.67平方千米,主要保护对象为山地森林生态系统和山地草原与草甸生态系统。该保护区位于青藏高原边缘及黄土高原周边山地物种传播廊道上的重要地段，拥有我国黄土高原森林草原地带最为典型、保存最完整的森林草原复合生态系统，生物多样性丰富。保护区内有国家一级重点保护植物发菜、二级重点保护植物短芒披碱草；国家一级重点保护动物金雕、二级重点保护动物大天鹅、鸳鸯和苍鹰等21种。南华山是宁夏中南部干旱带上重要的水源涵养基地，与贺兰山、罗山、六盘山由北向南构成了宁夏巨大的生态屏障链，在解决周边地区人畜饮水、发展农业等方面发挥着重要作用。始建于2004年，2014年被批准为国家级自然保护区。（WYX）

沙湖自然保护区 沙湖自然保护区位于银川平原以北，地处银川、石嘴山两市之间，总面积45.10平方千米。保护区主要保护对象为荒漠化区域典型的湿地类型生态系统；半荒漠化区域内生态系统及自然综合体；干旱半荒漠地区湖泊、区域内野生动植物物种。沙湖以自然景观为主体，资源蕴藏量丰富，"沙、水、苇、鸟、山"五大景源有机结合，构成独具特色的秀丽景观，是一处融江南水乡与大漠风光为一体的"塞上明珠"。1997年被批准为自治区级自然保护区。（WYX）

青铜峡水库湿地自然保护区 青铜峡水库湿地自然保护区位于青铜峡市与中宁县交界，在青铜峡市南30千米处，总面积90平方千米。保护区境内地势由西南向东北自高而低呈阶梯状分布，形成山地、低山丘陵、缓坡丘陵、洪积扇地带、黄河冲积平原和库区6个地貌类型。保护区内有脊椎动物5纲29目59科316种和亚种，隶属29目59科，其中国家一、二级重点保护动物共38种。区内共有植物49科125属210种，其中水生植被占52.3%，完全反映水库湿地生态系统特征。青铜峡水库湿地自然保护区是宁夏最大的一片生态湿地，不仅对维护生态平衡、保护生物多样性、涵养水源、补充地下水、控制土壤侵蚀、净化空气、调节气候等方面起着极其重要的作用，而且在抵御洪水、调节径流、改善环境、控制污染、消除毒物、净化水质、保护物种基因多样性、美化环境和维护区域生态平衡等方面具有其他系统不可替代的作用。2002年被批准为自治区级自然保护区。（WYX）

党家岔自然保护区 党家岔自然保护区位于西吉县西南苏堡乡境内，形成于1920年海原大地震引起的山体滑坡，保护区总面积41平方千米，水域面积2.54平方千米，占总面积的6.2%。水域由党家岔堰、苏堡堰、河滩堰及堡玉堰4个地震形成的堰塞湖及另7个小堰组成。这里栖息有大量鸟类，特别是水禽、涉禽、水生动植物、湿地生物被等。对于保护地震滑坡堵塞沟壑形成的湿地生态系统及野生动植物有着重要价值。2003年被批准为自治区级自然保护区。（WYX）

石峡沟泥盆系剖面自然保护区 石峡沟泥盆系剖面自然保护区位于中宁县境内牛首山南部的石峡沟中，核心保护范围为自石峡沟上游剖面起点向西至剖面终点。东西长1.4

千米,南北两侧各约350米,面积约45平方千米。对于保护泥盆系、第三系地质剖面及古生物群有着重要价值,属地质遗迹类型的自然保护区。始建于2004年,现为自治区级自然保护区。(WYX)

2. 风景名胜区

西夏王陵风景名胜区 西夏王陵风景名胜区位于银川平原西部,银川市西郊贺兰山东麓,总面积86.34平方千米,由滚钟口、西夏王陵、拜寺口和三关古长城四景区组成。滚钟口在西夏时期已是名胜游览地,在银川市西北35千米的贺兰山东麓。明、清以来又增建了贺兰山庙为主体的寺庙。迄今景区仍有老君堂、斗母宫、小洞天和清真寺等。拜寺口景区中的方塔和双塔,坐落在山泉清澈、风景优美的环境中,造型优美,民族文化浓郁。西夏王陵位于银川市以西约25千米的贺兰山东麓,方圆40平方千米,坐落着9座帝王陵和70多座官僚、勋戚的陪葬墓,一座座陵墓庄严肃穆,构成了我国陵园建筑中别具一格的西夏建筑形式。规模宏伟的西夏王陵古墓群为代表的西夏文物古迹是研究西夏文化历史的宝贵资源。1983年西夏王陵风景名胜区被批准为自治区级风景名胜区,1988年被批准为第二批国家级风景名胜区。(WYX)

须弥山石窟风景名胜区 须弥山石窟风景名胜区位于固原城西北55千米处,是古代丝绸之路的必经之地。这里山川重叠,树木茂盛。夏秋之际苍松挺拔,花草繁茂,景色异常秀丽,是中国西北黄土高原上少有的风景区。具有重要艺术价值的北朝、隋唐时期的须弥山大型石窟艺术造像,就开凿在"宝山"诸峰的峭壁上。它和名震中外的莫高窟、云岗石窟、龙门石窟一样,都是我国古代文化遗产瑰宝,1982年被国务院列为全国重点文物保护单位。与仅开凿在一座石崖上的国内大多数石窟迥然不同的是,须弥山石窟开凿在鸿沟相隔的8座石山上,格局奇特,而且各沟之间有梯桥相连。距今已有1500多年的历史,目前保存有132个历代石窟,较完整的有20多个,其中70个石窟有雕造佛像。须弥山有一大批规模较大的石窟造像比较完好的保存至今,在全国石窟造像中占有独特的地位,具有珍贵的史料价值和精湛的艺术价值,是研究中国石窟艺术、民族宗教历史不可多得的宝贵实物资料。2006年2月被批准为自治区级风景名胜区,2012年被批准为第八批国家级风景名胜区。(WYX)

泾河源风景名胜区 泾河源风景名胜区在宁夏南部山区泾源县境内。这里山清水秀,花草繁盛,飞瀑流泉,既有北国之雄,又具南国之秀,人称黄土高原上的"绿岛"。这里的风景名胜主要有荷花苑、老龙潭、小南山、二龙河、鬼门关、凉殿峡、沙南峡等景区和秋千架、延龄寺石窟、堡子山公园、城关清真寺等,各个景点不仅景色怡人,还流传了很多历史传说和故事,对于传承中国文化有着重要价值。1995年被批准为自治区级风景名胜区。(WYX)

3. 地质公园

西吉火石寨国家地质公园 火石寨国家地质公园位于西吉县北部的火石寨乡境内，距离西吉县城15千米。公园呈不规则形状，东西宽10千米，南北长17千米，总面积约97.95平方千米。这里经过1亿多年的地质变迁，经历了红色地层形成、造山抬升和外动力刻蚀三个阶段，形成了顶平、坡陡、麓缓为特征的特殊地貌，造型景观主要在整个山区的西北部，以石城和云台山最富特征，其规模宏大，发育典型完整，具有稀有性、自然性的美学价值。此外，园内还建有500多平方米的地质展览馆，馆内陈列有采集于园区及周边地区的岩石、动植物标本100多块，有园区内特有动物模型30多个。火石寨国家地质公园是中国北方发育最典型、分布最集中、造型最丰富、规模最大、海拔最高的丹霞地质地貌群。2004年被批准为第三批国家级地质公园。（WYX）

灵武国家地质公园 灵武国家地质公园坐落在宁夏北部灵武市境内，北依长城，与陶乐县和内蒙古鄂托克旗毗邻，占地16.6平方千米。园区包括恐龙化石遗址景区、水洞沟古文化遗址景区、长流水自然生态景区和灵武市休闲观光旅游区四部分。公园内地质遗址典型，人文景观浓厚，原生态自然景观优美，是一个集考古、科研、教育、休闲娱乐、旅游为一体的综合型旅游景区。灵武恐龙化石的发现，填补了宁夏没有恐龙化石的空白，为研究宁夏和西北地区的古地理、古气候提供了珍贵的资料。水洞沟古文化遗址向我们展现了3万年前的古人类的生活场景，让我们了解了中华民族的黄河文化，为研究人类起源和进化提供了真实的依据，遗址1988年被列为全国重点文物保护单位。2009年灵武国家地质公园以其丰富的地质遗迹资源和较高的旅游观赏价值被批准为第五批国家地质公园。（WYX）

贺兰山北武当地质公园 贺兰山北武当地质公园位于石嘴山市西部的大武口区境内，大概在贺兰山的北部，园区面积68.8平方千米。公园西南为归德沟，东边界为小梁子沟，南边包括北武当庙和森林公园，北边界自沟口向北12千米处。园内地质遗迹富集，奇石嶙峋，象形石亦真亦幻，山势陡险，气势浑厚壮观，是一个拥有典型地质历史演化过程的天然博物馆。公园自然风光既有北方大漠的粗犷，又有南方小城的秀美婉约，在我国西北地区具有一定的典型性，2006年被批准为自治区级地质公园。（WYX）

4. 矿山公园

石嘴山国家矿山公园 石嘴山市位于宁夏北部，黄河西岸，东面与南面临银川市，北面与西面与内蒙古自治区相邻，是一座新兴城市，素有"塞上煤城"美誉，石嘴山国家地质公园就坐落在这座城市。公园建设主要以惠农采煤沉陷区矿山地质环境治理为依托，以矿山开采遗留的矿山地质遗迹、矿业开采活动遗迹为核心。规划为"一园两景区",以惠农区采煤沉陷区为主园,以中华奇石山、星海湖、矸石山为分园,园区总面积52.1平方千米。石嘴山国家矿山公园有丰富的景观资源、质量优良的生态环境,是一处矿业知识的宝库、地质科普的殿堂及人与自然和谐相处的乐园。公园的建设能更好地保护和治理地质遗迹、开展科学研究、普及科学知识、促进地方经济社会可持续发展。2010年被批准为第一批国家级矿山公园。(WYX)

5. 湿地

银川国家湿地公园 银川国家湿地公园位于银川市,是我国西部地区及黄河流域第一个国家级湿地公园。园区分阅海和鸣翠湖两部分。其中之一的阅海湿地公园位于银川市金凤区西北部,距市区约3千米,总面积20平方千米,由湖泊、沼泽、草甸组成,水生植被以芦苇、蒲草为主,有植物114种、鸟类107种,湿地资源异常丰富,是银川市面积最大、原始地貌保存最完整的一块湿地。另一个鸣翠湖湿地公园位于银川市东9千米,以鸣翠湖为核心,包括鹤泉湖、东清海和孙家湖等23个湖泊和成片鱼塘,总面积约6.67平方千米。银川国家湿地公园体现了塞上江南水乡的特色,是我国西部地区鸟类迁徙的重要驿站,是干旱地区存在的典型湿地。区内有野生动物6纲23目49科153种和66个亚种,特别是水禽资源丰富,拥有湿地水鸟159种,其中有国家一级保护动物黑鹳、中华秋沙鸭等;国家二级保护动物大天鹅、小天鹅、鸳鸯、白鹤等19种。另外,区内还有维管植物54科119属192种,植物资源丰富。2005年被批准为第一批国家级湿地公园(试点),2011年被正式批准为第一批国家级湿地公园。(WYX)

宝湖国家城市湿地公园 宝湖国家城市湿地公园位于银川市金凤凤良田乡,东临唐徕渠,南接宝湖路,北到铁路,西到正源街,总面积0.96平方千米,是银川城内面积较大的自然水面,属典型的城市湖泊。芦苇茂盛,鸟类栖息,生态自然,为水禽提供了良好栖息地,也为周边建设生态型住宅提供了良好环境。宝湖内的水生植物较丰富,有漂浮生物、浮水性植物、沉水植物和挺水植物多种,其水源主要来自唐徕渠补水及地下水。据传说宝湖是银川七十二连湖中最为金贵的一个,因形似元宝和湖中有金马驹的传说而得名。宝湖国家城市湿地公园于2003年9月1日开工建设。2004年10月完成一期项目建设并正式向社会开放。2007年被批准为国家级城市湿地公园。(WYX)

石嘴山星海湖国家湿地公园 星海湖位于石嘴山市大武口区东部,总面积43平方千米,湖水面积20多平方千米。这里曾是明代古沙湖遗址,原为城市边缘的一片湿地,经过几年的抢救性治理,这里已经变成了一片碧波荡漾、鸟飞鱼跃的景象,逐渐成为集拦洪、蓄水、调节气候、生态园林景观为一体的综合型旅游景观区。特别是湿地公园的建设,标志着星海湖湿地功能的恢复,其湿地的作用得到了最大限度的发挥。公园主要由百鸟鸣、金西域、南沙海、鹤翔谷、新月海、白鹭洲六个各具特色的景点组成。景区内景色迷人，动植物资源丰富，2008年被批准为第二批国家级湿地公园（试点），2011年被正式批准为第一批国家级湿地公园。（WYX）

吴忠黄河国家湿地公园 吴忠黄河国家湿地公园位于吴忠市利通区与青铜峡交界处，呈狭长带状，总面积约28.76平方千米，是宁夏黄河干流沿岸、银川平原腹地、回乡聚居区的重要湿地，属典型的黄河及泛洪平原湿地类型，河流湿地景观与湖泊、鱼塘、稻田等景观相结合，类型多样，组合度好，旅游资源丰富，湿地景观具有典型性和代表性，具有为吴忠市提供水源、缓解旱涝、维护生物多样性、减少风沙危害、防止土地荒漠化、净化环境、调节气候、防洪滞洪等多种生态功能。吴忠黄河国家湿地公园本着"立足保护、合理利用，平衡湿地保护与城市开发，实现可持续发展"的原则，将湿地公园划分为湿地保育区、湿地生态功能展示区、湿地体验区、服务管理区四个功能区，并打造西北地区生态环境教育基地和湿地文化交流中心的品牌。同时，吴忠黄河国家湿地公园从湿地植被、景观绿化、鸟类观测、水质监测等方面努力，加快提高黄河湿地综合监测能力和黄河两侧景观绿化，不断完善公园湿地生态系统，增强湿地资源服务功能，力争建成独具吴忠特点和黄河流域湿地特色的保护示范区。2009年被国家林业局批准为第三批国家级湿地公园（试点）。（WYX）

黄沙古渡国家湿地公园 黄沙古渡国家湿地公园位于宁夏银川市东北部，紧邻黄河东岸，距银川市56千米，在银川市兴庆区月牙湖乡辖区内。湿地公园主要由黄河河流、泛洪平原湿地、水稻田及沙灌林、宜林沙地等地貌组成，面积32.43平方千米，主要由沼泽、河流、滩涂等构成，是典型的黄河滩涂湿地。园内自然景观壮美、生态类型丰富、特色鲜明，同时具有深厚的黄河历史文化。2003年初，经原陶乐县政府批准在月牙湖乡设立宁夏黄沙古渡生态建设有限公司，全面负责月牙湖湿地的保护和恢复。2005年11月，自治区政府为保护黄沙古渡月牙湖地区的生态环境，避免环境的进一步恶化，批复成立了月牙湖湿地保护管理站，2008年被宁夏回族自治区林业局批准为自治区级湿地公园，2009年经国家林业局批准成为第三批国家级湿地公园。（WYX）

青铜峡鸟岛国家湿地公园 青铜峡鸟岛属于青铜峡水库区的一部分，因其栖息许多鸟而得名。鸟岛面积50多平方千米，其中水域面积有20多平方千米，南北长10多千米，东西宽3千米。青铜峡原来并没有鸟岛，当青铜峡水利枢纽工程将黄河拦腰截断后，突然出现的宽阔水面和茂密的芦苇，吸引了很多鸟类。为了保护这些珍贵的鸟类资源，1986年，鸟岛被宁夏回族自治区确定为全区唯一的鸟类自然保护区。鸟岛上有丰富的鸟类资源，大概有160多种鸟类生活在此，其中有10余种属于国家保护的一二级鸟类，鸟最多时可以达到300多种。2011年被国家林

业局批准为第五批国家级湿地公园（试点）。（WYX）

中宁天湖国家湿地公园 环境优美的天湖湿地公园位于宁夏中部干旱半干旱地带，长山头农场境内，四面环山，南与同心县接壤，北与枸杞之乡中宁县毗邻，属黄河中上游重要支流清水河流域最大的黄河湿地区。天湖总面积达30平方千米，是宁夏南部山区原始湿地保存最完整的自然资源之一。景区内现有水面10平方千米，天然红柳林和白刺林18平方千米，芦苇等植物80多种，鸟类70多种，水生鱼虾类12种。目前，天湖生态旅游区观光旅游的项目有环湖一日游、水上娱乐、百鸟观光、红柳白刺野生动植物观赏、狩猎、垂钓、跑马、打靶等。具有较高的观赏价值、游憩和使用价值，根据国家旅游资源分类调查和评价标准，属于国家二级旅游资源，2011年被国家林业局批准为第五批国家级湿地公园（试点）。（WYX）

固原清水河国家湿地公园 固原清水河国家湿地公园位于固原市，处于固原市原州区清水河上游，北到沈家河水库大坝，南至固原市火车站，东接宝中铁路，湿地公园规划总面积为7.26平方千米。湿地类型丰富，有永久性河流、季节性河流、洪泛平原、草本沼泽、灌丛沼泽和库塘湿地。具有蓄滞洪水、涵养水源、灌溉、净化水质、维护生物多样性、调节区域气候等重要生态功能。清水河国家湿地公园地处西北黄土高原，它的建设所取得的经验，将会对黄土高原丘陵区的湿地保护利用产生深远的影响和积极的意义。为了保护利用好这一弥足珍贵的湿地，恢复湿地生态系统，2012年被国家林业局批准为第六批国家级湿地公园（试点）。（WYX）

鹤泉湖国家湿地公园 鹤泉湖位于永宁县城东北部，距银川市18千米。公园内湿地资源丰富，类型多样，湿地总面积1.8平方千米，占公园总面积的81.1%。以鹤泉湖天然湖泊沼泽湿地生态系统为核心，由黄河流域重要冲击平原的永久性淡水湖、草本沼泽、库塘、运河和水产养殖场组成的复合湿地生态系统，在我国西北干旱地区和黄河冲积平原区域具有典型性和代表性。鹤泉湖国家湿地公园秉承"保护优先、科学恢复、合理利用、持续发展"的指导思想，集湿地保护、湿地修复、湿地功能和湿地文化展示、生态教育培训、湿地科普教育、湿地科研监测和湿地生态旅游于一体，区划为湿地保护保育区、科普宣教展示区、合理利用示范区和综合管理服务区四个功能区。园内生态环境独特，地势多样，鱼鸟众多，植被丰富，有高等维管植物133种，国家二级重点保护植物1种；有野生脊椎动物119种，国家一级重点保护动物1种，国家二级重点保护动物8种。湿地公园的生物在区域内具有重要的珍稀保护价值，湿地公园在保护生物多样性方面具有重要作用。2012年被国家林业局批准为第六批国家级湿地公园（试点）。（WYX）

太阳山国家湿地公园 位于盐池、同心、红寺堡三县（区）交界处，地处毛乌素沙漠西缘。该地年降雨量不足200毫米，蒸发量超过2000毫米，出现湖泊湿地是因为这里位于是牛首山断裂带。地下裂隙岩溶水沿地断层裂隙，向地表涌出。在湿地公园的东西两翼形成20多股泉眼，汇成了约2.6平方千米水域。在相隔2000米的东侧，由地下水上涌形成的盐湖，形成了3.3平方千米的水域面积。在公园内，湖泊、滩涂、沼泽和盐田、沙漠、森林、草原和盐碱地交错分布，构成了多样化的生态系统，使太阳山温泉湿地具有荒漠草原生态系统和湿地生态系统的双重特征，孕育了丰富的野生动植物资源，拥有植物48科78属152种，拥有野生动物42科88种，鸟类资源最为丰富，共有28科59种，其中国家一级保护动物两种，国家二级保护动物8种。2012年被国家林业局批准为第六批国家级湿地公园（试点）。（WYX）

贺兰金马河湿地公园 金马河湿地位于宁夏贺兰县金贵镇通昌村黄河岸边，面积2平方千米，属于河流湿地。东隔黄河与黄沙古渡、马兰花大草原和兵沟汉墓群等旅游景区相望。这里湿地资源保护良好，是众多野生鸟类栖息、繁衍、迁徙的栖息地，沙、树、草、鸟与黄河五大景源有机结合，形成了独具特色的自然湿地景观。2008年9月11日，银川金马河湿地保护管理站正式挂牌成立。2008年被批准为自治区级湿地公园。（WYX）

中卫腾格里湿地公园 中卫市腾格里湿地公园建设项目位于我国第四大沙漠——腾格里沙漠东南缘，地处中卫市区西北部，距离市区6千米处。占地面积16.7平方千米，是中卫最大的湿地湖泊，成为继沙坡头、沙湖之后宁夏第三大沙漠旅游景区。湿地类型包括湖泊湿地，沼泽湿地，主要湖泊有高墩湖、马场湖、小湖、千岛湖、龙宫湖、荒草湖、碱碱湖等自然湖泊，以及灌丛沼泽。为了保护自然环境，恢复湿地功能，建立了腾格里湿地公园，2011年被批准为自治区级湿地公园。（WYX）

（二）文化生态保护区

六盘山花儿文化生态保护区 六盘山地区历史文化资源丰富，拥有丰富的世界非物质文化遗产"花儿"文化。文化生态保护区是指在一个特定的区域中，通过采取有效的保护措施，修复一个非物质文化遗产和与之相关的物质文化遗产。建立六盘山"花儿"文化生态保护区，是进一步挖掘、整理研究和保护宁夏的文化资源，体现宁夏地域文化特色和民族特色的要求。2011年被批准为自治区级文化生态保护区。（WYX）

（三）国家历史文化名城、名镇、名村

银川 银川，又称"凤凰城"，位于黄河上游宁夏平原中部，是宁夏回族自治区的政治、经济和文化中心。东与盐池县接壤；西依贺兰山，与内蒙古自治区阿拉善盟为邻；

南与同心县、吴忠市利通区、青铜峡市相连；北接平罗县与内蒙古自治区鄂托克旗相邻（以明长城为界），总面积9555.38平方千米。城区内多穆斯林风格建筑，以鼓楼为中心，城南有大型的清真寺和承天寺塔等著名古迹。下辖兴庆区、金凤区、西夏区、永宁县、贺兰县、灵武市，是西北地区中心城市之一。银川环境优美，历史文化悠久，多民族融合特征明显，在历史发展的过程中，逐渐构成了"雄浑贺兰、多彩银川"的城市形象，形成了"塞上湖城、西夏古都、回族之乡"的鲜明特色。1986年被国务院批准为第二批国家级历史文化名城。（WYX）

中卫市香山乡南长滩村 南长滩村位于中卫市沙坡头区香山乡，地处宁夏、甘肃两省交界处，距离中卫市区70多千米，是黄河进入宁夏流经的第一个村庄，面积195.4平方千米，因黄河黑山峡冲刷淤积形成狭长河滩地而得名。地处群山深处，几乎与世隔绝，环境十分幽静。村里共有一千多人，大多数姓拓，自称是西夏后裔，并保存有完整的族谱。据传，当年蒙古军队灭了西夏国后，西夏党项贵族拓跋一支逃难至此，隐姓埋名生存下来，是一个名副其实的世外桃源。这个神秘的小村子，拥有"三个宁夏第一"：宁夏黄河第一村、宁夏黄河第一渡、宁夏黄河第一漂。这里不仅有史前岩画、古代水车、秦代长城等旅游景观，还盛产个大质好的红枣和清热解毒的香水梨，春天上千棵百年老梨树和漫山遍野的雪白梨花，早已成了这里的标志。底蕴丰厚的文化，源远流长的历史和丰富的旅游资源，让这里闻名中外。2008年被批准为第四批国家级历史文化名村。（WYX）

（四）全国重点文物保护单位

1. 古遗址

水洞沟遗址 水洞沟遗址位于灵武市临河镇横山堡村西的边沟两岸，西距银川市60千米，遗址群总面积约5平方千米，属于旧石器时代到新石器时代遗址。此古遗址蕴藏着丰富而珍贵的史前资料，公布为国家"十一五"文物保护规划重大遗址之一，也是中国发现材料最丰富的旧石器时代晚期遗址之一，更是迄今为止我国在黄河地区唯一经过正式发掘的旧石器时代遗址。1923—2003年间考古人员共发现11个地点，出土石制品和动物化石等数万件，时代分属于旧石器时代晚期至新石器时代早、中期。除了这些点之外，遗址周围数千米范围内的地表也散布有大量的石制品和新石器时代陶片。它是中国目前最早发掘的旧石器时代遗址之一，被誉为"中国史前考古的发祥地"。1988年被公布为第三批国家级重点文物保护单位。（WYX）

开城遗址 遗址位于宁夏回族自治区固原市开城镇开城村，处在六盘山东边清水河与泾河、茹河、葫芦河的分水岭上，属于元代古城遗址。整个遗址东西宽约1千米，南北长3.5千米，包括开城、西大洼、瓦罐梁、长虫梁、黑刺沟等地点。史载，元世祖忽必烈第三子忙哥剌曾驻兵六盘山，不久皇子安西王分治秦蜀，在开城设王府，夏居开城，冬处长安。后因地震破坏，开城逐渐衰落，至明代降为县，最后被废。开城遗址是宁夏境内的一处元代大型遗址，面积大，等级高，对研究元代社会和元明时期西北地区政区沿革有较高学术价值。2001年被批准为第五批国家级重点文物保护单位。（WYX）

鸽子山遗址 鸽子山遗址位于青铜峡市瞿靖镇银辉村西15千米的鸽子山盆地东缘，在面积约15万平方米的范围内有9处遗址，属于旧石器时代文化遗址。1984年文物普查以后，陆续在此采集出大量石器和少量陶瓷片。1995年，中美联合文物考察队对鸽子山遗址进行发掘，出土了大量的石器和动物遗骨。经专家考证，是一处具有重要科学价值的旧石器时代晚期遗址，对研究人类转型期文化及生态环境和古人类的迁移等具有重大价值。该遗址文化面貌有两个特点，一是大型打制石器与细石器共存，并在较短的时段实现了形态转化；二是遗址内出土的各类石器均表现出较成熟的制作技艺。2006年被批准为第六批国家级重点文物保护单位。（WYX）

张家场古城 张家场古城位于盐池县花马池镇张家场西，距离盐池县城西北15千米。城址位于毛乌素沙漠南缘，现大半为沙石所埋。古城址为长方形，大门朝东，门东侧原有一口水井，早年已经毁坏。古城内遍布汉代绳纹砖瓦、陶器残片和生铁块，曾出土过两千多斤秦汉钱币。由此可见，此城在秦汉时是一座十分繁华的城镇。在春秋战国时期，宁夏境内居住着戎族部落，其中一支昫衍戎，就居住在今盐池境内。到了西汉，划分行政区属，在原来昫衍戎耕牧的地方设立了昫衍县，隶属于北地郡。东汉时，撤销了昫衍县行政建制，其地仍隶属于北地郡。因此，《汉书·地理志》记载："昫衍县西汉有，东汉无。"据此，张家场古城应当是西汉时期所置的昫衍县城址。2006年被确定为第六批国家级重点文物保护单位。（WYX）

灵武窑遗址 灵武窑在今宁夏北部灵武县，东距灵武县城35千米，南距瓷窑堡镇4千米，是一处鼎盛于西夏时期，历经元、明的大规模遗址。1984—1986年，宁夏考古部门对灵武磁窑堡瓷窑遗址进行了发掘，共发掘西夏窑址4座、瓷器作坊遗址9处，出土瓷器、制瓷工具、窑具等3000余件。西夏遗存有马蹄形窑炉和作坊。瓷器以生活用具为主，还烧制少量文房用具、宗教用具、工具和建筑材料。釉色以褐釉、青釉和白釉最为常见，技法有刻花、剔刻花、点彩和镂孔等，最常见器形有碗、盆、盘、壶、瓶等，其中黑釉剔刻花牡丹花扁壶、经瓶、罐等是代表性器物。此窑产品的特点表明其深受北宋定窑和磁州窑两窑系的影响。从整体上看，体现了西夏游牧民族瓷器的特点。2006年被批准为第六批全国重点文物保护单位。（WYX）

照壁山铜矿遗址 位于宁夏中卫市镇罗镇北照壁山中，由田古矿洞、冶炼遗址和居住遗址三部分组成，1987年被考古部门发现。在南北宽2000米，东西长约4000米的范围内，分布着20余座矿洞。在遗址表面，除发现汉代陶器残片及宋元瓷器残片外，还曾在矿洞内出土过白釉斜壁碗、瓷灯、汉代博山陶炉、钱币及其他陶器。照壁山的古铜矿早在春秋战国时期可能就已开采，西汉时期就已形成了较大规模的开采和冶炼，在西夏、元代亦持续开采冶炼，在我国西北地区极为少见，为进一步研究西北地区"青铜文明"的产生、发展，提供了珍贵的实物依据。2006年被批准为第六批国家级重点文物保护单位。（WYX）

菜园村遗址 菜园村遗址位于宁夏海原县西安镇菜园村，东距海原县城15千米，海拔1800米。菜园村遗址是1984年以来宁夏考古研究所在全区文物普查中陆续发现的。1987—1988年年底，中国历史博物馆考古部与宁夏考古研究所合作，在宁夏海原县菜园村周边地区，发掘（或试掘）出了马樱子梁、石沟、林子梁三处遗址；切刀把、二岭子湾、寨子梁、瓦罐嘴、林子梁西坡五处墓葬。发掘总面积为6921余平方米，出土各类完整或可辨古文化遗物约5000余件。菜园遗址的发现和挖掘，为研究宁夏以及西北地区的新石器文化，提供了不可多得的地层依据和重要的实物资料。2006年被批准为第六批国家级重点文物保护单位。（WYX）

页河子遗址 页河子遗址位于隆德县沙塘镇和平村北，东临阳洼沟，西接命儿沟，南起北原头，北至北峰渠，面积约0.75平方千米，是一处包含着仰韶文化晚期和齐家文化的遗存。仰韶文化晚期遗存陶器组合为盆、钵、罐、瓮、尖底瓶，彩陶以变体鸟纹、弧线、网格、弧线三角为主，还有陶刀、纺轮、石球、石斧、锥等。齐家文化时期房址为半地穴不规则圆角长方形，中间有灶。陶器为高领折肩罐、深腹罐、带耳罐、盆等，石器有斧、刀、凿等，骨角器有锥、卜骨、牙、蚌等。2013年被批准为第七批国家级重点文物保护单位。（WYX）

固原古城遗址 固原古城遗址位于固原市原州区城西，属于北魏到明代的文物古迹。北魏为高平镇，后改名为原州，宋筑成一个军事重镇，现存城墙修筑于明代。外城址平面为长方形，东西长1700米，南北宽1510米，有垛口1573座、炮台31座。内城东西长1330米，南北宽1110米，有垛口1046座、炮台28座，"文化大革命"时严重破坏。2013年被批准为第七批国家级重点文物保护单位。（WYX）

七营北嘴古城 位于固原县七营乡以北5千米的北嘴村，属宋、明时代遗址。城址东西宽600米，南北长650米。设有内城，南北宽450米，东西长550米。城内东北角有100米见方的小城堡。外有瓮城，长96米，宽36米。现存城墙高1～5米，顶宽1米，基宽9米。据载，此城建于隋大业初，为他楼县治。唐神龙元年（705）时废除，改为萧关县。大中五年（851）治五州。经宋、元几百年，在明万历年间被毁坏，该城遗址是固原保存较好的一座古城址。2013年被批准为第七批国家级重点文物保护单位。（WYX）

省嵬城遗址 省嵬城遗址位于惠农区庙台乡省嵬村东南500米，属于西夏遗址。据记载，省嵬城是宋天圣二年（1024）李德明所筑，20世纪60年代曾经进行了两次小规模的挖掘。遗址平面呈正方形，边长约600米，设东、南两个城门，墙体以黄土夯实，现残高2～4米。只在南墙正中辟门，为过梁式门洞，宽4.1米，两壁立柱被烧毁。城内出土黑釉盏、白瓷碗、玉壶春瓶、盘、碟、瓷人头和较多的宋代钱币，以及金代"正隆元宝"和建筑构件、兽骨等。2013年被批准为第七批国家级重点文物保护单位。（WYX）

柳州城址 柳州城址位于中卫市海原县海城镇2.5千米处，最初建造于宋，民国九年（1920）海原大地震时倾圮毁坏。城址为长方形，周长约1000米，设南北两个门。墙以黄土夯筑，夯层厚15～18厘米，残高4～7米，基厚7米。四隅有墩台，墙体有马面，西城墙内侧有一条通往西安州的地下通道，城外护城壕残宽20米。地面散布有灰陶片、残砖瓦片等，保存较好。2013年被批准为第七批国家级重点文物保护单位。（WYX）

兴武营遗址 兴武营古城位于盐池县高沙窝镇兴武营村南300米，属于明代遗址。正统九年（1444）都御史金濂始筑此城，利用它的旧基，设城指挥守备。城北靠头道边，平面呈长方形，东西长约480米，南北宽约440米。以黄土夯筑墙体，外甃以砖石。存高7米，基宽10米，顶宽3～4米。城四隅设角台，西、北墙各有5个马面。东、南墙正中设门，门外设瓮城。瓮城长30米，宽20米，门洞为砖砌券拱顶，城内设有房屋基址。城外护城壕残深1～2米，宽12米，现多为流沙所埋。遗址地面有大量砖瓦和瓷器残片。兴武营是长城沿线的重要城障，有"灵夏重地，平庆要藩"之称。2013年被批准为第七批国家级重点文物保护单位。（WYX）

大营遗址 大营古城位于固原市原州区中河乡中河村东3千米处，属于宋代到明代的古遗址。据史料记载，大营古城始建于北宋时期，当时属军寨，传说是宋代杨家将杨令公的大营。元末明初，固原一带因战乱，地广人稀，水草茂盛，明太祖朱元璋便把固原一带分赐予诸藩王为牧场。明洪武十一年（1378），朱元璋赐封十四子朱英汉王为肃王，封地甘州。大营遗址是固原地区保护最为完整的古城之一，其规模之大以及保存的完整性在我区尚属罕见。近年来，受各种因素影响，大有被蚕食的趋势。为了对其进行保护，2013年被批准为第七批国家级重点文物保护单位。（WYX）

2. 古墓葬

西夏王陵 西夏王陵位于银川市西约30千米的贺兰山东麓，是西夏王朝的皇家陵寝。西夏是11世纪初以党项羌族为主体建立的封建王朝，1038年李元昊在银川市称帝建国，1227年被蒙古所灭，在历史上存在了189年，共经历了10代皇帝，他们的皇家王陵就分布在贺兰山附近。在这方圆53平方千米的陵区内，分布着9座帝陵，包括裕陵、嘉陵、泰陵、安陵、献陵、显陵、寿陵、庄陵、康陵，按古代宗法制度次序排列，分为东西两行，有270座陪葬墓。西夏王陵被世人誉为"神秘的奇迹""东方金字塔"。1988年被批准为第三批国家级重点文物保护单位、国家重点风景名胜区。（WYX）

固原北朝隋唐墓地 固原北朝隋唐墓地位于固原市原州区开城镇小马庄村，是一个唐代古墓群。1982—1987年间，在固原市原州区发掘了8座史姓墓，依次为史索岩墓、史铁棒墓、87M1、史诃耽墓、史道洛墓、史射勿墓、史道德墓、82M1。墓葬形制是封土墓葬，斜坡墓道，有很多天井。8座墓除1座墓外，其余都有封土。墓室分为砖室墓和土洞墓两类。史诃耽墓规模比较大，有石门、石棺床，其余的都是土洞墓。这些墓葬虽均遭盗掘，但仍出土了一批珍贵的壁画和器物，艺术价值颇高。最引人注目的是中西文化的遗物，如罗马金币、萨珊银币、金覆面、蓝宝石印章、金花饰等。2013年被批准为第七批国家级重点文物保护单位。（WYX）

窨子梁唐墓 窨子梁墓位于盐池县花马池镇池子村，属于唐代墓葬，共发掘6座。墓室都是依山开凿的平底墓道石室墓，墓室门开凿在山丘的横断面上，朝向东北，墓道斜坡状，墓室平面为方形，圆角，有棺床，壁山置龛。窨子梁唐墓特殊的形制和葬俗，在西北和全国唐代墓葬中都极为少见。陵墓中出土文物有木桶、琉璃球、石鼎、墓志铭、陶器、货币、胡旋舞墓门等，其中雕刻胡旋舞图案的石门扇被定为国宝，它不仅反映了唐代石雕工匠高超的雕刻技艺，而且表现了唐代的现实文化艺术生活，是研究我国唐代乃至整个古代文化和艺术极其珍贵的实物资料。2013年被批准为第七批国家级重点文物保护单位。（WYX）

3．古建筑

同心清真大寺 同心清真寺位于同心县的旧城内，占地约5400平方米，是宁夏现存最大的清真寺院。相传始建于明初，光绪年间重修，是一座传统的木构建筑。清真寺门附近嵌有明万历、清乾隆年间的石雕横额。院门后有砖照壁一座，照壁的中心是一幅十分精美的砖雕花木图，有券门可以登上高台。券门左侧台上建有重檐歇山顶亭式邦克楼。登上10多米的台基，上面建有礼拜堂、唤醒楼等建筑。主体建筑礼拜堂是一座单檐歇山顶式前带抱厦的建筑，用20多根巨大的圆木柱支撑，室内是木质地板。礼堂前的唤醒楼是一座凉亭式建筑。同心清真寺把传统的木结构和伊斯兰木刻砖雕装饰艺术结合起来，具有较高的建筑艺术。再加上红军西征时在这里召开了各界代表大会，并成立了豫海县自治政府，具有很高的历史意义。1988年被批准为第三批国家级重点文物保护单位。（WYX）

拜寺口双塔 拜寺口双塔位于银川市贺兰县洪广镇金山村南拜寺口，属于西夏遗迹。由于双塔在拜寺口内向南的山坡上相对而立，相距不到200米，所以又被称为"相望塔""夫妻塔""山神塔""海神塔""飞来塔"。两塔都是八角十三层密檐式空心砖塔，塔身八面均有浅龛，龛内泥塑罗汉、力士像，龛外侧塑含珠兽头、日、月、花卉等。东塔13级，高39米；西塔13级，高41米。西塔和东塔大体相似，但东塔相对来说比较瘦削，西塔外形稍微丰腴一些。1986年在维修双塔的时候，在塔顶的天宫中发现了彩绘贴金木供桌、花瓶、绢花、唐卡等大批文物。1988年被批准为第三批国家级重点文物保护单位。（WYX）

一百零八塔 一百零八塔位于银川市南60千米的青铜峡水库西岸崖壁下，建于西夏，是由108座喇嘛塔组成的一处塔群。塔群坐西朝东，依山傍水，用砖砌成，表面涂有一层白灰，属于藏传佛教式的实心塔。佛塔依山势自上而下，按奇数排列成12行，总共有108座，形成总体平面呈三角形的巨大塔群，因此叫作"一百零八塔"。据考证，一百零八塔的塔身形制有复钵、葫芦、复钟、折腹式四种，其塔座有十字折角和八角形束腰须弥座二式，不同层级上的每排塔身的外形都有不同砌筑法的变化，构成有序的群体组合，令人惊叹其建筑艺术的伟大。一百零八塔区发现的西夏文佛经和藏文咒语，还有藏密风格的唐卡和塔婆塔模及造像，都具有西夏至元朝时期典型的时代特征，是一座国内外很罕见的群塔。1988年被批准为第三批国家级重点文物保护单位。（WYX）

承天寺塔 承天寺塔坐落在银川西南的承天寺内，是宁夏现存的100多座古塔中最高的一座砖塔。承天寺塔是一座八角11层楼阁式砖塔，立体呈角锥形，高64.5米，比西安的大雁塔还高0.5米。塔身建在边长26米的方形塔基上，塔底边长5米。塔室呈方形，边长2.1米。室内各层为木板楼层结构，有木梯至各层。塔身的每层收分较大，11层以上，挑出5层棱角牙砖，其上建塔刹和塔顶。寺内除了韦驮殿及两侧山门是明清的原建筑外，其余都是后来重建和修复的。整座塔造型挺拔，建筑风格古朴简洁。2006年被批准为第六批国家级重点文物保护单位。（WYX）

董府 董府位于青铜峡市金积镇露天洼子村，为清末将领董福祥府邸，因董福祥曾加封太子少保衔，故又称宫保府。光绪二十八年（1902）开始建造，历时3年完成。董府总面积34650平方米，由主体建筑、院落、府墙、护城河组成，整体布局"三宫六院"式。宅院坐北朝南，平面呈长方形，院墙东西长115米，南北宽105米。除门和门洞包砖外，全以黄土夯筑，基宽12米，高8.5米，顶宽4.5米，顶上女儿墙高1米。门上建有面阔三间，悬山顶门楼。院墙四角原建有角楼，后被毁。大门内有照壁一座。院落建在夯土台基上，共有房屋106间，以前、中、后三院为中轴，两侧又各有独立封闭的二进院落。东、西向面阔三间的房屋均为硬山元宝雕花脊房顶的正房，两侧各有卷棚顶厢房。中院为二层硬山顶楼阁式建筑，是院落的主体。董府的木雕、砖雕艺术很出色，所有的门、窗、隔扇均有精美的木雕，墙和墙基也都饰有砖雕。作为一个古代建筑群体的"董府",主要部分是保存下来了,可惜它的外寨因战祸和多年的破坏早已不复存在。2013年被批准为第七批国家级重点文物保护单位。(WYX)

宏佛塔 宏佛塔又称"王澄塔",位于贺兰县习岗镇王澄村南面的一处废寺内,距离银川20余千米,属于西夏时期的遗迹。宏佛塔是一座三层八角形密檐与覆钵式结合的砖塔,造型独特,风格古朴。塔身分上下两部分,下部为三级密檐式,高15.73米,每层檐下部砖雕斗拱承托平座,檐上部砖雕斗拱承托塔檐,底层南向辟券门。上部为覆钵式,高12.56米。塔心室为八角形,上部有天形的天宫。在修复这座濒临倒塌的佛塔时,工作人员在天宫内发现了一大批残朽的西夏文物,有绢质佛画、泥质塑佛像、力士、罗汉像和大量西夏文佛经雕版等,被《中国文物报》和文物考古专家、学者评定为1990年全国十大考古新发现之一。2013年被批准为第七批国家级重点文物保护单位。(WYX)

康济寺塔 康济寺塔位于宁夏同心县韦州镇南1千米处,在古韦州城东南的康济禅寺废址内。康济寺塔是一座平地而起的八角形密檐式13层空心砖塔。塔原高39.20米,加固修复后的高度为42.07米,由塔身、刹座、相轮宝顶三部分组成。塔的底层较高,第二层以上被层层密檐平座紧箍,往上收分与刹座宝顶有机结合,形成刚劲有力的抛物线外廓,显得庄重雄伟,体现了我国早期密檐式佛塔的风格。康济寺塔吸取了我国早期佛教建筑的造型特色,融入了党项、藏族崇尚的密宗仪轨习俗,使其成为西夏境内东南边陲重镇军民膜拜祷告的一个重要场所。1985年修缮时,在此发现了西夏文墨书题记方砖、佛、道造像、纪年木刻、石印、烫金、手抄佛等文物。2013年被批准为第七批国家级重点文物保护单位。(WYX)

鸣沙洲塔 原名安庆寺永寿塔,位于鸣沙镇鸣沙村北500米处,始建于西夏,明代隆庆年间重修。是一座楼阁式砖塔,平面呈八角形,原高12层,康熙四十八年(1709)地震毁其上部,经明代重修后现为11层。塔建在一个高出地面1.5米的土台子上,塔底边长3.25米,塔身底层6.64米,往上逐层高度渐渐缩短。每级塔身都以叠涩砖作挑檐,檐下每面正中与转角处饰以斗栱,檐角挂有风铃,面南留有高1.65米,宽0.65米的券门可通塔室。室内原来有木梯,可以登高远眺。2013年被批准为第七批国家级重点文物保护单位。(WYX)

银川玉皇阁 银川玉皇阁位于银川市兴庆区玉皇阁北街,属于明清时期遗迹。玉皇阁是一处高耸巍峨、精巧别致的传统木结构大屋顶建筑,因阁内有一座铜铸玉帝像,所以被称为玉皇阁。据考证,该建筑始建于明代洪武年间,迄今已有600多年的历史,在清代进行了整修,是一座具有民族风格的古代建筑。银川玉皇阁建在长方形台基上,台基夯土筑成,外包青砖。长37米,宽28.1米,高8米。台基下面辟有南北向拱形门洞。台基中央是坐北朝南的两层重檐歇山顶大殿,面宽五间,进深两间。底层朝南接出卷棚顶大殿五间，接着又建了一小巧玲珑的卷棚抱厦在卷棚抱厦的正前方。东西两侧有对称的两层重檐亭式钟楼和鼓楼。整个建筑从远处看犹如展翅高飞的雄鹰。2013年被批准为第七批国家级重点文物保护单位。（WYX）

纳家户清真寺 纳家户清真寺位于永宁县城西1.5千米处，是一座传统的汉式建筑寺院，属于典型的中国古代四合院建造布局，是宁夏历史悠久、规模较大的清真寺之一。寺院坐西朝东，占地面积8000平方米，平面呈长方形，由门楼、礼拜大殿、厢房等部分组成。门楼基台为三券过洞式，上建有三重檐歇山顶门楼，面阔三间，高21米，其两侧有阿拉伯式的三层攒尖顶望月楼。进入门楼以后，是一片让人豁然开朗的地方，用砖铺成的路面两旁，有几棵参天古槐，让寺院显得十分宁静肃穆，再往前走就可以看到寺院的主体建筑——礼拜大殿，这个大殿能容纳几千人进行礼拜。大殿前面是五间歇山顶抱厦，与后面的大殿堂交错勾连，使得整个布局更加严谨、规整，显示了大寺雄壮气势。2013年被批准为第七批国家级重点文物保护单位。（WYX）

田州塔 田州塔位于石嘴山市平罗县姚伏镇，亦称田州古塔，俗称姚伏塔，距平罗县城20千米。始建年代不详，现存塔身为乾隆四十八年（1783）重修的。田州塔建于正方形台基上，台基边长13米，高4米。台基以砖石券成十字形通道，南北各有一门，可以供人出入。台基上建楼，高11米。钟楼为重檐三滴水，内部实为两层，上层为财神阁，下层为洞宾殿。现保存较好。2013年被批准为第七批国家级重点文物保护单位。（WYX）

平罗玉皇阁 平罗玉皇阁位于宁夏石嘴山市平罗县城关镇北，原称龙王台、白龙庙等，始建于明代永乐年间，光绪年间扩建。台座外包砖，坐北朝南，南北长105米，东西宽40米，占地面积4200平方米。台基上以中轴线配置对称的两重院落，砖木结构。前院有山门楼、城隍庙、观音殿、娘娘殿、三清殿、斗母宫及玉皇殿，均为重檐歇山顶。后院主要建筑是两个并列的十字歇山顶三层楼阁，另有文昌阁、关帝阁、无量殿、三官殿、洞宾殿、三皇殿等。在前后院落主要建筑的两侧，有钟楼、鼓楼、回廊、飞桥、八角亭等建筑相辅。2013年被批准为第七批国家级重点文物保护单位。（WYX）

中卫高庙 高庙位于中卫城北的高台上，始建于明永乐年间，称"新庙"。历史上因地震坍塌，现存建筑是清代以来重修增建而成的。在占地1.6万平方米的两层台地上，建有260多间建筑物组成的庞大寺庙群体，最高的建筑达29米。总体布局分二区：最前边是保安寺，由山门、弥勒阁、大雄宝殿、地藏宫、三宵宫、配殿组成。后边是高庙，由南天门、东西天池、九楹三层中楼和正楼、钟鼓楼、四仙阁、观景台组成，前后之间有天桥走廊相互连接，构成重楼叠阁、错落有致的一座精巧庙群。高庙建筑的特点是：集中、紧凑、回曲、相通、巍峨壮观。寺庙中有塑像、壁画、楹联、匾额，但是在"文化大革命"时期被毁，现由宗教部门重塑作为宗教开放场

所进行管理。2013年被批准为第七批国家级重点文物保护单位。(WYX)

海宝塔 海宝塔位于银川老城北郊的海宝塔寺内,距离城区2千米,又称为"赫宝塔""黑宝塔",因地处城北,又被当地人称为"北塔"。作为我国优秀的古代建筑遗产,被人们称颂为"古塔凌霄",是"朔方八景"之一。始建年代不详,现塔为清代重修。海宝塔由塔座、塔身和塔刹组成,建筑在一个高约6米的方形包砖基台上,基台周围有砖砌的栏杆。塔身9层,包括塔刹在内,大约44米。塔身的每面正中向外凸出,并设有券门式明窗,其两侧各设壁龛。每层之间挑出棱角牙和叠涩砖檐,刹座呈四角攒尖状,上立绿琉璃桃形顶。整体风格简洁明了,建筑结构富有层次感。2013年被批准为第七批国家级重点文物保护单位。(WYX)

4. 石窟寺及石刻

贺兰山岩画 贺兰山岩画分布于宁夏贺兰山东麓三市九县,共27处,包括石嘴山市岩画、平罗县岩画、贺兰县岩画、青铜峡市岩画、中卫县岩画几部分,是世界非物质文化遗产史上一颗璀璨的明珠。贺兰山东麓发现的古代岩画,记录了远古人类在10000年前至3000年前放牧、狩猎、祭祀、争战、娱舞、交媾等生活场景,以及羊、牛、马、驼、虎、豹等动物图案和抽象符号,揭示了原始氏族部落自然崇拜、生殖崇拜、图腾崇拜、祖先崇拜的文化内涵,是研究中国人类文化史、宗教史、原始艺术史的文化宝库。依据岩画分布状况,贺兰山岩画可分为三种类型:一是山前草原岩画,主要分布于贺兰山北段的石嘴山区、惠农县境内;二是山地岩画,主要分布贺兰山中北段,多凿刻于深山腹地的崖壁上;三是沙漠丘陵岩画,主要分布于贺兰山南段卫宁北山。由岩画图形和西夏刻记来看,贺兰山岩画是不同时期先后刻制的,大部分是春秋战国时期的北方游牧民族所为,也有其他朝代和西夏时期的画像。刻制方法有凿刻和磨制两种:凿刻痕迹清晰,较浅;磨制法是先凿后磨,线条较粗深,凹槽光洁。贺兰山岩画的题材、内容与表现手法都十分广泛,富有想象力,给人一种真实、亲切、肃穆和纯真的感受。众多岩画为我们了解和研究古代游牧民族的历史、文化、经济状况、风土人情提供了极为珍贵的文物资料,堪称是一处珍贵的民族艺术画廊。1988年被批准为第二批自治区级重点文物保护单位,后又批准为国家级重点文物保护单位,1997年被联合国教科文组织国际岩画委员会列为非正式世界文化遗产名录,2006年列入首批中国国家自然与文化双遗产预备名录。(WYX)

须弥山石窟 须弥山石窟位于固原市三营镇,属于北魏至隋唐时期的石窟。"须弥山"一语是梵文的音译,意思是宝山。石窟南起寺河,北到黑白沟,东起和尚坟,西止青山梁,南北长1800米,东西宽700米。根据石窟的形制和风格来判断,石窟大概开凿于北魏晚期,隋唐期间又加以扩建和完善。国内其他石窟基本上都是开凿在一座石崖上,须弥山石窟不同，它开凿在鸿沟相隔的8座石山上，格局奇特，各沟之间有梯桥相连。至今保存有132个历代石窟，较完整的有20多个，其中70个石窟有雕造佛像。最引人瞩目的是须弥山入口处高达20.6米的弥勒大座佛。该佛高大魁梧，足足有五六层楼高，耳朵有两人高，眼窝直径1米多，佛虽大，但雕刻却十分精致，是全国最大的造像之一。须弥山石窟是宁夏回族自治区最大的石窟群。1982年被批准为第二批国家级重点文物保护单位。（WYX）

5. 近现代重要史迹及代表性建筑

将台堡革命旧址 将台堡革命旧址位于宁夏西吉县将台乡明台村，是近现代的重要史迹之一。1936年红军长征过程中，红一方面军和红二方面军在将台堡会师，这次会师是红军三大主力会师的重要组成部分，在中共党史、军史和中国革命史上具有极其重要的历史地位。城址平面呈长方形，东西长70米，南北宽68米，高2~6米，基宽10米。坐北朝南，堡墙以黄土夯筑。堡内建有纪念馆，现存有当年红军留下的水壶、子弹、衣物等物品。1996年为了纪念红军长征胜利60周年，在堡东侧当年举行会师大会的广场上，建起了"中国工农红军长征将台堡会师纪念碑"。2013年被批准为第七批国家级重点文物保护单位。（WYX）

6. 其他（包括一些重要的文物）

鎏金铜牛 1977年出土于宁夏银川西夏陵区，属于西夏时期的文物。鎏金铜牛制造时需要将冶炼、模具雕塑、浇注、抛光和鎏金于一体，需要高超的铸造工艺，是西夏艺术珍品，现收藏在宁夏博物馆中。鎏金铜牛是一件典型的青铜器，长1.20米、宽0.38米、高0.45米、重188千克。用模具浇铸成型，里面是空的，腹中还留有内模。牛的材质是铜，但是外表鎏金，出土时部分鎏金已经脱落。铜牛造型灵活，形象生动，全身散发着柔和的光芒，牛的四腿蜷着，卧在地上。牛的头高抬，两角有着优美的弧度，颈部肥美，宽厚有力，尤其是双眼炯炯有光，却又有温柔之态，神情极似鲁迅先生笔下的"孺子牛"。"鎏金铜牛"是目前国内最大最完整的西夏鎏金工艺品，它真实地反映了西夏青铜铸造工艺的高超水平，也为专家研究西夏社会的农业经济提供了一个历史材料，具有重要的考古价值和历史文化价值。（WYX）

回首卧式错金银铜羊 回首卧式错金银铜羊是国家一级文物，高5厘米，身上用金丝银丝镶嵌出卷曲的毛状图案，生动有趣，工艺非常精湛。它的身体肥硕，四肢蜷卧，头轻轻地转向身后，两只角卷缩在一起，眼睛睁得圆圆的，嘴巴微张，十分可爱憨懂。回首卧式错金银铜羊代表了当时错金银的较高水平，具有一定的研究价值。（WYX）

胡旋舞石刻墓门 胡旋舞石刻墓门是

1985年在盐池县苏步井乡一座唐代墓葬中发掘出土的,属于唐代文物,现陈列于宁夏博物馆。它是成套的两扇紧闭的石门,每扇墓门中间刻着一位跳"胡旋舞"的男伎,同敦煌石窟胡旋舞壁画的形象、舞姿基本相同。石门呈长方形,长88厘米,宽42.5厘米,厚5.4厘米,上下有圆柱状榫,两扇门面闭合处各有一孔,出土时是用铁锁扣住的。胡旋舞石刻墓门具有极高的艺术价值。这类题材的石刻作品,是在我国唐代墓葬中首次发现,是研究唐代乐舞的珍贵资料。(WYX)

石雕力士志文支座 石雕力士志文支座即俗称的"石雕力士志文碑座",1974年出土于宁夏。在西夏陵区出土的11件支座中,石雕力士志文支座是唯一一件刻有西夏文的支座,特别珍贵。这座石雕力士志文支座长68厘米,宽65厘米,高62厘米。一男子屈膝跪坐,仰着头向前看去,脸蛋浑圆,脸部肌肉比较发达,看起来要努力地把背上的石碑背起,由于有点吃力双目圆睁,但是还是微带笑意。高颧塌鼻,双手抚膝支撑。支座顶端清晰地刻着西夏文和汉字,西夏文字告诉了我们它的功能,是用来做副碑的,汉字告诉我们,这是"高世昌"制作的。在宁夏博物馆里,石雕力士志文支座是国家级文物。(WYX)

红陶和琉璃五角花冠迦陵频伽 "迦陵频伽"是佛教中的一种神鸟。据传它的声音美妙动听,非常婉转,比其他鸟类的叫声优美。在佛经中又叫做美音鸟或妙音鸟,在人们的想象中是人首鸟身。在我国,迦陵频伽的形象最早出现在北魏的石刻上,唐代敦煌壁画以及铜镜上也有出现。2001年在西夏出土的"迦陵频伽"(妙音鸟)被誉为可与埃及金字塔前神秘的狮身人面像和古希腊残臂雕塑维纳斯媲美的珍稀文物。西夏"迦陵频伽"是分模合制的,不是一次成形,所以头部、面部的雕刻比较细腻,达到了相当的艺术水平。从此文物的部分方面可以看出有很多的西方文化意味。(WYX)

鎏金银壶 1983年出土于南郊乡深沟村李贤夫妇合葬墓。鎏金银壶通高37.5厘米,重1.5千克。它是由鸭嘴形的流、细长的颈、上立胡人之弧形的把、玉壶春瓶似的腹和喇叭形的座结合而成的稳健、奇特的造型。鎏金银壶是波斯萨珊王朝的一件金属手工艺品,距今已有1500年的历史,其精湛的手工艺技术具有典型的波斯萨珊王朝风格,其主题图案描绘的却是古希腊神话故事,具有浓厚的罗马风格。它是中外历史文化交流的见证,是丝绸之路商贸频繁的缩影,是世界现存的萨珊文物的珍品。(WYX)

西夏竹雕 1975年出土于宁夏银川西夏陵区6号陵,属于西夏文物,现存于宁夏博物馆。竹雕通体呈长方形,细浅阴刻,左边上端有一圆孔,右端已残。竹雕中所描绘的情景应为当时中原人民的生活场景,有庭院、松树、假山、窗户、花卉和人物。其中两位男子,头扎发髻,身着宽袖长衫,腰间系带,一人正轻手轻脚捕捉草丛中的虫鸟;另一人静立在屋檐下旁观,其形象逼真,布局适宜,造型美观,是一件艺术珍品。(WYX)

琉璃鸱吻 出土在宁夏银川西夏陵区，现藏于国家博物馆，属于西夏文物。鸱吻是屋顶正脊两端的装饰物，正面相对而立。这件绿釉鸱吻为龙首鱼尾造型，遍饰鳞纹，是陶瓷质地。（WYX）

石螭首 1974年出土于宁夏银川西夏陵区6号陵，属于西夏文物，现存于宁夏博物馆。通体呈长方形，分前后两部分：前端为螭首，用螺旋纹饰表现上唇卷曲的形状；后端为楔形榫头，可套嵌在建筑物上。（WYX）

（五）自治区级重点文物保护单位

1. 古遗址

高仁镇新石器遗址 高仁乡位于宁夏平罗县高仁乡东2千米处，属于新石器时代遗址。遗址大都分布在沙丘或半沙丘地区，由于风力侵蚀，已很难找到原生地层。地面除散布有大量的破碎动物骨骼外，还有很多的泥质红陶、灰陶及夹砂陶片，器形多为罐、盆等，纹饰以线纹为主还有压印的几何纹和少量彩陶。石器有石斧、石刀、石磨盘、刮削器、尖状器和石箭镞。从文化层堆积很薄和缺少大型农业工具的情况分析，这时居民虽然已经过着定居的生活，但只是短暂的定居，它的基本经济形态仍然是半农半牧的游牧生活。1988年被批准为第二批自治区级重点文物保护单位。（WYX）

周家嘴头新石器遗址 周家嘴头新石器遗址位于宁夏固原市隆德县神林乡周家嘴头，属于新石器时代遗址。面积约60万平方米，文化层厚1~3米。暴露有房址，房址中有火塘，地面有夹砂和泥质陶片，彩陶较多，还有夹砂红、灰褐色陶片和泥质灰褐色陶片。纹饰最常见的是绳纹、变体叶纹，也有圆点、窄带网格和几何图案。遗址是马家窑文化石岭下类型，1988年被批准为第二批自治区级重点文物保护单位。（WYX）

韦州古城 韦州城位于韦州镇南1千米处，是同心县最东偏北的古老城堡，它有新、旧两城堡。旧城是西夏时元昊的时候建造的，东西长570米，南北宽540米，四面都有门，建筑气势磅礴。城墙黄土夯筑，高12~14米，基宽10米，夯层8~12厘米。外墙四周有马面49座，间距43米。四面辟门，城内东南方有西夏时所修的康济寺塔，西北方建有元代所修的藏传佛教基塔，二塔相应，成为一道亮丽的风景。新城在旧城的西面，南北长572米，东西宽294米，建于明初，是明代庆王的行宫。墙基宽10米，残高10~12米，黄土夯筑，夯层厚8~12厘米。1988年被批准为第二批自治区级重点文物保护单位。（WYX）

黄铎堡古城 黄铎堡古城位于固原市原州区三营镇黄铎堡村南500米处，始建于宋。古城修建在小平川上，城址呈长方形，有内、外两城，外城南北长800米，东西宽700米。墙以黄土夯筑，残高4~8米，基宽9米。内城东西长240米，南北宽80米。墙以黄土夯筑，残高4～5米，基宽6米。古城四周有护城河，四面共有六门，南北各有一门，东西各有一门。出土有宋代瓷片和西夏文的铜印。1988年被批准为第二批自治区级重点文物保护单位。（WYX）

宁夏明长城 宁夏明长城在宁夏境内主要有四处遗址，即西长城、北长城、东长城和固原内边长城。宁夏的明长城主要由河东墙、城西南墙、北关门墙、西关门墙等各段连接而成。河东墙因地处黄河以东而得名，是宁夏明代长城中最长的一段，而且大部分保存尚好，是万里长城的重要组成部分。1988年被批准为第二批自治区级重点文物保护单位。（WYX）

果家山遗址 果家山遗址位于宁夏固原市泾源县香水镇车杨村北。果家山遗址面积约30万平方米，文化层厚2.5米，地面已无遗迹，地下有铺地砖、陶排水套管、大板瓦、筒瓦等。泾源果家山秦汉遗址出土的大型夔凤纹瓦当，是当之无愧的稀世珍宝，与陕西、辽宁等地的秦宫殿遗址所出者相同。以地望和出土遗物相印证，怀疑果家山遗址为秦、汉回中宫遗址。2005年被批准为第三批自治区级重点文物保护单位。（WYX）

南磁湾恐龙化石 南磁湾位于银川市灵武市磁窑堡，是迄今为止我国发现面积较大、分布集中、保存完整、周边环境未遭破坏的恐龙化石群遗址。化石标本分布密集，现场十分壮观，属国宝级恐龙化石。据悉，灵武恐龙化石与南美洲、北美洲的恐龙化石极为相似，是我国恐龙化石发现史中的一次重要发现。2005年被批准为第三批自治区级重点文物保护单位。（WYX）

大水沟西夏遗址 大水沟遗址位于平罗县城西南45千米处的大水沟沟口南北两侧的坡地上，属于西夏遗址，遗址面积1000平方米。北侧自西向东有高10米、底边长28米的方形夯土台基一处，往东有方形和长方形石砌基址和台阶。基址东西长106米，宽60米，地面散布大量砖瓦、绿琉璃瓦、白瓷瓦、手印纹方砖、黑釉瓷片等。据专家考证为西夏时期李元昊离宫遗址。2005年被批准为第三批自治区级重点文物保护单位。（WYX）

大西峰沟西夏遗址 大西峰沟西夏遗址位于石嘴山市平罗县东南部的大西峰沟内，据专家考证应该属于西夏遗址。这里有西峰沟口岩画和西峰沟边墙等遗迹，有较高的历史文化价值。2005年被批准为第三批自治区级重点文物保护单位。（WYX）

滚钟口西夏遗址 滚钟口在古代是贺兰山胜境之一，也是西夏王陵风景名胜区的一个重要景区。李元昊曾经在山沟北部建造了一处规模宏大的避暑宫苑。现在在这片参差错落的20多处建筑遗址上，散落的砖、瓦、器物残片遗物，还比比皆是。除此之外，滚钟口西夏遗址还有公主台这样的历史遗迹，以及很多未解之谜，具有悠久的历史文化。2005年被批准为第三批自治区级重点文物保护单位。（WYX）

四眼井遗址 四眼井遗址位于吴忠市青铜峡镇三趟墩村西10千米处，属于明代遗址。遗址在明代长城的西侧，院落呈长方形，东西宽约52米，南北长约100米。院墙以黄土夯筑而成，基宽约1米，存高约0.3米。院门朝南，院内外有方砖、条砖、滴水、绿琉璃饰件、粗瓷片等。北墙外有一存高约5米，直径约15米的馒头形夯土台基，上有白灰墙及砖，很像一座塔基。2005年被批准为第三批自治区级重点文物保护单位。（WYX）

下河沿瓦窑遗址 下河沿瓦窑遗址位于中卫市沙坡头区常乐镇下河沿村南1.5千米的老窑沟，属于元代至清代遗址。窑址在两山之间的台地上，东西长约600米，南北宽约400米，分布窑炉20余座。所出瓷片主要以质地较粗的民用瓷为主，器形大多是碗、碟、盆等。2005年被批准为第三批自治区级重点文物保护单位。（WYX）

凉殿峡遗址 凉殿峡遗址位于固原市泾源县凉殿峡村西南1千米处，属于元代遗址。据说，是当年成吉思汗避暑的地方。遗址面积约1万平方米，村东西各有一处凉亭基址。现存有台基、石阶、石桥、石柱、条石、门墩、石狮、插旗座、马槽等重要遗迹遗物。2005年被批准为第三批自治区级重点文物保护单位。（WYX）

瓦亭古城 瓦亭古城遗址位于固原市泾源县六盘山镇瓦亭村内，属于汉代到宋代遗址。瓦亭的名最早出现在两汉之际，唐朝时在此设立驿站，宋代才开始建筑城邦，清代末仍然有大规模的建筑。瓦亭在古代被称为铁瓦亭，地处三关口北，地理位置很重要。城依山而建，有内外两重。外城是不规则半圆形，东、南、西、北墙分别为550米、120米、500米、920米，南墙有4个马面。墙以黄土夯筑，内含宋代青花瓷片和灰陶片，存高1~7米，基宽3~13米，南、东、西三面辟门。内城也呈不规则形，周长约1500米，东、南、西各辟一门。城外有护城河，宽3~6米，深1~2米。2005年被批准为第三批自治区级重点文物保护单位。（WYX）

红城水古城址 红城水古城址位于吴忠市同心县下马关镇红城水村北1千米处，属于汉代至唐代遗址。遗址呈长方形，东西长530米，南北长560米。城墙黄土夯筑，高约9米，基宽11米，顶宽4米，夯层厚8~13厘米。东、西、南、北四面都有门，四面设有马面。城内文化层厚约2米，考古人员在城内发现了少量汉代陶片、灰砖及唐代的大量陶片、莲花纹瓦当，大陶瓮和"开元通宝"等。2005年被批准为第三批自治区级重点文物保护单位。（WYX）

北破城古城 北破城古城位于吴忠市盐池县惠安堡镇西3千米处，属于西夏遗址，俗称北破城。遗址呈不规则的正方形，东西长263.7米，南北宽233米，面积27125平方米。墙以黄土夯筑，存高2~8米，基宽7米，顶宽1~2米，夯层厚16厘米，东墙辟门。城内文化层厚0.8米，北侧有台式建筑的遗迹，地面散布有刻画、手掌纹砖、剔刻花瓷器残片、红陶注以及皇宋元宝、乾祐元宝等货币。2005年被批准为第三批自治区级重点文物保护单位。（WYX）

耳朵城古城址 耳朵城古城址位于固原市彭阳县小岔乡耳朵村，始建年代不详。古城坐北朝南，依山而建，外形酷似葫芦。城址平面略呈梯形，周长约4000米。墙以黄土夯筑，残高10～18米，基宽4米。城中山顶建有圆形瞭望台，地面散布很多宋代砖瓦，曾出土香炉、陶器若干。2005年被批准为第三批自治区级重点文物保护单位。（WYX）

凤凰古城址 凤凰古城址，又称萧关故址，位于中卫市海原县高崖乡草场村西650米处，属于宋代遗址。有内外城，遗址呈正方形，边长200余米。墙以黄土夯筑，残高2～3米，基宽6米，西南辟门。城内地面散布了很多灰陶片、灰陶壶、残碑，专家还在这里发现了铜佛、酒壶、瓷坛等。2005年被批准为第三批自治区级重点文物保护单位。（WYX）

火家集古城址 火家集古城址位于固原市西吉县将台乡火家集村东，属于北宋至金代遗址。城依山而筑，平面呈长方形，南北长约650米，东西宽约420米。城墙以黄土夯筑，残高5～16米，基宽2米，夯层厚15～20厘米，开南北两门。城外东侧有一小城，平面呈方形，边长约240米。城墙黄土夯筑，残高4～8米，基宽8米。城址内可见内壁饰圆点纹的灰陶片。2005年被批准为第三批自治区级重点文物保护单位。（WYX）

彭阳古城址 彭阳古城址位于固原市彭阳县城内，属于宋代遗址。遗址平面呈长方形，依山而建，东西长650米，南北宽400米。城墙存高11～15米，基宽5～10米，顶宽1～3米，夯层厚12～15厘米。有护城壕，宽10～15米，深1～3米。城墙每隔100米筑一马面。有东、西二门。这里曾经发现了细泥红陶瓶、灰陶罐等文物。2005年被批准为第三批自治区级重点文物保护单位。（WYX）

偏城古城遗址 偏城古城址位于固原市西吉县偏城乡偏城村，建造于宋明道元年（1032）。寨依山形而建平面大致呈三角形。墙以黄土夯筑，东墙长850米，南墙长447米，北墙长620米，西墙长360米，残高3～5米，基宽4～15米，开南门。城北侧连一座三角形小城，南北宽268米，东西长310米。城墙以黄土夯筑，存高3～5米，基宽12米。城周围有护城河，宽10～15米，现深2～5米。城内散落有圆点纹陶片。2005年被批准为第三批自治区级重点文物保护单位。（WYX）

沙嘴城古城 沙嘴城古城坐落在石狮镇沙嘴城村西200米处，属于北宋遗址。遗址呈正方形，边长320米。城墙以黄土夯筑，残高6～8米，基宽8米，夯层11～14米。有西面和南面两个门。地面散布有内壁饰圆点纹的陶片，以及青瓷片、铁斧、青砖等遗物，目前保存较好。2005年被批准为第三批自治区级重点文物保护单位。（WYX）

硝河古城址 硝河古城址位于固原市西吉县硝河乡老城村，属于宋代遗址，建于宋天圣六年（1028）。古城址平面呈长方形，靠山而建，东西宽270米，南北长570米。墙以黄土夯筑，残高3～7米，基宽18米，有北、南、西三道城门。城址周围有护城河，宽10米，深8米，遗址现在破坏严重。2005

年被批准为第三批自治区级重点文物保护单位。(WYX)

西安州古城 西安州古城位于海原县西安镇老城村，属于西夏至明代的遗址。城址平面呈长方形，南北长982米，东西宽980米，每边有19个等距离马面，相距50米。城墙存高4~8米，黄土夯筑，夯层厚8~12厘米。开东、西两门，其建筑带有典型的宋代风格。四周有护城壕，宽约35米。地表有大量的砖瓦、陶瓷残片，还曾出土过西夏官印一枚。2005年被批准为第三批自治区级重点文物保护单位。(WYX)

干城子古遗址 干城子古遗址位于吴忠市青铜峡市邵岗镇大沟西2.5千米处，属于明代遗址。遗址呈长方形，南北长250米，东西宽200米。城墙以黄土夯筑，基宽8.3米，高7米，夯层厚10~15厘米。东墙辟门，门外有瓮城，但只存北墙。城内散布有砖瓦等建筑材料和褐釉瓷片。2005年被批准为第三批自治区级重点文物保护单位。(WYX)

花马池古城址 花马池古城始建于明朝正统八年（1443），因为它地处塞外，孤立无援，所以最后改建在塞内，即是今天的盐池县城。古城址平面呈长方形，南北长约1400米，东西宽约1100米。城墙原以黄土夯筑，高8米，基宽12米，顶宽4~5米。有东面和北面两个门，东门称为永宁门，北门称为威胜门，万历三年（1575）的时候又开了南门，称广惠门。门外设有瓮城，四隅有角台。西墙设有马面，上面建有玉皇阁，今已不复存在。城外有护城壕，现为流沙所埋。2005年被批准为第三批自治区级重点文物保护单位。(WYX)

石沟驿古城址 石沟驿古城址位于银川市灵武市石沟驿镇，属于明代遗址。遗址平面呈长方形，东西长460米，南北宽300米。城墙用黄土夯筑，残高8米，基宽7米。城内距北墙50米处有一道与北墙平行的内墙，其高度比北墙稍高。城南开一门，高2.5米，现在下部已被流沙所埋。城楼的夯土台尚存，上面有大量砖瓦残片。2005年被批准为第三批自治区级重点文物保护单位。(WYX)

铁柱泉古城址 铁柱泉古城址位于吴忠市盐池县冯记沟乡铁柱泉西500米处，属于明代遗址。城平面呈方形，南北长385米，东西宽360米，存高4~8米，墙基宽10米，顶宽1~3米。东墙有一个门，门外设有瓮城。瓮城南北长28米，东西宽18米。城内散布有大量砖瓦和瓷器残片。2005年被批准为第三批自治区级重点文物保护单位。(WYX)

镇北堡古城址 镇北堡古城址位于银川市西夏区镇北堡镇东南，属于明代遗址。据考察古遗址始建于明弘治十三年（1500），毁于清乾隆三年（1738）的地震。遗址平面呈长方形，东西长175米，南北宽165米。城墙以黄土夯筑，高1~3米，基宽5米。东墙设有城门，青砖筑成拱形门洞，顶部还建有门楼。遗址地面散布大量砖瓦瓷片，保存较好。2005年被批准为第三批自治区级重点文物保护单位。(WYX)

昊王渠遗址 昊王渠遗址地跨银川市贺兰县、吴忠市青铜峡市和石嘴山市惠农区，属于西夏遗址，史称靖渠，俗称"李王渠"。西夏时为了解决贺兰山东麓沿山荒地的灌溉问题，挖了这条昊王渠。渠起自青铜峡峡口，由南向北经永宁、银川、贺兰后，自崇岗镇暖泉村进入平罗县境内，再沿贺兰山经崇岗镇长青村等地进入石嘴山市大武口区境内。昊王渠全长300千米，贺兰县段昊王渠遗址仅存长约1000米，渠宽35米，深约1~2米。青铜峡市段遗址渠宽12米，深约0.5~1.5米，长113千米。惠农区段遗址渠宽35米，深约2米。2005年被批准为第三批自治区级重点文物保护单位。（WYX）

老盐城古城址 老盐城古城址位于吴忠市盐池县惠安堡镇北9千米处，遗址始建于唐代。经考证，遗址平面呈长方形，南北长759米，东西宽728米。城中有墙将城分为东西两城。西城宽500米，东城宽228米。城墙以黄土夯筑，存高2~7米，基宽8米，顶宽4米，夯层厚16厘米，西墙辟门，外设瓮城。城四隅有角台，城外有护城壕，现为流沙所埋。地面散布有大量瓷片和砖瓦残片。2005年被批准为第三批自治区级重点文物保护单位。（WYX）

城阳古城址 城阳古城址位于固原市彭阳县城阳镇城阳村1千米处，属于新石器时代遗址。面积约4000平方米，文化层厚0.2~2.7米，暴露遗迹有人骨、白灰层。地面有泥质、夹砂红陶片，纹饰有划画纹、蓝纹、绳纹，器形有红陶碗、钵、单耳罐等，属马家窑文化类型。2005年被批准为第三批自治区级重点文物保护单位。（WYX）

盐城古城址 盐城古城址位于吴忠市盐池县老盐池村。据考证，崇宁元年（1102）筑。城址平面呈长方形，东西长610米，南北宽220米。城墙黄土筑成，基宽10米，残高4~6米。开东西两门，东边的叫定远门，西边的叫得胜门，外边绕了一圈城墙，地面散布有大量砖瓦及瓷器残片。2005年被批准为第三批自治区级重点文物保护单位。（WYX）

贺兰口沟遗址 贺兰口沟西夏遗址位于位于银川市西夏区洪广镇金山村西北10千米的贺兰口沟内，属于旧石器时代晚期到新石器时代的遗址。在这片台地上，采集到了长条形石刀，还有大量细绳纹泥质红陶残片。2005年被批准为第三批自治区级重点文物保护单位。（WYX）

回民巷窑址 回民巷窑址位于银川市灵武市宁东镇回民巷村西200米处，始建于西夏，元代进行了拓展。窑址位于石子沟西岸，面积约80万平方米。在岸边的断崖处，暴露出多处文化堆积和窑炉，堆积层厚度4~5米。窑内的瓷片分为有釉和无釉两种，有釉的主要以黑、白、青、褐为主，大多是生活器皿。窑址平面为马蹄形。窑炉以砖砌成，直径2.5~3.6米，高1.5米。2005年被批准为第三批自治区级重点文物保护单位。（WYX）

2. 古墓葬

明王陵 明王陵位于吴忠市同心县韦州镇周新庄村南，面积约1500平方米，是朱元璋的第十五子朱㮵及其子孙们的陵园，当地人称"明王陵"或"明庆王墓"。庆靖王陵墓平面呈长方形，陵墙存高0.2～0.5米，门向东。地面有砖瓦、脊兽、琉璃瓦等。墓冢呈圆丘形，底径30米，高约20米。墓室用磨光青砖筑，由甬道、前室、后殿及左、右配殿组成，均为券顶，全长18米，宽13米，高6米。据说，这里还葬有明代皇帝亲封的九世亲王和一位端和世子，以及庆藩王分封的诸王和嫔妃们，其中最早的一个陵墓距今已有600年。1988年被批准为第二批自治区级重点文物保护单位。（WYX）

关马湖汉墓 关马湖汉墓群位于吴忠市高闸镇西南5千米处，属于汉代墓葬，是一处较为密集的汉墓群。面积约6000平方米，共有200多座汉墓，包括莫茨墩、小梁子、关马湖等地点。墓葬形制有土坑墓、单室砖墓、双室砖墓、三室砖墓，有斜坡墓道，砖室墓多为穹隆顶、方形、长方形和六面。近年来先后出土陶制四合院、朱雀灯、铜行灯等文物数百件。1988年被批准为第二批自治区级重点文物保护单位。（WYX）

暖泉汉墓 暖泉汉墓群位于贺兰山东麓，共有西汉古墓120余座，面积约10万平方米，长3000米，东西约1000米，集中连片分布在贺兰县洪广镇境内的金山地区。墓葬形制有土坑墓、前后两室和三室墓。墓室中的陪葬品有陶器、木器、铁器、玉器等。墓群气势恢弘，是研究西汉时期墓葬文化的重要佐证，也是研究西汉时期宁夏政治、经济、军事、文化发展的科研基地。1988年被批准为第二批自治区级重点文物保护单位。（WYX）

兵沟汉墓群 兵沟汉墓群位于兴庆区月牙湖乡黄里岗村南1.5千米处。面积约6000平方米，地面有40余座大小墓冢，呈馒头形，最大的直径16米，存高3～4米，部分墓葬被盗。兵沟汉墓有单葬墓、合葬墓，从内部结构看，有砖墓室、木墓室、石墓室、土墓室，墓室内呈拱形，用子母青砖箍建，墓室宽敞，是目前该区发现的最集中、分布最广、数量最大的汉代墓群，具有极高的文物考古价值。出土有铜车马具和陶壶、仓、灶等。2005年被批准为第三批自治区级重点文物保护单位。（WYX）

东塔古墓群 东塔古墓群位于吴忠市东塔寺乡塔寺村，属于魏晋到宋代的古墓群。面积约4万平方米，有墓葬100余座，以唐墓为主。均为砖室墓，斜坡墓道，墓顶多被毁坏。随葬品大多是陶质塔形罐、双耳罐为主，共出土铜、铁、玉、瓷、陶等各类器物1000余件，尤其"吕氏夫人墓志铭"的出土，为确定"唐灵州就在吴忠"提供了证据。东塔古墓群为研究宁夏地区的唐代墓葬形制、唐代吴忠地区政治、经济、军事和文化，以及确立唐代灵州区域的具体位置提供了较为重要的资料。2005年被批准为第三批自治区级重点文物保护单位。（WYX）

3. 古建筑

镇河塔 俗称东塔，位于灵武市东塔镇东塔村东南1千米处，是一座八角形楼阁式空心砖塔，底直径13.5米，面宽5.1米，通高43.6米。塔身11层，塔心是厚壁空心式木板楼层结构，室门朝向西面，原有木梯可以盘旋而上。塔身逐渐收缩，每层高度递减。塔顶为八面琉璃座，上托蓝色琉璃宝瓶形塔刹。塔门向西，门额上写着"镇河"二字。1963年被批准为第一批自治区级重点文物保护单位。（WYX）

岳飞送张紫岩北伐诗碑 岳飞送张紫岩北伐诗碑原碑高2米多，宽1米多，碑文共5行。第1行为"送张紫岩北伐"，2、3、4行是诗，最后一行为"绍兴五年秋日岳飞口"。清乾隆五年（1740）因为地震碑丢失，后找到后仍立在忠武庙内。此碑"文化大革命"前尚存于银川市中山公园内，"文化大革命"时毁弃，现碑于1993年重新修复后所得。1963年被批准为第一批自治区级重点文物保护单位。（WYX）

璎珞宝塔 璎珞宝塔又名文昌塔，坐落在彭阳县冯庄乡小湾村西北，建于明代嘉靖年间。塔前临深涧，背靠山坡。平面呈八角形，是一座七层楼阁式砖塔，通高15米。塔身最底层边长1.6米，东面辟门，高约1米，用石头筑成。塔壁上嵌有一块石匾，上面书写有"璎珞宝塔"的四字。璎珞宝塔是宁夏南部山区现存的唯一一座明代古塔，具有较高的历史、科研和艺术价值。1988年被批准为第二批自治区级重点文物保护单位。（WYX）

贺兰山石刻塔 贺兰山石刻塔位于贺兰山北端，一共七座。石嘴山市西北15千米的涝坝口有2座，称作涝坝沟摩崖塔，两塔并列，相距1.5米，造型相同。塔呈三角形，由须弥座塔座、覆斗形塔身和宝珠形塔刹等三部分组成。塔身近下部凿有方形佛龛。石嘴山市西北16千米的大枣沟内有5座，叫做大枣沟摩崖塔，其中南侧3座、西侧2座。塔均为覆钵式，大小略有差异，均有塔座、塔身、塔刹三部分。塔座多为三层须弥座，中间凿佛龛。塔身为覆钵式，外侧以阴影线条勾画轮廓。塔顶有刹座、刹身和塔顶。1988年被批准为第二批自治区级重点文物保护单位。（WYX）

银川钟鼓楼 银川钟鼓楼位于银川市兴庆区鼓楼北街，是清道光元年（1821）修筑的，光绪三十四年（1908）的时候进行了重建。台基呈正方形，高8.5米，边长24米。台基下辟有门洞，宽5米，四面洞额石刻上的字都是道光年间宁夏知府赵宜喧手书的。台基正中为十字歇山顶的三层楼阁，有木梯可上去。鼓楼不仅是一处古建筑，而且还是一处革命旧址。1988年被批准为第二批自治区级重点文物保护单位。（WYX）

华严塔 华严塔位于中卫市中宁县恩和镇华寺村南500米处，据考证初建于明，清乾隆二年（1737）重修。华严塔属于楼阁式砖塔，平面呈八角形，边长1.64米。塔基方形，高5米，塔身七层，通高25米。覆斗状塔顶，上置桃形攒尖琉璃塔刹，边宽1.64米。塔原建在寺中，但寺庙早毁。2005年被批准为第三批自治区级重点文物保护单位。（WYX）

牛首山寺庙群 牛首山寺庙群位于吴忠市青铜峡市峡口镇南10千米处，始建年代没有办法去考证，只知道在清代的时候经过了重建。牛首山又称牛头山，古代名青山、回乐峰、金鸡山，山上建有大小寺庙40余座。寺庙分东、西两大区，其中东寺庙28座。西寺区占地约2.5平方千米，坐东朝西，主要寺庙有大西天、小西天、观音台、万佛阁、白子观音洞、滴水寺和净土寺等。2005年被批准为第三批自治区级重点文物保护单位。(WYX)

平罗钟鼓楼 平罗钟鼓楼位于石嘴山市平罗县城中心，据传始建于明万历二十五年（1597）。钟鼓楼建在方形台基上，台基边长13米，高4米。台基以砖石券呈十字形通道，台下设南北向拱形门洞。台基上建楼，高11米。钟楼为重檐三滴水，内部实为两层，上层为财神阁，下层为洞宾殿。2005年被批准为第三批自治区级重点文物保护单位。(WYX)

武当庙 武当庙位于石嘴山市大武口区韭菜沟口，旧名寿福寺，始建年代无法考证。武当庙占地1.2万平方米，建筑面积0.43万平方米。庙依山而建，大门朝南，在中轴线上从北向南依次是山门、灵观殿、观音梁、无量殿、多宝塔、大佛殿，两侧有配殿、僧房、回廊、钟鼓楼。多宝塔是一座5层楼阁式砖塔，平面呈折角四边形，高25米，边长5.25米，每层四面设有券门或佛龛，刹座为覆斗状，刹顶为桃形攒尖式，现在保存较好。2005年被批准为第三批自治区级重点文物保护单位。(WYX)

中卫鼓楼 中卫鼓楼位于中卫市城区文昌镇，最初建造于明崇祯年间，是一座长方台基拱洞的楼阁式建筑。鼓楼南北长22.4米，东西宽16.65米，通高23米，共3层，十字形歇山顶，四角有角楼。基座是砖砌长方形台基，下部有十字形拱券通道。楼内塑有文昌、雷神、观音等，基座拱洞的十字中心穹顶上有八卦藻井。2005年被批准为第三批自治区级重点文物保护单位。(WYX)

南门楼 南门楼又称南熏门，位于银川市兴庆区中山南街与南熏东街交汇处，始建于明朝，清乾隆三年（1738）毁于地震，后又经历过几次重建。整个建筑高27.5米，台基为砖包夯土砌成，高7米，东西长33米，南北宽24.5米，台下设南北向拱形门洞，台基上建有歇山顶重檐两层楼，名南熏楼，高20.5米，面阔五间，进深五间。2005年被批准为第三批自治区级重点文物保护单位。(WYX)

4. 石窟寺及石刻

石空寺石窟 石空寺石窟位于中宁县余丁乡金沙北村的双龙山上，又有一名叫"大佛寺"，宁夏史志有创始于唐、西夏或元的说法。石空寺原有焰光洞、九间无梁寺、卧佛洞、灵光洞、龙王洞等13座石窟，其中九间无梁寺窟最大，宽12.5米，进深7.24米，后壁泥塑一铺五身像，本尊是释迦牟尼坐像。窟前石壁下修有寺院，寺院内有砖木结构的三层大殿、山门、钟楼、鼓楼、戏楼、禅房、斋房等，是在我国西部地区很有影响的一座佛教寺院。现存的各洞窟塑像和壁画大部分是明清遗物。1963年被批准为第一批自治区级重点文物保护单位。(WYX)

无量山石窟 无量山石窟位于彭阳县城西北约25千米的川口乡田庄村，后面是无量山，前面是石峡河。据考察无量山石窟建于宋天圣十年（1032）。佛像雕刻在半山腰的石崖上，共有两处，相距50米，坐南朝北，沿石峡河东西排列。第一处有佛像20尊，中间那一尊佛像双腿盘坐在莲花台上，两个菩萨侍立于两旁，两侧为护法神。两边共雕16尊罗汉像。石像最高为70厘米，最低为35厘米，较完整的有6尊。第二处共有佛像5尊，东边为一座像，高1.72米，西边雕有三座佛像，并排而坐，各佛高2.7米，再往西边，一佛像已毁，旁边大佛下有一尊小佛像无头，崖壁上刻有题记。1988年被批准为第二批自治区级重点文物保护单位。（WYX）

火石寨石窟 火石寨石窟位于固原市西吉县火石寨乡，又称扫帚岭石窟。从北魏开始凿造，开凿在高约113米、长约330米的石壁上。四面悬崖，唯有东南角有石级可登。现存大佛殿、菩萨殿、万寿宫等石窟30孔。窟形多为长方形平顶式，少数圆形穹顶式。其中一个长方形大佛殿深9米，宽6.1米，高5.45米。共有石窟佛4座，其一高4.5米，腹围4.4厘米，铜造像3座，高度大约46.5厘米。2005年被批准为第三批自治区级重点文物保护单位。（WYX）

石窟寺石窟 石窟寺石窟位于固原市隆德县城关镇金联村东500米处，始凿于宋代，又叫龙凤山石窟寺。该石窟坐北朝南，近山顶处有五孔石窟。大雄殿在中间，窟室平顶，高2.3米，长2.7米，宽2.8米。另外还有无量殿、大士殿、文昌殿、玄圣殿在旁边耸立。石窟前有《福寿碑记》一通，高0.8米，宽0.57米，厚0.075米，记载了该石窟明万历三十四年（1606）重修经过。2005年被批准为第三批自治区级重点文物保护单位。（WYX）

石窑湾石窟 石窑湾石窟位于固原市泾源县新民乡张家台村东800米处，属于宋代遗址。石窟开凿在石嘴河北岸的山峰崖面上，长约30米，宽约20米，共有四个洞窟，自西向东依次排开。第一窟宽2米，进深2.1米，高1.15米，后壁凿佛像一尊；第二窟宽2.18米，进深1.6米，高1.5米左右，有两个小龛，佛像已有残缺；第三窟实际上是一佛龛，宽0.65米，高0.76米，进深0.17米；第四窟宽2.9米，进深1.9米左右，东西两壁有对称的5尊佛像。因年久失修，风化严重，毁坏严重。2005年被批准为第三批自治区级重点文物保护单位。（WYX）

天都山石窟 天都山石窟位于中卫市海原县西安镇古城村西7.5千米处，属于宋代到西夏的文物古迹。因民间传说在天都山中发现过金牛，故此窟又叫金牛寺。该石窟坐西朝东，长约2000米，有窟30余孔，现存6个洞窟，大小殿宇13座。窟内造像在"文化大革命"中被毁坏，只保留了长方形平顶直壁洞窟，宽5~7米，进深9~13米。窟群台及山坡地面散布有砖瓦碎片，琉璃屋顶等建筑构件。2005年被批准为第三批自治区级重点文物保护单位。（WYX）

干沟题刻 干沟石刻位于石嘴山市平罗县崇岗镇常胜村西5千米处，刻于明代嘉靖二十七年（1548）。在干沟南岸的石壁上，刻有题记一方。该题刻的刻面高84厘米，宽55厘米，有槽线，字体为楷书。题记记载了新设宁靖外口关墙和烽火台一座的修筑情况，以及19名守备人员的名单。2005年被批准为第三批自治区级重点文物保护单位。(WYX)

四眼井岩画 四眼井岩画位于青铜峡市广武乡口四眼井。放眼望去，在延绵1000米的山崖上刻有300多幅岩画，大多是较坚硬的石头敲凿而成。这些岩画形态各异、生动活泼，内容丰富，其中动物图案最多，主要有羊、鹿、骆驼、蛇等。另外还有骑马狩猎、追杀猎物的画面，以及舞蹈图、人物图，多为裸体。该岩画遗址保存较好。2005年被批准为第三批自治区级重点文物保护单位。(WYX)

大西峰沟岩画 大西峰沟岩画位于石嘴山市平罗县崇岗乡暖泉村西5千米，具体时代现在已经无法考证。大西峰沟距平罗县县城30多千米，又称"西伏沟"或"西佛沟"。在大西峰沟北侧的石壁上，有岩画100余幅，相对集中在2处，题材以牛、马、羊、鹿、狗及人物头像为主，其中以公牛图、虎图、奔牛图的艺术水平最高。该地区岩画的刻制方法为凿刻法和磨刻法，图案有线条凿刻，也有通体凿刻，具有较高的历史文化价值。2005年被批准为第三批自治区级重点文物保护单位。(WYX)

大麦地岩画 大麦地岩画位于中卫市镇罗镇北20千米处。范围东西长4000米，南北宽3000米，主要集中在大麦地一带的山石上。有岩画1000余幅，单体图像4200多个。制作方法有刻磨、敲击、线刻、凿磨四种。岩画内容丰富，形象生动，题材多以动物为主，有羊、鹿、虎、豹、牛、狼等，另外还有文字、符号、栅栏、狩猎图、舞蹈图等，再现了古代游牧民族的丰富生活和文化内涵。2005年被批准为第三批自治区级重点文物保护单位。(WYX)

黄羊湾岩画 黄羊湾岩画位于中卫市中宁县余丁乡黄羊湾村，属于贺兰山南端岩画的一部分。黄羊湾岩画较为集中，在直隶墩烽火台附近都有岩画的分布。岩画数量较少，大约有100余幅。内容有人物、羊、鹿、狼、马、虎等，该岩画的刻制方法是凿刻，现在保存较好。2005年被批准为第三批自治区级重点文物保护单位。(WYX)

石马湾岩画 石马湾岩画位于中卫市中宁县石空镇白马湖西北10千米处，年代可以追溯到新石器时代，最晚也是西夏时期的作品。在山沟的两侧山崖上刻有羊、马、驼、狼等各种动物图画，凿刻而成，线条比较粗犷，构图精美，有较高的艺术价值。2005年被批准为第三批自治区级重点文物保护单位。(WYX)

白芨沟赭色岩画 白芨沟赭色岩画位于石嘴山市大武口乡杏花村西北15千米处，制作年代可以追溯到汉代。该岩画作在一处岩崩的后壁上，在高约8米、宽10米的崖壁上，绘有42幅岩画。内容有马、驴、羊、狗、放牧、狩猎等。是宁夏贺兰山众多岩画中唯一一处彩绘岩画。2005年被批准为第三

批自治区级重点文物保护单位。(WYX)

大水沟题记 大水沟题记位于石嘴山市平罗县崇岗镇西12千米的大水沟内，属于明代遗迹。石壁上一共有石刻题记四方：一方刻面高46厘米，宽92厘米，记录了明万历十一年（1583）一座庙宇开光的概况；一方高42厘米，宽42厘米，记录了明万历元年（1573）宁夏巡抚、宁夏总兵到此巡抚情况，另两方刻面模糊不清，没有办法进行考证。2005年被批准为第三批自治区级重点文物保护单位。(WYX)

石灰窑石刻 石灰窑石刻位于银川市西夏区苏峪口内，属于西夏至元代的遗迹。在石灰窑沟一侧的崖壁上，陆续雕刻着四幅佛像，这四幅佛雕就是苏峪口摩崖石刻。这四幅佛像中，距离苏峪口最近的一幅坐佛高3.38米，宽2.88米，阔面方耳，神态安详，手拿罗伞盘腿端坐在莲花台座上，衣纹刻画得极其华美。另外三幅佛像均在路边，最大的佛像高9.3米，宽6.5米，仅头部就高2.1米，宽1.55米，造型浑厚，双手屈至胸前呈花瓣状，双腿盘坐在莲花台上。在他的旁边，有一幅并列的小佛像，腿短有尾，双眼圆睁。这些佛像都属于浅浮雕作品，刻工精细，技法娴熟。几处佛像下均有梵文，除一处被毁外，其余几处均完好无损。2005年被批准为第三批自治区级重点文物保护单位。(WYX)

5.近现代重要史迹及代表性建筑

高庄滩红军西征遗迹 高庄滩遗迹位于同心县马家高庄乡沟滩村。1936年，中央红军西征来到这里，墙上书写有美国著名记者埃德加·斯诺对红军指战员所作的《演讲词》《支部工作栏》《宣传大纲》等，反映出国际友人对红军的支持和西征时红军生动活泼的政治生活。遗迹平面呈正方形，高14米，边长200米。墙以黄土夯筑，十分坚固。堡内北面正中有木结构的上房几间，长11米，宽9米。1963年被批准为第一批自治区级重点文物保护单位。(WYX)

财神楼 财神楼位于宁夏固原市原州区的过店街，始建年代不详，现存是清代光绪四年（1878）重修过的。基座是过洞式的，用青砖砌成，长22.3米，宽10.36米，高4.1米。门洞宽3.3米，高3.1米。基座上的建筑是单层歇山顶楼阁，平面呈长方形，东西长6.75米，南北宽6.4米，建筑面积42.8平方米。在财神楼的庙墙上有松鹤牡丹造型的精美砖雕，还有砖雕牌匾，建筑结构精巧。中华人民共和国成立后，财神楼曾被废弃，后成为原固原县民族诊疗所办公地。2005年被批准为第三批自治区级重点文物保护单位。(WYX)

城隍庙 固原城隍庙位于固原市原州区政府街，占地约6700平方米，最初建于明朝景泰元年（1450），清代重修。现存建筑主殿分前、中、后三层，依次排列。前殿面阔五间，宽10.5米，进深12.6米，内有明柱八根。中殿面阔五间，宽16.5米，进深10.26米，内有明柱十根。后殿面阔15.9米，进深10.6米。三殿都是单檐悬山顶式建筑。除了建筑的雄伟让人印象深刻，固原城隍庙门前的"铁抱铜"狮子也非常有名，匠心独运。2005年被批准为第三批自治区级重点文物保护单位。（WYX）

二十里铺拱北 二十里铺拱北又名南古墓寺，位于固原市原州区开城镇。相传成化二年（1466）始建，后因很多自然和人为的因素，多次被损毁，光绪二十五年（1899）重修。二十里铺拱北占地9万多平方米。有一栋悬山顶大殿，面阔五间，上覆琉璃瓦，门楣和支柱有精美木雕。大殿后是六角形单层砖砌塔墓，北面有高10米、宽18米的照壁。二十里铺拱北的建筑格局及风格充分体现了伊斯兰文化与中国传统文化融汇的特征，显示了两种文化交融的强大凝聚力。2005年被批准为第三批自治区级重点文物保护单位。（WYX）

板桥道堂 板桥道堂位于吴忠市板桥乡板桥村内，建于光绪年间，原为一所回族哲赫忍耶派传教的学堂。占地面积1万平方米，由礼拜大堂、厢房、接待室、沐浴室组成。礼拜大堂坐西向东，面阔五间，进深四间，前面有回廊环绕，是一座砖木结构的单檐歇山顶式建筑。大门为卷棚琉璃瓦顶，东侧安葬有哲赫忍耶第七代教主及其父母。墓葬均为石雕圆顶式，长3.3米，宽1.9米，进深1.21米，上刻有《古兰经》祈祷词。2005年被批准为第三批自治区级重点文物保护单位。（WYX）

洪岗子道堂 洪岗子道堂位于中卫市中宁县下流水乡红岗子村东400米处，又名洪门道堂，是伊斯兰教苏菲派虎夫耶门宦洪门教主洪寿林的陵寝，清光绪二十四年（1898）建立。洪寿林，字海如，道号撒哈布·伊玛尼，一生热爱回族教育事业，民国时创办了"海如女子学校"，后在宁夏同心县洪岗子设立道堂，进行传教。洪海如1936年去世后，家属为其修建了拱北，供教众念经祈祷。拱北内由拱北、道堂、清真寺三大建筑组成，内有高4米、长3米的墓盖石。纪念活动日为每年农历七月十六日至七月二十四日。2005年被批准为第三批自治区级重点文物保护单位。（WYX）

九彩坪拱北 九彩坪拱北位于中卫市海原县九彩坪乡九彩坪村，始建于同治二年（1863），后又经多次翻修重建。九彩坪拱北占地面积4000平方米，分为山顶拱北区、七祖静室道堂区、山下拱北礼拜区、堡子区女客住宿区、山洼绿化区、加工及其他区六个部分。山门两侧是墓室。西院有拱北的主要建筑中和堂，主要由大卷棚、东西小卷棚、八卦亭组成。亭下面有砖雕墓座，中部有左右各一圆形窗。窗上有吊垂牙子板、如意彩、鸽子台、琉璃瓦等建筑构件，顶部为攒尖顶，上面放置了宝瓶、新月。西院建筑物均以水磨砖雕装饰，结构精巧。2005年被批准为第三批自治区级重点文物保护单位。（WYX）

文澜阁 文澜阁位于固原市原州区，属于清代建筑，又叫魁星楼，占地约200平方米。台基为圆锥形，底径26米，高12.3米。台上建有三重檐亭式阁楼，第一层高4米，第二层高3米，第三层高2.8米，顶高2.9

米,总高12.7米。平面呈六角形,内外两排列柱,内有金柱上通至檐。各柱之间相互连接,上檐内部为攒尖式,顶以筒瓦覆盖,各翼角向上翘起。2005年被批准为第三批自治区级重点文物保护单位。(WYX)

单南清真寺 单南清真寺位于固原市西吉县兴隆镇单南村内,建于清朝光绪年间。寺院东西长67.5米,南北宽38.5米,由一座大殿、五间厢房、四间沐浴间组成。大殿坐西朝东,面阔五间,进深二间,属于单檐歇山顶建筑,前有抱厦。1935年长征时毛泽东经过这里,并在此住宿。这里也就留下了一代伟人毛泽东及老一辈无产阶级革命家的足迹。2005年被批准为第三批自治区级重点文物保护单位。(WYX)

马月波寨子 马月波寨子位于吴忠市利通区东塔寺乡塔寺村,是当地著名回族商人马月波的宅院。寨子东西长78米,南北宽93米,高7.5米,基宽3.6米。主屋一共有5间,进深2间,东西厢房各5间。堂屋和厢房都是有廊的平顶建筑,还有垂花木刻的砖雕墙,是西北典型的回族建筑。2005年被批准为第三批自治区级重点文物保护单位。(WYX)

沙沟回教陵园 沙沟回教陵园位于固原市西吉县沙沟乡沙沟村内,是一座伊斯兰教陵园。在东西宽150米、南北长200米的山坡上,分布着上千个冢。大的坟堆高3米,底径5米。现存石碑、砖碑500余块,碑最早立于明代,但清代、近代居多。2005年被批准为第三批自治区级重点文物保护单位。(WYX)

民国宁夏政府旧址 民国宁夏政府旧址位于银川市兴庆区进宁北街,建于民国初年,1934年进行了扩建。1929年宁夏省正式成立,共经历了四任主席,其中马鸿逵任职时间最长。该建筑就是民国历届宁夏省政府主要官员的办公场所。建筑平面呈"工"字形,坐北朝南,长31米,宽21米,高6.5米,全部为砖木结构。屋顶四周砌有0.6米高的女儿墙,现在保存完整。2005年被批准为第三批自治区级重点文物保护单位。(WYX)

李塬畔革命旧址 李塬畔革命旧址位于吴忠市盐池县后洼乡李塬畔村,1947—1949年期间是中共盐池县委和政府驻地。院落东西长34米,南北宽27米,自西而东,第一孔为灶房,第二孔是办公室兼首长宿舍,第三孔是警卫员住宿兼马厩,窑洞为穹隆顶、菱格窗。2005年被批准为第三批自治区级重点文物保护单位。(WYX)

小岔沟革命旧址 小岔沟革命旧址位于固原市彭阳县小岔沟村,属于近现代具有代表性的革命旧址。1935年10月7日,毛泽东、张闻天、王稼祥等率领中国工农红一方面军翻越六盘山,当晚,毛泽东住宿在小岔沟村张有仁宅院中间的窑洞里,这是毛泽东平生第一次住在冬暖夏凉的土窑洞中。现在窑内保存有毛泽东当年用过的六条腿柜、炕桌、带"福"字雕花木椅、案板、水缸等生活用具。2004年3月,该遗址更名为"毛泽东长征宿营地",并被彭阳县委、县政府确定为爱国主义教育基地。2005年被批准为第三批自治区级重点文物保护单位。(WYX)

二 非物质文化遗产资源

（一）国家级非物质文化遗产项目

1. 民间文学

回族民间故事 回族民间故事是回族民间文学，主要流传于宁夏回族自治区南部山区固原市泾源县。泾源回族民间故事的历史最早可以追溯到唐朝时期，如《回回原来》《魏徵梦斩泾河老龙》《柳毅传书》等，在千百年的历史发展中千锤百炼，最终形成了现在的故事形态。泾源回族民间故事包括神话、传说、故事、笑话；从题材内容上看，有神话传说，有回回的来历、回汉自古是亲戚、回回识宝的传说等史事传说，有回族历史人物传说，以及回族结婚追马传说、回族风俗传说、风物传说。其中具有代表性的是回族历史及其风俗相关的传说故事，如《真主造人》传说、《法图麦》的传说、《斜贴茶壶》传说、《朵儿茶》的来历，等等。回族民间故事的传承者一般是回族中见多识广、头脑清楚、记忆力强的回族老人。他们在心情舒畅、劳动闲暇时，与晚辈们坐在一起，通过讲故事，既教育了后辈，又使其学到知识，还调剂、丰富了人们的精神生活。为保护泾源回族神话传说，从2007年4月开始，泾源县文化馆对泾源回族民间故事进行全面的普查、搜集、登记工作，采集整理民间故事500多篇，先后出版了《泾源民间故事》《泾源神话传说》《六盘山民间故事——泾源卷》《泾源回族民俗》《泾源回族技艺》《泾源回族踏脚》《泾源回族花儿》《王洛宾与五朵梅》。2014年被列入第四批国家级非物质文化遗产名录。（WXW）

2. 传统音乐

宁夏回族山花儿 宁夏回族山花儿俗称干花儿、山曲子、野花儿，主要流传于宁夏回族自治区六盘山地区。从历史看，"山花儿"继承了陇山地区古代山歌（徒歌、相合歌、立唱歌）特征，《诗经·豳风》《汉魏南北朝乐府》中的《陇山歌》《陇板歌》《陇原歌》即其先声。由于六盘山地处中原文化与草原文化交界地带,因此,宁夏回族山花儿呈现更多过渡文化和边缘文化的特征。回族山花儿一般是自唱自娱和小范围传唱,歌词继承了陇山民歌的"三句一叠",多以单套短歌的形式即兴填词演唱,曲调也继承了古陇山徒歌四声、五声徵调特征,同时也吸收了信天游、爬山调、洮岷花儿、河湟花儿以及伊斯兰音调的多种影响,多用五声音阶式迂回进行。宁夏山花儿的内容和表现类型可以分为劳动歌、时政歌、情歌、儿歌、叙事歌等多种类型,代表性的山花儿有《割韭菜》《送阿哥》《紫花儿》《你这个姑娘好打扮》等。随着城市化进程的推进,传统生产与生活方式发生了很大变化,加上各种新文化的冲击,原生态的山花儿赖以生存的原生态地域文化也在发生变化,失去了演唱的空间和环境,亟需保护。2006年以"花儿"项目被列入第一批国家级非物质文化遗产名录。(WXW)

回族民间器乐 回族民间器乐主要包括流传于宁夏回族自治区的哇呜、咪咪、口弦等回族民间乐器。据史家考证,宁夏哇呜、咪咪、口弦分别是汉唐以来在宁夏流传的古乐器埙、羌笛、芦管、簧的流变和遗存。唐太宗李世民《饮马长城窟行》诗中有"胡尘清玉塞,羌笛韵金钲",李益《夜上受降城闻笛》有"不知何人吹芦管,一夜征人尽望乡"的诗句,均是亲临古代宁夏灵州并对本地流行器乐的记述。经过历史的变迁,这些乐器在我国汉族和其他少数民族中已十分少见,但是在20世纪还在宁夏回族群众中流行。宁夏回族民间器乐在制作工艺、弹唱艺术、演奏技艺方面都有独到之处,尤其是其形制上多喜欢镶嵌本民族艺术图案、线条,雕刻阿拉伯文书法等,因此具有鲜明的回族文化特征。回族谚语"哇呜唱,庄稼长,咪咪吹,牛羊壮",生动形象地表现了回族器乐在民间日常生活中的地位和作用。回族民间器乐最具代表性的是哇呜、咪咪、口弦、羊头弦子、转鼓等。由于宁夏回族器乐生存的土壤正在迅速消失,器乐传承遇到了危机。近年来,政府加强了对非物质文化遗产的保护,加之回族器乐制作别具特色,可以走产业化的路子,因此保护与传承的空间较大。2006年被列入第一批国家级非物质文化遗产名录。(WXW)

北武当庙寺庙音乐 北武当庙寺庙音乐是位于石嘴山市大武口区西北约5千米处的贺兰山九泉口的北武当庙(又名寿佛寺)的佛教音乐,主要流传于宁夏全境,内蒙古磴口、甘肃平凉、陕北西部等地区。北武当庙的寺庙音乐与北京潭柘寺佛教音乐极有渊源:光绪年间北武当庙僧人广煜曾修学于北京潭柘寺,曾为清代皇宫念经负责主持音律的僧人维那师后来也把京城皇家音乐带到了北武当庙。北武当庙寺庙音乐的文化特征之一在于记谱方式独特。北武当庙寺庙音乐的文乐唱谱是用我国古代"工尺谱"的记谱方法记录下来的;而武乐,是用我国古代一种对打击乐器竖行式的记谱方法记录下来的,又名"渣渣子",是北武当庙佛教音乐最具价值的部分。北武当庙寺庙佛教音乐的另一特征是融合了其他宗教音乐,从整理出来的资料来看,北武当庙最为流行的是藏传佛教音乐、蒙古族佛教音乐、汉族佛教音乐,而以汉族佛教音乐为主,同时融入民歌、小调,再加上宫廷音乐的润色,南北佛家的唱腔互渗,形成浓郁的音乐特色。北武当庙寺庙佛教音乐最具代表性的文化遗存是其特殊的记谱方式"渣渣子"。"渣渣子"与"工尺谱"结合起来,接近于现在的简谱或五线谱,既有了音阶,又有了音符,便可构成基本的乐谱。演奏时一般是一人一件法器,与唱念、笛笙等乐器合起来,众僧共同演奏、唱念。主要用于祝圣法事、大型集会(如迎大法师、贵宾等)活动。北武当庙寿佛寺原留存佛教音乐工尺谱八百多首,"渣渣子"谱三百余首,现仅存有师弟子相传的常用曲谱几十首。2008年以"佛教音乐"项目被列入第二批国家级非物质文化遗产名录。(WXW)

3. 传统戏剧

秦腔 秦腔又称乱弹、"梆子腔"(因其以枣木梆子为击节乐器而得名),俗称"桄桄子"(因以梆击节时发出"桄桄"声得名),流行于我国西北的陕西、甘肃、青海、宁夏、新疆等地。秦腔起于西周,源于西府(核心地区是陕西省宝鸡市的岐山与凤翔),成熟于秦代。隆德县位于六盘山西麓、宁南边陲,处于中原文化与西北游牧民文化交流融合地带,因此,深受陕西秦腔表演艺术影响。隆德县秦腔有着深厚的艺术积淀和群众基础,曾涌现过一批具有一定知名度的秦腔表演艺术家。秦腔四大名旦之一、第十九届戏曲梅花奖得主柳萍,就是隆德县当代秦腔艺术的代表艺术家。近年来,隆德县文广局带动秦腔爱好者,成立了隆德县秦艺社,秦艺社先后排演了秦腔折子戏《香山寺还愿》《三娘教子》《背舍》《二进宫》等19个秦腔剧目,丰富了城乡居民的精神文化需要,也使这种非物质文化得以传承与保护。2014年以"秦腔"项目被列入第四批国家级非物质文化遗产名录。(WXW)

4. 曲艺

宁夏小曲 宁夏小曲又称宁夏坐唱,属于说唱艺术门类,主要分布于宁夏北部的银川、永宁、贺兰、中宁、中卫、盐池、平罗等地。宁夏小曲源于民间"宝卷""银川说书"等长期流传于宁夏北部的民间曲艺形式,曲调借鉴了北京西河大鼓的韵味,与宁夏回族民间小调融合,从而形成自己独有的艺术形式,综合了语言、文学、音乐、戏曲、杂技表演等多种传统艺术因素。其表演形式通常是唱小段子时为一人手拿梆子击节站唱,另一人操三弦弹奏;若演唱篇幅较长的曲目时,则采取二人坐唱,即一人弹三弦或拉胡琴伴奏主唱,另一人持简板、梆子等击节帮腔。宁夏小曲具有代表性的曲目有《马仲英打宁夏》《孙殿英打宁夏》《抓匪小调》《马家抓兵》《拨兵小曲》《珍珠倒卷帘》《红军打宁夏》《烟花女》《童养媳》《小女婿》等。由于宁夏小曲的传承方式必须依靠师徒之间的口传心授与耳濡目染，而愿意接受这种传承的学生的匮乏，使宁夏小曲目前面临濒危状态。2014年被列入第四批国家级非物质文化遗产名录。（WXW）

5. 传统美术

杨氏家族泥塑　泥塑也叫彩塑，是雕塑艺术之一，也是我国传统五大雕塑传统（陶、木、石、铜、泥）的重要组成部分。隆德县温堡乡杨坡村老人杨栖鹤家族的泥塑艺术在宁夏民间泥塑中最具代表性。杨氏家族泥塑闻名于陕、甘、宁地区，号称雕塑世家。据《隆德县志记》载，泥塑起源于唐宋时期，在大宋绍兴年间就誉满四方，在明、清两代走向成熟。生于清朝道光年间的杨魁山为杨氏家族第一代泥塑传人，他早年离乡拜访名师，学成后传给儿子杨庭府、杨庭壁二兄弟并开作坊，经营泥塑谋生。杨家泥塑制作技艺程序复杂，要经过配料、酿泥、造像、敷彩等二十多道工序。泥塑制作的关键环节是泥的酿配过程，而隆德县的地貌类型分为黄土丘陵沟壑区、阴湿土石山区、河谷川道区，这些区域都有取之不尽的优质红胶土，为泥塑过程中的泥的酿配提供了优质材料。根据作品和创作要求选用不同类型的土进行酿泥，在胶泥中掺上细细的纸筋、黄细沙或胡子麻毛等，然后用力揉制，直至泥团表面红亮、柔软绵软即可使用。造像是泥塑最基础的工序。完成姿态、神采各异的造型后，再进行泥塑的敷彩工序。在上彩这道工序中，从打底色到开描总计有二十多道工序，是杨氏泥塑的独门绝技，全由手工完成。杨氏家族泥塑通过几代人的努力，吸收借鉴民间各种艺术之长，初步形成了集泥塑、绘画、木刻、剪纸、烫花为一体的"杨氏家族艺术"风格。2011年年底，"杨氏彩塑"传承基地成立，人才培训与传承都有了培训的平台。2008年以"泥塑"项目被列入第一批国家级非物质文化遗产扩展项目名录。（WXW）

回族剪纸　剪纸又叫刻纸，是一种平面纸质镂空雕刻艺术。剪纸在宁夏是非物质文化遗产的主要表现形式之一，主要流传于隆德县和海原县兴仁镇。从历史看，剪纸起源于汉代，到南北朝时期已经相当精熟。宁夏回族剪纸是回汉文化交流的产物，其题材大都以人物、动物、草木花卉为主，可贵的是它能借生活中常见的事物，通过谐音、象征等手法，构成寓意性很强的艺术画面。回族民间剪纸主要种类有民间窗花，民间贴花（墙花、门、灯花、喜花），民间节日门挂，刺绣的底样，鞋衣或各种各样材料剪影等。回族民间剪纸除了表现花鸟鱼虫用于环境装饰和点缀外，大多数和当地的各种民俗活动包括各种传统的节日、礼俗以及人的生、婚、寿、丧分不开，以造型生动、剪工精湛、题材多样而有名。回族剪纸具有代表性，流传较广的纹样有"龙凤呈祥""双喜梅""鱼戏莲""凤鸟牡丹""麒麟送子"等纹样，反映了早期人类祈求子孙繁衍、生殖崇拜的原始文化在民俗中的积淀，也表现了世人对男女配偶、爱恋、和睦、幸福的向往。随着人们居住环境的变化，剪纸也逐渐失去了其赖以生存的物质基础，其生存空间渐趋狭小，亟需保护。2014年以"剪纸"项目被列入第四批国家级非物质文化遗产名录。（WXW）

砖雕（固原砖雕） 砖雕是一种民间雕刻工艺，它是用凿子与木槌在青砖上钻打出人物、花卉等建筑图案造型，常见于民宅、寺院中的各种建筑，多集中于拱门、院墙、影壁、花坛、碑座等建筑的顶部。固原砖雕主要盛行于隆德和西吉民间。从考古发现看，固原砖雕艺术可追溯到宋代，明清时期逐渐成熟。固原砖雕的主要特征是"捏活"与"刻活"交融，主要包括选土、过筛、和泥、制坯、烧制等工序：先用红土油胶泥，掺杂少量的棉花、飞麻、马毛等配制成泥，然后将泥坯存放十日打磨数次后方可捏制成骨架，再用小竹板等雕刻而成型，晒干后可用软火（麦秸烧）窑烧制成品，即黏土砖（青砖），然后用镏凿、平刀、斜刀，通过打磨、格方、落样、雕刻、安装等程序完成。固原砖雕的代表类型为魏氏家族雕塑砖雕和西吉县砖雕，魏氏家族传承人魏世祥的砖雕作品"狮子滚绣球"，在1995年"万博杯"全国艺术之乡艺术精品展示大赛中获一等奖。西吉砖雕糅合了伊斯兰艺术，体现回汉文化融合的特点。2014年被列入第四批国家级非物质文化遗产名录。（WXW）

6. 传统手工技艺

砚台制作技艺（贺兰砚制作技艺） 砚俗称砚台，是我国古代文房四宝之一。砚台的制作始于唐代，明清时期，砚台制作从实用性向欣赏性转变。贺兰砚因取石材于贺兰石而得名，其制作工艺始于清代康熙年间，清光绪年间，宁夏府城阎氏家族的阎万庆、阎万年开始学习贺兰砚制作技艺，至今已有三百多年的传承历史。贺兰石质地柔润，纹理细腻，坚而不硬，紫中嵌绿，绿中附紫，易于雕刻。雕刻成砚之后，又有发墨而不损毫的特点，因而较为名贵。传统贺兰砚制作讲究实用，大多比较匀称，厚重端庄，简朴大方，饰纹多为云龙、猴子、蝙蝠、松竹、荷花、瓜果等。贺兰砚制作技艺主要由贺兰石刻厂制作，其传承群体以阎氏家族为主，代表性雕刻艺术家有陈梅荣、施克俭、阎森林等人。如今，贺兰砚制作技艺已经进入国家非物质文化遗产保护层面。2012年2月，"阎家砚"第四代传人阎森林被定为国家级非物质文化遗产传承人，使贺兰砚制作技艺得到了政策性保护。2011年被列入第三批国家级非物质文化遗产名录扩展项目。（WXW）

滩羊皮鞣制工艺（二毛皮制作技艺） 滩羊皮鞣制工艺是精细加工滩羊皮的一种传统手工技艺。因出生一个月左右的滩羊羔皮，精细加工后皮极薄如厚纸，质地坚韧、柔软均匀，毛穗自然成绺，长约8厘米，洁白如雪，弯曲柔软，纹似波浪，有"九道弯"之

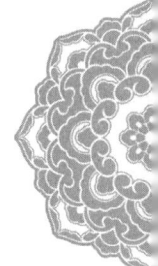

赞，宁夏人称为"二毛皮"，所以滩羊皮鞣制工艺也叫二毛皮制作技艺。盐池是宁夏滩羊的主要产区，清末民初，山西、河北一带的皮革制作工匠因生活所迫来到盐池县一些乡村，靠贩卖制作皮货为生，便带来了皮革制作工艺。从此，当地人便开始学习制作加工皮革，于是二毛皮手工制作在盛产滩羊的盐池扎下根。二毛皮的制作工艺主要是：一是选料，多以冬皮即冬天产的二毛羔皮为料。二是熟皮，冬天用火缸架上火，温度5℃，春、夏、秋季利用自然温度直接熟。用料多以米石为主，硝、盐为辅，七八成石、两三成硝或盐，出缸后，晾干，然后扣、铲。三是制作，洗净熟皮，去其四浅寡皮。毛向里钉在木板上，另一面沾水，用劲拉长拉宽，边拉边钉小钉。晒干后，用皂荚水洗出花弯，用木板压一压，就可以裁剪了。在此基础上精工细缝，一件二毛皮货就完成了。二毛皮制作技艺依靠口传心授方式传承，伴随着一些老师傅的去世而后继乏人，亟待抢救性保护。2014年被列入第四批国家级非物质文化遗产名录。（WXW）

7. 传统医药

回族医药（张氏回医正骨疗法） 张氏回医正骨疗法是通过拔拉、接骨、复位、合位等传统正骨手法，采用世传回回接骨、金创等自配秘方药剂，并以自制材料（包括小夹板等）外固定的方式，不开刀、不打石膏、不用金属物穿刺牵引治疗骨折、关节脱位等骨伤疾病的治疗方法。张氏回医正骨传人世代居住在宁夏吴忠市，祖辈背着药箱走街串巷在民间行医看病，足迹遍及宁夏及西北各地。从传承看，张氏回族正骨疗法有记载的历史已有150多年，由于正骨技术疗效好、损伤小、治疗成本低廉，在群众中有着良好的口碑。近年来，"张宝玉传统回医骨伤专科医院"经自治区卫生厅、吴忠市卫生局批准成立，已经在宁夏银川市、吴忠市落户，是中国西部目前唯一的回族医学骨伤医院。张氏回医正骨疗法的发展现状不容乐观，由于回族医学的理论体系长期滞后，严重制约了应有的发展，只在民间以口耳相传得以延续，许多的治疗经验和药方得不到系统的发掘和整理，更得不到文字上的总结和归纳，以致逐渐失传。同时回族医药受到西医学的冲击，目前不少医院、甚至中医院已基本放弃了传统正骨疗法。由于长期处于个体投入和家族传承的维持状态中，因此难以形成应有规模。这些因素都影响了张氏回医正骨的传承和发展。2008年以"回族医药"项目被列入第二批国家级非物质文化遗产名录。（WXW）

回族医药（回族汤瓶八诊疗法） 回族汤瓶八诊疗法是一种采用民间经脉按摩、刮痧、火罐、放血疗法及穆斯林洗"阿布代斯"过程中的自我按摩等，通过手与脚的推、捏、压、刮等形成的治疗方法，后经学者的相互交流与相互融合，形成了较为完整的、有主次的八种疗法，故被后人称之为"汤瓶八诊"。回族汤瓶八诊疗法主要流传于西安、河南、宁夏等一带穆斯林中间，明末清初，回族老中医杨明公掌握并逐步完善了这一回族传统保健方法，并在杨氏家族世代传承，深受回族人的喜爱。汤瓶八诊包括头诊、耳诊、面诊、手诊、脚诊、骨诊、脉诊、气诊八种诊疗方法。主要施诊手法包括推、压、捏、拔、点、捋、颤等，同时在施治的过程中有着浓郁的民族文化，包括口诵"杜阿一"、汤瓶水疗等。汤瓶八诊诊疗器具包括汤瓶壶、牛角棒、耳诊棒、刻有"杜阿一"的羊角板等施治器具。现如今，回族杨氏第七代传人杨华祥承袭汤瓶八诊，逐步完善其理论体系，并在宁夏银川创办了"汤瓶八诊养生坊"。作为回族民间传统文化，汤瓶八诊目前的发展状况令人担忧，这一独特的保健养生文化面临后继无人的局面。2008年以"回族医药"项目被列入第二批国家级非物质文化遗产名录。（WXW）

回族医药（陈氏回族医技十法） 陈氏回族医技十法是宁夏吴忠市利通区陈氏家传的回族医药治疗方法。陈氏系中原回族，祖籍河南开封。第一代传人陈进孝在习武练功之余向民间医生（当时叫串雅、铃医、走方医）学习医术，并收集当地中草药外敷，初步总结出刺、拔、挑、吹、捏、熏、敷、点、涂抹等民间医术；第二代传人陈铭生在其军旅生活中继承其父的医技与验方为士兵疗伤治病；第三代传人陈卫川自幼随其祖父、父亲学习回族医术，从医50年来，对脾胃病、肝胆病、糖尿病、风湿及妇科病积累了丰富的经验，撰写了大量的学术论著，先后编辑出版了《中医回族医药》《陈卫川临床经验集》《自采自种中草药简编》《宁夏中草药种植》《回医拾零》等论文专著，创立了陈氏家传民间医技十法。陈卫川是宁夏回族医学界学术带头人，知名全国。第四代传人陈堃，自幼随父学医，陕西中医学院毕业后在吴忠市医院从事中医针灸等工作。第五代传人陈人智，就读于宁夏医学院中医系。陈氏两父子（陈堃、陈人智）创办的回族康复医院是一家集治疗与研究为一体的民营医院，自筹资金开辟了陈列室、展室各两间，陈列着第三代传承人的书籍、药方、采集标本、著作、获奖证书和行医器械等等，承载着几代人的艰辛努力。2014年以"回族医药"项目被列入第四批国家级非物质文化遗产名录。（WXW）

8. 民俗

回族服饰 回族服饰是在伊斯兰文化和中国文化影响下形成的独特服饰系统，回族的服饰有其先民服饰的历史继承性，伊斯兰宗教文化在其服饰文化中起着主导作用，同时又受汉族、满族等民族服饰文化的广泛影响，承袭了中国传统服饰的诸多特点。在主体文化服饰趋从流行服饰不断变化的情况下，宁夏回族一直努力在头饰、佩饰等服饰细节上保留自己的民族特点。回族男子都喜爱戴白色的圆帽。圆帽分两种，一种是平顶的，一种是六棱形的。讲究的人，还在圆帽上刺上精美的图案。回族妇女常戴盖头。盖头也有讲究，老年妇女戴白色的，显得洁白大方；中年妇女戴黑色的，显得庄重高雅；未婚女子戴绿色的，显得清新秀丽。不少已婚妇女平时也戴白色或黑色的带檐圆帽。圆帽分两种，一种是用白漂布制成的，一种是用白线或黑色丝线织成的，往往还织成秀美的几何图案。服装方面，回族老汉爱穿白色衬衫，外套黑坎肩（"马甲"）。回族老年妇女冬季戴黑色或褐色头巾，夏季则戴白纱巾，并有扎裤褪的习惯。青年妇女冬季戴红、绿色或蓝色头巾，夏季戴红、绿、黄等色的薄纱巾。山区回族妇女爱穿绣花鞋，并有扎耳孔戴耳环的习惯。与服饰一起衍生的回族妇女"针线"在品目、花色上有独特风格，是研究回族生活习俗、审美观念的历史佐证，具有很高的民俗学价值。目前，宁夏城镇回族民众日常衣着潮流化、现代化，日常生活场合已难以从外观上区分民族身份，回族传统服饰及其穿戴习俗正在因文化适应和现代着装观念的冲击而消失，服饰作为民族标志性文化符号的特征弱化。回族传统衣饰品只在山区有零星遗存，妇女"针线"工艺传承的脉络微弱，其濒危的状况直接影响了民族文化内容的多样性和民族自治地方的特色文化建设。宁夏回族自治区人民政府已决定实施宁夏非物质文化遗产保护工程，成立专门的保护机构，采取命名回族民间刺绣之乡，建立回族手工刺绣传承机制；在自治区政府级和重大外事、经贸活动中，倡导或要求礼仪人员穿着回族传统服装、进行回族服饰创新工程等措施，保护宁夏回族传统服饰文化习俗及其回族妇女"针线"技艺。2007年被列入第一批国家级非物质文化遗产名录。（WXW）

隆德县高台马社火 隆德县高台马社火是一种包含表演、造型、语言、彩绘、手工制作等艺术类型的社火表现形式，主要流传于宁夏隆德县一带。史家考证，六盘山一带的隆德县是中原王朝与少数民族政权角力的边地，由于雨水充沛，植被良好宜于畜牧，历史上曾是中原王朝实施马政的地方，因而军事与战争背景对马社火的催生作用很大。隆德县民间社火种类繁多、品种齐全，主要有高台马社火、狮子、高跷、推推车、赶毛驴、花船、秧歌队、竹马，还有彩车、腰鼓队、喜人等。其中高台马社火是六盘山区民间艺术的活化石。随着时代发展，高台制作造型日趋精巧细腻，注重人物性格刻画，内容情节展现，在装饰、技巧、高度上也有了很大发展，马社火人物装扮也融入高台上。高台社火艺术利用力学原理装上滚珠、齿轮，又发展成升降、转台，使造型向多点变化，加上装潢材料的高科技化，赋予其新的形式。由于现代化、信息化的发展，高台马社火这种民间艺术受到冷落，发展空间受到极大的限制，加之农村贫困，受经济条件的限制，再者老艺人年事已高，相继离世，后继无人。2008年被列入第二批国家级非物质文化遗产名录。（WXW）

回族传统婚俗 回族婚礼是宁夏回族群众在长期的艰辛劳动生产及生活当中，形成的带有典型民族风格的一种婚礼习俗。元代时，朝廷多次安置迁徙元民，大量穆斯林随之成为宁夏南部的屯垦人口，明代时，许多外地商人及回民纷纷前来购买订地，农商兼营。在长期的历史演变及生产生活中，宁夏南部特别是海原回族逐渐形成了一种带有伊斯兰风格的婚礼习俗。由于海原县是回族聚居区，其回族婚俗最具代表性。回族对婚礼特别重视和讲究，概括起来要经过以下几道主要程序：请媒人提亲、看人看家道、说色俩目（也叫定茶）、插花（也叫定亲）、迎娶、抢头花、念尼卡哈、撒喜、认公婆、耍大伯子（新郎的哥哥）、摆针线、铺床、闹洞房、回门等。随着经济社会的发展，传统意义上的回族婚俗的一些细节已悄然淡去，有些婚俗内容被新生事物取代，只有在农村地区保存相对完好。2011年被列入第三批国家级非物质文化遗产名录。（WXW）

同心莲花山青苗水会 莲花山青苗水会是一种集老百姓祈雨、求福、朝山、进香、娱乐、休闲、商品交易等融为一体的传统民俗活动，主要流传于宁夏同心县莲花山一带，水会活动辐射周边甘肃环县、宁夏盐池、吴忠、平罗、中卫、中宁、海原、固原等周边县市的善男信女，参与者约3万人。同心莲花山青苗水会最早可以追溯到唐朝时期，宋代时随着道教的兴盛，民间祈雨活动也较为频繁，明清时期由于自然灾害侵扰，水会活动也较多。20世纪60年代曾一度停办，1983年寺庙逐渐修复，恢复了青苗水会。水会会址坐落于宁夏同心县东北部张家塬乡折腰沟村，海拔1800米高的莲花山寺庙，距县城90千米。会期是每年的农历四月十五至十八共三天，每届的活动内容主要是祈雨求福，带有浓郁的道教、佛教、儒教的宗教色彩。青苗水会队伍一般由200多名男性青壮年穿戴统一道服、道帽，组成鼓乐喧天、旗幡招展、气势磅礴的仪仗队伍。青苗水会的程序包括取水、过关、献水。近年来，随着非物质文化遗产保护政策的实施，同心莲花山青苗水会也得到一定程度保护。2014年被列入第四批国家级非物质文化遗产名录。（WXW）

（二）自治区级非物质文化遗产项目

1. 民间文学

西吉社火春官词 春官词是民间社火中春官"报春"说唱活动的唱词，是一种古老的民间口头文学形式，流传于甘肃、宁夏等地。"春官"名称最早见于《周礼》，到唐宋至明清间，春官已逐步演变成主管天文历法的官了。到后来，春官便加入民间社火中来，与社火融为一体。西吉社火的春官说辞内容丰富多彩，涉及社会生活的方方面面，多以平常百姓的日常生活、习俗、劳动、生产为素材，千年万物，见啥说啥，自然随和。讲究"天时、地利、人和"，突出喜庆、祥和、吉利、平安、祈福、辞旧、迎新等内容，采用触景生情、借题发挥、锦上添花、报喜忌忧的方式，押韵顺口，方言突出，简练易懂。西吉社火春官词具有传播农业知识、记录社会发展的轨迹、劝世省身等多方面的作用和功能。随着社会发展，春官词也出现了新的变化，把更多时代内容和党的政策融入其中。但由于缺乏愿意学习春官词的传承者，也面临传承问题。2009年被列入第二批自治区级非物质文化遗产名录。（WXW）

平罗民间故事 民间故事是民间文学的重要门类之一，大都是劳动人民创作并传播的口头文学作品。平罗县民间文学积淀丰富，早在1985年，平罗县就成立了专门的民间文学整理机构，对本县的民间故事、民间歌谣、民间谚语进行了整理，共搜集整理民间传说故事864篇，民间歌谣389首，民间谚语6840条。1987年出版了《平罗民间故事》上下两卷，收录民间传说、神话故事235篇。平罗民间故事内容丰富、题材广泛，是流传在全县各族人民群众当中的口头文学作品。它语言生动、形象，故事情节曲折感人，方言土语浓重，具有鲜明的地方特色和民族特色。该项目2012年被列入第三批自治区级非物质文化遗产名录。（WXW）

2. 传统音乐

回族口弦 口弦是回族民间自制、自娱的一种微型弹拨乐器，是流传于西吉、海原、固原一带回族妇女中常见的一种娱乐器材。口弦生成时间较久，其起源已被演绎成传说，一说来源于梳头篦子，一说来自民间传说中的哈旦姑娘的创制。口弦最常见的一种是以箭竹为材料制成，大约15～16厘米长，大头宽2～3厘米，小头宽1～2厘米，中间有簧舌，簧舌上有拉线。演奏时，将口弦放在嘴边，左手扶口弦，右手拉动簧线，音量的大小由嘴唇的开合决定，凭借有节奏动作，就会演奏出悦耳动听的民间小调。还有一种口弦是铁质的，约2寸长，以手拨勾簧，里外颤动，用口腔作共鸣箱并利用口腔的变化、气息的呼出与吸进，来调节声音的变化。妇女们通常喜用的曲调有"骆驼铃""珍珠倒卷帘""雀舌头""廊檐滴水"等。近年来，随着各级文化部门对非物质文化遗产的保护政策的落实，口弦表演在传承的基础上也出现曲调和内容的创新。2007年被列入第一批自治区级非物质文化遗产名录。（WXW）

马鞍山甘露寺佛教音乐 马鞍山甘露寺佛教音乐是寺院和信众在举行宗教仪式时所用的音乐，是从经文咏诵到宗教歌曲、礼乐大典的整套声乐、器乐。马鞍山甘露寺位于灵武临河镇，是一座具有传奇历史的著名寺院，寺中自明代以来众僧流传下来的佛教音乐是宁夏佛教音乐的一个缩影。马鞍山甘露寺佛教音乐的主要特点是：声乐中有和念、令调、吟诵、直叙，其形式多样，有由维那担任的独唱，由维那唱上句、僧众唱下句的领唱及齐唱、轮唱等。结合器乐有经文咏诵伴奏、器乐演奏。声乐曲调的格式主要有四种，即赞、偈、咒、白。演奏使用的乐器，有磬、引磬、木鱼、铛、铃、钟、鼓打击乐器，还有管子、笛、笙、唢呐等吹管乐器。马鞍山甘露寺佛教音乐的主要价值是它的原生态性和完整性较强，寺庙特殊的地理环境和历史上灵州的特殊地位，使它既与中国佛

教音乐一脉相承又具有民俗化、地方化的特点。2009年被列入第二批自治区级非物质文化遗产名录。（WXW）

3. 传统舞蹈

舞狮 舞狮是一种集武术与舞蹈于一体的民间艺术。宁夏的舞狮主要流传于海原、中宁等地。宁夏境内的舞狮历史久远，早在清朝时就以耍社火形式出现，其主要代表有海原西安胡湾村的狮子舞和中宁刘庙的狮子舞。胡湾村的狮子舞是潘家第一代潘万斗在民国早期独创流传沿袭下来的，他们完全以家族传承为主，保存较完整。胡湾村狮子舞的表演形式多样。表演时，一般是两只狮子，也可多达四只，并有小狮。狮子的表演动作较为繁杂，主要为翻、滚、钻、跳跃、抖、上高架单腿独立、口或爪接传球等高难度动作表演，在舞狮过程中又融进潘家内传的小红拳、长刀、流星锤等武术动作，有很强的观赏性。中宁刘庙狮子的耍法分为文耍和武耍两种。文耍，指耍绣球、上桌子，主要刻画狮子温驯的性格，有搔痒、舔毛、打滚、抖毛等动作。上桌子又分平面和翻天仰两种。"翻天仰"指最高处的一张桌子桌腿朝天，狮子舞于桌腿之上，难度较大。桌子可1张、3张、5张、6张、12张、24张。摆法有八卦阵、十三太保等数种，可高达七八层。下桌子也有软下和硬下两种。软下是一层一层边耍边下；硬下是从最高处直接跳下，打个滚，然后一张一张扑桌子。武耍指狮子和拳术套在一起，表现狮子勇猛的性格，有软拳和刀、棍、枪、鞭等各类器械。目前，由于精通此套路的民间艺人年事已高，耍法套路也逐渐减少，宁夏舞狮濒临失传。2007年被列入第一批自治区级非物质文化遗产名录。（WXW）

舞龙 中卫舞龙流传沿袭久远，据史料记载，元明清时期舞龙已成为元宵节、寺庙祭祀、庆典的主要社火内容之一。龙的置办由寺庙、商会、会馆、行业等出资，舞龙队伍由龙首把式出面组织（基本上是固定人员），经费亦由上述施主负责或化缘资助所得。中卫舞龙队伍按施主归属，有七八十支之多，人数近千人。中卫地区的舞龙不同于周边地区，有其独特的表演内容和形式，舞龙讲究规矩很多，首先是舞龙的组织者班首乃德高望重、人齐家兴、人丁兴旺的长者，亦是寺庙的会长或热心且精通舞龙的把式担任。舞龙者必须是身体精壮、体力充沛、机灵乖巧的青壮年人。表演内容讲究阵法套路，不出差错，有出有进，有进有退，高低左右，盘绕迂回，绕旗钻阵，各有定式。基本套路有出龙、戏水、戏珠、盘龙、绕旗、钻阵、跳门等。表演时，采用民间打击乐大号、大鼓、双钹、双铙、铜锣等，情绪热烈欢快，气势威武雄健。2007年被列入第一批自治区级非物质文化遗产名录。（WXW）

隋唐秧歌 隋唐秧歌又叫"跑大场"，是流传在中宁鸣沙曹桥一带颇具特色的社火形式。据传，隋朝末年，奸臣当道，朝政腐败。唐王李渊及一些有识之士秘议谋反，不料消息走漏，朝廷下令捉拿。情况万分危急，一位谋士建议唐王一行扮作秧歌队于元宵节放花灯之时逃出京城。后来唐王成就大业，便把这次出逃的情形编进秧歌，年节时表演，从此流传于民间，称隋唐秧歌。隋唐秧歌有独特的表演形式：表演者由六男四女组成，着古装，分别扮作唐王、娘娘、大臣、宫女、武士等，唐王亦是秧歌队的指挥，左手擎万民伞，右手拿"虎撑"，大臣手执拨浪鼓和响铃。另有一五人的打击乐队，表演者在鼓点节奏下交替走"圆场步"和"便步"，跑出四门斗地、十字穿花、羊盘肠、双蒜辫、单蒜辫等队形。演员的步伐随鼓点变化，队形变换间，不同角色有专用的固定表演动作，如武士多做"赞步云手""扑步拍地"；侍女多做"踏步半蹲"。这些动作被用在每一队形的固定位置，各角色到规定位置后做各自动作，武士的动作要求干净利落，侍女轻巧妩媚，唐王和大臣飘逸沉稳，不同的角色各具风范，表演颇有传统戏曲的韵味。整个舞蹈既有很强的规律性，又错落有致、松紧相间，一气呵成。表演队伍由扮演唐王的班头指挥，拜年时，指挥还会在表演过程中即兴"说喜"。通常在年节中，秧歌队白天耍秧歌、拜年，夜晚还唱一些折子戏。2007年被列入第一批自治区级非物质文化遗产名录。（WXW）

回族踏脚 "踏脚"是流传于宁夏南部山区泾源县回族群众中的一种"武""舞"结合的独特民间艺术形式。历史上，"踏脚"是回族防身御敌的手段，如今，当地回族百姓将"踏脚"作为生活中的健身和娱乐项目，田间麦场、农家小院，都是"踏脚"的场所，男人们或两两对抗，或多人群"踏"，女人和孩子们一旁观战。对抗踏的基本动作有平踏、后转、扫腿裹脚、顶脚、连环转、高转、跛脚、关后门、燕式跳平踏、飞脚等十种基本动作。踏脚比赛有其约定俗成的规则，踏脚时，双方只能用脚掌、脚后跟、脚外侧，踏、踹、扫打对方，严禁用脚尖踢人。"踏脚"的表演形式有单人、双人、多人等，动作或刚劲有力，或舒缓潇洒，选手身着民族服饰，行民族礼节，极具观赏性。现在"踏脚"已被列为全国少数民族传统体育运动会表演项目，同时作为宁夏独具回族特色的艺术形式频频出现在舞台上。2007年被列入第一批自治区级非物质文化遗产名录。（WXW）

黄羊钱鞭 黄羊钱鞭是流传于中宁县余丁乡黄羊村的一种集舞蹈、健身、体育和防身为一体的综合民间艺术表演形式。黄羊钱鞭起源于明朝时期游牧民族的牧羊鞭舞。黄羊钱鞭的基本动作有三种，可单人舞也可集体舞，集体舞时通过变换不同的队形完成多种套路。近几年，在诸多文化艺人的不断努力下，黄羊钱鞭融合多种传统民族舞蹈的精华动作和现代舞动作，套路不断推陈出新，有龙门阵、一字长蛇阵、二龙戏珠、剪梅花、四季发财、五福临门十几种。由于经济社会的发展，黄羊钱鞭也逐渐失去了赖以存身的物质文化空间，濒临消亡。2012年被列入第三批自治区级非物质文化遗产名录。（WXW）

辛家高跷 高跷是舞蹈者脚上绑着长木跷进行表演的民间艺术形式，技艺性强，形式活泼多样。隆德县的辛家高跷主要流行于隆德县神林乡辛家村，其主要特色为高跷种类多样、表演技巧难度大。辛家高跷发源于清光绪年间，至今已传承五代，有100多年历史。从高跷的高度看，辛家高跷一般有150厘米、50厘米、20～30厘米高跷三种，150厘米和50厘米高跷一般由成年人表演，20～30厘米高跷则由小孩表演，小孩表演的高跷是为了壮大阵容。其主要表演内容有"金鸡独立""蝎子走路""地上夺花""鹞子翻身""跨步越障""侧跳越障""侧身跳桌""引狮子""耍毛驴""过天桥""跳高桌""后滚翻""单腿跳""劈叉""扑虎""蹲走""三人三跷跳"等，由于表演技巧难度大、表演动作惊险，往往给人以惊心动魄的观赏体验。近年来，隆德县成立了隆德县民间舞蹈"辛家高跷艺术"数据库，并向全社会推广辛家高跷这一传统民间艺术。2012年被列入第三批自治区级非物质文化遗产名录。（WXW）

4．传统戏剧

皮影 皮影是集雕刻、剪纸、绘画、造型、口头文学、音乐、表演于一体的综合艺术，又叫"影子戏"，宁夏俗称"牛皮灯影子"，宁夏的皮影戏主要流传于贺兰县一带。贺兰皮影源于陕西皮影，在继承的基础上又进行了大胆的创新。贺兰皮影道具造型生动而逼真，整体色彩以墨绿、暗红为主色调，演法上通过推、拉、捻、转、摆、跃、勾等方式表现。从唱腔看，贺兰皮影的唱腔主要以秦腔、道情为主。唱腔在保留了陕西西路唱腔特点的同时，将唱腔"板路"中的苦音更深度化，转音更有层次。"彩腔"中的"分慢板腔"借助嗓口气流涌退，收放自如。演唱时大胆使用甩腔、帮腔、帮唱、唱腔等演唱方式，渲染了舞台气氛，形成了一套独特的演唱风格。主要演出剧目30余部，贺兰皮影艺人张进绪能完整演唱的剧目有《武松打虎》《三战吕布》《三打白骨精》《孙悟空大闹天宫》《赤胆忠心》《包公案》等。由于各种原因，贺兰皮影戏也处于濒危状态，亟需保护。2007年被列入第一批自治区级非物质文化遗产名录。（WXW）

5．曲艺

石嘴山宝卷 宝卷是以宣讲佛家故事为主要内容的民间说唱形式，在全国各地均有不同流传。在宁夏石嘴山，由于北武当寺庙等著名寺院的存在，佛教信徒的相关宣唱活动十分活跃。清末民初年间，每个堡（相当于现代的乡）至少有一班人员。中华人民共和国成立后，特别是"文化大革命"中，"宝卷"作为"四旧"烧毁了许多，现搜集到的有《手巾宝卷》《香山宝卷》《鹦哥宝卷》《五子卷》四部。石嘴山地区现在宝卷的活动只有杨汝清、陈建平、张凤英等一班人员。宣讲清代《宣讲拾遗》的人员，只有祁凤仪及其弟弟二人。宝卷的地点和时间，大都在寺庙里办庙会时，及某个家庭办佛事时，阴天下雨、冬闲时进行。宝卷的曲牌有近十五种之多，如"哭五更""莲花落""山坡羊""数花""孔雀赋"等，还有些是采用念佛的经韵。《宣讲拾遗》宣唱时大多采用"道情调"及当地的民歌小调。由于缺少合适的传承人，石嘴山宣卷也面临传承困境。2009年被列入第二批自治区级非物质文化遗产名录。（WXW）

宁夏民间说唱 宁夏民间说唱是一种民间曲艺艺术，最早可追溯到唐代，在1980年宁夏全区曲艺音乐普查中，发掘出不少民间手抄和石印的民间故事讲唱和佛教、道教讲唱的曲本，其中《鹦哥宝卷》《黄氏女还魂记》《满江红》等许多宁夏小曲子，都可以在唐代《敦煌变文卷子》、元代《全相平化五种》、清代《宣卷拾遗》等曲艺资料选本中找到踪迹。清朝中后期宁夏境内已有民间小曲艺人活动，曲调借鉴了北京西河大鼓的韵味，与宁夏回族民间小调融合发展，形成自己独有的艺术形式。清光绪年间，宁夏小曲子演唱者渐多，到近代，小曲子卖唱艺人的技艺愈加精湛，深受人民喜爱。在银川、永宁、吴忠、石嘴山等地出现了许多卖唱班社，这些班社对宁夏小曲的传承起到了重要作用。宁夏民间说唱艺术的种类有近二十种，有些是同源异流的关系。同一曲种，由于在不同方言区、不同民族传唱后发生变异，形成不同特点并冠以不同名称，比如宁夏小曲子因地区不同分为银川小曲子、盐池小曲子、固原小曲子、西吉小曲子等，这些小曲子交错流传在宁夏的各个市县。宁夏民间说唱在音乐使用方面，多以当地土生土长的小曲子为主，也有使用与邻省交错流传的以及由外省传入演化而成的曲调。演唱艺人以汉族、回族、满族为主，有些是传唱流传在民间的作品，也有民间艺人通过套曲形式重新创作贴近百姓生活的作品。在乐器使用上较为灵活，可单独使用三弦、渔鼓、二胡、板胡等伴奏，亦有自乐班以多种乐器合奏的形式进行演唱。1979年后，银川民间艺人闫禄与银川市曲艺队专业演员徐明智等人重新开始对宁夏民间说唱进行挖掘整理，他们借鉴"宝卷""说书"等二人坐唱形式，改编和创作了一批作品，将推陈出新的曲种称为"宁夏坐唱"，其主要曲牌有宁夏川、风搅雪、马兰花等。宁夏坐唱采用说唱性较强的民间俗曲做基本唱调，如说书调、数花调、莲花落等。在使用这些民歌小调时，多根据歌词内容需要，采用一曲多用的方法加以发展变化，其表演形式灵活多样，语言风趣幽默、生动形象。随着时代的发展，在当前多元娱乐方式的冲击下，宁夏民间说唱艺术正陷入传承艰难的重重困局之中。目前，宁夏民间说唱项目一共有四位省级和市级代表性传承人，但老一辈的艺人大都已逐渐退出舞台，急需年轻人将此项目传承下去。为了保护宁夏民间说唱这一宝贵的文化遗产，近年来，宁夏采取了一系列的保护措施，比如组织非遗保护专干进行详细调查，建立宁夏民间说唱资料档案；不断加强对传统曲目的研究发掘，同时鼓励艺人创造新的曲目并推向舞台；加强新闻媒体的宣传力度，让更多的人关注宁夏民间说唱艺术的发展，等等。这些做法在一定程度上使宁夏民间说唱的传承发展有了一定的改观。2009年被列入第二批自治区级非物质文

化遗产名录。(WXW)

6. 杂技与竞技

何家棍 何家棍又名"单头模子棍"，是集民族性、体育性和观赏性为一体回族民间传统体育项目，主要流传于吴忠市一带。何家棍发源于吴忠市何渠土拜村、何家巷道村，由第一代宗师何登魁创立于清1824年左右，其子何生洲、何盘兴在金积堡回民反清起义中以此棍为武器屡建战功，何家棍由此扬名。何家棍棍长齐眉，只用一头。棍中有枪，枪中有棍。讲究手劲和变化，特别是发劲别具一格，可以概括为八个字：搁、掠、拨、削、扫、劈、搬、翻。何家棍表演多次在全国少数民族传统体育运动会和自治区全运会以及各种武术大赛中获奖。2007年被列入第一批自治区级非物质文化遗产名录。(WXW)

南营武术杂技 南营武术杂技是流传于瞿靖镇朝阳村及周边地区的一种民间武术及民间体育竞技活动。南营武术杂技起源可追溯至少林武术，其传承人朝阳村人李富仁在20世纪30年代偶然结缘少林武僧范一后，随其习武术。40年代，李富仁已成为当时青铜峡颇具名气的一代武师。之后他又将武艺传授给了自己的六个徒弟：王明义、赵玉贤、王九明、文为保、董长庆、牛成安。其中传承至今对武术杂技技艺掌握最全面、最具代表性的以牛成安较为突出。南营武术杂技，内容丰富，形式多样，据普查统计，该武术套路形式有拳类、器械类、对练等项目。拳术主要包括花拳、软拳、直拳等，这几种拳法又都分为上下三路，上三路属于练功表演性质的拳法，大多用在公益表演场合。下三路主要表现为上举、下压、钩、搂、捧、跨、劈、打、混、冲、围手缠腰搧、翻身跺子振地雷，是颇为实用的武术套路，适用于与敌人的搏击之中。器械类包括九节鞭、关公大刀、单刀、三节棍、长刀、小连节、花枪、剑、少林棍等十余种器械的武术套路。南营武术套路是由风格各异的技术动作组成，具有攻防内涵，蕴含哲理，有很高的观赏价值，给人以美的享受，是一种拳械齐备，内外兼练的武术技艺。2007年被列入第一批自治区级非物质文化遗产名录。(WXW)

打梭 打梭也称"打木尖"或"砍尖"，是海原一带群众在农闲或牧羊时娱乐的一种民间体育活动，其历史已不可考。打梭的运动规则与垒球十分相似：比赛开始后，守方队员手执"鞭杆"，把守在土坑旁，攻方在规定的界限外，将小木梭往土坑里扔。当木梭扔出后守方则用鞭杆横扫，将木梭击出，赶得越远越好，一旦守方击中木梭，木梭飞向远处，攻方用乘凉的草帽（多是用芦苇秆编织成的帽子）或衣服将木梭在落地前接住，很快跑回攻击界限，回跑时，必须边跑边吆喝，不能中断，一口气要将梭送到攻击队员手中，否则算输了一梭。如果守方扔出去的梭未击中或没有横扫出来，木梭被投入土坑内，则算攻方赢一梭，守方输一梭。如此反复比赛，直到最后按得分论全局输赢。但随着经济的发展、体育运动形式的增多，打梭也淡出了青少年的娱乐活动范围，所以今天已很少见到有人打梭娱乐。2007年被列入第一批自治区级非物质文化遗产名录。（WXW）

方棋 方棋俗称"下方"，据传于明朝年间起源于宁夏南部山区，后流传到陕西、甘肃、青海、新疆等地。"方"就是棋盘上的棋子摆成或走成彼此相连的正方形，每成一"方"可吃对方一子，以成"方"多者而取胜，故称"方棋"。民间下方时，一般用手指或木棍在地上画棋盘，用不同颜色或形状的石子、木棍或羊粪蛋做棋子。由于方棋流传较广，其游戏规则在不同地区也略有区别。如海原县的方棋规则为：方棋盘由横7纵8共15条线交织而成，共56个交点，双方各28子。下方时，双方先各吃对方一子，然后开始走十成方吃子。双方续弈7个回合以后，再成方时，才能吃对方的方底或阻塞方口，这种方法称"照方"。方棋胜负的判定一般有以下几种：一是自己主动认输；或是轮到自己走子时，被对方围困，无棋可走；另外，方棋棋盘上剩余的棋子总数不足4枚，已无成方条件。如果出现以下几种情况则为和局：一方提议做和，对方表示同意；双方子互相阻挡，出现重复的着法达3回合不能成方；双方均无可能成方，一方提议议和，一方不同意议和，可限着；限着已满后，双方均未成方后和棋。再如，宁夏流行的"长腿方"，走子时如同象棋中的车，纵横可走，在无子阻路的条件下，可走子成方或停子于预想的点。走成一方可吃对方一子，对方已成方的子除外。除以上对局方法外，宁夏民间还有"钉四马""圈方""溜方"等不同的下方方法。随着手机等高科技产品的普及，这种土生土长的游戏也渐趋消亡。2007年被列入第一批自治区级非物质文化遗产名录。（WXW）

泾源回族"赶牛" 泾源回族"赶牛"又叫回族木球，是一种竞争性、对抗性极强的运动，主要流传于泾源县泾河源镇底沟村回族群众中。从流传历史看，大约已有上百年历史，相传清同治年间就十分流行。"赶牛"选择的场地大多是比较空旷的草地或比较大的打麦场，场地的边长一般在15米左右。"赶牛"活动进行之前，要先在场地中间挖一直径40厘米、深20厘米的窝，称为"牛圈"。在场地中距"牛圈"5米处再挖若干大小相同的小窝，称为"住屋"，小窝的多少根据参赛人数而定，每窝1人，"赶牛"一般是9人参加，挖8个小窝。"赶牛棍"是用根部带弯度的凸面的嫩木制成，棍头凸面部分比较坚硬，具有一定的弹性，便于击打；"牛"则是用木疙瘩或石头，直径有10厘米大小。大人一般用木牛，小孩一般用拳头大的石头。上场的人各持一根长180厘米左右的木棍"赶牛"。比赛时参加人员排成一队，把"赶牛棍"放在肩膀上，看谁的"赶牛棍"扔得远，扔得近的人就开始"赶牛"，"赶牛"人为攻方，其他人为守方。把"牛"往场地中间的窝里赶，称为"牛进圈"，赶进圈的为胜。守方人各守住自己小窝还要把攻方赶进来的牛往出赶，如果攻方占了守方谁的小窝，谁就去赶牛。赶牛比赛，对输者要进行惩罚，窝被抢占或"牛"被赶到窝中的人要去山上赶真牛,然后继续比赛。木球运动在宁夏南部农村中小学开展较为普遍,从1991年至2007年,木球运动通过全国少数民族传统体育运动会而得以传播、发展。2009年被列入第二批自治区级非物质文化遗产名录。(WXW)

回族武术——鱼尾剑 鱼尾剑是一种兵器,也是回族武术套路名称。作为一种兵器,鱼尾剑的称谓可以远溯到伊斯兰传说中。鱼尾剑武术套路的传人王梁先生,是已故全国知名回族武术家王新武的儿子。父子两代人对回族武术的执着和热爱,促使他们多年来致力于挖掘、整理回族传统武术套路,并完成了鱼尾剑的剑术图谱。根据鱼尾剑的历史传说、剑器实物图形以及自己构思创编的想法,改制创新了鱼尾剑外观形制:分叉剑尖取自沙鱼流线形的尾翼,加长剑柄长度,意为增强攻击性,同时又强化了视觉感观,剑柄护手取自鱼鳞外形,剑柄加长,双手把握增强攻击力度。在动作套路上,继承回族传统武术的精华,招式多取自回族人民生活中的日常动作,如汤瓶式、楔形式、跪拜式等,摒除零散招式,力求根底稳健,注重砍、刺、劈,稳健多变,具有很高的武学价值。2009年被列入第二批自治区级非物质文化遗产名录。(WXW)

张家枪 枪是中国武术常用器械之一,张家枪又叫"小径枪",发源于吴忠市郭家桥乡张家湾子,由清朝咸丰年间武术大师张富魁之子张明德始创。张明德自幼聪灵好武,在继承张家武术的基础上,又拜名师学艺,后巧遇大阿訇神枪手学到小径枪真谛。张家小径枪的核心枪法共有13枪,加上变招共36个大势,72个小势,108个用法,结构完整,简洁明快,实用性强,搏击时威力无比。张家枪多年来只局限于本家族张氏六代,外传弟子很少。现在,张家本家族有近30多人在练武,近年来也开门办学,教授徒弟,使张家枪不断发扬光大。2008年,张家枪第五代传人张彦奎代表宁夏参加了北京奥运城市广场文艺演出,受到好评。2009年被列入第二批自治区级非物质文化遗产名录。(WXW)

魔术——仙人摘豆 魔术"仙人摘豆"属于中国杂技中奇幻类节目,因其道具简便易带,内容引人入胜,表演火爆幽默,在民间十分流行,民国时更是盛极一时,成为个别江湖艺人的家传绝技,极少外传。在宁夏,"仙人摘豆"主要继承者有田宝鑫和杨国强。田宝鑫(1916—1971)祖籍河北沧县,自幼在老家随师傅"华强刘"学艺并撂地演出,1941年在天津拜魔术名师"大天一"穆文庆为师学习魔术,尤以古彩大小戏法见长。1958年8月来宁夏杂技团工作,1971年病故于银川。田宝鑫的"仙人摘豆"手法灵活,套路繁多,表演幽默,技艺精湛。"仙人摘豆"另一传承人杨国强祖籍河北辛集,得艺于其大祖父杨怀林,系家传。其大祖父以此绝技行走江湖,总结了一套独特表演技巧。杨国强又博采众长,从而使家传技艺独树一帜,因杨国强是曲艺演员,表演时充分发挥曲艺演员"说"的成分,因而他的表演更为幽默、火爆、热闹,手法灵巧,出手稳健,套路独特。他表演的"仙人摘豆"在1994年获"恒源祥杯"全国近景魔术电视大赛优秀表演奖，1997年获全区第二届魔术交流赛大奖。近年来，由于传承人年岁过高，有些套路已不能完整地表演。目前宁夏专业舞台和民间掌握此绝技人士越来越少，魔术"仙人摘豆"濒临失传。2009年被列入第二批自治区级非物质文化遗产名录。（WXW）

杂技——飞叉 杂技是深受广大群众热爱的一种民间艺术，它直接创自广大人民的劳动生活，有着悠久的历史传统，并具有独特的民族风格。杂技"飞叉"属于中国杂技中耍弄类节目。原银川市杂技团退休老艺人张金顺祖籍河北东光县，7岁随舅父学艺，17岁艺成之后凭借着"飞叉""流星"等绝技开始走江湖卖艺。1950年又凭着"飞叉"绝技考入中华杂技团。从1950年10月至1957年7月，他随中华杂技团（后改为中国杂技团）分别出访过苏联、民主德国、法国、英国等二十多个国家和地区，他的飞叉绝技令外国友人赞叹，为祖国争得了荣誉。1958年5月，为支援少数民族地区文化事业，张金顺来到宁夏，将此项绝技带到宁夏。张金顺表演的飞叉，套路独特，表演时一把钢叉上下翻飞，步法灵活稳健，出手时高飘，接叉时稳准，动作干净利落，武活文使，潇洒大方。张金顺来宁夏后将此绝技传授于儿子张树林、张树国，并收有徒弟丁冬；张树林收有徒弟周啸天。20世纪80年代中期银川市杂技团还有飞叉表演，近年来传承人因年岁较大或改行不再表演。由于此绝技技术性强，训练周期长，非常不容易掌握，造成后继乏人的局面，

目前宁夏专业舞台和民间已很少有人掌握此技，此技艺已濒临灭绝。2009年被列入第二批自治区级非物质文化遗产名录。（WXW）

回族杨氏拳 回族杨氏拳是融合了古代兵战拳、中国传统武术套路的回族武术套路。清朝年间，生活在宁夏平原的杨士鹏结合中国传统武术中徒手、器械、内功、硬气功等武艺，结合回族穆斯林群众使用汤瓶等动作，形成独特的回族杨氏拳套路，创立了杨氏教门拳。回族杨氏拳集内外功于一炉，融武术气功于一家，集搏击、养身、健身、表演于一体，具有鲜明的回族特色和宗教特点。杨氏回族拳以宗教色彩为灵魂，以洗、礼动作贯穿全套过程为统帅，以回族、伊斯兰文化、武术三位一体为标准，以接朵尔起式、收式为模式，以演练时要身有大净举意端正自己为习惯，形成独特的回族武术文化。主要包括徒手、器械、内功、养生功、对练、软器械等功法。自杨士鹏创立杨氏回族拳至今，已传至第六代，有近两百年的历史。2013年，杨氏回族拳第六代传人杨文玺入选第三批自治区级非物质文化遗产项目代表性传承人。2012年被列入第三批自治区级非物质文化遗产名录。（WXW）

7. 传统美术

民间绘画（平罗县、隆德县） 农民画是由传统年画、剪纸、刺绣，以及炕围画、锅台画、箱柜画等民间艺术孕育而来的，在宁夏，农民画主要以平罗县、隆德县为最。据

资料考证，平罗县民间绘画起源于清代，其产生的背景是平罗县寺庙众多，宗教活动频繁，当时的民间画匠（家）多为庙宇、祠堂作画。民国年间，平罗县较有名的画匠为县城的居民鲁福元、周登科等，他们以绘画为生，多为民间丧事粘贴纸人、纸马及松、鹤等纸货，为他人在箱柜上画些风景、花卉、飞禽、走兽、花瓶等。平罗县民间绘画自清代至今经历了漫长的发展期，技艺渐趋成熟。民间画匠们在以画为生的同时，将他们的技艺一代代流传下来。20世纪80年代后，在王洪喜的带动和影响下，许多农民开始创作民间绘画。民间绘画创作的队伍由最初的四五人已发展到2001年的五十多人，遍布许多乡镇，先后在平罗县、石嘴山市、自治区举办了七届民间绘画展览。风景、花卉、飞禽、走兽、花瓶、节令习俗、故事、历史典故及以反映农村为主的日常劳动和生活场景，从春种夏锄到秋收冬藏，从鸡犬嬉戏到节庆婚俗，都是平罗民间绘画最热衷于表现的内容。在艺术上追求构图饱满、造型夸张、线条简练、色彩鲜明。平罗县民间绘画的题材、内容、艺术形式都是为适应农民和农村居住特点而产生的，具有浓厚的乡土气息和地方特色。与平罗县民间绘画相比，隆德民间绘画艺术的特点主要表现为不拘泥古法、不落陈套，构图不受透视色彩形式的限制，顺其自然、依实描绘、大胆想象、浪漫诙谐、明快逼真、色彩鲜艳、造型淳朴。它是农民思维与物质观念的产物，它的题材、内容、艺术形式都是为适应农民和农村居住特点而产生的。隆德民间绘画完整地保留了这片土地上自有人类以来的古朴、坚实、厚重的黄土高原文化风貌，对于了解六盘山地区农耕文明，研究我国农耕社会的生产发展以及民俗风情等都具有重要的参考价值。2007年被列入第一批自治区级非物质文化遗产名录。（WXW）

刺绣 刺绣是汉族和少数民族民间传统手工技艺，宁夏的刺绣主要分布于海原、西吉、隆德、彭阳、泾源、同心、盐池等地山区。据传，刺绣始于上古唐虞之时，已有数千年历史。西北地区的回族刺绣兴起并发展于清代。流行于六盘山区的刺绣主要装饰于服饰、生活用品、婚礼装束等方面，常用石榴、牡丹、花瓶等意象为图案，表达吉祥意蕴。在工艺上主要采用平绣的方式，在一些特殊地方也用锁绣。2007年被列入第一批自治区级非物质文化遗产名录。（WXW）

张喆生篆刻 篆刻又称玺印、印或印章等，是一门与书法密切结合的传统艺术，迄今已有3700多年的历史。篆刻艺术讲究章法、篆法和刀法，有系统的理论、技法和审美取向。隆德县农民篆刻家张喆生12岁即开始学习篆刻，1985年设计出各种图案，篆刻出《朱子格言》101方，《岳阳楼记》79方，《陋室铭》35方，毛泽东词《沁园春·雪》25方、《清平乐·六盘山》8方。2000年，张喆生的篆刻作品《朱子格言》四条屏在中国书画名家大展中获精品奖，并入选《中国名家书画集》，被画圣吴道子艺术馆收藏。2006年4月在"纪念毛泽东同志逝世30周年"全国书画大赛中，他的书法篆刻作品毛泽东词

《沁园春·雪》25方、《清平乐·六盘山》8方被评为优秀作品，入编《毛泽东诗词全国书画大赛优秀作品集》。当年他还获得了"中国当代书画名家"的名誉称号。2007年被列入第一批自治区级非物质文化遗产名录。（WXW）

木雕 木雕是我国传统的造型艺术之一。西吉县木雕艺术的历史比较悠久，起源于北宋年间，成熟于明、清两代，长期以来形成了以回族为主体又融合了其他民族传统的独特风格，以立意新颖、构图严谨、造型生动、雕工精湛而闻名西北。进入民国以来，西吉县木雕普遍见于伊斯兰教的拱北和清真寺以及某些官宦宅邸之中。继承木雕艺术的多为回族匠人，一般取材于山川草木、飞云流水、花卉禽鸟、博古珍玩等，同时用云纹、字环等传统装饰图案相配运用，禁止以人物形象为图，创造出清净无欲的意境，很少有追寻福寿钱财的意味。西吉县回族木雕艺人在这种历史文化背景下进行艺术创作，既受到穆斯林艺术风格的深刻影响，又受到汉族和其他少数民族传统建筑装饰艺术的熏陶，融会贯通，形成了别具特色的回族木雕艺术风格。2009年被列入第二批自治区级非物质文化遗产名录。（WXW）

隆德民间社火脸谱 隆德民间社火脸谱是当地农民在耍火（即社火）、唱秦腔时对演员脸部化妆的一种程式，在隆德县13个乡镇都有民间戏剧脸谱的分布。隆德县的民间戏剧脸谱在表现人物容貌和性格特征方面都十分具体和细致，它往往以极度夸张的手法，运用各种不同图案、色彩，突出人物的忠奸、善恶、美丑及其性格特征。它不仅需要勾勒人物的眉、眼、口、鼻，更重要的是要画出符合特定人物性格等方面的特殊标志。如肤色、疤、痣纹及姓氏等内容。沙塘镇十八里村苏氏家族民间戏剧脸谱的第八代传人苏维童，继承了隆德民间戏剧脸谱的各种艺术之长，他刻苦努力，勇于探索，使民间戏剧脸谱艺术发扬光大。苏氏民间社火脸谱的基本内容按谱型可分为定脸、对脸、破碎脸、悬脸、转脸五种。社火脸谱色彩主要用红、白、黑、黄，间以蓝、绿、粉青、粉红、金等色相。凡诸色彩作用在脸上，便有红脸、黑脸、白脸、黄脸、粉青、砖青、靛花脸等，其眉和眼角亦有固定的模式，眉分疙瘩眉、横须眉、星斗眉。一般武将为疙瘩眉，笔墨粗犷，表示勇猛刚直。在颜料及使用方法上，社火脸谱与戏剧脸谱则有更大不同。油彩仅宜于舞台上短期使用，而社火脸谱在露天，且表演时间也较长，由于日晒、汗渍、尘土污染，极易混形和挥发。所以社火脸谱的传统用色有锅墨（柴火煮饭的锅底黑灰）、猩红、石黄、铅粉（白）、朱砂、宝蓝、石绿等矿物质粉剂颜料。近年来，伴随着社火的衰落，隆德民间社火脸谱也面临如何传承的窘境。2009年被列入第二批自治区级非物质文化遗产名录。（WXW）

六盘山木版年画 六盘山木版年画是一种传统民间艺术形式，主要流传于六盘山地区的隆德、西吉一带。木版年画的历史已有一千多年历史，六盘山木版年画的历史可以追溯到清朝同治年间,当时任家的"戎义兴"年画商号就在六盘山地区小有名气。六盘山木版年画主要有门画、中堂、对联、条屏、窗画、炕围画、灶画等。制作过程分为画稿、构线、木刻、制版、印刷、彩绘、装裱。印版雕刻以木质细密、适宜水印、经久耐用的木材为原料。木版雕刻后,刷上水墨,印在容易吸水的宣纸上,也用水性的彩色颜料,分多版多次印成彩色年画。先用水墨印线版,红、黄、蓝、紫四色套印,水印技术要求熟练精细,准确无误,一般印制好一幅年画最少要三个版或者四个版,最多不超过六个版。整个制作过程从一笔一笔的在木版上画稿到一刀一刀地将版画刻出,从一张一张地在刻版上印墨线到一页一页地拓色都需要足够的耐心和细致,工艺繁杂,技法精巧。目前,六盘山木版年画的传承主要以任家木版年画为主,其代表作有《二十四节气》《十二生肖》,以及根据六盘山地区颇为流行的《春官词》创作的《吉子图》等。2012年被列入第三批自治区级非物质文化遗产名录。(WXW)

8. 传统手工技艺

黄渠桥羊羔肉制作技术 黄渠桥爆炒羊羔肉是具有回族特色的风味美食,堪称一绝。平罗县黄渠桥、宝丰是回族聚居区,自古回族群众就有贩卖二毛皮的历史,被剥去二毛皮的羊羔肉遂被加工食用,由最初的清蒸、黄焖逐渐演变为爆炒羊羔肉。据《平罗县志》和《平罗县食品志》记载,在民国三十四年(1945),黄渠桥忠兴饭馆、益顺居饭馆就有羊羔肉出售。黄渠桥爆炒羊羔肉的选材、用料都十分讲究。在羊羔选择上,一般选择15~20斤重的羊羔。羊羔太小,肉嫩无味,羊羔太大,肉老不嫩。烹制黄渠桥羊羔肉,主要是在"爆"的基础上兼用"焖"和"烩"的方法。大火爆炒,让香味进入肉中,使菜肴鲜嫩可口,香味四溢,具有地方特色和民族风味。黄渠桥镇地处交通要道,黄渠桥爆炒羊羔肉生意日益火爆,越来越多的人学习了这项技艺,黄渠桥经营羊羔肉的餐厅一时间布满街头。从1992年至1998年的几年时间里,黄渠桥爆炒羊羔肉生意达到了黄渠桥的整整一条街,店面有100多家。在这100多家里,又以马忠民、周家、马家、王建国等经营年代较长的餐厅最为出名。2007年被列入第一批自治区级非物质文化遗产名录。(WXW)

枸杞传统栽培技术 枸杞传统栽培技术是指从本地野生植物中优选的药用品种的技艺。中宁是枸杞野生植物的中心区域,根据宁夏古代史籍记载,中宁枸杞在明朝成化年间被朝廷列为"国朝岁果",作为中宁枸杞早期优质产品的"贡果"就出在当时清水河口东岸的新堡镇聂湾一带,中宁枸杞栽培已有四百多年的历史。枸杞传统栽培技术主要流传于中宁、同心一带。经过多年积累,现已形成三层楼的修剪方法为本地特有,形成了一套独特的栽培管理模式。随着当前科技含量的提高,传统的栽培管理方法掌握的人已

不多。2007年被列入第一批自治区级非物质文化遗产名录。(WXW)

中宁蒿籽面 蒿籽手工长面是中宁的特色食品,主要流传于中宁、同心、盐池一带,蒿籽面的制作已传流四百多年。蒿籽面的做法是,和面时用野生蒿草的果实蒿籽磨成的干粉掺以小麦粉或荞麦粉,碱水和成,这样的面色泽黄亮;面团经手工揉匀擀成圆形,晾干,然后细切长面,煮面时在滚水中打几个滚,捞出在凉开水中过面。用大肉、羊肉、豆腐及新鲜蔬菜等做成或荤或素的臊子,加上用香油、葱花、食醋、芹菜等熬制的酸汤浇在盛面的碗中,清香四溢,爽滑可口。擀面的大案板、长面杖是过去家家必不可少的家什。蒿籽面不但做法讲究,在吃法上也有颇多说道。在老人祝寿、孩子生日时吃长面又称长寿面,逢年初七、婚丧嫁娶时吃,称拉魂面。2007年被列入第一批自治区级非物质文化遗产名录。(WXW)

草编 草编是民间广泛流传的一种手工技艺,由于其原料生长地域广泛,而且易得易作,故草编工艺在中国民间十分普及。据《礼记》载,周代已经有专门的"草工"从事编织。秦汉时期,草编器具已在民间广泛使用,如草鞋、草席、草帘等。彭阳草编原料主要是当地水地生长的高产玉米叶及生长时间长、跨度为两年之久的冬麦秆。它们都具有草纤维均匀、质量柔软、叶秆度长、木质化程度较低、易于使用等特点,是草编选用的最佳原料。彭阳草编的玉米叶制品主要有沙发坐垫、车辆坐垫、器具垫等坐垫,小钱包、小提篮、小提包及太阳帽等生活用品。麦秆、草秸秆的草编制品主要是草帽,也有一些玩具如十二生肖等。彭阳草编手感润柔,品质绵韧,工艺精细,美观大方,表面平整,无接茬、裂口和其他附着物。2007年被列入第一批自治区级非物质文化遗产名录。(WXW)

擀毡 擀毡是一种传统羊毛加工技艺,在西北畜牧地区流传较广。宁夏红寺堡一带的擀毡技艺可以追溯到宋元时期,是伴随蒙古部落的南下而传入的。红寺堡擀毡的工序为:先把羊毛剔除杂物,捡净晒干,剁成寸节,然后弹熟弹透;再把弹好的羊毛铺到竹帘子上,喷上凉水,在羊毛里加黑面粉、清油,按比例调和,为的是擀出的毡瓷实、光滑。卷起竹帘,用绳子捆紧反复摔、滚,行话叫"跌帘子",形成毡胎;之后,将毡胎放在一块斜立在水槽边的木板上,用开水边浇边用脚上下搓揉、滚动,并拉平四角使其成形,最后,再用清水控白、晒干。由于用料和工艺的精细程度不同,毡制品有粗毡和细毡之分。炕毡、毡鞋、毡帽、门帘等都是山区人们生活所需。随着时代的发展和人们生活水平的提高,擀毡业逐渐淡出了人们的生活。2007年被列入第一批自治区级非物质文化遗产名录。(WXW)

箍窑 箍窑是人民群众在长期的生活实践中摸索出利用土坯和黄草泥垒窑洞的技术,主要分布于黄土高原较平坦的川、坝、台、塬上。箍窑技术性较强:首先要打好高1.4米左右、宽70厘米、长5米的窑墩子,类似拱形桥的桥墩，俗称窑腿子。一般并排修两孔箍窑需要三个墩子、三孔窑要筑四个墩子，依次类推。其次，要打好胡基，胡基要选黏性好的黄土。开始打时，要削一块平整结实的旧石磨或石板、水泥板，准备好筛过的草木灰，待模子放在石板上后，要在石板的底部和模子四周撒一把草木灰，然后往模子里填土，用脚踩整成鱼背形，最后用杵子夯实。有了窑墩和胡基就可以箍窑。箍窑有专门掌楦子的师傅。先把拱形窑楦子架在窑墩子上，然后一层土坯一层草芥稀泥，晾干后再抹层黄土和麦衣的细泥，使其光滑美观。箍窑比较坚固，外形独特，冬暖夏凉，在当地的自然条件下可以住几十年乃至上百年。随着经济社会发展和人民群众生活水平的提高，农村建筑房屋的建材已经大多使用砖瓦，箍窑技术渐趋消亡。2007年被列入第一批自治区级非物质文化遗产名录。（WXW）

手工地毯制作 手工地毯制作技艺是指纯用手工工艺编织制作地毯的民间传统技艺，宁夏回族自治区盐池县盛产滩羊，皮毛加工业历史悠久，在20世纪主要是以民间手工业作坊的形式进行传承。据盐池史料记载，历史上的盐池地毯业制作的前身多以毡房的形式生产经营，这些毡房的兴衰史便是盐池手工地毯最原始的有名有姓的传承史。一块手工打结地毯的生产过程，要经过两大部分十多道工序。第一部分是准备工作，包括选毛（择毛）、开毛、洗毛、合毛、纺毛纱、染毛纱、绘图四道工序。第二部分是织作和美化工作，包括织毯、平毯、剪片、洗毯、投沟、整修六道工序。在织毯工艺长期的传承发展过程中，每道工序都总结积累了独到的方法。手工编织的地毯，工艺细致，图案古朴美观，色彩以绿、蓝、红色为主。2007年被列入第一批自治区级非物质文化遗产名录。（WXW）

六盘山抟土瓦塑制作技艺 六盘山抟土瓦塑制作技艺主要流传于六盘山一带。在旧石器时代，六盘山地区就有人类繁衍和生息，他们辛勤劳动所遗留下来的抟土、削土瓦器，成为我国悠久历史文化的一个重要组成部分。新石器时代遗址、窑址遍布六盘山川，在固原的四县一区均有遗弃的窑址。六盘山抟土瓦塑制作主要靠师承传授，回族花式和汉族纹样的巧妙结合使六盘山抟土瓦塑线条粗犷，纹理清晰，造型简练，色泽厚重，民族特色鲜明，构成了六盘山抟土瓦塑手工技艺的风格。从20世纪50年代起，各公社、生产大队办起了土瓦窑，主要以生产灰色砖、瓦为主。80年代以后允许私营经济发展，六盘山区各地的瓦窑如雨后春笋般壮大起来，但还是以生产砖、瓦为主，生产土瓦盆、瓦罐等工艺品的凤毛麟角。现在，原州区清河镇朱小平等几家土瓦塑传统窑址仍在沿用传统的抟土、烧窑技术生产，产品为"花盆""米面罐""水罐""脊兽"等，处于举步维艰、难以生存的状况，这种传统技艺亟待保护。2009年被列入第二批自治区级非物质文化遗产名录。（WXW）

老毛手抓羊肉制作技艺 老毛手抓羊肉制作技艺由第一代创始人毛万才创建于清光绪十三年（1887），经过毛福礼、毛生明、毛强，传至毛海涛和毛海莹（女），已有五代，有120多年历史。老毛手抓羊肉在选羊、煮肉、切肉上有祖传秘方和独特的三讲究；熟肉有鲜、嫩、香三特色和爽口不腻、不膻不腥、常食不烦三特点；羯羊肉、羯羊脖子、羯羊汤是有益身心健康的三大绿色滋补品。此外，祖传的配置蘸醋，使羊肉更显软嫩鲜美，有手抓羊肉中的极品之誉。作为手抓羊肉世家的百年老店，老毛手抓羊肉被国家认定为清真"中华名小吃"，被中国烹饪协会授予"中华餐饮名店"。"老毛"和"毛强"牌商标被宁夏工商局认定为宁夏著名商标，成为名副其实的回族品牌而响誉海内外。2009年5被列入第二批自治区级非物质文化遗产名录。（WXW）

羊皮筏子制作技艺 羊皮筏子是黄河两岸民间常用的水上交通工具。羊皮筏子在古时候又叫"羊浑筒"，或"浑脱"。浑脱即将羊宰杀时，囫囵将羊皮褪下，经物理和化学工艺把羊皮软化使之不生虫、不腐烂，便于制作成羊皮筏子，用于载物、渡人。一般是把11个"浑脱"绑在木框架上（长2.5米22根木杆，宽1.5米5根木杆），形成前后各四只，中间三只的方阵，以利于平衡，恰似南方的竹排、竹筏。据史书记载，皮筏最早出现于《后汉书》，其中记载了匈奴人"作马革船"和护羌校尉邓训"缝革为船"横渡黄河的情景。自宋夏以来，皮筏一直是宁夏黄河水上重要运输工具。羊皮筏是黄河上最古老的运输工具；黄河上游游牧部落的民族曾展现了它的辉煌，人们的希冀、衣食住行、婚丧嫁娶以及随之产生的悲欢离合，都在羊皮筏子承载过。如今，它作为运输工具，已完成其历史使命，但它作为旅游工具，仍作为一道风景而被民众喜爱。2009年被列入第二批自治区级非物质文化遗产名录。（WXW）

羊羔酒酿造技艺 宁夏羊羔酒是宁夏古灵州（今灵武市）出产的历史贡酒，此酒生产历史长达千年，可以追溯到唐代。宁夏羊羔酒以宁夏灵武特产羊羔肉（宁夏二毛裘皮的伴生产物）、枸杞、长红枣等为原料精酿而成，色呈微黄，入口香甜，微辣，无羊膻味，药用价值很高，作为药酒，李时珍的《本草纲目》中就有记载。据史料记载，早在1874年之前，唐家唐谦、唐酿二位祖先就已生产该酒。当时产的羊羔酒选料讲究，配料纯正，清澈明亮，果香四溢，没有一点羊膻味。1911年，清廷镇压革命党，在灵州大开杀戒，唐家作坊被毁，唐家制酒业日渐衰落。后又逢战乱和取消私有制经济及"文化大革命"浩劫等，致使宁夏羊羔酒销声匿迹于市面。唐家制酒秘方，遵循传男不传女的祖制传于唐谦重孙唐世俊。1999—2003年，唐世俊根据家传秘方，恢复了羊羔酒的酿制工艺。由于历史的原因被迫中断91年，且传承人年事已高，这种以肉和植物混合发酵酿酒的生产技艺很难掌握，而酒类生产国家准入门槛较高、投资较大，传承人目前承受困难，因此将可能再次面临失传，急需保护开发利用。2009年被列入第二批自治区级非物质文化遗产名录。（WXW）

纸织画 纸织画是民间独特的传统工艺品，流传于彭阳一带。从起源看，纸织画始于盛唐,已有1300多年历史。历史上曾与杭州丝织画、苏州刺绣画和四川竹帘画被称为"中国四大家织"。纸织画的制作,是选用上好的中国画经过托裱,用小刀切成1～2毫米的纸丝做经线,然后用同等规格白色纸丝做纬线,一条一条手工编制。纸织画融绘画与编织于一体,似"十"字布绣,经纬纵横,朦胧隐现,制作方法独特,工艺价值和审美价值都很高,具有一定的工艺保护和市场开发价值。彭阳县红河乡雷红霞家传几代纸织画技艺,自2005年以来,雷红霞和她丈夫赵谦,为纸织画的抢救、挖掘、整理和研究做了不少工作。2009年被列入第二批自治区级非物质文化遗产名录。(WXW)

王氏泥人制作技艺 王氏泥人制作技艺是以宁夏乐陶泥人传承人王永红的泥人制作命名的手工技艺。王永红是贺兰一中教师,在教学过程中,她发现学生对玩泥巴很感兴趣,于是她就把泥塑带进课堂,把民间艺术融入教学之中。2006年至今,王永红先后创作了108个形象夸张、神情生动的泥塑人物。王永红的泥人制作材质取材于当地黄胶土,创作题材以20世纪六七十年代宁夏的民风民俗及风土人情为主,人物大多以老人和小孩为主,从造型方法看,她往往以夸张的人物表情和造型来表现农村生活和农民乐观向上的生活态度。浓郁的乡土气息、细腻写实的手法和拒绝重复的创作态度,使她的泥人作品别具一格。由《媒婆》《回娘家》《红头绳》《赶集》《酒鬼》等构成的作品《一个村子里的故事》,展现了作者深厚的乡土情结。由于作品的材质用的是家乡陶乐的泥土,作品讲述的是家乡的故事,所以王永红称他们为"乐陶泥人"。2012年被列入第三批自治区级非物质文化遗产名录。(WXW)

9. 民俗

祭河神 祭河神是流传于中卫一带的民间习俗。中卫祭河神始于汉,兴于元,风俗由来已久,久盛不衰,沿袭至今。每年春天渠工结束,日子不定,视开水迎水之日,择黄道吉日,由官衙发布公告,在中卫西郊沙渠桥搭戏台,举办龙王庙会;同时在沙渠桥观水厅搭建祭台,摆香炉、供器、三牲祭礼、品果、香表、奠仪等。先由探水人骑马或步行专报水头到来的时间,尔后有官员、绅士、水利委员主读祭文、鸣鼓乐、燃鞭炮、行跪礼。法会和尚诵经三天,道场道士醮酬三天,唱戏、耍社火、祭龙王、祭河神。其主要目的是祈祷风调雨顺,水渠通畅,五谷丰登,吉祥如意,国泰民安。夜晚沿渠两岸举行放河灯祭河神仪式。在阴阳、道士念大经办道场的陪衬下,群众蜂拥河岸两边放各种各样灯,灯随水而去,渠里一片辉煌,十分壮观。放灯仪式一般表达消灾祛病、平安吉祥之意。中卫祭河神风俗特色鲜明,是典型的宗教、农业、风俗文化、文化艺术相结合的产物,规模大、花样多。2007年被列入第一批自治区级非物质文化遗产名录。(WXW)

六盘山九龙莲花池祭祀民俗 六盘山九龙莲花池祭祀民俗是流传于隆德县六盘山一

带的集祭祀、祈雨、庙会于一体的大型民俗活动,影响遍及庄浪、隆德、静宁、西吉、固原乃至平凉等地。九龙莲花池不仅是民间祈雨祭祀的福地,池北面是佛教活动地,南面是道教活动地,有大小庙宇14座。宗教佛事鼎盛时期,和尚、僧人达300多人,庙地300多亩。香客们除祭祀佛、道二界神灵外,更崇敬、顶礼膜拜民间吉祥神"北联灵湫惠泽大神",因为"惠泽大神"所处的灵湫,是云根雨穴,"惠泽大神"能呼风唤雨,能为六盘山地区普降甘露,赐福祛灾,保佑百姓一年风调雨顺,五谷丰登。祭祀活动期间,善男信女扶老携幼,来此灵山敬香祈福,许愿放生。九龙莲花池庙会成为西北地区著名的庙会之一。2007年被列入第一批自治区级非物质文化遗产名录。(WXW)

隆德民间祭山 隆德民间祭山包含了民间庙会、民间祭祀,综合了民间戏剧演唱、民间器乐、民间手工艺、民间礼仪、民间原始信仰等的民俗活动,祭山活动的主要目的,是通过祭祀祈求山神保佑农业不受风、电、冰雹、洪水和病虫伤害。隆德县境内的冰雹期,每年最早始于农历四月一日,没于农历九月九日,所以祭山活动一般都在农历四月一日至四月八日进行。隆德民间祭山活动在长期的实践中形成了固定的程序,一般分三部分进行:①庙会。②戏剧演出(唱神戏)。庙会宣布开始的同时,由本村民间剧团、皮影剧团,或邀请外面大剧团演出秦腔戏剧4天,开场演出剧目内容以村庙神主的故事为主。③祭山。在几天的庙会期间,择一吉日,邀请专门从事祭山的民间道士或阴阳在村庙设坛诵经请神,并将准备好的各种祭品,摆放在祭坛上,由阴阳主持者踏罡步斗诵经超度,村民自发来到村庙上香,并配合道士跪香、叩拜。诵经请神、超度、发祭文后,由会长和年长者手捧神位,年壮者抬本村庙神主塑像轿子和各种祭品在前,后随旗幡队、鼓乐队、阴阳道士队和群众队,50~100多人的祭祀长队,在唢呐和鼓乐声中缓慢登上祭山山顶。开坛祭祀有叩拜、奏乐、读祭文、诵经、送神等固定程式。隆德民间祭山活动与一般单纯的集市贸易类庙会和民间祭祀不同,有着丰富的文化空间。2009年被列入第二批自治区级非物质文化遗产名录。(WXW)

中卫香山水会 中卫香山水会是中卫民间道教文化的一朵奇葩,它将诵经、祭祀、接神仪式、娱乐、音乐、龙舞诸多活动连在一起,形成一整套民俗仪规程序。"水会"既是民间信仰和祭祀活动中的仪规,也是民俗娱乐的载体,特别是农历二月十五日老君爷的诞辰节,农历四月十五日的青苗取水节,农历七月十五日的中元节及农历十月十五日的下元节,都有重要仪式和祭祀活动。水会的仪规、议程很有讲究:祭祀中,凝重持节;而在借神降福中(俗称"耍楼子")以神娱人、神人同乐。此时舞龙与"楼子爷"(水会把木龛中供奉的神灵尊称之为"爷")腾挪旋转,仰天长啸,上下翻飞,酣畅淋漓,穿梭于殿柱、众人之间,其势冲天。"水会"的音乐,为"水会"增添了肃穆,传递了灵气。"水会"吟诵的音律很独特,既有经堂的吟诵，也有发问和接号（用民间喝唱的形式对答），同时，将音律融入其中，构成交相辉映的民俗乐章。"水会"在中卫城区（九镇一乡）大部地区十分活跃，因其形成风格在中卫城区几大重要庙宇影响深远，民众乐此不疲。2009年被列入第二批自治区级非物质文化遗产名录。（WXW）

北武当庙寺庙庙会 北武当庙寺庙庙会是集游览观光、庙会活动为一体的民俗活动，影响辐射宁夏北部及陕甘、内蒙古周边。北武当庙寺庙庙会有每年农历四月初八、七月十五、八月十五、九月九的四次传统庙会，其中以九月九庙会最为盛大。善男信女四方云集，车水马龙，热闹非凡，据有关部门不完全统计，近几年庙会人流达到二十万之多。为了吸引更多的游客来北武当朝山观光游览，北武当寿佛寺自筹资金重新修建藏经阁，努力使北武当文化生态旅游区的庙会成为区域性的节会活动。2012年被列入第三批自治区级非物质文化遗产名录。（WXW）

社会文化资源

（一）文化艺术机构、团体

宁夏博物馆 宁夏博物馆成立于1973年1月，前身是1959年7月1日成立的宁夏博物馆筹备处。宁夏博物馆是自治区文化厅直属正处级事业单位，内设办公室、保管部、宣教部、陈列技术部、研究部、资料室、文展中心、咨询部、派出所等几大部室。宁夏博物馆是集收藏、研究、陈列、保护于一体的综合性省级博物馆，主要从事对宁夏境内古代文物、回族文物、近现代文物等的研究、收集、保管、保护、展陈、宣传教育等工作。1995年宁夏博物馆被定为自治区爱国主义教育基地，1997年又被定为全国爱国主义教育基地。2006年，现馆址——承天寺塔院被国务院定为第六批国家级重点文物保护单位，2013年被评为"国家一级博物馆"。宁夏博物馆现馆藏文物近4万件，其中国家三级以上珍贵文物4000余件，经鉴定确认的国家一级文物158件，如胡旋舞石刻墓门、鎏金铜牛、力士志文支座石雕被鉴定确认为国宝级文物。宁夏博物馆利用自己的文物藏品优势，先后举办过数十个展览。大型基本陈列主要有："宁夏历史文物陈列""西夏文物精品展""回族民俗文物展""贺兰山岩画展""宁夏革命文物陈列"。近几年举办、引进、推出的主要临时展览有："世界岩画图片艺术展""馆藏书画精品展""考古宁夏世纪新篇——配合基本建设考古发掘成果展""百年国耻——八国联军侵华史实展""大夏寻踪——西夏文物精品展""五彩华章——瓷器精品展""《塞上江南神奇宁夏》文物展览""贺兰山下尘封的文明——见证西夏""同心红军西征纪念馆陈列""宋、辽、西夏、金、元古陶瓷展""半藏阁藏骨钱、骨简展""宁夏古代历史铜镜展"等。结合展览，主办单位开发、制作了相关的工艺品、纪念品，印刷宣传册、宣传页，出版相关的书刊。2005—2007年，平均每年参观人数66296人次。近年来，全馆工作人员在各种学术刊物发表论文百余篇，单独或合作参与编写出版的学术著作有《西夏文物》《西夏简史》《宁夏文物述略》《宁夏通史》《中共宁夏地方党史》《西夏通史》《大夏寻踪——西夏文物辑粹》《吴忠与灵州——吴忠文物集粹·宁夏博物馆》《中国藏西夏文献——宁夏博物馆卷》《探寻西夏文明》《宁夏历史文物》等。（CJC）

宁夏图书馆　宁夏图书馆成立于1953年。1953年由银川市人民图书馆改建为宁夏省图书馆，1954年随宁夏省撤销改为银川市图书馆，1959年10月新成立宁夏回族自治区图书馆，1963年将银川市图书馆并入，1979年又分设为两馆，1982年建成新馆并对外开放。新馆坐落于今银川市西夏区。2008年又在银川市金凤区人民广场东街建成新馆，是宁夏回族自治区成立50周年献礼工程之一。宁夏图书馆作为省级图书馆，拥有藏书160多万册。比较珍贵的有本馆特色的藏书，还包括收集比较全面的宁夏地方文献、回族伊斯兰教文献，西夏历史文献70060册，还未被全面整理出来的全国独家收藏的西什库教堂藏书约7000册。宁夏图书馆新馆内设阅览座席1500余个，设计藏书量300余万册（件），拥有借阅一体的大开间开放式阅览室、老年阅览室、少儿阅览室，装修高档的电子阅览室、个人视频欣赏区、唱吧以及集体视频室、报告厅、书店、读者餐厅、休闲茶座以及无障碍浏览区等，可提供300万册图书、期刊、文献的在线阅览与检索，读者在有电脑、有网络的任何地方都可以24小时读书，体现了人性化的设计理念。宁夏图书馆新馆四层的计算机网络中心承担着计算机网络系统运行、网站维护与发布、数字化信息资源的存储、管理以及全国文化信息资源共享工程宁夏分中心的技术保障等工作。宁夏老图书馆采用的是"阵地服务"，而宁夏图书馆新馆属于数字图书馆，读者在宁夏的任何一个市、县都可以充分利用图书馆的资源，在宁夏各地只要打开宁夏图书馆的网页，检索到自己喜欢的书籍，就可以在网上查阅，预约借书，回到银川后就可以完成借书的所有手续。宁夏图书馆计算机网络中心既能和全国数字图书馆网络中心相连接，也能将其信息通过互联网传送到全区23个地、市、县的图书馆，从而形成检索和服务一体化的网络中

心，达到了资源共享的目的。（CJC）

宁夏文化馆 宁夏文化馆是自治区文化厅所属省级公益性事业单位。位于自治区首府银川市民族南街，现有干部职工120名。设九个部室、一校、两团、一个期刊编辑部，即办公室、文艺部、美影书法展示部、馆站工作部、创作研究室、非物质文化遗产保护部、广场文化示范指导部、培训部、后勤保障部，内设宁夏业余艺术学校，少儿艺术团、老年艺术团、《公益文化》编辑部。宁夏文化馆拥有正、副研究馆员19人、馆员23人、助理馆员38人、研究生2人、本科学历39人、专科42人、中专20人。馆舍面积8800平方米，室外建筑面积2000平方米。文化馆的职责：一是开展群众文化理论研究和学术探讨活动；二是组织群众性文化艺术活动示范性创造演出；三是承担宁夏非物质文化遗产保护工程的具体组织实施工作；四是承办社会公益性的政治、文化、科教等展览展示；五是完成自治区文化厅交办的与其业务相关的其他工作任务。2008年以来，先后撰写了国家级、大区级、省级、各大行业策划书120余份；实施国家级、部省级、行业活动近百场；承担部、省、行业研究课题5项；出版专著8本；撰写发表论文上百篇。文化馆先后荣获全国第十五届"群星奖"、全国第十五届"群文之星"等国家级、省级业务奖项148项。先后出色完成第二届中国宁夏国际文化艺术旅游博览会暨第二届宁夏文化艺术节的开幕式、闭幕式、九届中国西部民歌（花儿）歌会、回族非物质文化遗产保护国际论坛等50余项公益性文化大型活动。（CJC）

宁夏书画院 宁夏书画院创办于1985年，隶属自治区文化厅，编制21人，下设办公室、书法创作研究室、中国画创作研究室、油画版画创作研究室，作为省级画院承担着本地区民族文化发展与创新的主要任务，是集创作、研究为一体的国办画院。现有创作人员16人，办公室人员3人，特聘院外画师33人。随着改革开放进程的不断深入，在市场经济蓬勃发展和社会大转型的时代，画院坚持"二为"方向和"双百"方针，弘扬主旋律，提倡多样化，以展览促创作，注重培养人才，提高了创作队伍的整体素质。现在的宁夏书画院已具有较强的创作实力，目前，全院已有一级美术师5人，二级美术师7人。历经了多年的风雨历程，由最初的几人发展到现今具有16名专业创作人员，并且融国画、书法、油画、版画创作与理论研究为一体的省级艺术创作单位。画院的根本任务是为社会主义精神文明建设贡献高水准、高品位的艺术作品。书画院通过组织或参加各类全国性美术、书法大展和学术性展览，画院独立举办的艺术作品展览，与兄弟省、市的交流展、画家联展、个展等多种形式，展示本院艺术创作成果；同时提倡学术理论研究，推出学术专著，出版艺术作品专集，从而为推动本地区艺术事业发展做出贡献。画院的根本宗旨是出作品、出人才。多年来，通过参加全国性画展、各个门类展览及个人画展的形式，推出了一批有较大影响和知名度的画家、书法家。在艺术创作中形成了以现实主义题材为主，注重西部生活的宁夏书画院的整体风格。国画注重传统，风格朴实，油画风格强烈，用色明快，具有浓厚的黄土气息。版画、书法作品在形成个人风格的同时展示了包容性和多元化的特点，具有现代审美理念。近年来书画院艺术创作的独特魅力受到了国内外观众的喜爱与赞扬。（CJC）

宁夏文化产业投融资有限公司　宁夏文化产业投融资公司成立于2012年7月。宁夏文化产业投融资有限公司注册资本金10亿元，是经自治区政府批准成立的国有大型企业、非银行类金融机构，是推动宁夏文化产业发展的重要融资平台和投资主体。公司以推动文化产业做强做大为目标，以国有资本为先导，以优化、整合、盘活存量文化资源为抓手，充分发挥宁夏文化产业投融资平台功能，支持重大文化项目建设，有效解决文化企业融资难问题，为做强做大文化产业、打造特色文化强区、建设和谐富裕新宁夏注入新的动力。公司主要从事文化企业和文化项目贷款、担保，文化产权交易，文化项目投资、文化产业投资基金管理等投融资业务；发行中长期企业债券、短期融资债券和中期票据，开展文化房地产开发及相关业务；经自治区政府和有关部门授权，对自治区重点文化项目、文化设施、节庆会展活动、文化精品工程等实施投资、管理和市场化运作。公司坚持以政府为引导，以资本为纽带，以市场为导向，以重大项目为带动，撬动社会资源和资本，以参股、控股、兼并、资产经营和资本运作等方式，优化、整合、盘活存量文化资源，以高起点规划建设自治区文化创业创意示范园为突破口，推动全区文化产业做强做大，力争用3～5年时间，使公司成为引领和带动宁夏文化产业科学跨越发展的大型骨干企业，成为国内发展速度较快、竞争实力较强、在阿拉伯国家和穆斯林地区具有较大影响力的文化产业集团。宁夏文化产业投融资有限公司与国家开发银行宁夏分行、招商银行宁夏分行、宁夏银行以及中国动漫游戏股权投资管理有限公司签署了战略合作协议，和宁夏民生房地产开发有限公司、中华回乡文化实业有限公司、西夏区国有资产控股有限公司签署了各类项目合作协议。（CJC）

宁夏大剧院　宁夏大剧院建成于2010年，是继宁夏博物馆、宁夏图书馆之后又一项重大文化基础工程，是自治区文化项目建设史上的里程碑建筑。宁夏大剧院是宁夏回族自治区公共文化设施建设史上规模最大、功能最齐全、设施最先进的大型甲等剧院，是富有地域特色的标志性建筑，是展现宁夏回族自治区精神文明建设成就的重要窗口，是宁夏回族自治区文化和社会发展水平的重要标志。项目选址位于银川市金凤区人民广场东侧，南临北京路，北依银川市文化艺术中心，西面与宁夏博物馆、宁夏图书馆围合成为一个广场，大剧院位于该广场东西轴线东端，其建筑创意的核心理念为"花开盛世——和谐，吉祥，希望"。建筑物造型新颖，下方上圆，状似荷花瓣的立面板块环绕中心穹顶，融合了时代精神与民族传统文化特色。大剧院设计标准为国家大型甲等剧院。宁夏大剧院建筑面积为48610平方米。内设大小剧场2个，贵宾厅2个，会见厅2个，排练厅3个。大剧场观众区平面呈马蹄形，共设有三层，每层都设有6个小门，可容纳1400多人；小剧场总面积约为525平方米，最大容座406座。同时，还建有地下车库，可容纳200多辆车。对举办各类演出并向公众进行歌舞、戏曲、音乐知识的普及，提高公众欣赏水平和文化素养等方面都起到十分积极的作用。每年可演出100场，公益性（惠民）演出20场、院线演出30场、旅游文化献出50场。全年演出通过演出季、演出月、演出周等方式安排。（CJC）

宁夏演艺集团 宁夏演艺集团成立于2011年5月，经宁夏回族自治区党委、人民政府研究，按照"创新体制、转换机制、面向市场、壮大实力"为要求，决定将宁夏歌舞团、宁夏京剧团、宁夏秦腔剧团、宁夏话剧艺术发展有限公司、宁夏文化艺术服务中心、银川市秦腔剧团、银川剧院、红旗剧院合并组建宁夏演艺集团有限公司。集团公司由自治区人民政府全额出资，自治区文化厅受自治区人民政府的委托履行出资人职责，对集团公司享有管理权、监督权。集团公司资产由自治区人民政府授权单位监管。集团公司为有限责任公司，是国有独资公司、独立法人企业。主要从事艺术创作、生产、营销，兼营舞台美术制作、演艺活动策划、演出设备租赁、各类艺术培训、艺术资质认证考级、广告设计制作等工作。集团公司下设6个子公司，分别是宁夏演艺集团歌舞剧院有限公司、宁夏演艺集团秦腔剧院有限公司、宁夏演艺集团京剧院有限公司、宁夏话剧艺术发展有限公司、宁夏演艺集团演出有限公司和宁夏演艺集团杂技团有限公司。转企改制后现有职工430人（含聘用），其中正高级职称18人，副高33人，中级职称76人，初级职称74人。近年来，公司以实施文化惠民工程为工作中心，以"三下乡""四进社区""大篷车"等群众文化活动，努力满足多样化的精神文化需要。为实施好文化精品工程，演艺集团在黄河文化、回族文化、红色文化、西夏文化方面创作排演了一些精品力作。舞剧《花儿》荣获中宣部颁发的"五个一工程"奖、第十四届文华剧目奖；秦腔《花儿声声》获第十四届文华大奖；秦腔《庄妃与多尔衮》获国家舞台艺术精品工程资助剧目；话剧《工会主席》获得中国戏剧文华奖话剧金狮奖。演艺集团组建以来，作为承办各类重大演出活动的主体，在抓好剧目精品打磨提升、参加全国作品展演、文化惠民演出等方面取得显著成就，每年都能够顺利完成送戏下乡不少于800场演出任务。（CJC）

宁夏京剧团 宁夏京剧团成立于1958年，前身是解放军总政治部京剧团，1955年转业地方成为"中国京剧四团"。1958年10月，宁夏回族自治区成立，为支援边疆建设，"中国京剧四团"整编来到宁夏，改为宁夏京剧团。1964年，宁夏京剧团最先将《杜鹃山》搬上京剧舞台，在全国引起轰动。多年来，该团先后排演的优秀传统剧目有300多部，京剧主要流派在宁夏京剧团均有传人。改革开放后，宁夏京剧团创作排演了一大批新编历史剧目及大量优秀现代京剧，如《康熙访宁夏》《秦琼让印》《秦英出征》《人鬼鉴》《大夏春秋》《海瑞驯虎》《白毛女》《智擒惯匪座山雕》《重生》《刺刀见红》《爱甩辫子的姑娘》《孔繁森》《银龙破雾》《山中那十九座坟茔》《三伏马天武》《凤凰城》等。至今，宁夏京剧团还保持着有130位演员的大团规模。进入新世纪以来，剧团发扬"老四团"精神，在演出市场萎靡的情况下创新拼搏，先后创排出校园课本系列剧、新编历史神话剧《新闹龙宫》、大型音乐情景京剧《红绿灯·斑马线》等，为国粹艺术融入新的表现形式，使古老的京剧艺术焕发新光彩。宁夏京剧团不仅斐声国内各省市自治区，而且驰名亚、非、欧、美四大洲的许多国家。20世纪50年代曾先后到苏联、罗马尼亚、捷克、波兰、朝鲜、越南、缅甸、巴基斯坦、阿富汗、埃及、叙利亚、黎巴嫩、苏丹、埃塞俄比亚、印度等国演出；20世纪80年代又先后赴阿尔及利亚、突尼斯、日本、加拿大、美国等国演出。1997年受文化部委托赴西非吉布提、尼日利亚、多哥、马里等国进行访问演出，受到了国际艺术界同行和人民的热烈欢迎和高度赞誉。近年来，宁夏京剧团勇于开拓演出市场，多次组成演出分队赴浙江温州、海南海口、广东珠海等地演出，仅1997年，该团就连续演出了近千场。既赢得了明显的社会效益，同时也丰富了演出剧目，锻炼了演员，提高了演职人员素质，从而进一步扩大了该团的对外影响。（CJC）

宁夏歌舞剧院 宁夏歌舞剧院成立于1958年，原名宁夏歌舞团，是由中央、部队多个艺术团体支援组建而成。几十年来，经过深入挖掘、整理和编创，宁夏演艺集团歌舞剧院创作积累了一大批具有浓郁穆斯林风情和宁夏地方特色的歌舞作品，如大型"花儿"歌舞剧《曼苏尔》、民族舞剧《西夏女》、大型民族乐舞《西夏土风》、大型回族歌舞《九州新月》、西夏乐舞《漠海羌笛》、大型原创回族舞剧《花儿》、大型宁夏乐舞《长河大漠风》。为庆祝宁夏回族自治区成立30周年、40周年、50周年而创作的大型歌舞《绿色的黄土地》《塞上春潮》《盛世回乡》以及《回之韵》《我们宁夏好地方》，舞蹈《宴席曲》《喜悦》《山娃子》《枸杞红了》《袖里乾坤》《净》《穆斯林的尼卡哈》《心中花儿火辣辣》《踏脚》《金色汤瓶》《阿色俩目》，钢琴与乐队《六盘史诗》《第二组曲——塞上掠影》《波斯壶之梦》等。这些充满华夏西部阳刚之美和中国回族瑰丽风采的精彩演出，深受中外观众的欢迎与好评。剧院曾多次在国内外获奖并应邀参加亚洲太平洋艺术节和世界各地民间艺术节的演出，先后出访加拿大、塞内加尔、加纳、印度、巴基斯坦、土库曼斯坦、阿塞拜疆、马来西亚、吉布提、尼日尔、多哥、尼日利亚、马里、美国、日本、韩国、奥地利、挪威、意大利、朝鲜、密克罗尼西亚、毛里求斯、塞舌尔、土耳其等国以及我国香港、澳门、台湾地区。近年来，宁夏演艺集团歌舞剧院应邀参加了北京奥运会开幕式、大型音乐舞蹈史诗《复兴之路》、上海世界博览会、2010年和2011年中央电视台春节联欢晚会、文化部春晚、建党90周年的"我们的旗帜"晚会等多项大型国家艺术活动的演出。（CJC）

宁夏话剧团 宁夏话剧团成立于1964年1月，其前身是于1958年6月成立的宁夏文工团话剧组，1959年成立宁夏文工团话剧队，1964年在原话剧队的基础上成立了宁夏回族自治区话剧团。"文化大革命"期间剧团被解散，一部分同志被并入文工团内。1978年，恢复了话剧团建制。剧团的演职人员主要由空政话剧团、全总文工团、北京的几个剧团的演职人员、中央戏剧学院毕业生和本地的演艺人员组成。在五六十年代，剧团排演的主要剧目有《年青一代》《抓壮丁》《霓虹灯下的哨兵》《同志，你走错了路》《女飞行员》《豹子湾战斗》《金梁玉柱》等，受到观众的好评，表演水平享誉宁夏乃至西北五省。剧团从1984年开始把演戏的重点转向市场，把戏送到田间地头、厂矿、军营、学校，先后创作演出了《这样的庄稼人》《女村长》《王振举》《宝贝蛋与男子汉》《红白喜事》和三台中小学语文课本剧等，受到观众的热烈欢迎，平均每年演出200场以上。剧团创作的话剧《这样的庄稼人》《女村长》《王振举》《梅家小院》《农机站长》《铁杆庄稼》等优秀剧目多次获得文化部"文华奖"、中宣部"五个一工程"奖、国家计生委人口文化金奖、中国戏剧节优秀剧目奖、全国优秀剧目展演优秀剧目奖等国家级奖项，演职人员也有60余人次获得国家级的艺术奖项。剧团20年来先后30次受到中宣部、文化部、中央精神文明委、国家人事部、国家民委、自治区党委、自治区政府的表彰奖励。被中宣部誉为"全国文化工作战线的一面旗帜"，被授予全国文化工作先进集体、全国民族团结进步先进集体、全国精神文明建设先进集体、自治区优秀基层党组织等光荣称号，2003年中宣部、文化部为剧团颁发了"在全国服务农民服务基层文化工作特别贡献奖"，2007年被自治区党委、政府授予"先进文化旗帜单位"。（CJC）

宁夏秦腔剧团 宁夏秦腔剧团成立于1958年10月，前身是宁夏解放前的"觉民学社"和"庚辰俱乐部"两个戏院改编为"银川剧社"，在1958年10月自治区成立时改为自治区秦腔剧院，1961年撤销剧院编制改为剧团。多年来创作演出了《人间天上》《西吉滩》《成双成对》《六盘曙光》《法律面前》《婆媳湾》《皇封乞丐》《豫海英魂》等大中小型秦腔50余本，移植整理演出了秦腔传统戏50余本，培养了编导、演员、演奏员、舞美等艺术工作者200余名。现有在职人员126名。其中一级艺术职称5名，二级艺术职称人员11名，三级艺术职称人员44名，四级艺术职称人员37名。业务特色以实验夏剧，继承振兴秦腔为重点，每年均要排演3~8本秦腔传统戏、历史戏、现代戏与夏剧，演出180余场，现有保留剧目60余本。秦腔剧团先后于1958年在西安参加了西北第一届戏剧汇演，1975年在北京参加了全国现代戏调演，

1985年在乌鲁木齐参加了新疆维吾尔自治区成立30周年邀请演出，1987年在兰州参加了第一届中国艺术节西北荟萃的演出，1991年在扬州参加了全国戏曲现代戏调演，荣获新剧目奖与优秀表演奖，1992年在淄博参加了全国"天下第一团"优秀剧目展演，荣获了剧目奖、导演奖、乐队伴奏奖、表演奖与优秀表演奖等六项奖。同年参加了在兰州举办的全国戏剧喜剧小品调演，荣获两项奖，1993年在成都参加了全国地方戏曲交流演出，荣获四个奖项。（CJC）

宁夏固原博物馆 宁夏固原博物馆始建于1979年。1979年6月，固原县革命委员会批准固原文物站等为县直属事业单位，1983年12月，成立宁夏固原博物馆，是一座以收藏历史文物为主的综合性省级博物馆。固原博物馆占地面积近4万平方米，建筑面积1万多平方米，馆藏文物近2万件，其中国家一级文物123件（组），国宝级文物3件，即鎏金银壶、玻璃碗、漆棺画。馆藏的镶宝石金戒指、环首铁刀、波斯金币、罗马金币及北周、隋唐墓壁画等均为中亚、西亚传入我国的舶来品。宁夏固原博物馆的陈列展览主要由陈列大楼、古墓馆、石刻馆等组成。陈列大楼是一座现代仿古建筑，气势雄伟。内有文物陈列《固原古代文明》《丝绸之路在固原》两大展览。《固原古代文明》以文物质地陈列为主，全面展示了固原境内出土的从新石器时代开始至明清各个历史时期的玉器、骨器、陶器、瓷器、石器、青铜器、金银器等。古墓馆是近年来固原境内所发掘的各个时代墓葬的一处集中地，从西周到元代的墓葬一共9座，展示不同时期的墓葬形制和人文背景。石刻馆主体为"回"字形仿古建筑，馆内集中展现了唐至清时期的石碑、石刻200余件。其中清代吴大澄的《三关口筑路碑》、魏光焘的《重修三关口车路碑记》等不仅是珍贵的碑中佳作，而且是书法中的精品之作。固原博物馆已经成为宣传固原乃至宁夏的一个文化窗口，先后组织文物到美国、日本、克罗地亚、新加坡等国进行展出。博物馆研究人员发表研究文章近200篇，出版专著有《固原南郊隋唐墓地》《原州古墓集成》《固原北魏漆棺画》《固原历史文物》《二十世纪固原文物考古发现与研究》等，在国内外享有盛誉。2008年被国家文物局命名为国家一级博物馆，2009年被中央文明委授予"全国文明单位"荣誉称号。（CJC）

宁夏文学艺术界联合会 宁夏回族自治区文学艺术界联合会成立于1958年10月，是宁夏回族自治区各文艺家协会、各地（市）文联以及各产业文联（文协）的联合组织。1950年5月，宁夏省文联筹备委员会成立，1952年宁夏省文联同省文化局合署办公，1954年8月，甘肃、宁夏两省合并，宁夏省建制撤销，宁夏省文联筹备委员会亦撤销。1958年10月，宁夏回族自治区成立。12月，自治区文学艺术工作者联合会筹备委员会成立会议在自治区党委会议室举行。目前，宁夏文联有10个文艺家协会，包括作家协会、戏剧家协会、音乐家协会、舞蹈家协会、美术家协会、摄影家协会、书法家协会、民间文艺家协会、曲艺杂技家协会和电影电视家协会，23个会员团体，会员总人数达4200多人，其中国家级会员541人，国家级文艺家协会副主席3名，国家级协会理事24名，国家级专委会委员9名。文联机构下设有机关党委、办公室、组织联络部、文学艺术研究院、《朔方》编辑部、协会工作部和十大协会近20个机构。在职人员67人；获国务院政府特殊津贴11人（其中在职2人），获中国文联"德艺双馨"荣誉称号4人，获自治区"313人才"2人，获自治区"百千万人才工程"3人，正高职称12人，副高职称12人，中级职称8人。宁夏文联以"出人才、出作品"为中心，积极开展各种形式的业务活动，组织文学艺术家深入生活，举办各类演出、艺术展览，召开多种形式的学术研讨会，举办文艺评奖活动。在自治区文学艺术工作者的共同努力和奋斗下，涌现了一大批优秀文学艺术人才，创作出了许多人民群众喜闻乐见的优秀作品。宁夏文联及各文学艺术家协会重视对外文学艺术的交流活动，不断组团出访，接待区外、国外文学艺术家的来访，形式多样地交流活动促进了文学艺术家们的友谊与合作。(CJC)

宁夏作家协会 宁夏作家协会成立于1979年3月，现有会员515人，其中中国作家协会会员58人。宁夏作家协会是在中国共产党领导下的宁夏各民族作家自愿组成的群众性团体；宁夏作家协会以马克思列宁主义、毛泽东思想和邓小平建设有中国特色社会主义理论为指导，贯彻执行党的基本路线，坚持文艺为人民服务、为社会主义服务的方向和"百花齐放、百家争鸣"的方针，团结全区各族老中青作家和文艺工作者进行创作实践，繁荣和发展社会主义文学事业，为推动社会主义精神文明建设而努力奋斗。1979年3月6日，由宁夏文联第一届第三次全委扩大会议文学组代行代表大会职权，宣布成立中国作家协会宁夏分会，选出理事21人，后发展会员50人。中国作家协会宁夏分会第一次代表大会于1980年5月21日举行，出席会议代表67人。中国作家协会宁夏分会第二次会员代表大会于1984年7月28日举行，出席会议代表78人。宁夏作家协会第三次会员代表大会于1992年12月16日举行，出席会议代表77人。宁夏作家协会第四次会员代表大会1999年5月13日举行，出席会议代表86人。从2004年3月宁夏回族自治区作家协会第六次会员代表大会召开至今，在中国作家协会的大力支持下，在宁夏文联的正确领导下，宁夏作家协会遵循"联络、协调、服务"的宗旨，团结广大文学工作者，打造文学精品，繁荣宁夏文学创作，使宁夏文学创作队伍不断壮大。宁夏的文学创作和文学评论日益活跃，文学作品的数量和质量有了显著提高，青年作家和回族作家的作品在全国引起了一定的反响。(CJC)

宁夏音乐家协会 宁夏音乐家协会成立于1980年，前身为中国音乐工作者协会宁夏分会，后改为中国音乐家协会宁夏分会，1990年改名为宁夏音乐家协会。宁夏音乐家协会现有会员1105名，其中中国音乐家协会会员126名，中国音乐家协会理事2名。宁夏音乐家协会下设7个专业委员会开展工作：音乐创作委员会、音乐理论研究委员会、器乐演奏表演委员会、声乐表演委员会、音乐教育委员会、社会音乐教育委员会、音乐事业发展委员会。二级学会有钢琴学会、手风琴学会、电子琴学会、提琴学会、管乐学会、二胡学会、吉他学会。宁夏音乐家协会坚持贴近实际、贴近生活、贴近群众，大力弘扬以回族文化为主体的多元文化，打造以"花儿"为特征的宁夏音乐文化品牌，抓创作，出人才、出精品，多年来推出了一大批不同题材、不同形式、内容新颖、风格各异、情感真挚、形象生动、政治内容和艺术形式完美结合的具有时代特色和地域特色的精品力作，为全面提高音乐艺术创作、表演、研究、开发社会音乐教育，推动宁夏文化大发展、大繁荣，为构建和谐社会，促进全区经济又好又快发展做出了积极的贡献。1980年宁夏音乐家协会创办《宁夏歌声》歌曲刊物，1985年改为《民族之歌》，1991年停刊。1996年，获自治区党委宣传部、文联为全国文艺评奖获奖集体颁发的荣誉奖。1997年获中宣部、共青团中央、中国音协、文化部等单位举办的《纪念抗日战争五十周年和世界反法西斯战争胜利五十周年》全国群众歌咏比赛组织奖。1998年获中宣部、国家教委、中国音协、团中央组织的全国校园歌手大赛优秀组织奖。1998年获中国文联、中国音协举办的"民族情"黄河流域民歌演唱大赛优秀组织奖。历年来宁夏音乐家协会组织全区专业、业余作者参加全国性各类音乐作品评奖，获奖100余首，参加声乐、器乐各类比赛获奖近50余人，参加全国性音乐论文评奖获奖人数60余人。（CJC）

宁夏舞蹈家协会 宁夏舞蹈家协会成立于1980年5月，前身为中国舞蹈工作者协会宁夏分会，后改名为中国舞蹈家协会宁夏分会，1990更名为宁夏舞蹈家协会。协会的宗旨为"联络、协调、服务"，负责和中国舞蹈家协会、全国各省舞协、上级领导和全体会员的联络、协调、服务，做好桥梁和纽带工作；团结广大会员和全区舞蹈爱好者，共同努力奋斗，为繁荣发展宁夏的舞蹈事业做出贡献；繁荣发展回族舞蹈艺术；出人才、出作品，为宁夏舞蹈冲出宁夏、走向世界而拼搏；开展、举办各种形式的舞蹈大赛，学术研讨、理论研讨活动。2007年9月，协会成功举办"首届中国宁夏回族舞蹈、回族服饰展演"，全国十个省、市共报送回族舞蹈58个、回族服饰500多套，展演推出了一批优秀的回族舞蹈，如《剪花花》《水之秘语》《心路》《月上弦》《喊叫水》《口弦声声》等，服饰分为生活服、礼仪服、职业服，有200余套服饰获得一、二、三等奖。舞蹈《剪花花》《水之秘语》分别荣获第六届中国舞蹈"荷花奖"编导银奖、十佳作品奖，宁夏舞蹈家协会获优秀组织奖。宁夏舞蹈家协会现有3个分支机构，即中国儿童歌舞研究会宁夏分会、中国少数民族舞蹈学会宁夏分会、宁夏国际标准舞总会。会员总人数179人，其中中国舞蹈家协会会员38人，中国舞蹈家协会理事

2人。1998年2月，协会被自治区党委宣传思想工作领导小组评为全区宣传思想工作先进集体。1998年10月，一名协会成员被自治区党委、政府评为全区第四届民族团结先进个人；1999年12月，被中国舞蹈家协会评为优秀舞蹈活动家；2000年12月，被中国文联评为德艺双馨会员。（CJC）

宁夏戏剧家协会 宁夏戏剧家协会成立于1980年5月，是中国共产党领导的、全区各民族戏剧工作者自愿组成的专业性人民团体，是中国戏剧家协会和宁夏文学艺术界联合会的团体会员。协会的宗旨是：在宁夏文学艺术界联合会的直接领导和中国戏剧家协会的指导下，坚持以马克思列宁主义、毛泽东思想、邓小平理论和"三个代表"重要思想为指导，全面落实科学发展观，坚持文艺"为人民服务、为社会主义服务"的方向，坚持"百花齐放、百家争鸣"的方针，坚持"贴近实际、贴近生活、贴近群众"的原则，弘扬主旋律，提倡多样化，高举旗帜、围绕中心、服务人民、改革创新，团结和组织全区各民族戏剧家和戏剧工作者，为繁荣和发展宁夏回族自治区戏剧艺术事业、推进社会主义精神文明建设而努力奋斗。协会积极组织促进戏剧创作、理论研究、艺术探讨、观摩交流等活动，支持和鼓励各种艺术风格、流派的形成和发展。积极开展文艺批评，推动戏剧事业的健康发展。宁夏戏剧家协会现有会员总人数438人，其中国家级会员25人。协会第一次会员代表大会于1980年5月18日召开，出席会议代表93人。1999年协会会员1人荣获全国百名优秀青年文艺家称号，2000年协会会员1人获中国文联第三届德艺双馨会员称号，2001年协会会员2人获中国戏剧家协会德艺双馨会员称号，2001年协会会员1人获中国戏剧家协会"优秀戏剧工作者"称号。（CJC）

宁夏美术家协会 宁夏美术家协会成立于1980年。在此之前，美术方面的工作归属于宁夏文联美术组管理。1980年召开第一届会员代表大会，35名代表参加大会，宁夏文联美术组正式更名为中国美术家协会宁夏分会，会员总人数224人，国家级会员27人，少数民族会员27人。协会自成立以来，组织全区美术家参加了由文化部、中国文联、中国美协主办的历届全国美术大展和各类全国性美展。承办了宁夏回族自治区党委宣传部，宁夏文化厅，宁夏文联共同主办的宁夏所有重要的美术展览。独立策划举办了一系列全区学术性美展、与兄弟省市的美术交流展、为画家主办的个人画展、画家联展。组织举办了美术学习班、创作辅导班、艺术研讨会、艺术采风、美术评奖、编辑出版画册等一系列重要美术活动。发掘、培养、造就了一大批美术人才，许多画家由一名业余美术爱好者已成长为颇有成就的知名画家、专家。在推动宁夏美术繁荣发展的事业中发挥着主导作用，从而使美术家协会真正成为美术之家。宁夏美术家协会发展到今天，已有中国画、油画、版画、壁画雕塑、水彩、漫画五个专业艺术委员会。有银川市美协、石嘴山市美协、吴忠市美协、中卫市美协、固原市美协五个分支机构。现有会员600余人，其中国家级会员80余人，其中大部分是中青年美术家。自1980年以来，百余件美术作品相继在全国大型美展中获得各级奖项。（CJC）

宁夏书法家协会 宁夏书法家协会成立于1980年5月。宁夏书法家协会的宗旨是：在邓小平理论和党的基本路线指引下，贯彻党的文艺方针，团结全体会员为繁荣和发展自治区书法、篆刻艺术，为建设有中国特色的社会主义文化做出积极的贡献。宁夏书法家协会是在1980年5月22日自治区文联第二次代表大会上宣告成立的，经协商产生理事9人。（CJC）

宁夏摄影家协会 宁夏摄影家协会成立于1958年10月。宁夏回族自治区成立后宁夏文联成立摄影小组，全区共有摄影作者三四十人。1980年5月，召开第一次会员代表大会，中国摄影家协会宁夏分会正式成立，出席会议代表34人。宁夏摄影家协会是宁夏摄影工作者的群众团体，是中国摄影家协会和宁夏文学艺术界联合会的团体会员，是党和政府联系摄影艺术界的桥梁和纽带。协会宗旨坚持以马列主义、毛泽东思想、邓小平理论和"三个代表"重要思想为指导，全面贯彻落实科学发展观，广泛团结全区摄影工作者，贯彻党的基本路线，坚持文艺"为人民服务、为社会主义服务"的方向，坚持"百花齐放、百家争鸣"的方针，坚持"贴近实际、贴近生活、贴近群众"的原则，为繁荣自治区摄影事业、构建和谐社会、推进宁夏政治、经济、文化、社会发展和精神文明建设做出应有的贡献。宁夏摄影家协会成立至今，队伍不断扩大，现已拥有团体会员5个，会员总人数为410人，国家级会员40人，有30多人次在全国性展览中获奖。2002年获中国上海第六届国际摄影艺术展"贡献奖"，2004年协会被自治区党委宣传部评为自治区宣传工作先进集体称号，2004年被评为"庆祝中华人民共和国成立55周年（北京天坛）游园活动先进集体"。近年来，协会先后有8名荣获中国摄影家协会德艺双馨会员称号，1名荣获中国摄影家协会举办的"中国摄影金像奖提名奖"。（CJC）

宁夏民间文艺家协会 宁夏民间文艺家协会成立于1980年5月，原为中国民间文艺研究会宁夏分会。协会是党和政府联系全区广大民间文艺家和民间文艺工作者的桥梁和纽带，是由自治区民间文艺家组成的专业性人民团体。其宗旨是坚持文艺"为人民服务、为社会主义服务"的方向，贯彻"百花齐放、百家争鸣"的方针，广泛团结民间文艺家和民间文艺工作者，繁荣和发展自治区的民间文艺事业，为自治区的社会主义物质文明和精神文明建设以及现代化建设做出贡献。发挥"联络、服务、协调"的作用，为全区广大民间文艺工作者服务。第一次全区会员代表大会于1980年5月在银川市召开，标志着宁夏民间文艺家协会的成立，选出理事21人。会议建立、健全了全区的民间文艺工作体制和组织机构，制定了全区民族、民间文艺工作规划，把民族、民间文艺的保护与抢救工作提到了议事日程上，全面开始了全区民族、民间文艺的调查、发掘、搜集、整理、出版、研究工作。宁夏民间文艺家协会成立以来，编印了多种民间文艺资料集，并对宁夏回族自治区民间文学进行了大规模的普查工作，搜集各类民间文学资料4000多万字，指导各县市编印了县市资料本，在此基础上编辑出版了《中国民间故事集成·宁夏卷》《中国歌谣集成·宁夏卷》《中国谚语集成·宁夏卷》，全面完成了由民间文艺家协会承担的民间文学三套集成的工作，受到有关部门的表彰。宁夏民间文艺家协会于1988年、1991年、1997年三次荣获先进集体称号，部分会员的作品在历年全国、全区文学艺术评奖中获奖。本协会还于1985年、1988年两次组织了全区民间文学"金凤凰"奖评奖活动。为推动和发展宁夏回族自治区的民间文艺事业，培养民间文艺人才起到了积极作用。（CJC）

宁夏曲艺杂技家协会 宁夏曲艺杂技家协会成立于1984年7月。协会宗旨是团结全区曲艺杂技艺术工作者，坚持文艺"为人民服务，为社会主义服务"的方向，贯彻"百花齐放，百家争鸣"，"古为今用，洋为中用"的方针，为繁荣和发展宁夏回族自治区的曲艺杂技艺术，为建设有中国特色社会主义贡献力量。协会采取多种方式，推动和组织本会会员学习党的文艺方针政策，学习业务理论和科学文化知识，提高艺术修养，鼓励会员深入生活，密切联系群众，建设一支思想素质与业务素质优良的曲艺、杂技队伍。提倡题材、体裁、形式的多样化和多种艺术风格、流派的自由竞争，发扬民族曲艺、杂技艺术传统，学习和借鉴世界优秀文化成果，树立精品意识，对优秀的成果和曲艺、杂技艺术人才，给予表彰和鼓励。同时加强曲艺、杂技理论的研究。组织和推动曲艺、杂技的评论和批评，提倡和鼓励不同学术观点、不同学派的自由讨论。重视和支持群众性业余曲艺、杂技活动的开展，积极加强对青年曲艺、杂技工作者的培养与扶持。协会现有会员132名，其中国家级会员35名。协会第一次代表大会于1984年7月28日召开，出席会议代表15人。协会自成立至今共有33人次获得各类奖项140个。多次组织各类大型有影响的专业活动，为自治区文化事业的繁荣做出了积极的贡献。协会会员1人获第一届中国杂技家协会德艺双馨优秀会员称号，1人获中国杂技家协会德艺双馨优秀会员称号。（CJC）

宁夏电影电视家协会 宁夏电影电视家协会成立于1991年，原名称为宁夏电视电影艺术家协会，2010年10月按宁夏回族自治区编办文件规范为宁夏回族自治区电影电视家协会。1991年召开第一次会员代表大会，35名代表出席会议，选举产生10人理事会。协会团结全区专业和业余电影电视工作者，共同致力于宁夏电影电视艺术事业的发展。组织指导会员进行电影电视艺术创作、艺术评论及艺术研究、学术业务交流等活动，为繁荣电影电视艺术事业服务。协会积极扶持电影电视艺术新生力量，鼓励专业和业余电影电视艺术工作者深入生活，钻研业务，提高水平，多出成果。电影电视家协会自成立以来积极开展工作，发起、举办"大西北电视剧优秀奖"评奖活动；多次组织艺术理论研讨会和论证会，组织会员深入基层开展采风，邀请专家、学者指导电视、电影摄录制作技术，加强了协会与外界的合作与联络。协会会员活跃在全区电影电视艺术事业的各个岗位上，创作、录制了多部（台）艺术节目，产生了较大的影响。几年来，由自治区电视电影工作者创作、拍摄的影视作品还荣获了亚广联大奖、中宣部"五个一工程"奖、中国新闻奖、全国电视金鹰奖、骏马奖、金童奖、大西北优秀电视剧奖、电影华表奖评委会奖等多项全国大奖，为繁荣宁夏回族自治区的影视文化事业做出了积极的贡献，各项工作取得了可喜的成绩。宁夏电影电视家协会从组建初期的只有宁夏电视台一家从事电视艺术的生产单位发展到有线、无线、电影等多家单位共同开展工作的格局。（CJC）

（二）广播电视机构

宁夏广播电视总台　宁夏广播电视总台成立于2005年7月，是整合宁夏电视台、宁夏广播电台、宁夏广播电视报、宁夏电影公司等29家单位而成立的一家全新的媒体集团，包含了广播、电视、报纸、电影、出版社、网络等各方面媒体。总台组建后，宁夏回族自治区广电局划转总台广播电影电视单位27家，整合分支机构1家（中卫广播电视台）。撤销宁夏人民广播电台和宁夏电视台建制及其16个处级内设机构，撤销宁夏广播电视器材供应站、宁夏有线电视台、宁夏广播电视卫星地球站3家正处级事业单位和宁夏音像资料馆1家正科级事业单位建制；注销同心转播台、固原实验台、三营转播台、彭阳转播台、中宁实验台、大武口实验台、青铜峡实验台7家正科级事业单位的独立法人资格；宁夏广播电视总公司1家正处级事业单位改制为企业。组建后的宁夏广播电视总台，包括总台在内的独立事业法人单位，由原来的22家减少为9家，精简率在60%以上。总台广播包括新闻频道、交通频道、经济频道、都市频道4套广播，全天播音共78个小时，节目覆盖宁夏全境和周边省区，收听人口超过1000万人。总台电视包括公共频道、卫视频道、经济频道、影视频道、少儿频道、家有购物频道6套电视，全天播出共90个小时，节目覆盖宁夏全境和周边省区。2011年宁夏卫视覆盖人口达到6亿人，在全国省会城市实现了全覆盖，收视率增长幅度达100%，位居全国省级卫视之首，被评为全国最具成长性的省级卫视，对进一步扩大宁夏对外知名度和美誉度起到了积极作用。电影集团公司组建后，在做好《给水团》《远东之恋》《马志英》《画皮2》等影视剧拍摄工作的同时，积极筹划影视基地建设和推进城市数字化影院建设。2011年电影集团放映电影5235场，实现票房收入273万元。新媒体发展中心完成了宁夏广播电视报转社的转企改制工作，《宁夏广播电视报》在全区的发行量

达3.1万份，实现发行收入153万元。(CJC)

宁夏人民广播电台 宁夏人民广播电台成立于1958年。50多年来，宁夏广播发展到现在已经形成一套以新闻宣传为主、综合各类对象性节目和文艺节目较为完整的广播宣传体系，建成一套技术先进、设备精良、保障有力的广播技术系统，拥有一支政治坚定、作风扎实、业务过硬的广播专业人才队伍。进入新世纪，宁夏人民广播电台相继创办交通音乐、都市专业频率，发展到拥有新闻、经济、交通、都市4套节目，实现了广播专业化的目标。电台4套广播节目每天播音近80个小时。广播在宁夏全区人口覆盖率上升到91.42%，4套广播节目全部上网，实现在线收听；新闻、交通2套节目上星广播，扩大了覆盖面，各转播台的设备进行了更新，全部实现固态化，保证了安全播出。同时广播电台走向全方位改革，节目陆续进行大幅度调整，相继开办交通、经济等频道。各频道根据各自性质设置节目，大量采用主持人直播板块形式，新闻类、社教类、服务类、文艺类等节目和栏目可谓异彩纷呈。已由建台初期一套节目，每天播音不到4小时，发展到拥有新闻、经济、交通、都市4套节目。广播电台还承担着中央人民广播电台3套节目的转播任务。目前电台正常运行的频道有12个，总功率310千瓦，形成了中波和调频混合覆盖。全区广播人口覆盖率已超过90%，节目覆盖宁夏地区和周边省区，最远可传播到东南亚和北欧等国家和地区。从1958年到现在，有2人被评为中国的百佳新闻工作者，有2人被评为中国优秀新闻工作者，有3人被评为中国百优节目主持人；有2人被评为中国普法宣传先进个人；多人被评为宁夏全区劳动模范、先进工作者、名记者、名编辑、名播音员和主持人、宁夏广播事业发展贡献奖和宁夏广播工作30年荣誉奖。(CJC)

宁夏电视台 宁夏电视台成立于1970年10月，1971年1月1日正式播出，1980年开始播出彩色电视节目。1998年9月9日，宁夏电视台卫星频道正式播出。2003年4月1日，宁夏无线电视台、宁夏有线电视台实施合并，合并后的宁夏电视台自办宁夏新闻综合（卫视）、宁夏公共、宁夏经济生活、宁夏影视4个频道。其中宁夏卫视（新闻综合频道）通过亚太IA卫星覆盖全中国及东南亚、南亚等地区，现已在上海、福建、湖南、湖北、山西、甘肃、四川、内蒙古、海南等省区落地。宁夏卫视覆盖人口1亿人，综合人气指数居全国第十四位。公共频道是以新闻、时政类节目为重点的综合频道，是宁夏当地频道中最具权威和影响力的主打频道。频道开办有时政新闻、新闻评论专题、各类专栏，同时兼顾生活、文化和娱乐及国内外的精品电视剧和综艺类节目，各类型节目定位精确，全方位、多角度地满足广大观众的多样化需求。台自办的4个频道全天播出74小时，其中自制节目12小时，开办有新闻、经济、社教、少儿、文艺、纪录片、综艺、电视剧等类节目，自办栏目16个。近年来，宁夏电视台牢固树立精品意识，节目质量不断提高。先后有电视剧《喊叫水》《公家人》，电视文艺晚会《花儿正飞向新世纪》、电视专题片《中南海连着西海固》《塞上江南、再放异彩》、电视纪录片《跨越时空的文明》等50多部作品获飞天奖、星光奖、中国电视奖、金童奖、骏马奖、"五个一工程"奖等奖项。宁夏电视台注重交流与合作，2001—2002年先后成功地在美国、日本举办了"宁夏电视周"，2000年1月1日开通了宁夏电视台国际互联网站，成为西北省级电视台中第一家电视节目在网上实现视频播出的媒体。（CJC）

宁夏电影制片厂 宁夏电影制片厂成立于1958年，是宁夏专门从事电影、电视剧创作生产的单位。截至2008年，制片厂共拍摄近500部纪录片、专题片、科教片、故事片和电视剧。近年来，制片厂"以改革促进发展、以创新激发活力、以精品增进效益、以开发壮大实力"，联合兄弟单位拍摄了电影《英雄无语》《冯志远》《撑起生命的蓝天》《滑板梦之队》《姐姐词典》《聪明小鬼斗笨贼》《李双成》《同心》《这女人这辈子》《画皮》等，都创造了不俗的业绩。其中，1993年拍摄的电影故事片《家丑》被《当代电影》杂志社评选为1994当代电影国产十佳影片。1996年拍摄的电影《这女人这辈子》被国家广播电影电视部列为1996年重点影片，获中国电影百花奖最佳女配角奖和"五个一工程"奖。1996年拍摄的电影《滑板梦之队》荣获中国电影华表奖和第七届中国电影童牛奖四个奖项，即优秀故事片奖、优秀编剧奖、优秀摄影奖、优秀插曲奖。2000年拍摄的电影《英雄无语》荣获2000年度中国电影华表奖评委会奖、中宣部"五个一工程"奖影片。2002年拍摄的电影《聪明小鬼斗笨贼》获宁夏"五个一工程"奖。2005年拍摄的电影《姐姐词典》荣获第十三届中国电影金鸡奖提名奖。2008年出品的现代魔幻动作故事片《画皮》入围香港电影金像奖12项提名，最终获得总共18项"最佳"中的两项——最佳摄影和最佳原创歌曲。（CJC）

（三）新闻出版机构

宁夏日报 《宁夏日报》创刊于1949年9月，是宁夏回族自治区党委机关报，也是宁夏地区最具权威性的报纸，信息量大，覆盖面广。1949年9月，中国人民解放军解放了宁夏省会银川市，11月11日《宁夏日报》创刊，成为中共宁夏省委的机关报。12月21日，《宁夏日报》开始启用毛泽东同志亲笔书写的《宁夏日报》报头，此报头沿用至今。1954年8月，甘肃、宁夏两省合并，宁夏省建制撤销，8月31日《宁夏日报》终刊。1958年10月，随着宁夏回族自治区的成立，《宁夏日报》复刊。《宁夏日报》坚持为社会主义服务、为人民服务和正面宣传为主的方针，坚持正确的舆论导向，宣传党的"一个中心，两个基本点"的基本路线和一系列方针政策，宣传马列主义、毛泽东思想和邓小平建设有中国特色的社会主义理论，宣传自治区党委、政府在社会主义建设中采取的决策和措施，讴歌人民的英雄业绩，传播科学文化知识，弘扬社会主义新风，反映社情民意，是党和政府联系群众，指导工作的桥梁和纽带。《宁夏日报》自1998年起实行自办发行，全区读者当天可见报纸，在办报质量和投递速度方面使信息传播和宣传效果跃上一个崭新的阶段。新世纪面对竞争日趋激烈的严峻形势和新的发展机遇，宁夏日报在自治区党委、政府的支持下，采取深化改革、调整格局、整合资源、壮大实力等重大举措，成立了宁夏日报报业集团。宁夏日报报业集团旗下现有：《宁夏日报》《新消息报》《现代生活报》《华兴时报》《新知讯报》《法制新报》《小龙人学习报》，《看天下》和《理财世界馨家》杂志，宁夏网，宁夏手机报。组建宁夏日报报业集团有利于实现规模经营，提高市场竞争力，可实现各类资源高效配置、综合利用，调整优化报业结构，有利于加强党对舆论工作的领导。（CJC）

新消息报　《新消息报》创刊于2000年，是由宁夏日报社主管并主办的宁夏回族自治区惟一一份省级都市报，是宁夏日发行量大、零售量多、发行范围广的报纸，基本定位是"咱老百姓自己的报纸"。《新消息报》自创刊以来，一直将报纸营销理念贯穿于报纸运作各环节，无论新闻策划、重大社会活动策划还是发行广告方面的重大举措，均以一种完全市场化的理念作为指导，将读者的关切度、商家的依赖性、报纸未来发展决定性因素等各方面加以统筹考虑，力求在报业经营方面闯出一条适合自己最快速、最稳定发展的路子。《新消息报》之所以在宁夏创造了报纸发展的奇迹，除了定位准确、品质较高外，还有一个关键原因是主办和参与了大量的社会活动和公益活动。2000年以来，新消息报组织策划并与自治区委宣传部、区团委、文化厅、旅游局、体育局、银川市政府、石嘴山市政府等联合举办了50多项大型活动，如邀请多个国家的艺术团体到宁夏演出，组织攀登宁夏第一峰——贺兰山主峰、穿越黄河兵沟大峡谷，组织万人申奥签名、全国少年乒乓球总决赛、全国标准舞邀请赛、国际赏石艺术节、全国书画大赛、重走长征路、全国保龄球大奖赛、全国乒超联赛银川大赛等活动。这些活动既吸引了读者的广泛参与，又活跃了宁夏的文体氛围，充实了宁夏人的生活，扩大了宁夏的对外影响力。《新消息报》正式创刊之后，实现了快速发展，成为宁夏回族自治区版数最多、发行量最大、覆盖面最广、零售量最高、经济增速最快的平面媒体。该报共有200余件新闻作品获中国新闻奖、全国省级都市报（晚报）奖、宁夏新闻奖。（CJC）

黄河出版传媒集团　黄河出版传媒集团成立于2009年8月，是以图书、期刊、音像、数字、影视、互联网等出版物的策划、编辑、制作、印制、复制、出版、发行、传媒为主业，兼营出版物资供应、职业人才培训、广告设计制作、网络数字传媒，并向其他产业延伸的现代综合性文化产业集团。2009年12月，宁夏回族自治区人民政府与中国出版集团签订联合重组协议，黄河出版传媒集团有限公司加盟中国出版集团。按照现代企业制度的规范，目前黄河出版传媒集团有限公司在母子公司构架内，有10家全资子公司：宁夏人民出版社有限公司、阳光出版社有限公司、宁夏人民教育出版社有限公司、宁夏黄河电子音像出版社有限公司、宁夏黄河期刊传媒有限公司、宁夏黄河数字出版传媒有限公司、宁夏新华书店集团有限公司、宁夏黄河书刊发行有限公司、宁夏黄河艺术广告装饰有限公司、宁夏教育书刊发行有限公司；3家控股（51%）公司：宁夏画报实业有限公司、宁夏黄河文化实业有限公司、宁夏黄河远东国际招标有限公司；2家参股公司：宁夏博誉印刷物资有限公司（20%）、宁夏联美达印前制作有限公司（30%）。集团公司拥有各类出版社4家，期刊4种，书店29家。现有在职员工860人。集团公司的战略目标是：以出版资源和无形资产为基础，以出版相关产业和经营项目为纽带，积极向影视传媒、网络信息、数字出版、电子出版和其他第三产业辐射，逐步提高核心竞争力和整体实力，努力打造跨地区、跨行业、跨所有制、跨媒体的大型出版文化产业集团。目前，集团总资产6.76亿元，年出版图书2500多种4900多万册，影响波及海内外。集团相继荣获"全国新闻出版行业文明单位""全国文化体制改革先进单位""2011—2012国家文化出口重点企业"等荣誉称号。出版的图书先后荣获"五个一工程"图书奖、国家图书奖、国家图书提名奖、中华优秀出版物奖、中华优秀出版物提名奖、中国优秀电子出版物提名奖等奖项。（CJC）

宁夏人民出版社 宁夏人民出版社成立于1958年，是宁夏唯一的综合性地方出版社。拥有宁夏阳光出版社、宁夏人民教育出版社两家副牌社，《宁夏画报》《周末文汇》《少年读者》《魅力》四种期刊，及民族历史、政治经济、辞书、综合、少儿、文艺、科技、青年读物、教辅开发、教材开发十个编辑部，可出版各类图书及电子出版物和网络出版物。宁夏人民出版社年出书品种达千种，定价总码洋过亿元。宁夏人民出版社不断深挖出版资源，不断培育新的图书品种，形成了建构丰富的图书出版格局：回族历史文化、西夏历史文化等特色图书独领风骚，影响波及海内外；学术人文精品和大众精品生动崛起，亮点迭出；主旋律图书和畅销书出版稳步市场；版权贸易展露生机。出版社恪守"反映时代精神，注重文化积累，满足读者需求，创新一流业绩"的办社宗旨，50年经风沐雨，成长壮大，年出书品种达千种，宁夏人民出版社硕果累累，迄今有500多种图书在国内外获奖。在新的发展时期，宁夏人民出版社正以创新发展的崭新形象，向着出版产业跨越腾起的目标努力奋进。2009年8月，宁夏回族自治区党委、政府决定将宁夏人民出版社整体转制为企业，整合自治区新华书店等单位，组建黄河出版传媒集团有限公司。宁夏人民出版社数字出版传媒公司，全称宁夏黄河数字出版传媒有限公司，是宁夏人民出版社全资设立的法人独资公司，主要从事数字出版及数字媒体的制作运营业务，依托宁夏人民出版社强大的图书及期刊内容资源，依靠宁夏人民出版社雄厚的编辑力量，完成图书及期刊内容资源数字化处理、信息加工，将内容资源编辑整合，利用网络和手机等媒介进行新媒体业务的发布，实现内容资源的新的增值。（CJC）

宁夏人民教育出版社 宁夏人民教育出版社成立于1992年，2009年转企改制后成为黄河出版传媒集团有限公司旗下的教育类专业出版社，主要出版大中小学校本教材、教辅读物、职业教育教材、学生课外读物和教育科学理论、学术专著、科普读物等教育类图书。每年出版新书500多种，重印率达到了70%以上，2015年出版总码洋达到1.67亿元。经过多年的发展，出版社已拥有一支专业的、素质过硬的编辑团队，建立起遍布全区的发行网络。近年来，出版社已形成以系统教辅、校本教材、合作出版为主的三足鼎立的出版结构，打破了过去仅仅依靠教育系统合作出版发行的局面，社会效益和经济效益显著。策划出版的《学习之友》《成长教育》《中华民族歌》等地方教材教辅已覆盖全区中小学校，成为宁夏人民教育出版社的品牌图书。出版的《马兰花开》获国家第十三届精神文明建设"五个一工程"奖。在传统媒体与新兴媒体融合发展的大背景下，出版社在出版转型升级和媒体融合发展的道路上积极探索并取得了阶段性成果。在"纸书+二维码"的模式下开发了《晨读晚诵小古文》《小学生必背古诗词75首》等数字化立体图书，市场反映良好；在"二维码+载体"的模式下开发了卫生、科普、消防等一系列新媒体宣传推介产品；在"翻转课堂""微课"等新型教学模式下，参与开发了"扫扫学"线上线下学习系统，积极布局在线教育。2012年被评为宁夏回族自治区宣传思想文化工作先进集体；2013年被评为自治区三八红旗集体。曾被新闻出版总署授予全国良好出版社荣誉称号。（CJC）

阳光出版社 阳光出版社成立于1994年3月，是黄河出版传媒集团下设全资子公司，原名为宁夏少年儿童出版社。2009年3月，新闻出版总署批复同意宁夏少年儿童出版社更名为阳光出版社。出版社下设科技、青年读物、文艺、少儿四个编辑部。科技编辑部主要出版医药卫生、农业技术、工业技术、计算机应用、环境科学、建筑科学、应用数学、生物化学、生态知识、养生保健等领域的图书。青年读物编辑部主要出版适合青少年阅读的哲学、伦理、教育、社会、文学等多方面的图书。少儿编辑部主要出版以少年儿童为对象的政治、思想、品德教育类读物，及儿童文学作品、连环画、科普读物。文艺编辑部主要出版具有较高学术价值和艺术水准的现当代文学和艺术作品、文艺理论和文学批评、影视艺术、优秀少儿读物以及为人民大众所喜闻乐见的其他优秀通俗读物等。现有编辑人员31人，其中，研究生及以上学历8人、本科学历23人，具有高级技术职称人员9人、中级技术职称人员10人。出版社主要经营出版文学艺术、科学技术类图书；以少年儿童为对象的政治、思想、品德教育类读物；儿童文学作品、连环画、科普读物，以及少儿工作者和家长培养教育少儿的辅导读物；文体用品、工艺礼品、出版咨询服务、广告、展陈设计。建社以来，始终秉承传承和弘扬优秀文化、服务地方经济社会、提高国民综合素质的理念，开拓创新，扎实工作，经过几代出版人的努力和奋斗，出版了一大批优秀图书，内容涉及经济、政治、科技、文化艺术、教育、少儿等各个领域。（CJC）

宁夏黄河电子音像出版社 宁夏黄河电子音像出版社成立于2010年，是黄河出版传媒集团下设的全资子公司，是宁夏唯一一家拥有"音像制品出版许可证""电子出版物出版许可证""复制经营许可证""音像制品批发许可证"资质的国有电子音像出版机构。下设策划部、编辑部、经营部、制作部和音像复制发行部等部门，立足宁夏、放眼全国，致力于出版文艺、教育、科技及反映本地风土人情的音像制品和电子出版物。自成立以来，音像出版社紧紧围绕改革和发展的主题，先后出版了《柳萍秦腔唱段专辑》《月上贺兰》《花儿》《清真家常菜》《回乡婚礼》《六盘花儿飘》《中国花儿集粹》等富有地域文化特色的音像制品；制作出版了《西夏文电子字典及输入法软件》《大型网络游戏：魔刃2》等具有影响力的电子出版物；出版了《陈氏太极拳教学大全》《人民警察实战技能教材》《中医养生宝典——站桩导引整脊术》等一批立足地区实际的教学片。出版的《话说马鸿逵》《的哥·哈喜喜》《花儿飞四方》分别荣膺第六届牡丹（文学、理论）奖、中国西部第十六届书籍艺术交流暨优秀作品评选设计奖。目前已有《中国花儿集粹》《回乡文化系列》两项选题被列入"十二五国家重点图书、音像、电子出版物出版规划"，是宁夏音像出版项目首次被列入国家重点出版规划。2012年出版社出版的《六盘花儿飘：宁夏六盘山花儿集锦》获音像出版物提名奖，2013年电子出版物《西夏文电子字典及输入法软件》荣获第三届出版政府奖电子出版物提名奖。（CJC）

宁夏新华书店 宁夏新华书店始建于1949年，前身为宁夏回族自治区新华书店，是宁夏回族自治区创立最早的文化企业之一。宁夏新华书店集团隶属于黄河出版传媒集团，是宁夏回族自治区最大的出版物发行企业，担负着宁夏大中专教材、中小学教材、政治读物及一般图书、音像制品、电子出版物等发行任务。宁夏新华书店集团的光辉历程始终坚持"二为"方针，坚持"两个效益"相结合，社会效益第一。多年来，一直保证完成"课前到书，人手一册"教材发行的政治任务。先后被宁夏回族自治区授予区级文明单位、服务社会主义新农村建设出版发行先进单位、五星级诚信纳税示范单位等荣誉称号。宁夏新华书店集团全面实施连锁经营战略，建立了覆盖全区新华书店的连锁经营平台，现辖有子（分）公司23家，形成了遍布宁夏城乡的图书发行网络。宁夏新华书店集团近七十年的成长历程，凝聚着党和政府的关怀和广大读者的厚爱，也倾注了几代"新华人"的心血、汗水和忠诚。在当前文化体制改革大潮中，宁夏新华书店集团在黄河出版传媒集团的领导下，以"为读者提供精神食粮，为群众构筑精神家园，为社会创造精神财富"为愿景，以"经营正版图书，传播先进文化"为宗旨，为宁夏广大城乡群众竭诚服务，为推动"文化强区"战略做出新的更大贡献。（CJC）

（四）社科研究咨询机构

宁夏文史研究馆 宁夏文史研究馆成立于1953年7月，原名宁夏省人民政府文史研究馆。1966年"文化大革命"开始后，研究馆机构被撤销，馆藏的文档、资料、图书等散失和损毁殆尽，绝大部分馆员在这一时期相继去世。1983年8月，自治区党委决定恢复文史研究馆，现有馆员75位，研究员125位。建馆60多年来，搜集、挖掘、整理了大量史料，先后编辑出版有《西北文史荟览》《丝路清韵》《宁夏述闻》《难忘的岁月——纪念宁夏少年（抗日）战地服务团成立六十周年回忆录》《宁夏文史研究馆四十年》《全国回族书画展选集》《民国宁夏风云实录》《宁夏掌故》《宁夏文史》《宁夏文史馆志》《宁夏文史研究馆五十年》《馆员文选》《馆员专题讲座汇编》《塞上丹青——馆员、书画研究员书画作品集》《盛世文苑》《宁夏民俗大观》《六盘山社火》《走进西海固》（摄影集）、《宁夏历代诗词集》《宁夏历代艺文集》《中国回族文学通史》《中国地域文化通览·宁夏卷》等典籍书刊。其中《民国宁夏风云实录》填补了宁夏民国史研究方面的空白；《宁夏历代诗词集》《宁夏历代艺文集》两部书集填补了宁夏古代文化研究的空白；《宁夏民俗大观》获第九届中国民间文艺山花奖·民间文艺学术著作奖及宁夏第八次文学艺术奖荣誉奖；《六盘山社火》获宁夏回族自治区第八次文学艺术奖民间文学创作奖一等奖。为充分发挥文史馆的特点，文史研究馆多次组织馆员结合形势召开纪念会、座谈会和学术研讨会，并结合现实组织馆员举办"中华传统文化与礼仪"等诸多专题讲座；同时，围绕自治区党委、政府重点工作，组织馆员赴自治区内外进行文史考察和社会调研，撰写调研报告，向自治区领导和有关部门呈送馆员建言。（CJC）

宁夏社会科学院 宁夏社会科学院其前身是1961年12月成立的宁夏民族历史研究室，1964年1月改建为宁夏哲学社会科学研究所，1966年"文化大革命"开始后即被撤销，1979年9月恢复重建，1981年8月正式改名为宁夏社会科学院。建院以来，本着突出重点、体现特色的原则，积极开展回族伊斯兰教、西夏历史文化、宁夏地方历史文化等基础学科的研究和建设，取得了较好成绩。对外学术交流不断加强，研究领域进一步拓展。先后创办了《宁夏社会科学》《回族研究》《西夏研究》三个学术理论刊物。从1979年到2014年，全院科研人员承担国家社科基金课题84项、自治区社科基金课题152项，出版学术著作490部，发表论文、研究报告等3400余篇，各类报纸刊发理论文章700篇，搜集整理和研究出版古籍文献资料6类500余册。新型智库建设初显成效，服务党政决策和经济社会发展的能力显著提高。现有九大学科，即回族学、西夏学、地方历史文化、应用经济学、社会学、政治学法学、生态文明、文化学、民族文献学，形成了具有支撑作用、较强优势和具有良好发展前景的基础学科、重点学科和扶持学科，建立了以首席专家、学科带头人、学科骨干为主的多层次学科人才梯队。回族学和西夏学两个学科成为宁夏回族自治区"人才高地"，在区内外有着广泛的影响。目前，社会科学院在自治区哲学社会科学研究方面承担并完成的国家和自治区科研课题最多，获得全国性和自治区级奖励最多。自建院以来，获得中宣部精神文明建设"五个一工程一本好书"奖2项；获得"五个一工程一篇好文章奖"2项。在首届全国青年社会科学优秀成果评选中，获二等奖1项。在宁夏第1至9次社会科学优秀成果评奖中，获特等奖1项、一等奖21项、二等奖70项、三等奖119项。（CJC）

宁夏社会科学界联合会 宁夏社会科学界联合会成立于1981年11月，是自治区党委领导下的学术性人民团体，是全区社会科学学术团体的业务主管部门。1982年社会科学界联合会与社会科学院共同创办了《宁夏社会科学通讯》，1988年停刊由社会科学界联合会编办《社科简讯》《宁夏学刊》，1997年《社科简讯》更名为《社科通讯》，2003年又更名为《宁夏社科联》。2003年又创办了《学者》。宁夏社会科学界联合会指导和协调所属学术团体的工作，培育壮大学术团体，不断增强其影响力；组织领导直属社会科学学术团体党组织开展党建工作；联络和指导地级市社会科学界联合会的业务工作。开展社会科学宣传普及和咨询服务工作；组织编辑社会科学研究及普及的有关图书、期刊和资料；推进社会科学研究成果的转化与应用。开展关于国家及地区经济建设、政治建设、文化建设、社会建设、生态文明建设中的重大理论和现实问题研究，推动和组织所属学术团体及社会科学工作者开展各种理论研讨和学术交流。加强社会科学学术团体之间、理论工作部门和实际工作部门之间、社会科学界与自然科学界之间的联系和协作。为推动和繁荣自治区的社会科学事业，宁夏社会科学界联合会遵照自治区党委关于每2~3年进行一次社会科学研究优秀成果评奖的决定，先后组织了多次评奖活动。共评出获奖成果1378项，其中，特等奖1项、一等奖69项、二等奖356项、三等奖910项、鼓励奖14项。宁夏社会科学界联合会现已有5个市级社会科学界联合会和90多个学会、协会、研究会，有2万多社会科学工作者活跃在各条战线，充分显示了宁夏社会科学事业的发展前景。（CJC）

宁夏民族艺术研究所 宁夏民族艺术研究所成立于1983年，为宁夏文化厅直属正处级事业单位。内设办公室、研究部、信息交流部、《民族艺林》编辑部、资料档案部，编制 28 人。民族艺术研究所成立以来，已完成国家"七五""八五"重点科研课题七项，即《中国民间歌曲集成·宁夏卷》《中国民间器乐集成·宁夏卷》《中国曲艺音乐集成·宁夏卷》《中国戏曲志·宁夏卷》《中国民族民间舞蹈集成·宁夏卷》《中国戏曲音乐集成·宁夏卷》《中国曲艺志·宁夏卷》。承担了《宁夏通志·文化卷》《西北人文资源环境基础数据库》《宁夏文化艺术多媒体信息库》编纂工作。完成国家重点科研课题，并获奖出版的课题有：《中国舞蹈志·宁夏卷》《六盘山区传统文化艺术资源的保护与开发》《西夏艺术》等。创作获奖的作品有：戏剧《红氍毹》《西夏青盐恨》；话剧《王振举》；电视小品《作家赠书》；广播剧《一棵树传奇》；三集电视剧《大桥魂》。出版的专著有：《宁夏宗教音乐》《回族音乐史》《塞上乐潭》《宁夏满族述往》《赵孟祥剧作选》《六盘山区传统文化探究》《宁夏曲艺简史》。有 100 多篇学术论文发表在全国省级以上刊物，举办了各类学术理论研讨会 20 多次。2007 年以来，整理编辑出版了《宁夏文化艺术探赜》《宁夏文化艺术研究集锦》。为突出宁夏回族文化艺术的研究，出版《宁夏回族文化艺术博览》《宁夏回族花儿剧精选》《宁夏回族宴席曲荟萃》。为配合自治区黄河金岸建设，举办黄河文化论坛并出版《黄河风辞》《黄河文化研究》。完成并出版《宁夏新农村文化建设研究》《宁夏非物质文化遗产概览》《宁夏回族民间剪纸艺术保护与开发》等。（CJC）

宁夏文物考古研究所 宁夏文物考古研究所成立于 1986 年 6 月。研究所承担宁夏全区地下和地上文物的调查保护、考古发掘和科学研究工作。下设 6 个科室，分别为办公室、技术资料室、考古研究室、西夏研究室、固原工作站、承天寺塔管理中心。核定编制 46 人，现有研究员 3 人、副研究员 7 人、中级职称 17 人。在考古调查、发掘的基础上，宁夏文物考古研究所近年来出版了一批具有较高学术价值的考古专题报告，主要有《水洞沟——1980 年发掘报告》《宁夏菜园——新时期遗址发掘报告》《拜寺沟西夏方塔》《闽宁村西夏墓地》《银川沙滩墓地》《固原开城墓地》《吴忠西郊唐墓》《西夏方塔出土文献》《西夏三号陵》《山嘴沟西夏石窟》《固原南郊北朝隋唐墓地》《吴忠西郊魏晋隋唐墓地》《吴忠北郊北魏唐墓》《盐池冯记圈明墓》《固原九龙山汉唐墓葬》《水洞沟——2003—2007 年度考古发掘与研究报告》等，以及《水洞沟遗址发现八十周年国际学术讨论会论文集》《宁夏古人类学研究报告集》《丝绸之路上的考古宗教与历史》《中国文物地图集——宁夏分册》等专著。同时，在国内外刊物上发表各类论文百余篇。近年来研究所先后获得"全国文物系统先进集体"、"王冶秋、郑振铎文物保护奖先进集体"及自治区文化厅"文化系统先进单位"等荣誉。我所专业人员发表的论文、著作在自治区级和国家级社会科学评奖活动中有 10 项被评为一、二、三等奖。（CJC）

宁夏岩画研究院 宁夏岩画研究院成立于 1993 年 10 月，前身为宁夏文化艺术中心筹建处，1997年11月正式成立宁夏文化艺术中心，为了加强宁夏岩画研究工作，开展国内外学术交流活动，促进宁夏文化艺术的发展，1999年宁夏文化艺术中心增挂宁夏岩画研究院牌子，实行一套机构、两块牌子，挂牌后，人员编制、领导职数和经费渠道不变。宁夏文化艺术中心的主要工作是开展国内外岩画的学术交流活动，开展对宁夏现存岩画的发现与研究工作，协同宁夏文物局等部门收集、整理有关资料，加强对宁夏岩画的保护工作和对宁夏岩画进行开发和利用。岩画是镌刻在石壁上的大百科全书，是在人类文明没有出现文字记录前的一种记事表现手法，是对古人类的生存、生活、天体、战争、舞蹈等场景的记录，映射出古代先民对自然、动物、生命的崇拜与思考，展示出原始社会文化艺术古朴粗拙的内涵和自然凝炼的美感，为历史、民族、宗教、文化、美术等科研提供了丰富、珍贵的实物资料。2008年由宁夏岩画研究院编辑出版的《宁夏岩画》，以图文并茂的形式，分别描绘了石嘴山、贺兰山、灵武东山、青铜峡、中卫等地共计20处主要岩画点，全面、系统地反映了宁夏岩画全貌，填补了岩画学术界的一项空白。由宁夏岩画研究院和银川市贺兰山岩画管理处主办的《岩画研究》年刊，是一本以岩画研究为主的学术刊物。(CJC)

宁夏回族医药研究所 宁夏回族医药研究所成立于2010年4月。研究所下设回医药基础理论研究室、回医药临床技术研究室和回药研发研究室3个核心研究室和宁夏回族医药研究所门户网站1个。近年来积极建设宁夏回族医药研究所科技数据库，目前已经收录入库的书籍有《回回药方》《回回药方考释》《酉阳杂俎》《瑞竹堂经验方》《饮膳正要》《医典》等回族医药相关书籍、反映回族文化习俗的书籍，以及中医药类著作等。研究所努力挖掘、整理回医药理论文献，积极构建回医药理论体系，已整理出版了《中国回族医药》《回族医方集粹》《全国回族医药学术研讨会论文集》，研究所积极开展科学研究工作，承担立项的国家"十一五"科技支撑计划项目"民族医药发展关键技术示范研究"，承担立项的国家中医药管理局公共卫生资金项目"回族医药文献整理和适宜技术筛选推广"科研课题，完成3部文献和2项回医药适宜技术在全区各级医院推广应用。承担立项的自治区4项重点科研计划项目。同时研究所认真学习兄弟民族医药建设与发展经验，积极加强对外交流合作。借宁夏中阿经贸论坛会议，充分利用宁夏区位和回族文化优势，积极与各级各类开展回族医药研究、回族文化研究、社会科学研究、伊斯兰教研究的专家学者广泛接触，交流磋商，建立合作关系，为加快回族医药建设与发展奠定了坚实的基础。(CJC)

（五）高等院校

中共宁夏回族自治区委员会党校 中共宁夏回族自治区委员会党校位于银川市西夏

区怀远西路,其前身为1949年11月成立的宁夏省干部学校。1953年,更名为中共宁夏省委干部学校。1958年,中央决定成立宁夏回族自治区,将中共甘肃省委干部文化学校、中共银川地委党校、吴忠州委干部学校合并,成立了中共宁夏回族自治区委员会工委中级党校。1961年,更名为中共宁夏回族自治区委员会党校。1996年3月,党校兼办宁夏行政学院。截至2014年年底,学校设22个部门,其中教研部8个,教学管理和辅助部门8个,行政、党务、后勤部门6个。有在职教工229人,其中各类专业技术人员100人,教授14人,副教授37人。拥有哲学、政治学、经济学、法学、经济管理、公共管理、党史党建、文史等一批优势学科,"邓小平理论研究中心""'三个代表'重要思想研究中心"以及"区情研究中心"等研究机构。办有面向全国公开发行的《宁夏党校学报》《宁夏区情数据手册》《宁夏党校报》等学术性报刊。近年来,党校积极开展对领导干部和理论骨干的教育培训工作,形成了以主体班次为重点,多种形式、多个层面、长短结合的办学格局。学校在区内外建立了六盘山红军纪念馆、彭阳县小流域治理基地等10个培训基地,有效拓展了党校培训渠道,提高了培训质量。培训工作呈现以下四个特点:理论教学体现系统性、知识教育注重针对性、区情教学突出实践性、党性教育强化实效性,为宁夏社会主义建设事业培养了一大批德才兼备的领导人才和理论骨干。坚持和推进学术研究、理论宣传、调研咨询"三位一体"的大科研工作。坚持科学理论的研究和传播工作,着力使科研工作更好地为推进党的理论创新服务,为提高党校教学质量服务,为党委和政府决策服务,为社会主义经济建设、政治建设、文化建设、社会建设和党的建设服务。紧紧围绕自治区党委、政府的中心工作,深入开展调查研究,加强对自治区重大现实问题的研究,积极探索宁夏跨越式发展的路径。近年来,承担宁夏社科规划课题70多项,承接全国党校系统重点调研课题21项。在国家级和省级以上刊物发表论文1200多篇,出版专著、教材80部。科研成果获国家级奖5项,其中1项获国家"五个一工程"奖,获省(部)级奖130多项。(CJC)

宁夏大学 宁夏大学位于银川市西夏区贺兰山西路,是宁夏回族自治区人民政府与教育部共建的综合性大学,国家"211工程"重点建设高校。学校始建于1958年。1997年12月,宁夏大学与原宁夏工学院、银川师专(含宁夏教育学院)合并。2002年2月,与宁夏农学院合并。截至2014年年底,学校有教职工2626人,其中高级职称人员占65%,有"长江学者奖励计划"特聘教授1人、国家"万人计划"哲学社会科学领军人才3人,教育部"长江学者和创新团队发展计划"创新团队1个,自治区科技创新团队9个。学校有5个一级学科博士点、26个一级学科硕士点、8个专业硕士学位授权点,民族学、水利工程、草学3个博士后科研流动站,77个本科专业。煤炭高效利用与绿色化工重点实验室为省部共建国家重点实验室,西北土地退化与生态恢复重点实验室为省部共建国家重点实验室培育基地，宁东基地煤化工资源循环利用实验室为国家地方联合工程实验室，西部特色生物资源保护与利用重点实验室、西北退化生态系统恢复与重建重点实验室为教育部重点实验室；有1个国家重点学科、1个国家重点（培育）学科、18个自治区重点学科，西夏学研究院为教育部人文社科重点研究基地，阿拉伯研究中心为教育部区域和国别研究培育基地。有国家级大学生校外实践教育基地1个、国家级教学名师2人、国家级精品课程1门、国家级精品资源共享课1门、国家级实验教学示范中心1个、国家级教学团队3个、国家级特色专业8个、双语教学示范课程建设项目1个、国家级大学生创新实验计划200项。学校公开出版学术期刊4种。（CJC）

宁夏医科大学 宁夏医科大学位于银川市，有雁湖、双怡两个校区。其前身是1958年建立的宁夏医学院。1962年，改称宁夏大学医学系。1972年，上海铁道医学院搬迁至银川，与宁夏大学医学系合并，重建宁夏医学院。2002年，宁夏卫生学校、宁夏护士学校并入宁夏医学院。2008年8月，更名为宁夏医科大学。2014年，宁夏师范学院医学院并入宁夏医科大学，学校成为宁夏唯一一所高等医学院校。截至2014年年底，学校设有临床医学院、基础医学院、口腔医学院、公共卫生与管理学院、中医学院（回医学院）、护理学院（高等卫生职业技术学院）、药学院、继续教育学院、国际教育学院、马克思主义学院（人文社会科学学院）、公共教育学院（理学院）11个教学机构、13个教辅科研机构。建成了较为完善的大学医院系统，有13所附属医院（直属附属医院2所，直属附属专科医院3所），16所教学医院，120余所实习医院和实践教学基地，分布于宁夏各地市及北京、上海、重庆、山东、辽宁、内蒙古、陕西、甘肃、青海等省市区。其中宁夏医科大学总医院是宁夏规模最大的综合性三级甲等医院，是区域性的医疗、科研、教育、考试和培训中心，医疗服务辐射宁夏全区和内蒙古、甘肃、陕西等毗邻地区。附属回医中医医院是自治区唯一的公立回医医院，是国家中医药管理局重点建设的三级甲等民族医院。2013年，宁夏医科大学获得博士学位授予权，有3个一级学科博士学位点、8个一级学科硕士学位点、5个专业学位点，为国家教育体制改革研究生教育改革试点项目高校。有8个国家中医药管理局中医药重点学科，9个自治区级重点学科。有1个博士后科研工作站，1个科技部省部共建国家重点实验室培育基地，1个教育部重点实验室，1个教育部省部共建重点实验室，3个自治区级重点实验室，2个自治区级工程技术中心。组建了宁夏回医药协同创新中心、宁夏神经医学转化中心。（CJC）

北方民族大学 北方民族大学位于银川市西夏区文昌北街。其前身是西北第二民族学院，始建于1984年。2008年5月，更名为北方民族大学。学校在学科建设、专业设置上注重民族地区的需要，关注民族地区的发展。截至2014年年底，有国际经济与贸易、信息工程、动画等69个本科专业，中国少数民族史、语言学及应用语言学等16个省部级重点学科，有材料科学与工程等4个国家级特色专业，汉语言文学等9个省部级优势特色专业，法学等4个省部级重点建设专业，自动化等7个省部级"十三五"重点建设专业，民族学等6个一级学科硕士学位点，中国少数民族经济等31个二级学科硕士学位点，MPA等3个专业硕士学位点。材料科学实验中心是国家级教学示范中心，化工技术基础实验中心等9个部门为省部级及以上实验中心。学校坚持教师队伍是发展核心的理念，坚持"人才强校"战略，坚持培养和引进并重，建设了一支包括双聘院士1人，"百千万人才工程"国家级人选2人，文化名家暨"四个一批"人才工程1人，享受国务院政府特殊津贴7人，全国优秀教师1人，教育部"新世纪人才支持计划"2人，国家民委突出贡献专家4人，宁夏回族自治区"塞上英才"工程人选1人，享受自治区政府特殊津贴4人在内的教师队伍。学校在粉体材料与特种陶瓷研究、废渣循环再利用、清真食品研发、清真畜产品养殖、葡萄种植与葡萄酒酿造技术、域外西夏文献整理与研究、贺兰山大麦地岩画研究、回族伊斯兰文化研究、少数民族艺术研究、少数民族史学研究及北方语言研究等方面形成了一定的特色和优势。西北少数民族社会发展研究基地为国家民委人文社会科学研究基地；粉体材料与特种陶瓷研发创新团队、特色微生物资源开发与利用创新团队为自治区科技创新团队。（CJC）

宁夏师范学院 宁夏师范学院位于固原市，有古雁、文苑两个校区。其前身为1975年建立的六盘山大学。1978年，经国务院批准在六盘山大学基础上建立固原师范专科学校。1994年，更名为固原师范高等专科学校。2006年，经教育部批准，升格为本科院校，更名为宁夏师范学院。截至2014年年底，学校有教职工523人，其中专任教师391人，教授70人、副教授102人，占专任教师总数的43.99%，有博士27人、硕士263人，硕士及以上学位的教师占专任教师总数的74.17%。有首届国家"百千万人才工程"一、二层次人选1人，全国五一劳动奖章获得者1人，全国模范教师2人，全国师德先进个人1人，全国先进工作者1人，全国高等学校优秀骨干教师1人，教育部"新世纪优秀人才支持计划"1人，2人获国务院政府特殊津贴。学校设有12个教学单位和网络管理中心、教师教育实训中心等直属单位。有国家级实验教学示范中心1个、特色专业建设点1个、本科专业综合改革试点专业1个、大学生创新创业训练计划项目9项；有自治区"十三五"重点建设专业4个、特色专业6个、技术创新中心2个、优势特色学科1个、重点学科6个；有校级重点学科12个、研究（工程）中心6个、产学研合作育人基地5个、人文社科研究基地2个。近年来，获立自治区级本科教学工程项目208项，获立国家自然科学基金、国家社会科学基金以及省部级等科研项目409项，发表学术论文2475篇，出版专著（教材）131部。图书馆馆藏纸质图书62.2万册，电子图书60万种，现刊673种。《宁夏师范学院学报》面向全国公开发行，是首届全国"百强"社科学报。（CJC）

宁夏理工学院 宁夏理工学院位于石嘴山市。学校创建于1985年，初名为宁夏石嘴山联合职业大学。1993年12月，更名为宁夏石嘴山职工大学。2000年8月，更名为宁夏石嘴山职业技术学院。2005年3月，经教育部批准，升格为本科院校，更名为宁夏理工学院。截至2014年年底，学校下设6个二级学院，设置24个专业（方向）。有专任教师260名，其中教授22人、副教授37人，全日制在校学生6254人。学校有宁夏回族自治区特色专业2个，建有宁夏回族自治区高校精品课程5门，自治区级教学团队1个，自治区高等学校人才培养创新实验区1个，培训基地4个，中专骨干教师国家级培训基地1个，实训基地20个。（CJC）

宁夏艺术职业学院 宁夏艺术职业学院位于银川市西夏区。2014年2月，在原宁夏艺术学校和宁夏电影学校基础上，设立宁夏艺术职业学院。截至2014年年底，学校有专任教师110人，教授3人、副教授29人，双师型教师40余人。音乐、舞蹈为自治区示范专业。有音乐系、舞蹈系、美术系、戏曲与影视表演系、公共系，开设有音乐表演、舞蹈表演、影视表演、戏剧表演、杂技表演、学前教育、艺术设计、播音与主持、影视动画、摄影摄像、舞台美术、非遗传承与保护、公共文化市场经营与管理、工艺美术品设计与制作、服装表演与设计、导游等20余个专业门类。学校被文化部、自治区人社厅分别授予"全国文化干部培训基地"和"自治区专业技术人员继续教育基地""国家职业技能鉴定所（摄影师工种鉴定）"。在近40年的艺术教育教学历程中，学校先后为区内外培养输送了数千名优秀艺术人才，毕业生就业率达98%以上。学院参加了回族舞剧《月上贺兰》《花儿》，北京奥运会开幕式文艺表演《心中的花儿火辣辣》，中华人民共和国成立60周年大型舞蹈史诗《复兴之路》中回族舞蹈《金色汤瓶》和自治区成立50周年庆典大型舞蹈《腾飞的宁夏》等重大演出活动。（CJC）

宁夏广播电视大学 宁夏广播电视大学位于银川市西夏区文萃路。学校于1978年12月正式建立，是宁夏回族自治区人民政府批准成立的一所综合性远程教育高等学校。建校以来，学校依托中央广播电视大学资源优势，实行两级办学、两级管理的办学体制，累计开设工学、经济学、管理学、文学、法学、教育学等9科105个专业，先后共培养各类高等教育毕业生7.5万人。目前，学校在自治区有10所电大分校、14个电大工作站、25个教学点，分布全区各市县和主要行业，初步形成了以宁夏广播电视大学为龙头、以市县（区）电大和教学点为骨干、布局合理、覆盖全区城乡的现代远程教育网络系统。（CJC）

青海卷

一 物质文化资源

（一）地理文化资源

1. 自然保护区

循化孟达国家级自然保护区 孟达林区自然保护区位于青海循化撒拉族自治县境内。1980年建立，保护区地处黄土高原向青藏高原的过渡地带；地质构造属阿沁卡金——当蕊五台隆起带；地貌为黄土丘陵，切割破碎，多陡坡，悬崖峭壁，沟谷狭窄，呈"V"形；主要保护对象是森林生态系统水源涵养林；由于保护区四周群峰突起，削弱了干冷气流的侵袭，又迎着东南气流，区内气候温和多雨，地形相对高差大，致使气候有暖温性、温性和寒性各种特征。区内有五条河沟，由南向北流入黄河。天池周围被十分稠密的森林包围，从池边到山顶，全被森林覆盖，是青海省避暑、疗养和旅游胜地，被誉为"青藏高原上的西双版纳"。2000年被列入国家级自然保护区名录。（SSJ）

青海湖国家级自然保护区 青海湖自然保护区位于青藏高原东北部，祁连山系南麓。始建于1975年，是中国最早被列入《关于特别是作为水禽栖息地的国际重要湿地公约》（拉姆萨尔公约）国际重要湿地名录的保护区，同时又是中国八大鸟类自然保护区和七大国际重要湿地之一。总面积为4952平方千米，其范围包括东至环青海湖东路，南至109国道、西至环湖西路，北至青藏铁路以内的整个青海湖水体、湖中岛屿及湖周沼泽、滩涂、湿地、草原。青海湖自然保护区属湿地生态系统和野生动物类型的自然保护区，以保护青海湖湿地以及鸟类资源及其栖息地为宗旨，集资源保护、科学研究、生态旅游于一体的自然保护区。青海湖是中国最大的内陆湖、最大的咸水湖、最美丽的湖泊，是维系青藏高原东北部生态安全的重要水体，是阻挡西部荒漠化向东蔓延的天然屏障，是青藏高原生物多样性最丰富的宝库，是水禽的集中栖息地和繁殖育雏场所，是极度濒危动物普氏原羚（别名滩原羚、黄羊）的唯一栖息地，也是研究鸟类迁徙规律、高原动物食物链、生态环境、生物多样性的宝库以及高

原生物重要基因库。1997年被列入国家级自然保护区名录。（SSJ）

隆宝滩国家级自然保护区 隆宝滩自然保护区位于玉树藏族自治州州府结古镇西南约80千米的地方，两面高山耸峙，平行延伸，中间有一块长10千米、宽3千米的沟谷地带，上面裸露着湖泊残迹，砾石累累，实际是高山草甸类型的沼泽地，海拔4200多米。这里气候寒冷、生境潮湿、雨量充沛、溪流迂回、沼泽遍地，属于典型的沼泽草甸和高山草甸区。在滩中间有众多小泉，纵横迂回的溪流，星罗棋布的沼池把草滩切割成无数大大小小的沙洲和孤立的"小岛"，所以野兽无法靠近。岛上生长着各种丰美的水草，小岛周围的沼池、溪流中还有许多两栖爬行动物以及软体小动物等。这种独特的自然条件和生态环境为鸟类的栖息、繁衍创造了良好的条件。因而，每年春夏之际，许多珍贵的候鸟，如黑颈鹤、斑头雁、棕头鸥等纷纷飞这里繁衍后代。尤其是被列为我国一级保护动物的黑颈鹤，每年都成群成批地飞到隆宝滩栖息生活，被世界鸟类专家誉为"黑颈鹤之乡"。1986年被列入国家级自然保护区名录。（SSJ）

可可西里国家级自然保护区 可可西里国家级自然保护区位于治多县和曲麻莱县境内，面积4.5万平方千米。1995年经青海省人民政府批准建立，主要保护对象为青藏高原特有野生动植物及其生境。"可可西里"蒙古语意为"青色的山梁"（一说为"美丽的少女"，因发音不同而异）；藏语称该地区为"阿钦公加"。是目前世界上原始生态环境保存最完美的地区之一，也是目前我们建成的面积最大、海拔最高、野生动物资源最为丰富的自然保护区之一。可可西里地区地处青藏高原腹地，地势高亢，平均海拔4600米以上，最高峰海拔6860米，最低点海拔4200米。本区南北边缘为乌兰乌拉山和昆仑山脉的一部分，区内中部地势较低缓，具有西部高而东部低的地势特点。基本地貌类型除南北边缘山地为大、中起伏的高山和极高山外，广大地区主要为中小起伏的高山和高海拔丘陵、台地和平原。山地起伏和缓，河谷盆地宽坦，是青藏高原上高原面保存最完整的地区。气候地貌类型主要包括冰川作用地貌、冰缘作用地貌、流水作用地貌、湖泊作用地貌、风力作用地貌等，处在青藏高原高寒草甸高寒荒漠的过渡区，主要植被类型是高寒草原和高寒草。气候严酷，自然条件恶劣，人类无法长期居住，被誉为"世界第三极""生命的禁区"。正因为如此，给高原野生动物创造了得天独厚的生存条件，成为"野生动物的乐园"。1997年被列入国家级自然保护区名录。（SSJ）

三江源国家级自然保护区 三江源国家级自然保护区地处青藏高原腹地，位于长江、黄河、澜沧江源头区，素有"中华水塔"和"亚洲水塔"之称。保护区范围包括玉树、果洛、黄南、海南4州16个县1乡，总面积15.23万平方千米，占青海省辖区面积的21%，是三江中下游地区和东南亚国家的生态安全屏障。2005年国务院批准实施了75

亿元的三江源国家级自然保护区生态保护和建设工程，重点实施了退耕还林、封山育林、沙漠化防治、湿地保护与监测、自然保护区站点建设等林业生态建设工程，保护区生态环境呈现局部好转趋势。2000年被青海省政府批准为省级自然保护区，2003年被列入国家级自然保护区名录。（SSJ）

青海祁连山省级自然保护区 祁连山省级自然保护区位于海北藏族自治州祁连县、门源县、刚察县以及海西蒙古族藏族自治州德令哈市、天峻县等，面积约8347平方千米。保护对象为湿地、野生动植物和森林生态系统。保护区建立于2005年，区内分布着广袤的现代冰川和湿地，拥有原始的青海云杉、祁连圆柏、金露梅、沙棘和怪柳等高原特有植被，以及国家一、二级重点保护野生动物20余种。森林、高寒草甸和高寒沼泽湿地等生态系统具有较高的典型性和自然性，也是青海、甘肃两省多条河流的源头区，对保障河流中下游青、甘两省水资源和生态安全具有重大意义。同时，又是青海省内具有世界意义的生物多样性分布区之一，具有重要的科学研究价值。2005年被批准为省级自然保护区。（SSJ）

青海诺木洪省级自然保护区 诺木洪省级自然保护区位于海西蒙古族藏族自治州都兰县境内，是以保护荒漠生态系统为主，兼有保护地质遗迹、野生动植物和湿地生态系统功能的集自然生态系统类、野生生物类和自然地质遗迹类为一体的综合性自然保护区。总面积为1180平方千米，其中核心区面积174平方千米，属无人区，缓冲区面积368平方千米，实验区面积638平方千米。该保护区建立于2005年，是柴达木盆地目前保存相对完整的荒漠生态系统，区域内分布有大面积的以芦苇为代表的沼泽湿地，以及以红柳、白刺为主的灌丛，栖息有藏野驴、黑颈鹤、大天鹅、鹅喉羚（黄羊）等在内的国家一、二级保护动物。此外，还有约1亿年前古湖退缩大量贝壳类动物聚集湖岸所形成的青海省仅存的湖象地质遗迹。2005年被列为省级自然保护区。（SSJ）

青海大通北川河源区省级自然保护区 大通北川河源区位于西宁市大通县，是黄河二级支流、湟水一级支流、北川河的源区，年平均径流量5.76亿立方米，占湟水河年平均径流量的27.2%，是西宁市重要的水源涵养区。建立于2005年10月，其规划总面积约1983平方千米，其中核心区面积约554平方千米，无常住人口，实验区面积约1429平方千米，该区域内有水厂、水库，主要用于供应西宁市用水和重要水利工程"引大济湟"的反调节，其生态环境的变化直接影响到西宁市工农业生产和居民生活用水，关系着西宁市经济社会的可持续发展。分布有丰富的动植物资源，拥有乔、灌木树种121种、药用植物297种、兽类76种、鸟类147种、两栖类48种。其中国家一级保护动物6种、国家二级保护动物18种，是距离城市较近、生物多样性集中、自然生态系统特殊的地区。2012年被列为省级自然保护区。（SSJ）

克鲁克湖—托素湖省级自然保护区 克

鲁克湖—托素湖省级自然保护区位于德令哈市西南30千米处，约海拔2800米，面积1150万平方千米，其中湖水面积57.4平方千米。克鲁克湖与托素湖一咸一淡水域相通，人称"塔琏湖"。建立于2000年5月，以保护水禽及湿地生态系统为主。克鲁克湖水草茂密，湖周围有成片的芦苇，边缘沼泽草甸植被丰茂，主要种类有芦苇、轮叶狐尾草、伪针茅等20余种。托素湖除了河道入湖处有稀疏的芦苇和湖内少量的浮游生物外，几乎没有水草，湖周围零星生长着白刺、柽柳、莎莎等植物。区内有棕头鸥、凤头潜鸭、赤嘴潜鸭、赤麻鸭、斑头雁、灰雁、白头顶等。黑颈鹤、大天鹅、翘鼻麻鸭、凤头潜鸭等数量较少，其中斑头雁、灰雁、白头顶、黑颈鹤、凤头潜鸭，仅栖息于克鲁克湖地区。棕头鸥、凤头潜鸭等仅见于托索湖，并且栖息于托素湖的鸟类基本上筑巢于第二个岛屿上。2000年被批准为省级自然保护区。(SSJ)

柴达木梭梭林省级自然保护区 柴达木梭梭林省级自然保护区位于德令哈市西南部，海拔2958～3344米，其分布范围东起旺尕秀煤矿，西至大柴旦全集河，北与青藏铁路相连，南与东西走向的额木尼克山为界。东西长114千米，南北宽54千米，总面积3105平方千米。由额木尼克、米扎格和巴图等地区组成，其中额木尼克是原始梭梭林保存较完整的地区之一。地貌类型多样，有流水地貌、干燥剥蚀山地貌、湖积地貌、风成地貌等。风成地貌主要分为风蚀和风积地貌，在保护区西南靠近额木尼克山一带有垄岗状、鼻状、覆舟状、泉状和锥状等类型的残丘，形成千姿百态、丰富多彩、甚为壮观的风蚀"雅丹地貌"。另外，区内还广泛分布有白刺和柽柳沙包及新月型沙丘、格状沙丘、流动沙丘等。除梭梭、柽柳、沙拐枣、麻黄、白刺和盐爪外，尚有15科41属65种沙生植物，这些野生植物大多在严酷的自然条件下经过长期自然选择而保留下来，具有顽强的生命力，是特殊荒漠生态系统的组成部分，在自然保护及生物多样性方面具有重要的价值。主要保护树种为梭梭，梭梭荒漠面积约1458平方千米，占保护区总面积的47%。地处荒漠区，由于生态恶化，如棕熊、毛腿沙鸡等已经绝迹，目前仅分布国家一级保护动物蒙古野驴，二级保护动物岩羊、鹅喉羚、灰鹤等，一般经济动物有高原野兔、狼等。2000年被批准为省级自然保护区。(SSJ)

格尔木胡杨林省级自然保护区 格尔木胡杨林位于格尔木市郭勒木德乡托拉海牧业社境内，在格尔木市以西50千米，托拉海河滩阶地及散生于该河西岸的沙丘及丘间地，保护区总面积42平方千米。本地区属典型的高原大陆性气候，夏无酷暑，干燥少雨，蒸发强烈。保护区动物群为温带荒漠、半荒漠动物群。动物种类由于受环境条件的制约，相对说比较贫乏。主要种类有高原兔、鹅喉羚（黄羊）、赤狐、狼，鸟类有环颈雉、赤麻鸭、绿头鸭、戴胜、小沙百灵、灰沙燕、渡鸦，数量也较少。保护区内主要保护树种为胡杨，分布最广泛、面积最大的为柽柳群落，在柽柳群落中有柽柳沙包分布。保护区西面

大部分地区为流动沙丘地和半固定沙丘地，面积16.35平方千米。2000年被批准为省级自然保护区。(SSJ)

2. 风景名胜区

青海湖国家级风景名胜区 青海湖地处青藏高原的东北部，这里地域辽阔，草原广袤，河流众多，水草丰美，环境幽静。湖的四周被四座巍巍高山所环抱：北面是崇宏壮丽的大通山，东面是巍峨雄伟的日月山，南面是逶迤绵绵的青海南山，西面是峥嵘嵯峨的橡皮山。这四座大山海拔都在3600～5000米之间。青海湖又名"库库淖尔"，即蒙古语"青色的海"之意。由祁连山的大通山、日月山与青海南山之间的断层陷落形成。青海湖水补给来源是河水，其次是湖底的泉水和降水。湖周大小河流有70余条，呈明显的不对称分布。湖北岸、西北岸和西南岸河流多，流域面积大，支流多；湖东南岸和南岸河流少，流域面积少。主要的旅游景区是鸟岛和海心山。1994年被列入第三批国家级重点风景名胜区名录。(SSJ)

3. 地质公园

青海尖扎坎布拉国家地质公园 坎布拉森林公园位于黄南藏族自治州尖扎县境内，以独特的"丹霞"地貌而著称。公园面积达154平方千米，犹如一本记载青藏高原隆升与气候演变的"万卷书"。坎布拉地区佛教历史悠久，被称为藏传佛教后弘期的复兴地。涵盖丹霞峰林地貌景观、新生界沉积环境和沉积构造类型以及3800万年以来的地质生态环境演化遗迹。坎布拉丹霞地貌由红色砂砾岩构成，岩体表面丹红如霞。奇峰、方山、洞穴、峭壁为主要地貌特征。山体如柱如塔、似壁似堡、似人如兽，形态各异。有18座奇山险峰，南崇峰、宫保峰、德杰峰、内宝宗峰、大雁峰、尼姑峰、山羊峰、牦牛峰等，这些山峰的命名大都带有浓厚的宗教色彩。各种造型栩栩如生，形态千奇百怪，有鬼斧神工之妙。2003年被列入第三批国家地质公园名录。(SSJ)

青海久治年宝玉则国家地质公园 年保玉则国家地质公园位于果洛藏族自治州久治县境内，总面积2238平方千米。年保玉则又称"果洛山"，位于班玛县东部，属巴颜喀拉山，屹立在高海拔草原上的一座奇山，也是青海果洛草原的一座神山。长40千米，宽25千米，由无数海拔在4000米以上的山峰组成，主峰5369米，相传是果洛诸部落的发祥地，因而备受尊崇。其主峰终年积雪，有面积约5平方千米的高原冰川，壮观的冰体与鬼斧神工般陡峭的山岩使年保玉则披上了一层神秘的面纱。它以重峦叠嶂、雪岭泛银、严冬打雷、盛夏飞雪、风吹石鸣、月明星璨而闻名，其风景秀美，美不胜收。2005年被列入第四批国家地质公园名录。(SSJ)

青海格尔木昆仑山国家地质公园 格尔木昆仑山地质公园地处柴达木盆地深处，包括纳赤台神泉、昆仑山口、昆仑山8.1级大地震遗址等著名景点，其中泥火山型冰丘是我国唯一的此类地质遗迹。总面积 2386 平方千米，主要地质遗迹面积 350 平方千米。园区内最高处为昆仑山玉珠峰，海拔 6178 米。同时，昆仑山被称为"万山之宗"，是中华民族道教文化的发源地，也是神话传说的摇篮。地质遗迹资源十分丰富，其中许多地质遗迹在国际和国内都有较高的对比性，保存完好，具有较高的美学价值和科学研究价值。2005 年被列入第四批国家地质公园名录。(SSJ)

青海互助嘉定国家地质公园 互助嘉定国家地质公园位于青海省互助土族自治县东北部素有"高原植物王国"之称的北山国家森林公园内，海拔 2100～4308 米，公园总面积 1127 平方千米，森林覆盖率 64.3%，林木蓄积量 428.86 万立方米，辖两个藏族乡。它是目前在青藏高原上发现的唯一一处以岩溶地貌景观为主的地质公园，也是我国至今发现的海拔最高的岩溶地质遗迹，具有极高的观赏价值和科学考察价值。公园内风景秀丽，奇景迭出，有岩溶、冰川、丹霞、流水地貌等，整个公园内森林茂密，奇峰林立，流水潺潺，环境幽雅犹如江南。2005 年被列入第四批国家地质公园名录。(SSJ)

青海贵德国家地质公园 青海贵德国家地质公园位于青海省贵德县境内，包括阿什贡园区、黄河河谷园区、麻吾峡园区三个主园区，面积 554 平方千米，主要地质遗迹面积 113.6 平方千米，是以自然地貌景观和地址遗迹为主要特征，辅以多样生态景观和丰富人文景观的一个综合性地质公园。公园内多种多样的地质遗迹反映了地质历史时期青藏高原的演化过程，也记录了黄河的发育史和贵德自然环境的变迁。阿什贡七彩峰丛景区是贵德国家地质公园的核心景区部分，面积 1.998 平方千米，景区内以七条色彩不同、造型各异的丹霞峡谷组成，是一个集中展示青海地区特有的七彩丹霞地貌的大型园林。2009 年被列入第五批国家地质公园名录。(SSJ)

青海青海湖国家地质公园 青海湖国家地质公园位于青藏高原东北缘，属于封闭的内陆山间盆地，南傍青海南山、东靠日月山、西临橡皮山、北依大通山。区内海拔为 3194～3520 米，总面积为 292.8 平方千米，总体规划为 4 个园区，分别是二郎剑园区、鸟岛园区、仙女湾园区和沙岛园区。是以湖泊水体景观为代表的地质公园，公园内地质遗迹和景观类型多样，集湖泊、河流、湿地、沙漠于一体，是一个地质科学内涵丰富、旅游资源多样的地质公园。青海湖地质公园目前有 34 处地质遗迹资源，其中世界级 2 处、国家级 17 处、省级 15 处，资源类型多样，组合性强，旅游景观典型独特，美学价值高，具有稀有的自然属性、特殊的科学意义以及优雅的美学观赏价值，是一座罕见的世界地质遗迹旅游资源宝库。青海湖地区经历了长达数十亿年的地质发展过程，岩浆活动、海陆变迁等地质记录展现了该区从太古代到新生代的古地理、古环境的变迁，公园内的地质遗迹记录了地球发展的完整历史。2011 年被批准为省级地质公园，同年被列入第六批

国家地质公园名单。(SSJ)

青海玛沁阿尼玛卿山国家地质公园 阿尼玛卿山国家地质公园位于果洛藏族自治州玛沁县境内，公园总面积1030.30平方千米，东到雪山乡，西到给同，北到格日寺，南到阳柯河，由阴—阳柯河景区、青龙沟景区两个景区组成。公园地处古特斯洋缝合带，以第四纪冰川、冰川地貌、高寒喀斯特景观为主，辅以藏传佛教文化为特色。将地貌景观与神话传说结合，在表现地质景观特色的同时赋予景观独特神秘的人文魅力。该地是在数亿年地质运动作用下，形成了断裂、褶皱和风化沉积、冰川运动等地质遗迹，并以其独特的奇峰怪石、奇异的冰川世界等千姿百态的地形地貌和地质景观，展现了大自然的神奇秀美，反映了千变万化的地质历史，具有很高的科研和审美价值，同时也被广大藏族群众尊为安多藏区的神山。2012年被列入第六批国家地质公园名单。(SSJ)

4. 矿山公园

青海格尔木察尔汗盐湖国家矿山公园 察尔汗盐湖国家矿山公园位于青海柴达木盆地中南部——察尔汗盐湖，距离格尔木市区60千米。柴达木盆地远古时期的地壳运动在这里形成了面积达5800多平方千米的察尔汗盐湖，是国内最大的可溶性钾镁盐矿床，也是我国最大的天然盐湖，在世界排名第二。公园设计包括：盐雕公园、观光盐田、水上乐园、盐湖历史博物馆等项目。与地质公园相配套的盐湖博物馆于2008年建成开馆，展示面积2400多平方米，分为五个展区：盐湖知识区、盐湖开发区、中国钾肥工业发展区、精美盐花陈列区和关怀区，全方位介绍、展示了盐湖演化成因、盐湖资源构成、盐湖开发等科普知识及研究成果。2005年被国土资源部列入第一批国家矿山公园名录。(SSJ)

5. 湿地公园

青海省贵德黄河清国家湿地公园 贵德黄河清国家级湿地公园位于海南藏族自治州贵德县境内，规划面积55.48平方千米。地处黄土高原与青藏高原的贵德黄河清国家湿地过渡地带，地质构造属祁昆、秦新生代断陷盆地。黄河自西向东呈弓形穿越贵德县中部，入境处海拔2386米，出境处海拔2168米，首尾高差218米，整个湿地公园的地势西高东低。由于河流的切割和冲刷作用，园区内形成三河（河东、河阴、河西）河谷盆地，在其独特的地理和自然环境作用下，形成了美丽壮观的溶蚀地貌和丹霞地貌，山、水、林交相辉映，构成了一道道亮丽的自然景观。2005年被列入首批国家湿地公园名录。(SSJ)

6. 森林公园

青海坎布拉国家森林公园 青海坎布拉国家森林公园位于青海省黄南藏族自治州尖扎县境内，距青海省西宁市131千米，距尖扎县城50千米，高原大陆性气候，景区面积154平方千米，平均海拔2500米，最高海拔3100米，最低海拔2300米，年平均气温为20℃。坎布拉国家森林公园以奇特"丹霞"地貌、茂密的森林植被、古老的宗教文化、雄伟的电站大坝、绮丽的峡谷库区及独特的藏族风情所构成，集自然景观和人文景观于一身。坎布拉丹霞地貌由红色砂砾岩构成，岩体表面丹红如霞。奇峰、方山、洞穴、峭壁为主要地貌特征。青海坎布拉国家森林公园有野生动物数十种，游览区内有鹿、麝、锦鸡、盘羊、百灵、画眉、马鸡、灰喜鹊等珍禽异兽栖息。植物生长茂盛，森林覆盖率达28%，主要树种有桦树、青海云杉、油松、山杨、云杉，四季常青。花草灌木种类繁多，常见的有杜鹃、忍冬、金露梅、银露梅、小檗、锦鸡儿、旬子、蔷薇、沙棘、花揪及荷兰菊花等数十种。青海坎布拉国家森林公园景区的建设不仅有效地保护了坎布拉这一具有科研和科普教育价值的地质遗迹，而且对黄河上游地区的水土保持、水源涵养等起到了关键性的作用。主要有瑶池仙境、擎天一柱、点将台、佛手指天、塔峰林立、南宗沟、南宗寺、南宗扎寺、尕布寺、多卡寺、措哇尕什则山、南宗尼姑寺等景点。1992年被批准为国家级森林公园。（SSJ）

青海北山国家森林公园 北山国家森林公园即北山林场，位于青海省互助土族自治县东北部，海拔2100～4308米，公园总面积1127平方千米，森林覆盖率64.3%，林木蓄积量428.86万立方米，辖两个藏族乡。境内群峰巍峨，山清水秀，天高云淡，空气洁净，高原特色突出，是旅游避暑、疗养度假、科普考察的胜地，是首批全国保护母亲河行动生态教育基地之一，也是青海省唯一的以森林自然景观为主体的生态公园。境内动植物资源丰富，被誉为天然的"动植物王国"。林区山川壮丽、峡谷幽深、两岸陡峭、险峰耸立、岭谷相间、谷底流水湍急。此景观是中生代燕山运动和新生代喜马拉雅造山运动而形成的山高谷深的山体地貌。公园由元甫达坂、浪士当、卡索峡、扎龙沟、下河五大景区组成，兼有雄、奇、险、秀四大特色，主要景点有"达坂红叶、龙尾观云、擎天一柱、圣母天池、石龙烟雨、高山牧场、药水瀑布"等80余处。公园境内植物群系多达30余个近1070种。其中，已定名的高等植物981种，隶属92科391属，主要乔木树种有青海云杉、祁连圆柏、冬瓜杨、山杨、桦树等，祁连圆柏、冬瓜杨为青藏高原所特有，有较高的科研价值。观赏价值较高的草本植物达300余种，如杜鹃花、绿绒蒿被誉为高原名花。蕨菜、柳花菜、鹿角菜、雪山木耳、蘑菇等森林蔬菜资源也很丰富，无污染，营养价值高，是备受推崇的绿色食品。这里不仅是野生植物的宝库，也是野生动物的乐园，野生动物达190余种，其中爬行类2种、兽类40种、鱼类14种、鸟类139种，列入国家一、二级保护的野生动物共35种，如雪豹、马麝、马鹿、棕熊、金雕等。2000年被批准为国家级森林公园。（SSJ）

青海大通国家森林公园 大通国家森林

公园成立于1996年，位于青海省西宁市大通回族土族自治县，海拔3000米以上，公园面积5平方千米。境内河流密布，山地、河谷相互交错，蜿蜒起伏，森林资源丰富。主要由鹞子沟和察汗河两大景区组成。2001年被批准为国家级森林公园。（SSJ）

青海群加国家森林公园 群加森林公园位于青海省西宁市湟中县南部，总土地面积112.66平方千米。森林公园是以群加林场的基础，为典型的高山峡谷地貌，山势雄伟，景色诱人，雄、奇、险、幽融为一体，奇峰怪石、悬崖绝壁构成了复杂多姿的高原地貌景观。独特的地理环境形成了丰富的动植物群落、多样的植被类型和独有的森林风光。野生名贵药用植物主要有冬虫夏草、党参、柴胡、赤芍、百合、黄芩、大黄等。群加林区是藏药保护基地。森林环境为野生动物提供了良好的栖息地，野生动物资源达200多种，主要有白唇鹿、梅花鹿、马鹿、岩羊、麝、狼、豺、狐狸、蓝马鸡、雪鸡等。目前还建有1平方千米的鹿场，有梅花鹿、马鹿、白唇鹿等150多只。2003年被批准为国家级森林公园。（SSJ）

青海仙米国家森林公园 仙米国家级森林公园位于海北藏族自治州门源回族自治县东端，覆盖该县东川、仙米、珠固3个乡镇，南北宽55千米，东西长95千米，距西宁108千米。受祁连山脉影响，仙米国家级森林公园园区地表水和地下水资源丰富，是南部多条黄河水系和北部多条内陆水系河流的发源地，森林公园地处祁连山腹地，受冷龙岭、达坂山两大山系和大通河的影响，自然地理条件独特，生态系统多样，生物、地文、水文、天象和人文等景观资源丰富绚丽。是青海省最大的原始林区。此外，园区内野生动物资源类型多样，主要动物有雪豹、岩羊、马鹿、白唇鹿等兽类，有蓝马鸡、黑颈鹤、猎隼等鸟类，还有淡水裸鲤和林蛙、桃纹锦蛇等两栖、爬行类动物。2003年被批准为国家级森林公园。（SSJ）

青海哈里哈图国家森林公园 青海哈里哈图森林公园位于柴达木盆地东部的乌兰县，距乌兰县城所在地希里沟镇25千米，总面积51.7平方千米。公园位于都兰河两侧，中间相距3.5千米，由南、北两部分构成。北部位于哈里哈图山南坡，地域范围东起赛特日达乌，西至哈尔哈图沟与柯柯阿曼沟之间的山脊，南到315国道边缘，北达哈里哈图沟沟脑山顶。园内森林是柴达木盆地保存最完好的天然林，森林古老苍劲，林龄在300～500年，但依然郁郁葱葱。园内恢弘的自然景观、古朴的民俗风情、绚丽的民间艺术及神秘的藏传佛教文化等，为开展生态旅游、满足人们回归和享受自然的愿望提供了得天独厚的条件。哈里哈图森林公园现有景观景点66处，其中自然景观62处、人文景观4处。在自然景观中，地文景观24处、水文景观7处、植物景观22处、动物景观2处、天象景观6处等。1996年被批准为省级森林公园，2006年被批准为国家级森林公园。（SSJ）

青海麦秀国家森林公园 麦秀国家森林

公园位于青海省东南部的黄南藏族自治州泽库县境内，地处麦秀林场经营范围内。总面积675.96平方千米，地域范围东起扎翁卡，西至达什那，北到麦秀河与隆务河交汇处，南达曲库河汇水处。是一个原始森林自然风景区。位于青海三江源自然保护区生态保护和建设的核心区，为国有天然林保护工程的重点林区。公园地质构造属秦岭褶皱系南秦岭印支昌地槽褶皱带，多以单一的东西走向褶皱断裂构造带为主。公园属高山峡谷地貌。境内群山连绵，逶迤起伏，地势高峻，沟谷相间。山脉多为冰川发育的寒冻风化及冰水侵蚀作用强烈的剥蚀构造高山。大部分地区在海拔3500米以上，山脉隆起幅度大，地形切割强烈，刀脊和"U""V"形峡谷遍布，形成石崖嶙峋、群峰叠嶂的高山地貌景观。麦秀国家森林公园的风景主要为原始森林、大河、大湖、野生动物栖息地、山峰、湿地、历史遗迹以及民俗风情等多项内容。园区植物景观丰富多彩，构成公园景观主体，兼具青藏高原特色的地质景观与水体景观、天象景观与人文景观。具体的地质景点有灵獭回望、千年神龟、阴阳双峰、变幻山神、骆驼峰、雄狮沐日、巨石经卷、金娃向天、一线天、群仙西归、骄傲的石龟、海豚戏月、将军峰等；水文景点有三河口、冰瀑、观音瀑、雾锁险潭、险石滩、黑泉、黑桥潭、麦秀春涨、三泉等；人文景点有尕让贡巴、吊桥、云杉母树林、仙女洞、大寺滩、瞭望塔、宗玛日寺、观光苗圃、格萨尔王脚印。2005年被批准为国家级森林公园。(SSJ)

（二）文化生态保护区

热贡文化生态保护实验区 热贡文化生态保护实验区位于青海省黄河以南黄南藏族自治州的热贡地区，范围涵盖同仁、泽库、尖扎三县县域，总面积1.16万平方千米，为黄南藏族自治州总面积的62.5%，人口约20万。其中同仁县为热贡文化生态保护实验区的核心地域，泽库、尖扎两县为热贡文化辐射与关联区域。"热贡"一词是藏语对同仁地区的称谓，意为梦想成真的金色谷地。热贡文化是热贡区域内各族人民创造的物质和精神产品的结晶，在漫长的历史演变与文化变迁过程中，热贡文化资源以热贡艺术为文化品牌，以"六月会""跳於菟"等节庆仪式为文化载体，以藏族、土族等民族的风俗礼仪为文化旨趣，以宗教精神和民间信仰为文化蕴涵，形成了以宗教性、地方性、民族性、艺术性为特征的文化资源库，成为青海高原特色文化的重要组成部分。作为藏区唯一一个文化生态保护实验区，热贡文化生态保护实验区的建设是保护少数民族文化遗产的重要举措，标志着由热贡艺术、同仁古城、热贡六月会、於菟以及藏戏等文化形态构成的热贡文化进入了整体性保护的轨道，也是弘扬民族文化、维护祖国统一的重要手段，对黄南藏族自治州转变发展方式，推动跨越式发展、绿色发展、和谐发展、统筹发展具有

重要的意义。2008年被文化部批准为第三个国家级文化生态保护实验区。（SSJ）

（三）全国历史文化名城、名镇、名村

同仁县 同仁县位于青海省东南部，距省会西宁市181千米，隆务河纵横全县南北。境内奇峰耸立，阿米德合隆山、阿夏琼山雄踞中央。同仁历史悠久，三万年前的旧石器时代晚期，这里已有人类活动。秦汉以前战火频仍、兵连祸起，被称为"羌戎之地"。唐时作为金城公主的汤沐邑，赐予吐蕃。元明两代，有中央屯军深入，形成以隆务寺为中心的青海最大的藏传佛教政教合一的统治体系，一直延续到清代。境内散布着许多远古时代以来人类活动遗址。同仁县是"热贡艺术"的发祥地，是著名的藏族画家之乡，是青海唯一的一座国家级历史文化名城。有国家级重点文物保护单位1处（隆务寺）、省级重点文物保护单位11处。有充满神秘色彩的藏乡民间"六月会"和以唐卡、堆绣、雕塑为主的"热贡艺术"。1994年被公布为第三批国家历史文化名城。（MDM）

街子镇 街子镇位于循化撒拉族自治县北部，距县城驻地6千米。人口1.5万人，以撒拉族为主，占全县总人口的99.7%。面积62.1平方千米。辖三兰巴海、托隆都、团结、三立房、羊苦浪、洋巴扎、上房、沈家、马家、孟达山、波拉海、果哈拉、果什滩、波立吉、古及来、塘坊、苏哇什、吾土贝那亥、牙木曲乎19个村委会。其辖区内的清真寺，是青海第二大清真寺，为撒拉族的祖寺。它的南面是充满神话色彩的奥土斯山，北面是汹涌澎湃的黄河，四周田园阡陌，炊烟袅袅，杏红柳绿，果梨花香。2014年被公布为第六批国家历史文化名镇。（YH）

郭麻日村 郭麻日村位于青海省黄南藏族自治州同仁县隆务河以西，是同仁土族集中的地区，该地区海拔2500米以下，隶属年都乎乡，为同仁古寨之一。其古城为夯土板筑，呈长方形。最有名气的是郭麻日寺，藏语全称"郭麻日噶尔噶丹彭措林"，意为"郭麻日具喜圆满洲"。该寺1981年开放，系国家级重点文物保护单位，有大经堂、弥勒殿等建筑。寺内有名的是时轮塔，为安多藏区最大的佛塔，其建筑风格之特、造型之美、耗资之巨、民族特色之浓，在我国藏区首屈一指。此塔不仅给郭麻日寺增色不少，而且也可以说是同仁地区的一大景观。2007年被公布为第三批国家历史文化名村。（SSJ）

电达村 电达村位于玉树县仲达乡，玉树藏族自治州文物普查队在进行全国第三次文物普查时在东宝社扎西拉泽沟发现大规模佛教内容的石刻文物，这些石刻分布在4处石灰岩上，内容有千手观音、千佛、六道轮回图、度母、宗喀巴、药师佛、金刚萨埵、莲花生等众多佛像，还有大面积的嘛呢石刻和藏文题记，总面积约1000平方米，其中最大的为高6米、宽3米的千手观音和六道轮

回图。石刻清晰可辨，线条流畅，保存完整。经专家断定，这些文物始刻于明代，延续至清代，与藏传佛教格鲁派传入该地的历史和格鲁派教义有关。村内还有著名的藏娘佛塔及桑周寺。藏娘佛塔位于玉树县仲达乡西约40千米处的通天河南岸，是由藏传佛教后弘初期的代表人物之一、著名的印度佛教尊者、《大藏经·丹珠尔》中《口剑论》的作者、藏传佛教画像、造塔等权衡制度的制定者孟德嘉纳于北宋天圣七年（1029）主持修建。因此，该塔被称为标准藏传佛教佛塔的实物样本，被誉为世界著名的三座藏传佛教佛塔之一。尊者孟德嘉纳在修至一半时为佛塔举行了开光仪式，15世纪初，孟德嘉纳二世修补了上半部分，并在佛塔脚下创建了桑周寺，桑周寺现存的主要建筑有大、小经堂及护法殿，都是典型的藏式建筑。2010年被公布为第五批国家历史文化名村。（SSJ）

班前村 班前村位于果洛藏族自治州班玛县东南部玛柯河林区的班玛县灯塔乡，是班玛最南部的一个村。平均海拔3200米，距离西宁有820千米。大渡河上游的玛柯河纵贯全村，两岸森林茂密、景色迷人、野生动植物资源丰富，碉楼建筑和传统生活方式与周边农田、草山、河流植被等生态环境一起构成极具特色的文化景观，在当地有"果洛小江南"之美誉。2014年被公布为第六批国家历史文化名村。（MDM）

大庄村 大庄村位于循化撒拉族自治县清水乡。撒拉族聚居村落。村庄面积约16.8平方千米，地势东高西低，有250户2000多人。保留着明代所建的清真寺，在村子西边，门前生长着百年古树。在寺院门口就可以看到宽阔的院子，院内排布着木砖青瓦的四合院式建筑，属于中国传统殿堂式建筑，历经数百年的沧桑历史，彰显着明代古建筑风格。不仅具有实用价值，而且还具有很高的艺术审美价值，并且蕴含着丰富的历史文化内涵。2014年被公布为第六批国家历史文化名村。（YH）

拉则村 拉则村位于玉树藏族自治州玉树县安冲乡，地处三江源自然保护区的核心区内。村落建筑以传统的藏式碉楼为主，碉房的选址常常选择西北高、东南低的位置，依山而建，布局自由紧凑，街巷空间适度，山石碉房的青灰色与白色佛塔加以彩色经幡，不仅给人以淳朴的自然美，而且体现了藏家人追求自由、浪漫的生活情趣。2014年被公布为第六批国家历史文化名村。（MDM）

（四）全国重点文物保护单位

1. 古遗址

马厂塬遗址 马厂塬遗址位于青海省民和回族土族自治县川口镇边墙村，属黄河上游新石器时代晚期遗址。1923年由瑞典学者安特生首次发现，20世纪七八十年代的文物普查中又进行了详细调查、测绘，因其独特的文化内涵而成为马厂类型的命名地，是研究青海东部新石器时代晚期和青铜时代文化关系的重要遗址。地处湟水下游南岸,分为居住地和墓葬地两部分。居住地在村庄的北部、西北部一带,墓葬地则在村内村北及村西地区。面积约15万平方米。从居住地的文化堆积层厚及墓葬地中出土的随葬品分析,以马家窑文化马厂类型为主,还包括齐家文化、辛店文化和唐汪式陶器等多种文化遗存。文化堆积层厚0.15~1.5米。遗址断面暴露有灰坑,地面散布有大量陶片,马厂类型有蛙纹、圆圈纹泥质彩陶壶和彩陶罐、双耳盆、夹砂红陶盆、罐、瓮等;齐家文化有泥质红陶罐、双大耳罐、折肩蓝纹壶;辛店文化有夹砂红陶罐、绳纹罐、鬲、豆、盆、瓮及彩陶壶、罐等,彩陶纹饰有双钩羊角形纹、连续回纹、"S"形纹、太阳形纹;唐汪式陶器有涡纹彩陶壶、夹砂红陶罐等。另发现了一件特别珍贵的马厂类型泥塑人头像彩陶壶,还采集到玉斧、石刀、骨针等生产、生活器物。1988年被列为第三批全国重点文物保护单位。(SSJ)

西海郡故城遗址 西海郡故城遗址位于海北藏族自治州海晏县县城约1千米,青海湖东北侧、湟水南岸的金银滩上,俗称"三角城"。为西汉新莽时代所设"西海郡"郡城遗址。古城略呈方形,城墙南北长645米、东西宽610米、残高4~12米、基宽8米、顶宽2米,四门隐约可见。西汉平帝元始五年(5),王莽派人诱使游牧于青海湖地区卑禾羌献地臣服,以其地筑此城,定名"西海郡",与已有的东海、南海、北海三郡齐名,取"四海归一"之意。20世纪40年代,城内发现"石虎"一尊,其座上刻有"西海郡,始建国,工河南"九字篆刻铭文。1987年,城内又发现带铭文石刻一块,其长宽尺寸、所用石料、铭文字体均与"石虎"基座相同。其铭文通读三行分别为:"西海郡虎符石匮""始建国元年十月癸卯""工河南郭戎造",则此石刻应为"虎符石匮",并确证该古城为西海郡故城无疑。城内多次采集到卡约文化夹砂粗陶片、西汉和王莽时间的钱范及五铢、货布、货泉、大泉五十等货币,"西海安定元兴元年作当"陶文瓦当等。同时还采集到唐代莲花瓦当和宋代圣宋元宝、崇宁通宝等钱币,证明此城使用的下限晚至唐宋时期。城内南部较高,有几处隆起的地带,应为当时的主要建筑区,其区域内散布有大量砖、瓦等建筑残件。1988年被列为第三批全国重点文物保护单位。(SSJ)

喇家遗址 喇家遗址位于民和回族土族自治县官亭镇喇家村,以青铜时代早期齐家文化为主,兼有马家窑文化马家窑类型、辛店文化等不同时期文化内涵的聚落遗址,也是反映齐家文化时期地震、洪水发生瞬间的灾难遗址。遗址最早发现于1982年文物普查,1986年被青海省政府列为省级重点文物保护单位。1999年以来,由青海省文物考古研究所和中国社会科学院考古研究所合作勘探、发掘,探明遗址处于黄河第二级阶地前沿,面依黄河,东临岗沟、西接鲍家沟,北邻吕家沟,总面积20万平方米以上。通过发掘,遗址区清理出十几处结构相当完整的窑洞式建筑遗迹，解决了长期以来困扰学术界的齐家文化房址结构问题；还清理出巨大的环壕和当时供人们集中活动的广场、制作玉器的作坊、大量的灰坑、窖穴、埋葬坑、墓葬、灶址等遗迹。更为重要的发现，是在许多房址中，清理出大量黄土和颗粒不均的砂砾、红胶泥土等洪水堆积物，并发现埋在其下的众多人骨遗骸，反映出一场突如其来的地震和洪水灾害时的惨烈场景。遗址共出土了千余件玉、陶、石、骨、牙、铜、漆器等文物，其中玉刀、玉璧和石磬等遗物形体巨大，实属罕见。2001年被列为第五批全国重点文物保护单位。（SSJ）

塔温搭里哈遗址 塔温搭里哈遗址位于海西蒙古族自治州都兰县柴达木盆地腹地。"塔温搭里哈"是蒙古语的地名音译，意即"五个山头"。在1959年首次调查时遗址保存很完整，东西长约250米、南北宽约150米。遗物有陶片、石器、骨器、土坯、毛织物、牛羊粪、树枝、木炭、铜渣以及大量的兽骨等。2001年被列为第五批全国重点文物保护单位。（SSJ）

柳湾遗址 柳湾遗址位于乐都县高庙镇柳湾村，属新石器时代—青铜时代遗址。由遗址和墓群两部分组成，墓群在村北的旱台上，遗址北距墓群约600米，墓群和遗址相辅相成，综合其特点统称为遗址。柳湾墓群是黄河上游我国目前考古发掘中规模最大的一处原始社会晚期新石器时代氏族社会公共墓地，距今约有4600年的历史，墓群分布密集，文化类型多，先后延续时间长，内涵丰富。柳湾墓群范围为东起柳湾大堂沟西坡沿，西为柳湾沙沟东坡沿，北为大顶至高点，南到大峡直渠，其面积为20.25万平方米（东西450米、南北450米）。墓葬分布在不规则的7个自然形成的台地上，整个地形北高南低。1974年当地村民在进行农田基本建设时发现，经1974—1980年的科学发掘，共发掘马家窑文化半山类型墓葬265座、马厂类型墓葬1041座、齐家文化墓葬419座、辛店文化墓葬5座，出土各类文物，包括生产工具、生活用具、装饰品等共计37925件，仅精美的彩陶近2万件。柳湾遗址北距柳湾墓群600米左右，位于湟水北岸的二级台地，是与墓群相对应的新石器时代晚期至青铜时代早期的遗址。其范围东以柳湾沙沟为界，南以湟水北岸的第二台地的前沿，西以柳湾村庄道路为界，北以大峡直渠为界，面积约为28万平方米。2006年被列为第六批全国重点文物保护单位。（SSJ）

沈那遗址 沈那遗址位于西宁市城北区小桥办事处小桥村，湟水及其支流北川河交汇处的二级阶地上，属新石器时代至青铜时代（齐家文化）西部羌人聚落遗存。1948年由我国著名考古学家裴文中教授来青考察时发现而闻名于世，时称"小桥遗址"。1979年，被西宁市人民政府列为市级重点文物保护单位，并更名为"沈那遗址"，1986年，由青海省人民政府列为省级重点文物保护单位。1991年在遗址西南部断崖裸露的齐家文化特有的"白灰面"房址及灰层、灰坑基础上试掘约2000平方米，文化堆积层厚2米，出土了齐家文化房址、墓葬、灰坑和一批齐家骨、石、陶器等遗物，基本涵盖了史前聚落遗址内容，进一步证明了该遗址的文化内涵与定义。沈那遗址所在的台地相对独立，东西窄，南北长，呈南低北高的长条形。根据地表、地层观察判断，原来台地中部略高，呈鱼脊状。遗址占地面积约10万平方米，西起乱沟，东至小桥大街，南起坟墓沟，北至阴沟。2006年被列为第六批全国重点文物保护单位。（SSJ）

宗日遗址 宗日遗址位于海南藏族自治州同德县巴沟乡团结村，属新石器时代遗址。由兔儿滩中遗址、林场古文化遗址、兔儿滩东遗址、兔儿滩西遗址四个遗址构成，共发掘墓葬341座、探方31个、灰坑18个、祭祀坑18个，出土文物23000余件。是马家窑文化在青海境内黄河上游分布的最远点，因其文化内涵有一定的特殊性，研究命名为宗日文化。宗日文化对研究高原早期民族，如藏族、羌族的起源历史和社会发展以及民族交流的历史，有着极其重要的意义，从一个侧面反映了包括同德县在内的高原腹地在远古时代并不是蛮荒之地，而是中华文明的发祥地之一。1986年被列为第四批省级重点文物保护单位，2013年被列为第七批全国重点文物保护单位。（MDM）

塔里他里哈遗址 塔里他里哈遗址位于海西蒙古族藏族自治州都兰县诺木洪乡，属青铜时代遗址。面积约5万平方米，文化堆积层厚1～5米。1959年试掘，发现房址11座、土坯坑9个、圈栏1座、瓮棺墓3座，出土陶、石、骨、铜器等遗物。房子有圆形和方形两种，属土木结构建筑。圈栏呈椭圆形，直径6.6～7.3米，北部开一出口，瓮棺有陶缸与陶罐。出土铜器有斧、刀、镞、钺。陶器有夹砂红陶与夹砂褐陶盆、碗、杯、罐、缸、瓮等，饰有压印、篮纹、锥刺纹、弦纹、圆圈纹和附加堆纹。此外还有毛布、革履、骨哨、骨笛等遗物。1957年被列为第二批省级重点文物保护单位，2013年被列为第七批全国重点文物保护单位。（SSJ）

虎台遗址 虎台遗址位于西宁市城西区西宁市西郊，是东晋十六国时期南凉王在西宁建都时的重要遗迹，至今已有1600多年的历史。414年，南凉为西秦所灭。原台共9层，台下可陈兵10万，台上用于军事检阅，现仅存土丘。现存台高30米，周长360米，当地群众称其为"将台"或"点将台"。2013年被列为第七批全国重点文物保护单位。（MDM）

门源古城 门源古城位于海北藏族自治州门源回族自治县浩门镇，又称"浩门古城"。平面呈长方形，东西长260米，南北宽240米；城墙夯土筑，残高11.7米，墙基宽约20米，顶宽7米，夯土层厚0.1～0.13米；四周有马面，东西4个、南北3个，南向门；城外有宽20米、深5米的护城壕，城内东部有建筑遗迹。1986年被列为第四批省级文物保护单位，2013年被列为第七批全国重点文物保护单位。（SSJ）

贡萨寺旧址和宗喀巴大殿 贡萨寺旧址位于玉树藏族自治州治多县城北面闹布旺

江。贡萨寺是治多县唯一的藏传佛教寺院，于12世纪由拔戎噶举派的创始人拔达玛旺秀的心传弟子秋杰次成帮巴创建，由此产生秋杰转世系统。第二世秋杰索南扎巴扩建寺院并改宗为直贡噶举派。15世纪，五世昂旺洛楹嘉措又将该寺改宗为格鲁派寺院。寺内存有《甘珠尔》《丹珠尔》等佛经不计其数，壁画唐卡更是精美绝伦。宗喀巴大殿共有九层，各层墙壁上绘满了格鲁、萨迦、宁玛和噶举四大藏传佛教派别的佛经故事，佛殿高33米，建筑面积达700多平方米。供奉的宗喀巴佛像高27米，佛像内装有大量的经文和珍贵法物。这尊巨大的镀金铜像，工艺精湛，形象生动，是目前格鲁派寺院内所供奉的最大的宗喀巴大师室内铜像。2013年被列为第七批全国重点文物保护单位。（MDM）

2. 古墓葬

热水墓群 热水墓群位于海西蒙古族藏族自治州都兰县热水沟察汗乌苏河两岸，属吐蕃文化，是吐蕃统治下的吐谷浑邦国古墓葬群。墓葬主要集中分布在长约7000米的热水、扎玛日、沙尔塘、斜歪四个自然村，现存500余座。热水墓群可分为大型墓群和中小墓群两种。其中大型墓葬以血渭一号墓为代表，小型墓葬分布较广泛。墓葬一般由封土堆、墓道、墓室及周围的祭祀坑组成。封土堆按形状可分为梯形和圆形两种。封土堆有的为夯土构成，有的堆以砾石后再覆盖夯土。部分大型墓葬还有墓上祭祀性建筑。墓室均位于封土堆梯形石墙的正中下方，均为竖穴土坑，有的土坑用砾石砌壁。墓室上方盖有柏木，柏木大小与墓室大小成正比。殉牲较为常见，种属主要为马、牛、羊、鹿等动物。殉葬主要采取以下几种形式：一是在中小型墓葬中以割裂的动物肢体殉葬；二是将兽骨置于大型墓葬的耳室中，与动物同置一处的还有木盘、木碗等；三是以单独的墓葬出现，列置于墓葬封土堆最高处，作为大墓的陪葬；四是以单独墓葬出现，列置于大墓的最低处；五是以组合遗迹形式出现。另外，在夏日哈一号墓、智尕日三号墓均发现了殉人。墓葬中出土文物以丝绸为大宗，还有石器、骨器、铜器、铁器、陶器、木器、漆器、金银器、丝织品、古藏文木简牍等珍贵文物。1996年被列为第四批全国重点文物保护单位。（SSJ）

玉树古墓群 玉树古墓群位于治多县、玉树县、称多县等地，有多处墓群。例如，治多县的普卡贡玛石棺墓群位于长江（通天河段）支流聂恰曲北岸的一级台地前缘。聂恰曲流经该台地后即从地势开阔平坦的治多平原进入狭窄的高峡区域。墓群所在台地东西长1000米，台地前缘较为平坦，后部随地势逐步升高。前缘平坦区域与河滩平原高差约15米，面积近5000平方米。墓群分为东、西两区，东区有石棺墓7座，西区有石棺墓1座。东、西两区墓葬存在明显差别。东区墓葬均呈西南—东北走向，头向西、略偏南；西区墓葬头向东北。东区石棺多无底板、盖板由多块石板平铺而成；西区石棺盖板为石块叠铺，底部铺有多块石板以放置骨殖。东区墓葬葬式为仰身直肢，西区为二次葬。东、西区葬制、葬俗上的差异当与时代、人群的差别有关。2013年被列为第七批全国重点文物保护单位。（MDM）

街子拱北 街子拱北位于循化撒拉族自治县街子乡三岔东南方向，清代伊斯兰教阿訇韩呈祥之陵墓。拱北占地面积3600平方米，二进三合院式建筑布局，由庭院式大门、照壁、三重楼阁式八卦亭、西南平房、北二层楼房等建筑组成。主建筑八卦亭设计精巧，是甘青地区具有临夏风格的典型建筑，高30米，一层砖墙砌筑精美，砖雕图案繁缛、雕刻细腻、富丽华贵；二、三层为重檐八卦盔顶式；照壁高6米，宽7米，仿木砖质斗拱式墙帽，中间及两侧刻有阿拉伯文书法大字和对联。院内有古井一口，并栽种各种松柏、香柳、杏树等树木及花卉，环境幽雅娴静。该拱北建筑精巧，地方特色浓郁，具有较为重要的建筑文物价值。2013年被列为第七批全国重点文物保护单位。（SSJ）

3. 古建筑

塔尔寺 塔尔寺位于湟中县鲁沙尔镇，距省会西宁市2千米。明、清古建筑群。塔尔寺藏语意译为"十万身像弥勒洲"，因藏传佛教格鲁派创始人宗喀巴诞生地而蜚声海内外，是格鲁派著名的六大寺之一。初建年代可以追溯到明洪武十二年（1379），因先有塔，后有寺，故名"塔尔寺"。明万历年间（1573—1620），随着几处主要殿堂的兴建，已粗具规模。此后，又在明、清两代不断增修、扩建，终成规模宏大、地位显赫的大寺。寺院占地面积共45万余平方米，拥有各类建筑9300余间（座），总建筑面积10万多平方米。塔尔寺的建造受到了明、清、民国中央政府的重视和关注，同时受到宗喀巴大师传袭子弟的历代达赖、班禅，以及青、藏等地宗教上层人物的支持和资助。中华人民共和国成立后又在党和政府的关怀下，进行了数次规模较大的修缮、建设，从而才有了今日的规模。塔尔寺在建筑布局上的最大特点是非常巧妙地利用了这里的山形地势，沿着山脚和沟谷布置，形成建筑形体有大有小、有繁有简，建筑格局有主有从、有陪有衬的风格，使总体建筑群和各个单体建筑有机组合。其主要建筑有大金瓦殿、弥勒佛殿、遍知殿、大经堂、文殊菩萨殿、祈寿殿、护法神殿、密宗学院、医明学院、时轮学院、达赖行宫、班禅行宫、大厨房、善逝八塔、四门塔主要活佛宅邸等。这些建筑主要以大金瓦殿为中心布置，整座寺院虽未严格按中轴线和对称关系设计，但主体建筑位置显要，其他建筑则因地制宜、灵活安排。塔尔寺建筑艺术上的一个重要特点，就是表现了我国多民族建筑艺术的融合性与创造性。除了建筑，塔尔寺还保存有大量珍贵的文物。其中有可称为全寺灵魂的大银塔，该塔为藏式菩提塔形，建于明万历十年（1582），通高11.26米，塔基、塔身为纯银鎏金，周身以珊瑚、宝石等镶嵌，装饰华丽，工艺高超。寺内还有大量的鎏金铜质佛像、金银灯、金银法器、金书藏经、木刻藏经、灵骨塔、御制匾额和印鉴、壁画和堆绣等，皆为几百年来的收藏。在这些藏品和传统工艺中，尤以绘画、堆绣和酥油花三种最为名贵，被称为塔尔寺的"三绝"。1961年被国务院列为第一批全国重点文物保护单位。(SSJ)

瞿昙寺 瞿昙寺位于乐都县瞿昙镇，明初官式群组建筑。瞿昙寺是国内罕见的、保存完整的汉式建筑风格、藏传佛教寺院。明洪武二十四年（1391），朱元璋为表彰协助明军西进，使朝廷顺利统一河湟地区而立下功劳的噶举派番僧三罗喇嘛而敕建佛寺，洪武二十六年（1393），首座大殿瞿昙殿落成，朱元璋以释迦佛祖姓氏御赐寺名，御题"瞿昙寺"贴金寺匾现仍悬挂在大殿门首。建筑布局是典型的以中轴线左右对称分布排列的形式，全寺由前、中、后三进院落组成，中轴线上依次为山门殿、瞿昙殿、金刚殿、宝光殿、隆国殿五座大殿，两边对称排列着东西御碑亭、小钟鼓楼、护法殿和三世殿、大钟鼓楼、四座配殿、四座香趣塔、七十二间回廊；建筑规格很高，典型官式建筑与地方建筑手法交相辉映是其一大特点。除建筑外，壁画、彩绘、石雕堪称"艺术三绝"。寺内还保存有大量其他文物精品，有明初御碑五通（其中矗立在两御碑亭、高达3.6米的洪熙、宣德"皇帝敕谕碑"为青海现存石碑之冠），宣德二年（1427）由御用监太监孟继等人所立、通高2米的"皇帝万万岁"汉、藏、梵三文楠木牌，高1.7米、重近2吨的"大明宣德年施"铜钟，明王朝所颁金印、象牙印，明匾7块、清匾3块，还有通高1.45米"大明永乐年施"鎏金观音铜像、御赐鎏金铜瓶和铜鼎、七星折花刀、鎏金铜香炉和铜杵、各类佛像等宗教文物及大量金、银、玉、漆、瓷、木质文物。1982年被列为第二批全国重点文物保护单位。(SSJ)

隆务寺 隆务寺位于黄南藏族自治州同仁县隆务镇，由隆务大寺及其属寺年都乎寺、郭麻日寺、吾屯上寺、吾屯下寺共五寺组成。隆务寺藏语全称"隆务德钦却科尔林"，意为"隆务大寺法轮洲"。据记载，该寺最初建于元大德五年（1301）左右，系藏传佛教萨迦派寺院，但规模很小。真正形成规模是在明初，创建者是隆务昂家族的散旦仁钦及其被明宣宗封为"宏修妙悟国师"的弟弟洛锥森格。明万历年间（1573—1620），隆务寺大经堂落成，天启二年（1622）明熹宗赐题"西域胜景"匾额一方，悬于大经堂门首，寺院从此声名大震。崇祯年间（1628—1644），寺院改宗格鲁派，形成夏日仓活佛体系。现存4座属寺也均建于明代。隆务寺的建筑布局很具特点。以隆务大寺为例，该寺巧妙地利用了山势地形，以目前建筑形体最大、建筑位置最显要的夏日仓活佛行宫为中心，其下以大经堂相衬托，左右及下方随地势建成小经堂、七世活佛灵塔殿等大批附属建筑，还在山腰高处择地建起活佛夏季行宫。远远望去，整座寺院层层叠叠、错落有致、主次分明、气势恢宏。隆务寺建筑特色集藏式、汉式、藏汉结合式三种形式为一体，以藏汉结合式较为普遍，即在藏式建筑中多包含汉式瓦顶、装修的痕迹，在汉式建筑中亦有藏式墙体、装修装饰的风格。因此可以说，隆务寺是青海省内不可多得的藏汉合璧的古建筑群。2001年被列为第五批全国重点文物保护单位。（SSJ）

贵德文庙及玉皇阁 贵德文庙及玉皇阁位于贵德县河阴镇，始建于明万历二十年（1592）。建筑群由玉皇阁、文庙、大佛寺、关岳庙、城隍庙、民众教育馆六个院落和贵德古城共同组成。占地面积40662.6平方米，总建筑面积4915平方米。建筑群兼容儒、释、道于一体，彼此相依并从，布局为国内罕见；其建筑设计富象征手法，单体建筑木构架严密紧凑，斗拱华丽，木雕精美，彩画凝重细腻。包括山门、过厅、东西配殿和玉皇阁。山门为中柱式硬山建筑，明间中缝安通间门，两边砌墙，前后形成明廊；过厅亦为硬山建筑，面阔三间，分心四柱，前后出廊；玉皇阁又名"万寿观"，是整个建筑群之首，誉为"仙阁插云"，通高26米，有凌空出世、昂首天外之感。贵德古城筑于明洪武八年（1375），洪武十三年（1380）告竣。2001年被列为第五批全国重点文物保护单位。（SSJ）

藏娘佛塔及桑周寺 藏娘佛塔及桑周寺位于玉树藏族自治州玉树县仲达乡治西40千米处的通天河畔。现存最早的古建筑"藏娘佛塔·盛德山"，是由藏传佛教后弘期的代表人物之一、著名的印度佛教尊者、《大藏经·丹珠尔》中《口剑论》的作者、藏传佛教画像及造塔等权衡制度的制定者之一孟德嘉纳（亦译为米地、弥地等）于北宋天圣七年（1029）设计并主持建造。因此该塔可称为标准藏传佛教佛塔的实物样本，被后世藏传佛教各派著名法王、大师共认为是世界最著名的三座藏传佛教名塔之一。藏汉数十种史书均有记载。明宣德四年（1429），尊者孟德嘉纳二世嘎然江巴·贡嘎意西把位于藏娘地区的苯教三寺合并，创建了桑周寺，到20世纪初，已形成了有僧人180多名、各类建筑数十座的规模。现存古建筑有大、小经堂及护法殿、僧舍等。藏娘佛塔及桑周寺不仅自身具有极高的古建筑文物价值，而且还保存和收藏着许多非常珍贵的宗教及历史文物。有年代久远、疑是按孟德嘉纳制定的标准绘制的壁画，有原苯教寺院留下的其祖师饶辛金像、单钹等，有孟德嘉纳大师用过的僧衣、靴子，有大量金写经文及经卷、金绘及其他早期唐卡、数十册（件）历代寺志及大师颂文和官府文件等文献资料，有数千件历代宗教法器、供器、佛像和为数极多的石刻佛、护法、人物像及嘛呢石等，塔身内还藏有众多金佛像等珍品。2001年被列为第五批全国重点文物保护单位。（SSJ）

格萨尔三十大将军灵塔和达那寺 格萨尔三十大将军灵塔和达那寺位于玉树藏族自治州囊谦县吉尼赛乡麦曲村达那山，由灵塔群和达那寺两部分组成。格萨尔三十大将灵塔群，分别建在达那山腰部山崖的两处石崖洞窟中，两洞相距约500米，南、北两洞窟中分别建有11座和31座灵塔，灵塔群平面

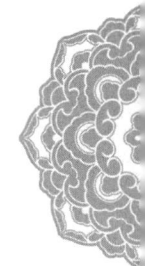

布局呈不规则排列，依山势地形，依次由外向里而建。灵塔造型为藏式覆钵式塔，其结构均为石块泥土垒砌。塔身大部分为圆形或半圆的覆钵，在其上安置造型简单的塔刹，覆钵塔身之下，建有不规则的塔座承托。半圆型覆钵基本上保存了坟冢的形式。达那寺，藏语全称为"达那僧格南宗"，意为马耳狮子天堡，因所处地山峰形似马耳而得名。其地主要由7座各具形状的山峰环状围绕，山势巍峨险峻，环境壮观优美，极具感染力和震撼力。其建筑风格大多为康巴藏区雕房式藏传佛教建筑式样，平顶屋面，外形浑厚，斜面高墙，收分明显，开有藏式门窗。建筑装饰具有浓郁藏传佛教特色，墙面嵌以宝镜、法轮、"十相自在"、箴言等铜质鎏金饰件，屋顶置安铜质鎏金法轮、对鹿、经幢、宝顶等。殿内柱网密布，正面供奉造像，四壁均绘壁画或施以间堂布画，经幡、幔帐、唐卡等装饰物垂挂各处。2006年被列为第六批全国重点文物保护单位。（SSJ）

却藏寺 却藏寺位于互助土族自治县南门峡镇却藏滩。寺院坐北朝南，依山而建，始建于清顺治六年（1649），清代古建筑群。为藏传佛教格鲁派寺院之一，藏语称"佛教弘扬洲"。整个寺院由众多的殿宇、经堂、佛塔、僧舍等组成，建筑风格十分宏伟，既保留藏式传统建筑的造型，又有汉式建筑的特点，形成了藏汉合璧的独特风格。占地面积533360平方米，平面呈梯形，坐北朝南，依山而建，平面呈梯形。其建筑雄伟，现存建筑以千佛殿、九龙壁旧址、却藏囊、章嘉囊最为著名。寺藏文物极为丰富珍贵，既有宗教文物，又有朝廷布施之物。还有数量众多、造型各异的明清至民国时期佛像、唐卡、经卷、经板、金钟、跳欠禅装等重要文物。2006年被列为第六批全国重点文物保护单位。（SSJ）

夏琼寺 夏琼寺位于化隆回族自治县查甫乡。始建于元至正九年（1349）左右，由端智仁清（1309—1358）创建。宗喀巴曾在此出家学经，被认为是格鲁派的发源地。原有的法相、密宗、医学、时轮四学院及大经堂等建筑，已全部被毁，依山开凿的洞穴、柱洞等遗迹尚存。现存一部分僧舍及明代宗喀巴铜像一尊，像高0.8米。有残经卷多本。1985年以后重建重檐歇山顶佛堂，藏式小经堂及僧舍等。2013年被列为第七批全国重点文物保护单位。（MDM）

文都寺及班禅大师故居 文都寺位于循化撒拉族自治县文都乡拉代村北，是循化地区最大的寺院之一。初为藏传佛教萨迦派，后改宗格鲁派。1958年前主体建筑有经堂10座、昂欠10座、僧舍220院，后被毁。1980年后修复大经堂、三世佛殿、护法殿、罗哇赛东殿、昂欠、班禅行宫、小经堂等。十世班禅故居位于循化撒拉族自治县文都乡毛玉村东。班禅额尔德尼·却吉坚赞（1938—1989），藏族，1941年被班禅行辕堪布会议厅认定为九世班禅的转世灵童，1949年经国民党中央政府批准，继任第十世班禅。中华人民共和国成立后，任第二、五、六、七届全国人民代表大会常务委员会副委员长。故居占地面积3000平方米，为土木结构平顶四合院建筑，有房屋15间。1979年在旧居旁新建二进院两层藏式平顶庄院一处。1998年被列为第六批省级重点文物保护单位，2013年被列为第七批全国重点文物保护单位。（SSJ）

旦斗寺 旦斗寺位于化隆回族自治县金源乡科巴村西。始建于10世纪中叶，吐蕃赞普朗达玛灭佛后，诸多僧人避至安多地区（青海东部）修行传法，其中主要人物之一的喇勒·贡巴饶赛在此地受戒修持，三世达赖索南坚措也一度在此修行，因此旦斗寺被誉为藏传佛教后弘期的发祥地之一。此寺原来规模较大，历代均有修建，现尚存清代所建山门1座，面阔3间，进深2间，还有各时期依山凿建的洞窟数处及一些残缺不全的壁画等。2013年被列为第七批全国重点文物保护单位。（SSJ）

佑宁寺 佑宁寺藏语称"郭隆弥勒洲"，又简称"郭隆寺"，佑宁寺位于互助土族自治县威远镇以东35千米的五十乡寺滩村，是青海较大的藏传佛教寺院，号称"湟水北岸诸寺之母"。始建于明万历三十二年（1604），建寺时受到漠西蒙古和硕特部顾实汗等的有力支持，并得到四世班禅、五世达赖、顾实汗联合签发的寺产执照。寺内的主要经院有小经堂、大经堂、弥勒殿、天门寺等。据史书记载，该寺在清代和民国时期有附属寺院49处，属藏传佛教格鲁派（黄教），在青海东部农业区的土、藏、汉等民族中深有影响。2013年被列为第七批全国重点文物保护单位。（SSJ）

洪水泉清真寺 洪水泉清真寺位于平安县洪水泉乡洪水泉村。由照壁、山门、唤醒楼、礼拜殿等建筑组成，坐北朝南，照壁为砖砌仿木结构，壁面砖刻百花图案。山门面宽3间，进深3间，双扇间，歇山顶。唤醒楼为三层六角攒尖顶，第一层四面开廊，檐柱采用悬柱，内柱为圆形通天柱。礼拜殿面阔5间，进深6间，灰瓦歇山顶，窑殿顶为八角藻井，俗称"天落伞"。另有学房、伙房及浴室等附属建筑。2013年被列为第七批全国重点文物保护单位。（SSJ）

保安古屯田寨堡古建筑群 保安古屯田寨堡古建筑群位于同仁县隆务镇以北8千米的隆务河中游东西两岸台地上，包括保安古城、年都乎城堡、郭麻日城堡和吾屯城堡。保安古屯田寨堡古建筑群建于明代洪武年间，明万历二年（1574）重新扩建。明万历年间，保安四屯在保安堡中军千总王延仪带领下，忠于明朝，守卫此地，并在计屯（年都乎城堡）、吴屯（吾屯城堡）、李屯（郭麻日城堡）、脱屯（保安古城）四屯筑建城堡，防御"西海蒙古"。明末清初，兵源和粮饷仍出自四寨堡。清代雍正后增设营制，增设都司衙门，在堡内修建兵营、兵房及马房共500间，增募兵骑500余人，形成甘青地区历史上重要的口外重镇和军事阵地，成为明清中央王朝在隆务河流域控制各部落的一个政治、军事和文化中心。2013年被列为第七批全国重点文物保护单位。（MDM）

东关清真大寺 东关清真大寺位于西宁市城东区东关大街，为西北四大清真寺之一。

占地面积约11940平方米,坐西朝东。相传建于明初,后屡毁屡修,现存建筑修建于清末民初,近年维修。由山门、唤醒、礼拜殿、学房、碑亭等组成。2013年被列为第七批全国重点文物保护单位。(SSJ)

赛宗寺 赛宗寺位于兴海县西约50千米处赛宗山。赛宗山为安多藏区佛教四大名山之一,远望酷似巨象,传说莲花生大师、宗喀巴等都曾在此活动,留下了"莲花生大师修行洞""宗喀巴大师法座"等名胜。原有经堂、佛塔18座、昂欠、僧舍150多院,后被毁,残留部分经堂及僧舍遗址。1982年后修建了小经堂、弥勒殿等。2013年被列为第七批全国重点文物保护单位。(SSJ)

文昌庙 文昌庙位于海南藏族自治州贵德县河西乡山坪台根。由塔尔寺寺主三世阿嘉活佛创建。初建时只有3间殿堂,随后逐年扩建,到明洪武元年全部建成,大殿3间,南楼6间,北楼6间,南有鼓楼,北有钟楼,后除大殿外,其余全部烧毁,后又修复。殿堂在20世纪60年代被毁,1982年文昌庙重新修复。2013年被列为第七批全国重点文物保护单位。(SSJ)

珍珠寺 珍珠寺位于海南藏族自治州贵德县河东乡保宁村。始建于南宋淳祐年间(1241—1252),后经历代重建,现仅存山门和左右廊房。山门坐北朝南,面宽3间,进深3间,双扇实榻门,单檐歇山顶,左右廊房面宽各7间,进深2间,前设檐廊、圆柱、硬山顶。2013年被列为第七批全国重点文物保护单位。(SSJ)

拉加寺 拉加寺位于果洛藏族自治州玛沁县拉家乡。始建于清乾隆二十八年(1763),原有经堂、佛殿、僧舍等建筑900余间,占地面积0.5平方千米。现存一座两层平顶藏式建筑的大经堂及小经堂、阿若欠康殿、活佛院、伙房。经堂面宽9间,进深12间,侧墙为"蜈蚣墙",有殿前廊柱、火焰门、无斗拱、三椽出檐。寺内存有大小铜锅等附属文物。2013年被列为第七批全国重点文物保护单位。(SSJ)

石藏寺 石藏寺位于海南藏族自治州同德县河北乡郭什布沟北岸。面临黄河,为藏传佛教格鲁派(黄教)寺院,始建于清乾隆三十年(1765),乾隆四十四年(1779)六世班禅应邀任该寺名誉住持,先后建成大小经堂、护法殿、活佛府宅等。1941年被毁,中华人民共和国成立后重建,有5座经堂、经院等,均为藏式平顶建筑。2013年被列为第七批全国重点文物保护单位。(SSJ)

阿河滩清真寺 阿河滩清真寺位于化隆回族自治县甘都镇阿河滩村。由照壁、山门、大殿、唤醒楼、学房等建筑组成,坐西朝东,照壁为砖砌仿木结构,砖雕松树图案;山门为四柱三门三楼式牌楼,并置戗柱四根;大殿面阔3间,进深3间,灰瓦歇山顶;唤醒楼为三重檐六角攒尖顶式,装饰华丽,底层砖砌墙面,上有木护栏;学房为近年修建。2013年被列为第七批全国重点文物保护单位。(SSJ)

撒拉族清真寺古建筑群 撒拉族清真寺古建筑群包括科哇清真寺、张尕清真寺、清水河东清真寺、孟达清真寺和塔沙坡清真寺五座清真寺的古建筑。木雕装饰是古清真寺最重要而精彩的建筑工艺。礼拜殿、唤礼楼、牌坊门上的平板、雀替、插板、门簪、楼阁裙板门面，均有精雕，图案多为植物、几何图纹、器具、瓜果、山水、阿拉伯文美术体、蜂窝状纹。唤礼楼二、三层六角平面，底部装修花格扶栏，上部装修垂柱式花格罩。前殿左右前板壁、壁龛内面边框，雕饰极为精细的镂刻浮雕花卉，阿拉伯文字体图案，构思丰满，刀法精致，独具匠心。砖瓦雕饰是古清真寺建筑艺术的重要组成部分，它主要集中在唤礼楼底层围墙面、牌坊门座两侧照壁式墙、礼拜殿檐廊内外山墙、八字墙、歇山山花墙、南北配房廊道山墙和各建筑体屋顶面。五座古清真大寺中，只有孟达和科哇寺的礼拜殿做了殿堂彩画。科哇寺的礼拜殿，只做了内檐面、墙面柱体和前殿所有木柱梁架的彩画。在漫长的社会历史中，集结多民族文化艺术、团结和睦共同发展的智慧结晶。2013年被列为第七批全国重点文物保护单位。（MDM）

湟源城隍庙 湟源城隍庙位于湟源县城内。始建于明洪武十九年（1386），原有大殿一座，坐北朝南，面宽3间，进深3间，灰瓦硬山顶建筑。所藏文物有创建庙碑、铜印、宝剑及明代壁画等。2013年被列为第七批全国重点文物保护单位。（SSJ）

药草台寺 药草台寺位于乐都县瞿昙乡台沿村。始建于明万历四十七年（1619），为瞿坛寺下院。1958年以前有大经堂、弥勒殿、吉哇院及昂欠等，现仅存贡哇昂欠（活佛府邸）。1984年改贡哇昂欠为经堂，重建僧舍40间。2013年被列为第七批全国重点文物保护单位。（SSJ）

4．石窟寺及石刻

贝大日如来佛石窟寺和勒巴沟摩崖 贝大日如来佛石窟寺位于玉树藏族自治州玉树县巴塘乡贝达社，勒巴沟摩崖地处该乡勒巴沟内。根据唐代石刻《贝大日如来佛简志》记载，唐贞观十五年（641），唐宗室女文成公主与吐蕃松赞干布联婚，唐蕃送（迎）亲队伍路经唐蕃古道嘎玉段（今玉树）"白玛驻跸地"，由文成公主亲自选址，并决定摩崖内容，在大译师伊西央的支持下，唐蕃工匠于贞观十六年（642）左右开凿，永徽四年（653）竣工。南宋绍兴二十六年（1156）左右，为保护石刻和摩崖，止贡巴、仁青贝创建了大日如来佛殿。清同治六年（1867），由赞巴多丁萨居捐资并主持，修缮加固了由于长期失修而濒临倒塌的佛殿，对殿内的主供佛及八个菩萨，施以泥仗并进行彩绘。贝大日如来佛石窟摩崖由大日如来佛及八大菩萨立像（浮雕），佛殿左右藏、汉刻文，章冈及卓拉摩崖组成，面积约350平方米。勒巴沟摩崖由古秀泽玛、吾娜桑嘎、恰冈和泽琼沟四处石刻文物组成，大部分为线刻，总面积约330平方米。除唐蕃时代的摩崖外，被誉为"山嘛呢、水嘛呢"的勒巴沟，在1.998平方千米建设控制地带内，明清时期的石刻文物比比皆是，内容丰富，种类繁多，气势恢宏，堪称石刻艺术的天然博物馆，具有强烈的视觉冲击力和艺术欣赏价值。2006年被列为第六批全国重点文物保护单位。(SSJ)

和日寺石经墙 石经墙位于黄南藏族自治州泽库县和日乡和日村南，是用刻有经文、佛像的数以亿计的石板堆垒而成的3座石经墙、1座石经墩。东墙长172米、宽约1.3米、高0.7米，刻《檀多经》；中墙长165米、宽2米、高1.1米，刻《甘珠尔》；西墙长115米、宽1.3～1.6米、高1.2米，刻有17种经文；经墩边长9米、高1米，刻《丹珠尔》。据调查，石经墙和石经墩自清代后期开始凿刻，至中华人民共和国成立初期止，历经百余年，是保存藏传佛教经典的一种方式。2013年被列为第七批全国重点文物保护单位。(SSJ)

5. 近现代重要史迹及代表性建筑

第一个核武器研制基地旧址 第一个核武器研制基地旧址位于海北藏族自治州海晏县金银滩草原上。从1957年经中共中央政治局批准建设，到1995年退役、更名为"西海镇"止，为我国的"两弹"研制树立了一座丰碑。基地占地面积570平方千米（建设初期为1170平方千米）。有18个厂区（甲区）、4个生活区（乙区），建筑面积56.4万平方米。对外称"二二一厂""青海矿区"等。1964年，第一颗原子弹在基地研制成功，同年10月16日在新疆罗布泊爆炸成功。此后，仅用7个月研制的核弹头试验成功；1967年6月17日，研制的第一颗氢弹爆炸成功。据资料记载，我国前16次核爆的成品，都是在这个基地装配启运的；并生产了多种型号的核武器，装备我国人民解放军第二炮兵部队，实现了两弹的武器化。国庆35周年庆典，通过天安门广场的"东风三号"弹头，也是该基地研制的产品。1987年，国务院、中央军委做出了撤销二二一厂的决定。这个昔日为我国核工业发展立下不朽功勋的基地，完成了特殊的历史使命。随后，国家拨巨资做了彻底的无害化处理。1993年起，海北藏族自治州委、州政府等机关相继迁入基地，正式命名为"西海镇"。1996年，该旧址被青海省委、省政府命名为省级爱国主义教育基地。2001年被列为第五批全国重点文物保护单位。(SSJ)

新寨嘉那嘛呢 新寨嘉那嘛呢位于玉树藏族自治州玉树县结古镇东5千米的新寨村。18世纪末，由结古镇结古寺三大活佛系统之一的第一世嘉那木扎佐盖活佛倡导，正式创建，当时的嘛呢堆有一箭射程长（百米左右）。经200余年的不断镌刻、堆垒，最大规模时达到东西长450米、南北宽100米、高5米，被誉为"天下第一大嘛呢"。现存嘛呢堆东西长275米、南北宽74～82米、高4米，占地面积2万余平方米、体积达近9万立方米，其嘛呢石单体数量达数十亿块之多。依据原形制，在嘛呢堆周围复建了2座佛堂、14座佛塔、10个大转经筒、480个小转经筒。如今这里已成为玉树地区重要的人文景观和旅游景点，成为重要的群众性宗教活动场所。在玉树有两个重要节日与嘉那嘛呢有关，分别是"嘉那帮庆"和"嘉那邦琼"，一个是嘛呢堆的奠基日，一个是落成日。大经堂坐西朝东，藏汉结合式建筑，主体为两层，面阔4间、进深4间，平面布局呈正方形，建筑面积681.6平方米，设前廊，左右为耳房，外墙体厚高沉稳，上部设鞭麻女儿墙，面置宝镜、联珠等饰物，内后部为佛龛，中部设有六根通柱，形成天井；二层为歇山屋顶，屋面铺设黄色琉璃瓦，正脊正中置安宝顶，周围与女儿墙共同形成平顶回廊。新寨嘉那嘛呢以其规模之宏大、数量之众多、堆垒之壮观、表现形式之独特著称于世，实属罕见，是青海省乃至全国十分重要的石刻文物遗存。2006年被列为第六批全国重点文物保护单位。（SSJ）

循化西路红军革命旧址 循化西路红军革命旧址位于循化撒拉族自治县察汗都斯乡赞卜乎村，近现代（1939—1946）重要史迹。1938年初，青海军阀马步芳将被俘的长征红军西路军400余人编成工兵营，又称"森林警察局"。1939—1946年间先后在赞卜呼、建设堂、宗吾、占群等地伐木垦荒、开挖水渠，修建清真寺、庄廓、油房、水磨等。其中160余人死于劳役，少数人逃离。至今村内保留有当年红军战士使用过的桌椅、磨盘。在红军修建的清真寺里保留有五角星、镰刀、锤子等砖雕图案。1987年在当地修建西路红军纪念馆。2006年被列为第六批全国重点文物保护单位。（SSJ）

天佑德酒作坊 天佑德酒作坊位于互助土族自治县威远镇西街6号。明末清初当地就能土法酿酒，是青海青稞酒的发祥地和互助青稞酒原产地，20世纪40年代已粗具规模，现已成为具有5万吨生产能力的酿酒大厂。旧址主要建筑有经数次改建、建在作坊原址上的酿酒车间、包装车间、制曲车间等；主要遗存是威远古井及古井保护亭，保护亭建于1918年，与著名的天佑德烧坊同时，地点在现互助青稞酒有限公司东北部，井口直径0.6米、深约10米，目前该公司仍取古井之水酿酒。旧址是地域特色、民族特色浓厚的近现代重要手工业作坊遗存，对研究地方酿酒业的发展、土族历史等具有重要作用。2013年被列为第七批全国重点文物保护单位。（YH）

青藏公路建设指挥部旧址（将军楼） 青藏公路建设指挥部旧址，俗称"将军楼"，位于海西蒙古族藏族自治州格尔木市河西西藏运输公司生活区内。始建于20世纪50年代，是格尔木市设立行政区域初期的重要文物遗迹，是青藏公路建设指挥部及青藏公路之父、青藏铁路开拓者慕生忠将军生活居住的地方，是早期格尔木市的标志性建筑。现存建筑主要有主楼（办公楼）、副楼（生活楼俗称飞机房）及水塔等。主楼为砖混结构两层小楼，共6间，斜坡屋顶，上铺瓦，正中大门，门楣上有1978年兰州军区政治部镌刻的"将军楼"三字。楼内现陈列部分慕生忠将军生前所用的办公用品以及部分青藏公路建设的革命文物。副楼位于主楼的西侧，为单层砖木结构建筑，属生活用房。青藏公路建设指挥部是青藏公路建设的中枢和历史见证，是格尔木市形成的摇篮和代表性建筑，具有十分重要的价值。2013年被列为第七批全国重点文物保护单位。（SSJ）

（五）省级重点文物保护单位

1. 古遗址

巴州遗址 巴州遗址位于民和回族土族自治县巴州乡巴州村，属新石器时代—青铜时代遗址。面积约6万平方米，文化堆积层厚0.5米。断崖上暴露马厂类型墓葬。地面散布马家窑类型、马厂类型、齐家文化和唐汪式陶器陶片。马家窑类型陶片以泥质红陶为主，彩陶纹饰有弧弦、圆点纹、三角纹等，器型有盆、钵、壶。马厂类型陶片多为泥质红陶，彩陶纹饰有圆圈纹、折线纹、网格纹、菱格纹等，器型以壶、罐为主。齐家文化有泥质红陶折肩篮纹壶、唐汪式陶器有旋涡纹夹砂彩陶罐。1956年被列为第一批省级重点文物保护单位。（SSJ）

朱家寨遗址 朱家寨遗址位于西宁市大堡子乡朱家寨村，属新石器时代—青铜时代遗址。1924年由瑞典学者安特生发现，面积约5万平方米，文化堆积层厚1～1.5米。暴露灰坑，地面散布陶片、人骨等。采集标本有马家窑类型泥质彩陶盆残片、半山类型锯齿纹、折线纹、条带纹泥质彩陶壶、罐等残片、齐家文化泥质红陶折肩篮纹壶、罐等残片、卡约文化夹砂红陶壶、罐等残片和残骨器。1956年被列为第一批省级重点文物保护单位。（SSJ）

白崖子遗址 白崖子遗址位于乐都县高庙镇白崖子村，属新石器时代遗址。面积约1.2万平方米，文化堆积层厚0.5～0.8米。暴露灰坑、墓葬、人骨。地表散布马厂类型蛙纹、四大圈纹泥质彩陶壶、罐、侈口罐、夹砂红陶双耳罐、瓮等残片。采集有盘状器。1956年被列为第一批省级重点文物保护单位。（SSJ）

汉庄子遗址 汉庄子遗址位于乐都县雨润乡汉庄子村，属新石器时代—青铜时代遗址。面积约6万平方米，文化堆积层厚0.2～2米。暴露灰坑、窑址等遗迹。地面散布马家窑类型圆圈纹、方格纹、平行条纹泥质彩陶壶、盆、钵等残片及打制石器。1956年被列为第一批省级重点文物保护单位。（SSJ）

蒲家墩遗址 蒲家墩遗址位于乐都县高庙镇蒲家墩村，属新石器时代—青铜时代遗址。面积约1.5万平方米，文化堆积层厚0.1～1米。暴露灰坑。地面散布马家窑类型弧线纹、圆点纹、网格纹泥质彩陶瓶、壶、盆、钵、夹砂红陶盆、陶环等残片、卡约文化夹砂红陶罐、壶等残片及打制石片、石刀。1957年被列为第二批省级重点文物保护单位。（SSJ）

小塬遗址 小塬遗址位于民和回族土族

自治县塘尔垣乡小塬村,属新石器时代—青铜时代遗址。面积约3.5万平方米,文化堆积层厚0.3～1米。地面散布陶片,器型有齐家文化泥质红陶折肩篮纹壶、尊、双大耳罐、夹砂红陶壶,以及唐汪式夹砂红陶壶和辛店文化双耳罐。1957年被列为第二批省级文物保护单位。(SSJ)

巴燕遗址 巴燕遗址位于化隆回族自治县巴燕镇,属青铜时代遗址。面积约3万平方米,文化堆积层厚1.5米,暴露灰坑多座。地面散布卡约文化夹砂红陶罐、壶残片,还有唐汪式旋涡纹夹砂彩陶壶、红陶罐、三足鬲等残片。采集到陶纺轮。1957年被列为第二批省级重点文物保护单位。(SSJ)

总寨遗址 总寨遗址位于互助土族自治县沙塘川乡总寨村,属青铜时代遗址。面积约2500平方米,文化堆积层厚度不详。地表散布卡约文化夹砂红陶双耳罐、无耳罐、红陶壶、大口瓮、鬲等残片。1957年被列为第二批省级重点文物保护单位。(SSJ)

曲沟古城 曲沟古城俗称"菊花城",位于海南藏族自治州共和县曲沟乡前菊花村。平面呈长方形,南北长420米,东西宽400米。城墙夯筑,残高约10米,基宽约7米,夯土层厚约0.12米。东、西两面各有一座城门,有瓮城。1979—1980年发掘揭露面积550平方米,出土残铁器、陶壶、罐等文物200余件。据《元和郡县志》考证,疑该城为吐谷浑之树敦城。1957年被列为第二批省级重点文物保护单位。(SSJ)

希里沟古城 希里沟古城位于海西蒙古族藏族自治州乌兰县希里沟镇。平面呈长方形,南北长137米,东西宽97米。城墙夯土筑,基宽1.5～2米,顶部有女儿墙,置瞭望孔与射击孔。四角原有角楼,现存夯土台基。开南、北二门,宽5米。传为马步芳修建的兵营。1957年被列为第二批省级重点文物保护单位。(SSJ)

香日德古城 香日德古城位于海西蒙古族藏族自治州都兰县香日德镇。平面呈正方形,边长约300米。城墙夯土筑,高约10米,基宽约7米,顶宽约2米,夯土层厚约0.12米。1957年被列为第二批省级重点文物保护单位。(SSJ)

南塬遗址 南塬遗址位于民和回族土族自治县西沟乡南垣村,属新石器时代—青铜时代遗址。面积约15万平方米,文化堆积层厚0.3～1.5米。断崖上暴露出马厂类型残墓。地面散布陶片。马厂类型陶片以泥质红陶为主,有少量夹砂灰陶和夹红陶,纹饰有折线纹、圆圈纹、蛙纹、方格纹、菱格纹、回纹等彩陶图案和绳纹,器型以瓮、壶、罐为主。齐家文化陶片多为泥质红陶,有少量夹砂红陶,个别陶片上饰有篮纹和绳纹,可辨器型有折肩壶、长颈壶、器盖、罐等。1957年被列为第二批省级重点文物保护单位。(SSJ)

山城遗址 山城遗址位于民和回族土族自治县川口镇山城村,属新石器时代—青铜时代遗址。面积约5万平方米,文化堆积层厚0.3～0.8米。文化内涵有马厂类型、齐家文化和唐汪式陶器三种。马厂类型陶片以泥质红陶为主,泥质灰陶次之,彩陶纹饰有方格纹、网状纹、圆圈纹、蛙形纹、平行条纹、波折纹、菱形纹、垂帐纹等，可辨器型有双耳罐、内彩深腹盆、小口垂腹罐、壶、罐等。齐家文化陶片多为细泥陶，纹饰以篮纹为主，可辨器型有侈口高领折肩壶、双大耳罐、双耳小罐等。唐汪式陶片多为夹砂红陶，有的通体饰有红陶衣，彩陶纹饰主要为旋涡纹，器型以双耳罐、壶为主，有少量鬲、豆、杯等。1957年被列为第二批省级重点文物保护单位。（SSJ）

松树庄遗址 松树庄遗址位于民和回族土族自治县松树庄乡松树庄村，属新石器时代遗址。面积约4万平方米，文化堆积层厚0.3～1.5米。地面散布马家窑类型平行条纹、圆点三角纹泥质彩陶壶、盆和泥质红陶壶、盆，马厂类型蛙纹、折线纹泥质彩陶壶和方格纹、曲折纹彩陶罐等陶片。采集有残陶刀。1957年被列为第二批省级重点文物保护单位。（SSJ）

阳洼坡遗址 阳洼坡遗址位于民和回族土族自治县转导乡阳洼坡村，属新石器时代遗址。面积约2800平方米，文化堆积层厚0.6米。1980年局部发掘，揭露面积约850平方米，清理出房址5座、灶坑9座、灰坑2座。房址分圆形和方形，半地穴式，房内有灶坑。出土文物3000多件，陶器分泥质红陶、夹砂红陶和泥质灰陶三类，饰有绳纹、划纹、附加堆纹，彩陶图案有弧线三角纹、圆点纹、方格纹、直线纹等。器型有曲腹盆、双唇尖底瓶、小口尖底瓶、盆、钵、罐、碗、缸等。另外还有石斧、石锛、凿、刀、弹丸、骨锥、针、笄等。属于仰韶文化和石岭下类型、马家窑类型遗存。1957年被列为第二批省级重点文物保护单位。（SSJ）

马聚垣遗址 马聚垣遗址位于民和回族土族自治县马场垣乡马聚垣村，属新石器时代遗址。面积约2万平方米，文化堆积层厚1～2米。断面暴露灰坑，内含马家窑类型陶片、磨制石斧和兽骨。陶片有泥质红陶和夹砂红陶，饰有平行条纹、弧线纹、圆点纹等彩陶图案和绳纹，器型有壶、盆、钵、瓮、罐等。1957年被列为第二批省级重点文物保护单位。（SSJ）

罗巴垣遗址 罗巴垣遗址位于民和回族土族自治县李二堡乡罗巴垣村，属新石器时代—青铜时代遗址。面积约10万平方米，文化堆积层厚0.5～2米。地面散布有马厂类型、齐家文化和唐汪式陶器陶片。马厂类型陶片以泥质红陶为主，彩陶纹饰有折线纹、回纹、蛙纹、圆圈纹、方格纹、菱形纹，器型有瓮、壶、罐、盆等。齐家文化以泥质红陶为主，饰以篮纹，器型有壶、罐、瓮。唐汪式陶片以夹砂红陶为主，可辨器型多数为罐，个别陶片上饰旋涡纹。1957年被列为第二批省级重点文物保护单位。（SSJ）

黑鼻崖遗址 黑鼻崖遗址位于互助土族自治县哈拉直沟乡尚家村，属新石器时代遗址。面积约1.2万平方米，文化堆积层厚1.5～2.5米。暴露灰坑。地面散布马家窑类型三角纹泥质彩陶壶、弦纹彩陶盆、网纹彩陶罐及夹砂红陶绳纹罐等残片。采集有石刀、石环、陶环。1959年被列为第三批省级重点

文物保护单位。(SSJ)

清水河遗址 清水河遗址位于湟中县总寨乡清水河村,属青铜时代遗址。面积约7500万平方米,文化堆积层厚0.7~1米。暴露瓮棺葬及夹砂红陶瓮、壶、罐等器物残片。1959年被列为第三批省级重点文物保护单位。(SSJ)

本巴口遗址 本巴口遗址位于湟中县栏隆口乡本巴口村,属青铜时代遗址。面积约1.5万平方米,文化堆积层厚0.6~1.5米。地面散布卡约文化夹砂红陶双耳罐、四耳罐、瓮、夹砂灰陶双耳罐等残片及动物骨骼。1959年被列为第三批省级重点文物保护单位。(SSJ)

豆尔加阴坡遗址 豆尔加阴坡遗址位于互助土族自治县五峰乡仓家沟村,属青铜时代遗址。面积约4800平方米,文化堆积层厚0.8~1米。暴露灰坑。地表散布卡约文化夹砂红陶瓮、罐、鬲等残片及动物骨骼。1959年被列为第三批省级重点文物保护单位。(SSJ)

下哇台遗址 下哇台遗址位于互助土族自治县五十乡荷包村,属青铜时代遗址。面积约3200平方米,文化堆积层厚0.8~1.5米。暴露灰坑、灰沟。地表散布卡约文化夹砂红陶双耳罐、壶、瓮、无耳罐等残片。1959年被列为第三批省级重点文物保护单位。(SSJ)

张卡山遗址 张卡山遗址位于互助土族自治县松多乡盘路村,属青铜时代遗址。面积约1.2万平方米,文化堆积层厚0.5~1米。地表散布唐汪式夹砂红陶瓮、壶、罐残片。1959年调查时采集涡纹彩陶壶、双大耳涡纹彩陶罐、鬲等。1959年被列为第三批省级重点文物保护单位。(SSJ)

下柴开遗址 下柴开遗址位于海西蒙古族藏族自治州都兰县香日德乡下柴开村,属青铜时代遗址。面积约3000平方米,文化堆积层厚1~2米。断崖处暴露灰坑。地面散布诺木洪文化夹砂红陶、夹砂灰陶片。部分陶片饰有刻画纹、绳纹等,器型有侈口垂腹罐、双耳罐、曲腹盆、小口瓶、双耳瓮、四耳罐、碗等。1959年被列为第三批省级重点文物保护单位。(SSJ)

托勒台遗址 托勒台遗址又名"红山嘴"遗址,位于海南藏族自治州共和县铁盖乡合乐寺村,属旧石器时代遗址。面积约2600平方米。因自然冲蚀,地面已至砾石层,未见遗迹及陶片,只在台地中部散布有石核、石片、刮削器、砍砸器等遗物。1986年被列为第四批省级重点文物保护单位。(SSJ)

胡热热遗址 胡热热遗址位于民和回族土族自治县官亭镇昌家村,属新石器时代遗址。面积约1.2万平方米,文化堆积层厚0.6米,因雨水冲刷后,缺口的断崖上暴露有灰层,灰坑和残灶等遗迹。灰层与灰坑内夹有陶片、陶环、石环、石刀等遗物。从陶片看,有小口尖低瓶及双唇口沿,夹砂粗陶弦纹罐、绳纹罐、泥质红陶彩绘曲腹盆、敛口钵等。1986年被列为第四批省级重点文物保护单位。(SSJ)

白崖子沟遗址 白崖子沟遗址位于民和

回族土族自治县前河乡下甘家村，属新石器时代—青铜时代遗址。面积约8万平方米，文化堆积层厚0.4～1.2米。地面散布有仰韶文化庙底沟类型、马家窑文化半山类型、齐家文化陶片。三角形彩陶图案和绳纹，器型有小口尖底瓶、盆、瓮和钵等。半山类型有网格纹泥质彩陶罐。齐家文化有泥质红陶折肩篮纹壶、夹砂红陶罐等。1986年被列为第四批省级重点文物保护单位。(SSJ)

本布台遗址 本布台遗址位于湟中县多巴镇王家村。遗址西及东部均为农民庄院，北为农田。现存面积东西100米、南北100米。地表覆土层在平整土地时部分被削去，遗址东部文化层裸露，地面散布大量的陶片，南部梯田断崖上暴露有灰层、灰坑，东部暴露四处白灰面房子遗迹，文化层厚约1米，保存基本完整，是一处以齐家文化为主，包含卡约文化的遗址。1986年被列为第四批省级重点文物保护单位。(SSJ)

后子河遗址 后子河遗址位于大通回族土族自治县后子河乡后子河村，属新石器时代遗址。面积约10.5万平方米，文化堆积层厚0.5米。暴露有灰坑、窑穴、房址等遗迹。地面散布马家窑类型波纹、平行条纹彩陶壶、罐等残片及陶环、石环、动物骨骼。1986年被列为第四批省级重点文物保护单位。(SSJ)

石家营（丙）遗址 石家营（丙）遗址位于平安县小峡乡古城崖村。遗址地面上散布有较多的杂骨和马家窑文化马家窑类型、半山类型、马厂类型等泥质陶彩绘有旋涡纹、带纹、锯齿纹、网格纹、蛙形纹等图案的彩陶盆、壶、罐等残片及夹砂陶罐、瓮等残片遗物。此遗址未见灰土、灰层等遗迹。1986年被列为第四批省级重点文物保护单位。(SSJ)

下排园艺场遗址 下排园艺场遗址位于海南藏族自治州贵德县河西乡下排村。面积10800平方米，文化层堆积层厚约0.8米，地面散布有杂骨、碎石块、陶片等。断崖处暴露有灰层、灰坑，灰层、灰坑内夹杂有较多的杂骨、碎石块、陶片等。陶片都是马家窑文化马家窑类型的彩陶壶、盆、钵和夹砂陶罐、瓮残片。1986年被列为第四批省级重点文物保护单位。(SSJ)

羊曲十八档遗址 羊曲十八档遗址位于海南藏族自治州兴海县河卡乡羊曲村东南，属新石器时代—青铜时代遗址。面积约5.2万平方米。文化层堆积厚度不详。地面散布马家窑类型陶片。陶片以泥质红陶为主，有少量夹砂红陶和灰陶，纹饰有绳纹及弦纹、圆点彩陶图案，器型有壶、盆、大口罐、杯等，此外还有卡约文化夹砂红陶罐、壶等残片。1986年被列为第四批省级重点文物保护单位。(SSJ)

兔儿滩东遗址 兔儿滩东遗址位于海南藏族自治州同德县巴沟乡团结村。马家窑类型、半山类型。面积约6万平方米，北部压在村庄之下，主要为宗日文化、马家窑文化的遗址区，分布有部分墓葬。遗址地面散布有较细碎的马家窑文化马家窑类型、半山类型、宗日文化和齐家文化陶器残片，断崖处暴露有灰层。1986年被列为第四批省级重点

文物保护单位。(SSJ)

拉毛遗址 拉毛遗址位于黄南藏族自治州尖扎县昂拉乡拉毛村西南,属新石器时代—青铜时代遗址。面积约2500平方米,文化堆积层厚0.5米,暴露有人骨,地面散布马家窑类型旋纹、网纹、三角纹彩陶壶、罐、钵等残片,卡约文化夹砂红陶壶、四耳罐、瓮等残片。1986年被列为第四批省级重点文物保护单位。(SSJ)

乔什旦遗址 乔什旦遗址位于黄南藏族自治州尖扎县加让乡如是其村北,属新石器时代遗址。面积不详,断崖上暴露有灰坑、灰层,灰坑、灰层内夹杂有残石斧及马家窑类型波纹彩陶盆、泥质红陶钵、夹砂红陶绳纹大口罐等残片。1986年被列为第四批省级重点文物保护单位。(SSJ)

三其遗址 三其遗址位于互助土族自治县沙塘川乡三其村,属青铜时代遗址。面积约3500平方米,文化堆积层厚度不详。地表散布卡约文化双耳红陶罐、壶等残片。1986年被列为第四批省级重点文物保护单位。(SSJ)

长宁遗址 长宁遗址位于大通回族土族自治县长宁乡长宁村,属新石器时代遗址。面积约6万平方米,文化堆积层厚约2.3米。暴露有卡约文化灰坑、房址等遗迹和半山类型墓葬。采集有半山类型锯齿纹泥质彩陶壶。地面散布齐家文化泥质红陶折肩篮纹壶残片、卡约文化夹砂红陶罐、壶残片,汉代泥质灰陶绳纹壶残片。1986年被列为第四批省级重点文物保护单位。(SSJ)

三合(乙)遗址 三合(乙)遗址位于平安县三合乡三合村,属新石器时代—青铜时代遗址。面积约2250平方米。地面散布马厂类型、齐家文化陶片。陶片以泥质红陶为主,夹砂红陶次之,有少量夹砂灰陶,纹饰有绳纹、篮纹、附加堆纹和彩陶图案蛙纹、折线纹等,器型有瓮、壶、罐、盆等。1986年被列为第四批省级重点文物保护单位。(SSJ)

肖家遗址 肖家遗址位于民和回族土族自治县转导乡肖家村。紧靠马营河南岸边,面积东西长350米、南北宽150米,地面散布有较多的碎陶片、杂骨和少量的石器、石环、陶环等遗物,文化堆积层厚达1.2米,是一处马家窑文化石岭下类型、马家窑类型和齐家文化共存遗址。1986年被列为第四批省级重点文物保护单位。(SSJ)

新尼(乙)遗址 新尼(乙)遗址位于黄南藏族自治州尖扎县贾家乡安中村,属新石器时代—青铜时代遗址。面积约3.45万平方米,文化堆积层厚0.5米,地面散布卡约文化夹砂红陶罐、壶、瓮、鬲等残片。1986年被列为第四批省级重点文物保护单位。(SSJ)

下孙家寨遗址 下孙家寨遗址位于西宁市十里铺乡下孙家寨村。面积约6万平方米,文化堆积层厚0.5~1.2米。暴露灰坑。地面散布马家窑类型弦纹、波纹泥质彩陶壶、罐等残片和马厂类型蛙纹、四大圈纹泥质彩陶壶等残片。1986年被列为第四批省级重点文物保护单位。(SSJ)

张尕遗址 张尕遗址位于循化撒拉族自

治县白庄村张尕村北。遗址大部分压于村庄之下，现存面积南北约2万平方米。地面散布有大量的杂骨、碎陶片等，文化堆积层暴露清楚，厚约1米，有灰坑及灶的遗迹。灰坑、灰层内夹杂有杂骨及较多的陶片和零星的残陶环、石环、石刀等。陶片大多数为马家窑文化马家窑类型的泥质红陶，绘有圆点纹、弧线三角纹、平行线纹等的彩陶壶、钵、盆和夹砂粗陶素面及绳纹瓮、罐残片。1986年被列为第四批省级重点文物保护单位。（SSJ）

尕马卡遗址 尕马卡遗址位于民和回族土族自治县杏儿乡尕马村，属新石器时代—青铜时代遗址。面积约9.6万平方米，文化堆积层厚0.3～1.5米。断面暴露出灰坑多座。地面散布陶片，有仰韶文化泥质彩陶钵、罐、红陶碗，石岭下类型泥质彩陶罐、夹砂红陶瓮和马家窑类型弧线纹彩陶罐、钵以及齐家文化泥质红陶双耳罐、折肩篮纹壶、夹砂红陶罐。1986年被列为第四批省级文物保护单位。（SSJ）

仓库遗址 仓库遗址又名"中庄遗址"，位于循化撒拉族自治县查汗都斯乡中庄村，属新石器时代—青铜时代遗址。面积约7.5万平方米，文化层堆积厚0.4～0.7米。遗址有一部分压在村庄下，地面暴露有马家窑类型的陶片、石环、石刀等，陶片以泥质红陶为主，夹砂陶次之，纹饰有弧线纹、圆点纹、锯齿纹、网格纹等彩陶图案及刻画纹、绳纹等，器型有壶、罐、盆、瓮等。曾在此地发掘卡约文化瓮棺葬数座，打破遗址。采集陶器有夹砂彩陶罐、双耳罐等。1986年被列为第四批省级重点文物保护单位。（SSJ）

尕义香更遗址 尕义香更遗址位于海南藏族自治州贵德县罗汉堂乡尼那四社村南。面积约1.2万平方米，文化堆积层厚度不详。地面散布陶片，器型有马家窑类型条带纹、圆点纹泥质彩陶壶，半山类型波折纹、锯齿纹泥质彩陶壶、盆及夹砂红陶罐和马厂类型四大圆圈纹泥质彩陶壶、夹砂红陶双耳罐等，采集有石斧。1986年被列为第四批省级重点文物保护单位。（SSJ）

狼舌头遗址 狼舌头遗址位于海南藏族自治州兴海县曲什安乡大米滩村西。大米滩地处黄河南岸第二台地，这里是黄河由南向北的转流的起端，台地平坦开阔。狼舌头遗址地处大米滩北部靠近黄河岸，面积约1.2万平方米，文化堆积层厚度不详。地面散布有马家窑文化马家窑类型的泥质红陶，绘有三角弧线纹、平行线条纹图案的彩陶残片和夹砂陶罐残片等。1986年被列为第四批省级重点文物保护单位。（SSJ）

南坎沿（乙）遗址 南坎沿（乙）遗址位于海南藏族自治州兴海县河卡乡黄河西岸。面积约4万平方米，文化堆积层厚度不详。地面散布马家窑文化马家窑类型、半山类型的泥质红陶彩绘平行纹、三角折线纹、垂幛纹图案的壶、盆和夹砂陶彩绘条纹、三角纹壶、碗以及卡约文化夹砂陶罐等残片。1986年被列为第四批省级重点文物保护单位。（SSJ）

堂尔亥来遗址 堂尔亥来遗址位于海南

藏族自治州贵德县河西乡吾路口村东，属新石器时代—青铜时代遗址。面积约1.8万平方米，文化堆积层厚约0.4米。地面散布马家窑类型条带纹、圆点纹泥质彩陶瓶及夹砂红陶绳纹罐残片，卡约文化夹砂红陶双耳罐、夹砂灰陶罐等残片。1986年被列为第四批省级重点文物保护单位。(SSJ)

晃马家遗址 晃马家遗址位于乐都县高庙镇晃马家村，属新石器时代遗址。面积约2万平方米，文化堆积层厚0.5～1米，地表散布泥质红陶、泥质灰陶、夹砂红陶片、打制石核、石片、砍砸器及动物骨骼。其中有马家窑类型网格纹、平行条纹泥质彩陶罐、盆、钵、壶等残片。有马厂类型蛙纹与四大圈纹泥质彩陶壶、双耳罐、夹砂红陶双耳罐等残片及动物骨骼。1986年被列为第四批省级重点文物保护单位。(SSJ)

西坪遗址 西坪遗址位于乐都县洪水乡西坪村，属新石器时代—青铜时代遗址。北临湟水，东下断崖为乡镇公路，南依山麓，西为较开阔的庄稼地。东西长250米，南北宽300米，文化堆积层厚0.5～1米。地表散布新石器时代马家窑文化马厂类型曲折纹、方格纹、变形回纹、四大圆圈纹、蛙形纹彩陶壶、罐、粗陶罐、瓮等器物残片和青铜时代辛店文化双勾羊角纹、"S"形纹、宽带纹彩陶罐器物残片，还有石器等文化遗物。1986年被列为第四批省级重点文物保护单位。(SSJ)

瓦窑台（甲）遗址 瓦窑台（甲）遗址位于民和回族土族自治县马场垣乡上西川村，属新石器时代—青铜时代遗址。面积约1万平方米，文化堆积层厚1～1.5米，断面暴露出灰坑。地面散布陶片，器型有马家窑类型平行条纹、弧线纹泥质彩陶壶、钵，马厂类型折线纹、网格纹泥质有双沟纹、回纹、"S"形纹等图案。另外还有汉代泥质灰陶绳纹罐、壶残片。采集到石斧、石刀。1986年被列为第四批省级重点文物保护单位。(SSJ)

西杏园遗址 西杏园遗址位于西宁市马坊乡西杏园村，属新石器时代遗址。面积约4000平方米，文化堆积层厚0.5米。地面散布泥质红陶、夹砂红陶片。采集标本有马家窑类型弦纹泥质彩陶壶、夹砂红陶绳纹罐残片，齐家文化泥质红陶罐、折肩篮纹壶残片，卡约文化夹砂红陶壶、罐残片，还有唐汪式涡纹夹砂彩陶壶、红陶壶等残片。1986年被列为第四批省级重点文物保护单位。(SSJ)

张家（丙）遗址 张家（丙）遗址位于民和回族土族自治县前河乡张家村，属新石器时代—青铜时代遗址。面积约10万平方米，文化堆积层厚0.2～1米。地面散布马家窑类型、马厂类型、齐家文化、卡约文化、唐汪式陶器和辛店文化陶片。马家窑类型陶片多为泥质红陶，饰有弧线纹、圆点纹、三角纹等彩陶图案，器型有壶、盆、钵等。马厂类型陶片有泥质红陶，饰有蛙纹、两格纹等彩陶图案和绳纹、戳印纹，器型有罐、盆、壶。齐家文化陶片有泥质红陶和夹砂红陶、褐陶，饰有篮纹、附加堆纹，器型有折肩壶、双大耳罐。卡约文化有夹砂红陶罐。唐汪式陶器有旋涡纹彩陶罐。辛店文化陶片以夹砂

红陶为主。器型有鬲、壶、罐等。个别陶片上饰有太阳形纹。1986年被列为第四批省级重点文物保护单位。(SSJ)

花园台遗址 花园台遗址位于西宁市十里铺乡花园台村，属新石器时代遗址。面积约12万平方米，文化堆积层厚约1米，暴露白灰居住面及墓葬。地面散布泥质红陶、夹砂红陶片。采集标本有马家窑类型圆点三角纹、弦纹泥质彩陶壶、盆残片和卡约文化夹砂红陶罐残片。1986年被列为第四批省级重点文物保护单位。(SSJ)

东村遗址 东村遗址位于平安县三合乡东村，属新石器时代—青铜时代遗址。面积约1.2万平方米，文化堆积层厚0.3～1米，暴露有灰坑。地面散布半山类型涡纹泥质彩陶壶残片，马厂类型四大圆圈纹、折线纹彩陶壶残片以及齐家文化泥质红陶折肩篮纹壶、双大耳罐等残片，采集有石斧、穿孔石刀（残）、石凿、鹿角等。1986年被列为第四批省级重点文物保护单位。(SSJ)

石家营（丙）遗址 石家营（丙）遗址位于平安县小峡乡古城崖村，属新石器时代遗址。面积约1.5万平方米，文化堆积层厚度不详，地面散布大量马家窑类型、半山类型、马厂类型泥质红陶、夹砂红陶片，彩陶纹饰有旋涡纹、平行条纹、锯齿纹、圆圈纹和蛙纹等，器型有壶、罐、瓮等。1986年被列为第四批省级重点文物保护单位。(SSJ)

庙后台遗址 庙后台遗址位于湟中县田家寨乡田家寨村，属新石器时代到青铜时代遗址。面积约1.4万平方米，文化堆积层厚约0.5米。暴露有灰坑、人骨。地面散布有齐家文化泥质红陶双耳罐、折肩篮纹壶、双大耳罐、夹砂红陶罐等残片和卡约文化夹砂红陶罐、夹砂灰陶罐残片等。1986年被列为第四批省级重点文物保护单位。(SSJ)

大通苑（乙）遗址 大通苑（乙）遗址位于互助土族自治县双树乡大通苑村，属青铜时代遗址。面积约5000平方米，文化堆积层厚度不详。地表散布卡约文化夹砂红陶罐、壶、大口瓮和汉代泥质灰陶罐残片。1986年被列为第四批省级重点文物保护单位。(SSJ)

寺沟遗址 寺沟遗址位于大通回族土族自治县后子河乡，属新石器时代遗址。面积约6万平方米，文化堆积层厚度不详。地面散布齐家文化泥质红陶罐、折肩篮纹壶、夹砂红陶罐残片和唐汪式夹砂红陶罐残片。1986年被列为第四批省级重点文物保护单位。(SSJ)

寺台遗址 寺台遗址位于海南藏族自治州贵德县河西乡吾路口村，属卡约文化遗存。面积约1.6万平方米，文化堆积层厚约0.5米。地面散布有卡约文化夹砂红陶双耳罐、壶、瓮、夹砂灰陶双耳罐等残片，采集有打制石刀。1986年被列为第四批省级重点文物保护单位。(SSJ)

平乐（甲）遗址 平乐（甲）遗址位于大通回族土族自治县清平乡平乐村，属新石器时代遗址，在清水沟口南岸二台地。面积东西约30万平方米。文化堆积层厚度不详。暴露物有灰坑、陶片等，是一处马家窑类型、齐家文化、卡约文化、汉文化共存墓地。1986年被列为第四批省级重点文物保护单位。(SSJ)

山城遗址 山城遗址位于大通回族土族自治县景阳乡山城村,属青铜时代遗址。面积约3.75万平方米,文化堆积层厚约1米。暴露有灰坑。地表散布夹砂红陶片和兽骨,其中有卡约文化的罐、壶和辛店文化的绳纹罐等。1986年被列为第四批省级重点文物保护单位。(SSJ)

高家遗址 高家遗址位于民和回族土族自治县转导乡高家村,属新石器时代—青铜时代遗址。面积约1.6万平方米,文化堆积层厚1~2米,断崖上暴露有灰坑多座。地面散布有马家窑类型和辛店文化陶片。马家窑类型陶片主要为泥质彩陶,纹饰有弧线纹、三角纹,器型有钵、盆、壶等。辛店文化陶片主要为夹砂红陶,饰有太阳纹、双钩羊角形纹,器型有罐、钵、豆、鬲、器盖等。1986年被列为第四批省级重点文物保护单位。(SSJ)

八寺崖遗址 八寺崖遗址位于大通回族土族自治县吊沟乡八寺崖村,属新石器时期遗址。面积东西约8000平方米。暴露有人骨、唐汪式陶片等遗物。曾征集到卡约文化双耳罐2件,为一处卡约文化墓地,破坏情况严重。1986年被列为第四批省级重点文物保护单位。(SSJ)

白土庄遗址 白土庄遗址位于化隆回族自治县德加乡白土村,属青铜时代遗址。面积约6000平方米,文化堆积层厚1.5米。暴露灰坑、灰沟等遗迹。地面散布卡约文化夹砂红陶罐、瓮、鬲等器物残片及打制石器、动物骨骼。1986年被列为第四批省级重点文物保护单位。(SSJ)

白崖(丙)遗址 白崖(丙)遗址位于互助土族自治县威远镇白崖村,属青铜时代遗址。面积约4800平方米,文化堆积层厚1.2米。暴露灰坑。地表散布唐汪式夹砂红陶罐、鬲及涡纹彩陶壶、罐等残片。1986年被列为第四批省级重点文物保护单位。(SSJ)

东干木遗址 东干木遗址位于黄南藏族自治州同仁县麻巴乡东干木村,属青铜时代遗址。面积约4.48万平方米,文化堆积层厚0.5米,地表散布卡约文化夹砂红陶壶、大口瓮等残片及盘状器、砍砸器、动物骨骼等。1986年被列为第四批省级重点文物保护单位。(SSJ)

丰台(甲)遗址 丰台(甲)遗址位于互助土族自治县威远镇红崖村,属青铜时代遗址。面积约4200平方米,文化堆积层厚0.5米。地表散布卡约文化夹砂红陶罐、壶、大口瓮等残片及打制石片、动物骨骼。1986年被列为第四批省级重点文物保护单位。(SSJ)

古格滩南坎遗址 古格滩南坎遗址亦称"穆格滩遗址",位于海南藏族自治州贵南县茫拉乡上洛哇村。面积约8000平方米,因被沙漠覆盖,文化堆积层厚度不详。地面散布卡约文化夹砂红陶壶、罐等残片。1986年被列为第四批省级重点文物保护单位。(SSJ)

贺家庄遗址 贺家庄遗址位于大通回族土族自治县青山乡贺家庄。青铜时代的卡约文化。面积约1.4万平方米,文化堆积层厚度不详。地面散布卡约文化夹砂红陶罐、瓮、壶残片和打制石片、动物骨骼。1986年被列

为第四批省级重点文物保护单位。(SSJ)

勒加遗址 勒加遗址位于黄南藏族自治州同仁县年都乎乡勒加村北,属青铜时代遗址。面积约1.1万平方米,文化堆积层厚0.3米,地表散布卡约文化夹砂红陶壶、双耳罐、三足鬲等残片及打制石片、动物骨骼等。1986年被列为第四批省级重点文物保护单位。(SSJ)

拉卡石树湾遗址 拉卡石树湾遗址位于湟中县李家山乡吉家村西北。其中部分遗址压于村庄之下,面积约2万平方米。建村时对遗址破坏较严重。村庄西北部及村外地面散布有大量的陶片、石器、杂骨,农民取土处的断崖上暴露有灰坑等遗迹。文化堆积层厚1~1.5米,是一处文化内涵极为丰富的卡约文化遗址。1986年被列为第四批省级重点文物保护单位。(SSJ)

龙哇切吾遗址 龙哇切吾遗址位于海南藏族自治州共和县恰卜恰镇吉东村北,属卡约文化大华中庄类型遗存。遗址面积2万平方米,文化堆积层厚0.2~0.4米。地面散布有陶片,崖坎处暴露有灰层,灰层内夹杂有杂骨、陶片。所见陶片有夹砂双耳罐、单耳罐、壶等残片。1986年被列为第四批省级重点文物保护单位。(SSJ)

麻洞门遗址 麻洞门遗址位于湟中县坡家乡坡西村隆思干湾。遗址覆土层在平整土地时大部分被削去,文化层裸露于地面,现有面积约9000平方米。地面到处可见陶片、兽骨等遗物,梯田崖坎处暴露有灰层、灰坑等遗迹。文化堆积层厚0.25~1米。根据遗物观察,此处遗址是以卡约文化为主包含部分汉代文化的遗址。1986年被列为第四批省级重点文物保护单位。(SSJ)

马汉台西坎沿遗址 马汉台西坎沿遗址位于海南藏族自治州共和县铁盖乡铁盖村北,属青铜时代遗址。面积约1.2万平方米,文化堆积层厚0.5~1.0米。地面散布卡约文化夹砂红陶双耳罐、四耳罐、壶、瓮、夹砂灰陶双耳罐等残片,以及打制石片、刮削器、动物骨骼等。1986年被列为第四批省级重点文物保护单位。(SSJ)

马克堂遗址 马克堂遗址位于黄南藏族自治州尖扎县马克堂镇马克堂村,属新石器时代—青铜时代遗址。面积约2400平方米,文化堆积层厚约0.3米,地面散布齐家文化泥质红陶双大耳罐、折肩篮纹壶、夹砂红陶双耳罐、盆和卡约文化夹砂红陶罐、壶、瓮等残片。1986年被列为第四批省级重点文物保护单位。(SSJ)

南海殿遗址 南海殿遗址又名"西家嘴遗址",位于海南藏族自治州贵德县河阴镇西家嘴村。面积6万平方米,文化堆积层厚约0.5米。地面散布有陶片,断崖处暴露有灰层,灰层内夹杂有较多的杂骨、陶片及鹅卵石。陶片有夹砂双耳罐、四耳罐、瓮、鬲等残片,属卡约文化上孙类型与大华中庄类型。遗址中心有清代南海殿废址。1986年被列为第四批省级重点文物保护单位。(SSJ)

祁家庄遗址 祁家庄遗址位于互助土族自治县南门峡乡祁家庄村,属青铜时代遗址。面积约1600平方米,文化堆积层厚0.5~1.5

米。暴露灰坑。地表散布卡约文化夹砂红陶瓮、双耳罐、无耳罐等残片及盘状器、动物骨骼。1986年被列为第四批省级重点文物保护单位。（SSJ）

群科加拉古城西遗址 群科加拉古城西遗址位于海南藏族自治州共和县倒淌河乡群科加拉村，属卡约文化遗存。面积约3500平方米，文化堆积层厚约0.5米。地面暴露有卡约文化夹砂红陶双耳罐、单耳罐、壶、瓮、夹砂灰陶罐等残片和牛、羊等动物骨骼等。1986年被列为第四批省级重点文物保护单位。（SSJ）

双二东坪遗址 双二东坪遗址位于乐都县洪水乡双二村，属新石器时代—青铜时代遗址。面积约15万平方米，文化堆积层厚1.8米。南部为遗址区，北部为墓地，暴露有灰坑、沟。地面散布陶片、打制石核、石片、盘状器、砍砸器、砸骨器等。陶片有泥质红陶、夹砂红陶，部分陶片饰有绳纹、波折纹、旋涡纹、双勾羊角纹、太阳纹、鹿纹、三角纹、宽带纹等，器型有瓮、壶、罐、盆、杯、碗、盘等。1986年被列为第四批省级重点文物保护单位。（SSJ）

寺台遗址 寺台遗址位于平安县巴藏沟乡寺台村，属新石器时代—青铜时代遗址。面积约8000平方米，文化堆积层厚度不详。地面散布齐家文化混质红陶高领双耳罐、双耳罐、夹砂红陶绳纹壶等残片。1986年被列为第四批省级重点文物保护单位。（SSJ）

塔格尕当遗址 塔格尕当遗址位于海南藏族自治州贵南县茫拉乡格达麻村南，属卡约文化遗存。面积约1.6万平方米，文化堆积层厚度不详。地面散布卡约文化夹砂红陶壶、罐等残片。1986年被列为第四批省级重点文物保护单位。（SSJ）

塔干遗址 塔干遗址位于湟中县拦隆口乡铁家营村，属卡约文化类型遗存。遗址东西约15万平方米。文化堆积层厚0.4～1.2米，地面散布有陶片、杂骨，断崖处暴露有多处灰层、灰坑等，灰层、灰坑内夹杂有较多的碎石、杂骨、陶片及零星的石器等遗物。陶片都是卡约文化卡约类型的长颈双耳罐、四耳罐、壶、鬲、瓮残片，石器有石斧、石杵及细石器等。1986年被列为第四批省级重点文物保护单位。（SSJ）

唐加里遗址 唐加里遗址位于海南藏族自治州贵德县罗汉堂乡尼那村四社东北，属青铜时代遗址。面积约4500平方米，文化堆积层厚0.3～0.6米。地面散布卡约文化夹砂红陶瓮、壶、双耳罐，夹砂灰陶双耳罐等残片。1986年被列为第四批省级重点文物保护单位。（SSJ）

团结遗址 团结遗址位于化隆回族自治县群科镇团结村，属青铜时代遗址。面积约3.6万平方米，文化堆积层厚0.5米，曾挖出卡约文化竖穴土坑墓葬。地面散布马家窑类型夹砂绳纹大口罐，卡约文化夹砂红陶罐、瓮和夹砂灰陶罐等残片。1986年被列为第四批省级重点文物保护单位。（SSJ）

下石城遗址 下石城遗址位于湟中县多巴镇银疙瘩村，是一处较大的卡约文化遗址。面积6万平方米。整个遗址经多年平整土地平整为农田,但文化堆积层保存基本完好。遗址地面到处散布有碎陶片及碎骨,河岸断崖及农田楞坎处暴露有灰层、灰坑。文化堆积层厚0.5~2米。采集标本有长颈双耳灰陶罐、石斧等。1986年被列为第四批省级重点文物保护单位。(SSJ)

新麻遗址 新麻遗址位于黄南藏族自治州同仁县保安乡新城村西北,属青铜时代遗址。面积约8000平方米,文化堆积层厚0.2米,地表散布卡约文化夹砂红陶壶、双耳罐、大口瓮、三足鬲等残片及盘状器、动物骨骼等。1986年被列为第四批省级重点文物保护单位。(SSJ)

夏塘台遗址 夏塘台遗址位于海北藏族自治州祁连县扎麻什乡夏唐台村,属青铜时代遗址。面积1.4万平方米,文化堆积层厚度不详,地面散布卡约文化夹砂红陶罐、单耳罐、无耳罐、壶、大口瓮等残片。1986年被列为第四批省级重点文物保护单位。(SSJ)

西台遗址 西台遗址位于海南藏族自治州共和县恰卜恰镇西台村。面积约5000平方米,文化堆积层厚约0.5厘米。地面散布有较多的陶片、杂骨。所见陶片有马家窑文化马家窑类型的泥质红陶,上面绘有圆点纹、弧线三角纹等彩陶盆、壶,卡约文化的夹砂陶瓮、罐等残片。1986年被列为第四批省级重点文物保护单位。(SSJ)

崖头沿遗址 崖头沿遗址位于海南藏族自治州贵德县河东乡罗家四社。面积约1600平方米,文化堆积层厚度不详。地面散布卡约文化夹砂红陶罐、瓮等残片。1986年被列为第四批省级重点文物保护单位。(SSJ)

朱乃亥台遗址 朱乃亥台遗址位于海南藏族自治州共和县沙珠乡下卡里岗村朱乃亥台地西,属卡约文化遗存。朱乃亥系沙珠玉河北岸台地,台地较为平坦。遗址面积2万平方米,文化堆积层厚度不详。地面散布有较多的杂骨、陶片。从陶片可看出器型的有夹砂陶壶、瓮、罐、鬲等,遗址所在地为荒地,保存较好。1986年被列为第四批省级重点文物保护单位。(SSJ)

靳家台遗址 靳家台遗址位于互助土族自治县五峰乡下马圈村,属青铜时代的卡约文化遗存。面积约5万平方米,文化堆积层厚0.3~1.5米。暴露灰坑,地表散布卡约文化夹砂红陶罐、瓮等残片。1986年被列为第四批省级重点文物保护单位。(SSJ)

北向阳古城 北向阳古城位于海北藏族自治州刚察县吉尔孟乡向阳村,系王莽所置西海郡辖县之一,原名无考。城东西长460米,南北宽300米;城墙夯土筑,残高2~5米,基宽约13米,顶宽5米;门南向,现宽15米;城内有南北中轴大道,西部有房址;采集有卡约文化夹砂红陶片和汉代泥质灰陶绳纹陶片,当地群众还发现过汉代五铢钱等。1986年被列为第四批省级重点文物保护单位。(SSJ)

破塌城 破塌城位于湟中县多巴镇。正方形,有东、南、西三座城门,现残存西城墙两段,城内西北角暴露有较厚的灰层。1986年调查时采集有完整的板瓦、长条砖、铜灯、五铢钱等遗物。该城是始建于汉宣帝

神爵二年（公元前60）的临羌县。1986年被列为第四批省级重点文物保护单位。(SSJ)

冬次多古城 冬次多古城位于海南藏族自治州贵南县塔秀乡马哈村，属唐代城址。平面呈长方形，面积4.4万平方米。城墙已坍塌成土垄，残高2.5米，基宽4米，东、西各开一城门，门宽8米。城内散布有泥质灰陶的陶罐、瓮类残片及筒瓦等遗物。1986年被列为第四批省级重点文物保护单位。(SSJ)

大小方台 大小方台又名"石堡城"，位于湟源县日月山乡青藏公路77千米药水河东北岸的山上。此地三面是悬崖峭壁，一面是陡峭的山峰。大方台在山峰东南，小方台在山峰西北，略低于大方台，地面有少量瓦片。大方台上有六间正方形房屋。地面散布砖瓦碎块和火烧灰烬。两台之间有相连的狭窄山冈相通。出土有开元通宝及唐代砖瓦，是一处重要的唐代军事设施。1986年被列为第四批省级重点文物保护单位。(SSJ)

金巴台古城 金巴台古城位于海北藏族自治州门源回族自治县北山乡金巴台村。平面呈长方形，南北长230米，东西宽200米，城墙夯土筑，残高1.5～2米，基宽约10米，顶宽2～4米，夯土层厚0.1米，城内西部有一座南北长约40米、东西宽约30米、高约1米的方形台基。根据《通典》（卷一七二）、《西宁府新志》（卷七）考证，应为汉护羌校尉治所，吐蕃"新城"、唐代"威戎军"古城。1986年被列为第四批省级重点文物保护单位。(SSJ)

塌城 塌城位于化隆回族自治县德加乡白土村。城址依地形而建，可见断续的残墙遗迹。平面略呈椭圆形，周长384米。城墙夯筑，现被严重破坏，残高1.3米，基宽1.8米，夯土层厚0.12米。根据城址建筑情况，应为清代晚期社会变乱时所建的防卫建筑。1986年被列为第四批省级重点文物保护单位。(SSJ)

丹阳古城 丹阳古城又称"黑堡子"城，位于民和回族土族自治县中川乡辛家村。平面呈长方形，东西长365米，南北宽250米。城墙夯筑，基宽7米，顶宽2～4米，夯土层厚0.1～0.12米。南、北两墙中部各开一门，与一中轴大道相连。门外有瓮城，城周共设20个马面。城墙外10米处筑护城壕，宽20米，深2～3米。城内暴露大量建筑用砖、瓦及陶片等。据清乾隆《甘肃通志》（卷二十三）、《西宁府新志》（卷七），清康熙《碾伯所志》（卷四）考证，疑为宋"来宾城"。1986年被列为第四批省级重点文物保护单位。(SSJ)

十八千米处古三角城 十八千米处古三角城位于海北藏族自治州祁连县俄博村西。平面呈长方形，东西长210米，南北宽120米。城墙夯土筑，残高5米，夯土层厚0.12米；四周有马面，南向门，有瓮城，瓮城门向西。城内北、西、南部正中及东北部有石砌房屋基址，墙宽0.5～1米，高0.12米。1986年被列为第四批省级重点文物保护单位。(SSJ)

乐都县黑古城 乐都县黑古城位于乐都县马营乡古城村。城随地形而筑，南低北高。

平面呈长方形，东西长410米，南北宽170米。南、北二墙各有马面一个，长5米，宽8米，城墙夯土筑，东、西各设一门。城内散布青砖、莲花瓦当、宋代瓷器残片等。疑为筑于宋崇宁二年（1103）的德固砦。1986年被列为第四批省级重点文物保护单位。(SSJ)

藏盖古城 藏盖古城位于黄河南岸贵德县新街乡原藏盖村。古城建于南山根一个三角形台地上，呈不规则形，城内出土文物有筒瓦、板瓦、陶纺轮、四耳罐等陶器残片及打制石器等。1987年海南藏族自治州群艺馆调查后定为唐代完秀城，从古籍记载看，疑为汉代建威城。1986年被列为第四批省级重点文物保护单位。(SSJ)

白城子 白城子又名"察汗故城"，位于海南藏族自治州共和县倒淌乡黄科一社。古城夯土筑成，南北长约410米，东西宽约300米，东西各开一门。西门前有一宽约3米、高6米的遮墙，城内残留有石板垒砌的房基。房基分别在东西大道两侧。城内散布有大量的砖、瓦等建筑构件。据《西宁府续志》记载，清道光三年（1823）建，设兵驻守，咸丰元年（1851）废。此城既是设兵驻守之地，也是清代祭海的场所，海神庙在其西北。1986年被列为第四批省级重点文物保护单位。(SSJ)

湟中县黑古城 湟中县黑古城位于湟中县上新庄乡加牙滩中部。始建于乾隆四年（1739）四月十五日，竣工于乾隆五年（1740）九月二十六日。该城呈正方形，边长199米，女墙已毁，部分城垣有所破坏，北门原有门楼已拆除，南门有瓮城，但已看不出门向。城内保留有南门至北门的中轴大道。1986年被列为第四批省级重点文物保护单位。(SSJ)

切吉古城 切吉古城位于海南藏族自治州兴海县河卡乡红旗村，属唐代古城。平面呈长方形，南北长约427米，东西宽232米。城墙夯土筑成，残高5米，基宽3米，夯土层厚0.1～0.14米。开东、西二门，门宽12米。地面散布有灰砖、瓦片等遗物。1986年被列为第四批省级重点文物保护单位。(SSJ)

铁城山古城 铁城山古城位于黄南藏族自治州同仁县保安乡保安村南，疑为明初保安堡旧城。古城依山势而建，东高西低，平面呈不规则形，周长825米；城墙夯土筑，夯层厚0.13米，残高5～7米，基宽约5米，西向门；除利用自然鸿沟、崖壁外，尚见护城壕遗迹；城内建筑遗迹依稀可辨；散布有残灰砖、筒瓦片等残片。1986年被列为第四批省级重点文物保护单位。(SSJ)

正东巴古城 正东巴古城位于海南藏族自治州共和县东巴乡东巴村。平面呈长方形，南北长约310米，东西宽约160米。城墙夯土筑成，残高15米，夯土层厚约0.08米。开东、西二门，门宽5米。城内布局不清，未见遗物。1986年被列为第四批省级重点文物保护单位。(SSJ)

支东加拉古城 支东加拉古城位于海南藏族自治州兴海县河卡乡宁曲村。古城平面呈长方形，东西长510米，南北宽250米。夯土筑成，西面开门。城内部分地区已为农田，原有布局不清。采集有五铢钱、泥质灰陶绳纹罐等，推测该城可能为汉代西海郡所属五县之一，此城除部分坍塌及平整土地略有损坏外，保存基本完好。1986年被列为第四批省级重点文物保护单位。（SSJ）

罗哇村场后台遗址 罗哇村场后台遗址位于黄南藏族自治州尖扎县加让乡，属新石器时代遗址。面积约2.5万平方米，文化堆积层厚0.3～1.5米。断崖暴露有灰坑、灰沟及白灰居住面等遗迹。地面散布马家窑类型条带纹、圆点纹、波形纹彩陶壶、罐、钵、盆、泥质灰陶盆、夹砂红陶等残片和石斧、盘状器、陶纺轮。1988年被列为第五批省级重点文物保护单位。（SSJ）

共和县黑古城 共和县黑古城位于海南藏族自治州共和县倒淌河乡蒙古村东南。平面呈长方形，东西长150米，南北宽125米。城墙夯土筑，残高1.5米，基宽约4米，顶宽2.5米，夯土层厚0.1米；四角有马面，东、西各开一门，门宽3米；东门南侧、西门北侧各有一条上墙马道；地面散布有零星灰陶罐残片。1988年被列为第五批省级重点文物保护单位。（SSJ）

尕海古城 尕海古城位于海北藏族自治州海晏县甘子河乡尕海村北，系王莽所置西海郡环湖五县城之一。平面呈正方形，南北长436米，东西宽435米。城墙夯土筑，残高4.8米，基宽8米，顶宽5米，夯土层厚0.6米。四面开门，门宽约7米。城内南高北低，东北部为一平坦的广场，西南部较高，是原来的房屋基址。城内散布灰陶绳纹罐陶片，采集到五铢钱和残铜镜等。1988年被列为第五批省级重点文物保护单位。（SSJ）

龙曲古城 龙曲古城位于海南藏族自治州兴海县唐乃亥乡沙那村。平面呈正方形，边长135米。城墙夯土筑，残高1米，基宽5米。东向开门，门宽12米。城外东北角有一圆形夯土台基，直径5米，高2米。城内地面散布碎铜片、泥质灰陶罐残片。1988年被列为第五批省级重点文物保护单位。（SSJ）

夏塘古城 夏塘古城位于海南藏族自治州兴海县桑当乡夏塘村。平面呈长方形，南北长170米，东西宽160米。城墙夯土筑，残高3米，基宽4米。东向开一门，门宽15米。城内西南角有一圆形夯土台基，直径3.8米，高2米。地面散布泥质灰陶罐、灰瓦等残片。1988年被列为第五批省级重点文物保护单位。（SSJ）

应龙城 应龙城位于海南藏族自治州共和县青海湖中心山上。据《册府元龟》（卷三九八）记载，唐天宝六年（747）哥舒翰将神策军移于龙驹岛（传吐谷浑于此岛放牧得龙驹故名），筑应龙城，次年被吐蕃攻破。平面呈梯形，南北长210米，东西宽65～137米。城墙夯土筑，残高3～5米，基宽8米，夯土层厚0.1～0.12米。开南门，四角有马面，城内被后代寺院建筑所破坏，布局不清。地面散布泥质灰陶罐、瓮等残片。1988年被列为第五批省级重点文物保护单位。（SSJ）

莫草得哇遗址 莫草得哇遗址位于果洛藏族自治州玛多县花石峡乡五村。面积约2000平方米，地面暴露房屋遗址、墓葬封土堆、壕沟等。房屋仅暴露部分残墙，面积不详。有4座封土堆，壕沟在东南部。地面散布泥质灰陶片。1988年被列为第五批省级重点文物保护单位。（SSJ）

伏俟城 伏俟城位于海南藏族自治州共和县石乃亥乡铁卜加村。分内外两城，内城东西长200米，南北宽200米。城墙夯土筑，保存完好，高12米，基宽17米。只开东门，门宽10米，门外有一折角遮墙；城内自城门向西有一条中轴大道，大道两旁各有长50米、宽30米三个相连的房屋基址遗迹，最西端有一东西70米、南北68米的小方院遗迹，在小院与南部房屋基址之间有一直径约15米、高9米的夯土台，土台上有建筑痕迹；城内散布有少量的瓦片和陶片。外城南北长1400米，东西残长700米，系用砾砂泥土堆积而成，现已坍塌，只留遗迹；外城中部稍偏东又筑一墙，将外城分隔成东、西两部，西部较东部大近一倍，古城居西部中心。史籍载，吐谷浑"夸吕立，始自号为可汗，居伏俟城，在青海十五里"，从地理方位、距离看，与古城遗址是相吻合的。1988年被列为第五批省级重点文物保护单位。（SSJ）

克图古城 克图古城位于海北藏族自治州门源回族自治县克图乡克图村东。平面略呈梯形，东西长约460米，南北宽约230米。城墙夯筑，残高11米，基宽12米，顶宽3米，夯土层厚0.06～0.11米。北向门，有瓮城。城内地表暴露瓦片、陶片等，采集一枚"天禧通宝"钱币。1988年被列为第五批省级重点文物保护单位。（SSJ）

科哇古城 科哇古城位于循化撒拉族自治县白庄乡斜昌沟河与起台河交汇处。古城南宽北窄，呈不规则的长方形，周长1万余米，东墙与北墙沿两河河岸修筑；东西开门，东门位于古城东北角，西门位置在西城墙偏北，东、西两门间有直通大道；城墙夯土筑，东城墙部分坍塌，其他保存良好，高约10米，基宽6米。城内大道北为居民区，大道南部有零散的房屋遗迹，大部分为空地，20世纪60年代城内辟为农田，当时曾发现刻有"大唐××年"的石门栏。据《元和郡县志》考证，此城为唐米川旧县城，贞观五年（631）置，贞观十年（636）废，永徽六年（655）隶廓州，县治移至黄河北岸今化隆甘都境内。1988年被列为第五批省级重点文物保护单位。（SSJ）

文都古城 文都古城位于循化撒拉族自治县文都藏族乡文都河西岸，分内、外两城。外城呈长方形，南北长480米，东西宽350米。夯土筑，高约13米，基宽11米；东西各一门，东门偏北，西北紧贴内城南墙。内城在外城西北角，北、西墙与外城墙连为一体，平面呈不规则四边形，东墙长248米，南墙长162米，北墙长207米，西墙长185米，南墙正中开门附瓮城；城内地面散布砖瓦及绿色琉璃碎片和石柱础。此城史无记载，从遗物观察，上限为唐宋，下限达元明，疑其是北周绥远郡或下属县之一，或是元明时期的积石州城。1988年被列为第五批省级重点文物保护单位。（SSJ）

边墙 边墙位于西宁市大通回族土族自

治县桥头镇,系明王朝为抵御蒙古人骚扰掠夺而修建的总长达150千米(不连续)边墙的一段。西起娘娘山跟,利用山势蜿蜒向东而下,从上、下庙,过小石山,又从老爷山跟向东沿山岭而去。在和小石山相连处有一个2.8米见方的烽火台,全长约1万米,基宽约1.4米,高约2.3米。1988年被列为第五批省级重点文物保护单位。(SSJ)

尕让古城 尕让古城位于海南藏族自治州贵德县尕让乡查曲昂村,属宋代遗址。平面呈长方形,南北长220米,东西宽102米。城墙夯土筑,基宽10米,高7米,夯土层厚0.09~0.12米。东、西两墙各有4个马面,南、北有3个,东、西两墙破坏严重,门向不详。1988年被列为第五批省级重点文物保护单位。(SSJ)

南滩古城 南滩古城位于西宁市城中区。据《青唐录》及清乾隆《甘肃通志》(卷二十三)等史籍记载,原为唃厮啰政权都城,宋、金、西夏、元代西宁州城。现存东西长约400米南城墙,墙高7米,宽8米,夯土筑。从调查材料看,这处城墙北(城内)及墙体中有较多的汉代和明清时期的墓葬。1988年被列为第五批省级重点文物保护单位。(SSJ)

瓦家古城 瓦家古城位于海南藏族自治州贵德县河西乡瓦家村。平面呈长方形,东西长99米,南北宽60米。城墙夯土筑,残高7米,基宽3米。开东门,门宽4.5米。1988年被列为第五批省级重点文物保护单位。(SSJ)

鸿化寺古城 鸿化寺古城位于民和回族土族自治县转导乡寺滩村东。传说明洪武年间,宗喀巴弟子释迦也失去北京,被封为"大慈法王""西天佛子大国师",二次去京途中,在转导地区主持修建"丹曲塔尔林"。宣德十年(1435)去世,遗体运至此地修灵塔供奉,正统六年(1441)奉敕建寺,赐名"鸿化"。寺院原有建筑已毁,现存护城墙,平面呈长方形,东西长250米,南北宽200米;城墙夯土筑,高10米,基宽8米,顶宽3米,夯土层厚0.15~0.2米;南墙有一券顶砖门,高4米,宽5米;有瓮城,平面呈正方形,边长18米,夯土筑。1983年后重建经堂、囊谦等。1988年被列为第五批省级重点文物保护单位。(SSJ)

斗后宗古城 斗后宗古城位于海南藏族自治州同德县巴水乡。依地形而建,平面呈不规则形,周长791米,城墙夯土筑,开南门,门宽5米;城内有圆形土台一个,直径6米,高1.5米,城外除利用自然峭壁外,并有护城壕沟;城东南角有一处断崖,断崖上暴露有厚约0.4米的灰层,内含泥质灰陶片、夹砂红陶片、铁块、瓦片及兽骨等遗物。1988年被列为第五批省级重点文物保护单位。(SSJ)

班家湾遗址 班家湾遗址位于互助土族自治县威远镇班家湾村,属青铜时代遗址。面积约6000平方米,文化堆积层厚0.6米。地表散布唐汪式夹砂红陶罐、涡纹彩陶壶等残片。1998年被列为第六批省级重点文物保护单位。(SSJ)

龙山遗址 龙山遗址位于湟源县中乡卡路村，属青铜时代遗址。面积约8000平方米，文化堆积层厚约1米。暴露有灰坑。地面散见齐家文化泥质红陶壶、折肩篮纹壶、双耳罐、夹砂红陶双耳罐等残片，卡约文化夹砂红陶罐、壶、大口瓮残片，并有动物骨骼。采集到卡约文化石杵、骨铲。1998年被列为第六批省级重点文物保护单位。(SSJ)

善马沟遗址 善马沟遗址位于互助土族自治县台子乡善马沟村，属青铜时代遗址。面积约3000平方米，文化堆积层厚度不详。地表散布卡约文化夹砂红陶双耳罐、壶等残片，还有南北朝时期泥质灰陶罐残片。1998年被列为第六批省级重点文物保护单位。(SSJ)

南古城 南古城也称"临羌县故城"，位于湟源县城关镇尕庄。平面呈长方形，东西长250米，南北宽245米。城墙夯筑，基宽约15米。现存墙高约15米，二次重建加高痕迹明显，清罗卜藏丹津之乱时曾经补修此城。南、北各开一门。据《水经注》及其他资料考证，为汉武帝时设置的临羌县故城址。1998年被列为第六批省级重点文物保护单位。(SSJ)

北古城 北古城也称"绥戎故城"，位于湟源县城关镇。据《元和郡县志》等载，东晋时筑，曾设绥戎县。唐开元五年（717）郭知运置白水军。平面呈不规则形，北墙长150米，西墙长478米，东墙向外折出长412米，南墙长414米。城墙夯筑，现存高约7米，基宽约18米。东开一门。城外西北角山腰分布3座烽火台，城内出土唐代灰陶片、铁渣、"开元通宝"钱币等。1998年被列为第六批省级重点文物保护单位。(SSJ)

赤岭遗址 赤岭遗址位于湟源县日月乡兔尔干村。641年文成公主进藏路过此地，733年唐蕃在此划界立碑，是唐蕃文化交流的重要见证。1998年被列为第六批省级重点文物保护单位。(SSJ)

西纳寺遗址 西纳寺遗址位于湟中县拦隆口乡上寺村。相传早在元代初年就建有寺院，原为藏传佛教萨迦派（花教），清代改宗格鲁派（黄教）。明代寺主西纳喇嘛曾有"通慧静觉国师"等封号，赐银印，并大兴土木。1931年毁于兵燹，后重建，有经堂和西纳昂欠府邸各1座，僧舍一部分，后建筑再次被拆毁。现存护城墙，平面呈正方形，边长约120米，墙残高约8米，基宽约6米，夯筑层厚约0.1米。1998年被列为第六批省级重点文物保护单位。(SSJ)

科尔林昂索古堡 科尔林昂索古堡位于民和回族土族自治县硖门乡康杨村。堡内以小佛殿为主的古建筑群保存较完好。1998年被列为第六批省级重点文物保护单位。(SSJ)

西宁古城墙香水园段 西宁古城墙香水园段位于西宁市七一路。明洪武十九年（1386），为西宁卫治所。万历三年（1575）砌砖。清雍正三年（1725）改西宁府治。城原周长4500米，平面呈长方形，高约17米，基宽约10米，上设敌楼19座，角楼4座，开4门，现仅存约60米长的一段城墙。1998年被列为第六批省级重点文物保护单

位。(SSJ)

湟中边墙遗址 湟中边墙遗址位于湟中县李家山乡、四营乡、坡家乡、上新庄乡，是长城的组成部分。修建于明隆庆六年（1572）、清雍正十年（1732）、乾隆十年（1745）两次修缮。1998年被列为第六批省级重点文物保护单位。(SSJ)

永安城 永安城位于海北藏族自治州门源县城东北。平面呈不规则长方形，南北长438米，东西宽353米。城墙夯筑，残高7米，基宽6米，夯筑层厚0.08～0.15米。开东、西二门，均有瓮城。城内散布碎砖、碎瓦及泥质灰陶片。1998年被列为第六批省级重点文物保护单位。(SSJ)

小柴旦遗址 小柴旦遗址位于海西蒙古族藏族自治州。1984年6月在湖滨阶地砾石层中发现旧石器遗物100多件，主要有刮削器、雕刻器、钻具、砍砸器等，均为打制。测定这批石器的年代距今约3万年，属旧石器时代晚期人类活动遗物，也表明在晚更新世气候条件较为有利的时期，今天不宜人类生存的青藏高原同样有人类活动。是青海省境已知有地层根据的最早的人类活动遗址。2004年被列为第七批省级重点文物保护单位。(SSJ)

三岔口遗址 三岔口遗址位于格尔木市南约110千米的三岔河边，海拔约3700米，面积约1万平方米。1956年青藏铁路建设时期发现，2002年文物普查时再次确认。属细石器时期人类活动遗存，地面散布大量的细石叶、石核、石刀等。石器造型规整精致，石材选料考究，多用燧石和石英岩制成，具有很高的文物考古价值和审美价值。尤其是其铅笔头形石核和细石叶的制法与西藏发现的同类器物有惊人的相似之处，这说明早在1万年前，青海与西藏就是不可分割的整体，对促进民族团结具有十分重要的意义。2004年被列为第七批省级重点文物保护单位。(SSJ)

崖家坪遗址 崖家坪遗址位于民和回族土族自治县李二堡乡范家村头庄，属新石器时代遗址。面积约8000平方米，文化堆积层厚0.5～1.2米，断面暴露仰韶文化灰坑，地面散布仰韶文化弧边三角纹彩陶钵、夹砂红陶瓮、盆等残片，整个遗址保存较好。2004年被列为第七批省级重点文物保护单位。(SSJ)

胡李家遗址 胡李家遗址位于民和回族土族自治县中川乡光明行政村胡李家社，属新石器时代至青铜时代遗址。面积约8000平方米，文化堆积层厚0.5～1.1米。1981年试掘，揭露面积25平方米。1999年发掘500平方米，文化堆积层分三层，第一层为马家窑类型堆积，出土泥质彩陶钵、壶、泥质红陶盆、敛口钵等残片；第二层为石岭下类型堆积，出土泥质彩陶壶、盆、红陶钵、小口尖底瓶等残片；第三层为庙底沟类型堆积，出土泥质红陶小口尖底瓶、泥质彩盆、夹砂红陶罐、夹砂灰陶瓮、曲腹盆等残片和磨制石斧、石刀等。地面上还散布齐家文化泥质红陶双大耳罐、折肩篮纹壶等残片。2004年被列为第七批省级重点文物保护单位。(SSJ)

加木格尔滩古城址 加木格尔滩古城址位于天峻县快尔玛乡。城址东、西两面仅残存墙基，东西长约750米，南北宽约600米，基宽8～20米，高1.8～11米，夯筑，城门不详。2004年被列为第七批省级重点文物保护单位。（YH）

克才城址 克才城址地处海南藏族自治州共和县曲沟乡克才村南山顶。东、西、南三面临悬崖，唯北侧有一径可上，城内有一条南北向城墙，将全城分为两部分：前城东西110米，南北80米，后城东西120米，南北150米。前、后城均开北门，周长约300米，城墙夯土筑。全城平面呈葫芦形，东城正中有一直径22米的圆形夯土台，西城西侧有一座长5米、宽4米的夯土台。城址始建于唐朝，属建于卡约文化遗址上的古城遗址。2004年被列为第七批省级重点文物保护单位。（SSJ）

杨家古城遗址 杨家古城遗址位于大通县城关镇李家磨村所在地。北城墙长约260米，东城墙长约230米，南城墙长约100米，西城墙长约400米。城墙系人工夯筑，残高3米，马面长7米，宽4.5米，墙厚10米，夯土层厚0.07～0.12米，城门宽约6米。城东北角90米和西北角12米处各有夯土台，夯土直径约20米。此城建于何时无从考证，据1996年全县文物复查中发现了大量的琉璃瓦、陶片以及箭头等，据推测此城最早建于唐代。2004年被列为第七批省级重点文物保护单位。（SSJ）

苏家堡古城 苏家堡古城位于大通县景阳镇苏家堡村东南部。建于清同治年间，南北宽400米，东西长500米，高约10米，底宽7米，顶宽3.3米，门宽8米。夯土板筑，夯土层厚约0.14米，南、北两面各有马面5个，东、西两面各有马面4个，四角各有一个上宽5米、底宽9米、高10米的楼台。城内西南角和西北角各有一条长约20米的城墙路，两城门也各有一条。2004年被列为第七批省级重点文物保护单位。（SSJ）

班沙尔边墙 班沙尔边墙位于湟中县甘河滩镇上营村，是明代西宁卫长城（边墙）的一部分，建于明万历元年（1573）。边墙保存比较好的一段长约120米，墙基宽约4.5米，墙高4～5米，夯土层厚0.15～0.2米，并有马面1个；在附近百米之内，不仅有随墙古城（班沙尔关堡），还有整个明清时期西宁卫（府）长达260多米长城现仅存的一座闇（暗）门，闇门造型别致、门楼完整。班沙尔边墙集边墙、关堡、闇门、烽墩为一体，再现了当时西宁边防系统难得的景观，具有重要的历史文物价值。2008年被列为第八批省级重点文物保护单位。（SSJ）

哈拉库图古城 哈拉库图古城位于湟源县日月乡哈拉库图村，又名"阿拉库托城"。据清光绪《丹噶尔厅》（卷三）记载：乾隆四年（1739）起筑，乾隆五年竣工，设守备驻防，使该地区一度成为军事重镇和繁华的商贸城镇。古城保存基本完好，平面呈长方形，坐西朝东，南北长204米，东西宽185米。夯筑城墙，夯土层厚0.1～0.3米，高约5米，基宽4米。东、西、南三面各开一门。东、西门有瓮城，为长方形，边长14米。城内有建筑遗迹5处，还有灰层、灶坑、陶、瓷碎片，出土有开元、天禧、康熙铜钱。2008年被列为第八批省级重点文物保护单位。（SSJ）

鄂家遗址 鄂家遗址位于民和回族土族自治县中川乡美一村鄂家社，属新石器时代—青铜时代的中型聚落遗址。南北长450米，东西宽250米，面积11.25万平方米。文化堆积层厚0.3米左右，地面散布有马家窑类型平行条纹、弧线纹泥质彩陶壶、罐和卡约文化夹砂红陶罐，以及唐汪式旋涡纹夹砂彩陶罐等残片。遗址年代早、面积较大、内涵丰富、保存较好，对研究黄河上游史前文化系列、古代先民生活方式、经济结构、自然环境、社会形态、彩陶源流等有重要的价值。2008年被列为第八批省级重点文物保护单位。（SSJ）

鲍家遗址 鲍家遗址位于民和回族土族自治县官亭镇鲍家村，属新石器时代至汉代的中型聚落遗址。遗址面积约3万平方米，文化堆积层厚0.3～1米。除西南部台地外沿被自然冲刷破坏以外，其余保存较好，局部断崖暴露遗迹有灰层、灰坑，暴露遗物有马家窑类型、辛店文化、汉代陶片。陶片有夹砂红陶、泥质红陶、泥质灰陶等。纹饰有太阳形纹、双钩羊角形纹等彩陶图案和粗、细绳纹，器型主要有壶、罐等。2008年被列为第八批省级重点文物保护单位。（SSJ）

其后昂古城 其后昂古城位于化隆回族自治县沙连堡乡其后昂村，为北宋元符二年（1099）所设宁塞寨城。古城北面开一门，北墙无存（墙被拆后填于壕内，作为耕地），其余保存基本完好，平面呈长方形，东西长180米，南北宽166米。夯筑城墙，残高约13米，基宽10米，夯土层厚0.13～0.17米。北墙外有护城壕。城墙有马面，东、西、南三面各临深谷。东南角有通向城墙的夯筑踏道。城内散布有碎瓦片、泥质灰陶罐等残片。2008年被列为第八批省级重点文物保护单位。（SSJ）

北庄古城堡 北庄古城堡位于互助土族自治县五十镇北庄村。始建于明末清初，占地面积4477平方米，现存的古城堡是一座典型的具有土族特色的庄园。平面呈南窄北宽的不规则梯形，东城墙长72米，西城墙长69米，北城墙长78米，南城墙长49米，平均墙高7.8米，东北角墙高10米；基宽5.1米，顶宽2.5米；城墙为土夯，城东中部开设城门，高3米，宽2米；城北中央有建于民国时期的二层拉康（佛堂），坐北朝南，供有三宝佛；城堡中心是一块比较开阔的小广场，沿城墙内四周排列着大小不一的13户住户院落，大门都朝向广场。户户相接，院院相连，从一家的屋顶可以走到城堡内的任何一家。对外封闭、对内开放是城堡的建筑特点之一。2008年被列为第八批省级重点文物保护单位。（SSJ）

西王母寺、石室遗址 西王母寺、石室遗址位于海西蒙古族藏族自治州天峻县新源镇关角山。于20世纪50—80年代，由当地牧民放牧和铁道兵修建青藏铁路时发现，土红色、青黑、青蓝三种瓦砾，瓦上有汉文篆体的"长乐万亿""长乐未央"字样。离遗址200米处有一石室,俗称"二郎洞",为自然形成的山洞,其洞口朝西,中华人民共和国成立前,为藏传佛教(格鲁派)僧人诵经拜佛之地,也是当地牧民群众集会举行朝拜的圣地。此洞就是昆仑神话中的西王母石室,西王母寺建于洞下方,两者有直接关联。石室洞口两侧原有用长方体青石砌成的长10米、宽6米、高4米、周长为32米的长方形围墙。2008年被列为第八批省级重点文物保护单位。(SSJ)

纳赤台遗址 纳赤台遗址位于海西蒙古族藏族自治州格尔木市纳赤台西南,属旧石器时代遗址。遗址南高北低,面积约8000平方米,呈带状分布于格尔木河南岸的一级台地之上。地表散见细石叶、细石片、打制石器等遗物。2002年、2003年,青海省文物考古研究所和格尔木市博物馆联合对遗址进行了考古调查和局部发掘,出土及地表采集石片、石叶、石核、刮削器、尖状器等珍贵文物100余件,确认了此处是一处细石器加工场。反映了早期人类卓越的适应自然环境的能力和顽强的生命力,对研究柴达木地区早期人类活动和历史发展演变具有十分重要的价值和意义。2008年被列为第八批省级重点文物保护单位。(SSJ)

峨堡古城 峨堡古城又名"三角城",位于海北藏族自治州祁连县峨堡镇。古城依地势修建,北高南低,平面呈长方形,南北长300米,东西宽200米。城墙残高6米,底宽6米,顶宽3~5米,夯土板筑,夯土层厚0.10~0.12米。北墙正中向外凸出,上面原来可能建有城楼,城四角各有一座马面。城墙东、西、南三墙正中各开一门,门宽约11米。均有瓮城,瓮城长30米、宽25米,瓮城城门宽5米、长8米。《西宁府新志》载:"在卫治西北,永安城西140里。元时筑,今遗垣尚存。……可遥制赤金之来路,诚为联络四郡之要冲也。"《甘肃新通志》载:"三角城,在县西北,元时筑。黑水经其南,今废,垣尚存。"2008年被列为第八批省级重点文物保护单位。(SSJ)

八宝镇狼舌头古城址 八宝镇狼舌头古城址位于海北藏族自治州祁连县城西北,属汉、唐古城址。古城的城墙依地形建在陡坡及断崖顶部的边缘。平面略呈"V"型,位于黑河一侧的西山梁,城墙较高,长约1200米。位于八宝河一侧的东山梁较低,长约800米。梁上有用红石板垒成的城墙,西南高,东北低。城内有较多的建筑遗迹,在城墙的拐角和险要之处,都有小型的方形和长方形的房址,面积较小。在山坡和洼上,有一些成组的房址,有单间、套间,面积大小不等。建筑方法为地面平整后用红砂岩石板做地基和砌墙,房间进深一般为5~8米,面阔6~12米。城内除房址外,还有几处蓄水池的痕迹,分布于坡上的房屋旁和南部低沟旁台地上。2008年被列为第八批省级重点文物保护单位。(SSJ)

浩门大通城 浩门大通城位于海北藏族自治州门源县浩门镇。始建于清雍正三年(1725),为大通卫卫署所在地。据《西宁府新志》《甘肃新通志》等文献记载,城周长3260米、高7.0米,墙基宽8.1米,顶宽4.5米,设有城门、角楼、月城各4座,炮台16座。目前保存西北段残墙,长364米,高7米,基宽8.1米,顶宽0.3~4.5米,夯土板筑,下端夯土层厚0.03~0.06米,上端夯土层厚0.06~0.15米。此城作为卫城,是扼守青海通往甘肃的战略要地,对研究清代城市发展、军事防御、经济往来、民族融合等具有重要的作用。2008年被列为第八批省级重点文物保护单位。(SSJ)

黑古城三古城 黑古城三古城位于海北藏族自治州门源县城西。始建于清代,古城由西、中、东三城组成。西城由于人为和自然原因损毁严重,仅存东、北两侧城墙,此城平面略呈正方形,设东门一处,北墙东西长90米,高6米,墙基厚1.5米。夯土板筑而成,夯土层厚0.07~0.1米。中城保存较为完整,城内现为农场办公室,此城平面略呈长方形,设南门,城墙东西长114.5米,南北宽82米。城墙夯土板筑,夯土层厚0.1厘米,城墙高5.1米,墙基厚4米,顶宽1~2米,设4个马面,马面呈长方形,宽7米。东城现为农场油库,平面略呈长方形,东西长83米,南北宽48米,城墙高6米,基宽3.7米,顶宽1.5米,夯土板筑,夯土层厚0.07~0.1米。此城保存状况良好,对研究清代城市发展、军事防御、经济往来、民族融合等具有一定的作用。2008年被列为第八批省级重点文物保护单位。(SSJ)

拉乙亥遗址 拉乙亥遗址位于海南藏族自治州贵南县拉乙亥乡,属中石器时代古遗址。1980年调查发现了6个地点的遗址群,总面积达数十万平方米。在随后的试掘中,揭露面积1300平方米,文化堆积层厚3米左右,发现椭圆形或不规则形灶坑50余座,出土各类石核、刮削器、尖状器、雕刻器、研磨器、石叶、石片、砥石及骨锥、骨针等遗物3000余件。另有环颈雉、鼠兔、沙鼠、喜马拉雅旱獭、狐、羊等动物骨骼。2008年被列为第八批省级重点文物保护单位。(SSJ)

嘎白塔及古渡口 嘎白塔及古渡口位于玉树藏族自治州称多县拉布乡兰达村。始建于唐代,占地面积约1000平方米,除塔外,还有3块大小不等的长方形石碑,刻有《塔志》;有约330平方米的石板线刻着色神像,其雕刻精美、线条流畅;为土石木混合结构,高10.64米,底宽900米,五层叠垒,无腹体,属早期"秃塔"类型。塔下江边为古渡口,因古代渡江工具简陋,主要以传统牛皮筏为主,所以两岸无其他文化遗存,嘎白塔为渡口的主要标志。嘎白塔及古渡口遗址是"唐蕃古道"重要标志和见证,是藏式佛塔建筑的精品,具有十分重要的研究价值。2008年被列为第八批省级重点文物保护单位。(SSJ)

吾扎部落遗址 吾扎部落遗址位于玉树藏族自治州班玛县亚尔堂乡吾扎村,明末清初乃合台头人所属部落居住、生活遗址。呈不规则长方形,南北长356米,东西宽265米,面积约9万平方米。遗址内现存有乃合台头人住所、习武台遗址,台基保存基本完整,石砌墙体亦有断墙残垣;山顶保存有较完整的石砌烽火台,山腰有部落族人祭祀和举行佛事活动的洞窟及场所,并有部分藏经阁、佛堂等建筑遗存。2008年被列为第八批省级重点文物保护单位。(SSJ)

宦觉寺旧址及白扎寺 宦觉寺旧址及白扎寺位于果洛藏族自治州班玛县江日堂乡阿什羌村中央。始建于明景泰年间(1450),称为"江日堂闪光铁山寺",为藏传佛教宁玛派古寺,1749年毁于战火,清乾隆年间(1760)执麦香炯贡巴在昌尼哈地区重建,改名江日宦觉寺,1936年又重建,改名"夏莫巴白扎多卡寺",简称"白扎寺"。目前寺院占地面积约3.333万平方米,寺中央为闪光铁山,并有原宦觉寺大量建筑遗存。分上寺和下寺两部分,上寺位于闪光铁山山顶,下寺坐落山周围,现存建筑主要有经堂2座、讲经院、禅修院、石塔130多座、嘛呢石墙、昂庆曲麦头人战杜日碉楼、转经堂5院、僧舍73间,闪光铁山山顶建有占地112平方米高4层的大塔1座。此外,寺院保存有大量的藏传佛教珍贵文物。2008年被列为第八批省级重点文物保护单位。(SSJ)

保安古城 保安古城位于黄南藏族自治州同仁县保安镇。据《循化志》《西宁府新志》等文献记载,明万历二年(1574)重新扩建保安城。清雍正以后增设营制、设都司衙门,修建兵营400余间,成为明清时期控制隆务河流域各部落的一个政治、军事和文化中心。古城平面呈长方形,城墙为夯土板筑,夯土层厚约13厘米,东西长717米,南北宽378米,周长2125米,高8米,基宽6.4米,顶宽3.2米,有东、西两座城门,东门设瓮城。城内现存比较完好的古建筑有汉式结构的城隍庙、关帝庙、二郎庙、清朝设置的保安营都司衙门遗存、军营营房四排50多间、烽火台、典型的四合院民居建筑等。2008年被列为第八批省级重点文物保护单位。(SSJ)

郭麻日古寨 郭麻日古寨位于黄南藏族自治州同仁县年都乎乡郭麻日村。明洪武八年(1375)设贵德守御千户所,由河州卫的7个千户所中抽出200人守备,明永乐九年(1411)调中左所至贵德,贵德下设10屯,郭麻日为其一,其寨就是这一时期的产物。现存寨墙为夯土板筑,平面呈长方形,东西长约220米,南北宽约180米。开东、西、南三座城门,东门为正门,墙基宽4米,高10米。每一处寨门顶上设嘛呢经轮。寨内现存建筑有张飞庙、二郎庙、民居等。寨内至今民宅遍布,古朴典雅,巷道狭窄深远,地方特色明显。2008年被列为第八批省级重点文物保护单位。(SSJ)

尕队遗址 尕队遗址位于黄南藏族自治州同仁县保安镇尕队村,地表散布有大量的彩陶和泥质红陶、夹砂红陶,纹样有旋涡横条纹、粗绳纹等,器型有钵、罐、瓶等。东南角和北边有暴露的文化层40~50厘米。周围的断崖上有环壕遗迹。遗址应属新石器时代马家窑类型、卡约类型。2013年被列为为第九批省级重点文物保护单位。(MDM)

莫哈特遗址 莫哈特遗址位于乌兰县茶卡镇塔拉村,东西宽500米,南北长900

米,面积约4.5万平方米。遗址地势高低不平,被沙石淤泥覆盖,雨水冲刷处有厚度为0.1~0.5米的文化堆积层,地面暴露出砂质线纹红陶小口瓶残片、砂质红陶钵口陶片、夹砂灰陶弦纹花边口罐陶片、夹砂灰陶绳纹附加堆纹罐口等,其特点是时代早、数量多、种类杂,具有研究价值。2013年被列为第九批省级重点文物保护单位。(YH)

金泉城址 金泉城址位于天峻县快尔玛乡天峻至木里公路以南。城址平面呈圆形,仅残存墙基,大部分在快尔玛乡三社的秋季草场,只有东面一小部分在四社的草场,中间自北向南用一道网围栏相隔,古城直径100米,残墙基底宽3米,上宽1~1.5米,残高0.3~1米,面积约1万平方米。城门1座,面向西,门宽10米,地表略有起伏,现被牧草覆盖,散布有少量粗绳纹板瓦、青砖残片。城内外无文化堆积层暴露。2013年被列为第九批省级重点文物保护单位。(YH)

科日遗址 科日遗址位于海西蒙古族藏族自治州都兰县巴隆乡科日村,为青铜时代的遗址。面积7000平方米,文化堆积层厚1~2米,暴露有灰坑。地表散布诺木洪文化夹砂褐陶罐、瓮等残片以及石磨盘和兽骨等。2013年被列为第九批省级重点文物保护单位。(PLJ)

夏尔雅马可布遗址 位于都兰县巴隆乡河东村,属诺木洪文化遗址。南北长200米,东西宽50米,平面呈南北狭长的椭圆形,面积为1.2万平方米。遗址发现有用鹅卵石堆砌的宽1米、高0.5米石墙,遗址上有文化堆积层分布,文化层厚0.6~0.9米,地表采集有夹砂红陶、灰陶等残片、石器及兽骨等,可辨器型有罐、盆及石斧等。2013年被列为第九批省级重点文物保护单位。(YH)

拉德六社遗址 拉德六社遗址位于海南藏族自治州贵德县常牧镇拉德村六社,为青铜时代的遗址。面积1.5万平方米,文化堆积层厚0.5米左右。暴露袋状灰坑。地面散布卡约文化夹砂灰陶罐、红陶罐、壶、瓮等残片。2013年被列为第九批省级重点文物保护单位。(PLJ)

海日纳遗址 海日纳遗址位于刚察县泉吉乡年乃索麻村,属于卡约文化。2013年被列为第九批省级重点文物保护单位。(SSJ)

羊胭沟口城址 羊胭沟口城址原名扁都口城址,位于甘、青两省交界处,南通青海省祁连县峨堡镇,北达甘肃省民乐县炒面庄,峡谷长28000米,咽喉处仅宽10余米,自古为甘肃河西走廊通青海湟中的捷道。羊胭沟口作为险关要隘,不仅是古代军事防御要津,而且对发展农牧业生产、方便贸易往来,地理位置十分重要,历代遗留下来的人文古迹遍布祁连、焉支二山。现存古城坐北朝南,平面呈凹形,由外城、内城、宫城组成。外城南北长590米,东西宽473米,面积27.9万平方米。内城南北长287米,东西宽283米,城垣呈突脊状。在内、外城城边均设有一道护城河,南垣城门与护城河之间有吊桥遗迹。2013年被列为第九批省级重点文物保护单位。(SSJ)

大水塘遗址 大水塘遗址位于海北藏

族自治州海晏县三角城镇俄海峰村，环湖北岸支流遗址带上，是目前发现的环湖遗址中处在最南段范围最大的遗址。遗址本体保存较好，其表面散布大量不同时代的碎陶片，有夹砂红陶、夹砂灰陶、泥质灰陶和彩陶片，泥质陶纹饰有弦纹、水波纹和藏文文字。2013年被列为第九批省级重点文物保护单位。（YH）

月楼石崖遗址 月楼石崖遗址位于海北藏族自治州海晏县金滩乡东村，属于卡约文化遗址。遗址中部有石砌围墙，其表面散布大量夹沙灰，红陶片、红色上釉陶片和汉代陶片。2013年被列为第九批省级重点文物保护单位。（YH）

子木山城址 子木山城址位于玛沁县拉加镇赛什托村三社，为青铜时代遗址。面积约6500平方米，地表散布少量夹砂红陶片和瓦片，遗址上建有一座城堡。2013年被列为第九批省级重点文物保护单位。（PLJ）

长江七渡口遗址 长江七渡口遗址位于玉树藏族自治州治多县扎河乡马赛村，属唐代至民国古村落的遗址。在郭玛隆的山沟两侧，有连成片的房屋残垣。这些房屋的房基是用土坯砌成的，院墙用土夯筑。在叶格乡政府驻地左侧的山脚下，也有一些连成片的房屋遗址，用石头砌成。2013年被列为第九批省级重点文物保护单位。（SSJ）

囊谦千户府邸遗址 囊谦千户府邸遗址位于玉树藏族自治州囊谦县吉曲乡山荣村，属于明、清时代。囊谦千户的历史沿革可以上溯至12世纪中叶。"囊谦"意为"内大相"，是吐蕃时期的职官名称。2013年被列为第九批省级重点文物保护单位。（SSJ）

陈家遗址 陈家遗址位于民和回族土族自治县中川乡团结村陈家自然村，为新石器时代遗址。面积约为2.6万平方米，文化堆积层厚1～1.5米，地表散布各类陶片，有马家窑类型弧线纹、平行线纹、圆点三角纹泥质彩陶盆、钵、壶、夹沙红陶绳纹瓮和马厂类型折线纹、蛙纹泥质彩陶壶、夹砂红陶罐等。2013年被列为第九批省级重点文物保护单位。（PLJ）

哈家遗址 哈家遗址位于民和回族土族自治县中川乡团结村陈家自然村。面积约5000平方米，文化堆积层厚度不详。地面散布陶片，器型有马家窑类型平行条纹、弧线纹、弧线三角纹泥质彩陶壶、盆，半山类型锯齿纹、旋涡纹泥质彩陶壶、夹砂红陶壶、罐和马厂类型折线纹、蛙纹泥质彩陶壶、夹砂红陶罐，以及汉代灰陶绳纹罐等。2013年被列为第九批省级重点文物保护单位。（MDM）

黑城子城址 黑城子城址位于民和回族土族自治县转导乡红合岘村黑城子自然村。黑城子古城是唃厮啰政权抗御西夏（或北宋）的一个屯戍城堡。城址平面呈长方形，东西长约320米，南北宽约255米。城墙夯筑，残高5～8米，基宽8米，顶宽1～3米，夯土层厚0.15～0.23米。南北各开1门，宽12米。门外有瓮城，长32米，宽29米。城外有护城壕，宽25米，深3～5米。城内散见灰陶片、瓦片等，根据夯土层和采集到的

标本特征分析属于宋代城址。2013年被列为第九批省级重点文物保护单位。(YH)

酒坊坪遗址 酒坊坪遗址位于民和回族土族自治县转导乡酒坊村。面积约20万平方米，台地呈长方形，东南部断崖上暴露有文化层，含有木炭、陶片等，地面散布有绳纹灰陶罐、泥质彩陶罐、夹砂粗陶罐等器物残片。属于新石器时代马家窑文化马家窑类型、半山类型和马厂类型阶段。2013年被列为第九批省级重点文物保护单位。(MDM)

2. 古墓葬

端巴营墓群 端巴营墓群位于湟中县拦隆口乡端巴营村。面积约4000平方米。1958年调查登记有7座封土堆，1986年调查存有6座。封土堆高约7米，直径约20米。1956年被列为第一批省级重点文物保护单位。(SSJ)

吴仲墓群 吴仲墓群位于西宁市大堡子乡吴仲村。面积约1.5万平方米，20世纪50年代时有封土堆30余座，现存2座。1965年清理双室砖墓5座，墓内出土泥质灰陶仓、灶；铜刀、弩机及汉五铢钱、王莽货布、货泉等。陶灶上刻有人物、家禽、走兽及日常生活器具。1956年被列为第一批省级重点文物保护单位。(SSJ)

总寨墓群 总寨墓群位于互助土族自治县沙塘川乡总寨村。面积约4000平方米，暴露残墓。地表散布泥质灰陶罐残片。1979年发掘20余座墓葬，有土坑墓、砖室墓两种。出土泥质灰陶壶、罐、灶、井、仓及五铢铜钱等。1956年被列为第一批省级重点文物保护单位。(SSJ)

多巴墓群 多巴墓群位于湟中县多巴镇指挥庄村。面积约6万平方米。现存封土堆2座，夯土筑，高7米，底径25米。1957年发掘砖室墓1座，有前、后室，全长5.9米。出土泥质灰陶壶、大口平底罐、绳纹罐、灶及残铁器、五铢钱等。1957年被列为第二批省级重点文物保护单位。(SSJ)

杜家庄墓群 杜家庄墓群位于湟中县总寨乡杜家庄村。面积约2.5万平方米。1958年发现21座封土堆，现尚存10余座。1985年发掘墓葬3座，其中一座为单室砖券顶墓，另两座为双室穹隆顶砖室墓。出土丝织品、泥质灰陶盘、碗、灶、仓、豆、罐、壶及200余枚五铢钱。1957年被列为第二批省级重点文物保护单位。(SSJ)

考肖图古墓 考肖图古墓位于海西蒙古族藏族自治州都兰县香加乡考肖图沟内。现存封土堆3个，直径8米，高约5米，疑为吐蕃墓群。1957年被列为第二批省级重点文物保护单位。(SSJ)

刘家寨墓群 刘家寨墓群位于西宁市彭家寨乡刘家寨村。现存封土堆2个。1984年曾发掘砖室墓2座，墓已被盗掘。出土泥质灰陶罐、壶、灶、仓、残木器件、砖灯、砖臼等。1957年被列为第二批省级重点文物保护单位。(SSJ)

彭家寨墓群 彭家寨墓群位于西宁市彭家寨乡彭家寨村。1949年前有30余座封土堆，

20世纪50年代被平为农田。1982年发掘砖室墓2座,已被盗。出土泥质灰陶罐、壶等。1957年被列为第二批省级重点文物保护单位。(SSJ)

英德尔古墓 英德尔古墓位于海西蒙古族藏族自治州都兰县夏日哈乡。现存圆形封土堆1座,高约15米,直径约32米,夯土筑,夯层厚0.08～0.1米。顶部有盗洞,封土堆周围有内外两重夯土围墙。内墙为方形,边长60米,东开一门。外墙为长方形,东西长200米,南北宽180米,墙基厚约10米,门向不清。1957年被列为第二批省级文物保护单位。(SSJ)

白崖子墓群 白崖子墓群位于乐都县老鸦城白崖子村。面积约3万平方米,暴露砖室墓穴。地表散布泥质灰陶片、汉砖等。20世纪40年代曾出土"东汉三老赵宽碑"。1959年被列为第三批省级重点文物保护单位。(SSJ)

高寨墓群 高寨墓群位于互助土族自治县高寨乡东庄村。现存12座封土堆,直径6～20米,高4～9米。1990年清理两座墓:一座为单室砖墓,另一座为双室砖墓。出土文物有陶、石、铜、木等。1959年被列为第三批省级重点文物保护单位。(SSJ)

陶家寨墓群 陶家寨墓群位于西宁市二十里铺乡陶家寨村。面积约24万平方米,现存封土堆21座,其中13座已残。1980年发掘墓葬6座,皆为砖室墓,其中单室墓2座、双室墓4座。葬式有仰身直肢及二次葬。出土泥质灰陶罐、壶、灶、甑、仓;铜釜、洗、甬;木马、仓、剑、梳;漆耳杯、案、碗、盘及玉珠、石璧、五铢钱等。1959年被列为第三批省级重点文物保护单位。(SSJ)

汪家庄墓群 汪家庄墓群位于互助土族自治县汪家川村。有土洞墓、木椁墓、砖室墓三类。出土370余件陶器,有泥质灰陶壶、罐、瓮、釜、瓦、灶、熏炉;铜器有带钩、顶针、环、弩机、镇墓兽、车马饰、镜、五铢钱等。1959年被列为第三批省级重点文物保护单位。(SSJ)

烧人沟墓地 烧人沟墓地位于黄南藏族自治州同仁县保安乡保安村南烧人沟内,属青铜时代墓葬。面积约4800平方米,暴露残墓,地表散布卡约文化夹砂红陶双耳罐、大口瓮等残片。1986年被列为第四批省级重点文物保护单位。(SSJ)

年都乎墓地 年都乎墓地位于黄南藏族自治州同仁县年都乎乡年都乎村北,属新石器时代—青铜时代墓葬。面积约20000平方米,地表散布马家窑文化泥制红陶片、夹砂红陶和卡约文化夹砂红陶壶、双耳罐等残片以及人骨。1986年被列为第四批省级重点文物保护单位。(SSJ)

瓦窑嘴墓地 瓦窑嘴墓地位于乐都县雨润乡汉庄村,属新石器时代墓葬。面积约5400平方米,暴露竖穴土坑墓葬。地表散布马厂类型折线纹、网格纹泥质彩陶壶、罐及夹砂红陶绳纹罐、瓮等残片。征集有四大圈纹彩陶壶。1986年被列为第四批省级重点文物保护单位。(SSJ)

尕马堂东台墓地 尕马堂东台墓地位于黄南藏族自治州尖扎县康扬乡尕马堂村,为新石器时代—青铜时代墓群。面积约为1.6万平方米,曾出土陶器与人骨。地面散布马厂类型波折纹、几何纹彩陶壶、罐残片和卡约文化夹砂红陶罐、壶等残片。1986年被列为第四批省级重点文物保护单位。(PLJ)

关塘村墓地 关塘村墓地位于海南藏族自治州贵南县沙沟乡关塘村北,属卡约文化墓葬群。1981年发掘,清理墓葬73座,其形制有长方形、椭圆形土坑和土坑洞龛墓三种。木棺葬或瓮棺葬。葬式有仰身直肢和二次扰乱葬。出土文物1000多件,主要为陶器、石器和部分铜器。1986年被列为第四批省级重点文物保护单位。(SSJ)

勒合加墓地 勒合加墓地位于黄南藏族自治州同仁县麻巴乡勒合加村,属青铜时代墓葬。东西宽60米,南北长度不详,暴露有灰坑、墓葬等,地表散布卡约文化夹砂红陶壶、双耳罐、三足鬲、红陶盘等残片及打制石核、石片、动物骨骼等。1986年被列为第四批省级重点文物保护单位。(SSJ)

如什其墓地 如什其墓地位于黄南藏族自治州尖扎县加让乡如什其村西台地,属新石器时代—青铜时代墓葬。面积约7000平方米,暴露出残墓,地面散布齐家文化泥质红陶折肩篮纹壶、罐等残片和卡约文化夹砂红陶罐残片。1986年被列为第四批省级重点文物保护单位。(SSJ)

大湾口墓地 大湾口墓地位于湟源县和平乡尕庄村北,属卡约文化墓地。南界尕庄村,北连元山蛋蛋,西为农田,东邻大湾沟。面积约4800平方米。此地原为一个小山坡,现已修为梯田。据调查,在20世纪70年代初平整土地时,发现较多的古代墓葬和乱堆的人骨及陶器,并有瓮棺葬。现在在梯田断崖上暴露有残墓的遗迹。地面有陶片。所见墓葬均为土坑墓,一般距地表深1~2米。1986年被列为第四批省级重点文物保护单位。(SSJ)

德州墓地 德州墓地位于海北藏族自治州海晏县托勒乡德州村,属青铜时代墓葬。面积不详,曾出土卡约文化夹砂红陶罐和人骨等。1986年被列为第四批省级重点文物保护单位。(SSJ)

棺材沟墓地 棺材沟墓地亦称"古吉来墓地",位于循化撒拉族自治县街子乡古吉来村东南,属卡约文化阿哈特拉类型墓地。墓地靠山坡,面积约7200平方米,在沟崖与东部梯田崖坎处暴露有残墓及人骨,墓葬多为长方形土坑墓,使用较厚重的木棺葬具。墓葬分布较为密集,所见残墓均为东西向排列。属卡约文化阿哈特拉类型。墓地西是居住遗址,大部分压在村庄之下,面积约1万平方米,文化堆积层厚约0.8米。1986年被列为第四批省级重点文物保护单位。(SSJ)

尕山墓群 尕山墓群位于互助土族自治县威远镇大寺村。遗址在村西南50米处,为沙塘川东岸二台地,遗址面积较大,东西长150米,南北宽约200米。断崖处有灰层暴露,厚0.10~1.5米。地表及文化堆积层内遗物丰富,有陶片、石块、兽骨。陶器以夹砂陶为主,其次为泥质灰陶,主要器型有粗陶瓮、双耳罐、粗陶罐、灰陶罐等。1986

年被列为第四批省级重点文物保护单位。（SSJ）

尕什在来墓地 尕什在来墓地位于海南藏族自治州贵德县东沟乡上兰角村二社东，属卡约文化墓地。面积约4万平方米，断崖上暴露有墓葬。地面上散布卡约文化夹砂红陶双耳罐、单耳罐、瓮、夹砂灰陶双耳罐等残片。1986年被列为第四批省级重点文物保护单位。（SSJ）

加玛山墓地 加玛山墓地位于循化撒拉族自治县积石镇沙坝塘村西，属卡约文化墓葬群。面积约2万平方米，断崖处暴露有数座墓葬。地面散布卡约文化回纹、几何形纹夹砂彩陶罐、红陶罐等残片。1986年被列为第四批省级重点文物保护单位。（SSJ）

蚂蚁嘴墓地 蚂蚁嘴墓地位于湟源县申中乡政府西南。面积约2万平方米。1983年清理墓葬两座，形制为长方形竖穴土坑墓，二次葬式，出土卡约文化夹砂红陶罐、壶等。属卡约文化墓葬群。1986年被列为第四批省级重点文物保护单位。（SSJ）

羌隆沟墓地 羌隆沟墓地位于海南藏族自治州兴海县温泉乡东南，属卡约文化墓葬群。面积不详，断崖上暴露卡约文化夹砂红陶罐以及人骨。1986年被列为第四批省级重点文物保护单位。（SSJ）

日干墓地 日干墓地位于化隆回族自治县德恒隆乡，属青铜时代的卡约文化遗存。面积约1.8万平方米，地面散布卡约文化夹砂红陶壶、罐、瓮等残片及人骨。曾发现大量竖穴土坑墓葬和陶器。1986年被列为第四批省级重点文物保护单位。（SSJ）

三十里铺墓地 三十里铺墓地位于平安县小峡乡三十里铺村，属青铜时代的卡约文化遗存。面积约8000平方米。1982年调查时发现竖穴土坑墓多座。1986年采集到卡约文化夹砂红陶罐及彩陶壶等残片。1986年被列为第四批省级重点文物保护单位。（SSJ）

香让北坎沿墓地 香让北坎沿墓地，亦称"香让沟墓群（遗址）"，位于海南藏族自治州兴海县河卡乡羊曲村南，属新石器时代遗址与墓葬共存的遗存。面积约7200平方米，暴露有残墓。地面散布马家窑文化泥质红陶罐等残片。1986年被列为第四批省级重点文物保护单位。（SSJ）

下西台墓地 下西台墓地位于海南藏族自治州共和县恰卜恰镇下西台村，属卡约文化遗存。面积约8000平方米，地面散布人骨及卡约文化夹砂红陶双耳罐、夹砂灰陶罐等残片。1986年被列为第四批省级重点文物保护单位。（SSJ）

哇龙山墓地 哇龙山墓地位于海南藏族自治州贵德县河阴镇邓家村东南，属卡约文化墓地。面积约5000平方米，断崖上暴露有墓葬，地面散布卡约文化夹砂红陶双耳罐、瓮、壶、夹砂灰陶双耳罐等残片。1986年被列为第四批省级重点文物保护单位。（SSJ）

干果羊下庄墓地 干果羊下庄墓地位于海南藏族自治州贵德县常牧乡干果羊村二社南。面积约1万平方米，断崖上暴露有墓葬。地面散布卡约文化夹砂红陶罐、瓮、夹砂灰陶罐残片及南北朝时期泥质灰陶罐、瓮等残

片。属卡约文化、汉、唐时期墓地。1986年被列为第四批省级重点文物保护单位。(SSJ)

沙索麻墓地 沙索麻墓地位于海南藏族自治州共和县东巴乡沙索麻村。面积约1万平方米，曾出土人骨、石磨盘、泥质灰陶罐、壶等。属汉代墓群。1986年被列为第四批省级重点文物保护单位。(SSJ)

上滩墓地 上滩墓地位于平安县平安镇上滩村。面积约3万平方米。封土堆大多已无存，仅有一座径约20米，高约15米的封土堆，地面散布墓砖。保存完整。1986年被列为第四批省级重点文物保护单位。(SSJ)

上卡庙沟墓地 上卡庙沟墓地位于海南藏族自治州贵德县新街乡上卡庙村二社南。面积约6000平方米，断崖上暴露有墓葬。地面散布唐代泥质灰陶罐、壶等残片。属唐代墓葬群。1986年被列为第四批省级重点文物保护单位。(SSJ)

加羊墓群 加羊墓群位于海西蒙古族藏族自治州都兰县沟里乡加羊山根。墓葬分布在距香日德镇大桥西南62千米沟里乡热隆村元义沟口北岸的山坳中，北侧环山，南临河谷盆地，南侧290米处为由东向西流向的季节性河流，西侧1250米处为由南向北流向的沟里河。墓地4座墓葬东西一字排开，分布区域东西长215米，墓葬均已被盗，墓葬封土堆基部直径5～10米、高2～3米，盗洞附近暴露有圆木、人骨及河卵石。1988年被列为第五批省级重点文物保护单位。(SSJ)

大园山东侧墓葬 大园山东侧墓葬位于西宁市城东区大园山。墓址位于自然形成的小山堆上，山堆呈椭圆形，高34米，东西宽20米，南北长30米。1998年被列为第六批省级重点文物保护单位。(SSJ)

囊谦王族墓地 囊谦王族墓地位于玉树藏族自治州囊谦县扎乡东村。面积为4000平方米，暴露在外的坟茔有14座，个体坟茔的面积约4.5平方米，周围散布有历代刻凿的嘛呢石。该墓地为历代囊谦王族的墓地，至今被当地藏族视为圣地。1998年被列为第六批省级重点文物保护单位。(SSJ)

祁土司始祖墓 祁土司始祖墓位于互助土族自治县台子乡多士代村。土官制度是青海历史上有较大影响的政治制度之一，祁土司始祖墓是这一制度现存的为数不多的实物例证之一。1998年被列为第六批省级重点文物保护单位。(SSJ)

索拉台墓群 索拉台墓群位于化隆回族自治县查甫乡索拉台村，属青铜时代卡约文化墓葬群。面积8000余平方米。墓群主要在查甫沟西岸的山梁上，村庄的一部分亦建在墓地上，到支扎乡的公路从墓地中穿过。暴露竖穴土炕墓葬及棺木、人骨等。地面散布卡约文化夹砂红陶壶、罐、瓮等残片。并征集有该墓地出土的铜戈、铜锄等遗物。墓葬群年代较早，内涵丰富，保存较好，对研究黄河上游历史文化和古代先民生活、埋葬方式、彩陶源流等有重要的价值。2008年被列为第八批省级重点文物保护单位。(SSJ)

扎西庄墓群 扎西庄墓群位于化隆回族自治县初麻乡扎西庄村，属青铜时代卡约文化墓葬群。面积约1.5万平方米。因建庄廓和取土，曾经挖出过部分墓葬。暴露竖穴土炕墓葬及棺木、人骨等。地面散布卡约文化夹砂红陶壶、双耳罐等器物残片。墓葬群年代较早，保存较好，内涵丰富，对研究当地历史文化和古代先民生活、埋葬习俗等有重要的价值。2008年被列为第八批省级重点文物保护单位。（SSJ）

古城崖汉墓群 古城崖汉墓群位于平安县小峡镇古城崖村村南，汉、魏、晋时代墓葬群。墓群东西约300米，南北约500米，总面积约15万平方米。1982年4月该村村民建房时发现古墓一座，后经1982年、1986年两次文物普查，陆续发现古墓葬及砖窑址，并进行过小规模的抢救性发掘，在青海省首次发现了双甬道墓门的砖室墓。出土文物有铜印、铜镜、铜钱、石砚板、釉陶器等30多件。墓葬群年代较早，内涵丰富，保存较好，对研究河湟地区汉、魏、晋时期历史和先民生产生活、埋葬方式等有重要的价值。2008年被列为第八批省级重点文物保护单位。（SSJ）

3. 古建筑

西来寺 西来寺位于乐都县碾伯镇城东关村。据原来墨书题写在山门东墙上的题记记载，始建于明万历三十四年（1606），坐北朝南，有山门、大殿、东西厢房等。大殿建在高约0.8米的台基上，面宽5间，进深3间，单檐歇山顶，四周有宽敞的回廊。寺内有附属文物明代《水陆道场》绢画。山门、碑廊为近年重修。1956年被列为第一批省级重点文物保护单位。（SSJ）

文庙 文庙位于西宁市城中区文化街。据《甘肃通志》（卷十二）载，创建于明宣德三年（1428），清代曾扩建修葺。坐北朝南，现存大成殿1座，面阔5间，进深5间，歇山顶，四周有回廊。屋面覆灰瓦及绿釉瓦，黄绿琉璃砖起脊，脊兽已毁。1956年被列为第一批省级重点文物保护单位。（SSJ）

关帝牌坊 关帝牌坊即"八卦绰楔"，是关帝庙前的牌坊，坐落在乐都县城古城大街。建于明万历三十八年（1610）。初建成时，规模壮观，有门前牌坊、戏楼、庙门、正殿、后进宫。正殿塑有关羽金像，左有关平，右有周仓，两壁画有关羽一生的故事，如出五关、单刀赴会、三英战吕布、水淹七军等。后进宫塑有刘、关、张三人金像，门口左右塑有黄骠、赤兔二马和御者，姿态雄壮，造型精奇，御者手持辔头，虎目扬眉，名冠全城。大门前就是号称"八卦绰楔"的关羽庙牌坊。1957年被列为第二批省级重点文物保护单位。（SSJ）

白马寺 白马寺又称"金刚崖寺""觉乐寺"，位于互助土族自治县红崖子沟乡白马村，传为藏传佛教后弘期发祥地之一。9世纪中，吐蕃赞普朗达玛灭佛，部分僧人逃至安多地区修行传法，此寺即为当时的修行地之一。现存洞窟3个，石刻造像1尊。白马寺原有的土木建筑在清同治年间被毁，现存大经堂、配房等均于1984年以后重建。1959年被列为第三批省级重点文物保护单位。（SSJ）

鼓楼 鼓楼位于互助土族自治县威远镇。

始建于明天启四年（1624），为砖木结构，建筑面积165.12平方米，修建在边长12.85米、高1米的方形基底上。建筑通高15.12米，底大上小，由下向上逐层递减内收。四周有回廊。第一层面宽3间，进深3间；第二层面宽1间，进深1间；第三层面宽1间，进深1间。三重檐歇山顶，屋面铺绿色琉璃瓦，屋脊用黄绿色琉璃镂空砖，有宝瓶、吻兽等，反映了土族建筑艺术水平。1989年维修。1986年被列为第四批省级重点文物保护单位。(SSJ)

五峰寺 五峰寺位于互助土族自治县五峰乡白多脑村。始建于清乾隆年间（1736—1795），民国年间曾有增修。由菩萨殿、无量庙、八卦亭、玉皇庙、三清宫、同乐亭、黑虎庙、香公楼等组成群体建筑，分布在五峰山上，是信仰多种宗教的汇聚地，近年维修。清乾隆《西宁府新志》（卷十五）有记载。1986年被列为第四批省级重点文物保护单位。(SSJ)

积善塔 积善塔位于湟中县海子沟乡阿滩村西。塔基为八角形，边长1.8米。塔身共分4层，下两层为方形，檐部有仿木砖雕斗拱及檐面；第三层圆形，有"积善塔"竖书砖匾；第四层为伏钵式，辟眼光门。塔顶由10层仰莲及日月星组成，其日心上浮雕八宝图案，塔通高9米。1986年被列为第四批省级重点文物保护单位。(SSJ)

科哇清真大寺 科哇清真大寺位于循化撒拉族自治县白庄乡科哇村内，清代兴建。平面呈正方形，四合院式，由照壁、山门、邦克楼、南北配房、礼拜殿组成。照壁与山门在一条直线上，仿木结构。南北配房均为进深5间、面阔2间，带走廊，单檐一面坡式屋顶。礼拜殿由前殿与后窑殿组成。因该寺是以往撒拉八工之一乃曼工的主寺（海依寺），所以除在整体布局及主要建筑为传统的汉式外，在内部装修方面则大部分采取藏式手法。保存较为完整。1986年被列为第四批省级重点文物保护单位。(SSJ)

孟达清真寺 孟达清真寺位于循化撒拉族自治县孟达乡孟达村内。始建于明天启年间，由牌楼门、邦克楼、配房、礼拜殿、拱北组成。邦克楼居中与礼拜殿成一直线，三层通柱造，六角攒尖式屋顶。礼拜殿由前殿、后窑殿组成，在装修上部分借鉴藏式建筑装饰手法。礼拜殿后偏北有历代大阿訇坟墓5座。此寺与拱北组成一个院落，这在青海境内的清真寺内尚属孤立。1986年被列为第四批省级重点文物保护单位。(SSJ)

南禅寺 南禅寺位于西宁市城中区南山西北角。始建于明永乐年间，后被毁。现存为清代建筑，坐南朝北，由关帝庙、五财神庙、小西天、三公祠、老祖庙等多组建筑组合而成，占地约3.5万平方米。1986年被列为第四批省级重点文物保护单位。(SSJ)

杨宗寺 杨宗寺位于乐都县中坝乡红庄村。传为藏传佛教后弘期的发祥地之一，9世纪中叶，吐蕃赞普朗达玛灭佛，部分西藏僧人逃至青海东部，传经讲法。杨宗寺即其中一个重要地点，寺东崖壁上有三个自然石洞，传说就是当时的修行法洞。寺内土木结构的建筑大约建于清代初期，后有扩建。1989年重建经堂、僧舍等。1988年被列为第五批省

级重点文物保护单位。(SSJ)

旦麻古塔 旦麻古塔位于循化撒拉族自治县道帏乡旦麻村。塔建于1780—1848年间，为一座藏传佛教喇嘛塔。通高22米，建在高大的石砌台基上，平面呈正方形；石上刻有藏文经咒，覆钵式塔身，日月莲塔刹；围绕塔基，建有嘛呢筒转经通道。南有一经堂小院，经堂面阔3间，进深3间，平梁密檐，藏式建筑。1988年被列为第五批省级重点文物保护单位。(SSJ)

高庙八卦楼 八卦楼位于乐都县高庙镇西村。初建于明代，明万历年间修建，民国八年（1919）重建。楼建在高约5米的夯土台基上，坐西朝东，有斜坡土路通向台上。建筑为三重檐八角攒尖式屋顶，底层面阔3间，进深3间，石块砌成墙基，土坯砌垒墙体，前开廊，砖雕仿木结构八字墙，两根檐柱与第二层通连。第二层面阔3间，进深3间，四周用板壁装修。1988年被列为第五批省级重点文物保护单位。(SSJ)

清水清真寺 清水清真寺位于循化撒拉族自治县清水乡清水大庄村。原由照壁、大门、邦克楼、礼拜殿、南北配房（学房）、浴室等组成。照壁位于大门前，砖质仿木结构，大门为四柱三楼牌坊式，均在"文化大革命"中被拆除，现为新建照壁和西式三开门；邦克楼位居两院中心线上，偏于礼拜殿南，置于墙外，为六角攒尖式三层三重檐楼阁，木结构及装修繁缛华丽；礼拜大殿位于北院，由前殿和后窑殿组成，前殿面阔5间，进深3间，带前廊，廊顶为卷棚式，左右置砖质八字墙，殿内原为五架梁，减柱造，后因跨度过大，梁枋弯裂，增加内柱四根，柱头及补间皆五铺做斗拱；前后殿以木雕须弥座式落地罩相隔；后窑殿缩成面阔与进深均3间，斜插式梁架，置"井"字形藻井，殿内内檐做出一周三昂秀丽的小斗拱装饰，墙面遍布木雕，俨然一座木雕艺术陈列室，板壁花纹由上、中、下三部分组成，底层为横铺竹木，二层为缠枝牡丹、石榴、葡萄等，上层为36幅条屏，西壁中设置圣龛，龛上饰透雕火焰，绕以缠枝瑞草，设计上下左右和谐对称，近视又各不相同，全部采用白描透雕，不加任何色彩，工艺娴熟细腻，既具备装饰效果，又达到了伊斯兰宗教功能，所有花纹图案，基本上以阿拉伯经文组成，整个殿堂清新宁静又繁华似锦，既生气盎然又庄严肃穆。1988年被列为第五批省级重点文物保护单位。(SSJ)

赛拉亥寺 赛拉亥寺位于海南藏族自治州同德县谷芒乡赛拉亥村，为藏传佛教寺院。清康熙三十四年（1695）建寺于今河南县阿柔早铁地区，后迁至兴海县黑泥山下，康熙六十一年（1722）迁至今同德县卡尕当地区，乾隆四十二年（1777）迁至现址，1923年被毁，后重建，占地面积约9万平方米，有经堂、护法神殿、弥勒佛殿等建筑，现保留小经堂、护法神殿等。1988年被列为第五批省级重点文物保护单位。(SSJ)

苏志清真寺 苏志清真寺位于循化撒拉族自治县查汗都斯乡苏志村。平面呈正方形，坐西朝东，由山门、唤醒楼、礼拜殿、厢房等组成。礼拜殿由前殿和后窑殿组成，前殿面阔5间，进深5间，带前廊，置如意斗拱；后窑殿面阔3间，进深2间，通间做法；前后殿之间装修做3间通门，不施门窗；整个大殿为前后双歇山勾连搭式屋顶。1988年被列为第五批省级重点文物保护单位。（SSJ）

张尕清真寺 张尕清真寺位于循化撒拉族自治县白庄乡张尕村。平面呈正方形，由山门、邦克楼、南北配房、礼拜殿组成。山门为四柱三楼牌坊式，中部屏风式，左右开门；邦克楼为六角攒尖式三层三重檐楼阁，木结构及装修繁缛华丽；南北配房面阔5间，进深2间，带前廊，单面坡式屋顶；礼拜殿由前殿和后窑殿组成，前殿面阔7间，进深7间，带前廊，廊顶为卷棚式，左右置砖质八字墙，殿内为五架梁，减柱造，七彩斗拱；后窑殿平面呈束腰形，后中部设圣龛，屋顶为歇山式。该寺建筑风格主要为汉式，部分装修采用藏式手法，其大木结构处理独特，梁架绝大部分出头，部分驼峰、蜀柱采取双环处理，装饰效果明显。1988年被列为第五批省级重点文物保护单位。（SSJ）

赵家寺 赵家寺位于乐都县引胜乡赵家寺村，为藏传佛教寺院。清乾隆年间创建，同治年间被毁，光绪年间重建。坐东朝西，由照壁、山门、大殿、南北二殿及金刚殿等组成，占地面积1500平方米。大殿面阔3间，进深3间，单檐歇山式屋顶，四周设宽敞的回廊；金刚殿面阔3间，进深2间，灰瓦硬山顶；山门面阔3间，进深2间，硬山顶。1988年被列为第五批省级重点文物保护单位。（SSJ）

城隍庙 城隍庙位于西宁市城中区。据《西宁府新志》载，始建于明洪武十九年（1386），清雍正元年（1723）重建，至民国初尚有增修，由照壁、牌楼、山门、戏楼、东西廊、香亭、鉴心殿、后寝宫组成。现存鉴心殿和后寝宫，鉴心殿面阔3间，进深5间，灰瓦硬山式屋顶；后寝宫面阔3间，进深2间，四面带廊，灰瓦歇山式屋顶，左右各有3间小配殿。1988年被列为第五批省级重点文物保护单位。（SSJ）

贡巴昂 贡巴昂亦称"芦花寺"，位于乐都县芦花乡芦花村。约修建于清初，属藏传佛教格鲁派寺院。现仅存贡巴昂（活佛府宅），在寺东南约1000米的山坡上，坐北朝南，由两进院落组成，有佛堂、厢房、过厅等。佛堂面阔3间，进深3间，灰瓦硬山顶，殿内有以佛像和佛教故事为主的壁画。1988年被列为第五批省级重点文物保护单位。（SSJ）

关帝庙 关帝庙位于海南藏族自治州贵德县尕让乡亦什扎村，由关帝庙、娘娘庙、菩萨庙、城隍庙组成，坐北朝南。关帝庙于清道光二十六年（1846）建成，面阔3间，进深3间，砖木结构，单檐歇山顶，殿内绘有关公、周仓等人物的壁画。1988年被列为第五批省级重点文物保护单位。（SSJ）

尕让白马寺 尕让白马寺位于海南藏族自治州贵德县尕让乡白马寺村。清康熙四十八年（1709）建于拉毛山下，嘉庆年间（1796—1820）迁至今址，寺院坐北朝南，由山门、回廊、经堂、配楼等组成"天井式庭院"，山门为两层三檐歇山顶方亭；三面回廊为八开间两层平顶建筑，底层柱式、梁、檐口为藏式手法，上层为汉式；大经堂台基高于庭院，面阔9间，进深9间，前部有5开间廊厦，殿内中部六柱升高，与两层周边廊房构成"回"字形天井；大经堂两侧置两层配房。整组建筑在布局上紧凑和谐，装修上色彩鲜艳、对比强烈的重彩手法不加粉饰，这在青海藏传佛教寺院中尚属首例。1988年被列为第五批省级重点文物保护单位。（SSJ）

尕让寺 尕让寺位于海南藏族自治州贵德县尕让乡阿言麦村，为藏传佛教宁玛派（红教）寺院。清道光年间（1821—1850）建成，现存大经堂及山门等。大经堂坐北朝南，平面呈"十"字形，面阔7间，进深7间，两山墙及后部均凸出三间，为三层汉藏合璧式建筑；中部四柱升高与二层附房构成"回"字形天井，柱顶承托顺梁，做出单檐歇山顶屋面；山门为重檐歇山顶方亭。1988年被列为第五批省级重点文物保护单位。（SSJ）

古日寺 古日寺位于黄南藏族自治州尖扎县马克唐镇解放村。据《教派史》记载，修建于清顺治三年（1646），后成为尖扎德钦寺的属寺，属藏传佛教格鲁派（黄教）。原有经堂、佛殿7座，昂欠（活佛、僧官府邸）3院、僧舍43院。现在经堂、佛殿、昂欠各一处，各自独立，组成建筑群。经堂面宽5间，进深5间，坐南向北，平顶藏式，中央升起第二层汉式歇山屋顶，面阔进深各3小间，四面开窗，通柱做法，便于经堂内部采光。佛殿面宽3间，进深3间，重檐歇山顶，前开廊，有砖雕。昂欠为近年重修。1988年被列为第五批省级重点文物保护单位。（SSJ）

罗汉堂寺 罗汉堂寺位于海南藏族自治州贵德县罗汉堂乡罗汉堂村。藏传佛教宁玛派（红教）寺院，坐北朝南，由山门、配房、乐台、护法殿、大经堂等组成。1958年被毁，仅存大经堂一屋梁架及山墙。1984年重修，大经堂面阔7间，进深6间，为藏式两层平顶建筑。前部有5开间抱厦，殿内中央升高3间，形成"回"字形天井。1988年被列为第五批省级重点文物保护单位。（SSJ）

塘尔垣寺 塘尔垣寺位于民和回族土族自治县塘尔垣乡松山村。明万历四十七年（1619）建成，为藏传佛教格鲁派寺院。该寺依地势而建，坐北朝南，形成北高南低两进院。以大经堂为主体，两旁置配房、伙房、僧舍等，后院大经堂初建于明代，原为三重檐歇山式屋顶，被毁后于1982年重建，面阔7间，进深5间，带回廊；伙房建于民国，内有清光绪年间铸造的三口大铁锅。1988年被列为第五批省级重点文物保护单位。（SSJ）

大佛寺 大佛寺位于西宁市城中区西宁街65号。明洪武二十三年（1390）李南哥重建，赐名"宁番寺"。明清时期为李土司所有。占地面积2万平方米，分前院、后院、马坊、花园等。1968年被拆除。1985年重建，面宽5间、进深3间的重檐歇山顶佛殿1座及部分僧舍，1998年被列为第六批省级重点文物保护单位。（SSJ）

尕藏寺 尕藏寺位于玉树藏族自治州称多县称文县丁部村。相传元世祖至元二年（1265）八思巴返藏时，在玉树地区讲经灌顶，三年后由其弟子阿尼当巴创建尕藏寺。占地面积20万～30万平方米。1958年时，有经堂4处、殿堂4处、拉让6处。1982年后重建，经堂坐北朝南，面宽7间，进深5间，为石木结构二层藏式平顶建筑。1998年被列为第六批省级重点文物保护单位。（SSJ）

结古寺 结古寺位于玉树藏族自治州玉树县结古镇扎曲河北岸。明洪武三十一年（1398）后扩建。占地面积约3万平方米，有大经堂、大昭殿、弥勒殿、讲经院、活佛院等，后又被毁。1980年后在原基础上重建大堂及部分僧舍。经堂为汉藏合璧式建筑，下层为藏式平顶，中间升起建第二层，为汉式"十"字脊，属藏传佛教萨迦派（花教）寺院。1998年被列为第六批省级重点文物保护单位。（SSJ）

赛达寺 赛达寺亦称"下赛巴寺"，位于玉树藏族自治州称多县歇武乡下赛巴村。初为苯教，元代改宗为萨迦派寺院，20世纪50年代有经堂1座、僧房80间。现有大经堂1座、僧舍27处，寺内存有黑色犄角1个、神箭、明铸铜钹、镀金铜佛。1998年被列为第六批省级重点文物保护单位。（SSJ）

嘎丁寺 嘎丁寺位于玉树藏族自治州囊谦县毛庄乡境内改曲河南岸的那拉日杰山坡，系格鲁派藏传佛教寺院。原有三层经堂1座、怙主殿1座、小经堂1座、僧舍180余间。1958年关闭，1981年6月开放。现有二层经堂1座、禅院1座，有僧舍30余间、拉让1座。1998年被列为第六批省级重点文物保护单位。（SSJ）

古雷寺 古雷寺位于循化撒拉族自治县道帏乡古雷村，原属萨迦派（花教），明末改宗格鲁派（黄教），著名藏传佛教大师喜饶嘉措曾在该寺受戒启蒙。1958年，寺有殿堂5座、讲经院1处、僧舍56院。1961年国务院赠该寺明代隆庆大铜钟1口、修建钟楼1座，后除1座昂欠外，余皆拆除。1980年后修复护法殿，重建小经堂等。1998年被列为第六批省级重点文物保护单位。（SSJ）

红卡寺 红卡寺位于乐都县芦花乡营盘湾村，属互助土族自治县佑宁寺松布昂（活佛）管辖。四合院布局，坐北面南。大殿面宽5间，进深2间，灰瓦歇山顶。东、西厢房各5间。山门5间，系土木结构平顶式民房建筑。寺内有铜炉、铜钵、铜碗、铜佛像等附属文物。1998年被列为第六批省级重点文物保护单位。（SSJ）

会宁寺 会宁寺位于大通回族土族自治县景阳乡土关村，以明代会宁伯李英倡建而得名，为藏传佛教寺院。占地面积为2500平方米，寺内建筑有大佛殿、东西配殿、过厅、山门及外围墙。1998年被列为第六批省级重点文物保护单位。（SSJ）

喀德卡哇寺 喀德卡哇寺位于民和回族土族自治县甘沟乡民族村。始建于明永乐年间，该寺保存完整，南北长185米，东西宽160米，高8米；瓮城、马面基本完好。1998年被列为第六批省级重点文物保护单位。（SSJ）

拉布寺 拉布寺位于玉树藏族自治州称多县拉布乡境内。明永乐十六年（1418）扩建，并改宗格鲁派（黄教）。1955年时，有大小殿堂21座，后被毁。1981年后重建，有经堂2座、僧舍70间。1998年被列为第六批省级重点文物保护单位。（SSJ）

石沟寺 石沟寺位于乐都县洪水乡姜湾村南。创建于明万历年间，清乾隆年间曾经葺修，同治年间寺院遭兵燹。1933年，村人姜永乾又倡议重修，计有韦陀殿、百子宫、药王宫、观音菩萨殿等，后再次被毁。近年又重修菩萨殿、百子宫、山门等。1998年被列为第六批省级重点文物保护单位。（SSJ）

塔撒坡清真寺 塔撒坡清真寺位于循化撒拉族自治县孟达乡，是撒拉族古清真寺，为明清时期所建或重建后的遗存，木砖青瓦混合结构。由中国传统建筑殿堂式礼拜殿、牌坊式大门、六角攒尖楼阁式唤礼楼、单面坡南北配房等建筑体座组合而成。根据建寺地形特点，按照宗教活动的功用和美的需求，为严谨的东西向四合院式轴线建座布局，留有宽阔的院地。这种布局形式，使寺院显得开门见山，一览无余。礼拜殿因伊斯兰教群众聚拜特定朝向，建筑朝向为西，唤礼楼大门建在寺东，南北配房左右相对而建，东西两侧又建有耳房，形成封闭式四合院布局。清真寺建筑群规模宏大，工程浩大，气势雄伟壮观，风格独特。1998年被列为第六批省级重点文物保护单位。（SSJ）

王佛寺 王佛寺位于乐都县高庙镇柳湾村。同治年间毁于兵燹，光绪初年重修。占地面积约3500平方米，坐北朝南，由围墙、山门、大殿组成。围墙仅南墙保存较好，夯筑，高约6米，基宽约3米，夯土层厚0.15米。大殿面宽5间，进深5间，四周带回廊，重檐灰瓦歇山顶，四扇六抹斜毯纹格子门，第二层亦做假门式样，内部通天柱做法，正脊中央置串珠式宝瓶、垂兽、戗兽，吻兽为凤鸟。大殿内部正面和东西两面有砖砌高约1.2米的莲台。山门面宽1间，进深2间，灰瓦硬山顶。正脊中央置串珠式宝瓶，廊墙上有"喜鹊登梅"砖雕图案。具有汉藏宗教文化融合的特点。1998年被列为第六批省级重点文物保护单位。（SSJ）

夏宗寺 夏宗寺位于平安县寺台乡瓦窑台村，为格鲁派创始人宗喀巴落发受戒之地。据传早在1383年前后修建了噶玛噶举派黑帽系第四世活佛乳必多杰（1340—1383）灵塔和一座佛堂，清乾隆十一年（1746），新建了一座经堂和八角亭。寺院依山而建，坐北朝南，由经堂、八角亭为两层"十"字脊建筑，民国初年被毁，1941年重建后又被拆毁，现存方形洞窟及零星壁画。1985年建单层歇山顶经堂一座。1998年被列为第六批省级重点文物保护单位。（SSJ）

羊官寺 羊官寺位于乐都县寿乐乡阳关沟。约修建于明永乐年间，后成为互助土族自治县佑宁寺属寺。清代初年曾有扩建，寺主为"柳家活佛"，现已转世十世。是乐都北山地区较大的寺院之一，原有大经堂、佛殿、护法殿3座，昂欠（活佛府邸）9座，僧舍28院。僧人最多时达300人。1981年后寺院恢复重建护法殿及部分僧舍。1998年被列为第六批省级重点文物保护单位。（SSJ）

支哈加寺 支哈加寺位于化隆回族自治县金源乡支哈加村。现存建筑为清末民国初年建，由山门、三面回廊、大经堂组成，坐北朝南。山门为过亭式砖木结构。回廊为平顶式，面宽6间，进深1间。大殿为歇山顶建筑，由前后殿组成。前殿面宽5间，进深7间，平梁密檐，天花饰有彩绘、佛像图案；后殿面宽5间，进深2间。山门前有经幡幢。寺内存"大明宣德五年内加金银造"乐器3副。属藏传佛教宁玛派（红教）。1998年被列为第六批省级重点文物保护单位。(SSJ)

智钦寺 智钦寺亦称"多智钦寺"，位于班玛县知钦乡，原为当地拉加部落的寺院，该寺信奉宁玛派，属四川省德格县佐钦寺子寺。现全乡大多数群众信奉此寺。1958年前有两层砖砌楼1幢，寺舍共70余座约150多间，大小经堂和讲经院、禅修院等一应俱全。僧侣近400人，常住100余人，活佛除肉洛、土巴之外，还有结合么、特合洛等12人，僧官麦多仓完果等12人，管家昂才等2人。1981年3月16日批准开放，规定入寺僧人50人，实有71人，由活佛久买俄赛任寺管会主任，堪布俄协兼副主任。已建成经堂两座24间，经塔12座，转经房3座6间，僧舍18座43间。在班玛地区与阿什姜贾贡巴寺齐名，影响较大，僧侣人数和建设规模均数第一。1998年被列为第六批省级重点文物保护单位。(SSJ)

张沙寺 张沙寺位于循化撒拉族自治县道帏乡张沙村。始建于明天启六年（1626），原有三世佛殿、大经堂等。大经堂为两层楼式建筑，1980年重新维修，并重建部分僧舍。1998年被列为第六批省级重点文物保护单位。(SSJ)

总寨堡及门楼 总寨堡及门楼位于湟中县总寨乡总南村，系明代西宁卫所领寨堡之一，驻兵防守。堡平面呈正方形，边长150米。城墙夯筑，残高6米，基宽4米。东开1门，建有城门楼，门楼面宽、进深均为3间，歇山顶。西侧为一座面宽3间的硬山顶配楼。1998年被列为第六批省级重点文物保护单位。(SSJ)

西宁宏觉寺街古建筑群 西宁宏觉寺街古建筑群位于西宁市城中区洪觉寺街。初名"妙华庵"，永乐十年（1411）赐名"弘觉寺"。由前、中、后殿组成，坐北朝南。前殿面宽3间，进深3间。灰瓦硬山顶。中殿面宽3间，进深3间，灰瓦硬山顶。后殿为面宽5间，进深2间的二层硬山顶阁楼。另有面宽3间、进深2间的东、西厢房，1998年被列为第六批省级重点文物保护单位。(SSJ)

白玉寺 白玉寺位于果洛藏族自治州久治县白玉乡东北。占地面积约49万平方米，现仅存1座昂欠和部分僧舍。昂欠为土木结构二层平顶建筑，面宽10间，进深3间；上、下二层皆用飞椽出檐，有前廊，上层有座凳式板壁栏板。寺内现存一直径1.7米、深0.95米的大铜锅。1998年被列为第六批省级重点文物保护单位。(SSJ)

查朗寺 查朗寺位于果洛藏族自治州达日县建设乡卡热村。光绪二十一年（1895）建帐房寺，1913年建土木结构僧房，为宁玛派（红教）寺院。1958年时有经堂1座，后仅保留2座6间土木结构平顶僧房和长约500米、高1.5米、宽1.2米的石经墙。1998年被列为第六批省级重点文物保护单位。（SSJ）

东科寺 东科寺位于湟源县日月乡寺滩村。创建于清顺治五年（1648），原址在县城东旧寺台，清雍正年间因罗卜藏丹津事件被毁，清乾隆元年（1736）移建于今址。建寺初期由于受到当时青海地区蒙古族首领顾实汗的支持，影响迅速扩大，自康熙四年（1665）四世东科尔多居嘉措被清廷封"文殊禅师"之后，历代东科尔成为驻京"呼图克图"。1958年以前，该寺有佛殿1座、活佛府邸10座、僧舍24院、僧众140人（其中活佛5人）。1998年被列为第六批省级重点文物保护单位。（SSJ）

当头寺 当头寺全名为"当头大乘如意法帐寺"，位于玉树藏族自治州玉树县巴塘乡当头村所在的拉娘山腰，为萨迦派寺庙，由西藏萨迦派僧人亚丁更嘎松保来此传教兴建。清康熙年间以后发展甚快，寺僧达200余人，下辖今四川石渠县境内的须拉寺、邦岭寺、拉居寺和西藏昌都地区的萨沟寺。寺院建筑宏伟，主体建筑大经堂雄踞全寺中心，其他殿宇、门舍围绕四周，形成方形建筑群，布局奇特，气势壮观，但毁于光绪年间地震。后又经重建，于1985年批准开放，重建有经堂1座、僧舍26间，僧人150人。1998年被列为第六批省级重点文物保护单位。（SSJ）

岗察寺 岗察寺亦称"贡洒寺"，位于玉树藏族自治州治多县多采乡境内。建于清代，属格鲁派寺院，现有大经堂1座、小经堂2座。1998年被列为第六批省级重点文物保护单位。（SSJ）

广惠寺 广惠寺原名郭莽寺，位于大通回族土族自治县东峡乡衙门庄村，属藏传佛教格鲁派（黄教）寺院。始建于明初，清雍正元年（1723）因罗卜藏丹津事件被毁。清雍正十年（1732）奉旨重建，赐名"广惠寺"。清同治五年（1866）再次毁于兵燹，光绪年间重修。1958年前有经堂、佛殿6座，僧舍420余间。寺内存有明永乐敕赐寺院财产的黄绢文告。1998年被列为第六批省级重点文物保护单位。（SSJ）

瓜什则寺 瓜什则寺位于黄南藏族自治州同仁县曲库乎乡瓜什则村，属藏传佛教格鲁派寺院。初址建在加卜察沟，后迁至该地。1958年前建有经堂、佛殿共5座，昂欠3院，20世纪60年代部分建筑被毁。1985年恢复重建宗喀巴殿和文殊殿共2座，昂欠2院，僧舍40院。1998年被列为第六批省级重点文物保护单位。（SSJ）

浩门镇南关清真寺 浩门镇南关清真寺位于门源回族自治县浩门镇南关村。现存一座礼拜殿，坐西朝东，面积447平方米，面宽5间，进深3间，灰瓦歇山顶，1985年维修。1998年被列为第六批省级重点文物保护单位。（SSJ）

龙喜寺 龙喜寺位于玉树藏族自治州玉树县下拉秀乡，原为苯教寺院。相传在842年，僧人拦隆贝吉多杰刺杀吐蕃赞普朗达玛后，曾至此地活动。藏传佛教后弘期时，改宗噶举派，18世纪中叶又改宗格鲁派，后被毁。1983年重修。大经堂平面呈"凸"字形，面积约1500平方米，为两层藏式平顶建筑。1998年被列为第六批省级重点文物保护单位。（SSJ）

乜那寺 乜那寺位于海南藏族自治州贵德县河阴镇城东村。始建于四世乜那活佛罗哲达吉（1675—1753）时期。寺侧原有一塔，传说建于吐蕃赞普赤热巴巾（即赤祖德赞，806—841）时期，1753—1817年间重建此塔。寺院占地面积约5.6万平方米。现存清末明初重修大殿一座，为藏式二层平顶建筑，坐北朝南，面宽5间，进深6间。1966年被毁，后重建。1998年被列为第六批省级重点文物保护单位。（SSJ）

能科德千寺 能科德千寺又名"德千寺""迭缠寺"，位于黄南藏族自治州尖扎县能科乡。建于清康熙二十一年（1682），原有大经堂2座、佛殿20余座、昂欠（活佛及僧官府邸）24座、僧舍115院。属格鲁派寺院。寺内有赤金度母、檀香木度母、金灯、历代活佛灵塔等历代珍贵文物。1998年被列为第六批省级重点文物保护单位。（SSJ）

智钦寺 智钦寺位于果洛藏族自治州班玛县知钦村，属宁玛派（红教）寺院。原有经堂、讲经院、僧舍等建筑，现仅存藏经殿，面宽6间，进深3间，砖木结构藏式平顶房，开密檐式藏窗。1982年后重建经堂1座、经塔12座、转经房3座，有僧舍43间。塔基座分为两层，下层较高，每面开3门，上层为单层须弥座。圆形塔身，辟4门，十三天相轮，莲花、宝珠塔刹。1998年被列为第六批省级重点文物保护单位。（SSJ）

囊拉千户院 囊拉千户院位于黄南藏族自治州尖扎县昂拉乡昂拉村。是居住在尖扎地区昂贵拉族千户的宅院，二进两阶式院落，坐西朝东。第一进院四面皆为面宽7间、进深2间的平顶土木结构二层楼；第二进院正面为单层硬山顶砖木结构正房，面宽5间、进深3间，西面建平顶土木结构厢房，正房两侧各有一座小角院，为佛堂。1998年被列为第六批省级重点文物保护单位。（SSJ）

囊拉赛康 囊拉赛康又名"赛康寺"，位于黄南藏族自治州尖扎县昂拉乡东加村，属藏传佛教格鲁派寺院。有经堂1座、佛殿2座，坐西朝东。经堂为藏式平顶建筑，面宽3间、进深3间，中央升起第二层歇山屋顶，四面开窗。佛殿1座，面宽3间，进深3间，重檐歇山顶。内部佛像壁画为近年塑绘，佛像高达近10米。1998年被列为第六批省级重点文物保护单位。（SSJ）

南宗寺 南宗寺又名"阿琼南东寺""安俊寺"，位于黄南藏族自治州尖扎县坎布拉乡上奴布村南，属藏传佛教宁玛派（红教）寺院。清康熙年间（1662—1722）在山下修建木构建筑寺院。1958年以前，有经堂、佛殿2座，僧舍50余间，后被拆毁，1980年以前恢复重建。1998年被列为第六批省级重点文物保护单位。（SSJ）

仙米寺 仙米寺亦称"显明寺"，位于海北藏族自治州门源县仙米乡大庄村。清雍正元年（1723）被焚毁，雍正三年（1725）重建，坐西朝东，占地9350平方米。现存建筑34间，分布于三级台阶上，第一级建面宽9间，进深3间歇山顶山门；第二阶建穿堂和僧舍；第三阶建面宽5间，进深3间硬山顶经堂1座。1998年被列为第六批省级重点文物保护单位。（SSJ）

香日德寺 香日德寺位于海西蒙古族藏族自治州都兰县香日德镇上柴开村。始建于清乾隆四十四年（1779），属格鲁派寺院，是西藏政教领袖往来内地的重要驻歇地。寺分为两处，一处为宗教活动场所，一处为驿站。20世纪初，经堂被洪水冲毁。1924年建砖木结构二层经堂1座，建筑面积1250平方米，后被拆毁。1984年重建经堂1座、僧舍及斋房7间。1998年被列为第六批省级重点文物保护单位。（SSJ）

新寺 新寺全称"恰卜恰新寺吉祥大乘洲"，位于海南藏族自治州共和县东巴乡下楼村西北300米。坐北朝南，由大经堂和廊房组成。大经堂面宽5间、进深5间，二层平顶藏式建筑。寺内存有银塔、银壶、铜壶。1966年拆毁一部分，1983年曾维修。1998年被列为第六批省级重点文物保护单位。（SSJ）

奄古录拱北 奄古录拱北位于循化撒拉族自治县查汗都斯乡大庄村。后边高山，东临悬崖，占地面积500平方米。每年七、八月青海循化、化隆、同仁，甘肃临夏地区的撒拉族、回族、藏族、汉族、保安族的群众多来此地朝拜、祈福。原来有建筑，后被毁。1984年重建砖木结构房屋1座、木结构八角亭1座。1998年被列为第六批省级重点文物保护单位。（SSJ）

乙沙尔清真寺 乙沙尔清真寺位于化隆回族自治县群科镇乙沙二村。初建于明代，现存建筑为清末民初时重修，由唤醒楼、配房、大殿组成。大殿由前廊、前殿和窑殿组成。前廊面宽5间、进深1间，卷棚式屋顶，有看墙与八字墙壁，砖雕荷花、松树等图案。前殿面宽5间、进深3间，七架梁，八角藻井。窑殿面宽5间、进深3间，四抹角梁莲花柱。前后殿为勾连搭歇山顶，山花墙有砖雕悬鱼图案。唤醒楼和配房为1980年后重建。1998年被列为第六批省级重点文物保护单位。（SSJ）

珠固寺 珠固寺位于海北藏族自治州门源县浩门镇南关村。清雍正元年（1723）焚毁，雍正十年（1732）重建，坐西朝东，占地7500平方米。现存建筑有大经堂、小经堂、茶房等。小经堂面宽5间、进深3间，双层单檐硬山顶。大经堂面宽5间、进深3间，硬山顶。茶房2层，下层面宽3间、进深3间；上层面宽3间、进深1间，双层双檐歇山顶。1998年被列为第六批省级重点文物保护单位。（SSJ）

张经寺 张经寺位于互助土族自治县红崖子沟乡张家村。始建于清代，是佑宁寺第一世章嘉扎巴鄂色（？—1641）出生地修建的寺院。四合院落式布局，坐北朝南。现存大殿，面宽3间、进深3间，灰瓦歇山顶，四周有回廊。1998年被列为第六批省级重点文物保护单位。（SSJ）

藏式雕楼建筑群 藏式雕楼建筑群位于

玉树藏族自治州囊谦县扎乡东日尕村。整个村庄为藏式二、三层雕楼式建筑,地方民族特色浓烈。为五层雕楼,顶层已塌,现余四层,内藏珍贵古经卷500多部,明清唐卡、铜佛像等宗教文物130多件。1998年被列为第六批省级重点文物保护单位。(SSJ)

扎藏寺 扎藏寺位于湟源县巴燕乡下寺村。初建于明代晚期,清雍正年间因罗卜藏丹津事件被毁,后重建,成为互助佑宁寺属寺。清同治年间再次毁于兵燹,光绪元年(1875)重建。至1958年以前,存藏式平顶式大经堂1座,面宽3间,进深6间,有佛殿2座及部分僧舍,还有青海湖地区和硕特蒙古7个旗的府邸。在1931年建都兰县以前,一直是青海蒙古二十九旗联合会商政务的中心。1998年被列为第六批省级重点文物保护单位。(SSJ)

当卡寺 当卡寺地处玉树藏族自治州结古镇。相传建于12世纪中叶,1239年左右因旧寺被毁,迁至今址,属噶举派寺院。原有大经堂和拉让各1座,残留大经堂下层。1981年后修复上层,面宽7间,进深9间,占地面积600平方米,为土木结构二层藏式平顶建筑。2004年被列为第六批省级重点文物保护单位。(SSJ)

嘎然寺 嘎然寺地处玉树藏族自治州仲达乡嘎哇沟内。始建于1147年左右,后于1327年左右迁址扩建,并修建名格宗塔一座,属噶举派寺院。藏有较为珍贵的佛像、唐卡及宗教法器。2004年被列为第七批省级重点文物保护单位。(SSJ)

群则寺 群则寺位于玉树藏族自治州称多县珍秦乡察玛村,相传有1000多年的历史。原有修禅静房,14世纪初建经堂、僧舍等,现有大小经堂3座、僧房100余件。保存有鎏金佛像、唐卡、法器等文物100多件。2004年被列为第七批省级重点文物保护单位。(SSJ)

唐龙寺 唐龙寺地处玉树藏族自治州玉树县仲达乡唐龙村后的颇德顿山根。相传该寺由印度著名大学者弥底嘉纳于1036年左右初建,当时属宁玛派寺院。到1430年,由弥底嘉纳二世嘎然江巴·贡嘎益西创建了藏娘桑周寺,故把桑周寺和唐龙寺以母子寺的形式进行管理,并改宗萨迦派。唐龙寺属藏传佛教后弘期时最早建立的寺庙之一,现存佛殿具有尊者弥底之筑造风格,有大小佛堂两座,其中一座16柱佛堂为讲经院。2004年被列为第七批省级重点文物保护单位。(SSJ)

城隍庙 城隍庙地处乐都县碾伯镇西关街,始建于明洪武十九年(1386),原有大殿一座,坐北朝南,面宽3间、进深3间,灰瓦硬山顶建筑。所藏文物有创建庙碑、铜印、宝剑及明代壁画等。2004年被列为第七批省级重点文物保护单位。(SSJ)

东塬古塔 东塬古塔位于民和回族土族自治县川口镇东塬村,是古时川口地区汉传佛教信徒兴建的镇邪护佑一方平安的宝塔,明代时期的古文化遗址。2004年被列为第七批省级重点文物保护单位。(SSJ)

王屯龙王庙 王屯龙王庙地处海南藏族自治州贵南德县东南10千米处的河东乡王屯村。系明代洪武十三年(1380)为守护贵德古城从河州（临夏市）派遣世袭百户王猷率众垦筑寨沿革成村的。庙始建于明代，清道光二十年（1840）扩建，是汉传佛教祭"龙王爷"祈雨之庙。"文化大革命"期间，山门、牌楼、过厅等建筑被毁，大殿和东、西两庑却幸免于难，较好地保存至今。目前，占地面积4064平方米，大殿为硬山式建筑，是清代道光二十年所建（宝梁字迹尚存），通高13米，面阔3间，进深4间，东、西廊房共10间。庙内尚存清代大铁锅1口，咸丰三年（1853）和同治二年（1863）铸造的小钟2个，民国三年（1914）雕刻的石狮1对及石质熏炉等文物。2004年被列为第七批省级重点文物保护单位。（SSJ）

更钦·久美旺博昂欠 更钦·久美旺博昂欠位于黄南藏族自治州尖扎县昂拉乡尖巴昂村一社。始建于乾隆十五年（1750）。整体保存完整，占地总面积800平方米，房屋总面积460平方米。分上、下两层，共有房舍24间，全为木质结构。房屋正中突出部分为经堂，两旁偎依白塔。现为全国政协常委第六世更钦·嘉羊谢巴活佛继任所有。2004年被列为第七批省级重点文物保护单位。（SSJ）

火祖阁 火祖阁地处湟源县城关镇丰盛街口。阁高14米、长14.2米、宽14.2米，为歇山平座四阿重楼式；楼下为穿堂、三开间，灰砖瓦、木结构。始建于清道光年间，重修于光绪三十年（1904）。民国二十年（1931）由县政府悬匾一块，上书"明耻教战"，故改名为明耻楼。中华人民共和国成立后恢复"火祖阁"原名。1983年被湟源县人民政府列为县级省级重点文物保护单位，1985年拨专款进行局部修缮。火祖阁具有典型清代甘青地区楼阁风格，秀雅古朴，雄伟壮观，其雕刻图案华丽，工艺精湛，是青海省境内保存较为完整的阁楼建筑。2004年被列为第七批省级重点文物保护单位。（SSJ）

隆务清真大寺 隆务清真大寺位于黄南藏族自治州同仁县隆务老城区，始建于清嘉庆二年（1797），占地面积6.66万余平方米，建筑面积8000平方米，是为砖木浮雕，工艺精细，具有中国宫殿式古建筑风格，已历经200余年的历史岁月，是县内唯一的一座清真寺院。寺内设有礼拜大殿、唤醒楼、学房、阿文女校、水塘、外格夫房等，是一座历史悠久、规模宏大、风格独特的伊斯兰古建筑。它是同仁历史文化名城的重要组成部分，也是伊斯兰教民族朝拜举行宗教仪式活动的场所和旅游胜地。现存有大量经书，包括哲学、地理、天文、医学等古籍，具有较高的文物价值和科研价值。2004年被列为第七批省级重点文物保护单位。（SSJ）

曲格寺 曲格寺位于河南蒙古族自治县宁木特乡政府所在地——浪琴山下。原名"曲格夏卜旦扎仓"，后改名为"曲格密宗林"，离河南县城西31千米。至今已有320多年历史，建筑面积约7万平方米。坐北朝南，泽曲河流经寺前。寺西200米处，原有河南亲王府，曾是政治、经济、文化中心。1683年，黄河南部的和硕特亲王达日吉博硕克图济农从西藏请来西藏大活佛哇索吉忠巴·阿旺关却乎尼玛来主持修建该寺，后于1710年扩建。寺内藏有西藏地方政府送的《末尼全集》（松赞干布著）、蒋介石为该寺题写的"灵护西陲"匾。2004年被列为第七批省级重点文物保护单位。(SSJ)

清泉下拱北　清泉下拱北又名"凤凰川拱北"，位于平安县巴藏沟乡清泉村村北。始建于清代。占地面积约1100平方米。此建筑群前院在清末民族争斗中被毁，后院保存完整，一中门，二侧门，中门两旁墙壁上砌有"百花图"花卉砖雕图案，所雕图案造型优美，栩栩如生。院内建有一座3开间、进深3间的歇山顶祭殿房，殿顶屋脊为镂空砖花脊，中间置一砖雕凤凰图案。建筑结构精巧，飞檐斗拱，且布局严谨，砖雕、木雕构件尤多，亦有砖雕字对联等语，内容反映的多为道教意思。该建筑在修建风格上大量融合了汉藏等民族的建筑特点，又具有拱北建筑中少有的独特风格，是回族留下的珍贵遗产，为我们研究古代及宗教演变史提供了翔实的史料。2004年被列为第七批省级重点文物保护单位。(SSJ)

下阴田清真寺　下阴田清真寺位于海北藏族自治州门源县浩门河南岸下阴田乡下阴田村。始建于清朝咸丰七年（1857），初建时由于人口少，建为"三转五"三木二砖式砖木结构的礼拜殿，规模较小，后因人口增加，套扩建为双层脊"明三暗五"（前3间套后5间），由前后两层屋脊、六条翼角和两面三刀侧八字壁，拱门组成的砖木结构的礼拜大殿。大殿正脊由砖雕牡丹砌成，宝顶砖雕"金钱葫芦"及大殿模型，飞檐翼角为砖雕龙头、莲花滴水，青砖蓝瓦屋面，殿内四壁镶嵌砖雕花卉图案，拱门顶上绘制着古体《〈古兰经〉文》金粉字。该寺木雕、砖雕技艺高超，做工考究。寺院内现有南北厢房，寺院总面积为1500平方米，大殿面积为172.5平方米。2004年被列为第七批省级重点文物保护单位。(SSJ)

乙什扎寺　乙什扎寺地处化隆回族自治县石大仓乡石大村北8千米。始建于清代，占地面积约5700平方米，属藏传佛教格鲁派寺院，为夏琼寺属寺。现存经堂1座，面宽5间、进深3间，灰瓦歇山顶，僧舍40间。整体结构及部分建筑保护较为完整。2004年被列为第七批省级重点文物保护单位。(SSJ)

山陕会馆　山陕会馆位于西宁市城中区隆巷。始建于清光绪十四年（1888）的东城门外，光绪二十六年（1900）迁建于现址，为山西、陕西商人筹资兴建的行会。山陕会馆原有关帝院、三义院、财神院等建筑布局组成。主要建筑有门楼、戏楼、东西二层厢楼、香厅、关帝殿、三义楼、东西厢房和角楼、财神殿等。现存古建筑有香厅、关帝殿、三义楼、东角楼及部分东西厢房（楼）。主体建筑关帝殿，三开间，二进深，前后廊，歇山顶，雕梁画柱，供奉关羽塑像，上方悬挂"中立不倚"匾额。整体建筑基本保存完好，是西宁市的一处重要历史古迹。2008年被列为第八批省级重点文物保护单位。(SSJ)

班沙尔关帝庙　班沙尔关帝庙位于湟中县甘河滩镇上营村班沙尔关堡及闇（暗）门内。始建于清乾隆二十四年（1759），清同治二年（1863）毁于兵火，清光绪十年（1884）

重建。由照壁、山门、东西廊庑和大殿组成的一个小巧玲珑的古建筑群，布局紧凑，建筑及装修较为华丽，砖、木雕精美流畅；两进院落，占地面积近1000平方米，建筑面积约350平方米。庙内还存有清代古钟、铁磬、铁香炉、帐幔等文物，是代表清代后期地方寺庙建筑的实物例证。2008年被列为第八批省级重点文物保护单位。（SSJ）

宏善寺 宏善寺位于民和回族土族自治县西沟乡凉坪村。始建于明末清初，属岩洞寺庙，毁于战乱，现今洞址尚存。后移建于现西沟乡地官村，亦毁于战火，最后移寺于现址。现存为院落式建筑布局，占地面积6000余平方米，由山门、大经堂（高3层，面阔3间，进深5间，面积760平方米，砖木结构，装饰精美，汉藏结合建筑风格）、小经堂（两院式建筑，占地面积为887平方米）、东西厢房等组成。因该寺在清代规模宏大，地位很高，因此所藏文物极为丰富，主要有明宣德五年（1430）二龙戏珠钹、顺治皇帝赐"灌顶普慧宏善大国师"匾额，皇袍、念珠、佩剑、佛像、法器和内装有三洛桑二世佛骨的金质舍利塔，康熙皇帝御赐该寺大经堂的"慈云殿"匾额，同治皇帝御赐该寺的"法轮大转"匾额等珍贵文物。该寺不仅是代表清代寺庙建筑的实物例证，而且其寺藏文物对研究当地历史、宗教等发展演变有重要价值。2008年被列为第八批省级重点文物保护单位。（SSJ）

马营清真大寺 马营清真大寺位于民和回族土族自治县县城以南64千米处的马营镇马营村。始建于清代咸丰年间，同治十一年（1872）进行翻修，民国二十至二十三年（1931—1934）又一次进行大规模修建。占地面积7.9834万平方米，"文化大革命"期间建筑大多被毁。1980年起在原址上重建全木质结构、前卷棚、后歇山式屋顶礼拜大殿，可容纳1600余人礼拜。大殿正面是一座高35米的四层全木质结构的唤醒楼，南北建有飞檐翘首悬柱的阁楼各18间，另有牌坊、山门等建筑。建筑装修繁缛细腻，砖、木雕精细。寺内藏有大明宣德炉1件、清代阿拉伯文教法经典1部，保存完好。该寺院布局严谨，建筑主体及装修精美，具有明显的河湟地区伊斯兰教殿堂风格。2008年被列为第八批省级重点文物保护单位。（SSJ）

街子撒拉千户院 街子撒拉千户院位于循化撒拉族自治县街子乡团结村。建于清光绪六年（1880），由当时的撒拉族街子千户头人五爷保所建。方形院落布局，高筑土夯围墙，占地面积399平方米，建筑面积65平方米。正北中央为三间带前廊正房，为传统的土木混作带前廊平房，建在1米高的台阶上，直摘窗，四扇棋盘门，木板铺地，前檐门窗及雀替、云版等布列镂、浮雕花纹，装修华丽。东北建有2间角楼，正南为5间平顶房屋，西建3间伙房、2间仓库，中设二进院通道大门，形成严谨的四合院式布局庄户。院中建方式花坛，开有古井一处。整个庄户显得紧凑严谨，古朴祥和，是展示清代撒拉族庄户建筑风貌的实物见证。2008年被列为第八批省级重点文物保护单位。（SSJ）

孟达撒拉族古民居群 孟达撒拉族古民居群位于循化撒拉族自治县孟达乡大庄村。明清民居式古建筑群。包括马进民（占地640平方米，建筑面积340平方米）、马胡三（占地640平方米，建筑面积110平方米）、马进财（占地650平方米）、马伊斯马理（占地620平方米）四户院落及住宅。古民居基本保存了原建历史风貌，坐北朝南，建筑布局有三合院式、拐角式、横字式等；主楼均为二层楼阁，穿斗式木构架，其建筑布局、结构、装修等吸收了回、汉、土等民族的民居建筑做法，装修华丽，木、砖雕精美。而且具有一定的民族和地域特色，如为减轻重量、节约材料，采取在部分墙体上用木桩、树条编织成"条席"，再在其两面施以泥背的做法，有人称其为"篱笆楼"。是反映明清时期循化撒拉族古民居建筑特色的代表性建筑，具有很高的研究价值。2008年被列为第八批省级重点文物保护单位。（SSJ）

合然寺 合然寺位于循化撒拉族自治县尕楞乡合然村西山高地上。由隆务寺第一世堪庆·更登尖措活佛于清康熙四十二年（1703）创建，藏传佛教寺院。占地面积近2000平方米，以土墙合围。主要建筑有大经堂和弥勒佛殿，附属建筑有木质阁楼、伙房、僧舍、大门。弥勒佛殿和大经堂建筑形制具有藏汉合璧的特点，为硬山建筑，两侧配有角楼；二殿内墙壁及廊内墙壁绘有众多版画，绘画线条流畅，色泽艳丽，内容丰富，技艺高超，是青海省境内保存完好的清初壁画。据悉绘画和殿内塑像由热贡艺术祖师、著名藏画大师加毛·洛桑华旦亲自主持绘制和塑造。建筑布局紧凑，壁画、版画、塑像精美，有较高的文物价值。2008年被列为第八批省级重点文物保护单位。（SSJ）

威远镇文昌阁 威远镇文昌阁位于互助土族自治县威远镇大寺路村。明洪武十三年（1380）初建，属道教寺庙。据考证，此阁原建在毛蜡坑（即芦苇塘）上，后当地民众在原地用土筑起一个土墩，文庙就建在土墩之上，其势更加雄伟壮观。约占地面积1万平方米，坐东面西，为院落式布局，由山门、墩基、文庙、围墙组成。主体建筑建在高4米、长13.2米、宽11.9米的土墩之上，建筑平面为正方形，有回廊，歇山顶，柱头有斗拱，廊檐装修为几腿罩，直格圆窗装修，榄墙和山墙砖雕立体感强，彩绘古朴。现藏文物有文昌大帝壁画、文昌及其神童翡玉佛像一尊、孔雀伞、春秋大刀、教板、红铜香炉、文昌大洞经一部等珍贵文物。建筑布局紧凑，地方特色浓郁，具有较高的文物价值。2008年被列为第八批省级重点文物保护单位。（SSJ）

扎隆寺 扎隆寺位于互助土族自治县加定镇扎隆沟村。清顺治十年（1653）由一世嘉仪活佛在扎隆沟白石滩上修建该寺，属藏传佛教格鲁派寺院。初建昂欠（活佛府邸）、经堂各1座及部分僧舍等建筑。占地面积约2万平方米，二进院落，由大经堂、小经堂、山门、过厅楼、嘛呢康、吉哇昂（活佛府邸）、僧舍等建筑组成。主要建筑大经堂由一世嘉仪活佛大师亲自设计、筹建，由24根均匀的通天木柱支撑，共三层，三转七结构，歇山屋顶,面积810平方米。建筑精美壮观,形制为汉藏合璧建筑,装修华贵精美,壁画细腻流畅,寺藏文物丰富,是代表清代地方寺庙建筑的实物例证。2008年被列为第八批省级重点文物保护单位。(SSJ)

姚马村龙王庙 姚马村龙王庙位于互助土族自治县东沟乡姚马村,清光绪三年(1877)建造。占地约3000平方米,院落式建筑布局,由山门、大殿(龙王殿,面积340平方米)、西小殿(马王殿,面积200平方米)、北厢房、照壁等组成。大殿面宽11.8米、进深9米,灰瓦歇山顶;西小殿面宽10米、进深8.1米,灰瓦歇山顶。大殿和小殿的屋顶式样均为硬山顶,大殿正脊脊筒镂空雕刻,小殿正脊脊筒为浮雕,两垂脊装饰有吻兽,雀替、阑额均有浮雕花卉。小殿槛墙用方砖砌成"人"字形图案,浮雕装饰,建筑彩绘古朴。庙内藏清代龙旗40面、明盒1个、唐卡14幅、金身佛3尊,以及海螺、锣、鼓、镜等。是代表清代末年地方寺庙建筑的实物例证,具有一定的历史和文物价值。2008年被列为第八批省级重点文物保护单位。(SSJ)

互助总寨关帝庙 互助总寨关帝庙位于互助土族自治县沙塘川乡总寨村。清乾隆十八年(1753)建造,后陆续扩建,属道教寺庙。院落式布局,坐南朝北,总占地面积为2800平方米。建筑平面呈长方形,总建筑面积为345.07平方米,由文昌魁星阁楼、山门、照壁、过庭、关帝殿、三官殿、娘娘殿等组成,这些建筑群建在一条中轴线上,屋顶式样均为硬山顶。以照壁、关帝殿、三官殿最为出名,装修装饰繁缛华丽,砖、木雕精美细腻。附属文物有方块照壁一座、大禹治水壁画、三国演义故事壁画、八仙过海壁画等。建筑布局紧凑,地方特色浓郁,具有较高的文物价值。2008年被列为第八批省级重点文物保护单位。(SSJ)

松多乡慧宁寺 松多乡慧宁寺位于互助土族自治县松多藏族乡十八洞沟村。元妥懂帖睦尔十年(1344),在西宁州同知李南哥倡议下始建,慧宁寺意为"慧及西宁",藏传佛教寺院。经清雍正十年(1732)和乾隆三十一年(1766)两次搬迁至现址。占地面积为8670平方米,平面呈梯形,东西长,南北短。主要建筑有经堂(155平方米)、山门(29平方米)、龙门、过厅、殿康(23平方米)、伙房(19平方米)、僧舍(40平方米)等组成。建筑规模宏伟,藏汉合璧式建筑形制,装饰装修精美华丽。寺内明、清及民国时期佛像、法器、供物等文物精品众多;壁画彩绘笔法惟妙惟肖,栩栩如生,具有较高的绘画艺术价值。建筑精美,壁画细腻,寺藏文物丰富,具有较高的文物价值。2008年被列为第八批省级重点文物保护单位。(SSJ)

甘禅寺 甘禅寺位于互助土族自治县巴扎藏族乡抓什究村东3千米的甘禅台上。坐北朝南,依山而建,属藏传佛教格鲁派寺院。清顺治十年(1653),由四世班禅洛桑却吉坚赞的弟子丹玛智平慈诚嘉措始建。现存的主要建筑有佛殿(又名密宗佛殿,占地面积843.21平方米,重檐歇山式屋顶)、学经院(占地面积为215.3平方米,二层阁楼式)、八佛塔

（占地面积为216.5平方米。南北宽5.4米，东西通长40.1米，佛塔平面呈边长为5.4米的正方形）、大经堂遗址（占地面积1050平方米，保存着大经堂的柱基石原始布局）、丹玛佛囊（位于巴扎乡青冈峡中段东侧的悬崖峭壁间，其主室为一天然大石洞，为活佛的净修地）、巴扎佛囊、官巴湾经堂。有大量宗教法器、供器、造像、唐卡等珍贵文物。具有既有精美殿堂、佛塔等建筑，又有洞窟、历史建筑等遗存的特色，文物价值明显。2008年被列为第八批省级重点文物保护单位。（SSJ）

白佛寺 白佛寺位于海北藏族自治州海晏县青海湖乡同宝村。面积约8000平方米，明万历十一年（1583），即建帐房寺1座；民国五年（1916），第七世拉茂根敦丹增诺布在达如玉部落头人和广大信教群众的支持下，在现址开始兴建土房白佛寺，历时4年竣工，属藏传佛教格鲁派（黄教）寺院。寺院依山而筑，"文化大革命"中，大部分建筑被毁，现存主要建筑有白佛寺活佛府邸、大经堂、小经堂、僧舍、八达如意塔等，建筑面积约800平方米，建筑形制大多为藏汉合璧式，辉煌精美。同时，寺院还存有大藏经、金刚经、甘珠尔全套经法、大小佛像千余座、唐卡千余幅、如意宝珠、麟祥法轮、长号角、鎏金铜狮子及大象、景泰蓝器具等珍贵文物。是代表清代藏传佛教寺院建筑的实物例证，对研究当地历史发展演变有较为重要价值。2008年被列为第八批省级重点文物保护单位。（SSJ）

阿柔大寺 阿柔大寺位于海北藏族自治州祁连县阿柔乡政府东侧。坐北朝南，清顺治十二年（1655）建成，是县境内最大的藏传佛教格鲁派寺院，总占地面积1.8万平方米。"文化大革命"开始后，关闭寺院，部分建筑被拆。1982年再次开放，现存建筑有砖木结构藏式大经堂1座（占地面积270平方米）、小经堂1座（占地面积200平方米）、佛塔8尊、经轮棚（嘛呢康）8间、僧舍50间，建筑形制大多为藏汉结合式，金碧辉煌，装修精美。藏有《大藏经》《管杰日经》等大量经文，各类铜像千尊，还存有《阿柔寺院及部落史概论》等珍贵藏文文献。是代表清代藏传佛教寺院建筑特点的实物，其寺藏文物对研究当地民族宗教发展演变有一定价值。2008年被列为第八批省级重点文物保护单位。（SSJ）

沙陀寺 沙陀寺位于海北藏族自治州刚察县泉吉乡年乃索麻村。清顺治十年（1653）按五世达赖喇嘛罗桑嘉措意愿修建，为帐篷寺院。乾隆三十五年（1770）后逐步扩建。目前建筑主要有山门、四臂观音殿（面宽3间、进深1间，歇山式屋顶）、大经堂（典型的藏式建筑风格，占地面积1000平方米）、嘛呢康、大藏经石经墙（长200米、高2米、宽3米，约108万块石块，每块上都刻有大藏经《甘珠尔》经文）、嘛呢经石经墙（有2条，每条20多条，约有7.5万块石）、八吉祥塔（底座为3.5米×3.5米的正方体，塔身高7米）等。收藏有佛像、法器、供物、经卷等珍贵文物达1000余件。建筑精美，并有石经墙等附属文物，寺藏文物丰富，对研究当地民族宗教发展演变有一定价值。2008年被列为第八批省级重点文物保护单位。（SSJ）

千卜录寺 千卜录寺位于海南藏族自治州共和县廿地乡曲什纳村。建于清顺治四年（1647），为藏传佛教格鲁派寺院。当时为帐房小寺，康熙十年（1671）建成殿堂寺院。现占地面积约3.3万平方米，建筑布局依山势布排，错落有致、蔚为壮观。"文化大革命"时大部分建筑被毁，现存建筑主要有经堂2座、佛堂1座、转经廊房23间、活佛府邸及僧舍等房屋建筑236间。建筑大多为藏汉结合式，装饰华丽，装修精美。藏有明、清、民国时期宗教法器、供器、经卷、历史文献、高德专著、唐卡、印章等众多珍贵文物。该寺是代表清代藏传佛教寺院建筑的实物例证，寺藏文物丰富，对研究当地民族宗教及历史发展演变有较为重要价值。2008年被列为第八批省级重点文物保护单位。（SSJ）

鲁仓寺 鲁仓寺位于海南藏族自治州贵南县城西北约2千米的茫曲河畔。是以清初的讲经点发展而成，于清光绪十六年（1890）建成，为藏传佛教寺院，占地面积约115000平方米，建筑布局依山势布排，错落有致、蔚为壮观。"文化大革命"中部分建筑被毁。现存建筑主要有大经堂、弥勒佛殿、小经堂、活佛府邸、僧舍等，总计338间，总建筑面积6605平方米。大多数建筑具有藏汉结合式的特点，装饰华丽，装修精美。藏有大量宋、明、清及民国时期宗教法器、供器、经卷、唐卡、生活用品等珍贵文物。是代表该地区清代末年藏传佛教寺院建筑的实物例证，建筑规模宏大，寺藏文物丰富，具有一定的历史和文物研究价值。2008年被列为第八批省级重点文物保护单位。（SSJ）

也龙寺 也龙寺位于海南藏族自治州兴海县河卡镇以西15千米处，建于清光绪十年（1884），为藏传佛教宁玛派寺院。现占地面积约5000平方米，建筑布局依山势而建，平面布排较为随意。"文化大革命"中部分建筑被毁。现存建筑主要有大经堂、嘛呢佛堂、佛塔、活佛府邸及僧舍等。建筑形制分为藏式、藏汉结合式两种，大经堂为藏式二层平顶式样，面积308平方米；嘛呢佛堂为藏汉结合式歇山顶形制。寺外有高1米、宽2.5米、长40余米的石经墙。藏有宋至民国时期的宗教法器、供器、经卷、唐卡等众多珍贵文物。是代表清代后期该地区藏传佛教寺院建筑的实物，寺藏文物众多，具有较为重要的研究价值。2008年被列为第八批省级重点文物保护单位。（SSJ）

禅古寺 禅古寺位于玉树藏族自治州玉树县结古镇禅古村的禅古山腰。初建于12世纪的南宋时代，藏传佛教噶举派寺院，占地面积约3万平方米，建筑布局依山势布排，远远望去，层层叠叠、错落有致、雄伟壮观。"文化大革命"中大部分建筑被毁。现存建筑主要有大经堂2座、护法殿4座、白塔32座、闭关室3座，另有活佛府邸、僧舍等，总建筑面积6730平方米。建筑式样有藏式、藏汉结合式，装饰华丽，装修精美，藏有大量宋代至民国时期宗教法器、供器、造像、经卷、唐卡、生活用品等珍贵文物，是该地区早期藏传佛教寺院建筑的实物，具有鲜明的康巴地区石砌雕楼特点，寺藏文物众

多，具有较为重要的研究价值。2008年被列为第八批省级重点文物保护单位。(SSJ)

王家寺 王家寺位于黄南藏族自治州同仁县曲库乎乡西北5千米的木合萨村北山坡上。坐西朝东，是青海最大的雍仲本波教寺院。约建于15—16世纪，由却毛活佛所建。现存建筑主要有大经堂、智巴扎仓佛殿（修行院）、三宝供养佛殿等，占地面积1.3万多平方米，为典型的藏式建筑。收藏文物非常丰富，有雕像、彩绘、旧唐卡、法器、木刻雕版和古籍等具有极高文物价值的藏品。此外，文化内涵比较丰富，对研究藏族原始佛教起源、流派、传播等具有一定的研究价值。2008年被列为第八批省级重点文物保护单位。(SSJ)

二郎庙 二郎庙位于黄南藏族自治州同仁县隆务镇中街。始建于清光绪十六年（1890），坐西朝东，占地面积1180平方米，建筑面积925平方米。道教寺庙。整体结构为四合院格式，现存建筑主要有大殿（院内西侧，汉式木结构，采用彩栋架撑，正檐雕花，歇山瓦屋面，大殿出檐的暗弓榫式木架结构，南北两边为青砖雕刻的花卉及其他艺雕，建筑面积167平方米）、财神殿（描檩悬扦雕花板，9层出檐平顶楼房，5间，建筑面积378平方米）、大门及木结构平房（建筑面积110平方米）。其南北两边青砖浮雕花卉和其他艺雕与木架结构融为一体形成独特的建筑艺术。建筑保存基本完整，建筑结构别具一格，地处隆务古城中心地带，成为汉、藏、土、回等各族群众相互联系、团结的纽带，具有较高的文物建筑价值和历史、文化研究价值。2008年被列为第八批省级重点文物保护单位。(SSJ)

圆通寺 圆通寺位于黄南藏族自治州同仁县隆务镇隆务老街区中心地段。前身是明清时期修建的隆务中街二郎庙，民国三十五年（1946）在民主街选址重建圆通寺。属道教寺庙。寺院依地势而建，坐西向东，其占地面积为1582.86平方米，建筑面积为900平方米，汉式建筑风格。现存建筑主要有大殿、观音殿、山门、北楼等，其中顶层的观音菩萨大殿，建筑面积为180平方米，是一座典型的汉式风格的古建筑，其两侧的青砖浮雕实为古建筑民间工艺的珍品。第二阶层为土木结构的中原式楼阁23间，是专供商户、工匠艺人居住和各族群众进行商贸的店铺，其正中一间为魁星阁。建筑气势磅礴，层次分明，古朴典雅，具有较高的历史、文化、艺术研究价值。2008年被列为第八批省级重点文物保护单位。(SSJ)

西关寺 西关寺位于黄南藏族自治州同仁县东北31千米处，藏语全称"西关德钦却吉颇章"，意为"西关大乐法殿"。俗称"晶寺"，得名于寺院所在山上多有晶体石头。藏传佛教寺院。在今双朋乡北10千米还主村后的西关山坡上有一岩洞，谓之"仙人洞"。坐南朝北，占地面积为9.99万平方米，"文化大革命"中大部分建筑被毁。现存建筑主要有经堂、弥勒殿、护法殿等殿堂5座200余间，昂欠（活佛府邸）2院80间，僧舍30院约1000间，均为藏式建筑。珍藏有大量的珍贵藏传佛教文物。建筑精美，寺藏文物众多，

具有较为重要的研究价值。2008年被列为第八批省级重点文物保护单位。(SSJ)

古浪仓故居 古浪仓故居位于黄南藏族自治州尖扎县坎布拉镇直岗拉卡村,坐南面北。始建于清嘉庆年间（1796—1821）,民国十二年（1923）彩绘。是古浪仓大师的行宫,为二进式院落,占地面积4238平方米,由前、后院落及二层回廊木质楼房组成,后院为花园。目前围墙、院落保存完好。房舍面阔3米、进深6米,硬山式屋顶。小楼建筑古朴典雅,二层楼房共有26间,东、西偏房10间,屋顶为歇山顶,正脊卷筒镂空雕刻,两侧为砖雕,两垂飞檐脊装饰有兽、雀替,斗拱均雕花卉图案。现保存有佛像、唐卡、法器、经书、民俗用品等珍贵文物100余件。其建筑具有清末及民国时期甘青地区私宅建筑风格,布局严谨,装修精美,具有一定的历史和文物研究价值。2008年被列为第八批省级重点文物保护单位。(SSJ)

康杨清真寺 康杨清真寺位于黄南藏族自治州尖扎县康杨镇沙力木、巷道、宗子拉三个行政村中间,距县城24千米。始建于明永乐年间,明弘治二年（1489）被毁,清康熙四十六至五十五年（1707—1716）重建。占地面积7500平方米,建筑面积3500平方米,由唤醒楼（砖木结构,五层圆顶）、礼拜大殿（建筑面积700余平方米、面阔7间、进深9间、前卷棚后歇山式屋顶）、经学堂、澡堂等组成。寺院砖、木雕刻艺术精湛,唤醒楼造型独特,大殿内藻井形制（二层八角吊柱式木雕"万民伞"）堪称省内一绝,整体建筑具有清代甘青地区清真寺建筑风格,具有一定的历史及建筑文物研究价值。2008年被列为第八批省级重点文物保护单位。(SSJ)

香扎寺 香扎寺位于河南蒙古族自治县柯生乡政府西南角。清光绪十六年（1890）经黄河南部蒙古亲王批准,第四世香扎班智达选址修建,占地面积20余万平方米。光绪三十四年（1908）,西宁知府将香扎寺作为祝寿寺献给光绪皇帝,光绪皇帝颁诏书赐予官印,赐寺名为"静虑寺"。"文化大革命"中大部分建筑被毁。目前主要建筑有经堂、佛堂6座,僧舍55处,5座昂欠（活佛府邸）,6座神殿。建筑风格为藏式土石木结构,建筑别致典雅、古朴简洁、层次分明。有佛像、间唐、绸缎唐卡、藏文古籍经典、乾隆皇帝封香扎活佛为"诺门汗"时赐予的金印、钵盂等珍贵文物。具有一定的与古代印度、尼伯尔宗教建筑和藏传佛教建筑风格相结合的特点,有一定的历史及建筑文物研究价值。2008年被列为第八批省级重点文物保护单位。(SSJ)

李九村古建筑群 李九村古建筑群位于西宁市湟中县甘河滩镇李九村,建于明、清时代。2013年被列为第九批省级重点文物保护单位。(SSJ)

侍郎庙 侍郎庙位于西宁市湟中县田家寨镇田家寨村,建于清代。2013年被列为第九批省级重点文物保护单位。(SSJ)

宗喀巴母亲故居 宗喀巴母亲故居是藏传佛教格鲁派创始人宗喀巴大师的故居,位于西宁市湟中县共和乡苏尔吉村。为普通农家庭院,建筑风格相当平凡,保存完整,酥油灯光

常明，这是"玛尔仓"家族的荣耀。2013年被列为第九批省级重点文物保护单位。(SSJ)

一世夏日仓故居 一世夏日仓故居位于同仁县隆务镇隆务村。一世夏日仓活佛生于明万历三十五年（1607），四五岁时随兄长曲巴仁波切学习藏文写读，十一岁时，随兄到拉萨，在甘丹寺拜见了达隆札巴。达隆札巴给他取法号为噶丹嘉措。噶丹嘉措于1630年主持隆务寺，被认为是西饶尼玛的转世，称一世夏日仓活佛。夏日仓活佛故居，名为珍宝持舟，是历代夏日仓活佛驻锡之处。起初只建有文殊殿和噶丹嘉措大师的两间卧室。第三世夏日仓活佛更登成列热杰在1793年扩建，新增了正厅，取名赡部尊胜。四世夏日仓罗桑曲扎嘉措1823年又新修了小厅，取名吉祥多门。此外，还兴建了供堂和护法殿。1890年，六世夏日仓活佛罗桑丹必坚参将二厅合二为一，其上新建两层，占地12间，取名圆满大厅。七世夏日仓活佛时重建了寝宫，名为"善聚宫"。现在的建筑为八世夏日仓活佛丹增久美噶丹2003年重建。2013年被列为第九批省级重点文物保护单位。(YH)

卓木其格秀拉康及藏式碉楼群 卓木其格秀拉康及藏式碉楼群位于玉树藏族自治州称多县尕朵镇卓木其村。卓木其村坐落在通天河东岸，村里有著名的格秀经堂、宗教壁画等遗址。格秀经堂已有1000多年历史，早先是一座苯教祭祀场所，后来被佛教所代替，经堂壁画中因此有大量佛像出现。村里的很多藏式碉楼都建在高高的山坡上，石板石块砌成，有些砌工极细，美观大方结实。多为两层，有些为一层。两层者下养牛羊，作为畜圈，上为人的住房。2013年被列为第九批省级重点文物保护单位。(MDM)

布由藏式碉楼 布由藏式碉楼位于玉树藏族自治州称多县尕朵镇布由村。布由村的建筑各不相同，村东有一幢建筑名为"布由加国"，是一座三层的石砌古碉楼，总面积600多平方米，下部宽，顶部窄，依地形坡度按阶梯形建造，每层都有可以通到外面的独立的大门。碉楼共有40余间房，内部结构复杂而有序。房间的功能设置各不相同，有储粮室、储盐室、储茶室、马厩、草料房、工具房、客房、厨房、藏经阁、佛堂、酸奶加工房、磨房、卫生间等，并设有很多观察瞭望口，属于典型的石木框架结构藏式古建筑。2013年被列为第九批省级重点文物保护单位。（MDM）

吉日沟古塔 吉日沟古塔位于玉树藏族自治州杂多县昂赛乡年多村。始建于宋代。塔基由石块垒砌，塔身由土块垒砌，外由高山柳编织绳缠绕固定，塔顶由木封顶。在涂有泥浆的塔上面，绘有色彩古朴清晰、线条明快流畅的千佛像和类似山神或护法神的画像，古塔群遭到自然损毁及人为破坏严重。2013年被列为第九批省级重点文物保护单位。(YH)

东囊喇钦寺 东囊喇钦寺位于玉树藏族自治州囊谦县东坝乡吉塞村，原称"东囊寺"。始建于元延祐五年（1318），后分建为由大活佛主持的东囊喇钦寺和小活佛主持的东囊喇琼寺。总面积82040平方米。现存有326平方米、二层石木结构的藏式平顶大经堂，

100平方米的护法殿，488平方米的闭关院，1349平方米的讲经院等几处古建筑，均保持原有的建筑布局和内部空间结构。2013年被列为第九批省级重点文物保护单位。(MDM)

隆宝百户府邸 隆宝百户府邸位于玉树藏族自治州玉树县仲达乡电达村。隆宝百户是囊谦王（即囊谦"千户"，是管理整个玉树地区的官员）所辖三十员百户之一，管理百热、隆多、隆美、拉扎、代塔等五个辖区。隆宝百户官邸是一座木结构为主体的藏式建筑，始建于18世纪末，占地面积约1200平方米。主体建筑为四层楼19间，分客厅、寝室、厨房、卫生间、佛堂、粮仓、肉仓、牢房，先后住过六代百户。隆宝百户官邸建筑有着康区藏式建筑风格和藏传佛教建筑文化特色。2013年被列为第九批省级重点文物保护单位。(MDM)

然格寺 然格寺位于玉树藏族自治州玉树县小苏莽乡江西村。创建于明代，距今已有近400年的历史。寺内大经堂于同年建成，是一座长20米、宽18米、高10米的三层石木结构楼房。然格寺大经堂内绘制宗教壁画，面积约有400平方米，其内容主要以千尊莲花生大师画像为主，壁画线条流畅，色彩明快，不过分渲染，明显带有明代早期康区宗教绘画的艺术特色。2013年被列为第九批省级重点文物保护单位。(SSJ)

4. 石窟寺及石刻

北禅寺 北禅寺位于西宁市城北区北山。北魏雕凿。据《水经注》、清乾隆《西宁府新志》（卷十五）等载，北魏时已建有"土楼神祠"。后历代开凿洞窟，修建庙宇，至清代成为有"九窟十八洞"的佛、道等多种宗教的汇集地。1958年后多次被毁，现仅存一尊"露天金刚"石像，高约45米。部分洞窟内残存佛、菩萨、比丘、弟子等壁画。山顶有一座高约8米密檐式砖塔——宁寿塔。1982年后逐渐恢复重建，以道教为主，名"土楼观"。1986年被列为第四批省级重点文物保护单位。(SSJ)

巴哈莫力岩刻 巴哈莫力岩刻位于海西蒙古族藏族自治州都兰县香加乡东巴哈莫力沟内。唐代雕凿。画面长7米、宽4米，凿刻内容有鹿、羊、蛇、马、驴、鸡、太阳及汉藏文字等。1986年被列为第四批省级重点文物保护单位。(SSJ)

哈龙沟岩画 哈龙沟岩画位于海北藏族自治州刚察县泉吉乡哈龙沟。南北朝至唐代，雕凿于沟内3000米处的花岗闪长岩山冈上。山冈高约30米，海拔3400米。制作在6块岩石表面上，共17个形象，均以磨划法制成。分甲、乙两区，甲区有4幅，为虎、牛、鹿等动物图形；乙区1幅，内容为人牵骆驼图形，岩画有轻微破坏。1986年被列为第四批省级重点文物保护单位。(SSJ)

舍卜齐沟岩画 舍卜齐沟岩画位于海北藏族自治州刚察县吉尔孟乡舍卜齐沟。唐代凿刻于沟内一块高2.8米、宽3.4米的岩石上。岩画风蚀剥落，现存30幅图像，主要有牛、羊、狼及马拉车、狩猎等图形。凿刻方

法为垂直打击法。1986年被列为第四批省级重点文物保护单位。（SSJ）

岗龙沟石窟寺 岗龙沟石窟寺位于门源回族自治县克图乡巴哈村。唐代雕凿于东西长100米、高15米的红砂石崖上，现存释迦牟尼佛像1尊，高1.2米、宽1.8米。石塔1座，莲花座，覆钵式塔身，开眼光门。十三天相轮，日、月塔刹，通高6米、宽2米。附近刻有藏文经文和六字真言及小石塔、小佛像等。1988年被列为第五批省级重点文物保护单位。（SSJ）

岗龙沟岩画 岗龙沟岩画位于门源回族自治县克图乡巴哈村岗龙沟。1988年被列为第五批省级重点文物保护单位。（SSJ）

湖李木沟岩画 湖李木沟岩画位于海南藏族自治州共和县黑马河乡然去乎村东15千米。唐代雕凿在两级台地衔接处的红砂岩断面上，高于河床约20米。刻法分垂直凿刻、倾斜凿刻两种，有牛、鹿、马、狗、豹、狼等50多幅动物图像。1988年被列为第五批省级重点文物保护单位。（SSJ）

鲁茫沟岩画 鲁茫沟岩画位于海西蒙古族藏族自治州天峻县天棚乡鲁芒沟内。唐代雕凿，共3处，总面积约22.1平方米，共79个画面。凿刻有马、牛、山羊、骆驼、猪、狼等动物图案。第一处岩画有52个形象，高3.2米，宽3.2米；第二处岩画有7个形象，高4.2米，宽2.7米；第三处岩画高2.8米，宽1.6米。年代为青铜时代至汉代。1988年被列为第五批省级重点文物保护单位。（YH）

切吉岩画 切吉岩画位于海南藏族自治州共和县切吉乡东科村三社。唐代雕凿在山顶上零散的细砂岩石上，共有画面10余幅，内容有羚羊、牦牛、鹿等。系采用垂直敲击点刻与磨刻方法。1988年被列为第五批省级重点文物保护单位。（SSJ）

寺台石窟寺 寺台石窟寺位于平安县寺台乡寺台村西。宋代开凿于红砂砾石崖上，高出地面5米余，共有5窟，其中4窟保存较好，1窟已坍塌。洞窟平面皆长方形，窟内有泥塑佛像及部分壁画，其余壁画已脱落残损，壁画风格似为宋代作品。1988年被列为第五批省级重点文物保护单位。（SSJ）

水峡石刻 水峡石刻位于湟中县上五庄乡水峡林场。清代雕凿，共有佛像7尊，左边一组为释迦、弥勒、燃灯三世佛像，右边一组为塔尔寺前四世赛多活佛像，佛像前有一组用花岗巨石凿成的石供桌及供器。1998年被列为第六批省级重点文物保护单位。（SSJ）

然吾沟石窟及经堂 然吾沟石窟及经堂位于玉树藏族自治州玉树县结古镇然吾沟村。石窟建在山腰中，窟内石壁上有佛像等石刻遗迹，相传为唐代莲花生大师主持开凿。石窟旁现存有宁玛派古寺院遗址；石窟下山脚建有大小经堂三座及僧舍、伙房等建筑，均为玉树地区藏传佛教传统的土木结构；寺内有珍贵的历代唐卡、佛像、高僧灵塔、各类法器等文物。2004年被列为第七批省级重点文物保护单位。（SSJ）

洛多杰智合寺及其石窟 洛多杰智合寺及其石窟地处黄南藏族自治州尖扎县马克唐

镇。据传为藏传佛教后弘期发祥地之一，原来由洞窟和木构建筑两部分组成，木构建筑已毁，遗迹尚在。开凿在陡峭的黄褐色泥质岩上的长方形洞窟32座，洞的左右及洞顶有木结构建筑痕迹。2004年被列为第七批省级重点文物保护单位。（SSJ）

当旦石经墙及佛塔 当旦石经墙及佛塔位于玉树藏族自治州玉树县结古镇。刻凿于清代，石经墙周长100多米，高2米多，雕刻内容主要为大藏经的甘珠尔、丹珠尔、六字真言、佛像等，具有非常高的艺术价值和文物价值。当旦佛塔位于石经墙东部，塔体通高19米，方形塔基，边长20米。佛塔始建于明代晚期，清代道光年间进行过维修，改革开放后由尼玛多杰活佛筹资进行过小型维修。塔身内供奉有鎏金噶当塔、鎏金佛像、法器经卷等文物。具有很高的价值。2004年被列为第七批省级重点文物保护单位。（SSJ）

湟源峡题字石刻 湟源峡题字石刻位于湟源县几处峡谷公路边山崖上。是清代和民国时期地方官员和重要历史人物的题刻，共有7处，主题28字，分别是"海藏咽喉"（两处）"山高水长""转危为安""海藏通衢""山清水秀""劈山开道"等，题、刻者有清嘉庆年间（1796—1821）西宁道尹鄂云布、光绪年间（1875—1909）朝议大夫靳宝庆、丹噶尔（今湟源）知县张晖易、靳学书等。主题石刻字体苍劲有力，字高（宽）在0.3～0.9米。石刻题字不仅具有较高的书法、镌刻等艺术价值，而且在研究湟源在沟通中原内地与西南地区各民族之间来往中所起到的交通要道作用、相关历史事件等方面有重要价值。2008年被列为第八批省级重点文物保护单位。（SSJ）

夏日哈石经墙 夏日哈石经墙位于海西蒙古族藏族自治州天峻县新源镇东北约20千米处。自民国初年开始在石板上镌刻、垒砌，现占地面积64.6平方米，呈四方形，另有石经墩（沓木多）1个。墙高2米、宽1米，西墙长86.4米、北墙长76.4米、东墙长80.4米、南墙长79.4米、周长322米，各墙外侧共有高0.6米、宽0.7米、深0.4米的佛龛508孔。经文石方约500立方米。镌刻藏文《甘珠尔》和《大藏经》，共7108部。院门左右设有2个大嘛呢经轮和12个小嘛呢经轮。该石经院造型独特，具有显著的地方石刻特色，是研究当地历史、民族和宗教发展演变的重要实物例证。2008年被列为第八批省级重点文物保护单位。（SSJ）

江欠甘珠尔石经墙 江欠甘珠尔石经墙位于玉树藏族自治州治多县治渠乡治加村江欠沟内的江欠河西岸。始于12世纪的南宋时期，后经历代活佛、僧侣、信教群众数百年的雕刻、堆垒，直至中华人民共和国成立前才完成了《甘珠尔》佛经前后两遍的雕刻工程。现保存形状为人工堆积的长方形石经墙，此墙宽8.2米、高2米、长330米，占地面积2700余平方米。石刻材质为当地产石板，雕刻内容主要是佛经，另有佛像、佛塔等。该石经墙规模大、雕刻技艺精湛，内容广泛，历史悠久，反映了长江源头石刻文化的丰富内涵，具有很高的文物价值。2008年被列为

第八批省级重点文物保护单位。(SSJ)

新寺摩崖石刻 新寺摩崖石刻位于西宁市湟源县巴燕乡新寺村，清代。2013年被列为第九批省级重点文物保护单位。(SSJ)

察汗特买图岩画 察汗特买图岩画位于海西蒙古族藏族自治州德令哈市蓄集乡浩特察汗村。岩画是在一座山体的三块岩上刻画的动物形象。其中，一号岩石上刻有4峰骆驼、4头鹿、1个手持弓箭的猎人（最具价值）。二号岩石上刻有3头牦牛、1只猎豹（雪豹），三号岩石上刻有1峰骆驼、1株菩提树。岩画群所在的山下是浩特察汗村一社牧民道尔吉加家的冬季住所，有石砌羊圈，圈门高1.7米，靠近山体高1.2米。动物形象逼真，尤其一号岩画中的骆驼十分写实，其他岩画也极具艺术观赏性。2013年被列为第九批省级重点文物保护单位。(YH)

梅陇岩画 梅陇岩画位于海西蒙古族藏族自治州天峻县新源镇梅陇村。四周为草场，东20米有一经幡，最大的一块岩画镌刻在石山顶部一岩石平面上，面积约3平方米，有马、牛、狗等动物形象13个个体；另外两组岩画镌刻在山体西面山腰上，有马、牛等动物形象3个。磨刻法技法打制，据其打制技法，年代约为隋唐时期。2013年被列为第九批省级重点文物保护单位。(YH)

野牛沟岩画 野牛沟岩画位于格尔木市152千米郭勒木德镇阿拉尔村，系用铁质工具通体敲凿而成，约略有250个个体形象。个体形象有牦牛、鹰、马、骆驼、豹子、狍子、狼、狗、熊、鹿、羊、人、鸟首人、车、日、

月、巫师，组合图案有人骑马、人骑马牵骆驼、猎牛图等，其中牛的形象在岩画中占很大的比例，除了少数处于被狩猎状态外，大多为单独的、静态的牛，其创作手法带有浓厚的模式化色彩。另有单辕马车图像。岩画均为通体敲凿法制作。岩画所处的四道沟山梁海拔3900米左右，相对高度30米左右，东南—西北走向。岩画前方300米左右为昆仑河，东面40米左右为古墓葬。2013年被列为第九批省级重点文物保护单位。(YH)

5.近现代重要史迹及代表性建筑

西宁烈士陵园 西宁烈士陵园位于西宁市南郊凤凰山麓。建于1955年。1936年10月红军组建西路军挺进河西走廊，青海马步青、马步芳部进行堵截。第五、第九及第三十军部分将士被俘，押往西宁后在杨家台、苦水沟、东塔园、板木凳台等地惨遭杀害，被集中埋入"万人坑"内。1955年，青海各族群众将烈士遗骨迁至凤凰山下集中掩埋，建烈士陵园，内有纪念碑、中国工农红军西路军纪念馆、墓冢等，以及朱德、李先念、徐向前等同志的题词。1959年被列为第三批省级重点文物保护单位。(SSJ)

孙中山先生纪念堂及纪念碑 孙中山先生纪念堂及纪念碑位于西宁市城中区省政府院内。建于民国，为纪念孙中山先生辛亥革命成功，青海各界修建了孙中山先生纪念堂及纪念碑。纪念堂为砖墙瓦顶，面宽5间、进深11间，二层四面坡屋顶。纪念碑修建于

纪念堂前，高 10 米，八角形基底，四棱柱形碑身，下大上小，正面楷书"孙中山先生纪念碑"。1986 年被列为第四批省级重点文物保护单位。（SSJ）

馨庐 馨庐位于西宁市城东区共和路为民巷 41 号。建于民国，占地面积约 3 万平方米，为马步芳家族私邸，1943 年由马步芳动用大量军队和民工修建而成。它由 5 个院落和花园组成，建筑均为砖墙瓦顶结构，大木小式做法，墙裙多用汉白玉砌面，每院建筑之间互相通连。林森题写的"馨庐"门匾用汉白玉镶嵌于大门门额上。中华人民共和国成立后曾一度作为省军区司令部、省军区军需转运部等。该宅院是马氏家族统治青海 40 年的见证。1986 年被列为第四批省级重点文物保护单位。（SSJ）

子木达红军长征标语 子木达红军长征标语位于果洛藏族自治州班玛县亚尔堂乡与班前乡交界处的子木达沟口。写于 1936 年。是当年红二方面军长征经过此地时，在沟口东南的石崖上，用白石灰刷写的标语"北上响应全国抗日反蒋斗争！安庆宣"。1986 年被列为第四批省级重点文物保护单位。（SSJ）

红军哨所 红军哨所位于果洛藏族自治州班玛县亚尔堂乡扎洛村北。近代建于相隔约 20 米的东、西两座山丘上，东山丘 2 座，西山丘 1 座，每座面积约 9 平方米，高出地面约 0.5 米。1936 年红二方面军长征途中路经此地驻扎所建。1988 年被列为第五批省级重点文物保护单位。（SSJ）

扎洛村 扎洛村位于果洛藏族自治州班玛县亚尔堂乡。建于近代。1936 年长征时红二方面军一个团在此地驻扎过，住宅为石头砌成的石碉楼房。1988 年被列为第五批省级重点文物保护单位。（SSJ）

尕让千户院 尕让千户院位于海南藏族自治州贵德县尕让乡尕让村。建于民国，坐北朝南，占地面积约 1400 平方米，分前、后两院。前院为二层四合院土木结构平顶建筑。南北房面宽 7 间，东西房面宽各 5 间。一层原为佣工、住房、仓库、畜棚及伙房。二层为主人卧房及客房，有"回"形走廊，雕花栏杆。室内以木板装修，铺松木地板；后院建在山坡上，从院外看似五层楼，实际只有一层。北面建有一座面宽 5 间、进深 3 间的砖木结构硬山顶佛堂。东、西两面各有 3 间土木结构平房，为僧人诵经的静室。1998 年被列为第六批省级重点文物保护单位。（SSJ）

湟源小学堂 湟源小学堂位于湟源县城关镇。民国时期（1918—1920）修建。堂内有山门、回廊、藏书楼、中山堂、教室等建筑物，是青海省唯一一处保存完整的近代小学学校。1998 年被列为第六批省级重点文物保护单位。（SSJ）

江日堂寺 江日堂寺又称"追公寺""下莫巴白札多卡寺"，位于果洛藏族自治州班玛县江日堂乡江日堂村。建于民国，属宁玛派（红教）寺院，由"闪光铁山"和寺院二部分组成。1998 年被列为第六批省级重点文物保护单位。（SSJ）

十世班禅故居 十世班禅故居位于循化撒拉族自治县西南夏当山麓的文都乡麻日村。

故居整洁、肃穆，与山上的文都寺相得益彰，故居东院正北是佛堂，门上方挂有一块匾额，上书"河源须弥"四个大字，两边配有"九曲安禅爱国早传拒房，八荒向化护教所以宁邦"的楹联。后院有菩提树，佛堂外陈列着藏汉双语展板，是十世班禅生平的图片展示。1998年被列为第六批省级重点文物保护单位。（SSJ）

夏日乎寺 夏日乎寺位于果洛藏族自治州甘德县岗隆乡隆木沟口。建于民国，格鲁派寺院。1922年凿静修洞窟，20世纪40年代末建土木结构僧房，后被毁。1981年后，重建大经堂1座、转经房7座17间、僧舍102间。1998年被列为第六批省级重点文物保护单位。（SSJ）

昨那寺 昨那寺位于海南藏族自治州贵德县罗汉堂乡昨那村。建于1923年，属共和县当家寺系统，具体受罗汉堂俄康管辖，寺主南木那。1956年有僧房23间、教徒34人（其中管家3人）。1981年重建，现有经堂1座45间、僧房2院17间、信徒36人（内完德6人）。1998年被列为第六批省级重点文物保护单位。（YH）

支扎昂索院 支扎昂索院位于化隆回族自治县支扎乡正尕村。建于民国，为四合院布局，前、后两进，占地面积约4000平方米，夯土围墙，南墙正中砖双扇实踏大门，前院北房面宽7间，进深2间，前开廊，心间为直通后院的门廊，灰瓦硬山屋顶。前院东、西两面各为面宽5间、进深2间的平枋踏栈（平顶）房屋，两扇六抹木板门，直棂花格子推窗；南面有面宽7间、进深2间的平枋踏栈（平顶）房屋，其中一间为大门门廊。后院东、西两面各为面宽5间、进深2间的拱檩悬栈（二架梁起脊）房屋，前开廊，屋面铺覆大式灰瓦，四扇六抹格子纹门，大花格子支摘窗。西北角和东北角各有一个小跨院，原为佛堂，有面宽5间、进深2间的二层楼房，平顶，上覆筑实黄土，木楼梯，单扇门，大花格子支摘窗。千户住宅房屋均用板壁装修。宅院东、北两面为花园区，种植花果树木。1998年被列为第六批省级重点文物保护单位。（SSJ）

福音堂 福音堂位于湟源县城关镇。始建于1925年，原占地面积1250.5平方米，原建筑面积645.06平方米，1983年7月原建筑南楼、东面角楼、北角楼、中楼及西南角平房，后院东房和大门等皆被人为拆毁，现只存后院北楼，建筑面积183平方米，为土木建筑，两坡水中西式二层楼房，而前坡稍长于后坡，屋顶为阴阳青瓦铺面，屋脊平置条砖一行，瓦件下为中式椽檩及通柱等，该楼以下共16间，上层西侧5间和下层西侧4间带廊，其余7间房用土坯封面，前墙厚0.6米，后墙、山墙厚1米。该楼每间有两式厨柜，西式内门，上层东侧后墙每间装有欧式小窗1个。该楼室内地面皆铺有松木地板，另在一楼右一间屋内设地下室一间约15平方米，该楼建筑历史较久，规模雄宏，坚固美观，环境清雅，是该县唯一一处具有中西结合的建筑，具有较高的文物价值，目前仍作为基督教活动的场所。民国十一年（1922）美籍牧师伯立美夫妇由上海、武汉等地辗转来到湟源，后买下本地居民陈光恭房产一处（原清都司衙署），民国十三年（1924）动工改建成西式楼房3幢，并附建有平房若干间，新教堂建成后，更名为福音堂，设有教室、诊所等，并由牧师伯立美等传教，参加人数约80人，1958年宗教改革，基督教活动停止。1984年恢复宗教活动，再有教徒108人。2004年被列为第七批省级重点文物保护单位。（SSJ）

青海省委旧址 青海省委旧址位于西宁市城中区七一路2号省委党校院内。1951年起由当时住青的第一野战军一军修建，现存礼堂、常委楼（小礼堂）、窑洞房（宿舍）等建筑。礼堂占地面积300平方米，砖木结构，分前庭和会堂，会堂分上、下两层，前为戏楼式主席台，是中国共产党青海省第一次党代表大会会址。20世纪50年代初期为青海省委举行党政大型会议的主要场所。常委楼（小礼堂）占地200余平方米，砖木结构，由会议室和秘书办公室组成，是当时青海省委常委会的主要会议及办公地，故又称"常委楼"。窑洞房原有40余间，现仅存8间，每间单窗、单门，20平方米，砖木结构，外表为青砖平顶房，内为圆顶窑洞式结构，檐下施以仿木砖斗拱，是该时期青海省党政主要领导的生活与办公地。1961年12月青海省委搬迁，交由青海省委党校使用至今。旧址建筑见证了中国共产党在青海所取得的革命胜利，反映了中国共产党在青海确立的领导地位和政权建设。也是缅怀老一辈革命家带领青海人民艰苦奋斗、不懈努力、建设新青海的纪念地。2008年被列为第八批省级重点文物保护单位。（SSJ）

甘都鸳鸯蝴蝶楼 甘都鸳鸯蝴蝶楼位于化隆回族自治县甘都镇牙洛坪村。始建于1925年，1946—1948年又进行了扩建，是青海军阀马步芳在化隆的公馆，现为化隆回族自治县第二中学。占地面积约7万平方米，现存原有主建筑鸳鸯楼（占地面积700平方米，高12.6米）、蝴蝶楼（占地面积750平方米，高14米）和一排平房，三建筑在一条中轴线上，另有附属建筑围墙等。鸳鸯楼和蝴蝶楼均为砖木结构，不用木柱，用桁架做顶，二层楼阁式，平面分别呈"凹"形和"H"形，外观造型独特，既保存了中国古建筑坡瓦的屋顶式样，中轴对称的布局，又大量吸收了西方建筑构造和造型特点，门庭、阳台、门窗等装修具欧美风格。是一处中西合璧式的建筑精品，是民国时期青海省府宅建筑的典型代表之一。2008年被列为第八批省级重点文物保护单位。（SSJ）

刚察大寺 刚察大寺位于海北藏族自治州刚察县沙柳河镇恩乃村，伊克乌兰河北上与恩乃水汇合处，德旦冷宝山前。藏传佛教格鲁派寺院，始建于清同治五年（1866），为一座帐篷寺院。1915年，第四任千户聂布旦集资兴建永久性的寺院。现存主要建筑有山门、大经堂（占地面积1840平方米，汉藏结合式建筑）、度母时轮殿（转经轮直径约2米、高约3米，经轮外形为八楞状）、吉哇（面宽7间、进深1间，悬山式屋顶，左右配房均为平顶屋）、弥勒殿（藏族传统建筑风

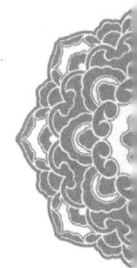

格，四周墙选用天然平面石块堆砌而成，望板为方形木板镶格。屋顶起脊，顶边起脊卧角，飞檐斗拱，砖屋脊雕飞龙纹兽）等。寺藏有珍贵经卷、佛像、法器等文物900余件。是代表民国时期藏传佛教寺院建筑特点的实物，寺藏文物丰富，对研究当地民族、宗教发展演变有一定价值。2008年被列为第八批省级重点文物保护单位。（SSJ）

河阴清真寺 河阴清真寺位于海南藏族自治州贵德县河阴镇大什字东侧。始建于清代晚期，随后，以经商为业的回族宗族在贵德逐渐增多，贵德回族乡绅共同倡议募捐，1914年和1930年先后建成小南街清真寺（现称尕寺或为女寺），在现址建起礼拜及唤醒楼，即为现在的河阴清真寺。坐西向东，占地面积2400平方米，由礼拜殿、唤醒楼、山门、南北楼、伙房、水塘等组成，总建筑面积1800平方米。礼拜殿平面略呈正方形，由前廊和礼拜大厅组成，前廊砌五开拱门，拱门上施以琉璃装饰及匾额，屋顶前以半圆、三角形等砌筑装饰。寺内还藏有《古兰经》、清代汤瓶、贺幛等文物。该寺礼拜大殿造型在青海省清真寺建筑中实属独特，属民国初期清真寺的代表性建筑，具有较重要的文物价值。2008年被列为第八批省级重点文物保护单位。（SSJ）

太平村文昌庙 太平村文昌庙位于海南藏族自治州贵德县东2千米的河东乡太平村。始建于清光绪元年（1875），供奉文昌帝君，后因局势混乱，庙内失火，烧毁朝堂等建筑物，1917年重建，道教寺庙。占地面积约5000平方米。"文化大革命"期间部分建筑被毁。现存建筑主要有大殿3间（歇山式瓦屋顶，前柱枋上施五踩斗拱）、两侧硬山式厢房各3间、四柱二层式门楼1间、魁星阁（单间歇山式）、砖雕照壁、四角配房等。总体建筑结构协调合理，砖、木雕图案优美，雕刻精细，内部尚存部分壁画，属民国初期清真寺的代表性建筑，具有较高的价值。2008年被列为第八批省级重点文物保护单位。（SSJ）

德欠寺 德欠寺位于海南藏族自治州贵德县拉西瓦镇豆后浪村北面。清康熙四十八年（1709）由第一世堪瑞活佛创建，藏传佛教格鲁派寺院。1930年以后，又大兴土木，改建扩建。建筑面积4748平方米，主要建筑有大经堂（措钦大殿）、护法殿、活佛府邸、僧舍等。大经堂为藏汉结合式，主体为藏式方形结构和墙体，上部中间起天井，覆以矮小歇山屋顶；护法殿为一层藏式建筑。该寺建筑庄重简捷，装饰装修古朴典雅，较多地保存了建筑的历史信息，具有较为独特的建筑特色。2008年被列为第八批省级重点文物保护单位。（SSJ）

德庆寺 德庆寺位于海南藏族自治州同德县尕巴松多镇境内，距县城13千米。1928年修建，占地面积56666.67平方米，藏传佛教寺院，建筑布局依地势随意布排。"文化大革命"期间部分建筑被毁。现存建筑有大经堂、护法殿、弥勒佛殿、僧舍等。寺院建筑大多为藏汉结合式，装饰华丽，装修精美。大经堂为二层藏式大殿，上覆歇山式屋顶，前出抱厦，两边配以角楼。弥勒佛殿上覆歇山琉璃瓦屋顶。寺内藏有明清时期宗教法器、供器、经卷、唐卡、生活用具等珍贵文物20余件。该寺是代表民国时期藏传佛教寺院建筑的实物，对研究当地民族、宗教历史发展演变有较为重要的价值。2008年被列为第八批省级重点文物保护单位。（SSJ）

尕毛寺 尕毛寺位于海南藏族自治州同德县唐干乡境内，距县城50千米，1927年，由吾家嘉木样钦日布活佛主持修建。藏传佛教寺院，建筑布局依山势布排，错落有致、蔚为壮观。"文化大革命"期间部分建筑被毁。现存建筑主要有大经堂、护法殿、转经廊房、大门、僧舍等。寺院建筑大多为藏汉结合式，装饰华丽，装修精美。大经堂为二层藏式大殿，上覆歇山式琉璃瓦屋顶。大门为上带门楼式。寺内藏有元、明、清以及民国时期宗教法器、供器、经卷、唐卡等珍贵文物20余件。该寺是代表民国时期该地区藏传佛教寺院建筑的实物，对研究当地民族、宗教历史有较为重要的价值。2008年被列为第八批省级重点文物保护单位。（SSJ）

原江南县政府旧址 原江南县政府旧址位于玉树藏族自治州玉树县隆宝镇镇政府所在地代青村。20世纪50年代初，省政府决定从玉树、囊谦、杂多、治多四县划出部分地区成立江南县，县治设置于此。1957年，县委、县政府领导根据高寒特点，就仿照保温性较强的陕北窑洞，决定依山修建了用于县政府机关办公及生活的窑洞式房屋，1959年完工。1962年江南县撤销，该办公地划作隆宝人民公社机关用房，直至今日仍被用作镇政府机关干部办公、生活用房。现存窑洞35孔，每孔深约5米、高约3米、总长（宽）158米，总建筑面积787平方米。50年来虽然曾数次维修，但是建筑形制除前门面外，未有大的变动，基本保持了原状。该旧址是中华人民共和国成立以来青海省行政建制和该地区政治、经济、社会发展的一个见证，也是当时、当地独特代表性建筑形式，具有很高的纪念意义和研究价值。2008年被列为第八批省级重点文物保护单位。（SSJ）

拉卡寺 拉卡寺位于黄南藏族自治州河南蒙古族自治县县城东2千米的柯代沟，坐北朝南，是历代拉卡活佛的禅宗寺。原为原斯柔琼哇部落分布于今智后茂乡的寺院，经九世班禅首肯，1924年由五世拉卡活佛洛桑索南加措始建，属蒙古族藏传佛教寺院。以后多有扩建。"文化大革命"期间大部分建筑被毁。现存建筑有大小经堂2座34间、昂欠（活佛府邸）5座160间、僧舍17院170间，建筑形式有藏式、藏汉结合式。寺内还珍藏有大量珍贵的藏传佛教文物，如檀香木释迦牟尼像、九世班禅赐赠的黄缎委任状等。寺院建筑精美，壁画细腻，寺藏文物丰富，具有一定的民族宗教及文物建筑研究价值。2008年被列为第八批省级重点文物保护单位。（SSJ）

毛泽东主席塑像 毛泽东主席塑像竖立于西宁市城北区朝阳西路青海山川铸造铁合金集团有限责任公司院内。1968年12月26日落成。由天津交通大学设计，青海省山川机床铸造厂以铁合金铸造而成，形象逼真，栩栩如生。塑像由毛主席全身站立像、基座、碑文组成。总高12.26米，象征毛泽东的诞辰；身高7.1米，代表中国共产党的生日；底座总面积为960平方米，象征全国960万平方千米土地；总重28000千克，象征中国共产党自1921年成立至1949年中华人民共和国成立28年的革命历程。1984年、1999年由青海山川铸造铁合金集团有限责任公司出资分别进行了两次修缮，现保护完好。塑像整体内涵丰富，寓意深刻，是青海省仅存的一座表现革命领袖人物的大型革命现代塑像文物，具有重要的历史、艺术和科学价值。2013年被列为第九批省级重点文物保护单位。（SSJ）

嘎珠寺 嘎珠寺全称"扎西隆保嘎珠尔寺"，位于西宁市湟中县共和镇转嘴村。宋代始建，20世纪80年代后复建。三世达赖喇嘛索南嘉措（1475—1542）时期，祖居当地的藏族部落隆奔族昂索（头人）祈请西藏的帕玉活佛（为塔尔寺活佛之一）来青海建寺，请塔尔寺大护法神射箭寻址，箭落处即为中意的寺址。这样，在帕玉活佛主持下，由隆奔族集资修建而成。兴盛时期，佛堂殿宇僧舍达500余间，僧人700余名。寺院坐西朝东，现存13间殿宇、3间僧舍，殿宇内有宗喀巴泥塑像，释迦佛像及护法神、三财神像。2013年被列为第九批省级重点文物保护单位。（SSJ）

英雄地中四井 英雄地中四井位于海西蒙古族藏族自治州冷湖行政委员会五号地中四北区。1958年8月，青海石油局派出石油勘探大队1219钻井队开始钻探，9月13日发生井涌，日喷原油高达80万千克左右，从此冷湖油田第一口油井诞生。紧接着，在不到半年的时间内，相继探明了冷湖五号、四号、三号油田。1960年，冷湖油田年产原油30多万吨，成为当时全国四大油田之一，为此立碑纪念，碑身正面题字："英雄地中四，天下美名扬；东风浩荡时，油龙逐浪飞。"2013年被列为第九批省级重点文物保护单位。（YH）

长江源头第一桥旧址 长江源头第一桥旧址位于格尔木市唐古拉山镇北3千米，原青藏公路沱沱河上修筑的一座大桥。1950年，人民解放军挺进西藏时就在沱沱河上修建了浮桥，1959年修建了水泥桥墩的木桥。1987年武警部队交通一支队在原来的木桥旁边修建了钢筋水泥的大桥，留下了"长江源头第一桥"的字样。桥全长324米、桥宽11.7米、桥高5米，呈东北—西南走向，建筑面积为3790.8平方米。桥下共有三排水泥桥墩，支撑桥体的为东南侧的两排，每排有15个水泥桥墩。2013年被列为第九批省级重点文物保护单位。（YH）

都兰寺 都兰寺全称"噶丹桑阿玉仁佩林"，意为"具喜密宗增益洲"，位于海西蒙古族藏族自治州乌兰县铜普乡。其历史最早可追溯到元世祖元年（1260）。据说当时有位叫阿嘉措的禅师隐目在塔延森林中坐禅，信仰藏传佛教。20世纪80年代后复建。2013年被列为第九批省级重点文物保护单位。（SSJ）

根敦群培故居 根敦群培故居位于黄南

藏族自治州同仁县双朋西乡双朋西村。建于清代。占地面积200平方米，土木结构，典型的藏族民居风格。故居内留藏有群培先生的许多著作及曾经用过的生活用品。2013年被列为第九批省级重点文物保护单位。（SSJ）

大通城关文庙 大通城关文庙位于大通县城关镇城关村城关中心学校院内。依照西宁文庙式样，仿建于清代，是大通教育事业发展的历史缩影。文庙坐北面南，中轴线上从南至北分布着照壁、泮池、棂星门、戟门、大成殿等建筑，并且将文庙大致分成了三个院落。1919年复建。2013年被列为第九批省级重点文物保护单位。（YH）

九天玄女庙 九天玄女庙位于黄南藏族自治州尖扎县康扬镇。清代始建，1943年复建。木构建筑，用材硕大，设计规整。内柱里倾，柱头周围收刹明显。柱础长方形，四面到地起突雕兽形，工艺精巧，形态各异。斜拱摸出双抄双昂五铺作，单檐悬山式。殿前有香亭，卷棚顶。亭前有古松一株，高9米，树身周围1.4米。主干从院东地面斜长至院中央，急拐弯曲向上高拔1米余，形如龙头。树头一层枝杈伸向四方，枝繁叶茂，遮盖着整个院落。因古松长势奇特，形似龙角、龙头、龙身，故人命之为"龙松"。更奇特的是，在古松上端又长出一榆树，榆、松合长，也属奇观。2013年被列为第九批省级重点文物保护单位。（SSJ）

阿哇寺 阿哇寺位于黄南藏族自治州尖扎县昂拉乡格尔村，藏语称"阿噶尔绛曲林"，意为"阿哇菩提洲"。为拉莫德千寺所属，相传建于明代。《安多政教史》载其由来自四川阿坝地区的多尔桑喇嘛初建，因以帐面怙主（古尔贡）为护法，疑为萨迦派。寺内供奉有桑结嘉措的灵塔、阿坝曲结塑立的千佛像、那若巴的净瓶水等。1958年，该寺有经堂1座、昂欠1院、寺僧85人，附近昂拉村为其主要香火庄。1958年拆毁，1980年后复建，开放。2013年被列为第九批省级重点文物保护单位。（SSJ）

多杰宗寺 多杰宗寺藏语称"修行圣地白岩大乐作怖金刚寨"，位于黄南藏族自治州泽库县多禾茂乡加宗村。清代初建，1981年后复建。为隆务寺所属格鲁派寺院。该地方有一岩洞，称之为"智格尔岩洞"，亦称"仙人洞"。山岩上传有自然生成的十六尊者和法王、大威德金刚身像，古为藏僧修行圣地。2013年被列为第九批省级重点文物保护单位。（SSJ）

达参寺 达参寺亦称"赛尔龙寺"，藏语称"达参吉祥具喜洲"，位于黄南藏族自治州河南蒙古族自治县赛尔龙乡赛尔龙村。清代初建，1985年后复建。初为达参札萨克所属黄色帐房寺，1924年由拉卜楞寺第四世哲合公巴仓活佛始建土房寺，为拉卜楞寺属寺。2013年被列为第九批省级重点文物保护单位。（SSJ）

却毛寺 却毛寺藏语称"却毛雍仲彭措林"，意为"却毛金刚圆满洲"，简称"却毛扎仓"，位于海南藏族自治州贵德县河西镇本科村。明代初建，1980年后复建。为却毛活佛所建苯教寺院，与附近的加毛寺（加毛扎仓）、木干寺（木干扎仓）、瓦加寺（瓦加扎仓），总称为"当车四扎仓"。清乾隆年间，拉莫德千寺的第四世夏茸尕布罗桑图登格勒坚赞（1729—1796）统其寺，赐名"文噶尔扎西曲林"，意为"苯教吉祥法洲"。自此，却毛寺名为苯教寺，实际改宗格鲁派，成为尖扎拉莫德千寺的属寺。2013年被列为第九批省级重点文物保护单位。（SSJ）

当家寺 当家寺，藏语称"当家密咒法洲"，位于海南藏族自治州共和县龙羊峡镇瓦里关村，清代1718年始建，1983年后复建。全年的主要经事活动有农历六月十四日至二十一日的"嘛尼会"、七月初九至十五日的"法王会"、九月初三至十一日的"宁玛派八部经文念诵法会"。2013年被列为第九批省级重点文物保护单位。（SSJ）

塔秀寺 塔秀寺，亦称"他修寺"，全称"塔秀寺清净持戒洲"，位于海南藏族自治州贵南县塔秀乡塔秀村。始建于1907年。现全寺建筑260余间，大经堂、小经堂、嘛呢转经房、佛邸、僧舍依山势层叠而上，错落有致。曾发展到300余人，成为甘青地区主要的讲经传法道场；前来接受灌顶、聆听教戒的僧俗信徒络绎不绝，寺院名望日益兴盛。2013年被列为第九批省级重点文物保护单位。（SSJ）

俄合萨寺 俄合萨寺，藏语称"俄合萨吉祥法寨兴善菩提洲"，位于海南藏族自治州兴海县龙藏乡日旭村。清代1898年该寺由俄合萨格西钦莫嘉木样端云大师（1877—1959）始建。是中铁乡境内较大的格鲁派寺院，历史上该寺下辖有本县的赤塘寺、嘉扎寺、青岗寺、塔洞寺和果洛的班玛荣托寺等属寺。

1957年，全寺有寺僧91人，住寺活佛有嘉木样端云、堪布仓、宗万仓、益希嘉措、蒂超喇嘛牟觉多杰强等。建有经堂、佛殿、昂欠、僧舍等500余间，并有帐房10顶。1958年拆毁，1982年重新开放，重建经堂、佛殿、僧舍等。2013年被列为第九批省级重点文物保护单位。（SSJ）

科才寺 科才寺位于海北藏族自治州刚察县伊克乌兰乡角什科秀麻，藏语全称"噶丹群培朗"，意为"具喜法喜洲"。清代1830年始建，1985年后复建。二世嘉木样·欠美昂吾活佛在位期间，最初形成科才拉代。据说，在此之后不久，三世嘉木样活佛为散居的僧衣俗人在吐库木塘修建阿尔盖达帐寺院。自此，在这里形成帐房寺院，由此产生科才帐房寺院的名称，属藏传佛教格鲁派寺院。2013年被列为第九批省级重点文物保护单位。（SSJ）

上庄清真大寺 上庄清真大寺位于海北藏族自治州祁连县八宝镇东村，1919年始建，1984年复建。大殿为古典式砖木结构，有直径1.1米的前檐柱4根，正大梁8根，直径0.9米横架梁24根，从钢梁撑托到殿脊9.9米，从基地至堆花瓦10.6米。正面12组木垒堆绣托云塔高13层，屋顶阴阳瓦，斗篷衬檐，甚为壮观。大殿正门12扇，雕有桂花套"八宝"花纹，两侧壁墙以水磨青砖镶边，山门顶端八角宣礼楼高8.9米。大殿前走道全用三色石子铺成花卉图案。南北厢房各5间。整座建筑融东方民族特色与阿拉伯古老建筑风格为一体，宏伟古朴典雅。2013年被列为

第九批省级重点文物保护单位。(SSJ)

东沙河清真寺 东沙河清真寺位于海北藏族自治州门源回族自治县泉口镇东沙河村，始建于清光绪二十七年（1901）。光绪二十二年（1896），原居住在旱台上闸门的"药铺家"，由地方官府安置在原为牧场的东沙河地区定居，划定30石面积的草滩，供其开垦经营。随后又有几户回族也在此定居。为了宗教生活的需要，在现寺以西约200米处建造了一座小礼拜寺。民国初期迁移到现址扩大了规模。在1938—1941年间又进行了一次扩建，"文化大革命"期间遭到了严重破坏。1987年重新改建为"三转五"式的礼拜大殿，既保持了宫殿式古典风格，又吸收了现代建筑艺术，宏大壮丽，突兀全村。厢房南北对称，一式的砖木结构，整个寺院庄严堂皇。2013年被列为第九批省级重点文物保护单位。(SSJ)

萨尤寺 萨尤寺位于共和县恰卜恰镇上塔买村。始建于1695年，属藏传佛教宁玛派寺院，主体建筑迄今保存完好。2013年被列为第九批省级重点文物保护单位。

隆格寺 隆格寺位于果洛藏族自治州久治县白玉乡。清代（1709）始建，1981年后复建。"隆格"为寺处地名，寺院全称"隆格寺具喜盛法洲"，信奉格鲁派。由阿却合·洛桑尹西创建于乾隆三十四年（1769），藏历十二绕迥己丑年（1709），当时寺院全称为"隆格寺如愿诸天洲"，初址在今寺址对面的拉隆沟被称"老寺旧址"的地方，有经堂、佛堂各1座和部分僧舍。1842年因地震等原因搬迁于现址，并由阿却合·关却旦贝尖参更名为现用寺院名称。该寺系本州拉加寺子寺，隆格寺于1982年批准开放，同年成立民管会，豆加·更尕求排（州、县政府委员）活佛任主任。1998年寺院教育管理工作中对民管会进行民主改选，豆加活佛再次当选主任，成员9名。2013年被列为第九批省级重点文物保护单位。(SSJ)

阿绕寺 阿绕寺位于果洛藏族自治州久治县哇寨乡最北端。创建于清代（1865），属宁玛派往噶陀支派，系四川省德格县西钦寺子寺。于1982年复建后开放。阿绕寺的马背藏戏闻名遐迩，每届州县文化旅游节都有盛大的演出，规模宏大。2013年被列为第九批省级重点文物保护单位。(SSJ)

龙恩寺 龙恩寺位于果洛藏族自治州甘德县下贡麻乡，属藏传佛教宁玛派寺院，设有显密学院、佛学院、闭关中心和瑜伽院。始建于1827年。1985—2004年间大兴建设，在短短20多年的时间内由帐篷式寺院建设成为集印度、尼泊尔及藏族建筑风格为一体的综合型寺院。1997—2000年建成全世界最大的藏传佛教雪域夏绒卡霄大佛塔。佛塔占地6000多平方米，高60米，塔尖塔顶直径8米并全部镀以纯金，塔内装藏有显密经续40余万本、大藏经1100余套，并有释迦佛舍利及莲花生大师头发等珍贵圣物。2013年被列为第九批省级重点文物保护单位。(YH)

康囊寺 康囊寺位于玉树藏族自治州称多县珍秦镇卡纳村。宋代始建。1779年，六世班禅大师受乾隆皇帝御请去汉地传法，在他路过康囊寺时，受寺院僧侣和当地信徒的要求，将康囊寺的教派明确为格鲁派，并留下一尊金刚座的释迦牟尼佛像，这尊佛像现供奉在康囊寺的大殿里。1870年康囊寺迁址至现址，至今有137年的历史，在100多年前康囊勇智活佛做方丈时康囊寺已是一个正规的大寺庙，僧侣们修行密法也修行显宗，"文化大革命"时期，寺庙遭受了很大的损失，直至1981年后复建、开放，康囊寺才进行系列的修建及调整，又逐渐发展成现代化的显密双修的大寺院。2013年被列为第九批省级重点文物保护单位。(SSJ)

广福寺 广福寺位于海东地区互助土族自治县东沟乡大庄。始建于清光绪年间，1984年维修、彩绘。寺院坐南朝北，为二进院落式布局，院落东西长34米，南北宽32.4米。由照壁（新建）、山门、大殿、东西厢房组成。大殿面阔三间8.4米，进深三间5.2米，歇山顶，五架梁，正脊为莲花砖雕，吻兽，垂脊有脊兽，雀替雕花卉，大殿门为四扇格子门，四周有回廊，廊柱置48个转经筒。2013年被列为第九批省级重点文物保护单位。(YH)

6. 其他

骆驼泉 骆驼泉位于循化撒拉族自治县积石镇西4千米的街子村清真大寺附近。它虽不是一泓大的清泉，却是撒拉族之乡的一处圣迹，也是传说中撒拉族的发祥地。作为景点的骆驼泉，面积约为3500平方米，呈长方形。中央部分为长约40米、宽约20米的水池，泉水从池中央的泉眼中涌出，池深0.6米左右，周边为水泥砌成。骆驼泉与毗邻的街子清真大寺，尕勒莽、阿合莽陵墓，珍贵手抄本《古兰经》，近千年古杨和百年古柏相互映衬，是撒拉族沧桑历史的见证和研究撒拉族历史沿革的有利依据。1986年被列为第四批省级重点文物保护单位。(YH)

三十灵塔 三十灵塔位于玉树藏族自治州囊谦县吉尼赛乡。现存30座土坯砌成的塔，相传是格萨尔三十大将灵塔。1998年被列为第六批省级重点文物保护单位。(SSJ)

通海四联大磨坊 通海四联大磨坊位于湟中县多巴镇通海村北不远处的湟水南岸。通海大磨坊和通海古堡（镇海堡）的历史一样古老，磨坊在明代已具一定规模，清代末期达到鼎盛。现存磨坊为清代所建，虽经屡次修缮，但基本维持了原来四盘大磨的原状，由引水渠、进水口、水轮和磨房四个部分组成。磨房在20世纪80年代仍在使用，至今还保留着过去使用的料斗、木升、灯台等实物，直到十多年前置而不用退出历史舞台。这座目前青海省发现的唯一拥有四盘水磨的大磨房，就成了可以反映昔日人们生产、生活情景的生动标本，具有典型的时代特征和历史价值。2008年被列为第八批省级重点文物保护单位。(SSJ)

看多油坊及水磨 看多油坊及水磨位于互助土族自治县加定镇桥头村看多庄浪土当沟口。始建于1927年，总面积为406.69平方米，平面呈长方形。油坊位于水磨北23米处，坐北面南，占地156平方米，为单坡屋顶，夯土墙体，长21米，宽8米，面阔7

间，进深3间，主要由蒸锅台、石仓、油梁、油台和油缸组成。水磨位于北山林场西50米处，浪土当公路北20米处，坐西面东，占地251.16平方米，面阔3间，进深1间，长10.8米，宽3.15米；由磨室、磨槽、磨轮、磨轴、磨盘（扇）、柱斗组成，磨室用分布在小溪两岸的4根木柱承托，木板墙，木地板，四个柱头均内收，剖面呈正梯形，两坡水屋顶。是民国时期以来当地各族人民群众生产生活的见证，也代表当时作坊的发展水平，历史文物价值明显。2008年被列为第八批省级重点文物保护单位。（SSJ）

天格力贝壳梁化石点 天格力贝壳梁化石点位于海西蒙古族藏族自治州都兰县诺木洪镇天格力村。据有关专家考证，属15万年前遗存，俗称"贝壳山"，此处发现的贝壳化石与现代海边的贝壳迥异，呈灰白色，体小，一般为指甲盖大小。这些贝壳和沙滩由于盐碱的胶结加之常年雨水淋滤，坚硬如石，造型独特，层层叠叠堆积在一起，厚2~5米，长逾1000米，如佛、如花、如画屏、如飞禽走兽，栩栩如生，千姿百态，各领风骚。贝壳梁化石地点是青藏高原隆起、柴达木盆地史前为古海的见证和奇观，对研究地球、地理、环境等具有十分重要的作用。2008年被列为第八批省级重点文物保护单位。（SSJ）

鱼卡硅化木化石点 鱼卡硅化木化石点位于海西蒙古族藏族自治州大柴旦行委鱼卡乡西南约130千米处。据有关专家考证，属2亿年前（晚三叠纪时期）遗存，周围为荒漠及雅丹地貌，目前为无人区。化石点长约8000米、宽约200米，分布大量的硅化木化石，其中最大的直径约0.8米，最小的直径0.15米，年轮清晰，硅化情况良好，属罕见的自然奇观。是青藏高原沧桑岁月、地质变化的见证和奇观，对研究柴达木盆地乃至青藏高原环境、地质的变化具有十分重要的作用。2008年被列为第八批省级重点文物保护单位。（SSJ）

小高陵梯田 小高陵梯田位于西宁市湟源县和平乡小高陵村。建于1968—1976年。丘陵起伏，山形秀美，山坡梯田缠腰，沟壑林草郁闭，梯田上间种着油菜花和青稞，每年7月油菜花开的时节，漫山遍野，黄的黄青的青，青黄间杂，美不胜收。此作为农业学大寨的典型，被列为湟源县第三次全国不可移动文物普查新发现。2013年被列为第九批省级重点文物保护单位。（SSJ）

多伦多盐场 多伦多盐场位于玉树藏族自治州囊谦县娘拉乡多伦多村擦卡社。多伦多盐场这种到现在依然保持用古老、原始的作业方式晒制食盐的集体作业技术，对探索玉树地区古老的制盐产业和民族轻工业作坊具有很高的研究价值。2013年被列为第九批省级重点文物保护单位。（SSJ）

万丈盐桥 万丈盐桥位于海西蒙古族藏族自治州格尔木市察尔汗。万丈盐桥实际是格尔木至敦煌的一段从达布逊湖上穿过的公路，厚达15~18米的盐盖构成天然的盐桥，全长32000米，折合市制可达万丈，因此人们称其为"万丈盐桥"。2013年被列为第九批省级重点文物保护单位。（SSJ）

二 非物质文化资源

（一）世界非物质文化遗产

热贡艺术 "热贡艺术"主要指唐卡、壁画、堆绣、雕塑等绘画造型艺术，是藏传佛教艺术的重要组成部分和颇具广泛影响的流派，因13世纪发祥于青海省黄南藏族自治州同仁县隆务河畔的热贡（藏语"金色谷地"）而得名。黄南藏族自治州同仁县的五屯村、年都乎村、尕沙日村、郭麻日村等是青海热贡艺术的创作中心，其中五屯村以绘画为主，兼雕塑和堆绣；年都乎村以堆绣为主，兼雕塑、唐卡和壁画创作；尕沙日和郭麻日村以唐卡和壁画创作为主。热贡艺术主要有唐卡、堆绣、雕塑、建筑彩画、图案、酥油花等多种艺术形式。唐卡是一种便于悬挂，易于收藏的画种，用彩缎装裱而成。热贡地区的唐卡题材极为广泛，常见的有释迦牟尼、无量寿、菩萨、文殊、观音、白度母、罗汉、护法神以及各时期有名的高僧等，这种画具有鲜明的民族特点、浓郁的宗教色彩和独特的艺术风格，历来被藏族人民视为珍宝。雕塑在热贡艺术中占有显要的地位，主要包括泥塑、木雕、砖刻、石刻等，其中泥塑最为发达，它是热贡雕塑的主体。木刻主要是印刷用品的经书板、门楣、柱头上的装饰雕刻，也有相当数量的木雕佛像。热贡艺术题材极其广泛，以宗教为核心包罗万象，涉及政治、经济、历史、民俗、文艺等社会物质生活和精神生活。大体上可分为斯巴霍、传记画、偶像画、历史画、风俗画和故事画等几种。热贡艺术作为一门独具一格的古老藏族文化艺术，其作品造型准确生动，工笔精细绝美，色彩艳丽富于装饰性，充分发挥了线条的节奏感、运动感和立体感，强调了整体的完美。质朴的画风，匀净、协调的设色，惟妙惟肖的神态刻画，充分体现了藏族人民创造的光辉灿烂的文化，传统的热贡艺术主要在藏传佛教寺院内部创作、传承，并为藏传佛教服务。自1958年宗教改革以后，随着大量佛教徒的还俗，热贡艺术开始流向民间，并在民间传播。热贡艺术是我国文化宝库中一枝瑰丽的奇葩，也是藏族不同地区之间、藏汉民族文化之间交相辉映的产物。其独特的审美观念、独有的原材料和独有的传承习惯在藏传佛教、传统美术、建筑艺术等方面具有重要的历史价值和艺术价值。2006年被列入青海省非物质文化遗产名录，同年被列入第一批国家级非物质文化遗产保护名录。2009年被联合国教科文组织保护非物质文化遗产政府间委员会第四次会议审议并批准列入人类非物质文化遗产代表作名录。（YXL）

（二）国家级非物质文化遗产

1. 民间文学

格萨尔 《格萨尔》是藏族人民集体创作的一部伟大的英雄史诗，历史悠久，流传广泛。《格萨尔》为我们提供了宝贵的原始社会的形态和丰富的资料，代表着古代藏族文化的最高成就。史诗从生成、基本定型到不断演进，包含了藏民族文化的全部原始内核，具有很高的学术价值、美学价值和欣赏价值，是研究古代藏族社会的一部百科全书，被誉为"东方的荷马史诗"。《格萨尔》史诗主要分成三个部分：第一部分主要讲述格萨尔的降生；第二部分主要讲述格萨尔的丰功伟绩，即格萨尔降伏妖魔的过程；第三部分讲述格萨尔返回天界的故事。现在流传于世经常演唱、比较重要的大约有30部。在11世纪前后，随着佛教在藏族地区的复兴，藏族僧侣开始介入《格萨尔王传》的编纂、收藏和传播。史诗《格萨尔》的基本框架开始形成，并出现了最早的手抄本。长期以来，青海作为《格萨尔》说唱艺术的发祥地，在抢救、搜集、翻译、整理、出版和研究等方面做了大量工作。早在1962年就成立了《格萨尔》抢救办公室，1984年成立《格萨尔》研究办公室，并在果洛、玉树两州相继成立了《格萨尔》抢救办公室。1985年青海省《格萨尔》研究办公室更命为青海省《格萨尔》史诗研究所。共搜集藏文原始手抄本和木刻本达28部74种之多，已出版27部；为具有代表性的55名说唱艺人建立了艺术档案，普查了1000多处遗迹点，收集了许多遗物；举办了两届全省《格萨尔》民间艺人演唱会和学术研讨会；抢救、记录、整理艺人口头说唱本50部，约1500万字；用汉、藏两种文字撰写出版研究专著8部，发表研究论文近200篇，出版《格萨尔学集成》共5卷700多万字；主办《格萨尔研究》内部刊物6期，《格萨尔工作通讯》6期；承担并出版国家级课题《格萨尔》精选本6部；在西宁成功举办了第五届国际《格萨尔》学术研讨会。2006年，《格萨尔》被列入第一批国家级非物质文化遗产名录。2009年成功入选世界级人类非物质文化遗产代表作名录。（YXL）

拉仁布与吉门索 《拉仁布与吉门索》是流传在互助土族自治县的民间长诗，也是土族流传最广、影响最大的优秀民间叙事诗，堪称土族的"梁山伯与祝英台"。这部叙事诗长达300多行，用土族口语创作并演唱，并以口耳相传的方式在群众中相沿传袭，至今仍为活态的口头文学形式。长诗的起源至今未有定论，最早的资料出现于20世纪50年代，到60年代出现了青海师范学院搜集整理的《拉仁布与吉门索》与左可国整理的《阿龙布和姬姆索》两个版本。1982年，互助土族自治县文工团将《拉仁布与吉门索》改编成歌剧搬上舞台，受到观众的热烈欢迎。长诗以深沉悲壮的曲调，优美感人的诗句，道出了长工拉仁布与牧主的妹妹吉门索之间纯贞的爱情故事和对自由、幸福生活的向往，同时对万恶的封建社会提出了强烈的控诉。全诗以讲唱为主，共分8个章节，是土族群众最喜欢演唱的一首叙事情歌，在不同的流传地区有不同的风格。在演唱方式上，以男女对唱为主，完全用土语演唱，但不同于一般问答式对唱。演唱的曲调独特，结构清晰，层次分明。它源于土族地区，又生长和发展于土族地区，植根于土族传统文化之中，为当地土汉两族民众所喜闻乐见。故事中拉仁布、吉门索、哥哥、嫂子等主要人物性格特征鲜明，具有广泛的群众性和独特的民族特色，为民族学、语言学和土族社会学研究提供了生动的素材。另外，它所描述的故事反映了土族从游牧生产方式逐步转向农业生产方式的一个侧面，具有重要的历史研究价值。随着时间推移，这一长诗的传承人大部分已辞世，急需保护，2006年被列入第一批国家级非物质文化遗产名录。（YXL）

康巴拉伊 "拉伊"是治多县境内藏族男女交流过程中产生的诗化的交际语言，发源于6世纪末吐蕃王朝南日松赞时期。随着藏族六大氏族的形成，"拉伊"逐渐以部落、部族和区域文化的形态发展起来，成为藏族青年男女表达感情、追求爱情的传统音乐形式。在长期的发展中，其内容得到不断更新和充实，形成了高原民族游牧文化特有的传统民歌。作为流传于玉树地区的藏族民歌，《康巴拉伊》是劳动人民智慧的结晶和康巴藏族诗歌的母体。歌词内容反映了自然风貌和人文社会的各个方面，对研究藏族的历史、宗教信仰、风俗习惯、社会制度等具有一定的学术价值。玉树的《康巴拉伊》分为祭歌、颂歌、引歌、启歌、竞歌、谜语歌、汇歌、恋歌、别离歌、贬歌、咒歌及吉祥祝福歌12卷，每卷由1万首诗歌组成。其内容纷繁，结构紧凑，语言优美，为藏族民间诗歌的集大成者，在玉树称之为"勒本博特欠尼"，即"民歌十二卷本"。目前，能够演唱全篇的艺人已很少，治多县政府已抢救、收集、整理《康巴拉伊》2400余首，由于内容浩繁，又以口头传承为主，濒临消亡，亟待抢救和保护。2008年被列入第二批国家级非物质文化遗产名录。（YXL）

汗青格勒 《汗青格勒》是一首流传于海西蒙古族藏族自治州德令哈市、乌兰县、格尔木市、大柴旦地区的英雄史诗。它以海西卫拉特蒙古族和硕特部为主体，以说唱形式和讲演形式讲述了蒙古族英雄汗青格勒消灭恶魔拯救百姓的故事，形象而生动地反映了蒙古族历史和社会生活及生产状况。它产生、繁荣在原始社会末期和奴隶制初期阶段，具有海西特殊的地方特征。在史诗中，各英雄人物之间的激烈战争，主要目的是扩大水草丰美的牧场，掠夺人口、美女、骏马、牲畜和财产，或进行血亲复仇等，表现了人们征服自然、追求幸福的美好愿望及对旧时代黑暗势力的深恶痛绝等内容。作为蒙古族最重要的叙事长诗之一，这部英雄史诗体现了汗青格勒热爱家乡、热爱人民的高尚品德，宣扬了英雄主义精神，倡导人们追求和平、自由、平等的美好幸福生活，具有重要的历史研究价值，在文学艺术和学术界被推崇为青海蒙古族民间文学的三个顶峰之一。海西蒙古族将"汗青格勒"称为"图吉"，将其说唱者称为"图吉齐"。目前，在世的"图吉齐"人数逐年减少且年事已高，英雄史诗面临传承危机，亟待抢救和保护。2008年被列入第二批国家级非物质文化遗产名录。（YXL）

藏族婚宴十八说 藏族婚宴十八说是流传在青海东部农业区的一种民间口头文学，是藏族群众举行婚礼时特有的一种演说或演唱词，其形成历史悠久。根据《吐蕃历史文书》记载，当年文成公主进藏与松赞干布成婚时，婚礼上就有人祝词庆贺，其形式与婚宴十八说中的某些片段非常近似。清乾隆时期，由于朝廷限制湟源、湟中、大通等地的藏民说藏语，藏族婚宴十八说流传的范围开始日益萎缩。作为一种婚礼习俗，藏族婚宴十八说始终贯穿于藏族婚礼之中，大多为说唱，都是即兴表演的，一般由十几人分阶段完成，最盛时则需要几天时间。具体内容及顺序，各地因人而异，按流传的内容，分别为：（一）祭神说，（二）梳辫说，（三）梳子说，（四）哭嫁歌，（五）出路歌，（六）父母的教诲，（七）马说，（八）垫子说，（九）土地颂，（十）房屋说，（十一）茶说，（十二）酒说，（十三）婚礼宴说，（十四）系腰带说，（十五）衣服说，（十六）祝福说，（十七）嘱托说，（十八）吉祥说。它是伴随着藏族婚俗的产生和发展而形成的，语言通俗易懂、妙趣横生，具有丰富的文化内涵，承载着悠久的历史传统和浓郁的民族特色，在藏族历史学、民俗学、民族学、语言文学方面的研究价值很高。是研究藏族历史、宗教、生产生活方式和风俗习惯的重要参考资料。藏族婚宴十八说一直在民间用口传的形式流传，没有文字版本和影像版本，随着时代的发展，这一古老艺术形式前景不容乐观。青海省对其做了一些相关记录、考察工作，并确定了"日朗太"为这一项目的省级"非遗"传承人。2008年被列入第二批国家级非物质文化遗产名录。（YXL）

阿尼玛卿雪山传说 阿尼玛卿山又称"玛积雪山"或"玛卿岗日"，位于青海果洛藏族自治州玛沁县西北部，是藏地四大神山之首。在藏族传说中，阿尼玛卿山神原是吐蕃王国最早的九天座王之一，住在青藏高原东北部，统摄这里人们的生死福祸所有山神及妖魔鬼怪，所以被尊称为"玛嘉"。在传说中，阿尼玛卿山神骑着高头白马，手捧摩尼包，是一位一身正气的威武神灵。在藏族人的心目中，阿尼玛卿雪山是观世音菩萨的道场，有求必应，特别对远道而来的朝拜者更是庇护有加。同时阿尼玛卿山神也是藏族人

心中的财神,每年,几乎藏族所有生意人都要来此朝拜,祈求生意兴隆、财源滚滚。长期以来围绕阿尼玛卿雪山形成了许多神话传说。这些传说以说唱、故事、藏戏等形式流传在我国藏区,表现形式多种多样。这其中最主要的传播方式有两种,一是民间口头流传,主要以耳闻、口传、心授方式流传,在果洛藏族游牧文化中具有一定的影响力。二是民间艺人说唱,以民间艺人传唱方式进行传诵,民间艺人在说唱时通过艺术的构思和形容,使故事情节更加生动,感染力更强。传说种类繁多,结构严谨,情节曲折生动,艺术手法鲜明,具有很高的文学价值,反映了藏民族在历史发展中形成的独特传统文化和民族信仰。青海省对这一古老传说进行了相关的搜集整理和发掘工作。2011年被列入第三批国家级非物质文化遗产名录。(YXL)

骆驼泉传说 骆驼泉传说是流传在青海省循化撒拉族自治县一带的民间传说。相传很早以前,在中亚撒马尔罕地区有一个小部落,为首的头人是兄弟俩,名叫"尕勒莽"和"阿和莽",在群众中威望很高,因长期受到当地统治者的忌恨和迫害,于是他们率领同族的18人,牵了一峰白骆驼,带着一本《古兰经》驮着故乡的水土一路向东,寻找新的乐土。他们沿途越天山,过嘉峪关,绕河西走廊,渡黄河,来到循化境内。这时,天色已黑,苍茫中走失了白骆驼。第二天,他们在街子东面的沙子坡下发现一眼清泉,走失的骆驼卧在水中,已化为白石雕像。于是,兄弟俩就在此地定居下来。历经艰辛的骆驼安详地静卧在泉水中,与他们日夜相伴。后来,人们便将这眼清泉命名为"骆驼泉"。骆驼泉被撒拉族人民视为圣泉,也是传说中撒拉族的发祥地,在撒拉族文化中占有重要地位,对撒拉族历史文化传承,提供了珍贵的资料。国家和青海省对撒拉族民间文化遗产的保护非常重视,进行了初步的摸底和搜集整理工作,2014年被列入第四批国家级非物质文化遗产名录。(YH)

祁家延西 《祁家延西》是土族民间文学中的长篇叙事诗,主要流传在以青海省互助土族自治县为主的土族人民生活区域内,距今已有300多年的历史。《祁家延西》在传唱过程中形成了不同版本,长的版本有2000多行,短的版本则300余行。长诗记载了土族历史上第十一代祁土司祁延西不顾年迈体衰,毅然率领子弟抗击入侵之敌,英勇献身的事迹,歌颂了土族的民族英雄,表现了土族人民深明大义,维护国家统一的大无畏精神。整诗节奏整齐,旋律有力,基调沉郁悲壮,呈现了土族农耕生活的广阔画卷,反映出土族人民的民族精神与独特的审美情趣,富有浓郁的地域风格和民族特色,具有较高的思想、文学和艺术价值,是研究明末清初土族的社会状况及其历史沿革的重要参考资料。土族没有文字,代代心口相传这部诗。目前,随着老艺人的过世,了解这部长篇叙事诗的人已越来越少,濒临失传,亟待抢救和保护。2014年被列入第四批国家级非物质文化遗产名录。(YXL)

2. 传统音乐

老爷山花儿会 老爷山花儿会是每年农历六月初六在大通回族土族自治县的老爷山举行的大型民歌演唱活动,它产生于明代,经过几百年的发展,伴随着"朝山浪会"活动,从以娱神为主逐步演变为以娱人为主的大型民间岁时民俗活动。老爷山花儿会演唱形式有两种。一是群众性自发演唱,农历六月初六在老爷山的密林花丛中,或数十人或几百人自由唱和,情景交融;二是1949年以后兴起的有组织演唱,有固定的演唱场所和舞台,歌手经过层层选拔,在舞台上赛歌竞技。老爷山花儿会以演唱"河湟花儿"为主。演唱者有汉、回、土、藏等民族的歌手,他们共同用汉语演唱花儿。这是老爷山"花儿"和"花儿会"不同于其他民歌和歌会的显著特点。老爷山"花儿"内容主要以歌咏爱情生活为主,也涉及宗教、民俗、生产劳动、历史故事、新人新事等类型。其唱词以七字(一、三句)与八字句(二、四句)相间的四句体为主,特别规定二、四句句尾必须是"双字"词,另外一、三句和二、四句分别押韵,形成了一种特殊的唱词格律,在全国汉族民歌中也属特例。大通老爷山"花儿"有《大通令》《东峡令》《老爷山令》等代表性曲目。这些曲调韵律独特、优美抒情、高亢嘹亮、婉转悠扬,深受大通各族人民的喜爱。为了使这一古老盛会传承发展下去,大通回族土族自治县一方面对当地的"花儿"进行广泛地搜集整理,另一方面不断扩大这一盛会的社会影响力,老爷山花儿会已成为大通回族土族自治县打造的四大文化品牌之一。2006年被列入第一批国家级非物质文化遗产名录。(YXL)

丹麻土族花儿会 丹麻土族花儿会亦称"丹麻戏会"或"丹麻场花儿会",是互助土族自治县具有一定影响力的群众传统集会,因起源和活动地点在该县丹麻镇而得名。集戏曲表演、"花儿"演唱、商品贸易为一体,一般在每年的农历六月十三日举行,会期为5天,一年一次,规模宏大,影响深远。花儿会起源于16—17世纪,盛行于20世纪上半叶。据专家认定,起初是当地土族群众为祈求风调雨顺、期盼五谷丰登而举办的朝山、庙会性质的传统集会,经过历史的演变,它已成为展示土族民俗风情的一个重要的文化活动。所演唱的土族"花儿"是青海"花儿"的重要组成部分,其主要形式是情歌对唱,曲调古朴悠长,乡土韵味浓郁,是土族群众抒情说爱的理想载体。其蕴含的土族文化内涵丰富,具有很强的民族文化艺术特征。丹麻镇为了更好地传承这一文化遗产,特意选拔青年男女组建了丹麻土族花儿艺术团。花儿艺术团的成立,对于打造丹麻花儿艺术品牌,起到了积极作用。2006年被列入第一批国家级非物质文化遗产名录。(YXL)

七里寺花儿会 七里寺峡位于青海省民和回族土族自治县以南古鄯镇境内的小积石山麓。在这里举行的花儿会至少已有百年历史。每年农历六月初六,八方群众盛装举伞结伴而来，六七万人云集峡谷，通宵达旦对唱"花儿"，拜药王庙，洗药水泉，是群众自发组织的民间文化盛会。演唱者均为民间歌手。演唱形式有独唱、对唱、合唱等，无任何乐器伴奏，演唱内容多为情歌。演唱者一般一手轻捂耳朵，根据内容需要用不同的"令"来演唱，所唱曲令达四十余种，代表曲目有《古鄯令》《马营令》《二梅花令》等。由于其浓厚的地方特色，再加上峡内药泉的吸引力，在西北地区颇负盛名。会上歌手众多，除了著名"花儿"歌手到会，周边地区会唱"花儿"者也常常到场助兴，有许多老歌手演唱的曲令在平时或其他"花儿会"上很难听到。2006年被列入第一批国家级非物质文化遗产名录。（YXL）

瞿昙寺花儿会　瞿昙寺花儿会，因起源并流传于青海省乐都县瞿昙寺一带而得名。每年从农历六月十四日到十六日，共3天，它既是"花儿会"同时也是当地的庙会。据考证，瞿昙寺花儿会从清道光年间起，至20世纪初的清末民初逐渐发展成一定规模。参与群众以汉族为主，其他民族也踊跃参加。在演唱曲令上，除当地的《碾伯令》外，还有《白牡丹令》《尕马儿令》《水红花令》《三闪令》等。此外藏族人民喜爱的"拉伊"在这里也有广泛的演唱。其演唱形式有独唱、对唱、联唱等，其中最能体现其民间特色的就是两个阵营的对歌。这里唱"花儿"形式很随便，有在帐内对唱的，也有在露天竞技的。瞿昙寺花儿会具有深厚的民族民间文化底蕴，对花儿会的生成的研究具有重要的价值。为了更好地保护、传承这一盛会，当地政府不遗余力的组织"申遗"工作，并收集整理了"花儿会"演唱的传统"花儿"曲令。2006年被列入第一批国家级非物质文化遗产名录。（YXL）

藏族拉伊　藏族分为卫藏、康巴、安多三大方言区，结合地形而形成三块文化特色区域。"拉伊"是流传在青海、甘肃、四川等广大安多方言藏区的一种专门表现爱情内容的山歌艺术，分布以青海湖环湖地域和黄河流域（以海南、黄南两州）为中心而向四方辐射。7世纪三大藏区的划分，促成了"拉伊"在安多藏区的广泛流传。"拉伊"种类丰富，数量浩繁，内容涉及爱情生活的各个方面，完整的对歌设有一定的程序，如引歌、问候歌、相恋歌、相爱歌、相思歌、相违歌、相离歌和尾歌等。曲调因地域不同而形成多种风格，有的强调音乐的语言性，节奏比较紧凑；有的旋律深沉、悠扬，形成自由、婉转的悠长型山歌风格；有的旋律甜美，节奏规整，形成雅致、端庄的抒咏风格等。由于"拉伊"是藏族青年男女倾吐爱慕之情的情歌，所以不能在家中或村庄中咏唱，而只能在山野间引吭高歌。它通常没有固定的歌词，演唱者往往是触景生情，随兴编唱，巧妙地运用比喻等方法，形象而生动地向对方表达自己的思想感情，其中有不少歌词采用了六世达赖仓央嘉措的情诗。藏族"拉伊"形成历史悠久，为研究藏文化提供了弥足珍贵的文化艺术资料。青海在"拉伊"的保护和发展方面做了许多有益的尝试，并取得显著成

效,其中祁连县获得了"中国藏族情歌之乡"的称号。2006年被列入第一批国家级非物质文化遗产名录。(YXL)

玉树藏族民歌 玉树藏族民歌是流传在青海省玉树地区的一种藏族歌谣形式,其形成历史久远,有专家认为其出现在藏族文字出现以前。传统意义上的"玉树民歌"由"拉勒""拉伊""闯勒""古莫"以及歌谣类的"琼勒""均勒""哟啦"等种类构成。"勒"的内涵比较丰富,除忌男女爱情外,广涉天上人间、万事万物,无所不包。此外,有程式化的唱歌形式,比如序歌、呼歌、炫歌、颂歌、搭歌坛、主体歌和最后的收场祝吉歌。"拉勒"即山歌,拉勒都用地名或部落名来命名曲调,以歌唱家乡风貌、抒发个人情感为主要内容;"闯勒"主要反映游侠自由放浪,四处漂泊的经历;"拉伊"即情歌,以男女情感为主要内容;"古莫"即卦情歌,以传递爱慕信息进行的情感交流,是男女青年用来占卜爱情的歌;"琼勒"即酒歌,是藏族群众喝酒聚会时演唱的歌曲;"均勒"即夯墙歌,是建屋筑墙时所唱的歌曲;"哟啦"即收割打场歌,是进行农业生产时所唱的歌曲。这些不同种类的玉树民歌风格迥异、各具特色、音域开阔、意境深远,被音乐专家称为藏族民歌的珍品。玉树民歌或自吟自唱,或对唱互歌,一般为三段式:第一、二段喻物,第三段点题,反映了玉树地区古老的民族习俗、生产生活方式、宗教信仰、审美观念、情感表达方式等,具有很高的文化艺术价值和研究价值。为了保护玉树藏族民歌,早在20世纪80年代,玉树地区文化馆组织专门人员搜集当地民歌,出版《玉树民歌集》,之后又组织申报"非遗"工作。2008年被列入第二批国家级非物质文化遗产名录。(YXL)

回族宴席曲 回族宴席曲,又称"家曲""菜曲儿",是回族人在婚礼、喜庆、伊斯兰节日演唱的民歌形式之一,广泛流传于青海、甘肃、宁夏等地区,由元代的"散曲"演变而来。回族宴席曲分为表礼、叙事曲、五更曲、打莲花、散曲五类。这些宴席曲涵盖了回族数百年来生产、生活、爱情、婚姻等方面的历史,可以说是全景式表现回族历史的音乐史诗。不仅含有西域古歌和蒙古族古调的色彩,而且吸收了中国西部各民族传统音乐元素,其风格几乎涵盖了西北传统音乐的特点,并且保留着元、明、清时代西北少数民族歌舞小曲的古老风貌。其曲调大都婉转柔和,歌词优美动听,节奏欢乐轻快,气氛喜庆热闹,演唱者边歌边舞。其中化妆小品节目,如《拉鹅》《拉骆驼》《小放牛》等,说、唱、演相结合,是具有相当难度的表演形式。其中门源回族自治县的宴席曲为典型代表,这与本地是唐朝时期古丝绸之路的主要通道有着不可分割的渊源。其曲调众多,表演特色浓郁,表演形式生动活泼,有说有唱,如《莫奈何》《虎喇马》《白鹦歌》《方四娘》等。2007年门源地区宴席曲传唱人、国家非物质文化遗产代表性传承人安宝龙与门源县志办共同出版了《婚曲喜乐·宴席曲》,收录歌曲90余首,后出版《门源回族宴席曲》,收歌130余首,同时开始培养年幼的宴

席曲传唱者。2008年被列入第二批国家级非物质文化遗产名录。（YXL）

藏族扎木聂弹唱 扎木聂弹唱是青海藏族聚居区影响较大，流传久远的弹唱艺术，距今已有1000多年历史。从分类看，扎木聂为四度关系音域琴，分为三弦琴、四弦琴、六弦琴和八弦琴等种类。海南藏族扎木聂弹唱既保留了海南藏族传统音乐的元素，又吸收了当地说唱、舞蹈音乐的旋律，其特点是两个乐名和引子，基调属本引乐段，来回反复，有唱有白，节奏整齐，活泼流畅。一个曲目可由一人或两人弹唱，也可多人合唱，配合简单的动作。音域一般在十一度之间，以商、徵及宫调式为主，属五声音阶，也有个别六声音阶的曲子，唱词为多段体叙事诗，有固定的曲调。主要曲目有《格萨尔王出征》《格萨尔降魔》《赛马称王》等，也可即兴弹唱，内容多为对家乡的赞美和对幸福生活的憧憬。其独有的艺术形式记录了近现代藏族社会的历史，在民族语言、音乐、演唱、舞蹈动作上有着鲜明的个性特征，充分体现了近现代藏族社会的人文精神、艺术品格、生存状态和社会风貌，在文化人类学、民族艺术学、民族宗教学方面具有特殊的研究价值。2012年，海南藏族自治州开办了第一届扎木聂弹唱培训班，培养弹唱学员40余人，对这一古老艺术的传承保护起到了促进作用。2008年被列入第二批国家级非物质文化遗产名录。（YXL）

青海藏族唱经调 青海藏族唱经调是青海藏族民众在宗教活动时的必唱之歌，主要流传于海南藏族自治州兴海县的赛宗寺及加吾沟、桑当、河卡等农牧区。其具有极强的地域民族色彩，已有数百年的历史。藏族民众祭祀、朝山、丧礼和日常的祈祷、转经都离不开它，它与藏族群众的生活息息相关。唱音及调法以《萨迦音乐论》为依据，经过民间乐手的加工，从而形成了独特的曲子、唱调，在兴海县已有500多年的历史，现存唱经调分为嘛呢式唱经调、米拉日巴与曲拉哇贡保多杰对唱式唱经调和护法神音节式唱经调三种。嘛呢式唱经调内容多是佛教六字真言"唵、嘛、呢、叭、哞、吽"，又称"嘛呢调"；米拉日巴与曲拉哇贡保多杰对唱式唱经调主要演唱米拉日巴与曲拉哇贡保多杰对唱的道歌，故事情节波澜壮阔，声调优美动听，极富趣味；护法神音节式唱经调诵唱时起调较高，音量大，有空旷苍凉之感。由于其唱经调古朴优雅、美丽动听、清丽婉转，融入民间优美音调，内容健康，深受藏族群众喜爱。其词曲丰富优美，不仅有很高的文学价值、音乐价值，而且具有很高的史学价值，是研究藏族历史、文学、音乐以及古老民族发展演变的第一手宝贵资料。随着社会生活的变迁，唱经调的传承面临危机，青海省组织各种力量尽力保护这一古老艺术。2008年被列入第二批国家级非物质文化遗产名录。（YXL）

青海汉族民间小调 青海汉族民间小调是青海汉族人民在劳动之余、日常生活当中以及婚丧节庆用以抒发情怀、娱乐消遣的民歌。因有职业艺人与半职业艺人的传唱，并和曲艺、戏曲有千丝万缕的联系，因而加工提炼的成分较多，词、曲即兴成分很少，比较定型。小调艺术上较为成熟和完善，所以流传面较广，遍及青海各地的城市和乡镇，其内容广泛涉及社会各阶层人民的生活。表现感情细腻曲折，形式较规整，表现手法丰富多样。按照内容的不同，可以将其分为抒情歌、诙谐歌、儿歌和风俗歌四类。小调多数属分节歌形式，一曲多段词，常采用四季、五更、十二时等时序体，多侧面、较细致地陈述内容。为适应多段词的需要，其曲调则概括凝炼地表达某种情绪，曲调性强、旋律流畅、婉转曲折，音调进行平稳，长于叙事抒情。常见的节拍为四二拍或四四拍，调式以五声音阶徵调式和商调式为主。小调的诗词格律大致是七言句为主的自由格律体，唱词多为分节歌，每节多以四句式为主。以三敬、四季、九回、十想、十二月起兴，这是青海汉族民间小调的重要艺术表现手法。《放风筝》《织手巾》《四季歌》《浪花灯》《绣荷包》《茉莉花》《五更调》《孟姜女》等是青海汉族民间小调的代表性曲目。由于小调根植本乡本土，与地方语言结合紧密，极具娱乐性，因而深受地方人们的喜爱，得以长期在汉、回、土、撒拉等民族群众中广泛流传。2009年被列入第三批国家级非物质文化遗产名录。（YXL）

塔尔寺花架音乐 "花架音乐"是藏传佛教圣地塔尔寺的佛教音乐。塔尔寺设有专门制作酥油花的上、下酥油花院，"花架"乐队就是专为酥油花的制作、展供设立的僧侣乐队，有属于上花院的杰宗增扎和下花院的果芒增扎两支乐队。塔尔寺花架乐队的演奏历史可追溯至寺院建立早期，已有600多年历史。演奏花架音乐的乐器有笙、笛、管、大唢呐、十音锣等吹奏乐器和鼓、钹、镲等打击乐器，主奏乐器是竹笛。花架音乐的旋律以上下平稳阶进为主，曲调平缓，节奏多为五声徵调式，节奏、速度适中，情绪起伏不大。演奏程式以齐奏为主，各种乐器均按原曲演奏，不加装饰音。在吹奏长音和乐句末的长音时常用下滑音演奏。演奏形式一般为打击乐和吹奏乐轮流交替演奏。花架乐队的鼎盛时期，乐队人员多达40余人，演奏曲目有30多首，最常演奏的曲目有《八仙》《八谱》《上千金桥》《龙斯格日》《白木营》《斯周》等10首，这些乐曲是酥油花会上为烘托宗教气氛而演奏的"香曲"，曲调节奏缓慢、庄严肃穆。每年从农历十月至腊月，在长达3个月的酥油花制作过程中，两支乐队为各自酥油花院的每个重要制作环节演奏相关乐曲。正月初八至十七的祈愿大法会、正月十五晚展供酥油花，花架音乐的演奏将达到高潮。由于录音机的广泛使用，加之僧人缺乏重视、疏于练习，花架音乐保护传承面临危机，为了保护这一古老音乐形式，湟中县积极组织"非遗"申报工作。2009年被列入第三批国家级非物质文化遗产名录。（YXL）

撒拉族民歌 撒拉族民歌是流传在青海省海东市循化撒拉族自治县、新疆伊宁、甘肃宁夏积石山区撒拉族聚居区等地的一种传统民歌形式，元代就已出现。作为一个善于歌唱的民族，撒拉族在长期的历史发展中，创造了丰富多彩的民族音乐，他们用民歌的形式唱述历史故事、民间传说。有的内容歌颂人民与大自然作斗争的无畏精神，有的抨击不合理的封建礼教婚姻制度，如此种种，生动地描绘了撒拉族人民传统的风俗人情以及对美好生活的向往和追求。撒拉族民歌在唱词上除使用本民族语言外，还使用汉、藏两种语言。其民歌分为"家曲"和"野曲"两大类。"野曲"只能在户外演唱并且须回避长辈和亲属。根据内容和音乐特点可分为劳动歌（号子）、玉尔（传统情歌）、花儿、宴席曲、宗教歌、儿歌。"家曲"的范畴为劳动歌、宴席曲、宗教歌、叙事歌、儿歌。代表作有《巴西古溜溜》《伊秀儿玛秀尔》《皇上阿吾尼》《孟达令》等，20世纪80年代，撒拉族民间文学集成的出版，为保护撒拉族民歌提供了丰富而宝贵的资料，而以韩占祥为代表的民歌传承人为这一文化遗产的传承发挥着重要作用。2014年被列入第四批国家级非物质文化遗产名录。（YH）

蒙古族民歌（海西蒙古族民歌） 蒙古族民歌是流传于蒙古族地区的一种民间艺术形式，一般分为牧歌和礼仪歌两类。海西蒙古族是西蒙古四部之一的和硕特部的主体，由于长期是独居群落，其生活习俗、劳动、学习、语言等方面与其他地区的蒙古族有着不同的特色，其礼俗和民歌独具特色。海西蒙古族民歌以声音舒缓自由、曲调悠扬舒畅而闻名，生动地反映了海西蒙古民族的历史遗存、风土人情。演唱时从头到尾主音反复，通过主旋律的大起大落，音乐节奏的不同变化而抒发或反映演唱者的思想情绪，因而具备了独特的演唱特征。民歌的结尾，一般都有"愿国家安宁""愿佛爷保佑"等特殊加词，代表性地倾诉了蒙古族人民对和平美好生活的向往和追求。在不同的场合有不同的歌曲，所以它具备了规范性特征，在曲调和演唱方式上还保留着13—14世纪蒙古族民歌的特征，代表性歌曲有《嘎斯湖畔的白芨芨草》《阿尔茨图山顶》等。随着时代的变化，蒙古族民歌发展日渐式微，为保护这一古老的艺术形式，海西地区组织了民歌培训班、民歌大赛、民歌演唱会等多种活动。2006年被列入第一批省级非物质文化遗产名录，2014年被列入第四批国家级非物质文化遗产名录。（YXL）

藏族酒曲 酒曲，又称"勒"，是一种历史悠久的藏族民间歌曲。青海藏族酒曲广泛流传于青海藏族地区，是全国藏区影响较大、流布广远的民间艺术，目前在青海的海南、黄南、果洛、海北等藏族自治州尤为流行。依其内容和歌唱形式的不同可分为"道勒"（赞歌）、"坎参"（逗乐歌）、"艺勒"（悲歌）、"毛勒"（理想之歌）、"勒斜"（对答歌）、"完角"（调解歌）、"扎西"（吉祥歌）等。可独唱也可对唱，一般以对唱为主要演唱形式。其内容有赞美大自然、骏马牛羊的；也有讴歌英雄事迹，描述民族习俗的；还有感怀亲思，祝福吉祥的。曲调丰富，情绪欢快，形象生动，生活气息非常浓厚，充分表现了自由豪放的草原民歌特点。即兴演唱是青海藏族酒曲的特色，歌唱者触景生情，在传统的曲调中即兴编词歌唱，因而其内容特别广泛。青海藏族酒曲体现了藏族人民豁达宽广的胸怀和积极向上的生活态度。为了更好地保护这一珍贵艺术形式。2014年被列入第四批国家级非物质文化遗产名录。（YXL）

3. 传统舞蹈

玉树卓舞（锅庄舞） "卓"，藏语译音，是融舞蹈、音乐、诗体唱词为一体的藏族古老的民间歌舞，又称"锅庄舞"。玉树卓舞是流传于青藏高原腹地玉树藏族自治州一带的古老歌舞，其种类繁多，内容以对家乡、自然风光等的歌颂为主，同时广泛反映社会生活的各个方面。玉树卓舞的历史可以追溯到原始社会，随着藏族六大氏族的形成，玉树卓舞逐渐以部落、部族和区域文化的形态发展起来。其完整的演出分祭奉神佛的序舞、表现广泛内容的正部、祝福吉祥的尾声三个部分。按功能可分世俗性较强的普通卓舞和宗教色彩很浓的"法"卓（藏语称"曲"卓）两类，整体结构由从慢到快两部分组成，以载歌载舞的形式进行表演。动作主要围绕甩袖来进行，表演时常常有几十人、上百人共同参与。男子舞蹈甩袖幅度大，动作优美潇洒，手臂旋转自如，运动路线变化多样；腿部的动作幅度也很大，需要配合着手臂的甩袖做抬腿、撩腿、转身等大幅度的跳跃、移动，动作路线以弧线为主，周身协调配合；整个舞蹈节奏鲜明，气势磅礴，将男性舞蹈阳刚、帅气之美充分展现出来。女子舞蹈动作柔美流畅，甩袖和脚下动作基本与男子舞蹈相近，但幅度较小，展现出女性柔美秀丽和温柔端庄的特性。这种舞蹈具有广泛的民众和社会基础，在藏族歌舞艺术中具有广泛的代表性和显著的典型性，显示了很高的艺术价值。同时，又有古老而深邃的文化内涵，在人类学、民族学、民俗学等的研究中都有重要的价值。国家和地方都非常重视这一古老舞种的保护，2006年被列入第一批国家级非物质文化遗产名录。（YXL）

土族於菟舞 "於菟"系古汉语，意为老虎。土族於菟流传于同仁县年都乎村，是当地特有的一种民俗文化形态，至今已有数百年的历史。于每年农历十一月初五至二十日举行。当地人认为，每年的农历腊月二十日为"黑日"，这时妖魔鬼怪纷纷出来作乱，所以要举行跳於菟的祭祀活动。跳於菟也就是模仿老虎的动作，以此来驱逐妖魔，保佑太平。它包含念平安经、人神共娱、祛疫逐邪等仪式。於菟又是舞者的称谓。仪式开始时，名为於菟的舞者在赤裸的上身绘上虎豹图案沿村进行表演，挨家挨户跳舞。土族於菟舞流传至今已有数百年历史。其舞蹈语汇与节奏相对单一，"垫步吸腿跳"是整个舞蹈的主干动作，因舞者双手持约两米长的树棍，所以上身及手势动作较为简单。腿部动作的跳跃幅度与动势，也随其舞蹈情绪的发展、变化相适应。从"於菟"的舞蹈形态来看，它是一种原始拟兽舞在当代土族民俗活动中的形态表现。值得指出的是，年都乎土族的於

菟舞则完全失去了狩猎生活的那种功能，成为当地民间祭祀活动中的重要内容，它的全部意义是驱魔逐邪、祈求平安，它是原始人万物有灵的宗教文化观念在民间艺术中的遗存。土族於菟舞，是土族傩文化的"活化石"，为进一步研究古代巫术舞蹈的形成发展、审美特征以及在各民族之间的横向交流，探索当代民族舞蹈的变异性、多样性、融合性提供了一个丰富而生动的实例。2006年被列入第一批国家级非物质文化遗产名录。（YXL）

藏族螭鼓舞 "螭"是传说中的龙生九子之一，嘴大，能吞海。表演螭鼓舞就是对水龙的祭祀。藏族螭鼓舞流传于循化地区，是一种藏族原始宗教祭祀舞蹈，距今已有两百多年的历史。每年农历六月，循化撒拉族自治县道帏藏族乡村民都要举行隆重的祭祀活动，跳螭鼓舞是重要内容之一，旨在禳灾驱邪，保佑村民人寿年丰。螭鼓舞从舞队建置、规章制度到表演时间、场地、程序、内容、动作，以及服装道具等，都有严格的规定，具有浓重的宗教祭祀色彩。舞者的挑选有性别、年龄、相貌、品行等条件限制，都是由18～40岁相貌英俊的青壮年男子组成，每队少则三四十人，多则上百人。舞队有总管，常由村里德高望重的长者担任；领舞一人，由技艺娴熟、品行正派的人担任。螭鼓舞为多段（套）体例，结构较为完整、严谨，动作整齐划一，不能自由发挥。舞时，舞者左手执鼓，右手拿鞭，边击边舞，一般无需其他乐器伴奏。每段以领舞者的鼓点为段首起始信号，众人随之起舞。段落之间稍有间隔，舞至中段时，可由四至六人居中央演唱民歌等，舞者乘机小憩。对服饰要求很高，舞蹈者披金色棱形披肩，戴五佛冠吉祥帽，左手执绘有吉祥彩绘图案的羊皮鼓，右手拿鞭，脚系响铃，边敲边舞，起舞时铃声和鼓点合拍，发出铿锵清脆的声音，气势宏大，震撼人心。目前流传下来的13套动作，完整规范，以雄健粗犷的跳跃击鼓动作，以及模仿的雄鹰、骏马、海螺、太极等形象，表现请神、敬神、送神、降魔等祭祀内容，富有高原民族特色。螭鼓舞充分反映了当地民族的宗教信仰、生活情趣和审美观念，具有较高的历史、文化和民俗、审美价值。2008年被列入第二批国家级非物质文化遗产名录。（YXL）

尚尤则柔 "尚尤则柔"是海南藏族自治州贵德县河西镇下排村藏族传统民间歌舞之一，距今已有400多年历史。作为一种古老的艺术形式，它开始只有几个舞曲，到目前已发展到20多种，其中比较古老的有13种。《鹿舞》《阿柔玛》《催奶曲》《安召》为其代表性曲目。一般在逢年过节、藏族姑娘戴头时和藏族婚礼上演唱。表演仪式分为庄严性和随意性两种，庄严性有固定的时间和地点，随意性不分时间、地点，可随时演跳。而表演内容更是种类繁多，不仅有对家乡、自然风光的赞颂，还有非常强的功用性，广泛反映了藏族人民生活的各个方面。演出时，男女成对，少至两人，多至上百人，从两面出场，或穿插，或对舞，或排成一路圆形，场面随时变化。开始表演时，先引唱"阿则"并做起跳引子，然后两人面面相对随歌起舞，边跳边唱。动作轻松优美，富有藏族舞蹈屈、圆、稳、颤、跳、嬉的特点。唱词比喻生动细腻，旋律优美动听，是音、舞、词相结合的艺术。语言华丽、精粹，富有文学色彩。由于具有广泛的民众性和社会基础，风格独特，表现丰富，在藏族舞蹈艺术中有广泛的代表性和显著的典型性，其种类、曲目的储藏量很大，居藏族舞蹈之首，具有很高的艺术价值。中华人民共和国建立后，则柔得到人民政府的重视和支持。自20世纪90代年以来，尚尤则柔多次参加海南藏族自治州大型庆典活动、广场演出，在青海省举办的大型藏历年庆典上，亦有尚尤则柔的表演。2008年被列入第二批国家级非物质文化遗产名录。（YXL）

玉树依舞（弦子舞） "依"在玉树方言中是歌舞的统称。其形成历史悠久，16世纪亦已成为玉树地区盛行的舞蹈。在玉树主要流传于囊谦、玉树、称多三个县，民间有"东三县的依、西三县的鲁"之说。依舞舞姿轻快活泼，生活气息浓郁，有歌必舞，有舞必歌。其唱词内容多为赞美自然、宗教、劳动，赞颂勤劳智慧的人民，舞蹈动作和技巧来源于生产生活，涉及骑马、狩猎、赶羊、打场、挤奶、剪毛、打酥油等活动，富有典型的高原特色。舞形式活泼自由，不仅在喜庆节日中跳，还在日常休闲男女群众欢聚一起时舞蹈，对舞蹈者的人数、年龄、性别、服饰、场合无特殊要求，老少皆宜，跳舞时有笛子、牛角胡等器乐简单的伴奏，亦可无器乐伴奏。圆圈舞是玉树依舞的传统队形，常见的男女分列围成一圈的队形称为"东嘎叶庆"，意为"右旋的白海螺"，象征圆满吉祥。表演时按顺时针转圈跳，显然具有一定的宗教含义。最后一定要跳一段吉祥的舞蹈，作为结束。作为一种古老的民间歌舞，其有较强的自娱性、实用性和仪式性，是反映玉树藏族人民生活风貌的百科全书。2008年被列入第二批国家级非物质文化遗产名录。（YXL）

称多白龙卓舞（锅庄舞） 称多白龙卓舞是藏族成年男子在祭祀、迎宾和寺庙宗教活动时表演的舞蹈。主要发源和流传在玉树藏族自治州称多县称文镇白龙村的空格、布热、上下开哇和东郭四个村寨里，距今已有800多年的历史。早在远古时期，它只在祭祀、迎宾和寺庙节庆上演出，而且只能由成年男子参加。舞者头缠红色缨穗，身着红、黑两色氆氇装，围成两圈后先由一方唱，然后又由另一方将唱词复唱一遍，唱腔韵律深沉而悠远，庄严凝重，有非同一般的独特气势。表演形式往往是先唱后跳，也有边唱边跳。舞者声音高亢、表情严肃、姿态威严，从缓和的节奏、深沉的步伐和朴素的着装中可以看出，其"舞规"是相当严格，舞者若没有相当的资历是难以进行传神的表演的。是一种动静组合的舞蹈，动则为舞，静则为歌。歌由唱词与唱腔组成，词句结构严谨，韵律整齐，语言通俗易懂；唱腔深沉悠远，抑扬起落。蕴含了藏族精神、信仰、价值的取向，地域特色鲜明,极具美学价值。舞蹈和音乐在早期有80余种,目前存有30种,亟待保护。2008年被列入第二批国家级非物质文化遗产名录。(YXL)

囊谦卓干玛 囊谦卓干玛是古老的康巴藏族原生态的歌舞,集表演和娱乐为一体,主要流传于囊谦县境内。据说囊谦县尕尔寺第七世活佛尕尔曾收集整理了38个卓干玛曲目,现今还在流传的有22个曲目。这是千百年来劳动人民集体创作的民间歌舞经典,由于其独特的魅力,一直流传至今。表演时男女分列,围成一圈载歌载舞,舞蹈轻松、活泼、开朗,表现出很多游牧、农耕、狩猎及图腾崇拜意味的动作。歌舞曲调古朴优美,风格独特鲜明。表演不受时空限制,既可在宗教仪式、传统喜庆佳节上表演,也可随时随地即兴抒发表演。表演以"颂歌""颂神""颂天""颂地""颂五谷丰登""颂六畜兴旺"为主要内容,颂扬美好事物。歌词对仗工整、押韵自如。跳时,男舞者头缠红穗和黑丝,盘头长辫,穿白色长袖衬衣,着酱红色氆氇藏袍,腰挂用皮革缝制、银质镀金、珊瑚装点的火镰、藏刀和弹带等佩饰,下身着白色丝绸灯笼裤,脚穿康巴藏靴。女舞者梳上五六十根细发辫,两鬓有金银藏式发卡,头戴三个黄色琥珀球及红珊瑚、绿松石组成的发带,腰系囊谦特色的金、银、铜打制的腰带,腰带上还带有金、银、铜打制的女式藏刀和藏式钱包、"洛隆"等,脚穿藏靴,服饰颇具特色,也很美观。自改革开放以来,随着老艺人的相继谢世,原生态的囊谦卓干玛出现传承危机,目前囊谦卓干玛只有4位传人,年龄均在65岁以上。为了保护这一古老舞蹈。2008年被列入第二批国家级非物质文化遗产名录。(YXL)

土族安召舞 安召舞,土语称"那腾锦莫热",意为"围着圆圈跳的舞蹈"。是土族人世代相传的一种歌舞形式,也是土族最古老、最有代表性的舞蹈。流行于互助土族自治县城关、东沟、红崖子沟、哈拉直沟一带。安召舞形成于土族由游牧民族向农耕民族转型的时代,最初的表演场地是在有院槽的庭院,是土族群众为喜庆生活、庆祝五谷丰登、风调雨顺而举行的歌舞表演。在表演中舞蹈形式与打麦劳作息息相关,如:众人围成圈按碾场时碌碡的转向(逆时针方向),边唱边跳来庆祝丰收,祈求来年风调雨顺。其舞蹈动作舒展优美,唱腔动听悠扬,是土族民族精神凝聚的象征。作为一种生活舞蹈,是一项集体合作表演的歌舞形式,男女老少皆可参与,是一种领唱、舞蹈为一体的综合表演形式。领唱者往往由能歌善舞的老者充当,舞姿基本上由简单的"左右弓身摆手""上下起伏""下蹲旋转"等动作构成。女的动作较优雅秀气,男的则粗犷大方。舞蹈歌词主要内容是赞颂、祝福,祈求吉祥、人口平安、六畜兴旺、五谷丰登。丰收时节所唱多以庆丰收、谢神佑、向往美好生活为主。曲调据统计有十几种之多,一般上句为正词,下句为衬词。曲调高亢、嘹亮,速度平稳,并随着歌词内容的变化而变化,反映了土族歌舞音乐独树一帜的特点。伴唱有领唱、合唱、问答三种形式，现民间传唱的曲调有《拉毛沿召》《拉热拉毛》《兴玛洛》《安召索洛洛》《召因召》等。其舞蕴含着丰富的民族历史渊源、生活习俗及民俗文化，具有很高的民族历史文化价值。安召舞作为土族民俗旅游业的一张王牌，在各种集会上为宾客表演。还被改编成适合大众锻炼的健身舞被推广。2011年被列入第三批国家级非物质文化遗产名录。（YXL）

玉树武士舞 武士舞，藏语称"锅哇"，是玉树特有的一种风格独特的礼仪性传统舞蹈，其形成历史久远，但缺乏具体文献记载，专家认为从吐蕃时期已初现端倪。通常在寺院庙会或部落人士的重大礼仪性场合表演。表演者均为男性俗民，头戴垂有红丝穗的圆形高筒帽，身着节庆盛装，佩戴银质镀金护身佛龛、项链、腰饰等饰物。表演队形以转圈为主，旌旗导前，长号开道，一人击钹领舞，其后有一至二名持剑拿盾的舞者，其余皆持剑握弓。随着领舞者的击钹、击节而舞，中间穿插着说"锅斜"（道白）、唱"锅勒"（锅歌）。其特点是舞姿徐缓庄重、气氛肃穆、场面宏大、风格古朴凝重，被誉为"藏族仪仗舞"。玉树武士舞是玉树地区历史、文化、宗教的缩影，是多种文化的结晶，具有极高的历史文化价值。2013年，该文化遗产通过青海省专家初评、省非遗名录专家评审委员会审定，经政府批准后上报文化部。2014年被列入第四批国家级非物质文化遗产名录。（YH）

4. 传统戏剧

黄南藏戏 藏戏，藏语称"阿吉拉姆"，是藏族人民喜爱的古老剧种。藏剧的取材，大多来自民间故事、历史传说、佛教经典和世事人情等方面。黄南藏戏是黄南地区藏族戏曲剧种，在19—20世纪中期，分布区域曾经覆盖了黄南藏族自治州以及相邻的循化撒拉族自治县、化隆回族自治县的部分地区，目前主要流行于黄南地区。黄南藏戏是安多语系藏戏的一个重要分支，它的发展经历了五个不同阶段，即17世纪中期到18世纪中期的说唱阶段、夏日仓三世时期三人表演的形成阶段、年吉先甲时期的成熟阶段、年多吉甲时期的兴盛发展阶段和新时期以来的提高革新阶段。其具有广泛的群众性和民间传承性，始终与社会民众保持着密切联系。在音乐上保留了宗教音乐的成分，也吸收了当地民歌、舞蹈音乐等素材。演出剧目除著名的《文成公主和赤尊公主》《诺桑王子》《苏吉尼玛》《顿月顿珠》《赤美更登》《卓娃桑姆》《白玛文巴》《朗萨雯蚌》等八大传统藏戏外，还有《格萨尔王传》《国王官却帮》等其他藏区没有的剧目。其中以仪式戏剧形式出现的《公保多吉听法》，是安多地区出现较早、影响较大、流传较广的羌姆形式的藏戏。在表演上，充满幽默感的即兴表演独具特色；在艺术形式上，在长期的艺术实践中，总结出各种行当及成套的表演程式，手势指法、身段步法和人物造型，吸收黄南寺院壁画人物形态，融入寺院宗教舞蹈、传统舞蹈及藏族生活素材动作等，形成本剧种独有的艺术风格。20世纪80年代以后，青海藏剧团在黄南成立，创作演出了《意乐仙女》《藏王的使者》《金色的黎明》等优秀剧目，在国内外产生了很大影响。近年来在文化部的扶持下依托热贡文化实验保护区，黄南藏戏发展势头良好。2006年被列入第一批国家级非物质文化遗产名录。(YXL)

青海马背藏戏 青海马背藏戏是果洛藏戏表演形式之一。果洛藏戏主要以演格萨尔史诗故事为主，亦称为果洛"格萨尔藏戏"。这种藏戏在果洛各寺院表演中，主要分为两种：一种是广场藏戏，一种是马背藏戏。马背藏戏是在马背上表演的一种艺术形式，20世纪90年代在玉树地区广为盛行。每个戏剧角色必须唱、念、舞、做等，可以说是一种有实物的表演，而且不受时空制约。其表演时圆场、绕场和过场皆在演出广场外围利用崇山峻岭、河流草原以及马匹进行表演，以表示人物在行路、追逐、或出入场。而戏剧冲突及唱、念、舞、技等则在场地内来表现，各角色在马上或下马在场地内一段一段轮番演唱后，继续在场外山坡上按顺时针绕行一周，再回至场地表演，以此来表现舞台空间的转换。其表演风格强悍、干练，场面宏大，气壮山河，具有浓郁的藏族的生活气息。内容与形式集中地体现了藏族古典文学、音乐、舞蹈、马术表演等。通过说唱、舞蹈和马术表演，再现了剧中所描写的历史场景和丰富的故事情节，独具审美风格。对研究青海藏戏艺术具有极其重要的价值。代表剧目有《格萨尔》和传统的八大藏戏。作为藏族古老戏剧形式之一，其保护得到了青海省和国家的高度重视。2008年被列入第二批国家级非物质文化遗产名录。(YXL)

河湟皮影戏 皮影戏是傀儡戏表演的一种，青海群众称之为"影子""皮影儿"，主要分布在民和、乐都、平安、西宁、大通、互助、湟中、湟源等东部农业区，距今已有200多年的历史。河湟皮影用料讲究，一般以皮板薄厚适中，质坚而柔的青藏高原六七月份宰杀的黄牛皮为最佳，经过10～15天的清水浸泡、晾干，通过刮、铲等手段，其间将刮好的皮子用清水边铲边洗，最后从皮子两面铲到透明的骨子，然后将湿皮子用特制木框固定阴干，再用铲刀、切刀等工具进行构图，经过雕刻、敷彩、熨烫、定缀一系列工序完成成品。头大、腰细、臂长、袖宽是河湟皮影的特点。影人轮廓多以直线刻画，简练有力，图案强调装饰性。影人的头部造型多达千种，并注重对人物五官的刻画。河湟皮影的道具主要有影人（也叫皮娃娃）、亮子（影幕）、灯盏（光源）。演出的主要乐器有四胡、三弦、唢呐、长杆喇叭、小战鼓、大铜锣、铰子、棒子、盏儿等。演出不受舞台、灯光、场地的限制，大至广场小至家家庄院，一盏灯、一片布、一个演员就可以驮走全部道具。戏班一般由4～6人组成，功夫好的艺人有操纵影人、乐器伴奏和配道白同时兼能的本领，高手甚至能同时操耍七八个影人。武打场面紧锣密鼓，影人枪来剑往、上下翻腾，热闹非凡，而文场的音乐与唱腔，音韵优美、婉转动听。演出剧目主要分花戏和踏本两大类，演唱内容多为历史故事、神话传说和民族友好题材，传统代表剧目有《杨六郎镇守三关》《穆桂英挂帅》《唐蕃和亲》《宝莲灯》《梁山伯与祝英台》等。由于唱腔用的是地方方言，别有一番韵味，并以浓厚的高原乡土气息为群众所喜爱。虽然皮影戏作为典型的口头和非物质文化遗产在青海西宁、海东等地日益受到重视，但是随着人民文化生活水平的不断提高和电视、电影的大量普及，皮影戏已被越来越多的现代化娱乐方式所替代。日渐衰落、濒临绝迹，亟待保护传承。2008年被列入第二批国家级非物质文化遗产名录。（YXL）

5. 曲艺

青海平弦 青海平弦又称"平曲""宁曲子"或"西宁赋子"，是流行于西宁、大通、湟中、湟源、互助和乐都地区的地方戏曲剧种之一，形成于20世纪60年代。它是一种只唱不说的联曲体曲种，曲调丰富，素有"十八杂腔，二十四调韵"之说，曲调既保持有曲艺的联曲体的特点，又吸引了其他板腔体剧种的长处，形成综合体的音乐体式，包括花音唱腔，如花音赋子、花音背弓以及新平调、快板、倒板、散板等二十余种唱腔。此外，还从其他剧种的曲牌和青海民间唢呐曲牌中吸收了大摆队、大开门、将军令、得胜令、雁落沙滩、泣颜回、古榴花、尾声等三十余种唢呐曲牌，以及大红袍、纱帽翅、菠菜根、小开门等十余种弦乐曲牌。可以分为赋予腔、背宫调、杂腔、小点、下背宫五类，具有严密的单曲体反复和多曲体联套的完整结构。其音乐唱腔的旋律委婉绮丽、温柔典雅、优美动听，唱词对仗工整、严谨典雅，是青海地方曲艺中的阳春白雪，也是影响较大的曲种之一。在平弦演唱时，由演唱者手持筷子，一手夹瓷碟互相敲击掌握节奏，过去演唱只有男声，中华人民共和国成立以后才逐渐有极少数的女声演唱者。伴奏的乐器有琵琶、三弦、正弦板胡、反弦板胡、月琴、扬琴、曲笛、月儿等，中华人民共和国成立后又有加二胡、大提琴的，有时也只用三弦伴奏。代表剧目有《狸猫换太子》《尕旦和尚》《中秋月》等。随着经济社会的发展，青海平弦也面临着各种冲击，发展形势严峻。2007年被列入第二批省级非物质文化遗产名录，2008年被列入第二批国家级非物质文化遗产名录。（YXL）

青海越弦 青海越弦是青海地方曲艺之一，又叫"月弦""月调""背调""越调""坐场眉户"等。流行于湟水流域各地。清代中期由陕西传入，故其主要曲调的名称、唱词的句式规律等与陕西眉户基本相同。分为北川派和南川派。北川派以著名艺人郭福堂为首，唱词以历史曲目为主，风格慷慨苍凉，深沉动人；南川派以张海成为首，唱词以民间故事及现实生活的段子为主，大量吸收了民间的小曲和小调，风格优美活泼，为广大人民群众所喜爱。主要伴奏乐器为三弦、板胡、二胡、水子（碰铃）、梆子、笛子等。属于曲牌联套体制，曲牌有"前岔""后岔""背宫""皂罗""岗调""紧赋""大莲花""五更""采花""剪靛花"等十余个。除常用的坐唱形式之外，也有走唱表演。作为音乐部分的曲调与曲词紧密结合，是表达情绪的有力手段，所以曲词受到曲调的限制，有着比较严谨的格律。曲词要求通俗生动，近如口语，没有咬文嚼字、冷僻酸涩的痕迹，具有民间文学语言特征，表现力丰富。唱词中一部分是七字句为基础的，上下对句或一、二、四句押韵的四句式；一部分是十字句为基础的上下句子；也有一部分是七字、十字均能演唱的；还有许多曲调的格式是属于长短句体例的。曲目多是短篇唱段，内容丰富，有适应于喜庆祝颂的《东吴招亲》《满床笏》等；有描绘劳动人民生活的《亲家母打架》《傻娃卖布》《钉缸》《下四川》等；有细腻地刻画人物心理活动的《梵王宫》《姐儿探情》等；有叙述历史人物故事的《桃园结义》《黑访白》等；20世纪50年代以来还出现了一些反映现实生活的新曲目。随着民间艺术发展态势的整体下滑，其发展也日渐衰微。2008年被列入第二批国家级非物质文化遗产名录。（YXL）

青海下弦 青海下弦是青海土生土长的曲艺种类，产生于清朝末期，流行于河湟流域农业地区，为坐唱艺术，单人或双人演唱。其用独特的下弦定弦法定位伴奏，伴奏乐器为三弦和板胡。它的伴奏音乐、唱腔曲牌非常丰富且独具特色，不同于其他曲种音乐，在内地其他各省也较少见到。其中三弦弹奏中掐、揉、扣的技法虽难度较大，它的演唱曲目内容与中原文化有着千丝万缕的联系，而其六言字的文句却又在别处不易见到。主要曲调为"下弦调"，结构严谨，适于叙事抒情，演唱者可根据字数多少加以相应的变化，极富艺术魅力。其他曲调还有"仿下弦调""软下弦调""下背工"等。传统曲目有《林冲买刀》《十二月开花》《鸿雁捎书》，下背工曲目有《三顾茅庐》《出曹营》《岳母刺字》等，新编曲目有《山乡月夜》《春景》等。它的唱词文句典雅，如《林冲买刀》是六言文句，四句一段，可长可短，变化灵活。对研究河湟曲艺、音乐具有极为重要的史料价值。青海下弦拥有演唱技艺娴熟的艺人队伍。20世纪40年代，下弦演唱处于鼎盛期，盲艺人有30名左右，至21世纪初，艺人队伍迅速减少，现在世艺人不足5人，发展岌岌可危。2008年被列入第二批国家级非物质文化遗产名录。（YXL）

西宁贤孝 西宁贤孝是一种流传于青海省东部河湟地区的民间说唱艺术，其传统曲目内容比较广泛，大部分为劝善内容故得名"贤孝"。西宁贤孝有演义类、传奇类、志怪类、劝喻类、生活类等一百多部曲目，代表曲目有《芦花计》《李翠莲上吊》《白猿盗桃》《银钱儿姑娘》等。其特点是：一是演员少，往往只有一个演员边拉二胡边说唱；二是要求简单，不需化妆，不需道具，不需舞台背景；三是感情的表达全凭演员脸部丰富的变化和生动有趣的语言；四是唱腔较单纯、好学，群众基础广泛。西宁贤孝的唱法灵活多样，不仅能演唱情节单一的故事，也能演唱内容庞杂的"大段子"，传统的段子有《李延贵卖水》《白鹦哥吊孝》等。随着时代的发展，演员已由一人发展为多人，表现形式、伴奏的乐器亦日见丰富。承传者主要为民间盲艺人。演唱方式多由女盲人持三弦自弹自唱，也有男女二人结伴行艺，无固定演出场所，一般在街头巷尾或民家小院席地卖唱，收取米、面、馍馍。中华人民共和国成立后，地方政府组织一些盲艺人成立艺人小组，推陈出新、编唱新曲，并在农村及城镇推广，产生了许多曲艺名手。曲词悠长，委婉动听。在发展过程中还包括老弦、官弦、下莲、弦叶儿落四个古代小曲的曲调，它们的音乐风格很统一。在这些曲调中，除下弦是六字句式外，其余都是以七字句为基础的唱词结构。演唱时奏过前奏、过门之后一般有"前岔曲"，然后接主曲，最后以"后岔"收尾。主曲虽只有4个乐句，但艺人可根据情节和感情需要，在节奏和旋律、拖腔上变化并润饰，形成艺人的独特风格。面对民间曲艺发展的不足态势，为了培养更多的传承人，西宁市群艺馆在大通回族土族自治县园林小学建立了西宁贤孝传承基地。2008年被列入第二批国家级非物质文化遗产名录。（YXL）

6. 传统体育、游艺与杂技

南山射箭 南山射箭是盛行在青海省乐都县南山下营、中坝、瞿昙等乡镇的一项重要的民间文化体育活动，也是当地一项重大的体育赛事，一般多在农历四五月举行。据考证，南山射箭的风俗可以追溯到明朝中期，当地人为抵御外敌入侵，形成了"人人能射""户户备弓"的习俗。一般来说，南山地区的射箭比赛地点不固定，轮流择地，主要是村落之间相互邀约。箭手有藏、回、汉等民族，大家相互竞赛，交流射技。射箭比赛的日子是老百姓心目中神圣而热闹的节日，因此家家户户从头几天就开始准备丰盛的食物。箭手们则拿出最好的衣服装饰自己。如藏族头戴大檐礼帽，身穿氆氇褐衫或长袍，腰系红绿绫绸，足蹬黑皮靴，并按传统习俗，右臂不套袖子；回族则头戴顶帽，白衬衫，黑坎肩，脚穿黑皮鞋；汉族则身着颜色统一的传统服装。他们所持的弓是"雕弧"，是弓匠专门制作的牛角弓，丝丝花纹，样式考究。箭是木杆铁镞，尾带羽翎。箭靶也别具一格，杨柳树枝编成一米见方的靶圈，正中涂着碗口大的红靶心，称之为"月儿"。靶上边还插着几面小彩旗，既醒目又可起辨别风向的作用。比赛开始，技艺高超的"开靶者"首先上场开箭，其他箭手则大吼数声助威。每中一箭，本队箭手都要再吼三声。射得漂亮时连对方和观众也齐声大吼，比赛到最后，由神箭手出场"盖靶"。由监靶人手扶靶子，并指出专射某一点，神箭手则箭不虚发，一矢中的。如此三箭，定了"天山"，赛箭始告结束。比赛虽以村为队，但具体到队员时，要找一个"对摹子"（即对手）比赛。比赛完后，主队要邀请各自的"对摹子"到家中做客，待太阳落山时，客队箭手动身返回时，村中妇女纷纷到村口拦挡，唱着"花儿"挽留。箭手们则也唱"花儿"表示感谢。这项大型民俗活动不但有众多乡镇群众广泛参与，而且射手有藏族、回族、汉族诸民族，它反映了乐都地区人民群众的杰出智慧和独特创造。近年来随着熟悉射箭习俗的老人日趋老龄化，这一活动范围日趋缩小，亟待传承保护。2008年被列入第二批国家级非物质文化遗产名录。（YXL）

玉树赛马会 玉树赛马会是青海省规模最大的藏民族盛会，至今已有数十年的历史。每年农历七月二十五日开始的7～10天，在玉树藏族自治州的结古镇扎西科草原举行。届时藏族群众身着鲜艳的民族服装，将各自的帐篷星罗棋布地扎在结古草原上，参加赛马、赛牦牛、藏式摔跤、马术、射箭、射击、歌舞以及藏族服饰展示等极具民族特色的活动。通常以古老的煨桑祭祀仪式拉开序幕，煨桑后，接着便是马术比赛。马术比赛通常由跑马射箭、跑马耍枪、跑马悬体、跑马拾哈达和长途赛、走马等民间传统项目组成。跑马射箭是一项模仿古代骁骑的竞赛项目，参赛者身着戎装，腰挎箭筒，手执硬弓，在奔驰的骏马上拉弓放箭射靶，以命中率决出名次；跑马耍枪则由骑手首先从背后取下叉子火枪，用左手举至头顶，顺时针方向转圈，接着将枪支从身后递至左手举到头顶，然后逆时针方向转圈，接下去要从马脖子下把枪传至右手射递靶；赛马拾哈达是由参赛骑手在疾驰的马背上，把横放在跑道两旁的哈达拾起，以拾起哈达的多少决定名次；跑马倒立和跑马悬体表演，是两项既精彩又惊险的民间传统马术表演项目，有时纳入竞赛项目，这两项马术表演项目在环海藏区都不多见。伴随着惊心动魄、激烈竞技的是藏民族粗犷豪放、欢快热情的民间歌舞。赛马会上所见到的玉树歌舞，其舞姿、音乐都特别的粗犷豪放和热情欢快。而在赛马会期间，寺院的"拉强"（法舞）和民族服饰也都得以尽情展示。其另一特色是五颜六色的帐篷密布在赛马会场周围，整个节会期间，扎西科草原就如同一座独具风情的帐篷城。随着社会发展，玉树赛马会成为青海地区集旅游业、文化交流、经济发展于一体的全民盛会，吸引了八方游客前来参加。2008年被列入第二批国家级非物质文化遗产。（YXL）

土族轮子秋 土族轮子秋又称"转轮秋""车轮秋"，土语称"卜日热"，意为"旋转""转轮轮"。是一种流传于互助土族中的旋转式秋千，形成历史久远。通常在农闲季节或喜庆节日时举行表演。表演时，人们常常将马拉大车的"上脚"（车棚）卸下来，而将"下脚"（轮和轴）整体竖起，在抵地的轮上压上石头等重物，保持重心的稳定和平衡，在上面的轮上横绑一架三四米长的梯子，梯子的两端各绑一"Ｕ"形（秋千形）坐套。比赛时，每两人各坐于秋千套上，然后用力旋转轮子，以旋转时间长而又头不晕、眼不晕者为胜。随着经济发展，现多以钢管为原料焊制成轮子秋，并装上滚珠轴承，使用起来也更加安全、方便。在演员表演时，土族安召舞群则在轮子秋周围,穿着华丽的七彩盛装,呼着"赛那"(土语:好,吉祥),载歌载舞。这是土族人民勇敢、智慧、团结的结晶和象征,也是土族男女老少喜闻乐见并且踊跃开展的传统活动。现已经成为一种集体育和舞蹈为一体的富有土族民族特色的活动,被列为全国农民运动会和少数民族传统体育运动会的表演和比赛项目。2008年被列入第二批国家级非物质文化遗产。(YXL)

7. 传统美术

土族盘绣 土族盘绣传承于互助土族自治县,距今已有1300多年的历史,是一门汇集着深刻土族文化内涵的民间技艺。盘绣用料考究,加工精细,以黑色纯棉布做底料,再选面料贴上。作为一种丝线绣,有红、黄、绿、蓝、桂红、紫、白七色绣线,绣时一般七色俱全,配色协调,鲜艳夺目。针法十分独特,操针时同时配两根色彩相同的线,一做盘线,一做缝线。盘绣不用绷架,直接用双手操作,绣者左手拿布料,右手拿针,做盘线的那根线挂在右胸,做缝线的那根线穿在针眼上。上针盘,下针缝,一针二线,虽费工费料,但成品厚实华丽,经久耐用。图案构思巧妙,具有浓郁的民族风格,包括法轮(土语称为"扩日洛")、太极图、五瓣梅、神仙魁子、云纹、菱形、雀儿头、富贵不断头、人物、佛像等几十种样式。最常见的图案有"八宝""云气""太极图""富贵不断头""孔雀戏牡丹""狮子滚""绣球""鼠拉葡萄""寒雀探梅""石榴花"以及十二生肖等。色彩缤纷、图案逼真,具有浓郁的民族气息和极高的观赏收藏价值,在形、色、质、意等方面体现了本民族的审美态度和价值判断,为民族学、美学等研究提供了鲜活的材料。虽然青海各级政府部门对这一技艺做了一些抢救、保护工作,但随着一些刺绣能手年事已高,部分技术濒临或已经失传,后继乏人,急需抢救保护。2007年,互助土族自治县的李发秀经文化部确定,为该文化遗产项目代表性传承人,并被列入《第一批国家级非物质文化遗产项目226名代表性传承人名单》。2006年被列入第一批国家级非物质文化遗产名录。(YXL)

塔尔寺酥油花 酥油花发源于西藏而独秀于青海塔尔寺,是一种用酥油塑形像物的特殊技艺,被称为"塔尔寺三绝"(酥油花、壁画、堆绣)之一。最早产生于西藏苯教,是施食供品上的小小贴花。1409年,宗喀巴大师首次在拉萨大昭寺发起祈愿大法会时,组织制作了大型立体人物群像的酥油花供奉于佛前。此后,酥油花传塔尔寺,并沿袭下来。每年春节前几个月,酥油花艺人便将纯净的白酥油,揉以各色石质矿物染料,塑造成各种形象,正月十五,塔尔寺便迎来了一年一度的元宵酥油花灯节。酥油花制作周期长,从准备工作(藏历十月)到正式展出(正月十五)历时三个月之久。为了使酥油光滑细腻,便于操作,先要把酥油浸入冰水反复搓洗、揉合、去杂质、增韧性,揉搓成膏状备用。酥油花的制作工序分为扎骨架、制胎、敷塑、描金塑形、上盘、开光六道工序。其题材多样，内容丰富，主要以神佛祖师、文臣武将、飞禽走兽、花鸟鱼虫、山林树木、花卉盆景、亭台楼阁等组成各种故事情节。一架酥油花，从整体来看，亭台楼阁数十座，人物、走兽动辄以百计，大至一两米的菩萨金刚，小至十数毫米的花鸟鱼虫无所不备，浮雕与圆雕结合，人物与景物结合，佛界与凡间结合，动态与静态结合，时空分而不断，物象繁而不乱，色彩缤纷，浑然一体，令人叹为观止。有一套完整的制作机构和科学程序，设两个专门制作酥油花的机构：一个叫"杰宗曾扎"，一个叫"贡莾曾扎"，俗称"上花院"和"下花院"。每院有艺僧20人左右，这些艺僧一般在十五六岁入院，终身从艺。酥油花制作技艺主要靠口手相承、师徒相传。上、下两个花院分别有总监（称"掌尺"）主持，决定当年酥油花的题材、构图、制作分工等事项。随着一批老僧人的离世，现在制作技艺的主要传承人有扎西尼玛、罗藏龙珠、尕藏加措、加阳谢热、智华若子等。2006年被列入第一批国家级非物质文化遗产名录。（YXL）

湟源排灯 湟源排灯是流传于湟源县的一种民间节日灯彩艺术，起源于清代中期商号广告牌灯箱，在每年正月十五的元宵节期间组织展挂，是湟源县民俗文化的重要表征之一。湟源排灯形式多样，大都由四格组成，意为"春夏秋冬"，每格由长100厘米、宽70厘米方格的纱窗组成，排灯两面，共八格，长约3米。排灯用料是苏、杭上等丝纱，由国内绘画高手或名师手工制作。绘画内容丰富多彩，分别取自历史故事、民间故事、宗教故事等。每架排灯以连环画形式，集中展现一个故事或某段情节。现代的排灯在传统技艺的基础上又有了创新。形式上，把原来的悬挂式改为落地式、立柜式、中堂式等多种形式，除了绘画外，又增添了堆绣、刺绣、羊皮绣、皮影、剪纸、书法等，尤其是"蟠桃盛会""相见穆王""嫦娥奔月""夸父追日""大禹治水""营造西海"等排灯，充分体现了河湟文化的多样性和丰富性。作为青海民间文化的代表性艺术品，具有很高的实用价值、收藏价值和研究价值。湟源县以其作为传统文化资源，大力发展文化旅游业，建设湟源排灯之乡，开辟湟源排灯示范园。2006年被列入第一批国家级非物质文化遗产名录。（YXL）

泽库和日寺石刻 和日寺亦称"切更寺""切更尔寺"，藏语称"和日贡特却扎西林"，意为"和日妙乘吉祥洲"。位于泽库县西北90千米处，在今和日乡政府所在地南2千米的智合加，为宁玛派寺院，早年为帐房寺。和日寺的藏戏和石经墙闻名遐迩。石经墙高3米、长200多米，全由刻有经文的石板砌成。内容主要为《甘珠尔》、《丹珠尔》和《大般若经》，约2亿字。经石上镌刻有大小佛像、图案、佛教故事画等2000余幅，字体清晰工整，绘画精美舒展，皆为不可多得的石刻艺术品，被誉为"世界石书奇观"。石经的刻写工作在德尔敦和罗加仓主持下始于20世纪30年代，由寺僧和雇用寺外艺人雕刻，据说平均每日50人工作，20年乃成。对研究我国藏族石刻艺术提供了弥足珍贵的"石书"资料，具有很高的文物价值和艺术价值。石经墙在1958年和"文化大革命"期间受到一些破坏，近年经修复补刻，已恢复原貌。2008年被列入第一批国家级非物质文化遗产名录。（YXL）

果洛德昂洒智 "德昂洒智"是对青海果洛地区流传和使用的一种独具特色的藏文书写与制作墨纸工艺的统称，主要器具有笔、墨、纸、砚、写字板、文具盒、毛刷、砚套、打线器等物品，堪称藏族"文房四宝"，因起源于果洛藏族自治州达日县德昂乡而得名。自吐蕃王朝时期起源，18—19世纪初，德昂籍僧人洒安旦增，在原白氏书法的基础上，以德格书体为基础苦练书法，开创了独具一格、自成一派的洒氏书法。被后人称为"德昂洒安旦增书体"，简称"德昂洒智"，汉译为"德昂洒智体书法"。自创立起，流传至现今已经有200余年，共有七代传人。书法属硬笔书法，具有简洁流畅的曲线和直线效果，近似于刻印体。多擅长书写乌金体（楷体）、乌梅体（行书），兼有大黑体、小黑体、圆体、兰扎体（古印度梵文体）以及艺术体等。其楷行之书结体横重竖轻，笔力遒劲雄强，气势庄严雄浑。在章法上字与字、行与行以及单词之间疏密匀称，聚散分明，布局疏朗得体。对工具笔墨纸等方面都有严格的要求：竹笔是最为关键的工具之一，制笔工艺独特，通过劈、削、刻、发酵、油浸、熏烤等工艺流程，以达到书写流畅、刚柔适度、经久耐用；墨多是由当地矿物质和植物为原料经研磨、烧制、调和等工序制成。在水中浸数年也不掉色、不走墨；纸的原料是采集当地植物，经垛、切、煮、刮、定型等工艺制作而成，但制成的纸张较厚、粗糙、脆而硬，在书写前需要经过打磨、柔化等繁杂的工序方能使用。其严谨的制作流程和流畅的书法体系，被誉为藏文书法界中十分珍贵的活化石。由于众多原因，这种传统墨、纸的制作工艺只有少数几个人掌握，面临失传，亟待抢救和保护。因此果洛藏族自治州文体局、达日县德昂洒智藏文书法抢救领导小组与西藏大学和拉萨博罗科技有限公司共同投入资金联合开发德昂洒智计算机字库，包含3种德昂洒智字体。2008年被列入第二批国家级非物质文化遗产名录。（YXL）

湟中堆绣 湟中堆绣是一种运用"剪""堆"等技法塑造形象的手工艺术。作为一种传统美术工艺，距今已有600多年的历史，由湟中县汉、藏群众共同创造和传承，多用于唐卡制作，多以藏传佛教题材为主。珍藏在湟中县塔尔寺中的堆绣是藏传佛教艺术的瑰宝，被誉为"塔尔寺艺术三绝"之一，闻名遐迩。制作时是用各色棉布、绸、缎剪成所设计的各种图案形状，精心堆贴成一个完整的画面。其工序有图案设计、剪裁、堆贴及个别图案部分上色等。一般来讲，图案设计环节主要以客人需求为主。图案设计完成后，将各色布料比照图案剪裁、粘好，之后再填充以羊毛或棉花等，以使图案凸起，最后将各色布料图案堆贴在设计好的大幅布幔上，构成一组完整的画面。具有丰富生动的立体感和织物特有的肌理感，从而使画面达到浅浮雕式的艺术效果，湟中堆绣融民族文化和民间艺术为一体，具有较高的工艺美术价值和审美价值。为了保护这一古老技艺，湟中县多次举办堆绣培训班，并请来僧人向当地妇女传授技艺，同时请专人研发产品类型、美术设计，采用扩大营销等手段，以提高其知名度和经济效益。2008年被列入第二批国家级非物质文化遗产名录。（YXL）

8．传统手工技艺

加牙藏族织毯技艺 加牙藏族织毯技艺是中国传统手工技艺之一，距今已有3000多年的历史。加牙藏族织毯属于安多藏毯，主要产地分布在距西宁市26千米的湟中县加牙村及上新庄，还有藏族居住区玉树、海南、海北、果洛等自治州及西宁周边的贵德、平安、乐都、湟源等县。材料来自天然放养的藏系绵羊毛、山羊绒、牦牛绒、驼绒等。工艺讲究，采用的是植物染料低温染色、低温洗毯，毛质不易损伤，织出来的毯子色泽艳丽、弹性好、不脱色掉毛。有以藏式吉祥图案为主的传统藏毯、仿古藏毯、包芯卡垫藏毯、丝毛合织藏毯、丝绒藏毯等14个系列70多个品种，采用连环编结法，毯面较厚，约在15毫米以上，同时保留着传统藏毯边缘不缠线的特点。图案具有风格粗犷、大气、配色艳丽、雍容华贵的特点。编织技艺蕴含着丰富的传统民间文化底蕴，它全部用手工编织完成。织毯匠人将用橡壳、大黄叶根、槐米、板蓝根等天然植物染色的毛线环绕在绕线杆上，织完一行，就将毛线扣全部拉紧，再用刀具将杆上的绕纱割开。于是，在毯面上出现层层毛线的断面，这一制作工艺被称为手工连环结。整片藏毯织完之后，织毯匠人再用剪刀对其进行打磨。在早期，织毯匠人根本没有图纸可依照，完全是按照脑海中构思的图案进行编织的，最后织出的图案竟与事先设计的完全一致。是藏族非常实用的一种生活用品和商品，具有极高的艺术价值、历史文化价值、实用价值和商业价值。但由于这种手工编织技艺费时费力，技艺属于家族式传承，技工之间没有系统的教材，这也在很大程度上导致了一些技艺的失传。2006年被列入第一批国家级非物质文化遗产名录。（YXL）

藏族黑陶烧制技艺 黑陶制品是四川、云南、青海等地藏族聚居区被广泛使用的一种手工艺品和生活用品。在青海省玉树藏族自治州囊谦县，黑陶的制作工艺距今已有4000多年的历史，至今仍保持着原始的手工制作工艺，制作过程非常复杂。其制作工艺流程分别为取土石、和泥、饧土、初加工、毛坯成型、打磨、风干、烧制、酥油抛光、细加工十道工艺。所用的原材料选用当地纯净细腻的红黏土和黏土石，经手工捣碎成末，然后经过筛选、拉坯、晾晒、修整、压光、绘纹等环节，再采用独特的"封罐熏烟渗碳"方法，经十余天烧制，还要严格控制温度和湿度，陶坯在烟熏过程中渗入碳粒而最终形

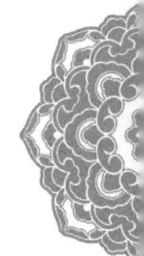

成成品。主要器型有坛、罐、壶、香炉、酥油灯具及生活用品，也烧制各类精致的宗教用品。成品具有"黑如炭、硬如瓷"的特点。每一件陶器器型差异与变化的掌控，全凭制陶艺人的感觉与经验。目前，整个玉树康巴地区，只有白玛群加和他的师傅——80多岁的扎旺老人完全掌握黑陶的烧制技艺。为了使该技艺得到有力的保护和传承，县文化局组织培训班，建立囊谦县民间黑陶工艺厂等多方面对烧制技艺进行有效的保护。2008年被列入第一批国家级非物质文化遗产名录。（YXL）

藏刀锻制技艺 藏刀又名"折刀"，是藏族人民日常生活的必备之物，也是藏族地区久负盛名的工艺品和装饰品，迄今已有1600多年的生产历史。玉树安冲藏刀在藏族地区久负盛名。其特点是外表华丽、装饰美观。玉树藏刀无论男刀女刀，皆用丰富的材料通体交叉彩饰。男刀外观造型笔直，柄尾多为云朵形，鞘首多为圆形或椭圆形，而且宽出鞘体数毫米，看去就像一个小小的盾牌。其外部镶饰材料主要有金属叶片、金属丝、鲨鱼皮、宝珠等。在工艺技法的运用上，金属叶片有镂空二方连续图案、浮雕适合图案，以及用不同色泽的叶片拼制图案等。金属丝多用于叠压或拼凑纹样。宝石则直接嵌入高高的金属基座上。纹样表现题材有龙、凤、花草、法轮、宝瓶和几何形图案等。在纹样及其他饰物的布局上，刀鞘主纹龙凤纹及鲨鱼皮常以大块面表现，余则做局部点缀。且刀多在柄尾金属饰物中部嵌一颗珊瑚珠，看起来异常醒目。女式藏刀造型大多呈月牙形，做工玲珑细致，造型美观。玉树藏刀的制作技艺分为"布扎"和"笔索"两种。所谓"布扎"是由"珍孔"（打有大小不一的孔眼的钢板）和"布嘎"（有刀刃的木柄模具）制成的，它的制作方法是首先将金银等金属切割成条后置入珍孔拉扯成线状，然后用布嘎割磨成有槽眼的螺丝形，遂成布扎。所谓"笔索"就是打制得更加细小的布扎。有了布扎和笔索，便在刀柄和刀鞘正面将布扎焊接成许多条状花纹，然后将"笔索"嵌入条块中组成龙凤、花卉、佛教八宝等各种图案。直到今天，玉树地区不少艺匠仍然沿用着古老的手工打制工艺。他们所用的木炭，有的是从山上割来的红柳枝，趁未干之前，烧到一定程度，再埋入地下，使之成炭。所用的银料，多用银元熔化而成。使用的鼓风机，则是自制的羊皮吹风袋。其他工具大多是铁锤、铁钳、钢凿、钢剪、钢锉等。也许正是由于这些原因，玉树藏刀才更显示了其独特的艺术魅力。玉树藏刀不仅具有实用价值，还具有很强的工艺美术价值，而今玉树地区大力推广藏刀生产规模，建立生产企业，在谋求更大经济效益的同时，推进这一技术的传承发展。2008年被列入第二批国家级非物质文化遗产名录。（YXL）

撒拉族篱笆楼营造技艺 撒拉族篱笆楼营造技艺是中国撒拉族特有建筑形式篱笆木楼的传统营造方法。距今已有500多年的历史。其建筑融合了汉、伊斯兰建筑的风格。是土、木、石混为一体的古老民居建筑，因楼房墙体大部分用藤条编织而成，故得名"篱笆楼"。现今保存下来的撒拉族古民居篱笆楼主要位于循化撒拉族自治县黄河岸边的清水乡孟达大庄村，这里紧邻孟达国家级自然保护区。其建筑布局多种多样，因地自由搭建，有横字式、拐角式、三合院式，一般坐北朝南。楼院由大门、楼体、平房组成，门开东南，楼座是房院的主体建筑。建筑形体有三、五、六间形，进深两间，上下带廊，穿斗式梁柱架。底层楼墙石砌篱笆混做，上层为木板篱笆混做，土平顶，登楼斜置板梯而上，石泥混砌墙基，土夯围墙。门窗装修制作别致，旋轴梯盘门、方格直窗。木雕刻制主要集中在楼体二层檐石、扶栏、大门楣檐部。木雕形式以花卉、果实、器具雕饰为主。雕刻形式有浮雕、镂雕（贴雕），图案精美各异、别具匠心、和谐秀美。楼体建筑宽敞清净，古朴优雅。大门多为四柱二梁形制，也有建成楼底通道式。房院中建有花坛，栽植花卉果树类，营造出和谐宁静的气氛。其营造技艺积淀着撒拉族特有文化现象，是高原上难得一见的、具有一方民族区域特色的建筑艺术，对研究撒拉族的民俗具有重要意义。随着当地经济的发展，人为拆除建筑群落的现象突出，篱笆楼建筑濒临绝迹。近年来，青海省采取了改建、扩建、修复、搬迁一系列措施来保护这些古建筑。而作为国家级非物质文化遗产项目撒拉族篱笆楼营造技艺代表性传承人的马进明，也曾在孟达大庄村举办篱笆楼营造技艺培训班；循化撒拉族自治县政府每年组织举办撒拉族古民居楼摄影宣传展、撒拉族古民居研讨会等，以此推动篱笆楼的保护和传承。2008年被列入第二批国家级非物质文化遗产名录。（YXL）

银铜器制作及鎏金工艺 湟中银铜器可分为银器和铜器加工制品，皆具有藏文化的艺术特色。湟中银器工艺有几百年的悠久历史，素以形薄、光亮、轻柔、质纯等特点而著称，以加工精美而见长，深受各族群众喜爱。银器品种繁多，有日用器皿、各种佩饰，以及寺院的供器、法器、乐器等，做工精巧，具有很高的审美价值。制作银器的工序比较复杂，要经过化银、制坯、灌胶、刻花、火焊、打磨、煮洗、装嵌、清洗九道工序。其表现手法有高浮雕、浅浮雕、嵌丝、镂空、镶嵌等，艺人们变换多种工具，用点、敲、击、冲、划、刻、锉等复杂技巧，最后形成完美的艺术品。湟中铜器加工工艺精湛，主要是锻造，其工序有构图、下料、焊接、锻砸、灌胶、精锻、抛光、错金、镶银等。其中锻雕镂刻花纹的技法比较有特色，它分浅雕、凸雕、镂雕三种。铜器制作的物品包括佛像、宗教法器、生活用品、装饰品、建筑饰品等，造型逼真，表现手法突出。由于受佛教文化影响，艺人们常用"八吉祥徽"（金鱼、宝瓶、胜利幢、法轮、吉祥结、右旋海螺、妙莲）和曼陀罗、妙翅鸟、龙、凤、雄狮、怪兽、祥云、宝焰等作为铜器的装饰图案。鎏金技术是一种金属加工工艺，亦称"涂金""镀金""流金"。方法是把一毫米厚左右的金箔剪碎，放在坩埚中加热至400℃时，放入汞（水银）。黄金与水银的比例为

1∶7，加以搅拌后，倒入水中，形成"金泥"。用"金棍"沾"金泥"，在青铜器上反复刷匀，最后，用炽热的木炭烘烤青铜器表面，使水银蒸发，黄金留在青铜器表面，成为一件金光灿烂的鎏金青铜器。湟中银铜器及鎏金工艺十分讲究，具有很高的审美价值和收藏价值。由于其制作技术复杂，熟练掌握这一技艺的老艺人人数逐年下降，这一传统工艺迫切需要保护传承，湟中县也举办了培训班，推广其传承。2009年被列入第三批国家级非物质文化遗产名录。（YXL）

同仁刻版印刷技艺 同仁刻版印刷技艺是一种以家庭传统作坊为形式的手工刻板印刷技术，主要分布在同仁县年都乎乡的卓隆村和郭麻日村。同仁刻版印刷技艺产生于元代，最初由上师三旦仁钦研发，后经其弟子僧众旦增和比丘华藏承传，延续至今。刻版印刷的范围主要有经文、书籍、绘画图案（龙达、人兽和睦图、八吉祥图、各种佛像）等。工艺流程分为造纸、刻版、印刷等程序。刻制的版式主要是传统的固定版式，其刀法规整、字体娟秀、线条流畅。雕刻方法以阳刻为主，阴刻为辅。刻板形制为长条形、矩形、正方形、长方形、圆形等形式，与历史上中原汉族黑白木版印刷相近，但具有浓厚的藏族乡土气息和地方特色。其刻版印刷技艺，既是当地农耕社会生活和民俗生活以及藏传佛教文化的缩影，也是对藏族传统文化和精湛手工技艺的传承和发展，表现了热贡藏族传统的木刻与印刷术的基本特征。2009年被列入第三批国家级非物质文化遗产名录。（YXL）

藏家碉楼营造技艺 班玛县藏家碉楼，藏语称为"夸日"，是坐落于班玛县内的一种古老的民居形式，距今已有800多年的历史。大概分为要隘碉、烽火碉、家碉三种，建筑风格分为石木、石式、石木混合式、新式四种。这种碉楼多建于向阳坡地，傍山，外形呈阶梯形。一般分为两层或三层，上层堆放粮食，中层住人，下层圈养牲畜。建筑整体高约10米，屋面多为平顶，墙体石木交错，间隙夹杂黄土砌制而成。碉楼的一层畜棚为四梁八柱，各楼层由独木梯衔接。独木梯由整根原木做成，一面砍平便于平稳，另一面凿出梯槽，这种梯子一方面可以随意挪动，另一方面可防止不速之客。二层由居室、堂屋、厨房、走廊组成，房与房之间用横木墙体隔开，外墙留有床和烟道。三层为库房，外墙设有瞭望口。墙体、门窗、天棚、独木梯均为本色，不刷油漆，建造时由藏族专门的石匠修建，在建成过程中不吊线、不绘图，全凭经验。营造技艺是一门独特的手工技艺，工具一般自制，材料都是就地取材，但要做到三好：石质好、木材好、泥土黏性好。其砌墙不用标尺，仅靠眼力，形状多为梯形。建成后外墙表面齐整平滑，棱角分明，稳固扎实，具有一定的抗震性。班玛碉楼营造技艺继承和发扬了本民族碉楼技艺，形成了班玛独具特色的碉楼营造技艺，使这种古老的石砌建筑达到有利于当地人居住的最佳形式。如今这种营造技艺被当地广泛使用，并成为当地旅游业的一大特色。2009年被列入第三

批国家级非物质文化遗产名录。（YXL）

藏族鎏钴技艺 鎏钴就是藏族传统的青铜修复技艺，是将18种草木灰和8种矿物研磨成粉，按特定配方，用药水调和，涂抹在待修复的铜质器件上。然后，用羊皮或牛皮包裹捂紧，在大锅里投入大量的盐和富含皮硝的泥土，用青海湖的水蒸煮，3天大火，3天小火，21天后，人工活基本完成。再将器物充分与空气接触，适时涂刷药水，便大功告成。使用鎏钴技艺修复破碎的古代青铜器件几乎能跟原先的一模一样。现今掌握鎏钴技艺的人极少，这一技术面临失传。2014年被列入第四批国家级非物质文化遗产名录。（YH）

9. 传统医药

藏医药浴疗法 藏医药浴疗法是将全身或部分肢体浸泡于药物煮熬的水汁中，然后卧热炕发汗，使腠理开泄、祛风散寒、化瘀活络，达到治病目的的一种疗法，在形成于8世纪的藏医经典《四部医典》中，列有专章讲述药浴疗法。藏医药浴疗法分为水浴、敷浴和蒸浴三种，各有特色。水浴疗法，以五种天然温泉治疗相应疾病为最优。其作用是治疗外散于肌肉、内伏于骨髓之伤热、毒热及陈热等各种热病。敷浴疗法是将配制或经烧煮后之药物装入布袋中，包扎或放置于病患部位，从而起到治疗作用的疗法。药物同药浴相同。蒸浴方法是将药物等煮于一大锅，上盖一有许多小孔的木板，上铺毛毡毛毯，令患者卧于其上盖被。用蒸气蒸腾治疗各病。常用的药为五味甘露汤，即以圆柏叶、黄龙杜鹃叶、水柏枝、藏产麻黄、丛生亚菊（"坎巴"）为基本方熬制的药汤，并可随症加药。《藏医药选编》记载，圆柏枝主治肾病，黄龙杜鹃叶平骚扰引发的培根邪等病，水柏枝清肉毒，麻黄扑杀窜入脉中血虫而清肝热，"坎巴"能使血液平衡兼清黄水而疗关节肿胀。五味配合，具有祛痰化湿、清热解毒、活血化瘀、益肾壮腰等效能。再加辅助药方白酒、麝香等，能治疗四肢僵直拘挛、胃火衰败、脾血不足、腰风寒、疮疡皮肤等疾病。现代医学研究证明，藏药浴对类风湿性关节炎的有效率达94.3%。藏医药浴疗法已成为传统藏医药的一项代表性技艺，成为世界各地患者和研究者认识、了解藏医药的首选内容。现今这一技艺仍被广泛使用。2008年被列入第二批国家级非物质文化遗产名录。（YXL）

藏药阿如拉炮制技艺 阿如拉是君子科植物诃子或绒毛诃子的果实，生长于海拔800～1800米的森林中，主要分布在我国广西、云南等省区以及印度、尼泊尔、越南、柬埔寨、泰国、缅甸、马来西亚等国。阿如拉在藏药中应用频率很高，是藏药中不可或缺的重要药物成分。一味诃子，其肉、芯能分别治疗不同的疾病，经过不同的炮制方法、与不同药材配伍后，会产生不同的疗效，堪称神奇。阿如拉的炮制方法主要有以下几种：（1）常规炮制法：去核即可。（2）用于珍宝类方剂：阿如拉去核，将肉埋在温灰中，烧焦后将灰浸泡在用大麦酿制的酒中，置于室温下 24 小时，然后过滤，取出诃子肉洗净，晒干即可。（3）用于泻药方剂：①煎法，取诃子放入白狼毒的煎液中浸泡，去核，将肉再次倒入以上煎液中煎熬至干即可；②煅烧法，诃子肉裹在其 3 倍量的面团中，将面团埋入温灰中至焦黑即可；③赤诃子，取诃子粉末倒入加热至稍温的铜盆中，置于农历十五的月光下即可。在藏药企业的参与下，这一古老技艺应用及保护形势相对较好，通过产业化、市场化、丰富传承谱系等手段，使这一曾经濒临失传的传统技艺重获生机。2008 年被列入第二批国家级非物质文化遗产名录。（YXL）

七十味珍珠丸赛太炮制技艺 七十味珍珠丸，藏文译音为"然纳桑培"，是藏药里最具代表性的名贵珍宝类藏成药，是藏医临床治疗各种急慢性脑血管疾病最常用的药物。药品成方于 8 世纪，选用生长在世界屋脊特殊生态环境下的动植物及矿物类药，用赛太、佐太、天然珍珠、天然牛黄、羚羊角、麝香、藏红花、檀香、安息香、降香、九眼石、玛瑙、珊瑚等七十余味名贵藏药组成，采用传统藏药炮制工艺，结合现代制药工艺，加工制成黑色水丸。经一千多年的临床实践证明，七十味珍珠丸对血压失调、脑卒中及其后遗症、癫痫、脑动脉硬化脑、脑血栓、心肌梗塞等心脑血管疾病、四肢麻木等神经系统症状有确切的疗效，无病者服用具有滋补健身、抗衰老等功效。1997 年被卫生部批准为国家中药保护品种。七十味珍珠丸赛太炮制技艺一直被视为是藏医药领域内技术水平最高、工艺最复杂、周期最长、难度最大的一项炮制工艺。"赛太"的杰出价值在于把黄金经过藏医学特殊的一种炮制方法，炮制成灰黑色的软泥，以配伍入药。添加金灰的藏药在功效和贵重程度上非一般药物可比，古时此类药物为吐蕃王庭专用的贡品。其炮制流程十分讲究，时间、火候都有严格的规定，有很强的实践性和经验性。由于受到了传统的"口耳相传""师徒、父子相传"的传授模式的影响，优秀的"赛太"炮制技艺不为多数世人所了解和运用，也只有在青藏高原少数民间寺院、藏药生产单位存在。我国目前能够掌握七十味珍珠丸赛太炮制技艺的人士屈指可数，尼玛是这一技艺的唯一传承人。他采用"师带徒"方式，使这一技艺得以完整传承。2008 年被列入第二批国家级非物质文化遗产名录。（YXL）

藏医放血疗法 藏医放血疗法是藏医传统临床十八疗法之一，藏名为"达日卡"或"达日嘎"。放血疗法通过割刺有关脉道和痛点，将坏血等排除体外，起到通经活络、去淤消肿等作用，达到治疗疾病的目的。藏医放血疗法主要适用于体质壮实的热性病症患者，其治疗方法是用针具或刀具刺破或划破人体特定的穴位和一定的部位，放出少量血液，以治疗相应的某些疾病。施行放血疗法必须严格掌握适应症、放血时间、部位、手术过程及放血量等。放血时机大致可分为早期、中期和晚期，放血量则根据病人的病情而定。放血过程分为鼓脉、进刀、察血、掌握出血量等步骤。放血脉位有 77 个，放血刀具有羽状刀、斜刃刀、斧刃刀、月牙刀、镰形刀五种。藏医放血疗法疗效独特，立竿见影，不但在藏医临床中应用，而且广泛流传于青藏高原民间。2014年被列入第四批国家级非物质文化遗产名录。(YXL)

10. 民俗

土族纳顿节 "纳顿"是流传于民和三川地区土族的一朵古老而珍贵的民族民间艺术奇葩，是三川土族的节日，也是一种大型的文体活动，形成于元末明初，距今已有六七百年的历史。它以广场舞形式表演，每当夏收季节，以举行祭祀、喜庆丰收的传统歌舞盛会——纳顿就开始了。从农历七月十二日中川乡宋家、鄂家村开始，一庄一村轮流举行，到九月十五日在朱家村结束，历时63天。其规模宏大、场面热烈、胜过春节。节日期间，上至八旬老翁，下至乳牙孩童挥舞着刀、枪、剑、戟，大小旌旗和精美的舞扇，伴着震天的锣鼓声，以跳"会手舞""面具舞""法拉舞"等演出内容，演绎着吐谷浑先民的风采。纳顿节分三个阶段进行。首先是筹备，从清明节开始，三川各村即在本村的神庙祭奠二郎神和地方神，并推选出当年七月举办纳顿会的"大牌头"和"小牌头"，他们在节前负责筹集经费、维持本村社会秩序、协调生产管理等，节日期间则具体负责活动的组织和实施。其次是小会。节前，村民在会场搭建大型帐篷，以供安放神像和进行祭奠之用。节前一日大小牌头敲锣打鼓，进行祭奠等一系列活动。然后便是纳顿节的正会，由跳会手、跳面具舞（傩戏）、跳"法拉"（巫）三部分组成。会手舞是整个纳顿舞中场面最为精彩的一部分，"会手"是集体舞蹈队伍，人数二三十、四五十乃至百人不等。本村会手按老、中、青年龄顺序列队，由老人们身着长服，擎彩旗，拿柳条（普洒甘露之意）领队，鼓手、锣手、旗手相随其后，粗犷的舞姿伴随着嘹亮的歌声以及"大好！大好！"的欢呼声，此起彼伏，高昂欢快，场面极为热烈。面具舞由《庄稼其》《三将》《五将》《杀虎将》等几部分构成，表达了土族先民战胜邪恶的精神。法拉舞是为答谢地方土神，祈求保佑一方土地，盼来年风调雨顺的舞蹈。一年一度的纳顿是以各个村社为主体的群体活动。可由一村单独举行，亦有两村联合举行，直至农历九月十五止，由东向西，最后回到中心地区而结束。作为世界上历时最长的"狂欢节"，"土族纳顿"以宏大的场面、多变的队形、醉人的舞蹈、古朴而鲜活的生命形态展示了三川土族人民的勤劳、勇敢和智慧。该节每年定期举行，已成为当地最重要的节日和文娱活动，吸引了各地游客。2006年被列入第一批国家级非物质文化遗产名录。(YXL)

热贡六月会 热贡六月会是同仁县藏族、土族村庄特有的传统文化节，距今已有1400多年的历史。每年农历六月十七日至六月二十五日，热贡地区的广大藏族、土族村庄都要举行当地民间祭祀活动。这是一种原始宗教氛围浓烈、文化形态与文化内涵复杂而丰富的人文现象，它包括祭神、请神、迎神、舞神、拜神、祈祷、送神、军舞表演、神舞表演、龙舞表演等内容，是一个热贡地区藏族、土族共同参加的盛大的宗教性节日。舞蹈活动在这一盛大的宗教性节日中自始至终起着支撑的作用。节目形式多种多样，气氛热烈而庄重。具体日程少则包括煨桑、请神、龙鼓、舞蹈、祭祀等，多则还有上口扦、开山、小品和山歌等。其中最具特色的是"上口扦""上背扦""开山"。上口扦是法师为自愿的年轻人在左右腮帮扎入钢针，也称为"锁口"，据说此举可防止病从口入。"上背扦"是将10～20根钢针扎在脊背上，舞者赤裸上身，右手持鼓，左手击鼓，边敲边舞。开山是法师用刀划破自己的头顶，把鲜血洒向四面八方，因此热贡六月会亦称"血祭娱神节"。六月会从头到尾贯穿歌舞表演，主要分为拉什则（神舞）、勒什则（龙舞）和莫合则（军舞）三大类，在不同村庄呈现多样性。拉什则由健壮的青年男子执鼓表演，动作铿锵有力，勇武之中又不乏洒脱。勒什则的舞姿轻盈奔放，向龙神唱赞歌、念颂词、跳舞、上香焚纸，保佑村民人寿年丰。莫合则是一种古代藏族军队舞蹈，舞者左手执弓，右手持剑，头戴圆形红顶丝坠帽，身佩红绿彩带，头戴虎豹面具，高喊"喔哈——喔哈——喔哈"的口号，舞出两军交战的场面，表演威武剽悍。这些舞蹈，再现了青藏高原上古老的军事文化和民间文化风貌。为更好地保护和传承热贡艺术这一珍贵的非物质文化遗产，同仁县委、县政府多年来坚持不懈地组织力量对此进行挖掘和保护，同时加大资金投入力度，从更高的层面上加强对热贡艺术的宣传。2005年，同仁县向文化部提交了《热贡艺术等4个项目申报中国第一批非物质文化遗产名录》文本。2006年被列入第一批国家级非物质文化遗产名录。（YXL）

土族婚礼 土族婚礼习俗源远流长，是土族人民通过与自然界的斗争和长期的生产生活的实践中逐步形成和发展起来的。其婚礼一般分提亲、定亲、送礼、婚礼仪式等几个步骤。提亲时，男方请两位媒人带上哈达、酒等礼品到女方家说亲，如果女方不同意这门亲事，就会把礼品原封不动地送还男方。若同意这门亲事，则将空酒瓶送回，这是非常别致而明确的信息。定亲时由媒人出面带上用红布包好的2瓶酒、16个花卷及1双鞋、1方手巾、1个针扎等礼品去女方家商议订婚事宜。媒人和男女双方共同认定子女的婚姻关系后，女方要回赠两瓶用蓝布包好的酒，这种仪式叫做"互赠酒瓶"。讲礼是男女双方家人共商吉日良辰送彩礼的事宜。送过彩礼之后，整修娶亲的准备工作即告就绪。结婚的前一天是女方的出嫁之日，需宴请亲朋好友，男方则在这一天下午请两名能歌善舞、能说会道的"纳什金"（迎亲人）带上娶亲的礼品和新娘穿戴的服饰、首饰并牵一只白母羊到女方家娶亲。女方家故意不给纳什金开门，并由阿姑（年轻女子）唱起悦耳的"花儿"，让纳什金对歌，还从门顶上向纳什金身上泼水，以示吉祥。女方开启大门将纳什金邀至家中后由新郎向岳父母敬献哈达，拜神佛，礼毕上炕喝茶、吃饭。紧接着，阿姑们冲进屋里拉起娶亲人到庭院或麦场上去跳"安召"舞。整个婚礼一直进行到深夜才结束，其间所涉及歌舞的种类近20种。土族婚礼歌内容曲调优美，蕴涵丰富，包括天文、地理、历史、宗教、神化、人生礼俗等内容，带有浓厚的文化色彩。互助土族婚礼具有土、藏、汉等民族文化兼容的特点，是土族传统文化最突出的表现形式，对研究土族历史文化、民风、民俗具有重要的价值。而今这一传统礼俗受现代婚俗冲击，有日趋简化和衰落之势，急需传承与保护。2006年被列入第一批国家级非物质文化遗产名录。（YXL）

撒拉族婚礼 撒拉族婚礼是撒拉族人生礼仪中最为重要的一个礼仪活动。婚礼仪式在清乾隆年间编撰的《循化志》一书中有较为详细的记载，距今已有200多年历史。其传统婚礼仪式都在每年隆冬季节举行，从订婚到举行婚礼仪式需要经过相亲、打发媒人、送订婚茶、送聘礼、念合婚经、送嫁、回门等几个程序。撒拉族不论男女，均以做媒为荣，认为每成全一件婚事，就等于积了立一座"米那勒"（宣礼塔）的功德。定亲时，男方先给阿娜送一对耳环，表示"系定"，不再许他人，几天后再送去一条围头的黑纱巾，算正式定亲。定亲全由父母做主，但必须征得近亲们的同意，其中阿舅的意见尤为重要。送彩礼时，声势虽大，但礼并不多。送彩礼的人均为男人。婚礼一般在黄昏举行。按照传统婚俗，在结婚时，新郎要到女方家去接亲，届时要请阿訇念诵证婚词。新郎在阿訇面前，新娘在屋里炕脚跪听。阿訇念完证婚词，将核桃、红枣、油炸面豆撒给众人，祝新婚夫妇早得贵子。到了掌灯时分，梳妆好了的新娘由阿舅（即舅舅）和叔伯长辈左右搀扶，向后退着走出大门，从左至右绕迎亲的乘骑一周（有的地方是在场院里绕三周），然后登上前来迎亲的骡马，由女家将新娘陪送到男家。在去男家的路上，凡遇有同村的女子先嫁于途中村子的，都要捧出清茶食品招待迎亲者。新娘的乘骑来到男方家门口，男方村里的小伙子们都聚拢在男方家门口，准备阻挡新娘入门，这叫做"挤门"。女家送亲的人，由一位长辈抱着新娘进洞房，但双方互不相让，你冲我撞，往往在混乱中将新娘拥入洞房。当新娘举行过揭面纱仪式，在洞房坐定之后，年轻人便开始演出一场欢庆戏谑的闹剧。他们将新郎的父亲、哥哥、阿舅捉来，在他们脸上涂上锅烟，戴上破草帽，尽情"丑化"一番，强拉进洞房，让新娘辨认。之后，开始演出传统的骆驼戏，婚礼的高潮也就暂时告一段落。当婚礼完毕时，还要请民间艺人给大家演唱婚礼赞词。撒拉族婚礼对研究撒拉族历史、文化及民俗具有重要的参考价值。两百多年来，整个婚礼仪式程序未有太大的变化，传承体系较为完备。2006年被列入第一批国家级非物质文化遗产名录。（YXL）

九曲黄河灯俗 九曲黄河灯会俗称"灯场子"，是海东市乐都区境内非常重要的一项民俗活动，至今已有六百多年的历史。它流行于乐都区的岗沟镇、马家台、七里店、李家、水磨湾五个行政村，每三年举办两次，俗称"三年两头"，会期三天，从农历正月十四开始至正月十六结束。灯会阵势布置是以八卦图演绎而来的，按"太极生两仪、两仪生四象、四象生八卦、八卦生九宫"的阵法设计总城，城壕、胡同、内城、仪门等。灯会开始后，人们从入口进，顺利地通过连环阵，再从出口返回，意味着一年顺顺当当、平平安安。从时间安排来看，正月十一、十二是灯会的准备期。这两天要画灯会场地、栽杆子。即用木杆或玉米秆扎成弯弯曲曲的道路，有出口，有进口，宽约1米，游一次行程约1000米。上端置直径12~15厘米的圆形木质灯托，再用色纸裱糊20厘米高的灯罩，内放胡油灯点燃。木杆上的灯数，一般为365盏（闰年另加30盏），一盏灯一天，象征一年365天。在灯笼上粘贴以各种吉祥的剪纸。灯城另栽高灯杆16个，每个高灯杆都挂高灯一盏，并按五方不同的方位分别悬挂不同色彩的神幡一幅。正月十四日晚，点灯仪式正式开始。每家把事先做好的蜡烛点亮并放进灯笼，每个城的高杆上升起高幡点亮高灯。点灯完毕后，阴阳道士开始诵经，庙里鼓乐齐鸣，鞭炮爆响。而后由众人抬神轿开路，阴阳道士紧随其后，各族长手持香表、纸钱、松柏枝来到灯场烧香转灯。从7点到11点，七里店地区和农户的高灯与灯城融为一体，相映成辉，光照数里，在西北地区实属罕见。灯阵长约4700米，游人以最快的速度按指定路线转完，最快也需要一个小时。与此同时，在三官庙后的戏台上还表演秦腔，其中正月十五日必演《黄河阵》。九曲黄河灯会集中展现了当地人民群众的聪明才智，也体现了青海乐都"文化县"的文化底蕴。这一活动仍定期举行，受到群众喜爱。2006年被列入第一批国家级非物质文化遗产名录。（YXL）

青海湖祭海 青海湖是青海藏族心目中的神圣大湖，古称"西海"，藏语称"错温波"，意为"青色的湖"。早在元代，藏族就有祭天、祭山、祭海的风俗，清代以来，民间对青海湖的祭祀活动更具规模。历史悠久的青海湖祭海，是中华民族三大祭祀（祭海、祭黄帝、祭孔子）活动之一，于每年农历七月十五举行。祭海第一步，便是煨桑。在湖四周的圣台上，点燃由茶叶、青稞炒面、酥油、松枝混合出来的东西，煨桑敬神。在煨桑同时，所有参加祭海的人都要顺时针地绕着桑台转三圈，同时法号齐鸣，祈祷来年五谷丰登，天下太平。煨桑结束，来自各寺院的活佛都要上祭台诵经，请求青海湖的神灵降福众生。接着带领祭海的人群向空中抛撒五色风马纸片，并向炉中倾倒食物。诵经完毕，进入祭海的高潮：给湖神敬献礼物。这些礼物中，最重要的一种就是五谷包（也称为"宝瓶"）。里面一般是五色粮食，有青稞、小麦、豌豆、玉米、蚕豆。同时还将珊瑚、蜜蜡、玛瑙等碾成粉后和这五谷混合在一起，最后放入经幡，由活佛加持系带。到了湖边，先由活佛诵经做法事，众僧人、信徒高举着祭品簇拥在活佛身后，得到活佛指令后，大家纷纷将祭品抛向湖中，与此同时，许多老人、妇女纷纷跪在湖边，摘下身上的护身符用湖水清洗，据说这天用湖水洗护身符，可保一年平安。祭海的另一项内容就是祈雨。据当地人讲，每年祭海后数小时必定降雨。祭海结束后，湖边满地落下的是印有鹿马的红绿小纸片，这种小纸片便被称为"鹿马"。抛鹿马即是人向神传递心愿的一种方法。祭海结束后，牧民还会举行赛马活动。同时，一些虔诚的信徒会环青海湖朝拜，时间达三个月之久。青海湖祭海是环湖地区独特的原始崇拜与宗教信仰习俗，同时也是一种文化现象，包含许多民风民俗，体现人与自然长期和谐共存。祭海活动中的祭词、经文、赞词、颂诗等生动优美，具有很强的文学色彩和丰富的藏文化内涵，对研究人类学、民族学、宗教学具有较高的价值。而今环湖地区的藏族及蒙古族仍定期举办祭湖仪式，这一习俗被完整保留下来。2008年被列入第二批国家级非物质文化遗产名录。（YXL）

湟中县千户营高台　千户营高台是湟中县特有的民间社火节目，以儿童演员来造型和扮演人物。其制作技术独特绝妙，集绘画、刺绣、木雕等民间艺术于高台，表演内容多为传统的戏曲历史故事，具有浓郁的地方民族色彩。其历史可以追溯到明代、清代，流传至今已有600年的历史。据传，明代洪武年间从南京一带迁移到千户营村的人们带来了一台"魁星"高台，并带来了制作高台的手艺，主要以"高、悬、妙、奇"著称于世，令人惊叹，千户营高台也因此流传下来。每逢农历正月十五，千户营高台就开始展出，方圆几百里的人都跑来争相观看。其通常有8米之高，将一根长铁杆弯曲后作为骨架固定在一块木板上，然后做成假山当作底座。骨架上用竹、枝条做原料、雕塑各种龙、凤、牛、马、花等动植物攀附在骨架上，这些装饰物形态逼真，栩栩如生，色彩鲜艳，真假难辨。高台上是小演员，有两三岁的小孩，也有五六岁的小孩。他们分别化装成传统戏剧中的人物，如杨宗保、穆桂英、许仙、白娘子、岳飞、岳云等。有的手举长剑，闪闪发光的刀剑上立着特定的角色；有的手托花盆，花盆中鲜艳的花朵上站着另一位演员。四个壮年人抬起木架高台，由两人手执"木拐"左右两边扶持架上的人物。高台剪贴的各种纸花、马、牛、龙、凤，加上服饰道具，都显得自然、生动。共分成9组，其中一组为"魁星"高台年年不变，其余8组高台年年更换。多反映古戏内容，例如《铡美案》《麻姑献寿》《白蛇传》《哪吒闹海》《隋唐传》《杨家将》《岳家将》《水浒传》《封神演义》等；"文化大革命"期间有《红灯记》《白毛女》《智取威虎山》等内容；现在也有推陈出新的内容，例如《人寿年丰》《民族团结》《三江源》《西王母》等。作为河湟地区最早出现的高台，千户营高台以精湛的技艺和独特的民间艺术特色而闻名青海地区。现在湟中除了千户营村之外，其他如多巴通海村也出现了高台，从前的高台用人去抬，而如今用手扶拖拉机去拉，高台内容也更加千姿百态，五彩缤纷。2008年被列入第二批国家级非物质文化遗产名录。（YXL）

玉树藏族服饰 玉树藏族地区素有"服饰之乡"的美誉。藏袍，是玉树藏族服装的基本款式，有冬装、夏装和常服、礼服之分。常服是用布料、氆氇做的，而礼服要用毛呢、绸缎、锦缎等更精细的料子来缝制，还要用水獭皮和虎豹皮装饰。冬夏装有十多种，最常见的冬装是镶獭的皮袍，叫"察桑"。藏袍中女性礼装最考究华贵，都要在摆边镶上宽30多厘米的水獭皮，并拼接成黑白相间的漂亮图案，其上再镶接15厘米左右的彩色锦缎，颇显华贵。玉树女子的夏藏装叫"锦新"，由氆氇、毛呢、布料绸缎等做成，用锦缎镶边，显得素雅高洁。玉树的藏帽，冬季的多是用狐皮或羊羔皮做里子，有袋形和四耳的两种，亦是华贵大方。玉树藏靴，藏语称"朗"，其前面有中缝，镶以锦缎，两侧饰以彩色毛呢料、氆氇或布料。玉树男女的头饰，也很有意思。男子头上多蓄发梳着辫子，用箍圈盘在头顶上，再饰以摆动的大股红缨穗，风度翩翩，这是典型的康巴汉子的头饰特征。女子头上一般梳三四十条小细辫，收拢的辫梢上缀有珠宝和彩色丝穗，再戴上以琥珀球为主（戴单不戴双），配以红珊瑚、绿松石等珠宝的头饰，华丽而高贵。玉树项饰以天珠（藏语叫"斯"）和珊瑚（藏语叫"芝玛"）为主，配上绿松石、珍珠等，论串儿戴。女子平时戴一串（约有30颗珠宝），节日盛装时戴2～8串，还要戴金银质的护身佛龛（叫"嘎吾"），内装佛像、佛咒等加持圣物，华丽精致。女子一定还要佩戴腰饰带，并且十分考究，一般戴2～3条，由镂花鎏金的白银板或白铜板连缀而成，再配挂上金银雕镂镶着珠宝的小佩刀、针匣、奶桶钩、银链、响铃串等，琳琅满目。男子一般配饰腰刀、弹带、火镰及权子枪等，尽显英气阳刚。玉树藏族男女都戴手镯，有象骨、金银和玉镯多种，还有天珠、珊瑚、绿松石、象骨珠串成的腕饰。男女戒指多为金银铜质的鞍形藏式戒指，嵌有红珊瑚、玛瑙、天珠、绿松石等各类珠宝。耳环，男女都戴，其中男戴左不戴右，女戴双耳环。就材料而言，金银铜皆有，且多镶嵌有各类珠宝，玉树藏族服饰美观大方，特色鲜明，充分体现了玉树藏族的生活习俗与审美方式，具有极高的研究价值。但由于生活方式及需求的改变，传统藏族服饰的使用率越来越低，使用范围日渐萎缩，故需要加大保护力度。2008年被列入第二批国家级非物质文化遗产名录。（YXL）

土族服饰 土族服饰种类繁多，别具一格。土族妇女一般穿绣花小领斜襟长衫。两袖由红、黄、橙、蓝、白、绿、黑七色彩布圈做成，鲜艳夺目，美观大方，俗称"七彩袖"，土族语称作"秀苏"，意为"花袖衫"。花袖长衫上面套有黑色、紫红色或镶边的蓝色坎肩，腰系白褐或蓝绿布带，布带的两头有花、鸟、虫、蝶、彩云刺绣或盘线的花纹图案，下穿褶裙或裤子。青壮年男子多穿小领、斜襟长袍或绣花高领白色短褂，外套大襟黑色或紫色坎肩，钮扣多为铜质。一般戴红缨帽和"鹰嘴啄食"毡帽。腰系花头腰带，为一块近4米长的窄幅蓝布或黑布，其两端缝上16厘米长绣有花卉盘线图案的接头。穿蓝色或黑色大裆裤，系两头绣花的白色长裤带和花围肚，小腿扎"黑虎下山"的绑腿带，扎腿时把黑色的一边放在上边，故称"黑虎下山"。妇女喜戴耳坠，喜庆节日或探亲访友时，还要在耳坠下吊一对"面古苏格"，即银耳坠。戴时用数串珍珠把两只"面古苏格"连起来，挂在额带上。妇女颈上所戴项圈称作"索尔"，用芨芨草扎成圆环，蒙上红布面，镶以铜钱大小的圆海螺片约20枚即成。妇女讲究头饰，在土语里，头饰叫"扭达"，式样复杂，各地不一样。服饰除式样外，最突出的特点是刺绣工艺应用很多，不仅妇女的衣领、袖头、腰带、鞋面、靴面等部位绣有很多花纹图案，而且青年男子的衣领、胸前、腰带、烟包等处也绣有不少图案花纹。服饰中蕴含着丰富的民族历史渊源、宗教信仰、生活习俗及民俗文化成分，具有很高的实用性、观赏性等多重价值。随着现代社会生活的发展，而今土族传统服饰只有在节日和重大场合才能看到。2008年被列入第二批国家级非物质文化遗产名录。（YXL）

撒拉族服饰 青海撒拉族主要居住在循化撒拉族自治县、化隆回族自治县一带。撒拉族服饰有两方面的特点，一是伊斯兰文化色彩较浓，二是受回、藏、汉等民族服饰影响，与之融和后有所创新。早期的撒拉族服饰仍保留着中亚游牧民族风格，喜穿皮制品，崇尚宽松自然。男子头戴卷檐羔皮帽，脚穿半腰皮靴，身穿"袷木夹"（中老年男子在隆重场合穿的礼服），腰系红绫布带，喜欢在腰带上挂15～25厘米长的腰刀。妇女头戴赤青的缂丝头巾，身穿长裙，单衫称"袼"，棉衫称"厄西麦合"。后来，由于自然与人文环境的变迁，受回、汉民族的影响，服饰也有所变化。服饰在色彩上，男子以白、黑色为主，忌讳红、黄色及花色繁缛的服饰；妇女除了宗教仪式等场合外，则衣裤鲜艳多彩。男子一般穿宽大的短上衣或长衫，头缠"答斯达尔"（头巾），妇女戴黑色"包头"。男子的圆顶帽或白色，或黑色，身穿白汗褡，外套黑坎肩，腰系布绸带，下身穿黑、蓝大裆裤，脚穿布料鞋。寒冬季节，大都穿白板羊皮短式皮袄或羊毛织的褐长衫，脚穿轻便、结实、御寒的牛皮"络缇"（毡靴），富有者则穿绸缎或搭上布面的羔皮皮袄。老年男子做礼拜时，头缠白色"答斯达尔"，身穿"中拜"（礼拜服）长衫。青年妇女喜欢穿颜色鲜艳、带大襟的上衣，外套黑、紫色坎肩，下身着各色长裤，脚穿绣花布鞋。妇女多穿长衣，戴盖头，盖住整个头部，仅露出面庞。盖头的颜色也因不同年龄而异，年轻姑娘和新婚妇女戴墨绿色，婚后时间较长或生了孩子后戴黑色，50岁以后或家中去世父母及丈夫时着白色。妇女劳动时，都用青布缠头。在喜庆节日，还披带有花边的披风。女子喜欢戴长串耳环、戒指、手镯、项链、针线包等。撒拉族服装的佩饰种类繁多，除腰刀、腰带、绣花袜跟、袜底外，在挂面皮袍下沿和袖口还饰以方形和几何形图案，妇女服饰上的刺绣精巧细致，色彩艳丽，极具装饰性。而今撒拉族传统服饰在日常生活中已较少见

到,使用范围日趋缩小。2008年被列入第二批国家级非物质文化遗产名录。(YXL)

海西蒙古族那达慕 那达慕是蒙古语的译音,意为"娱乐"或"游戏"。其前身是蒙古族"祭敖包",是在长期的游牧生活中创造和流传下来的具有独特民族色彩的竞技项目和游艺、体育项目。海西蒙古族那达慕起源于青海湖蒙古族二十九旗的祭祀活动——祭海,是当地蒙古族最为隆重的民族节庆活动,规模非常宏大。期间,人们选择水草丰美的草原举行赛马、摔跤、射箭运动以及物资交流活动。届时,方圆一二百里的牧民,都要穿着节日盛装,扶老携幼,带着蒙古包和日常用品,乘车骑马,从四面八方赶来。如今海西的那达慕已成为集民族体育、文化艺术、集市贸易、产品展销、旅游观光等为一体的综合性节庆活动,也成为海西蒙古族藏族自治州蒙古族群众交流感情、互通信息的重要平台。2008年被列入第二批国家级非物质文化遗产名录。(YXL)

华热藏族服饰 华热地区历史悠久,文化渊源极深,当地群众有着独特的生活习惯,千百年来流传下来的服饰文化,在青海藏族中独树一帜。华热藏族男女的衣着以羊皮、羊毛料为主,特点是宽、长、大,这种衣服袖长等身。男性服饰中视白色为吉祥。男袍在穿着时提到膝部,劳作时坦露右臂,右袖空垂于后,怀中可揣许多随身物件,而且日穿夜盖。男人服饰分青、紫、草黄等几种颜色,夏天戴嵌黑边、顶缀红缨的顶尖白色毡帽,身穿白色褐衫,浅色布裤,羔皮或氆氇嵌边的吊面皮袄上用羊羔皮或豹皮做领,腰系红绸带。妇女夏季戴白色尖毡帽,穿布袍、藏靴。冬季穿狐皮领、水獭皮嵌边的吊面皮袍。女袍身前是繁花辫筒,辫筒上有刺绣图案,其间缀有银牌、钱币、纽扣、骨片等,光彩晶莹,美不胜收;身后和两侧的"三大片"古朴似铠甲,华丽而庄重,如同出征的战士。穿着时上提至脚面为齐,再用一到六根不同颜色的腰带束紧。妇女根据年龄的不同可穿青、蓝、紫等色服饰,除活佛、僧人外,常人不穿金黄和大红颜色衣服。冬天戴"四片瓦"的四耳皮帽和绸缎做面、后面有缺口、缀两条飘带的"砖包城"狐皮帽。最有特色的是在珠固、仙米地区称作"车下"的嵌有铜、银顶座,上缀红缨穗的白色高筒毡帽。保留了华热地区特有的民间手工技艺的精髓,在青海藏族服饰文化中别具一格。而今传统华热藏族服饰只能在节日或重大活动中才能看到。2008年被列入第二批国家级非物质文化遗产名录。(YXL)

(三)省级非物质文化遗产

1.民间文学

财宝神 "财宝神"也叫太平歌,是青海东部一带广泛流传的一种独特的民间艺术。民间信仰中送财宝的"神",反映了人们向往富裕、美好生活的良好愿望。其歌曲曲目十分丰富，民间有"财宝神没有本，三五年唱不尽"之说。它既有较固定的曲目，也有即兴编词演唱的内容。其曲调基本一致，唱词分二、四、六句不等，以七字句较多，也有六、八、九字句，句句押韵。演唱时，讲究唱喜不唱忧、唱好不唱坏、唱胜不唱败，忌讳不吉利的语言和不雅观的动作。唱词既有优美华丽、用典丰富的高雅之风，又有淳朴生动、通俗易懂的民间艺术之味。主要是在每年春节期间，从大年初一起，在各个村庄唱财宝神。村与村之间，为了联络感情，互请互送财神成风。平时也有家道不幸者专门请财宝神以作化解，祈福盼禄。而今财宝神的演唱者人数不多，需要进一步保护和传承，2006年被列入第一批省级非物质文化遗产名录。（YXL）

撒拉族谚语、歇后语　撒拉族自称"撒拉尔"，史称"撒拉族""撒喇"。撒拉族谚语和歇后语是撒拉族人民智慧的结晶。内容涉及农业生产、生活经验、人际交往、哲学思想、礼仪教育等诸多方面，也反映了与民族历史、社会环境、家庭关系、宗教信仰以及伦理道德等方面的密切关系，是将社会性、实用性、趣味性、哲理性、艺术性融为一体的语言艺术精品。除了一般语言艺术的数、格、式、韵的规律外，撒拉族谚语和歇后语最大的特点就是用传统的民族语言表达，用其对生活环境、从事职业、接触的事物进行比喻、夸张和形容。撒拉族有自己的语言，但无文字。因此研究撒拉族谚语、歇后语，不但可以了解其族源、语种和历史变迁，还可以了解到该民族的风土人情、生活方式以及民族关系等。它不仅是撒拉族民间文化的重要组成部分，也是撒拉族文化的集中体现，它是撒拉族传统文化中最精炼、最富哲理、运用率最高的一种艺术语言，集中反映了本民族的道德准则和审美观念。由于撒拉族没有自己的文字，所以这一语言艺术濒临失传，急需保护。2007年被列入第二批省级非物质文化遗产名录。（YXL）

年宝玉则雪山神话传说　年宝玉则雪山又称果洛山，是果洛藏族自治州群众心目中的神山。年宝玉则雪山神话传说主要讲述了"三果洛"起源的故事：相传很久以前，有个叫朱拉的猎人，他救了化为小白蛇的年宝玉则山神的独生儿子，后来，年宝玉则山神化为白牦牛与恶魔激战，猎人应邀射死了恶魔。年宝玉则为了感谢猎人，将他的小女儿许配给猎人。猎人与其女儿婚后生下三个儿子，分别叫昂欠本、阿什芜本、班玛本，上、中、下三果洛部落就是他们的后裔，年宝玉则神山则是果洛藏族的祖先。这个雪山神话是果洛藏族人民在长期的历史发展过程中形成的，有口头传说、藏戏表演、民间说唱等多种表现形式，结构严谨，情节曲折生动，艺术手法鲜明，表现了果洛藏族人民抑恶扬善的美好愿望和战胜困难的坚强决心。其地域性、民族性和群众性强，具有珍贵的文学艺术价值。而今这一神话在藏族地区广为流传。2007年被列入第二批省级非物质文化遗产名录。（YXL）

海西藏族民间谚语　藏族民间谚语是一

种富有吸引力、感染力并具有深刻哲理的文学形式，具有完整的句子和丰富的内容。海西藏族民间谚语有1400多年的历史，在《敦煌吐蕃历史文书》中有记载，世代广为流传。在内容和形式上，它与安多藏区的谚语结构大体一致，但受地理环境、方言和一些民俗方面的影响，又有其独特的一面。它语言简练、通俗易懂、内容丰富、思想深刻，涉及的内容十分广泛，大体可分普遍事理类、处世训言类、赞美赞颂类、辩证说理类、吉祥类、团结友谊类、生活经验类等十种类型，具有很高的艺术价值。它对于认识藏族社会，了解藏族人民的文化心理、道德观念、风俗习惯以及当时社会文化现象，具有重要的参考价值。受现代文化影响，这一古老语言艺术面临失传危险。2007年被列入第二批省级非物质文化遗产名录。（YXL）

河湟民族民间故事 河湟地区自古以来多民族繁衍生息，形成了多元文化的融合与交汇，这造就了丰富多彩的民族民间故事。这些故事多侧面、多角度地反映河湟地区各族人民的历史生活、风俗习惯、宗教信仰和伦理道德，其情节生动，语言流畅，引人入胜，充满了浓郁的民族特色和乡土气息。主要由汉族、藏族、土族、回族、撒拉族五个世居民族的民间故事组成，包括神话传说、家庭故事、动物故事、英雄故事、寓言、笑话等。故事个个主题明确，情节生动，语言幽默，讽刺尖锐，蕴含着丰富的生活内容和人生哲理，具有民间文学的口头性与集体性特征，对研究本地区各民族的历史沿革、宗教信仰、风俗习惯、社会制度和生产生活方式等具有较高价值。为保护这一民间文学，青海省文联搜集整理出版了《河湟民间文学集》，并推出了《河湟民间故事》系列动画片。2007年被列入第二批省级非物质文化遗产名录。（YXL）

海晏蒙古族民间颂词 民间颂词是蒙古族特有的文化形式，早在蒙古族迁居青海以前就已经代代传承。它传入青海以后，又受自然环境和生产生活方式的影响，在海晏地区发展，形成了独具地域特色的颂词。海晏蒙古族民间颂词应用场合广泛，在牲畜繁殖、扎驻蒙古包、婚礼、剃毛头、祝寿、祭日、丧礼等重要仪式和场合中，都要吟诵民间颂词。特别是在祭海、婚嫁、那达慕大会等活动中，赞颂对象从天窗、包门、包毡、绳子到蒙古包内摆设、用具等一一入列，颂词内容更是包罗万象，令人叹为观止。因其语言激扬，感情奔放，形式多样，在群众中影响广泛，具有较高的学术研究价值。由于目前能够系统、完整地传承蒙古族颂词者不多，这一古老艺术面临消亡的危险，为此海晏县成立了蒙古族颂词协会，目前有会员70余人。2007年被列入第二批省级非物质文化遗产名录。（YXL）

玛域《格萨尔》书传史诗 玛域《格萨尔》书传史诗是以藏文书写形式创作和传播的《格萨尔》史诗，也是整个《格萨尔》英雄史诗传承中的重要形式之一，在青海果洛地区广泛流行，其中的代表人物就是甘德县柯曲镇德尔文村的格日尖参。格日尖参用藏文书写的《格萨尔》系列史诗作品,讲述了格萨尔王抵御入侵者、造福百姓的生动故事,并涉及古代藏族的宗教信仰、军事战略思想以及风俗习惯,甚至延伸到喜马拉雅山脉周边古代各民族之间的复杂关系及战争场面等历史记忆。这些作品内容新颖独特,文风朴实,结构严谨,情节曲折生动,格日尖参笔下的《格萨尔》史诗注入了更多的真实感和美感,从不同侧面反映了藏族社会文化和经济生活等内容,极大地丰富了藏族传统文化的内涵。目前已完成写作32部,预计完成120部。2009年被列入第三批省级非物质文化遗产名录。(YXL)

格萨尔赛马称王传说 格萨尔赛马称王的传说故事,主要结合了果洛藏族自治州玛多县境内"阿依地""格日杂恰""拉地""乐地"的自然条件与人文历史特点,形成了自然地理与人物传说的完美结合。相传很久以前藏区天灾人祸遍及,妖魔鬼怪横行,黎民百姓遭受荼毒,大慈大悲的观世音菩萨为了普度众生,向莲花生请求派天神之子下凡降魔。神子推巴噶瓦发愿到藏区,做黑发藏人的君王——格萨尔王。格萨尔自诞生之日起,就开始为民除害,造福百姓,但这些都让嫉妒心极强的晁同看在眼里。格萨尔12岁时,晁同为了排挤格萨尔,与吉红打赌举行部落赛马大会确定岭国王位,并拿森姜珠姆当"彩注"。晁同认定自己的儿子东赞会赢得比赛,因为东赞所骑的马是岭国最好的,而格萨尔骑的是一匹名不见经传的野马。不想在比赛中格萨尔竟以他非凡的勇气和智慧取得了胜利,获得王位,迎娶美人归。该传说故事曲折生动,浪漫有趣,充分展示了民间艺人的创作才情和丰富的想象力,成为藏族民间艺术的杰作。2009年果洛藏族自治州秉持"保护为主、抢救第一、合理利用、传承开发"的理念,将这一传说申报为省级非物质文化遗产。2009年被列入第三批省级非物质文化遗产名录。(YXL)

森姜珠姆故里的传说 果洛藏族自治州玛多县境内的扎陵湖地区,传说是格萨尔王妃森姜珠姆的故乡。相传很久以前,在岭国时期,从依日噶部落迁徙而来的三兄弟在玛多境内的扎陵湖、鄂陵湖、卓让湖旁边定居。大哥嘉洛有一个美丽的女儿叫森姜珠姆,简称"珠姆"。据说格萨尔12岁时,在部落赛马大会上取得胜利,获得王位,同时娶森姜珠姆为妃。森姜珠姆的美貌遭到了黑老鸦嫉妒,霍尔国的白帐王在黑老鸦教唆下欲强娶森姜珠姆为妻,在岭国叛将格萨尔的叔叔晁同的帮助下,趁机抢走了森姜珠姆。身陷霍国的珠姆坚贞不屈,惨遭酷刑,格萨尔在凯旋回朝后战胜了白帐王,救出了珠姆。后来森姜珠姆回到扎鄂湖边的达孜殿居住,随后迁往嘉城,辅佐格萨尔征战四方,降妖除魔,最终功德圆满,与格萨尔及格萨尔的母亲郭姆等一同返回天界。"森姜珠姆"故里的传说与格萨尔的民族历史一脉相承,反映了藏族崇尚真、善、美与热爱和平的理想,对果洛藏族社会具有广泛的影响力,成为果洛藏族文化独具特色的内容。2009年果洛藏族自治州秉持"保护为主、抢救第一、合理利用、

传承开发"的理念，将这一传说申报为省级非物质文化遗产。2009年被列入第三批省级非物质文化遗产名录。（YXL）

布柔哟 《布柔哟》是土族民间叙事长诗，"布柔"土语为"牛犊"。它讲述了母牛和牛犊的故事。母牛和小牛相依为命，在平滩里过着清贫的日子，小牛嫌"滩里的牧草太短，滩里的牧草长得硬，滩里的牧草长得苦"，请求妈妈带它到山里去吃草。妈妈劝阻说："山里的牧草长得高，山里的牧草长得软，山里的牧草长得甜，可山里的豺狼厉害呀！"小牛不听妈妈的劝阻，独自上山遇到豺狼，母牛听到小牛的呼救，奔上山去与豺狼搏斗，小牛脱险，而母牛却被豺狼吞噬。小牛悲痛欲绝，悔恨交加，依然在滩里吃着苦草，喝着污水，过着饥寒孤独的日子。这首长诗属叙事长歌，将各种故事体裁以散文长诗的格调加以不同的曲调流行于世。曲调大多是固定的，不同的长歌有着不同的曲调，一般没有衬词句，相互影响也不大，基本是根据某一个历史故事或事件内容和情节写成的，各具特色。故曲调风格独立性很强，这是这首叙事长歌不同于土族音乐其他体裁的主要特点。由于艺人老龄化，加之其口传心授的方式，这一民间文学面临失传的危险。2013年被列入第四批省级非物质文化遗产名录。（YH）

辉特美日根特木尼的传说 辉特美日根特木尼的传说是流传在海西蒙古族藏族自治州的古老民间传说之一，历史久远。辉特美日根特木尼是蒙古族民间传说中的一个聪明的老者，也是老百姓心目中的一位智者，因为他聪明善良、英勇无畏、足智多谋，所以人们尊称他为辉特·美日根·特木尼。在海西地区有许多关于他的民间传说，其中富有代表性的故事有《聪明的儿媳妇》《特木尼与文成公主》《特木尼与青海湖》《阿拉腾寺院》等，这些民间故事与传说往往与某些具体的历史人物和历史事件相联系，结合当地的风俗习惯，文物古迹、自然风光，通过想象、虚构和夸张，表达出老百姓对美好生活的向往，真实地反映了当地各民族人民的生活和愿望，体现了各族人民的是与非、爱与憎的思想观念。从1986开始，海西地区就开展了民间文化的整理和保护工作，1986年出版的《德都蒙古民间文学精华集》里，收录了包括"辉特美日根特木尼的传说"在内的多篇民间故事，1988年出版了《海西民间故事》，2003年在文化部启动的"中国民族民间文化保护工程"中，又先后出版了《海西蒙古族民间口头文学集锦》等著作，2013年该传说被列入第四批省级非物质文化遗产名录。（YXL）

岗格尔肖合力雪山传说 岗格尔肖合力雪山位于海西蒙古族藏族自治州天峻县境内，是青海湖环湖十三名山之一。有关这座雪山的史记很多。在《甘肃通志稿》中记载有："阿木你厄枯山，在青海西北二百余里。其山甚大，亦十三山之一。"所谓"厄枯"就是"姆枯"的谐音，意译则为"紫山"。藏语叫"姆枯"。在《青海地质略》记载："布喀河，源出青海西北阿母泥额枯山南。"这里所提的"阿母泥额枯""阿母枯""阿母泥额枯"均指岗格尔肖合力雪山。在中国古代，昆仑山是我国神话传说中最重要的神山之一，而岗格尔肖合力雪山则被视为是传说中的昆仑之丘，也被古代羌人和当地的汪什代海藏族视为地方护法神和神山，近年来这座山逐渐成为"昆学"研究的重点，为"昆仑之丘"的研究和考察旅游提供物质和精神动力。也成为天峻县打造历史旅游资源景点的重点区域，2013年被列入第四批省级非物质文化遗产名录。（YXL）

西王母石室传说 西王母石室又称"二郎洞"，坐落于海西蒙古族藏族自治州天峻县境内，是一个不足30米高的山洞。1994年被发现并被认定为古西王母国宫室遗址，也是传说中西王母的居所。当地有关西王母石室的传说种类繁多，汉族、藏族均有。在藏族传说中，此洞是格萨尔王为超度爱侄吾·叶什德合，用长剑在小山上剡成，此后他亲自在洞中念诵《甘珠尔》大经108部，终使爱侄超度成神；而在汉族传说中，此洞为二郎神与孙悟空大战时所挖的藏身之洞。西王母石室传说在当地不同民族中都有流传，反映了该地区一定的历史文化内容。2013年被列入第四批省级非物质文化遗产名录。（YXL）

扎陵湖和鄂陵湖的传说 扎陵湖和鄂陵湖是黄河源头两个高原淡水湖泊，它们位于青海果洛藏族自治州的玛多县境内，是黄河源头地区众水汇之所。在藏族民间传说中，扎陵湖和鄂陵湖是松赞干布迎接文成公主入藏的地方。传说当年文成公主受父皇之命，带着大批卫队从长安到青海。为了保障公主一路顺风，松赞干布则亲自率领满朝官员与大队人马迎接于柏海（即今扎陵湖和鄂陵湖），并在此举行欢迎仪式，松赞干布与文成公主相见之后，度过了一段甜蜜的日子，然后结伴而行，前往拉萨完婚。为了纪念这一历史事件，当地政府在扎陵湖与鄂陵湖之间的草滩上立起"迎亲滩"大石。2013年被列入第四批省级非物质文化遗产名录。（YXL）

2. 传统音乐

民和土族婚礼歌 民和回族土族自治县三川土族自古就流传着一种传统婚礼歌，土语称之为"道拉"。这种婚礼歌主要流传在民和县南部的官亭镇、中川乡、杏儿乡、甘沟乡、前河乡和满坪镇等地区。历史上，土族有自己的语言，没有文字，因此土族的神话传说、天文地理、历法等知识，都比较系统、完整地保存在"道拉"里。道拉歌词内容丰富，曲调优美动听、婉转悠扬，既有喜庆祥和的韵味，又可营造热闹的氛围。在唱词上，既有特定的歌词，也可即兴发挥、现场创作，富有知识性和趣味性。其代表性曲目是《混沌周末歌》《混沌年代歌》《人身包罗天地歌》。民和土族婚礼歌浓缩了土族生活的方方面面，是土族文化中的瑰宝，也是研究土族文化的重要范本。而今能完整演唱婚礼歌的艺人人数日渐减少，迫切需要保护和承传。2007年被列入第二批省级非物质文化遗产名录。（YXL）

格吉萨三扎 "格吉萨三扎"意为布谷

鸟三重唱，是在玉树藏族自治州杂多县格吉部落广为流传的一种民间曲调。据民间传说，15世纪末在杂多县扎西拉吾寺建寺前期，一名叫格吉扎西的人在给该寺采办燃料，途中经过杂多县扎青乡扎西达滩休息时听人传唱而铭记在心，后经口耳相传在格吉部落广为传唱。其唱词内容包括哲人箴言、文人诗作、先知告诫、生活情趣、男女爱情、山水美景、宗教信仰、民间故事等，是反映格吉部落生产生活和社会风貌的百科全书。在音乐表现手法上，高亢悠远，开阔明朗，曲调高低起伏富有变化。其中既有板式变化，又有曲拍连缀，反映出高原牧人乐观开朗、无拘无束的性格特征和自由的游牧生活。其以大量的曲目、套词，延续着格吉部落音乐的文脉。其悠久的音乐历史和多元的文化特征，对研究藏族音乐学、语言学、民俗学有很高的价值。现传承人年许扎西于20世纪70年代向杂多县第八代格吉萨三扎传承人索日闹才拜师求学，从此不少民间艺人学习《格吉萨三扎》，流传于格吉各部落，至今流传有三种曲目。2007年被列入第二批省级非物质文化遗产名录。（YXL）

青海民间弦索音乐　弦索乐也称"弦索"，是流传于青海民间的一种弦乐演奏形式，历史久远。主要集中在西宁市和海东地区诸县的汉族地区，部分州县也有分布。青海民间弦索乐往往是和戏曲、曲艺、社火歌舞并存的，极少有弦索乐的器乐专场演出，少数情况下演奏者相聚在一起时，也进行自娱，或作为技艺来切磋。其乐曲目的来源，大体可分为三类。第一类来自传统的纯器乐曲牌，如《满天星》《大红袍》《柳叶青》等，这类曲牌数量不多，十七八支左右；第二类来自民间小调，在旋律上或演奏中稍加变化，如《孟姜女》《五更调》等；第三类是来自一些戏曲、曲艺唱腔的器乐化演奏的曲牌，如青海平弦、越弦、眉户中的《银钮丝》《凤阳歌》等。总体来看第二和第三类乐曲数量比较多。乐队一般由5～7人组成，常用的乐器有三弦、扬琴、板胡、二胡和碰铃或木鱼、梆子等击节乐器。演奏方法主要是齐奏，板胡、笛子常做加花演奏，三弦、扬琴常以加强节奏性为主。具有文化和艺术研究的价值。受市场经济和新兴文化的冲击影响，弦索乐的发展形势不容乐观。2007年被列入第二批省级非物质文化遗产名录。（YXL）

阿柔逗曲　阿柔逗曲是主要流传在海北藏族自治州祁连县阿柔、峨堡两乡及周边乡镇村落的一种民间歌唱形式，距今已有270余年的历史。"逗曲"在藏语中称"喜合"，其曲调与"勒"相同。"勒"可独唱也可传唱，但逗曲不可独唱，它需要一定的演唱场合，如婚礼宴席、过年过节，一般以对唱为主要演唱形式，其内容有赞美大自然、骏马牛羊的，也有讴歌英雄事迹，描述民族习俗的；还有感怀情思，祝福吉祥的，可以说包罗万象、无所不唱。曲调独特，节奏缓缓如流水，形象生动，生活气息非常浓厚。自由的节拍和严密有序的律动构成悠扬辽阔、舒展豪放的音乐形象，充分表现了自由奔放的草原民歌特点。其多元一体，既有共性，又

有不同地方的差异性，形成了同一曲调不同唱词或同一唱词不同曲调的演唱形式。种类丰富、数量浩繁，充分展示了藏族传统音乐的艺术风采。为了保护这一古老艺术，海北藏族自治州祁连县成立了阿柔逗曲展演中心，并多次举办演出及比赛。2007年被列入第二批省级非物质文化遗产名录。（YXL）

郭米则柔 祁连郭米地区乐舞文化由来已久，在游牧文化不断发展、商业、经济不断繁荣的同时，人们自发组织起来唱歌跳舞，以表达对美好生活的热情渴望。"则柔"表演是当地藏族农牧民群众在农闲季节自发的一种表现丰收喜庆、表达情感的集体歌舞活动，距今已有数百年的历史。则柔可两人或多人对唱表演，也可几十人集体演唱，歌舞形式多样，特色鲜明。所唱曲调音域宽广，一声"阿则"起调，舞者随歌而舞，舞蹈动作随音乐旋律变化而富有动感，常以脚顿地为节，统领乐曲起承转合。"则柔"唱词内容广泛，如歌颂日月星辰、山河大地、赞美生活、思念亲人、祝福相会、颂祝吉祥如意以及宗教信仰等内容。"郭米则柔"表演保留了青海地区，尤其是边远藏区以藏文化特点为主的传统文化，传承了传统的藏族歌舞形式，是研究藏族群众生活状况的重要依据，在民族、民俗等研究中具有不可替代的重要作用。作为一种和社会保持紧密联系的艺术形式，近年来一些反映新的社会生活内容的作品不断涌现。2007年被列入第二批省级非物质文化遗产名录。（YXL）

土族宴席曲 土族宴席曲又称为"酒曲""喜曲"，土族语称宴席曲为"什朵查"，是流传在青海土族婚嫁、节庆、走亲访友等喜庆场合中表达祝福的歌唱艺术形式，形成历史悠久。按内容可分为赞歌和问答歌两类。赞歌、问答歌的曲调命名，是根据曲调中的衬词、衬句而定的，词曲结合较自由，没有严格的限制，歌手可任意用某一曲调唱多种歌词，也可将一组长篇唱调用几种不同的曲调来演唱。在叙唱次序上，赞歌先行，尔后慢慢转入问答歌。赞歌曲调婉转、柔美，平稳而富有赞美特点；问答歌曲调委婉豪迈，疑问特点突出，结构紧凑，唱词有多种形式，最典型的是"三答三问"或"三问三答"。代表曲目是《唐德格玛》，这首曲目以不同调式在不同地区有三四种唱法，也是婚礼场面中的特定曲目，歌词都是用土语演唱的。20世纪80年代，土族民歌被大量搜集整理。2009年被列入第三批省级非物质文化遗产名录。（YXL）

青海花儿曲令 青海是花儿曲令的故乡，青海东部农牧业地区是河湟花儿的主要流传区域，至今已有四百多年的历史。花儿曲令在民间俗称为"令儿""调儿"，每曲花儿都被命名为一个曲令。青海花儿曲调同样极为丰富，据统计，河湟地区有上百种。按流行地区分为"河州令""湟源令""川口令""循化令""互助令""西宁令"等；按照演唱民族划分为"土族令""撒拉令""保安令""东乡令"等；按照花儿的衬词又分为"白牡丹令""尕马尔令""花花尕妹令""好花儿令""溜溜儿山令""杨柳儿姐令""水红花令""咿呀咿令"等。是各族群众长期共同创造的成果，所以其既有共同性，又有差异性。种类繁多，风格独特、绚丽多彩，民族风格和地方特色鲜明，具有比较高的文学欣赏和研究价值。这些曲令在花儿传唱地区广泛流传，青海地区也做了相应的搜集整理和保护工作。2009年被列入第三批省级非物质文化遗产名录。（YXL）

隆务寺佛教音乐 隆务寺佛教音乐是流传于隆务寺内的一种佛教赞歌。最初由印度传入，梵呗是据佛经所创作的偈颂，也供歌咏之用，大概都注上音韵，歌咏时可伴之以管弦。据《法华经·方便品》云："若使人作乐，击鼓吹角贝。箫笛琴箜篌，琵琶铙铜钹。如是众录音，尽特以供佛。或以观喜心，歌呗颂佛德。乃至一小音，皆已成佛道。"这是对佛教音乐及其功用的一个总的概括。隆务寺内存有大量的诵经曲目，其记谱方法独特，旋律完整，乐器多样，常在完整、规范的佛事活动如晒佛仪式、闭斋仪式等中完成唱、诵或演奏，这在宗教学、音乐学以及语言学等方面都有很高的学术研究价值。2008年文化部批准建立了"热贡文化生态保护区"，这是青海省第一个国家级文化生态保护区，隆务寺佛教音乐也处于这一保护区内。2009年被列入第三批省级非物质文化遗产名录。（YXL）

同仁嘛呢调 "嘛呢调"亦称"诵经调"或"六字真言歌"，是藏传佛教信徒们经常吟唱的一种宗教歌曲。同仁嘛呢调是当地民众在祭祀、朝山、丧礼和日常转经祈祷等各种宗教活动时吟唱的经调，历史久远。音乐曲调丰富多样，旋律悠长，深情优美，速度徐缓，表演性强，近似藏族民歌，且宗教情绪虔诚，地域特色鲜明。演唱形式大多是独唱，亦可由数人齐唱，或轻声吟唱，或放声高唱。一般来讲，演唱时间不受限制，短者约二十分钟，长者可达一两个小时。唱词内容除了反复吟唱六字真言之外，还有以佛经为主的哲人箴言、禁忌劝诫、珍爱生命、热爱家园等内容。信徒们唱着六字真言嘛呢唱经调，祈祝祛病除灾，人畜平安，农作物丰收。嘛呢调在同仁地区广泛流传。2009年被列入第三批省级非物质文化遗产名录。（YXL）

南佛山花儿会 南佛山花儿会是每年农历六月初六在湟中县南佛山下举办的民间传统集会，发展至今已有一百多年的历史。南佛山紧依藏传佛教圣地塔尔寺，与省会西宁毗邻，交通方便，景色宜人。六月初六期间，附近的汉、藏、回等民族不约而同地来到南佛山下，以演唱花儿为主，进行休闲自娱。由于演唱群体以湟中、西宁附近群众为主，所以河湟地区流行的各种花儿曲令，都在南佛山花儿会得到展示，很多有名的民间歌手也在花儿会场上尽显风采。该会每年定期举办，已成为当地重要的文化旅游项目。2009年被列入第三批省级非物质文化遗产名录。（YXL）

青海蒙古族长调音乐 蒙古族长调是蒙古族人民在千百年来的游牧生活当中自然形成的一种草原独有的音乐形式。青海蒙古族长调主要以柴达木八旗，即可鲁沟旗、台吉乃尔旗、宗加旗、巴隆旗、香日德旗、柯柯旗、达布孙戈壁旗、王家旗蒙古族长调为主，距今已有三百多年历史。其演唱方式具有群众性的特点，男女老少皆可唱。内容有朝歌、宗教歌、婚礼歌、历史人物歌、赞马歌、英雄歌、酒歌、赞歌等，在不同的场合唱不同的歌曲。其中，有些长调歌曲比较庄严肃穆，一般在正规场合才能演唱，如《朝歌三首》《宗教祀典三首歌》《婚礼歌三首》等。形式特征是从头到尾主音反复，歌词比较多，曲调比较长，主旋律大起大落，因音乐节奏不同而抒发其思想情绪。大部分长调在结尾的部分有一段"愿朝政平安"和"愿上天保佑"的祝词。演唱者可以徒歌演唱，也可用马头琴来伴奏，也可根据生活积累和感悟即兴发挥，所以所唱节律多种多样，体现了游牧文化的特征。2005年11月25日，联合国教科文组织在巴黎总部宣布中国和蒙古国联合申报的"蒙古族长调民歌"入选《人类口头和非物质遗产代表作》。2009年被列入第三批省级非物质文化遗产名录。（YXL）

南宗尼姑寺诵经乐 南宗尼姑寺全称"阿琼南宗三丹琼培林"，位于黄南藏族自治州尖扎县坎拉乡以南的南宗沟灵塔滩，是青海省最大的尼姑寺，为藏传佛教宁玛派寺院。南宗尼姑寺周围建有8座本康（汉语称塔），重修以后，占地总面积近27000平方米，有主建筑大经堂一座，是尼姑进行集体宗教活动的中心。经堂内主要供有莲花生师徒、久哲切洋多杰塑像等，还有许多经书和法鼓、螺号、唢呐、铜钹等法器，经堂四周有转经轮。尼舍共86院260间，是尼姑个人相对独立的生活环境和宗教活动场所。诵经活动主要有日常课诵、献祭仪轨、俗家经忏和煨桑祈祷等，都是藏传佛教礼佛供养和梵呗歌赞的一种行仪。在这些不同的活动中，尼姑们梵呗歌赞、歌唱优美的赞颂词，吹奏各种悦耳的法器，使诵经仪式达到完美。2013年被列入第四批省级非物质文化遗产名录。（YH）

土族民间歌曲"库咕茄" 土族民歌分为"家曲"和"野曲"两种。"库咕茄"是流传于海东市民和县三川地区官亭、赵木川、中川、峡口、前河、民主沟、甘沟以及川口、松树庄等地的土族群众中的一种用古老土语演唱的情歌，意思是"对唱""对歌"。接近于藏族的"拉伊"，深受"花儿"和汉、藏文化的影响，形态类似于"花儿"，还夹杂了一些汉语词字。具有鲜明的土族特色，演唱曲调比较古老，唱起来婉转悠扬，起唱较低，别具特色，十分动听。2013年被列入第四批省级非物质文化遗产名录。（YH）

3. 传统舞蹈

大通傩舞老秧歌 大通傩舞老秧歌，是保存在西宁市大通回族土族自治县境内，具有悠久历史渊源的传统民间舞蹈，也是当地春节传统民间民俗文化活动社火表演中的一个舞蹈角色。其最早的雏形可以追溯到周代时期的逐疫驱傩活动，后历经变迁而保存至今。该舞蹈角色装束古朴、动作简单、粗犷，虽然舞蹈缺少观赏性，但是却被当地的群众尊称为社火中的大神祇,也称"大身子"。据考证,傩舞老秧歌的最早雏形可以追溯到周代,因征战屯田及移民避乱等因素,这一习俗由中原传入并被保存至今。它一般由四个演员即四个"大身子"组成。演出时,演员头戴羊角帽（獬豸冠）,帽子上贴满了黄色烧纸剪成的碎纸条,在帽子口沿左、右两侧各贴有一个用烧纸折叠成的扇形"枹子",以示他们不是凡人,是具有神力的神祇。旧时在眼部画着两个黑色的圆圈,表示有四个眼睛,现今以墨镜代替了,并且他们翻穿老羊皮袄,扎腰带,手持贴有碎纸条的短木棒或腰挎腰鼓等,表演时,演员边跳边唱把自己装扮成了一头神羊,口中所唱的旋律、歌词以及祭祀祝辞都应视为神羊发出的"羊歌"。该神祇不只是在社火活动中参与表演,它还常常被民众请到家中"踏煞"驱邪,兼具祭祀和娱乐的双重功效。大通傩舞老秧歌蕴含着大量的历史文化信息,是中原文化与当地文化结合的产物,对研究青海地区与中原地区的历史文化交流、演变具有很高的参考价值。受现代文化冲击,这一传统民间舞蹈日益落寞,亟待保护与发展。2006年被列入第一批省级非物质文化遗产名录。（YXL）

大通蛙图腾祭祀舞"四片瓦" 蛙图腾祭祀舞"四片瓦"是西宁市大通回族土族自治县黄家寨黄东、黄西两村群众独有的,保持了宋代之前民间蜡祭仪礼信息的古老舞蹈,通常在春节社火表演时演出。由于在舞蹈中演员们左右两手各拿两块如瓦状的骆驼腿骨或其他能发出清脆响声的动物腿骨为道具,因此得名"四片瓦"。"四片瓦"表演者由四至八位男青年担任。他们头戴蓝布缠绕的草帽圈,帽圈前面贴上红绿纸剪成的"寿"字,帽子四周贴五色的彩纸条,鬟间插黄裱纸叠成的扇形"裱枹子"（以示神祇）,面部画上黄绿色的青蛙形状,蛙头朝下,身居鼻部,状如古典戏曲中丑角脸谱。表演时,演员模仿青蛙的肢体动作边舞边走,在跑四门、走太极、拧麻花等舞动中变化出各种舞蹈图案,同时挥动双臂击打手中的瓦状道具发出富有音乐节拍的响声,并且模仿青蛙的肢体动作,不时两两相对或相互穿插,变换着不同的队形,唱着青海民间小调,歌唱幸福、祈愿吉祥。"四片瓦"是古代劳动人民在长期的农耕生活中形成的祈福报功祭祀活动的产物。历经近千年的发展,传承至今,堪称为一种"活态"保存的古老传统民间文化。目前,依存于春节社火活动的"四片瓦",受外来文化冲击影响以及人为改造,其原生态文化形态受到了冷落,面目正在悄然发生变化。2007年被列入第二批省级非物质文化遗产名录。（YXL）

海南宗教法舞（鹿舞） 鹿舞是藏传佛教寺院舞蹈,在汉语中称"跳神"或"跳官经"。海南宗教法舞是海南藏族自治州同德县赛力亥寺流传的一种宗教舞蹈。该寺院始建于1695年,至今已有300多年历史。在第二世嘉洋夏巴时期,该舞由甘南拉卜楞寺传到赛力亥寺院,后经该寺羌巴的改编,形成了独特的鹿舞风格。该舞以尊者米拉日巴向猎人贡保多吉详细讲解杀害生灵与做善事的利害关系,终使猎人贡保多杰悔悟受戒、普度众生为主要内容,并糅进了赛力亥寺地区的相关民间故事,使鹿舞成为一种叙事性舞蹈。该舞具有浓厚的宗教仪式性、庆典性和超高的表演性。表演时舞者头戴鹿头饰和面具,按鼓、镲和大喇叭(称长筒号)的节奏表演鹿的各种动作,左右大幅度地跳跃,手、脚、头同时并用,给人以热烈雄壮的感觉。一般由12个表演者组成,其中2个米拉日巴、2个猎人、4个儿童、2头鹿、2条猎狗。演唱曲目共有7个,表演方式十几种,是以说、唱、舞为一体的宗教歌舞艺术。面对现代文化的强烈冲击,宗教寺院舞蹈面临危机,其生存和传播空间日益狭窄。2007年被列入第二批省级非物质文化遗产名录。(YXL)

苯教法舞 法舞,藏语称"钦木",指舞者戴上具有佛教象征意义的面具,在法器的节拍下直接演示佛教教义的舞蹈。其历史悠久、形式多样,不同地区各有差异。黄南藏族自治州同仁县曲库乎乡旺加村的旺加苯教寺院中流传的苯教法舞,主要是当地僧人为弘扬佛法、禳灾消祸、鼓舞群众精神、祭祀神灵、盼望五谷丰登而表演的一种巫术法舞。整个法舞共由10个舞段组成,其中有独舞、双人舞、四人舞和群舞。舞蹈动作粗犷奔放,舞步律动强,动态规整,气势豪迈。其表现的题材是直接取自宗教并为宗教服务的,内容以劝善、正法、禳灾驱邪为主题。在不同的法会上,演示不同的法舞,非常严格。由于法舞具有弘扬佛法的明确目的,对于扮演者的要求便十分严格,因而表演者必是个人道德修持好、对佛教虔诚信奉,并且口才流利、声音洪亮的僧人。为了正规化地培养、训练法舞表演者,许多寺院都设有专业化的"欹巴札仓"(法舞学院)。2009年被列入第三批省级非物质文化遗产名录。(YXL)

热贡"羌姆" 热贡羌姆是流传于黄南藏族自治州热贡地区藏传佛教寺院中的宗教舞蹈(法舞),具有宗教、音乐、舞蹈等各类文化艺术的内涵,是研究藏族传统文化发展的重要依据。相传它最早从西藏传入,内容与宗教息息相关。表演者主要是从寺院僧人中挑出,即"羌巴"。每年在固定的时间、固定的场所进行排练、表演,世代相传。内容主要反映与佛教有关的神话故事和护法行为。表演形式有集体表演舞、单人舞和双人舞。表演中有多种律制和节奏,规模庞大,结构复杂。大部分羌姆有着相对规范的曲式结构,其旋律、节奏、速度,因舞而异。黄南热贡各寺跳羌姆均有自己的特点和风格,但民间公认五屯上庄寺的《切将卓》跳得最精彩,最有特点,最具有代表性,是热贡羌姆艺术的集大成者。随着现代社会的发展和外界文化的浸入,参与"羌姆"表演仪式的人数逐年萎缩,老艺人人数逐年下降,这一传统艺术逐渐边缘化,传承受到影响。2009年被列入第三批省级非物质文化遗产名录。(YXL)

大头罗汉戏柳翠 大头罗汉戏柳翠亦称"大头和尚""跳罗汉""罗汉舞",是流传于河湟地区社火中的哑剧情节面具舞蹈,多在春节民俗喜庆活动中表演。此舞历史颇为悠久,相传明朝初年由内地传入青海,清朝时期达到鼎盛。一般由两人表演。男角戴"大头和尚"面具，着青布长衫，手持木鱼，颈后衣领内插一把折扇；女角（传统习惯为男扮女装）云头压鬓，斜插鲜花，身着彩旦服，手持手帕。二人均脚踩高跷。表演内容取材于民间故事《和尚戏柳》。舞蹈表现了月明与柳翠从初识到相好这一段情节，幽默风趣，浪漫色彩浓厚，加上扭、摇、追、逗等技巧动作，别具风韵。基本步法为"高跷步"，因踩着跷舞蹈，为防止滑跌，举手投足都比实际生活动作夸张一些。该舞为哑剧舞蹈，由民间打击乐伴奏，节奏顿挫分明。为了抢救这一濒临失传的民间舞蹈形式，西宁市城北区文化馆深入河湟地区村落进行全面搜集整理。2009年被列入第三批省级非物质文化遗产名录。（YXL）

竹马子　《竹马》是流传在乐都县碾伯北门村的一个传统民间舞蹈，据说是在100多年前由山西商人来此经商时传给当地社火队的。该舞由16个12岁左右的男孩扮演，共12种动物，即"豹子、独角兽、孔雀、麒麟、四不像、仙鹤、骆驼、老虎、牛、狮子、梅花鹿、马，其中青牛、黄牛各一头，狮子两头，梅花鹿两头，红马、白马各一匹"。演出时，把制作好的动物架系于舞蹈者腰间，整个节目没有舞蹈动作，舞蹈者只是脚后跟抬起，随着鼓点碎步前行。演出一般在农历正月初八至正月十六日，地点在广场、街头。白天和晚上演出两场，内容相同。每天换演一个故事。在夜间观赏时，因每个动物胸、腹点有两支蜡烛，像似点点繁星，场面壮观，其景令人难忘。作为一种民间舞蹈，竹马子几近失传，急需传承保护。2013年被列入第四批省级非物质文化遗产名录。（YH）

新安狮子舞　新安狮子舞是流传于海东市平安县三合镇新安村的一种民俗表演，起源于1851年，至今已有160多年的历史。最初是为了驱除瘟疫，求得神灵保护而形成的。每年正月初八开始演出。舞队由一大两小三头狮子组成，大狮子的狮头直径有六七十厘米，重量达到五六千克；小狮子的狮头直径是一二十厘米，有两千克重。舞大狮子时，两人藏在狮身里，一个人耍狮头（因为狮头太重，耍狮头的人要用双手举着安装在头内部的两个手柄来舞），另一个人耍狮尾。小狮子则由一人钻进狮身内表演。表演过程中也没有引狮人，表演全凭贯穿始终的鼓、锣、钹、唢呐的伴奏引领。主要动作有三起三落、耍四门、下狮娃、舔身、腹痛、抽搐、母子相亲、逗子、三级连升、背狮娃、过关等。新安狮子舞被当代百姓视为消除病灾、祈求风调雨顺的祈福活动，也是当地春节期间一项重要的民俗活动，如今新安村狮子舞作为社火中的一个节目，从每年的农历正月初八一直演到正月十五，并一直由当地王姓人家的男性传承表演，至今已到第五代传人。2013年被列入第四批省级非物质文化遗产名录。（YH）

土族鼓舞　土族鼓舞是融歌舞、传统民族体育为一体的民间文体活动。流传于土族聚居的互助土族自治县及民和回族土族自治县、大通回族土族自治县等地。其表演所用的鼓叫"筒鼓",两边是牛皮鼓面,鼓身绘有龙凤、云纹图案,鼓面有太极图案,用双槌两面敲打。伴奏的有多面大锣和大钹。表演的动作有"鹞子翻身""凤凰点头""古树盘根""牡丹开花""二龙戏珠""双凤朝阳""凤凰展翅"等,充分地反映了土族人民能歌善舞和对美好社会的向往和追求。这一民间舞蹈现今也面临着生存困境,需要保护和传承。2013年被列入第四批省级非物质文化遗产名录。(MDM)

藏族夏尔群鼓舞 "夏尔"指夏尔巴人,而多人合众的舞蹈形式谓之"群",因而"夏尔群"的意思是夏尔巴合众舞,是青海道伟地区独有的一种民间舞蹈。据说是由先民霍尔阿旺南杰从他乡带入本地的。对当地百姓而言,此物不仅是一种观赏舞蹈,更是一种重要的祭祀仪式,舞蹈于每年农历十二月十五日"藏历煨桑日"进行。舞者皆为青年男性,身着传统藏服,项垂护身符,两条彩色缎带交叉披挂于双肩,缎带上拴有数条哈达,脚蹬长靴。右手持鼓举上,左手攥袖上举,排成一列。一个舞姿优美者为"夏浑"(舞长),此人在前面领舞,其余人跟随其后,一边跳动舞姿,一边甩响手鼓,动作缓慢而舒展,古朴而粗犷,鼓声节奏深沉又悠扬,具有比较完整的原始形态特征。每结束一个动作,夏浑通过一个转折动作,依次转换领演为另外一个舞姿。以鼓声节奏,有分班齐跳、对行穿插等21种动作。起舞过程中有一个歌唱仪式,每唱完一段,舞者甩鼓3下,并高喊"扎西德勒彭森措巴肖"。夏尔群鼓舞具有非常重要的艺术审美和民俗研究价值,目前濒临失传。2013年被列入第四批省级非物质文化遗产名录。(MDM)

二十一度母金刚法舞 "度母"藏语称"卓玛聂久",是观音菩萨的化身。《度母本源记》记载,有一天菩萨用圣眼观察六道众生,发现未被救度的众生仍未减少,于是菩萨眼中流出眼泪。眼泪落地变成莲花,随即又变出绿、红、白等不同身色的化身来,共21尊,称"二十一度母"。金刚法舞又叫金刚驱魔神舞,"二十一度母金刚法舞"是青海安多地区仅存的直贡噶举派尼姑寺院羌姆。最早形成于西藏大昭寺建立时,距今已有1300多年的历史。期间在藏王朗达玛灭佛时期和"文化大革命"时期两度被禁演,濒临失传。直到2011年由白马法王恢复承传。"二十一度母金刚法舞"对了解藏传佛教、藏族文化具有重要的参考价值,2013年被列入第四批省级非物质文化遗产名录。(MDM)

巴吾巴姆舞 巴吾巴姆舞是称多县境内的一种密宗舞,具有神秘的宗教色彩。只有在盛大的活佛坐床庆典仪式和迎请重要贵宾时才能演出。整个舞蹈曲调舒畅、祥和,旋律优美,唱词内容极为丰富深刻。舞姿飘逸而欢快,舞者有严格的要求,必须为没有玷污的15岁以下的童男童女,可称"神童"舞。该舞词曲内涵健康而丰富,融佛理与人性的真谛,使崇尚信仰的人听了不禁潸然泪下,内容多半为赞美神灵、藏地、山河及祈福世人健康、长寿、平安吉祥、丰衣足食的美好祝愿。具有丰富厚重的宗教文化内涵，由于只在特殊场合演出，这一舞蹈的传播和生存空间日益萎缩，濒临失传。2013年被列入第四批省级非物质文化遗产名录。（MDM）

禅古寺宗教法舞 禅古寺位于玉树藏族自治州州府所在地结古镇南4千米处的禅古村，始建于12世纪。禅古寺宗教法舞是一种庄严而又神秘的宗教舞蹈，也称为"羌姆"，主要有"黑帽"羌姆、金刚舞等。"黑帽"羌姆距今已有200多年的历史。在演出时，僧人们手持宗教法器、头戴五彩哈达及黑色圆边帽盔、身着绛红色僧袍点缀五彩的飘带，仪态庄重，节奏缓慢，颇富力道。金刚舞分为上师舞、本尊舞、空行舞、护法舞等，具有祈祷吉祥加持、摧伏邪魔障碍等的殊胜密意。禅古寺宗教法舞具有丰富厚重的宗教文化内涵，而今面临失传。2013年被列入第四批省级非物质文化遗产名录。（MDM）

北门封神舞 北门封神舞是流传在海东市乐都区碾伯北门村的一个传统民间舞蹈，也称《竹马》。清雍正年间碾伯北门社火中就有《竹马》这一社火节目，演出由16个12岁左右的男孩扮演，共12种动物，演出所扎制的彩灯多为珍禽异兽，舞蹈多以《封神演义》和神话为主要内容。碾伯《竹马》与其他地区不同之处是在道具中不仅制作了红马、白马各一个，还制作了豹子、独角兽、孔雀、麒麟、四不像、仙鹤、骆驼、虎、青牛、黄牛各一个，狮子、梅花鹿各两个，共有16具珍禽祥兽形象，骑禽兽的演员装扮的是《封神演义》中姜子牙伐商战争中的人物形象，

按传统习俗，在正月初八碾伯就开始演《竹马》，白天晚上演出两场，内容相同，十四、十五日进入高潮，通常每年的第一场演出为《姜子牙金台拜将》。表演时由锣鼓伴奏，由领队人引入场中，队伍根据锣鼓节奏打出的不同鼓点，随时变换队形，做出不同的动作。演出目的是庆贺五谷丰登，人畜兴旺，以求太平吉利。2013年被列入第四批省级非物质文化遗产名录。（YXL）

4. 传统戏剧

民和《目连宝卷》 《目连宝卷》是在唐朝说唱文学《目连救母变文》的基础上由民间戏剧作家集体改编、创作而成的大型剧本，始于元末，兴盛于明清，是我国极其罕见的古文化剧种，有非常重要的考古价值和艺术价值，在民和回族土族自治县发现《目连宝卷》之前，只在国家图书馆中藏有《目连宝卷》残本。流传于民和回族土族自治县麻地沟能仁寺的《目连宝卷》，是目前我国唯一一部首尾保存齐全的口传剧本，堪称我国文学史上的瑰宝，被誉为中国古老戏剧的"活化石"。该剧共分10卷30场，剧中百余个角色都由麻地沟村村民扮演，其唱腔温婉，故事曲折动人，由于《目连宝卷》是用古乐古腔来演唱，目前在麻地沟村也只有王存瑚老人一人会唱，面临失传的危险，亟待抢救和保护。2007年被列入第二批省级非物质文化遗产名录。（YXL）

青海眉户戏 青海眉户俗称"迷胡儿"，

是具有地方特色的剧种之一，主要流行在西宁地区及海东诸县民间，牧区州县的汉族聚居地区也有流布。形成于清代，距今已有200多年历史。其独有的眉户音乐音符简易，旋律悠扬，声调婉转动听，表现出浓浓的地方风味。唱腔曲牌除了少数几支外，其余的在陕西眉户中找不到相应的曲牌，即便弦乐曲牌也少有共同之处，在总体的曲牌构成上有其自己的体系。青海眉户戏吸收了众多民间小调，唱腔亦多有改进，念唱道白掺杂了青海方言，地方特色浓郁；曲调众多，刚柔并济，优美动听。以演三小戏著称，角色以小生、小旦、小丑为主。乐队的文场只有三弦、板胡、二胡；武场只有小鼓、小锣、小镲。多数剧目的情节是反映人们普通生活的，无论抒情、谐趣、讽刺的内容都以喜剧的形式展现，主要代表性剧目有《下四川》《打樱桃》《上粮》《小姑贤》等二十多本。随着时代发展和新兴娱乐方式的冲击，其生存面临严重危机，急需保护与传承。2007年被列入第二批省级非物质文化遗产名录。（YXL）

刚察寺院藏戏 刚察大寺藏语称"刚察贡钦嘎丹却佩郎"，意为"刚察大寺具喜宏德洲"，是刚察地区最大的寺院，也是青海省刚察地区宗教活动中心，初建于1915年。刚察大寺有演绎藏戏的传统，每年3月17日，演绎藏戏《米拉日巴》，当地群众将此日当作节日对待。刚察寺院藏戏《米拉日巴劝化记——猎人公保多吉听法》最早产生于甘肃的拉卜楞寺，刚察大寺从20世纪中期开始排练演出此藏戏。此戏自传入以来，经过不断的演出、传播，得到了丰富和完善，完成了从说唱向戏剧的转化。戏中叙述了米拉日巴尊者在修法中，忽然有两只惊恐的鹿逃窜至圣者米拉日巴禅座前，惊恐不已，随后两只猎狗追随而来，米拉日巴尊者以歌偈说法，猎狗不再追逐，坐于米拉日巴禅座前。随后猎人公保多吉追随而至，在圣者的教诲下，大彻大悟，高举弓箭，起誓不再杀生害命，表示要皈依佛门。演出地点在刚察大寺的经堂前，经堂前石阶空地就是舞台。在经堂左角蹲坐着两个身披袈裟的乐手，他们一人掌镲、一人击鼓，这就是乐队。观众围坐在场地四周观看。场地放置两把黑色木质椅子，这便是二位圣者的禅座，也是《听法》一剧中唯一的大道具。由于观众日渐减少，此戏面临严重的生存危机，急需保护与传承。2007年被列入第二批省级非物质文化遗产名录。（YXL）

崖尔寺《诺彦审喇嘛》剧 崖尔寺又名"峨儿洼寺""家口寺"，藏语称之为"梧石崖尔讲修法轮洲"，是坐落于海东市民和回族土族自治县官亭镇城境内的一座藏传佛教寺院，被视之为"多麦东部十三大佛寺"之一。该寺建于明代。每年正月大昭法会期间，都会定期表演话剧《诺延审喇嘛》，届时各色人物粉墨登场，由"诺延"（意为官员）逐一审问主持大昭法会的有关人士，看他们是否有中饱私囊的行为，而各人也都极力为自己澄清和辩护，其表演夸张滑稽、语言风趣幽默，常常使观众乐不可支、捧腹大笑。该剧为当地春节期间的一项极富特色的宗教文艺演出，寓教于乐，为群众所喜爱。不仅丰富了当地人民的文化生活，也成为当地文化旅游业的组成部分。作为一出寺院地方戏剧，近年来也面临外来文化和新兴娱乐方式的冲击，需要进一步保护和传承，2013年被列入第四批省级非物质文化遗产名录。（YXL）

格吉斯日寺《静猛生死轮回》剧 斯日寺坐落在玉树藏族自治州杂多县城，是杂多县城群众主要佛事活动场所之一。相传其传统藏戏与法舞是莲花生大师在1772年经过西藏自治区南部地区加察县岗波达山时藏于此地的，后经大译师角绕乐耶江才的仕身掘藏大师尕玛岭巴将这本秘籍取出，发扬到藏区各地，渐渐流传到玉树地区，19世纪60年代流传到格吉部落斯日寺，至今已有140多年历史。每年4月3日（藏历羊月3月13—15日）在玉树藏族自治州澜沧江源头格吉草原隆重举行《静猛生死轮回》的演出。演出分有地狱篇、天界篇、静猛灌顶。内容主要是人死后根据生前的功过是非在阴间的不同遭遇。剧里的阎王、黑白无常、护将牛头马面等一个个鲜活的艺术形象以及黑白斗、秤功过、亡灵忏悔、阎王讲法、打入地狱、上天界、亡灵祈愿等生动的情节，不但圆满地解释了藏传佛教的生死轮回与因果报应观，而且给每个人以生动的生死观与生命观教育，同时提醒人们和谐相处，广行善业。近年来由于观众日渐减少，此戏面临生存危机，急需保护与传承。2013年被列入第四批省级非物质文化遗产名录。（MDM）

青海民间小戏 青海民间小戏是流传在河湟地区的一种集歌舞、唱白和表演于一体的小型综合性艺术，出现于清代，距今已有250多年的历史。在长期的流传过程中，由于青海特殊的地理位置，小戏在逐渐吸收了一些外来文化因素的同时也被外来文化因素所改变，故而它是本土文化与外来文化融合交流的产物。演出场地随意，对服装、舞台、道具无严格要求，主要的角色有小旦、小生、小丑三类，演出时两三个演员稍加化妆，即可即兴表演；其内容主要围绕日常生活和传统故事展开，主旨大多以宣扬中华民族的优良传统为主；唱词文辞简练、通俗易懂，唱腔互不通用，一戏一曲，专戏专曲。其代表剧目有《张连卖布》《王妈问病》《小放牛》等，具有鲜明的民间口头文学特色和浓厚的民间音乐韵味，对研究青海地方文化、民俗和民间文学及音乐具有重要的参考价值。近年来，随着各种新型娱乐方式的出现，小戏演出市场日益萎缩，需要大力保护与发展。2013年被列入第四批省级非物质文化遗产名录。（YXL）

5. 曲艺

青海道情 "青海道情"是青海地方曲艺曲种之一，又称"渔鼓"，广泛流传于西宁市海东地区诸县。"青海道情"脱胎于"道情"，在清代由中原传入青海，在青海流传的过程中受当地传统音乐、地方语言、文化历史等因素的影响具有浓郁的青海地方特色，"青海道情"已从道教赞颂歌曲、诵经念词演化为一种民间娱乐性质的技艺。为顺应民间欣赏演唱习惯，在沿用道歌、道曲的基础上，吸收了传统音乐、小曲，专以演唱民间故事为内容，具有世俗情态和民间艺术气息。其句式一般是上下对句的七言句子，有说白、韵白、念诗和唱词，还配有当地民歌、小调、牌子等乐曲间奏，唱腔分"阴腔"和"阳腔"两类，演唱故事时韵白与唱词交替出现，成为讲唱文学中一种特殊的形式。主要代表作有《湘子传》《妙善出家》《状元祭塔》等，在文学艺术、历史文化及民俗学方面都具有重要的研究价值。现今经过艺术上的不断创新，这一民间艺术形式得到了不断发展，但仍面临传承危机。2013年被列入第四批省级非物质文化遗产名录。（MDM）

青海搅儿 "搅儿"又称"打搅儿"，是青海地方曲艺曲种之一，其篇幅短小、风格诙谐、幽默，流行于青海东部农业区。是由青海曲艺艺人即兴演唱的风趣幽默的小段，其形式说中有唱、唱中有说，是一种简单、通俗、直白的说唱艺术。其内容和演唱形式以讽刺、逗趣为主。其节奏感明快而跳跃，很适宜表现那些风趣、滑稽、幽默的故事内容。传统演唱习惯是在演唱各种贤孝或越弦之间视观众和环境的需要为调剂欣赏口味；或因所演唱段子的内容情节悲楚使观众感叹抹泪时为缓解气氛、调整情绪临时穿插一个风趣小段，起到调整、搅打的作用。代表作有《数星星》《飞凤凰》《懒大嫂》《降光棍》等，随着地方曲艺的整体衰落，其生存亦面临严重危机，需要大力保护与传承。

2013年被列入第四批省级非物质文化遗产名录。（MDM）

折嘎 "折"，藏语，意为果实；"嘎"，藏语，意为洁白。"折嘎"即"洁白的果实"或"吉祥的果实"，是一种广泛流传于西藏地区及青海、四川等省的藏族聚居地区的说唱形式，也是藏族最古老的曲种之一。演出演唱它，也有送吉祥、传好运的意思。"折嘎"的演出早在松赞干布时代即已出现，早期的"折嘎"演出旨在驱魔除鬼，而后来演化成一种乞讨谋生的手段，中华人民共和国成立后则成为年节和喜庆场合里的表演活动。折嘎分说和唱两部分。一般是先说后唱，并穿插一些简单的舞蹈。演出多为两人或两人以上，表演时主演人只戴面具不出声，伴演的人则手持乐器和道具表演。道具分为五种，分别是木棒、五色粮食、面具、牛角胡、泥塑人。唱词多有即兴成分。过去折嘎的说唱者，大都是流浪艺人，或是沿街乞讨的乞丐。他们手拿木棍，怀揣木碗，肩披山羊皮做的假面，用吉祥的祝词、风趣幽默的表演、求得施舍。而今每逢藏族传统节日，城乡集市贸易盛会，或者喜庆欢乐的场合，往往都有折嘎艺人的演唱。传统曲目有《吉祥的祝词》。2013年被列入第四批省级非物质文化遗产名录。（MDM）

青海官弦 青海曲艺中有"平越官下"的说法，即平是平弦、越是越弦、官是官弦、下是下弦。官弦曾被认为是青海贤孝演唱中的一个曲调，因为它只有自己的曲调而没有专属的曲目。实际上，以前官弦也是作为一个曲种来演唱,后来因种种原因凋敝了。青海官弦的诞生已无具体文字可考,但据演唱艺人回忆,清代已有,主要在官富人家演出。其演唱有一个显著的特点,伴奏时弹三弦要三根弦一起拨动。其最擅长的是表现战斗情节,节奏铿锵,旋律平直,有一种激越的音乐美。目前青海省内能演唱官弦的艺人只有两位,濒临失传,亟待抢救与保护。2013年被列入第四批省级非物质文化遗产名录。(MDM)

6. 传统体育、游艺与杂技

藏族棋艺 藏族棋艺,藏语称为"密芒",其意思为多格子棋或者多目棋,是藏族一种古老而传统的文化活动。青海藏族传统棋艺包括"密芒"(宫廷贵族棋)和"久"(平民百姓棋)两大类型。从棋盘路数上分,"密芒"棋有19×19路、17×17路、14×14路、13×13路等种类;"久"棋有9×9路、7×7路、6×6路、5×5路、4×4路等几种。行棋规则上有围棋走法、摆图走法和跳吃走法三种。对弈人数上有2人、4人、6人对弈等多种形态。与"密芒"相比,"久"的棋盘种类较多,有挤棋、鱼棋、狼和羊棋、皇帝和大臣棋,胜负的结果不在于吃掉了多少子、占了多少地,而是黑棋要赢,必须在棋盘上摆出一些固定的棋形才行,比如下十三路棋盘,则黑方在白方不少于13个子之前,摆出"枪""鞋""三排军队"等各种图形,才可以到达胜利彼岸。而"密芒"行棋仍保留了中国围棋12个座子的古老形态。主要分布在全省藏族居住区,从地理位置上看,又分为牧民"久"棋和农民"久"棋,这两种棋的棋盘路数不尽相同,走法亦各有特点。现今藏族棋艺在民间流传,但仍面临发展困境。2006年被列入第一批省级非物质文化遗产名录。(YXL)

湟中县却西德哇村古老游戏 却西德哇村位于西宁市湟中县,由8个行政村组成,其传统文化具有农牧兼容的特色,文化生活形态显得丰富多彩。20世纪50年代初,在当地农牧民中尚流传着至少70余种独具高原特色的体育游戏项目,其中有一部分为该地所独有。"却西德哇"古老游戏项目分别为"井井康"(棍击游戏)、"朵决"(角逐气力的游戏)、"拉巴牛"(藏式拔河)、"久"(藏族传统棋类游戏)。这些游戏多数是从藏族传统的马背、游牧生活中演化而来的,石头、木棍甚至羊粪蛋,都是游戏的道具。却西德哇传统体育游戏可以说是青藏高原民族体育游戏文化的一个缩影,它打上了民族文化的深刻烙印,对弘扬青藏高原的独特体育游戏文化遗产,增强各民族的凝聚力和亲和力有着积极的意义。自2004年起,湟中县共和镇新庄村在每年的藏历新年或春节前后都会举行"阿米嘉顶之韵"却西德哇传统村运会,至今已成功举办了三届。村运会突出民俗特色,将曾经在半个世纪前普遍流行于本地的传统游戏和歌舞发展为竞赛和表演项目。2006年被列入第一批省级非物质文化遗产名录。(YXL)

青海大有山民间传统武术 西宁市湟中县的大有山村，村民祖辈都有尚武的传统，其武术在全省乃至西北武术界都小有名气，因而被称为"青海武术村"。许多村民多次参加了全省乃至全国的武术比赛，而且还获得过各种奖项。村民尚武传统源于西北武术界名人赵成章，1944年他解甲归田后，开始广招门徒，传授武艺。至今还完全保留了拳术中的最传统的部分，其中尤以棍、鞭杆著称。据村民们介绍，由于鞭杆短小，招术也是灵活多变，当攻上路受阻后，可以立即调转杆头攻对方下路，使对方防不胜防。同时，一些具有浓郁乡土气息的传统民间武术也在这里得以完整、系统地保留下来。2009年被列入第三批省级非物质文化遗产名录。（YXL）

西宁八门拳 八门拳是流传在我国西北地区古老的地方拳种，最初始于兰州，后经过不断发展，逐渐传到青海、新疆、宁夏等地区。根据《青海省志·体育志》记载，20世纪40年代，得到驷意八门拳真传的马奇术和白耀山来到青海，于是，驷意八门拳在青海生根开花。八门拳由单拳套路、捶拳套路、封手拳套路组成。拳术套路有撕拳、抱拳、九环捶、封手八快、八门惊捶、八门通背拳、破母、小母子、十连子、十沉劲、登州捶、八虎单拳等；器械套路有混元刀、高家枪、金枪、炮棍、八虎棍、扭丝棍、琵琶条子、排子棍、八朴条子等。其内容有奇势连拳、八门子、八门母、八门颠倒子母等拳术。拳术中有独特的48手暗发巧取之手法和64手散打排子，其拳势舒展大方，劲力浑厚，突出技击，方法细腻。八门拳经过几代人的演练和传授，遍及西宁、海东、贵德等地。2009年被列入第三批省级非物质文化遗产名录。（YXL）

青海蒙古达罗牌 "达罗"是青海省蒙古族的一种传统玩具，玩法类似汉族的麻将，故称其为"蒙古族的麻将"。据考证，达罗牌共分100张、64张、120张三种，分别可以供两人或四人玩耍，其玩法和汉族的麻将极其相似。达罗牌的样式分为"花牌""筒牌""生肖牌"三种形式，"筒牌"类似于麻将中的"饼子牌"，不同的是，麻将中的点数是从一到九，而达罗牌的点数是从一到十二，主要是比大小。另外，在达罗牌中还有四种描绘着蒙古族各式传统图案的"花牌"，这四种不同图案的"花牌"蒙古语分别叫"兰子""赛热""要国荣""三同"，功能不详；至于"生肖牌"，仅仅用于更高一级的竞技中。达罗牌距今已有数百年的历史，作为曾经流行于蒙古贵族中的一种赌具，其制作工艺十分精美，材质有白银、黄金、象牙、木料等若干种，是一种在历史上深受蒙古族群众喜爱的娱乐游戏工具，但现今却面临失传危险，急需保护。2009年被列入第三批省级非物质文化遗产名录。（YXL）

藏族夹棋 藏族夹棋是藏族地区一种古老的棋类游戏，主要流传在我国西藏、甘肃、青海、四川、云南等藏区和不丹、锡金等国家，历史悠久、流传区域广泛，是藏族等众多民族共同喜爱的民间竞技娱乐活动之一。藏族夹棋的阵形套路丰富多样，套路阵形有基本阵形和复杂阵形两种，根据构成阵形的棋子数量的多少和难易程度来区分。其棋盘种类有三种图形，名为"九线棋""七线棋""五线棋"，三者的游戏规则相同。场地和棋盘不受任何限制，棋子则要两种不同颜色的棋子，多为黑、白石子，因而又称黑白棋。其中九线棋要准备棋子各144颗，七线棋要准备棋子各84颗，五线棋要准备棋子各40颗。在开局、布局、走子、吃子和提份子都有自己的严格规则。要取胜，关键是打久，所谓打久就是把备形做成阵形。作为一种竞技游戏，它与其他棋类一样具有游戏的娱乐性和追求胜负的竞技性，同时也折射了藏族人民的人生态度、精神追求、审美趣味。该棋艺如今面临生存和传承危机。2009年被列入第三批省级非物质文化遗产名录。（YXL）

热贡马术 热贡马术是流传于同仁县牙浪乡塞隆哇地区的一种民间体育竞技活动。热贡马术表演比赛和其他藏区的赛马不同，它不仅比速度，而且需要乘马点火枪，所有用到的工具都是按传统的方法自制，一匹引马在前奔跑，火枪手乘马脱缰尾随。表演中，火枪手头部围插一排冒着烟的火绳，口衔两排火药的直筒，策马飞奔的同时就要取下一个纸筒，将火药从枪口装入枪内，紧接着从头上拔下一根火绳，点燃枪内火药。在长达1000米的赛道上，优秀骑手装火药、点火枪可达20余次。每年同仁地区都会举行马术表演赛以发展传承这一古老的竞技活动。2013年被列入第四批省级非物质文化遗产名录。（MDM）

德都蒙古布格围鹿棋 围鹿棋又叫"鹿棋"，是一种流传于蒙古、达斡尔、鄂温克等民族群众中的棋类活动。在蒙古语中被称为"宝根吉日格"。起源于七八世纪。在青海格尔木地区，当地蒙古族群众也有下鹿棋的传统，棋盘多为布质，主要部分是正方，其内各有5条纵横线，斜线6条，交叉成25个点。在中心纵线两端各有一座呈三角形的平顶"山"和呈菱形的尖顶"山"，其内有十字线，也构成几个交叉点。对弈的两个人各执2"鹿"或24"狗"。赛前先摆子，布局是把2个"鹿"摆在两侧的"山"口，把8个"狗"摆在棋盘内中央的8个点。行棋方法是：如果"鹿"在同一条路线的位置上从一边的位置跳过"狗"走到另一边的位置，就吃掉了被跳过的"狗"，将其从棋盘上取下来。在与"鹿"同一条线上2个"狗"挨着排列时，"鹿"不能吃"狗"。隔2只"狗"也不能吃，每走一次，"狗"可以加一棋子。也就是执"狗"的人将摆在棋盘剩下的16个"狗"，每步任选空余位置摆一子。依次"狗"全部摆到棋盘后，移动棋盘上"狗"，努力使两"狗"相连，阻止"鹿"吃"狗"，同时设法围住"鹿"。"鹿"被狗圈住，执"鹿"者输棋；"狗"不能围住"鹿"，执"狗"者为输棋。鹿棋是蒙古族民间典型的棋艺之一，反映了蒙古族人民的聪明与智慧，对于研究蒙古族的历史、民俗、社会有着较好的借鉴作用。近年来，随着外来文化的冲击，鹿棋的生存现状日趋没落，亟待传承保护。2013年被列入第四批省级非物质文化遗产名录。（YXL）

7. 传统美术

湟中县农民画　湟中县农民画始于20世纪70年代。它融民族文化、地方文化和民间绘画艺术为一炉，以鲜明的地域色彩和强烈的民族特点为创作背景，取材广泛，内容丰富，突出表现高原风光及风土人情。从表现形式和绘画语言方面看，它借鉴了民间刺绣色彩和造型手法，具有强烈的装饰意味。画面既有民族特色，又有较强的时代感。画法多采用单线平涂，色彩浓重，对比强烈。近三十年，湟中县农民画创作队伍逐渐发展壮大，先后创作作品2000余幅，其中100多幅作品参加全国大展、50多幅作品获奖、20多幅作品被中国美术馆等单位收藏。1988年3月，湟中县农民画进入中国美术馆展览，开创了中华人民共和国成立以来青海省在中国美术馆举办绘画艺术展览之首。近年来有大量作品在省内外展出、发表、出版、获奖和收藏，成为青藏高原传统民族民间艺术宝库中一朵美丽的奇葩。2006年被列入第一批省级非物质文化遗产名录。（YXL）

大通县农民画　大通县农民画产生于20世纪五六十年代。其间涌现了一批以朱锦忠、刘统全、史家星为代表的农民画作者及《雕出千古形》《花香蜜甜》《人民大众开心之日》为代表的农民画作品。在画面结构处理上，它多为鸟瞰式的全方位构图，色彩处理很有特色，既有汉族色彩清秀、协调、直白、图案精美的特点，又有少数民族色彩强烈、风格粗犷、装饰性强的特点。所描绘的画面内容丰富，生活气息浓郁，地方特色鲜明，表现生活直观，具有广泛的群众性和多样性。在表现手法上，其色彩明丽、线条夸张，以简洁明快的风格勾画出了田园风光和农家生活。如今其队伍已发展到300余人，骨干作者100余人，创作作品2000多件，其中有30多件作品参加了历届全国农民画展览和中国农民画研究会书画大展、中国巾帼书画展。2006年被列入第一批省级非物质文化遗产名录。（YXL）

贵南藏绣　贵南藏绣又称贵南"针线"，是海南藏族自治州贵南地区以藏族装饰图案为主要内容的传统刺绣技艺。主要用于民族服饰上。其拥有平针、缠针、套针、跳针等十余种针法，其中民族服饰刺绣以缠针、平针为主，套针、跳针等针法主要在佛教唐卡和寺院柱帘饰上采用。虽然其针法不多，但是以独特的针法绣制而成的藏族安多农区妇女服饰是藏族众多服饰文化中最绚丽夺目的一种，自成一体，成为草原上的一朵奇葩。其作为一种民族民间工艺，创作的各种佛像唐卡和传统图案色彩艳丽、线条流畅、人物活灵活现、做工精美绝伦，具有较高的艺术观赏价值和收藏价值。随着时代的发展，贵南藏绣逐渐走出农家、走向市场，成为青海著名的手工艺术品，发展前景良好。2007年被列入第二批省级非物质文化遗产名录。（YXL）

青海坛城艺术　坛城，梵文叫"曼荼罗"，藏语称"吉廓"。坛城艺术是藏传佛教独具艺术特色的文化遗产，具有近千年的历史渊源。坛城分为平面坛城（绘画）、浮雕坛城（彩粉、金属）和立体坛城（木质、金属质）三种形式。在青海，最为典型的是黄南藏族自治州热贡坛城、海南藏族自治州贵南县塔秀寺彩粉坛城、湟中县塔尔寺坛城、果洛藏族自治州达日县德昂寺坛城等。青海坛城艺术作品中比较常见的是浮雕坛城。制作此类坛城的原料极为珍贵，主要有红珊瑚、松石、青金石、子母绿宝石等粉状矿物质。制作过程中对结构、位置、长度、名字等要求严格、严谨。图案主要以内外五层的吉祥时轮形状为主，外层由土、水、火、风的空间筑成宽广的宇宙，以黄、白、红、黑、绿五种颜料堆砌、勾勒、制作而成。画面起伏不平、凹凸有序，色彩缤纷鲜艳，气势宏伟精美。用以祭、供、观、修，堪称宗教艺术一绝。一个坛城的制作需要15人历时一个多月方能完成。2009年被列入第三批省级非物质文化遗产名录。（YXL）

湟中壁画 湟中壁画是西宁市湟中县历史最悠久的民间艺术形式之一，是青藏高原传统民间艺术的重要组成部分。清末时期塔尔寺周围就活跃着大批民间艺人，从事泥塑彩绘、壁画修复等工作，而后民间艺人以拜师学艺的方式将民间手工技艺代代传承下来，延续至今。湟中壁画分为刷底壁画和装贴壁画两种绘制形式：一种是直接绘制在经过处理的墙面上，也就是刷底壁画；另一种是绘制在大块布料上，绘制时先按墙面的尺寸做好木框绷架，把经过浸泡、磨压、刷胶处理的表面柔软平滑不露布孔的画布绷好，然后用工笔重彩进行绘制，再将绘制好的布面镶嵌到墙面，属于装贴壁画。其手法完全同于唐卡，只是把面积放大了。因壁画与宗教有密不可分的联系，它绘制在塔尔寺和民间寺院、庙宇的殿堂、檐廊、回廊墙壁上。壁画题材广泛，内容丰富，从佛教陀菩萨、佛经仪规、经变故事到民俗风情、民族历史，无所不有。设计绘制是依据《造像量度经》等绘画典籍规定的度量比例完成。多用纯矿物质颜料，着色牢固，经久不变色。由于壁画绚丽多彩、金碧辉煌，衬托了殿内佛像和佛堂建筑，达到了宣传佛教教义、震撼人心的效果。湟中县积极鼓励壁画艺人以师带徒弟传承技艺，壮大艺人队伍，目前，在湟中县活跃着一支200余人的壁画绘画艺人。2009年被列入第三批省级非物质文化遗产名录。（YXL）

海西蒙古族木雕 木雕艺术是蒙古族古老的手工雕刻技艺，其形成历史久远。海西蒙古族藏族自治州是德都蒙古族的主要聚居地，这里的蒙古族在长期的生产实践中逐渐形成了独特的木雕艺术，所雕刻的题材大多与牧区生活、牧业劳动息息相关。从用途来看，大体可分为两类：一类是工艺品和装饰品，多是选用优质材料精心雕刻，如人物、佛像、动物等；另一类是生产生活用品，如蒙古包、挤奶桶、木碗以及桌、椅、板凳等。从类型上看，又可分为圆雕、浮雕、根雕三类。选料上一般采用在柴达木盆地普遍生长的野生红柳、白刺等优质木料。这些材料本身造型奇特，木质柔软，易于雕刻，不易变形或腐蚀，可以永久性保存，是天然的木雕优质材料。技法上多采用圆雕与线刻刀法相结合的艺术手法。尤其是在雕刻动物时，圆润的刀法使得雕刻形成的动物显得写实丰满、雄健有力，在形象的雕刻上又适当地运用夸张的手法，突出动物凶猛有力的性格，凸显了蒙古民族的审美观念。而今这一手工技术濒临失传，亟待保护。2009年被列入第三批省级非物质文化遗产名录。（YXL）

河湟刺绣 河湟地区是青海刺绣的主要生产地，刺绣成为居住在这块土地上的汉、藏、土、撒拉、回、蒙古等民族生活的一部分，被用来装点自己、美化生活。河湟刺绣以平绣为主，还有盘绣、拉绣、网绣、锁绣等绣法。常见的刺绣有两种：一种是绣花，即先用画粉在洁白的布面上勾画出图案，或用牛皮纸剪成美丽的图案，然后根据图案配备各色花线，最后一针一线地绣出；另一种是剁花，是在布上面画出各种图案，然后用彩线针剁，最后修剪成为一种刺绣艺术品。其用途主要集中在生活中实用类的物品，如鞋、袜子、腰带、辫筒、枕头、衣领、衣袖、裤带和观赏性的钱褡、荷包、口袋片、钱包、笔包等，也用于仪式类的寿帐、挽联、字画和宗教用品等方面，其内容包罗万象。部分绣品在造型和题材中还保留着原始美术印记，如网纹、回纹、波纹、涡纹等。其展示了河湟地区绚丽多姿的高原风貌和丰富多彩的民间民俗文化。但这一手工技艺却逐渐淡出人们的生活，面临传承危机。近几年，随着国家对非物质文化遗产文化重视程度的提高，河湟刺绣也受到前所未有的保护，2009年被列入第三批省级非物质文化遗产名录。（YXL）

河湟剪纸 河湟剪纸是河湟地区极富地域特色的民间艺术。它的制作方法主要是剪和刻两种，以剪为主。在表现手法上，剪影法、阴剪法、阳剪法、阴阳混剪法都用，其中以阴剪法和阳剪法为主；在使用工具上，剪和刀并用，以剪为主；在用料上，以普通大红纸为主，有时也用蜡光纸、红宣纸和其他材料。题材十分广泛，有人物、动物、花卉、山水、建筑以及风土人情、吉祥图案等，几乎涵盖了生活的方方面面。在创作风格上，大都表现出婉约中见粗犷、精细中见直率、夸张中见和谐的特色来，是河湟地区劳动人民的写照，也是河湟民俗文化的具体反映。2009年被列入第三批省级非物质文化遗产名录。（YXL）

海西蒙古族刺绣 海西蒙古族刺绣是蒙古族人民在长期的生产生活中形成的一种手工技艺。蒙古族刺绣不仅在软面料上绣花，而且要用驼绒线、牛筋等在羊毛毡、皮靴等硬面料上刺绣。从刺绣的针法上看，蒙古族妇女刺绣时所用的顶针与农耕民族劳动妇女所用的顶针不同，蒙古族的刺绣艺术以凝重、质朴取胜。其大面料的贴花方法，粗犷匀称的针法、鲜明的对比色彩，给人以饱满充实之感。2013年被列入第四批省级非物质文化遗产名录。（MDM）

藏娘唐卡 藏娘地区地处玉树藏族自治州州府结古镇以北，位于该地区的歇格村有一座藏传佛教寺院——桑周寺，寺内的藏娘古塔是藏区负有盛名的宗教圣地之一。这个地区的唐卡艺术被称为藏娘唐卡艺术。藏娘唐卡艺术和热贡唐卡艺术是藏传佛教艺术中的杰出代表。藏娘唐卡的绘画技艺基本上是家族内传承，主要靠师徒之间的言传身教。藏娘唐卡艺人零散分布在各处，依照藏娘塔的传说来看，该地民间形成规模的绘画艺术流传已有近千年历史。这里的画匠主要以画藏传佛教为题材的作品为主，兼顾为民居及寺院画油漆彩绘。歇格村很多村民家中都收藏有数量不等、大小不一的古旧唐卡。因藏娘唐卡的绘制年代距今几十年至几百年不等，故唐卡的色彩、质地、主题与风格带给看惯现代唐卡的人的另一种震撼与诱惑。因为这些古唐卡是采用天然矿物颜料所绘，所以色彩经久不变。又由于古旧唐卡的主题与画风同现代唐卡绘画相比较似乎少了规范和拘束，因此显得生活气息浓郁、鲜活而富有情趣。藏娘唐卡从材质上看，可分为"止唐"和"规唐"两类，技艺手段除手工绘制外，还包括手绘兼木刻套版技艺，其风格造像度量严格，色彩明快，底色厚重，形象粗壮饱满，为青海地区极富地域色彩和宗教色彩的绘画艺术代表。目前藏娘唐卡的发展明显滞后，唐卡画师人数较少，急需保护承传。2013年被列入第四批省级非物质文化遗产名录。（YXL）

8．传统手工技艺

撒拉族寺院古建筑技艺 撒拉族工匠们在修建寺院的过程中，结合中国殿堂形制建寺艺术，修建了气势恢宏、布局严谨优美、设计灵巧多样、图案精美的海伊大寺。这些寺院木柱架结构比例协调，砖木石雕工艺精细，斗拱镂雕结构严密。其中草滩坝清真大寺是循化地区历史上最有名的的"海伊"寺。全寺总占地面积4420平方米，主要由礼拜殿、唤礼楼、南北厢房、沐浴室、伙房等组成。礼拜殿、南北厢房等均保存了清代建筑风格，布局严谨，整群建筑气势磅礴，秀丽庄重，风格独特，尤其是礼拜殿面阔5间、进深10间，殿廊为二进殿结构，卷棚式，飞檐前廊，硬山式殿堂建筑，瓦脊花砖，宝瓶凌空，廊结斗拱，搭结成攒，砖木雕饰，技艺精湛，中、阿建筑艺术相互交融，实为一座瑰丽的民族古建筑奇葩；矗立于寺东的砖、混、木结构的唤礼楼，集中、阿建筑风格于一体，设计精巧，气势异常壮观。这些清真寺砖木雕刻绘画技艺的景观，在世界伊斯兰建筑艺术中独具特色，具有广泛的影响力，在中华民族建筑艺术中同样具有重要的历史、文化、科研价值。而今这一营造技艺面临失传危险，急需保护和传承，2007年被列入第二批省级非物质文化遗产名录。（YXL）

撒拉族皮筏子制作技艺 皮筏子是撒拉、回、东乡、保安、土等民族的传统水上交通运输工具，距今已有数百年的历史。按制作原料又可分为羊皮筏子和牛皮筏子。其中最常见的为羊皮筏子。羊皮筏子的制作过程中最主要的一环就是做羊皮气囊。将羊宰后，先去头，然后从颈口处取出肉、骨、内脏，将山羊从后部简装向前剥皮，从四肢膝盖处截断，剩下一张完整的皮子。剥下的羊皮在皮腔内装入食盐，浸水后扎紧六处口子，置于日光下曝晒。隔一段时间滚动一下，促进盐水均匀和受热一致。夏天约一周即可自行脱毛，形成光滑皮板。然后进行软化处理，皮袋表面喷洒食用胡麻油，用两手搓揉，最终形成黄灿灿的柔软而光亮的水皮袋。皮袋软化后穿若干相对称的小眼，用一根筷子状木棍穿眼，用绳扎紧。最后从一小口处用力吹气，吹鼓皮袋。作为一种古老的民间技艺，撒拉族皮筏子制作技艺反映出撒拉族生活的历史变迁。随着现代运输技术的发展，这一手工技艺逐渐没落，濒临失传。2007年被列入第二批省级非物质文化遗产名录。（YXL）

塔秀寺彩粉坛城 彩粉坛城是海南藏族自治州贵南县塔秀寺用矿物质彩色粉末绘制的佛教坛城，具有上千年的历史渊源，是藏族文化艺术中宝贵的遗产之一。其图案主要以吉祥时轮形状为主，内外五层，用黄、白、红、黑、绿五种颜料制作成土、水、火、风的宽广宇宙，通过色彩鲜明的艺术形象，供祭、供、观、修之用。坛城制作原料珍贵，主要有红珊瑚、琥珀、松耳石、青金石、子母绿宝石、金粉等价格昂贵的矿物质。制作工序是先将各种原料磨成粉备用，在底盘上勾画坛城轮廓，然后把原料粉装入扁嘴铜管，对准图案轮廓线轻轻抖动，使原料粉均匀撒在线上，形成微微隆起的线条，如此连续抖撒，最终制成繁密的坛城图案。彩粉坛城制作难度大、工期长，一般情况下制作一个彩粉坛城需要15人一个多月的时间才能完成。而今这一技艺濒临失传，急需保护和传承。2007年被列入第二批省级非物质文化遗产名录。（YXL）

大通桥儿沟砂罐 大通桥儿沟砂罐是西宁市大通回族土族自治县民间陶质工艺产品，距今已有200多年的历史。砂罐为日常生活器皿，可用来熬茶、煮饭、炖肉，也具有一定的装饰作用。砂罐造型为小底、小口、大肚，形体大小不一，有的体高20余厘米，有的仅高10厘米。砂罐具有耐高温、耐酸、耐碱、韧性好、不炸不裂等特点。其制作工艺为选色红、质细、柔软、无杂质、耐火强的红土，再加煤矸石、青泥作为原料，将其粉碎过筛，按比例调配，加水成泥；再用手工制作成坯胎，晾干后装炉烧制，一般一个小时左右便可烧成。烧制的砂罐种类繁多，要求其无沙眼、无裂纹、不夹生、不变形，历史上它是河湟地区人们的主要生活用具，也是青海古老文化用具的遗存。受现代工艺品的冲击，其工艺生存面临危机，部分绝技已经失传。目前，桥儿沟只有两户人家的十多个人利用农闲时间烧制砂罐，保护刻不容缓。2007年被列入第二批省级非物质文化遗产名录。（YXL）

河湟皮影制作技艺 河湟皮影是河湟地区古老的戏曲艺术形式之一。主要分布在西宁市、大通回族自治县、湟中县、互助土族自治县等县市。河湟皮影制作工艺已有150多年的历史。其制作工艺为选用上等的黄牛皮，先将皮子在清水中浸泡10~15天，不断翻转揉搓，等泡好后，再行拔毛和铲薄，当皮子的厚度为1毫米左右时，水洗晾干，再用木托磨平磨光，然后落样。把准备雕刻的传统纹样或自绘的各种图案纹样放在加工好的透明皮子下面，用针在皮子上划出拷贝的纹样，针在皮子上留下白而清晰的划痕，为雕刻提供了依据。然后将皮子用湿毛巾包好，保持湿软。之后在皮子上进行雕刻，其方法多用"推皮出刀法"，讲究下刀准确，用刀自如、刀法流畅、刀路清晰。皮影雕刻好后，经压展、磨平、打光后就可上色。上色用透明色，光照效果好。将上好色的影形烫平熨展，达到平整定型的效果。最后把雕好的各个部位加以连接和固定，在影人颈部加一根主签，手腕处各加一根活动签，然后分类入箱。随着皮影戏的衰落，皮影制作技艺也濒临失传，急需抢救和保护。2007年被列入第二批省级非物质文化遗产名录。（YXL）

威远酩馏酒酿造技艺 在青海很多农家，数百年来都有土法酿酒的传统，尤其以互助土族自治县威远镇的土族人民用土法酿造的低度青稞酒最为出名，叫做"酩馏酒"。威远酩馏酒酿造距今已有400年的历史。其气味醇香，清爽甘润，酒香绵软，可口舒心。酿造流程大致如下：将选好的青稞浸湿碾去外皮，簸净，去杂质，入锅煮熟，直到青稞裂口开缝后，沥出风凉。配以用中草药制成的酒曲，调和均匀，装入瓷坛或缸中密封，并盖上棉被等厚物进行发酵。发酵时保持恒温，以手摸缸壁不凉为宜，将温度一般控制在15℃左右最佳。发酵时间随季节而定，夏季5~7日，冬季8~10日即可。然后将发酵好的青稞原料加上草药装锅，加水煮沸，煮沸的蒸汽通过蒸流管进入冷却缸进行冷却，冷却的酒液经导流管装坛，即为酩馏酒。酩馏酒的酿造技术是以家庭为传承方式，口传身教，没有文字记载，为了更好地展示和传承酩馏酒的土法酿造工艺，互助土族自治县纳顿庄园复原了酩馏酒"生产线"，现场向国内外游客展示酩馏酒制作工艺。2007年被列入第二批省级非物质文化遗产名录。（YXL）

湟源陈醋酿造技艺 湟源陈醋又名"黑醋"，是青海名特产之一，距今有300余年的酿造历史。它是以青稞、麸皮为主要原料，加入草果、大香、豆蔻、枸杞、党参等100多种中草药，经过60多道生产工序，酿出的质地浓稠、香味浓郁、冬天不冻、夏天不腐的陈醋。酿造工艺分为上料、发酵、淋醋、泡制、曝晒五道工序。首先要选用干净的小麦、青稞麸皮与曲料加温开水拌和均匀，置于木匣之内发酵。发酵时必须使木匣温度保持在18℃~20℃，在此过程中一定要适时"倒匣"翻动醋醅，控制温度，使之均匀发酵。发酵后将温开水淋到装在醋匣中的醋醅上，适时、适度加压，最后压挤出醋汁。将淋出的醋液又加上"醋头"高温蒸煮，然后沉淀去除杂质，将澄清的醋液滗出，即成"火醋"。之后将醋液装在大口径酱盆内放置于日光之下，曝晒数月之久，使药物充分溶解分化,起到了二次发酵的作用。一直晒到醋液色呈棕红,状如胶水,方告成功。曝晒成功的陈醋,醋液紫中透红,有如琥珀,醋味浓郁芳香,有如醇酒。而今这一酿造技艺已从家庭作坊发展为大规模现代化工程生产,产量倍增。2007年被列入第二批省级非物质文化遗产名录。(YXL)

青海青稞酒传统酿造技艺 青海青稞酒的酿造技艺是一种互助民间土法酿造酩馏酒的传统酿造手工技艺,源于宋元时期。其酿造工艺分为几个步骤:一是选料,精心选取纯天然、无污染、颗粒饱满、品质上乘的青稞,汲取互助土族自治县龙王山的地下优质山泉作为原料。二是配料,按400多年的古老配方,将上好青稞和豌豆精心配料。三是制曲,低温下制成"槐瓢曲";中高温制成"白霜满天星"。四是发酵,将青稞蒸熟,加入储存3个月以上的曲料,放置在花岗岩条石砌成的百年老窖池中,密封80天进行发酵。整个发酵遵循"养大茬、保二茬、挤三茬、追回糟"的原则。五是蒸馏,醅料经过蒸馏和冷却工艺后酿出原酒,第一次蒸馏出的头茬原酒,俗称"神仙不落地",酒精度在63度以上,品质最佳。酒坯还要加曲反复蒸馏4次,称为"清蒸四清"。六是储藏,蒸馏好的原酒用陶瓷大酒坛盛放在酒窖中密封储藏1年,高档酒至少要储存3年。最终形成清亮透明、绵甜柔顺、醇厚丰满、回味怡畅的独特风格。该技艺一度面临失传,而今出现了多个厂商及品牌。2009年被列入第三批省级非物质文化遗产名录。(YXL)

海西蒙古族服饰制作技艺 海西蒙古族服饰有其独特的风格。其款式大致可分为:圆顶护耳帽、尖顶立檐帽、风雪帽、陶尔其克帽、头巾;宽下摆袍、窄下摆袍、开衩袍、无开衩袍、马蹄袖袍、无马蹄袖袍、短坎肩、对襟长坎肩;便裤、套裤;大翘尖靴子、圆头靴子、毡靴子、套靴子;毡袜、皮袜、棉袜、布袜等。蒙古族服饰制作技艺离不开刺绣,将刺绣夸张、对比、象征、简练的精美图案用彩色的丝线、棉线、驼绒线、牛筋绣制在各种绸布、皮革上。刺绣工艺大体分绣花、补花、盘花、抠花,还有混合绣等。精制的刺绣纹样装饰在服饰任意部位,使蒙古族服饰与刺绣完美地融合为一体。海西蒙古族服饰不仅在服饰种类、款式风格、面料色彩等方面有新的发展变化,而且在缝制工艺方面也有独立的裁剪、缝纫、绣花、镶边、图案和扣襻等工艺。其独特的风格和精湛的制作工艺,成为我国民族服饰中的精品。其发展传承面临困境,2009年被列入第三批省级非物质文化遗产名录。(YXL)

湟中陈家滩传统木雕技艺 湟中县陈家滩村是青海著名的木雕之乡。据史料记载,清末民初时期,当地已有木雕艺人开始木雕营造,一直延续至今。陈家滩木雕对木质的选择十分慎重,通常选用红松、椴木、柏木、黄杨木、桦木、水曲柳等适于雕刻的上等木材,根据需要也常选用檀木、红木、黄花梨等名贵木材,经人工烘干或自然干燥后下料,制成需要雕刻的形制和坯子。落样时把准备雕刻的各种传统图案纹样或创意稿等用墨线勾画放大到木材上，为雕刻提供依据。其雕刻步骤分为凿坯、修光、打磨等。最后对木雕进行着色，用硬毛刷、毛笔等工具使用本地特有的天然矿物质颜料，饰以贴金等技法，根据不同的产品要求对雕刻作品进行着色，逐步形成了浑厚、强烈、质朴、粗犷的艺术风格。是青海河湟民间艺术的重要构成部分，具有独特的地域和民俗文化特征。如今这一技术成为当地农民发家致富的主要手段，发展态势良好。2009年被列入第三批省级非物质文化遗产名录。（YXL）

湟中民间彩绘泥塑 湟中民间彩绘泥塑艺术是一种古老的民间艺术，距今已有100多年的历史，主要为寺院、庙宇塑造宗教人物形象，大多为大型雕塑，其中有素面和彩塑之分。制作工艺主要由以下几步组成：一是备土。泥塑一般选用带有黏性又细腻的土，经过捶打、摔、揉，有时还要在泥土里加入麻、发、毛类等纤维，形成耐拉力的胶泥。二是制模。制模一般分为四步：制子儿、翻模、脱胎、着色。制子儿就是制出原型，找一块和好的泥，运用雕、塑、捏等手法，塑造好一个形象，经过修改、磨光、晾干后即可，有些地方还要用火烧一下，加强强度。翻模就是把泥土压在原型上印成模子，常见有单片模和双片模，也有多片模。脱胎就是用模子印压泥人坯胎。最后一道工序是着色，素有"三分塑，七分彩"之说。一般着色之前先上一层底色，以保持表面光洁，便于吸收彩绘颜色，彩绘的颜料多用品色，调以水胶，以加强颜色附着力，它反映了一定时期人们的审美观念，具有宗教、历史文化和民俗学的研究价值。如今掌握这一技艺的艺人较少，需要进一步保护和承传。2009年被列入第三批省级非物质文化遗产名录。（YXL）

青海藏族黑牛毛帐篷制作技艺 黑牛毛帐篷制作技艺是自古以来就广泛流传各藏区的一种传统手工制作技艺。其历史悠久，是牧民们不可或缺的生活用具。黑牛毛帐篷由篷顶、四壁、横杆、撑杆、橛子等部分构成。篷顶正中是天窗。天窗起通风、采光的作用。天窗上有一块盖布，白天打开，夜晚盖上，可防雨和冷风直吹帐篷内。篷顶与四壁交接处的四角和四边的中部各缝有一根长绳，通常为八根称为"琼塔"的绳，绳长七八米、十几米不等，一般是结实的牛毛绳或牛皮绳。帐篷四壁的底部还有若干小绳扣，用来牵钉橛子，一般隔三四十厘米一个。帐篷的"门"大多是左右帐"壁"重叠合拢充当。"牛毛帐篷"通常采用牦牛的长毛织成的帐篷料即称为"日雅"的粗氆氇缝制的。粗氆氇每幅宽约30厘米，长短由帐篷的大小而定。将若干幅"日雅"拼接缝合成两大片，两片相接的缝隙有约60厘米宽，放在顶部当作天窗。帐篷的大小根据经济条件和家庭人口状况而定，一般缝制一顶帐篷需"日雅"二三十幅，也有的需要四五十幅。由于牛毛帐篷呈黑色，故称"黑帐"。而今随着牧民生活方式的转变，其传承面临危机。2009年被列入第三批省级非物质文化遗产名录。（YXL）

酸奶鞣牛羊皮技艺 酸奶鞣牛羊皮技艺是生活在青海高原的人们在长期的生产生活

中创造的一种动物皮毛加工技艺。其工艺流程为将干了的毛皮或光皮板层叠放入大瓷瓮或大塑料缸里，倒入适当比例的酸奶（或鲜奶）、玉米面（或黄米面）、咸盐，与皮子均匀搅拌在一起，并没过毛皮，压上石块或砖块。如果浸腌时间短，会出现皮子颜色不匀，甚至发黑青、发臭、发硬的现象，基本上不能使用；若浸腌时间长的话，皮子又容易烂洞，不结实，也影响使用。该技艺解决了牧民的衣食住行，改善了他们牧业的生活，促进了社会生产力的发展，是民族文明的见证。随着现代技术的广泛应用，这一技艺几乎消失，需要传承和保护。2013年被列入第四批省级非物质文化遗产名录。（YH）

湟源民居建筑石刻技艺 湟源多山多石，湟水河和药水河将湟源分成狭长的"丁"字形河谷盆地，构成湟源"三峡"，也被人们称为"尕三峡"。峡谷内盛产石头，其中以菜绿石、麻拉石居多，品相也最好。湟源县有人数众多的石匠艺人，其石刻艺术起源很早，在清中叶达到鼎盛。这些石匠艺人有的参与了县内外许多寺院、庙宇、桥梁等大工程中的石制品的打造，有的专门雕刻一些摆件、挂件、雕砚及日常生活用品，技艺高超，远近闻名。湟源居民在修建房屋时通常会运用石刻技艺来建筑房屋台阶、拴马桩、山墙及廊檐外的榫头等部分。一般来说，拴马桩顶部通常刻有猴子图案，取"马上封侯"之意，其造型简约、雕工粗放。榫头通常分为上、中、下三部分，分别为盘头、上身和下肩。湟源地区的榫头下肩有别于中原地区，是先在菜绿石上勾出外框，再在框内雕刻图案。深浮雕手法的运用和构图的别具一格，带给人强烈的视觉冲击力。湟源民居石刻艺术的雕刻题材与中原文化一脉相承，这些雕刻图案不仅凸显着房主的身份和意趣爱好，也载负着湟源人的文化传承。湟源民居石刻艺术有非常重要的建筑、美学及民俗研究价值，而今这一技艺却面临失传，为了保护、传承和弘扬石刻民俗文化，湟源县建成了全长约50千米，以传统历史为内容的青藏线湟源峡石刻文化走廊。2013年被列入第四批省级非物质文化遗产名录。（YXL）

土族擀毡技艺 土族擀毡技艺是土族一种古老的毡毯制作技艺，距今已经有上千年的历史。这一技艺最早在宋元时期由蒙古部落传入，最后被生活在西部的一些当地居民所掌握，从此擀毡技艺在西部地区广泛流传，"毡匠"这一职业也因此应运而生。土族擀毡用料主要以羊毛、牛毛为主，擀毡包括弹毛、铺毛、喷水、卷毡、捆毡帘、擀帘子、解帘子压边、洗毡、整形、晒毡10道工序，每个细节只用简单的工具，用手工操作完成。擀制一张毡大约需要5千克羊毛，两个人擀制一张毡需要10个小时左右。而今掌握这一技艺的人越来越少，急需保护承传。2013年被列入第四批省级非物质文化遗产名录。（YH）

马营传统豌豆手工粉条制作技艺 马营传统豌豆手工粉条制作技艺是海东市民和回族土族自治县马营镇地区极富当地特色的一种粉条制作加工工艺，也是马营镇的著名土特产。粉条以马营本地的豌豆为原料，制成条状。整个过程全部都是手工，经过选料提粉、配料打芡、加矾和面、沸水漏条、冷浴晾条等程序精制而成。加工出的粉条粗细均匀，晶莹透亮，口感柔韧，富有弹性，享誉青海及周边地区，具有很高的食用价值，同时也成为当地重要的农副产品加工业，创造着一定的经济价值。2013年被列入第四批省级非物质文化遗产名录。（YXL）

撒拉族口弦制作技艺 口弦是撒拉族唯一的乐器，也是中国民族古乐器之一，主要流传于海东市循化撒拉族自治县。口弦长不足3厘米，重不到5克，用红铜或铝打成细窄马蹄形状，中间放一根黄铜丝，尖端弯曲。演奏时需噙含在口腔内，用上下牙夹住，簧片朝外用手指弹奏或簧片向里用舌尖弹拨，簧片在口腔内振动发声。制作时，先用手钳截下一段直径5毫米的红铜线，用锉刀将其加工成两头尖细的口弦架。口弦架朝内的两侧要磨出一个深约2毫米的小槽，便于将口弦舌安放。口弦舌是从薄薄的铜片上剪下来的，精心刮薄、打磨，一头宽、一头窄。口弦舌插进口弦架，用锡焊固定。随着时间流逝，这一古老乐器的制作和演奏技艺濒临失传，地区文化部门想方设法进行抢救与保护。2013年被列入第四批省级非物质文化遗产名录。（YH）

蒙古包制作技艺 蒙古包是蒙古族人为适应游牧生活而创造的居住场所。其特点为易于安装、易于拆卸，一顶蒙古包两三个小时就能搭建起来。蒙古包呈圆形，有大有小，主要由架木、苫毡、绳带三大部分组成。制作不用泥水土坯砖瓦，原料非木即毛，是用特制的木架做"哈那"（蒙古包的围栏支撑），用两三层羊毛毡围裹而成，之后用马鬃或驼毛拧成的绳子捆绑而成，其顶部用"乌耐"做支架并盖有"布乐斯"，以呈天幕状。其圆形尖顶开有天窗"陶脑"，上面盖着四方块的羊毛毡"乌日何"，可通风。蒙古包独特的制作技艺具有一定的实用价值、艺术价值与经济价值，体现了蒙古族独特的审美观与高超的技能。而今随着牧民生产方式的转换，蒙古包制作技艺日益衰落，需要保护和承传，2013年被列入第四批省级非物质文化遗产名录。（YXL）

贵南石焖烤全羊 烤全羊是西北少数民族特有的一种传统风味食品，源于蒙古族，蒙古语称其为"唔本"。作为一道地方美食，其制作方法各地有所不同，在海南藏族自治州贵南县，当地少数民族以焖制的方式来烤全羊。其具体方法如下：将羊宰杀后去除内脏，清洗干净后将调制好的酱料均匀涂抹腌制入味，然后将石块垒制的烤炉加热至高温，将全羊以铁钩挂入烧热的烤炉内，将炉口及出气口用黄泥封住，利用炉内的高温来焖制羊肉，大约3~4个小时，待羊皮烤至黄红酥脆、肉质嫩熟时取出。用这种方法制作的烤全羊表皮酥脆，肉质细嫩，味道鲜美，极具地方特色，是当地人和游客非常喜爱的一道地方美食，具有很高的营养价值，也为当地创造着一定的经济效益。2013年被列入第四批省级非物质文化遗产名录。（YXL）

拉加藏靴制作技艺 拉加藏靴又名拉加阿亚，是一种产于青海果洛藏族自治州拉加地区的传统藏靴,至今已有200多年的历史。清末民初,"拉加藏靴"开始走向鼎盛。当时以村为单位制作藏靴,从业人员最多时达到了300多人。因其具有防水、防皱、防裂、保暖和耐穿等特点一度在藏区久负盛名,产品不仅销往青海、四川、甘肃、西藏等藏区,还逐步形成了手工产业。产品主要有牛皮藏靴、毡毛藏靴、鹿皮靴等。由于其靴筒长,靴底厚,具有结实耐用、保温防潮的特点,非常适用于高原跋山涉水、踏雪露宿的游牧生活。拉加藏靴采用牦牛皮和上等羊皮为原料,经过去油、浸泡、脱毛、保存、烟熏、鞣皮、上色等9道工序完成,是典型的藏族传统的手工工艺制作,可以代表藏区皮革制作技艺的典范。20世纪80年代末,在市场的冲击下"拉加藏靴"开始消亡。2010年果洛藏族自治州群艺馆在进行传统文化的挖掘和保护中,发现了昂什多这位民间艺人和"拉加藏靴"这一失传20年的民间制作工艺,并给予了大力扶持。2013年被列入第四批省级非物质文化遗产名录。(YXL)

囊谦香达藏纸手工制作技艺 囊谦香达藏纸手工制作技艺是流传在玉树藏族自治州囊谦县的一种传统藏纸制作工艺,距今已有1300多年的历史。它是由生活在第四代囊谦王寨吾曲吉江才时期的工匠安居·曲扎西所创,而香达村则是历史上远近闻名的藏纸制作中心。香达藏纸以狼毒花为主要原料,掺杂高原地区特有的艾蒿、藏茄等草本植物,秘制成藏纸的渲染品,并对其藏纸进行相应染色,制成成品。其工艺流程分别为提取原料、熬煮、搅拌、浸泡、凝固、晾晒、平整、晒干等。香达藏纸手工造纸工艺是藏族典型的手工传统文化,是研究藏族民间文化的重要途径,它蕴含着丰富的科学价值。2013年,玉树藏族自治州开展境内非物质文化遗产的抢救和整理工作,香达藏纸手工制作技艺名列其中。2013年被列入第四批省级非物质文化遗产名录。(YXL)

曲麻莱藏族传统手工编结技艺 藏族民间手工编织物品种繁多,门类涉及服饰、生活用品、生产用品多个领域。在青海玉树曲麻莱地区,当地藏民常以牛羊毛为材料,用手工编结花色线结,然后制成各种生活用品和装饰品。其种类包括金刚结须和缨子等。排须的穗子较短,排列成行,如同胡须,多用于帐幔、旗帜、灯彩的边缘装饰。缨子的穗子较长,扎成一束,用于刀剑鞘柄、旗杆的装饰。两者还可用于服饰,这些手工制品,图案千姿百态,色彩单纯,纹饰简洁,格调明快,经常使用的编法为中条编、皮筋编,既保持了藏族独有的审美风格,又兼具实用性,还是藏族民间工艺美术的组成部分,是藏族游牧生活中所创造的优秀而古老的文化传统,近年来这一古老技艺生存日渐衰微,需要大力保护。2013年被列入第四批省级非物质文化遗产名录。(YXL)

9. 传统医药

海西蒙医震动复位疗法 海西蒙医震动复位疗法是蒙古族民间广为流传的一种专治

脑震荡的奇特疗法。18世纪伊希巴拉珠尔《四部甘露》以"蒙医震脑术"为题，比较详细地介绍了治疗脑震荡的方法。其治疗方法：让病人端坐在椅子上，两眼平视前方，将一条棉布宽带平行缠绕在病人的头部上方，并将宽带的两端对准病人头部疼得比较明显的部位拧紧，然后，用一根擀面杖轻轻地打在拧紧的带子上，一般敲打三下。之后，让病人回去卧床休息，可以给药，也可以不给，视病人的情况而定。还有一种方法，在人头大小的盆子或小锅里面垫一层棉花或羊毛，让病人套在头上，就像戴帽子一样。同时，让病人朝天平躺在比较平坦的硬地上，两腿伸直，双脚脚跟靠拢，脚掌放一块木板，之后，拿起一把斧子轻轻地敲打贴放在病人脚掌上的木板，一般敲打三下就可以了。这种治病方法要求给三天的蒙药，但无需多给。此外，根据震荡程度之轻重还可使用其他手法，如按摩法、捣捶法、踹法等。海西蒙医震动复位法具有取材容易、便于掌握、用之有效等特点，是蒙医的一大治疗特色，至今仍被视为一种有效手段而得以在临床应用。2009年被列入第三批省级非物质文化遗产名录。（YXL）

海西蒙医铜银烙疗法 海西蒙医铜银烙疗法是用特制的器械在指定穴位加以温热刺激，从而达到预防和治疗疾病目的的一种疗法。最早起源于远古时代，属热性疗法。所使用的器械一般是采用铜、银、金三种不同金属材料制成，器械长30~40厘米，直径为2~10毫米不等，附有手柄。治疗可分为点、划、拉三种方式，点是用加热后的烙器点到穴位后即迅速离开，拉是用烙器在两个或多个穴位间轻轻拉动，划主要是在点和拉之间起辅助作用。在治疗时，医生根据患者病情的轻重程度，分别选出烙治部位，一般头部和躯干分布较多。临床上具有软化斑块、消通栓塞、行气止痛、愈合伤口、去腐新生、消肿收湿的特效功能，因而被视为最重要的蒙医器械疗法之一，至今仍在临床中广泛应用。2009年被列入第三批省级非物质文化遗产名录。（YXL）

海西民间青盐药用技艺 大青盐，原名戎盐，具有泻热、凉血、明目、润燥的作用。位于海西藏族蒙古族自治州境内的茶卡盐湖是柴达木盆地四大盐湖之一，尤以青盐的生产而著名。居住在盐湖周围的德都蒙古人在高寒地区游牧生活中将中医、藏医、蒙医紧密结合，探索出了很多青盐的医用价值，形成了有别于其他地区的盐用医学。在青盐的药理认识和炮制加工方面形成了独到认识，积累了上百个青盐药用药方，在骨病、风湿病及其他内外科疾病的治疗中取得了显著的疗效。对蒙古族医学的继承和发展起到了推动和促进作用，为了更好地保护、发展这一药用技艺，2013年被列入第四批省级非物质文化遗产名录。（YXL）

蒙医正骨疗法 蒙医正骨疗法是一种具有民族特色的骨骼疾病治疗方法，通常用来治疗骨折、脱臼、软组织损伤等疾病。这种疗法秦汉时期就已出现，之后不断发展完善，成为蒙医学最重要的组成部分。正骨时分整复固定、按摩、药浴治疗、护理和功能锻炼等步骤。有固定的矫形器械和支架，如凸面青铜镜或银杯、圆形银镘、蛇蛋花宝石、压板、压垫、缚带、沙袋、绷带等。当用器械固定时，先用烈性白酒充分喷洒在伤肢骨折处和关节部位，再进行揉捋按摩，有解毒、舒筋和活血的作用。它包括骨折整复手法、骨折按摩法以及蒙医震脑术等各种疗法。方法简单、疗效明显，至今仍广泛应用于临床治疗，2013 年被列入第四批省级非物质文化遗产名录。（YH）

藏药佐太炮制技艺 "佐太"是藏语音译，"佐"是炼制，"太"指灰色的粉末状，意为煅烧成灰。"佐太"就是水银经过藏医药学特殊的一种炮制方法而形成的一种最终成分。"佐太"加工的实践方法始载于 8 世纪的《四部医典》中，13 世纪末，邬坚巴·仁钦贝成功地进行了"水银洗炼法"的冷热处理及祛毒等整个实践操作，并编著了独特的药物炼丹经典《炼佐太论》等著作，开创了藏药"水银炮制法"系统完整的实践操作，后经历代著名藏医药学家的不断实践和传承，这一藏医药文化的精粹得以世世相传，"佐太"的炮制过程主要有四大工序，一是前期准备，二是祛污，三是煮法祛毒，四是"遇敌变形"，前后历时 40 多天，经 300 多道工艺流程将水银最后加工成"佐太"。"佐太"含有金、银等 8 种金属，此 8 种矿物质，是藏药珍宝类药品不可缺少的关键成分，它并不能单独成药，但是一旦加入其他配方，就有神奇的效果。目前我国掌握佐太炮制技艺的人屈指可数，近年来青海省内多次举办"佐太"炮制传习班，同时青海省政府组织各种科研机构对"佐太"展开科学研究，这些举措使这一传统技艺得以更好传承。2013 年被列入第四批省级非物质文化遗产名录。（YH）

藏药"吉和谐"炮制技艺 "吉和谐"在藏语中指的是铁屑，它是藏族矿物药的中药成分之一，在多个药方中出现。在藏药药材的炮制中，对矿物药材的炮制最为神奇。早在 8 世纪，被视为藏医药百科全书的《四部医典》中就有将金、银、铜、铁等矿物制成灰粉的记录。作为藏药成分的铁屑只有经过特殊的加工工艺脱毒后方能入药，其流程具体如下：将铁屑放入西河柳或水柏枝煎液中反复煎煮三次，之后用清水冲洗干净，将诃子粉加入开水搅拌后制成溶液，然后放入清洗好的铁屑，在温室中放置 3~7 天，此时的铁屑已成泥状，毒性已除，晒干后制成的粉末成为可以入药的藏药成分。其主要应用于复方制剂如七十味珍珠丸、七味铁屑丸等的制造中。作为一项传统技艺，"吉和谐"的炮制工艺、炮制工序十分严谨，具有一定的难度，对这一传统制药技艺，需大力保护与传承，2013 年被列入第四批省级非物质文化遗产名录。（YXL）

西北郭氏正骨术 西北郭氏正骨术为清乾隆、嘉庆年间由河南洛阳平乐郭氏家族第十七代郭祥泰首创。郭氏正骨术已流传两百余年，由于疗效奇特、历史悠久、医术高超及影响普及面广，已成为目前全国最大、最有影响的正骨学派，至今已传至了八代。其正骨技术提倡三大原则，即"整体辨证、筋骨并重、内外兼治"，通常将"手法疗伤、器具固定、药物疗法、功能锻炼"综合起来再配之以不同的手法来医治病患。正骨术的具体手法分为三套：一是以切摸为纲的检查八法，即触摸、按压、对挤、推顶、屈伸、旋扭、叩击、二辅。二是以按摩为纲的治筋三法，即揉药法、理筋法、活筋法。三是以拔伸为纲的骨折脱位整复八法，即拔伸牵引法、推挤提按法、折顶对位法等。平乐郭氏正骨形成了我国中医药骨伤文化，是我国中医骨伤科最大的医术流派之一，2013年被列入第四批省级非物质文化遗产名录。（YH）

10. 民俗

华热藏族婚礼 华热藏族婚礼是分布在海北藏族自治州的祁连县、门源回族自治县，以及湟水北岸的互助土族自治县、乐都县等与祁连山北麓相关地区的藏族古老婚礼习俗之一，距今已有一千多年的历史。华热藏族婚礼具有极强的地域特色，其中保留了诸多母系氏族社会的遗风。婚礼的宗教色彩浓厚，婚礼语言极有特色，非常看重祝辞语言，其中运用最多的是赞颂诗章"丹慧"和谚语、格言、名言类的"卡慧"。婚礼曲调丰富优美，整个婚礼过程都与歌相伴，从恋爱、议婚到婚礼，曲种多达六十余种。主要内容有：青年男女自由恋爱，请德高望重的人作媒；由舅舅做主议婚；姑娘出嫁前三天开始禁食；姑娘出嫁前一天设"女儿席"，举行改发戴头仪式；送亲、迎亲、婚礼，设喜宴、举行赛歌敬酒晚会。第二天清晨举行新娘洗手仪式，在《吉祥祝福》歌声中举行送别仪式。其具有民俗学、宗教学的研究价值，对了解其民族的生活变迁、思想意识和价值取向都有重要的意义。而今这一习俗出现了一些新的传承变化，2006年被列入第一批省级非物质文化遗产名录。（YXL）

海西蒙古族婚礼 海西蒙古族婚礼是蒙古族和硕特部独具地域特色的人生礼俗，距今已有四百多年的历史。主要程序按说亲、定亲、迎亲、婚宴等进行。迎亲是在结婚典礼前几天，男方将整羊及其他礼物送到女方家，称为送佐萨、德吉礼节；再举行触动蒙古包墙根围子之礼、迎亲礼；同时，新娘的父母及亲属将陪嫁给新娘的礼品送到新郎家。婚宴过程中，要先后举行新娘起程礼、送亲途中歇饷礼、结婚典礼，在新房里行拜佛和祭火仪式、整羊席、上马宴、揭幕仪式、解除禁忌之礼等多种内涵丰富的程式。婚礼特色鲜明，禁止血亲通婚，注重族内通婚，赘婿婚和娶嫁婚并存。婚礼有特定的赞词、歌曲和严格的程序、待客习俗。新郎结婚时有带新蒙古包娶亲的习俗，而且婚俗中有划分草场、定居点、畜群等内容。对研究蒙古族的历史文化、生活习俗等具有重要价值。而今这一习俗有所变化创新，2006年被列入第一批省级非物质文化遗产名录。（YXL）

海西蒙古族剪发礼 "剪发礼"蒙古语称"敖尔波礼"，是蒙古族地区存在的一种古老习俗，被视为蒙古族人生礼俗之首。海西蒙古族主要分布于海西蒙古族藏族自治州境内的格尔木市、德令哈市、乌兰县、都兰县等地区。一般在孩子长到3岁前，其胎毛不准剪发、不准染尘、不准洗梳直至3周岁时举行隆重的剪发礼时才剪去。举行剪发礼首先要掐算剪发吉祥日；然后邀请亲朋好友参加仪式，之后宾主开怀畅饮，共唱祝词。其次是剪发，由贵人开第一剪，然后是家里亲属来剪，最后由请来的客人剪。参加剪发礼的客人要给被剪发孩儿赠送礼品：一是哈达，象征吉祥如意；二是年幼母畜，象征财富，它是孩子的第一笔财产，将与孩子一起成长、繁殖。在剪发仪式过程中还伴有查戈·德吉勒（敬献白食）、敬献"修木尔"和宾客共享"布克勒熟斯"（整羊）的环节。剪发过程中的赞词和歌曲内容丰富，涉及面广，蕴含着教育、哲理、思想等方面的丰富内涵，具有民族学、民俗学的重要研究价值。这一古老习俗至今仍流传于牧区，2006年被列入第一批省级非物质文化遗产名录。（YXL）

玉树天葬 玉树藏族自治州是青海省康巴藏族分布最集中的地区，全民信奉藏传佛教，天葬正是玉树藏族的一种重要葬俗，产生于十一二世纪。天葬台、天葬师、天鹰是构成天葬的三要素。天葬台多在清静处，其中心是用作剖尸的平台。多数平台为大块扁形盘石，被称为坛城。天葬师在玉树是由僧侣来执行天葬的全过程，一般由4名以上僧侣参与完成。天葬仪式一般在清晨举行。死者家属在天亮前，要把尸体送到天葬台，太阳徐徐升起，天葬仪式开始，肉体彻底处理完后，天葬仪式结束。玉树藏区的天葬是与青藏高原独特的自然环境和人与自然和谐相处的现象在具体生活中的一种体现，是对大自然和人类社会的一种奉献和爱护。而今这一习俗仍为当地藏民所沿用，2007年被列入第二批省级非物质文化遗产名录。（YXL）

海西蒙古族祭敖包 祭敖包是蒙古族图腾崇拜和祭拜天地的祭礼，产生于元代。每年7月，海西蒙古族藏族自治州的蒙古族牧民都要围聚敖包周围举行祭祀活动，祝福牲畜繁殖、人丁兴旺。在活动中，除了请活佛、喇嘛念经、煨桑、祭礼山神、祈祷人畜平安外，还要举行盛大的赛马、摔跤、射箭、唱歌、跳舞等文体竞技活动。大家欢聚一起，庆贺丰收，交流思想，同时也是青年男女情定终身的好地方。内涵丰富，地域特色浓郁，承载了众多的民俗事象，具有很高的民俗学、社会学研究价值。现已发展成为一年一度的草原盛会，2007年被列入第二批省级非物质文化遗产名录。（YXL）

互助土族"biangbiang（音）会" "biangbiang会"是互助土族自治县土族每年农历三月举行的祈福禳灾的民间信仰活动，距今已有五百多年的历史。该会以驱鬼逐疫、酬神纳吉为目的，以巫术活动为中心，是土族先民自然崇拜、祖先崇拜、鬼神崇拜及万物有灵观念的产物。期间，在法师着黑袍长衫道装、手持羊皮鼓进行酬神活动的同时，还表演鸭子舞、打车轮、倒立行走等动作，吸引广大群众竞相观看。土族群众像过年一样，转安召舞、唱"花儿"曲，尽兴娱乐。传承以松散性为特征，一般为家族内部口传身教，无文字记载。它是典型的民间信仰和宗教祭祀活动庙会，如今也是当地村民一年一度的盛大节日。2007年被列入第二批省级非物质文化遗产名录。（YXL）

威远镇"二月二"擂台庙会 威远镇"二月二"擂台庙会是互助土族自治县境内举行的一项古老的民间集会，起源于宋代。每年农历二月初二，威远镇大寺路村就有唱擂台庙会的传统习俗。传统庙会包括五个分会场，即雷祖会、擂台会、花儿会、赛马会和山货场。流传至今，演变成唱戏、唱"花儿"的民间群众性活动。每到庙会期间，方圆几十里的土族群众汇聚于此，唱戏、唱"花儿"、转轮子秋、跳安召舞、赛马、摔跤、武术表演等，使之成为文体娱乐竞技的盛会。其很好地保存了土族的民间艺术和传统体育竞技项目，承载了众多的民俗事象，对了解互助土族的风土人情、特产方物、生产生活方式、宗教信仰等具有十分重要的意义。如今该庙会文化色彩逐渐淡化，经济交流功能日益增强，亟待保护。2007年被列入第二批省级非物质文化遗产名录。（YXL）

大通老爷山朝山会 大通老爷山朝山会源于当地群众对道教"真武大帝"的信仰与崇拜，大致起源于明代。每年农历六月初六，西宁市大通回族土族自治县城关、西关、衙门庄、代同庄、煤窑、庙沟、新城、上下柴家堡等地的农民汇聚在老爷山上，举行隆重的朝山仪式，向神佛叩拜，祈求吉祥平安，场面甚为壮观。它分为请幡、降香、朝山和祭祖四个部分，每个部分环环相接。它承载了河湟地区大量的民俗事象，如花儿会、曲艺表演、传统手工技艺展示等，由此吸引了西宁、互助、湟中等地的群众广泛参与，成为河湟地区重要的民俗活动。近年来，朝山活动规模日趋萎缩，传承环境日益恶化，需要大力保护。2007年被列入第二批省级非物质文化遗产名录。（YXL）

化隆香里胡拉村"护化"庙会 香里胡拉村"护化"庙会是海东市化隆回族自治县香里胡拉村一项重要的民俗活动。相传由9世纪著名活佛久麦大师传承，历史悠久，特色突出。"护化"是当地村民世代表演的一种宗教舞蹈，旨在驱鬼迎祥、祈求风调雨顺和四季平安。其表演有一定的情节和程式，流传至今逐渐演变成跳"护化"舞、唱"花儿"、赛马、射箭等群众性文体娱乐竞技活动。每年农历五月十七日举行，最主要的内容是举行法舞表演，俗称为"藏护化"。跳舞者一般有12人，舞者都戴着面具、穿长袍、配彩带和刀盾，伴奏的乐器有钹、唢呐、牛角号等。法舞开始时，场上锣鼓、蟒号齐鸣，舞蹈者随之缓缓起舞，动作稳健、缓慢、有节奏。整个法舞共分七场，每场一个小时左右，各场都有一定的情节和故事内容。法舞表演中的舞蹈动作和音乐都已形成了固定的套路，具有程式化的特征。对了解化隆地区的风土人情、特产方物、生产生活方式、宗教信仰等具有十分重要的意义。近年来，随着庙会规模不断缩小、表演者年龄老化，濒临消亡，急需保护和传承。2007年被列入第

二批省级非物质文化遗产名录。(YXL)

乐都高庙社火 乐都高庙社火是乐都县特有的一种民俗表演,距今已有两百多年的历史。该活动内容丰富,形式多样,地域特色鲜明。"高跷、亭子、小唱"堪称高庙社火中的"三绝"。高跷集杂技、戏曲、故事于一体,在高空中用高跷小调演绎戏曲故事。亭子也称为"高抬"或"铁蕊子",是集戏曲、故事、雕塑、绘画、杂技、绝活、铁木和装饰工艺为一身的"空中舞台",由群众自发制作和演出,造型多变,构图精美,内容多反映传统戏曲和民间故事,体现了深厚的文化底蕴。小唱表演时,演员手执扇子,边歌边舞,扇子扇法套路复杂,队形变化多端,疏密相间,错落有致。它是民间艺苑中的一枝奇葩,其造型之多变、构图之精美、艺术风格之独特,集中展示了当地人民的聪慧,给人以完整而美观的艺术享受。然而随着亭子制作者年龄老化,濒临消亡,亟待抢救和保护。2007年被列入第二批省级非物质文化遗产名录。(YXL)

青海苏木世村农事祭祀 苏木世村是西宁市湟中县共和镇西北部的一个多民族聚居的自然村落,居住着汉、藏两个民族,长期以来这里形成了有别于纯藏语区或纯汉语区的习俗,其中农事祭祀活动独具特色。苏木世村农事祭祀活动历史悠久,紧紧围绕庄稼的种植、养护、雨水、收割、打碾等各个环节展开,仪式较为完整,贯穿全年始终。内容包括农历二月二炒大豆、试犁;五月初八"夏甲群"(藏族指祭祀神鸟),五月初十"拉毛雷",五月十九"交苗",五月二十"背经";六月十五"献双羊",八月十五"谢降"(即感谢神灵保护)、"窝车"、"窝碌碡"、祭碌碡等;除夕祭碌碡等。该活动是汉族和藏族民间信仰交融后的文化生成,具有明显的原始性、民间性、完整性。近年来,由于熟悉整套祭祀仪规的人越来越少,其中一些祭祀项目已经消亡,其他项目濒临消亡,亟待抢救和保护。2007年被列入第二批省级非物质文化遗产名录。(YXL)

河湟汉族丧俗 河湟汉族丧俗是一种由生活在河湟地区及海北藏族自治州、海西蒙古族藏族自治州等部分地区的汉族所形成的丧葬习俗。其形成历史悠久,内容包括居丧、报丧、讣告、入殓、戴孝、请亡、守孝、吊唁、验孝、送亡、起灵、安葬等仪式。在安葬方式上大致分为土葬、火葬、先火化后水葬。丧礼活动中的祭祀分日期约定、祭礼菜肴、祭祀仪式、祭品处理四类。丧礼的祭文非常特殊,它巧妙应用评述性和回忆性两种手法,为亡者概述生平事迹和抒发悼念之情。祭文内容丰富,有34种42篇,涉及的民间禁忌包括衣食住行、文化娱乐、待人接物、语言表达等各个方面。其表现了对宗族内尊卑长幼秩序的维护,具有用宗法伦理道德教育族人、团结宗族的作用。目前,古老的丧礼祭文濒临失传,亟待抢救和保护。2007年被列入第二批省级非物质文化遗产名录。(YXL)

青海卓仓藏族婚礼 卓仓是指青海省东部湟水河南岸的民和回族土族自治县、乐都、平安三县和湟中县东部地区的藏族村落,由于长期与汉族、回族、蒙古族等杂居，卓仓藏族的婚俗除了保留古老的藏族习俗外，还包含有非常浓厚的汉族婚礼习俗，形成了独有的特色。主要仪式程序有提亲、定亲、接亲、拜天地、上茶、谢媒、宴请、送礼、相会等二十多道仪式。其中最具特色的是婚礼组歌，包括哭嫁歌、迎宾歌、乐宾歌和送宾歌。婚礼组歌中还有许多赞词，如赞茶、赞酒、赞碗、赞媒人等。每首歌配合一道仪式，每组歌又包括多种不同的歌，如扬茶歌、敬茶歌、献衣歌、邀舞歌、祝福歌等。整个婚礼在歌声中开始，又在歌声中结束，这种习俗一直延续到今天。它是广大藏族人民千百年来集体创作的结晶，习俗的过程繁杂、程序严谨、场面宏大、内容丰富，充分体现了藏族豪爽、粗犷、能歌善舞的民族个性，具有社会学、民俗学研究价值。目前，由于现代婚俗的影响，其生存空间日益缩小，亟待抢救和保护。2007年被列入第二批省级非物质文化遗产名录。（YXL）

西海拉卜则祭 西海拉卜则祭是一种青海藏族山神崇拜的民间宗教活动，历史悠久。刚察地区有诺秀拉则（牛头俄博）、朝木热拉则（羊头俄博）、丹秀拉则（马头俄博）、雾莽拉则、杂玛日拉则、年钦夏格日尔拉则、阿咪瓦彦山拉则，它们分别是青海湖马、牛、羊等家畜和鹿等野生动物的伏藏之门，每位山神都享有固定的祭祀日期，一般是一年一次，在农历五月五、六月六或农历六月十五。祭拜活动的主要程序为：修建山神的拉则宫和举行奠基开光仪式，须由德高望重的藏传佛教活佛或高僧主持；山神开光祭祀的经文由藏传佛教活佛或高僧撰写，并由他亲自领诵，其他僧众伴诵。自此之后，一年一度的山神崇拜活动由藏传佛教活佛、高僧或僧人诵读有关经文。现在所祭祀的山神已非原来单一的原始宗教中的山神，它已被封为藏传佛教的地方保护神，参加祭祀崇拜活动的群众除呼喊"拉加拉"（即"胜利了"）之外，更多的则是众口念诵六字真言和皈依三宝颂词；参加祭祀崇拜活动的群众，在插放各种祭物时，必须顺时针围绕拉则宫而转，不能向左逆转。作为藏族民间的祭祀活动之一，其带有鲜明的宗教色彩和民族风情，是研究刚察地区藏族文化的活态范例。而今这一活动规模日渐萎缩，亟待保护和传承。2009年被列入第三批省级非物质文化遗产名录。（YXL）

热贡获康祭祀活动 热贡获康祭祀活动是热贡地区特有的一种民俗活动，历史起源较早，分布在黄南藏族自治州同仁县隆务河两岸的13个热贡村落中。每年的农历十一月左右举行祭祀活动，主要内容有请村落保护神、做获康花、送获康馍、挂"邦"、跳舞问答、男女对情歌、搬获康旗、送示日（送祭品）等。活动的主旨为酬神、祈谷、求平安，也有祭高媒等内涵，保留了许多汉地已经消亡的古老的祭祀内容。过去，大多数村落的获康祭祀活动都是由保安下庄的"拉哇"主持的，持续时间也比较长，长的要三天二夜，短的也要一天一夜。现在，祭祀活动规模日见缩小，有些村中的祭祀活动已经消失，急

需保护和传承。2009年被列入第三批省级非物质文化遗产名录。(YXL)

土族民间法舞 土族民间法舞主要流传在互助土族自治县东山乡寺儿村，当地村民称为"冈日纳顿"。其形成历史悠久。一般在每年正月初一至初三祭祀演出。这种宗教法舞最早是藏传佛教格鲁派寺院中的僧侣舞蹈，后来流传到了民间。舞蹈时村民们头戴面具，身着法袍，手持金刚杵、神剑等法器，来到指定的地点，在鼓、镲、锣等乐器的单一节拍中完成固定的动作。面具有多个种类，主要有"护法神"、"阎王"、"乌鸦卜"、"护法金刚"牛头、鹿头等。主旨是祈求风调雨顺、国泰民安。而今这一活动规模日渐缩小，亟待保护。2009年被列入第三批省级非物质文化遗产名录。(YXL)

阿柔招婿习俗 在青海祁连地区，延续着一种招婿习俗，历史久远。当地的有些家庭，在女儿相中对象后，便托媒说亲，经男方父母同意后，将其招为女婿。藏族家庭的女婿，不管自家有几个儿子，只要姑娘不肯出嫁或是家中最小者，其父母便会让儿子们另立门户，为姑娘招婿，与姑娘和女婿一起生活，以养老送终。招婿是要女婿担当养家糊口的责任，女方家人会将权利全部交给女婿，视女婿为亲生儿子。祁连阿柔地区的招女婿就如娶媳妇一样。该习俗延续了藏区婚嫁习俗，也是要经过提亲、定婚、送亲、迎亲、婚礼、婚后回门的传统步骤。"招婿"中最具特点的要数送礼，届时父母视自家的条件陪嫁妆，条件好的一般陪送一百多只羊、几十头牛、一匹马（马鞍全套），再加上亲戚朋友的祝福礼物和穿戴（包括皮袄、褐衫等）。招婿，无论在家庭里或社会上，都不会受到歧视。该习俗对了解当地藏族的生活及文化具有一定的价值，目前在牧区依然广泛存在。2009年被列入第三批省级非物质文化遗产名录。(YXL)

热贡年俗 热贡年俗是流传于黄南藏族自治州热贡地区的一种年节习俗，距今已有数百年历史。与中华民族传统节日春节同期举行，主要内容有清扫、吃"古突"（九粥）、拜年、新娘回家、跳"拉什则"舞、参加佛教活动等。主要过程是：过年之前，卜算吉日进行全家清洗大扫除，还有祭灶仪式，烧馍馍、炸馍馍、房顶插新的经幡，在门前、房梁和厨房用白粉画上吉祥图案。并按照传统习惯，在太阳落山时将污水、脏物向西边倒掉，表示一切不吉利的东西随日落而消失。二十九日夜，家家吃"古突"，此外，还用酥油、糌粑堆成"协马"，用酥油做成日月装饰，祝来年如意。在寺院里做驱邪活动，象征着除旧立新，消灾免祸。初一清晨，家中煨桑、吹海螺、放鞭炮。而后，人们依次坐好，相互道贺新年。饭后，到村庙中煨桑拜年，再给亲朋好友一一拜年。碰面时相互问候"罗萨桑"（新年好）。大年初一，禁扫地，禁背水或挑水，忌说不吉利的话，忌打骂孩子。初三被认为是最吉利的日子，这天出嫁的姑娘必须回娘家团圆，初五时再返回婆家。初三至初九，在热贡扎毛乡和曲库乎乡有跳"拉什则"的传统舞蹈。过节期间，亲戚

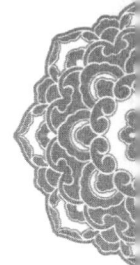

之间、好友之间互邀做客，唱歌跳舞，尽享节日的欢乐。正月十一到十六日期间，人们穿着节日盛装，到各村寺庙拜佛进香，参加毛兰节，观看晒佛、弥勒环寺、羌姆等佛教活动。这些习俗对研究热贡地区的历史文化变迁及民俗都有重要的价值。而今年俗活动日渐简化，有些甚至消亡，亟待保护与传承。2009年被列入第三批省级非物质文化遗产名录。（YXL）

保安社火 保安社火流传于黄南藏族自治州同仁县保安古城，其形成历史悠久，据说是明末清初由戍边的营兵将传统社火与军营的习武习俗相结合而形成的一种社火表演，是一种承袭了军营习武性质的艺术表演活动。主要以灯官、舞狮、舞龙、旱船、高跷、腰鼓、霸王鞭、杨林夺牌等节目组成。有内、外场之分，内场是社火的主体队伍，外场是随队活跃在内场边缘、前后、左右的辅助部分。动作表演主要以锣鼓为主，小调小唱则以民族弦乐为主，配以其他伴奏乐器。演出的第一场，所有的"身子"（演员）必须要到当地的庙里谒庙降香，整个社火演出结束后，必须要到庙里卸身子。演出的时间一般都是正月初七、初八开始至正月十六结束，正月十三是"杨公"忌日，停演一天。鼓乐以太平鼓、大鼓、锣、镲、钹组成打击乐，为社火队伍表演统一步点，还有三弦、二胡、板胡、笛子等伴奏。而今社火表演形式简化，有些内容已消亡，亟待保护。2009年被列入第三批省级非物质文化遗产名录。（YXL）

民和果花会 每年谷雨时节，民和回族土族自治县马场垣乡下川口村都会以八蜡庙为中心，举办一年一度的祭祀祈福活动。因为此时正值当地百花绽放的时节，故此活动名为"果花会"。果花会起源于唐朝，延续至今。届时村民自发组织的秦剧团将会演出传统秦腔剧目，唱戏敬神娱人，称为"果花戏"。果花戏其实就是还愿戏，是当地村民为感谢八蜡庙神虫王保佑本地免受虫害，五谷丰登而特意敬献给虫王"鸷"的戏。以前村民主要以吟诵经文、摆灯点蜡的方式来感谢神明，到了明清时期以后，才改用唱戏祭祀。八蜡庙前唱戏谢神的习俗也就发展成了声势浩大的庙会。如今的民和果花会俨然成了当地的一场文化、经贸盛会，吸引邻近省区的游客和善男信女纷至沓来，踏青游览，观赏古戏，商贾云集，热闹非凡。2009年被列入第三批省级非物质文化遗产名录。（YXL）

乐都洪水火龙舞 "火龙舞"也称"耍火龙""火把会"，是流行于海东市乐都县洪水镇马家营、下王家、岗沟镇台子、蒲台乡山桃等地的一种传统社火节目。每年的农历正月十五前，争得制作火龙资格的人家就开始用干柳条、麦草、油菜秸秆等扎制"火龙"。虽然是草龙，却个个形象逼真、栩栩如生。每条火龙都要扎成12节，象征一年的12个月。全村共扎制24条火龙，代表24个节气，并按照顺序编号。在元宵节前一天的夜里演出，到了夜晚，村里的青年人扛着火龙一路急行，来到事先选好的山顶送火龙，火龙在山间道路上蜿蜒游动，蔚为壮观，在围绕村庄道路和会场的数百盏花灯的映衬下，整个村庄被装点的格外耀眼。作为乐都独有的一种民俗表演，洪水镇的火龙舞，形式之独特，场面之盛大，场景之欢腾，气氛之热烈，是其他社火节目无法比拟的，业已成为本县春节文化活动中的一道独特景观。2009年被列入第三批省级非物质文化遗产名录。（YXL）

乐都北山跑马　海东市乐都县北山地区的9个乡镇都有赛马的传统，民间称为"跑马"，该习俗据说起源于唐朝文成公主入藏之时，一直延续至今。每年农历六月中旬，便开始举行一年一度的"跑马会"，当地各族群众穿起节日的盛装聚于平坦的山顶。首先由当地德高望重的老人开始祭山神活动，拿出事先用炒面捏制的蛇、虎等吉祥动物的形象，祈求风调雨顺、五谷丰登。祭山神活动结束，进行赛马活动；赛马结束后，从各地云集而来的商贩开始了物资交流，当地群众还唱"花儿"以示庆贺。"北山跑马"保留了当地以民间体育竞技和娱乐为特点的传统赛马文化传统，包含着丰富的民俗学内涵，具有民俗学研究价值。现今已成为当地体育文化活动的重要部分，2009年被列入第三批省级非物质文化遗产名录。（YXL）

海西蒙古族民间祭火　祭火是蒙古族传统的祭祀活动之一，也就是祭火神、祭灶神，至今已有三千多年的历史。分个户祭火、集体祭火、定期祭火和不定期祭火几种形式。海西蒙古族一般在正月初一祭火，集体祭火一般在节日和盛大活动上举行。在农历腊月二十三日举行定期祭火，传说这天是火神密仁扎木勒哈降生的日子，祭祀中除了向火神致词赞颂外，祭奠火神要用羊胸叉、奶食品、酒等供品。通常将胸叉、羊油、冰糖、奶酪、柏叶、哈达等，用白色羊毛线缠绕九圈后煮熟。到了晚上上灯时辰，在灶膛内填入红柳根、香柏片，上围干牛粪，将灶火点燃。祭火时，男主人双手托起煮好的羊胸叉放入火中，享用祭火的"口福"。全家人对着火焰向火神祈祷。蒙古族祭火是对自然界火的恩惠、威力的礼赞和膜拜，从而达到驱寒、逐邪、除秽、祈祷的目的，并祈求部族的吉祥与兴旺，该仪式具有民族学、民俗学研究价值。如今城市里的祭火仪式逐渐消失，亟待保护与传承。2009年被列入第三批省级非物质文化遗产名录。（YXL）

海南藏族少女成年礼　海南藏族自治州藏族少女的成年礼被称为"戴天头"。尤其在贵德县，藏族女孩子长大后举行戴天头是一件非常重大的事情，甚至比结婚礼仪还要隆重。其习俗具有严格的仪式规则、程序和要求。其一，年龄的选择，必须是单数，以表示单身、尚未成双成对之意，其年龄段必须是9～19岁年龄中选择一个单数岁数，而不能在其他年龄段和岁数中选择。其二，须请一位活佛或喇嘛打卦算卜，确定一个良辰吉日。此前，还要根据家庭条件请僧人念经祈祷1～7天，为"戴天头"的少女及其家人祈求幸福和平安。其三，正式为少女"戴天头"，要经过四个环节或仪式：一是梳头辫发，二是祈福，三是"抢吾合玛"，四是宴客。在经过一连串的礼仪之后，"吾合玛"家盛情款待客人们，期间穿插着敬酒、唱歌、跳舞、送礼等活动。该活动具有民俗学和民族学的研究价值。近年来各种外来文化的冲击，少女"戴天头"仪式在海南地区藏族传统礼仪中已不多见。2009年被列入第三批省级非物质文化遗产名录。（YXL）

贵德六月庙会 贵德县六月庙会俗称为"六月会"，是贵德地区影响较大的庙会，距今已有近百年的历史，是中原庙堂"赛会"（又称为"神赛会"）在贵德的遗留。其本质上是一种道教的赛会，后融进了许多藏传佛教的内容，加进了走串佛寺、煨桑、拜佛等仪式。甚至还有一个藏语名称，叫做"周卡拉什则"，意为六月神玩耍的会，庙会从农历六月二十二日开始至二十四日结束，持续三天左右。庙会基本过程是请神出庙、出村，走转一些佛寺、家庙，六月二十二日二郎神和文昌爷两神相会于河滨公园。这天在河滨公园还有法师跳平安神舞，有汉、藏、土等多个民族前来参会，人山人海，热闹非凡。庙会所表现的传统民俗，具有民俗学研究价值。如今贵德六月庙会不仅是请神娱神的一项民间盛会，业已发展成为大型的物资交流会与旅游观光会。2009年被列入第三批省级非物质文化遗产名录。（YXL）

朝青海湖习俗 青海湖周围的居民有朝圣习俗，这一习俗被当地人称为"转海"。转海作为环青海湖地区各民族民间信仰的一部分，流传至今已有一千多年的历史。转海时往往选一个吉利的日子一家老少整装出发或家中体魄健壮者出发。首先在附近寺院、俄博、山神处进行煨桑、祭拜、诵经仪式，然后或背着经卷，或手里转着嘛呢，念"六字真言"，磕头，按顺时针方向开始转海。传统的磕头方式有跪磕头、磕长头、莲花磕。转海时每经一座寺院必须进行一系列的朝拜仪式。在经过祭海台时，要任选一处祭海台进行祭海，祭海时要向湖中抛撒宝瓶和祭品，也有虔诚者将自己的金银首饰放入宝瓶内。僧人们在转海中祭海时，规模虽比正式祭海小，但形式完全一样，要祭坛城、吹螺号、诵经等。转到起点处，再举行祭拜仪式，算是转海完满结束。转海是佛教信徒对自然崇拜的一种重要体现，至今仍为信徒所采用。2013年被列入第四批省级非物质文化遗产名录。（YXL）

回族婚俗 门源回族婚俗是近半个世纪以来，在严格遵循伊斯兰教规教义的原则下，吸纳了当地其他民族的文化和习惯的一些成分，结合当地的地理、气候、经济等条件，逐步形成的婚俗特色。回族婚姻嫁娶一般分为三个阶段八个步骤。第一个阶段是婚前准备，有提亲、定婚、吃菜、等线四个步骤，提亲也叫送"占包"，"说媳妇"。第二个阶段是吃宴席，即结婚办喜事。第三个阶段是送饭、回亲、坐娘家。第四个步骤是馍馍奶茶、热卷炒菜、糖饺包子、羊肉手和熬饭。而今受外来婚俗影响，传统婚俗日趋简化、淡化，需要更好地保护和传承。2013年被列入第四批省级非物质文化遗产名录。（YH）

尖扎达顿宴 "达顿"藏语意为"贺箭"或"箭宴"，是箭手在射箭比赛结束后参加的一种宴会。主要流行在黄南藏族自治州尖扎县、化隆回族自治县、贵南县、兴海县等地。它是流传于青藏高原广大藏区射箭文化的主要表现形式，也是尖扎"五彩神箭"文化的重要组成部分，据说起源于古代。主要包括供奉地方神（"优拉"）、迎宾、说唱、宴会四个环节。其源于古代藏区射箭竞技中，是箭手们经过紧张、激烈的箭技角逐后，为达到沟通感情、增进友谊、取得谅解、和睦共处的目的而举行的一种宴会。宴会由主场方筹备，用精美的佳肴、甘甜的美酒、甜美的歌喉款待远道而来的朋友，箭手们彼此互称"夏尼"（亲人），共进美食，共赏民谣，以此来消除射箭竞技中诅咒、愤怒的竞争气氛，不断加深地域间的友谊。这一宴会形式，如今在藏区群众长期的生活演变中逐渐形成了现代藏族传统射箭文化的一部分，也成为藏区尤其是尖扎地区独具特色的餐饮文化。2013年被列入第四批省级非物质文化遗产名录。（YH）

湟中加牙"四月八"庙会 加牙"四月八"庙会是西宁市湟中县上新庄镇加牙村及周边村庄的老百姓为了祈求五谷丰登、风调雨顺、平安健康、国泰民安而举行的一种祭祀活动，距今已有四百多年的历史。庙会每年从农历四月初六开始，初八下午结束。主要活动内容有法师念经祈祷、降黄龙、迎喜神、打曲连、迎盘、讲鸡儿、讲马路、信士弟子上香求佛，同时还有赛马、武术、唱"花儿"、物资交流、摆小吃摊点等，庙会所表现的传统民俗，具有民俗学研究价值。而今庙会得以代代承传，其内容不断丰富完善，成为当地一大重要民俗活动，2013年被列入第四批省级非物质文化遗产名录。（YXL）

土族"背口袋"饮食习俗 土族早期经营畜牧业，饮食以肉类、乳品为主。元、明以后逐渐转向农业经济，饮食以青稞、大麦、土豆、小麦制作的面食为主，荨麻卷饼是土族最具代表性的饮食，又称为"哈力海"，其做法为将嫩荨麻叶粉和青稞面或小麦面粉搅拌成糊糊，再加上食油、葱花、花椒等佐料煮熟，摊匀在油煎薄饼上并卷紧，吃时须双手托举，仰面咬之，因形状像口袋，故称"背口袋"。至今仍是土族人民喜爱的一种传统饮食，2013年被列入第四批省级非物质文化遗产名录。（YH）

仲家龙王庙会 仲家龙王庙会，旧时称"寄彦才沟四庄堡龙王庙会"，历史悠久，影响广泛，是海东市平安县三合镇广大群众为求得和酬谢神灵保佑而举行的民间祭祀仪式活动，至今已有620多年的历史。每年农历四月耕种完毕，四庄堡的百姓为祈求风调雨顺、五谷丰登、六畜兴旺，定于每年农历四月初六至十六日举办龙王庙会。仲家龙王庙会是当地群众一项重要的文化活动，它集文化、民俗、宗教、商贸、体育为一体，具有一定的社会价值，庙会所表现的传统民俗，如法拉、法师、诵经等风俗信仰，具有研究民俗学素材的特殊价值。2013年被列入第四批省级非物质文化遗产名录。（YH）

撒拉族饮食习俗 撒拉族信仰伊斯兰教，他们的生活习惯，包括衣着、服饰、饮食、起居等，大致与当地回族相似，但在长期历史发展中也形成了自己的一些特点。撒拉族以务农为主，食用的粮食主要是小麦、青稞、荞麦，通常的吃法是做成馍馍、面条、散饭和搅团。每到农历六月，当青稞临近收割时吃"麦索儿"（即"吃青"），油香、馓子、焜锅饼、油搅团（以油拌面制成）也是撒拉族爱吃的面食。撒拉族仍保留着牧民的许多饮食习俗，爱吃羊肉，尤其是手扒羊肉和羊肉火锅，还喜食酸奶，嗜好茯茶、麦茶和奶茶。同其他伊斯兰教信徒一样，也禁食猪肉和自死之动物。撒拉族待客用茶，茶中放桂圆、冰糖，当地称这种茶叫"三炮台"，又香又甜。撒拉族遵守伊斯兰教规，禁烟酒，对客人也不劝烟酒。这一习俗对研究撒拉族文化具有一定的参考价值。而今，撒拉族人仍保留着传统的饮食习俗，但也有简化和融合的趋势。2013年被列入第四批省级非物质文化遗产名录。（YH）

汪什代海藏族婚俗 "旺什代海"是青海省著名的藏族部落之一，主要分布在青海省海西州、海南州地区，较好地保存了众多安多地区完整传统的藏族婚俗习惯。其传统的婚姻习俗由"偷婚""订婚礼""新娘出嫁""迎送新娘""正式婚礼""婚宴"等程序组成。"偷婚"是指年满13岁以上的少女，在自主决定嫁人时，会偷偷通知和自己年龄相仿的少女在约定的时间和地点送自己出嫁。第二天上午男方则派媒人"瓦尔瓦"带着礼物正式上门提亲，一旦女方父母同意婚事，男方需要在约定的时间将女方送回家，而后双方商议婚礼的具体事宜，男方须无条件答应。女方在商定好的日子里在娘家举行婚宴，仪式当天新郎需前往新娘家，新娘一方需在半路迎接，并举行一些相应仪式，之后再经过"接水""水绫""系腰带"等程序，送完各种礼品后，完成在女方家的婚礼仪式。之后新娘家举行送新娘仪式，从这一天开始，在正式的婚宴彻底结束之前新娘需半禁食。正式婚礼举行当天，新娘梳洗打扮之后到达婆家时只能从男方家帐篷的"正面"或"左方位"进入，双方敬茶敬酒后开始婚礼仪式，经过主持人的祈福和赞美，一对新人喜结连理，之后是为答谢各方举行的婚宴，双方赠送礼物，其婚礼才正式结束。该婚俗具有丰富的文化内涵，承载着悠久的历史传统和浓郁的民族特色，对研究这一地区的生产生活方式和风俗习惯具有重要的价值。2013年被列入第四批省级非物质文化遗产名录。（YXL）

茶卡盐湖祭湖 茶卡盐湖位于海西蒙古族藏族自治州，是古丝绸之路和茶马古道的重要站点，总面积105平方千米。相传远古时期茶卡地区财宝遍地，山神魔怪为了争夺财宝，造成茶卡地区战争连年，西王母路过此地为了解救苦难中的黎民百姓，命司水天神放下水来把宝贝都淹了，并派来1000个巴里登拉木（女神）日夜看守。而牧羊人若找到女神，就会得到幸福。1780年，在香日德班禅行辕堪布的主持下举行了第一届茶卡盐湖祭湖仪式，此后每年的农历五月十五日，方圆百里的蒙古族牧民便会带着松枝、酥油、炒面前来祭湖，之后还会进行射箭、骑马等比赛。该习俗已有200多年历史，所表现的传统民俗，具有民俗学和历史学研究价值，而今面临消失的危险，亟待保护。2013年被列入第四批省级非物质文化遗产名录。(YH)

德都蒙古全席 德都蒙古全席是青海蒙古族最古老、最隆重的宴席。一般只在盛大聚会、隆重宴会、接待贵宾、节庆婚庆时摆设。德都蒙古全席是须弥尔席（白食宴）、全羊席（红食宴）、图德席（素食宴）的综合。"查干伊德"（白食）为主的"德都蒙古全席"是德都蒙古习俗文化的最高境界，是蒙古族"宫廷盛宴"习俗的活化石。德都蒙古全席盛典要举行隆重的仪式：全席"三拜"（拜天、拜地、拜祖先），全席"三颂"（巴颜松颂词、全羊赞词、托闹格祝词），全席"三歌"（宫廷歌、宗教歌、喜庆歌）。德都蒙古全席是德都蒙古最具代表性的民俗文化，保留着最完整的蒙古族宫廷习俗文化。而今这一古老文化习俗因现代文化和现代生活方式冲击而日趋没落，需要大力保护与传承。2013年被列入第四批省级非物质文化遗产名录。(YH)

东宗寺天文历算法 藏族天文历算法是藏族人民面对高原特殊的自然环境，在长期的生产活动中产生的一种藏族历算法。东宗寺位于青海省果洛藏族自治州久治县白玉乡境内，属佐钦寺系统，这里的僧人不断观察日月星辰、冷暖气候等天象和四时节气、动植物生长变化等大自然现象，总结并积累实践经验，通过对宇宙中星体的运转以及对季节变化的各种数据进行计算，并参照一些物候，分别判断出一岁中的年月日时，预推各种星体的运行规律及位置来了解气候变化。它属于藏族传统文化大小十明（学科）中小五明之一，是千百年来藏族人民与自然进行交流的智慧结晶。而今掌握这一历算法的人员日益减少，亟待保护与传承。2013年被列入第四批省级非物质文化遗产名录。(YXL)

青海安多藏族服饰 藏族按方言分为康巴、安多、卫藏三大区域，其中青海境内的果洛藏族自治州、海北藏族自治州、海西蒙古族藏族自治州、黄南藏族自治州皆属于安多地区。安多藏族服饰是安多藏族人民在漫长的历史进程中，对生活的执着追求和美好向往所展现出来的聪明才智。当然也不排除不断吸收周边各族文化养分的基础上的不断发展和进步。其服装制式具有长袍、长袖、大襟、右衽的特点，头饰以辫套为主，不同地域辫套样式有所差异，戴狐皮帽也是安多藏族服饰的特征。其着装富丽，冬季用的藏袍装饰面料以丝绢、裘皮为主，不似卫藏等地以相对素朴的氆氇等为面料。帽子也多饰裘皮，衣帽布料上多以绿、金、黄、红等色为主的图案装饰。安多藏族服饰体现整体藏族服饰文化的一个侧面，但它又在许多方面美化和壮大了藏族的服饰文化，随着现代服饰的冲击，传统藏族服饰市场日益缩小，传承日益艰难，需要大力保护。2013年被列入第四批省级非物质文化遗产名录。(YH)

三 社会文化资源

（一）文化艺术机构、团体

青海省博物馆 青海省博物馆创建于1957年，是隶属于青海省文化厅的公益性事业单位。1957年，首次成立青海省博物馆筹备处，1962年撤销。1978年8月，青海省博物馆筹备处再次成立，1986年9月，青海省博物馆正式建馆并对外开放。旧址位于西宁市城东区为民巷41号，原青海地方军阀马步芳的私人宅邸"馨庐"。1996年9月，被青海省委、省政府授予"省级爱国主义教育基地"，同年10月，被省教委授予"学校德育教育基地"。1997年，被国家文物局评为文博系统"全国爱国主义教育基地"。2001年5月，青海省博物馆新馆正式对外开放。博物馆占地面积17000平方米，建筑面积22800平方米，内设主、侧展厅9个，展出面积9146平方米。博物馆自筹备起，就致力于地方历史、民族、民俗、宗教等方面文物的搜集和研究，如今馆藏各类文物已达47000余件。新馆开放以来，推出了以时代先后为排序、以实物的形式集中反映青海不同历史时期的发展概貌、又分别自成体系、各具特色的专题陈列。其整体建筑采用传统的中轴对称手法，具有浓厚的民族、地方特色。现有藏品中有旧石器时代的打制石器；新石器时代和青铜器时代的石器、骨器、陶器和铜器；汉、唐时的铜印、铜俑、铜镜、碑刻、写经、木俑、铜钟、波斯银币；元代的纸币、石造像；明、清时期的瓷器、书画等。民族文物中有民族文字铜印、民族服饰，明、清王朝给少数民族地方官员的封诰以及佛经、佛像、唐卡、法器等宗教艺术品。革命文物中有中国工农红军长征经过青海果洛时遗留的公文包、铜锅、军帽等。上述藏品以远古时代的彩陶、历代传世的民族文物和宗教艺术品最有特色。藏品中的裸体人像壶，造型奇特，器物的正面浮雕彩绘有人体全身塑像。另一件舞蹈纹彩陶盆，绘有三组各五人列队舞蹈的场面，表现了原始居民的舞乐生活。这两件距今四五千年的艺术品，是青海数万件彩陶中的典型代表。博物馆的展览有《青海省史前文明展》《青海民族文物展》《藏传佛教

艺术展》三个展览，曾获得第五届（2001—2002年度）"全国十大精品陈列展"提名奖。（LSH）

青海省图书馆 青海省图书馆创建于1935年，前身是青海省立图书馆，选定西宁城内隍庙街（今解放路）实验小学操场为馆址。青海省图书馆新馆于1997年7月正式开放。新馆总建筑面积11500平方米，藏书容量140万册，设有6个职能部门和7个业务中心。逐步形成以计算机中心为现代化管理的业务模式。分设书库区、阅览区、办公区、目录厅、借阅处；有工具书及珍藏阅览室、领导干部及港台阅览室、计算机管理的全开架文学类书库、地方文献阅览室等12个阅览室。现新馆坐落在古城西宁的西端，简洁明快的主体建筑群与西边雄浑朴茂的虎台遗址形成现代与古典、文化与艺术之间的和谐回旋。图书馆建筑的规模及其周边氛围，将图书馆本身应具有的文化风范和精神气质充分地表现了出来，成为古城西宁一道亮丽的风景。图书馆是青海省唯一大型的综合性公共图书馆，是青海省文献信息、协作协调及业务研究、教育培训、文化交流的中心。图书馆将努力成为青海省信息的枢纽和精神文明建设的重要基地，逐步形成以计算机中心为现代化管理的业务模式，并设有200多个座位的多功能报告厅和容纳200余人的教育培训中心。还设有"海津书屋"，积极开展图书出售与旧书交易业务，积极为读者提供馆藏文献的复制，借阅书、刊及特色文献外借服务等。图书馆为适应新形势的需要，强化内部管理，改善服务手段，不断充实馆藏，积极为政府决策部门、科研、教育、企事业单位提供信息咨询服务，并采取读者导读、解答咨询、代查代译文献资料等方式相结合的综合服务。（LSH）

青海省文化馆 青海省文化馆创建于1957年，肩负着全省群众文艺活动的组织、调研和业务指导，全省群众文艺队伍的辅导、培训和搜集整理民间文化遗产和群众文化理论研究等工作。文化馆内设办公室、文艺活动部、文艺培训部、美术摄影部、调查研究部、《群文天地》（汉、藏文版）杂志社、财务产业部、青海民族文化艺术中心8个工作机构。现有职工44名，其中管理人员8名、专业技术正高职称1名、副高职称13名、中级职称11名。建馆以来，文化馆在挖掘、继承、弘扬青海民族民间艺术，组织、策划、高质量举办全省大型群众文化活动，各类艺术培训、创作，理论研究方面做出了不懈努力。近年来，共举办大、中、小型广场文艺演出千余场。参与了五届"青海民族文化旅游节"的系列活动，高质量完成了省文化厅交办的任务，成功承办了两届"环青海湖国际公路自行车赛"开幕式、"为奥运喝彩"藏羚羊"申吉"成功、海西蒙古族藏族自治州、果洛藏族自治州成立50周年等在省内外颇具影响力的大型文艺演出活动，受到了社会各界的好评。圆满完成了国家重点科研项目《中国曲艺音乐集成·青海卷》《中国曲艺志·青海卷》《中国民族民间器乐曲集成·青海卷》三卷本的编纂工作。成功举办了五届西北五省区大型"花儿"演唱会，在"花儿"艺术保护方面做出了积极努力。2008年"花儿会"活动期间观众达20余万人，歌手水平和演员阵容是历次"花儿会"之最，在社会上产生了广泛影响。通过举办群众文化理论研讨会、群众文艺干部业务技能大赛、民族民间舞蹈编导培训班，器乐、声乐、美术、书法、摄影等各类培训班，培训群众文艺业务骨干万余人次，为青海省文化事业的发展做出了积极贡献。（LSH）

青海省演艺集团 青海省演艺集团成立于2012年6月。青海省演艺集团公司的成立，是贯彻落实中央和省委、省政府全面深化文化体制改革的重要举措，是青海省文化体制改革的重要成果，标志着青海省文化体制改革在重点领域、关键环节取得了突破性的进展。演艺集团有限责任公司的成立，标志着青海省文化体制八项改革重点任务之一的省直文艺院团体制改革工作，终于迈出了实质性的步伐。长期以来，省直文艺院团深入挖掘青海省民族文化资源，创作演出了一大批优秀文艺作品，取得了可喜成绩。面对新的改革形势，省直院团率先转企改制。演艺集团公司按照现代企业制度的要求，建立完善的法人治理结构以及分配制度、用人制度、激励制度，规范运营模式，使演艺事业进一步繁荣发展。改革后，青海省演艺集团的创作、演出和收入都有了大的起色。演艺集团采取"走出去"与"请进来"相结合的办法，请国内有名的艺术家指导排演新戏，排演了多媒体舞台歌舞剧《藏舞·京典》、《世界风情歌舞秀》、大型音画史诗《秘境青海》等，都获得了省内外观众的好评，收入不菲。儿童京剧《藏羚羊》获得"文华剧目奖"，还有多个剧目获得了各种奖项。仅2013年，青海演艺集团完成演出1134场，其中省外演出601场，共计实现收入1353.1万元。今年演出场次和收入也是一路看好，实现了改革初期制定的"一年打基础、二年上台阶、三年出成果"的目标。（LSH）

青海省民族歌舞剧院 青海省民族歌舞剧院成立于2003年，是由1950年8月成立的原青海省民族歌舞剧团和1959年成立的原青海省杂技团合并组建而成。剧院现有演职员213人，由汉、藏、回、土、撒拉、蒙古、东乡、满等民族组成青海省唯一一个多民族院团，下设歌舞剧团、交响乐团、杂技团、创作研究室、演出经营管理处、舞美制作中心、艺术培训中心等九个部门。剧院汇集了一大批享有盛名的国家级、省级艺术家，有副高以上职称40人，中级职称78人，拥有一支实力雄厚的创作队伍和演出队伍。创作的歌舞、声乐、器乐及杂技节目有：民族风情组舞《高天厚土》，民族风情歌舞剧《唐蕃古道》，交响组曲《智美更登》，交响乐《西海风》、交响诗《雪山》、交响组曲《高原花儿红了》，歌舞《山之舞》《迎亲》《彩袖飞舞》《金鼓》《流云飞袖》《阿丽玛》，杂技《柔术滚灯》《双爬杆》《抖空竹》《蹬技》，魔术《酥油花·变脸》《山花烂漫·飞牌》等。大多数作品具有浓郁的民族风格、高原特色和西部风情，反映出高原人美好、朴实、善良、豪放的品质和高尚的精神境界。其中上百部作品在各种艺术比赛中荣获过国内及国际大奖。剧院曾代表青海分别出访过美国、日本、塞浦路斯、土耳其、突尼斯、马耳他、阿曼、阿联酋、朝鲜、蒙古、黎巴嫩、伊拉克、科威特、阿根廷、巴西、厄瓜多尔、牙买加等36个国家和地区；曾连续参加1—6届中国艺术节，受到各地观众和专家的热烈欢迎和肯定。（LSH）

青海省戏剧艺术剧院 青海省戏剧艺术剧院成立于2002年7月，剧院是在原青海省京剧团（成立于1949年）、青海省平弦实验剧团（成立于1961年3月，1970年撤销，1980年恢复）、青海省话剧团（成立于1964年）三团合并的基础上组建的。剧院下设院办公室、业务处、文化产业部、京剧团、平弦实验剧团、话剧团（儿童剧团）、民族艺术团、舞美制作中心等部门。共有职工139人，其中专业技术人员122人，高级职称25人，中级职称74人。青海省戏剧艺术剧院，集京剧、青海地方戏、话剧、歌舞为一体，艺术品种齐全，有较强的艺术生产力量，集中了一批优秀的专业技术人员。剧院原三团几十年来，创作演出了200多台剧目。京剧《绿原红旗》《藏羚羊》《格萨尔王》《宝珠寺》《土族儿女》等；话剧《翰海虹》《三百年前》《驮泉交响曲》《钓鱼》《雪祭唐古拉》等；儿童剧《大山国与小勇士》《草原雏鹰》；平弦戏《狸猫换太子》《尕旦和尚》《巧县官》《大墙内外》等剧目的演出曾轰动一时，受到广大观众的喜爱。京剧《绿原红旗》《格萨尔王》《宝珠寺》《土族儿女》，话剧《翰海虹》《高山尖兵》《三百年前》《雪祭唐古拉》等剧目晋京演出受到国家领导人的接见和好评。其中话剧团儿童剧《大山国与小勇士》1995年荣获中宣部第五届精神文明建设"五个一工程"提名奖，1996年全国儿童剧新剧目评比二等奖，文化部儿童剧扶贫演出"超百场"奖，青海省第二届精神文明建设"五个一工程"入选作品奖等诸多奖项。（LSH）

青海大剧院 青海大剧院建成于2012年。大剧院位于西宁市海湖新区中心区内，西侧为城市广场，北侧为会议中心，南侧为五四西路，与青海科技馆共同围合形成海湖新区中心区城市广场。大剧院建筑综合体由大剧场、城市广场、音乐厅三大部分构成，大剧院建筑群巧妙地以曲线连接，宛如连绵不绝的壮美山脉，又似一个个音符跳跃于雪域美景之中，富有鲜明的艺术个性和设计灵韵，承载着高原地域的壮美与大气。大剧院总建筑面积3.6万平方米，包括可容纳1197名观众的大剧场、可容纳801名观众的音乐厅和可容纳300名观众的多功能厅各一个。能满足大型舞剧、歌剧、话剧、交响音乐会、戏剧及综艺晚会等各种演出的硬件需求。作为青海省和西宁市的文化地标，青海大剧院是青海乃至西部地区规模最大、功能最全、设施最完善、建筑智能化水平最高的顶级综合性剧院之一。大剧院从运营之初就采取先进的管理运营模式，由中国对外文化集团公司及所属"中演院线"的精英团队负责运营管理。大剧院按照建设"国家级、国际化的大美精品剧院"的既定目标，努力整合优势文化资源，培育和开发演出市场，力争打造成为"中演院线"在西部地区，乃至全国范围内具有代表性的演艺交流平台和文化产业基地，并以此为契机，提升青海演艺产业的整体水平和影响力。在运营中展开多维度的多项合作，不仅要引进高水平的演艺项目，还要为青海的文化产业发展开拓视野，为青海的文艺创作提供借鉴，并通过各种国内外交流活动，探索具有青海特色的高水平大剧院的运营管理模式。同时，青海大剧院将在保证一系列高水准演出的前提下，开展众多的艺术教育、培训、讲座等普及活动，结合公益演出和低票价政策，确保人民群众共享文化艺术的成果，使大剧院成为市民文化生活中的重要组成部分。（LSH）

青海省民族语动漫发展中心 青海省民族语动漫发展中心成立于2010年12月，主要工作是把优秀的国内外动画节目翻译成藏语等少数民族语言节目。中心的成立改变了青海省少数民族语言儿童节目少的状况。中心已在原来的民族语影视译制中心的基础上，翻译出260集、时长66小时的藏语儿童节目和动画片，并且制作了3套精装版的DVD光盘。青海省民族语动漫发展中心开发推广的《冰雪天堂》《图解青海》《礼赞诺蓝杞》三部超高清新型多媒体电子音像画册，面向全国正式出版发行，受到了广大用户的欢迎和好评。电子音像画册的开发，不仅为青海省电子音像出版增添了新内容，还填补了青海省尚无新媒体音像电子出版物的空白。新型电子画册每本重量约100克，内容和容量可由用户自行确定，可在手机、电脑、电视等媒介播放阅读，打破了以往纸质画册大而笨重，不便于携带等弊端，是茶余饭后、旅途当中随时观看欣赏的电子读物。为了产品更具有市场竞争力，省民族语动漫发展中心和西海民族音像出版社成立研发小组，借鉴外地多媒体新技术手段，投资近百万元搭建了新的技术平台。中心争取与国内移动阅读软件及服务商合作，将国产优秀的藏语动漫影视节目制作成以手机为载体的多媒体文件，以直观、形象的播放给广大藏区的青少年儿童，帮助他们看懂、看好影视节目，接受优秀影视节目的教育。（LSH）

青海省民俗博物馆 青海省民俗博物馆是以中华人民共和国成立前西北军阀马步芳的私宅"馨庐"为基础修缮改造而成的。"馨庐"始建于20世纪40年代，是目前青海省保存完整的具有典型地域特色的古建筑群。因其在建筑材料上选用了大量的玉石，连墙壁也铺贴满玉石，所以民间又称之为"玉石公馆"，具有较高的历史文物价值，为青海省省级重点文物保护单位。"馨庐"整个院落占地近3万平方米，建筑面积6000多平方米，共有房屋近300间，分别由前院、中院、南院、西一号院、西二号院、西三号院以及后花园七个既独立又互相联系的院落组成，院落设计精巧，建筑古朴典雅。各个院落的房舍布置有序，结构严谨，构成了统一和谐的整体。位于公馆南端的花园里栽种了许多名贵的花卉和树木，还建有亭榭，著名的"晓泉"也在其内。公馆的建筑物、院落和花园均显示出很浓厚的民族特色和很高的艺术水平。博物馆可以使游客初步了解到当年此地的历史和主人的生活情况，又通过参观其中的奇石馆、玉石厅、民居楼、民俗展馆、排灯、古油坊、古磨房等多个展室（厅），认识和了解一些青海高原的民俗风情。尤其是通过参观二楼的"民俗展馆"，进入藏族、土族、回族、撒拉族、蒙古族等展厅游览，可以直观地感受到不同地域和民族的民俗文化、家居生活。（LSH）

青海柳湾彩陶博物馆 青海柳湾彩陶博物馆建成于2002年5月，2004年4月正式对外开放。博物馆位于青海省海东市乐都区柳湾村柳湾遗址附近，是目前我国最大的以展示彩陶文化为主的专题性博物馆。青海柳湾彩陶博物馆总占地面积5830平方米，展厅面积为1500平方米。馆藏文物近4万件，其中彩陶近2万件，主要反映新石器时代至青铜时代青海地区空前繁荣的彩陶文化，充分展示了我国彩陶文化鼎盛时期的风貌。柳湾彩陶博物馆分上、下两层，外形酷似在青海出土的大通舞蹈纹彩陶盆。这种彩陶盆在大通回族土族自治县上孙家寨遗址出土，盆的内壁上绘有3组舞蹈人花纹，5人一列共15个舞蹈者，手足相接成圆圈，他们伴随着歌声或乐曲的节奏翩翩起舞，那简练的线条、匀称的对比关系和生动的人物造型，展示了高原先民们优美的体态和轻盈的舞姿，整个场面洋溢着青春的活力和欢乐的气氛，给人以刚健中不失柔情的和谐之美感。博物馆总投资450万元，占地面积5830平方米，可供展览面积1500平方米，馆藏文物37925件，彩陶就占一半之多，馆藏的彩陶文物数量在全国首屈一指，这些彩陶以其造型之多样、制作之精美、数量之众多而闻名于世。彩陶文物的收藏、研究、展览是彩陶博物馆的主要职能，墓葬的复原陈列是彩陶博物馆的最大特色。陈列分三个单元，从柳湾先民的生活状态和劳动艺术创造及埋葬习俗，全方位、多角度地向观众展示柳湾彩陶文化的魅力。馆内的彩陶文物主要包含马家窑文化的半山类型、马厂类型和齐家文化、辛店文化四种古文化类型，如裸体人像彩陶壶、彩陶靴、人头像彩陶壶、提梁罐、蛙纹彩陶瓮、鸮面罐及骨质刀、叉、勺和大量的新石器时代的磨制石器，反映了新石器时代晚期至青铜时代高原地区空前繁荣的彩陶艺术。（LSH）

青海省文学艺术界联合会 青海省文学艺术界联合会简称青海省文联，成立于1955年6月，是中共青海省委领导下的群众团体，是青海省各文学艺术家协会和省内各自治州、地、市、县文联及各行业（产业）文联的联合组织。青海省文联实行团体会员制，现有团体会员28个，省级协会有青海省作家协会、省音乐家协会、省舞蹈家协会、省戏剧家（影视家）协会、省美术家协会、省书法家协会、省摄影家协会、省民间文艺（曲艺杂技）家协会。青海省文联现有国家级会员687人，省级会员3451人、县级会员268人。青海省文联下设事业单位有青海省《格萨尔》史诗研究所、青海省文学创作研究室、《青海湖》编辑部、《文坛瞭望》编辑部（兼）、《牧笛》编辑部（兼）、青海美术馆；青海省文联办有公开发行刊物《青海湖》、《牧笛》和内部刊物《文坛瞭望》。青海省文联的文化品牌有《格萨尔》史诗研究、唐卡艺术、"青海湖之夏"诗歌节、环青海湖国际公路自行车赛摄影采风暨全球华人"美丽的青海"摄影大赛、青海省藏族拉伊大赛、"王洛宾杯"西部经典民歌演唱会等。五十多年来，青海省文联团结和带领全省各民族文艺工作者，艰苦创业、勤奋耕耘，以富有创造性的文学艺术实践，在文学、戏剧、音乐、舞蹈、美术、书法、摄影、电影电视、民族民间文艺研究以及曲艺杂技等方面取得了突破性进展，文艺作品数量成倍增加，而且在反映生活的广度和深度、在艺术创新的多样化方面都有了显著提高。随着众多优秀作品的问世，一些作家、艺术家在文艺界、在人民群众中具有相当的知名度，不少文学艺术作品已走出青海，引起国内外读者和观众的注目。同时，一大批中青年文艺人才正在茁壮成长，一批批文艺社团和文学艺术交流机构相继成立，各项文艺活动及对外文学艺术交流蓬勃发展。（LSH）

青海省作家协会 青海省作家协会成立于1955年6月，作为青海省文联的团体会员，其前身为青海文学工作者协会，1960年在文学工作者协会的基础上组建成立了中国作家协会青海分会，1993年1月更名为青海省作家协会。多年来，青海省广大作家和文学工作者紧跟时代步伐，各民族作家用不同的语言文字创作出了一大批题材丰富、主题积极、关注现实、风格多样的文学作品，取得了令人欣喜的佳绩。据不完全统计，协会会员除在文学刊物上发表大量作品外，近年来共出版各门类文学作品集达300多部。在2014年青海省第七届文学艺术奖评奖中，有27部文学作品获奖，30多位作家的作品入选中国作协重点作品扶持计划。多名会员获得全国和青海省各种文学奖项，如骏马奖、青海省文学艺术奖、青海省"五个一"工程奖、青海文学奖、"野牦牛"藏语文学奖、青海青年文学奖等。另有60多人获得各期刊举办的多项文学奖，作品收入多种文集。青海省作协积极创造条件，开展各种文学交流活动，采取走出去、请进来的办法，积极组织作家参加省内外各种文学活动。这些文学交流活动的开展，不仅增进了青海省作家对中国文坛全方位的了解，增长了见识、开阔了眼界、密切了作协组织之间的联系，也使世界通过文学加深了对中国的了解，使外省通过文学更加了解青海。青海省作协还坚持跟踪创作、服务创作理念，适时举办各类研讨会，通过研讨会和座谈会，团结了作家，总结了文学创作经验，促进了作家和文学评论家的交流，增强了作家对作品思想性、艺术性的深度把握，为鼓舞和推动作家创作精品力作奠定了良好的基础。（LSH）

青海省音乐家协会 青海省音乐家协会成立于1956年，1950年青海省文联筹备委员会设立音乐工作组，1951年青海省音乐工作者协会筹委会成立，1956年12月，成立青海省音乐工作者协会，隶属青海省文联，1960年4月中国音乐家协会青海省分会正式成立。协会组织引导并鼓励词曲作家深入生活、深入实际，创作题材、体裁、风格、形式丰富多样并为人民群众喜闻乐见的音乐作品。组织音乐理论家深入实际，调查研究，开展学术研讨，推动音乐创作、表演、音乐教育及各类活动的开展。协会选送的歌曲《怀念十世班禅》荣获青海省第七届（2003—2006）精神文明建设"五个一工程"入选作品奖，大型"花儿"风情歌舞《六月六》获得青海省文艺展演一等奖，为歌舞《西海美》《高原声》创作的音乐，获第二届全国少数民族文艺会演一等奖和二等奖，为大型歌舞剧《唐蕃古道》创作的音乐，获第三届全国少数民族文艺会演金奖。出版了《玉树藏族民间音乐精选》，编辑出版了被列为国家重点十大集成科研项目的《中国曲艺集成·青海卷》《中国民族民间器乐集成·青海卷》《中国曲艺志·青海卷》。音乐研究方面也有新的成果，如《土族音乐文化实录》《青海民间歌曲研究》《青海少数民族宗教音乐研究》《青海撒拉族原生态音乐调查》《青海藏传佛教音乐文化》等相继出版。多年来，举办各类音乐培训、比赛、评奖、考级活动。对优秀的音乐作品及音乐剧、歌舞剧（音乐部分）创作、表演、辅导、教学、论著等，给予荣誉或物质奖励。积极开展群众性业余音乐活动，推动音乐艺术的普及与提高，大力加强少年儿童音乐工作。（LSH）

青海省舞蹈家协会 青海省舞蹈家协会成立于1981年6月，1980年2月成立中国舞蹈家协会青海分会筹备组，1981年6月在西宁市召开第一次代表大会，正式成立中国舞蹈家协会青海分会，是青海省各民族舞蹈艺术家自愿组成的专业性群众团体。1949年青海解放后，在中国人民解放军部队文工团、队的影响和带动下，秧歌、腰鼓、藏舞、土族舞等舞蹈艺术开始被挖掘、推广，群众性的舞蹈活动在全省各地开始活跃起来。解放前，全省没有专业舞蹈队伍。据不完全统计，1949—1980年有舞蹈编导、教员、演员、辅导员等专业舞蹈艺术人员221人，其中藏族66人、蒙古族6人、回族12人、土族12人、撒拉族3人、哈萨克族1人、满族1人。有中共党员21人，共青团员88人。另外，青海省艺校的舞蹈班和各州、县的学员65人，总计专业舞蹈工作者286人。青海省舞蹈家协会在未成立前，筹备组行使了分会的职权，发展分会会员55人，推荐并批准的全国会员19人，共74人。青海省舞蹈家协会自1981年6月成立到1985年底，共发展全国会员32人、分会会员88人。其中编导23人、教员18人、演员27人、辅导干部16人、驻会干部4人。其会员分布在省市州县歌舞团、文工队及群艺馆、文化馆、青海省文化艺术学校等单位。（LSH）

青海省电影电视艺术家协会 青海省电影电视艺术家协会成立于1998年，前身为1978年成立的青海省电视艺术家协会。协会是中国共产党领导的全省影视艺术家与工作者自愿组成的专业性人民团体，是青海省文学艺术界联合会和中国电影家协会、中国电视艺术家协会的团体会员。青海省电影电视艺术家协会的主要任务是：对会员开展联络、协调、服务工作；依法维护会员的合法权益；组织会员学习政治理论、深入生活、艺术创作和学术研讨等方面活动；发现、扶植新生力量，表彰和奖励在影视艺术创作方面的优秀成果；积极向中国影协、中国视协、青海省文联推荐优秀影视艺术工作者、优秀影视作品参加全国性的影视艺术工作者和作品的各类评奖；单独或联合有关单位举办全省性的优秀影视艺术工作者和作品的评选活动；发展和繁荣青海省的电影、电视艺术事业。青海省电影电视艺术家协会会员包括团体会员和个人会员。目前已发展团体会员2个，个人会员有100余名。（LSH）

青海省戏剧家协会 青海省戏剧家协会成立于1959年6月，是青海省各民族戏剧工作者自愿组成的专业群众团体。青海省戏剧家协会的宗旨和任务是：坚持"二为"方向、"双百"方针。鼓励探索，支持创新，倡导加强艺术实践，开展自由竞争，繁荣戏剧创作等。青海省戏剧家协会会员队伍由戏剧、话剧、秦腔、豫剧、评剧、越剧、青海平弦戏、青海眉户、灯影戏、青海黄南藏戏等艺术门类和专业团体中的编剧、评论、表演、舞台美术、戏曲音乐等专业人员所构成。现有省级会员337人、全国会员110人、驻会干部3人。主办刊物《青海戏剧》，开辟有《戏剧园地》《西海剧坛》《流金岁月》《梨园人物》《戏剧教育》等栏目。出版专著、编著有《戏剧资料创作选》（剧本选集）、《青海小戏选》（戏曲作品集）、《青海剧作》（剧本选集）、《戏剧评介》（戏剧评介集）、《藏戏剧本集锦》等戏剧刊物、书籍。设有青海省戏剧家协会创评委员会、青海省舞台美术学会、青海省戏剧家协会艺委会。青海省剧协荟萃青海省戏剧界众多人才，20世纪五六十年代，会员创作的京剧《绿原红旗》《土族儿女》《草原两兄弟》及平弦戏《马五哥与尕豆妹》等戏剧舞台艺术享誉省内外。改革开放以后，有藏戏《意乐仙女》《藏王的使者》、京剧《格萨尔王》《天马歌》、秦腔《湟水情》等剧目获得国家级大奖。青海省戏剧家协会组织的戏剧艺术创作、评论、演出等活动丰富多彩，成果丰硕，多次受到中国戏剧家协会和省内有关领导部门的表彰。（LSH）

青海省美术家协会 青海省美术家协会成立于1960年5月，前身为1949年年底成立的青海省文协美术组，1955年成立的青海美术工作者协会，成为西北美协的分会，1960年5月成立中国美术家协会青海分会。协会自1960年成立以来，在省委宣传部的有力指导和省文联直接领导下，始终坚持"二为"方向、"双百"方针和以人民为中心的创作导向，尊重艺术规律，围绕中心、服务大局，着力打造美术精品，狠抓人才队伍建设，在不同历史时期里，以现实主义精神和浪漫主义情怀创作出了大量表现时代、反映现实的优秀作品，为繁荣发展青海文艺事业做出了积极贡献。多年来，在传统与现代理念的碰撞中，青海的美术家们用多元的方式探索艺术的内涵与真谛，在不同绘画载体和表现语言的层面，拓展艺术的新空间，他们不仅重视题材的历史价值和现实意义，同时也努力追求自己的艺术个性和艺术语言的深层挖掘，在表现风格、形式、流派等方面均体现出思想性与艺术性、主题性与多样性并重的创作趋向。青海美术家们以满怀激情的创作把一批无愧于伟大时代的艺术精品奉献给人民。2009年举办"庆祝新中国成立60周年·青海三江源书画院院展"，从300多件作品中评选了150件作品参展，集中了当代青海省老中青三代艺术家的艺术作品，老一辈的艺术成就、中年画家的艺术成果与青年艺术家的艺术探索共享在一个学术平台上。（LSH）

青海省书法家协会 青海省书法家协会成立于1984年9月。协会是中国共产党领导的青海省各民族书法家和书法工作者组成的专业性人民团体，是党和政府联系广大书法家和书法工作者的桥梁与纽带，也是广大书法家服务社会、走向市场的桥梁和纽带。协会下设楷书专业委员会，行书专业委员会，草书专业委员会，隶书专业委员会，篆书、篆刻、刻字专业委员会，学术委员会，教育委员会，发展与权益保障委员会，对外交流委员会，编辑出版委员会，鉴定评估委员会等十余个委员会。协会对会员有联络、协调、服务的职责，在会务活动中对会员进行业务指导。协会鼓励并组织会员学习党的文艺方针和政策，学习专业知识和科学文化，努力提高会员理论修养、文化素质和业务水平。组织、引导会员围绕社会主义时代精神主旋律努力创作。在艺术形式、风格流派上追求多样化，开展书法理论研究、组织学术交流、推动书法教育、培养书法人才、壮大书法队伍，加强与外省市协会的联络和交流，不断提高会员的书法理论与实践水平。坚持以人为本，尊重艺术发展规律，尊重艺术家的创作，为构建社会主义和谐社会、繁荣青海省书法事业积极工作。积极开展扶持群众性的业余书法创作活动，普及和提高青海省群众书法艺术水平，不断丰富和满足广大人民群众的文化生活需求。大力发展文化产业，积极开展书法交流活动，为书法家服务社会、走向市场、施展才华提供良好的环境和平台。进一步加强协会基本建设，扩大协会的整体实力和可持续发展能力，为更好地开展协会活动和服务于会员创造条件。（LSH）

青海省摄影家协会 青海省摄影家协会成立于1981年，是青海省各民族摄影家自愿组成的专业性人民团体，是推动青海省摄影事业繁荣发展的重要力量。青海省摄影家协会作为青海省文联的团体会员，接受青海省文联的监督管理，业务上接受中国摄影家协会的指导。协会职责：认真履行联络、协调、服务职能，营造有利于摄影艺术创新环境，不断推出优秀作品和人才，大力开拓摄影事业发展的广阔空间，努力为满足广大人民群众日益增长的精神文化需求，为建设和谐青海、和谐文化贡献力量。协会从成立至2011年，共有会员968人，全省包括摄影网站、俱乐部在内的各类各级基层摄影组织目前已有41家。协会下属部门有：著作权委员会、教育与培训委员会、创作与理论委员会、对外交流委员会、活动与协调委员会、影楼与器材委员会、青海摄影文化发展交流中心、北京摄影函授学院青海分院、青海省照相行业职业技能鉴定所。协会组织引导会员开展摄影评论和理论研讨活动，总结交流摄影创作和学术研究经验，树立精品意识。举办各种类型的摄影展览、比赛、评奖等交流活动，促进群众性的摄影普及活动和企业文化活动。加强摄影教育，壮大摄影队伍。积极联络全省各州、地、市、县的摄影组织及行业、系统的摄影团体，做好团体会员的服务与协调工作，努力培养摄影艺术后备人才。近年来举办了多次具有全国影响的节会活动，如中国（青海）三江源国际摄影节、"梦幻青海湖"摄影大赛、"新玉树新家园"地震一周年美术书法摄影展在西宁市隆重开幕、"博客青海"网络摄影大赛、东方视觉杯"大美青海寻道昆仑"文化之旅摄影大赛、盐湖城·神奇格尔木全国摄影大展等。（LSH）

青海省民间文艺家协会　青海省民间文艺家协会成立于1960年4月，是青海各民族民间文艺工作者自愿组成的专业性群众团体。1955年6月，青海省首届文艺工作者代表大会在西宁市隆重召开，会上做出了《关于发展少数民族文艺的决定》。民间文学研究小组随即成立，成立后的短短4年中，青海民间文学的搜集、整理、发表取得了令人瞩目的成绩。尤其值得一提的是，被誉为"东方伊利亚特"的藏族长篇英雄史诗《格萨尔王传》源源不断地刊发问世，引起了巨大的反响，为此，中宣部发文责成青海省文联负责该史诗的搜集整理工作。1960年4月青海省民间文艺家协会第一次代表大会在西宁市召开，出席会议的代表有省级机关文化干部、农村牧区的民间艺人、大专院校的师生共26人。协会致力于发扬青海各民族民间文艺事业，坚持民间文艺为人民服务、为社会主义服务的方向和"百花齐放、百家争鸣"的方针，团结全省各民族民间文艺工作者，积极搜集、整理、推广、研究各民族民间文艺。协会规划、组织全省民族民间文艺的调查、搜集、翻译和编印工作；组织和开展省内民间文艺学术活动，举办学术年会，加强研究和信息交流；组织或推荐具有青海地方特色的民间艺术演出或作品，参加区域或全国的展演活动。近年来编纂出版《中国唐卡艺术集成·藏娘卷》《中国民间故事全书》（县卷本），《中国服饰集成·土族撒拉族服饰卷》《神湖记忆》、《藏族绘画词典》（藏汉文）等书籍，举办藏族拉伊大赛和青海"花儿会"、组织多次民间文艺采风活动，召开多次民间文化研讨会。同时编印发行《民协通讯》，充分发挥协会与会员之间的桥梁、纽带作用，做好宣传工作，凝聚会员及青海省广大民间文艺工作者。（LSH）

（二）广播电视机构

青海广播电视台　青海广播电视台成立于2011年，由青海人民广播电台和青海电视台组建而成。青海人民广播电台成立于1949

年9月，全天播音68小时20分，使用汉、藏双语播出，节目制作播出实现了数字化，中短波和调频广播结合，基本上可以覆盖全省。青海电视台原名西宁电视台，1970年7月建成试播，1971年1月正式播出，1980年5月正式更名为青海电视台。青海电视台所属的青海卫视频道定位于"以地球环境科学为特色的综合频道"，是中国第一个全面关注地球环境、生态环境以及人类生存发展现状的特色频道。青海广播电视台将使用原青海电视台台标，统一呼号为"青海广播电视台"，保留原青海人民广播电台的4套广播节目。各套节目的名称、定位、传输方式、覆盖范围和技术参数都不变。青海广播电视台直接管理各套广播、电视节目，广播电视台将努力加强和改进重大主题宣传、典型报道、热点引导、舆论监督，不断增强宣传的吸引力、感染力。着力打造西部有影响力的一流广播电视台，以数字内容生产开发为核心，着力构建采、编、播、存、用为一体化的数字播出体系，以科技创新带动体制、机制创新，为高原地区广播影视发展提供强大的动力。（LSH）

青海电视台 青海电视台成立于1970年7月，原名西宁电视台，1970年7月建成试播，1971年1月正式播出。1980年5月正式更名为青海电视台。有青海卫视、青海经济生活、青海都市、青海藏语卫视四套节目。青海电视台自办的汉、藏语固定栏目有二十多个，其中有新闻、社教、经济、文艺、外宣、科技、少儿、生活服务和计划生育等类型。并先后摄制了一批立足青海，面向全国乃至世界，以大力宣传社会主义精神文明，弘扬民族优秀文化，具有民族特色、高原特色、艺术上乘的电视社教、文艺节目和电视剧，从而形成了青海电视台自家鲜明的创作风格，其中部分节目在国内电视界具有一定影响。多年来，一些作品在国家、地区以及省内各类评奖中获奖。从1992年开始的中宣部全国精神文明"五个一工程"作品评选中，青海电视台摄制的各类节目多次获奖，其中：电视艺术组片《上下五千年》、纪录片《青海湖之波》、歌曲《青海人》先后获入选作品奖；系列片《走向西藏》、电视剧《魂归可可西里》获提名作品奖。在历届全国电视文艺"星光奖"评选中，青海电视台摄制的文艺片《羯鼓谣》、专题艺术片《梦界》《西藏的诱惑》《格拉丹东儿女》、文艺片《新春的哈达》《在那遥远的地方》《在这吉祥的地方》《欢腾的雪域》《西部新春大联欢》《青海情》、曲艺TV《王大妈回娘家》、藏戏《藏王的使者》和文艺栏目《河湟风》均先后获奖。在"中国新闻奖"评奖中青海电视台采制的新闻《无手教师——马复兴》《军营临时家属院》《高寒牧区的先进党支部标兵——当前村党支部》、专题片《她的名字叫赵绪兰》《为了生命的永存》榜上有名。青海电视台立足青海，以青藏高原独有的生态和文化资源，打造自身地域品牌和文化个性，已成为以新闻节目为主，电视剧、文艺节目为辅的全新频道，是了解青海，展示青藏高原经济发展的窗口。（LSH）

青海人民广播电台 青海人民广播电台成立于1949年9月。多年来经过不断地更新改造技术设备，全台汉语、藏语节目制作播出实现了数字化，节目播出质量大为改善。通过重点抓节目精品，突出品牌栏目，青海人民广播电台已经探索出一条发展之路。广播电台积极探索改革发展之路，取得了明显效果。特别是2003年，以全国"广播发展年"为契机，全面推进机构、人事和分配制度改革，按照广播频率化，频率专业化的原则，设立了新闻综合、经济、交通音乐和藏语4个专业频道，以及新闻中心、技术中心、办公室、总编室，使得电台新的节目播出框架和部门构成更加符合现代广播的发展要求。青海人民广播电台现使用中波、短波和调频共12个频率，全天播音68小时20分，中短波和调频广播结合，基本上可以覆盖全省。全台4个频率的节目通过3S卫星传播，覆盖面进一步扩大。同时，有4个频率的节目还实现了网上播出。近年来，经过不断地更新改造技术设备，全台汉语、藏语节目制作播出实现了数字化，节目播出质量大为改善。通过重点抓节目精品，突出品牌栏目，节目质量提高很快，先后已有多部广播剧及稿件、栏目分获全国和青海省"五个一工程"奖、中国新闻奖和中国新闻名专栏奖。青海人民广播电台还定期或不定期地向中国国际广播电台、中央人民广播电台和全国数十家省、直辖市广播电台提供节目和稿件，有效地依托全国大广播的系统优势，增扩了西北内陆省份对外宣传的渠道。（LSH）

青海交通音乐广播电台 青海交通音乐广播电台成立于1999年6月，是青海人民广播电台下属的一个专业电台。广播电台采用调频立体声播出，节目在当地实现了全天16小时转播，节目信号覆盖市区及周边各县，其中东到平安，南到湟中，西到多巴及湟源峡，北到大通回族土族自治县及周边村镇，以上各地都可以收听到节目。电台节目突出了服务性、大众性，寓教于乐，还可根据听众的需要安排特殊的专栏节目。自开办以来，以服务社会、服务大众为己任，贴近群众、贴近实际、贴近生活，内容新颖、风格活泼，深受社会各界人士的喜爱，是青海目前听众最多、反响最强的媒体。根据有关部门对交通音乐广播的收听调查表明，每天收听交通音乐广播的听众人数可达七八十万人次。目前，青海全省各州、地、市、县都收听到青海交通音乐广播的节目。青海交通音乐广播节目的主要栏目有《交广伴你行》《在路上》《车行天下》《音乐会说话》《星空星语》《魅力青海》《大嘴美食坊》等十几档节目。广播电台以"贴近生活，服务大众"和"频道专业化，节目生活化"的特色，赢得了广大听众的喜爱。为了切实做到节目贴近大众，青海交通音乐广播电台不断地调查听众群，细化听众的文化层次、社会层面，分析每一层次听众的收听喜好，从而精心为不同的听众量身定做不同的品牌节目，使广播电台的节目成为针对性强、娱乐气氛浓郁、服务职能突出的文化栏目。（LSH）

（三）新闻出版机构

青海日报 《青海日报》创办于1949年10月，是中共青海省委机关报。日报是党和政府与广大人民群众联系的桥梁和纽带，是展示青海省改革开放成果的窗口，是青海省发行量最大、最具权威性、指导性和感召力的综合性大报。《青海日报》是在原中国人民解放军一军政治部主办的对开半张刊物《新闻》的基础上创办起来的。创办初期到1992年8月，一直使用铅版印刷。1992年9月，第一张胶版印刷的《青海日报》试印成功，同月试印的第一张彩色《青海日报》也诞生了，同年12月，《青海日报》正式实现了激光照排和胶版印刷，这是历史上前所未有的一场技术革新，把具有高清晰度的报纸呈现在了广大读者面前。2004年1月，《青海日报》采编网络建成并投入使用，这标志着《青海日报》信息化建设迈上了一个新的台阶。《青海日报》除及时报道国内、国际的重要新闻外，还用较大的篇幅翔实地报道青海省的政治、经济文化、教育科技、卫生、体育等领域的新闻。主要栏目有《读者来信》《经济生活》《大市场》《环球经纬》《科技潮》《农村天地》《教育方圆》《人与法》《卫生大观》《学习周刊》《河湟涛声》《文化园站》《江河源》《周末版》。《青海日报》为适合市场需求，适应读者口味，实施了多种报业改革，进入2003年后发行量（包括邮局发行和零售）迅猛增加到了14万余份，报纸的版面由对开四版扩增到每周一、三、五为对开八版。同时《青海日报》广告业务已涉及全国各大中小城市，并以良好的信誉和完善的服务与诸多广告界朋友建立了良好的长期友好的合作关系。（LSH）

青海藏文报 《青海藏文报》创办于1951年1月，是全国创刊最早的藏文党报，是中共青海省委宣传部主管、青海日报社主办的中共青海省委民族文字机关报。创刊初期为旬刊，四开四版。藏汉文对照，全部赠阅。同年12月改为周刊，1956年1月改为五日刊，对开四版，1957年1月改为周双刊，仍为对开四版，1959年1月改为对开四版周双刊。1962年4月《青海藏文报》改名为《青海藏民报》，1963年9月改为周刊，同年10月恢复原来的藏汉文对照。1965年1月重新启用《青海藏文报》的报名。1969年1月改为周三刊，有重大新闻时配发汉文。1971年3月改为藏汉文对照，开始订阅。1967年10月由四开改为对开，并从1978年5月起，全部改为藏文，除省内发行外，在四川、西藏、甘肃等省区都有订户。报纸的办报宗旨为：坚持正确的舆论导向和"三贴近"原则，多角度、多层次地宣传党的理论和路线、方针、政策，宣传地方改革开放和社会主义现代化建设重大成就，宣传党的民族政策，提供反映地方经济社会建设成就、促进地方发展的信息资讯和科学文化知识。为增强报纸的地方特色和民族特色，配合不同时期宣传的需要，报纸先后设立了固定和不固定的许多栏目和专页，现在主要有《本省要闻》《盾剑生辉》《科教晨曦》《农牧经济》《大市场》《博览窗》《文海汇珍》《生活百味》《邻近省区》《文艺副刊》等。改版后的《青海藏文报》版面设计活泼清新，内涵更加丰富厚重，设置了《综合要闻版》《地方新闻版》《国内要闻版》《国际要闻版》《藏区新闻版》，每期还增加了四个深度报道版和近十个版的专页，既有时政新闻，又有政策传递，既有深度报道，又有文娱服务，栏目更丰富，内容更多彩。（LSH）

西海都市报　《西海都市报》创办于1998年10月，是青海省委宣传部主管、青海日报社主办，覆盖青海省、向全国公开发行的省级综合性市民生活报。都市报下设新闻部、出版部、专刊部、办公室、广告部、发行部、3个记者站，12个报纸发行站，形成了自我完善的采编、经营、发行系统网络，报社的综合实力不断得到增强。创刊以来，在三十多个专页轮流见报的基础上，打造出具有特色的品牌栏目《明察暗访》《西海调查》《社会写真》《都市热线》《市民直通车》《北山茶园》《社会新闻》，等等，这些专栏、专页以其典型意义和指导性，为广大读者喜闻乐见，更成为《西海都市报》发展中的有力支点。同时，《西海都市报》还推出《文娱新闻》《高原风情》《寻常日子》《情感话廊》《家电消费》《昆仑》《文艺副刊》《西海漫画》等专页，雅俗荟萃，使不同层面的读者在这里各取所需。《西海都市报》按照"政治家办报，市场化运作，企业化管理，优质化服务"的总体发展思路，拥有了自己日益扩大的、稳固的读者群体。发行量逐年成倍递增，广告收入翻番上升，确立了自己"青藏高原上市民生活报第一家"的地位。据青海省统计局统计，2010年1月至11月，青海省报刊订购累计5758.38万份，较2009年同期增长7.5%。在所有报刊中，《西海都市报》发行量遥遥领先，居全省首位。2010年《西海都市报》发行量较上年增长20%，连续8年稳居省内报刊发行量第一。（LSH）

青海法制报　《青海法制报》创办于1981年6月，是中共青海省委政法委机关报，也是青海省唯一的法制类大报，面向全国公开发行。《青海法制报》除及时地报道国内、省内重大新闻外，还用较大篇幅介绍精神文明建设和综合治理典型及普法动态，通过新鲜、生动、翔实的报道展示普通百姓的文化生活、伦理道德及经济等方面的生活，以民事、行政、经济、刑事案例释法，为广大群众学法用法服务。《青海法制报》的宗旨是紧密配合党的中心工作，宣传党和国家关于政法工作方针、政策，宣传宪法和各种法律、法令，普及法律知识，报道民主与法制建设的成就，展示政法战线和行政执法战线上的新面貌，为青海的改革开放和经济建设服务。《青海法制报》创刊以来，沐浴改革开放的春风，伴随着国家法制建设的进程，目前已成为在省内具有一定影响力的媒体。为了适应读者需求，2009年报纸在原有《综合新闻》《环球要闻》《法苑服务》等十几个版的基础上增加了《美丽家园》《车天地》《交通周刊》《每周质量报告》《透视案例》《庭审现场》《侦破纪实》《周末说法》等栏目。报纸用求真、求实、求新、求变的理念，给读者朋友提供一个温馨的服务平台。《青海法制报》全面覆盖青海省公、检、司、党政机关及行政执法、行业主管部门、企事业单位，尤其是加大省内各州县的报道，覆盖率高于其他同类媒体。（LSH）

青海人民出版社 青海人民出版社成立于1954年5月，1975年挂青海民族出版社副牌，全称为青海人民（民族）出版社。2010年更名为青海人民出版社有限责任公司，转制为经营性文化企业，自主经营、自负盈亏。现设政史、文少、科技、美术4个编辑部和行政办公室、总编办公室、财务部、发行部、教材出版部、纸张经营部等10个内设机构，与青海雨露出版传媒有限责任公司合署办公。现有员工70人，年出版图书300余种。60多年来，青海人民出版社始终以服务社会、服务人民和传播优秀文化为己任，依托青藏高原自然与人文资源优势，挖掘青海多元历史文化和民族文化，在省内外众多文史名家的大力支持下，形成了独有的出版风格。转制后，新一届班子坚持解放思想，深化改革，着眼于公司基础建设和持续进步；坚持多元并举，转型升级，追求企业增长的品质和质量；坚持社会效益、经济效益，强化人民社主流出版地位和社会责任。特别是立足于建设青海文化名省，围绕政府中心工作，相继推出《青海世居少数民族简史丛书》《西部散文系列丛书》《藏地原创系列丛书》《藏传佛教视觉艺术典藏丛书》《青海简史》《青海之书》《唐蕃古道》《秘境青海》《青海非物质文化遗产名录图典》《玉树生死书》《守望三江源》等一批具有鲜明时代背景、文化品质和传承价值的优秀图书，得到业界肯定和读者的认可。出版图书获省级以上优秀图书奖78种，获中国民族图书奖、中国图书奖、国家图书奖8种，1998年国家新闻出版总署授予"良好出版社"称号。（LSH）

青海民族出版社 青海民族出版社成立于1976年1月，在成立于1954年5月青海人民出版社挂青海民族出版社副牌，统一领导，业务分开。2010年根据中央关于深化文化体制改革的要求，青海民族出版社调整为青海省文化和新闻出版厅管理的公益性事业单位。现核定差额拨款事业编制60名，内设机构7个，业务部门5个，包括总编办公室、图书编辑部、民族文艺编辑部（《章恰尔》编辑部）、《刚坚少年报》编辑部、出版发行部。主要工作任务是传播和弘扬优秀民族文化，出版发行政治、经济、哲学、历史、宗教、古籍、辞书、文学、艺术、科技、少儿、教育类民族文字图书和《章恰尔》期刊、《刚坚少年报》，以及青海省中小学藏文教材的出版发行，并为藏、川、滇、甘等地藏区提供部分藏文教材型版。30多年来，青海民族出版社相继出版了《毛尔盖·桑木旦文集》，《夏嘎巴文集》（10卷）、《藏族十明文化传世经典丛书》（噶举系列20卷、宁玛系列20卷），《藏族格言大观》（6册），《藏传佛教神明大

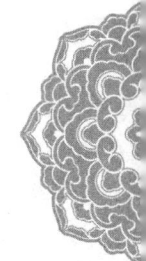

全》《章恰尔 20 年精品丛书》（8 册），《新编藏文字典》《般若八千颂》《惠民出版工程》《藏族文学史》等一大批具有鲜明时代特色、地方特色和民族特色的精品图书。其中，《毛尔盖·桑木旦文集》《藏传佛教神明大全》等 3 种图书获"中国图书奖"，《夏嘎巴文集》《章恰尔 20 年精品丛书》等 9 种图书获"中国民族图书奖"，先后有近 300 余种图书获得各类奖项。经过 30 多年的辛勤耕耘，青海民族出版社于 1988 年被国务院授予"全国民族团结进步先进集体"，1997 年被国家新闻出版总署评为"全国 150 家良好出版社"。（LSH）

青海省新华发行集团 青海省新华发行集团成立于 2005 年，是在原青海省新华书店的基础上改制组建的国有独资公司。母公司下属 9 个直属分公司、6 个全资子公司。公司资产总额原来有 1.55 亿元，拥有出版物发行网点 59 个，有员工 668 名。到 2006 年年底，图书销售额达到 2 亿元；巩固现有发行网点，使全省新华书店得到巩固和发展；80% 的集团成员单位实现计算机网络管理，改变传统的经营方式，加快图书流转，促进全省图书市场的繁荣。经过 2006—2007 年的努力，各公司基层门店已有很大改观，社会反响良好，销售量也有明显提高，特别是基层书店，一般图书销售比例普遍由过去不足 10% 提高到了目前的 15% 左右，部分书店达到了 20% 以上，加上城市店，集团一般图书和文化用品销售比例达到了 31%。到 2010 年，集团公司图书销售额达到 2.5 亿元；集团成员全面实行连锁经营，基本实现计算机网络管理，全面提升新华书店的品牌形象。对集团公司进行股份制改造，在国有资本控股的前提下，加快资本重组，实现国有控股、民营参股、职工入股的混合所有制经济，提高资本运作效率，提高新华书店的市场竞争力，确保新华书店的图书发行主渠道地位。（LSH）

（四）社科研究机构

青海省社会科学院 青海省社会科学院成立于 1978 年 10 月，是青海省唯一的哲学社会科学的专门研究机构。现设 12 个处级部门，其中科研及科研辅助部门 10 个，包括民族与宗教研究所、文史研究所、哲学社会学研究所、法学研究所、经济研究所、藏学研究所、《青海社会科学》编辑部、文献信息中心、科研处、培训中心。在职人员中，各类专业技术人员 56 人。目前有正高职称人员 12 人，副高职称人员 26 人；国家级专家 6 人、省级专家 4 人；省宣传文化系统"四个一批"拔尖人才和优秀人才各 1 人。社会科学院在省委、省政府的领导下，坚持"立足青海、面向全国、注重实际、突出特色"及"三兼顾、三为主"的科研方针，在基础研究和应用对策研究领域取得了显著成就。据统计，30 多年来共完成学术专著 151 部；社会读物、教材、工具书、资料汇编、古籍整理、译著 163 部；承担国家级课题34项，省级及省委、省政府有关部门委托课题110项；发表论文、调研报告3268篇。青海社会科学院注重具有地方特色和民族特色研究，逐步形成了自己的研究优势，在地方经济、地方历史文化、藏学、民族宗教、青藏高原生态环境等研究领域生产出了一批优秀科研成果，如《青海百科全书》《格萨尔学集成》《青海通史》《青海省建置沿革志》《觉囊派通论》《藏族部落制度研究》《青海少数民族》《甘青藏传佛教寺院》《中国密教史》《青海佛教史》《青海果洛藏族社会》《青海经济史》《青海史话》《五世达赖喇嘛传》《历代达赖喇嘛与中央政府关系研究》《青藏铁路沿线藏区人文环境评估》《中国藏区国家级贫困县的调查研究及对策建议》《江河源区相对集中人口保护生态环境研究》等。先后荣获中宣部"五个一工程"入选作品3项，省级哲学社会科学优秀成果一等奖8项，二等奖42项，三等奖100项，鼓励奖34项。青海社会科学院综合性学术期刊《青海社会科学》，坚持正确的学术导向，注重学术质量，2006年和2008年该刊连续两次入选"中文社会科学引文索引（CSSCI）来源期刊"。（LSH）

青海省文物考古研究所 青海省文物考古研究所成立于1997年4月，前身为青海省文物管理处考古队，1979年6月改为青海省文物考古队，1985年9月改青海省文物考古研究所。研究所下设研究室、文物保护室、技术室、资料室和办公室。研究所主要承担青海省内文物保护、调查、发掘与研究任务承担全省文物的考古、发掘、研究和保护工作，列事业编制43名、专业技术人员35名。20世纪80年代以来，发现不可移动文物3500处。主要成果有乐都柳湾、民和阳山等新石器时代晚期遗址的发掘；贵德尕马台、西宁沈那、民和喇家、循化阿哈特拉、湟中大华中庄、大通孙家寨、乐都双二东坪等青铜时代遗址的发掘；另外，大通孙家寨汉晋墓葬和都兰吐蕃墓群的发掘等也都取得了重大收获。1994年年底有工作人员49人，其中任高级专业技术职务者4人，享受国务院政府特殊津贴者1人，至1994年年底出版专著/部，发表论文200余篇，承担"七五"国家重点科研课题2项。共获省部级优秀科研成果奖22项，其中《青海柳湾》获中国社会科学夏鼐科技进步二等奖。从互助总寨马厂墓葬到平安县东汉画像，从乐都县西来寺的水陆画到都兰的吐蕃墓葬，青海高原的每个考古墓葬、遗址都留下了考古研究所工作人员的足迹。其中都兰吐蕃墓群和民和喇家遗址被评为全国十大考古新发现。建所以来出版和发表了一大批有较高学术质量的专著、考古报告和论文，其中获青海省社会科学奖多项，《青海柳湾》获中国社会科学院考古研究所夏鼐考古学研究成果二等奖。（LSH）

青海省《格萨尔》史诗研究所 青海省《格萨尔》史诗研究所成立于1985年，前身为青海省《格萨尔》工作领导小组办公室。研究所除了从事《格萨尔》史诗的搜集、整理、翻译、研究、出版等工作外，还对全省的整个《格萨尔》研究工作负有联络、协调、服务、指导和宣传等任务。研究所还受青海省《格萨尔》工作领导小组和省文联的双重领导，业务上受全国《格萨尔》工作领导小组办公室的指导。史诗研究所作为全国《格萨尔》研究重点单位，发挥地域优势，积极开展业务工作，通过实地考察、挖掘和采访不断涌现的民间《格萨尔》说唱艺人、举办《格萨尔》学术研讨会、开设《格萨尔》专题网站、记录整理出版《格萨尔》艺人说唱部本、建立青海省《格萨尔》研究基地、表彰从事《格萨尔》研究工作的单位和个人等举措，将《格萨尔》研究工作进行大胆的拓展和深入，使其呈现丰富多彩、蒸蒸日上的新局面。青海省《格萨尔》史诗研究所成立后，青海省的史诗工作得到了前所未有的发展。在新形势下，广大专业人员在工作中团结全省《格萨尔》研究工作者，开拓进取，取得了一系列重大科研成果。截至目前，已出版了30多部藏文民间史诗部本，完成了12部艺人说唱本的记录、整理工作，其中5部已正式出版发行，出版了8部汉译本，出版了11部研究专著。其中，《格萨尔新探》等4部专著分别荣获全省社会科学优秀成果二、三等奖。另外，研究所出版的《格萨尔儿童文学丛书》于2000年荣获全省"五个一工程"入选奖，2003年青海省《格萨尔》史诗研究所荣获全国民族团结优秀集体，受到了国家民委的表彰。（LSH）

（五）高等院校

中共青海省委党校 中共青海省委党校位于西宁市黄河路。学校始建于1951年3月，名为青海省干部学校。1956年7月，更名为青海省委党校。1991年10月，青海省行政学院和青海省社会主义学院分别成立，与党校实行三校合一体制。2007年，在青海省社会主义学院挂牌青海中华文化学院。2009年，在青海省委党校挂牌成立青海省中国特色社会主义理论体系研究中心。学校的主要职责是培训和轮训各级党员领导干部，宣传马克思主义等党的基本理论和国家的方针、政策；研究党的建设发展理论，培养和培训公务员及公共管理人员和政策研究人员，开展公共行政理论和政府管理创新研究，提供政府决策咨询，培训民主党派、无党派和统一战线其他方面人士，研究和宣传中国特色社会主义理论体系和党的统一战线理论、方针和政策，开展对港澳台以及海外文化交流等文化统战工作。截至2014年年底，学校下设处级机构25个，其中教学科研部门11个，包括哲学社会学、经济学、政治学（科学社会主义）、党史党建、公共管理、民族宗教学、法学、现代科技8个教研部和青海发展战略研究所、科研处、研究生部；同时，校院成立有三江源生态文明、藏学、人口资源与环境、社会伦理与精神文明建设、区域经济（循环经济）、人才理论、党的建设与反腐倡廉建设、公共管理与公共政策、民族宗教问题、统一战线理论与实践、现代企业11个非社团性质研究中心。学校核定人员编制374名，实有299名，其中公务员96名，专业技术人员113名。学校主办的刊物有：核心期刊汉文版和藏文版双月刊社科理论杂志《攀登》，半月报《青海学习报》。（LSH）

青海大学 青海大学位于西宁市宁大路，是国家"211工程"重点建设大学，也是国家重点建设的中西部14所高校之一。其前身为青海工学院，始建于1958年。1960年11月，青海工学院与青海农牧学院、青海医学院、青海财经学院合并为青海大学。"文化大革命"初期，青海大学被撤销。1971年，恢复成包括工、农两大学科在内的青海工农学院。1988年，更名为青海大学。1997年10月，青海畜牧兽医学院并入。2001年1月，青海省农林科学院、青海省畜牧兽医科学院、青海财经职业技术学院整建制划归。2004年，青海医学院并入，组建成新的青海大学。截至2014年年底，学校设有医学院、附属医院、农牧学院、化工学院、财经学院、农林科学院、畜牧兽医科学院、继续教育学院等15个院、26个系（部）和14个专业研究所；拥有国家重点学科2个、国家"211工程"重点建设学科7个、国家级特色专业6个；设有博士学位授权点5个、硕士学位授权点54个，硕士专业学位授权领域47个，本科专业71个；有国家级教学团队2个、国家级人才培养模式创新实验区1个、国家级实验教学示范中心1个、国家级精品视频公开课3门、国家级卓越计划项目9项、国家级大学生校外实践教育基地1个、国家级专业综合改革项目1项；有国家重点实验室1个、国家重点实验室分室1个。有中科院院士1人，教育部"长江学者奖励计划"特聘教授4人，国家"外专千人计划"专家1人，入选国家"百千万人才工程"等国家级人才15人，享受国务院政府特殊津贴专家28人，获"香港何梁何利基金科学与技术创新奖、霍英东教育基金会青年教师奖、中国侨界（创新人才）贡献奖"6人，全国及省级优秀教师、教育工作者、教学名师25人。近年来，学校获得各级各类科研项目1452项，获得资助经费4.7亿元。其中，国家科技支撑计划、国家重点基础研究发展计划（"973计划"）、国家高技术研究发展计划（"863计划"）、国家自然科学基金、国家哲学社会科学基金等项目289项。完成各类科研项目790项，获得成果488项，其中国际领先10项、国际先进32项、培育新品种35种。获得国家科技进步特等奖1项、二等奖1项，国家教学成果奖二等奖2项，教育部科技进步一等奖2项，青海省科学技术重大贡献奖2人次，青海省科技进步奖35项，青海省哲学社会科学奖13项。在国内外各种刊物上发表学术论文7900余篇。（LSH）

青海师范大学 青海师范大学位于西宁市，有五四校区、海湖校区及成都校区三个校区。其前身是1957年正式成立的青海师范专科学校。1958年，青海师范学院正式成立，

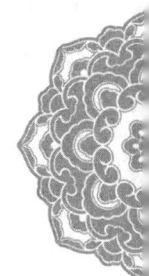

开始招收本科生。1960年，西宁师范学校和青海省教育学院并入。1961年，青海省艺术学校并入。1962年，青海师范学院并入青海民族学院，改为青海民族学院师范部。1964年，恢复青海师范学院。1965年，青海民族学院藏语系并入青海师范学院藏文系。1984年3月，更名为青海师范大学。学校以本科教育为重点，兼有研究生教育、留学生教育、成人教育和职业教育，学科专业覆盖文学、理学、历史学、教育学、哲学、经济学、法学、工学、管理学九大门类。学校是博士学位授予单位、西部地区理科藏汉双语教师培养培训重点院校、CALIS青海省文献信息服务中心、中国教育和科研计算机网络青海省主节点院校。截至2014年年底，学校设有二级学院和16个教学院系，23个研究机构和3所附属中学。有3个一级学科博士学位授权点，11个一级学科硕士学位授权点，5个专业硕士学位授权点，61个本科专业，各类学生13000余人，教职员工1361人，各类专业技术人员985人。其中教授222人、副教授338人，享受国务院政府特殊津贴专家21人。建有1个国家级教学团队，1个教育部创新团队，9个省级教学团队。2个学科团队入选青海省"人才小高地"建设项目，有6人入选教育部新世纪优秀人才计划，20人入选青海省"135"人才计划。（LSH）

青海民族大学 青海民族大学位于西宁市城东区八一中路，其前身是成立于1949年12月的青海省青年干部培训班。1956年9月，经国务院批准，正式定名为青海民族学院，成为青海省第一所高等院校。1964年，青海师范学院、青海畜牧兽医学院和青海医学院并入青海民族学院。2002年4月，青海师范高等专科学校并入青海民族学院。2005年，西宁铁路司机学校整体并入。2009年，经教育部批准，更名为青海民族大学。2011年，青海省人民政府与国家民委签订协议共建青海民族大学。2013年，入选国家"中西部高校基础能力建设工程"项目高校。截至2014年年底，学校有21个学院、3个直属教学系部，学科专业设置涵盖文学、理学、法学、经济学、管理学、教育学、历史学、医学、工学等门类，有56个本科专业、10个硕士学位授权一级学科、78个二级硕士学位授权点、5个专业硕士学位点；有1个国家级实验教学示范中心、1名国家级教学名师、1个国家级教学团队、3门国家级精品课程、4个国家级特色专业、1个国家级科研机构；有13个省级重点学科、8个省级重点实验室、6个实验教学示范中心、43门省级精品课程和省级重点建设课程、9个省级科研机构和16个校级科研机构。全校共有1118名教职工，其中专任教师650人，终身教授6名，教授、研究员163名，副教授、副研究员271名，专任教师中具有博士、硕士学位的教师453人。近年来，学校共承担各级各类科研项目334项，其中国家级、省部级233项。编辑出版《青海民族研究》《青海民族大学学报》（哲学社会科学版）、《青海民族大学学报》（藏文版）和《青藏高原论坛》4种国内外公开发行的学术性期刊。（LSH）

青海广播电视大学 青海广播电视大学位于西宁市五四西路,是一所运用广播电视、文字音像教材和计算机网络等多媒体手段进行现代远程开放教育的新型高等学校。截至2014年年底,学校下设办公室、组织人事处(纪委)、教务处、财务处、教学指导中心、教育技术中心、开放(网络)教育学院、继续教育学院、职业教育学院、后勤服务中心9个部门、学院,8所州、市级电大,16所县级电大及教学点。省校有教职工109人,其中高级职称专业技术人员41人。建校以来,青海广播电视大学顺应社会发展需求,坚持面向地方、面向基层、面向农村、面向边远和民族地区办学,为全省经济建设和社会发展培养了一大批"留得住、用得上、下得去、干得好"的应用型专门人才,成为一所高水平的提供全天候教学服务的开放大学,已培养出8万多名高等学历教育毕业生,计有10万多人次的非学历教育学员接受了岗位技能培训。有各类学历教育在校生19500人,非学历教育年培训达25000余人次,为构建终身学习体系、建设学习型社会做出了新的贡献。学校将卫星电视和计算机网络结合起来,与中央电大及基层试点单位建立了"天地人网相结合、三级平台互动"的网络教学支持服务环境,实现了远程教学的数字化、多媒体、交互性,探索了基于网络环境下的开放教育教学模式和教学管理模式。(LSH)

新疆卷

一 物质文化资源

（一）地理文化资源

1. 自然保护区

天池国家级自然保护区 天池国家级自然保护区位于乌鲁木齐东北100千米，博格达峰北坡山腰。天池自然保护区可分为大天池北坡游览区、大天池游览区、十万罗汉涅槃木山游览区、娘娘庙游览区和博格达峰北坡游览区，每区八景，共四十景。天池东南面就是雄伟的海拔达5445米的博格达主峰。天池自然保护区是以高山湖泊、云杉林和雪山景观为特色的国内著名避暑旅游胜地。1980年被列入自治区级自然保护区名录。1990年联合国设立的"博格达人与生物圈保护区"把天山天池风景区纳入保护区范围。近年来，由于厄尔尼诺现象导致气候异常，也由于历史原因造成的过度砍伐和不合理放牧，天池上游地区森林、草场退化严重，降低了流域的水分涵养能力，天池面积严重缩小。为了保护天池，同时更合理地进行旅游开发，促进天山北坡经济带的发展，2002年起，相关部门对天池自然保护区域进行专门调查研究，并启动一项旨在恢复生态、救护天山天池的项目。2013年被列入全国湿地自然保护区名录。（SGH）

博格达峰国家级自然保护区 博格达峰国家级自然保护区位于阜康市境内，天山博格达峰北麓，准噶尔盆地古尔班通古特沙漠南缘，总面积2170平方千米。保护区由天池自然保护区和中国科学院阜康荒漠生态站两部分组成，保护对象包括濒危动物、森林、草原、天山风景区及荒漠绿洲。保护区内的博格达峰海拔5445米，是天山山脉东段的著名高峰，峰顶积雪终年不化，皑皑雪山与山谷中的天池绿水相映成趣，构成了当地高山平湖的优美景色。除了遮天蔽日的原始森林和风光如画的山甸草原，还蕴藏着丰富的煤炭、菱铁矿和云母等数十种矿物。群山之巅发育着现代冰川，每逢盛夏季节，冰雪融水滔滔而下，汇成30多条河流，浇灌着绿洲沃野。从博格达山北坡的峡谷攀援而上，既能看到山清水秀的牧场，也可以探寻雪厚冰坚的世界。博格达峰的冰川积雪，与山谷中的天池绿水交相辉映，使这里成为一个风光独特的避暑胜地。该保护区是新疆维吾尔自治区第一个，也是中国第七个被纳入联合国"人与生物圈"网络的保护区。2013年被列入国家级自然保护区。（SGH）

巴音布鲁克国家级自然保护区 巴音布鲁克国家级自然保护区位于和静县西部天山山脉中段的尤尔都斯盆地，是目前我国国内最大的天鹅繁衍栖息地。区域面积1000平方千米，海拔2500米。盆地内山势平坦，周围山地冰雪融水汇聚形成湖泊、沼泽，草类生长繁茂，为水禽的生活、繁殖提供了良好自然条件。保护区内水禽约有20多种，以大天鹅为主，此外还有小天鹅、疣鼻天鹅、斑头雁等珍稀鸟类。每年春暖花开时，天鹅从印度洋翻越喜马拉雅山脉来此繁衍生息，最多时可达数万只，景象十分壮观。1980年建立国家级自然保护区，主要保护对象是湿地和天鹅。（SGH）

布尔根河狸国家级自然保护区 布尔根河狸国家级自然保护区位于新疆维吾尔自治区北部、阿尔泰山东南缘青河县境内的布尔根河段，占地面积8.8平方千米，主要保护对象是珍稀动物河狸。该地区为河谷平原，在峡谷处有少量山地。布尔根河是一条由东向西的河流，发源于蒙古国境内，流入我国50千米后，与青格里河汇入乌伦古河。本河段穿行于阿尔泰山东南缘余脉的群山间，主要水源为阿尔泰山融化的积雪。青河县查干郭勒乡布尔根河流域保护区内设有河狸保护站，

该站成立于1980年，主要保护对象是世界稀有动物河狸及赖以生存的自然环境。河狸也叫海狸，身长60～70厘米，色灰黑，是最大的啮齿类动物。河狸是古脊椎动物的一种活化石，是一种濒危的珍稀野生动物，是国家一级保护动物。1981年被列入国家级自然保护区名录。（SGH）

托木尔峰国家级自然保护区 托木尔峰国家级自然保护区位于阿克苏地区温宿县境内，属森林生态系统类型自然保护区。保护区东西长105千米，南北宽28千米，总面积2376平方千米，保护对象是现代冰川、山地、荒漠、草原、森林混合生态系统。自然保护区内高等植物有382种，隶属60科238属。真菌167种，地衣19种，不完全地衣2种。野生动物主要包括陆栖脊椎动物77种，昆虫1000余种。其中国家一级重点保护动物5种，包括雪豹、北山羊、金雕、玉带海雕、胡兀鹫。从第四纪以来，由于地壳运动和气候变化，该地区曾发生过多次冰期与间冰期，留下了丰富的冰川遗迹，其中较为典型的有木扎尔特河和台兰河的第四纪冰川遗迹。托木尔山岳冰川区，不仅是天山最大的冰川作用中心，也是世界上著名的山岳冰川区之一。作为我国少有的高山保护区，区内冰川、自然地理、干旱区野生动植物及其生境都极具科研价值。托木尔峰是中国境内天山山脉的最高峰，海拔7435.3米。保护区建于1980年，2003年被列入国家级自然保护区名录。（SGH）

阿尔金山国家级自然保护区 阿尔金山国家级自然保护区位于阿尔金山南部，东昆

仑山北部，西起若羌和且末两县分界线，东至新疆与青海两省区交界处，北到阿尔金山南部的祁曼塔格山，南为新疆与西藏分界的东昆仑山脉，东西长360千米，南北宽190千米，总面积为44940平方千米。阿尔金山自然保护区是中国设立最早、受保护面积最大的高原荒漠生态系统保护区，保护区四周高山环绕，最高的慕士塔格峰，海拔6973米。区内有现代冰川、高原湖泊和高原沙漠与种类繁多的藏野驴、藏羚羊、野牦牛、野骆驼及黑颈鹤、藏雪鸡、白肩雕、玉带海雕等珍禽异兽，连同241种野生植物，堪为高原奇观。深居内陆的地理位置，周缘地域严酷的自然条件和高山深壑阻隔使这里人迹罕至，接近原始状态的高原生态系统为开展生态学研究提供了理想场所。保护区还有丰厚的人文资源，这里遗留着两处远古时代的遗址和数以千计的藏文石刻经片及年代不详的木碗、古铜器、木勺等，为高原盆地增添了神秘而诱人的色彩。保护区1983年成立，1986年被列入国家级自然保护区名录。（SGH）

罗布泊野骆驼国家级自然保护区 罗布泊野骆驼国家级自然保护区位于新疆东南部，塔里木盆地东部，面积7.8万平方千米，是典型的极旱荒漠类型保护区，也是世界极度濒危物种野骆驼的模式产地。保护区地处温带、暖温带荒漠地带，气候干旱、植被稀疏，自然条件十分严酷。在恶劣的自然环境中，仍有多种独特的珍稀荒漠动、植物物种分布，这些生物不仅具有特殊的基因类型，同时又是罗布泊地区脆弱的生态系统的重要组成部分。除了野骆驼，还有塔里木兔、野马、天鹅、丛林猫。保护区涉及新疆维吾尔自治区吐鲁番地区、哈密地区与巴音郭楞蒙古自治州的10个县镇，北为托克逊县、吐鲁番市、鄯善县、哈密市，西部为尉犁县及若羌县，南部以阿尔金山脉为界与青海省相邻，东部与甘肃省阿克塞哈萨克族自治县、敦煌市接壤。保护区所涵盖的荒漠地带，干旱缺水，植被稀疏，交通不便，是辽阔的无人区，为野生动物提供了良好的生存空间。1986年建立自治区级"阿尔金山野骆驼自然保护区"。2000年被批准更名扩大为"阿尔金山—罗布泊野骆驼自然保护区"。2003年被列入国家级自然保护区名录。（SGH）

西天山国家级自然保护区 西天山国家级自然保护区位于伊犁哈萨克自治州巩留县东部，被誉为"天然基因库"，保护区坐落在中天山西部，伊犁河支流大吉尔格郎河中游南岸，在中天山支脉那拉提山的北坡。这里有世界唯一的野核桃林，主要保护对象是云杉林及其生态环境。保护区自然条件优越，生物组合奇异，生态系统独特，具有很高的自然保护价值和科学研究价值。保护区属森林生态系统类型自然保护区。保护区南北长28千米，东西宽14千米，总面积312.17平方千米。保护区动植物资源丰富，初步统计已发现高等植物752种，陆栖脊椎动物146种，哺乳纲35种。其中国家一级保护动物有黑鹳、金雕、白肩雕、雪豹、北山羊5种，国家二级保护动物有棕熊、马鹿、盘羊、高山雪鸡等19种。保护区不仅是一个独具特色的物种资源库，而且保护区内环境优美，气候宜人，风景秀丽，为旅游和避暑胜地。保护区前身是1983年成立的巩留雪岭云杉自然保护区，2000年被列入国家级自然保护区名录。（SGH）

甘家湖梭梭林国家级自然保护区　甘家湖梭梭林国家级自然保护区位于准噶尔盆地西南部，属艾比湖盆地，保护区地跨新疆塔城地区乌苏市和博尔塔拉蒙古自治州精河县，属荒漠生态系统类型的自然保护区，总面积546.67平方千米。新疆甘家湖梭梭林国家级自然保护区是准原始状态下，世界上面积最大、保护最完整的荒漠梭梭天然次生灌木林区。该区地理位置独特，自然景观优美，野生动、植物种类繁多，生态作用尤为突出，是新疆天山北坡经济带的天然屏障。这里是中国乃至世界上为数不多的以珍稀荒漠树种白梭梭母树林、梭梭为代表的荒漠植被和保护区内的野生动物及其生态为主的荒漠类型的保护区。梭梭为藜科梭梭属植物，属旱生、超旱生灌木或小乔木，是构成梭梭荒漠的主体。梭梭是温带荒漠地区的地带性植物，它的分布横跨欧亚大陆。在我国境内梭梭分布于西北各地，其中68.2%分布在新疆准噶尔盆地。新疆梭梭分布面积为我国梭梭分布面积的72.3%。甘家湖梭梭林区则是准噶尔盆地的精华，中国的白梭梭仅在此盆地分布。梭梭具有"沙漠活煤"之称，梭梭的燃烧值优于煤，火力强，经久不息。甘家湖林区的荒漠生态林是整个北疆地区的"生命保护线"，该区任务是保护生物多样性，包括生态系统、濒危物种、遗传资源的保护。1983年被批准建立自治区级自然保护区，2001年被列入国家级自然保护区名录。（SGH）

哈纳斯国家级自然保护区　哈纳斯国家级自然保护区位于阿勒泰布尔津县，西与哈巴河县毗连，西北部与哈萨克斯坦、北与俄罗斯、东部与蒙古国接壤。区内森林、草原、草甸相间交错呈垂直分布，顶峰保存有完整的第四纪冰川，哈纳斯湖碧波荡漾、神秘诱人。区内的森林植被基本处于原始状态，其优势树种为西伯利亚特有种，是我国唯一的泰加林景观。本区物种资源非常丰富，有列入国家重点保护物种的雪豹、盘羊、猞猁、紫貂、黑琴鸡、松鸡、天鹅、雪兔、草兔、海狸等。保护区自然生态系统保存完整，是我国唯一的欧洲—西伯利亚生物区系的代表，具重要的保护价值和科研价值。本区域旅游资源丰富，区内著名哈纳斯湖相传乃古之瑶池，是中国神话《山海经》中西王母喜居之地。1980年经新疆维吾尔自治区人民政府批准建立，主要保护对象为寒温带针阔叶混交林生态系和自然景观。1986年被列入国家级自然保护区名录。（SGH）

塔里木胡杨国家级自然保护区　塔里木胡杨国家级自然保护区位于塔克拉玛干大沙漠北缘，塔克拉玛干沙漠北部，在巴音郭楞蒙古自治州尉犁、轮台两县境内，属戈壁荒漠、大陆性荒漠、半荒漠生物群落的类型，属森林类型的自然保护区。保护区为典型温带大陆性平原区荒漠气候。保护区东西长109.7千米，南北宽47.1千米，总面积为

3954平方千米,主要分布在塔克拉玛干沙漠周围,以塔里木河、叶尔羌河和和田河两岸以及塔里木盆地南缘许多河流的下游最为集中,形成千里"绿色走廊"的独特自然生态景观。塔里木盆地现保存有胡杨林2000多平方千米,木材蓄积量大约460多万立方米,也是目前世界上原始胡杨林分布最集中、保存最完整、最具代表性的地区。保护区分布有许多具有重要科研、经济、文化价值的珍稀濒危野生动植物种类。古罗布泊人曾在此世代繁衍生息,他们独特的生产、生活方式及文化在这里仍有遗存,具有很高的人文保护和研究价值。1984年建立自治区级自然保护区,主要保护对象为河岸胡杨林生态系统及珍稀动物资源。2006年被列入国家级自然保护区名录。(SGH)

塔城巴尔鲁克山国家级自然保护区 塔城巴尔鲁克山国家级自然保护区位于塔城地区裕民县、托里县,总面积为1150.373平方千米,主要保护对象为新疆巴尔鲁克山森林生态系统、野巴旦杏以及野苹果等种质资源与雪豹等重点保护野生动物、雪岭云杉林等森林生态系统。保护区总面积的89.5%位于裕民县境内,其余的10.5%位于托里县境内。该保护区地处阿尔泰山泰加林生物群落向天山式荒漠生物地理群落过渡带,生境原始,生物多样性丰富,区内现存有世界最大面积的野巴旦杏林16平方千米,具有重要的科研和保护价值。国家一级重点保护野生动物有金雕、北山羊、大鸨和雪豹4种,国家二级重点保护野生动物有棕熊、鹅喉羚和马鹿等44种。巴尔鲁克山自然保护区是新疆历史上建立的第一个自然保护区,成立于1980年,原名为巴旦杏自然保护区,2004年扩建为巴尔鲁克山自然保护区,保护对象为珍贵植物——野巴旦杏以及其他野生动植物的生存环境。2014年被列入国家级自然保护区名录。(SGH)

夏尔西里国家级自然保护区 夏尔西里国家级自然保护区位于博乐市北部山区,面积314平方千米,是典型的高山森林草原地貌。该自然保护区位于阿拉套山中段,海拔在1210~3670米之间,属温带大陆性气候,保护区内沟壑纵横,水源丰富,整个区域林草植被丰富,森林覆盖率达97%,被誉为走不出的阿拉套山。新疆夏尔西里自然保护区是位于国境线上的集森林、草原与草甸、内陆湿地和荒漠为一体的综合性自然生态保护区,这里重山叠翠,群岭起伏,绿草连绵,林木葱郁,保护区内有极其丰富而珍贵的野生动植物资源。夏尔西里自然保护区被誉为"人间最后的净土和不可多得的天然基因库",2000年被批准为自治区自然保护区,2003年被列入国家级自然保护区名录。(SGH)

霍城四爪陆龟国家级自然保护区 霍城四爪陆龟国家级自然保护区位于伊犁哈萨克自治州伊犁地区霍城县北部22千米的芦草沟,保护区面积为350平方千米。该保护区东边不远即是赛里木湖和果子沟,西出果子沟,便是前山黄土丘陵分布区,这里海拔700~1000米,为蒿属半荒漠草原灰钙土带,平缓的山坡上,生长着覆盖度不大的茵陈蒿、喀什蒿、木地肤等，这一带的山洼，即是霍城四爪陆龟的家园。1983年经新疆维吾尔自治区人民政府批准建立保护区，保护对象为珍稀动物四爪陆龟及其生存环境。2016年被列入国家级自然保护区名录。（SGH）

伊宁小叶白蜡国家级自然保护区 伊宁小叶白蜡国家级自然保护区位于伊宁市东南部，喀什河汇入伊犁河河口地带，面积4.05平方千米。从伊宁市沿国道向东南约90千米，到雅马渡大桥前，就是伊宁小叶白蜡自然保护区，保护对象为第三纪孑遗植物小叶白蜡及其生境。1983年经新疆维吾尔自治区批准建立自然保护区。2016年被列入国家级自然保护区名录。（SGH）

卡拉麦里有蹄类自然保护区 卡拉麦里有蹄类自然保护区位于卡拉麦里山一带，范围北起乌伦古河、南至卡拉麦里南缘，西至库尔班通古特沙漠东缘，东至二台—奇台—木垒公路以西。区域跨奇台、吉木萨尔、阜康、青河、富蕴、福海六县，总面积1.4万平方千米。区内属国家保护的珍稀动物有蒙新野驴、普氏野马、盘羊、鹅喉羚（黄羊）等。位于五彩湾和奇台县境内的将军戈壁，都在这一保护区范围内。卡拉麦里山是一条东西走向的低矮山脉，这里地貌复杂，植被丰富，水源充足，人迹罕至，适宜野生动物繁衍生息。目前这里保护的主要对象——蒙古驴已发展到700余头，鹅喉羚（黄羊）已有1万余头。此外，还有野骆驼、普氏野马、盘羊、兔狲等各种有蹄的珍稀野生动物，红隼金雕、大鸨、沙鸡等鸟类以及沙蜥等爬行动物，这些物种都有不同程度的繁殖增加。国道216公路纵穿这片保护区。该保护区具有重要的科学价值和观赏价值，是科学考察和探险旅游的理想地区，1986年被列入自治区自然保护区名录。（SGH）

奇台荒漠草原自然保护区 奇台荒漠类草地位于准噶尔盆地东南缘，奇台县境内中部平原区，总面积384.19平方千米。据调查，共有种子植物27科94属139种，占全疆种子植物总科数的22.11%，总属数的14.01%，总种数的4.30%。与世界及我国其他荒漠相比，该保护区植物种类较丰富，而且大部分植物科、属的系数较大；本区系的温带成分属占优势；同时，地中海、西亚至中亚分布也是本区系重要组成部分；同时，种的地理成分以干旱的中亚分布为骨干，兼有地中海、西亚至中亚分布等；藜科植物在保护区有特殊地位，本区系具有明显的古老性，珍稀植物资源较丰富，保护区具有重要的保护价值。奇台荒漠草地自治区自然保护区建于1986年，1995年被列入中国生物圈保护区网络。（SGH）

新疆北鲵自然保护区 新疆北鲵自然保护区位于天山的苏鲁别珍山谷，博尔塔拉蒙古自治州温泉县西部，博尔塔拉河上游，这里是珍贵濒危物种、国家二级保护动物新疆北鲵理想的栖息之地，面积6.95平方千米。1994年6月，新疆北鲵被自治区政府列为一级保护动物。为模拟天山苏鲁别珍新疆北鲵栖息地自然环境，在离温泉县城8千米的国家AA级温泉博格达尔森林公园内设置建有新疆北鲵展览馆。为加强保护，自治区政府派专人保护，禁止人畜入内，对保护区进行封闭性保护，主要保护对象是新疆北鲵及其生态环境。1997年12月被批准成立新疆北鲵自然保护区。（SGH）

新源山地草甸类草地自然保护区 新源山地草甸类草地自然保护区位于新疆东天山西部伊犁哈萨克州新源县境内，那拉提山与塔什帕尔山之间的恰普河山间谷地，海拔1800～3700米，南与巴音郭楞蒙古自治州的和静县巴音布鲁克盆地相邻。保护区三面环山，呈锐角向东的三角形，并向西面敞开，其气候属湿润大陆性中温带气候，春夏凉爽，秋季冷空气侵入快，冬季积雪厚，严寒时间长。年平均气温2℃，无霜期0～80天，年降水量为700～900毫米，并随海拔升高降水量增加。该保护区是我国唯一的山地草甸类草地自然保护区，主要保护对象是草原草甸和野生牧草近缘种，主要保护山地草甸的生态，草地植物群落的多样性。1986年建立自治区级自然保护区，1993年被列入中国生物圈保护区网络。（SGH）

塔什库尔干野生动物自然保护区 塔什库尔干野生动物自然保护区位于新疆维吾尔自治区塔什库尔干塔吉克自治县境内，地处天山、昆仑山、喀喇昆仑山、喜马拉雅山和兴都库什山交汇而成的东帕米尔高原上，面积1.5万平方千米。保护区属高山山区，海拔平均在4000米以上，海拔8611米的世界第二高峰——乔戈里峰屹立于保护区的南向，和周边6000米以上终年积雪的高峰构成一个冰峰雪岭的环境。保护区内兽类种类虽不多，但不少是珍稀濒危物种。分布在马尔洋、红其拉甫附近高山地区的雪豹，为国家一级保护野生动物。分布在西南部的托克满苏、明扶盖和南部的红其拉甫有北山羊、帕米尔盘羊和岩羊以及旱獭。前者属国家一级保护动物，后几种属二级保护动物。东部的马尔洋，上述珍稀濒危羊类成群分布，每群10～70只不等，在托克满苏可见百只以上大群盘羊活动。中、巴边界一带雪豹、盘羊等珍稀动物的保护，已受到世界有关组织和人士的极大重视，边界两侧保护区的建立是1984年在世界野生生物基金会的提议下促成的。雪豹和盘羊在国际上已列为濒危物种。除上面所提到的珍濒动物外，保护区内还有雪鸡、长尾旱獭、草兔、棕熊、狼和狐狸分布，其中棕熊为国家二级保护动物。保护区植物多为中山、高山种类，以矮生、垫状或多绒毛为主，组成高山荒漠、高山草甸等。1984年被列入自治区自然保护区名录。（SGH）

巩留野核桃自然保护区 巩留野核桃自然保护区位于巩留县城东南部伊什格力克山北麓，距县城13千米，核桃沟东西长3.2千米，南北长4.7千米，总面积11.8平方千米，是自治区级自然资源重点保护区。该自然保护区位于一个三面高山环绕向西敞开的山间谷地，既可以抵御西、东、南干热和北面寒冷气候的侵袭，又可以接纳西来湿润气候的润泽，形成一个不同于荒漠而有利于草原林木生长的自然环境条件。保护区动物种类有马鹿、石貂、金雕、草原雕、长耳枭、雀鹰等，植物种类有野核桃林和与野核桃混生的野苹果、野杏混交林；野核桃与欧洲山杨、天山桦为主的阔叶混交；欧洲山杨等。野核桃是第三纪末孑遗的珍贵古老树种，目前国内仅存于伊犁河谷。野核桃林保护区有独特的生态景观，沟内林密草丰、空气湿润清新，奇花异果、名贵药材满沟皆是，堪称天然百草园，主要保护对象是第三纪孑遗植物野核桃及其生境。1983年被列入自治区自然保护区名录。（SGH）

中昆仑自然保护区 中昆仑自然保护区位于巴音郭楞蒙古自治州且末县，中昆仑山主峰海拔6973米的木孜塔格峰北部且末河上游地区，东与若羌县接壤，西与和田地区的民丰县相邻，南部是西藏自治区的尼玛县和班戈县，东西长295.6千米，南北宽201.5千米，面积3.2万平方千米。保护对象为藏羚羊为主的高原珍稀动物及其生态环境，保护区大约有2万只藏羚羊、8000只西藏野驴、4000只野牦牛栖息繁衍，是我国高原珍稀濒危野生动物的重要密集分布区、繁殖地及重要的物种基因库。保护区与若羌县境内的阿尔金山自然保护区相邻，包括且末河上游山区支流乌苏河、金水河、喀拉米兰河及安迪尔河上游的塔什库勒苏巴什的整个流域，属昆仑山中段的高原河谷山区，青藏高原的北缘地带。这里平均海拔4000米以上，生态环境与阿尔金山自然保护区近似，但高寒草原面积较小，高寒荒漠面积很大，因此，野生动物种群数量较少。但该保护区和阿尔金山保护区一样，都是可可西里藏羚羊的夏季产羔区。这里气候寒冷，没有四季之分，只有冷季和暖季，全年以固态降水为主。保护区内小型湖泊较多，有长虹湖、永丰湖、小鲸鱼湖、朝勃湖、半西湖、黄草湖、塔什库勒湖等咸水湖。2001年被列入自治区自然保护区名录。（SGH）

金塔斯山地草原自然保护区 金塔斯山地草原自然保护区位于新疆阿尔泰山中段南坡福海县境内，距离阿勒泰市东60千米，保护区初建时面积97.7平方千米，经过1995年重新规划，向北拓展，总面积567平方千米。东西宽27千米，南北长52千米，地势南低北高，海拔960~2876米。区内主要河流有三条，喀拉额尔齐斯河、哲勒特河、巴拉额尔齐斯河，这三条河最终在冲库尔山下汇合流入额尔齐斯河。保护区内年降水量400~600毫米，年均温-3.5℃。冬季寒冷漫长，积雪深厚，气温最低达-40℃。保护对象为草原及草原动物。1986年被列入自治区自然保护区名录。（SGH）

2. 风景名胜区

天山天池风景名胜区 天山天池风景名胜区位于阜康市南部天山博格达峰北群山之中，距阜康市41千米，距自治区首府乌鲁木齐110千米，总体规划面积158平方千米，游览面积87平方千米，分为湖滨区、南部雪线区、灯杆山区、白杨沟区。水面面积3.4~4.95平方千米，海拔约1.910千米，年蓄水量近2亿立方米。天池古称瑶池，648年，唐太宗曾经在此设置瑶池都督府，宋代及以后各代则称冰池，到清代始称瑶池。天山天池景区，从南到北，在不到80千米的距离内，自然风貌集沙漠、戈壁、绿洲、山谷、草原、森林和冰雪等自然景观为一体，形成独特的地理环境和复杂而多变的地形地貌。短距离内反差如此之大的自然景观，世所罕见。1984年被批准为自治区级自然保护区，2006年列入国家级自然保护区名录。2000年以来先后被公布为世界人与生物圈保护网成员、国家级森林公园、国家4A、5A级风景区。（SGH）

吐鲁番葡萄沟风景区 吐鲁番葡萄沟风景区位于吐鲁番市东北，隶属于吐鲁番县城东北15千米的葡萄乡，距城市中心10千米，海拔0.3千米。葡萄沟系火焰山西侧的一个峡谷，南北长8千米，东西宽0.6～2.0千米，沟谷狭长平缓。沟谷西岸，悬崖对峙，崖壁陡峭，犹如屏障。沟内，溪流潺潺，溪流两侧，葡萄架遍布，葡萄藤蔓层层叠叠。到处是茂密的白杨林，花草果树点缀其间，农家村舍错落有致地排列在缓坡上。吐鲁番的葡萄最负盛名。新疆民谣说："吐鲁番的葡萄哈密的瓜，库尔勒的香梨人人夸，叶城的石榴顶呱呱。"在新疆有名的四个水果之乡之中，吐鲁番独居榜首。这里的葡萄驰名中外，这是吐鲁番的独特气候所导致的。吐鲁番盆地种植葡萄历史悠久。早在两千多年前，西汉张骞出使西域，就发现这里种植葡萄，并将其引入内地。该景区最佳旅游时间为7—9月，景点有火焰山、艾丁湖、库姆塔格沙漠。2007年被公布为国家5A级旅游景区。（SGH）

喀纳斯风景名胜区 喀纳斯风景名胜区位于阿勒泰布尔津县境内，距县城150千米，总面积5万多平方千米，是集冰川、湖泊、森林、草原、牧场、河流、民族风情、珍稀动植物于一体的综合景区。其主要景观有喀纳斯湖、月亮湾、卧龙湾、神女湖、双湖、友谊峰、千湖、白桦林、民族村落、千里枯木长堤、变色湖奇观、云海佛光等。喀纳斯湖，是喀纳斯国家级自然保护区的核心精华。喀纳斯是蒙古语，意为"峡谷中的湖"，是一个坐落在阿尔泰深山密林中的高山湖泊，湖面海拔1.374千米，南北长24千米，平均宽约1.9千米，湖水最深188.5米，面积45.73平方千米，是我国最大的高山湖泊。景区全年无夏季，春秋两季相连，9—10月开始下雪直到翌年4—5月。7月是黄金季节，平均气温只有14.2℃，湿度适中，空气清新，适宜夏季旅游和避暑。2006年入选首批中国国家自然遗产、国家自然与文化双遗产预备名录，2007年被公布为国家首批5A级景区。（SGH）

那拉提草原旅游风景区 那拉提，又称"纳喇特"，是东起吐鲁番，经托克逊、阿拉沟、巴伦台、巴音布鲁克、那拉提、巩乃斯、伊犁、西至中亚的丝绸之路中线"天山道"上的一个重要山口（今称那拉提达坂）。横亘于巴音布鲁克草原之北的南天山支脉那拉提山和新源县境内极东的那拉提镇，即因此山口而得名。那拉提草原是名列世界四大河谷草原之一，又名巩乃斯草原，突厥语意为"白阳坡"，面积7.1万多平方千米，地势由东南向西北倾斜。这里河谷、山峰、深峡、森林交相辉映，被誉为"空中草原"。闻名遐迹的那拉提旅游风景区就位于此处。主要景点有天界台、游牧人家、塔吾萨尼（哈萨克语意为"美丽的山沟"）、天仙台、沃尔塔交塔观景台、雪莲谷。2011年被公布为国家5A级景区。（SGH）

富蕴县可可托海景区 富蕴县可可托海景区位于阿勒泰山脉中部南坡中山带，海拔1200～1500米，由于特殊的地质构造、风雨侵蚀和流水切割作用明显，形成许多深切峡谷。此地降水丰富，植被覆盖率高达80%～90%，地貌和植被的良好组合，形成壮丽秀美的山区自然景观。可可托海景区内的额尔齐斯风景河段山势陡峻，巨石与巨石山体造型奇异，构成惟妙惟肖的动物和人物造型；阴坡松林密布，阳坡桦林相间分布于奇峰怪石之间，沟底花草繁茂，其间分布着多处温泉，昼夜涌流，水中含有多种矿物质，对许多疾病有一定疗效。该景区融合阿尔泰山地特有的山景、水景、草原、奇特象形山石、淘金、温泉等奇观于一体，形成了丰富自然景观组合区，这里有著名的额尔齐斯河河流探源、探险、漂流、寻宝、淘金等特有景观资源。2012年被公布为国家5A级旅游景区。（SGH）

库木塔格沙漠风景名胜区 库木塔格沙漠风景名胜区位于新疆东部、鄯善县以南，与鄯善老城东环路南段相连，是塔克拉玛干沙漠的一部分。在维吾尔语中库木塔格就是"沙山"之意。库木塔格沙漠风景名胜区是世界上少有的与城市接触的沙漠，也是与天池、博斯腾湖并列的新疆3处国家重点风景名胜区之一。站在鄯善老城向南望去，金色的大漠雄浑壮观、风光无限；站在大漠深处的沙山之巅，远观大漠日出的绚丽和夕阳染沙的缤纷，让人赞叹"大漠孤烟直，长河落日圆"的壮景。库木塔格沙漠的南缘是唐代连通沙州（敦煌）和西州（吐鲁番）的古丝绸之路的另一通道大海道，因为这里环境艰苦、道路险远，唐时称为"大患鬼魅碛"，大海道也因此而成为丝绸古道中最为神秘和艰辛的险途，至今还蒙着一层神秘的面纱，吸引着无数勇敢的中外探险者。库木塔格沙漠的沙疗是维吾尔族医学的重要组成部分，已有上千年的历史，以操作方法简单易行、功效神奇独特而著称于世。该风景名胜区是国家4A级景区，有"城中的沙漠"之称，这里有世界治沙史上"绿不退，沙不进"奇观，浓缩了世界各大沙漠的典型景观，也是诠释古楼兰王国消失的最后一片圣地。（SGH）

博斯腾湖风景名胜区 博斯腾湖，又名巴喀剌赤海，蒙语称"博斯腾尔"，维吾尔语称"巴格拉什库勒"，古称西海。《汉书·西域传》中的"焉耆近海"、《水经注》中的"敦薨浦"，均指此湖。该湖位于新疆巴音郭楞州博湖县天山南坡焉耆盆地的东南部，是中国最大的内陆淡水湖，东西长55千米，南北宽25千米，面积1228平方千米。博斯腾湖距博湖县城14千米，距焉耆县城24千米。博斯腾湖是新疆最大的淡水湖泊，是位于焉耆盆地的一个山间陷落湖，又称巴喀赤湖。20世纪60年代后，由于库尔勒地区工农业用水量不断增加，每年要求加大出湖水量，已引起湖水位下降，湖面缩小，湖水矿化度逐年升高，今已演变成一个微咸水湖泊。博湖景区风光瑰丽，集大漠与水乡景色于一体。景区包括金沙滩海滨浴场、阿洪口旅游景区、莲花湖旅游度假村、扬水站、大河口、白鹭洲等。2002年被列入第四批国家重点风景名胜区名录。（SGH）

赛里木湖风景旅游区 赛里木湖风景旅游区位于伊宁市西，丝绸之路的北道，博乐市西南90余千米天山西段的高山盆地中，乌鲁木齐—伊犁公路沿湖南岸穿过。赛里木湖以神奇秀丽的自然风光享誉古今中外，有"高山明珠"的美誉，水域面积达458平方千米，湖面海拔2073米，是新疆海拔最高、面积最大的高山冷水湖，也是国家级重点风景名胜区和国家湿地公园，是新疆著名的风景旅游区。赛里木湖草原也是新疆最大的夏牧场之一，一望无际的绿色原野上，有着数十万头洁白如珍珠的羊群。博乐市和伊宁市都有专线旅游车可达该湖。1989年赛里木湖被公布为省级旅游名胜景区。2004年被公布为第五批国家AAA级风景名胜区。（SGH）

巴州罗布人村寨 巴州罗布人村寨位于尉犁县城西南35千米处，距库尔勒市南85千米。村寨方圆72平方千米，有20余户人家，是中国西部地域面积最大的村庄之一，属琼库勒牧场。这是一处罗布人居住的世外桃源，寨区涵盖塔克拉玛干沙漠、游移湖泊、塔里木河、原始胡杨林、草原。罗布人是新疆最古老的民族之一，他们生活在塔里木河畔的小海子边，"不种五谷，不牧牲畜，唯以小舟捕鱼为食"，其方言是新疆三大方言之一，其民俗、民歌、故事都具有独特的艺术价值。整个旅游区分为十大景区（园）有：罗布人民俗文化村寨区、沙漠旅游景区、"神女湖"旅游区、沙雕艺术园、沙漠植物园、野生动物园、丝绸之路民族园、斗兽运动场、塔里木河探险旅游区。此处有千姿百态的原始胡杨林，塔里木河与渭干河在这里交相辉映，塔克拉玛干大沙漠一望无际。2001年被公布为第八批国家AAA级风景名胜区。（SGH）

温宿托木尔大峡谷国家级风景名胜区 温宿托木尔大峡谷国家级风景名胜区位于温宿县境内天山山脉中段南麓前山区博孜敦柯尔克孜民族乡境内，距温宿县城东北约80千米，距国道314线26千米左右，总面积200平方千米。2013年6月，天山被列入联合国教科文组织世界自然遗产名录，温宿托木尔大峡谷所在的托木尔片区是天山4个遗产地中面积最大的一块，占整个天山遗产地面积的59.87%，此前就拥有新疆温宿国家地质公园、国家重点风景名胜区等众多称号。这里曾是通往南北天山古代驿路木扎尔特古道的必经之地，传说玄奘西天取经从此路过。大峡谷东西长约25千米，南北宽约20千米，由3条呈"川"字形的主谷和12条支谷、上百条小支谷组成，是天山南北规模最大、美学价值最高的红层峡谷，被誉为"峡谷之王"。大峡谷有峡谷地貌、风蚀地貌、河流地貌、构造地貌、岩盐喀斯特地貌等，其地质地貌的丰富性世所罕见。这些红层地貌与托木尔的雪山冰峰相映衬，形成了红与白、冰与火般的强烈反差和对比，展示了高山与荒漠特有的自然景观，被誉为中国西部最美的丹霞地质奇景、中国最大的岩盐喀斯特地质胜景、中国西部奇特的雅丹地质怪景、中国独有的巨型岩溶蚀地质秘境，堪称新疆"活的地质演变史博物馆"。2016年被公布为国家4A级景区。（SGH）

喀什噶尔老城国家级景区 喀什噶尔老城国家级景区位于喀什市中心，面积为4.25平方千米，约有居民12.68万人。老城区街巷纵横交错，布局灵活多变，曲径通幽，民居大多为土木、砖木结构，不少传统民居已有上百年的历史，是中国唯一的以伊斯兰文化为特色的城市街区，身处喀什市老城区犹如置身新疆维吾尔族民俗风情的生动画卷中。奇特的自然风光、浓郁的民族风情、灿烂的历史街区、土石路面的巷道共同构成老城独有的景观。老城街巷东转西折，南弯北错，迂回曲折，看似路尽，却柳暗花明又见一巷。巷道两边是维吾尔民居，民居屋舍都很有特点，一般人家都在有限的平面上，盖起两到三层土木结构的小楼，有的向下延伸，建成地下室。客厅、居室皆由木质扶梯、楼梯联结。家家都有晾台，位于平面屋顶。每户都有不大的庭院，用于养花或置放盆景。盆景、鲜花与建筑物廊柱、木雕、挑檐上的各色花饰交相辉映，错落有致，幽静清新。老街巷的名称都沿用维吾尔语旧名，各有不同含意。像恰萨街道办事处的亚格巴扎，意为食油市场；阔孜其亚贝希，为土陶工；而再格来巷，

原意则是金银匠聚居处。属亚瓦格街道办事处的"布拉克贝希"巷，"布拉克"，维吾尔语意思为"泉"。这条巷子呈环形，中心因为有九股泉眼，人称九龙泉，又有人依"疏勒拜泉退匈奴"的千古佳话，称其为"耿恭泉"。2015年被公布为国家5A级旅游景区。（SGH）

克孜尔水库风景区 克孜尔水库风景区位于阿克苏地区拜城县克孜尔乡与赛里木镇境内，依托克孜尔水库而建，该水库是塔里木河水系渭干河流域上的一座以灌溉、防洪为主，兼有水力发电等综合效益的大型控制性水利枢纽工程，是目前新疆维吾尔自治区最大的水库，是"七五""八五"期间国家重点建设项目。克孜尔水库大坝东南距库车县城60千米。水库最大集水面积44平方千米，是世界上濒临灭迹的珍惜鱼种——扁吻鱼（俗名新疆大头鱼，国家一级保护动物）和尖嘴鱼（国家二类保护动物）的栖息地。克孜尔水库具有得天独厚的自然资源，水域广阔，建筑宏伟壮观，楼台亭阁参差有致，周围奇峰怪石嶙峋，已成为人们休闲度假的好地方。2004年被列入第四批国家级水利风景区名录。（SGH）

巴州西海湾明珠风景区 巴州西海湾明珠风景区位于巴楚县境内，坐落在新疆第三大季节性河流——叶尔羌河流域下游。景区东部是一望无际的塔克拉玛干沙漠，南面是绵延数十千米，面积240万亩的原始胡杨林，下游有库容2亿立方米的永安坝南、北两个调节水库。该旅游区湖水清澈，湖面开阔，

烟波浩渺，湖边沙滩绵延，海韵无限。旅游区内乔、灌木丛生，胡杨、柳树、榆树、沙枣、红柳、铃铛刺等参差有致，又有芦苇、麻黄草、骆驼刺点缀其间，有大雁、天鹅、黄鸭、鹰、鸥、燕等数十种鸟类栖息于此，野兔、蜥蜴等野生动物时常出没，是观赏游览、娱乐休闲的天然风景旅游地。2004年被列入第四批国家级水利风景区名录。(SGH)

喀什河流域龙口水利风景区 喀什河流域龙口水利风景区位于伊宁县墩麻扎镇东阿布热勒山麓喀什河大桥之南1千米处，景区距新疆伊宁市49千米，是依托新疆最大的喀什河引水枢纽工程建设而成的。这里有清代民族英雄林则徐禁烟失败后被贬此地曾捐资修建的"皇渠"（今称人民渠）龙口遗址，喀什河龙口度假村是建在此处的伊犁旅游度假新景点。度假村内有"民族英雄林则徐"大型雕像。伊犁喀什河下游灌区位于伊犁河北岸，东起白石墩，西至霍城县惠远乡，东西长132千米，南北均宽18.5千米，有效灌溉面积152万亩，辖伊宁县、伊宁市、霍城县惠远乡及农四师66团、70团、良繁场，承担着灌区农业灌溉用水及电站的发电供水。灌区人口近82万人，属国家大（二）型灌区，是伊犁州主要粮、油、甜菜等作物生产基地。2005年被列入第五批国家级水利风景区名录。(SGH)

乌鲁瓦提水利风景区 乌鲁瓦提水利风景区位于自治区南部和田县境内，和田河西支流喀拉喀什河中游河段，工程距和田市71千米，是一座具有灌溉、防洪、发电、生态保护等综合效益的大型水利建设项目，是和田河西支流喀拉喀什河流域的控制性骨干工程，是国家"九五"期间重点建设项目。坝址控制流域面积19983平方千米，总库容3.47亿立方米，电站装机容量6万千瓦。工程具有灌溉、发电、防洪、供水、生态保护等综合利用效益。工程建成投运后，所有监测数据均在规范和设计允许范围之内，工程安全可靠性高，运行工况良好，其灌溉、防洪、发电和改善生态等工程效益得到全面发挥，彻底解决了和田地区近200万亩的农业灌溉用水问题，对维护和田地区的安定团结和社会稳定具有重大意义。乌鲁瓦提水利风景区就是依托这一工程而建设，2005年被列入第五批国家级水利风景区名录。(SGH)

吐鲁番市坎儿井水利风景区 吐鲁番市坎儿井水利风景区坎儿井与万里长城、京杭大运河并称为中国古代三大工程。吐鲁番的坎儿井总数近千条，多为清代修建，如今古老的坎儿井仍在灌溉着附近地区良田，是沙漠绿洲的生命之源。最古老的坎儿井——吐尔坎儿孜位于吐鲁番市艾丁湖乡庄子村，至今已有470多年历史。名气最大的坎儿井是米衣木—阿吉坎儿井，已经有200多年的历史。吐鲁番市西郊的坎儿井民俗园可以参观这种古代遗留下来的工程。坎儿井的构造和设计极为巧妙，它不需要任何的提水工具和动力就能让地下水顺着地势，由高向低，自动流入田园。坎儿井的结构大体上是由竖井、地下渠道、地面渠道和"涝坝"（小型蓄水池）四部分组成。当地人利用山的坡度，巧妙地创造了坎儿井这一水利工程，通过人工开凿的地下暗河，把天山脚下的地下水引到地面。坎儿井流量稳定，保证了自流灌溉以及盆地绿洲上人们的生活、生产。吐鲁番市坎儿井水利风景区正是依托坎儿井这一伟大工程而建，该景区建有坎儿井博物馆。2006年被列入第六批国家级水利风景区名录。（SGH）

塔城喀浪古尔水利风景区 塔城喀浪古尔水利风景区位于塔城市东北方向33千米的喀浪古尔河干流上，上游距喀浪古尔水文站约2千米，下游距出口约11千米。该工程以灌溉为主，兼有发电、防洪和养鱼功能。喀浪古尔水库总库容3808万立方米，其中有效库容3500万立方米。枢纽工程为III等工程，按50年洪水设计，千年洪水校核。该景区属于喀浪古尔风景区一部分，水库有"高山水库"的美誉，库区风景如画，毡房星罗棋布。附近还有北山、窝依加依劳草场、克孜别提、石门子、鸡蛋泉、喀浪古尔水库等著名景点，各处景点都有简易公路相通，是塔城市夏秋旅游的最佳去处。2007年被列入第七批国家水利风景区名录。（SGH）

石门子水库水利风景区 石门子水库水利风景区位于昌吉回族自治州玛纳斯县境内，距玛纳斯县城以南约42千米处，塔西河峡谷内，以有着西北地区第一座百米级碾压砼拱坝之称的石门子水库为依托，属于水库型水利风景区。石门子水库主坝为混凝土双曲拱坝，是我国目前唯一的一座科技含量很高的高山寒带碾压混凝土拱坝。石门子水利枢纽工程是以灌溉为主，兼顾防洪、发电、旅游、水产等综合利用的中型"龙头"水利枢纽工程，主要由拦河坝、溢洪道、导流兼泄洪和放水洞、发电引水洞、电站厂房等建筑物组成，总库容5010万立方米，电站总装机7650千瓦。石门子水库水利风景区内生态保护较好，是众多野生动物的栖息地和稀有植物的天然宝库，景区以独特的侏罗纪砂砾岩地层和丹霞地貌而闻名。2008年被列入第八批国家级水利风景区名录。（SGH）

沙湾县千泉湖水利风景区 沙湾县千泉湖水利风景区南距沙湾县城25千米，湖区属典型湿地，沼泽型自然风光区，素有"西部白洋淀"之称，有3000多个泉眼，泉水长年不断。千泉湖风景区利用低洼苇塘和丰富的泉水溢出带修建而成，建成了一座集灌溉、养殖、旅游功能为一体的小型平原水库。景区拥有2万余亩湿地，植物景观丰富，景区北岸有1000多亩保护完好的平原次生林，主要有桦树、沙枣、红柳等树种。景区周边聚居着汉族、哈萨克族、回族、维吾尔族等民族的居民，民族文化丰富。近年来，沙湾县注重保护千泉湖的生态环境，合理利用自然资源，先后完成了年调蓄能力660万立方米的千泉湖蓄水工程大坝及配套设施工程建设，沿沙柳公路向景区新修3.45千米的旅游公路，并完善了景区内的旅游休闲设施。目前，千泉湖风景区已建成民营景区接待处2家，景区日接待能力达到2000人次，每日可提供1000人餐饮、200人住宿。2010年被列入第十批国家级水利风景区名录。（SGH）

天山天池水利风景区 天山天池水利风

景区位于天山东部博格达山半山腰，新疆维吾尔自治区阜康市境内，距乌鲁木齐市67千米，交通、电讯十分便利，属自然河湖型水利风景区。景区以天池为中心，规划面积548平方千米，有八大景区。天池景区的景观资源是欧亚大陆腹地干旱区自然景观的代表，景区内自然风光和生态环境地域突变强烈，在80千米的直线距离内，包括了高山冰川、湿地草甸、森林峡谷、湖泊山岳和戈壁沙漠等奇特自然景观，形成完整的植物垂直景观带谱，世所罕见。远古瑶池神话、宗教和民族风情为文化内涵的人文景观以其独特的意蕴，增添了天山景区的独有文化特色。天池景区是全国重点风景名胜区，联合国教科文组织批准的"博格达峰人与生物圈"国际保护区，国家森林公园，国家地质公园，5A级景区，全国文明风景旅游区，"新疆天山"世界自然遗产博格达提名地。2011年被列入第十一批国家级水利风景区名录。（SGH）

农八师石河子北湖旅游区 农八师石河子北湖旅游区位于石河子市北约16千米，沿204省道可达，交通便利。景区面积21平方千米，常年水面面积11平方千米。北湖原名为大泉沟水库，海拔400米，是玛纳斯河流域修建的第一个平原水库。1985年，石河子人民政府在库区建立旅游区，命名为北湖公园。园里先后建起长廊、亭台、水上码头，配置了快艇、游船、水上摩托、水上降落平台，开展了游泳、划船、冲浪、钓鱼等活动项目。北湖育有十几种鱼类，虾类、蚌类也很多；北湖又是鸟类的故乡，数十种水鸟在湖面飞来飞去。近年来，每年7月16日前后举办的"北湖节"热闹非凡，石河子及周边地区的群众云集北湖公园，划船、游泳、唱歌、跳舞、垂钓、野餐，冬不拉、热瓦甫的乐曲从早到晚在湖畔飘扬，烤羊肉、拉条子、手抓饭、凉皮子等风味小吃摊多达上千个，北湖特有的鱼宴更是百十道以鱼为主的美味佳肴。"北湖节"这一种独特的石河子文化现象，是军垦文化的一种具体表现方式，是伟大的军垦战士及聪慧、勤劳的各族人民用双手创造的人间奇迹。2001年被列入首批国家级水利风景区名录。（SGH）

青格达湖水利风景区 青格达湖水利风景区位于自治区首府乌鲁木齐北35千米，东距米泉市20千米，西邻昌吉市18千米，北距五家渠市5千米，交通十分便利。青格达湖蒙语的意思是"神灵之水"，是1952年中国人民解放军六军十七师进驻新疆后，在王震将军的带领下，在乌鲁木齐河、头屯河、老龙河三河交汇口的泉水溢出带上，一锹一镐、肩扛手抬筑坝而成，人称"军垦第一湖"。青格达湖背靠天山、碧水连天，马鞍形的博格达峰倒映在清澈蔚蓝的湖水中，山水融情，相得益彰。景区有供游客休闲、餐饮的度假村，还有水上拓展园区、儿童游乐园、军垦文化长廊、卡丁车、碰碰车、水上快艇、水上摩托、沙滩摩托等旅游项目，能让游客尽兴游玩。景区是国家3A级景区，有17平方千米水面、10平方千米的湿地，属兵团自然保护区。2003年被列入第三批国家级水利风景区名录。（SGH）

西海湾水利风景区 西海湾水利风景区位于新疆喀什地区巴楚县境内,地处新疆第三大季节性河流——叶尔羌河流域下游。其东部是一望无际的塔克拉玛干沙漠,南面是绵延数十千米,面积1600平方千米的原始胡杨林,下游有库容2亿立方米的永安坝南、北两个调节性水库。该景区将胡杨林、塔克拉玛干沙漠、唐王城遗址、小海子水库、永安坝水库连接,形成了一条赏原始胡杨林、游沙漠瀚海、寻古城历史、观海湾奇景的黄金旅游线路。美丽的西海湾是西北最大的平原水库——小海子水库东岸起伏山体间的一个天然海湾,三面群山环绕,一面与辽阔水面相连。库水源自冰山融雪水,沿途无任何工、农业污染,水质清澈洁净,达到国家二级饮用水标准。库中水草茂盛,生长有20多种鱼类,水面常年栖息10余种水鸟。距景区30千米的巴楚县火车站是对外开放窗口,距景区20千米的图木舒克市是国务院新批准的兵团三个直辖市之一。2003年被列入第三批国家级水利风景区名录。(SGH)

塔里木多浪湖风景区 塔里木多浪湖风景区位于阿拉尔市辖区内,东临阿拉尔,西接阿克苏。距阿拉尔市53千米、阿克苏市72千米。20世纪60年代,为改变自然环境修建,库容为1.08亿立方米,面积4.68万平方米,库内可供游客垂钓和水上飞舟游览,2002年向社会开放。景区旅游基础设施齐全,是新疆最大的原始自然风景与人文景观交相辉映的旅游风景区。有军垦第一彩门、军垦文化长廊、水上乐园、机动船、摩托艇、水上飞舟,钓鱼台、民俗风情园是景区重要景点。旅游项目有沙滩摩托、沙滩排球、沙滩足球、沙滩羽毛球等,还有水库鱼、"天山雪"螃蟹、南北白对虾等特产。是国家3A级旅游景区,2004年被列入第四批国家级水利风景区名录。(SGH)

千鸟湖风景区 千鸟湖风景区位于农一师沙井子垦区内,北临阿拉尔,南接喀什。距阿克苏市80千米。20世纪70年代,为改变自然环境,国家修建了新井子平原水库,面积51000平方米,库容为8600万立方米,可供游客垂钓和水上飞舟游览,属自然风景区,2004年向社会开放。区内湖面广阔,北部、西南部为整齐的农业田园,东北部为浩瀚的塔克拉玛干沙漠,特殊的地理环境造就了区域特有的自然景观和人文景观。景区分水上运动区、沙滩戏水区、长堤览胜区、芦湾竞秀区、花月观赏区、百岛区、水鸟聚居区、森林公园区、稻香园区、湿地生态景观区及生产养殖区。该景区属国家3A级旅游景区。2004年被列入第四批国家级水利风景区名录。(SGH)

双湖生态旅游景区 双湖生态旅游景区位于距奎屯市60余千米处,217国道从旁穿过,是天池、魔鬼城、喀纳斯、胡杨河这条黄金旅游线路上的重要一景。由奎屯水库和车排子水库两座水库组合而成,故取名"双湖",隶属于农七师水利二处。景区东起黄调奎干渠,西至车排子水库南水北调引水渠,北至车排子水库的北坝线,南通奎屯水库的最南岸,总面积约80平方千米。双湖水源主要来自天山冰雪融水,水质清纯,湖中岛屿星罗棋布,天鹅、黄鸭、白鹭、鸬鹚、黄羊等40多个品种的野生动物以湖为家,鲤鱼、鲢鱼、草鱼、淡水白鲳、毛蟹、大闸蟹是湖区特色水产品。景区东南距胡杨河风景区仅有20千米,有芦苇滩、胡杨林、特色植物林、水中小岛等丰富的自然景观,还有天鹅、黄鸭、白鹭、鸬鹚、黄羊、狐狸等40多个种类的野生动物在这里栖息。农七师重点开发5种特色旅游,分别是探险运动、现代军事历险、民族风情体验、激情之旅、康体休闲度假等。2004年被列入第四批国家级水利风景区名录。(SGH)

巴音山庄水利风景区 巴音山庄水利风景区位于巴管处渠首,地处天山北坡巴音沟河出山口。山庄北距312国道和乌奎高速公路仅18千米,东距石河子市60千米,西45千米有独山子、乌苏、奎屯,北20千米有安集海灌区。巴音山庄是石河子巴音沟流域管理处河系源头一个有待继续开发的天然旅游景地。"巴音"在蒙古语中是"富饶"之意。巴管处充分利用旅游资源,投资80多万元利用巴音沟河黑山头渠首原始的自然风貌兴建了旅游景区,取名为"巴音山庄"。目前,在这个具有天然旅游优势的地区,已经建设成为集生产旅游餐饮服务为一体的休闲度假村。2005年被列入第五批国家级水利风景区名录。(SGH)

石河子桃源水利风景区 石河子桃源水利风景区位于天山北坡经济带中心,距花园镇(143团农场)南3千米,戈壁明珠石河子市18千米处。景区占地4.63平方千米,是石河子占地面积最大的农业生态旅游区,由自然生态、特色农业和戈壁绿洲大农业三者组合而成,是集新疆兵团军垦文化、西部风情文化和餐饮、住宿、娱乐、购物、观光、休闲为一体的旅游风景区。景区内有万亩桃园、西域观音岛、民俗风情园、十里红柳、芦苇荡、儿童游乐场、生态养殖园、水上乐园及千米浮桥等景点。每年定期举办桃花艺术节、荷花艺术节及蟠桃艺术节,以传统文化、军垦文化和红色旅游文化为特色,每年接待游客60万人次。景区四周被万亩桃林环抱,景区内环境优美,风景迷人。景区内建筑别具一格,中式大门恢弘大气,红色琉璃瓦让游客仿佛置身江南水乡,木制路牌、木板搭建的小屋、稻草搭成的公用电话亭等,无一不透露出农家特有的朴素温暖。景区提供的菜肴也具有浓郁的地方特色,烤肉、大盘鸡等菜肴都是石河子当地的特色美食。桃源旅游区是八师石河子市唯一一家获得"国家AAA级旅游风景区""国家水利风景区""全国农业旅游示范点""全国休闲农业旅游示范点"等荣誉的自然生态旅游风景区。2005年被列入第五批国家级水利风景区名录。(SGH)

塔里木祥龙湖水利风景区 塔里木祥龙湖水利风景区位于塔里木拦河闸畔,东临阿拉尔,西接阿克苏,南望阿瓦提。距阿拉尔市78千米、阿克苏市58千米,属于国家3A级旅游景区、国家水利风景区。该景区是于2004年依托中国最长内陆河塔里木河和塔克拉玛干大沙漠修建而成的自然风景区,占地面积300余亩，2005年向社会开放。景区集江南园林建筑群与水利屯垦文化、人文景观、爱国主义教育、原始自然生态和迷人的自然美景为一体。景区内有塔里木拦河闸、塔河览胜、碧波亭、摘星亭、五亭桥、西域琴韵、过仙桥、明月水榭、钓鱼岛、九龙池、休憩园、水上乐园等景点，有"江南水乡"之美誉。2005年被列入第五批国家级水利风景区名录。（SGH）

福海县布伦托海西海水利风景区 景区由相对独立的乌伦古湖和吉力湖两个湖组成，两湖间由沼泽地所分割，相距7千米左右，并由克勒河连通。布伦托海西海俗称大海子，东西长41千米，南北宽27千米，水最深12米；吉力湖俗称小海子，南北长17.5千米，东西宽16.5千米，水最深14.7米。布伦托海西海为新疆第二大湖泊，有上千平方千米的水域，碧水浩渺。乌伦古湖鱼类丰富，除原有鱼种贝加尔雅罗（小白鱼）、银鲫、河鲈（五道黑）、梭鲈等外，还有人工培育引进的鲤鱼、东方真鳊、江鳕、白斑狗鱼、池沼公鱼、大银鱼等十几个鱼种。海边沙滩白沙绵延数里，纵深上百米的浅水区，水温适宜，水质滑爽，是难得的天然浴场。布伦托海西海还有碧波万顷的天然芦苇荡，是众多鸟类的自由王国，这里的鸟类主要有白天鹅、灰鹤、大雁、白鹭、野鸭、翠鸟、海鸥等。湖区还有丰富的昆虫和水生物，为鸟类的生息繁衍提供了得天独厚的条件，鸟类数量不断增加，形成景区特有的鸟类群落。2006年被列入第六批国家级水利风景区名录。（SGH）

库尔德宁水利风景区 库尔德宁水利风景区位于巩留县东南林区，距巩留县城86千米。平均海拔1500米，是著名风景区和旅游避暑胜地。主要景观有乌鸦岭仙人壁、荷苍隘口、荷苍隘口瀑布、荷苍峡谷瀑布、提克喀拉尕依（云杉树林）、喀班巴腑峰远眺、库尔德宁草原落日—日出等。这里不仅是游客寻奇探幽的佳境，还是画家和摄影家进行创作的源泉和乐园。库尔德宁景区为国家4A级景区，其依托的水利工程——库尔德宁河防洪工程已建设完工。该项目将水利工程与自然融为一体，在不破坏周边一草一木的情况下，将防洪标准由5年一遇提高到10年一遇，保护了库尔德宁沟250户牧民及18平方千米人工草场不受洪水的侵害，保护了库尔德宁景区特有的旅游资源和生态环境。2013年被列入第十三批国家级水利风景区名录。（SGH）

岳普湖县达瓦昆沙漠水利风景区 岳普湖县达瓦昆沙漠水利风景区位于岳普湖县铁力木乡，塔克拉玛干沙漠边缘，面积30平方千米，水域面积0.9平方千米。沙漠戈壁风光独特，是国家3A级旅游景区，景区沙水相连，有无垠的沙漠、美丽的沙漠湖泊、神秘的古墓和古城遗迹、原汁原味的维吾尔族民间小吃、歌舞等风情，有千年胡杨、古柳等独特的旅游资源，被誉为喀什旅游"后花园"，被农业部命名为"中国沙漠风光旅游之乡"。以达瓦昆沙漠风景区为中心，形成了辐射"千年胡杨王"和"柳树王"、古墓群、塔吉克民俗风情园、四十二团军垦文化等旅游景点的精品旅游线路。景区内有骑马、骑骆驼、滑沙、自驾沙漠卡丁车等娱乐项目。2011年景区成功创建为国家4A级景区，2013年被列入第十三批国家级水利风景区名录。（SGH）

巩留县野核桃沟水利风景区　巩留县野核桃沟水利风景区位于伊犁旅游之乡巩留县，野核桃沟因生长大片世界罕见并为我国唯一的野生核桃林而得名。野核桃沟位于伊什格力克山北坡巩留核桃林场南，距县城约15千米，保护区面积约11.80平方千米，是自治区级自然资源重点保护区。核桃沟风景区由主沟、中沟、东沟、西沟四部分组成，沟内核桃林总面积为10.8平方千米，其中核桃区面积为9平方千米，生活区面积为1.8平方千米，共生长着约10000余株野生核桃树，其中成龄树5100余株，最大的一棵"核桃王"据说已有3000年树龄，有很高的科研和观赏价值。野核桃树属第三纪孑遗物种，是现今核桃的始祖。野生核桃林被植物学界称为核桃"活化石"，物种资源的天然基因库，野生植物博物馆，维吾尔语称"江嘎德撒依"。核桃沟是一处未遭受第四纪冰川侵袭，并受到最佳逆温层保护而形成的独特生态链，在物种和资源方面有极高的科研价值。核桃沟内有354种高等植物，约100种陆栖脊椎动物和50余种昆虫，其中国家重点保护植物达10余种，就连最平常不过和最不起眼的野苹果、野杏都已被列入国家重点保护植物名录，其中不乏节节麦等具有科考价值的珍稀物种。野核桃沟景区依托的水利工程——野核桃沟水土保持小流域治理项目实施方案已完成实施。通过流域水土保持综合治理，可有效改善景区内的生态环境，保护现有野生动植物资源，实现生态环境的良性循环，对保护区内生物的多样性、丰富性、景观性都有着重要的意义。2008年野核桃沟被评为国家4A级景区，2013年被列入第十三批国家级水利风景区名录。（SGH）

照壁山国家森林公园　照壁山国家森林公园位于板房沟林场经营范围内，距乌鲁木齐47千米。林场地处天山中部北坡，东西长约67千米，南北宽34千米，土地总面积822.61平方千米。森林茂密，坡沟相连，野生植物达70余种，林下植被种类也很多，仅药材就有贝母、大黄、党参等多种。食用菌有草蘑菇、松树蘑菇等。还有马鹿、盘羊、狐狸等珍稀动物，具有较高的旅游、观赏和科研价值。照壁山为密布天山云杉纯林的巍峨山岭，山体呈东北—西南走向，三面被水环绕。森林公园属温带暖温带大陆性气候，这里气候温和、凉爽、雨量充沛，主要生长着挺拔的天山云杉，集中分布于海拔1600～2800米。森林公园所处地段北天山，经历复杂的地质运动后，使得中山带山高坡陡，这里侵蚀地貌发育完整，以河谷侵蚀为主，切割较深，坡度多在35度以上，山势陡峭，悬崖峭壁，怪石嶙峋，山脊岩石裸露。森林公园游览景区多分布在中山带，这里集中了奇特险峻的山地地貌和众多的各类植物景观。森林公园也是当地哈萨克牧民世代居住的地方。近年来，照壁山国家森林公园的冬季旅游项目越来越多，这里完善的基础设施、便利的交通和餐饮住宿条件，为冬季滑雪旅游创造了极为有利的条件。1992年被列入国家森林公园名录，是新疆维吾尔自治区首家国家森林公园。（SGH）

天池国家森林公园　天池国家森林公园位于阜康市南部，博格达峰北麓群山怀抱之中，面积446.27平方千米，距自治区首府乌鲁木齐市65千米。公园内有国家重点保护动物30种，其中一级保护动物6种，二级保护动物24种。以雪岭云杉为主的植物191种，昆虫668种。其任务是在管护森林资源的基础上，充分利用资源优势。自建立森林公园以来，遵循"保护、开发、利用"的原则，开展保障森林资源可持续利用为前提和最终目的的宣传和旅游活动，把旅游与资源保护有机地结合起来。依照公园总体规划，园内主要有天池湖泊、东小天池、西小天池、博格达峰、灯杆山、玛牙山、姑娘庙、锅底坑、白杨沟、四工、大黄山、西沟等旅游景点。利用天池独特的自然资源，向旅客展示大自然的无穷魅力。天池国家森林公园有着丰富的森林资源，这里气候怡人，风景优美，是天然的大氧吧，游人来此可以进行"森林浴"。1980年成立天池自然保护区管理局，1982年被国务院确定为首批44处国家重点风景名胜区之一，1990年被联合国教科文组织批准纳入国际生物圈网络，2007年跻身于国家首批5A级旅游景区行列，同年荣获"国家级风景名胜区综合整治十佳单位""最佳资源保护的中国十大风景名胜区"两大殊荣，

1994年被列入国家森林公园名录。（SGH）

那拉提国家森林公园　那拉提国家森林公园位于天山支脉那拉提山北麓，巩乃斯河上游。地处库车—独山子的217国道与伊犁—巴州的218国道交汇处，交通便利。全园面积60.25平方千米。公园内地势南高北低，海拔1500～3000米，属高山，东西较窄，呈带状。巩乃斯河属伊犁河水系，水资源比较丰富，流向由东向西，年平均径流量15.89亿立方米。森林公园位于巩乃斯河谷边沿，受西伯利亚气团及北冰洋湿气流的影响，气候较为凉爽，相对湿度较高，年降水量在800毫米左右，年平均气温8.5℃。那拉提山山势高大雄浑，秀而不媚。位于那拉提山东侧的大东沟是公园的主景区，沟长近10千米，这里山清水秀，草甸林灌相间，错落有致。沟内峡谷幽深，峭壁陡立，怪石嶙峋，天造石门高耸入云，洞壑神秘莫测，瀑布飞流，水落深潭，溪流淙淙，充满大自然的神韵。公园内野生动植物种类繁多，资源丰富，巩乃斯河畔的河谷次生林内，广泛分布着河谷杨、密叶杨、天山桦、野苹果、山杏、沙棘等树种，还生长着许多名贵的中草药。据统计，这里的植物种类多达数百种，堪称天山动植物博物园。2001年被列入国家森林公园名录。（SGH）

塔里木胡杨国家森林公园　塔里木胡杨国家森林公园位于塔克拉玛干沙漠东北边缘的塔里木河中游、巴州轮台县城南沙漠公路70千米处，总面积100平方千米，是新疆面积最大的原始胡杨林公园，也是整个塔里木

河流域原始胡杨林最集中的区域。公园集塔里木河自然景观、胡杨景观、沙漠景观为一体，是目前世界上最古老、面积最大、保存最完整、最原始的胡杨林保护区。胡杨是3世纪残余的古老树种，是一种因沙化后而转化的植物，其珍贵的程度与银杏齐名，具有极强的生命力，有活化石之称。这里也是观光览胜、休闲娱乐、野外探险、科普考察、分时度假的自然风景旅游胜地。游客在这里可以探丝路寻古城、游塔里木河赏胡杨、进轮台见石油、入塔中观沙海。塔里木胡杨森林公园还有众多历史遗迹，距公园西南约10千米处，屹立着2000多年前的汉代烽燧，是旧时戍边将士不朽的丰碑。景区中古老的丝绸之路穿行于胡杨林之中。1993年被公布为我国首家沙漠胡杨森林公园。（SGH）

贾登峪国家森林公园 贾登峪国家森林公园位于阿勒泰地区布尔津县境内，主要由阿尔泰山主脉及向南延伸的曼迪万沙刚沙拉两大支脉构成，平均海拔1600米。阿尔泰山林区的一部分，距县城130千米，总面积389.85平方千米，其中海拔1500米以上的中山带，地势开阔，森林茂密，草场辽阔，群山逶迤，蓝天、白云、森林、草原相互交融，构成了新疆典型的自然风光特色。在海拔1500米以下的低山河谷地带，地形狭窄陡峭，陡崖、深谷和险滩、峡谷、河流、绿树交织出一条条风景如画的长廊。园中雪峰入云，奇石千秀，绿松葱郁，白桦迷人。山下芳草青青，花海如潮；山谷之间云浮碧水，沟涧泉涌；山林与草场之间鸟鸣蝶恋，蜂花满天。

公园集中体现了具有新疆特色的山水、森林及草原风光，反映了西部游牧民族古朴、粗犷的人文景观和风情，是由森林、草原、河流、峡谷交织的一块美丽富饶的宝地。2002年被列入国家森林公园名录。（SGH）

白哈巴国家森林公园 白哈巴国家森林公园位于新疆阿尔泰山南麓，哈巴河县铁热克提乡境内，距哈巴河县城58千米，海拔1200～2600米。东邻喀纳斯国家级自然保护区，西部与哈萨克斯坦一水相隔，是我国唯一的南泰加林"飞地"，总面积483.76平方千米，森林覆盖率为70%。白桦林围绕着人称"西北第一村"的图瓦人的村落。这里有垂直分布的高山植被，从草原到阔叶林、针叶林、亚高山草甸、永久冻土带，再往上是冰川、雪山，形成几个景观带，最下面的是钙土草甸带。白哈巴森林公园有丰富的人文景观、自然景观、草原文化、森林原始群落和众多的野生动物等旅游资源，游客一天之内可以看到雪山、冰川、森林、草原和百花草甸等四季景色。2002年被列入国家森林公园名录。（SGH）

天山大峡谷国家森林公园 天山大峡谷国家森林公园位于乌鲁木齐县境内，距市区48千米，总面积847.37平方千米，三面环山，平均海拔2020米，年平均气温4～6℃。天山北坡有最完整、最具观赏价值的原始雪岭云杉林，囊括了除沙漠以外的新疆所有自然景观，是人类农耕文明之前游牧文化的活化石，具有极高的旅游欣赏、科学考察和历史文化价值。天山大峡谷有较为明显的植物垂直带，从低到高依次为灌木草原带、森林灌木草原带、亚高山森林草原带、亚高山草甸带、高山砾石草甸带，共有野生植物100多种，堪称新疆的植物王国。其中新疆雪莲、高山红景天及高山厚棱芹等，药用价值较高，草蘑菇、松树蘑菇、鹿茸蘑菇等食用菌营养价值丰富，都是进行旅游商品和养生旅游产品开发的良好资源。动物有雪豹、旱獭、狼、熊等珍稀动物和鹰、雕等哈萨克人驯养的猛禽，在天鹅湖、石头沟等地也有大量的野生动物栖息。天山大峡谷景区丰富的生物资源为开展观光、科普和摄影等旅游活动提供了良好的资源基础。景区内有天山坝休闲区、照壁山度假游乐区、加斯达坂观光区、天鹅湖自然风景区、牛牦湖林海松涛观光区、哈萨克民族风情园区、高山草原生态区、雪山冰川观光区等八大独特景区，同时兼"泰山之雄伟、峨眉之秀丽、雁荡之巧石、华山之险峻"于一体，二湖、三瀑、四溪、十八谷相映争辉，尤以"奇松、怪石、云海"而受到游客的青睐，是国家级体育运动休闲基地、国家5A级景区、自治区全民健身拓展运动培训基地、自治区徒步运动基地、自治区全民健身登山运动培训基地。1993年被列入国家森林公园名录。（SGH）

巩乃斯国家森林公园 巩乃斯国家森林公园位于巴音郭楞蒙古自治州和静县城西北部，巩乃斯河的上游，是巩乃斯林场所在地，面积731.04平方千米。巩乃斯，蒙语意为"绿色谷地"。国道218线穿越巩乃斯森林公园，距库尔勒320千米。这里的海拔在1600～2400米之间，雪山倒映在湖泊中，漫山遍野都是松树和野花，山冈上是一群群的白羊。它是一座巨大的动植物宝库，雪鸡、猎隼、马鹿、棕熊等动物生活于其中，还出产雪莲、贝母等名贵药材。巩乃斯森林公园地处古生代褶皱基础上受第三纪晚期以后的新构造影响迅速抬升而形成的山脉，为流水侵蚀和剥蚀带，由100多条沟系组成。其中，巩乃斯沟为主要沟系，最为著名，该沟长约40千米，宽800米。河谷阶地上端生长着天山云杉纯林，以下依次为云杉、桦树、山杨、山柳等混交林。草原类型属于山地草甸草场和森林草甸草场。由于受伊犁河谷暖湿气流影响，巩乃斯森林公园形成了一个独特的生态环境，被人们誉为绿色长廊、植物园、动物王国。巩乃斯国家森林公园具有"高、凉、野、奇、特、秀"六大特色，拥有黄金河景区、银河景区、石头滩景区、振兴桥景区、天险景区、揽月景区、刀背山景区、温泉疗养区等8个景区，景点景物68处，其中主要景点景物42个，有班禅沟、伊开结楞沟、洪加里克瀑布、仙女湖、铁木斯台沟等景点，是广大游客消夏避暑、观光旅游、休闲、探险的理想去处。该景区属古生界志留系、石炭系大断层，是山岳型自然风景区。2001年被列入国家森林公园名录。（SGH）

江布拉克国家森林公园 江布拉克国家森林公园位于新疆奇台县东南58千米处的低山带，在奇台县南侧的半截沟镇，距乌鲁木齐市约200多千米，面积293.06平方千米，是一处由草原、森林和雪山组成的自然旅游景区，具有新疆东天山北麓的最具代表性的景观。江布拉克，哈萨克语意为"圣泉""圣水之源"，景区是古丝绸北道重要景区之一，由天山怪坡、万亩麦田、汉疏勒城、木栈道、黑涝坝等五区十八景构成。景区被中国科学院确定为国家保护最完整的最早绿洲文化之一。江布拉克风景区资源类型为自然景观、水域风光、生物景观三大系统，拥有雪山冰川、亚高山草甸、原始森林、草原、奇花异草及野生动物。由于开发较晚，江布拉克景区的景色还比较自然纯粹，是新疆旅游客游玩草原风光的好去处。2012年被公布为国家4A级新疆旅游景区，2013年被列入国家森林公园名录。（SGH）

唐布拉国家森林公园 唐布拉国家森林公园位于尼勒克县城东部，喀什河上游南岸阿吾拉勒山北坡唐布拉沟内，面积342.37平方千米。距尼勒克县90千米，距独山子165千米，距乌鲁木齐560千米，315省道向东可达。唐布拉，哈萨克语意为"印章"，因所处山梁上几处突兀的岩石酷似玉玺印章而得名。公园属森林、草原构成的自然风景区，以草原、温泉、雪峰、河流为主要特色，这里有胜似人间仙境的唐布拉大草原，有孕育出19条溪流的孟克特草原，有"小天池"之称的高山湖泊，有林茂谷幽的狗熊沟，有怪石林立的"小华山"，还有水温高、水质好、含多种微量元素、可治疗多种疾病的四大温泉。岩画、乌孙古墓群、石门、石桥、怪石点缀其中，让人惊叹陶醉，而温凉宜人的气候更使唐布拉成为全疆闻名的避暑胜地。唐布拉风景区有阿克塔斯避暑山庄、乔尔玛旅游接待站、布隆温泉、巴尔盖提温泉等景点。2003年被列入国家森林公园名录。（SGH）

科桑溶洞国家森林公园 科桑溶洞国家森林公园位于新疆历史文化名城——八卦城特克斯县境内，总面积164平方千米。公园内茂密的森林，辽阔的草原为野生动物繁衍生息提供了优越的自然环境，野生动物资源非常丰富，常见的珍贵哺乳动物有盘羊、马鹿、狍子、雪豹、熊、野猪、北山羊等，珍禽类有大天鹅、雪鸡等。这些珍贵的野生动物都具有极高的科研、文教、旅游观赏价值。公园所在地为冰川侵蚀的山岳构造地貌，海拔1500～3500米，有堆积较厚的第四纪沉积物，第四纪古冰川遗迹保存非常完整，角峰、刃脊、冰斗、冰坎、冰川湖遍布，终碛堤、侧碛堤堆积遗迹非常明显，极具科学研究价值。公园内还有喀斯特岩溶地貌分布，形成了独具特色的科桑溶洞，经鉴定，该溶洞是中国最西部的溶洞。科桑溶洞已探明部分长3千米，溶洞内宽窄不一，最宽处有12米，最窄处仅容一人匍匐通过，洞内生长着一块块美丽的石钟乳、石笋、石花、石蘑菇，色彩以乳白、奶油黄为主，以绿、兰、黑为辅，绚丽多彩，千姿百态，美妙绝伦。公园是亚高山针叶林与亚高山草原交错分布区域，公园内集中分布着高大挺拔的雪岭云杉，树龄200～300年的古云杉遍布林中，森林与草原相间交错，构成美如诗画的风景。近年来，特克斯科桑溶洞国家森林公园本着边经营边建设的发展思路，逐步加大了对森林公园的建设力度，到目前已建成接待服务中心一座，欧式木楼一座，欧式木综合厅一座，框架结构标准客房30套，别墅客房8套，欧式小木屋10间，哈萨克毡房10顶，可同时接待200人食宿。特克斯科桑溶洞国家森林公园于1999年投资兴建，2000年5月对外开放，2003年被列入国家森林公园名录。(SGH)

泽普金胡杨国家森林公园 泽普金胡杨国家森林公园位于泽普县西南40千米处的亚斯墩林场境内，地处叶尔羌河冲积扇上缘，三面环水，景色宜人，风景区面积20平方千米。公园所在地泽普县是古丝绸之路的重要驿站，亚斯墩林场是历史上的古战场，唐代属于阗国领土，盛行佛教，有较高的历史文化价值。公园内有4.6平方千米的天然胡杨林，保护较为完整，春夏碧玉翠绿，秋日则金黄灿烂，与湖水相映成趣，故称"金胡杨"，景观价值很高。有名的"胡杨王"景点位于林场东北部约200米处，是一棵树高10.05米、胸径1.2米的胡杨，经鉴定该胡杨为雄性，已有千年历史，在叶尔羌河流域乃至西北地区实属罕见，印证了胡杨千年不死的传说，被当地尊称为"胡杨王"。胡杨、水、绿洲、戈壁是公园自然景观的最大特征，是公园最具吸引力的景观要素，它向人们展示了一副塞外边疆独有的画卷，具有很高的观赏游憩价值。叶尔羌河与其分支环绕公园，具有两河夹一岛的特色，在西北地区较为罕见。公园为位于戈壁中的一块绿洲，是西北地区独特的自然景观，荒漠的戈壁与丰茂的绿洲所形成的环境差异是景区区域的重要标识。2005年被评为国家3A级旅游风景区，是喀什乃至南疆地区的重要旅游胜地。2003年被列入国家森林公园名录。(SGH)

巩留恰西国家森林公园 巩留恰西国家森林公园位于伊犁哈萨克自治州巩留县境内，属新疆维吾尔自治区林业局天山西部林业局巩留林场。景区位于小吉尔格朗河畔谷地，距恰西谷口17千米，面积556平方千米。主要自然景观有林海松涛、恰西鹿苑、石门垂柳、小溪飞瀑、燕子桥等。公园位于天山西部山区，为侵蚀的山岳构造地貌，构成母岩为火成岩、变质岩、沉积岩以及海西期花岗岩组成的山地，均有四级剥夷面发育，上面堆积着较厚的第四纪沉积物。公园内自然植被垂直分布差异明显，从西向东随着海拔高度的升高而逐渐变化，植被垂直分布带谱非常明显：首先，海拔1500～2800米之间，分布着森林植被、落叶阔叶林植被和亚高山草甸植被；下部为阔叶林如欧洲山杨、山柳、桦树等；上部则以云杉为主，无林干旱地带表现为亚高山草原或草甸草原植被，主要有斗篷草、剑叶蓼、老鹳草、野葱、野蒜等。其次，海拔2800米以上，与无植被的高山裸岩和冰川积雪相连接，以低矮的蒿草、苔草为主。巩留林区内河流纵横，河网密布，水资源十分丰富，主河流为大吉尔尕朗河，主要支流有博图河、尔博图河、库尔德宁河、大莫合河、小莫合河、恰西河及塔里木吉尔尕朗河。公园境内的河流有恰西河及塔里木吉尔尕朗河。1999年经批准兴建自治区级森林公园，2004年被列入国家森林公园名录。(SGH)

哈密天山国家森林公园 哈密天山国家森林公园位于天山东部，哈密市境内，面积1665.7平方千米。园内自然景观丰富多彩，丝路文化历史悠久，民族风情独具特色，具有很高的旅游生态价值。哈密天山国家森林公园划为四个景区，主要景区有位于森林公园中东部的寒气沟景区，该景区以山水美、松柏奇、空气冷、冰川雄号称东天山的香格里拉。园内的天然落叶松林、高山草甸、泉潭湖瀑及民族风情为景区主体景观。有作为公园中心景区的白石头景区，属于喀尔里克山北麓森林草原过渡型景观，该景区以天然云杉林、天山庙、白石头及冰雪天象等为主体景观。主要景物景点有天山庙、班超像、观景亭、疏林茵草、碧水泉、无名泉、观光苗圃、种子园、白石头、奇树、绿色画廊、天山松雪、瞭望塔、玉树银山等。还有位于森林公园中西部的西格拉景区，东距白石头景区16千米，海拔2250米。该景区以云杉及落叶松天然林、珍稀野生动植物为主体景观。主要景物景点有鹿苑、雪莲斗寒、清马场遗址、月牙峰、马圈沟等。西格拉景区是典型的山地针叶林与山地草原交汇带景观，这里有山顶鞍部达坂（大葫芦沟山口）、亚高山草甸草原景观，是天山北坡垂直景观带谱最典型、最完整的地方。西格拉也是巴里坤盆地优质草原牧场，曾是中国人民解放军总后勤部所属西北重要的军马场——伊吾军马场的牧马地，至今仍培育着万匹历史上有名的西域三大名马之一——"神马"巴里坤马（其他是"天马"伊犁马、"龙驹"焉耆马），这里曾是汉唐、清代时期朝廷设置官牧马场，养育战骑的地方。这里交通位置十分重要，是古丝绸之路北线通往乌鲁木齐的必经之路，是进入巴里坤的咽喉。另有西黑沟景区，这里交通便利，哈巴省道北达巴里坤哈萨克自治县，南与兰新铁路、312国道相连，是疆内、国内、海外游人来往于公园的主要交通干线。现在天山国家森林公园已初步建成行、游、住、食、购、娱为一体的综合性观光、休闲旅游区。2004年被列入国家森林公园名录。（SGH）

哈日图热格国家森林公园 哈日图热格国家森林公园位于博尔塔拉蒙古自治州境内，距离博州首府博乐市一小时车程，面积268.48平方千米。哈日图热格意为"黑雕出没的地方"。哈日图热格国家森林公园已开发的主要有哈日图热格、米尔其克、阿尔夏提、青稞稞、玉科克五大支景区，40多个旅游景点。该公园为森林峡谷型公园，主要河流有哈日图热格河、保尔德河等八条，是艾比湖的重要水源地。哈日图热格河纵贯峡谷，奔腾而下，汇入博尔塔拉河，最后流入艾比湖。景区内主要树种为白杨、桦树和松树，一眼望去黄叶满天，光影斑驳，是摄影爱好者的天堂。河流穿过景区，水声潺潺，是都市人避暑和休闲的好去处。公园建于1994年，2000年被批准为自治区级森林公园，2004年被列入国家森林公园名录，现已列入自治区"五区三线"旅游专线规划。（SGH）

乌苏佛山国家森林公园 乌苏佛山国家森林公园位于天山山脉中段、距乌苏市区50

余千米。森林公园主要景区包括待甫僧、巴音沟及尚待开发的乌兰萨得克湖三个风景区。辖区待甫僧林区，因南部一座巍峨雄伟、酷似坐佛的山峰而得名佛山森林公园。总面积393.44平方千米，属亚温带气候，是由雪山、森林、草原、河流、冰川、峡谷交织而成的旅游宝地。各景区依山傍水，绿草茵茵，群花争芳，原始森林与莽莽草原交相辉映，既有北国风光，又有江南秀色，是大自然恩赐给人类的世外桃源。可避暑、登山、滑雪、射击、温泉浴，参观历史人文古迹，观赏野生动植物等。辖区内温泉景区常年热水长流，水温为45.5℃。当地人民利用阿拉山温泉浴治病已有几百年的历史，当地蒙古族赞誉阿拉山温泉为"阿日相"，也就是"圣水"之意。待甫僧景区自古以来就是游牧民族的极乐世界，这里有雪山大佛，群山相拥，绿树环绕。待甫僧生态园属乌苏佛山森林公园景点之一，有托斯特果勒生态景观保护区、松苗园、草莓园、野菜园、药材园、马鹿园等。待甫僧生态园属休憩场所，园区位于森林、草场交接地带，南部是郁郁苍苍的林带，林带下部是人工次生林，颜色比自然林浅。北部是高山草甸型草场，构筑了一幅深沉、清新、滋润的山野风光，是一个天然的疗养院。2008年被列入国家森林公园名录。（SGH）

哈巴河白桦国家森林公园 哈巴河白桦国家森林位于哈白河县城以西5千米处，面积247平方千米，林带约长138千米，平均宽度约1.5千米，树高20～40米，主要分布在哈白河两岸及分散成数条支流交汇而成的浅河漫滩上。哈白河县境内生长在额尔齐斯河支流哈白河两岸绵延数千米的白桦林，是中国西北最大、保护最好、树种最纯的天然白桦林带，被誉为"西北第一白桦林"。白桦林入夏后绿意绵绵，入秋以后千里披金，溢光流彩，极具观赏价值，吸引了大批游客和摄影爱好者。目前白桦林已经是生态旅游、野生菌类采摘、摄影旅游、徒步旅游、野外拓展训练的极佳场所。2009年成功创建为国家4A级景区。2010年被列入国家森林公园名录。（SGH）

夏塔古道国家森林公园 夏塔古道国家森林公园位于中亚内陆腹地的昭苏县境内，距离乌鲁木齐900千米，南与阿克苏地区的拜城县、温宿县隔山相望，西与哈萨克斯坦交界、西南与吉尔吉斯斯坦相邻，地处雄伟高峻的西天山哈尔克他乌山脉，是北疆伊犁河谷与南疆塔里木盆地的分水岭，由夏塔古道景区、东德沟里萨依景区、生态景观保护区、植被恢复区4大景区组成。这里属温带大陆性温带山区，半干旱半湿润冷凉型气候，冬长无夏，春秋相连。规划面积约385.07平方千米，从南往北处于海拔1323～6995米之间。这里有高山、谷地、丘陵、平原等多种地貌，呈阶梯状分布，层次分明。原始的古道冰川景观，融山雄、瀑奇、水秀、谷幽、林野、草美、泉温于一体，构成了一幅色彩斑斓、对比强烈的多彩画卷。公园内植物物种数约3000余种，占新疆野生植物种数的85%。有183个树种，以天山雪岭云杉、欧洲山杨、桦木等寒温带针阔叶林为主。公园内有360多种野生动物，其中181种是珍贵濒危和有益的野生动物，被列入国家一类保护的野生动物有8种，列入国家二类保护的野生动物有10种。夏塔古道景区主要景点有夏塔古道、细君公主墓、夏塔古墓群、夏塔草原、夏塔鹿苑、记功碑、龟形石、夏塔温泉。东德沟里萨依景区有小峡谷和银河落九天。生态景观保护区内有图拉苏冰川和木扎特大坂。2010年被列入国家森林公园名录。(SGH)

巴楚胡杨林国家森林公园 巴楚胡杨林国家森林公园位于巴楚县境内，于2012年批准设立，公园规划总面积1694平方千米，其中有林地面积1240平方千米，水域面积204.18平方千米，沙化土地和沙漠面积249.49平方千米。公园位于G314国道、S215省道交汇处，距喀什市270千米。公园划分为夏玛勒景区、下河景区和红海湾三个景区。夏玛勒景区、下河景区有百万亩胡杨林、风倒木、黑山等景点，红海湾景区主要有水上乐园和曲尔盖金色胡杨岛。供水水源主要依靠叶尔羌河、喀什噶尔河、红海水库和小海子水库，水量充沛，水质符合饮用水标准。公园内有原始胡杨林，也有连片形成的次生胡杨林，主要分布在叶尔羌河两岸。园内的胡杨总株数约6873万株，平均树龄约280年，平均树高10.5米、平均胸径24厘米、平均冠幅5平方米。最大的一株胡杨树位于下河景区，树龄约有1100年，树高20米，胸径270厘米，冠幅覆盖面积约一亩地。胡杨林区内野生动植物丰富，黄羊、马鹿、野鸡、野兔、狐狸等动物经常出没，巴楚蘑菇、肉苁蓉、罗布麻等特色植物远近闻名。胡杨林是在十分恶劣的干旱荒漠地区唯一能生存的乔木树种，号称"沙漠三千岁"，它既耐高温又耐寒，可在正负39℃的气温条件下生存。胡杨林极耐干旱，可在年降水50毫米以下地区生长；耐盐碱、抗风沙，可抵御每秒26米的大风，林中伴生梭梭、柽柳、甘草、骆驼刺等沙生植物，与野生动物共同组成一个特殊的生态系统。同时，胡杨的树叶随季节变化呈现出明显的季节特征，具有很高的观赏价值。春夏时节，胡杨林絮花飞舞、枝条吐绿，每年深秋时节，胡杨林一片金黄、光彩耀眼，成为摄影家和旅游者的天堂。2012年被列入国家森林公园名录。(SGH)

车师古道国家森林公园 自汉唐以来，车师古道就是连接丝路中道与北道的捷径，将车师后国与前国沟通，故称车师古道，唐代称"他地道"。车师古道东接丝路东段至长安，西接碎叶路至中亚，北接回鹘路至蒙古高原，南接西州路至柳中，为丝路交通的咽喉要塞。车师古道北起吉木萨尔县泉子街乡大龙口村、南越天山至吐鲁番市鲁克沁镇的通道，又称金岭古道。公园总面积1001平方千米，林地面积693平方千米。该景区是新疆著名探险旅游线路，跨越天山南北200千米，是吐鲁番乃至新疆历史最悠久的古道之一。车师古道的大龙沟今称长山渠，由此南行至天山山口，是通往吐鲁番的第一道山口。自此步步攀登，要过六座桥，抵达顶峰冰达坂。自山口至头道桥，山路平宽，山流飞逝，林碧崖青，穿过二道桥，山崖边有数丈深的金洞子。三道桥东岭称金沟，留有前人碾金的大石碾，故又称金沙岭。桥左右草滩上有石砌墙基多处，为旧客店遗址。山路由此越走越险，道宽约1米，长40多米，从石缝里通过，称为"石门子"，亦即四道桥。五道桥前有仅存断墙残壁的十余间屋，俗称上店。六道桥也称天桥，是六座桥中最高、最险的一座桥，坡陡光滑，桥离水面20多米，地形险恶。自山口至六道桥21千米多，再前行4千米多即为海拔4000多米、终年积雪的达坂岭。达坂西坡有一石砌堡垒，残高4米，直径10多米，石层立有梅花桩，疑为古代观测站或烽燧。自达坂南行至石窑子沟后，又在两绝壁间穿行，头顶一线天，称"下石门子"。继续下山至石屋，前行30多千米是三岔口前的塔尔朗沟。沟中有座古城，附近还有墓葬群。这里是通往吐鲁番的必经之路。车师古道属于明显的温带大陆性气候，气温变化大，日照时间长，四季皆适宜旅游。2015年被列入国家森林公园名录。（SGH）

3. 地质公园

喀纳斯国家地质公园 喀纳斯国家地质公园位于布尔津西北部、阿尔泰山西北端的深山密林中，是阿勒泰风景旅游区中的佼佼者，堪称"阿尔泰山旅游明珠"。该景区是一个森林型综合自然保护区，距布尔津县城150千米，总面积5588平方千米，是集冰川、湖泊、森林、草原、牧场、河流、民族风情、珍稀动植物于一体的综合景区。是一个以第四纪冰川作用、地质构造作用、水动力作用的地质地貌景观为主，以自然生态、人文景观为辅，以高山湖泊、河汊滩流、森林草甸及草原民族文化相映成趣的，集科学价值与美学价值于一体的综合性地质公园，拥有其他地方无法替代的6大区域：西伯利亚泰加林在中国唯一的延伸带、中国唯一的西伯利亚动植物分布区、中国唯一的北冰洋水系、中国蒙古族图瓦人唯一的聚居地、亚洲唯一具有瑞士风光特色的自然景观区、中国唯一的与三国接壤的自然保护区。主要景观有喀纳斯湖、月亮湾、卧龙湾、神女湖、友谊峰、千湖、白桦林、民族村落、变色湖奇观、云海佛光等。2000年以来先后获得国家5A级景区、国家森林公园等荣誉，首批入选中国国家自然遗产、国家自然与文化双遗产预备名录。2003年被列入国家地质公园名录。（SGH）

温宿盐丘国家地质公园 温宿盐丘国家地质公园位于温宿县东北部的博孜墩柯尔克孜民族乡境内，距温宿县城约50千米，距阿克苏市80千米。园区拥有全世界独一无二的奥奇克葫芦状盐丘底劈构造遗迹、丰富多彩的流水侵蚀地貌、北方喀斯特地貌以及十分珍稀的雅丹地貌景观遗迹。这些丰富多彩的地质遗迹景观为规划建设一个以盐丘地质景观为主、罕见的岩石与构造地貌为辅、特色鲜明的地质公园提供了条件，是我国罕见的自然风景奇观。峡谷由红褐色的巨大山体群组成，当地居民称之为枯鲁克柯尔大峡谷，意为"空旷、神秘"。峡谷由南向北相继分为7条较大支谷和50多条小峡谷，经亿万年的风雨剥蚀、山洪冲刷而形成。2011年被列入第六批国家地质公园名录。（SGH）

库车大峡谷国家地质公园 库车大峡谷国家地质公园位于天山北侧，塔里木盆地南面，总面积108平方千米。由北部的大小龙池园区、中部的天山神秘大峡谷园区构成。两大园区沿库车河河谷分布，成为公园的一大鲜明特色。该公园所处地区库车即古代兵家必争之地的龟兹国旧地。库车峡谷又称天山神秘大峡谷，大峡谷两侧的红色山体陡峭险峻，谷内蜿蜒曲折、幽静深邃。公园地处西天山南麓，具有独特地质背景：天山山脉由准噶尔、伊犁、塔里木三个板块应力作用形成。公园则处于塔里木板块北缘，横跨南天山古生代陆缘盆地与库车山前坳陷，是研究天山造山带的关键区域，具有国际对比意义，堪称造山带天然博物馆。园内旅游景点有小龙池、红白单斜山、红山石柱、天山奇景、石膏沟峡谷、迷宫式峡谷、红果沟、峡谷龙池瀑布、宝鼎沟峡谷、奇特象形山石景观等。2004年入选中国最美的十大峡谷之一，蜚声海内外，是国家4A级旅游名胜风景区。2009年被列入第五批国家地质公园名录。（SGH）

天山天池国家地质公园 天山天池国家地质公园位于昌吉回族自治州阜康市境内，地处天山山脉最高峰——博格达峰北侧，规划面积为543平方千米。公园内地质遗迹景观资源丰富、类型多样，有现代冰川、高山湖泊、U型谷、古冰川阶地、石林景观、地层剖面、古生物化石等，美学价值极高。公园以天山天池为核心形成三工河景区、四工河景区、水磨河景区、天池景区四大景区，园内自然风光和生态环境突变强烈，有完整的植物垂直景观带谱，是欧亚大陆腹地干旱区自然景观的代表，为国内外罕见。天山天池是天山山脉最大的冰川堰塞湖，也是我国最著名的冰川堰塞湖及深水淡水湖泊之一。远古瑶池神话和西域民族风情、剑侠文化和名人文化内涵也以其独特的魅力，增添了景区的文化底蕴。公园于2009年实施了天山天池游客集散中心项目、海北绿化景观改造、精品环线增容扩建、灯杆山公路等重点工程项目建设，使景区的环境质量得到明显的改善、旅游环境得到极大的提升。天山天池是国际人与生物圈保护区、国家级风景名胜区、国家森林公园、国家5A级风景区。2009年被列入国家地质公园名录。（SGH）

奇台硅化木—恐龙国家地质公园 奇台硅化木—恐龙国家地质公园位于昌吉回族自治州奇台县境内，地处天山北麓，准噶尔盆地东南缘，面积492平方千米，景区面积11.65平方千米，包括硅化木景区、恐龙沟景区、魔鬼城雅丹景区和石钱滩景区。这里地质遗迹景观独特，有目前亚洲遗存规模最大的硅化木群；有中生代世界霸主恐龙的化石；有揭示准噶尔地区海洋变迁史的海相古生物化石群落；还有造型奇特的魔鬼城（雅丹地貌）。新疆奇台硅化木群的硅化木数量位居世界第二,仅次于美国亚利桑那州的石树林,这里完整保留了生成于1.4亿年前侏罗纪时代的银杏、红杉等树木的树干和树根,有的连树皮、年轮都清晰可见,这些硅化木由于树种和所含化学元素不同而呈不同的形态和色彩。奇台县所在的准噶尔盆地是世界上埋藏恐龙最多的地区之一,堪称"恐龙故里"。20世纪90年代初,这里发掘出一具巨大的恐龙遗骸。该恐龙最大的一节颈椎骨长1.6米,高1.2米,最长的一条肋骨长3.5米。据测算,该恐龙生活在距今1.4亿年前的晚侏罗纪早期,当时身长超过34米,躯高10米以上。其体高与身长均超过了世界最大的"北美地震龙",因此获得"世界恐龙将军"的称号,并被正式命名为卡拉麦里龙。新疆奇台硅化木—恐龙国家地质公园是我国唯一以典型、稀有、珍贵的硅化木群、恐龙化石、古海洋生物化石、玛瑙石为主体的国家地质公园。2004年被列入第四批国家地质公园名录。(SGH)

富蕴可可托海国家地质公园(地质三号坑) 富蕴可可托海国家地质公园(地质三号坑)位于额尔齐斯河源头,阿尔泰地区富蕴县北东部和青河县西边局部地区,总面积619平方千米,其中可可托海主景区562.5平方千米,公园分为可可托海主景区和卡拉先格尔景区两大区域,卡拉先格尔景区56.5平方千米。独特的阿尔泰山花岗岩地貌景观和富蕴大地震遗迹,使公园具有了丰富多样的科学内涵和美学意义,这些地质遗产具有世界罕见的珍稀价值,构成了新疆环准噶尔神秘旅游线上耀眼的一道风景线。可可托海花岗伟晶岩稀有金属矿床、富蕴断裂带地震遗迹和额尔齐斯河花岗岩地貌等构成公园的三大主要地质遗迹类型。园内的三号矿为世界级的花岗伟晶岩矿床,发现矿物84种,被誉为天然矿物博物馆。可可托海有地质遗迹景点196处,其中观赏价值较高的有50处,有4处极具观赏和科研价值的石景群。可可托海国家地质公园是中国第一个以典型矿床和矿山遗址为主体景观的国家地质公园。2017年被联合国教科文组织正式列入世界地质公园网络名录,成为我国第35个被该组织批准的世界地质公园。(SGH)

吐鲁番火焰山地质公园 吐鲁番火焰山地质公园位于吐鲁番盆地北缘的火焰山,距离吐鲁番市东北10千米处,东西走向,长98千米,宽9千米,主峰海拔831.7米,古书称赤石山,维吾尔语称克孜勒塔格,意即红山。火焰山地质公园面积290平方千米,园内拥有以核心地质遗迹景观——火焰山为代表的单斜、土林、峡谷、丹霞地貌及泉类、水体类地质遗迹景观,同时拥有柏孜克里克千佛洞、坎儿井等人文景观,具有特殊的学术价值、科研价值和科普教育价值,是开展地质旅游的绝佳之地。火焰山脉东起鄯善县兰干流沙河,西止吐鲁番桃儿沟,长100千米,最宽处达10千米。火焰山重山秃岭,寸草不生。每当盛夏来临,红日当空,地气蒸腾,焰云缭绕,形如飞腾的火龙,十分壮观。虽然这里夏季地表最高温度超过70℃,被称为中国"热极",但山腹中的许多沟谷却绿荫

蔽日，溪涧潺潺，是吐鲁番盆地中的"花果山"，著名的葡萄沟也在其中。2011年被列入第六批国家地质公园名录。（SGH）

吉木乃草原石城地质公园 吉木乃草原石城地质公园位于吉木乃县境内，由神石城和恰其海两个园区组成，面积约60平方千米，是一个以花岗岩石蛋地貌为主，辅以地质构造景观和哈萨克民族文化等人文景观的具有较高科学、科普和美学观赏价值，并集观光旅游、休闲度假、科学考察和民族风情体验为一体的综合性地质公园。公园生态环境极佳，动植物种类丰富，是研究动植物学的天然标本库和基因库。每年6—7月是公园内花草盛开的最好季节。景区东侧有奇景三线瀑布，景区内有象形石108处，历史上该景区部分曾经是哈萨克郡王——艾林郡王的私家牧场。景区内还有至今无法揭示的石棺墓、怪坡等四大谜，是自治区3A级风景名胜区。2012年被列入第一批自治区级地质公园名录。（SGH）

和静天山石林地质公园 和静天山石林地质公园位于和静县巴音布鲁克草原西南，石林区海拔3500米，长9千米，宽5千米，相对高度30米左右。石林似林非林，千姿百态，光怪陆离，高矮参差，错落有致，恰如西方中世纪的古堡群落。石林有的状似人物，似走兽，或立或走；有的则像参天古树，根枝相连；有的像宝剑直插云霄。这里石窟洞穴到处都是，环境幽静，人迹罕至，是野生动物的天堂。2012年被列入第一批自治区级地质公园名录。（SGH）

乌恰托云地质公园 乌恰托云地质公园位于新疆乌恰县境内，总面积约为132平方千米。公园由红山谷景区、托云景区和苏约克景区三个独立园区组合而成。园内有6大类17个类型共135个地质遗迹景观，以七彩雅丹、北方丹霞和神奇泉华为代表的地貌景观、喀斯特景观和水体景观为主导景观，辅以构造、地层剖面以及地质环境景观等地质遗迹。既有边塞风光、西域风情、民族文化等独有人文特色，又具有较高的科研、科普和观赏价值。2014年被列入第二批自治区级地质公园名录。（SGH）

天山百里丹霞地质公园 该地质公园是全国丹霞地貌出露面积最大的一处，是以丹霞地貌、彩色丘陵为主体，融地层剖面、构造剖面、水体地貌等地质遗迹和塞人文化为一体的综合性地质公园。公园分昌吉、呼图壁和玛纳斯三个园区，其中，呼图壁县百里丹霞地质公园总面积158平方千米，是新疆天山百里丹霞地质公园的重要组成部分。百里丹霞所在山脉又称喀拉扎组山，是中国最长的侏罗纪山脉，呼图壁县南部山区康家石门子风景区是新疆侏罗纪地质地貌的标志地，也是喀拉扎组山脉最完善的一段。呼图壁县百里丹霞地质公园主要地质遗迹125平方千米。2016年被列入第三批自治区级地质公园名录。（SGH）

哈密翼龙—雅丹地质公园 哈密翼龙—雅丹地质公园位于哈密市伊州区，是以雅丹地貌和古生物化石为核心的一个综合性地质公园，哈密翼龙—雅丹地质公园有世界上独一无二的重要翼龙化石遗址,这是世界上翼龙研究200多年来最重要的发现之一,这一化石产地是目前世界上唯一保存了三维立体翼龙蛋以及雌、雄翼龙个体的重要化石遗址。园内还有大量鸟骨头化石和大型脊椎动物化石。公园内准备建设地质公园博物馆,包括地史演化厅、雅丹地貌景观厅、历史文化厅和多媒体演示厅,集中展示院内核心地质遗迹资源。2016年被列入第三批自治区级地质公园名录。(SGH)

4. 矿山公园

富蕴可可托海稀有金属国家矿山公园 富蕴可可托海稀有金属国家矿山公园位于阿尔泰山南麓富蕴县,公园总面积21平方千米。园内矿业遗迹典型,发现矿物达84种。公园植物种类丰富,可可托海还是哈萨克族聚居地,留下了很多珍贵的民族文化遗址,极具观赏和科研价值。可可托海有世界著名的"三号"矿脉,被世界公认为稀有金属"天然陈列馆",有钽、铌、铍等86种矿产品,还盛产海蓝、碧玺、石榴石、芙蓉石、玉石、水晶等多种宝玉石。可可托海稀有金属矿床开采历史长达70年,是世界伟晶岩型稀有金属矿床研究的经典范例,稀有金属矿矿业遗迹构成矿山公园的核心景观,为新中国稀有金属发展重要的历史见证。矿山公园是以展示人类矿业遗迹景观为主体,体现矿业发展历史内涵,具备研究价值和教育功能,可供人们游览观赏、进行科学考察与科学知识普及的特定的空间地域。2013年3月,依托世界著名的"三号"矿坑,新疆首个国家级矿山公园——新疆富蕴可可托海稀有金属国家矿山公园被列入第三批国家矿山公园名录。(SGH)

5. 湿地

艾比湖湿地国家级自然保护区 艾比湖湿地国家级自然保护区位于新疆博州精河县、博乐市和阿拉山口口岸交汇区,东西长102.63千米,南北宽72.3千米,总面积2071平方千米。规划保护区核心区面积1055平方千米,缓冲区面积1074平方千米,实验区面积542平方千米。艾比湖是新疆准噶尔盆地西南缘最低洼地和水盐汇集中心,是新疆最大的咸水湖,湖水平均深1.4米,最深处3米,湖面海拔高189米。艾比湖湿地,地处大西洋西风气流的主要通道——阿拉山口,这里水土流失严重,生态环境脆弱,它的存亡直接影响该地区的环境和工农业发展。这里有多样性的湿地植物,较丰富的生物资源,在新疆北部生态环境保护中具有重大的作用。艾比湖湿地保护区是一处集生态保护、生物多样性保护为一体的超大型湿地,各类湿地面积占保护区总面积的45.5%。2000年被列入自治区级自然保护区名录,2007年被列入国家级自然保护区名录。(SGH)

科克苏湿地自然保护区 科克苏湿地自然保护区位于新疆阿勒泰山南部荒漠平原,南北宽20.2千米,东西长23.8千米,面积达

306.67平方千米，和西北其他地区相比，该地区植物种类十分丰富，是新疆乃至中国西部地区重要的物种富集区。额尔齐斯河及其支流克兰河穿越整个保护区，形成了大面积湿地，成为新疆北部荒漠中面积最大的沼泽湿地。该湿地海拔476~496米，属于温带大陆性气候，年平均气温4.0℃，极端最高温度39.5℃，平均降水量112.6毫米。湿地内有河流、沼泽（森林沼泽和草本沼泽）、滩地、盐沼等多种湿地类型，形成保护区内荒漠、草原、草甸、森林、河流和湖泊等多种景观类型，孕育了多种多样的植物植被类型，是西北荒漠地区重要的动植物栖息地。作为罕见的湿地生态系统，该保护区是连接欧亚大陆生物走廊的关键区段，众多鸟类迁徙旅行的停歇地；区域内分布有多科树种组成的天然河谷林，是我国极为珍贵的基因资源库，具有重要的生态战略地位，被列入新疆湿地保护工程规划的重点湿地恢复工程之一，以湿地生态系统为主要保护对象。2001年被列入自治区级自然保护区名录。（SGH）

阿勒泰两河源头自然保护区 阿勒泰两河源头自然保护区位于横跨富蕴、青河两个县境内的高山区域，总面积6759平方千米。两河源区的湿地面积约有30.8平方千米，分布有年径流量较大的大河5条；维管束植物有967种，地衣有200多种，苔藓植物有193种，大型真菌有150种；兽类有54种；鸟类有222种；国家重点保护的珍稀动物有20多种；昆虫有1167种。两河源区是阿勒泰各族人民自古以来繁衍生息的摇篮。2001年被列入自治区级自然保护区名录。（SGH）

五家渠青格达湖湿地自然保护区 五家渠青格达湖湿地自然保护区是以青格达湖为中心建设的省级自然保护区，水面面积约17平方千米，湿地面积9平方千米，被称为乌鲁木齐市的"肺叶"，保护区内植被覆盖率达95%以上。该保护区不仅是乌鲁木齐市北边的一道绿色屏障，还对古尔班通古特沙漠的边缘自然环境改善有着积极的调节作用，具有重要的地区环保意义。2003年被列入自治区级自然保护区名录。（SGH）

帕米尔高原湿地自然保护区 该保护区是中国典型的高原湿地，号称"冰山之父"的慕士塔格峰就位于该保护区内。保护区行政上属于新疆克孜勒苏自治州阿克陶县的木吉、布伦口乡；南为海拔5000米的萨雷阔勒岭，与塔什库尔干县相接；东部为海拔7719米的公格山和7505米的公格九别峰；隔山与乌恰县相邻。保护区位于盖孜河支流木吉河流域及克孜勒苏河上游支流玛尔坎苏河上游集水区，总面积1530平方千米，其中核心区459平方千米，缓冲区995平方千米，试验区77平方千米。保护区内生活着雪豹、北山羊、盘羊等珍稀野生动物，该区域保护对象为高原湿地、水禽等野生动物及其生存环境以及高原生态系统。2005年被列入自治区级湿地保护区名录。（SGH）

额尔齐斯河科克托海湿地自然保护区 额尔齐斯河科克托海湿地自然保护区位于阿勒泰地区哈巴河县西南，西部以国界为界，为哈萨克斯坦，南部为吉木乃县，北部远处为阿尔泰山，保护区内含林地、疏林地、宜林荒山荒地、灌丛地等，总面积990.437平方千米，保护区内有额尔齐斯河、比列则克河和阿拉克别克河等河流，生长着苦杨、额河杨、沼泽桦等珍稀树木，保护区湿地资源丰富，分布着大量的野生动物如各种有蹄类、爬行类、鸟类及昆虫。该保护区总投资为1300多万元，建设有鸟类保护区域、鱼类保护区域、有蹄类野生动物保护区域、天然杨树、桦树等生物多样性保护区域。目前湿地的生态系统和湿地内动植物也得到了很好的保护，这对整个额尔齐斯河流域的生态平衡起到了积极的推动作用，该区域保护对象为河流湿地生态系统和水禽为主的珍稀保护动物。2005年被列入自治区级湿地保护区名录。(SGH)

（二）世界文化遗产

丝绸之路（新疆段） 新疆是丝绸之路的重要路段，丝绸之路的许多中西文化沉积，都可以在新疆现存的文物古迹中找到。丝绸之路新疆段大致以天山为基准分北、中、南三条线路。天山北道：哈密—吉木萨尔—乌鲁木齐—伊宁一线。天山北道即指汉朝政府开辟的"新北道"，途经西域咽喉哈密、北庭故城吉木萨尔、首府乌鲁木齐和"塞外江南"伊宁。天山中道：吐鲁番—库尔勒—库车—阿克苏一线。天山中道由故城林立的吐鲁番开始，途经湖泊遍布的库尔勒、有"西域乐都"美称的龟兹古国库车，最后在阿克苏出疆。天山南道：若羌—和田—喀什一线。天山南道从敦煌西出玉门关，经楼兰古城，沿塔克拉玛干沙漠南缘、昆仑山北麓西行，跨越帕米尔高原至今天阿富汗一带。沿途经过新疆的若羌、和田和南疆重镇喀什。沿线至今可见众多古城、石窟、墓葬等文化遗存，加之独特的自然风光，掀起了当代世界性的"丝绸之路"热。在未来的"一带一路"建设中，这条古老的"丝路"必将焕发出巨大的活力。2012年被列入中国世界文化遗产预备名单。(SGH)

（三）国家历史文化名城、名镇、名村

喀什 喀什城北倚西天山，西枕帕米尔高原，南抵喀喇昆仑山脉，东邻塔克拉玛干沙漠，周边与吉尔吉斯斯坦、塔吉克斯坦、阿富汗、巴基斯坦等八国接壤或相邻，拥有罕见的"六口（岸）通八国、一路连欧亚"的独特地缘优势，战略地位十分重要。喀什是"喀什噶尔"的简称。"喀什"是突厥语"玉石"之意，"噶尔"则是古代塞种人语言中的"地区""邦国"之意，即"玉石之国"或"玉石集中之地"。喀什有"丝路明珠"之美称，直到15世纪海路开通前，这里一直是中国西部最重要的国际商埠。喀什有悠久的历史、璀璨的文化、浓郁的民俗、丰富的

资源，是南疆西部政治、经济、文化、交通的中心，全市总面积554.8平方千米，总人口58万，是以维吾尔族为主体的多民族聚居区。喀什拥有维吾尔民俗民风、登山观光、沙漠探险、丝绸之路体验等四大类旅游资源，形成了自然景观、人文景观和民俗风情交相辉映的旅游资源格局，是丝绸之路上最具西域风情的国际旅游目的地。喀什是中外闻名的国家乙级对外开放城市、第二批国家级历史文化名城（1986）、中国优秀旅游城市。（SGH）

吐鲁番 吐鲁番市位于天山东部博格达山南麓，吐鲁番盆地中心，市区距乌鲁木齐市184千米，是丝绸之路上一颗美丽的明珠。市区南北长约262千米，东西狭窄不规则，最宽处约90千米。吐鲁番风光美丽，市郊有火焰山、千佛洞、苏公塔、葡萄沟、交河故城、坎儿井、阿斯塔那古墓等美丽的景观和古迹，市内有博物馆，有新疆地区保存最完整的巨蜥化石，还有高昌公园、在建的水上乐园和民俗度假区。中国丝绸之路吐鲁番葡萄节，是为纪念丝绸之路开通于2010年开始举办的。丝绸之路在中国境内长达4000多千米，仅在新疆境内就有2000千米，南、北、中三线横贯新疆全境。吐鲁番位居丝绸中路要冲，是名闻遐迩的历史重镇，自两汉以来，一直是中国西域地区政治、经济和文化的中心之一。吐鲁番目前是新疆维吾尔自治区吐鲁番地区的一个县级市，辖3个街道办事处、2个镇、7个乡，境内有兵团二二一团。吐鲁番的名字由明代开始流行，吐鲁番维吾尔语意为"富庶丰饶的地方"。吐鲁番有很多海拔以下的地方、吐鲁番市街侧的艾丁湖的海拔为-154米，是中国海拔最低的地方。2007年被公布为第四批中国历史文化名城。（SGH）

特克斯 "特克斯"突厥语意为"野山羊多"，蒙古语音译为"原野水源纵横"。特克斯县位于天山山脉北麓，伊犁河上游特克斯河流域，特克斯—昭苏盆地东段。县城特克斯镇距乌鲁木齐市公路里程852千米。全县总面积8079.67平方千米，总人口155113人（2003），有哈萨克、汉、维吾尔、回、柯尔克孜、蒙古、锡伯等22个民族。特克斯县现辖1个镇、5个乡、2个民族乡。特克斯河自西向东横贯全境。属温凉半干旱山区气候，昼夜温差大，年均气温5.3℃，年均降水383毫米。特克斯县因为其独特的城市布局被称为八卦城。特克斯不仅诠释了易经文化，而且也是乌孙文化兴盛地，特克斯是古代多出"天马"的乌孙国所在地。2007年被公布为第四批中国历史文化名城。（SGH）

库车 库车县位于新疆维吾尔自治区中西部，阿克苏地区东部，天山中段南麓，塔里木盆地北缘。东与轮台县交界，南与沙雅县相连，西与新和县、拜城县接壤，北与和静县毗邻。县城库车镇距乌鲁木齐市750千米。历史悠久、文化灿烂的库车，历史上曾是联系和沟通亚欧大陆的桥梁，中西文化在这里交融，成为举世闻名的龟兹文化发祥地。汉唐时期，龟兹是西域三十六国中的大国之一，西域都护府、安西都护府相继设在这里，领辖西域22个都护府及龟兹、焉耆、于田、疏勒四镇驻军，是中原王朝统辖西域的政治、经济、军事、文化和商贸中心。库车县面积14528.74平方千米，人口462588人（2010），是新疆人口第二大县。库车县辖1个镇、13个乡，有维吾尔、汉、回、柯尔克孜、哈萨克、蒙古、俄罗斯、锡伯、满、乌孜别克等14个民族。库车素有"歌舞之乡""西域乐都""瓜果之乡"的美誉。库车县历史悠久，文化底蕴丰厚，历史遗存丰富，城市传统格局保存完整，民族文化特色突出。库车是中国著名旅游区，也是中国西气东输工程重要气源地。2012年库车县被公布为国家历史文化名城。（SGH）

伊宁 伊宁古称西域，位于伊犁河谷中部，是伊犁哈萨克自治州的首府，也是伊犁河谷的政治、经济、文化、交通中心。全市总面积675.5平方千米，市辖8个乡、1个镇、1个场、8个街道办事处。截至2005年底，辖区总人口43万人，有维吾尔、汉、哈萨克、回、蒙古、锡伯、乌孜别克、俄罗斯等35个民族。伊宁市是祖国西部边陲的一座花园城市，2005年被评为中国优秀旅游城市。景区有阿拉木图亚风情园、城市海景乐园、汉家公主纪念馆、民族英雄林则徐纪念馆、伊犁河大桥、拜图拉清真寺、伊宁回族大寺、三区革命烈士陵园、维吾尔民居一条街、汉宾乡果园八角凉亭等，还有遍布周围的雪岭冰川、高山湖泊、森林公园、草原毡房。伊宁市位于东西陆路交通的要冲，地缘优势突出，对外开放条件优越，是新疆和全国向西开放的重要商埠。早在汉代，就已形成了一条古丝绸通道，不仅沟通中亚各地和西亚，也有许多支线连接南亚和欧洲各地。历史上的伊宁是中国西部的一个繁华商埠。1989年伊宁市被批准为开放城市，1992年又被确定为沿边进一步开放城市，并在市区内设立国家级边境经济合作区。如今的伊宁，是伊犁河谷的物资交流中心和商品集散地，是连接霍尔果斯口岸、都拉塔口岸、木扎尔特口岸的中心城市，是我国西部最大的沿边开放城市。2012年被公布为中国历史文化名城。（SGH）

鄯善县鲁克沁镇 这是一个有着2000多年历史的著名古城，古丝绸之路上著名的柳中城就坐落于此。自古以来，柳中城曾以柳色而闻名，有"绿柳城郭"之称，曾有"城郭日日柳年年，火焰山下杨柳春"的诗句歌吟此处柳色。鲁克沁汉代为柳城，唐为柳中县。公元前1世纪，西汉王朝在轮台设西域都护府时，曾在此屯田。123年，东汉西域长史府设置于此，西域长史班勇曾率五百兵士进驻柳城屯垦戍边。柳中城在历史上所处地位相当重要，是唐代西州（高昌）的东大门，是丝绸之路必经重镇。现在城墙周围还遗留有许多文物古迹，内城正西有清代吐鲁番郡王额敏和卓郡王府遗迹，大约建于1758年，当地人称王爷台，全是用黄黏土夯筑而成。鲁克沁镇是吐鲁番木卡姆的发源地，吐鲁番木卡姆指的就是鲁克沁木卡姆，历史渊源可追溯至高昌时期。鲁克沁木卡姆具有浓郁鲜明的地域特色，在乐律、乐调、结构形式等方面与十二木卡姆、哈密木卡姆、刀郎木卡姆均有差异，因此，1996年经专家对鲁克沁木卡姆的挖掘整理，出版了具有地域特色的《吐鲁番木卡姆》一书。鲁克沁木卡姆以丰富优美的旋律、深邃生动的唱词、载歌载舞的热烈气氛而深受广大人民的喜爱，新疆第一个木卡姆艺术传承中心就建在鲁克沁镇。2005年被公布为第二批中国历史文化名镇。（SGH）

霍城县惠远镇 霍城县惠远镇位于霍城县东南，伊犁河谷开阔地带，南隔伊犁河与察布查尔锡伯自治县相望，东接伊宁市界梁子牧场，西邻霍城县兰干乡。惠远在历史上是新疆边塞名城之一，为清代"伊犁九城"之首，是清代伊犁将军府驻地。"惠远"之名乃乾隆帝亲赐之名，是取大清皇帝恩德惠及远方之意。惠远古城曾是新疆政治、军事、经济、文化中心。历史上伊犁是新疆通往中亚的重要通道，清乾隆年间，为了加强在伊犁地区的治理，在此设伊犁将军，建惠远城，并陆续在其周围建起八座卫星城，统称为"伊犁九城"，惠远城被称为"伊犁九城"之首。惠远古城历史上屡遭战乱毁坏，惠远城垣逐年被伊犁河水侵蚀，地下遗存文物多被淹没，城内建筑物已荡然无存，今尚存北、东面部分城墙和老东门土墙墩。如今的惠远城是光绪八年（1882）清政府仿照旧城所建，林则徐、洪亮吉等历史名人都曾在此谪居。2007年被公布为第三批中国历史文化名镇。（SGH）

富蕴县可可托海镇 富蕴县可可托海镇位于富蕴县城东北48千米的阿尔泰山间，额尔齐斯河从镇中穿行而过。可可托海，哈萨克语意思是"绿色的丛林"，蒙古语意为"蓝色的河湾"。该镇保护规划主要是对镇域内4.65平方千米面积内现存各类建筑、古迹遗址等文化资源对象进行保护。著名的可可托海国家地质公园就位于该镇附近。这里矿产资源丰富，是西部矿业重镇，为我国核工业和航天工业做出了重要贡献。这里也是中国的寒极，曾经测得过-63℃的低温。2012年被公布为自治区历史文化名镇，2014年被公布为第六批中国历史文化名镇。（SGH）

鄯善县吐峪沟乡麻扎村 麻扎村位于鄯善县吐峪沟乡，火焰山南麓吐峪沟南沟口。吐峪沟原音吐峪克，维吾尔语意为"绝路、不通的路"。"麻扎"是阿拉伯语的音译，意为"圣地""圣徒墓"，主要指伊斯兰教显贵的陵墓。吐峪沟麻扎村是新疆现存最古老的维吾尔族村落，已逾1700年历史，至今还保存着维吾尔族最古老的民俗风情，有"民俗活化石"之称。麻扎村内保存有大量维吾尔族传统民居，全是黄黏土生土建筑，均为土木结构，有的是窑洞，有的是两层楼房结构，底层为窑洞，上层为平房，屋顶留方形天窗；有的窑洞是依山坡掏挖而成，有的窑洞是黄黏土土块建成，其特点是经济实惠、冬暖夏凉、造型美观。家家户户由弯曲和深浅不一的小巷相连，即使从屋顶走也可以达到串门的目的。古老民居的门窗都很古朴，蕴藏了深厚的文化，是新疆东部伊斯兰文化背景下村落格局形态的典型代表，对研究伊斯兰文化和干旱少雨的沙漠绿洲文化的形成和发展，有着重要意义。村落中古老的生土建筑，至今还闪烁着"黄黏土文化"的光芒，是今天海内外穆斯林敬仰神往的圣地，是宗教历史文化艺术界学者歇足的驿站，是绘画摄影艺术家寄托梦想的家园，是第41届柏林电影节最佳儿童片奖《火焰山来的鼓手》拍摄地。2005年被公布为第二批中国历史文化名村。（SGH）

哈密市回城乡阿勒屯村　回城乡阿勒屯村位于哈密市西南郊，维吾尔族称之为"阿勒同勒克"，意思是黄金之地。这里保留着哈密九代回王的墓地、回王府等，建筑风格既体现了维吾尔族风格，又吸收了中原汉文化的雕梁画栋，是不可多得的古代民族文化遗产。该村文物保护单位现有新旧麦德尔斯学堂、阿伊勒克麻扎、主麻寺、九龙树和古代道路、村落名居等。在哈密王陵附近，曾经有一处规模宏大的哈密王宫，建于1705年，是清廷任命的第一代回王额贝都拉从京城请来若干能工巧匠，耗时7年建造而成，那时这座王宫府第的建筑之美在新疆是独一无二的，但在1931年，这一有着200多年历史的辉煌建筑毁于战火，被夷为平地。哈密文化是古丝绸之路最典型的文化，哈密历史是新疆历史上最浓重的一笔。回王陵是哈密历代回王的历史见证，是凝结多民族勤劳智慧的象征。2008年被公布为第四批中国历史文化名村。（SGH）

哈密市五堡乡博斯坦村　"博斯坦"维吾尔语意为"绿洲"，村子虽然地处戈壁荒漠之中，但却树木成林，是戈壁滩中的一块绿洲。博斯坦村传统民居有着非常强的"形式追随气候"的特点，处处体现出顺应气候、崇尚大自然的理念。在当地传统民居建筑中，主要建筑材料取自当地的生土，其中夯土墙与土坯所用的原料均为黄土、麦草。该村将传统民居与现代环保理念相融合，成功打造了一个低碳、环保的生态村庄。此处还有汉唐古城遗迹，据记载，古城有南北二城，平面呈"吕"字形；北城，南北约180米，东西约150米，城墙残高2米，宽3米，城四角有残存的瞭望台。城内有土墩和房屋残垣。南城略成方形，边长约100米，墙残高3米，东北角有一高10米的瞭望台。沿喀尔鲁克渠北上的小土山上，每隔500～1000米便有一座烽火台，有十余座之多，古城郊外还有多处佛寺遗址，城西1000米处还有古墓葬。古城分布在白杨河两岸，现如今博斯坦村就分布在古城内外，村民居住主要以南城为主，居住着360多户1800多人。博斯坦村以其传统民居、富有特色的生态建筑理念和技术于2010年被公布为第五批中国历史文化名村。（SGH）

特克斯县喀拉达拉乡琼库什台村　琼库什台村距离特克斯县城90千米，是一个有300多户1700多人的牧业村，村内居民以哈萨克族为主。村庄四面环山，房屋依水而建，人畜饮水及生活用水均来自库尔代河。村民利用水力发电。村里几乎所有的民房都是木建筑，有的房子是由原木搭的，有的房子是将原木从中间一分为二，通过掏、榫、拱等各种工艺搭起来的，在棚圈部分甚至连树皮都没有剥离。建筑的平面、立面和细部处理、建筑技术和施工工艺等保持着建筑文化的印迹，历史信息丰富，具有较强的原真性，是至今伊犁河谷保存完好的一个木构建筑群。琼库什台村的先民根据当地夏季多雨、潮湿的自然环境和生存需要，就地取材，用木材建房，形成了这个独具特色的村落。建筑所用松、杉树木质坚硬，经久耐用。由于人们对房屋用心保护，故村落中大量的民居保存完好，部分民居已有100多年的历史，具有丰富而完整的历史文化内涵。从琼库什台村以木构建筑作为牧民的居住建筑看，无疑是牧民们从流动性居住方式向永久性居住方式的演变。目前还保留着很多20世纪五六十年代具有哈萨克族游牧民族特色的木屋。2010年被公布为第五批中国历史文化名村。（SGH）

尉犁罗布人村寨 罗布人村寨位于尉犁县城西南35千米处，距库尔勒市南85千米。村寨方圆72平方千米，有20余户人家。属琼库勒牧场，是一处罗布人居住的世外桃源，寨区涵盖塔克拉玛干沙漠、游移湖泊、塔里木河、原始胡杨林、草原和罗布人。最大沙漠、最长的内陆河、最大的绿色走廊和丝绸之路在这里交汇，形成了黄金品质的天然景观。罗布人是新疆最古老的民族之一，他们生活在塔里木河畔的小海子边，"不种五谷，不牧牲畜，唯以小舟捕鱼为食"。其方言也是新疆三大方言之一，其民俗、民歌、故事都具有独特的艺术价值，千百年来罗布人与世隔绝，如今，沙漠中只剩下了为数不多的"最后的罗布人"，他们在沙漠中的海子边打鱼狩猎，种庄稼，保持着原始的风俗习惯，其生活充满了神秘色彩。罗布人村寨正门形如一个戴着帽子的人的头部，两侧是鱼的图腾。在罗布人村寨里，游客可同时看到四样有趣的人和物，那就是罗布人、海子、胡杨和沙漠。现在看到的人文景观是复原的罗布人村寨原始村落公园。（SGH）

（四）全国重点文物保护单位

1. 古遗址

楼兰古城 楼兰古城位于罗布泊西部，若羌县境内，处于西域的枢纽，在古代丝绸之路上占有极为重要的地位。我国内地的丝绸、茶叶，西域的马、葡萄、珠宝，最早都是通过楼兰进行交易的。许多商队经过这一绿洲时，都要在此暂时休憩。楼兰王国从公元前176年以前建国，到630年消亡，共存在800多年的历史。王国范围东起古阳关附近，西至尼雅古城，南至阿尔金山，北到哈密。楼兰古城四周的墙垣，现多处已经坍塌，只剩下断断续续的墙垣。城区呈正方形，面积约10万平方米。楼兰遗址全景旷古凝重，城内破败的建筑遗迹了无生机，显得格外苍凉、悲壮。俯瞰楼兰古城，城中东北角有一座烽燧，虽然经历代不同时期的补修，但依然从它身上可以看出汉代建筑的风格。烽燧西南是100平方米的"三间房"遗址，建筑在一块高台上,曾是城中屯田官署所在地。楼兰是汉代西域一个强悍的部族,他们居住在新疆塔克拉玛干大沙漠的东部,罗布泊的西北缘。楼兰人的首都就是著名的楼兰古城。据记载,那时的楼兰国政通人和,经济繁荣,物产丰富,是"丝绸之路"上的一个繁华之邦。据《水经注》记载,东汉以后,由于当时塔里木河中游的注滨河改道,导致楼兰严重缺水,楼兰古城最终因断水而废弃。1988年被公布为第三批全国重点文物保护单位。(SGH)

罗布泊南古城 罗布泊南古城遗址位于罗布泊西南荒漠中,由古城和住宅址组成,面积约64平方千米。以LK古城为中心,西北3000米是LL古城。遗址距楼兰古城西南48.3千米处,是魏晋南北朝时期罗布泊地区仅次于楼兰的第二大城市。古城南北城墙长107米,东西城墙长约190米,总面积约2万平方米。海头古城附近是罗布泊地区另一个遗址集中区,其西北约3000米处有LL古城,再向西北4.8千米有LM住宅群遗址。文物部门将海头古城称作罗布泊南古城,1914年斯坦因在罗布泊探险时将其命名为LK城址。海头古城是1907年斯坦因的维吾尔向导托克塔阿訇首先发现。1910年日本人桔瑞超在罗布泊探险时,在此城获得李柏文书,当时误认为是楼兰古城。同年,我国学者王国维在考译李柏文书时发现,两件文书均注明"海头"二字,日本学者森鹿三也根据桔瑞超提供的李柏文书出土地点的照片,证实这里不是楼兰古城,而是LK城址。以后人们就将罗布泊南古城LK城址称作"海头古城"。4世纪30年代后,楼兰城被废弃,西域长史府治所即迁到了海头古城。这两处遗址是丝绸之路楼兰道上著名城址,对研究汉晋时期楼兰、鄯善地区的历史文化及与中原地区关系具有重要的意义。2001年被公布为第五批全国重点文物保护单位。(SGH)

米兰遗址(属古楼兰地域) 米兰遗址位于若羌县城东40千米处,由唐代吐蕃古戍堡和周围分布的魏晋时期的古建筑群遗址,以及汉代屯田水利工程设施和伊循城遗址所组成,是一组不同年代的跨文化遗址群。其中有汉代鄯善国伊循城遗址、汉代屯田、唐代古戍堡遗址等。佛寺壁画中曾发现了3世纪带有古罗马风格的有翼天使图像。米兰曾经是塔克拉玛干沙漠南面的一个古代绿洲城市,坐落于丝绸之路上罗布泊与阿尔金山脉的交会处,是丝绸之路南道的一个繁忙贸易中心。米兰考古显示,其艺术品受佛教影响时间可追溯至公元前1世纪,从考古场地所挖掘出来的早期佛经及壁画亦显示与中亚及印度北部的传统风格相似,而在当地发现的绘画与其他艺术特征令人联想到与古罗马及其行省有直接关系。米兰早期文物遗迹可分为两类:一类是反映当时佛教活动的遗迹(即佛塔和佛寺),另一类是反映生产活动的遗迹(即灌溉水利渠)。米兰晚期文物遗迹主要有烽燧和戍堡遗迹。2001年被公布为第五批全国重点文物保护单位。(SGH)

交河故城 又称雅尔湖故城,位于吐鲁番市以西约13千米的亚尔乡亚尔乃孜沟村,吐鲁番市西郊10千米亚尔乃孜沟两条河交汇处30米高的黄土台上。这里是古代西域三十六城郭诸国之一的车师前国都城,曾是该国政治、经济、军事和文化中心,被誉为"世界上最完美的废墟"。交河故城是目前世界上最大、最古老、保存最完好的生土建筑城市,也是2000多年来我国保存最完整的都市遗迹,唐西域最高军政机构安西都护府最早就设在交河故城。交河故城是公元前2—5世纪由车师人开创和建造的,在南北朝和唐朝达到鼎盛,9—14世纪由于连年战火,交河城逐渐衰落。最近,考古工作者在故城保护性发掘中,首次发现一座地下寺院和车师国贵族墓葬,并出土海珠、舍利子等一批珍贵文物。1961年被公布为第一批全国重点文物保护单位。(SGH)

高昌故城　高昌故城位于吐鲁番市东约40千米的哈拉和卓乡附近,北距火焰山南麓的木头沟沟口(胜金口)约6.5千米,东距鄯善县城约55千米。高昌城建于公元前1世纪,是西汉王朝在车师前国境内的屯田部队所建。高昌故城于13世纪废弃,使用了1300多年。故城平面略呈不规则的正方形,布局可以分为外城、内城和宫城三部分,总面积约2平方千米。外城墙基厚12米,高达11.5米,周长约5千米,夯土筑成,夯层厚8～12厘米,间杂少量的土坯,有清楚的夹棍眼。外围有保存完好凸出的马面。南面有三个城门,其余三面各有两个城门。西面北边的城门保存最好,有曲折的瓮城。内城在外城中间,城墙全为夯土城,西、南两面保存较好,其建筑年代较外城为早。宫城在最北面,外城的北墙就是宫城的北墙,内城的北墙是宫城的南墙。高昌故城保存最好的部分首推外城墙,结构完整,宏伟壮观。高昌故城保护三期工程入选"2012年度全国最佳文物保护工程"。1961年被公布为首批全国重点文物保护单位,1988年又被公布为第三批全国重点文物保护单位。(SGH)

苏巴什故城　苏巴什故城实际叫"苏巴什佛寺",又名"昭怙悝大寺",库车河穿城而过。故城始建于东汉,隋唐盛极一时。9世纪,佛寺为战火所焚,因而日趋衰败,14世纪初彻底废弃。苏巴什佛寺遗址位于库车县城北约25千米铜厂河(库车河)出雀勒塔山口两岸的洪积台地上。苏巴什佛寺遗址被库车河水从中分割为东西两个部分,故有东、西寺之称。"苏巴什"维吾尔语意为"水头"之意。"苏巴什佛寺遗址"是由遗址的地理位置而得名。故城如今东、南、北三面仍有残存城墙,系夯土建筑,周长约7千米。东墙长1446米,高约7.66米,墙外每隔40米左右,有长宽各4.8米的马面。南墙长1809米,断续残留。北墙长过2000米,高2.4米。西墙已无迹可寻。城内建筑遗址比比皆是。中国古代著名的三大佛经翻译家之一龟兹高僧鸠摩罗什就曾应龟兹王之邀,在苏巴什佛寺升座为西域诸国信佛之王公、众人宣讲佛法。苏巴什故城是自治区级重点文物保护单位,1996年被公布为第四批全国重点文物保护单位。(SGH)

通古斯巴西城址　通古斯巴西城址位于

县城西南约40千米塔木托格拉克乡，城址为唐代所建，东西长250米，南北宽230米，古城四角有突出的墙垛，城垣处还有马面建筑，规模宏大，保存完整，城内有房屋遗迹、木器、布匹、鞋履、胡麻籽、油饼等物，并有唐大历年号的文书残纸。从城区范围内所见陶片分析，城市活动最盛为唐代，是唐安西都护府属下的一处重要军镇。作为龟兹地区具有代表性的建筑遗址，该城址对研究龟兹地区的政治、经济、军事和文化的发展状况及唐代安西大都护府府址和唐代经营西域的情况具有重要作用。2009年10月，新和县通古斯巴西城址保护修复主体工程基本完成，这意味着汉唐以来最大屯田驻军的遗址将作为龟兹文化和丝绸之路重要的景点和爱国主义教育基地以全新的面貌对外开放、展示。2006年被公布为第六批全国重点文物保护单位。（SGH）

托库孜萨来城遗址 即唐郁头州城故址，位于今巴楚县东北，当图木舒克山西段，南濒克孜尔河（红河）。古城依山势铺展，略成长方形，内外三重，损毁严重，多处只余残基。托库孜萨来城建于公元前206年，距今约有2200年的历史，有专家考证，可能是汉、唐至北魏时期尉头（郁头）州州治，当地维吾尔族称之为"托库孜萨来"，意为"九座庙宇（或宫殿）"，因有清人在此拾得唐代开元通宝而被汉人称为唐王城。唐代史料记载为"据史德城"，是丝绸之路上一座极其有名的佛教古城。古城建于图木舒克山北侧豁口处，临喀什噶尔河尾闾，面积约1平方千米，分内城、外城、大外城三部分，包括古城、烽燧、佛教寺院及墓地等，在古城稍南有吐木休克佛寺。75年，东汉王朝派班超等36兵士赴西域，曾在图木舒克山麓盘橐城（即托库孜萨来古城，与今喀什市区的盘橐城不同）驻守17年。1906年前后，法国的伯希和、英籍匈牙利人斯坦因、德国的勒柯克等曾在此挖掘出南北朝至唐宋时期的壁画、塑像、木雕、棉麻织物、钱币、陶器等佛教艺术品和生活用品以及婆罗米、粟特、龟兹、佉卢文、汉文文书等，斯坦因在此遗址发掘和考察后，认定托库孜萨来遗址的废弃不会早于14或15世纪，并证明此城的毁弃是在伊斯兰教进入南疆时期。2001年被公布为第五批全国重点文物保护单位。（SGH）

石头城遗址 石头城遗址位于塔什库尔干塔吉克自治县城北侧不足百米处，是新疆境内古丝道上一个著名的古城遗址。这里是古代丝绸之路中道和南道的交汇点，喀什、莎车、英吉沙及叶城通往帕米尔高原的数条通道都在此地汇合。城堡建在高丘上，极为险峻。汉代时，这里是西域三十六国之一的蒲犁国的王城。唐朝统一西域后，这里设有葱岭守护所。元朝初期，曾大兴土木扩建城郭。光绪二十八年（1902），清廷在此建立蒲犁厅，对旧城堡进行了维修。城外建有多层或断或续的城垣，依石岗形势，用块石夹土垒砌，起伏曲折，略近方形，周长1300多米。隔墙之间石丘重叠，乱石成堆，构成独特的石头城风光。城垣城墙残高可达6米，顶部1~3米。西、北墙外存马面。四角曾有瞭望楼,已圮。城内房屋内见灶坑。古城东南角,有古代佛寺遗迹,曾出土陶片、唐乾元重宝、毛布、丝织物及一件梵文贝叶经,经文为3—8世纪时流行的书体。出土文物经碳测定,说明古城废弃于唐。清代后期,在古城偏东部峭岗上,土筑了蒲犁厅城一座,又在旧城堡南面兴建了新城镇,石头城遂被废弃。2001年被公布为第五批全国重点文物保护单位。(SGH)

尼雅遗址 有"东方庞贝城"之称,是本世纪最伟大的考古发现之一。尼雅遗址是汉代西域精绝国古城遗址,位于新疆维吾尔自治区民丰县以北约150千米的尼雅河下游,地处塔克拉玛干沙漠中心。东汉时期,尼雅隶属于鄯善,《大唐西域记》称为尼壤城。该遗址1901年为英国人斯坦因发现,他曾四次前来此处勘测,其后美国亨廷顿、日本桔瑞超等人先后对其进行发掘。中华人民共和国成立后对其进行了数次大规模发掘,尤其是1989年后与日本小岛康誉等联合组织的中日联合考察队取得了一些重要成果。唐朝玄奘回国时曾经到达过这里,并说这里是交通要道,附近有很多湖泊。与楼兰城一样,尼雅遗址深埋于泥土之中或者水面之下,层层堆积着他们生活所需的石器、陶器、骨角器等工具以及食物的残渣、植物种子等生态遗物和房屋基址、墓葬、火塘、灰坑等遗迹。对尼雅遗址的考古学、气象学、水文地质学的综合研究表明,尼雅古城的消亡极可能不是由于自然条件的变异,而是由于军事、社会或其他突变因素引发的结果。这个神奇的遗址为人类留下了千古之谜。1962年定为自治区重点文物保护单位,1996年被公布为第四批全国重点文物保护单位。(SGH)

安迪尔古城 安迪尔古城位于和田地区民丰县安迪尔牧场东南约27千米的沙漠腹地,海拔1300米。在遗址的佛塔和寺院等地都曾采集到陶器、金属制品,玻璃片等文物。其地表遗物分布范围远远大于遗址现有面积。从遗址建筑形式的采集文物推测,该城始建于汉代,于11世纪逐渐被废弃。安迪尔古城遗址是丝绸之路南道一处汉唐时期重要遗存。遗址主要由佛塔、道孜勒克古城、夏羊塔克以及周围的墓葬、冶炼作坊和窑址等组成。夏羊塔克古城大致呈方形,边长100米左右,城墙残高约8米,城门在南侧,城内街道、房屋遗迹保存基本完好,但多已被流沙掩埋。城南200米处有一高10多米的佛塔遗址。道孜勒克古城,为一圆形城堡,直径约130米,城墙残高7米,城内分布有多处寺院和其他建筑遗址。安迪尔古城遗址为玄奘所记的吐火罗故国,也有人认为是唐代的兰城镇。20世纪初,外国探险家斯坦因等曾盗掘大量吐蕃文、婆罗谜文和汉文文书各一批精美文物,安迪尔古城受到学术界关注。唐代中后期,随着安迪尔河流量减少,遗址逐渐被废弃,至今荒无人烟,但原有遗址基本清楚。2001年被公布为第五批全国重点文物保护单位。(SGH)

圆沙古城 圆沙古城位于新疆南部于田县大河沿乡,南距于田县200余千米处,是迄今为止发现的新疆年代最早的一座古城。

圆沙古城又名尤木拉克库木古城，地处塔克拉玛干沙漠腹地，几乎全被沙丘覆盖。古城呈不规则四边形，城墙周长995米，高度、顶宽均约3～4米，木骨泥墙结构。城内有暴露于地表的建筑遗迹6处，出土有陶、石、金属、料器等。在南城墙和东城墙处，可见城门及门道遗迹，城内有建筑遗迹。城墙以两排竖直的胡杨木棍，夹以层层的红柳枝作墙体骨架，墙外用胡杨枝、芦苇、淤泥和畜粪堆积成护坡。墙的拐角处有一些直角的"土坯"。法国考古专家经仔细考察后认为，这不是经过人工和泥模拓制的土坯，而是将河道中的淤泥切割成块，直接砌到墙上去的，过去的考古发掘中从未发现过这种现象。1999年3月10日，新华社报道塔克拉玛干沙漠腹地发现2000年前的古城，古城被命名为圆沙古城。2001年被公布为第五批全国重点文物保护单位。（SGH）

热瓦克佛寺遗址 热瓦克佛寺遗址位于洛浦县吉亚乡西北70千米处的沙漠中，离县城60千米，是和田地区保存较好的唯一具有犍陀罗风格的佛寺遗址。热瓦克，汉语意思是"楼阁""凉台"，是一座以佛塔为中心的佛寺建筑群。佛塔周围有一座院落，院墙内外有许多泥塑壁画，塑像风格与中土迥异，衣饰形态都带有鲜明的西亚风格。2001年被公布为第五批全国重点文物保护单位。（SGH）

丹丹乌里克遗址 丹丹乌里克遗址位于策勒县北塔克拉玛干沙漠中，距县城约90千米，1997年3月19日被发现，是唐例谢镇故址。该遗址为丝绸之路的重要遗址，于1896年被瑞典地理学家探险家斯文赫定发现。英国人斯坦因曾在此发掘，获大量佛教壁画、木板画、汉文官私文书、于阗文佛教经典等。这些资料表明例谢镇为唐代于阗六城之一，镇将为杨晋卿，而六城刺史为"阿摩支尉迟"。木板画中有丝绸传入于阗及鼠王故事。2006年被公布为第六批全国重点文物保护单位。（SGH）

麻扎塔格戍堡址 属于唐代古城堡遗址，位于西南部墨玉县驻地喀拉喀什镇北166千米和田河西侧，麻扎塔格山东段。戍堡初建于唐，依山势建筑，占地1.1平方千米，呈长方形，分内外三重，下筑地仓，堡墙用砂岩板块垒筑，其间又用柽柳树干捆扎，墙高3～5米，宽3米，设一高约10米的烽火台，堡侧有佛寺遗址。在此曾出土乾元重宝、大历元宝、龟兹铜币、铁镞、吐蕃文木简。这里是古代从龟兹到于阗必经之地。古堡始建于东汉时期，延续至唐宋时期，是汉唐时期南北东西的交通枢纽。遗址内曾出土有古代文书及其他文物，是和田历史上重要的古城之一，大约衰废于十一、十二世纪的宗教战争。一个世纪以来，许多国内外考古、探险家前往探险。2006年被公布为第六批全国重点文物保护单位。（SGH）

大河古城 大河古城位于巴里坤哈萨克自治县大河乡东头渠村东部，距县城15.5千米，有公路通往乡政府和县城。海拔1644米，是哈密地区规模最大、保存最完好的一处唐代古城遗址。大河古城系唐景龙年间驻屯于此的伊吾军所筑，古城呈长方形，中部有一道较宽的城墙将古城分为东西两个小城，分为主城和附城。两座城东西并列，主城南北长210米，东西宽180米。城墙最高近10米，宽12米。城墙的四角设有角楼，现仅西北角和西南角保存较好。附城居东，南北长240米，东西宽177米。城垣高4～5米，宽10米。在城内采集到许多遗物，主要为陶器和铜器，铁器较少，有铜镜、护身铜佛、钱、铜棒等，建筑材料有灰色的莲花铺地砖和莲纹瓦当，均为典型的唐代遗物。城内散布着大型陶制废器和大型石磨盘。这些都显示出当时农业生产的盛况，证明此处曾是一个规模较大的屯粮基地。1957年被公布为自治区重点文物保护单位，2001年被公布为第五批全国重点文物保护单位。（SGH）

白杨沟佛寺遗址 白杨沟佛寺遗址位于哈密市柳树泉农场白杨沟村东1千米处，河水自中部流过，将其分成东西两部分，当地维吾尔族人称为"台藏"，系唐代佛教兴盛时期的大型佛教遗址，是哈密地区年代较早、规模最大的一座寺院。根据史籍记载，白杨沟佛寺在魏晋时期就已存在。唐朝时，玄奘路过哈密，曾经在此讲经说法，弘扬佛法。寺院主要遗存在白杨河西岸，构筑形式主要有三种：一是断崖立面上凿出窟体后，再用土坯砌筑，并在窟前接砌前室；二是利用断崖直接开凿成窟；三是在与断崖相接的台面上用土坯砌建成窟。此三种建窟形式，与吐鲁番柏孜克里克石窟大同小异。洞窟的平面大致有两类，以长方形居多，方形次之。有单窟，也有两窟和三窟相连。内壁均抹草泥，现依稀可见彩色壁画。2001年被公布为第五批全国重点文物保护单位。（SGH）

乌拉泊古城 乌拉泊古城遗址又称"破城子"，是唐至元时期的轮台县城所在地，古丝路北新道上的繁华重镇，位于新疆乌鲁木齐南郊约17千米大湾乡乌拉泊村，距今已有2000多年的历史。西汉时这里是一个居民不到2000人的小国。唐代在此设轮台县，属庭州，并在今乌拉泊附近建成了轮台县城。乌拉泊镇扼丝绸之路北道和中道的咽喉，具有重要的经济、军事战略价值，所以唐朝把它作为丝路北道的唯一收税城，并派重军驻守，清乾隆二十八年（1763）这些地方被清廷命名"迪化"。现存乌拉泊古城遗址略成方形，南北长550米，东西宽450米，城周约2千米，城墙残高约4米，底基宽约5米，城墙四角都有突出小堡，城门设在每边中央并有瓮城、城楼、马面等。乌拉泊四周还有乌拉泊烽火台、柴窝铺土墩、盐湖烽火台、永丰烽火台等，形成一个庞大的古代军事要地。乌拉泊古城是现已发现的乌鲁木齐市辖境内时代最早和保存最好的一座古城。2001年被公布为第五批全国重点文物保护单位。（SGH）

北庭故址 又称北庭都护府故址，为唐北庭大都护府治所遗址，位于今吉木萨尔县北约12千米的护堡子，俗称"破城子"。唐朝疆域辽阔，西部边界远达咸海。为管辖西域广大地区，唐朝先后在这里设立了两个政治军事中心，一是安西都护府，在龟兹（今库车县），管辖天山与碎叶河以南地区；一是北庭都护府，在庭州，管辖天山以北、咸海以东地区。庭州在东汉时称金满城，永平中耿恭为戊己校尉屯此城，地属车师后部。唐贞观十四年（640），于其地置庭州，下辖金满、轮台、蒲类三县。武则天长安二年（702），在金满城设北庭大都护府，掌管天山北路东起伊吾西至碎叶的军政大权。贞元六年（790），吐蕃攻占北庭，唐对北庭的统治即告结束。元代在此设立"宣慰司"和"元帅府"等重要机构，仍为北疆重镇。该城约于明代初年荒废。1949年后，我国文物考古工作者在这里发掘出土了唐代铜质官印"蒲类州之印"和工艺水平很高的铜狮、石刻狮以及"开元通宝""乾元重宝"、陶质禽兽、葡萄纹铜镜、刻有花纹的石球和兽形铜镇纸等大批文物。北庭古城规模宏大，平面呈不规则方形，分内外两城，内城位于外城中部略偏东北。外城墙周长4596米，内城墙周长3003米。外城之北还有低矮的羊马城。内外城墙都有马面、角楼和城门，外城北门有瓮城，均系夯土筑成。墙高10余米，厚8~12米。内外城都有护城河。城内原建筑破坏殆尽，仅存3处残墙基，9处残基址，其中2处为佛寺基址。1988年被公布为第三批全国重点文物保护单位。（SGH）

乌什喀特古城（新和县） 乌什喀特古城位于新和县西约20千米处玉奇卡特乡玉奇卡特村西南1.5千米处，为汉至唐代遗址，据认为是汉代龟兹国的大城市之一。古城地处一块地势较低的洼地，由三道城墙组成，范围很大。外城墙东、南、西墙尚保存有低缓的城垣，北墙已毁，现为农田。二重城城墙保存尚好，高2~4米，基宽10米左右。内城墙垣保存较好。该遗址出土的"汉归义羌长印""李崇之印"等珍贵文物，具有很高的历史研究价值。1957年被公布为第一批自治区重点文物保护单位，2013年被公布为第七批全国重点文物保护单位。（SGH）

唐王城 唐王城位于库车县东南约80千米，城址东西长约260米，南北长约160米。城垣保存较好，下部由红柳层和黄土堆筑交替构筑而成，上部用土坯垒砌，基宽11~20米、顶部宽6米，高处竟达15米。城垣外侧有马面，四隅残存角楼遗迹，西垣有城门遗迹，宽10米，外有瓮城。南垣外侧还有一圈城垣，东西长250米，南北100米。城外西北有三处呈一字形排列的土丘，上残存台基，靠西处有四间用土坯垒砌的房址。地表采集的遗物有陶、木、铜器、龟兹小钱范及"乾元通宝"等。1957年被公布为第一批自治区级重点文物保护单位，2013年被公布为第七批全国重点文物保护单位。（SGH）

唐朝墩古城 唐朝墩古城遗址位于奇台县城北门外，东西长约320米，南北宽约490米，城墙残高2~8米，厚7米。该古城遗址处于碎叶路和回鹘路的交汇点上，是丝绸之路北道上的重镇和交通枢纽。古城东临水磨河，西南方紧连居民区，北靠菜园子（蔬菜生产基地）。该古城为一长方形城郭，四面有城门、城垛，北城墙上有烽火台，现残存北面城墙。中华人民共和国成立前，人们常从遗址中拣拾到唐朝时代的器皿，中华人民共和国成立后，文物管理所陆续从遗址内采集到红陶侈口平底盆、灰陶平底三耳大瓶、灰陶单耳罐、宋青瓷器残片、元代双鱼镜、元代察合台银币等文物。唐朝墩古城历史久远，据史料记载，此城为唐代北庭都护府属辖的四个县中的蒲类县城，始建于唐贞观十四年（640），设县于唐长安二年（702），是北庭都护东路的咽喉重镇，也是长安至碎叶城的国际通道。元代归别失八里元帅府所辖，是其属下五城之一。明永乐十五年（1417）蒙古迁徙伊犁，蒲类城与别失八里同时废弃。清代乾隆二十四年（1759）清军西进，成为天山北麓重点屯兵之处。据其城墙高大，远望似墩的特征，现在人称之为唐朝墩。从东北角看，昔日的雄关威姿依稀可见，它的北墙高8米、厚4米，可辨板筑层，东门尚存轮廓。1962年被公布为自治区级重点文物保护单位，2013年被公布为第七批全国文物保护单位。（SGH）

龟兹古城 龟兹古城位于库车县城西约2千米的皮朗村，是古西域国之一，居民擅长音乐。我国汉唐时期，中央王朝都以龟兹为政治中心，设立政权机构，对西域地区进行管理。古城周长近8000米，北墙2000米，南墙1806米，东墙1646米，西墙约2200米。除东、南、北三面城墙尚可辨认外，西墙现已荡然无存。全城呈不规则正方形，城墙高约2～7米，为夯土筑成，每隔40米左右有城垛一个。1985年我国著名考古学家黄文弼先生曾在此城进行过发掘工作，出土文物有石器、骨器、彩陶片、铜器、汉五铢钱、龟兹小钱、开元通宝等。龟兹为我国古代西域大国都城，东汉和帝永元三年（91），班超任都护时曾迁西域都护府于龟兹。唐贞观二十二年（648）和唐显庆二年（657）曾两度设安西都护府于龟兹，辖4个镇、16个府、72个州之地。2013年被公布为第七批全国重点文物保护单位。（SGH）

营盘古城 营盘古城位于巴音郭楞蒙古族自治州东南部，距库尔勒市137千米，距尉犁县170千米，在库鲁克山支脉兴地山以南的戈壁滩上。营盘遗址位于楼兰古城西200千米左右的孔雀河北岸，其繁盛的时代大体在西汉中、晚期到前凉，距今1500年左右。这一时期正是"楼兰道"的兴盛时期。营盘镇恰好处于塔里木盆地东部交通线的十字路口，它既肩负起扼守"楼兰道"西端咽喉的重任，同时又沟通丝路南道鄯善、且末等国与古高昌及天山以北诸国的联系。据考证，营盘古城是古西域三十六国之一山国（墨山国）的都城，汉代时曾在此屯田驻兵，这也是该古城现在被称为"营盘"的原因。营盘古城分为城郭、大佛塔、烽火台和营盘古墓地四部分。营盘作为丝绸之路中道的必经之地、交通重镇，被历史学家称为"第二楼兰"，其废弃时间在4世纪前后。中原汉文化的传统建筑特色是方城，如楼兰古城、交河古城、高昌古城等，而营盘古城的巨大价值意义，在于它具西方文化特点，建筑特色是圆形城池。2013年被公布为第七批全国重点文物保护单位。（SGH）

喀拉墩遗址 喀拉墩遗址位于克利雅河下游的沙漠中，居克里雅河下游古尾闾三角洲,距于田县城190千米,遗址面积约50万平方米,是汉晋时期遗址。"喀拉墩"维吾尔语意思为"黑色的沙丘"。古城堡方形,边长60米。土墙现高8米,基底宽20米,顶宽8米。城墙系用树枝、泥土交相垒筑,极耐风蚀。东城墙偏北段有门道。古城西南、东北有六区建筑群及一处古窑址。曾发现较多夹砂陶片,也有汉五铢钱。中华人民共和国成立后,在这里的古墓发掘到南北朝时期的蓝白印花棉布和褡裢布。南郊有小铁刀、箭镞、铁剑等。遗址现状可分4种基本类型:世俗建筑(城堡和普通住宅)、佛教寺院、农业活动遗迹(灌溉渠)以及有遗物堆积的黏土地面,共63处。城堡呈正方形,位于遗址区北部;佛寺遗迹2处,分别位于城堡以东和以南,平面呈"回"字形;灌溉渠遗迹在遗址区南部;普通住宅及庭院遗迹散布于整个遗址区。该遗址是第四批自治区级重点文物保护单位,2013年被公布为第七批全国重点文物保护单位。(SGH)

兰城遗址 和硕县作为古丝绸之路必经之地,古代曾经是汉代西域三十六国之一的危须国所在地,境内文物古迹众多,兰城遗址是该县重要遗迹之一。兰城遗址位于该县乌什塔拉乡沙梁湾村东南约1千米处。古城长265米,宽250米,略呈正方形,分南北两重,为黄土夯筑,多处以土坯修补。城周有壕沟,宽约20余米。1984年,从地表采集的文物有塑造的人面形(深目高鼻)、兽头形、山羊角形陶器耳柄,还有碎骨、大小石球、石雕、陶花、陶拍和刻有文字、花纹的陶罐等。据民国十九年(1930)钟广生著《新疆志稿》中记载,此城是唐代所设置的张三守捉城遗址。2013年被公布为第七批全国重点文物保护单位。(SGH)

惠远新、老古城遗址 惠远古城距霍城县9千米,距伊宁市38千米,是新疆历史名城,它曾是新疆政治、军事、经济、文化中心。历史上伊犁是新疆通往中亚的重要通道,清代乾隆皇帝为了加强在伊犁地区的治理,在此设伊犁将军,建惠远城,并陆续在其周边建起八座卫星城,统称为"伊犁九城"。现保存较好的是被称为"伊犁九城"之首的惠远城,城内还保留着将军府旧址。"惠远"之名乃乾隆帝亲赐,取大清皇帝恩德惠及远方之意。著名的爱国将领林则徐曾在这里居住了两年零一个月,留下许多事迹。由于战乱、沙俄侵略,城内建筑物亦遭战乱毁坏,许多建筑被拆除,再加上惠远城垣逐年被伊犁河水侵蚀,地下遗存的文物多被伊犁河水淹没,城内建筑物今已荡然无存,尚存北、东面部分城墙和老东门土墙墩,即惠远老城。如今的惠远城是光绪八年(1882)清政府在惠远旧城北7.5千米处仿旧城所建。2013年被公布为第七批全国重点文物保护单位。(SGH)

道尔本厄鲁特森木古城遗址 道尔本厄鲁特森木古城遗址位于和布克赛尔蒙古自治县莫特格乡,古城呈方形,边长为414米,城墙高5.2米,墙四角有半圆形岗楼。该城墙芯为夯筑,其中掺杂有大量的直径约30厘米的赭色石块,夯层厚约15厘米,城墙外皮用土块砌成。城中主要建筑遗迹分布在城的中部偏北,其余皆为平地。在古城西北角有一残破的藏式佛塔,城内发现有经文、泥质佛像和铜念珠,现仅存一塔基,高约3米。2013年被公布为第七批全国重点文物保护单位。(SGH)

东黑沟遗址 东黑沟遗址位于巴里坤哈萨克自治县石人子乡石人子村南的东天山(巴里坤山)北麓,西距巴里坤县城23千米。该遗址在南北长约5千米、东西宽约3.5千米,面积约8.75平方千米的范围内,分布有3座大型石筑高台、140座石围居住基址、1666座墓葬、2485块刻有岩画的岩石,为一处规模较大、内涵较丰富、具有代表性的古代游牧文化大型聚落遗址。该遗址代表了以圜形石封堆墓和动态剪影式岩画为特征的一类遗存,该类遗存亦在新疆东部和甘肃西北部有广泛分布。东黑沟遗址为探讨古代游牧文化聚落形态和社会、经济形态,特别是探讨汉代月氏与匈奴的考古学文化,提供了十分重要的新资料。在我国,对古代游牧文化的大型聚落遗址进行综合考古研究尚属首次,这为我们探讨古代游牧文化聚落形态和社会、经济形态,特别是探讨汉代月氏与匈奴的考古学文化,提供了十分重要的新资料。2013年被公布为第七批全国重点文物保护单位。(SGH)

柳中城遗址 柳中城遗址位于鄯善县鲁克沁镇,距鄯善县城西50千米。柳中城是古丝绸之路上的重镇,是一个有着2000多年历史的著名古城。自古以来,曾以柳色而闻名,曾有"城郭日日柳年年,火焰山下杨柳春"的诗句,赋予它"绿柳城郭"之称。鲁克沁王城汉代为柳城,属车师前王庭地,唐为柳中县。唐贞观三年(629),玄奘法师一行路经柳中地,史书留下了美好的记载。640年,唐王朝大将侯君集再度统一了吐鲁番盆地,推行唐的政命,改设柳中城为柳中县,成为西洲所辖五县之一。柳中城在历史上所处地位相当重要。它是唐代西州(高昌)的东大门,是丝绸之路必经要道。古城土墙距今约1000余年,城南北长350米、东西长300米,城墙底宽4米、顶部宽1.90米,高6米余。土坯长39厘米、宽18厘米、厚9厘米。城墙土质黏性很大,是经选取后层层夯实的,墙是整块筑起的,无接缝,和现在的高昌古城相似。其外城是1873年阿古柏入侵后修建的,当地人们都称做"安集延城"。其城东西长1000米、南北宽500米,城墙厚2米,高5.5米,是用当地土法将两堵土墙合并一起筑起的,内外均有接缝。其土质及坚固性都远不如内城。现王城周围还遗留有许多文物古迹。在内城南端,现存有汉城墙。长30米、高20余米;内城在12米的城墙台上建有一座三层的楼阁式宏伟宫殿,面积832平方米,马车可由城墙上环绕直到顶楼。楼阁采用我国古代传统建筑式样,朱栏雕栋,飞檐斗拱,粉宫丽瓦,画幕绣帘,金碧辉煌。柳中城遗址被公布为第四批自治区级重点文物保护单位,2013年被公布为第七批全国重点文物保护单位。(SGH)

骆驼石旧石器时代遗址 骆驼石旧石器时代遗址位于塔城地区和布克赛尔蒙古自治

县和什托洛盖镇以北15千米处。考古学者2004年在和布克赛尔县和什托洛盖河流域发现骆驼石遗址，这是新疆境内年代最早的人类活动遗迹，在骆驼石一带采集到旧石器时代晚期的石制品，由此将人类进入这片沃土的时间推到了距今5万年前。新疆《三史》教育简明读本中"史前新疆"第一页中记载：1994年，中外考古工作者曾在和布克赛尔和什托洛盖骆驼石高台上发现一批砍砸器、薄刃斧和手镐等石器制品，其中一种在欧洲流行的名为勒瓦娄哇石片的石器尤其引人关注。这是新疆迄今发现的一处最古老的人类活动地点。从各地陆续发现的旧石器遗物的特征分析，至迟在距今约1万年以前的旧石器时代晚期，新疆地区已经有人类活动的迹象，早期新疆北部人群主要从事狩猎采集活动。2013年被公布为第七批全国重点文物保护单位。（SGH）

岳公台—西黑沟春秋战国墓葬群 岳公台—西黑沟春秋战国墓葬群位于哈密地区巴里坤县城西南3千米处东天山（巴里坤山）北麓的山前缓坡地带，地处山北迎风坡，地形雨较多，有大片的草原牧场和山地森林。遗址群被天山延伸出的山脉呈半环状围绕，西有常年流水的西黑沟河，西北不远处是巴里坤湖。巴里坤县城西南有以兰州湾子遗址为中心的岳公台—西黑沟遗址群，面积在10平方千米以上，代表了以平面方形或长方形不起封堆的石结构墓葬和静态剪影式、粗线条式岩画为特征的一类遗存，该类遗存在新疆东部和甘肃西北部有广泛分布，对于古代游牧文化聚落考古研究有重要意义，2013年被公布为第七批全国重点文物保护单位。（SGH）

石城子遗址 石城子遗址位于奇台县城南64千米处的半截沟镇麻沟梁村（原一队）天山北坡的丘陵地带，石城建在麻沟河西面的悬崖上，原为石头筑成，故当地人称"石城子"。此城依山形而建，南北宽138米、东西长194米，城墙残高1米余，北、西城墙建在自然地形梁上，东墙较低。城中偏西南有一圆形凹地，直径5米。该城东邻悬崖石壁，北面是陡坡，南面地形虽低但坡度较大，南端残留墙迹有两块圆形巨石，河谷深约几十米，地面露出岩石。整个城堡居高临下，易守难攻，是古代军事要地。城内出土文物皆具汉代特征，有云纹内席纹青灰陶大板瓦、筒瓦、实心砖、黑灰陶钵、陶瓮、陶盆，屋形图案青灰陶等数十件，此城堡出土文物丰富，其器形、色别、花纹、质量、选料等均具汉代风格。据考，此城属汉代疏勒城，历经魏、晋、隋、唐诸朝代，是新疆迄今发现的唯一汉代风格建筑遗址，2013年被公布为第七批全国重点文物保护单位。（SGH）

达玛沟佛寺遗址 又称托普鲁克墩佛寺遗址，约建于6—8世纪。从策勒县城沿国道315线东行约30千米即是达玛沟乡，而达玛沟佛教遗址群（托普鲁克墩1号佛寺、达玛沟喀拉墩1号佛寺、托普鲁克墩2号佛寺）就位于公路以南延伸到昆仑山前的荒漠区域。三个佛寺可能均毁于10—11世纪喀喇汗王朝推行的伊斯兰圣战中，从一个侧面反映了于阗6—9世纪佛寺发展的历程。托普鲁克墩1号佛寺是我国乃至目前全世界所发现中古时期的最小佛寺,在我国塔克拉玛干沙漠地区迄今所发现佛寺中是保存最为完好的古代佛堂建筑形式佛寺。佛像雕塑保存较好,壁画精美,是典型的于阗画派实物资料。壁画保存面积在迄今发现所有塔克拉玛干佛寺壁画中最大,其中弥勒菩萨、早期毗沙门天、东壁女装菩萨的形象尤为罕见和珍贵。另外,根据现存的佛寺建筑遗迹和壁画可以完全复原佛寺原貌。托普鲁克墩2号佛寺有东门、前厅、东侧堂、东北侧室、北门、北侧堂和中心回廊,布局谨严清楚,保存较好,是迄今和田地区发现的结构最复杂的回廊像殿,是这个地区大型回廊像殿的代表,填补了于阗佛寺晚期形制的空白。其中主尊佛头、回廊千佛壁画残块、毗卢遮那佛木板画、擦擦等是发掘的重大收获。毗卢遮那佛木板画、擦擦与达玛沟喀拉墩1号佛寺的千手千眼观音残壁画,说明密教在于阗的流行以及和西藏佛教的密切关系。三座佛寺体现了于阗佛教艺术高度发达的水准以及与南亚、中亚、中原相互交流的密切关系。2013年被公布为第七批全国重点文物保护单位。(SGH)

克斯勒塔格佛寺遗址　克斯勒塔格佛寺遗址位于柯坪县西北约10千米处,原柯坪县水泥厂旧址北克斯勒塔格山前。佛寺东为苏巴什河,南为生长茂密的胡杨林。克斯勒塔格佛寺依托克斯勒塔格山体前延伸出的缓坡修建。在佛寺的构建过程中依照山体的走势,利用山体表面坑洼粗糙的特点,将黄泥土夯筑其上,构筑成一个大平台。整个佛寺建筑利用克斯勒塔格山体的走势依次构建了三个高低错落的平台。然后在平台上利用夯筑与大土坯垒砌筑的方式修建了高大的佛堂、禅房、僧房及佛塔。整个佛寺建筑依山体走势高低错落,层次分明,排列有序。整个佛寺面积14854平方米,佛寺地表与山体最上部的佛堂高差达25米。在残存的僧房墙体上尚可见有烟道及土坑,为当时僧侣烧火做饭的地方,在佛殿的墙体上还可见有佛龛。整个佛寺利用山体构建,构思奇妙,技艺精湛,工程浩大。这种佛教寺院的建筑方式在阿克苏地区的佛教寺院建筑中是最神奇、壮观的一处。1975年佛寺修建水泥厂取土时,在第二层平台的佛塔下出土了两件完整的彩绘舍利盒及泥塑佛像残件,现藏于自治区博物馆。2013年被公布为第七批全国重点文物保护单位。(SGH)

阿萨古城遗址　阿萨古城遗址位于鄯善县达浪乡拜什塔木村西南约17千米处,回鹘高昌时期,也称"阿萨协亥尔"。遗址用土坯建筑,有外墙,略呈方形,西墙长57米,南墙长95米,周长约304米。城墙最宽处5米,最高处3米。北墙中部开门,有的地方外凸,似为角楼痕迹。紧挨南墙中部修建一烽火台,倒塌严重,仅见顶部南北长15米、东西宽11米。北墙附近有土坯堆积,疑为原居住遗迹。地表采集到罐、盆、瓮的残陶片以及残铁块、毛织物和北宋"成平元宝"铜币等。东部稍偏东北隔沙漠相距约2千米是一处佛教遗址,人们称其为小阿萨。小阿萨古城遗址位于鄯善县达浪坎乡拜什塔木村西南约8千米处戈壁荒漠中，是一座寺院遗址。寺院用土坯修建，平面呈方形，边长100米，面积1万平方米。由七组互不相连的建筑群组成，其中三组保存较好。一组在遗址西北隅，包括佛塔、殿堂。佛塔位于北面，塔基夯筑，平面呈"十"字形，塔身为正方形，边长1.3米，残高5.3米。穹窿顶殿堂虽已塌毁，但千佛像仍然清晰。另一组位于遗址南部的中段，也有一穹窿顶殿堂和塔，只见窟顶有数层莲瓣纹样。还有一组居住房间。2013年被公布为第七批全国重点文物保护单位。(SGH)

达勒特古城 达勒特古城位于博乐市东南37千米达勒特镇破城子村北，坐落在博尔塔拉河与大河沿子河交汇处的黄土台地段上。地处西域丝绸之路北路的中段，是历史上兵家必争之地。现有遗址以干枯河床为界，分东西两部分。西部遗址总面积约0.19平方千米，遗址分内、外两城。外城基本作长方形，东西长约700米，南北最宽处约400米，南墙基本完整，长650米，墙基宽约3米，残高2~4米，夯土筑，中段有一宽约5米缺口，当为城门，南墙外约50米有护城河与遗址东侧河流相通。外城内基本不见建筑遗存。内城偏居外城内西北部，正方形，长约80米，残高3~5米，夯土筑。内城中部见有土坯筑遗存，北部有较厚文化层，但均扰乱严重。城址内地表散见大量夹砂红陶片，以大型瓮、罐器为主。根据研究，初步认为该古城东西两城分属两个不同时期：河西遗址为唐代遗址，河东是辽代建筑，其下限可到明初。2013年被公布为第七批全国重点文物保护单位。(SGH)

夏塔古城遗址 夏塔是古代伊犁至阿克苏的交通驿站，现为夏塔柯尔克孜民族乡政府所在地。夏塔河东岸大约5~6千米处就是夏塔古城遗址。古城西靠夏塔河，北邻特克斯河，地势平坦开阔。内城城墙的墙基还可以看出，中间有块地势较高，铺有石板的地方，为建筑遗址。和其他遗址差不多，古城遗址到处是碎砖烂瓦。2013年被公布为第七批全国重点文物保护单位。(SGH)

昌吉州境内烽燧群 又称三十里大墩烽火台，属清代烽燧，高5米，底边宽5.1米，呈塔形，夯筑，内有木楔、芨芨草束等构筑物。该烽火台是昌吉回族自治州境内烽燧群的一部分，整个烽燧群东起木垒哈萨克自治县，西至玛纳斯县，贯穿整个昌吉州七个县市。烽火台是古时用于点燃烽火传递重要消息的高台，系古代重要军事防御设施，遇有敌情发生，则白天施烟，夜间点火，台台相连，传递消息，是古代行之有效的消息传递方式。根据烽火台的设置情况和规律，对研究当时政治、经济、军事及道路途径和现今的地理变迁有重要意义。昌吉市榆树沟镇大三畦村的三十里大墩烽火台是昌吉市首个国家级重点文物保护单位。2013年被公布为第七批全国重点文物保护单位。(SGH)

古代吐鲁番盆地军事防御遗址 又称吐鲁番盆地烽火台，地处丝绸之路要道，和伊吾、楼兰并称西域之门户，是控扼古代东西交通大动脉的锁钥，战略地位十分重要。历史上中央王朝经营西域，必是交通先行。吐鲁番地区的交通经两汉、魏晋开发奠基，到唐代建立起比西域其他地区更为发达的交通网络和比较完备的馆驿制度，成为当时整个西域地区交通的典型代表。唐代交通路线和军事防御必不可分，只要在重要的交通路线附近是一定会有军事设施的，有些地方是馆驿与烽燧并置。吐鲁番这些非常重要的交通路线的客观的历史载体就是耸立在吐鲁番大地上的座座烽燧。据文物普查统计资料，吐鲁番盆地共有军事交通类遗址62处，占吐鲁番文物遗址的近32%，其中烽燧遗址42处、驿站9处、戍堡7处、军屯4处，是吐鲁番文物遗存的一大类型。这些烽燧基本上是按照吐鲁番的交通警戒路线有序排列的，对于考察古代交通路线具有不可替代的作用。根据敦煌文书《西州图经》的记载，吐鲁番盆地通往外部的交通路线共有11条，沿线都分布着大量的烽燧。交通路线和烽燧组成了吐鲁番盆地内的一个非常有规律的交通网络，促进了吐鲁番地区古代文明的发展、延续、交流。这些烽燧可以直接反映中央王朝对西域的管辖，也是中国文化遗产中涉及历史、军事、交通的成体系的遗存群体。2013年被公布为第七批全国重点文物保护单位。（SGH）

阔纳齐兰遗址 阔纳齐兰遗址位于柯坪县阿恰乡齐兰村东6千米，为清代驿站遗址。遗址由两部分组成：一部分是西北方向的平台（亦称炮台）、宫邸和较完整的城楼城墙。平台长13米、宽8米、高5米，为夯土筑。城墙仅一道，南北向，长约80米、高约7米，墙头上规则地筑有近30个雉堞，城墙中段开设有一城门，宽约7.5米，城墙北端筑长方形角楼，高约6米、顶面长12米、宽7.5米。角楼加堞高7米有余。宫邸位于城楼之西约30米处，约有1500平方米，地面残留有地砖，残存墙基由青砖砌筑，部分为东南方向的住宅建筑群，约有7.5万平方米，多为残垣断壁，基本结构仍可辨认。住宅区内有一条西南走向，宽约5米的街道和纵横交错的小巷，城中有一个干涸的大池塘。在遗址中采集到的物品有铜钱、陶器等物品。2013年被公布为第七批全国重点文物保护单位。（SGH）

伊犁清代卡伦遗址 卡伦为满语，有"瞭望""守卫"的意思，是清代在新疆、蒙古、东北等边疆设置的更番候望之所。卡伦遗址位于乌孙山以南、木扎尔特河西岸的山前坡地上。该遗址呈方形，坐西向东，现存墙垣南北长77米、东西宽76米；墙高1.6～2.2米，顶宽1～1.5米，底宽10米（坍塌宽度）。东墙中部开门，宽7米。在墙体的东北角、西北角各有一角楼。据专家介绍，此次在乌孙山以南地区发现卡伦遗址尚属首次。该遗址的发现对清代边疆史、边防史的研究具有十分重要的价值。清朝统一新疆后，为了加强对天山南北的管辖，设立了数量众多的卡伦。卡伦的功能主要是防守边界、管理游牧、保护耕地、缉查逃犯、防守要隘及监督贸易等。1881年，清政府收复伊犁，在今察布查尔锡伯自治县和霍尔果斯河以东设置了头湖卡伦、多兰图卡伦、沙彦卡伦等14座卡伦。目前，察布查尔锡伯自治县境内的卡伦遗址，由于自然风化和人为破坏，部分墙体已经垮塌，有的已完全破损。清代卡伦，不仅是国家主权的象征，而且也是新疆各族人民屯垦戍边、反对外来侵略的实物见证，对于研究清代新疆边防史有着重要的参考价值。2013年被公布为第七批全国重点文物保护单位。（SGH）

奴拉赛铜矿遗址 奴拉赛铜矿遗址位于尼勒克县城南约3千米的喀什河南岸、阿吾拉勒山北坡的天山奴拉赛沟中，是一处春秋战国时期的遗址，距今约2000多年。遗址分采矿和冶炼两部分，即圆头山古铜矿遗址和奴拉赛古铜矿开采、冶炼遗址。在圆头山古铜矿遗址，发现有露天采掘矿坑和大型石器。奴拉赛铜矿采矿区发现10余处竖井洞口，已塌毁。奴拉赛铜矿遗址是新疆至今保存时代最早、规模最大和遗存较为丰富的古代遗址，对研究我国冶金史和新疆地方史、民族史都有重要意义。这样古老的采矿炼矿遗址，不仅在新疆是首次发现，就是在全国和中亚范围内也是极其罕见的，它对研究西域尤其是伊犁河流域的历史发展和民族活动具有重大的意义。2001年被公布为第五批全国重点文物保护单位。（SGH）

七个星佛寺遗址 七个星佛寺遗址位于焉耆回族自治县城西城的七个星乡，218国道旁，是一处晋、唐代寺院遗址和12座洞窟。七个星千佛洞和佛寺遗址又名"焉耆明屋"，"明屋"即千间房子。据考证，此处是古代焉耆国中最大的佛教寺院，当时的规模有"伽蓝十余所，僧徒两千余人"，是典型唐代佛教文化遗址。佛寺分南北二寺，颇具规模，佛寺附近有千佛洞（石窟寺群），佛寺已毁，仅存遗迹。千佛洞内则有残存的壁画。佛寺遗址地处丝绸之路北道，是印度佛教东传和中原佛教西进的重要枢纽之一，也是当时作为西域三十六国之一的焉耆国的佛教中心。遗址经历了历史上的火灾焚毁，国外探险家的盗掘，以及焉耆当地恶劣气候的侵袭，遗址损毁坍塌严重，尤其是近代以来自然、人为等因素的作用使遗址的损毁速度有加快的趋势，故对七个星佛寺遗址的保护迫在眉睫。2001年被公布为第五批全国重点文物保护单位。（SGH）

孔雀河烽燧群 孔雀河烽燧群位于巴音郭楞蒙古自治州尉犁县境内孔雀河沿岸的荒漠地带，由营盘西南烽燧、兴地山口烽燧、脱西克吐尔烽燧、脱西克吐尔西烽燧、卡勒塔烽燧、沙鲁瓦克烽燧、萨其该烽燧、孙基烽燧、亚克仑烽燧、苏盖提烽燧、库木什烽燧、克亚克库都克烽燧、阿克吾尔地克烽燧等烽燧组成，现存有11座，东西长达150千米，其间距5～30千米不等。部分烽燧有风蚀、倒塌，部分形制呈土墩状。建筑形式主要为土坯建筑（土坯层间夹有胡杨木、芦苇及红柳枝等），少量为夯筑。烽体多为方形，残高3～10米不等。这一烽燧遗迹群是汉晋时期楼兰地区军事防御、情报通讯的军事设施，对研究汉晋时期西域的历史、文化和交通等具有重要的意义。2001年被公布为第五批全国重点文物保护单位。（SGH）

克孜尔朵哈烽燧 克孜尔朵哈烽燧位于

库车以北的盐水沟东侧，距库车县城约13千米，北距国家重点文物保护单位克孜尔尕哈石窟仅1千米。这座古老的烽燧建于汉代，筑于粗砂岩基台地，表层为含沙质黏土。烽火台高约16米，为夯土建筑，兀立荒丘，十里可望。顶部因久经风蚀产生了深深的凹口，故而圆木裸露。底面东西长5米，南北宽4米，黏土板筑，夯层厚12.5～15厘米。修筑时围板两接，中间形成接缝。烽台南面迎风，经常年风蚀，表面呈弧形，接缝处凹进，呈双塔合抱形态，给人以特有的美感，堪称烽火台中的"双子星"。北面背风，台表平整，棱角清晰，并筑有高约7米的衔接平台，以便上下，现已塌落，呈土坡状。此台高耸，顶面围栏遗迹犹存。1957年被公布为自治区级重点文物保护单位，2001年被公布为第五批全国重点文物保护单位。（SGH）

石人子沟遗址群　石人子沟遗址群位于哈密地区巴里坤哈萨克自治县石人子村南的东天山（巴里坤山）北麓，遗址群西达小黑沟，南已进入天山北麓峰谷之间，东至红山农场南侧的红山口水电站，北以山麓北侧麦田边缘为界，由五个大中型遗址组成。巴里坤石人子沟遗址群发现于1957年，2005年西北大学文化遗产与考古学研究中心对石人子沟遗址群进行了较全面的调查和测绘，确认其为一处规模较大、内涵较丰富、具有代表性的古代游牧文化遗址。遗址南北长约8.6千米、东西宽约20.4千米，面积约76.95平方千米，同年在该遗址东侧约6千米处又新发现了红山口区，西侧新发现遗址三处。经调查，遗址区内分布有石筑高台、石围基址、石筑墓葬以及岩画等遗迹。在遗址群西部，西起小黑沟东到石人子乡五组以南的山前缓坡地带，主要以中型遗址为主，主要分布有墓葬和少量岩画。在遗址群中部的石人子沟及山前冲积扇范围内，分布着大型石筑高台3座、石围居住基址140座，墓葬1666座，刻有岩画的岩石2485块等大量遗迹。在遗址群东部的泉儿沟到红山口的山谷间以及山前坡地，也分布着数量众多的大型石围居址、岩画以及墓葬。遗址群为确认巴里坤盆地古代游牧民族族属提供了第一手资料，为研究西北草原地区古代游牧民族文化提供了实物资料，为该地区冶金及漆器发展史研究提供了新材料。2013年被公布为第七批全国重点文物保护单位。（SGH）

2．古墓葬

察吾乎古墓群　察吾乎古墓群位于和静县哈尔莫墩乡北部、天山南麓山前地带的察吾乎沟口至觉伦吐尔根村北面的洪积台地上，是西周到汉代的文化遗址。在方圆5平方千米的范围内有5片较大的墓地，共约2000余座墓葬。察吾乎古墓群是新疆目前发现的最大一处氏族公共墓地。墓葬密集，排列有序，规模宏大，石围墓、屈肢葬和带流彩陶器是其文化的主要特征。除3号墓地为东汉早期外，主要墓葬的年代大概在公元前1000—前500年，墓葬的形制、出土遗物及文化内涵表现出鲜明的地域文化特征，已被命名为"察吾乎文化"。对研究新疆早期民族活动历史、社会生产、原始宗教、生活习俗有很高价值。2001年被公布为第五批全国重点文物保护单位。（SGH）

扎滚鲁克墓群 位于且末县托格拉克勒克乡扎滚鲁克村西2千米处绿洲边缘地带的台地上。墓地分为三期，第一期属于先且末国时期，第二期属于且末国时期，第三期为东汉至魏晋时期。现发现五处墓地，近千余座墓葬。一号墓地墓葬分布相对集中，东西宽750米、南北长1100米，面积达0.825平方千米。墓葬形制有长方形竖穴土坑墓、长方形竖穴土坑棚架墓、洞室墓等。一、二期以多人合葬为主，三期多为单人或二人合葬。出土的两件木竖箜篌乐器是中国目前发现年代最早、保存完好的珍贵文物，还发现别具特色的陶器、骨木器、精美的毛织品、鸟纹刺绣织物等。该古墓群代表了新疆塔里木盆地南缘地区有代表性的区域文化，反映了这一地区汉通西域以前至魏晋时期的社会发展概貌，遗迹现象和出土文物表现出古且末国文化鲜明的地域文化特征以及丝路文化和北方草原文化的交流，为多学科研究提供了珍贵的实物资料。2001年被公布为第五批全国重点文物保护单位。（SGH）

阿斯塔纳古墓群 有"地下博物馆"之称的阿斯塔那—哈拉和卓古墓群位于高昌北郊的戈壁荒滩上。墓群东西长约5千米，南北宽2千米，占地约10平方千米。中华人民共和国成立后这里清理发掘了500多座古墓葬。墓葬年代为2世纪下半叶到9世纪初。墓葬按家族分区埋葬，以砾石为界。每个墓葬基本上都有斜坡墓道和土洞墓室，地面堆有砾石，平面呈"甲"字形。墓室一般高为2米以上，4米见方大小，平顶或穹窿形顶。死者多安放在洞室后部的土坑或简易木床上，他们头枕鸡鸣枕，面部掩巾，双手握木，身着棉麻或绢锦织品制作的衣服。死者四周或陈放模拟的亭台楼阁、车马仪仗、琴棋笔墨，或陈放葡萄、瓜果、饺子、面饼等食品。有的墓室后壁，绘有人物、鸟禽、花卉、山水壁画，形象逼真，线条流畅。古墓中出土有文书、墓志、绘画、泥俑、陶、木、金、石等器物以及古代钱币和丝、棉毛织物等珍贵文物上万件。这里地势高敞，气候炎热干燥，墓室内形成天然无菌环境；墓室古尸及随葬品虽历经千年而不腐烂，80%的尸体都成了天然干尸。尤为珍贵的是这里还出土了2700多件各种古代文书，为当今崛起的新显学——"吐鲁番学"提供了极丰富的研究材料。1988年被公布为第三批全国重点文物保护单位。（SGH）

洋海墓群 位于吐鲁番地区鄯善县吐峪沟乡洋海夏买里村北约1.5千米，火焰山南坡的戈壁地带上。洋海古墓群为秦汉至唐代墓葬，墓地主要分布在相对独立的三块略高出周围地面的台地上，台地呈现长条形，南北走向，南高北低，微有缓坡。总面积0.054平方千米。三块台地相对隔离，上面均布满墓葬，分布特征、墓型均有较大差别，故分为Ⅰ、Ⅱ、Ⅲ号墓地。洋海古墓葬根据分布，可分为东西两片墓地。洋海古墓群是新疆最大、最密集的史前古墓群遗址，其出土的大量文物具有浓郁的地方文化特征，有较高的历史价值、科学价值和独特的文化艺术价值。洋海古墓群是中国77个重点保护的古墓葬之一，目前尚有近千座未遭破坏的墓葬尚未发掘。2006年被公布为第六批全国重点文物保护单位。（SGH）

山普拉古墓群 位于和田地区洛浦县城西南14千米的山普拉乡的一处戈壁高台上，是考古发现的和田地区境内较大的一处公共墓地，专家鉴定为战国至东汉、魏晋至南北朝时期的墓葬。该墓地东西长约4千米，南北宽约1千米。1983年多次对其中部分墓葬进行考古发掘，墓主有单人葬、合葬、家族丛葬等葬式另有俯身葬、仰身屈肢葬、直肢葬，还有一葬马坑。出土文物中有大量丝、毛织品、地毯、壁挂、珠饰、铜镜、木雕、漆器、陶罐、铁镰、铁刀、弓箭等，为随葬之生活用品、生产工具和武器。丝织品中有典型的汉代"飞凤""群猴对戏"纹锦，绚丽多彩，纹饰多样，是东西文化交流的典型例证。在马坑的马头骨中插有白色羽翎2支。2001年被公布为第五批全国重点文物保护单位。（SGH）

焉不拉克古墓群 位于哈密市柳树泉农场焉不拉克村，面积达8000平方米，是新疆东部最重要的一处青铜时代的墓地，距今约4000年。墓葬分布在两座西北—东南走向的土岗上，地表没有明显痕迹。墓葬形制主要有竖穴土坑墓、竖穴生土二层台墓，葬式为屈肢、直肢两种。随葬品主要有陶器、石器、木器、铜器、铁器、金器、骨器和毛纺织品等。彩陶纹饰与甘肃地区四坝文化和辛店文化彩陶纹饰相似。墓葬可分为早、中、晚三期，早期大约相当于西周早、中期，上溯可能到商晚期，中期相当于西周晚期和春秋中晚期，晚期可能相当于春秋中晚期。早期墓葬中主要为蒙古人种，中、晚期高加索人种逐渐增多。古墓地出土的铁器等文物为研究新疆东部青铜文化发展序列提供了重要线索，该墓群对研究新疆与内地的文化联系极有价值。2001年被公布为第五批全国重点文物保护单位。（SGH）

切木尔切克石人及石棺墓群 位于阿勒泰市西南12千米的切木尔切克乡西北和西南部。墓葬年代主要为公元前1000—前700年，也有部分唐代墓葬。以海依那尔、科克舍木老克木齐、喀腊塔斯、喀腊希力克别特、阿克托别等为主的11个地点，分布着数量较多的石雕人像及古墓葬，形成南北长12.5千米、东西宽3.5千米，总面积达43.7平方千米左右的墓葬分布区。遗址年代的上限为青铜时代，下限至汉、魏。遗址中墓葬形制多样，以大型茔院制石棺墓和石围石堆墓、石棺墓最具代表性，石雕人像的数量及类型居阿勒泰地区之首。切木尔切克石人及墓葬群所蕴含的文化及史学内涵在考古史上占据重要的地位，被考古专家称为切木尔切克文化。它是阿尔泰草原文明史上最具代表性的一处文化遗产，具有较高的历史价值、科学研究价值和独特的文化艺术价值，2001年被公布为第五批全国重点文物保护单位。（SGH）

三海子墓葬及鹿石 位于青河县查干郭楞乡三海子夏牧场，为青铜时代墓葬，距今4000年。分布范围南北约6.5千米、东西约2.5千米，总面积16.25平方千米左右。遗址分为四个大的区域，即什巴尔库勒（"库勒"为湖泊的意思）、却尔巴里库勒、托也勒萨依、阿腊勒托拜，计有石堆墓、石棺墓30余座，鹿石19通。墓葬形制主要有环石围石堆墓、石堆墓、石棺墓等。鹿石则分为典型鹿石及非典型鹿石两种。所谓鹿石，即人工敲凿、雕刻加工而成的一种碑状石刻，最早因其上雕刻有鹿的图案而得名。鹿石是亚欧山地草原文化中最具代表性的遗存之一。这表明这一带是古代游牧民族活动区域，是欧亚文化重要的交流场所。2001年被公布为第五批全国重点文物保护单位。（SGH）

速檀·歪思汗麻扎 速檀（或苏丹）是阿拉伯文译音，意为"君主"或"统治者"，"麻扎"即伊斯兰教徒中封建显贵的陵墓。速檀·歪思汗麻扎位于伊宁县麻扎乡境内阿布勒山北坡下协合买里村，距伊宁县城36千米，与218国道相通，交通十分便利，该麻扎是成吉思汗第十一代孙的一处陵墓。速檀·歪思汗是伊犁最后一个信奉伊斯兰教的蒙古汗。该麻扎占地百亩，四周异常洁净，麻扎是依据伊斯兰教的风格修建的，其陵墓完全是中国民族风格亭阁式建筑。该陵墓顶部琉璃瓦及顶的伊斯兰新月图案，在蓝天白云的衬托下熠熠生辉。陵墓为土砖木结构，陵园南北排列着伊斯兰教徒的陵墓，寝顶为拱形，旁边有规模宏大的清真寺。2006年被公布为第六批全国重点文物保护单位。（SGH）

麻赫穆德·喀什噶里墓 位于喀什市以西45千米的疏附县乌帕尔乡，是一座维吾尔名人陵墓。麻赫穆德·喀什噶里是11世纪喀喇汗王朝时代维吾尔族著名学者、语言学家，1008年生于喀什噶尔，出身王族，是喀喇汗王朝勃格汗的后裔。他经过长期调查研究，于1076年用阿拉伯文著成了第一部《突厥语大辞典》。这部巨著结构严谨，条目清晰，收录词汇极为丰富，堪称一部关于突厥民族的百科全书。陵墓土坯穹顶，按伊斯兰传统建筑形式建在一座70余米高的小山上，占地1200余平方米，墓的北侧展陈有墓主生前著作的文物陈列馆。墓东面有一供村民祈祷的小清真寺。陵墓四周载有各种花卉树木。其陵园深受新疆人民的景仰，伊斯兰学者往往将自己喜爱的书籍及专著奉献给这一陵园，人们尊称之为海孜里提·毛拉姆（意为尊敬的学者的陵墓）。2006年被公布为第六批全国重点文物保护单位。（SGH）

阿日夏特石人墓 位于博尔塔拉蒙古自治州温泉县境内，为隋唐时期突厥墓。占地面积0.32平方千米，平面为长方形，南北长800米、东西宽400米，有墓葬100余座，形制不一，有圆阵、方阵。有的圆阵为双层的大圆阵或小圆阵，在大、小圆阵之间有用卵石摆成放射状的卵石甬道。有的圆阵的外围由双层卵石排列而成，有的内围和外围均由双层卵石排列而成。双层卵石之间及放射状卵石围成的甬道之间的距离均为1米。从其造型及石块的排列看，该墓似一军事阵图，具有一定的科学价值。从墓葬出土器具等看，时代特征比较明显，部分墓葬在新疆其他地区的石人石堆墓中颇为罕见，对研究我国古代游牧民族的民俗具有一定的参考价值。2006年被公布为第六批全国重点文物保护单位。（SGH）

艾比甫·艾洁木麻扎 艾比甫·艾洁木麻扎位于上阿图什乡依克萨克村，距离阿图什市区30千米。陵墓最早修建于19世纪60年代，建筑物宽13米，纵深17.5米，主体高17.5米。艾比甫·艾洁木麻扎由大门、院子、主墓室、堂室等部分组成，占地面积227.5平方米，是典型的维吾尔式建筑。外形平面呈方形，砖木结构，顶部圆拱形，四隅和门两侧修有塔楼。建筑物顶部用彩色琉璃砖装饰，色彩至今依然鲜亮，对于研究清朝时期琉璃制造工艺有很高价值。麻扎外部和内部石膏雕花以及工艺精湛，制作程序复杂的花窗体现了那个时代的建筑特征。艾比甫·艾洁木麻扎在1902年发生的大地震中多处裂缝，但整体建筑保存仍然完好。2006年被公布为第六批全国重点文物保护单位。（SGH）

吐虎鲁克·铁木尔汗麻扎 亦称"大麻扎"，位于伊犁州霍城县境内农四师61团场部西侧。吐虎鲁克·铁木尔又译为秃黑鲁帖木儿，是成吉思汗次子察合台汗的后裔。他是新疆地区第一个信奉伊斯兰教的蒙古汗，对伊斯兰教在新疆的传播、发展起了重要作用。他死后按伊斯兰教习俗安葬，在元至正二十三年（1363）葬于现霍城东北20余千米处为他建造的王陵。王陵现在仅存秃黑鲁帖木儿墓和其子墓两座建筑，在陵后有几间带檐廊的平房，从建筑的造型和性质看，属中国早期伊斯兰陵墓建筑中的佼佼者。秃黑鲁帖木儿陵室建筑结构采用方形体上冠穹窿顶的手法，建筑为两层，室内采用暗回廊（设帆拱），使穹窿顶向方形体过渡。上部穹窿顶升高外露。顶部造型手法简练，立面为长方形，中央设伊斯兰大拱券龛，四隅配扶壁柱塔，冠以小亭顶。大龛的边框，以古兰经铭文为主题，用几何纹图案和植物纹图案组成的花带线条构成装饰，由蓝、绿、红、黄、白等彩色琉璃砖和镶嵌画装饰而成，具有强烈的中亚伊斯兰建筑风格和浓郁的宗教色彩。在政治、经济、建筑艺术、建筑材料、施工技术等方面，该王陵是研究中国早期伊斯兰建筑的珍贵遗迹，在中国建筑史上具有重要地位。2001年被公布为第五批全国重点文物保护单位。（SGH）

叶尔羌汗国王陵 位于喀什地区莎车县老城和新城之间的阿勒屯德尔瓦兹以北，是叶尔羌汗国时期的王陵，它最早是在1533年为悼念赛义德王朝第一个汗王苏里唐·赛义德而修建的。叶尔羌汗国王陵除葬有苏里唐·赛义德汗之外，还葬有阿布杜热西德汗、阿布杜克里木汗、穆罕默德汗、艾哈迈特汗、阿布杜里提甫和他们的子孙及著名木卡姆学者、诗人阿曼尼莎汗。叶尔羌汗国王陵西边是阿勒屯鲁克清真寺，东边是阿勒屯水池，中间是阿勒屯麻扎。阿勒屯麻扎在布局和图案装饰等方面，别具风格，是伊斯兰教优秀建筑艺术，对了解当时的政治、经济状况、

生活习惯、埋葬方式等具有重要的历史价值。2006年被公布为第六批全国重点文物保护单位。（SGH）

哈密回王墓 位于哈密市西南郊之回城（原回王府所在地）沙枣井，四周有围墙。清代哈密历代回王及其家族陵园，俗称"回王坟""王爷坟"。哈密回王陵由墓群和艾提尕尔清真寺两部分组成。清康熙三十五年（1696），哈密维吾尔族达尔罕汗伯克欧拜杜拉归附清朝，翌年擒献准噶尔叛乱首领噶尔丹之子，被清圣祖封为哈密回部"一等札萨克"（即第一世哈密回王）。哈密回王共历9世计231年。在其领地内，回王集政权和教权于一身，对维吾尔族人民实行政教合一的统治。清同治六年（1867），七世回王博锡尔被哈密维吾尔族农民起义军杀死。1868年，清政府追封其为"和硕亲王"，并赐银为其建陵墓，历时20年始成。此墓为阿拉伯式建筑，拱北下方上圆，高约25米，四隅建半嵌入墙中的邦克楼，墓后右侧邦克楼中空，内有螺旋式阶梯通往墓顶平台，作为清至民国时期古墓葬，是中原文化、蒙古文化和伊斯兰文化相融合的产物。2006年被公布为第六批全国重点文物保护单位。（SGH）

楼兰古墓群 位于巴音郭楞蒙古自治州若羌县罗布泊西北荒漠中。主要由铁板河墓群、楼兰城郊墓群组成。分布在南北约30千米、东西约26千米的范围内，面积约250平方千米，墓葬达500余座。已发掘墓葬20余座，出土文物300多件。墓葬形制一般为长方形竖穴土坑墓、单墓道长方形竖穴棚架土坑墓、斜坡墓道洞室墓等。其中已发现的部分汉晋时期的个别墓室中有彩绘壁画和彩棺，很有特色。随葬物品主要有丝、毛、棉织品、钱币、项珠、铜镜、木器、漆器、铜器、铁器、草编篓等。其中最具特色的是织有隶书文字的汉代织锦。由于特殊的地理环境和气候等因素，随葬品中的木漆器、毛丝织品等保存较好，部分墓葬还出土保存完好的干尸。楼兰墓葬年代久远，文化内涵丰富，上限年代距今约3800年，下限年代为汉晋时期，是新疆重要的早期古人类文化遗存。出土文物融合了浓厚的东西方文化因素，精美的丝织品以及墓室中残留的彩色壁画等，极为珍贵，是研究古代楼兰国人类活动以及丝绸之路经济贸易、东西文化交流、汉晋经营西域方面的重要史料。2006年被公布为第六批全国重点文物保护单位。（SGH）

五堡古墓群 位于哈密市西南丝绸之路古道上的五堡乡，距市区约75千米的白洋河流域。这里的古墓葬群，面积约5000平方米。1978年开始发掘，被誉为"金发女郎"的哈密干尸，就是在此地发掘出土的。现已发掘29座墓穴。墓葬的形状为竖穴土坑单人葬，尸体侧身屈肢。出土完整干尸3具，一男二女，经鉴定距今3200—2900年。1986年又发掘出土古尸50多具，同时出土的还有皮衣裤、草靴、毛织品、骨器、木器、陶器、铜器等，古墓群修有陈列室可供参观。2006年被公布为第六批全国重点文物保护单位。（SGH）

小河墓地 位于罗布泊地区孔雀河下游

河谷南约60千米的罗布沙漠中,东距楼兰古城遗址175千米。小河墓地整体由数层上下叠压的墓葬及其他遗存构成,外观为在沙丘比较平缓的沙漠中突兀而起的一个椭圆形沙山。据考古学者初步判断,"上千口棺材的坟墓"——小河五号墓地封存了至少3000年。该墓地有墓葬约330个,宏大的规模、奇特的葬制、数量众多的干尸、丰富的罗布泊早期文明信息,小河墓地所表现出来的这些丰富文化内涵为国内外考古所罕见。小河墓地被世界考古学界认为是中亚历史和考古上沙埋文明中最难解的千古之谜。小河墓地被评为2004年中国十大考古发现之一,2013年被公布为第七批全国重点文物保护单位。(SGH)

阔科克古墓群 位于阿勒泰地区布尔津县冲乎尔乡阔拉克木尔村东北山区18千米处,古墓群主要由阔科克Ⅰ号、Ⅱ号、Ⅲ号、Ⅳ号墓地组成,墓葬数量达135座以上,墓葬分布面积80000平方米,相对集中。墓葬形制有石堆墓、石棺墓、石围墓、石圈墓,其中有2座石圈墓形制较为特殊,共分为内外三圈。墓地还发现石人2尊、鹿石8通,均保存完好,其中1尊石人被定为国家三级文物。此墓群属青铜时代早期古代人类文化遗存之一,是阿勒泰地区规模较大、包括墓葬较多且埋葬形制较为丰富的古文化遗存,年代久远,文化内涵丰富,对研究阿勒泰草原文化、古代部族的社会生产活动提供了重要的实物资料。同时对研究该地区原始宗教、图腾崇拜、祭祀活动、古代埋葬制度及原始艺术有着重要意义,是阿勒泰地区两处全国重点文物保护单位之一。2013年被公布为第七批全国重点文物保护单位。(SGH)

大喀纳斯景区墓葬群 位于阿勒泰布尔津县,大喀纳斯景区墓葬群由喀纳斯下湖口景区墓葬群和海流滩墓葬群组成。其中喀纳斯下湖口景区墓葬群由8处不可移动文物组成,由北向南依次是吐鲁克岩画、图瓦新村古墓群、鸭泽湖Ⅲ号墓地、鸭泽湖Ⅱ号墓地、鸭泽湖Ⅰ号墓地、鸭泽湖岩画、神仙湾墓地、肯吐别克墓地,占地面积合计为0.246平方千米,墓葬数量达170座以上。海流滩墓葬群由海流滩Ⅰ号墓地、海流滩Ⅱ号墓地组成,墓葬分布范围广,以大型土堆墓为主,墓葬数量达130座以上。大喀纳斯景区内的10处遗存,是古代人类在阿尔泰山区活动的有力证据,是这一时期当地特有文化的重要代表,具有重要的历史价值、科学价值与艺术价值,是研究阿尔泰山区古代游牧民族文化的第一手资料,也为确认阿尔泰山区古代游牧文化特征、编年和族属提供了实物资料。2013年被公布为第七批全国重点文物保护单位。(SGH)

伊吾拜其尔墓地 位于伊吾县伊吾镇东4.2千米吐葫芦乡拜其尔村东台地上,墓葬群分布在一片南北长1000米、宽500多米的戈壁台地上,墓地分布面积大,墓葬密集,由西向东可分为三处墓地,是一处青铜时代的与四坝文化有联系的墓地。2004—2005年,自治区文物考古研究所及地区文物局在此进行了抢救性考古发掘,共发掘墓葬92座,出土了大量的珍贵文物,有陶器、青铜器、铁器、金器等随葬品,其中陶器最为丰富。经考古研究表明，该墓地相当于距今2700年前后的春秋时期，加之大量随葬的牛、马、羊骨，可推断出墓地所处经济形态是以畜牧业为主。1997年伊吾县国土资源局划定了拜其尔墓地的保护范围，总面积9504平方米。2013年被公布为第七批全国重点文物保护单位。（SGH）

赛里木湖古墓葬 位于国家级风景区赛里木湖景区，景区内现有古墓葬32处1043座，分布面积3.97平方千米。古墓葬地表现象非常丰富，有土墩墓、石板墓、石棺墓、石堆墓和石围石堆墓，石围有单层石围和双层石围、圆形石围和方形石围，还有圆形花瓣石围石堆墓、四角立石的方形墓葬，最大的墓葬直径60余米、高8米，最久远的古墓葬已有3000多年的历史。所有古墓葬基本保存完好。2009年在赛里木湖东侧又发现70余座古墓葬，这是继2007年在赛里木湖西岸发现大量古墓葬以后的又一次重要发现。此处古墓葬群位于赛里木湖东侧两山间开阔谷地上，各种类型的古代墓葬总数达70余座。经勘探，古墓大多呈南北向链状排列，有土墩墓、双层石围土墩墓、方形土墩墓、双层石围石堆墓、单层石围石堆墓、石围墓、石堆墓。墓葬大者直径43米，高2米；小者直径6米，高0.4米。土墩墓用青石和黄土堆积而成，石堆墓用河卵石和砾石堆积而成，剖面呈丘状。较为特殊的是方形围沟土墩墓，在博乐市首次发现这种形制的土墩墓。整个方形围沟土墩墓呈"北斗七星"状，十分壮观。根据墓葬地表形制，专家认为此处墓葬群可能为青铜时代遗存，具有非常重要的研究价值。2013年被公布为第七批全国重点文物保护单位。（SGH）

阿日夏特科克石围及石堆墓群 位于博尔塔拉蒙古自治州温泉县哈日布呼镇西北部约25千米处，阿日夏特牧业队夏草场的阿德尔根山梁上。从墓葬的地表形制看，可能为突厥以前或突厥早期的文化遗存，也有人认为它是相当于春秋战国时期古代塞人的文化遗存，因无出土文物亦未经过考古挖掘，难以定论。该处墓葬比较集中且完整，共分布有墓葬57座，墓葬地表形制有石堆墓、石围石堆墓。有的墓葬前立一石柱，似石人初制模型。2013年被公布为第七批全国重点文物保护单位。（SGH）

阿敦乔鲁石栅古墓群及岩画群 阿敦乔鲁岩画群位于温泉县查干屯格乡吐日根牧场的冬草场。占地面积0.4平方千米，分布有60余座古墓葬。墓葬地表形制主要是石围栏，有的用巨型片石围砌，有的则以小的砾石围就，形状不一，各具特色，保存较为完整。岩画多数凿刻在岩石的朝阳面及其顶部的黑色岩晒面上，为目前新疆发现的面积最大的岩画群之一。画面中表现最多的是大角羊，其次有鹿、野猪、狗、狼、马等，也有狩猎图及原始符号。2013年被公布为第七批全国重点文物保护单位。（SGH）

库车友谊路墓群 位于库车县友谊路，古墓群是2007年在友谊路开挖地下街工程中首次发现的，当时经过国内考古专家发掘与鉴定，确定为相当于东汉至魏晋南北朝时期古墓群。该墓群曾被评为当年全国十大考古新发现之一。该墓群除目前已出土的部分陶罐、五铢钱和龟兹小钱外,最重要的发现是在新疆再次出土了东汉至两晋时期的釉陶碗,这也是继1995年新疆考古人员在尉犁营盘墓地出土了一个釉陶碗后,第二次在新疆地区出土釉陶碗。专家介绍两个釉陶碗上的釉为低温釉,虽然经过了1700多年,釉的光泽度仍非常好,这对于研究那个时期的制陶业或者早期釉陶制造工艺非常重要。2013年被公布为第七批全国重点文物保护单位。(SGH)

小洪纳海石人墓 草原石人在昭苏境内分布较多。小洪纳海石人在昭苏县城东南5千米草原上,系隋唐时突厥游牧民族的墓前石人,高230厘米,头宽35厘米,身宽50厘米,面东而立,双手抱置胸前,右手似执有梳、盏之类东西,头发多辫,腰间刻有古代民族文字,刻工古拙。最有名的是小洪纳海的女石人,立于昭苏县城东南5千米的草原中。亭亭玉立,造型优美,有多条长发辫披垂在身后,下部还刻有文字。草原石人在巴里坤、温泉县和伊犁河谷各草原均有发现,总数在100尊以上。石人是古突厥人墓前的标志。2013年被公布为第七批全国重点文物保护单位。(SGH)

默拉纳额什丁麻扎 位于库车县新城西约700米,库车新、老城交界处。默拉纳额西丁麻扎现在的建筑和布局主要由宣礼塔(门楼)、礼拜殿、额西丁圣墓及其亲属墓地组成。塔尖高耸,拱顶和塔身外墙均以绿色琉璃砖贴面,具有浓郁的伊斯兰建筑风格。麻扎原址是额西丁和卓的道堂,他死后被葬在这里,始建墓祠。现在所见的麻扎建筑为清代浩罕侵略者阿古柏(1867—1871)占领库车期间重建,为一处综合性宗教场所。2013年被公布为第七批全国重点文物保护单位。(SGH)

3. 古建筑

苏公塔 苏公塔位于吐鲁番市东南约6千米。当地维吾尔族人民称为"吐鲁番塔"。塔的入口处,保存有建塔时的石碑一块,碑的两面分别用维、汉两种文字记载了建塔的原因。该塔是吐鲁番郡王苏来满二世为纪念和表彰其父额敏和卓的功绩而修建的,塔始建于回历1181年(1779)。额敏和卓是鲁克沁王的后裔,1694年出生于哈拉和卓,是吐鲁番地区的统治者和宗教领袖,曾因维护祖国统一,被清廷封为"札萨克"。苏公塔塔身呈圆柱形,通高37米,底部直径达10米,全部以砖块砌筑而成,外面饰有各种各样的花纹,有菱格纹、山纹、水波纹、变体四瓣花纹等几何图案,共有15种之多,都是维吾尔族的传统纹样,美观大方。塔体在不同的方向和高度,砌筑有14个窗口。塔顶呈盔形,塔内有螺旋形的台阶72层,可以拾级而上,直至塔顶。塔内没有木料,全凭一个砖砌的螺旋形中心支柱支撑整个塔身的重量。据当地传说,苏公塔是清代维吾尔族建筑大师伊布拉音等人设计建造的,具有典型的维吾尔族建筑特征。1988年被公布为第三批全

国重点文物保护单位。(SGH)

台藏塔 台藏塔位于吐鲁番市三堡乡尤喀买里村，吐鲁番市以东约40千米，南距高昌故城约1千米。曾是高昌王国时期佛教圣地，是藏放经书的地方。从现存部分看，呈东西方向坐落，塔的南、西部破坏严重，四面有佛龛。佛龛排列整齐，东壁三排，佛龛内存有佛像和佛教故事壁画。北壁上下两层。在塔内西壁正中1米高处凿有长方形纵券顶式壁洞，穿墙而出（墙厚达13米），在壁洞内两侧又有两个深入的壁洞。遗址占地面积900多平方米，残高约19.1米，是国内最高的土台遗址。由于距高昌故城较近，又是高昌王国佛教建筑，台藏塔充分反映了高昌时期佛教的兴盛。对于研究佛教由西北印度传入西域过程中，建筑艺术风格的影响和变化，以及吐鲁番地区生土建筑发展和演变等方面具有重要价值。2001年被公布为第五批全国重点文物保护单位。(SGH)

伊犁将军府 伊犁将军府旧址在新疆霍城县惠远城内，惠远乡东侧，南距伊犁河约7.5千米，东南有惠远老城。主要建筑有将军府大门、将军府正殿、将军亭、东西营房、客房、书房等。大门单檐硬山布瓦顶建筑，面阔三间，进深2间，抬梁式木结构建筑。"伊犁将军府"在惠远镇东大街，坐北朝南，是一座园林式的古建筑群，四周是高大的围墙。跨入黑漆大门后，宽敞的庭院内古榆参天，有左右营房、二堂、东西厢房、内宅四合院，还有后花园的六角凉亭和库房等建筑。该府是霍城县辖区内两处国家级重点文物保护单位之一，是清代新疆最高军政长官总统天山南北两路军政事务的首脑机关，是新疆的政治、军事中心。1990年被公布为自治区级文物保护单位，1996年被公布为第四批全国重点文物保护单位。(SGH)

昭苏圣佑庙（伊犁） 圣佑庙位于昭苏县城西北2千米处，属清代古建筑，是目前新疆保存最完整的喇嘛教四大庙宇之一，也是新疆境内现存最大的一座藏传佛教黄教寺院，是附近蒙古族牧民求神祈祷的场所，现存建筑8座，面积2000平方米。圣佑庙整个建筑具有汉族文化及佛教文化相融合的特色，寺庙坐北朝南，照壁、山门、大殿、后殿在一条中轴线上，两侧有配殿和六角形平面的双层檐楼亭，飞檐翘角，前殿、大雄宝殿、后殿、东西配殿等布局对称。尤其是寺庙的主体建筑——大雄宝殿，为七开间的正方形建筑，飞檐斗拱，画栋雕梁，鎏金沥粉，气势恢宏。一楼现供奉着十世班禅额尔德尼和成吉思汗的画像，柜橱里供奉着历代喇嘛圆寂后留下的遗物，墙上悬挂着从布达拉宫请来的佛像，供人们参拜。2001年被公布为第五批全国重点文物保护单位。(SGH)

平定准噶尔勒铭碑 全名为《平定准噶尔勒铭格登山之碑》，属于清代历史文物，位于昭苏县城西南60千米的格登山上，北距松拜边防站哨所约100米，是清乾隆二十年（1755），清廷平定准噶尔部首领达瓦齐叛乱后于1761年所立。石碑高2.95米，宽0.83米，厚0.27米。碑额镌刻盘龙，正面刻"皇清"，背面刻"万古"二字。碑文乃清朝乾隆皇帝亲自撰拟，其正面用满、汉文，背面用蒙、藏文共四种文字镌刻，全文竖排，以汉文计共240余字，主要记载了清军平定准噶尔部首领达瓦齐叛乱的经过和战绩。240多年来，格登山因此石碑而声名远播，虽经风蚀雨剥，碑文漫漶斑驳，但整体碑石完整无损，具有重要的历史价值和研究价值。2001年被公布为第五批全国重点文物保护单位。(SGH)

阿帕克霍加墓 坐落在喀什市东郊5千米的浩罕村，始建于1640年，是新疆境内规模和影响最大的伊斯兰教霍加（即圣人后裔）陵墓，占地2万多平方米。据说墓内葬有同一家族的五代72人（实际只见大小58个墓穴）。第一代是伊斯兰著名传教士玉素甫霍加。他死后，其长子阿帕克霍加继承了父亲的传教事业，成为明末清初喀什伊斯兰教"依禅派"著名大师，并一度夺得叶尔羌王朝的政权，他死于1693年，亦葬于此，由于其名望超过了他的父亲，所以后来人们便把这座陵墓称为"阿帕克霍加墓"。1988年被公布为第三批全国重点文物保护单位。(SGH)

于田艾提卡尔清真寺 艾提卡尔清真寺位于于田县，建于1200年前，距今有800多年的历史，建筑风格与阿图什苏丹沙图克博格热汗陵墓相同。总面积13449平方米，其中：寺内面积3066平方米，院内面积10439平方米，面积比新疆最大的喀什艾提卡尔大清真寺还要大，是和田地区规模较大的一座宗教活动场所。一般居玛日（星期五）做礼拜的信教群众达4000～6000人，肉孜节、古尔邦节可容纳信教群众10000～16000人做礼拜。于田县艾提卡尔大清真寺1999年被公布为自治区级重点文物保护单位，2013年被公布为第七批全国重点文物保护单位。(SGH)

艾提尕尔清真寺 艾提尕尔清真寺坐落于喀什市的艾提尕尔广场西侧，坐西朝东，占地16812平方米，它不仅是新疆规模最大的清真寺，也是全国规模最大的清真寺之一，是一个有着浓郁民族风格和宗教色彩的伊斯兰教古建筑群。该寺南北长140米，东西宽120米，分为正殿、外殿、教经堂、院落、拱拜孜、宣礼塔、大门等七部分。全寺布局合理，工艺精细。该寺门楼由黄砖砌成，风格古朴厚重，同当地自然环境和谐地融为一体。建筑采用雕刻、镶嵌、彩绘等多种技法，使建筑整体显得既古朴又典雅，充分显示出维吾尔族人高超的建筑艺术，是中国伊斯兰建筑的典范。艾提尕尔寺是全疆穆斯林"聚礼"之地，每逢一年一度的"古尔邦"节，全疆各地都有大批穆斯林前来大礼拜，是喀什重要的宗教活动场所。2001年被公布为第五批全国重点文物保护单位。(SGH)

莫尔佛寺 莫尔佛寺位于新疆喀什疏附县胡麻塔勒山脉中段的一座远离人烟的沙丘上，是古疏勒国都城中现存最完好的佛教文化建筑，具有古代印度犍陀罗文化的典型特点，对研究古疏勒国的历史和文化具有重要价值。莫尔佛塔由两座佛塔组成，一座在东南方向，方座、圆腰、覆钵顶，底座长宽均为12.3米，高12.5米；另一座寺塔为倒斗形，周长25米，宽23.6米，顶部残长14.20米，宽12.5米，塔高7米，是寺院的中心建筑，塔身正面及两侧有佛龛遗迹。从形制和材料判断，莫尔佛寺属于地位较高的佛寺，学术界认为其修建的年代应是唐代。2001年被公布为第五批全国重点文物保护单位。(SGH)

热瓦克佛寺 热瓦克佛寺遗址位于洛浦县吉亚乡西北70千米处的沙漠中，距县城60千米，是和田地区保存较好的唯一具有犍陀罗风格的佛寺遗址。其年代为2—10世纪。热瓦克是一组佛塔为中心的佛寺建筑群，面积2300平方米，佛塔有院墙所包围。整个佛塔分三层，第一层为正方形的塔基，塔基高2.5米，边长24米；第二层也是正方形，高2.8米，边长11米；第三层为圆形，中间是空心的，高3.6米，顶部直径9.6米。院墙内有大量壁画、泥塑、佛像。壁画中的故事内容都是佛教故事。泥塑佛像贴在院墙内外两壁。佛塔外还散布着大量红、灰色陶片、佛像残片等。佛教在于阗流行之时，也是于阗建筑最兴盛的时期。大大小小的佛寺庙宇、泥塑壁画遍布于阗各城郭，热瓦克佛寺就是那一时期寺庙建筑的代表，2001年被公布为第五批全国重点文物保护单位。(SGH)

白杨沟佛寺 白杨沟佛寺位于哈密市西约50千米，柳树泉农场附近的白杨河两岸，故名。遗迹背靠天山雪岭，散布在南北近两千米、东西约0.5千米的范围内。主殿面宽50米，坐西向东，后殿正中，为一尊大型倚座佛像，高约10米，具有唐至西州回鹘时期的风格。主殿北部黏土岩上，残留千佛像，尚可透见古代伊吾崇信大乘佛教的史实，是研究古代维吾尔人宗教信仰及新疆地区宗教历史的实物资料。白杨河水自中部流过，将其分成东西两部分。当地维吾尔族人称为"台藏"，是唐代佛教兴盛时期留下的大型佛教遗址，也是哈密地区年代较早、规模最大的一座寺院。唐朝时，玄奘路过哈密，停留了十多天，曾在此讲经说法。2001年被公布为第五批全国重点文物保护单位。(SGH)

塔城红楼 塔城红楼位于塔城市文化路与解放路交叉口的红楼，是一座折射着近代塔城百年历史文化的代表性建筑，是该地区保存较完整的俄式建筑之一。1914年红楼建成，建筑面积885平方米。上层为起居室和商务会客用房，下层储藏珍贵物品。整个建筑外墙涂以铁锈红，于是民间称之为"红楼"。塔城红楼的建造者是来自俄国喀山的塔塔尔族商人热玛赞·坎尼雪夫。1851年，《中俄伊犁塔尔巴哈台通商章程》签订后，沙俄取得了在塔城设领事、贸易免税、领事裁判权等特权，塔城成为中俄贸易的一个重镇，到塔城做生意的俄国商人逐渐增多。热玛赞·坎尼雪夫在1910年来到塔城，花费3年时间，建造了该市最为高大豪华的这座建筑物，在此经营大宗土特产的进出口贸易，成为当时塔城的贸易中心，当时迪化（乌鲁木齐）的许多商号也在此开设代表机构。1999年被公布为自治区级重点文物保护单位，2006年被公布为第六批全国重点文物保护单位。(SGH)

靖远寺 靖远寺位于伊犁市察布查尔锡伯自治县县城以西5千米处的孙扎奇乡。靖远即"安抚边远地区"之意。靖远寺是锡伯族西迁至伊犁后所建的第二座寺庙，是锡伯营八旗军民于清光绪十七年（1891）合力积银捐资而建成的。近几年来，经国家拨出专款维修，现已修葺一新。靖远寺规模宏大，占地面积41329.2平方米，现有建筑面积2800平方米。主要建筑有山门、四大天王殿、大雄宝殿、三世佛殿。整个建筑都采用砖雕、木雕艺术，配有彩绘、泥塑。靖远寺对于研究锡伯族从东北西迁伊犁后的历史、文化、宗教信仰、建筑工艺美术和各民族文化交流都有一定意义。2006年被公布为第六批全国重点文物保护单位。（SGH）

霍城惠远城钟鼓楼 惠远城钟鼓楼位于霍城县惠远镇中心的十字街口，始建于清光绪九年（1883）。钟鼓楼系四层三檐歇山顶的木结构建筑。南拱门右壁上开一小门，入内拾级而上，可登至基座平台。平台上建有木结构彩楼三层，楼顶及回廊顶部覆盖彩色琉璃瓦，雕花窗格。外面用青砖包砌，底层用砖砌高台，内有十字通道，构成整个惠远城的十字街心，东西南北四个拱形大门，分别通向四条大街，钟鼓楼过去所用的钟、鼓等今无存。钟鼓楼保存状况一般，该建筑经过三次维修，现建筑主体基体保存完好。二楼、三楼通向楼顶的木楼梯破损严重，长年风吹、日晒、雨淋，加上年久失修，是建筑破损的主要原因。1927年、1964年曾局部维修，1981年8月落架维修，维修后的钟鼓楼总高为23.77米，比原地基提高76厘米。1990年公布为自治区级重点文物保护单位，2013年被公布为第七批全国重点文物保护单位。（SGH）

莎车加满清真寺 莎车加满清真寺位于莎车旧城中心，是一座面积较大，富有独特建筑艺术的古老清真寺。它最早修建于莎车色夜德汗王朝初期，后经阿布杜拉汗扩建，正式取名为加满清真寺。莎车加满清真寺建于莎车阿布杜拉汗时期（1638—1669），用木栅栏杆和红砖墙分隔成前后两部分。前部为教经堂、后部为清真寺。两边有果园和瓦合甫地，占地面积2万多平方米。大门和门楼建筑宏伟高大，门楼前分别矗立着两座对称的塔楼。清真寺大殿分内外两殿，木结构，屋顶为平顶。内殿是立柱殿堂，西边墙壁有拱形圣龛。外殿由宽敞的敞廊组成，敞廊前一排全是大头花柱，每根大头花柱的造型样式均不一样，各具特色。2013年被公布为第七批全国重点文物保护单位。（SGH）

乌鲁木齐市陕西大寺 又名东大寺，位于天山区和平路永和正巷，是乌鲁木齐最大的清真寺，始建于清乾隆年间（1736—1795），迄今已有200多年历史。陕西大寺为庭院式建筑，坐西向东，大殿为古代传统砖木结构、琉璃瓦顶，高10余米。风格颇似中国古代宫殿，前部为单檐歇山式，屋顶铺嵌着绿色琉璃瓦。大殿周围走廊有36根红圆木柱，规模宏伟，十分壮观。拱门上，刻有《古兰经》文，刻工精湛。大殿后部为上八下四的重檐式的"八角楼"，名叫望月楼，是阿訇登临观看月亮出没，宣告斋戒的场所。殿内四壁和门窗的装饰，刻工精美，砖雕木刻均采用花卉、瓜果等各种图案，既严格遵循不使用偶像和动物图饰的伊斯兰教义,又保持中国古代传统木结构的建筑风格。大殿前面是宽敞的大院,除西面外,各面均建有厅堂。北厅是讲堂,南厅为浴室,东厅是各地阿訇进修之所。2013年被公布为第七批全国重点文物保护单位。(SGH)

拜吐拉清真寺 拜吐拉清真寺宣礼塔位于伊宁市新华东路的拜吐拉清真寺,又称麦的里斯,意为高级经文学校,是伊宁维吾尔族穆斯林进行宗教活动的场所。它是清廷直接拨款在伊犁修建的第一座伊斯兰教寺院。过去它同回族大寺、塔塔尔寺并称伊犁三大清真寺院。这座寺院原占地约1800平方米,由宣礼塔、礼拜殿、讲经堂组成。目前,除保留宣礼塔外,礼拜殿、讲经堂已被拆除,原址上已建成一座具有浓厚伊斯兰建筑风格的现代化寺院。200多年来,拜吐拉清真寺不断得到修缮扩建。1865年扩建后,可容纳1500人做礼拜。1983年和1996年,政府拨款对该寺进行修葺和装修,使这座享有盛名的古老寺院面目一新。2013年被公布为第七批全国重点文物保护单位。(SGH)

哈纳喀及赛提喀玛勒清真寺宣礼塔 哈纳喀及赛提喀玛勒清真寺宣礼塔位于塔城市,建于1885年,由乌孜别克族的赛提喀玛勒发动各族穆斯林群众募捐修建,由从哈密请来的维吾尔族建筑师哈米扎设计并监造。塔座高3米,四方形,每面有6根浮雕圆柱。塔身高20米,为八角形,每面装饰有砖刻的几何图形和六角形浮雕。塔顶观楼为六角形圆拱,墙面和拱顶全为宝蓝色釉砖贴面。顶端耸立铁质新月。整个塔之主体由清水红砖砌筑,白灰勾缝,显示出维吾尔族古典建筑艺术的独有风采。在赛提喀玛勒大毛拉清真寺宣礼塔西边不远处,是哈纳喀清真寺另一座叫窝依巴扎哈纳喀清真寺的宣礼塔,是以乌孜别克族艾则孜·阿吉为首的各族穆斯林集资,由维吾尔族建筑师孜亚努东监造的,建于1910年。塔高21米,底座、塔身、塔顶均为八角形。塔身每面有砖刻5组浮雕,或花卉,或图案,素雅庄重,自成一格。塔顶为尖三角形,吸收了欧洲中世纪哥特式教堂建筑的特色。窝依巴扎哈纳喀清真寺宣礼塔以独特的造型、静穆地向四方来客昭示这里曾是中西文化的一个交汇点。2013年被公布为第七批全国重点文物保护单位。(SGH)

库车大寺 库车大寺位于库车县老城北侧,距库车新城4千米,是新疆第二大清真寺,仅次于喀什的艾提尕尔清真寺。库车大寺伊斯兰教信众做礼拜的宗教场所,原寺建于16世纪前后,1931年毁于一场大火,后再重建。大寺内有宣礼楼、礼拜大厅,还保留了新疆为数不多的"宗教法庭"遗址。大寺门楼高18.3米,全部青砖砌成。塔柱雕以伊斯兰风格图案,穹窿式楼顶,寺内礼拜大厅1500平方米,可容纳3000人做大礼拜。纵横8行的64根六棱形大柱,饰似彩雕绘画,支撑起由102块方格画图案组成的天花板,华丽壮观,值得一提的是小礼拜寺之北有一处声威显赫的"宗教法庭",是政教合一的产物,也是新疆保留的为数不多的伊斯兰教司法机构遗址。2013年被公布为第七批全国重

点文物保护单位。（SGH）

纳达齐牛录关帝庙 纳达齐牛录关帝庙位于察布查尔锡伯自治县纳达齐牛录乡北街，始建于清光绪三十三年（1907），建筑面积约300平方米。关帝庙系土木结构单体建筑，庙内原供奉关帝半坐像，左右两侧塑关平、周仓像（均已毁），塑像背后及左右两壁绘制"火龙戏珠""苏武牧羊""东方朔偷桃"等壁画，清晰可辨。正殿东西两壁上，绘制有《三国演义》壁画各12幅，包含了"桃园结义"等三国主要故事情节，每幅画面右上方都有锡伯文说明。木柱横梁上绘有"刘邦斩白蛇"等故事画面。锡伯族人民受满族影响，历来对忠肝义胆的"关公"偏爱有加，但凡聚居之地都建有关帝庙顶礼膜拜，此庙现存山门、娘娘庙，供奉着关羽、关平、周仓神位，还附设了"图伯特纪念馆"。精湛的雕塑工艺均出自锡伯族工匠之手。2013年被公布为第七批全国重点文物保护单位。（SGH）

伊宁陕西大寺 原名宁固寺，并有凤凰寺、金顶寺、陕西大寺、陕甘大寺等名称，是伊犁哈萨克自治州境内一座著名大寺。大寺始建于清乾隆二十五年（1760），乾隆四十六年（1781）增建，完成了大寺建筑。迄今已有200多年历史。古寺面积原有6000平方米，现存2666平方米，其结构布局是我国传统的砖木结构和阿拉伯装饰相结合的中国伊斯兰建筑风格。大寺山门、正门两侧有旁门出入，各有双重八字影壁。进大门有一座三层楼阁，二层是四角形的，三层是六角尖端亭式宣礼楼，院中原有鱼池、玉带桥，现仅存遗址。寺院以礼拜殿为主体建筑，殿堂楼亭结构严整、布局考究、气势宏伟。礼拜殿分外殿、中殿、里殿，共42间，面积600多平方米，殿前后、两侧分别有卷棚、走廊，可容1000多人礼拜。大殿三个屋顶为勾连搭结构，里殿外形是四层八角的攒亭式建筑，内部是穹窿结构。小窑殿前壁有雕刻、绘画，至今仍保留着原来的色彩。大寺从山门到礼拜殿及两所讲堂等，都是檐廊阁式结构，其檐席卷棚，两廊对厅，照壁圆门齐全，形成了较为完整的建筑群体。2013年被公布为第七批全国重点文物保护单位。（SGH）

巴轮台黄庙古建 巴轮台黄庙古建位于巴音郭楞蒙古自治州和静县，是新疆最大的藏传佛教格鲁派（黄教）寺院。黄庙始建于清光绪十四年（1888），土尔扈特部第二十四世王布彦朝克图在位时倡议修建，宗教法名为"夏珠达尔杰楞"（意思是讲经修道兴隆州），是南路旧土尔扈特部落的总庙，由17座寺庙和殿宇、经堂、佛塔和僧舍组成。有显宗学院、密宗学院、时轮学院和医学院四大学院，占地1.4平方千米，建筑面积0.025平方千米。黄庙僧人最多时达3800人，有小布达拉宫之称。该建筑群坐落在天山深处，整个建筑群坐北朝南，殿内供奉有弥勒佛、释迦牟尼佛和千手观音菩萨像，其余16座寺庙分布在周围。黄庙是该建筑群的主体建筑，其正殿矗立着一尊七八米高的塑金"麦得尔佛"坐像，右侧是藏登洲，左侧是如来佛。两侧墙上绘有13幅彩色宗教壁画。"文化大革命"期间，黄庙遭受严重毁坏，整个寺庙

几乎夷为平地，仅存主殿黄庙、护法神殿和生钦活佛行宫三座寺庙。2013年被公布为第七批全国重点文物保护单位。（SGH）

4. 石窟寺及石刻

柏孜克里克千佛洞 柏孜克里克千佛洞位于吐鲁番市东45千米火焰山下、木头沟西岸的悬崖上。窟群散布在河谷西岸约1千米范围内的断崖上，分三层修建，凿有洞窟83个，现存57个，其中有壁画的40多个。总面积1200平方米，是吐鲁番现存石窟中洞窟最多，壁画内容最丰富的石窟群，是新疆境内较大的佛教石窟寺遗址之一。千佛洞始凿于南北朝后期，经历了唐、五代、宋、元长达7个世纪的漫长岁月，这里一直是高昌地区的佛教中心。回鹘高昌是石窟群最繁华的时期。柏孜克里克千佛洞石窟形式多样，以横顶直洞为主，也有中心柱式洞、方形双套洞和圆顶方形洞，还有的在石窟中间修造了殿堂和佛台。柏孜克里克石窟壁画内容，主要有以大型立佛画像为中心的《佛本生经变》故事画、佛教故事画、姻缘故事画以及千佛像等。石窟群的建筑风格、绘画技巧等有很高的研究价值。1982年被公布为第二批全国重点文物保护单位。（SGH）

克孜尔千佛洞 又称克孜尔石窟或赫色尔石窟，号称"第二敦煌"，位于拜城县克孜尔镇东南7千米的河流阶地上，东距库车县城约69千米。属于龟兹古国的疆域范围，是龟兹石窟艺术的发祥地之一，其石窟建筑艺术、雕塑艺术和壁画艺术，在中亚和中东佛教艺术中占有极其重要的地位，而在龟兹石窟群中，克孜尔石窟被视为群芳之冠。克孜尔千佛洞坐落于悬崖峭壁之上，绵延数千米。其中保存壁画的洞窟有80多个，壁画总面积约1万平方米。它是我国开凿最早、地理位置最西的大型石窟群，大约开凿于3世纪，在8—9世纪逐渐停建，延续时间之长在世界上也是绝无仅有的。克孜尔千佛洞的洞窟形制大致有两种：一种为僧房，二为佛殿。最能体现克孜尔石窟建筑特点的是中心柱式石窟，它分为主室和后室。19世纪末20世纪初，接踵而至的西方探险队从克孜尔石窟劫掠走大量精美的壁画，西方盗贼的疯狂掠窃，严重破坏了克孜尔千佛洞壁画，留下惊世遗憾。1961年被公布为第一批全国重点文物保护单位。（SGH）

库木吐拉千佛洞 库木吐拉千佛洞位于库车县城西北30千米的渭干河谷的东岸，是仅次于克孜尔石窟的古龟兹较大的石窟群，是约5—11世纪的佛教石窟寺。库木吐拉系维吾尔语译音，意为"沙漠中的烽火台"。现有洞窟112个，分为南区、北区、丁谷山峡谷区三部分。千佛洞开凿时间从两晋开始经隋唐，延续到宋代。北区为主区，有80窟，南区是进入口，分两部分，共32窟。丁谷山峡谷区只有少量石窟。从开凿时间看，石窟整个面貌与克孜尔同期石窟接近，有显著的龟兹地方风格。现存壁画数千平方米，以描绘大乘佛教内容为主，具有重要的历史、宗教、文化艺术和科学价值。该千佛洞壁画作品及众多各时代各民族文字的题记,不仅是一部新疆绘画艺术史诗,而且也为研究新疆的经济、文字、建筑、音乐、舞蹈、服饰和工艺美术的发展史提供了形象材料。除壁画以外,库木吐拉千佛洞窟内和窟外石崖上还有大量的僧侣题名、龟兹文和汉文的题记以及并行的回鹘文题记、古龟兹文题记,是研究古龟兹历史文化艺术极其珍贵的资料。1961年被公布为第一批全国重点文物保护单位。(SGH)

森木塞姆千佛洞 森木塞姆千佛洞位于库车县,是一处晋至宋代(3—10世纪)的佛教石窟群遗址。森木塞姆千佛洞主要分布于却勒塔格山口的山崖上,石窟大部分已经遭到破坏,目前保存较为完整的有57窟。洞窟的形制多种多样,保存了古龟兹王国完整的洞窟和壁画的实物资料。壁画题材内容以因缘、佛教故事为主,人物多以土红色勾画轮廓,晕染法表现明暗与立体,用色艳丽。晚期洞窟壁画则出现了汉族及回鹘的画风。该处洞窟数量虽然不及克孜尔和库木吐拉石窟多,但却涵盖龟兹石窟艺术发展的全过程,对了解和研究佛教及其艺术的传入、龟兹佛教的发展、佛教石窟艺术的演变及其社会背景和中外文化交流有重要意义。1996年被公布为第四批全国重点文物保护单位。(SGH)

克孜尔朵哈石窟 克孜尔朵哈石窟位于阿克苏库车县城西北13千米的山沟内,为唐代遗址,共有46个洞窟。大部分被毁,现存较完整的洞窟有38个,其中19个为支提窟,19个为毗诃罗窟。窟中壁画题材多为佛本生故事以及披甲持剑、脚着长靴的龟兹武士供养人等。较为特殊的是第24号窟,为七角形平面,窟中有中心柱,左右开甬道,后壁有隧道,且又是平顶的支提窟,此种形式罕见,为其他窟群所无。有壁画的洞窟共11个,其题材、风格与克孜尔千佛洞大致相同。千佛洞是自治区级重点文物保护单位,2001年被公布为第五批全国文物保护单位。(SGH)

吐峪沟石窟 吐峪沟石窟位于吐鲁番地区鄯善县吐峪沟乡,吐鲁番市东约60千米。吐峪沟石窟是吐鲁番地区开凿年代最早、规模最大的佛教石窟群,是丝绸之路上一处重要的佛教石窟。吐峪沟石窟由东区、西区及霍加麻扎组成。现存石窟基本保持原有的整体布局,洞窟形式丰富多样,壁画遗存反映出多种文化对高昌石窟艺术的影响,是我国佛教艺术的珍贵实例。据考古发掘与调查,吐峪沟两侧山坡上分布着许多地面佛寺遗址,是集洞窟与地面寺院于一体的大型石窟寺院遗址群。新发现两座绘有壁画的早期中心柱窟(5世纪前后)、附汉文榜题的早期壁画和一处僧房,僧房后壁满壁为回鹘文,还发现了由沟底通向沟东、沟西北部两区石窟的道路系统以及多处洞窟改建、维修、封闭等迹象,对研究石窟开创和使用年代具有重要意义。新发现的壁画题材新颖,十分罕见。出土近万件多种语言文书残片(包括佛教写经、世俗文书等),还有绢画、木器、雕塑等文物,对于重新认识吐鲁番历史文化及各民族、各宗教和谐共存的社会背景,具有重要历史价值和现实意义。2006年被公布为第六批全

国重点文物保护单位。(SGH)

呼图壁县康家石门子岩画 呼图壁县康家石门子岩画位于昌吉回族自治州呼图壁县的天山腹地，两条山溪汇流处西北岸的新第三纪的粉砂岩壁上。岩面平整，距地表10米上下。画面东西长14米，上下高9米多，面积达120平方米左右。上面刻绘着二三百个大小不等、身姿各异的人物和动物，是一幅国内及世界上都罕见的生殖崇拜岩画。康家石门子岩画区是距今近3000年前，新疆北部土著居民进行生殖崇拜活动的圣地，对研究原始社会史、原始巫术与宗教、新疆古代民族史等具有重大价值。岩画为3000年前的古代居民"塞人"所作，据认为岩刻完成于原始社会后期父系氏族社会阶段。它采用了浅浮雕与阴刻两种技法，岩画的主体是各种人物形象。女性的面部形象秀美、浅露笑意，男性则表现得威严、粗犷，体现出当时雕刻技法已相当成熟。因岩画独特的雕刻技法和独一无二的生殖膜拜文化，康家石门子岩画被称为"天下第一岩画"。2013年被公布为第七批全国重点文物保护单位。(SGH)

伯西哈石窟 伯西哈石窟位于吐鲁番市胜金乡木日吐克村，洞窟分布在火焰山北坡一条小沟壑中，占地面积约1000平方米，现存洞窟10座，在柏孜克里克千佛洞西约5千米，背靠火焰山，有小路可达。伯西哈千佛洞是木头沟一系列千佛洞之一，西边洞窟旁还建有寺院遗址。从残存的6个洞窟看，洞窟券顶式长方形。窟前筑有平台寺庙，其中4个窟中残存壁画，风格与柏孜克里克石窟相似，有高昌回鹘时期的遗风。1999年被公布为自治区级重点文物保护单位，2013年被公布为第七批全国重点文物保护单位。(SGH)

5. 近现代重要史迹及代表性建筑

伊宁市三区革命政府旧址 三区革命政府旧址位于伊宁市人民公园内，始建于1948年，1949年夏竣工。该旧址是在三区革命同盟会主席阿合买提江·卡斯木的倡导下，经同盟会会议决定兴建的，是一座典型的欧式建筑群，整个建筑群自东向西依次由检阅观礼台、露天剧场和舞台三部分组成，东西长100米，南北宽53.3米，建筑面积5330平方米，为砖木结构建筑。检阅观礼台为一座二层欧式小楼，面积为100平方米，观礼台前为占地100平方米的平台，是当时三区革命政府领导人检阅军队、群众集会和文化体育活动的场所。检阅观礼台以西是舞台及露天剧场，为放映电影、演出文艺节目的场所。露天剧场可容纳1000多人，舞台为典型的欧式建筑，面积200平方米，是当时伊宁市一处重要的文化活动场所。该旧址较好地保留了历史原貌，为研究中华人民共和国成立以前伊犁乃至新疆建筑史提供了珍贵的实物资料。2006年被公布为第六批全国重点文物保护单位。(SGH)

和静县满汉王府 满汉王府位于和静县城中心，又称蒙王府。原是土尔扈特部第二十七世汗王满楚克扎布居住和理政之所，为土尔扈特部最高权力机关所在地。满汉王府是土尔扈特部最后一个可汗楚克扎布继承汗位后的居住地，1919年由满汉王的叔叔五世生钦活佛多布敦策楞车敏（多活佛）出资，并亲自设计，焉耆回族工匠建造成，建筑面积900多平方米，分别由正殿和东西两宫组成，正殿为二层楼，有大小房间29间。现位于和静县人民政府大楼的后院，内设和静县民族博物馆。1999年被公布为第四批自治区级重点文物保护单位，2013年被公布为第七批全国文物保护单位。（SGH）

乌鲁木齐市八路军驻新疆办事处纪念馆
八路军驻新疆办事处纪念馆位于乌鲁木齐市胜利路二巷1号，建于1933年，是自治区级爱国主义教育基地。旧址建筑面积504平方米，占地1100平方米，为一座土木结构的二层黄色小楼，青砖压檐砌腰，铁皮屋顶，楼顶东侧建亭台。抗战时期，这里是中国共产党领导新疆民众抗日救国的办事机构所在地，陈云、邓发及陈潭秋等三任党代表先后在这里主持工作，虽然只存在短短9年，却在中共党史上写下了光辉的一页。八路军驻疆办事处旧址的展厅分为四部分：抗日民族统一战线的形成；传播马列主义，支援抗日前线；忠贞不屈的革命战士；革命烈士永垂不朽。这里展出中国共产党在新疆进行革命的活动的文物和文献1500余种。1962年被公布为自治区级重点文物保护单位，命名为"革命烈士纪念馆"，1965年10月更名为"八路军驻新疆办事处纪念馆"。2013年被公布为第七批全国重点文物保护单位。（SGH）

新疆第一口油井 新疆第一口油井位于克拉玛依市独山子区泥火山北坡。该遗址现保留高1.3米、直径30厘米的钻管筒，并立有纪念碑。建双色花岗石贴面底座，上嵌高1.5米、宽2米的黑色花岗岩碑，刻纪念性文字。遗址四周建有长10.8米、宽10.9米的白色水泥柱围栏。新疆第一口油井，是一口在清末开始开采的油井，为一处重要的采油工业遗址，也是爱国主义教育和革命传统教育场所之一。2013年被公布为第七批全国重点文物保护单位。（SGH）

吐尔迪·阿吉庄园 吐尔迪·阿吉庄园位于十四师皮山农场一连，建于1915—1916年。庄园坐北朝南，现存建筑一幢，南北长约37米，东西宽约24米，建筑面积888平方米。该建筑外部西面、南面有木柱和回廊，外形略同于汉式的民宅，内部为维吾尔族式风格。吐尔迪·阿吉庄园内设两厅堂，布置有客厅、卧室、甬道、厨房、库房等大小不等的10间房屋。厅堂墙壁上雕有花纹，并书有汉字和阿拉伯文字。前客厅墙壁写有经文，中堂四壁布满彩色图案，右侧西小屋南墙绘有"吐尔迪·阿吉庄园"设想图，色彩艳丽，其下有壁炉，上有装饰花纹。客厅后墙壁上书写有回历建筑日期，往西侧有一小室，内壁有花草、盆景、绘画、经文等。隔扇木条拼制组成各种图案，顶棚有贴金分格线。该庄园规模较大，装饰精美，富有民族特色，具有较高的历史和艺术价值。2013年吐尔迪·阿吉庄园被公布为第七批全国重点文物保护单位。（SGH）

小李庄军垦旧址 小李庄军垦旧址始

建于1952年的军垦第一庄——小李庄，其曾为兵团屯垦戍边的指挥机关，是原三十团（一四七团的前身）团部所在地，对石河子乃至新疆生产建设兵团政治、经济、文化的发展做出过巨大的贡献，也养育、培养了一大批军垦人，是新中国西部屯垦事业发展的历史见证，是新疆生产建设兵团开发建设边疆史的"活化石"。2009年3月31日，新疆军区将小李庄整体移交给一四七团。目前小李庄旧址保存完整，风格依旧。小李庄还分别被兵团和自治区列为"兵团屯垦戍边爱国教育基地""自治区青少年爱国主义教育基地""兵团国防教育基地"。2013年被公布为第七批全国重点文物保护单位。（SGH）

克拉玛依一号井 克拉玛依一号井位于克拉玛依市黑油山东南5千米，原称黑油山一号井，处于克乌大断裂带上盘南黑油山背斜轴部。1955年7月6日开钻，同年10月29日喷出工业性油流，是克拉玛依油田发现的标志，井深620米，日初产油3.7吨，现仍继续生产。克拉玛依1号井又是功勋井，从1955年10月29日完钻产油到2002年10月29日的47年间，1号井已产油17383吨。因它是克拉玛依油田第一口井，故定名为"克拉玛依一号井"，并于1982年10月在此立碑纪念。克拉玛依一号井是新中国第一个大油田诞生的标志，已被列为爱国主义教育基地和石油工业旅游胜地。2013年被公布为第七批全国重点文物保护单位。（SGH）

新疆人民剧场 新疆人民剧场位于乌鲁木齐市天山区建中路2号，南门广场东侧，建于1956年。剧场占地面积14000平方米，三层结构建筑面积为9880平方米。进厅三层，一层为大厅，二层设八角回廊，三层设活动室。剧场正中是视听效果良好的一千座观众厅，舞台及后台设施完美。大厅、走廊、柱壁均有精美的石膏花饰。建筑造型、装饰风格融合了新疆当地建筑文化传统。新疆人民剧场是自治区一座具有首府地标性质、独具欧亚建筑风格和民族特色的近代优秀公共文化设施。2013年被公布为第七批全国重点文物保护单位。（SGH）

红山核武器试爆指挥中心旧址 红山核武器试爆指挥中心旧址位于和硕县城东北约40千米处的乃仁克尔乡政府所在地的山沟中。建成于1966年，原为中国人民解放军国防21基地，建有核试验指挥中心和研究基地两部分组成的众多的砖混楼房建筑群。1987年，基地搬迁后移交和硕县管理，并命名为红山军博园。红山核武器试爆指挥中心旧址是中国"两弹"试验基地司令部和研究所所在地之一。现已成为军事纪念地和国防教育及爱国主义教育基地。2013年被公布为第七批全国重点文物保护单位。（SGH）

伊宁烈士陵园 又名新疆三区革命历史纪念馆。1957年7月由自治区人民政府拨专款修建，位于伊宁市阿合买提江街人民公园内西侧，院内有纪念七位三区革命领导人的烈士陵墓、纪念碑和纪念馆。陵园分陵墓区和陈列馆两大部分，陵墓区前方是用方块水泥板铺就的600平方米的瞻仰广场，广场上耸立着具有新疆少数民族风格的烈士纪念塔，塔高 13 米，底面积 16 平方米，塔顶为金属镀金穹拱，塔身用维吾尔、哈萨克、汉三种文字镌刻着毛泽东主席的题词。1984 年，自治区拨专款对烈士墓、纪念碑重新修缮，1989 年被公布为全国重点烈士纪念建筑物保护单位。1994 年纪念馆被公布为自治区爱国主义教育基地。（SGH）

（五）自治区级重点文物保护单位

1. 古遗址

阿合图古城 阿合图古城位于克孜勒苏柯尔克孜自治州阿克陶县境内，县城东部盖孜河下游南侧台地上，台地高约 6 米，为汉代的遗址。现仅存一段城墙基址。呈曲尺状，长 45 米，宽 10 米，现高 4～6 米。夯筑，夯层厚 5.5～24 厘米。1957 年遗址被公布为第一批自治区重点文物保护单位。（SGH）

艾斯克沙尔古城 艾斯克沙尔古城位于喀什市东南 2.2 千米处，古城地处艾斯克沙尔村北，帕依纳甫路以东，多来特巴格路以南，吐曼河以西。经考证，该城初步被断定为是 74—91 年间东汉名将班超曾经驻守过的疏勒国的磐橐城，也就是唐代的疏勒镇址。为了褒扬班超维护祖国统一的功绩，1994 年喀什地区在现残存基址上整修了该城址，并以磐橐城命名。城址中立有班超及 36 名勇士的高大雕像，是喀什地区重要的爱国主义教育基地。1957 年被公布为第一批自治区重点文物保护单位。（SGH）

额其买力克古城 额其买力克古城位于和田县吐沙拉乡买利克阿瓦提村南，玉龙喀什河西岸台地上，属汉唐时期的古城。古城地势由西南向东北倾斜。遗址面积 4 平方千米，因风蚀严重，遗址地面建筑遗迹少，仅在遗址的西部和靠近河岸边的个别地方可见到一些残垣断壁。在遗址的近中部可见一较大的方形墙垣残痕，面积约 2000 平方米，墙垣低矮，高约 50～70 厘米。还有佛寺残墙遗迹。在遗址中还见到陶窑遗迹数座，呈土丘状，表面及四周散布有许多陶器残片、石杵、马鞍形石磨盘、炼渣、窑壁残块、红烧土及其他遗物。出土钱币中有汉代五铢钱、魏晋南北朝时代的剪轮钱和唐代"开元通宝"。1957 年被公布为第一批自治区重点文物保护单位。（SGH）

轮台古城 轮台古城原名柯尤克沁古城，金玉克协海尔古城，维吾尔语为"灰烬"城或"烧毁的城"。轮台古城位于轮台县城南偏西约 20 千米处的荒漠中，城址平面略呈圆角长方形，建筑形制为土筑，四周仅残存墙基，周长 940 米，墙基宽约 5 米，残高约 1 米。1928 年北京大学地理系教授黄文弼来此城考察，认为此城建筑相当早，考证为西汉时仑头国的国都遗址，历史上也称其为仑头城。城内残存房屋等建筑遗迹。因盐碱化严重，结构不清，但墙垣尚可辨。城外自西北向西南处尚残存有古渠道遗迹，曾采集有陶器、彩陶残片、石镰刀、石磨盘、石杵等文

物。1957年被公布为第一批自治区重点文物保护单位。(SGH)

且末古城 且末古城位于且末县城西南约6千米处，原公布的且末古城不见"城"的遗迹，其位置在今来利勒克遗址内。根据遗址中遗存的遗迹、遗物现况来看，应属于汉唐时期的遗址。目前调查发现，在南北长约60千米，东西宽30千米的范围内，广布陶片等古代遗物或遗迹，曾采集陶、铁、玻璃、料珠等遗物。此外见一些建筑或窑址残迹。根据遗迹、遗物的散布情况，遗址可分为南、中、北三大区。1957年被公布为第一批自治区重点文物保护单位。(SGH)

阿克希古城 阿克希古城位于哈尼克塔木乡齐满村东南约2千米处的农田之中。古城破坏严重，城内外被辟为农田。现古城东西长约75米，南北长约80米。城墙低平，宽约12米，高约1米。城内地势低洼，现为农民排水池，积满污水。古城未见任何遗物。该遗址对研究汉唐时期龟兹地区、西域都护府及安西大都护的政治、经济有一定的意义，1957年被公布为第一批自治区重点文物保护单位。(SGH)

埃格麦里央达古城 埃格麦里央达古城亦称央达克沁古城，位于沙雅县城西北约40千米，为古龟兹境内重要城址之一。城作方形，为夯土筑，墙基残存。高约1米，有三重，外城周约3351米，内城周510米，中有上阜一线。似塔庙遗址。中城沙阜累累，未见遗物。曾出土桥纽铜质图章、刻字木板等。据其地理位置、城市规模及城墙三重的特点，有人认为可能是北魏时期龟兹国都城所在。古城四周被农田林带包围，城周地势平坦。古城墙垣基本可辨，由于盐碱侵蚀，墙垣表层被浮土掩盖，内部结构难辨。1957年被公布为第一批自治区重点文物保护单位。(SGH)

大故城 大故城位于库车县哈尼喀塔木乡草湖戈壁中，维吾尔语称为"穷协海尔"。城址平面略呈圆形，周长约1100米，城内直径360米，面积101736平方米。基宽约4米，顶宽5米，残高5米。西北城垣上用土坯砌筑一高台，台基边长65米×70米，南、北两侧均有缺口。西垣外筑有低矮的墙垣，长约940米。1957年被公布为第一批自治区重点文物保护单位。(SGH)

散甫萨克土墩 散甫萨克土墩位于库车县老城综合加工厂北约100米处，遗址破坏严重，呈不规则形，底周长约133米，最高点9米。遗址从东面可登墩顶。顶部北低南高，坡度较大，东西长22米，南北长约17米，整体内夯土结构，平夯，无夯窝，夯层7~20厘米，以12厘米为多，属于龟兹古城内建筑遗迹。1957年被公布为第一批自治区重点文物保护单位。(SGH)

塔什顿古城 塔什顿古城位于沙雅县城西北35千米，为古龟兹或唐安西都护府属城之一。塔什顿古城位于英买力乡政府驻地北约4千米处，沙雅至新和公路的西侧。古城现已见不到任何遗迹，已被辟为桃园。据1953年文物调查，古城作方形，墙垣尚存，南北69米，东西74米，无建筑遗迹。1957年被公布为第一批自治区重点文物保护单位。(SGH)

托乎拉克艾肯古城 托乎拉克艾肯古城位于新和县优都斯巴格镇西北约25千米处。古城修筑在山顶上,依山顶地势所建,基本上为一方形建筑,东西长19米,南北宽13米,墙垣系土坯垒筑而成。城内散布有许多陶片及炼渣等,曾出土有唐"天宝"年号的文书残片。1957年被公布为第一批自治区重点文物保护单位。(SGH)

托浦古城 托浦古城位于新和县西偏北约30千米,为唐代遗址,传为古龟兹或唐安西都护府属城之一。城垣残高约4.5米,东西227米,南北194米。墙基宽12～15米。也称托帕协海尔古城,或汉译为托浦古城。古城平面呈圆形,夯筑城垣周长近900米,占地面积2827平方米。城垣基宽6～10米,顶宽4米,残高3～5米。城东北角保存一缺口,似为城门,宽10米。1957年被公布为第一批自治区重点文物保护单位。(SGH)

英艾阿依马克古城 英艾阿依马克古城位于乌什县英阿瓦提乡西南约20千米处,为汉唐古城遗址,古城遗址呈不规则长方形。城垣轮廓基本清晰,南北长90米,东西长50米,面积4500平方米。现南城垣和西城垣保存较好。城内中部偏南处筑有一墙,把城分为两部分。1957年被公布为第一批自治区重点文物保护单位。(SGH)

约特干遗址 约特干遗址位于和田县巴格其镇安拉曼村,地势由西南向东北倾斜,地表为沙性土壤,面积约0.15平方千米,破坏严重,多已被辟为稻田。在一稍高的土丘断面可见到文化层,第1层为黄色细沙,第2层为灰黄色间有红烧土、灰烬和一些夹砂红陶片,第3层土色灰黑亦间有炭粒,夹砂红、黑陶片。陶片均为轮制,多为夹砂红陶,可辨器形有缸、壶、盆。少量的泥质红陶,多为动物、人像、植物的雕塑等。另外还采集到金鸭子,切割过的玉料,唐代的"乾元重宝",喀喇汗朝的钱币等。1957年被公布为第一批自治区重点文物保护单位。(SGH)

瓦什峡遗址 瓦什峡遗址位于若羌县瓦什峡乡西南7.5千米,阿尔金山山前冲积平原盐碱荒漠地带,遗迹零星分布于南北长约2千米,东西宽约1千米的红柳丛生、沙包散布的荒滩中。见房址(30余处)、窑址(3处)、冶铁址(1处)等遗迹和2处集中的墓葬,未见城墙遗迹。出土有残玻璃器皿、汉文文书、陶、木器、钱币等文物。1957年被批准为第一批自治区文物保护单位。(SGH)

库木吐拉遗址 库木吐拉遗址位于库车县西南25千米处的玉奇吾斯塘乡库木土尔村,遗址破坏十分严重,现存面积约0.75平方千米,仅见有两处陶器较多,一处在北部,堆积厚达1.3米,埋着13口大缸,呈三排排列,最大腹径达1.05米。另一处位于其南55米处,厚达1.5米,也有陶缸。地表散布着大量的陶片、石器、铁器和钱币。钱币主要是汉龟二体钱和龟兹铜钱。1957年被公布为第一批自治区重点文物保护单位。(SGH)

博斯腾废址 博斯腾废址位于库车县阿克吾斯塘乡排子瓦提村东北约7千米处,原遗址为不规则五角形的基址,面积约八九百平方米,中部较凹,残高约3～5米,南高北

低，是库车大故城的附属遗址。现遗址破坏严重，地表遗迹已无存。1957年被公布为第一批自治区重点文物保护单位。（SGH）

博斯腾托和拉克古城 博斯腾托和拉克古城位于沙雅县东南约45千米的塔里木乡境内，是唐代古遗址。古城早已废弃，仅见有墙垣遗迹，古城西有一南北走向的自然沟，古城南墙长约570米，东墙长约30米，距内城50米处有一土丘环城，可能为外城垣遗迹。该遗址因人为及自然因素破坏严重，地表主体现无存。1957年被公布为第一批自治区重点文物保护单位。（SGH）

克尔依斯古市遗址 克尔依斯古市遗址位于库车县牙哈镇玛扎巴格村南约2千米处，北距森姆塞木千佛洞约7千米，南距玛扎百赫千佛洞约1千米。戍堡呈不规则长方形，东西长约110米，南北长约20米。西、南墙尚存，呈弧形，外有两座土坯台基。东墙已毁。北面临河无墙，或有墙已被河水冲毁。墙基宽约4米，高约2米。夯筑。南墙西部有道缺口，宽约2.5米，可能是门遗迹，戍堡内地面遗迹无存。西、南墙外有条宽约7～15米，深约1～3米的沟与河床相通，可能是护城壕遗迹。遗址是戍堡类唐代古建遗址，是丝绸之路古道上的重要遗址之一。1957年被公布为第一批自治区重点文物保护单位。（SGH）

拉甫却克古城 拉甫却克古城位于哈密市五堡乡四堡村内，为汉、唐时代遗址。古城平面呈"吕"字形，有南北二城。由于白杨河水自两城间流过，致使古城遭受很大破坏。北城东、南二墙现已无存，西墙残长约60米，北墙残长约125米。南城除西墙现已不存和北墙仅存东段外，东、南二墙残存较长。城内已被辟为村民居住地或果园，原有建筑大多被毁。1957年被公布为第一批自治区重点文物保护单位。（SGH）

玛利克瓦特古城 玛利克瓦特古城位于买利克阿瓦提村南，玉龙喀什河西岸台地上，东临玉龙喀什河，西、南为丘陵，地势由西南向东北倾斜，地表为沙砾戈壁。遗址面积1.2平方千米，因风蚀严重，遗址地面建筑遗迹少，在遗址的近中部可见一较大的方形墙垣残痕，面积约2000平方米，墙垣低矮，高约50～70厘米。剖面呈半圆弧状。还有佛寺残墙遗迹。在遗址中还见到陶窑遗迹数座，呈土丘状，表面及四周散布有许多陶器残片、石杵、马鞍形石磨盘、炼渣、窑壁残块、红烧土及其他遗物。1957年被公布为第一批自治区重点文物保护单位。（SGH）

沙尔埃克遗址 沙尔埃克遗址位于库车县七区哈里哈塘东南约3千米处，遗址破坏严重，东西长约50米，南北长约30米，呈半圆形，表面生长有茂密杂草，保护范围总面积0.254平方千米。据当地人介绍，以前此遗址范围很大，人称古城，后因取土肥田渐渐缩小。遗址地表未见任何遗物。沙尔埃克遗址现已无存，未建立原始档案，没有任何文字、图片记录，无法建立该遗址的文物"四有"档案。1957年被公布为第一批自治区重点文物保护单位。（SGH）

唐朝破城子 唐朝破城子位于巴里坤哈

萨克自治县巴里坤镇东北2.5千米，南距哈巴公路1千米，地处巴里坤山北麓较平坦地域。是清雍正九年（1731），为宁远大将军岳钟琪修筑汉城后又在东侧补修的一座小型兵城。夯筑城平面呈方形，南北长约230米，东西宽180米，四周城垣倒塌，残高1.3～1.6米，宽5米左右，东南面城墙破损严重，北墙中部朝外突出，城墙西北、东北及西南角有圆形土堆，似为城门楼，南墙中部外面有一方形土堆，似为马面，城内建筑遗址已不见，破坏较严重。1957年被公布为第一批自治区重点文物保护单位。(SGH)

图尔塔木遗址 图尔塔木遗址位于距拜城县60千米处的克孜尔乡台台尔村北约500米处的山顶上。该遗址规模较小，呈方形，边长20米左右，东墙坍塌无存，南墙保存较好，有马面遗迹，土坯结构，夹泥层较厚。北墙有一缺口，拟为城门。城内建筑遗迹已无存，未见任何遗物。1957年被公布为第一批自治区重点文物保护单位。(SGH)

吐鲁番于孜旧城址 吐鲁番于孜旧城址位于伊宁市东北约10千米，为唐元时期遗址。城址有两处，当地人称"阿脱诺克"和"克其克阿脱诺克"，意为大、小金城。大城在吐鲁番于孜村旁，现已辟为园林房屋，城墙已不可见，城垣残迹须仔细寻找方可辨认。城略呈方形，周长约1400米左右，城内陶片、砖块等物随处可见。小城遗址在村东北的高坡上，西城墙墙基尚存一部分，高约1米，宽约3米，城中因挖掘金子，到处呈沟渠状，未见建筑遗迹。城内散布一些陶片，

以夹砂红陶为主，曾出土完整的石磨盘、陶缸、察合台银币等文物。1957年被公布为第一批自治区重点文物保护单位。(SGH)

乌什吐尔、夏合吐尔古城 乌什吐尔、夏合吐尔古城位于库车县三道桥乡西北渭干河出龙口处东岸，东南距县城约23千米。地处却勒塔格山南麓山坡上，西临河床断崖。与夏合吐尔隔河相望，南距库木吐拉遗址1.7千米。乌什吐尔遗址呈南北向坐落，东西长约60～100米，南北长约210米。遗址城墙保存较好，墙基宽约3～6米，高约2.5～7米，顶部宽约0.7～3米。局部墙上有马面，转角处有角楼。夏合吐尔遗址破坏严重，原形制无考。现今东部、北部及北部尚有部分遗迹。1957年被公布为第一批自治区重点文物保护单位。(SGH)

下台古城 下台古城位于昭苏县下台山口北约20千米，古城略呈方形，北墙长390米，南墙长212米，西墙长480米，东墙紧靠夏特河支流，被冲毁。城为夯筑。墙基皆存，顶宽2～3米，底宽11～12米，残高3.9米。夯层清晰。个别地段见土坯和石块补筑加固的痕迹。城墙的西南角明显外凸，似为角楼遗迹。台基长40米，宽10米。城内建筑均已不存，唯城中心和西南角有三处圆形台地。台地南端和南墙西端各有一个缺口，似为城门遗迹。在古城内外的建筑台地上散布有砖、瓦、陶器残片。1957年被公布为第一批自治区重点文物保护单位。(SGH)

康奥依古城（汗诺依古城） 康奥依古城（汗诺依古城）位于喀什市伯什克然木乡

东北11.2千米处。古城修筑在一片黄土台地上，现保存较好的仅存东墙一段，长约70余米，底宽6～7.5米，残高6米，顶宽3.8米。中段尚存一马面。南墙长约94米，西墙长约70米，北墙约91米，南、西、北墙的墙体高低不平，最高处有2～3米高，最低处已成坡状。城内零星存一些陶片，大多数为泥质红陶。城内地势高低不平，大体上是东高西低。古城地处恰克玛克河古河道南岸的黄土台地上，隔恰克玛克河与莫尔佛塔相望。1957年被公布为第一批自治区重点文物保护单位。（SGH）

日喀则古城（霍拉山古寺遗址） 日喀则古城（霍拉山古寺遗址）位于焉耆回族自治县七个星乡霍位山村东南的山梁和山前坡地上，佛寺遗址共残存18处建筑，土坯砌筑，石块基础。分为南北两区。南区遗迹较多，山脚坡地处主要有佛塔、大殿僧房；山腰、山顶处有较小的殿堂、僧禅房、龛式建筑等。北区距南区300多米，主要建筑遗存在山顶和山腰处，有一座佛塔和一些建筑残迹。1957年被公布为第一批自治区重点文物保护单位。（SGH）

桑塔木遗址 桑塔木遗址位于库车县哈尼喀塔木乡政府所在地东偏南8千米处的英也尔村境内，长38米，宽15米。"桑塔木"维语意为"粮仓"。根据初步考证，可能是唐代的粮仓遗址。现该遗址自然破坏严重，地表遗迹已无存。1957年被公布为第一批自治区重点文物保护单位。（SGH）

阿克斯色伯勒古城 阿克斯色伯勒古城位于洛浦县杭桂乡西北沙漠地带，距离县城约15.5千米，为一处宋代城址。现古城尚存有一段土坯砌筑的北墙墙垣，呈弧形，残墙长约90米，残高4米，厚1.2～2米不等。墙垣两端有2个马面。墙基往上1.2～1.5米处有一排箭孔，间距1米至数米不等。筑墙土坯大者长50厘米，厚11厘米，宽度不详。小者长40厘米，厚8厘米，宽度不详。土坯上有刻画的文字和符号。1957年被公布为第一批自治区重点文物保护单位。（SGH）

阿力玛力废城 阿力玛力废城位于霍城县农四师61团七连西部，是伊犁地区著名古城之一，城址范围很大，兴盛于察合台汗国时期，东察合台汗国以此地为中心，是中亚政治经济文化中心之一和交通重镇。大约到16世纪中叶以后，该城逐渐荒废，现已全部辟为农田或民居，地表已无任何遗迹，但近年来曾陆续出土过元青花瓷器、察合台汗国金银币、叙利亚文景教徒墓石等物。清代学者徐松居伊犁时曾到城址考察。1958年黄文弼先生曾到此地进行考古调查。1957年被公布为第一批自治区重点文物保护单位。（SGH）

金顶寺废址 金顶寺废址位于伊宁市东北郊4.5千米处的山丘上，亦名"固尔扎庙"。为清代厄鲁特蒙古准噶尔部所建，系当时西北地区最大的蒙古族藏传佛教建筑，亦称"固尔扎都钢"。寺庙建筑宏伟富丽，金光闪闪，故俗称"金顶寺"。目前，建筑遗址已不可见，仅存一方形土台，周长约700米，高约3米。1957年被公布为第一批自治区重点文物保护单位。（SGH）

斯的克巴克古城 斯的克巴克古城位于阿克陶县东北亚格恰克村与库尔巴格村之间,地处库山河下游河滩上。古城东西长约100米,南北长约50米。现为农田,地表不见任何遗存和遗物。1957年被公布为第一批自治区重点文物保护单位。(SGH)

巴依都埃土墩 巴依都埃土墩位于莎车县阿拉乡巴依都韦村西300米,现遗址有一个土墩,南北残长30米,东西宽27米,高约10米左右。土墩地标有较多的红烧土。1957年被公布为第一批自治区重点文物保护单位。(SGH)

尕尔墩坝古城 尕尔墩坝古城位于昭苏县。该古城城址南北长156米、东西宽102米,城垣基址不明显,内有台基两个。在1989年的全疆文物普查中,经实地踏访,周围地带不见城垣遗迹,仅见排列有序的土墩墓40余座散布于此,因此,"尕尔墩坝"是否是古城址似有疑问。古城现已辟为农田。1957年被公布为第一批自治区重点文物保护单位。(SGH)

科实吐尔塔烽火台 科实吐尔塔烽火台位于库车县三道桥乡柯西吐尔村北约300米处,地处却勒塔格山前洪积扇南缘。烽火台基底平面呈长方形,东西长约12.5米,南北长约18米,由基底向上逐渐收分呈梯形,高约10米。东、西、北壁较直,南壁有条长约6米的斜坡,由此可登烽顶。顶部东西长约7.5米,南北长约13米。烽体为土坯结构,外敷草拌泥。西壁和北壁上有少量柱木孔。西南约60米以前还有一烽火台,现无存。遗址附近未见任何遗物。1957年被公布为第一批自治区重点文物保护单位。(SGH)

阿斯塔那遗址 阿斯塔那遗址位于吐鲁番三堡乡喀尔桑买亥来村阿斯塔那墓群中部,石器和陶片散布在东西长1000米,南北宽700~800米的范围内。采集的石器有石核、敲砸器、尖状器、刮削器、石球、石磨盘等较典型的细石器。陶片数量不多,有钵、杯、壶、碗等的残片。1963年被列为自治区第二批自治区文物保护单位(SGH)

卡尔桑遗址 卡尔桑遗址位于伊吾县淖毛湖乡明光村东约500米处的沙丘地带,遗址南北长100米,东西宽80米,面积约8000平方米。遗址地表见土坯建筑的痕迹,采集到石器、陶器、骨(角)器、铜器等,石器有锛、杵臼、锤,陶器多见夹砂红陶罐,骨(角)器有锥等,铜器有镞、环、锥。遗址破坏严重,周围部分区域现已被垦为农田。该遗址是一处青铜时代的文化遗存。1963年被公布为第二批自治区重点文物保护单位。(SGH)

卡拉墩遗址 卡拉墩遗址位于哈密市五堡乡政府西南约3千米处。遗址分布在一地势较高的土包上,周围为戈壁,附近有农田、居民。曾发掘出彩陶罐等遗物,是研究新疆境内彩陶文化的重要遗址。1963年被公布为第二批自治区重点文物保护单位。(SGH)

木垒遗址 木垒遗址位于木垒县城南木垒河东岸台地上,距县城0.5千米,面积约1万平方米。地面采到细石器40余件(有石片、柱状石核、刮削器、三角形镞)和少量

陶片（夹粗砂红、灰陶、细砂灰陶）。该遗址年代属于新石器时代，1963年被公布为第二批自治区重点文物保护单位。(SGH)

三道岭遗址 三道岭遗址位于哈密市西84千米处的三道岭矿区，属中石器时代遗存。采集到的石器有敲砸器、小长石片、锥形石核等，是研究新疆境内细石器文化的重要遗址。1963年，该遗址被公布为第二批自治区重点文物保护单位。(SGH)

博格达沁古城 博格达沁古城位于焉耆回族自治县四十里城子乡东南约3千米，平面略呈长方形，周长约3080米，面积约0.738平方千米。城墙墙基基本完整。残存部分城墙，残高约4米，夯筑，夯层厚7～20厘米不等。曾采集金、铜、银饰件，东汉五铢钱，唐开元、乾元通宝，铜龟符等一批文物。1963年被公布为第二批自治区重点文物保护单位。(SGH)

可可沙炼铁遗址 可可沙炼铁遗址位于阿格乡苏布依村西约500米处。地处确尔塔格山前、库车河北岸的台地上。遗址东西长约500米，南北长约130米。地表的堆积厚达3米，其中有大量的陶质通风管、陶片及石磨盘等。西部残存一座炼炉，形制已不可考。该遗址是古代龟兹地区的重要铁矿遗址。1963年被公布为第二批自治区重点文物保护单位。(SGH)

曲惠古城 曲惠古城位于314国道南侧的和硕县曲惠乡曲惠村中，年代为汉代。从残存轮廓看，古城似为长方形，夯土建筑。东西宽约100米，南北长约150米。20世纪六七十年代，城址在农田基本建设中被辟为民居区和耕地。1962年被公布为第二批自治区重点文物保护单位。(SGH)

土垠遗址 土垠遗址位于若羌县罗布泊北岸的风蚀台地上。遗址平面呈长方形，总面积约1200平方米，遗存房屋、墙垣、夯土台、木柱、井穴等遗迹，建筑形式主要为夯筑，有部分土坯建筑。曾出土汉文木简71枚以及铜、铁、漆、木、骨、石、陶、玻璃器、丝麻织品、料珠、草具等600余件文物。1963年，该遗址被公布为第二批自治区重点文物保护单位(SGH)

四十里堡古城 四十里堡古城位于焉耆回族自治县四十里城子乡南2.5千米处，发现汉代的碎铜片、古钱及唐代开元钱，推测为汉代尉犁国都城遗址。现古城已无存。原古城所在地已在20世纪70年代的农田基本建设中被辟为耕地或居民点。1963年被公布为第二批自治区重点文物保护单位。(SGH)

锡依提牙古城 锡依提牙古城位于叶城县洛克乡莫沃拉村北2千米处，古城城墙已残，仅见古城内有陶片、瓷片、钱币、灰土、红烧土以及人骨等遗存，其分布面积东西1千米，南北1.5～2千米。1963年被公布为第二批自治区重点文物保护单位。(SGH)

海努克古城 海努克古城位于察布查尔锡伯自治县东南海努克乡海努克村东北6.6千米的伊车哈渠南岸。城址为内外两重，外城墙早已无存，仅存一土垠，周长2千米。内城长方形，南北城墙各长431米，东西墙各长390米。残高2米，北墙、西墙外有壕沟。

城内建筑早已破坏，地表呈沟渠状。陶片、砖块随处可见，曾出土陶缸、陶罐、瓷缸、石磨盘、铜钱、铜刀等。1963年被公布为第二批自治区重点文物保护单位。（SGH）

吉日尕勒旧石器遗址　吉日尕勒旧石器遗址位于塔什库尔干河东岸，三级阶地旧河床倾斜带上，高出现代河床10米。文化遗存在第三阶地的原生堆积中，地质年代为晚更新世。发现有人工用火的遗迹，同时发现打制石器及若干碎石片和零星动物肢骨碎片。有三处烧火堆遗迹，底层有硬结的红烧土。火堆灰烬中发现有少量烧骨及打制石器一件，石器为砍砸器，由块状石英砾石加工一端而成，刃缘上有明显的使用痕迹。1990年被公布为第三批自治区重点文物保护单位（SGH）

霍加润那勒、苏勒塘巴俄细石器遗址　霍加润那勒、苏勒塘巴俄细石器遗址位于疏附县乌帕尔乡以西3.5千米处。遗址表面石器散布较多，石器多以硅质岩砾石制作，颜色有白、绿、紫红、褐等，石器以石叶、石片、刮削器为主，也有石核、石镞。从石片制作来看，霍加润那勒遗址略早于苏勒塘巴俄遗址。1990年被公布为第三批自治区重点文物保护单位。（SGH）

兰州湾子石结构建筑遗址　兰州湾子石结构建筑遗址位于巴里坤哈萨克自治县县城西约5千米的花园乡兰州湾子村南，面积约200平方米，是一处石结构居住遗址，用巨石垒成。墙残高近2米，厚达2米，在南北方向，有主、辅二室，主室面积近100平方米，地表留有许多柱洞，辅室与主室一门道相连，辅室东开一门，有斜坡门道，出土一些陶器、铜器、石器等，其中一件陶罐，高近1米，另外还有少量彩陶，铜器有双耳圈足鍑和环首小刀等。另外有碳化麦粒和17具人骨出土，遗址保存较好。1990年被公布为第三批自治区重点文物保护单位。（SGH）

四道沟遗址　四道沟遗址位于木垒哈萨克自治县东城乡四道沟村，遗址坐落在山梁上，面积约1万平方米。1977年新疆博物馆考古队在遗址中部和北部发掘200平方米墓葬4座，探明文化堆积分早、晚两期，并出土文物百余件，包括生产工具和生活用具两大类。石器有石杵、石磨盘、陶罐、陶缸、彩陶罐、铜刀等，根据测定，早期约为西周，晚到战国。1990年被公布为第三批自治区重点文物保护单位（SGH）

六运古城　六运古城位于阜康县九运街镇政府北约3.5千米处，平面呈长方形。城墙夯土筑，附有马面，残高3米。城址中部有土坯隔墙，将城分为南北两部分，又在北部偏西与城中隔墙垂直建土坯隔墙，将城分为三块。曾出土20余枚察合台金币，灰、红褐色泥质陶片、铺地红砖和石柱础等。1990年被公布为第三批自治区重点文物保护单位。（SGH）

玛纳斯古城　玛纳斯古城位于玛纳斯县头工乡楼南村，俗称破城子，唐代庭州的乌宰守捉城。遗址略呈长方形，外侧有马面，夯筑，现城内外皆为耕地。城内出土文物较多，主要有陶器、石器、钱币、铁器及宋代铜镜。城内东部为林带条田，西北部建有砖厂。古城

约建于唐代，毁于元代前后。1990年被公布为第三批自治区重点文物保护单位。(SGH)

滋泥泉古城 滋泥泉古城位于阜康市滋泥泉子乡境内，地处东天山北麓准噶尔盆地南缘，该古城自唐至元延续使用。其遗址是方形建筑，西南城角有一巨形土堆，城南、城西见护壕沟宽50米，出土有唐、辽、元时期的文物，说明城池延续时间较长。1990年被公布为第三批自治区重点文物保护单位。(SGH)

昌吉古城遗址 昌吉古城遗址位于昌吉市园户村东北角，昌吉老县城东侧。该古城为元代遗址，城墙夯筑，破坏严重，面积约0.66平方千米。城址平面呈长方形，南北长约1100米、东西宽约600米，残高2～3米。城墙夯筑，夯层厚8～10厘米，附马面、瓮城、角楼。曾出土过大量灰陶，如瓮、罐、盆和夹砂红陶片，莲纹铺地红方砖。出土瓮藏1300多枚察合台汗国银币及少量钦察汗国、伊儿汗国银币，世所罕见。1990年被公布为第三批自治区重点文物保护单位。(SGH)

雅尔湖细石器出土点 雅尔湖细石器出土点位于吐鲁番市雅尔湖村交河故城南、亚尔乡三道沟与四道沟之间的台地上，在沟内晚更新世的地层中出土有打制石器，台地上采集到600多件打制石器，有敲砸器、尖状器、刮削器、石片石器。同时，也采集到大量的细石器，有石核、尖状器、刮削器、石片等，散布面积约1000多平方米。1999年被公布为第四批自治区重点文物保护单位。(SGH)

七角井细石器遗址 七角井细石器遗址位于哈密市七角井镇东北约500米，面积约20万平方米，采集到细石叶、石核等。石核有船底形、锥状和尖状等，遗址保存较好。1999年被公布为第四批自治区重点文物保护单位。(SGH)

新塔拉遗址 新塔拉遗址位于和硕县新塔拉乡（原胜利公社）红星村南一个沙丘状的土包上，原地面覆盖沙层，土包呈椭圆形，长径230米，短径160米，高出地表1～3米。外围南侧可见一断续残墙，由土坯构筑。出土过大量石器、陶器和青铜器，具有丰富的文化内涵。1999年被公布为第四批自治区重点文物保护单位。(SGH)

阿格拉克古城堡遗址 阿格拉克古城堡遗址位于轮台县大雅乡西南约20千米处的荒漠地带。呈不规则圆形，直径178米。城墙残损严重，城内外盐碱化遍布，土质松散，结构不清。城内一长方形土台上，有两处人工大深坑，从坑壁上可看到文化层堆积。城四周残存城墙遗迹，初步判断其年代为秦汉。1999年被公布为第四批自治区重点文物保护单位。(SGH)

四十里大墩烽火台 四十里大墩烽火台位于巴音郭楞蒙古自治州和硕县乌什塔拉乡小井子村南戈壁地上，基座呈正方形，底边残宽约7米，残高约3.8米，立面呈梯形，黄土夯筑，每层厚0.6米，中间夹树枝。面积约50平方米。1999年被公布为第四批自治区重点文物保护单位。(SGH)

西地古城 西地古城位于和硕县清水河农场四队南约500米处，古城略呈圆形，直径约380米。城墙因人为破坏，只能看到突起的土梁。西地古城的发现，对研究西域史及古危须国的政治、经济、文化等具有较高的价值。1999年被列为自治区第四批重点文物保护单位（SGH）

卓尔库特古城 卓尔库特古城位于轮台县大道南乡政府东南23.5千米荒漠中，遗址可见土垄状的残墙垣，平面呈不规则圆形，墙垣夯筑，周长约1250米。墙基宽约6米，残高3~4米，城垣东部有长方形高台，高约9米，为古城的最高控制点。城内中部，残存土筑和高台，高台上残存有建筑遗址，并见黑花陶片和铁镞，为汉之校尉城。1999年被公布为第四批自治区重点文物保护单位。（SGH）

拉依苏烽燧 拉依苏烽燧位于轮台县城西约20千米的荒漠中，主要由汉代烽燧遗址、唐代烽燧遗址和戍堡遗址组成。分布集中，两座烽燧东西距离约100米，戍堡遗址位于两座烽燧之间。汉代烽燧为夯筑，唐代烽燧为土坯垒筑。两座烽燧风蚀严重，烽体出现裂纹、坍塌现象。戍堡遗址大部分建筑无存，只残存部分遗迹，呈土墩状。1999年被公布为第四批自治区重点文物保护单位。（SGH）

铁门关遗址 铁门关遗址位于库尔勒市北郊6千米铁门关水电站生活区北1.2千米霍拉山与库鲁克山夹峙的沟谷环绕的小山顶上。遗址南北长100米，宽30米，有十数间以卵石垒砌的房屋遗址，一般呈长方形，长4米、宽3.5米，门朝西，墙残高0.3~1米。地面有许多红、灰、桔黄色陶器残片，轮制，火候高，器耳上带附加的脊。1999年被公布为第四批自治区重点文物保护单位。（SGH）

木尔吐克萨依烽燧 木尔吐克萨依烽燧位于吐鲁番市胜金乡木头沟西北入口处木尔吐克萨依戈壁滩上，戍堡土坯砌筑，由烽燧和院落两部分组成。院落平面方形，边长18.5米，院墙高3.4米，其西北角、东北角和西南角各有一段角形护墙。北、东、南三面沿墙有规整房址，西侧4间，东侧3间，皆为矩形，顶部无存。烽燧位于戍堡西南角，基底平面矩形，东西长5米，南北长3.4米，台体覆斗形，残高10米，南壁已坍塌。1999年被公布为第四批自治区重点文物保护单位。（SGH）

穷吞木遗址 穷吞木遗址位于巴楚县51团拜什阿恰尔村北约18千米，遗址为一处较大的驿站遗址，面积约1平方千米，分东西两个区。东、西区内有土墩、石碓、窑址、墓葬、烽火台等遗存，出土有陶片、珠子、铜饰件、铜钱等遗物。1999年被公布为第四批自治区重点文物保护单位。（SGH）

让布公商古城遗址 又称拉木帕相古城，位于吐鲁番市恰特喀勒乡青年农场西南1千米处，属于高昌至元代遗址。遗址平面略呈方形，东西长415米，南北长435米。全部夯筑，城垣残破，最高处有4.2米，南城垣残存最长为21米。在东南、西南、西北角存角楼。1999年被公布为第四批自治区重点文物保护单位。（SGH）

二塘沟塔 二塘沟塔位于善鄯县连木沁乡巴哥庄西北约5.5千米处、天山南麓二塘沟口的冲积扇面上，遗址紧靠二塘渠之东岸。该遗址从建筑形式上看为唐代烽火台，该烽燧为土坯建筑，平面呈方形，剖面呈梯形。该塔仅东墙底保存较完整，底边长27.65米，占地面积约764.5平方米，残高13.65米。中央为空室，中部有券顶洞室，残高14.25米，顶宽3.8米。塔体外壁有9排洞孔。1999年被公布为第四批自治区重点文物保护单位。（SGH）

阔纳协海尔古城 阔纳协海尔古城位于巴音郭楞蒙古自治州轮台县，墙垣为夯筑，实测平面呈不规则的方形，夯筑，有麻面建筑，周长约700米。局部墙垣上部和马面建筑上有土坯砌筑的遗存。1999年，该遗址被公布为第四批自治区重点文物保护单位。（SGH）

若羌河口遗址 若羌河口遗址位于若羌县东南若羌河口处，遗址修筑在山顶部，平面大致呈"T"形，地面经过平整。规模较小，有数间石块垒砌的房屋及冶炼遗迹等。其中较大的一处建筑遗迹呈方形，周长约30米，以石砖垒砌，墙体残高约2.5米，厚约2米，暴露出的堆积层中含有大量的炭、灰烬等。1999年被公布为第四批自治区重点文物保护单位。（SGH）

庙尔沟佛教遗址 庙尔沟佛教遗址位于黄田农场上庙尔沟村西约200米处，石窟寺坐北朝南，共有五窟为东西向排列，依山势用土坯垒砌成形，窟内绘有壁画，顶部坍塌，穹窿顶，佛像仅残存上身和腿部，在山上还有用土坯和卵石垒砌的房屋。石窟在1904年沙木胡索特回王统治时期被毁。1999年被公布为第四批自治区重点文物保护单位。（SGH）

图木舒克遗址 图木舒克遗址位于新疆生产建设兵团第三师图木舒克市51团英买里村西北3千米，在图木舒克塔格山脚下，是唐宋时期的古遗址。遗址比较集中分布的有三处，都是房屋遗址，共有30余间。最西侧有22间房屋，呈东西排列，大小不一，用土坯筑成，外抹草拌泥，面积约1万平方米。这组房屋以东20米有1间房屋，长9.4米，宽7.75米，门朝南，为土坯建筑，墙外敷石膏，石膏面上绘有红色图案。遗址最东面也有一片房屋，约14间房屋。1999年被公布为第四批自治区重点文物保护单位。（SGH）

公主堡遗址 公主堡遗址位于塔什库尔干县达布达尔乡西南12.5千米，城堡呈南北走向，南高北低，城堡墙体沿山边修筑，不规则。南墙以石块垒砌而为基，其上用泥土、树枝交替叠筑，南面城墙为土块夹灌木枝墙，西城墙存有一马面，城墙用石块垒筑。城内房屋现存16间，依城中地势而建，房屋均用石头垒筑而成。1999年被公布为第四批自治区重点文物保护单位。（SGH）

阿萨城堡遗址 阿萨城堡遗址位于策勒县恰哈乡阿萨村西一三角形岛状台地上，西有秋库河北流，东有阿希河北流，两水至台地北尖端交汇为策勒河。岛形台地两侧为高达40余米的悬崖，城堡地势南高北低。城堡中部有一东西向台坎，将城堡分为南北两部分，界线分明。遗址面积21万平方米，古城堡利用三角形台地构筑。南北长854米。北墙长50米，南墙长400米。南墙外有一道长度为490.5米的护城壕沟，壕沟深5米，底宽3米，上口宽13米。城内可见圆形、方形石

圈及墙基。1999年被公布为第四批自治区重点文物保护单位。(SGH)

阿希城堡遗址 阿希城堡遗址位于恰哈乡阿希村，苏尔克吉勒孞干沟与阿希河谷之间的岛形台地的北部。城堡由南北两座石垒组成，台地北端有一座用砾石砌筑的石垒，呈长方形，东西长40.2米，南北宽5.6米，残高2.2米。由此石垒向南330米为另一座高堡，此石垒亦呈长方形，用砾石砌筑，北墙全长126米，北墙西端筑一高堡，顶部面积41平方米，高8.2米。南墙全长40米，东墙全长24米。南墙外有一道宽4米，深8米的护城壕。城墙墙体为砾石、泥土与树枝混筑体。1999年被公布为第四批自治区重点文物保护单位。(SGH)

巴里坤汉城遗址 巴里坤汉城遗址位于巴里坤哈萨克自治县巴里坤镇西，是清雍正九年（1731）由宁远大将军岳钟琪平定准噶尔叛乱时驻扎于此兴建的"绿营兵城"。城为长方形，东西长1553.5米，南北宽788.8米，墙高6.8米，顶厚4米，底厚6米，上筑女墙，高0.5米，厚0.6米，没有箭垛，仅西墙保存完好，其余残损不堪，城四角有角楼，城外有炮台或马面，半圆形，墙中段都开有城门，外为瓮城，西城墙宽6.2米，瓮城半径为35.4米，现为巴里坤县城所在，城内原有建筑已不存在，受破坏较严重。1999年被公布为第四批自治区重点文物保护单位。(SGH)

巴里坤满城遗址 巴里坤满城遗址位于巴里坤镇东，清乾隆三十七年（1772）为携家眷常住在此地的两千满族旗兵而建。城为长方形，东西长1306米，南北宽501米，墙高7米，顶厚3.2米，底厚5米左右，上筑女墙，高1.5米，厚0.5米，建有箭垛（射孔）。城墙四角有角楼，墙外设炮台，东墙有炮台一个，南墙3个，北墙1个，三墙中段各置城门，外有半圆形瓮城，东门宽10米，瓮城半径32米，门宽6.6米。城内原有建筑均已无存，城址被破坏。1999年被公布为第四批自治区重点文物保护单位。(SGH)

波马古城遗址 波马古城遗址位于昭苏县境内农四师74团场，当地人称"蒙古城"。城址为方形，东西长360米，南北宽350米。城垣残高3～4米，顶部宽3～5米，底部宽17～25米。城墙四角外凸，应为角楼遗迹。四面墙基的中段各有一缺口，墙基外鼓，应为城门所在，门宽10～25米不等。城内已辟为耕地，唯西南角尚存一处台基，略高于周围。台基西南30米处有一口枯井。城外环绕有护城壕，壕宽5～10米，深约1米。1999年被公布为第四批自治区重点文物保护单位。(SGH)

都热力古城遗址 都热力古城遗址位于尉犁县境内兵团农二师34团5连东北700米处，遗址平面呈长方形，城墙保存较好，墙基为夯土建筑。四边城墙及城角均有马面建筑。城墙（女儿墙）、马面、角楼以土块砌筑，墙体、马面、角楼有瞭望和射击孔。东西及南面各有一城门，门宽约6米。城内平坦。1999年被公布为第四批自治区重点文物保护单位。(SGH)

塔尔巴哈台城遗址 塔尔巴哈台城遗址

位于塔城市。清同治三年（1864），原绥靖城毁于战火，光绪十五年（1889）重建新城，即塔尔巴哈台城，1891年竣工。参赞大臣额尔庆额主持建城工程，计用白银19.83万两，面积为9814.5平方米，周长2.5千米，城墙高7.3米，底宽12米，顶宽7.3米。20世纪50年代初期，城内楼台已无，但城墙基本完好。1999年被公布为第四批自治区重点文物保护单位。（SGH）

齐德哈仁细石器遗址 齐德哈仁细石器遗址位于阿勒泰地区哈巴河县境内。齐德哈仁细石器遗址是保存面积最大、出土器物最多的细石器遗址。对于研究该区史前社会活动和文明、古代自然环境以及人类的迁徙活动有重要的作用。2003年被公布为第五批自治区重点文物保护单位。（SGH）

亚库塘细石器遗址 亚库塘细石器遗址位于喀什疏附县乌帕乡西面的高台地上，索赛河的北面。从西向东3千米，从南向北1.4千米的大片范围内，分布有大量的细石器和少量的陶片。细石器制作精制，有刮削器、石簇、石锥、石叶、石核、石料等，还有大型石器，马鞍形式磨盘、石杵、砍砸器等。2003年被公布为第五批自治区重点文物保护单位。（SGH）

哈密拜其尔遗址 哈密拜其尔遗址位于哈密市天山乡三道沟村西的一处台地上，三面临沟，仅东部为面积较大的墓地。遗址东西长250米，南北宽50米，地表为石块堆积，大部保留完整。2003年被公布为第五批自治区重点文物保护单位。（SGH）

乌拉台遗址 乌拉台遗址位于哈密市乌拉台哈萨克族乡乌拉台村附近。在村西南、南部分布着三处石垒建筑遗存，其间还有数量较多的岩画与之共存。其一面积约2000平方米，是一处石垒建筑遗址，采集到少许陶片，以夹砂红陶为主，亦有灰陶。其二面积约3200平方米，是由大小不等的方形石屋及石垒墙基组成。其三有较完整的石结构建筑遗址，范围较大，遗址主要由巨大的圆形、方形石结构建筑群组成，保存较好。2003年被公布为第五批自治区重点文物保护单位。（SGH）

都维力克遗址 都维力克遗址位于泽普县图呼其乡乌迪那克村西2千米，遗址面积较大。文化层发现于黄沙之下的黄土地层中，见有红烧土、黑灰土、炭渣等。采集到陶片、石器、铜器等遗物。石器为细石叶。2003年被公布为第五批自治区重点文物保护单位。（SGH）

亚嘎其阿依旺遗址 亚嘎其阿依旺遗址位于岳普湖县铁日木乡公路以南12千米处，是一处汉唐时期的古遗址。遗址东西长1200米，南北宽1800米。遗址范围内有驿站遗址、古道、房屋遗址。2003年被公布为第五批自治区重点文物保护单位。（SGH）

亚吾鲁克遗址 亚吾鲁克遗址位于喀什市乃孜巴格乡亚吾鲁克自然村南面的黄土台地上。遗址面积较大，南北长900米，东西宽450米。遗址表面分布有大量的陶片，有窑址，已被破坏。陶片多集中在遗址北面。器形有罐、缸、盆、壶、碗等。2003年被公布为第五批自治区重点文物保护单位。（SGH）

托格拉塔格佛教遗址 托格拉塔格佛教遗址位于巴楚县51团北约18千米，托格拉塔格山的一个弧形拐弯处，此地东、北、西三面环山，南面为平坦的戈壁。遗址所在地地势北高南低，呈坡状。遗址基本为一些土坯建筑，大致有三个部分，呈"品"字形分布，为典型的佛教寺院特征。陶片均为红陶，陶质细腻，有的红烧土块上粘有绿色釉渣，还发现有佛造像的泥塑佛手指。时代为南北朝。2003年被公布为第五批自治区重点文物保护单位。（SGH）

托库孜卡兹纳克寺院遗址 托库孜卡兹纳克寺院遗址位于疏附县艾孜热提毛拉塔格山东部南面山腰至山坡一带，山腰主要是片石构筑的寺院房屋，以其地形选地建有一组组的房屋。由于坍塌及人为破坏，房屋的基本布局已难辨清。寺院遗址范围达2万平方米，其中包括石窟寺。曾出土过石佛像、梵文贝叶经、联珠纹陶塑等。2003年被公布为第五批自治区重点文物保护单位。（SGH）

胜金乡烽燧遗址 胜金乡烽燧遗址共有五处烽燧。胜金乡烽燧遗址1位于吐鲁番市胜金乡政府所在地的西北5千米处。遗址2位于吐鲁番市胜金乡胜金口千佛洞西略偏北火焰山高台地。遗址3位于吐鲁番市胜金乡木头沟西岸。遗址4位于吐鲁番市胜金乡柏孜克里克千佛洞西北6千米，烽火台依地势立于沟谷正中一块陡峭的土台上。遗址5位于吐鲁番市胜金乡柏孜克里克千佛洞西北近6千米，木头沟河西岸。2003年被公布为第五批自治区重点文物保护单位。（SGH）

乌江不拉克古城遗址 乌江不拉克古城遗址位于吐鲁番市胜金乡木头沟村，古城呈不规则的长方形，东西最长处约131米，南北最宽处65米。古城破坏较严重，早期建筑大多无存，仅存断续的城墙和仍可辨识的残墙基，残墙夯筑。城门位于东南向一段长22米的斜墙中部，宽3.6米。该遗址是古代吐鲁番木头沟一带重要的居住遗址，也是吐鲁番地区一处重要的交通和军事遗址。2003年被公布为第五批自治区重点文物保护单位。（SGH）

别迭里烽燧 别迭里烽燧位于乌什县牙满苏乡西北35千米的戈壁荒漠中，为唐代遗址。其平面为方形，剖面呈梯形。底部东西长12.7米，南北长9.8米。顶部东西长7.5米，南北长3.5米。残高7.3米。该烽燧原为夯筑，四周用卵石和黄土垒砌加固。2003年被公布为第五批自治区重点文物保护单位。（SGH）

考克烽燧遗址 考克烽燧遗址位于托克逊县托台乡英亚依拉克村西约3千米，烽燧呈长方形，从顶部开裂，东西长20米，南北宽15米，残高5米。主体部分夯筑，夯层厚约8~10厘米，其外又用土坯包砌一层。2003年被公布为第五批自治区重点文物保护单位。（SGH）

连木沁大墩遗址 连木沁大墩遗址位于鄯善县连木沁乡木尔孜列孜土尔村东约1千米。整个建筑共分为四层，一层为基，二、三、四层各建造13个小室，室为土坯券顶，封闭，建筑残高11.1米，正方形底部边长为

17.8米，往上逐渐内收，正中部为一正方形空心中心柱。连木沁大墩的建筑风格在新疆境内不多见。对研究西域历史、交通、宗教、军事史具有重要作用。2003年被公布为第五批自治区重点文物保护单位。（SGH）

毛仁陶勒盖石垒遗址 毛仁陶勒盖石垒遗址位于昌吉回族自治州木垒哈萨克自治县大石头乡北偏西约20.5千米处，面积174.8平方米。该石垒遗址在丘陵地带的山头上，东、北、西三面为陡峭的山崖，居高临下，地势险要，属突厥时防御城址。遗址底部为四方形，边长为8.1米×7.8米，高2.7米，全部为石片垒砌而成。在石崖东南部有砌垒的石围墙，厚约1米，高约0.5米。2003年被公布为第五批自治区重点文物保护单位。（SGH）

破城子遗址 破城子遗址位于木垒哈萨克自治县县城南2千米的龙王庙水库东北边，为7世纪盛唐时期旧城遗存。遗址由古城墙、瓦当箭头、石碑、古水沟等组成。分布范围东西宽420米，南北长685米。古城系夯土建筑，呈椭圆形，土层厚10~11厘米，墙基部宽约8米，城墙因各种原因遭破坏，现只存残壁，残段长150米，高约2米。2003年被公布为第五批自治区重点文物保护单位。（SGH）

七克台古城遗址 七克台古城遗址位于鄯善县七克乡南湖村南面的一道东西向独立的小山上，遗址坐落在独立的沉积砂岩的丘陵东端，南北狭窄，东端凸起，西部渐趋平缓，长约110米，宽约50米。遗址主体建筑坐南向北、平面呈长方形，东、南、北墙为土坯垒砌，西墙为夯筑。墙周中部为一个夯平台，面积约90平方米。这里西通高昌古城，往东可达哈密（唐伊州所在地），是古代吐鲁番盆地最东端的一处重镇和交通要道，具有极重要的军事战略地位。2003年被公布为第五批自治区重点文物保护单位。（SGH）

赛克散烽燧遗址 赛克散烽燧遗址位于鄯善县七克台镇赛克散土墩村东南约350米处的山冈上。俗称八十里大墩，用土坯垒砌四壁，基底平面呈方形，南北长8.7米，东西宽7.7米，面积67平方米。顶部塌毁，东北角高4.7米，西壁残高3.7米，墙厚0.9米。每面均有外护墙。现仅东壁保存较好，上有两排纫孔眼。2003年被公布为第五批自治区重点文物保护单位。（SGH）

阿萨墩戍堡遗址 阿萨墩戍堡遗址位于托克逊县托台乡农场三队东5千米处，由戍堡和烽火台组成，平面大致呈方形，堡墙东西长53米，南北宽50米，占地面积3150平方米。围墙夯筑，高4~5米，基宽2.5米，顶宽1.8米。南北两侧各有一豁口，入口处的特征不够明显。墙外有一圈残高1米的土墙，可能是外城墙残迹。遗址西北角有一烽火台，用土坯垒砌。平面呈方形，边长6米，剖面呈梯形状，顶边长3米，残高5米，沿西墙筑有登烽燧的阶梯。堡内地面散布有夹砂灰陶片，采集有开元通宝。2003年被公布为第五批自治区重点文物保护单位。（SGH）

回城城墙 回城城墙位于哈密市区南郊的回城乡，方形、夯筑，现仅存残长10余米、高近4米的东墙一段，其余均已毁。回城原为明清哈密王住地，此城于同治年间毁于战乱。后又经末代回王沙木胡索特数十年苦心经营，才将城内王府恢复。末代回王死后一年，这座回城及城内王府被驻军焚毁。2003年被公布为第五批自治区重点文物保护单位。（SGH）

巩宁城城墙遗址 巩宁城城墙遗址位于乌鲁木齐市沙衣巴克区南昌路42号。遗址现残存西墙和南墙两段，总长1779米，夯筑而成，残高4米左右，基厚6米左右。每隔100米筑一个马面，现存7个，在两段城墙相夹的西南角建有实心角楼一座。原存西城门和南城门，现西城门被拆，仅存南城门。门为瓮城门，呈半圆形，设左右对称边门，南北长48米，东西长36米。据载，巩宁城建于清乾隆三十七年（1772），由乾隆皇帝亲自命名，取"巩固安宁"之意。清同治三年（1864）巩宁城毁于战火。2007年被公布为第六批自治区重点文物保护单位。（SGH）

阿勒吞古城遗址 阿勒吞古城遗址位于新源县新源镇阿勒吞库尔干村北。古城略呈方形，南北长189米，东西宽188米，夯土筑成，城墙保存基本完整。城垣顶宽2～5米，底宽12～17米，高5～7米。夯层厚8～12厘米。局部地段有土坯补筑痕迹。东西墙中部各有一个缺口，似为城门所在。城内建筑物皆毁。2007年被公布为第六批自治区重点文物保护单位。（SGH）

瑙云烽火台 瑙云烽火台位于青河县阿热勒托别乡敖包特山顶。烽火台依山势而建，东南高，西北低，呈八角梯形，用石块和木头垒砌而成，东南斜线高8.5米、西北为6.3米，底部周长36米、顶部周长17米。烽火台每砌1.2米左右摆放一层直径15厘米左右的圆木，底层中心1.2米以下圆木为空心，往上全部用沙石和土填实。在瑙云烽火台周围还有四座烽火台，形成一组报警防御体系。据史料记载，瑙云烽火台为成吉思汗西征时所建，是当时传递情报的重要军事设施。2007年被公布为第六批自治区重点文物保护单位。（SGH）

夏尔苏满遗址 夏尔苏满遗址位于塔城乌苏市塔布勒合特蒙古族乡政府驻地东南15千米处。光绪十二年（1886）由土尔扈特六世郡王巴雅尔主建，西藏察罕格根活佛前来协助勘定庙址，由伊犁将军核准，从浙江请来工匠，动用千余民工于光绪十四年（1888）竣工。夏尔苏满整体建筑大体坐西朝东，依山势分为5级，占地1.4万平方米，建筑面积4500平方米，包括大殿、哲都巴庙、曼巴庙、都拉庙等，有大小佛殿9座。夏尔苏满有"第二西藏"之誉。1959年废弃，现仅存残垣断壁。2007年被公布为第六批自治区重点文物保护单位。（SGH）

青得里古城遗址 青得里古城遗址位于博乐市青得里乡阿里翁白新村西南隅。古城建于唐宋时期，为唐朝著名的双河都督府。古城略呈长方形，东西长385米，南北宽280米，北部有城墙遗迹，南临博尔塔拉河，东部和西部不见城垣，城垣为土夯筑，夯层厚10～12厘米。遗址内到处是沟壑、坑穴，地表散见陶片,可见许多铁渣,并见有较密集的圆形窑穴,直径约1米左右,深1~3米不等。古城西部为墓葬区。城内扰乱严重,布局已不可辨。2007年被公布为第六批自治区重点文物保护单位。(SGH)

安阜城遗址 安阜城遗址位于精河县茫丁乡城关村,建于乾隆二十二年(1757),后经历战乱多次修建和扩建,有旧城和新城。新城建于清乾隆四十八年(1783),南北长350米,东西长400米,四周各有一个城门,东、西、南、北分别为登春门、永丰门、辑和门和保康门。安阜城遗址现存城墙南北约166米,东西约122米,呈矩形,南城墙中有4.5米城门遗址。西门垛残存高4米,城基厚5米,顶部残存2米,断面呈梯形。北城墙中段有一残存厚约10米的马面,北段城外侧残高3.5米,内侧残高1.7米。2007年被公布为第六批自治区重点文物保护单位。(SGH)

吐虎玛克古城遗址 吐虎玛克古城遗址位于奇台县城南5.5千米,古城乡果园六村地界内,古城东临水磨河500米,南北与农田相连。古城呈正方形,四边长300米,北面墙高2米,其余城墙残余一半多,城东西南三面有门,并带瓮城,马面清晰可辨。城内建筑荡然无存。城内地势平坦,曾被开垦为农田。2007年被公布为第六批自治区重点文物保护单位。(SGH)

奇台酒窖池遗址 奇台酒窖池遗址位于奇台县新疆第一窖古城酒业有限公司厂区内。2002年4月新疆第一窖古城酒业有限公司在筹建酒库时,发掘出一个清代酿酒窖池及部分酿酒器具、瓷碗碎片等。该酿酒窖池结构、布局相当科学,窖池以青砖为池,木板为隔,缝隙间有糟糠之物。古窖池遗址占地面积227.55平方米。它对研究传统的白酒酿造工艺具有重要的研究价值,对研究新疆蒸馏酒的起源,提供了实物依据。同时,该古窖池遗址是新疆目前挖掘出土的第一个保存完整的地下酿酒窖池。2007年被公布为第六批自治区重点文物保护单位。(SGH)

小西沟遗址 小西沟遗址位于吉木萨尔县泉子街镇西北32千米处,属小西沟村所辖范围。经踏察及调查资料表明,原似有土垣,略呈倒梯形状,东西最宽约160米,窄处约100米;南北最长约220米。南垣中段及东垣北段似有豁口。曾出土过不少石磨盘、石球、穿孔环形器、石器、夹砂红陶以及彩陶片等。2007年被公布为第六批自治区重点文物保护单位。(SGH)

冯洛守捉古城遗址 冯洛守捉古城遗址位于吉木萨尔县三台镇冯洛村北,遗址平面呈长方形,南北长约260米,东西宽约150米。现墙垣残高2.4~2.6米不等,为夯筑,夯层5~6厘米。遗址地表遗物多见粗、细砂灰、红陶片,器形与北庭故城及周边发现之类同,再依其地理位置推断,该遗址当属以北庭都护府为轴心,古丝绸之路新北道上一军事成守之地。2007年被公布为第六批自治区重点文物保护单位。(SGH)

东大龙沟遗址 东大龙沟遗址位于吉木萨尔县泉子街镇以南7.5千米,南距大龙沟口约1.5千米,遗址西临长山渠,东临牛圈子沟，南北均为耕地。城址略呈长方形，长约80米，宽约50米，四周均为残垣断壁，为夯筑，夯层7~11厘米不等。该城址扼守古代北庭至安西两都护府之山间通道要口，应为历代所设军事驻地设施。2007年被公布为第六批自治区重点文物保护单位。（SGH）

小南湖佛塔遗址 小南湖佛塔遗址位于哈密市花园乡小南湖村东约1千米的黄土土丘顶部西北侧，是一处唐代佛塔遗址。佛塔由塔基和塔身两部分组成，塔基为夯筑，平面呈正方形，边长3.8米，高近2米；塔身为土坯垒砌，共分三层，高12米，纵剖面呈梯形，每层均用土坯砌出塔檐，檐宽0.15米，向外凸出约0.10米。底层门面向西南，高2.1米，宽1.6米，厚1米，门内两侧墙上可见柱洞。塔内平面呈方形，深、宽均1.6米，穹窿顶，内壁绘有壁画，现仅存顶部两排小千佛像。2007年被公布为第六批自治区重点文物保护单位。（SGH）

艾斯克霞尔遗址 艾斯克霞尔遗址位于哈密市五堡乡南偏西26千米的戈壁荒滩中。遗址包括两处时代和内涵截然不同的遗存。遗址一为土坯建筑房屋遗址，东西长约50米，宽近4米，分上下两层。上层高出地面7米左右，残存房屋3间，木盖顶，有通道相连。下层有一地道，地道口两侧有土坯垒砌的残墙。遗址二为墓葬，位于遗址一东北约200米处的沙梁上，墓葬分布面积约1400平方米。1999年，抢救性考古发掘清理墓葬32座，出土遗物130余件。墓葬形制大部分为竖穴土坑墓，多单人侧身屈肢葬。2007年被公布为第六批自治区重点文物保护单位。（SGH）

下马崖古城 下马崖古城位于伊吾县下马崖乡政府西南约3千米。古城为方形，边长101~103米，高近4米，夯筑。城墙为上下两部分，下部墙基，高近2.5米，厚约4米，基上又筑女儿墙，高1.35米，厚约0.5米，每隔3米左右设一城垛。南北各开一门，门宽约5米。城墙四角分筑角楼，角楼长7.2~7.6米，宽6.4~6.7米。城内尚存部分房屋的墙垣遗迹，房屋多为长方形，屋间以过道相连。下马崖古城是保存较好的一座清代驻军城池。2007年被公布为第六批自治区重点文物保护单位。（SGH）

安全墩烽火台 安全墩烽火台位于鄯善县辟展乡开契克村一道沙石梁上，基部为沙石夯土，上部为土坯垒砌。烽火台高7.3米，东西墙底宽各为4.4米，南北墙各长6.16米，四面墙壁往上逐渐内收。建筑平面呈"回"字形，东墙厚1.9米，南墙厚1.3米，西墙厚2米，北墙厚1.5米，顶部东、南各有一80厘米见方垛口。墙壁上下有两道柳条、芦苇夹层，第一层距底1.4米，第二层距底1.95米。土坯大小不一，坯中含有沙石，个别含有麦草。2007年被公布为第六批自治区重点文物保护单位。（SGH）

汉墩阿克墩烽火台 汉墩阿克墩烽火台位于鄯善县连木沁镇汉墩阿克墩村东约2.2千米的一月牙形的小山梁上，四周皆为戈壁或小沙梁。该烽燧整体系土坯建筑，中上部似为空心建筑，北墙已塌，仅可看到北开口的凹形，东、西墙亦有不同程度的崩塌，南墙稍好，底部被人掏挖一洞。烽燧残高6.2米，东、西、南墙面上各有两排方孔（15厘米×15厘米），第一排距地面约1.5米，第二排距地面约3.2米。孔间横距约1.4米，南墙每排有3个方孔。多采用压平砌法。2007年被公布为第六批自治区重点文物保护单位。（SGH）

碱滩军垦遗址 碱滩军垦遗址位于鄯善县吐峪沟乡碱滩坎村一片荒漠上，共四处遗址，以二号遗址规模最大，面积达2.2万平方米。四处遗址相距不远，遗址中有庭院、水渠、羊圈、农田等。碱滩军垦遗址的建筑形式都是以大院套小院或二院相对，院中有营房和家属区，其中二、三号遗址还在后院有一处面积不小的坟院，周围为垦田、水渠痕迹。主要采集物有陶器、骨、鞋、帽、衣。碱滩军垦遗址是新疆古时军队屯田的见证，对研究古代西域的政治、军事、经济、生活具有重要意义。2007年被公布为第六批自治区重点文物保护单位。（SGH）

三十里大墩烽火台 三十里大墩烽火台位于鄯善县辟展乡境内，其建筑分前后两期叠加而成，从现存遗迹看，前期残存较高，东西长5.2米，南北宽4.8米，高4.57米；后期补建处厚1.7米，高5.05米。该烽火台为土坯垒砌，砌法一丁一顺，向上略有收分，外抹草泥。建筑材料主要为土坯，土坯残存32层。烽火台主体部分塌陷，原有规模已不可考。2007年被公布为第六批自治区重点文物保护单位。（SGH）

吐尔买来烽火台 吐尔买来烽火台位于鄯善县境内鲁克沁镇吐尔买来村内，烽火台由黄土夯筑而成，西、北两面能见到较整齐的边线，东南角及南面取土严重。遗址高约5.9米，南北边长20米，东西宽18米。2007年被公布为第六批自治区重点文物保护单位。（SGH）

汉都夏大墩塔 汉都夏大墩塔位于鄯善县连木沁乡汉都阿克都村东南1.3千米处，为唐代佛教建筑塔。塔通体由土坯砌成，剖面呈梯形，基部平面方形，边长19米。塔内建一中心柱，平面呈方形，边长5.1米，柱外壁抹厚约1厘米草泥，而后沿中心柱四周再建一圈，外围建筑亦呈方形。中心柱与外围建筑平面合成"回"字形，外围建筑四面均建有数层券顶小室。现塔顶已被破坏，四壁亦有不同程度的破坏。2007年被公布为第六批自治区重点文物保护单位。（SGH）

亚克艾日克烽火台 亚克艾日克烽火台位于莎车县亚克艾热克乡阔如勒村，是一处明清时期的古遗址。烽火台共有南北两座，南部的基本完整，北部的顶部稍残。南部烽火台东西长17.8米，南北宽16.1米，高10米，土坯砌筑，烽火台的东部有进入顶部的台阶，现台阶已成坡状。北部烽火台东西长17.8米，南北宽16.9米，高9.6米。这两座烽火台都为体形中空、前期被用作驿站的瞭望塔，后当做烽火台使用。2007年被公布为第六批自治区重点文物保护单位。（SGH）

奴如孜墩遗址 奴如孜墩遗址位于莎车县莎车镇塔斯村东200米处的黄土台地上，

四周密布民居和田地。遗址保存程度较差，四周及顶部都有不同程度的毁坏，地表现仅存一个大土墩。土墩高约10米，顶部东西长14.5米，南北宽20.5米。土墩距地表9米以上为土坯砌成，土坯尺寸长37厘米，宽33厘米，厚14厘米。遗址距地表8米左右有文化层，在土墩壁上遗留有红烧土、木炭渣及陶片等遗物。1982年曾出土过宋代的钱币。2007年被公布为第六批自治区重点文物保护单位。（SGH）

依斯塔那烽火台 依斯塔那烽火台位于库车县牙哈乡依斯答那村东约1.5千米处却勒塔格前山地带。烽燧呈南北向坐落，由戍堡和烽火台两部分构成。戍堡东西长约23米，南北长约22米。墙垣已坍，唯基尚存。墙基宽约3米，高约4米。基底夯筑，墙体为土坯结构。南墙中部有道缺口，宽约6米，可能是门。烽火台位于戍堡东北角上，基底平面呈方形，边长约14米。由基底向上逐渐收分呈梯形，高约10米。烽体结构除东北角基底为夯筑外，其余部分皆为土坯垒砌。烽燧北约200米处有片墓葬，共16座，地面皆有石围。烽燧内外散见大量陶片、铜器、铁器、铅器及玻璃器等。2007年被公布为第六批自治区重点文物保护单位。（SGH）

伊西哈拉吐尔烽火台 伊西哈拉吐尔烽火台位于库车县伊西哈拉乡二村西部，东南距龟兹故城约3千米。遗址平面呈不规则形，底部周长约80米，由下向上逐渐缩小呈三角形，高约17米。中部有一直径约1.2米，深约3米的竖洞，形成时代不明。遗址下部夯筑，高约5米。西北角有土坯修补痕，夯层厚约12厘米。上部为土坯结构。高约12米。该遗址修建砖厂之后遭受严重破坏。2007年被公布为第六批自治区重点文物保护单位。（SGH）

却勒阿瓦提吐尔烽火台 却勒阿瓦提吐尔烽火台位于库车县牙哈镇却勒阿瓦提农场西约500米处，建于一座稍加平整的沙土丘上，基部平面呈方形，边长约10米。由基底向上逐渐收分呈梯形，高约5.3米。四壁均有不同程度的坍塌。顶部东西长约6.8米，南北长约5.3米。中心为一座高约3.5米的土坯台基，内有木柱。四壁各贴筑一道夯土墙。东南角有道宽约1.2米的缺口，内有斜坡道与烽顶相连。2007年被公布为第六批自治区重点文物保护单位。（SGH）

阔空巴孜烽火台 阔空巴孜烽火台位于库车县伊西哈拉乡科克拱拜孜村东部，东南距龟兹故城约1.5千米。遗址破坏严重，原来形制已不可考。现遗址平面呈方形，边长约30米，高约11米，顶部东西长约10米，南北长约6米。遗址可能是夯筑。土质较杂，夯打不结实，层次不明显。阔空巴孜烽燧位于汉代乌孙路和唐代丝绸之路的必经之地，与龟兹地区的其他烽燧遗址一起组成了古代的报警系统。2007年被公布为第六批自治区重点文物保护单位。（SGH）

脱盖塔木戍堡 脱盖塔木戍堡位于库车县牙哈镇，地处却勒塔格山前冲积扇南缘的盐碱滩上。遗址由戍堡及烽火台两部分组成。戍堡南北向坐落，平面呈方形，边长约40

米。城墙系土坯砌筑，城墙西北角和东南角保存较好，其余仅存基址。城门位于南墙中部，宽约8米，外有瓮城，东西长约9.6米，南北长约8.8米。戍堡西约60米处有一烽火台，已坍塌。东约70米处亦有一座，保存较好，为中空四面砌墙结构。堡内坍土堆积较厚，地表散布大量陶片和兽骨。2007年被公布为第六批自治区重点文物保护单位。（SGH）

丘甫吐尔烽燧 丘甫吐尔烽燧位于库车县牙哈镇，地处却勒塔格山南麓洪积砾石梁上。烽火台平面呈长方形，东西长约4.5米，南北长约7米。由基底向上逐渐收分呈梯形，高约7.5米。东、南、西三壁陡直，北壁较缓，有长斜坡可登烽顶。由灰黄色砂砾土夯筑，夯打紧密，夯层均匀，厚约10厘米。该遗址地处汉代乌孙路及唐代丝绸之路的必经之地，与龟兹地区其他烽燧遗址一起组成了古代的报警系统。2007年被公布为第六批自治区重点文物保护单位。（SGH）

阿艾古城 阿艾古城位于阿克苏地区库车县阿格乡东风煤矿南约1千米处。古城呈东西向坐落，东西长约124米，南北长约114米。城墙为含砾石土夯筑而成，保存较好。城墙内层较宽直，外层呈直角三角状护坡。墙基宽约8米，高约6～8米。四角各有一段墙体斜向伸出，可能是角楼遗存。南、西、北墙上各有两个类似马面的遗迹。东墙正中有道缺口，宽约7米，可能为城门遗迹。门外有瓮城，东西长约14米，南北长约20米，残高约4米，瓮城门南向，宽约8.5米。2007年被公布为第六批自治区重点文物保护单位。（SGH）

羊塔克古城 羊塔克古城位于库车县哈尼克塔木乡英也尔村东约4千米处。古城东西长约100米，南北长约107米。城墙泛碱已坍塌，呈圆脊状，墙基宽20～30米，高约14米，顶宽3～5米，四角外各有一直径约15米的半弧形突出部，似为角楼遗存。南墙和北墙上各有两个类似马面的一段外突墙体把城墙分成三等分。西墙南段墙垣上有一道宽约10米的缺口，为城门遗存。墙外连一平台，平台东西长约40米，南北长约48米，高约4米。2007年被公布为第六批自治区重点文物保护单位。（SGH）

硝力罕那古城 硝力罕那古城位于库车县塔里木乡乡政府驻地西约10千米处。古城平面略呈圆形，周长约550米，城内直径约180米。城墙泛碱已坍，墙基宽约20米，高约7～13米，顶部宽约2～5米。城墙外每隔30米即有一段墙体外突，长约3米，宽约5米，有的尚高出城墙约1.7米，可能是马面遗迹。城墙南略偏西有道缺口，宽约20米，可能为城门遗存。门两侧各有一座高约13米的制高点，在东侧土堆顶曾发现182枚龟兹钱币。2007年被公布为第六批自治区重点文物保护单位。（SGH）

卡拉萨古城 卡拉萨古城位于库车县哈尼喀塔木乡卡拉萨买力村南约1.5千米处，古城呈圆形，周长约260米。城墙已坍，城基尚存。墙基宽约18米，高约10米。顶宽2～5米。北部有道缺口，宽约13米。外连一座东西长约20米，南北长约18米的台基，可能是城门遗存。城内淤积较厚，呈锅底状。

城外有一带宽约20～30米的低洼地，可能为护城壕遗迹。2007年被公布为第六批自治区重点文物保护单位。（SGH）

博其罕那佛寺遗址 博其罕那佛寺遗址位于库车县伊西哈拉乡代维来提巴赫村东北约5千米处，遗址东西长约30～108米，南北长约116米，呈"凸"字形结构。该佛寺由正殿、庭院、配殿、仓厨组成。以大门—正殿为中轴线，呈东西对称布局。南部是庭院、配殿、仓厨等建筑群，北部是正殿。遗址地表散布大量陶片、铺地方砖残块、石膏残片和钱币等遗物。1989年文物普查时采集部分文物标本，其中有两枚唐代钱币，一枚为"建中通宝"，一枚为"乾元重宝"。2007年被公布为第六批自治区重点文物保护单位。（SGH）

墩买力吐尔烽燧 墩买力吐尔烽燧位于库车县牙哈乡塔罕西村西南约1千米处，遗址破坏较甚，原有形制已不可考。现仅为一座高台。台基平面呈不规则形，周长约30米。四壁较直，高约7米。夯筑。平夯无夯窝，夯层厚约7厘米。周壁有柱木孔甚多，孔径约10～25厘米，孔间距约1～1.4米。该遗址地处汉代乌孙路及唐代丝绸之路的必经之地，与龟兹地区其他烽燧遗址一起组成古代的报警系统。2007年被公布为第六批自治区重点文物保护单位。（SGH）

八卦墩烽火台 八卦墩烽火台位于乌什县乌什镇西部阿合塔玛扎村3组的都勒阿库尔山顶端。烽燧呈八角形，每边长约2.8～3.2米，残高约3.5米。烽燧系用土坯砌筑，筑层中夹有直径12厘米的木骨。烽燧

北基部偏北2米处的山脊上，有一南北宽5米，东西长19.7米，用黄土坯砌筑的平台。烽燧东北约30米处的山脊上，有两道黄土坯砌筑的呈南北向栏墙，南段长3.5米，北段长12米。2007年被公布为第六批自治区重点文物保护单位。（SGH）

坦塔木佛寺遗址 坦塔木佛寺遗址位于拜城县克孜尔乡东南。遗址由寺庙、洞窟和佛塔组成。寺庙位于冲沟南侧一长条形台地上。台地东西长约66米，南北宽约12米，共有两处寺庙遗迹。洞窟位于冲沟东侧的断崖壁中，洞窟残存有3座。洞窟为长方形纵券顶，没有壁画保存。佛塔位于冲沟东侧断崖顶部，保存较好，残高约9米，为土坯构筑。2007年被公布为第六批自治区重点文物保护单位。（SGH）

亚依得梯木烽火台 亚依得梯木烽火台位于柯坪县阿恰乡东南约7千米处。现存遗址由两组建筑组成，即人工土台和烽燧，总面积约4900平方米。人工土台呈长方形，周长约270米，高于地表约3米。烽燧坐落于平台的中央偏南部，因自然侵蚀和人为破坏严重，形制难辨，经实测，底部周长为85米，顶部南北长7.5米，东西宽约6.5米，残高约11米，其建筑结构，底至上1.8米间为夯土层，夯层厚约60厘米，层与层间夹有柴枝，上部为黄土坯砌筑。2007年被公布为第六批自治区重点文物保护单位。（SGH）

丘达依塔格戍堡 丘达依塔格戍堡位于柯坪县政府西北约10千米处丘达依塔格山脚东南向"丁"字形小山脊上。戍堡顺山势而

筑。该遗址由两部分组成,即南部的戍堡主体和北面山梁上的戍堡护墙、观望塔。整个建筑系用长40厘米、宽20厘米、厚5~9厘米的黄土坯砌筑。戍堡地势险要,雄踞河口,为经乌什别迭里山中进入中亚的重要通道。2007年被公布为第六批自治区重点文物保护单位。(SGH)

都埃梯木烽火台 都埃梯木烽火台位于柯坪阿恰乡南约9千米处的戈壁滩中。遗址现存有不规则的方形围墙,边长约1000米。烽燧边长14米、宽10米、残高约6米,立于围墙的中央。东西两面有突出围墙长4米的长形土埠,似开门处,围墙东北角各有房舍遗址。墙垣已无存,但房基尚在。烽燧正东300米处有2.3米高的土台。2007年被公布为第六批自治区重点文物保护单位。(SGH)

齐兰烽火台 齐兰烽火台位于柯坪县阿恰镇齐兰村西南的戈壁滩上。烽燧平面呈方形,边长约8.2米,残高约16~18米,顶部及西南角处已塌毁。其基部为厚约3米的夯土层,夯层中夹有平铺的树枝。烽燧上部系用黄土坯砌筑,土坯层间铺有树枝加固,其上的土坯间夹有"井"字形木骨。烽燧外壁包一层厚约9厘米左右的黄土坯,包层保留较好的为北壁和东壁。2007年被公布为第六批自治区重点文物保护单位。(SGH)

塔什吐尔烽火台 塔什吐尔烽火台位于新和县城西南约44千米处,其东6.5千米处为通古斯巴什古城。烽火台基部周长105米,高10米左右。剖面呈梯状。顶部由于坍塌及人为破坏,平面现为不规则的三角形。修筑方法为土坯夹夯层构筑而成。地表有铁器残块、炼渣、龟兹钱币残片等。2007年被公布为第六批自治区重点文物保护单位。(SGH)

吐尔拉戍堡 吐尔拉戍堡位于新和县尤鲁都斯巴格镇政府西南14千米的盐碱滩上。遗址由戍堡、烽燧、窑址等组成。戍堡略呈方形,北墙69米,东、西墙65米,南墙62米,墙基宽4~5米,顶宽2~2.5米。东南角有一烽燧,南北长24米,东西宽14米,高约10米左右。烽燧剖面呈梯形,墙体为土坯夹夯土层构筑而成,中间部分为夯筑。2007年被公布为第六批自治区重点文物保护单位。(SGH)

来合买协尔古城 来合买协尔古城位于新和县尤都斯巴格镇政府驻地西南,古城基本呈正方形,边长56米×55米。古城内地表较平坦,泛碱较严重。古城墙垣保存较好,最高处为6.5米。墙垣四角有斜向伸出的垛墙,东北角垛墙保存较好,长7.3米,高5米,宽2米,为夯筑而成。城门开在北墙中,门外设有瓮城。瓮城东西长15.6米,南北宽14米,外缘呈四边形。瓮城门向东开。瓮城地面高于城内地表2.5米。2007年被公布为第六批自治区重点文物保护单位。(SGH)

吐孜吐尔烽火台 吐孜吐尔烽火台位于新和县尤都斯巴格镇玉尔滚协海尔村4组西北部的盐碱滩上。烽燧平面略呈方形,立面呈梯状,顶部已塌毁。东西长15.2米,南北宽11.8米,残高约10米。烽燧现只北壁保存较好,东、西、南壁三面均有不同程度的坍塌。烽燧底部及中心部位为夯土筑成,夯层夹有土坯层。每层间铺有红柳枝层。烽燧顶部四周及顶部均为土坯垒筑而成。烽燧周围见有建筑遗迹，文化层比较厚。曾出土过陶罐，罐内盛有铜镜、铜衣扣等物。2007年被公布为第六批自治区重点文物保护单位。（SGH）

羊达库都克烽火台 羊达库都克烽火台位于新和县西部羊达库都克道班以西2千米处的戈壁上，向北500米处为314国道。遗址由烽燧主体及其附属驿站组成。烽燧位于驿站西南角，与驿站建筑连为一体。烽燧残高约9米，剖面呈梯形。烽燧基部及中心主体用夯土筑成，夯层间夹有树枝，在烽燧主体夯筑的外墙体上再以土坯砌筑。烽燧与驿站的组合是唐代烽燧防御体系中一种常见的形式。2007年被公布为第六批自治区重点文物保护单位。（SGH）

夏合协尔戍堡 夏合协尔戍堡位于新和县尤鲁都斯巴格镇政府驻地西北10.5千米处。戍堡略呈方形，现残存基础部分，东墙长138米，西墙长139米，南墙长135米，北墙长139米。墙系夯筑而成。南墙中段的高台为烽火台，基长14米，宽12米，残高8米，顶部长3.4米，宽2.8米，剖面呈梯形，土坯垒筑。墙体上残存有六层红柳层和三层木棍层。该遗址是戍堡和烽燧为一体的古代军事通讯建筑，为城市防御工程体系的重要组成。2007年被公布为第六批自治区重点文物保护单位。（SGH）

托帕墩协尔古城 托帕墩协尔古城位于新和县尤鲁都斯巴格镇政府西南24千米处。古城呈长方形，城墙基宽30米左右，顶宽4～9米，高4～6米。东墙长376.5米，西墙长403米，北墙长267米，南墙长270米。古城四角有向外延伸的垛墙。西墙有7个附在墙体外的土包，东墙有5个，北墙有3个，南墙有6个，这些土包可能是该城墙的马面建筑。古城东北角利用外城东墙、北墙建一内城，呈长方形，边长146.5米，宽125米。内城西南角处有宽约15米的门，门向南开。内城门外有一土台。2007年被公布为第六批自治区重点文物保护单位。（SGH）

博提巴什古城 博提巴什古城位于新和县城西南约50千米的荒漠中。古城东北约4千米处为通古斯巴什古城。古城保存较完整，略呈方形，东、西城墙长约75米，南、北墙长76～76.5米。城门开在北墙，门宽12.3米。门外带有一呈长方形的瓮城。瓮城东墙长16米，北墙长29米，西墙长14.5米。古城东墙外有马面2个。古城墙垣的建筑结构有夯筑与土坯堆砌两种形式。城墙垣下半部为夯筑而成，夯层一般厚11～15厘米。古城内外曾采集到一些陶片、铁器残块、黄绿色炉渣等遗物。2007年被公布为第六批自治区重点文物保护单位。（SGH）

克孜勒协尔古城 克孜勒协尔古城位于新和县尤都斯巴格镇西南克孜勒协尔村三小队农田中。古城由南北两城组成。南城略呈正方形，边长161米×151米。城址西北角有向外斜向伸出的垛墙。墙垣系夯筑，夯层之间有一排夯洞。夯层厚度在11～19厘米之间。夯土很硬。北城与南城间隔约115米。城址略呈方形，东西长约100米，南北长约97米。现仅存2～6米高的墙垣。墙垣为夯筑。古城北墙垣外近中段有一缺口，宽约10米，缺口外为一向北突出的梯形状瓮城。2007年被公布为第六批自治区重点文物保护单位。（SGH）

也迷里古城遗址 也迷里古城遗址位于塔城地区额敏县也木勒牧场格生村，距额敏县约14千米，距今780多年。该遗址曾是成吉思汗第三子窝阔台的封地，史称窝阔台汗国，首府设在今额敏，取名"也迷里城"，疆域包括今塔城地区、阿勒泰地区和蒙古西部地区。遗址的西北部有被盗掘古墓葬群30座、陶窑遗址2处、建筑遗迹1处。也迷里古城后毁于战火，成为废墟。2014年被公布为第七批自治区重点文物保护单位。（SGH）

夏尔沟城堡 夏尔沟城堡位于巴音郭楞蒙古自治州和静县阿拉沟东口西40千米左右的阿拉沟与夏尔沟交汇处。以城堡遗址所在的小山包为保护范围，建于唐代。2014年被公布为第七批自治区重点文物保护单位。（SGH）

查汗通古烽火台 查汗通古烽火台位于巴音郭楞蒙古自治州和静县和静镇乌兰陶勒盖村北、和静砖瓦厂南侧。共有2座烽火台，东西排列，相距80米，东侧一座高8米，方形，边长16.6米；西侧一座高6米，烽体距地面2.5米处夹第一层芦苇，向上每隔半米再夹一层，共夹5层芦苇，其余均用大土坯筑成。年代为唐代。2014年被公布为第七批自治区重点文物保护单位。（SGH）

阿克奇古城 阿克奇古城位于新源县则克台镇阿克齐村南200米处巩乃斯河北岸的河谷平原，北依阿吾拉勒山，南濒巩乃斯河。古城为不规则的方形，北墙长240米、东墙宽220米，北墙的中段留有一个8米宽的缺口，疑为城门。西南两个方向不见城垣遗迹，或因自然侵蚀，或因拓展辟耕地而消失，但现仍存高约6米的台阶，说明其在作为古城时充分考虑了防卫功能。又有一种推测，认为南面城下即是巩乃斯河，城垣或者被河水冲毁，或者当年建城时即以河作为防卫，所以没有筑墙。在古城城外的东北两侧，因为筑城取土而形成宽5～10米，深为2米的沟，此沟又具有防卫功能，是为护城壕，引水入沟即为护城河。阿克奇古城遗址是新源县仅有的两座古城之一，2005年，唐宋元年间的阿克奇古城遗址被公布为县级重点文物保护单位，2014年被公布为第七批自治区重点文物保护单位。（SGH）

托背梁村墓地 托背梁村墓地位于伊吾县吐葫芦乡托背梁村北。该遗址是一处古代游牧部族墓地，这里地势开阔平坦，2009年为配合伊吾县政府在当地进行的抗震安居工程，新疆文物考古研究所、哈密地区文物局以及西北大学文化遗产保护与考古学研究中心联合对托背梁墓地进行了抢救性发掘，共发掘墓葬16座、石围居址1座、祭祀遗迹3座。托背梁墓地主要分布于托背梁村北部台地的四个区域，墓葬多呈东西向成组排列。墓葬封堆均为大石块围砌、主体土石混筑而成的圆形封堆，略高出地表，封堆中部略向下凹。因靠近村庄，围砌封堆的大石块多被人为搬离。根据托背梁墓地墓葬的墓坑、葬具的形制特征，可将已发掘的16座墓葬分为两类：竖穴土坑墓3座；竖穴石椁墓13座。埋葬习俗为单人葬，共14座；双人合葬2座；二次扰乱葬不少。可辨认的葬式中，仰身直肢葬居多，共6座；侧身屈肢葬3座。随葬品按质地可分为金、铜、铁、陶、骨、木、玉石、石等8类，共计91件，其中以陶器和铁器数量最多。2014年被公布为第七批自治区重点文物保护单位。（SGH）

吾曲古城遗址 又名乌赤古城，位于阿合奇县阿合奇镇东部2千米，北临托什干河，南依喀拉铁克山，是一座依山傍水的汉唐古城遗址。遗址呈长方形，面积约30万平方米。相传9世纪柯尔克孜英雄库尔曼拜日克曾率柯尔克孜族部众抵御外侮，征服强敌凯旋时在托什干河畔建造城堡。古城分内外两部分，轮廓清晰。内城设城防设施兼居民区，外城只设城墙与瞭望台。2014年被公布为第七批自治区重点文物保护单位。（SGH）

磨河古城遗址 亦称破城子、金城、阿尔吞勒克，古城遗址位于伊犁霍城县三道河乡塔勒奇村北，面积50万平方米。城为长方形，墙垣基本完整，城内建筑已无存。古城由内城、外城及南北的子城组成。内城东西长350米，南北宽450米，城墙夯筑，残高0.8~1米，东西开门，门宽约4米，南北门已破坏。城西有土埂一道，应是外城城墙。外城南北有护城壕宽20余米，深8米左右，城内建筑无存。唯见相当数量的水波纹陶片，陶器口部作隆起的三角纹、卷草纹图案，大量的夹砂红陶、灰陶、黑陶、绿釉彩陶片，可辨认出瓮、罐、碗等器形，红砖与阿力麻里古城红砖若出一模。城北子城，多有冶炼遗址，土窑五六座，旁堆赤铁矿石、铜矿石。亦有玻璃器皿残片。城内曾出土过大量唐代文物，亦采集到镌有阿拉伯文的玛瑙珠，为13世纪前后的遗物。据陶片纹样和古城形制结构看，该城时代上限是唐，下限直到西辽、元。2014年被公布为第七批自治区重点文物保护单位。（SGH）

土孜塔格烽火台 土孜塔格烽火台位于托克逊县221团农场南面的山岗上，为麴氏高昌古遗址。烽火台用土坯砌筑，土坯夹层有厚约2~3厘米的芦苇，四面外围用土坯砌筑，为晚期修建，无芦苇层，现有台基呈四棱台形，平面略呈长方形，东西长9米，南北长8米，面积约100平方米。2014年被公布为第七批自治区重点文物保护单位。（SGH）

吾斯提沟烽火台 吾斯提沟烽火台位于托克逊县博斯坦乡南约50千米吾斯提沟口的小山岗上，为唐代遗址。烽火台基体用砾石块垒砌，石层中夹有泥土树枝，平面呈方形，东西长4.3米、南北长3.9米，东侧中间凹进，西北与吾斯提沟口墓群隔沟相望，距离约700米。2014年被公布为第七批自治区重点文物保护单位。（SGH）

布干驿站遗址 布干驿站遗址位于托克逊县郭勒布衣乡卡拉布拉克村西北约15千米，地处戈壁荒漠中，内有多间房址，已遭严重破坏，地表散见褐色陶片，考证为清代驿站遗址。2014年被公布为第七批自治区重点文物保护单位。（SGH）

惠宁城遗址 伊宁市前身为清代"九城"之一的"宁远""惠宁""熙春"三城所在地。惠宁、熙春二城由于清末的战乱，已经废弃，目前仅惠宁城存有部分破损城墙。惠宁城于乾隆三十一年（1766）修筑，规模仅次于惠远城，俗称老满营，位于今伊宁市巴彦岱镇铁场沟村和干沟村。现残留城墙最高处有5米，最低处1.5米，顶部最宽处达4米，最窄处有2.5米，城墙总长约有2000余米，最长的北城墙约有1.5千米，西城墙有800余米，南城墙断断续续约有130米，东城墙大部分遭到破坏。该古城遗址目前残存有五段夯土城墙，当地村民称这里为"赛普勒"（意为古城），是伊宁市唯一保留有遗址的古城。据史书记载，惠宁城初建时城高1丈4尺，周长6里3分，有4座城门。后对该城向西进行了扩建，添建2座城门，共6座城门，城之壮阔，可见一斑。《伊犁哈萨克自治州志》记载，惠宁城在惠远城东北约35千米，南距伊犁河10千米。其地有阿里玛图、磨豁图、皮里其三股山泉水。清朝乾隆皇帝曾为四座城门命名，即东昌汇、西兆丰、南遵轨、北承枢。据记载，当时城内设有军器弹药库和练武场，而且惠宁城是当时伊犁粮食储藏和集散地之一，城内有磨房11座、义学1所。同治四年（1865），伊犁农民起义军攻毁惠宁城，此后再未恢复。2014年被公布为第七批自治区重点文物保护单位。（SGH）

巴勒根地卡伦遗址 巴勒根地卡伦遗址又称巴勒根地古炮台，位于阿合奇县哈拉布拉克乡玛纳尔村西5千米处，约建于19世纪中叶，为阿合奇县柯尔克孜义军反击阿古柏侵略势力所建炮台。炮台规模宏大，结构坚固，长30余米，宽8米。整个炮台分为三部分，两端为炮室，中间为掩体或指挥室。炮台依北山而建，东、南、西三面是平滩。此处是通往契恰尔、科加尔特、巴勒根地三处山口的三岔路口，是威震三关的军事设施。2014年被公布为第七批自治区重点文物保护单位。（SGH）

新渠古城遗址 新渠古城遗址位于五家渠市（新疆生产建设兵团农六师103团团部）蔡家湖镇北8千米处，距昌吉市北60千米，距乌鲁木齐市88千米，距古牧地60余千米，其地战略地位十分重要，是清同治末、光绪初昌吉县以沈廷秀为主的民团军抗击阿古柏侵略军的据点和前哨阵地。古城面积2.86万平方米，南北长252米，东西宽126米。西南城墙保存较好，北面和东墙北段破坏严重，城墙高低不一，最高处3.6米，低处已夷为平地。城墙上宽1.4米，基宽2米，雉堞1.1米，厚0.33米。东西两面有城门可辨，城门宽5.2米；城西南、西北两角有顶角方台各一个，似角楼遗址。城墙夯筑，雉堞泥筑，花压苇束。城内有居住遗迹，城外有壕沟环绕。古城门前现仍立有石碑，城墙虽已残破，但轮廓非常清晰。城墙是干打垒加芦苇结构，大部分仍有一人多高。2014年被公布为第七批自治区重点文物保护单位。（SGH）

察布查尔大渠遗址 察布查尔大渠遗址位于察布查尔锡伯自治县。乾隆二十九年（1764），清廷自东北盛京（今辽宁省沈阳市）

征调锡伯军民共3275人西迁新疆伊犁，进驻察布查尔屯垦戍边，成为"锡伯营"。到达新疆以后，清廷停发锡伯营的口粮，令其自耕自食，因此，锡伯族人民是在十分困难的条件下建立自己的家园。他们首先着手修复旧有的绰合尔渠，开垦荒地1万多亩，然而随着人口的增长，土地不敷使用。锡伯族人民在缺乏口粮、种子，不断遭到自然灾害侵袭的情况下，为了生计，为了造福子孙后代，下定决心要把伊犁河南岸的荒原变成良田。经过多次的失败和挫折，在锡伯营总管图伯特的支持下，于嘉庆七年（1802）起，在察布查尔山口开山引伊犁河水，修凿大渠，花费了6年时间，终于在1808年春天胜利竣工。全渠总长100千米，渠深3.3米，宽约4米，最初称"锡伯渠"，后来因大渠龙口之山崖名曰察布查尔，与锡伯语"粮仓"一音相近，故名"察布查尔大渠"。2014年被公布为第七批自治区重点文物保护单位。(SGH)

盖孜驿站遗址 盖孜驿站遗址位于克孜勒苏柯尔克孜自治州阿克陶县布伦口乡盖孜村附近的盖孜驿站遗址，是通往红其拉甫口岸，西去巴基斯坦的"中巴公路"上的一处闻名遐迩的汉代驿站。站在盖孜河谷曲折蜿蜒的公路上隔河相望，可以看到对面山坡上有一片用石块垒起来的围墙，中央有一座建筑面积约40平方米的石头房子，其高不过3米，屋顶用黑褐色片石覆盖。盖孜古驿站东西两侧的悬崖峭壁上各有一条弯弯曲曲的羊肠小道，是当年人们开拓的一条古道。该遗址是见证汉代交通邮传事业的历史实物。盖孜古驿站自汉代以来数千年间绵绵不绝，为来往客商提供食宿和方便。直到清代末年，盖孜村还有人在此开设客栈接待来往客商。2014年被公布为第七批自治区重点文物保护单位。(SGH)

曲曼黑白条石带遗址及墓葬 曲曼黑白条石带遗址及墓葬位于喀什地区塔什库尔干塔吉克自治县提孜那甫乡曲什曼村东北3.2千米处塔什库尔干河西岸的台地上。墓地因地表保留有大面积错落有致的黑白石条遗迹而得名。塔什库尔干塔吉克自治县曲什曼村"黑白条石古墓葬遗址"是2013年中国边疆考古六大发现之一，经中国社会科学院考古研究所新疆考古队考古发掘与研究表明，该遗址为2500年前拜火教（祆教）古墓葬遗址，甚至与拜火教早期文化起源有关，堪称为世界重大发现之一。拜火教起源有波斯说或中亚说，此次发掘考证支持了中亚起源说，并有可能将中亚起源地定位于塔里木盆地周缘或直接定位在帕米尔高原。发掘出土文物表明，早在2500年前，帕米尔作为世界文明的"十字路口"，在亚欧大陆多种文化交流、融合中的作用无可替代。该墓葬群是新疆考古队2007年发现的，通过对墓葬群取样进行碳-14年代测定，初步确定这是距今约2500年前的文化遗存，相当于秦始皇建立秦朝前300年左右。墓地以直观的印象，放射状的黑白石块条纹表现光线的明暗，是较为直接的太阳崇拜文化遗迹。类似的太阳崇拜遗迹在帕米尔高原之外的新疆其他区域、青藏高原、中亚乃至亚欧大陆都较为罕见。它是中国独一无二的墓葬遗址，也是世界上最早、最系统影响最大的宗教之一——拜火教的文化遗存。它的挖掘考证将改写世界宗教史，填补世界历史空白，并充分证明新疆多元文化的兴起和底蕴深厚久远，对新疆古代文化研究具有重要推动作用。2014年被公布为第七批自治区重点文物保护单位。（SGH）

马桥子城 马桥子城位于呼图壁县农六师芳草湖总场106团七连以北约95千米处，城建于洛克伦河（马桥河）两岸，古尔班通古特沙漠边缘，为清代防御城池，包括军营和民城2处。城墙保存完整。马桥子城横跨洛克伦河（马桥河）两岸，南北长380米，东西宽340米，城墙高3米余，厚2.7米。在土夯墙上有女儿墙，高0.7米。有南北两城门，北门宽约4.5米。南门宽约2.5米，在马桥子城西北百余米，另有一城为辅城，南北长195米，东西宽170米，城墙高约4米，厚2米。四周护城河宽3米，深约1.5米。城内虽然房屋已毁，但部分房舍和城墙尚存，可见昔日街巷面貌。南北一条大街，宽约6米，贯穿城内东西小巷。残垣断壁中可见昔日房舍具有相当规模。清光绪三年（1877），清军驱除阿古柏和妥得璘等匪徒后，难民陆续返回自己的家园，在上游恢复生产，引水灌溉，地处呼图壁县河下游的马桥子地区，水量越来越少，马桥子城逐渐废弃。1999年该城被昌吉回族自治州人民政府公布为州级重点文物保护单位。2014年被公布为第七批自治区重点文物保护单位。（SGH）

芦草沟古城 芦草沟古城位于昌吉市市区二六工镇广东户村居民点西北13千米处，312国道从古城旁边经过。此城建于清乾隆四十二年（1777）屯田期间，驻有千总一员，管理屯田。当时城堡内建千总衙署一所，仓廒（即粮仓）一所，民居错落，史称芦草沟所。芦草沟还是迪化（乌鲁木齐）西去伊犁大道的必经之地，曾留下许多遣戍官员和仁人志士的足迹，见于多种行记和志书。最早的文献是谪戍新疆举人唐山县知县赵钧彤《西行日记扎》明确记载这里有千总，即率领屯兵的官员；堡西门外有塘，即军塘，设军塘夫，传递文书。林则徐后来奉命赴南疆勘查荒地，在《乙巳日记》中记载更为具体："又十五里榆树沟，又十五里芦草沟，有土城，此数处居民俱盛。"可见，经过六七十年的屯垦，这里成为西行途中一重要驿站，其土城正是乾隆年间由屯兵和遣犯所筑的芦草沟堡。这座故城遗址现在的面貌是呈长方形，南北长4千米，东西宽400米左右，有门道、门墩等。2014年被公布为第七批自治区重点文物保护单位。（SGH）

克黑墩烽火台 克黑墩烽火台位于库车县阿格乡康村西南约5千米，是离龟兹故城西面最近的一座烽火台，距离仅千米。与空巴孜烽火台、伊西哈拉吐尔烽火台、沙卡乌烽火台一起构成龟兹故城四周的防御体系。烽火台呈方形，底边长约7米，顶边长约6米，底部为夯筑，上部为土块砌筑。克黑墩烽火台为唐代所筑，下部是夯土，上面用土坯垒砌，现仅残存下部。这是当时都护府城防体系中诸多烽火台的一座。2014年，克黑墩烽火台被公布为第七批自治区重点文物保

护单位。（SGH）

沙卡乌烽燧 沙卡乌烽燧位于库车县乌恰镇萨哈古社区北，是建于唐朝的一处军事报警设施。烽燧平面呈长方形，面积约164平方米。剖面呈梯形，残高约12米。烽燧为土坯砌筑，四壁下侧已经坍塌，南壁有阶梯踏道可通向顶部，四壁有许多柱洞，尤以北壁最为明显，西南角坍塌最为严重。2010年公布为库车县重点文物保护单位。2014年被公布为第七批自治区重点文物保护单位。（SGH）

2．古墓葬

塔里木和西米浪河附近古墓群 塔里木和西米浪河附近古墓群位于沙雅县塔里木乡卡拉库木村南5千米，为汉唐时期古墓葬。现已辟为农田。1957年该墓葬被公布为第一批自治区重点文物保护单位。（SGH）

玉素甫·哈什·哈吉甫麻扎 玉素甫·哈什·哈吉甫是喀拉汗王朝时期维吾尔族著名诗人、学者和思想家，叙事长诗《福乐智慧》的作者。卒于11世纪初，初葬于现喀什市多来特巴格乡艾尔斯兰汗村委会的东南部，后因洪水威胁，于16世纪中叶迁至此地。麻扎总面积11988平方米，由大门、清真寺、主墓室、长廊、庭院五部分组成，其中麻扎占地面积近2000平方米。陵墓在"文化大革命"中遭到破坏，1986年由国家拨款重修。修建后陵墓基本上保持原样。1957年该遗址被公布为第一批自治区重点文物保护单位。（SGH）

巴额达特麻扎 巴额达特麻扎位于洛浦县多鲁乡色日村，乡政府驻地南约3.5千米。麻扎建筑平面呈方形，面积约540平方米，由礼拜堂和院落构成。礼拜堂门楼顶部筑宣礼塔，大门顶部有藻井。清真寺后东南100米处有一陵寝，传说为巴格达人苏丹·赛合丁之墓。1957年被公布为第一批自治区重点文物保护单位。（SGH）

阿斯特那艾力帕塔和加麻扎 阿斯特那艾力帕塔和加麻扎位于吐鲁番市火焰山三堡乡的阿立吐尼路克麻扎（即"金的坟院"之意）内，在市区东北方向约50千米处。艾力帕塔是伊斯兰教的传播者，其麻扎为穹窿顶的拱拜孜，外壁用蓝、绿色釉砖镶嵌出几何形图案。1957年被公布为第一批自治区重点文物保护单位。（SGH）

塔尔阿特麻扎 塔尔阿特麻扎位于巴里坤哈萨克自治县东北西山内，建于哈密九世回王沙木胡素特（1882—1930）在位时期。麻扎坐西向东，依山而建，高2.72米，大体由两部分组成，是哈密伊斯兰教徒的最重要的麻扎之一。1957年被公布为第一批自治区重点文物保护单位。（SGH）

草原石人及大土墩 大土墩是人们对广泛分布在辽阔草原上的古墓葬的通称。草原石人及大土墩主要分布在北疆地区草原上，在阿尔泰山麓、准噶尔盆地周缘、伊犁河、额尔齐斯河流域的草原地带均有发现。从历史文献中可以看出，这些石雕人像是5—7世纪活动于天山北麓的突厥民族的文化遗存。

据统计，伊犁哈萨克自治州有石人31尊，塔城地区有20尊，阿勒泰地区有78尊。1962年被公布为第二批自治区重点文物保护单位。（SGH）

土孜诺克古坟地 土孜诺克古坟地位于焉耆回族自治县四十里城乡。1957年，由黄文弼发现并命名为"土孜诺克"，属于汉唐时代古墓葬。20世纪七八十年代开始调查，未找到坟地。1962年被公布为第二批自治区重点文物保护单位。（SGH）

耶特克孜麻扎 耶特克孜麻扎位于鄯善县连木沁乡丘旺克村尤吐克庄南约700米处，散布面积约1.5万平方米，为高昌（晋至唐）古墓葬。墓葬地表有戈壁砾石堆积的封土，基本可分为三种形式：一是独立石堆，直径在2米左右，高0.5米；二是群体分布，数座墓向同一方向排列，间距2~4米，石堆的直径、高度相同；三是有方形石围的墓，石围有门道，内分布石堆墓。1962年被公布为第二批自治区重点文物保护单位。（SGH）

南湾古墓群 南湾古墓群位于巴里坤哈萨克自治县奎苏乡南湾村西1千米，墓葬群分布在南高北低的缓坡台地上，东西长约100米，南北宽约80米，其范围约8000平方米，有墓葬近300座。墓葬形制有土坑竖穴墓和竖穴石室墓，葬具多为木质，葬式多为侧身屈肢，也有乱葬和二人葬，有单人葬，也有二人或二人以上的合葬。出土有陶器、骨器、铜器和毛纺织品等。1990年被公布为第三批自治区重点文物保护单位。（SGH）

包孜东古墓群 包孜东古墓群位于温宿县包孜东乡包孜东村西北500米处，属于汉唐时代的古墓群。墓葬沿山前一条干沟由东南向西北呈弧线排列，延续约3500米，并成组分布，一组多者10座，少者1~2座，共发现58座。墓葬于1984年夏由自治区博物馆和温宿县文化馆共同发掘2座。1985年自治区博物馆进行调查和发掘。墓葬中出土的一些陶片多为夹砂褐黄陶片和黄陶片，均系手制，制作比较粗糙，表现了早期的制陶水平。1990年被公布为第三批自治区重点文物保护单位。（SGH）

洪纳海麻扎 洪纳海麻扎位于察布查尔锡伯自治县西南琼博拉乡洪纳海沟谷中，麻扎坐北朝南，呈南北向长方形，面积约1000平方米。北部为独立的小陵园，正方形。正中为陵墓建筑，砖木结构，亭阁式四角形单檐建筑，西侧有一土木结构穹庐式建筑。据传，该墓墓主为色拉吉丁·玉素甫·艾比伯里·塞克喀（1160—1228），是西辽时期著名的突厥学者，曾著有《知识之钥》一书，追随成吉思汗西征，后获罪于察合台被囚至察布查尔地区至死。洪纳海麻扎始建年代无考，1912年重建。1990年该遗址被公布为第三批自治区重点文物保护单位。（SGH）

阿布都热合满王麻扎 阿布都热合满王麻扎位于莎车县托马斯塘乡泽持勒克村较为平坦的田地中。麻扎保存状况尚良好。平面呈方形，边长约9.2米左右。砖结构，圆拱顶。四隅和门两侧修塔楼，整个外立面，用各种花纹和铭文的彩色琉璃砖装饰，瓷砖达16种类之多。1805年重修此麻扎。1990年被公布为第

三批自治区重点文物保护单位。(SGH)

苏里坦·苏吐克·博格拉汗麻扎 苏里坦·苏吐克·博格拉汗麻扎位于阿图什市松它克乡买谢特村内。苏里坦·苏吐克·博格拉汗是10世纪喀拉汗王朝的第三代可汗，新疆第一位皈依伊斯兰教的王朝首领。该麻扎占地面积约13539平方米，由门楼、麻扎及清真寺（礼拜寺）三部分组成。陵墓为马鞍形伊斯兰式土墓，墓上盖有陵室，陵室为方亭形建筑物，顶上高耸一弯新月，是伊斯兰教建筑的独特标志。该麻扎对研究喀拉汗王朝的历史和伊斯兰建筑艺术具有珍贵的价值。1990年该遗址被公布为第三批自治区重点文物保护单位。(SGH)

森塔斯湖石人墓 森塔斯湖石人墓位于阿勒泰地区吉木乃县东南部中山带的山间夏牧场中，墓葬遗存的两尊石人一大一小，一高一低，朝向各异，极为罕见。石人身后保存的大型方土石堆墓在阿勒泰地区极为少见。1999年该遗址被公布为第四批自治区重点文物保护单位。(SGH)

群巴克古墓 群巴克古墓位于轮台县西北约18千米的群巴克乡，由Ⅰ号墓地、Ⅱ号墓地和Ⅲ号墓地组成。分布范围约27万平方米。三处墓地大致呈东西分布，各相距约1～2千米。遗存墓葬约200余座，已发掘墓葬52座，其年代经碳-14测定，Ⅰ号墓地为公元前955—前585年，Ⅱ号墓地为公元前810—前610年。1999年该遗址被公布为第四批自治区重点文物保护单位。(SGH)

香宝宝古墓群 香宝宝古墓群分布在塔什库尔干塔吉克自治县塔什库尔干河西北岸的一片开阔台地上，在50万平方米的面积范围内，分布的墓葬不少于250座。方形石围约有82座，石堆墓百余座。方形石围墓多集中在墓葬区的东面，地面可见大小不一、用砾石摆成的方石圈，其中有并排的，也有单个的，最多的一排9个。石堆墓有封堆，一般直径在1～2米左右。1976年、1977年两次发掘墓葬40座，墓室均为竖穴土坑，有的墓口盖木，有的墓底放有木框架。葬俗有土葬和火葬两种。出土的文物主要是陶器、铜器、木器等。1999年该遗址被公布为第四批自治区重点文物保护单位。(SGH)

琼博拉古墓群 琼博拉古墓群位于察布查尔锡伯自治县琼博拉乡琼博拉村南的山坡上。该墓群与沙石公路相通，交通较为便利。墓葬分布在乌孙山北麓的琼博拉沟口东侧的山前坡地上，约150座墓葬，可分三组。约有100多座主要分布在琼博拉沟口东侧1千米的范围内，其中大型墓1座，坟堆高2米，直径约30米，坟堆外环绕有带状石圈，石圈宽0.8米。中型墓20余座，坟堆高约1米，直径10～13米。其余为小型墓，高约0.3～0.5米，直径3～6米，在坡东缘下的塔斯科莫尔沟谷东坡上。还有一组位于村北路旁，数量约10余座，封堆多较小，有些因筑路而遭破坏。这批墓葬的封堆均呈土墩状，有的顶部铺少许卵石，少量为卵石堆，封堆较小。中型墓大多为三、五一组南北排列。墓葬曾出土两件青铜器，从其造型看可能属于战国时期的塞人文化遗存，所以其年代应

为战国前后。2014年被公布为自治区第七批重点文物保护单位。(SGH)

苏巴什古墓群 苏巴什古墓群位于鄯善县城西45千米吐峪沟乡苏巴什村南。苏巴什古墓群为土堆墓，分三个片区，一号墓地位于火焰山红色砂岩低丘区吐峪沟北口西侧台地，大部分遭盗掘，破坏严重。二号墓地位于吐峪沟口河西岸。三号墓地位于火焰山北麓，吐峪沟西侧台地上。1999年被公布为第四批自治区重点文物保护单位。(SGH)

斯尔尕克墓地 又称斯尔尕克将军墓，位于边境县阿合奇县境内。斯尔卡克将军墓是天然卵石砌成，规模很大。相传斯尔卡克系玛纳斯的重要军事将领，随玛纳斯转战疆场，为了正义的事业英勇献身，忠骨最后埋于托什干河畔。人民为悼念他，在他长眠之地宰杀牛羊，以示祭奠，年年岁岁从不间断，至今其坟墓周围涂满牲血，在坟顶放置兽角及圆石。这种圆石亦很奇特，大如西瓜，其圆度犹如铅球，颜色黑壳似从他处运来，当地群众不知此石来自何处。据史载，斯尔尕克是史诗《玛纳斯》记述的40将军之一，也是英雄玛纳斯的胞弟。斯尔尕克与契丹打仗阵亡，在远征返回途中，玛纳斯将他安葬在奔腾咆哮的托什干河边。2014年被公布为第七批自治区重点文物保护单位。(SGH)

康巴格古墓群 康巴格古墓群位于莎车县卡群乡恰木萨勒村西约300米处，叶尔羌河北岸的第二台地上。古墓群东西长180米，南北宽50米。墓地现破坏严重，地表已不见明显标志，有时可见有零星的卵石放置。1983年发掘时，有彩绘木棺出土。1999年被公布为第四批自治区重点文物保护单位。(SGH)

库鲁克·艾肯古墓葬 库鲁克·艾肯古墓葬位于阿克苏地区拜城县拜城镇，属于南北朝至唐代古墓葬。1999年被公布为第四批自治区重点文物保护单位。(SGH)

木乎尔浩希库鲁石翁仲古墓 木乎尔浩希库鲁石翁仲古墓位于博尔塔拉蒙古自治州温泉县昆得仑牧场木呼尔牧业队，距查干屯格乡厄尔格图布呼村约10千米，为隋唐时代的文化遗存。此处立有2尊男性石人，间距约2.5米，一石人立像，另一石人为半身坐像。石人身后为一双层圆形石围石堆墓。1999年该古墓被公布为第四批自治区重点文物保护单位。(SGH)

伊玛木·木沙·卡孜木麻扎古墓群 伊玛木·木沙·卡孜木麻扎古墓群位于和田县布扎克乡阿孜乃巴扎村旁。地处山前冲积扇尾端处，其南为广阔的戈壁和低山，北边有一条东西向的灌渠，东、西两面为林带。地势由南向北倾斜。地表为砾石戈壁，无植被。古代墓葬与现代伊斯兰墓地混杂一起。1999年被公布为第四批自治区重点文物保护单位。(SGH)

阿哦古墓 阿哦古墓位于叶城县宗朗乡阿哦村东北约500米，吾鲁吾斯塘河的西面斜台地上，台地为砂砾土质，地表无植被。墓地面积为2万平方米，墓葬外表形制为石围墓和石堆墓两种。石围墓又可细分为圆形和方形两种。石围墓以单石围砌。石堆墓一般为圆形。有时在方形石围墓的一侧有一个小的石堆墓。1999年该古墓被公布为第四批

自治区重点文物保护单位。(SGH)

苇子峡墓地 苇子峡墓地位于伊吾县苇子峡乡东北约1千米处的小山丘上，地处山间谷地。苇子峡墓地所处台地东西150米，南北80米，为戈壁砾石覆盖，墓葬遭到严重破坏，地表标志为不明显石堆，直径1~4米，分布较为密集，面积近1.2万平方米。墓室有长方形竖穴土坑、长方形石棺、圆形石室等，而以圆形石室较多。2003年被公布为第五批自治区重点文物保护单位。(SGH)

多岗古墓群 多岗古墓群位于拜城县亚吐尔乡多岗村。墓葬范围东西约1000米，南北约500米，墓葬总数400余座。墓葬形制多数为石堆墓。1999年中国社会科学院考古研究所新疆队与拜城县文管所联合发掘墓葬100座，出土陶器、铜器等遗物600余件。该遗址对研究龟兹地区青铜时代的文化内涵具有重要的意义。2003年被公布为第五批自治区重点文物保护单位。(SGH)

古尔图古墓葬 古尔图古墓葬位于乌苏市古尔图镇南，属春秋至汉代墓葬。实际上可分为东、西两个片区。东区共18座土墩墓，南北向排列，大者直径32米，高5米。西区共24座土墩墓，亦南北向排列，大者高7米，直径45米。2003年被公布为第五批自治区重点文物保护单位。(SGH)

克尔碱古墓群 克尔碱古墓群位于托克逊克尔碱镇南约1000米的河谷台地上，也称科普加依墓群，面积约3万平方米。墓群已遭破坏，从破坏后的痕迹看，墓口呈长方形，上盖芦苇，应是竖穴土坑墓，周围散布被扰乱移动的石板，可知原为石棺墓。2003年被公布为第五批自治区重点文物保护单位。(SGH)

库兰萨日克古墓群 库兰萨日克古墓群位于阿图什市阿合奇县库兰萨日克乡琼布隆村西南1800米，分布范围7700平方米。现存墓葬45座，1993年发掘墓葬10座，地表有石堆或石围石堆标志，多单室墓，三室墓仅1座，墓穴均为圆角长方形竖穴土坑，有的有二层台、二次葬，少葬具。出土器物有金、铜、石、骨和陶器。2003年被公布为第五批自治区重点文物保护单位。(SGH)

萨孜土墩墓 萨孜土墩墓位于塔城地区托里县库甫乡喀拉托别萨孜牧场，墓地位于群山环抱的夏牧场，地势平坦，墓葬散乱分布在小台地上，共11座。1994年发掘4座，有竖穴石室墓和土坑墓，为单人葬，随葬品贫乏，仅复原2件灰褐陶缸形器。2003年被公布为第五批自治区重点文物保护单位。(SGH)

洪尔墩古墓葬 洪尔墩古墓葬位于巩留县东南65千米处达恩别克山前丘陵坡地上，古墓葬分布范围东西宽1800~2000米，南北长8000米，共120座。主要为石堆墓，少量为土墩墓。可分大、中、小型三种。大型墓10余座，墓高1~4米不等，直径最大的110米；中型墓约20余座，墓高1~3米，直径35米；小型墓多数封堆微微隆起，直径5~10米。2003年被公布为第五批自治区重点文物保护单位。(SGH)

皇宫南土墩墓 皇宫南土墩墓位于精河县茫丁乡皇宫南村东南约2千米，为汉代墓葬。墓葬为用砂砾石及黄土堆成封土的土墩墓，共3座。墓周长72～88米不等，封堆高3～5米。2003年该古墓葬被公布为第五批自治区重点文物保护单位。（SGH）

乌苏特别格真古墓群 乌苏特别格真古墓群位于温泉县查干屯格乡浩图呼儿牧业村冬草场，为汉代古墓葬，分布有墓葬40余座。墓葬地表形制有石堆墓、石围石堆墓（双层石围、单层石围、圆形石围、方形石围），呈南北向链状分布。石围均用青色卵石围砌。保存完整。2003年被公布为第五批自治区重点文物保护单位。（SGH）

英麻扎墓葬 英麻扎墓葬位于墨玉县沙依巴格乡吐扎克其村东北的台地上，南北宽约800米，东西长2000米。墓葬区以北为古代和近代金矿，以南有现代伊斯兰教墓葬区和清真寺。英麻扎墓葬具有较高的历史价值，葬区曾采集到黑陶罐、木杯、木碗、木盆、弓箭、毛织品等文物。2003年被公布为第五批自治区重点文物保护单位。（SGH）

多木拉克土拜古墓群 多木拉克土拜古墓群位于玛纳斯县清水河乡贝母房子村西300米，墓群在清水河北岸台地上有石围墓、土墩墓30余座。一般直径为9～18米，高0.1～1.1米，顶部塌陷。其中最大一座土墩墓周长140米，直径46米，高约6米。2003年被公布为第五批自治区重点文物保护单位。（SGH）

白依斯阿克木伯克麻扎 白依斯阿克木伯克麻扎位于莎车县莎车镇第三居委会辖区，建于1816年，为莎车王族之陵墓。平面呈正方形，边长约8.4米左右。圆拱顶，内一周有7个壁龛，墙面用24种色彩的琉璃砖装饰。门朝西北，有门柱、角柱和女儿墙。在墓室正中，有长圆形墓冢，外墙用彩色瓷砖装饰。墓室外有8个镶有瓷砖的墓冢。2003年被公布为第五批自治区重点文物保护单位。（SGH）

哈不德穆罕默德麻扎 哈不德穆罕默德麻扎位于莎车县莎车镇第三居委会境内，莎车镇北部约500米，也叫其勒坦麻扎。开始建造时是土坯结构的建筑，具体建造年代不详。麻扎分为正门、礼拜寺和墓室三部分。正门面向南部，两侧各有一个塔楼，正中是一个尖拱，门在尖拱的中部，进门是门厅，有两个门进入礼拜寺内。墓室位于礼拜寺的西北方，在另一个院子里，墓室内建有并排的7个圆形尖拱墓。2003年被公布为第五批自治区重点文物保护单位。（SGH）

霍加穆罕默德·谢里甫麻扎 霍加穆罕默德·谢里甫麻扎位于莎车县古勒巴格乡艾孜里特皮儿村东北500米。麻扎由大门、祈祷室、主墓室、经堂等几部分组成，周围还有几个小麻扎和清真寺。主墓室平面呈正方形，边长约12米左右，为砖结构，圆拱顶。大厦门正面及主墓室外均用彩色琉璃砖镶面，在前面敞廊的柱身和大梁上刻有花纹，祈祷室用彩画、花砖、石膏雕花装饰，并写有波斯文，文中记载了麻扎修建、修葺的时间以及对墓主人的赞颂。2003年被公布为第五批自治区重点文物保护单位。（SGH）

热比亚—赛丁麻扎 热比亚—赛丁麻扎位于疏勒县牙曼亚乡苏比哈尼阿村，墓周围是半荒漠土地。墓分为底座和墓两部分，底座是长方形的砖混结构，高约50厘米，底座的上面两侧各有一个比休克墓（长条形圆拱墓），分别是热比亚和赛丁的墓冢。两座墓之间有一簇茂盛的红柳树。如同梁山伯与祝英台的爱情故事一样，热比亚和赛丁的爱情故事在当地民间广为流传，代表着对爱情的忠贞不渝。2007年被公布为第六批自治区重点文物保护单位。（SGH）

斯坎德尔王麻扎 斯坎德尔王麻扎位于喀什市人民广场东侧市委、市政府家属院内的东部。麻扎坐东朝西，东西长19.5米，南北宽15米，通高12米，为长方形穹顶建筑，占地面积292平方米。大门凹进，四周有高塔，穹隆顶上建有一个穹隆顶小塔。2003年该麻扎被公布为第五批自治区重点文物保护单位。（SGH）

夏尔布津古墓葬 夏尔布津古墓葬位于巩留县提克阿热克乡夏尔布津村。墓葬群分布在夏尔布津山口东西两侧的山前坡地上，伊特公路将墓地一分为二。在3千米范围内，约有墓葬近160座，其中，公路以西约有古墓葬115座，墓葬分布相对集中，大多为高1～3米，直径20～30米的土墩墓，多呈南北方向排列。公路以东约40多座，多为小型墓，微微隆起，表面铺卵石。因紧邻村庄，扩建居民点或新辟农田，被夷为平地者为数不少。2003年被公布为第五批自治区重点文物保护单位。（SGH）

阿尤赛沟口墓群 阿尤赛沟口墓群位于新源县城西北15千米处，巩乃斯河北岸、阿吾拉勒山南麓的阿尤赛沟口草场中。在东西约2千米、南北约1.5千米的山坡地段，共分布有古墓葬167座。封堆皆为圆丘形，数个或10多个为一组，呈南北向链状排列，部分封堆表面铺有石块。墓区被牧民居所和道路自然划分为东西两区。东区分布有74座古代墓葬。西区分东、中、西三处墓地，共93座墓葬。2007年被公布为第六批自治区重点文物保护单位。（SGH）

坎苏沟口墓群 坎苏沟口墓群位于新源县城东70千米处的坎苏沟口草场上，在东西约500米、南北约2600米的范围内有古墓葬50座，皆为土墩墓。顺着坎苏沟地形几乎成一条线呈南北向排列。墓群中部两处间隔较大，自然组成3个组，南起1组与2组间距约300米，2组与3组相距约250米，大中型墓居多。2007年被公布为第六批自治区重点文物保护单位。（SGH）

卡德尔王陵 卡德尔王陵位于温宿县温宿镇北约300米处的黄土塬，是典型伊斯兰建筑，青砖砌筑。墓祠平面呈方形，东西长6.05米，南北长7.77米。墓祠四隅有圆柱，南墙东西两隅为邦克楼，东邦克楼内有砖砌旋梯达祠顶部。墓祠顶部为拱拜孜式（弧形）圆顶，直径3.8米，高2.2米。墓祠门设在南墙正中，门楣上写阿拉伯文"农历1266年建造"。祠堂内四壁均设有"∩"形龛，龛的四周绘出各种图案。卡德尔王家族在清廷平定叛乱期间，为稳定新疆、维护祖国统一起到了积极作用。2007年被公布为第六批自治区重点文物保护单位。（SGH）

萨木特石人、石棺墓 萨木特石人、石棺墓位于青河县阿尕什敖包乡唐巴勒玉孜村东北约5千米查干河北山前坡地上，石棺墓建于一东西向的长方形土台上。在土台中部用多块石板沿土台方向建造石棺，石棺长4米、宽1.45米。石棺选材为花岗岩片麻岩质石板。石人立于石棺墓的东面，用黑色闪长岩砾石雕成。2007年被公布为第六批自治区重点文物保护单位。(SGH)

喀拉色叶尔墓群 喀拉色叶尔墓群位于富蕴县库尔特乡东南约10千米的城乡公路两侧。散布着石堆墓、石棺墓、十字形石围石堆墓等120余座古墓葬，分布面积38万平方米，规模庞大，其中最大的石围石堆墓直径130米，数量如此众多的墓葬组群，在阿勒泰境内极为少见。2007年被公布为第六批自治区重点文物保护单位。(SGH)

海流滩古墓群 海流滩古墓群位于布尔津县冲呼乡海流滩村一带。根据古墓群自然分布情况，分为三个墓葬区。1号墓葬区位于布尔津县冲呼乡至喀纳斯湖公路进入海流滩村的分岔路口处，由24座墓葬组成，以土堆墓和石堆墓为主。2号墓葬区距1号墓葬区西北约8.17千米，由3座大型土堆墓组成。3号墓葬区位于2号墓葬区东南2.5千米的一片戈壁平滩中，由23座大型土堆墓组成。海流滩古墓群是阿勒泰地区保存较为完整、相对集中的大型土堆墓群。2007年被公布为第六批自治区第重点文物保护单位。(SGH)

结托巴土墩墓群 结托巴土墩墓群位于塔城地区托里县库甫乡以南5千米处结托巴村一牧场上，其南面是玛依勒山，北面是巴尔鲁克山，草场地势平坦、水草丰美，是结托巴村的春秋牧场。草场内共有7座土墩墓，所有墓葬呈点状排列，墓葬均为圆形，个别为平顶和凹顶，墓葬最大直径为88米，墓葬的周围没有发现遗迹遗物，墓葬保存完好。2007年被公布为第六批自治区重点文物保护单位。(SGH)

加林塔然石棺墓 加林塔然石棺墓位于和布克赛尔蒙古自治县巴尕乌图布拉克牧场，墓葬群从东南向西北延伸约400米，共分6处计300座，占地面积为1.2万平方米。古墓葬均用石板砌成，多数是石棺外建有石室，因年代太久，表面石板均已风化，仅留边缘残痕。石室石棺分长方形、梯形和圆形3种。该墓葬群进行了考古发掘，葬式以屈肢葬、二次葬为主，出土有石器、陶器、骨器。加林塔然石棺墓具有较高的考古价值，是研究草原文化的重要依据。2007年被公布为第六批自治区重点文物保护单位。(SGH)

东大沟东岩墓群 东大沟东岩墓群位于和布克赛尔蒙古自治县兵团137团牧业营，占地面积7平方千米，墓葬区沿东大沟南北分布，北到塔拉克布拉克（冬窝子），南到东特通路，共有十几个墓群，上百个石堆、石围墓。2007年被公布为第六批自治区重点文物保护单位。(SGH)

达勒特古墓群 达勒特古墓群位于博乐市东约12千米，达勒特镇喇嘛哈敖村乡间公路北侧的戈壁滩上，地表植被稀疏荒芜，未见遗物，墓葬保存完好。墓群范围南北长约

300余米,宽约150米。墓葬均呈截头圆锥体,用当地黄土、细沙戈壁石堆积而成。墓群有数行,呈南北向排列,墓葬各自相距约30～50米。2007年被公布为第六批自治区重点文物保护单位。(SGH)

乌图布拉格土墩墓 乌图布拉格土墩墓位于博乐市东约13千米处,乌图布拉格镇农业综合开发公司界内,面积为1平方千米。墓葬8座,呈两排南北向链状排列。墓葬均用当地黄土堆积而成,平面呈圆形,剖面为呈土丘状的封堆。2007年被公布为第六批自治区重点文物保护单位。(SGH)

萨尔巴斯托墓群 萨尔巴斯托墓群位于博乐市西南部,赛里木湖南岸国道312线南北两侧。墓群东西长3千米,南北宽约500米。墓葬平面呈圆形,封土均用戈壁土、砾石堆积而成。较大的墓葬有4座,墓葬间相距500～1000米。墓葬保存较好。该墓群是公元前13—前8世纪青铜时代游牧民族的墓葬。2007年被公布为第六批自治区重点文物保护单位。(SGH)

奥洛尕舍力墓群 奥洛尕舍力墓群位于博尔塔拉蒙古自治州温泉县扎勒木特乡牧业七队冬草场。墓群保护范围基本呈长方形,东西400米,南北800米,分布有墓葬近百座。墓葬地表形制有石堆墓、石围石堆墓(双层石围、单层石围、圆形石围、方形石围),部分墓葬呈南北向链状分布。因地处偏僻,该处古墓群保存较完整。专家根据墓葬地表形制推断为战国至汉代时期的历史文化遗存。2007年被公布为第六批自治区重点文物保护单位。(SGH)

本布图墓群 本布图墓群位于温泉县安格里格乡三牧场夏草场,在安格里格乡至赛里木湖公路2～9千米范围内公路两侧平坦的山前台地上,鄂托克赛河从其南侧流过,散布有近千座古墓葬。墓葬地表形制主要有石堆墓、石围石堆墓、石围栏、石棺等,有的用大的片石围砌堆积,有的则以小的砾石围成,形状不一,有的石围石堆墓石封堆顶部见有石棺等。2007年被公布为第六批自治区重点文物保护单位。(SGH)

布呼乌苏石人及墓群 布呼乌苏石人及墓群位于博尔塔拉蒙古自治州温泉县查干屯格乡莫托牧业队冬草场。古墓群保护范围基本呈正方形,东西1000米,南北1000米。此处属草原地带,地表生长有草原植被。共散布有40余座古墓葬,墓葬地表形制有石堆墓、石围石堆墓(双层石围、单层石围、圆形石围、方形石围),部分墓葬呈南北向链状分布,保存较完整。专家推断为我国战国至隋唐时期的文化遗存。2007年被公布为自治区重点文物保护单位。(SGH)

夏勒巴克图墓群 夏勒巴克图墓群位于温泉县扎勒木特乡布热牧场饮料组西南4千米处,墓群保护范围基本呈长方形,东西2000米,南北4000米。此处属半荒漠化草原地带,地表生长有耐干旱植被,地表为砂砾地。共散布有30余座古墓葬,墓葬地表类型有石堆墓、石围石堆墓(双层石围、单层石围、圆形石围、方形石围)、橄榄形墓葬,部分墓葬呈南北向链状分布。2007年被公布为

第六批自治区重点文物保护单位。（SGH）

孟克沟艾布坎石人墓 孟克沟艾布坎石人墓位于温泉县县城西约10千米左右的博格达尔镇孟克沟艾布坎山前的台地上，墓葬地表形制有石人墓、石堆墓。石人为长方形条石，高0.61米，黄色花岗岩质。在条石上刻有人面像，石人脸长0.34米，石人面向东，人面较清晰。石人身后有5座用片石围砌的方形石围墓，呈南北一字排列。南北总长19.1米，每座墓葬间距0.5～0.8米，每座石围墓封堆高0.2米或平铺于地表，其中另有三座墓前东面立有三个类石人（石柱）。在石人墓的正西面见有2座石堆墓，呈东西向排列。2007年被公布为第六批自治区重点文物保护单位。（SGH）

库克他乌石围墓 库克他乌石围墓位于温泉县昆仑牧场二牧场冬草场内，古墓群保护范围基本呈长方形，东西1000米，南北2000米。此处属草原地带，地表生长有茂密的草原植被。共散布有20余座古墓葬，墓葬地表形制有石围栏墓、石堆墓、石围石堆墓（双层石围、单层石围、圆形石围、方形石围），部分墓葬呈南北向链状分布。部分墓葬封堆及石围用青色河卵石堆积、围砌而成。2007年被公布为第六批自治区重点文物保护单位。（SGH）

穹库斯台墓群 穹库斯台墓群位于温泉县查干屯格乡穹库斯台牧业队，墓群保护范围基本呈不规则的长方形，东西3000米，南北2000米。共散布有100余座古墓葬，墓葬地表形制有石堆墓、石围石堆墓（双层石围、单层石围、圆形石围、方形石围）、土墩墓等，部分墓葬呈南北向链状分布。部分墓葬封堆及石围用青色河卵石堆积、围砌而成。墓群保存较完整。2007年被公布为第六批自治区重点文物保护单位。（SGH）

鄂托克赛吐日根墓群 鄂托克赛吐日根墓群位于温泉县塔秀乡三牧场夏草场，为战国至汉代时期的古墓葬。墓群保护范围基本呈长方形，东西1000米，南北1800米。此处属半荒漠化草原地带，地表为砂砾地，生长有耐干旱植被，分布有墓葬200余座。墓葬地表类型有石堆墓、石围石堆墓（双层石围、单层石围、圆形石围、方形石围）、石围栏等，呈南北向链状分布。石围均用青色卵石围砌。保存完整，目前尚未进行挖掘，无出土文物。2007年公布为第六批自治区重点文物保护单位。（SGH）

赛里木湖乔鲁哈西亚墓群 赛里木湖乔鲁哈西亚墓群位于温泉县博格达尔镇阿合巴依塔里牧场，墓群保护范围基本呈长方形，东西2000米，南北3000米。此处属草原地带，地表生长有茂密的草原植被，地表为砂砾地。共散布有30余座古墓葬，墓葬地表形制有石堆墓、石围石堆墓（双层石围、单层石围、圆形石围、方形石围），部分墓葬呈南北向链状分布。2007年被公布为第六批自治区重点文物保护单位。（SGH）

鄂托克赛切依特赛墓群 鄂托克赛切依特赛墓群位于温泉县塔秀乡二牧场鄂托克赛度假村冬草场，墓群保护范围基本呈长方形，东西800米，南北1800米。此处属草原地带，地表生长有植被，地表为砂砾地。共散布有80余座古墓葬，墓葬地表形制有石堆墓、石围石堆墓（双层石围、单层石围、圆形石围、方形石围），部分墓葬呈南北向链状分布。其中有的墓葬封堆及石围用青灰色角状砾石堆积、围砌而成。墓群保存较完整。2007年被公布为第六批自治区重点文物保护单位。（SGH）

布热村石人墓 布热村石人墓位于温泉县扎勒木特乡布热村西约1000米处，墓群保护范围基本呈长方形，东西3000米，南北5000米。此处属半荒漠化草原地带，地表生长有耐干旱植被，地表为砂砾地。共散布有300余座古墓葬，墓葬形制有石堆墓、石围石堆墓、石围栏墓、石人墓、石棺墓等，部分墓葬呈南北向链状分布。其中有的墓葬封堆及石围用青色河卵石堆积、围砌而成，有的墓葬封堆及石围则用白色花岗岩砾石堆积围砌。考古人员在此处采集到亚腰形石锤（残）一件。2007年被公布为第六批自治区重点文物保护单位。（SGH）

红旗布拉克墓群 红旗布拉克墓群位于温泉县88团农六连，温泉县至博乐市公路南线里程碑68.5千米北约1千米的农田里。墓群保护范围基本呈长方形，东西500米，南北1800米。共散布有40余座古墓葬，墓葬地表形制有土墩墓、石堆墓、石围石堆墓（双层石围、单层石围、圆形石围、方形石围），部分墓葬呈南北向链状分布。墓葬封堆及石围均由白色花岗岩砾石堆积、围砌而成。墓群保存较完整。在四座南北向链状分布的土墩墓西侧有6处用大石板立砌而成的祭祀遗迹，是一处罕见的墓群。2007年被公布为第六批自治区重点文物保护单位。（SGH）

鄂托克赛河检查站西南墓群 鄂托克赛河检查站西南墓群位于温泉县哈日布呼镇阿日夏特牧业村冬草场，墓群保护范围基本呈长方形，东西5000米，南北1600米，保存较为完整。共散布有400余座古墓葬，墓葬形制有石堆墓、石围石堆墓、石棺墓等，部分墓葬呈南北向链状分布。石围及墓葬的封堆均由白色花岗岩砾石或青灰色角状砾石堆积、围砌而成。此处还发现一断头石人，头已丢失，只有身体部分立在一石棺墓前，左手握刀，右手执杯在胸前，刻痕清晰。该墓群是温泉县鄂托克赛河流域一处较大的古墓群。2007年被公布为第六批自治区重点文物保护单位。（SGH）

二工河石堆墓 二工河石堆墓位于吉木萨尔县老台乡二工河牧业村西侧南北向山梁之上。墓区呈南北向狭长带分布，南北长约2.2千米，东西宽不等，最宽处约500米。主区依二工河西岸台地呈不规则排列，堆径自南向北依大小序排列，南端最大一座堆径24米，堆高1.5米，中央塌陷穴深1.8米。2007年被公布为第六批自治区重点文物保护单位。（SGH）

黄山沟石堆墓 黄山沟石堆墓位于阜康市上户沟哈萨克民族乡黄山村，墓葬分布在河西北台地边缘的山梁上，占地面积1764平方米。黄山沟石堆墓有70余座，大小不等，大的直径6米左右，小的2米左右。墓葬高出地表 0.2～0.4 米，墓葬基本上为顺山梁排列。墓葬形制主要为石堆墓，地表封堆，用石块堆积成圆形，个别也有长方形、方形、一个长方形石圈内有两个相连的圆形石堆形等形状。2007 年被公布为第六批自治区重点文物保护单位。（SGH）

奴尔阿訇麻扎 奴尔阿訇麻扎位于哈密市沁城乡东庙尔沟村西的共巴山山顶，建于哈密七世回王伯锡尔（1820—1866）时期。相传，明万历年间一个叫奴尔阿訇的伊斯兰教徒从青海西宁到阿拉伯国家学习经典，学毕带领 80 余名教兵来到哈密五堡一带传教，因守卡蒙古兵强大，不能通过，便绕道至沁城岌岌台并与那里的蒙古兵遭遇并发生战斗，在败退东庙尔沟时，奴尔阿訇被乱箭射死，草草埋葬，200 多年后七世回王伯锡尔派人找到其尸骨，为他在共巴山山顶修建了拱拜。2007 年被公布为第六批自治区重点文物保护单位。（SGH）

艾则孜艾格恰木麻扎 艾则孜艾格恰木麻扎位于哈密市西河区大营门村，据传是两位从阿拉伯国家来哈密传播伊斯兰教的女传教士的合葬墓。墓内主人关系为主仆。传说该麻扎修建于清代哈密四世回王玉素甫时期（1740—1766）。到了末代回王沙木胡索特时期的 1883 年，在麻扎前厅门两侧立有察合台文撰写的、保存完好的石碑两块（内容待考）。麻扎坐北朝南，庭院呈不规则的长方形，院门开在下南边，进前厅有一小门可入墓室，墓室分上下两部分，下为圆形墙，上为圆形穹窿顶。2007 年被公布为第六批自治区重点文物保护单位。（SGH）

阔腊墓地 阔腊墓地位于伊吾县盐池乡阔腊村南约 2 千米，地处天山阴坡伊兰勒克沟北口山前地带。墓地分布范围较大，在东起阔腊泉，西至托木墩的区域内，有明显标志的墓葬 100 多座。按其形制分圆丘形石堆墓，多分部在墓区东部；环形石堆墓，四周较高，中心低凹成坑状；长方形石围墓，只在墓地西端发现一座，卵石仅露出地表面，长 2.7 米，宽 1.4 米；卵圆形石堆墓，所用卵石、石块一般较大，直径 4 米左右。石围、石堆、环形堆墓，为三者混处。2007 年被公布为第六批自治区重点文物保护单位。（SGH）

盖斯麻扎 盖斯麻扎位于哈密市区天山路 69 号，亦名绿拱拜、圣人墓。相传唐贞观年间，伊斯兰教先知穆罕穆德派传教士吾外斯、盖斯、万嘎斯三人来中国传教。万嘎斯病逝于广州，盖斯等二人到达长安，受到唐太宗欢迎。归国西行途中，吾外斯病逝于甘肃河西回回堡，盖斯于唐贞观九年（635）逝于哈密星星峡。清代哈密回王曾为其修了一座拱拜，后被拆毁。麻扎坐北朝南，高近 10 米。土木建筑，下部平面为方形，上为穹窿顶，顶覆绿色琉璃瓦，四周有廊檐。墓室内为盖斯墓，四壁上部一周书写《古兰经》，黑底白字。墓地四周有围墙，门向南开，建筑形式融阿拉伯和汉式建筑风格于一体。1999 年被公布为第四批自治区重点文物保护单位。（SGH）

代吾松其石人及墓地 代吾松其石人及墓地位于巴音郭楞蒙古自治州和静县克尔古

提乡浩尔哈特村,建于隋唐时期,属古墓葬类。石人所在沟于1986年修建喇嘛庙,清理地基时出土,后立于庙东山坡上,石人高1.9米、宽0.51、厚0.32米,戴平顶冠,圆脸小口大眼、溜肩、呈直立状,端庄静美,为女性。2014年被公布为第七批自治区重点文物保护单位。(SGH)

禹中海墓 禹中海墓位于霍城县东双渠村的拱北梁上,是一间坐北朝南的清代遗留墓屋,土木结构,屋脊呈歇山顶。墓屋西北宽9.72米,东西长10.24米,屋高约7米,步入屋内,有墓二座,据当地老人讲,东为清末回族爱国将领禹中海墓,西为其妻墓,禹中海墓前有镌碑一通,高2.77米、宽1.56米、厚0.62米。碑书:府君讳中海甘肃平凉府华亭县籍,管带旌善前骑马队卓著战功累保,皇清诰授建威将军显考禹公清河府君之墓,头品顶戴记名提督年长阿巴图鲁。光绪戊戌岁秋月令日秉科纪。禹中海,回族,祖籍陕西渭南与大荔县交界的禹家大庄,又称"双井禹家"。19世纪60年代,在太平天国运动和川滇农民起义影响下,西北地区回民掀起声势浩大的反清武装斗争,清同治六年(1862)禹中海父亲禹得彦率众起义,辗转渭南、大荔、华阴至关中三府(西安、同州、凤翔),席卷整个陕西。禹中海随父麾下参加无数次战斗。1872年9月13日,著名西宁战役爆发,清军向西宁城回民起义军发起攻击,11月19日西宁失守,在孤军无援,粮绝弹尽情况下,禹得彦不得已接受"招抚"。清光绪二年(1876)四月,禹得彦、禹中海所部"旌善五旗"(又称"禹字五旗")被编入西征阿古柏侵略势力的平乱大军。这支回民部队一路所向披靡,首战古牧地(今米泉)胜利,一举收复乌鲁木齐、昌吉、呼图壁、玛纳斯,全歼北疆之敌,为收复新疆做出贡献。1882年4月30日,禹中海等回民步兵、马队随伊犁将军金顺进驻伊犁,夺回被沙俄占领10年的伊犁。2014年被公布为第七批自治区重点文物保护单位。(SGH)

3. 古建筑

泰剑立陵 泰剑立陵位于叶城县依提木孔乡二十村,是一处民国时期维吾尔族学者的陵墓。陵墓由拱顶大门、陵台、栅栏墓室三部分组成。维吾尔族学者麦吾兰玉赛因汗·泰剑立·穆吉里艾孜热提1850年出生于叶城县宗朗乡著名维医库甫丁夏·艾孜热提之家,1927年在城郊喀斯克村去世。学者的墓室原在寺内,该寺1960年被"大众食堂"拆除后,暴露在外。1985年全县集资3万元,1986年重修学者陵墓。2007年被公布为第六批自治区重点文物保护单位。(SGH)

乌珠牛录关帝庙 乌珠牛录关帝庙位于察布查尔锡伯自治县爱新舍里镇乌珠牛录村,建于清道光七年(1827)。乌珠牛录关帝庙原是一处建筑群,由照壁、山门、东配殿、西配殿、大殿等部分组成。1952年,在"破四旧"运动中,除大殿外,其余建筑均已被拆除。大殿坐北朝南,南北长10米、东西宽9.6米,建筑面积96平方米。2007年被公布

为第六批自治区重点文物保护单位。(SGH)

依拉齐牛录关帝庙 依拉齐牛录关帝庙位于察布查尔锡伯自治县爱新舍里镇依拉齐牛录村北，建于清嘉庆五年（1800）。依拉齐牛录关帝庙坐南向北，原整个建筑自南向北中轴线为中心，由照壁、山门、东西配殿、忠义楼、巴尔扎庙等部分组成。目前，建筑群除大殿外，其余建筑都已不存。关帝庙南北长14.85米，东西长10.50米，建筑面积156平方米，为砖、土木结构建筑。2007年被公布为第六批自治区重点文物保护单位。(SGH)

老粮仓 老粮仓位于昌吉宁边古城内，附属于宁边古城保护范围，总面积为650平方米，建于清乾隆二十三年（1758），用于储粮积谷。整个建筑系土木结构，是清代抬梁式木构架建筑，由坐西朝东、坐北朝南面阔四间的两个单体构成，屋顶为悬山式，每间房均有天窗，整体保存比较完整。2007年被公布为第六批自治区重点文物保护单位。(SGH)

药王庙 药王庙位于奇台县奇台镇犁铧尖工商局院内。该庙建于清光绪十四年（1888），正是奇台县城从老奇台搬至古城时，当时该县人口密集，瘟疫四起，前后两年经历了两次大的瘟疫，军队和商民都深受其害。民众祈求消除瘟疫，身体健康，建起了药王庙。随着药材生意的兴起，该庙成为药材行业的聚会所。民国期间，药王庙办起医师学堂。药王庙在古城历史上占有重要地位，是新疆地区仅存的一座药王庙。目前药王庙四壁已毁，庙顶屋架残存。2007年被公布为第六批自治区重点文物保护单位。(SGH)

甘省会馆 甘省会馆位于奇台县奇台镇36912部队后勤院内。奇台县建于清乾隆四十一年（1776），县址设在老奇台，由于当地缺水，光绪十二年（1886）将县址迁到古城，古城工商业突飞猛进，成为大西北富庶之区，甘省民众举家迁此，占据古城人口的半数。种地经商发迹的甘省富户集资捐款修建了甘省会馆，作为联络本地民众携手经商、排忧解难、增强本地民众内聚力的场所。会馆使用至1951年，此后为公房，由当地驻军使用，纳入军事用地范围，前殿为文物管理所管理。2007年被公布为第六批自治区重点文物保护单位。(SGH)

犁铧尖关帝庙 犁铧尖关帝庙位于奇台县城中心闹市区，紧靠市区主干道，置于农贸市场之中，占地面积300平方米，建筑面积180平方米。该庙建于光绪二十一年（1895），由朝廷拨款于城中建起，该庙香火不断，成为古城军民的精神支柱。民国年间，该庙成为调解商业纠纷之地，社会名流在此主持公道，决断民间争议。2006年由县企业协助修复了该庙宇，墙体和屋顶进行了维修并绘彩塑像，现已初现原貌。2007年被公布为第六批自治区重点文物保护单位。(SGH)

巴格希恩随木喇嘛庙 巴格希恩随木喇嘛庙位于博湖县博湖镇宝浪苏木大桥南约500米，始建于1866年。由生活在开都河流域的和硕特蒙古巴格希恩更盖等人筹资，雇请甘肃、青海工匠和藏族法师绘图兴建而成，是和硕特部落四大寺庙之一。主体为仿青海塔尔寺之二层楼阁建筑。1967年，庙内的经书被焚，铜佛、法器、金碗、珠宝等被洗劫一空，庭院围墙被拆除，周围树木被砍伐。1978年以后，寺庙得到了修缮，后来又在庙宇的附近新建了一些塔等相关建筑。该寺是巴音郭楞蒙古自治州境内年代最久的藏传佛教建筑。2007年被公布为第六批自治区重点文物保护单位。（SGH）

叶城加满清真寺 叶城加满清真寺位于叶城县城中心，是一处古伊斯兰清真寺。1540年由赛义德汗国著名宗教先驱霍加·穆罕穆德·西热甫亲自主持建造。1883年进行第二次修缮，现在的诵经室和两边的长廊及清真寺东面的4座立塔和大门就是当时修缮的遗存。1953年进行过一次扩建，向北扩展2000平方米左右。1985年又进行了修缮，在北面兴建大门，大门上面有雄伟的拱顶及24米高的立塔。2007年被公布为第六批自治区重点文物保护单位。（SGH）

巴音沟承化寺 承化寺，蒙古语称"察罕格库热"，即白活佛之意，位于塔城乌苏市巴音沟牧场库热村。光绪十五年（1889），清政府在沙俄的压力下，饬令在阿尔泰等地抗俄的承化寺教首棍噶扎勒参率众人移住库尔喀拉乌苏巴音沟，光绪十八年（1892）建筑新寺，名"承化寺"，占地3.6万平方米，喇嘛最多时有480名，现存面积1072.5平方米。承化寺创始人察罕格根因有功于阿尔泰边防事务，清廷封之呼图克图，为新疆三位活佛之一。现存有民楼、左厢房、右厢房、念经房四大部分。2003年公布为第五批自治区重点文物保护单位。（SGH）

汗勒克经学院 汗勒克经学院位于喀什市，现为一四合院，是所存最早的内寺，也就是经堂，坐西向东，南北长7.7米，东西宽6米，总面积46.2平方米。砖木结构，青砖尺寸为38×18×5.5厘米。教经堂两侧为左右厢房，各10间。2003年被公布为第五批自治区重点文物保护单位。（SGH）

鲁克沁王府 鲁克沁王府位于鄯善县鲁克沁镇西面0.3千米处，约建于乾隆四十年（1775），占地13332平方米，土木砖石结构。台基长57米，宽40米，高12米；全系黄黏土夯筑起来的，土质非常坚硬，台上建有一座三层宏伟宫殿，是中国古代传统建筑式样，大殿是飞檐立柱，雕梁画栋，粉宫画邸，珠帘绣幕，金碧辉煌。上到最高一层眺望，近可以看到鲁克沁全景，远可以看到吐鲁番胜金口一带。传说，清王朝派工匠在今鄯善县维族中学内建成王府后，将其赠送鲁克沁王。2003年被公布为第五批自治区重点文物保护单位。（SGH）

陕西会馆 陕西会馆位于玛纳斯县凤凰东路，建于清光绪十九年（1893），也称"会宾馆"，系陕西籍人集资修建的，用以商讨事务，接济本省乡亲。面积约266平方米，平面呈长方形。土木结构，面阔5间，圆形木柱，屋顶起脊。檐各枋雕施回纹、石榴、牡丹、二龙戏珠等图案彩绘，并有16个篆体"寿"字，大梁上题"清光绪十九年林钟月念日敬立"，其下还有众商家和个人名字。"林钟月"即六月,"念日"即二十日。此会馆至今已百余年,仍保存完整,有比较重要的历史价值。2003年被公布为第五批自治区重点文物保护单位。(SGH)

陕西寺 陕西寺位于哈密市解放西路民主巷,是规模比较大的回族清真寺,修建于光绪二十四年(1898),为殿堂建筑。进山门是庭院,左右厢房各五间。中为天井,木构架,有四排木柱支撑。该清真寺共占地2500平方米,礼拜大殿450平方米,有房屋100多间。2003年被公布为第五批自治区重点文物保护单位。(SGH)

水定陕西大寺 水定陕西大寺位于霍城县水定镇柳树巷内西侧,始建于清乾隆年间,为当地陕西回民做礼拜之所。初为小寺,清同治时(1869—1870),当地教民集资仿陕西化觉寺进行了扩建,现总面积为794平方米。寺院坐西向东,有门庭、横廊及南北厢房,礼拜寺正殿保存较好。2003年被公布为第五批自治区重点文物保护单位。(SGH)

孙扎齐牛录关帝庙 孙扎齐牛录关帝庙位于察布查尔锡伯自治县,建于清光绪十八年(1892),坐北朝南,原由照壁、山门、鼓楼、东西配殿、大殿组成,占地面积3万平方米,建筑面积1500平方米。由于在土改和"文化大革命"期间遭到严重破坏,今仅存大殿。大殿台基全用人工积土夯实,再用青砖拱包封实,高出地面2.5米,面积约400平方米,大殿屋背为双层,后背高,前背低,呈波浪式,店内正中供奉关羽神位,大殿的栋梁、支柱上绘有飞禽走兽、山水花卉。三面壁上绘有壁画。生动地反映出清代锡伯族建筑艺术水平。2003年被公布为第五批自治区重点文物保护单位。(SGH)

和田加满清真寺 和田加满清真寺位于和田市东部,大巴扎附近,是一座大致呈方形的清真寺,为清代古建筑,四周有砖围墙,向南辟一大门,北有一小门,院中二分之一为有顶棚的礼拜寺,其余为庭院。1990年被公布为第三批自治区重点文物保护单位。(SGH)

鄯善东大寺 鄯善东大寺位于鄯善县城东2千米东巴扎回族乡中下河东岸,始建于清光绪三十三年(1907),宣统三年(1911)完工,由兰州工匠建造,取汉族传统古建筑形式。坐西向东,木构梁架,青砖围墙。现存主体建筑基本完好,由前廊、大殿、后堂三部分组成,殿内有雕花细孔格子门18扇,建筑面积400平方米。1990年被公布为第三批自治区重点文物保护单位。(SGH)

红山塔 红山塔位于乌鲁木齐市西大桥北侧的红山之峰(现红山公园内),与雅玛里克山砖塔遥相对应。这座建于1788年的砖塔是目前红山上仅存的清代建筑。该塔西面是悬崖峭壁,东面是红山东西走向的延伸部分,南北两面是陡坡。红山塔是一座青灰色的楼阁式实心砖塔,共9层,平面为六角。红山塔由塔基、塔身和塔刹三部分组成。塔高10.5米,塔基高1米,塔基六边,每边边长2.2米,塔身每级间高约0.9米。塔檐叠涩挑出,收分较明显。砖塔建筑结构严谨,造型美观,十分坚固。红山宝塔历经200多年的风雨变迁,至今完好无损地矗立在悬崖顶端,

已成为乌鲁木齐市的象征，"塔映斜阳"也成了乌鲁木齐老八景之一。2014年被公布为第七批自治区重点文物保护单位。（SGH）

吐鲁番老粮仓 吐鲁番老粮仓位于吐鲁番市老城路街道木纳尔社区老城路中段，该古建筑始建于清乾隆四十五年（1780），仓房为房式仓，土木结构，南北长140米，东西宽110米，总面积为15400平方米，据记载总仓储量为428万公斤。目前老粮仓东靠市供销社，西、北面均为市政府家属院，南面是开元宾馆。现存8间房仓，北面2间大仓，东西两面各3间仓，仍作仓库之用，用于存放货物。原建筑粮仓共14间，为四合院布局，东面建仓3间，西面建仓5间，南面建仓2大间，北面建仓2间，院内建仓2间，中间有一座盖棚，以便通行车辆，院西有一凉棚为收粮之用，院内有粮食晒场，东南角均有马厩，还有储水库、饭堂及住房，仓库墙体均用土坯砌成。该粮仓是当时清廷在平定南疆大小和卓叛乱时在军事布置上的重要安排，是当时清廷军队屯粮、储粮的重要设施，在发生紧急情况时，粮仓内的粮食也可供民用、赈灾等多种用途。作为边疆重镇吐鲁番物资储备类遗址最具代表性的历史遗存，老粮仓的军事储备类文物古迹直接反映了历史上中央王朝对西域的管辖和建设关系，也是中国文化遗产中涉及历代军事体系的重要遗存群体。老粮仓在解放后由国家粮食部门管理，继续作为粮仓使用，发挥了巨大的作用。1998年粮食体制改革后，老粮仓作为国有资产交由市国资委管理。鉴于其重要的历史价值，2003年被公布为市级重点文物保护单位。2014年被公布为第七批自治区重点文物保护单位。（SGH）

巴里坤清代粮仓 巴里坤清代粮仓位于巴里坤县城粮食局院内，是清乾隆三十八年（1773）清廷拨专款修建。1773年，清廷在巴里坤大面积屯田，为了储备粮食和稳定粮价，清廷从国库拿出银两购买粮食储存，同年又拨付专资在汉城南街建成常平仓8座，这些粮仓为土木结构，仓顶设通风楼，墙壁极厚，仓内地面用厚木板铺设，防潮隔热，粮食不易霉变。每栋仓房长20米、宽10米、高5米，仓容6000石，总仓容4.8万石。这些粮仓采用的是"墙倒屋不塌"或者称"四架梁"的结构，即一种古老的框架建筑结构。这种结构最大的特点就是，屋面由墙内立柱和墙外立柱支撑，即使古粮仓的墙体倒塌了，屋顶在立柱的支撑下也不会掉落。为了解决粮草的供应，由汉唐至清，历代中央王朝曾多次在边防重镇巴里坤屯垦戍边。清代是新中国成立前在新疆屯田时间最长，规模最大、效益最显著的时期，乾隆年间则规模最大。巴里坤清代粮仓，其性质与现在国家粮食储备库相当，是清朝巩固中央王朝在西域防务的重要历史见证。2014年被公布为第七批自治区重点文物保护单位。（SGH）

4. 石窟寺及石刻

刘平国治关城诵石刻 刘平国治关城诵石刻位于拜城县东北约150千米的博扎克拉格

沟口，刻于喀拉塔格山路德博孜克日格沟口崖壁上。这里曾经是汉代龟兹等地通向天山北麓乌孙的古道。刻字高0.483米，宽0.40米。汉字8行，每行13～15字。阴刻，隶书。文曰"龟兹左将军刘平国以七月廿六日发众／从秦人孟伯山狄虎贲赵当卑万□羌／石当卑程阿羌等六人共来作列亭□／断谷关八月一日始砍岩作孔至廿日……永寿四年八月甲戌朔十二日乙酉……"主要是记载东汉时，西域都护府下属龟兹左将军刘平国在南北疆通道要隘的凿关建城事迹。1957年被公布为第一批自治区重点文物保护单位。（SGH）

脱库孜吾吉拉千佛洞 脱库孜吾吉拉千佛洞位于阿图什市境内，上阿图什乡东南部直线12千米处。开凿于悬崖峭壁的半山腰间，有洞窟三个，东西排列，有壁画和塑像残迹及汉、蒙文题字，窟形保存尚好。这是我国最西的一处佛教石窟，也是古代疏勒地区仅存的一处石窟寺。1962年被公布为第二批自治区重点文物保护单位。（SGH）

科培雷特岩画 科培雷特岩画位于昭苏县天山阿克牙孜沟谷20千米，阿克牙孜沟与科布尔特沟交叉处。岩画凿刻在阿克牙孜河南岸断崖一巨石上，巨石高2.5米，东西宽3.5米。巨石左、右和上部均有凿刻。正中刻右手持花、左手托一圆状物，盘腿坐在莲台上的佛像，其左右刻有蒙、藏文字和山羊形象。巨石左面画面宽2.5米、高1.2米，有狗、大角羊、花草、人物等图像。在河北岸一块半米见方的石块上，也刻有一只山羊画面，保存较好。1962年被公布为第二批自治区重点文物保护单位。（SGH）

桑株岩画 桑株岩画位于皮山县康克尔柯尔克孜民族乡乌拉其村旁，地处桑株河谷，岩画凿刻在路旁一块巨石上，巨石与山坡相连。巨石高约6米，宽约4米，后依山崖，下临河谷，前有小道，水渠环绕而过。岩画长3米，高1.1米，内容有北山羊、射箭人、骑马人、游牧、伸手做围堵状与指路状的人物形象以及动物形象。1962年被公布为第二批自治区重点文物保护单位。（SGH）

唐姆洛克塔什岩画 唐姆洛克塔什岩画位于伊犁地区特克斯县城以东16千米哈拉翁克尔山西坡的哈甫萨依。岩画凿刻在哈甫萨依的一块石头上，刻有鹿、山羊、岩羊、狼等动物，有的高达十几厘米，旁边还刻有蒙古文字。1962年被公布为第二批自治区重点文物保护单位。（SGH）

唐巴勒塔斯洞窟彩绘 唐巴勒塔斯洞窟彩绘位于富蕴县西北部山区中一条东西长约500米、高40余米的花岗岩石梁上，石梁上有一些自然形成的洞窟，彩绘即位于洞窟内壁上。目前发现了两处洞窟。1号洞窟位于石梁的中部，洞窟距地面25米，洞口高11.5米，宽20米，进深11.8米在洞内壁上有用红、白两种颜料绘制了三组图案：神灵图案、手掌和火炬纹饰、同心圆和符号等。2号洞窟位于1号洞窟东侧近百米处，距地面约4米，洞口宽4.9米，高3.2米，深4米。绘制的图案有成组的舞蹈人物、符号和动物等。1999年被公布为第四批自治区重点文物保护单位。（SGH）

杜拉特岩画 杜拉特岩画位于阿勒泰市罕德尕特乡东7千米,是阿勒泰境内分布面积较大,保存画幅最多,刻画内容最为丰富的岩刻画点之一,以点凿、阴刻、线条勾勒的手法刻画了100余幅精彩的画面,内容以动物为主以及少量的人物、动物的组合图案。1999年被公布为第四批自治区重点文物保护单位。(SGH)

克尔涧岩画 克尔涧岩画位于托克逊县天山山前地带的沟口和沟内。现存100多幅,可分为两处,第一处:刻画在一条长25～30米、高约9米,面积25平方米,结构不甚紧密的沉积岩上,部分已被碎石掩埋,内容有山羊、岩羊、树木、山峰及水渠等,像是一幅水利分布图。第二处:从沟口到沟内延续2千米的沟谷两岸均发现岩刻,散布面积约40～50平方米。画面内容有山羊、盘羊、狼、狗、马、鹿、骆驼、人及狩猎图等。雕刻技法一种是在岩石上划出线条组成图像,另一种为敲砸法,构成各种图像。1999年被公布为第四批自治区重点文物保护单位。(SGH)

七泉湖千佛洞 七泉湖千佛洞位于吐鲁番市胜金乡、火焰山北坡七康湖水库西约600米,遗址区包括现存10窟与3座佛塔。佛塔位于火焰山北山坡上,呈一字排列,间距不等,最东者较完整,顶部无存,土坯交错平砌,中空。窟群修建在沟壑两侧,南北相对。现存洞窟约10个,南侧6窟,北侧4窟。其中存有壁画者共5窟,残剥严重。较完整者为4号窟,规模较小,中心柱正面塑像,余3面绘一佛二菩萨式说法图。1999年被公布为第四批自治区重点文物保护单位。(SGH)

大桃尔沟千佛洞 大桃尔沟千佛洞位于吐鲁番市亚尔乡葡萄沟西约3千米、火焰山南沟口约400米处大桃尔沟西侧,沟为南北走向,山势较缓,地表为夹砂石土层。现存10座洞窟,多为崖壁凿窟与土坯垒砌相结合。1～5窟未完成,6～10窟残存壁画或其残迹。形制有穹窿顶方形窟与纵券顶长方形窟,中间的第8窟侧壁开4个对称的禅屋。洞窟中的壁画有说法图、千佛像和经变故事画等,是回鹘高昌晚期的洞窟。1999年被公布为第四批自治区重点文物保护单位。(SGH)

小桃尔沟千佛洞 小桃尔沟千佛洞位于亚尔乡葡萄沟西约3千米、火焰山南沟口约400米处的小桃尔沟西侧。洞窟开凿在沟壑内崖壁上,现已编号的有5座,形制有纵券顶长方形窟和穹窿顶方形窟,前者中有两座窟在侧壁开禅屋。壁画保存较完整,内容有立佛、坐佛像和宝塔等,排列规整,色泽清晰。1999年被公布为第四批自治区重点文物保护单位。(SGH)

旗盘千佛洞 旗盘千佛洞位于叶城县旗盘乡镇政府驻地南,稍偏西约5千米,在旗盘达里雅沟谷北侧台地的边缘上,台地边沿坡状,洞窟建在坡状台地的顶部。现残存8个洞窟,分布面积为东西100米,上下宽为5米左右。洞窟基本坐北朝南,形制大体相同,窟平面呈长方形或正方形,顶为覆斗状,窟内壁敷有草拌泥,有的似涂有色灰。其中一个洞窟稍大且保存较完整,平面呈正方形,边长4.2米左右,高为2.7米。1999年被公布

为第四批自治区重点文物保护单位。(SGH)

兴地岩画 兴地岩画位于尉犁县兴地沟东侧的岩壁上，总面积约17.6×5.2平方米，大小图像300余幅，有阳刻或阴刻。兴地岩画主要有大角羊、鹿、马、骆驼、太阳、树木以及人物等图案。该岩画是古人狩猎、游牧或定居生活的历史记录和写照。1999年被公布为第四批自治区重点文物保护单位。(SGH)

巴尔达库尔岩画 巴尔达库尔岩画位于裕民县城西18千米的巴尔达库尔唐巴勒塔斯，在赭红色岩石小山峰上，总宽度约100米，距地表高度约50米。画面共约有300余幅，均敲凿而成，一般0.30米见方，最大者可达1米，有山羊、牛、马、野猪、鹿、骆驼、狗等动物和狩猎图。有一人头戴角冠、身着长袍的图，反映的是萨满巫师及生殖崇拜内容。2003年被公布为第五批自治区重点文物保护单位。(SGH)

塔特克什阔腊斯岩刻画 塔特克什阔腊斯岩刻画位于吉木乃县恰勒什海乡，为吉木乃县冬牧点。岩画分布区域即位于国防公路西面的数座山包上，山包基本为东西走向，在4座山包上均发现有大量的岩刻画，从山顶至半山腰都有分布。塔特克什阔腊斯岩刻画，为阿勒泰境内分布面积最大、保存数量最多、刻画内容最为丰富的岩刻画点之一，在300余幅个体画面中，其最具特色的画面有反映不同活动的人物图案、车辆和食肉动物。2003年被公布为第五批自治区重点文物保护单位。(SGH)

白山岩刻 白山岩刻位于哈密市沁城乡政府东北约5千米处，这里是一个白色小山群，故名"白山"，白山是由多个大小不一的小山包组成，山上有许多水流冲击侵蚀而成的溶洞，岩画就凿刻在山顶的岩壁或溶洞中。这里岩画分布集中，无论岩壁、山顶还是溶洞中，均可找到岩画的痕迹。在不到1平方千米的范围内，发现岩刻几百幅，内容有狩猎及动物图、车辆等画面，分布范围较大，保存较好。2003年被公布为第五批自治区重点文物保护单位。(SGH)

折腰沟岩刻 折腰沟岩刻位于哈密市沁城乡头工村东北3千米处的山腰下，岩画以动物图像为主，也有狩猎场面。折腰沟岩画整体画面结构严谨，栩栩如生，为了解原始人类的生产生活、战争、宗教等提供了依据。2003年被公布为第五批自治区重点文物保护单位。(SGH)

克孜勒塔斯岩画 克孜勒塔斯岩画位于新源县城以北15千米处巩乃斯河北岸，阿吾拉勒山克孜勒塔斯沟深处。岩画凿刻在一巨大的赭色岩石面上，岩画在岩石下部，长约10米，高约2米，岩画面积达20平方米。从上到下、从左到右，布满大小不等、身姿各异的动物形象。以大角羊为最多，还有马、鹿、黄羊、狗等。中央部分有人物形象，大小基本相等。2007年被公布为第六批自治区重点文物保护单位。(SGH)

查干郭勒水库岩画 查干郭勒水库岩画位于青河县查干郭勒乡水库北面，原岩画面积较大，遍布两座山梁之上，修水库时将其中一小部分毁坏。岩画雕刻于基岩突出的岩石平面之上，有百余幅，雕刻手法为石头或其他工具敲砸而成，岩画内容多为与游牧民族有关的盘羊、北山羊、马、骆驼、狼及牧羊、狩猎等图，并有少数具有祖先生殖崇拜含义的雕刻图形，其中还有一幅罕见的鹿石风格的岩画。查干郭勒水库岩画对于研究古代游牧民族的生产生活及社会风情有着极高的价值。2007年被公布为第六批自治区重点文物保护单位。（SGH）

本布图岩画 本布图岩画位于温泉县安格里格乡三牧场夏草场，在安格里格乡至赛里木湖公路2～9千米范围内公路两侧低矮的小山丘上，分布了数以千幅的岩画。其中一小山丘上岩画比较集中，达上千幅。岩画凿刻在岩石的朝阳面及其顶部的黑色岩晒面上，画面中最多的是大角羊，其次有鹿、狗、狼、马等，也有狩猎图及原始符号。另在此处岩画点还可见一近长方形独立的巨石上刻有上下两个圆形人面。2007年被公布为第六批自治区重点文物保护单位。（SGH）

阿克塔斯洞窟彩绘岩画 阿克塔斯洞窟彩绘岩画位于伊犁哈萨克自治州乌孙山下特克斯县特克斯镇阿克塔斯山上，是一处保存完好的洞窟彩绘岩画，洞窟面积48平方米，洞高2.5～3米不等，洞口宽5米左右。画面呈赭红色，是用赭色矿物作颜料绘成，颜色深浅不一。据专家考证，距今至少已有5000年以上，这是伊犁发现的第一处原始人类的彩绘岩画。这些洞窟彩绘画年代久远，艺术价值高，反映了生活在特克斯的古代原始人的经济生活、审美情趣和世界观，对研究人种学、民族学、原始宗教、美术、艺术等有着重要意义。作为新疆岩画主要组成部分，特克斯县乌孙山的阿克塔斯洞窟彩绘岩画与阿尔泰山、昆仑山等地岩画齐名。2014年被公布为第七批自治区重点文物保护单位。（SGH）

塔特然岩画 塔特然岩画位于新源县则克台镇阿西勒村西北5.5千米塔特然山口西侧，是在新源县阿布热勒山南麓发现的一处大型岩画群，为伊犁河谷发现的最大岩画群。在东西约五六百米的范围内分布着至少15处成组岩画。此外，在山前坡地边缘的石块上还有50多处单独岩画。画面内容有大角羊、盘羊、鹿、双峰驼、牛以及人物等形象，但最多的则是各种形态、动静各异的羊图案。这些岩画采用了敲凿、刻画、磨刻等多种方法制作。从岩画的形式、雕凿技法以及画面风化的程度看，其形成的时间早晚差别较大。在岩画点附近还发现大量春秋战国至汉晋时期的墓葬群，岩画中的一部分可能与墓群属同一时期的文化遗存，代表了当时伊犁草原地带的游牧生活和经济发展形式。这些岩画对研究当时新源县游牧民族的历史以及原始宗教信仰有一定的历史价值。2014年被公布为第四批自治区重点文物保护单位。（SGH）

八墙子岩刻画 八墙子岩刻画位于巴里坤哈萨克自治县八墙子乡八墙子村西北约2千米处，时代为青铜时代至南北朝。该处岩画较为集中，岩画内容跨越时间长，表现形式多样化，内容丰富，较完整地记录了游牧民族发展的历史。但许多岩画已无法从正面欣赏到它们的原貌，因为岩画的时间已经很久远，岩画的颜色已和原岩石上有的色泽融为一体，很难分辨，只有通过光线角度的变化来观察才能寻找到岩画的所在。岩画重叠现象严重，早期岩画由于时间长，或者表现内容不到位，后来者又在岩石上进行刻画，有些岩石有三次重叠现象。早期的敲击技法表现形式较多，岩画稚朴，有奔跑的山羊、盘羊等。双羊图、将军出征图、将军狩猎图等都较准确地使用了线条的表现形式，表达了作者的思想，记录了时代特征。该处岩画内容丰富，记录了许多文化信息和战争故事，早期作品仅记录了他们生活中不可缺少的牲畜，如羊、牛、马、狗等，还有许多符号，如"○""+""◇""×"等。而后期作品就有了思想，表达一个完整的内容，如姑娘追、将军狩猎图和将军出征图。这些岩画记录了当时人们的真实生活。八墙子山顶岩石画是巴里坤岩画的一个重要组成部分，是新疆岩画的一个缩影，为研究游牧民族的发展、演变和迁徙提供了有力的参考依据，揭示了天山山脉更多的游牧文化现象。这三处岩画表现形式和技法都有不同，但也有相似之处。2014年被公布为第七批自治区重点文物保护单位。（SGH）

二工河突厥碑遗址 二工河突厥碑遗址位于昌吉回族自治州吉木乃尔县二工河上游河谷台地，是中国境内发现的第一例碑石类古突厥文刻铭，属古突厥文石碑镌刻遗址，2006年由中国社会科学院新疆考古队队长巫新华到吉木萨尔县境内的天山北坡考察时发现。经考察发现，除牧民所说的石刻遗址，附近还有古代突厥人的古墓群遗迹。其中有一块石头上面写有古代突厥文字。石碑上刻有可以辨认的七个字母，厘定为通用的古突厥文字母，按照从右向左顺序，七个字母分别对应的是：①η；②g；③c；④t；⑤u/o；⑥t；⑦uq。这块刻写突厥文的石块原始形制已不可考，但大致推测为长方形，刻铭石面明显经过打磨加工，碑体逆着突厥文字母顺序自下而上向下立于土中。该遗址旁边另有一块竖立的碑石，上面刻有文字，表层早已脱落。二工河刻铭是首次在北疆发现的古突厥文物。2014年被公布为第七批自治区重点文物保护单位。（SGH）

保安碑 保安碑位于巴里坤哈萨克自治县花园乡南园子村南天山北麓斜坡地上，距离巴里坤镇约2千米，为民国碑刻，凿刻于1918年，现保存完整，字迹清晰。碑体高1.8米，宽2米。由镇西统领多凌撰文，知县孙光祖书写。该碑记载了1865年代表英国和俄国势力的阿古柏侵占南疆后，又占领北疆部分地区，建立所谓的"哲得沙尔"伪政权。叛徒白彦虎与其狼狈为奸，致使新疆大部国土落入外敌之手，只剩下东疆部分地区尚在我国军民坚守之中，特别是巴里坤的各族军民同仇敌忾，英勇斗争，力挽危局。在他们的斗争下，不仅保全了巴里坤，还援助了邻近地区。1876年，清廷派兵西征，击溃了阿古柏侵略军，收复了失地，为保卫祖国领土做出了重大贡献，保安碑是记载这一历史史实的实物见证。2014年被公布为第七批自治区重点文物保护单位。（SGH）

冰沟多凌告示碑 冰沟多凌告示碑位于巴里坤哈萨克自治县花园乡南园子村南东天山冰沟北麓坡地上，距巴里坤镇南约6千米，为民国碑刻。石碑是一个不规则的三面体花岗岩，刻字一面最宽处1.7米，高约2米。正文共两行，每行4字。碑额横书"协镇多示"。碑文如下为"水泉山景，禁止打牲"。2014年被公布为第七批自治区重点文物保护单位。(SGH)

西黑沟多凌告示碑 西黑沟多凌告示碑位于巴里坤哈萨克自治县花园乡南园子村南，为民国石碑。多凌告示碑在该县共发现两块，该石碑在西黑沟沟口折东处。碑体为花岗岩质。东西长3.5米，南北长3米，高2.1米。顶部平整，自下而上逐渐缩回，东西长2.7米，南北长1.9米。正文共6行，每行4字。碑额横书"本协镇多示"。碑文为"蒲海瑶岛，山高水长，西河松景，泉源保障，鹿乃仁兽，不可残伤。"碑体西北面刻有横书"云峰山"和竖书"民国七年"字样，顶部东北角竖刻有"军民不准砍伐"。2014年被公布为第七批自治区重点文物保护单位。(SGH)

富宁安碑 富宁安碑又称山神庙碑，位于巴里坤哈萨克自治县城南2.5千米花园乡南园子村，为清代石碑，刻于康熙五十八年（1719）。原山神庙早已破毁，但此碑仍然屹立原地。石碑历经风雨侵蚀，部分字迹已经模糊难辨。1983年，巴里坤哈萨克自治县文化馆特建房屋保护此碑。该碑通高1.33米，宽1.66米。碑文记载了当时准噶尔部策妄阿拉布坦侵扰哈密，剽掠巴里坤，清廷派靖逆将军富宁安统兵驻防巴里坤，准备征讨。清军抵达后，安定了当地社会秩序，刻石以记此事。2014年被公布为第七批自治区重点保护文物单位。(SGH)

焕彩沟汉碑 焕彩沟汉碑位于哈密市区北约45千米焕彩沟内，此碑立于沟内一块略呈方形的天然巨石上。巨石东西长3.2米，南北宽3米，高2米。西侧有楷书"焕彩沟"三字，南侧右端为隶书，首行文字为"惟汉永和五年六月十五日"，第二行为"沙海"二字，余皆难以辨认。在"焕彩沟"三字的左端，可见"贞观十四年六月"字样。2002年修建了保护设施。1990被公布为第三批自治区重点文物保护单位。(SGH)

5. 近现代重要史迹及代表性建筑

王府旧址 王府旧址位于和布克赛尔蒙古自治县阿尔恰特路南端东侧，建于1927年，建筑由地下室和地上建筑组成，为天棚地板，铁皮房顶，砖混结构，建筑面积257.1平方米。整个建筑共分三层，地面以上两层，地下一层。上层为供佛和拜佛间，第二层为办公室和居室，地下室为贮藏室。中华人民共和国成立后当时的革委会曾在此办公，后作为校舍。"文化大革命"期间，遭到不同程度的破坏。王府旧址是在新疆境内少有的、保存完好的、近现代苏式建筑物，具有很高的历史价值和文物价值。2007年被公布为第六批自治区重点文物保护单位。(SGH)

乌拉泊水电站 乌拉泊水电站位于乌鲁

木齐市天山区乌拉泊水库北侧，水电站由进水口、闸室、压力钢管、厂房、开关站等组成。该水电站是新疆第一座水力发电站，由王震亲自带领解放军各级领导踏勘选址。该工程1951年10月开工，1955年9月投产发电，保证了解放初期乌鲁木齐市用电的急需。水电站于1982年停运，设备封存。2007年被公布为第六批自治区重点文物保护单位。(SGH)

达坂城木拱桥 达坂城木拱桥位于乌鲁木齐市达坂城区后沟沟口，由苏联专家设计并组织施工，始建于1939年，竣工于1940年。木拱桥横卧于白杨河上，全长28.8米，宽7米，载重10吨。木拱系用木板烘烤后，按拱度层叠，每层用铁钉钉结，再用"U"形铁箍组合而成拱肋。中孔桥面拱肋5条，肋跨18.5米，拱肋顶立木柱排架，上面铺简支梁桥面，下部利用岩石为基础，浆砌块石台身。达坂城木拱桥属国内罕见，是研究中国桥梁史的重要实物，同时也是中国和苏联友好关系的历史见证。2007年被公布为第六批自治区重点文物保护单位。(SGH)

五星路2号四合院 五星路2号四合院位于乌鲁木齐市天山区五星路2号，建于民国年间。院落坐东朝西，总占地面积943平方米，为由青砖压檐腰土木结构的平房组成的四合院。坡顶平檐，一面出水，四周环方木前廊，檐前雕绘花草图案，走廊、室内天棚、地面以油漆木板装饰，门楣青砖穿，尤其是院落对称设前后门四道，在乌鲁木齐所调查的近现代建筑物中仅此一座。2007年被公布为第六批自治区重点文物保护单位。(SGH)

青河县三区革命旧址 青河县三区革命旧址位于青河县萨尔托海乡境内，遗址由三部分组成，分别为三区革命烈士墓、炮台和驻军军部。三区革命烈士墓位于萨尔托海乡政府驻地以西600米乌伦古河北岸，萨尔托海村回族队一户村民的院子东面，此墓地掩埋着民族军独立骑兵团政委、中校玉素甫江等多名官兵。炮台位于萨尔托海乡东南35千米处的北塔山，为防范外敌侵犯而修筑的规模浩大的战地工事。驻军军部位于萨尔托海乡萨尔托海村马尔哈巴家的院内，为当年三区革命时期军队的营地，可驻防一个营。2007年被公布为第六批自治区重点文物保护单位。(SGH)

哈密民航站 哈密民航站位于哈密市陶家宫乡新庄子村东北处的一块荒漠戈壁滩上。抗日战争期间的1939年，中苏航空公司成立，为开通哈密到重庆和由哈密飞往阿拉木图的航线，由苏方派专家勘察设计后，在哈密修建机场。这座机场一直延续到解放后，苏方撤离才改为中国哈密民航站。哈密民航站（哈密民航机场候机楼）为砖混结构建筑，现已废弃。门框、地面木板部分被毁，窗户玻璃均已被打碎，建筑框架被保存下来，四周均是残垣断壁。2007年被公布为第六批自治区重点文物保护单位。(SGH)

原218国道砖砌路段 原218国道砖砌路段位于库尔勒公路总段国道218线K931至K1033处计102千米。1966年8月开工建设，1971年5月竣工投入使用。路面宽5.5米，每千米路面用砖60万块，全线共用砖6120

万块。2002年，新修的218国道贯通，此段砖路废弃。同年申报并获上海大世界基尼斯"最长的砖砌国道公路"记录。现保留5千米砖砌路段，作为永久性纪念。（SGH）

三区革命骑兵团纪念石刻 三区革命骑兵团纪念石刻位于伊犁哈萨克自治州昭苏县夏特柯尔克孜族乡夏塔沟内。1945年7月，三区革命领导人之一的阿巴索夫曾率民族军南线部队从这里出击阿克苏。1945年10月，南线民族军全部从冰达坂撤回伊犁。同年，民族军特克斯骑兵第一团奉命在夏塔沟内驻防。三区革命骑兵团纪念石刻所刻碑文反映的正是特克斯骑兵一团驻扎期间为当地群众所做的修路、建桥等好事。该纪念石刻具有较高的历史价值、科学价值和文化艺术价值。2007年被公布为第六批自治区重点文物保护单位。（SGH）

林基路烈士纪念馆 林基路烈士纪念馆位于库车县老城的西南面，是林基路烈士生前工作生活过的地方，为当年县衙署所在地，始建于1975年，占地32.5亩。解放后，这所故居得到了妥善的保护。1978年在这里建成了纪念馆。纪念馆分烈士旧居和烈士革命事迹陈列室两个部分，旧居包括办公室、档案室和宿舍，陈列室陈列有历史照片、烈士信件以及他所创办的《奔流》文艺刊物等珍贵文物。是阿克苏地区唯一的一家爱国主义教育和传统教育基地。林基路纪念馆内的宿舍和八角亭都是林基路同志在库车工作期间亲自设计和建造的，他所设计的宿舍带有一定的伊斯兰风格。县衙府的建筑带有一定的苏式建筑风格，外墙厚度达到一米之宽，冬暖夏凉，大部分房间内都带有壁橱，这都为当时建筑的风格。2003年被公布为第五批自治区重点文物保护单位。（SGH）

托乎拉克庄园 托乎拉克庄园位于且末县托乎拉克乡兰干村内，建于1911年，由11间房屋、2间凉厅、庭院和围墙组成。平面呈正方形，坐南朝北，土木结构，建筑面积780.84平方米。为典型的维吾尔族建筑风格的家族庭园，对研究近代维吾尔族的生活习俗、建筑风格、木雕艺术等具有较高的研究价值。1999年被公布为第四批自治区重点文物保护单位。（SGH）

40天保卫战旧址 40天保卫战旧址位于伊吾县城北侧山上，1950年3月，伊吾发生了规模较大的土匪叛乱，中国人民解放军第六军第十六师四十六团一营二连全体官兵坚守伊吾山城，浴血奋战40天直到胜利。山上构筑的碉堡至今仍在，碉堡为土坯建筑四棱台形，面积约42平方米，高近3米的残墙上有瞭望孔。1979年，伊吾县人民政府将遗址所在的山峰命名为"胜利峰"。1999年被公布为第四批自治区重点文物保护单位。（SGH）

夏合勒克庄园 夏合勒克庄园位于墨玉县扎瓦乡夏合勒克村，时代为民国。原为一典型的维吾尔农村庄园，现仅存一果园，果园中有树木1000多株，果园内有一幢土木建筑的房屋，大小房间相连，共7间，建筑面积209平方米。屋前有木柱回廊。庄园房屋规模较大，墙壁和门窗饰有精美雕刻，室内陈设豪华，房屋类型从客厅、客房、卧室、

大厨房、磨房、鸽堂、畜舍乃至牢房，一应俱全。1962年被公布为第二批自治区重点文物保护单位。（SGH）

中国工农红军总支队干部大队旧址 中国工农红军总支队干部大队旧址建于民国时期，原有四组建筑，均为窑洞式大门，四合院布局，土木结构的民用平房，分别位于乌鲁木齐市五星路2号、4号、5号和西后街58号。1996年拆除，其中58号移建于前进街15号，作为中国工农红军西路军总支队纪念馆。该纪念馆坐西向东，单坡顶，一砖到底，并按照旧址的原貌复原。其占地面积约486.5平方米，陈列大量图片和实物，是乌鲁木齐市一处爱国主义教育基地。1962年被公布为第二批自治区重点文物保护单位。（SGH）

毛泽民烈士办公室及宿舍故址 毛泽民烈士办公室及宿舍故址位于乌鲁木齐市明德路16号院内，建于1940年8月。院内是毛泽民任新疆财政厅厅长期间的宿舍故址，建筑面积约210平方米，为坐北朝南，土木结构的两间半平房。正东有一栋土木结构的二层小楼，曾为新疆财政专修学校，毛泽民兼任过该校校长。1962年被公布为第二批自治区重点文物保护单位。（SGH）

尼勒克三区革命遗址 尼勒克三区革命遗址位于伊犁尼勒克县城以东52千米处的考克喀米尔山南坡的乌拉斯台，是伊犁三区革命的首义地。1943年3月，新疆督办盛世才为了博取蒋介石的欢心，勒令新疆各族人民给国民党军队捐献军马1万匹，这一沉重的负担主要落在了伊犁、塔城、阿山（阿勒泰）三区广大的贫苦牧民的身上。1944年8月，在一些革命志士的组织下，伊犁各族牧民以"反献马运动"为口号，在巩哈县（尼勒克）加哈乌拉斯台首举义旗，拉开了新疆三区革命斗争的序幕。1962年被公布为第二批自治区重点文物保护单位。（SGH）

乌鲁木齐革命烈士陵园 乌鲁木齐革命烈士陵园位于乌鲁木齐市南郊燕儿窝风景区，建于1956年，藉以安葬和纪念中国共产党在新疆从事革命斗争光荣牺牲的烈士。陵园坐落在松柏之中，先后经过5次扩修，由祭扫广场、烈士墓区、骨灰室、烈士事迹陈列室四部分组成。祭扫广场为陵园的主体部分，在广场的平台上，从南至北并排着吴茂林、林基路、陈潭秋、毛泽民、乔国桢烈士墓碑。1962年被公布为第二批自治区重点文物保护单位。（SGH）

新疆各族人民烈士纪念碑 新疆各族人民烈士纪念碑位于人民公园西南部，占地484平方米。碑体高8米，碑座为须弥式，四周镶仿汉白玉花圈，碑体正面镌刻着毛泽东"星星之火，可以燎原，共产主义是不可抗御的！死难烈士万岁"的手迹，其他三面分别用维吾尔、蒙古、哈萨克三种文字镌刻同样的内容题词。1962年公布为第二批自治区重点文物保护单位。（SGH）

阿合买提江等烈士陵园 阿合买提江等烈士陵园位于伊宁市人民公园内，包括陵墓区和陈列馆两部分。陵墓区前面，竖立着一座高13米的纪念碑，北面的正方和两侧分别用汉、哈萨克、维吾尔三种文字镌刻着毛泽东主席的题词。墓碑后面是祭奠广场，沿阶而上的平台上是阿合买提江等七位革命烈士的陵墓。陵园前院两侧建有两座陈列馆，馆内陈列着100余幅照片，比较详细地展现了三区革命各时期革命烈士和民族军将士们从事革命活动的事迹，以及解放后各族各界干部、群众悼念烈士们的盛况。1962年被公布为第二批自治区重点文物保护单位名录。（SGH）

巴什拜麻扎 巴什拜麻扎位于裕民县境内西南8千米的切格尔西岸开阔的缓坡处，1953年11月巴什拜先生安葬于此，1988年县政府重新修建巴什拜墓，占地面积100平方米，是典型的伊斯兰麻扎。麻扎外墙建筑为八角形，砖混结构外贴大理石面，墙高2.6米，门朝南。穹顶上部为圆形合金镀铬球体，顶部为白色月牙形铁板图案，四周是铁制艺术雕花围栏。巴什拜是当地著名的哈萨克族爱国民主人士，2003年该麻扎被县委、县政府确立为爱国主义教育基地。2007年被公布为第六批自治区重点文物保护单位。（SGH）

达立力汗·苏古尔巴也夫墓 达立力汗·苏古尔巴也夫墓位于阿勒泰市烈士陵园，达立力汗·苏古尔巴也夫将军是新疆三区革命重要领导人、民族军副总指挥，他一生致力于解放新疆和反对新疆分裂的斗争中，为新疆的和平解放和阿勒泰人民的安居乐业做出了重要贡献。陵墓地表形式采用伊斯兰教传统形式，占地面积约50平方米。是一处重要的爱国主义教育基地。1962年被公布为第二批自治区重点文物保护单位。（SGH）

独山子石油工人俱乐部 独山子石油工人俱乐部位于克拉玛依市独山子区喀什路2号，始建于1955年。这座米黄色的建筑物长47.6米、宽53米、高12.65米，共有三层楼和一层地下室，建筑面积有4000平方米。主要部分有剧场、图书阅览室、游戏室、健身房、讲座室、中苏友好室、食品部、休息室和多功能室等，可容纳1500人。独山子石油工人俱乐部为典型的苏式风格建筑，是新疆石油工业最早的职工文化活动中心，被列为爱国主义教育基地。2007年被公布为第六批自治区重点文物保护单位。（SGH）

中苏石油股份公司独山子职工子弟学校旧址 中苏石油股份公司独山子职工子弟学校旧址位于克拉玛依市独山子区喀什路3号。1951年经新疆省教育厅批准筹建，1952年学校正式成立，1958年学校更名为独山子第一小学。2000年，独山子第一小学与第六小学合并，校址迁至烟台路1号。同年，独山子石化总厂动力公司迁至此办公至今。学校旧址是一栋坐西向东的苏式二层米黄色建筑，长36米、宽26.5米、高7.5米，建筑面积954平方米。独山子职工子弟学校是新疆石油工业第一所多语种子弟学校，现为爱国主义教育基地。2007年被公布为第六批自治区重点文物保护单位。（SGH）

中苏石油股份公司旧址 中苏石油股份公司旧址位于克拉玛依市独山子区喀什路3号，1950年9月在原独山子石油公司厂房旧址的基础上兴建。1953年1月，中苏石油股份公司机关由独山子迁驻迪化（今乌鲁木齐）前，一直作为总经理部办公地。旧址是一个长49米、宽13.5米、高6.5米的坐东向西苏式二层米黄色建筑，共有房间33间，铺红色木地板。现由独山子石油化工公路运输有限公司在此办公，该旧址被列为爱国主义教育基地。2007年被公布为第六批自治区重点文物保护单位。（SGH）

英雄193井 英雄193井位于克拉玛依市白碱滩区采油二厂厂区东南方向约4.5千米处。该井于1958年4月8日开钻，8月29日完钻，井深2275.73米，同年9月19日以10毫米油嘴试产，最高日产原油达到260吨，为当时全国绝无仅有的高产井。英雄193井目前始终保持自喷生产，井上有专门的井口房，井口房内是地面管汇流程，设有自喷井清蜡绞车。英雄193井是我国第一口高产井，具有丰富的历史内涵，也是老一辈石油工人艰苦创业的历史见证。2007年被公布为第六批自治区重点文物保护单位。（SGH）

南花园小洋房 南花园小洋房位于自治区教育厅住宅区内，是一处近现代代表性建筑。建造于1940年前后，总建筑面积220平方米，是由原苏联人设计的具有俄式风格的住宅类建筑。目前该建筑是乌鲁木齐市南花园物业管理中心的办公场所。小洋房红色的铁皮屋顶非常醒目，房屋整体大致呈"凹"字形，长方形的主体左右两端各突出一个矩形房间和一个多角形房间，矩形房间有着尖尖的三角形屋顶，而多角形房间则更像个八角楼。小洋房外墙用洋灰和石子混合搅拌砌筑，粗糙但却颗粒分明。屋内共有7个房间，木质地板和房顶、壁炉都保存完好。小洋房屋内原来铺的是红色木地板，只有部分地方有磨损，现在屋内的木地板和地板胶都是在原有基础铺就，是为了保护原有地板。而屋内门窗的框架以及配件等都是当年原有的，尤其是黄铜制门把手至今完好无损。据传小洋房所在地盘最初为俄籍塔塔尔族人胡赛因所有，后被盛世才没收，在该地修建了这幢小洋房，盛世才离开后该地归还原主。1961年自治区教育厅买下此房作为办公室使用。1994年被公布为市级重点文物保护单位，2014年被公布为第七批自治区重点文物保护单位。（SGH）

奇台直隶会馆 奇台直隶会馆位于奇台县边防某团后勤院内，建于民国三年（1914）。和甘省会馆一样，直隶会馆建成后都是使用至1951年，此后为公房，由当地驻军使用，并归为军事用地范围。1983年经政府协调，两处会馆由县文物保护管理所管理，保护范围仅限于三座建筑物。奇台县有200多年的建县历史，是古丝绸之路新北道（草原丝绸之路）上的商业重镇，历史上曾与哈密、乌鲁木齐、伊犁齐名，并称新疆四大商业都会。清末民初奇台有甘省会馆、直隶会馆、四川会馆、山西会馆、陕西会馆等数十处会馆及大小50余座庙宇，这些会馆是民众自发的民间组织，是边疆地区独有的会馆文化，为社会安定做出了贡献。会馆建筑风格均为砖木土坯结构殿堂，屋架全部立柱，建起拱形屋架之后再砌墙，墙体四角为砖基，西墙外侧为砖面，中体墙为土坯，屋顶拱形，前后流水，屋顶四角飞檐，殿堂内立柱雕花，天顶悬梁，是典型的木结构殿堂，做工精湛。该会馆是研究关内移民向西迁徙的实物资料,对于地方志研究弥足珍贵,也是研究古丝绸之路新北道兴衰史的重要物证。直隶会馆1984年被公布为县级重点文物保护单位,2014年被公布为第七批自治区重点文物保护单位。(SGH)

伊吾四十天保卫战烈士陵园 伊吾四十天保卫战烈士陵园坐南向北,与北山胜利峰隔伊吾河遥遥相对。这座落成于1980年的烈士陵园,是伊吾人民为缅怀1950年新疆解放中在伊吾四十天保卫战中壮烈牺牲的革命烈士而建。伊吾四十天保卫战因以少胜多、以弱胜强而震惊全国。参加战斗的二连也被解放军西北军区第一野战军授予"钢铁英雄连"的光荣称号。陵园正中的伊吾四十天保卫战纪念碑上,南北两面刻有维吾尔、汉文"伊吾四十天保卫战中英勇牺牲的烈士永垂不朽"的题词。碑南建有32座烈士墓,其中长眠着为伊吾解放而牺牲于保卫战中的革命烈士。园内建有伊吾四十天保卫战纪念馆,陵园对面北山最高处可见一处碉堡,是伊吾全城最高点,也是当年战斗激烈之地。陵园西面的南山修建了英雄塔,塔高19.50米,意指保卫战发生于1950年。塔身有壁龛40个,风铃40个,象征保卫战进行的四十天。2014年被公布为第七批自治区重点文物保护单位。(SGH)

叶城县烈士陵园 叶城县烈士陵园位于县城东郊6千米处,占地面积51994.8平方米,门前是315国道。陵园正门向南,上方刻着毛主席的诗句"为有牺牲多壮志,敢教日月换新天"14个金色大字,两边题有"缅怀革命先烈 继承光荣传统"的对联。门内是2000平方米的纪念广场,正门正中50米外耸立着一座雄伟庄严的革命烈士纪念碑,周长19.62米、碑高10.20米(寓意为:1962年10月20日),正面刻着"人民英雄永垂不朽",背面刻着"为人民的利益而死比泰山还重"。烈士纪念碑后是纪念馆,建筑面积500平方米,左右两边题有"先烈精神千秋在,英雄浩气万古存"的诗句。纪念馆两侧是气势磅礴的汉白玉石雕纪念墙,正面展现了新疆各族人民众志成城、卫国戍边、抵抗入侵的场景,背面雕刻叶城烈士陵园简介和英雄的姓名。纪念墙两边是纪念廊。纪念馆后是英雄墓区,前排安葬着3位国家级烈士和8位自治区级烈士,整个烈士墓区占地面积为8500平方米,安葬着48名烈士,为革命牺牲的67名,不幸殉职和病故军人59名,因公牺牲35名。1965年10月由叶城县和南疆军区协同修建叶城烈士陵园。1995年4月被命名为爱国主义教育基地。2009年被批准为全国重点烈士纪念建筑物保护单位。2014年被公布为第七批自治区重点文物保护单位。(SGH)

康苏苏式建筑群 康苏苏式建筑群位于乌恰县康苏镇,始建于20世纪50年代,由当年在当地工作和生活的苏联专家建设,由于该建筑群墙面以红色居多,当地人称呼它们为"红房子",即当年苏联专家曾经工作和居住过的红房子。红房子总共有44栋,分为煤矿区域、办公区红楼、中苏有色金属有色管委会指挥部、老村苏式建筑别墅、影剧院、医院和矿区俱乐部,这些建筑历经65年风雨沧桑仍保存完整,部分还在使用,其中建筑面积最大的是1954年建设的中苏有色金属公司办公楼上下两层,总体面积约1400平方米。1962年这里是康苏矿区管委会办公楼,1984—2011年康苏镇政府在此办公,包括当地派出所、武装部、广播站等7站8所部门。红房子是苏式建筑风格,均为砖木结构,左右呈中轴对称,平面规矩,中间高两边低,主楼高耸、回廊宽缓伸展,鹅黄色三角屋顶配红色墙体,双层木质窗框,红松木地板,扇形双开大门和拱形窗户,有的建筑屋顶上有火红的五角星标徽。2014年被公布为第七批自治区重点文物保护单位。(SGH)

乌鲁木齐文庙 乌鲁木齐文庙位于乌鲁木齐市前进路15号,是全疆唯一一处保存完整的清代风格庙宇建筑群。文庙,亦即孔庙,专为祭祀孔子而建。乌鲁木齐文庙原系上帝庙,后监修于民国十一年(1922),主祭上帝。1945年改修为孔子大成殿。1979年公布为市级重点文物保护单位。现在的乌鲁木齐文庙是一组砖木结构清代宇式建筑,建有前后大殿及东西两侧两组配殿,并有对称的两座钟鼓楼,前方正大殿飞檐斗拱、青砖筒瓦、雕梁画栋,整体建筑,雄浑庄重,古色古香。乌鲁木齐文庙开辟有孔子大成殿,集全国文庙三特点,将孔子、四像、十二哲融为一室,大型雕像、高浮雕立像个个栩栩如生,"万世师表""生民未有"等匾额悬挂在孔子佛龛之上。孔子座像前摆放着各种祭器,供游人参拜。孔子圣迹内容包括:孔子弟子、孔子生平,等等。2014年被公布为第七批自治区重点文物保护单位。(SGH)

新疆省银行故址 新疆省银行故址位于乌鲁木齐市明德路,始建于1942年,是见证新疆金融发展历史的"活化石",现为中国工商银行新疆分行所在地。2003年,该银行故址经过改造,保留了外墙、内侧以及原来的台阶、门廊和支柱,丝毫不影响使用。2014年被公布为第七批自治区重点文物保护单位。(SGH)

八一剧场 八一剧场位于乌鲁木齐市天山区文艺路,南门广场东侧。八一剧场始建于1954年,是乌鲁木齐市现存最早的剧场。这是一座由中国人民解放军进疆部队自己设计、施工、投资建造的建筑,见证了乌鲁木齐市60年来的发展历史。八一剧场接待过苏联、朝鲜、阿尔巴尼亚等很多外国代表团。中央首长周恩来、贺龙、陈毅、王震、罗干等都曾来过八一剧场。自治区的大型舞蹈节演出,现在也被安排到这里。2004年被公布为第四批乌鲁木齐市重点文物保护单位。2014年被公布为第七批自治区重点文物保护单位。(SGH)

吉木乃中哈国门 吉木乃中哈国门最早建于1916年,经1940年修缮,又于1950年7月改建,到1955年,再次进行改建。现在的国门由四根黄色华表造型的柱子组成框架,在国门的中心门上,坐落着天安门城楼的造型;中心门两侧开有侧门,上嵌菱形透刻花纹。自国门向西约20米,是乌勒昆乌拉斯图中哈界河,河水热气蒸腾,如虹龙曲折,河上东西横跨一座汉白玉桥,原称"中苏界桥"。2002年，中哈会晤桥遭遇特大洪水袭击损毁。后由中国出资60万元并负责施工，于2006年8月落成了现在的汉白玉桥。吉木乃口岸有100多年通商历史，地处中、哈、俄、蒙四国交界区，是四国之间最为便捷的国际贸易通道，属国家一类陆路口岸，已发展成为新疆第三大内陆口岸。2009年被公布为国家3A级景区。2014年被公布为第七批自治区重点文物保护单位。（SGH）

达布逊军事设施遗址 达布逊军事设施遗址位于新疆青河县塔克什肯镇依希根村冬牧场、大红山东面约3千米处，共有4座较大的山丘顶部防御工事，标记为一、二、三、四号，一号遗址所在的山顶部修筑有环形的防御设施，中间有土坯修建的房屋，东南侧有5间，东侧有2间。一号北面山丘上为二号遗址，有环形房屋和门洞，房屋间有相连的坑道，保存较好。二号遗址东面较高的山丘为三号遗址，三号遗址为制高点，顶部有环形坑道，每3.5米有一射击孔。三号遗址南面为四号遗址，是军队驻地所在，用减地法结合土坯垒砌，修筑30间大小不一的房屋，北部是最大的一间，南北长约40米，东西宽35米。山体西侧还有半环型的战壕。山丘之间三座较小的山包有战壕与其他防御工事相连，一、二号之间有地窝子，最大一间东西长20米，南北宽15米。该处军事设施为我军1945年抵抗外军入侵遗留之军事工事。2014年被公布为第七批自治区重点文物保护单位。（SGH）

芳草湖三场碉堡粮仓 芳草湖三场碉堡粮仓位于呼图壁县五工台镇大泉村西北约45千米，粮仓建于1967年，是芳草湖农场最具代表性的建筑之一，是兵团老一辈人开荒造田、屯垦戍边的历史见证。20世纪六七十年代，随着农业生产的发展，粮食生产数量也随之增加，芳草湖农场原有的粮仓已不能满足粮食储藏的需要。为了更好地储存粮食，当时的芳草湖农场三场第三生产队就地取材，建起了两座圆筒状、尖顶式四连体粮仓，因其外形酷似碉堡而得名碉堡粮仓。粮仓由大堂、廊道、四个储粮仓和一个值班室组成。碉堡粮仓仓体高5.2米，墙壁厚0.5米，每座粮仓可储存近百吨粮食。这种厚实的外墙设计能让粮仓起到较好的隔热作用，加之顶部独特的设计，有效降低了粮仓内的温度，利于粮食储存。碉堡粮仓结构简单实用，仓体外有四个进粮口（也是通风口），仓体下有四道出粮门和两道安全门。到20世纪70年代末，碉堡粮仓没有再储存过粮食，一直荒废。碉堡粮仓是特殊年代的历史见证，见证着兵团人艰苦奋斗、攻坚克难的精神，见证了兵团人艰苦奋斗的创业历史，既是那个时代的特殊印记，也是团场的宝贵财富。2014年被公布为第七批自治区重点文物保护单位。（SGH）

巴里坤老油坊 巴里坤老油坊位于大河乡，是巴里坤哈萨克自治县一座地标性的建筑，2002年11月被公布为县重点文物保护单位，现如今"百年老油坊"其意义主要体现在它的文物价值上。据巴里坤县志记载：民国年间巴里坤城内有"仁和兴"蒋家油坊、"义成晟"王家油坊、"兴盛昌"骆家油坊、"永济堂"倪家油坊、"富达西"韩家油坊等14家油坊，盛极一时，但至今仍然完整保存下来并能够运转的就只有"富达西"韩家油坊了。"老油坊"初建于清朝道光末年（1850），前身是原镇西（清乾隆年间，御准在巴里坤设府，定名为"镇西"）北街的"富达西韩家油坊"——韩氏家族的先人励精图治潜心打造的县域品牌油坊。油坊内设直径1.2米的大炒锅，长1.8米、宽1.2米、高1.3米的长方形的蒸笼，直径1.2米、高0.4米的石磨以及大头直径1米、小头直径0.5米、长13米的4架红松木大梁组成的大型土制榨油机。这套完整的手工榨油设备，百余年来一直断断续续不停地运转着，直到今天仍给许多喜爱手工油的客户服务。这套设备构成的"老油坊"是原来巴里坤哈萨克自治县14家油坊中唯一保存到今天还能正常运转的一家"老油坊"，也是新疆境内保存完整仍在榨油的唯一一家汉式油坊。"老油坊"采用的完全是我国现存的古代榨油术——"卧式"榨油方式，该技艺包括30多道工序，堪称民间手工榨油技艺的"活化石"。2014年被公布为第七批自治区重点文物保护单位。（SGH）

黑山头军事要塞　黑山头军事要塞位于博尔塔拉蒙古自治州精河县城东北约5千米处。始建于1963年，1972年基本完工，是20世纪六七十年代修建的对苏作战的第二道防御线。军事区总面积约为3.7平方千米，分南北两部分，南部为指挥中心，北部为作战中心。南山大坑道多，小坑道少；北山小坑道多，大坑道多。最大坑道长约120米。军事区内各种防御工事齐全，最大容量一次可容纳3万名官兵，其储存的粮、油、食物及生活用水可供官兵使用50多天，可阻拦敌人进攻达52小时，南北坑道各有两处蓄水工程，水质经特殊处理后可保持50年不变，黑山头军事区坑道内每年四季温度均保持在12.3℃，四季温差只有0.3℃～0.5℃。洞内各类战备工事齐备，机枪、高射炮等掩体一应俱全。北山有废弃的飞机场。黑山头要塞虎踞312国道南路，战略作用十分突出，20世纪70年代，这里是炮兵、步兵经常举行演习的场地，黑山头军事要塞自修建起就有驻军，随着战事缓和逐渐撤离，1983年全部撤完。黑山头军事要塞区具有很强的国防教育价值和历史意义。2014年被公布为第七批自治区重点文物保护单位。（SGH）

塔塔尔学校旧址　塔塔尔学校旧址位于伊宁市解放路四巷伊宁市六小校园内的伊犁塔塔尔学校旧址，是一座有近百年历史的民国建筑。1916年，随着人口的日益增长，当初塔塔尔族人在伊宁市创办的第一所女子学校"麦克铁甫努尔"（意为光明学校）已经无法接纳更多的学生。当时伊犁教育界启蒙人士、塔塔尔族人尼扎木法提霍林、法鲁克·哈比托夫、格拉吉丁·哈不都拉尤夫等人经过商议，筹集资金在诺盖提库提城的中心地带建立占地面积1万多平方米的塔塔尔学校，供当地塔塔尔族及其他民族适龄儿童上学，并聘请有教学经验的塔塔尔族女老师任教。这所学校在1933年进行了一次扩建，教学楼使用面积有1300多平方米，楼顶覆盖着铁皮，俄式尖顶门廊和房檐上的木板漆成了天蓝色，走廊两边是十几间教室和礼堂，泥抹墙刷得雪白，宽大的窗户上镶嵌着双层玻璃，地面上铺着优质松木地板，厚厚的土墙，隔音效果极佳，墙上每年刷一道石灰，可消毒杀菌防虫，后来该校成为目前伊宁市六小的前身。2008年伊犁塔塔尔学校旧址被伊宁市政府列为市级重点文物保护单位。2014年被公布为第七批自治区重点文物保护单位。(SGH)

原俄国驻塔城领事馆水塔 原俄国驻塔城领事馆水塔位于塔城市地区宾馆院内，始建于清咸丰二年（1852），属俄国驻塔城领事馆之水塔。民国十四年（1925）改为苏联驻塔城领事馆。水塔现仍在使用。水塔由红砖砌筑而成，从底到顶共分7层，逐渐向内收缩变小，最底层东西长5.5米，南北宽5.6米，每层高约1.96米，水塔顶部为铁皮制，在铁皮顶上又有木质小塔顶，塔高16米，墙体厚约1米，水塔南侧自上而下共有窗户3个。2014年被公布为第七批自治区重点文物保护单位。(SGH)

二 非物质文化资源

（一）世界级非物质文化遗产项目

新疆维吾尔木卡姆艺术 新疆维吾尔木卡姆艺术是一种集歌、舞、乐于一体的大型综合艺术形式，主要分布在南疆、北疆、东疆各维吾尔族聚居区，在乌鲁木齐等各大、中、小城镇也广为流传。维吾尔木卡姆艺术肇始于民间文化，发展于各绿洲城邦国宫廷及都府官邸，经过整合发展，形成了多样性、综合性、完整性、即兴性、大众性的艺术风格，成为维吾尔族的杰出表现形式。新疆维吾尔木卡姆艺术唱词包括哲人箴言、先知告诫、乡村俚语、民间故事等，其中既有民间歌谣，又有文人诗作，是维吾尔族人民心智的生动表现。维吾尔木卡姆艺术的音乐形态丰富多样，有多种音律，繁复的调式、节拍、节奏和组合形式多样的伴奏乐器，显示出鲜明的民族特色和强烈的感染力。新疆维吾尔木卡姆艺术在其文化空间的发展历程中形成了最具代表性的十二木卡姆、吐鲁番木卡姆、哈密木卡姆、刀郎木卡姆等流派。十二木卡姆由十二套大型乐曲组成，其中的每一套包括"穹乃额曼"（意为"大曲"，系列叙咏歌、器乐曲、歌舞曲）、"达斯坦"（系列叙事歌、器乐曲）和"麦西来甫"（系列歌舞曲）三大部分。每套含乐曲20～30首，12套共近300首，完整地演唱需要20多个小时。喀什、和田、阿克苏和伊犁等地流传的"十二木卡姆"虽然同源，但在结构模式、旋律风格、乐器使用等方面却又各具特色。十二木卡姆是维吾尔民众最喜爱的艺术形式，在各种公众或家庭聚会中演唱和舞蹈。

吐鲁番木卡姆是新疆维吾尔木卡姆艺术的重要组成部分，主要流传于吐鲁番地区鄯善县鲁克沁镇及周边吐鲁番市和托克逊县。吐鲁番木卡姆有"拉克木卡姆""且比亚特木卡姆"等11部，完整演奏一次约需10个小时。每套木卡姆由"木凯迪满""且克特""巴西且克特""亚郎且克特""朱拉""赛乃姆""尾声"等八部分组成。除有伴奏以外，还有用鼓吹乐表演的形式。吐鲁番木卡姆，无鼓不歌、无舞不乐的艺术特色是古代高昌及高昌回鹘汗国的音乐遗风。作为东西方乐舞文化交流的结晶，吐鲁番木卡姆记录和印证了不同乐舞文化之间相互传播、撞击、交融的历史。在吐鲁番木卡姆中既能见到我国中原音乐和漠北草原音乐的元素，也能见到中亚、南亚、西亚、北非等国家、地区音乐的影响。它的特殊音乐节奏、节拍及律制是维吾尔音乐理论体系形成的重要基础。吐鲁番木卡姆的唱词多为民间歌谣，也有中世纪文人墨客的诗作，它汇集了吐鲁番维吾尔民间口头文学和察合台历史时期古典诗歌的精华，成为研究古代高昌人和周边族群及现代维吾尔民族的生活哲学、伦理道德、民俗民风、文学艺术等诸种文化表现不可多得的活态资料。

哈密木卡姆是流传在新疆东部哈密地区的一种历史悠久、篇幅宏大、结构完整的大型维吾尔音乐套曲，共有"琼都尔木卡姆""乌鲁克都尔木卡姆"等12套，其中7套包括两个乐章（即两套曲目），共有258首曲目、数千行歌词。哈密木卡姆在其形成和发展过程中，在西域"伊州乐"的基础上，不同程度地吸收了来自中原、中亚及西亚的音乐艺术营养，在歌词、风格、结构等方面体现了文化多元性的特点。哈密木卡姆在历史上经过了从民间到王宫，最后又回到民间的流传整合过程，经由民间艺人的不断演唱和整理规范，形成了结构完整的套曲形态。每套木卡姆均由散板的序唱和4/4、7/8、5/8节奏的多首歌曲及2/4节奏的多首歌舞曲的结构序列组成，体现了完整性。哈密木卡姆的命名方式保持了维吾尔族的传统，每套木卡姆的名称一直到现在都保留着维吾尔族的名称，如"乌鲁克都尔木卡姆""嗨嗨哟兰木卡姆""加尼凯姆木卡姆"等，在新疆各地木卡姆中显得十分独特。刀郎木卡姆主要分布在塔里木盆地西北部以叶尔羌河至塔里木河流域为中心的刀郎地区，尤以麦盖提县为盛。刀郎木卡姆据说原有12套，现在能收集到9套，其中包括"巴希巴雅宛木卡姆""孜尔巴雅宛木卡姆""区尔巴雅宛木卡姆"等。每套刀郎木卡姆都由"木凯迪满""且克脱曼""赛乃姆""赛勒凯斯""色利尔玛"五部分组成,为前缀有散板序唱的不同节拍、节奏的歌舞套曲。每部刀郎木卡郎的长度约为6~9分钟,9套总长度约1.5小时。刀朗木卡姆的唱词全都是在刀郎地区广为流传的维吾尔民谣,充分表达了刀郎维吾尔人的喜、怒、哀、乐,同时反映出维吾尔族社会生活的各个方面,内容丰富多彩,曲调高亢粗犷,感情纯朴真挚。

2005年11月25日,中国政府报送的"新疆维吾尔木卡姆艺术"项目入选联合国教科文组织第三批人类口头和非物质遗产代表作名录。2006年被列入第一批国家级非物质文化遗产名录,2007年被列入第一批自治区级非物质文化遗产名录。(WWP)

玛纳斯 《玛纳斯》是柯尔克孜族的英雄史诗,描写了英雄玛纳斯及其七代子孙前仆后继、率领柯尔克孜人民与外来侵略者和各种邪恶势力进行斗争的事迹,讲述了柯尔克孜人不畏艰险,奋勇拼搏,创造美好生活,歌颂伟大爱情的故事,体现了柯尔克孜族人顽强不屈的民族性格和团结一致、奋发进取的民族精神。《玛纳斯》主要流传于新疆维吾尔自治区南部的克孜勒苏柯尔克孜自治州及新疆维吾尔自治区北部的伊犁哈萨克自治州。此外,中亚的吉尔吉斯斯坦、哈萨克斯坦也是《玛纳斯》重要的流传地域,阿富汗的北部地区也有流传。据文献记载,《玛纳斯》在16世纪已开始流传,几百年来,一直口耳承传。民间歌手在史诗的创作与传承中起着重要的作用。《玛纳斯》共8部,20余万行,广义指整部史诗,狭义指其第一部。与藏族史诗《格萨尔王传》、蒙古族史诗《江格尔》不同,史诗《玛纳斯》并非一个主人公,而是一家子孙八代人。整部史诗以第一部中的主人公得名。《玛纳斯》被视为柯尔克孜的民族魂,凝聚着柯尔克孜民族的精神力量。它从古老的柯尔克孜史诗与丰厚的柯尔克孜民间文学中吸取营养,包容了柯尔克孜古老的神话、传说、习俗歌、民间叙事诗与民间谚语,集柯尔克孜民间文学之大成,是柯尔克孜民族民间文化的百科全书,具有文学、历史、语言、民俗等多学科的价值。《玛纳斯》的普查工作始于20世纪60年代,普查中发现了许多演唱《玛纳斯》的歌手,记录了各种《玛纳斯》的异文。自20世纪60年代起,记录、整理、出版了居素甫·玛玛依演唱的8部《玛纳斯》(23万行,共18册)柯尔克孜文本。目前已有英、俄、汉、土、日、哈等多种译文,其重要的学术价值引起了国内外学者的重视,在中外文学史上享有巨大声誉,联合国曾将1995年定为"国际玛纳斯年"。随着现代化进程的加速,《玛纳斯》的传承面临危机,一些重要的史诗歌手相继去世,在世的著名歌手也已年过古稀,史诗传承形势严峻。因此,对玛纳斯的抢救、保护工作刻不容缓。经由新疆维吾尔自治区克孜勒苏柯尔克孜自治州、新疆维吾尔自治区文联民间文艺家协会申报,同年被列入第一批国家级非物质文化遗产名录,2007年被列入第一批自治区级非物质文化遗产名录,2009年被列入联合国教科文组织世界非物质遗产代表作名录。(WWP)

麦西来甫 麦西来甫是一种舞蹈和娱乐活动的形式,指有众多人员参加,以歌舞为主的大型自娱自乐活动。麦西来甫流传于中国新疆各地区、自治州、县维吾尔族较为集中的区域。现代维吾尔语中,"麦西来甫"意为"聚会""场所",是古代维吾尔族先民祭祀、祈福、庆典活动的遗存和发展。汉文典籍《魏书·高车传》(553)和阿拉伯文典籍《突厥语大词典》(1073)中有所记载。麦西来甫是有组织、依程序举行的传统民俗活动,通常依岁时节令、传统节日和民众生产生活需要,在比较宽敞的室外场院举办。举行麦西来甫的时间可以在白昼,也可以在夜晚,由主持人与参加者集体商议确定。届时,人们三五成群渐次来到场地,先相互致礼问候,握手言欢,然后按长幼顺次围圈入座,人人沉浸在祥和、欢快的氛围之中。参与者主要由被称为"依给提比西"(民众公推的司仪,被赋予主持活动中礼仪、歌舞、游戏、模拟判案等事务的最高权力,常配有几位助手以确保实践活动有序进行)、应邀表演的民间艺人和公众三部分组成。一般有数百人参加,每个人都是活动的参与者。各地都有自己的麦西来甫,风格大同小异。传统的麦西来甫内容丰富,一次完整的麦西来甫,包括维吾尔木卡姆、民间歌舞、曲艺、戏剧等表演,以及口头文学、竞技、游戏等各种群众喜爱、积极参与的活动,群众性的自娱舞蹈是麦西来甫最主要的内容。麦西来甫既是民间艺人展现精湛技艺的重要"舞台",又是司仪调解矛盾、维护伦理的"法庭",也是民众习得传统礼仪、自然知识、生产经验的"课堂"和娱乐身心的"游乐场",是承载维吾尔人传统文化的重要场所和实践活动。2010年被列入联合国教科文组织的非遗名录中的急需保护名录。2014年被列入第四批自治区级非物质文化遗产名录。(WJR)

(二)国家级非物质文化遗产项目

1. 民间文学

江格尔 《江格尔》是蒙古族英雄史诗,在新疆主要流传于阿尔泰山一带的蒙古族聚居区。多数学者认为《江格尔》最早产生于中国卫拉特蒙古部,17世纪随着卫拉特蒙古各部的迁徙,也流传于俄国、蒙古国的蒙古族中,成为跨国界的大史诗。《江格尔》的产生和发展过程漫长,主要以口传方式流布,也有抄本和刻印本。史诗描述了以江格尔为首的12名雄狮大将和数千名勇士为保卫宝木巴家乡而同邪恶势力进行艰苦斗争并终于取得胜利的故事,深刻地反映了蒙古族人民的生活理想和美学追求,具有很高的艺术价值,至今仍在蒙古族中传唱。自20世纪80年代起,我国开始大规模搜集和记录《江格尔》的工作,至今已有境内外多种文字的版本刊行,产生了广泛的影响。随着全球化趋势的增强,经济和社会的急剧变迁,《江格尔》的生存、保护和发展也遇到了新的情况和问题,形势十分严峻。著名的民间艺人有的已经过世，在世的也都已经年届高龄，面临着"人亡歌息"的危险。2007年被列入第一批自治区级非物质文化遗产名录，2008年被列入第二批国家级非物质文化遗产名录。（WWP）

格萨尔 《格萨尔》是一部以口耳相传的方式讲述了格萨尔王降临下界后降妖除魔、抑强扶弱、统一各部，最后回归天国的英雄业绩的伟大史诗。主要流传于中国青藏高原的藏、蒙古、土、裕固等民族。现存最早的史诗抄本成书于14世纪，1716年的北京木刻版《十方圣主格斯尔可汗传》是其最早的印刷本。迄今有记录的史诗说唱本约120多部，仅韵文就长达100多万诗行，而且目前这一活态的口头史诗仍在不断扩展。《格萨（斯）尔》是世界上迄今发现的演唱篇幅最长的史诗，是多个民族共享的口头史诗，是草原游牧文化的结晶，代表着古代藏族、蒙古族民间文化与口头叙事艺术的最高成就。《格萨（斯）尔》是相关族群社区宗教信仰、本土知识、民间智慧、族群记忆、母语表达的主要载体，是唐卡、藏戏、弹唱等传统民间艺术创作的灵感源泉，同时也是现代艺术形式的源头活水。史诗演唱具有表达民族情感、促进社会互动、秉持传统信仰的作用，也具有强化民族认同、价值观念和影响民间审美取向的功能。《格萨（斯）尔》在多民族中传播，不仅是传承民族文化、凝聚民族精神的重要纽带，同时也是各民族相互交流和相互理解的生动见证。千百年来，史诗艺人一直承担着讲述历史、传达知识、规范行为、维护社区、调节生活的角色，以史诗对民族成员进行教育。20世纪50年代以来，受现代化进程的影响，职业化的艺人群开始萎缩。近年来一批老艺人相继辞世，格萨尔受众群也正在缩小，史诗传统面临着消亡的危险。2007年被列入第一批自治区级非物质文化遗产名录，2008年被列入第二批国家级非物质文化遗产名录。（WWP）

维吾尔族达斯坦 维吾尔族达斯坦，是由民间诗体语言和散文语言结合在一起的叙事文学作品，其篇幅较长，常有完整的故事和贯穿的人物，既包括古代历史事件和英雄人物的业绩，又包括中古时期的宗教战争和爱情悲剧，还有发生在近代的重要历史事件。"达斯坦"是维语，意为"叙事长诗"。广泛流传在新疆维吾尔自治区各地，具有悠久的历史。相传早在3—7世纪，生活在中国新疆地区的维吾尔族中，就流传过一部名为《阿里甫·埃尔杜额阿》的达斯坦节目，表现的是本民族英雄埃尔杜额阿的英雄事迹，从此表现英雄人物成为达斯坦说唱的一个传统。作为曲种的维吾尔族达斯坦，以说唱长篇韵文故事为基本特征，借用本民族的大型音乐套曲"木卡姆"中的曲调选段来歌唱表演。达斯坦表演时，由一至三人演出，其中主演者手持民族乐器热瓦甫或都塔尔、弹拨尔、沙塔尔等自弹自拉自演，其他演员则分持手鼓或石片等击节演唱。演出的场所也很灵活，集市、茶馆、宴会上均可表演。新疆境内的柯尔克孜族著名的英雄史诗《玛纳斯》，也是用达斯坦的形式演出并流传的。相传斯依提是达斯坦弹唱最为著名的艺人,其事迹被编成达斯坦节目演唱,名为《好汉斯依提》。2007年被列入第一批自治区级非物质文化遗产名录,2008年被列入第二批国家级非物质文化遗产名录。(WWP)

哈萨克族达斯坦 哈萨克族达斯坦是哈萨克族民间文学作品中最优美的形式之一,也是一种历史悠久的民间说唱艺术,情节复杂,篇幅很长。哈萨克族民间达斯坦重点分布在哈萨克族主要聚居的北疆地区,尤其是阿勒泰地区境内。哈萨克族达斯坦起源于何时尚无定论,但有关史料记载其有着悠久的历史,与哈萨克人民的历史、生活同步发展,包容了哈萨克族古代历史、生活各个方面,在哈萨克族文学史上占有重要地位。从内容上划分,哈萨克族达斯坦可分为英雄史诗、爱情长诗、历史长诗和黑萨这四大种类。在这四大种类中最著名、影响最为广泛的作品有英雄史诗《阿里帕米斯》《豁布兰德》;爱情长诗《吉别克姑娘》《豁孜阔尔佩席与色彦苏鲁》等。表演时,散文部分用说白叙述,韵文部分一般配有较固定的曲调,用冬不拉伴奏,多为自弹自唱。唱词富于哲理和智慧,给人以深刻启迪。善于演唱这种达斯坦的人被称为"达斯坦奇",为具有弹唱技巧又具有即兴填词才能的歌手兼诗人。据统计,现存的哈萨克族达斯坦文学作品有200多部。政府为了保护这种古老的民间文化,成立了专门的部门对达斯坦艺人进行保护,把可以吟唱的104首达斯坦用文字和录音记录下来,又建立了专门的基地和学校招收学生学习达斯坦。2007年被列入第一批自治区级非物质文化遗产名录,2008年被列入第二批国家级非物质文化遗产名录。(WWP)

柯尔克孜约隆 "约隆"是柯尔克孜族克甫恰克部落的传统民间口头文学的一种,在帕米尔地区生活的柯尔克孜族聚居区广为流传。流传千年的约隆口头文学一般在婚礼盛宴时才说唱,内容引人入胜,吸引力强,在婚礼上起到重要的作用。柯尔克孜族的约隆歌种类繁多,有劝嫁约隆、迎客约隆、谜语约隆等,可以清唱,也可以用库姆孜伴奏演唱。在帕米尔地区已搜集到的约隆歌大约有10多种800多首。2007年被列入第一批自治区级非物质文化遗产名录,2008年被列入第二批国家级非物质文化遗产名录。(WWP)

祝赞词 祝赞词是蒙古族猎户、牧民集体创作的口头作品,富有草原气息,自古在蒙古族民间流传,在新疆主要流传在博湖县等蒙古族聚居区。祝词和赞词最初产生于劳动,萨满教出现以后,巫师(蒙语称"博")借用这些古老的歌谣,或者加以改编,把祝词变成了萨满教的各种仪式歌。古老的祝词赞词大多是对天地山川、自然万物的赞颂,对渔猎畜牧生产的祈求祝福。后来由于社会生产的发展,民间祝词和赞词逐渐消除了古老祝赞词那种原始宗教的色彩,而代之以对劳动生产的直接描述和对劳动成果的热烈赞美。祝词赞词中最精彩而又数量最多的,是赞美日常生活的作品。从节日"那达慕"大会到婚礼仪式、从故乡山河到五种牲畜以及日常用具和装饰品,都有相应的作品给以热烈的祝颂和赞美。当牲畜繁殖、毡包落成、新婚嫁娶、婴儿诞生，善于辞令的祝颂者"珲锦"，便要为人们祝福、献上吉祥的诗章。在喜气洋洋的宴会上，好客的主人也要首先朗诵热情洋溢的祝酒词，劝客人干杯。这类祝词和赞词色彩绚丽，情真意切，感情奔放，语意激扬。它在表现形式和语言风格上表现出与普通民歌的不同之处，民歌多是四行一节，重叠复沓，句式押韵整齐，而祝词赞词则是一气呵成，长短不拘，且不一定讲究严格的韵律，主要是追求口语的自然旋律、朗朗上口、舒展流畅，是一种有一定套式和吟诵曲调的自由诗。2011年被列入第三批国家级非物质文化遗产名录。（WWP）

恰克恰克 恰克恰克是一种曲艺艺术，是维吾尔族民间文学中的一种讽刺文学形式，也是伊犁麦西来甫中的重要组成部分，具有鲜明的民族特色和独具一格的口头文学魅力，源于伊犁维吾尔族人民的生活和习俗，并逐渐融入到了维吾尔族人社会、生产、生活的方方面面。恰克恰克翻译成汉语意为笑话，有些人也把它称为"拉提帕"，即"幽默"的意思。恰克恰克语言简练、短小精悍、讽刺性强、幽默诙谐、风趣活泼，这些特点使恰克恰克极易于传播。有的恰克恰克是即兴产生的，根据当时的环境、气氛即兴编排创作而成。伊犁恰克恰克的产生与维吾尔族人的性格分不开，维吾尔族人能歌善舞，喜欢幽默与说笑，性格开朗、大方、直爽、乐观，这种性格特征为恰克恰克的产生奠定了基础，并与他们的历史交融在一起，由以前散漫、业余的民间说笑逐渐演变成今天的恰克恰克专业曲艺艺术，并登上了表演舞台。2011年被列入第三批国家级非物质文化遗产名录。（WWP）

阿凡提故事 阿凡提故事是维吾尔族机智人物故事的总称，包括一系列以纳斯尔丁·阿凡提这个传奇人物为主人公的维吾尔民间幽默故事。有关阿凡提的故事，数百年来在新疆维吾尔自治区各少数民族中流传，而在维吾尔族人民中更是家喻户晓。"阿凡提"并非人名，此称号来自突厥语，意为"先生""老师"，是对有学问、有知识人的尊称。纳斯尔丁·阿凡提是维吾尔族机智人物的代表，他生于1777年6月5日，卒于1876年6月5日，享年100岁。故事中的阿凡提，则是维吾尔族人民在长期反抗统治阶级的斗争中塑造出来的一个理想化人物，他勤劳、勇敢、幽默、乐观，富于智慧和正义感，在他身上，体现了劳动人民的品质和爱憎分明的感情，反映了劳动人民的利益和愿望，是一个深为新疆各族人民喜爱的艺术形象。他头戴民族花帽，背朝前脸朝后地骑着一头小毛驴的形象，已经被列入"世界民间艺术形象"之列。有关阿凡提的故事构思奇巧、言简意赅、妙趣横生，在维吾尔族人民中家喻户晓。1958年以后，中国先后用汉、维、蒙、哈、藏5种文字出版了14种版本的《阿凡提的故事》，阿富汗、土耳其等国也都广泛流传着阿凡提的故事。2013年被列入第四批自治区级非物质文化遗产名录，2014年被列入第四批国家级非物质文化遗产名录。（WWP）

西王母神话 西王母神话是中国古代著

名道教神话传说之一,据《海内西经》记载,位于今新疆、西藏、青海境内的昆仑山是西王母的居所,传说3000余年前穆天子曾在新疆天池畔与西王母欢筵,留下千古佳话,为天池赢得"瑶池"美称。新疆阜康天池西王母神话传说是中国西王母神话传说中最重要的神话传说系统之一,流传于新疆阜康市,并形成了以阜康天池为中心、辐射东西周边县域(巴里坤、木垒、奇台、吉木萨尔)的天池西王母神话传说圈。传说以《山海经》的神话内容为源头,以周穆王西巡瑶池会见西王母的神话传说为主体内容,同时融汇了西王母神话被历史化、宗教化、地方化之后与阜康天池地方风物的关联,是一个历史悠久、内涵丰富的神话传说系统。代表性的文本有《周穆王瑶池会西王母》《上下镜儿泉》《一碗泉》《姬姓梁》《一棵树》《周穆王马变群山》《石峡》《西王母与水怪》《偷吃蟠桃》《三太子与三仙女》《嫦娥奔月》《黑龙潭的传说》《西王母过寿》《吕洞宾三戏西王母》等。这些文本可分为周穆王西巡在瑶池会见西王母的神话传说、西王母在天池斩妖除魔的神话传说、西王母与七仙女的神话传说、与西王母有关的其他神话传说四类。阜康天池西王母神话传说在叙事方式、描写方法、构思技巧、修辞艺术等方面的独特风貌使其民间文学的宝贵价值得以丰富呈现。它与当地民间信仰的互动,对学界认识和深入理解西北道教,尤其是新疆多民族聚居区道教发展的历史情势具有重要意义,对学界从人类学、民族学、民俗学等跨学科角度考察阜康早期历史人文、民族民俗等情况具有参考价值。另外,阜康天池西王母神话传承的多元风貌,展示了中华各族人民共同开拓、和谐共处的文化渊源,其中蕴含祈祷和平、宽容平等、养生长寿的和谐因素。在今天的新疆天山天池风景名胜区娘娘庙游览区,有西王母庙,又称"娘娘庙"。作为西王母文化的发源地,天山天池于每年的农历七月十八日都要举办西王母文化庙会。2007年被列入第一批自治区级非物质文化遗产名录。2014年被列入第四批国家级非物质文化遗产名录。(WWP)

2. 传统音乐

罗布淖尔维吾尔族民歌 罗布淖尔维吾尔族民歌是生活在孔雀河畔、塔里木河两岸的罗布人民传统的歌唱形式,主要流传在新疆维吾尔自治区尉犁县农牧民集中的各乡、场及邻近的若羌县部分乡、场和兵团农场。罗布淖尔民歌历史悠久,一直伴随着罗布淖尔人民的生产、生活。罗布淖尔维吾尔族民歌内容丰富,旋律优美,节奏感极强,有朗诵、独唱、对唱等多种表现形式,其中有爱情歌、劳动歌、狩猎歌、历史歌、叙事歌、思念歌、婚嫁歌、喜庆歌、丧葬歌等,从不同侧面反映了罗布淖尔居民生产、生活的真实状况。按其内容可分为传统民歌和新民歌两大部分。传统民歌包括爱情歌、劳动歌、历史歌、生活习俗歌等,其中爱情歌主要用以表达青年男女对爱情的无比忠贞和热烈追求;劳动歌包括猎歌、牧歌、麦收歌、打场歌、挖渠歌、纺车谣、砌墙歌等；历史歌主要是反映维吾尔族历史上的一些重大事件，如北疆流行的《筑城歌》《往后流》等；生活习俗歌根据歌曲体裁不同，演唱风格各异，或抒情悠扬，或热烈奔放。代表作品有《卡拉库逊的后代》《我去米兰服劳役》等。其歌词多数不固定，往往选择能套用的曲调填进新词，以比兴等手法表达深刻的寓意。歌中的衬词有短有长，起着加强语气、渲染气氛、深化词意的作用。传承人往往根据自己的情感、演唱水平和理解对词曲进行一些改动，甚至于在相对固定的曲调中即兴填编唱词。罗布淖尔维吾尔族民歌是罗布淖尔人最主要的娱乐活动，他们通过共同演唱或即兴对唱的方式表现自己的喜怒哀乐，交流情感，交换信息。民歌直接反映了罗布淖尔居民的生活和精神状态，有助于对他们情感、心灵和审美观念的解读，也为解开"古代突厥音乐之谜""阿尔泰音乐之谜"及罗布淖尔人和古代葛罗禄人之间的关系等历史谜团提供了研究材料。近年来，传承和演唱这种古老民歌的人日渐减少，这一宝贵的民族民间音乐艺术有失传之虞。2007年被列入第一批自治区级非物质文化遗产名录，2008年被列入第二批国家级非物质文化遗产名录。（WWP）

乌孜别克族埃希来、叶来 "埃希来""叶来"是乌孜别克族民间歌曲的代表和主干，乌孜别克族埃希来、叶来主要流传于新疆维吾尔自治区喀什地区喀什市、莎车市、叶城县以及伊犁哈萨克自治州伊宁市等地区。乌孜别克族埃希来和叶来自该民族由中亚迁居新疆就开始流传，其历史可追溯到15世纪左右。乌孜别克族民歌是其民间音乐乃至古典音乐、原始宗教礼仪音乐的基础，而埃希来和叶来又是乌孜别克族民间歌曲的重要代表。埃希来篇幅巨大、结构严谨、音域宽广，旋律兼具深沉和激昂的特点。它主要在"喔朵鲁希"等群众性娱乐集会上演唱，个别乐曲亦可用于舞蹈伴奏。叶来篇幅较为短小，节奏富于变化，曲调轻快活泼，它主要是在岁时节令、人生礼仪等喜庆场合为群众性自娱舞蹈伴唱伴奏。埃希来和叶来互相补充、相得益彰，共同丰富了流传地民众的精神世界，陶冶着人们的情操，成为乌孜别克人社会生活的重要组成部分。由于种种原因，目前埃希来和叶来已濒临失传，亟待采取措施加以保护，以保证其世代相传。2007年被列入第一批自治区级非物质文化遗产名录，2008年被列入第二批国家级非物质文化遗产名录。（WWP）

哈萨克六十二阔恩尔 "六十二阔恩尔"是哈萨克族民间古典音乐，意为"六十二套连贯、优美、抒情的乐曲"，是一种以器乐曲为主的配以民歌、舞蹈、说唱、弹唱等多种艺术表演形式于一体的综合艺术，在哈萨克族民间广为流传。哈萨克六十二阔恩尔具体形成年代不能确定，其形成与发展与哈萨克族音乐的发展同步。"六十二阔恩尔"集神话、诗歌、音乐、舞蹈为一体，通过乐器演奏、冬布拉弹唱、独唱、合唱、对唱、单人舞、双人舞、集体舞及诗歌吟诵等形式进行表演。"六十二阔恩尔"中的每一部套曲结构都有一个主旋律和若干变奏曲组成，其中每一首乐曲既是"阔恩尔"主旋律的有机组成部分，同时又是具有和声特色的独立乐曲。套曲具有曲调丰富、结构严谨的共同特点，而每组套曲又有各自独特的音乐风格。"六十二阔恩尔"所涵盖的曲目有上万首，如今能为大众熟悉和演唱的已经为数不多，能够系统地演唱的民间艺人更是凤毛麟角。自1996年始，在伊犁哈萨克自治州直属县市和牧区、塔城地区、阿勒泰地区等地，通过民间走访、群众座谈、艺人演唱等形式搜集了民歌100多首、民间作曲歌曲500余首、冬不拉曲500余首。2007年被列入第一批自治区级非物质文化遗产名录，2008年被列入第二批国家级非物质文化遗产名录。（WWP）

维吾尔族鼓吹乐 维吾尔族鼓吹乐是新疆天山南北各维吾尔族聚居区广泛流传的一个民族器乐乐种。维吾尔族鼓吹乐最早源自阿拉伯，后又传入西域。西迁伊犁的维吾尔族在继承原有音乐文化的基础上，历经600多年，创造了内容丰富、形式完整的十二套鼓吹乐，并使其具有鲜明的民族特点。鼓吹乐乐队常由一支苏乃依、三对纳格拉和一只冬巴克组成，亦可加用若干支卡娜依和若干面达普，人数不固定，其中苏乃依和纳格拉为必不可少的主奏乐器。2007年被列入第一批自治区级非物质文化遗产名录，2008年被列入第二批国家级非物质文化遗产名录。（WWP）

哈萨克族冬布拉艺术 冬布拉是一种哈萨克族的传统弹拨乐器，是哈萨克族人民最喜爱的艺术形式。冬不拉琴杆细长，音箱有瓢形和扁平两种。一般用松木或桦木制作，琴颈即指板，音箱上有发音小孔，张羊肠弦两根，琴身有羊肠弦品位。演奏时以左手按弦，右手弹奏。既可以用于自弹自唱，也可以用于独奏或乐器合奏。因它轻便，易于携带，非常适合于草原上迁徙不定的生活，深受哈萨克族牧民的喜爱。千百年来，哈萨克人用冬布拉奎依（冬布拉乐曲）和冬布拉弹唱的方式记述着他们的历史、文化、生活、信仰等，并以口传心授方式代代流传，成为哈萨克人在民族、文化、思想与精神方面的重要标志。哈萨克族冬布拉艺术由乐曲（冬布拉奎依）、弹唱音乐、传统舞蹈音乐、演奏方法与技巧、乐器与制作工艺五大部分组成。乐曲根据音乐结构和演奏技法的不同，分为"托克别奎依"（弹击乐曲）和"切尔特别奎依"（拨奏乐曲）两大类。"冬布拉奎依"的数量很多，据统计，在新疆哈萨克族民间流传的冬布拉乐曲就达几千首，著名的舞蹈《卡拉角勒哈》《摔跤舞》《赛马舞》《圆月》《鹰舞》《熊舞》《擀毡舞》《绣花舞》和在萨满教遗俗中"巴克斯"在作法时的歌唱与舞蹈等都以冬布拉弹奏的乐曲为背景，形成了独具特色的草原舞蹈艺术。2007年被列入第一批自治区级非物质文化遗产名录，2008年被列入第二批国家级非物质文化遗产名录。（WWP）

柯尔克孜族库姆孜艺术 库姆孜是柯尔克孜族独有的古老弹拨乐器，主要流传于新疆克孜勒苏柯尔克孜自治州乌恰县、阿合奇县和阿克陶县的柯尔克孜族聚居区。库姆孜最早流传于叶尼塞河流域，随着交往的扩大，逐渐传入其他民族和地区。据载，库姆孜早在汉代以前就传入匈奴。汉元帝竟宁元年（公元前33），王昭君远嫁匈奴时，库姆孜被带回长安。"库姆孜"琴的琴型很多，最古老的是一种木制蒙革的三弦弹拨琴，是用红松制作的，形状与现在的大体相同，即头部椭圆形，根部细而长。"库姆孜"琴声优美，它既被用来演奏传统音乐，也被用来与称为"多兀勒巴斯"的战鼓一起演奏战争进行曲，以鼓舞士气。经过改进的有全木制的三弦弹拨琴"亚克其库姆孜"，木制铁三弦弹拨琴"帕米尔库姆孜"，以及各种质地的四弦琴等。演奏库姆孜的民间琴手被称为"库姆孜奇"。2007年被列入第一批自治区级非物质文化遗产名录，2008年被列入第二批国家级非物质文化遗产名录。（WWP）

蒙古族绰尔 "绰尔"是新疆蒙古族图瓦人的一种古老的竖吹管乐器，主要分布于阿勒泰地区蒙古族聚居区。新疆阿勒泰地区的蒙古族图瓦人"绰尔"历史悠久，被誉为中国音乐史上的"活化石"，具有突出的历史、文化和科学价值。"绰尔"是蒙古民族最古老的艺术形式之一，与蒙古族的历史、文化息息相关。蒙古先民在狩猎和游牧中虔诚模仿大自然的声音，一人模仿瀑布、高山、森林、动物的声音时可以发出"和声"，这便是蒙古族绰尔的雏形。随着蒙古人的迁移，在新疆地区也有广泛传播。这种乐器管上端无哨片或山口吹孔，全靠舌尖控制风门大小发出声音。一般可以用芦苇秆制作，也可以选用丛文依草等其他的空心草本植物秆。常在节日里、婚礼上和放牧、祀敖包、祀水土等活动中演奏。从其音乐风格来说，以短调音乐为主，但也能演唱些简短的长调歌曲，此类曲目并不多。2007年被列入第一批自治区级非物质文化遗产名录，2008年被列入第二批国家级非物质文化遗产名录。（WWP）

蒙古族长调民歌 蒙古族长调民歌是一种具有鲜明游牧文化和地域文化特征的独特演唱形式，它以草原人特有的语言述说着蒙古民族对历史文化、人文习俗、道德、哲学和艺术的感悟。新疆的蒙古族长调民歌保留了其浓郁的民族风格和鲜明的艺术特点，主要分布在新疆蒙古族人聚居地巴音郭楞蒙古自治州、博尔塔拉蒙古自治州、和布克塞尔蒙古自治县。其主要特征就是曲调旋律舒缓、字少腔长、节奏节拍自由、装饰音多而细腻、句法自由、音域宽广，有其特殊的演唱技巧，具有浓厚的民族特色。由于节奏自由的缘故，其情感的表达也是细腻、扣人心弦的。长调民歌多以抒情歌曲为主，以其特有的情感体验和独特的演唱形式讲述着蒙古人特有的演唱风格，集中体现了蒙古族的人生观。长调歌词源于诗词，短小精悍、韵律整齐。字少腔长、高亢悠远、舒缓自由，宜于叙事，又长于抒情；歌词一般为上、下各两句，内容绝大多数是描写草原、骏马、骆驼、牛羊、蓝天、白云、江河、湖泊等。2005年11月25日，联合国教科文组织在巴黎总部宣布了第三批"人类口头和非物质遗产代表作"，中国、蒙古国联合申报的"蒙古族长调民歌"荣列榜中。2007年被列入第一批自治区级非物质文化遗产名录。2008年蒙古族长调民歌入选中国第一批非物

质文化遗产扩展名录。（WWP）

蒙古族呼麦 "呼麦"又名"浩林·潮尔"，原义指"喉咙"，即为"喉音"，一种藉由喉咙紧缩而唱出"双声"的泛音咏唱技法，又称"蒙古喉音"，是蒙古族复音唱法潮尔的高超演唱形式。呼麦作为一种歌咏方法，目前在新疆主要流传在阿勒泰、伊犁、塔城、巴音郭楞、博尔塔拉等地区。呼麦是一种古老的歌唱方式，已有千年历史。呼麦演唱时运用特殊的声音技巧，一个人同时唱出两个声部，声带发出的是低沉的基音，而口腔发出的是高亮的泛音，加上气息的调控，口腔共鸣点的变化就可在高音部形成旋律，形成罕见的多声部形态。高音部的高音与口形有直接关系，口形扁音就高，口形圆音就低。呼麦的曲目，主要有以下三种类型：一是咏唱美丽的自然风光，诸如《阿尔泰山颂》《额布河流水》之类；二是表现和模拟野生动物的可爱形象，如《布谷鸟》《黑走熊》之类，保留着山林狩猎文化时期的音乐遗存；三是赞美骏马和草原，如《四岁的海骝马》等。从其音乐风格来说，呼麦以短调音乐为主，但也能演唱些简短的长调歌曲。2007年被列入第一批自治区级非物质文化遗产名录。2008年蒙古族呼麦经国务院批准列入第一批国家级非物质文化遗产扩展名录。（WWP）

新疆花儿 "新疆花儿"是由西迁的回族同胞带入新疆，发展于新疆的，是不同于甘青"花儿"的一种"花儿"，有着强烈的地域特色和回族音乐风格，因而冠名"新疆花儿"，主要分布于乌鲁木齐等回族聚居地。花儿约有300年的历史，一说由元曲演变而来，在漫长的流传过程中，逐渐形成若干曲牌，俗称为"令"，有百多种。其旋律高亢豪放，悠扬婉转，歌词即兴而编，语言朴实，比喻运用自如。歌手的嗓音条件一般都特别好，演唱时调门比较高，具有极强的穿透力。"花儿"曲调丰富，文词朴实、生动，其基本样式是每首4句或6句，也有个别为5句或6句的。唱词大多采用比兴方式，每首开头两句与下文内容无关联，以地理典故、历史典故、眼前事物作比兴，后两句为本题。演唱比较自由，以独唱为主。曲调悠扬、辽阔、高亢、奔放。不仅有绚丽多彩的音乐形象，而且有丰富的文学内容，反映了生活、爱情、劳动等内容，具有鲜明的民族风格和地方特色。新疆花儿除保持了原有的唱腔和韵味外，还大量吸收与融合了当地的文化，因而在花儿的句式、押韵形式、衬字、衬词、衬句及演唱上，都形成了自己的风格，成为别具特色的新疆花儿。2007年被列入第一批自治区级非物质文化遗产名录，2008年入选第一批国家级非物质文化遗产扩展名录。（WWP）

哈萨克族民歌 哈萨克族是一个酷爱音乐的民族，民歌在哈萨克族传统音乐中占有非常重要的地位。哈萨克族传统音乐按照传统可分为"奎衣"和"安"两大类，所谓"奎衣"就是器乐曲，"安"就是歌曲。"奎衣"主要是用冬布拉演奏，大多都是单个的小型乐曲，也有由若干个乐曲联结演奏的套曲。"安"（歌曲）又可以根据内容和演唱场合而分成若干类。从音乐上讲，"安"一般都比较短小，曲调优美动听,易于上口。哈萨克民歌从内容上可分为谐歌、赞歌、哭歌、情歌等类。按照哈萨克族的习惯,在祝贺新生婴儿诞生时要唱"祝诞生歌";婚礼中要唱一整套的"劝嫁歌""揭面纱"等饶有风趣的"婚礼歌";亲友离别时要唱"别离歌";节假日亲朋相聚要相互对唱;亲人去世要唱"送葬歌"。职业的吟唱诗人被称作"阿肯",受到人民群众的爱戴和尊重。每年在牧群转移至夏牧场,草茂畜壮的季节,都要举行传统的"阿肯弹唱会"。著名的哈萨克族民歌《玛依拉》《我的花儿》《可爱的一朵玫瑰花》《燕子》等已成为国内乃至国际声乐坛上经常演唱的曲目。2011年被列入第三批国家级非物质文化遗产名录,2013年被列入第四批自治区级非物质文化遗产名录。(WWP)

塔吉克族民歌 塔吉克族民歌的内容十分丰富,流传至今的民歌主要有习俗歌、爱情歌、叙述长诗歌。每一个种类又有许多类别,如习俗歌有"故事歌""历史歌""劳动歌"和"新民歌"等。在塔吉克族的民歌中,大量的民歌反映了爱情这个主题,如《乔齐蒙焦克》(赞美姑娘美丽的歌)、《斯派卓特》《希里尼焦》(甜美的情人)、《达力吉英吉特》(妈妈的好女儿)、《再娜勒英》(姑娘的名字)、《古丽碧塔》《奥达玛麦尼图》(我到你家看你来了)等。塔吉克族的各种传统民歌主要通过演唱的形式,可以是多人演唱,也可以是单人演唱,有伴奏和无伴奏都可以演唱。塔吉克族人对自己的民歌十分热爱,民歌是他们生命的一部分。现今会唱传统民歌的人,年龄都在50岁以上,真正全能的歌手更是寥寥无几。2009年被列入第二批自治区级非物质文化遗产名录,2011年被列入第三批国家级非物质文化遗产名录。(WWP)

哈萨克族库布孜 库布孜,是哈萨克族弓拉弦鸣乐器,主要流行于伊犁哈萨克自治州、巴里坤哈萨克自治县、木垒哈萨克自治县等地。其历史久远,构造古朴,音色柔美,用于独奏、合奏或伴奏。库布孜作为哈萨克最古老的一种与宗教有着密切关系的乐器,是哈萨克族巫师给人们占卜和治病必用的乐器。最早的库布孜,由于牧民们制作时就地取材,往往琴的式样和规格尺寸很不一致,全长约60厘米～65厘米,共鸣箱外观呈羹匙形,上大下小,箱长27厘米～29厘米,上半部为敞开式外露、不蒙皮膜或木制面板,下半部蒙有骆驼羔皮或羊皮。琴头无饰,下设弦槽和弦枕,两侧设有三个弦轴(左一右二)。琴颈细而长,正面不设品位。皮膜上置有琴马,张三条骆驼筋弦。这种最原始的拉弦乐器,目前在哈萨克的边远山区仍能见到。演奏时采用坐姿,两腿平放,用两膝夹住琴箱下部;左手持琴,用食指、中指、无名指的指尖至第一关节处的外侧,由内向外抵弦按音,难度较大;右手执马尾弓涂抹松香在弦外拉奏。有两个八度,音色柔和优美。2009年被列入第二批自治区级非物质文化遗产名录,2011年被列入第三批国家级非物质文化遗产名录。(WWP)

锡伯族民歌 锡伯族民歌广泛流布于伊犁哈萨克自治州察布查尔锡伯自治县和新疆

锡伯族群众中。锡伯族民歌独具特色，按内容可分为叙事歌、苦歌、萨满歌、颂歌、习俗歌、田野歌、打猎歌、情歌等。锡伯族说唱音乐曲式结构简单，大部分曲子以单乐段构成，因此记忆十分方便，便于广泛流传。调式种类繁多是锡伯族民歌的一大特点。2012年被列入第三批自治区级非物质文化遗产名录，2014年被列入第四批国家级非物质文化遗产名录。（WWP）

蒙古族托布秀尔音乐　托布秀尔，是蒙古族弹拨乐器的一种，也是新疆蒙古族特有的拨弹弦鸣乐器，造型美观，音色优美浑厚，便于携带。主要流传于新疆巴音郭楞蒙古自治州、博尔塔拉蒙古自治州和塔城地区。托布秀尔特别适合于游牧生活，因此深受牧民喜爱，在新疆蒙古族中流传十分广泛。琴身用樟木、榆木或沙枣木挖槽而成，上蒙木面板，面板中部掏有一个圆形共鸣孔或三个共鸣小孔，琴杆上细下粗，杆首有两个琴轸分置两侧，杆身和琴身可以雕刻或涂绘各种精美图案。琴弦用山羊肠制成，全琴长度为70～80厘米不等。托布秀尔音乐有着极强的即兴色彩，每一次的弹奏都与既往不同。除了在民间喜庆的集会上弹奏"沙布尔登"以外，托布秀尔也可以演奏单独供欣赏的乐曲，还可用来为民歌和《江格尔》等说唱长诗伴奏。在民间，托布秀尔有着几十种甚至上百种曲子，后因战乱大多失传。目前还可以弹奏曲子的人已不多。最具代表性的"沙布尔登"是一种乐曲，它是所有曲子的基础，其他的乐曲都由此派生出来。2007年被列入第一批自治区级非物质文化遗产名录，2014年被列入第四批国家级非物质文化遗产名录。（WWP）

维吾尔族民歌　维吾尔族民歌内容极为丰富，可分为传统民歌和新民歌两大部分。维吾尔族民歌主要流传在天山以南的喀什、和田一带和阿克苏、库尔勒地区以及天山以北的伊犁等地。维吾尔族传统民歌包括爱情歌、劳动歌、历史歌、生活习俗歌等类别。在长期的历史发展中，新疆的维吾尔民歌形成了风格迥异的南疆、东疆、刀郎色彩区。南疆色彩区范围较广，内容、形式又因地而异，和田民歌古朴短小，富有乡土气息；喀什民歌节奏复杂，调式丰富；库车民歌热烈活泼，具有鲜明的可舞性，隐隐透露着古龟兹乐声舞姿的遗风。东疆色彩区包括哈密、吐鲁番等地，民间歌曲在结构、调式等方面，都同汉族、蒙古族民间歌曲有许多近似之处。刀郎色彩区的民歌风格粗犷，保留着古代从事游牧的刀郎人所喜爱的牧歌情调。维吾尔族民间歌曲内容广泛，数量众多，歌词多数不固定，往往选择能套用歌曲曲调的民谣，衬词有短有长，起着加强语气、渲染气氛、深化词意的作用，唱词多采用比兴等手法，寓意深刻。2014年被列入第四批国家级非物质文化遗产名录。（WWP）

3. 传统舞蹈

塔吉克族鹰舞　鹰舞是塔吉克族的自娱性舞蹈。主要流传在塔什库尔干塔吉克自治县以及该县以东的莎车、叶城、泽普等县。塔吉克族的鹰舞,是自然宗教礼仪活动中对鹰的顶礼膜拜形式的演化,塔吉克族视鹰为强者、英雄,连舞蹈的起源都与鹰的习性、动态联系在一起,于是形成了"鹰舞"。鹰舞是由舞蹈和鹰笛的曲调两部分组成。鹰舞的动作和鹰笛的曲调都十分优美,富有特色,在新疆民间舞蹈中独树一帜。鹰舞主要是男子的舞蹈,也可男女合舞,在节日和喜庆时则不分男女老幼一同起舞。伴奏乐器主要有鹰笛、手鼓、热瓦甫、布兰孜库姆、塔吉克式艾捷克等,其中鹰笛是塔吉克族最典型的乐器,吹奏技法繁难,但音调别致、美妙。鹰舞的主要形式有"恰甫苏孜""买力斯""拉泼依"等。"恰甫苏孜"是即兴表演并带有竞技性的舞蹈形式,代表了塔吉克族舞蹈特有的风格。其表演以双人对舞为主,形式活泼,舞者可自由进退,两三组同舞,亦可男女同舞。表演时多由一名男子邀请另一男子同舞,两人徐展双臂,沿场地边缘缓缓前进,如双鹰盘旋翱翔。随后节奏转快,两人互相追逐嬉戏,忽而肩背紧贴侧目相视,快步行走,又蓦地分开跃起,如鹰起隼落,由低到高拧身旋转,扶摇直上,最后舞蹈在快速旋转中结束。"买力斯",是以民乐伴奏或民歌伴唱为主的自娱性舞蹈,也常用来表演传统的故事性民歌,它以原地连续旋转为特色,大受妇女喜欢。"拉泼依"是家庭内只用一个热瓦甫伴奏的特定舞蹈形式,有时也在室外进行,其伴奏多用恰甫苏孜的曲调,伴奏者还可以边演奏边舞,舞蹈动作自由、轻快,技艺高的演奏者可把热瓦甫放置在肩上弹奏起舞。随着现代化进程的加速,这项珍贵的民间艺术面临困境,亟待保护与抢救。2007年被列入第一批自治区级非物质文化遗产名录,2008年被列入第二批国家级非物质文化遗产名录。(WWP)

蒙古族萨吾尔登 "萨吾尔登"是新疆蒙古族居住区的一种乐舞名称,深受广大人民的喜爱。萨吾尔登既是新疆蒙古族民间舞曲和歌舞曲的曲牌名称,同时又是民间舞蹈的统称,舞蹈的主要伴奏乐器为托布秀尔。萨吾尔登舞蹈具有较强的艺术想象力和创造性,动作惟妙惟肖,诙谐幽默,它有12种动作和与它相适应的12种乐曲。由于受生活、居住环境及服饰穿戴习惯的影响,萨吾尔登下肢动作比较简单,主要风格体现在上肢。萨吾尔登常在喜庆节日、男婚女嫁、迎宾送客的家宴等娱乐活动时跳。活动场地、人数不限,一般是在毡房和毡房附近的草地上进行。蒙古族萨吾尔登舞的动作十分丰富,有表现劳动和日常生活的,如挤奶、套马、献茶、敬酒、擀毡、播种、收割等;有表现妇女生活的,如照镜、描眉、梳辫等;有模拟动物的,如模拟雄鹰翱翔,模拟山羊、田鼠,模拟各种马步及鸟类的各种动作;还有表现爱情和模拟各种人物形象的。萨吾尔登分徒手跳、持具跳、载歌载舞跳和对歌对舞跳几种形式。"萨吾尔登"乐曲中有许多是专门描绘马的形象如走马、快马乃至跛马的曲调,表演者或独自表现信马漫步草原,或两人表现双马竞技,表现了对生活的热爱和崇拜大自然的情

趣。2007年被列入第一批自治区级非物质文化遗产名录，2008年被列入第二批国家级非物质文化遗产名录。（WWP）

锡伯族贝伦舞 贝伦舞是锡伯族自娱性舞蹈的总称，也是锡伯族传统舞蹈的第一大种类。贝伦舞流传在察布查尔锡伯自治县等锡伯族聚居区。起源于古代锡伯族人艰苦渔猎生活中模仿生活、生产姿势的一种古老舞蹈。如今，在保留原始舞姿风貌的基础上，经过现代人的再创造，拓展出了行礼舞、找媳妇舞等十多种舞蹈样式。它有广泛的群众性和自娱色彩，不选时间，不择场地，只要弹起东布尔，人们便会情不自禁地跳起贝伦舞。在锡伯人眼里，东布尔与贝伦舞是一个整体，凡是有东布尔的地方就会有热闹的贝伦舞，而且只有在东布尔的伴奏下，才能使贝伦舞更自然、更和谐、更完美。东布尔演奏的不同风格、不同节奏的音乐，使贝伦舞形成多种舞蹈种类，现已搜集到十六七种东布尔曲子和贝伦舞蹈。在婚姻嫁娶、朋友聚会等各种联欢场所，贝伦舞极受欢迎。2007年被列入第一批自治区级非物质文化遗产名录，2008年被列入第二批国家级非物质文化遗产名录。（WWP）

维吾尔族赛乃姆 赛乃姆是维吾尔族最普遍的一种传统舞蹈，广泛流传于天山南北的城镇乡村。赛乃姆历史悠久，主要发源于从事农业生产、民族聚居、文化发达的南疆各绿洲。在维吾尔族古典音乐十二木卡姆形成过程中，就吸收了早已在民间流传的赛乃姆，成为每个木卡姆中大乃格曼的组成部分，而赛乃姆仍以其独立的形式广泛流传。赛乃姆在维吾尔语中是偶像、神像、美人、美女的意思，也可为女人的名字。在音乐中则是一种由多首歌曲（多至十余首，少则七八首）联唱的歌舞音乐的名称。赛乃姆的伴奏乐器有弹拨尔、热瓦甫、都塔尔、沙塔尔、手鼓等。除木卡姆中赛乃姆以外，各地多有以地名命名的赛乃姆，如伊犁赛乃姆、喀什赛乃姆、刀郎赛乃姆，等等。各地赛乃姆均以其音乐风格的不同而异，但一般舞蹈动作并无十分明显的差异。赛乃姆舞广泛流传于维吾尔族中，以赛乃姆音乐为伴奏，无规定动作和程式。一般由男女成对而舞，人数不限，舞时歌者不舞，舞者不歌，随着音乐情绪的发展渐趋高潮，在热烈的快板中结束。2007年被列入第一批自治区级非物质文化遗产名录，2008年被列入第二批国家级非物质文化遗产名录。（WWP）

萨玛舞 萨玛舞是维吾尔族最有代表性的宗教祭祀礼仪乐舞。"萨玛"一词源自阿拉伯语，意为"苍穹""天河""太空"。萨玛舞在新疆各维吾尔族聚居区均有流传，尤其以喀什、莎车等南疆为盛。萨玛舞由古代萨满跳神活动演化而来，后与西域乐舞相结合，逐渐发展成歌舞的形式。跳萨玛时吹奏唢呐，敲打铁鼓，但不准欢笑，舞者的情绪和舞蹈的气氛是肃穆庄严的。在寺院屋内举行的萨玛，没有音乐，随着阿訇的祷词，边舞边喊着有节奏的"哦呜——哦呜"声。但在民间的娱乐场合，群众跳萨玛时，仍充满欢快的气氛。参加跳萨玛大都是男性，有时也有妇女参加,但都是妇女们自己在一起跳。萨玛舞脚步平稳扎实,充满了劳动生活气息。萨玛舞的动作和鼓的节奏配合紧密,"咚"的时候多是全脚着地,稳而有力,有附和音符的效果。身体随着手的悠摆,有左右微晃的感觉,单步擦地跳起接空转、单步跳转等是萨玛舞中常见的技巧动作。萨玛有专门的曲调,开始前常常是吹奏人们熟悉的木卡姆或赛乃姆的乐曲,然后随着鼓的节奏变化转入萨玛乐曲。伴奏萨玛的主要乐器是唢呐和铁鼓,唢呐数量不一。鼓以音高不同的两个鼓为一组,发出"咚""当"的声音,形成鲜明的对比。2009年被列入第二批自治区级非物质文化遗产名录,2011年被列入第三批国家级非物质文化遗产名录。(WWP)

哈萨克族卡拉角勒哈 "卡拉角勒哈"是哈萨克语,意为"黑色的走马",最初是一种哈萨克人用来模仿马的走、跑、跳等姿态的简易形体舞蹈,逐渐演变成了哈萨克民间舞蹈的代名词,表演者常把劳动、生活中具有浓郁特色的各种动作融进舞蹈,使"卡拉角勒哈"的舞蹈内容更加丰富多样。它广泛流传于新疆境内的哈萨克族居住区,并由此衍化出诸如"擀毡舞""挤奶舞""绣花舞"等舞蹈。卡拉角勒哈舞中,男子的动作轻快有力,模仿黑走马的走、跑、跳、跃等姿态,在全身一张一弛的动律中表演出粗犷、剽悍的豪放风格;女性的动作优美舒展、活泼含蓄,如显示姑娘美丽而自豪的"花儿赞",窥视恋人的"羞窥",前俯后仰的"展裙吊花"等。男女的这些动作,都包含着特定的内容,

与表演者的内心情感和幽默诙谐的面部表情融为一体,并根据舞者自身水平可以自由发挥,不断增加新的内容和动作。这种乐曲的节奏感极强,明快活泼,旋律宛如骏马在草原上驰骋。它由哈萨克族的传统乐器冬布拉弹奏,按照舞蹈的快慢来变换节奏。即兴表演时不需要专门的服饰和道具,在民俗活动演出时需戴毡帽,穿带图案的衬衫和坎肩,穿长裤和靴子,扎牛皮腰带。卡拉角勒哈既可在大型集会中演出,也可在小小的毡房里表演,人数不限,因人因地而异,有轻松愉快、刚健有力、幽默滑稽等不同风格的表演,常常使围观者捧腹大笑,赞叹不已。2009年被列入第二批自治区级非物质文化遗产名录,2011年被列入第三批国家级非物质文化遗产名录。(WWP)

纳孜库姆 纳孜库姆是乐器演奏、竞技表演、哑剧表演与说唱结合的民间舞蹈表演,产生于吐鲁番,流行于鄯善、托克逊、哈密等地区,形式多样,地域特色鲜明,既是著名的"十二木卡姆"的组成部分,又是独立的民间文艺表演。也有人因纳孜库姆蹲步表演的特点,称其为鸭舞,与哈密的鸡舞相对应。纳孜库姆舞蹈动作的特点是自由、活泼、乐观、诙谐,不论是即兴动作还是竞技性的表演,都具有这些突出的特点。表演中的步法,一般用"单步走"比较多,保持两膝微屈,上身松弛,走起来变换各种姿态,或模拟不同人物形象,时而加上几下小抖肩,显得极为亲切、幽默。还有用夸张和风趣的手法,模拟搓线、和面、抻面等劳动生活动作,还有各种蹲跳、跳转等技巧动作,也非常轻

快有趣。表演者可自由发挥，充分展现自己的艺术天赋，因而非常具有现场感染力。它多在赛乃姆的后面或吐鲁番木卡姆后面举行。纳孜库姆多由男性即兴舞蹈，以两人为一组进行。舞者只跳不唱，由乐队和伴唱者演唱。表演内容一般和唱词无关，伴唱只起渲染气氛的作用。2012年被列入第三批自治区级非物质文化遗产名录，2014年被列入第四批国家级非物质文化遗产名录。（WWP）

和田赛乃姆 赛乃姆是新疆地区具有代表性的大型歌舞，由于产生于不同地方，人们习惯于在前面加上不同地名，和田赛乃姆即产生并流传于新疆和田地区的歌舞活动。早期的和田赛乃姆是宫廷中举行的大型庆祝活动，或丰收后用来庆祝典礼的歌舞活动，后来逐渐演变为当地群众不可缺少的别具风格的歌舞形式。和田赛乃姆舞蹈风格明快活泼、深情优美，步伐轻快灵巧，身体各部分的运用较为细致尤其是手腕和舞姿的变化极为丰富，保持古代乐舞遗留下的风格，民间舞蹈丰富多样。赛乃姆的动作细腻、风趣，而且长跪坐在地毯上表演，风格与众不同。2012年被列入第三批自治区级非物质文化遗产名录，2014年被列入第四批国家级非物质文化遗产名录。（WWP）

4．传统戏剧

眉户（迷糊戏） 是源自陕西省的主要戏曲剧种之一，盛行于关中，随着清代移民进疆，眉户进入并落户新疆，在世代的传承发展中，已经成为受新疆人民喜爱的戏曲。眉户以其曲调委婉动听，具有令人听之入迷的艺术魅力。眉户的演唱形式分为两种，一是仍保留地摊演唱的曲艺形式，其唱本多系折子戏，如《女寡妇验田》《古城会》《皇姑出家》等，这种节目常常是一唱到底，很少说白；一种是舞台演出形式，其剧目既有如《反大同》《火焰驹》等大型本戏，又有如《张良卖布》《两亲家打架》《杜十娘》等折子戏，有白、有唱、有表演，曲牌选用自由。眉户的曲调甚为丰富，其音乐结构为曲牌联套体。眉户的伴奏乐器以三弦为主，板胡和海笛相辅，后又逐渐加入二胡、打琴以及中西弦管乐器。打击乐器及锣鼓点，均借鉴地方大戏而稍有变化。眉户的唱腔较为委婉细腻，优美动听，富于表现深沉、凄楚和悲痛，戏曲服饰简朴，化妆粗线条，表演动作真实、生活化。眉户的曲调甚为丰富，有"七十二大调，三十六小调"之说。大调以唱悲伤剧情为主，如《老龙哭海》《罗江怨》《老五更》等；小调以唱欢喜剧情为主，如《采花》《银红丝》《一串铃》等。现在眉户的唱腔音乐精练到50多个曲牌。2007年被列入第一批自治区级非物质文化遗产名录，2008年被列入第二批国家级非物质文化遗产名录。（WWP）

曲子戏 曲子戏是流行于中国西北五省区的传统民间小戏。它源于明清时期的传统民间俗曲，清末民初在各地形成具有不同风格的地方小戏。新疆曲子戏流行于乌鲁木齐、昌吉回族自治州、米泉、阜康、焉耆回族自治县及伊犁哈萨克自治州。新疆曲子戏形成

于乌鲁木齐及北疆地区。1959年在新疆昌吉回自治州正式成立了新疆曲子剧团，目前已先后挖掘出50多个传统剧目、47个唱腔曲调和10余个曲牌。其唱腔、曲调和曲牌，虽大多吸收自眉户、鼓子曲、平弦和新疆各族民歌、音乐，但都在长期的运用中有所丰富和发展，带有浓厚的北疆地方色彩，创造出了自己的风格，其经典剧目《李彦贵卖水》等，从剧本到演出都得到好评。曲子戏的唱腔属联腔体，由众多的曲牌连缀而成，在发展过程中吸取了秦腔、眉户的艺术成分。其演出形式有舞台演出和地摊坐唱两种，其中舞台演出俗称"彩唱"，有文武场和服装道具，道白用当地方言，表演要求旦角扭得欢、走得漂，舞蹈轻盈活泼，形象生动，丑角则需幽默诙谐，滑稽伶俐。地摊坐唱俗称清唱，不受演出场地的限制，不需服装道具，只要唱者嗓子好、唱调准、曲调多、板路稳就可以入座献唱。曲子戏剧目题材广泛，多表现神话故事、历史传说及民间社会生活等。曲子戏以民间业余演出为主，专业演出团体很少。随着社会的变革和娱乐方式的多元化，曲子戏的生存空间变得越来越小，现已濒临失传。为保护和弘扬曲子戏，扩大影响，有关方面采取了举办曲子戏艺人培训班、邀请老艺人集中发掘、整理、传授曲子戏剧目和录音、录制剧目等多种措施，积累了一些宝贵的资料。2008年入选第一批国家级非物质文化遗产扩展项目名录。（WWP）

秦腔 秦腔是流行于西北地区的最大剧种，因以枣木梆子为击节乐器，又叫"梆子腔"，俗称"桄桄子"。因其古老、丰富、庞大的声腔体系，被称为梆子腔的鼻祖。因为历史和地域的缘由，秦腔在新疆根深蒂固，有着深厚的受众基础。最早把秦腔引进新疆的是清政府陕甘总督左宗棠所率的官兵，军中喜爱秦腔和小曲子的陕甘将士较多，经常进行自娱自乐的演唱活动，秦腔便随清军足迹传到了新疆。之后大规模的移民屯垦和陕甘籍军人入疆，则为秦腔的生存和发展创造了条件。到了光绪年间，乌鲁木齐的卖唱艺人已随处可见。阴历七月十五的红山庙会，是乌鲁木齐各界艺人特别看重的大好时机。2014年被列入第四批国家级非物质文化遗产名录。（WWP）

5. 曲艺

新疆曲子 新疆曲子是一个具有独特风格的地方曲艺品种，俗称"小曲子"，形成于清代晚期。主要流传于北疆沿天山一带的昌吉回族自治州八县市、乌鲁木齐、石河子、沙湾、伊宁、霍城、察布查尔锡伯自治县和东疆的哈密、巴里坤哈萨克自治县及南疆的焉耆回族自治县等地区。陕西"曲子"（越调）、兰州"鼓子"（鼓子调）、青海"平弦"（平调）及西北等地的其他民间俗曲传入新疆后，受新疆汉语方言字调的影响，并与新疆多民族音乐艺术相融合，逐渐形成新疆曲子。其表演形式为多人分持三弦、二胡、板胡和碰铃等自行伴奏，轮递演唱，唱腔音乐十分丰富。新疆曲子是多民族艺术融合的结晶，深受广大群众的欢迎和喜爱，在长期的传承发展中，为流行地各民族传统文化的传承和伦理道德的教化，发挥了重要的功用。随着娱乐方式的多元化，新疆曲子的受众逐步减少，生存环境日渐狭小，曲子艺人后继乏人的现象日益明显，一些演唱和演奏技巧因此难以得到传承。濒危的新疆曲子，亟待抢救和保护。2007年被列入第一批自治区级非物质文化遗产名录，2008年被列入第二批国家级非物质文化遗产名录。(WWP)

哈萨克族阿依特斯 哈萨克族阿依特斯是哈萨克族曲艺的典型代表，是一种竞技式的对唱表演形式。主要流传于哈萨克民族聚居的地区，18世纪下半叶广泛传播于民众中。其传统节目主要表现哈萨克民族的历史、文化和感情，从唱词到音乐都充满浓郁的哈萨克口头文学和音乐文化特点，具有突出的历史文化价值，被誉为全面反映哈萨克人民社会生活的"一面镜子"和"百科全书"。阿依特斯的对唱没有固定的曲牌或相应的唱腔流传，演唱者一般根据对唱的内容从语言本身生发旋律与节奏，并且多弹奏冬布拉为自己伴奏，也有不用冬布拉伴奏的徒口清唱。阿依特斯的唱词均为即兴创作，并不固定，因此对艺人即"阿肯"的要求很高。阿依特斯艺人必须具有敏捷的才思和渊博的知识，具有出口成章的才华，世事洞明，人情练达，能在瞬间对答如流，以理以才服人。由于是竞技式的对唱，阿依特斯艺人们在表演时通常采取扬己抑人的方式，力图先声夺人，语言尖刻而又互相谅解，胜不骄，败不馁，胜者谦和有礼，败者不耻于输。阿依特斯的表演必须在众人聚集的场合下举行，通常在不同部落、不同地区的艺人之间展开。随着市场经济的发展和文化生活的多元化，人们的审美需求也开始发生重大变化，这种古老的传统艺术，正面临消亡的危险。2007年被列入第一批自治区级非物质文化遗产名录，2006年被列入第一批国家级非物质文化遗产名录。(WWP)

哈萨克族铁尔麦 铁尔麦是哈萨克族曲艺形式的一种，"铁尔麦"是哈萨克语音译，意为"撷取精华""精选""集粹"，是从哈萨克族谚语、格言、诗歌和其他文艺作品中撷取精华，配以曲调演唱的一种"劝喻歌"。主要流传在伊犁哈萨克自治州及巴里坤哈萨克自治县、木垒哈萨克自治县等哈萨克族聚居区。铁尔麦有着悠久的历史，它是哈萨克族最早出现的一种曲艺形式。据史料记载，哈萨克族最早的曲艺传播者以哲理的语言，吟唱的形式启示众人而闻名于世。铁尔麦通常由单人在冬布拉、库布孜的伴奏下演唱。铁尔麦具有深刻内涵，是哈萨克族智慧的结晶，艺人们用精练、通俗优美的诗歌语言总结和抒发自己对美好大自然的热爱，对大千世界的认识，对知识、科学的热爱以及总结自己的人生经验、启发教育广大民众。铁尔麦的唱腔来源于哈萨克族民歌，其唱腔在曲式结构、旋律、节奏上都呈现出鲜明的特点。铁尔麦是哈萨克族传统文化的典型代表，是具有深刻教育意义的宣传工具。随着外来文化的冲击，哈萨克族生活方式发生了巨大改变，人们对铁尔麦的兴趣愈来愈淡漠，致使铁尔麦的生存和发展面临

危机。2007年被列入第一批自治区级非物质文化遗产名录，2008年被列入第二批国家级非物质文化遗产名录。（WWP）

托勒敖　托勒敖是一种用冬布拉伴奏，用哈萨克语进行说唱表演的曲艺形式，是在哈萨克族中广泛流传的一种艺术形式。据尼勒克县文化馆资料显示，托勒敖最早起源于宫廷中御用文人用以歌功颂德的赞歌，到了13—15世纪形成较为成熟的托勒敖艺术。随着文字出现，托勒敖体裁又成为书面文学的代表形式之一，被阿肯们记录整理，按照一定的曲调演唱。到20世纪，托勒敖成为哈萨克族曲艺艺术的重要组成部分，是诗人或歌者对人生以及对各种社会现象的观察而引发的情绪和思想感情的抒怀，其唱腔以传统民歌为基础，无固定曲调，一人自弹自唱，可即兴填词。2009年被列入第二批自治区级非物质文化遗产名录，2014年被列入第四批国家级非物质文化遗产名录。（WWP）

6. 传统体育、游艺与杂技

维吾尔族达瓦孜　维吾尔族达瓦孜，在维吾尔语中意为"高空走索"，是维吾尔族绵延千年的一种杂技艺术表演形式。达瓦孜早先流行于和田、莎车、英吉沙和喀什一带，后传至库车、吐鲁番、哈密、伊犁和乌鲁木齐。成书于1072—1074年的《突厥语大辞典》中即有"走软绳，耍达瓦孜"的文字记载。千余年来，达瓦孜的演出方式基本保持传统风貌。达瓦孜表演多在露天进行，其特点是把多种多样的杂耍技艺搬到数十米高空的绳索或钢丝上演练，在维吾尔族民间乐曲的伴奏下，表演者手持长约6米的平衡杆，不系任何保险带，在绳索上表演前后走动、盘腿端坐、蒙上眼睛行走、脚下踩着碟子行走、飞身跳跃等一系列惊心动魄的技艺，技巧难度高，表演幽默，场面热闹非凡，极富特色。当今表演达瓦孜的明星当数新疆杂技团的空中王子阿迪力·吾守尔，他是达瓦孜表演世家的第6代传人，其家族表演此技至少已有400多年的历史。阿迪力·吾守尔不但创造了在高空钢丝上小顶倒立、劈叉、骑独轮车、弯腰采莲等创新性的高难技巧，而且于1997年和2000年两次刷新了高空走钢丝的吉尼斯纪录，成为众人关爱的空中勇士。达瓦孜历史悠久，技艺独特，在高空杂技节目中独树一帜，深受观众欢迎，在中亚、日本、法国等地也广为人知，影响深远。但是，目前达瓦孜技艺的传承出现困难，高难度、高危险的表演要求从艺者具备极强的身体平衡能力和良好的心理素质，因此即使是有兴趣学习者也往往难以达到项目既定要求，由此造成达瓦孜传人难觅的状况。再加上现代文艺娱乐活动的冲击，达瓦孜的演出市场萎缩，这一古老杂技艺术日益陷入濒危局面，需要开展有组织、有计划的保护工作。2007年被列入第一批自治区级非物质文化遗产名录，2006年被列入第一批国家级非物质文化遗产名录。（WWP）

塔吉克族马球　塔吉克族马球是一项集马术与娱乐于一体的竞技活动，流行于新疆塔什库尔干塔吉克自治县的各个乡镇，马球是当地最古老的一项民族传统体育项目，起源于汉代，历史上有塔什库尔干塔吉克自治县"石头城马球场"的记载，说明在很早以前，塔吉克族人就有打马球的传统。塔吉克族马球与国际马球有显著不同，它是在吹着鹰笛、打着手鼓的气氛中进行的，有独特的文化内涵，并且有独特的竞技特点和民族习俗，其比赛器具是木质计时器、自己手工制作的球杖，头饰和服饰上有雄鹰图案。1974年9月，位于帕米尔高原的塔什库尔干塔吉克自治县在成立20周年时，举行过马球比赛，距今已有32年。2007年被列入第一批自治区级非物质文化遗产名录，2008年被列入第二批国家级非物质文化遗产名录。(WWP)

维吾尔族叼羊 叼羊是西北地区维吾尔族和许多兄弟民族中普遍盛行的体育游戏活动，被誉为"草原上勇敢者运动"。民间一直流传着不少关于这项体育游戏的谚语和传说，如"摔跤靠力气，叼羊要士气""雄鹰要在天空中展翅飞翔，小伙子要在叼羊场上显示英勇刚强""姑娘要作摘葡萄能手，小伙子要当叼羊能手"等。叼羊活动起源于中世纪，当时，狼对牲畜的危害很大，牧民对狼特别仇恨，一旦猎获了狼，便将它驮于马上奔跑。此时大家一拥而上，争相抢夺，以此开心娱乐。后来这种活动就发展成一种专门的娱乐形式，并由叼狼演变成叼羊。叼羊活动多用两岁左右的山羊，割去头、蹄、紧扎食道，有的还放在水中浸泡或往羊肚里灌水。这样可以使羊体比较坚韧，不易扯烂。参加叼羊的人事先都结成团伙，有的就是两队的比赛。每队都有冲群叼夺、掩护驮遁和追赶阻挡等分工，而且讲究战略战术。一旦夺得羊只，其他同伴有的前拽缰绳，有的后抽马背，前拉后推，左右护卫冲出重围。叼羊既需个人的娴熟技巧，又要集体的密切配合，是一项非常有价值的传统体育项目。2007年被列入第一批自治区级非物质文化遗产名录，2008年被列入第二批国家级非物质文化遗产名录。(WWP)

维吾尔族且力西 且力西是维吾尔族历史悠久的传统体育项目之一，也称维吾尔族式摔跤。维吾尔族且力西，是一种与其他民族不同的摔跤方法，它没有固定的摔跤服，选手都是赤脚比赛，比赛方法是：双方都要系上宽松的、红蓝色的腰带，双方先抓好对方腰带才开始比赛。比赛中，运动员双手均不得离开对方的腰带去抓握对方的其他部位。运动员可以用扛、勾、绊等动作将对方摔倒，致对手肩胛骨着地、侧身着地或臀着地者为胜。且力西比赛采取单局决胜制，没有年龄和体重等级之分。一个对手被摔倒了下一个对手继续上台，直到连续摔倒5人，获胜者就可以戴上象征胜利者的红腰带。2009年被列入第二批自治区级非物质文化遗产名录，2011年入选第三批国家级非物质文化遗产名录扩展项目名录。(WWP)

蒙古族搏克 搏克是蒙古族传统的体育娱乐活动之一，草原上的人们把蒙古式摔跤称作"搏克"，是蒙古族三大运动之一，不管是祭敖包，还是开那达慕，"搏克"都是不可缺少的主项。在新疆主要是蒙古族聚居地流行。蒙古族的搏克起初具有很强的军事体育性质，主要用以锻炼力量、体魄和技巧，而现在的搏克主要成为蒙古族男子比力量、技巧的体育活动。蒙古族搏克具有独特的比赛规则，胜者有优厚的奖品。跤手参赛时，上穿"照德格"（镶有铜钉的皮坎肩），下着白色跤裤，腰系彩绸做成的围裙，脚蹬蒙古靴或马靴，坦胸露背，有的跤手脖子上还挂着五颜六色的布条制成的"姜嘎"（在历次比赛中获胜的象征物），像即将出征的武士。在比赛开始时，跤手们在粗犷的蒙古族乐曲中，跳着雄健的"鹰步"列队上场，一队跤手比赛完毕后，双双再跳着"鹰步"面向观众示意退场。2012年被列入第三批自治区级非物质文化遗产名录，2014年被列入第四批国家级非物质文化遗产名录。（WWP）

哈萨克族赛马 赛马是哈萨克人最为喜爱、流传最广的体育运动。哈萨克人熟知马的习性，并把马视为人生财富。赛马会上，赢得第一名的马，总是会得到最高的奖励。哈萨克人举行赛马会大多提前公布比赛时间、地点，而且参赛的马在两三个月前就选好了。哈萨克族赛马跟现代赛马不一样的是，骑手多为十二三岁的小男孩儿，而且赛马的鞍具轻巧，马鬃和马尾点缀着美丽的布条，布条与马尾辫起来或绑扎在一起作为标记，好让大家看清楚这是谁的马，孩子们也穿着各色的衣服。哈萨克族赛马的赛程一般长20～30千米，有跑直线的也有在草地跑圆圈的。赛前有老人们领着参赛的孩子到起跑点，一声令下，骏马犹如离弦的箭，小骑手们伏在马背上催马飞驰。赛马是哈萨克人生活的一个重要组成部分，往往在婚礼和重要的节日都要举行赛马。2009年被列入第二批自治区级非物质文化遗产名录，2014年被列入第四批国家级非物质文化遗产名录。（WWP）

7. 传统美术

维吾尔族刺绣 维吾尔族刺绣俗称"绣花""扎花""文秀""稀锈"，是维吾尔族的传统工艺，是一种在织物上以穿针引线穿刺，按照设计纹样通过运针将线条组织成图案的工艺，是用针线来完成图案纹样的艺术。主要流传在新疆维吾尔自治区哈密地区，是哈密维吾尔族传统服饰最主要、最普遍的装饰手法，以其纷繁复杂的款式和精巧的刺绣而独具魅力。维吾尔族刺绣工艺历史久远，内容丰富多彩，具有显著的传承性和交融性，其中也包含着丰富的文化人类学信息。维吾尔族民间的刺绣多以花草为主题的象征图案构成，但图纹布局疏密合理、密而不乱、色彩艳丽。色调热烈活泼的哈密花帽，根据性别、年龄、性格等因素，采用不同的底色面料。服装有长袍、短袄、坎肩等，其衣领、袖口和周边大多绣有古朴庄重的各色图案，显得和谐而华贵。枕头呈四棱长方形，两头为方形枕面，以各色绸缎、平绒作底，黑色布料衬边，中绣花卉图案。在悠久的历史发展中，维吾尔族刺绣工艺形成了属于自己的独特风格，它承载着厚重的传统文化与民族精神，体现着维吾尔族绚烂的物质文明。

2007年被列入第一批自治区级非物质文化遗产名录，2008年被列入第二批国家级非物质文化遗产名录。（WWP）

蒙古族刺绣 蒙古族刺绣，是蒙古族人民在长期生产生活中形成的一种手工技艺。新疆蒙古族刺绣历史悠久，风格鲜明，自成体系，在新疆蒙古族聚居地保留相对完整。据罗布桑却丹所著《蒙古风俗鉴》等文献记载，在元朝以前，古代蒙古人在生活中就很注重刺绣艺术，而且应用范围广泛。新疆蒙古族刺绣包括绣花、贴花、缉花几种，多用在服饰和生活用品的装潢上。此外，还有在这三种刺绣方法的基础上混合使用，如缉花加贴花。从刺绣的针法上看，蒙古族妇女刺绣时所用的顶针与农耕民族劳动妇女所用的顶针不同。蒙古族的刺绣艺术以凝重质朴取胜，其大面料的贴花方法，粗犷匀称的针法、鲜明的对比色彩，给人以饱满充实之感。蒙古族刺绣图案具有独特的风格。每一种刺绣图案，都有一种象征意义，或喻富贵，或表生命繁衍。蒙古族刺绣自然而不造作，朴素而无虚饰，五彩的丝线使蒙古族服饰、刺绣完美地融合为一体。蒙古族刺绣中，绣线浮凸于布帛及各类皮革之上，姿态各异的针法在绣面上形成丰富多变的触觉肌理，有的粗犷、有的细腻，并且以明快的纹样形象凸现出来，产生一种浮雕的视觉效果。2007年被列入第一批自治区级非物质文化遗产名录，2008年被列入第二批国家级非物质文化遗产名录。（WWP）

柯尔克孜族刺绣 柯尔克孜族刺绣是中国新疆维吾尔自治区温宿县等地的传统刺绣。柯尔克孜族妇女擅长刺绣，她们在头巾、枕头、被面、衣袖边、马衣以及悬挂的各种布面装饰品上绣出各种花纹，其中有花卉、飞禽、走兽和各种几何图案。其色彩鲜艳，形象生动活泼。柯尔克孜族的刺绣历史由来已久，在叶尼塞河流域发掘的古墓中，就出土了印有极其精美的鸟兽及植物花纹图案的毛织品。柯尔克孜族妇女常在衣服的领、袖、前胸等处绣上美丽、精致的几何图案。色彩以红、蓝、白为主，如山峰被绣成白色，纯白的三角形，沿着衣领、裤脚、袖边，或是花毡、墙围的周边绵延起伏。有时，三角形是黑色或是红绿相间的，黑色代表土山，红绿相间代表着红山与青山。2007年被列入第一批自治区级非物质文化遗产名录，2008年被列入第二批国家级非物质文化遗产名录。（WWP）

哈萨克毡绣和布绣 哈萨克族民间传统毡绣、布绣手工技艺，主要流传于新疆哈萨克族聚居区，如第六师红旗农场、107团、奇台农场一带，历史悠久。花毡是哈萨克最具代表性也最为普及的家庭工艺品，其绣制工艺复杂，图案繁多，美观大方，结实耐用，一条花毡可用十多年。哈萨克花毡图案一般以动物的角为主，还有云彩图案、菱形图案。以花为图案的有梅花，有四瓣花头图案，或六瓣、八瓣、十瓣等花头图案。花毡上各种颜色的图案都是事先用土制的染料染出来的，然后一针一线将花毡上的图案和花纹缝制出来。2007年被列入第一批自治区级非物质文化遗产名录，2008年被列入第二批国家级非

物质文化遗产名录。(WWP)

锡伯族刺绣 锡伯族民间刺绣历史悠久、内涵丰富,起源于明末清初甚至更早,主要分布在新疆维吾尔自治区西北部的察布查尔锡伯自治县。目前普查到的比较早的刺绣制品一般都是清乾隆二十八年(1763)之后,主要用作兵服和官服图案。锡伯族妇女的刺绣工艺对挑花、贴花、针织等种类最为擅长,在绣制的过程中娴熟地运用各色丝线,有时还创造性地用绒毛绣成绒绣,使绣品更加璀璨夺目。绣品包括服饰、鞋袜、门窗罩帘、墙围布、锦帐等及枕头花、荷包、婚服、葬服等。在众多的刺绣品中最常见的是长方形绣花枕头和绣花鞋。枕头顶刺绣一般用蓝底色的布料,绣布样呈长方形,设计纹样或用彩笔勾勒,或先剪纸贴在绣布上,然后用各种颜色的丝线将纹样刺绣而成。绣花鞋一般用黑布(平绒用得多),先做好鞋帮,在鞋帮和鞋头部位或绘或剪贴好刺绣图案,然后按照图案搭配各种颜色的丝线绣制。锡伯族妇女的刺绣刻意追求原始的自然美,绣法也较多,针步均匀,纹理分明,处处见针,针针整齐。锡伯族妇女的刺绣具有多样性的艺术风格,其主要特点是:刻意追求原始的自然美,绣品色彩新颖,对比性强,饱满均匀,对比整齐,装饰性强,或淡雅或艳丽,适合于不同的对象。图案大多选自现实生活,意在表达吉祥如意。如桃花、牡丹、鱼、蝙蝠、云、花草等图案,其中以牡丹、莲花、蝙蝠居多。2009年被列入第二批自治区级非物质文化遗产名录,2011年被列入第三批国家级非物质文化遗产名录。(WWP)

满文、锡伯文书法 满文、锡伯文都属于通古斯—满语支,锡伯文书法源于满文书法而满文书法又源于蒙古文书法,为锡伯族著名书法家格吐肯所改进。满文书法主要分布在东北地区,锡伯族书法主要分布在辽宁和新疆。锡伯文和满文的不同之处,主要是改革了一些字母在词中、词尾的写法,在音节拼写形式方面作了一些增减,废除了第6个元音字母和以此为音节的13个音节,新创了3个新的音节拼写形式,使锡伯文"阿字头"共有了121个音节。格吐肯生于新疆察布查尔锡伯自治县,在新疆乌鲁木齐市展出个人书法作品,其中包括他根据满文32种篆字和汉文隶书字融会而创、以其姓命名的"格隶体",笔意遒炼、秀逸含蓄。他的作品还展示了满文和锡伯文的正、草、隶、篆等各种书法形态。满文有楷书、行书、草书和篆书四种字体,显现出或潇洒,或庄重,或灵秀,或清逸的艺术特质。2009年被列入第二批自治区级非物质文化遗产名录,2014年被列入第四批国家级非物质文化遗产名录。(WWP)

错金银 错金银是古代金属细工装饰技法之一,也称"金银错"。错金银工艺最早始见于商周时代的青铜器,主要用在青铜器的各种器皿、车马器具及兵器等实用器物上的装饰图案。其表现手法为在器物表面上绘出精美图案,依图案之形錾出槽沟,将纯金或纯银拉成细丝或压成薄片嵌入图案中,而后打磨平整,抛光磨亮。使所表现的图案与被嵌物品形成强烈的色泽差别和耀眼的金属光泽，显得更为雍容华贵、绚丽多彩。在当代新疆，以马进贵大师为代表的金银错工艺逐渐形成了新疆本土玉雕的艺术流派。近年来，马进贵的创作主题以金银错嵌宝石工艺为代表，器皿造型以中国传统造型为主，结合新疆民族之特色，形成了与众不同、独树一帜的鲜明艺术风格。2012年被列入第三批自治区级非物质文化遗产名录，2014年被列入第四批国家级非物质文化遗产名录。(WWP)

8. 传统手工技艺

维吾尔族枝条编织技艺 手工枝条编织是维吾尔族的优秀手工技艺，以树木枝条为原材料编织各类生产、生活用品和手工艺品。生活在吐鲁番盆地的维吾尔族在过去的岁月里，一直就有用枝条编织生活用品的习惯。维吾尔族民间枝条编织所使用的材料主要有榆树枝、红柳枝、杨树枝、桑树枝、柳树枝等，取材于自然生长的树木枝条，较多地保留了自然本色。手工枝条编织品可以分为以下四大类：农业生产中所使用的枝条编织品，如柳条耙子、抬把子、筐子；畜牧业生产中使用的枝条编织品，如柳条食槽、养鸡笼子、枝条筛子；日常生活中所使用的枝条编织品，如筐子、驴驮子、笊篱、篮子、果盘；作为工艺美术品、旅游纪念品的枝条编织品，如大小不一，形态各异的花瓶类、葫芦类、酒杯类、苏公塔、小驮筐等编织品。其基本编织方法，有在经干间穿进突出的"平织"，枝条数目有一、二、三、四条不等；有用于边沿的"麻花织"，编织的图案有菱形、链条形、波浪形、椭圆形等。手工枝条编织把实用价值和审美价值合为一体，既体现了对维吾尔族传统文化的继承，也反映了维吾尔族传统技艺在当代的发展。枝条编织品作为一种旅游产品也受到游客的青睐，已成为吐鲁番的一大品牌。2007年被列入第一批自治区级非物质文化遗产名录，2008年被列入第二批国家级非物质文化遗产名录。(WWP)

哈萨克族芨芨草编织技艺 哈萨克族芨芨草手工编织技艺，是哈萨克族妇女世代相传的一项手工编织技艺。芨芨草主茎挺直，外表光滑，用它编织的产品能遮挡风雨、不惧日晒，且经久耐用。每年9月，逢雨后天晴，哈萨克族牧民选择较粗、较长的芨芨草手工拔出，剥去外皮，晾干打捆成束备用。另外，牧民还要把羊毛从羊身上剪下，撕开、洗净，晾干后捻成羊毛线，用天然颜料染成需要的颜色，晾干后待用。芨芨草编织的工艺流程比较原始。首先，织工要根据编织图案、色彩种类制作图案样式，将每根芨芨草按图案的颜色逐根缠绕，缠好后逐根摆好在毛毯或毡子上，并不时地校正图案。然后，在高宽各约2米的木架子上，每隔15～20厘米，用两块石头从两头缠上棕色毛线，将芨芨草编织好的图案按顺序逐根交叉缠绕，在定好位的石头上，按照图案编完，再用斧头等工具将编织品两头多余的芨芨草砍齐。这样一块纯手工的带着草原气息的编织品就产生了。目前，芨芨草编织品的图案已从单一的本民族、部落印记和图腾发展到多色彩、多图案、实用性与装饰性兼具的编织品。它主要悬挂在哈萨克族人家的毡房内，放置时顺着毡房内围一圈，能防止有害动物和虫类的进入。2009年被列入第二批自治区级非物质文化遗产名录，2011年入选第三批国家级非物质文化遗产名录扩展项目名录。（WWP）

维吾尔族模制法土陶烧制技艺 维吾尔族模制法土陶烧制技艺是维吾尔土陶制作工艺的一种。主要分布区域为喀什地区和吐鲁番地区。维吾尔族模制法土陶烧制技艺已有2000多年的历史，它随着丝绸之路的开通而兴起，其间不断发展创新，一直流传至今。维吾尔族土陶烧制工艺为手工艺作坊生产，保持着原始的生产方式，土陶制作者就地取土，不经任何加工，以黏土为胎料，不添加配料，筛选泡浆，以水和泥制成器皿状，以手工拉坯和翻模成型，使用的动力仍为手拉、脚蹬、带牵。手工成型后，再粘接耳、把、环等，待泥坯干后再雕刻或彩绘纹饰、上釉色，最后烧成光泽美观的生活用品。维吾尔族土陶的制作主要依靠工匠们的丰富经验和精深知识，是一个充满灵感和艺术创造性的制作过程。这些土陶器及其技艺是丝绸之路上东西方交流的物证，不少作品明显带有佛教文化的印迹，同时又有鲜明的阿拉伯风格，深入研究维吾尔族制陶技艺，可以帮助人们了解当年中西文化交流的情况。随着社会经济与文化的迅速发展，土陶器基本退出了人们的生活，土陶匠人大都闲置了祖传手艺，年轻一代也少有人学习和传承传统烧制技艺。2007年被列入第一批自治区级非物质文化遗产名录，2008年被列入第一批国家级非物质文化遗产扩展名录。（WWP）

维吾尔族花毡、印花布织染技艺 制作花毡和彩印花布是维吾尔族人民世代相传的传统手工技艺。主要流传在吐鲁番地区。新疆维吾尔族的织造、印染技艺伴随着维吾尔族人的生活产生，有着悠久的历史。花毡的种类很多，包括压制花毡、印染花毡、彩绘花毡和刺绣花毡等。花毡的纹样及印花布纹样约有百余种，其中既有受汉文化影响的"寿"字纹、回文、博古纹，也有阿拉伯风格的几何和花卉纹样及维吾尔族独特的日常用品和工具纹样，还有伊斯兰教风格的净壶、圣龛等纹样，甚至还有古代西域流传的一些纹样。花毡纹样图案丰富、色彩鲜艳，反映了维吾尔族人民的生活状态及与外来文化交流的悠久历史，有着很高的人文和艺术价值。维吾尔族民间艺人自己设计、制作的彩印花布绚丽多姿，制作精细，堪称艺术珍品。花布彩印有刻版印染、扎染和木模戳印等种类，其中流传最广、使用最多、历史最久的是木模戳印技艺。木模戳印技艺是用雕刻了图案的木模蘸上各种天然植物、矿物染料，戳印到手工纺织的土白布上，使多种不同的木模图案组合在一起，形成彩印花布。木模戳印花布有一百多种纹样，不拘一格，丰富多彩。20世纪80年代以来，人们的居住条件逐步改善，生活方式也发生相应的改变，导致花毡和彩印花布在维吾尔族生活中的用途正在减少，花毡和彩印花布艺人纷纷改行转业，古老的手工技艺面临着人亡艺绝的局面，亟需抢救和保护。2007年被列入第一批自治区级非物质文化遗产名录，2006年被列入第一批国家级非物质文化遗产名录。（WWP）

维吾尔族桑皮纸制作技艺 维吾尔族桑皮纸制作技艺主要分布在维吾尔族聚居的新疆南部和东部。至迟在唐代，当地便有用桑树枝嫩皮为原料造纸的手工行业。桑枝内皮有黏性，纤维光滑细腻，易于加工，经剥削、浸泡、锅煮、捶捣、发酵、过滤、入模、晾晒、粗磨等工序后可制成桑皮纸。桑皮纸分高、中、低三个档次，用途广泛。高档桑皮纸可用于书册典籍和钞票印刷，中档纸一般用于茶叶、草药等的包装，粗直的桑皮纸则往往用来糊天窗或作为制衣靴的辅料。直到20世纪70年代，维吾尔族民间仍在使用桑皮纸。但是早在1950年，维吾尔族桑皮纸便退出了印刷和书写用纸的行列，20世纪80年代以后，桑皮纸已经完全退出了维吾尔族的日常生活，制作桑皮纸的匠人都已转业，他们的子孙也没有继承这门技艺。2007年被列入第一批自治区级非物质文化遗产名录，2011年被列入第三批国家级非物质文化遗产扩展名录。（WWP）

维吾尔族传统棉纺织技艺 新疆传统棉纺织工艺主要流传在新疆伽师县，其古老的生产方式现在仍有保留。19世纪，伽师县维吾尔族传统手工纺织技艺遍布每个村，工艺程序依次为弹花、纺线、拐线、络线、经线、印布、掏缯、织布等，生产的棉布深受群众喜爱。作为新疆地区传统文化的重要组成部分，传统手工纺织技艺反映和表现了西北民族共同的思维习惯和生活习俗，具有重要的价值。20世纪90年代以后，随着工业化进程的加快，各种新型服装面料涌入市场，给维吾尔族传统手工纺织技艺造成了很大的冲击，目前维吾尔族传统手工纺织技艺正濒临灭绝，急需引起关注。2008年被列入第二批国家级非物质文化遗产名录。（WJR）

维吾尔族艾德莱斯绸织染技艺 艾德莱斯绸是新疆喀什、和田地区特色传统手工艺织品，其扎染技术独特，质地柔软，轻盈飘逸，图案层次分明，布局对称，组合严谨，色彩艳丽，具有浓郁的民族特色。新疆洛浦县吉亚乡与布亚乡是艾德莱斯绸的重要发源地，喀什、和田等地是新疆主要蚕桑区，为艾德莱斯绸提供了丰富的蚕桑资源。元末明初，和田、喀什的一些工匠学习吸收中亚人染织法后带回自己的家乡，开始生产，艾德莱斯绸织染技艺从此传入新疆。艾德莱斯绸织染工艺极其复杂，做工精细，编织劳动强度大，所有工序全部由匠人手工操作完成。其生产工艺流程为：首先将蚕茧煮沸抽丝、并丝、卷线，然后经过扎染、图案设计、捆扎，最后分线、上机织绸，形成成品。艾德莱斯绸色彩华丽美观，花色品种繁多，图案变化多样，是新疆常见的一种既普通又高雅的传统服饰，近年来设计师们常用它设计出时尚而特色鲜明的现代服饰，古老的新疆艾德莱斯绸已融汇到现代生活潮流中。2007年被列入第一批自治区级非物质文化遗产名录，2008年被选为第二批国家级非物质文化遗产。（WWP）

维吾尔族地毯织造技艺 维吾尔族地毯织造技艺是流行在洛浦县的传统手工技艺，集绘画、雕刻、编织、刺绣、印染于一体，具有浓郁的地域风情和民族特色。维吾尔族地毯织造技艺历史悠久，它以优质羊毛为原料，毛质纤维粗，宜织造，光泽如丝，染色鲜艳，色彩固着力强，长久不变，羊毛拉力大，富有弹性，将羊毛捻成毛纱，反手加捻再染色，然后根据需要将毛纱合股，分别用做经线、地纬、绒纬（俗称绒头）。最后织毯时将一组经线与上下交织成平纹式的基础组织，再将经过染色的绒头按一定程序拴结于基础组织的经线上，以此显示出地毯的不同色彩与图案、纹样。维吾尔族地毯的图案和设色具有鲜明的民族特点和浓厚的地方色彩，多层边框，几何图形内填入品类繁多的纹饰，结构严整而富于韵律，活泼多变而富于生活情趣，且十分注意将同类色或对比色并置排列，在对比中充分显示各种色彩的个性。就用途而分，有铺毯、挂毯、坐垫毯、拜垫毯、褥毯等。新疆地毯素以历史悠久、技艺高超而驰名于世，是新疆传统的民族工艺美术品，也是主要出口商品之一。2007年被列入第一批自治区级非物质文化遗产名录，2008年被列入第二批国家级非物质文化遗产名录。（WWP）

维吾尔族卡拉库尔胎羔皮帽制作技艺 卡拉库尔胎羔皮帽秉承了传统工艺，以卡拉库尔羊的胎羔皮加工做成，选料讲究，制作工序复杂，工艺、颜色、质地体现了维吾尔族风俗和文化，具有很高的经济价值和文化底蕴。这一技艺主要流传在新疆维吾尔自治区沙雅县。沙雅卡拉库尔胎羔皮帽制作已有2000年的历史，在该县汉代古城玉什喀特古城中就曾发掘出卡拉库尔胎羔皮做的帽子。制作卡拉库尔胎羔皮帽工序相当复杂，仅制作所需要的工具就有18种，包括：鞣革桶、棒子、梳子、剪子、圆刀、整修剪子、整修梳子、顶针（铁顶针和皮革顶针）、锥子、针、模子、钉子、石头（整修用）、红柳杆子、铁锤、夹子、喷水器、子器具等，材料包括胎羔皮、一般的皮子、毛毡子、棉布、面胶、线、皮革、金丝绒、玉米面、水、盐、黑染料。胎羔皮胎胶浓厚、毫毛闪亮浓密、浓黑如墨、色泽温润。近年来胎羔皮产量大幅度减少，加之由于取皮鞣熟及制作工艺十分严格，熟练掌握此项技术并继续制作的人越来越少，此项技术面临濒危。2007年被列入第一批自治区级非物质文化遗产名录，2008年被列入第二批国家级非物质文化遗产名录。（WWP）

维吾尔族传统小刀制作技艺 维吾尔族传统小刀是集民间手工艺之大成，以百道工序、手工雕刻、镶嵌于一体的手工珍品，其图案精美，手工精细，具备观赏、实用、收藏等多种功能。维吾尔族传统小刀制作技艺主要分布在喀什地区英吉沙县和阿克苏地区沙雅县。新疆维吾尔族的手工艺小刀，刀把采用百分之百的精选黄铜，很有分量，有的镶有银、铜、玉、宝石等，形成精美图案。刀鞘用牛、羊皮模戳压制成。刀刃采用优质特硬黑钢、轴承钢、弹簧钢、花纹钢等手工打制而成，异常锋利，讲究造型，双面流血槽，刀身水磨刻字。其中以英吉沙、库车（龟兹小刀）等地小刀最为出名。2007年被列入第一批自治区级非物质文化遗产名录，

2008年被列入第二批国家级非物质文化遗产名录。（WWP）

维吾尔族乐器制作技艺 维吾尔族乐器制作技艺有着悠久的历史，起源于汉代的古龟兹国，至今已有2000多年的历史。维吾尔族乐器制作精美，音色独特，多用于家庭宴乐，是维吾尔族传统文化的重要组成部分。维吾尔族乐器按结构和演奏规律可分为吹奏乐器、弹拨乐器、弓弦乐器和打击乐器等四大类，主要乐器有都塔尔、热瓦甫、艾捷克、达甫、胡西塔尔、萨塔尔、卡龙、巴司、羌等。在形制结构、音序排列、音域音色等方面经过长期改善已基本定型。2007年被列入第一批自治区级非物质文化遗产名录，2008年被列入第二批国家级非物质文化遗产名录。（WWP）

土碱烧制技艺 碱蒿子烧制土碱技艺，主要流传于新疆新湖农场和芳草湖农场。已知传承有五六代人，距今有200多年历史。新疆气候干燥，土质盐碱含量大，一种野生植物碱蒿子在碱湖周围和在盐碱斑上多星散或群集生长，当地百姓发现碱蒿子可烧制土碱，土碱既可洗衣服、洗手、去油污，还可与面手工捏制成灰面，是现在市场上销售的食用碱所不能替代的。每年的七八月份就将碱蒿子割下备做烧土碱的原料，晾晒两天。烧制前，首先要挖制土窖，土窖的选择很有讲究，必须是碱蒿子多的地方，并且尽量挖在碱蒿子丛的中间位置，这样取材方便；地势要较高，这样通风更好；土质要较密、平整、潮湿，这样易产生水蒸气，烧制的土碱更容易凝固。烧制时要将碱蒿子从窖口上陆续加入，在窖内连续进行焚烧，全部烧完后，盖住窖口，一两天后焚烧的碱蒿子会凝结成绿色的土碱，起窖后就可以使用了。烧制不好的就成了一堆黄灰。一般300公斤的碱蒿子可烧制10公斤左右的土碱。2007年被列入第一批自治区级非物质文化遗产名录，2008年被列入第二批国家级非物质文化遗产名录。（WWP）

哈萨克族毡房营造技艺 新疆哈萨克族毡房主要分布在新疆维吾尔自治区塔城地区，是春夏秋季从一个栖息地搬到另一个栖息地的简便的活动房屋，毡房的设计和建造技艺，不仅使毡房轻便耐用，而且富有浓厚的民族艺术特色。哈萨克的毡房历史悠久，最少也有2000年的历史了。哈萨克毡房高一般在3米左右，占地面积二三十平方米，四周是环形的毡墙，上面是圆形的屋顶。毡房的骨架是戈壁滩上的红柳木做的，外围的墙篱是用芨芨草编的，横竖交错成菱形的围墙也是用细红柳木做的，连接的材料是牛皮绳和牛筋，门框和门用松木制作。除此之外，要用大量的毡子和毛绳，整个毡房不用一枚钉子。毡房是由白色毡子做成的，扎围墙用的彩色主带，宽约20～40厘米，全部是用五颜六色的毛线织成，美丽大方。这种彩带主要用于捆房墙和房杆的接头处，不仅起到使毡房牢固的作用，而且使毡房显得富丽堂皇。房门制作也很讲究，雕有花纹和绘有图案，吊在门上的毡子也用彩色的绒线，绣出各种鲜艳夺目的图案，大方而又富有艺术感染力。牧区的哈萨克族一年要搬十几次家，除冬季外，一年三季都要住这种毡房。这种毡房便于携带,拆装也很容易,所以很受牧民的欢迎。整个毡房看起来用的东西不多,但建造一个毡房得花很大力气,因为所有的建材全部是手工加工而成的。毡房的大小根据房墙的多少来定,一般的毡房多用6块毡墙。每块毡墙宽约2～3米,高约1.7～2米。如果人口多,经济条件好,可建造8～10块毡墙的毡房。2007年被列入第一批自治区级非物质文化遗产名录,2008年被列入第二批国家级非物质文化遗产名录。(WWP)

俄罗斯族民居营造技艺 俄罗斯族的民居与营造技艺在建筑结构、建筑风格上都与其他少数民族的民居不同,独具欧洲特色。新疆维吾尔自治区境内流传的俄罗斯族民居营造技艺主要分布在塔城,是在清代咸丰元年(1851)俄罗斯人迁居塔城等地区时传入的。150多年来,俄罗斯族人根据新疆的地理环境和气候条件,吸收维吾尔、哈萨克等民族的文化,借鉴汉族的建筑技巧,发展出独具一格的俄罗斯民居营造技艺,成为中国少数民族建筑工艺的重要组成部分。新疆的俄罗斯民居营造技艺在房屋结构和装饰风格上的特点很明显,结构为砖木结构,房屋高大,空间宽敞,有利于空气流通;门窗多而且大,室内光线充足;墙体厚,有利于冬季保暖,夏季隔热,做到冬暖夏凉。冬季取暖都用圆形的铁皮毛炉,毛炉一般建在房屋隔墙的墙角,可以使两间到三间房屋同时受暖,节省燃料,同时还有利于保持房屋的清洁卫生。除砖木结构的房屋外,还有木屋,为便于清除积雪,屋顶坡度很陡,在外型上多为"人"字形的铁皮屋顶,这种圆木房屋保暖性能好。比较大的建筑物需要用几幢小木屋组合起来。无论砖木结构还是木屋建筑,在外观上都十分注意用花卉和图案进行装饰,在墙面上用几何形的砖块装饰屋檐和窗户,在屋顶的天窗、廊檐下、门窗、室外的平台、柱子、栏杆等处都有各种图案,这些特征都体现了俄罗斯族建筑艺术的风格。2007年被列入第一批自治区级非物质文化遗产名录,2008年被列入第二批国家级非物质文化遗产名录。(WWP)

锡伯族弓箭制作技艺 锡伯族弓箭制作技艺,流传于新疆察布查尔锡伯自治县和乌鲁木齐市。锡伯族的传统弓箭主要使用红柳、玻璃钢和牛筋等材料,响箭的箭头则用牛角制成。制作时使用大叶白蜡、洋槐木、榆木等硬质木头。大的弓箭要将18块不同的木头粘合在一起,小的弓箭也要用12块木头粘合,每块木头都要有拉力和弹力,并且不易变形。这些材料的加工集切、锯、刨、削、磨、弯曲、打光、粘贴、整合、装饰等多种工艺为一体,需要从粗加工到精加工的多道工序。弓弦一般用洗净晒干的羊肠来做,弓箭力量的大小跟羊肠的粗细、硬度、弹力有直接关系,根数越多,力量越大,反之亦然。目前制作成功的传统弓箭有三类产品:一类是传统弓箭,射程较远,保留着清代硬弓的特征;另一类是响弓,箭射出后在空中发出响声是其主要特征;还有一类是工艺品,具有外形美观、制作精湛、图案精致等特点。2007年被列入第一批自治区级非物质文化遗

产名录，2008年被选入第一批国家级非物质文化遗产扩展项目名录。（WWP）

阿依旺赛来民居营造技艺 阿依旺赛来民居是典型的维吾尔族传统建筑，主要分布在沿塔里木盆地沙漠边缘的城镇和农村，特别是于田、墨玉、民丰、皮山、和田、莎车、喀什等地，其中和田地区最多。据考证，阿依旺赛来民居建筑距今已有2000多年的历史，和田这种建筑形式大约在汉末唐初就已具雏形，以后逐渐完善。这种民居是适合南疆地区环境气候的建筑模式，它闭合的建筑院落与空间设计有着防风沙的作用，具有以户外活动场所为中心的特点，户外场所在中间，周围环以带外廊的房屋，形成了宅院的内向性风格。传统建筑为方形，开天窗。屋顶一般平坦，可作晒场用。室内一般砌实心土炕，亦有可取暖的空心炕，高约30厘米，供起居坐卧。墙上开壁龛，放置食物和用具，有的壁龛还构成各种几何图案，并喜在墙上挂壁毯和石膏雕饰。这种建筑内室布局巧妙，房中套房，外墙架构结实，雕饰精美。2011年被列入第三批国家级非物质文化遗产名录。（WWP）

维吾尔族帕拉孜纺织技艺 帕拉孜纺织技艺是维吾尔族传统棉纺织技艺，主要流传在新疆维吾尔族居住区域，是古老的手工纺织技艺，黑英山的维吾尔族帕拉孜，传承历史已有400多年。新疆维吾尔族帕拉孜，主要是羊毛纺织帕拉孜，但也有棉线纺织帕拉孜与棉线做经线、羊毛线做纬线的帕拉孜。其植物染料主要取自于黑英山乡境内，其中有沙棘树根、野山花、鲜核桃绿皮、石榴皮、奥依丹根等，也有一些是用矿石做染料。其纺织工具为一个普通木架与一个刀形翻板（用来编经、压经），只要把不同颜色的毛线固定在两端，通过木架子纺织就完成了。帕拉孜可以缝制无裁绒地毯、口袋、褡裢、墙围子、炕围子，按规格、大小不同剪裁缝制而成。作为纺织业的活化石，帕拉孜的原生态民族民间气息浓郁。它的土法择料、纺线、织造工艺流程及其用天然植物、天然矿石染色技术都值得研究。2007年被列入第一批自治区级非物质文化遗产名录，2008年被列入第二批国家级非物质文化遗产名录。（WWP）

维吾尔族花毡制作技艺 在新疆维吾尔族手工艺中制花毡可以说是最普遍的，其制毡工艺历史悠久。新疆花毡的种类有补花毡、印花毡、绣花毡、擀花毡四种。补花毡是用色布或色毡套剪，正反对补，虚实相映。印花毡印制方法与土印花基布本相同，制作时先将素毡铺平，打上线，根据需要，在不同的面积上铺一层不同的底色，勾出边线，多用黑色，也称"黑色皮"，然后用不同的色料印出不同的纹样图案，纹样细腻、艳丽，花色品种多。绣花毡是用彩色的丝线锁盘针法将各种纹样图案对称地绣在花毡上，制作精良，且费工费时。这种花毡主要铺在客厅主位上，在和田、墨玉、策勒、于田等地区最为流行。擀花毡制作过程费工，但牢固耐用，纹样清晰，美观大方。擀花毡的程序是先弹毛，然后将事先染织好的较薄的彩毡，剪出所需要的形状，在草帘上摆拼各类图案纹样。根据纹样要求还要在图案中间填充弹好的彩色羊毛，在四边补不同的彩色羊毛做流苏纹。彩图摆好后，上面开始铺弹好的羊毛，铺好毛后洒一遍热水，然后将洒好水、铺好毛和图案的草帘卷起，绑好绳子捆紧，开始擀制。四至六人踏着节奏将卷好的毡帘用脚来回滚踏。约1小时后解开草帘，取出初步成形的花毡。再将拿出的花毡在铺平的草帘上拽直拉平再洒一次热水，使羊毛的角质完全溶解，然后经过滚动使其完全交织为一体。为了使花毡更平实，人们还将花毡胎坯卷成筒状，几个人在草帘上用双肘再三滚擀，边擀边不断的扯开、平拉，反复多次后晾干，一件漂亮的花毡就做成了。2011年被列入第三批国家级非物质文化遗产扩展名录。（WJR）

坎儿井开凿技艺 坎儿井是开发利用地下水的一种很古老的水平集水设施，适用于山麓、冲积扇缘地带，主要是用于汲取地下水来进行农田灌溉和居民用水。新疆的坎儿井主要分布在吐鲁番盆地、哈密和禾垒地区，尤以吐鲁番地区最多，计有千余条。坎儿井开凿历史源远流长，汉代在今陕西关中就有挖掘地下窖井的技术，称"井渠法"。汉通西域后，塞外乏水且沙土较松易崩，就将"井渠法"传授给了当地人民，后逐渐趋于完善，发展为适合新疆地区的坎儿井。吐鲁番现存的坎儿井多为清代以来陆续兴建的。坎儿井是"井穴"的意思，其结构是由竖井、暗渠、明渠、涝坝（积水潭）四部分组成。挖井匠人利用山地坡度，在高山雪水潜流处寻其水源，挖开第一口竖井。之后每隔50米就再挖一口竖井，依地势高下在井底修通暗渠，沟通各井，直抵明渠，连通涝坝。正是因为有了这独特的地下水利工程坎儿井，把地下水引向地面，灌溉盆地数十万亩良田，才孕育了吐鲁番各族人民，使沙漠变成了绿洲。2012年被列入第三批自治区级非物质文化遗产名录，2014年被列入第四批国家级非物质文化遗产名录。（WWP）

9. 传统医药

维吾尔医药 维吾尔医药是祖国医药学不可分割的组成部分，也是伊斯兰医药学的重要组成部分。几千年来维吾尔族人民在防病治病的过程中，积累了丰富的应用植物、动物、矿物防病与治病的实践经验和生产技术，并逐渐形成了独具维吾尔民族文化特色的药物学。历代不同时期的维吾尔药物学除了论述药物的药性理论、临床功效、主治病症、用药法则、炮制和制剂方法外，还包括药物的来源、产地、栽培、采集以及形性品质、真伪鉴别等方面的知识。维吾尔医用药物炮制方法很多，常用的炮制方法有净制、切制、炒法、炙法、燥法、炼法、取油法、乳浸法、蒸馏法、取汁法、研磨法等十余种炮制方法，具有独特的民族和地域特色。净选是通过手工或机械操作，清除药物中的杂质和非药物部分，常用方法有挑选、筛选、风选、水选等；切制可以分为手工和机械切制两种；燥法是为了便于药材的保存和使用，对较湿的药材进行干化处理，常用方法有晒干、阴干、烘干、风干等；制法则是将药物置于加热容器内，利用不同火力，直接清炒或添加不同辅料间接炒制的过程；取汁法是利用植物新鲜时挤取汁液，并对汁液进行干化的过程；取油法是利用设备挤压取油，或加热取油，或浸于液体中取油的方法；研磨法是利用专门的研磨工具，将一些珍贵药材进行研磨的方法。食物疗法是因为维吾尔族对食物有许多独特的鉴别方式，食物按照天性、质量和利害被分为几类。其中，从食物的凉性、热性、干性和湿性角度将食物分为"湿凉性""干凉性""湿热性""干热性"四种。除此之外，在维吾尔营养学中，主张在质量、数量、需要、时间、方法、方式以及习惯等六种条件下，合理地接受食物，因此维吾尔族禁忌食用性质和质量不符合自己的食物。即多血质的（气质湿热的）人忌多吃湿热性的食物，黏液质的（气质湿凉的）人忌多吃湿凉性的食物，忧郁质的（气质干凉的）人忌多吃干凉性的食物，而胆汁质的（气质干热的）人忌多吃干热性的食物。年龄方面，年轻人忌少吃、老年人忌多吃。性别方面，男人忌少吃、女人忌多吃。季节方面，在冬天人们忌多吃凉性食物，在夏天则忌多吃热性太强的食物。在时间方面，维吾尔族忌乱吃、不分时间吃等。俗语有"饿前吃，饱前停"的说法。另外，维吾尔族非常忌讳多吃食物，并认为多吃食物导致疾病、懒惰、黑心肠和痴态等。维吾尔族还根据食物的本性，忌同时吃性质相反的食物，如忌同时吃喝太热和太凉的食物，忌吃喝两种热性的食物，在吃过一种食物之后忌吃使之难以消化的食物等。维医药学经过2500多年漫长的积累，为东西方医药学的发展做出了重大贡献，形成了比较完整的、具有鲜明特色的理论体系。即：四大物质学说、气质学说、体液学说、力学说、健康学说、疾病学说等解释人体与外界的相互辩证关系和一套诊治疾病的治疗学说。2009年被列入第二批自治区级非物质文化遗产名录，2011年被列入第三批国家级非物质文化遗产扩展名录。（WJR）

哈萨克族医药 在长期的临床实践过程中，哈萨克族在医药方面逐步积累了一些独特的诊断经验。哈萨克族主要分布在新疆北部境内，阿尔泰山和天山山脉特定的地理气候等自然因素，造就了丰富的自然资源、药用的动植物、矿物资源。哈萨克药自古口耳相传，大多数单验方在民间流行很久，为人们所习用。哈萨克药不仅对常见病、多发病有很好的疗效，对一些特殊病症也有独到疗效。这些哈萨克医药原材料都来自阿尔泰山的野生草药，经过加工炮制，采用水煮提取有效成分，制成各种剂型。哈萨克医学治疗疾病的方法丰富多彩，如布拉吾药浴、蒸熏洗治疗法，通过外洗、熏蒸、烤等方法，使药物通过皮肤吸收以起到治疗的作用，对少数民族地区常见的风湿、类风湿性关节炎、高血压、心血管和部分皮肤病有显著的疗效。卧塔什正骨术是以哈萨克医骨伤六诊八法为辨病手段的传统正骨法，对陈旧性骨折畸形愈合及关节脱位的正骨治疗，取得了突破性的成果。新疆北部的冬季风雪极大，酷冷无比，哈医治冻伤有两种方法：一为拔法（玛勒玛）将冻伤患者放入冰凉水中拔冻；二是蒙法（特尼起特玛）在无水情况下，将严重冻伤患者用被、毡子包裹厚实，用马拖、脚踢、滚动，使患者周身发热、大汗淋漓，活血通络，致气血运行如常。2012年被列入第三批自治区级非物质文化遗产名录，2014年被列入第四批国家级非物质文化遗产名录。（WWP）

维吾尔沙疗 沙疗是埋沙疗法的简称，是目前国际健身治病新疗法，它也是维吾尔民族文化遗产，是维吾尔传统医疗方法之一，是世界传统民族医学重要组成部分。吐鲁番维吾尔人民利用田沙医治风湿类疾病历史悠久，当地有世界最好的沙疗资源，也是我国唯一著名的沙疗圣地。沙疗是利用沙子的天然热力，将病体部位埋入沙中，发挥阳光、干热、压力、磁力等综合作用，达到驱寒祛邪、舒筋活络的功效。2012年被列入第三批自治区级非物质文化遗产名录，2014年被列入第四批国家级非物质文化遗产名录。（WWP）

10. 民俗

锡伯族西迁节 锡伯族西迁节，俗称"迁徙节""农历四月十八节""农历四月十八西迁节"等，在每年农历四月十八日举行。锡伯族西迁节及其文化传统以察布查尔锡伯自治县为中心，现已普及至新疆锡伯族散居区以及黑龙江、辽宁、吉林、内蒙古等省区的锡伯族聚居区。乾隆二十九年（1764）农历四月十八日，4000余名锡伯族官兵及眷属奉朝廷之命由盛京（今沈阳）出发，西迁新疆伊犁地区屯垦戍边。之后每逢农历四月十八日这天，人们都会开展各种活动，以隆重纪念祖先的英雄业绩，这一天遂成为锡伯族的传统节日。西迁节的庆祝活动丰富多彩，包括野炊、射箭、比武、唱歌、跳舞等，特别是以独唱和合唱形式演唱、以西迁过程为主要内容的徽调式西迁之歌，唱词达400余行，三节为一乐句，全曲12小节，成为西迁节最独特的文化表现形式。西迁节这一天，锡伯族的男女老少都要穿上盛装，欢聚在一起，弹响东布尔，吹起"墨克调"，尽情地跳起舞姿刚健、节拍明快的"贝勒恩"。姑娘们的"抖肩"、小伙子们的"鸭步"均惟妙惟肖，他们以此表达对故乡的思念和对未来美好生活的憧憬。这种节庆活动集中展示了锡伯族灿烂悠久的文化传统、民族心理、民族情感、民间信仰、民风民俗及各种工艺和歌舞艺术，有丰富的文化内涵和宝贵价值。目前，由于口头和文学作品的失传现象日渐严重，精通满语满文的人越来越少，西迁节民俗艺术的个性特色逐年弱化，需要加大对其保护和抢救。2007年被列入第一批自治区级非物质文化遗产名录，2006年被列入第一批国家级非物质文化遗产名录。（WWP）

塔吉克族引水节和播种节 塔吉克族的引水节和播种节是塔吉克族的农事节日，日期不固定，一般在春分后的一周内，由村里的老人根据气候变化来定，主要流传在塔什库尔干塔吉克自治县。这两个节日和塔吉克族从事农业的历史有着密切的关系，其历史至少已有1300多年。塔吉克语称播种节为"哈莫孜瓦斯特"，引水节为"孜瓦尔"，每年春播的头一天即是节期。届时，全村人聚集在田野，祝贺春播开始，各家各户都带一点麦子放在一起，公众推选一位全村尊敬的长辈来撒种。被推举的长者喜笑颜开，口中念念有词，拎着种子一把把地向田间早已等待在那里的人群身上撒去，大家抻着衣襟，往种子撒落处簇拥，以此表示对春耕播种的祝贺。撒完种子，由一人牵着一头膘肥体壮的耕牛到地里象征性地犁田，并撒几把麦种表示开播。然后给耕牛喂些形如犁铧、犁套之类的面食，表示对耕牛的慰劳。塔吉克人的播种节还有向客人泼水的礼俗，这一天塔吉克人家中若来客人，临别时，早已端着一盆水等候在门外的妇女待客人一出来就向他身上泼水，表示敬意。塔什库尔干塔吉克自治县位于帕米尔高原，气候寒冷，人口稀少，居住分散。在这种自然条件下，开春破冰引水、播种仅靠一两户人家是难以完成的，需动员和组织全村男女老少一起出动，团结互助把水引来。水引来后，第二天便开犁播种。其间，人们还对缺少种子的人进行帮助，目的是把大家组织起来搞好春耕生产，举行仪式是为了祈求吉祥和丰收，使全村的人都有饭吃。引水节和播种节的形成和发展以塔吉克族人民互助淳朴的情感把大家连在一起，"助人为荣，损人为耻"的风尚对构建和谐社会仍具有现实意义。2007年被列入第一批自治区级非物质文化遗产名录，2006年被列入第一批国家级非物质文化遗产名录。（WWP）

维吾尔刀郎麦西来甫 刀郎麦西来甫以表现刀郎地区维吾尔人民野外狩猎、喜庆丰收、欢乐生活等情景为主，包含有刀郎木卡姆演唱、群众自娱舞蹈、餐饮、文学艺术表演及各种游戏等。刀郎麦西来甫主要流传于塔里木盆地西北缘以叶尔羌河至塔里木河流域为中心的刀郎地区维吾尔民间，其中尤以麦盖提县最为广泛。刀郎麦西来甫有着悠久的历史，据说它源于西域土著民族文化，又深受伊斯兰文化的影响。有专家认为，在维吾尔族祖先从事渔猎、畜牧时期就产生了在旷野、山间、草地、场院即兴抒发豪情壮志的歌舞。在长期的社会历史发展的进程中，刀郎维吾尔人将各种生活素材不断充实到刀郎麦西来甫之中，形成了独特的刀郎文化。由于刀郎麦西来甫舞姿变化无穷，热情奔放，参与人数较多，不受时间地点限制，因而成为培养刀郎麦西来甫民间艺术家和陶冶刀郎人情操的主要方式。它始终保持着塔里木土著歌舞浓郁的原生态特色，是刀郎维吾尔人日常生活的重要组成部分。刀郎麦西来甫是研究刀郎维吾尔人历史、社会生活、精神风貌的百科全书，发掘、抢救、保护刀郎麦西来甫对丰富人民群众的文化生活等方面将产生积极的推动作用。2007年被列入第一批自治区级非物质文化遗产名录，2006年被列入第一批国家级非物质文化遗产名录。（WWP）

塔塔尔族撒班节 塔塔尔族撒班节，也称犁头节，是塔塔尔族特有的传统节日。塔塔尔族习惯每年在全村所有农户都完成春播后，举行一次群众性的集体庆祝活动。主要分布于新疆维吾尔自治区的塔城和奇台、吉木萨尔县等地。据说"撒班"是生长在中亚一带野生植物的名称，春夏之际，人们从草原和农田归来时，都要在撒班草盛开的草滩上相聚，并开展一些文体活动，这种古老习俗一直沿袭到今天。之所以又称"犁头节"，是因为过去在举行撒班节时，恰是春耕季节。后来由于气候和环境的变化，使节日的日期有所变更，推迟到6月的中旬。这种庆祝活动塔塔尔语称"乌买克"即"团会"。乡民全数参加，庆祝地点在田头或野地，由有威望的长者主持，主要活动有摔跤、攀竿、唱歌、跳舞、赛跑、拔河、赛马等，优胜者将得到妇女们亲手纺织的手帕、围巾、刺绣衬衫等奖品。对唱是节庆的主要内容，成年人唱希望丰收，青年人歌唱友谊与爱情。2007年被列入第一批自治区级非物质文化遗产名录，2008年被列入第二批国家级非物质文化遗产名录。（WWP）

塔吉克族婚俗 塔吉克族有着独特的婚姻习俗，塔吉克族的婚姻规则以及隆重的婚礼仪式都有着鲜明的民族特色和浓厚的高原气息。主要分布在塔什库尔干塔吉克自治县。在程序上有择亲、提亲、定亲、击鼓祝福、迎亲、结婚仪式、婚后三日揭面纱等。每一个程序都有一些讲究和文化内涵。订婚的时候，小伙子不去姑娘家，而由父兄、好友和一个女性亲属带着礼物到女方家去，所带的礼物中必须有一条4米长的鲜艳漂亮的红头巾，在订婚仪式结束时，盖在姑娘头上，表示姑娘已有配偶。塔吉克族的婚礼要举行三天，热闹而隆重。娶亲当天，除了要穿民族特色的服装外，新郎头上缠上红、白两色的布，新娘则要戴上系有红、白两色手绢的戒指，这种装束象征着吉祥和幸福。当天新郎住在新娘家，在晚上还举行宗教仪式——"尼卡"。阿訇要为这对青年人证婚，并为他们祈祷祝福，还要共饮一碗盐水，象征他们的爱情是永恒的。第二天婚礼进入高潮，早晨两位新人同乘一骑，新郎在前，新娘在后，返回新郎家。路上经过谁家门口，该家女主人就要端一碗酥油拌奶子给新郎喝，并把面粉撒在他身上，表示祝贺。到男子家时，婆婆在门口放上新毛巾，新人双双踩毛巾进门，表示从此以后，俩人将开始新的生活。婚礼举行后的第三天，娘家人要来赠送礼物和饭食，表示还挂记着自己家的女儿。男方也要给娘家人每人送一份礼物表示感谢。这些礼节结束后，新娘才能揭去脸上的面纱，开始正常的家庭生活。2007年被列入第一批自治区级非物质文化遗产名录，2008年被列入第二批国家级非物质文化遗产名录。（WWP）

蒙古族服饰 蒙古族服饰包括长袍、腰带、靴子、首饰等。主要分布在巴音郭楞蒙古自治州、博尔塔拉蒙古自治州、和布克赛尔蒙古自治县等地。明朝末年，蒙古族分为三大部分，其中漠西蒙古就是现在的新疆蒙古族，新疆的蒙古族服饰是在传统的蒙古族服饰文化上产生的。蒙古族从古至今一直视冠物为及其尊贵的物品，蒙古人非常珍惜和尊重帽子，新疆蒙古族男子戴的陶尔曹克帽多用黑色和棕色的布料制作，正面有别具风格的钱形图案，顶上都装饰有红色的穗子和顶子，因此他们自称为"戴红穗子的蒙古人"。新疆蒙古族女子的帽子款式较为丰富，有尖顶、圆顶、六角顶。除了新娘装外，姑娘的帽子均以简洁大方为主。如今，妇女们可以根据自己喜欢的颜色随意选择。不过，首选颜色依然是蓝色、绿色和白色。新疆地区的蒙古族，不同的年龄段穿不同颜色的蒙古袍。新疆的蒙古族将单袍称为"拉布锡克"，皮袍称为"得不勒"。老年人一般喜爱用颜色较深的绸子或布来做蒙古袍，中老年男子一般以深灰、深蓝居多，讲究宽大、舒适、庄重。年纪大的人为了方便，一般只镶单边，有时两侧不是对称的，在领口、袖口处绣有美丽的手绣花纹。老年妇女的袍子主要以湖蓝、深蓝、深紫、咖啡色居多。2007年被列入第一批自治区级非物质文化遗产名录，2008年被列入第二批国家级非物质文化遗产名录。（WWP）

维吾尔族服饰　维吾尔族的服饰不仅花样较多，而且非常优美，富有特色。维吾尔族妇女喜用对比色彩，使红得更亮，绿得更翠。维吾尔族是个爱花的民族，人们戴的是绣花帽，着的是绣花衣，穿的是绣花鞋，扎的是绣花巾，背的是绣花袋，衣着服饰无不与鲜花息息相关。维吾尔族服饰形式清晰，纹饰多样，色彩鲜明，图案古朴，工艺精湛。男装比较简单，主要有亚克太克（长外衣）、托尼（长袍）、排西麦特（短袄）、尼木恰（上衣）、库依乃克（衬衣）、腰巾等。维吾尔族外衣多用黑、白布料，蓝、灰、白、黑等各种本色团花绸缎料等制作。维吾尔妇女爱穿裙装，喜选择鲜艳的丝绸或毛料裁制裙装，常见的有红、大绿、金黄等色的质料，内穿淡色衬裙，更偏爱本民族独创的"艾得莱丝绸"缝制连衣裙，女裤裤角肥大，裤长及踝。维吾尔族男女都喜欢戴帽子，帽子不仅具有防寒或防暑的功能，更重要的是生活礼仪的需要，探亲访友以及节日聚会等场合均需戴帽子。维吾尔族的传统帽子主要有皮帽和花帽两大类。皮帽主要用于御寒，大多用羊皮制作，也有狐皮、狸皮、兔皮、旱獭皮、海獭皮、貂皮等。维吾尔花帽不仅选料精良，且工艺精湛，花帽的图案与纹样千变万化，各地花帽的样式、花纹与图案也与各地域的环境有关，各地的花帽都具有明显的地方特色。2007年被列入第一批自治区级非物质文化遗产名录，2008年被列入第二批国家级非物质文化遗产名录。（WWP）

哈萨克族服饰　哈萨克族是以草原游牧文化为特征的民族，其民族服装多用羊皮、狐狸皮、鹿皮、狼皮等制作，反映着山地草原民族的生活特点。男子内穿套头式高领衬衣，青年人的衣领上多刺绣有彩色图案，套西式背心，外穿布面或毛皮大衣，腰束皮带，上系小刀，便于饮食，下穿便于骑马的大裆皮裤，戴的帽子分冬春、夏秋季两种。冬春季的帽子是用狐狸皮或羊羔皮做的尖顶四棱形帽，左右有两个耳扇，后面有一个长尾扇，这种帽可遮风雪、避寒气；夏秋季的帽子是用羊羔毛制作的白毡帽，帽的翻边用黑平绒制作，这种帽既防雨又防暑。男子穿的鞋、靴也多用皮革制成。哈萨克族女子的服饰，多姿多彩。她们喜用白、红、绿、淡蓝色的绸缎、花布、毛纺织品等为原料制作连衣裙，年轻姑娘和少妇一般穿袖上有绣花,下摆有多层荷叶边的连衣裙。夏季套穿坎肩或短上衣,冬季外罩棉衣,外出时穿棉大衣。女子最讲究帽子和头巾,未出嫁的姑娘夏天戴一条漂亮的三角形或方形头巾,冬天戴一种绒布的硬壳圆顶帽,帽顶饰有猫头鹰羽毛,象征勇敢、坚定。出嫁时,戴一种尖顶帽,上有绣花与金银珠宝装饰,前方还饰有串珠垂吊在脸前,一年后换戴花头巾,有孩子后开始戴披巾。2007年被列入第一批自治区级非物质文化遗产名录,2008年被列入第二批国家级非物质文化遗产名录。(WWP)

那达慕 "那达慕",蒙古语意为"娱乐游戏",是蒙古族人民每年农历六月初四前后举办的一年一度的草原节日盛会。新疆蒙古族继承了蒙古族的习俗与文化传统,特别是蒙古族在长期的历史发展过程中创造和发展的具有浓郁草原特色的传统体育文化即草原那达慕大会,主要流传在新疆和静县。草原那达慕大会凝聚并规范着蒙古族的文化心理、宗教信仰、伦理道德、价值观念、生产生活以及各种文化习俗等,从衣食住行、婚恋嫁娶、歌舞娱乐到民族意识与民族性格,无不在草原那达慕大会中得到体现。草原那达慕大会举行的传统体育项目主要以蒙古族"男儿三艺"即骑马、摔跤和射箭为主,以新疆博尔塔拉蒙古自治州举行的草原那达慕大会最具特色。2007年被列入第一批自治区级非物质文化遗产名录,2008年被列入第二批国家级非物质文化遗产扩展名录。(WJR)

诺茹孜节 诺茹孜节是哈萨克、柯尔克孜、维吾尔等民族的传统节日,在每年3月21日举行,这一天是为了迎接春天的传统节日,同时也是标志新的一年、新的开始。主要流传在新疆维吾尔族、塔吉克族、塔塔尔族、哈萨克族、乌孜别克族等信仰伊斯兰教的少数民族聚居地。诺茹孜节是一个十分古老的传统节日,已有3500年的历史,反映了古代各族人民对自然规律的认识,对幸福美好生活的向往和追求。"诺茹孜"一词来自古伊朗语,意为"春雨日",在每年的3月21日,和春分时节一样,是表示春天到来的意思。维吾尔族、塔吉克族、塔塔尔族、哈萨克族、乌孜别克族等信仰伊斯兰教的少数民族每年都要以歌舞、杂技等各种形式来庆祝诺茹孜节。诺茹孜节当天最重要的就是要煮"诺茹孜饭",人们将9种谷物、9种蔬菜和各种佐料,放进架在露天里的大锅煮成稠粥,为当年的丰收祈福。诺茹孜节过后,繁忙的春耕生产就开始了。2009年被列入第二批自治区级非物质文化遗产名录,2011年被列入第三批国家级非物质文化遗产名录。(WWP)

哈萨克族传统婚俗 新疆哈萨克族传统婚俗有典型的游牧民族特色,沿袭着古老的婚姻习俗。主要分布在新疆哈萨克族聚居地。哈萨克族的婚礼,具有浓郁的民族特色,结婚仪式十分隆重,结婚前要举行一系列走访和喜庆娱乐活动。大部分仪式均按照伊斯兰教的教规举行,也掺杂一些本民族长期形成的古老习俗。哈萨克族婚俗主要有"姑娘追",以及在女方家举办的"登门"仪式,婚典中女方家举行的戴鹰羽仪式、订婚仪式、出嫁仪式和男方家举行的"吉尔特斯"仪式、迎亲礼仪式。男女方订定亲以后，男方要给女方扎"持特"（三角巾、方巾）或戴"乌克"（猫头鹰羽毛），举行订婚仪式，只选择吉日交送聘礼时，女婿方可正式登女方家的门，订婚仪式在女方家举行。女方的父母在这天要给女婿吃羊胸肉，以表示双方已正式订亲。附近的青年男女在这一天可以跟女婿打闹玩耍，如把女婿投到水池里或泼水，或者将衣服缀缝到花毡上，让女婿出丑等。订婚后，男方就可公开去女方家。婚礼一般分为两个步骤举行，即女方家送亲礼和婆家迎新礼。婚礼这天，男女双方以及双方的歌手都要唱许多约定俗成的婚礼歌。其中新娘在最后离开父母家人时，要唱与父母亲人的哭别歌。姑娘出嫁后，第一次回娘家，娘家还要给姑娘送一份厚礼，有条件的一般要送100只羊，15匹马。条件差的也要尽力而为，有所表示。养子在哈萨克族中很普遍，按照习惯养父要给养子成家，分给遗产，任何人不得因他是养子而歧视。这是哈萨克族不同于其他信仰伊斯兰教民族的一个特点。绊脚绳绊新娘和新娘往炉火中浇油风俗是哈萨克新郎领新娘回家时，男方亲友在路上扯起一根根绳子，新娘想要顺利通过，就要给摆绳者一一赠送礼物，或是让伴娘唱歌，以歌代物。登门仪式是登门时，未婚女婿和姑娘坐在帐篷中共同啃吃一块羊胸骨肉，因为骨肉相连，象征一对新人永远相亲相爱。2009年被列入第二批自治区级非物质文化遗产名录，2011年被列入第三批国家级非物质文化遗产名录。（WWP）

锡伯族传统婚俗 新疆锡伯族传统婚俗有典型的游牧民族特色，沿袭着古老的婚姻习俗，主要分布在新疆锡伯族聚居地。锡伯族的婚姻是一夫一妻制，锡伯族婚姻一般分四个阶段，即说亲、订亲、认亲、迎亲。锡伯族的婚礼以热闹著称，婚礼前要做大量的准备工作，其中之一是聘请奥得尔阿姆（简称奥父）和奥得尔额妮（奥母），即迎亲老人，作为娶亲队伍的全权代表，协调解决迎亲过程中的各项事宜。此外，还要挑选6名"打丁巴"的小伙子和几名年轻姑娘，组成迎亲队伍。婚礼前后要进行好几天，主要是女家举行出嫁仪式，男家举行成婚大典。出嫁仪式，是在女家举办的以宴客为主的礼仪活动，称作"阿吉协仁"（小宴日）。通常在阿吉协仁的前一天上午，男家就要把婚礼所需的肉、米、菜、烟、酒等一应送到女家。第二天，女家大宴，四方宾客前来庆贺出嫁之喜，新郎在岳父的指导下，给长辈、亲戚或德高望重的老人跪拜敬酒。晚上，举行"打丁巴"活动，这是出嫁仪式的高潮。第二天男家举行成婚大典，即"安巴协仁"。新娘的嫁妆由哥嫂和娘家的人亲自送去，去的人一般男女各半。新郎的队伍临行前，岳父还要将两只装满五谷种子的瓶子送给新郎，以祝将来五谷丰登，粮食满仓。旧俗，新娘扶下车，由伴娘扶着和新郎并肩而行，在正房门前，新郎新娘面北叩首，参拜天地。然后，新郎跨入门内，隔门栏男女对跪，用"哈达"将切成片的羊尾巴投入灶火之中，以作"白头之誓"。此后，夫妻到正屋，向喇嘛叩头，喇嘛摩顶后,再向父母跪拜,这一切完毕后,新娘入洞房,等到晚上喝"合欢酒"后下炕给公婆敬酒。成婚大典当天,男方要大宴宾客。直至晚上,还要举行贝伦舞会,庆祝婚礼。第三天,新郎、新娘上坟祭祖,男家一般还要宰羊宴请亲家及其家人。到第9天回门。如今,这些风俗大多已改变或从简。2009年被列入第二批自治区级非物质文化遗产名录,2011年被列入第三批国家级非物质文化遗产名录。(WWP)

柯尔克孜族驯鹰习俗 柯尔克孜族民间一直保留着几千年的驯鹰绝学,主要分布在新疆西部天山南部腹地的阿合奇县高寒山区。生活在这里的柯尔克孜族人,在由逐水草而居的游牧生活逐步走向富裕的同时,依然传承着远古流传下来的驯鹰捕猎绝技,至今保留着原始的驯养方式和捕猎方式。驯鹰的柯尔克孜族人通常只诱捕雄性鹰驯养,两三岁最佳,否则驯化难度大,到鹰七八岁时放归。驯鹰和捕猎需要极大耐心和精力,鹰性情凶悍,桀骜不驯,真正的驯鹰人直接捕捉成鹰驯养,难度虽大,但一旦驯化,威力加倍。在进行室外驯鹰前,要把鹰尾的羽毛缝起来,让它无法高飞;再用拴着绳子的活兔作猎物,让鹰从空中俯冲叼食。过些时日,把鹰尾线拆去,在鹰腿上拴根长绳,像放风筝一样在驯鹰人的控制下捕捉猎物。经过一段时间的训练,鹰就成了猎鹰。现在人们不再需要猎鹰工作了,但柯尔克孜族人与鹰的关系世代相袭断不了。驯鹰成了一种消遣、一种乐趣。2009年被列入第二批自治区级非物质文化遗产名录,2011年被列入第三批国家级非物质文化遗产名录。(WWP)

塔吉克族服饰 塔吉克妇女一年四季都喜欢穿连衣裙,冷天外罩大衣,连衣裙多为红色或绣饰花边的大紫、大绿色调。塔吉克少女爱戴用紫色、金黄、大红色调的平绒布绣制的圆形帽冠。帽檐四周饰金、银片和珠饰编织的花卉纹样。帽的前沿垂饰一排色彩鲜艳的串珠或小银链。妇女戴圆顶绣花棉帽,外出时再披上方形大头巾,颜色多为白色,新娘则一定要用红色。她们不仅重视衣饰胸前、领口袖口的装饰,还特意装饰身后,使衣饰整体协调。衣帽、腰带上大都绣有花纹。女帽的前沿绣得五彩缤纷,盛装时帽檐上还加缀一排小银链。同时佩戴耳环、项链和各种银质胸饰。新娘在辫梢饰以丝穗,已婚少妇在发辫上缀以白纽扣。塔吉克族男子平日爱穿衬衣,外着无领对襟的黑色长外套,冬天着光板羊皮大衣,头戴黑绒布制成的绣着花纹的圆形高筒帽。男女都穿染成红色的长筒、尖头、软底皮靴和毡袜、毛线袜。皮靴制作讲究,舒适保暖。2009年被列入第二批自治区级非物质文化遗产名录,2011年被列入第三批国家级非物质文化遗产名录。(WWP)

达斡尔族沃其贝 乾隆年间,居住在黑龙江的部分达斡尔族官兵将士奉命西征戍边,经过长途跋涉,在伊犁到塔城一带驻扎下来,也把祈求五谷丰登、风调雨顺的祭祀仪式保留了下来。近两个半世纪过去了,达斡尔族的"沃其贝节"也被赋予了新的时代内涵。节日里,人们除了祭祀活动外,还要欢聚在一起，表演丰富多彩的歌舞和体育节目，展现达斡尔族人民团结和睦、追求美好生活的精神风貌。达斡尔族"沃其贝节"分祭祀、族会和庆祝三部分组成。两百多年来，每逢"沃其贝节"这一天，达斡尔族群众家家户户都要清扫庭院，穿上节日盛装，欢聚一堂，跳起欢快的舞蹈，唱起古老的征途歌。2007年被列入第一批自治区级非物质文化遗产名录，2011年被列入第三批国家级非物质文化遗产名录。（WJR）

柯尔克孜族服饰 柯尔克孜族服饰具有草原牧民的共性和本民族服饰特色，男以袍式为主，女以裙装居多。柯尔克孜族大部分居住在克孜勒苏柯尔克孜自治州，部分散居南疆的乌什、阿克苏、英吉沙、塔什库尔干、皮山等县（自治县）以及北疆的特克斯、昭苏、额敏、博乐、精河、巩留等县及牧区。服装的形式，男子上身穿白色绣花边的圆领衬衫，外套羊皮或黑、蓝色棉布无领长"裕袢"，也有用驼毛织成的，袖口黑布沿边。系皮腰带，带上拴小刀、打火石等物。女穿对襟上衣，宽大无领，长不过膝，缀银中，多褶的长裙下端镶皮毛。也有穿连衣裙者，外套黑色坎肩或"裕袢"。柯尔克孜人喜爱红色，其次是白色和蓝色，它表现在服饰、绘画、装饰和工艺品上，这是柯尔克孜人开朗、热情、豪放的民族性格的反映。柯尔克孜人还经常佩戴白毡帽，这种白毡帽是从服饰上识别柯尔克孜族最鲜明的标志，柯尔克孜人非常珍惜它，将其奉为"圣帽"。2012年被列入第三批自治区级非物质文化遗产名录，2014年被列入第四批国家级非物质文化遗产名录。（WWP）

（三）自治区级非物质文化遗产项目

1. 民间文学

柯尔克孜族民间达斯坦 柯尔克孜族民间达斯坦是有着悠久历史的一种民间曲艺形式。达斯坦的原意为"叙事长诗"，用古老的"木卡姆"（大型套曲）的选段或其他民间曲调演唱，说唱完整的故事，篇幅较长。根据柯尔克孜民间文学的流传分布来看，柯尔克孜族达斯坦从地理分布上划分为阿尔泰、天山、帕米尔三个区域，天山区域是个开放性的区域，跟其他区域交往比较方便，柯尔克孜族各部落之间的联系也比较密切，民族文化尤其是达斯坦革新与变化的速度很快。而帕米尔相对较为封闭，这一区域的民众就较为完整地保存了自己原有的风俗习惯、语言特征和民间文学。与维吾尔族混居在南疆叶城一带的柯尔克孜族人日常都说维吾尔语，但在表演达斯坦时用柯尔克孜语。塔什库尔干的柯尔克孜族歌手在演唱时，故事部分使用的是柯尔克孜语，但诗歌部分（基本上是人物对话），却掺杂使用了维吾尔语和乌孜别克语。2007年被列入第一批自治区级非物质文化遗产名录。（WWP）

新疆蒙古族图兀勒 在新疆蒙古族民间流传的图兀勒是一种民间叙事长诗。根据焉耆回族自治县普查状况，会说图兀勒的多为年长者，而且人数不多，主要分布在四十里城子镇、焉耆镇。在新疆，民间长诗被统称为达斯坦，蒙古语称图兀勒。蒙古族图兀勒内容丰富，风格多样，传奇性很强，数量有几百部，其中最能代表蒙古族图兀勒水平、最优秀的作品是《江格尔》《格斯尔》，它们同柯尔克孜族的《玛纳斯》一起被誉为"中国三大史诗"。一般在家庭式集会，酒酣兴浓时，长者会说一段图兀勒以此助兴。2007年被列入第一批自治区级非物质文化遗产名录。（WWP）

新疆杂话 新疆杂话，是运用西北汉语方言和韵语表演的顺口溜，民间习惯称之为溜杂话、撂嘴子。主要流行于北疆沿天山一带和东疆哈密、南疆库尔勒等汉族、回族聚居地区。东疆是新疆杂话的源泉。新疆地广人稀，路途遥远，行人凑在一起轮流说上几个笑话、民谣，以打发旅途寂寞，这就自然形成了一种蔚为壮观的民间文化。当代新疆杂话创作家赵国柱运用新疆汉语方言演说创作了不少优秀的新疆杂话作品，作品以反映城乡变化、歌颂道德新风和人们日常生活的点滴等为内容，赋予了杂话这门古老的艺术更多的时代特色。2007年被列入第一批自治区级非物质文化遗产名录。（WWP）

巴里坤汉族民间故事 巴里坤由于重要的地理位置，自汉代开始有大批陕、甘、晋、湘等地汉民移民屯垦至此，并带来了各地的民间流传的口头文学，这些作品和当地文化交融在一起，形成了独特的巴里坤汉族民间故事。主要分布在巴里坤哈萨克自治县。巴里坤的民间故事是中国汉族民间故事系统的一个重要分支，传统的中国汉族民间故事如神话、传说、故事、笑话在这里都有着各自的体现，如《女娲补天》《梁祝》《孟姜女哭长城》等，并在千百年的流传中表现了自己的特色。也有自己的著名故事如《天下只有巴掌大》《金车匣子》等。这些民间传说有助于激发人们对故乡的认同感和归属感，提升人们的乡土意识和爱国情怀。巴里坤汉族民间故事体裁多样，题材丰富，主题鲜明，情节生动，篇幅较小，语言精练，是珍贵的非物质文化遗产。2007年被列入第一批自治区级非物质文化遗产名录。（WWP）

奇台歌谣 奇台歌谣以汉族农耕生活为基础，是中华民族传统文化与新疆本土文化、少数民族文化交流、融合、发展的结果，是新疆汉文化的组成部分，除广泛流传于奇台地区外，还流传于哈密、巴里坤、阜康、呼图壁、吉木萨尔等地。奇台歌谣涵盖了汉民族在奇台地区所流传的各类民间口头文化、音乐等，但同时又将鼓乐、方言、乐器、演唱与演奏技巧融于一体。曲目大部分都相对完整，音乐调式、旋律、节奏都有自己的规律，方言中的语法、句子间的韵律都有固定的章法。奇台歌谣的取材内容非常丰富，涉及劳动、市政、民俗、爱情、传说等八个方面。奇台歌谣的唱词、段子以当地流行的方言、俗语、杂话和韵语构成，是一种以口头方式传授的韵文，是流传在百姓中的口头艺术，它以短小和抒情见长。它是原生态的艺术，以口传心授为主，大部分作品都是不加雕琢的即兴创作而成。奇台歌谣植根于人民群众之中，具有强大的创造力与生命力，在民间社火、庙会、婚嫁、祝寿、酬神、自娱等活动中，奇台歌谣曾无时不在，是人民群众历史生活中不可缺少的一部分。2007年被列入第一批自治区级非物质文化遗产名录。（WWP）

维吾尔族热比亚与赛丁传说 热比亚是19世纪喀会农村财主的女儿，与穷人家的儿子赛丁从小青梅竹马，长大后就私订终身，但热比亚之父拒绝了赛丁的求婚，将女儿许给了一户有钱人家，赛丁闻讯悲伤而死。热比亚则在出嫁前哭诉于赛丁墓前，投河自尽，后乡亲将她安葬在赛丁墓边。1835年著名诗人阿不都热依木·那扎里根据这一民间爱情悲剧故事写叙事长诗《热比亚—赛丁》，震撼了千千万万维吾尔人的心灵，一个多世纪以来，二人成了维吉尔族人忠贞爱情的化身。热比亚与赛丁的传说广泛流传在新疆维吾尔自治区。2009年被列入第二批自治区级非物质文化遗产名录。（WWP）

锡伯族民间故事 锡伯族民间故事是其民间文学的主要形式，主要流传在伊犁民间。锡伯族民间故事是在原始信仰、古代神话故事、民间传说等文学题材的基础上形成和发展起来的。通过这些民间故事，不仅能感受到锡伯族人的信仰、审美、价值取向，也能梳理出锡伯族人生产生活的足迹脉络。从锡伯族民间故事中可以了解到锡伯族先祖早年生活的地域以及其后的艰辛生活、变迁足迹。其中还有锡伯族从东北初迁至伊犁时，因条件艰苦而获得狐仙、河神、鱼神等成精成仙的自然精灵们相助的故事。除此之外，带领伊犁河南岸的锡伯族人走出生活困境的民族英雄图伯特、著名爱国将领博勒果素等人也成为了民间故事的主角。人们以这种方式纪念英雄们的功业。2009年被列入第二批自治区级非物质文化遗产名录。（WWP）

维吾尔族比艺提 维吾尔族民间比艺提是民间歌谣的一种类型，它广泛流传于哈密维吾尔民间，是口耳相传的语言艺术之一。新疆只有哈密有比艺提，是哈密独有的民俗文化。关于哈密维吾尔族比艺提确切在什么年代产生目前尚不明确，但是根据吐鲁番盆地出土的用古代维吾尔文字记载的和《突厥语大词典》中记载的歌谣及部分哈密地区维吾尔族民间传承下来的历史比艺提，一般认为哈密维吾尔族民间比艺提具有悠久的历史来源。哈密维吾尔族民间比艺提是民间歌谣的一种类型，与汉语里的民谣以朗诵而不借助音乐吟唱的特点相近似，又可在各种婚庆宴席或麦西来甫等场合即兴表演，以此组织各种社会活动。其主要内容不仅涉及劳动、爱情，还涉及天文、地理、五谷、花鸟、生活哲理等。比艺提奇（说唱比艺提者）根据场合以相互赞美、相互逗乐、相互劝导、倡导劳动比赛、赞美和谐、赞美团结、赞美美好生活、赞美优秀品德、赞美纯洁爱情、祝福美好未来等形式说唱比艺提。哈密维吾尔族民间比艺提在社会上和群众中影响深远，深受欢迎。对哈密维吾尔族民间比艺提的传承有着迫切的需

求,目前哈密地区非物质文化遗产保护中心已经对其展开保护。2012年被列入第三批自治区级非物质文化遗产名录。(WWP)

哈萨克族谚语 哈萨克族谚语是民间口头文学,是民族历史中前辈传给后代的精华,为研究哈萨克族的历史、意识形态、风俗习惯、民族学提供了丰富的材料。它内容丰富,广泛涉及哈萨克人民在长期的生产生活中所取得的知识和经验,反映了包罗万象的生活现实,凝结着哈萨克文化的实质。哈萨克格言谚语中最具民族色彩的部分是关于动物、山川和风俗习惯等,如"兄弟团结牛羊成群,妯娌和睦丰衣足食""不劳而获的珍宝,不如劳动得来的羊羔""人的生命值一百匹马,但人的信誉何止一千匹马"等。2012年被列入第三批自治区级非物质文化遗产名录。(WWP)

连环谜语 连环谜语俗称"猜话",因其产生于牛王宫一带,结构如连环,故又称"牛王宫连环谜语"。牛王宫是新疆奇台县老奇台镇一个村的名字,坐落在开垦河中下游冲积平原。猜话主要以口耳相授为主,即出谜者和猜射者须要面对面通过口语完成猜射。这些猜话语言非常通俗,取材于生活生产的方方面面,谜底往往抬头可见,触手可及,很容易理解,猜射起来比较容易,更有趣的是这些猜话环环相扣,猜射出一条,又引出下一条,连绵不断,引人入胜。猜射这样的猜话既能给人以紧迫感和成就感,又能学到许多生产生活和民俗知识,并且有很强的趣味性。环状结构的连环谜语和链状结构的连环谜语除了在结构上不同外,整则谜语内容基本相关或相近,有的是并列式的,有的是递进式的。但从创作角度来讲,环状结构的连环谜语要求首尾相接,比链状结构的连环谜语要求要高一些,创作难度要大一些。无论是环状结构的连环谜语,还是链状结构的连环谜语,它们都有如下共同特点:一是谜面(谜底)不止一个,至少要在三个以上,属于复式谜语。二是谜面不是一次性全部告诉猜射者,而是先说出一条谜面让猜射者去猜,猜射对了,才用上一个谜面的谜底引出下一条谜面。三是猜射方法仅限于口头猜射,猜射时出谜者和猜射者必须面对面、口耳相授进行猜射,而不是写在纸上或灯笼上让人去猜射,所以当地人把这种谜语叫做"猜话"是有道理的。四是谜语语言口语化、童语化、俚俗化,通俗易懂,即使不识字的儿童也很容易听懂。五是谜语题材的乡土气息和生活气息浓厚,具有鲜明的农耕文化特质,所设的谜题大都是儿童见过的或听过的事物。六是连环谜语属于儿童谜语,猜射难度不大,取材大都源自身边事物,猜射的过程就是学习的过程,教化意义明显。牛王宫连环谜语是一种非常特殊的谜语,目前全国各地出版的各类"谜语大全"中都没有相关的内容或记载,而其独特的内容和猜谜方式,很有保护和推介的价值。2012年被列入第三批自治区级非物质文化遗产名录。(WWP)

维吾尔族歌谣 维吾尔族歌谣是劳动人民用自己熟悉的传统形式创作、流传的作品,直接反映他们的审美观点和审美趣味,是维吾尔族文化心态的集中表现。主要分布在新疆维吾尔自治区天山以南的喀什、和田一带和阿克苏、库尔勒地区，其余散居在天山以北的伊犁等地。歌谣是民间短篇诗歌，包括抒情性的民歌与民谣。歌因为配乐和受曲谱制约，歌词有与之相适应的句法章法结构，节奏一般比较徐缓。谣不配乐，没有固定曲调，取吟诵方式，章句格式比较自由，节奏一般比较紧促。民间歌谣是劳动人民集体的口头诗歌创作，属于民间文学中可以歌唱和吟诵的韵文部分。它具有特殊的节奏、音韵、章句的曲调等形式特征，并以短小或比较短小的篇幅和抒情的性质与史诗、民间叙事诗、民间说唱等其他民间韵文样式相区别。2014年被列入第四批自治区级非物质文化遗产名录。（WWP）

维吾尔族谚语 维吾尔族谚语是维吾尔族劳动人民长期智慧的结晶，既具有丰富的内容，又具有一定的思想性、哲学性、科学性和艺术性，长期以来指导着维吾尔人的实践活动。它的内容涵盖了生产和社会内容两大类。由于维吾尔族是一个农业民族，农业生产在其民族经济发展中占有十分重要的地位，因此维吾尔族生产方面的谚语主要是农业谚语。节令农时、深耕改土、积肥施肥、农田水利、种植技艺、田间管理等方面的知识经验，几乎都用相应的谚语来概括和反映。还有关于社会现象和生活实践的谚语，关于协调人际关系的谚语以及教育人们如何待人接物等的谚语。维吾尔族谚语以其短小精练的文学样式，生动形象的比喻，寓意深刻的内容，教育和警示着一代又一代的维吾尔族人民，深受广大人民群众的喜爱。它从不同的角度反映出了维吾尔族人的思想、文化、生活、心理以及他们的人生观、价值观，是维吾尔民间文学的精华，是了解维吾尔族人民的窗口，具有无穷的思想魅力和文学艺术价值。2014年被列入第四批自治区级非物质文化遗产名录。（WWP）

哈萨克族民间故事 哈萨克族民间故事是广泛流传于哈萨克族民间的一种散文体口头叙事文学，具有悠久的发展历史，其内容丰富、题材多样，具有鲜明的草原文化特色。哈萨克族民间故事在发展过程中也吸收了其他民族的民间文学成分。套语的运用是哈萨克族民间故事的一个重要特点，哈萨克族民间故事里典型的套语语音和谐、词语对仗，有明显的节奏和诗韵美，有的就是快板式的韵文。套语既用于故事的开头和结尾，也用于情节的转折、交代以及形象的描述。除套语之外，哈萨克族民间故事在长期的发展过程中，经历代人的锤炼、加工、概括，也形成了许多相对固定的程式。首先，各类民间故事大体都有一个相对固定的开头和结尾。其次，大多数故事多由主人公外出开始，主人公的种种奇遇，推动故事情节的一步步发展，直到主人公回家，以大团圆结局。根据民间故事的特点，可以把它们划分为动物故事、幻想故事、世俗故事、人物故事、笑话等类别。哈萨克族民间故事包含着有益的知识和经验，久经考验的美好道德情操，等等，在愉悦中给人以启迪和教育。2014年被列入第四批自治区级非物质文化遗产名录。（WWP）

蒙古族谚语 蒙古族谚语是蒙古族人民长期生产斗争、社会交往的经验总结，也是其智慧的结晶，其中有许多丰富的思想内涵和哲理。蒙古族谚语的内容极其丰富，社会活动、生产劳动、道德情操、思想修养、人生哲理、人情世故、天文地理、家庭生活、婚姻爱情、人文伦理，等等，无处不在，无所不包。蒙古族人用谚语传授知识，启迪智慧，净化灵魂，磨炼意志，教育子女，激励后进，表达爱情，抚慰心灵，抗争逆境，警策人生，歌颂真善美，鞭笞假恶丑。在长期流传过程中，谚语从广阔的社会背景上反映出劳动人民对封建统治者的憎恨，对不良行为的谴责，表现了他们朴素的阶级意识，高尚的道德品质和美好的情操。谚语短小精悍，句式整齐，含蓄隽永，深受人民群众喜爱。2014年被列入第四批自治区级非物质文化遗产名录。（WWP）

蒙古族民间故事 蒙古族民间故事是蒙古族民间文学中的重要门类之一。新疆蒙古族民间故事主要流传于新疆塔城地区、和布克赛尔蒙古自治县及阿勒泰地区。它流传的时代久远，数量庞大，内容丰富，生动地反映了蒙古族人民的社会生活和生活理想。蒙古族民间故事包括传统故事、故事组——巴拉根仓和沙格德尔的故事以及革命斗争故事等。巴拉根仓和沙格德尔两个庞大的故事组，各具鲜明的特色，自成一体，一个表现人民的幽默和机智，一个赞颂人民的勇敢和斗争精神。革命斗争故事是风起云涌的反帝反封建革命运动的形象记录。蒙古族民间故事的艺术特色十分鲜明，它粗犷、质朴、明朗的基调，浓厚的浪漫主义色彩，清新隽永的语言风格，无不引人入胜。在形象塑造上，民间故事明显地接受了英雄史诗的影响，故事中的英雄人物勇敢剽悍，力大无比，见义勇为，意志坚强，一心一意为着崇高的理想而斗争。许多故事还穿插着大段的诗歌、俗谚、格言、祝词、赞词，对英雄人物、美好事物加以赞美，对丑恶势力进行抨击。这种散韵结合的表现形式，是善于歌唱的蒙古民族心理的形象反映，它以活的艺术语言记录了劳动人民的生活和斗争，凝聚着他们的智慧和才能。它从不同侧面反映了不同时代蒙古族人民的思想和情绪，表达了他们美好的理想和愿望。2014年被列入第四批自治区级非物质文化遗产名录。（WWP）

2. 传统音乐

维吾尔族叶城赛乃姆 赛乃姆广泛流传于新疆各维吾尔族聚居区，是集歌、舞、乐为一体的民间艺术。叶城赛乃姆主要分布在喀什地区叶城县一带。叶城赛乃姆主要有木卡姆、萨玛、萨利喀、麦尔古等十多种，由不同的曲子组成，演唱时可以增减，但顺序不能颠倒。根据曲调的不同，舞蹈动作也有所变化。叶城赛乃姆中增加了"萨玛"，萨玛是每逢古尔邦节时男人跳的舞蹈，其曲调比较沉闷而严肃，但节奏感强，主要是男性表演的舞蹈，动作坚定有力。叶城赛乃姆中的歌唱内容，包含了哲人箴言、文人诗作、先知告诫、民间故事等，是反映当地维吾尔人民生活和社会风貌的百科全书。舞蹈动作技巧丰富多彩,形态各异,变化层出不穷。叶城赛乃姆的音乐大部分有相对的完整性和规范的结构、曲式;各乐段中的调式、旋律、节奏、速度,也有一定之规。2007年被列入第一批自治区级非物质文化遗产名录。(WWP)

维吾尔族哈密五堡赛乃姆 赛乃姆是维吾尔族最普遍的一种民间歌舞形式,广泛流传于天山南北城镇乡村,深为广大维吾尔族群众所喜爱。这种舞蹈非常自由活泼,没有固定程式的要求,舞者即兴表演。可一人独舞,两人对舞,也可三五人甚至更多的人同舞。舞蹈动作抒情优美,婀娜多姿。在喜庆佳节以及举行婚礼和平常亲友欢聚时,维吾尔人都要跳。哈密五堡赛乃姆主要分布在哈密市五堡乡一带。它的音乐有鲜明的地域特点,独具特色,由于历史上受多种文化的影响,成为了多种历史文化融合发展的产物。哈密五堡赛乃姆中的歌唱内容反映了当地维吾尔人民生活和社会风貌。舞蹈技巧丰富多彩,形态各异,变化层出不穷。赛乃姆的伴奏乐器,一般有弹拨尔、热瓦甫、都塔尔、沙塔尔、达甫(即手鼓)等。手鼓在赛乃姆中,起着重要作用,既掌握速度,又以响亮流畅的鼓声渲染气氛,鼓舞人心。2007年被列入第一批自治区级非物质文化遗产名录。(WWP)

维吾尔族若羌赛乃姆 若羌赛乃姆曾经是罗布人世代传唱的乐曲,传至现在,它成为当地能歌善舞的维吾尔族为主的若羌人喜爱的一种民间文娱形式,多在假期、周末、节日进行、新老朋友欢聚一起,在弹唱声中起舞。若羌赛乃姆历史悠久,若羌是新疆民间文化最早发达的地区之一,生活在这里的人们以自己的智慧和辛勤劳动创造了古楼兰的灿烂文化,其中包括大量丰富的民间口头文学和民间乐曲艺术,而以流传至今的若羌赛乃姆最具代表性。若羌赛乃姆弹唱艺术在发展过程中吸纳了古楼兰灿烂文明的精髓。2007年被列入第一批自治区级非物质文化遗产名录。(WWP)

维吾尔族喀群赛乃姆 喀群赛乃姆是居住在昆仑山下的维吾尔族人保存下来的最具特色的文化遗产之一。喀群赛乃姆主要分布在叶尔羌河上游莎车县喀群乡及其周边的霍什拉甫乡、达木斯乡。喀群赛乃姆具有悠久的历史。它不同于新疆其他地区的赛乃姆,它是独一无二的以表现山地维吾尔文化为主的歌舞形式,它更粗犷、更豪放、更具历史的沧桑感。其中的唱词以民间"库夏克"(歌谣)为主,也包含有哲人箴言、文人诗作、先知告诫、民间故事等,是反映维吾尔人民生活和社会风貌的百科全书。歌唱形式活泼悠扬。伴奏乐器主要有手鼓、笛子、艾捷克、弹拨尔等。舞蹈技巧丰富多彩,变化层出不穷,具有很强的地域性特色。2007年被列入第一批自治区级非物质文化遗产名录。(WWP)

哈密维吾尔族艾捷克艺术 哈密艾捷克,是维吾尔族、乌孜别克族弓拉弦鸣乐器。因流行于东疆哈密地区而得名,也因外形与胡琴相似而有"哈密胡琴"之称。流行于新疆维吾尔自治区东疆哈密、吐鲁番和鄯善等地。历史悠久,形制与中胡近似,音色优美动听,是演奏"哈密木卡姆"的主要伴奏乐器。哈密艾捷克琴杆为木制配以金属制圆筒音箱,张钢丝弦两根作为主奏弦,有六至十二根共鸣弦,马尾琴弓夹于两根主奏弦之中演奏。这种高音弦乐器,主要用于演奏哈密木卡姆、哈密民歌和传统音乐。演奏时,将琴筒置于左腿上,呈跪坐姿势演奏,上身挺直。在维吾尔人的节日庆典、婚礼仪式、娱乐活动中都少不了哈密艾捷克的助兴。2007年被列入第一批自治区级非物质文化遗产名录。(WWP)

库车维吾尔族民歌 库车维吾尔族民歌是伴随着古龟兹文化的发展而逐步形成的,既是龟兹文化艺术的延续,又是库车民间一种独具特色的艺术。主要分布在新疆阿克苏等地。库车民歌旋律优美,承袭古龟兹乐之遗风。库车民歌自它产生,便是与音乐、舞蹈黏附在一起的综艺形式。它配有音域宽广、热情豪迈的演唱,曲调明快、旋律优美。表演的舞蹈,有着符合大众欣赏口味的各种绝技,舞姿也很优美,花样繁多。库车民歌按照演唱方式、场合与内容,分为习俗性、叙咏性、歌舞性等多种。习俗性民歌与生活习俗紧密结合,用朴素语言表达真切情感,一般篇幅短小,音域偏窄,节奏自由。叙咏性民歌就内容来说,包括爱情民歌、劳动民歌、历史民歌、叙事民歌,以抒发歌者感情为主。劳动民歌多与绿洲农耕有关,这些民歌曲调多为散板,无固定节拍,节奏自由,气息悠长。历史民歌则句式规整,节奏鲜明,旋律明快。叙事民歌旋律深沉优美。歌舞性民歌不仅供人们欢唱,并用于群众载歌载舞,为舞蹈伴奏,节拍形式比较多样,节奏形态丰富清晰,热烈欢快。库车民歌音乐和舞蹈以轻柔开始,音乐节奏由慢渐快,舞步也随之放快,到高速旋转时达到顶峰。2007年被列入第一批自治区级非物质文化遗产名录。(WWP)

维吾尔族刀郎热瓦甫艺术 热瓦甫,又称拉瓦波、喇巴卜,维吾尔族弹弦乐器,因流行于刀郎地区而得名。刀郎热瓦甫艺术主要流行于新疆维吾尔自治区阿瓦提、巴楚、麦盖提和莎车等地。刀郎是对塔里木河畔人的通称。最早的刀郎热瓦甫,是用一整块桑木挖制而成,共鸣箱为扁圆形,正面蒙以驴皮,体积硕大,琴杆较短而指板宽阔,琴头在弦槽处向后呈直角弯曲,与古代的曲项琵琶相似,琴头两侧和琴杆左侧面置有若干个弦轴,分别张有若干条主奏弦和共鸣弦,琴杆下端与共鸣箱相接处的两侧,设有两个对称的长方形木制护角装饰,它起着平时保护共鸣箱、演奏时稳定琴身和美化乐器的作用,这也是刀郎热瓦甫的显著特征和标志。这种古老的刀郎热瓦甫现在已不多见。随着时间的推移和制作技术的提高,在流传过程中,为了携带和演奏方便,共鸣箱逐渐缩小,但要比喀什热瓦甫较大,形状也演变为半葫芦形。传统的刀郎热瓦甫,琴身用桑木、杏木或核桃木制作,全长80厘米左右。主奏弦音色深沉、浑厚,共鸣弦音色清脆、明亮。构成音响铿锵、豪迈奔放的独特风格。可用于独奏、合奏或伴奏,也可自弹自唱。是民间演奏"刀郎木卡姆"的主要伴奏乐器之一。2007年被列入第一批自治区级非物质文化遗

产名录。(WWP)

鲁克沁维吾尔族婚礼系列歌舞 鲁克沁维吾尔族婚礼系列歌舞是维吾尔族民俗中有代表性的民间艺术。主要流传在吐鲁番地区鄯善县鲁克沁镇及其周边地区。鲁克沁镇及其周边地区历来对婚礼十分重视，要举行隆重而繁复的礼仪，而民间乐舞是婚礼中不可或缺的重要内容，常用的民间歌舞套曲有"米力斯"，旋律典雅、节奏平稳，以歌颂爱情为主。婚礼之前的晚上，新郎的长辈及朋友到达女方家后，会邀请艺人演唱套曲"叶勒"以示祝贺。婚礼当天下午，新郎接回新娘后，在男方家门口演唱套曲"铁力克"，通过歌声讲述父母养儿育子之艰辛，传达新郎成家后的人生义务，新人在歌声中接受亲朋的祝福及礼物。2007年被列入第一批自治区级非物质文化遗产名录。(WWP)

维吾尔族喀喇昆仑山区歌舞 维吾尔族喀喇昆仑山区歌舞是融歌、舞为一体的民间艺术，主要流传在叶城县一带。喀喇昆仑山区歌舞受多元文化的影响，融汇了维吾尔族刀郎文化和塔吉克族文化的风格，形成了独特的高原文化的特征。2007年被列入第一批自治区级非物质文化遗产名录。(WWP)

维吾尔族阿拉其热瓦甫艺术 阿拉其热瓦甫是维吾尔族保留最为原始的乐器之一，其历史可追溯到远古时期的萨满教，几千年来，一直在新疆且末县的各种麦西来甫中存在，历史悠久。阿拉其热瓦甫被称为"克依奇热瓦甫"，意思是放羊人的热瓦甫。阿拉其热瓦甫主要使用红枣木、桑木、沙枣木制作，相对新疆其他地方的热瓦甫，体形较短，并且只有三根弦，从左到右为低音弦、中音弦、高音弦。弹奏时，头部一般在右胳膊下方，右胳膊夹紧，左手压琴弦，右手大拇指与食指中夹柳木条片（再合买克）在琴弦上方弹奏，正面下方放一个小长木块将琴弦垫起。阿拉其热瓦甫的调式和曲调结构简单、轻快，许多民谣适应阿拉其热瓦甫的声调特点。代表曲目有《孟布拉克》《小阿依仙木汗》《赛古江》《艾吾孜汗》。阿拉其热瓦甫演唱的歌曲多以爱情为主，很多为即兴式演唱，幽默风趣。在悠扬的琴声中，缠绵而不失粗犷，深情而又旷达，令人陶醉。2007年被列入第一批自治区级非物质文化遗产名录。(WWP)

新疆哈萨克族斯布孜额 斯布孜额是新疆哈萨克族世代流传的传统音乐，分布在我国境内的各哈萨克族聚居区，历史悠久，11世纪成书的《突厥语大词典》将斯布孜额解释为"一种笛子"。从制作工艺来看，斯布孜额已经超越了人类最初用于狩猎的单孔、单音哨笛，变成多音孔、多音高的乐器，也形成了日益复杂的音阶。斯布孜额是多泛音的吹管乐器，所发之音低音区稀疏，高音区密集。音色飘逸、悠远，宜奏抒情性乐曲，并能用颤音、装饰音等奏法模拟大雁等动物的鸣叫，音量不大，音色柔和、舒缓、悠远。流传至今的曲目有《孤女》《两个想法》《悲伤的母驼》《独身汉》《孤女的悲哀》《白哈巴河之波》《加尼别克的四岁青马》《序曲》等。2007年被列入第一批自治区级非物质文化遗产名录。(WWP)

柯尔克孜族噢孜库姆孜　噢孜库姆孜是柯尔克孜族独有的口弦类乐器，是柯尔克孜族女性钟爱的乐器。主要流传于新疆克孜勒苏柯尔克孜自治州乌恰县、阿合奇县和阿克陶县的柯尔克孜族聚居区。噢孜库姆孜多用上好的桎树木、枸子木等质地坚硬的木料制作，其中有一个小铁片做成的簧，是用手来弹的。噢孜库姆孜一般由妇女和小孩演奏，音量虽小，但音色动听，清脆悦耳。它可以独奏，也可以与其他乐器合奏。2007年被列入第一批自治区级非物质文化遗产名录。（WWP）

锡伯族萨满舞蹈音乐　锡伯族的萨满舞蹈来源于萨满跳神，随着社会的进步逐渐演化成一种艺术形式，融歌舞为一体，成为锡伯族传统舞蹈的一个重要组成部分。主要分布在察布查尔锡伯自治县。在长期的演变过程中，萨满跳神仪式逐渐融入锡伯族的民间舞蹈音乐艺术之中，为锡伯族的舞蹈音乐提供了丰富的艺术动力。萨满舞蹈的基本动作有：扭动腰部左右甩响腰铃、踏着鼓点节奏错步前进、额姆琴鼓在胸前上下翻飞、左脚垫步右脚前后挪动、原地碎步正反旋转、空中大跳转、手甩额姆琴鼓跳踢踏舞步等。在萨满舞的整个过程中，额姆琴鼓起着至关重要的作用。因此，也有人称萨满舞为额姆琴鼓舞，每场舞均以鼓起鼓收。起鼓常是由慢渐快，由弱渐强，最后达到高潮。另外，舞蹈的情绪变化主要依赖于额姆琴鼓点的快慢强弱和高低音色的变化。锡伯族萨满活动中的跳神舞，其动作形象鲜明，气氛热烈粗犷，跳神舞的每个细小的动作中不仅包含着深沉的情绪与内在的强硬气质，而且惟妙惟肖地把驱逐妖魔鬼怪的种种情态生动地展现了出来。2007年被列入第一批自治区级非物质文化遗产名录。（WWP）

哈萨克族人生礼仪歌　哈萨克人在人生每一个重要阶段，都要按照古老习俗吟唱歌曲，哈萨克人有关人生礼仪的歌曲既表达了自己的思想感情，也是对亲人真切深挚的祝愿。按照哈萨克族的习惯，在祝贺新生婴儿诞生时要唱"祝诞生歌"；婚礼中要唱一整套的"劝嫁歌""揭面纱"等饶有风趣的"婚礼歌"；亲友离别时要唱"别离歌"；节假日亲朋相聚要相互对唱；亲人去世要唱"送葬歌"。2009年被列入第二批自治区级非物质文化遗产名录。（WWP）

蒙古族短调民歌　蒙古族短调民歌在蒙古语中被称作为宝格尼道，汉语译为短调歌或短歌，主要在内蒙古西部或东部的农村牧区及半农半牧区流行，往往是即兴歌唱，灵活性很强，在词曲上大多为一字一音，而且少有拖腔，旋律简洁并朴实，易学易唱，在民间群众性是非常广泛的。在新疆的短调民歌中，其主要的伴奏乐器通常为四胡、马头琴，但有时也有用扬琴伴奏。短调民歌依据题材大致可分为关于怀念的歌、赞歌、摇篮歌和舞曲（或伴舞曲）、爱情歌四大类。短调民歌篇幅较短小且曲调比较紧凑，节奏整齐而更加鲜明，音域相对长调要窄一些，再加上短调民歌一般是两行，有韵的两句式或四句式，节拍也相对比较固定，旋律优美动听给人以美的享受。2009年被列入第二批自治

区级非物质文化遗产名录。(WWP)

锡伯族东布尔 东布尔,是锡伯族弹拨弦鸣乐器,它是在汉族三弦和哈萨克族阿肯冬布拉的基础上创制而成的乐器新品种。流行于新疆维吾尔自治区伊犁哈萨克自治州察布查尔锡伯自治县和霍城、巩留等地。东布尔的外形,上半部的琴头、弦轴、琴杆和指板都与三弦相似,下半部扁平的共鸣箱酷似冬布拉。面板上开有圆形音孔,置有桥形弦马。琴弦有两条,使用丝弦,两弦按四度或五度关系定弦。演奏时,将琴杆斜横于胸前,琴箱置于腰部右侧,琴头斜向左上方。左手持琴按弦,右手五指弹弦发音。发音介于三弦和冬布拉之间,音色圆润,音响明亮。虽然东布尔的历史还不长,但它已成为深受锡伯人喜爱并广泛使用的乐器。每逢节日和婚礼喜庆的夜晚,锡伯族人民常围在一起轮流跳起模仿祖先狩猎的贝楞舞。东布尔不仅常用于独奏或合奏,它还是锡伯族民间歌曲和舞蹈的主要伴奏乐器。较著名的乐曲有《沙吾尔登》《多路尔》《阿克苏尔》《锡伯贝楞》《乌兰克贝楞》《蒙古贝楞》《蝴蝶舞曲》等。2009年被列入第二批自治区级非物质文化遗产名录。(WWP)

维吾尔族山区民歌 维吾尔族是一个能歌善舞的民族,维吾尔族山区民歌主要流传在和田山区策勒县。和田山区民歌凝集和田山区人民灿烂的文化和古代音乐艺术,体现了和田山区人民的精神、个性、气质、心理、审美情趣和风土人情,它以独特的语言,独特的发声方式和曲调,表现出强烈的地方特色和生活气息,具有独特的艺术魅力,是和田维吾尔族音乐的一个重要组成部分。维吾尔族山区民歌的体裁包括叙咏性民歌和歌舞性民歌两类,以抒发歌者的感情为主要功能,节奏相对自由,语言朴实,传达的内容主要为恋人之间的爱情,情感豪迈奔放。歌舞性民歌除了抒情,还可以为群众自娱性舞蹈伴奏,节拍规整。2012年被列入第三批自治区级非物质文化遗产名录。(WWP)

巴拉曼音乐 巴拉曼是维吾尔族、乌孜别克族双簧气鸣乐器。民间又称皮皮、毕毕、巴拉曼皮皮,汉文史籍中曾译作巴拉满,它还有芦笛、芦管之称。流行于新疆维吾尔自治区各地,尤以南疆和田、麦盖提、莎车,东疆鄯善、吐鲁番等地最为盛行。巴拉曼是古代的筚篥,早在西汉时期就已流传在西域龟兹(今新疆库车、拜城一带),在3世纪开凿的库车库木吐拉千佛洞中的壁画上,就绘有吹奏巴拉曼的图像。东晋末年,巴拉曼由"丝绸之路"随龟兹乐东传中原。后经世代流传,清代成为宫廷乐器之一。现在维吾尔族、乌孜别克族民间流行的巴拉曼,仍保持着古老的形制。管身采用当地生长的一种旱芦苇制作而成,管体质地坚韧,管长28~34厘米,管的上端削薄压扁后成为双簧哨片吹口,为使双簧哨片不致变形,簧哨下方还用两根竹片或木片夹住、用绳捆紧,夹片两端系以红色绸带为饰。所以巴拉曼的上端呈十字形。管身中下部的正面,开有八个正方形按音孔,演奏时,管身竖置,双手持握巴拉曼,口含管首簧片吹奏,用气要均匀、饱满、连贯。巴拉曼多为民间艺人自制自用,维吾尔地区专业文艺团体中使用的巴拉曼,多用木管或竹管制作,并已改用唢呐哨为吹口,可以随时调整音高,管身正面开六或七个圆形按音孔,其音律与其他民间乐器相近。巴拉曼发音明亮,音色柔和、优美,富有表现力,最擅长演奏抒情性、歌唱性的曲调,常用于独奏"十二木卡姆"中的散序、器乐间奏曲、民歌或歌舞音乐片断,是维吾尔族、乌孜别克族民间乐队中富有特色的吹奏乐器。用巴拉曼合奏或伴奏,也能收到较好的效果,尤其在南疆和田地区的"木卡姆"伴奏中,已成为离不开的乐器。较著名的独奏曲有《牧羊人之歌》《木夏乌热克"木卡姆"》(选段)等。2012年被列入第三批自治区级非物质文化遗产名录。(WWP)

维吾尔族萨巴依演奏艺术 萨巴依,是维吾尔、乌孜别克等族打击乐器。汉族称铁环。流行于新疆维吾尔自治区,常用于歌舞伴奏。它既是重要的节奏乐器,又是男舞者的道具。在民间,萨巴依多数为演唱麦西来甫伴奏,增添热烈气氛。演奏时,右手执木棒下端摇震或碰击左手、双肩等部位,使大铁环撞击木棒发音,小铁环也随之发出有节奏的音响。手握木棍下部,用手腕与手臂的抛力,有节奏地摇动木柄,使铁环碰击木棍,发出金属"沙沙"声。过去多为街头艺人使用,也是用作为病人"驱邪"治病的乐器之一。2012年被列入第三批自治区级非物质文化遗产名录。(WWP)

维吾尔族弹拨尔艺术 弹拨尔是维吾尔族、乌孜别克族弹弦乐器。历史悠久,形制古朴,音色优美,富有地方风格,常用于独奏。为阿拉伯乐器的一种。琴身木制,音箱较小,成瓢形。琴身修长,以丝弦缠成16~20余品位。有钢丝弦五根,内二弦与外二弦调成同音,与中弦成五度关系。音域宽广,音色清脆,富有浓郁的民族风格。常用于独奏、合奏或伴奏,是麦西来甫和演奏十二木卡姆的主要乐器之一。弹拨尔一般多为坐姿演奏,右腿放在左腿上,左手持琴斜立,琴头朝向左上方,共鸣箱置于右腿近腹部处。右手腕部接触垫板,手掌接近琴马,击弦点在马子至上方3厘米之间。在北疆和东疆广大地区,将钢丝指拨绑于右手食指第一关节处,即可在主奏弦上单向弹奏,又可在弦上往复弹拨。在南疆则不用钢丝指拨而采用牛角或塑料拨片弹奏。左手以食指、中指、无名指按弦,拇指奏和弦时也偶尔使用,根据乐曲的需要,可以自由灵活地上下移动、变换把位。演奏技巧丰富多样,右手有弹、强弹、拨、双弹、滚弹、琶弹和扫弹等,左手有平按、拉弦、上下滑音、上下颤音、打音、泛音和揉音等。2012年被列入第三批自治区级非物质文化遗产名录。(WWP)

新疆蒙古族图瓦民歌 图瓦民歌,虽然数量不是很多,但内容丰富、结构多样,歌词短小精悍,曲调简洁明快,音色深沉豪放,充满生活气息。图瓦人现居住布尔津县禾木、喀纳斯一带,是蒙古族的一个分支部落,也称蒙古图瓦人。图瓦民歌已有300多年的历史。图瓦民歌为分赞美故乡的山水歌、敬酒歌、友谊歌、爱情歌和"乌扎尼克"民歌。其中山水歌不仅赞颂故乡的美丽,风景如画的山水景色,而且还融入了族人的生活、情感、理想和梦想;敬酒歌的歌词内容各异,情深意重,主要在庆典和婚礼上,对上席就座的贵客及亲家男女敬酒唱,用歌词来表达主人的好意和尊敬款待之诚意;友谊歌讲人情友谊,为人正直,宣传高尚行为品德,表达对亲朋好友的挂念和对他们的真诚祝福;爱情歌,富有激情,欢快奔放,充满青春活力和人生哲理,也有具有传说和历史背景的爱情故事。2012年被列入第三批自治区级非物质文化遗产名录。(WWP)

俄罗斯族巴扬艺术 巴扬是俄罗斯族的民族乐器。俄罗斯族主要散居在新疆伊犁、塔城、阿勒泰和乌鲁木齐等地。巴扬手风琴具有指法简便,音域宽广、体积小、易掌握等特点。巴扬之名来源于俄罗斯的一位名叫巴扬的演奏家,他当时因为演奏古老的手风琴而闻名。自19世纪俄罗斯族陆续迁入新疆等地,他们给当地带来了巴扬艺术。巴扬是属于手风琴这个大家族的,只是传统手风琴为键盘式手风琴,而巴扬则是键钮式手风琴,巴扬的键盘都是由一粒粒纽扣组成的,排列是蛇行排列,这样的排列使得巴扬产生了传统键盘手风琴无法比拟的宽音域。巴扬与键盘手风琴出来的音色完全不同,声音上更富有金属性,它的低音更加雄厚并且有很强的穿透力,可以在真正意义上完美的模仿管风琴的辉煌声音。巴扬是俄罗斯族的民族乐器,它的演奏将俄罗斯民族的风格和特色表现得淋漓尽致。2012年被列入第三批自治区级非物质文化遗产名录。(WWP)

热瓦甫弹唱 热瓦甫,又称拉瓦波、喇巴卜,是维吾尔族、乌孜别克族弹弦乐器。主要流行于新疆维吾尔自治区天山南北。14世纪以来,国内外民族文化交流广泛开展,维吾尔族人民在原有民间乐器的基础上,吸收外来乐器,创制出一些新乐器,喀什热瓦甫就是维吾尔族人民勤劳、智慧的结晶,在民间一直盛传不衰。到了清代,热瓦甫被列入宫廷回部乐中,并以喇巴卜、喇叭卜之名载入史册。毛拉·艾斯木吐拉穆吉孜在1854年撰写的《乐师史》中,叙述了17位艺人创作的"木卡姆"流行情况,据艺人讲,热瓦甫起源于南疆喀什。20世纪30年代,上海民族器乐演奏社团大同乐会,曾参照历史资料制作了一套我国民族乐器,包括古代乐器和少数民族乐器,其中就有喇巴卜两件,并且还做了一些改革尝试,原形制的七条琴弦,有五条丝弦、两条钢弦,乐会制作的喇巴卜只张了五条丝弦。喀什热瓦甫流传至今,已有数百年的历史,并在北疆地区也有流传,它在工艺、音质和演奏诸方面,都较以前有了较大的发展。2014年被列入第四批自治区级非物质文化遗产名录。(WWP)

维吾尔族卡龙琴艺术 卡龙琴是维吾尔乐器里弦最多的古老弹弦乐器,清代史籍中称"七十二弦琵琶""喀尔奈",发出的声音清脆悦耳,近似古筝,但比古筝的音色更明亮,是演奏古典音乐"十二木卡姆"不可缺少的乐器。它盛行于新疆的麦盖提、喀什、

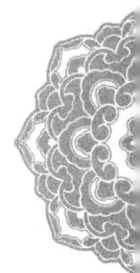

和田、莎车一带和哈密等地。据史籍记载，卡龙琴是学者和音乐家艾布·纳斯尔·法拉比（约870—950）发明的，法拉比出生在阿尔泰地区，相传法拉比将一段粗大的胡杨木掏空，用兽骨做琴轴，用羊肠做琴弦，创造了第一个卡龙琴。后来用共鸣箱代替胡杨木壳，钢弦代替羊肠，铁轴代替兽骨，经过逐步改进，大约在20世纪初，民间的卡龙才使用一些金属弦。现代维吾尔族民间流行的卡龙琴，琴身用桑木制成，共鸣箱呈中空的扁梯形，左曲右直，状似左半张扬琴。它由琴框、面板、底板、山口、琴马、拴弦钉、弦钮和琴弦等部分组成。在琴箱的前框板上，多雕刻有维吾尔族风格的图案花纹。琴弦使用金属弦，以前多为铜丝弦，如今常用钢丝弦。铜弦发音柔美，钢弦音色清脆。过去民间流行的卡龙，多为民间艺人自制自用。演奏时，将卡龙置于木架或桌上，前边略高，近奏者的后边略低，琴面微向演奏者倾斜。右手拇指和食指执木制或竹制拨片或食指戴指套拨弹琴弦发音、演奏旋律，左手拇指、食指和中指持握铁制揉弦器（又称"推抹"）上下按抑或左右移动，产生各种装饰音。右手技巧有弹、拨、扫、划、双弹、多弹和快弹等，左手技巧有实音、滑音、颤音和压弦颤音等。卡龙的音色清脆明亮、铮铮悦耳，尤其是左手演奏的吟音和滑音装饰旋律，具有独特的风格，适宜演奏速度较慢的乐曲。如今卡龙的演奏技法有所创新，已发展为双手各执一拨，均可演奏旋律，左手中指、无名指兼执揉弦器配合奏出吟音、滑音，它既能演奏速度较快的乐曲，又能自如地奏出各种音程的双音，可用于独奏、器乐合奏或为民间歌舞伴奏，具有较为丰富的表现力。卡龙是"麦西来甫"中演奏古典音乐"十二木卡姆"离不开的乐器，更是演唱"刀郎木卡姆"和"哈密木卡姆"的主要伴奏乐器，特别是演奏"刀郎木卡姆"的散板部分，最能发挥它风格浓郁的特色。2014年被列入第四批自治区级非物质文化遗产名录。（WWP）

俄罗斯族民歌　俄罗斯族民歌是俄罗斯族民间音乐的重要类型。俄罗斯族主要散居在新疆的伊犁、塔城、阿勒泰、乌鲁木齐等地，内蒙古、黑龙江等地有少量分布。是18世纪后逐渐从沙皇俄国南迁到中国新疆等地的少数民族。俄罗斯族民歌内容非常丰富，从题材上可分为风俗仪式歌、抒情歌、叙事歌和舞蹈性短歌等类别。巴拉来克是俄罗斯族独特的弦乐器，又称"三角琴"。俄罗斯族相聚的时候，经常弹起三角琴或拉起手风琴，唱歌跳舞，分享欢乐。俄罗斯族的传统音乐包括民间音乐和宗教音乐两部分，民间音乐包括仪式歌曲、抒情歌曲、叙事歌曲、歌舞音乐和器乐曲。仪式歌是俄罗斯民歌的重要形式，多与这个民族的传统生活习俗相关，主要用于婚丧类仪式，其中最具代表性的是婚礼歌。《飞去的燕子》就是一首非常著名的婚礼歌。抒情歌多表现爱情的内容，旋律非常优美。民间流传较广的《渔夫之歌》是一首领唱与二部合唱的抒情歌，叙述了渔夫三个儿子的爱情故事。这首歌曲的高声部采用了富有特色的自然小调，低声部则有旋律小调的特点，旋律深沉而内在，极受人们喜爱。还有大量的叙事歌，多是以一曲多词的形式反复演唱，内容题材十分广泛。有以战争为主题的《儿子战死在疆场》《一个果园绿葱葱》等，和声雄浑，音乐庄严肃穆；也有反映妇女悲惨命运和爱情遭遇的《被遗弃的少女》《崎岖的阿尔泰山路》等，带有悲怆、凄凉的色彩。2014年被列入第四批自治区级非物质文化遗产名录。（WWP）

3. 传统舞蹈

维吾尔族萨玛瓦尔舞 "萨玛瓦尔"是过去维吾尔族富贵人家用的一种水壶，在民间已不多见，萨玛瓦尔舞也正因为萨玛瓦尔在舞蹈中是不可缺少的道具而得名。萨玛瓦尔舞起源于库车，出现在4—7世纪龟兹乐舞鼎盛时期，在克孜尔千佛洞第38号窟里可找到类似的画面。萨玛瓦尔舞最初由茶馆与食堂里的高水平厨师们表演，是将盘子放到头上，手拿大小碗顺畅地来回走，表现出维吾尔民族的好客与喜爱舞蹈。萨玛瓦尔舞是盘子舞的一种变体，而杂技色彩更浓。表演时，艺人头顶一个茶盘，盘中央放一个萨玛瓦尔的茶炊，周围放四个小花碗，向前侧抬起的双肘以及双手上，还要各放一个茶碗，碗内盛上茶水，然后和着音乐起舞，舞蹈的基本步伐与"盘子舞"相同，但因舞蹈时上身必须保持平衡，又是男子所跳，故舞步更为稳健洒脱。舞蹈中还有双臂水平方向左右平移，身体左右转动，及和着音乐做缓慢的连续旋转等动作，要求舞者不仅有高超的舞艺，还得有过硬的顶技，是技与艺的交融，难度很大，是库车县独有的一种传统舞蹈。目前，会跳萨玛瓦尔舞的人很少，已濒临失传。2007年被列入第一批自治区级非物质文化遗产名录。（WWP）

哈密维吾尔族动物模拟舞（鸡舞、马舞、骆驼舞） 动物模拟舞，是维吾尔族舞蹈的重要组成部分，至今活跃在新疆民间。龟兹地区绿洲宽广，动物繁多，产生了许多装扮或模仿动物的姿态所形成的舞蹈。哈密的维吾尔族动物模拟舞主要有鸡舞、马舞和骆驼舞。鸡舞是哈密麦西来甫中常见的一种滑稽舞蹈，舞蹈以对舞的形式，模仿鸡的习性和神态来进行表演，动作惟妙惟肖，诙谐洒脱，非常富有感染力。马舞是因西域盛产骏马，而人们模仿马的各种雄姿而形成的模拟舞蹈。动物模拟舞与维吾尔人民的生活密切相关，是各种麦西来甫中不可缺少的舞蹈形式，其风趣幽默的舞蹈风格，受到民众的喜爱和欢迎。2007年被列入第一批自治区级非物质文化遗产名录。（WWP）

维吾尔族匹尔舞 "匹尔"一词源于波斯语，意为"仙女"，在现代维吾尔语中意为"巫术""巫医"。匹尔舞是维吾尔民间的被称作"巴克希"的巫师为人驱邪治病的一种独特形式，治病全过程都在歌舞中进行。流传于和田、洛浦、莎车、库车、哈密等地。匹尔舞历史悠久，其中既有伊斯兰教的影响，也有自然宗教的遗存。如用火把在"病人"身体周围烧燎及杀生放血镇邪等，使用的神幡以及对神幡含义的解释，也是萨满文化的遗存。匹尔舞的表演一般由"巴克希""病人""助手"（有时给"病人"当替身）及三至九名手持"达甫"（手鼓）的"达班迪"（鼓手兼演唱者）共同完成。匹尔舞的伴奏乐器主要是农民们自制的形制偏大的"达甫"，鼓点丰富多变。在个别地区，除达甫外，还有艾捷克伴奏。各地匹尔舞舞曲的演唱形式不同。有的地区由匹尔舞仪式的主持者巴克希边击鼓边演唱，有的地区由专门在匹尔舞仪式上担任伴奏和伴唱任务的达班迪们边击鼓边演唱。2007年被列入第一批自治区级非物质文化遗产名录。（WWP）

罗布淖尔维吾尔族做饭舞　做饭舞，维吾尔语叫"塔玛克依提希吾苏里"，属生活风俗类舞蹈，是生活在孔雀河畔及塔里木河两岸的罗布淖尔人的一种民间传统舞蹈，一般是在聚会、娱乐、游戏时为助兴而表演。跳舞时，采用维吾尔族滑步舞的步伐，双脚脚跟、脚尖平行移动，模仿的是维吾尔妇女做拉面的全过程，包括梳妆、洗手、和面、切面起子、拉面、盛饭给客人等。现在的做饭舞没有固定的表演人数，没有时间限制，没有服装要求，跳舞时用艾捷克和小皮鼓伴奏，有时候也用都塔尔代替艾捷克为舞蹈伴奏。舞蹈曲调有三次变化，节奏不变，当地人也称"小步拉面舞"。2007年被列入第一批自治区级非物质文化遗产名录。（WWP）

罗布淖尔维吾尔族狮子舞　罗布淖尔狮子舞属动物模拟（假形）舞，是生活在孔雀河畔及塔里木河两岸的罗布淖尔人的一种民间传统舞蹈，一般是在聚会、娱乐、游戏时为助兴而表演。当地人认为狮子是兽中之王，是凶悍、勇猛的象征，所以模仿其动作来表演，最初是通过舞蹈进行较量，后来渐渐变成取乐、游戏的节目，大多用于喜庆的场合。它有专门制作的道具，由一人披挂髯须和铜铃作为装饰，随着唢呐的吹奏，踏着鼓点，模仿狮子的行走、嬉戏、打斗、欢腾等形态，动作诙谐幽默。舞蹈者踏着纳格拉鼓的节奏手舞足蹈，既有仿雄狮威风凛凛的手、眼、身、法、步，又有扑、抓、腾、挪、跃等驱赶捕食的形态。这种狮子舞把兽中之王的一招一式表现得惟妙惟肖，其表演程式为罗布人所独有。表演者在表演狮子舞时面部表情十分丰富，常常赢得观众热烈的掌声。现在罗布泊跳狮子舞不用扮狮形，表演人数不定，可以单独表演，也可以多人表演，没有时间规定。2007年被列入第一批自治区级非物质文化遗产名录。（WWP）

哈萨克族动物模拟舞阿尤毕　阿尤毕是以模仿熊的生活习性和动态特征创造出的舞蹈，动作力求表现出熊的警觉、笨拙以及捕获猎物后的击掌、吼叫等习性。主要流传在新疆的阿勒泰地区吉乃木县。哈萨克族在狩猎过程中，常常在熊出没的地方，长时间仔细地观察熊的各种习性特征，积累了丰富的狩猎经验。为了欢庆捕猎的胜利，猎手们模仿熊的步态、捕食、睡觉等各种动作，把狩猎的情景编成了"熊舞"，一代一代地传了下来。主要动作有摆臂、耸肩、扭腰、伸缩颈部等。2007年被列入第一批自治区级非物质

文化遗产名录。(WWP)

维吾尔族刀郎舞 刀郎舞称刀郎赛乃姆，音乐称刀郎木卡姆，是表现狩猎过程的一种粗犷豪放、节奏深沉、动作刚劲有力的传统舞蹈，盛行在叶尔羌河畔的麦盖提、巴楚、莎车、阿瓦提等地区，深为全疆人民所喜爱。刀郎舞的形成是受到中原、印度、伊朗等文化的影响，并融会了部分蒙古族部落及当地人民的劳作形态和开朗、热情的性格，形成的粗犷奔放、情绪炽热、豪迈有力的民间舞蹈。每当佳节喜庆、宾朋光临时，随着激烈的手鼓敲响，刚健的"刀郎木卡姆"套曲高奏，人们一双双、一对对地纷纷步入场中，翩翩起舞。刀郎舞所表现的是狩猎全过程，分为五个部分的舞蹈基本上由两人为一组的对舞形式构成，现在保存下来的有四组动作，最后部分是竞技性的旋转。从那近似挽弓骑射的矫健舞姿和动律特点中，现代人隐约可以看到当年刀郎人的狩猎生活和战争情景。2009年被列入第二批自治区级非物质文化遗产名录。(WWP)

维吾尔族顶碗盘子舞 维吾尔族传统顶碗盘子舞是一个集民族性、民间性、技巧性和欣赏性为一体的女子集体舞。流行于新疆库车、喀什、伊犁、乌鲁木齐、麦盖提等地。据有关资料记载，顶碗舞是在维吾尔族民间传统盘子舞的基础上创新发展的，盘子舞源于库车民间，后流传于各地，并逐渐发展为舞台节目，由女子单人表演。表演时舞者两手各持一小碟子，指夹竹筷，和着音乐，边打边舞，并在头上顶着盛水的碗，以增加难度。也有男子表演的盘子舞。顶碗舞表演时用弦乐伴奏，并有专用曲调，其旋律优美，节奏平稳，律动感强，表现了节日里年轻美丽的维吾尔族姑娘头顶茶碗，载歌载舞，喜迎宾客，欢庆节日的庆典场景，抒发了维吾尔族人民热爱生活、热情好客的真挚情感。由于这个舞蹈带有杂技色彩，表演难度较高，往往由一两个能掌握技巧的艺人表演。2009年被列入第二批自治区级非物质文化遗产名录。(WWP)

维吾尔族萨帕依舞 萨帕依是维吾尔族体鸣类打击乐器，"萨帕依舞"因由男子手持"萨帕依"表演而得名，在维吾尔族聚居区流传很广。萨帕依一般以野山羊角或两根短木棒做柄，上面钉有一块铁皮和套有若干小铁环的大铁环两个。演奏时手握羊角或木棍，将其摇动或击手、击肩，铁环撞击铁皮发出嚓嚓声，可作为一种节奏性乐器加入乐队，也可单独为舞蹈和歌唱伴奏。萨帕依舞娱乐性极强，深为群众喜闻乐见。萨帕依舞动作多由赛乃姆演变而来，在赛乃姆舞蹈的基础上融入了更多的跳跃、蹲转等技巧。有动作幅度大、节奏规整、姿态舒展大方等特点。伴奏音乐也沿用了各地赛乃姆音乐的基本音调。多在各种麦西来甫中由舞者即兴表演。2009年被列入第二批自治区级非物质文化遗产名录。(WWP)

维吾尔族阿图什传统舞蹈 阿图什传统舞蹈是新疆维吾尔族赛乃姆的一种。维吾尔族是一个能歌善舞的民族，最普遍的一种歌舞形式就是赛乃姆，它广泛流传于天山南北。

其音乐由多首歌舞曲连缀而成，热情奔放，明朗欢快。赛乃姆舞蹈自由活泼，没有固定的程式，舞者即兴表演，和上音乐节奏即可。各地的赛乃姆风格有所不同，和田、喀什、阿图什、阿克苏等地区的赛乃姆比较明快活泼、深情优美，步伐轻快灵巧，身体各部分的运用较为细致，尤其是手腕和舞姿的变化极为丰富。2009年被列入第二批自治区级非物质文化遗产名录。(WWP)

哈萨克族布尔克特毕 "布尔克特毕"（鹰舞），是哈萨克族民间动物模拟舞的一种。主要流传于阿勒泰地区的阿贝坦乡和布尔津一带，哈萨克族民间流传着许多赞美猎鹰的诗歌和乐曲，而布尔克特毕则是用舞蹈来表现山鹰勇猛无畏形象的代表作。该传统舞蹈常见男子表演，动作刚健苍劲，充满草原气息。布尔克特毕通过猎鹰捕捉狐狸的整个过程，艺术地表现了它奋勇战斗，坚忍不拔，最后终于抓获狡猾的猎物的艰辛历程。其动作逼真，表演者充分利用伸头、挥动双臂、扭身俯冲等优美动作塑造鹰的形象。布尔克特毕的舞蹈语汇曾被当代民族文化工作者吸收，编成一套哈萨克舞蹈基本功训练造型教材，应用于现代哈萨克舞蹈的创作中。鹰舞不受时间、地点的限制，无论喜庆节日或平时娱乐，在舞台、草原或毡房内，或男或妇，或老或少，都可即兴表演，有很广泛的群众基础。2009年被列入第二批自治区级非物质文化遗产名录。(WWP)

哈萨克族民间劳动舞 哈萨克族人民在其民族舞蹈动作中加入一些劳动生活中的动作，包括挤牛奶、剪羊毛、播种、绣花等劳动生活中的原型，把精彩的劳动生活通过舞蹈展现出来。哈萨克族民间劳动舞来源于他们的劳动生活，舞蹈轻快有力，刚健苍劲，情绪欢快，草原生活气息浓烈，动人的旋律和优美的舞姿，仿佛使人身临其境。哈萨克族劳动舞富有极强的想象力和表现力，舞蹈动作丰富，贴近生活。种类主要包括擀毡舞、挤奶舞、绣花舞、剪毛舞、播种舞、割草舞、割麦舞等。哈萨克族劳动舞表演不受时间、季节、地点、道具、人数的限制，一般在劳动之余、休闲娱乐、婚嫁或那吾孜节、古尔邦节等休闲、节庆时都可看见跳劳动舞的场景。2009年被列入第二批自治区级非物质文化遗产名录。(WWP)

锡伯族蝴蝶舞 锡伯族的蝴蝶舞是锡伯族古典舞的一种，动作舒展秀雅，平稳抒情，很有特色。主要分布在察布查尔锡伯自治县、乌鲁木齐市及昌吉回族自治州及其他锡伯族人聚居地。蝴蝶舞源自于锡伯族古代渔猎生活，保留着原始的舞蹈语言和舞蹈风格，具有独特的艺术价值，在民间流传很广。蝴蝶舞在锡伯族男女青年的心目中，是美的化身，自由的象征，在蝴蝶舞中，他们把所要寻觅的自由和幸福寓意于蝴蝶，通过对蝴蝶成双成对在草木花丛中自由飞翔的描绘，艺术地展现了他们对爱情的执着追求和向往。蝴蝶舞以弹腕、走擦步、蝴蝶盘旋、蝴蝶落花、捉蝶等动作贯穿全舞，动作舒展秀雅，平稳抒情，很有特色。该舞以女子单人表演见长，但也可以男女对舞，相互配合，动作可即兴发挥。蝴蝶舞以东布尔伴奏,乐曲节奏明快,由弱渐强,由慢渐快,最后在欢快的旋律中结束。2009年被列入第二批自治区级非物质文化遗产名录。(WWP)

达斡尔族毕力多尔 达斡尔族的"毕力多尔",即"云雀舞",是达斡尔族人表情达意的重要方式。这种舞蹈与达斡尔族的历史有重要关系,新疆达斡尔族人系18世纪奉命来疆,由伊犁换防至塔城时,条件十分艰苦,族人们思念东北故土,盼着能像天上飞翔的云雀一样,飞回故乡,并把春天最美的歌声传回故乡。毕力多尔的舞蹈动作是由传统的鲁日格勒舞演变而来,它多表现的是过去人们捕鱼、采集、耕种等劳动场面,在此基础上,模仿云雀即兴表演。节奏可以时而舒缓,时而明快热烈。过去,多由手风琴、口琴伴奏。节日庆典或聚会上,可以一人独舞、两人对舞,在活动高潮,还可以男女老少共舞。毕力多尔手部动作很细腻,跳舞时通过抖肩,能量瞬间传递到指尖,微微颤动着,似鸟儿抖落露珠,欲飞上天。2009年被列入第二批自治区级非物质文化遗产名录。(WWP)

维吾尔族阿勒喀舞 阿勒喀舞在新疆维吾尔歌舞艺术中占有重要地位,阿勒喀舞融叶城赛乃姆、叶城山区歌舞、刀郎赛乃姆等舞蹈为一体,主要流传在叶城县江格勒斯乡。据史料记载,阿勒喀舞已有1000年的历史,是一种古老、原始的舞种。阿勒喀舞的调子由三个部分组成。第一部分称为"木卡姆",主演奏者用手鼓、热瓦甫独唱木卡姆。第二部分称为"赛乃姆",这部分一开始周围的人就随着伴奏跳舞并形成圆圈,舞蹈动作不分男女,也不要求男女人数相等。第三部分称为"麦西来甫",乐曲进入高峰阶段,跳舞者的步伐也跟着伴奏加快并按圆环转换跳舞。2014年被列入第四批自治区级非物质文化遗产名录。(WWP)

维吾尔族石头舞 石头舞是双手碰击石面而舞的民间舞蹈,是新疆地区维吾尔族民间流行的舞蹈艺术形式。石头在维吾尔族音乐中扮演着打击乐器的角色。舞蹈中,姑娘们双手各持两片天然石头(现在已大部分改为钢或铝片制作),随着手指的弯直和手腕的抖动,发出清脆响亮的声音,用石头敲击出整齐的节奏,伴以轻盈美妙的舞姿。2012年被列入第三批自治区级非物质文化遗产名录。(WWP)

俄罗斯族踢踏舞 踢踏舞是俄罗斯族的传统民间舞蹈,根据有规律的踢踏,用皮鞋踏地发出"踢踏"声而得名。普遍流传于塔城、伊犁、乌鲁木齐等地的俄罗斯族居住区。有单人舞、双人舞和群舞几种形式。跳此舞时,男女老少穿上皮鞋一起参加。用手风琴伴奏,众人围成一圈,用脚尖、脚跟,或脚掌的某一部位击地,发出踢踏响声。三人以上的群舞更是热烈欢快,人们或围成圈,或排成行,节奏强烈,舞步矫健,情绪轻快,舞姿优雅。欢快的乐曲、潇洒的动作令人目不暇接。踢踏舞没有性别、年龄、人数的限制,只要场地允许,只要手风琴一响,谁都可以上场跳起来,其欢快场面淋漓精致地展现了俄罗斯族热情豪放的性格。2012年被列入第三批自治区级非物质文化遗产名录。(WWP)

维吾尔族油灯舞　油灯舞,维吾尔族舞蹈艺术形式之一,源于哈密,是维吾尔族历史悠久的男子舞蹈。在和田、库车等地也有流传。关于油灯舞的历史渊源,在哈密地区有这样一种传说,该舞是由早年祭奠祖先功德的仪式演变而来,油灯内的九根灯捻,分别代表新疆历史上先后出现过的九个"汗国"(即地处现伊犁一带的乌孙,吐鲁番的高昌,库车的龟兹,喀什的疏勒,和田的于阗以及焉耆、楼兰、喀喇、叶尔羌汗国)。哈密地区油灯舞的形式较为典型。表演时,舞者头顶一平底陶碗,碗内盛清油,均匀地置九根棉花灯捻,舞蹈开始时,点燃灯捻,再将场内照明灯全部熄灭。舞者仅靠头顶油灯之光,和着赛乃姆音乐节奏进行表演。2014年被列入第四批自治区级非物质文化遗产名录。(WWP)

回族舞蹈　回族舞蹈是伴随着回回民族的形成、发展而逐渐形成的,是在伊斯兰文化和中国本土文化的双向交流、渗透过程中新的文化创造,是中华民族文化的重要组成部分。由于宗教观念和民族生活的特定性,回族舞蹈无论是流散于民间的娱乐活动还是舞台表演的作品创作,是表现民族精神气质、反映民族思想感情、展示民族生活风貌的独特审美风范。我国回族民间广为流传的有民间"花儿""宴席曲""口弦舞(也称"坐舞")""念舞""八大棍"等。新疆回族舞蹈主要分布在昌吉回族自治州、焉耆回族自治县、和硕县乌什塔拉村回族乡、鄯善县东巴扎回族乡、伊宁县愉群翁回族乡、霍城县三宫回族乡、察布查尔锡伯自治县米粮泉回族乡。新疆回族舞蹈主要有《尕妹子送哥》,主要流传在阜康、吉木萨尔县一带,是以爱情为题材的回族民间歌舞,一般在婚礼或其他喜庆的日子里演出。"莲花落",当地回民多称"落莲花",是回族民间歌舞中舞跳性较强的表演节目,在昌吉回族自治州的昌吉市、吉木萨尔县、米泉县等回族聚居区颇为流行。"八字大开头",主要流传于昌吉回族自治州米泉、阜康等县市的回族聚居区,多在喜庆之日于室内表演。"八大光棍"流传于昌吉回族自治州吉木萨尔、阜康等县市的回族聚居区,现已不多见;"狩猎舞"流传于米泉、阜康县一带。"耍场"流传于新疆昌吉回族自治州,是喜庆节日中在庭院里表演的舞蹈,舞者4人,在2名伴唱者即兴编唱的喜庆歌声中,或平步前进,或提腿转身,舒展大方。2014年被列入第四批自治区级非物质文化遗产名录。(WWP)

喀什赛乃姆　赛乃姆是维吾尔族最普遍的一种民间舞蹈,它广泛流传于天山南北的城镇乡村。赛乃姆历史悠久,源远流长,主要发源于从事农业生产的南疆各绿洲。赛乃姆舞是以赛乃姆音乐为伴奏的舞蹈,并无规定动作和程式。一般由男女成对而舞,人数不限,舞时歌者不舞,舞者不歌,随着音乐情绪的发展而发展,最后总是在热烈的快板中结束。各地赛乃姆以音乐风格不同而异,舞蹈动作并无十分明显的差异。随着民族的融合,赛乃姆舞遍及全疆,各地区在自身舞蹈的基础上吸收赛乃姆的特长,逐渐形成了不同地区的赛乃姆。喀什赛乃姆音乐明快、深情，舞步轻快、身段灵活、潇洒大方、热情欢快，在身体的各个部分更为细腻，特别是手腕部分利用的相当好，使舞蹈动作更加丰富，更加典雅庄重。2014年，经国务院批准列入国家级非物质文化遗产代表性项目名录扩展项目名录。同年被列入第四批自治区级非物质文化遗产名录。(WWP)

4. 传统戏剧

木偶戏 新疆木偶戏是中国北方木偶戏的代表艺术之一。木偶戏是由演员在幕后操纵木制玩偶进行表演的戏剧形式，历史悠久、品种繁多、技艺精湛。表演时，演员在幕后一边操纵木偶，一边演唱，并配以音乐。根据木偶形体和操纵技术的不同，有布袋木偶、提线木偶、杖头木偶、铁线木偶等。木偶表演全靠木偶艺人承担，因此木偶表演者一定要熟悉剧中人的性格并通过连续的动作表现出来，这就需要作者在掌握剧情的前提下苦练操作功夫，一举一动，一招一式，都必须恰如其分。2012年被列入第三批自治区级非物质文化遗产名录。(WWP)

维吾尔剧 维吾尔剧，维吾尔语叫"维吾尔窝云"，流传于维吾尔族聚居区，成熟于20世纪30年代。维吾尔剧的音乐唱腔以维吾尔族民间歌曲、民间说唱音乐、民间歌舞音乐及大型古典套曲"十二木卡姆"等各类传统音乐作为主要素材。木卡姆中的"达斯坦"（叙事组歌）、维吾尔族的说唱文学和叙事长诗中讲述的许多爱情故事以及麦西来甫和民间娱乐活动中的戏剧成分，经过长期孕育，自然地形成、发展成了维吾尔剧这一地方剧种。维吾尔剧表演具有载歌载舞的民族特点，舞美、道具基本遵循写实主义原则。乐器主要有卡龙、沙塔尔、弹拨尔、热瓦甫、艾捷克等。维吾尔剧初期禁止妇女登台演出，20世纪30年代以后，妇女才逐渐上台演戏。中华人民共和国成立后，各表演团体的业务水平和演出质量都有了很大提高。1980年11月，维吾尔剧的代表作《艾里甫—赛乃姆》赴京参加全国少数民族戏剧调演，受到各界人士的一致好评。其后复排的《古丽尼莎》《蕴倩姆》等，也都达到了较高的艺术水平。2014年被列入第四批自治区级非物质文化遗产名录。(WWP)

5. 曲艺

锡伯族汗都春 "汗都春"锡伯语称"秧歌儿"，民间称"秧嘎尔牡丹"（秧歌儿调），其剧目称"秧歌儿朱春"（秧歌儿剧），是锡伯人对使用本民族语言演唱新疆曲子的曲艺形式的称谓，主要流传在察布查尔锡伯自治县及邻近的霍城县、巩留县以及伊宁市和乌鲁木齐市等地的锡伯族聚居区。"汗都春"是部分锡伯族人西迁伊犁后，与当地的汉族、回族长期频繁交往的过程中，在向他们学习了源自西北地区的俗曲、小调、曲艺、戏曲的基础上，融入本民族的传统文化，而形成的具有独特风格与特征的戏曲艺术形式。汗都春起初演出的大多是汉族的传统剧目，如《小放牛》《钉缸》《万花灯》《下四川》《西厢

记》等。这些剧目最初都用汉语演唱，道白间或用锡伯语。后来逐渐用汉、锡两种语言来演唱，既作为有趣的艺术享受，又作为有益的语言学习。锡伯"汗都春"是深受锡伯族人民喜爱的一种曲子戏，锡伯族民间艺术家在吸收西北汉族戏曲中的平调和越调的基础上，按照锡伯族民间艺术的特点和审美要求，不断改进、完善和提高，为锡伯族人民提供了丰富的精神食粮，充分展示了锡伯族传统文化和艺术表现形式的多样化。2007年被列入第一批自治区级非物质文化遗产名录。（WWP）

锡伯族朱伦呼兰比和更心比 "朱伦呼兰比"和"更心比"为锡伯语，"朱伦"指长篇小说，"呼兰比"有"念""朗读"之义，"朱伦呼兰比"是指用一定的音调和锡伯语（或满语）进行念说和吟唱长篇小说的曲艺形式。朱伦呼兰比是新疆锡伯族乡村社会自发形成的群体性文学读书活动。起始年代暂无从考据，从"锡伯人自东北西迁伊犁时就携有不少朱伦抄本"的传闻看，这一活动经历了一段漫长的时间，直到20世纪60年代，在新疆当地依然保持着旺盛的活力。那时每逢冬季来临，街坊邻里每晚相约念唱朱伦是最常见的娱乐方式。人们喜欢坐在暖烘烘的火炕上，听艺人用抑扬顿挫的锡伯语念说《三国演义》《聊斋》《隋唐演义》《水浒传》等长篇小说。一般来说，念唱朱伦的场所多在房舍较宽敞的人家进行，并不固定，也有的大户或借到一套好朱伦的人家，主动邀请朱伦艺人来自家念唱，主人家对客人会热情相待，念唱朱伦者是这一场景的中心人物，他们靠着小桌坐在炕沿上，借着油灯的光亮，全神贯注于朱伦内容，兴致勃勃地给大家念唱。2007年被列入第一批自治区级非物质文化遗产名录。（WWP）

维吾尔族莱帕尔 莱帕尔一词源于波斯语，意为"诉说""告诉""对话"，它的曲调轻松活泼，表演形式有多种，最常见的是一男一女的双人表演和女子单人表演。是广泛流传于维吾尔族、乌孜别克族的一种民间艺术表演形式，融歌舞、说唱与表演于一体，深受群众的喜爱。表演者均自己演唱，并根据唱词即兴舞动。唱词内容直接反映社会生活，包括歌颂爱情，赞扬美好事物，揭露不良现象等。其中《达坂城》《阿拉木汗》《新疆好》等，已成为新疆各文艺团体久演不衰的保留节目。2014年被列入第四批自治区级非物质文化遗产名录。（WWP）

6. 传统体育、游艺与杂技

新疆方棋 新疆方棋是新疆回族的传统棋类，据称是由陕、甘、宁等地传入新疆，已有上百年历史。棋盘为七横七纵，棋盘上共有49个交叉点。对阵双方各自在棋盘上放子，先手方25枚，后手方24枚，以两色区分敌我，棋子摆满后再走子，每方一次可吃掉对方不成方的任一子，最后以一方子将对方棋子吃光为胜。对弈过程分五阶段：放子，即对弈双方依次将己子放入空棋点，将手上的棋子放完后开始走子。逼子，即若放子过程中，无棋子被吃掉，使得棋子放满棋盘。则两方各选一枚敌子移出游戏。走子，即由后手方开始移动己棋,沿直横线移动,步数不限,中途不得有子抵挡。吃子,即无论是下子或走子阶段,只要每组成一个四枚己棋紧邻相连的小正方形,就吃掉敌方一子。若同时成为多个方形,则乘以方形数量。倒头方,即不能连续两次都以同一方形吃子。使对方只剩下三枚以下则获胜。2007年被列入第一批自治区级非物质文化遗产名录。(WWP)

维吾尔族转轮秋千 维吾尔族民间最富挑战性的体育运动当属秋千,维吾尔语称"萨哈乐地",多流行于新疆南部地区。转轮秋千在新疆具有悠久的历史,唐代进士苏鹗的笔记小说《杜阳杂编》中记载了转轮秋千的雏形,而维吾尔族古典叙事长诗《优素福—阿合麦特》则可以证明真正的转轮秋千的出现不晚于13世纪。转轮秋千由主轴、木轮、轮杆以绳索联结而成。主轴高约十五六米,垂直立于地面,轮杆套子至轴底部,由两组(各4人)向同一方向扒转,主轴顶端装木轮,与底部轮杆以绳相连。推动轮杆即带动木轮转动。木轮两端各系两根长绳,供游戏者牵附,游玩时,人人推轮杆带木轮转动,绳端攀附者随之转动,木轮越转越快,人也越飞越高。推杆人撒手以后,还可以借惯力转飞良久。还有一种较简单的形式:在地上竖一约6~8米高的木杆,下端埋入地下,上端同样套一车轮,轮上按等分间隔安4个环,每环垂一绳到地,绳末端结成能伸进大腿的环套,每绳一人,左腿伸入环内,左手援绳,同时以右腿蹬地,使之旋转,愈蹬愈转,愈转愈快,愈快愈高,可离地飞转。转轮时每次2~4人,以保持平衡。游戏规则由众青年当场推举首领掌握。2009年被列入第二批自治区级非物质文化遗产名录。(WWP)

塔吉克族牦牛叼羊 牦牛叼羊是塔吉克族在帕米尔高原海拔4000米左右地区举行的一项特殊的体育竞技项目。在塔什库尔干塔吉克自治县,麻扎种羊场和提孜那甫乡这两个乡镇海拔较高,而且牦牛较多,每年3月的肖贡巴哈尔节上进行牦牛叼羊比赛。这项特殊的运动对比赛场地大小没有具体规定,但要求是一块平坦的草地,在草场东西方向,相距100米的位置上,分别挖两个直径60多厘米、深50多厘米的坑,选手要把所叼的山羊扔进自己的坑里,就算获胜。比赛中,双方各有15名选手参赛。比赛共计4轮,每场约耗时20分钟。牦牛叼羊比赛异常激烈,骑牦牛叼羊不比速度,主要是凭智慧和勇敢。牦牛叼羊比赛是塔吉克族喜爱的民间游戏之一。2009年被列入第二批自治区级非物质文化遗产名录。(WWP)

维吾尔族葫芦人绊跤 维吾尔语原本把这种表演叫"且里西(摔跤)",后来叫"喀巴克奥依纳西(葫芦的游戏)",疏勒县维吾尔族"葫芦人绊跤"游戏历史悠久,当地维吾尔族群众举行麦西来甫或是遇到节日、婚事时,葫芦人绊跤是必有的节目。由于木偶是用画好人脸的葫芦做头,穿上长袍,所以称为葫芦人,表演者以手进行操作,让木偶模仿摔跤动作。表演时还有纳格拉鼓、热瓦甫、笛子等乐器伴奏,生动有趣,深受群众喜爱。这种表演不受场地和人数的限制,有无乐器伴奏都可以演出，灵活性强、娱乐性强，在表演技巧上有独到之处，对研究我国少数民族民间木偶有着重要的价值。2009年被列入第二批自治区级非物质文化遗产名录。(WWP)

维吾尔族传统魔术 维吾尔族传统魔术主要流行在沙雅县周边，是沙雅县最古老的表演技艺。维吾尔族传统魔术的特点在于气氛欢快、多用自制道具、魔术戏法难度不高，最复杂的就是口中喷火。魔术技能学教简便，所需材料可以自己制作，工具小而轻，便于携带；表演项目多而好看，不拘一格，具有很强的群众性，人群聚集的场所都可以表演。2009年被列入第二批自治区级非物质文化遗产名录。(WWP)

维吾尔族开克力克宿库西吐如西 开克力克，学名"石鸡"，俗称"呱啦鸡"，又叫"红腿石鸡"，这种野鸡是新疆荒漠草原上比较常见的鸡种。开克力克常常发生激烈的格斗，每年5—8月，只要有人出面组织，爱好这项竞技项目的群众都会积极参加，一般是谁组织，就要准备招待大家饭菜。宰杀一只羊，做好抓饭，邀请大家先吃抓饭，然后选择一块比较宽敞遮阳的院落，大家都把自家饲养的开克力克带到场地，邻里、亲朋好友可自由结对进行比赛。通过这种娱乐形式，大家交流了感情，增进了友谊。2009年被列入第二批自治区级非物质文化遗产名录。(WWP)

哈萨克族多依布 多依布是流传于新疆哈萨克族的跳棋类传统游戏。多依布塔合达（棋盘）起初是用木炭条画在桌面上，随着这个游戏在各部落中的传播，他们的棋盘制作也有了很大的进步，一般多用山羊脊背的皮绘制，博弈高手的棋盘则用小马驹背部和颈部的皮绘制。棋盘为长方形，由7条和6条斜线相交，有7条线的称长房，6条线的称双房，形成了32个交叉点（或者32个菱格），每个交叉点是棋子的落脚点。每方棋子数有12枚。以两色棋子区分敌我，一体两类，以翻转表示另一类。棋子皆放在棋点上，每方棋子放在最近己方的两横行。任何棋子皆需在棋盘的斜线上移动。每回合玩家可能有两种行动，以跳吃为优先，当无法跳吃时，移动一己子到空棋点。双方经过斗智斗勇，一方被吃的不剩一个子，或者逼得对方无路可走，则宣告获胜。2009年被列入第二批自治区级非物质文化遗产名录。(WWP)

哈萨克族叼羊 叼羊是哈萨克族为祈祷祝福而举行的一种娱乐活动。叼羊活动对抗性强，争夺激烈，又是一种集勇猛、顽强和机智于一体的马背体育比赛。主要流传在哈萨克族聚居地。据说，这项活动最早是从阿尔泰一带发展起来的。一般都在节日期间举行，每当节日前夕，牧民们就要派出代表，到各个毡房去张罗叼羊的事，并选择地点、确定日期。叼羊这天，男女老少都穿着节日的盛装，来围观助威。叼羊一般分三种比赛方式：第一种方式是分组叼，被叼的羊要预先割掉头，扒掉内脏，放在场地中间。参赛者10人左右为一组。主持者一声令下，两队骑手急驰而去，经过反复争夺，当某队最后把羊放到指定地点时，就算获胜。第二种方式是两人单叼，由两个代表不同单位的单骑者将羊抄起开始叼夺,或者由另一个人拿起羊,让两个单骑去抓,两人奋力在马上拉扯争抢,谁最后夺到羊,谁就为胜。第三种方式是群叼,骑手不分队,多人策马争夺,以最后夺得羊并放到指定地点者为胜。叼羊是一项勇敢者的运动,剽悍的哈萨克族牧民最爱叼羊活动,它既是力量的较量,又是智慧的竞赛,既比勇敢,又赛骑术。优秀的叼羊手是受尊敬的,被誉为"草原上的雄鹰"。2009年被列入第二批自治区级非物质文化遗产名录。(WWP)

哈萨克族姑娘追 "姑娘追",哈萨克语叫"克孜库瓦尔","姑娘追"是哈萨克族青年男女的一种马上体育游戏,也是青年男女相互表白爱情的一种别致的方式。哈萨克族男女青年中许多人就是通过这种戏谑性的追逐互相认识、互相了解而萌发爱情,最终结成伴侣。后来渐渐发展成为一项饶有风趣的群众性体育活动了,已婚的人和外地人也可以参与其中,共同体验草原上的马背激情。活动一开始,一对对未婚青年男女向指定地点并辔慢行,去时,小伙子可向姑娘任意笑谑或求爱,姑娘只能默默倾听,不能生气;返程时,小伙子必须策马急驰,姑娘则在后挥鞭追赶。姑娘若追上小伙子可任意鞭打,如果姑娘对小伙子有情,则会鞭下留情。其场面热烈,妙趣横生。2009年被列入第二批自治区级非物质文化遗产名录。(WWP)

柯尔克孜族奥尔朵 奥尔朵是柯尔克孜族民间传统体育项目。奥尔朵比赛场地为一块平整的场地,由成员用单脚为圆心,用另一只脚紧挨着左脚轮流依次向前走35步为半径,画一个圆圈。在圆心处钉一个骨头或者小木桩,将铜钱放置在上面,将羊拐靠齐放置在铜钱周围处并放倒,将羊拐的凹面向下。然后将比赛队伍分成两对,每对25人或最少8人参加比赛,每人可打5个羊拐。在比赛中,一方将羊拐的多数打出圈外,同时将汗(铜钱)也打出圈外则胜。奥尔朵对参加者的身体素质和技术要求不高,也不受场地限制,最能体现早年游牧部落团聚和欢乐的心情,妙趣横生。2009年被列入第二批自治区级非物质文化遗产名录。(WWP)

锡伯族射箭 锡伯族射箭运动有悠久的历史,是锡伯族文化的重要组成部分。主要流传在新疆维吾尔自治区西北部察布查尔锡伯自治县和霍城、巩留等锡伯族聚居地。射箭是锡伯族一项有悠久历史的活动,一部分锡伯军民西迁到新疆之后,弓箭仍然是锡伯军队的主要武器,经常性的射箭活动成为锡伯族人民的惯例,男孩儿从小练就一身过硬的骑射技艺。锡伯族在弓箭训练方面积累了丰富的经验,他们注重两臂力量的增强,除采用举石担、抬石磙、擎车轴外,还要压肩以求拉弓用力一致,提高放箭射靶的命中率。弓箭成为他们显示武功、锻炼身体的体育项目之一。比赛时使用的弓箭都是特制的,箭靶用马皮和毛毡制成,靶上粘着蓝、黄、绿、黑、紫、红六色布环圈,红色圈是靶心。2009年被列入第二批自治区级非物质文化遗产名录。(WWP)

维吾尔族恰姆巴士 恰姆巴士是新疆维

吾尔族自治区境内流传的一种传统体育、游艺与杂技项目，由昌吉回族自治州奇台县申报。2012年被列入第三批自治区级非物质文化遗产名录。（WWP）

维吾尔族曲棍球 曲棍球，维语称作帕普孜，是维吾尔族具有悠久历史的民间传统体育项目之一。帕普孜球和帕普孜球棍都是就地取材自制的。在刀郎人的家乡，帕普孜是非常普遍的游戏，标准的球场是长80米，宽40米，乡间的刀郎农民没有那么多讲究，折一截弯头的树枝，用粗线缠绕一个简易的球，在村头的空地，时时都可以玩。或三五人，或七八人，少了许多竞技的色彩，多了一份平和快乐的生活态度。2012年被列入第三批自治区级非物质文化遗产名录。（WWP）

蒙古族赛马 蒙古族赛马是蒙古族传统体育娱乐活动之一，赛马运动在牧区具有雄厚的群众基础。爱马和善骑是蒙古族的传统，蒙古民族素有"马上民族"的美称。在丰美的草原上，每逢喜庆节日，蒙古族牧民便举行赛马比赛，蒙古族赛马分走马、跑马两种。走马，主要比赛马走得快、稳、美；跑马，主要比赛马的速度和耐力，为直线赛跑，赛程一般为20、30、40千米，先达终点者为胜。参赛者男女老少不限，少则几十人，多则上百人，一般是本地区的牧民参加，也有邀请邻近地区牧民参加的，也有闻讯后从百里之外赶来参加者。比赛时，骑手身着鲜艳的民族服装，头束彩色的飘带，足蹬皮马靴，为减轻马的负重，也有不穿马靴，不备马鞍的。骑手准备就绪后，一般是在起点处排成一行，裁判员挥动旗帜（或鸣枪）发令，霎时，骑手们蜂拥而出，跃马扬鞭，奋力争先，匹匹骏马奋蹄奔驰在广阔无垠的草原上，呼声阵阵，高潮迭起，趣味盎然。蒙古族赛马现在多在那达慕大会时举行，成为必不可少的一种体育娱乐活动，是蒙古族草原文化的主要表现形式。2012年被列入第三批自治区级非物质文化遗产名录。（WWP）

哈萨克族库热斯 "库热斯"在哈萨克语中是摔跤的意思，是哈萨克民族传统的民间体育运动，深受哈萨克族人民喜爱。广泛流传于喀什、和田、阿克苏、阿勒泰、塔城、吐鲁番、克孜勒苏柯尔克孜自治州等地。哈萨克族库热斯历史由来已久，千百年来深受哈萨克族男女老少的欢迎和喜爱。比赛方法是双方运动员抓握好对方腰带，弯腰对顶（头顶头），等候裁判员发令。技术动作主要有推、揉、抱、扭等，将对方摔倒为胜。每逢哈萨克人婚嫁、节庆、割礼、乔迁、丰收等重要喜庆场合都有库热斯的踪影，它使喜庆气氛倍增，热闹非凡。2012年被列入第三批自治区级非物质文化遗产名录。（WWP）

柯尔克孜族托古孜库尔阔勒（九槽棋） 托古孜库尔阔勒，又称吉尔吉斯播棋、九槽棋，柯尔克孜语意为九颗小石，是流行于吉尔吉斯斯坦的两人棋类，也流传于中国新疆维吾尔自治区哈萨克族、柯尔克孜族。长方形棋盘，中间有两条横沟，两边各有9个棋洞，各属于一方。初始布置时，每棋洞各有九颗棋子。全数棋子共有162颗。行棋如同一般的播棋。双方轮流从己方任一有棋子的小洞取出该洞的所有棋子，以逆时针方向分配到其他的小洞中，一洞分配一颗，直到分配完。但若拿取己方棋洞时，棋子数非为一颗，则必须留一子在原先洞。当最后分配的一颗棋子落在对手的棋洞中，恰使此洞的棋子数为偶数，该玩家便获得此洞的所有棋子。当最后分配的一颗棋子若落在对手的棋洞中，恰使此洞的棋子数为三颗，该玩家便有机会宣告此洞为圣地，成功宣告后取走里面的所有棋子，任何一方行棋时只要有棋子落在圣地，就取走作为己方的棋子。该宣告只能在游戏中使用一次，并且不能为对手侧最右边洞，也不能和对手的圣地面对同一位置。当一方获得超过81颗时得胜。2012年被列入第三批非物质文化遗产名录。（WWP）

斗鸡 斗鸡游戏起源于亚洲，中国是世界上驯养斗鸡的古老国家之一。斗鸡活动在新疆主要分布在吐鲁番、伊犁、阿克苏、喀什和托克逊一带。吐鲁番所产斗鸡身高腿壮颈长，嘴巴粗短，胸肌发达，眼大冠小，极具攻击力。斗鸡这项民间传统博戏活动，早在春秋时就相当流行，传承至唐代，风靡一时，并形成了主要于清明时斗鸡的习俗。斗鸡时将把两只性情凶猛的公鸡放在一起，它们就会激烈地互相啄咬起来，还会用距劈击对手。如果两鸡相斗了很久，都有疲惫之态，还要用水将它们喷醒，使之振奋，重新投入战斗，直到有一只公鸡败下阵来。斗鸡的场面是相当激烈的，两只鸡斗得难分难解，势不两立，斗完后鸡冠流血，啼叫无力。2014年被列入第四批自治区级非物质文化遗产名录。（WWP）

哈萨克族马上竞技 哈萨克族马上竞技既是一种体育竞技，也是一种娱乐活动。既具有自己的民族特色，又有广泛的群众参与性，其娱乐方式与骑马、放牧、狩猎等生产活动密切相关，主要有赛马、摔跤、叼羊、姑娘追、马上角力等。因为这些竞技娱乐活动主要与马密切相关，于是统称为马上竞技。赛马会是哈萨克族传统体育项目中最受欢迎的一类，从古至今，哈萨克族对马以及赛马会的重视程度一如既往。姑娘追在哈萨克语叫"克孜库瓦尔"，是一种饶有风趣的马上运动和青年男女通向爱情之路的桥梁。叼羊的历史很悠久，参加叼羊的人事先都结成团伙，比赛开始后极力策马向终点奔驰，双方骑手们施展各种技巧，围追堵截，拼命抢夺，叼着羊先到达终点的为胜方，婚礼喜庆时要举行叼羊活动并世代相传。2014年被列入第四批自治区级非物质文化遗产名录。（WWP）

蒙古族鹿棋 蒙古族鹿棋，是传统的启智类游戏，又叫"围鹿棋"。鹿棋在乌苏市蒙古族群众中流传久远，有着广泛的群众基础，深受乌苏当地蒙古族群众的喜爱。棋盘画在纸上或沙土上，为正方形，其内各有5条纵横线，6条斜线，交叉形成25个点。在中心纵线两端各有一座呈三角形的平顶"山"和呈菱形的尖顶"山"，其内有十字线，也构成几个交叉点。棋子模拟狗和鹿的争斗过程，对弈的两个人各执2"鹿"或24"狗"。赛前先摆子，布局是把2个"鹿"摆在两侧的"山"口，把8个"狗"摆在棋盘内中央的8

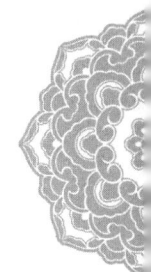

个点。在旧时，鹿棋棋子一般由牛拐做成的，民间也多用铜钱或小石子、米粒代替，鹿棋棋子分为鹿（蒙古语称包哥）和狗（蒙古语称脑头）。民间也有将此棋艺的"鹿吃狗"称为"狼吃羊"，是传统的启智类游戏。随着时代的发展和民族的融合，蒙古族赖以生存的草原环境、生活习惯都发生了变化。一些棋艺较好的民间艺人年事已高，有的相继谢世，传承人较少。2014年被列入第四批自治区级非物质文化遗产名录。（WWP）

7. 传统美术

哈萨克族民间图案文化　在哈萨克人的日常起居中，处处见得到纹路细致的图案，说明了哈萨克人对生活艺术的热爱和追求。哈萨克人为了美化家庭和环境，在生活用品上全配之以色彩斑斓、花式丰富的图案，使之更加美观。这些图案的纹样不是对生活事物的简单复制，而是哈萨克人的艺术创造和审美情趣。哈萨克族民间装饰艺术源远流长，在中西文明交融过程中，民间装饰图案形成了动物纹饰、几何纹饰、植物纹饰等母题。早期的民间图案，多是对周遭环境的模仿，主要是以动物为主，比如以鹿、羊等动物角部为原型的"角形图案"，这是哈萨克族民间装饰的重要源头。八九世纪以后，由于伊斯兰教传入哈萨克族地区，历来盛行的动物纹饰图案的应用逐步被削弱，取而代之的是流行于阿拉伯地区的几何图案和植物图案。15世纪中叶，哈萨克族形成了自己独特的民族文化，图案艺术对称、均衡的装饰法则，丰富自由的色彩搭配，抽象而夸张的动物纹饰、植物纹饰和几何纹饰在各种装饰场合的组合运用，使得哈萨克族民间图案文化形成了自己的风格，常见图案有星、月、狼耳等。图案的不同着色象征着不同的意境：蓝色象征天空；红色象征太阳和阳光；白色象征快乐和幸福；黄色象征智慧；黑色象征大地和哀伤；绿色象征春天和富有朝气。哈萨克民间图案文化在民间仍然具有旺盛的生命力，这种传承主要体现在绣品上。2007年被列入第一批自治区级非物质文化遗产名录。（WWP）

维吾尔族建筑装饰技艺　维吾尔族传统建筑装饰技艺，是维吾尔族传统文化体系的重要组成部分，其装饰艺术可说是整体建筑中成就较高的。维吾尔族建筑装饰种类主要有木雕装饰、石雕花装饰、彩绘装饰、拼砖雕花装饰等。其中，木雕装饰技艺是维吾尔族建筑工艺中的一个重要组成部分，主要用于民居、各种建筑及清真寺的框架、房梁、房柱的构架及门窗、家具的制作和装饰等，做工细腻而精致。其中雕花窗格、木雕组合图案，使用精选的木料，拼切成各种几何形状，民族特色浓郁。在建筑装饰上轻外部而重室内。外廊、顶棚、门窗多用木雕，饰以藻井和色彩艳丽的彩画。装饰手法细腻，内容丰富。石膏花饰一般用于室内墙面壁龛等处，装饰纹样大都是植物或者几何纹，也有维吾尔文字图案。维吾尔族建筑装饰技艺有着独特的艺术特征和很强的表现力，建筑图案美观大方，精湛细腻，灵活多变，内涵丰富。通过艺术手法构成各种形状，既能以左右对称和四角对称的形式又能以独立成章的结构，展现出完整的组合装饰图案。历代的工匠不仅吸收了伊斯兰风格的装饰艺术，而且从汉族和其他民族那里学到许多装饰手法，在独具特色的装饰工艺方面进行了大量的探索，结合不同建筑物的性质、功用与造型，巧妙地交替使用各种装饰技艺，使建筑坚固耐用，也凸显了视觉效果，从另一个侧面彰显了维吾尔民族热爱生活与生命、富有艺术情趣的品格。无论是选用的题材、构图方法、纹样组合、调配色彩，皆独具匠心，丰富多彩，个性鲜明。2009年被列入第二批自治区级非物质文化遗产名录。（WWP）

哈萨克族皮革编织技艺 哈萨克族皮革编织是世代流传于哈萨克人中的传统技艺，有着与其游牧生活一样漫长的历史，至今仍伴随着哈萨克族的游牧生活。哈萨克族皮革编织主要分布在新疆伊犁、塔城、阿勒泰和巴里坤哈萨克自治县以及甘肃阿克赛哈萨克族自治县等地，大多就地取材。皮革编织品可分为生产用品、生活用品、装饰用品三大类。哈萨克人的皮革编织品，常以他们热爱的骏马为审美对象，例如用皮革编制成的驭具、鞍具、套马索、马鞍后揪、胸带、马披衣、勒紧带、脖揪垂饰品等，并镶嵌银缀饰，与骏马的矫健身姿融为一体，达到了功能和艺术的完美统一。拙朴的技艺，体现出浓郁的民族文化和地域文化特征。因牧民逐步实现定居，使哈萨克族皮革编织技艺逐渐边缘化，皮革编织的生存空间越来越窄，购买群体日渐萎缩。目前，精通皮革编织的匠人大多已经过世，传承这门技艺的人越来越少；费时耗工的哈萨克族皮革编织产品难以和机械化批量生产的替代品竞争，无法实现生产性保护。2009年被列入第二批自治区级非物质文化遗产名录。（WWP）

哈萨克族骨雕技艺 骨雕是哈萨克族传统手工艺，具有浓厚的草原文化风情。在哈萨克族生活的草原，随处可见用各种动物骨头做成的各种骨制品。哈萨克族骨雕包括装饰品、生产资料、生活用具及乐器、占卜用具等，种类丰富，从造型上可分为实用生活生产用具类、精神宗教类、艺术类三大类型。那些被废弃的骨头经过他们灵巧的双手加工，就变成了令人爱不释手的工艺品。用骨头制作的羊头、牛头、雄鹰、龙、凤凰以及花草、昆虫等工艺品都是废弃的骨头经过刮、煮、洗等程序后，加工而成的。经过一代代传承人的努力，这项古老的民间工艺成为我国雕塑艺苑中的奇葩。2009年被列入第二批自治区级非物质文化遗产名录。（WWP）

哈萨克族毛线编织技艺 羊毛线手工编织技艺是哈萨克族妇女世代相传的一项手工技艺。羊毛线手工编织品可以织成衣物、挂毯、马达子、绳索以及毡房里的装饰品，既实用又美观。哈萨克族毛线编织是纯手工制作，材料就地取材，图案和颜色丰富多彩，生动活泼，可以用来装饰房间。羊毛线编织具有色彩艳丽、做工精美的特点，充分地反映出哈萨克族的审美情趣和文化特性，是不可多得的民族手工艺术精品。毛线的制作与哈萨克族生活密不可分，用捻毛线工具"乌勒乔克"捻出的毛线结实、耐用，是哈萨克族织补、装饰的重要材料。哈萨克族羊毛线编织的传承以家庭为主要方式，一般由上一代妇女传给下一代妇女。在哈萨克民间，不乏技艺高超的民间艺人。目前，能够掌握毛线编织技艺的匠人已很稀少，加之现代工业的冲击，已面临失传，是急需保护的传统工艺和民族工艺。2009年被列入第二批自治区级非物质文化遗产名录。（WWP）

新疆蒙古族唐卡 唐卡是藏传佛教文化中一种独具特色的绘画艺术形式。蒙古族的唐卡，在明代时随着藏传佛教传入内蒙古，在新疆居住的蒙古族中也广为流传。唐卡的色彩源于它的绘画颜料，将黄金、白银、玛瑙、珊瑚、绿松石、孔雀石等天然矿物研磨，使用水、酒、酥油、藏药等调配而成，研磨的力度、颜料的配比等，决定着唐卡最终的色彩。有着"蒙古族百科全书"之称的唐卡，题材广泛，涉及蒙古族的历史、政治、文化和社会生活等诸多领域，几乎包罗了蒙古族生活的所有内容，是人们了解蒙古族文化的重要载体，凝聚着蒙古族人民的信仰和智慧，记载着蒙古族的文明、历史和发展，寄托着蒙古族人民对家乡的无限热爱。2009年被列入第二批自治区级非物质文化遗产名录。（WWP）

回族刺绣 回族刺绣历史悠久，图案精美，具有较高的艺术价值和工艺水平，以鲜明的民族特色和精湛的工艺大受欢迎。新疆回族刺绣主要分布在焉耆。回族的刺绣富有想像力，刺绣花草图案和几何图形，是回族妇女刺绣的绝技。在绣生活用品和鸟类动物时绣成各种错综复杂的图形，使鸟类等形体交织在花草图案中，以求形似。在枕头、坎肩、挂图、围裙等处绣花卉时，以形象逼真为精髓，形似蝴蝶的花朵，娇嫩的花瓣，淡雅恬静，使人感到散发着暗香。妇女在刺绣作品上很注意整体美，她们撷取大自然中各种不同的植物元素，构成自己想像中的花草树木，枝与叶、花与蔓和谐地统一，有点像汉族人刺绣图案中的百花百果树的创作方法，充分体现了回族妇女的审美情趣。2009年被列入第二批自治区级非物质文化遗产名录。（WWP）

维吾尔族剪纸 维吾尔族的剪纸主要用于绣花时作为花样，他们是以线而不是用传统的符号来表现，整体构图线条比较简洁，构图贴近生活，也很生动。维吾尔族喜欢在剪纸中用变化丰富的曲线表现花与藤枝的美，常用的几种波浪式粗线条图案，是萨满教崇拜的水神、树神的变形；盒形纹样是借用基督教神盒后成为具有伊斯兰宗教色彩和特点的一种造型形式。伊斯兰教教规严禁崇拜偶像，因此，在民间剪纸中很难见到具体的动物、人像等，而是采用隐喻、变形的造型手法去表现。维吾尔族民间剪纸都是以植物为主，色彩崇尚绿、黑、白三色，把红色作为火的象征，代表着光明与希望。2012年被列入第三批自治区级非物质文化遗产名录。（WWP）

面人 面人也称面塑，是一种制作简单但艺术性很高的民间工艺品。它用面粉、糯米粉为主要原料，再加上石蜡、蜂蜜等成分，经过防裂防霉的处理，制成柔软的各色面团，用简单工具加工，在手中几经捏、搓、揉，用小竹刀灵巧地点、切、刻、划，塑成身、手、头、面，披上发饰和衣裳，做出一件件五彩缤纷的动物、花鸟、人物作品。新疆面塑也很悠久的历史，现存最早的古代面人，是出土于新疆吐鲁番阿斯塔那地区的面制女俑头和男俑，距今已有一千多年的历史了。新疆的面塑题材丰富、面塑形象朴实逼真，具有独特的艺术风格。2012年被列入第三批自治区级非物质文化遗产名录。（WWP）

微雕 微雕作品是我国传统工艺品中最为精细微小的一种工艺品，没有相当高的书法功底和熟练运用微雕工具的技能是难以完成的，历代称之为"绝技"。在新疆，有多位微雕艺术家，如邹井人、邹溪父子、崔连根等，他们的微雕作品产生了良好的社会影响力。多数作品都以山水画，唐诗宋词、形态各异的花鸟虫鱼为创作的源泉。2012年被列入第三批自治区级非物质文化遗产名录。（WWP）

柯尔克孜族毡绣和布绣 柯尔克孜族妇女擅长刺绣，她们在头巾、枕头、被面、衣袖边、马衣以及悬挂的各种布面装饰品上绣出各种精致花纹，其中有花卉、飞禽、走兽和各种几何图案，色彩鲜艳，形象生动活泼。柯尔克孜族毡绣和布绣上所绣的图案多为鹰纹、动物角骶纹和三角纹，壁挂上所绘的图案多为单个圆形图案且图案间有空隙。柯尔克孜族刺绣的各种工艺品以黑、白、红、蓝、绿等基本色调为主，尤以红色最受欢迎。不同颜色表示不同的意义，黑色表示深厚博大，代表着大地；蓝色象征天空，被视为神圣高贵之色；红色表达着欢快、热烈和幸福；绿色象征春天和生机勃勃。柯尔克孜族刺绣图样中，山峰成为必不可少的风景，山峰被绣成白色，纯白的三角形，沿着衣领、裤脚，或是花毡、墙围的边款、被褥的周边绵延起伏。柯尔克孜人对白色一往情深，因为白色能引起月亮、乳汁等一切美好事物的丰富联想，也有纯洁、真诚的寓意。2012年被列入第三批自治区级非物质文化遗产名录。（WWP）

木器彩绘 木器是人类最早使用的工具之一。新疆考古发现的木器不仅数量多，而且种类也十分丰富。从文化类型上可分为生活用品类、生产工具类、文化用品类、宗教祭祀类和丧葬类等几大类型。新疆古代木器以其悠久的历史、独特的风貌以及表现出的多元文化的风格享誉海内外。新疆维吾尔族劳动人民在长期的社会实践中形成自身独特的审美观，其木器常用艳丽的彩绘来装饰，如木碗、木罐、木盘、木勺及木制彩绘婴儿摇床等。图案有玫瑰花、莲花、瓜果、瓶、壶以及风景。维吾尔族的彩绘木箱较为多见，箱面常用花卉图案有牡丹、百合、玫瑰等花卉枝叶组合，也有将几何纹、花卉图案与维吾尔文字组合，以鲜艳的色彩营造出春意盎然、对比强烈的装饰效果，充分体现了复杂、多变的装饰效果。2014年被列入第四批自治区级非物质文化遗产名录。（WWP）

葫芦雕刻 葫芦在我国有着悠久的种植历史，音近"福禄"，同时，葫芦里面长子儿，有子孙万代、多子多福的含义，通常把它叫做"吉祥葫芦"，葫芦是中华民族最原始的吉祥物之一。为了美观，在葫芦外面雕刻上各种图案，这就是葫芦雕刻艺术的原始功能，后来逐渐演变成民间工艺品。新疆的葫芦艺术与内地的相比，有着其独特的风格。新疆龟兹葫芦雕刻是新疆独有的一种将龟兹石窟壁画雕刻在葫芦上的技艺，不论是从雕刻内容还是雕刻技艺上，都非常新颖独特。它不仅是一种欣赏和收藏价值极高的艺术品，更是对新疆地域民族文化和龟兹石窟壁画有益的传承。位于新疆维吾尔自治区西南部的沙雅县农民有种葫芦的习俗，沙雅人一直把葫芦作为一种吉祥物和观赏品，常把它挂在门口用来避邪、招宝，当地也有专门从事葫芦雕刻的艺术家创作富有新疆民族特色的葫芦雕刻艺术品。2014年被列入第四批自治区级非物质文化遗产名录。（WWP）

和田玉雕 和田玉是一种软玉，俗称真玉。和田玉雕是中国最古老的雕刻品之一。和田玉主要集中在玉龙喀什河和喀拉喀什河。新疆和田地区是2000多年来世界主要的产玉中心，和田玉在远古时代就已源源不断地输入中原和亚欧市场，成为宫廷贵族的奇珍异品。和田玉雕具有悠久的历史和鲜明的时代特征，不同的朝代，玉雕有着不同的造型与特色。和田玉无论是从皮色、肉质及温润度来说都优于其他玉种，乃是玉中之珍。工艺师在制作过程中，根据不同玉料的颜色和形状，经过精心设计、反复琢磨，才能把玉石雕制成精美的工艺品。和田玉雕的品种很多，主要有人物、器具、鸟兽、花卉等大件作品，也有别针、戒指、印章、饰物等小件作品。其中以炉瓶最为著名，它造型稳重典雅，纹饰古朴精美，富有浓厚的青铜器趣味，在和田玉雕行业中独树一帜。故宫博物院收藏的大型和田玉雕"大禹治水"，显示了中国和田玉雕的高超技艺。2014年被列入第四批自治区级非物质文化遗产名录。（WWP）

布偶 新疆布偶制作被称为绣塑布偶艺术，是一种将刺绣、雕塑完美结合在一起的新疆工艺美术新品种，以其独创的技法，形成了与众不同的艺术特色。新疆布偶采用新疆少数民族服饰材料，面部根据新疆少数民族人物特征手工缝制而成。新疆布偶造型生动，栩栩如生，再现了新疆少数民族的民俗、文化和风土人情，具有较高的艺术价值和收藏价值。以针"绣"和用线"塑"相结合，是一种在刺绣和雕塑工艺基础上的创新，绣塑布偶是立体的刺绣、是柔软的雕塑，是技术和艺术的完美统一，具有鲜明的艺术特质。普通的棉花、丝袜、布料，在绣娘的穿针引线下，变身成一个个憨态可掬、形神兼备的阿凡提、巴依、小毛驴等可爱的布偶形象。2014年被列入第四批自治区级非物质文化遗产名录。（WWP）

泥塑 泥塑艺术是中国民间一种古老的民间艺术，在新疆维吾尔自治区各族人民之间也广泛流传。新疆泥塑艺术融合了民族文化内容，形成了自己的艺术特色。泥塑艺术以泥土为原料，以手工捏塑成工艺品，或素或彩，以人物、动物为主。制作方法是在黏土里掺入少许棉花纤维，捣匀后，捏制成各种人物的泥坯，经阴干，涂上底粉，再施以彩绘。2006年泥塑艺术经国务院批准列入第一批国家级非

物质文化遗产名录。2014年被列入第四批自治区级非物质文化遗产名录。(WWP)

石刻 石刻是造型艺术中的一个重要门类，在中国有着悠久的历史。石刻属于雕塑艺术，是运用雕刻的技法在石质材料上创造出具有实在体积的各类艺术品。中国古代石刻种类繁多，古代艺术家和匠师们广泛地运用圆雕、浮雕、透雕减地平雕、线刻等各种技法创造出众多风格各异、生动多姿的石刻艺术品。古代石刻种类齐全时代序列较完整，特别是汉唐石刻气势雄浑生动精美，在中国古代雕塑史上占有独特的地位。2014年被列入第四批自治区级非物质文化遗产名录。(WWP)

维吾尔文书法 维吾尔文是在察合台文基础上形成的以阿拉伯字母为基础的拼音文字，有32个字母，自右向左横着书写。维吾尔文书法书写独特，多用木制的硬笔书写在当地生产的白纸上和其他的载体上，也有用毛笔在宣纸上书写的维吾尔文书法作品。维吾尔文书法主要以硬笔书写为主，有乃斯合、塔里克、茹克等12种书体。2014年被列入第四批自治区级非物质文化遗产名录。(WWP)

哈萨克文书法 20世纪初，哈萨克族对以阿拉伯文为基础的察合台文进行了改革，形成了以阿拉伯文为基础的现代哈萨克文，这种文字被称为哈萨克"老文字"，即现在哈萨克人使用的文字。哈萨克族人民在生产生活实践中创造了丰富多彩的书法艺术，写时以词为单位从右往左连写。2014年被列入第四批自治区级非物质文化遗产名录。(WWP)

新疆蒙文书法 在新疆，蒙文书法有很多爱好者与艺术家，主要分布在巴音郭楞蒙古自治州以及博尔塔拉蒙古自治州等蒙古族聚居地。蒙古文书法，具有独特的形态美和意蕴美，鲜明地体现了蒙古民族潇洒、灵动的文化精神。从蒙古文字诞生时起，就有了使用软笔（毛笔）、硬笔（竹笔）两种工具书写的蒙古文书法艺术。蒙古文传统书法在笔法上讲究疾涩二法和逆笔、拖笔、效笔、卧笔等运笔技巧，在墨法上有饱笔、渴笔、涩笔之分。2014年被列入第四批自治区级非物质文化遗产名录。(WWP)

蒙古族骨雕技艺 新疆蒙古族的骨雕以骆驼骨和牛骨为主要原料。牛是草原上最常见的动物，其肩胛骨大而平，并且相对坚硬不易受侵蚀损坏，是理想的原材料。在牛骨上绘刻的人物、动物形态逼真、栩栩如生。在骨雕艺术创作中，最重要的就是作者对于形象和空间的处理手法，主要体现在削减意义上的雕与刻，运刀的转折、顿挫、凹凸、起伏，都是为了使作品更加生动自然以充分体现骨雕的材质美，体现丰富的雕琢美。2014年被列入第四批自治区级非物质文化遗产名录。(WWP)

刺绣（汉族、哈萨克族、塔吉克族、柯尔克孜族、塔塔尔族） 刺绣是汉族、哈萨克族等民族优秀的民族传统工艺之一。新疆的刺绣传承始于汉朝，盛于唐代、清代，如今新疆各民族聚居区还保留着这一古老的工艺。哈萨克族心灵手巧的主妇，刺绣作品从帽子到衣服，从布袋到壁毯，从枕头到被单墙帷，从被褥到马具彩带，各类繁多，古朴典雅，充满了她们对美好生活的热爱和追求。在塔什库尔干塔吉克自治县，做工精细、图案绚丽的塔吉克族花帽以及塔吉克族家庭琳琅满目的绣品，色彩夺目、图案精美。柯尔克孜族具有独特风格的工艺美术，其中尤以刺绣、编织最为著名。柯尔克孜族妇女擅长刺绣，她们在头巾、枕头、被面、衣袖边、马衣以及悬挂的各种布面装饰品上绣出各种精致花纹，其中有花卉、飞禽、走兽和各种几何图案，色彩鲜艳，形象生动活泼。他们编织的挂毯、地毯，花色图案精美。花毡、白毡帽、银质马鞍、木质碗、盒等，精巧美观、古朴耐用。各种工艺品以红、蓝、白色为主，尤以红色最受欢迎。刺绣也是塔塔尔族妇女最擅长的技艺之一。她们灵巧的双手，不仅在各种服饰上绣出令人赏心悦目的花纹，同时还在枕头、被单、床围、墙围、桌布、窗帘等室内物品上绣出多姿多彩的图案。姑娘出嫁的婚礼服，更是她们显露自己才能与智慧的天地，塔塔尔族小伙子们通常也都以姑娘刺绣技艺的水平来作为择偶标准。2014年被列入第四批自治区级非物质文化遗产名录。（WWP）

8. 传统手工技艺

维吾尔族模戳印花布技艺 模戳多色印花，是将纹样覆画于梨木或核桃木上，以木模立搓制纹，雕刻成凹凸分明的图案，然后用此模戳蘸黑色染液（面汤浸泡铁锈着液）印出黑色纹样。主要流传区域为新疆维吾尔自治区的南部和东部，维吾尔族聚居的地方。其历史可以追溯到维吾尔人开始穿棉布衣和开始住土屋的年月。一个模戳就是一个单独纹样，用一个单独纹样模戳可以拓印形式多样的连续纹样，形成一个组合的整体图案。在不同的填色模戳以用毛笔、毛刷蘸上染液（红、黄、蓝、橙、绿、紫、玫瑰、靛蓝、杏黄等色），按其纹样所需加以拓涂而形成色泽绚丽的多色印花布。传统的染料为植物质和矿物质染料，均用土法制染。这种多色的印花布用途广泛，通常可做衣里、墙围、壁挂、窗帘、桌单、餐巾、包单、腰巾、褥垫等。它们的装饰纹样多取材于现实生活和大自然中的各种物象。最常见的是各种花卉纹样，主体纹样多为枝叶、花蕾、蔓草，主要花饰有巴旦木花、石榴花、牡丹花、芙蓉花、梅花以及八瓣花、六瓣花等。此外，许多造型优美的民族工艺美术品和生活用品，例如壶、盆、瓶、炉、坛、罐等的形象也被用来作为装饰纹样。还有各种几何图形如方形、圆形、三角形、菱形、星形、新月形、锯齿形等的运用，使印花布纹饰更加丰富多彩。维吾尔民间印花布的不少图案，不仅继承了该民族民间工艺（如织绣、地毯、陶瓷、雕刻以及建筑）的传统装饰手法，同时也吸收了中外其他民族工艺美术的精华。如汉族图案中的回纹、寿纹、万字纹、莲花、牡丹花、兰花都被恰当而巧妙地吸收到印花布的图案上来。2007年被列入第一批自治区级非物质文化遗产名录。（WWP）

维吾尔族传统玉雕技艺 维吾尔族传统玉雕技艺，受伊斯兰教不得表现有形象的禁忌，所以没有人物和吉祥动物造型，器物多为实用物品。雕刻工艺也有自己的特色，使用山矿研磨砂切割和钻磨玉石，而汉族工匠使用的是河砂；粘固切割刀片和钻具使用胡杨树胶，而汉族工匠用的是漆片；玉雕机使用正面操机方式，而汉族工匠是在侧面操机。新疆和田玉文化艺术研究院暨新疆和田玉博物馆为保护责任单位。2007年被列入第一批自治区级非物质文化遗产名录。（WWP）

阿瓦提维吾尔族慕萨莱斯酿造工艺 慕萨莱斯是用葡萄酿制而成的纯天然饮品，一般是由当地维吾尔族人用传统工艺酿造而成的，原产于新疆阿瓦提县。阿瓦提县酿造慕萨莱斯历史源远流长，每年葡萄成熟季节，阿瓦提人将精心挑选的葡萄用"艾得莱丝绸"将葡萄汁过滤出来，过滤出的葡萄渣倒进锅里，两次加水用文火烧煮后过滤，之后将其放入土陶瓦罐中，加入野生乳鸽血、天山雪鸡或者羊羔肉，再加以数十种草药，经40天特殊方式发酵，就酿造出口味美妙、具有神奇滋补功效的慕萨莱斯。据说发酵时瓦罐中有时会发出"咕噜咕噜"开水煮沸似的声音，有时会发出"砰砰砰"的爆炸声，经验丰富的酿酒师，仅听响声就能判断出慕萨莱斯的成色和质量。传统方法酿造的慕萨莱斯质稠如胶，气味芬芳，喝起来干爽淳厚，天然质朴，既有鲜葡萄的清香，又带有少许酸涩，醇厚柔和，香浓滑畅，它味微酸甜，气味芳香，是一种营养丰富的上等补品。至今在阿瓦提县，维吾尔族人仍沿用古老的传统方式酿造慕萨莱斯，保留着这种原始、纯朴、完整的工艺酿造方式。2007年被列入第一批自治区级非物质文化遗产名录。（WWP）

柯坪维吾尔族库休克（木勺）制作技艺 维吾尔族库休克（木勺）是古老传统手工技艺的产物，与新疆其他地方生产的木勺有明显的区别。柯坪库休克分大小两种，大木勺，柄长40～60厘米，用来舀饭、舀水用；小木勺把长14～20厘米，用来吃饭、吃酸奶子，不烫嘴，又方便。刚做的木勺是白色的，用久了自然变化成枣红色。柯坪库休克顶端是一个圆形勺头，勺把长10～12厘米，精致、小巧。柯坪库休克除了用于吃饭，还可在麦西来甫中与其他民族乐器一起，当做打击乐器使用。2007年被列入第一批自治区级非物质文化遗产名录。（WWP）

于田维吾尔族妇女服饰 于田县位于新疆维吾尔自治区塔克拉玛干沙漠南缘，这里的维吾尔族妇女，身穿黑色的长袷袢（一种长袍外衣）、头披白纱巾，右侧头顶上倒扣着一顶精巧玲珑的像小茶碗般大小的帽子，外穿带有7条箭头的丝绸长绒外衣。这种奇特的穿戴在新疆维吾尔族中唯于田县独有。小帽，维吾尔语叫做"太力拜克"，外形如小茶碗，直径约10厘米，分里外两层，里层是手工针线缝制的软质羔皮，外层用黑色羊羔皮做成，帽顶一般用黑色、白色、红色、蓝色绸缎做面，办丧事时戴黑色或白色，参加喜庆节日戴红色，中老年人戴蓝色。长袷袢名叫"派里间"，是一种"少妇"外套，一般用黑色面料缝制，两胸的衣襟上用绿色绸布缝制对称的月牙状图形各七条，必须与小帽相配穿戴。据民间流传，这种小帽刚开始只是当地维吾尔族人在婚丧大事时客人们用来相互赠送的礼物，后来慢慢变成已婚妇女的装饰品。2007年被列入第一批自治区级非物质文化遗产名录。（WJR）

维吾尔族传统织布技艺 维吾尔族传统纺织工艺有着悠久的历史，早在游牧生产时期就产生了以毛为原料的毛纺织工艺。随着定居，棉纺织、丝纺织等逐渐成为维吾尔族纺织工艺的主要分支。南疆和东疆有久远的种棉织布历史。维吾尔族传统纺织技艺中棉纺织技术占重要地位，特别是粗棉纺织，即粗棉纱为基本原材料纺织出来的各种粗布，在历史发展中，粗棉织行业成为了天山南北广泛普及、发展迅速、专业化程度很高的纺织行业。产品包括粗布（大布、土布）、塔利麻布、且克曼布、纱布、里子布、台布、腰带布和围巾等。根据粗棉纺织产品的颜色，分为无色布和有色布两种。维吾尔族传统织布的主要工序为弹花、纺线、拐线、络线、经线、印布、织布等。2007年被列入第一批自治区级非物质文化遗产名录。（WWP）

维吾尔族乔鲁克靴制作技艺 乔鲁克靴是一种用传统的手工方式制作，没有鞋跟，不分左右脚，靴底也采用皮革，不采用橡胶或其他原料的鞋子，它具有轻巧、软、保健、保暖等特点。新疆的维吾尔、哈萨克、柯尔克孜、塔吉克等民族都有穿乔鲁克靴的历史。按款式分为长筒、中筒、短筒三种，按精美程度可分为普通乔鲁克靴和留边线的豪华乔鲁克靴，按使用人群可分为男式、女式、儿童靴三种。普通乔鲁克靴制作简单，豪华乔鲁克靴制作流程繁复，艺术味较浓，从上到下都要留彩皮条边，彩条用毛线、驼毛线、彩带等编制而成。制作乔鲁克靴需要皮子（牛皮、羊皮）、染锅、颜料、盐碱、模子、锥子、针、毛线、驼毛线、皮彩条等工具和原材料。制作者需要先浸泡皮子，刮皮子，然后是晾干分层并染色，接着开始裁剪皮料，最后缝制成成品并加以装饰。长筒乔鲁克靴具有可避免丛林树木擦伤或被蛇咬伤腿、脚的作用，所以在山区和牧区很受欢迎。很早以前，也有很多维吾尔族人只有进城才穿乔鲁克靴，他们进城前将一双乔鲁克靴搭在肩上，等进了城，才穿上它，在他们看来穿乔鲁克靴是一种得体的打扮。而今，只有少数老年人还习惯性地穿着乔鲁克靴，更多的维吾尔族人把乔鲁克靴当做一种艺术品摆放在家中。2007年被列入第一批自治区级非物质文化遗产名录。（WWP）

维吾尔族驼毛切克曼布制作技艺 "切克曼"是维吾尔语，意思是"驼绒（毛）、羊毛纺织的布"。这种布为天然的驼色，是新疆少数民族最早使用牲畜毛纺织的布。据专家考证，在距今已有几千年历史的新疆罗布泊扎乎罗克墓葬和新疆哈密五堡乡古墓葬出土的服饰中，就有切克曼布制作的服饰。作为古老的手艺，切克曼布制作工艺既是对人类早期纺织技艺的记录，也是研究少数民族纺织历史的活化石。制作切克曼布并不是一件容易的事情，每年5月上旬，开始收驼毛。到牧区收了驼毛回来，先分色、分类，再清洗、去杂，然后摊开晒干。等毛干透后，把驼绒和驼毛分离开，用驼绒纺线。切克曼分为两种：一种是驼毛切克曼布，呈驼色；另一种是羊毛切克曼布，呈黑白色。一般用驼绒织布的较多。2007年被列入第一批自治区级非物质文化遗产名录。（WWP）

柯坪维吾尔族恰皮塔（薄馕）制作技艺
恰皮塔是新疆特色美食之一，是一种不到半厘米厚的薄皮馕，是柯坪人民祖祖辈辈传承至今的美食技艺。恰皮塔在柯坪县已有两三百年的历史，专门用来卷羊肉吃，馕薄、面软、味道香。在红白喜事、迎来送往等礼仪中，都以这种馕当家。恰皮塔薄而脆，与众不同，受到人们的青睐。柯坪恰皮塔色、香、味俱全，且明显区别于新疆其他地方的馕，具有唯一性。2007年被列入第一批自治区级非物质文化遗产名录。（WWP）

哈萨克族花毡制作技艺 花毡都是哈萨克族人必需的重要生活物品之一，同时也是世代相传的家庭手工艺品。哈萨克族的毡子在毡房中的应用已有2000多年的历史。花毡大小各异，方正有别。长方形的，多铺在毡房地上，专供客人就坐；扇形的则是按照圆形毡房的角案而制作，做睡觉时的铺毡，既软绵舒适，又能防潮防寒。哈萨克族花毡的制作要经过许多程序，做一张漂亮的花毡要经过几个月的时间才能完成。做花毡先是要擀毡子，把剪下的羊毛按不同的颜色和质量进行分类，然后摊在大张皮革上，几个人围坐一圈，用细柳、木条不停地抽打至蓬松，再把蓬松的羊毛均匀地平铺在芨芨草帘上，再洒上水，形成毡状。哈萨克族妇女利用精巧的构思，设计出各式各样的图案，用染配成各种色彩的毛线沿着布剪的图案，千针万线，把两层新毡缜密地缝制在一起。花毡中有黑底红花、白底黄花、黄边绿叶、绿边白花，五颜六色，把整个毡片点缀得华丽美观，富有浓郁的民族特色。花毡的形成经历了漫长的历史过程，一块小小的花毡体现了哈萨克族传统文化和哈萨克族美学的思想，同时也反映了哈萨克族的工艺美术及民族习俗。2007年被列入第一批自治区级非物质文化遗产名录。（WWP）

哈萨克族服饰制作技艺 哈萨克族男子的服饰大都宽大而结实，主要用牲畜的皮毛做衣料，便于骑马和放牧。在冬季穿的有一种皮大衣叫"托恩"，不带布面，白板朝外，毛朝里，多为牧民所用，有皮领，腰系宽皮带，冬季放牧时，再戴上"吐马克"（皮帽），以御严寒和风雪。牧民们若外出办事或走亲访友，则穿布面或条绒面的大衣，颜色一般较深，其中以黑色居多，里面挂黑羊长毛皮，这种大衣既轻巧又暖和，无论骑马或坐车都不会受冻。穿这种皮大衣时，腰间系一条镶着银饰的宽牛皮带，上挂一把精美的小刀，显得剽悍而威武。哈萨克族牧民除了用畜皮做衣裤外，还用驼绒做长短大衣，这种大衣叫"库普"，衣面多用黑色条绒，衣袖较长，多在家庭或到附近走动时穿用。哈萨克族的头饰也很丰富，男子的帽子品种和式样比较多，但由于地区和部落的不同而有差异。伊犁地区喀扎依部落的哈萨克族，在夏季喜欢戴一种圆形白色的毡帽，帽檐上卷，并有黑边，帽顶呈方形。阿勒泰的哈萨克族却不戴这种帽子，夏季他们头上系一块白毛巾或三角白布结扣扎在前额，头顶露在外面，显得别致。冬季，他们则戴一种左、右、后三面下垂的"三叶"狐狸皮帽，帽里为狐狸皮，帽外用红、绿、紫、黄色的绸缎做面。这种皮帽可以把脖子严严实实地围住，相当暖和。阿勒泰地区冬季时间长达半年之久，为我国高寒地区，所以这种帽子对阿勒泰地区的牧民来说非常适用。哈萨克族妇女的装饰也是绚丽多彩，一般喜欢穿花色连衣裙和坎肩。妇女们的服饰在婚前婚后都有明显的区别，姑娘婚前打扮得比较艳丽，喜穿紫红色连衣裙，黑色和紫红色的坎肩，坎肩胸前还缀满了彩色的扣子、银饰、银元等装饰品。年轻的姑娘还戴一种圆形花帽，帽上缀满了珠子和金银片，帽顶插一撮猫头鹰羽毛，作为吉祥的标志，十分美丽。婚后妇女的装饰就比姑娘朴素一些，但仍穿花色连衣裙和坎肩，不过胸前不戴任何装饰品，到了中年以后，头上要戴头巾，除了脸露在外面以外，脖颈、前胸和后背都被遮得严严的，年纪稍轻的妇女所戴的头巾上还有花纹和图案，年纪大的则不绣花纹。所以，从哈萨克族的妇女装束上也可以分辨出婚否和年龄。2007年被列入第一批自治区级非物质文化遗产名录。（WWP）

蒙古包制作工艺 蒙古包是蒙古族等游牧民族传统的居所，经过长期的发展演变，其制作技术工艺至今已经相当成熟。它具有制作简便、易于组装、抵御风寒等特点。其前身至少可以追溯到汉代以前游牧部族所居的"穹庐""穹闾""毡帐"或"百子帐"，这种居舍结构比较适宜游牧民族的迁徙生活。蒙古包冬暖夏凉，通体发白，有较好的反光作用，背面可开风窗，还可把围毡边撩起来，非常适合游牧民族的生产生活方式。普通蒙古包，顶高10～15尺，围墙周长约50尺左右，包门朝南或东南开。包内四大结构为：围墙支架、天窗、椽子和门。支架通常分为4个、6个、8个、10个、12个支架的蒙古包，面积可达600多平方米，远看如同一座城堡。蒙古包主要由架木、苫毡、绳带三大部分组成。蒙古包的架设很简单，一般是搭建在水草适宜的地方，根据蒙古包的大小先画一个圈，然后便可以开始按照圈的大小搭建。蒙古包搭好后，进行包内装饰，铺上厚厚的地毯，四周挂上镜框和招贴花。蒙古包看起来外形虽小，但包内使用面积却很大，而且室内空气流通，采光条件好，冬暖夏凉，不怕风吹雨打。2007年被列入第一批自治区级非物质文化遗产名录。（WWP）

新疆蒙古族服饰制作技艺 蒙古族的传统服装为袍子。新疆的蒙古族将单袍称为"拉布锡克"，称皮袍为"得不勒"。皮袍分有布面和无布面两种。无布面的皮袍要在衣袖和衣边上用布加缝约三指宽的边，有的用羊羔皮加边，再向里加二至三指宽的边，有布面的多以绸缎、棉布做衣面。其样式为右开襟、不开衩、袖长而窄、高领、宽下摆，适宜于牧区生活。男子一般头戴形似瓜皮帽、尖顶、顶上结有朱缨，有用水獭皮、貂皮等制成的护耳带的圆形"托尔齐克"帽。身穿皮袍，腰扎红、绿绸带或黑、蓝布带。腰带两侧佩挂别致的蒙古小刀、烟荷包、火镰或鼻烟盒。脚穿长筒皮靴。妇女头戴一种叫"哈珠勒噶"的圆帽。土尔扈特妇女还戴一种叫"厄登"的金丝毡帽，该帽以畜皮做里子，以绸、缎、布等做面，面绣花纹，顶结红绒或红丝长穗，异常艳丽。妇女的袍式多样，多为红、绿、蓝色，领口、袖口、胸襟及下摆都有刺绣，系扣至腰部，腰以下加宽的"比西米特"长袍。已婚妇女则穿前面有襟，腰部有折子的"特尔利克"长袍和腰部系带的无领"别日孜"长袍。另外还穿一种前面开衩直到膝盖，叫做"策勒德格"的长坎肩。脚穿长筒皮靴。佩戴各种金银首饰。2007年被列入第一批自治区级非物质文化遗产名录。（WWP）

柯尔克孜族绣花布单制作技艺 柯尔克孜族主要分布新疆阿克苏地区的乌什县、温宿县北部。柯尔克孜族妇女擅长刺绣，绣法有结绣、钩绣、扎绣、刺绣、串珠片绣、格子架绣、十字绣。柯尔克孜族妇女在头巾、枕头、被面、衣袖边、马衣以及悬挂的各种布面装饰品上绣有各种精致花纹，其中有花卉、飞禽、走兽和各种几何图案，色彩鲜艳，形象生动。祖辈相传至今，以柯尔克孜族绣花布单为代表的当地刺绣艺术日渐成熟，但同时也因科技含量低、成本高，逐步退出现代生活。2007年被列入第一批自治区级非物质文化遗产名录。（WWP）

柯尔克孜族马鞍制作技艺 马鞍文化作为柯尔克孜族的一种文化现象，有着独特的民族风格与文化魅力。温宿县柯尔克孜人有着手工制作马鞍的悠久历史，它是柯尔克孜族日常生活中不可缺少的组成部分。马鞍子制作工艺程序多、要求高，它是由鞍架、皮具构成，采用雕刻、镶嵌等工序制成。因此，小小一个马鞍需要由木匠、皮匠、银匠、铁匠、漆匠们共同制作完成。色彩斑斓的绘画、晶莹的镶嵌饰品、精巧的编带，各具风姿又浑然一体，是精美的手工艺品。马鞍子分为手工制作和机器制作。第一步，首先制作马鞍子模具，找一块好的木头，用一把小斧头，精确地在木头上砍出需要的尺寸。第二步，在木质马鞍大样上装皮子，也是马鞍制作的关键。第三步，装好皮子后，在上面镶花。第四步，上色。颜料是在火炉子上烧热后，用刷子刷上去的。手工制作一周可以做五六个马鞍。2007年被列入第一批自治区级非物质文化遗产名录。（WWP）

柯尔克孜族约尔麦克（毛线编）编织技艺 约尔麦克，即毛线编，是柯尔克孜族最古老手工艺品之一。千百年来柯尔克孜族妇女以羊毛、驼毛为原料，打编多种多样的羊毛线、驼毛线编织品，积累了丰富经验，创造了精湛、复杂的约尔麦克技艺。编织约尔麦克在夏秋季节，基本工序是：首先要剪羊毛和驼毛，其次捻毛线，接着染漆、设架，最后就可以开始编织了。根据其编织方法、外观的不同，可分为六大种类。约尔麦克的用途可分为三类：一是白色毡房的装饰物；二是坐骑用品；三是服饰。服饰全都是用纯驼毛制成的。2007年被列入第一批自治区级非物质

文化遗产名录。（WWP）

维吾尔族花帽制作技艺 新疆花帽，是维吾尔族人民精心制作的民间工艺品，也是他们日常生活中喜爱佩戴的一种用于装饰的物品。维吾尔族佩带花帽的传统习惯已有几百年的历史。花帽形式多样，主要有巴旦木塔什干、格来木、奇曼、曼波尔、翟尔、玛力江、金片、吐鲁番、伊犁、库车、夏帕克、钩花、赛里甫西吐玛克、阿克多帕、曼切斯特多帕、塔里拜克、金银织锦等十七八种花帽。图案多以新疆花卉、果实等自然形象为素材，组合成各种几何图形，并在上面点缀宝石、玛瑙、翡翠、珊瑚、琥珀、精玉等多种装饰品。花帽的花纹样式也很多，主要有大地散花纹、巴旦木纹、十字对称纹等多种花纹。花帽的制作方法简易、独特，灰色、蓝色、黑色、红色、紫色纯棉斜纹布做里，灯芯绒或金丝绒作面，先绣好各个分瓣，再以顶为中心缝合，放上帽模使它成型，最后包缝布边而成。其中花帽用料也有高低档之分，高档者用高级绸缎及绒料制作，并点缀珍珠、宝石等珍贵装饰品。中档者采用一般绸缎与装饰品。普通者则采用棉料。花帽多数为4瓣，少数为5瓣，帽型分棱角突起与不突起。花帽因地域各异而具有不同的独特品种。如南疆和田地区的塔什干花帽，四角突起，状如升斗，采用大地散花图案与彩色平绣技术，经精心绣制，全帽色彩对比强烈，火红闪耀，如盛开的花海。和田产金片花帽，采用压、镂花纹，以金片点缀装饰，金光闪烁，富丽堂皇，为女式高档花帽。喀什地区盛产的男式花帽，最负盛名者当推白花黑底、顶大口小、棱角突出的巴旦木花帽，其图案由4个巴旦木纹样构成，线条丰富多样，造型古朴大方，花色庄重素雅。独树一帜的吐鲁番地区花帽，整个花帽布满四组丰盈的花朵，色彩浓烈灼艳。做工精致，图案多样，造型美观的新疆花帽已从新疆的少数民族喜戴的物品演变为用处广泛的精美工艺品，常被少数民族挂在墙壁上用作家庭装饰品。特别是每逢节日、婚礼盛会、走亲访友时，维吾尔族人们都会戴上漂亮的花帽来装扮自己。2009年被列入第二批自治区级非物质文化遗产名录。（WWP）

维吾尔族胡尔捃制作技艺 胡尔捃（褡裢），自古是我国北方各民族所共有的一种生活用具，各地使用功能大致相同，但又因地域和民族的不同各有其特征。在新疆，它是维吾尔族最具地方特色的一种古老的手工技艺和生活用品。新疆编织胡尔捃的传统手工技艺在南北疆均有分布，柯尔克孜族、哈萨克族有各自的胡尔捃编织传统手工技艺，集中分布在喀什和和田。和田维吾尔族人有着传统的纺织基础，胡尔捃手工技艺是和田维吾尔人代代相传，最具地方特色的一种古老的手工技艺和生活用品。胡尔捃是用彩色棉纱以通经断纬的方法编织出来的行囊口袋。两端各有一个口袋，开口在中间，用绳扣连环套结，使袋内物品不易外露掉出，用时搭在人的肩胛上，胸前、肩后各一袋，装东西后可用肩背也可以放在马背、驴背、自行车和摩托车上，还可作为远行途中的睡袋雨披，

特别适用于外出远行,方便、结实、耐用。2009年被列入第二批自治区级非物质文化遗产名录。(WWP)

维吾尔族木制器具制作技艺 新疆维吾尔族人民木制器具历史悠久,在距今两千年左右的古墓中,曾挖掘出一些木盆、木盘、木碗等珍贵的木制器皿。在尼雅古遗址等地也发现了有抓手的茶杯和其他木制品,这些木制品是用白杨木、泡桐木、柳木、杏木、枣木、桑木等制成的,用专门的金属刮器刮成,再刻上花。和田、喀什等地的木器制作艺术代代相传并不断发展,越来越精致。根据生活需要,工匠们制出了木盆、木盘、木桶、大小木碗、盘式木墩、木缸、研钵、木勺等多种产品。现在,传统的木制器皿不仅深受本地群众欢迎,也得到了旅游者的青睐。2009年被列入第二批自治区级非物质文化遗产名录。(WWP)

苇编技艺 苇编是用芦苇编织的产品,常见的苇编手工艺品主要是苇席,在新疆主要分布在莎车县和沙雅县等地。芦苇编制工艺距今已有2000多年的历史。据史籍记载,当地编席业的雏形大概可以追溯到喀拉汗王朝时期,相传此地原本是河流必经之地,遍地都是芦苇荡,为当地人编席提供了充足的原料,也造就了编席工艺。席子类型有两类,一类是屋顶席(维吾尔语叫"钵尔"),是最为普遍的一种,用于屋顶遮风挡雨,同时也可铺于炕上,用以隔开土炕与被褥;一类是墙面席(维吾尔语叫"扎地瓦尔"),根据各个房屋墙体及墙面宽窄而定,编制前还需将苇条用色染成自己所喜好的色彩,继而挂于墙面上。莎车的伊什库力编席工艺使用的工具极其简单,共有三种,分别为"亚耶吾其"(苇条割开器)、"托合马克"(木制榔头)、"阿克诺沃其"(去杂器)。具体编法是,取适量芦条纵放于地上,用双脚蹲踩或双膝跪压或坐于纵放的芦条一侧上,两手持一根芦条横向按一上一下的次序来回穿梭于纵放的芦条间,根据所编席子的大小适时收边,一条精美的席子就制作成功了。在大型席子编制中,也可由4人由里向外按东西南北的方向依次就位同时开编。编席原料取材于自生自长的芦苇,所编席子保留了物品的原生态气息,广泛用于维吾尔人民生活的方方面面,使用价值甚广,集实用价值与欣赏价值为一体,保留了芦苇的质地和本色,是一种原生态的手工艺品。2009年被列入第二批自治区级非物质文化遗产名录。(WWP)

库车大馕 新疆的库车大馕,著名产地在伊西哈拉镇的比加克村,馕之所以能够打制得大如车轮,与其特殊的制作技艺有关。馕的一般做法跟汉族烤烧饼很相似,主要是在面粉(或精粉)中加少许盐水和酵面和匀、揉透,待醒发后放入馕坑(即吐努尔)中烤制而成。2009年被列入第二批自治区级非物质文化遗产名录。(WWP)

阿图什白苞谷馕 馕是新疆各族兄弟喜爱的主要面食之一,有玉米面和玉米面小麦面混合做的两种馕。玉米馕的味道有点像窝窝头,略带甜味。这种馕多为圆形,直径在15厘米左右,中间较厚,边缘较薄,焦黄香脆，味甜可口，可长时间保存。玉米多用小黄玉米，面磨得很细，用凉水和面，有时还掺些洋葱条、蒸熟的南瓜泥、清油或是羊油，这样味道更香且松软。2009年被列入第二批自治区级非物质文化遗产名录。(WWP)

和田果西格尔地制作技艺 "果西格尔地"的意思是带肉馅的窝窝馕，是维吾尔族馕的品种之一。这种馕样子很像馒头，直径有12～13厘米，在馕坑里烤成，其味香鲜可口，油而不腻，是和田独特的美食。和田果西格尔地是用不发酵面做的，皮较薄，肉馅较多，还有很多汁，所以这里的汉族人也叫它烤包子。做果西格尔地讲究原料，必须要用新鲜的和田羊肉，肥瘦要搭配合理。传统的果西格尔地馅主要是用新鲜羊肉、洋葱、胡椒粉、盐拌成，到了夏季，在馅里又增加了新鲜的绿色辣椒、西红柿，其味更加可口。和田果西格尔地除了采用传统的工艺之外，还与和田羊的肉质有密切关系。吃的时候用刀子切开吃。2009年被列入第二批自治区级非物质文化遗产名录。(WWP)

疏勒花馕制作技艺 馕是新疆美食中独具特色的食品，是新疆的一种主食。馕是农耕文化时期，地地道道的新疆本土产物，考古发掘证明，馕已有2000多年的历史，以面粉为主要原料，有用发酵的面，也有用不发酵的面，放少许盐。发面要掌握火候，要恰到好处，不用碱来中和，而用少许的盐来抑制发面的速度。同时，还采用掺发酵面的多少来控制发面的时间，根据气温需要灵活掌握。一般在面发起来以后，一个小时内打完，并且要有两人以上进行操作，否则难以完成。在揉面时讲究揉匀、揉透，这种馕吃起来才劲道，也不会松散。从发面到做成馕坯，每一馕平均都要揉近千次，面的数量多时，还要反复用杠子压，接着用手揉，揉得次数越多，馕的味道越好。馕里面要放牛奶、鸡蛋、油、西亚旦（黑草籽），在馕的表面还要用葡萄干、花生米、豌豆、蛋清、芝麻等点缀花纹，使馕既好吃又好看。馕具有香、脆、酥和久放不易变质的特点。烤馕时利用出风口和进风口调节馕坑的温度，使馕坑保持相对合适的温度。2009年被列入第二批自治区级非物质文化遗产名录。(WJR)

哈萨克族马鞍制作技艺 哈萨克族人对马鞍特别重视。马鞍是所有马具中最大的物件，也最具工艺性。其形制及装饰特点可分为三类：木制雕刻漆画鞍、木制包皮铆钉鞍、木制包皮烤花鞍。不论哪种马鞍，上面都布满了线条优美、色彩艳丽的装饰图案。用铜钉排列组成的图案花纹，闪闪发光，光彩夺目，同时牢固、结实、经久耐用。做马鞍的木材最好是杨树和白桦，将之锯成够做一件马鞍长度的圆木桩，再用斧子砍除多余部分，砍出马鞍造型，厚度在1.5厘米至2厘米之间。之后，用直锉对马鞍造型表面细细打磨，使其光滑细致。打磨后，在马鞍上部包裹皮子，牛皮最好，经风耐雨，不易侵蚀。将皮子包裹好后，就可以在皮子上画画，所画图案均为哈萨克族传统图案，并依据所画图案将一颗颗细小的铆钉、银饰、松石等物件，分门别类、有秩序地钉在马鞍表面上，一件马鞍就算完成了。男鞍、女鞍有别，男鞍上一般有银饰；女鞍上除了有银饰之外，还会有红珊瑚、绿松石等珠宝饰品。2009年被列入第二批自治区级非物质文化遗产名录。（WWP）

哈萨克族马皮滑雪板制作技艺 阿勒泰的哈萨克族人为了适应山多、雪厚的特点，创造了多种冬季出行工具，其中最有代表性的是马皮滑雪板。马皮滑雪板的长度根据滑雪者的身高来确定，一般在1.6～1.8米左右，宽度一般是15厘米左右，过长容易在转弯的时候摔跤。滑雪板的木料，主要用杨木和松木，而且要选用离树心较远，离树皮较近的部位，这样的木料用在滑雪板上，不会变形。滑雪板前面翘起部位，是要放在发酵的羊粪堆里沤一段时间，然后再用模具将其翘起定型。马皮一般要5～10岁的马的腿部的皮，同时要冬宰的马皮，因为这个时候马皮的毛长，皮板厚，比较结实，能用较长的时间。马皮剥下后，要经过熟皮的工艺后才能使用。一副滑雪板要用同一匹马的皮，若是不够，也要用同一年龄的马皮，这样才能保证一副滑雪板的质量。钉马皮用的钉子是用一种叫"热日海斯"、木质较硬的枣红色灌木制成的，将它削成小木钉，把马皮钉在滑雪板上，既可防锈，又比较结实。除了马皮之外，过去也用鹿腿部的皮钉在滑雪板上。2009年被列入第二批自治区级非物质文化遗产名录。（WWP）

哈萨克族木制器具制作技艺 很早以前，哈萨克族群众在日常生活中就已经开始使用木制器具。哈萨克族传统木制器具种类多达十余种，有运水、酿马奶酒的大小木桶，有和面、盛汤用的木盆，有吃饭、喝奶茶用的木勺、木碗等。原先的木制器皿并不如现在的精致，只要简单成型，可资使用即可。现有的一些原木原色、无漆无花的面盆可以印证。因木制器皿不易损坏，轻而耐用，便于携带，适于游牧生活，便一代一代流传至今。哈萨克族木制器具制作分五步：一是选材，二是风干，三是制坯，四是细磨，五是上色。选材以节大、疙瘩多的为佳。材料选好后，需要将材料用土或者肥料掩埋，或者挂起来风干20天左右，这样可以去掉水分，避免材料破裂。先粗加工，制作成坯，成型的器皿放在盐水锅里煮沸，盐水要浓。经过盐水处理后，木器不裂、不变形。将煮过的器皿晾干，用刀将表面削刮光滑，涂上羊尾油，令其渗入，再用砂纸细打，最后绘图上漆。一般都是先上红色染料，再刷一层清漆，这样木器会呈现出橘红色或者黄色。木器皿从原来单一的生活用品，逐渐向工艺品的转化，演变为今天的绘画涂漆木器，既有使用价值，又有审美价值。2009年被列入第二批自治区级非物质文化遗产名录。（WWP）

哈萨克族乳制品加工技艺 哈萨克族的奶类食品主要是由羊奶、牛奶、马奶、骆驼奶制成，哈萨克人制作的奶制品比较多，主要有：①奶茶。先把茯茶或砖茶放进壶中煮，然后放适量的食盐，冬天还加丁香、胡椒等调味品，再放入鲜奶，熬一段时间，即制成香味扑鼻的奶茶。②马奶酒。将马奶装入沙班（驼皮缝制的烧瓶形皮袋，现代人亦用粗帆布缝制），加入发酵剂，封口保温发酵，一般一昼夜即可。发酵时间越长，酒味越浓。马奶酒醇香爽口，营养丰富，性温味酸，有开胃健脾、理肺等功能。③驼奶酒。一般采用熟奶发酵，其制作方法与马奶酒相同，驼奶酒比马奶酒稍有逊色。④酸奶子。将牛奶或羊奶煮沸凉至30℃左右，加入酵母搅匀，保温发酵3～4小时，即成酸奶子。酸奶子略酸适口，开胃健脾，营养丰富，是夏季消暑佳品。⑤酸奶疙瘩（哈语苦勒提）。牛奶或羊奶煮沸，凉温倒入沙班，加酸奶发酵，每天用棒槌捣动，促其发酸，直到油水分离，浮到沙班上端之油即为酥油，将其取尽，余下酸奶用锅熬到水乳分离状，倒入毛线袋中，让其水分流出，形成软块状酸奶，掰碎晒干，即成酸奶疙瘩。⑥乳饼。又叫奶豆腐，将牛羊奶加少许酸奶子入锅架火基本熬干水分，切成片状，晒干制成。⑦酥油。将做酸奶疙瘩过程中取出之酥油捏成块，用刀子上下左右划割，留在油中之羊毛即会随刀而出，然后加盐搅匀，即可食用。酥油理肺健胃，是哈萨克人待客之佳品。⑧奶糕。把春季接羔时第一次挤的奶，装进羊肠内，用锅煮熟即可。⑨奶酪。在奶中放入发酵曲，使奶发酵，放入锅内用文火煮，直至煮干，即成奶酪，香甜脆酥。奶酪具有香甜油酥、松软、清淡、略酸等特点，奶味芳香爽口。2009年被列入第二批自治区级非物质文化遗产名录。（WWP）

新疆蒙古族奶酒酿造技艺 奶酒主要是用牛奶、羊奶经发酵后用蒸和酿的工艺流程做的酒，蒙语称"艾尔克"。奶酒清澈透明，性温，有驱寒、舒筋、活血、健胃等功效，被称为元玉浆，是"蒙古八珍"之一。新疆蒙古族酿造奶酒的原料主要是牛奶。牛奶挤下后，先倒入大铁锅里加温，奶中的脂肪遇热后将漂浮在牛奶的表面，把隔出的脂肪和奶皮放入另一个盆里，这是做奶油的原料。剩下的牛奶倒入一个叫"阿尔合特"的牛皮囊中，放入少量的酸牛奶作引子，用"布垒尔"木杵上下搅动，在20多度的气温下，大约3～4天牛奶就会发酵变成酸奶。将发酵好的酸奶倒入大锅中，大锅上面罩住一个直径和锅沿差不多的无底"库甫"木桶，然后在木桶的内侧吊一个小木桶，在大木桶的上端放置一口小铁锅，锅沿用布或毡片盖严实防止蒸气外漏。小铁锅里加入凉水，这时可加火将酸奶烧开，酸奶经加热后蒸发遇冷于铁锅底凝成液体，顺着尖底锅流入小木桶中，即成奶酒。2008年被列入第二批自治区级非物质文化遗产名录。（WWP）

蒙古族布朗制作技艺 布朗，意为"柳花茶"，是新疆蒙古族用当地野生的白柳花制成的饮品。2009年被列入第二批自治区级非物质文化遗产名录。（WWP）

新疆蒙古族托布秀尔制作技艺 托布秀尔是博斯腾湖蒙古族特有的弦鸣类弹拨乐器。托布秀尔乐器是用胡杨木、樟木、榆木、桑木、松木挖槽而成，上蒙山羊皮，底面有四个圆形共鸣孔，琴杆是红柳木制作，琴杆上细下粗，杆首有两个或三个琴轮分置两侧，琴弦是秋季宰杀的山羊细肠制成，全琴长度为80～115厘米，杆身和琴身雕刻或涂绘各种精美的图案，造型美观，音色优美浑厚、古朴，表演形式多样，可以单独演奏，也可以多人共同演奏，还可以为原生态沙吾尔登舞蹈伴奏。2009年被列入第二批自治区级非物质文化遗产名录。（WWP）

柯尔克孜族波杂酿造技艺 柯尔克孜族酿波杂是一种醪，含酒精很低，它既有醪糟的长处，又有啤酒的优点。从酿制、用料、加工到酒的形态，和醪糟都很相似。"波杂"制作的方法是：把小麦挑选干净后，晾干，再用温水浸湿捏干，用棉被盖严捂起来等发芽，芽发至0.2～0.5厘米左右时，拿出来晒干，磨成粉。冬天一般掺百分之七八十的玉米面，夏天则掺百分之七八十的青稞、糜面，拌匀后捂起来。制作"波杂"原料越杂，质量越好。第一次做时可放蒸馒头用的发面作菌种，以后可用过滤酒渣作发酵菌种。冬天天冷时在生火的房子里发酵约两三天，夏季一天即可。发酵后有酒味时，即可拿出来加水过滤，过滤后成粥样状，再放在锅里文火煮沸，即成"波杂"。冬天热喝，夏天凉饮，其味醇厚、甘美、清香，甜中略带点酸，好的"波杂"其酒精度可达到10度左右。有时在宴席上，大家饱餐一顿鲜嫩肥美的大块羊肉或者金黄的抓饭后，再饮上一碗"波杂"，不但能防止积食，还可解油腻，是一种具有民族风味的饮料。2009年被列入第二批自治区级非物质文化遗产名录。（WWP）

回族宴席九碗三行子 "九碗三行子"是回族正宗的宴席，宴席上的菜，全部用9只大小一样的碗来盛，并要把9只碗菜摆成每边三碗的正方形。这样无论从南北或东西方向看，都成三行，故名"九碗三行"。有关的回族谚语有"九碗三行子，吃了跑趟子""九碗三行子，实惠长面子"等。这种宴席摆法有讲究，上菜时有一定的规范程序，有丰富的文化内涵。它不只是一道简单的菜肴，如果取掉中间的水菜，再仔细看就是一个回族的"回"字，九在回族人的心目中，是个吉利的数字，当平整的丈盘里盛着九碗三行子端上来时，其实已涵盖了人们最朴素的祈愿——天下太平。随着社会的发展，时代的变迁，现在的"九碗三行子"已融入了各民族饮食的特点，但摆法没有改变过，人们吃的是秀色可餐的菜肴，品的却是其乐融融的文化。2009年被列入第二批自治区级非物质文化遗产名录。（WWP）

新疆羊羔肉烹饪技艺 这是一种美味的肉食品，选料为当年的羯羊或者不足周岁的羊，做法以爆炒、清蒸、黄焖为主。流行于宁夏、甘肃、青海、新疆四省区的回族聚居区，是各地的特色清真美食。新疆羊羔肉烹饪的做法以煮为主，口味属于咸鲜。做法是宰杀羊后，去其皮和内脏，洗净后放在大锅里煮。煮肉方式有"冷水煮"和"开水煮"，不论哪种方法都要捞去浮在汤上的血沫，等快熟时再放入盐。其味道鲜嫩而可口，是待客的上品。为了增加口味，有时也放一些胡萝卜、恰马古（蔓菁）、西红柿以及芫荽等，这样炖的肉，汤更加鲜美。通常维吾尔族群众在吃完羊肉后，还要喝上一碗肉汤，以佐消化。2009年被列入第二批自治区级非物质

文化遗产名录。（WWP）

锡伯族全羊席 锡伯族全羊席是该民族最具特色的肉类菜肴，是锡伯族饮食文化中的典型代表。全羊席的锡伯语为"莫尔雪克"，意为"盛在碗里的菜肴"。其主要用料为新鲜的羊心、肝、肺、大肠、小肠、肾及羊舌、羊眼、羊耳、羊肚、羊蹄、羊血等杂碎，做法考究，风味独特。按锡伯族的习俗，家里来了贵客，或者远道来了好友，主人才会宰羊做全羊席。全羊席用每一种杂碎做一种带汤的菜，分别盛在16个小瓷碗里，每碗都盛得不太满，随吃随添，始终保持热气腾腾。每碗菜还要撒些切碎的香菜和葱花，看起来五颜六色，吃起来沁人心脾。全羊席中吃法最多的是羊肠子，把大小羊肠洗净后，灌入羊血、羊肝、羊油、洋葱、肉末、调料、大米等混合的食材，其做法很考究，风味不一。席间，还要端上用各种蔬菜泡制的花花菜，这种菜有点酸、辣、咸的味道，配合全羊席一起吃，吃起来清淡爽口，主人还要拿出酒来，边吃小菜，边饮酒。酒罢，主人还要端上羊肉汤和羊肉，并有烙得很薄的发面饼子，锡伯人称"发尔合芬"。发面饼也是锡伯人的特产，味香、松软。全羊席做起来费工，吃起来时间也长，一顿全羊席大约要吃上两个多小时。2009年被列入第二批自治区级非物质文化遗产名录。（WWP）

俄罗斯族比瓦酿造技艺 在俄语里，比瓦是啤酒的意思。比瓦这种入口清爽、甘甜微酸的俄罗斯族特有的啤酒，主要分布在新疆西北部的伊犁、塔城、阿勒泰地区。俄罗斯族比瓦的制作过程需要15天到一个月。首先要在干净的容器中煮开水，然后放入从禾木山上采集来的野生啤酒花，熬制半个小时后再放入事先准备好的上等麸皮，麸皮一开锅就马上熄火，等锅里的啤酒花和麸皮汤水变凉后，经过过滤盛入大缸中。缸底事先放上"杜若日"，再把过滤好的汤水放到缸里进行密封发酵。"杜若日"是用很多种野菜和野生啤酒花混合熬制后，再与面粉兑和的酿酒秘方。冬天一般半个多月，夏天则一个星期，发酵好的原浆开始冒出白沫的时候，发酵就差不多了。再加入白糖和蜂蜜后，缸内的原料整个发酵好了，原浆就成比瓦了。为了保证味道爽口，每隔两三天得加一次白糖和蜂蜜，然后做密封处理。这样反复两三遍，上好的比瓦就酿制成功了。比瓦的保存要通空气，密闭会让比瓦变味，甚至变质。2009年被列入第二批自治区级非物质文化遗产名录。（WWP）

奇台古城窖酒酿造技艺 古城奇台县北斗宫"杏林泉"有600多年的酿酒史，是新疆最早建立的按传统工艺酿酒的中华老牌酒厂，奇台是新疆白酒的源头。《奇台县志》载：明代奇台已有酿酒业，明代永乐初年的1403年，持节大臣陈诚所著《西域番国志》其中有奇台一带"间食米面、稀有菜蔬，小酿酒醴"的记载。由于新疆奇台古城酿酒的原料好、水好、工艺巧，特别是水甘、料实、工精、器洁、曲时、窖湿六大秘诀，使奇台古城酒成为消费者的首选酒。新疆奇台酿酒用水，水质优良，名泉"杏林泉"是酿酒的好水。酿酒原料是用本地产的淀粉含量高、面筋质强的高粱、玉米等，采用清蒸、清烧等三次清工艺，大麦、豌豆低温制曲，地窖、地缸发酵，分级摘酒，精心勾兑，好水、好料、好工艺、好管理更是构成奇台美酒的"神奇"和"神秘"之处。"杏林泉"烧酒非常重视制曲的季节性，一般选择在天气冷热适宜的端午节前后，这样制好存放的酒曲质量最优，通常要制作好足够的酒曲，以备一年所用。酿酒时将曲块和蒸熟的或粳米，或小麦，或高粱，或大米，或小米一起置于窖池中发酵，周期为24天。发酵好的原料放入大锅后，加热到一定的温度，就能获得水蒸气和酒蒸气的混合物。待气体冷却后变为酒液，滴露顺着木桶一侧留的口，滴入坛中，酒就酿好了。蒸馏讲究令味，最先流出来的滴露为"1令"，其后的为"2令"，一般只取到"2令"，滴露清如水，味道浓烈，有细微的酒花为佳品。2009年被列入第二批自治区级非物质文化遗产名录。（WWP）

三台酒酿造技艺 三台酒是新疆著名酒类品牌。产地位于丝绸古道的重镇三台。新疆三台酒的历史悠久，迄今已有200多年，据史料记载，清朝乾隆年间为巩固边陲推行了"屯田设户"的政策，大量的入疆移民中，有两位曾在山西汾酒庄烧过酒的潘氏兄弟，途经西大龙沟时，见这里水广地沃，盛产五谷杂粮，且品质优良，便定居于此。利用当地得天独厚的自然条件开始重操酒业，其酒味醇香无比，美誉遐迩，远销古城、迪化、阿勒泰、包头等地。人们称这个地方为潘家台子，并沿用至今。1955年，三台烧坊由新疆军区后勤部接管经营，1959年移交吉木萨尔县，正式命名为"国营三台酒厂"。三台酒以当地优质高粱为主要原料，用无污染的天然优质矿泉水科学配料、精心酿造，经久储自然老熟而成。产品具有窖香醇厚、绵甜爽净的独特风格。2009年被列入第二批自治区级非物质文化遗产名录。（WWP）

维吾尔刀郎乐器制作技艺 维吾尔族乐器制作技艺有着悠久的历史，至今已有2000多年的历史。维吾尔族乐器多于用家庭宴乐、麦西来甫、十二木卡姆伴唱，是维吾尔族传统文化的重要组成部分。在乐器的形制、花纹、琴弦分布、音质性能方面，均体现了浓郁的民族风格，形成了颇有地域特色的制作体系。刀郎乐器主要有都塔尔、热瓦甫、艾捷克、笛子、唢呐、达卜、卡龙琴、巴司、羌等。按结构和演奏规律可分为吹奏乐器、弹拨乐器、弓弦乐器和打击乐器四个大类。刀郎民间乐器各类繁多、制作精良，维吾尔族民间老人也具有较高的演奏技艺和艺术水平。其乐器和艺人都是中华民族珍贵的文化遗产，也是祖国音乐文化中的瑰宝。2009年被列入第二批自治区级非物质文化遗产名录。（WJR）

维吾尔卡龙琴制作技艺 卡龙琴盛行于新疆的麦盖提、喀什、和田、莎车一带和哈密等地。维吾尔族民间流行的卡龙琴，琴身用桑木制成，共鸣箱呈中空的扁梯形，左曲右直，状似左半张扬琴。它由琴框、面板、底板、山口、琴马、拴弦钉、弦钮和琴弦等部分组成。琴框是共鸣箱的四周边框，用长短、厚度不同，宽度一致的四块桑木板制作，其中左侧框板应先行浸入水中，再烘烤出所需弯度。琴框上、下两面分别粘以用桑木薄板制成的面板和底板。面板上开有若干个圆形小音孔并组成各种图案，面板左侧边缘粘有曲形山口。琴马有活动马和条马两种，它们的位置不固定，都可以移动。面板左侧置若干活动马，马峰稍尖，排列呈曲线；面板右侧置一个长形条马，马峰较尖，其上多置一段粗钢丝。右框板上置有拴弦钉，左框板上设有弦钮，数量与琴弦相同，均为木制，旋转弦钮可调节音高。在琴箱的前框板上，多雕刻有维吾尔族风格的图案花纹。卡龙张有16组或18组琴弦，每组为两条同音弦。琴弦使用金属弦，以前多为铜丝弦，如今常用钢丝弦。铜弦发音柔美，钢弦音色清脆。琴弦均用裸体弦，因缠弦、直径、长度不同，发出的乐声也是高低有别的。低音弦（近演奏者）粗而长，高音弦细且短。2009年被列入第二批自治区级非物质文化遗产名录。（WJR）

维吾尔族金银首饰制作技艺 在维吾尔族女性的各种饰品中，最丰富多彩的数头饰、耳饰、颈饰和手饰。这些饰物的用料，大多是名贵的金、银、玉、翡翠、珊瑚、琥珀、象牙等，不但异常华丽，而且制作工艺精细，富有民族特色。维吾尔族金银首饰产品主要有各式金银耳坠以及12颗或14颗宝石耳坠；戒指有金铸、曼曲子、千千子等款式；手镯有金铸扁圆与扭花两种。此外还有项链、金锁、银锁、发卡、领针、胸花等饰件。晶莹剔透的宝石与天然晶料，镶嵌在经过镂钻雕磨的金银底架上，显得富贵绚丽。维吾尔族首饰的纹样有独特的艺术特点，以植物、几何、文字、符号、标记等比较抽象的内容为主，具有明快和谐的艺术效果。维吾尔族首饰制作工艺有花丝、錾花、镶嵌、鎏金等，比较简易，首饰匠们手压皮囊鼓风加温，嘴吹铜管熔金炼银，焊接钉铆、刻雕镶嵌也全是手工。首饰匠们在金银底架上镶嵌各种宝石时特别讲究，所用的宝石大部分是一些硅酸盐之类的人造石或天然晶料。金银首饰制作工具主要有泥制炼炉、炼金盅、羊皮吹、铜管、杜康（综合柜，用于装主具、首饰，柜面有一块凸出的夹板，作为制作首饰的案板）、小榔头、铁砧子、手钳、夹子及各种模具、各种规格的微小型锉刀等。其制作工艺是在泥巴炉中加满木炭，点燃后用羊皮吹（或微型鼓风机）将木炭烧红，将装有金块和适量黄铜及炼金附加材料的炼金盅埋入木炭中，用嘴吹铜管使其升温，待金熔炼混合后把盅拿出，倒入铁槽内，冷却后扣出，放在砧子上用榔头敲打成各种所需形状，然后进行锉、镂、钻、雕镶、抛光等加工工艺。2012年被列入第三批自治区级非物质文化遗产名录。（WWP）

维吾尔族铜器制作技艺 铜器，是维吾尔族工艺品中的珍品，制作技艺历史悠久。据考证，两千年前新疆已有铜的冶炼。长期以来，经过维吾尔族人的辛勤劳动和创造，已形成了一套完整、系统、科学的工艺，能够制作各种复杂的铜器，品种达数十种。新疆的铜制工艺品主要用红铜制作，还有一部分使用白铜。中华人民共和国成立以前，新疆几乎没有铜产业，从事铜器制造的手工艺人以土法冶炼出来的、质量低下的铜或者旧铜币、铜器熔化后的铜为原料。维吾尔族传统铜器手工制作工艺中最重要的一个环节就是铜的熔化，另外，维吾尔族传统铜器手工制作工艺中，待制作的铜器的各个部位都需要另外单独打造，即拆散打造，其工艺流程多，规则复杂。维吾尔族的铜器制作靠手工完成，并且根据新疆的传统造型和维吾尔族的图案进行镂花，像"阿布都和其拉布奇"（洗手壶和接水盆）、"潘德努斯"（端盘）、"恰依旦"（茶壶）等在民间大量使用，其式样也很多。随着工业化和现代化的推进，手工铜器渐渐被机械化生产取代，这门工艺逐步退出历史舞台。2012年被列入第三批自治区级非物质文化遗产名录。（WWP）

维吾尔族畜力车套具制作技艺 维吾尔族畜力车在生活中历史悠久、应用广泛。编制马的套具后面要21根棍子，边上要15根，前面要15根，驴的套具后面要15根棍子，边上12根，前面9根。编织马的套具是用马毛，驴的套具用山羊毛。制作畜力车套具选择材料是最关键的，要选择光滑圆润，没有棱角的木棍，并且根据套具的不同部位选择不同牲畜的皮张，如靠拉力的部位，主要用牛皮，其他附属部位主要羊皮，这样做成的套具驾驭牲畜是最好的。2012年被列入第三批自治区级非物质文化遗产名录。（WWP）

维吾尔族铁器制作技艺 考古发现证明，早在汉代以前，源于中原地区的铸铁技术就已传到新疆。新疆铁器制造工艺主要包括：①拣料。挑拣好铁料可以节省烧料的煤炭和锻打时间，拣料主要靠打铁师傅的经验，通过目测与手掂来挑选。②烧料。挑好铁料后，喂入炉灶里，立刻来回拉动风箱手柄鼓风烧旺炉火（现在大多使用鼓风机替代），铁匠手握长柄铁钳夹住铁料翻动，使铁料充分受热，软化。③锻打。将加温到一定程度的铁料夹到铁墩上，举锤敲打。若打制的是小件器具，铁匠一人就可拿着小锤反复敲打定型，若是大件器具，须得两三人抡大锤轮流敲打。④定型。锻打后的铁料逐渐失去火红的颜色和足够的温度，铁匠再次将它喂入火塘里，再次烧料。定型是个反复的动作，直到初具成品模样。⑤抛钢。铁匠手下的器具，只要是刀具之类的都要抛钢。而钢料下在刀具上的多寡与均匀度，往往成为顾客评定该刀具好坏的标准。抛钢有两种方法，一曰明钢，一曰暗钢。所谓明钢，是在刀具的关键部位，刀刃上用钢全部包裹了铁料；所谓暗钢，是在刀刃的部位将钢与铁混杂敲打在一起。⑥淬火。打制铁器过程中，定型和抛钢两道工序都夹杂着淬火这一工序。淬火时，常用的冷却介质有盐水、清水和油三种，最多采用的是普通的凉水。锻好的铁件放入水内，"哧啦"一声，热气腾起，即可将之取出来。淬火时，须保持铁器的足够温度。有些经验丰富的铁匠会在普通水里淬水之后，加温再度放入盐水里淬火，以增加光泽度。⑦回火。锻件淬火后硬度变高了，但脆性大了，容易变形，甚至出现细小的裂纹。可将之重新放回火炉加温来调整硬度。⑧泽油。就是在铁器回火后趁高温尚存，迅速夹块肉（或直接用植物油，甚至动物皮也可以），贴到器具上反复摩擦，铁器的高温使肉渗出油涂抹在器具上，这既有助于提高光泽，又能使器具长时间不生锈。2012年被列入第三批自治区级非物质文化遗产名录。（WWP）

维吾尔族木雕技艺 新疆和田维吾尔族民居中广泛采用木雕作为房屋装饰的主要方式，其装饰具有民族性及地域性特点。和田维吾尔族民居中的木雕装饰，一方面能美化居室，另一方面，当地木匠称木雕花纹有健康、平安的寓意。木雕、雕花窗格和木雕组合图案是维吾尔族在建筑装饰中常用的一种技巧，通常房屋装饰图案的雕刻形成，分为浮雕和内雕两种，有的建筑中还有雕花窗格。和田维吾尔族民居木雕装饰的重点多集中在大门、外檐廊的外檐柱、阿以旺厅中的柱、梁及檩等部位，雕刻的木雕花纹疏密适度，变化统一，且多保留木本色，整体装饰显得华丽而大气，具有浓郁的地方民族特色。2012年被列入第三批自治区级非物质文化遗产名录。（WWP）

维吾尔族斯尔开（葡萄果醋）制作技艺 果醋是以水果或果品加工下脚料为主要原料，利用发酵原理酿制而成的一种兼有营养、保健、食疗等功能为一体的饮品。维吾尔族斯尔开采用新疆产马奶子葡萄为原料，经过酒精发酵和醋酸发酵，再经调配，制成风味独特的高膳食纤维葡萄果醋。2012年被列入第三批自治区级非物质文化遗产名录。（WWP）

维吾尔族卡瓦甫（烤鱼、烤全牛） 维吾尔族把烤的肉统称"卡瓦甫"。维吾尔族卡瓦甫以独特的烤制技艺和鲜美的味道而驰名全国。"卡瓦甫"技艺主要流传于南疆塔里木盆地周边，在喀什、和田、阿克苏等地分布广泛，并各具特色。新疆家畜品种多，为各种烤制品提供了丰富的资源。烤鱼，维吾尔语叫"比勒克卡瓦甫"，是维吾尔族的名吃之一，又称作巴楚烤鱼、喀什烤鱼、叶尔羌河烤鱼，以喀什一带的最有名。制作方法是先将活鱼开膛洗净、摊平，用红柳枝条穿入鱼皮，形成骨架，再用稍粗木棍沿鱼脊竖穿鱼皮，一端放在地上或炉边，形成弧形，然后将燃烧的红柳枝等木柴放在中间烘烤。边烤边向鱼片上面洒盐水、胡椒粉、辣椒粉、孜然粉等调料，边烤边翻，待两面烤黄烤熟后，用铁叉将鱼挑出盛盘可食。还有将洗净的鱼置入酱油、醋、精盐、花椒粉、葱末、蒜泥调成的调味品中拌和，蘸以豆面后置入烤炉中烤熟。前者金黄酥软，皮脆肉嫩，后者骨脆肉鲜，味道香美。烤全牛被誉为"新疆第一烧烤"，烤全牛先选一只健康的膘肥体壮的牛，经剥皮、去蹄、五脏、头后，将牛身洗干净，用特制的铁架子将牛的身体头朝下固定在一个木架上，先用刀把颈椎部位肉较厚的地方切开，把前腿、后腿肉较厚的地方戳上数刀，然后用姜黄和盐水抹一遍，用鸡蛋、面粉、孜然、盐、姜黄等调料搅成糊状抹第二遍，接着拿出细细的铁丝网把牛全身裹住，使其成为跪卧式。用一根直径约6厘米、长约2米的钢管，从牛的尾部直穿颈部，把牛的颈部吊在钢管上部的环扣上，使牛保证悬空不至于滑落。穿好钢管，把牛扛起送到专用的一个大坑里，坑底放炽热的木炭火，盖上炉盖，铺上一块2平方米的线毯，防止泥土掉落，接着把准备好的泥巴糊在上面约15厘米厚。为烤全牛专门制作的坑像个铁皮罐子一样，用砖块搭成，长约4米，宽约2米，有2米深，呈椭圆形。将牛放入坑中，在炭火的烧烤下，几个小时后烤全牛的颜色慢慢变成金黄色，就烤熟了。2012年被列入第三批自治区级非物质文化遗产名录。（WWP）

维吾尔族皮帽制作技艺 维吾尔族男女都喜欢戴帽子，冬天戴皮帽具有保暖和御寒作用，夏天戴皮帽可以保持头部皮肤湿润和防暑。维吾尔人戴的皮帽，总称"托马克"。形状为上小下大的圆筒状。一般用羊皮直接制作，无其他面料。皮帽制作工艺已延续上千年，皮帽多用羊羔皮制作，外形美观，做工考究，深受维吾尔族群众的喜爱。黑羊产下的羊羔，在一个月左右即宰杀取皮，肉作食用，羔皮拿到市场上出售。皮帽匠收购羔皮进行一系列加工。刚宰杀的羔皮，为了使它松软，就在无毛面撒碱或盐然后鞣皮。鞣皮方法是准备装皮子的盆子和温水，温水里放进适量的食盐，然后放一点玉米面和白面拌匀，然后清洗皮子并泡在准备好的盐水面糊里，其时间为3～4天，每天翻动1～2次。如果用手慢慢地拔皮边的毛能拔出来，视为皮子熟了。熟好的皮子捞出来放在地上，有毛面向上，无毛面向下，在有毛面撒一层沙子用劲抖，待到皮面上的沙子和残物全部抖掉，皮面干净有光泽无异味，制作皮帽的原料就准备就绪了。皮革经过处理以后就被专业制帽人员裁切成几块，再用很结实的土制线把它缝合在一起，制成皮帽。南疆英吉沙县的维吾尔人带的皮帽，黑色毛朝外，而且特别高，高达30厘米左右。2012年被列入第三批自治区级非物质文化遗产名录。（WWP）

哈萨克族银首饰制作技艺 具有草原游牧文化色彩的哈萨克银首饰有着自己鲜明的民族特色，体现了游牧民族的审美情趣。哈萨克族佩戴的银饰具有华丽之美，其镶嵌有珊瑚、松石、琥珀、珍珠、翡翠等珠宝，精工制作，崇尚华贵。哈萨克族首饰有着丰富的材质、造型、纹样及不同的制作工艺，主要类型有颈项饰、耳饰、手镯、戒指等。2012年被列入第三批自治区级非物质文化遗产名录。（WWP）

哈萨克族弹拨乐器制作技艺 哈萨克族弹拨乐器中最有代表性的就是冬布拉，在哈萨克语中，冬布拉有特殊的含义："冬"是乐器弹奏之声，"布拉"是给乐器定弦的意思。冬布拉的琴身为木质结构，它的形状就像一把放大了的勺子。最早的冬布拉制作非常简单，民间艺人把一整块木料砍成勺子形状，装上面板，拉上两根羊肠作为琴弦，再在勺把儿上装上9个音品，"冬布拉"就制成了。冬布拉可以用于独奏、合奏和伴奏，表现力非常丰富。冬布拉的演奏方法和大多数弹拨乐器一样,把琴斜着放入怀里,左手持琴,用食指和大拇指按弦,右手用中指和大拇指拨弦。运用冬布拉不同的演奏技巧,能够形象地表现草原上淙淙的泉水、清脆的鸟鸣、欢腾的羊群和骏马疾行的蹄声等。2012年被列入第三批自治区级非物质文化遗产名录。(WWP)

哈萨克族桦树皮工艺品制作技艺 阿勒泰是新疆白桦树资源最丰富的地区,生活在当地的哈萨克族利用桦树皮制作各种制品的历史十分久远。哈萨克族制作的桦树皮器物主要有生活用品和工艺品两种,有桦树皮盒(有扁圆形、长方形、正方形三种造型)、针线盒、乐器盒、帽盒、水桶、箱子、圆筒、杯子、鞋垫、杯垫、箭袋等50多种各式各样、规格大小不等的器物,其造型美观,制作精巧,富有艺术的魅力。每年5—6月是白桦树的灌浆期,树皮容易剥离,在树干上下切割一周,然后在上下周围切割,桦树皮很自然地从刀缝中裂开,用手抓牢裂缝翘起的树皮一边,顺势掀拉一周,桦树皮便剥离下来。刚剥下来时树皮是卷曲的,把刚剥下来桦树皮摞起来挤压,大约一天多后,表皮干了,树皮也变得平展。如果割下后未及时压平,干了后就会卷曲,使用时需要先蒸煮再压平,然后才能使用。桦树皮要用中层的,因为表面有结节和不平整的地方,要用刀削去,然后将外层剥去,用里层带花纹的树皮,它颜色淡黄,平整光滑,做出的工艺品富有美感。制作完成后,要涂一层马油,这样既光亮,又能使器物更有韧性、耐用。一件桦树皮制品可以用十几年,甚至可以传给下一代。用的时间越长,颜色越趋于古铜色,成为生活中难得的艺术品。2012年被列入第三批自治区级非物质文化遗产名录。(WWP)

塔塔尔族传统糕点制作技艺 塔塔尔族妇女以烹饪手艺高超、善于制作各种烤饼和糕点而闻名遐迩。她们用鸡蛋、面粉做成的小馕和其他糕点,美味可口、品种繁多,以小巧精致、口味鲜美而驰名全疆。制作糕点的原料为面粉、鸡蛋、奶油和白糖等。塔塔尔族最具特色的传统糕点是"古拜底埃"和"伊特白里西"。"古拜底埃"是用大米洗净后晒干,上覆奶油、杏干、葡萄干等放在火炉中烤制而成的一种糕饼,其特色是外皮酥脆,内芯松软,香甜可口。"伊特白里西"的做法与"古拜底埃"基本一样,所不同的是原料以南瓜为主,再加入肉和大米。塔塔尔族有一首描写饮食的民歌,很有意思:"古拜底埃嗡嗡响,哈巴克白里西(南瓜烤饼)哈哈笑,烤炉内的斋比白里西(烤包子)熟后待吃嘣嘣跳。"其他名食还有用面粉与鸡蛋、奶油、砂糖、鲜奶、可可粉、苏打制成的"去买西";用牛肉、土豆、大米、鸡蛋、盐、胡椒粉制成的"卡特力特"(抓饭)以及馅饼、油煎饼、饺子、面条、拌面、油煎肉等。2012年被列入第三批自治区级非物质文化遗产名录。(WWP)

柯尔克孜族白毡帽制作技艺 柯尔克孜族男子一年四季多戴用羊毛制作的白毡帽(恰尔帕克),这是从衣着上区别柯尔克孜族的标志。白毡帽用羊毛制成，帽里的下沿镶有黑布或黑平线，向上翻卷，露出黑边，有左右开口或不开口之分；在形状上有圆顶、尖顶和四方顶之分。在配饰上，有的饰以珠子，有的饰以缨穗，有的什么装饰也没有。老年人的毡帽不绣花，但有的会以蓝色缨穗装饰；中年男子的白毡帽沿绣有黑色或蓝色素花抑或是简单的图案，帽子顶部缀有红色缨穗；未婚男子的白毡帽沿绣有红花和美丽的图案，帽顶缀有红金丝绒金穗；儿童的白毡帽沿绣有各类花草鸟兽、山水图案或者本人生辰的图案。2012 年被列入第三批自治区级非物质文化遗产名录。（WWP）

哈密瓜种植技艺 哈密瓜又名雪瓜、贡瓜，是一类优良甜瓜品种，果型圆形或卵圆形，味甜，果实大，以哈密所产最为著名，故称为哈密瓜。哈密瓜种植技艺分为播前准备、播种、扣棚、田间管理四个阶段，播前准备主要是包括选地整地、施基肥开瓜、播前灌溉、覆盖地膜、选用良种、种子处理等流程；哈密瓜要适时播种，一般应掌握在晚霜过后，土表下 10 厘米深，地温稳定在 14℃左右即可播种。播种方式可采用打孔穴播，穴距视品种的熟性而定，播种深度以土壤质地和土壤湿度的不同而定，土壤沙性大，墒情不足，可适当深播，覆土稍厚，每穴播 2～3 粒种子。扣棚前需要提早整地、开沟、施底肥、灌水、铺膜。要及时放风，确保瓜苗正常生长，放风时间长短、风口大小根据棚温和棚外温度而定，当棚内温度达到 35℃时，应先从拱棚两头放风，随着棚外温度的升高，还要从两边慢慢放风，放风不能过急过快，以免造成瓜苗萎蔫或水分流失，从而抑制瓜苗生长。风口由小到大，由一个风口到多个风口，进行苗期适应性锻炼。当棚内温度与棚外温度相同时，可将拱棚塑料全部揭去，从而使哈密瓜能够正常伸蔓，提早结瓜，提早上市。田间管理主要包括查苗补种、间苗定苗、中耕除草、倒蔓、整蔓留瓜、追肥、灌水、防治病虫害、采收等环节。2014 年被列入第四批自治区级非物质文化遗产名录。（WWP）

葡萄干晾制技艺 新疆晾制葡萄干，充分利用该区域气候干旱的特征，在通风透气的荫房内挂晾葡萄，加之夏季气温高、干旱，鲜葡萄经过 30～40 天的晾制，葡萄中的水分自然蒸发散失即可风干为葡萄干。荫房，也叫葡萄干晾房，一般都是平顶长方形格局，墙壁用土块砌成，留有许多方形花孔，在房内设置挂架，以挂晾葡萄。荫房晾制而成的葡萄干翠绿如新，甘甜不减，晶莹剔透，不但味道好，外表也极佳。在吐鲁番地区，人们在戈壁、田野、村庄等处，选择地势较高、空旷宽敞、干燥通风、交通便利的地方，建出样式独特的荫房。蜂眼式的墙壁让荫房四周透风，在秋季高温和穿墙而过的热空气下，葡萄粒很快被风干。2014 年被列入第四批自治区级非物质文化遗产名录。（WWP）

瓜果储藏技艺 新疆是久负盛名的"瓜果之乡"，瓜果品种繁多，质地优良。新疆瓜果储藏因地制宜，主要有堆藏（垛藏）、沟藏（埋藏）和通风窖藏（窑窖、井窖），它们都是利用外界自然低温来调节贮藏温湿度。如葡萄的窖藏，在新疆和田应用最多。窖体深入地下或半地下，露于地表的窖壁厚不少于1米。葡萄入窖前先需预冷处理，即将采下的葡萄装框（箱）后迅速置于背阴处临时存放，随着气温下降而冷却果温，直到露地出现轻霜后入窖。窖内两边各搭设离地半米多的垫架，葡萄框置于垫架上，堆叠成单排或双排，高达三四层，每层间搁板条。每窖中间设通道便于检查通风，入窖后在门窗上要设防鼠网帘。2014年被列入第四批自治区级非物质文化遗产名录。（WWP）

核桃麻糖制作技艺 核桃麻糖，又称核桃苏可玛，现代医学研究认为，核桃中的磷脂，对脑神经有很好的保健作用。核桃仁中含有锌、锰、铬等人体不可缺少的微量元素。核桃仁中所含维生素E，可使细胞免受自由基的氧化损害，是医学界公认的抗衰老物质，核桃仁还能营养肌肤，使人白嫩。核桃是大众营养美食，也是养颜养生的佳品。核桃仁麻糖是用天然核桃、蜂蜜、玉米糖浆、玫瑰花酱、葡萄糖浆、极少量砂糖和鸡蛋做成的天然食品。2014年被列入第四批自治区级非物质文化遗产名录。（WWP）

土法榨油技艺 土法榨油是生活在沿塔里木盆地周边地区的维吾尔族从事已久的食用油加工技艺。新疆皮山县土法榨油，以牲畜为动力，器具由天然木制作而成，是传统手工技艺的典型代表，是农耕社会的缩影，距今已有1800年历史。土法榨油主要以牛为动力，在名为"株瓦孜"的面积约20平方米的土油坊内进行。土法榨油技艺按以下八步顺序进行：第一步，筛选，用筛子筛出油料中的杂质；第二步，秤重，按出油槽的大小，对所需油料进行称重；第三步，倒入油料，为避免油料掉落在出油槽底部造成浪费，油匠首先在"剪"的墩端，摆放一块椭圆形石头，此时压榨螺杆在石头的压力之下往一边倾斜与出油槽的一边产生一定的空隙，油匠再把已称好的油料倒进出油槽中；第四步，润湿，油匠为了易榨油料，在已倒进出油槽的油料中洒入适当的水，进行润湿；第五步，堆集，湿润过程完成后，油匠一手赶牛一手不停地把油料堆集在压榨螺杆的周围，直到油料搓碎为止；第六步，掺入芨芨草，油料搓碎到一定程度时，油匠的手上开始沾染油，此时油匠为便于取出油渣，在压榨螺杆和出油槽之间的缝隙中，掺入适量芨芨草；第七步，增加压力，掺完芨芨草后，在"剪"的墩端上摆放四五块椭圆型石头增加压力；第八步，取出木塞子，在石头的压力之下油料和芨芨草被压碎并开始出油，油匠的手上沾染油时取下出油嘴子里的木塞子，油流入油壶。油渣坚硬并干燥时，榨油过程算完成，油匠开始准备第二次榨油。土法榨油是传统手工技艺的典型代表，主要以师传为主，从事者均为男性，以口传心授的方式传承。2014年被列入第四批自治区级非物质文化遗产名录。（WWP）

维吾尔族保健茶制作技艺 维吾尔人多喜欢喝砖茶，在喝茶时有许多讲究和方法，经常用一些药材，同茶水泡制在一起喝，成为治疗一些疾病的妙方。如在茶水中常放一些丁香、姜皮、白胡椒、豆蔻等药材或香料，根据不同的药性，夏季用来消暑解渴，冬季用来增加热量和御寒。有些药材放入茶水后，还具有浓烈的清香味道，喝起这种茶来受益无穷。南疆地区的一些维吾尔族群众还喜欢在冬季用冰糖泡茶喝，这种茶要泡得浓，冰糖放得多，饮时可口，香味扑鼻，可以增加人体的热量。2014年被列入第四批自治区级非物质文化遗产名录。（WWP）

维吾尔族木质大门制作技艺 维吾尔族人十分注重大门的建造艺术，和田地区的维吾尔族大门，都是木质的，有的配少量的铁质装饰品。这种木质大门工艺至少沿袭了1000多年的历史。大门的材质主要以当地的杨木为主，也有用沙枣木和核桃木的。木质选好后，要经过一年到两年的晾干后才能使用，防止变形。维吾尔族木质大门都不刷油漆，讲究原木原色和自然和谐，在门楣、房檐板、柱头、柱身、柱座等处，又有各式各样的木雕花，这些木雕花不似内地的圆雕或半圆雕的写实手法，它有几何纹和植物纹，图案变化突出，风格独特，富于装饰。它具有维吾尔族传统图案艺术的特殊形式，同时又吸收了汉、回、哈萨克等民族的纹样特点。2014年被列入第四批自治区级非物质文化遗产名录。（WWP）

维吾尔族窗棂制作技艺 维吾尔族双层窗结构由内层的开扇窗与外层的固定窗构成。这种双层结构使用上灵活方便，白天因采光和通风的需要，外层固定窗是以镂空木格窗花构成，利于通风采光。在寒冷的冬天或者炎热的夏日，为避免寒流侵入或者阳光直射，则需关闭外窗，起到保温的作用。因此木质外窗也成为当地居民进行雕刻装饰的构件，形成了特有的维吾尔族民族的窗饰艺术特色。外层的木格窗花在维吾尔族民居中常采用木格雕花，形制精美别致。木雕花格的纹样有星形纹、回纹、冰裂纹等，构图严谨而丰富；也有各种花果花卉纹样，构图自由而灵动。在维吾尔族民居门窗装饰中，木雕是最常用的装饰手法之一，构图、部位、刀法都有鲜明的民族特点。木雕的处理方式一般为花带、组花、浅浮雕、透雕、贴雕等。2014年被列入第四批自治区级非物质文化遗产名录。（WWP）

维吾尔族铁皮制品制作技艺 维吾尔族人对物美价廉的铁质桶、盆、瓢、勺、炉、壶等非常喜爱，尤其在南疆农村，可谓家家必备。其制品以铁皮为原料，由工匠们经过画图、剪裁、冷轧而成型。大都造型别致，附带精心压制而成的颇具民族特色的图案、花纹，技法包括凸雕、凹雕、刻线和镂空等，表现出维吾尔人特殊的审美趣味和精湛的铁艺技能。2014年被列入第四批自治区级非物质文化遗产名录。（WWP）

书画装裱技艺 手工书画装裱是我国伴随书画艺术一同成长的传统古老技艺，有着1700多年的历史，古称裱褙。传统手工装裱有非常严谨和精细的工艺，要经过托芯、染料、配料、镶活、备纸、覆褙、上墙、打蜡、砑活、装杆等大小三十多道工序，至少历时半月，始得完成。装裱水平的高低，绫绢色彩的选择与装裱形式的设计直接影响到作品的艺术效果。新疆是一个多元文化的汇集地，具有丰富的文化艺术资源，但因历史与地域的原因，新疆的装裱技艺发展起步较晚，目前从事此行业的人员并不多，从事装裱及修复书画的人员多数是经师傅口传手授代代相传，人才培养的难度大。2014年被列入第四批自治区级非物质文化遗产名录。（WWP）

巴里坤八大碗制作技艺 八大碗是哈密市下辖巴里坤哈萨克自治县婚庆、重大节日招待尊贵客人时，不可缺少的一套菜肴。清初以来，有大量的旗人进驻巴里坤，其中满洲贵族为数不少，八大碗是满汉全席的缩影。所谓八大碗，是指一张八仙桌坐八个人，用清一色的大碗上四荤四素八道菜。所有菜品在选料、刀功、火候的掌握以及配料的选择上都颇有讲究，既营养丰富，又经济实惠，搭配合理，色、香、味、形俱佳。八道大菜分别是：羊肉烧条子、猪肉整面子、清炖（红烧）牛肉、蒸肉、红烧丸子（夹沙）、鱼（红烧、糖醋、酸辣、清蒸皆可）、鸡（卤整鸡、红烧鸡块）、里脊。2014年被列入第四批自治区级非物质文化遗产名录。（WWP）

汉族传统节日面食制作技艺 汉族传统节日面食制作技艺主要流传在以巴里坤为核心的区域，巴里坤汉文化历史悠久，面食品种花样繁多，各具特色。巴里坤面食口味独特、花样繁多，几乎每道面食都有一段美丽的传说。在巴里坤的日常面食中，有手搓拉条子、汤饭、臊子面、碱面等，其中汤饭种类有羊肉揪片、炮仗子、寸寸子、二节子、杏皮子、拨鱼子、面旗子、搓鱼子、香头子等。节日习俗中的面食有蒸饼、喜饼、锅盔、油酥馍、油果子、冬至饭、封肉盖饼子等。在巴里坤，还有时令面食，时令面食主要有艾面、群群子、菠菜面等。特点是清爽宜人，健脾开胃，色香味俱全。2014年被列入第四批自治区级非物质文化遗产名录。（WWP）

养蜂技艺 新疆独特的地理环境和气候条件非常适合规模化养殖蜜蜂，养蜂业具有得天独厚的条件，素有西部蜜库之称。每年春夏季节，北部的裕民县几十万亩山花竞相开放，吸引全国各地的养蜂人来此放蜂采蜜，当地生产的绿色、无污染的山花蜜醇香甜蜜，深受游客喜爱。昭苏草原是新疆另外一个蜂蜜产地，位于中国与哈萨克斯坦边境地区，是新疆最大的春油菜产区。一到7月，绵延数十里的农田里，油菜花竞相怒放，置身其中仿佛进入了金色海洋，山坡上五颜六色，花丛中蜂舞蝶狂。在长期的养蜂过程中，新疆地区形成了自己独特的养蜂技艺，如伊犁地区采用的地下越冬室进行室内越冬，沿用至今。南疆地区普遍采用"室外、向阳、轻装、喂水"越冬法，效果良好。2014年被列入第四批自治区级非物质文化遗产名录。（WWP）

哈萨克族皮革制品制作技艺 哈萨克族皮革制品制作过程十分讲究，原材料的制作过程也很繁杂。皮革制品可分为生产用品、生活用品、装饰用品三大类型。生产用品有套马索、哈依斯阿尔汗（皮绳）、皮刀削和制奶油的撒巴（皮囊）、鹰帽等；生活用品有各种服饰、皮包、皮壶、毛皮滑雪板等；装饰

用品有皮镜子、马身上的一些用具等，大多就地取材。2014年被列入第四批自治区级非物质文化遗产名录。（WWP）

马拉雪橇制作技艺　雪橇，俗称爬犁，也叫扒犁、扒杆等，是哈萨克族传统的用木制马拉运输工具，是阿勒泰地区牧民在冬季里最为主要木头做的交通工具。位于布尔津县北部的冲乎尔镇，冬季降雪量大，积雪最深处达到一米半左右，过去人们出行极不方便。在2000年以前马拉雪橇一直是当地农牧民出行必不可少的交通工具，也是必不可少的生产生活工具。用柔韧的白桦木为原料，做U形马拱时，要把桦木放进开水锅里烫，烫软后把一头固定在模子里，另一头缓缓推进模子。放置7天后，马拱就成形了。爬犁接触地面的部位，被刨得光滑如镜，只要雪下够10厘米，爬犁怎样滑行，都不会有多少磨损。如今在这个旅游强县，马拉雪橇的传奇并没有退出历史的舞台，反而发出耀眼的光彩，成为布尔津旅游的新名片。2014年被列入第四批自治区级非物质文化遗产名录。（WWP）

哈萨克族毡房装饰艺术　毡房，哈萨克语之为称"克依仔宇"，它不仅携带方便，而且坚固耐用，住居舒适，并具有防寒、防雨、防地震的特点。毡房内空气流通，光线充足，千百年来一直为游牧民所喜爱，由于是用白色毡子做成，毡房里又布置得十分讲究，人们称之为白色的宫殿。哈萨克族毡房装饰艺术融入了哈萨克人独有的思维方式、价值观念、艺术气质、审美倾向、行为准则、宗教情怀等，反映了哈萨克人的社会组织制度和精神气质，它和哈萨克人的文化融为一体，构成了独具民族特色的民俗景观。每个毡房必备的装饰品是作为姑娘结婚嫁妆的壁挂，有的还在图案周围镶上金丝，缀上银珠，手法巧妙，是很有欣赏价值的装饰品。栅栏的围墙外围上一层毛线编织的芨芨草帘，芨芨草长短粗细一致，每根都用红、黄、绿、白、黑等彩色毛线编成和谐的图案，使毡房美观漂亮。哈萨克族毡房内还有各种花毡，用各种色彩的毛线沿着布剪的图案，把整个毡片点缀得华丽美观，富有浓郁的民族特色。2014年被列入第四批自治区级非物质文化遗产名录。（WWP）

哈萨克族小刀制作技艺　新疆的哈萨克族男子长期从事畜牧业生产，小刀是他们生活中的重要工具，宰杀牲畜、剥皮、收拾杂碎、修理鞍具、制作木质工艺品、吃肉、吃瓜、打猎等等都离不开小刀。小刀也是男人们的装饰品，在哈萨克族男子系的皮带上，专门留有挂小刀的位置。哈萨克的刀子分为两种：一种是30多厘米长的长刀；另一种是折刀，由于折刀小巧玲珑，便于携带，大多数男子都带折刀。哈萨克小刀在式样上也很多，如剑式、鹰嘴式等，刀把用金属、牛角、塑料镶面及混合用料，讲究的还在刀把上镂花纹和压图案，有的还镶嵌金属条、宝石、彩石做点缀品，使刀子显得十分华丽。刀刃的制作讲究淬火、沾水、沾油等工艺，小刀的钢材选择大都用钢板，使刀刃锋利而坚硬牢固，能长期使用。一般的刀鞘用羊、牛皮来做，可随身佩戴在腰上，使用起来十分方便。

讲究一些的要用银、铜铸成，上面镂花纹或压模成图案，并在上面镶嵌宝石，显得瑰丽而珍贵，被人们视为精美的工艺品。还有人用马鞭子做刀鞘，把小刀放在马鞭子的把手里，并安有开关，使用起来十分方便，骑马时可做马鞭，不骑马时又用来做刀鞘。在哈萨克族的部落里有专门从事制作各种小刀的民间匠人，他们手艺高超，技艺一代传一代，而他们制作的各种精美锋利的小刀，也被哈萨克群众一代一代地传下来。2014年被列入第四批自治区级非物质文化遗产名录。（WWP）

蒙古族弩制作技艺 弩也被称作"窝弓""十字弓"，是古代的一种冷兵器，是古代兵车战法中的重要组成部分，是步兵有效克制骑兵的一种武器。主要由弩臂、弩弓、弓弦和弩机等部分组成。虽然弩的装填时间比弓长很多，但是它比弓的射程更远，杀伤力更强，命中率更高，对使用者的要求也比较低。是一种大威力的远距离杀伤性武器。强弩的射程可达600米，按张弦的方法不同，可分为臂张弩、踏张弩和腰张弩等，还有能数箭齐射或连射的连弩和装有数把弩弓的床弩。今天，古代弩的制作技艺在蒙古族等民族中仍然得到很好的传承。2014年被列入第四批自治区级非物质文化遗产名录。（WWP）

蒙古族马鞍制作技艺 蒙古族制作马鞍的历史十分悠久。木鞍的选料一般以桦木为最好，木材选好后一般在通风的地方放置3～4个月才能够使用，以免木材变形。一副木鞍要用四大块木材，两块长方形的木材做两边鞍板，主要制作工艺就是将砍好的四块鞍木用胶对接制成木鞍，称之为"四块玉"，然后将骨胶加水，熬制成水胶，趁热使用，粘接之后需要用手按压一会。对接好的木鞍前鞍鞒高，后鞍鞒低。木鞍主体长约50厘米，宽约26厘米，初步成型的木鞍经过打磨抛光后叫白茬鞍，白茬鞍再经过一番装饰，扎牛皮、上梢绳、鞍腰子、马镫、马鞴、肚带根儿、马屉等，就成了一副完整的马鞍。2014年被列入第四批自治区级非物质文化遗产名录。（WWP）

柯尔克孜族毡房营造技艺 柯尔克孜族逐水草而居，四季搬迁，转移牧场，其住房也是围绕着游牧和半游牧的生活而建造的。柯尔克孜族洁白的毡房，下半部为圆形，上半部为塔形，具有冬暖夏凉、不存水积雪、拆装快捷、搬运方便的特点。毡房主要由柳木、桦木、楸木制作的栅栏、支架、天窗架、门框组成。栅栏可伸缩，用4～5根木条，由骆驼皮条固定成菱形网格，一般的毡房需4～5块栅栏。支架撑条的多少决定毡房的大小，一般从40根到上百根不等。栅栏外面围上编有花纹的芨芨草帘，外覆白色围毡和篷毡，用织有花纹的毛织带绑扎。天窗顶部有一块三四平方米的天窗盖毡，在夜晚或风雨天时用毛毡绳拉动盖在天窗上，以防风遮雨。毡房内的摆设布置十分讲究，地面多铺擀制压花的多色毡毯和补花、贴花、多色花的毛织毯。冬天，在毡毯上面还铺有牛、羊、马皮制作的方形皮毯，皮毯上面再铺褥子当座位。进门右侧由多色花纹图案的芨芨草帘隔成储藏室，放置餐具和食品。进门正对面靠栅栏放置木箱和其他笨重物品,上面摆着被褥、枕头,前面则是客人的座位和铺位。2014年被列入第四批自治区级非物质文化遗产名录。(WWP)

俄罗斯族鞋靴制作技艺 新疆塔城等地是俄罗斯族的聚居地,其鞋靴制作技艺历史悠久。俄罗斯族男女皆爱穿着皮靴,传统的半高筒靴"玉代克"头尖无脊缝,一般用牛、羊皮缝制,名贵的采用染成红色的野马皮。"玉代克"的特点是钉铁掌的高约两寸的木跟,不仅女性穿,男性也穿。俄罗斯族男性设计制作的男女皮鞋、皮带等品种多样,色彩鲜艳,加工精美。2014年被列入第四批自治区级非物质文化遗产名录。(WWP)

9. 传统医药

新疆蒙古医药 蒙医是中华医学的一个支脉,蒙古族医药是在长期的医疗实践中逐渐形成与发展起来的传统医学,其历史悠久,内容丰富,是蒙古族同疾病作斗争的经验总结和智慧结晶,也是一门具有鲜明民族特色、地域特点的医学科学。它不仅有着丰富的医疗实践,而且具有独特的理论体系和诊疗经验。由于历史上的民族融合和迁移,蒙古医药在新疆地区也广为传播。其具有临床实效的外治疗法和取材容易、便于掌握、副作用小、用之有效等特点。蒙医以"三根"(三根——赫依、希拉、巴达干)学说为主要理论基础,同时还包括阴阳五行、五元学说、七素及六基症学说。蒙医治病方法,除药物治疗以外,还有传统的灸疗、针刺、正骨、冷热敷、马奶酒疗法、饮食疗法、正脑术、药浴、天然温泉疗法等。2009年被列入第二批自治区级非物质文化遗产名录。(WWP)

王氏中医踩跷法 王氏中医踩跷法是源于中国传统中医药文化的一支,它以中医经络、阴阳五行等中医药基础理论为宗旨,并配合西医临床影像学检查,形成了自己独到的治疗与养生保健的中医特色疗法。主要分布在乌鲁木齐市天山区。王氏中医踩跷包含三个部分:一是王氏中医踩跷床,二是王氏中医踩跷法,三是王氏中医踩跷正骨整脊法。王氏中医踩跷法的核心特点是对称、产热,有力、持久,技法讲究对称均匀、细腻和顺,在"吸附力"的作用下,产生"安全"的"强渗透力和热感"。施展技法点、线、面俱到,发力可以对称均匀地"点"到穴位,"线"循经络,"面"盖皮部(经络的组成部分)、力透筋经。踩跷20分钟相当于徒手推拿40分钟,且具有持续稳定的疗效和力道。只要患者可以安全地、无功能障碍,趴在王氏中医踩跷床上,基本上不分年龄段都可以踩跷。根据人体的对称性和患病时人体代偿性地对称出现症状,医生在患处"均匀对称发力",脊柱两侧均匀对称地受力,可标本兼治。针灸、踩跷、推拿、整脊、理疗可以在专属的王氏中医踩跷多功能床上共同使用,是一项绿色环保的实用疗法。2012年被列入第三批自治区级非物质文化遗产名录。(WWP)

锡伯族拔火罐传统疗法 拔火罐是锡伯族医术中常见的疗效较好的医疗方法,也是我国传统的中医疗法，因其操作简单、方便易行，曾一度被老百姓当作重要的家庭日常救治手法。在新疆主要分布于察布查尔等地。该疗法是借助热力排除罐中空气，利用负压使其吸着于皮肤，造成瘀血现象的一种治病方法。这种疗法可以逐寒祛湿、疏通经络、祛除淤滞、行气活血、消肿止痛、拔毒泻热，具有调整人体阴阳平衡、解除疲劳、增强体质的功能。由于拔火罐能行气活血、祛风散寒、消肿止痛，所以对腰背肌肉劳损、腰椎间盘突出症有一定的治疗作用。火罐还可以用在人体穴位上，治疗头痛、眩晕、眼肿、咳嗽、气喘、腹痛等疾病，可以多只火罐同时施行。2012年被列入第三批自治区级非物质文化遗产名录。（WWP）

维吾尔医药（正骨术） 维吾尔族医药，是祖国医药学不可分割的组成部分，也是伊斯兰医药学的重要组成部分。维吾尔族人民在防病治病的过程中，积累了丰富的应用植物、动物、矿物防病与治病的实践经验和生产技术，并逐渐形成了独具维吾尔民族文化特色的医药学。维吾尔族医药在祖国传统医学宝库中占有很大的比重，已收入国家级药典的药品就有202种，其中药材115种，成方制剂87种。维吾尔医药具有独特的临床有效性，有博大精深的医学理论体系，有着其独特的治病理念。其正骨术是通过正骨手段，应用拔抻、复位、对正、按摩等手法，最后用小夹板外固定，具有"简、便、廉、验"的治疗特色。手法复位正骨采用"摸、接、端、提、推、拿、按、摩"八法，使患者避免手术之苦，尤其是老人和小儿、耐受力较差的骨折、关节脱臼患者。采用手法复位治疗骨折可以不损伤骨膜，骨折愈合有效血运来自骨膜，这就加快了骨折愈合时间，一次复位成功，可避免二次手术；较之内固定手术省时、省钱、少痛苦。2014年被列入第四批自治区级非物质文化遗产名录。（WWP）

新疆蒙医药（金烙术、药浴） 蒙医药学是蒙古族的文化遗产之一，也是中国传统医学的重要组成部分，它是蒙古族人民在长期的医疗实践中逐渐形成与发展起来的，它吸收了藏医、汉医及古印度医学理论的精华，逐步形成具有鲜明民族特色、地域特点和独特理论体系、临床特点的民族传统医学。灸疗法是北方蒙古族早期常用的治疗方法，又因其民族常年驰骋在广阔的草原上，经常发生战伤、摔伤、骨折，故正骨、正脑、烧灼疗法也是早期蒙医的重要内容之一。金烙术在蒙语中叫阿勒腾扎斯勒，阿勒腾扎斯勒有金灸、金外治疗法、金拔罐、金针灸、金刀等五种疗法。药浴是蒙医一种独特的治病方法，主要是用五种药材煎汤进行泡浴，其配方为白杜鹃、侧柏叶、水柏枝、麻黄、小白蒿，以上五味药为主药，根据不同病情，还可以适当添加其他药物。药浴时先将五味药放入容器中，加满清水煎煮，20分钟后倒出药汁，再加入清水煎煮一次，最后将两次药汁合并，稍加搅拌，加水即可入浴，每隔3天泡浴一次，以21天为一个疗程。药浴具有温阳补虚、活血化瘀、益肾固精等功能，对四肢僵直拘挛、胃寒胃痛、腹痛泄泻、水肿、

皮肤瘙痒等均有良效。2014年被列入第四批自治区级非物质文化遗产名录。(WWP)

哈萨克族医药（烫伤烧伤疗法） 哈萨克族烫伤烧伤疗法，在治疗中以其独特而原始的民间诊疗，发展成为独立的医疗体系。哈萨克族主要分布在新疆北部境内。哈医将马奶烧糊、阴干，与大黄研末共用，治疗大面积烫伤。雪鸡肉阴干研末、兔毛烧炭研末也治烫伤。烧伤的部位不能直接包扎，否则会摩擦伤口处的皮肤和肌肉，容易破坏血液循环，加深伤口，产生疤痕。民间对烧伤病人的治疗常用刚宰杀的羊尾油切成薄片敷在烧伤处，根据伤情敷24小时至48小时，以便降低创伤面，再用蒲公英、五灵脂、大黄等草药辅助治疗烧伤，不会留下疤痕，不用植皮。2014年被列入第四批自治区级非物质文化遗产名录。(WWP)

哈萨克族医药（婴儿玛依斯拉吾保健术） 哈萨克医药自古口耳相传，大多数单验方在民间流行很久，为人们所习用。新生儿玛依斯拉吾护理技术（新生儿油浴），即用盐水沐浴及精炼绵羊油抚触新生儿，自古被哈萨克族人应用于健康新生儿护理中。2012年被列入第三批自治区级非物质文化遗产名录。(WJR)

10. 民俗

维吾尔族阔克麦西来甫 阔克麦西来甫是维吾尔众多麦西来甫中的一种，主要流布在哈密市的天山、西山等山区以及五堡、二堡、花园等绿洲乡镇和伊吾县的维吾尔族聚居区。"阔克"是维吾尔语"青苗"的意思，"麦西来甫"是聚会的意思。在哈密市乡村，当地人有举办"阔克麦西来甫"的风俗，庆祝春天到来，期盼六畜兴旺，春耕春播顺利。阔克麦西来甫一般在秋后第一场冬雪来临之际开始举办，直到来年春天传统节日"诺鲁孜节"到来时结束。2007年被列入第一批自治区级非物质文化遗产名录。(WWP)

维吾尔族却日库木麦西来甫 麦西来甫是维吾尔族一种含舞蹈、各种民间娱乐和风俗相结合的一种歌舞形式。却日库木麦西来甫发源并盛行于新疆阿克苏地区。"却日库木"，维吾尔语意为"沙滩"。"却日库木麦西来甫"是维吾尔民间众多麦西来甫活动中的一种。却日库木麦西来甫有一套较完整的程式，主要包括民间音乐、民间舞蹈、游戏等。维吾尔族却日库木麦西来甫所用的乐器根据规模不同而有所差异，一般来说，有手鼓、萨塔尔、热瓦甫、艾捷克，等等。与新疆其他地区的麦西来甫的细腻含蓄不同，却日库木麦西来甫的舞蹈风格粗犷大气，其独具特色的动物模拟舞，栩栩如生地还原了当地人的日常生活实践。2007年被列入第一批自治区级非物质文化遗产名录。(WWP)

维吾尔族开依提麦西来甫 "开依提"，维吾尔语意为"惩罚"。开依提麦西来甫是维吾尔族众多麦西来甫中的一种，由维吾尔族人民集体创造，在吐鲁番地区流传久远，现主要流布于吐鲁番市的二堡乡、三堡乡、胜金乡等地的维吾尔社区。开依提麦西来甫有悠久的流传历史，约在隋唐时期形成。开依提麦西来甫集游戏、曲艺、音乐、舞蹈于一体，模仿历史上王国政权的组织机构，由参与者公选国王、丞相、哈孜（宗教法官）、穆甫提（哈孜的副手）、商总、安格孜盖（动员者）组成管理班子，呈现开依提的全过程。模拟"惩罚"有悖于乡规民约、社会公德、家庭美德等一切不良的道德行为。活动过程中，国王和丞相负责全盘事务，哈孜（宗教法官）、穆甫提（哈孜的副手）相互配合处理解决民间纠纷及矛盾。通常有告状、审问、判决与执行惩治程序，惩罚形式主要有经济惩罚、劳动惩罚、肉体惩罚、行政惩罚四种类型。夏季多在草地、树林里举行，冬季在较避风、宽敞的庭院里举办。人们讲笑话、唱歌、跳舞、模拟各类民事纠纷、扮演各种角色上场，强调使用调解、仲裁等手段，去缓解、消解、解除人与人之间在生产、生活中产生的成见、怨恨、矛盾与冲突。吐鲁番市委、市政府高度重视开依提麦西来甫的挖掘、保护、传承工作，成立了专门的传承班社。2007年被列入第一批自治区级非物质文化遗产名录。（WWP）

维吾尔族塔合麦西来甫 "塔合"，维吾尔语意为"山区"或"山里人"。塔合麦西来甫主要流布于木垒哈萨克自治县的博斯坦乡博斯坦村、东城镇的沈家沟村和照壁山乡等山区乡村维吾尔族聚居区，范围较窄。塔合麦西来甫无论是从歌词内容还是从音乐节奏、演奏方式和歌舞结构组成上，都与新疆其他地区的麦西来甫有很大不同。塔合麦西来甫的类型更加丰富多彩，既有节日麦西来甫、婚嫁麦西来甫，又有地域特点明显的卡尔拉克麦西来甫（每年下第一场雪时举办）、亚木吾尔里克麦西来甫（每年下第一场雨时举办），等等，参加活动的人数不限。歌词内容除了传统的咏唱真主的颂歌和表达男女爱情的情歌以外，大多是反映游牧民族日常生活的内容。塔合麦西来甫节奏变化较快，通常一首曲子要变化三种以上，多反映骏马奔腾、围猎等内容，伴奏乐器主要有达普鼓、都塔尔、萨塔尔等。塔合麦西来甫的伴奏乐曲带有明显的哈密木卡姆和吐鲁番木卡姆的特征，其中的自娱性舞蹈不仅保留了传统的绿洲风格，同时还具有山区草原文化的特色，是绿洲文化与山区草原文化结合的产物，是文化融合发展的典型例证。目前在博斯坦乡，已形成一个以老带新的塔合麦西来甫传承链。2007年被列入第一批自治区级非物质文化遗产名录。（WWP）

维吾尔族苏乃孜（清泉节） 苏乃孜（清泉节）是新疆唯一融节水、爱水、增水为主旨及木卡姆、麦西来甫歌舞为一体的群众自发组织的地方性民间传统活动。"苏乃孜"是维吾尔语，"苏"是水的意思，"乃孜"是信仰伊斯兰教民族的祭祀活动，主要流传在我国新疆哈密伊吾县下马崖乡。这一习俗已有百年以上历史了。每年6月9日，当地群众自发捐款捐物，不分长幼，浩浩荡荡地来到坎儿井和泉眼处，清挖泉眼，疏通渠道，以保证泉水长流。劳动结束后，大家不分彼此围坐在一起，喝着清泉烧煮的茶水，吃着各家各户捐出的羊肉、馕饼，举杯同庆，如同过节一样热闹。如今，伊吾下马崖人的清泉节已成为当地

优秀的民间文化。2007年被列入第一批自治区级非物质文化遗产名录。(WWP)

维吾尔族传统捕鱼习俗 维吾尔族捕鱼习俗历史悠久，距库尔勒市南85千米处的罗布人古村寨的传统捕鱼习俗保留最为完整，一些自称是罗布人后裔的村民生活在这里。据载，罗布人是新疆最古老的民族之一，他们生活在塔里木河畔的小海子边，不种地，不放牧，以在塔里木河捕鱼为生。罗布人后裔演示祖辈捕鱼的情景时，坐进"卡盆"——用一根胡杨木凿空而成的独木舟在海子里划着，张网捕鱼，捕捞到鱼之后，沿鱼腹将鱼剖开，鱼脊相连，再用细的红柳枝将鱼展平，粗红柳枝一端沿鱼脊肉穿过，另一端就插在沙土里，在一小堆燃烧的枯胡杨上烘烤，烤熟后撒上盐即可食用。2007年被列入第一批自治区级非物质文化遗产名录。(WWP)

新疆汉族社火 新疆汉族社火，又称耍社火、唱秧歌，在历经百年的传承发展中，吸纳了新疆本土少数民族的文化艺术元素，于清光绪年间，初步形成了独具特色的新疆汉族社火。玛纳斯的汉族社火，在融合传承关内各地社火的同时，吸纳了本土少数民族文化艺术的元素，形成了明显的地域特征和艺术特征。主要表现在整个社火鼓乐激昂，动作变化无穷，表演热情奔放，风格轻松愉快，有效表现团圆或喜庆气氛。同时参与人数较多，阵容庞大，内容丰富。2007年被列入第一批自治区级非物质文化遗产名录。(WWP)

巴里坤汉族节日习俗 巴里坤是新疆最早汉族居住地之一，巴里坤的汉族或随驻军进入，或因商旅频繁往来而入，或因大批垦民的迁入而至，或因经济建设的发展支边而来，遍布县境各地。巴里坤哈萨克自治县的汉族主要节日有：春节、初五、初七、元宵节、正月二十、二月二、清明、端阳（又称端午）、六月六、七月七、七月十五、八月十五、九月九、十月初一、冬至、腊八、腊月二十三、除夕。中华人民共和国成立后，一些有迷信色彩的节日已被摒弃，城乡群众又增加了公历纪念性节日，如五一、六一、七一、十一、元旦等，每逢节日都要打扫卫生，搞庆祝活动。2007年被列入第一批自治区级非物质文化遗产名录。(WWP)

巴里坤汉族脑阁和抬阁 脑阁是一个表演者站在另一个表演者肩头上进行的表演，两个表演者之间依靠连接上下的"靠子"固定，老远看上去感觉是一个人站在另一个人的头上，所以称之为"脑阁"。抬阁则是由四个壮汉通过扛杆在肩上共抬一个方形的"小舞台"（一般使用八仙桌）进行的表演，演员也如同脑阁一样用铁板或铁箍固定在平台上。阁上的儿童略施粉黛，面色粉红，在架子上做出多种动作，并结合所扮演的角色和人物特点做出多种表情，活灵活现。在下边支撑的是青年男子，在表演时，下边的人身穿秧歌装，上面的表演者则根据不同的角色着装。抬阁和脑阁有相似的地方，都是把人扛在肩头，不同的是脑阁是扛单个（解放前也有一人扛两个的），而抬阁是集体扛。2007年被列入第一批自治区级非物质文化遗产名录。(WWP)

哈萨克族民间育婴习俗 哈萨克族民间

育婴习俗是本民族人生礼仪习俗中的一个重要组成部分。主要包括孕妇生产、婴儿出生庆礼、割肚脐、婴儿起名、给哈利加、毕特吉嫡、婴儿入摇床、白斯克阿勒斯桃、婴儿过40日、按摩舒展婴儿操等习俗。2007年被列入第一批自治区级非物质文化遗产名录。（WWP）

新疆蒙古族祖拉节 祖拉节是生活在新疆和硕县蒙古族及巴音郭楞蒙古自治州的博湖县、和静县、库尔勒市、博尔塔拉蒙古自治州、伊犁、塔城、乌鲁木齐等新疆蒙古民族聚集区的传统节日，距今已有500多年的历史。它是由佛教点灯仪式演变而来的宗教节日。祖拉节也叫明安珠勒节、千灯节、千佛灯节，在每年农历十月二十五日举行节日庆祝活动。随着时代的变迁，祖拉节现已成为亲朋团聚的节日，一般都在晚上举行。新疆卫拉特蒙古族比较重视这一节日，全家老少围坐在一起，用荞麦面和酥油做珠勒佛灯，感谢佛祖保佑一年风调雨顺、平平安安、无病无灾，同时祈求佛祖，来年再一次风调雨顺、五谷丰登、人畜兴旺。2007年被列入第一批自治区级非物质文化遗产名录。（WWP）

新疆俄罗斯族帕斯喀节 "帕斯喀节"是新疆俄罗斯族的传统节日。"复活节"是东正教的主要节日，居住在新疆的俄罗斯族群众主要信仰东正教，"帕斯喀节"就成了他们的主要节日。"帕斯喀节"的日期不完全固定，一般在春分后月圆的第一个星期天，即在4月上中旬。"帕斯喀节"的前一周，就进入了节日的准备阶段，这时期，他们不吃荤，只吃素，也不开展各种娱乐活动，据说是因为这个时期耶稣还钉在十字架上的缘故。到了过节这天即可"开斋"了，要准备非常丰富的食品，男女老少都要穿上节日盛装。按照习俗，这天俄罗斯族群众要互相串门祝贺，表达他们喜悦的心情。第一天是"开斋"，第二天便要尽情地娱乐。人们聚集在宽敞的地方，能歌善舞的青年人拉起"巴扬"（纽扣式手风琴），弹起七弦吉他、"巴拉拉依喀"（三角琴），妇女们唱起古老的俄罗斯民歌，小伙姑娘们跳起节奏强烈的踢踏舞，大家相互邀请，顿时形成欢乐的海洋，有时这种欢庆活动要进行到深夜，整个舞场沉浸在一派热烈欢乐的气氛中。2007年被列入第一批自治区级非物质文化遗产名录。（WWP）

满族颁金节 "颁金节"是满族最值得纪念的日子，因为它是满族的诞生纪念日、命名纪念日，是全族性的节日。农历十月十三日，是满族"颁金节"的日子。每年这一天，全国各地的满族同胞都以各种方式庆祝自己的节日。许多满族同胞穿起旗袍等民族服装，跳起民间传统舞蹈，唱起民间歌曲，开展各种庆祝活动。同时，还准备奶茶、萨其玛、打糕、金丝糕等食品，供大家品尝。许多满族作家、书法家、画家、艺术家、摄影家为大家写诗作画，表演精湛的技艺，使庆祝活动热烈而有趣。2007年被列入第一批自治区级非物质文化遗产名录。（WWP）

塔吉克族丧俗 塔吉克人对丧事是非常严肃、非常隆重的。塔吉克人去世后，家里人很快将房子收拾干净，然后将死者放在木板或门板上为其净身。如果死者是男性，就要给他剃理胡须、头发，用清水洗净全身。如果死者是女性，要将梳理好的发辫放在胸前，然后用白布给死者裹身，塔吉克人将这种死后净身的习俗称之为"台霍尔达特"。死者净身后，本家男性亲属身穿黑色长袷袢，一字排开跪坐在灵床左边的地上大声恸哭，女性亲属则身穿蓝色或黑色衣裙，头带蓝色方巾，跪坐在土炕上哭丧。哭丧时，男的坐在炕沿，女的坐在炕里边，由死者亲属中最亲近的女性领哭。边哭边叙说死者的为人和事迹。吊唁的顺序是男的先进屋，顺着炕沿哀痛地逐个拍抚死者男亲友的肩膀；女的后进屋，并依次与死者的女亲友一一握手，对死者沉痛哀悼。接着在丧家门口举行伊斯兰教吊唁仪式，把尸体从屋内抬到门口。而后由宗教人士主持仪式并领做乃孜尔（祈祷仪式），女人则围坐在一起，不参加祈祷。做乃孜尔时不许哭泣。出殡仪式除按伊斯兰教规举行外，还有本民族传统的习俗。当死者从屋里抬出来时，要关好屋里的天窗，并在炉上燃香。出殡前，亲人要吻死者的手，和死者告别。全村男子都要参加送葬，出殡队伍唱《送葬歌》。星期三不能入葬，因为这一天是鸿蒙初辟之日。星期五（聚礼日）入葬被认为是最幸福的。服丧期间，禁穿象征喜庆的红色和花衣服，年轻女子禁戴首饰。丧家一周内不换洗衣物，40天内男子不刮脸剃头，女子不洗头更衣。一年内不参加娱乐活动，不举行婚礼。临近服丧期满，邻里们在村中长辈的主持下，共同商议，规定一个"除孝日"并提前通知丧家。是日，全村每家主妇带5个馕（多于此数或少于此数均可，但必须是单数）和一块衣料，男子带上自己的剃刀和磨石，前往丧家。客人到齐后，主人铺好餐布，请来宾饮茶。饮毕，女宾把自己带来的东西放在托盘里交给主人，来宾中长者安慰死者家属，劝他们要服从真主的旨意，现在就高兴起来。而后，主人宰羊煮肉。肉熟之前，男宾为服丧男性理发剃须，女宾则为女性服丧者更衣。2007年被列入第一批自治区级非物质文化遗产名录。（WWP）

维吾尔族欧托孜欧合勒麦西来甫 麦西来甫是一种舞蹈和娱乐活动形式，在场没有观众而全部是活动的参加者，以歌舞为主的大型自娱自乐活动。麦西来甫有歌舞麦西来甫、游戏麦西来甫、说唱麦西来甫之分，也有客厅麦西来甫、迎宾麦西来甫和丰收麦西来甫的区分法。最常见的是丰收麦西来甫。各地都有自己的麦西来甫，风格大同小异，唯独刀郎人的麦西来甫最具特色。刀郎麦西来甫狂热、强烈、奔放，在有组织的麦西来甫活动中，谁都不会放过一过跳舞之瘾的机会。做游戏是麦西来甫中不可缺少的一个节目，抢腰带就是最常见的游戏。这个游戏有两人参加，甲持腰带要设法抽到乙身上，而乙在躲避过程中要设法把这条腰带抢到自己手里。掌握腰带的人有权选择自己的游戏对象。2009年被列入第二批自治区级非物质文化遗产名录。（WWP）

新疆蒙古族礼仪习俗 新疆蒙古族群众崇尚礼仪，讲究礼貌，热情好客，待人诚恳，保持着其传统礼仪习俗。蒙古族人见面要互致问候，即便是陌生人也要问好。款待行路人，是蒙古族的传统美德，蒙古族待客十分讲究礼节和规矩。献哈达是蒙古族的一项高贵礼节。献哈达时，献者躬身双手托着递给对方，受者亦应躬身双手接过或躬身让献者将哈达搭在脖子上，并表示谢意。蒙古族人骑马、驾车接近蒙古包时忌重骑快行，以免惊动畜群；若门前有火堆或挂有红布条等记号，表示这家有病人或产妇，忌外人进入；客人不能坐西炕，因为西是供佛的方位；忌食自死动物的肉和驴肉、狗肉、白马肉；办丧事时忌红色和白色，办喜事时忌黑色和黄色；忌在火盆上烘烤脚、鞋、袜和裤子等；禁止在参观寺院经堂、供殿时吸烟、吐痰和乱摸法器、经典、佛像以及高声喧哗，也不得在寺院附近打猎。2009年被列入第二批自治区级非物质文化遗产名录。（WWP）

新疆蒙古族婚俗 新疆蒙古族实行氏族外婚制，严禁氏族内部通婚，而且严格族外婚，实行本民族通婚。聘婚是新疆蒙古族的主要形式，它有一套特有的习俗，其过程主要有提亲、走亲、送聘礼、搭新房及姑娘宴、婚礼、揭围帐、回门等7项。新疆蒙古族的婚姻习俗，同其他地区蒙古族婚姻大体上是相同的，但略有差别。例如内蒙古自治区的蒙古族婚俗就没有揭围帐这一仪式，而且婚礼上唱的歌曲和祝词也大不相同。锡林郭勒盟的察哈尔蒙古族在婚礼当晚还有藏新郎的习俗，这在新疆的蒙古族婚俗里是没有的。而新疆蒙古族四大部落之间其婚俗也不尽相同。2009年被列入第二批自治区级非物质文化遗产名录。（WWP）

哈萨克族纳吾鲁孜节 "纳吾鲁孜"来自波斯语，是"年头或元旦"的意思。按照哈萨克族的古代历法，这个节日表明新年春节来临。按照传统习惯，在纳吾鲁孜节这天，草原上的男女老少，要穿上节日的盛装，互相问候和祝愿。为了辞旧迎新，预示丰收，各家各户都要做纳吾鲁孜饭。哈萨克族在做这种饭的时候有许多讲究，至少要用七种原料，如小麦、大麦、米、面粉、肉、奶疙瘩、奶子等，把这混合之物加水煮成稠粥一样的"纳吾鲁孜饭"。作这种饭时不宰杀牲畜，要用往年剩余的粮食和冬宰后贮藏了一个冬天的熏肉，并尽可能做得丰盛些，以示年年富足有余。在这一天，人们成群结队，唱纳吾鲁孜歌，吃纳吾鲁孜饭，开展集体性的节日活动。在节日期间，草原上还要举行叼羊、摔跤、阿肯弹唱等丰富多彩的文化娱乐活动。2009年被列入第二批自治区级非物质文化遗产名录。（WWP）

哈萨克族牧民转场习俗 哈萨克族是游牧民族，其传统转场生活已经延续了近3000年。在新疆阿勒泰地区的部分哈萨克族牧民同样保持着逐水草而居的游牧民族传统习惯。哈萨克牧场有春秋牧场、冬牧场和夏牧场三种，分别设置在天山北坡、向北经准噶尔盆地直到阿尔泰山的广袤山地草原和戈壁草滩地区。根据季节变化，哈萨克牧民一般以阿吾勒为单位，每年进行四次大的转场，而在各季根据牧业生产需要小规模的搬迁则更频繁。牧场的迁移和牧业生产的安排相呼应。春秋牧场一般位于浅山、荒漠和半荒漠地区。春有雨水，秋有泉水供人畜饮用。除便于放牧，对春季接羔育幼，秋季牲畜配种以及剪毛等牧业活动都很有利。冬牧场一般位于山涧沟谷、河湾、沙丘可避风雪地带，以保证牲畜安全越冬。夏牧场则位于凉爽湿润的山地。雨水充沛，牧草丰盛，有利于牲畜育肥。牧民可利用夏季美好的时光制毡、加工奶制品、举办婚礼、庆典和集会。2009年被列入第二批自治区级非物质文化遗产名录。（WWP）

回族婚俗 回族婚姻受伊斯兰教影响较大，在通婚范围上，实行严格的单向民族内婚，即回族男性可娶其他族女子为妻，回族女性不能与其他族的男性通婚。回族青年男女，经过各种场合的互相接触和了解，认为对方是自己的心上人，那么小伙子就会把真情坦率地告知双亲，接着便请求族中德高望重的长者为介绍人往姑娘家求亲。如果双方对这门亲事都满意，下一步便是抉择吉日举行订婚仪式。回族人的婚礼多选在"主麻"日（星期五聚礼日），回族规定斋月期间不得举行婚礼。婚礼期间要宴请宾客，前来祝贺的亲友都要馈赠礼品。娶亲时新郎由已婚青年做"陪女婿"（伴郎），并对女家父母亲戚说"赛俩目"（问安）认亲。新娘则由未婚少女陪伴，由姨姨、姑姑以及兄弟姐妹送亲，父母不去。新娘入洞房后，除父母及直系长辈外，其余人都可闹新房，要新婚夫妇唱歌、对话及做一些诙谐嬉谑的游戏。婚后第二天清早，娘家要送一盘包子，叫做"睁眼包子"给新婚夫妇，祝福婚后夫妻和睦，生活美满。娘家人还要携带礼品去婆家"下堂"，新娘拜见公婆及亲戚，认"大小"。三天后"回门"，新婚夫妇和公婆到女方家拜谢新娘父母，随后再由新婚夫妇俩去女方亲戚家逐一认亲。女方父母和亲戚还要在新娘新郎临走时赠礼祝福。回族一般是小家庭，也有三四代同堂的大家庭。实行一夫一妻制。现在，回族的婚俗有很大的变化，城市青年订婚、结婚的日子不一定选在主麻日。新娘的装束也有很大的变化，过去新娘要脱下少女戴的绿色盖头，换上黑色盖头，现在有的回族新娘头戴白色小帽，大多数妇女把头发露在外面。2009年被列入第二批自治区级非物质文化遗产名录。（WWP）

六月六庙会 在新疆昌吉回族自治州的吉木萨尔县，当地人们的六月六有着赶庙会的习俗。举办庙会的寺庙是与北庭故城齐名，四毁四建的千佛洞古寺，这里曾因藏有千佛而闻名，在吉木萨尔县城西南5千米。六月六庙会，不但弘扬了北庭民俗民间文化和佛教、道教文化，也促使了各种旅游资源的开发。杂耍、戏曲、斗狗等民俗活动都在庙会上一一登场。大大小小的商铺顺道排开，形成了井字形的临时街市，特色小吃应有尽有。在此期间能看到地道的民间文化。2009年被列入第二批自治区级非物质文化遗产名录。（WWP）

锡伯族杭西 锡伯族的杭西，与汉族的清明节相同，都要在清明期间举行祭祖仪式。在新疆主要流传在察布查尔锡伯自治县。锡伯族的杭西既受汉族文化的影响，也有本民族传统的习俗。锡伯族大多是在杭西期间扫墓，而与汉族的清明节有所不同的是，锡伯族农历三月的杭西一般要过一个月，在此期间族人可以随时上坟扫墓。锡伯人在杭西到来的前后就在院前院后或街道旁插枝种柳树，同时锡伯人还忙于春耕春种，种植春麦、玉米等农作物，作为一年的生计。锡伯人在一年当中要过三个杭西，第一个即为农历三月的杭西，锡伯语称其为"尼木哈杭西"，汉语意为"鱼清明"。锡伯族的第二个"杭西"就是农历七月的杭西，锡伯语称"冬阿杭西"，即"瓜清明"。第三个"杭西"，就是农历十月的"杭西"，锡伯语称"它尔浑杭西"，意为"丰收"。根据季节的不同，扫墓、祭品都有所不同。其中最为隆重的是农历三月的"尼木哈杭西"（鱼清明），以鱼鲜为主要祭品，让死者尝尝新鲜的"开河鱼"。2009年被列入第二批自治区级非物质文化遗产名录。（WWP）

维吾尔族居宛托依仪式 居宛托依是维吾尔族婚俗中的一部分，历史悠久。据《策勒县志》记载，举行居宛托依的女性，年龄一般在35～40岁之间。家庭中的女眷们聚在一起为举行仪式的女性梳头、修面，把刘海和垂在耳边的鬓发束在发辫里，然后穿上"派里间"（传统箭服）和皮靴，穿"居宛曲克兰克"白色长裙，戴上白头巾和"克其克泰里派克"（小皮帽），左邻右舍都来祝贺。从此，举行了居宛托依的妇女便获得了在任何正式和非正式的场合穿戴礼服的资格，也享有了一种荣誉。只有少妇们参加的这样的庆典仪式是体现维吾尔族姑娘结婚以后逐步成熟，进入家庭主妇角色的一个标志。按照风俗，这天，丈夫要全心全意地为妻子服务，要亲自下厨做饭、打杂，招待客人，并给妻子赠送耳环、项链等礼品，表示祝福。居宛托依只邀请妇女，所以这天除妻子的父亲和丈夫外，其他都是女性客人。居宛托依历史悠久，其内容有婚俗、服饰、饮食、礼仪、歌舞等。现在单纯地举行居宛托依仪式的已经很少，一般都演变成在举办诸如婚礼等其他仪式上的一个插曲。目前，在和田边缘地区，仍保留着这种古朴的习俗，不过人数极少，居宛托已处于消失的边缘，急需保护。2012年被列入第三批自治区级非物质文化遗产名录。（WWP）

哈萨克族巴塔 巴塔是哈萨克语音译，意为"祝福""祈求"，是哈萨克族的一种祝福礼仪。哈萨克族在大大小小的集会庆典、娱乐活动、喜庆宴会、外出上学、旅游探亲等仪式上都会请德高望重的长者为人们祝福，认为这样会一帆风顺、吉祥如意。由于哈萨克人10世纪前后信仰伊斯兰教，使其带有很重的伊斯兰教色彩。巴塔在哈萨克族人们日常生活中运用异常广泛，如在殡葬礼仪式中念诵的加纳扎巴塔；为亡魂念诵的伊斯兰教经文巴塔；每日五次礼拜念诵的巴塔；在婚礼、节日、宴会前后、布施、为准备过冬而宰杀牲畜时念诵的巴塔；人们远途旅行、英雄出征时，须接受德高望重的长老们念诵的巴塔；由于一定的原因，须为儿童做专门的巴塔，祝愿他们长寿、幸福，或祈求圣人施予恩惠，等等。一部分巴塔的内容为宗教教义，大部分巴塔的内容为表达人们美好愿望的。哈萨克族曾有过众多以念诵巴塔而闻名于世的人，他们往往即兴吟诵祷词、箴言和诗句，表达人们的愿望。其中一些优秀的祷词、箴言和诗句，广为群众记忆、传诵，故在民间流传着大量巴塔词，成为民间文学体裁之一。2012年被列入第三批自治区级非物质文化遗产名录。（WWP）

回族服饰 回族服饰的主要标志在头部，回族重视头饰，其帽子、盖头、戴斯达尔等选料颇讲究，注重干净、整洁。男子们都喜爱戴白色的圆帽，圆帽分两种，一种是平顶的，一种是六棱形的。讲究的人，还在圆帽上刺上精美的图案。回族妇女常戴盖头，盖头也有讲究，老年妇女戴白色的，显得洁白大方；中年妇女戴黑色的，显得庄重高雅；未婚女子戴绿色的，显得清新秀丽。不少已婚妇女平时也戴白色或黑色的带沿圆帽。圆帽分两种，一种是用漂白布制成的，一种是用白线或黑色丝线织成的，往往还织成秀美的几何图案。服装方面，回族老汉爱穿白色衬衫，外套黑坎肩（老乡称"马夹"）。回族老年妇女冬季戴黑色或褐色头巾，夏季则戴白纱巾，并有扎裤腿的习惯。青年妇女冬季戴红、绿或兰色头巾，夏季戴红、绿、黄等色的薄纱巾。山区回族妇女爱穿绣花鞋，并有扎耳孔戴耳环的习惯。2012年被列入第三批自治区级非物质文化遗产名录。（WWP）

乌孜别克族婚俗 乌孜别克族按传统习惯，男女结婚必须遵循先长后幼的原则，即兄姐未成婚，弟妹不得娶嫁。男女联姻一般要经过订婚、送聘礼和完婚三个阶段，前两个程序与其他民族无太大区别。婚礼仪式却富有民族特色。乌孜别克族结婚典礼习惯于在女方家晚上举行，女家以美味的抓饭招待客人。结婚仪式之前，男女双方父母要和媒人一起协商"讨休钱"。所谓"讨休钱"，是结婚以后如果男方提出离婚，男子必须付给女子的款项。乌孜别克族夫妻离异的现象是极为少见的。不过，如果两人实在不能在一起生活，而且离婚又是男方主动提出，则女方不但可以带走自己的嫁妆，同时男方必须付给一定的"讨休钱"。"讨休钱"是对那种喜新厌旧、见异思迁男子的一种限制和约束。乌孜别克族的婚礼仪式，按伊斯兰教规进行，由阿訇主持，询问双方是否愿意遵守婚约，再吃蘸过盐的面饼。婚礼仪式举行之后，新娘随新郎及前来迎亲的客人去男家。2012年被列入第三批自治区级非物质文化遗产名录。（WWP）

打花 "打花"又叫打铁花，是源自陕北的民间焰火，一般在每年的元宵节前后进行表演，以祈求国泰民安、五谷丰登，亦有祥和喜庆之意。随着历史上的移民运动，这个传统活动传入新疆，主要分布在巴里坤等汉族聚居地。打花起源于北宋，鼎盛于明清，至今已有千余年的历史。一两座铁匠炉，四五个铁匠，用风箱烧火，把铁在炉中融化为铁汁，在一块有坑的木板上将铁汁灌入坑中，事先垫有浇湿的粗糠末，趁热走出十来步，用勺子舀出铁汁，迅速向空中抛撒，此时光芒四射，极为壮观。2012年被列入第三

批自治区级非物质文化遗产名录。（WWP）

维吾尔族婚俗 维吾尔族实行一夫一妻制，维吾尔族的婚姻一般要经提亲、订婚、迎娶、婚礼等过程。维吾尔族婚礼分两天进行。第一天在女家举行出嫁仪式。举行仪式时，客人分男（左）女（右）两厢，由阿訇居中主持婚礼，问新郎新娘是否愿意结婚，得到肯定的回答后，阿訇将一块馕掰成两块，蘸上盐水分别送给新郎新娘，当场吃下。这表示同甘共苦，白头偕老。这时出嫁仪式进入高潮，在琴声歌声中，众宾客齐声赞道"美满婚姻，地久天长"，男女宾客和青年们欢歌曼舞，舞毕即入席就餐。这天下午，新娘穿戴一新，在姑娘们簇拥下，上马或坐车，径往男家驶去，一路上吹吹打打，热闹非凡。按照习俗，新娘到婆家时，男家的大门前要点燃一堆驱魔除邪的神火，由一位客人钳一点火星在新娘头上绕三圈，新娘也绕火堆走一圈才能登堂入室，进入新房。第二天是婚礼的高潮，在男方家举行揭盖头仪式。这一天同样是在欢宴中度过的。女方家的亲戚到男方家去，男方家要热情款待，喜筵开始时，男女双方的至爱亲朋必须用水壶洗手。然后依次围坐在地毯或毡子上。在客人面前，洁白的布单上摆满了喜糖、葡萄干、杏子、大枣、花生和糕点等，主人用具有民族特色的烤馕、抓饭和羊肉招待客人。宾客们边吃边谈，异常兴奋，小伙子们弹着"都塔尔"引吭高歌，跳起欢乐的维吾尔族舞蹈。饭后，年长的客人们都告别离去，只有青年男女们留下，等待为新娘揭盖头。揭盖头时，男女双方的主要客人必须在场。女方客人在左，男方客人在右，同作祈祷。这时男方有一客人（一般是妙龄少女），突然从人群中跑出来，轻巧敏捷地将新娘头上的面纱揭去，新娘的真容显露，整个新房便欢腾起来。这时欢乐的歌舞开始了，一对对青年男女，在手鼓和热瓦甫的伴奏下，踩着鼓点，合着乐曲，跳起传统的刀郎舞，新郎新娘在大家的邀请下，步入会场，轻举舞步，所有在场的人也都纷纷参加。之后，便请客人入席吃喜宴。维吾尔族的婚礼举行方式，由于地区的不同，举行的方式也不尽相同，城市和农村也不一样，有的地方还保留新娘进屋要跳火盆，或由舅舅抱着新娘上车等习俗，但城市里的这些婚俗已简化，增添了符合时代精神的新内容。2014年被列入第四批自治区级非物质文化遗产名录。（WWP）

奥斯曼染眉习俗 奥斯曼染眉习俗是指维吾尔族妇女用奥斯曼草染眉毛的一种生活习惯，主要流传在南疆各地，至少有200多年的历史。奥斯曼草学名叫菘蓝，株秆为粉红色，叶为深绿色，种在庭院里既可当花欣赏，又可以随时采叶子来描眉。维吾尔族人在女孩出生7天后，母亲便用奥斯曼草汁涂抹女儿的双眉。奥斯曼染眉是维吾尔族祖辈流传下来的美容习俗，口传身授，形成了传统。2014年被列入第四批自治区级非物质文化遗产名录。（WJR）

维吾尔族摇床育婴习俗 维吾尔族育婴习俗是维吾尔妇女必须回到娘家生孩子，直到举行过摇床礼，母亲才跟着婆家派来接她的人回到丈夫身边去。婴儿在母亲的身边喂养40天，就要放在摇床上，在摇床上躺到一两岁。婴儿满40天时，要请邻居和亲朋好友和一群小孩来参加隆重的摇床礼。请来的小孩要用40个小木勺把水浇在婴儿身上，并叫着婴儿的名字说一句祝福的话。邻居、亲朋都会热情地来祝贺婴儿的摇床礼，主人家会拿出最好的食物招待客人。维吾尔族的每一个家庭，都少不了一张小摇床。这种高60厘米、长1米、宽40厘米的木制驮轿式摇床，制作相当讲究，极富装饰性，床帮和床腿都雕有精致的花纹，漆成红、绿、黄、白、蓝等各种颜色。横向两端的床腿用一弧形木条连接，可以左右摇晃。2014年被列入第四批自治区级非物质文化遗产名录。（WJR）

蒙古族育婴习俗 蒙古族重视喂乳，一般日哺三次。母乳缺乏时，多以牛羊乳和水以代之。蒙古族对包孩子很重视，自初生到会坐前都包着，包法是用大一点的一块方布，向里折一角，把孩子的两腿并拢，两膝靠紧，两臂向下伸直，用方布包紧，在脚膝、胸部用布条扎结。这种包法，可防止小儿膝部向外弯曲，便于长大后练习骑马。有的地方在婴儿出生后七天就开始放入摇篮，此时要举行摇床宴，有的地方称为祭篮仪式，请亲朋好友参加，并用黄油涂抹摇篮祝福。蒙古族有给男女幼童扎耳朵眼儿的习俗。蒙古族忌外人用手摸小孩的头，认为不洁。小孩在5岁以前，一般不穿带扣子的衣服，也忌大人迈过或跨过孩子的衣服。2014年被列入第四批自治区级非物质文化遗产名录。（WJR）

蒙古族驯马 蒙古族驯马法是蒙古人祖祖辈辈传承的古老的驯马方式。新疆蒙古族驯马保留了最为古老的驯马方法，将充满野性的马，在没有任何安全防范措施的情况下，用套马绳制服。从未被骑过的生马，性格暴烈，见人连踢带咬，无法靠近，这时就需要一位娴熟而勇敢的骑手来骑乘骏马，手持套马绳来驯马。套马绳是一根结实而有韧性的皮绳，用来套住马脖子。生马见人后迅速逃奔，此时，驯马手策鞭猛追，用套马绳准确地将马套住，抓住套马绳不放松，奔跑一段路程后，接近生马，乘机敏捷果断地跳上马背，生马暴跳如雷，狂奔乱叫，而驯马手则随着马的顽悍和倔强的姿势，不断改变骑法来应对。直到生马声嘶力竭，被迫制服为止。这种惊险的驯马，只有勇敢的骑手才能胜任，所以驯马是衡量优秀骑手的标准，后来作为传统的表演项目。2014年被列入第四批自治区级非物质文化遗产名录。（WJR）

柯尔克孜族饮食 柯尔克孜族和新疆其他少数民族一样，馕、手抓饭、手抓肉都是当地族人日常生活中必不可少的美食。柯尔克孜人信奉伊斯兰教，忌食猪肉和自死牲畜肉，马肉马肠为冬季最佳食品。柯尔克孜人进食时，面前铺一块餐布，不论多少人皆围在餐布周围，盘腿而坐，共同进餐。人们说柯尔克孜人的毡房有多大，餐布就有多大，以形容其食品之丰盛和待客之热情。一日三餐，除早餐为馕和茶或奶茶外，中餐和晚餐多以面食、马牛羊肉为主；在农区以面为主食，但肉类仍占有很大比重。日常蔬菜以洋芋、圆白菜、洋葱较为常见，并且很少与肉类一起成菜。肉类以手抓羊肉、烤肉为主，其次有独具特色的灌肠、油炒肉、肉汤等。奶和奶制品在柯尔克孜族日常生活中占有很重要的位置，最常见的有马奶、牛奶和奶皮、奶油、酸奶等。平时喜饮用青稞、麦子或糜子发酵制成的一种名牙尔玛的饮料，柯克孜族好饮茯茶加水煮沸后再加奶和食盐的奶茶。"纳仁"是柯尔克孜族招待客人最上等的食品，先宰羊煮肉，肉熟后用小刀切成肉丝，之后将细面条与之搅拌，并放入适量的洋葱、胡椒粉和盐，即可食用。还有将肥肉和碎肉塞进马的肠子和肚子，放入调味佐料做成的熏马肠和香肠。2014年被列入第四批自治区级非物质文化遗产名录。（WJR）

肖贡巴哈尔节 肖贡巴哈尔节是塔吉克族古老的传统节日，一般在公历的3月21日举行，节期为3天。"肖贡巴哈尔"，塔吉克语的意思是"迎春"。过节这天恰是农历的春分，塔吉克人将这一天看作是祝愿新的一年的美好时刻。节日前夕，塔吉克人每个家庭都要从里到外打扫卫生，许多人还要在家里的墙壁上画上花纹或图案，以示吉祥，同时还要洒上面粉，表示祝福，希望来年吉祥如意。妇女们一起炸"阿尔孜克"（一种油炸面制品）、烤制大馕。节日期间，人们要推举一位德高望重的"肖贡"，"肖贡"要带领一群人去各家拜节。拜节时，"肖贡"走在前面，走到每家，"肖贡"都要开口先讲祝贺节日的贺词。主人对客人的到来表示欢迎，接着将早已准备好的面粉撒在"肖贡"和其他客人的肩上，表示祝福。然后请客人入座，主人热情地倒茶水，请客人品尝食品。这时先由"肖贡"亲自将桌子上的大馕掰成一块一块的，并说："以真主的名义。"自己先吃一口，这时大家才能开始吃面前的食品。由"肖贡"率领的拜节团体，一天要给数十家人拜节，通过拜节活动，增进了解和友谊。节日的头一天，一般都是男人和孩子去拜节，妇女留在家里招待客人。过后，再由姑娘和媳妇去拜节。媳妇还要带上油馕回娘家看望父母，祝贺节日。2014年被列入第四批自治区级非物质文化遗产名录。（WJR）

锡伯族抹黑节 抹黑节是居住在新疆的锡伯族人民一个饶有风趣的传统节日。锡伯族农历正月十六过"抹黑节"。人们清晨早早起来，年轻人成群结队，手里拿着准备好的浸了清油、沾上锅底烟的"库肚苦"（布或毡片），挨家挨户走，只要一遇上人，不分男女，捉住就往脸上抹。那些还没起床的人，也会被人掀开被子，抹个一团漆黑。锡伯族尊敬老人，这一天如果遇见老人，必须先请安后下跪，在得到老人的允许后才能半跪着给老人抹一点点黑，或者由老人自己抹。按风俗，谁在这一天不往脸上抹黑，这一年他就会不吉利。据民间的传说，抹黑节的用意是请求五谷之神免除庄稼的黑穗病，保证丰收。2014年被列入第四批自治区级非物质文化遗产名录。（WJR）

乌孜别克族服饰 乌孜别克族的传统服饰体现了乌孜别克族独特的审美观点。乌孜别克妇女春、夏、秋季一般戴被称为"朵皮"的小花帽。青年女子戴色泽鲜艳的朵皮，并在上面罩一条明丽的花头巾。老年妇女戴古朴典雅、凝重端庄的素朵皮。乌孜别克族妇女爱穿名叫"魁纳克"的连衣裙，宽大多褶，不束腰带，胸前往往精工绣上各式各样的花纹和图案，并缀上五彩珠和亮片。老年人则喜欢宽大多褶的衣裙，有的在连衣裙外再穿各种颜色的坎肩，也有穿各式各样短装的。冬装华贵，除毛衣、毛呢等冬装外，还喜欢穿价格昂贵的狐皮、羔皮、水獭、旱獭等裘皮上衣。妇女戴的首饰样式繁多，质料考究。金、银、珠、玉、绒、绢等精工制成的簪、环、花，错落有致地戴在头上，再配以精美玲珑、金光闪烁的耳环、项链、戒指。男子的传统服装是一种过膝的长衣，长衣有两种款式，一种为直领、开襟、无衽，在门襟、领边、袖口上绣有花边。衣服上有花色图案，十分美观；另一种为斜领、右衽的长衣，腰束三角形的绣花腰带，一般年轻人的腰带色彩都很艳丽，所穿衬衣的领边、袖口、前襟开口处都绣着红、绿、蓝相间的彩色花边图案，老年人爱穿黑色长衣，腰带的颜色也偏于淡雅。乌孜别克族长衣的布料十分讲究，过去多用"伯克赛木绸"（一种质地厚软的绸料）或金丝绒，现在也用各种质地优良的毛料。乌孜别克族男女，传统上都爱穿皮靴、皮鞋，长靴外面还常穿胶制浅口套鞋，进屋时脱下套鞋，就可以不把泥土带进屋内，十分卫生。妇女穿的"艾特克"靴，上面绣着各种图案，堪称是做工精湛的手工艺品。2014年被列入第四批自治区级非物质文化遗产名录。（WJR）

新疆社火 新疆社火有着深厚的历史渊源，最早可追溯到清朝乾隆年间（1770年前后），来自关内甘肃、陕西、山西、河南、河北、四川等省的屯民把各自家乡社火的习俗也带到了新疆。新疆社火以传统内容为主，其主要表现形式，无论是高跷、龙灯、狮子和各种地台社火，均在强烈的锣鼓伴奏中以游转的方式活动。而今，社火在内容上不断丰富，除了传统的舞龙、舞狮、秧歌、腰鼓，又增加了彩车、民族歌舞等项目。每年元宵佳节，昌吉的新疆社火通过旱船、高跷、舞龙、舞狮、秧歌、腰鼓、彩车、民族歌舞等这些艺术形式，穿街过巷进行表演。过去，社火表演的参加者主要是汉族、回族群众，近几年，维吾尔族、哈萨克族群众也参与了社火队，表演民族歌舞，跑旱船跳秧歌，呈现社火融入多元文化的景象。过去，社火主要是祭祀神灵，求福纳祥，现在则表达人们追求美好幸福生活的愿望。昌吉的新疆社火最初由内地各省汉族移民发起，即保留了内地传统社火的特色，又有维吾尔族、回族、哈萨克族等民族的民俗文化融合其间，形成了独特的新疆社火。2014年被列入第四批自治区级非物质文化遗产名录。（WJR）

三 社会文化资源

（一）文化艺术机构、团体

新疆博物馆 新疆博物馆成立于1959年，1953年成立筹备处，1958年始建，1959年正式成立，原馆设计是农业展览馆，为山字形平房建筑，1962年迁址改为博物馆并对外开放，是自治区唯一的省级综合性博物馆，是全疆最大的文物和标本收藏保护、科学研究和宣传教育机构。新的新疆博物馆作为自治区重点建设项目，于2005年9月20日开馆。新馆建筑面积17288平方米，地下一层、地上二层，主体高18.5米，玻璃穹顶顶标高29.5米，建筑平面基本呈"一"字形平面对称布局，具有浓郁西域风格和新疆地方特色。新疆维吾尔自治区博物馆常设如下展览：一是新疆少数民族民俗展览，系统介绍新疆12个少数民族在服饰、起居、节庆娱乐、婚丧、礼仪、饮食、宗教及其他方面各具风姿的民情风俗。展品丰富，深得国内外人士好评。二是新疆历史和出土文物展览，展出了自四五千年前直至近代从丝绸之路发掘及收集的1000多件珍贵文物，包括锦绢、陶瓷、泥俑、钱币、碑帖、文书、典籍、兵器、器具，等等，展示古代西域的灿烂文化。三是新疆古尸展览，展品有距今3800余年的楼兰女尸、有距今3200余年的哈密女尸和距今3000年且末女尸。博物馆还举办过"中国原始社会""魏晋南北朝隋唐时期的高昌封建社会""新疆原始社会""汉—唐时期的新疆""新疆石窟壁画（摹本）""新疆出土文物""祖国锦绣""新疆古尸（及伴出文物）""馆藏书画"等专题陈列和展览。"新疆民族民俗""新疆古尸及出土文物""新疆石窟壁画"等陈列曾先后应邀到国内外展出。博物馆科研工作以馆藏文物为重点，科研人员完成的论著先后分别在全国或自治区专业刊物或结集发表，或以专著形式问世，其中有的论著曾分别获自治区哲学社会科学不同等次的优秀成果奖。该馆出版有《丝绸之路——汉唐织物》《新疆出土文物》《吐鲁番出土文书》《回鹘文弥勒会见记》《新疆维吾尔自治区博物馆》等。（PLJ）

新疆图书馆 新疆维吾尔自治区图书馆

成立于1949年10月，始建于1930年8月，原名新疆省立图书馆，1949年10月改称新疆省人民图书馆。1955年10月新疆维吾尔自治区成立，新疆省人民图书馆改名为新疆维吾尔自治区图书馆，并于1958年在乌鲁木齐市新华南路建成了图书馆大楼，是自治区级综合性公共图书馆，是向社会公众提供文献信息服务的学术性社会文化教育机构，是全区公共系统的中心图书馆。1986年7月在乌鲁木齐市北京南路破土兴建新馆大楼，新馆大楼于1999年10月正式竣工开馆。新馆占地约3.7万平方米，总建筑面积24700平方米，设计藏书容量300万册，阅览席位2500个。新疆图书馆现有汉、维吾尔、哈萨克、回、蒙古、柯尔克孜等6个民族的工作人员77人，是全疆文献信息服务中心、古籍保护中心和文化信息共享新疆分中心，也是全疆图书馆行业协作协调中心。其主要机构有采访编目部、汉文外借部、报刊阅览部、民文文献部、外文文献部、参考咨询部、古籍特藏部、电子文献部、研究辅导部等。图书馆具有保存人类文化遗产、开展社会教育、传递知识信息、开发智力、文化休闲等职能作用，承担着为社会公众、党政机关、科研教育、企事业单位提供文献信息和立法决策服务的任务。图书馆实行365天基本服务项目免费开放，秉承"读者至上 服务创新"的宗旨，形成了"月月有主题、周周有活动、天天有服务"的工作模式，举办了丰富多彩的读者活动，创建了"昆仑讲坛""作家大讲堂""书香新疆""书香佳苑""尚书品读"等系列全民阅读文化品牌。现有馆藏210万册（件），包含汉文、维吾尔文、哈萨克文、柯尔克孜文、蒙古文、锡伯文等文献，形成了以少数民族文献及新疆地方文献为特色的藏书体系。（PLJ）

新疆文化馆 新疆文化馆组建于1984年，是组织开展全区性群众文化工作，致力于基层文化馆站、社会公众辅导培训、创作与研究，为广大各族群众提供公共文化服务的公益性文化事业单位。文化馆现有编制50人，根据工作职能部门设置为：办公室、表演艺术辅导部、美术摄影创作辅导部、活动策划部、文化艺术培训部、理论研究信息部、艺术考级办7个部室。各艺术门类专业人员和管理人员中分别配备有音乐、舞蹈、美术、摄影、文学、戏剧、非遗（或民族民间文化）、群众文化理论以及演出设备管理、数字化服务设备管理等门类的专门人员。文化馆主要工作职能有：丰富和活跃广大群众的文化生活，普及科学文化艺术知识，指导社会文化活动的普及提高，开展社会宣传教育。主要工作任务：承办政府主办的各类社会文化艺术活动，组织开展各类社会文化艺术活动，包括常设阵地活动、社区、乡镇、广场等文化活动；为群众提供各种健康、有益的文化服务；组织群众文艺作品创作；辅导、培训文艺骨干和社会文艺团队；搜集、整理、研究、开发民族民间优秀文化，挖掘、保护和继承民间文化遗产；组织和开展群众文化理论研究。辅导本行政区域内下一级文化馆、文化站（中心）开展群众文化工作。文化馆现有公共设施和空间场地已全部面向社会公众免费开放，并且提供普及性文化艺术培训，面向文艺团队免费开放公共空间设施场地，举办大型公益性群众文化活动，负责普及性文艺辅导和群众文艺作品创作指导，举行美术、书法、摄影作品展览展示等免费服务项目。开展对外社会文化交流，弘扬中华民族优秀文化，满足各族人民群众日益增长的精神文化需求和鉴赏水平。（PLJ）

新疆画院 新疆画院成立于1981年6月，位于乌鲁木齐市，是自治区文化厅下属的事业单位。编制33人，现在职人数25人，专业画家19人，专业人员包括汉、维吾尔、哈萨克、柯尔克孜、满、苗、回、俄罗斯等8个民族。画院内设中国画、油画（壁画）、版画创作研究室、行政办公室、图书资料室、艺术档案及收藏室、深圳西域画廊、新疆画院考级中心等部门。30多年来，新疆画院的专业人员创作完成了大量的具有浓郁民族特色、地方特色的美术作品，作品多次参加国内外举办的各种形式的画展以及在美国、日本、法国、澳大利亚等十余个国家和地区举办的美展。有多幅作品在全国、自治区获得金、银、铜、优秀等不同奖项。部分作品被美国、日本、法国、加拿大等十余个国家和地区美术馆、博物馆收藏以及中国美术馆、中国画研究院、中央美术学院、中央民族大学博物馆、民族文化宫等20多个国内美术馆、博物馆收藏。此外，画院的画家还分别在美国、日本、法国等十余个国家地区以及北京、上海、广州等20多个省市多次举办个人画展。协助文化部及有关部门举办美术、书法展及出国文化交流展，如《中国艺术节（乌鲁木齐）美术作品展》《第八届全国藏书票展》《首届新疆油画展》《携手新世纪——第三届中国油画展新疆展区作品选》。在美国举办《丝路新彩美术作品展》《全国画院双年展》等。积极参与自治区美术专著的编辑出版工作，先后编辑出版新疆首张《新疆百名美术家CD-ROM光盘》《新疆画院作品集》等。画家出版个人作品专著约20余册，部分作品入选《中国美术全集》《中国现代美术全集》《中国文艺大系》《中国当代油画艺术》《二十世纪中国油画》等美术专著。（PLJ）

新疆艺术剧院 新疆艺术剧院成立于2009年8月。艺术剧院演出场所位于乌鲁木齐市延安路边疆宾馆附近，占地面积8万平方米，建筑面积34000平方米，总投资1.12亿元，有200平方米的排练厅6个，300平方米的有排练厅6个，一个能容纳300人的合成剧场，还有50多个琴房和其他功能的排练厅，完全能够满足音乐、舞蹈、杂技、戏剧等多种艺术形式的创作和排练，集演出、排练、绘景、办公于一体，其使用功能和建筑规模均居西北地区第一。建成后的新疆艺术剧院将原自治区歌舞团、歌剧院、杂技团和话剧团纳入其中，成为代表新疆各民族特色艺术最高水准的表演团体。近年来，新疆歌舞团继《我们新疆好地方》之后推出的舞台艺术精品《洒满阳光的新疆》在全国第三届少数民族文艺调演中荣获演出大奖，名列全国第二，荣获第12届"文华奖"剧目奖和单项奖。在第四届CCTV电视舞蹈大赛中，新疆歌舞团演出的《刀郎麦西来甫》荣获表演二等奖、创作十佳奖；《刀郎麦西来甫》从全国160个节目中脱颖而出，成为奥运会开幕式前在"鸟巢"精选演出的25个节目之一。新疆歌剧院创作的大型民族音乐剧《冰山上的来客》自问世以来，已在新疆和内地商业演出70余场，几乎赢得全疆乃至全国的各种奖项，2007年荣获中宣部"五个一工程奖"，同年参加中国第八届艺术节获得"文华剧目奖"及三个单项奖。新疆话剧团的话剧《马市巷子的老院子》已公演70多场，荣获第五届全国话剧优秀剧目展演二等奖，受到社会各界的一致好评。新疆杂技团多年来一直坚持走民族杂技的路子，经典传统节目"达瓦孜"（高空走绳）创造了多个吉尼斯世界纪录。在第五届全国青少年杂技比赛中，杂技团的参赛节目《葡萄架下》荣获"文华奖"创作节目银奖和三个单项奖。全疆各地州文艺团体也结合本地实际，创作出了一批优秀的舞台作品。（PLJ）

新疆艺术剧院歌舞团 新疆艺术剧院歌舞团成立于1949年，由维吾尔、汉、回、哈萨克、柯尔克孜、乌孜别克、塔吉克、蒙古、满、锡伯等民族组成，是集新疆各民族文化艺术为一体，拥有一批杰出的舞蹈家、歌唱家和颇具实力编创人员，表演实力雄厚，演艺阵容整齐，是新疆最具代表性的优秀艺术表演团体。建团60多年来，发掘、创作、演出了一大批既有民族特色又有时代气息、既有高雅艺术又有大众文化的维吾尔、哈萨克和其他少数民族舞蹈、歌曲、乐曲、弹唱等节目，其中创作演出了大型剧目《天山欢歌》《我们新疆好地方》《洒满阳光的新疆》等30多部，使优秀的民族文化艺术从民间走上舞台、走进大众、走遍全国、走向世界。经历60多年的艺术积淀，新疆歌舞团已成为一支演艺阵容整齐，艺术实力雄厚的艺术表演团体。先后孕育出了以迪力拜尔、帕夏·依夏、努斯来提·瓦吉丁、迪丽娜尔·阿布都拉、马跃先、吐尔逊娜依·伊布拉音等深受国内外观众喜爱的艺术家。近年来，新疆歌舞团树立新的创演理念，在传承民族艺术的基础上，打造适应新形势的艺术精品，为新疆歌舞注入了新的生机与活力，在国际国内凸显其无穷的艺术魅力，共有200多部作品在国际、国内获奖。其中大型歌舞《天山欢歌》在北京举办的第二届全国少数民族文艺会演中获得18项大奖，大型歌舞《洒满阳光的新疆》在北京举办的第三届全国少数民族文艺会演中获得金奖和七个单项奖，在第八届中国艺术节获文华新剧目奖和三个单项奖。大型民族歌舞《天山雪莲》参加第四届全国少数民族文艺会演，荣获最高奖"剧目金奖"及最佳导演奖、最佳编剧奖、最佳音乐奖、最佳舞美奖等18个单项奖。（PLJ）

新疆艺术剧院话剧团 新疆艺术剧院话剧团成立于1956年，是由原新疆军区文工团中的话剧团转业人员组建，是一个由汉、回、锡伯、蒙古、满、俄罗斯几个民族组成的集体。剧团演出场所为新话剧场，位于新疆乌鲁木齐市西北路的新疆维吾尔自治区博物馆

旁,是集话剧、文艺演出、电影放映多功能于一体的百姓剧场。话剧团自建成以来,深入群众生活,创作出了很多富有时代气息的戏剧作品,在乌鲁木齐的文艺大舞台上产生广泛影响。2011年,由国家、自治区财政和文化厅投资500余万元对新话剧场影厅进行了全面维修改造。新话剧场现拥有5个专业数字电影厅、最先进的2K数字电影机和音响设备、桌面式选票服务等系统,其中一楼大厅有546座,有标准的舞台、专业的吊杆、灯光控制设备和音响设备。多民族文化的融合成为剧团戏剧艺术创作上独树一帜的风格。从20世纪50年代《步步跟着毛主席》音乐话剧起,先后创作了《火焰山下红旗飘》《红旗牧歌》《腾云驾天山》《天山红花》《林基路》《金瓯记》《华夏之子》《阿尔泰新娘》《扬帆万里》《热瓦甫与小伊克》《世纪夜》《解忧》《丝绸路上的红氆氇》《吴登云》《罗布村纪事》《马市巷子的老院子》。其中,《解忧》获中宣部"五个一工程"提名奖,《吴登云》获中宣部"五个一工程"奖、新疆"五个一工程"奖,《罗布村纪事》获首届新疆"天山文艺奖",《马市巷子的老院子》获第二届新疆"天山文艺奖"。这些民族风情浓郁的艺术作品可以很好地让人们了解新疆,了解新疆的少数民族,了解新疆的风土人情。(PLJ)

新疆艺术剧院歌剧团 新疆艺术剧院歌剧团成立于1952年,是由维吾尔、汉、回、哈萨克、柯尔克孜、塔吉克、塔塔尔、乌孜别克等8个民族组成多民族的自治区级文化艺术表演专业团体,是新疆唯一一个以维吾尔歌剧表演艺术为主,兼顾歌舞、话剧、小品等表演形式的大型综合性文艺单位。新疆艺术剧院歌剧团现有编制数91个,单位下设四个部门:办公室、演员队、舞蹈队、创作研究室。主要演员是由中央戏剧学院本科班毕业的四期学生及新疆艺术学院毕业的学生为骨干组成的一支高水平的表演队伍,单位现有人员中本科学历人员80人,大专学历人员12人。剧团成立60年来,先后创作、排演、改编、移植歌剧《战斗的历程》、音乐话剧《步步紧跟毛主席》、维吾尔古典歌剧《艾里甫与赛乃》、移植现代京剧《红灯记》、苏联轻歌剧《货郎与小姐》、歌剧《木卡姆先驱》、大型民族歌舞剧《最美的还是我们新疆》等90多部各类剧目。上演剧目先后有12台(部)获国家及自治区各类奖项:歌剧《木卡姆先驱》荣获文化部颁发的"优秀剧目"七项大奖、第七届"文华新剧目奖"和自治区精神文明建设"五个一工程奖",维吾尔歌剧《古兰木罕》荣获文化部第七届"文华新剧目奖""音乐创作奖""文华表演奖"和中宣部"五个一工程奖",话剧《努尔太阿吉的故事》在自治区庆祝建国50周年献礼演出中荣获一等奖和七项单项奖,大型民族音乐剧《冰山上的来客》在新疆和内地20多个城市演出113场,2005年荣获上海白玉兰戏剧表演艺术集体奖,2006年荣获第四届全国优秀剧目展演二等奖,新疆第二届"天山文艺奖",2007年荣获国家舞台艺术精品工程"精品提名剧目",第十届全国精神文明建设"五个一工程奖",第十二届优秀文化剧目奖等多

个奖项。(PLJ)

新疆艺术剧院杂技团 新疆艺术剧院杂技团成立于1961年。经过几十年的发展,已成为一个拥有杂技、魔术、滑稽、音乐、舞台美术、创作、编导、教学、杂技理论研究等门类齐全、实力雄厚的艺术团体。杂技艺术家们排演的《魔术飞牌》《双顶碗》《对传萨巴依》《倒立造型》《大跳板》《钻地圈》《晃圈》《集体技巧》《转台造型》《软钢丝》《高空钢丝》《滚灯》《达瓦孜》等节目,在西北地区、全国和国际杂技比赛中连连获得金、银、铜奖,得到文化部的表彰和嘉奖。1997年6月22日,杂技团的青年演员阿迪力·吾休尔以13分48秒79的成绩横跨长江三峡,创吉尼斯世界纪录,自治区人民政府特授予其"高空王"的光荣称号。杂技团多年来一直坚持走民族杂技的路子,经典传统节目"达瓦孜"(高空走绳)创造了多个吉尼斯世界纪录,为我国赢得了巨大荣誉。在第五届全国青少年杂技比赛中,杂技团参赛节目《葡萄架下》荣获"文华奖"创作节目银奖和三个单项奖,另外还排演了大型魔术滑稽杂技剧《阿凡提》。建团以来,杂技团的足迹遍及天山南北,并赴北京、上海、河北、青海、陕西、浙江、广州、云南、四川、内蒙古、宁夏等地献艺,深受各族观众的喜爱。杂技团近年以打造"全国有特色,西北有影响,自治区文化系统有地位"的一流院团为目标,加强班子建设和队伍建设,派出多名演员赴基层开展惠民演出,进军营,走社区,给老百姓带去丰富多彩的文化演出。同时精心策划和安排新疆地州县市的惠民演出活动,努力打造既有浓郁民族风格,又有鲜明地方特色,高质量、高水平、百姓喜闻乐见的惠民文化活动。(PLJ)

新疆爱乐乐团 新疆爱乐乐团成立于1996年,乐团为双管编制的职业交响乐团,现有编制70人。乐团成立以来,演奏了大量不同风格、不同时期、不同地域、不同民族的中外音乐作品,逐渐形成了细腻、严谨、质朴的演奏风格。同时,乐团致力于新疆音乐的创新发展,推出《慕士塔格》《牡丹罕》《嘎哦丽泰》《掀起你的盖头来》等交响乐作品,努力探索具有浓郁民族地域特色的音乐发展道路。乐团以推动和发展交响乐为己任,在每个时期都留下了优秀作品。2008年乐团作为首个进入国家大剧院演出的新疆专业团体,成功上演了《在那遥远的地方》专场音乐会。近年,乐团水准快速提升,在各项重大赛事和演出当中展现实力,得到了各方面音乐同仁的认可。2009年参加"庆祝中华人民共和国成立60周年全疆专业文艺调演",一举获得6项金奖;2010年在兰州、重庆参加全国交响乐展演中脱颖而出,夺得多项金奖;乐团首张唱片《慕士塔格》全球发行,荣获2010年度十大金唱片奖;2012年参加第二届中国·西北音乐节连夺包括4项金奖在内的9项大奖,雄踞榜首;在第三届全疆器乐大赛中获得12项一等奖、12项二等奖和6项三等奖的殊荣;同年,在《纪念毛泽东在延安文艺座谈会上的讲话》发表70周年活动中,中央电视台录制拍摄了乐团《慕士塔格》《故乡》

等著名新疆特色曲目作为全国优秀交响乐团作品精品进行展播。2013年新疆爱乐乐团在参与第二届中国·西部交响乐周的众多优秀乐团当中表现突出，获得表演金奖。（PLJ）

新疆生产建设兵团秦剧团 新疆生产建设兵团秦剧团成立于1949年，全称新疆生产建设兵团猛进秦剧团。1949年5月，周至猛进剧社所在的国民党六军十七师起义投诚，剧社由解放军收编，改名猛进剧团，参加中国人民解放军六军十七师序列，从此成为驻扎在乌鲁木齐市的由新疆生产建设兵团直辖的猛进秦剧团。1950年改名为"新疆生产建设兵团猛进秦剧团"。剧团响应国家关于"屯垦戍边"的伟大号召，发扬人民解放军的光荣传统，节衣缩食，自筹资金，自己动手打土块，建起了"民主剧院"（今乌鲁木齐市儿童影剧院址），开辟了自己的演出阵地。1954年新疆生产建设兵团成立后，改属兵团政治部领导，1960年兵团成立艺术剧院，猛进秦剧团成为艺术剧院的八大剧团之一。"文化大革命"期间解散，1978年恢复，1984年又重新归属新疆生产建设兵团。现为新疆生产建设兵团文化广播电视局下属的四个专业院团之一。据统计，剧团平均每年演出400多场，多次受到上级部门的表彰和奖励。其代表剧目有《三滴血》《窦娥冤》《赵氏孤儿》《谢瑶环》《三堂会审》《梁秋燕》《豹子湾战斗》《两颗铃》《红旗牧歌》《春到草原》《妇女代表》《青年一代》《骑上驴儿上北京》《江姐》《天山红花》《周仁回府》《红楼冤》《西琳与帕尔哈特》《辕门斩子》等300多个传统戏、新编古代戏和现代戏。（PLJ）

新疆生产建设兵团杂技团 新疆生产建设兵团杂技团成立于1951年，杂技团演员由汉、维吾尔、回、蒙古等多个民族组成。建团60年来，足迹遍及天山南北，为新疆各族人民和新疆生产建设兵团的各族职工创作、演出了丰富多彩的杂技艺术作品。演职员工发扬"热爱祖国，无私奉献，艰苦奋斗，开拓进取"的兵团精神，深入田间地头、边境农场为兵团各族职工提供了丰富的精神食粮，在创作了大量杂技节目的同时，也培养了一批具有兵团精神和艺术造诣的优秀文艺工作者，形成了良好的工作作风。杂技团的杂技节目融技巧展示、艺术表现和观赏性于一体，突出作品高、难、新、奇、美的特点，节目质量不断提高，在全国各类杂技比赛中先后有12个节目获全国奖项，17个节目获西北大区奖项，20余个节目获兵团奖项，5个节目获自治区天山文艺奖作品奖，并国际大奖4个，多名杂技教练获得文化部优秀教师荣誉称号。大型杂技情景剧《戈壁儿女》曾参加第十一届上海国际艺术节的展演，受到观众的高度赞扬。杂技团创作和排练了一批批优秀的杂技艺术作品，先后在上海、广州、武汉等多个省市巡回演出，取得了良好的社会效益。多次受邀赴俄罗斯、日本、葡萄牙、瑞士、德国及独联体10国和中国台湾、香港地区进行商业演出，弘扬中国传统文化，增进了与各国人民的交流，深受中外观众的热烈欢迎。杂技团在艺术发展道路上坚持科学、发展、创新的原则，能借鉴其他门类的艺术

形式，走发展精品的创作道路，使杂技艺术作品更具思想内涵，更加完美体现观赏性、艺术性、时尚性和民族性。（PLJ）

新疆大剧院 新疆大剧院始建于2013年4月，是印象西域国际文化旅游产业园第一阶段启动建设项目之一，总投资达12亿元，占地面积18.7万平方米，总建筑面积10万平方米。被新疆维吾尔自治区列为"十二五"期间文化旅游产业重点项目。新疆大剧院建筑高度为80米，主表演厅可同时容纳2000人观看演出或参加会议，拥有国内最大的室内表演舞台，面积约4000平方米，配置国际一流的声、光、电、烟火、水幕等大型机械舞台装置，采用当今最先进的数字模拟成像、全息影像和立体投影技术，斥巨资打造36处立体实景。大剧院代表着新疆歌舞艺术展示的整体形象，设计、建筑标准高，为此投资方分别邀请国际、国内知名设计单位进行大剧院方案设计，最终确定了由深圳设计研究总院全国建筑设计大师设计的方案"天山下的雪莲"。大剧院主体建筑坐落在平缓的台基上，以盛开的天山雪莲为原型，通过抽象与创新的设计手法，形成里外套层的穹顶造型的主体形象。外饰面通过黄褐色金属光泽的铝板材质表达出轻盈、时尚的品质，内核金色砖纹肌理表达出浓烈的新疆地域文化特征。同时，大剧院内部包括若干个超大型展厅、音乐厅、多功能商务厅和数字影院，实现了商务活动和文化艺术展示的完美统一。新疆大剧院外形独特，融合了当地的艺术文化，整体外形看上去犹如一座冰山雪莲，高雅淡然。新疆大剧院艺术团是首个在新疆大剧院进行专场固定演出的艺术团体，也是将与国内宋城艺术团、法国红磨坊歌舞团齐名的歌舞演艺团体。新疆大剧院艺术团由300多名来自全疆各地的各民族优秀演艺人才以及周边国家的外国演员组成，其中大部分演员毕业于舞蹈学院，受过专业、系统的演艺训练，保证了艺术团具有较高的演出平均。（PLJ）

新疆人民剧场 新疆人民剧场始建于1955年8月，至1956年12月中旬完工，于1957年1月举行了落成典礼，剧场位于新疆维吾尔自治区乌鲁木齐市天山区建中路。剧场占地面积14000平方米，三层结构建筑面积为9880平方米。剧场是一座独具欧亚民族特色的宏伟建筑，目前已成为具有新疆最先进设备的多功能、多厅豪华影剧娱乐城，环境舒适、优雅，成为自治区首府一座具有民族特色的大型文化娱乐中心。自1957年至今，人民剧场已走过半个世纪的辉煌历程，曾经出色地完成了自治区党委、政府交给的各项重大任务，同时也为繁荣自治区文化艺术事业，丰富各民族群众的文化生活做出了应有的贡献。20世纪50—80年代初，人民剧场曾是自治区历届党代会、人代会、政协会议的主会场。党和国家及自治区许多领导人曾在人民剧场出席重要会议或观看新疆民族歌舞表演。在近半个世纪中人民剧场曾经接待过中外著名艺术表演3000余场，有俄罗斯民间歌舞团和芭蕾舞团、美国杨伯翰大学艺术代表团、罗马尼亚民间歌舞团、土耳其国家艺术团和中国东方歌舞团、中央交响乐团及各省文化交流艺术团等。新疆历届少数民族文艺调演、新疆艺术节均在人民剧场举行。人民剧场促进新疆与各国、各地的文化艺术交流,为新疆民族文化艺术走向世界搭建了平台。(PLJ)

新疆文学艺术界联合会 新疆维吾尔自治区文学艺术界联合会成立于1953年10月,是自治区党委领导下的专业性人民团体,是中国文学艺术界联合会的团体会员,是党和政府联系新疆各族文艺家的桥梁和纽带,担负着繁荣和发展多民族文艺事业的重要任务。文联机关当前实有213人,其中汉族84人,占人员总数39%;各少数民族共129人,占61%。现有事业编制人员173名,其中专业技术人员146名,具有副高职务以上的51人,有9名享受国务院政府特殊津贴专家和2名自治区有突出贡献优秀专家。区文联下辖11个杂志社,用5种文字出版11种文艺期刊,均为国内外公开发行。这11个杂志社分别为:汉文《明星时代》《西部》《民族文汇》3个杂志社;维吾尔文《新疆艺术》《塔里木》《文学译丛》《美拉斯》4个杂志社;哈萨克文《曙光》《木拉》2个杂志社;蒙古文《启明星》杂志社;柯尔克孜文《新疆柯尔克孜文学》杂志社。自治区文联下辖11个全区性文艺家协会,即作家协会、音乐家协会、美术家协会、书法家协会、民间文艺家协会、摄影家协会、电影家协会、舞蹈家协会、戏剧家协会、杂技家协会、电视艺术家协会。这些协会既是自治区文联的驻会团体会员单位,又是各自对应的全国文艺家协会的团体会员。自治区文联的业务工作面向自治区地方、军队(含武警)、兵团和产业文艺界,基本职能是组织、联络、协调、服务。根据《章程》规定,文联实行团体会员制,现有团体会员31个。自治区各文艺家协会、各地、州、直辖市文联、自治区各大产业和行业文联,都是自治区文联的团体会员。新疆生产建设兵团文联随兵团在全国计划单列,是中国文联的团体会员,同时也是自治区文联团体会员。(PLJ)

新疆作家协会 新疆作家协会成立于1957年5月,隶属自治区文联领导下的人民团体,承担着联络、协调、服务于各民族作家的工作任务,是架设在党和作家之间的一座重要的桥梁。协会成立初期只有会员52人,经过50多年的发展,目前共有会员2487人。这些会员中,维吾尔族会员826人,汉族会员806人,哈萨克族会员390人,蒙古族会员180人,柯尔克孜族会员190人,其他少数民族会员95人。其中女会员250人,中国作家协会会员165人。另据不完全统计,在新疆从事文学创作活动的各民族文学爱好者有6000多人,一支由老中青组成的多民族作家队伍已经形成,从其数量上看,与内地省份的作家队伍总体上差别不大。近年协会的主要工作,一是以联络和服务于会员为宗旨,组织开展丰富多彩的文学活动。二是建立能够适应发展多出精品力作的创作机制,总结吸取各地作协的经验,积极开展文学创作和创作扶持工作。近些年先后有3人获得鲁迅文学奖、4人获"五个一工程奖"、25人获"骏马奖"、40多人获"天山文艺奖",还有许多作者或作品获得其他多种文学奖。三是根据新疆多民族、多语种的特点，大力培养文学翻译人才，促进文学翻译事业蓬勃发展。四是设立"汗腾格里"等文学奖，激励各民族作家的创作积极性。五是关心女性会员的文学创作活动和重视各民族青年作家的培养工作，以多种形式加强各民族作家队伍建设。六是组织作家下基层深入生活和赴国内外采风考察，开阔作家视野。七是为会员做好服务工作，出版会刊《新疆作家》和作家丛书，缓解基层会员出书难问题。（PLJ）

新疆民间文艺家协会 新疆民间文艺家协会成立于1980年9月。自成立伊始，就以保护、抢救、推介、研究新疆各民族民间文化，继承、弘扬各民族优秀文化传统，促进各民族的文化交流，繁荣发展我国各民族文化事业为宗旨，把服务和依靠各民族民间文艺工作者作为开展工作的出发点和落脚点。多年来协会初步完成了《玛纳斯》《江格尔》《格斯尔》三大史诗、民间文学集成等一系列影响深远的重点文化工程。参加了中国文联的"山花奖"，文化部的"集成志书编纂奖"和自治区的"天山文艺奖"以及中国文联和自治区的"德艺双馨"百佳会员等评选。2005年以来，随着国家非物质文化遗产保护工程的全面启动，协会被确定为"江格尔""玛纳斯""格斯尔""维吾尔族达斯坦""哈萨克族达斯坦"五个国家级和"柯尔克孜族达斯坦""蒙古族图兀勒"两个自治区级非物质文化遗产保护项目责任单位。协会现有维吾尔、汉、哈萨克、蒙古、柯尔克孜、回等6个民族的20多名专业人员，其中副高以上职称占35%，大专以上学历占100%，平均年龄为37岁。协会下设民俗研究室、江格尔格萨尔研究室、玛纳斯研究室、维吾尔达斯坦研究室、哈萨克达斯坦研究室、民间文艺活动策划室6个科室。协会还相继成立了民间剪纸、民间根雕、民间美术、"花儿"、新疆和田玉文化、新疆酒文化等艺术委员会。协会会员遍及全疆各地，其中自治区会员1428名，全国会员132名。逐步搭建了一个以民间文化研究、保护为主体的广阔舞台，使协会成为名副其实的民间文艺工作者之家。（PLJ）

新疆音乐家协会 新疆音乐家协会成立于1954年，是新疆维吾尔自治区文学艺术界联合会和中国音乐家协会的团体会员。协会现有15个团体会员（各地、州、市音协），1280余名个人会员，会员包括作曲家、歌唱家、演奏家、词作家、音乐教育家、音乐理论家、音乐活动组织者和音乐人等专业人士，其中287名为中国音乐家协会会员，主要分布在全疆各艺术院校、文艺团体和研究部门，从事音乐创作、音乐理论研究、音乐表演和音乐教学等工作。协会设有专业委员会8个，创作委员会负责组织音乐家深入生活，繁荣音乐创作；理论委员会负责组织、开展音乐理论方面的研讨活动；表演艺术委员会负责组织各种演出，广泛联系表演艺术家，推出新人新秀；音乐教育委员会负责联系专业和社会音乐教育工作者，开展音乐教育方面的研讨和学术交流活动，发展音乐教育事业；民族音乐委员会负责促进民族音乐的创作和发展；对外联络与发展委员会负责拓展协会的活动领域，广泛联系国内外的音乐团体和音乐家，促进相互间的友好关系和音乐交流；社会音乐与音乐考级委员会负责组织非专业的社会音乐活动，组织各种业余音乐比赛、培训辅导和考级活动；音乐权益保障委员会负责联系全国各音乐权益保障组织，为维护音乐家权益提供支持。新疆音乐家协会下属有钢琴学会、手风琴学会、小提琴学会、大提琴学会、电子键盘学会、管乐学会、音乐文学学会、基本乐科学会、扬琴学会、琵琶学会、吉他学会、声乐学会、合唱学会、二胡学会等15个专业学会，负责组织新疆音乐家协会的各类音乐比赛、音乐培训、音乐考级和开展各种社会音乐活动。（PLJ）

新疆舞蹈家协会 新疆舞蹈家协会成立于1959年，原名中国舞蹈研究会新疆分会，后改名为中国舞蹈家协会新疆分会，1991年改为新疆舞蹈家协会，是新疆舞蹈艺术家的专业性组织。新疆舞蹈家协会在全疆范围内吸收舞蹈表演、编导、理论、教育、编辑、管理及在群众舞蹈组织活动中卓有成就的人员为会员，在全疆各地州、各产业文联中设团体会员，各团体会员拥有各自的会员，从事舞蹈专业门类的研究和学术活动。新疆舞蹈家协会的宗旨是：促进和活跃舞蹈艺术创作，进行理论学术研究及作品评论，举行舞蹈比赛，发掘培养舞蹈人才，开展群众性舞蹈活动，丰富大众文化生活，促进中外舞蹈文化艺术交流，繁荣和发展具有新疆特色的舞蹈艺术事业，推动自治区精神文明建设。协会下设新疆舞蹈家协会舞蹈考级委员会、少儿舞蹈委员会、群众舞蹈委员会、少数民族舞蹈委员会、舞蹈理论研究委员会、国际标准舞委员会。定期或不定期举办全疆性和全国性各种舞蹈比赛；开展中外舞蹈文化艺术交流，联络、协调、服务于该会和各地州舞协广大会员。协会自1999年起独立主办或与有关方面合作主办"全疆少儿舞蹈大赛""全疆国际标准舞大赛""中老年服饰舞蹈大赛暨群众服饰舞蹈大赛""大中专院校形象大赛""全疆专业舞蹈大赛"，策划参与大型舞蹈晚会等活动。新疆舞蹈家协会系列舞蹈大赛在区内外产生了广泛的影响。（PLJ）

新疆戏剧家协会 新疆戏剧家协会成立于1959年。协会现有会员900余名，会员主要包括：戏剧作家、演员、编导、导演、戏剧教育家、戏剧理论家、戏剧评论家等。新疆戏剧家协会的主要任务是：团结与组织全疆各民族戏剧工作者，进行戏剧创作和戏剧理论探讨，促进戏剧表演和戏剧教育的提高，继承和发展民族戏剧传统，促进与全国戏剧团体和个人之间的交流。协会多年来主办或承办了文艺活动近百次，2013年自治区文联成立60周年，戏剧家协会举办了"庆自治区文联成立60周年'千人培训'第二届戏剧培训"活动，培训的对象主要是从事戏剧类的工作人员和爱好者，培训内容主要包括戏剧创作、戏剧理论、戏剧表演和新疆的戏剧现状及发展等，培训学员120多人。与有关部门合作举办的活动100多次，受上级指派或协会自己组织的作品研讨、经验交流会

70多次，会员参加全国有关比赛活动获国家奖项30多人次、获省级活动有关奖项50多人次。协会近年举办一些主要活动：协会协助中国戏剧家协会举办了全国大学生戏剧节新疆片区选拔赛、迎奥运西北五省区戏剧票友大赛新疆片区选拔赛，协会向"全国梅花奖大赛""中国戏剧节""全国小戏、小品大赛""全国小梅花大赛""全国校园戏剧节""中国剧协西北五省区秦腔艺术节""中国戏剧理论奖""五个一工程奖""全国少数民族曲艺汇演""天山文艺奖"等活动报送了作品，并获得了多项奖项。多年来协会还多次协调组织内地戏剧艺术家来疆采风。（PLJ）

新疆美术家协会 新疆美术家协会成立于1959年，现有省级会员1300人。协会吸纳在美术创作、美术评论、美术史研究、艺术设计等方面成就卓著者为会员，集中了全疆有成就、有影响的美术专家、学者，是综合美术各门类的、全疆唯一的省级美术组织。新疆美协负责组织、指导全疆美术家进行美术创作和理论研究，承担全疆重大展览的组织、评选、评奖，举办大型的全疆性美术展览和各种学术展览，出版学术刊物，开展学术研讨，努力促进新疆美术的发展和繁荣。新疆美协的最高权力机构为新疆美术家代表大会，自第五届、六届以来相继成立了中国画、油画、水彩、粉画、版画、雕塑等5个专业艺术委员会；新疆美协积极开展广泛的美术交流，举办并组织美术展览，接待全国各地的美术家，增进同全国各地美术家的友谊和合作。协会为了促进各画种的繁荣发展，以"整合资源、打造队伍、分头推进、有所作为"为工作方针，以科学发展观为指导思想，开展了旨在促进新疆美术事业进一步繁荣发展的一系列学术交流活动。各艺术委员会的成立使得新疆美术界呈现出了新的气象，多年来协会用市场导入方式，多次组织作品展览和艺术交流活动。协会各艺术委员会举办了《新疆首届中国画作品展》《新疆实力派青年油画家提名展》以及《当代新疆油画家提名展》等重大展览活动，举办展览并开展了一系列学术研讨活动，为市场经济条件下从事美术展览活动积累了可贵的经验，也得到了广大会员的认同，推动了美术交流活动的开展，繁荣了新疆艺术市场。（PLJ）

新疆书法家协会 新疆书法家协会成立于1986年5月，是中国书法家协会和新疆维吾尔自治区文学艺术界联合会的团体会员。新疆书法家协会现有会员1372人，中国书法家协会会员134人。新疆书法家协会坚持以书法教育为龙头，书法教育、书法研究、书法创作三位一体，相互促动，协调发展，从而壮大会员队伍，提高会员素质，培养拔尖人才，推出有影响力的艺术成果。协会注重依靠社会，服务社会、服务会员，发展艺术、服务经济的互补功能和双向效应。近年工作中形成了以展览、交流、培训三位一体相互促动、协调发展的总体思路，壮大会员队伍，提高会员素质，培养优秀书法人才。几年来，新疆书协开展了许多有影响、有品位、有规模、有特色的重大活动。连续举办了十四届新疆临书临印大展；举办了三届中韩书法交流展；举办了"庆祝新疆维吾尔自治区成立五十周年书法、美术、摄影大展"，举办了"庆祝自治区文联成立五十周年书法邀请展"；举办了全国第二届"西部书法展""最美的还是我们新疆——全国名家书法邀请展""百名中国书协理事书法作品邀请展"。先后与浙江、上海、江苏、广东、河南、山东、山西、黑龙江、江西、陕西、宁夏、甘肃、青海等十余省区（市）进行书法展览和交流活动。在中国书协的关心和支持下，2009年新疆沙湾县第三小学被中国书法家协会命名为新疆第一所"书法兰亭小学"，2010年新疆鄯善县被中国书法家协会命名为新疆第一个"书法之乡"。协会在积极举办展览的同时还相继出版了多部书法作品集。（PLJ）

新疆摄影家协会 新疆摄影家协会成立于1961年3月，前身为中国摄影学会新疆分会。1970年中国摄影学会新疆分会被撤销。1973年成立自治区摄影展览办公室。1980年9月，恢复中国摄影学会新疆分会，并更名中国摄影家协会新疆分会。1996年4月，更名为新疆摄影家协会。新疆摄影家协会会员已达1640人，其中中国摄影家协会会员171人。新疆维吾尔自治区摄影家协会是由新疆摄影家和摄影工作者、摄影爱好者自愿结合组成的具有法人资格的专业性人民团体，是党联系群众和摄影家的桥梁，是中国摄影家协会和自治区文联的团体会员。协会的职责是组织联络、协调服务、力求发展。20世纪80年代新疆的艺术摄影是群体性思潮的产物，到了90年代则渐趋转入个人化的探索，出现了一批卓有成就的摄影家。1987年举办的第四届国际摄影艺术展中，《花之情》获铜奖。1995年举办的第七届国际摄影艺术展中，《悼亡灵》获新闻类金奖，《山路秋色》获银奖。1998年举办的第八届国际摄影艺术展中，《夕照博格达》（组片）获艺术类铜奖。2005年举办的第十一届国际摄影艺术展览中，《喀拉扎祖山的浪漫》获评委推荐奖。2004年在浙江丽水举办的中国·丽水第十一届国际摄影艺术展中，《大漠魂》获铜奖，《月升》获铜奖，《故乡春梦》《金秋驼影》入选。2007年举办的第十二届中国·国际摄影艺术展中，《流光溢彩》和《胡杨沐秋》入选。（PLJ）

新疆电影家协会 新疆电影家协会成立于1961年3月，前身为自治区文联全委（扩大）会议决定成立的中国电影工作者协会新疆分会。1978年7月，自治区文联全委（扩大）会议决定恢复因"文化大革命"而撤销的各文艺协会的组织机构及活动，其中也包括电影工作者协会。1980年9月，在自治区第三次文代会上，改为中国电影家协会新疆维吾尔自治区分会。1995年，中国电影家协会新疆维吾尔自治区分会更名为新疆电影家协会，为中国电影家协会的团体会员。新疆维吾尔自治区电影家协会作为新疆维吾尔自治区文学艺术界联合会的团体会员，多年来，一直发挥着党和政府与广大电影工作者之间的桥梁纽带作用，做出突出贡献。2004年5月和2007年7月，成功举办了两次"中国电影艺术家新疆行"活动，两次采风活动规模大，形式多样，所到之处，艺术家们都与当地群众交流、慰问、联欢,加强了新疆与外地的合作。协会还与天山电影制片厂、乌鲁木齐市电影公司、昌吉回族自治州电影公司多次联合主办"数字电影进社区""优秀电影下乡"等公益放映活动,得到当地群众与农牧民的热烈欢迎。影视剧创作上也有很大成绩,曾自筹资金拍摄了电视电影、数字电影和中长篇电视剧:《喀纳斯故事》《黑海洋》《人要有个好名声》《单亲家庭的幸福生活》《下一站是幸福》(合拍)等,并在央视电影频道及全国有线电视台播出。(PLJ)

新疆文联文艺理论研究室 新疆文联文艺理论研究室成立于20世纪80年代初,是文联机关下设事业部门。研究室承担着以马克思主义文艺理论和党的文艺方针政策为指导,积极评介各民族优秀文艺家、文艺作品,促进边疆文艺蒸蒸日上,并与内地文艺实现广泛交流的社会职责。理论研究室有在编人员7名,分属维吾尔、汉、哈萨克、柯尔克孜、锡伯5个民族。近几年来,理论研究室围绕新疆文联中心工作,开展了多种形式的文艺舆情调研,竭力为决策机构提供智力支持。全体研究人员全身心关注文艺发展动向和思潮,撰写了大量文艺评论文章,刊登在《作家自由谈》《小说评论》《民族文学研究》《中华读书报》《文艺报》《文学报》等国内主流媒体上,并以多种多样的专题研究、翻译介绍和文化随笔介入当下区内外文艺论坛;还根据区内文艺发展动态,适时举办不同主题的文艺研讨座谈活动,尤其是为配合区内最高级别的"天山文艺奖"而定期举办的"天山文艺论坛"和结集出版的《天山文艺论丛》,在新疆文艺界发挥着重要的舆论导向作用。研究室力争达到能在区内文艺论坛发挥引领作用,成为具有广泛影响力的新疆当代文艺理论评论中心。(PLJ)

新疆生产建设兵团文学艺术界联合会
新疆生产建设兵团文学艺术界联合会成立于1983年。新疆生产建设兵团文学艺术界联合会是兵团文学艺术界的联合组织,是兵团党委领导的人民团体,由各文艺家协会、各师、大学文联、兵团公安局文联组成的人民团体。于1983年12月13—15日,召开第一次文学艺术工作者代表大会,会议制定通过了《兵团文学艺术界联合会章程》,选举产生了兵团文学艺术界联合会第一届委员会委员59人,成立了文学、美术书法、音乐舞蹈、戏剧、摄影等5个文艺家协会。1989年12月13—15日,新疆生产建设兵团召开第二次文学艺术工作者代表大会,大会审议并通过了兵团文联第一届委员会的工作报告,修改了文联章程。选举产生了兵团文联第二届委员会,新成立协会4个,兵团作家协会、戏剧家协会、杂技艺术家协会、摄影家协会、电视艺术家协会、书法家协会、美术家协会、音乐家协会、舞蹈家协会等9个协会进行了换届。1995年6月28—29日,兵团召开第三次文学艺术工作者代表者大会,会议选举产生新疆生产建设兵团文学艺术界联合会第三届委员会,9个协会同时进行换届;2009年5月,兵团文联召开第四次文学艺术工作者代表大会,选举产生了第四届文联领导机构。兵团

文联现有18个师局文联，96个团场文联，拥有兵团级会员2100余名，国家级会员308名。（PLJ）

新疆生产建设兵团作家协会 新疆生产建设兵团作家协会成立于1983年12月，隶属于新疆生产建设兵团文学艺术界联合会领导，是中国作家协会团体会员和新疆作家协会团体会员，是兵团党委领导下的专业性群众团体，其任务是保护作家的合法权益，组织作家学习、参观、访问，举办作品专题讨论和举办创作征文，改善作家的创作和福利条件。协会扶植培养文学新人的成长，鼓励艺术创新，充分尊重作家的创造性劳动，保障创作自由和评论自由，支持实事求是的文艺批评，尊重反批评的权利，对积极反映兵团生活的优秀文学作品给予奖励。作家协会章程规定，在省级以上报刊发表过一定数量的文学作品，在理论研究、编辑、翻译等文学事业上有相当成果者，经本人申请，由作协两个以上会员推荐，作协主席团审查批准方可成为作协会员。会员代表大会为作家协会最高权力机构，代表由理事会推荐，会员协商产生，闭会期间理事会代行大会职权，主席团负责实施。代表大会五年召开一次，如提前或延期须理事会决定。理事会由代表大会选举产生，由主席、副主席组成主席团。需要时可聘请名誉主席一至两名。兵团作协实行团体会员制，现有团体会员17个，即14个师和石河子大学、塔里木大学、兵团公安局作协（文协）。兵团作协对各团体会员的工作有联络、协调、服务、指导的职责，并承办团体会员需要统筹安排的事宜。（PLJ）

新疆生产建设兵团戏剧家协会 新疆生产建设兵团戏剧家协会成立于1983年12月，是中国共产党领导下由兵团戏剧家和戏剧工作者组成的具有独立社会团体法定代表人资格的专业性和行业性人民团体，是兵团戏剧工作者联系社会的桥梁和纽带，隶属兵团文学艺术界联合会，是中国戏剧家协会的团体会员。新疆生产建设兵团戏剧家协会对会员有联络、协调、服务的职能，在会务活动中对会员进行业务指导。其任务是推动会员学习政治理论和戏剧业务知识，用科学发展观进行戏剧创作。鼓励和组织会员深入生活，从生活中汲取营养，在艺术创作中努力反映时代精神和人民群众建设新生活的伟大实践。鼓励探索和创新，对优秀的创作成果和戏剧人才，给予表彰和奖励。加强戏剧理论研究，开展戏剧评论。培养戏剧创作、评论、翻译、编辑、教育、艺术设计的新生力量，发展和壮大会员队伍。积极增进与新疆内外及国外戏剧家、海外侨胞中戏剧家的联系、交流与合作。积极参加国内的活动，推进戏剧交流。（PLJ）

新疆生产建设兵团摄影家协会 新疆生产建设兵团摄影家协会成立于1983年12月，兵团摄协成立以来，在中国摄协和兵团文联的关心支持下，认真贯彻党的文艺路线和文艺方针，努力为兵团摄影艺术工作者做好联络、协调、服务、指导工作，团结和带领广大摄影艺术工作者致力于繁荣和发展兵团文学艺术事业，做出了突出的贡献，特别是进入新世纪以来，兵团摄协取得了可喜的成绩。

先后举办了"兵团人风采""专家风采""今朝"等专题摄影展览26次，其中5次赴北京、上海、山东等地举办跨省市摄影展览，先后有30多名会员的摄影作品入选各类展览并获奖。协会会员先后出版了个人摄影作品集和举办个人作品展，其中有些摄影作品在全国获奖，还有一些摄影作品多次在国际获奖。协会为宣传兵团、提升兵团的社会知名度发挥了积极的作用。（PLJ）

新疆生产建设兵团电视艺术家协会 新疆生产建设兵团电视艺术家协会成立于1989年。协会与兵团电视中心积极配合，所拍摄的电视片有许多部在全国、自治区获奖，推动了兵团电视艺术事业的发展。1991年7月被中国电视艺术家发展为团体会员。兵团电视艺术家协会是具有独立社会团体法定代表人资格的专业性和行业性人民团体，隶属新疆生产建设兵团文学艺术界联合会。新疆生产建设兵团电视艺术家协会对会员有联络、协调、服务的职能，在会务活动中对会员进行业务指导。其任务是：积极推动会员学习政治理论、摄影业务和科学文化知识，努力提高电视工作者的业务水平与思想文化素质。鼓励和组织会员深入生活，从生活中汲取营养，在艺术创作中努力反映时代精神和兵团广大职工建设屯垦戍边新型团场的伟大实践。鼓励进行探索和创新，对优秀的创作成果和电视艺术人才，给予表彰和奖励。加强电视艺术理论研究，开展电视艺术评论。重视培养电视艺术创作、评论、翻译、编辑、教育、策划的新生力量，发展和壮大会员队伍。加强与各级部门及社会各界的密切合作，为会员从事创作、评论和其他文化艺术活动创造良好的环境。（PLJ）

新疆生产建设兵团书法家协会 新疆生产建设兵团书法家协会成立于1983年12月，当时与美术家协会同为一个协会。兵团书法家协会是中国共产党领导的、由新疆生产建设兵团书法家和书法工作者组成的专业性人民团体，隶属新疆生产建设兵团文学艺术界联合会，是中国书法家协会的团体会员。其任务是：最广泛地团结书法家和书法工作者，为繁荣兵团的书法事业努力奋斗；鼓励并组织会员学习政治和业务知识，努力提高书法家队伍的思想文化素质和艺术水平。对各师书法组织和下属团体会员负有联络、协调、服务、指导的职责，对本会会员有联络、服务的职责。对成绩突出的会员予以表彰和奖励。加强与各省、区、市书法组织的联系与交流，促进兵团书法艺术的普及与提高。（PLJ）

新疆生产建设兵团美术家协会 新疆生产建设兵团美术家协会于1983年12月成立。协会隶属兵团文联领导，是兵团各民族美术家组成的专业性群众团体，系中国美术家协会团体会员。其任务是：组织协会会员学习政治理论和业务知识；团结兵团各族美术家贯彻执行党的基本路线，坚持四项基本原则，坚持文艺为人民服务、为社会主义服务的方向，坚持"百花齐放、百家争鸣"的方针，组织兵团各民族美术家为繁荣和发展兵团的美术事业，弘扬中华民族优秀文化传统，建设社会主义精神文明、实现社会主义现代化而奋斗；鼓励文艺探索和创新，尊重知识和人才，发现和培养新生力量，发展有贡献的文艺工作者入会。协会对发展兵团美术事业，对协会工作和活动做出突出贡献的海内外名人、社会活动家、企业家、商家等，协会可授予"名誉会员"。（PLJ）

新疆生产建设兵团音乐家协会 新疆生产建设兵团音乐家协会1983年12月成立，是中国共产党领导下的，由各族音乐家、兵团直属团音乐工作者以及兵团各师局音乐工作者自愿组成的人民团体。是党和政府联系广大音乐家和音乐工作者的桥梁和纽带，隶属兵团文联领导，是兵团文学艺术界联合会的团体会员，也是中国音协的团体会员。其任务是：组织会员学习政治理论和业务知识，坚持"二为"方向和"双百"方针，积极采取措施，组织会员进行音乐创作活动，提高音乐艺术水平，促进兵团音乐艺术事业的繁荣和发展。举办交流座谈会和观摩演出等活动，促进兵团音乐表演艺术和音乐教育事业的提高与发展。组织会员、音乐理论工作者结合艺术实践进行专题音乐理论研究，通过专业座谈、学术讨论，促进兵团音乐理论、创作的提高与发展。组织会员深入生活，参加音乐普及工作，协助兵团各师（局）开展职工群众业余音乐活动，丰富兵团职工的文化生活。组织比赛、评奖活动，对优秀音乐作品、音乐表演、音乐理论著作等予以精神和物质的奖励。（PLJ）

新疆生产建设兵团舞蹈家协会 新疆生产建设兵团舞蹈家协会成立于1983年12月，原名新疆生产建设兵团音乐舞蹈家协会。1995年6月，在兵团文联召开第二次兵团文学艺术工作者代表大会期间，兵团音乐舞蹈家协会分为兵团音乐家协会和兵团舞蹈家协会，正式成立兵团舞蹈家协会。协会是隶属兵团文联领导下的舞蹈专业性群众团体，系中国舞蹈家协会和新疆舞蹈家协会团体会员。现有会员130人，其中中国舞蹈家协会会员30人。新疆生产建设兵团舞蹈家协会的宗旨是：促进和活跃舞蹈艺术创作，进行理论学术研究及作品评论，举办舞蹈比赛，发掘舞蹈人才，促进中外舞蹈文化艺术交流，繁荣和发展具有新疆兵团特色的舞蹈艺术事业，推动兵团精神文明建设。协会下设少数民族舞蹈委员会、少儿舞蹈工作委员会、国际标准舞委员会、群众舞蹈委员会、舞蹈艺术培训交流中心。定期或不定期举办全疆性各种舞蹈比赛；培训、研讨、开展中外舞蹈文化艺术交流，联络、协调、服务于该会和各师局舞协广大会员。协会在全兵团范围内吸收舞蹈艺术家、理论家、教育家及组织群众舞蹈活动中卓有成就的专家为会员，从事舞蹈专业门类的研究和学术活动。（PLJ）

新疆生产建设兵团杂技艺术家协会 新疆建设兵团杂技艺术家协会成立于1983年，是兵团文联领导下的由全兵团的杂技艺术家和杂技工作者自愿加入、组成的专业性人民团体，是党和政府联系杂技艺术家和杂技工作者的桥梁和纽带，同时也是杂技艺术家和杂技工作者联系社会、服务社会的桥梁和纽带。兵团杂技艺术家协会是中国杂技艺术家协会的团体会员，是新疆维吾尔自治区杂技艺术家协会的团体会员，直接受兵团文联的领导，其任务是：促进杂技艺术创作，加强杂技艺术交流，开展杂技艺术理论研究活动。按照德艺双馨的要求，努力提高杂技家和杂技工作者的思想道德素质、文化修养和业务水平。组织杂技工作者参加全国及地方的各种赛事及评奖活动，并通过艺术交流、业务探讨、理论研究与评论等工作推动杂技艺术的创新和发展。努力促进杂技教育的发展，重视、支持并引导开展兵团基层的、民间的、业余的杂技艺术活动，促进普及与提高的共同发展。兵团杂技家协会实行个人会员和团体会员制。凡兵团内各杂技团体（包括民营团体）均可经申请和审批成为协会团体会员。凡在杂技创作、表演、教学、导演、音乐、舞美、理论研究以及在组织工作方面具有一定影响和一定成就的杂技艺术工作者，承认协会章程，经本人申请并经两名本会会员介绍，由所在团体会员单位或本会指定机构推荐，经本会审批，履行必要手续后，均可成为协会会员。会员代表大会每五年召开一次，必要时由兵团文联适时提前或延期召开，理事会不定期举行，由主席团召集。（PLJ）

新疆生产建设兵团曲艺家协会 新疆生产建设兵团曲艺家协会成立于2014年1月。兵团曲艺是兵团文艺的重要组成部分，兵团广大曲艺工作者，耕耘艺术沃土，深入艺术实践，创作了许多风格多样的曲艺作品，为繁荣兵团的曲艺事业做出了贡献。兵团曲艺工作者们坚持以兵团职工为中心的创作导向，自觉主动地为广大兵团职工群众说唱；坚持高质量高水准的艺术追求，推出更多更好的艺术作品；坚持继承传统和艺术创新相结合，增强曲艺发展的生机活力；坚持崇德尚艺的要求，充分展示曲艺工作者的良好形象。当前，兵团各项事业开局良好，文艺事业更是如火如荼。特别是近年来兵团各师、团分别举办了各类文化文艺活动，如"广场文化节""红枣文化节""荷花节""蟠桃节"等文化艺术活动的成功举办，已经成为兵团的一种文化品牌，极大地丰富了广大兵团职工群众的业余文化生活，对宣传兵团、弘扬兵团精神、稳定职工队伍都起到了积极的作用。随着兵团基层群众性文化活动的广泛开展，曲艺因其短小精悍、幽默风趣而深受广大职工群众的喜爱。（PLJ）

（二）广播电视机构

新疆电视台 新疆电视台创建于1970年10月，是新疆维吾尔自治区首家电视媒体，是新疆维吾尔自治区重要的新闻媒体，也是中国大陆规模较大，播出语种、频道最多的省级电视台。新疆电视台位于乌鲁木齐市团结路。截至2012年新疆电视台已拥有15个频道，以汉语、维吾尔语、哈萨克语等语言播出。新疆电视台已拥有15个频道，其中汉语言频道占了7个，包含新闻综合、经济生活、信息服务与法制、综艺、体育健康、电影各个方面；而维、哈两种语言占了3个频道，包括新闻、综艺、经济与生活。从节目设置上看，电视剧占份额都很大。新闻节目主要是《新闻联播》《中央新闻联播》《英语新闻》《国际时讯》。专题性节目近年有所增多，特别是涉及教育、科技、经济、自然、文艺各方面。从2009年3月起，新疆电视台五种语言15个频道启用新台标，新台标寓意"和谐之璧"，象征地域特征与文化理念的巧妙结合以及民族大融合。（PLJ）

新疆人民广播电台 新疆人民广播电台创建于1949年12月。新疆台在网的计算机有400多台，各种高新技术手段的应用，已基本使新疆人民广播电台的整体装备及技术水平到达了中国领先水平。在台党委的统一领导下，设立了纪律检查委员会、机关党总支、台办公室、台总编室、总工办；汉语新闻部、专题部、文艺部（包括民族语言广播）、经济社会部；维吾尔语新闻部、专题部；哈萨克语编辑部；蒙古语编辑部；柯尔克孜语编辑部；技术部和广告部。下属两个专业广播电台：一家为新疆卫星经济广播，1993年3月开播，系新疆首家直播专业台，1996年3月改为新疆经济广播电台；另一家专业台为新疆卫星音乐广播，于1994年4月开播。作为一个综合性的广播电台，以新闻为主体，以专题为和文艺为两翼，贴近群众、贴近生活、贴近实际，努力办出丰富多彩的节目。新疆人民广播电台全天五种语言（包括卫星经济广播、卫星音乐广播）用中、短波和调频共播出87小时10分钟节目。1994年12月28日，新疆数字声卫星广播上行站建成开播，实现了人民广播电台五种语言广播节目的卫星传输，覆盖全疆。新疆周边省区和国家，以及太平洋地区都可以通过卫星清晰地收听到新疆台的广播。（PLJ）

天山电影制片厂 天山电影制片厂成立于1959年1月，同年3月更名为新疆电影制片厂。1962年10月，由文化部报经国务院批准，撤销新疆电影制片厂，保留民族语译制生产，同年11月，更名为新疆电影译制厂。1979年1月，经国务院批准，恢复新疆电影制片厂建制。同年10月，经新疆文化厅报经新疆维吾尔自治区党委批准，更名为天山电影制片厂。1996年7月1日，天山电影制片厂整建制从自治区文化厅划归自治区广播电影电视局。电影厂的第一部作品是纪录片《朱总司令视察新疆》，1959年摄制的《阳光照耀着新疆》是第一部彩色纪录片，第一部故事片《两代人》则拍摄于1960年。据不完全统计，1957—1989年间，新疆电影译制片厂共译制完成维吾尔语、哈萨克语影片459部，其中，绝大部分是国产故事片。1979年至今，是新疆电影的发展与繁荣阶段。在此期间，《草原枪声》《阿凡提》《艾里甫与赛乃姆》《幸福之歌》《姑娘坟》《热娜的婚事》《不当演员的姑娘》《伞花》《边乡情》《冰山脚下》《奴尔尼莎》《故乡的旋律》《戈壁残月》《亲人》《神秘的驼队》《不平静的巩巴克》《魔鬼城之魂》《美人之死》《买买提外传》《光棍之家》《西部舞狂》《火焰山来的鼓手》《阿凡提二世》《良心》《会唱歌的土豆》等一系列影片，为中国电影银屏贡献了一幅生动的新疆多民族人物人像谱系。建厂50多年来，特别是改革开放以来，天山电影制片厂创作生产了100多部故事片，40余部280多集电视剧、专题片，译制了2600余部维吾尔语、哈萨克语故事片、电视剧、广播剧。（PLJ）

（三）新闻出版机构

新疆日报社 《新疆日报》汉文版创刊于1949年12月，维吾尔文版、哈萨克文版创刊于1950年1月，蒙古文版创刊于1950年8月。报纸的渊源可追溯到1915年10月创刊的《新疆公报》，1918年8月《新疆公报》改版为《天山报》，1929年又改名为《天山日报》。1935年11月，《天山日报》改名为《新疆日报》。1938年1月至1942年7月，中国共产党派出一部分干部到报社担任领导和编辑工作，使《新疆日报》在宣传中国共产党的抗日主张、新疆各族人民和全国人民团结抗日以及反对国民党投降分裂的斗争中做出了积极贡献。《新疆日报》是中共新疆维吾尔自治区委员会机关报，是全国唯一一家用四种文字出版的报纸。1949年9月25日，新疆和平解放。中国共产党接管了原国民党主办的《新疆日报》。《新疆日报》1949年12月6日正式创刊时，毛泽东同志亲自为《新疆日报》题写了报名。当时是中共中央新疆分局的机关报。1965年10月1日，新疆维吾尔自治区成立10周年时，毛泽东同志又为已成为自治区党委机关报的《新疆日报》题写了报名。目前《新疆日报》四种文版总发行量为123900多份，创刊初期为17100多份，发行量最高时是1967年达34万多份。创刊60多年来，在自治区党委的正确领导下，始终坚持"一张党报，四种文版，统一领导，各有特色"，坚持为人民服务、为社会主义服务的办报宗旨，坚持正确的舆论导向、努力宣传马列主义、毛泽东思想和邓小平理论，宣传党的路线、方针、政策，宣传马克思主义民族观、党的民族宗教政策和民族区域自治法，宣传自治区和国内社会主义建设和改革取得的新成就、新经验，传播各种信息和知识，反映民族群众的呼声，受到自治区党委和各族读者的赞扬。（PLJ）

新疆经济报社 《新疆经济报》创刊于1991年，是自治区人民政府机关报。经济报一版为要闻版、二版为社会生活、三版为经济生活、四版为文化生活，五至八版为：西部军事、兵团新闻、克拉玛依新闻、新疆公安、塔河流域等。该报坚持正确的舆论导向，把握时代的宣传脉搏，努力为新疆经济的发展发挥组织、鼓舞、激励和推动作用。报社多年来致力于改革创新，而创新的重点在新闻写作业务上。《新疆经济报》把新闻分为新闻报道、记者感受、新闻观察、新闻透视、新闻速写、新闻作品六种形式，把主题新、内容新、结构新、语言新作为给新闻定性的尺度，力求打破常规，跳出框框，在新闻改革的路上留下了坚实的脚印。国家新闻出版署的机关报《新闻出版报》发表评论员文章对《新疆经济报》的新闻改革给予了高度评价。《新疆经济报》下属两家子报《都市消费晨报》《青年快报》，均为四开小报。《都市消费晨报》为日报48版，《青年快报》为周六报16版。晨报当年投资，当年实现盈利，现已成为新疆报纸媒体中的一个"名牌"。(PLJ)

新疆都市报社　《新疆都市报》创刊于1998年10月，是由新疆维吾尔自治区党委机关报《新疆日报》主管主办的子报。都市报是乌鲁木齐第一张综合性主流都市类报纸，是新疆报业市场第一品牌。多年来，《新疆都市报》秉承"记录新疆、影响新疆、服务新疆"的办报理念，坚持打造地方特色、版面特色、深度特色、文化特色，立足首府乌鲁木齐，关注国内外重大社会、经济、政治、军事、文化、体育新闻事件，弘扬正义、针砭时弊。聚焦首府，报道百姓身边的新闻，追踪热点话题，关注百姓生活，倡导时尚消费。具有信息量大、可读性强、阅读率高等特点。《新疆都市报》日出四开48版，最多达128版，双色印刷。在新疆日发行量达32万份（全疆发行），是唯一覆盖新疆15个地州和89个县市的都市类报纸，其中首府乌鲁木齐市日零售量17万份，特别是在《新疆日报》的大力支持下，2013年订阅新疆日报赠送《新疆都市报》，为《新疆都市报》打下坚实的基础。《新疆都市报》年广告经营额达3亿多元，已成为国内外企业向新疆展示形象、推介品牌、拓展市场的首选媒体。(PLJ)

新疆法制报社　《新疆法制报》创刊于1980年8月，用维吾尔文、汉文两种文字出版，均出彩报。2004年2月整体划转新疆日报报业集团。《新疆法制报》是全疆覆盖面较大的一张报纸。本报刊以宣传依法治国方针大略，宣传党和国家维护新疆稳定的方针、政策、决策和部署，普及法律知识，推动依法治区进程为办报宗旨。《新疆法制报》现开设有社会、法案、警方、纪实、服务、参考、调查、博览、独家、说法等20多个特色版面和大量栏目，刊发的各类稿件深受广大读者喜爱。《新疆法制报》创刊25年来，始终坚持正确的舆论导向，在新闻宣传上取得了较好的成绩。1997年8月获全国法制报刊"十家样板报"殊荣；2000年6月至今连续5年策划、承办自治区禁毒委等单位联合主办的大型禁毒宣传活动，声势大，效果好；多次荣获自治区报刊"双十佳"、报刊编校质量奖，报刊使用图片奖；刊发作品屡获全国法制好新闻奖、综治好新闻奖、人大好新闻奖及各类省（区）级新闻奖。(PLJ)

新疆人民出版社　新疆人民出版社成立于1951年3月，是在原新疆省文教委员会编译处的基础上经扩充改组后建立的。是一个用维吾尔、汉、哈萨克、蒙古、柯尔克孜、锡伯等6种文字出版图书期刊的综合性出版社。社内设11个处级部门，分属编辑、出版、发行、行政、财务等业务。编辑部按文种分为维吾尔文、汉文、哈萨克文、蒙古文4个编辑部和锡伯文、柯尔克孜文2个编辑室。每个编辑部下设3~5个编辑室，分别担负政治、经济、文化教育、文学艺术、历史地理、旅游读物、画册及古籍辞书的编辑任务。此外还担负着6种期刊的编辑出版工作，包括维吾尔文的《世界文学选译》《半月谈》《读者》《布拉克》4种，哈萨克文的《地平线》《读者之友》2种。出版社一贯坚持出版工作为人民服务和为社会主义服务的根本方针，以少数民族文字图书为主，经过40多年的努力，编辑队伍、出版规模、图书数量和图书质量都有了大的提升。以人民出版社统编教材为蓝本，翻译出版维吾尔文、哈萨克文、柯尔克孜文、锡伯文、蒙古文教材，同时租型出版汉文教材。1980年，出版社进入快速改革发展阶段。教材的新版品种一年达400多种，再版教材的品种达1600多品种。1997年利润700多万元，1998年900多万元，1999年1000多万元。为推进少数民族出版行业改革，促进少数民族出版事业发展，2011年7月，以新疆人民出版社为平台，整合新疆科学技术出版社、喀什维吾尔文出版社、伊犁人民出版社、克孜勒苏柯尔克孜文出版社、新疆人民卫生出版社、新疆音像出版社，组建新疆人民出版总社（新疆少数民族出版基地）。总社为自治区党委宣传部主管、自治区新闻出版局主办和管理的公益性事业单位。出版总社2011年用6种文字总计出版3491种图书，总发行码洋近2亿元。（PLJ）

新疆教育出版社 新疆教育出版社成立于1956年，是新疆以出版少数民族文字为主的教育综合出版社。出版社现有职工由维吾尔、汉、哈萨克、蒙古、柯尔克孜、回、俄罗斯、锡伯、乌孜别克、满等10个民族组成，下设24个科室和慧之源图书发行有限责任公司。用维吾尔文、汉文、哈萨克文、蒙古文、柯尔克孜文、锡伯文等6种文字出版各类学校教材、教师用书和教学类报、刊、图书。教育出版社从成立以来，50年中累计出版各种文字教材、教辅读物30898种。其中民族文字品种22609种，占整个品种的73%。自1951年《新疆教育》杂志创刊至今，已走过了55年的创业历史。55年来编辑出版维、汉、哈三种文字《新疆教育》杂志和维文《小学生时空》、汉文《小学生时空》等期刊1800多期，累计发行4179万册。1989年创办的《新疆教育报》至今也已走过17年的发展历程，从创办至2006年6月30日累计出版维、汉、哈三种文字报纸2169期，发行量达2374万份。另外出版一般图书300多种，发行量达80多万册。目前，新疆教育出版社拥有一支知识结构较为合理，政治素质和业务水平较高的各文种的编译和出版管理人员队伍。近年来，先后有80多种优秀图书获自治区和国家级各种奖励；有30多人的编著、译著、专著和90多人的论文、作品等在自治区和国家级别的刊物上发表，有的被评为"韬奋奖"和"世界科学贡献金奖"。还有的同志获得"全国民文教材先进工作者""自治区有突出贡献中青年专家""自治区十大女杰"等光荣称号。出版社连续多年被授予"自治区文明单位"，先后被教育厅评为"先进单位""先进基层党组织"等荣誉称号。（PLJ）

新疆青少年出版社 新疆青少年出版社

成立于1956年4月，原名新疆青年出版社，由共青团新疆维吾尔自治区委员会主办主管，1985年更名为新疆青少年出版社。新疆青少年出版社是以出版维吾尔、汉、哈萨克文图书为主的综合性出版社，主要出版以青少年和少年儿童为对象的政治、思想品德教育读物，儿童文学作品、连环画、科普读物以及青少年工作和家长培养教育青少年的辅导读物。出版社始终秉承"文以载道，心系青少；书以传世，追求品质"的出版理念，致力于青少年成长成才的培养，出版了万余种图书。有"阿凡提系列丛书"、"贝贝熊系列丛书"、《楼兰古国的奇幻之旅》《野马重返卡拉麦里》《中国新疆》《国家荣誉》《中国新疆生态之美》《维吾尔传统习俗》《美丽新疆》等200多种图书荣获中宣部"五个一工程"奖、"中国图书奖"、"冰心儿童图书奖"、团中央"五个一工程"奖、国际安徒生文学奖等各级各类奖项。1998年汉文图书《写给小读者》荣获第十一届中国图书奖大奖，同年新疆青少年出版社荣获全国良好出版社称号。特别是通过出版"神秘的新疆"丛书之《新疆两千年》《西域文化的回声》《新疆石窟艺术》《大河百川》、"西域烽燧系列小说"等，从历史发展、文化特点、人物命运和民族宗教演变等方面，证明了新疆自古以来就是祖国不可分割的一部分这一历史事实。（PLJ）

新疆科学技术出版社 新疆科学技术出版社成立于1990年10月，原名新疆科技卫生出版社，由新疆人民出版社各文种科技编辑室、科学普及出版社新疆维哈分社、人民交通出版社新疆民族文字编译部、人民体育出版社新疆体育书刊编辑部整合而成，主管单位是新疆维吾尔自治区新闻出版局。2002年12月，经国家新闻出版总署批准，改名为新疆科学技术出版社。科学技术出版社拥有一支团结奋进的领导班子和功底扎实的编辑队伍，以维吾尔、汉、哈萨克、蒙古、柯尔克孜等5种文字出版各类科学技术读物，20多年来以"普及科学知识，弘扬科学精神"为己任，先后出版了一批既体现新疆民族地域特色，又体现时代精神，为新疆科技发展、经济建设和文化积累服务的科技图书，为社会发展、社会稳定和各族读者知识的积累起到了积极的作用。新疆科学技术出版社翻译出版了维吾尔、哈萨克、蒙古、柯尔克孜4种文字的《放飞神州——中国首次载人航天工程纪事》，并在北京召开了新闻发布会，扩大了优秀科普作品的传播力度。还有维吾尔文《科普知识问与答》《青少年科技活动大全》、维吾尔·哈萨克文《十万个为什么（新世纪版）》《远离非典 健康呼吸》等，为新疆各族人民战胜疾病、提高科技素质、丰富文化生活提供了有力的智力支持和舆论环境。（PLJ）

新疆美术摄影出版社 新疆美术摄影出版社成立于1990年10月，隶属于自治区新闻出版局。2011年3月成立了新疆美术摄影出版社新疆电子音像出版社管委会，2011年7月成立中共新疆美术摄影出版社新疆电子音像出版社委员会。全面实行了业务整合，现有职工人数300多人。出版社出版文种有汉文、维吾尔文、哈萨克文、蒙古文、柯尔克孜文等多种文字，出版文化、教育、科技、艺术方面的图书、电子出版物、音像制品和网络出版物和手机出版物。主办有《新疆人文地理》《大陆桥视野》《双语学习》《青年文摘》(维)、《青年文摘》(哈)、《世界华人作家》《克鲁格童话》等。目前，出版社海外分支出版社有：美国克鲁格出版社、土耳其丝绸之路出版社、哈萨克斯坦达斯坦出版社。出版社先后荣获国家政府出版奖先进出版单位、全国新闻出版先进集体、国家文化出口重点企业以及中宣部"五个一"工程奖、"国家图书奖""民族图书奖"和多项自治区图书奖。连续两届被国家新闻出版总署命名为"良好出版社"，被自治区命名为"自治区级文明单位"。(PLJ)

新疆大学出版社 新疆大学出版社成立于1986年11月，由新疆教育厅主管，新疆大学主办，是新疆维吾尔自治区唯一的一所大学出版社。出版社立足新疆，面向中国，竭诚为新疆高等院校的教学和科研服务，重点编辑出版高校教材、教学参考书和学术著作等，同时积极出版反映新疆科研成果、具有新疆地区与民族特色和学科特点的专著及其他图书。在过去30年的发展历程中，充分发挥优势，以西域研究、中国西北少数民族语言文学、民俗研究、双语教学等类图书为品牌，着力打造学术著作、教材、教学参考书及民族文字图书精品，开拓文教社科类普及图书，先后策划出版了西域研究、中国西北少数民族语言文学、民俗研究、双语教学等系列特色图书多种，形成了鲜明的西域特色。全社有汉文编辑室、维吾尔文编辑室两个编辑部门。截至2008年累计出版维、汉、哈、英等文种图书2000余种，其中《毛泽东思想研究论纲》获第四届中国图书"金钥匙"优胜奖，《林则徐在新疆》获第十四届中国图书奖和自治区第五届图书奖特等奖，《新疆国防教育》获第五届全国高校出版社优秀畅销书一等奖，《基础汉语》(1—4)获第二届普通高等学校优秀教材"全国优秀奖"，《新疆民族与宗教知识百题》获新疆维吾尔自治区第四届图书奖一等奖，《汉英维科技大词典》获新疆维吾尔自治区第四届图书奖二等奖，《江格尔〈校勘新译〉》获2006年中国大学出版社社科类优秀畅销书一等奖，另有百余种图书在省级以上各类评比中获奖。(PLJ)

新疆新华书店 新疆新华书店成立于1950年1月。1949年9月新疆和平解放以后，经过紧张筹备新华书店迪化分店于1950年1月正式成立，隶属新华书店西北总分店领导。迪化分店成立时，只有南街一个门市部和北街建立的阅览室。后来，阅览室改为北街门市部，又在南梁少数民族聚居区建立了门市部。1950年8月初，新华书店迪化分店改为新华书店新疆总分店，隶属总店、西北总分店领导。1954年，新疆分店改制为地方国营书店，由新疆省人民政府直接领导和管理。从20世纪80年代起，在自治区计委、财政厅、新华书店总店的关怀和支持下，新华书店开始有计划地分批进行网点改建、扩建工程。初期的资金来源主要是上级拨款。国家

关于新华书店减免税政策出台后，减免税资金主要用于网点改造工作。随着各级新华书店经营规模的扩大，经济实力的增强，网点改建资金中自筹资金的比例也在扩大。据统计，自80年代初至90年代末，全区共有90多个网点得到改建、扩建，总投资达1.3亿元，营业环境得到改善，图书发行量不断增加，创造了较好的社会效益和经济效益。截至1997年底，全区有国有新华书店（独立核算单位）97家，自有门市部、下伸网点183处，与新华书店建立长期业务关系的供销社、文化站（馆）和国有商业售书点283处，集体个体书店（摊）和其他社会售书点164处。加上蓬勃发展的社会其他图书批发、零售单位，形成了以新华书店为主体的遍及天山南北的多渠道、多形式、多成分的图书发行网。凭借这张网络，连接着广大城乡和千家万户，大大方便了各族读者购买图书。（PLJ）

（四）社会科学研究、咨询机构

新疆维吾尔自治区人民参事室（文史馆） 新疆维吾尔自治区人民参事室成立于1954年6月，历经了创立与曲折、恢复与转机、继承与发展等历史阶段。自治区人民参事室（文史馆）积极组织参事、馆员履行参政议政、建言献策、咨询国是、存史资政、文化建设、联谊等职责，在促进科学决策，反映社情，传承中华文化，加强民族团结，发展壮大党的爱国统一战线等方面都发挥了积极而独特的作用。在政府机构中设立参事室（文史馆）、是老一辈革命家结合中国实际把马克思主义统一战线理论运用到国家建设的一个创举。1954年6月，为团结凝聚新疆社会各阶层、各民族有识之士，经报请中央批准，成立了参事室，任命了首批参事。1980年10月又组建了自治区文史研究馆，与参事室合署办公。至2014年，先后任命、聘任了95位社会贤达为参事，71位文化、艺术、宗教界等博学之士为文史研究馆馆员。自治区党委认真贯彻国务院有关加强参事室（文史馆）工作的一系列文件，参事、馆员工作有声有色地开展起来，相关制度也日臻完善。自治区领导每次都亲自为参事、馆员颁发聘书，对参事、馆员的调研报告及时批示，还通过多种方式直接听取参事、馆员的意见，对参事、馆员的工作和生活给予具体的支持和关照。每年一度的自治区政协会议和有关部门组织的专题调研活动及研讨论证会等，都邀请参事、馆员参加，体现了求贤、尊贤、用贤的优良传统。至2014年，参事室（文史馆）实有参事14人，馆员43人，其中许多都是行政、农业、经济、环保、教育、书画、文史研究等方面的行家名家。参事、馆员知识渊博，经验丰富，业绩显著，是自治区高端人才，已成为自治区的高级智囊团队。（PLJ）

新疆社会科学院 新疆社会科学院成立于1981年3月，其前身由自治区党委宣传部政治理论研究室、自治区科委所属的新疆民族研究所、原自治区文字改革委员会语言研究室、自治区博物馆考古队为基础组建起来。是自治区党委直属的一所哲学社会科学综合研究机构，是自治区党委宣传部领导下的事业单位。社科院设有马列主义毛泽东思想、民族、宗教、历史、语言、民族文学、中亚、经济、法学等9个研究所，一个藏书30多万册的图书馆，一个杂志社，出版维、汉、哈三种文字的《新疆社会科学》和汉文版《西域研究》共四种国内外公开刊物。还设有6个非行政编制的研究中心：即新疆邓小平理论研究中心、新疆经济发展战略研究中心、新疆民族宗教问题研究中心、新疆国际问题研究中心、西域研究中心、新疆文化发展研究中心。并与地州联合创办的经济社会发展研究所：即新疆博尔塔拉蒙古自治州社会经济发展研究所、伊犁哈萨克自治州社会经济发展研究所和阿克苏社会经济发展研究所。学术刊物《西域研究》现为国家民族学类核心期刊，在国内外有一定影响。汉文版《新疆社会科学》为国内核心期刊。维吾尔文、哈萨克文版《新疆社会科学》为区内最高水平的民族文化社会科学期刊。新疆社科院结合新疆的区域特点和民族特色，开展了各学科的社会科学专题研究，取得了一批具有较高水平的科研成果，造就了一批学科带头人。（PLJ）

新疆社会科学界联合会 新疆社会科学界联合会是新疆维吾尔自治区党委领导下的以社会科学研究和宣传普及为主要任务的学术性群众团体，是省区级社会科学学术社团的联合组织，是自治区党委和政府联系广大各族社会科学工作者的桥梁和纽带，是自治区党委和政府授权管理全区社会科学学术团体的专职机构。其宗旨是团结和组织自治区哲学社会科学工作者，深入贯彻落实科学发展观，坚持为人民服务、为社会主义服务的方向和百花齐放、百家争鸣的方针，积极开展哲学社会科学的学术研究、交流和理论宣传普及、推广应用活动，不断推进理论创新、学术交流和对外开放，促进新疆哲学社会科学事业的繁荣与发展。新疆社科联在自治区党委、政府联系社科理论界方面发挥桥梁纽带作用，在理论研究、学术交流、社科普及方面发挥组织协调作用，为党政部门和企业事业单位提供咨询服务，受自治区政府委托负责新疆社会科学优秀成果评奖活动，对全区社会科学学术团体的业务主管和对地州市社科联工作的指导。经2002年自治区群众团体机构改革后，自治区社科联机关设有学会部、科普部、评奖办、办公室4个职能部室和《新疆社科论坛》杂志社、社科信息中心以及机关党委。社科联下属自治区级学会（协会、研究会）110余家，其中有代表性的有哲学、经济、历史、民族研究、宗教、法学、社会学、财政、税务、金融、会计、工商行政管理、企业家、市场营销、公共关系、行为科学、党建、妇女理论、中亚、吐鲁番学、维吾尔语言学、卫拉特蒙古文化、新疆阿勒泰学等学会、协会和研究会。（PLJ）

新疆文物考古研究所 新疆文物考古研究所成立于1978年，原为新疆维吾尔自治区社会科学学院考古研究所，1986年更改为现名，隶属于新疆维吾尔自治区文化厅。全所内设考古部、文物保护技术部和办公室；考古所遵循国家"保护为主，抢救第一"的文物工作方针，按照《文物保护法》的要求，承担新疆全境文物保护、考古调查、发掘和考古研究任务。20世纪80年代以来参与完成了全区文物普查；配合国家交通、能源、水利建设，调查发掘了阿拉沟古墓葬、鄯善苏贝希、洋海墓地、哈密天山北路林雅墓地、乌鲁木齐乌拉泊和柴窝堡古墓葬、特克斯恰普其海水库墓地、尼勒克县吉林台水库墓地、塔什库尔干下坂地水库墓地、拜城克孜尔水库墓地、阿勒泰卡拉朔克水库墓地等40余处，主动性调查、发掘了吐鲁番交河故城沟西旧石器遗址、孔雀河古墓沟墓地、五堡墓地、交河故城沟北墓地、石河子南山墓地、新源铁木里克墓地、察布查尔索墩布拉克墓地、和静察吾乎沟墓地、洛浦山普拉墓地、尉犁营盘墓地、楼兰古城、小河墓地等近50多处地点。先后编辑出版了《新疆古代民族文物》《新疆丝路考古珍品》《新疆文物古迹大观》等目录以及《新疆考古三十年》《新疆文物考古新收获》《新疆文物考古新收获1990—1996年（续）》《新疆察吾乎考古发掘报告》等考古报告，发表学术论文和科研报告千余篇。新的历史时期，新疆文物考古研究所圆满完成国家第三次文物普查工作，重视考古发掘资料的科学整理，积极做好丝绸之路重点文物保护工程的前期考古发掘，增进国内外学术交流合作。（PLJ）

新疆艺术研究所 新疆艺术研究所成立于1985年，是文化厅直属的艺术研究机构。自成立至今，先后完成了《中国戏曲志·新疆卷》《中国戏曲音乐集成·新疆卷》《中国民族民间器乐曲集成·新疆卷》《中国民族民间舞蹈集成·新疆卷》《中国民间歌曲集成·新疆卷》《中国曲艺志·新疆卷》《中国曲艺音乐集成·新疆卷》等国家重大艺术科研项目，完成了《中国音乐文物大系·新疆卷》《刀郎木卡姆的生态与形态研究》等国家课题，完成《中华舞蹈志·新疆卷》《中国歌剧史·新疆卷》《维吾尔族音乐史》等课题的研究工作，撰写并发表了专著和论文。参与自治区历次重大文艺晚会的创作，多次获全国及自治区级奖励。积累了大量与新疆各民族艺术有关的音响、图像、曲谱、文字及实物资料，积极开展对外文化交流，并参与艺术教育，在培养各民族艺术人才方面做出了许多成绩。研究所上报的"维吾尔木卡姆保护与传承工程"被文化部确定为全国民族民间文化保护工程首批10个试点之一。同时积极开展"中国新疆维吾尔木卡姆艺术"申报"人类口头和非物质遗产代表作"的工作，于2005年11月被联合国教科文组织列为第三批"人类口头和非物质遗产代表作"，从而实现了新疆"人类口头和非物质遗产代表作"零的突破，对于进一步促进新疆各民族非物质文化遗产的保护和研究，有着重大而深远的意义。（PLJ）

新疆文物古迹保护中心 新疆文物古迹保护中心成立于1989年6月，前身为新疆文化厅克孜尔千佛洞石窟维修办公室，2001

年7月，正式更名为新疆文物古迹保护中心。2005年，丝绸之路新疆段大遗址保护项目由国家发改委正式批准立项，同年成立了新疆重点文物保护项目领导小组，领导小组下设的执行办公室设在中心，具体负责项目的执行和管理等工作。中心现有职工45人，其中博士研究生学历3人、硕士研究生学历5人。保护中心是新疆唯一拥有文物保护工程勘察设计甲级资质及施工一级资质、集产学研为一体的文物保护机构，主持完成了克孜尔石窟1—3期的维修加固工程等多项重要文物以及古建筑维修、文物保护、勘察测绘工作；组织实施了"丝绸之路"新疆重点文物保护项目；承担完成700余处各级重点文物保护单位的文本制作和论证工作；编制了新疆第一个工业遗产保护规划——克拉玛依工业遗产保护规划；与阿勒泰地区合作开展了草原鹿石石人病害调查研究，开创了中心与地区文物管理部门自立课题开展文物保护科研的先例；组织实施100多个大遗址保护项目。2011年中心制定了新疆文物保护咨询专家资源库管理办法，2012年初首批邀请了疆内历史、考古、规划、文物保护等相关领域的专家40余人入库，用专家的智慧为新疆文物保护工作提供支持和引导。中心还与新疆大学、中国文化遗产研究院、北京建筑工程学院、敦煌研究院等多家单位共同合作申报科研课题，目前已经展开的有"新疆伊斯兰教麻扎建筑研究""新疆近现代代表性建筑调查及保护对策研究"等8个科研课题合作项目。与西安建筑科技大学、兰州大学合作编制了《新疆巴州孔雀河沿线35处烽燧遗址保护工程勘察设计方案》《石头城遗址保护勘察设计方案》等，通过合作，促进了双方共同发展。（PLJ）

新疆龟兹研究院 新疆龟兹研究院成立于1985年，前身为新疆龟兹石窟研究所，是自治区文化厅、文物局唯一驻南疆的直属文博事业单位。30多年来，它从文管所、研究所已发展成为集新疆石窟文物保护、管理和研究为一体的综合专业机构，一直担负着对古龟兹地区的9处全国重点文物保护单位，共600多个佛教石窟近2万平方米壁画的科学保护、管理和研究任务。多年来，研究院组织专业保护人员对所管辖的石窟进行日常监测和抢救性加固保护与修复，使濒临损毁的壁画文物得到了有效的保护，为新疆佛教石窟管理和研究做出了贡献。自成立以来，研究所与国内大学积极合作，先后成为北京大学文博学院、上海大学美术学院、新疆师范大学美术学院、新疆艺术学院高等学校的教学实习基地，并被确定为阿克苏地区爱国主义教育基地。1994年新疆龟兹石窟研究所在克孜尔石窟举办了"鸠摩罗什与中国民族文化——纪念鸠摩罗什诞辰1650周年国际学术研讨会"，1997年举办了"唐代西域文明——安西大都护府国际学术研讨会（佛教美术考察）"，1998年举办了"唐代西域文明——安西大都护府国际学术研讨会"。建院至今，研究院（所）先后累计编辑出版学术著作和画册20余种，在国内外学术刊物上发表各类学术论文100余篇，如《克孜尔石窟内容总录》《龟兹石窟》《鸠摩罗什与中国民族文化——纪念鸠摩罗什诞辰1650周年国际学术研讨会论文集》《考证与辨析——西域佛教文化论稿》《龟兹佛教文化论集》等。参与并取得的重要科研成果有《克孜尔石窟考古报告》《中国石窟·克孜尔石窟》三卷本，《中国石窟·库木吐喇石窟》获夏鼐考古奖，《中国美术分类全集·新疆石窟》获国家"五个一"工程奖和新疆维吾尔自治区图书一等奖，《中国音乐文物大系·新疆卷》获国家优秀著作奖。（PLJ）

（五）高等院校

中共新疆维吾尔自治区委员会党校　中共新疆维吾尔自治区委员会党校位于乌鲁木齐市天山区西后街。其前身为中共中央新疆分局地方干部训练班、分局党校，1956年，定名为中共新疆维吾尔自治区委员会党校。2000年9月，新疆维吾尔自治区行政学院成立，与党校实行"两块牌子、一套班子"的体制。截至2014年底，学校设有哲学、经济学、政治学、行政学、法学、民族宗教理论、党史党建、文化学教研部等8个教研部和新疆经济社会发展研究中心。有专职教师118名，其中教授12人，副教授55人，讲师32人。经过60多年的发展和几代人的努力，学校形成了较为完整、具有鲜明特色的学科体系。马克思主义基本理论各学科有较长的历史和较好的基础，其中经济学、民族宗教理论与政策、中共党史和党建是最具特色、最具发展潜力和优势的学科。1978年以来，共发表论文4200多篇，出版专著、教材、译著等200多部，承担并完成国家课题16项，省部级课题60项，获国家和省部级各类科研奖140项。形成了以培训轮训县以上党政领导干部为主体，以研究生教育和继续教育、社会培训为两翼的办学格局。60多年来，培训主体班次学员20余万人，本科和函授学历教育近10万人，研究生2000余人。（PLJ）

新疆大学　新疆大学位于乌鲁木齐市胜利路，为全国重点大学、国家"211工程"建设高校、教育部与新疆维吾尔自治区人民政府共建高校。其前身是创办于1924年的新疆俄文法政专门学校。1960年10月1日，正式成立新疆大学，1978年被国务院确定为新疆唯一的全国重点大学。2000年12月30日，新疆大学与原新疆工学院合并组建新的新疆大学。学校有哲学、经济学、法学、文学、历史学、理学、工学、管理学、艺术学9个学科门类，涵盖了高级专门人才培养和科学研究的主要领域，先后被列入国家级卓越工程师、卓越法律人才培养计划实施高校，教育部本科专业综合改革试点高校。截至2014年底，学校有91个本科专业，10个国家特色专业，19个自治区紧缺人才专业；有8个博士学位授权一级学科、47个博士学位授权二级学科，11个博士后科研流动站，28个硕士学位授权一级学科、154个硕士学位授权二级学科，10个硕士专业学位类别；2个国家级重点学科，1个国家重点（培育）学科；6个"211工程"重点建设学科群、16个自治区级重点学科、2个自治区重点（培育）学科。有各级各类科研平台（团队）80个，其中自治区级协同创新中心2个，科技部省部共建国家重点实验室培育基地1个，教育部重点实验室3个，自治区重点实验室9个，自治区高校重点实验室7个，校级重点实验室17个，教育部工程研究中心1个，自治区工程技术研究中心2个，教育部人文社会科学重点研究基地1个，自治区高校人文社科重点研究基地9个，国家理科基础科学研究与教学人才培养基地1个，教育部创新团队3个，教育部培育创新团队1个，教育厅科研创新群体7个。（PLJ）

石河子大学 石河子大学位于石河子市北四路，是国家"211工程"重点建设高校和国家西部重点建设高校，现由教育部和新疆生产建设兵团共建。其前身诞生于1949年9月中国人民解放军解放新疆途中。1996年4月，由原石河子农学院、石河子医学院、兵团师范专科学校和兵团经济专科学校合并组建成为石河子大学。学校始终坚持"立足兵团、服务新疆、面向全国、辐射中亚"的办学定位，坚持"以服务为宗旨，在贡献中发展"的办学理念，坚持"以兵团精神育人，为屯垦戍边服务"的办学特色，成为屯垦戍边、建设边疆的重要力量。截至2014年底，学校有5个一级学科博士学位授权点，涵盖25个二级学科博士学位授权点；23个一级学科硕士学位授权点，144个相关二级学科硕士学位授权点；11种硕士专业学位授权类别，86个本科专业，5个博士后流动站（科研工作站）。有国家重点学科1个和国家重点（培育）学科1个，省级重点学科13个和省级重点（培育）学科1个。有国家级教学团队3个、教学名师1人，国家级精品课程4门、特色专业5个、实验教学示范中心1个、双语教学示范课程1门，教育部精品视频公开课3门、国家级精品资源共享课2门，国家大学生创新创业训练计划项目406项。学校设有国家大学生文化素质教育基地、校外实践教育基地，是教育部卓越（医生、工程师、农林人才）教育培养计划项目试点高校。（PLJ）

新疆师范大学 新疆师范大学有昆仑、文光、温泉三个校区，分别位于乌鲁木齐市新医路、喀什东路和观园路。其前身是创立于1978年12月的乌鲁木齐市第一师范学校和新疆教师培训部。截至2014年底，学校有3个一级学科博士点，16个二级学科博士点，有16个一级学科硕士点、96个二级学科硕士点以及教育、汉语国际教育、艺术、体育、翻译等5个专业硕士学位点和高校教师在职攻读硕士学位点，已形成包括研究生教育、普通本专科生教育、预科教育、成人继续教育、留学生教育、汉语国际教育、双语教育在内的较完整教育体系。学校有国家级国际合作研究中心1个，设有中亚区域跨境有害生物联合控制国际研究中心、新疆少数民族现代化研究中心、西域文史研究中心、中亚与中国西北边疆政治经济研究中心、新疆少数民族双语教育研究中心、新疆教师教育研究中心、新疆民族体育文化研究中心、中亚汉语国际教育研究中心、新疆民族传统美术研究中心、中亚音乐文化研究中心、新疆干旱区湖泊环境与资源实验室、自治区教育厅大学生思想政治教育研究中心、国家大学生文化素质教育基地等13个国家级、省部级研究机构。设有中央与地方共建特色优势学科实验室10个，自治区重点学科7个，自治区重点实验室2个，自治区重点产业紧缺人才专业5个，自治区高校人文社会科学重点研究基地9个。同时，学校建有新疆社会管理研究院、中亚研究院、双语教育研究中心、西域文史研究中心、黄文弼中心、新疆绿洲研究所、能源与环境研究中心等40个研究机构。（PLJ）

新疆艺术学院 新疆艺术学院位于乌鲁木齐市团结路，是中国西北地区唯一的一所综合性高等艺术学府，是教育部规定的三十一所独立设置的本科艺术院校之一。其前身是1958年成立的新疆艺术学校，1960年升格为新疆艺术学院，1962年又调整为新疆艺术学校，1987年恢复成立新疆艺术学院。截至2014年底，学校有2个自治区重点学科，2个一级学科获硕士授权点，拥有4个研究领域、15个研究方向的专业硕士点。普通本科设有27个专业，45个专业方向。1个国家特色专业、1个自治区重点产业人才培养专业。有3个艺术研究所、4个校内演出团、2个美术作品展览（陈列）馆、89个校外实习实践基地等创新艺术人才培养平台。设有新疆传统美术研究所、新疆民族音乐研究中心、西域佛教文化艺术研究所。"十二五"期间，学院累计承担各级各类课题162项，其中国家级6项，部委级14项，自治区级7项，厅局级41项，院级93项。出版专著24部、教材8部，发表学术论文675篇，其中核心期刊42篇。每年投入科研经费100万元。获得自治区哲学社会科学优秀成果二等奖2项、三等奖1项、优秀奖3项。（PLJ）

新疆财经大学 新疆财经大学位于乌鲁木齐市北京中路。学校始建于1950年4月。2000年12月，原新疆财经学院、新疆经济管理干部学院和新疆财政税务学校合并组建了新的新疆财经学院。2007年3月，经教育部批准，学校更名为新疆财经大学。截至2014年底，学校有教职工1369人，其中专任教师820人，副高以上职称教师占专任教师43.75%，专任教师中博士145人，硕士433人，硕士以上学历教师占专任教师70.49%。学校设有16个学院、2个专业教学研究部和25个职能部门，附设继续教育学院和商务学院（独立学院）。学校还设有国家汉语水平考试（MHK）和雅思考试（IELTS）的考点。学校拥有3个博士二级学科授权点、1个博士后科研流动站、5个硕士一级学科授权点、25个硕士二级学科授权点、11个专业学位硕士授权点、35个本科专业、4个国家级特色专业建设点、6个自治区级重点学科。学校设有中亚经贸研究院、区域经济研究所和金融研究所等研究机构，拥有中国（新疆）与中亚区域经济合作研究中心、新疆企业发展研究中心、新疆社会经济统计研究中心3个自治区普通高校人文社科重点研究基地以及中亚经贸研究与汉语人才培养基地。近年来，学校获得国家级课题54项，其中包括1项国家社科重点项目、1项国家社科重大项目和1项国家自然科学基金项目，省级课题99项，出版专著82部，发表论文1600余篇。（PLJ）

新疆农业大学 新疆农业大学位于乌鲁木齐市农大东路。其前身为1952年由王震将军创办的新疆八一农学院，1995年4月更名为新疆农业大学。截至2014年底，学校有6个博士后科研流动工作站、18个博士学位授权点、73个硕士学位授权点、4个专业学位硕士授权点（其中，农业推广硕士专业学位领域12个、工程硕士专业学位领域6个）、60个本科专业。学校有17个学院，有各类在册学生20000余人，有教职工1500余人，其中专任教师903人，具有副高以上职称教师383人，具有硕士以上学位教师581人。学校建有国家重点学科1个，国家重点学科培育学科1个，国家部委重点学科2个，教育部、农业部工程研究中心各1个，教育部省部共建重点实验室1个，农业部观测试验站1个，自治区级工程技术研究中心3个，自治区级重点学科10个，自治区级重点学科培育学科1个，国家级实验教学示范中心1个，自治区级实验教学示范中心7个，自治区协同创新中心1个，自治区重点实验室3个，国家级大学生校外教学实践基地2个。（PLJ）

新疆医科大学 新疆医科大学位于乌鲁木齐市鲤鱼山下，其前身是1954年建立的新疆医学院。1998年6月，新疆医学院与新疆中医学院合并成立了新疆医科大学。截至2014年底，学校有5个博士后科研流动（工作）站，2个一级学科博士学位授权点，2个专业博士学位授权点，10个一级学科硕士学位授权点，69个二级学科硕士学位授权点，23个本科专业，2个专科专业。学校有2个省部共建重点实验室，8个自治区级重点实验室，8个国家中医药管理局重点学科，11个自治区级重点学科。学校有教职工15205人，其中校本部教职工1653人，专任教师924名，临床教师1141人，教授207人，副教授645人。教师中有6人入选国家"新世纪百千万人才工程国家级人选"，5人获新世纪优秀人才支持计划，55位专家享受国务院政府特殊津贴，5人获卫生部有突出贡献中青年专家，1名国家级教学名师，2人获国家何梁何利基金奖，37人获得自治区突出贡献优秀专家称号，12名自治区级教学名师。2009年、2010年连续获得2项国家科技进步奖二等奖。（PLJ）

新疆工程学院 新疆工程学院位于乌鲁木齐市苏州路。学校成立于1958年，建校之初为新疆煤矿学校，1960年升格为新疆煤矿学院，1962年调整为乌鲁木齐煤矿学校，1985年升格为新疆煤炭专科学校，1994年更名为新疆工业高等专科学校，2012年4月升格为新疆工程学院。截至2014年底，学校有采矿工程系等11个教学系部，开设煤矿开采技术等40多个本科专业，其中煤矿开采技术、矿山机电2个专业已列入自治区重点产业紧缺人才专业建设计划。学校有专任教师396人，其中具有副高以上专业技术职称的

127人。建校以来，已为社会输送了36000余名毕业生。近年来，学校承担自治区等各级别纵向科研课题42项，横向科研课题22项，出版著作教材53部，发表论文491篇。被EI、SI、ISTP三大检索收录的43篇。（PLJ）

新疆警察学院 新疆警察学院位于乌鲁木齐市，米东校区为主体，长沙路校区为补充，天津路和延安路校区为生活基地。其前身为1950年4月创建的新疆省人民公安学校。1989年6月，更名为新疆公安司法管理干部学院。2001年，由新疆公安司法管理干部学院和新疆人民警察学校合并成立新疆警官高等专科学校。2002年7月，新疆农业机械化学校整体划转并入学校。2012年3月，在新疆警官高等专科学校基础上建立新疆警察学院，是西北五省（区）中唯一一所独立设置的公安本科院校。截至2014年底，学校开设侦查学、治安学、刑事科学技术等10个本科专业和刑事侦查、治安管理等18个专科专业。有在职教职工608人，其中专任教师353人，其中正高职称16人，副高职称71人。有全日制在校生4308人，其中本科生774人，专科生3534人。学校的成立，标志着新疆公安政法教育事业迈入了新的历史发展时期，是新疆公安机关后备力量培养、在职民警培训、全国公安政法干警培训、周边国家警务合作培训以及反恐理论研究的基地。（PLJ）

塔里木大学 塔里木大学位于新疆南部塔里木河畔的阿拉尔市。学校创建于1958年，原名塔里木农垦大学。2004年5月，更名为塔里木大学，是教育部和新疆生产建设兵团共建高校。截至2014年底，学校有一级学科硕士学位点4个，专业学位硕士点3个，本科专业55个；有1个兵团与科技部共建国家重点实验室培育基地，6个省级重点实验室，4个自治区级重点学科，2个省级人文社科重点研究基地。学校有教职工1128人，其中专任教师854人，教授、副教授537人；有全日制学生14000多人，其中少数民族学生占30%，硕士研究生488人。学校发扬南泥湾优良传统和抗大作风，形成了"艰苦创业、民族团结、求真务实、励志图强"的校风和以"艰苦奋斗、自强不息、扎根边疆、甘于奉献"为内涵的胡杨精神。（PLJ）

喀什师范学院 喀什师范学院位于喀什市。学校创建于1962年，名为新疆喀什师范专科学校。1978年8月，升格为本科院校，更名为喀什师范学院。从建校到1979年底的17年间，学校是自治区5所高等院校（新疆大学、新疆工学院、八一农学院、新疆医学院、新疆喀什师范专科学校）中唯一的一所高等师范院校，在新疆特别是南疆教师教育、民族教育、社会稳定和经济发展方面发挥了不可替代的重要作用。截至2014年底，学校有13个教学单位，33个本科专业（方向），其中，师范类专业25个，非师范类专业8个；涵盖教、文、史、理、法、工、艺术七个学科门类。有中国语言文学1个一级学科硕士点，有思想政治教育等11个二级学科硕士点。有1个自治区紧缺专业、1个自治区普通高等学校人文社会科学重点研究基地和5门自治区级精品课程。50多年的发展历程中，学校形成了"以稳定为前提，以教学为中心，以学科建设为龙头，以提高教学质量为生命线，以培养合格人才为目标"的办学思路，不仅为新疆教师教育和民族教育做出了重大贡献，也积累了丰富的高等教育办学经验，形成了自己独特的办学特色，锻造了内涵深厚的大学精神和大学文化。学校已成为新疆特别是南疆各族人民平等、团结、互助、和谐关系的缩影。1994年、2009年，学校先后两次被国务院授予"全国民族团结进步模范集体"光荣称号；2014年，学校中国语系被国务院授予"全国民族团结进步模范集体"光荣称号。2015年更名为喀什大学。（PLJ）

伊犁师范学院 伊犁师范学院位于伊犁哈萨克自治州伊宁市。其前身是1948年成立的新疆省立伊犁专科学校，曾先后更名为阿合买提江专科学校、伊犁师范学校等。1980年5月，升格为本科院校，更名为伊犁师范学院。截至2014年底，学校设有人文学院、数学与统计学院、物理科学与技术学院、化学与生物科学学院、中国语言学院、外语系、法政学院、电子与信息工程技术学院、教育科学系、艺术学院、体育学院11个院（系），有38个本科专业，14个专科专业。有中国语言文学、数学、物理学3个硕士学位授权一级学科点，覆盖21个二级学科。学校在少数民族教育研究、哈萨克文化研究、基础数学研究和凝聚态物理研究等方面形成了一定的优势和特色。在人才培养、科学研究、服务社会、文化传承引领诸方面取得较好成绩，办学特色进一步彰显，新疆哈萨克文化与民族现代化研究中心获批自治区首批普通高校人文社科重点研究基地，与南京大学共建的凝聚态相变与微结构实验室被评为自治区级重点实验室，新疆碳化硅复合陶瓷工程技术研究中心获批自治区工程技术研究中心。中国少数民族语言文学、凝聚态物理2个二级学科入选自治区重点学科，基础数学入选自治区重点培育学科。有7位自治区级教学名师和7位自治区级青年教学能手。学校有享受国务院政府特殊津贴、全国模范教师、全国优秀教育工作者、自治区优秀教育工作者等学者专家10余人。（PLJ）

昌吉学院 昌吉学院位于昌吉市。其前身是成立于1959年的昌吉师范学校，1985年升格为昌吉师范专科学校。2001年5月，昌吉师范专科学校与昌吉回族自治州教育学院合并，升格为本科院校，更名为昌吉学院。截至2014年底，学院有教职工602人，其中专任教师384人，教授、副教授100多人，具有博士、硕士研究生学位的教师近200人。学校长期聘有外籍教师任教，包括外国留学生在内的各类全日制在校生约7000人。设有中文系、中语系、经济管理系、外语系、数学系、物理系、化学工程系、计算机工程系、体育系、音乐系、美术系、初等教育学院、成人教育学院、社科部等14个教学院系部，共51个本、专科专业覆盖了6大学科门类，已初步形成专业设置比较合理，学科门类比较齐全，以教师教育为主，多学科共同发展的综合性普通高校。近年来，学校先后成立了女性文化研究所、西域文化研究所、应用数学研究所、经济管理研究所、计算机应用研究所、西域体育文化研究所、环境科学研究所等研究机构。与山东大学、吉林大学、厦门大学、陕西师范大学、北京林业大学、兰州大学、中国石油大学建立了长期对口支援关系，并与山东大学、陕西师范大学联合培养本科生。(PLJ)

新疆广播电视大学 新疆广播电视大学位于乌鲁木齐市新华南路，创建于1979年1月。截至2014年底，校本部共设党政办公室、监察室、工会、远程教育学院、教务处、学生处、信息中心、继续教育学院、直属分校、计财处、生活服务中心11个部门，有教职工189人，其中专职教师36人，教学管理人员33人，技术人员20人，具有高级职称38人。多年来，新疆电大对远程教育进行了不断探索和实践，先后开展了自学视听生、大学基础教育、注册视听生、专升本、开放教育等试点，开设了门类较为齐全的专业和课程，拥有比较丰富的多媒体教学资源，建立了新的教学模式，规范了教学过程管理，强化了系统办学的整体功能。学校建立了覆盖全疆15个地州市、52个县市的"天地网结合、三级平台互动"的传输系统，初步构建了立体式网络化的教学、教学管理和支持服务系统，基本具备了数字化、多媒体、交互式双向反馈的现代远程教育教学环境，形成了具有边疆少数民族地区特色的、符合实际的教学和教学管理模式，以多层次、多规格、多形式的人才培养方式，培养了大批满足新疆经济社会发展的各民族人才，特别是少数民族应用型人才，已经成为新疆发展现代远程教育的骨干力量。多年来，累计培养大中专毕业生104053人，非学历教育近40万人次。(PLJ)

新疆生产建设兵团广播电视大学 新疆兵团广播电视大学位于乌鲁木齐二道湾一巷，是新疆生产建设兵团设在乌鲁木齐市的唯一一所高等学校，创建于1983年。兵团广播电视大学包括开放教育学院、红山学院、北京路直属学院、直属教育学院、继续教育学院、广播师范学院。截至2014年底，学校已开设了86个专业，有各类在校生1400人，专兼职教师412人。多年来，已培养出合格大、中专毕业生16000余名，毕业生分布在天山南北，相当一部分已成为各个行业和部门的业务技术骨干和领导干部。(PLJ)

正文条目汉语拼音索引

A

阿艾古城	1098
阿布都热合满王麻扎	1108
阿敦乔鲁石栅古墓群及岩画群	1064
阿尔格力太岩画	550
阿尔金山国家级自然保护区	1004
阿凡提故事	1145
阿房宫遗址	69
阿格拉克古城堡遗址	1086
阿宫腔	245
阿合买提江等烈士陵园	1132
阿合图古城	1077
阿河滩清真寺	822
阿克奇古城	1102
阿克塞哈萨克族刺绣	632
阿克塞哈萨克族叼羊	625
阿克塞哈萨克族毡房	650
阿克塞县哈萨克族"阿依特斯"	574
阿克斯色伯勒古城	1082
阿克塔斯洞窟彩绘岩画	1127
阿克希古城	1078
阿肯弹唱	620
阿勒泰两河源头自然保护区	1035
阿勒吞古城遗址	1093
阿力玛力废城	1082
阿尼玛卿雪山传说	898
阿哦古墓	1110
阿帕克霍加墓	1067
阿绕寺	892
阿日夏特科克石围及石堆墓群	1064
阿日夏特石人墓	1060
阿柔大寺	875
阿柔逗曲	938
阿柔招婿习俗	971
阿萨城堡遗址	1088
阿萨墩戍堡遗址	1092
阿萨古城遗址	1053
阿斯塔那遗址	1083
阿斯塔纳古墓群	1058
阿斯特那艾力帕塔和加麻扎	1107
阿图什白苞谷馕	1220
阿哇寺	890

词条	页码
阿瓦提维吾尔族慕萨莱斯酿造工艺	1214
阿希城堡遗址	1089
阿依旺赛来民居营造技艺	1170
阿尤赛沟口墓群	1113
埃格麦里央达古城	1078
艾比甫·艾洁木麻扎	1061
艾比湖湿地国家级自然保护区	1034
艾黎与何柯陵园	552
艾斯克沙尔古城	1077
艾斯克霞尔遗址	1095
艾提朵尔清真寺	1067
艾则孜艾格恰木麻扎	1118
安迪尔古城	1045
安阜城遗址	1094
安果遗址	525
安金藏墓	176
安康坝河湿地	58
安康岚河湿地	58
安康曲子	313
安康市汉滨区	229
安康市旬阳县	223
安康市紫阳县	226
安康文庙大成殿	201
安康学院	423
安康旬河湿地	58
安口陶瓷制作技艺	638
安口杨家沟瓷窑址	504
安南坝野骆驼国家级自然保护区	429
安全墩烽火台	1095
安仁瓷窑遗址	85
安塞大佛寺石窟	208
安塞剪纸	257
安塞民间绘画	321
安塞腰鼓	240
安舒庄省级自然保护区	23
安吴堡战时青年训练班革命旧址	138
安西古城址	513
安西极旱荒漠国家级自然保护区	428
安塬坪遗址	506
岸底遗址	166
案板遗址	164
凹里宫殿遗址	146
奥洛尕舍力墓群	1115
奥斯曼染眉习俗	1249

B

词条	页码
八宝镇狼舌头古城址	848
八卦墩烽火台	1099
八卦寺塔林	200
八卦营城址	454
八卦营墓群	464
八角城遗址	456
八路军兰州办事处旧址	486
八路军西安办事处旧址	134
八墙子岩刻画	1127
八寺崖遗址	835
八仙庵	184
八仙鼓	286
八一剧场	1136
八云塔	112
巴楚胡杨林国家森林公园	1029

条目	页码	条目	页码
巴当舞	567	灞桥遗址	75
巴额达特麻扎	1107	白城台古城遗址	153
巴尔达库尔岩画	1126	白城子	840
巴格希恩随木喇嘛庙	1120	白佛寺	875
巴哈莫力岩刻	880	白哈巴国家森林公园	1023
巴拉曼音乐	1190	白河"三点水"制作技艺	351
巴郎鼓舞	567	白芨沟赭色岩画	740
巴勒根地卡伦遗址	1104	白家村遗址	147
巴里坤八大碗制作技艺	1235	白家遗址	141
巴里坤汉城遗址	1089	白龙江阿夏省级自然保护区	437
巴里坤汉族节日习俗	1242	白龙湾遗址	164
巴里坤汉族民间故事	1181	白马城遗址	521
巴里坤汉族脑阁和抬阁	1242	白马关城址	514
巴里坤老油坊	1137	白马寺	858
巴里坤满城遗址	1089	白马塔	536
巴里坤清代粮仓	1123	白马原遗址	506
巴轮台黄庙古建	1071	白马造像塔	475
巴什拜麻扎	1133	白山堂古铜矿遗址	523
巴吾巴姆舞	945	白山岩刻	1126
巴燕遗址	827	白水江国家级自然保护区	430
巴依都埃土墩	1083	白塔山建筑群	541
巴音布鲁克国家级自然保护区	1004	白塔寺遗址	451
巴音沟承化寺	1121	白土庄遗址	835
巴音山庄水利风景区	1019	白崖（丙）遗址	835
巴寨朝水节	657	白崖子沟遗址	829
巴州古城	517	白崖子墓群	854
巴州罗布人村寨	1013	白崖子遗址	826
巴州西海湾明珠风景区	1014	白杨沟佛寺	1068
巴州遗址	826	白杨沟佛寺遗址	1047
把家坪遗址	501	白衣寺塔及白衣菩萨殿	534
灞陵桥	485	白依斯阿克木伯克麻扎	1112

词条	页码	词条	页码
白银火焰山国家矿山公园	441	宝峰山省级自然保护区	19
白银剪纸	628	宝湖国家城市湿地公园	715
白银露天矿旧址	555	宝鸡民间社火	261
白银曲子戏	571	宝鸡千阳八打棍	288
白银寿鹿山道教音乐	599	宝鸡石头河湿地	57
白玉寺	865	宝鸡市陈仓区	227
白云山	36	宝鸡市凤翔县	223
白云山道教音乐	237	宝鸡市陇县	231
白云山庙	111	宝鸡市千阳县南寨镇	228
白云寺	195	宝鸡文理学院	421
白云寺遗址	170	宝鸡炎帝祭祀	357
百良寿圣寺塔	115	宝庆寺塔	184
柏山寺塔	127	宝山遗址	94
柏孜克里克千佛洞	1072	宝塔山	38
摆阵舞	609	宝塔山的传说	272
拜家嘴遗址	152	保安碑	1128
拜寺口双塔	723	保安革命旧址	136
拜吐拉清真寺	1070	保安古城	850
班固墓	174	保安古屯田寨堡古建筑群	821
班家湾遗址	843	保安社火	972
班前村	812	保安族口头文学与语言	588
班沙尔边墙	846	保安族腰刀锻制技艺	578
班沙尔关帝庙	871	保昌楼	536
板胡艺术	284	保宁堡老秧歌	296
板桥道堂	742	保全寺—张家沟门石窟	546
半坡遗址	68	堡子山遗址	517
半山遗址	460	报本寺塔	122
榜罗镇会议旧址	486	鲍家遗址	847
包孜东古墓群	1108	北禅寺	880
褒斜道石门及其摩崖石刻	106	北城滩城址	495
褒斜栈道遗址	150	北方民族大学	795

词条	页码	词条	页码
北古城	844	苯教法舞	943
北海子塔	535	边家林遗址	461
北刘遗址	156	边家庄遗址	146
北洛河湿地	56	边墙	842
北门封神舞	946	扁鹊墓	172
北破城古城	732	别迭里烽燧	1091
北山坪遗址	512	别家沟墓群	526
北山岩画	549	彬县大佛寺石窟	62
北石窟寺	479	彬县灯山会	263
北首岭遗址	81	彬县灯山庙会	363
北寺塔	193	彬县开元寺塔	112
北庭故址	1047	冰沟多凌告示碑	1129
北五省会馆	202	兵沟汉墓群	736
北武当庙寺庙庙会	770	炳灵丹霞国家地质公园	441
北武当庙寺庙音乐	745	炳灵寺石窟	478
北向阳古城	838	波罗堡古建群	191
北新墓群	531	波马古城遗址	1089
北营庙	118	磻溪钓鱼台	28
北塬金氏接骨术	646	磻溪宫碑刻	210
北张村传统造纸工艺	334	伯西哈石窟	1074
北丈八寺村遗址	142	博格达峰国家级自然保护区	1003
北周成陵	104	博格达沁古城	1084
北庄古城堡	847	博其罕那佛寺遗址	1099
贝大日如来佛石窟寺和勒巴沟摩崖	823	博斯腾废址	1079
贝坡遗址	155	博斯腾湖风景名胜区	1012
背鼓子舞	611	博斯腾托和拉克古城	1080
背花锣	297	博提巴什古城	1101
本巴口遗址	829	博峪采花节	647
本布台遗址	830	博峪河省级自然保护区	435
本布图墓群	1115	薄太后陵	105
本布图岩画	1127	卜家崾岘遗址	507

词条	页码	词条	页码
布尔根河狸国家级自然保护区	1004	藏戏	5
布干驿站遗址	1103	藏药"吉和谐"炮制技艺	965
布呼乌苏石人及墓群	1115	藏药阿如拉炮制技艺	923
布偶	1211	藏药佐太炮制技艺	965
布热村石人墓	1117	藏医放血疗法	924
布柔哟	936	藏医药浴疗法	923
布由藏式碉楼	879	藏族蜢鼓舞	907
		藏族黑陶烧制技艺	919
C		藏族婚宴十八说	898
		藏族夹棋	951
擦擦佛像印版制作技艺	640	藏族酒曲	905
财宝神	932	藏族拉伊	901
财神阁	537	藏族鎏钴技艺	923
财神楼	741	藏族棋艺	950
菜园村遗址	721	藏族夏尔群鼓舞	945
蔡家河摩崖造像	208	藏族扎木聂弹唱	903
蔡家河遗址	148	曹家咀遗址	488
蔡家寺	540	曹氏中医正骨法	646
蔡伦墓和祠	101	草编	765
蔡伦造纸传说	233	草沟井城址	457
蔡文姬墓	172	草脉殿遗址	505
仓颉传说	233	草堂寺	185
仓颉庙遗址	149	草原石人及大土墩	1107
仓颉墓与庙	110	插岗梁省级自然保护区	437
仓库遗址	832	插箭节	649
藏刀锻制技艺	920	查干郭勒水库岩画	1126
藏盖古城	840	查汗通古烽火台	1102
藏家碉楼营造技艺	922	查朗寺	865
藏娘佛塔及桑周寺	819	茶卡盐湖祭湖	976
藏娘唐卡	955	茶马古道（康县段）	556
藏式雕楼建筑群	868	察布查尔大渠遗址	1104

条目	页码	条目	页码
察汗特买图岩画	883	长沟墓群	534
察吾乎古墓群	1057	长江七渡口遗址	852
岔口驿堡遗址	523	长江源头第一桥旧址	889
柴达木梭梭林省级自然保护区	804	长宁遗址	831
柴家坪遗址	490	长青国家级自然保护区	13
禅定寺	545	长沙岭墓群	532
禅古寺	876	长尾沟门遗址	515
禅古寺宗教法舞	946	长武背芯子	297
禅修寺大殿	194	长武城	495
巉口村墓群（包括遗址）	525	晁马家遗址	833
昌吉古城遗址	1086	朝青海湖习俗	974
昌吉学院	1286	车师古道国家森林公园	1029
昌吉州境内烽燧群	1054	沉香传说	273
昌岭山省级自然保护区	432	陈仓姜马察回	275
昌马河省级自然保护区	433	陈仓区西山酒歌	276
昌马石窟	546	陈家遗址	852
昌马岩画	549	陈平墓	173
长安八水	29	称多白龙卓舞（锅庄舞）	908
长安灞河湿地	57	成纪故城遗址	459
长安仓颉造字传说	270	成山宫遗址	92
长安浐河湿地	57	承天观之碑	546
长安大学	410	承天寺塔	724
长安道情	310	城固张骞墓	63
长安沣河湿地	57	城关村遗址	148
长安佛乐	284	城关遗址	142
长安郭氏民宅	217	城隍庙	741
长安侯官寨社火牛老爷	355	城隍庙	861
长安华严寺塔	115	城隍庙	869
长安圣寿寺塔	115	城阳古城址	735
长安王曲城隍庙祭祀和庙会	356	程家川遗址	507
长城	3	澂邑漕仓遗址	88

澄城表演特技"上刀山"	315	崔家南湾墓群	528
澄城城隍庙神楼	114	崔家庄遗址	494
澄城刺绣	256	翠华山	24
澄城鼓吹乐艺术	280	翠华山山崩国家地质公园	44
澄城面花	324	错金银	1163
池阳宫遗址	150		
赤岭遗址	844	**D**	
崇华沟遗址	520		
崇宁宫遗址	156	达坂城木拱桥	1130
崇寿寺塔	125	达布逊军事设施遗址	1137
重建宋范韩二公祠堂记碑	546	达参寺	890
重兴寺塔（铜川塔、宋塔）	125	达勒特古城	1054
重修护国寺感应塔碑	479	达勒特古墓群	1114
重阳宫祖庵碑林	133	达立力汗·苏古尔巴也夫墓	1133
楮皮纸制作技艺	259	达玛沟佛寺遗址	1052
川口柳家遗址	491	达斡尔族毕力多尔	1198
川口遗址	507	达斡尔族沃其贝	1179
传统打铁技艺	345	打花	1248
传统乐器手工制作技艺	340	打花鞭	612
传统寺庙营造技艺	346	打梭	758
船帮会馆	196	大保当城址及墓群	168
船张芯子	365	大堡子山遗址及墓群	453
吹箫引凤传说	268	大陈遗址	165
春官歌演唱	620	大崇教寺	542
淳化冶峪河国家湿地公园	49	大川渡黄河水车	556
慈善寺石窟	131	大地湾遗址	449
慈云寺女真文铁钟	554	大佛寺	862
刺绣	762	大故城	1078
刺绣（汉族、哈萨克族、塔吉克族、柯尔克孜族、塔塔尔族）	1212	大河古城	1046
		大黑沟岩画	483
崔家堡遗址	142	大靖镇	446

条目	页码
大喀纳斯景区墓葬群	1063
大李家坪—庙坪遗址	495
大荔朝邑国家湿地公园	53
大荔刺绣	327
大麦地岩画	740
大庙城城址	510
大明宫遗址	70
大坪头遗址	514
大坡梁—天泉寺墓群	533
大秦寺塔	116
大仁遗址	160
大散关遗址	143
大沙沟遗址	487
大水沟题记	741
大水沟西夏遗址	731
大水塘遗址	851
大苏干湖省级自然保护区	433
大唐芙蓉园	32
大桃尔沟千佛洞	1125
大通城关文庙	890
大通老爷山朝山会	968
大通傩舞老秧歌	941
大通桥儿沟砂罐	957
大通蛙图腾祭祀舞"四片瓦"	942
大通县农民画	953
大通苑（乙）遗址	834
大头罗汉戏柳翠	943
大湾城遗址	498
大湾口墓地	855
大西峰沟西夏遗址	731
大西峰沟岩画	740
大象寺塔	124
大小方台	839
大兴善寺	183
大学习巷清真寺	121
大雁塔	61
大营遗址	722
大园山东侧墓葬	857
大园子遗址	520
大塬遗址	522
大云寺	196
大云寺及唐钟	535
大庄村	812
大族坪遗址	512
大嘴梁遗址	521
代来城城址	93
代吾松其石人及墓地	1118
岱祠岑楼·金龙寺塔	192
戴家湾遗址	145
丹丹乌里克遗址	1046
丹凤丹江国家湿地公园	50
丹凤高台芯子	361
丹江漂流	42
丹麻土族花儿会	900
丹阳古城	839
单南清真寺	743
旦斗寺	821
旦麻古塔	860
当代女报	391
当旦石经墙及佛塔	882
当家寺	891
当卡寺	869

词条	页码	词条	页码
当头寺	866	丁童遗址	150
党城遗址	499	顶灯说唱	623
党家岔自然保护区	712	鼎湖延寿宫遗址	141
党家村古建筑群	113	定边霸王鞭	295
宕昌官鹅沟地质公园	441	定边道情皮影戏	303
宕昌羌傩舞	603	定边公布井湿地	55
道尔本厄鲁特森木古城遗址	1050	定边苟池湿地	55
道台狮子	604	定边鼓楼	190
德都蒙古布格围鹿棋	952	定边花麻池湿地	55
德都蒙古全席	977	定边剪纸艺术	322
德欠寺	887	定边烂泥池湿地	55
德庆寺	887	定边莲花池湿地	55
德州墓地	855	定边明水湖湿地	55
灯盏头戏	614	定边沙地森林公园	39
邓家堡遗址	148	定西堡子坪遗址	513
狄寨徐文岳泥哨制作技艺	334	定西剪纸	577
狄寨竹篾子灯笼编织	334	东安堡古城	515
地巴坪遗址	525	东村会议旧址	216
地蹦子	602	东村遗址	834
地埂坡墓群	534	东大沟东岩墓群	1114
地湾城遗址	498	东大龙沟遗址	1094
第五村宫殿遗址	165	东大山省级自然保护区	432
第一个核武器研制基地旧址	824	东大寺	537
电达村	811	东二十里铺墓群	525
店子沟遗址	496	东干木遗址	835
貂蝉传说	591	东沟遗址	492
碉堡梁遗址	503	东古城城楼	540
钓鱼台	187	东古城遗址	523
迭部藏族民间故事	593	东关清真大寺	821
迭部藏族民间谚语	593	东关外墓群	527
丁兰刻母	274	东关遗址	507

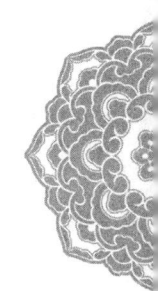

条目	页码	条目	页码
东旱坪遗址	514	洞洞沟遗址	522
东黑沟遗址	1051	都埃梯木烽火台	1100
东华池塔	468	都兰寺	889
东灰山遗址	457	都热力古城遗址	1089
东科寺	866	都维力克遗址	1090
东里花园	189	斗后宗古城	843
东龙山遗址	81	斗鸡	1206
东路碗碗腔皮影戏	301	斗门石婆庙会和七夕传说	266
东囊喇钦寺	879	豆村大蜡	333
东坡遗址	147	豆尔加阴坡遗址	829
东千佛洞石窟	480	窦皇后陵	102
东秦岭地质剖面省级自然保护区	18	窦家坪遗址	521
东渠遗址	147	读友报	681
东沙河清真寺	892	读者出版集团	682
东山坡墓群	532	独山子石油工人俱乐部	1133
东山转灯	656	杜公祠	185
东塔古墓群	736	杜家坪遗址	487
东渭桥遗址	78	杜家庄墓群	853
东乡族钉匠工艺	639	杜拉特岩画	1125
东乡族擀毡技艺	579	杜陵	98
东乡族口头文学与语言	587	杜阳县故城	164
东营庙	198	端巴营墓群	853
东塬古塔	869	端字号柴湾城址	509
东岳庙	184	段家坪遗址	507
东镇大庙	538	段氏拿骨诊疗技艺	353
东庄墓群	529	祋祤宫遗址	92
东宗寺天文历算法	977	敦煌	445
冬次多古城	839	敦煌彩塑制作技艺	638
董府	724	敦煌古乐器制作技艺	634
董家坪遗址	152	敦煌剪纸	629
董仲舒墓	171	敦煌莫高窟	444

词条	页码
敦煌南仓	541
敦煌曲子戏	568
敦煌文艺出版社	684
敦煌西湖国家级自然保护区	429
敦煌雅丹国家地质公园	438
敦煌雅丹省级自然保护区	434
敦煌研究院	690
敦煌阳关国家级自然保护区	429
敦煌艺术—美术技艺研承	627
敦煌艺术—舞蹈技艺研承	601
敦煌艺术—音乐技艺传承	594
墩买力吐尔烽燧	1099
多巴墓群	853
多地舞	566
多儿省级自然保护区	437
多儿水磨群	545
多岗古墓群	1111
多杰宗寺	890
多伦多盐场	894
多木拉克土拜古墓群	1112
朵家梁遗址	510

E

词条	页码
俄合萨寺	891
俄界会议旧址	485
俄罗斯族巴扬艺术	1192
俄罗斯族比瓦酿造技艺	1225
俄罗斯族民歌	1193
俄罗斯族民居营造技艺	1169
俄罗斯族踢踏舞	1198
俄罗斯族鞋靴制作技艺	1238
峨堡古城	848
额尔齐斯河科克托海湿地自然保护区	1035
额其买力克古城	1077
鄂家遗址	847
鄂托克赛河检查站西南墓群	1117
鄂托克赛切依特赛墓群	1116
鄂托克赛吐日根墓群	1116
耳朵城古城址	732
二道梁遗址	523
二分大庙双楼	538
二工河石堆墓	1117
二工河突厥碑遗址	1128
二鬼打架	625
二将城城址	496
二郎庙	196
二郎庙	877
二郎山庙	199
二郎山明代铜钟	555
二龙塔	197
二曲礼仪	365
二十里铺大坪遗址	517
二十里铺拱北	742
二十一度母金刚法舞	945
二塘沟塔	1087
二战区长官部旧址	216

F

词条	页码
伐鱼村遗址	145
法门寺遗址	83

条目	页码
法泉寺石窟	548
法王庙	117
法源寺塔	127
樊家城遗址	490
樊家河二号遗址	151
方家沟遗址	501
方棋	759
方山林场森林公园	34
芳草湖三场碉堡粮仓	1137
放马滩墓群	463
飞天出版传媒集团	688
丰镐遗址	69
丰林故城遗址	155
丰台（甲）遗址	835
丰头遗址	163
丰图义仓	121
冯国瑞宅院	543
冯晖墓	182
冯家坪遗址	489
冯家崖—任家坪遗址及墓葬	495
冯洛守捉古城遗址	1094
凤凰古城址	733
凤凰街民居	218
凤凰山森林公园	43
凤凰台	188
凤栖原西汉家族墓地	101
凤县嘉陵江国家湿地公园	51
凤县民歌	278
凤翔东湖	32
凤翔木版年画	255
凤翔泥塑	255
佛坪国家级自然保护区	14
佛坪厅故城	161
佛坪竹编技艺	351
佛堂寺石窟	205
佛爷庙—新店台墓群	527
鄜州飞锣	296
伏俟城	842
伏羲庙	467
扶风城隍庙	119
扶风七星河国家湿地公园	53
扶风碗碗腔皮影戏	302
扶荔宫遗址	167
扶苏墓	178
苻坚墓	175
福地湖	37
福海县布伦托海西海水利风景区	1020
福津广严院	536
福临堡遗址	144
福山寺	199
福严院塔	127
福音堂	885
福音堂医院旧址	552
府谷二人台	248
府谷孤山川湿地	54
府谷清水川湿地	54
府州城	108
付家门遗址	490
傅介子墓	530
富宁安碑	1129
富平石刻	266
富平铁佛	218

富平县流曲琼锅糖制作技艺	348	盖孜驿站遗址	1105
富蕴可可托海国家地质公园（地质三号坑）	1032	干城子古遗址	734
		干沟桥遗址	492
富蕴可可托海稀有金属国家矿山公园	1034	干沟题刻	739
		干骨崖遗址及墓群	511
富蕴县可可托海景区	1012	干果羊下庄墓地	856
富蕴县可可托海镇	1039	干海子候鸟省级自然保护区	434
		甘禅寺	874

G

		《甘冬儿和杨达尔》	589
		甘都鸳鸯蝴蝶楼	886
嘎白塔及古渡口	849	甘沟驿遗址	519
嘎丁寺	863	甘谷道情	621
嘎然寺	869	甘谷脊兽制作技艺	635
嘎珠寺	889	甘谷木雕	634
尕巴舞	602	甘谷文庙大成殿	539
尕藏寺	862	甘家湖梭梭林国家级自然保护区	1006
尕队遗址	850	甘南藏医药	582
尕尔墩坝古城	1083	甘南藏族服饰	651
尕海古城	841	甘南藏族婚俗	652
尕海—则岔国家级自然保护区	431	甘南藏族民歌	562
尕马卡遗址	832	甘南藏族唐卡	576
尕马堂东台墓地	854	甘省会馆	1120
尕毛寺	888	甘水坊高空耍狮子	315
尕让白马寺	861	甘肃北石窟寺文物保护研究所	694
尕让古城	843	甘肃炳灵寺文物保护研究所	693
尕让千户院	884	甘肃大地湾文物保护研究所	694
尕让寺	862	甘肃大剧院	662
尕山墓群	855	甘肃电视台	675
尕什在来墓地	856	《甘肃法制报》	680
尕义香更遗址	832	甘肃广播电视大学	706
盖斯麻扎	1118	甘肃花儿	556

甘肃画院	661	甘肃省秦腔艺术剧院	664
甘肃简牍博物馆	692	甘肃省曲艺家协会	672
甘肃教育出版社	685	甘肃省曲艺团	666
甘肃经济日报	681	甘肃省人民政府文史研究馆	688
甘肃举院	538	甘肃省社会科学院	689
甘肃科学技术出版社	685	甘肃省摄影家协会	673
甘肃民族出版社	683	甘肃省书法家协会	669
甘肃民族师范学院	706	甘肃省图书馆	659
甘肃农民报	680	甘肃省文化产业发展集团	661
甘肃农业大学	699	甘肃省文化馆	660
甘肃秦腔	570	甘肃省文化艺术研究所	690
甘肃人民出版社	683	甘肃省文物保护维修研究所	692
甘肃人民广播电台	676	甘肃省文物考古研究所	691
甘肃人民美术出版社	686	甘肃省文学艺术界联合会	668
甘肃日报	678	甘肃省文艺评论家协会	674
甘肃少年儿童出版社	684	甘肃省舞蹈家协会	670
甘肃省博物馆	659	甘肃省戏剧家协会	671
甘肃省藏学研究所	695	甘肃省音乐家协会	670
甘肃省电视艺术家协会	673	甘肃省音像出版社	686
甘肃省电影艺术家协会	672	甘肃省杂技家协会	672
甘肃省歌剧院	665	甘肃省杂技团	667
甘肃省歌舞剧院	664	甘肃省作家协会	668
甘肃省广播电视网络股份有限公司	676	甘肃文化出版社	687
甘肃省广播电影电视总台	675	甘肃演艺集团有限责任公司	663
甘肃省话剧院	663	甘肃政法学院	702
甘肃省教育科学研究所	696	甘肃中医学院	701
甘肃省京剧团	667	甘州、凉州、会宁皮影戏	615
甘肃省陇剧院	666	甘州古城墙	515
甘肃省美术家协会	669	甘州黄河灯阵	657
甘肃省民间文艺家协会	674	甘州社火	613
甘肃省民族研究所	694	甘州小调	597

词条	页码	词条	页码
赶驴	612	高庄遗址	497
擀毡	765	高总兵宅院	541
刚察大寺	886	告王河墓群	529
刚察寺院藏戏	947	圪垯庙遗址	152
岗察寺	866	哥舒翰纪功碑	545
岗格尔肖合力雪山传说	936	鸽子山遗址	720
岗龙沟石窟寺	881	阁子头石窟	205
岗龙沟岩画	881	革命公园	30
缸缸洼遗址	457	格尔木胡杨林省级自然保护区	804
皋兰县铁芯子制作技艺	640	格吉萨三扎	937
皋兰县文庙	542	格吉斯日寺《静猛生死轮回》剧	948
高昌故城	1043	格萨（斯）尔	6
高昌王和西宁王墓	464	格萨（斯）尔	558
高冠瀑布	28	格萨尔	1143
高家村遗址	145	格萨尔	896
高家门城遗址	518	格萨尔赛马称王传说	935
高家坪遗址	144	格萨尔三十大将军灵塔和达那寺	819
高家遗址	835	格致坪遗址	489
高力士墓	179	更钦·久美旺博昂欠	870
高陵洞箫艺术	239	公刘祭典	649
高陵曲子	311	公刘墓	175
高庙八卦楼	860	公输堂	110
高桥镇廊桥	201	公孙贺墓	175
高仁镇新石器遗址	730	公主堡遗址	1088
高寺头遗址	490	巩留恰西国家森林公园	1026
高台红西路军烈士陵园	552	巩留县野核桃沟水利风景区	1021
高台黄河灯阵	658	巩留野核桃自然保护区	1009
高台民歌	601	巩乃斯国家森林公园	1024
高台通背捶、八虎棍	626	巩宁城城墙遗址	1093
高寨墓群	854	共和县黑古城	841
高庄滩红军西征遗迹	741	贡巴昂	861

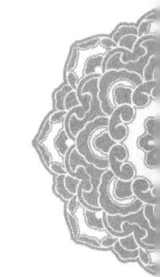

条目	页码
贡萨寺旧址和宗喀巴大殿	815
勾弋夫人墓（汉云陵）	105
苟仁遗址	496
枸杞传统栽培技术	764
姑娘追	625
箍窑	765
古豳国传说	271
古城界城址	168
古城崖汉墓群	858
古代吐鲁番盆地军事防御遗址	1054
古典插花	343
古董滩遗址	523
古洞门遗址	505
古尔图古墓葬	1111
古格滩南坎遗址	835
古汉台遗址	156
古浪仓故居	878
古浪老调	623
古浪三角城遗址	509
古浪童谣	589
古雷寺	863
古龙桥	188
古邵国遗址	90
古曰寺	862
鼓楼	858
固原北朝隋唐墓地	723
固原古城遗址	721
固原清水河国家湿地公园	717
瓜果储藏技艺	1232
瓜什则寺	866
瓜州剪纸	629
瓜州木偶戏	615
卦台山遗址	514
关川道堂	544
关帝庙	861
关帝庙正殿	194
关帝牌坊	858
关马湖汉墓	736
关山牧场	26
关山牛拉鳖鼓	287
关塘村墓地	855
关中传统民居营造技艺	343
关中传统驯马技艺	343
关中丧葬风俗礼仪	366
关中书院	185
观儿下遗址	490
棺材疙瘩墓群	531
棺材沟墓地	855
广福寺	893
广惠寺	866
广新园民族村	33
圭峰山	26
鬼谷岭遗址	170
鬼谷子的传说	274
贵德六月庙会	974
贵德文庙及玉皇阁	819
贵南藏绣	953
贵南石焖烤全羊	962
贵清山省级自然保护区	434
滚钟口西夏遗址	731
郭村遗址	166
郭蛤蟆城	504

条目	页码	条目	页码
郭家山遗址	516	哈密天山国家森林公园	1027
郭家湾遗址	501	哈密维吾尔族艾捷克艺术	1186
郭麻日村	811	哈密维吾尔族动物模拟舞（鸡舞、马舞、骆驼舞）	1194
郭麻日古寨	850		
郭米则柔	939	哈密翼龙—雅丹地质公园	1033
郭氏中医正骨技艺	354	哈纳喀及赛提喀玛勒清真寺宣礼塔	1070
锅庄舞	602	哈纳斯国家级自然保护区	1006
国家级羌族文化生态保护实验区	64	哈钦木	606
国家级陕北文化生态保护实验区	64	哈日图热格国家森林公园	1027
果家山遗址	731	哈锐宅院	540
果洛德昂洒智	918	哈萨克六十二阔恩尔	1147
果园—新城墓群	461	哈萨克文书法	1212
果者堡遗址	525	哈萨克毡绣和布绣	1162
过风楼遗址	170	哈萨克族阿依特斯	1158
		哈萨克族巴塔	1247

H

条目	页码	条目	页码
		哈萨克族布尔克特毕	1197
		哈萨克族传统婚俗	1177
哈巴河白桦国家森林公园	1028	哈萨克族达斯坦	1144
哈巴湖国家级自然保护区	710	哈萨克族弹拨乐器制作技艺	1230
哈不德穆罕默德麻扎	1112	哈萨克族叼羊	1203
哈达铺会议旧址	484	哈萨克族冬布拉艺术	1148
哈达铺镇	445	哈萨克族动物模拟舞阿尤毕	1195
哈家遗址	852	哈萨克族多依布	1203
哈拉库图古城	846	哈萨克族服饰	1176
哈龙沟岩画	880	哈萨克族服饰制作技艺	1216
哈密拜其尔遗址	1090	哈萨克族姑娘追	1204
哈密瓜种植技艺	1232	哈萨克族骨雕技艺	1208
哈密回王墓	1062	哈萨克族花毡制作技艺	1216
哈密民航站	1130	哈萨克族桦树皮工艺品制作技艺	1231
哈密市回城乡阿勒屯村	1040	哈萨克族芨芨草编织技艺	1164
哈密市五堡乡博斯坦村	1040	哈萨克族卡拉角勒哈	1155

条目	页码
哈萨克族库布孜	1151
哈萨克族库热斯	1205
哈萨克族马鞍制作技艺	1221
哈萨克族马皮滑雪板制作技艺	1222
哈萨克族马上竞技	1206
哈萨克族毛线编织技艺	1208
哈萨克族民歌	1150
哈萨克族民间故事	1184
哈萨克族民间劳动舞	1197
哈萨克族民间图案文化	1207
哈萨克族民间育婴习俗	1242
哈萨克族木制器具制作技艺	1222
哈萨克族牧民转场习俗	1245
哈萨克族纳吾鲁孜节	1245
哈萨克族皮革编织技艺	1208
哈萨克族皮革制品制作技艺	1235
哈萨克族人生礼仪歌	1189
哈萨克族乳制品加工技艺	1222
哈萨克族赛马	1161
哈萨克族铁尔麦	1158
哈萨克族小刀制作技艺	1236
哈萨克族谚语	1183
哈萨克族医药	1172
哈萨克族医药（烫伤烧伤疗法）	1240
哈萨克族医药（婴儿玛依斯拉吾保健术）	1240
哈萨克族银首饰制作技艺	1230
哈萨克族毡房营造技艺	1168
哈萨克族毡房装饰艺术	1236
哈思山省级自然保护区	431
哈镇马占山抗日活动旧址	214
海宝塔	727
海藏寺	473
海德寺	535
海流滩古墓群	1114
海南藏族少女成年礼	973
海南宗教法舞（鹿舞）	942
海努克古城	1084
海日纳遗址	851
海西藏族民间谚语	933
海西蒙古族刺绣	955
海西蒙古族服饰制作技艺	959
海西蒙古族婚礼	966
海西蒙古族祭敖包	967
海西蒙古族剪发礼	966
海西蒙古族民间祭火	973
海西蒙古族木雕	954
海西蒙古族那达慕	932
海西蒙医铜银烙疗法	964
海西蒙医震动复位疗法	963
海西民间青盐药用技艺	964
海晏蒙古族民间颂词	934
海原南华山自然保护区	711
亥母寺遗址	516
寒窑传说	271
韩城	65
韩城城隍庙	113
韩城古门楣题字	268
韩城黄河阵鼓	290
韩城黄龙山褐马鸡省级自然保护区	18
韩城九郎庙	130
韩城普照寺	112

词条	页码	词条	页码
韩城市	221	汉中牧马河湿地	58
韩城市西庄镇党家村	68	汉中曲子	309
韩城围鼓	283	汉中石门水库湿地	58
韩城文庙	113	汉中市城固县博望镇	230
韩城行鼓	237	汉中市汉台区龙江镇	227
韩城秧歌	253	汉中市洋县谢村镇	227
韩家沟遗址	147	汉中市洋县洋州镇	228
韩家崖遗址	143	汉中市镇巴县	224
韩庄墓群	530	汉中湑水河湿地	58
汉长安城未央宫遗址	60	汉中漾家河湿地	57
汉长安城遗址	70	汉中朱鹮国家级自然保护区	12
汉长城及沿线城障烽燧	493	汉庄子遗址	826
汉长陵	97	汉子遗址	496
汉调二黄	244	汉族传统节日面食制作技艺	1235
汉调桄桄	243	汗勒克经学院	1121
汉都夏大墩塔	1096	汗青格勒	897
汉墩阿克墩烽火台	1095	旱湖脑遗址	516
汉江	42	旱台子墓群	533
汉江号子	279	旱滩坡墓群	463
汉江湿地	57	壕北滩遗址及墓群	509
汉江湿地省级自然保护区	22	昊王渠遗址	734
汉太上皇陵	183	浩门大通城	848
汉阴城墙	202	浩门镇南关清真寺	866
汉阴皮影戏演技	304	合然寺	873
汉中	66	合水面塑风俗	647
汉中褒河湿地	58	合水民间手工编结技艺	643
汉中东塔	128	合水民谣	590
汉中佛坪观音山国家级自然保护区	16	合阳雷氏木雕艺术	332
汉中黎坪省级地质公园	47	合阳撂锣	292
汉中绿茶手工制作技艺	350	合阳面花	328
汉中民间木版图画	325	合阳民间唢呐	283

条目	页码
合阳提线木偶戏	247
合阳跳戏	249
合阳文庙	128
合阳徐水河国家湿地公园	54
合阳纸塑窗花	331
何家棍	758
何家湾遗址	88
何家营滚灯	609
和静天山石林地质公园	1033
和静县满汉王府	1074
和日寺石经墙	824
和田果西格尔地制作技艺	1221
和田加满清真寺	1122
和田赛乃姆	1156
和田玉雕	1211
和政古生物化石国家地质公园	440
和政县松鸣岩花儿会	560
和政秧歌	605
河池小曲	622
河湟刺绣	955
河湟汉族丧俗	969
河湟剪纸	955
河湟民族民间故事	934
河湟皮影戏	911
河湟皮影制作技艺	957
河连湾陕甘宁省苏维埃政府旧址	551
河西宝卷	557
河西学院	705
河阴清真寺	887
河州北乡秧歌	606
河州黄酒酿造技艺	641
河州平弦	574
河州贤孝	573
核桃麻糖制作技艺	1233
荷花舞	601
贺家湾遗址	146
贺家庄遗址	835
贺兰金马河湿地公园	718
贺兰口沟遗址	735
贺兰山北武当地质公园	714
贺兰山国家级自然保护区	709
贺兰山石刻塔	737
贺兰山岩画	727
鹤泉湖国家湿地公园	717
黑鼻崖遗址	828
黑城子城址	852
黑城子遗址	504
黑古城三古城	849
黑河湿地	57
黑龙口豆腐干制作技艺	352
黑山头军事要塞	1138
黑山岩画	483
黑水国遗址	452
黑土梁遗址	522
横山道情戏	308
横山老腰鼓	241
横山牛王会	358
横山说书	312
横阵遗址	81
红堡子	545
红城感恩寺	469
红城水古城址	732

词条	页码	词条	页码
红二十五军司令部旧址	211	后村遗址	158
红古刺绣	631	后街清真寺	469
红古黑陶制作技艺	639	后子河遗址	830
红碱淖	37	呼图壁县康家石门子岩画	1074
红碱淖湿地	55	滹沱村遗址	142
红军哨所	884	胡登洲墓	181
红卡寺	863	胡国珍墓	530
红旗布拉克墓群	1117	胡家大庄村	448
红拳	254	胡李家遗址	845
红三军军部旧址	212	胡热热遗址	829
红沙堡城址	509	胡氏古民居建筑	468
红沙渠遗址	508	胡旋舞石刻墓门	728
红山大坪遗址	488	湖李木沟岩画	881
红山核武器试爆指挥中心旧址	1076	葫芦雕刻	1210
红山魁星楼	541	虎台遗址	815
红山寺石窟	548	互助土族"biangbiang（音）会"	967
红山塔	1122	互助总寨关帝庙	874
红石峡	36	户县北乡锣鼓	282
红寺遗址	502	户县涝峪河湿地	57
红陶和琉璃五角花冠迦陵频伽	729	户县龙窝酒手工酿造技艺	335
宏道书院旧址	137	户县眉户曲子	300
宏佛塔	725	户县民间布艺老虎	329
宏善寺	872	户县民间缯鼓	340
洪尔墩古墓葬	1111	户县秦镇大米面皮子	332
洪岗子道堂	742	户县社火	354
洪纳海麻扎	1108	户县文庙	186
洪水村遗址	165	户县钟楼	186
洪水泉清真寺	821	花大门石刻	550
洪祥滩墓群	531	花儿	8
鸿化寺古城	843	花马池古城址	734
鸿门寺塔（响铃塔）	123	花木兰传说	233

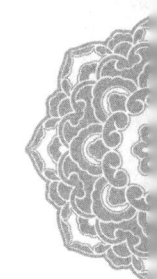

花石浪遗址	76
花石崖石窟	206
花样跳绳	319
花园台遗址	834
华池剪纸	633
华池镇庄兽雕刻艺术	633
华林坪革命烈士纪念塔	551
华年城址	511
华清池温泉	28
华清宫遗址	75
华热藏族服饰	932
华热藏族婚礼	966
华锐藏医藏药	646
华锐藏族服饰	652
华锐藏族婚俗	655
华锐唐卡绘画	633
华锐则柔	622
华山	23
华山庙会	367
华山拳	315
华山神话故事	268
华山省级地质公园	47
华商报	390
华亭打乐架	598
华亭盘龙寺塔	536
华亭曲子戏	568
华县皮影戏	247
华县填字谜接龙游戏	317
华严塔	737
华阴老腔	245
华阴迷胡	248
华阴素鼓	291
华州面花	323
华州秧歌	298
华州秧歌	301
化龙山国家级自然保护区	15
化隆香里胡拉村"护化"庙会	968
怀珍坊遗址	141
环县道情皮影戏	569
环县故城	506
环县塔	475
宦觉寺旧址及白扎寺	850
焕彩沟汉碑	1129
皇甫谧墓	526
皇宫南土墩墓	1111
皇冠山省级自然保护区	21
皇娘娘台遗址	493
黄柏塬省级自然保护区	21
黄堡镇耀州窑遗址	73
黄巢堡森林公园	35
黄帝陵	95
黄帝陵祭典	262
黄堆村遗址	142
黄铎堡古城	730
黄河出版传媒集团	786
黄河壶口瀑布	38
黄河壶口瀑布国家地质公园	45
黄河龙门	28
黄河三峡湿地省级自然保护区	436
黄河石林省级自然保护区	432
黄河首曲国家级自然保护区	431
黄河战鼓	608

条目	页码	条目	页码
黄陵剪纸	323	湟中县黑古城	840
黄陵面花	255	湟中县农民画	953
黄陵民歌	278	湟中县千户营高台	929
黄陵民间工匠画	320	湟中县却西德哇村古老游戏	950
黄陵抬鼓	296	灰地儿遗址	490
黄陵县黄帝的传说故事	266	灰咀圸遗址	488
黄陵轩辕酒制作技艺	336	灰湾子岩画	549
黄龙猎鼓	292	辉特美日根特木尼的传说	936
黄龙铺—石门地质剖面省级自然保护区	18	徽县吴玠墓及墓碑	526
黄龙山褐马鸡国家级自然保护区	16	回城城墙	1092
黄南藏戏	910	回民巷窑址	735
黄渠桥羊羔肉制作技术	764	回族传统婚俗	751
黄沙古渡国家湿地公园	716	回族刺绣	1209
黄山沟石堆墓	1117	回族服饰	1248
黄羊城遗址	154	回族服饰	750
黄羊钱鞭	755	回族婚俗	1246
黄羊湾岩画	740	回族婚俗	974
黄州会馆	201	回族剪纸	747
湟源陈醋酿造技艺	958	回族口弦	753
湟源城隍庙	823	回族民间故事	744
湟源民居建筑石刻技艺	961	回族民间器乐	745
湟源排灯	917	回族踏脚	755
湟源峡题字石刻	882	回族武术——鱼尾剑	760
湟源小学堂	884	回族舞蹈	1199
湟中壁画	954	回族宴席九碗三行子	1224
湟中边墙遗址	845	回族宴席曲	620
湟中陈家滩传统木雕技艺	959	回族宴席曲	902
湟中堆绣	918	回族杨氏拳	761
湟中加牙"四月八"庙会	975	回族医药（陈氏回族医技十法）	750
湟中民间彩绘泥塑	960	回族医药（回族汤瓶八诊疗法）	749
		回族医药（张氏回医正骨疗法）	749

会宁红军会师旧址	484
会宁剪纸	577
会宁民歌	600
会宁寺	863
惠宁城遗址	1104
惠远新、老古城遗址	1050
慧彻寺南塔	124
慧照寺塔	125
火家集古城址	733
火烧沟遗址	454
火石梁遗址	458
火石寨石窟	739
火祖阁	870
霍城惠远城钟鼓楼	1069
霍城四爪陆龟国家级自然保护区	1007
霍城县惠远镇	1039
霍加穆罕默德·谢里甫麻扎	1112
霍加润那勒、苏勒塘巴俄细石器遗址	1085
霍去病墓	95

J

芨芨泉省级自然保护区	431
鸡川寨遗址	518
鸡峰山省级自然保护区	435
积善塔	859
吉木乃草原石城地质公园	1033
吉木乃中哈国门	1136
吉日尕勒旧石器遗址	1085
吉日沟古塔	879

吉祥寺砖塔	544
辑宁楼	537
纪信祠	539
祭河神	768
加林塔然石棺墓	1114
加玛山墓地	856
加木格尔滩古城址	846
加牙藏族织毯技艺	919
加羊墓群	857
佳县白云山道教音乐	277
佳县佳芦河湿地	55
佳县剪纸	326
嘉午台	25
嘉峪关草湖国家湿地公园	443
嘉峪关地蹦子	610
嘉峪关故事传说	592
嘉峪关民间小调	597
嘉峪关石砚制作技艺	641
甲子墩墓群	465
贾村遗址	162
贾登峪国家森林公园	1023
贾家公馆	543
贾坛故居	553
尖山省级自然保护区	436
尖扎达顿宴	974
肩水金关遗址	498
监军战鼓	280
碱滩军垦遗址	1096
建沟石佛群	548
建章宫前殿遗址	140
建章宫遗址	92

条目	页码	条目	页码
江布拉克国家森林公园	1024	金昌国家矿山公园	442
江格尔	1142	金川三角城遗址	498
江欠甘珠尔石经墙	882	金川湾石窟	208
江日堂寺	884	金顶寺废址	1082
江神庙	195	《金瓜与银豆》	592
姜家湾遗址	522	金龟寺普通塔	189
姜氏庄园	121	金龙坝遗址	523
姜嫄庙会	364	金泉城址	851
姜嫄墓	176	金丝大峡谷国家地质公园	46
姜嫄遗址	147	金丝大峡谷国家森林公园	43
姜寨遗址	73	金塔木雕	631
将军山墓群	528	金塔斯山地草原自然保护区	1010
将台堡革命旧址	728	金塔乡黄河灯会	654
将台山遗址	152	金台观	129
将台遗址	524	金台罗氏彩塑彩绘	329
蒋村正月民俗活动	356	金天观	473
蒋家咀遗址	492	金崖古建筑群	542
蒋家坪遗址	501	金崖镇	448
交道乡遗址	155	晋昌郡城址	511
交河故城	1042	晋家坪遗址	502
角弓哑杆酒酿制技艺	641	靳家台遗址	838
脚扎川万佛塔	475	靳寺墓群	529
街亭村	448	京师仓遗址	78
街子拱北	817	泾川隍庙	537
街子撒拉千户院	872	泾川西王母信俗	583
街子镇	811	泾河号子	279
节子舞	606	泾河湿地	56
结古寺	863	泾河源风景名胜区	713
结托巴土墩墓群	1114	泾渭湿地省级自然保护区	18
界岭张氏民宅	218	泾阳崇文塔	112
金巴台古城	839	泾阳木偶	306

条目	页码	条目	页码
泾阳文庙	189	酒泉"福禄车"	603
泾源回族"赶牛"	759	酒泉古城门	517
泾州古城	515	酒泉鼓楼	474
精进寺塔	114	酒泉花城湖国家湿地公园	443
鲸鱼沟	27	酒泉皇城城址	499
景村墓群	529	酒泉肃州、瓜州、敦煌民歌	600
景泰黄河石林国家地质公园	439	酒泉卫星发射中心导弹卫星发射场旧址	555
景耀寺石窟	550	旧南干渠北石滩墓群	532
净光寺塔	123	居延遗址（甘肃部分）	449
敬德塔	122	巨家塬遗址	496
靖边霸王鞭	295	崛吴山省级自然保护区	431
靖边海则滩湿地	55		
靖边剪纸	327	**K**	
靖边金鸡沙湿地	55		
靖边跑驴	242	喀德卡哇寺	863
靖边信天游	278	喀拉墩遗址	1049
靖远寺	1068	喀拉色叶尔墓群	1114
靖远钟鼓楼	552	喀纳斯风景名胜区	1011
静宁阿阳民歌	600	喀纳斯国家地质公园	1030
静宁古城遗址	521	喀什	1036
静宁清真寺	540	喀什噶尔老城国家级景区	1014
静宁烧鸡制作技艺	642	喀什河流域龙口水利风景区	1015
静宁文庙	536	喀什赛乃姆	1199
鸠摩罗什舍利塔	110	喀什师范学院	1285
九彩坪拱北	742	卡德尔王陵	1113
九成宫醴泉铭碑	210	卡尔桑遗址	1083
九功塬遗址	521	卡拉墩遗址	1083
九曲黄河灯俗	927	卡拉麦里有蹄类自然保护区	1008
九天玄女庙	890	卡拉萨古城	1098
九站遗址	496	卡子黄氏民宅	217
酒坊坪遗址	853		

词条	页码	词条	页码
开城遗址	719	柯尔克孜族波杂酿造技艺	1224
开明寺塔	116	柯尔克孜族刺绣	1162
开元寺塔	126	柯尔克孜族服饰	1180
凯歌楼	200	柯尔克孜族库姆孜艺术	1148
坎儿井开凿技艺	1171	柯尔克孜族马鞍制作技艺	1218
坎家底遗址	152	柯尔克孜族民间达斯坦	1180
坎苏沟口墓群	1113	柯尔克孜族噢孜库姆孜	1189
看多油坊及水磨	893	柯尔克孜族托古孜库尔阔勒	
康奥依古城（汗诺依古城）	1081	（九槽棋）	1205
康巴格古墓群	1110	柯尔克孜族绣花布单制作技艺	1218
康巴拉伊	897	柯尔克孜族驯鹰习俗	1179
康济寺塔	725	柯尔克孜族饮食	1250
康家岭遗址	497	柯尔克孜族约尔麦克（毛线编）编织	
康家遗址	77	技艺	1218
康乐县莲花山花儿会	560	柯尔克孜族毡房营造技艺	1237
康南毛山歌	595	柯尔克孜族毡绣和布绣	1210
康囊寺	892	柯坪维吾尔族库休克（木勺）制作	
康苏苏式建筑群	1135	技艺	1214
康县大鲵省级自然保护区	436	柯坪维吾尔族恰皮塔（薄馕）制作	
康县锣鼓草	595	技艺	1216
康县梅园河国家湿地公园	443	科才寺	891
康县木笼歌	588	科尔林昂索古堡	844
康县唢呐艺术	596	科克苏湿地自然保护区	1034
康杨清真寺	878	科培雷特岩画	1124
抗日军政大学第七分校校部旧址	551	科日遗址	851
考克烽燧遗址	1091	科桑溶洞国家森林公园	1025
考肖图古墓	853	科实吐尔塔烽火台	1083
考院	193	科哇古城	842
柯尔克孜约隆	1144	科哇清真大寺	859
柯尔克孜族奥尔朵	1204	窠粒台遗址	520
柯尔克孜族白毡帽制作技艺	1231	可可沙炼铁遗址	1084

可可西里国家级自然保护区	802	库尔德宁水利风景区	1020
克才城址	846	库克他乌石围墓	1116
克尔碱古墓群	1111	库兰萨日克古墓群	1111
克尔涧岩画	1125	库鲁克·艾肯古墓葬	1110
克尔依斯古市遗址	1080	库木塔格沙漠风景名胜区	1012
克黑墩烽火台	1106	库木吐拉千佛洞	1072
克拉玛依一号井	1076	库木吐拉遗址	1079
克鲁克湖—托素湖省级自然保护区	803	阔科克古墓群	1063
克斯勒塔格佛寺遗址	1053	阔空巴孜烽火台	1097
克图古城	842	阔腊墓地	1118
克孜尔朵哈烽燧	1056	阔纳齐兰遗址	1055
克孜尔朵哈石窟	1073	阔纳协海尔古城	1088
克孜尔千佛洞	1072		
克孜尔水库风景区	1014	**L**	
克孜勒塔斯岩画	1126		
克孜勒协尔古城	1101	拉卜楞民间舞	607
崆峒派武术	624	拉卜楞寺	466
崆峒山风景名胜区	438	拉卜楞寺佛殿音乐"道得尔"	562
崆峒山古建筑群	474	拉布寺	863
崆峒笑谈	617	拉德六社遗址	851
孔雀河烽燧群	1056	拉甫却克古城	1080
口镇宫殿遗址	166	拉加藏靴制作技艺	962
寇准墓	179	拉加寺	822
苦水高高跷	564	拉卡石树湾遗址	836
苦水下二调	624	拉卡寺	888
库车	1037	拉毛遗址	831
库车大馕	1220	拉仁布与吉门索	896
库车大寺	1070	拉依苏烽燧	1087
库车大峡谷国家地质公园	1031	拉乙亥遗址	849
库车维吾尔族民歌	1187	拉则村	812
库车友谊路墓群	1064	喇家遗址	813

词条	页码	词条	页码
腊子口战役旧址	552	兰州战役旧址	551
来合买协尔古城	1100	栏桥遗址	519
兰城遗址	1050	蓝田吕氏家族墓地	103
兰沟门遗址	507	蓝田普化水会音乐	235
兰州"天把式"	653	蓝田溶洞	27
兰州禅院	539	蓝田汤峪温泉	29
兰州晨报	678	蓝田猿人遗址	71
兰州城市学院	702	烂柯山传说	269
兰州大学	697	狼洞子滩墓群	528
兰州大学出版社	687	狼叫咂遗址	456
兰州电影制片厂	677	狼舌头遗址	832
兰州府城隍庙	472	浪柴沟遗址	516
兰州府文庙大成殿	535	劳山省级自然保护区	22
兰州工业学院	703	老城遗址	510
兰州鼓子	573	老粮仓	1120
兰州黄河大水车制作技艺	578	老毛手抓羊肉制作技艺	766
兰州黄河铁桥	485	老牛坡遗址	77
兰州剪纸	628	老县城省级自然保护区	19
兰州交通大学	698	老盐城古城址	735
兰州刻葫芦	635	老爷山花儿会	900
兰州理工大学	699	老庄沟遗址	508
兰州秦王川国家湿地公园	442	老子墓	173
兰州青城水烟制作技艺	636	乐都北山跑马	973
兰州清汤牛肉面	651	乐都高庙社火	969
兰州商学院	700	乐都洪水火龙舞	972
兰州水厂	555	乐都县黑古城	839
兰州太平歌	621	勒合加墓地	855
兰州太平鼓舞	564	勒加遗址	836
兰州湾子石结构建筑遗址	1085	雷神庙万阁楼	197
兰州文理学院	703	雷台观	553
兰州羊皮筏子	648	雷台汉墓	462

肋巴佛烈士纪念碑	553	鲤鱼跃龙门传说	274
骊山	24	立地坡窑址	161
骊山森林公园	34	栎阳城遗址	77
犁铧尖关帝庙	1120	栗川砖塔	477
礼泉文庙	198	连城国家级自然保护区	427
礼县井盐制作工艺	638	连城镇	446
礼县香山省级自然保护区	436	连环谜语	1183
礼辛镇遗址	491	连木沁大墩遗址	1091
李柏墓	174	连腾霄宅院	539
李鼎铭陵园与故居	214	莲湖公园	30
李固墓	180	莲花山国家级自然保护区	430
李家村遗址	80	莲花山塔	544
李家龙宫	542	莲花寺石窟	547
李家坪遗址	501	良马寺觉皇殿	129
李家坪遗址	518	良周遗址	78
李家崖城址	82	凉殿峡遗址	732
李将军碑	547	凉州半台戏	616
李九村古建筑群	878	凉州攻鼓子（鼓舞）	566
李茂贞墓	104	凉州水陆画	632
李晟碑	210	凉州贤孝	573
李氏家族墓	532	梁带村遗址	82
李氏家族墓地	105	梁鹿坪遗址	150
李式太极拳	316	梁坡遗址	506
李天套中医骨伤治疗技艺	646	梁山宫遗址	152
李崖遗址	457	两当号子	595
李仪祉墓	176	两当文庙大殿	539
李颙墓	173	林皋湖生态旅游区	34
李元谅碑	211	林基路烈士纪念馆	1131
李元谅墓	528	林家遗址	455
李源畔革命旧址	743	临潭新城花儿会	594
李重俊墓	105	临潭冶力关地质公园	441

条目	页码	条目	页码
临洮花儿	597	刘古愚墓	174
临洮脊兽制作技艺	644	刘家岔遗址	496
临洮傩舞	608	刘家沟墓群	529
临洮皮影戏	618	刘家峡恐龙国家地质公园	439
临洮水陆画	632	刘家峡恐龙足迹群省级自然保护区	436
临洮县拉扎节	649	刘家营遗址	87
临潼骊山女娲风俗	355	刘家寨墓群	853
临潼栎阳马踏青器山社火	354	刘平国治关城诵石刻	1123
临潼零口十面锣十面鼓	287	刘正沟墓群	532
临夏东公馆与蝴蝶楼	487	留坝摩天岭省级自然保护区	19
临夏刻葫芦	635	琉璃鸱吻	730
临夏穆斯林建筑艺术	632	琉璃塔	191
临夏王氏铜铸技艺	642	鎏金铜牛	728
临夏砖雕	576	鎏金银壶	729
临泽红西路军烈士陵园	552	柳池芯子	317
麟溪桥石窟	207	柳公权墓	178
麟游地台社火	367	柳湖墩遗址	493
麟州故城	83	柳家河遗址	157
灵台明昌铁钟	554	柳湾遗址	814
灵台木偶戏	619	柳毅传书	267
灵台唢呐	599	柳中城遗址	1051
灵台文庙	544	柳州城址	722
灵台县皇甫谧针灸术	645	六工城遗址	458
灵武白芨滩国家级自然保护区	710	六盘山国家级自然保护区	709
灵武国家地质公园	714	六盘山花儿文化生态保护区	718
灵武窑遗址	720	六盘山九龙莲花池祭祀民俗	768
灵岩寺摩崖	132	六盘山木版年画	763
岭堡遗址	147	六盘山抟土瓦塑制作技艺	766
岭儿坝遗址	512	六月六庙会	1246
令狐德棻墓	178	六运古城	1085
刘堡坪遗址	521	龙恩寺	892

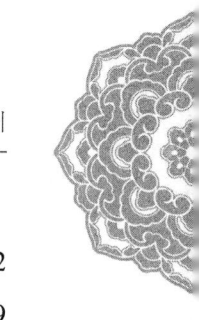

条目	页码
龙岗寺遗址	79
龙门洞	187
龙门洞庙会	364
龙门洞森林公园	36
龙曲古城	841
龙泉寺塔林	200
龙山遗址	844
龙首坝	213
龙首渠井渠遗址	167
龙亭蔡伦造纸传说	270
龙哇切吾遗址	836
龙王汕遗址	89
龙喜寺	866
隆宝百户府邸	880
隆宝滩国家级自然保护区	802
隆德民间祭山	769
隆德民间社火脸谱	763
隆德县高台马社火	751
隆格寺	892
隆务清真大寺	870
隆务寺	818
隆务寺佛教音乐	940
陇城镇	447
陇东红色歌谣	587
陇东民歌	594
陇东学院	705
陇东窑洞民居文化	648
陇东中学礼堂	553
陇剧（道情戏）	568
陇南高山剧	615
陇南影子腔	613
陇西腊肉制作技艺	642
陇西梁家坪遗址	489
陇西民歌	599
陇西西河滩遗址	489
陇西云阳板	610
陇县花灯制作技艺	346
陇县秦岭细鳞鲑国家级自然保护区	11
陇县染色剪纸	329
陇中小曲	623
陇州小调	282
娄敬墓	177
楼房子遗址	496
楼观台	187
楼观台国家森林公园	33
楼兰古城	1041
楼兰古墓群	1062
卢舍那铁佛	218
芦草沟古城	1106
芦沟堡遗址	520
芦河湿地	55
芦山峁遗址	155
鲁仓寺	876
鲁恭姬造像碑	550
鲁家原遗址	504
鲁克沁王府	1121
鲁克沁维吾尔族婚礼系列歌舞	1188
鲁茫沟岩画	881
鲁土司衙门旧址	466
陆贾墓	177
陆氏民居	553
鹿龄寺	200

词条	页码	词条	页码
路氏白猿通背拳	319	洛南大鲵省级自然保护区	20
吕家坪遗址	502	洛南担芯子	318
鸾鸟城遗址	498	洛南静板书	254
鸾亭山遗址	519	洛南老君山	41
乱墩子墓群	527	洛南洛河湿地	57
乱古堆墓群	532	洛南盆地旧石器地点群	88
略阳大鲵国家级自然保护区	17	洛南文庙	196
略阳罐罐茶传统手工技艺	351	骆驼城墓群	462
轮台古城	1077	骆驼城遗址	451
罗巴塬遗址	828	骆驼泉	893
罗布泊南古城	1042	骆驼泉传说	899
罗布泊野骆驼国家级自然保护区	1005	骆驼石旧石器时代遗址	1051
罗布淖尔维吾尔族民歌	1146		
罗布淖尔维吾尔族狮子舞	1195	**M**	
罗布淖尔维吾尔族做饭舞	1195		
罗川赵氏石坊	472	麻洞门遗址	836
罗汉堂寺	862	麻赫穆德·喀什噶里墓	1060
罗家㽏塬遗址	513	麻家集高石崖花儿会	598
罗家湾遗址	510	麻家暖泉遗址	507
罗山国家级自然保护区	711	麻扎塔格戍堡址	1046
罗山寺塔	127	马鞍山甘露寺佛教音乐	753
罗什寺塔	553	马厂塬遗址	812
罗哇村场后台遗址	841	马超墓祠	180
骡帮会馆	129	马汉台西坎沿遗址	836
洛川蹩鼓	241	马家坬遗址	488
洛川刺绣	325	马家河石窟寺	204
洛川对面锣鼓	292	马家窑遗址	449
洛川黄土国家地质公园	45	马家塬遗址	456
洛川会议旧址	134	马聚塬遗址	828
洛川剪纸	323	马克堂遗址	836
洛多杰智合寺及其石窟	881	马拉雪橇制作技艺	1236

马栏革命旧址	213	麦积山石窟艺术研究所	693
马理墓	177	麦西来甫	1142
马岭坝遗址	157	麦枣峪遗址	146
马岭黄酒酿造技艺	641	满文、锡伯文书法	1163
马明仁膏药制作技艺	261	满族颁金节	1243
马跑泉遗址	491	漫川大调	314
马桥子城	1106	漫川古镇双戏楼庙会	368
马圈湾遗址	498	毛家坪遗址	491
马蹄寺石窟群	480	毛兰木法会	657
马尾编荷包	629	毛仁陶勒盖石垒遗址	1092
《马五哥与尕豆妹》	589	毛泽东主席塑像	888
马衔山秧歌	605	毛泽民烈士办公室及宿舍故址	1132
马营传统豌豆手工粉条制作技艺	961	茅道岭坪遗址	488
马营清真大寺	872	卯来泉城堡	515
马营遗址	160	茂林山遗址	510
马援墓	173	茂陵	95
马月波寨子	743	眉户	251
马寨无量殿	544	眉户（迷糊戏）	1156
马鬃山省级自然保护区	433	眉户曲子	250
马鬃山玉矿遗址	524	眉县高跷赶犟驴	289
玛利克瓦特古城	1080	眉县龙源国家湿地公园	54
玛纳斯	1141	眉县曲子	313
玛纳斯古城	1085	梅陇岩画	883
玛曲藏族民间弹唱	620	美水泉的传说	269
玛曲青藏高原土著鱼类省级自然 　保护区	437	门源古城	815
		蒙古包制作工艺	1217
玛域《格萨尔》书传史诗	934	蒙古包制作技艺	962
蚂蚁嘴墓地	856	蒙古族搏克	1160
麦积高抬	657	蒙古族布朗制作技艺	1223
麦积山风景名胜区	437	蒙古族长调民歌	1149
麦积山石窟	478	蒙古族绰尔	1149

蒙古族刺绣	1162	勉县武侯祠	129
蒙古族短调民歌	1189	面人	1209
蒙古族服饰	1175	苗圃园遗址	503
蒙古族骨雕技艺	1212	苗乡刺绣	331
蒙古族呼麦	1150	庙儿坪遗址	505
蒙古族鹿棋	1206	庙尔沟佛教遗址	1088
蒙古族马鞍制作技艺	1237	庙后台遗址	834
蒙古族民歌（海西蒙古族民歌）	905	庙咀坪遗址	492
蒙古族民间故事	1185	乜那寺	867
蒙古族弩制作技艺	1237	民国宁夏政府旧址	743
蒙古族萨吾尔登	1153	民和《目连宝卷》	946
蒙古族赛马	1205	民和果花会	972
蒙古族托布秀尔音乐	1152	民和土族婚礼歌	937
蒙古族驯马	1250	民间绘画（平罗县、隆德县）	761
蒙古族谚语	1185	民间玩具九连环制作工艺	344
蒙古族育婴习俗	1250	民间竹扎技艺	344
蒙汉合文碑	211	民乐顶碗舞	604
蒙恬墓	178	民勤古城	515
蒙医正骨疗法	964	民勤连城城址	493
孟达墓	180	民勤连古城国家级自然保护区	428
孟达清真寺	859	民勤骆驼客	658
孟达撒拉族古民居群	873	民勤毛毡制作技艺	645
孟店民宅	188	民勤民歌	600
孟克沟艾布坎石人墓	1116	民勤石羊河国家湿地公园	443
弥陀寺	199	民勤唢呐艺术	596
米仓山国家级自然保护区	13	民勤小曲戏	617
《米拉尕黑》	559	岷县宝卷	588
米兰遗址（属古楼兰地域）	1042	岷县传统织麻布技艺	644
米脂县杨家沟镇杨家沟	68	岷县点心加工技艺	642
勉县板凳龙	298	岷县二郎山花儿会	560
勉县五节龙	294	岷县九宫八卦灯会	654

条目	页码
岷县木版窗花年画	627
岷县青苗会	586
岷县水生生物省级自然保护区	435
岷县铜铝铸造技艺	643
明长城及沿线城障烽燧	494
明海城遗址	497
明摹刻黄庭坚云亭宴集诗碑	546
明秦王府城墙遗址	159
明秦王墓	100
明水要塞遗址	554
明肃王墓	463
明王陵	735
鸣沙山—月牙泉风景名胜区	438
鸣沙洲塔	725
冥安县城遗址	517
冥水墓群	532
磨沟遗址	461
磨河古城遗址	1103
磨咀子和五坝山墓群	464
磨子沟三角城遗址	520
魔术——仙人摘豆	760
莫草得哇遗址	841
莫尔佛寺	1067
莫哈特遗址	850
默拉纳额什丁麻扎	1065
木雕	763
木尔吐克萨依烽燧	1087
木瓜寨遗址	169
木乎尔浩希库鲁石翁仲古墓	1110
木垒遗址	1083
木偶戏	1200
木器彩绘	1210
木梯寺石窟	482

N

条目	页码
那达慕	1177
那拉提草原旅游风景区	1011
那拉提国家森林公园	1022
纳赤台遗址	848
纳达齐牛录关帝庙	1071
纳家户清真寺	726
纳孜库姆	1155
南禅寺	859
南城子遗址	508
南磁湾恐龙化石	731
南丰寨会议旧址	215
南佛山花儿会	940
南宫山	40
南古城	844
南海殿遗址	836
南湖、西土沟、山水沟墓群	527
南湖曲子戏	618
南花园小洋房	1134
南坎沿（乙）遗址	832
南廊寺遗址	514
南梁陕甘边区苏维埃政府旧址	486
南梁说唱	621
南留锣鼓	295
南门楼	738
南木特藏戏	571
南坡遗址	162

词条	页码	词条	页码
南沙滩墓群	533	碾子坡遗址	85
南沙窝墓群	534	碾子塘遗址	507
南沙遗址	87	宁家庄遗址	519
南山射箭	914	宁强汉水源国家湿地公园	50
南社秋千	317	宁强羌人墓地	103
南石窟寺	480	宁强县青木川镇	67
南滩古城	843	宁陕城隍庙	203
南湾古墓群	1108	宁陕平河梁省级自然保护区	22
南五台	25	宁王遗址	162
南下关清真寺	553	宁夏博物馆	770
南营武术杂技	758	宁夏大剧院	773
南塬遗址	827	宁夏大学	794
南郑县春倌说春	309	宁夏电视台	784
南郑县协税高跷社火	360	宁夏电影电视家协会	782
南宗尼姑寺诵经乐	941	宁夏电影制片厂	785
南宗寺	867	宁夏歌舞剧院	775
南佐遗址	452	宁夏固原博物馆	777
囊拉千户院	867	宁夏广播电视大学	797
囊拉赛康	867	宁夏广播电视总台	783
囊谦千户府邸遗址	852	宁夏话剧团	776
囊谦王族墓地	857	宁夏黄河电子音像出版社	789
囊谦香达藏纸手工制作技艺	963	宁夏回族山花儿	744
囊谦卓干玛	909	宁夏回族医药研究所	793
瑙云烽火台	1093	宁夏京剧团	774
能科德千寺	867	宁夏理工学院	797
尼勒克三区革命遗址	1132	宁夏美术家协会	780
尼雅遗址	1045	宁夏民间说唱	757
泥叫叫制作技艺	344	宁夏民间文艺家协会	781
泥塑	1211	宁夏民族艺术研究所	791
年宝玉则雪山神话传说	933	宁夏明长城	731
年都乎墓地	854	宁夏秦腔剧团	776

宁夏曲艺杂技家协会	782	《牛斗虎》	286
宁夏人民出版社	787	牛弘墓	175
宁夏人民广播电台	784	牛角沟遗址	459
宁夏人民教育出版社	788	牛角琴演奏	599
宁夏日报	785	牛拉鼓	289
宁夏社会科学界联合会	791	牛郎织女传说	232
宁夏社会科学院	790	牛郎织女石刻	210
宁夏摄影家协会	781	牛门洞遗址	453
宁夏师范学院	796	牛僧孺墓	526
宁夏书法家协会	781	牛首山寺庙群	737
宁夏书画院	772	牛头城遗址	512
宁夏图书馆	771	农八师石河子北湖旅游区	1017
宁夏文化产业投融资有限公司	773	农业始祖后稷传说	267
宁夏文化馆	772	奴尔阿訇麻扎	1118
宁夏文史研究馆	790	奴拉赛铜矿遗址	1056
宁夏文物考古研究所	792	奴如孜墩遗址	1096
宁夏文学艺术界联合会	777	女娲的传说	275
宁夏舞蹈家协会	779	女娲山	40
宁夏戏剧家协会	780	女娲山遗址	169
宁夏小曲	746	暖泉汉墓	736
宁夏新华书店	789	暖泉山遗址	489
宁夏岩画研究院	792	诺茹孜节	1177
宁夏演艺集团	774		
宁夏医科大学	795	**P**	
宁夏艺术职业学院	797		
宁夏音乐家协会	778	葩地坪遗址	494
宁夏作家协会	778	帕米尔高原湿地自然保护区	1035
宁县皮影雕刻技艺	637	潘家庄城遗址	524
宁县戏剧头帽制作技艺	644	潘家嘴墓群	531
凝寿寺塔	469	潘育龙墓	533
牛背梁国家级自然保护区	16	潘原故城	504

盘龙山古建筑群	121
盘龙寺石塔	191
盘龙湾遗址	167
跑骡车	361
彭家寨墓群	853
彭阳古城	506
彭阳古城址	733
皮影	756
毗卢寺遗址	163
偏城古城遗址	733
平道地遗址	519
平定准噶尔勒铭碑	1066
平河梁森林公园	42
平乐（甲）遗址	834
平凉春官说诗	594
平凉隍庙	536
平凉剪纸	627
平凉崆峒山国家地质公园	439
平凉纸织画工艺	637
平罗民间故事	753
平罗玉皇阁	726
平罗钟鼓楼	738
平洛龙凤桥	539
平头沟遗址	521
平西古城址	513
破城子遗址	1092
破城子遗址	454
破塌城	838
菩萨泉·观音殿	202
葡萄干晾制技艺	1232
蒲城杆火技艺	259

蒲城卤阳湖国家湿地公园	49
蒲城南寺塔	193
蒲城石羊道情	311
蒲城水盆羊肉制作技艺	349
蒲城土织布技艺	338
蒲城文庙	193
蒲城芯子	365
蒲城走马戏	315
蒲家墩遗址	826
普集烧鸡制作技艺	339
普润县故城	164
普同塔	191
普照寺大殿	537
普照寺贞元铜钟	555

Q

七个驴岩画	549
七个星佛寺遗址	1056
七角井细石器遗址	1086
七克台古城遗址	1092
七里村石窟	209
七里寺花儿会	900
七泉湖千佛洞	1125
七十味珍珠丸赛太炮制技艺	924
七星庙	126
七营北嘴古城	721
七月官神会	650
祁家湾墓群	527
祁家延西	899
祁家庄遗址	836

条目	页码
祁连山国家级自然保护区	428
祁土司始祖墓	857
齐德哈仁细石器遗址	1090
齐家岭遗址	492
齐家坪遗址	451
齐兰烽火台	1100
岐山空心挂面	335
岐山落星湾国家湿地公园	54
岐山臊子面	335
岐山王氏皮影制作技艺	343
岐山转鼓	288
岐阳一号遗址	149
其后昂古城	847
奇台歌谣	1181
奇台古城窖酒酿造技艺	1225
奇台硅化木—恐龙国家地质公园	1031
奇台荒漠草原自然保护区	1008
奇台酒窖池遗址	1094
奇台直隶会馆	1134
旗盘千佛洞	1125
起良村造纸制作技艺	341
恰克恰克	1145
洽川	30
千卜录寺	876
千层河国家湿地公园	53
千川遗址	148
千佛铁塔（北杜铁塔）	123
千佛院摩崖造像	207
千河湿地	56
千湖湿地省级自然保护区	21
千家坪国家森林公园	42
千鸟湖风景区	1018
千渭之会国家湿地公园	51
千阳灯盏头碗碗腔皮影戏	300
千阳千湖国家湿地公园	48
前川寺	542
前申河遗址	153
乾陵	96
乾县弦板腔	299
乾州蛟龙转鼓	289
羌蕃鼓舞	611
羌隆沟墓地	856
乔村遗址	158
乔什旦遗址	831
荞面饸饹制作技艺	348
桥村遗址	459
桥陵	98
桥山省级自然保护区	22
桥上桥	129
桥镇遗址	91
切吉古城	840
切吉岩画	881
切木尔切克石人及石棺墓群	1059
且末古城	1078
秦安壳子棍	626
秦安蜡花舞	610
秦安麦秆编织技艺	640
秦安女娲祭典	585
秦安泰山庙	543
秦安文庙	470
秦安小曲	574
秦安张氏民居	543

秦东陵	100	青城古民居	473
秦二世胡亥墓	171	青城镇	446
秦甘泉宫遗址	171	青得里古城遗址	1093
秦汉战鼓	280	青格达湖水利风景区	1017
秦家河摩崖造像	207	青海安多藏族服饰	977
秦家庄一号遗址	148	青海北山国家森林公园	808
秦岭终南山世界地质公园	44	青海藏文报	991
秦腔	1157	青海藏族唱经调	903
秦腔	746	青海藏族黑牛毛帐篷制作技艺	960
秦腔獠牙特技	624	青海大剧院	981
秦腔艺术	244	青海大通北川河源区省级自然保护区	803
秦琼敬德门神传说	267		
秦始皇陵及兵马俑坑	59	青海大通国家森林公园	808
秦氏民居	553	青海大学	997
秦咸阳城遗址	72	青海大有山民间传统武术	951
秦绣——穿罗绣	328	青海道情	948
秦雍城遗址	72	青海电视台	989
秦源影雕黑陶	346	青海法制报	992
秦镇杨氏木杆秤制作技艺	341	青海格尔木察尔汗盐湖国家矿山公园	807
秦直道起点遗址	91		
秦直道遗址庆阳段	459	青海格尔木昆仑山国家地质公园	805
秦直道遗址延安段	91	青海官弦	949
秦州鞭杆舞	608	青海广播电视大学	999
秦州关帝庙	543	青海广播电视台	988
秦州夹板舞	607	青海贵德国家地质公园	806
秦州木雕	631	青海哈里哈图国家森林公园	809
秦州唢呐艺术	596	青海汉族民间小调	903
秦州小曲	622	青海湖国家级风景名胜区	805
秦州珍稀水生野生动物国家级自然保护区	427	青海湖国家级自然保护区	801
		青海湖祭海	928
青藏公路建设指挥部旧址（将军楼）	825	青海互助嘉定国家地质公园	806

条目	页码
青海花儿曲令	939
青海尖扎坎布拉国家地质公园	805
青海交通音乐广播电台	990
青海搅儿	949
青海久治年宝玉则国家地质公园	805
青海坎布拉国家森林公园	807
青海柳湾彩陶博物馆	983
青海马背藏戏	911
青海玛沁阿尼玛卿山国家地质公园	807
青海麦秀国家森林公园	809
青海眉户戏	946
青海蒙古达罗牌	951
青海蒙古族长调音乐	940
青海民间弦索音乐	938
青海民间小戏	948
青海民族出版社	993
青海民族大学	998
青海诺木洪省级自然保护区	803
青海平弦	912
青海祁连山省级自然保护区	803
青海青海湖国家地质公园	806
青海青稞酒传统酿造技艺	959
青海群加国家森林公园	809
青海人民出版社	993
青海人民广播电台	990
《青海日报》	991
青海省《格萨尔》史诗研究所	995
青海省博物馆	978
青海省电影电视艺术家协会	985
青海省贵德黄河清国家湿地公园	807
青海省美术家协会	986
青海省民间文艺家协会	988
青海省民俗博物馆	982
青海省民族歌舞剧院	980
青海省民族语动漫发展中心	982
青海省社会科学院	994
青海省摄影家协会	987
青海省书法家协会	987
青海省图书馆	979
青海省委旧址	886
青海省文化馆	979
青海省文物考古研究所	995
青海省文学艺术界联合会	983
青海省舞蹈家协会	985
青海省戏剧家协会	986
青海省戏剧艺术剧院	981
青海省新华发行集团	994
青海省演艺集团	980
青海省音乐家协会	984
青海省作家协会	984
青海师范大学	997
青海苏木世村农事祭祀	969
青海坛城艺术	953
青海下弦	913
青海仙米国家森林公园	809
青海越弦	912
青海卓仓藏族婚礼	969
青河县三区革命旧址	1130
青华山	26
青咀喇嘛湾墓群	528
青木川国家级自然保护区	13
青木川老街建筑群	137

词条	页码	词条	页码
青木川魏氏庄园	138	龟兹古城	1049
青石湾墓群	531	仇池故城	495
青铜峡鸟岛国家湿地公园	716	曲格寺	870
青铜峡水库湿地自然保护区	712	曲沟古城	827
青阳岔中共中央驻地旧址	215	曲惠古城	1084
清梵寺塔（兴平北塔）	123	曲麻莱藏族传统手工编结技艺	963
清华山石窟	206	曲曼黑白条石带遗址及墓葬	1105
清涧河湿地	56	瞿昙寺	818
清湫遗址	146	瞿昙寺花儿会	901
清凉山	37	曲子戏	1156
清凉山万佛洞石窟及琉璃塔	133	泉子墓群	532
清泉下拱北	871	却藏寺	820
清水道教音乐	562	却勒阿瓦提吐尔烽火台	1097
清水河遗址	829	却毛寺	890
清水剪纸	630	群巴克古墓	1109
清水清真寺	860	群科加拉古城西遗址	837
清水宋墓	533	群则寺	869
庆安寺塔	120		
庆城徒手秧歌	603	**R**	
庆善寺大佛殿	122		
庆阳古城遗址	522	然格寺	880
庆阳剪纸	577	然闹遗址	461
庆阳石雕艺术	629	然吾沟石窟及经堂	881
庆阳唢呐艺术	561	让布公商古城遗址	1087
庆阳香包绣制	575	热比亚—赛丁麻扎	1112
庆阳窑洞营造技艺	580	热贡"羌姆"	943
穷吞木遗址	1087	热贡获康祭祀活动	970
穹库斯台墓群	1116	热贡六月会	925
琼博拉古墓群	1109	热贡马术	952
丘达依塔格戍堡	1099	热贡年俗	971
丘甫吐尔烽燧	1098	热贡文化生态保护实验区	810

条目	页码
热贡艺术	895
热水墓群	816
热瓦甫弹唱	1192
热瓦克佛寺	1068
热瓦克佛寺遗址	1046
仁和张氏民居	544
仁寿山省级自然保护区	434
任家崖遗址	513
日干墓地	856
日喀则古城（霍拉山古寺遗址）	1082
如什其墓地	855
茹家庄遗址	94
瑞安堡	485
若羌河口遗址	1088

S

条目	页码
撒拉族服饰	931
撒拉族婚礼	927
撒拉族口弦制作技艺	962
撒拉族篱笆楼营造技艺	920
撒拉族民歌	904
撒拉族皮筏子制作技艺	956
撒拉族清真寺古建筑群	822
撒拉族寺院古建筑技艺	956
撒拉族谚语、歇后语	933
撒拉族饮食习俗	975
萨尔巴斯托墓群	1115
萨玛舞	1154
萨木特石人、石棺墓	1114
萨尤寺	892

条目	页码
萨孜土墩墓	1111
赛达寺	863
赛克散烽燧遗址	1092
赛拉亥寺	860
赛里木湖风景旅游区	1013
赛里木湖古墓葬	1064
赛里木湖乔鲁哈西亚墓群	1116
赛宗寺	822
三仓灯戏	618
三岔口遗址	845
三道岭遗址	1084
三个墩遗址及墓群	511
三海子墓葬及鹿石	1060
三合（乙）遗址	831
三家山遗址	501
三江源国家级自然保护区	802
三角城遗址	456
三坪遗址	517
三其遗址	831
三秦出版社	395
三秦都市报	390
三清殿	194
三区革命骑兵团纪念石刻	1131
三十里大墩烽火台	1096
三十里铺墓地	856
三十灵塔	893
三台酒酿造技艺	1226
三义殿	537
三原城隍庙	109
三原清峪河国家湿地公园	49
三塬遗址	513

1333

词条	页码	词条	页码
散甫萨克土墩	1078	山陕会馆	871
桑科城址	511	山羊堡滩墓群	530
桑塔木遗址	1082	山阳禹王宫	204
桑园国家级自然保护区	14	陕北道情	250
桑株岩画	1124	陕北混源道歌	281
森姜珠姆故里的传说	935	陕北匠艺丹青	257
森木塞姆千佛洞	1073	陕北民歌	236
森塔斯湖石人墓	1109	陕北民谚	234
沙城城址	510	陕北说书	252
沙尔埃克遗址	1080	陕北秧歌	241
沙沟回教陵园	743	陕北窑洞建造技艺	260
沙河古桥遗址	85	陕甘边照金革命根据地旧址	138
沙湖自然保护区	712	陕西歌舞大剧院	374
沙卡乌烽燧	1107	陕西广播电视大学	423
沙坡头国家级自然保护区	710	陕西广播电视集团	386
沙索麻墓地	857	陕西广播电视台	387
沙陀寺	875	陕西国画院	371
沙湾县千泉湖水利风景区	1016	陕西黄河湿地	54
沙枣园子省级自然保护区	432	陕西会馆	1121
沙州城遗址	499	陕西科技大学	414
沙嘴城古城	733	陕西科学技术出版社	394
砂锅梁遗址	458	陕西快板	312
莎车加满清真寺	1069	陕西理工学院	418
山城堡战役旧址	551	陕西历史博物馆	369
山城台遗址	502	陕西旅游出版社	396
山城遗址	827	陕西农村报	391
山城遗址	835	陕西人民出版社	392
山丹县耍龙	612	陕西人民教育出版社	393
山梁走唱	622	陕西人民美术出版社	393
山那树扎遗址	494	陕西日报	389
山普拉古墓群	1059	陕西省电视艺术家协会	384

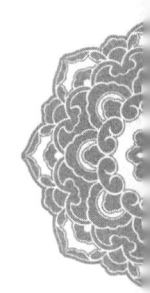

陕西省电影家协会	384	陕西省演艺集团	374
陕西省歌舞剧院	375	陕西省艺术馆	370
陕西省广播电视监管中心	387	陕西省艺术研究所	404
陕西省广播电视研究所	388	陕西省音乐家协会	382
陕西省黄河湿地自然保护区	21	陕西省音像资料馆	388
陕西省教育科学研究所	404	陕西省杂技家协会	384
陕西省京剧院	376	陕西省杂技艺术团	376
陕西省考古研究院	402	陕西省作家协会	380
陕西省美术博物馆	371	陕西师范大学	409
陕西省美术家协会	381	陕西师范大学出版社	399
陕西省民间文艺家协会	385	陕西寺	1122
陕西省民间艺术剧院	377	陕西文化产业投资控股集团	373
陕西省曲艺家协会	383	陕西新华出版传媒集团	400
陕西省人民艺术剧院	377	陕西杖头木偶戏	252
陕西省社会科学界联合会	379	陕西中医学院	415
陕西省社会科学院	401	善马沟遗址	844
陕西省摄影家协会	385	鄯善东大寺	1122
陕西省书法家协会	381	鄯善县鲁克沁镇	1038
陕西省图书馆	370	鄯善县吐峪沟乡麻扎村	1039
陕西省委党校	405	商洛丹江湿地	59
陕西省文化遗产研究院	403	商洛道情戏	251
陕西省文史研究馆	401	商洛二龙山水库湿地	59
陕西省文物保护研究院	402	商洛花鼓	247
陕西省文物交流中心	372	商洛金钱河湿地	58
陕西省文物信息咨询中心	372	商洛民歌	277
陕西省文学艺术界联合会	379	商洛市商南县	231
陕西省文艺评论家协会	386	商洛市镇安县	222
陕西省舞蹈家协会	382	商洛孝歌	286
陕西省戏剧家协会	383	商洛学院	423
陕西省戏曲研究院	405	商洛崖墓群	102
陕西省演出公司	378	商南民歌	285

词条	页码	词条	页码
商南新开岭省级自然保护区	20	神木窟野河湿地	54
商山	40	神木面花	324
商邑遗址	158	神木秃尾河湿地	54
商州城隍庙	203	神木乌兰木伦河湿地	54
商州花灯	331	神泉堡中共中央驻地旧址	214
商州皮影戏	307	沈那遗址	814
商州区丹江源国家湿地公园	52	胜金乡烽燧遗址	1091
上川口村锣鼓制作技艺	342	省嵬城遗址	722
上第二坡遗址	165	圣容寺	473
上花园戏台	541	圣容寺塔	467
上卡庙沟墓地	857	圣寿寺塔	115
上坪遗址	489	圣水寺	195
上深沟堡墓群	530	十八路湫神祭典	648
上巳节风俗	362	十八千米处古三角城	839
上滩墓地	857	十二连城烽火台遗址	86
上庄清真大寺	891	十世班禅故居	884
尚德村遗址	147	十营庄堡址	516
尚西坪遗址	508	石包城遗址	499
尚西坪遗址	508	石藏寺	822
尚尤则柔	907	石城子遗址	1052
烧人沟墓地	854	石城子遗址	154
少华山森林公园	36	石螭首	730
少摩拳	320	石雕力士志文支座	729
邵家班子木偶戏	616	石宫寺石窟	209
邵家河二号遗址	151	石拱寺石窟	483
舍卜齐沟岩画	880	石沟坪遗址	460
神德寺塔	117	石沟寺	864
神木传统榨油技艺	349	石沟驿古城址	734
神木二郎山	38	石河子大学	1282
神木二人台	284	石河子桃源水利风景区	1019
神木酒曲	279	石泓寺石窟	132

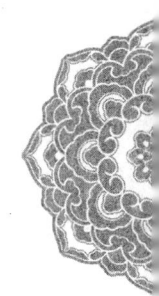

石灰窑石刻	741
石家营（丙）遗址	830
石刻	1212
石空寺石窟	484
石空寺石窟	738
石岭下遗址	519
石摞摞山遗址	80
石马湾岩画	740
石峁遗址	80
石门遗址	518
石门子水库水利风景区	1016
石泉城门及禹王宫	203
石人子沟遗址群	1057
石石湾遗址	520
石寺洼石窟	208
石头城遗址	1044
石峡沟泥盆系剖面自然保护区	712
石阳墓群	529
石窑寺石窟	739
石窑湾石窟	739
石嘴山宝卷	756
石嘴山国家矿山公园	714
石嘴山星海湖国家湿地公园	715
石嘴头一号遗址	143
石作瑞宅院	540
史家遗址	151
史氏腰椎间盘整复手法	353
侍郎庙	878
柿饼制作技艺	349
手工地毯制作	766
首阳山辨碑	547
首阳山伯夷叔齐祭祀	655
寿昌城遗址	499
寿鹿山省级自然保护区	432
寿圣寺大佛锣鼓	285
书画装裱技艺	1234
疏勒河中下游省级自然保护区	433
疏勒花馕制作技艺	1221
双庵遗址	149
双堡子沟遗址	504
双墩滩墓群	530
双二东坪遗址	837
双湖生态旅游景区	1018
双豁路滩墓群	532
双塔寺造像塔	476
双燕省级自然保护区	434
水定陕西大寺	1122
水洞沟遗址	719
水沟遗址	84
水家窑遗址	502
水帘洞—大像山石窟	480
水陆庵	109
水泉堡城址	510
水兽舞	298
水峡石刻	881
顺陵	96
丝绸之路（新疆段）	1036
丝绸之路：长安—天山廊道的路网	4
司马濠水国家湿地公园	52
司马迁墓和祠	97
斯的克巴克古城	1083
斯尔尕克墓地	1110

斯坎德尔王麻扎	1113	苏家峡遗址	519
四坝滩遗址	493	苏里坦·苏吐克·博格拉汗麻扎	1109
四道沟遗址	1085	苏武传说	591
四方墩遗址	515	苏武墓	176
四皓墓	180	苏志清真寺	860
四家魁星楼	541	肃北蒙古族服饰	584
四十里堡古城	1084	肃北蒙古族祝赞词	590
四十里大墩烽火台	1086	肃北县蒙古族马头琴制作技艺	635
40天保卫战旧址	1131	肃北雪山蒙古族马上用具制作技艺	636
四眼井岩画	740	肃南皇城城址	497
四眼井遗址	731	肃南蒙古族民歌	598
寺儿湾石窟	546	肃南裕固族口头文学与语言	587
寺沟遗址	834	速檀·歪思汗麻扎	1060
寺咀坪遗址	519	酸奶鞣牛羊皮技艺	960
寺门遗址	502	绥德党氏庄园	130
寺坪遗址	489	绥德剪纸	327
寺山遗址	492	绥德石雕	265
寺台石窟寺	881	绥米唢呐	236
寺台遗址	834	隋大兴、唐长安城遗址（包括青龙寺遗址）	74
寺台遗址	837	隋仁寿宫、唐九成宫遗址	75
寺台造纸术	639	隋唐秧歌	754
寺洼遗址	455	隋炀帝陵	176
松多乡慧宁寺	874	孙家南头宫殿遗址	163
松山新城	509	孙家遗址	149
松树庄遗址	828	孙思邈故里	190
宋村遗址	143	孙思邈养生文化	352
苏巴什古墓群	1110	孙扎齐牛录关帝庙	1122
苏巴什故城	1043	孙中山先生纪念堂及纪念碑	883
苏公塔	1065	索拉台墓群	857
苏家堡古城	846	锁阳城墓群	463
苏家台遗址	492		

锁阳城遗址	450

T

塌城	839
塔城巴尔鲁克山国家级自然保护区	1007
塔城红楼	1068
塔城喀浪古尔水利风景区	1016
塔儿湾遗址	516
塔儿湾造像塔	476
塔儿庄塔	475
塔尔阿特麻扎	1107
塔尔巴哈台城遗址	1089
塔尔寺	817
塔尔寺花架音乐	904
塔尔寺酥油花	916
塔干遗址	837
塔格尕当遗址	837
塔吉克族服饰	1179
塔吉克族婚俗	1175
塔吉克族马球	1159
塔吉克族牦牛叼羊	1202
塔吉克族民歌	1151
塔吉克族丧俗	1243
塔吉克族引水节和播种节	1173
塔吉克族鹰舞	1152
塔里木大学	1285
塔里木多浪湖风景区	1018
塔里木和西米浪河附近古墓群	1107
塔里木胡杨国家级自然保护区	1006
塔里木胡杨国家森林公园	1022
塔里木祥龙湖水利风景区	1019
塔里他里哈遗址	815
塔撒坡清真寺	864
塔稍遗址	145
塔什顿古城	1078
塔什库尔干野生动物自然保护区	1009
塔什吐尔烽火台	1100
塔塔尔学校旧址	1138
塔塔尔族传统糕点制作技艺	1231
塔塔尔族撒班节	1174
塔特克什阔腊斯岩刻画	1126
塔特然岩画	1127
塔温搭里哈遗址	814
塔秀寺	891
塔秀寺彩粉坛城	957
塔院寺金塔	541
塔云山寺	204
榻板房制作技艺	643
踏实墓群	465
台藏塔	1066
太安省级自然保护区	19
太白高芯社火	367
太白酒酿造技艺	336
太白牛尾河省级自然保护区	20
太白山国家级自然保护区	12
太白山国家森林公园	33
太白石头河国家湿地公园	51
太白文艺出版社	394
太白湑水河水生野生动物自然保护区	17
太符灯舞	605

词条	页码	词条	页码
太昊伏羲祭典	582	唐姆洛克塔什岩画	1124
太壶寺大殿	198	唐桑园窑址	168
太平村文昌庙	887	唐王城	1048
太平鼓（五穷鼓）	611	堂尔亥来遗址	832
太平国家森林公园	35	塘尔垣寺	862
太平寺塔	117	洮河国家级自然保护区	430
太史桥	186	洮砚制作技艺	579
太统—崆峒山国家级自然保护区	428	洮州边墙	525
太相寺会议旧址	216	洮州卫城	478
太兴山	25	陶谷墓	182
太阳山国家湿地公园	717	陶家寨墓群	854
太液池遗址	140	特克斯	1037
太子山国家级自然保护区	430	特克斯县喀拉达拉乡琼库什台村	1040
太子寺石窟	206	天池国家级自然保护区	1003
泰剑立陵	1119	天池国家森林公园	1022
泰陵	99	天都山石窟	739
泰塔	111	天干吉祥节	655
滩羊皮鞣制工艺（二毛皮制作技艺）	748	天格力贝壳梁化石点	894
谈家院	543	天华山国家级自然保护区	15
坦塔木佛寺遗址	1099	天启棍	626
唐巴勒塔斯洞窟彩绘	1124	天庆观老子道德经幢	545
唐布拉国家森林公园	1025	天山百里丹霞地质公园	1033
唐长安城大明宫遗址	60	天山大峡谷国家森林公园	1023
唐朝墩古城	1048	天山电影制片厂	1271
唐朝破城子	1080	天山天池风景名胜区	1010
唐代帝陵	100	天山天池国家地质公园	1031
唐惠陵（让皇帝陵）	101	天山天池水利风景区	1016
唐加里遗址	837	天水	445
唐家民宅	189	天水雕漆制作技艺	578
唐乐舞	294	天水鸿盛社秦腔脸谱	631
唐龙寺	869	天水剪纸	627

天水麦积山国家地质公园	440	通渭脊兽制作技艺	639
天水泥塑制作技艺	644	通渭剪纸	630
天水皮影戏	614	通渭木雕技艺	634
天水师范学院	704	通渭小曲戏	571
天水丝毯织造技艺	581	通渭影子腔	572
天水竹雕	632	通渭砖雕技艺	634
天台山	25	仝家沟遗址	162
天台山	39	同朝皮影戏	302
天坛遗址（圜丘遗址）	83	同仁刻版印刷技艺	922
天堂寺	538	同仁嘛呢调	940
天梯山石窟	481	同仁县	811
天佑德酒作坊	825	同盛祥牛羊肉泡馍制作技艺	260
天竺山省级自然保护区	20	同心莲花山青苗水会	752
天祝华锐藏族民歌	561	同心清真大寺	723
天祝土族《格萨尔》	587	同州梆子	249
天祝土族安召	604	铜场沟铜矿址	504
天祝土族婚俗	650	铜川市宜君县	226
田市八仙鼓	295	铜川市印台区陈炉镇	66
田州塔	726	铜川市印台区陈炉镇	228
甜水城遗址	522	铜川塔	190
甜水沟遗址	76	铜川桃曲坡水库湿地	57
跳鼓舞	611	铜川文庙大成殿	197
铁边城遗址	86	铜川香山省级自然保护区	19
铁城山古城	840	铜川赵氏河国家湿地公园	49
铁门关遗址	1087	潼关城遗址	155
铁木山省级自然保护区	431	潼关故城	93
铁柱泉古城址	734	潼关小秦岭金矿矿山公园	48
通古斯巴西城址	1043	统万城遗址	74
通海四联大磨坊	893	图尔塔木遗址	1081
通天河国家森林公园	36	图木舒克遗址	1088
通渭草编技艺	639	土法榨油技艺	1233

条目	页码	条目	页码
土碱烧制技艺	1168	兔葫芦遗址	524
土垠遗址	1084	团结遗址	837
土孜诺克古坟地	1108	团庄遗址	494
土孜塔格烽火台	1103	托背梁村墓地	1102
土族"背口袋"饮食习俗	975	托格拉塔格佛教遗址	1091
土族安召舞	909	托乎拉克艾肯古城	1079
土族服饰	930	托乎拉克庄园	1131
土族擀毡技艺	961	托库孜卡兹纳克寺院遗址	1091
土族鼓舞	944	托库孜萨来城遗址	1044
土族婚礼	926	托勒敖	1159
土族轮子秋	915	托勒台遗址	829
土族民间法舞	971	托木尔峰国家级自然保护区	1004
土族民间歌曲"库咕茄"	941	托帕墩协尔古城	1101
土族纳顿节	925	托浦古城	1079
土族盘绣	916	脱盖塔木戍堡	1097
土族宴席曲	939	脱库孜吾吉拉千佛洞	1124
土族於菟舞	906	陀罗尼经幢	210
吐尔迪·阿吉庄园	1075		
吐尔拉戍堡	1100	**W**	
吐尔买来烽火台	1096		
吐虎鲁克·铁木尔汗麻扎	1061	哇龙山墓地	856
吐虎玛克古城遗址	1094	瓦房店会馆群	204
吐鲁番	1037	瓦岗川遗址	508
吐鲁番火焰山地质公园	1032	瓦罐滩遗址	510
吐鲁番老粮仓	1123	瓦家古城	843
吐鲁番葡萄沟风景区	1011	瓦什峡遗址	1079
吐鲁番市坎儿井水利风景区	1015	瓦亭古城	732
吐鲁番于孜旧城址	1081	瓦窑堡的传说	275
吐峪沟石窟	1073	瓦窑堡革命旧址	134
吐孜吐尔烽火台	1100	瓦窑山遗址	506
兔儿滩东遗址	830	瓦窑台（甲）遗址	833

瓦窑嘴墓地	854	王家嘴遗址	150
万安禅院石窟	132	王蔚墓	179
万凤塔	126	王进宝墓	534
万佛楼	217	王景寨城址	509
万斛寺塔	199	王景寨墓群	527
万花山	38	王九思墓	172
万里长城—嘉峪关	465	王录拉板糖制作技艺	637
万人扯绳赛	624	王母宫石窟	482
万寿寺	537	王坪遗址	500
万象洞石刻题记	548	王仁裕神道碑	548
万丈盐桥	894	王烧台遗址	151
汪家湾墓群	528	王什寨墓群	531
汪家庄墓群	854	王氏镰刀制作技艺	645
汪什代海藏族婚俗	976	王氏泥人制作技艺	768
汪氏家族墓地	462	王氏中医踩跷法	1238
汪氏民居	543	王顺山国家森林公园	34
王贡墓	182	王屯龙王庙	869
王城堡魁星阁	544	王孝锡烈士墓	552
王佛寺	864	辋川	27
王符墓	530	望鲁台遗址	163
王府旧址	1129	望夷宫遗址	166
王季陵	172	威房城遗址	524
王家坝遗址	157	威远楼	477
王家河遗址	153	威远酪馏酒酿造技艺	958
王家河遗址	522	威远镇"二月二"擂台庙会	968
王家咀遗址	502	威远镇文昌阁	873
王家寺	877	微雕	1210
王家台遗址	148	韦家庄遗址	164
王家堰遗址	144	韦州古城	730
王家遗址	500	维吾尔刀郎乐器制作技艺	1226
王家庄墓群	183	维吾尔刀郎麦西来甫	1174

维吾尔剧	1200	维吾尔族哈密五堡赛乃姆	1186
维吾尔卡龙琴制作技艺	1226	维吾尔族胡尔捃制作技艺	1219
维吾尔沙疗	1173	维吾尔族葫芦人绊跤	1202
维吾尔文书法	1212	维吾尔族花帽制作技艺	1219
维吾尔医药	1171	维吾尔族花毡、印花布织染技艺	1165
维吾尔医药（正骨术）	1239	维吾尔族花毡制作技艺	1170
维吾尔族阿拉其热瓦甫艺术	1188	维吾尔族婚俗	1249
维吾尔族阿勒喀舞	1198	维吾尔族剪纸	1209
维吾尔族阿图什传统舞蹈	1196	维吾尔族建筑装饰技艺	1207
维吾尔族艾德莱斯绸织染技艺	1166	维吾尔族金银首饰制作技艺	1227
维吾尔族保健茶制作技艺	1233	维吾尔族居宛托依仪式	1247
维吾尔族比艺提	1182	维吾尔族喀喇昆仑山区歌舞	1188
维吾尔族传统捕鱼习俗	1242	维吾尔族喀群赛乃姆	1186
维吾尔族传统棉纺织技艺	1166	维吾尔族卡拉库尔胎羔皮帽制作技艺	1167
维吾尔族传统魔术	1203	维吾尔族卡龙琴艺术	1192
维吾尔族传统小刀制作技艺	1167	维吾尔族卡瓦甫（烤鱼、烤全牛）	1229
维吾尔族传统玉雕技艺	1213	维吾尔族开克力克宿库西吐如西	1203
维吾尔族传统织布技艺	1215	维吾尔族开依提麦西来甫	1240
维吾尔族窗棂制作技艺	1234	维吾尔族阔克麦西来甫	1240
维吾尔族刺绣	1161	维吾尔族莱帕尔	1201
维吾尔族达斯坦	1143	维吾尔族乐器制作技艺	1168
维吾尔族达瓦孜	1159	维吾尔族民歌	1152
维吾尔族弹拨尔艺术	1191	维吾尔族模戳印花布技艺	1213
维吾尔族刀郎热瓦甫艺术	1187	维吾尔族模制法土陶烧制技艺	1165
维吾尔族刀郎舞	1196	维吾尔族木雕技艺	1229
维吾尔族地毯织造技艺	1166	维吾尔族木制器具制作技艺	1220
维吾尔族叼羊	1160	维吾尔族木质大门制作技艺	1234
维吾尔族顶碗盘子舞	1196	维吾尔族欧托孜欧合勒麦西来甫	1244
维吾尔族服饰	1176	维吾尔族帕拉孜纺织技艺	1170
维吾尔族歌谣	1183	维吾尔族皮帽制作技艺	1230
维吾尔族鼓吹乐	1148		

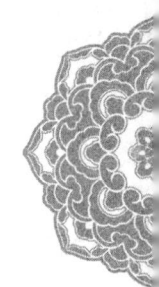

条目	页码
维吾尔族匹尔舞	1194
维吾尔族恰姆巴士	1204
维吾尔族乔鲁克靴制作技艺	1215
维吾尔族且力西	1160
维吾尔族曲棍球	1205
维吾尔族却日库木麦西来甫	1240
维吾尔族热比亚与赛丁传说	1182
维吾尔族若羌赛乃姆	1186
维吾尔族萨巴依演奏艺术	1191
维吾尔族萨玛瓦尔舞	1194
维吾尔族萨帕依舞	1196
维吾尔族赛乃姆	1154
维吾尔族桑皮纸制作技艺	1166
维吾尔族山区民歌	1190
维吾尔族石头舞	1198
维吾尔族斯尔开（葡萄果醋）制作技艺	1229
维吾尔族苏乃孜（清泉节）	1241
维吾尔族塔合麦西来甫	1241
维吾尔族铁皮制品制作技艺	1234
维吾尔族铁器制作技艺	1228
维吾尔族铜器制作技艺	1227
维吾尔族驼毛切克曼布制作技艺	1215
维吾尔族畜力车套具制作技艺	1228
维吾尔族谚语	1184
维吾尔族摇床育婴习俗	1249
维吾尔族叶城赛乃姆	1185
维吾尔族油灯舞	1199
维吾尔族枝条编织技艺	1164
维吾尔族转轮秋千	1202
苇编技艺	1220
苇子峡墓地	1111
未来出版社	395
未央湖游乐园	31
尉犁罗布人村寨	1041
渭北地坑式窑洞建筑技艺	342
渭城区二月二古庙会	363
渭河湿地	56
渭华起义旧址	136
渭南师范学院	422
渭南市澄城县	224
渭南市大荔县	224
渭南市合阳县	222
渭南市合阳县甘井镇	228
渭南市合阳县黑池镇	230
渭南市华县	221
渭南文庙大成殿	198
渭旗锣鼓	287
渭水峪遗址	490
渭源皮影戏	618
魏长城遗址	74
魏家坝遗址	169
魏家河一号遗址	149
魏家庄墓群	528
温家坪遗址	503
温家寨遗址	161
温宿托木尔大峡谷国家级风景名胜区	1013
温宿盐丘国家地质公园	1030
文昌庙	822
文都古城	842
文都寺及班禅大师故居	820

词条	页码	词条	页码
文峰塔	542	乌孜别克族婚俗	1248
文澜阁	742	无定河湿地自然保护区	23
文庙	858	无量山石窟	739
文庙大成殿	188	吴堡石城	118
文殊山后山石窟群	483	吴东无底鸳鸯秋千	316
文殊山石窟	481	吴家沟遗址	521
文县池哥昼（傩舞）	564	吴家岭遗址	515
文县大鲵省级自然保护区	435	吴家头遗址	146
文县黄林沟国家湿地公园	443	吴旗革命旧址	136
文县文昌楼	539	吴起糜粘画工艺	321
卧龙寺石刻和铁钟	209	吴山	26
斡尔垛遗址	141	吴挺墓及吴挺碑	526
乌江不拉克古城遗址	1091	吴忠黄河国家湿地公园	716
乌拉泊古城	1047	吴仲墓群	853
乌拉泊水电站	1129	吾曲古城遗址	1103
乌拉台遗址	1090	吾斯提沟烽火台	1103
乌鲁木齐革命烈士陵园	1132	吾扎部落遗址	849
乌鲁木齐市八路军驻新疆办事处纪念馆	1075	五坝山墓群	533
		五堡古墓群	1062
乌鲁木齐市陕西大寺	1069	五峰寺	859
乌鲁木齐文庙	1136	五个庙石窟	483
乌鲁瓦提水利风景区	1015	五家渠青格达湖湿地自然保护区	1035
乌恰托云地质公园	1033	五里镇遗址	152
乌什喀特古城（新和县）	1048	五门堰	118
乌什吐尔、夏合吐尔古城	1081	五泉山建筑群	472
乌苏佛山国家森林公园	1027	五星路2号四合院	1130
乌苏特别格真古墓群	1112	五丈原诸葛亮庙	187
乌图布拉格土墩墓	1115	五庄果塬遗址	153
乌珠牛录关帝庙	1119	午子观	200
乌孜别克族埃希来、叶来	1147	午子山	39
乌孜别克族服饰	1251	武当庙	738

武都高山戏	570	西安地图出版社	397
武都栗玉砚制作技艺	641	西安电子科技大学	409
武都木雕	630	西安电子科技大学出版社	399
武功城隍庙	125	西安都城隍庙民俗	358
武功土织布技艺	337	西安工程大学	418
武关城遗址	159	西安工业大学	412
武侯墓	98	西安鼓乐	219
武康王庙	468	西安鼓乐	235
武陵寺塔	117	西安航空学院	421
武山官寺	535	西安建筑科技大学	410
武山木雕	631	西安交通大学	406
武山旋鼓舞	566	西安交通大学出版社	397
武威	444	西安科技大学	412
武威满城	510	西安理工大学	411
武威锁阳城城址	509	西安美术学院	416
武威文庙	467	西安秦岭野生动物园	31
舞龙	754	西安清真寺	107
舞狮	754	西安曲江海洋世界	32
		西安石油大学	413
		西安市户县	222
		西安市周至县	223
		西安事变旧址	134

X

西安	65	西安体育学院	417
西安碑林	106	西安外国语大学	415
西安财经学院	419	西安文理学院	420
西安浐灞国家湿地公园	48	西安祥峪森林公园	35
西安陈氏世家金银饰器	339	西安医学院	420
西安城隍庙	111	西安易俗社	378
西安城墙	106	西安音乐学院	416
西安出版社	397	西安邮电大学	419
西安大白杨社火芯子	360	西安植物园	31
西安大雁塔北广场	32		

词条	页码	词条	页码
西安钟楼、鼓楼	108	西海都市报	992
西安州古城	734	西海郡故城遗址	813
西堡子山遗址	505	西海拉卜则祭	970
西堡子遗址	514	西海湾水利风景区	1018
西北大学	408	西汉帝陵	99
西北大学出版社	398	西旱坪遗址	491
西北工业大学	407	西和乞巧节	582
西北工业大学出版社	398	西河滩遗址	454
西北郭氏正骨术	965	西黑沟多凌告示碑	1129
西北联大工学院旧址	216	西灰山遗址	497
西北民族大学	700	西吉火石寨国家地质公园	714
西北农林科技大学	407	西吉火石寨自然保护区	711
西北师范大学	698	西吉社火春官词	752
西北政法大学	413	西来寺	471
西部电影集团	389	西来寺	858
西部法制报	392	西梁家遗址	151
西部商报	679	西柳沟墓群	531
西道堂	554	西纳寺遗址	844
西地古城	1086	西宁八门拳	951
西独冢村遗址	153	西宁城遗址	515
西段遗址	141	西宁古城墙香水园段	844
西峰泥塑	629	西宁宏觉寺街古建筑群	865
西峰陶塑技艺	637	西宁烈士陵园	883
西峰王氏正骨法	646	西宁王忻都公神道碑	547
西府道情	309	西宁贤孝	913
西府曲子	309	西坪遗址	517
西沟遗址	148	西坪遗址	833
西固军傩	602	西坡圪遗址	488
西固铁芯子制作技艺	639	西秦刺绣	256
西关村遗址	167	西三角城遗址	511
西关寺	877	西沙滩墓群	527

西山刁鼓	290
西山坪遗址	491
西山遗址	169
西山遗址	458
西寺墓群	183
西台遗址	838
西天山国家级自然保护区	1005
西王母神话	1145
西王母石室传说	937
西王母寺、石室遗址	847
西王禹村纸台	363
西五个疙瘩墓群	533
西武当瓷窑址	509
西狭古栈道遗址	519
西狭颂摩崖石刻	481
西夏王陵	722
西夏王陵风景名胜区	713
西夏竹雕	729
西乡打锣镲	293
西乡牧马河国家湿地公园	52
西乡子午河湿地	58
西厢调	617
西杏园遗址	833
西峪坪遗址	490
西峪遗址	87
西原化石出土地	219
西岳庙	107
希里沟古城	827
锡伯族拔火罐传统疗法	1238
锡伯族贝伦舞	1154
锡伯族传统婚俗	1178
锡伯族刺绣	1163
锡伯族东布尔	1190
锡伯族弓箭制作技艺	1169
锡伯族汗都春	1200
锡伯族杭西	1246
锡伯族蝴蝶舞	1197
锡伯族民歌	1151
锡伯族民间故事	1182
锡伯族抹黑节	1251
锡伯族全羊席	1225
锡伯族萨满舞蹈音乐	1189
锡伯族射箭	1204
锡伯族西迁节	1173
锡伯族朱伦呼兰比和更心比	1201
锡水洞遗址	160
锡依提牙古城	1084
下柴开遗址	829
下城子城址	503
下川水车	555
下河清墓群	527
下河西遗址	91
下河沿瓦窑遗址	732
下康遗址	165
下马崖古城	1095
下孟村遗址	165
下排园艺场遗址	830
下石城遗址	837
下双大庙及魁星阁	538
下孙家寨遗址	831
下台古城	1081
下哇台遗址	829

条目	页码	条目	页码
下王家遗址	513	显教寺和雷坛	536
下西台墓地	856	香宝宝古墓群	1109
下阴田清真寺	871	香积寺	185
夏尔布津古墓葬	1113	香积寺善导塔	111
夏尔沟城堡	1102	香积寺塔	189
夏尔苏满遗址	1093	香炉寺	200
夏尔西里国家级自然保护区	1007	香让北坎沿墓地	856
夏尔雅马可布遗址	851	香日德古城	827
夏官营城址	501	香日德寺	868
夏合勒克庄园	1131	香山庙会	359
夏合协尔戍堡	1101	香溪洞风景区	41
夏河金属饰品制作技艺	636	香尧遗址	151
夏河县香浪节	647	香扎寺	878
夏勒巴克图墓群	1115	湘乐砖塔	472
夏琼寺	820	向明西坪遗址	505
夏日哈石经墙	882	硝河古城址	733
夏日乎寺	885	硝力罕那古城	1098
夏塔古城遗址	1054	小岔沟革命旧址	743
夏塔古道国家森林公园	1028	小柴旦遗址	845
夏塘古城	841	小茨遗址	500
夏塘台遗址	838	小高陵梯田	894
夏宗寺	864	小河会议旧址	215
仙米寺	867	小河墓地	1062
仙人崖石窟	549	小洪纳海石人墓	1065
仙游寺	186	小李庄军垦旧址	1075
仙游寺法王塔	108	小陇山国家级自然保护区	430
弦板腔	246	小陇山黑河省级自然保护区	436
咸阳	66	小南湖佛塔遗址	1095
咸阳市礼泉县	232	小皮院清真寺	184
咸阳市旬邑县	225	小坡遗址	497
咸阳文庙	120	小寺庄石窟	206

条目	页码
小苏干湖省级自然保护区	433
小桃尔沟千佛洞	1125
小西沟遗址	1094
小雁塔	62
小园坪遗址	159
小塬遗址	826
孝陵	181
肖贡巴哈尔节	1251
肖家坝遗址	156
肖家峁遗址	168
肖家遗址	831
肖金塔	476
洩湖遗址	160
辛店遗址	460
辛家高跷	755
新安狮子舞	944
新城镇	447
新疆爱乐乐团	1258
新疆北鲵自然保护区	1008
新疆博物馆	1253
新疆财经大学	1283
新疆大剧院	1260
新疆大学	1281
新疆大学出版社	1276
新疆第一口油井	1075
新疆电视台	1270
新疆电影家协会	1265
新疆都市报社	1273
新疆俄罗斯族帕斯喀节	1243
新疆法制报社	1273
新疆方棋	1201
新疆各族人民烈士纪念碑	1132
新疆工程学院	1284
新疆广播电视大学	1287
新疆龟兹研究院	1280
新疆哈萨克族斯布孜额	1188
新疆汉族社火	1242
新疆花儿	1150
新疆画院	1255
新疆教育出版社	1274
新疆经济报社	1272
新疆警察学院	1285
新疆科学技术出版社	1275
新疆美术家协会	1264
新疆美术摄影出版社	1275
新疆蒙古医药	1238
新疆蒙古族服饰制作技艺	1217
新疆蒙古族婚俗	1245
新疆蒙古族礼仪习俗	1244
新疆蒙古族奶酒酿造技艺	1223
新疆蒙古族唐卡	1209
新疆蒙古族图瓦民歌	1191
新疆蒙古族图兀勒	1181
新疆蒙古族托布秀尔制作技艺	1223
新疆蒙古族祖拉节	1243
新疆蒙文书法	1212
新疆蒙医药（金烙术、药浴）	1239
新疆民间文艺家协会	1262
新疆农业大学	1284
新疆青少年出版社	1274
新疆曲子	1157
新疆人民出版社	1273

新疆人民广播电台	1271	新疆文联文艺理论研究室	1266
新疆人民剧场	1076	新疆文物古迹保护中心	1279
新疆人民剧场	1260	新疆文物考古研究所	1278
新疆日报社	1272	新疆文学艺术界联合会	1261
新疆社会科学界联合会	1278	新疆舞蹈家协会	1263
新疆社会科学院	1277	新疆戏剧家协会	1263
新疆社火	1252	新疆新华书店	1276
新疆摄影家协会	1265	新疆羊羔肉烹饪技艺	1224
新疆生产建设兵团电视艺术家协会	1268	新疆医科大学	1284
新疆生产建设兵团广播电视大学	1287	新疆艺术剧院	1255
新疆生产建设兵团美术家协会	1268	新疆艺术剧院歌剧团	1257
新疆生产建设兵团秦剧团	1259	新疆艺术剧院歌舞团	1256
新疆生产建设兵团曲艺家协会	1270	新疆艺术剧院话剧团	1256
新疆生产建设兵团摄影家协会	1267	新疆艺术剧院杂技团	1258
新疆生产建设兵团书法家协会	1268	新疆艺术学院	1283
新疆生产建设兵团文学艺术界联合会	1266	新疆艺术研究所	1279
新疆生产建设兵团舞蹈家协会	1269	新疆音乐家协会	1262
新疆生产建设兵团戏剧家协会	1267	新疆杂话	1181
新疆生产建设兵团音乐家协会	1269	新疆作家协会	1261
新疆生产建设兵团杂技团	1259	新麻遗址	838
新疆生产建设兵团杂技艺术家协会	1269	新民遗址	163
新疆生产建设兵团作家协会	1267	新尼（乙）遗址	831
新疆省银行故址	1136	新渠古城遗址	1104
新疆师范大学	1282	新寺	868
新疆书法家协会	1264	新寺摩崖石刻	883
新疆图书馆	1253	新寺遗址	140
新疆维吾尔木卡姆艺术	1139	新塔拉遗址	1086
新疆维吾尔自治区人民参事室（文史馆）	1277	新消息报	786
		《新修白水路记》摩崖	482
		新源山地草甸类草地自然保护区	1009
新疆文化馆	1254	新寨嘉那嘛呢	824

条目	页码
新庄坪遗址	461
馨庐	884
鑫报	681
兴地岩画	1126
兴国寺	466
兴教寺塔	62
兴隆山古建筑群	477
兴隆山国家级自然保护区	427
兴隆山卧桥	535
兴宁陵	103
兴庆宫公园	30
兴庆宫遗址	139
兴武营遗址	722
星明楼	190
杏坪皮纸制作技艺	347
杏树台遗址	500
修筑新子州州墙及署衙记碑	547
须弥山石窟	727
须弥山石窟风景名胜区	713
徐村司马迁祭祀	264
徐家坪—岳家坪遗址	503
徐李碾遗址	495
许家台宋墓	183
许三湾城及墓群	452
旭光村二号遗址	145
玄帝祠玉皇楼	197
玄武庙青石殿	120
悬泉置遗址	452
学田坪遗址	518
埙乐艺术	281
窨子梁唐墓	723
旬河源国家湿地公园	50
旬阳八步景	307
旬阳道情	304
旬阳民歌	239
旬阳县千佛洞石窟	206
旬阳县文庙	195
旬邑彩贴剪纸	258
旬邑马栏河国家湿地公园	52
旬邑咪子戏	313
旬邑石门山省级自然保护区	22
循化孟达国家级自然保护区	801
循化西路红军革命旧址	825

Y

条目	页码
鸭限岭遗址	145
崖尔寺《诺彦审喇嘛》剧	947
崖家坪遗址	845
崖头沿遗址	838
雅尔湖细石器出土点	1086
亚嘎其阿依旺遗址	1090
亚克艾日克烽火台	1096
亚库塘细石器遗址	1090
亚吾鲁克遗址	1090
亚依得梯木烽火台	1099
焉不拉克古墓群	1059
延安柴松省级自然保护区	20
延安大学	414
延安革命遗址	71
延安葫芦河湿地	56
延安市安塞县	225

词条	页码	词条	页码
延安市黄陵县	231	阳面岭遗址	505
延安市延川县	229	阳洼坡遗址	828
延安市子长县	229	杨从仪墓	180
延昌寺塔	130	杨官寨遗址	89
延长剪纸	327	杨贵妃墓	177
延川黄河蛇曲国家地质公园	46	杨虎城旧居	137
延川剪纸	258	杨家村遗址	83
延恩寺塔	472	杨家坟山遗址	86
延河湿地	56	杨家沟革命旧址	135
延一井旧址	139	杨家沟遗址	162
炎帝传说	272	杨家古城遗址	846
炎帝祭典	262	杨家河遗址	500
盐城古城址	735	杨桥畔汉代城址与墓地	102
盐池湾国家级自然保护区	429	杨氏家族泥塑	747
阎良核雕技艺	333	杨珣碑	133
奄古录拱北	868	杨珣墓	174
砚台制作技艺（贺兰砚制作技艺）	748	杨赵宫殿遗址	166
雁塔结绳香囊	344	杨宗寺	859
燕氏家族墓地	530	洋海墓群	1058
羊达库都克烽火台	1101	洋县佛教音乐	238
羊羔酒酿造技艺	767	洋县黄家营土织布技艺	337
羊官寺	864	洋县皮影戏	303
羊皮筏子制作技艺	767	洋县悬台社火	262
羊曲十八档遗址	830	洋县杖头木偶戏	305
羊塔克古城	1098	洋县朱鹮自然保护观察点	43
羊蹄沟城址	508	养蜂技艺	1235
羊胸沟口城址	851	尧头窑遗址	93
羊永墓群	534	姚李遗址	495
阳坝城址	512	姚马村龙王庙	874
阳关遗址	493	窑街"福"字灯会	654
阳光出版社	788	药草台寺	823

药王宫	545	伊宁烈士陵园	1076
药王庙	1120	伊宁陕西大寺	1071
药王山	27	伊宁市三区革命政府旧址	1074
药王山庙会	263	伊宁小叶白蜡国家级自然保护区	1008
药王山石刻	131	伊吾拜其尔墓地	1063
耀县文庙	113	伊吾四十天保卫战烈士陵园	1135
耀州火亭子	357	伊西哈拉吐尔烽火台	1097
耀州面塑	330	医陶始祖与雷公庙会	359
耀州雪花糖	348	依拉齐牛录关帝庙	1120
耀州窑陶瓷烧制技艺	258	依斯塔那烽火台	1097
耀州照金丹霞国家地质公园	46	宜川蒲剧	307
耶特克孜麻扎	1108	宜川胸鼓	242
也龙寺	876	宜君剪纸	330
也迷里古城遗址	1102	宜君石窟群	132
野河省级自然保护区	20	乙沙尔清真寺	868
野麻湾堡遗址	516	乙什扎寺	871
野牛沟岩画	883	亦都护高昌王世勋碑	547
野生山核桃工艺品制作技艺	347	易俗社剧场	135
叶城加满清真寺	1121	益家堡遗址	90
叶城县烈士陵园	1135	益家堡遗址	148
叶儿遗址	512	银川	718
叶尔羌汗国王陵	1061	银川国家湿地公园	715
页河子遗址	721	银川玉皇阁	725
夜光杯雕	575	银川钟鼓楼	737
一百零八塔	724	银铜器制作及鎏金工艺	921
一世夏日仓故居	879	银州故城	92
伊犁将军府	1066	引大入秦灌溉工程	555
伊犁清代卡伦遗址	1055	应龙城	841
伊犁师范学院	1286	英艾阿依马克古城	1079
伊玛木·木沙·卡孜木麻扎古墓群	1110	英德尔古墓	854
伊宁	1038	英麻扎墓葬	1112

词条	页码	词条	页码
英雄193井	1134	于田艾提卡尔清真寺	1067
英雄地中四井	889	于田维吾尔族妇女服饰	1214
璎珞宝塔	737	于志宁墓	182
迎城隍	264	余家塬遗址	505
营盘古城	1049	鱼翅遗址	156
瀛湖风景区	41	鱼化寨遗址	90
瀛湖湿地省级自然保护区	23	鱼卡硅化木化石点	894
永安城	845	榆林	65
永昌宝卷	590	榆林大理河湿地	56
永昌木偶戏	619	榆林窟	479
永昌皮影戏	619	榆林市定边县	226
永昌曲子	596	榆林市横山区	230
永昌贤孝	623	榆林市清涧县	224
永昌县"卍"字灯俗	583	榆林市神木县	230
永昌钟鼓楼	469	榆林市绥德县	225
永登皮影戏	613	榆林卫城	119
永登硬狮子舞	609	榆林无定河湿地	55
永固城墓群	531	榆林小曲	250
永靖古建筑修复技艺	580	榆林学院	422
永靖七月跳会（傩舞）	565	榆木山岩画	549
永靖生铁铸造技艺	581	榆阳河口水库湿地	56
永康陵	103	榆阳榆溪河湿地	56
永陵	99	榆中古建筑模型制作技艺	643
永清堡遗址	491	雨落坪遗址	522
永寿民间剪纸	322	禹中海墓	1119
永寿土梁油制作技艺	345	玉华宫遗址	79
永泰城址	453	玉华山	27
永尧遗址	149	玉皇后土庙	119
永垣陵	104	玉垒花灯戏	614
佑宁寺	821	玉门关及长城烽燧遗址（包括大方盘、小方盘）	450
于家湾墓群	529		

玉门南山省级自然保护区	433
玉门油田国家矿山公园	442
玉门油田老一井	486
玉泉观	470
玉泉寺石窟	208
玉泉院	193
玉山寺石窟	548
玉树藏族服饰	930
玉树藏族民歌	902
玉树古墓群	816
玉树赛马会	915
玉树天葬	967
玉树武士舞	910
玉树依舞（弦子舞）	908
玉树卓舞（锅庄舞）	906
玉素甫·哈什·哈吉甫麻扎	1107
峪头一号遗址	146
裕固族传统婚俗	585
裕固族刺绣	633
裕固族服饰	584
裕固族祭鄂博	655
裕固族剪马鬃	654
裕固族民歌	559
裕固族皮雕技艺	640
裕固族人生礼仪	648
裕固族织褐子	645
裕河省级自然保护区	435
遇村遗址	497
遇仙桥及石造像	197
毓秀桥	122
鸳鸯池水库	554

元君庙—泉护村遗址	76
元山遗址	523
园子坪遗址	148
原218国道砖砌路段	1130
原俄国驻塔城领事馆水塔	1139
原公土席杂烩制作技艺	350
原江南县政府旧址	888
原子头遗址	163
圆沙古城	1045
圆通寺	877
圆通寺塔	468
圆嘴山遗址	506
袁氏家族墓地	181
约特干遗址	1079
月楼石崖遗址	852
岳飞送张紫岩北伐诗碑	737
岳公台—西黑沟春秋战国墓葬群	1052
岳普湖县达瓦昆沙漠水利风景区	1020
云麾将军碑	211
云雾山自然保护区	711
云崖寺和陈家洞石窟	482
云岩寺	205
蕴空山庙会	359

Z

杂技——飞叉	761
枣林子遗址	506
泽库和日寺石刻	917
泽普金胡杨国家森林公园	1026
扎藏寺	869

词条	页码	词条	页码
扎滚鲁克墓群	1058	张掖黑河湿地国家级自然保护区	428
扎陵湖和鄂陵湖的传说	937	张掖会馆	470
扎隆寺	873	张掖剪纸	628
扎洛村	884	张掖民勤会馆	540
扎西庄墓群	857	张义堡城址	509
寨关山遗址	154	张载祠	187
寨峁遗址	168	张载墓	174
战国秦长城及沿线城障烽燧	499	张喆生篆刻	762
张堡遗址	508	张嘴墓群	534
张尕清真寺	861	漳县珍稀水生动物国家级自然保护区	430
张尕遗址	831	长孙无忌墓	177
张家（丙）遗址	833	丈地军粮碑	549
张家场古城	720	昭慧塔	116
张家川花儿	563	昭陵	96
张家坪遗址	525	昭仁寺大殿	107
张家枪	760	昭苏圣佑庙（伊犁）	1066
张经寺	868	朝邑剪纸	326
张卡山遗址	829	赵堡太极拳	318
张良庙	119	赵充国墓	526
张良庙花木手杖	346	赵家水磨遗址	493
张罗遗址	491	赵家寺	861
张骞传说	273	赵家台遗址	84
张庆麟宅院	539	赵家遗址	500
张沙寺	865	赵孟頫书赵世延家庙碑	545
张掖	445	照壁山国家森林公园	1021
张掖宝卷	558	照壁山铜矿遗址	720
张掖大佛寺	467	折嘎	949
张掖丹霞国家地质公园	440	折腰沟岩刻	1126
张掖东仓	541	针挑治疗扁桃体炎	353
张掖鼓楼	471	珍珠寺	822
张掖国家湿地公园	442		

真守村遗址	143
镇安鹰嘴石省级自然保护区	22
镇安渔鼓	310
镇巴民歌	238
镇巴任河湿地	58
镇巴唢呐	283
镇北堡古城址	734
镇北台	114
镇国塔	538
镇河塔	736
镇坪大暑河湿地	59
镇坪腊肉腌制技艺	351
镇坪南江河湿地	59
镇原高粱秆灯笼制作技艺	644
正东巴古城	840
正宁民谣	590
正宁木偶戏	614
正宁文庙	544
正宁谚语	593
正月十九迎婆婆	651
郑国渠首遗址	74
郑家坡遗址	85
政平书房	540
支东加拉古城	840
支哈加寺	865
支扎昂索院	885
纸织画	767
志丹羊皮扇鼓	291
治平寺天圣铜钟	554
智果寺	128
智钦寺	865
智钦寺	867
中共甘肃省委党校	696
中共宁夏回族自治区委员会党校	793
中共青海省委党校	996
中共新疆维吾尔自治区委员会党校	1281
中国工农红军总支队干部大队旧址	1132
中国剪纸	220
中国皮影	220
中国皮影戏	7
中国人民抗日红军前敌总指挥部暨八路军总部旧址	213
中华老字号春发生葫芦	338
中华老字号贾永信腊牛羊肉制作技艺	347
中华老字号老孙家羊肉	338
中昆仑自然保护区	1010
中宁蒿籽面	765
中宁天湖国家湿地公园	717
中山图书馆旧址	212
中苏石油股份公司独山子职工子弟学校旧址	1133
中苏石油股份公司旧址	1133
中王堡木塔	188
中卫高庙	726
中卫鼓楼	738
中卫市香山乡南长滩村	719
中卫腾格里湿地公园	718
中卫香山水会	769
终南山	24
终南山钟馗信仰民俗	362
钟山石窟	131

词条	页码	词条	页码
仲家龙王庙会	975	竹篮寨泥玩具制作技艺	638
舟曲县织锦带	636	竹马子	944
周公庙	118	祝赞词	1144
周化一魔术	319	砖包墩墓群	531
周家遗址	507	砖雕（固原砖雕）	748
周家嘴头新石器遗址	730	砖塔群	192
周旧邦木坊	476	转嘴子南窑址群	524
周陵	175	庄浪高抬	575
周穆王陵	172	庄浪梯田	555
周氏武学馆	201	庄浪吴玠墓	529
周原遗址	71	庄襄王墓	171
周至大玉木偶戏	305	卓尔库特古城	1087
周至道情	308	卓木其格秀拉康及藏式碉楼群	879
周至殿镇八卦锣鼓	282	卓尼藏族服饰	658
周至国家级自然保护区	11	卓尼木雕	630
周至黑河湿地省级自然保护区	23	卓尼土族民歌	596
周至剪纸	325	滋泥泉古城	1086
周至龙灯	294	子木达红军长征标语	884
周至皮影戏	302	子木山城址	852
周至曲子	314	子午岭国家级自然保护区	12
周至三多堂纸扎制作技艺	342	子午岭省级自然保护区	434
周祖祭典	649	子洲面花	331
朱家坪遗址	503	梓潼文昌帝君庙	536
朱家寨遗址	826	紫柏山	39
朱家庄北遗址	518	紫柏山国家级自然保护区	17
朱家庄墓群	526	紫荆遗址	87
朱马嘴遗址	165	紫阳民歌	234
朱乃亥台遗址	838	紫云宫	201
朱雀国家森林公园	34	紫云观三清殿	124
朱王秧歌剧	306	宗喀巴母亲故居	878
珠固寺	868	宗日遗址	815

总寨堡及门楼	865	柞水溶洞	40
总寨墓群	853	柞水溶洞国家地质公园	47
总寨遗址	827	柞水十三花	368
走马梁墓群	104	柞水县凤凰镇	67
昨那寺	885	柞水洋芋糍粑	352
柞水对峰台	41	柞水渔鼓	310